Bartenbach

Patentlizenz- und Know-how-Vertrag

Vertragsmuster auch online unter:
www.otto-schmidt.de/bartenbach
Passwort: Vertragsmuster

Patentlizenz- und Know-how-Vertrag

von

Prof. Dr. Kurt Bartenbach
Rechtsanwalt in Köln,
Fachanwalt
für Gewerblichen Rechtsschutz
und Arbeitsrecht

unter Mitwirkung von

Dr. Anja Bartenbach, LL.M.
Rechtsanwältin in Köln,
Fachanwältin
für Gewerblichen Rechtsschutz

7. neu bearbeitete Auflage

2013

otto schmidt
Verlag
Dr. Otto Schmidt
Köln

Bibliografische Information
der Deutschen Nationalbibliothek

Die Deutsche Nationalbibliothek verzeichnet diese Publikation in der Deutschen Nationalbibliografie; detaillierte bibliografische Daten sind im Internet über http://dnb.d-nb.de abrufbar.

Verlag Dr. Otto Schmidt KG
Gustav-Heinemann-Ufer 58, 50968 Köln
Tel. 02 21/9 37 38-01, Fax 02 21/9 37 38-943
info@otto-schmidt.de
www.otto-schmidt.de

ISBN 978-3-504-41763-5

Das verwendete Papier ist aus chlorfrei gebleichten Rohstoffen hergestellt, holz- und säurefrei, alterungsbeständig und umweltfreundlich.

Einbandgestaltung: Jan P. Lichtenford, Mettmann
Satz: WMTP, Birkenau
Druck und Verarbeitung: Kösel, Krugzell
Printed in Germany

Vorwort

Im internationalen Innovationswettlauf und dem damit verbundenen zunehmenden Fortschritt der technischen Entwicklung erkennen die Unternehmen immer mehr, dass Innovation im Sinne einer Optimierung über die Eigenentwicklung hinaus die Kooperation mit Partnern erfordert. Neben Forschungs- und Entwicklungsverträgen ist dabei der Lizenzvertrag ein besonderes Gestaltungsmittel, liegen ihm doch fertige Entwicklungsergebnisse zugrunde, die der Lizenznehmer in seine Entwicklungs- oder schon Produktpalette einbinden kann. Besondere Bedeutung im Sinne eines ungehinderten wechselseitigen Zugangs zu Entwicklungsergebnissen hat dabei der Lizenzaustauschvertrag. Vor diesem Hintergrund hat sich der Lizenzvertrag zu einer besonderen Erscheinungsform der Innovationspartnerschaft entwickelt. Mit zunehmender Internationalisierung und steigender Komplexität von Erfindungen erhöhen sich auch die Anforderungen an die Gestaltung der unterschiedlichen Formen von Lizenzverträgen.

Die nun vorliegende völlig überarbeitete 7. Auflage des Standardwerks über den Patentlizenz- und Know-how-Vertrag soll weiterhin ein zuverlässiger Begleiter in dem hoch komplexen und wenig kodifizierten Rechtsgebiet des Lizenzvertrages sein. Dieses Werk weist seinem Benutzer den Weg zur sicheren Vertragsgestaltung im nationalen und internationalen Bereich. Es berücksichtigt eingehend alle neuen Rechtsentwicklungen in Gesetzgebung und Rechtsprechung seit dem Erscheinen der 6. Auflage Ende 2006.

Sämtliche wesentlichen Entscheidungen deutscher Gerichte und des EuGH wurden eingearbeitet, etwa die grundsätzlichen Entscheidungen des BGH zur Rechtsnatur der einfachen Lizenz, zum Fortbestehen der Unterlizenz in der Lizenzkette und zum Bestand des Lizenzvertrages in der Insolvenz des Lizenzgebers („Take Five" und „M 2 Trade").

Wegen der zunehmenden praktischen Bedeutung wurde die Darstellung zur Software als Gegenstand von Lizenzverträgen erweitert. Die neuesten EuGH-Entscheidungen wurden dabei gründlich eingearbeitet, wie etwa die „UsedSoft"-Entscheidung zum Online-Vertrieb „gebrauchter" Software.

Aus dem Internationalen Privatrecht musste die Rom I-VO eingearbeitet werden, die die Regeln der Art. 27 ff. EGBGB abgelöst hat.

Einer ständigen Weiterentwicklung unterliegt auch das Kartellrecht – vor allem im europäischen, aber auch im nationalen Bereich. Breiten Raum nehmen dabei die Gruppenfreistellungsverordnungen (EG) ein, zuletzt die am 1.6.2010 in Kraft getretene Vertikal-GVO (EU) Nr. 330/2010 und die am 1.10.2011 in Kraft getretene VO Nr. 1217/2010 über Vereinbarungen über Forschung und Entwicklung. Die kartellrechtliche Zwangslizenz ist ebenso eingehend behandelt wie die Lizenzbereitschaftserklärung gegenüber Standardisierungsorganisationen.

Am 18.10.2012 ist die 8. GWB-Novelle verabschiedet worden. Sie wurde bereits an allen einschlägigen Stellen des Buches ebenso erwähnt wie die Bestrebungen auf europäischer Ebene zur Schaffung eines einheitlichen Patentschutzes durch das europäische Patent mit einheitlicher Wirkung.

Abgerundet wird die Darstellung durch ausführliche Formulierungsvorschläge für Patentlizenz- und Know-how-Verträge sowie für Geheimhaltungsvereinbarungen, die auch online abrufbar sind.

Frau Ass. jur. Alexandra Kelter, Köln, und Herr Rechtsanwalt Niklas Kinting, Köln, haben die neue Auflage durch Ermitteln und Zuordnen von Rechtsprechung und Schrifttum nachhaltig unterstützt. Für ihre umfangreiche Tätigkeit im Rahmen der Neuauflage danke ich ihnen und meiner Tochter, Frau Rechtsanwältin Dr. Anja Bartenbach, LL.M., die ebenfalls maßgeblich an der Neuauflage mitgewirkt hat, sehr.

Köln, im November 2012 Kurt Bartenbach

Inhaltsübersicht

B. Der Know-how-Lizenzvertrag

C. Streitigkeiten der Lizenzvertragsparteien

D. Steuerrechtliche Behandlung der Lizenzgebühren

E. Formularvorschläge für Patentlizenz- und Know-how-Lizenzvertrag sowie Geheimhaltungsvereinbarung*

* Die Vertragsmuster sind auch online abrufbar unter: www.otto-schmidt.de/bartenbach, Passwort: Vertragsmuster.

Inhaltsverzeichnis

B. Der Know-how-Lizenzvertrag

D. Steuerrechtliche Behandlung der Lizenzgebühren

* Die Vertragsmuster sind auch online abrufbar unter: www.otto-schmidt.de/bartenbach, Passwort: Vertragsmuster.

Literaturverzeichnis

Aden	Internationale Handelsschiedsgerichtsbarkeit – Kommentar zu den Schiedsverfahrensordnungen ICC, DIS, Wiener Regeln, UNCITRAL, LCIA, 2. Aufl. München 2003
Ahrens/McGuire	Modellgesetz für Geistiges Eigentum, München 2012
Altin-Sieber	Joint Ventures, Technologietransfer und -schutz, Heidelberg 1996
Amann	Dienstleistungen im internationalen Steuerrecht – Engineering – Management – Beratung – Lizenzverkehr, München 1998
Ann	Die Produkthaftung des Lizenzgebers, Köln u.a. 1991
Ann/Barona	Schuldrechtsmodernisierung und gewerblicher Rechtsschutz, 2002
Ann/Loschelder/Grosch	Praxishandbuch Know-how-Schutz, Köln 2010
Bamberger/Roth	Kommentar zum Bürgerlichen Gesetzbuch, 3. Aufl. München 2012
Bandasch/Lemhöfer/Horn	Die Verwaltungspraxis des Bundeskartellamtes zu den Lizenzverträgen nach §§ 20, 21 GWB, Köln u.a. 1969
Barona	Die Haftung des Patentlizenzgebers für Tauglichkeitsmängel der Erfindung nach neuem Schuldrecht, Diss. 2004
Bartenbach, Britta	Die Patentlizenz als negative Lizenz, Diss. 2002
Bartenbach	Zwischenbetriebliche Forschungs- und Entwicklungskooperation und das Recht der Arbeitnehmererfindung, Köln 1985
Bartenbach-Fock	Arbeitnehmererfindungen im Konzern, 2. Aufl. Köln 2010
Bartenbach/Volz	Arbeitnehmererfindungsgesetz, Kommentar, 5. Aufl. Köln u.a. 2012
Bartenbach/Volz	Arbeitnehmererfindervergütung, Kommentar zu den Amtlichen Richtlinien für die Vergütung von Arbeitnehmererfindungen, 3. Aufl. Köln u.a. 2009 (zitiert KommRL, mit RL und Rz.)
Bartenbach/Volz	Arbeitnehmererfindungen, Praxisleitfaden mit Mustertexten, 5. Aufl. Köln 2010

Bartenbach/Volz Formularsammlung zum gewerblichen Rechtsschutz mit Urheberrecht, 2. Aufl. Weinheim u.a. 1998

Bauer/Diller Wettbewerbsverbote, 5. Aufl. München 2009

Baum/Bälz Handbuch des Japanischen Handels- und Wirtschaftsrecht, Köln 2011

Baumbach/Hopt Handelsgesetzbuch, 35. Aufl. München 2012

Baumbach/Lauterbach/Albers/Hartmann Zivilprozessordnung: ZPO mit FamFG, GVG und anderen Nebengesetzen, 70. Aufl. München 2012

Baumgärtel Wesen und Begriff der Prozesshandlung einer Partei im Zivilprozess, 2. Aufl. Berlin 1972

Bechtold Kartellgesetz: GWB, Kommentar, 6. Aufl. München 2010

Bechtold/Bosch/Brinker/Hirsbrunner EG-Kartellrecht Kommentar, 2. Aufl. München 2009

Beckmann Computerleasing, Köln 1993

Beer/Stief The mediator's handbook, 3. Aufl. Great Britain 1997

Benkard Patentgesetz und Gebrauchsmustergesetz, Kommentar, 10. Aufl. 2006

Billhardt Horizontale und vertikale Wettbewerbsbeschränkungen im Gesetz gegen Wettbewerbsbeschränkungen, Frankfurt am Main u.a. 2004

Blersch/Goetsch/Haas (Hrsg.) Berliner Kommentar Insolvenzrecht, Loseblattsammlung (Stand: Dezember 2011), Köln

Blümich Einkommensteuergesetz/Körperschaftsteuergesetz/Gewerbesteuergesetz (Hrsg.: *Ebling, Klaus*), Loseblattsammlung (Stand: April 2012), München

Böcker Die steuerliche Betriebsprüfung, 1991

de Bronett Kommentar zum europäischen Kartellverfahrensrecht – VO 1/2003, 2. Aufl. Köln 2012

Büchting/Heussen Beck'sches Rechtsanwalts-Handbuch, 10. Aufl. München 2011

Bunjes Umsatzsteuergesetz, 11. Aufl. München 2012

Busche/Stoll TRIPs, Kommentar, Köln u.a. 2007

Busse Patentgesetz und Geschmacksmustergesetz, Kommentar, 6. Aufl. Berlin/New-York 2003

Callies/Ruffert EUV/AEUV, Kommentar, 4. Aufl. München 2011

Craig/Park/Paulsson International Chamber of Commerce Arbitration, 3. Aufl. New York u.a. 2000

Dalheimer/Feddersen/Miersch EU-Kartellverfahrensverordnung, Kommentar zur VO 1/2003, München 2005

Dötsch/Franzen/Sädtler/Sell/Zenthöfer Körperschaftsteuer, 15. Aufl. Stuttgart 2009

Dreier Grundgesetz – Kommentar, 2. Aufl. Tübingen 2004

Dreier/Schulze Urheberrechtsgesetz, Urheberrechtswahrnehmungsgesetz, Kunsturhebergesetz, Kommentar, 3. Aufl. München 2008

Ebnet Der Internetvertrag, Baden-Baden 1995

Eidenmüller Vertrags- und Verfahrensrecht der Wirtschaftsmediation, Köln 2001

Erman Bürgerliches Gesetzbuch (Hrsg.: *Westermann, Harm Peter/Grunewald, Barbara/Maier-Reimer, Georg*), 13. Aufl. Köln 2011

Erfurter Kommentar Erfurter Kommentar zum Arbeitsrecht, 12. Aufl. München 2012 (zitiert: ErfK/*Bearbeiter*)

Fammler Der Markenlizenzvertrag, 2. Aufl. München 2007

Festgabe für Rosenberg zum 70. Geburtstag, München 1949

Festschrift für Kurt Bartenbach zum 65. Geburtstag (Hrsg.: *Haesemann Manfred*), München 2005

Festschrift für Arthur Bülow zum 80. Geburtstag (Hrsg.: *Böckstiegel, Karl-Heinz/Glossner, Ottoarndt*), Köln 1981

Festschrift für Wolfgang Fikentscher zum 70. Geburtstag (Hrsg.: *Großfeld, Bernhard*), Tübingen 1998

Festschrift für Otto-Friedrich Frhr. von Gamm (Hrsg.: *Willi Erdmann*), Köln, Berlin u.a. 1990

Festschrift für Walther Habscheid zum 65. Geburtstag (Hrsg.: *Lindacher, Walter*), Bielefeld 1989

Festschrift für Wolfram Henckel zum 70. Geburtstag (Hrsg.: *Gerhardt, Walter*), Köln 1995

Festschrift für Reimar König zum 70. Geburtstag (Hrsg.: *Ann, Christoph*), Köln 2003

Festschrift für Franz Laufke zum 70. Geburtstag am 20.6.1971; Ius et commercium: Studien zum Handels- und Wirtschaftsrecht

Festschrift für Heinrich Lehmann zum 80. Geburtstag (Hrsg.: *Nipperdey, H.C.*), Das deutsche Privatrecht in der Mitte des 20. Jahrhunderts, Bd. II, Berlin 1956

Festschrift für Peter Mes zum 65. Geburtstag (Hrsg.: *Bergmann, Michael/Rother, Gereon/Verhauven, Axel*), München 2009

Festschrift für Rudolf Nirk zum 70. Geburtstag (Hrsg.: *Bruchhausen, Karl*), München 1992

Festschrift 25 Jahre Bundespatentgericht (Hrsg.: Bundespatentgericht, Schriftleitung: *Ströbele, Paul*), Köln 1986

Festschrift für Albert Preu zum 70. Geburtstag (Hrsg.: *Bohlig, Manfred*), München 1988

Festschrift für Gerhard Schricker zum 70. Geburtstag, Perspektiven des geistigen Eigentums und Wettbewerbsrechts (Hrsg.: *Ansgar Ohly* et. al.), München 2005

Festschrift für Wolf Schwarz zum 70. Geburtstag (Hrsg.: *Manfred Rehbinder*), Beiträge zum Film- und Medienrecht, Baden-Baden 1988

Festschrift für Winfried Tilmann zum 65. Geburtstag (Hrsg.: *Keller, Erhard*), Köln 2003

Festschrift für Fritz Traub zum 65. Geburtstag (Hrsg.: *Loewenheim, Ulrich*), Frankfurt am Main 1994

Festschrift 50 Jahre VPP (Hrsg.: *Einsele, Rolf*) München 2005,

Fezer Lauterkeitsrecht, Kommentar UWG, 2. Aufl. München 2010

Fezer Markenrecht, Kommentar, 4. Aufl. München 2009

Fezer Handbuch der Markenpraxis, 2. Aufl. München 2012

Fitting/Engels/Schmidt/Trebinger/Linsenmaier Betriebsverfassungsgesetz, Kommentar, 26. Aufl. 2012

Fitzner/Lutz/Bodewig Patentrechtskommentar, 4. Aufl. 2012

Forkel Gebundene Rechtsübertragungen, Köln u.a. 1977

Frankfurter Kommentar zum Kartellrecht (Hrsg.: *Jaeger, Wolfgang/Pohlmann, Petra/Schroeder, Dirk*), Loseblattsammlung (Stand: Februar 2012), Köln

Frankfurter Kommentar Kommentar zur Insolvenzordnung, 6. Aufl. 2010

Fromm/Nordemann Urheberrecht, 10. Aufl. Stuttgart 2008

Frost Schiedsgerichtsbarkeit im Bereich des geistigen Eigentums nach deutschem und US-amerikanischem Schiedsrecht, München 2001

Gaul Die Arbeitnehmer-Erfindung, 2. Aufl. Köln 1990

Gaul Der erfolgreiche Schutz von Betriebs- und Geschäftsgeheimnissen, Neuwied 1994

Geimer Internationales Zivilprozessrecht, 6. Aufl. Köln 2009

Gennen/Völkel Recht der IT-Verträge, Heidelberg 2009

GK(-Bearb.)	Gesetz gegen Wettbewerbsbeschränkungen und Europäisches Kartellrecht, Gemeinschaftskommentar, 5. Aufl. 2006 ff.
Glanegger/Güroff	Gewerbesteuergesetz, Kommentar, 6. Aufl. München 2006
Gleiss/Hirsch	Kommentar zum EWG-Kartellrecht, Band I, Art. 85 und Gruppenfreistellungsverordnungen, 4. Aufl. Heidelberg 1993
Gloy/Loschelder/Erdmann	Handbuch des Wettbewerbsrechts, 4. Aufl. München 2010
Götting	Gewerblicher Rechtsschutz, 9. Aufl. München 2010
Götting/Schertz/Seitz	Handbuch des Persönlichkeitsrechts, München 2008
Gottwald	Internationale Schiedsgerichtsbarkeit, Bielefeld 1997
Gottzmann	Sukzessionsschutz im Gewerblichen Rechtsschutz und Urheberrecht, Köln/München 2008
Greco	Verwertung von Know-how, Diss. 2010
Gruber/von Zumbusch/ Haberl/Oldekop	Europäisches und internationales Patentrecht, 7. Aufl. 2012
Groß	Der Lizenzvertrag, 10. Aufl. Heidelberg 2011 (zitiert: Groß)
Groß	Know-how-Lizenzvertrag, 6. Aufl. Frankfurt am Main 2011
Groß/Rohrer	Lizenzgebühren, 3. Aufl. Heidelberg 2012
Grützmacher/Laier/May	Der internationale Lizenzverkehr, 8. Aufl. Heidelberg 1997
Haase	Geistiges Eigentum, Nationales und Internationales Steuerrecht der immateriellen Wirtschaftsgüter, Köln 2012
Hacke	Der ADR-Vertrag: Vertragsrecht und vertragliche Gestaltung der Mediation und anderer alternativer Konfliktlösungsverfahren, Heidelberg 2001
Haedicke	Patentrecht, Köln 2009
Haft/Schlieffen	Handbuch Mediation: Verhandlungstechnik, Strategien, Einsatzgebiete, 2. Aufl. München 2009
Hamann	Territoriale Begrenzung und Ausschließlichkeit von Lizenzen, Diss. Kiel 1999
Harte-Bavendamm/ Henning-Bodewig	Gesetz gegen unlauteren Wettbewerb, Kommentar, 2. Aufl. München 2009

Hauser	Der Patentlizenzvertrag im französischen Recht im Vergleich zum deutschen Recht, München 1984
Hay	US-Amerikanisches Recht, 5. Aufl. München 2011
Heidelberger Kommentar	Heidelberger Kommentar zum Urheberrecht (Hrsg.: *Dreyer, Gunda/Kotthoff, Jost/Meckel, Astrid*), 2. Aufl. Heidelberg 2008
Hellebrand/Himmelmann	Lizenzsätze für technische Erfindungen, 4. Aufl. Köln u.a. 2011
Henn	Patent- und Know-how-Lizenzvertrag, 5. Aufl. Heidelberg 2003 (zitiert: *Henn*)
Henn	Problematik und Systematik des internationalen Patentlizenzvertrages, München 1967
Henn	Schiedsverfahrensrecht – Handbuch für die Praxis, 3. Aufl. Heidelberg 2000 (zitiert: *Henn*, Schiedsverfahrensrecht)
Hess	Insolvenzrecht, Großkommentar, Band II §§ 113–359, Heidelberg u.a. 2007
Hiestand	Die Anknüpfung internationaler Lizenzverträge, Frankfurt am Main u.a. 1993
Hölzlwimmer	Produkthaftungsrechtliche Risiken des Technologietransfers durch Lizenzverträge, München 1995
Hoeren	IT-Vertragsrecht, Praxis-Lehrbuch, 2. Aufl. Köln 2012
Hoeren	Softwareüberlassung als Sachkauf – Ausgewählte Rechtsprobleme des Erwerbs von Standardsoftware, München 1989
Hootz (Hrsg.)	Gesetz gegen Wettbewerbsbeschränkungen und Europäisches Kartellrecht, Gemeinschaftskommentar, 5. Aufl. Köln u.a. 1999 ff.
von Hoyningen-Huene	Die Billigkeit im Arbeitsrecht, München 1978
Hundt-Eßwein/Schuhmann	Kommentar zum Umsatzsteuergesetz, 2. Aufl. Heidelberg 1998
Immenga/Mestmäcker	Wettbewerbsrecht, EU (Bd. 1/Teil 1 und 2), 5. Aufl. München 2012, GWB (Bd. 2), 4. Aufl. München 2007
Ingerl/Rohnke	Markengesetz, Kommentar, 3. Aufl., München 2010
Isay	Patentgesetz und Gesetz betreffend den Schutz von Gebrauchsmustern, 6. Aufl. Berlin/Frankfurt a.M. 1932

Jaeger/Metzger Open Source Software, 3. Aufl. München 2011

Jautz Probleme der Zwangsvollstreckung in Patentrechte und Patentlizenzrechte, Tübingen 1997

Keller Kartellrechtliche Schranken für Lizenzverträge, Bern 2004

Keukenschrijver Patentnichtigkeitsverfahren, 4. Aufl. Köln 2011

Kindler Einführung in das neue IPR des Wirtschaftsverkehrs, Frankfurt a.M. 2009

Kittner/Zwanziger/Deinert Arbeitsrecht, Handbuch für die Praxis, 6. Aufl. Frankfurt a.M. 2011

Klauer/Möhring Patentrechtskommentar, Band 1, 3. Aufl. München 1971

Klawitter/Lübbig Lizenzverträge und Kartellrecht, Baden-Baden 2009

Knoppe Die Besteuerung der Lizenz- und Know-how-Verträge, 2. Aufl. Köln 1972

Kochmann Schutz des Know-how gegen ausspähende Produktanalysen (Reverse Engineering), Berlin 2009

Köhler/Bornkamm Gesetz gegen den unlauteren Wettbewerb: UWG mit PAngV, UKlaG, DL-InfoV, 30. Aufl. München 2012

Kraßer Patentrecht, Ein Lehr- und Handbuch zum deutschen Patent- und Gebrauchsmusterrecht, Europäischen und Internationalen Patentrecht, 6. Aufl. München 2009 (zitiert: *Kraßer*, PatR)

Kuebart Verrechnungspreise im Internationalen Lizenzverkehr: Grundlagen der Ermittlung steuerlich angemessener Lizenzgebühren bei Verträgen zwischen international verbundenen Unternehmen und Ermittlung eines ganzheitlichen Preisermittlungsprogramms, Bielefeld 1995

Kübler/Prütting/Bork Insolvenzordnung, Loseblattsammlung (Stand: Juli 2012), Köln

Kühn Vorläufiger Rechtsschutz und Schiedsgerichtsbarkeit, in: Glossner (Hrsg.), Jahrbuch für die Praxis der Schiedsgerichtsbarkeit 1 (1987), Heidelberg 1998, S. 47 ff.

Kühnen Handbuch der Patentverletzung, 5. Aufl. Köln 2011

Kurz	Vertraulichkeitsvereinbarungen, 2. Aufl. Köln 2008
Kuss	Der Lizenzvertrag im Recht der USA, Köln 2005
Lachmann	Handbuch für die Schiedsgerichtspraxis, 3. Aufl. Köln 2007
Lange	Handbuch zum deutschen und europäischen Kartellrecht, 2. Aufl. Frankfurt a.M. 2006
Langen/Bunte	Kommentar zum deutschen und europäischen Kartellrecht, 11. Aufl. Neuwied u.a. 2010
Lehmann	Rechtsschutz und Verwertung von Computerprogrammen, 2. Aufl. Köln 1993
Lichtenstein	Die Patentlizenz nach amerikanischen Recht, Tübingen 1965
Liebscher/Flohr/Petsche	Handbuch der EU-Gruppenfreistellungsverordnungen, 2. Aufl. München 2012
Lindenmaier/Weiß	Das Patengesetz, 6. Aufl. Köln u.a. 1973
Lionnet/Lionnet	Handbuch der internationalen und nationalen Schiedsgerichtsbarkeit: systematische Darstellung der privaten Handelsschiedsgerichtsbarkeit für die Praxis der Parteien, 3. Aufl. Stuttgart u.a. 2005
Lörcher/Lörcher	Das Schiedsverfahren – national/international – nach neuem Recht, 2. Aufl. Heidelberg 2001
Loewenheim/Meessen/ Riesenkampff	Kartellrecht, 2. Aufl. München 2009
Lorenzen	Designschutz im europäischen und internationalen Recht: zur Anwendung und Auslegung internationalen und europäischen Designschutzrechts, insbesondere der materiellen Geschmacksmustervorschriften der Richtlinie 98/71/EG und der Verordnung (EG) Nr. 6/2002 über das Gemeinschaftsgeschmacksmuster, Hamburg 2002
Lüdecke	Erfindergemeinschaften, Berlin 1962
Lüdecke/Fischer	Lizenzverträge, Berlin 1957
Lutter	Der Letter of intent, München 1982
Magen	Lizenzverträge und Kartellrecht, Heidelberg 1963
Magold	Personenmerchandising, Frankfurt a.M. 1994
Maier	Der Schutz von Betriebs- und Geschäftsgeheimnissen im schwedischen, englischen und deutschen Recht, Köln u.a. 1998

Marly Praxishandbuch Softwarerecht, 5. Aufl. München 2009

Mayer Das US-Patent, 4. Aufl. Köln 2011

McGuire Die Lizenz, Tübingen 2012

Mes Patentgesetz und Gebrauchsmustergesetz, Kommentar, 3. Aufl. München 2011

Möffert Der Forschungs- und Entwicklungsvertrag, 3. Aufl. München 2008

Möhring/Nicolini Urheberrechtsgesetz, (Hrsg.: *Nicolini, Käte/ Ahlberg, Hartwig*) 2. Aufl. München 2000

Moritz/Tybussek Computersoftware – Rechtsschutz und Vertragsgestaltung, München 1986

Mössner Steuerrecht international tätiger Unternehmen, 3. Aufl. Köln 2005

Mössner/Seeger Körperschaftsteuergesetz, Loseblattsammlung (Stand: Oktober 2011), München 2006

Müller/Otto Allgemeine Geschäftsbedingungen im internationalen Wirtschaftsverkehr, Neuwied u.a. 1994

Münchener Kommentar Kommentar zum Bürgerlichen Gesetzbuch (Hrsg.: *Säcker, Franz Jürgen/Rixecker, Roland*), 5. Aufl. München 2006 ff. u. 6. Aufl. München 2012

Musielak Kommentar zur Zivilprozessordnung, 9. Aufl. München 2012

Nerlich/Römermann Insolvenzordnung – Kommentar, Loseblattsammlung (Stand: März 2012), München

Osterrieth Patentrecht, 4. Aufl. München 2010

Pagenberg/Beier Lizenzverträge – Licence Agreements, 6. Aufl. Köln u.a. 2008

Pahlow Lizenz und Lizenzvertrag im Recht des geistigen Eigentums, Tübingen 2006

Palandt Bürgerliches Gesetzbuch, Kommentar, 71. Aufl. München 2012

Pedrazzini Patent- und Lizenzvertragsrecht, Bern 1983

Peter/Burhoff/Stöcker Umsatzsteuer – Kommentar, Loseblattsammlung (Stand: September 2011), Herne/Berlin

Pfaff/Nagel Internationale Rechtsgrundlagen für Lizenzverträge im Gewerblichen Rechtsschutz, München 1993

Pfaff/Osterrieth Lizenzverträge – Formularkommentar, 3. Aufl. München 2010

Pietzcker	Kommentar zum Patentgesetz und Gebrauchsmusterschutzgesetz, 1. Halbband, Berlin/Leipzig 1929
Piper/Ohly/Sonsnitza	Gesetz gegen den unlauteren Wettbewerb, 5. Aufl. München 2010
Preis	Der Arbeitsvertrag, 4. Aufl. Köln 2011
Prütting/Wegen/Weinreich	BGB, Kommentar, 6. Aufl. Köln 2011
Raeschke-Kessler/Berger	Recht und Praxis des Schiedsverfahrens, 3. Aufl. Köln 1999
Rasch	Der Lizenzvertrag in rechtsvergleichender Darstellung, Berlin 1933
Rau/Dürrwächter	Umsatzsteuergesetz, Loseblattsammlung (Stand: Dezember 2011), Köln
Rauscher	Internationales Privatrecht: mit internationalem und europäischem Verfahrensrecht, 2. Aufl. Heidelberg 2002
Redeker	Handbuch der IT-Verträge, Loseblattsammlung (Stand: Dezember 2011), Köln
Reimer	Patentgesetz und Gebrauchsmustergesetz, 3. Aufl. Köln u.a. 1968
Reimer/Schade/Schippel	Das Recht der Arbeitnehmererfindung, 8. Aufl. Berlin u.a. 2007
Reithmann/Martiny	Internationales Vertragsrecht, 7. Aufl. Köln 2010
Rosenberger	Verträge über Forschung und Entwicklung, 2. Aufl. Köln 2010
Schade	Die Ausübungspflicht bei Lizenzen, Köln u.a. 1967
Scherenberg	Lizenzverträge in der Insolvenz des Lizenzgebers, Berlin 2005
Schertz	Merchandising – Rechtsgrundlagen und Rechtspraxis, München 1997
Schiedermair	Vereinbarungen im Zivilprozess, Bonn 1935
Schlechtriem/Schwenzer	Kommentar zum einheitlichen UN-Kaufrecht – CISG, 5. Aufl. München 2008
Schmidt	Einkommensteuergesetz – Kommentar, 31. Aufl. München 2012
Schmidt-Bleibtreu/Hofmann/Hopfauf	Kommentar zum Grundgesetz, 12. Aufl. Köln 2011
Schneider	Handbuch des EDV-Rechts, 4. Aufl. Köln 2009
Schneider	Mediation im gewerblichen Rechtsschutz, Frankfurt a.M. 2002

Schricker/Loewenheim	Urheberrecht, Kommentar, 4. Aufl. München 2010
Schulte	Patentgesetz, Kommentar, 8. Aufl. Köln u.a. 2008
Schultze/Pautke/Wagener	Die Gruppenfreistellungsverordnung für Technologietransfervereinbarungen, Praxiskommentar, Frankfurt a.M. 2005
Schultze/Pautke/Wagener	Vertikal-GVO, Praxiskommentar, 3. Aufl. Frankfurt 2011
Schütze	Schiedsgericht und Schiedsverfahren, 4. Aufl. München 2007
Schütze/Tscherning/Wais	Handbuch des Schiedsverfahrens: Praxis d. deutschen u. internationalen Schiedsgerichtsbarkeit, Berlin 1985
Schwab/Walter	Schiedsgerichtsbarkeit – Systematischer Kommentar, 7. Aufl. München 2005
Schwartmann	Praxishandbuch Medien-, IT- und Urheberrecht, 2. Aufl. Heidelberg 2011
Sölch/Ringleb	Umsatzsteuer, Kommentar, Loseblattsammlung (Stand: September 2011), München
Soergel	Bürgerliches Gesetzbuch (Hrsg.: *Siebert, Wolfgang/Baur, Jürgen F.*), 13. Aufl. Stuttgart u.a. 2000 ff.
Spindler	Vertragsrecht der Internet-Provider, 2. Aufl. Köln 2004
von Staudinger	Bürgerliches Gesetzbuch, Kommentar, Berlin 2009 ff.
Stege/Weinspach/Schiefer	Betriebsverfassungsgesetz – Handkommentar für die betriebliche Praxis, 9. Aufl. Köln 2002
Stein/Jonas	Kommentar zur Zivilprozessordnung, Bd. 9, §§ 916–1068, EG ZPO, 22. Aufl. Tübingen 2002
Stoffmehl	Technologietransfer im europäischen Kartellrecht durch Gruppenfreistellung, Berlin 1997
Streinz	EUV/AEUV, Kommentar, 2. Aufl. München 2012
Ströbele/Hacker	MarkenG, 10. Aufl. Köln 2012
Stumpf	Der Know-how-Vertrag, 3. Aufl. Heidelberg 1977
Teplitzky	Wettbewerbsrechtliche Ansprüche und Verfahren, 10. Aufl. Köln 2012
Tetzner	Kommentar zum Patentgesetz und Gebrauchsmustergesetz, 2. Aufl. Nürnberg/Düsseldorf 1951

Thomas/Putzo Zivilprozessordnung, 33. Aufl. München 2012
von Troller Immaterialgüterrecht, Bd. II, 3. Aufl. Basel 1983

Uhlenbruck Insolvenzordnung, Kommentar, 13. Aufl. München 2010
Ulmer Urheber- und Verlagsrecht, 3. Aufl. Berlin 1980
Ulmer/Brandner/Hensen AGB-Recht, 11. Aufl. Köln 2010

Völkel/Karg Umsatzsteuer, 15. Aufl. Stuttgart 2009
Volmer/Gaul Arbeitnehmererfindergesetz, 2. Aufl. München 1983

Wagner Prozessverträge: Privatautonomie im Verfahrensrecht, Tübingen 1998
Wandtke/Bullinger Praxiskommentar zum Urheberrecht, 3. Aufl. München 2009
Weitz Software als „Sache", Münster 1998
Westermann Handbuch Know-how-Schutz, München 2007
Wiedemann Handbuch des Kartellrechts, 2. Aufl. München 2008
Wiedemann Lizenzen und Lizenzverträge in der Insolvenz, Köln 2006
Wiese/Kreutz/Oetker/Raab/Weber/Franzen Gemeinschaftskommentar zum Betriebsverfassungsgesetz, 9. Aufl. 2010
Winzer Forschungs- und Entwicklungsverträge, 2. Aufl. München 2011
Wodtke/Richters Schutz von Geschäfts- und Betriebsgeheimnissen, Berlin 2004
Wolf/Lindacher/Pfeiffer AGB-Recht, 5. Aufl. München 2009
Wurzer/Kaiser Handbuch Internationaler Know-how-Schutz, 2. Aufl. Köln 2011
Wurzer/Reinhardt Handbuch der Patentbewertung, 2. Aufl. Köln 2010

Zenthöfer/Schulze zur Wiesche Einkommensteuer, 10. Aufl. Stuttgart 2009
Zöller Zivilprozessordnung, 29. Aufl. Köln 2012

Abkürzungsverzeichnis

a.A.	anderer Ansicht
a.a.O.	am angegebenen Ort
AbfallR	Zeitschrift für das Recht der Abfallwirtschaft
ABl. EG	Amtsblatt der Europäischen Gemeinschaften
Abs.	Absatz
a.E.	am Ende
AEUV	Vertrag über die Arbeitsweise der Europäischen Union
a.F.	alte Fassung
AfP	Archiv für Presserecht (Zeitschrift)
AG	Die Aktiengesellschaft (Zeitschrift)
AGB	Allgemeine Geschäftsbedingungen
AGBG	Gesetz zur Regelung des Rechts der Allgemeinen Geschäftsbedingungen
AktG	Aktiengesetz
allg.	allgemein
Alt.	Alternative
AMG	Antimonopolgesetz (Japan)
amtl.	amtlich
Anh.	Anhang
Anm.	Anmerkung
AnwBl.	Anwaltsblatt (Zeitschrift)
AO	Abgabenordnung
AOGPÜ	Ausführungsordnung zum Übereinkommen über das europäische Patent für den Gemeinsamen Markt
AP	Arbeitsrechtliche Praxis
APA	Asien-Pazifik-Ausschuss der Deutschen Wirtschaft
ArbEG	Arbeitnehmererfindergesetz
Art.	Artikel
AStG	Außensteuergesetz
Aufl.	Auflage
AuR	Arbeit und Recht (Zeitschrift)
AW-Prax	Außenwirtschaftliche Praxis, Zeitschrift für Außenwirtschaft in Recht und Praxis
AWG	Außenwirtschaftsgesetz
AWV	Außenwirtschaftsverordnung
BAFA	Bundesausfuhramt
BauR	baurecht (Zeitschrift)
BayObLG	Bayerisches Oberstes Landesgericht
BB	Betriebsberater (Zeitschrift)
BBiG	Berufsbildungsgesetz
Beil.	Beilage

Beschl.	Beschluss
BFH	Bundesfinanzhof
BGB	Bürgerliches Gesetzbuch
BGB-E	Bürgerliches Gesetzbuch – Entwurf
BGBl.	Bundesgesetzblatt
BGH	Bundesgerichtshof
BGHZ	Entscheidungen des Bundesgerichtshofes in Zivilsachen
bish.	bisherige/r
BKartA	Bundeskartellamt
Blatt	Blatt für Patent-, Muster- und Zeichenwesen (Zeitschrift)
BlPMZ	Blatt für Patent-, Muster- und Zeichenwesen (Zeitschrift)
BMF	Bundesministerium für Finanzen
BPatG	Bundespatentgericht
BPatGE	Amtliche Entscheidungssammlung des Bundespatentgerichts
BPersVG	Bundespersonalvertretungsgesetz
BR-Drucks.	Bundesratsdrucksache
BStBl.	Bundessteuerblatt
BT-Drucks.	Bundestagsdrucksache
BVerfG	Bundesverfassungsgericht
BVerfGE	Amtliche Entscheidungssammlung des Bundesverfassungsgerichts
bzw.	beziehungsweise
ca.	circa
c.i.c.	culpa in contrahendo
CIPR	CIPReport (Newsletter des Zentrums für Gewerblichen Rechtsschutz, Düsseldorf)
CISG	Convention on Contracts for the International Sale of Goods (UN-Kaufrecht)
CR	Computer und Recht (Zeitschrift)
DAJV	(Zeitschrift der) Deutsch-Amerikanischen Juristen-Vereinigung e.V.
DB	Der Betrieb (Zeitschrift)
DBA	Doppelbesteuerungsabkommen
DDR	Deutsche Demokratische Republik
d.h.	das heißt
dgl.	desgleichen
DIS	Deutsche Institution für Schiedsgerichtsbarkeit e.V.
Diss.	Dissertation
DNotZ	Deutsche Notarzeitschrift
DoJ	Department of Justice
DPMA	Deutsches Patent- und Markenamt

DStR	Deutsches Steuerrecht (Zeitschrift)
DÜG	Diskontüberleitungsgesetz
DZWiR	Deutsche Zeitschrift für Wirtschaftsrecht
ECU	European Currency Unit
EFTA	European Free Trade Association
EG	Europäische Gemeinschaft; Vertrag zur Gründung der Europäischen Gemeinschaft
EGBGB	Einführungsgesetz zum Bürgerlichen Gesetzbuch
EGMR	Europäischer Gerichtshof für Menschenrechte
EGr	Erwägungsgrund
EGV	Vertrag zur Gründung der Europäischen Gemeinschaft
Einl.	Einleitung
EKG	Einheitliches Gesetz über den internationalen Kauf beweglicher Sachen
Entsch.	Entscheidungen des LG Düsseldorf (Zeitschrift)
EPA	Europäisches Patentamt
EPÜ	Übereinkommen über die Erteilung europäischer Patente
ErstrG	Erstreckungsgesetz
EStG	Einkommensteuergesetz
ESZB	Europäisches System der Zentralbanken
EU	Europäische Union
EUCCA	Europäisches Übereinkommen über die internationale Handelsschiedsgerichtsbarkeit
EuG	Europäisches Gericht erster Instanz
EuGH	Europäischer Gerichtshof
EuGVÜ	Europäisches Gerichtsstands- und Vollstreckungsabkommen
EuGVVO	Verordnung über die gerichtliche Zuständigkeit und die Anerkennung und Vollstreckung von Entscheidungen in Zivil- und Handelssachen
EuR	Europarecht (Zeitschrift)
EuZW	Europäische Zeitschrift für Wirtschaftsrecht
EWG	Europäische Wirtschaftsgemeinschaft
EWiR	Entscheidungen zum Wirtschaftsrecht
EWRA	Abkommen über den europäischen Wirtschaftsraum
EWWU	Europäische Wirtschafts- und Währungsunion
EZB	Europäische Zentralbank
f.	folgende
FernAbsG	Fernabsatzgesetz
ff.	fortfolgende
Fn.	Fußnote
FTC	Federal Trade Commission
F&E	Forschung und Entwicklung

GebrMG	Gebrauchsmustergesetz
gef.	gefasst
GeschmMG	Geschmacksmustergesetz
GesO	Gesamtvollstreckungsordnung
GewStG	Gewerbesteuergesetz
GG	Grundgesetz
GGE	GRUR-Entwurf eines Gesetzbuchs für Geistiges Eigentum (2012)
ggf.	gegebenenfalls
GmbH	Gesellschaft mit beschränkter Haftung
GmbHG	Gesetz betreffend die Gesellschaften mit beschränkter Haftung
GMVO	Gemeinschaftsmarkenverordnung
GPÜ	Übereinkommen über das europäische Patent für den Gemeinsamen Markt (Gemeinschaftspatentübereinkommen)
GrFVO	Gruppenfreistellungsverordnung
GrFVO-Franchising	Gruppenfreistellungsverordnung für Franchise-Vereinbarungen
GrFVO-F&E	Gruppenfreistellungsverordnung für Forschungs- und Entwicklungsgemeinschaften
GrFVO-Know-how-Vereinbarungen	Gruppenfreistellungsverordnung für Know-how-Vereinbarungen
GrFVO-Patentlizenzvereinbarungen	Gruppenfreistellungsverordnung für Patentlizenzvereinbarungen
GrFVO-Spezialisierung	Gruppenfreistellungsverordnung für Spezialisierungsvereinbarungen
GrFVO-Vertikal	Gruppenfreistellungsverordnung für vertikale Wettbewerbsvereinbarungen
GRUR	Gewerblicher Rechtsschutz und Urheberrecht (Zeitschrift)
GRUR	Int. Gewerblicher Rechtsschutz und Urheberrecht Internationaler Teil (Zeitschrift)
GRUR-Prax	Gewerblicher Rechtsschutz und Urheberrecht Praxis im Immaterialgüter und Wettbewerbsrecht (Zeitschrift)
GVO	Gruppenfreistellungsverordnung
GWB	Gesetz gegen Wettbewerbsbeschränkungen
Halbs.	Halbsatz
HausTWG	Haustürwiderrufsgesetz
Hdb.	Handbuch
HGB	Handelsgesetzbuch
h.L.	herrschende Lehre
h.M.	herrschende Meinung

IBR	Immobilien- & Baurecht
ICC	International Chamber of Commerce
i.d.F.	in der Fassung
i.d.R.	in der Regel
i.d.S.	in diesem Sinne
i.E.	im Einzelnen; im Ergebnis
IFG	Informationsfreiheitengesetz
IHR	Internationales Handelsrecht, Zeitschrift für das Recht des internationalen Warenkaufs und Warenvertriebs
IIC	International Review of Intellectual Property and Competition Law (Zeitschrift)
InsO	Insolvenzordnung
InstGE	Entscheidungen der Instanzgerichte zum Recht des geistigen Eigentums
Int.	PatÜG Gesetz über internationale Patentübereinkommen
IPR	Internationales Privatrecht
IPRax	Praxis des Internationalen Privat- und Verfahrensrechts (Zeitschrift)
IStR	Internationales Steuerrecht (Zeitschrift)
ITRB	Der IT-Rechts-Berater (Zeitschrift)
i.Ü.	im Übrigen
i.V.m.	in Verbindung mit
JA	Juristische Ausbildung (Zeitschrift)
JbFfSt	Jahrbuch der Fachanwälte für Steuerrecht
JurBüro	Das Juristische Büro (Zeitschrift)
JW	Juristische Wochenschrift (Zeitschrift)
JZ	Juristenzeitung (Zeitschrift)
KartellR	Kartellrecht
KG	Kammergericht
KO	Konkursordnung
KStG	Körperschaftssteuergesetz
KSzW	Kölner Schrift zum Wirtschaftsrecht (Zeitschrift)
KTS	Zeitschrift für Insolvenzrecht, Konkurs, Treuhand, Sanierung
KUG	Gesetz betreffend das Urheberrecht an Werken der bildenden Künste und der Photographie
K&R	Kommunikation und Recht (Zeitschrift)
LAG	Landesarbeitsgericht
Leipz. Z.	Leipziger Zeitschrift für Deutsches Recht
LG	Landgericht
LUG	Lugano-Übereinkommen

MarkenG	Markengesetz
MDR	Monatsschrift für Deutsches Recht (Zeitschrift)
m.H.a.	mit Hinweis auf
Mitt.	Mitteilungen der deutschen Patentanwälte (Zeitschrift)
MMR	MultiMedia und Recht (Zeitschrift)
MRRL	Markenrechtsrichtlinie
m.w.N.	mit weiteren Nachweisen
MuW	Markenschutz und Wettbewerb (Zeitschrift)
n.F.	neue Fassung
NJOZ	Neue Juristische Online Zeitschrift
NJW	Neue Juristische Wochenschrift (Zeitschrift)
NJWE-WettbR	Neue Juristische Wochenschrift Entscheidungsdienst Wettbewerbsrecht
NJW-RR	NJW Rechtsprechungs-Report Zivilrecht (Zeitschrift)
NJW-WettbR	NJW Rechtsprechungs-Report Wettbewerbsrecht (Zeitschrift)
Nr.	Nummer
n.v.	nicht veröffentlicht
NZA	Neue Zeitschrift für Arbeitsrecht
NZA-RR	NZA-Rechtsprechungsreport Arbeitsrecht
NZG	Neue Zeitschrift für Gesellschaftsrecht
NZI	Neue Zeitschrift für Insolvenz und Sanierung
NZM	Neue Zeitschrift für Miet- und Wohnungsrecht
o.Ä.	oder Ähnliches
OECD	Organisation for Economic Cooperation and Development
o.g.	oben genannt
OLG	Oberlandesgericht
OLGZ	Entscheidungen der Oberlandesgerichte in Zivilsachen
PatÄndG	Gesetz zur Änderung des Patentgesetzes
PatG	Patentgesetz
PrKlG	Preisklauselgesetz
ProdHaftG	Produkthaftungsgesetz
pVV	positive Vertragsverletzung
RG	Reichsgericht
RGBl.	Reichsgesetzblatt
RGSt	Entscheidungen des Reichsgerichts in Strafsachen
RGZ	Entscheidungen des Reichsgerichts in Zivilsachen
RIW	Recht der internationalen Wirtschaft (Zeitschrift)
RIW/AWD	Recht der internationalen Wirtschaft/Außenwirtschaftsdienst des Betriebs-Beraters (Zeitschrift)

RL	Richtlinie
Rz.	Randzahl
S.	Seite/Siehe
SchiedsGHK	Schiedsgericht der Handelskammer
SchiedsVZ	Zeitschrift für Schiedsverfahren
SigG	Signaturgesetz
Slg.	Entscheidungssammlung der Rechtsprechung des Europäischen Gerichtshofes
SortSchG	Sortenschutzgesetz
StBp	Die steuerliche Betriebsprüfung (Zeitschrift)
StuB	Steuern und Bilanzen (Zeitschrift)
TB	Tätigkeitsbericht
TRIPS	Übereinkommen über handelsbezogene Aspekte der Rechte des geistigen Eigentums
TT-GVO	Gruppenfreistellungsverordnung für Technologietransfer-Vereinbarungen
UFITA	Archiv für Urheber-, Film-, Funk- und Theaterrecht
UNCITRAL	United Nations Commission on International Trade Law
UNÜ	Übereinkommen über die Anerkennung und Vollstreckung ausländischer Schiedssprüche
UrheberR	Urheberrecht
UrhG	Urhebergesetz
Urt.	Urteil
USA	United States of America
U.S.C.	United States Code
U.S.S.C.	United States Supreme Court
UStDV	Umsatzsteuerdurchführungsverordnung
UStG	Umsatzsteuergesetz
u.U.	unter Umständen
UVR	Umsatz- und Verkehrsteuer-Recht (Zeitschrift)
UWG	Gesetz gegen den unlauteren Wettbewerb
v.	vom
VBlBW	Verwaltungsblätter für Baden-Württemberg
VerbrKrG	Verbraucherkreditgesetz
VerglO	Vergleichsordnung
vgl.	vergleiche
VO	Verordnung
Vorbem.	Vorbemerkung
vs.	versus
WährungsG	Währungsgesetz
wg.	wegen

WiB	Wirtschaftsrechtliche Beratung (Zeitschrift)
WIPO	World Intellectual Property Organisation
WiPro	Gesetz über eine Berufsordnung der Wirtschaftsprüfer (Wirtschaftsprüferordnung)
WM	Wertpapierrechtliche Mitteilungen (Zeitschrift)
WpHG	Gesetz über den Wertpapierhandel
WRP	Wettbewerb in Recht und Praxis (Zeitschrift)
WTO	World Trade Organisation
WuW	Wirtschaft und Wettbewerb (Zeitschrift)
WuW/E	Wirtschaft und Wettbewerb Entscheidungssammlung
z.B.	zum Beispiel
ZGR	Zeitschrift für geistiges Eigentum
ZGS	Zeitschrift für das gesamte Schuldrecht
ZHR	Zeitschrift für das gesamte Handelsrecht und Wirtschaftsrecht
Ziff.	Ziffer
ZInsO	Zeitschrift für das gesamte Insolvenzrecht
ZIP	Zeitschrift für Wirtschaftsrecht und Insolvenzpraxis
ZPO	Zivilprozessordnung
z.T.	zum Teil
ZUM	Zeitschrift für Urheber- und Medienrecht
ZUM-RD	ZUM-Rechtsprechungsdienst
ZVG	Zwangsvollstreckungsgesetz
ZVertriebsR	Zeitschrift für Vertriebsrecht
ZVglRWiss	Zeitschrift für vergleichende Rechtswissenschaft
ZWeR	Zeitschrift für Wettbewerbsrecht
ZZP	Zeitschrift für Zivilprozess

A. Der Lizenzvertrag über technische Schutzrechte

I. Zweck des Lizenzvertrages/Lizenzpolitik

1 Der grundgesetzlich geschützte Kern des Patentrechts besteht in der grundsätzlichen Zuordnung der vermögenswerten Ergebnisse einer schöpferischen Leistung an den Patentinhaber im Wege privatrechtlicher Normierung und in seiner Freiheit, in eigener Verantwortung darüber verfügen zu können. Insoweit genießen das Patentrecht wie aber auch das technische Urheberrecht des Erfinders, das noch nicht zum Patentrecht erstarkt ist, den verfassungsrechtlich gewährleisteten Eigentumsschutz im Sinne des Art. 14 Abs. 1 Satz 1 GG[1]. Der spezifische Gegenstand des Eigentums liegt bei Patenten und entsprechenden schutzfähigen schöpferischen Leistungen in dem ausschließlichen Recht, das geschützte Erzeugnis herzustellen, anzubieten und in den Verkehr zu bringen bzw. das geschützte Verfahren anzuwenden, mithin die Erfindung selbst oder im Wege der Lizenzvergabe an Dritte zu verwerten sowie sich gegen jegliche Zuwiderhandlungen zur Wehr zu setzen (§ 9 PatG)[2].

2 In diesem Rahmen entspricht es vernünftigem kaufmännischen Handeln, den durch eine Schutzrechtserteilung oder jedenfalls durch Erfindungsbesitz vermittelten Vermögenswert in möglichst umfassender Weise wirtschaftlich auszuwerten. Vorrangig kommt hierbei naturgemäß eine **Eigennutzung** der erfinderischen Lehre durch den Rechtsinhaber in Betracht. Erwägenswert bleibt daneben die Nutzung des durch eine Schutzrechtserteilung begründeten Monopolschutzes des Rechtsträgers (§§ 9, 10 PatG) im Rahmen von Allianzen, durch **Schutzrechtsübertragung** bzw. **Einbringen in spin-offs** wie auch in der Form eines **Sperr- oder Vorratsschutzrechtes**. Neben bzw. an Stelle einer solchen Nutzung bietet sich eine Verwertung der Erfindungsleistung durch Überlassung von Benutzungsrechten an Dritte im Wege der **Lizenzvergabe** an (external technology commercialization, „ETC")[3], nachdem die Verkehrsfähigkeit der Vermögensrechte an schutzfähigen schöpferischen Leistungen allgemein anerkannt ist (vgl. Art. 28 Abs. 2 TRIPS, § 15 Abs. 1 und 2 PatG).

3 Die **Lizenzierung** hat sich im modernen Wirtschaftsleben zur wichtigsten Form der Einräumung von Nutzungsrechten an Rechten des Geistigen Eigentums entwickelt; ihr kommt eine weitaus größere Bedeutung als der

---

1 Vgl. *BVerfG* v. 10.5.2000, GRUR 2001, 43 f. – Klinische Versuche; vgl. auch *BVerfG* v. 24.4.1998, NJW 1998, 3704 f. – Induktionsschutz von Fernmeldekabeln.

2 Vgl. *BGH* v. 13.3.2003, GRUR 2003, 507, 511 – Enalapril m.w.N.

3 Zur Nutzung von Patenten im Innovationsmarketing, vgl. *Faix*, Technischer Vertrieb Heft 5/6 1999, 18 ff.

Übertragung von Patenten zu[1] (zur Abgrenzung s. Rz. 86 ff.). Die Bedeutung von Lizenzverträgen innerhalb der Bundesrepublik, aber auch im europäischen und weltweiten Bereich hat deutlich steigende Tendenz[2].

Diese umfassende Vermarktungstendenz spiegelt sich in einer umfangreichen Rechtsprechung wider, die – mangels eines eigenständigen Lizenzvertragsgesetzes (vgl. § 15 Abs. 2 PatG, § 22 Abs. 2 GebrMG)[3] – zusammen mit der Rechtslehre die Entwicklung des Lizenzvertragsrechts geprägt hat. Nach der Rechtsprechung des *BVerfG* ist auch die **Lizenz** eine **eigentumsfähige Position** im Sinne von Art. 14 Abs. 1 Satz 1 GG, da der Lizenznehmer – soweit die Lizenz reicht – Dritten gegenüber gemäß § 15 Abs. 2 PatG in das ausschließliche Benutzungsrecht des Patentinhabers einrückt[4].

1. Erscheinungsformen des Lizenzvertrages

4 Heutzutage wird der Lizenzvertrag häufig mit dem Begriff des Technologietransfers in Verbindung gesetzt. Dabei geht der **Technologietransfer** über die reine Lizenzierung von Schutzrechten hinaus, wenngleich die Lizenzvergabe dessen wesentlicher Bestandteil ist (vgl. auch Art. 1 Abs. 1 lit. b Halbs. 1 TT-GVO 2004). Allerdings hat sich bis jetzt noch keine einheitliche Terminologie zur Kennzeichnung des Technologietransfers durchsetzen können. Während verschiedentlich zwischen Lizenzverträgen und Technologietransferverträgen streng getrennt wird, erscheint es sachgerecht, auf eine derartige Unterscheidung zu verzichten. Der Begriff des Lizenzvertrages hat sich im Laufe der Zeit inhaltlich erweitert und erfasst letztlich alle Verträge, mit denen Nutzungsrechte an schutzfähigen schöpferischen Leistungen oder an speziellen technischen Kenntnissen entgeltlich oder unentgeltlich übertragen werden sollen. In diesem Sinne ist der Lizenzvertrag dem Technologietransfer im weitesten Sinne zu dienen bestimmt[5].

Der GRUR-Entwurf eines **„Gesetzbuchs für Geistigen Eigentum (GGE)“** sieht nach der Art des Lizenzgegenstandes eine Abgrenzung zwischen der **Lizenz als Nutzungsrecht an absoluten Schutzrechten** einerseits und der **bloßen Gestattung einer Nutzung sonstiger Schutzpositionen** andererseits

1 Benkard/*Ullmann*, PatG, § 15 Rz. 57.

2 S. hierzu die von der Deutschen Bundesbank veröffentlichte Lizenzbilanz, „Außenwirtschaft“ Patente und Lizenzen, Statistische Sonderveröffentlichung Nr. 12–06/2011, „Technologische Dienstleistungen in der Zahlungsbilanz“, abrufbar unter: http://www.bundesbank.de/download/statistik/stat_sonder/statso12.pdf); vgl. *Britta Bartenbach*, Diss. 2002, S. 1 ff. zur Bedeutung und den Erscheinungsformen des Lizenzverkehrs.

3 Nach *Ahrens*, GRUR 2006, 617, 623 „eine besonders schmerzliche Gesetzeslücke“.

4 *BVerfG* v. 10.5.2000, GRUR 2001, 43 f. – Klinische Versuche, m.H.a. Busse/*Keukenschrijver*, PatG, § 15 Rz. 60, jeweils für die ausschließliche Patentlizenz.

5 *Pfaff/Nagel* in Pfaff/Osterrieth, A I Rz. 6.

vor; nur der Lizenz wird laut Gesetz Wirkung gegenüber Dritten einschließlich Sukzessionsschutz verliehen (vgl. § 6 Buch 1 GGE). Den absoluten Schutzrechten (§ 1 Abs. 2 Buch 1 GGE) ist gemein, dass sie ihrem Inhaber als Ausschließlichkeitsrechte ein gegenüber jedermann wirkendes Recht einräumen. Demgegenüber sollen die sonstigen Schutzpositionen ihren Inhaber nur handlungsbezogen gegen spezifische Eingriffe in seine Rechtsposition schützen, also u.a. Leistungsergebnisse mit wettbewerblicher Eigenart und Geschäfts- und Betriebsgeheimnisse einschließlich Forschungsergebnisse (§ 1 Abs. 3 Nrn. 2 u. 3 i.V.m. § 9 u. § 10 Buch 1 GGE; allg. zur Lizenzierung s. Buch 1 Titel 3, 4 = §§ 110 ff. GGE).

Ergebnis der zahlreichen Erscheinungsformen des Technologietransfers ist 5
es, dass Lizenzverträge nicht mehr allein zur technischen und wirtschaftlichen Verwertung eines Schutzrechts abgeschlossen werden. *Pfaff/Nagel*[1] unterscheiden folgerichtig **drei Hauptgruppen von Lizenzverträgen:**

- Nach wie vor im Vordergrund stehen die **Verwertungslizenzen**, denen eine positive Verwertungsfunktion zukommt und die damit den „herkömmlichen Grundgedanken" der Lizenzvergabe aufrechterhalten. Bei ihnen ist die Überlegung maßgebend, insbesondere durch einen dem Lizenznehmer aufgegebenen Ausübungszwang (s. Rz. 1895 ff.) **Lizenzeinnahmen** zu erzielen. Dies gilt vor allem bei Kapazitätsauslastung im Unternehmen des Lizenzgebers.

Daneben sind verstärkt zwei Formen der Lizenzierung getreten, die sich über den ursprünglichen Erlaubnis- und Verwertungsgedanken hinaus entwickelt haben:

- Dies sind zum einen die **Lizenzaustauschverträge**, also Verträge zwischen Wettbewerbern gleicher oder technisch sich berührender Branchen zur Ergänzung der eigenen Entwicklungsleistungen (s. Rz. 1644 ff.). Hierzu rechnen auch umfassende Nichtangriffsabreden in Form von Verträgen zur Auflösung von Sperrpositionen zwischen Parteien, die nicht ohne die gegenseitige Verletzung von Schutzrechten arbeiten könnten und die daher gegenseitig auf die Geltendmachung von Verletzungsansprüchen verzichten[2] (s. auch Rz. 10; zur negativen Lizenz s. Rz. 130 ff.). In diese Gruppe gehört auch die Bildung von **Technologiepools**, also die Zusammenfassung von Technologiepaketen durch mehrere Parteien, die vorrangig an die Mitglieder des Pools in Lizenz vergeben werden (vgl. Rz. 210 der TT-Leitlinien zu Art. 81 EG [heute Art. 101 AEUV])[3].
- Zum anderen werden vereinzelt **Lizenzverträge zur (verdeckten) Gewinnabschöpfung** abgeschlossen, die zwar formal als Lizenzverträge ausgestaltet sind, die aber primär der (verdeckten) Gewinnverlagerung zwi-

---

1 *Pfaff/Nagel* in Pfaff/Osterrieth, A I Rz. 15 ff.
2 *Pfaff/Nagel* in Pfaff/Osterrieth, A I Rz. 15.
3 *Wündisch/Bauer*, GRUR Int. 2010, 641 ff. m.w.N.

schen konzernverbundenen Unternehmen der Muttergesellschaft bei einer Tochtergesellschaft dienen (s. auch Rz. 7)[1].

6 Im Rahmen des **Arbeitnehmererfindungsrechts** kann es zu Lizenzeinräumungen seitens des Arbeitnehmers an Dritte, auch Mitbewerber des Arbeitgebers, dann kommen, wenn die den Gegenstand einer Diensterfindung bildenden Erfinderrechte **frei geworden** sind. Nach früherem Recht wurde ein Verfügungsrecht des Arbeitnehmers etwa durch eine **beschränkte Inanspruchnahme** der Erfindung (§ 7 Abs. 2 ArbEG a.F.[2]) eröffnet, ferner bei schriftlicher Freigabe und versäumter Inanspruchnahme einer Erfindung innerhalb der Inanspruchnahmefrist des § 6 Abs. 2 ArbEG a.F.

Mit der Reform des ArbEG 2009 erhält der Arbeitnehmererfinder ein Verfügungsrecht an seiner Diensterfindung nur durch **Freigabe seitens des Arbeitgebers** (§ 6 Abs. 2 ArbEG n.F. u. § 8 Satz 1 ArbEG n.F.). Über eine frei gewordene Diensterfindung kann der Arbeitnehmer nach § 8 Satz 2 ArbEG n.F. ohne jegliche Beschränkungen u.a. durch Lizenzvergabe verfügen.

Ein weiteres Freiwerden der Erfindung ist denkbar bei ihrer Freigabe für Auslandsanmeldungen (§ 14 Abs. 2 ArbEG) oder bei der Übernahme von Schutzrechtspositionen durch den Arbeitnehmer bei **Aufgabeabsicht des Arbeitgebers** (§ 16 ArbEG).

Ein einer Lizenz vergleichbares Nutzungsrecht erhält der Arbeitgeber bei Vorbehalt eines **nicht ausschließlichen Benutzungsrechts** nach § 14 Abs. 3 ArbEG (Auslandsanmeldung durch den Arbeitnehmer) bzw. bei Vorbehalt eines Nutzungsrechts im Falle der Übertragung auf den Arbeitnehmer im Rahmen einer Aufgabeabsicht des Arbeitgebers (§ 16 Abs. 3 ArbEG). Aufgrund der neuen Rechtsprechnung des *BGH* zur dinglichen Wirkung auch der einfachen Lizenz (s. Rz. 121 f.), ließe sich für einen solchen Benutzungsvorbehalt des Arbeitgebers ebenfalls die Frage nach seiner dinglichen Wirkung aufwerfen. Hierbei handelt es sich allerdings nicht um eine dem Arbeitgeber seitens des Arbeitnehmers vertraglich eingeräumte Lizenz, sondern um die gesetzlich normierte Möglichkeit des Arbeitgebers, sich im Rahmen einer Rechtsübertragung ein nicht ausschließliches Recht zur Benutzung vorzubehalten. Dieses Recht wird erst gar nicht mitübertragen. Insoweit kann auch auf eine Entscheidung des *LG München*[3] Bezug genommen werden, wonach beschränkte Patentübertragungen, bei denen der Übertragende sich ein einfaches oder ausschließliches Nutzungsrecht an dem übertragenen Schutzrecht vorbehält, nicht in den Anwendungsbereich des § 103 InsO fallen. Bei solchen Übertragungen geht, nach ebenfalls zutreffender Ansicht des *LG München*, das Patent nur beschränkt, nämlich vermindert um die beim Übertragenden verbleibende Lizenz, über, so dass

---

1 *Pfaff/Nagel* in Pfaff/Osterrieth, A I Rz. 18 f.; s. hierzu etwa *BFH* v. 9.8.2000, GRUR 2001, 346 – Überlassung eines Konzernnamens.
2 Vgl. *Bartenbach/Volz*, ArbEG, § 7 Rz. 28 ff. a.F.
3 *LG München* v. 9.2.2012, GRUR-RR 2012, 142 mit Anm. *Haedicke*.

dieser das Nutzungsrecht von vornherein behält und nicht erst zurücklizenziert erhält.

Bei einer **freien Erfindung** kann es im Rahmen der Erfüllung der Anbietungspflicht nach § 19 ArbEG zum Abschluss eines Lizenzvertrages zwischen den Arbeitsvertragsparteien kommen.

Ohnehin sind Lizenzverträge, soweit sie sich vom Gegenstand her auf eine vom Arbeitgeber (unbeschränkt) in Anspruch genommene Diensterfindung beziehen, als Bemessungsgrundlage bei der Ermittlung des Erfindungswertes für den dem Arbeitnehmererfinder zustehenden Vergütungsanspruch im Rahmen der konkreten Lizenzanalogie (vgl. Amtliche Vergütungsrichtlinien RL Nrn. 5–11) zu berücksichtigen[1].

Die Würdigung auch der Interessen des Arbeitnehmererfinders kann einen Arbeitgeber veranlassen, um eine zusätzliche Auswertung dieser Diensterfindungen im Wege der Lizenzvergabe bemüht zu sein, soweit nicht eigene unternehmenspolitische Interessen entgegenstehen. Hervorgehoben sei allerdings, dass der Arbeitnehmererfinder keinen Anspruch auf eine solche zusätzliche Verwertung durch den Arbeitgeber hat. Der Arbeitgeber ist nur im Rahmen seiner betrieblichen Möglichkeiten und Entschlüsse zu einer Verwertung des auf einer Arbeitnehmererfindung beruhenden Schutzrechts dem Arbeitnehmererfinder gegenüber gehalten (vgl. Amtliche Vergütungsrichtlinien RL Nr. 24)[2].

Von der Lizenzerteilung an einzelne Fremdunternehmen, also regelmäßig 7
an Wettbewerber des Rechtsträgers, ist die **Einräumung von Nutzungsrechten** an einem Schutzrechtsbestand **innerhalb einer Unternehmensgruppe** zu unterscheiden. Hier sind verschiedene Alternativen denkbar: Einmal kann das regelmäßig bei der Konzernmutter oder einer konzernverbundenen Patentverwertungsgesellschaft gebündelte technische Erfahrungswissen (Schutzrechte und Know-how) des gesamten Konzerns den einzelnen Konzernfirmen **entgeltlich** oder **unentgeltlich** oder – soweit Forschung und Entwicklung dezentral organisiert sind – **auf Basis der Gegenseitigkeit** zur Verfügung gestellt werden. Wirtschaftlich zweckmäßig sind auch Vertragsgestaltungen, bei denen von vornherein alle oder einzelne Konzernfirmen zu den Kosten von Forschungsprojekten anteilig herangezogen werden, um im Gegenzug diese Entwicklungsergebnisse unentgeltlich oder zu geringen Lizenzsätzen nutzen zu können. Solche Entwicklungskostenbeiträge können den Charakter von (vorweggenommenen) Lizenzzahlungen haben, wenn auch der bei einem Lizenzvertrag ohnehin schon gegebene Risikocharakter hierdurch noch verstärkter zur Geltung kommt.

1 Vgl. *Bartenbach/Volz*, ArbEG, § 9 Rz. 221 ff.; *Bartenbach/Volz*, Arbeitnehmererfindervergütung, RL Nr. 6 Rz. 11 ff.; *LG München* v. 7.3.2011, CR 2012, 356 m. Anm. *Dombrowski* = GRUR-Prax 2012, 139.
2 Vgl. *Bartenbach/Volz*, ArbEG, § 7 Rz. 6 u. § 9 Rz. 89.

Allein der Umstand, dass einer Konzerngesellschaft eine **Konzernlizenz mit dem Recht der Unterlizenzierung an konzernabhängige Unternehmen** eingeräumt worden ist, lässt nicht darauf schließen, dass den konzernabhängigen Unternehmen nur Unterlizenzen eingeräumt werden konnten, die bei einem Wegfall der Hauptlizenz gleichfalls erlöschen (s. dazu Rz. 120 ff., aber auch Rz. 1208)[1].

2. Motive zum Abschluss von Lizenzverträgen

8 Die Entscheidung eines Schutzrechtsinhabers, ob und in welchem Umfang wirtschaftlich verwertbare Ergebnisse aus Forschung und Entwicklung ausschließlich durch ihn selbst genutzt und lediglich Erzeugnisse aus seiner Produktion verkauft werden, ob durch Gründung von Unternehmen im Ausland dort eine eigene Fertigung aufgenommen oder einem in- oder ausländischen Unternehmen für ein bestimmtes Lizenzgebiet eine Lizenz erteilt wird, hängt von zahlreichen Faktoren ab. Hierzu zählen nicht zuletzt ein Kostengefälle zwischen einzelnen Ländern, das Vorhandensein geeigneter Arbeitskräfte, aber auch der Einfluss von administrativen, fiskalischen oder anderen staatlichen Maßnahmen und Bestimmungen. Es ist für einen Inhaber von Schutzrechten auch eine maßgebliche unternehmerische Entscheidung, ob und inwieweit er durch eine Lizenzvergabe seinen technischen **Wissensvorsprung vor** seinen **Mitbewerbern verkürzt** und damit mittelbar zu einer Veränderung der Marktsituation beiträgt. Durch die Auswahl des Vertragspartners kann zwar solchen Entwicklungen teilweise (Marktstellung, Marktverhalten etc.) Rechnung getragen werden. Da aber durch eine Veränderung der Gesellschaftsverhältnisse bzw. Rechtsnachfolge eine Veränderung der Vertragspartner eintreten kann, sollte auch dieser Rechtsvorgang in die Vertragsgestaltung mit einbezogen werden (zur vertraglichen Regelung solcher Rechtsfolgen s. Rz. 590 ff.).

9 Weiteres Motiv für einen Lizenzvertragsabschluss kann eine **rückläufige Exportentwicklung** im eigenen Unternehmen sein, die zu dem Wunsch führt, einen Ausgleich durch Lizenzvergabe zu erlangen. Zu nennen sind ferner **Standortprobleme**, die ungenügende Kenntnis örtlicher Marktverhältnisse, fehlende Vertriebs- oder Vermarktungsfähigkeit, ein zu hohes **Risiko** des eigenen **Kapitaleinsatzes** insbesondere in Drittländern, die Vermeidung von Exportschwierigkeiten (Zollschranken, Kontingentierungen) wie auch die Kontrolle oder das Verbot ausländischer Investitionen in bestimmten Ländern.

10 Vor allem im Bereich des internationalen Lizenzverkehrs tritt das Interesse an der Erzielung von Lizenzeinnahmen (teilweise) zurück zugunsten des Wunsches nach einem **Lizenzaustausch**, vorrangig im Interesse des Auf-

1 *BGH* v. 19.7.2012, GRUR 2012, 916, 919, Rz. 34 – M2Trade; a.A. *Volz*, GRUR 2009, 1107, 1110.

baus von Technologie-Pools oder der Auflösung von Sperrpositionen[1] (s. Rz. 1644 ff.). Die Kooperation zwischen Unternehmen, die rechtlich oder wirtschaftlich nicht miteinander verbunden sind, nimmt ständig zu, da oft nur im Wege der Kostenteilung notwendige umfangreiche Forschungs- und Entwicklungsarbeiten in Angriff genommen werden können. Solche **Kooperationsabsprachen**, die mit der Einräumung von Nutzungsrechten am technischen Erfahrungswissen des einen oder anderen Vertragspartners (Altrechten) bzw. mit Nutzungsabsprachen hinsichtlich der gemeinsamen Entwicklungsergebnisse verbunden sind, sind auf nationaler, in zunehmendem Maße aber auch auf internationaler Ebene anzutreffen[2] (s. hierzu Rz. 1644 ff., 2342 ff.). Unternehmen sind weniger bereit, einseitig Lizenzen gegen Gebühr zu vergeben; vielmehr wird ein Austausch des vertraglich einzuräumenden Nutzungsrechtes gegen ein Nutzungsrecht an den Entwicklungsergebnissen des Vertragspartners angestrebt, auch zur Durchsetzung strategischer Ziele wie der Erlangung von Größe- und Verbundvorteilen und der Wahrung der Marktstellung der eigenen Technologien. Hier sind die Chancen eines Vertragsabschlusses häufig gekennzeichnet durch den deutlichen Vorbehalt **„Wehe dem, der nicht tauschen kann"**. Nur wer angemessene (gleichwertige, ergänzende) technische Gegenleistungen in den Vertrag einbringen kann, wird als Vertragspartner akzeptiert. Es sollen die eigenen Entwicklungsleistungen um die schöpferischen Leistungen der Mitbewerber ergänzt werden[3] (Innovationspartnerschaft).

Schließlich sei ein weiteres, nicht unwesentliches Motiv für den Ab- 11
schluss eines Lizenzvertrages genannt: Oft viel zu spät kommen Wettbewerber im Rahmen von **Schutzrechtsstreitigkeiten** auf den Gedanken, den Streit um das Vorliegen und den Umfang einer Schutzrechtsverletzung zu beenden, indem sie Lizenzvertragsverhandlungen über das in Streit stehende Schutzrecht aufnehmen[4].

Diesem Motiv einer möglichen Streitvermeidung liegt die im nationalen 12
Bereich nach wie vor geltende Auffassung des *BGH*[5] zugrunde, dass jedenfalls bei der Berechnung der Schadensliquidation nach der Lizenzanalogie der Schutzrechtsverletzer nicht schlechter gestellt werden soll als ein Lizenznehmer (vgl. **§ 139 Abs. 2 Satz 3 PatG**). Tatsächlich aber erzielt der (po-

1 Vgl. Evaluierungsbericht der *EU-Kommission* über die GFTT 1996 v. 20.12.2001 (Komm 2001/786), S. 22.

2 Instruktiv *Wündisch/Bauer*, GRUR Int. 2010, 641 ff.; *Reukauf*, GRUR 1986, 415 ff.; *Altin-Sieber*, Joint Ventures, Technologietransfer und Schutz (1996); *Bartenbach*, Zwischenbetriebliche Forschungs- und Entwicklungskooperation und das Recht der Arbeitnehmererfindung (1985), S. 5 ff.

3 Vgl. Evaluierungsbericht der *EU-Kommission* über die GFTT 1996 v. 20.12.2001 (Komm 2001/786), S. 22.

4 Vgl. zu diesem Motiv auch *Pagenberg/Beier*, Muster 11.

5 Vgl. *BGH* v. 6.3.1980, GRUR 1980, 841, 843 f. – Tolbutamid; *BGH* v. 24.11.1981, GRUR 1982, 286, 287 – Fersenabstützvorrichtung; *BGH* v. 17.6.1992, GRUR 1993, 55, 58 – Tchibo/Rolex II; *BGH* v. 23.6.2005, GRUR 2006, 143, 146 – Catwalk; vgl. auch *Assmann*, BB 1985, 15 ff.

tentielle) Schutzrechtsverletzer faktisch häufig wesentliche Vorteile gegenüber einem vertragsgerechten Lizenznehmer. So ist der Verletzer – anders als der Lizenznehmer – nicht gehindert, die Nichtigerklärung (Löschung) des von ihm benutzten Schutzrechts zu betreiben und sich damit – auch rückwirkend – von jeder Zahlungspflicht zu befreien. Während der Lizenznehmer häufig die Erwartung hegen kann, auch von seinem Lizenznehmer Lizenzen an dessen Schutzrechten zu erhalten, besteht eine solche Erwartung gegenüber dem Verletzer nicht. Der Verletzer zahlt keine laufenden Lizenzgebühren, sondern befreit sich nach Beendigung der Verletzungshandlungen aufgrund einer – rechtskräftigen – gerichtlichen Entscheidung durch eine einmalige Schadensersatzzahlung, was ihm Zins- und (durch Rückstellungen) Steuervorteile einbringt. Eine zwischenzeitliche Geldentwertung kann sich gleichfalls zulasten des Schutzrechtsinhabers auswirken. Hinzu kommt – insbesondere bei dem Versuch der Durchsetzung des Verletzungsanspruchs im Ausland – die oft übermäßig lange Prozessdauer mit u.U. ungewissem Ausgang. Während der Lizenzvertrag – unter Beachtung kartellrechtlicher Schranken – eine gewisse Steuerbarkeit der Aktivitäten des Lizenznehmers zulässt, fehlt diese Möglichkeit völlig beim Schutzrechtsverletzer. Wesentliche Bedeutung kann insbesondere die **Signalwirkung** für andere Wettbewerber haben, wenn ein bedeutender Wettbewerber sich als (potentieller) Schutzrechtsverletzer erweist. Hier kann für die übrigen Wettbewerber die Überlegung durchschlagen, dass bei derartigen Handlungen eines renommierten Unternehmens dem entgegenstehenden Schutzrecht wohl keine wesentliche Bedeutung zukommt, insbesondere Zweifel an seiner Rechtsbeständigkeit bestehen müssen.

12a Dieser Gleichstellung des Schutzrechtsverletzers mit dem vertraglich gebundenen Lizenznehmer im Rahmen der Schadensberechnung nach der Lizenzanalogie hält das *LG München*[1] entgegen, dass eine richtlinienkonforme Auslegung des § 139 Abs. 2 Satz 3 PatG die Annahme, dass als Schadensersatz gemäß Lizenzanalogie maximal der am freien Markt mit einem vertrauenswürdigen Lizenznehmer vor Klärung der Verletzungs- und Bestandsfrage erzielbare Lizenzsatz zuzusprechen wäre, nicht zulässt. Das *LG München* betont, dass sich die Verletzungssituation erheblich von der gewöhnlichen Anbahnung eines Lizenzvertrages unterscheide. In einer typisierenden Betrachtungsweise[2] unterstellt das *LG München* die mangelnde Zuverlässigkeit des Schutzrechtsverletzers, so dass **im Verletzungsfall der Lizenzsatz deutlich über dem liegen müsse, den unbefangene Parteien vor der Klärung des Rechtsbestandes und der Patentnutzung sowie bei Vereinbarung zeitnaher Auskünfte und Zahlung vereinbart hätten**. Im Streitfall hat das *LG München* einen um ⅔ über dem üblichen Lizenzsatz liegenden Schadensersatz-Lizenzsatz zuerkannt. Auf dieser Linie liegen auch

---

1 *LG München* v. 25.3.2010 – 7 O 17716/09 – BeckRS 2011, 15535 – Gülleausbringungsvorrichtung.

2 Ebenso *Müller-Stoy*, GRUR-Prax 2011, 341, 342 f.

die Überlegungen von *Meier-Beck*[1]. Er geht von einer Schadensersatzbestimmung dahin aus, dass die Schadensersatzleistungen mindestens in Höhe einer **doppelten Lizenzgebühr liegen und diese womöglich weit übersteigen**. Angesichts dieser pauschalierenden Betrachtung fragt sich, wie dies mit dem Ansatz der **Enforcement-Richtlinie** (RL 2004/48/IG zur Durchsetzung der Rechte des geistigen Eigentums vom 29.4.2004)[2] vereinbar ist, dass bei Schutzrechtsverletzungen ein **Strafschadensersatz nicht zulässig** sei.

Diesen erheblichen Risiken der Durchsetzung eines Schutzrechts kann im 13
Einzelfall dadurch Rechnung getragen werden, dass von vornherein als eine Alternative zum Schutzrechtsverletzungsprozess bedacht wird, ob nicht zunächst die Aufnahme von Lizenzverhandlungen mit dem (potentiellen) Schutzrechtsverletzer zweckdienlicher ist. In diesem Sinne kann es wiederum eine Signalwirkung für andere Wettbewerber haben, wenn ein wirtschaftlich bedeutender (potentieller) Schutzrechtsverletzer sich zum Abschluss eines Lizenzvertrages entschließt. Hinzu kommt die Erfahrung, dass sich die Prozessparteien häufig nach entsprechend langer Prozessdauer ohnehin zum Abschluss eines Lizenzvertrages bereitfinden. Auch für den (vermeintlichen) Schutzrechtsverletzer kann die Alternative eines Vertragsabschlusses anstelle der gerichtlichen Klärung des Verletzungsstreites von Interesse sein, schließt er doch damit von vornherein das Risiko aus, dass seine (Verletzungs-)Aktivitäten durch einen Unterlassungstitel gestoppt werden.

Schließlich kann die Lizenzvergabe auch zur Abwehr der **sog. Torpedo-Me-** 14
thode[3] dienen, der folgendes Szenario zugrunde liegt:

Ausgangspunkt ist die **Befürchtung** eines in einem Vertragsstaat der Europäischen Gerichtsstands- und Vollstreckungsverordnung (Brüssel I-VO = EuGVVO; eingehend zu deren Anwendungsbereich s. Rz. 2960 ff.) ansässigen (ggf. in mehreren Ländern der EU operierenden) Unternehmens, aus den in einem europäischen Patent gebündelten parallelen nationalen Schutzrechten durch den Schutzrechtsinhaber **wegen Schutzrechtsverletzung** in Anspruch genommen zu werden. Ausgelöst wird diese Aktivität des potentiellen Schutzrechtsverletzers im Regelfall durch eine **Abmahnung** des Schutzrechtsinhabers oder jedenfalls eine Berechtigungsanfrage[4].

Um eine solche Verletzungsklage jedenfalls zeitlich zu verschleppen, kann es aus Sicht des potentiellen Patentverletzers zweckmäßig sein, in einem

---

1 *Meier-Beck*, WRP 1012, 503 ff.

2 GRUR Int. 2004, 615; s. dazu *Peukert/Kur*, GRUR Int. 2006, 292.

3 Vgl. hierzu *Franzosi*, IPPR 1997, 7 ff.; *Tilmann/von Falck*, GRUR 2000, 579 ff.; *Pitz*, GRUR Int. 2001, 32 ff.; *Körner* in FS Bartenbach, 2005, S. 401, 408 ff.; *von Falck* in FS Mes, 2009, S. 111; *von Falck/Leitzen*, Mitt. 2005, 534; *Grabinski* in FS Tillmann, 2003, S. 461; *Rojahn* in FS Mes, 2009, S. 303; *Mes*, PatG, § 139 Rz. 259 ff.; Schulte/*Kühnen*, PatG, § 39 Rz. 247 ff.

4 *Kühnen*, Hdb. der Patentverletzung, Rz. 639.

Land, das für seine lange Verfahrensdauer bekannt ist[1], frühzeitig eine **negative Feststellungsklage** dahin, die Lehre dieses Patentes nicht zu nutzen, anhängig zu machen, um einer evtl. später (in einem anderen Vertragsstaat der EuGVVO) erfolgenden Patentverletzungsklage des Schutzrechtsinhabers durch zeitliche Blockade entgegenzuwirken. Denn das zeitlich später angerufene Gericht muss das Verfahren nach **Art. 27 Abs. 1 EuGVVO** von Amts wegen im Hinblick auf diese Rechtshängigkeit **aussetzen**, bis rechtskräftig über die Klage vor dem zuerst angerufenen Gerichts entschieden ist, wenn bei Gerichten verschiedener Vertragsstaaten Klagen wegen desselben Anspruchs zwischen denselben Parteien anhängig gemacht worden sind[2]. Das gilt auch dann, wenn aus Sicht des zuletzt angerufenen Gerichts das Erstgericht für die Entscheidung über die Streitigkeit (offensichtlich) unzuständig und es selbst (augenscheinlich) ausschließlich zuständig ist[3]. Auch der Einwand des Rechtsmissbrauchs wird nicht zugelassen[4]. Mit anderen Worten: Die Klage des Schutzrechtsinhabers wird (im Vorfeld) „torpediert".

15 Gewährt hier der Schutzrechtsinhaber einem Dritten eine **ausschließliche Lizenz** (s. Rz. 78 ff.), so kann nun jedenfalls der Lizenznehmer, der aufgrund der dinglichen Wirkung der ausschließlichen Lizenz aktivlegitimiert[5] ist (vgl. Rz. 94, 2275 ff.) gegen den Patentverletzer vorgehen. Der ausschließliche Lizenznehmer ist eine **andere Partei** i.S. des Art. 27 EuGVVO und – für die Zukunft – in eigenen Rechten betroffen[6]. Dies gilt jedenfalls, wenn

1 Beispielsweise Belgien und (früher) Italien, in denen erstinstanzlich mit mittleren Verfahrensdauern von nicht unter drei bis fünf Jahren zu rechnen ist bzw. war.

2 Vgl. *LG Düsseldorf* v. 27.1.1998, GRUR Int. 1998, 803 f. – Kondensatorenspeicherzellen; *LG Düsseldorf* v. 27.2.1998, GRUR Int. 1998, 804 f. – Impfstoff I; *LG Düsseldorf* v. 25.3.1999, Entsch. 1999, 25 ff. – Impfstoff II; *LG Düsseldorf* v. 8.7.1999, Entsch. 1999, 51 ff.; *LG Düsseldorf* v. 17.3.2009, GRUR-RR 2009, 402 ff.; *OLG Düsseldorf* v. 30.9.1999, RIW 2000, 305 (LS) u. *OLG Düsseldorf* v. 5.12.2002, GRUR Int. 2003, 1030 – MTD; *OLG München* v. 2.6.1998, RIW 1998, 631; *OLG Köln* v. 31.3.2004, RIW 2004, 627; *EuGH* v. 27.4.2004, RIW 2004, 289 – Gasser/Misatz u. *EuGH* v. 27.4.2004, RIW 2004, 541 – Turner/Grovit; s. dazu *Thiele*, RIW 2004, 285 ff.; *Mankowski*, RIW 2004, 481, 496 f.; *Tilmann/von Falck*, GRUR 2000, 579 ff.; zur Frage des einstweiligen Rechtsschutzes vgl. *LG Düsseldorf* v. 20.4.1999, GRUR 2000, 611 ff. – Underground; *LG Düsseldorf* v. 8.7.1999, GRUR 2000, 692 – NMR-Kontrastmittel und *BGH* v. 11.9.2001, GRUR Int. 2002, 157; *OLG Frankfurt* v. 19.6.2000, RIW 2001, 65 (zur Aussetzung nach Art. 28 EuGVVO).

3 *LG Düsseldorf* v. 17.3.2009, GRUR-RR 2009, 402 mit ausdrücklichem H. darauf, dass sich das später angerufene Gericht einer eigenen Prüfung der Zuständigkeit des zuerst angerufenen Gerichts zu enthalten hat.

4 So aber *Kühnen*, Hdb. der Patentverletzung, Rz. 639 ff.; s. dazu *Mes*, PatG, § 139 Rz. 261 f.

5 *BGH* v. 20.1.1994, GRUR 1995, 338, 340 – Kleiderbügel; s. auch *OLG München* v. 5.4.2007, InstGE 8, 214, Rz. 44, 83 (juris).

6 So auch *LG Düsseldorf* v. 17.3.2009, GRUR-RR 2009, 402 u. *OLG Düsseldorf* v. 20.7.2009, GRUR-RR 2009, 401 – Torpedo m. Anm. *Haertel*, GRUR-RR 2009, 373; s. auch *OLG Karlsruhe* v. 12.12.2007, ZUM 2008, 516.

der ausschließliche Lizenznehmer keinerlei Ansprüche aus abgetretenem bzw. übergeleitetem Recht des Schutzrechtsinhabers geltend macht, seine Verletzungsansprüche vielmehr auf Verletzungshandlungen nach Abschluss des Lizenzvertrages stützt[1].

Soweit die bisher h.M. die Vergabe einer **einfachen Lizenz** (vgl. Rz. 120 ff.) lediglich als schuldrechtliche Beziehung der Lizenzvertragsparteien bewertet hat, würde deren Vergabe kein geeignetes Abwehrmittel zur Vermeidung einer Verfahrensaussetzung auf der Grundlage des Art. 27 Abs. 1 EuGVVO sein. Entfaltet die dem einfachen Lizenznehmer erteilte Nutzungserlaubnis lediglich eine schuldrechtliche Wirkung, hätte der einfache Lizenznehmer ein Klagerecht nur aufgrund Abtretung oder Ermächtigung durch den Schutzrechtsinhaber[2]; der einfache Lizenznehmer würde also lediglich die Rechte des Lizenzgebers in Prozessstandschaft geltend machen. Er würde aus vergleichbarer Interessenlage wie der Lizenzgeber handeln, wäre also i.S. des Art. 27 EuGVVO dieselbe Partei (s. Rz. 124).

Greift dagegen zukünftig die neue Bewertung des *BGH* (s. hierzu Rz. 121 ff.) über die **dingliche Wirkung auch der einfachen Lizenz**, würde die Rechtsposition des einfachen Lizenznehmers der des ausschließlichen Lizenznehmers mit den zuvor dargestellten Rechtsfolgen entsprechen.

McGuire[3] sieht die Einräumung einer ausschließlichen Lizenz zur Vermeidung der Torpedo-Sperrwirkung als „missbräuchliche Prozesstaktik" an, die dem Ziel der Verfahrenskoordination in Europa zuwider laufe. Hierbei wird u.E. nicht beachtet, dass schon das Herbeiführen der Torpedo-Wirkung, also die Erhebung einer negativen Feststellungsklage des mutmaßlichen Verletzers im (regelmäßigen) Bewusstsein, dass das angerufene, „bedächtig" agierende Gericht hierfür nicht zuständig ist, ein missbräuchliches Verhalten darstellen kann. Folgerichtig läge in der Vermittlung einer eigenständigen Aktivlegitimation für den ausschließlichen Lizenznehmer nur ein „Ausgleich" dieses missbräuchlichen Verhaltens.

3. Grundsatz der Vertragsfreiheit und Abschlusszwang

a) Allgemeines

Der Abschluss von Lizenzverträgen bewegt sich weitgehend im Bereich der Vertragsfreiheit (s. Rz. 355) – selbstverständlich unter Beachtung der Ein- 16

---

1 Vgl. *LG Düsseldorf* v. 5.6.2008, GRUR Int. 2008, 756, 758 – Mehrschichtiges Verschlusssystem.

2 *RG* v. 15.6.1933, RGZ 148, 146, 147; *RG* v. 14.3.1939, GRUR 1930–1944 Bd. IV, 826, 828; Benkard/*Rogge/Grabinski*, PatG, § 139 Rz. 17; Benkard/*Ullmann*, PatG, § 15 Rz. 101.

3 *McGuire*, Die Lizenz, § 6 III 1 lit. d) S. 337.

schränkungen insbesondere durch das **deutsche**[1] und das **EU-Kartellrecht**[2] (vgl. Rz. 773 ff.) bzw. sonstige nationale Rechtsschranken. Daher sind vielfältige Gestaltungsmöglichkeiten eröffnet, die von der Praxis auch genutzt und ständig weiterentwickelt werden.

17 Im Rahmen der Vertragsfreiheit steht es dem Schutzrechtsinhaber grundsätzlich frei, ob er überhaupt Lizenzen an seinen Schutzrechtspositionen vergeben will und ggf. an wen[3]. Diese Entscheidung gehört zum Kernbestand seines ausschließlichen Rechts. In der Verweigerung einer Lizenz liegt noch kein Missbrauch einer beherrschenden Stellung i.S. der §§ 19, 20 GWB bzw. Art. 102 AEUV (ex-Art. 82 EG)[4], auch dann nicht, wenn sie von einem Unternehmen in beherrschender Stellung ausgeht[5].

Auch eine **unterschiedliche Behandlung** von Vertragspartnern bei der Gestattung der Benutzung eines Schutzrechts ist ein wesentliches Element der Ausschließungswirkung des Schutzrechts[6]. Eine allgemeine Verpflichtung zur Meistbegünstigung ist in § 20 GWB oder Art. 102 AEUV (ex-Art. 82 EG) nicht normiert, so dass unterschiedlichen Marktbedingungen Rechnung getragen werden darf und nicht allen die gleichen (günstigen) Bedingungen zugestanden werden müssen[7]. Auch ein **marktbeherrschendes Unternehmen** ist nicht gezwungen, allen Lizenzinteressenten die gleichen,

1 Vgl. §§ 1, 2 GWB; s. auch die Tätigkeitsberichte des *BKartA* zu den Entwicklungen im deutschen Wettbewerbsrecht, zuletzt für die Jahre 2009/2010: 17. Wahlperiode/Nr. 6640, abrufbar unter: http://dipbt.bundestag.de/dip21/btd/17/066/1706640.pdf).

2 S. hierzu Art. 101, 102 AEUV sowie insbes. die GruppenfreistellungsVO Nr. 772/2004 (i.F.: TT-GVO 2004) der Kommission v. 27.4.2004 über die Anwendung von Art. 81 Abs. 3 EG auf Gruppen von Technologietransfer-Vereinbarungen.

3 *BGH* v. 13.7.2004, GRUR 2004, 966 – Standard-Spundfass; ebenso *EuGH* v. 5.10.1988, GRUR Int. 1990, 141 – Volvo/Veng; *OLG Düsseldorf* v. 20.1.2011, Düsseldorfer Entscheidung Nr. 1566 – Tintenpatrone (5) (www.duesseldorfer-archiv.de); *OLG Düsseldorf* v. 8.10.2008, InstGE 10, 129, Rz. 136 (juris).

4 *BGH* v. 13.7.2004, GRUR 2004, 966 – Standard-Spundfass; *BGH* v. 6.5.2009, GRUR 2009, 694 – Orange-Book-Standard u. *EuGH* v. 5.10.1988, GRUR Int. 1990, 141 – Volvo/Veng; *EuG* v. 17.9.2007 – T-201/04, Slg. 2007, II 3601, Rz. 331 – Microsoft; *OLG Düsseldorf* v. 20.1.2011, Düsseldorfer Entscheidung Nr. 1566 – Tintenpatrone (5) (www.duesseldorfer-archiv.de).

5 *EuGH* v. 6.4.1995, GRUR Int. 1995, 490 – RTE/Magill; s. hierzu auch *Lober*, GRUR Int. 2002, 7, 9; *Cohen Jehoram/H. Mortelmans*, GRUR Int. 1997, 11 ff.; *BGH* v. 13.7.2004, GRUR 2004, 966 – Standard-Spundfass; *BGH* v. 6.5.2009, GRUR 2009, 694 – Orange-Book-Standard; vgl. auch *OLG Düsseldorf* v. 23.12.1996, GRUR Int. 1997, 646, 648 – Golf-Heckleuchte II; *OLG Düsseldorf* v. 20.1.2011, Düsseldorfer Entscheidung Nr. 1566 – Tintenpatrone (5) (www.duessel dorfer-archiv.de) und Gericht 1. Instanz der Europäischen Gemeinschaften v. 12.6.1997, GRUR Int. 1998, 301 – Ladbroke/Kommission.

6 *BGH* v. 13.7.2004, GRUR 2004, 966 – Standard-Spundfass; *LG Düsseldorf* v. 5.7.2007 – 4b O 289/06 – Rz. 91 (juris).

7 *OLG Karlsruhe* v. 23.3.2011, WRP 2011, 624, 631 f. – FRAND-Grundsätze; vgl. auch *OLG Düsseldorf* v. 27.2.2008, WuW/E DE-R 2585, Rz. 34 (juris) für den Fall, dass in der Privilegierung zugleich die Förderung einer eigenen wirtschaftlichen

günstigsten Bedingungen, insbesondere Preise, einzuräumen. Ihm kann nicht verwehrt werden, auf unterschiedliche Marktbedingungen differenziert zu reagieren[1]. Entscheidend ist allein, ob eine unterschiedliche Gestaltung der Konditionen auf **Willkür** oder **sachfremden Erwägungen** beruht. Hierbei sind Art und Ausmaß der unterschiedlichen Behandlung maßgebend[2].

Im Rahmen der Rechtfertigung einer Ungleichbehandlung kommt es auf Art und Ausmaß der unterschiedlichen Behandlung sowie darauf an, ob die relative Schlechterstellung eines Unternehmens einen wettbewerbskonformen Interessenausgleich oder eine auf Willkür oder sachfremde Erwägungen gestützte Entscheidung darstellt[3]. Die Wirkung eines Schutzrechts besteht im Interesse einer Technologieförderung gerade in der Befugnis, Dritte von seiner Benutzung ausschließen zu können. Diese Ausschließlichkeit ist nicht Ausnahme vom Wettbewerb, sondern sein Mittel, das die Wettbewerber auf substitutiven statt auf imitierenden Wettbewerb verweist[4].

Dieses freie Verfügungsrecht entbindet den Schutzrechtsinhaber aber nicht 17a
von der Beachtung kartellrechtlicher Schranken, wenn zu seiner durch das Schutzrecht vermittelten Marktbeherrschung **zusätzliche Umstände** hinzutreten, die die Freiheit des Wettbewerbs gefährden können. Nach der Rechtsprechung des EuGH sind solche Umstände, die i.V.m. einer marktbeherrschenden Stellung eine Pflicht zur Lizenzerteilung aus Art. 102 AEUV (ex-Art. 82 EG) rechtfertigen können, gegeben, wenn **kumulativ**

(1) die begehrte Patentbenutzung für die Ausübung der Tätigkeit des Benutzers dergestalt unentbehrlich ist, dass für sie auch bei gehöriger eigener Anstrengung des Patentbenutzers kein tatsächlicher oder realistischer potenzieller Ersatz vorhanden ist,

(2) das lizenzsuchende Unternehmen beabsichtigt, auf dem Markt neue Erzeugnisse oder Dienstleistungen anzubieten, die der Schutzrechtsinhaber nicht anbietet und für die eine potenzielle Nachfrage der Verbraucher besteht,

(3) die Lizenzverweigerung nicht aus sachlichen Gründen gerechtfertigt ist und

---

Betätigung des Lizenzgebers liegt; vgl. ferner *LG Düsseldorf* v. 11.9.2008, InstGE 10, 66, Rz. 107 (juris) u. *Markert* in Immenga/Mestmäcker, GWB, § 20 Rz. 178.

1 *OLG Karlsruhe* v. 23.3.2011, WRP 2011, 624, 631.

2 Vgl. auch *BGH* v. 13.7.2004, GRUR 2004, 966 – Standard-Spundfaß.

3 *BGH* v. 13.7.2004, GRUR 2004, 966, 968 f. – Standard-Spundfass; *EuG* v. 17.9.2007 – T-201/04, Slg. 2007, II 3601, Rz. 811 – Microsoft; *OLG Karlsruhe* v. 23.3.2011, WRP 2011, 624, 631 f. – FRAND-Grundsätze; s. auch *OLG Düsseldorf* v. 27.2.2008, WuW/E DE-R 2585, Rz. 37 (juris); *LG Düsseldorf* v. 11.9.2008, InstGE 10, 66, Rz. 105 ff. (juris); *LG Düsseldorf* v. 5.7.2007 – 4b O 289/06 – Rz. 92 (juris).

4 *Ullrich/Heinemann* in Immenga/Mestmäcker, EU-Wettbewerbsrecht, Teil 2, GRUR B Rz. 42.

(4) durch die Weigerung jeglicher Wettbewerb auf einem abgeleiteten (benachbarten) Markt ausgeschlossen wird[1].

Hinsichtlich der **Unentbehrlichkeit** der begehrten Patentnutzung fordert das *OLG Düsseldorf*[2] von dem Lizenzsucher die Darlegung, dass und in welcher Weise er seinerseits bereits nach technischen Umgehungslösungen gesucht hat. Verzichtet der Lizenzsucher z.B. wegen der „Kurzlebigkeit" der streitgegenständlichen Technologie auf eigene Entwicklungsarbeiten, ist das Erfordernis der Unerlässlichkeit schon nicht erfüllt.

In Bezug auf das Kriterium des **neuen Erzeugnisses** geht das *OLG Düsseldorf* zudem davon aus, dass die erforderliche „Neuheit" nicht patent-, sondern kartellrechtlich zu begreifen ist. Es komme nicht auf eine Unterscheidung der Produkte des Lizenzsuchers einerseits und denen des Schutzrechtsinhabers andererseits hinsichtlich irgendwelcher neuer technischer Merkmale oder Eigenschaften an. Erforderlich sei, dass das Produkt des Lizenzsuchers von einer derartigen Beschaffenheit sei, dass zwischen den fraglichen Produkten aus der Sicht der Nachfrager keine Substituierbarkeit gegeben sei[3]. Allerdings erscheint dann zweifelhaft, ob ein solches „neues Produkt" überhaupt noch in den Schutzumfang des zu lizenzierenden Schutzrechts fällt.

b) Kartellrechtlicher Anspruch auf Einräumung einer Zwangslizenz

18 Der kartellrechtliche Zwangslizenzeinwand kann auch dem Unterlassungsanspruch aus § 139 Abs. 1 PatG – sowohl im Hauptsache- wie im Verfügungsverfahren[4] – entgegengehalten werden, wenn der klagende Patentinhaber seine marktbeherrschende Stellung dadurch missbraucht, dass er sich weigert, mit dem verklagten Verletzer einen Patentlizenzvertrag zu nicht diskriminierenden und nicht behindernden Bedingungen abzuschließen[5]. Der **Missbrauch einer marktbeherrschenden Stellung** und **treuwidriges Handeln** (s. hierzu Rz. 17a) sind allerdings nur dann zu bejahen, wenn

---

1 *EuGH* v. 29.4.2004, GRUR 2004, 524, Rz. 38 – IMS/Health; *EuG* v. 17.9.2007, Slg. 2007, II 3601, Rz. 332 – Microsoft; ausführlich dazu *OLG Düsseldorf* v. 20.1.2011, Düsseldorfer Entscheidung Nr. 1566 – Tintenpatrone (5) (www.duesseldorfer-archiv.de); s. auch *LG Düsseldorf* v. 11.1.2007 – 4a O 343/05, Rz. 122 (juris); *LG Düsseldorf* v. 17.4.2007 – 4b O 287/06, Rz. 99 f. (juris).

2 *OLG Düsseldorf* v. 20.1.2011, Düsseldorfer Entscheidung Nr. 1566 – Tintenpatrone (5) (www.duesseldorfer-archiv.de).

3 *Kühnen*, Hdb. der Patentverletzung, Rz. 1252.

4 *OLG Düsseldorf* v. 20.1.2011, Düsseldorfer Entscheidung Nr. 1566 – Tintenpatrone (5) (www.duesseldorfer-archiv.de). Zur Präklusion des Zwangslizenzeinwandes auch im einstweiligen Verfügungsverfahren s. *OLG Düsseldorf* v. 22.7.2010 – I-2 U 36/10, 2 U 36/10, Rz. 44 in Fortführung von *OLG Düsseldorf* v. 8.10.2008, InstGE 10, 129.

5 *BGH* v. 6.5.2009, GRUR 2009, 694, Rz. 26 ff. – Orange-Book-Standard; *OLG Düsseldorf* v. 20.1.2011, Düsseldorfer Entscheidung Nr. 1566 – Tintenpatrone (5) (www.duesseldorfer-archiv.de); s. hierzu auch *LG Mannheim* v. 18.2.2011, InstGE

(1) der Lizenzsucher dem Patentinhaber ein unbedingtes Angebot auf Abschluss eines Lizenzvertrages gemacht hat, das dieser nicht ablehnen darf, ohne den Lizenzsucher unbillig zu behindern oder gegen das Diskriminierungsverbot zu verstoßen, und der Lizenzsucher sich an dieses Angebot gebunden hält und

(2) er, soweit er Benutzungshandlungen schon vor der Annahme seines Angebots durch den Patentinhaber vorgenommen hat, die Vertragspflichten des abzuschließenden Lizenzvertrags in Bezug auf die Benutzung des lizenzierten Gegenstandes beachtet[1].

Auch der **marktbeherrschende Patentinhaber** ist nicht verpflichtet, selbst die Gestattung der Benutzung der Erfindung anzubieten. Nur wenn er ein Angebot zum Vertragsabschluss zu nicht behindernden oder diskriminierenden Bedingungen ablehnt, missbraucht er seine marktbeherrschende Stellung[2]. Die Benutzung eines Patents durch ein Unternehmen, das nicht bereit ist, einen Lizenzvertrag zu solchen Bedingungen abzuschließen, muss er nicht dulden.

Der Lizenzsucher hat dementsprechend in erster Linie die vertragsgemäßen Lizenzgebühren zu zahlen bzw. ihre Zahlung sicherzustellen[3].

Insoweit genügt also ein nicht konkretisierbares Angebot, einen Lizenzvertrag zu angemessenen Bedingungen schließen zu wollen, nicht. Beim Umfang der Lizenzgebühren sind die sog. FRAND-Bedingungen („fair, reasonable, and non discriminating"; s. auch Rz. 20 ff.) zu berücksichtigen. Die Grenze für einen Missbrauch korrespondiert regelmäßig mit dem, was bei FRAND-Bedingungen kartellrechtlich noch zulässig wäre[4]. Zu beachten ist allerdings, dass eine Verständigung, die Lizenzgebühr solle nach FRAND-

---

13, 65, wonach die vom BGH aufgestellten Grundsätze seitens des Beklagten auch dann beachtet werden müssen, wenn das streitgegenständliche Patent für einen durch mehrere Marktteilnehmer geschaffenen Standard essentiell ist sowie *OLG Dresden* v. 12.7.2011 – 14 U 801/07, Rz. 71 f. (juris), wonach der Einwand im urheberrechtlichen Streitfall jedoch nicht durchgreift. Vgl. zudem *OLG Düsseldorf* v. 28.1.2010 – I-2 U 125/08, Rz. 121 (juris); *LG Düsseldorf* v. 11.9.2008, InstGE 10, 66, Rz. 88 f. (juris). Zum (früheren) Streitstand, ob der Anspruch auf Lizenzerteilung nicht nur dem Schadensersatz-, sondern auch dem Unterlassungsbegehren des Patentinhabers entgegengehalten werden kann, s. *OLG Karlsruhe* v. 13.12.2006, GRUR-RR 2007, 177, Rz. 42 ff. (juris).

1 *BGH* v. 6.5.2009, GRUR 2009, 694, zR. 29 ff. – Orange-Book-Standard s. auch *OLG Dresden* v. 12.7.2011 – 14 U 801/07, Rz. 71 f. (juris); *OLG Düsseldorf* v. 28.1.2010 – I-2 U 125/08, Rz. 121 (juris) u. *LG Düsseldorf* v. 4.8.2011, Mitt. 2012, 238 – MPEG-2-Standard XXIII; *Müller*, GRUR 2012, 686.

2 *LG Düsseldorf* v. 4.8.2011, Mitt. 2012, 238 – MPEG-2-Standard XXIII.

3 *BGH* v. 6.5.2009, GRUR 2009, 694, Rz. 29 ff. – Orange-Book-Standard.

4 So auch *Wirtz*, WRP 2011, 1392, 1397. S. auch *Nägele/Jacobs*, WRP 2009, 1062, 1075, wonach der *BGH* mit seiner „Orange-Book"- Entscheidung (v. 6.5.2009, GRUR 2009, 694) aus §§ 19, 20 GWB (bzw. Art. 82 EG [nunmehr Art. 102 AEUV]) i.V.m. § 242 BGB einen mit einer FRAND-Erklärung identischen Rechtsgrundsatz entwickelt hat.

Grundsätzen bemessen werden, auch unzureichend, weil nicht bestimmbar sein kann, wenn etwa die Lizenz an einer Vielzahl von Patenten in Rede steht und die für die Lizenzbemessung maßgeblichen Umstände streitig sind[1].

Grundsätzlich muss das **Angebot des Lizenzsuchers** auf Abschluss des jeweiligen Lizenzvertrages **unbedingt** erfolgen. Dem steht nicht entgegen, dass der Lizenzsucher die Bestimmung der Lizenzgebühr nach billigem Ermessen des Patentinhabers anbietet (§ 315 BGB), wenn er dessen diesbezügliche Forderung für missbräuchlich überhöht hält oder dieser die Bezifferung der Lizenzgebühr verweigert[2]. Ein unzulässiges (bedingtes) Angebot liegt allerdings vor, wenn der Vertragsschluss nur unter der Bedingung angeboten wird, dass das Verletzungsgericht die Verletzung des Klagepatents bejaht[3] und das Klagepatent rechtsbeständig ist bzw. der Lizenzsucher sich den Nichtigkeitsangriff auf das Klagepatent vorbehält[4]. Ein erst während eines Verletzungsrechtsstreits unterbreitetes Lizenzvertragsangebot muss der Patentinhaber nicht annehmen und handelt damit nicht kartellrechtswidrig, wenn es die Verpflichtung zum Schadensersatz für die Vergangenheit dem Grunde nach nicht anerkennt[5]. Davon ist auch auszugehen, wenn eine nach der Lizenzanalogie berechnete „Einmalzahlung" für Handlungen vor Abgabe des Angebots unter dem Vorbehalt hinterlegt wird, bezüglich eines nach dem entgangenen Gewinn oder dem Verletzergewinn berechneten Schadensersatzanspruchs die Verletzung des Patents oder dessen Rechtsbeständigkeit in Frage zu stellen[6]. Auf ein Lizenzvertragsangebot, das keine Klausel enthält, die dem Lizenzgeber für den Fall eines künftigen Angriffs des Lizenznehmers auf den Rechtsbestand des lizenzierten Schutzrechts ein Recht zur Kündigung des Vertrags einräumt, braucht sich der Lizenzgeber ebenfalls nicht einlassen[7]. Schließlich muss das Lizenzvertragsangebot so gefasst sein, dass dem Lizenznehmer im Falle der Annahme durch den Lizenzgeber alle Einwendungen abgeschnitten sind, mit denen die Pflicht zur Unterlassung oder zum Schadensersatz bestritten wird[8]. Hierunter fallen allerdings solche Einwendungen nicht, die sich auf die Höhe einer angemessenen Lizenzgebühr beziehen[9].

1 Vgl. *OLG Karlsruhe* v. 23.3.2011, WRP 2011, 624, 629 f. S. auch *Sujecki*, GRUR-Prax 2011, 534 zum Urteil der *Rechtbank Den Haag* v. 14.10.2011 – LJN: BT7610, BeckRS 2011, 25456.

2 *BGH* v. 6.5.2009, GRUR 2009, 694, Rz. 39 – Orange-Book-Standard.

3 *OLG Dresden* v. 28.7.2009, InstGE 11, 163, Rz. 36.

4 *LG Mannheim* v. 9.12.2011, Mitt. 2012, 120, 123 m. Anm. *Müller*, Mitt. 2012, 125.

5 *LG Mannheim* v. 9.12.2011, Mitt. 2012, 120, 123 f.

6 *LG Mannheim* v. 9.12.2011, Mitt. 2012, 120, 124.

7 *OLG Karlsruhe* v. 23.1.2012, Mitt. 2012, 127, 128 f.

8 *OLG Karlsruhe* v. 27.2.2012, GRUR 2012, 736, 738 – GPRS-Zwangslizenz II m. Anm. *Gramsch*, GRUR-Prax 2012, 168.

9 *OLG Karlsruhe* v. 27.2.2012, GRUR 2012, 736, 737, 738 – GPRS-Zwangslizenz II.

Verweigert der Schutzrechtsinhaber nicht allgemein den Abschluss eines 19
Lizenzvertrages, ist er vielmehr grundsätzlich zur Lizenzierung bereit, stellt sich unter kartellrechtlichen Gesichtspunkten allein die Frage, ob seine Lizenzierungspraxis diskriminierend ist oder ob er unangemessene Lizenzgebühren verlangt[1].

Geht es um die Frage einer Diskriminierung, ist danach zu unterscheiden, ob das streitgegenständliche Schutzrecht Inhalt eines standardsetzenden Regelwerks ist oder nicht, da bejahendenfalls strengere Anforderungen an die sachliche Berechtigung einer Ungleichbehandlung zu stellen sind, wenn der Zugang zu einem der Lizenzvergabe nachgelagerten Markt aufgrund einer Industrienorm oder normähnlichen Rahmenbedingung von der Einhaltung der schutzrechtsgemäßen Lehre abhängig ist und der Schutzrechtsinhaber dies benutzt, um den Marktzutritt für das Angebot und den Vertrieb erfindungsgemäßer Produkte nach Kriterien zu beschränken, die der Zielsetzung des GWB (die Freiheit des Wettbewerbs zu gewährleisten) entgegenstehen[2]. Dabei ist etwa ein gebündeltes Lizenzangebot (Poollizenz) eines an einem Standard beteiligten Schutzrechtsinhabers als solches nicht kartellrechtswidrig[3]. Auch wäre die Einräumung einer Lizenz, ohne eine vertragliche Regelung dahingehend, inwieweit Lizenzgebühren rückwirkend für vergangene Patentverletzungen zu entrichten sind, für den Schutzrechtsinhaber unzumutbar[4]. Schließlich ist nicht schon dann von einem Missbrauch der marktbeherrschenden Stellung des Schutzrechtsinhabers auszugehen, wenn er ausschließlich eine Stücklizenz und keine

1 *LG Düsseldorf* v. 11.9.2008, InstGE 10, 66, Rz. 89 (juris) u. *LG Düsseldorf* v. 30.11.2006, InstGE 7, 70 – Videosignal-Codierung I; s. auch *LG Düsseldorf* v. 11.1.2007 – 4a O 343/05 – Rz. 117 ff. (juris) u. *LG Düsseldorf* v. 13.2.2007 – 4a O 124/05, Rz. 62 ff. (juris). Zur Höhe angemessener Lizenzgebühren s. auch *Müller*, GRUR 2012, 686, 688 f.

2 So *LG Düsseldorf* v. 17.4.2007 – 4b O 287/06, Rz. 107 ff. u. *LG Düsseldorf* v. 5.7.2007 – 4b O 289/06, Rz. 90 ff. (beide juris u. m.H.a. *BGH* v. 13.7.2004, GRUR 2004, 966 – Standard-Spundfass), wonach dem Lizenzgeber ansonsten grundsätzlich ein weiter Spielraum hinsichtlich der Einräumung von Lizenzen und deren Bedingungen zusteht, soweit sich für die Zurückweisung eines Lizenzangebotes ein sachlicher Grund finden lässt.

3 S. dazu ausführlich *LG Düsseldorf* v. 11.9.2008, InstGE 10, 66, Rz. 94 ff. (juris) u. *LG Düsseldorf* v. 30.11.2006, InstGE 7, 70 – Videosignal-Codierung I. Vgl. auch *LG Düsseldorf* v. 11.1.2007 – 4a O 343/05, Rz. 140 (juris) zur Zulässigkeit einer solchen Bündelung, wenn für den Zugang zu einem nachgelagerten Produktmarkt aufgrund einer Norm oder aufgrund normähnlicher Vorgaben die Benutzung mehrerer technischer Schutzrechte unerlässlich ist. S. auch *LG Mannheim* v. 9.11.2007 – 7 O 115/05, Rz. 217 ff. (juris) zur erforderlichen Darlegung eines behaupteten ausbeuterischen Missbrauchs durch Forderung eines Preises, der den Zweck erkennen lässt, die Lizenzgebühren durch Aufnahme möglichst vieler Patente ungerechtfertigt zu steigern. Zur Einbeziehung nicht streitgegenständlicher Schutzrechte s. auch *Müller*, GRUR 2012, 686, 689 f.

4 *LG Düsseldorf* v. 11.9.2008, InstGE 10, 66, Rz. 121 (juris).

Umsatzlizenz anbietet[1]. Unangemessene Lizenzvertragsbedingungen können allerdings das Verlangen einer Rücklizenzierung der Patente des Vertragspartners sowie eine fehlende Begrenzung des Lizenzsatzes darstellen[2].

c) Der sog. FRAND-Einwand[3]

20 In einem Patentverletzungsprozess berufen sich die Beklagten, denen eine Schutzrechtsverletzung vorgeworfen wird, mitunter neben dem vorstehend dargestellten kartellrechtlichen Anspruch auf Einräumung einer Zwangslizenz auf eine im Rahmen einer **Standardisierungsvereinbarung** vom Patentinhaber (Kläger) abgegebene **Erklärung**, künftigen Anwendern die **Lizenz** an einem standardessentiellen Patent zu **fairen**, **angemessenen** und **nicht diskriminierenden Bedingungen** einzuräumen (**FRAND-Erklärung**, s. hierzu Rz. 156 ff.). In seinem Beschluss vom 11.5.2009 führte das *OLG Karlsruhe* etwa aus:

„Der Senat neigt zu der Auffassung, dass sich Einwendungen sowohl aus der von der früheren Patentinhaberin B abgegebenen, in den Statuten des Standardisierungsgremiums (ETSI) für so genannte standardessentielle Schutzrechte vorgesehenen Lizenzbereitschaftserklärung als auch aus dem kartellrechtlichen Missbrauchsverbot (Art. 82 EG; §§ 19, 20 GWB) ergeben können."[4]

Das *LG Düsseldorf* stellte bereits in seinem Urteil vom 13.2.2007 fest:

„Der von der Beklagten erhobene Einwand kartellrechtlichen Missbrauchs und Verstoßes gegen das kartellrechtliche Diskriminierungsverbot ist begründet, § 242 BGB i.V.m. Regelung 6.1 der ETSI IPR-Policy bzw. Art. 82 EGV, §§ 19, 20 GWB."[5]

Die „Regelung 6.1 der ETSI IPR-Policy" enthält die gegenüber der Standardisierungsorganisation ETSI (European Telecommunications Standards Institute) abzugebende FRAND-Erklärung (Lizenzbereitschaftserklärung; s. Rz. 156 ff.).

Der FRAND-Einwand beruht demnach auf einer vertraglichen Vereinbarung zwischen Patentinhaber und Standardisierungsorganisation und kann dementsprechend nur geltend gemacht werden, soweit der Patentinhaber eine FRAND-Erklärung im Rahmen einer Standardisierungsvereinbarung auch tatsächlich abgegeben hat. Die Höhe der Lizenzgebühr soll beim FRAND-Einwand flexibler sein als beim kartellrechtlichen Zwangslizenzeinwand; ausreichend sei, dass sie in einem FRAND-Bereich liege, sie müsse nicht dem maximal erzielbaren Betrag entsprechen[6].

---

1 *LG Düsseldorf* v. 11.1.2007 – 4a O 343/05, Rz. 126 f. (juris). S. auch *LG Düsseldorf* v. 30.11.2006, InstGE 7, 70 – Videosignal-Codierung I.

2 *LG Düsseldorf* v. 13.2.2007 – 4a O 124/05, Rz. 63 ff. (juris).

3 S. hierzu u.a. *Kellenter* in FS Mes, 2009, S. 199 ff.; *Maume/Tapia*, GRUR Int. 2010, 923, 927 ff.; *Mes*, PatG, § 9 Rz. 106 ff., 109; § 24 Rz. 45.

4 *OLG Karlsruhe* v. 11.5.2009, GRUR-RR 2010, 120, 121 f. – Patentverwertungsgesellschaft.

5 *LG Düsseldorf* v. 13.2.2007 – 4a O 124/05, Rz. 51 (juris).

6 *Maume/Tapia*, GRUR Int. 2010, 923, 928.

Neuerdings wird auch ein sog. FRAND-Zwangslizenzanspruch nach Art 101 AEUV erörtert[1]. In der Verweigerung einer FRAND-Lizenz soll danach ein Verstoß gegen Art. 101 AEUV liegen, der jedoch nicht die Nichtigkeitsfolge des Art. 101 Abs. 2 AEUV auslöse, sondern dem Lizenzsucher einen Anspruch auf eine Lizenzierung zu FRAND-Bedingungen gewähre.

Eine Besonderheit besteht bei Lizenzverträgen, die letztlich auf **behördliche Auflagen** zurückgehen. Diese Situation stellt sich insbesondere bei der kartellrechtlichen Genehmigung von Unternehmenszusammenschlüssen (vgl. §§ 35 ff. GWB; zu Zusammenschlüssen von gemeinschaftsweiter Bedeutung vgl. Fusionskontrollverordnung – FKVO – Nr. 139/2004 v. 20.1.2004, ABl. EG Nr. L 24 v. 29.1.2004, S. 1 ff.). Hier kann wettbewerblichen Bedenken gegen ein Zusammenschlussvorhaben ggf. durch die Erteilung einer (exklusiven) Lizenz begegnet werden[2]. 21

Für die **Ausgestaltung** eines Lizenzvertrages werden die unterschiedlichen Interessen der jeweiligen Vertragspartner maßgebend sein. Eine für alle denkbaren Fälle mögliche Vertragsfassung kann nicht angeboten werden, auch wenn gewisse **typische Problemkreise** neben den vertraglichen Hauptpflichten stets geregelt werden sollten. Angesichts der Fülle der voraussehbaren Problemkreise empfiehlt es sich für jedes Unternehmen, unter Berücksichtigung eigener Interessen und der der potentiellen Lizenzvertragspartner **Vertragsmuster** bzw. „Bausteine" für die einzelnen Typen von Lizenzverträgen zu entwickeln und dann in jedem Einzelfall diese Regelungen daraufhin zu prüfen, ob sie den besonderen Gegebenheiten des konkret geplanten Vertrages entsprechen. Diese Vertragstypen dürfen also ebenso wie sonst vorgelegte Vertragsmuster (vgl. Rz. 3365 ff.) nicht kritiklos übernommen werden, sondern sollen nur in Form einer **Kontrollliste** die Gewähr bieten, dass im Einzelfall voraussehbare Konfliktsituationen angesprochen worden sind. Insbesondere bei Gestaltung internationaler Lizenzverträge sind schließlich die – gerade zwischen common-law-Rechtsordnungen und deutschem Rechtskreis bestehenden – unterschiedlichen Vertragsstrukturen zu berücksichtigen[3]. 22

Frei. 23–24

1 *Barthelmeß/Gauß*, WuW 2010, 626, 629 ff.
2 *BKartA* v. 22.5.2003, WuW 2003, 1087 – BASF/Bayer; *EU-Kommission* v. 29.9.2003, WuW 2004, 335 – Alcan/Pechiney II.
3 Eingehend *Döser*, NJW 2000, 1451 ff.; *Mankowski*, RIW 2003, 2 ff.

II. Lizenzvertrag als gewagtes Geschäft

25 Lizenzverträge über gewerbliche Schutzrechte sind nach allgemeinem Verständnis **gewagte Geschäfte**[1]. Nach allgemeiner Erfahrung bedeuten sie für beide Vertragsparteien nicht selten erhebliche Wagnisse.

26 So kann der **Lizenznehmer** namentlich die wirtschaftliche Verwertbarkeit des Schutzrechtes vielfach nicht mit Sicherheit abschätzen. Gerade wegen der Schwierigkeit dieser Prognose bedeuten der Abschluss eines Lizenzvertrages und die regelmäßig damit verbundenen Investitionen und sonstigen Vorleistungen für den Lizenznehmer einerseits zwar ein Wagnis, können andererseits aber unerwartete Gewinnchancen eröffnen[2]. Der Lizenznehmer muss sich des Risikos des wirtschaftlichen Erfolgs und eines ggf. hohen Aufwandes für die Herbeiführung der Produktionsreife[3] bei Vertragsabschluss bewusst sein. Diese Risiken können aber auch nur vom Lizenznehmer getragen werden, da der Lizenzgeber keinen Einfluss auf die wirtschaftliche Auswertung der Erfindung beim Lizenznehmer hat und er dessen tatsächliche Nutzungsmöglichkeiten und Potentiale häufig ebenso wenig kennen und beurteilen kann, wie dessen reale Stellung im Markt.

27 Der **Lizenzgeber** geht Risiken hinsichtlich der technischen und wirtschaftlichen Leistungsfähigkeit des Lizenznehmers ein, von dessen Markterfolg seine Gewinne abhängen[4]. Immerhin ist der Lizenzgeber mit der Zurverfügungstellung der Nutzungsbefugnis an einem Monopolrecht in Vorleistung getreten und trägt fortan – trotz eventueller Einmalzahlungen und Mindestlizenzen – das wirtschaftliche Risiko des Lizenznehmers über die ihm nicht zufließenden Lizenzgebühren mit. Das weitere Wagnis besteht in unvorhersehbaren Ereignissen, die beide Teile betreffen und die der weiteren Durchführung des Vertrages entgegen stehen, zumindest aber Probleme bereiten können. Das betrifft etwa Angriffe auf das lizenzierte Schutzrecht bzw. ein Offenkundigwerden des Know-hows, ferner Fortschritte in der Entwicklung der Technik durch Wettbewerber, Veränderungen der Marktverhältnisse. Hierzu zählen auch sonstige Umstände, die eine weitere Auswertung unwirtschaftlich machen oder in Frage stellen, wie behördliche Auflagen usw. (s. auch Rz. 1530).

Das Verständnis des Lizenzvertrages als gewagtes Geschäft hat erhebliche Einflüsse auf die Rechtsbeziehungen zwischen den Vertragsparteien. Die-

---

1 Vgl. u.a. *BGH* v. 5.8.1960, GRUR 1961, 27, 28 f. – Holzbauträger u. *BGH* v. 2.12.1997, GRUR 1998, 561, 563 – Umsatzlizenz; *Kraßer*, Patentrecht, § 41 I 4; Busse/*Keukenschrijver*, PatG, § 15 Rz. 54; vgl. auch *BGH* v. 4.3.1975, GRUR 1975, 598, 600 – Stapelvorrichtung; *LG München* v. 20.2.2008, InstGE 9, 257, Rz. 115 – Meerwasserentsalzungsanlage.

2 Vgl. *RG* v. 23.4.1932, GRUR 1932, 865, 867.

3 Vgl. *RG* v. 23.4.1932, GRUR 1932, 865, 867; *RG* v. 12.6.1942, GRUR 1943, 35, 36.

4 S. auch *BGH* v. 26.3.2009, GRUR-RR 2009, 284 – Nassreiniger.

ser Aspekt wird von Rechtsprechung und Lehre häufig herangezogen, wenn es um Fragen der rechtlichen Einordnung oder um die Frage der angemessenen Risikoverteilung bzw. Risikozuweisung geht, wie namentlich im Bereich des **Rechts der Leistungsstörung**[1].

Frei. 28–29

III. Rechtscharakter des Lizenzvertrages

Der Rechtsbereich des Lizenzvertrages mit seinen vielfältigen Erscheinungsformen ist – mangels eines eigenständigen Lizenzvertragsgesetzes – im Wesentlichen durch Rechtsprechung und Rechtslehre entwickelt worden. 30

1. Die Regelungen des PatG, des GebrMG, des EPÜ und des GPÜ

Erst mit Wirkung zum 1.1.1981 hat der Gesetzgeber den Bedürfnissen der Praxis Rechnung getragen und im Patentgesetz 1981[2] (PatG) eine ausdrückliche **Rechtsgrundlage** für Patentlizenzverträge geschaffen, die der früheren Rechtsentwicklung Rechnung trägt (vgl. auch **§ 22 Abs. 2 GebrMG**). Der Gesetzgeber hat sich in **§ 15 Abs. 2 PatG** bewusst auf eine klarstellende und rechtssichernde Regelung beschränkt[3]. Nach § 15 Abs. 2 PatG können die in § 15 Abs. 1 Satz 1 PatG genannten Rechte, also „das Recht auf das Patent, der Anspruch auf Erteilung des Patents und das Recht aus dem Patent" ganz oder teilweise Gegenstand von ausschließlichen oder nicht ausschließlichen Lizenzen" sein (zur Lizenz an einem ergänzenden Schutzzertifikat s. § 16a Abs. 2 PatG). § 15 PatG enthält damit keine nähere Bestimmung des Begriffs der Lizenz, sondern setzt diesen vielmehr voraus. Die Gesetzessprache des gewerblichen Rechtsschutzes[4] wie auch des Kartellrechts[5] geben weder eine Konkretisierung des **Lizenzbegriffs**, noch definieren sie ihn in einer eindeutigen Weise. Nach diesen Regelungen vermittelt die Lizenz „die Befugnis zur gewerblichen Benutzung einer Erfindung" (vgl. § 24 Abs. 1 PatG) bzw. die „Gestattung ihrer Benutzung" (vgl. § 23 Abs. 1 PatG) oder die „Benutzung mit Zustimmung des Rechtsinhabers" (vgl. § 24 Abs. 1 und § 26 Abs. 2 MarkenG; Art. 13 Abs. 1 u. Art. 15 Abs. 2 GMVO; § 17 Abs. 2 UrhG; s. auch Art. 43 Abs. 1 GPÜ). Insoweit ist der gesetzlich wiederholt verwendete Begriff der Lizenz eine abgekürzte Sammel- 31

---

1 Vgl. auch *Barona*, Diss. 2004, S. 42.

2 I.d.F. v. 16.12.1980, BGBl. I 1981, 1, zuletzt geändert durch Art. 1 des Gesetzes zur Vereinfachung und Modernisierung des Patentrechts v. 31.7.2009, BGBl. I 2009, 2521).

3 Amtl. Begründung zum BPatG, BT-Drucks. 8/2087, S. 25 sowie Denkschrift zum GPÜ, BT-Drucks. 8/2087, S. 112, 128 f.

4 S. hierzu ausführl. *Britta Bartenbach*, Diss. 2002, S. 27 ff.

5 S. *Britta Bartenbach*, Diss. 2002, S. 44 ff.

bezeichnung, deren Begriffsinhalt aus dem Sinnzusammenhang, in den dieses Wort gestellt ist, sowie aus dem Zweck der jeweiligen Vorschrift ermittelt werden muss[1]. Dabei kann ggf. auch das internationale Verständnis zu berücksichtigen sein. Im Grundsatz ist die Lizenz die **Erlaubnis zur Benutzung einer technischen Lehre** und eventuell darauf bezogener Schutzrechtspositionen[2]. Zum Lizenzgegenstand s. Rz. 188 ff.

32 Älter als diese bundesdeutsche gesetzliche Regelung ist **Art. 73** des **Übereinkommens über die Erteilung europäischer Patente (EPÜ)**[3]. Hiernach kann eine **europäische Patentanmeldung** ganz oder teilweise Gegenstand von Lizenzen für alle oder eines der Hoheitsgebiete der benannten Staaten, d.h. der Vertragsstaaten des EPÜ, sein[4]. Ist ein europäisches Patent mit Wirkung für die Bundesrepublik erteilt, gelten für die Lizenzierung dieses nationalen Teils die Bestimmungen des PatG. Soweit ein europäisches Patent mit Wirkung für andere Vertragsstaaten erteilt ist, sind die jeweiligen Bestimmungen dieser Schutzrechtsordnungen maßgeblich.

33 Das auf Ebene der europäischen Gemeinschaft abgeschlossene, aber mangels Ratifizierung durch die Mitgliedstaaten nicht in Kraft getretene, Sonderabkommen zum EPÜ, das **Gemeinschaftspatentübereinkommen (GPÜ)**, sah in **Art. 42 ff.** besondere Regelungen zur Lizenzierung von europäischen Gemeinschaftspatenten vor (vgl. auch Art. 19 Vorschlag GPVO und Art. 28 Abs. 2 TRIPS). Am 13.4.2011 legte die Europäische Kommission einen Entwurf der **Verordnung über die Umsetzung der verstärkten Zusammenarbeit zur Schaffung eines einheitlichen europäischen Patentschutzes vor**[5] (VO-Entwurf). Der (zukünftige) einheitliche Patentschutz soll Forschung und Entwicklung fördern und die Möglichkeit schaffen, Erfindungen in 25 Mitgliedstaaten mit einem einzigen Europäischen Patent schützen zu lassen. Der VO-Entwurf liegt nunmehr dem Rat und dem Europäischen Parlament

---

1 *BGH* v. 25.10.1966, GRUR 1967, 378, 383 – Schweißbolzen.

2 Vgl. *Kraßer*, Patentrecht, § 40 V. S. auch *LG Düsseldorf* v. 30.12.2009, Düsseldorfer Entscheidung Nr. 1314 – Regenschirm (www.duesseldorfer-archiv.de).

3 Das EPÜ v. 5.10.1973 ist am 7.10.1977 gemäß Bek. v. 9.9.1977, BGBl. II 1977, 792 u.a. für die Bundesrepublik Deutschland in Kraft getreten, nunmehr i.d.F. der Akte v. 29.11.2000 (EPÜ 2000, BGBl. II 2007, 1083); vgl. auch das Gesetz über internationale Patentübereinkommen v. 21.6.1976, BGBl. II 649.

4 Albanien, Belgien, Bulgarien, Dänemark, Deutschland, Estland, Finnland, Frankreich, Griechenland, Großbritannien, Irland, Island, Italien, Kroatien, Liechtenstein, Litauen, Luxemburg, Malta, Niederlande, Norwegen, Österreich, Polen, Portugal, Rumänien, San Marino, Schweden, Schweiz, Serbien, Slowakei, Slowenien, Spanien, Tschechische Republik, Türkei, Ungarn und Zypern, wobei die Schutzwirkung europäischer Patentanmeldungen und Patente auch auf folgende Staaten erstreckt werden kann: Bosnien und Herzegowina, Montenegro; vgl. http://www.epo.org/about-us/organisation/member-states_de.html (letzte Aktualisierung: 10.3.2011).

5 Vorschlag für eine Verordnung des Europäischen Parlaments und des Rates über die Umsetzung der verstärkten Zusammenarbeit im Bereich der Schaffung eines einheitlichen Patentschutzes, KOM (2011) 215 endgültig, abrufbar unter: http://ec.europa.eu/internal_market/indprop/docs/patent/com2011-215-final_de.pdf).

zur Prüfung vor. Spanien und Italien haben sich bislang noch nicht an der verstärkten Zusammenarbeit beteiligt. Nach Art. 3 Abs. 2 VO-Entwurf hat das künftige europäische Patent mit einheitlicher Wirkung einen einheitlichen Charakter, bietet einheitlichen Schutz, hat gleiche Wirkung in allen teilnehmenden Mitgliedstaaten und kann nur im Hinblick auf alle teilnehmenden Mitgliedstaaten lizenziert werden. Art. 11 VO-Entwurf enthält Regelungen zur Lizenzbereitschaft. Vorgaben für die Umsetzung durch die teilnehmenden Mitgliedstaaten finden sich in Art. 12 VO-Entwurf. Nach Abs. 1 lit. b, c übertragen die teilnehmenden Mitgliedstaaten dem Europäischen Patentamt u.a. die Verwaltung eines Registers für den einheitlichen Patentschutz, in das z.B. Lizenzen eingetragen werden sowie die Entgegennahme und Eintragung von Erklärungen über die Lizenzbereitschaft gemäß Art. 11 VO-Entwurf, deren Widerruf sowie die Lizenzzusagen im Rahmen internationaler Normungsgremien.

Anlässlich seiner Tagung am 28./.29.6.2012 hat sich der Europäische Rat zwar zur Lösung der letzten noch offenen Frage des Patentpakets auf den Sitz der Zentralkammer des Gerichts erster Instanz des Einheitlichen Patentgerichts (EPG) geeinigt[1]. Dieser wird sich in Paris befinden. Angesichts des hochspezialisierten Charakters von Patentstreitigkeiten und der Notwendigkeit, hohe Qualitätsnormen einzuhalten, wurde außerdem beschlossen, zwei weitere Standorte zu bilden, und zwar eine Außenstelle in München für die Bereiche Verwaltung und ingenieurtechnische Patente und eine in London für Biotechnologie- und Pharmapatente. Der Europäische Rat hat aber u.a. auch vorgeschlagen, die Art. 6 bis 8 des VO-Entwurfs zu streichen. Art. 6 definiert die unmittelbare Verletzung des Patents, Art. 7 eine mittelbare und Art. 8 erläutert die Reichweite der Rechte durch ein Patent. Das Europäische Parlament hält es allerdings nicht für ausgeschlossen, dass die Streichung dieser Artikel mit dem EU-Recht nicht vereinbar sein könnte. Daher hat es die vorgesehene Abstimmung über die Verordnung für ein Patent mit einheitlicher Schutzwirkung verschoben, um die Konsequenzen aus der Streichung der Art. 6 bis 8 VO-Entwurf prüfen zu können.

2. Rechtstypologische Einordnung

a) Zivilrechtliche Grundlagen

Inhalt eines Lizenzvertrages ist regelmäßig die entgeltliche oder unentgeltliche Einräumung eines Nutzungsrechts an Erfindungen, Schutzrechtsanmeldungen, Schutzrechten und technischem Erfahrungswissen (Know-how) bzw. sonstigen schöpferischen Leistungen[2] (s. Rz. 41) durch den Inhaber 34

1 Schlussfolgerungen des Europäischen Rates v. 28./29.6.2012, EUCO 76/2/12, abrufbar unter: http://www.consilium.europa.eu/uedocs/cms_data/docs/pressdata/de/ec/131398.pdf).

2 Ausführlich zum Begriff der Lizenz u.a. *Britta Bartenbach*, Diss. 2002, S. 26 ff.

der Rechte an diesen Vertragsgegenständen, den **Lizenzgeber**, an den Nutzungsberechtigten, den **Lizenznehmer**. Im Umfang der Rechtseinräumung handelt der Lizenznehmer rechtmäßig[1].

35 Im Lizenzvertragsrecht wird zwar – wie auch bei anderen Vertragsverhältnissen – ebenfalls zwischen Verpflichtungs- und Verfügungsgeschäft unterschieden[2]. Die Einräumung einer Lizenz umfasst demzufolge ein den eigentlichen schuldrechtlichen Vertrag darstellendes **Verpflichtungsgeschäft**, also die (Leistungs-)Pflicht des Lizenzgebers, dem Lizenznehmer das Recht zur Nutzung und Auswertung des Lizenzgegenstandes zu verschaffen, mit der korrespondierenden Gegenleistungspflicht des Lizenznehmers, hierfür die vereinbarte Lizenzgebühr zu zahlen, und das **Verfügungsgeschäft**[3], das die Erfüllung dieser gegenseitigen Pflichten bewirkt[4]. In Umsetzung der Grundsätze von Trennung und Abstraktion stellt § 103 Buch 1 GGE klar, dass der Bestand der Rechtseinräumung (Verfügungsgeschäft) von der Wirksamkeit des Verpflichtungsgeschäfts unberührt sein soll. In der Lizenzvertragspraxis fallen allerdings – auch bei der ausschließlichen Lizenz – Verpflichtungs- und Verfügungsgeschäft regelmäßig zusammen, so dass sie damit als eine Einheit bewertet werden können[5].

Auch der *BGH*[6] betont die stärkere kausale **Verknüpfung von Verpflichtungs- und Verfügungsgeschäft**. Diese entspricht der generell für das Immaterialgüterrecht geltenden Besonderheit, dass der **Inhalt des Rechts**, auf das sich die Verfügung bezieht, im Hinblick auf die Vielfalt der Gestaltungsmöglichkeiten und das Fehlen vorgeformter gesetzlicher Typen **erst durch den schuldrechtlichen Vertrag seine nähere Bestimmung und Ausformung** erfährt[7]. Folgerichtig fällt mit der Beendigung des Schuldverhältnisses des Lizenzvertrages das dem Lizenznehmer eingeräumte Recht an den Lizenzgeber zurück, so dass eine Fortsetzung der Benutzung durch den bisherigen Lizenznehmer eine Schutzrechtsverletzung darstellen würde[8].

---

1 *BGH* v. 24.11.1998, GRUR 1999, 566 – Deckelfass u. *BGH* v. 14.3.2000, GRUR 2000, 685, 686 – Formunwirksamer Lizenzvertrag.

2 Vgl. *Lüdecke*, NJW 1966, 815; Busse/*Keukenschrijver*, PatG, § 15 PatG, Rz. 51 m.w.N.

3 Im Gegensatz zum schuldrechtlichen Vertrag oder Vertragsteil, durch den die Pflicht zu einem Handeln oder Unterlassen begründet wird, wirken verfügende Verträge unmittelbar auf die Rechtslage eines Gegenstandes oder eines Rechts, also auch eines Schutzrechts, ein (vgl. *RG* v. 14.12.1929, RGZ 126, 280, 284; *BGH* v. 15.3.1951, BGHZ 1, 29, 30; Benkard/*Ullmann*, PatG, § 15 Rz. 16).

4 S. hierzu *Lüdecke/Fischer*, Lizenzverträge, Vorbem. 6 S. 33; *Götting*, Gewerblicher Rechtsschutz, § 27 Rz. 1 ff. m.w.N.

5 *RG* v. 12.5.1911, JW 1911, 667.

6 *BGH* v. 19.7.2012, GRUR 2012, 916, 917, Rz. 19 – M2Trade m.w.N.; *Kraßer*, GRUR Int. 1973, 230, 231 f., 237.

7 *BGH* v. 19.7.2012, GRUR 2012, 916, 917, Rz. 19 – M2Trade; *Ulmer*, Urheber- und Verlagsrecht, S. 391; *Kraßer*, GRUR Int. 1973, 230 ff., 237.

8 *BGH* v. 19.7.2012, GRUR 2012, 916, 918, Rz. 20 – M2Trade; vgl. auch *BGH* v. 21.7.2005, GRUR 2006, 56, Rz. 26 – BOSS-Club; *Osterrieth*, PatentR, Rz. 404; Ben-

Ist **Know-how** ausschließlich oder begleitend Vertragsgegenstand der Lizenzeinräumung, ist ebenfalls zwischen dem Verpflichtungsgeschäft und der durch „Besitzverschaffung zu vollziehenden Gebrauchsüberlassung" zu unterscheiden[1]. Dies betrifft z.B. die Übergabe der Know-how-Dokumentation oder sonstiger Unterlagen, Muster, Modelle, in denen sich das Know-how niederschlägt. 36

Als **gegenseitiger Vertrag** unterliegt der Lizenzvertrag den Bestimmungen des BGB über Leistungsstörungen (§§ 320 ff. BGB). 37

Da der Lizenzvertrag im Gegensatz zu einem Kauf des Patentrechts (vgl. § 15 Abs. 1 PatG) als **Dauerschuldverhältnis** ausgerichtet ist[2] (vgl. auch Rz. 617 f.), kommen auf ihn, unabhängig von seiner Einordnung unter einen bestimmten Vertragstypus des BGB, die allgemeinen Regeln über Dauerschuldverhältnisse zur Anwendung. Während der Laufzeit eines Dauerschuldverhältnisses entstehen fortlaufend neue Leistungs- und Schutzpflichten der Vertragsparteien. Insbesondere hat die Nutzungsrechtsüberlassung Dauerleistungscharakter[3]. Allerdings geht der *BGH*[4] davon aus, dass der Lizenzgeber dem (Unter-)Lizenznehmer das Nutzungsrecht nicht während der Dauer des Lizenzverhältnisses fortwährend in seinem Bestand vermitteln muss, eine Überlegung, die zu dem Charakter des Dauerschuldverhältnisses in Widerspruch steht. 38

Dauerschuldverhältnisse sind in ihrer Abwicklung von einem besonderen gegenseitigen Vertrauen des Vertragspartners in den anderen abhängig, so dass ein Wegfall dieses Vertrauens ein Recht zur **Kündigung aus wichtigem Grund** ebenso auslöst[5], wie beide Vertragspartner voneinander die Einhaltung gesteigerter Rücksichtnahmepflichten und bei deren Nichteinhaltung die hieraus sich ergebenden besonderen Rechtsfolgen (§ 242 BGB) verlangen können. Dies gilt auch dann, wenn bei einem Lizenzvertrag besondere gesellschaftsrechtliche Elemente im Sinne einer gemeinsamen Zielsetzung der Vertragspartner nicht vorliegen[6]. Insoweit enthalten die **§§ 89a, 133 HGB, §§ 626, 723 BGB** einen **allgemeinen Rechtsgrundsatz**, der auch für Lizenzverträge gilt, da diese zu ihrer Ausführung ein besonderes ge- 39

---

kard/*Ullmann*, PatG, § 15 Rz. 203 f.; Busse/*Keukenschrijver*, PatG, § 15 Rz. 102; s. für das Markenrecht *Ströbele/Hacker*, MarkenG, § 30 Rz. 72.

1 So *Kraßer/Schmid*, GRUR Int. 1982, 324, 329 f.

2 So zum Lizenzvertrag *BGH* v. 29.4.1997, BB 1997, 1503 u. *BGH* v. 17.11.2005, GRUR 2006, 435, 437 – Softwarenutzungsrecht; *Haedicke*, GRUR 2004, 125; *Britta Bartenbach*, Mitt. 2003, 104. Zum Franchise-Vertrag *BGH* v. 17.12.1998, NJW 1999, 1177; zum wettbewerbsrechtlichen Lizenzvertrag s. Rz. 144; *BGH* v. 18.11.1999, BGHZ 133, 316, NJW 2000, 364; *Gottschalk*, GRUR 2004, 827 ff.

3 *BGH* v. 26.3.2009, GRUR 2009, 946, 948, Rz. 20 – Reifen-Progressiv.

4 *BGH* v. 26.3.2009, GRUR 2009, 946, 948, Rz. 20 – Reifen-Progressiv.

5 *BGH* v. 2.5.1991, GRUR 1992, 112, 114 – Pulp-wash (s. hierzu Rz. 2439 ff.); *OLG Düsseldorf* v. 17.12.2009 – I-2 U 118/08, Rz. 125 (juris).

6 So auch *Nirk* in Klauer/Möhring, PatG, § 9 a.F. Rz. 24; *Reimer*, PatG, § 9 a.F. Rz. 104.

genseitiges Vertrauen erfordern[1]. Wann das Vertrauensverhältnis derart zerrüttet ist, dass ein Festhalten am Vertrag unzumutbar erscheint, beurteilt sich anhand einer Abwägung der Interessen und Vereinbarungen der Parteien, wobei namentlich der Zweck und die Art des Vertrages, das Ausmaß der persönlichen Bindungen, das Erfordernis persönlichen Vertrauens in die Loyalität, Wahrheitsliebe, Leistungsfähigkeit und Leistungsbereitschaft des Vertragspartners, die Gefährdung von Vermögensinteressen und die Effektivität von Kontrollmöglichkeiten zu berücksichtigen sind[2]. Aus dem Charakter als Dauerschuldverhältnis folgt auch die eingeschränkte Möglichkeit zum Rücktritt vom Lizenzvertrag (s. dazu Rz. 534).

40 Frei.

b) Die Rechtsnatur des Lizenzvertrages

41 Die Klärung der Zuordnung des Lizenzvertrages zu einem der typischen Vertragsverhältnisse des BGB hat nicht nur akademischen Wert. So knüpfen daran unterschiedliche rechtliche Auswirkungen an, sei es hinsichtlich des Umfangs der Nutzungsrechte, ihrer Übertragbarkeit, der Gewährleistungsansprüche einschließlich unterschiedlicher Verjährungsfristen (vgl. etwa die nur 2-jährige Verjährungsfrist nach § 438 Abs. 1 Nr. 3 BGB). Die Bestimmung der Rechtsnatur des Lizenzvertrages ist auch bedeutsam, um den Einfluss des Rechts der **Allgemeinen Geschäftsbedingungen (§§ 305 ff. BGB)** festzustellen (s. dazu Rz. 445 ff.). Eingeschränkt gelten die AGB-Regeln auch bei Unternehmen (Rz. 449). Dies gilt insbesondere für den Aspekt des § 307 Abs. 2 Nr. 1 BGB, also bei der Prüfung, ob eine lizenzvertragliche Bestimmung mit wesentlichen Grundgedanken einer gesetzlichen Regelung, von der abgewichen wird, vereinbar ist (Rz. 451).

42 Bei der Orientierung an bestehenden Vertragstypen des BGB darf, worauf *Ahrens/McGuire*[3] zutreffend hinweisen, nicht übersehen werden, dass es sich um Anfang des 20. Jahrhunderts kodifizierte Vertragstypen handelt, die die spezifische Interessenlage des Lizenzvertrages nicht immer adäquat widerspiegeln. Folgerichtig schlagen *Ahrens/McGuire*[4] eine Regelung des Lizenzvertrages als eigenständigen Vertragstypus vor, der zwar der Struktur der Regelung des BGB zu Miete und Pacht als typischen Dauerschuldverhältnissen angelehnt sein kann, dann aber die typischen Aspekte des Lizenzvertrages eigenständig regelt.

---

1 So schon *RG* v. 15.2.1933, GRUR 1933, 393, 394; *BGH* v. 28.10.1955, GRUR 1956, 93, 95; *BGH* v. 28.6.1957, GRUR 1958, 175, 177 – Wendemanschette II; *BGH* v. 22.5.1959, GRUR 1959, 616, 617 – Metallabsatz.

2 *LG Düsseldorf* v. 29.6.2010, Düsseldorfer Entscheidung Nr. 1436 – Rauchgaswäsche (www.duesseldorfer-archiv.de); *Gaier* in MünchKomm. BGB, § 314 Rz. 12. Vgl. auch *LG Düsseldorf* v. 18.8.2009, Düsseldorfer Entscheidung Nr. 1218 – Innensohle für Schuhe (www.duesseldorfer-archiv.de).

3 Modellgesetz für Geistiges Eigentum, S. 261.

4 Modellgesetz für Geistiges Eigentum, S. 262.

Das ***RG*** hat den Lizenzvertrag aus Gründen der Stempel- und Urkundensteuer zunächst einmal dem Kauf-, zum anderen dem Miet- oder Pachtrecht des BGB zugeordnet[1]. Außerhalb dieser Sonderfälle hat aber bereits das *RG* den Lizenzvertrag zu Recht als **Vertrag eigener Art** (vgl. § 311 Abs. 1 BGB) bewertet[2].

Dieser Auffassung haben sich der ***BGH***[3] und auch die ganz herrschende Meinung im *Schrifttum*[4] angeschlossen. Anderer Ansicht ist z.B. *Henn*[5], der vom Vorliegen eines gemischten Vertrages ausgeht, worunter er die Zusammensetzung eines einheitlichen Vertrags aus Bestimmungen mehrerer Vertragstypen versteht[6]. Im Ergebnis werden sich jedoch auch bei Annahme eines gemischten Vertrages keine wesentlichen Unterschiede ergeben. 43

Es kann nicht geleugnet werden, dass der Lizenzvertrag Berührungspunkte mit typischen Vertragsverhältnissen des BGB, wie z.B. dem Kauf-, dem Miet-, dem Pacht- und dem Gesellschaftsrecht aufweisen kann. Dennoch ist zu Recht eine Gleichstellung mit diesen Vertragstypen abzulehnen: 44

aa) Kaufvertrag

Der Lizenzvertrag ist grundsätzlich **kein Rechtskauf** i.S. der **§§ 433 ff. BGB**, weil der Lizenzgeber keine Verfügung über das gesamte ihm gehörende Recht, also etwa ein Schutzrecht, trifft, sondern lediglich Teilbefugnisse abtrennt und dem Lizenznehmer ein Nutzungsrecht einräumt. Entscheidend ist, dass der Lizenzgeber Inhaber des Schutzrechtes selbst bleibt, wäh- 45

1 Vgl. *RG* v. 5.5.1911, RGZ 76, 235, 236; *RG* v. 17.4.1917, RGZ 90, 162, 165; *RG* v. 4.2.1927, RGZ 116, 78, 80; *RG* v. 28.9.1928, RGZ 122, 70, 73; vgl. aus der Literatur *Finger*, GRUR 1916, 17 ff.

2 *RG* v. 1.3.1911, RGZ 75, 400, 405; *RG* v. 12.4.1913, RGZ 82, 155, 159; *RG* v. 26.10.1929, RGZ 126, 65, 67; *RG* v. 11.11.1933, RGZ 142, 212, 213 – Maffei; *RG* v. 25.8.1937, GRUR 1939, 377, 378.

3 *BGH* v. 25.10.1957, BGHZ 26, 7, 9 – Sympatol; *BGH* v. 23.9.1958, GRUR 1959, 125, 127 – Pansana; *BGH* v. 5.7.1960, GRUR 1961, 27, 29 – Holzbauträger; *BGH* v. 11.6.1970, GRUR 1970, 547, 548 – Kleinfilter mit Anm. *Fischer*; *BGH* v. 28.6.1979, GRUR 1979, 768, 769 – Mineralwolle; nicht eindeutig *BGH* v. 17.3.1961, GRUR 1961, 466, 467 – Gewinderollkopf; Ablehnung der Anwendung kaufrechtlicher Vorschriften durch *BGH* v. 23.2.1982, NJW 1982, 2861, 2862 f.; *BGH* v. 12.12.2003, WM 2004, 596, 597 m.H.a. BGHZ 105, 374, 378; beiläufig *BGH* v. 17.11.2005, GRUR 2006, 435, 437 – Softwarenutzungsrecht (dort: Rechtspacht).

4 Vgl. z.B. *Hübner*, GRUR 1937, 902 ff.; *Nirk*, GRUR 1970, 329, 330; *Kraßer/Schmid*, GRUR Int. 1982, 324, 328; *Isay*, PatG, § 6 a.F. Rz. 10; *Reimer*, PatG, § 9 a.F. Rz. 5; Lindenmaier/*Weiß*, PatG, § 9 a.F. Rz. 28; *Knoppe*, Besteuerung der Lizenz- und Know-how-Verträge (1972), S. 5 ff.; *Groß*, Rz. 19 ff.; *McGuire*, Die Lizenz, S. 671 ff.; *Hauck* in Fitzner/Lutz/Bodewig, PatRKomm, § 15 PatG Rz. 36; Benkard/*Ullmann*, PatG, § 15 Rz. 81; *Mes*, PatG, § 15 Rz. 35; *Ströbele/Hacker*, MarkenG, § 30 Rz. 26; *Ingerl/Rohnke*, MarkenG, § 30 Rz. 52; *Schricker/Loewenheim*, UrheberR, vor § 28 UrhG Rz. 206.

5 *Henn*, Rz. 90, 120.

6 Zur Kritik vgl. *Forkel*, NJW 1990, 2805 f.

rend beim Kaufvertrag der Veräußerer das Eigentum an dem zu veräußernden Recht auf den Käufer überträgt. Nicht übersehen werden kann auch, dass es sich beim Rechtskauf um die einmalige Überleitung eines Rechts handelt, während der Lizenzvertrag seiner Natur nach auf Dauer ausgerichtet ist (s. Rz. 38)[1]. Daher hat auch der *BGH* unter ausdrücklicher Würdigung seiner früheren Rechtsprechung verneint, dass auf den Lizenzvertrag die Vorschriften des Kaufrechts Anwendung finden: Der Lizenzvertrag sei kein Austauschverhältnis, das mit der Erbringung der beiderseitigen Leistungen i.d.R. abgewickelt und erfüllt sei[2]. Beachtlich ist aber die hierzu in einem gewissen Widerspruch stehende neue Überlegung des *BGH*, dass der Lizenzgeber dem Lizenznehmer das Nutzungsrecht nicht während der Dauer des Lizenzverhältnisses fortwährend in seinem Bestand vermitteln muss[3]. Schließlich fehlt beim Kaufvertrag die dem Lizenzrecht eigene Treue- und Fürsorgepflicht.

46 Die grundsätzliche Nichtanwendbarkeit der §§ 433 ff. BGB gilt selbst dann, wenn der Lizenzgeber auf eigene Nutzungsrechte verzichtet und der Lizenznehmer ein alleiniges ausschließliches Nutzungsrecht ohne Verpflichtung zur Weiterentwicklung erhält[4] (s. dazu Rz. 78 ff.). Insoweit kommt es nicht auf den Umfang der Gebrauchsüberlassung an, sondern auf den Verbleib des wirtschaftlichen Wertes des Lizenzgegenstandes beim Lizenzgeber. Dieser erhält weiterhin die laufenden Lizenzgebühren und kann das lizenzierte Recht auf Dritte übertragen (vgl. § 15 Abs. 3 PatG). Kaufrechtliche Bestimmungen können allenfalls dann entsprechend anzuwenden sein, wenn der Lizenznehmer nur eine einmalige (Pauschal-)Lizenzgebühr zu entrichten hat[5], es sich um eine unwiderrufliche, ausschließliche Lizenz für die gesetzliche Schutzrechtsdauer handelt und damit das lizenzierte Recht für den Lizenzgeber keinen wirtschaftlichen Wert mehr darstellt.

47–49 Frei.

bb) Mietvertrag

50 Zweck der Miete ist die zeitweilige Überlassung einer Sache zur Nutzung. Insoweit bietet das Mietrecht ob seines obligatorischen Nutzungscharakters Parallelen zum Lizenzrecht[6]. Anknüpfungspunkte zum **Mietrecht** ge-

1 Die kaufrechtliche Einordnung bejahend: *Haedicke*, GRUR 2004, 123, 124; *Pahlow*, Lizenz und Lizenzvertrag, S. 390 ff., ablehnend Benkard/*Ullmann*, PatG, § 15 Rz. 82; vgl. auch *Groß*, Rz. 20; auch *RG* v. 12.4.1913, RGZ 82, 155, 158; *RG* v. 5.12.1939, MuW 1940, 76, 77; *BGH* v. 12.4.1957, GRUR 1957, 595 – Verwandlungstisch mit Anm. *Beil* sowie zur Abgrenzung zwischen Patentkauf und Lizenzvertrag *FG Münster* v. 15.12.2010, BB 2011, 623, Rz. 41 ff.
2 Vgl. *BGH* v. 23.3.1982, NJW 1982, 2861, 2862.
3 *BGH* v. 26.3.2009, GRUR 2009, 946, 948, Rz. 20 – Reifen Progressiv.
4 Abweichend *Haedicke*, GRUR 2004, 123, 125.
5 *BGH* v. 12.12.2003, WM 2004, 596, 597 – Honiglöffel.
6 *Henn*, Rz. 92 m.w.N.

mäß den **§§ 535 ff. BGB** sind dennoch schon deswegen kaum denkbar, weil Wesen der Miete die Gebrauchsüberlassung von **Sachen** im Sinne des bürgerlichen Rechts ist, es somit eine Miete an Rechten nicht gibt[1].

cc) (Rechts-)Pachtvertrag

Diese Bedenken bestehen bei einer Anlehnung an den Vertragstypus des **Pachtvertrages (§ 581 BGB)** nicht, da es auch eine Pacht an Rechten gibt. Der Bezug zur **Rechtspacht** soll sich daraus ergeben, dass der Lizenzgeber – entsprechend der einmaligen Rechtsübertragung – dem Lizenznehmer ein fertiges Arbeitsergebnis zur freien Benutzung überlässt[2]. Zudem soll je nach Vertragsgestaltung grundsätzlich denkbar sein, dass im Rahmen eines Pachtvertrages z.B. ein Patent im Wege einer Lizenzerteilung einem anderen zur Nutzung überlassen wird[3]. Allerdings setzt auch der Pachtvertrag die Überlassung des Pachtgegenstandes und dessen Rückgabe mit Ablauf des Vertrages voraus, während beim Lizenzvertrag das Schutzrecht beim Patentinhaber verbleibt. Ein auf die Zeitdauer eines solchen Schutzrechtes ausgerichteter Lizenzvertrag kann nach Erlöschen des Schutzrechtes keine Rückgabepflicht des Lizenznehmers in Bezug auf dieses erloschene Schutzrecht mehr begründen, wie auch sonstiges Erfahrungswissen pp., das dem Lizenznehmer übermittelt worden ist, diesem verbleibt und als solches nicht an den Wissensübermittler, den Lizenzgeber, zurückgeleitet werden kann. 51

Schließlich darf der Charakter eines Lizenzvertrages als **gewagtes Geschäft** (s. Rz. 25) nicht außer Acht gelassen werden. Beim Pachtvertrag kennt der Pächter von vornherein die ihm überlassene Pachtleistung und der Verpächter die Höhe der ihm zufließenden Gegenleistung, während sich für den Lizenznehmer aus der Natur der Sache heraus zahlreiche Unsicherheiten ergeben können, insbesondere hinsichtlich des Bestands des Schutzrechtes oder seiner technischen Ausführbarkeit und Brauchbarkeit (s. Rz. 25 ff.). Das wirtschaftliche Risiko für den Lizenzgeber liegt in der Abhängigkeit seiner Lizenzgebührenansprüche von dem Umfang der Lizenznutzung durch den Lizenznehmer[4]. Somit sollte eine ausschließliche 52

---

1 *Bussmann/Pietzcker*, DB 1964, 855; *Groß*, Rz. 21; ebenso *RG* v. 11.11.1933, RGZ 142, 212, 213; Palandt/*Weidenkaff*, BGB, § 535 Rz. 2.

2 Vgl. *Stöber*, Forderungspfändung (2005), Rz. 1233, 1649a; Büscher/Dittmer/Schiwy/*v. Gamm*, Gewerblicher Rechtsschutz, Urheberrecht, Medienrecht, § 30 MarkG, Rz. 1 f.; den pachtähnlichen Charakter bejahend: Benkard/*Ullmann*, PatG, § 15 Rz. 83; *Ströbele/Hacker*, MarkenG, § 10 Rz. 26; *Ingerl/Rohnke*, MarkenG, § 30 Rz. 52; vgl. auch *Pahlow*, Lizenz u. Lizenzvertrag, S. 264 ff., 268.

3 *LG Düsseldorf* v. 30.12.2009, Düsseldorfer Entscheidung Nr. 1315 – Lagerung eines Paneels (www.duesseldorfer-archiv.de) m.H.a. *BGH* v. 11.6.1970, NJW 1970, 1503 u. Palandt/*Weidenkaff*, BGB, 68. Aufl. 2009, vor § 581 Rz. 7.

4 *BGH* v. 26.3.2009, GRUR-RR 2009, 284 – Nassreiniger.

Ausrichtung auf den (Rechts-)Pachtvertrag vermieden werden, da der Lizenzvertrag dessen typische Merkmale nicht aufweist[1].

53–54 Frei.

dd) Nießbrauch an Rechten

55 Dem Grunde nach lassen sich (technische) Schutz- und Urheberrechte auch zu den Rechten i.S. des § 1068 Abs. 1 BGB zählen[2] (vgl. § 15 Abs. 1 Satz 2 PatG), mit der Folge, dass auf den Lizenzvertrag auch die Vorschriften der **§§ 1068 ff., 1030 ff. BGB** über den Nießbrauch an Rechten Anwendung finden könnten. Nach § 1030 Abs. 1 BGB ist Nießbrauch die Belastung einer Sache in der Weise, dass derjenige, zu dessen Gunsten die Belastung erfolgt, berechtigt ist, die Nutzungen der Sache zu ziehen. Auch wenn der Lizenzvertrag, wie *Henn* feststellt[3], der Definition des Nießbrauchs an Rechten nahe kommt, so ist doch ein Verweis auf die Vorschriften des Nießbrauchs abzulehnen[4]. Gegen eine Anwendung der Regelungen über den Nießbrauch spricht etwa die in § 1041 BGB vorgesehene Verpflichtung des Nießbrauchers, für die Erhaltung der Sache bzw. des Rechts in seinem wirtschaftlichen Bestand zu sorgen. Eine solche Regelung steht jedenfalls in Widerspruch zum Wesen der einfachen Lizenz. Auch § 1065 BGB, der den Nießbraucher bei Beeinträchtigungen seines Rechts auf die Ansprüche aus dem Eigentümer-Besitzer-Verhältnis verweist, ist nicht mit der einfachen Lizenz zu vereinbaren.

ee) Gesellschaftsvertrag

56 Schließlich muss noch eine mögliche Übereinstimmung der Rechtsfigur des Lizenzvertrages mit dem **Gesellschaftsvertrag (§§ 705 ff. BGB)** beachtet

---

1 So auch *BGH* v. 5.7.1960, GRUR 1961, 27, 29 – Holzbauträger; s. aber auch BGH v. 17.11.2005, GRUR 2006, 435, 437 – Softwarenutzungsrecht (dort: Rechtspacht); *RG* v. 24.6.1933, MuW 1933, 420; Benkard/*Ullmann*, PatG, § 15 Rz. 81; *Knoppe*, Besteuerung der Lizenz und Know-how-Verträge, 1972, S. 9 f., der allerdings den Lizenzvertrag lediglich als Verzicht des Patentinhabers auf sein Verbietungsrecht versteht und deshalb die für den Rechtspachtvertrag wesensgemäße Überlassung von Rechten verneint; a.A. *Groß*, Rz. 23, 24, der die Vorschriften des Pachtrechts stets analog anwenden und nur im Einzelfall, wenn die Eigenart des Lizenzvertrages es erfordert, zusätzlich auf weitere Auslegungsgrundsätze und Rechtsnormen des BGB zurückgreifen will; vgl. auch Palandt/*Weidenkaff*, BGB, Einf. vor § 581 Rz. 7.

2 Staudinger/*Frank*, BGB, Anh. zu §§ 1068, 1069 Rz. 5 ff., § 1069 Rz. 32; RGRK/*Rothe*, BGB, § 1068 Rz. 3; eine Anwendung der Vorschriften über den Nießbrauch auf den Lizenzvertrag propagiert insbesondere *Henn*, Rz. 98 ff.

3 *Henn*, Rz. 100.

4 Vgl. zum Markennießbrauchs- und Merchandising-Vertrag (insbesondere unter kartellrechtlichen Gesichtspunkten) auch *LG Hamburg* v. 6.1.2011 – 315 O 451/09 (juris), das die Ansicht der Klägerin, bei dem Nießbrauchsvertrag handele es sich der Sache nach um einen exklusiven Lizenzvertrag, in dem zu entscheidenden Fall nicht zu teilen vermochte (Rz. 117).

werden. Zu Recht warnen jedoch *Nirk*[1] und *Ullmann*[2] davor, die Tatsache, dass es sich beim Lizenzvertragsverhältnis um ein Dauerschuldverhältnis mit verstärkten Treuebindungen und einer sich daraus ergebenden natürlichen Interessen- oder Zweckgemeinschaft handelt, überzubewerten und hierin schon gesellschaftsrechtliche Elemente zu sehen. Die Rechtsregeln des Gesellschaftsrechts kommen erst zur Anwendung, wenn darüber hinaus beide Vertragspartner zur Erreichung eines **gemeinsamen Zieles** zusammenarbeiten[3]. Der *BGH*[4] klassifiziert deshalb zutreffend einen Lizenzvertrag, „der den Austausch von Leistungen beinhaltet", nicht als Gesellschaftsvertrag[5].

Eine gesellschaftsvertragliche Situation kann im Einzelfall gegeben sein 57
bei einem **Patentpool** (s. Rz. 1625 ff., 1644 ff.), bei Lizenzverträgen mit gegenseitigem Austausch von Schutzrechten und Erfahrungswissen, wobei das Merkmal der Gleichwertigkeit der Leistungen gegeben sein muss, und schließlich bei Forschungsgemeinschaften und sonstigen Verwertungszusammenschlüssen, jeweils mit dem Ziel einer **gemeinsamen Ausnutzung** von Erfindungen bzw. Schutzrechten. Über den gesellschaftsähnlichen Einschlag eines Lizenzvertrages kann nur im Einzelfall der von den Parteien mit dem Vertrag verfolgte Zweck Auskunft geben[6].

Kennzeichnend sind etwa die gegenseitige Verpflichtung zum Austausch 58
von Konstruktionszeichnungen, Verbesserungen, weiteren Entwicklungsergebnissen und ggf. zur Überlassung von selbst nicht ausgeführten Aufträgen. Auch eine umfassende Geheimhaltungsvereinbarung und eine darauf basierende vertrauensvolle Zusammenarbeit können den gesellschaftsähnlichen Einschlag begründen[7]. In aller Regel wird man jedoch davon ausgehen müssen, dass allenfalls mehrere solcher Merkmale einen Lizenzvertrag mit gesellschaftsähnlichem Einschlag zuverlässig vermuten lassen, die ein

---

1 *Nirk* in Klauer/Möhring, PatG, § 9 a.F. Rz. 24.
2 In Benkard/*Ullmann*, PatG, § 15 Rz. 84.
3 So ausdrücklich *RG* v. 26.10.1929, RGZ 126, 65, 67; s. auch *BGH* v. 23.9.1958, GRUR 1959, 125, 127 – Pansana mit Anm. *Beil*; *BGH* v. 25.10.1957, GRUR 1958, 136, 137 – Sympatol mit Anm. *Beil*; *BGH* v. 14.7.1964, GRUR 1965, 135, 137 – Vanal-Patent; Benkard/*Ullmann*, PatG, § 15 Rz. 84; *Schade*, Die Ausübungspflicht bei Lizenzen, 1967, S. 51.
4 *BGH* v. 19.10.1981 – II ZR 206/80, n.v.
5 Vgl. zum Inhalt „gesellschaftsähnlicher" Lizenzverträge *Groß*, Rz. 468 ff.
6 Ebenso Benkard/*Ullmann*, PatG, § 15 Rz. 84; vgl. die Nachweise bzgl. des *RG* bei *Groß*, Rz. 22, Rz. 459 Fn. 1; *BGH* v. 22.5.1959, GRUR 1959, 616, 617 – Metallabsatz; *BGH* v. 26.11.1954, GRUR 1955, 338, 339 – Beschlagfreie Brillengläser; *BGH* v. 30.11.1967, GRUR Int. 1969, 31, 33 – Gewindeschneidapparat; zu einem Lizenzvertrag über den Austausch von Leistungen vgl. *BGH* v. 19.10.1981 – II ZR 206/80, n.v. (der *BGH* geht davon aus, dass es sich hier nicht um einen Gesellschaftsvertrag handelt); *Reimer*, PatG, § 9 a.F. Rz. 98 ff.
7 *BGH* v. 26.11.1954, GRUR 1955, 338, 339 – Beschlagfreie Brillengläser.

Handeln zu einem gemeinschaftlichen Zweck und eine Interessenverknüpfung von Dauer vorsehen[1].

59 Als **Indizien** kommen namentlich in Betracht: Der Lizenzgeber wirkt am Vertrieb der Lizenzerzeugnisse mit; er stattet den Lizenznehmer mit Werkzeugen aus und arbeitet auf der Basis einer Umsatzbeteiligung längere Zeit mit ihm zusammen[2]; es besteht die o.a. gegenseitige Verpflichtung zum Austausch von Verbesserungen, Erfahrungen und zur Leistung von Beiträgen[3], zur Gewährung von Bucheinsicht, zur Übergabe von Konstruktionszeichnungen, zur Überlassung künftiger Patente an den Lizenznehmer; ferner die Vereinbarung einer Verpflichtung, Aufträge, die ein Vertragspartner nicht erfüllen kann, dem anderen Vertragspartner zu überlassen[4], schließlich die Erstreckung der Lizenz auf alle Verbesserungen bei gegenseitiger Pflicht zur Anzeige von Verbesserungen und Übernahme der Rechtsverfolgung durch den Lizenzgeber. Zutreffend befindet *Groß*, dass es selbst bei Vorliegen dieser Kriterien schwer ist, vorauszusagen, ob ein Lizenzvertrag gesellschaftsähnlichen Charakter aufweist[5].

60 Frei.

ff) Vertrag sui generis

61 Diese Auseinandersetzung mit den einzelnen Vertragstypen des BGB[6] zeigt, dass es grundsätzlich bei der Bewertung des Lizenzvertrages als **Vertrag eigener Art** (§ 311 Abs. 1 BGB) bewenden muss[7]. Nach Auffassung des ***BGH*** sind Lizenzverträge als Verträge eigener Art anzusehen, die Elemente verschiedener gesetzlich normierter Vertragstypen enthalten[8].

---

1 *RG* v. 28.9.1928, RGZ 122, 70, 72; *RG* v. 26.10.1929, RGZ 126, 65, 67; *RG* v. 11.11.1933, GRUR 1934, 36, 37.

2 *BGH* v. 22.5.1959, GRUR 1959, 616, 618 – Metallabsatz.

3 *RG* v. 12.5.1911, JW 1911, 667, 668; *BGH* v. 26.11.1954, GRUR 1955, 338, 339 – Beschlagfreie Brillengläser; *BGH* v. 30.11.1967, GRUR 1971, 243, 245 – Gewindeschneidapparat.

4 *RG* v. 26.10.1929, RGZ 126, 65, 67; *RG* v. 11.11.1933, RGZ 142, 212, 214; *BPatG* v. 5.6.1962, BPatGE 2, 102, 104.

5 *Groß*, Rz. 470.

6 S. hierzu auch *McGuire*, Die Lizenz (2012), S. 650 ff. Zur Abgrenzung des Lizenzvertrages vom Handelsvertretervertrag vgl. *LG Frankfurt* v. 6.12.1985 – 2/6 O 279/85, n.v. sowie zweitinstanzl. *OLG Frankfurt* v. 19.3.1987 – 6 U 8/86, n.v.

7 Vgl. RGZ 142, 212, 213 – Maffei; RGZ 155, 306, 310 – Funkverband; *BGH* v. 15.6.1951, GRUR 1951, 471, 473 – Filmverwertungsvertrag (zum Urheberrecht); *BGH* v. 11.6.1970, GRUR 1970, 547, 548 ff. – Kleinfilter; *BGH* v. 28.6.1979, GRUR 1979, 767, 768 – Mineralwolle; *BGH* v. 3.11.1988, GRUR 1989, 68, 70 – Präsentbücher (z. Urheberrecht); *Mes*, PatG, § 15 Rz. 35; Schulte/*Kühnen*, PatG, § 15 Rz. 31; Busse/*Keukenschrijver*, PatG, § 15 Rz. 53; *Kraßer/Schmidt*, GRUR Int. 1982, 324, 328; *Britta Bartenbach*, Mitt. 2003, 102, 104; *McGuire*, Die Lizenz (2012), S. 658 ff., 671 ff.

8 *BGH* v. 12.12.2003, WM 2004, 596, 597 – Honiglöffel m.H.a. BGHZ 105, 374, 378; s. aber auch *BGH* v. 17.11.2005, GRUR 2006, 435, 437 – Softwarenutzungsrecht (= Rechtspacht).

Es ist nicht zu verkennen, dass damit für die Betroffenen eine nicht unerhebliche **Rechtsunsicherheit** begründet wird, weil mangels Rückgriffs auf ein vorgegebenes Rechtsinstitut des BGB eine klare Voraussage über die Rechtsfolgen bei einem Vertragsmangel nicht oder nur schwer möglich ist. Selbstverständlich steht nichts entgegen, im Einzelfall auf die Rechtsregeln eines der vorgenannten Vertragstypen zurückzugreifen, wenn z.B. in dem zu beurteilenden Lizenzvertrag Rechtspflichten begründet worden sind, die denen, der Rechtspacht oder des Gesellschaftsvertrages entsprechen. Im Übrigen aber müssen die anzuwendenden Rechtsregeln aus der Natur des Vertragsverhältnisses heraus selbst entwickelt werden[1], gegebenenfalls sogar unter ausdrücklicher Ablehnung der Rechtsnormen des Kauf-, Pacht- oder Gesellschaftsrechts. Stets muss dem **Risikocharakter** des Lizenzvertrages Rechnung getragen werden. 62

Eventuell bedarf es im Einzelfall aber auch keiner Entscheidung darüber, ob eine im Pacht- oder Gesellschaftsrecht enthaltene Bestimmung auf den Lizenzvertrag anwendbar ist, wenn festzustellen ist, dass bestimmte Regeln dieser Rechtsbereiche **allgemeine Rechtsgrundsätze** enthalten. Dies ist beispielsweise hinsichtlich der Übernahme einer **Garantie**[2] der Fall. So liegt der Regelung in §§ 443, 444 BGB zu den Rechtsfolgen des Fehlens einer garantierten Beschaffenheit oder Haltbarkeit der allgemeine Rechtsgedanke zugrunde, dass derjenige, der gegenüber seinem Vertragspartner bestimmte Garantien übernimmt, beim Fehlen solcher Eigenschaften auch ohne Verschulden einzustehen hat (s. dazu Rz. 1615 ff.). Folgerichtig sieht **§ 276 Abs. 1 Satz 1 BGB** eine **verschuldensunabhängige Einstandspflicht** vor. 63

Eine solche allgemeine Rechtsregel ist auch auf den Lizenzvertrag entsprechend anwendbar. Auch der Lizenznehmer muss sich wegen der Risiken bei der Auswertung von Erfindungen auf eine Garantieübernahme des Lizenzgebers hinsichtlich der Beschaffenheit der lizenzierten Schutzrechtsposition verlassen können. Der Lizenzgeber haftet im Verletzungsfall aufgrund Pflichtverletzung verschuldensunabhängig nach § 280 Abs. 1 i.V.m. § 276 Abs. 1 Satz 1 BGB[3]. 64

Im Übrigen ist zur Bestimmung des Umfangs der einzelnen Rechte und Pflichten aus dem Lizenzvertrag, soweit diese keine abschließende ausdrückliche Regelung erfahren haben, auf diejenigen Rechtsnormen zurück- 65

---

1 So ausdrücklich *RG* v. 1.3.1911, RGZ 75, 400, 405.

2 Durch die Schuldrechtsreform sind die Käuferrechte in das allgemeine Leistungsstörungsrecht eingefügt worden. Eine besondere Regelung hinsichtlich des Schadensersatzanspruches wegen Fehlens zugesicherter Eigenschaften und wegen arglistigen Verschweigens eines Fehlers gemäß § 463 BGB a.F. war somit nicht mehr erforderlich.

3 Vgl. *Britta Bartenbach*, Mitt. 2003, 102, 105.

zugreifen, die für den jeweiligen konkreten Vertragsbestandteil maßgebend sind[1].

66 Frei.

3. Lizenzvertrag im weiteren und engeren Sinne

67 Ausgehend von der zuvor schon angesprochenen Unterscheidung zwischen dem schuldrechtlichen Verpflichtungs- und dem dinglichen Erfüllungsgeschäft (vgl. Rz. 35) ist in Anlehnung an *Lichtenstein*[2] zwischen den **Vertragsebenen** zu unterscheiden, wenn es gilt, das Fehlverhalten eines Vertragspartners auf einer dieser Vertragsebenen konkreter zu umreißen und die erforderlichen Rechtsansprüche hieraus herzuleiten.

Lizenzvertrag im weiteren Sinne ist der schuldrechtliche Vertrag, aus dem heraus der eine Teil zur Gewährung eines Nutzungsrechts verpflichtet ist und der andere berechtigt wird, es zu fordern. Der **Vollzug dieses schuldrechtlichen Vertrages**, also die Einräumung der Lizenz und damit des Nutzungsrechts an dem Patent, ist der **Lizenzvertrag im engeren Sinne** (vgl. auch Rz. 35 u. Rz. 1181 ff.).

68 Bei dieser Kennzeichnung begeht *Lichtenstein*, worauf *Lüdecke*[3] zu Recht hinweist, zwar den rechtssystematischen Fehler, dass er als Wesen des Lizenzvertrages die Vereinbarung der Parteien ansieht, die unmittelbar darauf gerichtet sei, dass eine bestimmte Verhaltensweise des Empfängers der Lizenz, die sich als Benutzung des Schutzrechts darstellt, kein rechtswidriger Eingriff in das Recht, sondern erlaubte Benutzung sein soll. Diese Sicht geht wohl auf die zunächst vom *RG* für die einfache Lizenz vertretene Auffassung zurück, dass sich der Rechtsinhaber hierbei lediglich verpflichtete, von seinem Untersagungsrecht gegenüber dem Lizenznehmer keinen Gebrauch zu machen[4]. *Lichtenstein* verwechselt hier Ursache und Wirkung. Nicht weil der Patentbenutzer kraft Gestattung nicht rechtswidrig handelt, ist er Inhaber einer Lizenz, sondern weil er eine Lizenz und damit ein (positives) Benutzungsrecht hat, fehlt seinem Verhalten die Rechtswidrigkeit.

69 Sieht man von dieser rechtssystematischen Ungenauigkeit ab, so kommt dieser Unterscheidung des Lizenzvertrages nach den beiden Vertragsebenen in der Praxis erhebliche Bedeutung zu, weil sie es ermöglicht, zwischen Verletzungen des schuldrechtlichen Überlassungsvertrages zu unterscheiden, die gegebenenfalls dem Lizenzgeber gegenüber dem Lizenznehmer Ansprüche aus positiver Vertragsverletzung (§ 280 BGB, ggf. i.V.m. § 241

---

1 *BGH* v. 19.9.2001, GRUR 2002, 282, 283 – Bildagentur; *Mes*, PatG, § 15 Rz. 35.
2 *Lichtenstein*, NJW 1965, 1839 ff.
3 *Lüdecke*, NJW 1966, 815 ff.
4 *RG* v. 5.5.1911, RGZ 76, 235; *RG* v. 17.4.1917, RGZ 90, 162, 164; *Kraßer*, Patentrecht, § 40 V a.

Abs. 2 BGB) eröffnen, und zwischen Verletzungen des Erfüllungsvertrages, die daneben Ansprüche aus dem lizenzierten Schutzrecht selbst auslösen können (vgl. § 15 Abs. 2 Satz 2 PatG, s. zur Patentverletzung durch den Lizenznehmer Rz. 1181 ff. und durch den Lizenzgeber Rz. 2251).

Lichtenstein[1] nennt ein weiteres Beispiel für die Zweckmäßigkeit dieser 70
Unterscheidung: Auszugehen ist von einem Lizenzvertrag, der sich sowohl auf patentierte Schutzrechte als auch auf Erfindungen bezieht, die noch nicht zum Patent angemeldet sind. Wird ein Schutzrecht vernichtet, so erlischt insoweit der Lizenzvertrag im engeren Sinne[2], während der sich auf die bloßen Erfindungen erstreckende Lizenzvertrag im weiteren Sinne regelmäßig bestehen bleibt und eventuell unter dem Gesichtspunkt der Veränderung der Geschäftsgrundlage (§ 313 Abs. 1 BGB) eine Anpassung erfährt.

Diese dem deutschen Recht eigentümliche Unterscheidung zwischen 71
obligatorischer und dinglicher Rechtsposition kommt auch bei der **internationalen privatrechtlichen Beurteilung von Patentlizenzverträgen**[3] zum Tragen. Das **Vertragsstatut** (auch Schuldstatut, vgl. Art. 3 ff. ROM I-VO – vgl. auch Art. 27 ff. EGBGB a.F.) regelt die schuldrechtlichen Beziehungen aus dem Lizenzvertrag (s. Rz. 2344 ff.). Demgegenüber bestimmt das **Schutzrechtsstatut** (auch Patentstatut) insbesondere den Bestand eines Schutzrechts, seinen Inhalt und Umfang sowie die Rechtsinhaberschaft einschließlich der Verfügungsmöglichkeiten, ferner die Frage, welche Handlungen als unerlaubte Verwertungshandlungen unter das Schutzrecht fallen[4]. Für das Schutzrechtsstatut ist das sog. **Territorialitätsprinzip** maßgebend. Danach entfalten Schutzrechte, die nach der Rechtsordnung eines Schutzrechtsstaates gewährt werden, ihre Schutzwirkung nur innerhalb der Grenzen dieses Staates[5]. Demzufolge können Lizenzen an Schutzrechtspositionen auch nur im Territorium des jeweiligen Schutzrechtsstaates patentrechtliche Wirkung entfalten (s. Rz. 1213).

Frei. 72

1 *Lichtenstein*, Die Patentlizenz nach amerikanischem Recht, 1965, S. 3.
2 Vgl. hierzu *Ohl*, GRUR 1992, 77 ff.
3 Hierzu insbes. *Magen*, Lizenzverträge und Kartellrecht, 1963, S. 23 ff.; *Grützmacher/Laier/May*, Der internationale Lizenzverkehr, 1997, passim; *Pfaff/Nagel*, Internationale Rechtsgrundlagen für Lizenzverträge, 1993, passim.
4 Vgl. *BGH* v. 3.3.2004, GRUR 2004, 421, 422 – Tonträgerpiraterie durch CD-Export – zum Urheberrecht; Busse/*Keukenschrijver*, PatG, Einl. Rz. 77; vgl. auch *Ohl*, GRUR 1992, 77 ff.; Benkard/*Ullmann*, PatG, § 15 Rz. 225.
5 Vgl. *BGH* v. 3.3.2004, GRUR 2004, 421, 422 – Tonträgerpiraterie durch CD-Export; Busse/*Keukenschrijver*, PatG, Einl. Rz. 77; vgl. auch *Ohl*, GRUR 1992, 77 ff.; Benkard/*Ullmann*, PatG, § 15 Rz. 224.

4. Inhalt der Lizenz

73 Versteht man die Lizenz als Einräumung eines Nutzungsrechts an Erfindungen, Schutzrechtsanmeldungen, Schutzrechten und technischem Erfahrungswissen (Know-how) bzw. sonstigen schöpferischen Leistungen (s. Rz. 34), so bedeutet nach ganz h.M. die Einräumung sowohl einer ausschließlichen wie auch einer einfachen Lizenz die Gewährung eines **positiven Benutzungsrechts**. Hierbei verzichtet der Lizenzgeber gegenüber dem Lizenznehmer nicht lediglich auf seine gesetzlichen Verbietungsrechte; er hat vielmehr dem Lizenznehmer ein eigenes (positives) Benutzungsrecht zu verschaffen, an das wechselseitig Rechte und Pflichten anknüpfen[1].

74 Nur in seiner anfänglichen Rechtsprechung hatte das *RG* die Auffassung vertreten, bei der Einräumung eines Nutzungsrechts handele es sich um eine **negative Lizenz**, d.h. die einfache Lizenz erfüllt sich „in der Erlaubnis zur Benutzung der Erfindung", die „also nichts anderes enthält als den Verzicht des Patentinhabers auf die Ausschließlichkeit seiner Berechtigung zu Gunsten des Lizenznehmers"[2] (zur negativen Lizenz s. Rz. 130 ff.). Vereinzelt wird auch heute noch die Ansicht vertreten, bei der Lizenzeinräumung handele es sich stets um eine negative Lizenz[3]. Selbstverständlich steht es den Vertragsparteien frei, ausdrücklich eine negative Lizenz zu vereinbaren.

75 Das Verständnis der Lizenz als **positive Benutzungsbefugnis** wird vor allem auf das Argument gestützt, dass der Lizenznehmer an der Monopolstellung des Schutzrechtsinhabers teilhaben wolle[4]. Dabei darf aber nicht unbeachtet bleiben, dass letztlich auch der Schutzrechtsverletzer an einer solchen Monopolstellung „teil hat", wenn auch nur im zunächst nicht erlaubten Bereich. Kommt in einer Auseinandersetzung über die Schutzrechtsverletzung eine Verständigung zustande, bei der der Schutzrechtsinhaber auf sein Verbietungsrecht verzichtet, nutzt der Schutzrechtsverletzer diese Monopolstellung nunmehr berechtigt. Auch das für das Verständnis der positi-

---

1 Vgl. u.a. *Henn*, Rz. 40 ff.; *Groß*, Rz. 13 – jeweils m.w.N. zum Meinungsstand; *Busse/Keukenschrijver*, PatG, § 9 Rz. 12, 43; *Mes*, § 15 Rz. 39 ff.; *Hiestand*, Die Anknüpfung internationaler Lizenzverträge, S. 34; Benkard/*Ullmann*, PatG, § 15 Rz. 99, 111, 113; *Nirk* in Klauer/Möhring, PatG, § 9 Rz. 41; weitergehend wohl *Kraßer*, Patentrecht, § 40 V a. S. auch *LG Düsseldorf* v. 10.2.2009, Düsseldorfer Entscheidung Nr. 1146 – Kreissägeblatt mit Seitenschneiden (www.duesseldorfer-archiv.de).

2 *RG* v. 1.3.1911, RGZ 75, 400, 402 – Entschirrungsapparat; vgl. auch *RG* v. 17.12.1886, RGZ 17, 53, 54; *RG* v. 5.12.1893, RGZ 33, 103 f.; geändert seit *RG* v. 18.8.1937, RGZ 155, 306, 310, 313; s. auch *BGH* v. 29.4.1965, GRUR 1965, 591, 595 – Wellplatten; offengelassen in *BGH* v. 23.3.1982, GRUR 1982, 411 f. – Verankerungsteil; s. insbes. *Lichtenstein*, NJW 1965, 1839, 1843; zur historischen Entwicklung s. *Henn*, Rz. 41 ff.; *Britta Bartenbach*, Diss. 2002, S. 53 ff.

3 *Troller*, Immaterialgüterrecht II, S. 821, 824; *Troller*, GRUR Int. 1952, 108; *Völp*, GRUR 1983, 45, 49 ff.; *Lichtenstein*, NJW 1965, 1839 ff.

4 S. die historischen Nachweise bei *McGuire*, Die Lizenz, § 3 II 4 S. 43 ff.

ven Lizenz herangezogene Argument, dass das Patent selbst ein positives Recht sei und deshalb daraus auch ein positives Nutzungsrecht abgeleitet werden könne, ist nicht unbedingt überzeugend. Das positive Nutzungsrecht ergibt sich bereits unmittelbar aus der Erfindung, nicht erst aus dem erteilten Patent. Deutlich wird dies z.B. in dem Fall, dass das erteilte Patent von einem älteren Patent abhängig ist, insoweit also kein Nutzungsrecht vermittelt. Grundlage des Lizenzvertrages ist nicht das positive Nutzungsrecht des Patentinhabers, sondern das ihm gemäß § 9 Satz 2 PatG zustehende Verbietungsrecht. Folgerichtig betont der *BGH* in seinem Urteil vom 5.7.2005[1], dass die Lizenz alle, aber eben auch nur diejenigen Ausführungsformen abdeckt, die eine Patentverletzung wären, wenn sie nicht durch die Lizenz gestattet wären[2].

Diese Differenzierung zwischen Einräumung eines positiven Benutzungsrechts und der Erlaubnis zur Benutzung in Form des Verzichts auf einen Widerspruch gegen die Nutzung des Rechts durch den Lizenznehmer ist von erheblicher **praktischer Bedeutung**: Gesteht man dem Patentlizenznehmer ein positives Benutzungsrecht zu, ist der Lizenzgeber aus dem Lizenzvertrag nicht nur „passiv" verpflichtet, die Nutzung des Lizenzgegenstandes zu dulden; er hat darüber hinaus auch die „aktive" Verpflichtung, dem Lizenznehmer die vereinbarte Nutzung für die Dauer des Lizenzvertrages zu ermöglichen, soweit dies in seinen Kräften steht. Der Kerngehalt der positiven Lizenz ist damit **die Verschaffung der vertragsgemäßen Benutzung** des Lizenzgegenstandes **einschließlich deren Sicherung**. Umfasst ist die Pflicht zur Gestattung der Benutzung des geschützten Gegenstandes und zur Vermittlung des für die vertragsgemäße Benutzung erforderlichen Wissens[3]. Inwieweit der Lizenzgeber für den Erfolg einzustehen hat, bestimmt sich allerdings unter Berücksichtigung des Wagnischarakters des Lizenzvertrages und der interessengerechten Risikoverteilung (s. Rz. 25 f.). Den Lizenzgeber trifft die Verpflichtung, alles zu tun, damit der Lizenznehmer den Lizenzgegenstand benutzen kann und alles zu unterlassen, was den Lizenzgegenstand in seinem Bestand beeinträchtigen oder gefährden könnte[4]. Diese Pflicht zur Rechtsverschaffung (**Verschaffungspflicht**)[5] löst über die Benutzungsgestattung (s. Rz. 1370) hinaus eine Reihe von Mitwirkungs- und Unterstützungspflichten aus, wie etwa die Pflicht zur Erlangung und Aufrechterhaltung lizenzierter Schutzrechtspositionen (s. im Einzelnen Rz. 1371 ff.) und die Gewährleistung der vertragsgemäßen Nutzung (s. Rz. 1530 ff.). 76

1 *BGH* v. 5.7.2005, GRUR 2005, 845, 846 – Abgasreinigungsvorrichtung.
2 Ebenso *OLG Düsseldorf* v. 8.4.2010 – I-2 U 108/06 – (juris).
3 *Groß*, Rz. 243 ff.; Schulte/*Kühnen*, PatG, § 15 Rz. 30, 47.
4 Schulte/*Kühnen*, PatG, § 15 Rz. 47.
5 So Busse/*Keukenschrijver*, PatG, § 15 Rz. 105 unter Bezug auf *RG* v. 18.8.1937, RGZ 155, 306, 315 = GRUR 1937, 1086, 1088 – Funkverband.

77 Der *EuGH* neigt in seiner Entscheidung vom 23.4.2009[1] offenbar zu der Ansicht, eine Lizenz bedeute lediglich den Verzicht des Inhabers eines gewerblichen Schutzrechtes gegenüber dem Lizenznehmer auf sein Recht, die Nutzung des geschützten Gegenstandes zu verbieten. Er hatte in diesem Verfahren u.a. darüber zu befinden, ob ein Vertrag, mit dem der Inhaber eines Rechts des geistigen Eigentums seinem Vertragspartner das Recht zur Nutzung dieses Rechts gegen Entgelt einräumt, ein Vertrag über die Erbringung von Dienstleistungen i.S. von Art. 5 Nr. 1 lit. b zweiter Gedankenstrich EuGVVO[2] ist. Zur Bedeutung des Begriffs „Dienstleistungen" führte der *EuGH* aus, dass die Partei, die sie erbringt, eine bestimmte Tätigkeit gegen Entgelt durchführt. Eine solche Tätigkeit beinhalte der Vertrag, mit dem der Inhaber eines Rechts des geistigen Eigentums seinem Vertragspartner das Recht zur Nutzung dieses Rechts gegen Entgelt einräume, jedoch nicht. Mit einem derartigen Vertrag verpflichte sich der Inhaber des zur Nutzung überlassenen Rechts nur, der Nutzung dieses Rechts durch den Letztgenannten (Lizenznehmer) nicht zu widersprechen. Der Inhaber des Rechts des geistigen Eigentums erbringe durch die Nutzungsüberlassung keine Leistung und verpflichte sich nur, seinem Vertragspartner dieses Recht zur freien Nutzung zu überlassen. Unerheblich sei in diesem Zusammenhang, ob der Vertragspartner des Lizenzgebers verpflichtet sei, das zur Nutzung überlassene Recht des geistigen Eigentums zu nutzen.

Die vom *EuGH* formulierte Pflicht des Lizenzgebers, „der Nutzung dieses Rechts nicht zu widersprechen", die sich im Ergebnis wie ein Verzicht auf das Recht, die Nutzung des geschützten Gegenstandes zu verbieten, auswirkt, beinhaltet gerade keine aktive Pflicht zur Leistungserbringung. Anderes soll jedoch bei Lizenzverträgen gelten, die strukturell den Kaufverträgen vergleichbar ausgestaltet sind, denn dort habe die Lizenzvereinbarung die „konstitutive" Wirkung der Einräumung eines dinglichen Nutzungsrechts, das vom Recht des Lizenzgebers abhängig sei[3].

5. Ausschließliche Lizenz

a) Inhalt

78 Im Unterschied zur einfachen Lizenz gewährt die ausschließliche Lizenz dem Lizenznehmer das gegen jedermann wirkende **alleinige Recht zur Ausübung aller oder einzelner Benutzungsbefugnisse, die das Schutzrecht gewährt**. Der Lizenznehmer erlangt damit zulasten des Schutzrechtsinhabers

1 *EuGH* v. 23.4.2009, GRUR Int. 2009, 848 – Falco Privatstiftung ./. Weller-Lindhorst; s. hierzu auch *Obertazzi*, GRUR Int. 2010, 103.

2 VO (EG) Nr. 44/2001 des Rates v. 22.12.2000 über die gerichtliche Zuständigkeit und die Anerkennung und Vollstreckung von Entscheidungen in Zivil- und Handelssachen, ABl. EG Nr. L 12 v. 16.1.2001, S. 1.

3 *Obertazzi*, GRUR Int. 2010, 103, 111 m.w.N.

ein **selbständiges Benutzungs- und Verbietungsrecht** mit der Folge, dass im Zweifel auch der lizenzgebundene Schutzrechtsinhaber nicht mehr zur Benutzung befugt ist[1]. Im Umfang des dem ausschließlichen Lizenznehmer eingeräumten Nutzungsrechts muss der Lizenzgeber jede weitere Verfügung unterlassen, darf also insbesondere **keine weiteren Lizenzen vergeben** und auch nicht auf das lizenzierte Schutzrecht verzichten[2]. Eine Verfügung des Lizenzgebers über das Lizenzrecht wäre rechtsunwirksam. Allerdings kann der Lizenzgeber das lizenzierte Schutzrecht veräußern (s. auch § 137 Satz 1 BGB), da auch der Erwerber des Patents die ausschließliche Lizenz wegen ihrer dinglichen Wirkung gegen sich gelten lassen muss, diese also auch gegen den Rechtsnachfolger des Lizenzgebers wirkt (Sukzessionsschutz nach § 15 Abs. 3 PatG; s. dazu Rz. 114 f.).

Je nach Vertragsgestaltung kann die dem Lizenznehmer eingeräumte Ausschließlichkeit einen unterschiedlichen **Umfang** haben[3]. Es ist einmal denkbar, dass der Lizenzgeber sich lediglich verpflichtet, im Lizenzgebiet **keine weiteren Lizenzen zu vergeben**[4] (**Alleinlizenz – sole-license clause**, vgl. Rz. 162 der TT-Leitlinien zu Art. 81 EG [heute Art. 101 AEUV]), wobei er ein eigenes Nutzungsrecht behält (vgl. auch § 31 Abs. 3 Satz 2 UrhG). Denkbar ist auch eine **Verpflichtung des Lizenzgebers, sich auch selbst jeder Eigennutzung der Erfindung im Lizenzgebiet zu enthalten (Exklusivlizenz – single-use clause**, vgl. Rz. 162 der TT-Leitlinien zu Art. 81 EG [heute Art. 101 AEUV])[5]. 79

Diese Differenzierung sieht auch § 111 Abs. 3 des Entwurfs des GGE vor (ausschließliche Lizenz einerseits, alleinige Lizenz andererseits).

Fehlt bei der Vereinbarung einer ausschließlichen Lizenz eine Regelung über das Recht des Lizenzgebers zur eigenen Verwertung, ist er nach h.M. im Zweifel nicht dazu berechtigt[6]. Der Lizenzgeber ist mithin daran gehindert, die lizenzierte Schutzrechtsposition außerhalb des Vertragsverhältnisses mit dem Lizenznehmer zu verwerten und damit wirtschaftlichen Nutzen aus den auf den Erfindungen beruhenden Ausschließlichkeitsrechten 80

---

1 *BGH* v. 23.3.1982, GRUR 1982, 411, 412 – Verankerungsteil; *BGH* v. 20.12.1994, GRUR 1995, 338, 340 – Kleiderbügel; *BGH* v. 12.12.1991, GRUR 1992, 310, 311 – Taschenbuchlizenz u. *BGH* v. 20.5.2008, GRUR 2008, 896, Rz. 35 – Tintenpatrone.

2 *Kraßer/Schmid*, GRUR Int. 1982, 324, 330 m.w.N.; *Mes*, PatG, § 15 Rz. 49; Schulte/*Kühnen*, PatG, § 15 Rz. 38.

3 Zu den kartellrechtlichen Schranken, s. Rz. 670 ff.

4 Vgl. u.a. *Groß*, Rz. 38.

5 Vgl. *OLG Karlsruhe* v. 5.3.1980, GRUR 1980, 784 – Laminiermaschine; *OLG Karlsruhe* v. 23.7.1981, GRUR 1981, 904 – Laminiermaschine II; Benkard/*Ullmann*, PatG, § 15 Rz. 89; *Pagenberg/Beier*, Muster 1 Rz. 3, 68 ff.; *Ahrens*, GRUR 2006, 617, 623 („nudum jus"); vgl. auch *EuGH* v. 8.6.1982, GRUR Int. 1982, 530 ff. – Maissaatgut (zu Art. 81 EG); hierzu *Hoffmann*, RIW 1984, 93 ff.

6 *BGH* v. 20.5.2008, GRUR 2008, 896 (Rz. 35) – Tintenpatrone m.w.N.; *Henn*, Rz. 144 m.w.N.; *Mes*, PatG, zu § 15 Rz. 40; *Groß*, Rz. 36.

zu ziehen[1]. Der Lizenzgeber ist bei einer solchen Konstellation in vollem Umfang von dem wirtschaftlichen Erfolg des Lizenznehmers abhängig. Nutzt dieser die Erfindung nicht oder ohne nennenswerten wirtschaftlichen Ertrag, ist die vergebene ausschließliche Lizenz für den Lizenzgeber nahezu wertlos[2]. Dies legt es nahe, jedenfalls dem ausschließlichen Lizenznehmer eine umfassende Ausübungspflicht aufzuerlegen (s. dazu Rz. 1896 f.).

Auch die Frage, ob und in welchem Umfang der **Lizenzgeber zur Eigennutzung berechtigt** ist, sollte unbedingt im Vertrag über ausschließliche Lizenzen geregelt werden. Ein solcher **Vorbehalt der Eigennutzung durch den Lizenzgeber** ist grundsätzlich mit dem Wesen der ausschließlichen Lizenz vereinbar[3]; er kann auch stillschweigend erfolgen. War der Lizenzgeber vor Vergabe der ausschließlichen Lizenz selbst auf dem Lizenzgebiet tätig, ist mangels abweichender Regelung im Lizenzvertrag davon auszugehen, dass dieses Nutzungsrecht fortbestehen soll. Streit kann aber dann entstehen, wenn dem Lizenznehmer diese Eigennutzung nicht bekannt war bzw. er von dieser Nutzung nach den ihm bekannten Umständen auch nichts wissen musste[4]. Von daher sollte in der Lizenzpraxis ein ausdrücklicher Vorbehalt stets favorisiert werden, wenn eine (potentielle) Eigennutzung beabsichtigt ist.

81 Bezogen auf die ausschließliche Lizenz ergibt sich nach **§ 33 PatG** für den Zeitraum **zwischen Offenlegung und Erteilung des Patentes** eine Besonderheit. Nach § 33 Abs. 1 PatG kann letztlich jeder den Gegenstand einer Patentanmeldung in allen Formen des § 9 PatG nutzen[5], freilich nur gegen Zahlung einer den Umständen nach angemessenen **Entschädigung**. Gerade wegen dieser jedem Interessenten freistehenden Nutzungsmöglichkeit kann für diesen Zeitraum von einer ausschließlichen Lizenz im Sinne eines alleinigen Nutzungsrechts kaum gesprochen werden. *Wiede*[6] hat zu Recht darauf aufmerksam gemacht, dass die Vergabe einer ausschließlichen Lizenz in dieser Phase des Patenterteilungsverfahrens lediglich bedeutet, dass der Lizenzgeber damit zugleich bestätigt, keine weiteren Lizenzen auf dem lizenzierten Vertragsgebiet vergeben zu haben und auch zukünftig keine zu gewähren. Er nimmt hin, dass er in diesem Zeitraum bis zur Patenterteilung die Nutzung des Anmeldungsgegenstandes durch Dritte dulden muss und von seinen ihm erst ab Patenterteilung (§ 58 Abs. 1 Satz 3 PatG) gemäß § 139 Abs. 1 und Abs. 2 PatG zustehenden Unterlassungs- und Schadensersatzansprüchen keinen Gebrauch machen

---

1 *BGH* v. 26.3.2009, GRUR-RR 2009, 284, Rz. 20 – Nassreiniger.

2 *BGH* v. 26.3.2009, GRUR-RR 2009, 284, Rz. 20 – Nassreiniger.

3 Statt vieler s. *Lüdecke/Fischer*, Lizenzverträge, C 127 S. 317 f.; *OLG Karlsruhe* v. 5.3.1980, GRUR 1980, 784, 785 – Laminiermaschine.

4 Vgl. *BGH* v. 26.11.1954, GRUR 1955, 338, 340.

5 *BGH* v. 11.3.1975, GRUR 1975, 430, 434 – Bäckerhefe; *BGH* v. 11.4.1989, GRUR 1989, 411, 413 – Offenend-Spinnmaschine.

6 *Wiede*, GRUR 1969, 203, 205; allerdings zur alten Rechtslage nach dem PatG 1968, vgl. § 24 Abs. 5 PatG a.F.

kann. Ggf. ist diesem Sachverhalt durch eine bis zur Patenterteilung geltende geminderte Lizenzgebühr Rechnung zu tragen (s. auch Rz. 84).

Dem ausschließlichen Lizenznehmer stehen in diesem Zeitraum bis zur Patenterteilung die gleichen Rechte wie jedem Dritten zu. Insbesondere ist er nicht berechtigt, an evt. Entschädigungszahlungen Dritter (§ 33 Abs. 1 PatG) beteiligt zu werden bzw. diese insgesamt beanspruchen zu können.

Trotz der jedermann freistehenden Nutzungsmöglichkeit an einer offen ge- 82
legten Patentanmeldung ist für einen Lizenzinteressenten der Lizenzvertragsabschluss dennoch von Bedeutung, da er mit dem Lizenzvertrag von vornherein für den Zeitpunkt des Wirksamwerdens des Verbietungsrechts des Patentanmelders (Erteilung des Patentes, § 58 Abs. 1 Satz 3 PatG) ein über den Erteilungszeitpunkt fortdauerndes Nutzungsrecht mit der Möglichkeit erlangt, dass mit der Erteilung des Patentes jegliche Drittnutzung zu unterbleiben hat.

Die **Vergabe einer ausschließlichen Lizenz im Zeitraum zwischen Offenle-** 83
gung und Erteilung kann für den Lizenzgeber allerdings die Übernahme der zusätzlichen Verpflichtung bedeuten, sofort mit Erteilung seines Patents gegenüber allen bis dahin gemäß § 33 PatG berechtigten Benutzern des Anmeldungsgegenstandes von seinem Verbietungsrecht (§ 9 Satz 2, § 58 Abs. 1 Satz 3, §§ 139 ff. PatG) Gebrauch zu machen. Dem steht nicht entgegen, dass nach wohl herrschender Auffassung in der Literatur (s. Rz. 1387 ff.) eine grundsätzliche Pflicht des Lizenzgebers verneint wird, zugunsten des ausschließlichen Lizenznehmers gegen Patentverletzungen einzuschreiten (s. Rz. 94). Denn hier muss beachtet werden, dass der Lizenzgeber mit Abschluss eines ausschließlichen Lizenzvertrages über eine lediglich offengelegte Patentanmeldung die Vertragspflicht übernimmt, dem Lizenznehmer diese ausschließliche Rechtsposition mit Erteilung des Patentes (unbelastet) zu verschaffen. Diese Vertragspflicht kann es daher nahe legen, gegen die bis dahin berechtigten Benutzer einzuschreiten[1].

In der Praxis sollte diesen Rechtsproblemen im Vorfeld durch entsprechen- 84
de Vertragsabsprachen Rechnung getragen werden. Dabei sollte auch geregelt werden, wem im Innenverhältnis die von den Drittbenutzern nach § 33 Abs. 1 PatG zu zahlende Entschädigung zusteht.

Die Erteilung einer ausschließlichen Lizenz ist auch lediglich bezüglich 85
eines **Teilbereiches der Patentnutzung möglich**[2]. Deshalb erscheint es denkbar, dass an einem Patent hinsichtlich **mehrerer technischer Anwendungsbereiche mehrere ausschließliche Lizenzen** vergeben werden („field-of-use-Beschränkungen", s. dazu Rz. 913, 935, 1335 ff.). Solche zeitlichen, räumlichen und/oder sachlichen Beschränkungen müssen deutlich erkenn-

1 I.d.S. wohl auch *Kraßer/Schmid*, GRUR Int. 1982, 324, 331.
2 Benkard/*Ullmann*, PatG, § 15 Rz. 94.

bar sein[1]. Der Charakter einer ausschließlichen Lizenz setzt auch in diesen Fällen natürlich voraus, dass sie für den vertraglich festgehaltenen und eingeschränkten Bereich ein Alleinrecht des Lizenznehmers, d.h. ein ausschließliches Benutzungsrecht, begründet[2] (s. auch Rz. 94).

b) Abgrenzung zur Rechtsübertragung

86 In der Praxis stellt sich angesichts der starken („quasi-dinglichen") Rechtsposition des Lizenznehmers bei der ausschließlichen Lizenz die Frage der **Abgrenzung zur Rechtsübertragung** (vgl. § 15 Abs. 1 Satz 2 PatG)[3]. Maßgebend ist letztlich der mit dem Vertrag verfolgte Umfang der Rechtseinräumung. Je umfassender die dem Lizenznehmer vermittelten Nutzungsmöglichkeiten sind, umso stärker stellt sich die Frage, ob nicht eine Übertragung der Schutzrechtsposition gewollt ist. Die rechtsgeschäftliche Übertragung i.S. von **§ 15 Abs. 1 Satz 2 PatG** stellt sich als Abtretung aller vermögenswerten Rechte an einer schutzfähigen Erfindung bzw. einer darauf bezogenen Schutzrechtsposition (Patent) dar (**Vollrechtsübertragung**). Schuldrechtlich liegt dem regelmäßig ein Kaufvertrag (Rechtskauf i.S. von § 433 Abs. 1 Satz 2 BGB), ggf. auch ein Tauschvertrag (§ 480 BGB) zugrunde. Demgegenüber ist der ausschließliche Lizenzvertrag nicht auf einen Wechsel des Rechtsinhabers, sondern auf die Einräumung eines Nutzungsrechts an dem Recht eines Dritten ausgerichtet, auch wenn sie – nach *Ahrens*[4] – eine **konstitutive Teilrechtsübertragung** bewirkt, durch die der Vollrechtsinhaber partiell verdrängt wird.

87 Was gewollt ist, bestimmt sich nach den getroffenen Absprachen (§§ 133, 157 BGB, s. Rz. 470 ff.). Hier geht die h.M. von dem **Auslegungsgrundsatz** aus, dass der Rechtsinhaber bei einer vertraglichen Rechtseinräumung in der Regel von seinen Rechten an dem Patent bzw. der Patentanmeldung so wenig wie möglich aufgeben will[5], so dass im Zweifel eine Verpflichtung zur Einräumung von Rechten an dem Patent bzw. der Patentanmeldung nur in dem Umfang angenommen werden kann, in dem deren Verschaffung den feststellbaren Umständen nach unabdingbar zur Erreichung des Geschäftszwecks ist[6]. Demzufolge ist **im Zweifel auch nur die Einräu-**

---

1 *RG* v. 21.11.1930, RGZ 130, 275, 282 f.; *BGH* v. 15.1.1974, GRUR 1974, 335 – Abstandshalterstopfen.

2 *RG* v. 17.3.1934, GRUR 1934, 306, 307; *McGuire*, Die Lizenz, § 4 II 1 S. 94 ff., 100 f.; *Benkard/Ullmann*, PatG, § 15 Rz. 92.

3 Zur rechtlichen Einordnung des Lizenzvertrags und insbesondere zur Abgrenzung zwischen Patentkauf und Lizenzvertrag s. auch *FG Münster* v. 15.12.2010, BB 2011, 623.

4 *Ahrens*, GRUR 2006, 617, 623.

5 *BGH* v. 11.4.2000, GRUR 2000, 788, 789 – Gleichstromsteuerschaltung m.w.N.; s. auch *FG Münster* v. 15.12.2010, BB 2011, 623, Rz. 52.

6 *BGH* v. 11.4.2000, GRUR 2000, 788, 789 f. – Gleichstromsteuerschaltung.

mung eines Benutzungsrechts und keine Vollrechtsübertragung gewollt[1]. Diese Auslegungsregelung entspricht letztlich der in **§ 31 Abs. 5 UrhG** normierten **Zweckübertragungslehre** (s. dazu Rz. 476), die zugleich Ausdruck eines allgemeinen Rechtsgedankens ist[2].

Eine ausschließliche Lizenzeinräumung ist beispielsweise dann anzunehmen, wenn es den Vertragsparteien entscheidend auf eine Benutzung des Patents durch den Vertragspartner ohne Möglichkeit zur Rechtsveräußerung ankommt[3]. Dementsprechend handelt es sich nicht um einen Kaufvertrag, wenn der Erwerber nicht das unbeschränkte Verfügungsrecht über das lizenzierte Recht erhält[4]. Auch der Verbleib des wirtschaftlichen Risikos der Verwertung des Rechts beim bisherigen Rechtsinhaber – insbesondere die Abhängigkeit des Entgelts von den zukünftigen Umsätzen des Erwerbers mit dem („Lizenz-")Gegenstand – kann ein Indiz dafür sein, dass keine Rechtsübertragung, sondern eine Nutzungsrechtseinräumung gewollt ist (vgl. auch Art. 1 Abs. 1 lit. b TT-GVO 2004). Andererseits spricht die Verpflichtung zur Einbringung von Patentanmeldungen in eine neu gegründete Gesellschaft, damit diese die schöpferischen Leistungen ihres künftigen Geschäftsführers in jeder Hinsicht gesichert und erfolgreich verwerten kann, für eine Vollrechtsübertragung[5]. Zudem kann auch bei einer Vergütungsvereinbarung, nach der der Kaufpreis teilweise als fester Betrag und teilweise als jährliche Mindestlizenz entrichtet werden soll, die Veräußerung eines Rechts, mithin auch ein Kaufvertrag, angenommen werden[6]. 88

c) Abgrenzung einfache/ausschließliche Lizenz

Die Einräumung der ausschließlichen Lizenz wird als beschränkte Rechtsübertragung (Teilrechtsübertragung) angesehen (§ 413 BGB i.V.m. §§ 398 ff. BGB analog)[7]. Für den Fall, dass die Vertragspartner über den Charakter der Lizenz **keine ausdrückliche Absprache** getroffen haben, ist der Inhalt der 89

1 Busse/*Keukenschrijver*, PatG, § 15 Rz. 19 m. zahlr. N. zur unveröffentl. *BGH*-Rspr.; Benkard/*Ullmann*, PatG, § 15 Rz. 25 f. m.w.N.

2 *BGH* v. 10.10.2002, GRUR 2003, 234, 236 – EROC III; vgl. auch *LG Mannheim* v. 4.5.2010, InstGE 12, 136, Rz. 295 – zusätzliche Anwendungssoftware, das ausdrücklich feststellt, dass der allgemein geltende Zweckübertragungsgrundsatz auch im Patentrecht greift; s. auch Busse/*Keukenschrijver*, PatG, § 15 Rz. 19.

3 Busse/*Keukenschrijver*, PatG, § 15 Rz. 19 m.H.a. *BGH* v. 27.3.1969 – X ZR 38/66, n.v.

4 *FG Münster* v. 15.12.2010, BB 2011, 623, Rz. 41.

5 *BGH* v. 11.4.2000, GRUR 2000, 788, 789 f. – Gleichstromsteuerschaltung.

6 *FG Münster* v. 15.12.2010, BB 2011, 623, Rz. 48.

7 So *Forkel*, Gebundene Rechtsübertragungen, 1977, S. 56 ff.; *Kraßer/Schmid*, GRUR Int. 1982, 324, 328; *Kraßer*, Patentrecht, § 40 V b; *Schulte/Kühnen*, PatG, § 15 Rz. 21, 40; *Ahrens*, GRUR 2006, 617, 623; kritisch *Hacker* in Ströbele/Hacker, MarkenG, § 30 Rz. 21 ff.

Lizenz im Wege der Auslegung (§§ 133, 157 BGB, vgl. Rz. 470 ff.) zu ermitteln[1]. **Im Zweifel** ist – auch mit Blick auf die **Zweckübertragungslehre** (s. dazu Rz. 476) – eine **einfache Lizenz** gewollt[2]. Um Auslegungsschwierigkeiten zu vermeiden, sollten die Partner des Lizenzvertrages von vornherein Klarheit über ihre Vertragsbeziehungen schaffen und daher auch den Inhalt der Vertragsabrede genau festlegen und kennzeichnen. Zur Abgrenzung zur Vollrechtsübertragung s. Rz. 86 ff.

90 Hat der Lizenzgeber **vor** der **Erteilung der ausschließlichen Lizenz eine oder sogar mehrere einfache Lizenzen erteilt**, ist in Rechtsprechung und Literatur anerkannt, dass dies der Ausschließlichkeit dieser Lizenz nicht entgegensteht[3]. Auch bei Unkenntnis des ausschließlichen Lizenznehmers von dem Bestand dieser **Einschränkungen seines Nutzungsrechts** bleiben die zuvor eingeräumten einfachen Lizenzen wirksam[4] (vgl. § 15 Abs. 3 PatG). Der Lizenzgeber läuft aber Gefahr, sich bei mangelnder Aufklärung wegen dieses Rechtsmangels schadensersatzpflichtig zu machen (s. Rz. 1530 ff.). Nicht ausgeschlossen ist auch eine Anfechtung des Lizenzvertrages durch den Lizenznehmer, wenn es ihm auf die alleinige Nutzung des Lizenzgegenstandes ankam.

91 Erteilt der Lizenzgeber **nach Abschluss des ausschließlichen Lizenzvertrages** noch **weitere** einfache oder ausschließliche **Lizenzen**, so fehlt ihm hierfür die Verfügungsmacht; diese „Rechtseinräumung" ist unabhängig davon, ob die ausschließliche Lizenz in das Patentregister (vgl. § 30 Abs. 4 PatG) eingetragen worden ist, dem ausschließlichen Lizenznehmer gegenüber unwirksam[5]. Dies folgt aus dem allgemeinen zivilrechtlichen Grundsatz, dass niemand mehr Rechte übertragen kann, als er selbst besitzt. Mit der Vergabe der ausschließlichen Lizenz hat sich der Lizenzgeber im Umfang des Vertragsinhalts seines Benutzungsrechts begeben und kann als Folge der quasi-dinglichen Wirkung der Einräumung einer ausschließlichen Lizenz[6] Dritte hieran nicht mehr berechtigen.

92 Einen weitergehenden **Gutglaubensschutz** kennt dagegen beispielsweise das schweizerische Patentrecht. Nach **Art. 34 Abs. 3 des schweizerischen Patentgesetzes** sind entgegenstehende Lizenzen, die im Patentregister

1 So auch *LG Düsseldorf* v. 12.2.2008, Düsseldorfer Entscheidung Nr. 881 – e-Loading-Automat (www.duesseldorfer-archiv.de).

2 Vgl. auch *LG Düsseldorf* v. 10.5.2007, InstGE 8, 4, Rz. 27 (juris); *LG Düsseldorf* v. 12.2.2008, Düsseldorfer Entscheidung Nr. 881 – e-Loading-Automat (www.duessel dorfer-archiv.de).

3 Vgl. *BGH* v. 26.11.1954, GRUR 1955, 338, 340; vgl. auch *BGH* v. 15.1.1974, GRUR 1974, 335 – Abstandshalterstopfen.

4 *BGH* v. 15.1.1974, GRUR 1974, 335 f. – Abstandshalterstopfen.

5 Vgl. *Kraßer*, Patentrecht, § 41 II 4; *Reimer*, PatG, § 9 a.F. Rz. 84; *Tetzner*, PatG, § 9 a.F. Rz. 49.

6 So *RG* v. 16.2.1904, RGZ 57, 38, 40; *RG* v. 5.5.1911, RGZ 76, 235, 236; *RG* v. 26.10.1931, RGZ 134, 91, 96.

nicht eingetragen sind, gegenüber einem gutgläubigen Erwerber von Rechten am Patent unwirksam[1]. Gleiches gilt für das **französische Recht** nach **Art. L613-9 Code de la Propriété Intellectuelle (CPI)**, wonach dritte, frühere Rechte dem Erwerber der Lizenz nicht entgegengehalten werden können, sofern ihr Rechtserwerb nicht durch Eintragung in das Patentregister publik gemacht wurde[2].

d) Wirkung

aa) Dingliche Wirkung

Nach h.M. hat die ausschließliche Lizenz eine **dingliche Wirkung**[3] bzw. jedenfalls eine gleichsam dingliche, absolute Natur[4] bzw. quasi dingliche Wirkung[5]. Demgegenüber versteht *McGuire*[6] die (ausschließliche) Lizenz als verdinglichte Obligation, deren einzige Besonderheit gegenüber rein obligatorischen Nutzungsrechten in dem Bestehen des Sukzessionsschutzes (s. hierzu Rz. 114 f.) liegen soll. Für die Vergangenheit sind allerdings auch hier nur schuldrechtliche Vereinbarungen zwischen den Vertragsparteien möglich[7]. 93

Diese grundsätzliche Differenzierung, jedenfalls die ausschließliche Lizenz als beschränkte Rechtsübertragung anzusehen oder ihr aber lediglich – vom Sukzessionsschutz abgesehen – obligatorische Wirkungen zuzuweisen, bedingt besondere Sorgfalt bei der Vertragsgestaltung. Die Tendenz der Rechtsprechung geht zur Annahme einer dinglichen Wirkung selbst im Bereich der einfachen Lizenz. Insoweit ergeben sich dann bestimmte Rechtswirkungen unmittelbar aus dieser Wertung. Wird dagegen stärker auf den vertraglichen Charakter des Nutzungsrechts abgestellt, bedarf es der entsprechenden vertraglichen Regelung.

Die nachfolgende Darstellung orientiert sich (da insoweit noch keine abschließende Klärung erfolgt ist) – jedenfalls für die ausschließliche Lizenz – an der von der h.M. vertretenen Einordnung dieser Lizenz als dingliches Recht.

1 *Pedrazzini*, Patent- und Lizenzvertragsrecht (1983), 14.4.2.1.

2 *Hauser*, Der Patentlizenzvertrag im französischen Recht (1984), S. 61 f.

3 So schon *RG* v. 16.1.1904, RGZ 57, 38, 40 f.; *RG* v. 26.10.1931, RGZ 134, 91, 96; vgl. auch *BGH* v. 23.3.1982, GRUR 1982, 411, 413 – Verankerungsteil; *Forkel*, Gebundene Rechtsübertragungen (1977), S. 75 ff. m.w.N.; *Kraßer/Schmid*, GRUR Int. 1982, 324, 328; *Pagenberg/Beier*, Muster 1 Rz. 72 f.

4 Benkard/*Ullmann*, PatG, § 15 Rz. 92; *Mes*, PatG, Rz. 40 zu § 15; Schulte/*Kühnen*, PatG, Rz. 33 zu § 15; vgl. auch *BGH* v. 26.3.2009, BGHZ 180, 344 = GRUR 2009, 946, Rz. 20 – Reifen Progressiv, zur Urheberlizenz; kritisch Busse/*Keukenschrijver*, PatG, § 15 Rz. 60; vgl. auch *Sosnitza* in FS Schricker, 2005, S. 184 ff.

5 Vgl. *Kraßer*, Patentrecht, § 40 V c aa 1; *Henn*, Rz. 152 m.w.N.

6 *McGuire*, Die Lizenz, u.a. S. 529 ff., 554 ff., 770.

7 *OLG Köln* v. 13.11.2009, GRUR-RR, 149, 150 – Kalk-Lady.

bb) Eigene Verbietungsrechte des Lizenznehmers

94 Der ausschließliche Lizenznehmer hat ein gegen jedermann wirkendes Ausschlussrecht (**eigene Aktivlegitimation**), das ihm neben seinem Benutzungsrecht **eigene Verbietungsrechte** vermittelt; insbesondere kann er dank seiner – Dritte von einer Patentnutzung ausschließenden – Rechtsposition aus eigenem Recht Ansprüche wegen Patentverletzungen gemäß §§ 139 ff. PatG geltend machen, soweit sein Nutzungsrecht berührt ist[1]. Hat der Lizenzgeber mehrere beschränkte (z.B. bei field-of-use-Beschränkungen, s. dazu Rz. 913, 935, 1335 ff.) ausschließliche Lizenzen erteilt, bedarf die prozessuale Geltendmachung ggf. einer Bündelung[2]. Daneben bleibt der Lizenzgeber berechtigt, gegen Patentverletzer vorzugehen, ggf. neben dem Lizenznehmer, aber nicht notwendig neben ihm[3] (vgl. Rz. 1385 ff.).

Abweichend von den vorstehenden Rechtsgrundsätzen enthalten **§ 30 Abs. 3 MarkenG** und **§ 31 Abs. 3 GeschmMG** gesetzliche Vorgaben zur Koordination des Vorgehens gegen Schutzrechtsverletzer zwischen den Lizenzvertragsparteien. Angesichts der Risiken eines unabgestimmten Vorgehens des ausschließlichen Lizenznehmers gegen vermeintliche Schutzrechtsverletzer (z.B. Nichtigkeitsklage gegen das lizenzierte Schutzrecht, Eingriff in sonst bestehende Geschäftsverbindungen zwischen Schutzrechtsinhaber und vermeintlichem Verletzer) erscheint es sachgerecht, die gesetzlich vorgegebenen Zustimmungserfordernisse im Rahmen von Lizenzverträgen über andere Schutzrechte durch vertragliche Regelungen einzubeziehen.

95 Beachtet der **Lizenzgeber** seine Pflicht, sich jeder Eigennutzung des erfinderischen Gedankens zu enthalten (vgl. Rz. 79 f.), nicht, kann der Lizenznehmer ihn auf Unterlassung und Schadensersatz in Anspruch nehmen. Denn der Lizenzgeber verletzt nach Auffassung der Rechtsprechung[4] mit einer solchen Eigennutzung nicht nur seine Pflicht aus dem Lizenzvertrag (Vertragsverletzung). Er begehe zugleich eine **Patentverletzung**, da der Patentinhaber sein eigenes Patent verletze, wenn er die geschützte Erfindung benutze, obwohl er eine ausschließliche Lizenz ohne Vorbehalt eines Mitbenutzungsrechts erteilt habe. Dem kann – entgegen der h.M. – nicht gefolgt werden, da die dem Patentinhaber aus dem Lizenzvertrag obliegenden Beschränkungen letztlich schuldrechtlicher Natur sind und damit eine nur

1 Ständige Rspr., vgl. *BGH* v. 20.12.1994, GRUR 1995, 338, 340 – Kleiderbügel; *BGH* v. 11.5.2004, GRUR 2004, 758, 763 – Flügelradzähler; s. auch *OLG München* v. 5.4.2007, InstGE 8, 214, Rz. 44, 83 (juris).

2 *Ahrens*, GRUR 2006, 617, 623.

3 *OLG München* v. 11.9.2003 – 6 U 2448/03 – Brillenetui, n.v.

4 *OLG Karlsruhe* v. 5.3.1980, GRUR 1980, 784, 785 – Laminiermaschine m.w.N.; ebenso Schulte/*Kühnen*, PatG, § 15 Rz. 37.

im Innenverhältnis wirkende Vertragsverletzung darstellen[1]. Zur Patentverletzung durch den Lizenznehmer s. Rz. 2251 ff.

Frei. 96–98

cc) Übertragbarkeit auf Dritte

Nach (jedenfalls bisher) h.M. (s. auch Rz. 600) ist mit der Erteilung einer ausschließlichen Lizenz regelmäßig auch die Befugnis des Lizenznehmers verbunden, das ihm eingeräumte Nutzungsrecht auf Dritte zu übertragen[2]. Klarzustellen ist, dass damit nicht das gesamte Vertragsverhältnis übergeleitet werden könnte, da dies nur in Form einer Schuldübernahme nach §§ 414 ff. BGB möglich wäre, also der Zustimmung des Lizenzgebers zur Übertragung des Nutzungsrechts bedarf. Dies entspricht der Regelung in **§ 34 Abs. 1 UrhG**, wonach ein urheberrechtliches Nutzungsrecht nur mit Zustimmung des Urhebers übertragen werden kann. Nach Satz 2 darf der Urheber allerdings die Zustimmung nicht wider Treu und Glauben verweigern. Auch für den Bereich des Urheberrechts entspricht es herrschender Auffassung, dass eine solche Übertragung lediglich das **(dingliche) Nutzungsrecht** als solches betrifft, nicht aber das gesamte Lizenzverhältnis[3]. 99

Eine Übertragung des Nutzungsrechts kann im Vertrag ausdrücklich ausgeschlossen werden, was analog **§ 399 BGB (i.V.m. § 413 BGB)** zulässig ist[4]. Auch ohne ausdrücklichen vertraglichen Vorbehalt kann sich ein Übertragungsverbot aus einer besonderen Vertrauenssituation der Vertragspartner zueinander ergeben (§ 242 BGB) wie aber auch aus einer Bindung der Lizenzrechte an das Unternehmen des Lizenznehmers bzw. an seine Gesellschafter (vgl. Rz. 597 ff.). Gleiches gilt, wenn die Abtretung der Rechtsposition zu deren inhaltlicher Änderung führen würde[5]. Der Ausschluss der Übertragbarkeit macht eine dennoch erfolgte Übertragung unwirksam[6]; das *OLG Karlsruhe*[7] geht davon aus, dass ein gutgläubiger Erwerb ausgeschlossen ist. U.E. erscheint dies im Hinblick auf **§ 137 Satz 1 BGB** bedenklich. Wird angenommen, dass jedenfalls die ausschließliche Lizenz dingliche Wirkung hat (s. Rz. 93), könnte die Befugnis zur Verfügung über 100

---

1 Zutreffend Busse/*Keukenschrijver*, PatG, § 15 Rz. 59 m.w.N.

2 Vgl. Benkard/*Ullmann*, PatG, § 15 Rz. 103; *Kraßer/Schmid*, GRUR Int. 1982, 324, 332; *Kraßer*, Patentrecht, § 40 V d 1; *Henn*, Rz. 164; vgl. auch Busse/*Keukenschrijver*, PatG, § 15 Rz. 71, soweit die Vereinbarung bzw. § 242 BGB nicht entgegenstehen; a.A. *Groß*, Rz. 228; vgl. auch *Pagenberg/Beier*, Muster 1, Rz. 91 ff. sowie zur ausschließlichen Markenlizenz *Kurtz*, GRUR 2007, 292, 293 f.

3 *McGuire*, Die Lizenz, § 7 IV 3 S. 451 ff. m.H.a. *Rehbinder*, Urheberrecht, Rz. 705.

4 So *Reimer*, PatG, § 9 a.F. Rz. 85 f.; *Kraßer/Schmid*, GRUR Int. 1982, 324, 332; s. dazu auch *Pahlow*, Lizenz u. Lizenzvertrag, S. 44.

5 *Kraßer*, Patentrecht, § 40 V d 1; s. auch *LG Düsseldorf* v. 23.6.2005, Düsseldorfer Entscheidung Nr. 952 – Nachladen von Prepaid-Karten (www.duesseldorfer-archiv.de).

6 So Busse/*Keukenschrijver*, PatG, § 15 Rz. 72 m.w.N.

7 *OLG Karlsruhe* v. 11.7.2012 – 6 U 3/10, unveröffentlicht.

ein veräußerliches (dingliches) Recht nicht durch Rechtsgeschäft ausgeschlossen oder beschränkt werden. Möglich bleibt lediglich der Schadensersatzanspruch über § 137 Satz 2 BGB. Nichts hindert den Lizenzgeber aber, sich für diesen Fall das Recht der Kündigung aus wichtigem Grund vorzubehalten oder die Fortdauer des Lizenzvertrages von der auflösenden Bedingung der Übertragung des Nutzungsrechts abhängig zu machen (vgl. § 158 Abs. 2 BGB).

dd) Recht zur Unterlizenzvergabe

101 Der ausschließliche Lizenznehmer ist mangels entgegenstehender Vertragsabsprache auch befugt, **Unterlizenzen zu vergeben**[1], und zwar in dem Umfang, in dem ihm selbst Nutzungsrechte eingeräumt sind[2] (s. im Einzelnen Rz. 145 ff.). Dies kann in Form einfacher oder ausschließlicher Unterlizenzen erfolgen[3]. In diesem Rahmen kann sich auch eine unternehmensbezogene bzw. personenbezogene Bindung der Nutzungsrechte auswirken.

102 Gegen diese generelle Annahme, eine ausschließliche Lizenz berechtige stets zur Vergabe von Unterlizenzen, spricht sich *Groß*[4] – mit Hinweis auf den Lizenzvertrag mit gesellschaftsähnlichem Einschlag – aus. Hier gilt aber i.E. nichts anderes; vielfach wird sich der Ausschluss des Rechtes zur Erteilung von Unterlizenzen gerade in solchen Lizenzverträgen finden. Insoweit muss eben das Recht zur Vergabe von Unterlizenzen, wenn es dem Lizenznehmer nicht zukommen soll, ausdrücklich ausgeschlossen werden.

103 Die Befugnis zur Unterlizenzvergabe kann **beschränkt** werden[5], zum einen in Form eines Verbotes, zum anderen in der Form eines Erlaubnisvorbehalts des Lizenzgebers, wobei sich dieser evtl. nur auf die mit dem Lizenznehmer nicht konzernmäßig verbundenen Unternehmen erstrecken kann[6].

104 Derartige Ausschlüsse oder auch Beschränkungen – beispielsweise durch die Vereinbarung einer Genehmigungsverpflichtung für Unterlizenzen[7] – verändern die Rechtsnatur der ausschließlichen Lizenz nicht[8]. Kartell-

---

1 *BGH* v. 7.11.1952, GRUR 1953, 114, 118 – Reinigungsverfahren; *BGH* v. 16.4.2002, GRUR 2002, 801, 803 – Abgestuftes Getriebe; Busse/*Keukenschrijver*, PatG, § 15 Rz. 75; *Henn*, Rz. 168.

2 Vgl. *BGH* v. 10.7.1986, GRUR 1987, 37, 39 – Videolizenzvertrag (betr. Urheberrecht) mit Anm. *Hubmann*, GRUR 1987, 40 f.

3 *BGH* v. 26.11.1954, GRUR 1955, 338, 340 – beschlagfreie Brillengläser; Benkard/*Ullmann*, PatG, § 15 Rz. 105, 107; Busse/*Keukenschrijver*, PatG, § 15 Rz. 71 ff.

4 S. *Groß*, Rz. 368 f. Vgl. insoweit zur Markenlizenz *Kurtz*, GRUR 2007, 292, 295.

5 Ganz h.M., z.B. Busse/*Keukenschrijver*, PatG, § 15 Rz. 75; zweifelnd dagegen *Kraßer*, Patentrecht, § 40 V d 2.

6 *OLG Hamburg* v. 3.9.1987, GRUR 1987, 899, 900 – Verbandsmaterial.

7 *Groß*, Rz. 233 a.E.

8 *RG* v. 5.2.1930, RGZ 127, 197, 200; Benkard/*Ullmann*, PatG, § 15 Rz. 93, 105.

rechtlich ist der vertragliche Ausschluss einer Unterlizenzierung grundsätzlich unbedenklich (vgl. Rz. 155 lit. b. der Leitlinien zu der TT-GVO Nr. 772/2004, wonach die Vereinbarung: „keine Untervergabe der Lizenz" im Allgemeinen keine Wettbewerbsbeschränkung i.S. von Art. 81 Abs. 1 EG [jetzt Art. 101 Abs. 1 AEUV] darstellt).

Der vertragliche Ausschluss der Unterlizenzvergabe kann für den Lizenzgeber dann nahe liegen, wenn er das Patent selbst nutzt und nicht einer Vielzahl von Mitbenutzern ausgesetzt sein möchte bzw. eine umfassende Nutzung seitens des (Haupt-)Lizenznehmers zu erwarten ist. 105

Eine in Widerspruch zu einer solchen Beschränkung vom (Haupt-)Lizenznehmer erteilte Unterlizenz ist patentrechtlich unwirksam und vermittelt dem „**Unterlizenznehmer**" kein Nutzungsrecht am Patent; er ist **Patentverletzer**[1]. Ein gutgläubiger Erwerb von Unterlizenzrechten ist ausgeschlossen. 106

Eine vom „Unterlizenznehmer" begangene Patentverletzung ist jedenfalls dann **schuldhaft**, wenn er sich auf die pauschale Angabe seines Verhandlungspartners, zur Vergabe von Unterlizenzen berechtigt zu sein, verlassen hat. Zumindest muss er sich vorab durch das Verlangen der Vorlage des Lizenzvertrages zwischen dem Patentinhaber und seinem Verhandlungspartner vergewissern, dass Letzterer zur Vergabe von Unterlizenzen berechtigt ist[2].

Verfolgt der Lizenzgeber vorrangig ein Interesse an Lizenzeinnahmen, ist daran zu denken, den Lizenznehmer zur Vergabe von Unterlizenzen zu verpflichten und sich ggf. eine **„Umwandlung" der ausschließlichen in eine einfache Lizenz** für den Fall vorzubehalten, dass innerhalb eines bestimmten Zeitraums ab Abschluss des Hauptlizenzvertrages keine oder nur unzureichende Unterlizenzen erteilt worden sind. 107

Frei. 108–109

ee) Sacheinlagefähigkeit

In seinem „adidas-Urteil"[3] hat der *BGH* die Sacheinlagefähigkeit obligatorischer Nutzungsrechte i.S. des § 27 Abs. 2 AktG (bzw. § 5 Abs. 4 GmbHG) anerkannt[4]. Die Sacheinlagefähigkeit hängt davon ab, ob der Vertrag einen feststellbaren wirtschaftlichen Wert hat. Um diesen wirtschaftlichen Wert des Nutzungsrechts feststellen zu können, muss die Nutzungsdauer in Form einer festen Laufzeit oder – auf jeden Fall – als konkret 110

1 *OLG München* v. 11.9.2003 – 6 U 2448/03 – Brillenetui, n.v.; Benkard/*Ullmann*, PatG, § 15 Rz. 106; Busse/*Keukenschrijver*, PatG, § 15 Rz. 76.

2 *OLG München* v. 11.9.2003 – 6 U 2448/03 – Brillenetui, n.v.

3 BGH v. 15.5.2000, BGHZ 144, 290, 294 – dort zur Markenlizenz.

4 S. hierzu auch *Boehme*, GmbHR 2000, 841 ff.; *Pentz*, ZGR 2001, 901 ff.; *Götting*, AG 1999, 1 ff.; *Steinbeck*, ZGR 1996, 126 f.; *Werwigk*, Kapitalaufbringung durch Immaterialgüterrechte (2006), S. 154 ff.

bestimmte Mindestdauer feststehen[1]. Damit entfällt die Einlagefähigkeit, wenn im Lizenzvertrag ein jederzeit ausübbares Kündigungsrecht vorgesehen ist; es fehlt an der Endgültigkeit der Mittelaufbringung, die für die Einlagefähigkeit notwendig ist[2]. Dagegen schadet die klar begrenzte Laufzeit der Lizenz grundsätzlich nicht; sie ist vielmehr bei der Wertermittlung der Sacheinlage zu berücksichtigen[3].

111 Die **ausschließliche Lizenz** ist nach h.M. als gänzlich **verselbständigtes Vermögensrecht** verkehrsfähig (s. Rz. 99) und ist damit auch einlagefähig[4]. Umstritten ist, ob auch **einfache Lizenzen** einlagefähig sind[5]. Gegen die Einlagefähigkeit einer einfachen Lizenz spricht ihre grundsätzliche Betriebsgebundenheit und ihre mangelnde Übertragbarkeit (§ 399 BGB). Zu beachten ist auch, dass das lediglich schuldrechtliche Nutzungsrecht der einfachen Lizenz durch die dem Lizenzgeber zustehende Befugnis, beliebig viele weitere einfache Lizenzen zu erteilen (s. Rz. 123), wirtschaftlich stark entwertet sein kann.

Die Diskussion, ob vor dem Hintergrund der neueren BGH-Rechtsprechung der einfachen Lizenz ebenfalls (quasi-)dingliche Wirkung zukommt (s. Rz. 120 ff.), muss sich auch bei der Beurteilung der Sacheinlagefähigkeit der einfachen Lizenz auswirken.

112–113 Frei.

ff) Sukzessionsschutz

114 **Nach § 15 Abs. 3 PatG** berühren ein Rechtsübergang oder die Erteilung einer Lizenz nicht Lizenzen, die Dritten vorher erteilt worden sind (vgl. auch § 22 Abs. 3 GebrMG, § 11 Abs. 2 HalblSchG, § 31 Abs. 5 GeschmMG, § 30 Abs. 5 MarkenG und § 33 UrhG). Schon nach dem Wortlaut des § 15 Abs. 3 PatG gilt dieser sowohl für ausschließliche als auch einfache Lizenzen – auch in der Form der Unterlizenz – in dem Umfang, in dem sie wirksam erteilt worden sind, auch wenn nach der Amtlichen Begründung[6] der Gesetzgeber von der dinglichen Natur der ausschließlichen Lizenz ausgegangen ist, was ohnehin deren Bestandsschutz bewirken würde[7]. In der Amtlichen Begründung ist klargestellt, dass Vorverträge (s. Rz. 389 ff.) und Optionsverträge (s. Rz. 395) an der Schutzwirkung des § 15 Abs. 3 PatG nicht teil-

1 *BGH* v. 15.5.2000, BGHZ 144, 290, 294 – adidas.
2 Vgl. hierzu *K. Schmidt*, ZHR 154 (1990), 237, 248; *K. Schmidt*, AG 1986, 106 ff.; *Pentz*, ZGR 2001, 915.
3 *Götting*, AG 1999, 1, 8.
4 *Götting*, AG 1999, 1, 6; *Werwigk*, Kapitalaufbringung durch Immaterialgüterrechte (2006), S. 163.
5 *Götting*, AG 1999, 1, 7; verneinend *Boehme*, GmbHR 2000, 841, 846.
6 Vgl. BR-Drucks. 189/85 v. 14.6.1985, S. 3.
7 *Marotzke*, ZGE 2010, 233, 236 ff.

nehmen, da hierbei mit der Nutzung der lizenzierten Erfindung noch nicht begonnen worden sei[1]. Zur Rechtslage bei der negativen Lizenz s. Rz. 136.

Nach der Amtlichen Begründung sollte mit dem Sukzessionsschutz eine „**Drittwirkung**" in dem Sinne geschaffen werden, dass bei einer Rechtsübertragung des lizenzierten Schutzrechtes Lizenzrechte nicht untergehen oder beeinträchtigt werden[2], das Benutzungsrecht des Lizenznehmers also fortbesteht. 115

Mit dem Hinweis in § 15 Abs. 3 PatG, dass ein Rechtsübergang „nicht Lizenzen berührt, die Dritten vorher erteilt worden sind", ist noch nicht geklärt, ob damit nur das Benutzungsrecht des Lizenznehmers gegenüber dem Rechtserwerber fortbesteht oder aber, wovon *Marotzke*[3] ausgeht, der Sukzessionsschutz dem Lizenznehmer das Recht übermittelt, „diejenigen lizenzvertraglichen Ansprüche, deren Erfüllung dem früheren Patentinhaber (Lizenzgeber) unmöglich geworden ist, gegen den neuen Patentinhaber aktiv geltend zu machen". Dies würde also bedeuten, dass neben dem Fortbestand des Benutzungsrechts alle vertraglichen Ansprüche des Lizenznehmers – wie auch seine Pflichten – durch den Rechtsübergang unberührt nunmehr gegenüber dem Rechtserwerber fortbestehen würden.

In diesem Zusammenhang ist beachtlich, dass nach herrschender Auffassung der durch den Sukzessionsschutz gewährleistete Fortbestand des Benutzungsrechts des Lizenznehmers **keine automatische Auswechslung des Vertragspartners auf Lizenzgeberseite bewirkt**[4]. Der Rechtserwerber als neuer Patentinhaber tritt nicht an die Stelle des bisherigen Lizenzgebers (s. dagegen die Rechtswirkung nach **§ 566 BGB** für den Fall der Veräußerung einer Mietsache oder nach **§ 613a Abs. 1 Satz 1 BGB** für den Fall eines Betriebsinhaberwechsels). Der bisherige Lizenzgeber bleibt Vertragspartner des Lizenznehmers, unterliegt also den vertraglich vorgegebenen Rechten und Pflichten, soweit ihm deren Erfüllung durch die Rechtsübertragung nicht unmöglich geworden ist. Die Vertragsübernahme auch des Lizenzvertrages ist ein einheitliches Rechtsgeschäft, das der Zustimmung aller Beteiligten (also auch des Lizenznehmers) bedarf und als „dreiseitiger Vertrag" abgeschlossen werden kann[5]. Denkbar ist auch ein Vertrag zwischen der ausscheidenden Partei (dem Lizenzgeber) und der eintretenden Partei (dem Rechtserwerber) unter Zustimmung des anderen Teils (des Lizenz- 116

1 S. die Nachweise bei *Marotzke*, ZGE 2010, 233, 239 f.

2 Vgl. Beschlussempfehlung und Bericht des BT-Rechtsausschusses BT-Drucks. 10/5720 v. 23.6.1986, S. 23 f.; *Marotzke*, ZGE 2010, 233, 243 ff.; diese Regelung erfolgte in Reaktion auf das Urteil des *BGH* v. 23.3.1982, GRUR 1982, 411, 412 – Verankerungsteil.

3 *Marotzke*, ZGE 2010, 233, 244 ff.

4 *LG Düsseldorf* v. 21.12.2007, Düsseldorfer Entscheidung Nr. 660 – Patentinhaberschaft (www.duesseldorfer-archiv.de).

5 Palandt/*Grüneberg*, BGB, § 398 Rz. 41.

nehmers)[1] (s. auch die gleiche Problematik der Übertragbarkeit des Nutzungsrechts des ausschließlichen Lizenznehmers auf Dritte, Rz. 99 f.)[2].

117 Da somit nicht von einer Überleitung des gesamten Lizenzvertragsverhältnisses ausgegangen werden kann, würde der Sukzessionsschutz dem Lizenznehmer nur den Fortbestand seines Nutzungsrechts sichern, nicht aber die Einhaltung der sonstigen Vertragspflichten durch den Rechtserwerber. Die gilt etwa für vereinbarte Mitwirkungspflichten des Lizenzgebers bei der technischen Information, die Überleitung von Weiterentwicklungen, die Aufrechterhaltung der lizenzierten Schutzrechtspositionen wie auch deren Verteidigung gegen Dritte. Der Lizenznehmer bliebe hier auf Schadenersatzansprüche gegenüber dem Lizenzgeber und früheren Rechtsinhaber beschränkt.

Diesem Aspekt kann nur dadurch Rechnung getragen werden, dass der Lizenzgeber und Schutzrechtsinhaber als verpflichtet angesehen wird, im Falle einer Rechtsveräußerung den Rechtserwerber zu verpflichten, in vollem Umfang in den Lizenzvertrag „einzutreten“, also die dort geregelten Pflichten zu übernehmen, aber selbstverständlich auch die dadurch begründeten Rechte. Erreicht werden kann dies im Ergebnis dadurch, dass eine Orientierung an den gesetzlichen „Vorbildern“ des § 566 BGB bzw. des § 613a Abs. 1 Satz 1 BGB erfolgt (vertraglich vereinbarter Eintritt in die Rechte und Pflichten aus dem Lizenzvertragsverhältnis). Soweit hierzu die Zustimmung des Lizenznehmers erforderlich ist, kann dieser dann über die Fortsetzung des Vertragsverhältnisses entscheiden, was der Interessenlage der jeweils Beteiligten wohl am besten Rechnung trägt. Der Zustimmung bedürfte es dann nicht, wenn der Umfang des Sukzessionsschutzes dahin verstanden wird, dass er nicht nur den Bestand des Nutzungsrechts an dem veräußerten Schutzrecht sichert, sondern auch den Fortbestand des Lizenzvertragsverhältnisses.

118 Eine ggf. erteilte **Unterlizenz** bliebe von einer Vertragsübernahme unberührt, da sich in diesem Vertragsverhältnis weiterhin der Hauptlizenznehmer und der Unterlizenznehmer als Vertragspartner gegenüberstehen (s. Rz. 145 ff.).

119 Zu beachten ist, dass der Sukzessionsschutz nach § 15 Abs. 3 PatG bzw. den sonstigen Schutzrechtsordnungen (vgl. § 22 Abs. 3 GebrMG, § 31 Abs. 5 GeschmMG, § 30 Abs. 5 MarkenG) nur für die entsprechenden deutschen Schutzrechtspositionen als Gegenstand eines Lizenzvertrages gilt. Sind ausländische Schutzrechtspositionen Vertragsgegenstand, ist im Einzelfall zu überprüfen, ob die hierfür geltende jeweilige Schutzrechtsordnung einen entsprechenden Sukzessionsschutz gewährt. Dieser kann etwa davon abhängig sein, ob der Rechtserwerber Kenntnis von dem Bestehen eines Lizenzvertrages hat; denkbar ist auch, dass der Sukzessionsschutz davon ab-

1 Palandt/*Grüneberg*, BGB, § 398 Rz. 41.
2 S. hierzu im Einzelnen *McGuire*, Die Lizenz, § 7 IV S. 437 ff.

hängig ist, dass der entsprechende Lizenzvertrag in Bezug auf dieses Schutzrecht in das entsprechende (Schutzrechts-)Register eingetragen worden ist.

6. Einfache, nicht ausschließliche Lizenz

a) Inhalt und Wirkung

Ebenso wie bei der ausschließlichen Lizenz erwirbt der Lizenznehmer auch 120
bei der nicht ausschließlichen (= einfachen) Patentlizenz vom Lizenzgeber die rechtliche Befugnis, das Schutzrecht bzw. den Gegenstand der Schutzrechtsanmeldung im vereinbarten Umfang in den Formen des § 9 PatG in eigenen oder fremden Betriebsstätten nutzen zu dürfen. Die einfache Lizenz unterscheidet sich von der ausschließlichen Lizenz durch die „Nichtausschließlichkeit", d.h. neben diesem (ersten) Lizenznehmer kann der Schutzrechtsinhaber weiteren Lizenznehmern die Nutzung gestatten und den Lizenzgegenstand auch selbst nutzen (vgl. auch § 31 Abs. 2 UrhG).

Die einfache Lizenz gewährt dem Lizenznehmer einen Anspruch auf Benutzung der geschützten Erfindung im vertraglich vereinbarten Umfang, ohne ihm eigene Verbietungsrechte gegenüber Dritten, z.B. Patentverletzern, zu gewähren (s. Rz. 124 f.), und ohne die Befugnis, Dritten Unterlizenzen zu erteilen[1].

Ebenso wie bei der ausschließlichen Lizenz ist auch bei der einfachen Lizenz eine Beschränkung des Nutzungsrechts auf einzelne technische Anwendungsbereiche („field-of-use"-Beschränkung, s. dazu Rz. 85) zulässig[2].

Wegen der erheblichen Unterschiede in den Rechtswirkungen sollte im Vertrag ausdrücklich klargestellt werden, welche Art der Lizenz gewollt ist. Fehlt dies, so ist im Zweifel von einer einfachen Lizenz auszugehen (s. Rz. 89).

Im Unterschied zur ausschließlichen Lizenz begründet die einfache Lizenz 121
nach bislang allgemeiner Meinung **nur** eine **schuldrechtliche Beziehung** zwischen den Vertragsparteien[3]. Sie verleiht dem Lizenznehmer schwächere Rechte als eine ausschließliche Lizenz[4].

---

1 Vgl. *BGH* v. 23.4.1974, GRUR 1974, 463, 464 – Anlagengeschäft; *BGH* v. 23.3.1982, GRUR 1982, 411, 412 – Verankerungsteil; s. auch *LG Düsseldorf* v. 10.5.2007, InstGE 8, 4, Rz. 27 (juris); *Britta Bartenbach*, Diss. 2002, S. 81 f. m.w.N.

2 *McGuire*, Die Lizenz, § 4 II 2 S. 102.

3 Vgl. z.B. *BGH* v. 23.3.1982, GRUR 1982, 411, 412 – Verankerungsteil; *Fischer*, GRUR 1980, 374, 377; Klauer/Möhring/*Nirk*, PatG, § 9 a.F. Rz. 38 ff. m.w.N.; *Kraßer*, Patentrecht, § 40 V c bb 1; Pfaff/*Osterrieth*, Lizenzverträge, B I Rz. 77, 89; *Groß*, Rz. 39. S. aber auch *McGuire* (Die Lizenz [2012], S. 529 ff., 554 ff., 770), die die Lizenz (allgemein) als verdinglichte Obligation auffasst, deren einzige Besonderheit gegenüber rein obligatorischen Nutzungsrechten in dem Bestehen des Sukzessionsschutzes (s. hierzu Rz. 114 f., 129) liegen soll.

4 *BGH* v. 25.1.1983, GRUR 1983, 237, 239 – Brückenlegepanzer.

In seiner Entscheidung vom 26.3.2009[1] argumentierte der *BGH* allerdings im Zusammenhang mit der umstrittenen[2] Rechtsfrage, ob beim Erlöschen eines vom Urheberrecht (dem „Mutterrecht") abgespaltenen ausschließlichen oder einfachen Nutzungsrechts (des „Tochterrechts") die davon abgeleiteten ausschließlichen oder einfachen Nutzungsrechte (die „Enkelrechte") gleichfalls erlöschen oder bestehen bleiben, u.a. das einfache Nutzungsrecht habe wie auch das ausschließliche Nutzungsrecht keinen schuldrechtlichen, sondern **dinglichen Charakter**. Der Lizenzgeber müsse dem Lizenznehmer das Nutzungsrecht daher nicht während der Dauer des Lizenzverhältnisses fortwährend in seinem Bestand vermitteln, vielmehr sei das Enkelrecht nach seiner Abspaltung vom Tochterrecht von dessen Fortbestand unabhängig. Der *BGH* bestätigte den dinglichen Charakter eines einfachen urheberrechtlichen Nutzungsrechts in seiner Entscheidung vom 29.4.2010[3].

121a Die damit ausgelöste Streitfrage, ob diese Rechtsprechung zur dinglichen Wirkung der einfachen urheberrechtlichen Lizenz auch für Lizenzverträge über sonstige immaterielle Rechte gilt, hat der *BGH* mit seinen beiden Entscheidungen vom 19.7.2012[4] parallel beantwortet, auch wenn er eine ausdrückliche Feststellung der dinglichen Wirkung hierbei zwar vermeidet, durch den Bezug auf seine bisherige Rechtsprechung (s. zuvor) und deren Fortführung aber einbezieht. Zur Begründung verweist der *BGH* auf den Grundsatz des **Sukzessionsschutzes** und eine **Abwägung der typischerweise betroffenen Interessen des Hauptlizenzgebers und des Unterlizenznehmers**. Nach Ansicht des *BGH* ist der Fortbestand einer solchen (dinglich wirkenden) Unterlizenz unabhängig davon, ob es sich um eine ausschließliche oder einfache Unterlizenzhandelt und ob die Ausübung des Nutzungsrechts gegen fortlaufende Zahlung von Lizenzgebühren oder aufgrund einer pauschalen Zahlung erfolgt. Zugleich wird betont, dass es auf den sachlichen Grund der (wirksamen) Beendigung des Hauptlizenzverhältnisses nicht ankommt, ob dieser also etwa aufgrund einer rückruffähigen Nichtausausübung des urheberrechtlichen Nutzungsrechts (§ 41 UrhG) erfolgt oder aufgrund einvernehmlicher Aufhebung des Hauptlizenzvertrages oder dessen Kündigung etwa wegen Zahlungsverzuges. Zu-

---

1 *BGH* v. 26.3.2009, BGHZ 180, 344 = GRUR 2009, 946 – Reifen Progressiv; s. auch *Pahlow*, GRUR 2010, 112; *Scholz*, GRUR 2009, 1107; *Reinhard*, K&R 2009, 716; *Reber*, ZUM 2009, 855; *Dieselhorst*, CR 2010, 69 u. *Slopek*, WRP 2010, 616.

2 S. hierzu die Nachweise in Rz. 10, 15 des Urteils des *BGH* v. 26.3.2009, BGHZ 180, 344 = GRUR 2009, 946 – Reifen Progressiv.

3 *BGH* v. 29.4.2010, GRUR 2010, 628, Rz. 29 – Vorschaubilder.

4 *BGH* v. 19.7.2012, GRUR 2012, 916, 918, Rz. 21 ff. – M2Trade; *BGH* v. 19.7.2012, GRUR 2012, 914, Rz. 13 ff. – Take Five; wie auch *LG Mannheim* v. 18.2.2011, InstGE 13, 65, Rz. 166 – UMTS-fähiges Mobiltelefon II; *Stöckl/Brandi-Dohrn*, CR 2011, 553; *Pahlow*, Mitt. 2012, 249; *von Frentz/Masch*, CIP 2011, 1245; *Westpfahl/Schönen*, DWiR, § 47 InsO 3/11, 645; *Volz*, GRUR 2009, 1107, 1111, *Reber*, ZUM 2009, 855, 856 f.; *Dieselhorst*, CR 2010, 69, 71, 74; *Haedeicke*, ZGE 2011, 377, 395 f.; *Adolphseen/Tabrizi*, GRUR 2011, 384, 389.

gleich hebt der *BGH* hervor, dass der für das Patentrecht zuständige X. Zivilsenat des *BGH* auf Anfrage mitgeteilt habe, dass er gegen diese Beurteilung der einfachen Lizenz- bzw. Unterlizenz keine Bedenken habe.

Mit der Argumentation über den **Sukzessionsschutz** bezieht sich der *BGH* auf die Regelungen in § 15 Abs. 3 PatG, § 22 Abs. 3 GebrMG, § 11 Abs. 2 HalblSchG, § 31 Abs. 5 GeschmMG, § 30 Abs. 5 MarkenG und § 33 UrhG (s. dazu Rz. 114 ff., 129, 136, 614 f.). Dieser besagt, dass ausschließliche und einfache Nutzungsrechte wirksam bleiben, wenn der Inhaber des Rechts, der das Nutzungsrecht eingeräumt hat, wechselt[1]. Aus dem Sukzessionsschutz leitet der *BGH* her, dass nach der Vorstellung des Gesetzgebers „auch das Erlöschen eines Nutzungsrechts nicht zum Entfallen der daraus abgeleiteten Nutzungsrechte führe". Zweck des Sukzessionsschutzes sei es, das Vertrauen des Rechtsinhabers auf den Fortbestand seines Rechts zu schützen und ihm die Amortisation seiner Investitionen zu ermöglichen[2].

Mit einer beachtlichen Argumentation weist demgegenüber *McGuire*[3] nach, dass die Lizenz (dies soll sowohl für die ausschließliche als auch für die einfache Lizenz gelten) kein dingliches Recht darstellt, „weil sie weder eine unmittelbare Herrschaftsmacht am Schutzrecht vermittelt, noch die übrigen charakteristischen Eigenschaften eines dinglichen Rechts aufweist"[4]. Im Vordergrund steht die vertragliche Ausgestaltung und nicht das ein dingliches Nutzungsrecht stets begleitendes gesetzliches Schuldverhältnis. 121b

Hinzu kommt, dass der gesetzliche Sukzessionsschutz z.B. des § 15 Abs. 3 PatG grundsätzlich nicht notwendig wäre, wäre der Gesetzgeber auch hinsichtlich der einfachen Lizenz von einem dinglichen Charakter dieser Lizenz ausgegangen. Nur die durch eine einfache Lizenz vermittelten schuldrechtlichen Berechtigungen wären in Fällen der Rechtsnachfolge ohne Sukzessionsschutz gefährdet. Deshalb wird hierdurch dem Lizenznehmer eines gewerblichen Schutzrechts als rein obligatorisch Berechtigtem Sukzessionsschutz bei dinglichen Verfügungen über das lizenzierte Schutzrecht gewährt. Ebenso wie §§ 566 und 613a BGB zum Schutz der Mieter bzw. rein schuldrechtlich (arbeitsvertraglich) berechtigten Arbeitnehmer vor Verfügungen ihres Vermieters bzw. Arbeitgebers notwendig sind, weil ihnen gerade keine dingliche Rechtsposition zusteht, bedurfte es der Einführung der Sukzessionsvorschriften im Bereich des gewerblichen Rechtsschutzes, da eben auch der (einfache) Lizenznehmer nur über eine schuld-

1 Vgl. auch *BGH* v. 23.3.1982, BGHZ 83, 251, 256 ff. – Verankerungsteile; diese Entscheidung war ausschlaggebend für die ausdrückliche Einfügung des Sukzessionsschutzes in die v.g. Schutzrechtsordnungen.
2 BT-Drucks. IV/270, S. 56; *Schricker/Loewenheim*, UrheberR, § 33 UrhG Rz. 1.
3 Die Lizenz, § 7 IV S. 427 ff.
4 Die Lizenz, § 12 III S. 469.

rechtliche Position verfügt[1]. Als Argument für eine dingliche Natur der (einfachen) Lizenz muss dieser Aspekt des Sukzessionsschutzes daher ausscheiden. Besondere Bedeutung käme bei dem Bezug auf die durch den Sukzessionsschutz angeblich vermittelte dingliche Wirkung der Frage zu, ob dieser **Sukzessionsschutz dispositiv** ist[2].

121c Im Übrigen leitet der *BGH* die dingliche Wirkung auch der einfachen Lizenz aus der **Abwägung der typischerweise betroffenen Interessen des Hauptlizenznehmers und des Unterlizenznehmers her**[3]. Grundsätzlich überwiege das Interesse des Unterlizenznehmers an einem Fortbestand seines Rechts die Interessen des Hautlizenzgebers; dies gelte auch in den Fällen, in denen der Hauptlizenznehmer dem Unterlizenznehmer ein ausschließliches Nutzungsrecht eingeräumt hat. Zwar werde der Hauptlizenzgeber beim Fortbestehen eines ausschließlichen Nutzungsrechts wesentlich stärker in einer Nutzung seines Rechts beschränkt als beim Fortbestehen einfacher Nutzungsrechte. Bei Fortbestehen einfacher Nutzungsrechte sei er aber nicht daran gehindert, aufgrund des an ihn zurückgefallenen ausschließlichen Nutzungsrechts neue Nutzungsrechte zu vergeben; er müsse es lediglich hinnehmen, dass sein ausschließliches Nutzungsrecht beim Rückfall mit einfachen Nutzungsrechten belastet ist. Dagegen könne er beim Fortbestehen eines einen Teilbereich betreffenden ausschließlichen Nutzungsrechts trotz des an ihn zurückgefallenen ausschließlichen Nutzungsrechts keine neuen ausschließlichen Nutzungsrechte vergeben. Auch dies müsse der Hauptlizenzgeber jedoch hinnehmen, da er der Einräumung weiterer ausschließlicher Nutzungsrechte durch den Hauptlizenznehmer zugestimmt habe (vgl. § 35 Abs. 1 Satz 1 UrhG) und damit habe rechnen müssen, dass sein ausschließliches Benutzungsrecht beim Rückfall um die Unterlizenznehmern eingeräumten ausschließlichen Nutzungsrechte geschmälert ist.

121d Im Ergebnis ist nicht nachvollziehbar, dass eine dingliche Rechtsposition aus einer reinen Interessenabwägung hergeleitet werden kann. Bei einer solchen Interessenabwägung wird schon nicht beachtet, dass die vom *BGH* unterstellte dingliche Wirkung lediglich dem Nutzungsrecht aus der einfachen Lizenz zukommt, nicht aber der Umsetzung der gesamten vertraglichen Rechte und Pflichten. Dies hätte bei der vorgenommenen Interessenabwägung nicht unberücksichtigt bleiben dürfen.

122 Die Inhaltsbestimmung der einfachen Lizenz an **ausländischen Schutzrechtspositionen** ist jeweils für die einzelnen Schutzrechtsstaaten, für die eine Lizenzierung erfolgt ist, vorzunehmen. Insoweit entspricht es allgemeiner Auffassung, dass bei einer **internationalen Lizenzabsprache** die Beurteilung des Umfangs und des Bestands der Nutzungsberechtigung jeweils derjenigen nationalen Rechtsordnung, nach welcher die Schutzwir-

---

1 Vgl. *Adolphsen/Tabrizi*, GRUR 2011, 384, 388.
2 *McGuire*, Die Lizenz, § 9 V 3 lit. c) S. 578 f.
3 *BGH* v. 19.7.2012, GRUR, 2012, 914, 915, Rz. 15 ff. – Take Five.

kungen des lizenzierten Patents zu beurteilen sind, unterliegt (**Schutzrechtsstatut**, s. Rz. 71, 2344). Daran ändert auch die Vereinbarung der Anwendung des Rechts einer bestimmten nationalen Rechtsordnung nichts (s. Rz. 2344).

Der Lizenzgeber bleibt weiterhin zur **Eigennutzung der Erfindung** ebenso 123
befugt wie zur **Vergabe weiterer Lizenzen**.

Anders als der ausschließliche Lizenznehmer ist der einfache Lizenzneh- 124
mer weder befugt noch im Stande, **gegen Dritte, die den Vertragsgegenstand verletzen**, aus eigenem Recht vorzugehen[1]. Der einfache Lizenznehmer hat ein Klagerecht nur aufgrund Abtretung oder Ermächtigung durch den Patentinhaber[2].

Unterlassungs- und Vernichtungsansprüche kann der einfache Lizenznehmer aufgrund einer Ermächtigung des Patentinhabers im Wege der **gewillkürten Prozessstandschaft** geltend machen[3]. Insoweit ist er prozessführungsbefugt. Bei Auskunfts- und Schadensersatzansprüchen ist zu beachten, dass der einfache Patent-Lizenznehmer im Falle einer Patentverletzung den Ersatz seines eigenen Schadens nicht verlangen kann[4]. Will er den Ersatz der Schäden, welche dem Patentinhaber entstanden sind, an sich selbst verlangen, reicht es nicht aus, dass der Patentinhaber ihn ermächtigt hat, im eigenen Namen alle Ansprüche wegen Verletzung des Patents gerichtlich geltend zu machen[5]. Insofern ist zusätzlich die materielle Abtretung des dem Patentinhaber zustehenden Schadensersatzanspruches erforderlich[6].

Im Grundsatz kann der einfache Lizenznehmer vom Lizenzgeber nicht verlangen, dass dieser Verletzungen des lizenzierten Schutzrechts durch Dritte verfolgt[7]. Einen Anspruch auf Rechtsverfolgung durch den Lizenzgeber soll der einfache Lizenznehmer allerdings dann haben, wenn ohne dessen Einschreiten die einfache Lizenz wertlos würde[8].

---

1 Allg. Ansicht, vgl. *RG* v. 17.9.1913, RGZ 83, 93, 95 f.; Benkard/*Ullmann*, PatG, § 15 Rz. 101, 153; *Groß*, Rz. 211, 388.

2 *RG* v. 15.6.1933, RGZ 148, 146, 147; *RG* v. 14.3.1939, GRUR 1939, 826, 828; Benkard/*Rogge*/*Grabinski*, PatG, § 139 Rz. 17; Benkard/*Ullmann*, PatG, § 15 Rz. 101.

3 *LG Düsseldorf* v. 10.1.2008, Düsseldorfer Entscheidung Nr. 859 – Luftweg-Intubationsvorrichtung (www.duesseldorfer-archiv.de) u. *LG Düsseldorf* v. 17.4.2008, Düsseldorfer Entscheidung Nr. 834 – Umhüllte Natriumpercarbonatpartikel (www.duesseldorfer-archiv.de).

4 *BGH* v. 4.5.2004, GRUR 2004, 758, 763 – Flügelradzähler.

5 *LG Düsseldorf* v. 10.1.2008, Düsseldorfer Entscheidung Nr. 859 – Luftweg-Intubationsvorrichtung (www.duesseldorfer-archiv.de).

6 *LG Düsseldorf* v. 10.1.2008, Düsseldorfer Entscheidung Nr. 859 – Luftweg-Intubationsvorrichtung (www.duesseldorfer-archiv.de).

7 Vgl. *KG* v. 25.10.1939, GRUR 1940, 32, 33; *Fischer*, GRUR 1980, 374, 377; a.A. *Lichtenstein*, GRUR 1965, 344 ff.

8 Benkard/*Ullmann*, PatG, § 15 Rz. 153.

125 Ein Anspruch des Lizenznehmers auf Einschreiten des Lizenzgebers folgt im Übrigen – entgegen der wohl h.M. – **nicht aus** einer **Meistbegünstigungsklausel**[1]. Wegen der völligen Dispositionsfreiheit des Lizenzgebers, beliebig viele weitere einfache Lizenzen zu vergeben und hierbei auch Freilizenzen, etwa an vermeintliche Schutzrechtsverletzer, einzuräumen, wird eine solche Pflicht des Lizenzgebers zu verneinen sein. Es bleibt seine freie Entscheidung, ob er aus eigenem Recht bei Patentverletzungen Dritter auf Unterlassung und Schadensersatz klagt. Einen Ausgleich wird man bei der Meistbegünstigungsklausel – je nach deren Inhalt – darin finden können, dass der Lizenznehmer bei Nichtverfolgung von Patentverletzungen durch den Lizenzgeber ggf. eine Minderung der Lizenzgebühren oder gar ihren Wegfall geltend machen kann (s. Rz. 1488). U.U. kann sich bei unterbliebener Rechtsverfolgung ein Anspruch des Lizenznehmers auf Einstellung der Lizenzgebührenzahlung auch wegen Unzumutbarkeit aus Treu und Glauben ergeben (s. Rz. 1484).

126 Nach allgemeiner Auffassung ist der einfache Unterlizenznehmer **weder zur Übertragung seines Nutzungsrechts** (Rz. 99) noch zur Einräumung einer Unterlizenz berechtigt[2] (vgl. auch **§ 35 Abs. 1 UrhG**). Die Vergabe einer Unterlizenz durch den einfachen Lizenznehmer würde zu einer Vervielfältigung der Nutzungsrechte führen[3]. Die Einräumung einer Unterlizenz durch den einfachen Lizenznehmer käme einer Übertragung des mit ihm bestehenden gesamten Vertragsverhältnisses gleich. Wie in Rz. 99 im Einzelnen dargestellt, wäre dies selbst bei Annahme einer dinglichen Wirkung der einfachen Lizenz nicht ohne Zustimmung des Lizenzgebers zulässig. Maßgeblich muss immer sein, ob die einem (weiteren) Dritten eingeräumte Verwertungsbefugnis zu einer Änderung des Nutzungsumfangs führt[4]. Zweckmäßig ist in jedem Fall, das Recht zur Unterlizenzvergabe durch den einfachen Lizenznehmer ausdrücklich auszuschließen.

127–128 Frei.

b) Sukzessionsschutz

129 Der Sukzessionsschutz nach **§ 15 Abs. 3 PatG** (s. dazu Rz. 114 ff.) sichert vor allem den Fortbestand einer einfachen Lizenz im Verhältnis zum

1 A.A. *BGH* v. 29.4.1965, GRUR 1965, 591 – Wellplatten; Busse/*Keukenschrijver*, PatG, § 15 Rz. 114 m.H.a. *LG Düsseldorf* v. 27.2.1996, Entscheidungen 4. ZK 1996, 14 LS; *Mes*, PatG, § 15 Rz. 54; Schulte/*Kühnen*, PatG, § 15 Rz. 48; vgl. auch *Fischer*, GRUR 1980, 374 ff.; *Lichtenstein*, GRUR 1965, 344 f.

2 *BHG* v. 23.4.1974, GRUR 1974, 463 – Anlagengeschäft; Benkard/*Ullmann*, PatG, § 15 Rz. 103 ff.; *Henn*, Patent- u. Know-how-Lizenzvertrag, Rz. 164; *Osterrieth*, PatentR, Rz. 399.

3 *BGH* v. 23.3.1982, GRUR 1982, 411 – Verankerungsteil; Benkard/*Ullmann*, PatG, § 15 Rz. 103 ff.; *Henn*, Patent- u. Know-how-Lizenzvertrag, Rz. 164; *Osterrieth*, PatentR, Rz. 399.

4 *McGuire*, Die Lizenz, § 11 V 3 S. 738.

Schutzrechtserwerber, wenn der Lizenzgeber das Schutzrecht veräußert. Der Sukzessionsschutz nach § 15 Abs. 3 PatG garantiert den Fortbestand des einfachen Benutzungsrechts des Lizenznehmers so, wie es von dem bisher berechtigten Schutzrechtsinhaber aufgrund eines wirksamen Lizenzvertrages bewilligt worden ist. Die Rechtswirkungen des Lizenzvertrages bleiben gegenüber dem bisherigen Rechtsinhaber bestehen, soweit diesem die Erfüllung seiner Vertragspflichten durch die Rechtsübertragung nicht unmöglich geworden ist. Gegenüber dem Erwerber des Schutzrechtes[1] besteht ein Anspruch auf Fortgeltung des Benutzungsrechtes insbesondere durch dessen über den Sukzessionsschutz begründete Verpflichtung zur Aufrechterhaltung der lizenzierten Schutzrechtspositionen und deren Verteidigung gegenüber Dritten (s. Rz. 1376 ff., 1385 ff. u. 1400 ff.). Zu beachten ist allerdings, dass das Benutzungsrecht des Lizenznehmers gegenüber dem Rechtserwerber und sonstigen Dritten nicht weiter reicht als die Berechtigung des (früheren) Patentinhabers selbst[2]. Die Vertragsübernahme (auch) des Lizenzvertrages ist ein einheitliches Rechtsgeschäft, das der Zustimmung aller Beteiligten bedarf und als „dreiseitiger Vertrag" abgeschlossen werden kann[3] (s. hierzu bereits Rz. 115).

Wird nach der neuen BGH-Rechtsprechung die (quasi-)dingliche Wirkung der einfachen Lizenz anerkannt (s. Rz. 120 ff.), würde sie auch ohne den gesetzlich vorgegebenen Sukzessionsschutz gegenüber dem Schutzrechtserwerber bzw. weiteren Lizenznehmern des Patentinhabers Wirkung entfalten. Käme der einfachen Lizenz dingliche Wirkung zu, hätte es für die Aufnahme des Sukzessionsschutzes in § 15 Abs. 3 PatG keinen Anlass gegeben.

7. Negative Lizenz (covenant not to sue)

a) Inhalt[4]

Wesentliches Kennzeichen der negativen Lizenz als Unterfall der einfachen Lizenz[5] ist der bloße Verzicht des Lizenzgebers auf seine gesetzlichen Verbietungsrechte[6], so dass dem Lizenznehmer – im Unterschied zur ausschließlichen und sonstigen einfachen Patentlizenz – kein positives Benutzungsrecht vermittelt wird (s. dazu Rz. 73). Damit entspricht der Begriff der negativen Lizenz weitgehend dem früheren Rechtsverständnis von der Lizenz, wonach die Lizenz lediglich den **Verzicht des Inhabers eines ge-** 130

---

1 Benkard/*Ullmann*, PatG, § 15 Rz. 111, 113.

2 Vgl. *OLG Karlsruhe* v. 25.2.1987, GRUR Int. 1987, 788, 790; nachgehend *BGH* v. 11.4.1989, GRUR 1989, 411, 413 – Offenend-Spinnmaschine.

3 Palandt/*Grüneberg*, BGB, § 398 Rz. 41.

4 Ausführlich hierzu *Britta Bartenbach*, Die Patentlizenz als negative Lizenz: Inhalt, Bedeutung und Abgrenzung zur positiven Lizenz, Diss. 2002; *Britta Bartenbach*, Mitt. 2002, 503 ff.

5 So zutreffend *McGuire*, Die Lizenz, § 4 II 3 S. 103 ff.

6 *Britta Bartenbach*, Diss. 2002, S. 17 f.; Benkard/*Ullmann*, PatG, § 15 Rz. 151.

werblichen Schutzrechtes gegenüber dem Lizenznehmer auf sein Recht, die Nutzung des geschützten Gegenstandes zu verbieten, bedeutete[1].

Der *EuGH* neigt allerdings in seiner Entscheidung vom 23.4.2009[2] offenbar diesem Rechtsverständnis noch heute zu. Dort führt er u.a. aus, mit einem Vertrag, mit dem der Inhaber eines Rechts des geistigen Eigentums seinem Vertragspartner das Recht zur Nutzung dieses Rechts gegen Entgelt einräume, verpflichte sich der Inhaber des zur Nutzung überlassenen Rechts nur, der Nutzung dieses Rechts durch den Letztgenannten (Lizenznehmer) nicht zu widersprechen. Der Inhaber des Rechts des geistigen Eigentums erbringe durch die Nutzungsüberlassung keine Leistung und verpflichte sich nur, seinem Vertragspartner dieses Recht zur freien Nutzung zu überlassen (s. dazu Rz. 77).

131 In der Literatur wird hinsichtlich der **Rechtsfolgen** danach differenziert, ob der Lizenzgeber bei der negativen Lizenz lediglich darauf verzichtet, seinen Vertragspartner die Nutzung des Patents zu verbieten oder ob die Leistungspflicht des Lizenzgebers auf ein bloßes Dulden der Nutzung des Lizenznehmers beschränkt ist (**Gestattungs- oder Passivlizenz**)[3]. Anknüpfend an den beispielhaften Sachverhalt, dass eine negative Lizenz zur Beilegung von Streitigkeiten über Schutzrechtsverletzungen des späteren Nehmers der negativen Lizenz abgeschlossen wird, kann kaum danach differenziert werden, ob der Schutzrechtsinhaber dabei lediglich darauf verzichtet, seinem Vertragspartner die Nutzung des Patents zu verbieten oder er sich auf das Dulden einer Nutzung beschränkt[4]. Eine solche Differenzierung wirkt künstlich. Für den Lizenzgeber ist allein entscheidend, dass er die (Fortsetzung der bisher [unerlaubten]) Nutzungshandlung toleriert, ohne weitere übliche Lizenzgeberverpflichtungen übernehmen zu wollen. Für die Zeitdauer der abgeschlossenen Lizenzvereinbarung steht dem Lizenznehmer in jedem Fall ein Nutzungsrecht zu, ohne die Ausübung des Verbietungsrechts durch den Schutzrechtsinhaber befürchten zu müssen.

Soweit die negative Lizenz als Verzicht des Schutzrechtsinhabers auf sein Verbietungsrecht verstanden und dem entgegen gehalten wird, dass damit die Nutzungshandlungen des Lizenznehmers rechtswidrig blieben[5], kann diesem Argument das Rechtsverständnis bei der Nutzung des Gegenstandes einer offengelegten Schutzrechtsanmeldung nach § 33 PatG entgegengehalten werden. Zutreffend hat der *BGH*[6] entschieden, dass die Benutzung einer

1 Vgl. *RG* v. 17.12.1886, RGZ 17, 53, 54; *RG* v. 5.12.1893, RGZ 33, 103 f.; geändert seit *RG* v. 18.8.1937, RGZ 155, 306, 310, 313.

2 EuGH v. 23.4.2009, GRUR Int. 2009, 848 – Falco Privatstiftung ./. Weller-Lindhorst; s. hierzu auch *Obertazzi*, GRUR Int. 2010, 103.

3 S. die Differenzierung bei *Marotzke*, ZGE 2010, 233, 241 ff.; s. auch *Kraßer*, PatR, § 40 V a 1.

4 S. diese Differenzierung bei *Marotzke*, ZGE 2010, 233, 241 ff.

5 S. die Nachweise bei *McGuire*, Die Lizenz, § 3 II 2 S. 40 f.

6 *BGH* v. 11.4.1989, GRUR 1989, 411 – Offenendspinnmaschine; *BGH* v. 26.1.1993, GRUR 1993, 460, 464 – Wandabstreifer m. Anm. *v. Maltzahn*.

offengelegten Patentanmeldung insbesondere nicht rechtswidrig ist[1]. Vor diesem Hintergrund ist nicht erkennbar, warum dann die Handlung des Lizenznehmers im Rahmen einer negativen Lizenz rechtswidrig sein soll.

Angesichts der erheblichen (wirtschaftlichen) Bedeutung der negativen Lizenz erscheint die zuvor angesprochene Differenzierung nicht sachgerecht. Zweckmäßig erscheint eine **einheitliche Beurteilung** für alle Arten von Lizenzen, wie dies in dem Entwurf eines Gesetzbuchs für Geistiges Eigentum (GGE) konsequent umgesetzt worden ist[2].

b) Wirkung

Die erhebliche praktische Relevanz der Abgrenzung der negativen Lizenz 132
zum positiven Benutzungsrecht zeigt sich in den bei der negativen Lizenz erheblich **reduzierten Pflichten und Haftungsrisiken des Lizenzgebers**, dessen Pflichtenkreis sich im Regelfall in der Duldung der Schutzrechtsnutzung durch den Lizenznehmer erschöpft[3] (s. vorstehend Rz. 131). Während bei der üblichen (einfachen) Lizenz der Lizenzgeber gegenüber seinem Vertragspartner wegen der Einräumung eines positiven Benutzungsrechtes verpflichtet ist, die Vertragsschutzrechte und das darauf bezogene Benutzungsrecht aufrechtzuerhalten (vgl. Rz. 1370 ff.), trifft ihn diese Verpflichtung bei der negativen Lizenz nicht. Dem Lizenzgeber steht es vielmehr frei, das Schutzrecht fallen zu lassen oder hierauf zu verzichten[4]. Auch ist der Inhaber einer negativen Lizenz nicht zur Verfolgung patentrechtlicher Verletzungshandlungen legitimiert und kann einen solchen Anspruch auch nicht gegen den Lizenzgeber herleiten. Soweit der Geber einer negativen Lizenz keine vertraglichen Garantien übernimmt (s. dazu Rz. 63), haftet er im Übrigen nur sehr eingeschränkt; u.a. haftet er nicht für die technische Brauchbarkeit und Ausführbarkeit der Erfindung[5].

Eine solche Einschränkung der Lizenzgeberpflichten dahin, dass durch 133
Vergabe einer negativen Lizenz der Schutzrechtsinhaber gegenüber seinem Vertragspartner lediglich darauf verzichtet, seine Rechte – insbesondere sein Verbietungsrecht – aus dem Schutzrecht geltend zu machen, also dessen Nutzungshandlungen duldet, ist vor allem im **internationalen Lizenzverkehr** anzutreffen[6].

1 *Mes*, PatG, § 33 Rz. 1.
2 S. dazu *Ahrens/McGuire*, Modellgesetz für Geistiges Eigentum, S. 264 m.H.a. Benkard/*Ullmann*, PatG, § 15 Rz. 99; *Hacker*, MarkenR, Rz. 696; *Plaß*, GRUR 2002, 1029, 1032 f.
3 Vgl. ausführlich hierzu *Britta Bartenbach*, Diss. 2002, S. 139 ff.
4 *RG* v. 2.5.1939, GRUR 1939, 963, 964; s. auch die Nachweise bei *Gottzmann*, Sukzessionsschutz im Gewerblichen Rechtsschutz u. im Urheberrecht (2008), S. 37.
5 *RG* v. 1.3.1911, RGZ 75, 400, 402 ff.; im Einzelnen dazu *Britta Bartenbach*, Diss. 2002, S. 140 ff.; *Kraßer*, PatentR, S. 930.
6 Zum US-Bereich vgl. *Britta Bartenbach*, Diss. 2002, S. 235 ff.

134 Die negative Lizenz kommt – ähnlich wie die Freilizenz (vgl. Rz. 140 ff.) – insbesondere bei vergleichsweiser **Beilegung von Streitigkeiten über Schutzrechtsverletzungen** des späteren Nehmers der negativen Lizenz in Betracht (s. dazu Rz. 11 f.), insbesondere dann, wenn der Lizenzgeber befürchten muss, dass sein Schutzrecht bei weiterem ernsthaften Vorgehen gegen den (vermeintlichen) Verletzer gefährdet ist (Nichtigkeitsklage, Löschungsantrag). Hierzu kann auch die Lizenzvergabe aufgrund einer FRAND-Verpflichtungserklärung (s. hierzu Rz. 156 ff.) gehören[1]. Zum anderen ist sie eine attraktive Vertragsalternative in den Fällen, in denen der Lizenzgeber besondere Mitwirkungspflichten (z.B. Erwerb/Aufrechterhaltung und Verteidigung der Schutzrechtspositionen oder Mitteilung von Weiterentwicklungen) und insbesondere Haftungspflichten vermeiden will[2].

135 Werden negative Lizenzen, die voneinander nicht abhängen, im **Gegenseitigkeitsverhältnis** gewährt und lässt einer der Lizenzgeber sein Schutzrecht durch Nichtzahlung von Gebühren entfallen, so hat der andere Partner in seiner Eigenschaft als Lizenznehmer nicht das Recht, die Benutzung seines Patentes zu verweigern oder vom Vertrag zurückzutreten. Sein Benutzungsrecht erfährt durch den Wegfall des Schutzrechtes keinerlei negative Veränderungen. Vor und nach Wegfall des Schutzrechtes hatte er nur das Recht, die Erfindung benutzen zu können, ohne die Ausübung des Verbietungsrechtes durch den Schutzrechtsinhaber befürchten zu müssen.

c) Sukzessionsschutz

136 Am Sukzessionsschutz des **§ 15 Abs. 3 PatG**, wonach die Lizenz bei Übertragung des lizenzierten Schutzrechtes erhalten bleibt, soll die negative Lizenz, anders als die Freilizenz, nach wohl herrschender Lehre nicht teilnehmen[3], so dass bei Veräußerung des lizenzierten Schutzrechtes durch den Lizenzgeber der neue Inhaber des Schutzrechtes sein Verbietungsrecht gegenüber dem Nehmer der negativen Lizenz ausüben könnte. Dementsprechend unterfällt nach Ansicht des *LG Mannheim*[4] auch die Erklärung

---

1 S. auch *LG Düsseldorf* v. 4.8.2011, Mitt. 2012, 238, 242 – MPEG-2-Standard XXIII.

2 Zu den Entwicklungen in der Unternehmenspraxis s. *Britta Bartenbach*, Diss. 2002, S. 127 ff.

3 Benkard/*Ullmann*, PatG, § 15 Rz. 111; *Henn*, Rz. 57, 74; vgl. *OLG Karlsruhe* v. 25.2.1987, GRUR Int. 1987, 788, 789 – Offenendspinnmaschinen sowie *LG Mannheim* v. 23.4.2010, GRUR-RR 2011, 49, 51 – Stickstoffmonoxyd-Nachweis u.v. 27.2.2009, Mitt. 2010, 25, Rz. 101; a.A. *Britta Bartenbach*, Diss. 2002, S. 214 ff., 262 mit der zutreffenden Begründung, dass sich der Sukzessionsschutz schon aus der Genese des § 15 Abs. 3 PatG herleite und dem Umstand, dass auch die negative Lizenz eine nicht ausschließliche Lizenz im Rechtssinne darstelle.

4 *LG Mannheim* v. 27.2.2009, Mitt. 2010, 25, 28, Rz. 100 f. Wird ein Patent, für das eine solche Erklärung abgegeben wurde, auf einen Dritten übertragen, ohne ihm dieselben Verpflichtungen aufzuerlegen, bezweckt bzw. bewirkt dies nach Ansicht des *LG Mannheim* (v. 27.2.2009, Mitt. 2010, 25, 29, Rz. 108 f.) keine Wettbewerbsbeschränkung i.S. des ex-Art. 81 Abs. 1 EG (Art. 101 AEUV).

des Patentinhabers gegenüber einer Standardisierungsorganisation, jedem Interessenten zu fairen, angemessenen und nicht diskriminierenden Bedingungen eine Lizenz zu erteilen, die keine „dingliche" Verfügung über das Patent darstellt, sondern allenfalls schuldrechtliche Verpflichtungen im Sinne eines pactum de non petendo bewirkt, nicht dem Sukzessionsschutz nach § 15 Abs. 3 PatG. Im Urteil vom 23.4.2010[1] begründet das *LG Mannheim* seine Rechtsauffassung, eine negative Lizenz nicht der Sukzessionsfestigkeit von Lizenzen nach § 15 Abs. 3 PatG zu unterwerfen, mit dem angeblichen Charakter dieser Vorschrift als Ausnahmevorschrift. Diese Ansicht überzeugt nicht; ihr steht schon die Entstehungsgeschichte des § 15 Abs. 3 PatG entgegen, der angesichts seiner umfassenden Formulierung „berührt nicht Lizenzen, die Dritten vorher erteilt worden sind", eine solche Einschränkung nicht gestattet. Folgerichtig wird auch die „Gestattungs- oder Passivlizenz" als Fall der einfachen Lizenz dem Anwendungsbereich des § 15 Abs. 3 PatG zugeordnet[2]. Der Gesetzgeber verwendet bewusst den umfassenden Begriff der Lizenz und beschränkt diesen nicht auf eine „positive Lizenz". Soweit das *LG Mannheim* für den Sukzessionsschutz im Zusammenhang mit der Übertragung von Patenten eine **Registerpublizität** anspricht, kann dies im Bereich der gewerblichen Schutzrechte kein Argument sein. Im Patentrecht ist lediglich die Eintragung ausschließlicher Lizenzen in das Register vorgesehen (vgl. § 30 Abs. 4 PatG), ohne dass dies eine entsprechende Pflicht auslöst; für Marken ist in Deutschland beispielsweise eine Eintragung der Lizenz in das Register überhaupt nicht möglich. Dennoch sieht auch § 30 Abs. 5 MarkenG einen Sukzessionsschutz für Markenlizenzverträge vor.

Da – wie aufgezeigt – angesichts der erheblichen Meinungsunterschiede 137
eine Rechtssicherheit über die Sukzessionsfestigkeit von Lizenzen nicht gegeben ist, sollte diesem Sachverhalt vorsorglich dadurch Rechnung getragen werden, dass dem **Lizenzgeber durch vertragliche Abrede eine Absicherungspflicht auferlegt** wird. Insoweit soll dieser gehalten sein, Pflichten aus einer negativen Lizenz auch dem Erwerber des lizenzierten Schutzrechts aufzuerlegen. Eine solche Absicherung schützt den Lizenznehmer – bei fehlendem Sukzessionsschutz – aber nicht vor einer Inanspruchnahme durch den Rechtsnachfolger, sondern gibt ihm nur einen **Schadensersatzanspruch, wenn der Lizenzgeber gegen die Verpflichtung verstößt**. Eine Alternative wäre es, dass die Lizenzparteien ihren Vertrag im Ausgangspunkt als „positive" Lizenz gestalten und dann diejenigen Rechte und Pflichten abbedingen, die üblicherweise Lizenzgeber und Lizenznehmer treffen und die die Parteien in der konkreten Vertragskonstellation nicht wünschen; die „positive" Lizenz würde dann durch Vertragsgestaltung (Abbedingen al-

---

1 *LG Mannheim* v. 23.4.2010, GRUR-RR 2011, 49, 51 – Stickstoffmonoxyd-Nachweis.
2 S. die Nachweise bei *Marotzke*, ZGE 2010, 233, 242 f.

ler wesentlichen Lizenzgeberpflichten) „faktisch" der Wirkung einer negativen Lizenz entsprechen[1].

138–139 Frei.

8. Freilizenz

140 Eine **Freilizenz** bzw. **Gratislizenz** wird einem Dritten häufig dann eingeräumt, wenn er als Nichtigkeitskläger gegen einen Schutzrechtsinhaber aufgetreten ist und gegen Gestattung der unentgeltlichen Benutzung der Erfindung die erhobene Nichtigkeitsklage zurücknimmt. Gleiches ist schon im Vorstadium nach Ankündigung einer Nichtigkeitsklage denkbar, bei anschließendem Verzicht auf die Durchführung des Nichtigkeitsverfahrens. Umstritten ist, ob die Freilizenz lediglich den Verzicht des Lizenzgebers auf sein Verbietungsrecht im Sinne einer negativen Lizenz enthält[2] oder auch die Einräumung eines positiven Nutzungsrechts beinhaltet. *Reimer*[3] bewertet die Freilizenz als ein „Mittelding" zwischen den beiden Vertragsarten mit der Folge, dass die Freilizenz auch gegenüber einem Rechtsnachfolger des Patentinhabers Bestand hätte, der Patentinhaber aber keinen Haftungsansprüchen des Lizenznehmers für Rechts- und Sachmängel unterliegen würde.

141 Nach Vergabe einer Freilizenz bleibt der Lizenzgeber befugt, beliebig viele weitere Lizenzen zu vergeben. Diese Befugnis findet ihre Grenze allenfalls in dem Grundsatz von Treu und Glauben (§ 242 BGB), wenn durch eine derartige Praxis die Grundlagen des ursprünglichen Lizenzvertrages in Frage gestellt und dadurch Vertragspflichten verletzt werden. Hier muss eine Abwägung im Einzelfall erfolgen[4]. Ein Recht zur Einräumung von Unterlizenzen steht dem Lizenznehmer nicht zu[5].

142 Die Vergabe von Freilizenzen wird auch im Rahmen des sog. **„second sourcing"** (s. Art. 4 Abs. 1 lit. c vii) TT-GVO 2004; zur kartellrechtlichen Bewertung vgl. Rz. 1351 ff.) relevant. Mit diesem Begriff ist der folgende Sachverhalt gemeint: Ein Zulieferer ist Patentinhaber oder Lizenznehmer mit dem Recht zur Unterlizenzierung. Der Endabnehmer möchte allerdings patentgemäße Produkte zusätzlich von einem anderen Zulieferer (Zweitlieferant) beziehen, da er für seine Produktion auf Zulieferteile in hoher Stückzahl angewiesen ist. Er will daher eine sichere Zulieferung dadurch gewährleisten, dass neben dem ersten Zulieferer eine (oder mehrere) weitere Bezugsquelle(n) geschaffen wird (werden). Diese zweite Lieferquelle wird durch Vergabe einer Lizenz seitens des ersten Zulieferers an das be-

---

1 Vgl. *Britta Bartenbach*, Diss 2002, S. 110.
2 So zum früheren PatG Lindenmaier/*Weiss*, PatG, § 9 a.F. Rz. 35.
3 *Reimer*, PatG, § 9 a.F. Rz. 17.
4 *Groß*, Rz. 285, 411, 420.
5 *LG Düsseldorf* v. 31.5.2005, InstGE 5, 168, 171 – Flaschenkasten.

treffende Unternehmen (Zweitlieferant) geschaffen, allerdings mit der Verpflichtung, die Vertragsprodukte nur für einen bestimmten Kunden, den gemeinsamen Abnehmer, in dem vereinbarten Lieferumfang zu produzieren[1] und keine sonstige Fertigung für Dritte zu betreiben. Die Vergabe solcher Freilizenzen entspricht vielfach der Praxis z.B. in der Automobilindustrie sowie bei öffentlichen Auftraggebern, die von ihren Zulieferern bzw. Lieferanten verlangen, Mitbewerbern Freilizenzen zuzubilligen.

9. „UWG-Lizenz"

Einen **speziellen Fall einer negativen Lizenz** stellte die vom *BGH*[2] – vor der UWG-Reform[3] – anerkannte „§ 1 UWG-Lizenz"[4] dar, die die Lizenzierung von bekannten – für die lizenzierten Waren nicht oder nicht mehr durch Sonderschutzrechte abgesicherten – Formgestaltungen oder Kennzeichnungen im Rahmen des wettbewerbsrechtlichen Leistungsschutzes betraf (vgl. zum Inhalt der „UWG-Lizenz" Rz. 340 ff.). 143

Auch wenn im Grundsatz die Nachahmung von nicht durch Sonderschutzrechte abgesicherten Produkten zulässig ist, liegt eine Lizenzierung solcher Nachahmungen dann nahe, wenn und soweit die Rechte des ergänzenden wettbewerbsrechtlichen Leistungsschutzes greifen (vgl. § 4 Nr. 9 UWG). Insoweit gilt auch hier der allgemeine Grundsatz, dass alles was verboten werden kann, im Rahmen der Vertragsfreiheit (§ 311 BGB) regelmäßig auch – durch Vertragsabsprache – erlaubt werden kann.

Die „UWG-Lizenz" stellt sich als **Verzicht auf den Unterlassungsanspruch** dar, der in § 3 i.V.m. § 4 Nr. 9, § 8 UWG geregelt ist. Es ist *Kroitzsch*[5] zuzustimmen, dass die nunmehr durch § 3 i.V.m. § 8 UWG vermittelte Rechtsposition im Einzelfall weniger strengen Voraussetzungen unterliegen kann als eine sonderrechtlich geschützte Rechtsstellung. Dies ist rechtsdogmatisch im vorgegebenen System begründet[6]. Sicherlich nicht von der Hand zu weisen sind die offenen Rechtsfragen, wie der „Schutzumfang" und die zeitliche Dauer[7] dieses Unterlassungsanspruchs und damit der Lizenzrahmen zu bestimmen sind. Hier lässt der vom *BGH* eingeräumte Bereich eine sehr weite Lizenzierung zu[8]. 144

---

1 Vgl. auch *Winzer* in Pfaff/Osterrieth, B III Rz. 697.
2 *BGH* v. 23.9.1992, GRUR 1993, 151, 152 – Universitätsemblem; differenzierend *Nemeczek*, GRUR 2011, 292.
3 Rechtslage vor dem 3.7.2004, § 1 UWG a.F.
4 Durch die UWG-Reform (Gesetz v. 3.7.2004, BGBl. I S. 1414) wurde § 1 UWG a.F. durch § 3 UWG ersetzt, dessen Rechtsfolge – die Unterlassung – nunmehr gesondert in § 8 UWG geregelt ist.
5 *Kroitzsch*, GRUR 1986, 579, 582 ff.
6 Ebenso *Mettang*, GRUR 1987, 149 ff.
7 Vgl. *BGH* v. 2.12.2004, GRUR 2005, 349 – Klemmbausteine III.
8 Vgl. auch *Grunewald*, NJW 1987, 105 ff.; *Mergel*, GRUR 1986, 646 ff.

10. Unterlizenz

145 Bei der Unterlizenz handelt es sich um eine **von der Hauptlizenz abgeleitete Lizenz** aufgrund eines rechtlich selbständigen Vertrages des Hauptlizenznehmers (als Lizenzgeber) mit dem Nehmer der Unterlizenz. Unterlizenzen sind **mehrstufig** denkbar in dem Sinne, dass der Unterlizenznehmer seinerseits berechtigt wird, Unterlizenzen zweiter Ordnung zu vergeben.

146 Wird die Unterlizenz vom Lizenznehmer einer **ausschließlichen Lizenz** eingeräumt, bedarf es keiner besonderen Zustimmung des Hauptlizenzgebers zur Erteilung der Unterlizenz, da die Einräumung einer ausschließlichen Lizenz zugleich das Recht umfasst, Unterlizenzen vergeben zu dürfen (s. Rz. 101)[1].

Will dagegen der Inhaber einer **einfachen Lizenz** eine Unterlizenz vergeben, so bedarf es regelmäßig der **Zustimmung des Hauptlizenzgebers**[2], da diesem grundsätzlich ein möglicher eigener Lizenznehmer (und damit die Einnahme der vollen Lizenzgebühren) entgeht und die einfache Lizenz ein solches Recht nicht vermittelt[3].

Aus einer unberechtigten Unterlizenzvergabe resultieren keine Rechte des Unterlizenznehmers gegenüber dem Patentinhaber[4].

147 Soll der Lizenznehmer berechtigt sein, Unterlizenzen zu vergeben, stellt sich die Frage, ob etwaige Regelungen des Vertragsverhältnisses zwischen Hauptlizenznehmer und Unterlizenznehmer bereits dergestalt im Hauptlizenzvertrag festgelegt werden sollten, dass dem Hauptlizenznehmer die Vergabe von Unterlizenzen nur zu bestimmten Bedingungen gestattet ist. Wird dort vorgegeben, dass die Unterlizenzvergabe nur zu den Bedingungen erfolgen darf, die auch im Verhältnis zwischen Hauptlizenzgeber und -nehmer gelten, muss dies aber nicht immer sachgerecht sein. Abgesehen von der Tatsache, dass derartige Regelungen formell nicht die Gestalt eines (unwirksamen) Vertrages zulasten Dritter annehmen sollten, sind für den Hauptlizenzgeber i.d.R. nur wenige Fragenkreise von erheblicher Bedeutung, beispielsweise die Lizenzgebühren- (vgl. dazu Rz. 1675 ff.) und Geheimhaltungsverpflichtungen (Rz. 2225 ff.). Hierzu könnten durchaus umfassende Regelungen im Hauptlizenzvertrag getroffen werden.

Allgemein gilt der Grundsatz, dass der Hauptlizenznehmer seinen Unterlizenznehmern nicht mehr Rechte einräumen kann, als er selbst eingeräumt erhalten hat. Es sollte zudem klargestellt werden, dass der Hauptlizenz-

1 *BGH* v. 7.11.1952, GRUR 1953, 114, 118 – Reinigungsverfahren; *BGH* v. 26.11.1954, GRUR 1955, 338, 340 – Beschlagfreie Brillengläser; Benkard/*Ullmann*, PatG, § 15 Rz. 92, 105; *Lüdecke/Fischer*, Lizenzverträge, D 65 ff. S. 430.

2 S. auch *LG Düsseldorf* v. 12.2.2008, Düsseldorfer Entscheidung Nr. 881 – e-Loading-Automat (www.duesseldorfer-archiv.de).

3 *Henn*, Rz. 168.

4 *LG Düsseldorf* v. 12.2.2008, Düsseldorfer Entscheidung Nr. 881 – e-Loading-Automat (www.duesseldorfer-archiv.de).

nehmer für eine ordnungsgemäße Rechnungslegung und die vom Unterlizenznehmer zu entrichtenden Lizenzgebühren einzustehen hat[1]. Im Hauptlizenzvertrag empfiehlt sich stets eine Klarstellung dahin, dass die **Unterlizenz vom Bestand des Hauptlizenzvertrages abhängig** ist, d.h. das Recht des Unterlizenznehmers mit dem des Hauptlizenznehmers erlischt[2], und dass auf diese Rechtsfolge im Unterlizenzverhältnis hingewiesen werden muss (s. auch nachfolgend Rz. 149).

Bei **Beendigung der Hauptlizenz trat die Unterlizenz** – nach bisher herrschender Ansicht – als hieraus abgeleitetes Recht **automatisch außer Kraft**; dasselbe gilt bei Unwirksamkeit der Hauptlizenz[3]. Folgerichtig wird der Unterlizenzgeber seine Haftung für den Bestand des Schutzrechtes und auch der Hauptlizenz, die ihm die Befugnis zur Vergabe der Unterlizenz verleiht, so weit wie möglich auszuschließen versuchen. Dabei ist § 276 Abs. 3 BGB zu beachten, wonach die Haftung für Vorsatz nicht wirksam im Voraus erlassen werden kann. Zeigt der Unterlizenzgeber bewusst und gewollt ein vertragswidriges Verhalten im Verhältnis zum Hauptlizenzgeber, damit dieser den Hauptlizenzvertrag kündigt mit der Folge, dass auch der Bestand des Unterlizenzvertrages entfällt, ist der Unterlizenzgeber seinem Lizenznehmer zum Schadensersatz verpflichtet. Denn auch ohne besondere Vereinbarung ist der Unterlizenzgeber seinem Lizenznehmer gegenüber verpflichtet, nichts zu unternehmen, was den Bestand der Hauptlizenz gefährden könnte. 148

In seiner Entscheidung vom 26.3.2009[4] hatte der *BGH* zu der Rechtsfrage[5], ob beim Erlöschen eines vom Urheberrecht (dem „Mutterrecht") abgespaltenen ausschließlichen oder einfachen Nutzungsrechts (des „Tochterrechts") die davon abgeleiteten ausschließlichen oder einfachen Nutzungsrechte (die „Enkelrechte") gleichfalls erlöschen oder bestehen bleiben, Stellung zu nehmen. Dort stellte er allerdings fest, „dass ein einfaches Nutzungsrecht, das sich von einem ausschließlichen Nutzungsrecht ableitet, nicht erlischt, wenn das ausschließliche Nutzungsrecht aufgrund eines wirksamen Rückrufs wegen Nichtausübung (§ 41 UrhG) erlischt". Ungeklärt blieb insbesondere, die sich anschließende Frage, an wen der Unterlizenznehmer die nach Beendigung des Hauptvertrages fälligen Lizenzgebühren zu zahlen hat. Nach Beendigung des Vertrages mit dem Hauptlizenznehmer erscheint es sachlich nicht gerechtfertigt, dass diesem weiterhin Ansprüche aus dem Unterlizenzvertrag zustehen. Ein Übergang 149

1 Vgl. *BGH* v. 7.11.1952, GRUR 1953, 114, 118 – Reinigungsverfahren.
2 Vgl. *Ohl*, GRUR 1992, 77, 81 m.w.N.
3 *RG* v. 1.11.1933, RGZ 142, 168, 170 f.; *Lüdecke/Fischer*, Lizenzverträge, D 71 S. 434 ff.; *Groß*, Rz. 233; *Ohl*, GRUR 1992, 77, 81 m.w.N.
4 *BGH* v. 26.3.2009, BGHZ 180, 344 = GRUR 2009, 946 – Reifen Progressiv; s. auch *Pahlow*, GRUR 2010, 112; *Scholz*, GRUR 2009, 1107; *Reinhard*, K&R 2009, 716; *Reber*, ZUM 2009, 855; *Dieselhorst*, CR 2010, 69 u. *Slopek*, WRP 2010, 616.
5 S. hierzu die Nachweise in Rz. 10, 15 des Urteils des *BGH* v. 26.3.2009, BGHZ 180, 344 = GRUR 2009, 946 – Reifen Progressiv.

der Rechte aus dem Unterlizenzvertrag auf den Lizenzgeber ist aber ebensowenig erklärbar. Daneben zeigt die Erfahrung im Gegensatz zu der vom *BGH* geäußerten Ansicht, das Fortbestehen der einfachen Nutzungsrechte hindere den Urheber nicht, aufgrund des an ihn zurückfallenden ausschließlichen Nutzungsrechts neue Nutzungsrechte zu vergeben, dass die Chance zur Vergabe einer ausschließlichen Nutzungsberechtigung bei bereits bestehenden einfachen Lizenzen eingeschränkt ist.

149a In Fortführung seiner Entscheidung vom 26.3.2009 hat der *BGH* am 19.7.2012 für zwei weitere Fälle entschieden, dass das Erlöschen der Hauptlizenz auch dann nicht zum Erlöschen der Unterlizenz führt, wenn der Hauptlizenznehmer dem Unterlizenznehmer ein ausschließliches Nutzungsrecht gegen Beteiligung an den Lizenzerlösen[1] oder ein einfaches Nutzungsrecht gegen fortlaufende Zahlung von Lizenzgebühren[2] eingeräumt hat und die Hauptlizenz nicht aufgrund eines Rückrufs wegen Nichtausübung, sondern aus anderen Gründen erlischt, etwa aufgrund einer Vereinbarung über die Aufhebung des Hauptlizenzvertrages[3] oder aufgrund einer wirksamen Kündigung des Hauptlizenzvertrages wegen Zahlungsverzugs[4].

Der X. Zivilsenat des *BGH* hat auf Anfrage des I. Senats gemäß den beiden vorgenannten Entscheidungen mitgeteilt, dass er gegen die Beurteilung – dass das Erlöschen der Hauptlizenz in diesen Fällen nicht zum Erlöschen der Unterlizenz führt – keine Bedenken hat[5].

Daher sollte aus Sicht des Lizenzgebers im Hauptlizenzvertrag nicht nur die Klarstellung erfolgen, dass Unterlizenzen nur insoweit erteilt werden können, als sie mit der Hauptlizenz enden (s. Rz. 147). Zusätzlich sollte festgelegt werden, dass die Rechte des Unterlizenznehmers nicht über die Rechte des Unterlizenzgebers hinausgehen und ggf. ein Vorbehalt vereinbart werden, wonach für den Fall, dass nach der Rechtsprechung ein Fortbestand der Unterlizenz anerkannt wird, die Vertragsrechte des Hauptlizenznehmers auf den Hauptlizenzgeber übergehen. Denkbar ist auch eine Verpflichtung des Unterlizenzgebers, eine evtl. Unterlizenzvergabe auf eine rein schuldrechtlich wirkende Nutzungsrechtseinräumung zu beschränken (negative Lizenz, s. dazu Rz. 130 ff.).

149b Der Problematik, dass der Hauptlizenzgeber im Regelfall keine vertragliche Beziehung zum Unterlizenznehmer hat, trägt der *BGH* dadurch Rechnung, dass – sofern eine entsprechende vertragliche Überleitung unterblieben ist – der Hauptlizenzgeber bei Erlöschen der Hauptlizenz gegen den

---

1 *BGH* v. 19.7.2012, GRUR 2012, 914, 915, Rz. 15 – Take Five; s. hierzu *Rauer/Ettig*, WRP 2012, 1198; *Rauer/Ettig*, K&R 2012, 608; s. auch *Scholz*, GRUR 2009, 1107; *Adolphscu/Tabrizi*, GRUR 2011, 384; *Pahlow*, GRUR 2010, 112.
2 *BGH* v. 19.7.2012, GRUR 2012, 916, 918, Rz. 23 – M2Trade.
3 *BGH* v. 19.7.2012, GRUR 2012, 914, 915, Rz. 18 – Take Five.
4 *BGH* v. 19.7.2012, GRUR 2012, 916, 918, Rz. 25 – M2Trade.
5 *BGH* v. 19.7.2012, GRUR 2012, 914, 915, Rz. 15 – Take Five; *BGH* v. 19.7.2012, GRUR 2012, 916, 918, Rz. 23 – M2Trade.

Hauptlizenznehmer einen **Anspruch nach § 812 Abs. 1 Satz 1, Fall 2 BGB** auf Abtretung des gegen den Unterlizenznehmer bestehenden Anspruchs auf ausstehende Lizenzzahlungen hat[1]. Der Eingriffskondiktion gemäß § 812 Abs. 1 Satz 1, Fall 2 BGB unterliegt jeder vermögensrechtliche Vorteil („etwas"), den der Erwerber nur unter Verletzung einer geschützten Rechtsposition und der alleinigen Verwertungsbefugnis des Rechtsinhabers („auf dessen Kosten") erlangen konnte und der deshalb dem Zuweisungsgehalt der verletzten Rechtsposition widerspricht[2]. Nach dem Erlöschen der Hauptlizenz des Hauptlizenznehmers und dem Rückfall des Nutzungsrechts an den Hauptlizenzgeber greift der fortbestehende Erfüllungsanspruch des Hauptlizenznehmers gegen den Unterlizenznehmer in den Zuweisungsgehalt des nunmehr wieder dem Hauptlizenzgeber zur alleinigen Verwertung zugewiesenen Nutzungsrechts ein. Für diesen Eingriff gibt es im unmittelbaren Verhältnis des Hauptlizenzgebers zum Hauptlizenznehmer nach dem Erlöschen des Hauptlizenzvertrages **keinen rechtlichen Grund**. Der Hauptlizenznehmer ist dem Hauptlizenzgeber daher zur Herausgabe des Erlangten, also zur Abtretung des gegen den Unterlizenznehmer bestehenden Anspruchs auf Zahlung ausstehender Lizenzgebühren, verpflichtet. Soweit der Hauptlizenznehmer die Lizenzforderung eingezogen hat, hat er die vom Unterlizenznehmer gezahlten **Lizenzgebühren** als dasjenige, was er im Sinne des § 818 Abs. 1 Fall 2 BGB aufgrund des erlangten Rechts erworben hat, **herauszugeben**[3]. Bei einem **vorzeitigen Wegfall** seines Nutzungsrechts kann sich der Unterlizenznehmer, der laufende Lizenzgebühren zu leisten hat, gegenüber dem Anspruch seines Lizenzgebers auf Zahlung von Lizenzgebühren auf die **Einrede des nicht erfüllten Vertrages** berufen und seine Zahlungen einstellen. Sieht man den Lizenzvertrag allerdings mit Einräumung des Lizenzrechts bereits als erfüllt an (s. Rz. 647 f.), könnte der Unterlizenznehmer nicht auf die mangelnde Erfüllung wegen der Beendigung des Vertrages des Lizenzgebers mit dem Hauptlizenznehmer verweisen. Dagegen trägt der Unterlizenznehmer, der die **laufenden Lizenzgebühren bereits vollständig beglichen** hat (etwa bei einer kaufvertragsähnlichen Software-Überlassung zur zeitlich unbeschränkten Nutzung der Software gegen Zahlung einer einmaligen Lizenzgebühr), das Risiko, gegenüber seinem Lizenzgeber einen Anspruch auf Rückzahlung eines Teils der Lizenzgebühr wegen vorzeitigen Wegfalls seines Nutzungsrechts nicht durchsetzen zu können.

Ein solcher Bereicherungsanspruch bestünde auch im Falle einer **Insolvenz des Hauptlizenznehmers**, wenn der Insolvenzverwalter gemäß § 103 Abs. 1 InsO zwar die Nichterfüllung des Hauptlizenzvertrages, aber die Erfüllung des Unterlizenzvertrages wählt. Eine derartige Verbindlichkeit aus einer nach Eröffnung des Insolvenzverfahrens eingetretenen ungerechtfertigten

1 *BGH* v. 19.7.2012, GRUR 2012, 916, 918, Rz. 26 ff. – M2Trade.
2 *BGH* v. 9.3.1989, BGHZ 107, 117, 120 f. – Forschungskosten; *BGH* v. 18.1.2012, GRUR 2012, 417, Rz. 40 – gewinn.de.
3 Vgl. Palandt/*Sprau*, BGB, § 818 Rz. 15.

Bereicherung der Masse wäre nach § 55 Abs. 2 Nr. 3 InsO eine **Masseverbindlichkeit**, die gemäß § 53 InsO aus der Insolvenzmasse vorweg zu berichtigen ist.

150 Kartellrechtlich ist anzumerken, dass die **TT-GVO Nr. 772/2004** nach Art. 2 Satz 1 i.V.m. Rz. 42 der TT-Leitlinie[1] nicht nur auf das Vertragsverhältnis zwischen Hauptlizenzgeber und -nehmer Anwendung findet, sondern auch auf dasjenige zwischen letzterem und dessen Unterlizenznehmer.

IV. Lizenzbereitschaftserklärung und Lizenzinteresseerklärung

1. Lizenzbereitschaftserklärung (§ 23 PatG) – licence of right

151 Die Lizenzbereitschaftserklärung[2] nach **§ 23 Abs. 1 Satz 1 PatG** ist eine freiwillige Beschränkung des eigenen Rechts durch den Patentsucher oder Patentinhaber, mit der sich dieser **dem Patentamt gegenüber schriftlich** und bedingungslos[3] bereit erklärt, **jedermann die Benutzung** der Erfindung gegen eine angemessene Vergütung **zu gestatten**. Eine solche für das Hauptpatent abgegebene Erklärung entfaltet nach § 23 Abs. 1 Satz 2 PatG Wirkung auch für alle Zusatzpatente. Gemäß Art. 2 Abs. 2 EPÜ ist § 23 PatG auch auf europäische Patente mit Benennung der Bundesrepublik Deutschland anwendbar.

Die Lizenzbereitschaftserklärung ist eine einseitige, amtsempfangsbedürftige, prozessuale Erklärung und materiell-rechtliche Verfügung[4], die den Inhalt des Patents beschränkt. Die Erklärung kann nach §§ 119 ff. BGB angefochten werden[5].

152 In der Praxis war die Zahl der Lizenzbereitschaftserklärungen über einen langen Zeitraum konstant, sie ist jedoch in den letzten Jahren angestiegen. So wurden etwa 1999 3719 Erklärungen zur Lizenzbereitschaft nach § 23 PatG abgegeben, während es 2006 3719 waren; ein vorläufiger Höhepunkt wurde 2009 mit 6455 erreicht, während 2011 4562 gezählt wurden[6].

153 Folge der Lizenzbereitschaftserklärung ist nach § 23 Abs. 1 Satz 1 PatG, dass sich die für das Patent fällig werdenden **Jahresgebühren auf die Hälfte** des im Tarif bestimmten Betrages **ermäßigen**. Wird die Lizenzbereitschafts-

---

1 Vgl. ebenso Rz. 48 der TT-Leitlinien, wonach der Technologietransfer auch in Form von Unterlizenzen erfolgen kann.

2 Zu den Anforderungen an die Schriftform bei Einreichung der Lizenzbereitschaftserklärung vgl. *BPatG* v. 20.3.1996, GRUR 1996, 477 f. – Lizenzbereitschaftserklärung.

3 *BPatG* v. 23.7.1975, GRUR 1976, 418.

4 Schulte/*Kühnen*, PatG, § 23 Rz. 8 m.H.a. BPatGE 9, 147 u. 34, 124.

5 Schulte/*Kühnen*, PatG, § 23 Rz. 8.

6 So die Statistik des DPMA, BlPMZ 2012, 131.

erklärung zurückgenommen, was jederzeit möglich ist (§ 23 Abs. 7 Satz 1 PatG), ist die bisherige Gebührenermäßigung zurückzuzahlen.

Die Eintragung der Erklärung in das Patentregister stellt ein Lizenzangebot an die Allgemeinheit dar, das jeder Dritte durch die rechtsgestaltende Erklärung der Benutzungsanzeige nach § 23 Abs. 3 PatG annehmen kann[1]. Es existiert kein Grundsatz, wonach der durch eine Lizenzbereitschaftserklärung Gebundene von sich aus demjenigen, der die geschützte Lehre benutzt, ein Lizenzangebot machen müsste und er bei Fehlen eines solchen Angebots an der Durchsetzung seiner Ansprüche aus dem Patent gehindert wäre[2]. Vielmehr hat derjenige, der eine geschützte technische Lehre benutzen will, beim Berechtigten um eine Lizenz nachzusuchen[3] (vgl. auch § 23 Abs. 3 PatG: Anzeige durch eingeschriebenen Brief an den im Register als Patentinhaber Eingetragenen). Die Aufgabe eines eingeschriebenen Briefs mit der Benutzungsanzeige an den im Register als Patentinhaber Eingetragenen begründet ab diesem Zeitpunkt ein Benutzungsrecht des Anzeigenden nach Art eines Lizenzverhältnisses[4] (§ 23 Abs. 3 Satz 2 PatG). Nach der Anzeige ist der Anzeigende zur Benutzung in der von ihm angegebenen Weise berechtigt (§ 23 Abs. 3 Satz 4 PatG). Folgerichtig kann ein Benutzungsrecht für Nutzungshandlungen vor der Nutzungsanzeige nicht begründet werden[5].

Nach **§ 23 Abs. 3 Satz 3 PatG** hat der Lizenzinteressent in seiner Benutzungsanzeige anzugeben, „wie die Erfindung benutzt werden soll". Eine Benutzungsanzeige ist nicht allein schon deswegen unwirksam, weil die Angaben über die Benutzung noch zu konkretisieren sind[6].

Mit dem Wirksamwerden der ersten Benutzungsanzeige entfällt die nach § 23 Abs. 7 PatG sonst jederzeit gegebene Möglichkeit der Rücknahme der Lizenzbereitschaftserklärung[7].

Die Höhe der **Vergütung** wird, sollte es zu keiner diesbezüglichen Einigung 154
zwischen den Parteien kommen, nach § 23 Abs. 4 PatG auf schriftlichen Antrag eines Beteiligten durch das DPMA festgesetzt. Es besteht allerdings auch die Möglichkeit, etwa im Rahmen einer Zahlungsklage, den ordentlichen Rechtsweg nach § 143 PatG zu beschreiten[8]. Bei Festlegung der Vergütungshöhe ist auf die Umstände des Einzelfalls abzustellen[9].

1 Benkard/*Rogge*, PatG, § 23 Rz. 8.
2 *OLG Karlsruhe* v. 26.5.2010, InstGE 12, 220, Rz. 130 – MP3-Standard.
3 *OLG Karlsruhe* v. 26.5.2010, InstGE 12, 220, Rz. 130 – MP3-Standard.
4 *LG Düsseldorf* v. 13.6.2001, InstGE 1, 33 – Mehrfachkontaktanordnung.
5 *Mes*, PatG, § 23 Rz. 12; a.A. *LG Düsseldorf* v. 13.6.2001, InstGE 1, 33, 36 – Mehrfachkontaktanordnung.
6 *BPatG* v. 9.7.2003, Mitt. 2004, 218 – Rücknahme der Lizenzbereitschaftserklärung.
7 *BPatG* v. 9.7.2003, BlPMZ 2004, 193.
8 *LG Mannheim* v. 29.7.1955, GRUR 1956, 412; Benkard/*Rogge*, PatG, § 23 Rz. 13.
9 *BGH* v. 15.6.1967, GRUR 1967, 655, 657 – Altix.

155 Nach § 23 Abs. 3 Satz 5 PatG ist der Lizenznehmer verpflichtet, dem Patentinhaber **Auskunft über** die erfolgte **Benutzung** zu geben und die Vergütung zu entrichten. Für den Fall, dass er dieser Pflicht nicht nachkommt, kann der Lizenzgeber dem Lizenznehmer nach § 23 Abs. 3 Satz 6 PatG eine angemessene Nachfrist setzen und bei Nichterfüllung der Vergütungspflicht die weitere Benutzung des Schutzrechtes untersagen. Damit endet die Benutzungsbefugnis ohne Kündigung (Erlöschen der Lizenz; vgl. Entwurf GPÜ AusfVO Regel 10 Abs. 3 Satz 2).

2. Lizenzbereitschaftserklärung gegenüber einer Standardisierungsorganisation

156 In Standardisierungsorganisationen kooperieren Marktteilnehmer zur Festlegung eines bestimmten Standards, d.h. zur Festlegung technischer oder qualitätsbezogener Anforderungen an bestehende oder zukünftige Produkte, Herstellungsverfahren, Dienstleistungen und Methoden[1]. Die Festlegung von Standards soll die Erzeugung stärkerer Nachfrage und Konkurrenz innerhalb des durch die Standardisierung neu kreierten Marktes bezwecken[2]. Standardisierungsorganisationen haben auch die Funktion, jedermann einen Zugang zu den zu Standards gewordenen Technologien, die mit Patenten belegt sind, zu fairen, angemessenen und nicht diskriminierenden sog. „FRAND“[3]-Bedingungen zu ermöglichen[4]. Dementsprechend wird von einem Patentinhaber i.d.R. die Abgabe einer Lizenzbereitschaftserklärung gefordert, bevor das Patent in den Standard aufgenommen wird. Mit einer solchen meist unwiderruflichen Lizenzbereitschaftserklärung verpflichtet sich der Patentinhaber, künftigen Anwendern sein Patent zu FRAND-Bedingungen zu lizenzieren.

Eine solche Erklärung ist z.B. auch gegenüber der in diesem Zusammenhang häufig genannten – von der Europäischen Union offiziell anerkannten – Standardisierungsorganisation „European Telecommunications Standards Institute“ (ETSI)[5], dessen Aufgabe die Herstellung und Verwaltung von Standards für den Bereich Telekommunikation ist, abzugeben. Das Spannungsverhältnis zwischen den unterschiedlichen Zielrichtungen von Rechten an geistigem Eigentum und Standards ist dem ETSI bewusst („This tension between IPRs (destined for private, exclusive use) and standards (intended for free, collective use) …“[6]) und soll durch die sog. „ETSI

1 Leitlinien zur Anwendbarkeit von Art. 101 AEUV auf Vereinbarungen über horizontale Zusammenarbeit (2011/C 11/01), ABl. 2011 C 11 Rz. 257.
2 *Nägele/Jacobs*, WRP 2009, 1062, 1074.
3 Fair, reasonable and non discriminatory (s. auch Rz. 18, 20).
4 *Straus*, GRUR Int. 2011, 469.
5 Zum Regime des ETSI vgl. ausführlich *Straus*, GRUR Int. 2011, 469 ff.
6 http://www.etsi.org/WebSite/AboutETSI/IPRsInETSI/IPRsinETSI.aspx.

IPR Policy"[1] minimiert werden (vgl. auch Clause 3.1 ETSI IPR Policy). Entsprechend Clause 3.2 ETSI IPR Policy sollen etwa die Inhaber von Rechten an geistigem Eigentum eine angemessene Gegenleistung für die Nutzung solcher in einen Standard implementierter Rechte erhalten. Erlangt ETSI Kenntnis von einem standardessentiellen Patent, soll der Patentinhaber gemäß Clause 6.1 ETSI IPR Policy unverzüglich aufgefordert werden, eine unwiderrufliche Erklärung abzugeben, künftig unwiderrufliche Lizenzen zu FRAND-Bedingungen an diesem Patent einzuräumen. Standardessentiell ist ein Patent, „wenn die Anwendung eines Standards zwingend die Verwendung einer geschützten technischen Lehre erfordert, so dass der Standard nicht verwendet werden kann, ohne dass zwangsläufig eine Patentverletzung gegeben ist"[2]. Lehnt der Patentinhaber eine Lizenzbereitschaftserklärung diesen Inhalts endgültig ab, wird ggf. mit Hilfe der Kommission ein ETSI-Standard verhindert oder ein bestehender Standard abgeschafft oder so verändert, dass das Patent des ablehnenden Inhabers nicht oder nicht mehr für den Standard wesentlich ist[3].

Die **Rechtsnatur** solcher Lizenzbereitschaftserklärungen zu FRAND-Bedingungen wird unterschiedlich beurteilt[4] (s. hierzu auch Rz. 1650). Hinsichtlich der rechtlichen Wirkungen bleibt festzuhalten, dass auch eine FRAND-Erklärung bzw. Lizenzbereitschaftserklärung gegenüber einer Standardisierungsorganisation eine Pflicht des erklärenden Patentinhabers, von sich aus dem Benutzer der geschützten Lehre ein Lizenzangebot zu unterbreiten, ansonsten an der Durchsetzung der Patentansprüche gehindert zu sein, nicht begründet[5]. Auch eine FRAND-Lizenz erfordert die Einigung der Parteien über die wesentlichen Bedingungen des Lizenzvertrages[6]. Das *LG Mannheim* weist allerdings darauf hin, dass die Rechtswirkungen, die mit der Verpflichtungserklärung gegenüber einer Standardisierungsorganisation für einen Lizenzinteressenten verbunden sind, im Zweifel nach dem Recht desjenigen Staates zu beurteilen sind, in dem der Lizenzgeber seinen Sitz hat[7]. Dementsprechend hat bspw. das *LG Düsseldorf* festgestellt, dass sich aus einer allgemeinen FRAND-Erklärung nach deutschem Recht kein Nutzungsrecht i.S. einer positiven Lizenz ergeben kann. Der Patentinhaber wolle mit einer solchen Erklärung nicht gegenüber einer Vielzahl von Dritten ohne Sicherung seines Lizenzgebührenanspruchs ein Nutzungsrecht erteilen und zusätzlich die Pflichten eines Lizenzgebers übernehmen, so dass nicht von einem verbindlichen Angebot „ad incertas personas" ausge- 156a

1 Abrufbar unter: http://www.etsi.org/WebSite/document/Legal/ETSI_IPR-Policy.pdf).
2 *Fröhlich*, GRUR 2008, 205, 206; s. auch Clause 15 Definition 6 ETSI IPR Policy.
3 *Straus*, GRUR Int. 2011, 469, 472.
4 S. hierzu den Überblick bei *Maume/Tapia*, GRUR Int. 2010, 923, 927 f.
5 *OLG Karlsruhe* v. 26.5.2010, InstGE 12, 220, Rz. 130 – MP3-Standard.
6 *Sujecki*, GRUR-Prax 2011, 534 zum Urteil der *Rechtbank Den Haag* v. 14.10.2011 – LJN: BT7610, BeckRS 2011, 25456.
7 *LG Mannheim* v. 23.10.2009, InstGE 11, 215.

gangen werden könne[1]. Eine FRAND-Verpflichtungserklärung beinhalte auch keinen „dinglichen Verzicht" auf das Patentrecht und stelle keinen Vertrag zugunsten Dritter dar[2].

157 Da in Standardisierungsorganisationen Unternehmen zur Festlegung eines bestimmten Standards kooperieren, ist bzgl. dieser Zusammenarbeit unter kartellrechtlichen Gesichtspunkten Art. 101 Abs. 1 AEUV (ex-Art. 81 Abs. 1 EG) zu beachten. Allerdings kann die Kooperation aufgrund der Erklärung, Zugang zu den (Standard-)Schutzrechten zu FRAND-Bedingungen zu gewähren, kartellrechtlich unbedenklich und damit gemäß Art. 101 Abs. 3 AEUV (ex-Art. 81 Abs. 3 EG) zulässig sein[3]. Ebenso ist ein Verstoß gegen Art. 102 AEUV (ex-Art. 82 EG) möglich, in dessen Anwendungsbereich ETSI selbst die Auferlegung von diskriminierenden und unfairen Konditionen durch das marktbeherrschende Unternehmen, an jede Kategorie der Nutzer, oder jedes andere Unternehmen, das vertragliche Beziehungen mit dem beherrschenden Unternehmen unterhält, verordnet[4].

3. Lizenzinteresseerklärung

158 Von der Lizenzbereitschaftserklärung zu unterscheiden ist die Lizenzinteresseerklärung, die eine weitere Informationsmöglichkeit im Bereich der Patentinformation darstellt. Hierbei handelt es sich um eine **unverbindliche Unterrichtung der interessierten Kreise** über das DPMA darüber, dass der Schutzrechtsinhaber an einer Weiterverwertung seiner Erfindung durch Dritte interessiert ist[5]. Anders als die Lizenzbereitschaftserklärung hat die Lizenzinteresseerklärung aus diesem Grund keinen Einfluss auf die Höhe der Jahresgebühren[6]. Das DPMA ist lediglich Mittler zwischen dem Patentsucher/Patentinhaber und den an einer Lizenznahme Interessierten[7].

Mit Abgabe einer Lizenzbereitschaftserklärung oder mit Eintragung einer Lizenz (§ 34 PatG) in das Register wird die Lizenzinteresseerklärung gegenstandslos[8].

---

1 *LG Düsseldorf* v. 4.8.2011, Mitt. 2012, 238, 242 – MPEG-2-Standard XXIII.

2 *LG Düsseldorf* v. 4.8.2011, Mitt. 2012, 238, 242 – MPEG-2-Standard XXIII.

3 *Wirtz*, WRP 2011, 1392, 1405 m.H.a. die Leitlinien zur Anwendbarkeit von Art. 101 AEUV auf Vereinbarungen über horizontale Zusammenarbeit, ABl. 2011 C 11 Rz. 285 ff.; s. aber auch dort bereits Rz. 263 ff.

4 *Straus*, GRUR Int. 2011, 469, 475 m.H.a. die ETSI Guidelines for Antitrust Compliance, B. 3.1–3.3, abrufbar unter: http://www.etsi.org/WebSite/document/Legal/ETSI_Guidelines_for_Antitrust_Compliance.pdf).

5 Mitt. Nr. 8/85 v. 12.6.1985 in BlPMZ 1985, 197; Busse/*Schwendy*, PatG, § 23 Rz. 13; *Reinelt*, GRUR 1986, 504 ff.

6 Busse/*Schwendy*, PatG, § 23 Rz. 13.

7 *Mes*, PatG, § 23 Rz. 2.

8 Busse/*Schwendy*, PatG, § 23 Rz. 13.

Reinelt[1] bewertet die Nutzung dieses Instituts zu Recht als vorteilhaft, da mit einer Lizenzinteresseerklärung besonders informativ an interessierte Wirtschaftskreise herangetreten werden kann: mittels Patentregister, Patentblatt und der Lizenzdatenbank RALF (Rechtsstand-Auskunft und Lizenzförderungs-Dienst)[2] des DPMA erhalten diese die Nachricht, dass der Patentinhaber an der Verwertung seiner Erfindung durch Dritte interessiert ist[3]. Es kommt zu einem transparenteren Lizenzmarkt, der Angebot und Nachfrage belebt[4]. Im Jahr 2011 gingen 2484 Lizenzinteresseerklärungen beim DPMA ein[5]. 159

V. Zwangslizenz

1. Rechtsgrundlagen

Nach **§ 24 Abs. 1 PatG** (vgl. auch Art. 27 Abs. 1 Satz 2, Art. 31 TRIPS) besteht die Möglichkeit der Erteilung einer Zwangslizenz, wenn der Patentinhaber die Benutzung der Erfindung verweigert, obgleich sich der Lizenzsucher innerhalb eines angemessenen Zeitraums bemüht hat, vom Patentinhaber die Zustimmung zu erhalten, die Erfindung zu angemessenen geschäftsüblichen Bedingungen zu benutzen und die Erlaubnis im öffentlichen Interesse geboten ist (Art. 27 Abs. 1 Satz 2, Art. 31 TRIPS-Übereinkommen)[6]. 160

§ 24 Abs. 1 PatG enthält eine **Legaldefinition** der Zwangslizenz dahin, dass es sich um eine „nicht ausschließliche Befugnis zur gewerblichen Benutzung einer Erfindung" handelt.

Gemäß § 16a Abs. 2 PatG ist § 24 PatG auch auf **ergänzende Schutzzertifikate** und über § 20 GebrMG auch auf deutsche **Gebrauchsmuster** anwendbar. Für **Sortenschutzrechte** gilt allerdings nicht § 24 PatG, sondern der ebenfalls im Rahmen der Umsetzung der Richtlinie über den rechtlichen Schutz biotechnologischer Erfindungen vom 21.1.2005 (BGBl. I 2005, 146 ff.) eingefügte § 12a SortSchG. Auch Art. 16 ff. Euratomvertrag sehen die Erteilung von Zwangslizenzen vor. 161

1 Vgl. *Reinelt*, GRUR 1986, 504, 507.

2 Zugang online über DPINFO oder offline beim Publikationsservice des Technischen Informationszentrums Berlin s. http://www.dpma.de/patent/patentschutz/lizenzinformationen/index.html.

3 Vgl. zu RALF-Lizenzinformationen: http://www.dpma.de/suche/ralf.html.

4 *Reinelt*, GRUR 1986, 504 ff.

5 Vgl. BlPMZ 2012, 131.

6 Zu den Anforderungen des TRIPS-Übereinkommens vgl. *Beier*, GRUR 1998, 185, 186; *Straus*, GRUR Int. 1996, 179, 199; zu einem Fall der Erteilung einer Zwangslizenz für eine deutsche Erfindung seitens des indischen Patentamtes s. *Weiden*, GRUR 2012, 472.

162 § 24 PatG ist nach Art. 2 Abs. 2, Art. 74 EPÜ **unmittelbar auf europäische Patente anzuwenden**, deren Wirkung sich auf das Gebiet der BRD erstreckt. Bei Gemeinschaftspatenten sollte nach Art. 45 GPÜ die Erteilung einer territorial begrenzten Zwangslizenz nach nationalem Recht möglich sein[1].

163 Die Erteilung der Zwangslizenz erfolgt nach §§ 81 ff. PatG durch das *BPatG* (in erster Instanz) und in der Berufungsinstanz durch den *BGH* (§ 110 Abs. 1 PatG).

Die Klage ist allein gegen den Patentinhaber zu richten (§ 81 Abs. 1 Satz 2 PatG); eine Klage gegen den ausschließlichen Lizenznehmer ist unzulässig[2].

164 In der Praxis ist die Vergabe von Zwangslizenzen vergleichsweise unbedeutend. In der Rechtsgeschichte der Bundesrepublik Deutschland ist es seit 1950 zu keiner Erteilung einer Zwangslizenz gekommen[3]. Zwar hat das *BPatG* mit Urteil vom 7.6.1991[4] eine Zwangslizenz erteilt, diese wurde jedoch vom *BGH*[5] wieder aufgehoben[6].

165 Eine besondere Regelung einer Zwangslizenz ist durch die Verordnung (EG) Nr. 816/2006 des Europäischen Parlaments und des Rates über **Zwangslizenzen für Patente an der Herstellung von pharmazeutischen Erzeugnissen** für die Ausfuhr in Länder mit Problemen im Bereich der öffentlichen Gesundheit[7] geschaffen worden. Diese Verordnung ist Teil der internationalen Bestrebungen, Probleme im Bereich der öffentlichen Gesundheit, mit denen vor allem Entwicklungsländer konfrontiert sind, zu bekämpfen und vor allem den Zugang zu erschwinglichen, sicheren und wirksamen Arzneimitteln zu verbessern. Im Zusammenhang mit diesen Bestrebungen ist außerdem das sog. **„Equitable Licensing“**[8] zu nennen, dessen Ziel es ist, den Zugang zu Arzneimitteln in Entwicklungsländern zu sichern. Aus-

1 Benkard/*Rogge*, PatG, § 24 Rz. 6 f. m.w.N. auch zur Rechtslage im internationalen Recht.

2 *BGH* v. 5.12.1995, GRUR 1996, 190 – Polyferon.

3 Vgl. *Buhrow/Nordemann*, GRUR Int. 2005, 407, 409; *Scheffler*, GRUR 2003, 100 ff.

4 BPatGE 32, 184 ff.

5 Vgl. *BGH* v. 5.12.1995, BGHZ 131, 247 ff. – Interferon-Gamma = GRUR 1996, 190 ff. – Polyferon.

6 Vgl. auch *Beier*, GRUR 1998, 185, 189 mit Hinweisen zur Rechtspraxis in anderen Staaten.

7 ABl. EG Nr. L 157 v. 9.6.2006, S. 1.

8 Vgl. hierzu *Godt*, GRUR Int. 2011, 377 ff.; *Engelke/Stahlmann*, GRUR Int. 2010, 31 ff.; *Godt*, Forum Wissenschaft, September 2009, S. 44 ff. S. auch die Broschüre „Equitable Licensing – Lizenzpoltik und Vertragsbausteine“, herausgegeben vom Institut für Rechtswissenschaften, Carl von Ossietzky Universität Oldenburg (2010), abrufbar unter: http://med4all.org/fileadmin/med/pdf/lizenz_med4all_final.pdf). sowie das Forschungsprojekt „equitable licenses“ unter http://med4all.org/index.php?id=11.

gangspunkt ist, dass die Verwertung des mit öffentlichen Mitteln entwickelten Wissens (häufig Kooperation Hochschule/Wirtschaftsunternehmen) und der aus ihm folgenden Einsatzmöglichkeiten häufig Patenten – mithin auch dem Einfluss der Patentinhaber – unterliegt und der Patentschutz somit zur Blockade weiterer Wissensentwicklung wie der Anwendung von Wissen werden kann[1]. Equitable Licenses sollen einen Technologietransfer von der Wissenschaft zur Wirtschaft ermöglichen, der es den Forschungseinrichtungen ermöglicht, ihrer öffentlichen Verantwortung Ausdruck zu verleihen[2]. Der öffentlich geförderten Forschung wird in diesem Zusammenhang die Aufgabe zugeschrieben, *„den Zugang zum Endprodukt ‚Medikament' für diejenigen abzusichern, denen die Forschung von Beginn an zugute kommen sollte"*[3].

2. Voraussetzungen

Die Erteilung einer **Zwangslizenz setzt** nach § 24 Abs. 6 Satz 1 PatG die **Erteilung des Patents voraus** und erfolgt durch Urteil des Bundespatentgerichts nach §§ 81, 84 PatG[4], ggf. auch im Wege der einstweiligen Verfügung (§ 85 PatG). 166

Der **Lizenzsucher muss sich** gemäß § 24 Abs. 1 Nr. 1 PatG **innerhalb eines angemessenen Zeitraums erfolglos bemüht haben**, vom Patentinhaber die **Zustimmung zur Benutzung** der Erfindung zu angemessenen geschäftsüblichen Bedingungen **zu erhalten**. Dieses Erfordernis entspricht den bereits vor der Neuregelung des § 24 PatG von der Rechtsprechung gestellten Anforderungen[5]. 167

Die Erteilung einer Zwangslizenz kommt nach § 24 Abs. 1 Nr. 2 PatG zudem nur dann in Betracht, wenn eine Erlaubniserteilung im **öffentlichen Interesse** geboten ist. Der Annahme eines öffentlichen Interesses steht es nicht entgegen, wenn der Lizenzsucher neben dem öffentlichen Interesse auch ein eigenes Vermögensinteresse verfolgt[6]. Der unbestimmte Rechtsbegriff des öffentlichen Interesses unterliegt den Umständen des Einzelfalls und ist unter Abwägung aller wesentlichen Gesichtspunkte zu bestimmen[7]. Es hat eine **Abwägung zwischen Individualinteresse** des Patentinhabers **und Allgemeininteresse** dahingehend zu erfolgen, dass der Nutzen aus der Verwertung der Erfindung für die Allgemeinheit im Vergleich zu den Interessen des Patentinhabers höherrangig ist[8]. 168

---

1 *Godt*, Forum Wissenschaft, September 2009, S. 44.
2 *Godt*, Forum Wissenschaft, September 2009, S. 44.
3 *Godt*, Forum Wissenschaft, September 2009, S. 44.
4 Vgl. *BGH* v. 5.12.1995, BGHZ 131, 247 ff. – Interferon-Gamma.
5 Vgl. *BGH* v. 5.12.1995, BGHZ 131, 247 ff. – Interferon-Gamma.
6 *RG* v. 11.3.1926, RGZ 113, 115, 123.
7 *BPatG* v. 7.6.1991, BPatGE 32, 184, 190.
8 *BGH* v. 5.12.1995, BGHZ 131, 247 ff.; *Schulte/Kühnen*, PatG, § 24 Rz. 12.

169 Ein öffentliches Interesse kann etwa dann zu bejahen sein, wenn zu der Ausschließlichkeitsstellung des Patentinhabers besondere Umstände hinzutreten, die die uneingeschränkte Anwendung des ausschließlichen Rechts und die Interessen des Patentinhabers zurücktreten lassen, weil die Interessen der Allgemeinheit die Ausübung des Patents durch den Lizenzsucher gebieten[1]. Als derartige Umstände kommen insbesondere technische, wirtschaftliche, sozialpolitische und medizinische Gesichtspunkte in Betracht[2].

Bei der Abwägung sind auch die restliche **Laufzeit des Schutzrechts** und vor allem vorhandene **Ausweichmöglichkeiten** zu beachten[3]. Nach Ansicht des *RG* ist vom Vorliegen eines öffentlichen Interesses etwa dann auszugehen, wenn der Patentinhaber ein Monopol zulasten der Gesellschaft missbraucht, indem er beispielsweise eine (besonders bedeutsame) Erfindung der Allgemeinheit vorenthält[4]. Zugunsten des Patentinhabers ist jedoch zu berücksichtigen, dass er das finanzielle Risiko der Entwicklung der Erfindung übernommen hat. Es ist schließlich zu beachten, dass wettbewerbspolitisch die Gewährung ausschließlicher Rechte regelmäßig eine bessere Lösung bietet, als die Zubilligung einer angemessenen Vergütung im Rahmen der Erteilung einer Zwangslizenz[5].

170 Für die **Erteilung von Zwangslizenzen bei abhängigen Erfindungen** enthält **§ 24 Abs. 2 PatG** eine Sonderregelung. In diesem Fall darf die Zwangslizenzierung des älteren Patents nur dann erfolgen, wenn das jüngere Patent „einen **wichtigen technischen Fortschritt von erheblicher wirtschaftlicher Bedeutung** aufweist". Die gesetzliche Neufassung des § 24 PatG vom 21.1.2005 (BGBl. I 2005, 146) verzichtet in Absatz 2 auf das Kriterium eines öffentlichen Interesses an einer Zwangslizenzerteilung. Da der Nachweis eines öffentlichen Interesses i.S. des Absatzes 1 nach der Rechtsprechung des *BGH* kaum zu führen war, haben nach dessen Wegfall die übrig gebliebenen Anforderungen des § 24 Abs. 2 PatG an Kontur gewonnen[6]. Eine Flut von Zwangslizenzerteilungen hat dies nicht ausgelöst. Die verbleibenden Voraussetzungen des § 24 Abs. 2 PatG lassen den Anspruch auf Erteilung einer Zwangslizenz weiterhin schwierig begründbar sein. Die Befürchtung *Nieders*[7], dass die Klage auf Erteilung einer Zwangslizenz als Verteidigung im Verletzungsprozess instrumentalisiert werden könnte, um

---

1 *BGH* v. 13.7.2004, GRUR 2004, 966 – Standard-Spundfass.
2 *BGH* v. 13.7.2004, GRUR 2004, 966 – Standard-Spundfass.
3 *BGH* v. 3.6.1970, GRUR 1972, 471, 472 – Cafilon.
4 Vgl. *RG* v. 27.6.1913, RGZ 83, 9, 14; *RG* v. 21.12.1935, GRUR 1936, 489, 491; vgl. außerdem Ausführungen bei Benkard/*Rogge*, PatG, § 24 Rz. 16 ff.; *Holzapfel*, Das öffentliche Interesse bei Zwangslizenzen gemäß § 24 Abs. 2 PatG, Mitt. 2004, 391 ff.
5 *Beier*, GRUR 1998, 185, 187.
6 Vgl. *Leitzen/Kleinevoss*, Mitt. 2005, 198, 205.
7 *Nieder*, Mitt. 2001, 400, 401.

hierauf gestützt eine Aussetzung (§ 148 ZPO) zu erreichen[1], war bzw. bleibt unbegründet.

Die gesetzliche Neuregelung des § 24 Abs. 2 PatG wird in der Praxis auch weiterhin keine erhöhten Zwanglizenzvergaben auslösen[2].

Wird im Fall der Abhängigkeit zweier Erfindungen dem Inhaber der jüngeren Erfindung eine Zwangslizenz an der älteren Erfindung erteilt, räumt § 24 Abs. 2 Satz 2 PatG dem Inhaber des älteren Patents einen Anspruch auf Einräumung einer **Gegenlizenz** an der dem jüngeren Patent zugrunde liegenden Erfindung ein. 171

§ 24 Abs. 3 PatG erstreckt die Zwangslizenz bei Abhängigkeit auf entsprechende Sortenschutzrechte. 172

Nach **§ 24 Abs. 4 PatG** darf für eine patentierte Erfindung auf dem Gebiet der **Halbleitertechnologie** eine Zwangslizenz im Rahmen des § 24 Abs. 1 PatG nur erteilt werden, wenn dies zur Behebung einer in einem Gerichts- oder Verwaltungsverfahren festgestellten wettbewerbswidrigen Praxis des Patentinhabers erforderlich ist.

Bei **mangelnder Ausübung der patentierten Erfindung** kommt die Erteilung einer Zwangslizenz nach **§ 24 Abs. 5 PatG** dann in Betracht, wenn dies notwendig ist, um eine ausreichende Versorgung des Inlandsmarktes mit dem patentierten Erzeugnis sicherzustellen. Der Import steht dabei der Ausübung im Inland gleich. Zugleich muss das öffentliche Interesse i.S. des Absatzes 1 gegeben sein. 173

Frei. 174

3. Wirkung

Mit Erteilung einer Zwangslizenz **erhält der Lizenzsucher ein einfaches Nutzungsrecht**. Das Nutzungsrecht entsteht mit Erteilung der Zwangslizenz unmittelbar, ohne dass es eines weiteren Handelns von Patentinhaber oder Lizenzsucher bedarf[3]. Dieses Nutzungsrecht ist privatrechtlicher Natur[4]. Der Zwangslizenznehmer ist zur Erteilung von Unterlizenzen nicht berechtigt[5]. 175

Der Schutzrechtsinhaber erlangt nach **§ 24 Abs. 6 Satz 4 PatG** einen **Anspruch auf angemessene Vergütung**, deren Höhe bei Scheitern einer Einigung zwischen den Parteien im Lizenzerteilungsverfahren festzustellen ist. 176

---

1 S. auch *LG Mannheim/OLG Karlsruhe*, GRUR 1956, 436; *Leitzen/Kleinevoss*, Mitt. 2005, 198, 205.
2 So auch *Leitzen/Kleinevoss*, Mitt. 2005, 198, 205.
3 *RG* v. 16.6.1915, RGZ 86, 436, 438; *BPatG* v. 7.6.1991, BPatGE 32, 184, 188.
4 *Kraßer*, Patentrecht, § 34 IV e 1.
5 *RG* v. 16.6.1915, RGZ 86, 436, 439.

Bei Bemessung der Vergütung ist zu beachten, dass sie dem Patentinhaber eine angemessene Entschädigung gewähren soll. Auf der anderen Seite muss sie dort ihre Grenze finden, wo die Aufrechterhaltung des Betriebs des Lizenzsuchers gefährdet wird[1]. Tritt bei den Vergütungsleistungen eine wesentliche Veränderung ein, die für die Bestimmung der Höhe der Vergütung maßgeblich ist, besteht **nach § 24 Abs. 6 Satz 5 PatG die Möglichkeit, die Vergütung den neuen Verhältnissen entsprechend anzupassen**. Hinsichtlich der Bestimmung der Wesentlichkeit der Änderung ist auf die Kriterien der insoweit vergleichbaren Vorschriften der § 23 PatG, § 323 ZPO, § 12 Abs. 6 ArbEG zurückzugreifen.

177 Entfallen die Umstände, die der Erteilung der Zwangslizenz zugrunde lagen und ist ihr Wiedereintritt nicht zu erwarten, besteht für den Patentinhaber nach **§ 24 Abs. 6 Satz 6 PatG** die Möglichkeit einer **Rücknahme der Zwangslizenz**. Die Zwangslizenz kann gemäß **§ 24 Abs. 7 Satz 1 PatG** nur zusammen mit dem Betrieb **übertragen** werden, der mit der Auswertung der Erfindung befasst ist.

178 Frei.

4. Auswirkung der Zwangslizenz auf bereits erteilte Lizenzen

179 Auf die rechtliche Stellung des Inhabers einer **einfachen Lizenz** hat die nachträgliche Erteilung einer Zwangslizenz in der Regel keinen Einfluss. Der Lizenznehmer muss ohnehin jederzeit mit der Möglichkeit rechnen, dass vom Lizenzgeber weitere einfache Lizenzen vergeben werden, wozu auch die Zwangslizenz zählt.

180 Für den Inhaber einer **ausschließlichen Lizenz** steht die erteilte Zwangslizenz dagegen in einem Spannungsverhältnis zu dem im Rahmen des Lizenzvertrages gewährten Alleinverwertungsrecht. Nach Auffassung des *BGH*[2] steht die vorherige Vergabe einer ausschließlichen Lizenz der Erteilung einer Zwangslizenz grundsätzlich nicht entgegen. Soweit hierdurch Rechte des ausschließlichen Lizenznehmers beeinträchtigt würden, sei es Sache des Lizenzgebers, der Tatsache der Erteilung der Zwangslizenz durch Umgestaltung der Vertragsbeziehungen mit dem ausschließlichen Lizenznehmer Rechnung zu tragen[3]. Wie eine solche Umgestaltung aussehen kann, wird in der Literatur nicht einheitlich bewertet[4]. Nach Ansicht von *Nirk* entsteht ein Anspruch des ausschließlichen Lizenznehmers gegen den Lizenzgeber auf Überlassung der Vergütung aus der Zwangslizenz[5].

---

1 Benkard/*Rogge*, PatG, § 24 Rz. 33.
2 *BGH* v. 5.12.1995, BGHZ 131, 247, 256 – Interferon-Gamma.
3 S. auch *RG* v. 30.11.1929, RGZ 126, 266, 275; *BPatG* v. 7.6.1991, BPatGE 32, 184, 188; Benkard/*Rogge*, PatG, § 24 Rz. 9.
4 Vgl. zu dieser Problematik *Groß*, Rz. 351 ff. m.w.N.
5 *Nirk* in Klauer/Möhring, PatG, § 9 a.F. Rz. 71.

Reimer will dem Lizenznehmer dagegen ein Wahlrecht zwischen Übertragung der Vergütung aus der Zwangslizenz und Minderung der eigenen Zahlungspflicht gewähren[1]. Ebenfalls ein Minderungsrecht billigen *Pietzcker*[2] und *Isay*[3] dem ausschließlichen Lizenznehmer zu.

Es bestehen jedoch **rechtliche Bedenken**, ob eine Zwangslizenz überhaupt noch vergeben werden kann, wenn der Patentinhaber sich durch Einräumung einer ausschließlichen Lizenz und Verzicht auf ein eigenes Nutzungsrecht jeglicher Nutzungsrechte begeben hat. Die Erteilung der Zwangslizenz ist ein rechtsgestaltender Akt, der kraft Hoheitsrechts des Staates das Ausschließlichkeitsrecht des Patentinhabers durch ein Benutzungsrecht des Lizenzsuchers beschränkt. Verfügt aber der Patentinhaber nach Vergabe einer ausschließlichen Lizenz über kein eigenes Nutzungsrecht mehr[4], ginge ein solches gerichtliches Gestaltungsrecht ins Leere. Denn die Zwangslizenz führt ja nicht zur Erweiterung der Nutzungsrechte, sondern vermittelt lediglich ein zunächst abgelehntes Nutzungsrecht mit staatlicher, gerichtlicher Hilfe. Eine angemessene Lösung kann u.E. nur dadurch erreicht werden, dass durch Gesetzesänderung über § 81 Abs. 1 Satz 2 PatG hinaus bei ausschließlicher Lizenzvergabe die Klage allein gegen den ausschließlichen Lizenznehmer eröffnet wird. 181

Mit *Groß*[5] ist dem ausschließlichen Lizenznehmer bei wirksamer nachträglicher Erteilung einer Zwangslizenz wahlweise ein Kündigungsrecht oder nach den Grundsätzen des § 285 BGB ein Anspruch auf Abtretung der Lizenzgebührenansprüche gegen den Zwangslizenznehmer zuzubilligen. 182

Frei. 183

5. Beendigung des Zwangslizenzverhältnisses

Das Zwangslizenzverhältnis **endet durch vertragliche Vereinbarung der Beteiligten oder durch Wegfall der Schutzrechtsposition**. Ist eine vorläufige Benutzungserlaubnis in einem einstweiligen Verfügungsverfahren[6] erteilt worden, endet diese automatisch mit rechtskräftiger Zurückweisung der Zwangslizenzklage (§ 85 Abs. 4 Halbs. 1 PatG) oder mit Zurücknahme. Im Fall einer Pflichtverletzung durch den Zwangslizenznehmer geht die herr- 184

1 *Reimer*, PatG, § 9 a.F. Rz. 32.
2 *Pietzcker*, PatG, § 6 a.F. Anm. 33.
3 *Isay*, PatG, § 6 a.F. Rz. 11.
4 Vgl. dazu etwa *BGH* v. 20.5.2008, GRUR 2008, 896, Rz. 35 – Tintenpatrone.
5 *Groß*, Rz. 351, 353.
6 Zu den Anforderungen vgl. *BGH* v. 26.2.1952, GRUR 1952, 393 ff. – Paladon und *BPatG* v. 15.12.1995, GRUR 1996, 870, 871 – Ranitidinhydrochlorid, wonach eine einstweilige Verfügung in Zwangslizenzsachen nur dann in Betracht kommt, wenn dies erforderlich ist, um wesentliche Nachteile von der Öffentlichkeit abzuwenden.

schende Meinung[1] davon aus, dass für die Beendigung der Zwangslizenz eine Abänderungsklage nach § 323 ZPO erforderlich ist.

185 Frei.

6. Verhältnis des Anspruchs auf Einräumung einer Zwangslizenz zum kartellrechtlichen Anspruch auf Einräumung einer Lizenz

186 Ein kartellrechtlicher Anspruch auf Einräumung einer Lizenz (vgl. Rz. 18 ff.) – etwa wegen unbilliger Behinderung bzw. wegen Missbrauchs einer marktbeherrschenden Stellung (vgl. §§ 19, 20 GWB[2] bzw. Art. 102 AEUV [ex-Art. 82 EG]) – wird durch die nach § 24 PatG dem Bundespatentgericht eingeräumte Befugnis zur Erteilung einer Zwangslizenz nicht ausgeschlossen. Beide Rechtsinstitute dienen unterschiedlichen Zielsetzungen und haben unterschiedliche Voraussetzungen. Der kartellrechtliche Anspruch auf Lizenzierung dient – im Unterschied zur Zwangslizenz – der Durchsetzung des gegenüber jedem Markteilnehmer geltenden Verbots, eine marktbeherrschende Stellung zu missbrauchen[3]. Die bloße Inhaberschaft an einem Patent begründet jedoch noch keine solche Marktstellung; sie kann lediglich ihre Voraussetzung sein. Umgekehrt ist der Missbrauch einer marktbeherrschenden Stellung für die patentrechtliche Zwangslizenz nach § 24 PatG weder notwendige Voraussetzung noch ohne weiteres hinreichend, allenfalls ein Indiz für den Verstoß gegen den Grundsatz der Sozialbindung des Eigentums[4].

187 Frei.

VI. Gegenstand des Lizenzvertrages

188 Gegenstand eines Lizenzvertrages kann grundsätzlich **jedes schutzfähige Recht** sein, das dem Berechtigten eine rechtlich geschützte Position verschafft, die es ihm ermöglicht, andere von der Nutzung auszuschließen (s. Rz. 191 ff.). Dem **Umfang** nach kann sich die Nutzungserlaubnis grundsätzlich auf all dasjenige erstrecken, was von seinem Verbietungsrecht umfasst ist (vgl. § 9 Satz 2 i.V.m. § 14 PatG). Vereinfacht ausgedrückt, lässt

1 Benkard/*Rogge*, PatG, § 24 Rz. 46 a.E. m.w.N.

2 Vgl. dazu *BGH* v. 13.7.2004, GRUR 2004, 966 – Standard-Spundfass u. *BGH* v. 6.5.2009, GRUR 2009, 694 – Orange-Book-Standard mit Anm. *Gärtner/Vormann*, Mitt. 2009, 440; *Jestaedt*, GRUR 2009, 801; *Hötte*, MMR 2009, 689; *De Bronett*, WuW 2009, 899; *Heinemann*, LMK 2009, 286659 u. *Maume*, Mitt. 2009, 341 sowie *Nägele/Jacobs*, WRP 2009, 1062; *Heinemann*, ZWeR 2005, 198 ff.; *Höppner*, GRUR Int. 2005, 457 ff.; s. hierzu auch *Kühnen* in FS Tilmann, 2003, S. 513; *von Merveld*, WuW 2004, 19; *Wirtz/Holzhäuser*, WRP 2004, 683.

3 Vgl. *BGH* v. 13.7.2004, GRUR 2004, 966 – Standard-Spundfass u.v. 6.5.2009, GRUR 2009, 694 – Orange-Book-Standard.

4 *BGH* v. 5.12.1995, GRUR 1996, 190, 192 ff. – Polyferon.

sich die Möglichkeit der Lizenzeinräumung auf die Formel zurückführen: **„Was verboten werden kann, lässt sich auch lizenzieren“** (vgl. auch Rz. 191 ff.).

189 Neben technischen Schutzrechten und Know-how kommen als Lizenzgegenstand insbesondere die nichttechnischen Schutzrechte wie Marken- oder Geschmacksmusterrechte sowie Urheberrechte in Betracht. Lizenzverträge über Software, Datenbanken u.ä. gewinnen zunehmend an Bedeutung. Oftmals werden mehrere Rechte „im Paket“ Gegenstand des Lizenzvertrages sein. Nachfolgend soll ein kurzer **Überblick über die lizenzierbaren Rechte** gegeben werden. Die sich daran anschließende Behandlung des Lizenzvertrages wird sich im Wesentlichen auf Lizenzverträge über technische Schutzrechte und Know-how beziehen.

190 In kartellrechtlicher Hinsicht zu beachten ist, dass sich die TT-GVO 2004 (s. dazu auch Rz. 773 ff.) in ihrem sachlichen Anwendungsbereich auf Technologietransfervereinbarungen über Schutzrechtspositionen (s. dazu die Definition in Art. 1 Abs. 1 lit. b über Schutzrechtspositionen i.S. des Art. 1 Abs. 1 lit. h und i) beschränkt, also im Wesentlichen auf Patente, Gebrauchsmuster und Know-how. Soweit sonstige Rechte am geistigen Eigentum, wie insbesondere Marken- und Urheberrechte nicht den Hauptgegenstand einer Technologietransfervereinbarungen bilden, sondern sich der Lizenzierung von Patenten, Know-how und Softwareurheberrechten „unterordnen“, gilt die TT-GVO 2004 ebenfalls. Andernfalls kommt eine analoge Anwendung in Betracht (vgl. TT-Leitlinien Rz. 51 Satz 3 der TT-GVO 2004).

1. „Patente“ und Patentanmeldungen/Erfindungen/ergänzende Schutzzertifikate

191 Mit der Regelung in **§ 15 Abs. 2 PatG** hat der Gesetzgeber die von Literatur und Rechtsprechungbis dahin (Inkrafttreten: 1.1.1981) entwickelten Grundsätze über eine Lizenzvergabe in einen gesetzlichen Rahmen gefügt; § 15 Abs. 2 PatG hat daher keine rechtsändernde, sondern nur klarstellende Bedeutung[1]. Der Patentinhaber ist danach von Gesetzes wegen berechtigt, die ihm nach § 15 Abs. 1 PatG zustehenden Rechte, das **Recht auf das Patent**, den **Anspruch auf Erteilung des Patents** und das **Recht aus dem Patent**, ganz oder teilweise zum Gegenstand von Lizenzen zu machen.

Im Zweifel wird bei einer Patentlizenz die vereinbarte Lizenzgebühr für alle diejenigen, aber auch nur diejenigen Handlungen versprochen, die sich als Patentverletzung darstellen würden, wenn sie nicht durch die Lizenz gestattet wären[2].

---

1 Vgl. Benkard/*Ullmann*, PatG, § 15 Rz. 1; Amtl. Begründung zum GPatG, BT-Drucks. 8/2087, S. 25.
2 *BGH* v. 5.7.2005, GRUR 2005, 845, 846 – Abgasreinigungsvorrichtung.

192 Der Gegenstand des Lizenzvertrages im Bereich technischer Schutzrechte kann – entsprechend der Vielfalt der lizenzierbaren Rechte – verschiedenartig sein. Die **Vergabe von Lizenzen ist möglich an**:

- Patenten (zur Patentierbarkeit von Software s. Rz. 253 ff.),
- Geheimpatenten[1],
- angemeldeten oder zur Anmeldung vorgesehenen Erfindungen[2],
- offen gelegten Patentanmeldungen[3],
- Geheimverfahren und Erfindungen, für die ein Patentschutz (noch) nicht beabsichtigt[4] oder nicht möglich ist[5] (vgl. Rz. 215 ff., 2530 ff.).

Auch an einer europäischen Patentanmeldung kann gemäß **Art. 73 EPÜ**[6] eine Lizenz vergeben werden.

Die Lizenz an einem Erfindungsrecht bezieht sich auch auf das darauf bezogene Patent, falls ein solches auf die Erfindung erteilt wird[7].

Schließt die Benutzung des lizenzierten Schutzrechts **notwendig die Mitbenutzung einer anderen Erfindung** des Lizenzgebers mit ein, ist die Benutzung dieser weiteren Erfindung mitlizenziert, ohne dass es einer ausdrücklichen Erwähnung bedarf[8] (s. auch Rz. 475).

193 Lizenzierbar ist bereits ein **noch nicht bestehendes, sondern erst zukünftig entstehendes Erfindungs-(Schutz-)recht**, wenn es im Zeitpunkt des Vertragsabschlusses ausreichend bestimmbar ist[9]. Die Regelung des § 15 Abs. 2 PatG bezieht sich entsprechend ihrer systematischen Stellung im PatG allerdings **nicht** auf die Gewährung von **Lizenzen an nicht angemeldeten Erfindungen**[10]. Dies bedeutet aber nicht, dass eine (noch) nicht zum Schutzrecht angemeldete technische Lehre nicht Gegenstand eines der Rechtsnatur des Patentlizenzvertrages verwandten Verwertungsvertrages sein kann[11].

---

1 *BGH* v. 1.12.1966, GRUR 1967, 245, 246 – Lizenzbereitschaft an Geheimpatent.

2 *BGH* v. 14.11.1968, BGHZ 51, 263, 264 – Silobehälter; vgl. auch Rz. 193 ff.

3 *BGH* v. 1.10.1964, GRUR 1965, 160, 162 – Abbauhammer; zur bekannt gemachten Patentanmeldung (PatG 1968).

4 *BGH* v. 14.11.1968, BGHZ 51, 263, 264 – Silobehälter; *BGH* v. 17.3.1961, GRUR 1961, 466, 467 – Gewinderollkopf.

5 Benkard/*Ullmann*, PatG, § 15 Rz. 232 f.

6 Art. 73 EPÜ „Vertragliche Lizenzen: Eine europäische Patentanmeldung kann ganz oder teilweise Gegenstand von Lizenzen für alle oder einen Teil der Hoheitsgebiete der benannten Vertragsstaaten sein."

7 *BGH* v. 8.7.1975, GRUR 1976, 140, 142 – Polyurethan u. *BGH* v. 10.9.2009, GRUR 2010, 47, Rz. 27 – Füllstoff; *Ohl*, GRUR 1992, 77 ff.

8 *BGH* v. 11.1.2005, GRUR 2005, 406, 407 – Leichtflüssigkeitsabscheider.

9 *BGH* v. 23.2.1982, NJW 1982, 2861, 2862; *Schulte/Kühnen*, PatG, § 15 Rz. 11.

10 Benkard/*Ullmann*, PatG, § 15 Rz. 57; *Schulte/Kühnen*, PatG, § 15 Rz. 1 m.H.a. Amtl. Begr. zum 1. GPatG, BlPMZ 1979, 280.

11 BT-Drucks. 8/2087, S. 25; Benkard/*Ullmann*, PatG, § 15 Rz. 233.

Die Zulässigkeit eines solchen Vertrages beurteilt sich jedoch nicht nach dem PatG, sondern nach der im Rahmen der Vertragsfreiheit getroffenen Absprache unter Beachtung der kartellrechtlichen Schranken einer Lizenzvertragsgestaltung[1]. 194

„Erfindungen" werden nicht mehr explizit – wie noch in der Vorgängerverordnung in Art. 8 Abs. 2 der TT-GVO Nr. 240/1996 – unter **Art. 1 Abs. 1 lit. h** der jetzigen **TT-GVO 2004** als „Patent" aufgelistet. Dies bedeutet aber nicht, dass nicht angemeldete Erfindungen nun nicht mehr unter den Anwendungsbereich der TT-GVO 2004 zu subsumieren sind. Aus Gründen der Anwenderfreundlichkeit und Verständlichkeit der neuen Regelungstechnik wird in Art. 1 Abs. 1 lit. h TT-GVO 2004 auf eine Gleichstellung von „Patenten" und „Erfindungen" verzichtet. Dies hängt wohl damit zusammen, dass „Erfindungen" – soweit diese Voraussetzungen vorliegen – jedenfalls als **„Know-how"** zu bewerten und damit auch von der TT-GVO 2004 erfasst sind[2]. Im Wege der dynamischen Verweisung über § 2 Abs. 2 GWB gilt die europäische Regelung auch für die deutsche kartellrechtliche Beurteilung einer Lizenzvertragsgestaltung (vgl. Rz. 1062 ff.).

Dass Lizenzabreden auch über die Nutzung solcher **Erfindungen** geschlossen werden können, **die zur Erteilung eines Patentes angemeldet worden sind**[3] (vgl. § 15 Abs. 2 Satz 1 i.V.m. Abs. 1 Satz 1 PatG), folgt aus dem Gesichtspunkt der Vertragsfreiheit (§ 311 BGB). Bei derartigen Lizenzverträgen empfiehlt es sich in besonderem Maße, den Vertragsgegenstand genau zu umschreiben[4]. 195

Hinsichtlich der **Rechtsfolgen** der **Lizenzierung von bloßen Patentanmeldungen** sind im Wesentlichen drei Gestaltungsmöglichkeiten zu unterscheiden: 196

(1) Der Lizenzgeber verpflichtet sich zur **Lizenzerteilung nur für den Fall der Patenterteilung**, sei es als aufschiebende Bedingung ab Patenterteilung (§ 158 Abs. 1 BGB) oder als auflösende Bedingung im Falle einer Patentversagung (§ 158 Abs. 2 BGB). Die Bedingung wäre im Vertrag zu konkretisieren und löst entsprechende Pflichten des Lizenzgebers aus (vgl. §§ 160 bis 162 BGB). Wird mangels Schutzfähigkeit kein Patent erteilt und hat der Lizenzgeber keine weitergehenden Zusicherungen gemacht, trifft ihn keine Haftung.

---

1 Vgl. §§ 1 ff. GWB i.V.m. der TT-GVO Nr. 774/2004; *BGH* v. 14.11.1968, BGHZ 51, 263, 264 ff. – Silobehälter (unter Bezugnahme auf die zu diesem Zeitpunkt geltenden §§ 20, 21 GWB a.F.).

2 *Groß*, Rz. 13 und 16; *Falck/Schmalz* in Loewenheim/Meessen/Riesenkampff, GVO-Technologie Rz. 13; hierzu Rz. 795.

3 So ausdrücklich *BGH* v. 17.3.1961, GRUR 1961, 466, 467 – Gewinderollkopf; *BGH* v. 26.6.1969, GRUR 1969, 677, 678 – Rüben-Verladeeinrichtung; *Kraßer*, Patentrecht, § 40 IV b; *Groß*, Rz. 13; *Keller*, S. 29 f.

4 Vgl. hierzu Lindenmaier/*Weiß*, PatG, § 9 a.F. Rz. 61; *Reimer*, PatG, § 9 a.F. Rz. 21; *Pietzcker*, PatG, § 6 a.F. Anm. 2, 7, 16; *Groß*, Rz. 13 a.E.

Bei Schutzrechtsversagung tritt die auflösende Bedingung ein. Eine Rückabwicklung erfolgt angesichts der vereinbarten Bedingung nicht[1]. Bei Erteilung des Schutzrechts ist eine (weitere) Einräumung einer Lizenz an dem erteilten Patent nicht mehr erforderlich (vgl. auch Rz. 192).

Fehlt eine ausdrückliche Regelung, so ist im Zweifel eine sofortige Lizenzerteilung ab Vertragsabschluss anzunehmen[2].

(2) Der Lizenzgeber räumt die **Lizenz** bewusst ohne Zusagen zur Patenterteilung ein, **unabhängig davon, ob das Patent erteilt wird oder nicht**. Diese Fallkonstellation, bei der der Lizenzgeber keinerlei Zusicherungen zu den Erteilungschancen macht, ist in der Praxis der Regelfall. Sie ist meist auch im Falle eines über künftige Weiterentwicklungen und Verbesserungen abgeschlossenen Lizenzvertrages anzunehmen[3].

Im Einzelfall kann – je nach den Umständen – hierin die Vereinbarung einer stillschweigenden auflösenden Bedingung für den Fall der Schutzrechtsversagung gesehen werden (s. zuvor 1. Alternative). Ist dies nicht der Fall, bestimmen sich die Rechtsfolgen grundsätzlich nach § 311a BGB (s. dazu Rz. 1553, 1556 f.).

(3) Wird im vorgenannten Fall vom Lizenzgeber dagegen (ausnahmsweise) die **Patentfähigkeit zugesichert und wird dann der Patentschutz versagt**, ist der Lizenzvertrag – trotz Unmöglichkeit der Leistung des Lizenzgebers – wirksam (s. Rz. 530 ff.). Wegen der dem Lizenzgeber unmöglichen Verschaffung des Nutzungsrechts (vgl. § 275 Abs. 1 BGB) wird der Lizenznehmer von der Lizenzgebührenpflicht frei (§ 326 Abs. 1 BGB). Der Lizenznehmer kann – sofern der Lizenzvertrag noch nicht vollzogen ist – gemäß § 323 BGB zurücktreten (s. Rz. 1537 ff.). Im Übrigen hat jede Partei das Recht zur außerordentlichen Kündigung (§ 314 BGB). Der Lizenznehmer hat mit Blick auf die schuldunabhängige Einstandspflicht des Lizenzgebers aufgrund der Garantie einen Schadensersatzanspruch gemäß § 280 Abs. 1 i.V.m. § 276 Abs. 1 Satz 1 BGB bzw. § 536a Abs. 1 1. Alt. BGB (s. dazu Rz. 63).

Zur Rücknahme der Patentanmeldung durch den Lizenzgeber s. Rz. 1551.

197 Sind Vertragsgegenstand **mehrere** erst zur Erteilung eines Patents angemeldete **Erfindungen oder** verschiedene **Schutzrechte**, kann es **Auswirkungen auf** die vereinbarte **Lizenzgebühr** haben, **wenn ein Patent nur eingeschränkt erteilt oder versagt wird** (s. dazu Rz. 1551 f.). In jedem Fall empfiehlt sich hier eine vertragliche Regelung, ob und wie der Nichterteilung bzw. Versagung einzelner Schutzrechte Rechnung getragen wird. Haben die Parteien für derartige Fälle keine Abrede über eine Anpassung der

1 Vgl. auch *BGH* v. 14.5.2002, GRUR 2002, 787, 789 – Abstreiferleiste.
2 Vgl. *Reimer*, PatG, § 9 a.F. Rz. 21; *Pietzcker*, PatG, § 6 a.F. Anm. 2, 7, 16.
3 *BGH* v. 29.1.1957, GRUR 1957, 485, 487 – Chenillemaschine.

Lizenzgebühr an die geänderten Umstände vorgesehen, bleibt es regelmäßig bei der Lizenzgebühr in vereinbarter Höhe, es sei denn, eine wesentliche Schutzrechtsposition entfällt.

Für die vertragliche Regelung, wie einer ausbleibenden Patenterteilung oder einer später wegfallenden Schutzrechtsposition Rechnung getragen werden soll, bieten sich mehrere Gestaltungsmöglichkeiten an: 198

- Die Parteien stellen klar, dass die ausbleibende Schutzrechtserteilung hinsichtlich bestimmter Vertragsrechte bzw. deren Wegfall keinen Einfluss hat, so dass der **Vertrag ansonsten unverändert Bestand hat**.
- Möglich ist es ferner, im **Vorhinein den Wert der einzelnen lizenzierten Schutzrechtspositionen zu bestimmen (Gewichtung)**. Wird ein Patent nicht oder nur eingeschränkt erteilt bzw. fällt es später weg, mindert sich als Vertragsfolge die Lizenzgebühr um den für die betreffende Schutzrechtsposition festgesetzten Wert. Eine solche Regelung bietet jedoch nicht immer eine befriedigende Lösung, da sich der anfänglich angenommene technische bzw. wirtschaftliche Wert der einzelnen Schutzrechtspositionen während der Vertragslaufzeit ändern kann. Die gleichen Grundsätze können in Bezug auf mitlizenziertes Know-how gelten, auch für den Fall des (ganzen oder teilweisen) Offenkundigwerdens.
- Möglich ist es auch, auf eine Gewichtung der einzelnen Schutzrechtspositionen zu verzichten und im Vertrag lediglich eine **Neuverhandlung** über die Höhe der Lizenzgebühr vorzusehen (vgl. zu Verhandlungsklauseln Rz. 2911 ff.).

Verzichtet der Lizenzgeber bewusst auf eine Schutzrechtsanmeldung für die lizenzierte Erfindung, etwa weil es sich um ein **betriebsgeheimes Verfahren** handelt, unterliegt die Zulässigkeit eines solchen Vertrages keinen rechtlichen Bedenken. Allerdings ist im Einzelfall die **Abgrenzung zum Know-how-Lizenzvertrag schwierig** (vgl. Rz. 2545 ff., 2675 ff.). Zudem sind gerade in den Fällen, in denen eine Anmeldung zum Patent nicht beabsichtigt ist und damit eine materielle Prüfung des Lizenzgegenstandes durch das Patentamt unterbleibt, die Regelungen über das Leistungshindernis (§ 275 Abs. 4, § 311a Abs. 2 BGB) im Auge zu behalten[1], die etwa dann eingreifen, wenn eine dem Lizenznehmer überlassene technische Neuerung naturgesetzlich nicht ausführbar ist[2]. 199

Beschränkt sich der Lizenzvertrag zwar auf ein bestimmtes Schutzrecht, macht dessen Benutzung jedoch die Nutzung einer weiteren Erfindung des Lizenzgebers erforderlich, ist im Zweifel die Mitbenutzung dieser weiteren 200

1 Vgl. *Groß*, Rz. 55 ff.; vgl. *BGH* v. 13.7.1977, GRUR 1978, 308, 310 – Speisekartenwerbung; *BGH* v. 27.6.1991, BGHZ 115, 69, 74 – Keltisches Horoskop; *Preu*, GRUR 1974, 623, 625.

2 *BGH* v. 22.5.1959, GRUR 1960, 44, 45 – Uhrgehäuse; *BGH* v. 1.12.1964, GRUR 1965, 298, 301 – Reaktions-Messgerät; *Nirk*, GRUR 1970, 329, 333; *Kraßer*, GRUR Int. 1990, 611, 612.

Erfindung auch ohne darauf bezogene Vertragsabsprache mitlizenziert[1]. Diese Mitbenutzung wird mangels anderweitiger Abrede von der vereinbarten Lizenzgebühr mit umfasst. Allerdings kann eine derartige Mitlizenzierung eines Schutzrechts dann nicht anzunehmen sein, wenn im Lizenzvertrag andere Schutzrechte von der Einräumung eines Benutzungsrechts gerade explizit ausgenommen werden[2].

201 Gemäß **§ 16a Abs. 1 PatG** kann nach Maßgabe von Verordnungen der EU über die Schaffung von **ergänzenden Schutzzertifikaten** ein sich an den Ablauf des Grundpatents anschließender Schutz beantragt werden. Bei dem ergänzenden Schutzzertifikat handelt es sich letztlich um eine Bescheinigung über die Verlängerung der Laufzeit[3] des Grundpatents in den Grenzen der für den Gegenstand des Grundpatents geltenden Zulassung (also Schutz für ein bestimmtes Erzeugnis, den Wirkstoff oder die Wirkstoffzusammensetzung)[4]. Seine Erteilung setzt nach Ansicht des *EuGH*[5] voraus, dass nach der jeweiligen VO eine gültige Genehmigung für das Inverkehrbringen des Erzeugnisses in dem Mitgliedstaat, in dem die Anmeldung eingereicht wird, erteilt wurde[6].

Für **Arzneimittel** gilt die Verordnung (EG) Nr. 469/2009 des Europäischen Parlaments und des Rates über das ergänzende Schutzzertifikat für Arzneimittel vom 6.5.2009[7]. Für **Kinderarzneimittel** gilt die VO (EG) Nr. 1901/2006 in der Fassung der VO Nr. 726/2004 vom 12.12.2006[8].

Für **Pflanzenschutzmittel** gilt die VO (EG) Nr. 1610/96 des Europäischen Parlaments und des Rates über die Schaffung eines ergänzenden Schutzzertifikats für Pflanzenschutzmittel vom 23.7.1996, in Kraft seit dem 8.2.1997[9].

---

1 *BGH* v. 11.1.2005, GRUR 2005, 406, 407 – Leichtflüssigkeitsabscheider; s. auch Rz. 474.

2 *LG Düsseldorf* v. 18.3.2008, InstGE 9, 108, Rz. 61 f. (juris).

3 Zur Berechnung der Laufzeit des ergänzenden Schutzrechtszertifikats gemäß Art. 13 Abs. 1 VO 1368/92 vgl. *BPatG* v. 19.10.1995, BPatGE 35, 276, 278 ff.

4 Zur Diskussion über die Rechtsnatur des ergänzenden Schutzzertifikats vgl. *Kunz-Hallstein*, GRUR Int. 1991, 351 ff.

5 *EuGH* v. 16.9.1999, GRUR Int. 2000, 69; *EuGH* v. 12.6.1997, GRUR Int. 1997, 908, 910 – Yamanouchi Pharmaceutical Co.

6 Vgl. Art. 3 der VO (EG) Nr. 469/2009 sowie Art. 3 Abs. 1 lit. b der VO (EG) 1610/96; *BGH*, GRUR 2000, 683 ff. – Indarubicin II (zu den Voraussetzungen der Erteilung und dem Schutzbereich); Einzelheiten s. *Mes*, PatG, § 16a Rz. 30 ff.

7 ABl. EU Nr. L 152, S. 1; zur Rechtswirksamkeit der Vorläufer VO Nr. 1768/92 vgl. *EuGH* v. 11.12.2003 – Rs. C-127/00, GRUR 2004, 225 u. *EuGH* v. 13.7.1995, GRUR Int. 1995, 906 ff. – Königreich Spanien/Rat der Europäischen Union; *BGH* v. 25.1.2005, GRUR Int. 2005, 512 f. – Cabergolin II.

8 BlPMZ 2007, 146.

9 VO Nr. 1610/96 v. 23.7.1996 über die Schaffung eines ergänzenden Schutzzertifikats für Pflanzenschutzmittel, ABl. EG Nr. L 198 v. 8.8.1996, S. 30 = BlPMZ 1996, 455; zum Patentbeschwerdeverfahren (erste Genehmigung): *BPatG* v. 27.3.2000, GRUR Int. 2000, 921 ff. – Fusilade.

Mit Inkrafttreten der o.a. VOen bzw. der nationalen gesetzlichen Regelung durch § 16a PatG sind auch Lizenzen an einem solchen Schutzzertifikat möglich, § 16a Abs. 2 PatG (vgl. auch Art. 5 VO 469/2009). Gemäß **§ 16a Abs. 3 PatG gelten Lizenzen, die für das Grundpatent erteilt wurden, auch für den ergänzenden Schutz** durch das Zertifikat. Nach zutreffender Auffassung von *Grabinski*[1] enthält § 16a Abs. 3 PatG kein zwingendes Recht, sondern lediglich eine **Auslegungsregel**, die an den Charakter des Zertifikats als Verlängerung der Laufzeit des Patents anknüpft. Diese Auslegungsregel gilt für einfache und ausschließliche Lizenzen. Selbstverständlich ist zur Beantwortung der Frage, ob die Laufzeit des ergänzenden Schutzzertifikates auch die Laufzeit des Patentlizenzvertrages verlängert, vorrangig auf die vertraglichen Vereinbarungen abzustellen. Ergibt sich aus dem Vertrag eindeutig, dass eine Laufzeitbeschränkung auf die Dauer des ursprünglichen Patentschutzes gewünscht ist (vgl. Rz. 1254 ff.), ist für eine Verlängerung der Lizenzeinräumung um den Zeitraum der Schutzdauer des ergänzenden Schutzzertifikats kein Raum. Hier gilt das Gleiche wie in dem Fall, dass eine Zeitlizenz eingeräumt wurde, die zu einer Beendigung des Lizenzvertrages vor Ablauf des Patentschutzes führt[2]. 202

Ob die für das Grundpatent vereinbarte **Lizenzgebühr** auch für die Zeitdauer der Nutzung des Schutzzertifikats (weiter-)zuzahlen ist, richtet sich nach der Vertragsabsprache, die ggf. im Wege ergänzender Vertragsauslegung zu bestimmen ist[3]. Ist eine laufende, umsatzbezogene Lizenzgebühr vereinbart, gilt diese grundsätzlich auch für Nutzungen des Schutzzertifikates. Haben die Vertragsparteien eine einmalige Pauschallizenzgebühr oder eine sonstige Art der Einmalzahlung (s. hierzu Rz. 1753 ff.) vereinbart, hängt es von den Umständen des Einzelfalls ab, ob bei Verlängerung des Patentschutzes durch ein Schutzzertifikat und entsprechender Vertragsverlängerung eine Äquivalenzstörung vorliegt. 203

In § 2 Abs. 2 GWB i.V.m. **Art. 1 Abs. 1 lit. h TT-GVO 2004** (vgl. Rz. 2004) ist das ergänzende Schutzzertifikat für Arzneimittel bzw. für solche Produkte, für die nach Inkrafttreten der TT-GVO 2004 ergänzende Schutzzertifikate erteilt werden können, dem Patent gleichgestellt worden. Nach europäischem Kartellrecht sind also Patent (Grundpatent) und ergänzendes Schutzzertifikat gleich zu behandeln[4]. Soweit es nach der TT-GVO 2004 darauf ankommt, dass Patentschutz bzw. paralleler Patentschutz besteht, wird hier ein entsprechender Schutz über ein ergänzendes Schutzzertifikat ausreichen. Ein ergänzendes Schutzzertifikat entspricht auch den kartell- 204

---

1 Benkard/*Grabinski*, PatG, § 16a Rz. 39; *Mühlens*, Mitt. 1993, 213, 216; *Brändel*, GRUR 2001, 875, 877.

2 Vgl. zur Rechtslage im Urheberrecht *BGH* v. 31.5.1990, GRUR 1990, 1005, 1007 f. – Salome I; *BGH* v. 18.1.1996, GRUR 1996, 763, 766 – Salome II; *BGH* v. 13.1.2000, GRUR 2000, 869 – Salome III.

3 Materialien, BlPMZ 1993, 205, 208, 210.

4 Vgl. § 16a Abs. 2 PatG, Art. 5 VO (EG) Nr. 469/2009, Art. 5 VO (EG) 1610/96.

rechtlichen Freistellungsanforderungen i.S. der TT-GVO 2004. Nach den Erwägungsgründen des Rates sind ergänzende Schutzzertifikate nicht aus technischen Gründen geschaffen worden, sondern zur Erleichterung der Amortisation der im Zuge der Entwicklung des „Grundpatents" entstandenen Forschungskosten, und zwar vor dem Hintergrund der lang andauernden Zulassungsverfahren für Arzneimittel wie auch für Pflanzenschutzmittel. Der wesentliche Zweck ergänzender Schutzzertifikate besteht darin, der europäischen Industrie die gleichen Wettbewerbsbedingungen zu gewährleisten, wie sie z.B. die nordamerikanische und japanische Industrie vorfinden[1]. Deshalb wird immer davon auszugehen sein, dass unter den genannten Voraussetzungen Vereinbarungen über ergänzende Schutzzertifikate kartellrechtlich unter die TT-GVO 2004 subsumierbar sind.

205 § 16a Abs. 2 PatG nimmt auf verschiedene Vorschriften des PatG Bezug, u.a. auch auf die §§ 15, 23, 24, 30 PatG. Wird also das Recht aus dem Zertifikat auf einen Dritten übertragen, genießen hieran eingeräumte Lizenzen den **Sukzessionsschutz** der §§ 16a Abs. 2, 15 Abs. 3 PatG (s. dazu Rz. 114 ff.). Denkbar ist eine auf ein ergänzendes Schutzzertifikat bezogene Lizenzbereitschaftserklärung i.S. des § 23 PatG. Da § 24 PatG ebenfalls in Bezug genommen wurde, ist auch die Einräumung einer Zwangslizenz an einem ergänzenden Schutzzertifikat denkbar, was gerade im Arzneimittelbereich eine besondere Rolle spielt.

206 Die Bundesregierung hat am 9.5.2012 den Entwurf eines Gesetzes zur Novellierung patentrechtlicher Vorschriften und anderer Gesetze des gewerblichen Rechtsschutzes beschlossen[2]. An erster Stelle soll der Entwurf die nutzerfreundliche Verbesserung der Verfahren vor dem DPMA für Patentsachen bezwecken. Hierzu sollen sowohl das Erteilungsverfahren als auch weitere Verfahrensabschnitte vor dem DPMA an geänderte tatsächliche Rahmenbedingungen angepasst, die Verfahren für den einzelnen Anmelder und das DPMA effizienter und transparenter gestaltet sowie aus der Sicht der Praxis zweckmäßige Anpassungen an Regelungen und Abläufe beim EPA vorgenommen werden. Der Bundesrat hat in seiner Sitzung am 6.7.2012 beschlossen, keine Einwendungen gegen den Gesetzentwurf zu erheben. Beratung und Entscheidung im Bundestag stehen noch aus.

207–209 Frei.

2. Gebrauchsmuster

210 Das Gebrauchsmuster bezieht sich als technisches Schutzrecht ebenfalls auf technische Erfindungen und entspricht weitgehend dem Patent (sog. **„kleines Patent"**). Es wird ohne Überprüfung der materiellen Schutzvoraussetzungen der Neuheit und des erfinderischen Schritts (vgl. §§ 1, 8

1 EGr 4–8 der VO (EG) Nr. 469/2009 und EGr 5–6 der VO (EG) Nr. 1610/96.
2 BR-Drucks. 307/12 v. 25.5.2012.

GebrMG) registriert. Auch kartellrechtlich ist das Gebrauchsmuster über Art. 1 Abs. 1 lit. h TT-GVO 2004 dem Patent gleichgestellt.

Der **Schutz** des Gebrauchsmusters dauert gemäß § 23 Abs. 1 GebrMG drei Jahre ab Eintragung. Er ist nach § 23 Abs. 2 GebrMG zunächst um drei, später um je zwei Jahre bis zu einer Höchstdauer von **zehn Jahren** verlängerbar.

§ 22 Abs. 2 Gebrauchsmustergesetz (GebrMG) eröffnet dem Inhaber eines 211
nach § 1 GebrMG geschützten Gebrauchsmusters die Möglichkeit der Erteilung ausschließlicher oder nicht ausschließlicher Lizenzen. Die für die **Patentlizenz geltenden Ausführungen** gelten grundsätzlich **für die Lizenzierung von Gebrauchsmustern** entsprechend[1]. Auch wenn das Gebrauchsmuster im Eintragungsverfahren nicht amtlich auf seine materiellen Schutzvoraussetzungen geprüft wird, berührt dies Abschluss und Bestand eines Lizenzvertrages über Gebrauchsmuster grundsätzlich nicht. Solange der Gebrauchsmusterschutz besteht und das Gebrauchsmuster von den Mitbewerbern respektiert wird, rechtfertigt sich ein Festhalten am Lizenzvertrag[2].

Der Wegfall eines lizenzierten Gebrauchsmusters hat nur Wirkung für die Zukunft (Kündigungsrecht, Wegfall der Gebührenzahlungspflicht).

Ausdrücklich normiert **§ 20 GebrMG** die entsprechende Anwendung der 212
Regelung über die Erteilung einer **Zwangslizenz** in § 24 PatG auf eingetragene Gebrauchsmuster.

Frei. 213–214

3. Know-how[3]

Im Gegensatz zum Patentlizenzvertrag, der seine gesetzliche Grundlage in 215
§ 15 PatG hat, findet sich auf gesetzlicher Ebene keine spezielle Rechtsgrundlage über die Lizenzierung von Know-how. Dennoch ist allgemein anerkannt, dass auch Know-how im Rahmen eines Lizenzvertrages überlassen werden kann[4]. Unter Know-how versteht man das **nicht durch Schutzrechte gesicherte (betriebliche) Erfahrungswissen** auf technischem oder kaufmännischem Bereich, das gegenüber Dritten einen Vorteil gewährt[5] (zum Begriff s. ausführlich Rz. 2544 ff.). Dementsprechend definiert

---

1 Benkard/*Grabinski*, PatG, GebrMG, § 22 Rz. 4; Busse/*Keukenschrijver*, PatG, § 22 GebrMG Rz. 4.

2 Vgl. Busse/*Keukenschrijver*, PatG, § 22 GebrMG Rz. 4 m.H.a. *BGH* v. 28.9.1976, GRUR 1977, 107, 109 – Werbespiegel.

3 Vgl. die ausführlichen Erörterungen unter Rz. 2530 ff., die sich speziell mit Wesen und Schutz des Know-how-Lizenzvertrages auseinander setzen.

4 Vgl. Groß, Rz. 16; *Henn*, Rz. 29.

5 So auch *Finger*, GRUR 1970, 3, 4; *Kraßer*, GRUR 1970, 587, 588; Groß, Rz. 16; *Henn*, Rz. 29.

Art. 1 Abs. 1 lit. i TT-GVO 2004 Know-how als „Gesamtheit nicht patentierter praktischer Kenntnisse, die durch Erfahrungen und Versuche gewonnen werden".

216 **Wesen** des Know-how-Lizenzvertrages ist die Überlassung des im Vertrag näher bezeichneten Erfahrungswissens, gegebenenfalls in Verbindung mit technischer Hilfestellung seitens des Lizenzgebers, wie etwa Unterrichtungsmaßnahmen o.Ä., für die im Gegenzug eine Vergütungspflicht des Lizenznehmers fällig wird (zu den Vertragspflichten der Lizenzvertragspartner vgl. Rz. 1369 ff.; 1675 ff.).

217 **Gegenstand**[1] des Know-how-Lizenzvertrages kann die Überlassung von im Zeitpunkt des Vertragsschlusses bereits vorhandenem oder erst zu erarbeitendem Know-how sein[2]. Dabei kann die Lizenzierung des Know-hows auf verschiedene Arten erfolgen. Es ist etwa denkbar, das Wissen in Form eines Beratungsvertrages, eines Erfahrungsaustauschvertrages oder eines Nachbauvertrages weiterzugeben (s. hierzu Rz. 2695 ff., 2710 ff.). Häufigster Anwendungsfall eines Know-how-Lizenzvertrages wird jedoch eine in Verbindung mit einem zugleich abgeschlossenen Lizenzvertrag über die Nutzung von Schutzrechten vorgenommene Wissensübermittlung sein (gemischter Schutzrechts- und Know-how-Lizenzvertrag; s. hierzu Rz. 2680 ff., vgl. auch Art. 1 Abs. 1 lit. b TT-GVO 2004).

218 Die **Rechtsnatur**[3] des Know-how-Lizenzvertrages ist in Literatur und Rechtsprechung nicht abschließend geklärt. So wird der Know-how-Lizenzvertrag vereinzelt den kauf- oder pachtvertraglichen Regelungen[4] unterworfen. Richtig erscheint es, die Lizenzierung von Know-how – jedenfalls bei laufender Informationsverpflichtung – den bürgerlich-rechtlichen Vorschriften über den Dienstvertrag (§§ 611 ff. BGB[5]) und ergänzend – wegen der Beratungsfunktion – der Regelung über die Erteilung eines Rates (§ 675 Abs. 2 BGB) zuzuordnen[6]. Eine Kennzeichnung des Know-how-Lizenzvertrages als Vertrag sui generis würde sich damit erübrigen.

219 Frei.

---

1 Hierzu vgl. Rz. 2530 ff., 2670 ff.

2 *Henn*, Rz. 31.

3 Ausführlich unter Rz. 2655 ff.

4 *OLG Hamm* v. 2.3.1993, NJW-RR 1993, 1270; *Pfaff*, BB 1974, 565, 567; Benkard/*Ullmann*, PatG, § 15 Rz. 234; Palandt/*Weidenkaff*, BGB, Einf. v. § 581 Rz. 8 m.w.N.; *Groß*, Rz. 19 ff.

5 S. aber auch *BGH* v. 25.11.2010, GRUR 2011, 455, Rz. 27 f. – Flexitanks, der die Anwendbarkeit der für Dienstverträge geltenden Kündigungsfrist des § 626 Abs. 2 BGB auf den Know-how-Vertrag ablehnt.

6 So auch *Skaupy*, GRUR 1964, 539, 541; a.A. *Henn*, Rz. 88; *Lüdecke/Fischer*, Lizenzverträge, S. 66.

4. Marken

Nach **§ 3 Abs. 1 MarkenG** sind Marken alle Zeichen – insbesondere Wörter einschließlich Personennamen, Abbildungen, Buchstaben, Zahlen, Hörzeichen, dreidimensionale Gestaltungen einschließlich der Form einer Ware oder ihrer Verpackung sowie sonstige Aufmachungen einschließlich Farben und Farbzusammenstellungen –, die geeignet sind, **Waren oder Dienstleistungen** eines Unternehmens von denjenigen anderer Unternehmen **zu unterscheiden**. 220

Im Bereich des Rechts der Marken gibt **§ 30 Abs. 1 MarkenG** dem Markeninhaber das Recht, über die geschützte Marke **ausschließliche oder nicht ausschließliche Lizenzverträge** abzuschließen. Damit können auch im Markenrecht Lizenzen mit dinglicher Wirkung vergeben werden. Dies war vor Inkrafttreten des Markengesetzes hinsichtlich der damaligen Warenzeichenlizenz noch abgelehnt worden[1]. Auch hier bleibt abzuwarten, inwieweit sich die Rechtsprechung zur dinglichen Wirkung auch der nicht ausschließlichen Lizenz (s. Rz. 121 ff.) bei der Markenlizenz auswirken wird. 221

Die Erteilung einer **Lizenz** ist im Falle der Eintragung einer Marke nach § 4 Nr. 1 MarkenG **auf die eingetragene Marke beschränkt**. Diese umfasst nicht das Recht, Lizenzen an verwechselbaren Zeichen i.S. von § 14 Abs. 2 Nr. 2 MarkenG zu erteilen[2]. Der Schutzumfang der Markenlizenz wird auch nicht dadurch ausgedehnt, dass sich die Vertragsparteien übereinstimmend falsche Vorstellungen über den Schutzbereich des Zeichens machen[3].

Während bei der Lizenz über technische Schutzrechte eine Verpflichtung des Lizenznehmers, **den Rechtsbestand des lizenzierten Schutzrechts nicht anzugreifen**, als nicht freistellungsfähige Klausel angesehen wird (s. hierzu Rz. 2080 ff.), wird bei der **Nichtangriffspflicht in Bezug auf lizenzierte Marken** ein großzügiger Maßstab angelegt[4]. 222

Der *EuGH* sieht zwar auch bei der auf Marken bezogenen Nichtangriffsabrede die Gefahr einer Wettbewerbsbeschränkung, da die Nichtangriffspflicht zum Erhalt einer Marke beitragen kann, was eine ungerechtfertigte Abschottung ihres bestimmten Marktes bedeutet. Dennoch sieht er eine solche **Wettbewerbsbeschränkung** als **nicht spürbar** an. Es stehe den Wettbewerbern des Markeninhabers frei, das betreffende Erzeugnis unter einer

1 Vgl. *Fammler*, Der Markenlizenzvertrag (2007), S. 6 m.w.N. S. auch *BGH* v. 19.7.2007, GRUR 2007, 877, 879 – Windsor Estate.

2 *BGH* v. 13.4.2000, Mitt. 2000, 504, 505 – SUBWAY/Subwear; *OLG Hamburg* v. 23.7.2008, OLGR Hamburg 2009, 609, Rz. 58 (juris); *OLG München* v. 12.1.2006, GRUR-RR 2006, 130, Rz. 47 (juris); vgl. auch *LG Bremen* v. 24.4.2008, GRUR-RR 2008, 347, Rz. 18 (juris).

3 *OLG Hamburg* v. 28.4.2005, MarkenR 2006, 55, Rz. 36 ff. (juris) – Mobilegames.

4 S. *EuGH* v. 23.3.1990, Entscheidung 1990/186 EWG, ABl. L 100 v. 20.4.1990, S. 32, Rz. 15 – Moosehed/Whitbread.

anderen Kennzeichnung auf den Markt zu bringen. Eine spürbare Beschränkung des Wettbewerbs könne es indes sein, wenn es sich um eine im Markt weitgehend bekannte Marke handelt. Da die GVO-TT 2004 für den Hauptgegenstand einer Lizenzvereinbarung bildende Marken nicht gilt (vgl. Art. 1 Abs. 1 lit. b u. Rz. 50, 53 der TT-Leitlinien zu Art. 81 EG [heute Art. 101 AEUV]), steht auch Art. 5 Abs. 1 lit. c TT-GVO 2004 der Wirksamkeit einer auf lizenzierte Marken bezogenen Nichtangriffspflicht grundsätzlich nicht entgegen.

223 **Nicht zweckmäßig** erscheint die Markenlizenzierung:

- zum einen, wenn die **Überlassung** der Marke **an** einen **Wettbewerber** des die Marke ebenfalls nutzenden Lizenzgebers in Frage steht, von besonderen Vertriebsformen abgesehen;
- zum anderen bei Besorgnis des Lizenzgebers, dass die Produkte des Lizenznehmers den Qualitätsvorstellungen oder **Qualitätsanforderungen des Lizenzgebers nicht entsprechen** (vgl. auch § 30 Abs. 2 Nr. 5 MarkenG). Zwar ist rechtlich gesehen Inhalt einer Marke nicht eine bestimmte Garantie bzgl. der Produktqualität, sondern ein Herkunftsnachweis[1]. Auf der anderen Seite wird aber aus der Sicht der Verbraucher mit einer bestimmten Marke eine bestimmte Qualität verbunden, weshalb die Vergabe von Markenlizenzen nicht zur Täuschung der Verbraucher über die Qualität des Produktes führen darf[2];
- schließlich ist auf das besondere **Produkthaftungsrisiko** hinzuweisen, das den Lizenzgeber für fehlerhafte Waren treffen kann, die der Lizenznehmer mit der lizenzierten Marke des Lizenzgebers versehen hat[3] (zur Produkthaftung vgl. Rz. 1590 ff.). Ist eine **Warenbezugspflicht** Gegenstand des Lizenzvertrages (s. hierzu Rz. 1948 ff.), so nimmt der Lizenzgeber ggf. eine **(Quasi-)Unternehmerstellung** ein, die ihn in ein **Produkthaftungsrisiko** hinsichtlich der vom Lizenznehmer abgenommenen Waren bringen kann.

224 Die Lizenzierung einer Marke enthält im Vergleich zur Patentlizenz einige **Besonderheiten**, die in **§ 30 Abs. 2 bis Abs. 5 MarkenG** geregelt sind. Die dort vorgesehenen Grundsätze gelten nach § 31 MarkenG entsprechend auch für durch Anmeldung von Marken begründete Rechte und deren Lizenzierung.

---

1 *BGH* v. 21.7.2005, WRP 2005, 1527 – Otto; *EuGH* v. 23.4.2009, GRUR 2009, 593, Rz. 22 – Copad/Dior; *EuGH* v. 11.3.2003, GRUR 2003, 425 – Ansul/Ajax; s. aber *EuGH* v. 29.9.1998, GRUR Int. 1998, 875, 877 – CANNON/Canon mit Anm. *Fezer*, WRP 1998, 1123, 1126 über die multifunktionale Bedeutung von Produktzeichen gegenüber bloßer Herkunftswirkung.

2 *BGH* v. 7.4.1965, GRUR 1966, 45, 46 – Markenbenzin; *BGH* v. 12.1.1966, BGHZ 44, 372, 377; vgl. auch *EuGH* v. 23.4.2009, GRUR 2009, 593, Rz. 22 – Copad/Dior m. Anm. *Fröhlich*, MarkenR 2010, 241.

3 Ausführlich hierzu *Hölzlwimmer*, Produkthaftungsrechtliche Risiken des Technologietransfers durch Lizenzverträge (2001), S. 123 ff.

Zu beachten ist zunächst die in § **30 Abs. 2 MarkenG** vorgesehene **Befugnis des Lizenzgebers**, trotz Bestehens eines Lizenzvertrages **Ansprüche aus der Marke gegen den Lizenznehmer geltend zu machen**. Hiernach kann der Inhaber einer Marke die Rechte aus der Marke gegen einen Lizenznehmer geltend machen, der hinsichtlich 225

- der Dauer einer Lizenz,
- der von der Eintragung erfassten Form, in der die Marke benutzt werden darf,
- der Art der Waren oder Dienstleistungen, für die die Lizenz erteilt wurde,
- des Gebiets, in dem die Marke angebracht werden darf, oder
- der Qualität der von ihm hergestellten Waren oder der von ihm erbrachten Dienstleistungen

gegen eine Bestimmung des Lizenzvertrages verstößt.

In Übereinstimmung mit Art. 8 Abs. 2 der Markenrechtsrichtlinie[1] können somit Verstöße gegen vertragliche Vereinbarungen der in § 30 Abs. 2 MarkenG genannten Art vom Markeninhaber gegen den Lizenznehmer auch mit der **Markenverletzungsklage** verfolgt werden. Werden solche Waren von Dritten vertrieben, so stehen dem Markeninhaber die Ansprüche **auch gegen die gewerblichen Abnehmer des Lizenznehmers** zu, ohne dass sich diese auf den Erschöpfungseinwand des § 24 MarkenG berufen können[2]. Verstößt der Lizenznehmer bspw. gegen lizenzvertraglich vereinbarte Vertriebsbeschränkungen im Rahmen eines selektiven Vertriebssystems, so kann hierin ein Verstoß gegen Art. 8 Abs. 2 MRRL/§ 30 Abs. 2 Nr. 5 MarkenG liegen[3]. Selbst wenn ein solcher Verstoß nicht gegeben ist, kann ein „berechtigter Grund" i.S. des Art. 7 Abs. 2 MRRL/§ 24 Abs. 2 MarkenG anzunehmen sein, der die Erschöpfung des Markenrechts ausschließt[4]. Die aus der Markenverletzung resultierenden Ansprüche (vgl. §§ 14 ff. MarkenG) stehen dem Lizenzgeber als Markeninhaber auch dann zu, wenn seine Prozessführungsbefugnis durch den Lizenzvertrag (ganz oder teilweise) eingeschränkt ist[5], etwa bei einer ausschließlichen Lizenz mit abschließender Pauschallizenzzahlung. 226

1 Erste Richtlinie des Rates zur Angleichung der Rechtsvorschriften der Mitgliedstaaten über die Marken (89/104/EWG) v. 21.12.1988, ABl. EG Nr. L 40 v. 11.2.1989, S. 1 (MRRL).

2 *Bühling*, GRUR 1998, 196, 198; *OLG Düsseldorf* v. 12.2.2009 – I-2 U 108/07, 2 U 108/07 – Rz. 28 (juris). Vgl. auch *EuGH* v. 23.4.2009, GRUR 2009, 593 – Copad/Dior, wonach ein Verstoß gegen Art. 8 Abs. 2 MRRL der Erschöpfung i.S. des Art. 7 Abs. 1 MRRL entgegen steht, woraus für das deutsche Recht folgt, dass ein Verstoß gegen § 30 Abs. 2 MarkenG das Eintreten der Erschöpfung gemäß § 24 Abs. 1 MarkenG hindert.

3 *EuGH* v. 23.4.2009, GRUR 2009, 593, 596, Rz. 52 ff. – Copad/Dior.

4 *EuGH* v. 23.4.2009, GRUR 2009, 593, 596, Rz. 52 ff. – Copad/Dior.

5 Vgl. *BGH* v. 21.10.2002, GRUR 2003, 242, 244 – Dresdener Christstollen.

227 Die **Aufzählung** in § 30 Abs. 2 MarkenG ist **abschließend**[1]. Verstößt der Lizenznehmer gegen sonstige Vertragsverpflichtungen, die nicht von § 30 Abs. 2 MarkenG erfasst werden, bleiben dem Lizenzgeber nur vertragliche Ansprüche[2].

228 Eine weitere Ausnahme gilt hinsichtlich des Klagerechts des Lizenznehmers bei Markenrechtsverletzungen Dritter. Der Lizenznehmer kann gemäß **§ 30 Abs. 3 MarkenG** – unabhängig davon, ob es sich um eine ausschließliche oder einfache Lizenz handelt – **nur mit Zustimmung des Markeninhabers Klage wegen Verletzung der Marke** erheben. Diese Regelung hat der *BGH* in seiner Entscheidung vom 30.4.1998[3] auch auf die **markenrechtliche Löschungsklage** übertragen. Dabei entfaltet das Zustimmungserfordernis bereits im Vorfeld gerichtlicher Geltendmachung, etwa bei einer **Abmahnung** wegen Markenrechtsverletzung, Wirkung[4]. Den Vertragsparteien steht es jedoch frei, im Lizenzvertrag eine abweichende Regelung zu treffen[5].

Besteht eine vertragliche Verpflichtung, Markenverstöße gerichtlich zu verfolgen, wird damit konkludent das Recht eingeräumt, gegen Markenverletzungen gerichtlich vorzugehen[6]. Aber auch wenn es dem Lizenznehmer nach der vertraglichen Vereinbarung freisteht, eigene Handlungen gegen den Verletzer vorzunehmen bzw. einzuleiten, hat der Markeninhaber dadurch seine Zustimmung vorab erklärt[7]. Vergibt ein ausländischer Markeninhaber eine exklusive Lizenz, liegt eine stillschweigende Zustimmung nahe[8]. Überträgt der Markeninhaber eine dingliche Markenlizenz, ist der Lizenznehmer i.S. des § 30 MarkenG aus eigenem Recht klagebefugt, bei lediglich schuldrechtlicher Übertragung kann er nur durch Ermächtigung seitens des Markeninhabers im Wege der Prozessstandschaft selbst klagen[9]. Für den Fall, dass in einer Abtretung sämtlicher markenrechtlicher Ansprüche des eingetragenen Markeninhabers an den Lizenznehmer im Einzelfall nur eine umfassende Lizenzeinräumung ohne Übertragung der

1 Vgl. *EuGH* v. 23.4.2009, GRUR 2009, 593 – Copad/Dior, wonach die Aufzählung in Art. 8 Abs. 2 MRRL, der in § 30 Abs. 2 MarkenG in das deutsche Recht umgesetzt worden ist, erschöpfend ist.

2 *Bühling*, GRUR 1998, 196, 198.

3 *BGH* v. 30.4.1998, BGHZ 138, 349 ff. – MAC Dog.

4 *OLG München* v. 8.8.1996, NJW-RR 1997, 1266, 1268–1860 München; *OLG Hamburg* v. 28.4.2005, MarkenR 2006, 55, Rz. 78 (juris) – Mobilegames.

5 *BGH* v. 19.1.1989, GRUR 1990, 361, 362 – Kronenthaler; *BGH* v. 13.10.1994, GRUR 1995, 54, 57 – Nicoline.

6 *LG Köln* v. 29.1.2009, Mitt. 2009, 192 – Rz. 19 (juris). Ebenso enthält die seitens des Markeninhabers erteilte Vollmacht zur Wahrnehmung der Rechte aus der Marke eine Ermächtigung i.S. des § 30 Abs. 3 MarkenG (*OLG Köln* v. 18.2.2009, WRP 2009, 1290, 1294).

7 *OLG Hamburg* v. 20.1.2005, GRUR-RR 2005, 258, Rz. 13 (juris) – Ahoj-Brause.

8 *LG Hamburg* v. 9.8.2005, Magazindienst 2006, 651, Rz. 19 (juris).

9 *OLG Hamm* v. 9.3.2010 – 4 U 166/09, Rz. 36 (juris). S. auch *LG Köln* v. 8.4.2009 – 84 O 189/08, Rz. 16 (juris).

Marke liegen sollte, ist in der Abtretung jedenfalls die Zustimmung des Markeninhabers i.S. des § 30 Abs. 3 MarkenG zu sehen[1].

Zu beachten ist, dass der Lizenznehmer trotz Zustimmung nach § 30 Abs. 3 MarkenG im Hinblick auf § 14 Abs. 6 MarkenG (Verletzungsansprüche stehen nur dem Markeninhaber zu) Zahlung an den Markeninhaber verlangen muss. Leistung an sich selbst kann der Lizenznehmer nur dann verlangen, wenn ihm vom Markeninhaber zusätzlich zur Zustimmung nach § 30 Abs. 3 MarkenG auch eine materiell-rechtliche Einziehungsermächtigung erteilt oder der Schadensersatzanspruch des Markeninhabers an ihn abgetreten worden ist[2].

Gemäß Art. 22 Abs. 3 Satz 1 der **Gemeinschaftsmarkenverordnung – GMVO** (EG) Nr. 207/2009 des Rates v. 26.2.2009[3] kann der Lizenznehmer unbeschadet der Bestimmungen des Lizenzvertrags ein Verfahren wegen Verletzung einer Gemeinschaftsmarke nur mit Zustimmung ihres Inhabers abhängig machen[4]. Jedoch kann der Inhaber einer ausschließlichen Lizenz nach Art. 22 Abs. 3 Satz 2 GMVO ein solches Verfahren anhängig machen, wenn der Inhaber der Gemeinschaftsmarke nach Aufforderung nicht selbst innerhalb einer angemessenen Frist die Verletzungsklage erhoben hat. Erteilt der Markeninhaber seine Zustimmung, steht der Befugnis des Lizenznehmers, Klage zu erheben, nicht entgegen, dass die erteilte Lizenz nicht eingetragen ist[5]. 228a

Im markenrechtlichen Widerspruchsverfahren ist ein **Parteiwechsel** (Lizenznehmer statt Markeninhaber) im Wege der gewillkürten Prozessstandschaft zulässig[6]. Da auf den Beteiligtenwechsel im registerrechtlichen Widerspruchs- und Beschwerdeverfahren im Falle der Rechtsnachfolge über § 82 Abs. 1 Satz 1 MarkenG die Vorschriften der ZPO entsprechend anwendbar sind[7], hängt nach **§ 265 Abs. 2 Satz 2 ZPO** die Zulässigkeit des gesetzlich geregelten Parteiwechsels von der Zustimmung des Prozessgegners ab, die auch in der **stillschweigenden Billigung der Prozessübernahme** liegen kann[8]. 229

---

1 *OLG Hamm* v. 7.4.2011 – 4 U 1/11, I-4 U 1/11, GRUR-RR 2011, 465, Rz. 20 (juris) – Mein Schiff, Unser Schiff.

2 *BGH* v. 15.3.2012, Mitt. 2012, 277, 281, Rz. 51 – Converse II.

3 ABl. EU Nr. L 78 v. 24.3.2009, S. 1.

4 Vgl. insoweit auch *OLG Karlsruhe* v. 23.6.2010, WRP 2010, 1279, 1282 – Parfumtester ohne Originalverpackung. Zu den Befugnissen des Lizenznehmers im Rahmen der Wiedereinsetzung in die versäumte Frist zur Verlängerung einer Gemeinschaftsmarke ohne ausdrückliche Ermächtigung des Markeninhabers s. *EuG* v. 12.5.2009, Slg 2009, II -1345 ff. – Jurado Hermanos/HABM (JURADO).

5 *OLG Düsseldorf* v. 8.11.2005, InstGE 6, 214, Rz. 19 ff. (juris).

6 *BPatG* v. 21.10.1999, BlPMZ 2000, 286 ff. – turfa.

7 *BGH* v. 2.7.1998, GRUR 1998, 940, 941 – Sanopharm; *BPatG* v. 21.10.1999, BlPMZ 2000, 286, 287 – turfa.

8 *BPatG* v. 21.10.1999, BlPMZ 2000, 286, 287 – turfa.

230 Um den eigenen Schaden geltend zu machen, gewährt **§ 30 Abs. 4 MarkenG** dem Lizenznehmer die Möglichkeit, der vom Markeninhaber erhobenen **Verletzungsklage beizutreten**. Der Lizenznehmer wird dadurch selbst Prozesspartei, nicht Nebenintervenient i.S. von § 66 Abs. 1 ZPO, und einfacher Streitgenosse im Verhältnis zum Lizenzgeber[1]. Erhebt der Lizenzgeber keine eigene Klage und verweigert er gleichzeitig die Zustimmung zu einer Klage des Lizenznehmers, lässt sich aus dem Grundsatz von Treu und Glauben (§ 242 BGB) eine Pflicht des Lizenzgebers zur Erteilung der Zustimmung ableiten; andernfalls könnte der Lizenzgeber mit seiner Weigerung bewirken, dass eine ausschließliche Lizenz ihrer Wirkung nach de facto zu einer einfachen Lizenz herabgestuft würde[2].

Nach Ansicht des *BGH* ist § 30 Abs. 4 MarkenG eine verfahrensrechtliche Vorschrift und keine materielle Anspruchsgrundlage, so dass der Lizenznehmer danach keine Schadensersatzansprüche zur Leistung an sich selber und entsprechend auch keine Auskunfts- oder Rechnungslegungsansprüche geltend machen kann[3]. Eine Rechtsgrundlage zur Geltendmachung eines Schadensersatzanspruchs bei einer Markenverletzung enthält nur § 14 Abs. 6 MarkenG, der einen solchen ausschließlich für den Markeninhaber vorsieht, so dass nur der Lizenzgeber den Schaden, der dem Lizenznehmer entstanden ist, als Markeninhaber im Wege der Drittschadensliquidation im eigenen Namen geltend machen kann[4]. *McGuire*[5] weist zutreffend darauf hin, dass die vom *BGH* angenommene einfache Streitgenossenschaft eine objektive Klagenhäufung und damit unabhängige materielle Ansprüche der jeweiligen Streitgenossen voraussetzt, deren Bestehen zugunsten des Lizenznehmers der *BGH* im Hinblick auf § 14 Abs. 6 MarkenG ausdrücklich verneint.

Der Schadenersatzanspruch des Lizenzgebers aus einer Markenverletzung ist **abtretbar**[6]. Insoweit wird konsequent und zutreffend vorgeschlagen, (soweit möglich) die Abtretung direkt zusammen mit der Lizenzgewährung zu vereinbaren[7]. Im Falle einer ausschließlichen Markenlizenz kann dem Lizenznehmer – soweit ihm ein eigener Schaden entstanden ist – auch ein Schadensersatzanspruch aus eigenem Recht zustehen[8].

---

1 *BGH* v. 19.7.2007, GRUR 2007, 877, 879 – Windsor Estate.

2 *Bühling*, GRUR 1998, 196, 198.

3 *BGH* v. 19.7.2007, GRUR 2007, 877, 880 – Windsor Estate; ablehnend *Steinbeck*, GRUR 2008, 110, 113 f.; *LG Köln* v. 29.1.2009, Mitt. 2009, 192 – Rz. 38 (juris). Vgl. auch *OLG Köln* v. 18.2.2009, WRP 2009, 1290, 1295.

4 *BGH* v. 19.7.2007, GRUR 2007, 877, 880 – Windsor Estate; *OLG Köln* v. 18.2.2009, WRP 2009, 1290, 1295; *LG Köln* v. 29.1.2009, Mitt. 2009, 192 – Rz. 38 (juris). S. auch *BGH* v. 18.10.2007, GRUR 2008, 614 f. – ACERBON.

5 *McGuire*, Die Lizenz, § 6 III 1 lit. e) S. 359 f.

6 *OLG Köln* v. 18.2.2009, WRP 2009, 1290, 1295; s. auch *Petry/Schilling*, WRP 2009, 1197, 1199.

7 *Petry/Schilling*, WRP 2009, 1197, 1200.

8 *LG Köln* v. 8.4.2009 – 84 O 189/08, Rz. 16 (juris).

Nach **§ 30 Abs. 5 MarkenG** berührt ein Rechtsübergang der Marke oder die Erteilung einer Lizenz nicht die zuvor einem Dritten erteilte Lizenz (**Sukzessionsschutz**). 231

Inhaltlich ist § 30 MarkenG nicht abschließend. Aufgrund der vom Gesetzgeber bewusst vorgenommenen Annäherung an § 15 Abs. 2 PatG kann insbesondere – jedenfalls zur ergänzenden Auslegung – auf die Rechtsprechung und Literatur zum Patentlizenzvertrag zurückgegriffen werden[1]. Soweit – insbesondere bei Nutzung der Marke durch den Markeninhaber und seine Lizenznehmer – mit der Markennutzung eine Täuschung oder Verwirrung der Allgemeinheit verbunden ist, wird dies im Regelfall hinzunehmen sein, da sonst die Möglichkeit der Lizenzierung von Kennzeichenrechten generell in Frage gestellt wäre[2]. 232

Von Bedeutung ist schließlich die im Vergleich zu Patenten divergierende **Schutzdauer** einer Marke. Nach § 47 Abs. 1 MarkenG ist die Marke ab dem Ende des Monats, in dem der Anmeldetag liegt, zehn Jahre geschützt. Eine Verlängerung der Schutzdauer ist gemäß § 47 Abs. 2 MarkenG um jeweils weitere zehn Jahre möglich. Dieser „ewigen" Schutzdauer der Marke ist im Lizenzvertrag Rechnung zu tragen, insbesondere wenn es sich um eine „begleitende Marke" im Rahmen eines gemischten Patent- und Markenlizenzvertrages handelt. 233

Wird der Lizenzvertrag **auf unbestimmte Zeit abgeschlossen** und erfolgt die Nutzungsrechtseinräumung **unentgeltlich**, kann dieser in entsprechender Anwendung der §§ 584, 624, 723 BGB ordentlich gekündigt werden, es sei denn, ein solches Recht ist vertraglich ausgeschlossen[3] (s. auch Rz. 2433).

Im deutschen Markenrecht fehlt eine **Regelung**, die die **Registrierung von Lizenzen im deutschen Markenregister** vorsieht. 234

In der **Gemeinschaftsmarkenverordnung – GMVO** (EG) Nr. 207/2009 des Rates vom 26.2.2009[4] – findet sich indes eine Regelung, nach der die **Eintragung** der **Lizenz** in das **Register möglich** ist, in **Art. 22 Abs. 5 GMVO**. Unter Bezugnahme auf Art. 22 und Art. 23 Abs. 1 GMVO wird sogar auf die Existenz einer Registrierungspflicht für Gemeinschaftsmarken beim Harmonisierungsamt für den Binnenmarkt in Alicante als Voraussetzung für die Wirksamkeit einer Lizenzerteilung gegenüber Dritten hingewiesen[5]. Richtig ist, dass die Eintragung einer Lizenz nicht konstitutiv ist, vielmehr **Sukzessionsschutz nur bei Eintragung** der **Lizenz in** das **Register** erreicht werden kann (Art. 23 Abs. 1, Abs. 2 GMVO). **Weitere Auswirkun-**

1 *Fammler*, Der Markenlizenzvertrag (2007), S. 6.
2 *BGH* v. 28.2.2002, GRUR 2002, 703, 704 f. – Vossius & Partner m.w.N.; s. im Übrigen Rz. 338.
3 *BGH* v. 21.7.2005, GRUR 2006, 56, 59 – BOSS-Club.
4 ABl. EU Nr. L 78 v. 24.3.2009, S. 1.
5 Pfaff/Osterrieth/*Büchner*, B XI Rz. 1149. Vgl. auch *LG Bremen* v. 24.4.2008, GRUR-RR 2008, 347, Rz. 21 (juris).

gen der **Eintragung** der Lizenz in das Register ergeben sich bspw. aus **Art. 50 Abs. 3 GMVO**, wonach ein **Verzicht** erst eingetragen wird, wenn der Markeninhaber (Lizenzgeber) glaubhaft macht, dass er den Lizenznehmer von seiner Verzichtsabsicht unterrichtet hat.

Die **Divergenz zwischen Gemeinschaftsrecht und deutschem Markenrecht** wird besonders durch den internationalen Rechtsvergleich deutlich: Deutschland ist das einzige Land in der EU und weltweit gesehen eines der wenigen Länder überhaupt, in dem eine solche Bestimmung fehlt[1].

Schließlich ist seit dem 1.4.2002 auch die Eintragung einer Lizenz im internationalen Markenregister vorgesehen[2]. Auch hier behält sich Deutschland, obwohl es Mitgliedstaat des MMA und des PMMA ist, ausdrücklich eine Nichtregistrierung vor[3].

235 Von der reinen Markenlizenz abzugrenzen ist die markenrechtliche **Abgrenzungsvereinbarung**. Hiermit werden in der Praxis häufig Kennzeichenkollisionen beigelegt. Zum Teil werden in solchen Vereinbarungen lediglich die Schutzbereiche kollidierender Kennzeichen gegeneinander abgegrenzt; zum Teil vereinbaren die Parteien auch weitere Rechte und Pflichten, insbesondere eine Pflicht des Inhabers des prioritätsjüngeren Zeichens, hieraus keine Rechte gegen das prioritätsältere Zeichen herzuleiten (Abgrenzungs- und Vorrechtsvereinbarung). Vielfach finden sich hierin auch Regelungen im Hinblick auf die **Art der Benutzung der Kollisionszeichen sowie über die Rücknahme von Widersprüchen oder sonstigen (wechselseitigen) Angriffen**[4].

Abgrenzungsvereinbarungen, durch die im beiderseitigen Interesse der Parteien der jeweilige Benutzungsumfang ihrer Marken festgelegt wird, um Verwechselungen und Konflikte zu vermeiden, sind nach Art. 101 AEUV grundsätzlich **kartellrechtlich zulässig**, sofern mit ihnen nicht zugleich auch Marktaufteilungen oder andere Wettbewerbsbeschränkungen bezweckt werden[5]. Abgrenzungsvereinbarungen beschränken nicht den Marktzugang an sich, sondern nur die Möglichkeit, mit einer bestimmten Marke zu werben. Solche Vereinbarungen sind zudem wesentlich dafür, das Wettbewerbspotential zu erschließen, das mit der Zulassung neuer Marken verbunden ist[6]. Denn sie mindern das Risiko aussichtsreicher Wi-

1 So *Stumpf*, MarkenR 2005, 425 m.w.N.

2 Regel 20 (bis) der gemeinsamen Ausführungsverordnung zum Madrider Abkommen und dem Madrider Protokoll.

3 *Stumpf*, MarkenR 2005, 425, 426; *Fezer*, Handbuch der Markenpraxis, I 3 Rz. 348 f.

4 Zu Abgrenzungsvereinbarungen in patentamtlichen (markenrechtlichen) Verfahren s. *Traumann*, WRP 2012, 676 ff.

5 *EuGH* v. 30.1.1985, GRUR Int. 1985, 399 – Toltecs/Dorcec II zu Art. 85 Abs. 1 EG; ebenso *BGH* v. 7.12.2010, GRUR 2011, 641, 641 ff., Rz. 33, 55 ff. – Jette Joop m. Anm. *Fammler/Niebel*; s. auch *Königer*, GRUR 2012, Heft 3 XII.

6 *Harte-Bavendamm/v. Bomhart*, GRUR 1998, 530, 532.

dersprüche gegen die entsprechenden Marken erheblich. Maßgeblich für die Zulässigkeit solcher Abreden ist stets, ob bei ihrem Abschluss wegen möglicher Verwechselungsgefahr der sich gegenüber stehenden Marken ein **ernsthafter, objektiv begründeter Anlass zu der Annahme bestand, dem begünstigten Vertragspartner stehe ein entsprechender Unterlassungsanspruch zu**[1]. Insoweit ist maßgeblich auf den Schutzbereich der sich gegenüber stehenden Kennzeichenrechte abzustellen[2]. Vor diesem rechtlichen Hintergrund wird an **Nichtangriffsabreden**, die im Rahmen einer Abgrenzungsvereinbarung getroffen werden, ein großzügigerer Maßstab angelegt als insbesondere in Lizenzverträgen über technische Schutzrechte (s. auch Rz. 222). Besteht eine solche Nichtangriffsabrede, wird das Handeln des Verpflichteten als rechtsmissbräuchlich angesehen, wenn er nach § 54 Abs. 1 MarkenG die Löschung der angegriffenen Marke geltend macht[3]. Verwiesen sei auch auf die Regelungen in Art. 52 Abs. 3 und Art. 53 Abs. 3 GMV.

Die kartellrechtliche Zulässigkeit einer Abgrenzungsvereinbarung, die keine Wettbewerbsbeschränkung bezweckt, beurteilt sich für die Dauer ihrer Geltung **allein nach der markenrechtlichen Rechtslage bei Vertragsabschluss**. Der *BGH* betont, dass es mit dem berechtigten Bedürfnis der Vertragsparteien nach **Rechtssicherheit** bei der Markennutzung nicht zu vereinbaren wäre, müssten sie ständig anhand der Entwicklung der markenrechtlichen Rechtsprechung überprüfen, ob ihre Vereinbarung weiterhin Bestand hat. **Nach Vertragsabschluss veränderten Umständen** können die Parteien daher nur in den durch das Vertragsrecht gesetzten Grenzen Rechnung tragen. Insoweit kommen, sofern die jeweiligen Anwendungsvoraussetzungen erfüllt sind, insbesondere die Rechtsinstitute der ergänzenden Vertragsauslegung, der Kündigung aus wichtigem Grund oder des Wegfalls der Geschäftsgrundlage in Betracht. Auch sich verschärfende kartellrechtliche Anforderungen dürfen sich – im Grundsatz – nicht auswirken. Dies hat seinen Grund wesentlich darin, dass derartige Abgrenzungsvereinbarungen nicht den Marktzugang an sich beschränken, sondern nur die Möglichkeit, mit einer bestimmten Marke zu werben[4].

Da eine Abgrenzungsvereinbarung sowohl in ihrem räumlichen Geltungsbereich wie auch hinsichtlich der einzelnen Produkte- und Dienstleis-

---

1 *BGH* v. 15.2.1955, GRUR 1955, 418; *BGH* v. 22.5.1975, GRUR 1976, 323 – Thermalquelle; *BGH* v. 21.4.1983, NJW 1983, 2143 – Vertragsstrafezurückzahlung u. *BGH* v. 7.12.2010, GRUR 2011, 641, 642 – Jette Joop; s. auch *Königer*, GRUR 2012, Heft 3 XII.

2 Zur kartellrechtlichen Zulässigkeit der pauschalen Erstreckung von Abgrenzungsvereinbarungen auf andere Mitgliedstaaten der Gemeinschaft s. *Müller*, Abgrenzungsvereinbarungen im Markenrecht (2010), S. 189 ff.

3 Vgl. *Ingerl/Rohnke*, MarkenG, § 54 Rz. 4; *Traumann*, WRP 2012, 676, 677.

4 *BGH* v. 7.12.2010, GRUR 2011, 641, 641 ff., Rz. 55 – Jette Joop; einschränkend *Fammler/Niebel*, GRUR 2011, 646; s. auch *Königer*, GRUR 2012 Heft 3 XII.

tungsmärkte ohne Weiteres **gegenständlich teilbar ist**, gibt es **keinen Grund eine geltungserhaltende Reduktion auszuschließen**[1].

Da die Schutzdauer eingetragener Markenrechte durch einfache Gebührenzahlung unbegrenzt verlängert werden kann (vgl. § 47 MarkenG, Art. 47 GMVO), kommt trotz ausdrücklicher Regelung eine **zeitliche Begrenzung von markenrechtlichen Abgrenzungsvereinbarungen nicht in Betracht**[2]. Das berechtigte Bedürfnis nach einer Abgrenzung der Benutzungsbefugnisse für verwechselungsfähige Marken besteht regelmäßig zeitlich unbegrenzt. Die Möglichkeit zur Kündigung aus wichtigem Grund bleibt davon unberührt.

236 Mit seiner „JOOP!"-Entscheidung[3] hat der *BGH* entschieden, dass bei Markenlizenzverträgen eine Anwendbarkeit der **Regelung über den Ausgleichsanspruch des Handelsvertreters nach § 89b HGB** grundsätzlich nicht ausgeschlossen ist. Denkbar ist eine solche Fallgestaltung bei einer Einbindung des Lizenznehmers in das Vertriebssystem des Lizenzgebers. Allerdings muss die konkrete Vereinbarung zwischen den Parteien in ihrer Gesamtheit den Anforderungen entsprechen, die an eine analoge Anwendung des § 89b HGB zu stellen sind. Die folgenden vier Fragen müssen allesamt bejaht werden, um § 89b HGB analog anwenden zu können:

- Liegt die Tätigkeit des Lizenzgebers auf dem Gebiet der vom Lizenznehmer vertriebenen Waren?
- Ist der Lizenznehmer in die Absatzorganisation des Lizenzgebers eingegliedert?
- Ist der Lizenznehmer bei Beendigung des Vertragsverhältnisses zur Übertragung seines Kundenstamms auf den Lizenzgeber verpflichtet?
- Besteht eine dem Handelsvertretervertrag entsprechende Absatzförderungspflicht des Lizenznehmers?

Die Vertragspraxis zeigt, dass diese Fragen bei Markenlizenzverträgen nur in den seltensten Fällen bejaht werden können. Denn andernfalls könnten schon Zweifel bestehen, ob überhaupt noch von einer Markenlizenz gesprochen werden kann und nicht eher ein reines Handelsvertreterverhältnis vorliegt (s. auch Rz. 1320 ff.).

5. Geschmacksmuster

237 Nach **§ 1 Nr. 1 GeschmMG** wird ein **Muster** als die **„zweidimensionale oder dreidimensionale Erscheinungsform eines ganzen Erzeugnisses oder**

---

1 *BGH* v. 7.12.2010, GRUR 2011, 641, 645 – Jette Joop; Wiedemann/*Topel*, Hdb. KartellR, § 50 Rz. 29; s. auch *Königer*, GRUR 2012, Heft 3 XII.
2 *BGH* v. 7.12.2010, GRUR 2011, 641, 644, Rz. 47 – Jette Joop.
3 *BGH* v. 29.4.2010, GRUR 2010, 1107. S. hierzu auch *Emde*, BB 2011, 2755, 2766 f.; *Metzlaff*, ZVertriebsR 2012, 54 f.

eines Teils davon" definiert, die sich „insbesondere aus den Merkmalen der Linien, Konturen, Farben, der Gestalt, Oberflächenstruktur oder der Werkstoffe des Erzeugnisses selbst oder seiner Verzierung ergibt." Ein solches Muster wird als Geschmacksmuster gemäß **§ 2 GeschmMG** geschützt, wenn es neu ist und Eigenart hat.

Ein Muster gilt nach § 2 Abs. 2 GeschmMG als **neu**, wenn vor dem Anmeldetag kein identisches Muster offenbart worden ist. Als identisch gelten Muster, wenn sich ihre Merkmale nur in unwesentlichen Einzelheiten unterscheiden.

Eigenart hat ein solches Muster, wenn sich der Gesamteindruck, den es beim informierten Benutzer hervorruft, von dem Gesamteindruck unterscheidet, den ein anderes Muster bei diesem Benutzer hervorruft, das vor dem Anmeldetag offenbart worden ist (§ 2 Abs. 3 GeschmMG). Maßgebend ist dabei allein, ob die konkrete **Erscheinungsform unterschiedlich gegenüber** jedem einzelnen Muster des **vorbekannten Formenschatzes** ist (Einzelvergleich)[1].

Allerdings sind **Einzelteile (Bauelemente)** als komplexe Erzeugnisse nur schutzfähig, wenn sie bei bestimmungsgemäßer Verwendung **sichtbar** sind und diese sichtbaren Merkmale des Bauelements selbst die Voraussetzungen der Neuheit und Eigenart erfüllen (§ 4 GeschmMG).

Die **Höchstschutzdauer** für eingetragene Geschmacksmuster beträgt nach 238 § 27 Abs. 2 GeschmMG **25 Jahre**, gerechnet ab dem Anmeldetag. Der Geschmacksmusterschutz beginnt mit der Eintragung des Geschmacksmusters in das Register des DPMA (§ 27 Abs. 1 GeschmMG). Mit der seit dem 1.6.2004 geltenden Rechtslage wurde ein **eigenständiges gewerbliches Schutzrecht** geschaffen und der Schutz hat sich von einem Nachahmungsschutz zu einem **Schutz mit Sperrwirkung** gewandelt (vgl. § 38 u. §§ 29 ff. GeschmMG).

Gemäß dieser dinglichen Wirkung kann der Rechtsinhaber gemäß **§ 31** 239 **GeschmMG ausschließliche oder nicht ausschließliche Lizenzen** für das gesamte Gebiet oder einen Teil des Gebiets der Bundesrepublik Deutschland erteilen. Zu beachten ist dabei, dass nach anderen gesetzlichen Vorgaben (z.B. MarkenG, UrheberG, Wettbewerbsrecht) geschützte Gegenstände ggf. auch dem Geschmacksmusterschutz zugänglich sind, wie etwa Zeichen, zweidimensionale Bildgestaltungen (graphische Symbole, Logos), aber auch dreidimensionale Gegenstände, so dass sich das Verhältnis zwischen Markenrecht, Urheberrecht und dem wettbewerbsrechtlichen Leistungsschutz einerseits und Geschmacksmusterrecht andererseits durch ein hohes Überlappungspotential auszeichnet. Insoweit kann es bei der Bestimmung des Lizenzgegenstandes von besonderer Bedeutung sein, den gesamten hierfür bestehenden Schutz zu erfassen. Gegebenenfalls muss da-

1 Vgl. *Eichmann*, Mitt. 2003, 17, 20; *Haberl*, WRP 2002, 905, 907.

von ausgegangen werden, dass ein derartiger paralleler Schutz auch dann vollumfänglich Gegenstand des Lizenzvertrages wird, wenn dieser sich ausdrücklich nur auf eines dieser Schutzrechte bezieht (s. auch Rz. 470 ff.).

240 Art und Umfang der Lizenzierung bestimmen sich im Wesentlichen nach den zur Lizenzierung von technischen Schutzrechten getroffenen Ausführungen (s. hierzu Rz. 73 ff.). Ähnlich wie § 30 Abs. 2 MarkenG bestimmt **§ 31 Abs. 2 GeschmMG**, dass der Lizenzgeber den Lizenznehmer – neben der Vertragsverletzung – in den dort aufgeführten Fällen auch wegen **Geschmacksmusterverletzung** in Anspruch nehmen kann (vgl. hierzu Rz. 225 ff.). Eine zu § 30 Abs. 3 MarkenG parallele Bestimmung enthält **§ 31 Abs. 3 GeschmMG** hinsichtlich der **Aktivlegitimation** des Lizenznehmers im Falle der Geschmacksmusterverletzung durch Dritte. Abweichend sieht allerdings § 31 Abs. 3 Satz 2 GeschmMG vor, dass der ausschließliche Lizenznehmer gegen den Schutzrechtsverletzer vorgehen kann, wenn der Lizenzgeber nach entsprechender Aufforderung innerhalb einer angemessenen Frist nicht selbst ein Verletzungsverfahren anhängig gemacht hat. Eine übliche Regelung zum **Sukzessionsschutz** enthält **§ 31 Abs. 5 GeschmMG**.

241–242 Frei.

6. Urheberrechte

243 Gegenstand einer Nutzungsrechtseinräumung können **nach § 31 UrhG** auch **die vom Werkbegriff des § 2 UrhG erfassten Schöpfungen** sein. Urheberrechtlichen Schutz genießen nach § 2 Abs. 2 UrhG nur Erzeugnisse, bei denen es sich um eine persönliche Schöpfung des Urhebers handelt, die einen geistigen Gehalt aufweisen, eine wahrnehmbare Formgestaltung gefunden haben und deren Schöpfung die Individualität des Schöpfers zum Ausdruck bringt[1]. Urheberschutz genießt aber immer nur die konkrete Gestaltung, die Werkform, nicht dagegen die dahinter stehende Idee oder das zugrunde liegende Konzept[2].

244 Das Nutzungsrecht an Urheberrechten kann, wie § 31 Abs. 1 Satz 2 UrhG festlegt, als einfaches (§ 31 Abs. 2 UrhG) oder ausschließliches Recht (§ 31 Abs. 3 UrhG) eingeräumt werden[3].

Den Umfang des **einfachen Nutzungsrechts** bestimmt **§ 31 Abs. 2 UrhG** dahin, dass hierdurch eine Nutzung durch andere nicht ausgeschlossen ist. Für das **ausschließliche Nutzungsrecht** stellt **§ 31 Abs. 3 Satz 1 UrhG** klar, dass alle anderen Personen von einer Nutzung der ihm erlaubten Art ausgeschlossen sind und der Lizenznehmer insoweit Nutzungsrechte einräumen kann. Dies gilt auch für den Urheber selbst, es sei denn, dass die Nut-

1 Vgl. *Erdmann* in FS von Gamm, 1990, S. 389, 396 ff.; s. auch *Handig*, GRUR Int. 2012, 9, 11.
2 S. auch *Handig*, GRUR Int. 2012, 9, 12.
3 Vgl. *BGH* v. 12.12.1991, GRUR 1992, 310, 311 – Taschenbuch-Lizenz.

zung durch diesen (ausdrücklich oder stillschweigend) vorbehalten bleibt (§ 31 Abs. 3 Satz 2 UrhG).

Die Rechtseinräumung kann sich auf einzelne oder alle **Nutzungsarten** des Werks erstrecken. Für bei Vertragsabschluss unbekannte Nutzungsarten gilt § 31a UrhG. Das Nutzungsrecht kann nach § 31 Abs. 1 Satz 2 UrhG sowohl bei einfachen, als auch bei ausschließlichen Lizenzen räumlich, zeitlich oder inhaltlich begrenzt werden (dinglich wirkende Inhaltsbestimmung).

Für die **ausschließliche (Unter-)Lizenz** hat der *BGH* entschieden, dass dieses Recht, das sich von einem ausschließlichen Nutzungsrecht ableitet, nicht erlischt, wenn das ausschließliche Nutzungsrecht z.B. aufgrund eines wirksamen Rückrufs des Nutzungsrechts durch den Urheber wegen Nichtausübung (§ 41 UrhG) erlischt[1]. Diese Wirkung beschränkt sich nach Ansicht des *BGH* nicht auf das Erlöschen der Hauptlizenz aufgrund eines Rückrufs wegen Nichtausübung, sondern greift auch in anderen Fällen der Beendigung des Lizenzverhältnisses, etwa Kündigung des Hauptlizenzvertrages wegen Zahlungsverzugs[2].

Ist die Nutzungsart nicht hinreichend festgelegt, so ist auf die **Zweckübertragungslehre**[3] (**§ 31 Abs. 5 UrhG**) zurückzugreifen, der zufolge der Urheber dem Erwerber im Zweifel nur soviel an Rechten einräumt, wie dieser benötigt, um den von beiden Partnern im Vertrag zum Ausdruck gebrachten Zweck zu erreichen[4] (s. auch Rz. 476). Die Einräumung weitergehender Nutzungsrechte kann nur angenommen werden, wenn ein entsprechender Parteiwille wenigstens in den Begleitumständen und dem schlüssigen Verhalten der Beteiligten unzweideutig zum Ausdruck gekommen ist[5]. Den Vertragspartner des Urhebers trifft damit eine Spezifizierungslast[6]. Dementsprechend verliert ein Urheber, der seinem Vertragspartner eine ausschließliche Lizenz für eine bestimmte Verwertung des jeweiligen Werks eingeräumt hat, nicht auch die Exklusivrechte in Bezug auf jede anderwei- 245

1 *BGH* v. 26.3.2009, BGHZ 180, 344 = GRUR 2009, 946, 948, Rz. 18 ff. – Reifen-Progressiv; bestätigt durch *BGH* v. 19.7.2012, GRUR 2012, 916 – M2Trade u. *BGH* v. 19.7.2012, GRUR 2012, 914 – Take Five.

2 *BGH* v. 19.7.2012, GRUR 2012, 916 – M2Trade u. *BGH* v. 19.7.2012, GRUR 2012, 914 – Take Five.

3 Vgl. *BGH* v. 21.4.1953, BGHZ 9, 262, 265; *BGH* v. 10.7.1986, GRUR 1987, 37, 39 – Videolizenzvertrag.

4 *BGH* v. 25.3.2010, GRUR, 2010, 1004, 1007 f., Rz. 41, 46 – Autobahnmaut; *BGH* v. 29.4.2010, GRUR 2010, 623, 624, Rz. 20 – Restwertbörse; *BGH* v. 19.7.2012, GRUR 2012, 916, 917, Rz. 19 – M2Trade.

5 *OLG Köln* v. 21.12.2011, ZUM-RD 2012, 337 – Newton-Bilder m.H.a. die st.Rspr. des *BGH*, vgl. *BGH* v. 27.9.1995, GRUR 1996, 121, 122 – Pauschale Rechtseinräumung; *BGH* v. 22.1.1998, GRUR 1998, 680, 682 – Comic-Übersetzungen I; *BGH* v. 22.4.2004, GRUR 2004, 938 f. – Comic-Übersetzungen III; auch *BGH* v. 28.10.2010, GRUR 2011, 714 – Der Frosch mit der Maske.

6 *OLG Köln* v. 21.12.2011, ZUM-RD 2012, 337 – Newton-Bilder u.a. m.H.a. *Schricker/Loewenheim*, UrheberR, § 31 UrhG Rz. 64 ff., 69.

tige Verwertung[1]. Sind die einzelnen Nutzungsarten dagegen ausdrücklich genannt, bleibt für die Auslegungsregel des § 31 Abs. 5 UrhG kein Raum mehr[2]. § 31 Abs. 5 UrhG ist auch im Rahmen der AGB-Kontrolle zu beachten. So ist z.B. eine Klausel unwirksam gemäß § 307 Abs. 2 Nr. 1 BGB, wenn – ausgehend von einer konkreten Verwendungssituation – letztlich alle denkbaren Nutzungsrechte übertragen werden sollen und diese zudem noch auf gesellschaftlich verbundene Unternehmen weiterübertragen werden könnten[3]. Eine Erschöpfung des Verbreitungsrechts tritt unter den Voraussetzungen des § 17 Abs. 2 UrhG ein (vgl. auch § 69c Nr. 3 Satz 2 UrhG).

246 Für den Abschluss derartiger Verträge sieht das UrhG **kein Formerfordernis** vor. Etwas anderes gilt nur, wenn es sich um Verträge über künftige Werke handelt, die überhaupt nicht näher oder nur der Gattung nach bestimmt sind. Hier gibt **§ 40 Abs. 1 Satz 1 UrhG** ein Schriftformgebot vor. Ein Nutzungsrecht nach § 31 Abs. 1 Satz 1 und 2 UrhG kann auch konkludent eingeräumt werden. Es wird vertreten, dass auch die Überlassung eines urheberrechtlichen einfachen Nutzungsrechts dinglichen Charakter habe[4], so dass die (konkludente) Willenserklärung, mit der der Urheber einem Dritten ein Nutzungsrecht einräumt, den Anforderungen an (dingliche) Verfügungen über Rechte genügen, also unter Berücksichtigung der gesamten Begleitumstände nach dem objektiven Inhalt der Erklärung unzweideutig zum Ausdruck kommen müsse, der Erklärende wolle über sein Urheberrecht in der Weise verfügen, dass er einem Dritten daran ein bestimmtes Nutzungsrecht einräume[5].

247 Dem Urheber verbleiben weitgehende Möglichkeiten, die Nutzung der Lizenz durch den Lizenznehmer zu beeinflussen. So können Nutzungsrechte i.S. des § 31 UrhG nach **§ 34 UrhG nur mit Zustimmung des Urhebers übertragen** werden. Auch der Inhaber eines ausschließlichen Nutzungsrechts kann gemäß §§ 31 Abs. 3 Satz 3, 35 UrhG einfache Nutzungsrechte nur mit Zustimmung des Urhebers einräumen. Das Recht, Unterlizenzen an Dritte zu erteilen, muss ausdrücklich vereinbart werden oder sich jedenfalls aus den Umständen des Vertragsschlusses eindeutig ergeben[6]. Der Urheber kann dem ausschließlich Nutzungsberechtigten bereits bei der Einräumung des ausschließlichen Nutzungsrechts zugleich – auch stillschweigend – das Recht zur Übertragung dieses Nutzungsrechts (§ 34 Abs. 1 Satz 1 UrhG) oder zur Gewährung von Unterlizenzen (§ 35 Abs. 1

---

1 *OLG Köln* v. 21.12.2011, ZUM-RD 2012, 337 – Newton-Bilder.
2 *LG München* v. 24.11.2006, ZUM-RD 2007, 257, Rz. 54 ff. (juris).
3 *LG Mannheim* v. 5.12.2011, ZUM-RD 2012, 161.
4 *BGH* v. 29.4.2010, GRUR 2010, 628, 631, Rz. 29 – Vorschaubilder u.H.a. *BGH* v. 26.3.2009, BGHZ 180, 344 = GRUR 2009, 946 – Reifen Progressiv m.w.N.
5 *BGH* v. 29.4.2010, GRUR 2010, 628, 631, Rz. 29 – Vorschaubilder m.H.a. *BGH* v. 20.11.1970, GRUR 1971, 362, 363 – Kandinsky II m.w.N.
6 *BGH* v. 3.3.2005, GRUR 2005, 860, Rz. 21 (juris) – Fasch 2000; *LG Leipzig* v. 13.11.2006, ZUM 2007, 671, Rz. 25 (juris).

Satz 1 UrhG) einräumen, so dass die spätere Übertragung des Nutzungsrechts oder die Gewährung von Unterlizenzen durch den ausschließlich Nutzungsberechtigten dann keiner gesonderten Zustimmung des Urhebers mehr bedarf[1]. Grundsätzlich kann der Urheber sein Einverständnis verweigern; die Zustimmungsverweigerung findet ihre Grenze aber im Grundsatz von Treu und Glauben (§ 34 Abs. 1 Satz 2 UrhG)[2]. Dem Urheber und dem Nutzungsrechtsinhaber steht es allerdings gemäß §§ 35 Abs. 2, 34 Abs. 5 Satz 2 UrhG frei, abweichendes (konkludent) zu vereinbaren[3].

Ist dem Lizenznehmer ein Nutzungsrecht an dem Werk eingeräumt, bedarf es zur Veröffentlichung oder zur Verwertung einer Bearbeitung eines Werkes (§ 23 UrhG) gemäß **§ 37 Abs. 1 UrhG** im Zweifel der Zustimmung des Urhebers. 248

Gleiches gilt gemäß § 37 Abs. 2 und Abs. 3 UrhG für die Ausübung anderer als der vereinbarten Nutzungsarten.

Eine umfassende Regelung im UrhG hat der Anspruch des Urhebers auf **angemessene Vergütung** gefunden. Ausgangspunkt ist die vertraglich vereinbarte Vergütung (**§ 32 Abs. 1 Satz 1 UrhG**). Ist diese nicht angemessen, kann der Urheber nach § 32 Abs. 1 Satz 3 UrhG von seinem Vertragspartner die Einwilligung in die Änderung des Vertrages verlangen, durch die ihm die angemessene Vergütung gewährt wird. Dabei muss die vereinbarte Vergütung die angemessene Vergütung nicht wesentlich (z.B. um mehr als 10 %) unterschreiten[4]. Die angemessene Vergütung stellt zwar keinen festen Wert dar, vielmehr besteht eine Bandbreite von möglichen Vergütungen[5]. Wird die Grenze der Angemessenheit jedoch unterschritten, ist ein Anspruch auf Vertragsanpassung aber auch bei nur geringfügiger Unterschreitung zu bejahen[6]. Eine nähere Bestimmung der angemessenen Vergütung gibt § 32 Abs. 2 UrhG mit der Orientierung an der Üblichkeit im Geschäftsverkehr vor. Auf eine von § 32 Abs. 1 und Abs. 2 UrhG abweichende Vereinbarung zum Nachteil des Urhebers kann sich der Vertragspartner nicht berufen (§ 32 Abs. 3 Satz 1 und 2 UrhG). Ist die Höhe der Vergütung in der Nutzungsvereinbarung nicht bestimmt, gilt nach § 32 Abs. 1 Satz 2 UrhG die angemessene Vergütung als vereinbart. 249

Haben die Vertragsparteien zunächst eine (angemessene) Vergütungsregelung getroffen, stellt sich eine spätere, bei Abschluss der Vereinbarung

1 *BGH* v. 12.5.2010, GRUR 2011, 59, 60, Rz. 19 – Lärmschutzwand m.w.N.
2 Vgl. *BGH* v. 17.6.1992, GRUR 1992, 697, 698 – ALF.
3 Zur Möglichkeit des konkludenten Abbedingens der Zustimmungsbedürftigkeit nach § 35 Abs. 1 Satz 1 UrhG für den Fall der Insolvenz des Nutzungsrechtsinhabers vgl. *OLG Köln* v. 13.11.2009, GRUR-RR 2010, 149, 151 – Kalk-Lady.
4 *BGH* v. 20.1.2011, GRUR 2011, 328, 334, Rz. 44 – Destructive Emotions; a.A. *OLG Hamburg* v. 23.7.2008, BeckRS 2011, 04008.
5 *BGH* v. 20.1.2011, GRUR 2011, 328, 334, Rz. 44 – Destructive Emotions; *BGH* v. 7.10.2009, GRUR 2009, 1148, 1154, Rz. 61 – Talking to Addison.
6 *BGH* v. 20.1.2011, GRUR 2011, 328, 334, Rz. 44 – Destructive Emotions.

noch nicht vorhersehbare Nutzung jedenfalls lizenzrechtlich nicht als vollständig neue Nutzungsart, sondern als Annex zu der bereits vergüteten Nutzung dar, wofür demzufolge (lediglich) ein Erhöhungsbetrag geschuldet wird, den verständige Lizenzvertragsparteien vereinbart hätten, wenn sie diese zusätzliche Art der Nutzung vorhergesehen hätten[1].

Steht die Gegenleistung, die für die Überlassung des Nutzungsrechts zu leisten ist, unter Berücksichtigung der gesamten Beziehungen der Vertragsparteien in einem **auffälligen Missverhältnis** zu den Erträgen und Vorteilen aus der Nutzung des Werkes, so ist der Lizenznehmer nach **§ 32a UrhG** verpflichtet, in eine den Vertrag anpassende Änderung einzuwilligen, durch die dem Urheber eine den Umständen nach weitere angemessene Beteiligung gewährt wird. Diesen Anspruch kann der Urheber neben seinem etwaigen Anspruch auf angemessene Vergütung (§ 32 UrhG) geltend machen[2]. Liegen klare Anhaltspunkte für einen Anspruch nach § 32a Abs. 1 UrhG vor, steht (auch) dem (Mit-)Urheber (allein) zudem ein Anspruch auf Auskunft und ggf. Rechnungslegung zu (§ 242 BGB i.V.m. § 32a Abs. 1, Abs. 2 UrhG), damit er die Voraussetzungen sowie die Höhe seines Vergütungsanspruchs ermitteln kann[3].

250 Solange im Lizenzvertrag keine anderweitige Abrede getroffen wurde, ist es dem Lizenznehmer nach § 39 UrhG untersagt, das Werk, den Titel oder die Urheberbezeichnung des Werks (vgl. § 10 Abs. 1 UrhG) zu ändern. Auch hier liegt die Grenze bei solchen Änderungen, bei denen der Urheber seine Einwilligung nach Treu und Glauben nicht versagen kann (§ 39 Abs. 2 UrhG). In seinem Urteil „Klingeltöne für Mobiltelefone I"[4] musste der *BGH* noch nicht darüber entscheiden, inwieweit solche Einschränkungen oder Vorbehalte wirksam vereinbart werden können, aufgrund derer bei der Einräumung des Rechts zur Nutzung von Werken (der Tonkunst als Klingeltöne für Mobiltelefone) das Recht vorbehalten wird, stets in eine Nutzung des bearbeiteten oder umgestalteten Werkes (als Klingelton) einzuwilligen, bzw. ob solche Vereinbarungen gegen das Verbot widersprüchlichen Verhaltens verstoßen und daher unbeachtlich sind. Nunmehr hat er in seiner Entscheidung „Klingeltöne für Mobiltelefone II"[5] dahingehend Stellung genommen, dass der Vereinbarung, das Recht zur Nutzung bearbeiteter oder anders umgestalteter Musikwerke als Klingeltöne oder Freizeichenuntermalungsmelodien nur unter der aufschiebenden Bedingung einzuräumen, dass der Lizenznehmer der GEMA in jedem Einzelfall vor Beginn der Nutzung eine ihm von den Berechtigten zur Wahrung der Urhe-

1 *OLG Hamburg* v. 21.5.2008, ZUM-RD 2009, 382, Rz. 80 (juris) – YACHT II.
2 *OLG München* v. 17.6.2010, GRUR-RR 2010, 416, 417 – Das Boot.
3 *OLG München* v. 17.6.2010, GRUR-RR 2010, 416, 417 – Das Boot, u.a. m.H.a. *BGH* v. 4.12.2008, GRUR 2009, 939, Rz. 35 – Mambo No. 5.
4 *BGH* v. 18.12.2008, GRUR 2009, 395, Rz. 24.
5 *BGH* v. 11.3.2010, GRUR 2010, 920, Rz. 33 ff. S. hierzu *Spohn*, GRUR 2012, 780 ff.

berpersönlichkeitsrechte der Komponisten erteilte Benutzungsbewilligung vorgelegt hat, keine rechtlichen Gründe entgegenstehen.

Vom urheberrechtlichen Schutz erfasst werden nach §§ 69a ff. UrhG auch **Computerprogramme**. In welchem Rahmen und in welchen Grenzen sich daraus eine Lizenzierbarkeit von Software ergibt, soll nachfolgend erörtert werden (vgl. Rz. 267 ff.). 251

Auch im Urheberrecht gilt der Grundsatz des **Sukzessionsschutzes** (§ 33 UrhG; vgl. zur Patentlizenz Rz. 114 ff., 129). Nach § 33 Satz 1 UrhG bleiben ausschließliche und einfache Nutzungsrechte gegenüber später eingeräumten Nutzungsrechten wirksam. Nach Satz 2 gilt Gleiches, wenn der Inhaber des Rechts, der das Nutzungsrecht eingeräumt hat, wechselt oder wenn er auf sein Recht verzichtet. Der Fortbestand des abgeleiteten Nutzungsrechts auch für den Fall des Verzichts des Rechtsinhabers auf sein Urheberrecht (§ 33 Satz 2 Alt. 2 UrhG) lässt nach Ansicht des *BGH* darauf schließen, dass auch das **Erlöschen eines Nutzungsrechts** nach der Vorstellung des Gesetzgebers nicht zum Entfallen der daraus abgeleiteten Nutzungsrechte führen muss[1]. Zweck des Sukzessionsschutzes ist es, das Vertrauen des Rechtsinhabers auf den Fortbestand seines Nutzungsrechts zu schützen und ihm die Amortisation seiner Investitionen zu ermöglichen[2]. 252

7. Software

Ungeachtet der vertragstypologischen Einordnung von Softwareüberlassungsverträgen (s. hierzu Rz. 282 ff.) kann auch die Einräumung von Nutzungsrechten an Computerprogrammen (Software)[3] Gegenstand lizenzrechtlicher Vereinbarungen sein. Mit der Ausbreitung von EDV in allen Wirtschaftszweigen und mit der Nutzung neuer Medien kommt Softwareüberlassungsverträgen eine zunehmende praktische Relevanz zu. 253

In immaterialgüterrechtlicher Hinsicht wird der Softwareschutz in erster Linie durch das Urheberrecht bewirkt. Daneben kann Software als computerimplementierte Erfindung patentrechtlichen Schutz erlangen, unter den Voraussetzungen des ergänzenden wettbewerbsrechtlichen Leistungsschutzes gegen Nachahmung geschützt sein, dem Geheimnisschutz gemäß

1 *BGH* v. 19.7.2012, GRUR 2012, 916, 919, Rz. 24 – M2 Trade; ebenso *BGH* v. 26.3.2009, BGHZ 180, 344 = GRUR 2009, 946, 948, Rz. 19 – Reifen Progressiv.

2 Vgl. BT-Drucks. IV/270, S. 56; Schricker/Löwenheim, UrheberR, § 33 UrhG Rz. 1.

3 Eingehend zum Begriff der Software *Marly*, Praxishandbuch Softwarerecht, Rz. 1 ff.; „Software" ist ein Sammelbegriff und bezeichnet alle nichtphysischen Funktionsbestandteile eines Computers; dies umfasst vor allem Computerprogramme sowie die zur Verwendung mit Computerprogrammen bestimmten Daten.

§§ 17 ff. UWG unterliegen und/oder als Werktitel bzw. Marke markenrechtlichen Schutz genießen[1].

a) Schutzfähigkeit von Software

aa) Patentrechtlicher Schutz

254 Programme für Datenverarbeitungsanlagen sind **„als solche"** de lege lata (vgl. § 1 Abs. 3 Nr. 3, Abs. 4 PatG, § 1 Abs. 2 Nr. 3, Abs. 3 GebrMG, Art. 52 Abs. 2 Nr. 3, Abs. 3 EPÜ) **dem Patent- oder Gebrauchsmusterschutz nicht zugänglich**. Ein **generelles Verbot** der Patentierbarkeit von Lehren, die von Programmen für Datenverarbeitungsanlagen Gebrauch machen, **besteht**, wie sich schon aus dem Umkehrschluss aus § 1 Abs. 3 Nr. 3 PatG, Art. 52 EPÜ ergibt, allerdings **nicht**[2]. Auch Art. 27 Abs. 1 des Abkommens über handelsrelevante Aspekte des geistigen Eigentums (TRIPS) (vgl. hierzu auch Rz. 1115 ff.) sieht vor, dass Patente für Erfindungen auf allen Gebieten der Technik gewährbar sein müssen, wovon nach allgemeiner Ansicht auch Software-Erfindungen erfasst werden[3].

255 In den nationalen Rechtsordnungen der europäischen Mitgliedstaaten bestehen weiterhin keine einheitlichen Vorgaben für die Patentierbarkeit softwarebezogener Erfindungen. Ein von der Europäischen Kommission im Jahr 2002 veröffentlichter **Entwurf** über eine **Richtlinie für Software und computerimplementierte Erfindungen**[4] wurde vom Europäischen Parlament mit großer Mehrheit abgelehnt[5]. Software sollte nach diesem Entwurf zwar nicht generell patentierbar gemacht werden, aber wenn eine Erfindung einen technischen Mehrwert hat, sollte die Patentierbarkeit unter gewissen Voraussetzungen nicht ausgeschlossen sein.

256 Die Patentierung einer computerimplementierten Erfindung setzt nach der in Deutschland geltenden Rechtslage voraus, dass die Erfindung technischen Charakter hat (§ 1 Abs. 1 PatG, Art. 52 Abs. 1 EPÜ), ihr Gegenstand nicht „als solcher" vom Patentschutz ausgeschlossen ist (§ 1 Abs. 3, Abs. 4 PatG, Art. 52 Abs. 2, Abs. 3 EPÜ), sie neu ist (§§ 1 Abs. 1, 3 PatG, Art. 52 Abs. 1, 54 EPÜ) und auf erfinderischer Tätigkeit beruht (§§ 1 Abs. 1, 4 PatG, Art. 52 Abs. 1, 54 EPÜ).

---

1 Vgl. zum Ganzen: *Gennen/Völkel*, Recht der IT-Verträge, Rz. 241 ff.; *Marly*, Praxishandbuch Softwarerecht, Rz. 37 ff.; *Schneider*, Hdb. des EDV-Rechts, Kap. C Rz. 445 ff.

2 Vgl. Benkard/*Bacher/Melullis*, PatG, § 1 Rz. 104 ff.; *Mes*, PatG, § 1 Rz. 20 ff., 115 ff.; Schulte/*Moufang*, PatG, § 1 Rz. 161 ff.; *Hilty*, MMR 2003, 3 ff.

3 Vgl. *BGH* v. 17.10.2001, GRUR 2002, 143 – Suche fehlerhafter Zeichenketten; *Betten*, GRUR 1995, 775, 778; *Esslinger/Betten*, CR 2000, 18.

4 ABl. EG Nr. C 151 E v. 25.6.2002, S. 129.

5 Die Ablehnung erfolgte am 6.7.2005 mit 648 zu 14 Stimmen und 18 Enthaltungen.

Als maßgebliches Abgrenzungskriterium für die Beurteilung der Patentfähigkeit einer computerimplementierten Erfindung wurde in der Vergangenheit vor allem auf das **Erfordernis der Technizität** abgestellt[1]. Ob eine computerimplementierte Erfindung die geforderte Technizität aufweist, war danach aufgrund einer Gesamtbetrachtung des Anmeldegegenstandes im Einzelfall festzustellen[2].

Nach der jüngeren Rechtsprechung des *BGH*[3] stellt das Erfordernis der Technizität demgegenüber regelmäßig nicht mehr das entscheidende Abgrenzungsmerkmal dar[4]. **Ausreichend ist vielmehr, dass der Patentanspruch überhaupt einen Bezug zur Technik aufweist**[5]. In diesem Sinne hat der *BGH* beispielsweise in der **„Sprachanalyseeinrichtung"-Entscheidung** vom 11.5.2000[6] festgestellt, dass einer **Datenverarbeitungsanlage der erforderliche technische Charakter ohne Weiteres zukomme**[7]. Damit hat der *BGH* die ständige Praxis des **Europäischen Patentamts** bestätigt, die Patentierbarkeit eines Computerprogramms und eines Datenträgers mit Computerprogramm als möglich anzusehen, „wenn das auf einem Computer laufende oder in einen Computer geladene Programm einen **technischen Effekt** bewirkt oder bewirken kann, der über die normale physikalische Wechselwirkung zwischen dem Programm (Software) und dem Computer (Hardware), auf dem es läuft, hinausgeht"[8]. 257

In der Entscheidung **„Steuerungseinrichtung für Untersuchungsmodalitäten"**[9] hat der *BGH* die Grundsätze der Entscheidung „Sprachanalyseeinrichtung" der Sache nach auf Verfahrensansprüche erweitert, welche die 258

---

1 Vgl. *BGH* v. 13.12.1999, GRUR 2000, 498 ff. (mit Anm. *Betten*) = CR 2000, 281, 283 – Logikverifikation; Busse/*Keukenschrijver*, PatG, § 1 Rz. 49 ff.; *Kraßer*, Patentrecht, § 12 III, IV; *Haedicke*, Patentrecht, Kap. 9 Rz. 9 ff.

2 *BGH* v. 4.2.1992, GRUR 1992, 430, 431 – Tauchcomputer; *BGH* v. 13.12.1999, GRUR 2000, 498 ff. (mit Anm. *Betten*) = CR 2000, 281, 283 – Logikverifikation; *BGH* v. 24.5.2004, GRUR 2003, 667 – Elektronischer Zahlungsverkehr; *BGH* v. 19.10.2004, Mitt. 2005, 78 – Anbieten interaktiver Hilfe u. *BGH* v. 19.10.2004, Mitt. 2005, 20 – Rentabilitätsermittlung; s. dazu *Reichl*, Mitt. 2006, 6 ff.; s. auch *Horns*, GRUR 2001, 1, 13; *Schölch*, GRUR 2001, 16, 17.

3 *BGH* v. 20.1.2009, GRUR 2009, 479 – Steuereinrichtung für Untersuchungsmodalitäten.

4 Vgl. *Mes*, PatG, § 1 Rz. 20 m.w.N.; *Meier-Beck*, GRUR 2010, 1041 f.; kritisch: *Ensthaler*, GRUR 2010, 1 ff.

5 *Teufel*, Mitt. 2011, 497 ff.

6 *BGH* v. 11.5.2000, GRUR Int. 2000, 930 = CR 2000, 500 ff. – Sprachanalyseeinrichtung.

7 *BGH* v. 11.5.2000, GRUR Int. 2000, 930 = CR 2000, 500, 501 – Sprachanalyseeinrichtung; vgl. auch *BGH* v. 17.10.2001, BGHZ 149, 68 = GRUR 2002, 143 – Suche fehlerhafter Zeichenketten; *BGH* v. 24.5.2004, GRUR Int. 2004, 874 – elektronischer Zahlungsverkehr.

8 *EPA* v. 1.7.1998, GRUR Int. 1999, 1053, 1058 – Computerprogrammprodukt/IBM; *EPA* v. 12.5.2010, GRUR Int 2010, 608, 613; s. im Einzelnen zur Entscheidungspraxis des EPA *Steinbrener* in FS Bartenbach, 2005, S. 313 ff.

9 *BGH* v. 20.1.2009, GRUR 2009, 479 f. – Steuerungseinrichtungen für Untersuchungsmodalitäten.

Benutzung einer Datenverarbeitungsanlage betreffen[1]. Ein Verfahren, dessen Gegenstand die Abarbeitung von Verfahrensschritten mit Hilfe elektronischer Datenverarbeitung ist, genügt dem Technizitätserfordernis nach Ansicht des *BGH* bereits dann, wenn es der Verarbeitung, Speicherung oder Übermittlung von Daten mittels eines technischen Gerätes dient[2]. Die Frage, ob der Gegenstand einer Anmeldung neben technischen Merkmalen auch nicht-technische Merkmale aufweist, ist für die Frage der Technizität somit nicht erheblich[3].

In der Entscheidung „**Dynamische Dokumentengenerierung**"[4] führt der *BGH* aus, dass ein Verfahren, das das unmittelbare Zusammenwirken der Elemente eines Datenverarbeitungssystems betreffe, stets technischer Natur sei, ohne dass es darauf ankäme, ob seine Ausgestaltung durch technische Anweisungen geprägt ist[5].

259 Da nach der jüngeren Rechtsprechung des *BGH* bei computerimplementierten Lehren regelmäßig vom Vorliegen der Technizität auszugehen sein wird, kann eine Patentierung am Tatbestandsmerkmal der „Erfindung" im Sinne des § 1 Abs. 1 PatG in erster Linie dann scheitern, wenn die Voraussetzungen eines Patentierungsausschlusses nach **§ 1 Abs. 4 i.V.m. Abs. 3 Nr. 3 PatG** vorliegen. Um patentfähige Erfindungen von Computerprogrammen „als solchen" abzugrenzen, setzt der *BGH* verfahrensbestimmende Anweisungen voraus, welche die Lösung eines objektiv zu bestimmenden[6] technischen Problems mit technischen Mitteln zum Gegenstand haben[7]. Denn nicht der Einsatz eines Computerprogramms selbst, sondern erst die Lösung eines technischen Problems mit Hilfe eines programmierten Computers kann im Hinblick auf das Patentierungsverbot für Software „als solcher" die patentrechtliche Schutzfähigkeit begründen[8].

---

1 *Meier-Beck*, GRUR 2010, 1041 f.

2 *BGH* v. 20.1.2009, GRUR 2009, 479 – Steuerungseinrichtungen für Untersuchungsmodalitäten; *BGH* v. 26.10.2010, GRUR 2011, 125, 126 f. – Wiedergabe topografischer Informationen; *BGH* v. 24.2.2011, GRUR 2011, 610, 612 – Webseitenanzeige.

3 *BGH* v. 20.1.2009, GRUR 2009, 479, 480 – Steuerungseinrichtungen für Untersuchungsmodalitäten.

4 *BGH* v. 22.4.2010, BGHZ 185, 214 = GRUR 2010, 613 – Dynamische Dokumentengenerierung.

5 *BGH* v. 22.4.2010, GRUR 2010, 613 – Dynamische Dokumentengenerierung.

6 *BGH* v. 24.2.2011, GRUR 2011, 610, 612 – Webseitenanzeige.

7 *BGH* v. 17.10.2001, BGHZ 149, 68 = GRUR 2002, 143 – Suche fehlerhafter Zeichenketten; *BGH* v. 20.1.2009, GRUR 2009, 479, 480 – Steuerungseinrichtungen für Untersuchungsmodalitäten; *BGH* v. 22.4.2010, GRUR 2010, 613 – Dynamische Dokumentengenerierung; BGH v. 24.2.2010, GRUR 2011, 610, 612 – Webseitenanzeige.

8 *BGH* v. 20.1.2009, GRUR 2009, 479, 480 – Steuerungseinrichtungen für Untersuchungsmodalitäten; *BGH* v. 22.4.2010, BGHZ 185, 214 = GRUR 2010, 613, 616 – Dynamische Dokumentengenerierung.

Diese Hürde wird in der Literatur als niedrig betrachtet[1]. Nach der Rechtsprechung des BGH liegt ein technisches Mittel zur Lösung eines technischen Problems zum einen dann vor, wenn Gerätekomponenten modifiziert oder grundsätzlich abweichend adressiert werden[2]. Zum anderen nimmt der BGH die Voraussetzungen auch dann an, wenn der Ablauf eines zur Problemlösung eingesetzten Datenverarbeitungsprogramms durch technische Gegebenheiten außerhalb der Datenverarbeitungsanlage bestimmt wird oder wenn die Lösung gerade darin besteht, ein Datenverarbeitungsprogramm so auszugestalten, dass es auf die technischen Gegebenheiten der Datenverarbeitungsanlage Rücksicht nimmt[3].

Da bei computerimplementierten Erfindungen erst die Lösung eines kon- 260
kreten technischen Problems mit technischen Mitteln den Patentierungsausschluss gemäß § 1 Abs. 4 i.V.m. Abs. 3 Nr. 3 PatG überwindet, sind diese (technischen) Gesichtspunkte auch bei der Prüfung der **Neuheit** und der **erfinderischen Tätigkeit** entscheidend zu berücksichtigen. Außerhalb der Technik liegende Anweisungen genügen in diesem Zusammenhang grundsätzlich nicht, um die Voraussetzungen der Neuheit oder des Beruhens auf erfinderischer Tätigkeit zu begründen; sie sind nach der Rechtsprechung des *BGH* nur in dem Umfang von Bedeutung, in dem sie auf die Lösung des technischen Problems mit technischen Mitteln Einfluss nehmen[4].

Wie *Meier-Beck* ausführt, wird hierdurch sichergestellt, dass auch im Bereich computerimplementierter Erfindungen ausschließlich technische Innovationen Patentschutz erlangen können und sich der Schutz des Patentrechts nicht auf Geschäftsideen oder betriebswirtschaftliche Konzepte erstreckt[5].

Frei. 261–262

bb) Schutz als Know-how

Nach Art. 1 Abs. 1 lit. b TT-GVO 2004[6] begründet die „Softwarelizenz- 263
Vereinbarung" neben der „Patentlizenzvereinbarung", der „Know-how-Vereinbarung" und gemischten Patentlizenz-, Know-how- und Softwarelizenz-Vereinbarungen einen eigenen Vertragstyp im Bereich des Technolo-

1 *Meier-Beck*, GRUR 2010, 1041, 1042.
2 *BGH* v. 24.2.2011, GRUR 2011, 610, 612 – Webseitenanzeige.
3 *BGH* v. 22.4.2010, BGHZ 185, 214 = GRUR 2010, 613, 616 – Dynamische Dokumentengenerierung; *BGH* v. 24.2.2011, GRUR 2011, 610, 612 f. – Webseitenanzeige.
4 BGH v. 24.5.2004, BGHZ 159, 197, 205 f. = GRUR 2004, 667, 668 f. – Elektronischer Zahlungsverkehr; *BGH* v. 20.1.2009, GRUR 2009, 479, 480 – Steuerungseinrichtungen für Untersuchungsmodalitäten; *BGH* v. 22.4.2010, BGHZ 185, 214 = GRUR 2010, 613, 616 – Dynamische Dokumentengenerierung; *BGH* v. 26.10.2010, GRUR 2011, 125, 127 – Wiedergabe topografischer Informationen.
5 *Meier-Beck*, GRUR 2010, 1041, 1042.
6 VO Nr. 772/2004 v. 27.4.2004, ABl. EG Nr. L 123 v. 27.4.2004, S. 11.

gietransfers. Insofern unterscheidet sich die TT-GVO 2004 von der TT-GVO 1996[1], in der Softwarevereinbarungen nur als Nebenbestimmungen zu Patentlizenz- oder Know-how-Vereinbarungen erfasst waren. Die terminologische Trennung zwischen Know-how-Vereinbarung und Softwarelizenz spricht dafür, dass nach Auffassung der EU-Kommission **Software „als solche" im Anwendungsbereich der TT-GVO 2004** gerade **kein Know-how** darstellt[2]. Zu beachten ist, dass der Anwendungsbereich der TT-GVO auf Softwarelizenzverträge durch das Erfordernis des Produktionsbezugs (Art. 2 Abs. 1) eingeschränkt wird[3].

264 Im Gegensatz zu den Begriffen „Patente" und „Know-how" enthält die TT-GVO 2004 keine eigenständige Bestimmung des Begriffs „Software", so dass mangels fest umrissener Abgrenzung im Einzelfall Unsicherheiten bestehen können, welche Vereinbarung unter welchen Vereinbarungstyp zu subsumieren ist. Andererseits stellt sich auch die Frage, ob eine Abgrenzung im Einzelfall überhaupt erforderlich ist. Wie sich aus Art. 1 Abs. 1 lit. b TT-GVO 2004 ausdrücklich ergibt, fallen sog. gemischte „Technologietransfer-Vereinbarungen" (Software- und Know-how-Vereinbarungen) unter den Schutz der VO. Erfasst werden zudem Vereinbarungen, die sich auf den Erwerb oder Verkauf von Produkten oder auf die Lizenzierung oder die Übertragung von Rechten an geistigem Eigentum beziehen, sofern diese Bestimmungen nicht den eigentlichen Gegenstand der Vereinbarung bilden[4]. Soweit Software nur ein Nebenbestandteil eines Know-how-Transfers ist, sind somit ebenfalls die für die Lizenzierung von Know-how geltenden Bestimmungen maßgeblich. Software gewinnt bei der Verkörperung von Know-how zunehmend an Bedeutung. Umgekehrt wird sich, wenn die Lizenzierung von Software im Vordergrund steht, stets „Begleitwissen" feststellen lassen, das für sich betrachtet die Voraussetzungen des Know-how Begriffs erfüllt.

265 Im Bereich des Vertriebs und der Lizenzierung proprietärer Software wird der **Quell-Code** samt Kommentierung vom Softwareentwickler i.d.R. geheim gehalten. Software kann daher auch **Know-how-**Schutz für sich in Anspruch nehmen; dies gilt jedenfalls dann, wenn es anlässlich der Einräumung von Nutzungsrechten nicht nur um die Überlassung des Programms im maschinenlesbaren **Objekt-Code** geht, sondern auch begleitendes Wissen des Softwareentwicklers bzw. Lizenzgebers zur Nutzung überlassen wird. Auch Programme von Datenverarbeitungsanlagen selbst können Be-

1 VO Nr. 240/96 v. 31.1.1996 (ABl. EG Nr. L 31 v. 9.2.1996, S. 2).

2 Vgl. hierzu TT-Leitlinien zu Art. 81 EG Rz. 46; s.a. *Schultze/Pautke/Wagener*, Praxiskommentar zur GrFVO-TT, Art. 1 Abs. 1 lit. g. Rz. 120, die diese Lizenzierung von „Software(...)rechten" neben den Patent- und Know-how-Lizenzen als dritten Vereinbarungstyp definieren.

3 Schneider/*Ulmer*, Hdb. des EDV-Rechts, Kap. C Rz. 361.

4 Zum Begriff der „Nebenbestimmung" s. schon Art. 5 Abs. 1 Nr. 4 TT-GVO Nr. 240/96 und Rz. 49 der TT-Leitlinien, ABl. EG Nr. C 101 v. 27.4.2004, S. 2.

triebsgeheimnisse darstellen[1]. Die Disassemblierung eines komplizierten Objekt-Codes eines komplexen Anwendungsprogrammes gestaltet sich selbst bei Zugrundelegung der heutigen technischen Mittel noch als sehr aufwendig, und selbst nach einer erfolgreichen Disassemblierung wären noch nicht sämtliche Besonderheiten aufgedeckt, die normalerweise nur durch die Kommentierung des Urhebers erlangt werden können[2]. Nach umstrittener[3] Auffassung von *Moritz/Tybusseck*[4] stellt Software im maschinenlesbaren Objekt-Code unveröffentlichtes „konfektioniertes Know-how" dar.

Letztlich beinhaltet Software in dem Maße Know-how, in dem in ein Programm Erkenntnisse Eingang gefunden haben, die bei Anwendung oder bei Veröffentlichung des Objekt-Codes nicht offenkundig werden. Soweit dem Anwender (dem Lizenznehmer) neben dem Programm derartige Informationen zur Verfügung gestellt werden, die die optimale Nutzung des Programms erst ermöglichen und deren Übermittlung der Lizenznehmer erwarten kann, steht m.E. die Lizenzierung der Software im Vordergrund. Die hinter der Programmierung stehenden zusätzlichen Erkenntnisse können dagegen eigenständig Gegenstand eines Know-how-Lizenzvertrages sein, wenn der Lizenznehmer dieses Wissen außerhalb der „normalen" Anwendung der Software nutzen will (bspw. bei der Entwicklung eigener Software).

Soweit Computerprogramme Betriebsgeheimnisse darstellen, schließt der urheberrechtliche Schutz nach § 69a ff. UrhG die Anwendung der §§ 17 ff. UWG nicht aus[5].

Frei. 266

cc) Urheberrechtlicher Schutz

Fraglos unterfallen Computerprogramme, soweit sie **Werkcharakter** aufweisen, als Sprachwerke dem Schutz des Urheberrechts, wie dies **§ 2 Abs. 1 Nr. 1 UrhG** ausdrücklich vorsieht. Das UrhG schützt aber im Gegensatz zum PatG nur die äußere Form des Computerprogramms[6] als Werk i.S. der 267

---

1 *BGH* v. 10.11.1994, NJW 1995, 669, 670; *Köhler* in Köhler/Bornkamm, UWG, § 17 Rz. 12; *Gennen/Völkel*, Recht der IT-Verträge, Rz. 366 ff.; *Marly*, Praxishandbuch Softwarerecht, Rz. 527.

2 Vgl. *Pagenberg/Beier*, Muster 13, Rz. 55 f.

3 Vgl. *Marly*, Praxishandbuch Softwarerecht, Rz. 527 m.w.N.

4 *Moritz/Tybusseck*, Computersoftware (1992), Rz. 476 ff.; vgl. auch *Heussen*, GRUR 1987, 779, 782; zur Gleichstellung von Know-how-Lizenzvertrag und Software-Lizenzvertrag nach deutschem Recht vgl. *BGH* v. 3.6.1981, NJW 1981, 2684 – Programmsperre.

5 *LG Mannheim* v. 10.1.1995, NJW 1995, 3322; *Köhler* in Köhler/Bornkamm, UWG, § 17 Rz. 12; a.A. *Wiebe*, CR 1992, 138.

6 *BGH* v. 29.3.1984, GRUR 1984, 659, 660 – Ausschreibungsunterlagen; *BGH* v. 9.5.1985, GRUR 1985, 1041, 1047 – Inkassoprogramm; vgl. auch *OLG Köln* v. 8.4.2005, GRUR-RR 2005, 303 ff.; *OLG Karlsruhe* v. 9.2.1983, GRUR 1983, 300,

§§ 1, 2 UrhG. Die Ideen und Grundsätze, die dem Computerprogramm einschließlich der Schnittstellen zugrunde liegen, sind gemäß § 69a Abs. 2 Satz 2 UrhG urheberrechtlich nicht geschützt.

268 Zwar enthalten die **§§ 69a ff. UrhG** als ausfüllende Bestimmungen keine Definition des Begriffs „Computerprogramm"[1]. Es wird jedoch von einer **weiten Auslegung des Begriffs „Computerprogramm"** ausgegangen[2]. Um welche Art von Computerprogrammen es sich handelt, ist irrelevant. So fällt Systemsoftware ebenso unter den Schutz von § 69a UrhG wie etwa Textverarbeitungs- oder Grafikprogramme, die der Datenverarbeitung dienen.

269 Bei der Bestimmung einer **persönlichen geistigen Schöpfung** dürfen nach **§ 69a Abs. 3 UrhG** qualitative oder ästhetische Gesichtspunkte keine Rolle mehr spielen. Auch bei Computerprogrammen sind persönliche Schöpfung, geistiger Inhalt, Formgestaltung und Individualität Schutzvoraussetzungen[3]. Dabei kann die Länge eines Programms ein Indiz für seine Komplexität darstellen, wenngleich dies allein die Urheberrechtsschutzfähigkeit noch nicht garantiert[4]. Auszugehen ist davon, dass die Schutzfähigkeit eines Programms die Regel und die Schutzunfähigkeit die Ausnahme darstellt[5]. Da das Gesetz auf das Erfordernis einer besonderen schöpferischen Gestaltungshöhe verzichtet und auch die „kleine Münze"

305; *OLG Frankfurt* v. 13.6.1983, GRUR 1983, 753, 755 – Pengo; *Troller*, CR 1987, 213, 218 ff.

1 Vgl. BT-Drucks. 12/4022, S. 9, bewusster Verzicht aufgrund der Schnelllebigkeit der Branche.

2 Vgl. Begr. des Entwurfs eines 2. UrhÄndG, BT-Drucks. 12/4022, S. 9 f.; *BGH* v. 3.3.2005, GRUR 2005, 860 ff. – Flash 2000: „Das Gesetz setzt für die Schutzfähigkeit eines Computerprogramms keine besondere schöpferische Gestaltungshöhe voraus, sondern stellt in erster Linie darauf ab, dass es sich um eine individuelle geistige Schöpfung des Programmierers handelt. Damit unterstellt es auch die kleine Münze des Programmschaffens dem urheberrechtlichen Schutz und lässt lediglich die einfache, routinemäßige Programmierleistung, die jeder Programmierer auf dieselbe oder ähnliche Weise erbringen würde, schutzlos.", m.w.N.; *OLG Köln* v. 8.4.2005, GRUR-RR 2005, 303 ff.; *OLG Düsseldorf* v. 25.11.2008, K&R 2009, 193, 195 f.; *Dreier* in Dreier/Schulze, UrhG, § 69a Rz. 12 ff.; *Loewenheim* in Schricker/Loewenheim, UrheberR, § 69a UrhG Rz. 2 ff.; *Erdmann/Bornkamm*, GRUR 1991, 877, 879; *Ullmann*, CR 1992, 641, 643 f.; vgl. ebenso *Schultze/Pautke/Wagener*, Die Gruppenfreistellungsverordnung für Technologietransfervereinbarungen, Art. 1 Abs. 1 lit. g Rz. 123: „Computerprogramme sind danach in jeder Form, Sprache, Notation oder in jedem Code gewählte Ausdrucksmittel für eine Folge von Befehlen, die dazu dient, einen Computer zur Ausführung einer bestimmten Aufgabe oder Funktion zu veranlassen."; *Ackermann*, jurisPR-BGHZivilR 38/2005 Anm. 6.

3 *Dreier* in Dreier/Schulze, UrhG, § 69a Rz. 26; *Loewenheim* in Schricker/Loewenheim, UrheberR, § 69a UrhG Rz. 14 ff.; s. auch *LG Düsseldorf* v. 12.1.2007, ZUM 2007, 559, 563.

4 *BGH* v. 9.5.1985, GRUR 1985, 1041, 1046 f. – Inkassoprogramm.

5 BT-Drucks. 12/4022, S. 9; vgl. *BGH* v. 3.3.2005, GRUR 2005, 860, 861 – Flash 2000.

des Programmschaffens dem Urheberrecht unterstellt, bleiben lediglich einfache, routinemäßige Programmierleistung, die jeder Programmierer auf dieselbe oder ähnliche Weise erbringen würde, schutzlos[1]. Auch Programmteile können urheberrechtsfähig sein, vor allem wenn es sich um technisch nicht triviale und umfangmäßig nicht unerhebliche Sequenzen handelt[2]. Als weitere Kriterien kommen Umfang und Art der Bedienerführung, Übersichtlichkeit und Aufbau der (Bildschirm-)Darstellung, schneller Programmablauf, Hilfsfunktionen und die Anpassungsfähigkeit an verschiedene Hardwarekonfigurationen in Betracht.

Geschützt ist das Programm nach § 69a Abs. 2 Satz 1 UrhG in allen **„Ausdrucksformen"**, einschließlich des „Entwurfsmaterials". Vom Schutz umfasst sind deshalb insbesondere der **Quell- und Objektcode** eines Computerprogramms[3]. Demgegenüber stellen weder die Funktionalität noch die Programmiersprache oder das Dateiformat eines Computerprogramms eine „Ausdrucksform" des Programms dar[4]. Die Nachschaffung eines in seinen Funktionen vorbekannten Programms ohne Übernahme des Codes ist daher jedenfalls unter urheberrechtlichen Gesichtspunkten grundsätzlich zulässig. Als **Entwurfsmaterial** i.S. des § 69a Abs. 1 UrhG sind auf den **Vorstufen zum Programm** etwa der Datenflussplan (Flussdiagramm)[5], der Programmablaufplan sowie sonstige Dokumentationen von Vor- oder Zwischenstufen (z.B. **Feinkonzept**)[6] geschützt. Außerhalb der EDV liegende konzeptionelle Vorgaben stellen dagegen kein geschütztes Entwurfsmaterial dar[7], so dass regelmäßig auch das Lasten- bzw. Pflichtenheft nicht dem Schutz der §§ 69a ff. UrhG unterfällt[8]. Begleitmaterialien wie Handbücher, Bedienungsanleitungen und Wartungsbücher zählen ebenfalls nicht zum geschützten Computerprogramm[9]. Diese Dokumente können ganz oder teilweise als Sprachwerke (§ 2 Abs. 1 Nr. 1 UrhG) dem Urheberrechtsschutz unterfallen, sofern sie das Erfordernis einer persönlich-geistigen 270

1 *BGH* v. 3.3.2005, GRUR 2005, 860, 861 – Flash 2000.

2 *OLG Düsseldorf* v. 25.11.2008, K&R 2009, 193, 195 f., wonach die Schutzhöhe nicht auf dem Niveau der „kleinen Münze" liegen soll, sondern noch darunter.

3 *EuGH* v. 22.12.2010, CR 2011, 221, Rz. 34 u. 41 – Bezpeènostní Softwarová Asociace; *EuGH* v. 2.5.2012, CR 2012, 428, Rz. 38 – SAS Institute, Inc./World Programming Ltd.

4 *EuGH* v. 2.5.2012, CR 2012, 428, Rz. 46 – SAS Institute, Inc./World Programming Ltd.; *Spindler*, CR 2012, 417.

5 Vgl. hierzu schon *BGH* v. 9.5.1985, GRUR 1985, 1041, 1046 – Inkasso-Programm.

6 *Dreier* in Dreier/Schulze, UrhG, § 69a Rz. 14; *Loewenheim* in Schricker/Loewenheim, UrheberR, § 69a UrhG Rz. 5; *Grützmacher* in Wandtke/Bullinger, UrhG, § 69a Rz. 8.

7 *OLG Köln* v. 8.4.2005, GRUR-RR 2005, 303, 304 – Pflichtenheft.

8 *Dreier* in Dreier/Schulze, UrhG, § 69a Rz. 14; *Loewenheim* in Schricker/Loewenheim, UrheberR, § 69a UrhG Rz. 5; *Grützmacher* in Wandtke/Bullinger, UrhG, § 69a Rz. 9.

9 *Loewenheim* in Schricker/Loewenheim, UrheberR, § 69a UrhG Rz. 6 m.w.N.

Schöpfung erfüllen[1]. Auch Bildschirmoberflächen unterfallen nicht dem Schutz der §§ 69a ff. UrhG[2], können aber als eigenes Werk – z.B. nach Maßgabe des § 2 Abs. 1 Nr. 7 UrhG – schutzfähig sein, sofern ihre Gestaltung eine individuelle, sich vom alltäglichen Schaffen abhebende und nicht lediglich durch sachliche Erfordernisse vorgegebene Anordnung der Eingabefelder aufweist[3].

271 **Nicht geschützt** sind nach **§ 69a Abs. 2 Satz 2 UrhG** die **„Ideen und Grundsätze"**, die einem Element des Programmes, dem Algorithmus (i.E. eine Regel, durch deren schematische Befolgung gleichgelagerte Aufgaben gelöst werden können) oder einer Schnittstelle zugrunde liegen. Schutzfähig können Algorithmen aber beispielsweise in der Art und Weise ihrer Implementierung oder Verknüpfung zueinander sein[4].

272 Der Rechtsinhaber hat nach **§ 69c UrhG** das ausschließliche Recht, die nachstehend aufgeführten Handlungen vorzunehmen oder zu gestatten:

- dauerhafte oder vorübergehende Vervielfältigung (auch soweit dies für das Laden, Anzeigen, Ablaufen, Übertragen oder Speichern erforderlich ist),
- Übersetzung,
- Bearbeitung,
- Arrangement
- und andere Umarbeitungen des Programms einschließlich der Vervielfältigung der erzielten Ergebnisse,
- jede Form der Verbreitung des Originals oder von Vervielfältigungsstücken einschl. der Vermietung,
- die drahtgebundene oder drahtlose öffentliche Wiedergabe einschl. der öffentlichen Zugänglichmachung in der Weise, dass es Mitgliedern der Öffentlichkeit an Orten oder zu Zeiten ihrer Wahl zugänglich ist.

273 Ausnahmen hiervon enthalten die §§ 69d, 69e UrhG (vgl. auch § 69g Abs. 2 UrhG).

274 Maßgebliche Vorschrift für die urheberrechtliche Beurteilung des Umfangs und der Wirksamkeit einer Softwarelizenz ist regelmäßig **§ 69d Abs. 1 UrhG**. Diese Regelung soll es dem berechtigten Nutzer ermöglichen, ein Computerprogramm auch ohne zusätzliche vertragliche Zustimmung des Rechteinhabers bestimmungsgemäß zu nutzen. Die **bestimmungsgemäße Benutzung** ist nicht auf die Festlegung einer bestimmten Nutzungsart i.S.

1 Vgl. *EuGH* v. 16.7.2009 – Rs. C-5/08, Slg. 2009, I-6569 Rz. 39 – Infopaq International; *EuGH* v. 2.5.2012, CR 2012, 428, Rz. 65 ff. – SAS Institute, Inc./World Programming Ltd.; *Spindler*, CR 2012, 417, 422.

2 Vgl. *EuGH* v. 22.12.2010, K&R 2011, 105; *Dreier* in Dreier/Schulze, UrhG, § 69a Rz. 16 m.w.N.; *Spindler/Wiebe*, K&R 2011, 764.

3 *OLG Karlsruhe* v. 14.4.2010, GRUR-RR 2010, 234, 235.

4 *BGH* v. 4.10.1990, GRUR 1991, 449, 453 – Betriebssystem.

des § 31 UrhG beschränkt, sondern **umfasst sowohl schuldrechtliche Einwilligungen und Beschränkungen als auch dingliche Nutzungsrechteeinräumungen**[1].

Grundsätzlich ergibt sich die bestimmungsgemäße Benutzung bereits aus den vertraglichen Festlegungen der Parteien des Softwarelizenzvertrags. Fehlt eine ausdrückliche Vereinbarung, ist zu prüfen, ob nach dem **Überlassungszweck** und sonstigen für den Vertrag bedeutsamen Umständen Anhaltspunkte für konkludente Abreden bestehen. Obwohl vertragliche Bestimmungen die zulässigen Nutzungshandlungen des berechtigten Programmnutzers nach Maßgabe des § 69d Abs. 1 UrhG weiter einschränken können, sind der Vertragsgestaltung Grenzen gesetzt. Insbesondere kann der **zwingende Kern des Rechts aus § 69d Abs. 1 UrhG** nicht abbedungen werden[2]. Welche Berechtigungen zum abredefesten Kern des § 69d Abs. 1 UrhG zählen, ist durch die Rechtsprechung zu konkretisieren[3].

Zum abredefesten Kern der **für die vertragsgemäße Verwendung des Programms unerlässlichen Berechtigungen** werden u.a. das Laden und Laufenlassen, das Speichern des Programms im Arbeitsspeicher des Rechners, sonstige mit der bestimmungsgemäßen Nutzung während der Laufzeit des Programms verbundene Speichervorgänge sowie Fehlerberichtigungen gezählt[4]. Entsprechendes gilt für Vervielfältigungen im Rahmen des Einsatzes sog. RAID-Systeme, weil der Einsatz dieser Systeme lediglich die technischen Modalitäten der Datensicherung betrifft[5].

b) Folgerungen für die Vertragsgestaltung

Bei der Lizenzierung von Software sind die unterschiedliche Schutzrich- 275
tung und die jeweiligen Rechtsfolgen bei Eingriffen in die Ausschließlichkeitsrechte zu bedenken[6]. Während nach dem UrhG nur die äußere Erscheinungsform des Programmes geschützt ist und wegen § 69a Abs. 2 Satz 2 UrhG die „Ideen und Grundsätze", die einem Element des Programmes zugrunde liegen, nicht dem Urheberrechtsschutz unterfallen, bezieht sich der Patentschutz gerade auf letzteres, also auf die im Hintergrund des Programmes stehende technische Lehre der Erfindung. Der Lizenznehmer einer urheberrechtlichen Nutzungslizenz ist also wie auch der Urheber

1 *Dreier* in Dreier/Schulze, UrhG, § 69d Rz. 7; *Grützmacher* in Wandtke/Bullinger, UrhG, § 69d Rz. 6; *Grützmacher*, CR 2011, 485 ff.

2 *BGH* v. 24.2.2000, GRUR 2000, 866, 868 – Programmfehlerbeseitigung; *Dreier* in Dreier/Schulze, UrhG, § 69d Rz. 12; *Grützmacher* in Wandtke/Bullinger, UrhG, § 69d Rz. 33 ff.

3 Vgl. BT-Drucks. 12/4022, S. 12; *Grützmacher* in Wandtke/Bullinger, UrhG, § 69d Rz. 34.

4 *Dreier* in Dreier/Schulze, UrhG, § 69d Rz. 7.

5 *Hoeren/Schumacher*, CR 2000, 136, 137; *Grützmacher*, CR 2011, 697, 701.

6 Vgl. *Schöniger*, CI 2000, 129, 132.

selbst grundsätzlich nicht davor geschützt, dass Dritte ein paralleles Programm erstellen und vermarkten.

276 Der Lizenzgeber ist verpflichtet zu prüfen, welche Rechte ihm zur Vergabe zustehen[1]. Mangels anderweitiger Anhaltspunkte liegt bei ihm die Verantwortung für die Verfügungsbefugnis über die lizenzierten Rechte (s. Rz. 25 ff.).

Von besonderer Bedeutung ist die Prüfung auf Lizenzkonflikte vor allem im Bereich von Softwareerstellungsprojekten, bei denen Komponenten verschiedener Urheber zusammengefügt werden oder zur Verminderung des Programmieraufwands auf Programmbibliotheken Dritter zurückgegriffen wird. Denkbar sind solche Konflikte z.B. bei Paketlösungen, die aus einzelnen Modulen bestehen, die über Schnittstellen zusammengeführt werden. Hat sich der Lizenzgeber, der die Paketlösung in Lizenz vergeben will, nicht die hierzu erforderlichen Rechte von seinen Zulieferern einräumen lassen (vgl. auch § 35 Abs. 1 UrhG), so bleibt zwar der geschlossene Software-Lizenzvertrag schuldrechtlich wirksam, jedoch muss der Lizenzgeber nach Wahl des Gläubigers Schadensersatz statt der Leistung (§ 311a Abs. 2 Satz 1 Fall 1, § 280 Abs. 3, § 283 BGB) oder Aufwendungsersatz (§ 311a Abs. 2 Satz 1 Fall 2, § 284 BGB) leisten[2].

In der Praxis können sich Lizenzkonflikte insbesondere bei der Implementierung von Open Source Code[3] ergeben, und zwar sowohl bei der Verknüpfung von Open Source Bestandteilen mit proprietär lizenzierter Software als auch bei der Verknüpfung verschiedener Open Source Komponenten miteinander. Insoweit gilt es zu berücksichtigen, dass sich **Open Source Lizenzen** nicht nur in Lizenzen mit oder ohne sowie strenger oder beschränkter Copyleft-Klausel[4] bzw. Lizenzen mit Sonderrechten aufteilen lassen[5], sondern darüber hinaus auch innerhalb der jeweiligen Typisierung zahlreiche Lizenzmodelle mit im Detail unterschiedlichen Regelungen bestehen. Die **Prüfung auf Kompatibilität** darf sich zudem nicht auf einen Vergleich der jeweiligen Grundtypen üblicher Open Source Lizenzen (z.B. GNU GPL, MIT oder Apache Lizenz) beschränken[6], sondern bedarf eines einzelfallbezogenen Vergleichs der konkret verwendeten Vertragstexte, weil nicht aus-

---

1 *BGH* v. 25.3.1987, BB 1987, 1277, 1278.

2 Rechtsfolgen der anfänglichen rechtlichen Unmöglichkeit.

3 Ausführlich zu Open Source Lizenzen: *Jaeger/Metzger*, Open Source Software, Rz. 23 ff.; *Marly*, Handbuch Softwarerecht, Rz. 899 ff.; *Hoppen/Thalhofer*, CR 2010, 275. Aktuelle Informationen zu Rechtsentwicklungen im Bereich Open Source sind zudem abrufbar auf den Seiten des Instituts für Rechtsfragen der Freien und Open Source Software unter http://www.ifross.org.

4 Vgl. Free Software Foundation, Was ist Copyleft?, http://www.gnu.org/copyleft/copyleft.de.html; *Marly*, Handbuch Softwarerecht, Rz. 919.

5 Vgl. *Jaeger/Metzger*, Open Source Software, Rz. 24.

6 Eine Auflistung GNU GPL v3 kompatibler Lizenzen ist abrufbar unter http://www.gnu.org/licenses/license-list.html#GPLCompatibleLicenses.

zuschließen ist, dass der Urheber Änderungen an der Grundfassung der Lizenzmuster vorgenommen hat.

Teilweise wurde vertreten, zur Vermeidung von Unsicherheiten bei der Durchführung des Vertrages den **Werkcharakter der in Rede stehenden Software zu vereinbaren**, sofern diese Anerkennung der Schutzfähigkeit nicht bewusst entgegen den den Parteien bekannten Tatsachen erfolgt. *Pagenberg/Beier*[1] halten an dieser Empfehlung nicht mehr fest. Dem ist zuzustimmen, weil der Erwerb des Urheberrechts allein von der Schaffung eines urheberrechtsfähigen Werks i.S. des § 2 UrhG abhängt und damit grundsätzlich nicht der Parteidisposition unterliegt[2]. Ohnehin gilt, dass der in § 69a UrhG geregelte Schutz von Computerprogrammen nach Maßgabe des § 69a Abs. 3 Satz 2 UrhG auch die „kleine Münze" umfasst, so dass die Schutzfähigkeit eines Programms die Regel und die Schutzunfähigkeit die Ausnahme darstellt[3]. Die vertragliche Vereinbarung des Werkcharakters kann außerdem kartellrechtliche Probleme z.B. dann aufwerfen, wenn der Werkcharakter im Ausnahmefall tatsächlich nicht besteht. Nur ausnahmsweise, also bei ernsthaftem, objektiv begründetem Anlass zur Bejahung eines Urheberrechts, ist ein Verstoß gegen § 1 GWB nicht zu befürchten, wenn sich die Vereinbarung im Schutzumfang des von den Parteien übereinstimmend angenommenen Urheberrechtes hält[4]. Diesen Gedanken wird man auch für Software in Anspruch nehmen können (vgl. auch § 69a Abs. 3 UrhG). Darüber hinaus kann sich die Anerkennung der Werkqualität rechtlich als **Nichtangriffsklausel** darstellen[5], d.h. als Verpflichtung, die Gültigkeit des geistigen Eigentums des Lizenzgebers nicht anzufechten[6]. 277

Bei der **Auslegung abgeschlossener Lizenzverträge** kann sich im Einzelfall auch die Frage stellen, auf welche Aspekte des geistigen Eigentums sich die dem Lizenznehmer eingeräumte Nutzungsbefugnis bezieht. Wird eine Lizenz an einer „Software" vergeben, ist die Einräumung von Nutzungsrechten vornehmlich auf die Anwendung der Software als solcher und deren bestimmungsgemäße Nutzung gerichtet (vgl. auch § 69d Abs. 1 UrhG). Wenn zudem in die Software patentgeschützte Verfahren integriert wurden, umfasst die Nutzungsbefugnis jedenfalls auch die patentrechtliche Nutzung, soweit wie die Anwendung der Software in den Schutzbereich der tangierten Patente fällt. Mangels anderweitiger Anhaltspunkte kann der Lizenznehmer jedoch nicht davon ausgehen, dass er zur uneingeschränkten Nutzung der Patente auch in anderen Formen berechtigt ist, bspw. durch 278

1 *Pagenberg/Beier*, Muster 13 Rz. 31; anders noch *Pagenberg/Geissler*, 5. Aufl. 2003, Muster 17, Rz. 21.
2 *Marly*, Softwareüberlassungsverträge Rz. 1245 ff.
3 BT-Drucks. 12/4022, S. 9; *Dreier* in Dreier/Schulze, UrhG, § 69a Rz. 26.
4 *BGH* v. 22.5.1975, GRUR 1976, 323, 324 – Thermalquelle, bestätigt durch *BGH* v. 5.7.2005, GRUR 2005, 845, 846 f. – Abgasreinigungsvorrichtung; *Lutz*, GRUR 1976, 331, 333; *von Gamm*, GRUR Int. 1983, 403, 406.
5 Vgl. *Marly*, Praxishandbuch Softwarerecht, Rz. 1756; s. hier Rz. 2042 ff.
6 Rz. 112 der TT-Leitlinien zu Art. 81 EG.

Schaffung eines eigenen Computerprogramms, das in den Schutzbereich eines Patents eingreift.

279 Erhöhter vertraglicher Regelungsbedarf kann sich ergeben, wenn eine Vergabe von Nutzungsrechten sowohl im Hinblick auf **lizenzierte Software wie auch Hardware** erfolgt, wenn z.B. lizenzierte Software auf patentierter Hardware des Lizenzgebers betrieben wird. Klargestellt werden sollte in dem Fall, ob sich die Nutzungsbefugnis isoliert auch auf einzelne Komponenten bezieht, oder aber eine Nutzung nur in Kombination der Elemente erfolgen soll. Denkbar ist auch, dass der Hardwarehersteller ein patentgeschütztes Betriebssystem mitliefert, auf dem eine Software aufsetzt, die ohne das Betriebssystem nicht betrieben werden könnte. Empfehlenswerter Weg ist hier, bei der Lizenzierung etwaige die Hardware betreffende Schutzrechte in den Lizenzvertrag einzubeziehen.

280–281 Frei.

c) Rechtsnatur des Softwareüberlassungsvertrages

282 Die vertragstypologische Einordnung von Softwareüberlassungsverträgen ist seit jeher umstritten[1], zumal IT-Verträge vielfach Besonderheiten aufweisen, die eine eindeutige Zuordnung zu einem gesetzlich typisierten Schuldverhältnis erschweren[2]. Regelmäßig bietet es sich an, die Bestimmung der Rechtsnatur des jeweiligen Softwareüberlassungsvertrages in Abhängigkeit von der Art der betreffenden Software (z.B. Standard- oder Individualsoftware), der Art der Überlassung (z.B. dauerhaft oder befristet, online oder durch Übergabe eines Datenträgers) oder dem Kreis der Anwender vorzunehmen[3].

283 Der *BGH* geht in ständiger Praxis davon aus, dass die **entgeltliche und dauerhafte Überlassung** einer auf einem Datenträger verkörperten **Standardsoftware** als **Kaufvertrag** (§§ 433 ff. BGB) zu qualifizieren ist[4]. Hierbei stützt sich der *BGH* auf die umstrittene[5] Annahme, derartige Standardsoftware sei als bewegliche Sache i.S. des § 90 BGB zu qualifizieren[6].

---

1 *Hoeren*, Softwareüberlassung, Rz. 21.

2 Vgl. *Gennen/Völkel*, Recht der IT-Verträge, Rz. 410 ff.

3 Vgl. *BGH* v. 4.11.1987, BGHZ 102, 135, 141 = NJW 1988, 406, 407; *OLG Köln* v. 22.9.1995, NJW 1996, 1067; *Westermann* in MünchKomm. BGB, Vor § 433 Rz. 22 ff.; *Voit* in Bamberger/Roth, BGB, § 631 Rz. 13; *Spindler/Klöhn*, CR 2003, 81, 82 f.; *Junker*, NJW 2003, 2792, 2797; *Marly*, Praxishandbuch Softwarerecht, Rz. 610 ff.

4 *BGH* v. 4.11.1987, CR 1988, 994; *BGH* v. 18.10.1989, NJW 1990, 320, 321; *BGH* v. 22.11.1999, CR 2000, 207; *BGH* v. 15.11.2006, CR 2007, 75.

5 Ausführlich zum Streitstand: *Marly*, Praxishandbuch Softwarerecht, Rz. 641 ff.

6 *BGH* v. 2.5.1985, GRUR 1985, 1055 ff.; eingehend zur Sachqualität von Computerprogrammen; *Hoeren*, NJW 2004, 1932 ff.; *Marly*, Praxishandbuch Softwarerecht, Rz. 674 ff.; *Hilty*, MMR 2003, 3 ff.; *König*, NJW 1990, 1584 ff.; *Weitz*, Software als „Sache" (1998), S. 188; Spindler/*Fuchs*, Vertragsrecht der Internet-Provider,

Liegt ein Kaufvertrag vor, ist es im Hinblick auf § 453 BGB gleichgültig, ob eine Sache oder ein Immaterialgut angenommen wird[1].

Wird im Rahmen eines Softwareüberlassungsvertrages Software auf einem Datenträger **auf Dauer übertragen**, sind die Grundsätze der **Erschöpfung** anwendbar[2]. 284

Ob der Erschöpfungsgrundsatz auch dann greift, wenn die Software online als Downloadangebot (sog. „**Online-Erschöpfung**") oder – unabhängig von etwaigen AGB-rechtlichen Fragestellungen – im Rahmen der Weiterveräußerung abgespaltener Lizenzen aus **Volumenlizenzverträgen** vertrieben wird, war bislang sehr umstritten[3]. Entsprechende Fragestellungen ergeben sich vor allem im Bereich des **Gebrauchtsoftwarehandels**. 285

Anders als bei der Veräußerung eines Datenträgers wird die Software beim reinen Online-Vertrieb nicht in Form eines körperlichen Werkexemplars in den Verkehr gebracht. Gleiches gilt bei Volumenlizenzen, sofern auf die Überlassung eines Masterdatenträgers verzichtet wird. Da der Ersterwerber die Software somit nicht auf einem Datenträger erwirbt, kann auch die Weiterveräußerung der Programmkopie durch den Ersterwerber technisch nur online, durch Weitergabe eines selbst erstellten Datenträgers oder Weitergabe der Lizenznummer erfolgen. Im letzteren Fall müsste der Zweiterwerber bereits über eine Programmkopie verfügen oder sich diese beim Hersteller besorgen, um das Programm tatsächlich nutzen zu können[4].

Jedenfalls aus Erwerbersicht erscheint es daher nur schwer nachvollziehbar, dass eine auf einem Datenträger verkaufte Software weiterveräußert werden kann, während dies für ein über das Internet vertriebenes Programm nicht gelten soll[5]. Dies gilt insbesondere vor dem Hintergrund dass

---

Rz. 287; zumindest gleich zu behandeln, so *Bydlinski*, AcP 198 (1998), 287 ff.; a.A. mangels sinnlicher Wahrnehmbarkeit und Abgrenzbarkeit: *Bormann/Bormann*, Rechtsnatur und Rechtsschutz von Software, DB 1991, 2641, 2644; *Ebnet*, Der Informationsvertrag (1995), S. 123 ff.; Palandt/*Ellenberger*, BGB, § 90 Rz. 2; *Köhler/Fritzsche* in Lehmann, S. 517 Rz. 7 ff.

1 Palandt/*Weidenkaff*, BGB, § 433 Rz. 9; für die Einordnung des Objektcode als „sonstigen Gegenstand" i.S. des § 453 BGB: *Bartsch*, CR 2010, 553, 558 f.; *Heydn*, CR 2010, 765.

2 *BGH* v. 14.7.2000, GRUR 2001, 153, 154 – OEM-Version; *Polley*, CR 1999, 345, 348.

3 Vgl. *BGH* v. 3.2.2011, GRUR 2011, 418, Rz. 25 ff. – UsedSoft/Oracle m. Anm. *Stieper*, ZUM 2012, 668; *Rath/Maiworm*, WRP 2012, 1051; *OLG Hamburg* v. 7.2.2007, CR 2007, 355; *OLG München* v. 3.7.2008, CR 2008, 551 mit Anm. *Bräutigam*; *OLG Düsseldorf* v. 29.6.2009, CR 2009, 566; *OLG Karlsruhe* v. 27.7.2010, MMR 2011, 727 mit Anm. *Schmidt*; *OLG Stuttgart* v. 3.11.2011, CR 2012, 299; *LG Hamburg* v. 26.6.2006, CR 2006, 812 m. Anm. *Grützmacher*; *LG München I* v. 15.3.2007, CR 2007, 356 mit Anm. *Dieselhorst*; *LG Frankfurt* v. 31.3.2011, CR 2011, 566; *Bröckers*, MMR 2011, 18 ff.; *Schneider*, CR 2009, 553; zur Rechtslage in der Schweiz: *Kantonsgericht Zug* v. 4.5.2011, CR 2011, 781.

4 Ablehnend hierzu: *LG Frankfurt* v. 31.3.2011 – 2-03 O 331/10, CR 2011, 566.

5 *Hoeren*, MMR 2010, 447.

die **Interessenlage beim Online-Kauf einer Software vergleichbar** ist mit der Situation beim klassischen Offline-Erwerb. Differenzierter stellt sich demgegenüber die Lage bei der Abspaltung überzähliger Lizenzen aus Volumenlizenzverträgen dar, weil bei einer datenträgerlosen Weitergabe der Lizenz das Nutzungsrecht von der beim Ersterwerber gespeicherten Software, also dem „Werkexemplar" i.S. des Erschöpfungsgedankens, getrennt wird und eine „isolierte" Übertragung erfolgt.

285a Auf den Vorlagebeschluss des *BGH* in Sachen „**UsedSoft/Oracle**" vom 3.2.2011[1] hat der *EuGH* mit Urteil vom 3.7.2012[2] zur Frage der **Weiterveräußerbarkeit gebrauchter Software** im Zusammenhang mit der Auslegung der Richtlinie 2009/24/EG[3] klargestellt, dass sich das Verbreitungsrecht des Rechteinhabers nach Maßgabe des Art. 4 Abs. 2 der Richtlinie auch dann erschöpft, wenn der Rechteinhaber dem Herunterladen einer Programmkopie aus dem Internet durch den Ersterwerber zugestimmt und diesem ein entgeltliches, unbefristetes, einfaches Nutzungsrecht eingeräumt hat. Insoweit besteht demzufolge kein **Unterschied zwischen Online- und Offline-Vertrieb**. Auch der Zweiterwerber einer durch den Ersterwerber rechtmäßig on- oder offline erworbenen Programmkopie ist „rechtmäßiger Erwerber" i.S. des Art. 5 Abs. 1 der Richtlinie 2009/24/EG[4].

285b Zu beachten ist, dass der Zweiterwerber einer Gebrauchtsoftware durch den Erwerb der Programmkopie nicht ohne Weiteres einen Anspruch gegen den Softwarehersteller auf die Erbringung sonstiger Leistungen (z.B. Zurverfügungstellung von Updates, Upgrades, Patches etc.) erwirbt. Hat der Ersterwerber mit dem Softwarehersteller einen Pflegevertrag abgeschlossen, auf dessen Grundlage er dauerhafte Nutzungsrechte an Verbesserungen, Änderungen und/oder Ergänzungen der Software erworben hat, erstreckt sich die Erschöpfung jedoch auf die verkaufte Programmversion in der verbesserten und aktualisierten Fassung[5]. Aus dem Grundsatz der Erschöpfung lässt sich hingegen **kein Recht zur Aufspaltung von Volumenlizenzen** ableiten[6]. Soweit die Software eine Online-Registrierung erfordert, um auf weitere (internetbasierte) Dienste des Herstellers zugreifen zu können, besteht nach Maßgabe der **„Half-Life 2"-Entscheidung**[7] des *BGH* ebenfalls kein Anspruch auf Registrierung. Auch die zunehmende Verlagerung lokaler Softwareapplikationen in Cloud-Services, bei denen keine

---

1 BGH v. 3.2.2011, GRUR 2011, 418 – UsedSoft.

2 *EuGH* v. 3.7.2012, K&R 2012, 493 – UsedSoft/Oracle; s. dazu *Schneider/Spindler*, CR 2012, 489; *Haberstumpf*, CR 2012, 561; *Heydn*, MMR 2012, 591; *Hoeren/Försterling*, MMR 2012, 642; *Eicheberger*, K&R 2012, 585.

3 RL 2009/24/EG, ABl. EG Nr. L 111 v. 5.5.2009, S. 16.

4 *EuGH* v. 3.7.2012, K&R 2012, 493, Rz. 80 – UsedSoft/Oracle.

5 *EuGH* v. 3.7.2012, K&R 2012, 493, Rz. 63, 84 – UsedSoft/Oracle.

6 *EuGH* v. 3.7.2012, K&R 2012, 493, R. 69 – UsedSoft/Oracle; vgl. *OLG Karlsruhe* v. 27.7.2011, MMR 2011, 727 zur kartellrechtlichen und AGB-rechtlichen Zulässigkeit entsprechender Verbotsklauseln in Volumenlizenzverträgen.

7 *BGH* v. 11.2.2010, CR 2010, 565 – Half Life 2.

dauerhafte Überlassung der Software als solcher erfolgt, könnte dazu beitragen, dass der Handel mit Gebrauchtsoftware unattraktiv wird[1].

Markenrechtliche Beschränkungen bestehen zudem beim Handel mit **Echtheitszertifikaten**. Nach der Rechtsprechung des *BGH* kann sich der Softwarehersteller nach Maßgabe des § 24 Abs. 2 MarkenG dem Inverkehrbringen einer mit seiner Marke versehenen Sicherungs-CD widersetzen, wenn der Wiederverkäufer diese mit Echtheitszertifikaten des Herstellers versehen hat, die zuvor nicht auf den Datenträgern, sondern auf der Computerhardware angebracht waren[2].

Abweichend von der Rechtslage bei Standardsoftware zu bewerten ist die Rechtsnatur des Vertrages im Bereich der auf Dauer überlassenen **Individualsoftware**, bei der es sich um eine für den Einzelanwender speziell entwickelte Software handelt. Hier ist nach herrschender Auffassung in Rechtsprechung[3] und Literatur[4] regelmäßig davon auszugehen, dass die im Zuge der Auftragsvergabe getroffenen Regelungen **werkvertraglicher Natur** (§§ 631 ff. BGB) sind. Der rechtlichen Einordnung als Werkvertrag steht nicht entgegen, dass die Vergütung, entgegen der im Werkvertragsrecht üblichen Vorgehensweise, im Rahmen einer Abrechnung nach Aufwand erfolgt[5]. 286

Im Zusammenhang mit einem sog. „**Internet-Systemvertrag**" hat der *BGH* entschieden, dass eine die Erstellung und Betreuung einer Internetpräsentation (Website) des Kunden sowie die Gewährleistung der Abrufbarkeit dieser Website im Internet für einen festgelegten Zeitraum betreffende Vereinbarung als Werkvertrag im Sinne der §§ 631 ff. BGB zu qualifizieren ist[6].

Aufgrund der Neufassung des **§ 651 BGB** wird diskutiert, Softwareerstellungsverträge nach Maßgabe des Kaufrechts zu behandeln[7]. Liegt das Schwergewicht der vertraglichen Pflichten des Softwareherstellers jedoch in der programmtechnischen Umsetzung einer auf die Bedürfnisse des Kunden zugeschnittenen Individuallösung, erscheint eine vertragstypologi- 287

---

1 Vgl. *Leistner*, CR 2011, 209, 215.

2 *BGH* v. 6.10.2011, CR 2012, 295 – Echtheitszertifikat.

3 *BGH* v. 23.1.1996, NJW 1996, 1745, 1746; *BGH* v. 14.7.1993, NJW 1993, 2436, 2437 f.; *BGH* v. 25.3.1993, NJW 1993, 1972; *BGH* v. 7.3.1990, NJW 1990, 3011, 3012; *OLG Karlsruhe* v. 16.8.2002, CR 2003, 95; *OLG Köln* v. 4.11.2002, CR 2003, 246.

4 *Hoeren*, IT-Vertragsrecht, S. 80; *Marly*, Praxishandbuch Softwarerecht, Rz. 614; *Sucker*, CR 1989, 468, 477; *Engel*, BB 1985, 1159, 1161; *Brandi-Dohrn*, CR 1986, 63, 64; *Mehrings*, NJW 1986, 1904, 1907.

5 *BGH* v. 25.3.1993, NJW 1993, 1972; *OLG Düsseldorf* v. 18.7.1997, NJW-RR 1998, 345, 346.

6 *BGH* v. 4.3.2010, BGHZ 184, 345, Rz. 15 ff.

7 Vgl. *Hassemer*, ZGS 2002, 95, 102; *Kotthoff*, K&R 2002, 105; *Mankowski*, MDR 2003, 854, 857; *Schneider*, Hdb. des EDV-Rechts, Kap. H Rz. 3 ff.; *Thewalt*, CR 2002, 1 ff.

sche Einordnung als Werkvertrag i.S. der §§ 631 ff. BGB eher sachgerecht als eine Beurteilung nach Kaufrecht[1]. Entsprechendes gilt bei codeergänzenden oder codeändernden Individualanpassungen von Standardsoftware nach Kundenspezifikation („**Customizing**")[2].

288 Die Qualifikation der Software als bewegliche Sache i.S. des § 90 BGB impliziert zugleich, dass die **zeitlich befristete Überlassung** von Standardsoftware regelmäßig nach **Mietrecht** (§§ 535 ff. BGB) zu beurteilen ist, was auch dann gilt, wenn die Software online von einem **Application Service Provider (ASP)** oder im Rahmen einer **SaaS-Vereinbarung („Software as a Service")** zur Nutzung über das Internet bereitgestellt wird[3].

289 Nachdem der *BGH*[4] die grundsätzliche Leasingfähigkeit eines aus Hard- und Software bestehenden Gesamtsystems angenommen hat, ist mit der ganz herrschenden Auffassung davon auszugehen, dass die Softwareüberlassung auf Zeit auch als **Leasingverhältnis** ausgestaltet werden kann[5]. Probleme bei der praktischen Umsetzung des Softwareleasings können sich dadurch ergeben, dass die Nutzungsbedingungen der Softwarehersteller vielfach Weitergabeverbote vorsehen, kraft derer eine Unterlizenzierung oder Vermietung der Software an Dritte untersagt ist. Da der Leasinggeber die Software beim Softwareleasing auf Zeit dem Leasingnehmer überlässt, stellt sich daher die Frage, ob er hierzu beim Softwarehersteller entsprechende Nutzungsrechte (sog. „**Rental Rights**") erwerben muss[6]. Zumindest in den Fällen, in denen der Softwarehersteller als Lieferant selbst aktiv am Geschäft beteiligt ist, wird man regelmäßig von einer konkludenten Nutzungsrechteeinräumung zum Zwecke der Durchführung des Leasinggeschäfts ausgehen können[7]. Vorgeschlagen wird darüber hinaus eine **teleologische Reduktion des § 69c Nr. 3 Satz 2 UrhG** im Bereich des **Finanzierungsleasing**[8].

d) Vorgaben des AGB-Rechts (§§ 305 ff. BGB)

290 Gerade im Bereich der Softwarelizenzierung zu beachten sind die Grenzen, die das BGB der Gestaltung von Vertragsklauseln auferlegt. So ist es jedenfalls im Bereich der Massensoftware üblich, standardisierte Vertragsmuster zu verwenden, bei denen es sich um Allgemeine Geschäftsbedingungen

---

1 Vgl. *Hoeren*, IT-Vertragsrecht, S. 81; *Marly*, Praxishandbuch Softwarerecht, Rz. 633; *Redeker*, CR 2004, 88, 89; *Stichtenroth*, K&R 2003, 105, 109.
2 Vgl. *Schweinoch*, CR 2010, 1, 4.
3 *BGH* v. 15.11.2006, CR 2007, 75; *Marly*, Praxishandbuch Softwarerecht, Rz. 718 u. 1088.
4 *BGH* v. 6.6.1984, NJW 1984, 2938.
5 *Beckmann*, Computerleasing (1993), Rz. 60; *Marly*, Praxishandbuch Softwarerecht, Rz. 725 ff.
6 S. hierzu ausführlich *Vander*, CR 2011, 77 ff.
7 *Vander*, CR 2011, 77, 84.
8 *Vander*, CR 2011, 77, 84.

(AGB) i.S. des § 305 Abs. 1 BGB handelt. Insoweit gelten die Ausführungen zu Lizenzverträgen entsprechend (s. Rz. 445 ff.).

Frei. 291

e) Kartellrechtliche Bewertung

Verwendungsbeschränkungen in Softwarelizenzverträgen unterliegen den Grenzen des Kartellrechts. 292

aa) Europäisches Kartellrecht

Die Vorschriften der TT-GVO 2004 finden grundsätzlich auch auf Software-Lizenzverträge Anwendung (vgl. Art. 1 Abs. 1 lit. b TT-GVO 2004). 293

Die Einräumung von Nutzungsrechten an Software für sich genommen wirkt regelmäßig wettbewerbsfördernd. Hiervon geht auch die TT-GVO 2004 im 5. Erwägungsgrund aus, demzufolge die Vergabe einer Lizenz für eine bestimmte Technologie in der Regel die wirtschaftliche Leistungsfähigkeit steigert und sich positiv auf den Wettbewerb auswirkt, da sie die Verbreitung der Technologie erleichtert. Unter kartellrechtlichen Gesichtspunkten besteht allerdings die Gefahr, dass der Software-Lizenzgeber seine Position dazu nutzen könnte, dem Lizenznehmer begleitend zu der Einräumung von Nutzungsrechten wettbewerbsschädliche Beschränkungen aufzuerlegen.

Zu beachten sind also die allgemeinen Grundsätze der Anwendbarkeit der TT-GVO 2004 (s. Rz. 773 ff.).

Hinsichtlich der Anwendbarkeit der TT-GVO 2004 auf Software-Lizenzvereinbarungen stellt sich insbesondere die Frage, ob die reine **Software-Vertriebslizenz** erfasst wird. Nach Rz. 51 TT-Leitlinien zu Art. 81 EG (heute Art. 101 AEUV) wird die Vergabe von Lizenzen für die Vervielfältigung und Verbreitung eines geschützten Werks, d.h. die Herstellung von Kopien für den Weiterverkauf, als eine der Lizenzierung von Technologie ähnliche Form der Lizenzvergabe betrachtet. Da sich solche Lizenzvereinbarungen auf die Herstellung und den Verkauf von Erzeugnissen auf der Grundlage eines Rechts des geistigen Eigentums beziehen, werfen sie in der Regel ähnliche Fragen auf und werden ihrer Art nach wie Technologietransfer-Vereinbarungen angesehen. Entsprechendes gilt zumindest für Software unter dem urheberrechtlichen Aspekt. Auf die Software als solche bezogen kann die Aussage der Rz. 51 TT-Leitlinien zu Art. 81 EG (heute Art. 101 AEUV) im Rahmen der kartellrechtlichen Bewertung zumindest analog herangezogen werden. 294

Soweit die lizenzierte Technologie nicht der Fertigung von Vertragsprodukten dient (vgl. Rz. 784 ff.), verbleibt es bei der allgemeinen Prüfung gemäß 295

Art. 101, 102 AEUV, ggf. i.V.m. der Vertikal-GVO (s. dazu Rz. 1011 ff.)[1]. Möglich ist, dass die lizenzierte Software selbst Gegenstand von Veräußerungsgeschäften des Lizenznehmers ist, er bspw. die Software vertreibt oder sie in Produkte integriert. In vielen Fällen wird deshalb die Überlassung von Software nicht mit der Fertigung von Vertragsprodukten zusammenhängen.

296 Die **Vertikal-GVO** (s. Rz. 1011 ff.) findet, wie sich aus **Art. 2 Abs. 3** ergibt, nur ausnahmsweise dann auf reine Software-Lizenzverträge Anwendung, wenn die **Lizenzvereinbarung nicht Hauptgegenstand** der vertikalen Vereinbarung ist, sondern sich unmittelbar auf die Nutzung, den Kauf oder Weiterverkauf von Waren oder Dienstleistungen bezieht[2]. Dies gilt beispielsweise für den **Offline-Vertrieb von Standardsoftware** über Wiederverkäufer. Wie in den zur Konkretisierung der Vertikal-GVO erlassenen **Leitlinien**[3] unter Rz. 41 ausgeführt wird, sind Vereinbarungen über die Lieferung von Kopien einer Software auf einem materiellen Träger zum Zweck des Weiterverkaufs, mit denen der Wiederverkäufer lediglich das Recht zur Weiterveräußerung der Kopien erwirbt, als Vereinbarungen über die Lieferung von Waren zum Weiterverkauf anzusehen. Bei dieser Art des Vertriebs soll die betreffende Lizenzvereinbarung nur zwischen dem Inhaber der Urheberrechte und dem Nutzer der Software geschlossen werden, wobei vermutet wird, dass der Nutzer durch die Entsiegelung des Softwareprodukts die Bestimmungen der Vereinbarung annimmt. Hinsichtlich des unkörperlichen Vertriebs von Standardsoftware („**Online-Vertrieb**") wird bislang überwiegend vertreten, dieser werde von der Vertikal-GVO nicht erfasst[4]. Hält man den Grundsatz der Erschöpfung jedoch auch beim reinen Online-Vertrieb von Software für anwendbar (vgl. Rz. 285), ercheint die Anwendung der Vertikal-GVO konsequent.

Unter Berücksichtigung der zur Konkretisierung der Vertikal-GVO erlassenen **Leitlinien** (vgl. Rz. 1013 ff.) setzt die Anwendbarkeit der Vertikal-GVO auf Software-Lizenzverträge nach *Polley/Seeliger*[5] voraus, dass

- die Schutzrechtsklausel Bestandteil einer vertikalen Vereinbarung ist, die die Voraussetzungen, unter denen die Vertragsparteien bestimmte Waren oder Dienstleistungen beziehen, verkaufen oder weiterverkaufen, enthält,
- die Rechte auf den Käufer (Wiederverkäufer oder Endnutzer) übertragen werden oder die Nutzung der Rechte durch den Käufer betreffen,

1 *Polley/Seeliger*, CR 2001, 1 ff.

2 Eingehend zur Anwendung der GVO-Vertikal auf Softwareverträge *Polley/Seeliger*, CR 2001, 1 ff.; *Polley*, CR 2004, 641 ff.

3 Mitt. der Europäischen Kommission, Leitlinien für vertikale Beschränkungen, ABl. EU Nr. C 130 v. 19.5.2010, S. 1.

4 Vgl. *Polley*, CR 2004, 641, 644; *Marly*, Praxishandbuch Softwarerecht, Rz. 1058 (jeweils zur Vertikal-GVO 1999).

5 *Polley/Seeliger*, CR 2001, 1, 5.

- die Lizenzvereinbarung nicht Hauptgegenstand der vertikalen Vereinbarung ist,
- die Lizenzvereinbarung unmittelbar die Nutzung, den Verkauf oder Weiterverkauf von Waren oder Dienstleistungen erleichtert und
- die Lizenzvereinbarung im Übrigen keine Wettbewerbsbeschränkungen enthält, die denselben Zweck oder dieselbe Wirkung wie die Beschränkungen gemäß Art. 4, 5 Vertikal-GVO haben.

Frei. 297

bb) Deutsches Kartellrecht

Die Maßstäbe der **§§ 17, 18 GWB a.F.** waren auch auf Computerprogramme 298
anzuwenden, soweit diese Betriebsgeheimnisse (§ 18 Nr. 1 GWB a.F.; zum Begriff vgl. Rz. 2545) darstellten. Nunmehr sind entsprechende Fragen innerhalb der **§§ 1, 2 GWB** zu prüfen (s. dazu Rz. 675). Dennoch sind u.E. die unter der alten Regelung entwickelten Grundsätze in die kartellrechtliche Bewertung einzubeziehen, da die zugrunde gelegten Erwägungen im Hinblick auf Erhaltung und Schaffung von Wettbewerb fortgelten.

Nach diesen Grundsätzen (Rz. 676) sind lizenzvertragliche Beschränkun- 299
gen grundsätzlich nicht zu beanstanden, wenn sie sich aus der Eigenart des lizenzierten Rechts ergeben. Während dies bei Rechten mit gesetzlich definierten Schutzbereichen tendenziell leichter festzustellen ist, bedarf es hinsichtlich der Software einer Prüfung im Einzelfall, ob die Rechtsposition eines Lizenzgebers es rechtfertigt, die Nutzung der Software von bestimmten Bedingungen abhängig zu machen. Insbesondere sind Verpflichtungen eher kritisch zu betrachten, die den Lizenznehmer in einem Verhalten beschränken, zu dem er ohne den Lizenzvertrag rechtlich und faktisch in der Lage wäre. Ermöglicht der Lizenzvertrag dem Software-Lizenznehmer dagegen erst ein geschäftliches Verhalten, ist als Folge des Vertragsabschlusses also ein „Mehr" an Handlungsfreiheit des Lizenznehmers festzustellen, ist dies – auch wenn es von bestimmten Auflagen abhängig gemacht wurde – grundsätzlich positiv zu bewerten.

Frei. 300

f) Typische Vertragsklauseln

Softwareüberlassungsverträge enthalten aufgrund der besonderen Nut- 301
zungsmöglichkeiten von Computerprogrammen und der erhöhten Gefahr von PiraterieaktenVertragsklauseln, die über üblicherweise in Lizenzverträgen enthaltene Absprachen hinausgehen[1]. Dabei handelt es sich in aller

1 Vgl. hierzu *Hoeren/Schuhmacher*, CR 2000, 137 ff.; *Hoeren*, IT-Vertragsrecht, S. 90 ff.; *Marly*, Praxishandbuch Softwarerecht, Rz. 1538 ff.; *Polley*, CR 1999, 345 ff.; *Schuhmacher*, CR 2000, 641 ff.

Regel um **Verwendungsbeschränkungen**, die das Recht des Lizenznehmers zur Nutzung der ihm überlassenen Software einschränken. Im Folgenden sollen nur **softwarespezifische Vertragsbestandteile** dargestellt werden. Hinsichtlich der ansonsten üblichen Abreden eines Softwarelizenzvertrages kann auf die an anderer Stelle dargelegten Ausführungen verwiesen werden (s. Rz. 1370 ff., 1675 ff.).

aa) Vervielfältigungsverbote

302 Regelmäßiger Inhalt eines Softwarelizenzvertrages ist ein sog. Vervielfältigungsverbot, das **Einschränkungen hinsichtlich der Anfertigung von Vervielfältigungen** des Programms enthält (vgl. § 69c Nr. 1 UrhG). Für den Lizenzgeber, der zumeist für die Entwicklung der Software großen personellen und finanziellen Aufwand betrieben hat, ergibt sich die Notwendigkeit einer solchen Vertragsklausel aus der erhöhten Verletzlichkeit von Computerprogrammen gegenüber Piraterieakten[1].

303 Vertragliche Einschränkungen bei den für die Nutzung des Programms erforderlichen Vervielfältigungen (§ 69d Abs. 1 UrhG) sind **grundsätzlich zulässig**[2], jedenfalls soweit Vervielfältigungen untersagt werden, die über den Umfang einer ordnungsgemäßen Programmnutzung hinaus gehen. So sieht **§ 69g Abs. 2 UrhG** nur die Nichtigkeit vertraglicher Bestimmungen vor, die in Widerspruch zu § 69d Abs. 2, Abs. 3 UrhG und § 69e UrhG stehen.

304 Allerdings kann das Recht zur Vervielfältigung nicht gänzlich abbedungen werden[3]. Die **Unzulässigkeit** eines Vervielfältigungsverbots ist dann gegeben, wenn das Verbot in den abredefesten Kern des § 69d Abs. 1 UrhG eingreift und somit **eine sinnvolle Nutzung des Programms unzumutbar erschwert oder gar verhindert wird**[4]. Wann von einer solchen Beeinträchtigung des Kernbereichs gesprochen werden kann, ist eine Frage des Einzelfalls, die nur unter Berücksichtigung der konkreten Art der Einschränkung und der Art und Funktion des Programms entschieden werden kann[5].

bb) Weiterverbreitungsverbote

305 Ein in einem Softwarelizenzvertrag enthaltenes Weitergabeverbot **untersagt es dem Lizenznehmer, die überlassene Software an Dritte weiterzugeben**. Wird die lizenzierte Software dem Lizenznehmer **auf Zeit überlassen** (z.B. Miete), so dass sich das Verbreitungsrecht nach Maßgabe des § 69c Nr. 3 UrhG nicht erschöpft, sind entsprechende Klauseln unter urheber-

---

1 *Marly*, Praxishandbuch Softwarerecht, Rz. 1538.
2 *Schuhmacher*, CR 2000, 641, 645.
3 Vgl. *Loewenheim* in Schricker/Loewenheim, UrheberR, § 69d UrhG Rz. 14; *Dreier* in Dreier/Schulze, UrhG, § 69d Rz. 12; *Schulte*, CR 1992, 648, 653.
4 *Schuhmacher*, CR 2000, 641, 645; *Dreier* in Dreier/Schulze, UrhG, § 69d Rz. 12; *Grützmacher* in Wandtke/Bullinger, UrhG, § 69d Rz. 34.
5 *Schuhmacher*, CR 2000, 641, 645.

rechtlichen Gesichtspunkten grundsätzlich unproblematisch[1]. Mangels endgültiger Veräußerung des Werkstücks besteht das **Erstverbreitungsrecht** des Rechteinhabers vielmehr fort.

Im Übrigen gilt, dass **Weiterveräußerungsverbote** Dritten gegenüber keine Wirkung entfalten[2]. Ist die **Software** dem Lizenznehmer **dauerhaft überlassen** worden, **erschöpft** sich – jedenfalls im Falle der Überlassung eines Datenträgers im Rahmen des Offline-Vertriebs (vgl. Rz. 284 f.) – das Verbreitungsrecht des Lizenzgebers an dem Vervielfältigungsstück und damit dessen Verbietungsrecht (§ 69c Nr. 3 Abs. 2 UrhG)[3]. Einem Wirksamwerden des Weiterveräußerungsverbots gegenüber Dritten steht **§ 137 Satz 1 BGB** entgegen, der die Verfügungsfreiheit des Rechtsinhabers schützt und eine rechtsgeschäftliche Vereinbarung, die ein **dinglich wirkendes Veräußerungsverbot** begründen soll, für nicht geeignet erklärt, die Wirksamkeit der Verfügung zu beeinflussen[4]. Die Weiterverbreitung eines mit Zustimmung des Rechteinhabers im Gebiet des EWR durch Veräußerung in den Verkehr gebrachten Werkstücks kann daher unter urheberrechtlichen Gesichtspunkten nicht untersagt werden. 306

Zu beachten ist jedoch, dass eine **schuldrechtliche Verpflichtung** zwischen den Lizenzvertragsparteien nach **§ 137 Satz 2 BGB** auch im Anwendungsbereich des § 69c Nr. 3 UrhG grundsätzlich **zulässig** ist. Für den Lizenzgeber können sich damit trotz der Dritten gegenüber bestehenden Unwirksamkeit des Weiterveräußerungsverbotes Schadensersatzansprüche auf Grundlage einer schuldrechtlichen Vereinbarung ergeben[5]. Auch eine schuldrechtlich wirkende Verpflichtung unterliegt aber insoweit Grenzen, als sich die Vereinbarung einer solchen Beschränkung sowohl am Maßstab des Kartellrechts als auch – im Falle formularvertraglicher Abreden – am Kontrollmaßstab des AGB-Rechts (§§ 305 ff. BGB) messen lassen muss[6]. In diesem Sinne wird beispielsweise der pauschale Ausschluss der endgültigen Veräußerung der Software an Dritte nach § 307 Abs. 2 Nr. 1 BGB als unzulässig betrachtet[7]. 307

Alternativ zum Verbot kann die Weiterveräußerung der Software auch an **bestimmte Bedingungen** geknüpft werden. So ist es grundsätzlich möglich, die Weitergabe auf schuldrechtlicher Basis davon abhängig zu machen, dass 308

---

1 Zu Besonderheiten im Bereich des Softwareleasing s. *Marly*, Praxishandbuch Softwarerecht, Rz. 1581; *Vander*, CR 2011, 77 ff.

2 *Marly*, Praxishandbuch Softwarerecht, Rz. 1577.

3 *Schuhmacher*, CR 2000, 641, 648.

4 Vgl. Palandt/*Ellenberger*, BGB, § 137 Rz. 1; *Armbrüster* in MünchKomm. BGB, § 137 Rz. 2 ff.

5 *Marly*, Praxishandbuch Softwarerecht Rz. 1578.

6 *Marly*, Praxishandbuch Softwarerecht Rz. 1586 ff.

7 *BGH* v. 24.10.2002, BGHZ 152, 233 ff. = GRUR 2003, 416 ff.; *OLG Nürnberg* v. 20.6.1989, CR 1990, 118, 121; *Hoeren*, Softwareüberlassung als Sachkauf (1989), Rz. 163; *Schuhmacher*, CR 2000, 641, 648; a.A. *Moritz*, CR 1993, 257, 264, jeweils zu § 9 AGBG jetzt § 307 Abs. 1 und Abs. 2 BGB.

dem Lizenzgeber für seine Zustimmung zur Weiterveräußerung Name und Anschrift des neuen Nutzers mitzuteilen sind, oder dass sich der Nutzer den Nutzungsbedingungen des Lizenzgebers unterwirft[1]. Im Falle der formularvertraglichen Vereinbarung einer entsprechenden Klausel gilt es jedoch § 305c Abs. 1 BGB zu beachten.

Nach Auffassung des *LG Mannheim*[2] können die AGB-Klauseln eines Softwareüberlassungsvertrages eine nur teilweise Überlassung oder Nutzung der erworbenen Software an Dritte verbieten (Aufspaltungsverbot), indem die Weitergabe der Software (auch der nach Vertragsschluss sukzessive hinzuerworbenen) nur einheitlich erlaubt und jede Weitergabe der Software von einem Zustimmungsvorbehalt abhängig gemacht wird, der sich auch auf die einheitliche Weitergabe der Software bezieht.

309 Auch die Vermietung oder der Verleih von Software können vertraglich ausgeschlossen werden[3]. Insofern gilt, dass die Erschöpfung das Recht zur Vermietung des Vervielfältigungsstücks nach Maßgabe des § 69c Nr. 3 UrhG nicht umfasst. Dies entspricht im Übrigen dem Grundgedanken des § 540 Abs. 1 Satz 1 BGB, wonach das Recht zur Gebrauchsüberlassung an Dritte dem Vermieter überlassen bleiben soll[4]. Auch urheberrechtlich steht einem Weitervermietungsverbot bei Softwareüberlassung auf Zeit nichts entgegen. Auch hier sind als Zulässigkeitsgrenze die §§ 305 ff. BGB zu beachten.

310 Dekompilierungsverbote, also das Verbot der Umwandlung von nur maschinenlesbarer Form in Ausgangscode, sind grundsätzlich zulässig (vgl. § 69c Nr. 1, 2 UrhG, zur Ausnahme s. § 69e und § 69d Abs. 1 UrhG). Die Absicherung von Weitergabeverboten durch **Programmsperren**[5] ist demgegenüber unzulässig und kann einen Sachmangel begründen, wenn die Sperre einer vertragsgemäßen Nutzung entgegensteht[6]. Bei Standardsoftware bedarf die Einbeziehung solcher Sperren jedenfalls deutlicher Hinweise auf der Verpackung oder in den Geschäftsbedingungen[7].

cc) CPU- und Upgrade-Klauseln

311 Unter die Vereinbarungen, die das Nutzungsrecht an der Software beschränken, fallen auch sog. CPU-Klauseln (= Central Processing Unit) bzw. sog. Upgrade-Klauseln, welche die Nutzung der Software an ein bestimm-

1 *Marly*, Praxishandbuch Softwarerecht, Rz. 1615; *Polley*, CR 1999, 345, 346.
2 *LG Mannheim* v. 22.12.2009, CR 2010, 159, Rz. 55 ff.
3 Zur Situation beim Softwareleasing s. *Vander*, CR 2011, 77 ff.
4 *Schuhmacher*, CR 2000, 641, 648.
5 Ausführlich: *Marly*, Praxishandbuch Softwarerecht, Rz. 1727 ff.; *Schneider*, Hdb. des EDV-Rechts, Kap. C Rz. 283 ff.
6 *Wandtke/Grunert* in Wandtke/Bullinger, UrhG, Vor §§ 31 ff. Rz. 136; *Gennen/Völkel*, Recht der IT-Verträge, Rz. 716.
7 Vgl. *OLG München* v. 4.4.2000, CR 2000, 506, 507; *Hoeren*, IT-Vertragsrecht, S. 106.

tes System binden. Bei der Vertragsgestaltung werden drei typische Arten von hardwarebezogenen Verwendungsbeschränkungen unterschieden[1]:

- **„Echte CPU-Klauseln"** beschränken die Nutzung der Software auf eine bestimmte Hardware oder einen bestimmten Hardwaretyp.

  „Der Anwender darf die Software nur auf der im Vertrag bestimmten Computeranlage einsetzen."

- **„CPU-Klauseln mit Ausweichmöglichkeiten"** enthalten ebenfalls eine Beschränkung der Softwarenutzung auf die vertraglich bestimmte Hardware, bieten aber einen Wechsel der Hardware bei Ausfall des ursprünglichen Rechners an.

  „Der Anwender erhält das Recht, die Software auf der im Vertrag genannten IT-Anlage/Zentraleinheit zu nutzen. Ist die im Vertrag genannte Anlage nicht einsatzfähig, ist die Nutzung auf einer anderen IT-Anlage zulässig."

- **„Upgrade-Klauseln"** (sog. „unechte CPU-Klauseln") sind wesentlich weiter gefasst; so gestatten sie die Nutzung der Software auch auf anderer Hardware mit größerer Leistungsfähigkeit. In diesem Fall ist der Abnehmer allerdings zur Zahlung einer **erhöhten Lizenzgebühr** verpflichtet.

  „Der Anwender ist ausschließlich berechtigt, die Systeme auf der vereinbarten Hardware gemäß Systemverzeichnis (Anlage I) zu benutzen. Die Verwendung anderer Rechner mit größerer Kapazität (sog. Upgrades) erfordert jeweils den Abschluss eines separaten Systemverzeichnisses. Es finden sodann die jeweils aktuellen Listenpreise des Lizenzgebers Anwendung. Bereits gezahlte anfängliche Lizenzgebühren werden in voller Höhe zugunsten des Anwenders angerechnet."[2]

Sinn einer CPU-Klausel ist es, dem Hersteller eine angemessene zusätzliche Vergütung für den Fall zu sichern, dass der Kunde das ihm überlassene Programm auf einer anderen, leistungsfähigeren Maschine als derjenigen, für die er es erworben hat, einsetzen will[3]. Dem Anwender, will er die Software weiterbenutzen, ist es damit nicht mehr möglich, ohne Mitwirkung des Herstellers den Computer auszutauschen oder für die Dauer einer Reparatur durch ein anderes Gerät zu ersetzen. 312

Alternativ zum Verbot der Nutzung auf einem anderen System kann die Übertragung der Software auch an die **Zahlung einer nachträglichen Lizenzgebühr** geknüpft werden[4]. 313

1 Übernommen von *Scholz/Wagener*, CR 2003, 880 ff. mit Formel zur Vertragsgestaltung.

2 Zur Klausel s. *BGH* v. 24.10.2002, CR 2003, 323.

3 Zur Frage der Zulässigkeit und Wirksamkeit von CPU-Klauseln in Softwarelizenzverträgen s. *BGH* v. 24.10.2002, BGHZ 152, 233 ff. = GRUR 2003, 416 ff. – CPU-Klausel; *BGH* v. 24.10.2000 – I ZR 3/00, NJW 2003, 2014; *Marly*, Praxishandbuch Softwarerecht, Rz. 1102 ff.; zur vergleichbaren Problematik beim Clustering s. *Grützmacher*, CR 2011, 697, 701 f.

4 *Schuhmacher*, CR 2000, 641, 646.

314 Bei einer CPU-Klausel handelt es sich um **keine wirksame Beschränkung des Nutzungsrechts i.S. des § 31 Abs. 1 Satz 2 UrhG**[1]. So wird die Vorgabe der Nutzung auf einem bestimmten Computer oder Computertyp nicht durch ein anerkennungswürdiges Partizipationsinteresse des Urhebers gedeckt, solange es nicht um die Verhinderung einer zeitgleichen Parallelnutzung geht[2]. Damit entwickeln CPU-Klauseln **keine urheberrechtliche Wirkung**[3]. Entsprechendes gilt für sog. **Core-Klauseln**, die entsprechende Beschränkungen für die Nutzung auf Multi-Core-CPUs vorsehen[4]. Auf die Verletzung von Urheberrechten gestützte Schadensersatzansprüche scheiden dementsprechend im Fall der Missachtung einer CPU-Klausel aus.

315 CPU-Klauseln können somit lediglich eine **schuldrechtliche Wirkung** entfalten[5]. **§ 69d Abs. 1 UrhG** geht ausdrücklich davon aus, dass **vertragliche Bestimmungen** vorgehen; nur wenn solche fehlen, kommt es auf die nach dem Vertrag vorgesehene **bestimmungsgemäße Nutzung** und die dazu erforderlichen, urheberrechtlich relevanten Maßnahmen an. Außerhalb des Kernbereichs des § 69d Abs. 1 UrhG sind daher Beschränkungen auf schuldrechtlicher Basis möglich und jedenfalls als **individualvertragliche Systemvereinbarungen** grundsätzlich zulässig[6].

316 In diesem Zusammenhang können kartellrechtliche Fragen eine Rolle spielen. Hierbei ist zu beachten, ob die eventuell erhöhte Nutzungsmöglichkeit des Programms nicht auf der Leistung des Software-Herstellers, sondern allein auf der schnelleren Hardware beruht[7]. Es ist **kartellrechtlich bedenklich**, wenn der Lizenzgeber einen Lizenznehmer über eine CPU-Klausel faktisch zu der Verwendung einer bestimmten Hardware zwingt, der Lizenzgeber über eine solche Regelung also (auch) anderweitige Interessen verfolgt (bspw. weil er gleichzeitig über die ausschließlichen Vertriebsrechte an der Hardware verfügt).

317 Falls es sich um **vorformulierte Vertragsbedingungen** handelt, muss sich eine CPU-Klausel an den **§§ 305 ff. BGB** messen lassen[8]. Unzulässig sind infolgedessen Klauseln in Kaufverträgen, die den Umstieg auf eine andere

1 *Grützmacher* in Wandtke/Bullinger, UrhG, § 69d Rz. 42; *Hoeren*, Softwareüberlassung als Sachkauf (1989), Rz. 214 f.; *Lehmann*, CR 1990, 625, 626 ff.; *Polley*, CR 1999, 345, 347; *Schuhmacher*, CR 2000, 641, 646; a.A. *Nordemann*, CR 1996, 5, 8; *Kindermann*, GRUR 1983, 150, 156.

2 *Polley*, CR 1999, 345, 347; *Lehmann*, NJW 1993, 1822, 1825; *Haberstumpf*, GRUR Int. 1992, 715, 722.

3 *BGH* v. 24.10.2002, BGHZ 152, 233 ff. = GRUR 2003, 416 ff. – CPU-Klausel; *Marly*, Praxishandbuch Softwarerecht, Rz. 1657; *Schuhmacher*, CR 2000, 641, 646; *Polley*, CR 1999, 345, 347.

4 *Grützmacher*, CR 2011, 697, 700.

5 *Polley*, CR 1999, 345, 347; *Schuhmacher*, CR 2000, 641, 646.

6 Vgl. *Marly*, Praxishandbuch Softwarerecht, Rz. 1661.

7 *Scholz*, CR 2003, 880 ff.; *Schuhmacher*, CR 2000, 641, 647; *Polley*, CR 1999, 345 ff.

8 Vgl. *Scholz*, CR 2003, 880 ff.

Hardware an eine erhöhte Lizenzgebühr oder die Zustimmung des Lizenzgebers knüpfen[1], da derartige Klauseln eine übermäßige Einschränkung der Freiheit des Anwenders bewirken können, eine Hardware seiner Wahl einzusetzen (vgl. § 307 Abs. 2 Nr. 2 BGB)[2]. Erfolgt die **Softwareüberlassung** demgegenüber **auf Zeit**, werden CPU-Klauseln überwiegend als zulässig betrachtet, sofern im Falle eines Hardwaredefekts der Einsatz auf einem Ersatzsystem erlaubt ist[3]. Entsprechendes muss für Core-Beschränkungen gelten[4].

dd) Netzwerkklauseln/Klauseln zur Parallelnutzung

Netzwerkklauseln (sog. „**LAN-Verbote**") dienen dem Interesse des Softwareherstellers, eine unentgeltliche Parallelnutzung der lizenzierten Software zu verhindern. Hintergrund ist hierbei der Umstand, dass Softwareapplikationen, die für den Einsatz auf Mehrplatzsystemen geeignet sind, auf einem Server gespeichert und von dort aus von sämtlichen an das Netzwerk angebundenen Arbeitsplätzen aufgerufen werden können. Damit besteht aus Sicht des Softwareherstellers die Gefahr, dass der Betreiber eines Netzwerks durch den Erwerb einer einzelnen Programmkopie technisch in die Lage versetzt wird, das Computerprogramm im **Netzwerkbetrieb** zeitgleich einer Vielzahl von Anwendern zur Verfügung zu stellen[5]. Netzwerkklauseln sollen daher absichern, dass die **Nutzungsberechtigung des Lizenznehmers auf eine bestimmte Zahl von Arbeitsplätzen zur gleichen Zeit beschränkt** wird[6]. 318

Bei Netzwerk- bzw. Parallelnutzungsklauseln handelt es sich anders als bei der Remote-Nutzung netzwerkfähiger Software[7] um **urheberrechtlich wirksame Inhaltsbeschränkungen des Nutzungsrechts** i.S. des § 31 UrhG (vgl. auch § 69d Abs. 1 UrhG)[8]. Bei der Abgrenzung ist mit zu berücksichtigen, inwieweit dem Lizenzgeber durch die Mehrfachnutzung **potentielle** 319

1 Vgl. *OLG Frankfurt* v. 14.12.1999, CR 2000, 146, 149 ff.; *Dreier* in Dreier/Schulze, UrhG, § 69c Rz. 33; *Grützmacher* in Wandtke/Bullinger, UrhG, § 69d Rz. 37; *Gennen/Völkel*, Recht der IT-Verträge, Rz. 339; *Schneider*, Hdb. des EDV-Rechts, Kap. J Rz. 60.

2 *Schuhmacher*, CR 2000, 641, 647.

3 *BGH* v. 24.10.2002, BGHZ 152, 233 ff. = GRUR 2003, 416 ff. – CPU-Klausel; *Dreier* in Dreier/Schulze, UrhG, § 69c Rz. 33; *Grützmacher* in Wandtke/Bullinger, UrhG, § 69d Rz. 38; *Marly*, Praxishandbuch Softwarerecht, Rz. 1671.

4 Vgl. *Grützmacher*, CR 2011, 697, 700 f.

5 *Marly*, Praxishandbuch Softwarerecht, Rz. 1679.

6 *Polley*, CR 1999, 345, 346.

7 Vgl. *Grützmacher*, CR 2011, 697, 702 f.

8 *Grützmacher* in Wandtke/Bullinger, UrhG, § 69d Rz. 36; *Gennen/Völkel*, Recht der IT-Verträge, Rz. 335; *Marly*, Praxishandbuch Softwareüberlassung, Rz. 1681 ff.; *Haberstumpf*, GRUR Int. 1992, 715, 721; *Lehmann*, NJW 1993, 1822, 1825 f.; *Polley*, CR 1999, 345, 347; a.A. *Hoeren*, IT-Vertragsrecht, S. 98; *Schuhmacher*, CR 2000, 641, 649, der in der Kopie im Arbeitsspeicher keine Vervielfältigung i.S. der § 15 Abs. 1 Nr. 1, § 16 Abs. 1 UrhG sieht; vgl. auch *Hoeren/Schuhmacher*, CR 2000, 137, 144.

Kunden entzogen werden, die ansonsten eine eigene Version des Computerprogramms erstanden hätten.

320 Wird der Einsatz des Computerprogramms in einem Netzwerk vertraglich ausdrücklich geregelt, wie dies bei **Netzwerkversionen** vieler Datenverarbeitungsprogramme der Fall ist, ist von einer **Zustimmung des Berechtigten** i.S. des § 69c Nr. 1 UrhG zur Installation und Nutzung der Software im Netzwerk im vertraglich festgelegten Nutzungsumfang auszugehen[1]. Die Bestimmung der Obergrenze erlaubter Parallelnutzung kann entweder durch die Festlegung einer Höchstanzahl wechselnder Nutzer bestimmt werden, die gleichzeitig auf über das Netzwerk auf die Software zugreifen dürfen (sog. „**floating licence**" oder „**concurrent user licence**") oder durch die Festlegung persönlich registrierter Nutzer (sog. „**named user licence**").

Treffen die Vertragsparteien **keine ausdrückliche Vereinbarung** über die netzwerkbasierte Nutzung der Software, ist unter Berücksichtigung des **Zweckübertragungsgrundsatzes** zu prüfen, ob die Verschaffung dieser Nutzungsmöglichkeit im Rahmen des bestimmungsgemäßen Gebrauchs nach dem Vertragszweck geschuldet wird. Sofern Gegenstand der Softwareüberlassung eine für den Einzelplatzbetrieb entwickelte Software ist, wird der Lizenzgeber daher regelmäßig die Einräumung von Rechten zum Netzwerkbetrieb nicht schulden[2]. Handelt es sich hingegen um eine für den Netzwerkbetrieb konzipierte Software, kann dies im Rahmen der Vertragsauslegung (§§ 133, 157 BGB) für eine **konkludente Einräumung eines Nutzungsrechts** zum Netzwerkbetrieb sprechen[3]. Wird die Software seitens des Lizenzgebers durch **technische Schutzmaßnahmen gegen den Einsatz innerhalb eines Computernetzwerks** abgesichert, kann man umgekehrt gerade nicht von der Einräumung des Rechts zum Einsatz innerhalb des Netzwerks ausgehen[4].

321 Netzwerk- und Parallelnutzungsklauseln verstoßen in der Regel nicht gegen die Vorgaben der §§ 305 ff. BGB. So spricht gegen eine Unwirksamkeit nach **§ 307 Abs. 2 Nr. 1 BGB**, dass ein derartiges Nutzungsrecht als wirksame Nutzungsbeschränkung i.S. des § 31 Abs. 1 Satz 2 UrhG zu bewerten ist, mit der Folge, dass **kein Verstoß gegen wesentliche Grundgedanken der gesetzlichen Regelung** vorliegt[5]. Aufgrund ihrer übergebührenden Beschränkung **unzulässig** sind dagegen **Installations- und Gebäudelizenzen sowie Koppelungsbindungen**[6].

1 *Dreier* in Dreier/Schulze, UrhG, § 69d Rz. 7 f.; *Marly*, Praxishandbuch Softwarerecht, Rz. 1684.
2 *Marly*, Praxishandbuch Softwarerecht, Rz. 1688.
3 *Marly*, Praxishandbuch Softwarerecht, Rz. 1687.
4 *Marly*, Praxishandbuch Softwarerecht, Rz. 1695.
5 *Marly*, Praxishandbuch Softwarerecht, Rz. 1692.
6 *Grützmacher* in Wandtke/Bullinger, UrhG, § 69d Rz. 44.

Auch aus **§ 307 Abs. 2 Nr. 2 BGB** kann die Unzulässigkeit von Netzwerk- und Parallelnutzungsklauseln nicht hergeleitet werden[1]. Nach § 307 Abs. 2 Nr. 2 BGB sind Vertragsklauseln unwirksam, wenn wesentliche Rechte und Pflichten, die sich aus der Natur des Vertrages ergeben, so eingeschränkt werden, dass die Erreichung des Vertragszwecks gefährdet ist. Diese Grenze ist aber erst dann überschritten, wenn bei Wirksamkeit der Vereinbarung die Nutzungsmöglichkeit des Anwenders in nicht mehr zu rechtfertigender Art und Weise eingeschränkt würde. Stellt man die schutzwürdigen Interessen beider Seiten gegenüber, wird deutlich, dass **nur solche Abreden** wegen eines Verstoßes gegen § 307 Abs. 2 Nr. 2 BGB **unwirksam** sind, die einen **Einsatz der Computersoftware in einem Netzwerk ausnahmslos verbieten**[2]. 322

ee) Kontroll- und Besichtigungsvereinbarungen

Vereinzelt enthalten Softwarelizenzverträge auch ein Kontroll- und Besichtigungsrecht für den Lizenzgeber. Danach soll der Software-Anwender im Rahmen sog. „**Softwareauditierungen**" verpflichtet sein, dem Lizenzgeber oder einem von diesem durch schriftliche Vollmacht Beauftragten während der allgemeinen Geschäftszeiten **Zutritt zu allen Räumen** zu gestatten und **Einsicht** zu gewähren[3]. Eine Ausnahme soll nur bei einem besonderen betrieblichen Geheimhaltungsinteresse gegeben sein. 323

Grund für eine derartige Kontroll- und Besichtigungsvereinbarung ist, dass im Einzelfall der **konkrete Nachweis einer Urheberrechtsverletzung bei Software nur schwer möglich** ist. Mit der Urheberrechtsnovelle 2008 hat der Gesetzgeber die Vorschrift des **§ 101a UrhG** in das Gesetz eingefügt, die einen materiell-rechtlichen **Vorlage- und Besichtigungsanspruch** zum Gegenstand hat, der auch **im Wege des einstweiligen Rechtsschutzes** geltend gemacht werden kann. 324

Nach Maßgabe des § 101a Abs. 1 Satz 1 UrhG hat der verletzte Rechteinhaber **bei hinreichender Wahrscheinlichkeit einer Rechtsverletzung** das Recht, den mutmaßlichen Verletzer auf Vorlage von Urkunden oder Besichtigung einer Sache in Anspruch zu nehmen, sofern dies zur Begründung von Verletzungsansprüchen erforderlich ist. Der Besichtigungsanspruch kann sich auch auf den **Quellcode** erstrecken. Soweit der mutmaßliche Verletzer geltend macht, dass im Rahmen der Auditierung vertrauliche Informationen offenbart werden, ist das Gericht nach Maßgabe des § 101a Abs. 1 Satz 5 UrhG gehalten, die erforderlichen Maßnahmen zum Schutz solcher vertraulicher Informationen zu treffen. In der Praxis wird dem **Schutz von Geschäfts- und Betriebsgeheimnissen** regelmäßig dadurch Rechnung getra-

1 *Marly*, Praxishandbuch Softwarerecht, Rz. 1693; a.A. *Hoeren*, Softwareüberlassung als Sachkauf (1989), Rz. 331 ff.; *Hoeren*, UFITA 111 (1989), 5, 22 ff.

2 *Marly*, Praxishandbuch Softwarerecht, Rz. 1697.

3 *Marly*, Praxishandbuch Softwarerecht, Rz. 1759; *Mehrings*, DB 1987, 1405, 1409.

gen, dass die Anwälte des Rechteinhabers an der Besichtigung teilnehmen können, sie zugleich jedoch auch ihrem Mandanten gegenüber zur Verschwiegenheit verpflichtet sind[1].

Vor der Einführung des § 101a UrhG wurden die **§§ 809 ff. BGB** zur Geltendmachung entsprechender Ansprüche herangezogen. Insofern bestand ein Besichtigungsanspruch nach § 809 BGB zur Feststellung, inwieweit urheberrechtlich geschützte Programme genutzt wurden, wenn eine gewisse Wahrscheinlichkeit dafür bestand, dass diese Programme unrechtmäßig genutzt wurden[2]. Der Anspruch aus § 809 BGB wurde ebenfalls regelmäßig im einstweiligen Verfügungsverfahren durchgesetzt, üblicherweise unter Einschaltung eines Sachverständigen[3].

Vor dem Hintergrund dieses gesetzlichen Besichtigungsanspruchs erscheint eine vertragliche Kontrollregelung grundsätzlich zulässig, soweit sie sich auf Vorgaben in Anlehnung an den gesetzlichen Besichtigungsanspruch beschränkt und in diesem Rahmen das Geheimhaltungsinteresse des Lizenznehmers beachtet. Es handelt sich um eine rein schuldrechtliche Verpflichtung des Lizenznehmers außerhalb des Urheberrechts.

325 Frei.

ff) Hinterlegungsvereinbarungen

326 Der Besichtigungsanspruch kann auch die **Herausgabe des Quell-Codes nebst Entwicklerdokumentation** umfassen[4]. Damit ist der Lizenznehmer vom Tätigwerden des Lizenzgebers abhängig, wenn es gilt, das Programm zu aktualisieren oder etwaige Fehler zu beheben. Um zu verhindern, dass derartige Maßnahmen beispielsweise mit **Insolvenz des Herstellers** oder der **Auflösung des Geschäftsbetriebs** nicht mehr durchzuführen sind[5], kann es sinnvoll sein, die Hinterlegung der Software zu vereinbaren[6].

327 Hinterlegungsvereinbarungen werden regelmäßig als **dreiseitige Verträge** zwischen den Parteien des Softwarelizenzvertrags und der Hinterlegungsstelle abgeschlossen. Als Hinterlegungsstelle kommen neben Notaren und Rechtsanwälten vor allem professionelle **Escrow-Agents** in Betracht[7]. Bei der Ausgestaltung einer Hinterlegungsvereinbarung ist zunächst zu beach-

1 *Kühnen*, GRUR 2005, 185, 190 f.
2 *KG* v. 11.8.2000, CR 2001, 80.
3 *KG* v. 11.8.2000, CR 2001, 80; *Kühnen*, GRUR 2005, 185 ff.
4 *BGH* v. 2.5.2002, GRUR 2002, 1046. – Faxkarte; *Burkhart*, ITRB 2003, 53 ff.
5 Zur Insolvenzfestigkeit einer aufschiebend bedingten Übertragung von urheberrechtlichen Nutzungsrechten an Computerprogrammen s. *BGH* v. 17.11.2005, BB 2006, 235.
6 Vgl. *Roth*, ITRB 2005, 283 ff.; *Hoeren*, CR 2004, 721 ff.; *Wettling*, KommJur 2004, 417 ff.; *Bömer*, NJW 1998, 3321 ff.; *Nordmann/Schumacher*, K&R 1999, 363 ff.; *Paulus*, CR 1994, 83 ff.; *Schneider*, CR 1995, 705 ff.; *Sheffield/Leeven*, CR 1995, 306 ff.
7 *Gennen/Völkel*, Recht der IT-Verträge, Rz. 521.

ten, dass der **Hinterlegungsgegenstand genau umschrieben** wird[1]. Nicht ausreichend ist es jedenfalls, allein auf die Hinterlegung des Quell-Codes nebst Entwicklerdokumentation abzustellen, da die zur Anwendung notwendige Dokumentation nur dann zu gebrauchen ist, wenn diese hinreichend **genau, verständlich und vollständig** ist. Sinnvollerweise sollte in der Hinterlegungsvereinbarung festgeschrieben werden, dass die **jeweils aktuelle Programmversion** hinterlegt wird[2].

Die Hinterlegungsvereinbarung sollte außerdem eine **Regelung über den** 328 **Hinterlegungsort** enthalten sowie das genaue **Verfahren im Herausgabefall** regeln[3].

Frei. 329–334

8. Persönlichkeitsrechte/Merchandising

Persönlichkeitsrechte sind das Recht am eigenen Bild nach **§§ 22 ff. KUG**, 335 das Namensrecht nach **§ 12 BGB** und das von der Rechtsprechung im Rahmen der Haftung nach **§ 823 BGB** als sonstiges Recht entwickelte **allgemeine Persönlichkeitsrecht**[4].

Zunehmend wird der Bekanntheitsgrad, insbesondere von Sportlern und Schauspielern oder sonstigen Personen aus der Unterhaltungsbranche, deren Image, zur Vermarktung von Produkten oder sonstigen Leistungen eingesetzt. Dies kann durch ausschließlichen Bezug auf diese natürlichen Personen erfolgen (z.B. Werbung eines Sportlers für ein bestimmtes Produkt), Personen-Merchandising[5] oder durch Einsatz eines gesamten Pakets von gewerblichen Schutzrechten, insbesondere Geschmacksmustern und Marken, Urheber- und Persönlichkeitsrechten, für Merchandising-Objekte[6].

Anerkannt ist, dass es dem Inhaber des Persönlichkeitsrechts möglich ist, 336 Eingriffe in dieses Recht zu gestatten oder im Rahmen eines pactum de non petendo auf Ansprüche gegen den Eingreifenden zu verzichten[7]. Inwieweit Persönlichkeitsrechte auch Inhalt eines positiven Lizenzvertrages (s.

1 *Bömer*, NJW 1998, 3321 ff.; *Paulus*, CR 1994, 83 ff.; *Schneider*, CR 1995, 705 ff.
2 *Schneider*, CR 1995, 705, 707.
3 *Gennen/Völkel*, Recht der IT-Verträge, Rz. 523; *Marly*, Praxishandbuch Softwarerecht, Rz. 1776 ff.
4 Vgl. *BVerfG* v. 14.2.1973, BVerfGE 34, 269 ff.; *BGH* v. 25.5.1954, BGHZ 13, 334, 338 – Leserbrief.
5 S. dazu *Boeckh*, GRUR 2001, 29 ff.; *Magold*, Personen-Merchandising, 1994; *Ruijsenaars*, GRUR Int. 1994, 309 ff.
6 *Schertz*, ZUM 2003, 631, 633 ff., dort auch zu den verschiedenen Vertragstypen und zum Inhalt von Merchandisingverträgen.
7 *BGH* v. 14.10.1986, NJW-RR 1987, 231, 232 – NENA; *Magold*, Personenmerchandising (1994), S. 502 f.; *Schertz*, Merchandising (1997), Rz. 375.

dazu Rz. 73) sein können, ist umstritten[1]. Früher vorherrschend war die Ansicht, die eine Lizenzierbarkeit von Persönlichkeitsrechten ablehnte. Grund hierfür sei die höchstpersönliche Bedeutung, die das Persönlichkeitsrecht besitze, welche eine Lösung von der Person, zu der es gehört, verbiete[2]. Nach neuerer, vorzugswürdiger Ansicht soll dagegen zumindest eine **Übertragung der verzichtbaren Bestandteile des Persönlichkeitsrechts möglich** sein[3]. Als **Grenze** der Übertragbarkeit soll dabei entsprechend § 29 UrhG ein unveräußerliches Stammrecht beim Rechtsinhaber verbleiben. Wie *Magold*[4] zutreffend festgestellt hat, geht eine andere Sichtweise an der Praxis vorbei, da es dem Persönlichkeitsrechtsinhaber durch die **Schutzmöglichkeiten des Markenrechts** jederzeit möglich ist, Namen oder bestimmte Bilddarstellungen schützen zu lassen, um auf diesem Wege eine Lizenzierung zu ermöglichen. Darüber hinaus gebieten die wirtschaftliche und rechtliche Entwicklung eine solche Vorgehensweise[5].

337 Der Inhaber des Persönlichkeitsrechts kann Nutzungsrechte an seinem Bild oder seinem Namen einräumen, solange dabei das Stammrecht nicht beeinträchtigt wird. Auf die Lizenzvergabe an Persönlichkeitsrechten **finden die urheberrechtlichen Vorschriften über die Einräumung von Nutzungsrechten Anwendung**[6]. Damit bestehen entsprechend §§ 41, 42 UrhG Rückrufsrechte wegen Nichtausübung und gewandelter Überzeugung. Zu beachten ist auch die **Zweckübertragungslehre** (dazu Rz. 245, 476). Maßgeblich für die Bestimmung der Reichweite der Rechtseinräumung durch den Lizenzvertrag ist der mit dem Vertrag von den Vertragsparteien verfolgte Zweck. Eine Rechtseinräumung findet im Zweifel nur in dem Maße statt, in dem sie für die Erreichung des Vertragszwecks unbedingt erforderlich ist[7].

338 Im Einzelfall können Vereinbarungen über die Gestattung der Benutzung eines fremden Namens nach **§ 134 BGB i.V.m. § 5 UWG unwirksam** sein, wenn sie zu einer **Täuschung der Allgemeinheit** und einer Verwirrung des

---

1 Vgl. zum Streitstand *OLG Hamburg* v. 11.6.1998, NJWE-WettbR 1999, 169; *Schertz*, Merchandising (1997), Rz. 376 ff.; *Ullmannn*, AfP 1999, 209 ff.

2 *Helle*, Besondere Persönlichkeitsrechte im Privatrecht (1991), S. 51; *Krneta*, GRUR Int. 1996, 298 ff.

3 *Unseld*, GRUR 2011, 982, 985 (m.w.N. in Fn. 74), wonach die besseren Argumente für die Anerkennung der Übertragbarkeit des allg. Persönlichkeitsrechts sprechen; *Koos*, WRP, 2003, 202; *Koos*, GRUR 2004, 808, 813; *Beuthien*, NJW 2003, 1220 ff.; *Beuthien*, ZUM 2003, 261 f.; *Ullmann*, AfP 1999, 209, 211 ff.; *Forkel*, GRUR 1988, 491, 493 ff.; *Götting*, Persönlichkeitsrechte als Vermögensrechte (1995), S. 60 ff.; *Magold*, Personenmerchandising (1994), S. 506. S. allerdings *Götting* in Götting/Schertz/Seitz, § 1 Rz. 40.

4 *Magold*, Personenmerchandising (1994), S. 578.

5 Vgl. *Ullmann*, AfP 1999, 209, 210.

6 *Schertz*, Merchandising (1997), Rz. 382; *Forkel*, GRUR 1988, 491, 497.

7 *Schricker/Loewenheim* in Schricker/Loewenheim, UrheberR, § 31 UrhG Rz. 64; *Nordemann* in Fromm/Nordemann, UrhG, § 31 Rz. 109.

Verkehrs führen[1]. Dabei ist jedoch der grundsätzliche Vorrang des (individuellen) kennzeichen- und namensrechtlichen Sonderrechtsschutzes vor dem (kollektiven) Schutz vor Irreführung zu beachten, da mit der Benutzung eines fremden Namens oder Kennzeichens fast notgedrungen Verwechselungen verbunden sind; der kollektive Schutz des § 5 UWG greift erst dann, wenn das Allgemeininteresse durch täuschende Angaben über geschäftliche Verhältnisse verletzt ist[2].

Frei. 339

9. UWG-Lizenz

Zu beachten ist schließlich die sog. „UWG-Lizenz", die die **Lizenzierung** 340 **von bekannten Formgestaltungen** oder **Kennzeichnungen für Produkte** betrifft, die nicht oder nicht mehr durch Sonderschutzrechte abgesichert sind (zur rechtlichen Wirkung der „UWG-Lizenz", vgl. Rz. 143 f.).

Es entspricht zwar allgemeiner Auffassung, dass nach dem Grundsatz der 341 **Nachahmungsfreiheit**[3] die Nachahmung fremder, nicht oder nicht mehr unter Sonderschutz stehender Erzeugnisse oder Kennzeichnungen grundsätzlich zulässig ist[4].

Eine Nachahmung ist aber dann **wettbewerbswidrig**, wenn die nachgeahm- 342 ten Erzeugnisse von wettbewerblicher Eigenart sind und besondere wettbewerbliche Umstände hinzutreten, die das Nachahmen unlauter erscheinen lassen (s. zum ergänzenden wettbewerbsrechtlichen Leistungsschutz § 4 Nr. 9 UWG).

Wettbewerbliche Eigenart setzt voraus, dass die konkrete Ausgestaltung oder bestimmte Merkmale des Erzeugnisses geeignet sind, die interessierten Verkehrskreise auf seine betriebliche Herkunft oder seine qualitativen Besonderheiten hinzuweisen[5], was bei diesen eine **gewisse Bekanntheit** des nachgeahmten Erzeugnisses voraussetzt[6]. Dabei können **technisch notwendige Merkmale** bei technisch geprägten Produkten keine wettbewerbliche Eigenart begründen. Dies gilt nicht für solche Merkmale, die zwar

1 *BGH* v. 28.2.2002, GRUR 2002, 703, 704 f. – Vossius & Partner m.w.N.

2 *BGH* v. 28.2.2002, GRUR 2002, 703, 704 f. – Vossius & Partner m.w.N.

3 Vgl. dazu schon *BGH* v. 19.1.1973, BGHZ 60, 168, 169 – Modeneuheit; *BGH* v. 19.6.1974, WRP 1976, 370 – Ovalpuderdose.

4 Ständige Rechtsprechung des *BGH* v. 8.11.2001, GRUR 2002, 275, 276 – Noppenbahnen; *BGH* v. 7.2.2002, GRUR 2002, 820, 822 – Bremszangen; *BGH* v. 12.7.2001, GRUR 2002, 86, 89 – Laubhefter; *BGH* v. 2.12.2004, GRUR 2005, 349 – Klemmbausteine III.

5 *BGH* v. 8.12.1999, GRUR 2000, 521, 523 – Modulgerüst; *BGH* v. 7.2.2002, GRUR 2002, 820, 822. – Bremszangen; *BGH* v. 24.5.2007, GRUR 2007, 984 – Gartenliege; *BGH* v. 2.4.2009, GRUR 2009, 1073 – Ausbeinmesser; *BGH* v. 15.4.2010, GRUR 2010, 1125 – Femur-Teil.

6 *BGH* v. 24.3.2005, WRP 2005, 878 – Handtuchklemmen.

technisch bedingt, aber – ohne dass damit Qualitätseinbußen verbunden sind – **frei austauschbar** sind, sofern der Verkehr wegen dieser Merkmale auf die Herkunft der Erzeugnisse aus einem bestimmten Betrieb Wert legt oder mit ihnen gewisse Qualitätserwartungen verbindet[1].

343 Als gesetzliche Regelbeispiele für **unlautere Wettbewerbshandlungen** im Sinne von **§ 3 UWG** nennt **§ 4 Nr. 9 UWG** die Tatbestände der Herkunftstäuschung, Rufausbeutung und das unredliche Erlangen der für die Nachahmung erforderlichen Kenntnisse und Unterlagen. Eine solche unlautere Nachahmung löst gemäß § 8 UWG einen Unterlassungsanspruch des Berechtigten aus, also einen Anspruch gegen die Art und Weise der Verwertung einer fremden Leistung[2].

344 **Auf** diesen **Unterlassungsanspruch** kann der Berechtigte durch Gestattung der Nachahmung im Sinne einer Lizenzierung in Form der negativen Lizenz (s. dazu Rz. 130 ff.) **verzichten**. Liegt ein Sachverhalt i.S. des § 4 Nr. 9 lit. c bzw. der §§ 17 ff. UWG vor, also das **unredliche Erlangen von Wissen oder Unterlagen bzw. der Verrat von Geschäfts- und Betriebsgeheimnissen**, entspricht ein die Nutzung dieser Informationen gestattender Vertrag einem **Know-how-Vertrag**[3].

345 Anders als bei der Lizenzierung z.B. eines technischen Schutzrechts kann die „UWG-Lizenz" **nicht** für eine **bestimmte Vertragsdauer** abgeschlossen werden. Denn im Gegensatz zu der gesetzlichen Befristung des Innovationsschutzes, z.B. im Patent- oder Gebrauchsmusterrecht, unterliegt die Dauer des wettbewerbsrechtlichen Schutzes keinen festen Zeitgrenzen. Die **Schutzdauer des ergänzenden wettbewerbsrechtlichen Leistungsschutzes** ist nach der Rechtsprechung des *BGH* – wenn er den **Schutz einer Leistung als solcher** zum Gegenstand hat – an den sondergesetzlich vorgesehenen Fristen zu orientieren[4], also bei technischen Produkten an denen der technischen Schutzrechte.

346 Diese Relation zu den gewerblichen Schutzrechten gilt aber nicht uneingeschränkt in den Fällen, in denen der ergänzende Leistungsschutz vermeidbare Herkunftstäuschungen (§ 4 Nr. 9 lit. a UWG), das Ausnutzen des Rufs fremder Leistungen (§ 4 Nr. 9 lit. b Fall 1 UWG), die Behinderung von Mitbewerbern (§ 4 Nr. 9 lit. b Fall 2 und Nr. 10 UWG) sowie das Erschleichen unter Vertrauensbruch (§ 4 Nr. 9 lit. c UWG) verhindern soll[5]. In diesen Fällen kommt nach Auffassung des *BGH* eine zeitliche Begrenzung solange

---

1 *BGH* v. 15.4.2010, GRUR 2010, 1125, Rz. 15 – Femur-Teil.
2 *Pohlmann*, EWiR, § 1 UWG, 1999, 667, Kommentierung zu *BGH* v. 14.1.1999, GRUR 1999, 751 ff. – Güllepumpen.
3 S. dazu *Nemeczek*, GRUR 2011, 292, 293 f.
4 *BGH* v. 2.12.2004, GRUR 2005, 349 – Klemmbausteine III.
5 *Piper*, UWG, 3. Aufl. 2002, § 1 a.F. Rz. 653; *Sack* in FS Erdmann, 2002, S. 697, 714 ff.

nicht in Betracht, **solange** die **wettbewerbliche Eigenart nicht verloren gegangen** ist und auch die besonderen Unlauterkeitsumstände nicht weggefallen sind, es sei denn, es handelt sich um kurzlebige Erzeugnisse[1]. Insoweit muss also – insbesondere wegen der kartellrechtlichen Aspekte (s. dazu Rz. 670 ff.) – hinsichtlich der vor Lizenzierung gegebenen jeweiligen Unlauterkeitstatbestände hypothetisch geprüft werden, wie lange – ohne die Lizenzierung – diese wettbewerbsrechtliche Schutzwirkung angedauert hätte. U.U. können die Nutzungshandlungen aber dazu beitragen, dass die wettbewerbliche Eigenart fortdauert, was dem Lizenzgeber zuzurechnen wäre[2].

Nach der Rechtsprechung des *BGH* ist zur Geltendmachung der Ansprü- 347
che aus ergänzendem Leistungsschutz grundsätzlich **nur der Hersteller des Originals**, also derjenige, der das Produkt in eigener Verantwortung herstellt oder von einem Dritten herstellen lässt und über das Inverkehrbringen entscheidet, **aktivlegitimiert**[3]. Folgerichtig kann der Lizenznehmer aufgrund des Lizenzvertrages keine Anspruchsberechtigung erwerben. Dies gilt auch bei einer ausschließlichen Lizenz. Allenfalls kommt die Geltendmachung von übertragenen Rechten des Lizenzgebers in Betracht (gewillkürte Prozessstandschaft[4]).

Diese „UWG-Lizenz" kommt u.U. auch als **Ergänzung neben der Lizenzie-** 348
rung insbesondere von Geschmacksmustern und Marken in Betracht[5]. Dies gilt vor allem dann, wenn sich der Sonderrechtsschutz nicht auf die gesamte Warengestaltung bezieht.

Frei. 349

1 *BGH* v. 14.1.1999, GRUR 1999, 751, 754 – Güllepumpen; BGH v. 7.11.2002, GRUR 2003, 356 – Präzisionsmessgeräte; s. auch *BGH* v. 2.12.2004, GRUR 2005, 349 – Klemmbausteine III.

2 Vgl. *BGH* v. 21.7.2005, GRUR 2006, 56–59 – BOSS-Club.

3 *BGH* v. 24.3.1994, GRUR 1994, 630, 634 – Cartier-Armreif; *BGH* v. 15.7.2004, GRUR 2004, 941, 943 – Metallbett; *BGH* v. 24.2.2005, GRUR 2005, 519, 520 – Vitamin-Cell-Komplex; *BGH* v. 2.10.2008, GRUR 2009, 416, Rz. 23 – Küchentiefstpreis-Garantie; *OLG München* v. 30.10.2003, GRUR-RR 2004, 85; *Köhler* in Köhler/Bornkamm, UWG, § 4 Rz. 9.85.

4 *Ohly* in Piper/Ohly/Sosnitza, UWG, § 4 Rz. 9/83.

5 Vgl. zum Verhältnis des neuen nicht eingetragenen Gemeinschaftsgeschmacksmusters zum wettbewerbsrechtlichen Leistungsschutz *BGH* v. 15.9.2005, GRUR 2006, 79 – Jeans mit Anm. *Kiethe/Groeschke*, WRP 2006, 794; *OLG Hamburg* v. 23.4.2008 – 5 U 101/07 – Außennähte (juris); *Bartenbach/Fock*, WRP 2002, 119 ff.; *Osterrieth* in FS Tilmann, 2003, S. 221 ff.; *Rahlf/Gottschalk*, GRUR Int. 2004, 821 ff.; *Lorenzen*, Designschutz im europäischen und internationalem Recht (2002), S. 211 ff.; vgl. im Übrigen *Schlötelburg*, GRUR 2005, 12 zum Musterschutz an Zeichen; *Scheffler*, Mitt. 2005, 216 ff.; *Loschelder*, GRUR Int. 2004, 767 ff.; *Bornkamm*, GRUR 2005, 97 ff.; – zum Markenrecht und wettbewerbsrechtlichen Leistungsschutz.

10. Umfang der Lizenz

350 Der Umfang der Lizenz wird einerseits durch die lizenzierten Rechtspositionen und deren Schutzumfang bestimmt (vgl. § 14 PatG, s. dazu Rz. 31, 680)[1]. Andererseits ist die Art der Benutzung kennzeichnend. Dabei wird im Wesentlichen unterschieden zwischen ausschließlicher Lizenz (s. Rz. 78 ff.) und nicht ausschließlicher, einfacher Lizenz (s. Rz. 120 ff.). Davon unabhängig sind die Beschränkungen hinsichtlich des Nutzungsumfangs (s. Rz. 1305 ff.).

351 Frei.

11. Erscheinungsformen, Vertragstypus

352 Ein Lizenzvertrag wird im Regelfall als **eigenständige Vereinbarung** ausgestaltet. Lizenzgegenstand sind entweder eine einzelne Schutzrechtsposition oder eine Fülle von Schutzrechtspositionen, etwa Schutzrechtsfamilien, oder eine Mehrzahl von Erfindungen für bestimmte technische Anwendungsbereiche. Häufig, wenn nicht gar regelmäßig, werden neben technischen Schutzrechten auch Know-how oder andere Schutzrechte bis hin zu wettbewerbsrechtlichen Gestattungen mitlizenziert.

In der Praxis nicht selten sind vergleichsweise Lizenzvereinbarungen, durch die die Parteien Meinungsunterschiede über eine Schutzrechtsbenutzung bzw. Streitigkeiten über Schutzrechtsverletzungen im Wege eines **Vergleichs (§ 779 BGB)** erledigen wollen. Das betrifft sowohl gerichtliche Vergleiche[2] als auch außergerichtliche Verständigungen. Zur negativen Lizenz s. Rz. 130 ff., 134.

353 Daneben ist im Rahmen der Vertragsfreiheit (§ 311 BGB) auch die **Einbindung** von Lizenzabreden **in andere Vereinbarungen** möglich; hier besteht naturgemäß eine nicht begrenzte Bandbreite von Fallgestaltungen. Zu denken ist etwa an Lizenzvereinbarungen im Rahmen von Forschungsaufträgen oder von Kooperationsverträgen[3], von Unternehmenszusammenschlüssen, ferner als Nebenabreden beim Verkauf von Unternehmen bzw. Betriebssteilen. Als weiteres Beispiel aus der Fülle der Fallgestaltungen seien auch Lizenzen im Rahmen von Lieferaufträgen genannt, etwa im Bereich der Zuliefererindustrie. Vereinzelt sind Lizenzregelungen auch Gegenstand eines Arbeitsvertrages, etwa wenn der neu eingestellte Arbeitnehmer seinem Arbeitgeber die Benutzung von „mitgebrachten" freien bzw. frei gewordenen Erfindungen gestattet[4]. Vergleichbares gilt bei Ge-

1 S. auch *LG Düsseldorf* v. 10.2.2009, Düsseldorfer Entscheidung Nr. 1146 – Kreissägeblatt mit Seitenschneiden (www.duesseldorfer-archiv.de).
2 Vgl. z.B. *BGH* v. 5.7.2005, GRUR 2005, 845 – Abgasreinigungsvorrichtung.
3 Vgl. etwa *Bartenbach*, Zwischenbetriebl. Forschungs- und Entwicklungskooperation (1985), S. 128.
4 Vgl. etwa den Fall *BGH* v. 10.5.1984, GRUR 1985, 129 – Elektrodenfabrik.

schäftsführerverträgen. Lizenzregelungen können ihre Grundlage auch in gerichtlich zuerkannten Zwangslizenzen haben (vgl. § 24 PatG und Rz. 160 ff.)[1]; zur kartellrechtlichen Zwangslizenz s. Rz. 18 ff., 186.

Zudem sind konkludente Lizenzerteilungen möglich, wenn z.B. derjenige, der vom Patentinhaber eine zur Ausübung des geschützten Verfahrens erforderliche Vorrichtung erworben hat, zum Gebrauch der Vorrichtung und infolgedessen zur Durchführung des patentgeschützten Verfahrens berechtigt sein soll, d.h. Anhaltspunkte dafür vorliegen, dass dem Erwerber mit dem Verkauf der Vorrichtung eine stillschweigende Erlaubnis (einfache Lizenz) zur Verfahrensbenutzung erteilt worden ist[2]. 354

VII. Abschluss des Lizenzvertrages, Auslegung und Wirksamkeit

1. Grundsatz der Vertragsfreiheit

Für den Abschluss eines Lizenzvertrages gilt der von **§ 311 Abs. 1 BGB**[3] vorausgesetzte Grundsatz der Vertragsfreiheit, der in § 15 Abs. 1 und 2 PatG für den Lizenzbereich durch die Hervorhebung der Verkehrsfähigkeit des Patentrechts und hiervon abgeleiteter Rechte eine Bestätigung erfährt (s. auch Rz. 16 ff.). Im Lizenzvertrag können demnach Beschränkungen persönlicher, sachlicher, räumlicher und zeitlicher Art vereinbart werden[4]. 355

Hat der Schutzrechtsinhaber über den Lizenzgegenstand bereits einen einfachen Lizenzvertrag abgeschlossen, gibt es – von den Grundsätzen der kartellrechtlichen Zwangslizenz abgesehen (s. hierzu Rz. 18 ff.) – **keine allgemeine Verpflichtung des Schutzrechtsinhabers zur Meistbegünstigung**; diese kann weder aus deutschem (§ 20 GWB) noch aus europäischem (Art. 102 AEUV) Kartellrecht hergeleitet werden[5]. Auch ein marktbeherrschendes Unternehmen ist nicht gezwungen, allen Lizenzinteressenten die gleichen – günstigsten – Bedingungen, insbesondere hinsichtlich der Lizenzgebühren, einzuräumen; ihm kann nicht verwehrt werden, auf unterschiedliche Marktbedingungen differenziert zu reagieren[6].

---

1 Vgl. etwa *BGH* v. 13.7.2004, GRUR 2004, 996 – Standard-Spundfass.

2 *OLG Düsseldorf* v. 28.1.2010 – I-2 U 125/08, Rz. 95 (juris) unter Hinweis auf die Rechtsprechung des *BGH* v. 24.9.1979, GRUR 1980, 38, 39 – Fullplastverfahren; *BGH* v. 24.10.2000, GRUR 2001, 407, 409 – Bauschuttsortieranlage; *BGH* v. 27.2.2007, GRUR 2007, 773, 776 – Rohrschweißverfahren. S. auch *LG Düsseldorf* v. 27.2.2007 – 4a o 281/05, Rz. 101 f. (juris).

3 Vgl. Palandt/*Grüneberg*, BGB, § 311 Rz. 1; *Emmerich* in MünchKomm. BGB, § 311 Rz. 1 ff.

4 Vgl. *Busche* in MünchKomm. BGB, Vor § 145 Rz. 6.

5 *OLG Karlsruhe* v. 23.3.2011, WRP 2011, 624, 631 – FRAND-Grundsätze; vgl. auch *Markert* in Immenga/Mestmäcker, GWB, § 20 Rz. 178.

6 *OLG Karlsruhe* v. 23.3.2011, WRP 2011, 624, 631 – FRAND-Grundsätze.

Allein daraus, dass ein marktbeherrschendes Unternehmen mit verschiedenen Partnern auf der Marktgegenseite Verträge abschließt, die nicht in jedem Fall zu einem gleichen wirtschaftlichen Ergebnis in Form einer exakten Übereinstimmung von Leistung und Gegenleistung führen, kann noch nicht auf eine unzulässige Diskriminierung geschlossen werden. Entscheidend ist vielmehr, **ob eine unterschiedliche Gestaltung der Konditionen auf Willkür oder sachfremden Erwägungen beruht**[1]. Ob eine Ungleichbehandlung gerechtfertigt ist, richtet sich nach Art und Ausmaß der unterschiedlichen Behandlung und danach, ob die (relative) Schlechterstellung eines Unternehmens gegenüber einem anderen als wettbewerbskonformer Interessenausgleich erscheint oder auf Willkür oder sachfremden Erwägungen beruht[2]. Im Einzelfall kann sich eine Bindungswirkung des Lizenzgebers an seine Lizenzierungspraxis ergeben, wenn der Lizenzinteressent **nachweist**, dass der Lizenzgeber mit anderen Lizenzsuchern jeweils zu identischen oder nach feststehenden Regeln differenzierten Bedingungen Lizenzverträge schließt (s. auch Rz. 156 ff.).

356 Für den internationalen Lizenzvertrag kodifiziert **Art. 3 ROM I-VO** (vgl. Art. 27 EGBGB a.F.) den Grundsatz der freien Rechtswahl. Außer durch die Generalklausel der §§ 138, 242 und 826 BGB werden der Parteiautonome jedoch vor allem auf öffentlich-rechtlicher Ebene, insbesondere durch nationales und europäisches Kartellrecht, Grenzen gezogen.

2. Haftung für Verschulden bei Lizenzverhandlungen (c.i.c. – § 280 Abs. 1, § 311 Abs. 2, 3, § 241 Abs. 2 BGB)

a) Verletzung vorvertraglicher Pflichten

357 Oft gehen einem Vertragsschluss Vorverhandlungen oder ein diesen gleichzustellender sonstiger geschäftlicher Kontakt voraus; vielfach besteht zwischen den Parteien aber auch bereits ein laufender geschäftlicher Kontakt, der intensive Vorverhandlungen nicht erfordert[3]. Im letztgenannten Fall kann sich aus dieser **dauerhaften Geschäftsverbindung** wegen enttäuschten Vertrauens eine Haftung nach Vertragsgrundsätzen ergeben (vgl. § 241 Abs. 2 BGB)[4].

Bei einem erstmals aufgenommenen Verhandlungskontakt kann bereits in diesem Stadium der geschäftlichen Beziehung ein **vertragsähnliches Vertrauensverhältnis** entstehen, das die Verhandlungspartner zur Sorgfalt ge-

---

1 *OLG Karlsruhe* v. 23.3.2011, WRP 2011, 624, 631 – FRAND-Grundsätze.

2 *BGH* v. 13.7.2004, GRUR 2004, 966 – Standard-Spundfass; vgl. auch *EuG* v. 17.9.2007, Slg. 2007, II 3601, Rz. 811 – Microsoft.

3 Zur Bedeutung von Vorverhandlungen, die ein nicht allein Vertretungsberechtigter führt, für den späteren Vertragsabschluss vgl. *BGH* v. 8.7.1999, NJW 1999, 3191 f.

4 Palandt/*Grüneberg*, BGB, § 311 Rz. 21 m.H.a. *BGH*, NJW 1968, 588, 589.

genüber dem anderen verpflichtet[1]. Es handelt sich dabei zwar nicht um primäre Leistungspflichten gemäß dem späteren Lizenzvertrag, jedenfalls aber um Schutz- bzw. Rücksichtnahme-, Sorgfalts- und Loyalitätspflichten hinsichtlich der Interessen, Rechte und Rechtsgüter des potentiellen Vertragspartners, bei deren Verletzung gegebenenfalls Schadensersatzansprüche nach den Grundsätzen der **culpa in contrahendo** („c.i.c." – § 280 Abs. 1, § 311 Abs. 2 und Abs. 3, § 241 Abs. 2 BGB) geltend gemacht werden können[2].

Der Grund für diese Verpflichtung liegt darin, dass bereits mit der Anbahnung rechtsgeschäftlicher Kontakte eine Sonderverbindung entsteht, aufgrund derer sich die beteiligten Verhandlungspartner die Gewährung des gegenseitig in Anspruch genommenen Vertrauens schulden[3]. 358

Solcherlei vorvertragliche Pflichten bestehen unabhängig davon, ob es überhaupt zu einem Vertragsschluss kommt.

Dieses gesetzliche Schuldverhältnis der **„Aufnahme von Vertragsverhandlungen" (§ 311 Abs. 2 Nr. 1 BGB)**[4] entsteht durch den Beginn von Vertragsverhandlungen, einschließlich darauf gerichteter Korrespondenz und eines begleitenden Informationsaustauschs. Bloße Hinweise auf eine mögliche geschäftliche Zusammenarbeit genügen hierfür aber noch nicht[5]. Als weiteres vorvertragliches Schuldverhältnis nennt **§ 311 Abs. 2 Nr. 2 BGB** die **Vertragsanbahnung**[6], also die Situation vor Aufnahme von Vertragsverhandlungen, etwa Vorgespräche oder vorbereitende Briefwechsel[7]. 359

Schließlich können auch **„ähnliche geschäftliche Kontakte" (§ 311 Abs. 2 Nr. 3 BGB)**[8] ein gesetzliches Schuldverhältnis begründen, also Kontakte, die (zunächst) nicht auf den Abschluss eines Vertrages gerichtet sind. 360

Ausnahmsweise kann nach **§ 311 Abs. 3 BGB** auch zu Personen, die nicht selbst Vertragspartei werden sollen, ein vorvertragliches Schuldverhältnis begründet werden **(Drittwirkung)**. Dies gilt etwa für in Aussicht genommene Vertragspartner bei der Durchführung des Lizenzvertrages, wie z.B. Kooperationspartner, Zulieferer, Forschungsinstitute, Entwicklungslabore, Prüfstellen, von denen Vorleistungen im Hinblick auf die spätere Zusammenarbeit abgefordert werden. Diese Dritten können je nach Geschehensablauf aus c.i.c. verpflichtet oder berechtigt sein. 361

---

1 Palandt/*Grüneberg*, BGB, § 311 Rz. 11 m.H.a. *BGH*, NJW 1952, 1130 u. *BGH*, NJW 1976, 712.
2 Vgl. zum Lizenzvertrag, *BGH* v. 12.6.1975, GRUR 1975, 616, 617 – Patrico.
3 Vgl. *BGH* v. 22.2.1973, BGHZ 60, 221, 226; *BGH* v. 12.12.1980, NJW 1981, 1035, 1036.
4 Zum Begriff s. Palandt/*Grüneberg*, BGB, § 311 Rz. 22.
5 *BGH* v. 24.1.2006, NJW 2006, 830, 835.
6 Vgl. *Emmerich* in MünchKomm. BGB, § 311 Rz. 47 f.
7 *BGH*, LM § 276 (Fa) Nr. 3; Soergel/*Wiedemann*, BGB, Vor § 275 Rz. 244.
8 Vgl. *Emmerich* in MünchKomm. BGB, § 311 Rz. 49 f.

362 Inhalt und Umfang der Verhaltenspflichten bestimmen sich danach, ob und inwieweit durch die vorvertraglichen Verhandlungen und/oder sonstigen Kontakte ein Vertrauensverhältnis entstanden ist[1]. Weitere vorvertragliche Pflichten werden beispielhaft in § 241 Abs. 2 BGB aufgeführt. Eine **Verletzung** dieser **vorvertraglichen Pflichten (§ 280 Abs. 1 BGB i.V.m. § 311 Abs. 2 Nr. 1 BGB)** kann vor allem durch **unzureichende** oder **fehlerhafte Aufklärung** oder Information des Partners erfolgen, wobei es nicht darauf ankommt, ob eine Offenbarungspflicht bestanden hat[2]. Die Pflichtverletzung kann aber auch in **nicht ausreichender Obhut oder Fürsorge** liegen, etwa durch Offenbarung anvertrauter Unterlagen an Dritte, unterbliebene Auskunft trotz offensichtlichen Irrtums des Partners oder Unterlassen der Einholung von Genehmigungen. Eine Pflichtverletzung kann auch darin begründet sein, dass der Lizenznehmer durch **Täuschung** zum Abschluss eines für ihn ungünstigen Lizenzvertrages bewogen wurde, den er bei Offenbarung der wirklichen Sachlage nicht akzeptiert hätte[3]. Eine solche Täuschung kann in der fehlenden Aufklärung über von Dritten geltend gemachte Rechte (z.B. Vorbenutzungsrecht [§ 12 PatG] oder Abhängigkeit des Lizenzschutzrechts [vgl. § 24 Abs. 2 PatG]), über Angriffe gegen die Rechtsbeständigkeit der zukünftigen Lizenzrechte oder über negative Prüfbescheide liegen. Auch Wirksamkeitshindernisse in der Person eines Vertragspartners, die zur Unwirksamkeit des abgeschlossenen Vertrages führen, können eine Pflichtverletzung darstellen. Schließlich kann eine Aufklärungspflicht auch bzgl. des wirtschaftlichen Erfolgs anderer Vertragspartner in Betracht kommen[4].

Bei einem **Franchise-Vertrag** muss der (zukünftige) Franchise-Geber den Franchise-Nehmer richtig und vollständig über die Rentabilität des Systems informieren[5].

363 Die **Beweislast** für das Vorliegen einer Pflichtverletzung trägt der Gläubiger, wobei ihm allerdings Beweiserleichterungen zu Gute kommen.

364 Hat der Schuldner die Pflichtverletzung zu **vertreten** (§§ 276, 278 BGB), kann der Geschädigte gemäß § 249 Abs. 1 BGB das Vertrauensinteresse (**negatives Interesse**) geltend machen, also verlangen, so gestellt zu werden, wie er ohne die Pflichtverletzung gestanden hätte[6]. In der Regel ist also der **Vertrauensschaden** zu ersetzen[7]. Es hat ein Ausgleich der hierdurch aus-

---

1 Palandt/*Grüneberg*, BGB, § 311 Rz. 27.
2 *BGH* v. 20.9.1996, NJW-RR 1997, 144; *BGH* v. 16.10.1987, NJW-RR 1988, 394 ff.
3 Vgl. etwa *BGH* v. 23.3.1982, BGHZ 83, 283, 292 – Hartmetallkopfbohrer, s. auch *BGH* v. 19.9.2006 – X ZR 24/04, Rz. 13, 15.
4 Nach dem *OLG Frankfurt a.M.* (v. 12.5.2011, ZVertriebsR 2012, 51) gehört bspw. zu den Aufklärungspflichten beim Abschluss von Franchise-Verträgen auch die Information über den wirtschaftlichen Erfolg anderer Franchisenehmer.
5 Palandt/*Grüneberg*, BGB § 311 Rz. 50; *Böhner*, BB 2011, 2248.
6 *BGH* v. 26.3.1981, NJW 1981, 1673.
7 *BGH* v. 6.4.2001, NJW 2001, 2875; *BGH* v. 22.2.2006, NJW 2006, 1963.

gelösten Aufwendungen (Reise- und Beraterkosten, Kosten vorsorglich eingeleiteter Genehmigungsverfahren etc.) zu erfolgen. Gegebenenfalls ist ein Mitverschulden des Geschädigten (§ 254 BGB) zu berücksichtigen.

Ausnahmsweise auszugleichen ist der **entgangene Gewinn** aus einem wegen der Pflichtverletzung nicht zustande gekommenen Vertrag mit einem Dritten[1]. Der mit dem Schuldner begründete Vertrag ist ggf. rückgängig zu machen[2] – allerdings ohne Ausgleich des entgangenen Gewinns[3] – oder anzupassen[4]. Ist das Gleichgewicht von Leistung und Gegenleistung gestört, können im Rahmen einer **Vertragsanpassung** insbesondere eine Minderung der Lizenzgebühr, der Wegfall von sonstigen Gegenleistungen des Lizenznehmers (z.B. eigenen Entwicklungsergebnissen) oder ein Ausgleich von Mehraufwendungen zur Behebung der Pflichtverletzung in Betracht kommen[5].

Die Anwendung des Rechtsinstitutes der c.i.c. setzt – auch nach der Kodifi- 365
zierung in § 311 Abs. 2 und Abs. 3 BGB – eine **Regelungslücke** voraus. Hierbei gilt es insbesondere die einschlägigen Konkurrenzprobleme zu berücksichtigen (wie etwa §§ 434 ff. BGB, § 122 BGB, § 179 BGB etc.). In § 311 Abs. 2 BGB werden die von Lehre und Rechtsprechung entwickelten Fallgruppen übernommen. Eine Haftung nach § 280 Abs. 1, § 241 Abs. 2, § 311 Abs. 2 bzw. Abs. 3 BGB kommt dann in Betracht, wenn die im Folgenden dargestellten Voraussetzungen vorliegen.

Das vorvertragliche Schuldverhältnis wird entweder durch den Abbruch 366
der Vertragsverhandlungen oder den Abschluss des ausgehandelten Vertrages beendet. Mit Vertragsabschluss ergibt sich eine Haftung aus § 241 Abs. 2 BGB; evtl. bereits entstandene Schadensersatzansprüche aus c.i.c. bleiben aber bestehen[6].

b) Abbruch von Vertragsverhandlungen

Einen besonderen Anwendungsfall der vorvertraglichen Pflichtverletzung 367
stellt der schuldhafte Abbruch von Vertragsverhandlungen dar.

Bis zum endgültigen Vertragsabschluss sind die Verhandlungspartner grundsätzlich frei darin, ihre Vertragsverhandlungen zu beenden; hierzu bedarf es auch keines triftigen Grundes; dies gilt selbst dann, wenn der ande-

1 *BGH* v. 2.3.1988, NJW 1988, 2234, 2236.
2 *BGH* v. 2.4.1962, NJW 1962, 1195, 1996.
3 *OLG München* v. 19.4.1983, OLGZ 83, 463.
4 S. die Beispiele bei Palandt/*Grüneberg*, BGB, § 311 Rz. 57; *BGH* v. 19.5.2006, NJW 2006, 3139, 3141.
5 Vgl. hierzu allg. *BGH* v. 16.1.1991, NJW-RR 1991, 600.
6 Palandt/*Grüneberg*, BGB, § 311 Rz. 25; Erman/*Kindel*, BGB, § 311 Rz. 23.

re Teil in Erwartung des Vertragsschlusses bereits (erhebliche) Aufwendungen getätigt hat[1].

368 Grundsätzlich hat jeder Verhandlungspartner die von ihm im Hinblick auf einen erwarteten Vertragsschluss getätigten **Aufwendungen selbst zu tragen**, d.h. es gibt keinen Ersatz für sog. „frustrierte Aufwendungen". Das Risiko, dass später der Vertrag nicht zustande kommt und sich die Aufwendungen somit als nutzlos erweisen, fällt jedem Verhandlungspartner selbst zu. Auch wenn die Parteien sich schon in längeren und ernsthaft geführten Vertragsverhandlungen befinden, kann jede Seite vom Vertragsschluss Abstand nehmen, ohne sich allein deshalb bereits wegen Verschuldens bei Vertragsverhandlungen schadensersatzpflichtig zu machen[2]. Im Hinblick auf den Grundsatz der Vertragsfreiheit ist eine zurückhaltende und strenge Beurteilung eines „Vertragsabbruch-Verschuldens" gefordert[3]. Keinesfalls kann dieser rechtliche Ansatz dazu führen, dass der Eintritt in Vertragsverhandlungen jeweils mit einem Haftungsrisiko für den Fall verbunden ist, dass sich die Verhandlungen als nicht erfolgsversprechend für den einen oder anderen Partner erweisen.

369 Eine Pflichtverletzung ist erst dann gegeben, wenn ein Verhandlungspartner bei der Gegenseite zurechenbar das aus deren Sicht berechtigte **Vertrauen** erweckt hat, der **Vertrag werde mit Sicherheit zustande kommen**, sodann aber die **Vertragsverhandlungen ohne triftigen Grund** (also aus sachfremden Erwägungen[4]) **abbricht**[5]. Eine solche Fallsituation wird sich regelmäßig erst aufgrund längerfristiger Vertragsverhandlungen ergeben. Bleiben während dieser Verhandlungen noch Fragen offen, wie etwa die Frage der Exklusivität eines Lizenzvertrages oder die Höhe der Lizenzgebühr, macht dies deutlich, dass sich jedenfalls ein Verhandlungspartner noch nicht endgültig binden wollte. Es genügt nicht, dass ein Partner aufgrund der Einigung über wesentliche Punkte den Eindruck haben konnte, der Vertrag werde endgültig geschlossen werden. Vielmehr muss hinzukommen, dass der andere Partner über die bloße Tatsache der Einigung hinaus den Vertragsabschluss als sicher hinstellt. Hierfür ist zwar eine dahingehende ausdrückliche Erklärung nicht erforderlich, zumindest muss aber der Vertragspartner seinen festen Abschlusswillen deutlich erkennbar werden lassen (zum Vorvertrag s. Rz. 389 ff.).

---

1 Palandt/*Grüneberg*, BGB, § 311 Rz. 30 m.H.a. *BGH* v. 14.7.1967, NJW 1967, 2199 u. *BGH* v. 7.12.2000, NJW-RR 2001, 381.

2 *BGH* v. 17.5.1962, BB 1962, 816; *BGH* v. 22.2.1989, WM 1989, 685, 686 m.w.N.; s. hierzu auch *Reinicke/Tiedtke*, ZIP 1989, 1093 ff.

3 *von Falck*, Anm. zu *BGH* v. 12.6.1975, GRUR 1975, 616 ff. – Patrico, GRUR 1975, 619; Benkard/*Ullmann*, PatG, § 15 Rz. 22.

4 Palandt/*Grüneberg*, BGB, § 311 Rz. 32.

5 *BGH* v. 12.6.1975, BB 1975, 1128, 1129; *BGH* v. 7.2.1980, NJW 1980, 1683 u. *BGH* v. 29.3.1996, NJW 1996, 1884, 1885; *OLG Saarbrücken* v. 14.5.1997, NJW-RR 1998, 341 f.; kritisch *Wertenbruch*, ZIP 2004, 1525.

Dies kann **beispielsweise** angenommen werden, wenn dieser Verhand- 370
lungspartner den anderen zu Maßnahmen ermuntert hat, die nur bei einem zustande gekommenen Vertrag sinnvoll sind (z.B. Bestellung von lizenzbezogenen Werkzeugen, Rohstoffen oder Zwischenprodukten, Durchführung von Umbaumaßnahmen) oder ihn zu Vorleistungen veranlasst hat[1]. Denkbar ist auch, dass bei einer Einigung über alle wesentlichen Punkte den von einem Verhandlungspartner im Laufe der längeren Verhandlungen gleich bleibend aufgestellten Forderungen Rechnung getragen worden ist und ihm die noch offenen Fragen ersichtlich unwichtig waren. Anders wäre es dagegen, wenn die Einigung in wesentlichen Punkten auf einem Nachgeben dieses Verhandlungspartners beruhte. In einem solchen Fall muss der andere Verhandlungspartner u.U. damit rechnen, dass sich sein Gesprächspartner doch noch anders entscheidet und vom Vertragsabschluss Abstand nimmt.

Bedeutsam kann auch ein Vorbehalt der Verhandlungsführer sein, dass auch bei grundsätzlicher Einigung über alle Vertragspunkte noch die **Zustimmung der Geschäftsleitung** ausstehe.

Da in diesem Verhandlungsstadium noch keine vertragliche Bindung be- 371
steht, sind an das Vorliegen eines **triftigen Grundes** für den Abbruch der Vertragsverhandlungen keine zu hohen Anforderungen zu stellen[2]. So kann etwa ein günstigeres Angebot eines anderen Vertragsinteressenten zur Verneinung des triftigen Grundes schon ausreichend sein[3] ebenso wie eine Verschlechterung der Marktposition des potentiellen Lizenznehmers[4].

Hat ein Partner gegenüber dem anderen Gesprächspartner im Laufe der Ver- 372
handlungen den späteren Vertragsabschluss ausdrücklich oder durch schlüssiges Verhalten als sicher hingestellt, haftet er aus Verschulden bei Vertragsverhandlungen grundsätzlich auch dann, **wenn er das berechtigte Vertrauen des anderen Teils nicht schuldhaft herbeigeführt hat**[5]. Dies gilt jedoch nicht für Verträge, deren Formbedürftigkeit sich aus dem Gesetz ergibt[6].

Wichtig ist, dass der durch eine schuldhafte Pflichtverletzung begründete 373
Schadensersatzanspruch **nur solche Aufwendungen** erfasst, die der Verhandlungspartner **aufgrund** der berechtigten Annahme tätigt, der Vertrag werde mit Sicherheit geschlossen werden[7]. Werden vor oder zu Beginn der Vertragsverhandlungen z.B. Vertragsentwürfe erstellt, Rechtsrat eingeholt oder Wirtschaftsprüfergutachten veranlasst, handelt es sich jeweils um

1 *BGH* v. 20.9.1984, BGHZ 92, 176.
2 Soergel/*Wiedemann*, BGB, Einf. Vor § 275 Rz. 22.
3 Palandt/*Grüneberg*, BGB, § 311 Rz. 32.
4 Vgl. *BGH* v. 10.1.1996, DB 1996, 777.
5 *BGH* v. 22.2.1989, WM 1989, 685, 688 m.w.N.
6 Vgl. *BGH* v. 18.10.1974, NJW 1975, 43, 44; *BGH* v. 8.10.1982, DNotZ 1983, 621, 623.
7 *BGH* v. 29.3.1996, NJW 1996, 1884, 1885.

nicht erstattungsfähige Kosten, da hier die **Kausalität** für diese Kosten nicht durch den Vertrauenstatbestand begründet ist.

374 In besonders gelagerten Fällen kann Rechtsfolge auch die **Pflicht zur Zahlung einer angemessen Entschädigung oder Lizenzgebühr** sein. Ein Anspruch auf Abschluss des verhandelten Vertrages besteht nicht[1].

375–376 Frei.

3. Vereinbarungen im Vorfeld eines Lizenzvertrages

377 **§ 154 Abs. 1 BGB** bestätigt, dass ein Vertrag solange nicht geschlossen ist, solange die Parteien sich nicht über alle Vertragspunkte geeinigt haben. Insoweit sind bloße Vorverhandlungen bis zum Vertragsabschluss grundsätzlich nicht bindend (s. Rz. 367). Kommt es später zum Vertragsschluss, können das Gesamtbild der Vertragsverhandlungen und von einem üblichen Verständnis abweichende Erklärungen eines Verhandlungspartners für die Auslegung des Vertrages herangezogen werden[2]. Rechtspflichten können aber auch vor Abschluss eines Lizenzvertrages aufgrund einseitiger Erklärungen oder auf den „Haupt"-Vertrag bezogener Abreden entstehen.

a) Letter of Intent[3] (LoI)

378 Der vor allem im Vorfeld einer Verhandlung (insbesondere komplexer und wirtschaftlich bedeutender Vertragswerke) übergebene Letter of Intent bedeutet regelmäßig eine bloße **Absichtserklärung**, mit der dem Empfänger die Bereitschaft erklärt wird, **in ernstliche Vertragsverhandlungen einzutreten**[4]. Soweit mehrere Interessenten um den Abschluss des konkreten Vertragswerkes bemüht sind, kann mit der Überlassung des Letter of Intent auch die Herausstellung eines Interessenten dahin verbunden sein, mit ihm als Erstem zu verhandeln und ihm damit die Chance zum Vertragsabschluss vor den übrigen Wettbewerbern zu geben.

379 Über die Bereitschaft zur Verhandlungsaufnahme hinaus enthält der Letter of Intent häufig bereits die **Vorgabe wichtiger Verhandlungspunkte** als Verhandlungsziel des Absenders[5]. Nach seiner Zielsetzung soll der Letter of Intent aber nicht im Sinne einer Offerte rechtlich verbindlich sein. Kommt es allerdings nicht zu diesen Vertragsverhandlungen bzw. Verhandlungen mit diesem Inhalt, kann der Letter of Intent als rechtliche Grundlage für

1 *KG* v. 7.10.2004, WM 2005, 1118.

2 *BGH* v. 12.2.1981, NJW 1981, 2295; *BGH* v. 15.1.2004, ZIP 2004, 843; Palandt/*Ellenberger*, BGB, § 133 Rz. 16 u. Einf. vor § 145 Rz. 18; s auch *BGH* v. 30.10.1970, WM 1971, 40.

3 *Bergjahn*, ZIP 2004, 395; *Lutter*, Der Letter of Intent (1998); *Kurz*, Mitt. 1997, 211 ff.; *Kösters*, NZG 1999, 623 ff.

4 Vgl. *OLG Frankfurt* v. 9.7.1998 – 3 U 61/97, OLGR Frankfurt 2000, 112.

5 *Kösters*, NZG 1999, 623.

Schadensersatzansprüche aus culpa in contrahendo (§§ 311 Abs. 2, 241 Abs. 2, 280 Abs. 1 BGB) dienen (s. dazu Rz. 357 ff.), wenn der Absender in Wirklichkeit nicht ernstlich daran dachte, zu einem Vertragsschluss zu gelangen und damit den Adressaten vom anderweitigen Lizenzvertragsverhandlungen abgehalten hat.

Nicht ausgeschlossen ist selbstverständlich, dass unter der Bezeichnung „Letter of Intent" bereits **verbindliche Vorfeldvereinbarungen** geschlossen werden, beispielsweise über die Kostentragung bei Vorleistungen, Exklusivbindungen und Informationspflichten. Im Einzelfall kann ein von dem Empfänger akzeptierter „Letter of Intent" bei zutreffender rechtlicher Würdigung bereits als verbindlicher Vorvertrag oder gar als Hauptvertrag aufzufassen sein. Das *OLG Köln*[1] betont dies für den Fall, dass beide Parteien das Schriftstück unterzeichnet haben mit dem Willen, eine dem Inhalt des Papiers entsprechende Vereinbarung zu treffen; die falsche Bezeichnung als „Letter of Intent" schadet dann nicht[2]. 380

Um dahingehende Rechtswirkungen auszuschließen, wird der Letter of Intent typischer Weise mit einer **„no-binding-clause"** versehen, die den Inhalt der Erklärung ausdrücklich als noch nicht verbindliche Regelung bezeichnet. Wird das Risiko gesehen, dass der rechtliche Charakter des „Letter of Intent" verbindlicher ist als die Bezeichnung dies vermuten lässt, oder werden bereits aufgrund des „Letter of Intent" von einer designierten Vertragspartei nennenswerte Vermögensdispositionen getroffen, sollten nach zutreffender Auffassung von *Weber*[3] bereits im „Letter of Intent" für den Fall des Scheiterns der Vertragsverhandlungen Festlegungen zu etwaigen Kostenerstattungspflichten getroffen werden. Evtl. empfehlen sich bei Auslandsberührung auch eine Rechtswahlklausel sowie eine Schiedsabrede. 381

Zu beachten ist, dass der „Letter of Intent" auch bei der **Auslegung** der später getroffenen Lizenzvereinbarung Bedeutung gewinnen kann (vgl. zur Auslegung Rz. 470 ff.). Nach Ansicht des *BGH*[4] darf sich die Auslegung eines Vertrages nicht in der Auslegung seines Wortsinns erschöpfen, wenn in ihm auf mündliche Vorgespräche, etwa über den Begriff „vereinbarungsgemäß", Bezug genommen wird. In diesem Sinne könnte auch ein „Letter of Intent" zur **Verdeutlichung der dem Lizenzvertrag zugrunde liegenden Beweggründe** herangezogen werden. 382

Frei. 383–384

1 *OLG Köln* v. 21.1.1994, EWiR 1994, 533 mit Anm. *Weber*.
2 S. auch die diesbezüglichen Ausführungen von *Burmeister* bei *Hackl*, DAJV 2012, 77 f.
3 *Weber*, EWiR 1994, 533, 534.
4 *BGH* v. 8.7.1999, ZIP 1999, 1563, 1564.

b) Geheimhaltungsabreden[1]

385 Treten die Parteien in Vertragsverhandlungen über die Lizenzierung eines Gegenstandes, der eine (noch) nicht im Schutzrechtserteilungsverfahren befindliche Erfindung oder Know-how betrifft, so stellt sich das Problem, dass im Vorfeld des Vertragsschlusses möglicherweise Informationen preisgegeben werden, die nicht geschützt sind und deren Geheimhaltung daher im Interesse des potentiellen Lizenzgebers liegt. Oftmals ist ein derartiger Austausch von Kenntnissen, etwa die **notwendige Darstellung technischer Verfahrensabläufe**, Grundlage für den erfolgreichen Abschluss der Lizenzvertragsverhandlungen. Um auszuschließen, dass im Falle eines Scheiterns der Vertragsverhandlungen der Informationsempfänger aus den erlangten Kenntnissen durch Eigennutzung oder Weitergabe an Dritte Kapital schlagen kann, empfiehlt es sich, vor Eintritt in die Vertragsverhandlungen spezielle Geheimhaltungs- bzw. Vertraulichkeitsvereinbarungen zu treffen (vgl. Klauselbeispiel bei Rz. 2612, 3409 ff.); ggf. auf der Grundlage einer entsprechenden Forderung im Letter of Intent (s. dazu Rz. 378 ff.).

386 Der Abschluss derartiger Vereinbarungen steht den Parteien nach dem Grundsatz der Privatautonomie grundsätzlich frei. Ihre Grenze finden Geheimhaltungsvereinbarungen in den §§ 134, 138 BGB.

Eine Geheimhaltungsvereinbarung ist entbehrlich, wenn bei einer bereits geschützten Erfindung im Vorfeld des Vertragsschlusses lediglich der Inhalt der noch nicht offen gelegten Patentanmeldung preisgegeben wird. Dann wird in der Nutzung der Kenntnisse nach Offenlegung der Patentanmeldung eine entschädigungspflichtige Nutzungshandlung (vgl. § 33 PatG) und nach Patenterteilung regelmäßig eine Patentverletzung liegen, die einen Schadensersatzanspruch nach § 139 PatG begründet[2].

387–388 Frei.

c) Vorvertrag

389 Nach **§ 154 Abs. 1 Satz 1 BGB** ist im Zweifel ein von den Verhandlungspartnern in Aussicht genommener Vertrag nicht geschlossen, solange nicht die Parteien sich über alle Punkte eines Vertrages geeinigt haben, über die nach der Erklärung auch nur einer Partei eine Vereinbarung getroffen werden soll. Ergänzend bestimmt **§ 154 Abs. 1 Satz 2 BGB**, dass die Verständigung über einzelne Punkte auch dann nicht bindend ist, wenn eine Aufzeichnung stattgefunden hat (**Punktation**).

Aus dem Grundsatz der Vertragsfreiheit folgt, dass die Partner eines zukünftigen Lizenzvertrages ihr grundsätzliches Einverständnis zum Ab-

1 S. auch Rz. 2225 ff.

2 *Pagenberg/Beier*, Muster 6 Rz. 17.; zur Insolvenzfestigkeit von Geheimhaltungsvereinbarungen s. *Werner/Schuster*, ZIP 2005, 2191 ff.

schluss einer solchen zukünftigen Vertragsabrede zum Gegenstand eines Vorvertrages machen können[1], auch wenn sie sich noch nicht abschließend über alle Einzelheiten ihrer Vertragsabsprachen verständigt haben. Maßgebend ist, ob festgestellt werden kann, dass die Parteien **ungeachtet der fehlenden Einigung in einer oder mehreren offenen Fragen bereits eine vertragliche Bindung eingehen wollten**[2]. Für eine solche vertragliche Bindung genügt auch die Verständigung nur über einzelne Punkte noch nicht.

Der Abschluss eines solchen Vorvertrages kommt etwa dann in Betracht, wenn die Parteien **bestimmte Fragen einvernehmlich noch offen lassen**, etwa weil ihre Beantwortung von weiteren, derzeit noch nicht absehbaren Entwicklungen abhängt, sie gleichwohl bereits die Verpflichtung begründen wollen, einen Hauptvertrag zu schließen.

Hierbei muss der Vorvertrag so vollständig sein, dass der Inhalt des Haupt- 390
vertrages – im Streitfall über § 287 ZPO – bestimmbar ist[3]. Es reicht aus, wenn **in wesentlichen Punkten des Hauptvertrags Einigung** erzielt worden ist, während die Ausgestaltung sonstiger Vertragsbedingungen vorbehalten bleiben kann[4]. Aber auch wenn eine Einigung über vertragswesentliche Punkte noch fehlt, kommt eine Bindung über einen Vorvertrag dann in Betracht, wenn die Parteien davon ausgehen, dass sie sich über die noch offenen Punkte einigen werden[5]. Erfolgt dementsprechend eine Einigung in Bezug auf den Lizenzgegenstand, allerdings nicht über die Lizenzgebührenhöhe, so ist es dennoch möglich, einen Vorvertrag über den Abschluss eines Lizenzvertrages wirksam zu schließen, wenn die Parteien ihren Bindungswillen, z.B. durch eine Abschlagszahlung auf die Lizenzgebühren, dokumentiert haben[6]. Gleiches gilt, wenn die Parteien sich darüber einig sind, dass sich die Lizenzgebühr in einem marktüblichen Lizenzsatzrah-

1 *BGH* v. 17.12.1987, BGHZ 101, 384, 388; vgl. auch *BGH* v. 21.1.2010, GRUR 2010, 418, 419, Rz. 14 – Neues vom Wixxer.

2 *OLG Karlsruhe* v. 23.3.2011, WRP 2011, 624 – FRAND-Grundsätze.

3 *BGH* v. 3.6.1958, GRUR 1958, 564, 566 – Baustützen; *BGH* v. 8.6.1962, GRUR 1963, 52, 53 – Spritzgussmaschine II; *BGH* v. 20.9.1989, NJW 1990, 1234; *BGH* v. 21.10.1992, NJW-RR 1993, 139, 140; *OLG Karlsruhe* v. 23.3.2011, WRP 2011, 624, 628 – FRAND-Grundsätze.

4 *BGH* v. 21.10.1992, NJW-RR 1993, 139, 140; *BGH* v. 20.9.1989, NJW 1990, 1234, 1235; vgl. auch *BGH* v. 21.1.2010, GRUR 2010, 418, 420, Rz. 15 – Neues vom Wixxer; *OLG Saarbrücken* v. 14.5.1997, NJW-RR 1998, 341.

5 *OLG Karlsruhe* v. 23.3.2011, WRP 2011, 624, 628 – FRAND-Grundsätze unter Hinweis auf *BGH* v. 12.5.2006, NJW 2006, 2843, Rz. 10 ff.

6 *OLG Karlsruhe* v. 23.3.2011, WRP 2011, 624, 628 – FRAND-Grundsätze (unter Hinweis auf *BGH v. 3.6.1958*, GRUR 1958, 564, 565 – Baustützen), wonach die Einigung, die Lizenzgebührenhöhe solle sich nach FRAND-Grundsätzen (fair, reasonable and non-discriminatory) richten, jedenfalls bei einer Vielzahl von Patenten und erheblichem Streit über die maßgeblichen Lizenzbemessungsumstände nicht ausreicht.

men bewegen soll oder die Parteien bereits mit der Durchführung des unvollständigen Vertrags begonnen haben[1].

Haben sich die Verhandlungspartner darauf verständigt, dass „eine Lizenzgebühr nach den ‚FRAND-Kriterien' (**FRAND = fair reasonable an non discriminatiory**) zu bezahlen" ist, kann dies im Einzelfall ausreichen, wenn es beispielsweise nur um ein einzelnes oder um einige wenige Schutzrechte geht, um ein Produkt oder wenige Produkte, die von der Erfindung Gebrauch machen, wenn die technische und wirtschaftliche Bedeutung dieser Schutzrechte bekannt und der Rechtsbestand hinreichend gesichert ist, und wenn bekannt ist, welche Lizenzgebühren in vergleichbaren Fällen vereinbart worden sind[2]. Umfasst dagegen das zu lizenzierende **Schutzrechts-Portfolio** mehrere 100 Schutzrechte und ist ungeklärt, welche von diesen Schutzrechten standard-essential sind und welche nicht und ist auch nicht geklärt, von welchen Patenten bei der Durchführung des Lizenzvertrages Gebrauch gemacht werden soll, ist eine Verständigung der Bestimmung der Lizenzgebühren nach FRAND-Grundsätzen nicht hinreichend bestimmbar[3].

An einer Bestimmbarkeit fehlt es auch, wenn nach dem im Streitfall übereinstimmenden Vortrag der Verhandlungsparteien die Einigung über die konkrete Höhe der Lizenzgebühren zwingender Vertragsbestandteil sein sollte. Dann fehlt es an einer entsprechenden Einigung; auch eine Umdeutung in einen Vorvertrag kommt nicht in Frage. Dies gilt auch dann, wenn die Festsetzung der Lizenzgebühren dem Gericht überlassen wird (§ 317 BGB)[4].

Einigkeit muss also zumindest darüber bestehen, welche Regelungen für die bislang noch offenen Punkte in Betracht kommen[5].

391 Mit dem Vorvertrag gehen die Vertragspartner – anders als beim Optionsvertrag – die **feste rechtliche Bindung** ein, den **Hauptvertrag**, dessen Inhalt in seinen wesentlichen Grundzügen bereits zwischen den Vertragspartnern konzipiert worden ist, zu einem späteren Zeitpunkt beim Vorliegen bestimmter Voraussetzungen **abzuschließen**. Durch einen Vorvertrag wird nur eine schuldrechtliche Beziehung, aber keine dingliche Absicherung begründet[6].

Der **Abschluss des Hauptlizenzvertrages** ist **einklagbar**, wobei der Klageantrag entweder auf Abgabe einer Offerte oder bei einem im Einzelnen bereits

---

1 Vgl. *BGH* v. 24.2.1983, NJW 1983, 1728; *BGH* v. 6.12.2001, NJW 2002, 817; *BAG* v. 16.11.1979, AP § 154 BGB Nr. 1.
2 *OLG Karlsruhe* v. 23.3.2011, WRP 2011, 624, 628 – FRAND-Grundsätze.
3 *OLG Karlsruhe* v. 23.3.2011, WRP 2011, 624, 628 – FRAND-Grundsätze.
4 *LG Mannheim* v. 7.4.2009 – 2 O 1/07 – Rz. 68 ff. (juris).
5 *OLG Karlsruhe* v. 23.3.2011, WRP 2011, 624, 628 – FRAND-Grundsätze.
6 *BGH* v. 23.3.1982, GRUR 1982, 411, 412 – Verankerungsteil.

ausgehandelten Hauptvertrag auf Vertragsannahme zu richten ist[1]. Die Klage auf Abschluss des Hauptvertrages kann auch bereits verbunden werden mit der Klage auf Leistung aus dem Hauptvertrag[2].

Grundsätzlich bedarf der Vorvertrag **keiner Form**. Soweit für den Haupt- 392
vertrag gesetzlich eine bestimmte Form vorgeschrieben ist, muss auf den Schutzzweck dieser Formvorschrift abgestellt werden. Bezweckt diese Norm jedenfalls auch den Schutz des designierten Partners des Hauptvertrages, so gilt sie auch für den Vorvertrag[3].

Der Vorvertrag bietet zwar die Möglichkeit, denkbaren, im Zeitpunkt des 393
Vorvertragsabschlusses noch nicht vorhersehbaren rechtlichen oder tatsächlichen Entwicklungen flexibler Rechnung zu tragen. Dennoch sollte der **Abschluss eines Vorvertrages nur ausnahmsweise** in Betracht gezogen werden. Da der Vorvertrag einen Abschlusszwang auf vertraglicher Grundlage begründet, ist es für den einzelnen Vertragspartner damit nahezu unmöglich, auf zwischen dem Abschluss des Vorvertrages und dem Eintritt des den Abschluss des Hauptvertrages bedingenden Ereignisses sich ergebende tatsächliche oder rechtliche Änderungen zu reagieren. So kommt ein Rücktritt vom Vorvertrag nur in den engen Grenzen des § 313 BGB in Betracht (vgl. Rz. 544 ff.). Darüber hinaus bestehen mit Abschluss des Vorvertrages erhöhte Sorgfalts-, Schutz- und Loyalitätspflichten, deren Verletzung einen Anspruch nach den Grundsätzen der culpa in contrahendo (§ 280 Abs. 1, § 311 Abs. 2 und Abs. 3, § 241 Abs. 2 BGB) auslösen kann (s. Rz. 357 ff.). Jedenfalls kann sich die Vereinbarung einer **Anpassungsklausel** empfehlen, um solchen Veränderungen Rechnung zu tragen (vgl. Rz. 2322 ff.).

Das Risiko, dass es im Rahmen (langdauernder) Lizenzverhandlungen be- 394
reits zu einer vorvertraglichen Einigung gekommen ist, ist dadurch vermeidbar, dass von vornherein ausdrücklich klargestellt wird, dass eine vertragliche Bindung eines Vertragspartners erst dann in Betracht kommt, wenn über sämtliche Vertragspunkte Einigung erzielt worden ist. Dies ist auch dadurch erreichbar, dass das Wirksamwerden des Vertrags von der Genehmigung der jeweiligen Geschäftsleitung der Vertragspartner abhängig gemacht wird.

---

1 *BGH* v. 18.4.1986, NJW 1986, 2820, 2821; *BGH* v. 20.6.1986, BGHZ 98, 130 = NJW 2001, 1272; *Pagenberg/Beier*, Muster 6 Rz. 12; Benkard/*Ullmann*, PatG, § 15 Rz. 29 f.

2 *BGH* v. 20.6.1986, BGHZ 98, 130, 134 = NJW 2001, 1272; v. 21.12.2000, NJW 2001, 1285 u.v. 12.5.2006, NJW, 2006, 2843; Benkard/*Ullmann*, PatG, § 15 Rz. 29 f.

3 *BGH* v. 7.6.1973, NJW 1973, 1839.

d) Option

395 Die Option gibt als Gestaltungsrecht dem Optionsberechtigten das Recht, durch einseitige Erklärung einen inhaltlich bereits ausgehandelten (Haupt-)Vertrag wirksam werden zu lassen[1].

396 Gegenüber dem Vorvertrag vermittelt der Optionsvertrag eine **einseitige Begünstigung** allein für den **Optionsberechtigten**, während der Optionsverpflichtete gehalten ist, bei Eintritt der im Optionsvertrag genannten Voraussetzungen die Ausübung des Rechts durch den Optionsberechtigten abzuwarten und hinzunehmen. Die Bedingungen, unter denen die Option ausgeübt werden kann, können im Optionsvertrag festgelegt werden. Diese können tatsächlicher (positive Versuchsergebnisse etc.) oder rechtlicher Art (z.B. Erteilung notwendiger Ergebnisse) sein. Enthält der Vertrag keine Vorgaben, steht es im freien Belieben des optionsberechtigten zukünftigen Lizenznehmers, ob er von seinen Befugnissen Gebrauch machen will oder nicht.

397 Vom Standpunkt des Optionsverpflichteten aus ist es empfehlenswert, für die Ausübung des Optionsrechts bestimmte **Fristen** zu vereinbaren, da nach **§ 145 BGB** ein Widerruf des gegebenen Angebots nicht möglich ist. Es empfiehlt sich außerdem, eine **Optionsgebühr** als Ausgleich für die den Lizenzgeber treffende Belastung festzulegen, etwa bei der Option für eine ausschließliche Lizenz im Optionszeitraum keine anderweitige Verwertung des Lizenzrechts vornehmen zu können. So hat der *BGH*[2] die Zahlung eines Geldbetrages als Gegenleistung für eine längere Bindung des Anbietenden im Rahmen einer Option als durchaus üblich erachtet; immerhin verzichtet der potentielle Lizenzgeber in diesem Zeitraum auf eine anderweitige Verwertung seiner Lizenzrechte. Folgerichtig wird die Optionsgebühr auf später evtl. – bei Zustandekommen des Lizenzvertrages – fällig werdende Lizenzgebühren nicht angerechnet.

398 Im Unterschied zum Vorvertrag liegt beim Optionsvertrag der **Inhalt des zukünftigen Lizenzvertrages**, der durch einseitige Erklärung des Optionsberechtigten zustande kommt, bereits **vollständig fest**. Das Wirksamwerden des Vertrages wird durch Ausübung des Gestaltungsrechts herbeigeführt und nicht erst über die Geltendmachung eines schuldrechtlichen Anspruchs auf Abschluss des Hauptvertrages. Wird der Optionsverpflichtete allerdings durch eine Optionsklausel unter Verwendung des Begriffs „letzte Option" dazu verpflichtet, dem Optionsberechtigten ein Recht zu denselben Bedingungen anzubieten, zu denen er dieses einem Dritten angeboten hat, so kann der Optionsverpflichtete seiner Verpflichtung dadurch

1 Vgl. zu Optionsverträgen im Urheberrecht *Schricker/Peukert* in Schricker/Loewenheim, UrheberR, § 40 UrhG Rz. 5 ff.; zur Option für das Übersetzungsrecht an einem Buchwerk *LG München* v. 11.3.2009, GRUR-RR 2009, 417 – Anatomieatlas; zu Optionsverträgen im Filmgeschäft *Brauneck/Brauner*, ZUM 2006, 513.

2 *BGH* v. 3.6.1958, GRUR 1958, 564, 566; Benkard/*Ullmann*, PatG, § 15 Rz. 29.

nachkommen, dass er dem Optionsberechtigten den Abschluss eines Vorvertrages, der die wesentlichen Bestandteile des beabsichtigten Hauptvertrages enthält, anbietet[1].

Bedeutsam ist, bezogen auf Lizenzverträge, dass der optionsbelastete zukünftige Lizenzgeber alles tun muss, um die Erteilung bzw. Aufrechterhaltung des zu lizenzierenden Schutzrechts zu erreichen, während demgegenüber der optionsberechtigte Lizenznehmer, insbesondere bei noch nicht patentierten Erfindungen, zur Geheimhaltung verpflichtet ist[2].

Verstößt der Rechtsinhaber gegen seine Anbietungspflicht, so ist er gegenüber dem aus dem Optionsvertrag Berechtigten zum Schadensersatz verpflichtet[3]. 399

Frei. 400

e) Vorhand

Abzugrenzen ist das Optionsrecht von der sog. Vorhand, bei der der Verpflichtete eine wesentlich schwächere Bindung eingeht. Hierbei verpflichtet sich derjenige, der die Vorhand einräumt, einen Erfindungsgegenstand, bevor er ihn anderweitig veräußert oder zur Nutzung überlässt, dem Vorhandberechtigten **anzubieten**. In der rechtlichen Wirkung kommt damit die Vorhand einem von der zukünftigen Fertigstellung von Erfindungen abhängigen aufschiebend bedingten Letter of Intent (s. dazu Rz. 378 ff.) gleich. 401

In seiner Entscheidung vom 26.6.1990 hatte das *LG Düsseldorf*[4] folgende **Klausel** auszulegen: 402

„§ 10 Künftige Schutzrechte

1. Geber erklärt sich bereit, sofern er dazu berechtigt ist, Nehmerin für die Dauer dieses Vertrages die Option auf eine ausschließliche Lizenz an künftigen, in das sachliche und örtliche Vertragsgebiet fallenden Schutzrechtsanmeldungen bzw. Schutzrechten sowie nicht schutzfähigen Verbesserungen und Weiterentwicklungen anzubieten."

Das *LG Düsseldorf* ist zu Recht davon ausgegangen, dass der Erklärende sich nur verpflichten wollte, künftige Erfindungen zur Nutzung anzubieten, und dies auch nur soweit, wie er dazu, beispielsweise gegenüber etwaigen Drittberechtigten, berechtigt sein sollte. Es sollte daher gerade nicht so sein, dass der potentielle Lizenznehmer, wie dies ein Optionsrecht vorge-

---

1 *BGH* v. 21.1.2010, GRUR 2010, 418 ff. – Neues vom Wixxer, wonach entgegen der Ansicht des Berufungsgerichts (*OLG München* v. 27.9.2007, GRUR-RR 2008, 137 f.) die „letzte Option" sinnvoll ausgeübt werden kann, auch wenn das vorzulegende Angebot an den Dritten nur eine stichpunktartige Regelung und keine „durchverhandelte" Lizenzierung der Rechte enthält.

2 *Nirk* in Klauer/Möhring, PatG, § 9 a.F. Rz. 13.

3 *BGH* v. 14.12.1956, BGHZ 22, 347, 350; Benkard/*Ullmann*, PatG, § 15 Rz. 29.

4 *LG Düsseldorf* v. 26.6.1990, GRUR 1994, 53, 56 – Photoplethysmograph.

sehen hätte, durch einseitige Erklärung den (zusätzlichen) Vertragsinhalt bestimmen kann. Anders, nämlich als Einräumung einer Option, wäre die vorgenannte Klausel möglicherweise auszulegen, wenn der mit „sofern" beginnende Halbsatz entfiele und das Verb am Satzende „einzuräumen" lautete.

403–404 Frei.

f) Side-Letter

405 Der insbesondere im internationalen Lizenzverkehr nicht unübliche Side-Letter hat seinen Ursprung darin, dass Vertragspartner zu einem umfangreichen Hauptvertrag häufig eine Reihe von **Nebenabreden** treffen und diese dann in einen Side-Letter aufnehmen. Insoweit enthält der Side-Letter in der Regel **schuldrechtliche Zusatzvereinbarungen** (Nebenabreden) zum eigentlichen Hauptvertrag[1].

Der Vorteil des Side-Letters liegt in der besseren Übersichtlichkeit komplexer Vertragswerke, in einer verbesserten Möglichkeit zur Geheimhaltung, wenn der Hauptvertrag offenlegungspflichtig sein sollte, sowie grundsätzlich in der Inhalts- und Formfreiheit, schließlich in der Aufnahme organisatorischer Regeln zur Handhabung und Abwicklung eines Lizenzvertrages. Auch kann der Side-Letter dazu dienen, wechselnde tatsächliche Voraussetzungen der Vertragserfüllung aufzulisten.

406 Im Unterschied zum **Letter of Intent** (s. dazu Rz. 378 ff.), bei dem regelmäßig noch kein rechtlich verbindliches Angebot auf Abschluss eines bestimmten (Haupt-)Vertrages vorliegt, gibt der Side-Letter bereits getroffene Vertragsabsprachen wieder bzw. ergänzt diese.

407 Der Side-Letter ist auch nicht einem **Vorvertrag** (s. hierzu Rz. 389) gleichzusetzen. Denn letzterer bezweckt in der Regel eine vorzeitige Bindung der Parteien auch dann, wenn dem Abschluss des Hauptvertrages noch tatsächliche oder rechtliche Hindernisse entgegenstehen sollten. Demgegenüber besteht der Side-Letter **neben** einem bereits geschlossenen Hauptvertrag. Dabei ist der Side-Letter regelmäßig so mit dem bestehenden Hauptvertrag verknüpft, dass er nach dem Willen der Parteien in einem **untrennbaren Zusammenhang mit dem Hauptvertrag** stehen und von dessen Schicksal abhängen soll[2]. Insoweit gilt **§ 139 BGB**.

408 Aufgrund der engen Verknüpfung von Side-Letter-Abreden mit dem Hauptvertrag kann im Einzelfall der Side-Letter auch dem für den Hauptvertrag geltenden **Schriftformerfordernis** unterfallen. Nach ständiger Rechtsprechung des *BGH* werden auch an sich nicht formbedürftige Nebenabreden vom Formzwang umfasst, wenn die Parteien den Bestand des Vertrages

1 Ausführlich dazu *Duhnkrack/Hellmann*, ZIP 2003, 1425 ff.
2 *Duhnkrack/Hellmann*, ZIP 2003, 1425, 1426.

von der Wirksamkeit der konkreten Abrede abhängig gemacht haben[1]. Die Formvorgabe für den Hauptvertrag ergreift die Nebenabrede aber nur dann, wenn auch sie Vertragsinhalt werden soll; bloße Erläuterungen sind formfrei[2]. Ebenso ist die Nichteinhaltung der Form unschädlich, wenn sich die Rechtsfolge der formnichtigen Nebenabrede bereits aus dem Grundsatz von Treu und Glauben ergibt[3].

Ebenfalls nach **§ 139 BGB** beurteilt sich, ob die Nichtigkeit eines Side-Letters nach § 125 Satz 1 BGB auch die Nichtigkeit des Hauptvertrages zur Folge hat. Entscheidend ist, ob die Vereinbarungen nach dem Willen der Parteien nicht für sich allein gelten, sondern miteinander stehen und fallen sollen[4]. 409

Enthält der Hauptvertrag die ausdrückliche Regelung, dass **Nebenabreden nicht getroffen** sind, kann sich die Rechtsfrage stellen, ob die Parteien die Wirksamkeit eines dennoch abgeschlossenen Side-Letters gewollt und damit diese Vertragsklausel abbedungen haben. Hiervon ist im Hinblick auf die spezielle Regelung im Side-Letter auszugehen. 410

Schließlich ist zu beachten, dass ein Side-Letter nicht dazu dienen kann, bewusst nicht in den Hauptvertrag aufgenommenen **kartellwidrigen Regelungen** „Wirksamkeit" zu vermitteln. Hierdurch bekunden die Vertragsparteien geradezu, dass sie bestimmten Regeln eine kartellrechtliche Relevanz zumessen und sind damit entsprechend angreifbar. 411

Frei. 412–413

4. Vertragsabschluss und Form des Vertrages

Wie jeder andere Vertrag kommt auch der Lizenzvertrag durch übereinstimmende Willenserklärungen zweier oder mehrerer Rechtspersönlichkeiten zustande (vgl. **§§ 145 ff. BGB**). Dem Angebot zum Abschluss eines Lizenzvertrages muss die Annahme dieses Angebotes entsprechen. Das bloße „Wollen" von Leistungen und deren schlichte Entgegennahme reicht nach Ansicht des *BGH* allerdings nicht ohne weiteres aus[5]. Ggf. müssen auch noch weitere Wirksamkeitserfordernisse hinzukommen, wie etwa behördliche Genehmigungen oder Registereintragungen. 414

---

1 *BGH* v. 7.12.1989, NJW-RR 1990, 340 f. u. *BGH* v. 11.5.1995, NJW 1995, 2547, 2548; zur Abgrenzung s. *BGH* v. 20.6.1980, NJW 1981, 222.
2 *BGH* v. 30.6.1999, NJW 1999, 2591 u. *BGH* v. 2.12.2004, NJW 2005, 884.
3 *BGH* v. 26.2.1970, BGHZ 53, 304, 308 u. *BGH* v. 18.5.1982, BGHZ 84, 125.
4 *BGH* v. 24.9.1987, BGHZ 101, 393, 396 u. *BGH* v. 10.10.1986, NJW 1987, 1069.
5 *BGH* v. 10.4.1997, ZIP 1997, 1111, 1112.

a) Grundsatz der Formfreiheit

415 Eine besondere **Form** für den Abschluss von Lizenzverträgen ist im deutschen Recht **nicht vorgeschrieben**[1]. Auch das europäische Recht enthält kein spezielles Schriftformerfordernis für Lizenzverträge. Das Schriftformerfordernis des Art. 72 EPÜ gilt nur für die rechtsgeschäftliche Übertragung einer europäischen Patentanmeldung und nicht für die Lizenzerteilung (vgl. Art. 73 EPÜ).

Besondere Formerfordernisse können sich aus der für die lizenzierten Schutzrechtspositionen geltenden jeweiligen (nationalen) Schutzrechtsordnung ergeben; von Bedeutung wären auch Formerfordernisse auf der Grundlage der von den Vertragsparteien für den Lizenzvertrag für anwendbar erklärten nationalen Rechtsordnung (s. Rz. 435 ff.).

416 Im Interesse beider Vertragspartner empfiehlt sich indes die Einhaltung der Schriftform, damit der Zweck des Vertrages, sein Gegenstand und die sonstigen Einzelheiten der Vertragsabreden im Streitfall klar ermittelt werden können[2] (vgl. auch Rz. 440). Dies gilt insbesondere auch für spätere Ergänzungen und Abänderungen des Vertrages.

417 Frei.

b) Früheres Schriftformerfordernis nach § 34 GWB a.F.

418 Soweit ein Lizenzvertrag die wettbewerbsrechtlichen Vorschriften der §§ 16, 18, 20, 21 GWB a.F. berührte, sah § 34 GWB a.F. ein Schriftformerfordernis vor. Mit der Reform des Kartellrechts durch die 6. GWB-Novelle[3] (vgl. Rz. 675 ff.) ist das in § 34 GWB a.F. enthaltene und auch für Lizenzverträge geltende **Schriftformerfordernis zum 1.1.1999 aufgehoben** worden[4].

419 **Zweck** dieser besonderen Schriftformklausel war nicht etwa ein besonderer Schutz der Vertragsparteien oder die Sicherung einer Beweisfunktion. Die Vorschrift beabsichtigte allein, es den Kartellbehörden und Gerichten zu erleichtern, sich Gewissheit über den Vertragsinhalt und über Ausmaß, Tragweite und Auswirkungen der Wettbewerbsbeschränkungen auf die Vertragspartner und auf die Wettbewerbsverhältnisse insgesamt zu verschaffen[5].

---

1 Etwas anderes kann jedoch gelten, wenn das aufgrund einer Rechtswahl geltende Recht einer fremden Rechtsordnung ein bestimmtes Schriftformerfordernis für Lizenzverträge vorsieht.

2 Vgl. *BGH* v. 17.12.1974, Mitt. 1975, 117 – Rotationseinmalentwickler zum mündlichen Lizenzvertrag sowie zur Unwirksamkeit nach § 125 BGB wg. Nichtbeachtung des Formerfordernisses des § 34 GWB a.F.

3 GWB i.d.F. v. 26.8.1998, BGBl. I 1998, 2546.

4 Vgl. dazu *BGH* v. 3.6.2003, WRP 2003, 1129 – Chirurgische Instrumente. S. auch *LG Düsseldorf* v. 12.2.2008, Düsseldorfer Entscheidung Nr. 881 – e-Loading-Automat (www.duesseldorfer-archiv.de).

5 *BGH* v. 14.11.1978, GRUR 1979, 263, 265 – Butaris.

Das Schriftformerfordernis des § 34 GWB a.F. hatte zur Folge, dass nicht nur einzelne Vertragsbestimmungen, die kartellrechtlich von Bedeutung waren, sondern der **gesamte Vertrag** dem Formerfordernis unterlag[1] und bei dessen Nichtbeachtung insgesamt **unwirksam** war[2]. Eine Ausnahme hat die Rechtsprechung lediglich für völlig unbedeutende Nebenabreden anerkannt, die schlechterdings keinen Einfluss auf die Kartellbehörden oder Gerichte haben können[3]. 420

aa) Auswirkungen des Wegfalls des § 34 GWB a.F. auf Altverträge

Bei Lizenzverträgen handelt es sich um Dauerschuldverhältnisse (vgl. Rz. 38). Insofern ist für die Praxis bedeutsam, welche Folgen der Wegfall des § 34 GWB a.F. für solche **Verträge** hat, die **vor dem 1.1.1999 geschlossen** wurden und deren Wirkung den 1.1.1999 überdauert. Eine diesbezügliche Übergangsregelung hat der Gesetzgeber weder im Rahmen der 6. noch in der 7. GWB-Novelle normiert[4]. 421

Mit Urteilen vom 2.2.1999[5] und 9.3.1999[6] hat der *BGH* allerdings klargestellt, dass bei Verträgen, die vor dem 1.1.1999 geschlossen worden sind, allein der Wegfall des Schriftformerfordernisses des § 34 GWB a.F. **nicht** zu einer **nachträglichen Wirksamkeit** eines ursprünglich nach § 34 GWB a.F. unwirksamen Vertrages führt. Die Gültigkeit eines Rechtsgeschäfts richte sich grundsätzlich nach den Formvorschriften, die bei seiner Vornahme galten (Grundsatz des „tempibus regis actum")[7]. Maßgeblich ist damit der Zeitpunkt des Vertragsabschlusses, so dass § 34 GWB a.F. für alle vor dem 1.1.1999 abgeschlossenen Lizenzverträge gilt[8]. 422

Es besteht jedoch die Möglichkeit einer **Bestätigung des nichtigen Rechtsgeschäfts nach § 141 BGB**[9]. Danach kann ein nichtiges Rechtsgeschäft durch die Vertragsparteien bestätigt werden, wenn der zur Nichtigkeit führende Grund nicht mehr eingreift. 423

Auch wenn der Formzwang gemäß § 34 GWB a.F. nicht dem Individualschutz der vertragsbeteiligten Parteien gedient hat[10], kann die Berufung auf den Formmangel nach **Treu und Glauben (§ 242 BGB)** allerdings aus- 424

1 *BGH* v. 24.9.2003, GRUR 2004, 73, 74 – Filterstäube.

2 Vgl. §§ 125, 126 BGB; s. hierzu *BGH* v. 14.5.2002, GRUR 2002, 787, 788 – Abstreiferleiste.

3 *BGH* v. 24.9.2003, GRUR 2004, 73, 74 – Filterstäube.

4 Einzelheiten zur Wirkung des Schriftformerfordernisses des § 34 GWB s. 5. Auflage, Rz. 348 ff.

5 WuW/E DE-R 261 – Coverdisk.

6 WuW/E DE-R 259 – Markant.

7 *BGH* v. 2.2.1999, WuW/E DE-R 261 – Coverdisk; *BGH* v. 9.3.1999, WuW/E DE-R 259 – Markant; *OLG Saarbrücken* v. 2.12.1999, NJWE-WettbR 2000, 77, 78.

8 *BGH* v. 3.6.2003, WRP 2003, 1129, 1130 – Chirurgische Instrumente.

9 So auch der *BGH* v. 2.2.1999, WuW/E DE-R 261 – Coverdisk; *BGH* v. 9.3.1999, WuW/E DE-R 259 – Markant; *Bunte*, BB 1998, 1600.

10 *OLG Düsseldorf* v. 2.6.1987, WuW 1988, 659.

geschlossen sein[1]. Das gilt etwa dann, wenn die Partei, die zur Abwehr von Schadensersatzansprüchen die Nichtigkeit geltend macht, bzw. deren Rechtsvorgänger mehrere Jahre den Vertrag praktiziert, sich daraus erhebliche, ihr verbleibende Vorteile gezogen hat und zudem noch für Vertragsinhalt und Vertragsmodalitäten und damit auch für den Formmangel verantwortlich war[2].

bb) Rückabwicklung nichtiger Verträge nach §§ 812 ff. BGB

425 Wird wegen Verstoßes gegen § 34 GWB a.F. die Nichtigkeit eines Lizenzvertrages festgestellt, erfolgt die **Rückabwicklung des Vertragsverhältnisses nach Bereicherungsrecht** (§§ 812 ff. BGB)[3]. Der Anspruch bleibt auch dann bestehen, wenn gegen das lizenzierte Schutzrecht Einspruch eingelegt bzw. dieses widerrufen wird[4]. Die **Darlegungs- und Beweislast** für das Fehlen des Rechtsgrundes trifft den Lizenznehmer[5].

426 Haben die Parteien in **Kenntnis der Formunwirksamkeit** und daher in Kenntnis der Erbringung einer Nichtschuld den Vertrag über mehrere Jahre durchgeführt, dürften sich Rückabwicklungsansprüche wegen des Eingreifens von **§ 814 BGB** kaum ergeben. Dies gilt auch vor dem Hintergrund, dass die Praktizierung eines allein wegen des mangelnden Schriftformerfordernisses nichtigen Vertrages nicht ordnungswidrig ist[6].

427–429 Frei.

c) Auswirkungen des EU-Kartellrechts auf die Schriftform

430 Werden Lizenzvereinbarungen getroffen, die in ihrer wirtschaftlichen Wirkung über den Bereich der Bundesrepublik Deutschland hinausgehen und in den Europäischen Wirtschaftsraum hineinwirken können, so kann das EU-Kartellrecht, insbesondere also Art. 101, 102 AEUV, Einfluss auf die Frage haben, ob und inwiefern der Vertrag schriftlich abgefasst werden sollte oder gar muss (vgl. dazu ausführlich Rz. 718 ff.).

431 Zur Beurteilung der kartellrechtlichen Einzelfreistellung einer Vereinbarung forderte die Kommission **vor den Reformen** (s. dazu Rz. 775 ff.) be-

---

1 *BGH* v. 20.5.2003, GRUR 2003, 1062, 1063 – Preisbindung durch Franchisegeber II; *BGH* v. 20.5.2003, BB 2003, 2254, 2256 – Apollo-Optik; abweichend noch *BGH* v. 9.7.1985, GRUR 1985, 988, 992 – Heizwerk.

2 *BGH* v. 20.5.2003, GRUR 2003, 1062, 1063 – Preisbindung durch Franchisegeber II; *BGH* v. 20.5.2003, BB 2003, 2254, 2256 – Apollo-Optik.

3 Vgl. eingehend *Jestaedt*, WRP 2000, 899 ff. m.w.N.; *BGH* v. 24.11.1981, GRUR 1982, 301, 302 f. – Kunststoffhohlprofil II; *BGH* v. 6.5.1997, GRUR 1997, 781, 783 – Sprengwirkungshemmende Bauteile; *BGH* v. 14.3.2000, WRP 2000, 766, 767 ff. – Formunwirksamer Lizenzvertrag.

4 *BGH* v. 14.5.2002, GRUR 2002, 787, 789 – Abstreiferleiste.

5 Vgl. allgemein u.a. *BGH* v. 5.2.2003, NJW 2003, 1449 f.

6 *Bechtold*, GWB, 1. Aufl. 1993, § 34 a.F. Rz. 2.

stimmte Angaben an. Zu diesen Angaben gehörte auch der **vollständige Text des Lizenzvertrages**. Aus diesem Grund war es in der Praxis üblich, dass Lizenzvereinbarungen, bei denen Anhaltspunkte dafür vorlagen, dass sie EU-rechtlich relevante Wettbewerbsbeschränkungen enthalten könnten, schriftlich abgefasst wurden.

Das im Rahmen eines solchen Freistellungsantrags durchgeführte **förmliche Anmeldeverfahren**[1] zur Einzelfreistellung von Lizenzvertragsvereinbarungen (die grundsätzlich von Art. 81 Abs. 1 EG erfasst waren) ist im Zuge der TT-GVO 2004 und der Kartellverfahrensverordnung VO Nr. 1/2003 **entfallen**, so dass eine Beurteilung der Freistellung einer Lizenzvereinbarung den Lizenzvertragsparteien nunmehr selbst obliegt (**Selbsteinschätzung**). 432

Im Interesse der **Rechtssicherheit** der Lizenzvertragsparteien sollte angesichts der regelmäßig sehr komplexen Materie und umfangreichen Regelungen stets ein **ausführlicher schriftlicher Vertrag** angefertigt werden. Insbesondere im Anwendungsbereich der die Regelung des Art. 101 Abs. 1, Abs. 3 AEUV (ex-Art. 81 Abs. 1, Abs. 3 EG) konkretisierenden **TT-GVO Nr. 774/2004** (vgl. Rz. 773 ff.) **empfiehlt sich dies**, ungeachtet der Tatsache, dass eine Gruppenfreistellung nur für nachvollziehbar festgelegte Vertragsinhalte bestehen kann. So ist etwa die Freistellungswirkung bei Lizenzierung von (begleitendem) Know-how nur dann gegeben, wenn dieses **„identifiziert“** ist (zum Begriff „identifiziert“ vgl. Rz. 797, 2778). Daher sollte es so weit beschrieben sein, dass geprüft werden kann, ob es wesentlich und geheim ist. Die Konkretisierung des lizenzierten Know-hows muss nicht im Vertrag selbst erfolgen; es kann auch auf andere Unterlagen Bezug genommen werden (vgl. **Art. 1 Abs. 1 lit. i iii) TT-GVO 2004**). 433

Frei. 434

d) Auswirkungen ausländischer Schutzrechtsordnungen bzw. des Vertragsstatuts

Besondere Formvorschriften sind zu berücksichtigen, soweit es sich um Verträge über Auslandspatente handelt. Ggf. kommt es für die Frage nach der Form eines Lizenzvertrages – unabhängig von der getroffenen Rechtswahl – auf das Recht des betreffenden Schutzrechtslandes an[2] (s. Rz. 2334). Aus der jeweiligen nationalen Schutzrechtsordnung können sich besondere Formerfordernisse, wie Genehmigungspflichten und Meldevorschriften, ergeben[3]. 435

1 Vgl. dazu Rz. 759.
2 *Reithmann* in Reithmann/Martiny, Internationales Vertragsrecht, Rz. 731 ff.; *Hiestand* in Reithmann/Martiny, Internationales Vertragsrecht, Rz. 1839.
3 Vgl. *Grützmacher/Laier/May*, Der internationale Lizenzverkehr (1997), passim ab S. 82 ff.

436 Im Übrigen gibt das durch Rechtswahl bestimmte Vertragsstatut auch die Form des Vertrages vor (vgl. Art. 11 Abs. 1 Halbs. 1 EGBGB). Eine Änderung einer ursprünglich vorgegeben Form kann sich zudem durch jede zulässige nachträgliche Änderung der Rechtswahl ergeben (Art. 3 Abs. 2 Satz 1 ROM I-VO – vgl. auch Art. 27 Abs. 2 Satz 1 EGBGB a.F.).

437 Soweit der Vertrag deutschem Recht unterliegt, schreibt das **Außenwirtschaftsgesetz** (AWG)[1] zwar bei Abschluss eines Lizenzvertrages mit einem ausländischen Vertragspartner grundsätzlich keine Genehmigung vor, jedoch können sich davon abweichend Ausnahmen ergeben. Insbesondere sind dabei die §§ 5–7, die Regelungen über die genehmigungsbedürftige Ausfuhr in Gebiete außerhalb des Gemeinschaftsgebietes und Ausfuhrverbote sowie die genehmigungsbedürftige Verbringung in Mitgliedstaaten der Europäischen Union enthalten, und die §§ 45–45e, zu den Beschränkungen des aktiven Dienstleistungsverkehrs, der Außenwirtschaftsverordnung (AWV)[2] zu berücksichtigen[3].

438–439 Frei.

e) Vereinbarte Vertragsform

440 In aller Regel sind die Parteien eines Lizenzvertrages von vornherein gewillt, die Vereinbarung schriftlich zu fassen; dies drückt sich vielfach auch in dem Abschluss von schriftlichen Vorfeldvereinbarungen aus (vgl. Rz. 377 ff.), an die sich so gut wie nie lediglich mündliche Hauptverträge anschließen. Wegen der weit reichenden wirtschaftlichen Auswirkungen der über einen längeren Zeitraum angelegten Lizenzverträge werden vielfach finanzielle Dispositionen erst getroffen, wenn die Vereinbarung beiderseits unterzeichnet schriftlich vorliegt. Eine Pflicht, die Verträge jeweils schriftlich abzuschließen, kann sich aufgrund **gewillkürter Schriftform** (vgl. § 127 BGB) ergeben. Die entsprechende Vertragsklausel lautet:

„Für diesen Vertrag gilt die Schriftform."

Für eine solche Regelung spricht bereits, dass die Vertragsparteien anderenfalls dem komplizierten und vielschichtigen Inhalt eines Lizenzvertrages sowie den festgelegten einzelnen Rechten und Pflichten kaum gerecht werden können. Hinzu kommt die Wirkung des Lizenzvertrages als Dauerschuldverhältnis (s. dazu Rz. 38), bei dessen Durchführung die am

1 AWG v. 28.4.1961 (BGBl. I 1961, 481, 495, 1555) i.d.F. der Bekanntmachung v. 27.5.2009, BGBl. I 2009, 1150, zuletzt geändert durch Art. 1 der VO v. 15.12.2011 (BAnz. 2011 Nr. 197, 4653).

2 VO zur Durchführung des AWG v. 18.12.1986, BGBl. I 1986, 2671 i.d.F. der Bekanntmachung v. 22.11.1993, BGBl. I 1993, 1934, 2493, die zuletzt geändert durch Art. 1 der VO v. 7.6.2012 (BAnz. 2012, AT 13.6.2012 V1).

3 Vgl. *Groß*, Rz. 435; *Ann* in Ann/Loschelder/Grosch, Praxishandbuch Know-how-Schutz, Kap. 11 Rz. 6 ff.

ursprünglichen Abschluss beteiligten Personen wechseln und damit Erinnerung, Bewusstsein und Zweck einzelner Vertragsregelungen entfallen können.

Auch wenn sich die Vertragsparteien zur schriftlichen Fixierung des Lizenzvertrages entschlossen haben, so ist doch nicht auszuschließen, dass in der praktischen Handhabung die Vertragspartner von dem ursprünglich festgelegten Formzwang und den Vertragsinhalten abweichen. 441

Um dies zu vermeiden oder eine Klarstellung solcher **Abweichungen** zu erreichen, empfiehlt sich die Klausel, dass

„Änderungen und Ergänzungen des Lizenzvertrages zu ihrer Gültigkeit der Schriftform bedürfen."

Die Aufnahme dieser Klausel bedeutet, dass entsprechend der **Auslegungsregel des § 125 Satz 2 BGB** im Zweifel jede Abänderung des Vertrages, die der schriftlichen Festlegung entbehrt, unwirksam ist, es sei denn, die Formabrede dient lediglich der Klarstellung oder Beweissicherung.

Der vereinbarte **Formzwang** kann jederzeit (auch schlüssig) **aufgehoben** werden, falls nicht die Parteien auch für diese Aufhebung der Formabrede ausdrücklich Formzwang vorgesehen haben (**doppelte Schriftformklausel**)[1]. Haben Kaufleute (§ 6 Abs. 1 HGB) individualvertraglich eine derartige „doppelte" Schriftformklausel vereinbart, kann diese nicht durch eine Vereinbarung abbedungen werden, die die Schriftform nicht wahrt[2]. Außerdem greift in diesem Fall der Einwand, die Berufung auf die Formbedürftigkeit nachträglicher Änderungs- oder Ergänzungsvereinbarungen stelle einen Verstoß gegen Treu und Glauben sowie eine unzulässige Rechtsausübung dar, grundsätzlich nur bei bewusster Vereitelung der Einhaltung der Schriftform[3]. Der sich auf eine abweichende Regelung berufende Vertragspartner trägt die **Beweislast** für ein einverständliches schlüssiges Verhalten und eine dadurch bewirkte Vertragsänderung. Eine über mehr als ein Jahrzehnt gelebte Vertragspraxis kann insofern eine tatsächliche Vermutung dafür begründen, dass die Vertragsparteien das für Vertragsänderungen geltende Schriftformerfordernis einvernehmlich außer Kraft gesetzt haben[4].

Zu beachten ist im Zusammenhang mit Nachtrags- bzw. abändernden Vereinbarungen – ungeachtet etwaiger kartellrechtlicher Erfordernisse – ferner **§ 154 Abs. 2 BGB**, der eine Parallelvorschrift zu § 125 Satz 2 BGB darstellt[5]. Ist eine **Beurkundung**, worunter auch die schriftliche Abfassung des privat- 442

1 Palandt/*Ellenberger*, BGB, § 125 Rz. 19 u. *BAG* v. 24.6.2003, NJW 2003, 3725; *LG Düsseldorf* v. 29.6.2010, Düsseldorfer Entscheidung Nr. 1436 – Rauchgaswäsche (www.duesseldorfer-archiv.de); a.A. Erman/*Palm*, BGB, § 125 Rz. 9.

2 *BGH* v. 17.9.2009, ZUM 2010, 431, Rz. 21.

3 *BGH* v. 17.9.2009, ZUM 2010, 431, Rz. 22.

4 *LG Hamburg* v. 3.4.2009, GRUR Int. 2010, 67, 71.

5 Palandt/*Ellenberger*, BGB, § 154 Rz. 4.

rechtlichen Vertrages zu verstehen ist[1], vereinbart worden, so ist hiernach der Vertrag im Zweifel nicht geschlossen, bis die Beurkundung bzw. die Abfassung in Schriftform erfolgt ist. Die vorgenannte vertragliche Regelung, dass Änderungen der Schriftform bedürfen, stellt grundsätzlich eine Vereinbarung i.S. des § 154 Abs. 2 BGB dar. Dann genügt aber eine vollständige mündliche Willenseinigung der Parteien nicht; der Abänderungsvertrag ist erst geschlossen, wenn die Urkunde in der Form des § 126 BGB vorliegt.

443 Anders als im alltäglichen Handelsverkehr (dort regelmäßig bloß deklaratorische Wirkung) ist hinsichtlich einer vereinbarten Schriftform der Wille zu einem **konstitutiven Schriftformerfordernis** bei komplexen und langfristigen Vertragsbeziehungen zu vermuten[2], hiervon wird man i.d.R. auch bei Lizenzverträgen ausgehen müssen. Dies gilt nicht nur für etwaige Abänderungsvereinbarungen, sondern ist für den Grundvertrag ebenso selbstverständlich. Soll die Urkunde lediglich Beweiszwecken dienen, ist also das Schriftformerfordernis kein konstitutives, sondern ein rein **deklaratorisches**, so findet § 154 Abs. 2 BGB keine Anwendung[3]. Von einer bloß deklaratorischen Wirkung kann z.B. ausgegangen werden, wenn die Parteien erst nach Vertragsschluss verabreden, die Vereinbarung schriftlich zu fassen[4].

444 Frei.

f) Einfluss des Rechts der Allgemeinen Geschäftsbedingungen (§§ 305 ff. BGB)

445 Besonderheiten bei der Vertragsgestaltung können sich aus den in das BGB aufgenommenen Schutzvorschriften bei Allgemeinen Geschäftsbedingungen (AGB) – §§ 305 ff. BGB – ergeben[5]. Da es auf Art und Rechtsnatur des Vertrages nicht ankommt, unterliegen auch Lizenzverträge den Grundsätzen der **§§ 305 ff. BGB**.

446 Die Anwendbarkeit der §§ 305 ff. BGB setzt voraus, dass es sich bei lizenzvertraglichen Abreden um Allgemeine Geschäftsbedingungen handelt. Verstanden werden darunter nach **§ 305 Abs. 1 Satz 1 BGB vorformulierte Vertragsbedingungen**, die eine Vertragspartei (Verwender) der anderen Vertragspartei bei Abschluss des Vertrages stellt, sofern diese **für eine Vielzahl von Verträgen** aufgestellt worden sind. Ausreichend ist, wenn die Vertragsregelungen dem Grunde nach dazu bestimmt sind, mehrfache Verwendung

1 Allg. Ansicht, vgl. z.B. *OLG Köln* v. 10.1.1997, NJW-RR 1997, 405; *OLG Celle* v. 23.7.1999, NJW-RR 2000, 485 ff.; Staudinger/*Bork*, BGB, § 154 Rz. 12.
2 *BGH* v. 16.6.1981, WM 1982, 443, 444; *OLG Celle* v. 23.7.1999, NJW-RR 2000, 485.
3 Vgl. für den Arbeitsvertrag *LAG Hamm* v. 29.4.1999, DB 1999, 2067, 2077.
4 *BGH* v. 27.4.1999, NJW 1994, 2026.
5 S. hierzu *Gennen*, VPP-Rundbrief 2008, 61.

zu erfahren[1] („Vertragsbausteine"). Eine für einen bestimmten Vertrag ausgearbeitete Formulierung fällt nicht hierunter[2].

Soweit die im Lizenzvertrag enthaltenen **Vertragsbedingungen** zwischen den Vertragspartnern **im Einzelnen ausgehandelt** sind – also eine Individualvereinbarung vorliegt –, sind die §§ 305 ff. BGB **nicht anwendbar** (§ 305 Abs. 1 Satz 3 BGB). **Aushandeln** heißt mehr als bloßes Verhandeln[3]. Ausgehandelt ist der Vertragsinhalt deshalb erst dann, wenn der Verwender einen gesetzesfremden **Kerngehalt** seiner Vertragsmuster inhaltlich ernsthaft **zur Disposition stellt** und dem Verhandlungspartner **Gestaltungsspielraum** zur Wahrung eigener Interessen einräumt[4]. Häufig sind Lizenzverträge das Ergebnis von speziell auf bestimmte Schutzrechte bzw. Schutzrechtsfamilien bezogenen Vertragsverhandlungen. Im Unterschied beispielsweise zu Franchiseverträgen liegt hier selten eine generelle Zweckbestimmung für eine Vielzahl von Verträgen nahe. Der Anwendungsbereich des AGB-Rechts im Bereich des Lizenzvertragsrechts ist daher beschränkt. Allerdings kann der Anwendungsbereich dann eröffnet sein, wenn eine Lizenzvertragspartei **demselben Vertragspartner** inhaltsgleiche Vertragsbedingungen für **mehrere einzelne Lizenzverträge** mit unterschiedlichen Lizenzgegenständen (Lizenzgebieten usw.) stellt, da eine Zweckbestimmung für mehrere Verträge ausreicht, ohne dass es sich dabei um unterschiedliche Vertragspartner handeln muss[5]. Vom Vorliegen Allgemeiner Geschäftsbedingungen wird man auch dann sprechen können, wenn der Lizenzgeber eine genaue Einteilung der Lizenzgebiete vorgenommen hat und eine Lizenzierung zugunsten unterschiedlicher Lizenznehmer für die einzelnen Lizenzgebiete unter Zugrundelegung eines Vertragsformulars vornimmt. Denkbar sind AGB ferner bei der Vergabe einfacher Lizenzen im Rahmen von Lieferverträgen an Zulieferer oder aufgrund einer „open-licence"-Politik, in deren Rahmen **standardisierte Lizenzverträge** (ggf. zu stets gleichen Konditionen) an Interessenten vergeben werden. Denkbar ist auch, dass in einem individuell ausgehandelten Vertrag lediglich einzelne Klauseln AGB sind[6]. 447

Liegen AGB vor, so ist allerdings der Anwendungsbereich des AGB-Rechts im Lizenzverkehr dadurch eingeschränkt, dass es sich bei den Lizenzver- 448

1 Vgl. *BGH* v. 11.12.2003, NJW 2004, 1454 ff.; vgl. auch *BGH* v. 5.12.1995, NJW-RR 1996, 783, 787 f.; *Ulmer/Habersack* in Ulmer/Brandner/Hensen, AGB-Recht, § 305 BGB Rz. 21.

2 *BGH* v. 13.9.2001, NJW-RR 2002, 13; *Ulmer/Habersack* in Ulmer/Brandner/Hensen, AGB-Recht, § 305 BGB Rz. 22.

3 *BGH* v. 27.3.1991, NJW 1991, 1679 ff.

4 Palandt/*Grüneberg*, BGB, § 305 Rz. 20; *Gottschalk*, NJW 2005, 2493.

5 S. allgemein Palandt/*Grüneberg*, BGB, § 305 Rz. 9 m.H.a. *BGH* v. 11.12.2003, NJW 2004, 1454 ff.; *Ulmer/Habersack* in Ulmer/Brandner/Hensen, AGB-Recht, § 305 BGB Rz. 22.

6 Palandt/*Grüneberg*, BGB, § 305 Rz. 15 m.H.a. *BGH* v. 8.6.1979, BGHZ 75, 21.

tragspartnern regelmäßig um **Unternehmer** i.S. des § 14 BGB handelt[1]. Der Unternehmer-Begriff des BGB ist weit gefasst. Es muss sich nicht um Kaufleute im Sinne des HGB handeln; vielmehr kann bereits eine nebenberufliche unternehmerische Tätigkeit ausreichen, nicht dagegen die (bloße) Verwaltung eigenen Vermögens ohne eigene Teilnahme am Wettbewerb[2].

449 Gemäß **§ 310 Abs. 1 Satz 1 BGB** finden § 305 Abs. 2 und 3 BGB sowie die §§ 308, 309 BGB keine Anwendung auf AGB, die gegenüber einem Unternehmer verwendet werden. Juristische Personen des öffentlichen Rechts (z.B. staatliche Hochschulen) stehen dem gleich. Im Ergebnis bedeutet dies:

- Die Einbeziehung allgemeiner Geschäftsbedingungen als Vertragsbestandteil ist bei Unternehmern nicht an die besonderen Vorgaben des § 305 Abs. 2, 3 BGB gebunden, kann also z.B. auch konkludent erfolgen.
- Die Klauselverbote der §§ 308, 309 BGB kommen nicht (eigenständig) zur Anwendung[3]. Eine **Inhaltskontrolle** erfolgt (nur) nach **§ 307 BGB.** Allerdings entfaltet bei der Inhaltskontrolle nach § 307 Abs. 1 und 2 BGB die Nichtgeltung der §§ 308, 309 BGB keine Sperrwirkung bezüglich der dort geregelten Sachverhalte (vgl. § 310 Abs. 1 Satz 2 BGB).
- Die **sonstigen Vorgaben** der **§§ 305 ff. BGB** gelten **auch bei Unternehmern.**

450 Folglich gilt auch bei Unternehmern der **Vorrang der Individualabrede** (§ 305b BGB), ferner können auch **ungewöhnliche Vertragsklauseln** (§ 305c Abs. 1 BGB) Vertragsbestandteil werden und schließlich gilt das Umgehungsverbot (§ 306a BGB) nicht. **Zweifel bei der Auslegung** allgemeiner Geschäftsbedingungen gehen zulasten der Vertragspartei, die die AGB gestellt hat (§ 305c Abs. 2 BGB). Dabei sind AGB auch bei Lizenzverträgen so auszulegen, wie dies durch verständige und redliche Vertragspartner („vernünftige Vertragsparteien")[4] unter Abwägung der Interessen der an Geschäften dieser Art normalerweise beteiligten Kreise erfolgt; maßgeblich ist danach in erster Linie der Wortlaut der Klausel, so wie ihn redliche Partner eines sich anbahnenden Lizenzvertrages unter Berücksichtigung der beiderseitigen Interessenlage verstehen[5]. Bei verschiedenen Auslegungsmöglichkeiten kann dies dazu führen, dass der Verwender die **für den**

1 Zu der aktuell geführten Diskussion, ob das AGB-Recht im unternehmerischen Rechtsverkehr reformbedürftig ist, s. *Kessel*, AnwBl. 2012, 293 ff.; *Kieninger*, AnwBl. 2012, 301 ff.; *Schmidt-Kessel*, AnwBl. 2012, 308 ff.; *Hannemann*, AnwBl. 2012, 314 ff.; *Frankenberger*, AnwBl. 2012, 318 ff.

2 S. allgemein Palandt/*Ellenberger*, BGB, § 14 Rz. 2 m.w.N. zum Meinungsstand.

3 Hierzu klarstellend *Graf von Westphalen*, NJW 2012, 2243, 2248 m.H.a. *BGH* v. 8.12.2011, NJW-RR 2012, 626, Rz. 13.

4 Vgl. *BGH* v. 16.4.2002, GRUR 2002, 801 – Abgestuftes Getriebe.

5 S. *BGH* v. 20.5.2003, GRUR 2003, 1062, 1064 – Preisbindung für Franchisegeber II; *BGH* v. 20.5.2003, BB 2003, 2254, 2256 – Apollo-Optik, beide für Franchiseverträge.

anderen Vertragspartner günstigste Auslegung gegen sich gelten lassen muss[1]. Zu den Auslegungsgrundsätzen s. auch Rz. 470 ff.

Sind allgemeine Geschäftsbedingungen gemäß § 305 Abs. 1, §§ 305b bis 306a BGB Bestandteil eines Lizenzvertrages, unterliegen sie der **Inhaltskontrolle**, die sich bei Unternehmern ausschließlich nach **§ 307 BGB** bestimmt (s. Rz. 448 ff., 451). Danach ist entscheidend, ob die in Rede stehende Klausel des Verwenders den anderen Lizenzvertragspartner entgegen Treu und Glauben **unangemessen benachteiligt**. Nach ständiger Rechtsprechung des *BGH* stellt bspw. die Verwendung einer Klausel, mit der der Verwender missbräuchlich eigene Interessen auf Kosten des Vertragspartners durchzusetzen versucht, ohne von vornherein die Interessen seines Partners hinreichend zu berücksichtigen und ohne ihm einen angemessenen Ausgleich zuzugestehen, eine unangemessene Benachteiligung dar[2]. 451

Eine unangemessene Benachteiligung liegt weiterhin im Zweifel dann vor, wenn eine Bestimmung mit wesentlichen Grundgedanken einer gesetzlichen Regelung, von der abgewichen wird, nicht vereinbar ist (**§ 307 Abs. 2 Nr. 1 BGB**) bzw. wenn eine Bestimmung wesentliche Rechte oder Pflichten, die sich aus der Natur des Vertrags ergeben, so einschränkt, dass die Erreichung des Vertragszwecks gefährdet ist (**§ 307 Abs. 2 Nr. 2 BGB**). Der Lizenzvertrag hat zwar keine umfassende gesetzliche Regelung gefunden (vgl. Rz. 30 ff.). Da § 307 Abs. 2 Nr. 1 BGB aber alle Gesetze im materiellen Sinn, also auch Gewohnheitsrecht und Verordnungen, erfassen soll, fallen hierunter auch die von Rechtsprechung und Lehre durch Analogie und Rechtsfortbildung herausgebildeten Rechtsgrundsätze[3] sowie Regelungen des EU-Rechts[4]. Soweit es um die Bestimmung der wesentlichen Rechte und Pflichten (§ 307 Abs. 2 Nr. 2 BGB) geht, ist bei nicht normierten Verträgen – wie dem Lizenzvertrag (vgl. Rz. 30 ff.) – von dem durch die Verkehrsauffassung geprägten Leitbild des Vertrages auszugehen[5]. In diesem Zusammenhang kann die Bestimmung der Rechtsnatur des Lizenzvertrages (s. dazu Rz. 41 ff.) eine wesentliche Rolle spielen, insbesondere bei Zuordnung des Lizenzvertrages zu einem typischen Vertragsverhältnis des BGB.

Ein Abweichen von wesentlichen Grundgedanken ist beispielsweise gegeben, wenn der Lizenzvertrag – entgegen § 614 BGB ein Recht zur außerordentlichen Kündigung auch ohne Vorliegen eines wichtigen Grundes zu-

---

1 Vgl. *BGH* v. 20.5.2003, GRUR 2003, 1062, 1064 – Preisbindung für Franchisegeber II; *BGH* v. 20.5.2003, BB 2003, 2254, 2256 – Apollo-Optik; s. auch *Ulmer/Schäfer* in Ulmer/Brandner/Hensen, AGB-Recht, § 305c BGB Rz. 85 ff., 90 ff.

2 *BGH* v. 8.12.2011, NJW-RR 2012, 626, Rz. 14.

3 *Fuchs* in Ulmer/Brandner/Hensen, AGB-Recht, § 307 BGB Rz. 211; Palandt/*Grüneberg*, BGB, § 307 Rz. 28 m.H.a. *BGH* v. 21.12.1983, BGHZ 89, 206, 211; *BGH* v. 12.3.1987, BGHZ 100, 158, 163 u. *BGH* v. 10.12.1992, BGHZ 121, 13, 18.

4 *Wolf* in Wolf/Lindacher/Pfeiffer, AGB-Recht, § 307 BGB Rz. 106.

5 Palandt/*Grüneberg*, BGB, § 307 Rz. 34 m.H.a. *BGH* v. 21.12.1983, BGHZ 89, 206, 211; *BGH* v. 12.3.1987, 100, 158, 163 u. *BGH* v. 10.12.1992, BGHZ 121, 13, 18.

lässt[1] (vgl. auch Rz. 2433). Eine nicht hinnehmbare Benachteiligung kann im Einzelfall auch die Einräumung eines ordentlichen Kündigungsrechtes mit kurzen Kündigungsfristen darstellen, wenn das den Lizenznehmer jeder Möglichkeit beraubt, erhebliche Investitionen in nennenswertem Umfang zu amortisieren[2]. Eine Einschränkung wesentlicher Rechte und Pflichten kann etwa bei **Freizeichnungsklauseln** relevant werden, mit denen gesetzliche Haftungsansprüche des anderen Vertragsteils ausgeschlossen oder stark eingeschränkt werden (vgl. auch die Wertungen in § 309 Nrn. 7, 8 BGB).

Eine unangemessene Benachteiligung kann darüber hinaus aus einer **mangelnden Klarheit und Verständlichkeit** folgen (**§ 307 Abs. 1 Satz 2 BGB**). Dieses sog. **Transparenzgebot** verpflichtet Verwender von AGB nach Treu und Glauben, Rechte und Pflichten der Vertragspartner möglichst klar und durchschaubar darzustellen, was bedeutet, wirtschaftliche Nachteile und Belastungen soweit erkennen zu lassen, wie dies nach den Umständen gefordert werden kann, wobei auf die Erkenntnismöglichkeiten eines durchschnittlichen Vertragspartners abzustellen ist[3]. Verstöße gegen das Transparenzgebot entsprechen nach Ansicht des *BGH*[4] nicht den Gebräuchen und Gepflogenheiten des Handelsverkehrs (§ 310 Abs. 1 Satz 2 BGB) und führen daher auch gegenüber einem Unternehmer zur Unwirksamkeit formularmäßiger Geschäftsbedingungen, was ebenfalls gelte, wenn der mit den Geschäftsbedingungen konfrontierte Unternehmer eine bedeutende Marktstellung innehabe, aufgrund derer er von vornherein habe versuchen können, andere Vertragsbedingungen auszuhandeln[5].

Klauseln, die den Vertragspartner **unangemessen benachteiligen**, sind nach **§ 307 Abs. 1 Satz 1 BGB unwirksam**.

452 **Soweit AGB nicht Vertragsbestandteil** geworden bzw. unwirksam sind, treten an deren Stelle die gesetzlichen Vorschriften (**§ 306 Abs. 2 BGB**). Der Lizenzvertrag bleibt im Übrigen wirksam (§ 306 Abs. 1 BGB), es sei denn, das Festhalten wäre für eine Lizenzvertragspartei eine unzumutbare Härte (§ 306 Abs. 3 BGB). Insoweit ist § 306 BGB lex specialis zu § 139 BGB[6]. Die

---

1 Vgl. *BGH* v. 20.5.2003, BB 2003, 2254, 2257 – Apollo-Optik, für Franchiseverträge.

2 Vgl. *BGH* v. 20.5.2003, BB 2003, 2254, 2256 – Apollo-Optik, für Franchiseverträge.

3 *BGH* v. 3.8.2011, NJW 2012, 54, Rz. 12 m.H.a. *BGH* v. 16.5.2007, NZM 2007, 516 m.w.N.

4 *BGH* v. 3.8.2011, NJW 2012, 54, Rz. 16.

5 Kritisch im Rahmen der rechtspolitischen Debatte um eine Reform des AGB-Rechts *Graf von Westphalen*, NJW 2012, 2243, 2247 f.

6 *BGH* v. 8.5.2007, NJW 2007, 3568, Rz. 12 – Kfz-Vertragshändler III; *Schmidt* in Ulmer/Brandner/Hensen, AGB-Recht, § 306 BGB Rz. 5; Palandt/*Grüneberg*, BGB, § 306 Rz. 1.

unwirksame Klausel kann entsprechend § 141 BGB durch bestätigende Individualvereinbarung geheilt werden[1].

Nach dem für den Hauptvertrag maßgebenden Vertragsstatut (zur Rechtswahl s. Rz. 2338 ff.) bestimmt sich auch die Wirksamkeit der von den Vertragsparteien in einem **Vertrag mit Auslandsberührung** einbezogenen AGB[2]. 453

Frei. 454–455

g) Vertragsabschluss über das Internet

Da das deutsche Recht keinen Formzwang vorsieht, ist es im Grundsatz auch möglich, den Lizenzvertrag über das Internet als weltweit wirkendes Medium abzuschließen[3]. Dies gilt sowohl für die wechselseitige Abgabe der auf den Vertragsschluss gerichteten Willenserklärungen per E-Mail als auch für die Vermarktung von Schutzrechten über Internetportale. Im letzteren Fall kann das Internet als Plattform zur **Vermarktung** von Patenten, Lizenzen und Erfindungen genutzt werden. Eine solche Geschäftspraxis betreiben Unternehmen z.B. auf dem **Technologie-Marktplatz** der Firma yet2.com[4]. Auf Internetseiten werden zunächst Basisinformationen über die betreffenden Technologien gegeben. Gegen eine Gebühr ist es auch möglich, weitergehende Erklärungen abzurufen und zum Abschluss eines Lizenzvertrages zu kommen. Auf diese Weise besteht die Möglichkeit einer weltweiten Vermarktung eigener Schutzrechte auf der einen und die eines schnellen Zugriffs auf neue, in das eigene Portfolio passende Schutzrechte auf der anderen Seite. 456

Möglich ist es auch, den **gesamten Lizenzvertrag**, also sowohl den Abschluss des Lizenzvertrages (Verpflichtungsgeschäft), als auch die Erfüllung dieser Verpflichtung (z.B. Benutzungsgestattung, Übersendung von Konstruktionszeichnungen etc., s. hierzu Rz. 35), **über das Internet abzuwickeln**. 457

Sollten die Vertragsparteien – was die Ausnahme sein dürfte – eine derartige Vorgehensweise in Betracht ziehen, sind hinsichtlich des Vertragsschlusses und der Vertragsgestaltung die in den **§§ 312b–d BGB** enthaltenen Regelungen über Fernabsatzverträge nur dann zu beachten, wenn es sich um einen Vertrag zwischen einem Unternehmer und einem Verbraucher (**B2C**) handelt (§ 312b Abs. 1 Satz 1 BGB). **Im Rechtsverkehr zwischen** 458

1 *BGH* v. 18.4.1984, NJW 1985, 58 ff.

2 Palandt/*Thorn*, BGB, Art. 10 ROM I-VO Rz. 3; *Gennen*, VPP-Rundbrief 2008, 61, 64 ff.

3 Vgl. hierzu etwa *Scherer/Butt*, DB 2000, 1009 ff.; s. auch *Mehrings*, CR 1998, 613 ff.; *Mankowski*, RabelsZ 63 (1999), 203.

4 Abrufbar unter www.yet2.com; vgl. ähnliche Seiten: www.patentauction.com; www.pl-x.com.

Unternehmern (B2B) finden die Regelungen der §§ 312b ff. BGB, die im Zuge der Schuldrechtsmodernisierung in das BGB integriert wurden und das bis dahin geltende Fernabsatzgesetz (FernAbsG)[1] übernommen haben, **keine Anwendung**. Der Anwendungsbereich der §§ 312b ff. BGB auf Lizenzverträge ist daher außerhalb des Bereichs der Softwareüberlassung[2] gering.

459 Soweit Lizenzverträge unter Einsatz elektronischer Kommunikationsmittel geschlossen werden, gewinnt die **Signaturrichtlinie**[3], die am 19.1.2000 in Kraft getreten ist, an Bedeutung. Ihr Ziel ist die Sicherstellung der grenzüberschreitenden rechtlichen Anerkennung elektronischer Signaturen. Im Rahmen der Umsetzung der Signaturrichtlinie in das deutsche Recht[4] hat der Gesetzgeber **§ 126a Abs. 1 BGB** eingeführt[5], nach dem die gesetzlich vorgeschriebene Form nur dann durch die Nutzung elektronischer Medien ersetzt werden kann, wenn der Aussteller des elektronischen Dokuments dem Text seinen Namen und kumulativ eine qualifizierte elektronische Signatur aus dem Signaturgesetz (SigG)[6] hinzufügt. **Elektronische Signaturen** sind nach der Legaldefinition des § 2 Nr. 1 SigG Daten in elektronischer Form, die anderen elektronischen Daten beigefügt oder logisch mit ihnen verknüpft sind und die zur Authentizierung dienen. **Qualifiziert** sind diese, wenn sie den zusätzlichen Anforderungen des § 2 SigG entsprechen.

460 Für den Abschluss eines Lizenzvertrages kommt der Regelung des § 126a BGB aber nur beschränkte Bedeutung zu. Wie an anderer Stelle dargelegt (vgl. Rz. 415), fehlt es an einem gesetzlich vorgegebenen Schriftformerfordernis für Lizenzverträge nach deutschem Recht. Zu beachten ist auch **§ 127 Abs. 3 Satz 1 BGB**. Danach wird es den Parteien ermöglicht, auch mit **anderen als dem SigG entsprechenden Signaturen** die durch Rechtsgeschäft bestimmte elektronische Form zu wahren. Den Parteien bleibt es nach **§ 127 Abs. 3 Satz 2 BGB** aber unbenommen, einvernehmlich eine **nachträgliche Verständigung auf das Signaturverfahren des § 126a BGB** vorzunehmen.

461 Auch die **E-Commerce-Richtlinie**[7] und die zur Umsetzung erlassenen Gesetze haben Auswirkungen auf den Abschluss von Lizenzverträgen. Ziel der Richtlinie ist es, das einwandfreie Funktionieren des Binnenmarktes

---

1 Gesetz v. 30.6.2000, BGBl. I 2000, 897.

2 S. hierzu *Marly*, Praxishandbuch Softwarerecht, Rz. 792 ff.

3 Richtlinie 1999/93/EG des Europäischen Parlamentes und des Rates v. 13.12.1999 über gemeinschaftliche Rahmenbedingungen für elektronische Signaturen, ABl. EG Nr. L 13 v. 19.1.2000, S. 12; vgl. hierzu *Lüdemann/Adams*, K&R 2002, 8 ff. sowie *Müglich*, MMR 2000, 7 ff.

4 Eingehend *Müglich*, MMR 2000, 7 ff.

5 Gesetz v. 13.7.2001, BGBl. I 2001, 1542.

6 Gesetz v. 16.5.2001, BGBl. I 2001, 876.

7 Richtlinie 2000/31/EG des Europäischen Parlaments und des Rates v. 8.5.2000 über bestimmte rechtliche Aspekte der Dienste der Informationsgesellschaft, insbesondere des elektronischen Geschäftsverkehrs, im Binnenmarkt („Richtlinie über den elektronischen Geschäftsverkehr"), ABl. EG Nr. L 178 v. 17.7.2000, S. 1;

im Rahmen der Dienste der Informationsgesellschaft zu gewährleisten (Art. 1 Abs. 1).

Der **Anwendungsbereich** der E-Commerce-Richtlinie erstreckt sich nach Art. 2 lit. a auf alle „Dienste der Informationsgesellschaft", wovon per Richtlinienverweisung sämtliche Fernabsatzdienste erfasst werden, bei denen sowohl auf Empfänger- als auch auf Absenderseite Datenverarbeitungssysteme zum Einsatz gelangen, wobei Telefon-, Telefax- und Teledienste ausdrücklich ausgenommen sind[1]. Nicht betroffen werden von der E-Commerce-Richtlinie alle nicht kommerziellen Anbieter[2]. 462

Herzstück der E-Commerce-Richtlinie ist das in Art. 3 und in § 3 TMG[3] verankerte **Herkunftslandprinzip**[4]. Hiernach ist, anders als nach dem früheren Territorialitätsgrundsatz, der hinsichtlich der Zulässigkeit eines Online-Angebots auf den Ort der Rechtsverletzung abstellt, das **Recht des Mitgliedstaates maßgeblich, in dem sich der Sitz des Dienstanbieters befindet**. Sollte es beim Abschluss eines grenzüberschreitenden Lizenzvertrages zwischen Unternehmen verschiedener Mitgliedstaaten der EU über das Internet zum Verlust entscheidender Daten (wichtige Konstruktionszeichnungen o.Ä.) kommen, richtet sich die Verantwortlichkeit des Dienstanbieters also nach dem Recht des Landes, in dem dieser seinen Sitz hat. Damit wird die Rechtsanknüpfung jedenfalls für die rechtliche Bewertung des Verhaltens von Dienstanbietern i.S. der E-Commerce-Richtlinie abschließend geregelt[5] (zur Rechtswahl vgl. Rz. 2343 ff.). 463

Auswirkungen auf den Lizenzvertrag kann im Einzelfall **Art. 9** der E-Commerce-Richtlinie haben, der vorsieht, dass grundsätzlich Verträge, die auf elektronischem Wege geschlossen werden, gleichermaßen Wirksamkeit erlangen, wie auf herkömmliche Weise geschlossene Verträge. Davon geht entsprechend auch **§ 312g BGB** aus. 464

Art. 10 der E-Commerce-Richtlinie sieht schließlich vor, dass beim Online-Vertragsschluss der Dienstanbieter darüber zu informieren hat, welche technischen Schritte zum Vertragsschluss führen, ob er den Vertragstext nach Vertragsschluss gespeichert und für den Besteller zugänglich hält, welche technischen Mittel zur Fehlerkorrektur und welche Sprachen im Rahmen des Vertragsschlusses zur Verfügung stehen. Die zur Umsetzung 465

---

vgl. hierzu etwa *Spindler*, MMR 2000 Beilage 7, 4 ff.; *Tettenborn*, K&R 2000, 386 ff.; *Hoeren*, MMR 1999, 192 ff.

1 Vgl. EGr 18.

2 *Hoeren*, MMR 1999, 192, 193.

3 Telemediengesetz v. 26.2.2007, BGBl. I 2007, 179, zuletzt geänd. durch Art. 1 des Gesetzes v. 31.5.2010 (BGBl. I 2010, 692); zur Umsetzung der ECRL 31/2000 (CELEX Nr: 300L0031) vgl. Gesetz v. 14.12.2001, BGBl. I S. 3721.

4 S. hierzu Schwartmann/*Schmittmann*, Medien-; IT- und Urheberrecht, Kap. 10 Rz. 56 ff.

5 Vgl. allgemein zur Rechtsanwendung im Internet *Mankowski*, RabelsZ 63 (1999), 203 ff.; *Schack*, MMR 2000, 59 ff.; *Scherer/Butt*, DB 2000, 1009, 1010 f.

der Richtlinie in **§ 312g BGB** (i.V.m. Art. 246 § 3 EGBGB) geregelten besonderen **Pflichten im elektronischen Geschäftsverkehr** gelten auch im Rechtsverkehr zwischen Unternehmen und finden immer dann Anwendung, wenn sich ein Unternehmer zum Zwecke des Abschlusses eines Vertrages über die Lieferung von Waren oder die Erbringung von Dienstleistungen eines Tele- oder Mediendienstes bedient. Von § 312g BGB erfasst wird beispielsweise der Abschluss von Softwarelizenzverträgen im Bereich des Online-Vertriebs.

Während der **persönliche Anwendungsbereich** des § 312g BGB aufgrund der Einbeziehung des B2B-Bereichs also deutlich weiter geht als die Bestimmungen zu Fernabsatzverträgen in den §§ 312b ff. BGB, ist der **sachliche Anwendungsbereich** aufgrund des Ausschlusses nichtelektronischer Kommunikationsmittel enger[1].

Eine **Verletzung** der Pflichten aus § 312g BGB **bewirkt nicht die Unwirksamkeit des Vertragsschlusses**, kann aber Schadensersatzansprüche unter dem Gesichtspunkt des Verschuldens bei Vertragsschluss (culpa in contrahendo) nach Maßgabe der §§ 311, 280 Abs. 1 BGB begründen (vgl. dazu auch Rz. 357 ff.)[2].

466–469 Frei.

5. Auslegungsgrundsätze

a) Allgemeine Auslegungsgrundsätze

470 Als ein auf übereinstimmenden Willenserklärungen beruhender Vertrag unterliegt der Lizenzvertrag den für Verträge geltenden **allgemeinen Auslegungsgrundsätzen**, sofern es darum geht, Inhalt und Umfang einzelner Vertragspflichten zu bestimmen[3]. Im Falle **Allgemeiner Geschäftsbedingungen** ist die Sonderregelung des § 305c Abs. 2 BGB zu beachten (s. Rz. 450).

471 Die Auslegung richtet sich nach **Treu und Glauben mit Rücksicht auf die Verkehrssitte (§§ 133, 157 BGB)**. Es gilt der Grundsatz der beiderseits **interessengerechten Auslegung**[4]. Ausgangspunkt sind der von den Parteien gewählte **Wortlaut** einer Bestimmung[5] und der dem Wortlaut zu entnehmen-

1 Palandt/*Grüneberg*, BGB, § 312g Rz. 2.

2 Palandt/*Grüneberg*, BGB, § 312g Rz. 11; *Marly*, Praxishandbuch Softwarerecht, Rz. 813.

3 So auch Benkard/*Ullmann*, PatG, § 15 Rz. 116; *Groß*, Rz. 43 f.

4 *BGH* v. 17.3.2011, GRUR 2011, 946, 947 – KD; *BGH* v. 19.12.2002, GRUR 2003, 699, 701 – Eterna; *BGH* v. 7.2.2002, GRUR 2002, 532, 534 – Unikatrahmen; vgl. auch *BGH* v. 10.10.2002, GRUR 2003, 173, 175 – Filmauswertungspflicht.

5 *BGH* v. 17.3.2011, GRUR 2011, 946, 947 – KD; *BGH* v. 5.7.2005, GRUR 2005, 845, 846 – Abgasreinigungsvorrichtung; *BGH* v. 2.12.1997, GRUR 1998, 561, 563 – Umsatzlizenz; *BGH* v. 3.11.1993, NJW 1994, 188, 189.

de **objektiv erklärte Parteiwille**[1]. Im Zweifel gebührt dabei derjenigen Auslegung der Vorzug, welche die Nichtigkeit des Rechtsgeschäfts vermeidet[2].

So ist bei einem Patentlizenzvertrag, der von US-amerikanischen Juristen in englischer Sprache verfasst worden ist, bei der Auslegung der Sprachgebrauch des amerikanischen Rechts auch dann zu berücksichtigen, wenn auf den Vertrag nach dem Willen der Parteien deutsches Recht Anwendung finden soll[3] (s. auch Rz. 480 ff.). 472

Die Auslegung eines Vertrages darf sich aber nicht in der Ermittlung seines Wortsinns erschöpfen, etwa wenn in ihm auf mündliche Vorgespräche über den Begriff „vereinbarungsgemäß" Bezug genommen wird[4] oder wenn die Lizenzvereinbarung im Zusammenhang mit anderen Vereinbarungen bzw. Regelungen steht[5]. 473

Ist die Erklärung nicht völlig eindeutig, ist nicht am Buchstaben zu haften, sondern vielmehr der **wirkliche Wille der Vertragspartner** zu ermitteln (§§ 133, 157 BGB). Hierbei ist nicht maßgebend, welche Bedeutung der Erklärende seiner Äußerung beilegt, sondern vielmehr, wie eine vernünftige Person in der Lage des **Empfängers** diese **Erklärung** nach Treu und Glauben mit Rücksicht auf die Verkehrssitte **verstehen musste und durfte**. Als Auslegungshilfen sind die **Ausgangslage**, also die Umstände beim Zustandekommen des Vertrages, einschließlich der Anbahnung der Vertragsbeziehungen[6], ebenso heranzuziehen wie die **Interessenlage der Vertragspartner**[7], der von ihnen **verfolgte Zweck**[8] und das **Verhalten der Vertragspartner bei der Vertragsdurchführung**[9] einschließlich – als Indiz – nachvertraglicher Äußerungen der Parteien[10], soweit hieraus Rückschlüsse auf ihr tatsäch- 474

---

1 *BGH* v. 17.3.2011, GRUR 2011, 946, 947 – KD; *BGH* v. 7.2.2002, GRUR 2002, 533 – Unikatrahmen, dort allerdings mit dem weiteren Hinweis, dass auch eine Auslegung entgegen einem an sich eindeutigen Wortlaut nicht ausgeschlossen ist!

2 *BGH* v. 17.3.2011, GRUR 2011, 946, 948 – KD m.H.a die st. Rspr., vgl. *BGH* v. 26.9.2002, BGHZ 152, 153, 158 f. – Anwalts-Hotline.

3 *OLG Hamburg* v. 27.10.1988, GRUR Int. 1990, 388, 389 – Midrex/HSW; einschränkend *OLG Frankfurt* v. 21.10.1993, NJW-RR 1995, 36.

4 *BGH* v. 8.7.1999, ZIP 1999, 1563, 1564, hierzu auch *Muth*, EWiR § 157 BGB 1/99, 1041 f.

5 *BGH* v. 5.7.2005, GRUR 2005, 845, 846 – Abgasreinigungsvorrichtung, dort Bezug der lizenzvertraglichen Regelungen auf ein vorangegangenes Gerichtsurteil.

6 *RG* v. 17.3.1934, GRUR 1934, 309, 310; *BGH* v. 13.1.1959, GRUR 1959, 384, 387, *BGH* v. 26.6.1969, GRUR 1969, 677, 679.

7 *BGH* v. 13.1.1959, GRUR 1959, 384, 387; *BGH* v. 18.10.2001, GRUR 2002, 280, 281 – Rücktrittsfrist; *BGH* v. 10.10.2002, GRUR 2003, 173, 175 – Filmauswertungspflicht.

8 *RG* v. 11.11.1933, RGZ 142, 212, 213; *BGH* v. 17.3.2011, GRUR 2011, 946, 947 – KD; *BGH* v. 13.6.2007, NJW 2007, 2320, Rz. 27; Lindenmaier/*Weiß*, PatG, § 9 a.F. Rz. 36; *Lüdecke/Fischer*, Lizenzverträge, Vorbem. 21 S. 43.

9 *BGH* v. 2.12.1997, GRUR 1998, 561, 563 – Umsatzlizenz; *BGH* v. 24.6.1988, NJW 1988, 2878, 2879.

10 *BGH* v. 7.2.2002, GRUR 2002, 532, 534 – Unikatrahmen.

liches Verständnis im Zeitpunkt des Vertragsabschlusses hergeleitet werden können[1].

475 So ist im Zweifel die Benutzung einer weiteren Erfindung des Lizenzgebers mitlizenziert, wenn die Mitbenutzung dieser Erfindung die Benutzung des ausdrücklich lizenzierten Schutzrechts notwendig einschließt[2]; geht es dagegen nicht um eine technische Notwendigkeit für die Benutzung des Lizenzgegenstandes, sondern um deren Optimierung, greift ein solches „implied licencing" nicht. Zudem kann eine derartige Mitlizenzierung eines Schutzrechts ausscheiden, wenn im Lizenzvertrag andere Schutzrechte von der Einräumung eines Benutzungsrechts gerade explizit ausgenommen werden[3].

476 Über diese allgemeinen Auslegungsgrundsätze hinaus gilt für die Auslegung des Lizenzvertrages aus der Sicht des Lizenzgebers, dass dieser grundsätzlich dem Lizenznehmer von den ihm zustehenden Rechten nur so wenig überlassen will, wie letzterer unbedingt zur Durchführung des Vertrages benötigt **(Zweckübertragungslehre)**[4] (zur Abgrenzung bei der Rechtsübertragung, s. Rz. 86 ff.). Somit sind grundsätzlich **alle den Lizenzgeber verpflichtenden Vertragsbestimmungen bei Zweifelsfragen eng auszulegen**[5]. Beruft sich der Lizenznehmer auf eine andere Auslegung, muss er den entsprechenden Nachweis führen. Ist ein Nutzungsrecht allerdings unstreitig eingeräumt worden, hat der Lizenzgeber bzw. Urheber zu beweisen, dass die Nutzungsrechtseinräumung lediglich befristet erfolgte, jedenfalls wenn die Zweckübertragungslehre für eine unbefristete Nutzungsrechtseinräumung spricht[6].

Vorrangig kommt die Zweckübertragungslehre zum Tragen, wenn es um die Klärung geht, ob eine Vollrechtsübertragung oder eine Lizenzierung gewollt ist[7]. Ebenfalls von der Zweckübertragungslehre ausgehend, ist im Zweifel nur eine einfache und nicht eine ausschließliche Lizenz gewollt[8].

---

1 *BGH* v. 7.12.2006, NJW-RR 2007, 529.

2 *BGH* v. 11.1.2005, GRUR 2005, 406, 407 – Leichtflüssigkeitsabscheider.

3 *LG Düsseldorf* v. 18.3.2008, InstGE 9, 108, Rz. 61 f. (juris).

4 Dieser Begriff ist zwar für das Urheberrecht geprägt worden (vgl. § 31 Abs. 5 UrhG – *BGH* v. 22.4.1953, BGHZ 9, 273, 278; *BGH* v. 26.11.1954, GRUR 1955, 201, 203; s. auch *BGH* v. 12.5.2010, GRUR 2011, 59, 60, Rz. 13, 18 ff. – Lärmschutzwand), er ist aber zugleich Ausdruck eines allgemeinen Rechtsgedankens (*BGH* v. 10.10.2002, GRUR 2003, 234, 236 – EROC III Rz. 19) und greift auch im Patentrecht (*LG Mannheim* v. 4.5.2010, InstGE 12, 136, Rz. 295 – zusätzliche Anwendungssoftware) bzw. allgemein im Immaterialgüterrecht (Benkard/*Ullmann*, PatG, § 15 Rz. 26; ebenso *Hauck* in Fitzner/Lutz/Bodewig, PatRKomm, § 15 PatG, Rz. 38).

5 So zutreffend *Lüdecke/Fischer*, Lizenzverträge, Vorbem. 23 S. 44.

6 So zum Urheberrecht *LG München* v. 6.5.2009, InstGE 11, 239, 243 – LP-Coverfoto.

7 Vgl. *BGH* v. 11.4.2000, GRUR 2000, 788 – Gleichstromsteuerschaltung; vgl. auch Busse/*Keukenschrijver*, PatG, § 15 Rz. 19.

8 Vgl. auch *LG Düsseldorf* v. 10.5.2007, InstGE 8, 4, Rz. 27 (juris).

Allerdings gilt dieser Erfahrungssatz nur im Zweifel, so dass sich der Umfang der Rechtseinräumung nach den Gesamtumständen bestimmt (s. Rz. 89). Dagegen können aus der Zweckübertragungstheorie regelmäßig keine sonstigen Beschränkungen des Benutzungsrechts – etwa gegenständlich, regional oder zeitlich – hergeleitet werden, soweit solche keinen Niederschlag im Vertrag oder den Begleitumständen finden (s. dazu Rz. 1180 ff.); im Zweifel umfasst die Patentlizenz insoweit alle, aber auch nur diejenigen Ausführungsformen, die eine Schutzrechtsverletzung darstellen würden, wenn sie nicht durch die Lizenz gestattet wären[1]. Es wird deshalb, wenn nicht ausdrücklich etwas anderes vereinbart ist, nicht mehr an Rechten eingeräumt, als zur Erreichung des Vertragszwecks notwendig ist. Wird beispielsweise begleitendes Know-how nur für die Dauer des Lizenzvertrags eingeräumt, können diese Informationen auch nur während der Zusammenarbeit benutzt werden und nicht mehr nach ihrer Beendigung.

Werden im Vertragstext eindeutige patentrechtliche Begriffe bewusst genutzt – insbesondere nach vorhergehender juristischer Beratung –, so ist derjenige, der diese Formulierung in den Vertrag hinein genommen hat, an deren Bedeutung gebunden[2]. 477

Enthält ein Lizenzvertrag eine **Lücke**, so kann diese im Rahmen **ergänzender Vertragsauslegung** geschlossen werden[3]. Dabei darf es sich allerdings nicht um einen für den Vertrag und seine Abwicklung wesentlichen Punkt handeln, da andernfalls angenommen werden muss, dass überhaupt noch keine endgültige Einigung zwischen den Vertragspartnern erzielt worden ist (zum Vorvertrag s. Rz. 389 ff.). Die ergänzende Vertragsauslegung hat zwar Vorrang vor den Grundsätzen des § 313 BGB über die Störung der Geschäftsgrundlage[4] (s. hierzu Rz. 544 ff.). Sie muss sich aber im Rahmen des Vertragszwecks halten und darf nicht hierüber hinausgehen, insbesondere darf sie nicht in Widerspruch zu dem von den Parteien zum Ausdruck gebrachten Willen stehen[5]. Vielmehr ist darauf abzustellen, was die Parteien bei einer angemessenen Abwägung der beiderseitigen Interessen nach Treu und Glauben vereinbart hätten, wenn sie den von ihnen nicht geregelten Fall bedacht hätten[6]. 478

Bei der Auslegung von **internationalen Lizenzverträgen** kann es auf die im jeweiligen Rechtskreis geltenden Auslegungsgrundsätze ankommen. So ist 479

---

1 Vgl. auch *BGH* v. 7.5.2005, GRUR 2005, 845, 846 – Abgasreinigungsvorrichtung u. *OLG Düsseldorf* v. 8.4.2010 – I-2 U 108/06, Rz. 92 (juris).
2 Ausführl. hierzu Palandt/*Ellenberger*, BGB, § 133 Rz. 14.
3 *BGH* v. 28.2.2002, GRUR 2002, 703, 706 – Vossius & Partner m.w.N.
4 *BGH* v. 25.11.2004, NJW-RR 2005, 687, 690 – Kehraus; *BGH* v. 24.11.1998, WRP 1999, 323, 324 – Deckelfass; *BGH* v. 1.2.1984, BGHZ 90, 69, 74 m.w.N.
5 *BGH* v. 22.4.1953, BGHZ 9, 273, 278; *BGH* v. 29.10.1954, GRUR 1955, 143, 144 f. – Sympatol I; Benkard/*Ullmann*, PatG, § 15 Rz. 119; zur Vertragsauslegung betr. die Erstreckung von Lizenzverträgen vgl. *BGH* v. 24.11.1998, WRP 1999, 323 ff. (hierzu auch Rz. 1240 ff.).
6 *BGH* v. 25.11.2004, NJW-RR 2005, 687, 690 – Kehraus.

insbesondere im anglo-amerikanischen Recht zu beachten, dass die Wortauslegung Vorrang vor einer teleologischen Auslegung hat, und eine historische Auslegung sowie die Heranziehung außerhalb der Gesetze bestehender Umstände im Wesentlichen ausgeschlossen sind[1].

480 Um Auslegungs- und Definitionsdifferenzen „fremder" Rechtsordnungen vorzubeugen, müssen sich die Lizenzvertragsparteien schon bei Aufnahme der Vertragsverhandlungen der Bedeutung und Tragweite der dem Lizenzvertrag zugrunde liegenden **Vertragssprache** bewusst sein. Denn die Vertragssprache kann grundsätzlich ein Indiz für einen **konkludenten Rechtswahlwillen**[2] (vgl. hierzu ausführlich Rz. 2353 ff.) und damit Anknüpfungspunkt für die Beurteilung sein, welches nationale Recht auf den internationalen Lizenzvertrag Anwendung finden soll. Mangels ausdrücklicher oder schlüssiger Anhaltspunkte knüpft eine Rechtswahl an „bestimmte Vertragstypen" bzw. die „charakteristische Leistung" bzw. die „engste Verbindung" (i.S. von Art. 4 ROM I-VO) objektiv an (s. Rz. 2374 ff.).

481 Liegt etwa ein englischsprachiger Vertrag vor und ist die Anwendung deutschen Rechts von den Parteien gewollt, so müssen sie dies entweder ausdrücklich festlegen oder hinreichend bestimmt in dem Vertrag kenntlich machen – etwa durch Häufung von eindeutig auf eine Rechtsordnung verweisenden Indizien[3] – da sie ansonsten den Auslegungsgrundsätzen des Art. 4 ROM I-VO „ausgeliefert" sind (s. Rz. 2361).

482 Ist eine Vertragssprache gewählt, so müssen sich die Lizenzvertragsparteien darüber im Klaren sein, dass alle Auslegungen in Orientierung an dieser Sprache erfolgen und dass sie u.U. dem Risiko sprachlicher Missverständnisse ausgeliefert sind („**Sprachrisiko**")[4]. Die Vertragsparteien haben demnach die Folgen zu tragen, wenn sie den Inhalt des Vertrages nicht oder nicht richtig verstanden haben[5].

483 Vor allem aber kann das auf die gewählte Vertragssprache bezogene Rechtsverständnis von dem der gewählten Rechtsordnung abweichen. Dies kann etwa dann der Fall sein, wenn der Vertrag in der international üblichen englischen Vertragssprache gefasst ist, die Parteien aber ausdrücklich z.B. deutsches Recht gewählt haben[6]. Zwar bestimmt **Art. 12 Abs. 1 Nr. 1 ROM I-VO**, dass das für den Vertrag **maßgebende Recht** auch über seine

---

1 Vgl. *Döser*, NJW 2000, 1451, 1452 m.w.N.

2 *BGH* v. 25.9.1997, RIW 1998, 318, 319; *OLG München* v. 25.1.1996, NJW-WettbR 1996, 180, 181 – aliseo; *Martiny* in Reithmann/Martiny, Internationales Vertragsrecht, Rz. 126.

3 Vgl. dazu *BGH* v. 26.7.2004, NJW-RR 2005, 206, 208.

4 *Henn*, § 31 Rz. 484.

5 Vgl. dazu *Henn*, § 31 Rz. 484 m.w.N.; *Martiny* in Reithmann/Martiny, Internationales Vertragsrecht, Rz. 274 ff.; *OLG Bremen*, AWD 1974, 104; *LG Köln* v. 16.4.1986, WM 1986, 821; *BGH* v. 10.3.1983, BGHZ 87, 112, 115 = RIW 1983, 454.

6 S. zu diesem Problemkreis *Triebel/Balthasar*, NJW 2004, 2189 ff.

Auslegung und die hierfür vorgegebenen Auslegungsregeln **entscheidet**[1]. Dies schließt aber nicht aus, dass dabei auch die der gewählten Vertragssprache zugrunde liegenden Rechtsvorstellungen einbezogen werden[2], s. auch Rz. 472.

Helfen kann bei einem solchen Auseinanderfallen von Vertragssprache und Rechtswahl nur, im Vertrag selbst die wesentlichen **Begriffe** zu **definieren** und ggf. klarzustellen, dass bei unterschiedlichem Verständnis bestimmter Begriffe das Verständnis nach der getroffenen Rechtswahl maßgebend sein soll[3]. Dies kann mit folgender **Klausel** erreicht werden:

„This Agreement and its terms shall be construed according to German law. If the English legal meaning differs from the German legal meaning of this Agreement and its terms, the German meaning shall prevail."[4]

Frei. 484–486

b) Die Bedeutung der Präambel

Diese Auslegungsgrundsätze verdeutlichen, wie wichtig es sein kann, dass die Vertragspartner gegebenenfalls in der Präambel des Vertrages die Vorgeschichte des Zustandekommens des Vertrages ebenso eindeutig darlegen wie auch den wirtschaftlichen Zweck des Vertrages (seine Zielsetzung), die Schutzrechtslage und den Stand der technischen Entwicklung. 487

Auf diese Weise kann die Präambel im Rahmen der historischen und teleologischen Auslegung herangezogen werden[5]. Der Inhalt der Präambel wird **auch Inhalt des Vertrages**[6] mit der Folge, dass diese die Auslegung des Vertrages nach §§ 133, 157 BGB (mit-)bestimmt. 488

Weitere Folge ist, dass sich bei Aufnahme von Zweck und Motiven des Vertragsschlusses in die Präambel Fragen des Wegfalls bzw. der Störung der Geschäftsgrundlage (s. Rz. 544 ff.) vielfach leichter klären lassen, da insoweit die wesentlichen subjektiven Vorstellungen der Vertragsparteien festgelegt werden[7].

So hat sich der *BGH* in seiner Entscheidung vom 4.11.2000[8] ausdrücklich für die **Anwendbarkeit der Grundsätze des Wegfalls der Geschäftsgrundlage auf die Anpassung einer Mindestlizenzgebühr** entschieden. Denn die Höhe 489

---

1 Vgl. *BGH* v. 24.11.1998, NJW-RR 1990, 248.
2 Vgl. *BGH* v. 2.12.1991, NJW-RR 1992, 423, 425.
3 *Triebel/Balthasar*, NJW 2004, 2189, 2196.
4 So *Triebel/Balthasar*, NJW 2004, 2189, 2196.
5 S. auch *BGH* v. 7.3.1996, NJW-RR 1996, 1120.
6 *Pilger*, BB 2000, 368.
7 Zur subjektiven Geschäftsgrundlage s. Palandt/*Grüneberg*, BGB, § 313 Rz. 3.
8 *BGH* v. 4.11.2000, GRUR 2001, 223 ff. – Bodenwaschanlage, in Fortsetzung von *BGH* v. 15.3.1973, BGHZ 60, 312 = GRUR 1974, 40 = NJW 1973, 1238, 2109 – Bremsrolle.

einer Mindestlizenzgebühr könne von gemeinsamen oder von zumindest einem Vertragspartner erkennbaren Umständen beeinflusst gewesen sein, die sich an den zum Zeitpunkt des Vertragsabschlusses zu erzielenden Preisen und den voraussichtlich zu diesen Preisen umzusetzenden Mengen orientierten[1]. Ein solcher Ausgangspunkt könnte in der Präambel festgehalten werden.

490 Handelt es sich bei der zwischen den Vertragsparteien abgeschlossenen Vereinbarung um einen **Lizenzaustauschvertrag** (s. Rz. 1644 ff.), bei dem die Parteien von der Gleichwertigkeit der auszutauschenden Leistungen ausgehen, empfiehlt es sich, in die Präambel diesen Aspekt aufzunehmen, um in den Fällen ein „Anpassungsrecht" nach den Grundsätzen der Störung der Geschäftsgrundlage begründen zu können, in denen die Gleichwertigkeit der Leistungen von vornherein nicht gegeben ist oder – etwa durch vorzeitigen Wegfall eines der lizenzierten (wesentlichen) Schutzrechte – beendet wird.

491 Wird in der Präambel das Zustandekommen des Vertrages beschrieben, so hat dies für den **Lizenznehmer** zur Folge, dass er bei einer **Anfechtung** wegen arglistiger Täuschung (§ 123 BGB) die **Beweislast** dafür trägt, dass dem Lizenzgeber über diese Darstellung hinausgehende Tatsachen bei Vertragsabschluss bekannt waren[2].

492 Der in der Präambel niedergelegte Vertragszweck bzw. die zum Ausdruck kommenden Absichten der Lizenzvertragsparteien können auch Ausgangspunkt für die (ggf.) durch Auslegung zu klärende Frage sein, ob und inwieweit auch Verfahrensansprüche des Lizenzpatents vom Lizenzvertrag erfasst sind, oder nur ein Vorrichtungsanspruch lizenziert wurde[3].

493–494 Frei.

6. Nichtigkeit des Lizenzvertrages

495 Wie jeder andere Vertrag kann auch der Lizenzvertrag wegen eines Verstoßes gegen §§ 134, 138 BGB nichtig sein oder durch Anfechtung seitens des Lizenzgebers oder -nehmers entfallen. Die Abwicklung unwirksamer Lizenzverträge erfolgt nach Bereicherungsrecht (s. hierzu die Ausführungen zur Rückabwicklung formnichtiger Lizenzverträge Rz. 425 ff.)[4].

1 *BGH* v. 4.11.2000, GRUR 2001, 223, 226 – Bodenwaschanlage.
2 *BGH* v. 11.5.2001, NJW 2001, 2326; vgl. auch *BGH* v. 31.10.2002, NJW 2003, 754.
3 *BGH* v. 23.7.2009 – Xa ZR 146/07, Rz. 10 ff. (juris).
4 S. auch *Mes*, PatG, § 15 Rz. 86.

a) Die Nichtigkeitstatbestände

496 Verstößt der Lizenzvertrag gegen die **guten Sitten (§ 138 BGB)** oder gegen ein **gesetzliches Verbot (§ 134 BGB)**, so ist der Vertrag nichtig. Diese Rechtsfolge wird nur in besonders gelagerten Fällen aktuelle Bedeutung erlangen[1].

aa) Nichtigkeit nach § 138 BGB

497 Unter gewissen Umständen kann ein Lizenzvertrag wegen eines Verstoßes gegen die guten Sitten gemäß § 138 BGB nichtig sein. Bei der Bewertung eines Lizenzvertrages als sittenwidrig muss jedoch beachtet werden, dass Lizenzverträge meist **gewagte Geschäfte** (s. dazu Rz. 25) sind, die für beide Seiten gewisse Risiken bergen[2]. Jeder Vertragsteil muss die Chancen und Risiken des Geschäfts selbst abwägen[3]. Aus diesem Grund wird eine Nichtigkeit nach § 138 BGB nur in Ausnahmefällen in Betracht kommen[4].

498 Die Sittenwidrigkeit eines Rechtsgeschäfts kann entweder aus seinem Inhalt oder dem Gesamtcharakter hergeleitet werden[5]. Die Bestimmung der Sittenwidrigkeit richtet sich dabei nach von Lehre und Rechtsprechung entwickelten Fallgruppen[6]. So verstoßen beispielsweise solche Vereinbarungen gegen die guten Sitten und sind nach § 138 BGB nichtig, die von Arbeitnehmern, Bevollmächtigten oder sonstigen Vertretern einer Partei im Einverständnis mit dem Vertragsgegner zum eigenen Vorteil „hinter dem Rücken" des Geschäftsherrn/Arbeitgebers und zu dessen Schaden getroffen werden[7]. Gleiches gilt, wenn der Arbeitnehmer im (kollusiven) Zusammenwirken mit dem Vertragspartner zu dessen Vorteil seinen Arbeitgeber durch Täuschung zum Abschluss eines nachteiligen Vertrages veranlasst[8]. Selbst wenn mit einem Lizenzvertrag Aspekte einer Steuerhinterziehung verbunden sind (s. Rz. 519), verstößt ein solches Rechtsgeschäft allerdings regelmäßig nicht gegen § 138 BGB, es sei denn, dies ist der Hauptzweck des Vertrages[9].

499 Vom Vorliegen des **Wuchertatbestandes** nach **§ 138 Abs. 2 BGB** wird wegen der sehr engen tatbestandlichen Voraussetzungen nur in Ausnahmefällen auszugehen sein. Ein Rechtsgeschäft kann als wucherähnlich gegen § 138

---

1 S. *Ohl*, GRUR 1992, 77, 78.

2 *RG* v. 5.12.1893, RGZ 33, 103, 104; *BGH* v. 5.7.1960, GRUR 1961, 27, 28; Benkard/*Ullmann*, PatG, § 15 Rz. 31 u. 158; vgl. auch *BGH* v. 17.3.1961, GRUR 1961, 466, 468.

3 *RG* v. 23.4.1932, GRUR 1932, 865, 867.

4 Vgl. *Bartenbach/Volz* in Formularsammlung zum gewerblichen Rechtsschutz und Urheberrecht (1998), S. 173.

5 Palandt/*Ellenberger*, BGB, § 138 Rz. 7.

6 Ausführlich hierzu u.a. Palandt/*Ellenberger*, BGB, § 138 Rz. 77 ff.

7 *BGH* v. 18.2.2003, BauR 2004, 337 zum Software-Lizenzvertrag.

8 *BGH* v. 17.5.1988, NJW 1989, 26, bestätigt durch *BGH* v. 18.2.2003, BauR 2004, 337.

9 Palandt/*Ellenberger*, BGB, § 138 Rz. 44.

Abs. 2 BGB verstoßen, wenn ein Partner die Unterlegenheit des anderen in wirtschaftlicher Hinsicht oder dessen marktwirtschaftliche Unerfahrenheit oder eine Notlage dazu ausnutzt, sich Vermögensvorteile gewähren zu lassen, die in einem **auffälligen Missverhältnis zur Gegenleistung** stehen, und wenn sich der überlegene Teil mindestens leichtfertig der Erkenntnis verschließt, dass der andere sich nur wegen seiner schwächeren Lage auf den ungünstigen Vertrag einlässt[1]. Der Umstand allein, dass die Gewinn- und Verlustaussichten sehr ungleich verteilt sind und dies zum wirtschaftlichen Zusammenbruch des Lizenznehmers führen kann, begründet noch keine Sittenwidrigkeit[2]. Grundsätzlich kann das Ergebnis einer für die eine Vertragspartei kaufmännisch wenig erfolgreichen Verhandlung nicht dazu genutzt werden, gestützt auf § 138 BGB die Beseitigung des Verhandlungsergebnisses zu erreichen.

500 Eine Sittenwidrigkeit kann bei einem Lizenzvertrag dann gegeben sein, wenn unter **Ausnutzung der marktwirtschaftlichen Unerfahrenheit** des Lizenznehmers dieser kurzfristig Mindestlizenzgebühren für die gesamte Vertragsdauer im voraus zahlen muss und die dadurch gewährte Nutzung des Schutzrechtes bereits im Zeitpunkt des Vertragsschlusses erheblich weniger wert ist[3], **oder** der Lizenzgeber den Lizenznehmer in einer **Zwangslage** dazu nötigt, einen unangemessenen, bei weitem überhöhten Preis für die Lizenzhingabe zu zahlen. Eine solche Zwangssituation kann sich für den Lizenznehmer noch nicht allein daraus ergeben, dass er zur Fortführung seines Unternehmens auf eine bestimmte Lizenznahme angewiesen ist (s. etwa für den Fall der Abhängigkeit Rz. 1539 ff.). Auch sonstige übermäßige Belastungen des Lizenznehmers, wie etwa die Verpflichtung, seine sämtlichen zukünftigen Erfindungen auf dem Vertragsgebiet dem Lizenzgeber kostenlos zu überlassen, können zur Nichtigkeit des Vertrages führen, sofern nicht derartige Regelungen bereits nach § 1 GWB bzw. Art. 101 AEUV (ex-Art. 81 EG) kartellrechtlich unzulässig sind (§ 134 BGB).

501 **Maßgeblicher Zeitpunkt** für die Beurteilung der Sittenwidrigkeit ist derjenige der **Vornahme des Rechtsgeschäfts**[4]. Entwickeln sich die wirtschaftlichen Verhältnisse später anders als beiderseits erwartet, so wird ein Vertrag nicht dadurch sittenwidrig, dass nachträglich ein Missverhältnis zwischen Leistung und Gegenleistung entsteht[5].

---

1 *BGH* v. 14.7.1969, DB 1969, 2083; *BGH* v. 25.10.1979, NJW 1980, 445, 446; *BGH* v. 16.2.1994, NJW 1994, 1475, 1476; Palandt/*Ellenberger*, BGB, § 138 Rz. 34.

2 *BGH* v. 6.4.1995, ZIP 1995, 1021, 1026 = WM 1995, 1155, 1159 f. = BGHZ 129, 236, 241 f. – EKV.

3 *BGH* v. 6.4.1995, ZIP 1995, 1021, 1026.

4 *BGH* v. 15.4.1987, BGHZ 100, 353, 359 f.; *BGH* v. 28.2.1989, BGHZ 107, 92, 96 f. jeweils m.w.N.

5 *BGH* v. 15.4.1987, BGHZ 100, 353, 359 f.; *BGH* v. 28.2.1989, BGHZ 107, 92, 96 f. jeweils m.w.N.; *BGH* v. 6.4.1995, ZIP 1995, 1021, 1026.

bb) Nichtigkeit nach § 134 BGB

Vollständige oder teilweise Nichtigkeit eines Lizenzvertrages wegen eines **Verstoßes gegen ein gesetzliches Verbot (§ 134 BGB)** kann im Zweifel bei Verstößen gegen die Ordnungsbestimmungen des **Kartellrechts** (vgl. §§ 1 ff. GWB) angenommen werden, soweit sich nicht aus dem Gesetz etwas anderes ergibt (vgl. etwa Art. 101 Abs. 3 AEUV [ex-Art. 81 Abs. 3 EG] und § 2 GWB). Im Zweifel ist das gesamte Rechtsgeschäft nichtig. 502

Bei Abfassung eines Lizenzvertrages sollte daher mit besonderer Sorgfalt geprüft werden, ob und ggf. in welchem Umfang einzelne Vorschriften des Lizenzvertrages gegen geltendes zwingendes Recht verstoßen könnten. Dies gilt umso mehr, als die Bewertung der Zulässigkeit kartellrechtlich relevanter Klauseln den Vertragsparteien selbst obliegt[1] (s. Rz. 725, 775). 503

Für den Gesetzesverstoß genügt die **objektive Erfüllung des Tatbestandes des Verbotsgesetzes**[2], ein Verschulden ist nicht erforderlich[3]. Das Gesetzesverbot muss bereits im Zeitpunkt des Vertragsabschlusses bestanden haben[4]; fällt es nachträglich weg (vgl. etwa § 34 GWB a.F. und dazu Rz. 418 ff.), bedarf es gemäß § 141 BGB der bestätigenden Neuvornahme des nichtigen Rechtsgeschäfts[5]. Erforderlich ist, dass die Vertragsparteien die Nichtigkeit des Rechtsgeschäfts kennen oder zumindest Zweifel an seiner Rechtsbeständigkeit haben[6]. Ggf. kann ein solcher Bestätigungswille auch in der fortgesetzten beiderseitigen Erfüllung der vertraglichen Pflichten zu sehen sein[7]. 504

Bei internationalen Lizenzverträgen kommt hinzu, dass wegen des **ordre public** zwingende Normen des jeweiligen nationalen Rechts und nicht nur das für den Lizenzvertrag als anwendbar vereinbarte Recht Geltung besitzen. Stets kommen die zwingenden Vorschriften, die unabdingbar entsprechend der jeweiligen nationalen Rechtsordnung gelten, zur Anwendung. Sie überlagern die nach internationalem Privatrecht an sich zulässigen Vereinbarungen über die Geltung eines bestimmten materiellen und formellen Rechts (vgl. Art. 6 EGBGB, Art. 9 ROM I-VO, s. dazu Rz. 2344, 2369 ff.). 505

Soweit **Schiedsabreden** auch für den Fall der Unwirksamkeit des Hauptvertrages Geltung haben sollen (s. Rz. 3056 f.), ist deren Rechtswirksamkeit 506

---

1 Vgl. die zum 1.5.2005 in Kraft getretene Kartellverfahrensordnung, VO Nr. 1/2003 (s. hierzu Rz. 758 ff.). Zur Nichtigkeit wettbewerbsbeschränkender Abreden s. *EuGH* v. 11.12.2003, NJW 2004, 131.

2 *BGH* v. 11.12.1991, BGHZ 116, 276 u. *BGH* v. 25.3.1993, BGHZ 122, 122.

3 Palandt/*Ellenberger*, BGB, § 134 Rz. 12a.

4 *BayObLG* v. 20.2.2002, BB 2002, 908.

5 *BGH* v. 2.2.1999, GRUR 1999, 776 u. *BGH* v. 9.3.1999, GRUR 1999, 602.

6 Palandt/*Ellenberger*, BGB, § 141 Rz. 6; *Busche* in MünchKomm. BGB, § 141 Rz. 14 jeweils m.w.N.

7 *BGH* v. 6.5.1982, NJW 1982, 1981, 1982; Soergel/*Hefermehl*, BGB, § 141 Rz. 3.

gesondert zu überprüfen. So kann eine darin enthaltene Regelung, nach der der von einer Vertragspartei benannte Schiedsrichter zur alleinigen Entscheidung berechtigt sein soll, wenn die andere Partei innerhalb der vertraglich bestimmten Frist keinen Schiedsrichter benennt, unwirksam sein[1] (s. auch Rz. 3039 ff., 3003 f.).

b) Anfechtungstatbestände

507 Grundsätzlich sind im Bereich des Lizenzvertragsrechts sowohl eine Anfechtung wegen arglistiger Täuschung oder Drohung gemäß **§ 123 BGB** als auch eine Anfechtung wegen Erklärungs- oder Inhaltsirrtums gemäß **§ 119 BGB** denkbar. Darüber hinaus besteht die Möglichkeit einer Anfechtung wegen falscher Übermittlung nach **§ 120 BGB**. Eine bloße Anfechtbarkeit lässt bis zur Erklärung der Anfechtung die Wirksamkeit des Vertrages unberührt[2].

508 **Rechtsfolge einer erfolgten Anfechtung** ist gemäß **§ 142 Abs. 1 BGB** grundsätzlich die rückwirkende **Nichtigkeit des Rechtsgeschäfts**. Die wirksame Anfechtung schließt Ansprüche aus dem Vertrag aus, insbesondere den Anspruch auf Schadensersatz statt der Leistung[3]. Nach Auffassung des BGH[4] ist indes eine **rückwirkende Auflösung** von Lizenzverträgen bei einer Anfechtung regelmäßig **ausgeschlossen**.

aa) Anfechtbarkeit nach § 123 BGB

509 Ein Anfechtungsrecht für Lizenznehmer und Lizenzgeber kann sich nach arglistiger Täuschung oder aufgrund widerrechtlicher Drohung aus § 123 BGB ergeben.

Eine **arglistige Täuschung** im Sinne des **§ 123 Abs. 1 1. Alt. BGB** setzt eine Täuschung zum Zwecke der Erregung und Aufrechterhaltung eines Irrtums voraus[5]. Die Täuschung durch Vorspiegelung oder Entstellung von Tatsachen muss sich auf objektiv nachprüfbare Umstände beziehen[6]. Hierzu gehören auch Angaben über die Schutzrechtslage[7]. Jedoch muss der Hinweis auf angeblich bestehenden Patentschutz trotz noch nicht erteilten Patents nicht relevant sein, wenn paralleler Gebrauchsmusterschutz besteht[8].

510 Auch das bewusste Verschweigen von Tatsachen, durch das bei dem Vertragspartner ein Irrtum hervorgerufen oder aufrechterhalten wird, stellt ei-

---

1 *BGH* v. 5.11.1970, BGHZ 54, 392, 399.
2 Busse/*Keukenschrijver*, PatG, § 15 Rz. 88 m.H.a. *BGH* v. 1.10.1973 – I a ZR 171/63 – n.v.
3 Palandt/*Ellenberger*, BGB, § 142 Rz. 2.
4 *BGH* v. 13.7.1982 – X ZR 50/81 – Skiliegesitz, n.v.
5 Palandt/*Ellenberger*, BGB, § 123 Rz. 2.
6 *Armbrüster* in MünchKomm. BGB, § 123 Rz. 28.
7 Busse/*Keukenschrijver*, PatG, § 15 Rz. 88 n.w.H.
8 *BGH* v. 3.2.1998, GRUR 1999, 650, 651 f. – Krankenhausmüllentsorgungsanlage.

ne arglistige Täuschung dar, wenn – etwa aus vorangegangenem Tun – eine Rechtspflicht zur Offenbarung besteht[1]. Eine solche Pflicht kann auch bei Vertragsverhandlungen bestehen, selbst wenn die Verhandlungspartner gegensätzliche Interessen verfolgen. Der andere Teil ist über solche Umstände aufzuklären, die für seinen Entschluss von wesentlicher Bedeutung sind und über die er nach der Verkehrsauffassung redlicherweise Aufklärung erwarten darf[2].

Solches können beispielsweise dem Schutzrechtsinhaber bekannte eindeutige Vernichtungsgründe, Abhängigkeiten usw. sein. Allgemein sind insbesondere solche Umstände, die den Vertragszweck vereiteln oder erheblich gefährden können, ungefragt zu offenbaren[3]. Haftet der Know-how-Lizenzgeber für die technische Brauchbarkeit, nicht jedoch für die Fabrikationsreife und wirtschaftliche Verwertbarkeit, wird eine Aufklärungspflicht nur für den Fall angenommen, dass sein Know-how technisch unbrauchbar ist und er davon vor Vertragsschluss Kenntnis hatte, so dass Art und Umfang von bei anderen Lizenznehmern aufgetretenen Produktionsschwierigkeiten nicht vom Umfang seiner Offenbarungspflichten erfasst sein müssen[4]. Schließlich kann sich eine Aufklärungspflicht bei einem besonderen Vertrauensverhältnis ergeben, etwa aus einem vorangegangenen Lizenzverhältnis oder aus einer sonstigen langjährigen vertrauensvollen Geschäftsverbindung[5]. 511

Der Lizenzgeber muss den Lizenznehmer vor bzw. bei Vorvertragsabschluss ungefragt über die konkrete Schutzrechtslage aufklären und vor allem etwa offenbaren, dass verschiedene Patentanmeldungen für die zu lizenzierende Erfindung existieren, deren Anmelder nicht er (der Lizenzgeber – obgleich Erfinder –), sondern ein Dritter ist[6]. Die Position des eingetragenen Anmelders bzw. Patentinhabers ist einerseits von wichtiger Bedeutung (vgl. § 7 Abs. 1 PatG), andererseits sind Gefahren etwa aufgrund einer missbräuchlichen Ausübung dieser Rechtsposition mit negativen Auswirkungen auf den Bestand des lizensierten Schutzrechts denkbar[7]. Diese Aufklärungspflicht des Lizenzgebers besteht unabhängig davon, ob er ggf. gegenüber dem Dritten (Anmelder) aufgrund eines Auftrags-/Treuhandverhältnisses verfügungsberechtigt ist, da sich hieraus ebenfalls nega- 512

---

1 *BGH* v. 20.6.2005, BB 2005, 1985 – Aushändigung eines Lizenzvertrages; *BGH* v. 18.3.2003, GRUR 2003, 702, 703 – Gehäusekonstruktion; *LG München* v. 13.5.2009, InstGE 11, 134, Rz. 58.

2 *BGH* v. 20.6.2005, BB 2005, 1985 – Aushändigung eines Lizenzvertrages; *LG München* v. 13.5.2009, InstGE 11, 134, Rz. 58.

3 *LG München* v. 13.5.2009, InstGE 11, 134, Rz. 58 m.H.a. *BGH* v. 28.4.1971, NJW 1971, 1795, 1799 u. BGH v. 8.5.1980, NJW 1980, 2460, 2461.

4 *LG Düsseldorf* v. 16.3.2010, Düsseldorfer Entscheidung Nr. 1352 (www.duesseldorfer-archiv.de).

5 *BGH*, LM § 123 BGB Nr. 52.

6 *LG München* v. 13.5.2009, InstGE 11, 134, Rz. 59 ff.

7 *LG München* v. 13.5.2009, InstGE 11, 134, Rz. 62.

tive Auswirkungen für die reibungslose Lizenzvertragsdurchführung ergeben können[1].

513 Wird der Lizenznehmer bei den Vertragsverhandlungen vor Abschluss eines Lizenzvertrages vom Lizenzgeber über den für den Schutzumfang der zu lizenzierenden Rechte maßgebenden Stand der Technik **bewusst getäuscht**, weiß der Lizenzgeber also, dass z.B. der Stand der Technik für den Lizenznehmer von entscheidender Bedeutung ist, kommt es für die Anwendung von **§ 123 Abs. 1 1. Alt. BGB** darauf an, ob der Vertragspartner den Lizenzvertrag mit dem vereinbarten Inhalt auch in Kenntnis des verschwiegenen Standes der Technik geschlossen hätte[2]. Hier sind stets die besonderen Umstände des Einzelfalles entscheidend. So kann dem Lizenznehmer ein solches Anfechtungsrecht verwehrt sein, wenn ihm an Hand der überlassenen Unterlagen, etwa aus der Patentschrift, ersichtlich sein konnte, dass die Behauptungen des Lizenzgebers unzutreffend waren[3] bzw. er eine eigene Recherche zum Stand der Technik veranlassen konnte.

514 Bei Lizenzierung einer Patentanmeldung ist der Lizenzgeber u.a. zur **Offenbarung** gegenüber dem Vertragspartner verpflichtet, wenn zuvor ein (gravierender) **ablehnender Zwischenbescheid** des Patentamtes ergangen ist. Verschweigt der Lizenzgeber diese Tatsache gegenüber dem Lizenznehmer in der Annahme, dieser werde bei Kenntnis des ablehnenden Zwischenbescheides eine Lizenz an der Schutzrechtsanmeldung nicht oder nicht zu den gleichen Bedingungen erwerben, kann die Verletzung dieser Offenbarungspflicht eine Anfechtung wegen arglistiger Täuschung begründen[4]. Der Rechtsinhaber und zukünftige Lizenzgeber ist gehalten, seinen Vertragspartner auf alle wesentlichen Gesichtspunkte, die für den Inhalt des Lizenzvertrages maßgeblich sind, hinzuweisen, z.B. auf patenthinderndes Material[5]. Der *BGH*[6] hat eine Anfechtung wegen arglistiger Täuschung z.B. zugelassen, als ein Lizenzgeber den Lizenznehmer über die Zulässigkeit von Exporten der in Lizenz hergestellten Gegenstände täuschte. Auch hier ist aber stets zu berücksichtigen, inwieweit dem Lizenzinteressenten eigene Informationsquellen zur Verfügung stehen (vgl. etwa § 31 PatG).

515 Aus der Blickrichtung des Lizenzgebers kann der Tatbestand des § 123 Abs. 1 1. Alt BGB gegeben sein, wenn der **Lizenznehmer** im Zusammenhang mit dem Abschluss eines ausschließlichen Lizenzvertrages seine

---

1 *LG München* v. 13.5.2009, InstGE 11, 134, Rz. 65.
2 *BGH* v. 23.3.1982, BGHZ 83, 283, 291 – Hartmetallkopfbohrer.
3 Vgl. *BGH* v. 28.6.1957, GRUR 1958, 175, 176 f. – Wendemanschette.
4 *BGH* v. 23.3.1982, BGHZ 83, 283, 291 – Hartmetallkopfbohrer; *RG* v. 25.4.1938, GRUR 1938, 846, 848.
5 Busse/*Keukenschrijver*, PatG, § 15 Rz. 88 m.H.A. *OLG Düsseldorf* v. 24.9.1996 – 20 U 156/95, n.v.; *BGH* v. 23.3.1982, BGHZ 83, 283, 291 – Hartmetallkopfbohrer; vgl. auch die Tatbestände der Urteile des *RG* v. 19.11.1940, GRUR 1941, 99 u. RG v. 17.1.1923, MuW 1923, 153; *BGH* v. 4.3.1975, GRUR 1975, 598, 600 – Stapelvorrichtung.
6 *BGH* v. 4.3.1975, GRUR 1975, 598, 600 – Stapelvorrichtung.

Leistungsfähigkeit in fachlicher und/oder wirtschaftlicher Hinsicht in einem **völlig falschen Licht darstellt** und den Lizenzgeber dadurch veranlasst, durch ausschließliche Lizenzvergabe die volle Nutzungsberechtigung auf den Lizenznehmer zu übertragen, ohne hierfür eine dem Inhalt des Lizenzvertrages entsprechende angemessene wirtschaftliche Gegenleistung einzuhandeln[1].

Von einer **widerrechtlichen Drohung** i.S. des § 123 Abs. 1 2. Alt. BGB ist 516 bei In-Aussichtstellen eines künftigen Übels, das den Erklärenden in eine **Zwangslage** versetzt, zu sprechen[2]. Dabei kann sich der angedrohte Nachteil auf den Bedrohten selbst beziehen oder auf einen Dritten; er kann materieller oder ideeller Natur sein.

Die Widerrechtlichkeit der Drohung kann sich aus der Widerrechtlichkeit 517 des **Mittels** (Drohung mit rechtswidrigem Verhalten), des **Zwecks** (Rechtswidrigkeit des durch Drohung herbeigeführten Erfolgs) oder aus der **Zweck/ Mittel-Relation**[3] ergeben. Im letztgenannten Fall ist die Willensbeeinträchtigung durch Drohung widerrechtlich, wenn zwar Mittel und Zweck für sich betrachtet nicht verwerflich sind, aber ihre Kombination, d.h. der Einsatz dieses Mittels zu diesem Zweck, gegen das Anstandsgefühl aller billig und gerecht Denkenden verstößt[4], mithin wenn das Mittel im Verhältnis zum verfolgten Zweck unangemessen (inadäquat) ist.

Ob eine Drohung aufgrund eines unangemessenen Verhältnisses zwischen 518 benutztem Mittel und erstrebtem Zweck widerrechtlich ist, bestimmt sich durch eine **Gesamtabwägung** aller Umstände unter besonderer Berücksichtigung der Interessen des Bedrohten, als auch des Drohenden[5]. Vielfach entfällt die Widerrechtlichkeit der Drohung schon dann, wenn der Drohende einen Rechtsanspruch auf die Erklärung des Bedrohten hat[6]. Andererseits ist nicht allein deshalb von der Widerrechtlichkeit auszugehen, weil der Drohende keinen Rechtsanspruch hat[7], etwa dann, wenn ein sittlich begründetes Verlangen oder ein berechtigtes Interesse des Drohenden vorliegt[8].

Droht eine Lizenzvertragspartei im Rahmen von Vertragsverhandlungen 519 mit einer **Strafanzeige** – etwa wegen der Offenlegung einer Steuerhinterziehung für den Fall, dass der Lizenzvertrag nicht zu den für den Drohenden günstigeren Konditionen abgeschlossen wird –, so folgt aus den allgemei-

1 Vgl. zur wirtschaftl. Abhängigkeit des Lizenzgebers bei der ausschließlichen Lizenz *BGH* v. 26.3.2009, GRUR-RR 2009, 284 – Nassreiniger.
2 Palandt/*Ellenberger*, BGB, § 123 Rz. 15.
3 *BGH* v. 4.11.1982, NJW 1983, 384.
4 *BGH* v. 4.11.1982, NJW 1983, 384; *BAG* v. 20.11.1969, NJW 1970, 775.
5 *BGH* v. 3.2.1954, BGHZ 12, 217, 221.
6 *BGH* v. 23.9.1957 – VII ZR 403/56, BGHZ 25, 217.
7 *BGH* v. 14.6.1951, BGHZ 2, 287, 295; *BGH* v. 28.5.1969, NJW 1969, 1627; RGZ 102, 311, 314; RGZ 160, 40, 44.
8 Soergel/*Hefermehl*, BGB, § 123 Rz. 48.

nen Prinzipien, wie dem Verbot der Erzwingung von Rechtsgeschäften durch widerrechtliche Drohung[1], dass der Lizenzvertragspartner nicht unter Druck gesetzt werden darf. Hier ist anzunehmen, dass der Drohende weder ein Interesse an der Strafverfolgung hat, noch es ihm um eine Schadenswiedergutmachung geht. Die rechtsgeschäftliche Entscheidungsfreiheit des Einzelnen wird zwar nicht allgemein gegen jede Art von Beeinträchtigung durch eine Zwangslage geschützt, sondern nur gegen die rechtswidrige Beeinflussung durch eine widerrechtliche Drohung[2], die in diesem Fall wohl anzunehmen ist. Treten noch besondere Umstände zu der durch die widerrechtlichen Drohung bewirkten Willensbeeinträchtigung hinzu, die das Geschäft nach seinem Gesamtcharakter als sittenwidrig erscheinen lassen, kann § 138 BGB neben § 123 BGB anwendbar sein[3]. Gleiche Erwägungen werden wohl auch bei der Drohung mit der Offenlegung eines Kartellrechtsverstoßes heranzuziehen sein.

520 Ausdrücklich bejaht hat das *OLG Frankfurt*[4] den Tatbestand des § 123 Abs. 1 2. Alt BGB für den Fall, dass der **Lizenzgeber für Computersoftware eine Programmsperre aktiviert**, die bewirkt, dass die Nutzung der Software auf leistungsfähigerer Hardware unmöglich ist, und hierzu erklärt, zur Aufhebung der Sperre nur bereit zu sein, wenn der Lizenznehmer einer **Änderung des Lizenzverzeichnisses unter Vereinbarung einer neuen Lizenzgebühr** zustimmt.

521 Zu beachten ist, dass eine Anfechtung nach § 123 BGB dann nicht mehr in Betracht kommt, wenn die dem Getäuschten erbrachte Leistung zum **Zeitpunkt der Anfechtungserklärung** nicht mehr zu dessen Nachteil von der versprochenen Leistung abweicht[5]. Ein solcher Fall kann nach Ansicht des *BGH* etwa vorliegen, wenn aufgrund der nachträglichen Erteilung eines Patents der vom Lizenznehmer begehrte Schutzstandard nunmehr erreicht wird, nachdem der Lizenzgeber den Lizenznehmer zunächst über die Erteilung des Patents und damit die Reichweite des lizenzierten Rechts getäuscht hatte[6].

522 Bei den Anfechtungstatbeständen nach § 123 BGB sei auf die **kurze Anfechtungsfrist des § 124 BGB** verwiesen. Hiernach beginnt im Falle der arglistigen Täuschung die **einjährige Anfechtungsfrist** mit dem Zeitpunkt, in welchem der Anfechtungsberechtigte die Täuschung entdeckt und im Fall der Drohung mit dem Zeitpunkt, in welchem die Zwangslage aufhört.

---

1 *Rieble*, RdA 2005, 200, 211.
2 *BAG* v. 16.2.1983, DB 1983, 1603 f. m.w.N.
3 Vgl. *BGH* zur Bürgschaftserklärung aus Furcht vor einer Strafanzeige gegen nahe Angehörige, BGH v. 7.6.1988, NJW 1988, 2599, 2601.
4 *OLG Frankfurt* v. 14.12.1999, CR 2000, 146 ff.: Unwirksamkeit einer Zustimmung zur Software-Lizenzvertragsänderung nach angedrohter Programmsperre.
5 *BGH* v. 15.12.1976, MDR 1977, 388.
6 *BGH* v. 3.2.1998, WRP 1998, 618, 620 – Krankenhausmüllentsorgungsanlage.

Schließlich kann die Anfechtung des Lizenzvertrages wegen eines Verstoßes gegen **Treu und Glauben** (§ 242 BGB) ausgeschlossen sein. Das ist z.B. dann der Fall, wenn die Leistung, die der Getäuschte erhalten hat, im Anfechtungszeitpunkt im Ergebnis nicht mehr nachteilig von der ihm versprochenen abweicht, er mithin erhalten hat, was er auch seiner irrigen Vorstellung nach erwarten durfte[1]. 523

bb) Anfechtbarkeit nach § 119 BGB

In der Praxis zahlreicher sind die Fälle einer Anfechtbarkeit nach § 119 BGB. Hier liegt der Anfechtungsgrund darin, dass der erklärende Vertragspartner sich über den Inhalt seiner Erklärung irrte (**Inhaltsirrtum**) oder eine Erklärung dieses Inhalts überhaupt nicht abgeben wollte (**Erklärungsirrtum**). 524

Bedeutsam ist, dass eine Anfechtung wegen eines bloßen **Motivirrtums** (Irrtum über den Beweggrund) – wozu auch der Kalkulationsirrtum gehört – grundsätzlich ausgeschlossen ist. Nach der Auffassung des *RG* ist beispielsweise der Irrtum eines Lizenznehmers über den Schutzumfang des lizenzierten Patentes ein nach § 119 BGB unbeachtlicher Motivirrtum, wenn die Vertragspartner vor Abschluss des Vertrages erkennbar von unterschiedlichen technischen Auslegungen ausgegangen sind[2]. Lediglich dann, wenn – dem nicht irrenden Lizenzgeber erkennbar – aus der Sicht des Lizenznehmers ein bestimmter von ihm angenommener Schutzumfang des zu lizenzierenden Schutzrechtes Grundlage des Vertrages sein sollte, ist eine solche Anfechtbarkeit zuzulassen. 525

Gleiches gilt dann, wenn der Lizenznehmer unter denselben Voraussetzungen von einer bestimmten Gewinnmöglichkeit ausgegangen ist. Zu Recht legen allerdings die Gerichte an die **Darlegungs- und Beweislast** des Anfechtungserklärenden sehr strenge Maßstäbe an. Denn gerade die Frage der Wirtschaftlichkeit eines Lizenzvertrages soll grundsätzlich das dem anderen Vertragspartner nicht anlastbare Risiko desjenigen sein, der hier von bestimmten Vorstellungen ausgeht (s. Rz. 524 ff.). Bleibt im Einzelfall ein vom Lizenznehmer erhoffter wirtschaftlicher Erfolg aus, so gibt ihm dies keine Möglichkeit, sich wieder vom Vertrag zu lösen[3].

In den Fällen der §§ 119, 120 BGB muss die Anfechtung **unverzüglich**, d.h. ohne schuldhaftes Zögern, erfolgen, nachdem der Anfechtungsberechtigte von dem Anfechtungsgrund Kenntnis erlangt hat (**§ 121 BGB**). „Unverzüg- 526

---

1 *LG München* v. 13.5.2009, InstGE 11, 134, Rz. 81 m.H.a. *BGH* v. 3.2.1998, GRUR 1998, 650, 652 – Krankenhausmüllentsorgungsanlage.

2 Vgl. *RG* v. 22.5.1937, GRUR 1938, 567, 570 – Radio-Auto; *RG* v. 3.10.1934, GRUR 1935, 102, 104.

3 So schon *RG* v. 1.3.1911, RGZ 75, 400, 403; s. auch *BGH* v. 26.11.1954, GRUR 1955, 338, 340 u. *BGH* v. 15.6.1951, GRUR 1951, 471, 473 – Filmverwertungsvertrag.

lich" bedeutet nicht sofort[1]. Dem Anfechtungsberechtigten steht eine Frist zur Überlegung und Prüfung zu, die nach den Umständen des Einzelfalls zu bewerten ist[2]. Soweit es erforderlich ist, darf er sich insbesondere den Rat eines Rechtskundigen einholen[3].

527 Zu beachten bleibt die Schadensersatzpflicht des Anfechtenden gemäß **§ 122 BGB**, wonach der Anfechtende seinem Vertragspartner den Schaden zu ersetzen hat, den dieser dadurch erleidet, dass er auf die Gültigkeit der Erklärung vertraut hat (insbesondere Beratungs- oder Reisekosten). Der hier zu ersetzende **Vertrauensschaden** geht jedoch nicht über den Betrag des Interesses hinaus, welches der Anfechtungsempfänger an der Gültigkeit der Erklärung hat. Der Vertrauensschaden umfasst also das so genannte **negative Interesse**, d.h. der Anfechtungsempfänger ist so zu stellen, wie er gestanden hätte, wenn die angefochtene Erklärung niemals abgegeben worden wäre.

528–529 Frei.

7. Haftung für nachträgliche Unmöglichkeit (§ 280 Abs. 1 und 3, § 283 BGB), für Nebenpflichtverletzungen (§§ 280 ff. ggf. i.V.m. § 241 Abs. 2 BGB); Störung der Geschäftsgrundlage (§ 313 BGB)

a) Nachträgliche Unmöglichkeit der Leistung und Verzug

530 Kommt **nach Abschluss** des Lizenzvertrages einer der Vertragspartner seinen Leistungspflichten nicht nach, stehen dem betroffenen Partner verschiedene rechtliche Möglichkeiten zur Verfügung:

Wie schon hervorgehoben, unterliegt der Lizenzvertrag den allgemeinen Vorschriften des BGB über Schuldverhältnisse, also auch den Bestimmungen der §§ 280 ff. BGB. Im Mittelpunkt des allgemeinen Leistungsstörungsrechts steht **§ 280 Abs. 1 Satz 1 BGB**, der als einheitlicher Haftungstatbestand – von der Sonderregelung in §§ 311a, 536a und 651f BGB abgesehen – die maßgebliche Anspruchsgrundlage für Schadensersatz bei vertraglichen Pflichtverletzungen und bei Pflichtverletzungen aus anderen (einseitigen oder gesetzlichen) Schuldverhältnissen ist[4].

---

1 *OLG Oldenburg* v. 30.10.2003, CR 2004, 298 ff.; *Armbrüster* in MünchKomm. BGB, § 121 Rz. 7; Soergel/*Hefermehl*, BGB, § 121 Rz. 7; Palandt/*Ellenberger*, BGB, § 121 Rz. 3; Erman/*Palm*, BGB, § 121 Rz. 3.

2 *BGH* v. 15.3.2005, NJW 2005, 1869.

3 *Armbrüster* in MünchKomm. BGB, § 121 Rz. 8; Soergel/*Hefermehl*, BGB, § 121 Rz. 7; Palandt/*Ellenberger*, BGB, § 121 Rz. 3; Erman/*Palm*, BGB, § 121 Rz. 3.

4 S. Amtl. Begr. in BT-Drucks. 14/6040, S. 135 zu § 280 BGB-E. Dort wird auch darauf hingewiesen, § 280 BGB greife damit „einen der zentralen Grundbegriffe des UN-Kaufrechts und der modernen Vertragsrechtsprinzipien auf, die ebenfalls auf einem zentralen Haftungstatbestand aufbauen (*Schlechtriem*, IHR 2001, 12 ff., 16; *Lando*, in: Grundmann/Medicus/Rolland, S. 61 ff., 70 f.)".

Bei nachträglicher Unmöglichkeit bzw. nachträglichem Unvermögen und anderen Fallgruppen der Unmöglichkeit kommt **§ 275 Abs. 1 BGB** zur Anwendung, der nach Abs. 4 auf die Vorschriften der § 280, §§ 283–285, § 311a, § 326 BGB verweist. § 280 Abs. 1, 3 und § 283 BGB enthalten die Voraussetzungen eines Schadensersatzanspruches statt der Leistung bei nachträglicher Unmöglichkeit. 531

Wird dem Schuldner eine lizenzvertragliche Hauptleistungspflicht i.S. von § 275 Abs. 1 BGB unmöglich, entfällt der Anspruch des Gläubigers auf Primärleistung des Schuldners. Die Rechte des Gläubigers bestimmen sich – über den Verweis des § 275 Abs. 4 BGB – nach den §§ 280, 283 bis 285, 311a und 326 BGB, wodurch der Schuldner seinen Anspruch auf Gegenleistung verliert (vgl. § 275 Abs. 4, § 326 Abs. 1 Satz 1 Halbs. 1 BGB).

Wird die Ausübung eines Lizenzrechtes unmöglich, ohne dass dies eine der Lizenzvertragsparteien zu vertreten hat, so werden beide von ihren Pflichten frei: der Lizenznehmer nach § 275 Abs. 4, § 326 Abs. 1 Satz 1 Halbs. 1 BGB, der Lizenzgeber nach § 275 Abs. 1 BGB. Aufgrund des Nichtverschuldens des Lizenzgebers kann der Lizenznehmer keinen Schadensersatzanspruch nach § 275 Abs. 4, §§ 280, 283 BGB geltend machen. Sollte der Lizenznehmer seiner Leistungspflicht bereits nachgekommen sein, obwohl er nach § 326 Abs. 1 BGB nicht mehr hätte leisten müssen, hat er einen Anspruch auf Rückzahlung seiner bereits gezahlten Lizenzgebühren nach § 326 Abs. 4 i.V.m. §§ 346–348 BGB. 532

Bei **Teilunmöglichkeit** i.S. des § 326 Abs. 1 Satz 1 Halbs. 2 BGB kommt es zu einer Minderung nach den Vorschriften des Kaufrechts i.S. von § 441 Abs. 3 BGB, d.h. der Umfang, in dem der Gläubiger leistungsfrei wird, richtet sich im Folgenden nach diesen Regelungen, und zwar nach den Wertverhältnissen im Zeitpunkt des Vetragsabschlusses[1]. Das in diesem Zusammenhang früher bestehende Recht zur außerordentlichen Kündigung wurde nicht ins neue BGB übernommen. *Groß*[2] hält es dennoch über § 313 Abs. 3 Satz 2, § 314 BGB für herleitbar. Diese Gesetzesvorgabe ist individualrechtlich abdingbar[3]. 533

In Literatur und Rechtsprechung besteht Einigkeit, dass bei einem Lizenzvertrag als **Dauerschuldverhältnis** (s. Rz. 38) ein den Vertrag mit rückwirkender Kraft zur Auflösung bringendes **Rücktrittsrecht ausgeschlossen** ist, wenn der Lizenzvertrag einmal zur Durchführung gelangt ist[4]. Dieses Rücktrittsrecht besteht nur vor Ausführung des Lizenzvertrages[5]. Bei ei- 534

1 Palandt/*Grüneberg*, BGB, § 326 Rz. 5 m.H.a. *BGH* v. 10.6.2005, NZM 2005, 755.
2 *Groß*, Rz. 84.
3 *BGH* v. 13.1.2011, NJW 2011, 756, Rz. 16.
4 *BGH* v. 22.5.1959, GRUR 1959, 616, 617 – Metallabsatz; *BGH* v. 13.7.1982 – X ZR 50/81 – Skiliegesitz, n.v.; Benkard/*Ullmann*, PatG, § 15 Rz. 165 m.w.N.
5 Benkard/*Ullmann*, PatG, § 15 Rz. 165 m.w.N.

nem durchgeführten Lizenzvertrag wird nur ein **Kündigungsrecht** mit Wirkung für die Zukunft zuerkannt[1].

535 Die Haftung richtet sich nach der generellen Haftungsnorm des § 280 BGB, wobei der **Verzugsschaden nach § 280 Abs. 2, § 286 BGB** ersetzt wird. Neben der Fälligkeit (§ 271 BGB) erfordert der Verzug im Grundsatz eine **Mahnung** des Gläubigers (§ 286 Abs. 1 Satz 1 BGB), d.h. die erst nach Fälligkeit mögliche (formlose) Aufforderung an den Schuldner, die geschuldete Leistung (z.B. Lizenzgebührenzahlung) zu erbringen. Die Mahnung ist allerdings in den Fällen des § 286 Abs. 2 BGB entbehrlich. Das Vertretenmüssen (§§ 276 bis 278 BGB) ist keine Verzugsvoraussetzung. Aus § 286 Abs. 4 BGB folgt, dass es Sache des Schuldners ist, ein fehlendes Vertretenmüssen einzuwenden und den entsprechendem Entlastungsbeweis zu führen.

536 Kommt der Lizenznehmer mit seiner Lizenzgebührenpflicht in **Schuldnerverzug**, so finden die gesetzlichen Vorschriften über **Verzugszinsen** Anwendung; diese bestimmen sich nach §§ 286, 288 BGB, § 352 HGB.

537 Im Lizenzvertragsrecht kann es zur Situation des **Annahmeverzuges** kommen, wenn der Gläubiger einer Leistung diese nicht annimmt **(§ 293 BGB)**. Der Annahmeverzug des Gläubigers setzt grundsätzlich ein tatsächliches Anbieten der Leistung durch den Schuldner voraus (§ 294 BGB). Ausnahmsweise genügt ein sog. wörtliches Angebot, wenn der Gläubiger dem Schuldner erklärt hat, er werde nicht annehmen, oder wenn das Bewirken der Leistung ein Mitwirken des Gläubigers erfordert (§ 295 BGB). Letzteres liegt vor, wenn eine Lizenzvertragspartei als Gläubiger die Sache abzuholen hat (§ 295 Satz 1 BGB). Das gilt beispielsweise auch dann, wenn eine Lizenzvertragspartei ein Bestimmungsrecht hat, z.B. ein Recht zur Auswahl der Leistung; dann reicht die Aufforderung des anderen Vertragsteils an den Bestimmungsberechtigten, die Auswahlentscheidung zu treffen, als wörtliches Angebot aus und bewirkt bei Ausbleiben den Annahmeverzug[2]. Solange ein Vertragspartner auf Vertragserfüllung besteht, muss er sich seinerseits vertragstreu verhalten[3]. Dies schließt aber nicht aus, die eigene Leistung nach § 320 BGB zurückzuhalten, sofern der Vertragspartner seinerseits erfüllungsbereit ist[4]. Das wirksame **Zurückbehaltungsrecht** hindert den Eintritt des Verzuges[5].

538 Den Parteien des Lizenzvertrages steht es frei, unabhängig von der gesetzlichen Regelung der §§ 280 ff., 286 BGB für den Verzug besondere Klauseln

---

1 *BGH* v. 22.5.1959, GRUR 1959, 616, 617 – Metallabsatz; *Pagenberg/Beier*, Muster 1, Rz. 57.

2 Vgl. *BGH* v. 4.7.2002, GRUR 2003, 982, 984 – Hotelvideoanlagen.

3 *RG* v. 26.2.1936, GRUR 1936, 940, 942.

4 Vgl. *BGH* v. 4.7.2002, GRUR 2003, 982, 984 – Hotelvideoanlagen, wonach einer Vertragspartei, die unbegründet einen Lizenzvertrag fristlos gekündigt hat und daran festhält, nicht die Einrede des nicht erfüllten Vertrages zusteht, wenn sie von der anderen Lizenzvertragspartei auf Erfüllung in Anspruch genommen wird.

5 *BGH* v. 14.7.1971, NJW 1971, 1747.

über ein Kündigungsrecht aus wichtigem Grund bzw. über die Zahlung einer Vertragsstrafe vorzusehen[1].

Frei. 539

b) Haftung für Nebenpflichtverletzungen

Im Rahmen einer Lizenzvertragsbeziehung treffen die Vertragspartner eine Reihe von lizenzvertraglichen Pflichten. Neben den Hauptleistungspflichten (s. dazu Rz. 1369 ff.) sind auch die **lizenzvertraglichen Nebenpflichten** von Bedeutung. Dazu zählen insbesondere die **Nebenpflichten des Lizenzgebers** zur Aufrechterhaltung des lizenzierten Schutzrechtes durch Zahlung der Amtsgebühren, die Pflicht, nicht auf das Schutzrecht zu verzichten, die Unterlassung der Vergabe weiterer Lizenzen bei einer ausschließlichen Lizenz; im Falle einer ausschließlichen Lizenz die **Nebenpflichten des Lizenznehmers** zur Ausübung, die Wahrung der vereinbarten Beschränkungen bzw. einer Geheimhaltungs- oder Rechnungslegungspflicht[2]. 540

Die Anspruchsgrundlage für einen Schadensersatzanspruch wegen Verletzung jeglicher Vertragspflicht ist der **generelle Haftungstatbestand des § 280 BGB**, weil nicht mehr zwischen Haupt- und Nebenpflichtverletzungen getrennt wird[3]. Dabei ist § 280 BGB eng mit § 241 Abs. 1 BGB verknüpft, da die Rücksichtnahmepflichten i.S. von § 241 Abs. 2 BGB, wie Schutz- und Obhutspflichten, ebenfalls zu den von den Lizenzvertragsparteien zu wahrenden Pflichten i.S. von § 280 BGB gehören. 541

Aus **§ 280 Abs. 3 BGB** ergibt sich, dass der Gläubiger **Schadensersatz statt der Leistung** nur unter den zusätzlichen Voraussetzungen des § 281, des § 282 oder des § 283 BGB verlangen kann. Hat der Schuldner die fällige Leistung nicht oder nicht wie geschuldet erbracht, so kann der Gläubiger Schadensersatz statt der Leistung nur unter den Voraussetzungen des § 280 Abs. 1 BGB verlangen, wenn er dem Schuldner erfolglos eine **angemessene Frist** zur Leistung oder Nacherfüllung bestimmt hat. Im Einzelfall kann die Fristsetzung entbehrlich sein. Hinsichtlich der Pflichten zur Unterlassung erfolgt im Lizenzvertragsrecht anstelle einer Fristsetzung eine Abmahnung. Nach § 281 Abs. 4 BGB ist der Anspruch auf Leistung ausgeschlossen, sobald der Gläubiger statt der Leistung Schadensersatz verlangt hat; bis zu diesem Zeitpunkt muss der Schuldner dem Gläubiger seine Bereitschaft zur Erfüllung seiner lizenzvertraglichen Pflichten signalisieren. Die Berechnung des Schadensersatzes erfolgt nach § 281 Abs. 5 BGB; der Schuldner ist zur Rückforderung des Geleisteten nach den §§ 346–348 BGB berechtigt. 542

1 S. hierzu *Lüdecke/Fischer*, Lizenzverträge, H 24 S. 624 ff.
2 So *Britta Bartenbach*, Mitt. 2003, 102, 108.
3 *Kindl*, WM 2002, 1313, 1322.

543 Maßgeblich ist ferner die Unterscheidung zwischen den **leistungsbezogenen Nebenpflichten** und den **bloßen Schutzpflichten**, die nicht leistungsbezogenen sind[1]. Da bei Schutzpflichtverletzungen i.S. von § 241 Abs. 2 BGB durch den Verweis des § 280 Abs. 2 BGB auf § 282 BGB das Erfordernis zur Fristsetzung durch ein Zumutbarkeitskriterium ersetzt wird, ist § 282 BGB diesbezüglich spezieller gegenüber der Vorschrift des § 281 BGB.

c) Störung der Geschäftsgrundlage

544 In Grenzfällen, bei denen die vorerwähnten Tatbestände und die daran anknüpfenden Rechtsfolgen nicht gegeben sind, kann dennoch die Entwicklung der Verhältnisse – bezogen auf die bei Vertragsabschluss von den Vertragspartnern gemeinsam vorausgesetzte Erwartung – zu einem **nicht vorhersehbaren Ungleichgewicht von Leistung und Gegenleistung** im Lizenzvertrag führen. In diesem Ausnahmefall ist zu überprüfen, ob der durch die Entwicklung der Verhältnisse belastete Vertragspartner unter dem Gesichtspunkt der **Störung oder** einer **Veränderung der Geschäftsgrundlage** eine Vertragsanpassung an die veränderten Verhältnisse nach § 313 Abs. 1 BGB verlangen kann (zu sog. Anpassungsklauseln s. Rz. 2322 ff.).

545 Gerade bei einem auf eine gewisse Dauer angelegten Lizenzvertrag (s. Rz. 38) bleibt Raum für die Anwendung der Grundsätze über die Störung der Geschäftsgrundlage (**§ 313 BGB**)[2]. § 313 BGB kodifiziert die von Rechtsprechung und Lehre auf der Grundlage des § 242 BGB entwickelten Grundsätze zum Fehlen und Wegfall der Geschäftsgrundlage[3].

546 Die **Geschäftsgrundlage eines Vertrages** wird gebildet durch die nicht zum Vertragsinhalt erhobenen, aber bei Vertragsschluss zutage getretenen, dem Geschäftsgegner mindestens erkennbaren und von ihm nicht beanstandeten Vorstellungen beider Vertragsteile, auf denen der Geschäftswille aufbaut[4]. Die Geschäftsgrundlage setzt eine gemeinsame Vorstellung der Geschäftsbeteiligten voraus, die auch dann bejaht werden kann, wenn eine

---

1 *Groß*, Rz. 90; *Ann/Barona*, Rz. 124.

2 *BGH* v. 23.3.1982, BGHZ 83, 283, 289 f.; Benkard/*Ullmann*, PatG, § 15 Rz. 37, 209; vgl. auch *BGH* v. 12.4.1957, NJW 1957, 1317, 1318; *BGH* v. 24.9.1957, GRUR 1958, 231 f.; *BGH* v. 11.10.1977, GRUR 1978, 166 f.; *Groß*, Rz. 85 f.

3 Entsprechend der Intention des Gesetzgebers stimmt § 313 BGB inhaltlich mit den bisher von der Rechtsprechung entwickelten Grundsätzen überein, die namentlich die Fallgruppen der Äquivalenzstörungen von Leistung und Gegenleistung (z.B. Geldentwertung), Leistungserschwernisse (z.B. Beschaffungshindernisse) oder Störungen bei dem mit dem Vertrag verfolgten Zweck betreffen, vgl. Amtl. Begr. in BT-Drucks. 14/6040, S. 174 ff. zu § 313 BGB-E; s. auch *Britta Bartenbach*, Mitt. 2003, 102, 108.

4 *BGH* v. 17.4.1973, BGHZ 61, 153, 160; *BGH* v. 14.10.1992, BGHZ 120, 10, 23; *BGH* v. 25.2.1993, BGHZ 121, 378, 391; *BGH* v. 10.10.1984, NJW 1985, 313, 314; *BGH* v. 26.2.1987, NJW 1987, 1629, 1630; *BGH* v. 5.1.1995, WM 1995, 237, 239.

einseitige Vorstellung von der Geschäftsgrundlage dem Geschäftsgegner erkennbar geworden und von ihm nicht beanstandet worden ist[1].

Diese weite Formulierung erfasst sowohl Umstände, die nach der Definition der Rechtsprechung die subjektive, als auch die objektive Geschäftsgrundlage bilden[2]. Beim Lizenzvertrag gibt häufig die Präambel Anhaltspunkte für die wechselseitigen Vorstellungen und Motive (s. Rz. 487 ff.).

Die regelmäßig eng zu interpretierenden Voraussetzungen des **§ 313 Abs. 1 bzw. 2 BGB** müssen **kumulativ** vorliegen, also 547

1. Nach Vertragsabschluss müssen sich die Umstände schwerwiegend verändert haben (Abs. 1; nachträgliche Störung der Geschäftsgrundlage); gleich stehen dem bei Wesentlichkeit die Fälle eines gemeinschaftlichen Motivirrtums sowie die Fälle einseitig falscher Vorstellung einer Partei, die die andere ohne eigene Vorstellungen hingenommen hat[3] (Abs. 2; Störung der anfänglichen Geschäftsgrundlage),
2. diese Umstände sind nicht Vertragsinhalt,
3. die Parteien hätten den Vertrag nicht oder mit anderem Inhalt geschlossen, wenn sie diese Veränderung vorausgesehen hätten,
4. einem Vertragsteil ist das Festhalten am unveränderten Vertrag nach Maßgabe der gesetzlichen Vorgaben nicht zumutbar.

Allerdings geben Umstände, die nach dem Vertragsinhalt ersichtlich in 548
den **Risikobereich einer Partei** fallen, dieser kein Recht, sich auf eine Störung der Geschäftsgrundlage zu berufen[4]. Als Risikoübernahme ist auch die Vereinbarung eines Festpreises (Pauschallizenzgebühr) anzusehen[5]. Das gilt auch weitgehend für die Mindestlizenzgebühr[6], ist aber vom *BGH* in seiner Entscheidung vom 4.11.2000[7] relativiert worden. Dort hat sich der *BGH* ausdrücklich für die **Anwendbarkeit der Grundsätze des Wegfalls der Geschäftsgrundlage auf die Anpassung einer Mindestlizenzgebühr** entschieden. Zwar entspreche es im Falle der Vereinbarung einer Mindestlizenzgebühr grundsätzlich der Rechtsprechung des *BGH*, dass der Lizenznehmer vertraglich das Risiko eines Fehlschlags bei den erwarteten Umsätzen trage, dies allerdings im Einzelfall nicht ausschließen würde, bei nachträglicher

1 *BGH* v. 28.2.2003, GRUR 2003, 84, 85 – Videofilmverwertung.

2 Vgl. Palandt/*Grüneberg*, BGB, § 313 Rz. 2.

3 Vgl. Amtl. Begr. in BT-Drucks. 14/6040, S. 176 zu § 313 Abs. 2 BGB-E.

4 *BGH* v. 14.10.1992, BGHZ 120, 10, 24; *BGH* v. 11.10.1994, ZIP 1994, 1892, 1895. Vgl. auch *BGH* v. 30.4.2009, BGHZ 181, 77, Rz. 71 – DAX.

5 *BGH* v. 28.9.1964, BB 1964, 1397; *BGH* v. 8.2.1978, WM 1978, 322, 323. Zur Anpassung einer Lizenzgebühr für den Fall der vertraglichen Verpflichtung, neben einer Pauschale zusätzlich Einzellizenzgebühren zu zahlen vgl. *BGH* v. 30.4.2009, BGHZ 181, 77 ff. – DAX.

6 Vgl. *BGH* v. 15.3.1973, GRUR 1974, 40, 43; Benkard/*Ullmann*, PatG, § 15 Rz. 130, 210; *Groß*, Rz. 119; *Pagenberg/Beier*, Muster 1, Rz. 196, 60.

7 GRUR 2001, 223 ff. – Bodenwaschanlage, in Fortsetzung von *BGH* v. 15.3.1973, BGHZ 60, 312 = GRUR 1974, 40 = NJW 1973, 1238, 2109 – Bremsrolle.

Änderung des Preisgefüges, das zum Zeitpunkt des Vertragsabschlusses bestanden habe, auch eine Anpassung einer vereinbarten Mindestlizenz in Erwägung zu ziehen. Denn die Höhe einer Mindestlizenzgebühr könne von gemeinsamen oder von zumindest einem Vertragspartner erkennbaren Umständen beeinflusst gewesen sein, die sich an den zum Zeitpunkt des Vertragsabschlusses zu erzielenden Preisen und den voraussichtlich zu diesen Preisen umzusetzenden Mengen orientierten[1].

549 Auch wenn beide Vertragsteile die künftige Entwicklung – etwa eine staatliche Einfuhrsperre – objektiv nicht voraussehen konnten, liegt im Übrigen aber das allgemeine Wagnis einer Mindestlizenzgebühr beim Lizenznehmer. Der Lizenzgeber hat für die Wirtschaftlichkeit der Auswertung des Patents ohne besondere Abreden grundsätzlich nicht einzustehen[2]. Wegen dieser besonderen Risikoverteilung und wegen des allgemeinen Charakters des Lizenzvertrages als gewagtes Geschäft (s. Rz. 25 ff.) gilt hier nicht der für gegenseitige Verträge üblicherweise anwendbare Grundsatz[3], dass im Allgemeinen die Vorstellung von der Gleichwertigkeit von Leistung und Gegenleistung Geschäftsgrundlage ist[4].

550 Allerdings kann es auch bei Lizenzverträgen Veränderungen in den Umständen geben, die die Heranziehung der Grundsätze zur Störung der Geschäftsgrundlage rechtfertigen. Jedoch kann derjenige, der eine entscheidende Änderung der Verhältnisse selbst bewirkt hat, aufgrund dieser Änderung keine Rechte herleiten[5]. Eine nach § 313 BGB relevante **unerwartete Entwicklung** kann sich auch insoweit ergeben, als es um Veränderungen von tatsächlichen Verhältnissen geht, die beide Parteien als objektive Voraussetzung für eine sinnvolle Vertragsdurchführung angesehen haben. Das kann sich beispielsweise in Bezug auf die lizenzierten Schutzrechtspositionen ergeben, etwa wenn die Parteien die Lizenzhöhe bei Vertragsabschluss übereinstimmend nach der beiderseits kurzfristig erwarteten Patenterteilung bestimmt haben und nur eine eingeschränkte Patenterteilung erfolgt. Gleiches kann gelten, wenn etwa die Vertragspartner bei der Anwendung eines lizenzierten Arzneimittelverfahrens irrig von dem Nichtvorhandensein schädlicher Nebenwirkungen ausgegangen sind.

551 Eine Störung der Geschäftsgrundlage kann es auch sein, wenn sich rechtliche bzw. politische Rahmenbedingungen wesentlich geändert haben, etwa in Form von öffentlich-rechtlichen Auflagen, (Handels-)Beschränkungen, Sonderabgaben usw. Änderungen der Gleichgewichtigkeit von Leistung und Gegenleistung können sich ferner bei erheblichen **gesamtwirtschaftlichen**, mit **politischen Umwälzungen** einhergehenden Veränderungen erge-

1 *BGH* v. 4.11.2000 GRUR 2001, 223, 226 – Bodenwaschanlage.
2 Benkard/*Ullmann*, PatG, § 15 Rz. 189, 210 m.w.N.
3 Benkard/*Ullmann*, PatG, § 15 Rz. 210.
4 Vgl. hierzu *BGH* v. 8.2.1978, WM 1978, 322, 323. S. auch *OLG Frankfurt* v. 13.2.2007, GRUR-RR 2007, 104, 109.
5 *BGH* v. 30.4.2009, BGHZ 181, 77, Rz. 71 – DAX.

ben. Wird z.B. eine Mindestlizenzgebühr aufgrund der von beiden Parteien in bestimmten Vertragsstaaten des ehemaligen östlichen Wirtschaftssystems erwarteten Umsätze berechnet und die Möglichkeit eines Zusammenbruchs dieser Märkte nicht in Erwägung gezogen, so kann der weitgehende Wegfall dieser Märkte zu einer nachträglichen Störung der Geschäftsgrundlage nach § 313 BGB führen[1]. Klarzustellen ist, dass nicht der Wechsel des Wirtschaftssystems[2] oder eine Währungsumstellung als solche[3], sondern erst die dadurch in weiterer Folge ausgelöste Unerreichbarkeit des vorgesehenen Marktes aus der Sicht beider Vertragsteile einen zur Anpassung führenden Fall von „höherer Gewalt"[4] darstellen. Wäre der Vertrag andernfalls unstreitig nicht zustande gekommen, ist jener Umstand auch nicht in die Risikoverteilung einbezogen worden[5].

Eine wirtschaftlich nicht mehr sinnvolle Verwertung kann sich im Zuge 552
längerfristiger Vertragsbeziehungen dann ergeben, wenn die technische Entwicklung über die lizenzierte Erfindung hinweggeht und preiswertere und/oder **technisch bessere Lösungen** zur Verfügung stellt mit der Folge, dass das lizenzierte Produkt sich nicht mehr absetzen lässt. Hier kann es im Einzelfall gerechtfertigt sein, den Lizenznehmer nach Treu und Glauben nicht mehr an dem Vertrag festzuhalten. Insbesondere bei Vereinbarung einer Ausübungspflicht wird diese Überlegung relevant (vgl. Rz. 1910)[6]. Auf der anderen Seite bleibt immer zu bedenken, dass der Lizenzvertrag als gewagtes Geschäft (s. hierzu Rz. 25 ff.) dem Lizenznehmer bis zu einem gewissen Grad das Risiko der wirtschaftlichen Verwertbarkeit der Erfindung zumutet[7].

Rechtsfolge der Störung der Geschäftsgrundlage ist grundsätzlich ein **An-** 553
spruch auf Anpassung des beeinträchtigten **Schuldverhältnisses** an die Wirklichkeit, vgl. § 313 Abs. 1 Satz 1 BGB[8]. Die Anpassung tritt nicht (mehr) kraft Gesetzes ein. Vielmehr räumt das Gesetz einen Anpassungsanspruch ein[9]. Insoweit besteht eine Vergleichbarkeit mit § 12 Abs. 6 ArbEG. Kommt keine Einigung zwischen den Parteien über eine Anpassung zustande, kann der Anspruch im Klagewege durchgesetzt werden. Nach h.M. ist die Klage auf die **nach** dem **veränderten Vertragsinhalt geschuldete**

---

1 *BGH* v. 6.4.1995, ZIP 1995, 1021, 1027 f. zu § 242 BGB.
2 Vgl. dazu *BGH* v. 26.10.1993, BGHZ 124, 1, 4 f.; *BGH* v. 11.10.1994, ZIP 1994, 1724, 1725 f.
3 Vgl. *BGH* v. 11.10.1994, ZIP 1994, 1892, 1894 f. m.w.N. Zu den Auswirkungen der Einführung des Euro vgl. 5. Aufl., Rz. 1872 ff.
4 Vgl. hierzu *Groß*, Rz. 118, 119; *Lüdecke/Fischer*, Lizenzverträge, F 28 S. 541.
5 Vgl. dazu *BGH* v. 6.12.1989, WM 1990, 519, 522.
6 *BGH* v. 11.10.1977, GRUR 1978, 166, 167 – Banddüngerstreuer.
7 Benkard/*Ullmann*, PatG, § 15 Rz. 210; *BGH* v. 15.3.1973, GRUR 1974, 40, 43 – Bremsrolle.
8 *BGH* v. 31.1.1967, BGHZ 47, 48, 52; Palandt/*Grüneberg*, BGB, § 313 Rz. 40.
9 Amtl. Begr. in BT-Drucks. 14/6040, S. 176 zu § 313 Abs. 1 BGB-E.

Leistung zu richten[1]. Stattdessen wäre m.E. auch eine Klage auf Abgabe der Einwilligungserklärung denkbar, wie dies bei dem Anpassungsanspruch aus § 12 Abs. 6 ArbEG anerkannt ist[2]. Zu beachten ist, dass der Vertragsanpassungsanspruch der benachteiligten Partei die andere Partei verpflichtet, an der Anpassung mitzuwirken und bei Verweigerung der Mitwirkung sowohl Klage auf Zustimmung zu der als angemessen erachteten Anpassung als auch unmittelbar auf die Leistung, die sich aus dieser Anpassung ergibt, möglich ist[3]. Bei einer Verletzung der Mitwirkungspflicht kommen außerdem Schadensersatzansprüche nach § 280 Abs. 1 BGB in Betracht[4].

554 Nur **ausnahmsweise** kommt ein **Rücktritts- oder Kündigungsrecht** (§ 313 Abs. 3 BGB) in Betracht, etwa bei hartnäckiger Weigerung einer Partei zur Mitwirkung an der Anpassung[5]. Das Gesetz gesteht diese Rechte in § 313 Abs. 3 BGB allerdings nur in den Fällen zu, in denen eine Anpassung nicht möglich oder einer Partei nicht zumutbar ist.

555 Ob eine Störung der Geschäftsgrundlage zu einer **Minderung der Lizenzgebühr**[6] führt oder ausnahmsweise dem Lizenznehmer die Befugnis verschafft, den **Lizenzvertrag für die Zukunft** mit der Folge **zu kündigen**, dass die vereinbarten Zahlungen zeitanteilig entfallen[7], hängt vom Einzelfall ab. Bei Störung der Geschäftsgrundlage eines teilweise abgewickelten Vertrages sind im allgemeinen **nur die noch nicht erbrachten Leistungen anzupassen**[8].

556 Ist der Lizenzvertrag bereits beiderseitig vollständig erfüllt, bleibt im Regelfall kein Raum für eine Anpassung nach § 313 BGB[9]. Soweit eine Haftung für Mängel in Betracht kommt (vgl. §§ 437 ff., 536 ff., 634 ff. BGB), soll ein Anpassungsanspruch aus § 313 BGB ausscheiden[10].

---

1 So Amtl. Begr. in BT-Drucks. 14/6040, S. 176 zu § 313 Abs. 1 BGB-E; Palandt/*Grüneberg*, BGB, § 313 Rz. 41 m.w.N.

2 Zu § 12 Abs. 6 ArbEG vgl. u.a. *BGH* v. 5.12.1974, GRUR 1976, 91, 92 – Softeis; *Bartenbach/Volz*, ArbEG, § 12 Rz. 147.

3 *BGH* v. 30.9.2011, VersR 2012, 72, 74.

4 *BGH* v. 30.9.2011, VersR 2012, 72, 74.

5 Vgl. *Britta Bartenbach*, Mitt. 2003, 102, 108. S. auch *BGH* v. 30.9.2011, VersR 2012, 72, 73 f., der allerdings ausdrücklich darauf hinweist, dass grundsätzlich ein Rücktrittsrecht aber nicht allein deshalb besteht, weil der von einer Störung der Geschäftsgrundlage Begünstigte trotz entsprechender (und berechtigter) Aufforderung die Mitwirkung an einer Vertragsanpassung verweigert. Der *BGH* stellt heraus, dass die Verletzung der Mitwirkungspflicht zu einem Rücktitt nur unter denVoraussetzungen des § 313 Abs. 3 BGB berechtigt.

6 Vgl. *RG* v. 3.2.1912, RGZ 78, 363, 368; Benkard/*Ullmann*, PatG, § 15 Rz. 210.

7 Vgl. Benkard/*Ullmann*, PatG, § 15 Rz. 209; *Groß*, Rz. 85; ferner *BGH* v. 15.12.1983, BGHZ 89, 226, 239.

8 *BGH* v. 2.5.1982, BGHZ 58, 355, 363; *BAG* v. 9.7.1986, NJW 1987, 918, 919; vgl. aber auch *BGH* v. 1.6.1979, BGHZ 74, 370, 373.

9 Zum früheren Rechtsinstitut *BGH* v. 15.11.2000, NJW 2001, 1204.

10 So Palandt/*Grüneberg*, BGB, § 313 Rz. 12 m.w.N. (nahezu ausschließlich) zum früheren Recht.

Um der Situation des möglichen Eintritts einer Störung der Geschäftsgrundlage Rechnung zu tragen, empfiehlt es sich, bei der Vertragsgestaltung entweder eine **Anpassungsklausel** einzubeziehen (vgl. hierzu Rz. 2322 ff.) oder dem jeweils betroffenen Partner ein **vertragliches Kündigungsrecht** mit angemessener Frist zuzugestehen. Allerdings setzt die Vereinbarung von Kündigungsrechten für bestimmte Fallgestaltungen voraus, dass die Parteien sich deren mögliches Eintreten bewusst gemacht haben. 557

Frei. 558–559

d) Verjährung

Gemäß **§ 195 BGB** gilt **eine Regelverjährungsfrist von 3 Jahren**. Der Verjährungsbeginn ist dabei von subjektiven Kriterien mitbestimmt: Die Verjährung **beginnt nach § 199 Abs. 1 BGB** am Ende des Jahres, in dem der Anspruch fällig ist (§ 271 BGB) und der Gläubiger von den anspruchsbegründenden Umständen und der Person des Schuldners Kenntnis erlangt hat; grob fahrlässige Unkenntnis steht hier kraft Gesetzes der Kenntnis gleich. 560

Fehlen diese subjektiven Voraussetzungen, gilt für andere Ansprüche als Schadensersatzansprüche gemäß **§ 199 Abs. 4 BGB** die **Höchstfrist von 10 Jahren**, und zwar taggenau gerechnet ab Entstehen des Anspruchs. Für Schadensersatzansprüche gilt die besondere Höchstfrist des § 199 Abs. 3 BGB. 561

In diesem Rahmen sind **zahlreiche Ausnahmetatbestände** zu beachten, so die Verjährung der kauf- und werkvertragsrechtlichen Mängelansprüche gemäß §§ 438, 634a BGB. Für titulierte Ansprüche gilt gemäß § 197 Abs. 1 Nr. 4 BGB die 30-jährige Verjährungsfrist.

§ 202 BGB lässt **Verjährungsvereinbarungen** in größerem Umfang zu; es können sowohl eine Verkürzung als auch eine Verlängerung der gesetzlichen Verjährungsfrist individuell vereinbart werden. Die bei diesen Vereinbarungen zu beachtenden Schranken finden sich in § 202 Abs. 1 BGB (Unzulässigkeit verjährungs**erleichternder** Vereinbarungen) und § 202 Abs. 2 BGB (Unzulässigkeit verjährungs**erschwerender** Vereinbarungen). 562

Verjährungshemmende Tatbestände sind hingegen eingeschränkt. Von besonderer praktischer Bedeutung ist die Hemmung bei schwebenden Verhandlungen nach **§ 203 BGB.** 563

Nach **§ 212 BGB** wirken noch das Anerkenntnis sowie Vollstreckungshandlungen **verjährungsunterbrechend**. Wichtig ist in diesem Zusammenhang, dass die Klageerhebung keine Verjährungsunterbrechung mehr dar- 564 stellt, sondern die Verjährung lediglich hemmt (§ 204 Abs. 1 Nr. 1 BGB; zum schiedsrichterlichen Verfahren s. § 204 Abs. 1 Nr. 11 BGB)[1].

565 Ansprüche aus §§ 280 ff. BGB (Schadensersatz wegen Pflichtverletzung) verjähren ebenso wie Ansprüche wegen Störung der Geschäftsgrundlage im Sinne des § 313 BGB nach § 195 BGB ebenfalls in 3 Jahren[2].

566 Neben der Haftung aus §§ 280 ff. BGB (Schadensersatz wegen Pflichtverletzung), (nachträglicher) Unmöglichkeit oder nach § 313 BGB wegen Störung der Geschäftsgrundlage kann auch ein **Schadensersatzanspruch nach § 139 PatG** Inhalt der Haftung sein. Eine solche Haftung kommt etwa in Betracht, wenn der Lizenznehmer die ihm eingeräumte Nutzungsbefugnis unter Missachtung der vertraglich vorgegebenen örtlichen, sachlichen, zeitlichen oder mengenmäßigen Beschränkungen ausnutzt (vgl. § 15 Abs. 2 Satz 2 PatG; Rz. 1180 ff.). Ansprüche dieser Art verjähren nach **§ 141 PatG** – entsprechend der Vorschrift des § 195 BGB – in drei Jahren von dem Zeitpunkt an, in dem der Berechtigte von der Verletzung und der Person des Verpflichteten Kenntnis erlangt (vgl. § 199 Abs. 1 BGB).

567–568 Frei.

VIII. Vertragsparteien und ihre Stellvertretung

1. Natürliche Personen

569 Als Vertragspartner eines Lizenzvertrages kommen natürliche oder juristische Personen in Betracht. Als natürliche Person bezeichnet man den Menschen, der als solcher Träger von Rechten und Pflichten sein kann (vgl. **§ 1 BGB**). Diese Rechtsfähigkeit wird dem Menschen als potentiellem Träger von Rechten und Pflichten von Geburt an bis zum Tode zuerkannt. Dies bedeutet, dass er Vertragspartner sein kann und Rechte und Verbindlichkeiten zu erwerben vermag. Typisches Beispiel hierfür ist der **freie Erfinder** als Lizenzgeber seiner Entwicklungen (z.B. der Hochschullehrer bei freien bzw. frei gewordenen Erfindungen). Auf das Lebensalter des Betreffenden kommt es dabei nicht an, auch wenn besonders schutzwerte Personengruppen, wie z.B. Kinder, die Schutzrechte geerbt haben, beim Abschluss oder der Durchführung von Lizenzverträgen von ihren gesetzlichen, öffentlich-rechtlich bestellten oder rechtsgeschäftlichen Vertretern repräsentiert werden, die regelmäßig einer besonderen behördlichen Genehmigung zur Begründung derartiger Lizenzverträge bedürfen.

570–571 Frei.

1 Vgl. zu Fällen der Verjährungshemmung *Däubler*, NJW 2001, 3729, 3730.
2 Palandt/*Ellenberger*, BGB, § 195 Rz. 3 f.

2. Juristische Personen

Auch juristische Personen können Träger von Rechten und Pflichten sein. 572
In der Praxis ist der Abschluss von Lizenzverträgen, bei denen zumindest auf einer Seite eine juristische Person beteiligt ist, die Regel. Eine juristische Person erlangt ihre Rechtsfähigkeit als **juristische Person des Privatrechts**, wie etwa eine Aktiengesellschaft, eine Kommanditgesellschaft auf Aktien, eine Gesellschaft mit beschränkter Haftung, durch darauf gerichteten Gründungsakt und Eintragung im Handelsregister. Freilich bedürfen juristische Personen einer natürlichen Person, eines Organs, um in der Rechtswirklichkeit auftreten und Erklärungen abgeben zu können. Bei der Aktiengesellschaft ist dies der Vorstand (vgl. §§ 76 ff. AktG), die GmbH ist rechtsgeschäftlich vertreten durch die Geschäftsführer (vgl. §§ 35 ff. GmbHG). Neben diesen juristischen Personen sind die **Personengesellschaften**, also die offene Handelsgesellschaft (§§ 105 ff. HGB) und die Kommanditgesellschaft (§§ 161 ff. HGB), zu erwähnen. Auch OHG und KG bedürfen zur Vornahme rechtswirksamer Handlungen der Vertretung durch geschäftsfähige, natürliche Personen (vgl. §§ 125, 161 HGB).

Die sich stark entwickelnde arbeitsteilige Fertigung und die notwendigen 573
hohen Investitionen im Zusammenhang mit größeren Forschungsvorhaben zwingen Industrieunternehmen immer mehr, sich einerseits zu spezialisieren, andererseits die wirtschaftliche Kraft für ein bestimmtes Forschungsvorhaben dadurch zu steigern, dass **Arbeitsgemeinschaften** (Forschungs- und Entwicklungskooperationen) aus mehreren Unternehmen mit gleichartiger Forschungszielrichtung gebildet werden (Rz. 975 ff.). Soweit in diesem Zusammenhang Schutzrechte anfallen und verwertet werden sollen, ist zu beachten, dass eine solche Arbeitsgemeinschaft als **BGB-Außengesellschaft** Rechtsfähigkeit besitzt[1], also durch Teilnahme am Rechtsverkehr eigene Rechte und Pflichten begründen kann, ohne damit juristische Person zu sein[2]. Damit können nunmehr namens der BGB-Gesellschaft, vertreten durch ihre zur Vertretung berechtigten Gesellschafter (§ 714 BGB) oder sonst berechtigte Dritte, Schutzrechte erworben[3] und auch Lizenzverträge abgeschlossen werden. Bei der Gesellschaft des bürgerlichen Rechts haben die Gesellschafter die Stellung als Gesamthandsberechtigte an dem Vermögen der Gesellschaft (§ 718 BGB). Diese Stellung führt dazu, dass die Gesellschafter über die ihnen gehörigen anteiligen Rechte an der Gesamthand nicht verfügen können (§ 719 Abs. 1 BGB).

---

1 *BGH* v. 29.1.2001, BGHZ 146, 341 = NJW 2001, 1056; s. hierzu *Beuthien*, NJW 2005, 855.

2 *BGH* v. 29.1.2001, BGHZ 146, 341 ff. = NJW 2001, 1056 ff. u. *BGH* v. 18.2.2002, NJW 2002, 1207.

3 S. zum Markenrecht, *BGH* v. 22.11.2001, GRUR 2002, 622 ff. hier kann „insbesondere (...) auch der Name, unter dem eine Gesellschaft bürgerlichen Rechts im Geschäftsverkehr auftritt, nach § 5 MarkenG geschützt sein (vgl. *Teplitzky*, in: Großkomm. UWG, § 16 Rz. 12; anders offenbar BayObLG v. 26.11.1997 NJW 1998, 1158, 1159).“; s. auch *Hildebrandt*, DStR 2004, 1924.

574 In diesem Zusammenhang ist auch die durch eine Miterfinderschaft entstandene **Gemeinschaft** (§§ 741 ff. BGB) beachtlich[1]. Die Gemeinschaft unterscheidet sich von der Gesellschaft des bürgerlichen Rechts im Wesentlichen dadurch, dass sie meist durch Realakt (tatsächliche Zusammenarbeit) aufgrund gesetzlicher Vorschriften entsteht und nicht kraft eines auf die Erreichung eines gemeinsamen Zieles ausgerichteten Vertrages zwischen zwei oder mehreren Personen. Das Gemeinschaftsverhältnis wird – mangels besonderer Vereinbarung bzw. Verfolgung eines gemeinsamen Zwecks – allein aufgrund der bloßen **Tatsache der gemeinsamen erfinderischen Tätigkeit** begründet[2]. Geht die Erfindung auf mehrere Arbeitnehmer in unterschiedlichen Unternehmen zurück, so setzt sich die Gemeinschaft zwischen den jeweiligen Arbeitgebern fort, sobald diese die auf ihre Arbeitnehmer entfallenden Rechte an der Diensterfindung unbeschränkt in Anspruch nehmen[3]. Die **Gemeinschaft** kann nicht selbst Träger von Rechten und Pflichten sein, sie ist **nicht selbst rechtsfähig**. Eine **Verfügung** über das gemeinsame Recht kann nur von allen gemeinschaftlich vorgenommen werden (§ 747 Satz 2 BGB). Das gemeinsame Recht kann damit gegenüber Dritten nur gemeinsam geltend gemacht werden. Die Teilhaber einer Gemeinschaft, die mit Bruchteilen am gemeinschaftlichen Vermögen beteiligt sind, können über diese ideellen Anteile allerdings verfügen, d.h. sie können ihren Anteil ohne Zustimmung der anderen Teilhaber veräußern oder belasten (§ 747 Satz 1 BGB)[4].

575 Streitig ist, ob die **Lizenzeinräumung** eine Verfügung über das gemeinsame Recht darstellt oder ob jeder Teilhaber zur Vergabe von Lizenzen befugt ist. Nach *Fischer*[5] ist selbst die Erteilung einer ausschließlichen Lizenz ohne Zustimmung der übrigen Teilhaber zulässig, da gerade die Lizenzierung nicht selten die bestgeeignete Verwertungsform sei.

Demgegenüber bedarf nach h.M. die Einräumung von Lizenzen des **Einverständnisses aller Teilhaber**, das durch Mehrheitsbeschluss (§ 745 Abs. 1 BGB) oder durch Regelung nach § 745 Abs. 2 BGB herbeigeführt werden kann[6]. Die Einräumung einer ausschließlichen Lizenz durch einen Teil-

---

1 *BGH* v. 17.10.2000, GRUR 2001, 226 – Rollenantriebseinheit; *BGH* v. 18.3.2003, GRUR 2003, 702, 704 – Gehäusekonstruktion; *BGH* v. 7.3.2005, GRUR 2005, 663 ff. – Gummielastische Masse II u. *BGH* v. 21.12.2005, WRP 2006, 483 ff. – Zylinderrohr u. *BGH* v. 4.4.2006, GRUR 2006, 754, 755, Rz. 10 – Haftetikett; s. auch *Chakraborty/Tilmann* in FS R. König, 2003, S. 63, 67 ff.

2 S. *BGH* v. 17.10.2000, GRUR 2001, 226, 227 – Rollenantriebseinheit m.H.a. Benkard/*Bruchhausen*, PatG, 9. Aufl. 1993, § 6 Rz. 34 (nunmehr Benkard/*Melullis*, PatG, § 6 Rz. 34b).

3 S. *BGH* v. 21.12.2005, WRP 2006, 483 – Zylinderrohr.

4 *BGH* v. 17.10.2000, GRUR 2001, 226 – Rollenantriebseinheit.

5 *Fischer*, GRUR 1977, 313, 317.

6 *OLG Karlsruhe* v. 11.7.2012 – 6 U 3/10, unveröffentlicht; *OLG Düsseldorf* v. 8.3.2012, GRUR-RR 2012, 319, 320 – Einstieghilfe für Kanalöffnungen; Busse/*Keukenschrijver*, PatG, § 6 Rz. 42; Benkard/*Melullis*, § 6 Rz. 34b u. 35e; *Bartenbach/*

haber alleine ist unwirksam[1]. Die Lizenzierung des gesamten Patents stellt eine Maßnahme dar, die einer „wesentlichen Veränderung des Gegenstandes" (vgl. § 745 Abs. 3 Satz 1 BGB) gleichzusetzen ist, die ggf. eine gemeinschaftliche – nicht mehrheitliche – Entscheidung der Teilhaber voraussetzt[2]. Die Einräumnung einer Lizenz (auch vor Erteilung des Patents) ist den übrigen Teilhabern gegenüber unwirksam[3].

576 Der Auffassung von *Chakraborty/Tilmann*[4], dass der einzelne Teilhaber wegen des Verfügungsrechts über seinen Anteil auch diesen **Anteil lizenzieren** dürfe, muss widersprochen werden. Das Wesen der Bruchteilsgemeinschaft ist dadurch geprägt, dass der gemeinschaftliche Gegenstand als solcher ungeteilt ist und über ihn nur alle Teilhaber gemeinschaftlich verfügen können. Geteilt ist nur die Rechtszuständigkeit an dem gemeinschaftlichen Gegenstand, wobei der jeweilige Anteil ideell, rein rechnerisch, nicht real quotenmäßig zu verstehen ist. Veräußert ein Teilhaber seinen Anteil, tritt der Rechtsnachfolger innerhalb der Bruchteilsgemeinschaft an dessen Stelle. Anders stellte sich die Situation hingegen dar, wenn jeder das Recht hätte, seinen Anteil zu lizenzieren. Die Lizenzierung führt zwangsläufig zur Nutzung des gesamten Schutzrechts durch den Lizenznehmer mit der Folge, dass damit der einzelne Teilhaber doch die tatsächliche (und rechtliche) Möglichkeit hätte, zustimmungsfrei einem Dritten das Recht zur Nutzung des gesamten Patents einzuräumen. Die Lizenzierung des jeweiligen Anteils an der Bruchteilsgemeinschaft würde bei der einfachen Lizenz das Recht der Mehrfachlizenzierung ermöglichen. Zudem hätte jeder Teilhaber das Recht der ausschließlichen Lizenzvergabe an seinem Anteil bei Fortbestehen seiner Teilhaberschaft. Über diese Lizenzierung des bloßen Anteils würde eine „Atomisierung" des gemeinsamen Rechts und der Rechtsinhaber eintreten.

577 Davon zu trennen ist die Möglichkeit der **Eigenverwertung** der Erfindung bzw. der Schutzrechtsposition. Hier hat nach h.M. jeder einzelne Teilhaber gemäß **§ 743 Abs. 2 BGB** ein eigenes Verwertungsrecht[5]. Ob und ggf. inwieweit den anderen Teilhabern finanzielle **Ausgleichsleistungen** für solche Verwertungshandlungen – insbesondere in Form einer prozentualen Lizenz an den Erlösen – zustehen, bestimmt sich nach der zwischen den Teil-

---

Volz, GRUR 1978, 668, 675; *Chakraborty/Tilmann* in FS R. König, 2003, S. 63, 65 ff.; *van Venrooy*, Mitt. 2000, 26, 27 f.

1 *OLG Karlsruhe* v. 11.7.2012 – 6 U 3/10, unveröffentlicht.

2 *Chakraborty/Tilmann* in FS R. König, 2003, S. 63, 65 ff.; *van Venrooy*, Mitt. 2000, 26, 27 f.

3 *OLG Karlsruhe* v. 11.7.2012 – 6 U 3/10, unveröffentlicht.

4 *Chakraborty/Tilmann* in FS R. König, 2003, S. 63, 65 ff.; *van Venrooy*, Mitt. 2000, 26, 27 f.

5 *BGH* v. 21.12.2005, WRP 2006, 483 – Zylinderrohr und *BGH* v. 22.3.2005, GRUR 2005, 663 ff. – Gummielastische Masse II; *Fischer*, GRUR 1977, 313 ff.; a.A. *Sefzig*, GRUR 1995, 302 ff.

habern getroffenen (stillschweigenden) Vereinbarung[1]. Fehlt eine solche Vereinbarung, und ist auch kein entsprechender Mehrheitsbeschluss i.S. von § 745 Abs. 1 BGB gefasst, kann jeder Teilhaber nach Maßgabe des § 745 Abs. 2 BGB einen Ausgleich geltend machen, soweit dies nach billigem Ermessen dem Interesse aller Teilhaber entspricht[2]. Solange ein Teilhaber von den Möglichkeiten nach § 745 Abs. 1 und 2 BGB keinen Gebrauch macht, steht ihm allerdings grundsätzlich kein finanzieller Ausgleich zu[3]. Eine rückwirkende Geltendmachung ist nicht möglich[4]. Im Ergebnis werden insbesondere die nicht oder nur gering nutzenden Teilhaber damit veranlasst, die anderen Teilhaber bei deren Verwertung (nachweisbar) zum Abschluss einer Benutzungs- und Ausgleichsvereinbarung nach § 745 Abs. 2 BGB aufzufordern[5]. Da ein **Auskunfts- und Rechnungslegungsanspruch** das Bestehen eines Hauptanspruchs voraussetzt, kann ein Teilhaber von den anderen Teilhabern Auskunft und Rechnungslegung über deren Patentnutzung nur verlangen, wenn ein Ausgleichs- bzw. Schadensersatzanspruch dem Grunde nach besteht[6].

578 Frei.

3. Verfügungsberechtigung

579 **§ 6 Satz 1 PatG** ordnet das Recht auf das Patent dem Erfinder oder seinem Rechtsnachfolger zu. Bei Diensterfindungen, die 90 % aller zum Schutzrecht angemeldeten Erfindungen repräsentieren, werden die vermögenswerten Rechte üblicherweise durch (unbeschränkte) Inanspruchnahme (§§ 6, 7 ArbEG) auf den Arbeitgeber (Unternehmer) übertragen, die juristische Person wird damit Rechtsnachfolger des Erfinders[7]. Bei Auslandserfindungen sind ggf. die entsprechenden Regeln des jeweiligen nationalen Erfinderrechts (zusätzlich) zu beachten.

Soweit Lizenzverträge nicht von den Vertragspartnern in Person – und dies ist ohnehin nur bei natürlichen Personen möglich – abgeschlossen werden,

---

1 Vgl. dazu *BGH* v. 21.12.2005, WRP 2006, 483 – Zylinderrohr u. *BGH* v. 22.3.2005, GRUR 2005, 663 ff. – Gummielastische Masse II; generell ablehnend *Gennen* in FS Bartenbach, 2005, S. 335.

2 Vgl. dazu *BGH* v. 22.3.2005, GRUR 2005, 663 ff. – Gummielastische Masse II, u. *BGH* v. 21.12.2005, WRP 2006, 483 – Zylinderrohr.

3 *BGH* v. 22.3.2005, GRUR 2005, 663 ff. – Gummielastische Masse II unter Aufhebung von *OLG München* v. 23.10.2003, Mitt 2004, 508 – Dentalabdruckmasse.

4 *OLG Düsseldorf* v. 6.3.2006 – I-2 U 52/04 – n.v. m.H.a. *BGH* v. 29.6.1966, NJW 1966, 1708, 1709.

5 S. *Kasper*, MittPat 2005, 488 f.

6 *BGH* v. 21.12.2005, WRP 2006, 483 ff. – Zylinderrohr; vgl. auch *OLG Düsseldorf* v. 27.2.2003, Mitt 2004, 418, 429 – Hub-Kipp-Vorrichtung, dort im Zusammenhang mit Schadensersatzansprüchen.

7 *BGH* v. 10.11.1970, GRUR 1971, 210 – Wildverbissverhinderung.

empfiehlt es sich für die Beteiligten, sich über die **Rechtsträgerschaft** ihres Verhandlungs- bzw. Vertragspartners ausreichend zu informieren.

Eine in den Vertrag (häufig in der Präambel) aufgenommene Klausel, wonach der **Lizenzgeber versichert, Inhaber und Verfügungsberechtigter über die lizenzierten Schutzrechte zu sein**, führt nicht zu einem Erwerb der Nutzungsrechte durch den Lizenznehmer, selbst wenn dieser der Zusicherung (**Garantie**, s. hierzu Rz. 63) des Lizenzgebers vertraut hat. In diesem Bereich gibt es **keinen gutgläubigen Erwerb von Rechten**. Der Lizenznehmer ist bei falscher Zusicherung des Lizenzgebers (Garantie) auf Schadensersatzansprüche beschränkt (s. Rz. 63, 196). Zur Vermeidung dieser Rechtsfolge empfiehlt sich daher vor Vertragsabschluss eine Überprüfung der Schutzrechtssituation und der Rechtsinhaberschaft an den zu lizenzierenden Rechten. 580

Frei. 581

4. Stellvertretung

Von der Verfügungsberechtigung ist die Stellvertretung (**§§ 164 ff. BGB**) zu unterscheiden. Der für den Rechtsinhaber auftretende Stellvertreter (Bevollmächtigte) ist nicht selbst Rechtsträger, sondern gibt eine **eigene Erklärung im Namen des Geschäftsherrn** ab. Die Vertretungsmacht kann unmittelbar auf gesetzlichen Vorschriften beruhen, wie z.B. die elterliche Sorge über die Kinder, solange diese noch nicht geschäftsfähig sind (vgl. §§ 1626 ff. BGB); die Vertretungsbefugnis kann sich aber auch aus Satzung oder Rechtsgeschäft herleiten. Die Wirksamkeit der Erklärung des Vertreters hängt nicht davon ab, dass dieser ausdrücklich auf seine Vertretereigenschaft hinweist. Es genügt vielmehr, dass sich aus den äußeren Umständen ergibt, wen der Vertreter vertritt und in wessen Namen er auftritt. Tritt dieser Wille des Vertreters für den Vertragspartner nicht erkennbar hervor, dann wird der **Vertreter** gemäß **§ 164 Abs. 2 BGB** so behandelt, als habe er das Geschäft in eigenem Namen abgeschlossen. Er wird also **selbst aus dem Vertrag berechtigt und verpflichtet**. Entsprechend gelten die genannten Grundsätze, wenn der Vertreter rechtsgeschäftliche Erklärungen im Namen des Vertretenen annimmt. Ein einseitiges Rechtsgeschäft, das ein Bevollmächtigter einem anderen gegenüber vornimmt, ist gemäß § 174 Satz 1 BGB unwirksam, wenn der Bevollmächtigte eine Vollmachtsurkunde nicht vorlegt und der andere das Rechtsgeschäft aus diesem Grund unverzüglich zurückweist. Eine derartige Zurückweisung ist aber z.B. bei einer Kündigung des Lizenzvertrages nach § 242 BGB ausgeschlossen, wenn dem Vertreter die Abwicklung des gesamten Vertragsverhältnisses übertragen war[1]. 582

---

1 *LG Düsseldorf* v. 29.6.2010, Düsseldorfer Entscheidung Nr. 1436 – Rauchgaswäsche (www.duesseldorfer-archiv.de).

583 Wenn der Vertreter über die rechtlichen Befugnisse, die ihm der Vertretene eingeräumt hat, hinausgeht, so wirken diese Erklärungen gemäß § 164 BGB nicht unmittelbar gegen den Vertretenen. Will er sie wirksam werden lassen, muss der Vertretene eine solche Erklärung, die ihm nicht zuzurechnen ist, nach Maßgabe der **§§ 182 ff. BGB genehmigen** (vgl. § 177 Abs. 1 BGB). Wird die Handlungsweise des Vertreters nicht genehmigt, macht dieser sich gemäß § 179 BGB dem ihm vertrauenden Vertragspartner gegenüber schadensersatzpflichtig[1].

584 Neben der zuvor angesprochenen vertraglich eingeräumten Vollmacht muss sich ein Vertreter Rechtswirkungen zurechnen lassen, die ein von ihm erzeugter oder auch nur geduldeter **Rechtsschein** im Rechtsverkehr verursacht hat. Wird beispielsweise durch den Vertretenen das Tätigwerden eines an sich Vollmachtlosen geduldet und wird hierdurch bei dem Erklärungsempfänger der Eindruck erweckt, dass der wie ein Bevollmächtigter Handelnde vom Vollmachtgeber eine darauf gerichtete Vollmacht besitzt, muss sich der Vertretene das Auftreten eines nicht bevollmächtigten Vertreters wie das eines Bevollmächtigten zurechnen lassen **(Duldungsvollmacht)**. Von einer **Anscheinsvollmacht** ist dann zu sprechen, wenn der Vertretene Tatumstände setzt, die das Verhalten eines nicht bevollmächtigten Dritten in den Augen eines Erklärungsempfängers des vollmachtlos Handelnden als bevollmächtigt erscheinen lassen. Hier muss sich unter dem Gesichtspunkt von Treu und Glauben und dem daraus abgeleiteten Vertrauensschutz der Geschäftsherr das Handeln eines Nichtbevollmächtigten zurechnen lassen.

585 Die Duldungsvollmacht kann dann von Bedeutung sein, wenn ein **Mitarbeiter der Patent- oder Rechtsabteilung** nach außen hin wie ein „Bevollmächtigter" auftritt, ohne aber hierzu im Innenverhältnis berechtigt zu sein, und die in diesem Zusammenhang abgegebenen Erklärungen vom potentiellen Vollmachtgeber wie legitimiert behandelt werden. Die Anscheinsvollmacht hingegen kann bei Abschluss eines Lizenzvertrages vor allem im internationalen Bereich dann bedeutsam werden, wenn ein an sich zur Abgabe solcher Erklärungen Nichtbevollmächtigter zu einer Lizenzvertragsverhandlung als Vertreter der Firma angekündigt wird, dort erscheint und – ohne seine mangelnde Vollmacht deutlich zu machen – Erklärungen für den Abschluss des Lizenzvertrags im Namen der Firma abgibt.

586 Frei.

1 Zur Überschreitung der Vertretungsmacht, genauer: zum Anspruch des Minderheitsgesellschafters gegen die Geschäftsführung einer Tochtergesellschaft auf Unterlassung der Erfüllung eines unter Missachtung des Zustimmungsvorbehalts der Obergesellschaft kollusiv mit einem Dritten geschlossenen Vertrags (Lizenzvertrag im Medienbereich über den Erwerb von Senderechten für 1300 Spielfilme) vgl. *OLG Koblenz* v. 9.8.1990, NJW-RR 1991, 487 ff.

5. Mehrere Vertragsbeteiligte

In der Praxis ist die Situation nicht selten, dass auf einer bzw. auf beiden Seiten mehrere (natürliche bzw. juristische) Personen als Vertragspartner auftreten. Auf Lizenzgeberseite ist dies regelmäßig bei Gemeinschaftspatenten der Fall. Sind mehrere Personen in Bruchteilsgemeinschaft Schutzrechtsinhaber, kann eine Lizenz als Verfügung über das gemeinschaftliche Recht nur von allen Teilhabern gemeinsam vergeben werden (§ 747 Satz 2 BGB, s. Rz. 575); hier sind die einzelnen Mitinhaber des Vertragsschutzrechts im Regelfall Gesamtgläubiger (§ 428 BGB), d.h. die Leistung kann an jeden von ihnen bewirkt werden. Entsprechendes gilt, wenn es sich bei dem Schutzrecht um Gesellschaftsvermögen einer BGB-Gesellschaft handelt (s. Rz. 572). Eine **Mehrheit von Lizenzgebern** ist ferner denkbar, wenn der Lizenzvertrag mehrere Vertragsschutzrechte mit unterschiedlichen Schutzrechtsinhabern zum Gegenstand hat; in diesem Fall kommt es auf die Vertragsgestaltung an, ob also in einer Vertragsurkunde mehrere einzelne Lizenzverträge mit unterschiedlichen Beteiligten niedergelegt sind oder ob sich die Lizenzgeber – etwa in Form einer Gesellschaft (§ 705 BGB) – in einem einheitlichen Lizenzvertrag zusammengeschlossen haben. 587

Mehrere (natürliche bzw. juristische) Personen als **Lizenznehmer** sind etwa denkbar, wenn es sich dabei um eine Gesellschaft mit Verfolgung eines gemeinsamen Zwecks handelt (§ 705 BGB). Denkbar ist solches auch bei **Konzernen** (s. Rz. 1203 ff.). Hier handelt es sich im Regelfall nicht um mehrere Lizenzverträge, sondern um einen einheitlichen Lizenzvertrag, bei dem jedem Lizenznehmer ein eigenes Nutzungsrecht zugestanden wird. Unabhängig davon wird man im Zweifel von einer Gesamtschuldnerschaft (§ 421 BGB) auszugehen haben. 588

Frei. 589

6. Wechsel der Vertragspartner

An die Stelle der bei Abschluss des Lizenzvertrages vorhandenen Vertragspartner kann nachträglich für die eine oder andere Partei oder gar für beide ein Rechtsnachfolger treten. Eine solche Rechtsüberleitung kann sich in der Form der **Gesamtrechtsnachfolge**, aber auch in der der **Einzelrechtsnachfolge**, darstellen. 590

a) Gesamtrechtsnachfolge

Bei einer Gesamtrechtsnachfolge (Universalsukzession), die nur in den gesetzlich normierten Fällen wie im Erbfall, bei Fusionen oder gesellschaftsrechtlichen Umwandlungen gegeben ist, rückt der Rechtsnachfolger an die Stelle des Rechtsvorgängers, ohne dass es einer darauf gerichteten Willensäußerung eines der Beteiligten bedarf. Der **Rechtsübergang** tritt **kraft Gesetzes** ein. Eine Substanzänderung der Rechtsposition des Rechtsvorgän- 591 gers ist in diesem Fall nicht gegeben. Etwas anderes gilt nur dann, wenn die Rechtsposition des Rechtsvorgängers partiell oder gar in vollem Umfang so auf den Rechtsvorgänger selbst zugeschnitten ist, z.B. aufgrund der Übernahme zusätzlicher, nur von diesem zu erfüllender Verpflichtungen, dass eine Überleitung auf einen Dritten wegen der von den Vertragspartnern nicht gewollten Substanzänderung ausgeschlossen ist. Generell lässt sich dies für Lizenzverträge nicht bejahen. Vielmehr muss schon eine besondere, ggf. wettbewerbsrechtliche oder wirtschaftliche Interessenlage geprägt durch die Zusammenarbeit der Vertragspartner auf dem Vertragsgebiet, gegeben sein, die einen solchen Rechtsübergang im Wege der Gesamtrechtsnachfolge auszuschließen in der Lage ist, ohne dass die Vertragspartner dies ausdrücklich in ihrem Vertrag normiert haben müssten.

aa) Tod des Lizenzgebers

592 Fehlt im Lizenzvertrag eine sich auf die Rechtsnachfolge beziehende Regelung, so rückt beim Tod des Lizenzgebers (natürliche Personen, s. Rz. 569) gemäß **§ 1922 Abs. 1 BGB** der **Erbe des Lizenzgebers** sowohl bei der ausschließlichen als auch bei der einfachen Lizenz in die Rechtsposition des Lizenzgebers ein, ohne dass es auf seine Kenntnis vom Vorhandensein des Lizenzvertrages ankommt[1]. Die Rechtsposition des Lizenznehmers wird nicht berührt. Dem ausschließlichen Lizenznehmer steht ohnehin wegen der von der h.L. angenommenen gleichsam dinglichen Natur des ausschließlichen Benutzungsrechts (s. Rz. 93), das auf dem vererbten Schutzrecht lastet, ein Anspruch gegen den Erben des Lizenzgebers zu, diese dingliche Einschränkung auch weiterhin hinzunehmen. Die mit der Einräumung einer einfachen Lizenz begründete bloß schuldrechtliche Verpflichtung zwischen Patentinhaber und Lizenznehmer muss der Erbe gemäß § 1967 BGB als Nachlassverbindlichkeit weiterhin erfüllen.

593 Dieser Grundsatz kann eine Einschränkung durch die **höchstpersönliche Natur eines Lizenzvertrages** erfahren, z.B. in dem Fall, dass der Lizenzgeber – etwa der Erfinder – sich zusätzlich verpflichtet hat, ein zur Nutzung des Lizenzgegenstandes notwendiges technisches Erfahrungswissen fortlaufend zur Verfügung zu stellen und somit der Vertrag durch die besondere Sachkunde des Lizenzgebers geprägt ist. Mit dem Tod des Lizenzgebers könnte die Grundlage eines weiteren zukünftigen Wissensaustauschs im Rahmen der Abwicklung dieses Vertrages entfallen. Solche höchstpersönlichen Verpflichtungen des Erblassers können u.U. durch den Erben nicht erfüllt werden. Unterbleibt bei einem solchen Sachverhalt zukünftig die weitere Vermittlung eines zur Durchführung des Lizenzvertrages notwendigen Know-hows oder von Weiterentwicklungsergebnissen und wird damit die weitere Nutzung des Lizenzvertrages ganz oder teilweise in Frage gestellt, so ist dem Lizenznehmer ein **außerordentliches Kündigungsrecht** unter

1 Vgl. *BPatG* v. 12.1.1986, GRUR 1987, 234 – Miterfinder; *Reimer*, PatG, § 9 a.F. Rz. 95, 79; *Lüdecke/Fischer*, Lizenzverträge, A 15 S. 69 m.w.N.

Einhaltung einer angemessenen Kündigungsfrist einzuräumen, sobald feststeht, dass der bisherige Leistungszufluss von Seiten des Lizenzgebers nicht mehr gewährleistet und dem Lizenznehmer ein Festhalten am Vertrag nicht zuzumuten ist.

bb) Tod des Lizenznehmers

Tritt eine Gesamtrechtsnachfolge aufgrund des Todes des Lizenznehmers ein, so richtet es sich nach der Art der eingeräumten Lizenz, ob der Erbe in die Rechtsposition des Lizenznehmers einrückt. 594

Handelt es sich um eine **ausschließliche Lizenz**, so ist diese nach allgemeiner Auffassung – von dem Sonderfall der **Betriebslizenz** einmal abgesehen – **frei vererblich**[1], erlischt also nicht als höchstpersönliches Recht mit dem Tode des Lizenznehmers, sondern geht unmittelbar auf den oder die Erben über. Nur wenn sich aus dem Lizenzvertrag selbst und seiner Abwicklung eine besondere Bindung an die Person des Lizenznehmers feststellen lässt, erlischt dieses Recht mit dem Tode des Lizenznehmers. Eine solche **persönliche Lizenz** ist grundsätzlich möglich (s. Rz. 1196). Sie kann bei so genannten **Betriebslizenzen** (s. dazu Rz. 597) anzunehmen sein[2]. 595

Auch sonst können im Einzelfall ein persönliches Vertrauensverhältnis oder eine persönliche Zusammenarbeit zwischen Lizenzgeber und Lizenznehmer einen Wegfall des in diesem Zusammenhang vereinbarten Nutzungsrechts mit dem Tod des Lizenznehmers bedingen. Enthält der Lizenzvertrag eine Klausel dahin, dass eine (rechtsgeschäftliche) **Übertragung** der Lizenzposition **nur mit Zustimmung des Lizenzgebers** erfolgen darf, so bedeutet dies zwar keine ausdrückliche Aussage darüber, was im Falle der Gesamtrechtsnachfolge geschehen soll. Ein solcher Vertragspassus kann aber immerhin als Indiz für die höchstpersönliche Natur des Lizenzvertrages gewertet werden, so dass entweder die Lizenz mit dem Tode des Lizenznehmers erlischt[3] oder jedenfalls der Lizenzgeber ein außerordentliches Kündigungsrecht hat, falls er mit einer Fortführung des Vertrages durch den Erben des Lizenznehmers nicht einverstanden ist[4]. 596

cc) Besonderheiten bei der Betriebslizenz

Besonderheiten können gelten, wenn zwischen den Vertragspartnern eine Betriebslizenz vereinbart ist. Wesentlich für die Betriebslizenz ist ihre **Bindung an ein bestimmtes Unternehmen**, so dass Unternehmen und einge- 597

1 *RG* v. 1.10.1913, MuW 1913/14, 143, 144.
2 *Groß*, Rz. 40.
3 *Reimer*, PatG, § 9 a.F. Rz. 88.
4 *Lüdecke/Fischer*, Lizenzverträge, A 20 S. 73.

räumte Lizenz als wirtschaftliche Einheit[1] angesehen werden sollen. Insoweit ist die weiter einschränkende Bezeichnung „Betriebslizenz" (Betrieb = Betriebsstätte) missverständlich. Tatsächlich gemeint ist die – im Regelfall ausdrücklich vereinbarte – Ausrichtung des Nutzungsrechtes auf das gesamte Unternehmen (s. dazu Rz. 1196). Eine solche Betriebslizenz kann aber – sofern der Vertragsinhalt nichts anderes ergibt – nur gemeinsam mit dem Unternehmen veräußert oder übertragen werden[2]. Im Wesentlichen gilt hier eine ähnliche Beschränkung, wie es die gesetzliche Regelung des gemäß § 12 PatG betriebsbezogenen Vorbenutzungsrechts erfordert[3]. Zum Wegfall der Nutzungsrechte aus einer Konzernlizenz bei Ausscheiden aus dem Konzernverbund s. Rz. 1210.

An einer betriebsgebundenen Lizenz können im Zweifel auch keine Unterlizenzen vergeben werden[4]. Eine Betriebslizenz erlischt mit der Aufgabe des Gewerbe- bzw. Geschäftsbetriebes[5], nicht aber mit der vorübergehenden Einstellung durch den Insolvenzverwalter[6]. Wird der Geschäftsbetrieb nach der Aufgabe später wiedereröffnet, lebt die Betriebslizenz nicht wieder auf[7].

598 Somit kann bei der Betriebslizenz – gleich ob sie als ausschließliche oder einfache vereinbart ist – diese Lizenz ebenfalls **nur gemeinsam mit dem Unternehmen vererbt** werden[8]. Nur derjenige Erbe, der auch das Unternehmen fortführt, kann hinsichtlich dieser Lizenz zur Nutzung berechtigt sein. Andernfalls steht dem Lizenzgeber beim Tode des Lizenznehmers ein Kündigungsrecht aus wichtigem Grund zu.

---

1 *Lüdecke/Fischer*, Lizenzverträge, A 19 S. 71; *Groß*, Rz. 41; Benkard/*Ullmann*, PatG, § 15 Rz. 70; enger aber *Henn*, Rz. 172, der von Bindung an einen bestimmten Betrieb oder Betriebsteil spricht.

2 Busse/*Keukenschrijver*, PatG, § 15 Rz. 6a m.H.A. *RG*, GRUR 1932, 175 u. *RG* v. 16.11.1929, GRUR 1930, 174, 175; Benkard/*Ullmann*, PatG, § 15 Rz. 70; *Henn*, Rz. 172; Lindenmaier/*Weiß*, PatG, § 9 a.F. Rz. 33 m.w.N.

3 Ebenso *Nirk* in Klauer/Möhring, PatG, § 9 a.F. Rz. 52.

4 Benkard/*Ullmann*, PatG, § 15 Rz. 70.

5 *RG* v. 2.5.1939, GRUR 1939, 963, 964; vgl. zum Urheberrecht auch *OLG Köln* v. 13.11.2009, GRUR-RR 2010, 149, 151 – Kalk-Lady, wonach ein einer Handelsgesellschaft eingeräumtes ausschließliches und unbeschränktes Nutzungsrecht mit Beendigung und Löschung der Gesellschaft im Handelsregister auf den Urheber zurückfällt.

6 Benkard/*Ullmann*, PatG, § 15 Rz. 70; vgl. zum Urheberrecht aber den Hinweis des *OLG Köln* (v. 13.11.2009, GRUR-RR 2010, 149, 151 – Kalk-Lady), dass die Nutzungsrechte bei Durchführung eines Insolvenzverfahrens, bei dem sie nicht verwertet wurden, auf den Urheber zurückfallen.

7 Benkard/*Ullmann*, PatG, § 15 Rz. 70.

8 *Lüdecke/Fischer*, Lizenzverträge, A 19 S. 22 m.w.N.

b) Einzelrechtsnachfolge

599 Von einem Rechtsübergang im Wege der Einzelrechtsnachfolge – und diese liegt in allen sonstigen Fällen eines **gewollten Rechtsübergangs** vor – ist dann zu sprechen, wenn die Überleitung der Rechtsposition des einen Rechtsträgers auf den anderen kraft darauf gerichteter Willensäußerungen herbeigeführt werden soll. Bei Verträgen privatrechtlicher Art muss freilich beachtet werden, dass zwar die Überleitung von Forderungsrechten auch gegen den Willen des Schuldners wirksam durch darauf gerichtete Vereinbarungen zwischen dem früheren Gläubiger und einem neuen Rechtsträger herbeigeführt werden kann (**§ 398 BGB**), es sei denn, die Unabtretbarkeit ergibt sich – wie etwa bei der **persönlichen Lizenz** (s. Rz. 1196) oder (mit Einschränkungen) bei der Betriebslizenz (s. Rz. 597) – aus dem Leistungsinhalt oder einem vertraglichen Ausschluss (**§ 399 BGB**); Schuldverpflichtungen können hingegen nicht gegen den Willen des Gläubigers auf einen anderen Schuldner übergeleitet werden (**§§ 414 ff. BGB**).

Bezogen auf den Lizenzvertrag bedeutet dies, dass die dort normierten Rechte und Pflichten der Vertragsparteien nach unterschiedlichen rechtlichen Kriterien behandelt werden müssen, und zwar differenziert nach den Fallgestaltungen und Rechtspositionen:

600 Geht es um die **Übernahme eines Lizenzvertrages**, so ist dies nach zutreffender Auffassung des *BGH*[1] als **dreiseitiger Vertrag eigener Art** aufzufassen, bei dem die ursprünglichen Vertragspartner und der den bisherigen ersetzende neue Lizenznehmer zusammenwirken müssen. Der Interessenlage wird regelmäßig ein Vertrag zwischen der ausscheidenden und der eintretenden Partei unter Zustimmung des anderen Teils entsprechen[2]. Der Lizenznehmer – auch der ausschließliche (s. Rz. 99) – ist grundsätzlich nicht befugt, die gesamte ihm eingeräumte lizenzrechtliche Stellung ohne Zustimmung des Lizenzgebers auf einen Dritten zu übertragen. Zutreffend verweist *Keukenschrijver*[3] darauf, dass die Übertragbarkeit sowohl der einfachen, als auch der ausschließlichen Lizenz, eine Frage der Vertragsabsprache und ohne eine solche eine Frage des Einzelfalls ist[4]. Die Zustimmung des Lizenzgebers ist notwendiger Bestandteil der Vertragsübertragung, da nur hierdurch das Schuldverhältnis als Ganzes übergeht[5], einschließlich

---

1 *BGH* v. 15.5.1990, NJW-RR 1990, 1251, 1252 f. – Kabelaufroller; nach dieser Entscheidung kommt zwar die Anwendung von § 25 Abs. 1 HGB nur in Frage, wenn die die Ansprüche begründenden Benutzungshandlungen bereits vor Geschäftsübergang erfolgt sind, nicht hingegen bei Lizenzansprüchen, die erst nach Geschäftsübergang durch Handlungen des Geschäftsübernehmers ausgelöst werden (vgl. *BGH* v. 14.7.1961, NJW 2001, 2251 – Geschäftsübergang.).

2 Palandt/*Grüneberg*, BGB, § 398 Rz. 41.

3 Busse/*Keukenschrijver*, PatG, § 15 Rz. 71; Benkard/*Ullmann*, § 15 Rz. 103.

4 Vgl. auch *BGH* v. 17.4.1969, GRUR 1969, 560, 561 – Frischhaltegefäß.

5 *BGH* v. 15.5.1990, NJW-RR 1990, 1251, 1252 f. – Kabelaufroller.

der nicht von einer Abtretung (§§ 398 ff. BGB) und einer Schuldübernahme (§§ 414 ff. BGB) erfassten Vertragselemente[1].

601 Der Situation, als Lizenznehmer diese Zustimmung möglicherweise erst nach mehreren Jahren streitiger Auseinandersetzung zu erhalten, kann ausgewichen werden, wenn rechtzeitig eine dies regelnde weitgehende **Rechtsnachfolgeklausel** vereinbart wird (vgl. Rz. 608 ff.); allerdings ist nicht zu verkennen, dass ein wirtschaftlich denkender Lizenzgeber eine derartige Klausel nur in Einzelfall hinnehmen wird (s. dazu Rz. 609). Daran ändert der Umstand nichts, dass der ausschließliche Lizenznehmer zur Vergabe von Unterlizenzen berechtigt ist.

602 Will der Lizenznehmer **Nutzungsrechte aus dem Lizenzvertrag auf Dritte übertragen**, kommt es zunächst auf die Regelungen im Lizenzvertrag an. Ergibt sich aus den Vertragsbestimmungen bzw. aus den sonstigen Umständen der Vertragsausgestaltung und -abwicklung kein entgegenstehender Parteiwille, wird man für die Frage der Übertragbarkeit auf die Art der Lizenz abstellen müssen. Bei der **ausschließlichen Lizenz** wird wegen deren quasi-dinglichen Charakters eine Überleitung der Forderungsrechte, also etwa der Lizenzvergütungsansprüche des Lizenzgebers, oder eine Übertragbarkeit von Nutzungsrechten des Lizenznehmers auf Dritte angenommen (vgl. Rz. 99). Daraus folgt zugleich die Möglichkeit der Unterlizenzvergabe (vgl. Rz. 101 ff.). Dagegen verneint die h.M. die Übertragbarkeit bei der **einfachen Lizenz**[2], es sei denn, der Lizenzgeber hat vertraglich diese Befugnis eingeräumt (s. Rz. 120). Bei der Betriebslizenz ist jedenfalls eine Übertragbarkeit ohne Geschäftsbetrieb ausgeschlossen (s. Rz. 597).

603 Überträgt der **Lizenznehmer** zulässigerweise seine Nutzungsrechte an Dritte, wird er dadurch jedoch **nicht von seinen Pflichten aus dem Lizenzvertrag befreit**, insbesondere seinen Zahlungspflichten; ein Wechsel des Schuldners (hier Lizenznehmers) ohne Zustimmung des Gläubigers (hier Lizenzgebers) ist unserem Zivilrecht fremd (§§ 414, 415 BGB). Dies gilt in Ansehung der Verpflichtungen, die nicht gegen den Willen des Vertragspartners auf einen Dritten übergeleitet werden können. Man denke nur an die Verpflichtung des Lizenznehmers, Lizenzzahlungen vorzunehmen, die letzten Endes auch eine notwendige Bonität des Lizenznehmers voraussetzt. Auf der anderen Seite erfordert die Interessenlage des Lizenznehmers, dass der Lizenzgeber als fähig angesehen werden muss, den Lizenzvertrag hinsichtlich der dem Lizenzgeber obliegenden Verpflichtungen zur Schutzrechtserhaltung, Schutzrechtsverteidigung oder eines etwa in diesem Zusammenhang gleichzeitig vereinbarten Know-how-Austausches zu erfüllen. Folglich werden die Lizenzvertragsparteien von ihren Vertragspflichten gegenüber dem jeweils anderen Partner nur in dem Umfang be-

1 Busse/*Keukenschrijver*, PatG, § 15 Rz. 73; Benkard/*Ullmann*, § 15 Rz. 104.
2 Vgl. auch *LG Düsseldorf* v. 10.5.2007, InstGE 8, 4, Rz. 27.

freit, als dieser dem zustimmt. Dies muss bei allen rechtsgeschäftlich gewollten Überleitungen von Lizenzrechtspositionen beachtet werden.

Ansonsten kann ein Partner als Schuldner einer vertraglichen Leistung im Wege einer Absprache mit einem Dritten auch gegen den Willen des anderen Partners als Gläubiger bzw. ohne dessen Zustimmung eine **Schuldmitübernahme** vereinbaren, durch die beide zu Gesamtschuldnern i.S. von §§ 421 ff. BGB werden. Eine eigene Schuldbefreiung tritt aber nur ein, wenn das Einverständnis des Gläubigers vorliegt (vgl. §§ 414, 415 BGB). 604

Nicht berührt wird das Lizenzverhältnis, wenn lediglich eine **Übernahme von Geschäftsanteilen** erfolgt, ohne dass damit eine Änderung des Vertragspartners einhergeht. Werden etwa Gesellschaftsanteile an einer GmbH übertragen, ohne dass es zu einer Auflösung der Gesellschaft kommt, so gilt der mit der betreffenden GmbH geschlossene Lizenzvertrag fort. 605

Eine solche Veränderung in Bezug auf die Gesellschaftsverhältnisse einer Vertragspartei kann allerdings für den Lizenzvertragspartner von erheblicher Tragweite sein, wenn er hierauf keinen Einfluss nehmen kann. Er kann sich plötzlich einem Wettbewerber oder sonst unliebsamen Geschäftspartner als „Partei" des Lizenzvertrages gegenübersehen. So ist es möglich, dass ein zunächst aus der Sicht des Lizenzgebers von der Marktposition her unbedeutender Lizenznehmer „ausgetauscht" wird durch einen wirtschaftlich wesentlich bedeutenderen, marktstärkeren Wettbewerber, der nunmehr in einem für den Lizenzgeber gefährlichen Umfang die Nutzungsbefugnis aus dem Lizenzvertrag tatsächlich ausdehnt und somit die Marktposition des Lizenzgebers – sofern dieser auch auf dem Lizenzgebiet tätig ist – erheblich einschränken kann. 606

Um den „Eintritt" eines Dritten, insbesondere eines Wettbewerbers, in den Lizenzvertrag durch Übernahme von Gesellschaftsanteilen zu verhindern, kann es sich empfehlen, im Lizenzvertrag festzuschreiben, dass der Lizenzgeber bei einer ihn berührenden **Veränderung in der Rechtsinhaberschaft der Gesellschaftsanteile** – eine solche Veränderung kann etwa in der Überschreitung der **Sperrminoritätsgrenze** liegen – ein Recht zur **Kündigung aus wichtigem Grund** hat (change-of-control-Klausel). 607

Die Einflussnahme auf die Auswahl des künftigen Vertragspartners ist der Partei eines Lizenzvertrages grundsätzlich dann entzogen, wenn sie sich mit der üblichen Rechtsnachfolgeklausel, dass ein Lizenzvertrag auch **„Wirkung für den Rechtsnachfolger des einen oder anderen Partners haben soll"**, einverstanden erklärt. Diese Klausel enthält keinerlei Vorbehalte gegenüber dem Rechtsträgerwechsel eines der Partner, sei es kraft Gesetzes, sei es kraft Rechtsgeschäfts. Sicherlich einer wirtschaftlich erfolgreichen Auswertung des Schutzrechtes bzw. der Schutzrechtposition wenig dienlich wäre die Regelung, dass ein Rechtsübergang ausgeschlossen sein soll. 608

Zweckmäßig ist es, wenn im Vertrag deutlich zum Ausdruck kommt, dass sich die Vertragspartner bei Abschluss des Vertrages der spezifischen personenrechtlichen Beziehungen dieses Lizenzvertrages bewusst sind und die **Überleitung auf einen Rechtsnachfolger** von der ausdrücklich darauf gerichteten **Erklärung (Zustimmung) des betroffenen Vertragspartners** abhängig gemacht wird.

609 Diese Überlegungen haben bei **internationalen Lizenzverträgen** eine ganz besondere Bedeutung. Im Hinblick auf die vorstehend dargelegten Erfordernisse und Auswirkungen eines Rechtsübergangs spielt eine Vertragsabsprache, wonach der Fortbestand des Vertrages von der **ausdrücklichen Zustimmung** des anderen Partners abhängig gemacht wird, wenn z.B. der eine Partner kraft Gesetzes oder Rechtsgeschäftes durch einen neuen Rechtsträger abgelöst wird, eine besondere Rolle. Zu denken ist z.B. an Umwandlungen privatrechtlicher Institutionen in staatlich ausgerichtete. Ein solcher Rechtswechsel kann die Interessen des anderen Lizenzvertragspartners stark berühren. Hier kann ggf. eine **modifizierte Rechtsnachfolgeklausel** dann helfen, wenn kraft ordre public das innerstaatliche Recht eine automatische Beendigung oder Kündigung bestehender Verträge aus Anlass dieses Rechtsvorgangs ausschließt. Wie angeregt, erfolgt in einem solchen Fall keine Kündigung als einseitig empfangsbedürftige Willenserklärung mit dem Ziel, den Lizenzvertrag zu beenden. Der Fortbestand des Vertrages hängt vielmehr davon ab, ob der von dem Rechtsübergang nicht unmittelbar Betroffene, also der andere Vertragspartner, seine Zustimmung zur Fortsetzung des Vertrages trotz dieses Rechtsträgerwechsels erklärt.

610 Diese **modifizierte Rechtsnachfolgeklausel** könnte etwa folgenden Inhalt haben:

„Verliert einer der Vertragspartner die Rechtsträgerschaft an seinen, das Unternehmen kennzeichnenden Vermögenswerten oder tritt eine sonstige Veränderung in den persönlichen oder wirtschaftlichen Verhältnissen dieses Vertragspartners gegenüber dem Zustand im Zeitpunkt des Vertragsabschlusses ein, die als wesentlich angesehen werden kann, so hängt der Fortbestand dieses Lizenzvertrages von der Zustimmung des anderen Vertragspartners ab. Dies gilt auch für den Fall einer nicht bloß vorübergehenden nachhaltigen Veränderung der Dispositionsbefugnis eines Vertragspartners in Ansehung seiner Vermögenswerte. Der diesen Veränderungen unterliegende Vertragspartner ist verpflichtet, den Eintritt dieser Veränderungen dem anderen Vertragspartner sofort mitzuteilen."

611 Bei Fortführung eines Handelsgeschäfts i.S. des § 25 HGB ist zu beachten, dass auch diese Vorschrift keine Rechtsnachfolge in Dauerschuldverhältnisse, um die es sich bei Lizenzverträgen regelmäßig handelt, anordnet, sondern bzgl. der Haftung des Erwerbers nur auf die bis zum Geschäftserwerb aufgelaufenen Schulden abstellt[1]. Schließlich treten wirtschaftlich miteinander verbundene Firmen nicht automatisch wechselseitig in beste-

1 *OLG Hamm* v. 10.3.2009, GWR 2009, 194, Rz. 128.

hende Dauerschuldverhältnisse ein, wenn der zunächst vorgesehene Vertragspartner ausfällt[1].

Frei. 612

c) Übertragung eines lizenzierten Schutzrechts

Eine Veränderung der Vertragspartner kann auch dadurch eintreten, dass der Lizenzgeber das lizenzierte Schutzrecht veräußert. Ein Lizenzgeber ist trotz entgegenstehender vertraglicher Absprache im Hinblick auf die Regelung des **§ 137 Satz 1 BGB** nicht gehindert, ein lizenziertes Schutzrecht an einen Dritten zu veräußern. Unabhängig von der Kenntnis des Erwerbers über den Inhalt einer entgegenstehenden Absprache zwischen Patentinhaber und Lizenznehmer geht ein solches absprachewidrig veräußertes Schutzrecht rechtswirksam auf den Erwerber über[2]. 613

Die insbesondere aufgrund der Entscheidung des *BGH* vom 23.3.1982[3] streitige Frage, ob die vertragliche Stellung des Lizenznehmers auch gegenüber dem Erwerber des lizenzierten Schutzrechts Bestand hatte[4], hat der Gesetzgeber 1986 durch die Einfügung des **§ 15 Abs. 3 PatG** Rechnung getragen. Danach besteht für Rechtsübergänge ab 1987 ein **umfassender Sukzessionsschutz** für sämtliche Formen der Lizenz. Einfache wie ausschließliche Haupt- und Unterlizenzen genießen seitdem volle Bestandskraft gegenüber dem Schutzrechtserwerber. Ausgenommen sein soll nach wohl herrschender, aber abzulehnender Ansicht allein die sog. **negative Lizenz** (s. hierzu Rz. 114, 130 ff., 136), da sie als bloßer Verzicht des Lizenzgebers auf seinen patentrechtlichen Unterlassungsanspruch dem Lizenznehmer kein positives Benutzungsrecht vermittele[5] (s. hierzu Rz. 130 ff.). Der Sukzessionsschutz gewährleistet allerdings nur den Fortbestand des Benutzungsrechts des Lizenznehmers, wie es aufgrund des Lizenzvertrags eingeräumt wurde, und bedeutet keine automatische Auswechslung der Vertragspartei auf Lizenzgeberseite, so dass der Eintritt des Schutzrechtserwerbers in den Lizenzvertrag dementsprechend nicht ohne Weiteres anzunehmen ist, sondern die (konkludente) Mitwirkung aller Beteiligten, einschließlich des 614

---

1 *OLG Hamm* v. 10.3.2009, GWR 2009, 194, Rz. 131.

2 *RG* v. 5.2.1930, RGZ 127, 198, 205; *Lüdecke/Fischer*, Lizenzverträge, A 28 S. 80; *Lüdecke*, GRUR 1964, 470 ff.

3 *BGH* v. 28.3.1982, BGHZ 83, 251, 255 – Verankerungsteil; der gegenteiligen Ansicht war die Vorinstanz *OLG Düsseldorf* v. 20.11.1980, GRUR 1981, 212 ff.

4 Bejaht für die ausschließliche Lizenz wegen ihrer dinglichen Natur u.a. *Lüdecke/Fischer*, Lizenzverträge, A 25 S. 77; *Ohl*, GRUR 1992, 77, 80, für die einfache Lizenz aber vom BGH v. 28.3.1982, BGHZ 83, 251, 255, und der h.M. verneint; kritisch u.a. *Völp*, GRUR 1983, 45 ff.; *Mager*, GRUR 1983, 51 ff.; *Brandi-Dohrn*, GRUR 1983, 146 ff.; *Rosenberger*, GRUR 1983, 203 ff.; s. auch Stellungnahme des BMJ in GRUR 1983, 494.

5 Vgl. Benkard/*Ullmann*, PatG, § 15 Rz. 111; *Mes*, PatG, § 15 Rz. 43; a.A. *Britta Bartenbach*, Diss. 2002, S. 25 ff., 213 ff.

Lizenznehmers, voraussetzt[1]. Die **Vertragsübernahme** ist ein einheitliches Rechtsgeschäft, das der Zustimmung aller Beteiligten bedarf und als **„dreiseitiger Vertrag"** abgeschlossen werden kann[2]. Möglich und regelmäßig interessengerecht ist aber ein Vertrag zwischen der ausscheidenden und der eintretenden Partei unter Zustimmung des anderen Teils[3]. Eine ggf. erteilte Unterlizenz bleibt von der Vertragsübernahme unberührt, da sich dort als Vertragspartner weiterhin der Hauptlizenznehmer und der Unterlizenznehmer gegenüberstehen. Für die **Gebrauchsmusterlizenz** gilt der Sukzessionsschutz gemäß **§ 22 Abs. 3 GebrMG**.

615 Da **§ 137 Satz 2 BGB** die Wirksamkeit von Absprachen, die einer Veräußerung dinglicher Rechte entgegenstehen, unberührt lässt, hat ein durch eine Veräußerung des Schutzrechts betroffener Lizenznehmer neben einem Kündigungsrecht aus wichtigem Grund **Schadensersatzansprüche gemäß § 280 BGB**, die letztlich darauf gerichtet sind, den Lizenzgeber zu verpflichten, den Lizenznehmer so zu stellen, wie er bei nicht erfolgter Veräußerung des Schutzrechts stehen würde. Dies kann im Einzelfall nach § 249 Abs. 1 BGB einen Anspruch auf Rückgängigmachung der Rechtsübertragung begründen. Die Durchsetzung dieser Verpflichtung kann nur insoweit relevant werden, als der Sukzessionsschutz nach § 15 Abs. 3 PatG nicht greift oder sonst die Ausübung der Lizenzrechte eingeschränkt wird. Folglich kann sich dies nur bei Lizenzverträgen über ausländische Schutzrechte stellen, bei denen die ausländische Schutzrechtsordnung keinen Sukzessionsschutz vorsieht.

616 Frei.

IX. Dauer des Lizenzvertrages

617 Die Dauer des Lizenzvertrages bestimmt sich im Rahmen der Vertragsfreiheit (§ 311 BGB) nach den getroffenen Abreden. So ist beispielsweise eine zeitliche Beschränkung in Form einer Zeitlizenz (s. dazu Rz. 1254 ff.) denkbar, wobei ggf. auch Auslaufklauseln (Aufbrauchfristen) beachtlich sind (s. Rz. 1273 ff.). Der Regelfall ist die Anknüpfung an die patent-/gebrauchsmusterrechtliche Schutzrechtsdauer (s. dazu Rz. 1242). In diesem Zusammenhang kann bei einem Schutzrechtsbündel eine auf den Ablauf des letzten Schutzrechts abstellende Längstlaufklausel relevant werden (s. Rz. 1259 ff.).

618 Davon zu unterscheiden ist die Situation der ordentlichen Kündigung des Lizenzvertrages (s. Rz. 2433 ff.) bzw. der außerordentlichen Kündigung aus

1 *LG Düsseldorf* v. 21.12.2007, Düsseldorfer Entscheidung Nr. 660 – Patentinhaberschaft (www.duesseldorfer-archiv.de).
2 Palandt/*Grüneberg*, BGB, § 398 Rz. 41.
3 Palandt/*Grüneberg*, BGB, § 398 Rz. 41.

wichtigem Grund (s. Rz. 2436 ff.). Eine Sondersituation ist – neben der Vertragsanpassung wegen veränderter Umstände (s. Rz. 544 ff.) – der Wegfall der Pflicht zur Fortzahlung von Lizenzgebühren wegen Unzumutbarkeit (s. Rz. 1862).

Frei. 619–620

X. Eintragung der ausschließlichen Lizenz in das Patentregister (§ 30 Abs. 4 PatG)

Beide Vertragspartner eines ausschließlichen Lizenzvertrages haben das 621 Recht, die gewährte Lizenz nach **§ 30 Abs. 4 PatG** in die Patentrolle eintragen zu lassen, soweit die Zustimmung des jeweils anderen Teils nachgewiesen wird. Die ausschließliche Lizenz entsteht unabhängig von einer etwaigen Eintragung in die Rolle. Diese hat nur die Funktion, die Eintragung einer Lizenzbereitschaftserklärung nach § 23 Abs. 1 PatG zu sperren (vgl. § 30 Abs. 4 Satz 2 und § 23 Abs. 2 PatG), so dass die Folgen einer solchen Lizenzbereitschaftserklärung nicht eintreten können. Die Sperrwirkung kommt schon dem bloßen Antrag auf Eintragung der Lizenz in die Rolle zu. Ist hingegen eine Lizenzbereitschaftserklärung (s. hierzu Rz. 151 ff.) eingetragen worden, schließt diese die Eintragung einer ausschließlichen Lizenz aus (§ 34 Abs. 2, § 23 Abs. 1 PatG), es sei denn, die Lizenzbereitschaftserklärung wird zurückgenommen (vgl. § 23 Abs. 7 PatG).

Eine Prüfung der Rechtswirksamkeit des Lizenzvertrags erfolgt nicht; mit 622 der Eintragung in das Patentregister ist allein die Legitimationswirkung der Registereintragung verbunden[1].

Nach **§ 30 Abs. 4 Satz 3 PatG** wird die Eintragung der ausschließlichen Lizenz **auf Antrag des Patentinhabers oder des Lizenznehmers gelöscht**. Der Löschungsantrag des Patentinhabers bedarf nach § 30 Abs. 4 Satz 4 PatG des Nachweises der Zustimmung des bei der Eintragung benannten Lizenznehmers oder seines Rechtsnachfolgers.

Ausweislich **§ 32 Abs. 5 PatG** erfolgt kein Hinweis auf Eintragung oder Löschung einer ausschließlichen Lizenz im Patentblatt.

Nach **Art. 129 EPÜ i.V.m. Regel 143 Abs. 2 u. 23 EPÜAO** wird die Eintragung der Erteilung oder des Übergangs einer **Lizenz an einer** europäischen **Patentanmeldung** im Europäischen Patentblatt veröffentlicht, ebenso die Löschung dieser Eintragungen.

1 *Mes*, PatG, § 30 Rz. 32.

XI. Lizenzen in der Zwangsvollstreckung

623 Auch im Bereich des Lizenzvertragsrechts besteht die Möglichkeit, dass nicht am Vertrag beteiligte Dritte ihre gegen einen der Vertragspartner bestehenden Forderungen durch eine Zwangsvollstreckung in die vom Lizenzvertrag umfassten Rechte zu befriedigen suchen. Dabei ist zu unterscheiden, ob in die Schutzrechte selbst oder in Lizenzrechte eingegriffen wird.

1. Vollstreckungsmaßnahmen gegen den Lizenzgeber

624 Es unterliegt keinem Zweifel, dass ein **erteiltes Patent** im gleichen Maße, wie es übertragbar ist, auch verpfändbar ist bzw. **gepfändet** werden kann. Neben dem Patent sind dies auch die Rechte aus einer **Patentanmeldung**[1]. Da auch bereits **bloße Erfindungen**, die noch nicht zum Patent angemeldet worden sind, Gegenstand eines Lizenzvertrages sein können, interessiert hier auch deren Pfändbarkeit. Nach der im Schrifttum bestätigten Auffassung des *BGH*[2] kann eine Erfindung von dem Zeitpunkt an Gegenstand einer Zwangsvollstreckung sein, in dem der Erfinder bzw. Rechtsträger seine Absicht bekundet hat, die Erfindung wirtschaftlich zu verwerten[3]. Die Lizenzierung einer noch nicht angemeldeten Erfindung verdeutlicht diesen Verwertungswillen des Rechtsinhabers. Ein Pfändungspfandrecht setzt sich nach der Patenterteilung am Patent fort[4].

625 Die **Pfändung erfolgt nach § 857 ZPO**. Die Pfändung des Erfindungsrechts, der Anmeldung und des Patentes wird durch Beschluss des Vollstreckungsgerichts (Amtsgericht) vorgenommen, und zwar am Wohnsitz des Schuldners, also des Erfinders, Anmelders oder Patentinhabers (vgl. §§ 828, 829, 857 Abs. 2 ZPO). Zur Wirksamkeit der Pfändung dieser Rechte muss das Gebot an den Erfinder, Anmelder oder Patentinhaber, sich jeder Verfügung über das Recht zu enthalten, zugestellt werden[5]. Rechtlich bedarf es keiner Zustellung des Pfändungsbeschlusses an das Patentamt[6], denn dieses ist nicht Drittschuldner. Zweckmäßigerweise erfolgt aber gleichwohl eine Zustellung des Pfändungsbeschlusses an das Patentamt zum Zweck der Re-

---

1 *Lindenmaier/Weiß*, PatG, § 9 a.F. Rz. 61; *Reimer*, PatG, § 9 a.F. Rz. 117; *Nirk* in Klauer/Möhring, PatG, § 9 a.F. Rz. 91; für die Patentanmeldung vgl. auch *RG* v. 3.10.1902, RGZ 52, 227, 233; *BGH* v. 24.3.1994, GRUR 1994, 602, 603 – Rotationsbürstenwerkzeug.

2 *BGH* v. 25.1.1955, BGHZ 16, 172, 175 – Dücko; s. auch *BGH* v. 10.11.1970, GRUR 1971, 210, 213 – Wildverbissverhinderung; *Reimer*, PatG, § 9 a.F. Rz. 117.

3 Kritisch *Kraßer*, PatR, § 40 III 3; *Zimmermann*, GRUR 1999, 122, 124 ff. u. *Zeising*, Mitt. 2000, 208 ff.

4 *BGH* v. 24.3.1994, GRUR 1994, 602, 603 – Rotationsbürstenwerkzeug.

5 *Brehm* in Stein/Jonas, ZPO, § 857 Rz. 98.

6 *DPA* v. 11.2.1950, GRUR 1950, 294.

gistrierung in den Patentunterlagen, um somit eine weitere Veräußerung des gepfändeten Rechts zu verhindern.

Die Pfändung eines Patentes führt nicht zum Rechtsübergang des Patentes 626
auf den Pfandgläubiger[1]. Der Vollstreckungsschuldner bleibt auch nach der Pfändung und der Bestellung des Pfändungspfandgläubigers zum Verwalter der Patentanmeldung alleiniger Inhaber der Anmeldung. Es obliegt ihm, durch Zahlung der Jahresgebühren das Erlöschen der Schutzrechtsposition zu verhindern[2]. Eine Änderung in der Person des Patentinhabers ist in der Rolle nur zu vermerken, wenn ein Wechsel der Rechtsinhaberschaft tatsächlich stattgefunden hat und auf Dauer angelegt ist[3]. Der Pfändungspfandgläubiger wird durch die Pfändung einer angemeldeten Erfindung nicht Beteiligter des Prüfungs- oder Eintragungsverfahrens[4].

Ersatzansprüche wegen Patentverletzung aus dem Zeitraum **vor der Pfändung** des Patentrechtes werden von dieser nicht erfasst[5]. Soll in diese 627
Ansprüche zwangsvollstreckt werden, so ist eine getrennte Forderungspfändung zu betreiben einschließlich der Zustellung an den Schadensersatzverpflichteten als Drittschuldner.

Die **Verwertung** des gepfändeten Rechts erfolgt **gemäß § 857 Abs. 5, § 844** 628
ZPO durch gerichtliche Anordnung der Verwertungsmaßnahmen. Im Zweifel wird die Veräußerung des Patentes angeordnet oder – wenn dies sinnvoller erscheint – die Zwangsverwaltung. Damit kann sich für einen Lizenznehmer die Situation ergeben, dass er sich einem neuen Gläubiger gegenübergestellt sieht.

Soweit an dem gepfändeten Recht eine Lizenz eingeräumt worden ist, wird 629
der **Fortbestand der Lizenz** vorrangig aus der Wirkung des **Sukzessionsschutzes** hergeleitet, der auch bei einer Zwangsvollstreckung in das lizenzierte Recht Anwendung findet[6]. Greift der Sukzessionsschutz, käme es auf die Art der Lizenz nicht an. Allerdings kann sich eine **Verwaltung des gepfändeten Rechts durch den Gläubiger oder einen Sequester**[7] zu einer erheblichen Einschränkung der Rechtsposition des Lizenznehmers auswirken. Dies insbesondere dann, wenn vorher der Lizenzgeber keine Eigennutzung des nunmehr gepfändeten Rechts durchgeführt hat.

---

1 *BPatG* v. 7.2.2000 – 10 W (pat) 113/99, n.v.
2 *OLG Karlsruhe* v. 18.3.2004, GRUR-RR 2005, 68.
3 *BPatG* v. 7.2.2000 – 10 W (pat) 113/99, n.v.
4 Vgl. *BPatG* v. 18.1.1965, BPatGE 6, 220, 222; weitere Einzelheiten bei Benkard/*Ullmann*, PatG, § 15 Rz. 46.
5 Benkard/*Ullmann*, PatG, § 15 Rz. 45.
6 *Bühling*, GRUR 1998, 196, 200; *Pahlow*, Lizenz und Lizenzvertrag, S. 351.
7 Zur Sequestration eines Patentvindikationsanspruchs im europäischen Patenterteilungsverfahren vgl. *OLG München* v. 26.9.1996, Mitt. 1997, 394 f.; hierzu auch *Rapp*, Mitt. 1998, 347 ff.

Für eine Absicherung des Lizenznehmers in der Zwangsvollstreckung gegen den Lizenzgeber durch den Sukzessionsschutz spricht insbesondere, dass dieser Sukzessionsschutz nach dem Willen des Gesetzgebers auch bei einer Vollrechtsübertragung greifen soll, damit also erst recht, wenn es um die bloße Zwangsvollstreckung als ein Weniger gegenüber der Übertragung geht[1]. Der Lizenznehmer behält also gegenüber dem Pfandgläubiger sein Nutzungsrecht, während der Pfandgläubiger durch das Pfandobjekt eine Absicherung erhält. Erfolgt eine Verwertung des gepfändeten Schutzrechts, bleibt die Lizenz aufgrund des auch dem Erwerber gegenüber wirkenden Sukzessionsschutzes bestehen. Da der Sukzessionsschutz bei allen Arten von Lizenzen greift, kommt es auf die Abgrenzung ausschließlicher und einfacher Lizenz nicht an. Insoweit müsste die auf den Sukzessionsschutz gestützte Argumentation zugunsten eines Fortbestands des Verwertungsrechts des Lizenznehmers Vorrang vor einem Anspruch aus einer Drittwiderspruchsklage nach § 771 ZPO haben[2].

Macht der Pfandgläubiger das fortbestehende Nutzungsrecht des Lizenznehmers streitig, bleibt dem Lizenznehmer die Abklärung im Wege der Feststellungsklage[3].

Jedenfalls wird dem Lizenznehmer eine **Widerspruchsklage gemäß § 771 ZPO** gegen die Pfändung des lizenzierten Rechts zugestanden[4].

Führt die Verwertung des gepfändeten Rechts zu einer erheblichen Einschränkung des Umfangs der Nutzungsberechtigung des Lizenznehmers oder zu einer sonstigen außergewöhnlichen wirtschaftlichen Belastung – etwa, wenn durch eine weitere Lizenzvergabe nunmehr ein Wettbewerber die Marktsituation verändert –, so muss dem Lizenznehmer ein außerordentliches Kündigungsrecht gemäß § 314 BGB zugebilligt werden[5].

630 Trotz Pfändung verbleiben die Erfindung und eine darauf bezogene Anmeldung bzw. das Patent dem Inhaber, allerdings unter Belastung mit dem Pfändungspfandrecht. Dementsprechend erwachsen aus der Pfändung keine Rechtsbeziehungen patentrechtlicher Art. Der **Pfändungspfandgläubiger** einer Patentanmeldung bzw. eines Patentes erhält durch die Pfändung insbesondere **kein ausschließliches Benutzungsrecht an der Erfindung** oder an dem Patent[6]. Er hat daher keine Berechtigung, den Abnehmern des Patentinhabers hinsichtlich der von diesem oder von dem Inhaber einer fortbestehenden Lizenz erworbenen patentgemäßen Gegenstände deren Nutzung zu untersagen. Insoweit ist die wirtschaftliche Betätigungsfreiheit des Lizenz-

---

1 So mit Recht *McGuire*, Die Lizenz, § 9 V 7 S. 598 f.
2 *McGuire*, Die Lizenz, § 9 V 7 S. 599.
3 *McGuire*, Die Lizenz, § 9 V 7 S. 599.
4 So ausdrücklich *Lüdecke/Fischer*, Lizenzverträge, A 50 S. 98; *Münzberg* in Stein/Jonas, ZPO, § 771 Rz. 31.
5 Zur Anwendbarkeit des § 314 BGB auf Lizenzverträge vgl. *Gaier* in MünchKomm. BGB, § 314 Rz. 6 m.H.a. *BGH* v. 29.4.1997, NJW-RR 1997, 1467.
6 *BGH* v. 24.3.1994, GRUR 1994, 602, 604 – Rotationsbürstenwerkzeug.

nehmers also nicht eingeschränkt; er darf allerdings keine das Pfandrecht beeinträchtigende Verfügung treffen[1]. Der Pfändungspfandgläubiger hat auch nicht für die Zahlung der Jahresgebühren zu sorgen. Vielmehr obliegt es allein dem **Patentinhaber**, durch **Zahlung der Jahresgebühren** das Erlöschen des Patents zu verhindern[2].

Der Anspruch des Lizenzgebers auf **Lizenzgebühren** unterliegt der Zwangsvollstreckung nach §§ 828 ff. ZPO. Handelt es sich um eine natürliche Person kann ggf. der Pfändungsschutz nach § 850 oder § 850i ZPO – jeweils i.V.m. § 850c ZPO – zum Tragen kommen[3]. 631

2. Vollstreckungsmaßnahmen gegen den Lizenznehmer

Parallel zu Vollstreckungsmaßnahmen gegen den Lizenzgeber sind auch solche gegenüber dem Lizenznehmer zu bewerten. Als Grundsatz gilt, dass Lizenzen nur insoweit pfändbar sind, als sie auch übertragbar sind (vgl. § 851 ZPO). 632

Die **einfache Lizenz** als grundsätzlich nicht übertragbare Rechtsposition **unterliegt nicht der Pfändung**; dies gilt in gleicher Weise für die Betriebslizenz sowie die persönliche Lizenz, bei der enge persönliche Bindungen zwischen dem Lizenzgeber und dem Lizenznehmer bestehen[4]. Dadurch wird dem Umstand Rechnung getragen, dass die Vollstreckungsmaßnahme nicht in die Interessen des Schutzrechtsinhabers eingreifen darf, da dieser nicht Vollstreckungsschuldner ist[5]. 633

Die Grundsätze zur Pfändbarkeit einer ausschließlichen Lizenz (nachfolgend Rz. 634) müssten auch für die einfache Lizenz gelten, wenn die ihr zugewiesene dingliche Wirkung (s. Rz. 120 ff.) greift. Im Rahmen der Pfändbarkeit ist maßgeblich, ob solche Rechtspositionen der Pfändung unterworfen sind, was sich nach § 811 ZPO bestimmt. Letztlich wird die ausschließliche Lizenz wegen ihrer dinglichen Wirkung als übertragbar und damit pfändbar angesehen. Kommt der einfachen Lizenz dingliche Wirkung zu, stellt sich die Frage, ob dies auch zu deren Übertragbarkeit führt. In einem solchen Fall stünde einer Pfändung auch der einfachen Lizenz nichts entgegen.

Zu fragen ist, ob der Ausschluss einer Pfändung bei der einfachen Lizenz bei bestehender persönlicher Bindung nicht auch bei der ausschließlichen Lizenz greift. Es erscheint zweifelhaft, ob die persönliche Bindung bei der einfachen Lizenz enger ist als bei der ausschließlichen Lizenz. Bei letzterer

1 *BGH* v. 24.3.1994, GRUR 1994, 602, 604 – Rotationsbürstenwerkzeug.
2 *OLG Karlsruhe* v. 18.3.2004, GRUR-RR 2005, 68.
3 *BGH* v. 12.12.2003, WM 2004, 596 ff. – Honiglöffel.
4 *RG* v. 26.10.1931, RGZ 134, 91, 98; Benkard/*Ullmann*, PatG, § 15 Rz. 48.
5 *Götting*, Gewerblicher Rechtsschutz, § 26 Rz. 22.

dürfte im Hinblick auf die Exklusivität eher eine besondere Auswahl des Vertragspartners, des Lizenznehmers, im Vordergrund stehen. Die einfache Lizenz ist zum Teil ein „Massengeschäft", etwa bei einer „open-licence"-Politik des Lizenzgebers (s. dazu Rz. 447). Bei der ausschließlichen Lizenz vertraut der Lizenzgeber seine wirtschaftlichen Erwartungen allein diesem Vertragspartner an. Solange der ausschließliche Lizenznehmer die Erfindung nicht oder ohne nennenswerten wirtschaftlichen Ertrag nutzt, ist das ausschließliche Recht für den Lizenzgeber nahezu wertlos[1]. Insofern wird die Auswahl des Lizenznehmers in besonderem Maße unter persönlichen, vertrauensbezogenen Aspekten erfolgen.

634 Soweit die **ausschließliche Lizenz** als dingliches Recht verstanden wird, ist sie als sonstiges Vermögensrecht nach § 857 Abs. 1 ZPO anzusehen. Folgerichtig ist sie der Zwangsvollstreckung unterworfen und kann daher im Rahmen der Verwertung des Vermögens des Lizenznehmers nach **§ 829 i.V.m. § 835 ZPO gepfändet** und an den Vollstreckungsgläubiger überwiesen werden[2]. In dem durch § 851 Abs. 2 ZPO vorgegebenen Umfang könnte die Pfändung nicht durch ein im Lizenzvertrag festgelegtes Veräußerungsverbot ausgeschlossen werden.

Etwas anderes kann nur dann gelten, wenn sich aus dem Lizenzvertrag Umstände ergeben, die durch eine besondere Bindung des Lizenzrechts an den Lizenznehmer die Ausübung durch einen Dritten ausschließen[3]. Sofern vertraglich die Übertragbarkeit der Nutzungsberechtigung des Lizenznehmers nicht ausgeschlossen ist oder sich ein solcher Ausschluss aus der Natur der Sache (Betriebslizenz) ergibt, ist die ausschließliche Lizenzposition damit pfändbar.

635–640 Frei.

XII. Lizenzen in der Insolvenz

641 Die Behandlung von Lizenzen in der Insolvenz, welche infolge abweichender Entscheidungen des *LG Mannheim*[4] einerseits sowie des *BGH*[5] andererseits besondere Aufmerksamkeit erfahren hat, richtet sich nach der **In-**

1 *BGH* v. 26.3.2009, GRUR-RR 2009, 284, Rz. 20 – Nassreiniger.

2 *McGuire*, Die Lizenz, § 6 III 3 S. 389 f.; zutreffend verweist *McGuire* auf die hierin geäußerte Kritik, dass bei einer solchen Zulässigkeit der Pfändung das berechtigte Interesse des Lizenzgebers an der Bestimmung der Person des Lizenznehmers vernachlässigt werde; vgl. *Bühling*, GRUR 1998, 196, 200.

3 Benkard/*Ullmann*, PatG, § 15 Rz. 48 m.w.N.

4 *LG Mannheim* v. 27.6.2003, ZIP 2004, 576.

5 *BGH* v. 17.11.2005, ZIP 2006, 87 = GRUR 2006, 435 – Softwarenutzungsvertrag; vgl. auch *LG München I* v. 13.6.2007, ZUM-RD 2007, 498; *LG Hamburg* v. 27.10.2006, NJW 2007, 3215.

solvenzordnung (InsO)[1, 2] Dabei ist das Schicksal eines Lizenzvertrages in der Insolvenz für den Fall der Insolvenz des Lizenzgebers sowie der Insolvenz des Lizenznehmers jeweils getrennt analog zu den Regeln über Miet- und Pachtverhältnisse[3] und unter Beachtung des Charakters als Dauerschuldverhältnis zu beurteilen[4].

1. Lizenzen als Bestandteile der Insolvenzmasse

Die Insolvenzmasse erfasst nach § 35 InsO das gesamte Vermögen des Schuldners, das diesem zur Zeit der Eröffnung des Insolvenzverfahrens gehört hat und das er während des Verfahrens erlangt[5]. **Nicht zur Insolvenzmasse gehören** dagegen nach § 36 InsO all **die Gegenstände, die nicht der Zwangsvollstreckung unterliegen**. 642

Soll die erteilte Lizenz in die Insolvenzmasse fallen, muss sie also der Zwangsvollstreckung unterliegen. Eine Zwangsvollstreckung in das Lizenzrecht wird, wie gesehen (vgl. Rz. 632), unter den Voraussetzungen des § 857 ZPO grundsätzlich für möglich gehalten[6]. Hierbei sind allerdings die unter Rz. 632 f. dargestellten rechtlichen Schranken zu beachten. 643

Sollte sich die unter Rz. 120 ff. dargestellte Rechtsauffassung, insbesondere des *BGH*, über die **dingliche Natur auch der einfachen Lizenz** durchsetzen, würde die früher gehandhabte Abgrenzung über die Zuordnung lediglich der ausschließlichen Lizenz zur Insolvenzmasse nicht (mehr) greifen.

Hinsichtlich der Zwangsvollstreckung in Lizenzrechte war nach bisher allgemeiner Ansicht zu unterscheiden, ob es sich um eine ausschließliche oder einfache Lizenz handelt. Die **ausschließliche Lizenz** unterfällt der Zwangsvollstreckung (vgl. Rz. 634). Wegen des bisher angenommenen lediglich schuldrechtlichen Bezuges des einfachen Lizenznehmers zum Lizenzgeber war die **einfache Lizenz** gemäß §§ 399 Abs. 1, 413 BGB nicht auf

---

1 Zur Behandlung von Lizenzen in der Insolvenz vgl. eingehend *Wiedemann*, Lizenzen und Lizenzverträge in der Insolvenz (2006); *Verweyen*, K&R 2012, 563; *Schmoll/Hölder*, GRUR 2004, 743 ff. und GRUR 2004, 830 ff.; *Bausch*, NZI 2005, 289. Zur insolvenzrechtlichen Verwertung von gewerblichen Schutzrechten vgl. *Zeising*, Mitt. 2000, 206 ff.; *Berger*, GRUR 2004, 20; *Dieselhorst*, CR 2010, 69; *Hölder/Schmoll*, GRUR 2004, 774 ff. u. 830 ff.; *Kummer*, GRUR 2009, 293; *McGuire*, GRUR 2009, 13; *Ullmann*, Mitt. 2008, 49; *Pahlow*, WM 2008, 2041; *Wündisch/Bauer*, GRUR Int. 2010, 641, 646 ff.; Stellungnahme GRUR, GRUR 2008, 138.

2 Auf Fälle, bei denen bis zum 31.12.1998 das Konkursverfahren beantragt worden ist, findet nach wie vor die KO Anwendung (s. dazu die Ausführungen in der 6. Aufl. 2007, Rz. 640 ff.).

3 *BGH* v. 17.11.2005, ZIP 2006, 87, 89 f.; *LG Mannheim* v. 27.6.2003, ZIP 2004, 576, 577; FK-InsO/*Wegener*, § 108 Rz. 15; vgl. auch *Wiedemann*, Lizenzen und Lizenzverträge in der Insolvenz (2006), Rz. 1123 mit zahlreichen Nachweisen in Fn. 2.

4 Zu den Auswirkungen einer Doppelinsolvenz vgl. *Oeter/Ruttig*, ZUM 2003, 611, 625 f.

5 Vgl. FK-InsO/*Schumacher*, § 35 Rz. 1 ff.

6 Benkard/*Ullmann*, PatG § 15 Rz. 48; *Groß*, Rz. 491.

Dritte übertragbar; folgerichtig unterlag sie daher nicht der Zwangsvollstreckung (§ 851 ZPO).

644 Die Auswirkung einer Bewertung der Rechtsnatur auch der einfachen Lizenz als dingliches Recht sei nachfolgend unter Gegenüberstellung der (bisher) herrschenden Auffassung über die schuldrechtliche Wirkung dargestellt:

Kommt – wovon die bisher herrschende Auffassung ausging – allein der **ausschließlichen Lizenz dingliche Wirkung** zu, wird diese nach § 36 InsO **Gegenstand der Insolvenzmasse**, ist also mit dem zugrunde liegenden Vertragsverhältnis insolvenzbefangen. Die **einfache Lizenz** fällt dagegen **nicht in die Insolvenzmasse** und wird damit nicht vom Insolvenzbeschlag erfasst[1]. Folgerichtig könnte der Insolvenzverwalter über dieses Nutzungsrecht nicht verfügen. Bezogen auf die einfache Lizenz, stände ihm nur das Recht zu, das Schutzrecht für Rechnung der Masse zu benutzen oder den Lizenzvertrag unter den nachfolgend darzulegenden Voraussetzungen zu beenden[2].

Werden dagegen sowohl **ausschließliche als auch einfache Lizenz als dingliche Rechtsposition** bewertet, fallen beide in die Insolvenzmasse. Die zuvor angesprochene Differenzierung würde nicht stattfinden.

An dieses Ergebnis schließt sich dann die Frage an, ob über **§ 47 InsO der Lizenznehmer wegen seines dinglichen Rechts zur Aussonderung berechtigt** ist[3].

Dass der Gesetzgeber trotz der bisher von der herrschenden Auffassung jedenfalls für die ausschließliche Lizenz geltenden dinglichen Wirkung nicht von einem Aussonderungsrecht nach § 47 InsO auszugehen scheint, verdeutlichen die **Gesetzentwürfe zur Insolvenzfestigkeit von Lizenzen** (s. Rz. 661 ff.); einer solchen ausdrücklichen gesetzlichen Absicherung der Lizenzrechte bedürfte es dann nicht[4].

Für den Fall der Insolvenz hat dies zur Folge, dass die **ausschließliche Lizenz** nach § 36 InsO **Gegenstand der Insolvenzmasse** wird. Die **einfache Lizenz** fällt dagegen **nicht in die Insolvenzmasse** und wird damit nicht vom Insolvenzbeschlag erfasst. Eine andere Auffassung würde dem eindeutigen Wortlaut von § 36 InsO widersprechen und wäre daher contra legem[5].

---

1 *Cepl*, NZI 2000, 357, 358; a.A. *Andres* in Nerlich/Römermann, InsO, § 35 Rz. 70; *Kuhn/Uhlenbruck*, KO, § 19 Rz. 2a; *Reimer*, PatG, § 9 a.F. Rz. 123, die ausschließliche und einfache Lizenz einheitlich behandeln wollen.

2 *Reimer*, PatG, § 9 a.F. Rz. 123.

3 So *Pahlow*, WM 2008, 2041, 2044; *Kellenter* in FS Tilmann, 2003, S. 807, 818 ff.; *Seemann*, Der Lizenzvertrag in der Insolvenz, S. 33 ff.; *Fezer*, WRP 2004, 793, 807; *Bausch*, NZI 2005, 289, 295; *Koehler/Ludwig*, NZI 2007, 79, 82; einschränkend *Hauck* in Fitzner/Lutz/Bodewig, PatRKomm, § 15 PatG, Rz. 81; *Hauck*, AcP 2001, 626, 648 ff.

4 So zutreffend *McGuire*, Die Lizenz § 6 III 3, S. 392.

5 *Cepl*, NZI 2000, 357, 358; a.A. *Andres* in Nerlich/Römermann, InsO, § 35 Rz. 70; *Kuhn/Uhlenbruck*, KO, § 19 Rz. 2a; *Reimer*, PatG, § 9 a.F. Rz. 123, die ausschließliche und einfache Lizenz einheitlich behandeln wollen.

Durch die Eröffnung des Insolvenzverfahrens geht gemäß § 80 InsO das Recht des Schuldners, das zur Insolvenzmasse gehörende Vermögen zu verwalten und über es zu verfügen, auf den Insolvenzverwalter über (zur Bestellung eines vorläufigen Insolvenzverwalter s. §§ 22, 21 Abs. 2 Nr. 1 InsO). Bei der einfachen Lizenz kommt nach den vorstehenden Ausführungen also nur eine begrenzte Verfügungsberechtigung des Insolvenzverwalters in Betracht. Dem Verwalter steht daher nur das Recht zu, das Schutzrecht für Rechnung der Masse zu benutzen oder den Lizenzvertrag unter den darzulegenden Voraussetzungen zu kündigen[1].

2. Wahlrecht des Insolvenzverwalters

Ist die Verwaltungs- und Verfügungsbefugnis auf den Insolvenzverwalter übergegangen, steht ihm im Rahmen der Erfüllung der jeweiligen Rechtsgeschäfte ein sog. **Wahlrecht (§ 103 Abs. 1 InsO)** zu, dem nach gegenwärtiger Rechtslage (s. Rz. 661) auch Lizenzverträge unterfallen. Der Insolvenzverwalter hat bei **noch nicht vollzogenen, gegenseitigen Verträgen** die Wahl, ob er Erfüllung verlangt oder diese ablehnt[2]. 645

Entscheidet sich der Insolvenzverwalter bei Insolvenz des Lizenzgebers (s. Rz. 662 f.) für die **Erfüllung des Lizenzvertrages**, hat der Lizenznehmer weiterhin die vertraglich vereinbarten Pflichten zu erfüllen; die vereinbarten Lizenzgebühren fließen der Insolvenzmasse zu. Ansprüche des Lizenznehmers im Zusammenhang mit der Durchführung des Lizenzvertrages werden zur Masseverbindlichkeit i.S. von § 55 Abs. 1 Nr. 2 InsO.

Lehnt der Insolvenzverwalter die Erfüllung des Lizenzvertrages dagegen **ab**, wandelt sich der Erfüllungsanspruch des Lizenznehmers in einen lediglich aus der Quote zu befriedigenden Schadensersatzanspruch (einfache Insolvenzforderung nach § 38 InsO) um.

Ob dem Insolvenzverwalter ein Wahlrecht nach § 103 Abs. 1 InsO zusteht, hängt davon ab, ob der **Lizenzvertrag zu diesem Zeitpunkt von beiden Vertragsparteien bereits vollständig erfüllt** worden ist. Jedenfalls in seiner früheren Entscheidungspraxis haben der *BGH* und die herrschende Ansicht in der Literatur unter Hinweis auf den **Dauerschuldcharakter von Lizenzverträgen** (s. Rz. 38) angenommen, dass die Vertragsparteien hierbei dem jeweiligen Vertragspartner die ihm eingeräumten Rechte immer wiederkehrend, also laufend, gewähren[3], also eine vollständige Erfüllung während der Vertragsdauer überhaupt nicht möglich ist. Dementsprechend trete Erfüllung erst bei Beendigung des Lizenzverhältnisses ein. Dies wird insbeson- 646

1 *Reimer*, PatG, § 9 a.F. Rz. 123.

2 S. hierzu auch *Wündisch/Bauer*, GRUR Int. 2010, 641, 646.

3 *BGH* v. 17.11.2005, GRUR 2006, 435, Rz. 21; s. aber auch *BGH* v. 26.3.2009, GRUR 2009, 946, 948, Rz. 20 – Reifen-Progressiv; *McGuire*, GRUR 2009, 13, 14 ff., 17; *Köhler/Ludwig*, NZI 2007, 79, 83; *Kummer*, GRUR 2009, 293, 294; *Pahlow*, WM 2008, 2041, 2043; *Wündisch/Bauer*, GRUR Int. 2010, 641, 646 m.w.N.

dere bei **rechtspachtähnlichem Charakter** des Lizenzvertrages angenommen[1].

647 Demgegenüber wird in Rechtsprechung und Lehre zum Teil die Auffassung vertreten, die **vollständige Erfüllung des Lizenzvertrages durch den Lizenzgeber erfolge bereits mit der Einräumung der Lizenz**, soweit auch eine Erfüllung der nicht unwesentlichen Nebenpflichten eingetreten ist[2]. So hat z.B. das *LG München* in seiner Entscheidung vom 13.6.2007[3] *„unabhängig von der grundsätzlichen Rechtsnatur eines Lizenzvertrags als pachtähnliches Dauerschuldverhältnis“* darauf abgestellt, dass losgelöst von der Vertragslaufzeit und den sonstigen Vertragsverpflichtungen ein **ausschließliches, zeitlich und inhaltlich unbeschränktes sowie unwiderrufliches Nutzungsrecht**, endgültig eingeräumt wurde, wofür weder Lizenzgebühren, Auswertungs- oder Abrechnungspflichten, noch eine Erlösbeteiligung o.Ä. vereinbart war, so dass es sich nicht um einen andauernden Leistungsaustausch, sondern um einen einmaligen, abgeschlossenen Akt der Rechtseinräumung mit schenkungsähnlichem Charakter (bzw. vergleichbar einem Rechtskauf) handelte. Im Ergebnis erschöpfte sich die vertragliche Verpflichtung der Gemeinschuldnerin nach Auffassung des *LG München* in der Einräumung der Nutzungsrechte, so dass eine vollständige Erfüllung vorgelegen habe und damit das Wahlrecht des Insolvenzverwalters gemäß § 103 Abs. 2 Satz 1 InsO schon nicht eröffnet gewesen sei[4].

Ebenso hat das *LG Hamburg* in seiner Entscheidung vom 27.10.2006[5] das Vorliegen der Voraussetzungen des § 103 InsO mit der Begründung abgelehnt, dass mit dinglicher Wirkung ausschließliche Nutzungsrechte übertragen worden seien, wobei es sich um einen mit der Rechteübertragung abgeschlossenen „Vertrag“ im Sinne von § 103 Abs. 1 InsO gehandelt habe. Damit sei die – **dinglich wirkende** – **Verfügung über die Nutzungsrechte** erfolgt, weitere, noch nicht erfüllte Pflichten aus diesem Vertrag hätten nicht mehr bestanden[6]. Als Argument in diesem Sinne könnte auch der Hinweis des *BGH* in seiner „Reifen Progressiv-Entscheidung“[7] gelten, dass „der Lizenzgeber dem Lizenznehmer das Nutzungsrecht (wegen dessen dinglichen Charakters) nicht während der Dauer des Lizenzverhältnisses fortwährend in seinem Bestand vermitteln“ müsse[8]. Es muss allerdings bezweifelt werden, ob diese Überlegungen in diesem Sinne verallgemeinert

1 Vgl. *Berger*, GRUR 2004, 20; *LG München* v. 9.2.2012, GRUR-RR 2012, 142, Rz. 150.

2 *Wallner*, NZI 2002, 70, 76, 79; *Kellenter* in FS Tilmann, 2003, S. 807, 818 ff.; *Dieselhorst*, CR 2010, 69, 75.

3 *LG München* v. 13.6.2007, ZUM-RD 2007, 498, 503.

4 *LG München* v. 13.6.2007, ZUM-RD 2007, 498, 503.

5 *LG Hamburg* v. 27.10.2006, NJW 2007, 3215, 3217.

6 *LG Hamburg* v. 27.10.2006, NJW 2007, 3215, 3217.

7 *BGH* v. 26.3.2009, GRUR 2009, 946, Rz. 20.

8 In diesem Sinne *von Frentz/Masch*, ZIP 2011, 1245, 1250.

werden können[1]. Dies umso mehr, als sich diese Überlegungen auf eine Interessenabwägung im Falle einer Unterlizenzvergabe beziehen[2] und der *BGH* auch in dieser Entscheidung betont, dass die Nutzungsrechtsüberlassung Dauerleistungscharakter habe.

In jedem Einzelfall ist zu prüfen, ob die **Verpflichtungen aus dem insolvenzbefangenen Lizenzvertrag bereits vollständig erfüllt** sind, so dass für ein Wahlrecht des Verwalters kein Raum bliebe. Dabei ist allerdings zu beachten, dass Teile der Literatur[3] und Rechtsprechung[4] auch die Nichterfüllung einer nicht gänzlich untergeordneten vertraglichen **Mitwirkungs- oder Nebenpflicht** (z.B. Verteidigung der lizenzierten Schutzrechte, Zahlung von Aufrechterhaltungsgebühren) ausreichen lassen, um eine nicht vollständige Erfüllung des Vertrags anzunehmen. Soweit man dieser Ansicht folgt, stellt die vollständige Erfüllung der vertraglichen Pflichten einen Ausnahme-, das Wahlrecht des Insolvenzverwalters gemäß § 103 InsO hingegen den Regelfall dar. 648

Mit dem *LG München*[5] wird man jedenfalls annehmen können, dass Lizenzen, die unwiderruflich gegen Zahlung einer einmaligen Lizenzgebühr („buy-out-Vertrag") eingeräumt sind, ebenso vom Wahlrecht nach § 103 InsO auszunehmen sind, wie gegenseitig eingeräumte Lizenzen (**Kreuzlizenzen**). Zudem fallen bei beschränkten Patentübertragungen die vom Übertragenden vorbehaltenen einfachen Nutzungsrechte an dem übertragenen Schutzrecht aus dem Anwendungsbereich des § 103 InsO heraus. Bei solchen Übertragungen geht, nach ebenfalls zutreffender Ansicht des *LG München*[6], das Patent nur beschränkt, nämlich vermindert um die beim Patentveräußerer verbleibende Lizenz, über, so dass der Veräußerer das Nutzungsrecht von vornherein behält und nicht erst zurücklizenziert erhält; es ist also nicht insolvenzbefangen.

Frei. 649–656

3. Ausnahme vom Wahlrecht des Insolvenzverwalters

In **§ 108 InsO** ist vorgesehen, dass der **Bestand von Miet- und Pachtverhältnissen** durch die Eröffnung des Insolvenzverfahrens nicht beeinträchtigt wird. Dabei ist § 108 Abs. 1 Satz 1 InsO nach ganz überwiegender Ansicht **nur auf Verträge über unbewegliche Gegenstände** und Räume **anwendbar**, so dass es für Lizenzverträge, obwohl sie entsprechend der Rechtspacht als 657

1 Ausführlich dazu *Wündisch/Bauer*, GRUR Int. 2010, 641, 647.

2 Zum urheberrechtlichen Rückrufrecht in der Insolvenz s. *Ehle/Schwiddessen*, MMR 2012, 355 ff.

3 Vgl. den Überblick bei *Wiedemann*, Lizenzen und Lizenzverträge in der Insolvenz (2006), Rz. 1131.; s. auch *Wallner*, ZIP 2004, 2073, 2075.

4 *LG Mannheim* v. 27.6.2003, ZIP 2004, 576, 577.

5 *LG München* v. 9.2.2012, GRUR-RR 2012, 142 mit Anm. *Haedicke*.

6 *LG München* v. 9.2.2012, GRUR-RR 2012, 142 mit Anm. *Haedicke*.

Dauernutzungsvertrag i.S. der §§ 108, 112 InsO eingeordnet werden[1], bei einer Anwendbarkeit des **§ 108 Abs. 1 Satz 2 InsO** bleibt[2], nach dem ein **Vertragsverhältnis fortbesteht**, das der Insolvenzschuldner eingegangen ist und das Gegenstände betrifft, die einem Dritten, der die Anschaffung oder Herstellung finanziert hat, zur Sicherheit übertragen wurden.

Stimmen in der Literatur plädieren für eine **analoge Anwendung** des **§ 108 Abs. 1 Satz 1 InsO** auf Lizenzverträge[3]. Als Begründung führen sie an, dass die KO die Insolvenzfestigkeit von Lizenzverträgen vorgesehen habe, der Lizenzvertrag in den Entwürfen zum neuen Insolvenzrecht hingegen völlig übersehen worden sei, weshalb die konkursrechtliche Insolvenzfestigkeit der Lizenzverträge auf das neue Recht der InsO zu übertragen sei[4]. Diese Ansicht ist abzulehnen. Da der Gesetzgeber auf die in der Literatur erhobenen Bedenken in Bezug auf die fehlende Insolvenzfestigkeit von Computerlizenzverträgen[5] reagiert und in § 108 Abs. 1 Satz 2 InsO ausdrücklich eine Erweiterung der insolvenzfesten Verträge vorgesehen hat, die sich nach ihrem Wortlaut und Zweck auf sonstige Rechte und damit Lizenzen beziehen sollte[6], war ein allgemeiner Fortbestand aller Lizenzverträge in der Insolvenz gerade nicht gewollt. Die für eine analoge Anwendung erforderliche unbewusste Regelungslücke liegt damit nicht vor[7].

658 Vor dem Hintergrund der aufgezeigten Problematik der Vereinbarung einer insolvenzfesten Lizenz wird die bestehende Gesetzeslage in der Literatur kritisiert[8]. Neben der abzulehnenden analogen Anwendung des § 108 Abs. 1 Satz 1 InsO (vgl. Rz. 657) werden **Überlegungen zur analogen Anwendbarkeit des § 107 InsO** für den Fall angestellt, dass dem Lizenznehmer eine **ausschließliche** und damit dingliche **Lizenz** erteilt wurde[9]. Die analoge Anwendung des § 107 InsO scheidet jedoch in Parallele zur Beurteilung der analogen Anwendbarkeit des § 108 Abs. 1 Satz 1 InsO mangels unbewusster Regelungslücke aus. Da es sich bei § 107 InsO um eine Spezialvorschrift des allgemeinen Wahlrechts gemäß § 103 InsO handelt, muss die Regelung zudem eng ausgelegt werden, so dass insgesamt eine analoge Anwendbarkeit nicht in Betracht kommt.

Neben den Erwägungen einer Analogie wird von anderen Stimmen in der Literatur – freilich in Ausnahmefällen – die Einschränkung des Wahlrechts

---

1 *Cepl*, NZ 2000, 357, 359.
2 FK-InsO/*Wegener*, § 108 Rz. 20.
3 *Fezer*, WRP 2004, 793, 799 ff.; *Koehler/Ludwig*, NZI 2007, 79, 81.
4 *Fezer*, WRP 2004, 793, 799 ff.; *Koehler/Ludwig*, NZI 2007, 79, 81.
5 Vgl. bereits *Paulus*, CR 1990, 1.
6 Vgl. Begründung des Rechtsausschusses, BT-Drucks. 13/4699, S. 6.
7 *Wiedemann*, Lizenzen und Lizenzverträge in der Insolvenz (2006), Rz. 1125 m.w.N. in Fn. 7; gegen die Anwendung des § 108 InsO auch *Bausch*, NZI 2005, 289, 293.
8 Vgl. *Brandt*, NZI 2001, 337, 343; *Fezer*, WRP 2004, 793, 800 f.; *Paulus*, ZIP 1996, 2, 6; *Zeising*, Mitt. 2001, 240, 241.
9 *Seemann*, Der Lizenzvertrag in der Insolvenz (2002), S. 114 ff.

des Verwalters diskutiert. Hiernach wird die **Einschränkung des Wahlrechts in Anwendung des § 242 BGB** für solche Situationen denkbar gehalten, in denen die Erfüllungsablehnung für den Lizenznehmer existenzbedrohend sei und keine höherrangigen Masseinteressen entgegenstünden[1]. Gegen die Einstufung der Ausübung des Wahlrechts des Insolvenzverwalters als unzulässige Rechtsausübung im Sinne von § 242 BGB spricht jedoch insbesondere der Umstand, dass der Insolvenzverwalter gehalten ist, das Wahlrecht bestmöglich für die Masse und damit zum Vorteil der Gesamtheit der Gläubiger auszuüben[2]. Hieraus ergibt sich, dass der über § 242 BGB vorgeschlagene Weg regelmäßig nicht zu einem Ausschluss des Wahlrechts führen kann. Nur in Fällen, in denen die Erfüllungsablehnung nicht der Masseerhaltung bzw. Massemehrung dient, wird man eine Anwendung von § 242 BGB in Erwägung ziehen können; denkbar ist dies allenfalls in krassen Ausnahmesituationen.

4. Vereinbarungen zur Insolvenzfestigkeit von Lizenzen

659 Teilweise wurden auch Überlegungen zur insolvenzfesten Gestaltung von Lizenzverträgen durch die Konstruktion eines **Lizenzsicherungsnießbrauchs** angestellt[3]. Insoweit wird dem Lizenznehmer zusätzlich zu seinem vertraglichen Anspruch auf Nutzung des lizenzierten Rechts ein Nießbrauchsrecht an dem Recht des Lizenzgebers eingeräumt. Diese Möglichkeit ergibt sich gemäß **§ 1068 Abs. 1 BGB**. Gemäß §§ 1068 Abs. 2, 1030 BGB kann der Nießbraucher die Nutzungen aus dem belasteten Recht ziehen, sobald der Sicherungsfall eintritt. Ob ein derartiger Lizenzsicherungsnießbrauch tatsächlich insolvenzfest vereinbart werden kann, ist allerdings offen[4]. Dennoch erscheint die Einräumung eines Nießbrauchsrechts jedenfalls im Bereich einfacher Lizenzrechte als in der Vertragsgestaltung bedenkenswertes Mittel zur Absicherung der Position des Lizenznehmers[5].

660 Einen möglichen Weg zur **insolvenzfesten Vereinbarung von Lizenzen** hat der ***BGH*** im Bereich von **Softwarelizenzverträgen** aufgezeigt[6]. Obwohl sich der *BGH* speziell mit Softwarelizenzen und damit urheberrechtlichen Fragen zu befassen hatte, dürften die allgemeinen, insbesondere insolvenzrechtlichen Grundsätze der Entscheidung auch auf sonstige Lizenzverträge übertragbar sein.

---

1 *Brandt*, NZI 2001, 337, 342; einschränkend *Hoffmann*, ZInsO 2003, 732, 741.

2 Eingehend und mit weiteren überzeugenden Argumenten *Wiedemann*, Lizenzen und Lizenzverträge in der Insolvenz (2006), Rz. 1186 m.w.N. in Fn. 124.

3 Vgl. *Berger*, GRUR 2004, 20 ff.; kritisch: *Hombrecher*, WRP, 2006, 219, 223; *Slopek*, WRP 2010, 616, 620; *Koehler/Ludwig*, WRP 2006, 1342, 1347.

4 Ablehnend *Wiedemann*, Lizenzen und Lizenzverträge in der Insolvenz (2006), Rz. 1670 ff.; kritisch auch *Hölder/Schmoll*, GRUR 2004, 830, 832.

5 *Hölder/Schmoll*, GRUR 2004, 830, 832.

6 *BGH* v. 17.11.2005, ZIP 2006, 87.

Der **Entscheidung** lag ein Lizenzvertrag zugrunde, welcher eine Kündigungsmöglichkeit für beide Vertragspartner aus wichtigem Grund vorsah, der gegeben sein sollte, wenn die Vertragsfortsetzung unzumutbar würde. **Im Falle einer Kündigung sollte der Source-Code** an dem betreffenden Softwareprodukt in der zum Zeitpunkt der Kündigung aktuellen Version inklusive aller Nutzungs- und Vertriebsrechte automatisch **auf den Lizenznehmer übergehen**, der dafür eine bestimmte einmalige Vergütung zu zahlen hatte. Nachdem der Insolvenzverwalter sein Wahlrecht gemäß § 103 InsO im Sinne einer Erfüllungsablehnung ausgeübt hatte, kündigte der Lizenznehmer den Vertrag unter Bezugnahme auf die vereinbarte Kündigungsklausel. Im Ergebnis nahm der *BGH* eine wirksame Übertragung der Nutzungsrechte auf den Lizenznehmer an. Dabei stellte er maßgeblich darauf ab, dass **bedingt begründete Rechte** im Insolvenzfall **als bestehende Rechte zu behandeln** seien, selbst wenn der Bedingungseintritt erst nach Insolvenzeröffnung eintrete. Durch die vertragliche Regelung habe ein **wirksamer**, wenn auch aufschiebend bedingter, **dinglicher Rechtsübergang bereits vor Insolvenzeröffnung** stattgefunden.

Der *BGH* vermochte zudem keinen Konflikt mit der Regelung des **§ 119 InsO** zu erkennen und wertete die Klausel **nicht** als **unzulässige Lösungsklausel** (s. dazu Rz. 667 ff.). Nach Ansicht des Gerichts unterscheide sich die konkret vereinbarte Regelung von sonst üblichen Lösungsklauseln gerade dadurch, dass ein Kündigungsrecht auch in Bezug auf **Tatsachen außerhalb einer Insolvenz** gestützt werden könne. Insoweit sei **keine Anknüpfung an die Insolvenzeröffnung** bzw. die Ausübung des Wahlrechts gemäß § 103 InsO gegeben.

Es bleibt abzuwarten, in welchem Umfang denkbare vertragliche Gestaltungen zukünftig als insolvenzfeste Einräumung von Nutzungsrechten anerkannt werden. Insofern ist auch zu bedenken, dass die der *BGH*-Entscheidung zugrunde liegende Klausel eher **untypisch** ist und nicht jeder Lizenzgeber bereit sein dürfte, einer vollständigen Übertragung seiner Rechte – sei diese auch nur aufschiebend bedingt – im Falle einer allgemeinen Kündigung des Lizenzvertrages aus wichtigem Grunde zuzustimmen[1]. Dennoch stellt die Entscheidung des *BGH* eine **taugliche Grundlage** für die Absicherung von Lizenzen durch vertragliche Regelungen dar. Soweit die vom *BGH* als maßgeblich erachteten Gesichtspunkte berücksichtigt werden, d.h. die **aufschiebend bedingte dingliche Verfügung** über das Nutzungsrecht, die Einräumung eines für **beide Parteien** bestehenden **allgemeinen Kündigungsrechts aus wichtigem Grund** – unabhängig von dem Insolvenztatbestand – sowie eine angemessene **Gegenleistung** für die Übertragung des Nutzungsrechts, dürften entsprechende Klauseln als insolvenzfest einzustufen sein. Inwieweit die einzelnen Kriterien aufgeweicht werden können und insgesamt eine Annäherung an „echte" Lösungsklauseln erfolgen kann, wird erst die zukünftige Entscheidungspraxis zeigen.

1 Vgl. *Plath/Scherenberg*, CR 2006, 153, 155.

5. Gesetzentwürfe zur Insolvenzfestigkeit von Lizenzen

Mit Entwurf eines Gesetzes zur Entschuldung mittelloser Personen, zur Stärkung der Gläubigerrechte sowie zur Regelung der Insolvenzfestigkeit von Lizenzen[1] legte die *Bundesregierung* im Jahr **2007** einen Vorschlag zur Wiedereinführung der Insolvenzfestigkeit bei Lizenzverträgen in der Insolvenz des Lizenzgebers vor, wie dies etwa auch die USA und Japan sowie das Modellgesetz der UNCITRAL vorsehen. Der vorgesehene **§ 108a InsO-E** sah vor: 661

„Ein vom Schuldner als Lizenzgeber abgeschlossener Lizenzvertrag über ein Recht am geistigen Eigentum besteht mit Wirkung für die Insolvenzmasse fort ..."

Dieser Entwurf hat Zustimmung[2], vorrangig aber Ablehnung erfahren[3]. Der wesentliche Vorwurf geht dahin, dass mit einer solchen Sonderregelung zugunsten des Lizenznehmers in der Insolvenz des Lizenzgebers **gegen den Grundsatz der Gläubigergleichbehandlung (§ 1 InsO) verstoßen** würde. Dieser Gesetzesentwurf ist in der Legislaturperiode nicht umgesetzt worden.

Neben der durch die InsO bezweckten allgemeinen Gläubigersicherung spricht auch die **Risikoverteilung bei Lizenzverträgen** gegen eine derartige Bevorzugung. Bedenkt man, dass Lizenzverträge wegen ihrer Natur als Dauerschuldverhältnisse und vielfach auch aufgrund des Vertragsgegenstandes als Wagnisgeschäfte (Rz. 25 ff.) einzustufen sind, stellt sich die Frage, ob der Lizenznehmer, der sich bewusst für einen bestimmten Vertragspartner und die Lizenzierung entschieden hat, eines besonderen Schutzes bedarf oder ob nicht vielmehr die gesetzgeberische Entscheidung zur Auferlegung des wirtschaftlichen Risikos zulasten des Lizenznehmers – wenn auch in der Sache vielfach unerwünscht – zu respektieren ist[4].

Am **23.1.2012** hat das Bundesjustizministerium einen Referentenentwurf für die zweite Stufe der Insolvenzrechtsreform veröffentlicht[5]. **§ 108a InsO-E 2012 („Schuldner als Lizenzgeber") lautet:** 661a

„(1) Lehnt der Insolvenzverwalter nach § 103 die Erfüllung eines Lizenzvertrages ab, den der Schuldner als Lizenzgeber geschlossen hat, so kann der Lizenznehmer binnen eines Monats, nachdem die Ablehnung zugegangen ist, vom Verwalter oder

1 BT-Drucks. 16/7416, S. 29 f.

2 S. etwa *Dahl/Schmitz*, NZI 2007, 626, 629; *Dengler/Gruson/Spielberger*, NZI 2006, 677.

3 Stellungnahme des Insolvenzrechtsausschusses des Deutschen Anwaltvereins Nr. 23/08 v. April 2008; *Mitlehner*, ZIP 2008, 450; *Pahlow*, WM 2008, 2141, 2045; *Slopek*, GRUR 2009, 128 ff.; s. hierzu im Einzelnen *Wündisch/Bauer*, GRUR Int. 2010, 641, 648 f.

4 So im Ergebnis *Wiedemann*, Lizenzen und Lizenzverträge in der Insolvenz (2006), Rz. 1198.

5 Entwurf eines Gesetzes zur Verkürzung des Restschuldbefreiungsverfahrens, zur Stärkung der Gläubigerrechte und zur Insolvenzfestigkeit von Lizenzen, abrufbar unter: http://www.bmj.de/SharedDocs/Downloads/DE/pdfs/RefE_InsoII.pdf?__blob=publicationFile.

einem Rechtsnachfolger den Abschluss eines neuen Lizenzvertrages verlangen, der dem Lizenznehmer zu angemessenen Bedingungen die weitere Nutzung des geschützten Rechts ermöglicht. Bei der Festlegung der Vergütung ist auch eine angemessene Beteiligung der Insolvenzmasse an den Vorteilen und Erträgen des Lizenznehmers aus der Nutzung des geschützten Rechts sicherzustellen; die Aufwendungen des Lizenznehmers zur Vorbereitung der Nutzung sind zu berücksichtigen, soweit sie sich werterhöhend auf die Lizenz auswirken.

(2) Handelt es sich bei dem Vertrag, den der Schuldner als Lizenzgeber geschlossen hat, um einen Unterlizenzvertrag und lehnt der Insolvenzverwalter gegenüber dem Hauptlizenzgeber die Erfüllung des Lizenzvertrages ab, so kann ein Unterlizenznehmer des Schuldners vom Hauptlizenzgeber den Abschluss eines Lizenzvertrages nach den in Absatz 1 genannten Bedingungen verlangen. Liegen Tatsachen vor, aus denen sich ernsthafte Zweifel ergeben, dass der Unterlizenznehmer seine Verpflichtungen aus dem Vertrag wird erfüllen können, so kann der Hauptlizenzgeber den Abschluss von einer Sicherheitsleistung abhängig machen.

(3) Der Lizenzgeber ist berechtigt, bis zum Abschluss eines neuen Lizenzvertrages das lizenzierte Recht gemäß dem bisherigen Lizenzvertrag zu nutzen. Wird innerhalb von drei Monaten nach Zugang der Aufforderung des Lizenznehmers zum Neuabschluss des Lizenzvertrags kein neuer Lizenzvertrag abgeschlossen, so ist die weitere Nutzung nur zulässig, wenn

1. eine Vergütung gezahlt wird, deren Höhe sich nach den Anforderungen von Absatz 1 bemisst, und
2. der Lizenznehmer spätestens innerhalb einer Ausschlussfrist von zwei Wochen nachweist, dass er gegen den Verwalter, im Fall des Absatzes 2 gegen den Hauptlizenzgeber, Klage auf Abschluss eines Lizenzvertrages erhoben hat.

Wenn die Parteien nichts anderes vereinbaren, wirkt der neue Vertrag auf den Zeitpunkt der Eröffnung des Insolvenzverfahrens zurück."

Diese Vorschrift soll die Interessen der Gläubiger des Lizenzgebers mit denen des Lizenznehmers in angemessenen Ausgleich bringen und dabei den Wirtschafts- und Forschungsstandort Deutschland stärken[1].

Der Deutsche Anwaltverein (DAV) begrüßte die Vorschrift in seiner Stellungnahme Nr. 22/12[2] als Verbesserung gegenüber der zuvor vorgeschlagenen Regelung (s.o.), da die Insolvenzfestigkeit von Lizenzverträgen nicht grundsätzlich vorgesehen sei, es vielmehr bei dem Wahlrecht des Insolvenzverwalters nach § 103 InsO verbleiben solle[3]. Der Lizenznehmer könne allerdings bei Ablehnung der Erfüllung den **Abschluss eines neuen Lizenzvertrages** zu den in § 108a Abs. 1 InsO-E genannten Bedingungen verlangen.

1 Ausführlich insoweit die Begründung zum Entwurf eines Gesetzes zur Verkürzung des Restschuldbefreiungsverfahrens, zur Stärkung der Gläubigerrechte und zur Insolvenzfestigkeit von Lizenzen, S. 32 f., 38 ff., abrufabr unter: http://www.bmj.de/SharedDocs/Downloads/DE/pdfs/RefE_InsoII.pdf?__blob=publicationFile.

2 Abrufbar unter: http://www.anwaltverein.de/downloads/Stellungnahmen-11/Aktuelle-Fassung-SNInsO22-12-2.pdf).

3 Zu § 108a InsO-E s. auch *McGuire*, GRUR 2012, 657, 661 ff.; *Hirte*, KSzW 2012, 268 ff., *Schmid*, GRUR-Prax 2012, 75 ff.; *Wimmer*, ZIP 2012, 545, 551 ff.

Nach dem Wortlaut des § 108a InsO-E blieb allerdings zunächst offen, ob mit dem **Begriff „Lizenzvertrag"** lediglich urheberrechtliche Lizenzen bzw. Lizenzen an gewerblichen Schutzrechten gemeint sind, oder ob er auch Know-how-Verträge erfasst. Macht die Erteilung einer Lizenz weiterhin nur einen Teil eines Regelungsgegenstandes eines gemischten Vertrages aus, können Schwierigkeiten im Rahmen der Abgrenzung hinzutreten. Zudem ist fraglich, was unter den **„angemessenen Bedingungen"** zu verstehen ist, zu denen ein neuer Lizenzvertragsabschluss möglich ist. Im Grundsatz ist davon auszugehen, dass der bislang bestehende Lizenzvertrag regelmäßig von zwei unabhängigen Unternehmen ausgehandelt wurde, mithin die Vermutung der Angemessenheit in sich trägt. Hielte die eine oder andere Partei diese Bedingungen nunmehr für unangemessen und wollte sie aus diesem Grund Abweichendes vereinbaren, träfe sie dafür im Streitfall die Darlegungs- und Beweislast.

Nach § 108a Abs. 3 InsO-E sollte eine **strenge Zeitvorgabe** für die Einigung der Parteien bzw. bei Nichteinigung für die Klageerhebung des Lizenznehmers gelten. Diese dürfte jedenfalls für komplexere Sachverhalte zu knapp bemessen sein. § 108a Abs. 3 Nr. 1 InsO-E regelt, dass der Lizenznehmer **bereits vor Abschluss des neuen Lizenzvertrages** eine **Vergütung** i.S. des Absatzes 1 („angemessenen Bedingungen") zahlen muss. Insofern ist auf die gleichgelagerte Problematik bei Zahlungen eines Patentverletzers zu verweisen, der einwendet, die Ablehnung seines Lizenzgesuchs stelle einen Missbrauch einer marktbeherrschenden Stellung dar („kartellrechtlicher Zwangslizenzeinwand"; s. Rz. 18 ff.). Mangelt es im konkreten Fall an einer Einigung über die Vergütungshöhe ist seitens des Lizenznehmers zu zahlen, was er als angemessen erachtet. Vertretbar erscheint es auch hier, die zuvor vereinbarten Vergütungsparameter zugrunde zu legen. Dem Insolvenzverwalter muss jedoch die Möglichkeit eingeräumt werden, die Grundlagen der seitens des Lizenznehmers festgelegten Zahlungen, also insbesondere den Umfang der Lizenznutzung, nachzuprüfen. Dies wohl im Wege der **Auskunftserteilung und Rechnungslegung** (§§ 242, 251 BGB) durch den Lizenznehmer. Schließlich ergibt sich im Rahmen der **zu erhebenden Klage** des Lizenznehmers das **Problem der zutreffenden Klageanträge**. Klagt er auf Abschluss eines konkreten Lizenzvertrages zu bestimmten angemessenen Bedingungen, sind in die Klageanträge konsequenterweise die Inhalte der einzelnen Klauseln aufzunehmen. Aus vorsorglichen Gesichtspunkten könnten zu den einzelnen vertraglichen Bestimmungen außerdem Hilfsanträge erforderlich sein, was die anwaltliche und richterliche Praxis vor enorme Herausforderungen stellen würde.

§ 108a Abs. 2 InsO-E in **Absatz 2** ging ferner davon aus, dass der **Hauptlizenznehmer und Unterlizenzgeber insolvent** wird und der Insolvenzverwalter das Wahlrecht gegenüber dem Hauptlizenzgeber ausübt. In diesem Fall soll der **Unterlizenznehmer** einen **Anspruch gegen** den **Hauptlizenzgeber** geltend machen können. Es handelt sich mithin um eine insolvenzrechtliche Regelung im Verhältnis zwischen zwei Personen – Hauptlizenzgeber und Unterlizenznehmer –, die jeweils nicht in die Insolvenz geraten sind. Zwischen diesen, zuvor vertraglich nicht verbundenen Personen, wird eine gesetzliche Verpflichtung zum Abschluss eines Vertrages normiert. In diesem Verhältnis bestehen ebenfalls die bereits im Rahmen des § 108a Abs. 1 InsO-E aufgezeigten Probleme, wobei hier zusätzlich die Orientierung an einem zuvor bestehenden Vertrag zwischen den beiden Parteien entfällt. Schließlich sah § 108a InsO-E **keine Regelungen zu** möglichen **Rechten** eines **Unterlizenznehmers** vor, **falls** der **Hauptlizenzgeber insolvent** wird. Der Unterlizenznehmer ist mithin von der Rechtsausübung des Unterlizenzgebers (§ 108a Abs. 1 InsO-E) abhängig. Das zeigt sich insbesondere im Zusammenhang mit der Frage, ob die auszuhandelnden „angemessenen Bedingungen" auch die ihm unter dem bisherigen Vertrag erteilte Unterlizenz umfassen.

Die in § 108a InsO-E vorgesehenen Regelungen hatten **Kritik** erfahren. Zum einen hatte sich das Bundeswirtschaftsministerium dafür ausgesprochen, dem Lizenznehmer einen Rechtsanspruch auf Neuabschluss zu den bisherigen Bedingungen zuzusprechen und nur ausnahmsweise eine Neuaushandlung der Konditionen vorzusehen[1]. Zum anderen plädierte *GRUR* in einer Stellungnahme vom 12.3.2012 für eine **Beschränkung des Verwalterwahlrechts** nach § 103 InsO[2]. Die grundsätzliche Kritik aus der Industrie beinhaltete die Forderung, zwischen der lizenzvertraglichen Pflicht zur Verschaffung von Lizenzen und der Erteilung der Lizenz zu unterscheiden. Die Ablehnung der Erfüllung des Lizenzvertrages dürfe nicht die wirksam erteilten Lizenzen erfassen[3]. Im Ergebnis ist hierin die **Forderung** nach **Anerkennung einer dinglichen Wirkung** sämtlicher Lizenzen (s. hierzu Rz. 120 ff.) zu sehen, die in der Tat eine ergänzende gesetzliche Regelung in der InsO überflüssig machen würde. Diesbezüglich wäre allerdings eine explizite gesetzgeberische Klarstellung – allgemeingültig und außerhalb der InsO – anzustreben.

Nach Auskunft des Bundesministeriums der Justiz wird dieser Entwurf in der bis 2013 laufenden 17. Legislaturperiode nicht umgesetzt werden. Der nunmehr vorgelegte Gesetzentwurf zur Änderung der InsO enthält den Regelungsvorschlag des § 108a InsO nicht mehr.

6. Insolvenz des Lizenzgebers

662 Wählt der **Insolvenzverwalter** in der Insolvenz des Lizenzgebers nach den vorstehenden Ausführungen die **Erfüllung des Lizenzvertrages** (s.

1 Vgl. *Weiden*, GRUR 2012, 254.
2 Vgl. S. 3 der Stellungnahme der Deutschen Vereinigung für Gewerblichen Rechtsschutz und Urheberrecht e.V. GRUR zur Frage der Insolvenzfestigkeit von Lizenzen Entwurf eines § 108a InsO, abrufbar unter: http://www.grur.de/cms/upload/pdf/stellungnahmen/2007/2007-11-19_GRUR_Stn__108a-E_InsO.pdf).
3 Vgl. *Weiden*, GRUR 2012, 254.

Rz. 645 ff.), so bleibt der Lizenznehmer weiterhin zur Nutzung gegen Zahlung der vereinbarten Vergütung berechtigt und – bei Ausübungspflicht – ggf. auch verpflichtet.

Dem Lizenznehmer verbleibt für den Fall, dass er sich vom Vertrag lösen möchte, nur die Möglichkeit einer Kündigung gemäß § 314 BGB, die jedoch nur im Einzelfall und in engen Grenzen zulässig sein kann. In diesem Zusammenhang ist darauf hinzuweisen, dass eine Kündigung nach neuerer *BGH*-Rechtsprechung im Fall der Erfüllungsablehnung durch den Insolvenzverwalter in Betracht kommt[1] (s. Rz. 660). Das zunächst merkwürdig anmutende Ergebnis der Kündigung eines Vertrags, dessen Erfüllung durch den Insolvenzverwalter bereits abgelehnt wurde, wird erst vor dem Hintergrund der **Aufgabe** der sog. **Erlöschenstheorie** durch den *BGH* verständlich. Während das Gericht der Erfüllungsablehnung des Verwalters in früheren Entscheidungen konstitutive Wirkung beimaß, die zum endgültigen Erlöschen der gegenseitigen Erfüllungsansprüche führte[2], ist der *BGH* von dieser Sichtweise abgerückt und vertritt die bereits in der Literatur ganz überwiegend vertretene Auffassung, wonach die Verfahrenseröffnung die Primäransprüche nicht erlöschen lasse, diese vielmehr nur während der Dauer des Verfahrens nicht durchsetzbar seien[3]. Der Lizenzvertrag bleibt also auch bei Erfüllungsablehnung durch den Insolvenzverwalter bestehen und ist rein insolvenzmäßig abzuwickeln[4].

Lehnt der **Insolvenzverwalter** hingegen die **Erfüllung** des Vertrags **ab**, kommt es für das Schicksal der Lizenz auf deren Ausgestaltung an[5]. 663

Im Fall **einfacher Lizenzen** ist eine Nutzung der Lizenz – soweit man diese mit der herrschenden Auffassung im Patentrecht als rein schuldrechtlichen Anspruch auffasst (s. Rz. 121) – durch den Lizenznehmer nicht mehr möglich, da es durch die Erfüllungsablehnung bei der Rechtswirkung der Insolvenzeröffnung mit der Folge bleibt, dass Ansprüche aus dem Lizenzvertrag nicht mehr durchsetzbar sind[6].

---

1 *BGH* v. 17.11.2005, ZIP 2006, 87, 90.

2 *BGH* v. 13.7.1967, BGHZ 48, 203, 205; *BGH* v. 9.7.1986, BGHZ 98, 160, 168 ff. = ZIP 1986, 1059 ff.

3 Vgl. nur *BGH* v. 17.11.2005, ZIP 2006, 87, 90 m.w.N.; s. auch *OLG Stuttgart* v. 19.7.2006 – 9 U 41/06, Rz. 50 ff. (juris) u. *LG Hamburg* v. 27.10.2006, NJW 2007, 3215, Rz. 37, 41, 46 f.; zur Entwicklung der Rechtsprechung vgl. *Smid/Lieder*, DZWIR 2005, 7 ff. (III 1b und c).

4 *BGH* v. 27.5.2003, NJW 2003, 2744, 2745.

5 Zur Nichtanwendung von § 103 InsO, wenn der Insolvenzverwalter eines deutschen Insolvenzschuldners Nichterfüllung von Patentlizenzverträgen mit US-amerikanischen Lizenznehmern gewählt hat s. *U.S. Bankruptcy Court fort the Eastern District of Virginia* v. 28.10.2011, GRUR Int. 2012, 86.

6 Vgl. *Wiedemann*, Lizenzen und Lizenzverträge in der Insolvenz (2006), Rz. 1460 f.; zum Rechtsprechungswechsel des BGH hinsichtlich der ursprünglich vertretenen Erlöschenstheorie vgl. dort Rz. 662; ebenso *Slopek*, ZInsO 2008, 1118; *Berger*, GRUR 2004, 20; *Heim*, NZI 2008, 338; *Wündisch/Bauer*, GRUR Int. 2010, 641, 648.

Inwieweit sich die Wertung des *BGH* zur dinglichen Rechtsnatur auch der einfachen Lizenz auch insolvenzrechtlich auswirken kann (s. dazu oben Rz. 644, 647), bleibt abzuwarten[1].

Bei der Vereinbarung einer **ausschließlichen, dinglich wirkenden Lizenz** – die ausschließliche Lizenz an einem Patent wirkt nach der Rechtsprechung des *BGH* stets dinglich[2] (vgl. Rz. 93 ff.) – bleibt der Lizenznehmer entgegen verbreiteter Auffassung[3] zunächst auch im Falle der Erfüllungsablehnung zur Nutzung der Lizenz befugt, da die Suspendierung der schuldrechtlichen Ansprüche die dingliche Rechtsposition des Lizenznehmers unberührt lässt[4]. Da der *BGH* die insolvenzfeste Vereinbarung eines aufschiebend bedingten, dinglichen Nutzungsrechts gebilligt und gleichzeitig einen Weg zur insolvenzfesten Vereinbarung von Lizenzverträgen vorgegeben hat[5], muss dies erst recht für die Fälle gelten, in denen nicht lediglich aufschiebend, sondern von Beginn an mit dinglicher Wirkung verfügt wurde[6]. Die Nutzungsbefugnis kann jedoch im Falle einer wirksamen **Vertragsbeendigung**, insbesondere im Falle einer Kündigung gemäß § 314 BGB, entfallen[7].

7. Insolvenz des Lizenznehmers

664 Wird vom Lizenznehmer das Insolvenzverfahren eingeleitet, so **fällt** das vom Lizenzvertrag gewährte (ausschließliche) **Nutzungsrecht in die Insolvenzmasse** (zur einfachen Lizenz s. Rz. 643).

Auch bei der Insolvenz des Lizenznehmers setzt die Ausübung des **Wahlrechts des Insolvenzverwalters nach § 103 InsO** die noch nicht vollständig eingetretene Erfüllung des gegenseitigen Vertrages durch die beiden Parteien voraus. Auf Seiten des Lizenznehmers ist der Vertrag nicht vollständig erfüllt, wenn während der Vertragslaufzeit noch Lizenzzahlungen zu leisten sind.[8] Stellt sich der Lizenzvertrag als **Rechtskauf** dar und wurden die gegenseitigen Hauptleistungen bereits ausgetauscht, wäre der Lizenzvertrag insolvenzfest; ein Wahlrecht des Insolvenzverwalters bestünde nicht.[9]

---

1 *Dieselhorst*, CR 2010, 69, 72. Vgl. auch *Adolphsen/Tabrizi*, GRUR 2011, 384, 390. Zum urheberrechtlichen Rückrufsrecht in der Insolvenz s. *Ehle/Schwiddessen*, MMR 2012, 355 ff.

2 *BGH* v. 23.3.1982, BGHZ 83, 251, 258 = NJW 1983, 1790.

3 Vgl. etwa *Hoffmann*, ZInsO 2003, 732, 741; *Stickelbrock*, WM 2004, 549, 558; zur urheberrechtlichen Lizenz *LG Mannheim* v. 27.6.2003, ZIP 2004, 576 ff.

4 *Wiedemann*, Lizenzen und Lizenzverträge in der Insolvenz (2006), Rz. 1466; s. auch *LG Hamburg* v. 27.10.2006, NJW 2007, 3215, Rz. 45 ff.

5 *BGH* v. 17.11.2005, ZIP 2006, 87 ff.; vgl. hierzu die Anmerkung von *Plath/Scherenberg*, CR 2006, 151 ff.

6 Vgl. *Grützmacher*, CR 2006, 289, 293; im Ergebnis auch *Bausch*, NZI 2005, 289, 295; s. auch *LG Hamburg* v. 27.10.2006, NJW 2007, 3215, Rz. 47 f.

7 Ausführlich zu den Folgen einer Kündigung *Wiedemann*, Lizenzen und Lizenzverträge in der Insolvenz (2006), Rz. 1392 ff., 1475 ff.

8 *LG München* v. 9.2.2012, GRUR-RR 2012, 142, Rz. 150.

9 *LG München* v. 9.2.2012, GRUR-RR 2012, 142, Rz. 150.

Wählt der Insolvenzverwalter die **Erfüllung** des bestehenden **Lizenzvertrages**, ist er weiterhin zur Nutzung des Vertragsgegenstandes unter den vorgegebenen lizenzvertraglichen Voraussetzungen berechtigt und zur Zahlung der Lizenzgebühr verpflichtet. Der Zahlungsanspruch des Lizenzgebers gilt als **Masseverbindlichkeit** nach **§ 55 Abs. 1 Nr. 2 InsO**. Dies gilt jedoch nur für solche Lizenzentgeltansprüche, die nach Verfahrenseröffnung entstanden sind. Aus § 105 Satz 1 InsO ergibt sich nämlich, dass der Lizenzgeber als Vertragspartner des Gemeinschuldners, der bereits vor Verfahrenseröffnung teilweise geleistet hat, seinen entsprechenden Teil der Gegenleistung in Form von Lizenzgebühren auch nur dann als Insolvenzforderung zur Tabelle anmelden kann, wenn der Insolvenzverwalter die Erfüllung des Vertrags wählt.

Der Lizenzgeber seinerseits ist bei einer Erfüllungswahl des Insolvenzverwalters nicht berechtigt, sich wegen des Insolvenzeintritts als solchem von dem Lizenzvertragsverhältnis zu lösen. Das im früheren § 19 KO vorgesehene **Sonderkündigungsrecht** des Vermieters, das auch auf Lizenzverträge angewendet wurde, ist nicht in die InsO übernommen worden. § 109 InsO, der ohnehin nur auf Verträge über bewegliches Vermögen anwendbar ist, sieht nur ein Kündigungsrecht des Insolvenzverwalters vor. Nach **§ 112 InsO**[1] ist eine Kündigung wegen Verzuges mit der Zinszahlung (§ 112 Nr. 1 InsO) oder wegen Verschlechterung der Vermögensverhältnisse des Schuldners (§ 112 Nr. 2 InsO) ausgeschlossen. Von dieser in § 112 InsO vorgesehenen **Kündigungssperre**, die nicht auf Nutzungsverträge über unbewegliche Gegenstände beschränkt ist, werden auch Lizenzverträge erfasst[2]. Demgegenüber ist eine **Kündigung vor dem Eröffnungsantrag**, bezogen auf die in § 112 InsO genannten Kündigungsgründe, wirksam[3]. Zugleich ist der Lizenzgeber berechtigt, eine **Kündigung aus wichtigem Grund nach § 314 Abs. 1 BGB wegen Zahlungsverzugs** auszusprechen, sofern dieser **nach dem Eröffnungsantrag** eintritt[4]. Dies ergibt sich gerade aus dem Umkehrschluss zu § 112 Nr. 1 InsO. 665

Folgerichtig muss der Lizenzgeber die Fortführung des Lizenzvertrages auch dann hinnehmen, wenn sich der Lizenzumsatz und damit in aller Regel auch das Aufkommen an Lizenzgebühren wegen der evtl. eingeschränkten Verwertungsmöglichkeiten des Insolvenzverwalters vermindert.

Da es sich bei Lizenzverträgen um **Dauerschuldverhältnisse** handelt (s. Rz. 38), kommt auch aus sonstigen wichtigen Gründen außerhalb des Zah- 666

---

1 Ausführlich zum Zeitpunkt des Eingreifens von § 112 InsO *Wiedemann*, Lizenzen und Lizenzverträge in der Insolvenz (2006), Rz. 1221 ff.

2 FK-InsO/*Wegener*, § 112 Rz. 5. Zum Softwarelizenzvertrag vgl. insbesondere *Paulus*, ZIP 1996 S. 2 ff.; *Smid/Lieder*, DZWiR 2005, 7 ff.

3 *Schmoll/Hölder*, GRUR 2004, 743, 744.

4 *BGH* v. 18.7.2002, ZIP 2002, 1625; *LG Düsseldorf* v. 30.10.2007, Düsseldorfer Entscheidung Nr. 633 – Übertragung von Schutzrechten in der Insolvenz (www.duesseldorfer-archiv.de).

lungsverzugs ein **Kündigungsrecht gemäß § 314 BGB** in Betracht. Eine Kündigung aus wichtigem Grund kann etwa gerechtfertigt sein aufgrund schwerwiegenden Vertrauensbruchs oder grober Verletzung von Vertragspflichten, die ein Festhalten des Vertragspartners an dem Vertragsverhältnis nicht mehr zumutbar erscheinen lassen[1]. In diesem Zusammenhang ist auch zu überlegen, ob ein derartiges Kündigungsrecht bei einem Verstoß gegen eine **Ausübungspflicht und drohendem Wertverfall des Lizenzgegenstandes** in Betracht kommt[2]. Gerade bei Patenten im Bereich der schnelllebigen und umkämpften Informationstechnologie ist die Gefahr sehr groß, dass die Erfindung bei fehlender effektiver Verwertung in kürzester Zeit wertlos wird[3].

8. Lösungsklauseln

667 Umstritten[4] ist die Frage, inwieweit die in § 112 InsO vorgesehene Rechtsfolge der Kündigungssperre im Wege so genannter Lösungsklauseln umgangen werden kann. Lösungsklauseln sehen im Fall der Insolvenz eines der beiden Vertragspartner vor, dass der betroffene Vertrag entweder mit Eintritt der Insolvenz als auflösende Bedingung automatisch beendet wird, oder jedenfalls dem durch die Insolvenz nachteilig Betroffenen ein Recht zur Kündigung des Vertrages durch einseitige Erklärung gegeben wird[5]. Sieht die Klausel vor, dass der Lizenzvertrag für den Fall der Insolvenz auflösend bedingt ist, so spricht man von einer **Beendigungsklausel**; demgegenüber liegt eine **Kündigungsklausel** vor, wenn einem Vertragspartner für den Fall der Insolvenz ein Rücktritts-, Kündigungs-, Widerrufs- oder Anfechtungsrecht eingeräumt wird[6].

668 **Vertragsklauseln**, die im Falle der Insolvenz des Mieters oder Pächters **ein Lösungsrecht des Vermieters** vorsehen, sind grundsätzlich **nach §§ 119, 112 InsO nichtig**[7]. Nach § 112 Nr. 2 InsO ist eine Kündigung des Vertragsverhältnisses wegen der Verschlechterung der Vermögensverhältnisse des Schuldners nach Eröffnung des Insolvenzverfahrens unwirksam. Damit

1 *Wiedemann*, Lizenzen und Lizenzverträge in der Insolvenz (2006), Rz. 1208 m.w.N.; vgl. auch *Henn*, Patent- und Know-how-Lizenzvertrag (2003), Rz. 221.

2 Benkard/*Ullmann*, PatG, § 15 Rz. 53; *Cepl*, NZI 2000, 357, 360 f.; *Schmoll/Hölder*, GRUR 2004, 743, 745; eingehend *Wiedemann*, Lizenzen und Lizenzverträge in der Insolvenz (2006), Rz. 1309 ff.; ablehnend *Groß*, Rz. 495.

3 *Cepl*, NZI 2000, 357, 360 f.

4 Vgl. *Berger* in Kölner Schriften zur InsO, 2. Aufl. 2000, S. 499 ff.; *Berger*, ZIP 1994, 173 ff.; *Bruns*, ZZP 110 (1997), 305 ff.; *Balthasar* in Nerlich/Römermann, InsO, § 119 Rz. 10 ff.; *Hess*, InsO, § 119 Rz. 18 ff.; *Tintelnot* in Kübler/Prütting/Bork, InsO, § 119 Rz. 15 ff.; ausführlich zum Streitstand *Wiedemann*, Lizenzen und Lizenzverträge in der Insolvenz (2006), Rz. 1248 ff.

5 *Berger* in Kölner Schriften zur InsO, 2. Aufl. 2000, S. 499, 500; *Hess*, InsO, § 119 Rz. 23 f.

6 Zur Terminologie vgl. *Cepl*, NZI 2000, 357, 359.

7 *Tintelnot* in Kübler/Prütting/Bork, InsO, § 112 Rz. 13.

steht § 112 Nr. 2 InsO im Zusammenhang mit § 119 InsO und bestätigt die Unwirksamkeit vertraglicher Lösungsklauseln, die an den Insolvenzantrag oder die Eröffnung des Insolvenzverfahrens anknüpfen[1]. Für Klauseln die eine automatische Beendigung des Vertragsverhältnisses vorsehen, kann im Hinblick auf den Schutzzweck der §§ 112, 119 InsO nichts anderes gelten[2].

Ein **vollständiger Ausschluss von Lösungsklauseln** erscheint hingegen 669
nicht in jedem Fall **geboten**. § 119 InsO ist ein derart weit reichender Eingriff in die Privatautonomie nicht zwingend zu entnehmen. Dieser Umstand wird insbesondere deutlich, wenn man beachtet, dass das im ursprünglichen Gesetzentwurf zur InsO vorgesehene umfassende Lösungsklauselverbot des § 137 Abs. 2 InsO RegE wieder gestrichen wurde, da ein restriktives Verbot dieser Klausel die Vertragsfreiheit über Gebühr einschränke, die Insolvenzgefahr von Unternehmen lediglich erhöhe und derartige Lösungsklauseln auch international üblich seien[3]. Im Ergebnis wird man jedoch allenfalls solche Klauseln für zulässig erachten können, die nicht an die in § 112 Nr. 1 und 2 InsO genannten Aspekte anknüpfen.

Die Rechtsprechung des *BGH* zum Fortbestand von Unterlizenzen beim Erlöschen der Hauptlizenz (s. Rz. 149) bietet (neuen) Anlass, nach **Umgehungen durch Lösungsmöglichkeiten** vom jeweiligen Unterlizenzvertrag zu suchen. Bliebe die Unterlizenz trotz eines möglichen „Wegfalls" der Hauptlizenz im Insolvenzfall (der Insolvenzverwalter übt in der Insolvenz des Hauptlizenznehmers sein Wahlrecht dahingehend aus, dass die Hauptlizenz „erlischt") bestehen, wäre zur Umgehung dieser Konstellation denkbar, in dem Hauptlizenzvertrag zu vereinbaren, dass Unterlizenzen nur als negative Lizenzen vergeben werden dürfen. Diese dürften trotz der Überlegungen des *BGH* zur Berücksichtigung des Grundsatzes des Sukzessionsschutzes und der Abwägung der typischerweise betroffenen Interessen des Hauptlizenzgebers und des Unterlizenznehmers nach herrschender Ansicht (s. Rz. 136 f.) gerade nicht fortbestehen.

XIII. Kartellrechtliche Schranken der Lizenzvertragsgestaltung

1. Einführung

a) Grundsätze

Gewerbliche Schutzrechte als selbstverständlicher Bestandteil der Eigen- 670
tumsordnung (s. Rz. 1) führen im Rahmen ihres sachlichen und zeitlichen

1 *Tintelnot* in Kübler/Prütting/Bork, InsO, § 112 Rz. 13; *Hess*, InsO, § 119 Rz. 23 f.; *Goetsch* in Breutigam/Blersch/Goetsch, InsO, § 112 Rz. 15.
2 A.A. *Bruns*, ZZP 110 (1997), 305, 318 ff.; FK-InsO/*Wegener*, § 119 Rz. 3, die jedenfalls von der Zulässigkeit von Beendigungsklauseln ausgehen.
3 Vgl. Beschlussempfehlung des Rechtsausschusses, BT-Drucks. 12/7302, S. 170.

Schutzbereiches zu einer **Monopolstellung** des Inhabers (vgl. z.B. §§ 9, 10 PatG), bei Erteilung einer ausschließlichen Lizenz oft auch zu einer solchen des Lizenznehmers (s. Rz. 3). Es stellt sich damit **stets die Frage nach der kartellrechtlichen Beurteilung** des Lizenzvertrages und seiner inhaltlichen Gestaltung. Im Rahmen der kartellrechtlichen Bewertung ist zu berücksichtigen, dass grundsätzlich ein **Spannungsverhältnis zwischen Kartellrecht und den gewerblichen Schutzrechten** besteht. So ist Zweck kartellrechtlicher Vorschriften, ein möglichst hohes Maß an Wettbewerb zu erreichen, während die gewerblichen Schutzrechte gerade die ausschließliche Zuweisung eines Verwertungsrechts vorsehen und damit zur Monopolbildung führen. Dabei ist zu berücksichtigen, dass das ausschließliche Schutzrecht Voraussetzung für einen frei funktionierenden Wettbewerb im Bereich gewerblicher Schutzrechte ist[1].

671 Auf welche Weise dieses Spannungsverhältnis letztlich gelöst werden soll, ist seit jeher umstritten. So wurde etwa vertreten, Wettbewerbsbeschränkungen in Lizenzverträgen aus dem Anwendungsbereich des Kartellrechts herauszunehmen[2]. Zu ähnlichen Ergebnissen kommt die sog. Wettbewerbseröffnungstheorie; hiernach sollen Wettbewerbsbeschränkungen in Lizenzverträgen nicht von Art. 101 AEUV (ex-Art. 81 EG) erfasst werden, da durch den Lizenzvertrag gerade zusätzlicher Wettbewerb geschaffen werde[3]. Dagegen ist nach anderer Ansicht nicht auf den Inhalt des Schutzrechts, sondern lediglich auf den Inhalt des Lizenzvertrags abzustellen, so dass Lizenzverträge rein kartellrechtlich zu beurteilen seien[4].

672 Eine befriedigende Lösung ist noch nicht gefunden. Ersteren Auffassungen ist entgegenzuhalten, dass sie die kartellrechtlichen Schutzerfordernisse gegenüber dem gewerblichen Rechtsschutz nahezu gänzlich entfallen lassen. Letztere Ansicht verkennt das Verwertungsmonopol, das dem Inhaber des Schutzrechts gesetzlich gewährt wird. Letztlich ist aber zu gewichten, dass auch das unter dem Schutz des Art. 14 Abs. 1 Satz 1 GG stehende Patent- und Lizenzrecht nicht in jeder nur denkbaren Verwertungsmöglichkeit verfassungsrechtlich gesichert ist; vielmehr ist es Sache und Aufgabe des Gesetzgebers, sachgerechte Maßstäbe festzulegen, die eine der Natur und sozialen Bedeutung des Rechts entsprechende Nutzung und angemessene Verwertung sicherstellen (Art. 14 Abs. 1 Satz 2 GG)[5].

---

1 *Götting*, Gewerblicher Rechtsschutz, § 6 Rz. 27.

2 *Gotzen*, GRUR Int. 1958, 224 ff.

3 Vgl. *Fritzsche*, ZHR 160 (1996), 31, 37 ff.

4 *Ullrich* in Immenga/Mestmäcker, EG-Wettbewerbsrecht, Bd. I (1997), 1156 ff.; *Buxbaum*, WUW 1966, 193 ff.; *Axster*, GRUR 1985, 581 ff.

5 *BVerfG* v. 10.5.2000, GRUR 2001, 43, 44 – Klinische Versuche, dort zum Patentrecht.

b) Überblick über die wesentlichen Rechtsgrundlagen

aa) Europäisches Kartellrecht

Die für den Lizenzvertrag **wichtigsten Vorschriften** des **europäischen Kartellrechts** finden sich in **Art. 101, 102 AEUV** (ex-Art. 81, 82 EG; s. hierzu im Einzelnen Rz. 717 ff.). 673

Nach **Art. 101 Abs. 1 AEUV** (ex-Art. 81 Abs. 1 EG) sind alle Vereinbarungen zwischen Unternehmen, Beschlüsse von Unternehmensvereinigungen und aufeinander abgestimmte Verhaltensweisen mit dem gemeinsamen Markt unvereinbar und verboten, die geeignet sind, den Handel zwischen Mitgliedstaaten zu beeinträchtigen und eine Verhinderung, Einschränkung oder Verfälschung des Wettbewerbs innerhalb des gemeinsamen Marktes bezwecken oder bewirken. Bei einer spürbaren Auswirkung auf den innergemeinschaftlichen Handel bzw. einer spürbaren Wettbewerbsbeschränkung (s. Rz. 741) sind die nach Art. 101 Abs. 1 AEUV (ex-Art. 81 Abs. 1 EG) verbotenen Vereinbarungen oder Beschlüsse nichtig (Art. 101 Abs. 2 AEUV [ex-Art. 81 Abs. 2 EG]). Freistellungen von dem Verbot sieht Art. 101 Abs. 3 AEUV (ex-Art. 81 Abs. 3 EG) vor. Insbesondere kommt hiernach eine Freistellung der Vereinbarung durch Anwendung einer der Gruppenfreistellungsverordnungen in Betracht (Rz. 766 ff.). 674

Art. 102 AEUV (ex-Art. 82 EG) verbietet die missbräuchliche Ausnutzung einer beherrschenden Stellung auf dem Gemeinsamen Markt oder einem wesentlichen Teil davon durch ein oder mehrere Unternehmen, soweit dies dazu führen kann, den Handel zwischen den Mitgliedstaaten zu beeinträchtigen.

Im Interesse einer wirksamen und einheitlichen Anwendung bestimmt sich die Durchführung der in den Art. 101 und 102 AEUV (ex-Art. 81 und 82 EG) verankerten Wettbewerbsregeln nach der **VO (EG) Nr. 1/2003** des Rates vom 16.12.2002[1], die am 1.5.2004 in Kraft getreten ist (Art. 45 EG-Kartellverfahrensverordnung Nr. 1/2003; vgl. Rz. 760 ff.).

bb) Deutsches Kartellrecht

Die für den Lizenzvertrag wesentlichen Vorschriften im **deutschen Kartellrecht** sind im Zuge der mit der EG-Kartellverfahrensverordnung Nr. 1/2003 vorgegebenen Angleichung des deutschen an das europäische Kartellrecht grundlegend neu gefasst und angeglichen worden. Die 7. GWB-Novelle ist am 1.7.2005 in Kraft getreten[2] und sollte eine unerwünschte Zweiteilung des Wettbewerbsrechts in von einander abweichendes europäisches und 675

1 ABl. EG Nr. L 1 v. 4.1.2003, S. 1 ff.; sog. EG-Kartellverfahrensverordnung Nr. 1/2003.

2 Siebtes Gesetz zur Änderung des Gesetzes gegen Wettbewerbsbeschränkungen v. 7.7.2005, BGBl. I 2005, 1954 ff.

nationales Recht weitgehend vermeiden[1], auch wenn einige Besonderheiten des deutschen Rechts im Zuge des Gesetzgebungsverfahrens beibehalten worden sind[2]. Auch wenn diese Anpassung des deutschen Kartellrechts auf einer autonomen Entscheidung des deutschen Gesetzgebers beruhte, hat damit seither die Entscheidungspraxis des *EuGH* zu Art. 101 AEUV auch für die Auslegung des § 1 GWB bei der Anwendung auf rein innerstaatliche Sachverhalte erhebliches Gewicht erhalten. Dies spricht dafür, § 1 GWB grundsätzlich so auszulegen, wie es der Rechtsprechung des *EuGH* zu Art. 101 AEUV entspricht[3].

Über den **§ 1 GWB** liegt auch dem deutschen Kartellrecht ein generelles Verbot wettbewerbsbeschränkender Vereinbarungen zugrunde; § 1 GWB entspricht weitgehend der Regelung des Art. 101 Abs. 1 AEUV (ex-Art. 81 Abs. 1 EG). **§ 2 GWB** übernimmt aus Art. 101 Abs. 3 AEUV (ex-Art. 81 Abs. 3 EG) das Prinzip der Freistellung von nach § 1 GWB verbotenen Vereinbarungen. Dagegen wurden die früheren Regelungen bezüglich der Missbrauchsaufsicht über marktbeherrschende Unternehmen (§§ 19–21 GWB) zwar modifiziert, jedoch weiterhin beibehalten (vgl. Rz. 1050); hier kann es im Einzelfall zu Abweichungen von der europäischen Regelung des Art. 102 AEUV (ex-Art. 82 EG) kommen (Rz. 1067). Der am 18.10.2012 mit Änderungen beschlossene **Regierungsentwurf** zu einer **8. GWB-Novelle**, die am 1.1.2013 in Kraft treten soll, zielt allerdings darauf ab, wettbewerbliche Rahmenbedingungen – insbesondere im Bereich der Fusionskontrolle, der Missbrauchsaufsicht und des Verfahrens bei Kartellverstößen – zu modernisieren und damit die Durchsetzung des GWB noch effizienter machen (s. Rz. 1068).

676 Die §§ 1, 2 GWB haben auch die Sonderregelungen für Lizenzverträge in **§§ 17, 18 GWB a.F. abgelöst**. Dies bedeutet **für die vor dem 1.7.2005 abgeschlossenen Lizenzvereinbarungen** insbesondere Folgendes:

- War die Vereinbarung nach früherem deutschen Kartellrecht unwirksam, verbleibt es bei der Unwirksamkeit; insoweit gilt allgemein der Grundsatz, dass sich die Wirksamkeit eines Vertrages nach den im Zeitpunkt des Vertragsabschlusses geltenden Vorschriften richtet[4].
- Lässt das aktuelle Kartellrecht eine solche Vereinbarung zu, erfolgt keine Heilung von Gesetzes wegen. Wirksamkeit kann der nichtige Vertrag allerdings mittels einer Bestätigung im Sinne des § 141 BGB nach Änderung der Rechtslage erlangen[5].

---

1 Vgl. Amtl. Begr. in BT-Drucks. 15/3640, S. 21 ff.; kritisch u.a. *Immenga*, BB 2005, Heft 33, S. I.

2 S. *Meessen* in Loewenheim/Meessen/Riesenkampff, Kartellrecht, Einf. Rz. 74, 82 ff.

3 *BGH* v. 7.12.2010, GRUR 2011, 641, 645 f., Rz. 58 – Jette Joop.

4 *BGH* v. 5.7.2005, GRUR 2005, 845, 848 – Abgasreinigungsvorrichtung – dort zu Art. 81 Abs. 1 EG – m.H.a. *BGH* v. 11.12.2001, GRUR 2002, 647 – Sabet/Massa.

5 *BGH* v. 5.7.2005, GRUR 2005, 845, 848.

- Hat das frühere Kartellrecht die Vereinbarung zugelassen und steht das GWB dem entgegen, so ist eine Vertragsanpassung erforderlich (vgl. auch Rz. 774).
- War im Einzelfall eine Genehmigung nach § 17 Abs. 3 GWB a.F. erteilt, galt diese gemäß der Übergangsregelung in § 131 Abs. 1 GWB bis zum 31.12.2007 fort.

In der Abgrenzung zu den §§ 17, 18 GWB a.F. ergibt sich Folgendes: **§ 17 GWB a.F.** regelte die kartellrechtliche Zulässigkeit wettbewerbsbeschränkender Klauseln in Lizenzverträgen. Hiernach stellte eine im Lizenzvertrag getroffene Vereinbarung explizit dann keine Wettbewerbsbeschränkung dar, wenn sie nicht über den **Inhalt des lizenzierten Schutzrechts** hinausging (§ 17 Abs. 1 GWB a.F.). In § 17 Abs. 2 GWB a.F. fand sich darüber hinaus eine abschließende Liste von Vertragsklauseln, bei denen kein wettbewerbsbeschränkender Charakter angenommen wurde. Durch **§ 18 GWB a.F.** (vgl. eingehend 5. Auflage, Rz. 1010 ff. m.w.N.) wurden die in § 17 GWB a.F. getroffenen Regelungen auf Verträge über andere geschützte und nicht geschützte Leistungen (insbesondere Know-how) und über Saatgut übertragen. 677

Entsprechend der früheren Regelung des § 17 Abs. 1 GWB a.F. war sowohl vom *EuGH* als auch von weiten Teilen des Schrifttums anerkannt, dass solche lizenzvertraglichen Wettbewerbsbeschränkungen aus dem Anwendungsbereich des Art. 81 EG (nunmehr Art. 101 AEUV) herausfielen, die durch den **Schutzzweck des lizenzierten Schutzrechts** gerechtfertigt sind[1]. Nach der Rechtsprechung des *EuGH* ist zwischen Ausübung und Bestand des Schutzrechts zu unterscheiden. Nur die Wettbewerbsbeschränkungen, die aus dem Bestand des Schutzrechts resultieren, sind hiernach gerechtfertigt[2]. 678

Grenze des Kartellverbots nach Art. 81 EG, dem heutigen Art. 101 AEUV, war damit nach *Sack* der **„spezifische Gegenstand" des Schutzrechts**[3]. Danach sind diejenigen Wettbewerbsbeschränkungen kartellrechtlich unbedenklich, die sich aus dem Wesen des jeweiligen Immaterialgüterrechts ergeben. Sieht der spezifische Gegenstand des Schutzrechts also bestimmte Verbietungsrechte vor, kann keine Wettbewerbsbeschränkung i.S. des 679

1 *Sack*, WRP 1999, 592, 593 m.w.N.; *Axster*, GRUR 1985, 501 ff.; *von Gamm*, GRUR Int. 1983, 403, 406; eingehend *Axster/Schütze* in Loewenheim/Messen/Riesenkampff, GRUR Rz. 81 ff.; *Schultze/Pautke/Wagener*, Die Gruppenfreistellungsverordnung für Technologietransfer-Vereinbarungen, Rz. 288 ff.; *EuGH* v. 25.2.1986, Slg. 1986, 643 ff., 655 ff.; *EuGH* v. 13.7.1966, Slg. 1966, 321 ff.; *EuGH* v. 22.1.1981, Slg. 1981, 181 ff.

2 *EuGH* v. 13.7.1966 – Rs. 56/64 – Consten and Grundig/Kommission, Slg. 1966, 322; *EuGH* v. 29.2.1968 – Rs. 24/67, Slg. 1968, 85, 111 ff. – Parke, Davis/Proebel; kritisch zur Unterscheidung Bestand/Ausübung *Axster/Schütze* in Loewenheim/Meessen/Riesenkampff, GRUR Rz. 85.

3 *Sack*, WRP 1999, 592, 593 ff.; *Sack*, RIW 1997, 449 ff.; *Sack* in FS Fikentscher, 1998, S. 970 ff. Kritisch hierzu *Lorenz*, WRP 2006, 1008, 1012 ff.

Art. 101 AEUV (ex-Art. 81 EG) vorliegen, da ansonsten vertraglich beschränkt würde, was ohne vertragliche Abrede aus der Verbotswirkung des Schutzrechts heraus frei wäre[1]. Außerdem beschränkt der spezifische Gegenstand des Schutzrechts Art. 101 AEUV (ex-Art. 81 EG) in den Fällen, in denen seine Grenzen enger sind als das Verbietungsrecht aus Art. 101 AEUV (ex-Art. 81 EG).

680 Bei der Feststellung des spezifischen Gegenstandes eines Schutzrechts ist zwischen **drei Fallgruppen** zu unterscheiden:

Zum spezifischen Schutzgegenstand gehören zum einen gesetzliche **Beschränkungen** des Lizenznehmers, die sich **aus dem Schutzrecht selbst** ergeben (z.B. Schutzumfangsbegrenzungen gemäß § 14 PatG). Ein Nutzungsverbot kann also, ohne von § 1 GWB bzw. Art. 101 Abs. 1 AEUV (ex-Art. 81 Abs. 1 EG) erfasst zu werden, Vertragsinhalt sein, wenn sich das Verbotsrecht bereits aus dem Schutzrecht selbst ergibt.

Daneben treten **sonstige Beschränkungen des Lizenznehmers**, wie etwa die Pflicht zur Zahlung einer Lizenzgebühr oder die Vereinbarung qualitätssichernder Maßnahmen[2].

Nach *Sack*[3] gehört zum spezifischen Gegenstand des Schutzrechts auch die **Möglichkeit des Lizenzgebers**, seine **eigene** wettbewerbliche **Handlungsfähigkeit** in Lizenzverträgen **zu beschränken**. Dafür spreche, dass der spezifische Gegenstand neben Verbietungsrechten auch andere Verwertungsmöglichkeiten erfasse, wozu seiner Ansicht nach auch Eigenbeschränkungen des Lizenzgebers gehören können.

681 Eine Bestimmung des **Inhalts** des **spezifischen Gegenstandes** kann nur einheitlich innerhalb der EU unternommen werden. Würde man allein auf die Rechtsordnungen der einzelnen Mitgliedstaaten abstellen, wäre die Folge, dass aufgrund der unterschiedlichen Reichweite der nationalen Schutzrechte die Wettbewerbsbeschränkungen divergieren würden. Damit können Schutzstandards, die inhaltlich enger sind als der spezifische Gegenstand des europäischen Schutzrechts, nach europäischem Kartellrecht nicht anerkannt werden[4].

682 Für das frühere **deutsche Kartellrecht** ergab sich diese Wertung bereits aus **§ 17 Abs. 1 Satz 1 GWB a.F.** Hiernach stellte eine im Lizenzvertrag getroffene Vereinbarung explizit dann keine Wettbewerbsbeschränkung dar, wenn sie nicht über den Inhalt des lizenzierten Schutzrechts hinausging. Durch die Anpassung im Zuge der 7. GWB-Novelle ergibt sich jedoch keine von

1 *Sack*, WRP 1999, 592, 596; vgl. auch *Axster/Schütze*, die zwischen autonomer und nicht autonomer Geltendmachung des Schutzrechts unterscheiden, in Loewenheim/Meessen/Riesenkampff, GRUR Rz. 81, 85.
2 *Sack*, WRP 1999, 592, 595.
3 *Sack*, WRP 1999, 592, 595.
4 *Sack*, WRP 1999, 592, 596.

der früheren Rechtslage abweichende Bewertung des Spannungsverhältnisses zwischen Kartellrecht und den gewerblichen Schutzrechten. Nach gegenwärtigem deutschen Kartellrecht werden diejenigen Wettbewerbsbeschränkungen nicht vom Verbot des § 1 GWB erfasst, die dem Wesen des lizenzierten Schutzrechts bereits immanent und somit gerechtfertigt sind.

Der Wegfall insbesondere des § 17 GWB a.F. führte nicht dazu, dass die dort behandelten Wettbewerbsbeschränkungen nunmehr zulässig sind. Im Rahmen der Prüfung der Freistellungsfähigkeit eines Vertrages nach § 2 GWB ist der durch die früheren Regelungen vorgegebene Maßstab mit einzubeziehen.

Frei. 683–685

c) Auswirkungen der kartellrechtlichen Beurteilung auf die Vertragsgestaltung

Bei Lizenzverträgen gibt es keine Vertragstypen, die sich kartellrechtlichen 686
Schranken entziehen. Folglich unterliegen auch Lizenzabreden, die Bestandteil eines gerichtlichen Vergleichs sind, uneingeschränkt der kartellrechtlichen Kontrolle[1]. Gleiches gilt für Lizenzabreden, die zwischen Arbeitgeber und Arbeitnehmer im Rahmen eines Einigungsvorschlages der Schiedsstelle (§ 34 ArbEG) zustande kommen. Auch bei Lizenzabreden über freie Arbeitnehmererfindungen nach § 19 ArbEG bzw. freigewordene Diensterfindungen (§ 6 Abs. 2, § 8 Satz 1 ArbEG) sind grundsätzlich die kartellrechtlichen Vorgaben zu beachten[2].

Allerdings können sich aus dem Vertragstypus Differenzierungen im Be- 687
wertungsmaßstab ergeben. So ist ein Vergleich (§ 779 BGB) mit objektiv wettbewerbsbeschränkendem Inhalt (nur) insoweit zulässig, als sich der Regelungsgegenstand auf Umstände bezieht, die bei objektiver Beurteilung ernstlich zweifelhaft sind[3]. Beispielsweise können solche Nutzungshandlungen rechtswirksam der Lizenzgebührenpflicht unterworfen werden, bei denen ein ernsthafter, objektiv begründeter Anlass zu der Annahme besteht, der Lizenzgeber als begünstigter Vertragspartner habe ohne Lizenzregelung einen Anspruch auf Unterlassung der durch den Vergleich erlaubten Nutzungshandlung des Lizenznehmers[4].

Besteht Streit, ob eine vertragliche Regelung als eine gemäß § 1 GWB un- 688
zulässige und gemäß § 134 BGB unwirksame Wettbewerbsbeschränkung

1 Vgl. etwa *BGH* v. 5.7.2005, GRUR 2005, 845, 846 – Abgasreinigungsvorrichtung.
2 Vgl. *Bartenbach/Volz*, ArbEG, § 19 Rz. 30.
3 Vgl. *BGH* v. 5.7.2005, GRUR 2005, 845, 847 – Abgasreinigungsvorrichtung m.H.a. *BGH* v. 22.5.1975, GRUR 1976, 323, 324 – Thermalquelle.
4 Vgl. *BGH* v. 5.7.2005, GRUR 2005, 845, 847 – Abgasreinigungsvorrichtung; vgl. auch *BGH* v. 7.12.2010, GRUR 2011, 641, 642, Rz. 19 – Jette Joop (zur markenrechtlichen Abgrenzungsvereinbarung).

anzusehen ist, gebührt im Rahmen der **Vertragsauslegung** der Vorzug im Zweifel derjenigen Auslegung, die die Nichtigkeit des Rechtsgeschäfts vermeidet[1].

689 Frei.

2. Verhältnis von deutschem und europäischem Kartellrecht

690 Grundsätzlich sind die europäischen Wettbewerbsregeln in der Bundesrepublik **unmittelbar geltendes Recht**. In **Art. 103 Abs. 2 lit. e AEUV** (ex-Art. 83 Abs. 2 lit. e EG) findet sich eine entsprechende Regelungskompetenz[2] des Rates über das Verhältnis der Art. 81 ff. EG zum nationalen Recht mittels Verordnungen oder Richtlinien. Von dieser ist durch die am 1.5.2004 in Kraft getretene Kartellverfahrensverordnung (EG) Nr. 1/2003[3] zur Durchführung der in den Art. 81 und 82 EG (heute Art. 101 und 102 AEUV) niedergelegten Wettbewerbsregeln Gebrauch gemacht worden. Die **VO Nr. 1/2003** sieht in **Art. 3** eine explizite Regelung hinsichtlich des Verhältnisses von deutschem und europäischem Recht vor. Die im Wesentlichen durch die VO Nr. 1/2003 ausgelöste 7. GWB-Novelle führte auch im deutschen Recht eine Art. 3 der VO Nr. 1/2003 entsprechende Regelung zur Anwendung des europäischen Wettbewerbsrechts ein. So normiert **§ 22 GWB**, ebenso wie Art. 3 VO Nr. 1/2003, einen **erweiterten Vorrang des Gemeinschaftsrechts**[4].

691 Aufgrund der verschiedenen Schutzzwecke und des unterschiedlichen Inhalts von europäischem und deutschem Recht sind **Konfliktfälle** bzgl. der Anwendung des Rechts nicht ausgeschlossen, wenn ein **Sachverhalt beiden Rechtsordnungen unterfällt**. Diese Fälle treten immer dann auf, wenn beide Rechtsordnungen anwendbar sind und sich widersprechende Rechtsfolgen auslösen. Ist sowohl der Anwendungsbereich des Art. 101 AEUV (ex-Art. 81 EG) als auch der der §§ 1 f. GWB eröffnet, so kommt es zum Konfliktfall, wenn die fragliche Vereinbarung nach europäischem Recht erlaubt und nach deutschem Recht verboten ist oder umgekehrt nach europäischem Recht als unzulässig und nach deutschem Recht als zulässig bewertet wird. Art. 3 VO Nr. 1/2003 verbietet die Anwendung einzelstaatlichen Rechts auf Konfliktfälle nicht. Art. 101, 102 AEUV (ex-Art. 81, 82 EG) müssen jedoch ebenfalls herangezogen werden, wenn die Verhaltens-

1 *BGH* v. 17.3.2011, GRUR 2011, 946, Rz. 26 – KD m.H.a. st.Rspr., vgl. *BGH* v. 26.9.2002, GRUR 2003, 349 – Anwalts-Hotline.

2 Nach *EuGH* v. 13.2.1968, WuW/E EWG/MUV 201, 204 – Farbenhersteller ist hierin eine Bestätigung für die nachstehend angesprochenen Fragen der parallelen Geltung der Rechte und des Vorrangs des Gemeinschaftsrechts im Konfliktfall sowie der unter Rz. 692 ff. angesprochenen Möglichkeit der parallelen Verfahren zu sehen.

3 ABl. EG Nr. L 1 v. 4.1.2003.

4 Zu den weiteren Neuerungen durch die VO Nr. 1/2003 s. Rz. 758 ff., 1088 ff.

weisen geeignet sind, den zwischenstaatlichen Handel zu beeinträchtigen. Insofern unterliegen die Staaten einem Anwendungszwang.

Art. 3 Abs. 2 VO Nr. 1/2003 normiert allerdings ausdrücklich die Zulässigkeit **der parallelen Anwendung** der einzelstaatlichen Wettbewerbsrechte neben den Regelungen der Art. 81, 82 EG (heute Art. 101, 102 AEUV). Insofern kodifiziert die Verordnung den Grundsatz der parallelen Anwendbarkeit beider Rechtsordnungen, der bereits vor Inkrafttreten der VO Nr. 1/2003 galt[1]. Zusammen mit dem Grundsatz des Anwendungszwangs bedeutet dies, dass die nationalen Regelungen angewandt werden können, die Art. 101, 102 AEUV (ex-Art. 81, 82 EG) jedoch angewandt werden müssen, soweit deren Anwendungsbereich eröffnet ist[2]. 692

Auch der deutsche Gesetzgeber hat sich in der 7. GWB-Novelle dafür entschieden, das System der parallelen Anwendbarkeit beider Rechtsordnungen beizubehalten (§ 22 Abs. 1 GWB). 693

Möglich wäre dagegen auch gewesen, im Konfliktfall lediglich europäisches Recht zur Anwendung kommen zu lassen. Das System einer parallelen Anwendung beider Rechtsordnungen hat jedoch den Vorteil, dass in Fällen, in denen zweifelhaft ist, ob das europäische Recht zur Anwendung kommt, eine behördliche Entscheidung rechtmäßig ist, solange deutsches und europäisches Kartellrecht das gleiche Ergebnis vorsehen[3]. Zudem werden hierdurch Abgrenzungsprobleme vermieden, die sich bei der Frage nach der zwischenstaatlichen Auswirkung des Verhaltens ergeben[4]. § 22 Abs. 1 GWB bestätigt den in Art. 3 Abs. 1 VO Nr. 1/2003 normierten Zwang zur Anwendung des europäischen Kartellrechts im Konfliktfall. Damit kommt den deutschen Kartellbehörden ein Wahlrecht im Falle des Konfliktes zu. Sie können entweder ausschließlich europäisches Recht oder daneben auch das deutsche Recht anwenden. Das europäische Recht muss jedoch zwingend im Falle zwischenstaatlicher Sachverhalte zur Anwendung kommen[5].

Sollte im Konfliktfall ein bestimmtes Vorgehen des Lizenzgebers gemeinschaftsrechtlich verboten, nach deutschem Recht aber erlaubt sein, so findet Gemeinschaftsrecht Anwendung[6]. Dies ist nicht ausdrücklich in Art. 3 Abs. 2 VO Nr. 1/2003 geregelt, folgt jedoch aus dem Anwendungszwang 694

1 S. hierzu *EuGH* v. 13.2.1968, WuW/E EWG/MUV 201, 205 – Farbenhersteller; *EuGH* v. 10.7.1980, WuW/E EWG/MUV 490, 491 – Wettbewerb-Parfums-Guerlain.
2 Vgl. hierzu eingehend *Dalheimer* in Dalheimer/Feddersen/Miersch, VO Nr. 1/2003, Art. 3 Rz. 3 f.; *Bechtold/Bosch/Brinker/Hirsbrunner*, EG-Kartellrecht, Einl. Rz. 25.
3 BT-Drucks. 15/3640, S. 22.
4 Vgl. *Kahlenberg/Haellmigk*, BB 2005, 1509, 1510.
5 BT-Drucks. 15/3640, S. 46.
6 Vgl. hierzu auch *Immenga/Mestmäcker*, GWB, Einl. Rz. 15 ff., 88.

und dem Anwendungsvorrang des Gemeinschaftsrechts[1] und entspricht der gefestigten europäischen Rechtsprechung. Der *EuGH*[2], dem sich auch das Schrifttum[3] angeschlossen hat, klärte die Frage, wie ein solcher, den **Anwendungsvorrang des Gemeinschaftsrechts** auslösender Konfliktfall zu regeln ist, bereits vor Inkrafttreten der VO Nr. 1/2003: Es könne mit Rücksicht auf die allgemeine Zielsetzung des EG-Vertrages nur dann eine gleichzeitige Anwendung des nationalen Rechts erfolgen, wenn dieses „die einheitliche Anwendung des Gemeinschaftskartellrechts und die volle Wirkung der zu seinem Vollzug ergangenen Maßnahmen auf dem gesamten Gemeinsamen Markt nicht beeinträchtigt". Einzelnen, in eine andere Richtung gehenden Vorstößen der deutschen Rechtsprechung[4] hat das *BVerfG* in seiner „Solange II"-Entscheidung vom 22.10.1986[5] und in der Entscheidung vom 8.4.1987[6] die Grundlage entzogen, indem es unter Berufung auf Art. 24 Abs. 1 GG Rechtsakten des Gemeinschaftsrechts für den Fall des Widerspruchs zu späterem oder früherem innerstaatlichen Gesetzesrecht auch vor deutschen Gerichten den Anwendungsvorrang einräumte. Die Geltung dieses Grundsatzes wird durch **§ 22 Abs. 2 Satz 3 GWB** ausdrücklich anerkannt. Dies gilt im Übrigen auch für staatliches Handeln von Behörden oder durch den Gesetzgeber, das wettbewerbsbeschränkendes Verhalten von Unternehmen zu erlauben sucht[7].

695 Ein bedeutender Fall des Konflikts zwischen Gemeinschafts- und nationalem Recht war nach früherem Recht die sog. **Einzelfreistellung** von wettbewerbsbeschränkenden Vereinbarungen seitens der EU-Kommission nach **Art. 101 Abs. 3 AEUV** (ex-Art. 81 Abs. 3 EG), wenn diese Vereinbarungen nach deutschem Recht verboten bzw. verbietbar waren. Für diese Sachverhalte hatte der *EuGH* den Vorrang des Gemeinschaftsrechts angenommen[8], womit bereits klargestellt war, dass **auch Freistellungsentscheidungen nach Gemeinschaftsrecht der Anwendung nationaler Kartellverbote vorgingen**.

---

1 *Nordemann* in Loewenheim/Meessen/Riesenkampff, Vor §§ 1–3 GWB Rz. 2 u. § 1 GWB Rz. 5; *Dallheimer* in Dallheimer/Feddersen/Miersch, VO Nr. 1/2003, Art. 3 Rz. 19.

2 *EuGH* v. 13.2.1968, WuW/E EWG/MUV 201, 204 – Farbenhersteller.

3 Vgl. *Bunte*, WuW 1989, 7 ff.; *Zuleeg*, EuR 1990, 123 ff.

4 *KG* v. 1.12.1976, WuW/E OLG 1745, 1746 – Sachs; *BGH* v. 1.7.1976, WuW/E BGH 1455, 1458 – BMW-Direkthändler; *BGH* v. 21.2.1978, WuW/E BGH 1501, 1502 – KFZ-Kupplungen.

5 *BVerfG* v. 22.10.1986, BVerfGE 73, 339 ff. – Solange II.

6 *BVerfG* v. 8.4.1987, BVerfGE 75, 223, 244.

7 *EuGH* v. 1.10.1987, WuW/E EWG/MUV 803, 805 – Reisevermittler; *EuGH* v. 11.4.1989, WuW/E EWG/MUV 841, 847 – Flugtarife.

8 *EuGH* v. 13.2.1968, WuW/E EWG/MUV 201, 204 – Farbenhersteller; dagegen aber *EuGH* v. 13.2.1969 – Rs. 14/68, Slg. 1969 – Walt Wilhelm; *EuGH* v. 28.2.1991 – Rs. C-234/89, Slg. 1991, I-935 – Delimitis.

Im Zuge der Reform des europäischen Kartellrechts ist das **Einzelfreistellungsverfahren zum 1.5.2004 entfallen**. Der durch den *EuGH* aufgestellte Grundsatz des Anwendungsvorrangs europäischen Kartellrechts gilt jedoch nicht nur fort, sondern wurde zudem erweitert. Art. 3 Abs. 2 Satz 1 VO Nr. 1/2003 legt ausdrücklich fest, dass der Vorrang des Kartellrechts insgesamt auch dort gilt, wo nationales Recht strengere Regelungen als das europäische vorsieht. Dem entspricht auch § 22 Abs. 2 Satz 1 GWB. Demnach dürfen bei Sachverhalten mit Auswirkungen auf den Gemeinsamen Markt die Vereinbarungen, die von dem Verbot des Art. 101 Abs. 1 AEUV (ex-Art. 81 Abs. 1 EG) nicht erfasst werden oder von diesem nach Art. 101 Abs. 3 AEUV (ex-Art. 81 Abs. 3 EG) freigestellt sind, nicht nach dem GWB für unzulässig erklärt werden[1]. In jedem Konfliktfall mit dem durch Art. 101 AEUV (ex-Art. 81 EG) vorgeschriebenen Ergebnis geht also die europakartellrechtliche Regelung grundsätzlich vor[2]. 696

Denkbar sind somit gerade durch die Novellierung des GWB Fälle, in denen beide Rechtsordnungen inhaltlich **parallele Regelungen** treffen. Dann kann von einem Anwendungsvorrang des Gemeinschaftsrechts genauso wenig gesprochen werden wie in dem Fall, in dem das **Gemeinschaftsrecht keine Regelung enthält** oder nicht anwendbar ist. Hieraus ist nicht zu folgern, dass eine Wettbewerbsbeschränkung auch nach nationalem Recht zulässig sein soll, vielmehr **greift das nationale Recht** ein mit der Folge, dass die deutschen Behörden oder Gerichte den zu überprüfenden Vertrag bzw. die zu untersuchende Regelung für unwirksam nach §§ 1 ff. GWB erklären können[3]. Die parallele Anwendbarkeit der beiden Rechtsordnungen führt u.U. auch zu parallelen Verfahren bezogen auf den räumlichen Anwendungsbereich des Gesetzes. 697

Gemäß § 22 Abs. 3 GWB bzw. Art. 3 Abs. 1 Satz 2 VO Nr. 1/2003 ist im Falle grenzüberschreitender Sachverhalte **Art. 102 AEUV** grundsätzlich neben dem deutschen Recht anzuwenden. Gemäß Art. 3 Abs. 2 Satz 1 VO Nr. 1/2003 bzw. § 22 Abs. 2 Satz 2 GWB gilt der Anwendungsvorrang, in Ausnahme zur eben dargelegten Regel, dagegen nicht hinsichtlich strengerer nationaler Vorschriften. Ist eine Vereinbarung gemessen an Art. 102 AEUV als zulässig zu erachten, nach nationalem Recht jedoch verboten, so muss Art. 102 AEUV nicht vorrangig seitens der nationalen Behörden angewandt werden. Dagegen ist Art. 102 AEUV vorrangig, wenn eine Vereinbarung nach nationalem Recht als zulässig, nach Art. 102 AEUV jedoch als unzulässig bewertet wird. Somit wird die Anwendbarkeit der strengeren 698

1 Vgl. zum Vorrang des Gemeinschaftsrechts vor und nach der Reform *Röhling*, GRUR 2003, 1019, 1021 f.

2 Zur Frage, ob Art. 81 EG auch Vorrang genießt, wenn die Vereinbarung bereits nicht unter Abs. 1 fällt, bejahend *Dallheimer* in Dallheimer/Feddersen/Miersch, VO Nr. 1/2003, Rz. 20 f.

3 *EuGH* v. 10.7.1980, WuW/E EWG/MUV 490, 491 – Wettbewerb-Parfums-Guerlain; offengelassen durch *BGH* v. 2.2.1999, WuW/E DE-R 261 ff. – Coverdisk.

Regelungen der §§ 19 Abs. 1 und 20, 21 GWB bei zwischenstaatlichem Bezug grundsätzlich nicht durch das Gemeinschaftsrecht tangiert[1].

699 Auf Sachverhalte, die **keine Zwischenstaatlichkeit** aufweisen, ist grundsätzlich **nur deutsches Recht anwendbar**. Allerdings wirken auch hier die europäischen Vorgaben insoweit indirekt, als die 7. GWB-Novelle eine Vermeidung der unterschiedlichen Behandlung von In- und Auslandssachverhalten zulasten von Kleinunternehmen bezweckt[2]. Zudem wäre es unsachgemäß, ein und dieselbe Vorschrift des GWB abhängig davon, ob die fragliche Verhaltensweise dazu geeignet ist, zwischenstaatliches Handeln zu beeinträchtigen, unterschiedlich auszulegen[3]. Daher sind insgesamt bei der Auslegung der §§ 1, 2 GWB die EG-rechtlichen Vorgaben maßgebend zu beachten.

700–704 Frei.

3. Primäres Gemeinschaftsrecht (Art. 101, 102 AEUV [ex-Art. 81, 82 EG] und Art. 53, 54 EWRA)

a) Allgemeines

705 Aus dem primären Gemeinschaftsrecht, d.h. den europäischen Grundverträgen ist heute im Bereich des Lizenzvertragsrecht insbesondere der **Vertrag über die Arbeitsweise der Europäischen Union (AEUV)** zu berücksichtigen. Er geht zurück auf den Vertrag zur Gründung der Europäischen Gemeinschaft (EG), der mit Wirkung zum 1.12.2009 durch den Vertrag von Lissabon[4] geändert (s. zu Umnummerierung Art. 5 und Anh. Vertrag von Lissabon) und umbenannt (s. Art. 2 Abs. 1 Vertrag von Lissabon) worden ist.

706 **Art. 34 ff. AEUV** (ex-Art. 28 ff. EG) befassen sich mit der Beseitigung der mengenmäßigen Beschränkungen zwischen den Mitgliedstaaten (zum freien Dienstleistungsverkehr vgl. Art. 56 ff. AEUV [ex-Art. 49 ff. EG]). Nach Art. 345 AEUV (ex-Art. 295 EG) bleiben aber die Eigentumsordnungen in den Mitgliedstaaten unberührt. Dem wiederum entspricht **Art. 36 AEUV** (ex-Art. 30 EG), wonach mengenmäßige Beschränkungen, die auf nationalem gewerblichen oder kommerziellen Eigentum beruhen, jedenfalls dann unberührt bleiben, wenn derlei Beschränkungen „weder ein Mittel zur

---

1 Vgl. *Loewenheim* in Loewenheim/Meessen/Riesenkampff, § 22 GWB Rz. 14; *Karl/Reichelt*, DB 2005, 1436, 1437; *Dalheimer* in Dalheimer/Feddersen/Miersch, VO Nr. 1/2003, Art. 3 Rz. 6; *Bechtold/Bosch/Brinker/Hirsbrunner*, EG-Kartellrecht Kommentar, Einl. Rz. 26.

2 BT-Drucks. 15/346, S. 22, 32.

3 Vgl. auch *Karl/Reichelt*, DB 2005, 1436 f.

4 Vertrag von Lissabon zur Änderung des Vertrags über die Europäische Union und des Vertrags zur Gründung der Europäischen Gemeinschaft, ABl. Nr. C 306 v. 17.12.2007.

willkürlichen Diskriminierung noch eine verschleierte Beschränkung des Handels zwischen den Mitgliedstaaten darstellen"[1].

Gewerbliche Schutzrechte sind vom *EuGH* ausdrücklich als **Eigentum i.S. des** Art. 30 EG (heute **Art. 36 AEUV**) angesehen worden[2]. Zu der Frage, ob dies für **Know-how** ebenfalls gilt, hat der *EuGH* noch nicht Stellung beziehen können[3] (s. auch Rz. 2576). 707

Bezogen auf für den Lizenzvertrag relevante kartellrechtliche Fragen findet sich primäres Gemeinschaftsrecht in **Art. 101, 102 AEUV** (ex-Art. 81, 82 EG). Während das deutsche Kartellrecht vor der 7. Novellierung noch generell zwischen vertikalen und horizontalen Verträgen und Bindungen unterschied (für Lizenzverträge vgl. §§ 1 ff. GWB a.F. einerseits, §§ 14, 16, 17, 18 GWB a.F. andererseits), gilt seit jeher das in Art. 101, 102 AEUV (ex-Art. 81, 82 EG) enthaltene allgemeine Verbot wettbewerbsbeschränkender Vereinbarungen gleichermaßen für beide Arten der Bindung. Die Reform des deutschen Kartellrecht hat die Regelungen des GWB an diese Vorgabe angeglichen. § 1 GWB umfasst seitdem ebenfalls vertikale sowie horizontale Vereinbarungen (vgl. Rz. 1053). Die Regelungen der §§ 14–18 GWB a.F. wurden in Folge dessen gestrichen. 708

Art. 101, 102 AEUV (ex-Art. 81, 82 EG) bedürfen aufgrund ihrer allgemeinen generalklauselartigen Formulierung der weiteren Ausführung. Wesentliche Bedeutung kommt dabei der Kartellverfahrensverordnung (EG) Nr. 1/2003 zu, die die Durchführungsverordnung (EG) Nr. 17/62 abgelöst hat. Neben der bereits angesprochenen Bestimmung zum Verhältnis von europäischem zum nationalen Recht (Rz. 690 ff.) wird Art. 101 Abs. 3 AEUV (ex-Art. 81 Abs. 3 EG) als unmittelbar anwendbar erklärt, die Kartellrechtsanwendung dezentralisiert und das Verfahrensrecht reformiert (vgl. hierzu Rz. 760 ff., 1088 ff.). 709

Die Kartellverfahrensverordnung VO Nr. 1/2003 regelt weiterhin die Zuständigkeit für die Verfolgung von Verstößen gegen Art. 81, 82 EG (heute Art. 101, 102 AEUV). Art. 4 VO Nr. 1/2003 bestimmt zunächst die **Zuständigkeit der Kommission**, die zur Anwendung der Art. 81, 82 EG (heute Art. 101, 102 AEUV) über die in dieser Verordnung vorgesehenen Befugnisse verfügt. **Nationale Behörden** sind ausdrücklich gemäß Art. 5 VO Nr. 1/2003 710

---

1 Hierneben stellt sich selbstverständlich das Problem der EU-weiten Erschöpfung bei erlaubtem freien Parallelimport-/export (vgl. etwa *EuGH* v. 18.2.1971, WRP 1971, 239, 240 – Sirena; *EuGH* v. 8.6.1971, RIW/AWD 1971, 339, 340 f. – Deutsche Grammophon GmbH/Metro; *EuGH* v. 3.7.1971, GRUR Int. 1974, 338, 339 – HAG; *EuGH* v. 14.7.1981, GRUR Int. 1982, 47, 48 – Moduretik; *EuGH* v. 6.11.1982, GRUR Int. 1983, 175, 176 – Le Boucher II).

2 *EuGH* v. 29.2.1968, GRUR Int. 1968, 99 – Parke Davis.

3 Für den Praktiker hat diese Frage allerdings aufgrund der TT-GVO 2004 (vgl. Rz. 773 ff.) kaum noch Bedeutung, da die kartellrechtlichen Konsequenzen bestimmter Vertragsgestaltungen erfasst und mithin das Know-how in kartellrechtlicher Hinsicht als verkehrsfähiger „Gegenstand" anerkannt ist.

für die Anwendung von Art. 81, 82 EG (heute Art. 101, 102 AEUV) in Einzelfällen zuständig. Eine Zuständigkeit des Bundeskartellamts (BKartA) setzt allerdings voraus, dass im Einzelfall eine hinreichende Inlandsbeziehung besteht, und dass sich aus der konkurrierenden Kompetenz der Kommission keine Einschränkungen ergeben[1].

Leitet die **Kommission ein Verfahren** nach Art. 11 Abs. 6 VO Nr. 1/2003 **ein, entfällt** jedoch die **Zuständigkeit der Wettbewerbsbehörden der Mitgliedstaaten** für die Anwendung der Art. 81, 82 EG (heute Art. 101, 102 AEUV). Die Kommission ist selbst dann ermächtigt, ein Verfahren einzuleiten, wenn eine nationale Behörde bereits tätig ist. In diesem Fall ist die jeweilige nationale Behörde jedoch zunächst zu konsultieren (Art. 11 Abs. 6 Satz 2 VO Nr. 1/2003). Insofern ist die Kommission nach wie vor befugt, jedes Verfahren an sich zu ziehen.

711 Allerdings wurde die Kompetenz nationaler Behörden durch die VO Nr. 1/2003 erweitert und die Zuständigkeit der Kommission dezentralisiert[2]. Die Prüfungskompetenz der nationalen Behörden hatte bereits im Zuge der Änderung der VO EG Nr. 17/62 durch die VO EG Nr. 1216/99 vom 10.6.1999[3] eine Erweiterung erfahren. So ist eine **Verlagerung der Kompetenz zur Entziehung der Gruppenfreistellung** auf die nationalen Behörden für die Fälle erfolgt, dass die wettbewerbsbeschränkende Wirkung im Gebiet eines Mitgliedstaates oder in einem Teilgebiet dieses Mitgliedstaates auftritt, das alle Merkmale eines gesonderten Marktes aufweist. Die nationale Behörde kann dann nicht nur von Amts wegen tätig werden; sie muss es auch auf Ersuchen der Kommission oder „auf Ersuchen von natürlichen oder juristischen Personen, die ein berechtigtes Interesse geltend machen".

712 Die VO Nr. 1/2003 erweitert diese Zuständigkeit abermals, indem sie der Kommission die bislang geltende ausschließliche **Zuständigkeit für die Anwendung von** Art. 81 Abs. 3 EG (heute **Art. 101 Abs. 3 AEUV**) entzieht und den Mitgliedstaaten die Kompetenz zur Anwendung des Art. 81 Abs. 3 EG einräumt.

Die Zuständigkeitsänderung entspricht der unmittelbaren Anwendbarkeit des Art. 101 Abs. 3 AEUV (ex-Art. 81 Abs. 3 EG; vgl. Art. 1 VO Nr. 1/2003) sowie der Übernahme des europäischen Systems des Verbots mit Legalausnahme im deutschen Recht[4]. Ähnlich wie bei der Anwendung materiellen nationalen und europäischen Rechts entsteht damit auch hinsichtlich der Zuständigkeit von Behörden ein System paralleler Kompetenz. So ist die Kommission grundsätzlich zwar umfassend zuständig für jegliche Verstöße

1 *BGH* v. 7.10.1997, WRP 1998, 517, 518 – Selektive Exklusivität.
2 Vgl. *Meessen* in Loewenheim/Meessen/Riesenkampff, Einführung Rz. 94 ff.; *Weitbrecht*, EuZW 2003, 69, 70.
3 ABl. EG Nr. L 148 v. 15.6.1999, S. 5.
4 Vgl. *Röhling*, GRUR 2003, 1019, 1022 f.

gegen Art. 101, 102 AEUV (ex-Art. 81, 82 EG), daneben können jedoch auch nationale Wettbewerbsbehörden zuständig sein, solange kein Verfahren nach Art. 11 Abs. 6 VO Nr. 1/2003 eingeleitet wurde. Bezweckt wird durch die parallele Zuständigkeit die Schaffung eines Netzes von Wettbewerbsbehörden, das zu einer sinnvollen Arbeitsteilung führen soll[1]. Um Überschneidungen zu vermeiden, sind hinsichtlich der Zuständigkeit der Kommission und der verschiedenen Mitgliedstaaten allgemeine Grundsätze zur Fallverteilung aufgestellt worden[2]. Demnach ist jeweils diejenige Behörde zuständig, die am besten geeignet erscheint, vorausgesetzt, deren territoriale Zuständigkeit ist gegeben[3].

Im Zuge der Umsetzung dieser europakartellrechtlichen Vorgaben ist auch im deutschen Recht eine Ausdehnung der Befugnisse der deutschen Kartellbehörden durch die 7. GWB-Novelle erfolgt (Rz. 1049 ff.). 713

Die Wettbewerbsregeln des AEUV entfalten grundsätzlich nach Art. 52 des Vertrags über die Europäische Union (EUV[4]) (ex-Art. 299 Abs. 1 EG) Wirkung in den Mitgliedstaaten. Zuletzt wurde die Europäische Union durch den Beitritt der Republik Bulgarien und Rumäniens zum 1.1.2007 auf 27 Mitglieder erweitert. Zum wesentlichen Kern der Aufnahmebedingungen gehört die Übernahme der Anwendung des europäischen Primär- sowie Sekundärrechts. 714

Mit Abschluss des Abkommens über den europäischen Wirtschaftsraum **(EWRA)** ist der **Geltungsbereich** der Regelungen des europäischen Kartellrechts auf Norwegen, Island und Liechtenstein ausgeweitet worden. Die Regelungen der Art. 53 f. EWRA entsprechen inhaltlich den Regelungen der Art. 101 f. AEUV (ex-Art. 81 f. EG)[5].

Frei. 715

b) Regelungsinhalt des Art. 101 AEUV (ex-Art. 81 EG)

Nach **Art. 101 Abs. 1 AEUV** (ex-Art. 81 Abs. 1 EG) mit dem Gemeinsamen Markt unvereinbar, **verboten** und nach Art. 101 Abs. 2 AEUV (ex-Art. 81 Abs. 2 EG) nichtig sind alle Vereinbarungen zwischen Unternehmen, Be- 716

---

1 Vgl. EGr. 15 VO Nr. 1/2003; *Dalheimer* in Dalheimer/Feddersen/Miersch, VO Nr. 1/2003, vor Art. 11 Rz. 5 f.; *Meessen* in Loewenheim/Meessen/Riesenkampff, Einführung Rz. 95; *Ost* in Loewenheim/Meessen/Riesenkampff, Einf. VerfVO Rz. 8 ff.

2 Bekanntmachung der Kommission über die Zusammenarbeit innerhalb des Netzes der Wettbewerbsbehörden v. 27.4.2004, ABl. EG Nr. C 101 v. 27.4.2004, S. 43, insbes. Rz. 5–15.

3 Vgl. eingehend *Dalheimer* in Dalheimer/Feddersen/Miersch, VO Nr. 1/2003, vor Art. 11 Rz. 9 ff.; *Ost* in Loewenheim/Meessen/Riesenkampff, Einf. VerfvO Rz. 16 ff.

4 Konsolidierte Fassung s. ABl. EU Nr. C 83 v. 30.3.2010, S. 1 ff.

5 Eingehend *Meessen* in Loewenheim, Meessen, Riesenkampff, IntKartR Rz. 20 ff., 23.

schlüsse von Unternehmensvereinigungen und aufeinander abgestimmte Verhaltensweisen, welche den Handel zwischen Mitgliedstaaten zu beeinträchtigen geeignet sind und eine **Verhinderung, Einschränkung oder Verfälschung des Wettbewerbs** innerhalb des gemeinsamen Marktes **bezwecken oder bewirken**.

In seiner Entscheidung zu den verbundenen Rechtssachen „Football Association Premier League" und „Karen Murphy"[1] hat sich der *EuGH* jüngst ausführlich zur Prüfung des wettbewerbswidrigen Zwecks einer Vereinbarung geäußert. Aus der alternativen Verknüpfung zwischen den Begriffen „Zweck" und „Wirkung" folgt nach seiner Auffassung, dass zunächst nach dem Vorliegen eines einzigen Kriteriums zu suchen ist, hier dem **Zweck der Vereinbarung**. Erst im Anschluss, wenn also die Prüfung des Inhalts der Vereinbarung keine hinreichende Beeinträchtigung des Wettbewerbs ergeben hat, sind ihre **Auswirkungen** zu untersuchen, wobei für ein Verbot solche Voraussetzungen vorliegen müssen, aus denen sich insgesamt ergibt, dass der Wettbewerb tatsächlich spürbar verhindert, eingeschränkt oder verfälscht worden ist[2]. Bei der Prüfung des eventuell wettbewerbswidrigen Zwecks einer Vereinbarung ist insbesondere auf deren Inhalt und die mit ihr verfolgten Ziele sowie auf den wirtschaftlichen und rechtlichen Zusammenhang, in dem sie steht, abzustellen[3].

Der *EuGH* wies darauf hin, dass bei Lizenzverträgen über Rechte des geistigen Eigentums der Umstand allein, dass der Rechtsinhaber einem einzigen Lizenznehmer das **ausschließliche Recht eingeräumt** hat, einen Schutzgegenstand von einem Mitgliedstaat aus über Rundfunk auszustrahlen und somit dessen Ausstrahlung durch Dritte in einem bestimmten Zeitraum zu verbieten, **nicht für die Feststellung ausreicht**, dass eine solche **Vereinbarung einen wettbewerbswidrigen Zweck** hat[4]. In Bezug auf die **räumlichen Beschränkungen** der Ausübung eines solchen Rechts sei jedoch zu beachten, dass eine Vereinbarung, die darauf abzielen würde, die **Abschot-**

---

1 *EuGH* v. 4.10.2011, GRUR 2012, 156 – Football Association Premier League Ltd u.a./QC Leisure u.a (C 403/08) u. Karen Murphy/Media Protection Services Ltd (C-429/08). S. dazu auch *Bernhard/Nemeczek*, GRUR Int. 2012, 293 ff.; *Heermann*, WRP 2012, 371 ff.; *Kreile*, ZUM 2012, 177 ff.; *Christmann*, ZUM 2012, 187 ff.; *Vedder*, ZUM 2012, 190 ff.; *Trauschel*, ZUM 2012, 194 ff.; *Peifer*, LMK 2011, 324713. S. in diesem Zusammenhang auch *Ratjen/Langer*, ZUM, 2012, 299 ff. zur „räumliche[n] Aufspaltung von Filmlizenzen am Beispiel der Vergabe der Medienrechte der Deutschen Fußball Liga".

2 *EuGH* v. 4.10.2011, GRUR 2012, 156, Rz. 135 – Football Association Premier League Ltd u.a./QC Leisure u.a (C 403/08) u. Karen Murphy/Media Protection Services Ltd (C-429/08).

3 *EuGH* v. 4.10.2011, GRUR 2012, 156, Rz. 136 – Football Association Premier League Ltd u.a./QC Leisure u.a (C 403/08) u. Karen Murphy/Media Protection Services Ltd (C-429/08).

4 *EuGH* v. 4.10.2011, GRUR 2012, 156, Rz. 137 – Football Association Premier League Ltd u.a./QC Leisure u.a (C 403/08) u. Karen Murphy/Media Protection Services Ltd (C-429/08).

tung nationaler Märkte wiederherzustellen, geeignet sein könnte, dem Ziel des Vertrags entgegenzuwirken, die Integration dieser Märkte durch die Schaffung eines einheitlichen Marktes zu verwirklichen. Demzufolge stellen Verträge, durch die nationale Märkte nach den nationalen Grenzen abgeschottet werden sollen oder durch die die gegenseitige Durchdringung der nationalen Märkte erschwert wird, grundsätzlich Vereinbarungen dar, die eine Beschränkung des Wettbewerbs i.S. des Art. 101 Abs. 1 AEUV bezwecken[1]. Mithin entschied der *EuGH*, dass eine ausschließliche Lizenz zwischen einem Inhaber von Rechten des geistigen Eigentums und einem Sendeunternehmen eine nach Art. 101 AEUV verbotene Wettbewerbsbeschränkung darstellt, sofern dem Sendeunternehmen dadurch die Pflicht auferlegt wird, keine den Zugang zu den Schutzgegenständen dieses Rechtsinhabers ermöglichenden Decodiervorrichtungen zum Zweck ihrer Verwendung außerhalb des vom Lizenzvertrag erfassten Gebiets zur Verfügung zu stellen[2].

Art. 101 Abs. 1 AEUV (ex-Art. 81 Abs. 1 EG) enthält außerdem eine Aufzählung von **Regelbeispielen**, nach der verbotene Wettbewerbsbeschränkungen insbesondere darstellen: 717

- die unmittelbare oder mittelbare Festsetzung von Preisen oder Geschäftsbedingungen (lit. a),
- die Einschränkung oder Kontrolle der Erzeugung, des Absatzes, der technischen Entwicklung oder der Investitionen (lit. b),
- die Aufteilung der Märkte und Versorgungsquellen (lit. c),
- die Ungleichbehandlung von Handelspartnern bei gleichwertigen Leistungen zu deren Wettbewerbsnachteil (lit. d),
- die an den Abschluss des Vertrages geknüpfte Bedingung, dass die Vertragspartner zusätzliche Leistungen annehmen, die weder sachgerecht noch nach Handelsbrauch in Beziehung zum Vertragsgegenstand stehen (lit. e).

Normadressat des Art. 101 AEUV (ex-Art. 81 EG) sind Unternehmen und Unternehmensvereinigungen. Der **Begriff des Unternehmens** orientiert sich funktional am Zweck der Wettbewerbsregeln und ist demnach **weit auszulegen**[3]. Auf die Rechtsform des Unternehmens kommt es nicht an. 718

---

1 *EuGH* v. 4.10.2011, GRUR 2012, 156, Rz. 139 – Football Association Premier League Ltd u.a./QC Leisure u.a (C 403/08) u. Karen Murphy/Media Protection Services Ltd (C-429/08).

2 *EuGH* v. 4.10.2011, GRUR 2012, 156, Rz. 146 – Football Association Premier League Ltd u.a./QC Leisure u.a (C 403/08) u. Karen Murphy/Media Protection Services Ltd (C-429/08).

3 Eingehend hierzu *Roth/Ackermann* in FK KartellR, EG, Art. 81 Abs. 1 Grundfragen Rz. 30 ff.; *Gippini-Fournier/Mojzesowicz* in Loewenheim/Meessen/Riesenkampff, Art. 81 Abs. 1 EGRz. 36 ff.

Es genügt bereits die unabhängige Ausübung einer wirtschaftlichen Tätigkeit[1].

Auch die **Mittel der Wettbewerbsbeschränkungen** sind weit auszulegen. So kann eine **Vereinbarung** i.S. des Art. 101 AEUV (ex-Art. 81 EG) in jeder Willensübereinstimmung zwischen mindestens zwei Personen gesehen werden, durch die das Marktverhalten wenigstens einer Partei geregelt wird[2]. Das Vorliegen einer konkludenten Vereinbarung kann auch aus dem Verhalten der beteiligten Unternehmen abgeleitet werden, nicht jedoch aus der einseitigen Wettbewerbspolitik einer der Parteien[3].

719 Entscheidend für eine Anwendbarkeit des Art. 101 AEUV (ex-Art. 81 EG) ist, dass das Verhalten der Vertragspartner geeignet ist, den Wettbewerb innerhalb der europäischen Grenzen zu beeinträchtigen, also den innergemeinschaftlichen Handel unmittelbar oder mittelbar, tatsächlich oder potentiell, zu behindern[4] (vgl. auch § 130 Abs. 2 GWB). Dies ist immer dann der Fall, wenn die Vereinbarung über einen bestimmten nationalen Markt hinaus **zwischenstaatliche Auswirkungen** hat (Abschotten nationaler Märkte, Beeinflussung der Handelsströme zwischen den Mitgliedstaaten z.B. durch Exportverbote, mengenmäßige Beschränkungen bei Erzeugung oder Vertrieb etc.).

An den **Nachweis** der zwischenstaatlichen Auswirkungen sind qualifizierte Anforderungen zu stellen. Die im Ausland veranlasste Wettbewerbsbeschränkung muss aufgrund konkreter Umstände geeignet sein, den freien Wettbewerb in dem betroffenen Mitgliedstaat der EU unmittelbar und spürbar zu beeinträchtigen. Dabei kommt es nicht darauf an, ob der Schwerpunkt der Wettbewerbsbeschränkung außerhalb der Europäischen Union liegt.

720 Der Begriff **„Handel"** meint allgemein den gesamten Wirtschaftsverkehr[5]. Festzustellen ist dies auf dem Markt, auf dem die Wirkungen der Verein-

---

1 Wiedemann/*Wiedemann*, Hdb. KartellR, § 4 Rz. 1 m.w.N.; *Gippini-Fournier/Mojzesowicz* in Loewenheim/Meessen/Riesenkampff, Art. 81 Abs. 1 Rz. 40; Bechtold/Bosch/Brinker/Hirsbrunner, EG-Kartellrecht Kommentar, Art. 81 Rz. 8, 9. Ob die Tätigkeit einer privatrechtlichen Einrichtung auf dem Gebiet der Erstellung technischer Normen und der Zertifizierung von Erzeugnissen anhand dieser technischen Normen als „wirtschaftlich" anzusehen ist, wenn die Einrichtung durch Unternehmen beherrscht wird, ist derzeit Teilfrage eines Vorabentscheidungsverfahrens beim *EuGH* (s. *OLG Düsseldorf* v. 30.3.2011, GRUR-RR 2011, 428).

2 *EuGH* v. 15.7.1970, Slg. 1970, 769, 803 – Boehringer/Kommission; *EuGH* v. 25.10.1983, Slg. 1983, 3151, 3195 – Telefunken/Kommission; *Emmerich* in Immenga/Mestmäcker, EU-Wettbewerbsrecht, Teil 1, Art. 101 Abs. 1 AEUV Rz. 55; *Lette*, WRP 2011, 710, 713 ff.

3 *EuGH* v. 6.1.2004, WuW 2004, 327 = BB 2004, 286 (mit Anm. *Klees*) – Adalat.

4 *EuGH* v. 13.12.1990, GRUR Int. 1991, 215, 216 – Pall Corp./P. J. Dahlhausen; *EuGH* v. 24.11.1993, GRUR 1994, 296 – Keck.

5 *EuGH* v. 13.12.1990, GRUR Int. 1991, 215, 216 – Pall Corp./P. J. Dahlhausen; *EuGH* v. 24.11.1993, GRUR 1994, 296 – Keck; s. auch die Konkretisierung durch

barung eintreten. Keine Anwendung findet Art. 101 AEUV (ex-Art. 81 EG) demnach dann, wenn die Unternehmen keine Handlungsfreiheiten haben, die beschränkt werden können. Ein solcher Fall ist etwa bei **konzerninternen Sachverhalten** gegeben[1].

Geschützt wird neben dem aktuellen auch der **potentielle Wettbewerb**, von dessen Vorliegen auszugehen ist, wenn unter Zugrundelegung aller relevanten Umstände mit der Aufnahme des Wettbewerbs in absehbarer Zeit mit hinreichender Wahrscheinlichkeit zu rechnen ist[2]. 721

Liegt bei alleiniger Betrachtung einer Lizenzvertragsklausel für sich genommen dem Grunde nach keine zwischenstaatliche Handelsbeeinträchtigung i.S. des Art. 101 Abs. 1 AEUV (ex-Art. 81 Abs. 1 EG) vor, so kann sich nach der sog. **Bündeltheorie** des *EuGH* dennoch ein Verstoß gegen Art. 101 Abs. 1 AEUV (ex-Art. 81 Abs. 1 EG) ergeben. Dies kommt etwa dann in Betracht, wenn der fragliche **Vertrag zu einer Vielzahl gleichartiger Vereinbarungen gehört**, die zusammengenommen eine Abschottung z.B. des deutschen Marktes gegenüber Anbietern aus anderen Mitgliedstaaten bewirken[3]. 722

Nach **Art. 101 Abs. 3 AEUV** (ex-Art. 81 Abs. 3 EG) sind Vereinbarungen **vom Verbot** des Art. 101 Abs. 1 AEUV (ex-Art. 81 Abs. 1 EG) grundsätzlich **ausgenommen**, die 723

- unter angemessener Beteiligung der Verbraucher an dem entstehenden Gewinn zur Verbesserung der Warenerzeugung und -verteilung oder
- zur Förderung des technischen oder wirtschaftlichen Fortschritts beitragen[4].
- Dabei dürfen den beteiligten Unternehmen keine Beschränkungen auferlegt werden, die für die Verwirklichung dieser Ziele nicht unerlässlich sind oder
- Möglichkeiten eröffnet werden, für einen wesentlichen Teil der betreffenden Waren den Wettbewerb auszuschalten.

Alle **vier Voraussetzungen** müssen **kumulativ** gegeben sein.

---

die Leitlinien der Kommission über den Begriff der Beeinträchtigung des zwischenstaatlichen Handels in den Art. 81, 82 EG, ABl. EG Nr. C 101 v. 27.4.2004, S. 81.

1 *EUG* v. 12.1.1995, WiB 1995, 764 – Viho/Kommission.

2 Vgl. Wiedemann/*Lübbig*, Hdb. KartellR, § 7 Rz. 16; *Roth/Ackermann* in FK KartellR, EG, Art. 81 Abs. 1 Grundfragen Rz. 262 ff. jeweils m.w.N.

3 Vgl. *EuGH* v. 12.12.1967, GRUR Int. 1968, 299, 300 – Brasserie de Haecht I; *EuGH* v. 1.2.1977, NJW 1977, 2020 – Concordia; vgl. im Fall von Warenbezugspflichten *OLG Karlsruhe* v. 13.6.1990, WRP 1991, 42, 43 – Bezugsverpflichtung mit Ausschließlichkeitsbindung.

4 Zur Beurteilung von Patentlizenzvereinbarungen anhand der Theorie der Innovationsförderung s. *Lorenz*, WRP 2006, 1008 ff.

724 Das Vorliegen der Voraussetzungen wird vermutet, wenn die Vereinbarung sekundärrechtlich von einer der **Gruppenfreistellungsverordnungen** erfasst wird. Das Eingreifen einer Gruppenfreistellungsverordnung hat gemäß Art. 2 VO Nr. 1/2003 eine **Beweislastumkehr** zugunsten der Partei zu Folge, die sich auf die Freistellung nach Art. 101 Abs. 3 AEUV (ex-Art. 81 Abs. 3 EG) beruft. Allerdings obliegt es ihr nachzuweisen, dass die betreffende Vereinbarung einer der Gruppenfreistellungsverordnungen unterfällt.

725 Nach Art. 1 Abs. 2 VO Nr. 1/2003 kommt Art. 81 Abs. 3 EG (heute **Art. 101 Abs. 3 AEUV**), anders als früher, **direkte Wirkung** zu. Unternehmen können sich daher direkt auf eine Freistellung nach Art. 101 Abs. 3 AEUV (ex-Art. 81 Abs. 3 EG) berufen. Das nach füherem Recht erforderliche Verfahren einer vorherigen Anmeldung einer Einzelfreistellung mit darauf folgender Entscheidung der Kommission ist nach Art. 2 VO Nr. 1/2003 entfallen. Eine von Art. 101 Abs. 3 AEUV (ex-Art. 81 Abs. 3 EG) erfasste Vereinbarung gilt somit direkt als zulässig. Insofern kann das dem europäischen Kartellrecht zugrunde liegende System als **Verbot mit Legalausnahme** bezeichnet werden[1].

726 Hinsichtlich des wirtschaftlichen und rechtlichen Gesamtzusammenhangs, in dem der Lizenzvertrag steht und in dem er zusammen mit anderen gleichartigen Vereinbarungen eine kumulative Auswirkung auf den Wettbewerb haben kann, ist im Prozess die Partei, die sich auf die Nichtigkeit des Vertrages nach Art. 101 Abs. 2 AEUV (ex-Art. 81 Abs. 2 EG) beruft, **darlegungs- und beweispflichtig**. Soweit im Rahmen des Kartellrechts die Gesamtverhältnisse auf dem relevanten Markt in Rede stehen, ist es für die Partei im Zivilprozess regelmäßig mit erheblichen Schwierigkeiten verbunden, häufig auch gänzlich unmöglich, dem Gericht die notwendige Entscheidungsgrundlage zu liefern, denn ihr stehen die Ermittlungs- und Aufklärungsmöglichkeiten, über die die Kartellbehörden verfügen, nicht zu Gebot. Dies rechtfertigt aber nicht, an Darlegung oder Nachweis der Voraussetzungen geringere Anforderungen zu stellen[2].

727–729 Frei.

c) Regelungsinhalt des Art. 102 AEUV (ex-Art. 82 EG)

730 **Art. 102 AEUV** (ex-Art. 82 EG) gehört zu den Wettbewerbsregeln i.S. von Art. 3 Abs. 1 lit. b AEUV, die für das Funktionieren des Binnenmarktes erforderlich sind. Diese Regeln sollen verhindern, dass der Wettbewerb entgegen dem öffentlichen Interesse und zum Schaden der einzelnen Unter-

---

1 Vgl. zum Systemwechsel *Röhling*, GRUR 2003, 1019, 1020 ff.; *Hermanns/Brück*, SchiedVZ 2004, 137, 138 f.; *Weitbrecht*, EuZW 2003, 69, 70; *Meessen* in Loewenheim/Meessen/Riesenkampff, Art. 81 Abs. 3 EG Rz. 2 ff.

2 *BGH* v. 26.2.1970, GRUR 1970, 482, 484 – Diskothek; *Sedemund*, NJW 1988, 3069, 3071.

nehmen und der Verbraucher verfälscht wird, und sollen damit zum wirtschaftlichen Wohl in der Gemeinschaft beitragen[1].

Nach Art. 102 AEUV (ex-Art. 82 EG) verboten ist die missbräuchliche Ausnutzung einer marktbeherrschenden Stellung. Eine **marktbeherrschende Stellung** liegt nach der Rechtsprechung des *EuGH* vor, wenn ein Unternehmen in der Lage ist, die Aufrechterhaltung eines wirksamen Wettbewerbs auf dem relevanten Markt zu verhindern, indem ihm die Möglichkeit verschafft wird, sich seinen Wettbewerbern, seinen Abnehmern und den Verbrauchern gegenüber in einem nennenswerten Umfang unabhängig zu halten[2] (vgl. auch § 19 Abs. 2 und 3 GWB). Beherrschende Stellung meint die **wirtschaftliche Machtstellung** eines Unternehmens[3] und sieht weder eine Unterscheidung noch irgendeinen Grad vor[4]. 731

Voraussetzung ist daher zunächst die **Definition des relevanten Marktes** in sachlicher und geographischer Hinsicht, wobei die Bestimmung eine wirtschaftliche Betrachtung erfordert[5] (s. dazu Rz. 747 ff.). Dabei kann die **Vergabe von Lizenzen** in Bezug auf ein konkretes Schutzrecht einen **eigenen Markt bilden**, den der Schutzrechtsinhaber als einziger Anbieter von Nutzungsrechten beherrscht. Ist durch eine Industrienorm oder durch ein anderes, von den Nachfragern wie eine Norm beachtetes Regelwerk eine standardisierte, durch Schutzrechte geschützte Gestaltung eines Produkt vorgegeben, bildet die Vergabe von Rechten, die potentielle Anbieter dieses Produkts erst in die Lage versetzen, das Produkt auf den Markt zu bringen, regelmäßig einen eigenen, dem Produktmarkt vorgelagerten Markt, wenn die Erlangung solcher Nutzungsrechte für ein Unternehmen, welches das „Normprodukt" herstellen oder vertreiben will, unersetzlich ist[6]. Maßgeblich ist, ob die Benutzung der technischen Lehre durch eine andere Gestaltung des Produktes **substituierbar** ist. Die Zugänglichkeit zu einem solchen „Lizenzmarkt" kann sich dann ergeben, wenn der Schutzrechts-

---

1 *EuGH* v. 22.10.2002, Slg. 2002, I-9011 Rz. 42 – Roquette Frères; *BGH* v. 17.2.2011, CR 2012, 15, 16 Rz. 21 ff. – Konkurrensverk/TeliaSonera Sverige AB.

2 *EuGH* v. 19.4.2012, WRP 2012, 680, 684, Rz. 38 – Tomra Systems u.a./Kommission; *EuGH* v. 15.10.2010, Slg. 2010, I-0000 Rz. 170 – Deutsche Telekom/Kommission; *EuGH* v. 17.2.2011, CR 2012, 15, 16 f. Rz. 23 – Konkurrensverk/TeliaSonera Sverige AB; *EuGH* v. 14.12.1978, Slg. 1978, 207, 286 – United Brands/Kommission; vgl. auch *Bergmann* in Loewenheim/Meessen/Riesenkampff, Art. 82 EG Rz. 93 Fn. 320 f. mit ausführlicher Rechtsprechungsübersicht.

3 *EuGH* v. 19.4.2012, WRP 2012, 680, 684, Rz. 38 – Tomra Systems u.a./Kommission; *EuGH* v. 14.10.2010, GRUR Int. 2011, 405 Rz. 170 – Deutsche Telekom/Kommission.

4 *EuGH* v. 19.4.2012, WRP 2012, 680, 684, Rz. 39 – Tomra Systems u.a./Kommission.

5 Vgl. etwa *EuGH* v. 12.6.1997, GRUR Int. 1998, 301, 304 ff. – Ladbroke/Kommission; zur Bestimmung des Marktes vgl. Wiedemann/*de Bronett*, Hdb. KartellR, § 22 Rz. 12 ff.

6 *BGH* v. 13.7.2004, GRUR 2004, 966, 968 – Standard-Spundfass.

inhaber bereits eine Reihe von Lizenzen an diesem Schutzrecht vergeben hat.

Im Hinblick auf Produktplattformen ist zu beachten, dass diese Geschäftstätigkeiten verschiedener Gruppen zusammenführen, sich also unterschiedliche Märkte begegnen und dementsprechend für die Frage der Marktbeherrschung zunächst konkret festgestellt werden muss, welcher Markt betroffen ist[1]. In den Fällen, in denen der Zugang zu einer solchen Produktplattform begehrt wird, kommt es im Rahmen der Marktabgrenzung auf die Unterscheidung zwischen den Ausweichmöglichkeiten der Endkunden und desjenigen, der den Zugang begehrt, an[2].

Allerdings verbietet Art. 102 AEUV (ex-Art. 82 EG) es einem Unternehmen nicht, auf einem Markt aus eigener Kraft eine beherrschende Stellung anzunehmen und insbesondere enthält die Feststellung, dass eine beherrschende Stellung gegeben ist, für sich allein keinen Vorwurf gegenüber dem betreffenden Unternehmen[3]. Art. 102 AEUV (ex-Art. 82 EG) sanktioniert lediglich wettbewerbswidriges Verhalten eines Unternehmens, bezweckt jedoch nicht die Reduzierung einer einmal wettbewerbskonform erlangten marktbeherrschenden Stellung eines Unternehmens.

Allerdings trägt das Unternehmen, das eine solche Stellung innehat, eine besondere Verantwortung dafür, dass es durch sein Verhalten einen wirksamen und unverfälschten Wettbewerb auf dem Gemeinsamen Markt nicht beeinträchtigt[4].

732 Bei der nach Art. 102 AEUV (ex-Art. 82 EG) verbotenen **missbräuchlichen Ausnutzung einer marktbeherrschenden Stellung** handelt es sich um einen objektiven Begriff, der die Verhaltensweisen eines Unternehmens in beherrschender Stellung erfasst, die die Struktur eines Marktes beeinflussen können, auf dem der Wettbewerb gerade wegen der Anwesenheit des fraglichen Unternehmens bereits geschwächt ist, und die die Aufrechterhaltung des auf dem Markt noch bestehenden Wettbewerbs oder dessen Entwicklung durch den Einsatz von Mitteln behindern, die von den Mitteln eines normalen Produkts – oder Dienstleistungswettbewerbs auf der Grundlage der Leistungen der Marktbürger abweichen[5].

Für die Feststellung der missbräuchlichen Ausnutzung einer beherrschenden Stellung sind sämtliche Umstände zu berücksichtigen, sie insbeson-

1 *Weidenbach/Vogt/Hauser*, WRP 2012, 66, 67.

2 *Weidenbach/Vogt/Hauser*, WRP 2012, 66 ff., ausführlich zu der Frage, wann die Beschränkung des Zugangs zu einer Produktplattform einen Missbrauch einer marktbeherrschenden Stellung darstellt.

3 *EuGH* v. 17.2.2011, CR 2012, 15, 17 Rz. 24 – Konkurrensverk/TeliaSonera Sverige AB m.w.N.

4 *EuGH* v. 2.4.2009, Slg. 2009, I-2369 Rz. 105 – France Telecom/Kommission.

5 *EuGH* v. 19.4.2012, WRP 2012, 680, 684, Rz. 17 – Tomra Systems u.a./Kommission; *EuGH* v. 14.10.2010, Slg. 2010, I-0000 Rz. 174 – Deutsche Telekom/Kommission; Wiedemann/*de Bronett*, Hdb. KartellR, § 22 Rz. 33, 35.

dere zu untersuchen, ob Konkurrenten der Zugang zum Markt verwehrt wird, Vertragspartner gleichwertige Leistung ungleiche Bedingungen auferlegt oder die beherrschende Stellung durch einen verfälschten Wettbewerb gestärkt wird. Das Vorliegen einer etwaigen wettbewerbswidrigen Absicht ist ebenfalls nur einer der zahlreichen tatsächlichen Umstände, die berücksichtigt werden können[1].

Tatbestandsmäßig unterschieden wird zum einen der **Ausbeutungsmissbrauch**, der bei Verschlechterung des Preis-Leistungsverhältnisses durch 733
das marktbeherrschende Unternehmen gegeben ist; zum anderen untersagt Art. 102 AEUV (ex-Art. 82 EG) den **Behinderungsmissbrauch**, der bei Ausnutzung der marktbeherrschenden Stellung vorliegt, so dass den Wettbewerbern keinerlei Verhaltensspielraum zur Verbesserung ihrer Position bleibt[2].

Noch unter der Geltung der GVO-Patentlizenzvereinbarungen hat die EU- 734
Kommission in ihrer Entscheidung vom 26.7.1988[3] den **Erwerb einer ausschließlichen Patentlizenz** an einer technisch und wirtschaftlich besonders leistungsfähigen, für den Produktionsprozess zentralen Verfahrenstechnologie durch ein marktbeherrschendes Unternehmen als einen **Marktmissbrauch gemäß Art. 86 EG a.F.** (Art. 102 AEUV [ex-Art. 82 EG]) bewertet, wenn dadurch gezielt die bereits bestehende technologische Vormachtstellung des marktbeherrschenden Unternehmens ausgebaut und Wettbewerber am Zugang zur einzig gleichwertigen Konkurrenztechnologie gehindert werden. Eine Ausnahme sei nur dann anzunehmen, wenn die beim Marktbeherrscher verbleibenden technischen und wirtschaftlichen **Risiken der Weiterentwicklung** der lizenzierten Technologie bis zur Produktionsreife nachweislich und zwingend eine Alleinstellung erforderten. Diese Entscheidung der EU-Kommission ist durch Urteil des *EuGH* vom 10.7.1990[4] bestätigt worden.

Nach den Feststellungen der EU-Kommission war die Auswirkung der 735
Übernahme der ausschließlichen Lizenz auf den Markt nicht nur hypothetischer, sondern tatsächlicher Natur, da die **Zugangsschranke für Mitbewerber erheblich bis hin zur Unüberwindlichkeit erhöht worden sei**. Insoweit falle die **Ausschließlichkeit einer Lizenz** an einer fortschrittlichen Technologie dann als Wettbewerbsbeschränkung unter das Kartellverbot, wenn sie den Innovationswettbewerb zu fördern nicht geeignet sei, weil der Lizenzgeber das lizenzierte Verfahren selbst nicht zur Warenherstellung einsetzen könne, der Lizenznehmer ein marktbeherrschendes Unternehmen sei, das ohnehin einen technischen Vorsprung vor seinen Wett-

---

1 *EuGH* v. 19.4.2012, WRP 2012, 680, 684, Rz. 20 – Tomra Systems u.a./Kommission.
2 *Lübbig* in Loewenheim/Meessen/Riesenkampff, Art. 82 EG Rz. 1.
3 GRUR Int. 1989, 131 ff. – Tetra Pak I.
4 *EuGH* v. 10.7.1990, EuZW 1990, 447, 448.

bewerbern besitze und den Wettbewerbern eine andere, konkurrenzfähige Technologie nicht zur Verfügung stehe.

Unter dem Aspekt des **Art. 85 EG a.F.** sah die Kommission mit ex-nunc-Wirkung die Möglichkeit der **Rücknahme der Freistellung** nach Art. 9 GVO-Patentlizenzvereinbarungen (heute Art. 6 TT-GVO 2004) als gegeben an. Soweit die marktbeherrschende Stellung eines ausschließlichen Lizenznehmers **den Tatbestand wesentlichen Wettbewerbs ausschließe**, komme eine Freistellung der ausschließlichen Lizenzabrede gemäß Art. 81 Abs. 3 EG (heute Art. 101 Abs. 3 AEUV) nicht in Betracht. Andernfalls würde die Ausschließlichkeit der Lizenzabrede nicht eine Förderung, sondern eine Verhinderung des Wettbewerbs bewirken, da einmal die Wettbewerber an der Verwendung der Technik zwecks Markteintritts gehindert würden und zudem keine weiteren Lizenzen erteilt werden könnten und der Lizenzgeber das Lizenzerzeugnis nicht selbst herstellen könne, wodurch Paralleleinfuhren unmöglich würden. Einer solchen Entziehungsentscheidung kam der Marktführer seinerzeit durch Verzicht auf die Ausschließlichkeit der Lizenzabrede zuvor.

736 In dem Klageverfahren vor dem *EuGH* stützte der Marktführer seine Klage gegen die Entscheidung der EU-Kommission wesentlich darauf, dass Art. 82 EG (heute **Art. 102 AEUV**) wegen des gemeinsamen Zwecks der Art. 81, 82 EG (heute Art. 101, 102 AEUV) **auf ein nach** Art. 81 Abs. 3 EG (heute **Art. 101 Abs. 3 AEUV**) **freigestelltes Verhalten unanwendbar sei**, solange die Kommission die Freistellung nicht widerrufen habe. Gerade ein durch die GVO freigestelltes Verhalten könne nicht zugleich einen Missbrauch i.S. von Art. 82 EG (heute Art. 102 AEUV) darstellen. Der *EuGH* hat sich der gegenteiligen Auffassung der EU-Kommission angeschlossen mit der Begründung, dass innerhalb des mit dem EG-Vertrag geschaffenen Systems zum Schutz des Wettbewerbs eine **Einzel- oder Gruppenfreistellung nach** 81 Abs. 3 EG (heute **Art. 101 Abs. 3 AEUV**) **nicht zugleich eine Freistellung vom Verbot des** Art. 82 EG (heute **Art. 102 AEUV**) bedeute. Dies ergäbe sich sowohl aus dem Wortlaut von Art. 81 Abs. 3 EG (heute Art. 101 Abs. 3 AEUV) wie aus der systematischen Stellung von Art. 81 und Art. 82 EG (heute Art. 101 und 102 AEUV), die als **eigenständige, einander ergänzende Vorschriften** grundsätzlich dazu bestimmt seien, unterschiedliche Sachverhalte zu regeln. Gerade weil dem Widerruf einer Freistellung nach Art. 81 Abs. 3 EG (heute Art. 101 Abs. 3 AEUV) keine Rückwirkung zukomme, würde bis zu diesem Zeitpunkt die Freistellung zugleich eine Freistellung von dem Verbot des Missbrauchs einer marktbeherrschenden Stellung bedeuten, was mit dem Wesen des von Art. 82 EG (Art. 102 AEUV) verbotenen Verstoßes unvereinbar wäre. **Zweck der Gruppenfreistellung** sei insbesondere die Gewährleistung der Rechtssicherheit für Unternehmen, zwischen denen eine Vereinbarung bestehe, was die Wirksamkeit dieser Vereinbarung gerade im Hinblick auf Art. 81 EG (heute Art. 101 AEUV) bedeute, solange die Kommission die Gruppenfreistellung nicht widerrufen

habe. Sie befreie marktbeherrschende Unternehmen aber nicht von ihrer Verpflichtung, Art. 82 EG (heute Art. 102 AEUV) zu beachten.

In der **Verweigerung der Lizenzerteilung** an Dritte ist grundsätzlich **kein Missbrauch** i.S. des Art. 102 AEUV (ex-Art. 82 EG) zu sehen (s. auch Rz. 16 ff.; zur Zwangslizenz nach § 24 PatG s. Rz. 160 ff. u. 186 ff.). Nach Ansicht des *EuGH* ist es mangels einheitlicher Rechtsvorschriften allein dem nationalen Gesetzgeber überlassen, zu bestimmen, welchen Produkten er Schutz gewähre. Bestehe ein solcher Schutz, gehöre das **Recht des Schutzrechtsinhabers**, Dritten die Herstellung, den Verkauf oder den Import der geschützten Ware **zu verbieten**, zum **Kernbestand seines ausschließlichen Rechts**. Insoweit ist die rechtliche Ausschließlichkeit des geistigen Eigentums zu beachten, so dass eine missbräuchliche Ausübung des Schutzrechts erst dann angenommen werden kann, wenn die Verweigerung der Lizenzerteilung der Verantwortung des marktbeherrschenden Unternehmens im verbleibenden Restwettbewerb nicht mehr genügt[1]. 737

Nach *Ullrich*[2] sind zwei Varianten denkbar, in denen die Verweigerung der Lizenzerteilung die Annahme eines Missbrauchs i.S. des Art. 82 EG (heute Art. 102 AEUV) rechtfertigt. Zunächst kann die Lizenzverweigerung unwirksam sein, weil sie dem Schutz eines allgemein missbräuchlichen Marktverhaltens dient. Beispielhaft hierfür sind die Ersatzteilfälle des *EuGH*. So hat der *EuGH* in seinen Entscheidungen vom 5.10.1988[3] einen Marktmissbrauch angenommen, wenn:

- eine willkürliche diskriminierende Ablehnung einer Lizenz erfolgt,
- der Schutzrechtsinhaber sich zu einer Produktionseinstellung von Ersatzteilen entschließt, obwohl noch zahlreiche Exemplare des Modells im Verkehr sind, und
- der Schutzrechtsinhaber eine exzessive Preisbildung für Ersatzteile betreibt.

Daneben kann nach *Ullrich* die Marktmissbräuchlichkeit einer Lizenzverweigerung darin liegen, dass das **Schutzrecht als Sperre für den Zugang zum Wettbewerb** mit dem Schutzgegenstand auf Märkten benutzt wird, die der Schutzrechtsinhaber beherrscht[4]. Möglich ist dabei, dass sich der Schutzrechtsinhaber den Markt zur Gänze selbst vorbehalten will, oder dass die Lizenzverweigerung einen „Mehrwettbewerb" Dritter auf vor- oder nachgelagerten Märkten behindert[5]. Nach Ansicht des *EuGH* liegt in 738

1 Vgl. *EuGH* v. 29.2.1968, GRUR Int. 1968, 99, 100 – Parke Davis; *Ullrich*, Mitt. 1998, 50, 58.
2 *Ullrich*, Mitt. 1998, 50, 59.
3 *EuGH* v. 5.10.1988, GRUR Int. 1990, 140 – Cicra/Régie Renault und GRUR Int. 1990, 141 – Volvo/Veng.
4 *Ullrich*, Mitt. 1998, 50, 59.
5 Vgl. etwa *EuGH* v. 12.6.1997, GRUR Int. 1998, 301, 306 ff. – Ladbroke/Kommission; Vgl. auch *EuGH* v. 6.4.1995, GRUR Int. 1995, 490 ff. – Magill TV Guide; dazu auch *Pilny*, GRUR Int. 1995, 954 ff.

einer Lizenzverweigerung kein Verstoß gegen Art. 82 EG (heute Art. 102 AEUV), wenn sich bei Bestimmung des relevanten Marktes ergibt, dass es sich beim relevanten geografischen Markt lediglich um einen nationalen Markt handelt, auf dem noch keine Lizenz erteilt wurde. Daraus schließt der *EuGH*, dass die Verweigerung der Lizenzerteilung auch dann keine diskriminierende Unterscheidung zwischen den Wirtschaftsteilnehmern dieses Marktes darstellt, wenn anderen Wirtschaftsteilnehmern Lizenzangebote gemacht wurden. Auch der Umstand, dass einem einzelnen Lizenznehmer eine ausschließliche Lizenz in einem Mitgliedstaat erteilt wurde, wobei die Erteilung von Unterlizenzen für einen bestimmten Zeitraum untersagt wurde, reicht nach Ansicht des *EuGH* nicht zur Annahme eines Verstoßes gegen Art. 82 EG (Art. 102 AEUV) aus.

739 Einen **Missbrauch einer marktbeherrschenden Stellung** i.S. des ex-Art. 82 EG (heute Art. 102 AEUV) hat der *EuGH* erst dann angenommen, wenn

- eine willkürliche, diskriminierende Ablehnung einer Lizenz erfolgt;
- der Schutzrechtsinhaber sich zu einer Produkteinstellung von Ersatzteilen entschließt, obwohl zahlreiche Modelle noch im Verkehr sind (dann dürften auch die Voraussetzungen einer Zwangslizenz – s. hierzu Rz. 160 ff. – erfüllt sein)[1].

In seinem Urteil vom 29.4.2004 sieht der *EuGH*[2] in der Lizenzverweigerung dann einen Missbrauch, wenn (kumulativ)

- der Lizenzsucher beabsichtigt, auf dem vom Schutzrechtsinhaber bedienten Markt **neue Erzeugnisse** oder Dienstleistungen anzubieten, die der Schutzrechtsinhaber nicht anbietet, für die aber eine **potentielle Nachfrage** der Verbraucher besteht,
- die Lizenzverweigerung **nicht** aus sachlichen Gründen **gerechtfertigt** und geeignet ist, dem Schutzrechtsinhaber den Markt in den betreffenden Mitgliedstaaten vorzubehalten, indem **jeglicher Wettbewerb** auf diesem Markt **ausgeschlossen** wird.

740 Diskriminiert ein marktbeherrschendes Unternehmen mit der Weigerung, einen ihm angebotenen Patentlizenzvertrag abzuschließen, das um die Lizenz nachsuchende Unternehmen in einem gleichartigen Unternehmen üblicherweise zugänglichen Geschäftsverkehr oder behindert es den Lizenzsucher damit unbillig, besteht nach Auffassung des *BGH* ein Anspruch auf Einräumung einer kartellrechtlichen Zwangslizenz[3]. Das marktbeherrschende Unternehmen hindere damit das andere Unternehmen an dem

1 *EuGH* v. 5.10.1988, GRUR Int. 1990, 141 – Volvo/Veng.

2 *EuGH* v. 29.4.2004, GRUR Int. 2004, 644 – IMS/Health/NDC Health GmbH & Co. KG; s. dazu *Gallego*, GRUR Int. 2006, 16 ff.

3 *BGH* v. 6.5.2009, GRUR 2009, 694, 696, Rz. 27 – Orange-Book-Standard; s. dazu *De Bronett*, WuW 2009, 899; *Busche*, CIPR 2009, 104; *Gärtner/Vormann*, Mitt. 2009, 440; *Hötte*, MMR 2009, 686; *Jestaedt*, GRUR 2009, 801; *Grabinski* in FS Mes, 2009, S. 243; *Maume/Tapir*, GRUR Int. 2010, 923; *Müller*, GRUR 2012, 686;

Marktzutritt, den es durch den Abschluss des Lizenzvertrages zu eröffnen verpflichtet ist. Allerdings nimmt der *BGH* einen Missbrauch einer marktbeherrschenden Stellung nur dann an, wenn der Lizenzsucher dem Schutzrechtsinhaber ein unbedingtes Angebot auf Abschluss eines Lizenzvertrages gemacht hat, das der Patentinhaber nicht ablehnen darf, ohne den Lizenzsucher unbillig zu behindern oder gegen das Diskriminierungsverbot zu verstoßen, und sich an dieses Angebot gebunden hält. Zum anderen muss der Lizenzsucher, wenn er den Gegenstand des Patents bereits benutzt, bevor der Patentinhaber sein Angebot angenommen hat, diejenigen Verpflichtungen einhalten, die der abzuschließende Lizenzvertrag an die Benutzung des lizenzierten Gegenstandes knüpft (Auskunftserteilung, Zahlung der nutzungsbezogenen Lizenzgebühren).

d) Spürbarkeit der Wettbewerbsbeschränkung

Art. 101 und 102 AEUV (ex-Art. 81 und 82 EG) entfalten keine Wirkung, 741
wenn bei einer Vereinbarung die ungeschriebene Tatbestandsvoraussetzung der **Spürbarkeit und** der **Eignung** zur **Beeinträchtigung** des zwischenstaatlichen Handels innerhalb der EU nicht vorliegt[1]. Eine Definition dieser Merkmale ist von der Rechtsprechung bislang nicht entwickelt worden. Ausgangspunkt ist die Annahme, dass ganz unerhebliche Beeinträchtigungen des zwischenstaatlichen Handelns keine Wettbewerbsverzerrung zur Folge haben und somit den Interessen des gemeinsamen Marktes nicht entgegenlaufen[2].

Zur Frage der **Spürbarkeit** hat die Kommission erstmals 1977 und zuletzt 2001 eine **Bekanntmachung zu Bagatellvereinbarungen**[3] verlautbart (vgl. eingehend Rz. 742 ff.); zur Bagatellbekanntmachung des Bundeskartellamts s. Rz. 1058.

4. Sekundäres Gemeinschaftsrecht

a) Bekanntmachung der EU-Kommission über Bagatell-Kartelle vom 22.12.2001[4]

Das Verbot des Art. 101 AEUV (ex-Art. 81 EG) setzt voraus, dass die ge- 742
schlossenen wettbewerbsbeschränkenden Vereinbarungen geeignet sind,

---

Nägele/Jacobs, WRP 2009, 1062; *Straus*, GRUR Int. 2011, 469; *Wilhelmi*, WRP 2009, 1431; *Wirtz*, WRP 2011, 1392.

1 *EuGH* v. 12.9.2000, Slg. 2000, I-6497, Rz. 93 ff. – Pavlov. Eingehend hierzu *Roth/Ackermann* in FK KartellR, EG, Art. 81 Abs. 1 Grundfragen Rz. 420 ff.; s. auch die Leitlinien über den Begriff der Beeinträchtigung des zwischenstaatlichen Handels in Art. 81, 82 EG, ABl. Nr. C 101 v. 27.4.2004, S. 82.

2 Vgl. *Emmerich* in Immenga/Mestmäcker, EU-Wettbewerbsrecht Teil 1, Art. 101 Abs. AEUV Rz. 142 ff.

3 Bekanntmachung v. 22.12.2001, ABl. EG Nr. C 368 v. 22.12.2001, S. 13.

4 Bekanntmachung v. 22.12.2001, ABl. EG Nr. C 368 v. 22.12.2001, S. 13.

den Handel zwischen den Mitgliedstaaten zu beeinträchtigen. Die Rechtsprechung des *EuGH* hat dieses Erfordernis dahingehend konkretisiert, dass als **ungeschriebenes Tatbestandsmerkmal** des Art. 101 Abs. 1 AEUV (ex-Art. 81 Abs. 1 EG) die **Beeinträchtigung des Handels spürbar** sein muss[1]. Die Bestimmung der Spürbarkeit wurde zunächst in Form einer Gesamtbetrachtung unter Berücksichtigung der Gegebenheiten des Einzelfalls vorgenommen. Als Konkretisierung der Spürbarkeitsgrenze bestimmt die Kommission als **Leitlinie mit Selbstbindungsfunktion** durch Bagatellbekanntmachungen, in welchem Rahmen die wirtschaftliche Betätigung aller Voraussicht nach nicht gegen Art. 101 AEUV (ex-Art. 81 EG) verstößt[2].

743 Die Bagatellbekanntmachung knüpft das Merkmal der Spürbarkeit dabei quantitativ an **Marktanteilsschwellen** an. Unterschreitet der Marktanteil der beteiligten Unternehmen eine gewisse Schwelle, dann wird die geringe Bedeutung der Vereinbarung und somit das Fehlen der Spürbarkeit vermutet (vgl. Ziff. I Nr. 2 Bagatellbekanntmachung).

Die Bagatellsituation entfaltet lediglich Indizwirkung, bindet den *EuGH* oder die nationalen Gerichte jedoch nicht. Im Falle des Eingreifens der Bagatellbekanntmachung eröffnet die Kommission allerdings weder auf Antrag noch von Amts wegen ein Verfahren wegen Verstoßes gegen Art. 101, 102 AEUV (ex-Art. 81, 82 EG). Hat ein Unternehmen gutgläubig angenommen, dass eine Vereinbarung in den Anwendungsbereich der Bekanntmachung fällt, so verhängt die Kommission keine Geldbußen (vgl. Ziff. I Nr. 4 der Bagatellbekanntmachung).

744 In der bis zum 9.12.1997 wirksamen Bagatellbekanntmachung 1986[3] war eine Doppelschranke enthalten, die auf Marktanteile und den Gesamtumsatz der Vertragsparteien abstellte. Dies wurde zugunsten einer **einfachen, nur noch Marktanteile berücksichtigenden Schranke** verändert[4]. Ziel dieser Änderung war es, auch größere Unternehmen in den Genuss der kartellrechtlichen Privilegierung kommen zu lassen, die wegen ihrer Umsatzstärke zuvor von der Berufung auf die Bagatellregelung ausgeschlossen waren. Wird die in der Bagatellbekanntmachung vorgesehene Marktanteilsgrenze nicht erreicht, will die Kommission nur eingreifen, wenn das Interesse der Gemeinschaft es verlangt, weil etwa die Gefährdung eines funktionsfähigen Binnenmarktes droht (vgl. auch die Kernbeschränkungen gemäß Ziff. II Nr. 11 der Bagatellbekanntmachung vom 22.12.2001).

---

1 *EuGH* v. 19.4.1988, GRUR Int. 1989, 663, 664 – Erauw-Jacquery/La Hesbegnonne.
2 *Roth/Ackermann* in FK KartellR, EG, Art. 81 Abs. 1 Grundfragen Rz. 437 ff.
3 Bekanntmachung v. 3.9.1986, ABl. EG Nr. C 231 v. 12.9.1986, S. 2.
4 Zur Kritik am Entfallen der Umsatzgrenze vgl. Wiedemann/*Stockmann*, Hdb. KartellR (1. Aufl.), § 7 Rz. 27.

Vom Vorliegen eines **Bagatellfalls** ist nach **Ziff. II Nr. 7 lit. a** der Bagatellbekanntmachung vom 22.12.2001 auszugehen, wenn die **von allen beteiligten Unternehmen** insgesamt **gehaltenen Marktanteile auf** keinem der **betroffenen Märkte** 745

- **bei horizontalen Wettbewerbsvereinbarungen** eine Schwelle von **10 %** – anstatt zuvor 5 %[1] überschreiten.
- Bei **vertikalen Wettbewerbsvereinbarungen** wird nach **Ziff. II Nr. 7 lit. b** von einem Bagatellfall ausgegangen, **wenn die von jedem Unternehmen gehaltenen Marktanteile** jeweils eine Schwelle von **15 %**, anstatt zuvor 10 %, nicht überschreiten.
- Im Falle **gemischt horizontaler/vertikaler Vereinbarungen** oder bei Einstufungsschwierigkeiten ist die frühere Schwelle von **5 %** auf **10 %** angehoben worden.
- Ein Bagatellfall liegt nach Ziff. II Nr. 9 darüber hinaus vor, wenn die Marktanteilsgrenzen von 10 %, 15 % oder 5 % in zwei aufeinander folgenden Jahren um nicht mehr als 2 Prozentpunkte überschritten werden.

Die Anhebung der Schwellenwerte soll den wirtschaftlichen Gegebenheiten Rechnung tragen. Die Anhebung wird dadurch relativiert, dass gemäß Ziff. I Nr. 8 der Bagatellbekanntmachung eine Marktanteilsschwelle von nur 5 % insgesamt in all den Fällen ausreichen soll, in denen eine stärkere Wirkung durch die Häufigkeit der Vereinbarung erreicht wird. Die nebeneinander bestehenden **Netze** von Vereinbarungen können einen **kumulativen Marktabschottungseffekt** hervorrufen. Eine Rückausnahme besteht aber dann, wenn weniger als 30 % des relevanten Marktes von nebeneinander bestehenden ähnlich wirkenden Vereinbarungen abgedeckt werden. In dem Fall gelten die Regelungen der Ziff. I Nr. 7. 746

Bei der Bestimmung des Marktanteils ist zwischen sachlich relevantem Markt und räumlich relevantem Markt zu unterscheiden. Die wesentlichen Kriterien hierfür ergeben sich aus der **Bekanntmachung der Kommission über die Definition des relevanten Marktes im Sinne des Wettbewerbsrechts der Gemeinschaft**[2], auf die Ziffer II Nr. 10 der Bagatellbekanntmachnung verweist. 747

Sachlich relevanter Markt i.d.S. ist die Zusammenfassung aller Produkte oder Dienstleistungen, die vom Verbraucher aufgrund ihrer Merkmale, ihrer Preise und ihres Verwendungszwecks als austauschbar angesehen werden. Dabei wird der einheitliche sachliche Markt durch sämtliche Erzeugnisse gebildet, die sich nach ihren Eigenschaften, ihrem wirtschaftlichen Verwendungszweck und ihrer Preislage so nahestehen, dass der verständige Verbraucher sie für die Deckung eines bestimmten Bedarfs geeignet in be-

1 Vgl. Ziff. II Nr. 9 der Bagatellbekanntmachung v. 9.12.1997.
2 ABl. C 372 v. 9.12.1997, S. 5.

rechtigter Weise abwägend miteinander vergleicht und als austauschbar ansieht[1].

Der räumlich relevante Markt umfasst dagegen das Gebiet, in dem die beteiligten Unternehmen die relevanten Produkte oder Dienstleistungen anbieten, in dem die Wettbewerbsbedingungen hinreichend homogen sind und das sich von benachbarten Gebieten durch spürbar unterschiedliche Wettbewerbsbedingungen unterscheidet. Die räumliche Marktabgrenzung richtet sich nach den tatsächlichen räumlichen Ausweichmöglichkeiten der Marktgegenseite, wobei die tatsächlichen Verbrauchergewohnheiten zu berücksichtigen sind[2].

748 Die Berechnung des Marktanteils erfolgt gemäß Ziff. II Nr. 10 der Bagatellbekanntmachung nach dem Absatzwert der auf dem Markt getätigten Käufe. Mangels konkreter Wertangaben können diese auch anhand verlässlicher Marktdaten wie Mengenangaben geschätzt werden. Lässt sich nicht genau abgrenzen, ob eine horizontale oder vertikale Wettbewerbsvereinbarung vorliegt, ist von dem Marktanteil für horizontale Wettbewerbsvereinbarungen auszugehen[3].

749 Ziff. II Nr. 9 der Bagatellbekanntmachung vom 9.12.1997, die den Begriff der **beteiligten Unternehmen** konkretisierte, wurde durch Ziff. II Nr. 12 der Bagatellbekanntmachung vom 22.12.2001 ersetzt. Hiernach wird auch das mit einem Unternehmen verbundene Unternehmen eingeschlossen. Sodann wird der Begriff des verbundenen Unternehmens näher bestimmt.

750 **Verbundene Unternehmen** sind hiernach:

a) Unternehmen, in denen ein an der Vereinbarung beteiligtes Unternehmen unmittelbar oder mittelbar über mehr als die Hälfte der Stimmrechte verfügt oder mehr als die Hälfte der Mitglieder des Aufsichtsrats oder der zur gesetzlichen Vertretung berufenen Organe bestellen kann oder das Recht hat, die Geschäfte des Unternehmens zu führen;

b) Unternehmen, die bei einem vertragsschließenden Unternehmen unmittelbar oder mittelbar die unter a) bezeichneten Rechte oder Einflussmöglichkeiten haben;

c) Unternehmen, bei denen ein unter b) genanntes Unternehmen unmittelbar oder mittelbar die unter a) bezeichneten Rechte oder Einflussmöglichkeiten hat;

d) Unternehmen, in denen eine der Vertragsparteien gemeinsam mit einem oder mehreren der unter a), b) oder c) genannten Unternehmen oder in denen zwei oder mehr als zwei der zuletzt genannten Unternehmen ge-

---

1 Vgl. zum deutschen Recht *BGH* v. 5.10.2004, WRP 2004, 1502, 1504 – Staubsaugerbeutelmarkt; *BGH* v. 19.3.1996, WuW/E BGH 3058, 3062 – PayTV-Durchleitung.

2 Vgl. *BGH* v. 4.11.2003, WuW/E DE-R 1206 – Strom und Telefon I; *BGH* v. 3.7.2004, WuW/E DE-R 1301, 1302 – Sanacrop/Anzag.

3 Ebenso *Hauck* in Fitzner/Lutz/Bodewig, PatRKomm, § 15 PatG Rz. 88.

meinsam die in Buchstabe a) bezeichneten Rechte oder Einflussmöglichkeiten haben.

Zudem gehören hierzu Unternehmen, in denen die Vertragsparteien oder mit ihnen jeweils verbundene Unternehmen im Sinne der Buchstaben a)–d) oder eine oder mehrere der Vertragsparteien oder eines oder mehrere der mit ihnen im Sinne der Buchstaben a)–d) verbundenen Unternehmen und ein oder mehrere dritte Unternehmen gemeinsam die unter a) bezeichneten Rechte oder Einflussnahmemöglichkeiten haben. In diesem Fall wird der Marktanteil des Unternehmens, an dem die gemeinsamen Rechte oder Einflussmöglichkeiten bestehen, jedem der im Sinne von a) beteiligten Unternehmen zu gleichen Teilen zugerechnet. 751

Im Hinblick auf **kleine und mittlere Unternehmen** stellt Ziff. I Nr. 3 der Bekanntmachung fest, dass diese kaum geeignet sind, den Handel zwischen Mitgliedstaaten spürbar zu beeinträchtigen. Hinsichtlich der Definition kleinerer und mittlerer Unternehmen wird auf die **Empfehlung der EU-Kommission vom 6.5.2003 zu kleinen und mittleren Unternehmen (KMU)** verwiesen[1]. Die dort genannten Schwellenwerte für Umsatz und Bilanzsummenklassen sind für die Abgrenzung maßgeblich. 752

Hiernach sind **Kleinst-(Mikro-)unternehmen** solche, die bis zu 9 Personen beschäftigen und deren Umsatz 2 Mio. Euro und deren Bilanzsumme ebenfalls 2 Mio. Euro nicht übersteigt. Unter **Kleinunternehmen** erfasst die Empfehlung Unternehmen, die keine Mikrounternehmen sind, bis zu 49 Personen beschäftigen und einen Jahresumsatz bis zu 10 Mio. Euro oder eine Bilanzsumme bis zu 10 Mio. Euro erreichen. Zuvor lag die Grenze bei 7 Mio. Euro für den Jahresumsatz und 5 Mio. Euro für die Bilanzsumme. Es sind des Weiteren solche Unternehmen als **mittlere** zu qualifizieren, die bis zu 249 Beschäftigte haben und deren Jahresumsatz 50 Mio. Euro, anstatt zuvor 40 Mio. Euro, und deren Bilanzsumme 43 Mio. Euro, anstatt zuvor 27 Mio. Euro, nicht übersteigt. 753

Erreichen die Unternehmen die von Ziff. II Nr. 7 der Bagatellbekanntmachung vorgegebenen Marktanteilsgrenzen nicht, so besteht bei Vorliegen der Voraussetzungen ihrer Ziff. II Nr. 11 dennoch die Möglichkeit von **Wettbewerbsbeschränkungen**, 754

- bei **horizontalen Vereinbarungen**, die bezwecken, die Preise festzusetzen oder die Erzeugung oder den Absatz einzuschränken oder die Märkte oder Versorgungsquellen aufzuteilen und bei
- **vertikalen Vereinbarungen**, die bezwecken, die Wiederverkaufspreise festzusetzen oder Beteiligten oder dritten Unternehmen **Gebietsschutz** zu gewähren.

Letzteres ist im Lizenzvertragsbereich insofern von Bedeutung, als Vertragsinhalt oftmals die Vereinbarung von Gebietsschutz sein wird (vgl. Rz. 1213 ff.). 755

1 Empfehlung Nr. 2003/361/EG, ABl. EG Nr. L 124 v. 20.5.2003, S. 26.

756 Liegt der **Marktanteil** der Unternehmen **über** den festgelegten **Schwellenwerten**, ist dies noch nicht gleichbedeutend mit einem Verbot nach Art. 101, 102 AEUV (ex-Art. 81, 82 EG). Es kann am Kriterium der Spürbarkeit trotz Überschreitung der Marktanteilsschwellen etwa dann fehlen, wenn die fraglichen Vereinbarungen nur geringfügige Auswirkungen auf den Wettbewerb haben (vgl. Ziff. I Nr. 2 Bagatellbekanntmachung)[1].

757 Auf das Argument der mangelnden Spürbarkeit wegen fehlender Überschreitung der Schwellenwerte kann allerdings nicht zurückgegriffen werden, wenn in einem Lizenzvertrag schwerwiegende Beschränkungen (**Kernbeschränkungen) i.S. der Ziff. II Nr. 11** der Bagatellbekanntmachung enthalten sind. Für solche Vereinbarungen gelten die Ziff. II Nrn. 7, 8, 9 Bagatellbekanntmachung (s. Rz. 745 f.) nämlich nicht. Ziff. II Nr. 11 führt nachstehende Kernbeschränkungen auf:

1. bei Vereinbarungen zwischen Wettbewerbern (wie in Ziff. II Nr. 7), Beschränkungen, die unmittelbar oder mittelbar, für sich allein oder in Verbindung mit anderen Umständen unter der Kontrolle der Vertragsparteien Folgendes bezwecken:
   a) die Festsetzung der Preise beim Verkauf von Erzeugnissen an Dritte;
   b) die Beschränkung der Produktion oder des Absatzes;
   c) die Aufteilung von Märkten oder Kunden;
2. bei Vereinbarungen zwischen Nichtwettbewerbern (wie in Ziff. II Nr. 7), Beschränkungen, die unmittelbar oder mittelbar, für sich allein oder in Verbindung mit anderen Umständen unter der Kontrolle der Vertragsparteien Folgendes bezwecken:
   a) die Beschränkung der Möglichkeiten des Käufers, seinen Verkaufspreis selbst festzusetzen; dies gilt unbeschadet der Möglichkeit des Lieferanten, Höchstverkaufspreise festzusetzen oder Preisempfehlungen auszusprechen, sofern sich diese nicht infolge der Ausübung von Druck oder der Gewährung von Anreizen durch eine der Vertragsparteien tatsächlich wie Fest- oder Mindestverkaufspreise auswirken;
   b) Beschränkungen des Gebiets oder des Kundenkreises, in das oder an den der Käufer die Vertragswaren oder -dienstleistungen verkaufen darf, mit Ausnahme der nachstehenden Beschränkungen, die keine Kernbeschränkungen sind:
      - Beschränkungen des aktiven Verkaufs in Gebiete oder an Gruppen von Kunden, die der Lieferant sich selbst vorbehalten oder ausschließlich einem anderen Käufer zugewiesen hat, sofern dadurch Verkäufe seitens der Kunden des Käufers nicht begrenzt werden;
      - Beschränkungen des Verkaufs an Endbenutzer durch Käufer, die auf der Großhandelsstufe tätig sind;

1 Vgl. hierzu *Bunte* in Langen/Bunte, Kartellrecht, Art. 81 EG, Generelle Prinzipien Rz. 124 ff.

- Beschränkungen des Verkaufs an nicht zugelassene Händler, die Mitgliedern eines selektiven Vertriebssystems auferlegt werden;
- Beschränkungen der Möglichkeiten des Käufers, Bestandteile, die zwecks Einfügung in andere Erzeugnisse geliefert werden, an Kunden zu verkaufen, welche diese Bestandteile für die Herstellung derselben Art von Erzeugnissen verwenden würden, wie sie der Lieferant herstellt;

c) Beschränkungen des aktiven oder passiven Verkaufs an Endverbraucher, soweit diese Beschränkungen Mitgliedern eines selektiven Vertriebssystems auferlegt werden, welche auf der Einzelhandelsstufe tätig sind; dies gilt unbeschadet der Möglichkeit, Mitgliedern des Systems zu verbieten, Geschäfte von nicht zugelassenen Niederlassungen aus zu betreiben;

d) die Beschränkung von Querlieferungen zwischen Händlern innerhalb eines selektiven Vertriebssystems, auch wenn diese auf unterschiedlichen Handelsstufen tätig sind;

e) Beschränkungen, die zwischen dem Lieferanten und dem Käufer von Bestandteilen, welche dieser in andere Erzeugnisse einfügt, vereinbart werden und die den Lieferanten hindern, diese Bestandteile als Ersatzteile an Endverbraucher oder an Reparaturwerkstätten oder andere Dienstleistungserbringer zu verkaufen, die der Käufer nicht mit der Reparatur oder Wartung seiner eigenen Erzeugnisse betraut hat;

3. bei Vereinbarungen zwischen Wettbewerbern (wie in Ziff. II Nr. 7), wenn die Wettbewerber zwecks Durchführung der Vereinbarung auf unterschiedlichen Produktions- oder Vertriebsstufen tätig sind, jede der in den Absätzen 1 und 2 genannten Kernbeschränkungen.

Frei. 758–759

b) Die Kartellverfahrensverordnung (EG) Nr. 1/2003

Von ganz entscheidender Bedeutung ist die Kartellverfahrensverordnung **VO (EG) Nr. 1/2003**, die die Durchführung der Wettbewerbsregelungen in Art. 81, 82 EG (heute Art. 101, 102 AEUV) näher bestimmt. Anwendungsbereich der VO Nr. 1/2003 ist in **räumlicher Hinsicht** der Kreis der EU-Mitgliedstaaten[1]. Der **sachliche Anwendungsbereich** der VO Nr. 1/2003 beschränkt sich auf die Durchführung der Art. 81, 82 EG (Art. 101, 102 AEUV)[2]. 760

1 Zur Wirkung auf das EWR-Abkommen vgl. *Dalheimer* in Dalheimer/Feddersen/Miersch, VO Nr. 1/2003, Vorbem. 27.

2 *Dalheimer* in Dalheimer/Feddersen/Miersch, VO Nr. 1/2003, Vorbem. Rz. 22 ff.; Streinz/*Niggemann*, EUV/AEUV, KartVO nach Art. 103 AEUV Rz. 5 ff.

761 Der **Anwendungsbereich des Art. 101 Abs. 1 AEUV** (ex-Art. 81 Abs. 1 EG) ist recht weit gefasst. Hiervon erfasste Vereinbarungen sind, wie gezeigt, grundsätzlich nichtig (vgl. Rz. 717). Eine Freistellung ergibt sich allerdings dann, wenn die Vereinbarung von der Freistellungswirkung des Art. 101 Abs. 3 AEUV (ex-Art. 81 Abs. 3 EG) umfasst wird.

762 In der Verordnung **EG Nr. 2821/71** vom 20.12.1971 über die Anwendung von Art. 85 Abs. 3 EGV (heute Art. 101 Abs. 3 AEUV [ex-Art. 81 Abs. 3 EG]) auf Gruppen von Vereinbarungen, Beschlüssen und aufeinander abgestimmten Verhaltensweisen wurde die Kommission ermächtigt, Gruppenfreistellungsverordnungen zu erlassen, die die Anwendung von Normen und Typen, die Forschung und Entwicklung von Erzeugnissen und Verfahren bis zur Produktionsreife oder die Spezialisierung einschließlich der zu ihrer Durchführung erforderlichen Abreden betreffen. Bis auf die Streichung des Art. 7, der durch Art. 29 VO Nr. 1/2003 ersetzt wird, bleibt die Verordnung EG Nr. 2821/71 von der Kartellverfahrensverordnung Nr. 1/2003 unberührt[1].

763 Die am 1.5.2004 in Kraft getretene **VO Nr. 1/2003** übernimmt im Wesentlichen die bereits im Weißbuch[2] ausgearbeiteten Ansätze. Die VO Nr. 1/2003 erklärt zunächst Art. 81 Abs. 3 EG (heute **Art. 101 Abs. 3 AEUV**) für **unmittelbar anwendbar**, entzieht der Kommission gleichzeitig die alleinige Zuständigkeit für die Anwendung des Art. 81 EG (heute Art. 101 AEUV) und **dezentralisiert** somit die **Kartellrechtsanwendung** (vgl. Rz. 710 ff.). Das vorherige Erfordernis der Anmeldung eines Vertrages zur Freistellung durch die Kommission ist im Zuge dessen vollständig entfallen. Vielmehr gelten diejenigen Vereinbarungen, die unter eine Gruppenfreistellungsverordnung fallen oder anderweitig von Art. 81 Abs. 3 EG (heute Art. 101 Abs. 3 AEUV) erfasst werden, nach der neuen VO Nr. 1/2003 als zulässig. Die **Bewertung der Zulässigkeit obliegt den Parteien selbst** (vgl. zum Verfahren Rz. 1088 ff.) und unterliegt lediglich einer posterioren Einzelfallüberprüfung. Somit wird das dem bisherigen Kartellverfahren zugrunde liegende System des Verbots mit Erlaubnisvorbehalt durch ein **Verbot mit Legalausnahme** ersetzt, um letztlich den Verwaltungsaufwand der Kommission zu verringern. Auch hinsichtlich des Verhältnisses von europäischem zu nationalem Recht sowie der Anwendbarkeit des Art. 81 Abs. 3 EG (heute Art. 101 Abs. 3 AEUV) enthält die VO Nr. 1/2003 wesentliche Neuerungen (vgl. Rz. 690 ff.). Im Übrigen übernimmt die VO Nr. 1/2003 etliche Bestimmungen der VO Nr. 17/62, wie etwa hinsichtlich der Ermittlungsbefugnisse der Kommission und des Bußgeldrahmens[3].

764–765 Frei.

---

1 *Dalheimer* in Dalheimer/Feddersen/Miersch, VO Nr. 1/2003, Art. 40 Rz. 1.

2 „Weißbuch über die Modernisierung der Vorschriften zur Anwendung der Art. 81 und 82 EG, ABl. EG Nr. C 132, v. 12.5.1999, S. 1 (s. hierzu Rz. 1089 ff.).

3 *Dalheimer* in Dalheimer/Feddersen/Miersch, VO Nr. 1/2003, Vorbem. Rz. 33 f.

c) Rechtliche Wirkung einer Gruppenfreistellungsverordnung

Dem Rechtsanwender ist mit einer Gruppenfreistellungsverordnung (GVO) eine Hilfe an die Hand gegeben, bei Übereinstimmung des Vertragsinhalts mit dem Inhalt der GVO von der **Wirksamkeit des abgeschlossenen Vertrages** ausgehen zu können. „Alles was darin nicht ausdrücklich ‚verboten' wird, ist erlaubt". 766

Der **Grund der Freistellung** von Technologietransfer-Vereinbarungen liegt darin, dass unter bestimmten Voraussetzungen unterstellt wird, dass die Lizenzvergabe für bestimmte Technologien die wirtschaftliche Leistungsfähigkeit steigert und sich dies auf den Wettbewerb positiv auswirkt (vgl. EGr 5 TT-GVO 2004), so dass letztlich die effizienzsteigernde und wettbewerbsfördernde Wirkung überwiegt (vgl. EGr 6 TT-GVO 2004). 767

Als **DurchführungsVO (i.S. des. Art. 103 AEUV** [ex-Art. 83 EG]) **zu Art. 101 Abs. 3 AEUV** (ex-Art. 81 Abs. 3 EG) beschränkt sich eine GVO darauf, einzelne evtl. im Vertrag enthaltene **Wettbewerbsbeschränkungen dem Verbot des Art. 101 Abs. 1 AEUV** (ex-Art. 81 Abs. 1 EG) **zu entziehen**. Der Wirtschaftsteilnehmer ist nicht verpflichtet, von dieser Möglichkeit Gebrauch zu machen. Insoweit bewirkt eine GVO weder eine Änderung des Inhalts einer solchen Vereinbarung noch deren Nichtigkeit, wenn nicht alle Voraussetzungen der VO erfüllt sind[1]. Die GVO stellt also keine zwingenden Vorschriften auf, die die Gültigkeit oder den Inhalt von Vertragsbestimmungen unmittelbar berühren oder die Vertragsparteien zur Anpassung des Vertragsinhalts verpflichten; sie legt vielmehr nur Voraussetzungen fest, bei deren Erfüllung bestimmte Vertragsbestimmungen vom Verbot und damit von der Nichtigkeit nach Art. 101 Abs. 1 und 2 AEUV (ex-Art. 81 Abs. 1 und 2 EG) ausgenommen sind. 768

Die Freistellung betrifft nur das Kartellverbot des Art. 101 Abs. 1 AEUV (ex-Art. 81 Abs. 1 EG), nicht dagegen das Missbrauchsverbot des Art. 102 AEUV (ex-Art. 82 EG).

Stimmt der abgeschlossene Vertrag inhaltlich mit den Vorgaben der betreffenden GVO nicht überein oder enthält der Vertrag insbesondere Klauseln, die unter eine der Kernbeschränkungen z.B. des Art. 4 TT-GVO 2004 fallen, **entfällt die Gruppenfreistellung nicht nur für die betreffende Klausel, sondern für den gesamten Vertrag**. Es ist dann Sache der Vertragsparteien, darzutun, dass die betreffende Vereinbarung aus den Gründen des Art. 101 Abs. 3 AEUV (ex-Art. 81 Abs. 3 EG) bzw. aus sonstigen Gründen nicht der Verbotswirkung des Art. 101 Abs. 1 AEUV (ex-Art. 81 Abs. 1 EG) unterfällt. 769

Ist bei einem Vertrag streitig, ob einzelne Klauseln mit Art. 101 Abs. 1 AEUV (ex-Art. 81 Abs. 1 EG) in Einklang stehen, ist es **Sache des nationalen Gerichts**, die Tragweite einer möglichen Nichtigkeit bestimmter Ver- 770

1 *EuGH* v. 18.12.1986, GRUR Int. 1987, 868 – VAG France/Magne.

tragsbestimmungen nach Art. 101 Abs. 2 AEUV (ex-Art. 81 Abs. 2 EG) sowie deren Auswirkungen auf die gesamten vertraglichen Beziehungen nach dem einschlägigen nationalen Recht zu beurteilen. Die Auswirkungen einer Nichtigkeit bestimmen sich nicht nach Gemeinschaftsrecht, sondern nach nationalem Recht.

771–772 Frei.

5. Grundzüge der Gruppenfreistellungsverordnung Nr. 772/2004 für Technologietransfer-Vereinbarungen (TT-GVO 2004)

a) Überblick

773 Zum **1.5.2004** trat die Gruppenfreistellungsverordnung (EG) Nr. 772/2004 vom 7.4.2004 über die Anwendung von Art. 81 Abs. 3 EG (heute Art. 101 Abs. 3 AEUV) auf Technologietransfervereinbarungen (**TT-GVO 2004**)[1] in Kraft (vgl. Art. 11)[2]. Sie gilt gemäß Art. 11 TT-GVO 2004 **bis zum 30. April 2014** und ist damit in ihrer Wirkung zunächst auf zehn Jahre begrenzt. Die TT-GVO 2004 ersetzte die Gruppenfreistellungsverordnung (EG) Nr. 240/96, TT-GVO 1996[3], deren Geltungsdauer gemäß Art. 13 Abs. 1 TT-GVO 1996 vom 1.4.1996 bis zum 31.3.2006 vorgesehen war.

774 Eine **Übergangsregelung** findet sich in **Art. 10 TT-GVO 2004**. Hiernach galt die VO Nr. 240/96 bis zu deren Außerkrafttreten am 31.3.2006 weiterhin für Verträge, die bereits am 30.4.2005 in Kraft waren und die die Voraussetzungen für eine Freistellung nach der GVO Nr. 240/96 erfüllten, nicht aber nach der GVO Nr. 772/2004 freigestellt werden[4].

Daher war eine **Anpassung** der betreffenden Verträge **bis zum 31.3.2006** erforderlich. Dies betraf insbesondere Regelungen, die unter die Kernbeschränkungen (insbesondere Gebiets- und Verkaufsbeschränkungen) des Art. 4 TT-GVO 2004 fallen und die im Einzelfall unter Umständen vom Verbot des Art. 81 Abs. 1 EG (heute Art. 101 Abs. 1 AEUV) durch die GVO Nr. 240/96 ausgenommen waren; ebenso kann dies für Auswirkungen der neu eingeführten Marktanteilsschwellen gelten[5]. Wird die Altvereinbarung

---

1 ABl. EG Nr. L 123 v. 27.4.2004, S. 11. Vgl. hierzu *Schultze/Pautke/Wagener*, Die Gruppenfreistellungsverordnung für Technologietransfer-Vereinbarungen; *Zöttl*, WRP 2005, 33–47; *Lübbig*, GRUR 2004, 483–489; *Drexl*, GRUR Int 2004, 716–727.

2 S. zur Entwicklung der VO Nr. 772/2004 EGr 3 TT-GVO 2004: *Schultze/Pautke/Wagener*, Die Gruppenfreistellungsverordnung für Technologietransfervereinbarungen, Rz. 1 ff.; *von Falck/Schmaltz* in Loewenheim/Meessen/Riesenkampff, Einf. TT-GVO Rz. 2; *Lübbig*, GRUR 2004, 483 ff.

3 VO (EG) Nr. 240/96 v. 31.1.1996, ABl. EG Nr. L 31 v. 9.2.1996, S. 2.

4 Zu der Übergangsregelung Art. 11 Abs. 3 VO Nr. 240/96 für vor dem 1.4.1996 abgeschlossene Verträge s. 5. Aufl., Rz. 766 ff.

5 *Immenga*, BB 2006, Heft 9, S. I; *Schultze/Pautke/Wagener*, Die Gruppenfreistellungsverordnung für Technologietransfervereinbarungen, Rz. 924 ff.

im Ausnahmefall nicht von der novellierten TT-GVO 2004 erfasst, so ist allerdings grundsätzlich davon auszugehen, dass die allgemeine Regelung des Art. 101 Abs. 3 AEUV (ex-Art. 81 Abs. 3 EG) greift, wenn die Vereinbarung zuvor durch die GVO Nr. 240/96 als zulässig erachtet wurde[1]. Der Nachweis des Vorliegens der Voraussetzungen des Art. 101 Abs. 3 AEUV (ex-Art. 81 Abs. 3 EG) obliegt dann der Partei, die sich auf die Freistellung beruft.

Die Regelungen der TT-GVO 2004 tragen den Modifizierungen des europäischen Kartellrechts durch die VO Nr. 1/2003 (vgl. Rz. 760 ff.) bereits Rechnung. In Übereinstimmung mit der Abschaffung des Anmelde- sowie Genehmigungsverfahrens durch die VO Nr. 1/2003 ist auch das Widerspruchsverfahren nach Art. 4 VO Nr. 240/96 ersatzlos gestrichen worden. Es obliegt den Parteien, **selbst einzuschätzen** (self assessment), ob die fragliche Vereinbarung von der TT-GVO 2004 umfasst und damit vom Verbot des Art. 101 Abs. 1 AEUV (ex-Art. 81 Abs. 1 EG) ausgenommen wird. Lediglich für Fragen von allgemeiner wirtschaftlicher Bedeutung werden **Beratungsschreiben** seitens **der Kommission** erstellt, denen allerdings ein nur informeller Charakter zukommt. Zum Zwecke einer fazileren Selbsteinschätzung gibt die Kommission den betreffenden Parteien Leitlinien (**TT-Leitlinien**)[2] an die Hand, die die Bestimmungen der Gruppenfreistellungsverordnung als Selbstbindung der Kommission (vgl. Rz. 1–4 TT-Leitlinien zu Art. 81 EG [heute Art. 101 AEUV]) konkretisieren. 775

Art. 2 TT-GVO Nr. 240/96 enthielt noch eine Liste von Vereinbarungen, die uneingeschränkt zulässig waren (sog. **weiße Liste**). Art. 4 TT-GVO Nr. 240/96 regelte das Widerspruchsverfahren, nach dem die Parteien eine Freistellung von wettbewerbsbeschränkenden Vereinbarungen beanspruchen konnten, die nicht bereits nach Art. 1, 2 TT-GVO Nr. 240/96 vom Verbot des Art. 81 Abs. 1 EG (heute Art. 101 Abs. 1 AEUV) ausgenommen waren (sog. **graue Liste**). Nach der **schwarzen Liste** des Art. 3 TT-GVO Nr. 240/96 waren bestimmte Vereinbarungen von vornherein vom Anwendungsbereich der TT-GVO Nr. 240/96 ausgenommen[3]. In vereinfachenden Worten ausgedrückt, waren Vereinbarungen, die nicht ausdrücklich durch die TT-GVO Nr. 240/96 erlaubt waren, verboten[4]. 776

Das System der Freistellung nach bestimmten Fallgruppen durch die vorherigen weißen bzw. grauen Klauseln ist im Zuge der Reform entfallen. Wesentliches Freistellungungskriterium nach der neuen TT-GVO 2004 sind in einer stärker ökonomisch auf konkrete Marktauswirkungen aus- 777

---

1 *Schultze/Pautke/Wagener*, Die Gruppenfreistellungsverordnung für Technologietransfervereinbarungen, Rz. 926.

2 Leitlinien zur Anwendung von Art. 81 EG-Vertrag auf Technologietransfer-Vereinbarungen (2004/C 101/02), ABl. EG Nr. L 123 v. 27.4.2004.

3 S. 5. Aufl., Rz. 775 ff.

4 *Schultze/Pautke/Wagener*, Die Gruppenfreistellungsverordnung für Technologietransfervereinbarungen, Rz. 17.

gerichteten Betrachtung (economic approach) die **Anteile der betreffenden Unternehmen am Markt** (vgl. Art. 3 TT-GVO 2004, Rz. 826 ff.). Insofern ist die TT-GVO 2004 an die Prinzipien und wirtschaftlichen Wertentscheidungen der Vertikal-GVO angelehnt[1]. Die Einführung der Marktanteilsschwellen basiert auf der Vermutung, dass Vereinbarungen zwischen Unternehmen, die nur einen geringen Anteil am Marktgeschehen ausmachen, kaum wettbewerbsbeschränkende Wirkungen zur Folge haben.

778 Die TT-GVO 2004 differenziert bezüglich der Marktanteilsgrenzen zwischen **konkurrierenden** und **nichtkonkurrierenden Unternehmen**. Der Differenzierung liegt die Überlegung zugrunde, dass die Gefahr einer Wettbewerbsbeeinträchtigung eher von Vereinbarungen zwischen konkurrierenden Unternehmen ausgeht als zwischen Nichtwettbewerbern[2]. Werden die in Art. 3 TT-GVO 2004 niedergelegten Marktanteilsschwellen (20 % für die Beteiligten insgesamt im Falle von Wettbewerbern und 30 % individueller Marktanteil bei Nichtwettbewerbern) nicht überschritten, so gilt die fragliche **Vereinbarung** grundsätzlich als durch die TT-GVO 2004 **freigestellt** und damit als zulässig, wenn nicht eine der Kernbeschränkungen des Art. 4 TT-GVO 2004 greift.

779 Im System der TT-GVO 2004 ist somit zunächst zu **prüfen**, ob die **Voraussetzungen eines Verbots nach Art. 101 Abs. 1 AEUV** (ex-Art. 81 Abs. 1 EG) überhaupt vorliegen. Hierzu bedarf es insbesondere der Feststellung einer **Spürbarkeit** der wettbewerbswidrigen Handlung, die bei horizontalen Vereinbarungen erst bei einem Gesamtmarktanteil der Unternehmen hinsichtlich des Vertragsgegenstandes von 10 % bzw. im Falle von vertikalen Vereinbarungen bei einem Individualmarktanteil von 15 % angenommen wird (vgl. Rz. 745 ff.). Sind diese Voraussetzungen gegeben, so ist zu prüfen, ob der **Anwendungsbereich der TT-GVO 2004** eröffnet ist (vgl. Rz. 784 ff.). Ist dies der Fall, so ist zu prüfen, ob die Unternehmen die in der TT-GVO 2004 niedergelegten **Marktanteilsschwellen** überschreiten. Werden die Marktanteilsschwellen des Art. 3 TT-GVO 2004 überschritten, so können sich die Parteien nicht auf eine Freistellung durch die TT-GVO 2004 berufen. Eine Freistellung nach den allgemeinen Kriterien des Art. 101 Abs. 3 AEUV (ex-Art. 81 Abs. 3 EG) ist dadurch jedoch nicht zwangsläufig ausgeschlossen (vgl. Rz. 130 ff. TT-Leitlinien zu Art. 81 EG [heute Art. 101 AEUV]). Werden die Marktanteilsschwellen nicht überschritten, so gilt die Vereinbarung grundsätzlich als freigestellt. Eine Ausnahme ergibt sich jedoch dann, wenn die Vereinbarung unter Art. 4 bzw. 5 TT-GVO 2004 fällt.

Vereinfacht dargestellt, sind derzeitig diejenigen Technologietransfer-Vereinbarungen vom Verbot des Art. 101 Abs. 1 AEUV (ex-Art. 81 Abs. 1 EG)

1 *Schultze/Pautke/Wagener*, Die Gruppenfreistellungsverordnung für Technologietransfervereinbarungen, Rz. 5.

2 *Schultze/Pautke/Wagener*, Die Gruppenfreistellungsverordnung für Technologietransfervereinbarungen, Rz. 20.

freigestellt, die nicht ausdrücklich durch die TT-GVO 2004 verboten werden[1].

Es ergibt sich somit folgender **Prüfungsablauf**[2]: 780

- Liegt eine wettbewerbsbeschränkende Vereinbarung i.S. des Art. 101 Abs. 1 AEUV (ex-Art. 81 Abs. 1 EG) vor? Eröffnung des räumlichen (vgl. Rz. 810 ff.) und sachlichen (vgl. Rz. 784 ff.) Anwendungsbereichs des Art. 101 AEUV (ex-Art. 81 EG); insbesondere Prüfung der in Art. 101 Abs. 1 AEUV (ex-Art. 81 Abs. 1 EG) enthaltenen Regelbeispiele.
- Ist die Wettbewerbsbeschränkung spürbar (vgl. Rz. 742 f.)?
- Kommt eine Freistellung nach Art. 101 Abs. 3 AEUV (ex-Art. 81 Abs. 3 EG) i.V.m. TT-GVO 2004 in Betracht? Ist der Anwendungsbereich der TT-GVO 2004 in sachlicher (vgl. Rz. 776 ff.) sowie räumlicher Hinsicht eröffnet (Rz. 810 ff.)?
- Liegt der Marktanteil der Unternehmen innerhalb der in Art. 3 TT-GVO 2004 vorgesehenen Schwellenwerte? Wird die Marktanteilsschwelle überschritten, ist abzuwägen, ob dennoch eine Freistellung über Art. 101 Abs. 3 AEUV (ex-Art. 81 Abs. 3 EG) in Betracht kommt (vgl. Rz. 885 ff.).
- Werden die Schwellenwerte eingehalten, ist im Übrigen zu prüfen, ob eine Kernbeschränkung nach Art. 4 TT-GVO 2004 vorliegt, wodurch eine Gruppenfreistellung insgesamt ausgeschlossen ist (vgl. Rz. 890 ff.). Bei Eingreifen von Art. 4 TT-GVO 2004 ist eine Einzelbetrachtung vorzunehmen, ob dennoch eine Freistellung über Art. 101 Abs. 3 AEUV (ex-Art. 81 Abs. 3 EG) in Betracht kommt.
- Greift eine Beschränkung nach Art. 5 TT-GVO 2004 ein, die zur Nichtigkeit der einzelnen Vertragsklausel führt (vgl. Rz. 951 ff.)? Bei Eingreifen des Art. 5 TT-GVO 2004 erfolgt eine Einzelfallbetrachtung nach Art. 101 Abs. 3 AEUV (ex-Art. 81 Abs. 3 EG).

Frei. 781

b) Aufbau der TT-GVO 2004

Die TT-GVO 2004 ist wie folgt aufgebaut[3]: 782

Dem Text der TT-GVO 2004 sind **Erwägungsgründe (EGr)** vorangestellt, die die Beweggründe der Kommission für den Erlass der TT-GVO 2004 enthalten und eine wesentliche Auslegungshilfe für die nachfolgenden Bestimmungen vermitteln; sie sind Bestandteil der TT-GVO 2004.

---

1 *Schultze/Pautke/Wagener*, Die Gruppenfreistellungsverordnung für Technologietransfervereinbarungen, Rz. 17.
2 *Schultze/Pautke/Wagener*, Die Gruppenfreistellungsverordnung für Technologietransfervereinbarungen, Anhang 1, S. 343 ff.; *Hufnagel*, Mitt. 2004, 297, 299 f.
3 Zum Aufbau der VO Nr. 240/96 s. 5. Aufl., Rz. 775 ff.; *Stoffmehl*, Technologietransfer im europäischen Kartellrecht durch Gruppenfreistellung (1997), S. 73 ff.

Art. 1 definiert die zentralen, in der TT-GVO 2004 verwendeten Begriffe. Es werden dabei zum Teil die Definitionen aus Art. 10 VO Nr. 240/96 übernommen;

Art. 2 übernimmt den **Freistellungsgrundsatz** entsprechend der generalklauselartigen Formulierung des Art. 1 Abs. 1 VO Nr. 240/96 und erklärt die Verbotswirkung des Art. 81 Abs. 1 EG (heute Art. 101 Abs. 1 AEUV) auch für solche Klauseln als nicht gegeben, die in der Regel wettbewerbsbeschränkend sind. Die weiße Liste des Art. 2 sowie die graue Liste des Art. 4 TT-GVO 1996 wurden gestrichen;

Art. 3 legt die **Marktanteilsschwellen** für konkurrierende und nichtkonkurrierende Unternehmen fest, bei deren Überschreiten die Anwendung der TT-GVO 2004 ausgeschlossen ist;

Art. 4 enthält einen Katalog von **Kernbeschränkungen**, deren Aufnahme in den Lizenzvertrag zur Folge hat, dass eine Gruppenfreistellung insgesamt ausgeschlossen ist. Die Bestimmung entspricht somit in ihrer Wirkungsweise der gestrichenen schwarzen Liste des Art. 3 TT-GVO 1996;

Art. 5 enthält weitere von der Freistellung ausgeschlossene Fallgruppen. Anders als bei Art. 4 TT-GVO 2004 führt ein Verstoß gegen Art. 5 TT-GVO 2004 nur zur **mangelnden Freistellung der jeweiligen Vertragsklausel**. Etwaige weitere Bestimmungen werden von einer Freistellung durch die TT-GVO 2004 nicht unmittelbar ausgenommen;

Art. 6 regelt den **Entzug der Freistellung** für den Fall, dass eine nach der TT-GVO 2004 freigestellte Klausel Wirkungen hat, die mit den Voraussetzungen von Art. 81 Abs. 3 EG (heute Art. 101 Abs. 3 AEUV) unvereinbar sind (vgl. Rz. 966 ff.). Die Vorschrift entspricht weitgehend Art. 7 TT-GVO 1996;

Art. 7 räumt der Kommission die Befugnis ein, die TT-GVO 2004 für nicht anwendbar zu erklären, wenn über 50 % des betroffenen Marktes von parallelen Netzen gleichartiger Technologietransfervereinbarungen erfasst werden;

Art. 8 stellt Grundsätze zur Ermittlung sowie Anwendung der Marktanteilsschwellen auf;

Art. 9 hebt die TT-GVO 1996 auf;

Art. 10–11 regeln Inkrafttreten und Geltungsdauer der TT-GVO 2004 und bestimmen die Übergangsvorschriften.

783 Frei.

c) Sachlicher und persönlicher Geltungsbereich der TT-GVO 2004

784 Nach **Art. 2 Satz 1 TT-GVO 2004** findet die Gruppenfreistellungsverordnung Anwendung auf **Technologietransfer-Vereinbarungen zwischen zwei**

Unternehmen, die die Produktion von Vertragsprodukten ermöglichen. Diese Begrifflichkeiten werden in Art. 1 Abs. 1 TT-GVO 2004 definiert.

Der Begriff der **Vereinbarung** umfasst Vereinbarungen, Beschlüsse einer Unternehmensvereinigung oder aufeinander abgestimmte Verhaltensweisen (Art. 1 Abs. 1 lit. a TT-GVO 2004). Insofern wird der Wortlaut des Art. 81 Abs. 1 EG (heute Art. 101 Abs. 1 AEUV) aufgegriffen. Der Terminus ist nach der Rechtsprechung des *EuGH* weit auszulegen. Demnach fällt hierunter jede förmliche, ausdrückliche oder stillschweigende Willensübereinstimmung zwischen zwei oder mehreren natürlichen oder juristischen Personen, durch die das Marktverhalten wenigstens eines der Partner geregelt wird (vgl. auch Rz. 718)[1]. 785

Sie muss den gemeinsamen Willen der Parteien, sich auf dem Markt in bestimmter Weise zu verhalten, wiedergeben[2].

Der Begriff **Transfer** bezeichnet die Notwendigkeit der Weitergabe der betreffenden Technologie von einem Unternehmen an ein anderes. Die Weitergabe erfolgt grundsätzlich mittels Lizenzen oder Unterlizenzen[3]. Daneben erstreckt sich der Anwendungsbereich der TT-GVO 2004 eingeschränkt auch auf die Übertragung von Rechten (s. Rz. 793). 786

Der Terminus **Technologietransfer-Vereinbarung** stellt den Oberbegriff für Patentlizenz-, Know-how-, Softwarelizenz-Vereinbarungen oder gemischte Patentlizenz-, Know-how- oder Softwarelizenz-Vereinbarungen dar (Art. 1 Abs. 1 lit. b Halbs. 1 TT-GVO 2004). Die TT-GVO 2004 erweitert damit den früheren Anwendungsbereich um **Softwarelizenzen** (s. hierzu Rz. 253 ff.). Bis dahin waren diese lediglich als Nebenbestimmungen zu einer Technologietransfer-Vereinbarung erfasst (vgl. Art. 5 Abs. 1 Nr. 4, Art. 10 Nr. 15 VO Nr. 240/96)[4]. Softwarelizenz-Vereinbarungen werden jedoch nur dann von der TT-GVO 2004 freigestellt, wenn die Technologie den in Art. 2 Abs. 1 sowie im EGr 7 TT-GVO 2004 geforderten Produktbezug aufweist. Dies führt regelmäßig zu Abgrenzungsschwierigkeiten. Fördert die überlassene Software die Entwicklung oder Herstellung eines neuen oder verbesserten Produkts, so gilt für sie grundsätzlich die TT-GVO 2004[5]. **Softwareüberlassungsverträge** werden von der TT-GVO 2004 erfasst, wenn die Software ausschließlich zur Benutzung und nicht zur Bearbeitung überlas- 787

1 *EuGH* v. 25.10.1983, Slg. 1983, 3151, 3195 – AEG/Telefunken; eingehend auch *Schultze/Pautke/Wagener*, Die Gruppenfreistellungsverordnung für Technologietransfer-Vereinbarungen, Rz. 54 ff.

2 *EuGH* v. 6.1.2004, BB 2004, 286 – Adalat; mit Anm. *Klees*.

3 TT-Leitlinien zu Art. 81 EG Rz. 48 Satz 1, 2; eingehend *Schultze/Pautke/Wagener*, Die Gruppenfreistellungsverordnung für Technologietransfer-Vereinbarungen, Rz. 62 ff.

4 Vgl. *Lübbig*, GRUR 2004, 483, 486; *Schultze/Pautke/Wagener*, Die Gruppenfreistellungsverordnung für Technologietransfer-Vereinbarungen, Rz. 386 ff.

5 Eingehend *Schultze/Pautke/Wagener*, Die Gruppenfreistellungsverordnung für Technologietransfer-Vereinbarungen, Rz. 390 ff.

sen wird. Zwar fördert dies vordergründig weder die Herstellung noch den Vertrieb, die Weitergabe der Software zur Benutzung steht der Sache nach der Lizenzierung einer Produktionstechnologie jedoch gleich. Auch im Falle einer Softwareüberlassung kann eine bestimmungsgemäße Benutzung durch den Lizenzgeber erfolgen[1].

788 Die TT-GVO 2004 schließt auch solche Vereinbarungen ein, die sich auf den **Erwerb oder Verkauf von** Produkten oder auf die Übertragung von Rechten am geistigen Eigentum beziehen, sofern diese Bestimmungen **nicht den eigentlichen Gegenstand der Vereinbarung** bilden und **unmittelbar mit der Herstellung** der Vertragsprodukte **verbunden** sind (Art. 1 Abs. 1 lit. b TT-GVO 2004; vgl. EGr 9 TT-GVO 2004). Die Regelung gleicht der vorherigen Regelung des Art. 10 Nr. 15 sowie des EGr 6 der VO Nr. 240/96 zu Nebenbestimmungen, nach der die Lizenzierung an den genannten anderen Rechten zur Verwirklichung des Zwecks der überlassenen Technologie beizutragen hatte[2]. Nach wie vor muss die Übertragung von Rechten am geistigen Eigentum der verbesserten Nutzung der Technologie seitens des Lizenznehmers dienen[3]. Andernfalls würde der Zweck einer Freistellung durch die TT-GVO 2004 vereitelt (vgl. Rz. 767).

789 **Rechte am geistigen Eigentum** sind gewerbliche Schutzrechte, Know-how, Urheberrechte sowie verwandte Schutzrechte (Art. 1 Abs. 1 lit. g TT-GVO 2004)[4].

790 **Vertragsprodukte** sind solche Produkte, die mit der lizensierten Technologie produziert werden (Art. 1 Abs. 1 lit. f TT-GVO 2004)[5]. **Produkte** umfassen wiederum nach Art. 1 Abs. 1 lit. e TT-GVO 2004 sowohl Erzeugnisse als auch Dienstleistungen in Form eines Zwischen- oder Endprodukts. Damit wird der frühere Begriff der Lizenzerzeugnisse (vgl. die Definition in Art. 10 Nr. 8 VO Nr. 240/96) ersetzt. Die Voraussetzung der **Verbundenheit des Verkaufs** oder Erwerbs eines Produkts **mit der Produktion der Vertragsprodukte** ist gemäß Rz. 49 Satz 3 der TT-Leitlinien zu Art. 81 EG (heute Art. 101 AEUV) insbesondere dann gegeben, wenn es sich bei den gekoppelten Produkten um Maschinen- oder Prozess-Inputs handelt, die speziell darauf zugeschnitten sind, die lizenzierte Technologie effizient zu nutzen.

791 Ist das Erzeugnis jedoch lediglich ein **Zwischenprodukt**, so ist nicht ohne Weiteres gewährleistet, dass die lizenzierte Technologie und nicht das Produkt selbst Hauptgegenstand der Vereinbarung ist[6]. Verwendet der Lizenznehmer bereits eine andere Technologie zur Erzeugung des Endprodukts,

---

1 *von Falck/Schmaltz* in Loewenheim/Meessen/Riesenkampff, Art. 2 TT-GVO Rz. 25.
2 Vgl. hierzu 5. Aufl., Rz. 776; s. zur Neuregelung TT-Leitlinien zu Art. 81 EG Rz. 50.
3 TT-Leitlinien zu Art. 81 EG Rz. 50 Satz 2.
4 Zur Lizenzierung von Urheberrechten s. TT-Leitlinien zu Art. 81 EG Rz. 51 f.
5 Eingehend TT-Leitlinien zu Art. 81 EG Rz. 43.
6 Vgl. TT-Leitlinen Rz. 49 Satz 4.

so muss die neu transferierte Technologie zu einer spürbaren Verbesserung des Produktionsprozesses führen, die den Wert des vom Lizenzgeber erworbenen Produkts übersteigt[1]. Der Erwerb derjenigen Produkte, die keinen Bezug zu denjenigen aufweisen, die die lizenzierte Technologie enthalten, wird somit nicht von der TT-GVO 2004 erfasst[2].

Im konkreten Einzelfall ist daher stets der **Hauptgegenstand** der Vereinbarung für die Anwendbarkeit der TT-GVO 2004 maßgebend. Allgemeine Kriterien zur Ermittlung des Hauptgegenstands stellen jedoch weder die TT-GVO 2004 noch die TT-Leitlinien zu Art. 81 EG (heute Art. 101 AEUV) auf. Es ist somit stets auf die Umstände des Einzelfalles abzustellen. Die dadurch entstehenden Abgrenzungsschwierigkeiten sind der Rechtssicherheit insbesondere im Hinblick auf das Erfordernis der Selbsteinschätzung der Parteien nicht förderlich[3]. 792

Ebenfalls unter den Begriff der Technologietransfer-Vereinbarung fällt die **Übertragung** von **Patent-, Know-how- oder Softwarerechten** sowie eine Kombination dieser Rechte, **wenn** das **Risiko der Technologieverwertung** – zumindest teilweise – **beim Veräußerer verbleibt**, (Art. 1 Abs. 1 lit. b 2. Halbs. TT-GVO 2004). Das Verwertungsrisiko bleibt in der Regel dann beim Veräußerer, wenn die Gegenleistung für die Rechtsübertragung vom Umsatz abhängt, den der Erwerber mit den Produkten erzielt, die mit Hilfe der übertragenen Technologie produziert worden sind. Dem steht gleich, wenn das Entgelt von der Menge der Produkte oder der Anzahl der unter Einsatz der Technologie durchgeführten Arbeitsvorgänge abhängig gemacht wird (Art. 1 Abs. 1 lit. b TT-GVO 2004). Hierdurch soll verhindert werden, dass die TT-GVO 2004 dadurch umgangen wird, dass anstelle einer ausschließlichen Lizenzerteilung eine förmliche Übertragung der Rechtsposition erfolgt (vgl. auch EGr 9 Satz 1 VO Nr. 240/96). 793

Patenten gleichgestellt sind nach Art. 1 Abs. 1 lit. h TT-GVO 2004 **Patentanmeldungen, Gebrauchsmuster, Gebrauchsmusteranmeldungen, Geschmacksmuster**, **Topografien von Halbleiterzeugnissen, ergänzende Schutzzertifikate für Arzneimittel oder andere Produkte**, für die solche Zertifikate erlangt werden können und schließlich **Sortenschutzrechte**[4]. Die Bestimmung entspricht damit weitgehend Art. 8 Abs. 1 TT-GVO 1996, nimmt nun jedoch auch ausdrücklich die Geschmacksmuster auf. Nach der VO Nr. 240/96 war eine Freistellung von Vereinbarungen über Geschmackmuster nur als Nebenbestimmung möglich[5]. 794

---

1 TT-Leitlinien zu Art. 81 EG Rz. 49 Satz 5.
2 TT-Leitlinien zu Art. 81 EG Rz. 49 Satz 6.
3 Vgl. eingehend *Schultze/Pautke/Wagener*, Die Gruppenfreistellungsverordnung für Technologietransfer-Vereinbarungen, Rz. 70 ff.
4 Vgl. SortenschutzG v. 19.12.1997, BGBl. I S. 3164; s. zu den Besonderheiten bei Sortenschutz- u. Patentlizenzen im Saatgutbereich *Seitz/Kock*, GRUR Int. 2012, 711.
5 EGr 6 VO Nr. 240/96.

795 Geheime und wesentliche Erfindungen, die nicht zum Schutzrecht angemeldet werden, lassen sich unter den Begriff des **Know-how** subsumieren[1]. Zudem ist eine Anmeldung der Erfindungen als Gebrauchsmuster denkbar, womit sie dem Patent gleichgestellt wären. Im Übrigen ist eine Freistellung der Vereinbarung über Erfindungen immer dann möglich, wenn diese bloße Nebenbestimmungen zum eigentlichen Technologietransfer darstellen (Art. 1 Abs. 1 lit. b 1. Halbs. TT-GVO 2004).

796 Obwohl die TT-GVO 2004 das Erfordernis der Notwendigkeit der Patente (vgl. EGr 5, Art. 10 Nr. 5 VO Nr. 240/96) nicht mehr ausdrücklich nennt, ist hieran zum einen aus teleologischen Gründen festzuhalten, zudem legt Art. 2 Abs. 1 TT-GVO 2004 für jede Art der Technologie fest, dass diese die Produktion des Vertragsproduktes ermöglichen muss. Ermöglicht das Patent diese nicht, so wird es von Art. 2 Satz 1 TT-GVO 2004 nicht erfasst. Folglich kann auf die Ausführungen der Vorgängerverordnung zur Notwendigkeit zurückgegriffen werden.

797 **Know-how** ist nach Art. 1 Abs. 1 lit. i TT-GVO 2004 eine Gesamtheit praktischer Kenntnisse, die „geheim", „wesentlich" und in geeigneter Form „identifiziert" ist. Hinsichtlich der weiteren inhaltlichen Ausfüllung der Begriffe wird auf die Ausführungen in Rz. 2558 ff. sowie Rz. 2778 verwiesen.

798 **Keine Anwendung** findet die TT-GVO 2004 grundsätzlich auf **Technologiepools** (TT-Leitlinien zu Art. 81 EG [heute Art. 101 AEUV] Rz. 41; s. hierzu auch Rz. 1644 ff.). Eine ausdrückliche Nichterfassung von Technologiepools war in der VO Nr. 240/96 in Art. 5 Abs. 1 vorgesehen, wonach die TT-GVO 1996 keine Anwendung auf Vereinbarungen zwischen Mitgliedern einer Patent- oder Know-how-Gemeinschaft fand, die sich auf gemeinsame Technologien beziehen.

Als Technologiepools i.S. der TT-Leitlinien zu Art. 81 EG (heute Art. 101 AEUV) gelten Vereinbarungen, in denen sich zwei oder mehr Parteien darauf einigen, ihre Technologien mit dem Ziel zusammenzulegen, das so entstandene Paket Mitgliedern des Pools wie auch Dritten zur Nutzung anzubieten[2]. Hierunter fallen auch Vereinbarungen, in denen sich zwei oder mehrere Unternehmen darauf einigen, einer dritten Partei zu gestatten, das ihr lizenzierte Technologiepaket weiter zu lizenzieren[3]. Soweit Poolrechte Dritten lizenziert werden, kann diese Lizenzierung dagegen wieder in den Anwendungsbereich der TT-GVO 2004 fallen.

1 Vgl. *von Falck/Schmaltz*, in: Loewenheim/Meessen/Riesenkampff, Art. 1 TT-GVO Rz. 13.

2 TT-Leitlinien zu Art. 81 EG Rz. 41 Satz 4 u. Rz. 210 ff.

3 TT-Leitlinien zu Art. 81 EG Rz. 41 Satz 5; vgl. zur Zusammenarbeit von Unternehmen bei der Entwicklung von Arzneimitteln *Backhaus*, GRUR Int. 2005, 359, 368 f.

Zudem kann die TT-GVO 2004 im Einzelfall entsprechende Anwendung auf Technologiepools finden.

799 Hinsichtlich dieser Technologiepools unterscheiden die Leitlinien zwischen **komplementären** und **substitutiven** Technologien einerseits sowie **wesentlichen** und **nicht wesentlichen** Technologien andererseits[1]. Zwei Technologien sind **komplementär**, wenn sie beide erforderlich sind, um ein Produkt herzustellen oder das Verfahren anzuwenden, auf das sich die Technologie bezieht[2]. Die Technologien sind dagegen **substitutiv**, wenn sie dem Inhaber jeweils gestatten, das Produkt herzustellen oder das Verfahren anzuwenden[3].

800 **Wesentlich** ist eine Technologie, wenn sie notwendiger Bestandteil des Technologiepakets ist, es innerhalb oder außerhalb des Pools keine diese substituierende Technologie gibt und ein für sie gültiges Schutzrecht besteht. Das Merkmal der Wesentlichkeit impliziert damit, dass sich die Technologien ergänzen. Sich substituierende Technologien können somit von vornherein nicht als wesentlich charakterisiert werden[4].

801 **Ergänzen** sich die verschiedenen Technologien und sind sie wesentlich, so ist in der Regel davon auszugehen, dass der Pool keine wettbewerbsbeschränkende Wirkung zur Folge hat und nicht nach Art. 101 Abs. 1 AEUV (ex-Art. 81 Abs. 1 EG) als unzulässig zu bewerten ist[5]. Der Zusammenschluss sich **substituierender** Technologien führt in der Regel zu Preiskartellen und ist deswegen kartellrechtlich grundsätzlich bedenklich[6].

Bei **Zusammenschluss** komplementärer, jedoch nicht wesentlicher Technologien, besteht die Gefahr einer kollektiven Kopplung und des Ausschlusses fremder Technologien[7].

802 Die Charakterisierung einer Technologie als wesentlich erfolgt nicht einmalig, sondern unterliegt einem **fortlaufenden Prozess** und ist Veränderungen der Umstände somit stets unterworfen[8]. Dies erschwert die Abgrenzung. So kann eine Technologie ihre Wesentlichkeit bei Auftreten neuer, fremder Technologien am Markt verlieren[9]. Daher empfiehlt sich eine Vereinbarung, die im Laufe der Entwicklung unwesentlich werdende Technologien aus dem Pool ausschließt[10]. Andernfalls besteht die Gefahr, dass

1 TT-Leitlinien zu Art. 81 EG Rz. 215 Satz 2.
2 TT-Leitlinien zu Art. 81 EG Rz. 216 Satz 1.
3 TT-Leitlinien zu Art. 81 EG Rz. 216 Satz 2.
4 TT-Leitlinien zu Art. 81 EG Rz. 216 Satz 5.
5 Vgl. TT-Leitlinien zu Art. 81 EG Rz. 214, 220.
6 TT-Leitlinien zu Art. 81 EG Rz. 213 Satz 1, 219.
7 TT-Leitlinien zu Art. 81 EG Rz. 221.
8 Vgl. TT-Leitlinien zu Art. 81 EG Rz. 222.
9 TT-Leitlinien zu Art. 81 EG Rz. 222 Satz 2.
10 Vgl. *Schultze/Pautke/Wagener*, Die Gruppenfreistellungsverordnung für Technologietransfer-Vereinbarungen, Rz. 367.

der Pool insgesamt, also auch in dem letztgenannten Fall, dem Verbot des Art. 101 Abs. 1 AEUV (ex-Art. 81 Abs. 1 EG) unterliegt.

803 Ist eine **Technologie unwesentlich**, ist zur Feststellung der Verbotswirkung nach Art. 101 Abs. 1 AEUV (ex-Art. 81 Abs. 1 EG) etwa darauf abzustellen, ob der Zusammenschluss dem Wettbewerb förderlich ist, ob es den Lizenzgebern weiterhin überlassen bleibt, über die Technologien durch Weiterlizenzierung verfügen zu können, und ob die nicht wesentlichen Technologien auch weiterhin als Einzelpaket angeboten werden[1].

Weitere Kriterien zur Bewertung der Zulässigkeit von Technologiepools stellen die TT-Leitlinien zu Art. 81 EG (Art. 101 AEUV) in ihren Rz. 223–235 auf.

804 **Unternehmen** ist jede eine auf Dauer angelegte wirtschaftliche Tätigkeit ausübende Einheit[2]. Maßgebend ist die Selbständigkeit des Handelns, was Tätigkeiten von Arbeitnehmern ausschließt[3] (s. auch Rz. 816). Im **Konzernverbund** ist jedes einzelne Konzernunternehmen Unternehmen i.S. des Art. 101 AEUV bzw. Art. 2 GVO-TT[4]. Eine Ausnahme kann gelten, wenn ein Konzern bei arbeitsteiliger Aufteilung der Tätigkeiten eine wirtschaftliche Einheit darstellt[5].

805–809 Frei.

d) Räumlicher Geltungsbereich der TT-GVO 2004 (Auswirkungsprinzip)

810 Der räumliche Anwendungsbereich des europäischen Kartellrechts und damit auch der TT-GVO erstreckt sich auf den Gemeinsamen Markt der Europäischen Union. Enthalten die Vereinbarungen auch Verpflichtungen für **Drittländer außerhalb der EU**, so fand die TT-GVO 1996 nach ausdrücklicher Regelung im EGr 7 VO Nr. 240/96 jedenfalls Anwendung hinsichtlich der Verpflichtungen, die sich auf Länder der EU beziehen; entsprechendes galt für Drittländer betreffende Verpflichtungen, die Wirkungen auf dem Gemeinsamen Markt erzielten. Mangels einer dem entgegenstehenden Regelung in der gegenwärtigen TT-GVO 2004 ist davon auszugehen, dass bezüglich des räumlichen Geltungsbereichs der TT-GVO 2004 keinerlei Änderungen seitens der Kommission bezweckt wurden.

811 Ausgehend vom Auswirkungsprinzip müssen in den Anwendungsbereich der TT-GVO 2004 auch **Lizenzvereinbarungen** fallen, die sich formal nur auf einen Mitgliedstaat beziehen, die dort getroffenen Regelungen aber zu-

---

1 TT-Leitlinien zu Art. 81 EG Rz. 222.
2 S. die Nachweise bei *Saria* in Liebscher/Flohr/Petsche, Hdb. EU-GruppenfreistellungsVO, § 1 Rz. 52; *Lange*, Hdb. Kartellrecht, Rz. 45.
3 *Lange*, Hdb. Kartellrecht, Rz. 56.
4 *Saria* in Liebscher/Flohr/Petsche, Hdb. EU-GruppenfreistellungsVO, § 1 Rz. 54.
5 S. dazu *EuGH* v. 20.1.2011, WRP 2011, 335, Rz. 35 ff.

gleich den **Handel zwischen den Mitgliedstaaten beeinträchtigen** können. Eine ausdrückliche Erwähnung dieses Tatbestandes war noch im ersten Entwurf der VO Nr. 240/96 enthalten (dort EGr 6 Abs. 3); er wurde jedoch weder in die VO Nr. 240/96 noch in die geltende TT-GVO 2004 übernommen. Gleichwohl konnte bereits aus dem Eingangssatz des EGr 7 VO Nr. 240/96 geschlossen werden, dass die Auswirkung auf den Gemeinsamen Markt entscheidend für das Eingreifen der TT-GVO ist. Dann aber muss auch die vorgenannte Konstellation unter den Anwendungsbereich der TT-GVO 2004 fallen. Klarzustellen ist insoweit, dass es nicht auf die Nationalität der Vertragsparteien bzw. ihren Unternehmenssitz ankommen kann, sondern darauf, ob der Vertragsgegenstand sich auf Rechte und/oder Wirkungen in Bezug auf EU-Mitgliedstaaten erstreckt.

Maßgebend für die Anwendbarkeit des europäischen Kartellrechts sind we- 812
der die Nationalität noch der Unternehmenssitz der Vertragsbeteiligten. Ausschlaggebend ist allein, ob sich die Ausübung des Vertragsverhältnisses im Bereich der EU auswirkt. Ein deutlicher Hinweis auf die Anwendbarkeit des **Auswirkungsprinzips**[1] ist dadurch gegeben, dass die TT-GVO 2004 selbst entscheidend auf den **Marktanteil** der Parteien am Markt abstellt (Art. 3 TT-GVO 2004). Die Kommission konkretisiert den Begriff des relevanten Marktes in der **Bekanntmachung über die Definition des relevanten Marktes** im Sinne des Wettbewerbsrechts der Gemeinschaft[2]. Hiernach umfasst der relevante Markt das Gebiet, in dem die beteiligten Unternehmen die relevanten Produkt- und Dienstleistungen anbieten, in dem die Wettbewerbsbedingungen hinreichend homogen sind und das sich von benachbarten Gebieten durch spürbar unterschiedliche Wettbewerbsbedingungen unterscheidet.

Die Bestimmung des relevanten Marktes gestaltet sich somit unabhängig von Sitz sowie Staatsangehörigkeit der Parteien und ist nach wirtschaftlichen Gesichtspunkten zu beurteilen[3]. Damit wird die zwischenstaatliche Relevanz des Parteiverhaltens in den Mittelpunkt der Erwägung gestellt. In den Anwendungsbereich der TT-GVO 2004 kann somit grundsätzlich rein innerstaatliches Handeln, Handeln zwischen den Mitgliedern der Gemeinschaft oder Handeln von Mitgliedern der Gemeinschaft mit Drittstaaten

1 S. dazu *Weiß* in Callies/Ruffert, EUV/AEUV, Art. 101 AEUV Rz. 8; Streinz/*Eilmansberger*, EUV/AEUV, Art. 101 AEUV Rz. 20 ff. u.a. m.H.a. folgende Entscheidungen, die die Kommission auf das Auswirkungsprinzip gestützt hat: *KomE* v. 9.6.1972 – 72/238/EWG, ABl. Nr. L 143 v. 23.6.1972, S. 39, 41 – Raymond-Nagoya; *KomE* v. 19.12.1984 – 85/206/EWG, ABl. Nr. L 92 v. 30.3.1985, S. 1 Rz. 14.6 – Aluminium; *KomE* v. 19.12.1984 – 85/202/EWG, ABl. Nr. L 85 v. 26.3.1985, S. 1 Rz. 79 – Zellstoff. Eingehend zur Kontroverse über die jeweiligen Anknüpfungsvoraussetzungen *Rehbinder* in Immenga/Mestmäcker, Wettbewerbsrecht, IntWbr, Rz. 3 f.; 6 ff.

2 ABl. EG Nr. C 372 v. 9.12.1997, S. 5 f.

3 Vgl. *Meessen* in Loewenheim/Meessen/Riesenkampff, Einführung Rz. 15.

und letztlich auch Handeln zwischen Drittstaatenmitgliedern fallen, solange sich die Vereinbarungen auf den Gemeinsamen Markt auswirken[1].

813–814 Frei.

e) Freistellung (Art. 2 TT-GVO 2004)

815 Nach **Art. 2 Satz 1 TT-GVO 2004** werden Technologietransfer-Vereinbarungen zwischen zwei Unternehmen vom Verbot des 81 Abs. 1 EG (heute Art. 101 Abs. 1 AEUV) freigestellt, die die Produktion der Vertragsprodukte ermöglichen. Art. 2 TT-GVO 2004 ersetzt den zuvor geltenden Art. 1 VO Nr. 240/96, nach dem die Gruppenfreistellungsverordnung nur auf Vereinbarungen Anwendung fand, die eine der dort angegebenen Beschränkungen enthielten. Unterfiel die Vereinbarung keiner der aufgelisteten Beschränkungsauflagen, war im Einzelfall unklar, inwiefern Vereinbarungen dennoch von der TT-GVO 1996 erfasst werden konnten[2]. Die Abgrenzungsschwierigkeiten sind durch die generalklauselartige Formulierung des Art. 2 TT-GVO 2004 entfallen. Hinsichtlich des Begriffs der Technologietransfer-Vereinbarungen wird auf obige Ausführungen (Rz. 784 ff.) verwiesen.

816 Dem Wortlaut nach ist die Gruppenfreistellungs-Verordnung lediglich auf **zweiseitige Vereinbarungen** anwendbar. Nach Art. 1 Abs. 2 TT-GVO 2004 schließt dies verbundene Unternehmen[3] ein. Der Begriff des verbundenen Unternehmens wird eingehend in Art. 1 Abs. 2 TT-GVO 2004 definiert. Die Definition entspricht weitgehend der der Bagatellbekanntmachung (s. Rz. 750). Die auf bilaterale Vereinbarungen beschränkte Regelung erklärt sich aus der mangelnden Befugnis der Kommission, Vereinbarungen vom mehr als zwei Unternehmen in die Gruppenfreistellungsverordnung einzubeziehen (vgl. Ratsverordnung 19/65[4])[5]. Allerdings soll die Gruppenfreistellungsverordnung im Einzelfall bei entsprechender Interessenlage analog auf mehrseitige Vereinbarungen Anwendung finden[6].

817 Zwingende Voraussetzung für eine Freistellung durch die TT-GVO 2004 ist, dass die grundsätzlich erfassten Technologien die **Produktion von Vertragsprodukten ermöglichen**. Lizenzvereinbarungen, die die Vergabe von Unteraufträgen für Forschungs- und Entwicklungsaufgaben zum Ziel haben, werden daher ebenso wenig erfasst wie Technologiepools (vgl. EGr 7 TT-GVO 2004) oder reine Softwarevertriebslizenzen, die nur zum Zwecke der Bearbeitung erteilt werden (vgl. Rz. 787). Hauptgegenstand der Verein-

---

1 Eingehend auch *Groß*, Rz. 623.
2 *Schultze/Pautke/Wagener*, Die Gruppenfreistellungsverordnung für Technologietransfer-Vereinbarungen, Rz. 260.
3 Zum allgemeinen Unternehmensbegriff s. Rz. 718.
4 ABl. Nr. 36 v. 6.3.1965, S. 355.
5 TT-Leitlinien zu Art. 81 EG FN 25.
6 TT-Leitlinien zu Art. 81 EG Rz. 40.

barung muss damit die Produktion der Vertragserzeugnisse bilden. **Unterlizenzierungen** werden nur dann erfasst, wenn diese vorrangig zum Ziele der Produktion von Vertragsprodukten erteilt werden[1]. Allerdings sollen die Grundsätze der Gruppenfreistellungsverordnung bei vergleichbarer Interessenlage auch auf **Masterlizenzvereinbarungen** zwischen Lizenzgeber und Lizenznehmer entsprechende Anwendung finden[2].

Nach **Art. 2 Satz 2 TT-GVO 2004** gilt eine Freistellung, soweit die Verein- 818
barungen Wettbewerbsbeschränkungen enthalten, die unter 81 Abs. 1 EG (heute Art. 101 Abs. 1 AEUV) fallen. Die Formulierung hat klarstellenden Charakter und zeigt das Zusammenspiel von Verbotsnorm und Freistellung. Zunächst müssen, wie in Rz. 779 gezeigt, die Voraussetzungen der Anwendbarkeit des Art. 81 Abs. 1 EG (heute Art. 101 Abs. 1 AEUV) überhaupt gegeben sein. Ansonsten wäre die Vereinbarung von vornherein kartellrechtlich zulässig, ohne dass es einer gesonderten Freistellung bedürfte. Aus der Natur der Sache heraus ist eine Freistellung vom Verbot nur dann möglich, wenn dieses greift.

Die **Freistellung vom Kartellverbot bewirkt**, dass die in Art. 101 AEUV für einen Kartellverstoß vorgesehenen Rechtsfolgen nicht eintreten[3]. Dies gilt bei Wirksamwerden einer GVO unabhängig davon, ob die Freistellungsvoraussetzungen des Art. 101 Abs. 3 AEUV erfüllt sind.[4]

Art. 2 Satz 3 TT-GVO 2004 regelt die **Dauer der Freistellung**. Eine Freistel- 819
lung gilt grundsätzlich unbegrenzt, solange die Freistellungsvoraussetzungen vorliegen und solange die Rechte an der lizenzierten Technologie nicht abgelaufen, erloschen oder für ungültig erklärt worden sind. Hinsichtlich der Schutzdauer von Know-how wird auf die Ausführungen in Rz. 2554, 2559, 2675 verwiesen. Die Freistellung entfällt erst, wenn das letzte der als Technologie lizenzierten Schutzrechte ausläuft bzw. ungültig oder gemeinfrei wird[5], solange die betreffende Technologie Hauptgegenstand der Vereinbarung ist.

Entfallen die **Freistellungsvoraussetzungen** der Vereinbarung während der 820
Vertragslaufzeit, so gilt die Freistellung gemäß **Art. 8 Abs. 2 TT-GVO 2004** noch für zwei weitere Jahre. Die TT-GVO Nr. 240/96 unterschied hinsichtlich der Dauer der Freistellung noch zwischen Patentlizenz-, Know-how- und gemischten Patentlizenz- und Know-how-Vereinbarungen[6]. Die Regelung erfuhr durch die Reform eine deutliche Vereinfachung.

1 *von Falck/Schmaltz* in Loewenheim/Meessen/Riesenkampff, Art. 2 TT-GVO Rz. 25.
2 TT-Leitlinien zu Art. 81 EG Rz. 42.
3 *Saria* in Liebscher/Flohr/Petsche, Hdb. EU-GruppenfreistellungsVO, § 1 Rz. 80.
4 *Sura* in Langen/Bunte, Kartellrecht, Art. 1 VO Nr. 1/2003 Rz. 9.
5 TT-Leitlinien zu Art. 81 EG Rz. 55.
6 Vgl. zu Art. 8 Abs. 2–4 TT-GVO 1996 5. Aufl., Rz. 802 ff.

821 Die in Art. 8 Abs. 3 TT-GVO 1996 enthaltene Bestimmung über die Zulässigkeit von **Längstlaufklauseln**, die seitens des Schrifttums starke Kritik erfuhr,[1] wurde ersatzlos gestrichen. Mittels Längstlaufklauseln wird die Verlängerung von Lizenzen durch die fortlaufende Einbeziehung von Verbesserungen der lizenzierten Technologie, die ebenfalls den Anforderungen der TT-GVO 2004 gerecht werden, erreicht. Diese waren nach Art. 8 Abs. 3 VO Nr. 240/96 nur dann zulässig, wenn dem Lizenznehmer eine Berechtigung zur Ablehnung oder beiden Vertragsparteien ein Kündigungsrecht nach Ablauf der ursprünglichen Vertragslaufzeit und mindestens alle drei Jahre danach eingeräumt wurde. Weder in den Kernbeschränkungen des Art. 4 TT-GVO 2004 noch in den Verbotsbeschränkungen des Art. 5 TT-GVO 2004 wurden die Anforderungen an die Zulässigkeit einer Längstlaufklausel aufgenommen. Daher ist davon auszugehen, dass Längstlaufklauseln einer Freistellung durch die TT-GVO 2004 nicht entgegenstehen[2].

822–825 Frei.

f) Marktanteilsschwellen (Art. 3 TT-GVO 2004)

aa) Grundsätze

826 Wesentlicher Kern der Reform der Gruppenfreistellungsverordnung waren die ersatzlose Streichung der „weißen" sowie „grauen Liste" und die Einführung von Marktanteilsschwellen als maßgebliches Freistellungskriterium für Technologietransfer-Vereinbarungen. Zuvor existierte eine Fülle von Einzelregelungen, die bestimmte Vereinbarungen ausdrücklich als zulässig erklärten. Die TT-GVO 2004 knüpft nicht länger an einzelne Freistellungen, sondern daran an, **in welchem Maße die beteiligten Parteien Marktmacht ausüben**. Dem liegt der wirtschaftliche Ansatz zugrunde, dass Vereinbarungen zwischen Unternehmen, die nur einen unerheblichen Anteil am Markt stellen, sich in der Regel kaum auf den Markt auswirken (EGr 6, 7 TT-GVO 2004). Differenziert wird in diesem Zusammenhang deshalb auch nach Wettbewerbern und Nichtwettbewerbern. Vereinbarungen zwischen Wettbewerbern **(Interbrand-Wettbewerb)** stellen grundsätzlich eine höhere Gefahr für den Wettbewerb dar als Vereinbarungen zwischen Nichtwettbewerbern **(Intrabrand-Wettbewerb)**, da erstere sich unmittelbar auf Preis und Volumen der angebotenen Leistungen und damit zum Nachteil des Verbrauchers auswirken[3]. Dem trägt Art. 3 TT-GVO 2004 Rechnung, indem die Schwelle für Vereinbarungen zwischen Wettbewerbern auf einen gemeinsamen Marktanteil der Parteien von 20 % gesetzt wird. Dagegen liegt der Schwellenwert für Vereinbarungen zwischen Nichtwett-

---

1 Vgl. 5. Aufl., Rz. 807.

2 Vgl. *Schultze/Pautke/Wagener*, Die Gruppenfreistellungsverordnung für Technologietransfer-Vereinbarungen, Rz. 312; *Pagenberg/Beier*, Lizenzverträge, Muster 1 Rz. 287 ff.

3 Vgl. TT-Leitlinien zu Art. 81 EG Rz. 26; *Drexl*, GRUR Int. 2004, 716, 722.

bewerbern bei einem individuellen Marktanteil der Parteien von jeweils 30 % in ihrem jeweils relevanten Markt. Liegt der Marktanteil der beteiligten Unternehmen unter der jeweilig einschlägigen Schwelle, so ist die Vereinbarung grundsätzlich kartellrechtlich zulässig und fährt in den „safe harbour" ein, es sei denn, sie enthält sonstige schwerwiegend wettbewerbsschädigende Beschränkungen (vgl. Art. 4 TT-GVO 2004).

Die Bewertung der Zulässigkeit von Vereinbarungen anhand des Anteils 827 der Beteiligten am Markt (**economic approach**) entspricht prinzipiell den **amerikanischen Kartellrechtsregelungen** (Antitrust Guidelines for the Licensing of Intellectual Property des U. S. Department of Justice and Federal Trade Commission) und dient somit der transatlantischen Rechtsvereinheitlichung[1]. Die Abgrenzung marktrelevanten Verhaltens mittels Marktanteilsschwellen fand zudem bereits 1999 Eingang in die Vertikal-VO und dürfte systematisch wegweisend für künftige Freistellungsverordnungen sein.

Allerdings erfährt dieses Abgrenzungskriterium bereits seit seiner Einfüh- 828 rung heftige Kritik von weiten Teilen der Literatur[2]. Insbesondere im Hinblick auf die Abschaffung des Anmeldeverfahrens und des nunmehr geltenden Gebots der Selbsteinschätzung seitens der Parteien führt die Reform zu erheblicher **Rechtsunsicherheit** in den Fällen, in denen das Über- oder Unterschreiten der jeweiligen **Marktanteilsschwelle nicht ohne weiteres feststellbar** ist. Diese Feststellung wird dadurch erschwert, dass die Beurteilung einem fortlaufenden Prozess unterliegt und das jeweilige Unternehmen eine **kontinuierliche Überprüfung der Einhaltung der Schwellen** vorzunehmen hat (Zweijahresrhythmus, vgl. Art. 8 Abs. 2 TT-GVO 2004). So kann eine Freistellung der Vereinbarung durch Wachsen des Unternehmens am Markt jederzeit entfallen. Einen Ausgleich sieht die TT-GVO 2004 lediglich durch die in Art. 8 Abs. 2 TT-GVO 2004 festgelegte weitere Freistellung von zwei Jahren bei Überschreiten der Marktanteilsschwellen vor (s. Rz. 878).

Eine gegenüber der VorgängerVO gesteigerte Rechtsklarheit und -sicherheit gewährleistet die modifizierte TT-GVO 2004 dagegen für Klein- und Mittelunternehmen, die deutlich innerhalb der Marktanteilsschwellen agieren (s. dazu Rz. 752 f.).

Frei. 829

1 Vgl. *Lübbig*, GRUR 2004, 483, 484; eingehend *Schultze/Pautke/Wagener*, Die Gruppenfreistellungsverordnung für Technologietransfer-Vereinbarungen, Rz. 441 ff.

2 Vgl. *Lübbig*, GRUR 2004, 483, 48; *Drexl*, GRUR Int 2004, 716 ff. m.w.N.; *Schultze/Pautke/Wagener*, WRP 2004, 175, 179; *Pagenber/Beier*, Lizenzverträge, Einf. Rz. 96 ff.; *Zöttl*, WRP 2005, 33, 45; a.A. wohl *Klawitter* in FS 50 Jahre VPP, 2005, S. 487, 507 f.

bb) Wettbewerber/Nichtwettbewerber

aaa) Grundsatz

830 Der Begriff der konkurrierenden Unternehmen wird in Art. 1 Abs. 1 lit. i TT-GVO 2004 legaldefiniert. Demnach sind **konkurrierende Unternehmen** solche, die auf dem relevanten Technologiemarkt und/oder dem relevanten Produktmarkt miteinander in Wettbewerb stehen. Die Bestimmung des nicht konkurrierenden Unternehmens ergibt sich aus einer Negativabgrenzung; ein Wettbewerbsverhältnis entfällt also immer dann, wenn sich der Lizenzgeber auf eine bloße Lizenzvergabe beschränkt und der Lizenznehmer seinerseits nur als Produzent auftritt, ohne selbst Lizenzen zu vergeben[1].

831 Konkurrierende Unternehmen auf dem relevanten **Technologiemarkt** sind solche, die Lizenzen für konkurrierende Technologien vergeben, ohne die Rechte des anderen Unternehmens an geistigem Eigentum zu verletzen. Ob die Rechte eines anderen Unternehmens an geistigem Eigentum verletzt werden, wird ausschließlich nach objektiven Kriterien bestimmt.

832 Dagegen sind konkurrierende Unternehmen auf dem relevanten **Produktmarkt** solche, die ohne die Technologietransfer-Vereinbarung auf den sachlich und räumlich relevanten Märkten, auf denen die Vertragsprodukte angeboten werden, tätig sind, ohne die Rechte des anderen Unternehmens an geistigem Eigentum zu verletzen.

833 Neben diesen tatsächlichen Wettbewerbern auf dem Produktmarkt gelten auch die **potentiellen Wettbewerber auf dem Produktmarkt** als Wettbewerber im Sinne der Art. 1 Abs. 1 lit. i, Art. 3 Abs. 1 TT-GVO 2004. Potentielle Wettbewerber auf dem Produktmarkt sind Unternehmen dann, wenn sie unter realistischen Annahmen die zusätzlichen Investitionen oder sonstigen Umstellungskosten auf sich nehmen würden, die nötig sind, um auf eine geringfügige dauerhafte Erhöhung der relativen Preise hin, ohne Verletzung fremder Rechte an geistigem Eigentum, in vertretbarer Zeit, in die sachlich und räumlich relevanten Märkte eintreten zu können. Als vertretbare Zeit i.d.S. wird grundsätzlich ein Zeitraum von 1 bis zwei Jahren angesehen[2]. Abzustellen ist jedoch stets auf die Umstände des Einzelfalls, insbesondere auf die in dem betreffenden Markt übliche Vorgehensweise[3]. Der Fall eines potentiellen Wettbewerbers ist insbesondere dann gegeben, wenn ein Unternehmen beabsichtigt, ein in geografischer Hinsicht neues Gebiet zu erschließen[4].

834 Während auf dem **Technologiemarkt** also **nur die Vereinbarungen zwischen tatsächlichen Wettbewerbern** als Vereinbarungen zwischen Wett-

---

1 *Schultze/Pautke/Wagener*, Die Gruppenfreistellungsverordnung für Technologietransfer-Vereinbarungen, Rz. 186.
2 TT-Leitlinien zu Art. 81 EG Rz. 29 Satz 3.
3 TT-Leitlinien zu Art. 81 EG Rz. 29 Sätze 4, 5.
4 TT-Leitlinien zu Art. 81 EG Rz. 29 Sätze 6, 7.

bewerbern im Sinne der TT-GVO 2004 gelten[1], werden auf dem Produktmarkt bereits Vereinbarungen zwischen potentiellen Wettbewerbern als Vereinbarungen zwischen Wettbewerbern im Sinne der TT-GVO 2004 gewertet und damit nur unter erhöhten Anforderungen freigestellt.

Ein Konkurrenzverhältnis zwischen zwei Unternehmen kann nur dann be- 835
stehen, wenn diese auf demselben Markt tätig sind. Um dies festzustellen, ist zunächst der in Frage kommende Markt selbst zu ermitteln. Es bedarf folglich der Bestimmung des Technologie- oder Produktmarktes in sachlicher sowie räumlicher Hinsicht.

Ein **Produktmarkt** besteht in **sachlicher** Hinsicht aus denjenigen Produk- 836
ten, die von Käufern aufgrund ihrer Eigenschaften, ihrer Preise und ihres Verwendungszwecks mit den Vertragsprodukten, die die lizenzierte Technologie enthalten, ausgetauscht oder substituiert werden. Art. 10 Nr. 6 VO Nr. 240/96 definierte den relevanten Produktmarkt bereits als Markt für Produkte, die vom Verbraucher aufgrund ihrer Eigenschaften, ihres Preises und ihres Verwendungszwecks als mit dem Lizenzerzeugnis austauschbar oder substituierbar sind. Die Definition entspricht der des sachlich relevanten Produktmarkts gemäß der **Bekanntmachung der Kommission über die Definition des relevanten Marktes im Sinne des Wettbewerbsrechts**[2]. Eine ausdrückliche Definition ist in die TT-GVO 2004 nicht übernommen worden, wird jedoch in den TT-Leitlinien zu Art. 81 EG (heute Art. 101 AEUV) aufgeführt[3].

Die VO Nr. 240/96 differenzierte nicht zwischen Technologie- sowie Pro- 837
duktmärkten und enthielt folglich keine Definition des Technologiemarktes. Auch die gegenwärtig geltende TT-GVO 2004 definiert den Begriff des Technologiemarktes nicht. Jedoch wird die Begriffsbestimmung der Produktmärkte nun innerhalb der TT-Leitlinien zu Art. 81 EG (heute Art. 101 AEUV)) auf Technologiemärkte übertragen (TT-Leitlinien zu Art. 81 EG [Art. 101 AEUV] Rz. 22). Hiernach bestehen **Technologiemärkte** in **sachlicher** Hinsicht allgemein aus dem in Lizenz vergebenen geistigen Eigentum und den nahen Substituten. Letztere sind Technologien, welche die Kunden bei vergleichbaren Kosten substituieren würden[4].

Zur Marktermittlung sind demnach jeweils die Technologien ausfindig zu 838
machen, die sich derart ähneln, dass Kunden von einer der Technologien bei geringer, jedoch dauerhafter Erhöhung der relativen Preise, d.h. der Lizenzgebühren, zu der anderen Technologie überwechseln würden[5].

1 Vgl. auch TT-Leitlinien zu Art. 81 EG Rz. 30.
2 ABl. EG Nr. C 372 v. 9.12.1997, S. 5.
3 TT-Leitlinien zu Art. 81 EG Rz. 21 Satz 1.
4 Leitlinien zur Anwendbarkeit von Artikel 81 EG auf Vereinbarungen über horizontale Zusammenarbeit, Rz. 47; TT-Leitlinien zu Art. 81 EG Rz. 22.
5 Leitlinien zur Anwendbarkeit von Artikel 81 EG auf Vereinbarungen über horizontale Zusammenarbeit, Rz. 48; TT-Leitlinien zu Art. 81 EG Rz. 22 Satz 3; einge-

839 Ein solcher Markt ist letztlich **nicht bestimmbar**. Einen Lizenzmarkt mit entsprechenden Lizenzangeboten gibt es nur in Ausnahmefällen, etwa bei Unternehmen wie IBM oder Lucent, die für bestimmte Technologiebereiche eine **offene Lizenzpolitik** verfolgen. In sonstigen Fällen ist für Wettbewerber regelmäßig nicht erkennbar, wer als Lizenzanbieter in Betracht kommt. Auch von der Technik her ist eine Abgrenzung kaum vorzunehmen. Gehört hierzu der gesamte Stand der Technik auf einem bestimmten technischen Bereich, oder nur Entwicklungen der jüngsten Zeit, die mit Marktprodukten konfigurieren können? Spielen Betriebs- und Serienreife eine Rolle? Gesteigert wird diese Unsicherheit noch bei Einbeziehung von Know-how, das seiner Natur nach nicht offenkundig und damit den Wettbewerbern nicht bekannt ist. Auf die Bestimmbarkeit eines solchen Technologiemarktes ausgerichtete Recherchen sind unzumutbar.

840–842 Frei.

bbb) Kein Wettbewerb im Falle einer Sperrposition

843 Voraussetzung für das Vorliegen eines Wettbewerbsverhältnisses ist sowohl bei Tätigkeiten der Unternehmen auf dem Technologiemarkt als auch bei Tätigkeiten auf Produktmärkten, dass die **Rechte** des jeweils anderen Unternehmens **an geistigem Eigentum nicht verletzt werden**. Verletzt ein Unternehmen die Rechte am geistigen Eigentum eines anderen Unternehmens, kann der Geschädigte den Verletzer auf Unterlassung der Nutzung der eigenen Technologie in Anspruch nehmen. Kann aufgrund einer solchen **einseitigen Sperrposition** eine Technologie nicht genutzt werden, ohne die Rechte eines anderen Unternehmens an dieser Technologie zu verletzen, besteht insoweit kein Wettbewerbsverhältnis, selbst wenn die Unternehmen Wettbewerb betreiben[1]. Es handelt sich in diesem Fall um sich ergänzende, nicht aber um sich substituierende Technologien.

844 Eine **zweiseitige Sperrposition** besteht, wenn keine der beiden Technologien genutzt werden kann, ohne dass die Rechte an der anderen Technologie verletzt werden. In diesem Fall besteht wechselseitig ein Anspruch auf Unterlassung und somit ebenfalls kein Wettbewerbsverhältnis. Solange die Unternehmen dem jeweils anderen Unternehmen keine Lizenz erteilen, gelten diese als Nichtwettbewerber, womit die für sie günstigere Marktanteilsschwelle Anwendung findet. In dem Moment aber, in dem das jeweils verletzte Unternehmen dem anderen eine Lizenz an der Technologie erteilt, oder es sich um substituierende Technologien handelt, entsteht ein Wettbewerbsverhältnis, womit automatisch der niedrigere Schwellenwert für Wettbewerber auf diese Anwendung findet.

---

hend zum Kriterium der Substitution *Schultze/Pautke/Wagener*, Die Gruppenfreistellungsverordnung für Technologietransfer-Vereinbarungen, Rz. 175.

1 Vgl. TT-Leitlinien zu Art. 81 EG Rz. 32.

Der **Nachweis** eines Verletzungstatbestandes kann insbesondere durch (auch nicht rechtskräftige) Gerichtsentscheidungen und Gutachten unabhängiger Sachverständiger geführt werden[1]. 845

ccc) Veränderungen nach Vertragsabschluss

Die Charakterisierung der Parteien als Wettbewerber oder Nichtwettbewerber erfolgt nicht statisch und einmalig, sondern unterliegt etwaigen Veränderungen der Umstände. So können Unternehmen, die zunächst in keinem Konkurrenzverhältnis stehen, erst im Laufe der Vertragszeit zu Wettbewerbern werden, indem etwa der Lizenznehmer oder der Lizenzgeber eine konkurrierende Technologie auf den Markt bringen[2]. **Zeichnet sich** eine solche **Entwicklung bereits zum Zeitpunkt des Vertragsschlusses ab**, so ist diesem Umstand innerhalb des Vertrages Rechnung zu tragen. Hierauf kommt es nicht nur deshalb entscheidend an, weil die Marktanteilsschwellen mit der Charakterisierung als Wettbewerber oder Nichtwettbewerber grundsätzlich stehen und fallen, sondern auch, weil die in Art. 4 TT-GVO 2004 niedergelegten Kernbeschränkungen an die Qualifizierung als Wettbewerber oder Nichtkonkurrent anknüpfen (s. Rz. 890). Diesem Umstand trägt **Art. 4 Abs. 3 TT-GVO 2004** Rechnung, der ausdrücklich festlegt, dass der spätere Wandel des Nichtkonkurrenz-Verhältnisses zum Wettbewerbsverhältnis keinen Einfluss auf die Anwendbarkeit der Kernbeschränkungen hat. Nach wie vor finden in dem Fall **nach Vertragsabschluss entstehender Wettbewerbsverhältnisse** lediglich die weniger weitreichenden Kernbeschränkungen für Nichtwettbewerber Anwendung (s. Rz. 944). Die Parteien werden somit von dem einschneidenden Erfordernis weitreichender Vertragsanpassungen während der Laufzeit der Vereinbarung bewahrt. 846

Art. 4 Abs. 3 TT-GVO 2004 findet aber dann keine Anwendung, wenn die fragliche **Vereinbarung** nachträglich **wesentlich geändert** wird. Allgemein stellt die Kommission in erster Linie darauf ab, welche Auswirkungen die Vereinbarung auf die Fähigkeit des Lizenznehmers hat, seine eigene konkurrierende Technologie verwerten zu können[3]. 847

Eine weitere Konkretisierung der Rechtsfolgen bei einem nach Vertragsabschluss entstehenden Wettbewerbsverhältnis enthalten die TT-Leitlinien zu Art. 81 EG (Art. 101 AEUV) jedoch nicht[4]. Um nachteilige Rechtsfolgen zu vermeiden, ist den Parteien daher eine **kontinuierliche Überprüfung und Anpassung der Verträge** an ein nach Vertragsabschluss entstehendes Konkurrenzverhältnis zu empfehlen, wenn diese Vereinbarungen enthalten, die – abgesehen von der Regelung des Art. 4 Abs. 3 TT-GVO 2004 – im 848

---

1 Vgl. TT-Leitlinien zu Art. 81 EG, Rz. 32 Satz 8; zu Anspruchsregelungen und Anspruchsverzichtsvereinbarungen s. TT-Leitlinien Art. 81 EG, Rz. 204 ff.
2 TT-Leitlinien zu Art. 81 EG Rz. 31.
3 TT-Leitlinien zu Art. 81 EG Rz. 31.
4 Vgl. hierzu auch *Groß*, Rz. 683.

Falle eines Nicht-Wettbewerbsverhältnisses zulässig, im Falle eines Wettbewerbsverhältnisses jedoch unzulässig wären.

849 Ferner gleicht **Art. 8 Abs. 2 TT-GVO 2004** die strenge Unterteilung von Nichtwettbewerbern und Wettbewerbern aus, indem die Freistellung noch zwei Jahre weiter gilt, wenn die Marktanteilsschwellen erst im Laufe der Zeit überschritten werden (vgl. Rz. 878 f.). Art. 8 Abs. 2 TT-GVO 2004 dürfte nach seiner Ratio auch auf Fälle Anwendung finden, in denen die Marktanteilsschwellen dadurch überschritten werden, dass sich das Wettbewerbsverhältnis ändert. Eine Anpassung ist jedoch unumgänglich im Falle einer Restlaufzeit des Vertrages, die die besagten 2 Jahre der Schonfrist überschreitet[1].

850–851 Frei.

ddd) Innovative Technologien

852 Auch wenn Unternehmen an sich konkurrierende Erzeugnisse herstellen, sind sie dann **keine Wettbewerber**, wenn die lizenzierte Technologie eine so **durchgreifende Innovation** darstellt, dass demgegenüber die Technologie des Lizenznehmers veraltet und nicht mehr wettbewerbsfähig ist. In diesem Fall besteht kein gemeinsamer Markt, da der Lizenzgeber durch die Innovation entweder einen neuen Markt schafft oder die Technologie des Lizenznehmers bei der Marktbestimmung auszuschließen ist. Als Beispiel führen die Leitlinien zu Art. 81 EG (heute Art. 101 AEUV) (s. Rz. 33) das Verhältnis von CD (Compact Disc) und LP (Longplay) an. An diesem Beispiel wird auch deutlich, dass sich eine Technologie oft nicht bereits zum Zeitpunkt des Vertragsschlusses, sondern erst im Laufe der Zeit als veraltet herausstellt. Erst wenn die neue Technologie für den Verbraucher bereits einige Zeit erhältlich ist, kann sich ergeben, dass die ältere Technologie nicht mehr wettbewerbsfähig ist (vgl. TT-Leitlinien zu Art. 81 EG [Art. 101 AEUV] Rz. 33 Satz 4). In dem Fall besteht zum Zeitpunkt des Vertragsschlusses ein Wettbewerbsverhältnis zwischen den Parteien, das im Nachhinein entfällt. Allerdings dürfte diese Einschätzung nur im Einzelfall von großem praktischen Vorteil sein. Haben die Parteien zum Zeitpunkt des bestehenden Wettbewerbsverhältnisses eine unzulässige Vereinbarung getroffen und den jeweils niedrigen Schwellenwert überschritten, so war die Vereinbarung bereits nichtig und die Vertragsparteien sind gehalten, ihre Vereinbarung anzupassen.

853 Zu bemängeln ist, dass die TT-GVO 2004 keine Sonderregelung für **innovative Technologien** (Pioniererfindungen) vorsieht. Hat der Lizenzgeber mit der innovativen Technologie einen vollkommen neuen Markt begründet, so liegt der Anteil damit automatisch bei 100 %, auch wenn abzusehen ist, dass der neue Markt rasch von weiteren Unternehmen erschlossen werden

1 Vgl. *Feldkamp*, VPP-Rundbrief 2005, 11, 13.

wird. Eine Anwendung der TT-GVO 2004 ist in diesen Fällen zunächst selbst dann ausgeschlossen, wenn bislang keine Produkte auf Grundlage der neuen Technologic vertrieben werden[1].

Frei. 854

cc) Berechnung des Marktanteils an Produktmärkten

Nach **Art. 8 Abs. 1 TT-GVO 2004** wird der **Marktanteil** eines Unterneh- 855
mens **am Produktmarkt** anhand des **Absatzmarktes** des Unternehmens berechnet. Um den Anteil eines Unternehmens am Markt zu bestimmen, ist zunächst der Gesamtmarkt des betreffenden Produktes selbst nach den genannten Kriterien in räumlicher sowie sachlicher Hinsicht festzulegen (s. Rz. 836). Zudem ist der Gesamtumsatz des Marktes zu ermitteln. Ist dies geschehen, so ist der Umsatz des einzelnen Unternehmens mit dem Wert des Gesamtmarktes in Bezug zu setzen. Dieser Wert stellt dann den Marktanteilswert dar.

Die Berechnung des Marktanteils sowie des Gesamtmarktvolumens erfolgt 856
grundsätzlich anhand von **Absatzwerten**. In der Regel wird damit der Marktanteil mittels der **Gesamtverkäufe** des **Lizenznehmers** und **ggf. des Lizenzgebers** berechnet, was sowohl den Verkauf von Vertragsprodukten als auch den Verkauf von Konkurrenzprodukten einschließt[2]. Die **Umsätze anderer Lizenznehmer** bleiben für die Berechnung des Marktanteils eines Unternehmens **unberücksichtigt**, finden aber in die Berechnung des Volumens des Gesamtmarktes Eingang. Entscheidend ist, dass die Berechnung des Marktanteils sowie des Gesamtmarktvolumens anhand gleicher Kriterien erfolgt[3].

Die TT-Leitlinien zu Art. 81 EG [Art. 101 AEUV) enthalten **Beispiele** zur 857
Veranschaulichung der Berechnung[4]. Einfaches Beispiel: Beträgt beispielsweise der Umsatz eines Unternehmens im Vorjahr etwa 25 Mio. Euro und beläuft sich der Gesamtumsatz am Markt auf 100 Mio. Euro, so macht der Anteil des Unternehmens am Gesamtmarkt 25 % aus.

Der Marktanteil wird grundsätzlich anhand der Angaben für das **vorgehen-** 858
de Kalenderjahr ermittelt. Dies ist insbesondere für die Unternehmen von nachteiliger Auswirkung, deren Absatz starken Schwankungen unterliegt. Das Unternehmen kann sich jedoch unter Umständen auf die Karenzzeit von zwei Jahren nach Art. 8 Abs. 2 TT-GVO 2004 berufen (vgl. Rz. 846 ff., 878). Stehen keine Daten des Vorjahres zur Berechnung der Volumina zur

---

1 Vgl. *Zöttl*, WRP 2005, 33, 37 f.
2 TT-Leitlinien zu Art. 81 EG Rz. 70 Sätze 1, 2.
3 *Bechtold/Bosch/Brinker/Hirsbrunner*, EG-Kartellrecht, VO 772/2004 Art. 8 Rz. 2.
4 Vgl. TT-Leitlinien zu Art. 81 EG Rz. 73.

Verfügung, so können der Berechnung im Einzelfall andere Zeitperioden zugrunde gelegt werden[1].

859 Mangels konkreter Angaben über den Absatz eines Unternehmens sind **Schätzungen** zulässig, wenn diese auf anderen verlässlichen Marktdaten unter Einschluss der Absatzmengen beruhen. Welche Angaben neben denen der Absatzmengen als verlässlich betrachtet werden, wird jedoch weder in der TT-GVO 2004 noch innerhalb der TT-Leitlinien zu Art. 81 EG (Art. 101 AEUV) konkretisiert.

860 Im Falle eines **verbundenen Unternehmens** i.S. des Art. 1 Abs. 2 lit. e TT-GVO 2004 wird der Marktanteil jedem Unternehmen, das die unter Art. 1 Abs. 2 lit. a TT-GVO 2004 bezeichneten Einflussmöglichkeiten hat, zu gleichen Teilen zugerechnet. Die Höhe der Beteiligung eines Unternehmens ist dagegen irrelevant. Abgestellt wird lediglich auf die Anzahl der Unternehmen.

861–865 Frei.

dd) Berechnung des Marktanteils an Technologiemärkten

866 Der konkrete **Marktanteil** eines Unternehmens **am Technologiemarkt** wird gemäß **Art. 3 Abs. 3 TT-GVO 2004** nach der **Präsenz** der lizenzierten Technologie auf den relevanten Produktmärkten bestimmt, und nicht, wie es nahe liegend wäre, anhand der jeweiligen Lizenzeinnahmen und sonstigen geldwerten Vorteile (z.B. Lizenzaustausch) aus einer Lizenzierung[2].

867 Marktanteil des Lizenzgebers auf dem relevanten Technologiemarkt ist der gemeinsame Marktanteil, den der **Lizenzgeber und seine Lizenznehmer mit den Vertragsprodukten auf dem relevanten Produktmarkt erzielen**. Zu ermitteln ist folglich zunächst der relevante Produktmarkt. Dabei werden sämtliche Verkäufe auf den relevanten Produktmärkten berücksichtigt, unabhängig davon, ob die betreffenden Produkte die lizenzierte Technologie enthalten oder nicht[3]. Dies ist schlüssig, da die Technologie somit in Bezug zu konkurrierenden Technologien gesetzt wird. Andernfalls wäre der Anteil der Technologie am sachlich weiter gefassten Technologiemarkt nicht ermittelbar[4]. Zu beachten ist allerdings, dass ein- und dieselbe Technologie im Einzelfall zur Herstellung verschiedenster Produkte genutzt werden kann. Dann handelt es sich unter Umständen um verschiedene – und damit auch um sachlich unterschiedliche – Technologiemärkte, die unabhängig voneinander zu berechnen sind[5]. Sodann ist der Anteil des betreffenden Unternehmens am Produktmarkt zu ermitteln. Hierbei ist aus-

1 *Bechtold/Bosch/Brinker/Hirsbrunner*, EG-Kartellrecht, VO 772/2004 Art. 8 Rz. 4.
2 S. dazu TT-Leitlinien zu Art. 81 EG, Rz. 23 Sätze 2 und 3.
3 TT-Leitlininien zu Art. 81 EG, Rz. 23 Satz 5.
4 Dagegen *Zöttl*, WRP 2005, 33, 38.
5 Vgl. *Zöttl*, WRP 2005, 33, 38.

schließlich auf den Absatz der Produkte abzustellen, die die lizenzierte Technologie enthalten. Dem Lizenzgeber ist dabei auch der Absatzwert durch den Vertrieb der Produkte seitens des Lizenznehmers zuzurechnen (sog. **captive use**). Zum besseren Verständnis sei auf die Beispiele in den TT-Leitlinien zu Art. 81 EG (heute Art. 101 AEUV), Rz. 73 verwiesen.

Praktische Schwierigkeiten dürften sich für die exakte Ermittlung derjenigen Produkte ergeben, die die jeweilig relevante Technologie enthalten. Der Nachweis obliegt der Partei, die sich auf die Freistellung durch die TT-GVO beruft und erfolgt beispielsweise mittels Patentgutachtens. Ein Nachweis wird in einer Vielzahl von Fällen u.U. schon aus finanziellen Aspekten nicht in Betracht kommen[1]. 868

Neuen Technologien, die (noch) nicht am Markt gehandelt werden, wird ein Marktanteil von null zugewiesen[2]. Erst mit Beginn der Verkäufe können den neuen Technologien entsprechende Marktanteile zugeordnet werden[3]. Inwiefern Art. 8 Abs. 2 TT-GVO 2004 auf diese Konstellationen Anwendung findet, bleibt weiterhin abzuwarten[4]. 869

Frei. 870–873

ee) Zusammenfallen von Technologie- und Produktmarkt

Unternehmen sind im Einzelfall sowohl am selben Produkt- als auch am selben Technologiemarkt konkurrierend tätig. Dabei können die jeweiligen Anteile am Produktmarkt einerseits und am Technologiemarkt andererseits divergieren. Ist sowohl der Anteil am Technologiemarkt als auch der Anteil am Produktmarkt auf ein und denselben Sachverhalt anwendbar und ergeben sich unterschiedliche Anteile des Unternehmens am jeweiligen Markt, so ist die ungünstigere Marktabgrenzung letztlich entscheidend[5]. 874

Ein **Beispiel**[6] soll zur Veranschaulichung herangezogen werden: 875

Unternehmen A lizenziert eine Technologie an Unternehmen B, das mittels der Technologie Produkte vertreibt und daneben Produkte absetzt, die ohne Technologie des A hergestellt werden. A selbst stellt ebenfalls Produkte mittels der von ihm weitergegebenen Technologie her. Der Produktmarkt hat ein Marktvolumen von 100 Mio. Euro. Die Produkte des A ergeben einen Umsatz von 10 Mio. Euro, die Produkte des B, die die Technologie des A ent-

1 Vgl. *Groß*, Rz. 673; *von Falck/Schmaltz* in Loewenheim/Meessen/Riesenkampff, Art. 3 TT-GVO Rz. 33.
2 TT-Leitlinien zu Art. 81 EG, Rz. 70 Satz 3.
3 TT-Leitlinien zu Art. 81 EG, Rz. 70 Satz 3.
4 Vgl. hierzu *Groß*, Rz. 674.
5 Vgl. *Feldkamp*, VPP-Rundbrief 2005, 11, 13.
6 Das Beispiel ist an das von *Batchelor*, C. T. L. R. 2004, 166, 169 angelehnt; vgl. auch *Schultze/Pautke/Wagener*, Die Gruppenfreistellungsverordnung für Technologietransfer-Vereinbarungen, Rz. 463.

halten, ebenfalls 10 Mio. Euro und die weiteren Produkte des B 20 Mio. Euro. Am Produktmarkt hat A also einen Anteil von 10 % und B von 20 %. Als konkurrierende Unternehmen überschreiten A und B somit die gemeinsame gesetzliche Grenze von 30 %. Auf dem Technologiemarkt aber hält A einen Anteil von 20 % (10 % der Produkte des A + 10 % der des B) und B hält 0 %, da nicht er, sondern nur A die Technologie, mithilfe der die Produkte hergestellt werden, vertreibt. Hinsichtlich des Technologiemarktes wird der gesetzliche Schwellenwert folglich nicht überschritten. Es erscheint nicht sachgerecht, wenn in diesem Fall die ungünstigere Marktabgrenzung, also die hinsichtlich des Produktmarktes, heranzuziehen ist.

876–877 Frei.

ff) Schonfrist (Art. 8 Abs. 2 TT-GVO 2004)

878 Art. 8 Abs. 2 TT-GVO 2004 sieht eine Schonfrist für die Fälle vor, in denen die **Marktanteilsschwellen** von 20 % bzw. 30 % erst **im Laufe der Zeit überschritten** werden. Hiernach gilt die Freistellung gemäß Art. 2 TT-GVO 2004 noch für zwei **weitere Jahre** im Anschluss an das Jahr, in dem die Schwelle zum ersten Mal überschritten wird. Art. 8 Abs. 2 TT-GVO 2004 trägt damit dem Umstand Rechnung, dass die Überprüfung der Einhaltung der Marktanteilsschwellen nicht einmalig erfolgt und Veränderungen am Markt sich im Einzelfall rasch auf das Anteilsverhältnis auswirken (s. Rz. 846 ff.).

879 Zu bemängeln ist der schwer verständliche Wortlaut der Norm. Nicht näher konkretisiert wird der Zeitraum, auf den Art. 8 Abs. 2 TT-GVO 2004 Anwendung findet. Der Wortlaut „**im Laufe der Zeit**" scheint sehr weit gefasst. Gemeint sind damit Änderungen, die im Laufe der Vertragslaufzeit eintreten[1].

880 Unklar ist zudem, auf welches Jahr sich die Berechnung der erweiterten Anwendung von zwei Jahren bezieht. Dem Wortlaut des Art. 8 Abs. 2 TT-GVO 2004 nach gilt die Freistellung für diejenigen zwei Jahre, die auf das Jahr folgen, in dem die Schwelle überschritten wird. Dabei nimmt Art. 8 Abs. 2 TT-GVO ausdrücklich auf Art. 3 TT-GVO Bezug. Nach letzterem ist bei der Berechnung des Marktanteils das Vorjahr, nicht das laufende Jahr zugrunde zu legen. Dies ließe eine Auslegung dahingehend zu, dass nicht das laufende Jahr, in dem die Veränderung erfolgt, sondern erst das darauf folgende Jahr der Berechnung zugrunde zu legen ist und die Freistellung danach faktisch bis zu drei Jahren nach Überschreitung der Marktanteilsschwellen gilt[2].

---

1 *von Falck/Schmaltz* in Loewenheim/Meessen/Riesenkampff, Art. 3 TT-GVO Rz. 34.

2 S. *Schultze/Pautke/Wagener*, Die Gruppenfreistellungsverordnung für Technologietransfer-Vereinbarungen, Rz. 916 ff.

Dagegen spricht jedoch der weitere Wortlaut des Art. 8 Abs. 2 TT-GVO 2004, nach dem die Freistellung im Anschluss an das Jahr, in dem sich die Veränderung ereignet, für zwei aufeinander folgende Jahre gilt[1]. Auch die TT-Leitlinien zu Art. 81 EG (heute Art. 101 AEUV) knüpfen für die Berechnung der zwei weiteren Jahre an das Jahr an, in dem sich die Überschreitung der Schwellenwerte ereignet[2]. Dies entspricht auch der Anknüpfung der Schonfrist in der Vertikal-GVO (vgl. Art. 9 Abs. 2 Vertikal-GVO). Es ist nicht ersichtlich, dass die Kommission trotz Zugrundelegens desselben Wortlauts eine von Art. 9 Vertikal-GVO inhaltlich abweichende Regelung zu treffen beabsichtigte[3]. 881

Der Verweis innerhalb des Art. 8 Abs. 2 TT-GVO 2005 auf Art. 3 TT-GVO 2004 ist somit missverständlich. **Für die Berechnung des Marktanteils** nach Art. 3 TT-GVO 2004 **ist auf das Vorjahr abzustellen**. Die Berechnung der weiteren Geltung nach Art. 8 Abs. 2 TT-GVO knüpft an das Jahr, in dem die Veränderung erfolgt. 882

Faktisch ist damit eine **jährliche Überprüfung** der Marktanteilsvolumina zu **empfehlen**, um die Notwendigkeit einer Anpassung rechtzeitig abschätzen zu können[4].

Spätestens nach Abschluss des zweiten Jahres nach Überschreitung der Marktanteilsschwellen, die praktisch erst im Jahr nach der Überschreitung festgestellt wird, muss folglich eine Überprüfung der vertraglichen Absprachen sowie eine etwaige Anpassung der Vereinbarungen an die veränderten Umstände erfolgen.

Frei. 883–884

gg) Rechtsfolge: Einhaltung der Schwelle/Nichteinhaltung

Werden die in Art. 3 Abs. 1, 2 TT-GVO 2004 festgelegten Marktanteilsschwellen überschritten, folgt daraus nicht zwangsläufig der Wegfall der Freistellung für die fragliche Vereinbarung. Eine Freistellung durch Berufung auf die TT-GVO 2004 ist zwar in diesem Fall ausgeschlossen, dennoch kann die Vereinbarung im Einzelfall durch Rückgriff auf die allgemeinen Kriterien des Art. 101 Abs. 3 AEUV (ex-Art. 81 Abs. 3 EG) als zulässig bewertet werden[5]. Mit anderen Worten ist die Vereinbarung auch bei Überschreiten der Wettbewerbsbeschränkungen dann zulässig, wenn die wett- 885

1 So auch *von Falck/Schmaltz* in Loewenheim/Meessen/Riesenkampff, Art. 3 TT-GVO Rz. 34.

2 TT-Leitlinien zu Art. 81 EG Rz. 73 Bsp. 2.

3 *Schultze/Pautke/Wagener*, Die Gruppenfreistellungsverordnung für Technologietransfer-Vereinbarungen, Rz. 920.

4 S. auch *von Falck/Schmaltz* in Loewenheim/Meessen/Riesenkampff, Art. 3 TT-GVO Rz. 34.

5 EGr 12 TT-GVO 2004, TT-Leitlinien zu Art. 81 EG Rz. 37 Satz 3, Rz. 130.

bewerbsfördernde Wirkung gegenüber der hierdurch hervorgerufenen Wettbewerbsbeschränkung überwiegt (vgl. EGr 12 TT-GVO 2004).

Angaben darüber, in welchen Fällen mit einer **Freistellung aufgrund Art. 101 Abs. 3 AEUV** (ex-Art. 81 Abs. 3 EG) gerechnet werden kann, enthalten die Leitlinien nicht[1]. Dies ist insbesondere im Hinblick auf den Wegfall des Einzelfreistellungsverfahrens durch die Kommission und des gegenwärtigen Erfordernisses der Selbsteinschätzung bedauerlich[2].

Findet im Einzelfall eine der **Kernbeschränkungen** in Art. 4 TT-GVO 2004 Anwendung, so ist dies allerdings ein **Indiz** dafür, dass die Voraussetzungen des Art. 101 Abs. 3 AEUV (ex-Art. 81 Abs. 3 EG) nicht gegeben sind, das **Verbot** des Art. 101 Abs. 1 AEUV (ex-Art. 81 Abs. 1 EG) greift und die Vereinbarung somit unzulässig ist[3].

886 Insbesondere aufgrund der Dynamik des Marktes ist eine fortlaufende Überprüfung der Anteile der Unternehmen am Markt erforderlich. Ist bereits im Zeitpunkt des Vertragsschlusses absehbar, dass es zu einer Expansion des Unternehmens am Markt kommen wird, so ist diesem Umstand dadurch Rechnung zu tragen, dass entweder auf die von Art. 101 Abs. 1 AEUV (ex-Art. 81 Abs. 1 EG) umfassten Vereinbarungen von vornherein verzichtet oder eine zukünftige Vertragsanpassung berücksichtigt wird.

887 Werden die Schwellenwerte **eingehalten**, so ist des Weiteren zu prüfen, ob die Zulässigkeit der jeweiligen Klausel an der Anwendbarkeit der Art. 4 und 5 TT-GVO 2004 scheitert.

888–889 Frei.

g) Kernbeschränkungen; „schwarze Liste" (Art. 4 TT-GVO 2004)

890 Von zentraler Bedeutung für eine Freistellung sind die in Art. 4 TT-GVO 2004 geregelten Kernbeschränkungen („schwarze Liste", *„hardcore restrictions"*). Klauseln, die die in Art. 4 TT-GVO 2004 genannten Wettbewerbsbeschränkungen unmittelbar oder mittelbar, für sich allein oder in Verbindung mit anderen Umständen und unter Kontrolle der Vertragsparteien bezwecken, führen zum Ausschluss des gesamten Vertrags von einer Freistellung durch die TT-GVO 2004. Zum Teil wurden die Regelungen der vorherigen „schwarzen Liste" des Art. 3 TT GVO 1996 in Art. 4 TT-GVO 2004 übernommen[4].

891 Neu eingeführt wurde die Differenzierung von Kernbeschränkungen zwischen **Wettbewerbern einerseits und Nichtwettbewerbern andererseits**. Dies entspricht der Unterscheidung in Art. 3 TT-GVO 2004 und basiert auf

1 Vgl. Kritik *Drexl*, GRUR Int. 2004, 720, 716.
2 Vgl. Kritisch *Hufnagel*, Mitt. Pat. 2004, 297, 299.
3 TT-Leitlinien zu Art. 81 EG Rz. 37 Satz 5.
4 S. 5. Aufl., Rz. 826 ff.

der wirtschaftlichen Erfahrung, dass eine Vereinbarung zwischen Wettbewerbern grundsätzlich eher eine wettbewerbsbeschränkende Wirkung verursacht als die zwischen Nichtwettbewerbern (vgl. Rz. 826; zur Abgrenzung s. Rz. 830 ff.).

Das bloße **Bezwecken** der in Art. 4 TT-GVO 2004 genannten Wettbewerbs- 892 beschränkungen reicht für eine Nichtanwendbarkeit der TT-GVO 2004 bereits aus. Die Wettbewerbsbeschränkung kann sich aus dem eindeutigen Ziel der Vereinbarung oder den Umständen des Einzelfalls ergeben[1].

Wird eine Kernbeschränkung dem Vertrag erst nachträglich beigefügt, so entfällt die Freistellung mit Vereinbarung der Kernbeschränkung. Mit Aufhebung der Beschränkung tritt eine Freistellung ein[2].

Eine **mittelbare Beschränkung** kann etwa aus der Vereinbarung einer Kündigungsbedingung, in einer nachvertraglichen Option zur nachteiligen Veränderung von Lizenzgebühren, in der Vereinbarung einer Vertragsstrafe oder Ähnlichem liegen[3].

Eine weitere Unterscheidung betrifft die zwischen wechselseitigen und 893 nicht wechselseitigen Vereinbarungen zwischen Wettbewerbern (vgl. Art. 4 Abs. 1 TT-GVO 2004).

Eine **wechselseitige Vereinbarung** wird in **Art. 1 Abs. 1 lit. c TT-GVO 2004** 894 definiert als eine Technologietransfervereinbarung, bei der zwei Unternehmen einander in demselben oder in getrennten Verträgen eine Lizenz für konkurrierende Technologien oder für die Produktion konkurrierender Produkte erteilen. Umschrieben werden hiermit die sog. **cross-licenses**, bei denen Wettbewerber gegenseitig konkurrierende Technologien über die Herstellung von Produkten austauschen[4].

Dagegen liegt eine **nicht-wechselseitige Vereinbarung** nach **Art. 1 Abs. 1** 895 **lit. d TT-GVO 2004** vor, wenn ein Unternehmen einem anderen Unternehmen eine Lizenz erteilt oder wenn zwei Unternehmen einander eine Lizenz erteilen, die keine konkurrierenden Technologien zum Gegenstand haben und auch nicht zur Produktion konkurrierender Technologien genutzt werden können.

Wird eine wechselseitige Vereinbarung nachvertraglich zu einer nicht- 896 wechselseitigen Vereinbarung, so gilt ab dem Zeitpunkt der Änderung die günstigere Regelung in Art. 4 Abs. 1 TT-GVO 2004 (s. Rz. 944). Umgekehrt

1 TT-Leitlinien zu Art. 81 Rz. 74 Satz 2 m.H.a. *EuGH* v. 28.3.1984, Slg. 1984, 1679, Rz. 26 – CRAM und Rheinzink; *EuGH* v. 8.11.1983, Slg. 1983, 3369, Rz. 23–25 – ANSEAU-NAVEWA.

2 *Schultze/Pautke/Wagener*, Die Gruppenfreistellungsverordnung für Technologietransfer-Vereinbarungen, Rz. 482.

3 *Bechtold/Bosch/Brinker/Hirsbrunner*, EG-Kartellrecht, VO 772/2004 Art. 4 Rz. 3.

4 S. dazu *Wündisch/Bauer*, GRUR Int. 2010, 641, 645.

finden grundsätzlich ex-nunc bei Vorliegen einer nachvertraglichen wechselseitigen Vereinbarung die strengeren Einschränkungen Anwendung[1]. Zu beachten ist im letzteren Fall indes, dass nach Art. 4 Abs. 3 TT-GVO weiterhin die günstigere Freistellungsbestimmung für die gesamte Vertragslaufzeit Anwendung findet, wenn mit der Veränderung des Wettbewerbsverhältnisses keine wesentliche Vertragsveränderung verbunden ist (vgl. Rz. 944).

897–900 Frei.

aa) Kernbeschränkungen zwischen konkurrierenden Unternehmen (Art. 4 Abs. 1 TT-GVO 2004)

901 Im Falle konkurrierender Unternehmen sind Klauseln der **Preisbindung, Output-Beschränkungen, Beschränkungen des Marktes, Beschränkungen der Verwertung eigener Technologien** sowie **Beschränkungen der Forschungs- und Entwicklungsarbeiten** grundsätzlich untersagt (Art. 4 Abs. 1 TT-GVO 2004).

aaa) Preisbindung (Art. 4 Abs. 1 lit. a TT-GVO)

902 **Art. 4 Abs. 1 lit. a TT-GVO 2004** übernimmt die Regelung des Art. 3 Nr. 1 TT-GVO 1996. Die gegenwärtige Formulierung ist jedoch klarer gestaltet. Die Beschränkung einer der Vertragsparteien in der **Festsetzung des Absatzpreises** der Produkte ist hiernach **unzulässig**. Unerlaubt sind damit etwa die Vereinbarung von Fest-, Mindest-, Höchstpreisen oder Preisempfehlungen. Auch die **mittelbare Preisbindung** durch Erhöhung der Lizenzgebühr bei Unterschreiten eines bestimmten Preisniveaus ist untersagt. Eine mittelbare Preisbindung kann sich auch bei **Abhängigkeit der Lizenzgebühren von einzelnen Produktverkäufen** ergeben[2]. Unzulässig ist zudem, wenn die Lizenzgebühren auf Grundlage aller Produktkäufe, unabhängig davon, ob die Technologie überhaupt in den Produkten enthalten ist, berechnet werden[3]. Hiermit wird auf die Rechtsprechung des *EuGH* Bezug genommen[4]. Eine derart weit reichende Beschränkung wird grundsätzlich auch von Art. 4 Abs. 1 lit. d TT-GVO erfasst (vgl. Rz. 926).

903 Zulässig ist dagegen nach wie vor die Vereinbarung einer **Mindestlizenzgebühr**[5]. Diese wurde in der TT-GVO 1996 noch ausdrücklich als „weiße Klausel" in Art. 2 Nr. 9 TT-GVO 1996 freigestellt.

---

1 TT-Leitlinien zu Art. 81 EG Rz. 78 Satz 7.

2 Vgl. TT-Leitlinien zu Art. 81 EG Rz. 78 Sätze 5, 6; kritisch *Schultze/Pautke/Wagener*, WRP 2004, 175, 181.

3 TT-Leitlinien zu Art. 81 Rz. 81 Satz 1.

4 Vgl. *Schultze/Pautke/Wagener*, Die Gruppenfreistellungsverordnung für Technologietransfer-Vereinbarungen, Rz. 513 m.H.a. *EuGH* v. 25.2.1986, Slg. 1986, 611 Rz. 67 – Windsurfing International; s. auch *BGH* v. 5.7.2005, WRP 2005, 1274 ff. – Abgasreinigungsvorrichtung.

5 TT-Leitlinien Rz. 79 Satz 7.

Auch ist die Vereinbarung einer Preisbindung für die **Lizenzierung der Technologie an Dritte** sowie von **Meistbegünstigungsklauseln** grundsätzlich möglich, da sich diese nicht auf den Absatz des Produktes, das die Technologie enthält, beziehen[1]. In Art. 2 Nr. 10 TT-GVO 1996 wurden diese noch ausdrücklich sowohl für Wettbewerber als auch für Nichtwettbewerber freigestellt (s. auch Rz. 1475 ff. u. 1492 ff.). 904

Frei. 905

bbb) Mengenbeschränkung (Output-Beschränkungen; Art. 4 Abs. 1 lit. b TT-GVO 2004)

Art. 4 Abs. 1 lit. b TT-GVO 2004 umfasst Output-Beschränkungen. Dies sind **Produktions- und Absatzbeschränkungen**[2]. Das Verbot der Mengenbeschränkungen entspricht im Grundsatz der Vorgängerregelung in Art. 3 Nr. 5 TT-GVO Nr. 240/96. 906

Im Falle einer **wechselseitigen Output-Beschränkung** ist davon auszugehen, dass eine Reduzierung des Outputs am Markt insgesamt bezweckt und bewirkt wird und damit den Wettbewerb behindert. Eine nur **einseitige** Beschränkung muss dagegen nicht zu einer Verringerung des Absatzes am Markt führen[3]. Eine mittelbare Mengenbeschränkung kann sich aufgrund gestaffelter Lizenzgebühren oder ähnlicher Maßnahmen, die den Anreiz zum Absatz verringern, ergeben[4]. 907

Von dem Verbot **ausgenommen** werden **Output-Beschränkungen**, die dem Lizenznehmer **in einer nicht wechselseitigen Vereinbarung** (s. Rz. 895) oder einen Lizenznehmer in einer wechselseitigen Vereinbarung in Bezug auf Vertragsprodukte auferlegt werden. 908

Beschränkungen, die ausschließlich **qualitative Kriterien** betreffen, sind **zulässig**. Solche waren in der TT-GVO 1996 nach Art. 2 Nr. 5 TT-GVO 1996 freigestellt. Zulässig ist auch die Vereinbarung der Herstellung einer **Mindestmenge**. Hierin liegt bereits keine Wettbewerbsbeschränkung nach Art. 101 Abs. 1 AEUV (ex-Art. 81 Abs. 1 EG)[5]. Die Vereinbarung von Mindestmengen war bereits als „weiße Klausel" in Art. 2 Abs. 1 Nr. 9 TT-GVO 1996 freigestellt. 909

Ausnahmen vom Verbot indirekter Mengenbeschränkungen sehen Art. 4 Abs. 1 lit. c vi), vii) TT-GVO 2004 für Beschränkungen auf eine **Eigenproduktion** sowie für das **second-sourcing** vor (s. Rz. 924 ff.).

Frei. 910–911

1 *Bechtold/Bosch/Brinker/Hirsbrunner*, EG-Kartellrecht, VO 772/2004 Art. 4 Rz. 8.
2 TT-Leitlinien zu Art. 81 EG Rz. 82.
3 TT-Leitlinien zu Art. 81 EG Rz. 82 Satz 5, Rz. 83 Satz 1.
4 Vgl. TT-Leitlinien zu Art. 81 EG Rz. 82 Satz 6; *Bechtold/Bosch/Brinker/Hirsbrunner*, EG-Kartellrecht, VO 772/2004 Art. 4 Rz. 10.
5 TT-Leitlinien zu Art. 81 EG Rz. 155 Sätze 1 u. 2 lit. 2.

ccc) Markt- und Kundenkreisbeschränkung (Art. 4 Abs. 1 lit. c TT-GVO 2004)

912 **Art. 4 Abs. 1 lit. c TT-GVO 2004** nimmt grundsätzlich **Markt- und Kundenkreisbeschränkungen** von einer Freistellung aus und übernimmt damit den Grundgedanken des Art. 3 Nr. 3 und Nr. 4 TT-GVO 1996. Der Kreis der Kunden ist nach Gebieten, Branchen, Funktionen und ähnlichen Kriterien bestimmbar[1].

Art. 4 Abs. 1 lit. c i)–vii) TT-GVO 2004 sieht hiervon jedoch zahlreiche **Ausnahmen** vor:

913 Ausdrücklich **zulässig** ist nach **Art. 4 Abs. 1 lit. c i) TT-GVO 2004** die Verpflichtung des Lizenznehmers, die lizenzierte Technologie nur in einem oder mehreren Anwendungsbereichen oder in einem oder mehreren Produktmärkten zu nutzen (sog. **field-of-use** Klauseln). Die Norm entspricht der Freistellung von field-of-use Vereinbarungen in Art. 2 Nr. 8 TT-GVO 1996, die sowohl für konkurrierende als auch für nicht im Wettbewerb miteinander stehende Unternehmen galt.

Rz. 180 Satz 5 TT-Leitlinien zu Art. 81 EG (Art. 101 AEUV) gibt vor, dass eine solche „field-of-use"-Beschränkung anhand von genau gekennzeichneten und relevanten technischen Merkmalen der jeweiligen Lizenzprodukte definiert sein muss. **Beispiel** für eine „field-of-use"-Beschränkung kann die Beschränkung einer Lizenz auf bestimmte Anwendungsbereiche eines Wirkstoffes sein.

914 **Art. 4 Abs. 1 lit. c ii)–v) TT-GVO 2004** bezieht sich auf die Zulässigkeit der Vereinbarung von **Exklusivlizenzen** (s. hierzu Rz. 78). Art. 4 Abs. 1 lit. c ii), iv) und v) TT-GVO 2004 unterscheidet für die Zulässigkeit von Exklusivvereinbarungen zwischen wechselseitigen sowie nicht-wechselseitigen Verpflichtungsvereinbarungen. An wechselseitige Vereinbarungen werden strengere Anforderungen gestellt[2] (s. Rz. 893 ff.).

915 Nach **Art. 4 Abs. 1 lit. c iii) TT-GVO 2004** kann dem Lizenzgeber die **Erteilung weiterer Lizenzen** in einem Gebiet sowohl in wechselseitigen als auch in nicht-wechselseitigen Vereinbarungen **untersagt** werden. Damit wird die Erteilung einer **Alleinlizenz** ausdrücklich zugelassen (s. Rz. 78 ff.). Die mit einer **Exklusivlizenz** verbundenen **Beschränkungen anderer Lizenznehmer** unterliegen jedoch weiteren Einschränkungen. Die Vergabe einer Exklusivlizenz ist – wie sich aus den folgenden Ausnahmeregelungen ergibt – nur mittels nicht-wechselseitiger Vereinbarungen durchführbar.

916 So stellt **Art. 4 Abs. 1 lit. c ii) TT-GVO 2004** nur die **nicht-wechselseitige Vereinbarung** eines **Verbots** frei, das die **Produktion** der lizenzierten Tech-

1 *Bechtold/Bosch/Brinker/Hirsbrunner,* EG-Kartellrecht, VO 772/2004 Art. 4 Rz. 12.

2 TT-Leitlinien zu Art. 81 EG Rz. 78 Satz 2.

nologie in einem oder mehren Anwendungsbereichen, in einem oder mehreren Produktmärkten oder in einem oder mehreren Exklusivgebieten, die der anderen Partei vorbehalten sind, untersagt. Die Ausnahme schließt nur Produktions-, keine Vertriebsbeschränkungen ein[1].

Art. 4 Abs. 1 lit. c iv) TT-GVO 2004 bezieht sich auf Beschränkungen des 917
Lizenzgebers und/oder Lizenznehmers hinsichtlich des **aktiven oder passiven Verkaufs** in ein **Exklusivgebiet** oder an eine **Exklusivkundengruppe**, das bzw. die der anderen Partei (dem Lizenznehmer oder -geber) vorbehalten ist. Zweck der Regelung ist die Sicherung von Innovationsanreizen für den Exklusivlizenznehmer[2].

Exklusivgebiet ist nach **Art. 1 lit. l TT-GVO 2004** ein Gebiet, in dem nur 918
ein Unternehmen die Vertragsprodukte mit der lizenzierten Technologie produzieren darf, ohne die Möglichkeit auszuschließen, einem anderen Lizenznehmer in diesem Gebiet die Produktion der Vertragsprodukte für bestimmte Kunden zu erlauben, wenn diese zweite Lizenz erteilt worden ist, um diesem Kunden eine **alternative Bezugsquelle** (second source) zu verschaffen. Im Übrigen kann anderen Parteien die Produktion in dem Exklusivgebiet verboten werden.

Eine **Exklusivkundengruppe** ist nach **Art. 1 lit. m TT-GVO 2004** eine 919
Gruppe von Kunden, denen nur ein Unternehmen die mit der lizenzierten Technologie produzierten Vertragsprodukte aktiv verkaufen darf.

Der **aktive Verkauf** beschreibt den Verkauf des Produkts durch aktives Be- 920
mühen des Verkäufers. Im Falle des **passiven Verkaufs** reagiert der Verkäufer auf eine an ihn gerichtete Nachfrage des Kunden[3]. Beide Verkaufsalternativen werden von Art. 4 lit. c iv) TT-GVO 2004 umfasst.

Art. 4 lit. c iv) TT-GVO 2004 erfasst nur Beschränkungen des Lizenzneh- 921
mers oder -gebers für den aktiven und passiven Verkauf in das Exklusivgebiet oder an die Exklusivkundengruppe, wenn es sich um das Gebiet oder die Gruppe einer dieser beiden Parteien handelt. Dem Lizenzgeber oder dem Lizenznehmer kann der Verkauf in einer nicht-wechselseitigen Vereinbarung für dieses Exklusivgebiet wirksam untersagt werden.

Die Zulässigkeit von Beschränkungen für den Verkauf in die **Exklusivgebie-** 922
te oder an die **Exklusivgruppen anderer Lizenznehmer** ist dagegen in **Art. 4 Abs. 1 lit. c v) TT-GVO 2004** geregelt. Hiernach sind diejenigen nicht-wechselseitigen Vereinbarungen zulässig, die einen Lizenznehmer im aktiven Verkauf in das Exklusivgebiet oder an die Exklusivkundengruppe beschrän-

---

1 *Bechtold/Bosch/Brinker/Hirsbrunner*, EG-Kartellrecht, VO 772/2004 Art. 4 Rz. 14.

2 *von Falck/Schmaltz* in Loewenheim/Meessen/Riesenkampff, Art. 4 TT-GVO Rz. 43.

3 *Bechtold/Bosch/Brinker/Hirsbrunner*, EG-Kartellrecht, VO 772/2004 Art. 4 Rz. 16.

ken, das bzw. die einem anderen Lizenznehmer gewährt wurde. Es darf sich bei dem Exklusivlizenznehmer aber nicht um ein Unternehmen handeln, das zum Zeitpunkt der Lizenzerteilung in Konkurrenz zum Lizenzgeber steht. Geschützt werden soll lediglich die Möglichkeit des Lizenznehmers, in einen bestehenden Markt zu gelangen. Freigestellt wird im Gegensatz zu Art. 4 Abs. 1 lit. c iv) lediglich das Verbot des aktiven, nicht dagegen das des passiven Verkaufs.

923 Die Vergabe ausschließlicher Lizenzen wurde in der TT-GVO 1996 in Art. 1 Abs. 1 Nr. 1, 2 TT-GVO 1996 ausdrücklich freigestellt. Kundenkreisbeschränkungen waren dagegen zwischen Wettbewerbern nach Art. 3 Nr. 4 TT-GVO 1996 grundsätzlich unzulässig. Insofern ist die Freistellung im Zuge der Reform der TT-GVO erweitert worden[1].

924 Nach **Art. 4 Abs. 1 lit. c vi) TT-GVO** kann der Lizenznehmer verpflichtet werden, nur für den **Eigenbedarf**, also insbesondere für die Weiterverarbeitung oder den sonstigen Einsatz in Endprodukte zu produzieren, sofern er dadurch keiner Beschränkung für den aktiven und passiven Verkauf der Vertragsprodukte als Ersatzteile für seine eigenen Produkte unterliegt.

925 Ferner ist nach **Art. 4 Abs. 1 lit. c vii) TT-GVO 2004** zulässig, den Lizenznehmer durch eine **nicht-wechselseitige Vereinbarung** auf eine Kundengruppe zu beschränken, wenn die Lizenz dazu erteilt wurde, dem Kunden eine alternative Bezugsquelle zu verschaffen. Geregelt wird damit die Zulässigkeit sog. **second source-Beschränkungen**, ohne die die Erteilung der zweiten Lizenz nicht möglich wäre.

ddd) Beschränkung des Lizenznehmers in der Verwertung der eigenen Technologie; Beschränkung der Vertragsparteien hinsichtlich der Forschung und Entwicklung (Art. 4 Abs. 1 lit. d TT-GVO 2004)

926 Art. 4 Abs. 1 lit. d TT-GVO 2004 schließt bei einer Beschränkung der Möglichkeit des Lizenznehmers, seine **eigene Technologie zu verwerten**, eine Freistellung aus. Andernfalls würde der Anreiz des Lizenznehmers verringert, in die Entwicklung und Verbesserung eigener Technologien zu investieren[2]. Beschränkungen hinsichtlich der Nutzung von Dritttechnologien sind damit grundsätzlich jedoch zulässig, wenn die in Art. 3 TT-GVO vorgesehenen Schwellenwerte nicht überschritten werden.

927 Zudem ist die Beschränkung des Lizenznehmers und/oder -gebers, **Forschungs- und Entwicklungsarbeiten** durchzuführen, unzulässig, es sei denn, die Beschränkungen sind unerlässlich, um die Preisgabe des lizenzierten Know-hows an Dritte zu verhindern. Das Verbot gilt sowohl für den von

1 *von Falck/Schmaltz* in Loewenheim/Meessen/Riesenkampff, Art. 4 TT-GVO Rz. 45.
2 TT-Leitlinien zu Art. 81 Rz. 95 Satz 6.

der Vereinbarung erfassten als auch für andere Bereiche[1]. Für die im Einzelfall greifende Ausnahme muss die Beschränkung für den Geheimnisschutz des Know-how notwendig und verhältnismäßig sein[2].

Nicht von Art. 4 Abs. 1 lit. d TT-GVO erfasst wird die Verpflichtung, zukünftig entwickelte Verbesserungen auszutauschen[3]. 928

bb) Kernbeschränkungen zwischen nicht-konkurrierenden Unternehmen (Art. 4 Abs. 2 TT-GVO 2004)

Art. 4 Abs. 2 TT-GVO enthält **Freistellungseinschränkungen** für Vereinbarungen zwischen nicht im Wettbewerb stehenden Unternehmen[4]. Art. 4 Abs. 2 TT-GVO unterscheidet hierbei nicht zwischen wechselseitigen sowie nicht-wechselseitigen Vereinbarungen. Wie im Falle des Art. 4 Abs. 1 TT-GVO reicht das Bezwecken einer der Wettbewerbsbeschränkungen bereits aus. Erfasst werden direkte wie mittelbare Eingriffe in die Wettbewerbsfreiheit (s. Rz. 890). 929

Ein Verbot der Beschränkung des Lizenznehmers in der **Verwertung eigener Technologien** sowie der Durchführung von **Forschungs- und Entwicklungsarbeiten**, das dem Art. 4 Abs. 1 lit. d entspricht, ist für nichtkonkurrierende Unternehmen in Art. 5 Abs. 2 TT-GVO 2004 geregelt (Rz. 963). 930

Art. 4 Abs. 2 TT-GVO nimmt keinerlei Bezug auf **Outputbeschränkungen**. 931
Da diese nicht ausdrücklich untersagt werden, sind Mengenbeschränkungen zwischen nicht konkurrierenden Unternehmen anders als in Art. 4 Abs. 1 lit. b TT-GVO 2004 grundsätzlich zulässig (Rz. 907). Mittels Mengenbeschränkungen kann im Einzelfall jedoch indirekt eine Beschränkung des passiven Verkaufs eines Lizenznehmers bezweckt werden, die nach Art. 4 Abs. 2 lit. b TT-GVO unzulässig ist[5]. Hinweise darauf sind die Anpassung der Mengen im Laufe der Zeit, um lediglich eine lokale Nachfrage zu decken, eine Kombination aus Mengenbeschränkungen und der Auflage, im Vertragsgebiet eine bestimmte Mindestmenge abzusetzen, gestaffelte Lizenzgebühren entsprechend dem Bestimmungsort der Produkte und die Überwachung des Bestimmungsortes der Produkte, die von den einzelnen Lizenznehmern verkauft werden[6].

Nach Art. 3 Nr. 5 TT-GVO 1996 waren Outputbeschränkungen auch für nicht konkurrierende Unternehmen generell untersagt. Insofern erfuhren die Beschränkungen der TT-GVO 1996 eine Aufweichung durch die TT-GVO 2004.

---

1 TT-Leitlinien zu Art. 81 Rz. 94 Satz 3.
2 TT-Leitlinien zu Art. 81 Rz. 95 Satz 7.
3 TT-Leitlinien zu Art. 81 Rz. 94 Satz 4.
4 Zum Begriff des nicht konkurrierenden Unternehmens s. Rz. 830 ff.
5 TT-Leitlinien zu Art. 81 EG Rz. 98 Satz 4.
6 TT-Leitlinien zu Art. 81 EG Rz. 98 Satz 7.

932 **Art. 4 Abs. 2 lit. a TT-GVO 2004** normiert den Freistellungsanschluss bei **Preisbindungen** zwischen nicht konkurrierenden Unternehmen. Wie auch gemäß Art. 4 Abs. 1 lit. a TT-GVO gilt dies für beide Parteien. Anders als bei Vereinbarungen zwischen konkurrierenden Unternehmen (Art. 4 Abs. 1 lit. 1 TT-GVO 2004) sind in Vereinbarungen zwischen nicht konkurrierenden Unternehmen die Bestimmung eines **Höchstpreises** sowie eine **Preisempfehlung** möglich, soweit diese sich nicht wie **Fest**- oder **Mindestpreise** auswirken. Es ist dabei auf die Gefahr der mittelbaren Preisfestsetzung zu achten, die beispielsweise durch Kopplung der Verkaufspreise an die Preise der Wettbewerber, Drohungen, Einschüchterungen, Warnungen, Sanktionen oder Vertragskündigungen bei Nichteinhaltung eines bestimmten Preisniveaus erfolgen kann[1]. Durch den Einsatz von Zwangsmitteln kann im Einzelfall aus einem Höchstpreis oder einer Preisempfehlung ein unzulässiger Mindest- oder Festverkaufspreis resultieren[2]. Eine entsprechende Wirkung kann sich ergeben, wenn der „Höchstpreis" so niedrig angesetzt wird, dass er – zur Vermeidung von Verlusten – nicht unterschritten werden kann[3].

Im Übrigen ergeben sich keine Unterschiede zu der Kommentierung in Rz. 901.

933 Die nicht freigestellte **Beschränkung des Gebiets oder des Kundenkreises** bezieht sich – anders als im Falle konkurrierender Unternehmen – **nur** auf den **passiven Verkauf des Lizenznehmers** (**Art. 4 Abs. 1 lit. b TT-GVO 2004**). Die vertragliche Beschränkung des aktiven Verkaufs des Lizenznehmers ist dagegen zulässig, solange nicht gegen das Verbot aus Art. 4 Abs. 2 lit. c TT-GVO 2004 verstoßen wird (Rz. 942). Es wird angenommen, dass Beschränkungen des aktiven Verkaufs Investitionen sowie den nicht über den Preis ausgetragenen Wettbewerb fördern und die Qualität der Dienstleistungen verbessern, da Trittbrettfahrer ausgeschlossen und Sperrprobleme gelöst werden[4].

Der aktive Verkauf außerhalb des dem Lizenznehmer zugewiesenen Gebiets kann selbst für Bereiche beschränkt werden, die nicht exklusiv zugeordnet sind.

934 **Beschränkungen des Lizenzgebers** sind – anders als nach Art. 4 Abs. 1 lit. c TT-GVO 2004 – sowohl in Bezug auf passive als auch auf aktive Verkäufe zulässig (s. Rz. 917).

935 Art. 4 Abs. 2 lit. b TT-GVO bezieht sich – anders als Art. 4 Abs. 1 lit. c TT-GVO – auf die Beschränkung des passiven Verkaufs, nicht aber generell auf

1 TT-Leitlinien zu Art. 81 EG Rz. 97 Satz 5.
2 TT-Leitlinien zu Art. 81 EG Rz. 97 Sätze 8, 9.
3 *Bunte* in Langen/Bunte, Kartellrecht, Art. 81 EG Rz. 116.
4 TT-Leitlinien zu Art. 81 EG Rz. 99 Satz 4.

die Zuweisung von Märkten. Dies impliziert, dass **field-of-use Beschränkungen** zulässig sind (s. Rz. 913).

Vom Verbot des passiven Verkaufs des Lizenznehmers in Exklusivgebiete oder an Exklusivgruppen sieht Art. 4 Abs. 2 lit. b ii)–vi) TT-GVO 2004 Ausnahmen vor. Innerhalb dieser wird nicht wie im Falle des Art. 4 Abs. 1 lit. c TT-GVO 2004 zwischen wechselseitigen und nicht-wechselseitigen Vereinbarungen unterschieden (s. Rz. 893 ff.), weshalb zwischen nicht konkurrierenden Unternehmen auch wechselseitige Exklusivlizenzen erteilt werden können. Damit wird der Rechtsprechung des *EuGH* Rechnung getragen, die die Vereinbarung einer Exklusivlizenz zwischen Nicht-Wettbewerbern ebenso nicht als Wettbewerbsbeschränkung im Sinne des Art. 81 Abs. 1 EG (heute Art. 101 Abs. 1 AEUV) einstuft[1]. Insofern kommt den folgenden Ausnahmen im Einzelfall eine nur klarstellende Funktion zu[2].

Beschränkungen des **passiven Verkaufs in ein Exklusivgebiet oder an eine Exklusivkundengruppe**[3], das bzw. die dem Lizenzgeber vorbehalten ist, sind nach **Art. 4 Abs. 2 lit. b i) TT-GVO 2004** zulässig. Es ist ausreichend, dass der Lizenzgeber sich das Gebiet zur künftigen Nutzung vorbehält. Nicht erforderlich ist, dass die Produktion in dem Gebiet bereits aufgenommen wurde. 936

Grund der Freistellung ist die Annahme, dass die Verbreitung und Integration der Technologie sowie die Produktion des geschützten Lizenznehmers durch die Beschränkung anderer unterstützt wird und damit die wettbewerbsfördernde Wirkung der Beschränkung überwiegt[4]. Die Regelung entspricht grundsätzlich der des Art. 4 Abs. 1 lit. c iv) TT-GVO 2004 (Rz. 917). Art. 4 Abs. 2 lit. b ii) TT-GVO 2004 ist aber insofern weiter, als sowohl wechselseitige als auch nicht wechselseitige Beschränkungen erlaubt werden, im Falle konkurrierender Unternehmen aber nur Beschränkungen innerhalb wechselseitiger Unternehmen zulässig sind.

Die Beschränkung des Lizenzgebers ist – anders als in Art. 4 Abs. 1 lit. c TT-GVO – grundsätzlich für den aktiven wie passiven Verkauf zulässig (s. Rz. 933).

Die Zulässigkeit der **Beschränkung des passiven Verkaufs in Exklusivgebieten oder an Exklusivkundengruppen**, die anderen Lizenznehmern vorbehalten wurden, ist in **Art. 4 Abs. 2 lit. b ii) TT-GVO geregelt**. Hiernach kann der passive Verkauf für die ersten beiden Jahre beschränkt werden. Die Berechnung knüpft an den erstmaligen Verkauf des Produkts durch den Exklusivlizenznehmer an. Hierdurch soll der Investitionsanreiz für die Erschließung neuer Gebiete gesichert werden[5]. 937

1 *EuGH* v. 8.6.1982 – Rs. 258/78, GRUR Int. 1982, 530 – Maissaatgut, Nungesser.
2 Vgl. *Lübbig*, GRUR 2004, 483, 486.
3 Zur Begrifflichkeit s. Rz. 917 ff.
4 TT-Leitlinien zu Art. 81 EG Rz. 100 Satz 3.
5 TT-Leitlinien zu Art. 81 EG Rz. 101 Satz 2–5.

Art. 4 Abs. 1 lit. c v) TT-GVO 2004 erlaubt Einschränkungen zwischen konkurrierenden Unternehmen für den aktiven Verkaufs lediglich in nicht wechselseitigen Vereinbarungen. Auch diesbezüglich ist die Zulässigkeit von Beschränkungen zwischen Nichtwettbewerbern somit weiter.

Nach Ablauf von zwei Jahren gilt eine Beschränkung des passiven Verkaufs als Kernbeschränkung und ist unzulässig[1]. Der aktive Verkauf kann hingegen zeitlich unbeschränkt untersagt werden.

938 **Art. 4 Abs. 2 lit. b iii) TT-GVO 2004** erlaubt die Beschränkung des Lizenznehmers auf den Eigenbedarf, wenn damit keine Beschränkung in Bezug auf den Verkauf der Vertragsprodukte als Ersatzteile für seine eigene Produktion verbunden ist. Die Regelung entspricht der des Art. 4 Abs. 1 lit. c vi) TT-GVO 2004 (s. Rz. 924).

939 **Art. 4 Abs. 2 lit. b iv) TT-GVO 2004** regelt die Zulässigkeit von Beschränkungen im Rahmen des **second sourcing**. Die Beschränkung ist hier anders als bei konkurrierenden Unternehmen auch im Falle wechselseitiger Vereinbarungen zulässig. Im Übrigen wird auf die Ausführungen in Rz. 925 verwiesen.

940 Die Vereinbarung eines Verbots des Verkaufs an Endverbraucher mit Lizenznehmern, die auf der **Großhandelsstufe** tätig sind, ist nach **Art. 4 Abs. 2 lit. b v), vi) TT-GVO 2004** zulässig.

Die Beschränkung ist aber nur dann freigestellt, wenn dem Lizenznehmer eine Großhandelsfunktion zukommt[2]. Das **sog. Sprunglieferverbot** war vor der Novellierung der TT-GVO 1996 zwar nicht ausdrücklich durch die TT-GVO 1996 freigestellt, jedoch bereits seitens der Rechtsprechung des *EuGH* anerkannt, der die Beschränkung eines Großhändlers, nicht an Endkunden zu liefern, als nicht wettbewerbswidrig einstuft[3]. Die Vereinbarung eines Sprunglieferverbots ist aus Lizenzgebersicht dann sinnvoll, wenn dieser selbst auf der Einzelhandelsstufe tätig ist und damit einen Wettbewerb zum Lizenznehmer zu vermeiden beabsichtigt[4].

941 Nach **Art. 4 Abs. 2 lit. b vi) TT-GVO 2004** kann den **Mitgliedern** eines **selektiven Vertriebssystems** auferlegt werden, von einem Verkauf an nicht zugelassene Händler abzusehen. Selektive Vertriebssysteme sind nach der Definition in **Art. 1 Abs. 1 lit. k TT-GVO 2004** solche Vertriebssysteme, in denen sich der Lizenzgeber verpflichtet, Lizenzen für die Produktion der Vertragsprodukte nur Lizenznehmern zu erteilen, die aufgrund festgelegter Merkmale ausgewählt werden, und in denen sich diese Lizenznehmer ver-

---

1 TT-Leitlinien zu Art. 81 EG Rz. 101 Satz 7.

2 S. TT-Leitlinien zu Art. 81 EG Rz. 104.

3 *EuGH* v. 25.10.1977, Slg. 1977, 1875, 1909 – Metro-Saba I.; vgl. *Bechtold/Bosch/Brinker/Hirsbrunner*, EG-Kartellrecht, VO 772/2004 Art. 4 Rz. 31.

4 *Bechtold/Bosch/Brinker/Hirsbrunner*, EG-Kartellrecht, VO 772/2004 Art. 4 Rz. 31.

pflichten, die Vertragsprodukte nicht an Händler zu verkaufen, die nicht zum Vertrieb zugelassen sind. Das Verbot, an nicht zugelassene Händler zu verkaufen, ist dem Begriff des selektiven Vertriebssystems somit bereits immanent. Ohne das Verbot findet der Natur der Sache nach keine Selektion statt.

Durch den Zwang, nicht an unzugelassene Händler zu verkaufen, wird der Lizenznehmer verpflichtet, sich einem selektiven Vertriebssystem anzuschließen. In diesem Fall ist darauf zu achten, dass nicht gegen das Verbot aus Art. 4 Abs. 2 lit. c TT-GVO verstoßen wird (Rz. 942).

Beschränkungen von **Querlieferungen** zwischen den Mitgliedern des Vertriebssystems sind dagegen unzulässig[1].

Untersagt sind nach **Art. 4 Abs. 2 lit. c TT-GVO 2004** Beschränkungen des Lizenznehmers im aktiven oder passiven Verkauf an Endverbraucher, wenn der Lizenznehmer einem **selektiven Vertriebssystem** angehört und auf der **Einzelhandelsstufe** tätig ist. Erlaubt ist eine Untersagung des Verkaufs an Endverbraucher also nur, wenn damit gleichzeitig die Zuweisung einer Großhandelsfunktion erfolgt (Art. 4 Abs. 2 lit. b v) TT-GVO 2004). 942

Den Mitgliedern des Vertriebssystems kann verboten werden, Geschäfte von nicht zugelassenen Niederlassungen aus zu betreiben. Letztere Einschränkung entspricht der Freistellung nach Art. 4 Abs. 2 lit. b vi) TT-GVO 2004 (Rz. 941). Damit wird der Bestand des Vertriebssystems gesichert.

Frei. 943

cc) Veränderung der Wettbewerbsverhältnisse nach Vertragsabschluss

Die Überprüfung des Vorliegens eines Wettbewerbsverhältnisses erfolgt – wie gezeigt – nicht statisch (vgl. Rz. 846 f.). Den Veränderungen im Wettbewerbsverhältnis muss nicht nur hinsichtlich der Anpassung der Schwellenwerte, sondern auch hinsichtlich der Kernbeschränkungen Rechnung getragen werden, da die Zulässigkeit für Beschränkungen zwischen nicht konkurrierenden Unternehmen sehr viel weiter gefasst ist. Dem trägt **Art. 4 Abs. 3 TT-GVO 2004** Rechnung. Treten die beteiligten Unternehmen **erst nach Vertragsabschluss** miteinander **in Wettbewerb**, so ist dennoch weiterhin der für die Unternehmen günstigere Art. 4 Abs. 2 TT-GVO 2004 auf die Vereinbarung für die Laufzeit des Vertrages anwendbar, es sei denn die Vereinbarung wird später wesentlich verändert. Erfolgt eine **wesentliche Vertragsänderung**, so findet fortan Abs. 1 auf die Vereinbarungen Anwendung, was unter Umständen eine Anpassung erforderlich macht. 944

Nicht deutlich geht aus Art. 4 Abs. 3 TT-GVO 2004 hervor, ob die Erleichterung auch für eine stillschweigende **Vertragsverlängerung** gilt. Es wird

1 *Bechtold/Bosch/Brinker/Hirsbrunner*, EG-Kartellrecht, VO 772/2004 Art. 1 Rz. 32.

im Einzelfall zu bestimmen sein, ob in der Verlängerung eine wesentliche Änderung des Vertrages liegt (dann fände Art. 4 Abs. 3 TT-GVO 2004 keine Anwendung) oder eine zeitliche Erweiterung bereits im Vertrag angelegt war.

945 Standen die Unternehmen zunächst im Wettbewerb und **entfällt das Konkurrenzverhältnis** nachvertraglich, ist ab dem Wegfall des Wettbewerbsverhältnisses Art. 4 Abs. 2 TT-GVO 2004 auf die bestehenden sowie zukünftigen Vereinbarungen anwendbar. War eine Klausel zunächst nach Art. 4 Abs. 1 TT-GVO 2004 unwirksam, richtet sich die Wirksamkeit der ungültigen Vereinbarung nach nationalem Recht. Grundsätzlich bedarf es im deutschen Recht einer Bestätigung durch die Vertragsparteien (vgl. § 141 BGB) zur Wirksamkeit der zuvor ungültigen Klausel[1].

946 Frei.

dd) Rechtsfolgen bei Verstoß gegen Art. 4 TT-GVO 2004

947 Enthalten die vertraglichen Vereinbarungen eine unzulässige Kernbeschränkung, so führt dies nicht zur Unwirksamkeit der jeweiligen Klausel; vielmehr **entfällt die Freistellung** nach der TT-GVO 2004 **für die gesamte Vereinbarung**, selbst wenn die in Art. 3 TT-GVO 2004 vorgesehenen Marktanteilsschwellen nicht überschritten werden (EGr 13 TT-GVO 2004; TT-Leitlinien zu Art. 81 EG [heute Art. 101 AEUV] Rz. 75). Eine Wirksamkeit könnte sich dann über die allgemeine Regelung des **Art. 101 Abs. 3 AEUV** (ex-Art. 81 Abs. 3 EG) ergeben. Im Regelfall dürften die Voraussetzungen des Art. 101 Abs. 3 AEUV (ex-Art. 81 Abs. 3 EG) bei Vorliegen einer der Kernbeschränkungen jedoch nicht gegeben sein, da diese keinen objektiven wirtschaftlichen Vorteil oder Nutzen für Verbraucher bewirken und es grundsätzlich an der Unerlässlichkeit der Beschränkung fehlen wird[2].

948 Die Wirksamkeit des übrigen Vertrages bei Unwirksamkeit einer Vertragsklausel (vgl. Art. 101 Abs. 2 AEUV [ex-Art. 81 Abs. 2 EG]) richtet sich nach nationalem Recht. Im deutschen Recht war aufgrund der grundsätzlichen Erstreckung der Teilnichtigkeit auf den gesamten Vertrag nach **§ 139 BGB** bislang die Aufnahme einer salvatorischen Klausel zu empfehlen, die den weiteren Bestand des Vertrages garantierte (s. dazu Rz. 2322 ff.).

Nach der Rechtsprechung des *BGH* bewirkt eine salvatorische Klausel jedoch lediglich eine **Umkehr der Darlegungs- und Beweislast**.[3] Eine Prüfung gemäß § 139 BGB, ob die Parteien den Vertrag auch ohne die nichtige Klausel hätten bestehen lassen, hat dennoch zu erfolgen.

---

1 *Bechtold/Bosch/Brinker/Hirsbrunner*, EG-Kartellrecht, VO 772/2004 Art. 4 Rz. 6.
2 TT-Leitlinien Rz. 18 Sätze 3–6, Rz. 75 Satz 3.
3 *BGH* v. 24.9.2002, GRUR 2004, 353 – Tennishallenpacht.

Die **Beweislast** für einen der Vertragswirksamkeit entgegenstehenden Willen trägt die Partei, die sich auf die Vertragsunwirksamkeit beruft[1]. Daher ist die Aufnahme einer einfachen **Restgültigkeitsklausel** keine Garantie für den weiteren Bestand des Vertrages. Den Parteien ist eher zu empfehlen, eine **Ersetzungsklausel** in den Vertrag aufzunehmen, in der deutlich zum Ausdruck kommt, was im Falle der Nichtigkeit einer einzelnen Klausel gelten soll. Der Partei, die sich auf die Gesamtnichtigkeit des Vertrages beruft, obliegt es bei einer Ersetzungsklausel nachweisen, dass auch diese **Klausel** keine Lösung ergibt, die den Parteiinteressen entspricht[2]. 949

Bei der Vereinbarung einer Ersetzungsklausel ist im Einzelfall zu bedenken, ob diese ggf. auf eine Bösgläubigkeit der Parteien hinweist, was hinsichtlich Bußgeldtatbeständen von Bedeutung sein kann[3]. 950

h) Nicht-freigestellte (Einzel-)Beschränkungen (Art. 5 TT-GVO 2004)

Art. 5 TT-GVO 2004 nimmt – ähnlich wie Art. 4 TT-GVO 2004 – gewisse Beschränkungen von der Freistellung nach Art. 2 TT-GVO 2004 aus. Dem Wortlaut nach bezieht sich Art. 5 TT-GVO 2004 aber nicht auf den Wegfall der Freistellung insgesamt (Art. 4 Abs. 1 Satz 1 TT-GVO 2004). Anders als im Falle der Kernbeschränkungen führt die Aufnahme einer Klausel aus dem Katalog des Art. 5 TT-GVO 2004 in den Vertrag lediglich zur **Nichtfreistellung der einzelnen Klausel**, nicht jedoch zum vollständigen Wegfall der Freistellung für den restlichen Teil der Vereinbarung. 951

Entscheidend ist daher im Einzelfall die **Abtrennbarkeit** einer Klausel[4]. Den Parteien ist somit zu empfehlen, die einzelnen Beschränkungen möglichst klar zu umschreiben und getrennt voneinander aufzuführen. 952

Aufgrund der eingeschränkten Rechtsfolge werden die in Art. 5 TT-GVO 2004 aufgeführten Beschränkungen in Anlehnung an Art. 4 TT-GVO 1996 als **graue Klauseln** bezeichnet[5].

Bei einem Verstoß gegen Art. 5 TT-GVO 2004 gilt, dass die Klausel in der Regel nach Art. 81 Abs. 2 TT-GVO nichtig ist. Im Einzelfall kann jedoch eine Freistellung über die Generalklausel des Art. 101 Abs. 3 AEUV (ex-Art. 81 Abs. 3 EG) in Betracht kommen. 953

Wird eine Klausel von Art. 5 Abs. 2 TT-GVO 2004 erfasst, so ist eine **Einzelprüfung** nach Art. 101 Abs. 3 AEUV (ex-Art. 81 Abs. 3 EG) vorzunehmen. Die TT-Leitlinien zu Art. 81 EG (heute Art. 101 AEUV) stellen Vermutungen auf, wann die Freistellung einer solchen Klausel über Art. 81 Abs. 3 EG (heute Art. 101 Abs. 3 AEUV) nicht in Betracht kommt. Damit

1 *BGH* v. 24.9.2002, GRUR 2004, 353 – Tennishallenpacht; *Groß*, Rz. 787.
2 *Bunte*, GRUR 2004, 301, 303 f.
3 *Zöttl*, WRP 2005, 33, 47.
4 TT-Leitlinien zu Art. 81 EG, Rz. 107 Satz 4.
5 *Bechtold/Bosch/Brinker/Hirsbrunner*, EG-Kartellrecht, VO 772/2004 Art. 5 Rz. 1.

wird dem Anwender nicht sonderlich geholfen. Wünschenswert wäre eine konkrete positive Abgrenzung gewesen. Eine Freistellung über Art. 101 Abs. 3 AEUV (ex-Art. 81 Abs. 3 EG) kommt jedenfalls dann nicht in Betracht, wenn die Parteien nur deshalb als Nicht-Wettbewerber gelten, weil der Lizenznehmer zwar über eine konkurrierende Technologie verfügt, dies aber nicht in Lizenz gibt und der Lizenzgeber damit kein tatsächlicher Wettbewerber auf dem Produktmarkt ist. In einem solchen Fall schränkt eine Nutzungsbeschränkung oder die Beschränkung der Durchführung von Forschungs- und Entwicklungsarbeiten den Wettbewerb der Unternehmen ein[1]. Besitzt der Lizenznehmer keine konkurrierende Technologie, kommt eine Freistellung nach Art. 101 Abs. 3 AEUV (ex-Art. 81 Abs. 3 EG) unter Umständen nicht in Betracht, wenn nur wenige Technologien am Markt vorhanden sind und durch die Beschränkung eine Innovationsquelle zum Erliegen kommt[2].

aa) Exklusive Rücklizenzierungspflicht des Lizenznehmers (Art. 5 Abs. 1 lit. a TT-GVO 2004)

954 Art. 5 Abs. 1 TT-GVO nimmt drei Verpflichtungen von einer Freistellung aus, von denen angenommen wird, dass sie die Innovationsanreize der Lizenznehmer beeinträchtigen[3]. Diese Beschränkungen gelten sowohl für konkurrierende als auch für nicht miteinander in Wettbewerb stehende Unternehmen.

955 Nach Art. 5 Abs. 1 lit. a TT-GVO 2004 ist die unmittelbare oder mittelbare Verpflichtung des Lizenznehmers unzulässig, dem Lizenzgeber oder einem vom Lizenzgeber benannten Dritten eine **Exklusivlizenz für** seine **eigenen abtrennbaren Verbesserungen** an der lizenzierten Technologie oder seinen **eigenen Anwendungen** dieser Technologie zu erteilen. Geregelt wird das Verbot der **Rücklizenzierung**.

Eine Verbesserung ist **abtrennbar**, wenn sie ohne Verletzung der lizenzierten Technologie verwertet werden kann (Art. 1 Abs. 1 lit. n TT-GVO 2004)[4]. Wegen einer sonst gegebenen patentrechtlichen Abhängigkeit sind letztlich nur abtrennbare Verbesserungen auch getrennt von der lizenzierten Technologie verwertbar. Daher ist die Vereinbarung einer Exklusivlizenz hinsichtlich nicht abtrennbarer Verbesserungen zulässig[5].

956 Eine Verpflichtung zur Erteilung einer Exklusivlizenz an abtrennbaren Verbesserungen senkt den Anreiz des Lizenznehmers, die Technologie insgesamt weiterzuentwickeln und innovative Investitionen vorzunehmen[6].

---

1 TT-Leitlinien zu Art. 81 EG Rz. 115.
2 TT-Leitlinien zu Art. 81 EG Rz. 116.
3 TT-Leitlinien zu Art. 81 EG Rz. 108.
4 S. TT-Leitlinien zu Art. 81 EG Rz. 109 Satz 2.
5 *Bechtold/Bosch/Brinker/Hirsbrunner*, EG-Kartellrecht, VO 772/2004 Art. 5 Rz. 5.
6 TT-Leitlinien zu Art. 81 EG Rz. 109 Satz 3.

Dagegen ist die Vereinbarung einer **einfachen** Lizenz für entwickelte Verbesserungen hinsichtlich derselben Anwendung oder anderer Anwendungsbereiche der lizenzierten Technologie möglich.

bb) Übertragungspflicht des Lizenznehmers (Art. 5 Abs. 1 lit. b TT-GVO 2004)

Art. 5 Abs. 1 lit. b TT-GVO 2004 untersagt unmittelbare oder mittelbare Verpflichtungen des Lizenznehmers, Rechte an eigenen abtrennbaren Verbesserungen an der lizenzierten Technologie oder Rechte an eigenen neuen Anwendungen dieser Technologie **vollständig oder teilweise** auf den Lizenzgeber oder einen vom Lizenzgeber benannten Dritten **zu übertragen**. Art. 5 Abs. 1 lit. b TT-GVO ergänzt Art. 5 Abs. 1 lit. a TT-GVO somit um den Tatbestand der Übertragung von Rechten. Nicht nur die Rücklizenzierung soll vermieden werden, sondern auch eine Umgehung dieses Verbots durch Übertragung dieser Rechte. Eine Rechtsübertragung ist für den Lizenznehmer von nachteiligerer Wirkung als die Erteilung einer Exklusivlizenz, da er nicht nur Benutzungsrechte einräumt, sondern das Recht selbst abgibt. 957

Greift Art. 5 Abs. 1 lit. a oder lit. b TT-GVO 2004, so entfällt eine Freistellung der betreffenden Rechtsübertragungs- oder Rücklizenzierungspflicht; die Klausel ist nach Art. 101 Abs. 2 AEUV (ex-Art. 81 Abs. 2 EG) nichtig. Eine **Freistellung über Art. 101 Abs. 3 AEUV** (ex-Art. 81 Abs. 3 EG) kann jedoch insbesondere dann in Betracht kommen, wenn eine entsprechend hohe **Gegenleistung** vereinbart wurde, die zu einer Weiterentwicklung der Technologie anregt[1]. 958

Zudem ist der **Marktfaktor** des **Lizenzgebers** zu berücksichtigen. Verfügt der Lizenzgeber über einen relativ niedrigen Marktfaktor, hat eine Rücklizenzierung oder eine Rückübertragung von Rechten keine derart negative Auswirkung auf den Wettbewerb wie im Falle eines hohen Marktanteils[2]. Auch ist darauf abzustellen, wie vielen Lizenznehmern eine Beschränkung auferlegt wird. Die Gefahr des Eingriffs in den Wettbewerb steigt im Falle **paralleler Netze von Vereinbarungen**[3]. **Insbesondere im Falle der cross-license** kommt eine Wettbewerbsbeschränkung in Betracht, wenn die gegenseitige Lizenzierung darauf abzielt, die Gestaltungsfreiheit der Parteien einzuschränken und lediglich die technologische Grundlage der für ein Produkt notwendigen Technologie zu verbessern[4]. 959

1 TT-Leitlinien zu Art. 81 EG Rz. 110 Sätze 1–3.
2 TT-Leitlinien zu Art. 81 EG Rz. 110 Sätze 4–6.
3 TT-Leitlinien zu Art. 81 EG Rz. 110 Sätze 7, 8.
4 TT-Leitlinien zu Art. 81 EG, Rz. 111.

cc) Nichtangriffspflicht des Lizenznehmers (Art. 5 Abs. 1 lit. c TT-GVO 2004)

960 Art. 5 Abs. 1 lit. c TT-GVO 2004 nimmt alle unmittelbaren und mittelbaren Verpflichtungen des Lizenznehmers von einer Freistellung aus, die Gültigkeit der Rechte an geistigem Eigentum[1], über die der Lizenzgeber im Gemeinsamen Markt verfügt, nicht anzugreifen.

Die Vereinbarung einer **Nichtangriffsabrede** wird damit **untersagt**. Hierdurch soll die Aufhebung ungültiger Schutzrechte gewährleistet und eine Wettbewerbsverzerrung durch das Handeln mit ungültigen Schutzrechten vermieden werden (s. Rz. 2070 ff.).

961 Es besteht jedoch die Möglichkeit, die Beendigung der Technologietransfer-Vereinbarung durch **Kündigung aus wichtigem Grund** für den Fall vorzusehen, dass der Lizenznehmer die Gültigkeit eines oder mehrerer der lizenzierten Schutzrechte angreift. Obwohl eine Vertragsbeendigung faktisch eine ähnliche Zwangswirkung verursacht wie das direkte Verbot des Angriffs, ist die Regelung aber deshalb sachgerecht, weil dem Lizenzgeber im Regelfall ein Festhalten am Vertrag unzumutbar ist, wenn dessen Grundlage durch den Lizenznehmer angegriffen wird[2] (s. auch Rz. 2088).

962 Eine **Ausnahme** gilt für **Nichtangriffsabreden hinsichtlich Know-how**, da das einmal preisgegebene Know-how faktisch nicht rückholbar ist (vgl. Rz. 2845 ff.)[3]. Nichtangriffsabreden für Know-how werden grundsätzlich durch die TT-GVO 2004 freigestellt.

dd) Beschränkungen in der Verwertung der eigenen Technologie, in Forschung und Entwicklung (Art. 5 Abs. 2 TT-GVO)

963 Art. 5 Abs. 2 TT-GVO 2004 findet lediglich Anwendung auf Vereinbarungen zwischen **nicht konkurrierenden Unternehmen** und **entspricht** der Regelung des **Art. 4 Abs. 1 lit. d TT-GVO 2004 für konkurrierende Unternehmen** (Rz. 926 ff.). Untersagt ist hiernach die Beschränkung des Lizenznehmers in der Verwertung seiner eigenen Technologie sowie in der Durchführung von Forschungs- und Entwicklungsarbeiten, es sei denn, die Beschränkung ist unerlässlich, um die Preisgabe des lizenzierten Know-hows an Dritte zu verhindern. Lediglich in der Rechtsfolge unterscheiden sich die Regelungen, da im Falle des Art. 4 Abs. 1 lit. d TT-GVO 2004 bei Vereinbarungen zwischen konkurrierenden Unternehmen eine Freistellung insgesamt ausgeschlossen ist. Im Übrigen wird auf die Rz. 926 ff. verwiesen.

964–965 Frei.

---

1 Für den Begriff der Rechte am geistigen Eigentum s. Rz. 789.

2 *Bechtold/Bosch/Brinker/Hirsbrunner*, EG-Kartellrecht, VO 772/2004 Art. 5 Rz. 7. S. dazu auch *Hauck*, WRP 2012, 673, 675.

3 S. dazu auch *Hauck*, WRP 2012, 673, 675.

i) Entzug der Freistellung (Art. 6 TT-GVO 2004)

Art. 6 TT-GVO 2004 ersetzt Art. 7 TT-GVO 1996 und regelt die Befugnis der Kommission zum Entzug der Freistellung im Einzelfall. Nach Art. 29 VO EG Nr. 1/2003 ist die Kommission befugt, die Freistellung im Einzelfall zu entziehen, wenn die Feststellung erfolgt, dass eine nach der TT-GVO 2004 freigestellte Klausel Wirkungen hat, die mit den Voraussetzungen von Art. 81 Abs. 3 EG (heute Art. 101 Abs. 3 AEUV) unvereinbar sind. Insofern hat Art. 6 TT-GVO 2004 lediglich klarstellende sowie konkretisierende Funktion[1]. 966

Voraussetzung für einen Freistellungsentzug ist das Nichtvorliegen einer der vier Voraussetzungen des Art. 101 Abs. 3 AEUV (ex-Art. 81 Abs. 3 EG)[2]. Die **Beweislast** hierfür trägt die entziehende Behörde[3]. 967

Art. 6 Abs. 1 TT-GVO 2004 enthält hierzu **drei Regelbeispiele**:

Nach **Art. 6 Abs. 1 lit. a TT-GVO 2004** kann die Kommission eine Freistellung entziehen, wenn der **Zugang fremder Technologien zum Markt** beschränkt wird. Dies kommt insbesondere durch kumulative Wirkung paralleler Netze gleichartiger Beschränkungen in Betracht, die den Lizenznehmern die Nutzung untersagen. Hierdurch werden diejenigen Vereinbarungen erfasst, die zwar für sich gesehen keine Beschränkung i.S. der Art. 4, 5 TT-GVO 2004 verursachen, jedoch kumulativ zu einer Marktzugangsbeschränkung führen. Auch eine einzelne Klausel, die von Art. 4, 5 TT-GVO 2004 erfasst wird, aber dennoch ausschließlich wettbewerbsbeschränkend wirkt, kann nach Art. 6 Abs. 1 lit. a TT-GVO 2004 von der Freistellung ausgenommen werden. Art. 6 Abs. 1 TT-GVO 2004 stellt eine Art Auffangtatbestand dar. 968

Art. 6 Abs. 1 lit. b TT-GVO 2004 sieht einen Freistellungsentzug bei **Marktzugangbeschränkungen für potentielle Lizenznehmer** vor. Er unterscheidet sich von Art. 6 Abs. 1 lit. a TT-GVO 2004 dadurch, dass hier kein Bezug auf die Technologie, sondern auf die Lizenznehmer selbst genommen wird. Auch im Falle des Art. 6 Abs. 1 lit. b TT-GVO 2004 kommt ein Entzug insbesondere bei Marktzugangbeschränkungen durch parallele Netze von Vereinbarungen in Betracht. Voraussetzung ist, dass die Ausschlusswirkung wirklich gegeben ist; eine potentielle Gefahr reicht nicht aus. Hierzu muss der potentielle Lizenznehmer Interesse an einer Lizenzierung gezeigt haben[4]. 969

Nach **Art. 6 Abs. 1 lit. c TT-GVO 2004** kommt ein Entzug der Freistellung insbesondere in Betracht, wenn **keine der Parteien** die lizenzierte Technologie ohne sachlich gerechtfertigten Grund **verwertet**. Die Nichtverwer- 970

---

1 *Bechtold/Bosch/Brinker/Hirsbrunner*, EG-Kartellrecht, VO 772/2004 Art. 6 Rz. 1.
2 TT-Leitlinien zu Art. 81 EG Rz. 118.
3 TT-Leitlinien zu Art. 81 EG Rz. 119.
4 *Bechtold/Bosch/Brinker/Hirsbrunner*, EG-Kartellrecht, VO 772/2004 Art. 6 Rz. 5.

tung liefe dem Sinn und Zweck der TT-GVO 2004 entgegen. Die TT-GVO 2004 stellt an sich wettbewerbsbeschränkende Vereinbarungen deshalb frei, weil im Falle der Lizenzerteilung eine Markt- und Wettbewerbsöffnung angenommen wird. Bleibt diese aber aufgrund fehlender Verwertung der Lizenz aus, so entfällt der Grund für eine Freistellung durch die TT-GVO 2004[1]. Eine Verwertungsverzögerung kann aber aus technischen oder wirtschaftlichen Gründen gerechtfertigt sein[2].

971 **Art. 6 Abs. 2 TT-GVO** regelt den Entzug der Freistellung durch nationale Behörden und entspricht Art. 7 Abs. 2 TT-GVO 1996. Hierzu wird auf die Ausführungen zum Kartellverfahrensrecht Rz. 760 ff., 1088 ff. verwiesen.

j) Nichtanwendbarkeit der TT-GVO 2004 (Art. 7 TT-GVO 2004)

972 Art. 7 TT-GVO räumt der Kommission die Befugnis zum Erlass einer Verordnung ein, die die Anwendbarkeit der TT-GVO 2004 auf Fälle ausschließt, in denen mehr als 50 % des relevanten Marktes von parallelen Netzen gleichartiger Technologietransfer-Vereinbarungen erfasst werden. Von dieser Befugnis wurde bislang kein Gebrauch gemacht.

973–974 Frei.

6. Sonstige Gruppenfreistellungsverordnungen mit Einfluss auf Vereinbarungen zur Vergabe von Nutzungsrechten an geistigem Eigentum

a) GVO Nr. 1217/2010 für Forschungs- und Entwicklungsvereinbarungen (GVO-F&E)

975 Die **mit Wirkung zum 1.1.2011 in Kraft getretene Verordnung** (EU) Nr. 1217/2010 der Kommission vom 14.12.2010 über die Anwendung von Art. 101 Abs. 3 AEUV auf bestimmte Gruppen von Vereinbarungen über Forschung und Entwicklung (GVO-F&E)[3] stellt eine wesentliche Ergänzung der TT-GVO 2004 (s. dazu Rz. 773 ff.) dar. Die GVO-F&E gilt nach Art. 9 bis zum 31.12.2022. In der **Übergangsfrist bis zum 31.12.2012** bewendet es für die „Altvereinbarungen" bei der GVO-F&E Nr. 2649/2000, damit die Vertragspartner in der Zwischenzeit Gelegenheit zur Vertragsanpassung haben.

Zu beachten ist immer, dass die GVO-F&E nur dann relevant wird, wenn die betroffene **Vereinbarung überhaupt dem Kartellverbot des Art. 101 Abs. 1 AEUV bzw. § 1 GWB unterfällt**. Je nach Hintergrund und Inhalt der Vereinbarung fehlt es bei Forschungs- und Entwicklungsverträgen häufig

---

1 *Bechtold/Bosch/Brinker/Hirsbrunner*, EG-Kartellrecht, VO 772/2004 Art. 6 Rz. 6.
2 *Bechtold/Bosch/Brinker/Hirsbrunner*, EG-Kartellrecht, VO 772/2004 Art. 6 Rz. 6.
3 ABl. EG Nr. L 335/36 v. 18.12.2010, S. 36 ff.; s. hierzu im Einzelnen *Kunzmann*, Mitt. 2012, 441; *Rosenberger*, GRUR Int. 2012, 721; *von Besen/Slobodenjuk*, GRUR 2011, 300.

schon an einem wettbewerbsbeschränkenden Inhalt im Sinne dieser Vorschriften. Anders als bei Technologie-Transferverträgen – insbesondere Lizenzverträgen –, die regelmäßig wettbewerbsbeschränkende Vereinbarungen enthalten, existieren bei Forschungs- und Entwicklungsvereinbarungen zahlreiche Konstellationen, in denen eine Wettbewerbsbeschränkung von vornherein nicht gegeben ist, so dass kein Freistellungsbedürfnis besteht und die GVO-F&E nicht eingreifen muss.

So geht der einleitende Erwägungsgrund 6 der GVO-F&E zutreffend davon aus, dass Vereinbarungen über die gemeinsame Durchführung von Forschungsarbeiten oder die gemeinsame Weiterentwicklung der Forschungsergebnisse bis zur Produktionsreife normalerweise nicht unter das Verbot des Art. 101 Abs. 1 AEUV fällt.

In den **Leitlinien** (Rz. 131) wird darüber hinaus darauf hingewiesen, dass beim „**Outsourcing**" von F&E an spezialisierte Unternehmen, Forschungsinstitute oder Hochschulen, die dann an der Verwertung der Ergebnisse nicht beteiligt sind, aufgrund der Komplementarität der zusammenarbeitenden Parteien keine wettbewerbsbeschränkenden Auswirkungen vorliegen. Ebenso verursacht nach Auffassung der Kommission eine F&E-Zusammenarbeit, die nicht die gemeinsame Verwertung möglicher Ergebnisse umfasst, selten wettbewerbsbeschränkender Auswirkungen (Leitlinie Rz. 132). Dies ist nach Auffassung der Kommission insbesondere dann der Fall, wenn Ziel der Kooperation nur eine begrenzte Verbesserung bestehender Produkte oder Technologien ist. Wenn in einem solchen Fall die F&E-Zusammenarbeit lediglich die gemeinsame Verwertung im Wege der Erteilung von Lizenzen an Dritte umfasst, seien beschränkende Auswirkungen – wie z.B. eine Marktverschließung – unwahrscheinlich (Leitlinie Rz. 137).

Flankiert wird die GVO-F&E durch die „**Leitlinien zur Anwendbarkeit von** 976 **Art. 101 AEUV über horizontale Zusammenarbeit**", die am 14.1.2011 von der Kommission bekanntgemacht worden sind (2011/C11/01)[1].

Eine Zusammenarbeit im Bereich der Forschung und Entwicklung kommt 977 in unterschiedlichen Formen vor. Grundsätzlich kann zwischen vertikalen und horizontalen F&E-Kooperationen unterschieden werden. Bei der **vertikalen Kooperation** handelt es sich regelmäßig um **Auftragsforschung**, bei der die Forschungs- und Entwicklungsleistungen vom Auftragnehmer erbracht werden und das betroffene Tätigkeitsgebiet dasjenige des Auftraggebers ist. Demgegenüber wird die **horizontale F&E-Zusammenarbeit** in der Regel dadurch charakterisiert, dass **alle Beteiligten Forschungs- und Entwicklungsleistungen erbringen** und das Tätigkeitsgebiet beider Parteien betroffen ist.

---

1 ABl. EG Nr. C 11 v. 14.1.2011, S. 1 ff. S. auch *Bechtold*, GRUR 2012, 107 ff.

978 Wie bei allen Gruppenfreistellungsverordnungen haben diese Leitlinien keine Gesetzeskraft, sondern stellen lediglich eine **Selbstbindung der Kommission** als anwendende Behörde dar. Die in ihnen enthaltenen Überlegungen haben auch Auswirkungen auf die Anwendung des deutschen Kartellrechts[1]. Mit Einzelheiten der Vereinbarungen über Forschung und Entwicklung befassen sich die **Leitlinien Nr. 111 ff.**

979 Der **Anwendungsbereich der GVO-F&E** bezieht sich nach **Art. 1 Abs. 1 lit. a** auf Forschungs- und Entwicklungsvereinbarungen in jeder Erscheinungsform, die zwischen zwei oder mehr Parteien getroffen werden, sofern sie zum Inhalt haben:

- die gemeinsame Forschung und Entwicklung von Vertragsprodukten oder Vertragstechnologien und gemeinsame Verwertung der erzielten Ergebnisse (lit. a i);
- die gemeinsame Verwertung der Ergebnisse der gemeinsamen Forschung und Entwicklung, die nach einer zuvor geschlossenen Vereinbarung zwischen denselben Parteien durchgeführt worden ist (lit. a ii);
- gemeinsame Forschung und Entwicklung ohne gemeinsame Verwertung der Ergebnisse (lit. a iii);
- Auftragsforschung und -entwicklung und gemeinsame Verwertung der erzielten Ergebnisse (lit. a iv);
- gemeinsame Verwertung der Ergebnisse der Auftragsforschung und -entwicklung, die nach einer zuvor geschlossenen Vereinbarung zwischen denselben Parteien durchgeführt worden ist (lit. a v) oder
- Auftragsforschung und -entwicklung ohne gemeinsame Verwertung der Ergebnisse.

Dabei wird „**Forschung und Entwicklung**" definiert als Erwerb von Know-how über Produkte, Technologien oder Verfahren und die Durchführung von theoretischen Analysen, systematischen Studien oder Versuchen, einschließlich der versuchsweisen Herstellung und der technischen Prüfung von Produkten oder Verfahren, die Errichtung der dafür erforderlichen Anlagen und die Erlangung von Rechten des geistigen Eigentums an den Ergebnissen (lit. c).

Der Begriff der „**Verwertung der Ergebnisse**" ist sehr breit definiert und umfasst die Herstellung oder den Vertrieb der Vertragsprodukte, die Anwendung der Vertragstechnologien, die Abtretung von Rechten des geistigen Eigentums oder die Erteilung diesbezüglicher Lizenzen oder die Weitergabe von Know-how, das für die Herstellung oder Anwendung erforderlich ist (lit. g).

In **Art. 2 Abs. 2 GVO-F&E** erfolgt eine **Abgrenzung** von unter die GVO-F&E fallenden Vereinbarungen zu **Lizenzverträgen und sonstigen Tech-**

---

1 *Bechtold*, GRUR 2012, 107 ff.

nologie-Transfervereinbarungen. Danach gilt die Freistellung nach Art. 2 Abs. 1 GVO-F&E auch für Forschungs- und Entwicklungsvereinbarungen, die Lizenzen oder Schutzrechtsübereinkommen beinhalten, soweit

- die Übertragung oder Lizenzierung an eine der Parteien oder eine von den Parteien im Zusammenhang mit den Zwecken der Forschungs- und Entwicklungsvereinbarung begründete Einheit erfolgt

  und

- die Lizenzierung oder Übertragung **nicht den Hauptgegenstand der Vereinbarung bildet**.

Werden die im Rahmen einer Forschungs- und Entwicklungstätigkeit gefundenen Ergebnisse **an Dritte lizenziert**, findet hierauf die TT-GVO 2004 Anwendung. Die **TT-GVO 2004** findet auch dann Anwendung, wenn die Ausführung von Entwicklungsarbeiten seitens des Lizenznehmers erforderlich ist, um ein marktreifes Produkt anbieten zu können. Voraussetzung dafür ist, dass nicht die Forschung den Hauptzweck der Vereinbarung darstellt, sondern dass Forschung und Entwicklung zur Herstellung eines Vertragsprodukts erfolgen[1]. Von der GVO-F&E werden damit lediglich reine Forschungs- und Entwicklungsarbeiten erfasst, einschließlich Auftragsforschungsvereinbarungen, sowie Vereinbarungen, in denen die Forschung und Entwicklung nicht auf ein konkretes Vertragsprodukt gerichtet ist, sondern der Erzielung wissenschaftlicher Erkenntnisse dient[2].

Im Einzelnen können sich **Abgrenzungsschwierigkeiten** bei der Frage ergeben, wann noch **einseitig** für ein Produkt und wann bereits **gemeinsam geforscht** wird. Hierzu verhält sich Art. 1 Abs. 1 lit. m. Hiernach liegt eine **gemeinsame** Forschungs- und Entwicklungsarbeit dann vor, wenn die Tätigkeit 980

- in einem gemeinsamen Team, einer gemeinsamen Organisation oder in einem gemeinsamen Unternehmen (lit. m i),
- durch einen gemeinsam bestimmten Dritten (lit. m ii) oder
- durch die Parteien im Wege der Spezialisierung im Rahmen der Forschung und Entwicklung oder der Verwertung (lit. m iii)

erfolgt.

Die Unterscheidung zwischen dem Anwendungsbereich der TT-GVO 2004 und der GVO-F&E ist zum einen hinsichtlich der **Gebiets- und Kundenkreisbeschränkungen** entscheidend, die in der GVO-F&E wesentlich enger gefasst sind als in der TT-GVO. Zum anderen kann einer Partei nach der GVO-F&E für die Dauer der Vereinbarung untersagt werden, **keine konkurrierenden Forschungs- und Entwicklungsarbeiten** vorzunehmen (s. Rz. 983).

---

1 TT-Leitlinien zu Art. 81 EG (Art. 101 AEUV) Rz. 41 Satz 1, Rz. 45 Satz 1, 2.

2 *Schultze/Pautke/Wagener*, Die Gruppenfreistellungsverordnung für Technologietransfer-Vereinbarungen, Rz. 351 m.H. auf TT-Leitlinien zu Art. 81 EG (Art. 101 AEUV) Rz. 45 Sätze 3–8.

Die **Marktanteilsschwelle** von **25 %** für konkurrierende Unternehmen liegt zudem höher als die von 20 % nach Art. 3 TT-GVO 2004.

Daher ist den Parteien eine **Klarstellung in der Präambel** zu empfehlen, ob sie ein gemeinsames Forschungsprojekt oder eine einseitige Auslizenzierung anstreben[1].

981 **Art. 3 GVO-F&E** normiert die Voraussetzungen, unter denen eine **Freistellung nach Art. 2 GVO-F&E** erfolgt. Danach müssen sämtliche in den Absätzen 2 bis 5 des Art. 2 GVO-F&E aufgestellten Voraussetzungen vorliegen.

982 Alle Vertragsparteien müssen für die Zwecke weiterer Forschung und Entwicklung und Verwertung **uneingeschränkten Zugang** zu den Endergebnissen der gemeinsamen Forschung und Entwicklung oder der Auftragsforschung und -entwicklung einschließlich daraus erwachsender Rechte des geistigen Eigentums und daraus erwachsenden Know-hows haben, sobald sie vorliegen (**Art. 3 Abs. 2 Satz 1 GVO-F&E**).

Allerdings enthält Art. 3 Abs. 2 GVO-F&E **zwei Ausnahmen** von diesem Grundsatz:

- Wenn Parteien ihre **Verwertungsrechte beschränken**, insbesondere wenn sie sich im Rahmen der Verwertung **spezialisieren** – also einzelne Aufgaben wie Produktion oder Vertrieb unter den Parteien verteilen – oder sich Beschränkungen hinsichtlich der Verwertung, z.B. in Bezug auf bestimmte Gebiete, Kunden oder Anwendungsbereiche auferlegen (vgl. Art. 1 Abs. 1 lit. o GVO-F&E), kann der Zugang zu den Ergebnissen für die Zwecke der Verwertung entsprechend beschränkt werden (Art. 3 Abs. 2 Satz 2).
- Zudem können **Forschungsinstitute, Hochschulen oder Forschungs- und Entwicklungsunternehmen**, die sich üblicherweise nicht mit der Verwertung von Ergebnissen befassen, vereinbaren, die **Ergebnisse ausschließlich für die Zwecke weiterer Forschung zu nutzen** (Art. 3 Abs. 2 Satz 3).

983 **Art. 3 Abs. 3 GVO-F&E** bestimmt weiter, dass bei einer F&E-Vereinbarung, die sich **auf die gemeinsame Forschung und Entwicklung oder eine Auftragsforschung und -entwicklung beschränkt**, festgelegt sein muss, dass jeder Partei **Zugang zum vorhandenen Know-how der anderen Partei** gewährt wird, sofern dieses Know-how **für die Verwertung** dieser Ergebnisse durch die Partei **unerlässlich** ist.

Diese Freistellungsvoraussetzung wird somit immer dann relevant, wenn die Parteien nichts über die Verwertung der Ergebnisse vereinbart haben.

---

1 *Schultze/Pautke/Wagener*, Die Gruppenfreistellungsverordnung für Technologietransfervereinbarungen, Rz. 354.

Gemäß **Art. 3 Abs. 4 GVO-F&E** darf eine **gemeinsame Verwertung** nur Ergebnisse betreffen, 984

- die durch Rechte des geistigen Eigentums geschützt sind oder Know-how darstellen und
- die für die Herstellung der Vertragsprodukte oder die Anwendung der Vertragstechnologien unerlässlich sind.

Abreden über eine gemeinsame Verwertung von F&E-Ergebnissen können daher **nur freigestellt** sein, wenn die Ergebnisse entweder durch gewerbliche Schutzrechtspositionen oder als geheimes und identifiziertes Know-how geschützt sind. Zudem müssen die Ergebnisse unerlässlich für die Herstellung von Produkten sein, die aus den gemeinsamen F&E-Arbeiten hervorgehen oder unter Anwendung der gemeinsam gefundenen Technologien hergestellt werden (ausreichend kann es auch sein, wenn die Ergebnisse für die Anwendung dieser Technologien unerlässlich sind).

Sieht die F&E-Vereinbarung eine **Spezialisierung der Parteien bei der Verwertung** vor, müssen sich nach **Art. 3 Abs. 5 GVO-F&E** die mit der Herstellung der Vertragsprodukte betrauten Parteien dazu verpflichten, Aufträge der anderen Parteien über die Belieferung mit Vertragsprodukten zu erfüllen. Dies gilt dann nicht, wenn die F&E-Vereinbarung zwischen den Parteien auch einen **gemeinsamen Vertrieb** vorsieht oder es der herstellenden Partei auch erlaubt ist, die Vertragsprodukte zu vertreiben. 985

Neben den Freistellungsvoraussetzungen des Art. 3 sind für die Anwendbarkeit der GVO-F&E und die Dauer der Freistellung die Vorschriften des **Art. 4 GVO-F&E** maßgeblich. 986

Art. 4 GVO-F&E differenziert zunächst danach, ob die vertragschließenden Parteien Wettbewerber sind oder nicht.

Für **Nicht-Wettbewerber** gilt:

- Die Freistellung nach Art. 2 gilt **für die Dauer der Forschung und Entwicklung (Art. 4 Abs. 1 Satz 1)**;
- Bei einer **gemeinsamen Verwertung** gilt die Freistellung **weitere sieben Jahre ab dem Tag des ersten Inverkehrbringens** der Vertragsprodukte oder Vertragstechnologien innerhalb der EU (**Art. 4 Abs. 1 Satz 2**);
- Die Freistellung gilt so lange weiter, wie der **gemeinsame Anteil** der Parteien an den relevanten Produkt- und Technologiemärkten **25 % nicht überschreitet (§ 4 Abs. 3)**.

Sind zwei oder mehr Parteien **Wettbewerber**, gilt:

- Die Freistellung gilt für die Dauer der Forschung und Entwicklung und weitere sieben Jahre ab dem Tag des ersten Inverkehrbringens der Vertragsprodukte oder Vertragstechnologien im Binnenmarkt, **wenn zum Zeitpunkt des Abschlusses der F&E-Vereinbarung**

- im Falle einer **horizontalen F&E-Kooperation** der **gemeinsame Anteil der Parteien** an den relevanten Produkt- und Technologiemärkten **höchstens 25 %** beträgt oder
- im Falle einer **vertikalen Auftrags-F&E** der **gemeinsame Anteil der finanzierenden Partei und aller Parteien**, mit denen die finanzierende Partei F&E-Vereinbarungen über dieselben Vertragsprodukte oder Vertragstechnologien geschlossen hat, an den relevanten Produkt- und Technologiemärkten **höchstens 25 %** beträgt.
- Nach Ablauf dieser Zeiträume gilt die Freistellung so lange weiter, wie der gemeinsame Anteil der Parteien an den relevanten Produkt- und Technologiemärkten 25 % nicht überschreitet.

987 Die **Anwendung der Marktanteilsgrenzen** bestimmt sich **nach Art. 7 GVO-F&E**. So wird der Marktanteil nach Art. 7 Abs. 1 lit. a GVO-F&E anhand des **Absatzwertes** berechnet. Fehlen diesbezügliche Angaben, können Schätzungen vorgenommen werden, die auf anderen verlässlichen Marktdaten unter Einschluss der Absatzmengen beruhen. Die Berechnung des Marktanteils wird dabei anhand der **Angaben für das vorhergehende Kalenderjahr** ermittelt (Art. 7 lit. b GVO-F&E).

988 Beträgt der in Art. 4 Abs. 3 GVO-F&E genannte **Marktanteil ursprünglich nicht mehr als 25 %** und **überschreitet er anschließend diese Schwelle, jedoch nicht 30 %**, so gilt nach Art. 7 lit. d) GVO-F&E die Freistellung nach Art. 2 im Anschluss an das Jahr, in dem die 25 %-Schwelle erstmals überschritten wurde, **noch für zwei weitere aufeinanderfolgende Kalenderjahre**.

989 Fällt eine F&E-Vereinbarung unter die GVO-F&E und die Freistellungswirkung nach Art. 2 Abs. 1 GVO-F&E, ist anhand der **Liste der Kernbeschränkungen des Art. 5 GVO-F&E** zu prüfen, ob die Vereinbarung Verpflichtungen enthält, die eine **Freistellung für die gesamte F&E-Vereinbarung entfallen** lassen.

Art. 5 GVO-F&E enthält – abschließend – **sieben** verschiedene **Arten von Beschränkungen/Verpflichtungen** der Parteien, die nach Ansicht der Kommission dazu führen, dass eine Freistellung für die F&E-Vereinbarung nicht in Betracht kommen kann („schwarze Liste").

990 Nach **Art. 5 lit. a GVO-F&E** ist es eine Kernbeschränkung, wenn die **Freiheit der Parteien, eigenständig oder in Zusammenarbeit mit Dritten Forschung und Entwicklung zu betreiben, eingeschränkt** wird, und zwar

- während der vertragsgemäßen Forschung und Entwicklung: In einem Bereich, der mit dem Bereich der F&E-Vereinbarung **nicht zusammenhängt** oder
- **nach Abschluss der vertragsgemäßen F&E-Zusammenarbeit** auch im Bereich der F&E-Vereinbarung oder in einem damit zusammenhängenden Bereich.

Gemäß **Art. 5 lit. b GVO-F&E** stellt eine **Beschränkung von Produktion oder Absatz** eine Kernbeschränkung dar. Allerdings existieren hier **zahlreiche Ausnahmen**, wie etwa 991

- die **Festlegung von Produktionszielen**, wenn die Parteien die gemeinsame Herstellung der Vertragsprodukte vereinbart haben;
- die **Festlegung von Absatzzielen**, wenn die Parteien den gemeinsamen Vertrieb von Vertragsprodukten bzw. die gemeinsame Erteilung von Lizenzen an den Vertragstechnologien vereinbart haben;
- Verhaltensweisen, die eine **Spezialisierung bei der Verwertung** darstellen; dies sind die Verteilung einzelner Aufgaben, wie Produktion oder Vertrieb unter den Parteien oder die Auferlegung von Beschränkungen hinsichtlich der Verwertung (Gebiete, Kunden, Anwendungsbereiche);
- **Wettbewerbsverbote** in Bezug auf die Vertragsprodukte oder Vertragstechnologien während der gemeinsamen Verwertung.

Eine weitere Kernbeschränkung ist nach **Art. 5 lit. c GVO-F&E** die **Festsetzung der Preise für den Verkauf von Vertragsprodukten** oder die **Festsetzung von Lizenzgebühren** in Bezug auf die Vertragstechnologien. Auch insoweit existiert jedoch eine gewichtige **Ausnahme**: 992

Ausgenommen sind Preisfestsetzungen für direkte Abnehmer und die Festsetzung von Lizenzgebühren für direkte Lizenznehmer, wenn die gemeinsame Verwertung der Ergebnisse den gemeinsamen Vertrieb der Vertragsprodukte oder die gemeinsame Erteilung von Lizenzen für die Vertragstechnologien umfasst.

Nach **Art. 5 lit. d GVO-F&E** ist es eine Kernbeschränkung, wenn das **Gebiet oder die Kundengruppe**, in dem oder an die die Parteien **passiv** die Vertragsprodukte verkaufen oder Lizenzen für die Vertragstechnologien erteilen dürfen, beschränkt wird. **Ausgenommen** ist hiervon die Verpflichtung, **Lizenzen** für die Ergebnisse ausschließlich einer anderen Partei zu erteilen. 993

Ebenso ist es gemäß **Art. 5 lit. e GVO-F&E** eine Kernbeschränkung, wenn eine Verpflichtung besteht, die Vertragsprodukte oder Vertragstechnologien **nicht** – oder nur in beschränktem Umfang – **aktiv in Gebiete oder an Kunden zu verkaufen**, die einer der Parteien nicht im Wege der Spezialisierung im Rahmen der Verwertung ausschließlich zugewiesen sind. 994

Es ist eine Kernbeschränkung i.S. des **Art. 5 lit. f GVO-F&E**, wenn sich eine Partei verpflichtet, **Aufträge von Kunden abzulehnen**, 995

- die in dem Gebiet der jeweiligen Partei ansässig sind, oder
- die im Wege der Spezialisierung im Rahmen der Verwertung einer anderen Partei zugewiesen sind und die die Vertragsprodukte in anderen Gebieten innerhalb des Binnenmarktes vermarkten würden.

Schließlich ist die Verpflichtung, **Nutzern oder Wiederverkäufern den Bezug der Vertragsprodukte von anderen Wiederverkäufern auf dem Binnen-** 996

markt zu erschweren, eine Kernbeschränkung (**Art. 5 lit. g GVO-F&E**). Hierdurch wird vermieden, dass die Parteien durch vertragliche Abreden den Grundsatz der Erschöpfung zu umgehen versuchen.

997 Über die Kernbeschränkungen des Art. 5 hinaus enthält **Art. 6 GVO-F&E** noch sog. **„nicht freigestellte Beschränkungen"**. Diese Beschränkungen werden von der Kommission als weniger wettbewerbsbeschränkend im Vergleich mit den Kernbeschränkungen des **Art. 5 GVO-F&E** angesehen, gleichwohl aber als so problematisch, dass sie als solche nicht unter die GVO freigestellt werden können.

Enthält eine F&E-Vereinbarung solche „nicht freigestellten Beschränkungen", **gilt die Freistellung nach Art. 2 nicht für diese konkreten Klauseln**. Anders als bei den Kernbeschränkungen nach Art. 5 berührt dies aber nicht die Freistellung der Vereinbarung im Übrigen.

998 Gemäß **Art. 6 lit. a GVO-F&E** gilt die Freistellung nicht für die Verpflichtung

- **nach Abschluss der Forschung und Entwicklung** die **Gültigkeit von Rechten des geistigen Eigentums**, die die Parteien im Binnenmarkt inne haben und die für die Forschung und Entwicklung von Bedeutung sind, **nicht anzufechten**, oder
- nach Ablauf der **F&E-Vereinbarung** die **Gültigkeit von Rechten des geistigen Eigentums**, die die Parteien im Binnenmarkt inne haben und die die Ergebnisse der Forschung und Entwicklung schützen, **nicht anzufechten**.

Ausdrücklich erlaubt ist es den Parteien aber, für den Fall eines entsprechenden Angriffs auf Rechte des geistigen Eigentums die **Kündigung der F&E-Vereinbarung** vorzusehen.

999 Ebenso nicht freigestellt ist die Verpflichtung, **Dritten keine Lizenzen** für die Herstellung der Vertragsprodukte oder für die Anwendung der Vertragstechnologien **zu erteilen** (**Art. 6 lit. b GVO-F&E**). Erlaubt ist eine solche Verpflichtung allerdings dann, wenn die Verwertung der Ergebnisse durch mindestens eine der Parteien in der Vereinbarung vorgesehen ist und auch tatsächlich im Binnenmarkt gegenüber Dritten erfolgt.

1000–1009 Frei.

b) GVO Nr. 4087/88 für Franchise-Vereinbarungen (GVO-Franchising)

1010 Die EU-Kommission hatte am 30.11.1988 die „Verordnung (EG) Nr. 4087/88 über die Anwendung von Art. 85 Abs. 3 EG (heute Art. 101 Abs. 2 AEUV [ex-Art. 81 Abs. 2 EG]) auf Gruppen von Franchise-Vereinbarungen" (GVO-Franchising) erlassen[1]. Die GVO-Franchising ist durch Erlass der **GVO**

---

1 ABl. EG Nr. L 359 v. 28.12.1988, S. 46.

Nr. 2790/99 für vertikale Vereinbarungen (Vertikal-GVO) vom 22.12.1999[1] (vgl. Rz. 1011 ff.) **abgelöst** worden. Die Vertikal-GVO Nr. 2790/99 ist durch die **GVO-Vertikal vom 20.4.2010** (in Kraft seit dem 1.6.2010, s. Rz. 1011) ersetzt worden. Die in diesem Zusammenhang erlassenen Leitlinien der Kommission für vertikale Beschränkungen[2] enthalten in ihren Hinweisen Nr. 189 f. Ausführungen zum Franchisevertrag und unter Nr. 191 ein Beispiel für Franchisevereinbarungen.

Franchise-Vereinbarungen werden grundsätzlich von Art. 2 Vertikal-GVO erfasst[3]. Zum Franchise-Vertrag s. Rz. 1024 ff.

c) GVO (EU) Nr. 330/2010 vom 20.4.2010 für vertikale Vereinbarungen (Vertikal-GVO)

Zum 31.5.2010 ist die frühere Vertikal-GVO[4] außer Kraft getreten. Diese 1011
hatte ihrerseits wiederum die GVO-Alleinvertrieb (Nr. 1983/83), die GVO-Alleinbezug (Nr. 1984/83) und die GVO-Franchising (Nr. 4087/88) abgelöst. Die Vertikal-GVO Nr. 2890/99 ist ersetzt worden durch die GVO-Vertikal[5] vom 20.4.2010, die gemäß Art. 10 am 1.6.2010 in Kraft getreten ist und bis zum 31.5.2022 gilt.

Mit dieser neuen Vertikal-GVO ist eine Neufassung im Hinblick auf Verträge zwischen Unternehmen unterschiedlicher Wirtschaftsstufen erfolgt; diese Vertikal-GVO kann mit Recht als die wirtschaftlich bedeutsamste GVO bezeichnet werden[6]. Diese GVO bezieht sich auf **Vereinbarungen über den Bezug oder Verkauf von Waren- oder Dienstleistungen**, die zwischen **nicht miteinander in Wettbewerb stehenden Unternehmen, zwischen bestimmten Wettbewerbern** sowie von bestimmten Vereinigungen des Wareneinzelhandels geschlossen werden. Insoweit spielt diese GVO insbesondere für Liefer- und Vertriebsvereinbarungen, aber auch im Zusammenhang mit Franchiseverträgen, eine nicht zu unterschätzende Rolle.

Art. 1 Abs. 1 lit. a Vertikal-GVO definiert die **vertikale Vereinbarung** als ei- 1012
ne Vereinbarung oder abgestimmte Verhaltensweise, die zwischen zwei oder mehr Unternehmen, von denen jedes für die Zwecke der Vereinbarung oder abgestimmten Verhaltensweise auf einer anderen Ebene der Produkti-

---

1 ABl. EG Nr. L 336 v. 29.12.1999, S. 21.

2 ABl. EG Nr. C 130 v. 19.5.2010, S. 1.

3 Zur Vereinbarkeit von Franchise-Vereinbarungen mit § 20 Abs. 1 GWB s. *Billing/Lettl*, WRP 2012, 773 ff. (Teil 1) u. 906 ff. (Teil 2).

4 VO (EG) Nr. 2790/1999 der Kommission v. 29.12.1999, ABl. EG Nr. L 336, S. 21; vgl. hierzu *Pukall*, NJW 2000, 1375 ff.; *Semler/Bauer*, DB 2000, 193 ff.; *Polley/Seeliger*, WRP 2000, 1203 ff.

5 ABl. EG Nr. L 102 v. 23.4.2010, S. 1; s. hierzu im Einzelnen *Kunzmann*, Mitt. 2011, 458; *Funke/Just*, KSzW 2010, 151; *Funke/Just*, DB 2010, 1389; *Bischel*, GRUR 2010, 972; *Polley*, ZR 2010, 625; *Lettl*, WRP 2010, 810; *Schultze/Pautke/Wagener*, BB 2009, 2266; *Wiering*, MMR 2010, 659.

6 *Funke/Just*, DB 2010, 1389; *Lettl*, WRP 2010, 807, 808.

ons- oder Vertriebskette tätig ist, geschlossen wird und die die Bedingungen betrifft, zu denen die beteiligten Unternehmen Waren- oder Dienstleistungen beziehen, verkaufen oder weiterverkaufen dürfen (s. auch Rz. 24–46 der „Leitlinien für vertikale Beschränkungen 2010"). Die Regelungen in der neuen Vertikal-GVO sind gegenüber der Vertikal-GVO 1999 weitgehend unverändert geblieben, mit einer wesentlichen Ausnahme in Art. 3.

Parallel zur neuen Vertikal-GVO hat die Kommission umfassende „Leitlinien für vertikale Beschränkungen" erarbeitet und im Mai 2010 veröffentlicht[1]. Nach Nr. 3 der Leitlinien finden diese ihren Zweck darin, den Unternehmen **Orientierungshilfen für die Selbstprüfung** von vertikalen Vereinbarungen nach Maßgabe der EU-Wettbewerbsvorschriften an die Hand zu geben; eine Bindung der Gerichte geht mit den Leitlinien allerdings nicht einher (Nr. 4 der Leitlinien).

1013 Nach **Art. 2 Abs. 5** gilt die Vertikal-GVO nicht für vertikale Vereinbarungen, deren Gegenstand in den Geltungsbereich einer anderen Gruppenfreistellungs-VO fällt, es sei denn, dies ist in einer solchen VO vorgesehen. Die Vertikal-GVO ist daher in ihrer Anwendung **subsidiär zu anderen GVOen**.

1014 **Lizenzverträge** werden nicht von der Vertikal-GVO, sondern der **TT-GVO 2004** erfasst, da es sich bei deren Vertragsgegenstand nicht um Bezug, Verkauf und Weiterverkauf von Waren und Dienstleistungen handelt. Lizenzvereinbarungen werden allerdings dann umfasst, wenn es sich lediglich um Nebenabreden handelt, die sich auf die Nutzung, den Verkauf oder den Weiterverkauf von Waren- oder Dienstleistungen durch den Abnehmer oder seine Kunden beziehen (**vgl. Art. 2 Abs. 3 Satz 1 Vertikal-GVO**). Dies kann insbesondere für Marken, Urheberrechte und Know-how zutreffen[2]. Die Abgrenzung ist entscheidend, da die TT-GVO 2004 und die Vertikal-GVO unterschiedliche Kernbeschränkungen enthalten (vgl. Rz. 890 ff., Rz. 1018 ff.).

Auf vertikale Vereinbarungen hinsichtlich **Forschung und Entwicklung** findet die **GVO-F&E** Anwendung (s. Rz. 975 ff.).

1015 Neben der erforderlichen geringen Marktstärke enthält Art. 2 Abs. 2 bis 4 Vertikal-GVO weitere **subjektive Voraussetzungen** für die Anwendbarkeit der Vertikal-GVO. Von besonderer Bedeutung im Bereich des Lizenzvertragsrechts ist dabei **Art. 2 Abs. 3 Satz 1 Vertikal-GVO**. Danach gilt die Freistellung für vertikale Vereinbarungen, die die Übertragung von **geistigen Eigentumsrechten** oder Nutzungsrechten an denselben Käufer betreffen, sofern diese Bestimmungen **nicht Hauptgegenstand** der Vereinbarung sind und sofern sie sich unmittelbar auf die Nutzung, den Verkauf oder den

1 ABl. EG Nr. C 130 v. 19.5.2010, S. 1.

2 Eingehend zur Vertikal-GVO 1999 *Polley*, WRP 2000, 1203, 1206 ff.; *Schultze/Pautke/Wagener*, Die Gruppenfreistellungsverordnung für Technologietransfer-Vereinbarungen, Rz. 331 ff.

Weiterverkauf von Waren oder Dienstleistungen durch den Abnehmer oder seine Kunden beziehen. Voraussetzung ist also, dass **die Übertragung des geistigen Eigentumsrechts notwendig ist, um die übertragene (Haupt-)Sache vertragsgemäß benutzen zu können**. Damit kommt eine Freistellung jedenfalls nicht bei Erschöpfung des Schutzrechts in Betracht (zur Erschöpfung s. Rz. 2195 ff.). Nach Nr. 38 der Leitlinien werden hiervon insbesondere Rechte an Marken, Urheberrechten und Know-how erfasst. Die Freistellung gilt ausweislich Art. 2 Abs. 3 Satz 2 Vertikal-GVO nur unter der Voraussetzung, dass die Übertragung des geistigen Eigentumsrechts ihrerseits keine Wettbewerbsbeschränkungen enthält, die nach der Vertikal-GVO nicht freistellungsfähig wären.

Eine **Freistellung** gemäß Art. 2 Vertikal-GVO kommt nach **Art. 3 Abs. 1** 1016
Vertikal-GVO nur dann in Betracht, wenn der Anteil des Anbieters an dem relevanten Markt, auf dem er die Vertragswaren oder -dienstleistungen anbietet, und der Anteil des Abnehmers an dem relevanten Markt, auf dem er die Vertragswaren oder -dienstleistungen bezieht, **jeweils nicht mehr als 30 % beträgt**. Während nach der Vertikal-GVO 1999 ausschließlich die Marktanteile des Anbieters maßgeblich waren, wird nunmehr eine **zweite Marktanteilsschwelle** eingeführt, deren Überschreiten aus dem Anwendungsbereich der GVO herausführt. Hierdurch kann es in einzelnen Branchen zu nicht unerheblichen Einschränkungen des Anwendungsbereichs der GVO kommen. Hinzu kommt, dass der Anbieter gerade in den von der Vertikal-GVO geregelten Konstellationen häufig über wenig Kenntnisse in Bezug auf den relevanten Nachfragemarkt sowie den dortigen Marktanteil seines Vertragspartners verfügt[1]. Sollte aufgrund des Überschreitens der zweiten Marktanteilsschwelle auf Abnehmerseite die Gruppenfreistellung entfallen, sind die Vertragsparteien auf eine Prüfung der Einzelfreistellung nach Art. 101 Abs. 3 AEUV angewiesen.

Zur Ermittlung des Marktanteils ist ergänzend **Art. 7 Vertikal-GVO** zu berücksichtigen, wonach der Marktanteil des Anbieters anhand des Absatzwertes und der Marktanteil des Abnehmers anhand des Bezugswertes berechnet wird. Liegen keine Angaben über den Absatz- bzw. Bezugswert vor, so können zur Ermittlung des Marktanteils des betreffenden Unternehmens **Schätzungen** vorgenommen werden, die auf anderen verlässlichen Markendaten unter Einschluss der Absatz- und Bezugsmengen beruhen.

Die Voraussetzungen, unter denen die Vertikal-GVO für Vereinbarungen mit Bestimmungen über die Rechte des geistigen Eigentums gilt, sind in den „**Leitlinien für vertikale Beschränkungen**" (Rz. 31 ff.) der Kommission im Einzelnen – unter Hinzufügen von Beispielen – dargestellt. So wird z.B. klargestellt, dass Rechte des geistigen Eigentums im Rahmen einer Vereinbarung über den Bezug oder den Vertrieb von Waren- bzw. Dienstleistungen gewährt werden müssen, nicht jedoch im Rahmen einer Vereinbarung

1 Kritisch hierzu *Funke/Just*, DB 2010, 1389, 1392 m.w.N.

über die Übertragung oder Lizenzierung von Rechten des geistigen Eigentums für die Herstellung von Waren und auch nicht im Rahmen reiner Lizenzvereinbarungen. Entsprechend könnte die Freistellung nach der Vertikal-GVO somit beispielsweise nicht für Vereinbarungen gelten, in denen ein Unternehmen einem anderen ein Rezept überlässt und eine Lizenz für die Herstellung eines Getränks anhand dieses Rezepts erteilt oder für Vereinbarungen, in denen ein beteiligtes Unternehmen einem anderen eine Schablone oder eine Mutterkopie überlässt und eine Lizenz zur Herstellung und zum Vertrieb von Kopien erteilt (vgl. Rz. 33 der Leitlinien).

1017 In Übereinstimmung mit dem Prinzip der Legalausnahme und der Streichung von Anmelde- oder Genehmigungsverfahren im europäischen und auch im deutschen Kartellrecht werden alle vertikalen Wettbewerbsbeschränkungen gruppenweise ohne Anmeldepflicht **automatisch freigestellt**, wenn die Beteiligten nicht über erhebliche Marktmacht verfügen und wenn nicht besonders wettbewerbsschädliche Vereinbarungen (Art. 4 Vertikal-GVO, vgl. Rz. 1018 ff.) getroffen werden[1].

1018 Die **„schwarze Liste"**, die Klauseln („Kernbeschränkungen") abschließend auflistet, bei deren Vorliegen der Rechtsvorteil einer Gruppenfreistellung nicht nur für die betreffende Klausel, sondern für den gesamten Vertrag ausgeschlossen ist, ist in **Art. 4 Vertikal-GVO** dargestellt. Eine **Freistellung** nach der Vertikal-GVO ist hiernach **nicht möglich** bei:

1019 **Preisbindungsklauseln** (lit. a):

Anders als nach Art. 4 Abs. 1 lit. a sowie Abs. 2 lit. a TT-GVO 2004 werden von dieser Regelung alle mittelbaren oder unmittelbaren Fest- oder Mindestpreisbindungen **zulasten des Abnehmers**, nicht aber die zulasten des Lieferanten erfasst. Nicht unter lit. a fallen Höchstpreisbindungen oder Preisempfehlungen des Anbieters, solange sie sich nicht infolge der Ausübung von Druck oder der Gewährung von Anreizen durch eines der beteiligten Unternehmen tatsächlich wie Fest- oder Mindestverkaufspreise auswirken.

Da lit. a nur Preisbindungsklauseln zulasten des Abnehmers erfasst, sind **Meistbegünstigungsklauseln** zugunsten des Abnehmers im Anwendungsbereich der Vertikal-GVO **zulässig**[2] (zur Meistbegünstigungsklausel vgl. Rz. 1475 ff.).

1020 **Beschränkungen des Gebiets- oder der Kundengruppe** (lit. b):

Gebiets- oder kundenbezogene Verkaufsbeschränkungen unterliegen nicht der Freistellung, wenn nicht einer der in Art. 4 lit. b Vertikal-GVO enthaltenen **Ausnahmetatbestände** eingreift. Die Vertikal-GVO unterscheidet an-

1 *Pukall*, NJW 2000, 1375, 1376.
2 *Semler/Bauer*, DB 2000, 193, 197.

ders als die TT-GVO 2004 nicht zwischen wechselseitigen und nicht-wechselseitigen Vereinbarungen.

Eine **Freistellung** ist insbesondere **gegeben**:

- bei der Beschränkung des aktiven Verkaufs in Gebiete oder an Kundengruppen, die der Anbieter sich selbst vorbehalten oder ausschließlich einem anderen Abnehmer zugewiesen hat, sofern dadurch der Verkauf durch die Kunden des Abnehmers nicht beschränkt wird. Anders als in Art. 4 Abs. 1 lit. c iv) TT-GVO 2004 werden aber keine Beschränkungen hinsichtlich des passiven Verkaufs freigestellt (lit. b i);
- bei Beschränkungen des Verkaufs an Endverbraucher durch Großhändler (lit. b ii);
- bei Beschränkung des Verkaufs an nicht zugelassene Händler durch die Mitglieder eines selektiven Vertriebssystems innerhalb des vom Anbieter für den Betrieb dieses Systems festgelegten Gebiets (lit. b iii);
- bei der Beschränkung der Möglichkeit des Abnehmers, Teile, die zur Weiterverwendung geliefert werden, an Kunden zu verkaufen, die diese Teile für die Herstellung derselben Art von Waren verwenden würden, wie sie der Anbieter herstellt (lit. b iv).

Unter die schwarze Klausel fallen ferner: 1021

- **Beschränkungen des aktiven oder passiven Verkaufs an Endverbraucher** (lit. c): Eine Kombination aus Alleinvertrieb und selektivem Vertrieb ist damit nicht möglich, da eine Verknüpfung des Selektivvertriebs mit anderen vertikalen Beschränkungen ausscheidet (Nr. 51 Leitlinien);
- **Beschränkungen von Querlieferungen** zwischen Händlern innerhalb eines selektiven Vertriebssystems (lit. d) und
- **Beschränkungen des Ersatzteilverkaufs** (lit. e).

Art. 5 Vertikal-GVO führt abschließend die **Einzelbeschränkungen** auf, die 1022
für sich genommen von der Freistellung nach Art. 2 Vertikal-GVO ausgenommen sind, sofern diese Klausel vom restlichen Teil der Vereinbarung abtrennbar ist (vgl. Nr. 65 Leitlinien). Diese unterliegen dann nur der Möglichkeit einer Einzelfreistellung nach Art. 101 Abs. 3 AEUV. Darunter fallen **Wettbewerbsverbote** für eine unbestimmte Dauer bzw. die eine Laufzeit von fünf Jahren überschreiten (lit. a), **nachvertragliche Wettbewerbsverbote** (lit. b) sowie Verpflichtungen, welche Mitglieder eines selektiven Vertriebssystems veranlassen, Marken bestimmter konkurrierender Anbieter nicht zu verkaufen (lit. c). Wesentlich sind auch hier die Ausnahmen in Art. 5 Abs. 2 und 3 Vertikal-GVO, die insbesondere dem **Schutz von Knowhow** dienen.

Die Kommission hat nach **Art. 6 Vertikal-GVO** die Möglichkeit, im Ein- 1023
zelfall den **Vorteil** der Vertikal-GVO **zu entziehen**, wenn eine vertikale Vereinbarung, die unter die GVO fällt, gleichwohl mit Art. 81 Abs. 3 EG (heute Art. 101 Abs. 3 AEUV) unvereinbare Wirkungen hat.

1024 Wie insbesondere Rz. 43 ff., 189 ff. der Leitlinien Vertikal-GVO bestätigen, umfasst die Vertikal-GVO auch **Franchise-Vereinbarungen**, die Regelungen über gewerbliche Schutzrechte und/oder Know-how enthalten. In Franchise-Vereinbarungen enthaltene Lizenzbestimmungen in Bezug auf Rechte des geistigen Eigentums fallen – wie in Rz. 24 bis 46 der Leitlinien beschrieben – unter die Vertikal-GVO[1].

Im Bereich des **Franchising** werden im Wesentlichen **drei Arten** unterschieden[2]:

- **Hersteller-Franchise**, welche den Absatz von Waren zum Gegenstand hat, die vom Franchise-Geber oder für diesen hergestellt oder ausgewählt werden und die dessen Namen oder Marke tragen;
- **Händler-Franchise**, bei der es um den Absatz von Waren geht, die Franchise-Nehmer und Franchise-Geber gemeinsam auswählen;
- **Dienstleistungs-Franchise**, die zum Zwecke der Erbringung von Dienstleistungen gemäß den Anweisungen des Franchise-Gebers erteilt wird, wobei jedoch daneben die Lieferung von Erzeugnissen vereinbart werden kann.

1025 **Franchise-Vereinbarungen erfasst die Vertikal-GVO** nach Rz. 44, 190 der von der EU-Kommission herausgegebenen **Leitlinien**[3] insofern, als sie **mit dem Verkauf von Waren und Dienstleistungen unmittelbar verbunden und für den Verkauf erforderlich sind**. Hinsichtlich der einzelnen vertikalen Beschränkungen des Bezugs, Verkaufs und Wiederverkaufs von Waren und Dienstleistungen, die in einer Franchise-Vereinbarung enthalten sein können, wie Selektivbetrieb, Wettbewerbsverbot oder Alleinvertrieb, findet die Vertikal-GVO bis zu einer **Marktanteilsschwelle von 30 %** Anwendung (Leitlinie Rz. 190). Das System der Marktanteilsschwellen löst somit die noch in der GVO-Franchise enthaltene Liste der erlaubten Wettbewerbsbeschränkungen ab. Die Einführung von Marktanteilsschwellen bedeutete insbesondere für Kleinunternehmen eine Entlastung, die Streichung der positiven Liste und des Widerspruchsverfahrens ist allerdings mit Rechtsunsicherheit verbunden[4].

1026 Die GVO-Franchise erfasste ausschließlich Waren, die zum Weiterkauf bestimmt waren. Der Konsum der Güter oder die Weiterverarbeitung wurden dagegen nicht erfasst. Aufgrund der hierdurch entstandenen Abgrenzungsschwierigkeiten führte die Vertikal-GVO eine weitreichende Regelung ein: Von der Vertikal-GVO werden sowohl der Weiterverkauf an konsumieren-

---

1 Zur Vereinbarkeit von Franchise-Vereinbarungen mit § 20 Abs. 1 GWB s. *Billing/Lettl*, WRP 2012, 773 ff. (Teil 1) u. 906 ff. (Teil 2).

2 Zu Entwicklungen im Franchise-Recht vgl. *Haager* WiB 1996, 377 ff.; *Rauser/Bräutigam*, DStR 1996, 587 ff.; *Adams/Witte*, DStR 1998, 251 ff.; *Escher*, BB 1998, 1269 ff.

3 ABl. EG Nr. C 130 v. 19.5.2010, S. 1.

4 Vgl. zur Diskussion zur TT-GVO 2004 Rz. 775.

de Unternehmen als auch der an andere weiterverarbeitende Händler erfasst. Weiterhin ausgenommen sind aber die Vermietung und das Leasing[1].

Im Bereich der Franchise-Vereinbarungen sind – neben den allgemein in den Leitlinien dargelegten – **insbesondere folgende Grundsätze zu beachten**: 1027

Vertikale Beschränkungen erfüllen nach **Leitlinie Rz. 190 lit. a** umso eher die Bedingungen für die Freistellung, je wichtiger die **Weitergabe von Know-how** ist.

Nach **Leitlinie Rz. 190 lit. b** fällt ein **Wettbewerbsverbot** in Bezug auf die vom Franchise-Nehmer erworbenen Waren und Dienstleistungen grundsätzlich nicht unter Art. 81 Abs. 1 EG (heute Art. 101 Abs. 1 AEUV), wenn diese Verpflichtung notwendig ist, um Identität und Ruf des Franchise-Netzes zu erhalten und der Franchise-Geber keine beherrschende Stellung einnimmt. In solchen Fällen ist auch die Laufzeit des Wettbewerbsverbotes für die Anwendung von Art. 81 Abs. 1 EG (heute Art. 101 Abs. 1 AEUV) irrelevant, solange sie nicht über die Laufzeit der Franchise-Vereinbarung hinausgeht.

Die Kommission sieht insbesondere **die folgenden Verpflichtungen als erforderlich** an, **um die geistigen Eigentumsrechte des Franchise-Gebers zu schützen**: 1028

- Die Verpflichtung, weder unmittelbar noch mittelbar in einem ähnlichen Geschäft tätig zu werden (Leitlinie Rz. 45 lit. a);
- die Verpflichtung, keine finanziellen Interessen am Kapital eines Wettbewerbers zu erwerben, die ihm die Möglichkeit verleihen würden, das wirtschaftliche Verhalten dieses Unternehmens zu beeinflussen (Leitlinie Rz. 45 lit. b);
- die Verpflichtung, das von dem Franchise-Geber bereitgestellte **Know-how nicht an Dritte weiterzugeben**, solange dieses Know-how nicht in das Eigentum der Allgemeinheit übergegangen ist (Leitlinie Rz. 45 lit. c);
- die Verpflichtung, dem Franchise-Geber jegliche bei der Nutzung der Franchise erworbene Erfahrung mitzuteilen und ihm sowie anderen Franchise-Nehmern eine nicht ausschließliche Lizenz für das sich aus dieser Erfahrung ergebende Know-how zu erteilen (Leitlinie Rz. 45 lit. d);
- die Verpflichtung, dem Franchise-Geber Verletzungen seiner Rechte an geistigem Eigentum mitzuteilen, gegen die Zuwiderhandelnden gerichtlich vorzugehen oder den Franchise-Geber bei jeglichen Rechtsschritten gegen die Verletzer zu unterstützen (Leitlinie Rz. 45 lit. e);
- die Verpflichtung, das vom Franchise-Geber in Lizenz erworbene Know-how nicht für andere Zwecke als zur Nutzung der Franchise zu verwenden (Leitlinie Rz. 45 lit. f) und

1 *Polley*, WRP 2000, 1203, 1205.

- die Verpflichtung, nicht ohne Zustimmung des Franchise-Gebers die sich aus der Franchise-Vereinbarung ergebenden Rechte und Verpflichtungen abzutreten (Leitlinie Rz. 45 lit. g).

1029 Werden diese Verpflichtungen von Art. 101 Abs. 1 AEUV (ex-Art. 81 Abs. 1 EG) erfasst, so sind sie, wie Leitlinie Nr. 45 feststellt, durch die Vertikal-GVO gemäß den darin festgesetzten Bedingungen freigestellt.

1030–1035 Frei.

d) GVO Nr. 1218/2010 für Spezialisierungsvereinbarungen (GVO-Spezialisierung)

1036 Mit **Wirkung zum 1.1.2011** ist VO (EU) Nr. 1218/2010 der Kommission über die Anwendung von Art. 101 Abs. 3 AEUV auf bestimmte Gruppen von Spezialisierungsvereinbarungen vom 14.12.2010[1] in Kraft getreten (GVO-Spezialisierung; Art. 7 Satz 1). Sie gilt nach Art. 7 Satz 2 bis zum 31.12.2022. Damit wurde die bis zum 31.12.2010 geltende GVO-Nr. 2658/2000 ersetzt.

Spezialisierungsvereinbarungen erfüllen im Regelfall die Voraussetzungen des Art. 101 Abs. 3 AEUV (ex-Art. 81 Abs. 3 EG). Durch Spezialisierungsvereinbarungen wird eine Arbeitsaufteilung zwischen den auf einer Wirtschaftsebene tätigen Unternehmen erreicht, wodurch Rationalisierungseffekte bewirkt werden, die wiederum dem Verbraucher zugute kommen[2].

1037 Der **Anwendungsbereich** der GVO-Spezialisierung erfasst nach **Art. 1 Abs. 1** Vereinbarungen zwischen zwei oder mehr Unternehmen über **Spezialisierungen**, d.h. Vereinbarungen über die Bedingungen, unter denen sich die Vertragsparteien auf die Herstellung von Produkten spezialisieren. Hiervon umfasst sind:

- **Vereinbarungen über die einseitige Spezialisierung**, also eine Vereinbarung zwischen zwei auf demselben sachlich relevanten Markt tätigen Parteien, mit der sich die eine Vertragspartei verpflichtet, die Produktion bestimmter Produkte ganz oder teilweise einzustellen oder von deren Produktion abzusehen und diese Produkte von der anderen Partei zu beziehen, die sich ihrerseits verpflichtet, diese Produkte zu produzieren und zu liefern (**lit. a**);
- **Vereinbarungen über die gegenseitige Spezialisierung**, d.h. eine Vereinbarung zwischen zwei oder mehr auf demselben sachlich relevanten Markt tätigen Parteien, mit der sich zwei oder mehr Parteien auf der Grundlage der Gegenseitigkeit verpflichten, die Produktion bestimmter, aber unterschiedlicher Produkte ganz oder teilweise einzustellen oder von deren Produktion abzusehen und diese Produkte von den anderen

1 BlPMZ 2011, 215.
2 *Bechtold/Bosch/Brinker/Hirsbrunner*, EG-Kartellrecht, VO 2658/2000, Einf. Rz. 1.

Parteien zu beziehen, die sich ihrerseits verpflichten, diese Produkte zu produzieren und zu liefern (**lit. c**);

- **Vereinbarungen über die gemeinsame Produktion**, also eine Vereinbarung, in der sich zwei oder mehr Parteien verpflichten, bestimmte Produkte gemeinsam zu produzieren (**lit. d**).

Art. 2 Abs. 1 GVO-Spezialisierung enthält den Grundsatz der Freistellung für Spezialisierungsvereinbarungen von der Verbotswirkung des Art. 101 Abs. 1 AEUV, soweit diese Vereinbarungen Wettbewerbsbeschränkungen enthalten, die unter diese Bestimmung fallen. 1038

Diese Freistellung gilt auch für solche Spezialisierungsvereinbarungen, deren Bestimmungen sich auf die **Übertragung von Rechten des geistigen Eigentums oder die Erteilung diesbezüglicher Lizenzen** an eine oder mehrere der Parteien beziehen, sofern diese Bestimmungen **nicht Hauptgegenstand solcher Vereinbarungen** sind, sich aber unmittelbar auf ihre Umsetzung beziehen und dafür erforderlich sind.

Die Freistellung gilt nach **Art. 2 Abs. 3 GVO-Spezialisierung** auch dann, wenn die Vertragsparteien im Rahmen einer Spezialisierungsvereinbarung eine **Alleinbezugs- oder eine allein Belieferungsverpflichtung** akzeptieren (**lit. a**) oder die Spezialisierungsprodukte nicht selbst verkaufen, sondern **gemeinsam vertreiben (lit. b**). 1039

Freistellungsvoraussetzung ist ausweislich **Art. 3 GVO-Spezialisierung**, dass die **Summe der Marktanteile** der beteiligten Unternehmen in jedem **relevanten Markt 20 % nicht überschreitet**. Relevanter Markt ist dabei der sachlich oder räumlich relevante Markt oder die sachlich oder räumlich relevanten Märkte, zu dem bzw. zu denen die Produkte, die Gegenstand einer Spezialisierungsvereinbarung sind, gehören sowie im Falle von Spezialisierungsprodukten in Form von **Zwischenprodukten**, die eine oder mehrere der Parteien ganz oder teilweise intern für die Produktion nachgelagerter Produkte verwenden, auch der sachlich und räumlich relevante Markt, zu dem die nachgelagerten Produkte gehören (Art. 1 Abs. 1 lit. i GVO-Spezialisierung). 1040

Berechnungsgrundlage des Marktanteils ist nach (**Art. 5 GVO-Spezialisierung**) der **Absatzwert**. Liegen keine Angaben über den Absatzwert vor, so können zur Ermittlung des Marktanteils der Parteien Schätzungen vorgenommen werden, die auf anderen verlässlichen Marktdaten unter Einschluss der Absatzmengen beruhen. Ermittelt wird der Marktanteil anhand der Angaben für das vorangegangene Kalenderjahr (Art. 5. lit. b GVO-Spezialisierung).

In **Art. 4** GVO-Spezialisierung enthalten ist die sog. **„schwarze Liste“** der Klauseln, bei deren Vorliegen eine Gruppenfreistellung regelmäßig nicht nur für die betreffende Klausel, sondern für den gesamten Vertrag ausge- 1041 schlossen ist **(Kernbeschränkung)**. Hiernach gilt die Freistellung nicht für Vereinbarungen, die

- Preisbindungen (lit. a),
- Mengenbeschränkungen (lit. b) oder
- die Aufteilung von Märkten oder Abnehmerkreisen bezwecken (lit. c).

1042–1048 Frei.

7. Deutsches Kartellrecht

a) Allgemeines und Rechtsgrundlagen

1049 Mit Inkrafttreten der 7. GWB-Novelle (1.7.2005) wurde das deutsche dem modifizierten europäischen Wettbewerbsrecht angepasst. Mittels dynamischen Verweises werden die Regelungen der TT-GVO 2004 unmittelbar in das deutsche Recht inkorporiert. § 1 GWB stimmt vollständig mit Art. 101 Abs. 1 AEUV (ex-Art. 81 Abs. 1 EG) überein und **unterscheidet nicht** länger zwischen **vertikalen sowie horizontalen Vereinbarungen**. Die Regelbeispiele des Art. 101 Abs. 1 AEUV (ex-Art. 81 Abs. 1 EG) sind ergänzend heranzuziehen.

§ 2 Abs. 1 GWB enthält einen an 81 Abs. 3 EG (heute Art. 101 Abs. 3 AEUV) angelehnten Freistellungstatbestand.

§ 2 Abs. 2 GWB erklärt die Gruppenfreistellungsverordnungen über Art. 81 Abs. 3 EG (heute Art. 101 Abs. 3 AEUV) als entsprechend anwendbar.

1050 Entgegen zunächst anderslautenter Absichten[1], sind auch Preisbindungen der zweiten Hand – also etwa dem Lizenznehmer auferlegte Preisbindungen in Bezug auf seine Abnehmer – nach den allgemeinen Kriterien der §§ 1 und 2 GWB zu beurteilen.

Die früheren Regelungen zur Missbrauchsaufsicht über marktbeherrschende Unternehmen (§§ 19–21 GWB) wurden zwar modifiziert, jedoch im Grundsatz beibehalten (vgl. Rz. 1066); zur verabschiedeten Regelung im Rahmen der 8. GWB-Reform s. Rz. 1068 ff.

Auch die Regelungen über die Fusionskontrolle blieben von der Reform im Wesentlichen unberührt.

1051 Das deutsche Kartellrecht wurde durch die siebte GWB-Novelle in seiner Systematik grundlegend verändert und hat das **Prinzip des generellen Verbots mit Legalausnahme** übernommen (vgl. Rz. 775 ff.). Damit hat die TT-GVO 2004 zukünftig auch unmittelbar Bedeutung für innerstaatliche Sachverhalte. Eine unterschiedliche Behandlung von kleinen und mittelständischen Unternehmen soll durch eine Gleichbehandlung lokaler beziehungsweise regionaler Sachverhalte einerseits und grenzüberschreitender

1 BT-Drucks. 15/3640, S. 23.

Sachverhalte andererseits vermieden werden[1]. Infolge der erneuten Anpassung sowie einer an den europäischen Regelungen orientierten Auslegung des GWB[2] stimmt das deutsche Kartellrecht mit dem europäischen Kartellrecht noch weitergehend als bislang überein[3]. Durch die Anpassung der §§ 1, 2 GWB an Art. 81 Abs. 1, Abs. 3 EG (heute Art. 101 Abs. 1, Abs. 3 AEUV) werden die bis zur Novelle existierenden Abgrenzungsprobleme zwischen Handeln, das bereits zwischenstaatliche Auswirkungen zeigt und solchem, das ausschließlich national wirkt, beseitigt. Seit 1.5.2004 kann das mitgliedsstaatliche Kartellrecht gemäß Art. 3 Abs. 2 der VO Nr. 1/2003 vom 16.12.2002 keine Vereinbarungen mehr verbieten, die nach dem Kartellrecht der Europäischen Union zulässig sind, soweit das Unionsrecht im Hinblick auf eine Eignung zur Beeinträchtigung des zwischenstaatlichen Handelns anwendbar ist[4]. Auch wenn die Angleichung des § 1 GWB an Art. 81 EG (heute Art. 101 AEUV) – mit Ausnahme des Tatbestandsmerkmals der Zwischenstaatlichkeit – auf einer autonomen Entscheidung des deutschen Gesetzgebers beruht, hat damit nunmehr die Entscheidungspraxis des *EuGH* zuArt. 81 EG (heute Art. 101 AEUV) auch für die Auslegung des § 1 GWB bei der Anwendung auf rein innerstaatliche Sachverhalte erhebliches Gewicht. Folgerichtig geht der *BGH*[5] davon aus, dass § 1 GWB grundsätzlich so auszulegen ist, wie es der Rechtsprechung des *EuGH* zu Art. 101 AEUV entspricht.

Auch hinsichtlich des Kartellverfahrensrechts ist eine Anpassung an die europäischen Vorgaben erfolgt. Im deutschen Recht wurde das Administrativverfahren hinsichtlich des Anmelde- und Genehmigungsverfahrens abgeschafft. Wie im europäischen Kartellrecht obliegt es den Unternehmen zukünftig selbst, die Zulässigkeit der getroffenen Vereinbarungen zu beurteilen (**Selbstveranlagung**). Die damit verbundene Verschärfung der Rechtsunsicherheit wird seitens des Schrifttums stark kritisiert[6]. Es ist allerdings ein informelles Verfahren vorgesehen, in dem die Unternehmen bei problematischen Fällen eine formgebundene Anfrage stellen können[7] (vgl. § 3 Abs. 2 GWB). Inwiefern die Kartellbehörde solchen Anfragen nachkommen wird und ob der Auskunft Vertrauensschutz zukommt, bleibt allerdings ab- 1052

1 Begründung des Regierungsentwurfs vgl. BT-Drucks. 15/3640, S. 21.

2 Vgl. eingehend zu den Auslegungsgrundsätzen des GWB *Billhardt*, Horizontale und vertikale Wettbewerbsbeschränkungen im GWB, S. 15 ff.

3 Vgl. zur 7. GWB-Novelle eingehend *Kahlenberg/Haellmigk*, BB 2005, 1509 ff.; *Karl/Reichelt*, DB 2005, 1436 ff.; *Bahr*, WuW 2004, 259 ff.; vgl. zur VO EG Nr. 772/2004 *Drexl*, GRUR Int. 2004, 716 ff.; *Feil*, GRUR Int. 2004, 454 ff.; *Schultze/Pautke/Wagener*, Die Gruppenfreistellungsverordnung für Technologietransfer-Vereinbarungen, S. 23 ff.

4 *BGH* v. 8.12.2010, GRUR 2011, 641, 645, Rz. 58 – Jette Joop.

5 *BGH* v. 8.12.2010, GRUR 2011, 641, 645, Rz. 58 – Jette Joop.

6 Vgl. *Karl/Reichelt*, DB 2005, 1436, 1439; zur kartellrechtlichen und gesellschaftsrechtlichen Haftung von Organmitgliedern s. *Schwintowski/Klaue*, WuW 2005, 370 ff.

7 BT-Drucks. 15/3649, S. 29.

zuwarten, da Ziel der Reform unter anderem die Reduzierung des Verwaltungsaufwands bildete.

aa) Kartellverbot (§ 1 GWB)

1053 Nach § 1 GWB sind **Vereinbarungen** zwischen Unternehmen, Beschlüsse von Unternehmensvereinigungen und aufeinander abgestimmte Verhaltensweisen, die eine Verhinderung, Einschränkung oder Verfälschung des Wettbewerbs bezwecken oder bewirken, **verboten**. Der Wortlaut ist mit dem des Art. 101 Abs. 1 AEUV (ex-Art. 81 Abs. 1 EG) nahezu identisch.

Anders als Art. 101 Abs. 1 AEUV (ex-Art. 81 Abs. 1 EG) enthält § 1 GWB keine Regelbeispiele. Da mit der Neuregelung des GWB aber eine inhaltlich Anpassung an die europarechtlichen Vorgaben erfolgt ist, finden diese für die Auslegung des § 1 GWB ergänzend Anwendung[1].

Nach den **Regelbeispielen des Art. 101 Abs. 1 AEUV** (ex-Art. 81 Abs. 1 EG) sind folgende Vereinbarungen grundsätzlich **unzulässig**:

- die unmittelbare oder mittelbare Festsetzung der An- oder Verkaufspreise oder sonstiger Geschäftsbedingungen (lit. a);
- die Einschränkung oder Kontrolle der Erzeugung, des Absatzes, der technischen Entwicklung oder der Investitionen (lit. b);
- die Aufteilung der Märkte oder Versorgungsquellen (lit. c);
- die Anwendung unterschiedlicher Bedingungen bei gleichwertigen Leistungen gegenüber Handelspartnern, wodurch diese im Wettbewerb benachteiligt werden (lit. d);
- die an den Abschluss von Verträgen geknüpfte Bedingung, dass die Vertragspartner zusätzliche Leistungen annehmen, die weder sachlich noch nach Handelsbrauch in Beziehung zum Vertragsgegenstand stehen (lit. e).

1054 Wie nach der Regelung des Art. 101 Abs. 1 AEUV (ex-Art. 81 Abs. 1 EG) ist auch nach § 1 GWB zunächst zu prüfen, ob eine **Wettbewerbsbeschränkung** vorliegt. Diesbezüglich wird **nicht** länger wie nach § 1 GWB a.F. **zwischen horizontalen** Wettbewerbsbeschränkungen – solchen zwischen Wettbewerbern – **und vertikalen Vereinbarungen** – solchen zwischen Nichtwettbewerbern – **unterschieden**. Von § 1 GWB werden alle Vereinbarungen, Beschlüsse und abgestimmte Verhaltensweisen erfasst. Damit findet § 1 GWB sowohl auf Lizenzgeber- als auch auf Lizenznehmerbeschränkungen Anwendung.

Die bisherigen Regelungen zu vertikalen Wettbewerbsbeschränkungen (§§ 17, 18 GWB a.F.), die lediglich Lizenznehmerbeschränkungen umfassten, wurden in Folge dessen gestrichen. Lizenzgeberbeschränkungen waren nach den allgemeinen Bestimmungen der § 14–§ 16 GWB a.F. zu bemessen.

1 BT-Drucks. 15/3640, S. 23.

§ 1 GWB findet – anders als Art. 101 AEUV (ex-Art. 81 EG) – sowohl auf Sachverhalte mit zwischenstaatlicher Auswirkung als auch auf solche, die keine Auswirkung auf den zwischenstaatlichen Handel zeigen, Anwendung[1]. 1055

Adressat des § 1 GWB sind auch nach der Neufassung **Unternehmen** und **Vereinigungen von Unternehmen**. Darunter sind nach **funktioneller Auslegung** alle natürlichen und juristischen Personen zu verstehen, die sich als Anbieter oder Nachfrager von Waren oder Leistungen gegen Entgelt am Wirtschaftsleben beteiligen[2]. Dabei genügt es, wenn eine wirtschaftliche Betätigung nur vorübergehend vorgenommen wird[3] oder unmittelbar bevorsteht[4]. Wie im europäischen Kartellrecht erfährt der Begriff folglich eine großzügige Auslegung (Rz. 718).

Einer weiten Auslegung bedarf ebenso der Begriff der **Unternehmensvereinigung**. Darunter sind alle Formen des Zusammenwirkens von Wettbewerbern zu fassen, zu denen es nicht unmittelbar, sondern über eine nicht notwendigerweise unternehmerisch tätige Einrichtung kommt[5].

Mittel der Wettbewerbsbeschränkungen sind zunächst **Vereinbarungen** i.S. des § 1 GWB. Davon umfasst wird neben allen Verträgen im zivilrechtlichen Sinn auch jede förmliche oder formlose, ausdrückliche oder stillschweigende Willenseinigung mindestens zweier Personen[6]. Entgegen zivilrechtlichen Verträgen bedarf es jedoch keines rechtlichen Bindungswillens[7]. Unter den Anwendungsbereich des § 1 GWB fallen außerdem **Beschlüsse**, also Rechtsakte, die zur Regelung des Verhaltens der Unternehmen auf der Grundlage der jeweils maßgeblichen Gesellschaftsverträge, Satzungen oder Geschäftsordnungen getroffen werden[8], und **abgestimmte Verhaltensweisen**, die jedoch von vergleichsweise geringer praktischer Bedeutung sind. 1056

Da sich die **Begriffsauslegung** bereits vor der Reform an den **europarechtlichen Vorgaben** orientierte, ergibt die Novellierung diesbezüglich keine

1 BT-Drucks. 15/3640, S. 23.

2 *BGH* v. 26.10.1961, WuW/E BGH 442, 449 – Gummistrümpfe; *BGH* v. 6.11.1972, WuW/E BGH 1246 f. – Feuerwehrschutzanzüge.

3 Vgl. *BGH* v. 13.11.1979, WuW/E BGH 1725, 1726 – Deutscher Landseer Club.

4 Vgl. *BGH* v. 15.11.1994, WuW/E BGH 2953, 2959 – Gasdurchleitung.

5 So Wiedemann/*Stockmann*, Hdb. KartellR, 1999, § 7 Rz. 48; s. auch *Zimmer* in Immenga/Mestmäcker, GWB, § 1 Rz. 75 ff.; Wiedemann/*Wiedemann*, Hdb. KartellR, § 4 Rz. 2, 9.

6 *BGH* v. 15.2.1962, WuW/E BGH 495, 497 – Ausschreibung für Putzarbeiten II; *BGH* v. 17.12.1970, WuW/E BGH 1147, 1153 – Teerfarben.

7 *BGH* v. 15.2.1962, WuW/E BGH 495, 497 – Ausschreibung für Putzarbeiten II; *BGH* v. 22.1.1964, WuW/E BGH 602, 604 – Schiffspumpen; *Zimmer* in Immenga/Mestmäcker, GWB, § 1 Rz. 83 ff.

8 *BGH* v. 21.6.1971, WuW/E BGH 1205, 1210 – Verbandszeitschrift; *Zimmer* in Immenga/Mestmäcker, GWB, § 1 Rz. 88 ff.; Wiedemann/*Stockmann*, Hdb. KartellR, 1999, § 7 Rz. 50.

gravierenden Änderungen. Das **Gebot der europafreundlichen Auslegung** sollte zunächst ausdrücklich im GWB verankert werden[1]. Letztlich wurde die Entwurfsregelung jedoch nicht übernommen, da der Gesetzgeber davon ausgeht, dass die Auslegung im Lichte der europäischen Regeln selbstverständlich ist[2].

1057 Sowohl von der Verwaltungspraxis als auch seitens der Rechtsprechung wurde bereits vor der siebten Novellierung für die Zulässigkeit einer Vereinbarung nach § 1 GWB auf das ungeschriebene **Kriterium der Spürbarkeit** der Einschränkung der unternehmerischen Handlungsfreiheit abgestellt[3]. Bei nur theoretischen Außenwirkungen der Vereinbarung kann keine Wettbewerbsbeschränkung festgestellt werden. Schutzzweck der Norm ist nicht die Sanktionierung einer isolierten Benachteiligung eines Einzelnen, sondern die Beeinflussung des Waren- und Wirtschaftsverkehrs[4].

Eine **Wesentlichkeitsschwelle** wurde aber weder durch die sechste Novelle noch im Zuge der letzten Reform eingeführt[5].

1058 Nach der Begründung der *Bundesregierung* zum Gesetzentwurf der siebten Novelle sind bei der Auslegung der Tatbestandsmerkmale des § 1 GWB die Grundsätze des europäischen Wettbewerbsrechts auch weiterhin zu berücksichtigen[6]. Diese Rechtsfolge hatte sich durch die Angleichung des Wortlauts bereits seit der sechsten Novelle ergeben, sollte durch den Grundsatz der europafreundlichen Anwendung nach Maßgabe der „neuen" Vorschrift des § 23 GWB-Entwurf bekräftigt werden sowie Bekanntmachungen und Leitlinien der Kommission einbeziehen[7]. Explizit fand auch die **Bagatellbekanntmachung der Kommission** (Rz. 742 f.) aus dem Jahr 2001 Erwähnung. Es wurde darauf hingewiesen, dass sie Maßstäbe für die Verwaltungspraxis der Kommission enthalte und insbesondere quantitative Kriterien für die Spürbarkeit einer Wettbewerbsbeschränkung aufstelle[8]. Zu beachten ist, dass durch Bekanntmachungen der Kommission grundsätzlich keine rechtliche Bindungswirkung für die nationalen Kartellbehörden und Gerichte erreicht werden kann. Überdies ist der ursprünglich von der *Bundesregierung* vorgesehene (§ 23 GWB-Entwurf) Grundsatz des europafreundlichen Verhaltens u.a. von Gerichten, mit dem eine gewisse Bindungswirkung an Auffassungen der Kommission verbunden gewesen wäre,

---

1 BT-Drucks. 15/3640, S. 23.
2 BT-Drucks. 15/3640, S. 75.
3 *BGH* v. 23.2.1988, WuW/E BGH 2469, 2470 – Brillenfassungen; *BGH* v. 14.10.1976, BGHZ 68, 6, 12 – Fertigbeton I; *BGH* v. 13.11.1990, WuW/E BGH 2675, 2676 – Nassauische Landeszeitung; *BGH* v. 12.3.1991, WuW/E BGH 2697, 2703 – Golden Toast.
4 *OLG Naumburg* v. 15.9.2004, GRUR RR 2005, 98, 100.
5 *BGH* v. 23.2.1988, WuW/E BGH 2469, 2470 – Brillenfassungen.
6 BT-Drucks. 15/3640, S. 23.
7 BT-Drucks. 15/3640, S. 23.
8 BT-Drucks. 15/3640, S. 23.

im Gesetzgebungsverfahren weggefallen[1]. Das schließt aber eine faktische Bindungswirkung nicht aus, denn „ohne Not" dürfte ein Abweichen der nationalen Kartellbehörden und Gerichte von den Vorgaben aus den Bekanntmachungen der Kommission nicht anzunehmen sein[2]. Die Bagatellbekanntmachung der Kommission setzt eine **Marktanteilsschwelle** der beteiligten Unternehmen von **insgesamt 10 %** für horizontale Vereinbarungen fest. Bei Vereinbarungen nicht konkurrierender Unternehmen gilt eine Marktanteilschwelle von **jeweils 15 %** und im Falle gemischter Vereinbarungen ebenfalls eine Schwelle von 10 %. Wie zuvor gilt jedoch, dass selbst bei Unterschreiten dieser Schwellen im Einzelfall eine spürbare Wettbewerbsbeeinträchtigung vorliegen kann. Umgekehrt kann es auch bei Überschreiten der Grenzen an einer Spürbarkeit fehlen. Um der Angleichung an das europäische Recht aufgrund der siebten Novelle gerecht zu werden, hat das Bundeskartellamt die Bagatellbekanntmachung überarbeitet und im März 2007 neu bekannt gemacht[3]. Inhaltlich stimmen die Marktanteilsschwellen des Bundeskartellamts mit den vorgennaten Marktanteilsschwellen der Kommission überein.

Spürbarkeit kann dabei nach der Rechtsprechung des *BGH* schon dann gegeben sein, wenn nur ein drittes Unternehmen von der Wettbewerbsbeschränkung betroffen ist[4]. Bei der Beurteilung der Spürbarkeit kommt es auf die Qualität der Wettbewerbsbeschränkung wie auch auf die qualitative Bedeutung für die Marktverhältnisse an. 1059

Frei. 1060

bb) Freigestellte Vereinbarungen (§ 2 GWB)

In Anlehnung an das europäische System des **Verbots mit Legalausnahme** sind nach **§ 2 Abs. 1 GWB** Vereinbarungen zwischen Unternehmen, Beschlüsse von Unternehmensvereinigungen oder aufeinander abgestimmte Verhaltensweisen, die unter angemessener Beteiligung der Verbraucher an dem entstehenden Gewinn zur Verbesserung der Warenerzeugung oder -verteilung oder zur Förderung des technischen oder wirtschaftlichen Fortschritts beitragen, **vom Verbot des § 1 GWB freigestellt**. Den beteiligten Unternehmen dürfen dabei keine Beschränkungen auferlegt werden, die für die Verwirklichung dieser Ziele nicht unerlässlich sind. Des Weiteren 1061

---

1 *Nordemann* in Loewenheim/Meesen/Riesenkampff, Kartellrecht, § 1 GWB Rz. 13.

2 *Nordemann* in Loewenheim/Meesen/Riesenkampff, Kartellrecht, § 1 GWB Rz. 13.

3 Bekanntmachung Nr. 18/2007 des Bundeskartellamtes über die Nichtverfolgung von Kooperationsabreden mit geringer wettbewerbsbeschränkender Bedeutung („Bagatellbekanntmachung") v. 13.3.2007, abrufbar unter: http://www.bundeskartellamt.de/wDeutsch/download/pdf/Merkblaetter/Merkblaetter_deutsch/07_Bagatellbekanntmachung_Logo.pdf).

4 *BGH* v. 14.4.1983, WuW/E BGH 2000, 2001 ff. – Beistand bei Kostenangeboten; *BGH* v. 14.1.1997, NJW 1997, 2324, 2326 – Druckgussteile.

darf ihnen nicht die Möglichkeit eröffnet werden, für einen wesentlichen Teil der betreffenden Waren den Wettbewerb auszuschalten. Die beiden negativen sowie positiven Voraussetzungen müssen kumulativ für eine Freistellung der Vereinbarung vorliegen.

Die Regelung entspricht Art. 101 Abs. 3 AEUV (ex-Art. 81 Abs. 3 EG) (s. Rz. 724 ff.).

1062 Nach **§ 2 Abs. 2 GWB gelten** bei der Anwendung von Absatz 1 die Verordnungen des Rates oder der Kommission der Europäischen Gemeinschaft über die Anwendung von Art. 81 Abs. 3 EG (heute Artikel 101 Abs. 3 AEUV) auf bestimmte Gruppen von Vereinbarungen, Beschlüsse von Unternehmensvereinigungen und aufeinander abgestimmte Verhaltensweisen (**Gruppenfreistellungsverordnungen**) **entsprechend**. Damit finden die europarechtlichen Gruppenfreistellungsverordnungen im deutschen Recht direkte Anwendung. Dies gilt auch, soweit es sich um ausschließlich nationale Sachverhalte handelt und die Vereinbarungen, Beschlüsse und Verhaltensweisen nicht geeignet sind, den Handel zwischen den Mitgliedstaaten der Europäischen Gemeinschaft zu beeinträchtigen. Mittels dynamischen Verweises werden somit die zu Art. 101 AEUV (ex-Art. 81 EG) erlassenen Gruppenfreistellungsverordnungen in das deutsche Recht inkorporiert.

1063 Die **Beweislast** für das Vorliegen der Freistellungsvoraussetzungen nach § 2 GWB trägt die Partei, die sich auf eine Freistellung beruft. Beruft sich das Unternehmen auf die Anwendbarkeit einer GVO, so wird das Vorliegen der Voraussetzungen des § 2 Abs. 1 GWB vermutet. Allerdings hat die Partei, die sich auf eine Freistellung beruft, das Vorliegen der jeweiligen Voraussetzungen für eine Freistellung nach der GVO nachzuweisen[1]. Der Grundsatz entspricht der Regelung des Art. 2 VO Nr. 1/2003.

1064 Die Anwendbarkeit der TT-GVO 2004 im deutschen Recht **ersetzt** die früheren Regelungen der **§§ 17, 18 GWB a.F.**, was aber nicht bedeutet, dass die dort behandelten Wettbewerbsbeschränkungen nunmehr erlaubt sind.

1065 Die **Auslegung** des § 2 GWB erfolgt in Anlehnung an die europäischen Vorgaben[2].

Das deutsche System entspricht folglich dem europäischen System in weiten Teilen.

Es ergibt sich folgender **Prüfungsablauf** (s. auch Rz. 780):

- Liegt eine spürbare Wettbewerbsbeschränkung im Sinne des § 1 GWB vor?
- Greift eine Gruppenfreistellungsverordnung i.S. des § 2 Abs. 2 GWB? Findet § 3 GWB im Einzelfall Anwendung? Ist der sachliche und persön-

1 BT-Drucks. 15/3640, S. 23, 44.
2 BT-Drucks. 15/3640, S. 24.

liche Anwendungsbereichs einer GVO, etwa der der TT-GVO 2004, eröffnet?

- Bei Anwendbarkeit der TT-GVO 2004 findet der Prüfungsablauf gemäß Rz. 780 ff. entsprechend Anwendung (sachlicher und räumlicher Anwendungsbereich, Marktanteilsschwellen, Kernbeschränkungen, graue Klauseln).
- Ist die Vereinbarung nicht nach einer der GVOen freigestellt, ist eine Freistellung über § 2 Abs. 1 GWB zu prüfen.

Frei. 1066

cc) §§ 19 ff. GWB

Weitgehend beibehalten wurden die Regelungen der §§ 19 ff. GWB a.F. 1067 Nach § 19 Abs. 1 GWB ist die **missbräuchliche Ausnutzung** einer **marktbeherrschenden Stellung** durch ein oder mehrere Unternehmen verboten. Nach § 19 Abs. 2 GWB ist ein Unternehmen marktbeherrschend, soweit es als Anbieter oder Nachfrager einer bestimmten Art von Waren oder gewerblichen Leistungen auf dem sachlich und räumlich relevanten Markt ohne Wettbewerber ist oder keinem wesentlichen Wettbewerb ausgesetzt ist oder eine im Verhältnis zu seinen Wettbewerbern überragende Marktstellung hat. Im Zuge der Reform sind nunmehr die vom *BGH* entwickelten Grundsätze zum räumlich relevanten Markt inkorporiert worden[1]. Nach § 19 Abs. 2 Satz 3 GWB kann der für das GWB zu berücksichtigende räumlich relevante Markt ausdrücklich weiter zu fassen sein als die territorialen Grenzen der BRD.

Auch der Regelungsbereich des § 20 Abs. 3 GWB wurde ausgedehnt. Hiernach ist nicht nur der tatsächliche Erhalt oder die Bedingung einer Vorzugsbedingung verboten, vielmehr ist schon die alleinige Aufforderung zur Vorteilsgewährung ohne sachlichen Grund unzulässig. Das Verbot erstreckt sich damit bereits auf das Versuchsstadium.

b) Verabschiedung der Achten GWB-Novelle

Nachdem das Bundesministerium für Wirtschaft und Technologie im No- 1068 vember 2011 den **Referentenentwurf für die 8. Novelle des Gesetzes gegen Wettbewerbsbeschränkungen** veröffentlicht hatte[2], verabschiedete die Bundesregierung am 28.3.2012 einen Regierungsentwurf. Hierzu hat der Bundesrat am 11.5.2012 Stellung genommen[3]. Die Bundesregierung hat zu den Vorschlägen des Bundesrates wiederum Stellung genommen, diesen teil-

1 *BGH* v. 5.10.2004, GRUR 2004, 1045, 1047 – Staubsaugerbeutelmarkt.

2 Einen Überblick über die Eckpunkte der 8. GWB-Novelle geben *Bechtold/Bosch*, NJW 2011, 3484, 3491. Zum Referentenentwurf s. außerdem *Bechtold*, BB 2011, 3075; *Gronemeyer/Slobodenjuk*, WRP 2012, 290.

3 BR-Drucks 176/12 v. 11.5.2012. S. hierzu auch GRUR 2012, 700.

weise zugestimmt und ihren Gesetzesentwurf dem Bundestag zugeleitet[1]. Der Bundestag hat den Gesetzentwurf am 18.10.2012 i.d.F. des Buchst. a der Beschlussempfehlung des Ausschusses für Wirtschaft und Technologie verabschiedet[2].

Dieser Entwurf soll die **wettbewerblichen Rahmenbedingungen** – insbesondere im Bereich der Fusionskontrolle, der Missbrauchsaufsicht und des Verfahrens bei Kartellverstößen – **modernisieren** und die Durchsetzung des GWB noch effizienter machen. Die Novelle soll am 1.1.2013 in Kraft treten. Im Rahmen des **Lizenzvertragsrechts** ist vor allem die **Änderung der Missbrauchsvorschriften** von Bedeutung[3]. Ziel ist es, diese Vorschriften einfacher, verständlicher und damit anwenderfreundlicher zu gestalten. Materiellrechtliche Änderungen sind damit nicht beabsichtigt. Dementsprechend soll die **bisherige** umfangreiche **Rechtsprechung weiterhin maßgeblich** bleiben[4]. Der beschlossene Gesetzesentwurf (GWB-E) enthält folgende Änderungen im Bereich der Missbrauchsvorschriften:

Eingefügt wird ein neuer **§ 18 GWB-E (Marktbeherrschung)**, in welchen die in § 19 Abs. 2 GWB enthaltene Definition der Marktbeherrschung und die in § 19 Abs. 3 GWB geregelten gesetzlichen Vermutungstatbestände überführt werden. Die Schwelle der Einzelmarktbeherrschungsvermutung wird dabei auf 40 % angehoben.

§ 19 GWB-E erhält die Überschrift **„Verbotenes Verhalten von Unternehmen in marktbeherrschender Stellung"**. § 19 Abs. 4 GWB a.F. wird zum neuen § 19 Abs. 2 GWB-E. Die in § 19 Abs. 4 Nr. 1 und § 20 Abs. 1 GWB enthaltenen **Regelungen zum Behinderungsmissbrauch** werden zusammengeführt und der weitergehende Wortlaut des § 20 Abs. 1 GWB, soweit er marktbeherrschende Unternehmen betrifft, in den neuen **§ 19 Abs. 2 Nr. 1 GWB-E** überführt. Die Einschränkung, dass für die Behinderung eine für den Wettbewerb auf dem Markt erhebliche Beeinträchtigung erforderlich ist (§ 19 Abs. 4 Nr. 1 GWB), ist im Wortlaut nicht mehr enthalten. Eine Änderung des materiellen Gehalts des Behinderungsmissbrauchs soll damit allerdings nicht verbunden sein, da die Erheblichkeit der Beeinträchtigung auch in Zukunft, entsprechend der Auslegung des § 20 Abs. 1 GWB, im Rahmen der vorzunehmenden Interessenabwägung zu berücksichtigen ist[5]. Demgegenüber entfällt das Erfordernis „in einem Geschäftsverkehr, der gleichartigen Unternehmen üblicherweise zugänglich ist" (§ 20 Abs. 1 GWB). Das **Verbot der Aufforderung oder Veranlassung zur Gewährung**

---

1 BT-Drucks 17/9852 v. 31.5.2012. Vgl. dort S. 50 zu den teilweise angenommenen bzw. abgelehnten Vorschlägen des Bundesrats im Rahmen der §§ 19, 20 GWB-RegE.

2 BT-Drucks. 17/11053 v. 17.10.2012.

3 Zu den Änderungen im Marktbeherrschungsrecht s. auch *Bechtold*, BB 2011, 3075, 3076.

4 So ausdrücklich die Begründung des RegE in BT-Drucks 17/9852, S. 23.

5 BT-Drucks 17/9852, S. 23.

von Vorteilen (§ 20 Abs. 3 GWB) sollte, soweit es marktbeherrschende Unternehmen betrifft, in **§ 19 Abs. 4 GWB-E** niedergelegt werden. Dieser Absatz 4 i.d.F. des Regierungsentwurfs wird nunmehr als neue Nr. 5 in die Reihe der Regelbeispiele des Absatzes 2 aufgenommen. Dabei entfällt das Tatbestandsmerkmal „im Geschäftsverkehr". Der in geänderter Fassung angenommene **§ 19 Abs. 3 GWB-E** übernimmt die bisher in § 20 Abs. 1 GWB geregelte **Erweiterung des Adressatenkreises** des § 19 Abs. 1 i.V.m. Abs. 2 Nr. 1 und 5 GWB-E auf Vereinigungen von miteinander im Wettbewerb stehenden Unternehmen (§§ 2, 3, 28 Abs. 1, § 30 Abs. 2a und § 31 Abs. 1 Nr. 1, 2 und 4 GWB) und auf Unternehmen, die Preise binden (§ 28 Abs. 2, § 30 Abs. 1 Satz 1 oder § 31 Abs. 1 Nr. 3 GWB).

§ 20 GWB-E trägt die Überschrift **„Verbotenes Verhalten von Unternehmen mit relativer oder überlegener Marktmacht"** und erfasst somit missbräuchliches Verhalten nicht marktbeherrschender, aber marktmächtiger Unternehmen. Gemäß dem verabschiedeten Gesetzesentwurf wird § 20 Abs. 1 GWB a.F. ausdrücklich aufgehoben. § 20 Abs. 2 GWB a.F. wird zu **§ 20 Abs. 1 GWB-E** sowie an die erfolgte Trennung zwischen Marktbeherrschung und relativer Marktmacht angepasst. Er nimmt mithin Bezug auf § 19 Abs. 1 i.V.m. Abs. 2 Nr. 1 GWB-E und **definiert** den Begriff der **„relativen Marktmacht"** (§ 20 Abs. 1 Satz 1 GWB-E). Die bisherigen Absätze 3, 4, 5 und 6 werden in dieser Reihenfolge in § 20 Abs. 2, 3, 4 und 5 GWB-E überführt. Änderungen erfahren die neuen Absätze 2 und 4, wobei inhaltlich nach dem Regierungsentwurf der neue Absatz 2 geändert werden sollte, indem der Regelungsinhalt des § 20 Abs. 3 Satz 2 GWB in der bis zum 21.12.2007 geltenden Fassung festgeschrieben und damit eine (Wieder-)Einschränkung des derzeitigen Schutzbereichs bezweckt werden sollte[1]. Nunmehr wird in der verabschiedeten Gesetzesfassung die bisherige Rechtslage in § 20 Abs. 3 Satz 2 GWB a.F., die am 31.12.2012 auslaufen würde, beibehalten[2].

Neben dem Bundesrat haben insbesondere auch das Bundeskartellamt sowie die Monopolkommission u.a. zu den geplanten Änderungen der §§ 18, 19, und 20 GWB Stellung genommen. Das Bundeskartellamt bewertete diese überwiegend als sachgerecht, außerdem werde ein systematisch durchdachter und gut lesbarer Regelungskomplex geschaffen[3]. Die Missbrauchsaufsicht auch bei einer marktmächtigen Stellung eines Unternehmens zuzulassen, sei ein international beachtetes Konzept. Begrüßt hatte das Bundeskartellamt die geplante und nunmehr nicht angenommene Beschränkung des Schutzbercichs des § 20 Abs. 3 Satz 2 GWB auf kleine und 1069

1 Vgl. hierzu die Begründung der Bundesregierung in BT-Drucks 17/9852, S. 24.
2 BT-Drucks. 17/11053, S. 24.
3 Vgl. S. 24, 26 der Stellungnahme des Bundeskartellamts zum RegE zur 8. GWB-Novelle v. 22.6.1012, abrufbar unter: http://www.bundeskartellamt.de/wDeutsch/download/pdf/Stellungnahmen/2012-06-22_Bundeskartellamt_Stellungnahme_Regierungsentwurf_8._GWB-Novelle.pdf).

mittlere Unternehmen. Auf dieser Linie liegen auch die Ausführungen der Monopolkommission in ihrem XIX. Hauptgutachten zur Wettbewerbssituation in Deutschland[1]. Die geplante Überführung des Verbots der Preis-Kosten-Schere (§ 20 Abs. 4 Satz 2 Nr 3 GWB, vom Deutschen Bundestag bis zum 31.12.2012 befristet) in Dauerrecht fand bspw. Zustimmung seitens des Bundeskartellamts, während die Monopolkommission eine weitere Befristung, etwa für weitere fünf Jahre, empfahl.

8. Zivilrechtliche Folgen eines Verstoßes gegen europäisches oder deutsches Kartellrecht

a) Nichtigkeit der Vereinbarung

1070 Bei einem Verstoß einer Vereinbarung oder eines Beschlusses gegen **Art. 101 Abs. 1 AEUV** (ex-Art. 81 Abs. 1 EG) ist – sofern die Freistellungsvoraussetzungen des Art. 101 Abs. 3 AEUV (ex-Art. 81 Abs. 3 EG) nicht vorliegen – die verbotene Regelung gemäß Art. 101 Abs. 2 AEUV (ex-Art. 81 Abs. 2 EG) nichtig. Die Nichtigkeit erfasst grundsätzlich nur die gegen Art. 101 Abs. 1 AEUV (ex-Art. 81 Abs. 1 EG) verstoßenden Regelungen[2]. Gemeinschaftsrechtlich kommt eine Nichtigkeit des gesamten restlichen Vertrags- bzw. Beschlussinhalts ausnahmsweise dann in Betracht, wenn sich dieser nach Zweck oder Wirkung nicht von den kartellrechtswidrigen Regelungen trennen lässt[3]. Ist Letzteres nicht gegeben, bestimmen sich die Auswirkungen auf die restlichen Vertrags- bzw. Beschlussteile nach dem auf den Vertrag oder Beschluss jeweils anwendbaren nationalen Recht[4], in Deutschland also grundsätzlich nach § 139 BGB[5]. Die Untrennbarkeit des restlichen Vertrags von den kartellrechtswidrigen Bestimmungen setzt i.d.R. voraus, dass die fraglichen Vertragsteile bei Einhaltung des Kartellverbots funktionslos werden, also jedenfalls nicht in der vereinbarten Form fortbestehen können[6]. Die Frage der Abtrennbarkeit ist dabei ausschließlich nach europäischem Recht zu beurteilen[7].

1 Dort S. 64, abrufbar unter: http://www.monopolkommission.de/haupt_19/mopoko_volltext_h19.pdf).

2 Vgl. u.a. *EuGH* v. 30.6.1966 – Rs. 56/65, Slg. 1966, 281 – Maschinenbau Ulm; *EuGH* v. 28.2.1991 – Rs. C-234/89, Slg. 1991, I-935 – Delimitis.

3 S. im Einzelnen *Jaeger* in Loewenheim/Meessen/Riesenkampff, Art. 81 Abs. 2 EG Rz. 18 ff. m.w.N. zur *EuGH*-Rechtsprechung.

4 Vgl. u.a. *EuGH* v. 30.4.1998 – Rs. C-230/96, Slg. 1998, I-2055, Rz. 21 = GRUR Int. 1998, 700 ff. – Cabour/Arnor u. *EuGH* v. 11.9.2008 – Rs. C-279/06, Slg 2008, I-6681, Rz. 79 m.w.N.

5 Vgl. u.a. *BGH* v. 24.9.2002, GRUR 2004, 353 – Tennishallenpacht II.

6 Vgl. *Schmidt* in Immenga/Mestmäcker, EU-Wettbewerbsrecht, Teil 1, Art. 101 Abs. 2 AEUV Rz. 22; *Bunte* in Langen/Bunte, Kartellrecht, Art. 81 Rz. 257 f. m.w.N.

7 *Bunte* in Langen/Bunte, Kartellrecht, Art. 81 Rz. 258; *EuGH* v. 13.7.1966, Slg. 1966, 322, 392 – Consten and Grundig/Kommission.

§ 1 GWB enthält keine Art. 101 Abs. 2 AEUV (ex-Art. 81 Abs. 2 EG) entsprechende Regelung zur Rechtsfolge einer wettbewerbswidrigen Vereinbarung. **Zivilrechtliche Rechtsfolge** eines Verstoßes gegen § 1 GWB ist die **Unwirksamkeit nach § 134 BGB**. Das ergibt sich daraus, dass § 1 GWB seit der 6. GWB-Novelle als unmittelbar wirkendes Verbot ausgestaltet ist. Verboten ist dabei nicht erst die Praktizierung eines Kartells, sondern bereits der Abschluss des Vertrages[1]. Aufgrund der **Möglichkeit der Freistellung in den Fällen der §§ 2 ff. GWB** ist eine Nichtigkeit i.S. des § 134 BGB indes nicht notwendigerweise gegeben. 1071

Die Unwirksamkeit erfasst **nur** die gegen § 1 GWB **verstoßende Klausel**; im Übrigen gilt **§ 139 BGB**. Danach ist das Gesamtgeschäft dann nichtig, wenn nicht angenommen werden kann, dass es ohne den unwirksamen Teil abgeschlossen worden wäre[2]. Dieser Rechtsfolge kann nach der Rechtsprechung des *BGH*[3] nur noch eingeschränkt durch Einbeziehung einer **salvatorischen Klausel** in den Vertragstext ausgewichen werden. Es wird auf die Ausführungen in Rz. 948 und Rz. 2322 ff. verwiesen. 1072

Trotz wirksamer salvatorischer Klausel ist der gesamte Vertrag nichtig, wenn das Ziel des Vertrages und die dieses sichernden wesentlichen Vertragsbestimmungen auf eine Verletzung des Kartellverbotes ausgerichtet sind[4]. 1073

Vom Einzelfall hängt es ab, ob eine geltungserhaltende Reduktion wettbewerbsverletzender Regelungen in Betracht kommt[5].

Frei. 1074–1077

b) Schadensersatzpflicht und Unterlassungsanspruch nach § 33 GWB

§ 33 Abs. 1, Abs. 3 GWB gewährt einen **eigenständigen Unterlassungs- sowie Schadensersatzanspruch** bei Verstoß gegen das GWB oder gegen die Art. 81, 82 EG (heute Art. 101, 102 AEUV) oder gegen eine Verfügung der Kartellbehörde. Die Norm wurde im Zuge der 7. GWB-Novelle weiter modifiziert. Als **lex specialis** verdrängt § 33 GWB die Anwendbarkeit des § 823 Abs. 1 BGB bei Eingriffen in den Gewerbebetrieb sowie die des § 823 1078

1 Wiedemann/*Stockmann*, Hdb. KartellR, 1999, § 7 Rz. 91.
2 S. hierzu auch *BGH* v. 13.9.2005, GRUR 2006, 223, Rz. 21.
3 *BGH* v. 24.9.2002, GRUR 2004, 353 – Tennishallenpacht II.
4 *OLG Frankfurt* v. 7.2.1985, WuW/E OLG 3498, 3501 – Nassauische Landeszeitung.
5 *BGH* v. 3.11.1981, WuW/E BGH 1898, 1900 – Holzpaneele; *BGH* v. 29.5.1984, WuW/E BGH 2090, 2095 – Stadler-Kessel; *BGH* v. 19.10.1993, DB 1994, 34, 36 – Ausscheidender Gesellschafter; *OLG Düsseldorf* v. 22.8.1984, WuW/E OLG 3326, 3327 – Fördertechnik; vgl. aber auch *BGH* v. 15.3.1989, WuW/E BGH 2593, 2595 – Gebäudereinigung; *BGH* v. 21.3.1977, BGHZ 68, 204, 207; *BGH* v. 13.3.1979, GRUR 1979, 657, 659 – Ausscheidungsvereinbarung.

Abs. 2 BGB[1]. Ausdrücklich wird auch der Verstoß gegen Art. 82 EG (heute Art. 102 AEUV) erfasst.

1079 **Anspruchsberechtigter** ist gemäß **§ 33 Abs. 1 Satz 3 GWB**, wer als **Mitbewerber** oder **sonstiger Marktbeteiligter** durch den Verstoß **betroffen** ist. Somit wurde das frühere Kriterium der Schutzgesetzverletzung aufgehoben und es sind, entgegen der Rechtslage vor der 7. Novelle[2], nicht nur der Konkurrent, sondern unter Umständen auch der **Lieferant oder Abnehmer** Anspruchsberechtigte im Sinne des § 33 Abs. 1 Satz 2 GWB[3]. Im Falle von Kartellabreden auf den letzten Absatzstufen können sich damit unter Umständen auch **Endverbraucher** auf § 31 Abs. 1, Abs. 3 GWB berufen[4].

1080 Der Anspruch auf Unterlassung kann nach § 33 Abs. 2 GWB auch von rechtsfähigen Verbänden zur Förderung gewerblicher oder selbständiger beruflicher Interessen geltend gemacht werden, soweit ihnen eine erhebliche Zahl von Unternehmen angehört, die Waren oder Dienstleistungen gleicher oder verwandter Art auf demselben Markt vertreiben, soweit sie insbesondere nach ihrer personellen, sachlichen und finanziellen Ausstattung imstande sind, ihre satzungsmäßigen Aufgaben der Verfolgung gewerblicher oder selbständiger beruflicher Interessen tatsächlich wahrzunehmen und soweit die Zuwiderhandlung die Interessen ihrer Mitglieder berührt. Hierzu zählen etwa Kammern der freien Berufe sowie Innungen des Handwerks[5]. Nach dem Gesetzesentwurf sollte der Anspruch auch von qualifizierten Einrichtungen wie Verbraucherschutzverbänden geltend gemacht werden können und somit dem **Verbraucherschutz** Rechnung getragen werden[6]. Die Regelung wurde letztlich nicht übernommen, so dass nach § 33 Abs. 2 GWB nur die dort genannten Spezialverbände aktivlegitimiert sind[7].

1081 Nach dem Gesetzentwurf konnte sich der Schädiger hinsichtlich eines Schadensersatzanspruchs aus § 33 Abs. 3 GWB im Falle eines überteuerten Preises nicht auf einen Vorteilsausgleich berufen, wenn es dem Geschädigten gelingt, den Schaden durch Weiterveräußerung auszugleichen (**sog. Passing-on-defence**)[8]. Auch diese Bestimmung ist letztlich nicht übernommen

---

1 *Emmerich* in Immenga/Mestmäcker, GWB, § 33 Rz. 113.

2 Vgl. hierzu *BGH* v. 25.1.1983, BGHZ 36, 324, 330 – Familienzeitschrift; *LG Mannheim* v. 11.1.2003, GRUR 2004, 182 – Vitaminkartell.

3 Vgl. zum Streitgegenstand, wie weit der Personenkreis im Einzelnen zu ziehen ist, *Kahlenberg/Haellmigk*, BB 2005, 1509, 1514; nach BT-Drucks. 15/3640, S. 25 kann entsprechend der *EuGH*-Rechtsprechung „jedermann" anspruchsberechtigt sein.

4 BT-Drucks. 15/3640, S. 53.

5 *Emmerich* in Immenga/Mestmäcker, GWB, § 33 Rz. 110.

6 Vgl. BT-Drucks. 15/3640, S. 35, 53.

7 Eingehend *Herlinger*, WRP 2005, 1136, 1137, der eine Aktivlegitimation der Verbraucherverbände über § 33 Abs. 1 GWB sieht.

8 Vgl. hierzu BT-Drucks. 15/3640, S. 54; *Kahlenberg/Haellmigk*, BB 2005, 1509, 1514; *Herrlinger*, WRP 2005, 1136, 1137 f.; *Dück/Eufinger*, WRP 2011, 1530 ff.

worden. Damit sind Schadensersatzklagen seitens der Weiterveräußerer möglich[1].

Ist ein Verstoß gegen das GWB oder Art. 81 oder 82 EG (heute Art. 101 bzw. 102 AEUV) bereits durch eine bestandskräftige Entscheidung einer Kartellbehörde- oder Wettbewerbsbehörde eines EG-Mitgliedstaates, der Kommission oder eines Gerichts eines anderen Mitgliedstaates festgestellt worden, so ist das **Gericht** nach **§ 33 Abs. 4 GWB** hieran **gebunden** (**sog. Follow-on-Klagen**). 1082

§ 33 Abs. 4 GWB ist damit an **Art. 16 Abs. 1 VO Nr. 1/2003** angelehnt und hat aufgrund der unmittelbaren Anwendbarkeit der VO Nr. 1/2003 und des Vorrangs des Gemeinschaftsrechts lediglich deklaratorischen Charakter. Die Regelung dient – insbesondere im Hinblick auf die unmittelbare Anwendbarkeit der Art. 101, 102 AEUV (ex-Art. 81, 82 EG) und die parallele Zuständigkeit nationaler Behörden und der Kommission (s. Rz. 710 f.) – der kohärenten Anwendung des europäischen Kartellrechts. Zudem ist Art. 16 Abs. 1 VO Nr. 1/2003 für die Auslegung ergänzend heranzuziehen. Damit sind die Gerichte über den Wortlaut des § 33 Abs. 4 GWB hinaus auch an Entscheidungen der Kommission gebunden, die die Kommission erst noch zu treffen beabsichtigt[2].

Nach früherer Rechtslage war das Zivilgericht nicht an Feststellungen der Kartellbehörde gebunden. Es galt der Grundsatz der freien Beweiswürdigung nach § 286 Abs. 1 ZPO. Dies führte zu einer Erschwerung der Beweislage. Ohnehin bereitet der Nachweis eines Kartellrechtsverstoßes und eines hierauf beruhenden Schadens praktisch erhebliche Schwierigkeiten, da es Parteien an Durchsuchungs- wie Beschlagnahmemöglichkeiten fehlt. Der Gesetzgeber versucht nunmehr, dem Geschädigten mittels § 33 Abs. 4 GWB eine **Hilfe in Form einer Beweiserleichterung** an die Hand zu geben und das Prozessrisiko somit zu verringern. Zudem soll die Regelung eine Entlastung der Zivilgerichte bewirken. Daneben wird eine Abschreckungswirkung durch Erhöhung der Erfolgschancen einer Schadensersatzklage bezweckt.

Kritisiert wurde früh, dass die Beweiserleichterung praktisch kaum von Belang sei. Die Gerichte haben sich zum einen auch bislang im Regelfall an die Vorgaben durch die Kartellbehörden gehalten und zum anderen scheitert eine Schadensersatzklage in einer Vielzahl der Fälle nicht am Beweis eines Kartellverstoßes, sondern am Nachweis eines dementsprechenden Schadens bzw. am Nachweis der Kausalität[3].

---

1 Zur Anspruchsberechtigung mittelbar Betroffener und „Passing-on-defence" im Rahmen des § 33 GWB vgl. *Dück/Eufinger*, WRP 2011, 1530 ff.

2 *Meyer*, GRUR 2006, 27, 28 f.

3 *Meyer*, GRUR 2006, 27, 28.

1083 Nach **§ 33 Abs. 5 GWB** wird die **Verjährung gehemmt**, wenn die Kartellbehörde wegen eines Verstoßes im Sinne des Absatzes 1 oder die Kommission der Europäischen Gemeinschaft oder die Wettbewerbsbehörde eines Mitgliedstaats der Europäischen Gemeinschaft wegen eines Verstoßes gegen Art. 81 oder 82 EG (heute Art. 101 oder 102 AEUV) **ein Verfahren einleitet**.

c) Sonstige Schadensersatzansprüche

1084 Aus **Verstößen gegen Art. 101 AEUV** (ex-Art. 81 EG) konnte sich bereits nach früherem Recht ein Schadensersatzanspruch nach **§ 823 Abs. 2 BGB** ergeben, da das in Art. 101 AEUV (ex-Art. 81 EG) enthaltene Verbot nicht nur die Allgemeinheit vor Wettbewerbsbeschränkungen schützt, sondern auch Rechte von Einzelpersonen begründet, indem es geeignet ist, auf die Beziehung zwischen Einzelnen einzuwirken[1]. Dieser Schadensersatzanspruch (§ 823 Abs. 2 BGB i.V.m. Art. 101 AEUV) steht nach der jüngst ergangenen „ORWI"-Entscheidung des *BGH*[2] auch indirekten Abnehmern der Kartellteilnehmer zu, wenn sie durch das wettbewerbswidrige Verhalten einen Schaden erlitten haben, wofür sie die Darlegungs- und Beweislast trifft. Unter dem Aspekt der Vorteilsausgleichung kann allerdings der Vorteil, der dem Geschädigten aus einer Abwälzung des kartellbedingten Preisaufschlags auf seine Abnehmer erwächst, zu berücksichtigen sein (sog. „Passing-on-defence"[3]), wobei die Darlegungs- und Beweislast für die tatsächlichen Voraussetzungen der Vorteilsausgleichung dem Schädiger obliegt[4]. Die Bejahung einer sekundären Darlegungslast des Kartellgeschädigten setzt nach Auffassung des *BGH* eine umfassende Prüfung ihrer Erforderlichkeit und Zumutbarkeit voraus[5]. Dabei sei sorgfältig abzuwägen, inwieweit dem Geschädigten insbesondere eine Darlegung zu wettbewerblich relevanten Umständen abverlangt werden könne, an deren Geheimhaltung er ein schützenswertes Interesse habe. Mit der unionsrechtlich gebotenen effizienten Durchsetzung des Kartelldeliktsrechts sei es unvereinbar, wenn die Annahme einer sekundären Darlegungslast zu einer unbilligen Entlastung des Schädigers führte.

---

1 *BGH* v. 12.5.1998, WRP 1999, 101, 103 – Depotkosmetik; *BGH* v. 23.10.1973, WuW/E 1643, 1645 – BMW-Importe; differenzierend *Weyer* in FK KartellR, EG, Art. 81 Abs. 1 Zivilrechtsfolgen Rz. 157 ff., 184 ff.

2 *BGH* v. 28.6.2011, WRP 2012, 209, 213, Rz. 40 – ORWI mit Anm. *Ackermann/Franck*, GRUR 2012, 298.

3 Zu den zivilprozessualen Folgen der „ORWI"-Entscheidung zur „Passing-on-defence" s. *Lübbig/Mallmann*, WRP 2012, 166 ff. m.w.N. zur „Passing-on-defence" aus Rechtsprechung und Literatur. S. auch *Dück/Eufinger*, WRP 2011, 1530 ff.

4 *BGH* v. 28.6.2011, WRP 2012, 209, 214, Rz. 57 ff. – ORWI mit Anm. *Ackermann/Franck*, GRUR 2012, 298.

5 *BGH* v. 28.6.2011, WRP 2012, 209, 216, Rz. 70 ff. – ORWI mit Anm. *Ackermann/Franck*, GRUR 2012, 298.

Da das Missbrauchsverbot grundsätzlich demselben Ziel wie das Kartellverbot verschrieben ist, werden die Grundsätze der Rechtsprechung zu Art. 101 AEUV (ex-Art. 81 EG) seitens des Schrifttums auf den Fall eines Verstoßes gegen Art. 102 AEUV (ex-Art. 82 EG) übertragen. Damit ist auch Art. 102 AEUV (ex-Art. 82 EG) als Schutzgesetz i.S. des § 823 Abs. 2 BGB anzusehen[1].

Inwieweit die Voraussetzungen des § 823 Abs. 2 BGB erfüllt sind, unterliegt stets einer Prüfung des Einzelfalls, wobei darauf abzustellen ist, ob der Anspruchsteller zu dem vom Gesetzgeber ins Auge gefassten Personenkreis gehört und ob gerade für Verletzungen wie der vorliegenden Rechtsschutz gewährt wird[2].

§ 823 Abs. 2 BGB umfasst auch **§ 1 GWB als Schutzgesetz.** Sowohl bei einem Verstoß gegen Art. 101 Abs. 1 AEUV (ex-Art. 81 Abs. 1 EG) als auch bei einem Verstoß gegen § 1 GWB findet § 823 Abs. 2 BGB allerdings nur **subsidiär gegenüber § 33 GWB** Anwendung (Rz. 1084).

Liegt in dem Kartellrechtsverstoß ein Eingriff in den eingerichteten und ausgeübten Gewerbebetrieb des Betroffenen, kommt ein Anspruch aus **§ 823 Abs. 1 BGB** in Betracht. Auch dieser ist **subsidiär zu** Ansprüchen aus **§ 33 GWB.**

Etwaige vertragliche Schadensersatzansprüche oder Ansprüche aus **§ 826 BGB** sowie Ansprüche aus **§§ 8, 9 UWG** stehen dagegen zu Ansprüchen aus **§ 33 GWB** in Konkurrenz[3].

Der Geschädigte kann nicht nur **Ersatz des Vermögensschadens**, sondern 1085
auch **des entgangenen Gewinns** sowie die Zahlung von **Zinsen** verlangen[4]. Die Ermittlung des Schadens folgt den §§ 249 ff. BGB. Zu vergleichen sind die reale Vermögenslage des Kartellgeschädigten sowie die hypothetische Vermögenlage, die ohne Wettbewerbsbeschränkung vorläge[5]. Soll der Schaden, der aufgrund durch das Kartell verteuerter Einkaufspreise entstanden ist, geltend gemacht werden, ist auf die hypothetische Marktentwicklung abzustellen (beim entgangenen Gewinn ist außerdem die hypothetische Entwicklung des anspruchstellenden Unternehmens zu ermitteln)[6]. Bei der Bestimmung der hypothetischen Entwicklung des Marktpreises ohne Kartell hat sich bei den deutschen Gerichten die Vergleichsmarktmethode

1 *Fuchs/Möschel* in Immenga/Mestmäcker, EU-Wettbewerbsrecht, Art. 102 AEUV Rz. 423 f.
2 *BGH* v. 12.5.1998, WRP 1999, 101, 103 – Depotkosmetik.
3 *Emmerich* in Immenga/Mestmäcker, GWB, § 33 Rz. 113.
4 *EuGH* v. 13.7.2006, Slg 2006, I-6619, Rz. 95 – Manfredi, zum Ersatz des Schadens, der durch ein nach Art. 81 EG (nunmehr Art. 101 AEUV) verbotenes Kartell oder Verhalten entstanden ist. Ausführlich zur Ermittlung der Schadenshöhe im Kartelldeliktsrecht s. *Rauh/Zuchandke/Reddemann*, WRP 2012, 173 ff.
5 *Rauh/Zuchandke/Reddemann*, WRP 2012, 173, 174 f.
6 *Rauh/Zuchandke/Reddemann*, WRP 2012, 173, 175.

durchgesetzt, wonach zunächst der vom Kartell betroffene (Teil-)Markt in räumlicher, sachlicher und zeitlicher Hinsicht zu identifizieren und im Anschluss zu untersuchen ist, ob sich ein dem kartellierten Markt in räumlicher, sachlicher oder zeitlicher Hinsicht vergleichbarer Markt findet[1]. Schließlich kann die Preisentwicklung auf diesem Vergleichsmarkt als Anhaltspunkt für die hypothetische Ermittlung des kartellierten Marktes ohne Kartell dienen[2].

1086–1087 Frei.

9. Das Kartellverfahrensrecht bei Lizenzvereinbarungen

1088 Die kartellrechtliche Zulässigkeit oder Unzulässigkeit eines Lizenzvertrages folgt nicht aus dem Inhalt einer einzelnen Klausel, vielmehr aus den rechtlichen und wirtschaftlichen Folgen des Vertrages als Ganzes bzw. aus der Zusammenschau seiner einzelnen Regelungen. Die oft recht schwierige Beurteilung der kartellrechtlichen Zulässigkeit einer Vereinbarung konnte vor der Reform des europäischen Kartellverfahrensrechts auf die Kommission mittels der Durchführung des jeweiligen kartellrechtlichen Genehmigungsverfahrens übertragen werden. Aufgrund des damit verbundenen enormen Verwaltungsaufwands, dem die Behörden nicht nachkamen, wurde das Anmelde- und Genehmigungsverfahren abgeschafft. Den Parteien obliegt es selbst, die kartellrechtliche Zulässigkeit der von ihnen getroffenen Vereinbarungen einzuschätzen. Mit Erlass der EU-Kartellverfahrensverordnung VO Nr. 1/2003[3] wurde Art. 81 Abs. 3 EG (heute Art. 101 Abs. 3 AEUV) als unmittelbar anwendbar erklärt, die Kartellrechtsanwendung dezentralisiert, und das Verfahrensrecht reformiert. Mit der Dezentralisierung der Kartellrechtsanwendung ist eine umfangreiche Kompetenzerweiterung der nationalen Kartellbehörden verbunden, der die siebte GWB-Novelle Rechnung trägt. Die siebte GWB-Novelle übernimmt ferner das System der Legalausnahme und schafft das Administrativverfahren auch auf nationaler Ebene ab (s. Rz. 1049 ff.).

a) EU-Kartellverfahrensrecht

1089 Bereits nach der VO Nr. 17/62 war ein Genehmigungsverfahren nicht erforderlich, wenn die Regelung einer GVO unterfiel und die dort jeweils genannten Voraussetzungen erfüllte. Die Regelung war unmittelbar freigestellt, ohne dass es einer Einzelfreistellung bedurfte.

1090 Die EU-Kommission hatte sich das Ziel gesetzt, den Arbeitsaufwand zu vermeiden, der sich mit der Sachbehandlung solcher Wettbewerbsbe-

1 *Rauh/Zuchandke/Reddemann*, WRP 2012, 173, 175 f.
2 *Rauh/Zuchandke/Reddemann*, WRP 2012, 173, 176.
3 VO (EG) Nr. 1/2003 des Rates v. 16.12.2003 zur Durchführung der in Art. 81 und 82 EG niedergelegten Wettbewerbsregeln, ABl. EG Nr. L 1 v. 4.1.2003, S. 1.

schränkungen ergibt, die voraussichtlich ohnehin das Kartellverbot nicht verletzen oder davon freigestellt werden können[1].

Mit der Änderung des Kartellverfahrens konnte die Kommission, Ressourcen freimachen, die in der aktiven Bekämpfung schwerwiegender Wettbewerbsbeschränkungen benötigt werden[2].

Das Anliegen wurde mittels der VO Nr. 1/2003 umgesetzt. Das frühere, in Art. 4 Abs. 1 VO Nr. 17/62 als obligatorisches vorheriges Verwaltungsverfahren ausgestaltete, Anmeldesystem wie auch das nach Art. 9 Abs. 1 VO Nr. 17/62 bestehende Freistellungs- und Beurteilungsmonopol der Kommission bei der Anwendung des Art. 81 Abs. 3 EG (heute Art. 101 Abs. 3 AEUV) wurden durch ein System der **Legalausnahme** ersetzt. Die **nachträgliche Kontrolle** der von den Vertragsbeteiligten getroffenen Entscheidung soll nunmehr unter Anwendung einer mehr wirtschaftlichen Betrachtungsweise und verbunden mit erweiterten Untersuchungsbefugnissen durch die Behörden und Gerichte der Mitgliedstaaten sowie durch die Kommission selbst vorgenommen werden (Art. 5, 6 VO Nr. 1/2003, s. Rz. 710 ff., 764). Damit gibt die Kommission das bis zum 1.5.2004 geltende Freistellungsmonopol auf. Entgegen dem bisherigen strengen Kartellverbot des Art. 101 Abs. 1 AEUV (ex-Art. 81 Abs. 1 EG) und der Freistellungsmöglichkeit nach Art. 101 Abs. 3 AEUV (ex-Art. 81 Abs. 3 EG) wird also zunächst eine nahezu schrankenlose Kartellfreiheit konstituiert, die allein einer nachträglichen Kontrolle durch nationale Behörden und die Kommission unterworfen wird. Den betroffenen Unternehmen selbst wird damit eine Beurteilung darüber abverlangt, ob die Voraussetzungen des Art. 101 Abs. 1, Abs. 3 AEUV (ex-Art. 81 Abs. 1, Abs. 3 EG) erfüllt sind[3]. 1091

Für den durchgeführten Lizenzvertrag kann dies zur Folge haben, dass – entsprechend der Vorgehensweise bei § 34 GWB a.F. (s. Rz. 418 ff.) – eine Vertragspartei, die die getroffenen Vereinbarungen als nicht länger interessengerecht empfindet, im Rahmen einer Feststellungsklage (§ 256 ZPO) oder durch Leistungsverweigerung die Unvereinbarkeit des Lizenzvertrages mit Art. 101 Abs. 1 AEUV (ex-Art. 81 Abs. 1 EG) behaupten und sich damit von einem für sie ungünstigen Lizenzvertrag „befreien" könnte[4]. Dem kann auch nicht durch vertraglichen Ausschluss dieses „Einwands" oder eine freiwillige präventive Anmeldung einer wettbewerbsbeschränkenden Vereinbarung vorgebeugt werden. 1092

Neben den dargelegten Grundsätzen regelt die VO Nr. 1/2003 ein **mehrphasiges Kartellverfahren**[5] und ist wie folgt **aufgebaut**: 1093

1 *Gröning*, WRP 2000, 882; *Schütz*, WuW 2000, 686, 687.
2 Kritisch hierzu *Emmerich*, WRP 2000, 858, 859.
3 Vgl. *Schütz*, WuW 2000, 686, 688.
4 Vgl. *Gröning*, WRP 2000, 882.
5 *de Bronett*, Kommentar zum europ. Kartellverfahrensrecht, Vorbem. Rz. 11 ff.

- **Art. 1**: Festlegung des **Systems der Legalausnahme**. Vereinbarungen, die von Art. 81 Abs. 1 EG (heute Art. 101 Abs. 1 AEUV) erfasst und nicht von Art. 81 Abs. 3 EG (heute Art. 101 Abs. 3 AEUV)) freigestellt werden, sind ohne Entscheidung verboten. Vereinbarungen, die nicht gegen Art. 81 Abs. 1 EG (heute Art. 101 Abs. 1 AEUV) verstoßen oder aber freigestellt sind, sind ohne Entscheidung erlaubt. Festgelegt wird damit die unmittelbare Anwendbarkeit des Art. 81 Abs. 3 EG (nunmehr Art. 101 Abs. 3 AEUV).
- **Art. 2**: Regelung zur **Beweislastverteilung**. Die Beweislast für ein wettbewerbswidriges Verhalten trägt die Behörde oder die Partei, die den Vorwurf erhebt. Die Beweislast für das Vorliegen der Voraussetzung einer Freistellung (Art. 81 Abs. 3 EG [heute Art. 101 Abs. 3 AEUV]) trägt die Partei, die sich auf die Freistellung beruft (s. Rz. 725).
- **Art. 3**: Bestimmung zum **Verhältnis von nationalem und EG-Wettbewerbsrecht**. Es gilt Anwendungszwang sowie Anwendungsvorrang der europäischen Wettbewerbsregelungen (Rz. 690 ff.).
- Art. 4: **Zuständigkeit** der Kommission für die Anwendung der Art. 81, 82 EG (heute Art. 101, 102 AEUV) (Rz. 710 ff.).
- Art. 5: Zuständigkeit der Wettbewerbsbehörden der Mitgliedstaaten (Rz. 710 ff.).
- Art. 6: Zuständigkeit der Gerichte der Mitgliedstaaten.
- Art. 7 Abs. 1: Befugnis der Kommission zur Erteilung struktureller Abhilfemaßnahmen bei Zuwiderhandlungen gegen Art. 81, 82 EG (heute Art. 101, 102 AEUV).
- Art. 8: Anordnung einstweiliger Maßnahmen bei Zuwiderhandlungen.
- Art. 9: Verpflichtungszusagen.
- **Art. 10**: Feststellung der Nichtanwendbarkeit von Art. 81 Abs. 1 EG (heute Art. 101 Abs. 1 AEUV) auf eine Vereinbarung (Rz. 1096).
- **Art. 11–14**: Vorschriften über die Zusammenarbeit der Kommission und nationaler Kartellbehörden (vgl. Rz. 710 ff.).
- **Art. 15**: Zusammenarbeit mit Gerichten der Mitgliedstaaten.
- **Art. 16**: Einheitliche Anwendung des gemeinschaftlichen Wettbewerbsrechts (vgl. Rz. 1096).
- **Art. 17–22**: Ermittlungsbefugnisse, insbesondere über Art. 21 Nachprüfungsbefugnisse in andere als Geschäftsräume und Art. 20 Abs. 8 Prüfungskompetenz einzelstaatlicher Gerichte.
- Art. 23, 24: Geldbußen und Zwangsgelder.
- Art. 25, 26: Verfolgungs- und Vollstreckungsverjährung.
- Art. 27, 28: Anhörung und Berufsgeheimnis.
- Art. 29: Freistellungsverordnungen.

- Art. 30–33: Allgemeine Bestimmungen.
- Art. 34–45: Übergangs-, Änderungs- und Schlussbestimmungen.

Nach Art. 34 VO Nr. 1/2003 wurden anhängige Anmeldeverfahren zum 1.5.2004 unwirksam. Bereits vor dem 1.5.2004 ergangene Freistellungen gelten bis zum Ablauf ihrer Geltungsdauer jedoch fort. Die Kommission kann die Freistellung allerdings im Einzelfall vorzeitig entziehen. 1094

Regelverfahren nach der VO Nr. 1/2003 ist ein nachträglich kontrollierendes **Verbot** seitens der Kommission. Daneben können Verstöße mittels Bußgeldverfahrens und Verpflichtungszusagen geahndet werden (Art. 23 f. VO Nr. 1/2003)[1]. 1095

Die Kommission ist nach **Art. 20, 21 VO Nr. 1/2003** mit weit reichenden **Befugnissen zu Nachprüfungen** für die Ermittlung eines Wettbewerbsverbotes im Einzelfall ausgestattet. Die mit der Nachprüfung beauftragten Bediensteten der Kommission können etwa Räumlichkeiten betreten, Geschäftsunterlagen prüfen und ggf. kopieren. Daneben ist eine Versiegelung von Räumlichkeiten und eine Vernehmung von Mitarbeitern möglich (Art. 20 Abs. 2 VO Nr. 1/2003). Zudem können nach Art. 17, 18 VO Nr. 1/2003 alle zur Überprüfung der Einhaltung der Art. 81, 82 EG (heute Art. 101, 102 AEUV) notwendigen Auskünfte verlangt werden.

Nach **Art. 10 VO Nr. 1/2003** kann die Kommission **von Amts wegen** die **Nichtanwendbarkeit** der Art. 81 und 82 EG (Art. 101 und 102 AEUV) auf einen Vertrag feststellen, wenn hierfür ein **öffentliches Interesse der Gemeinschaft besteht**. Die Norm zielt nicht darauf ab, das vormalige Anmeldeverfahren zu ersetzen, sondern eine einheitliche Anwendung der EG-Wettbewerbsregelungen zu gewährleisten. Ein Antragsrecht des Betroffenen besteht nicht. Der Entscheidung kommt damit lediglich deklaratorischer Charakter zu. Nach Art. 16 VO 1/2003 können nationale Gerichte und Wettbewerbsbehörden keine Entscheidungen erlassen, die der Entscheidung der Kommission zuwiderlaufen. Bei Änderung der Sachlage entfällt jedoch die Grundlage der Feststellung[2]. 1096

Den europäischen sowie den nationalen Wettbewerbsbehörden kommt eine **parallele Zuständigkeit** zu (Rz. 710 ff.). Das Verfahren wird damit dezentralisiert und die Kompetenz der nationalen Behörden erweitert. 1097

b) Deutsches Kartellverfahrensrecht

Auch das deutsche Kartellverfahrensrecht blieb von der Reform des europäischen Kartellverfahrensrechts nicht unberührt. 1098

1 *Dalheimer/Feddersen/Miersch*, EU-Kartellverfahrensverordnung, Vorbem. 13, 20.
2 *Dalheimer/Feddersen/Miersch*, EU-Kartellverfahrensverordnung, Art. 10 Rz. 1 ff.

Mit Einführung des Systems der Legalausnahme und Streichung der §§ 17 und 18 GWB a.F. entfiel auch das dort vorgesehene Erlaubnisverfahren.

Eine Art. 1 VO Nr. 1/2003 entsprechende Regelung ist im deutschen GWB nicht vorgesehen. Auch hier gilt jedoch, dass eine von § 1 GWB umfasste Vereinbarung ohne Entscheidung verboten und eine nicht erfasste oder freigestellte Vereinbarung ohne Entscheidung erlaubt ist[1].

Durch den Wegfall des Präventivverfahrens wird zukünftig nicht nur eine erhöhte Kontrolle durch die Kartellbehörden erfolgen; auch der Kontrolle durch Privatpersonen mittels des privaten Beschwerdeweges kommt damit eine gesteigerte Bedeutung zu[2].

1099 Die kartellbehördlichen Befugnisse wurden daher im Zuge der siebten GWB-Novelle erweitert. So sind Kartellbehörden nach **§ 32 Abs. 2 GWB** – anders als bislang – befugt, **alle Maßnahmen aufzuerlegen**, die für eine wirksame Abstellung der Zuwiderhandlung erforderlich und gegenüber dem festgestellten Verstoß verhältnismäßig sind. Nach § 32 GWB a.F. konnte ein Verhalten zwar untersagt, jedoch konnten keine aktiven Handlungen angeordnet werden. Die Regelung des § 32 Abs. 2 GWB entspricht folglich Art. 7 VO Nr. 1/2003. Anders als Art. 7 Abs. 1 VO Nr. 1/2003 nennt § 32 GWB allerdings nicht ausdrücklich die Anordnung **struktureller Maßnahmen**, also von Eingriffen in die Unternehmenssubstanz bis hin zur Entflechtung von Unternehmen[3]. Derartige Maßnahmen werden jedoch von dem weiten Wortlaut des § 32 Abs. 2 GWB erfasst und sind damit zulässig, solange sie im Rahmen der Verhältnismäßigkeit erfolgen[4].

Nach **§ 32 Abs. 3 GWB** können Kartellrechtsverstöße auch noch nachträglich festgestellt werden. Diese Möglichkeit einer nachträglichen Kontrolle ist durch den Wegfall des vorherigen Anmeldeverfahrens bedingt.

1100 **§ 32a Abs. 1 GWB** regelt die Befugnis der Behörde zur Vornahme **einstweiliger**, zeitlich befristeter **Maßnahmen**, wenn die Gefahr eines ernsten, nicht wieder gut zu machenden Schadens für den Wettbewerb besteht. Die Regelung ist Art. 8 VO Nr. 1/2003 entlehnt. Bei Verstoß kann nach § 81 Abs. 2 Nr. 2a, § 81 Abs. 4 Satz 1 und 2 GWB dem zuwiderhandelnden Unternehmen ein Bußgeld bis zu 10 % des im letzten Geschäftsjahr erzielten Gesamtumsatzes auferlegt werden.

1101 **§ 32b GWB** verleiht die Befugnis, Verpflichtungszusagen von Unternehmen, die zur Ausräumung kartellrechtlicher Bedenken angeboten wurden, für bindend zu erklären. Die Regelung entspricht der des Art. 9 VO

---

1 *Groß*, Rz. 569.
2 Vgl. *Groß*, Rz. 569.
3 BT-Drucks. 15/3640, S. 33.
4 BT-Drucks. 15/3640, S. 33.

Nr. 1/2003[1]. Verstöße sind nach § 81 Abs. 2 Nr. 2a, § 81 Abs. 4 Satz 1 und 2 GWB ebenfalls bußgeldbewehrt.

Nach **§ 32c GWB** kann die Kartellbehörde eine Nichtanwendbarkeitsentscheidung treffen (vgl. § 3 Abs. 2 GWB). Wie bei Art. 5 VO Nr. 1/2003 besteht kein Antragsrecht. Ein Anspruch kann sich aber für Mittelstandskartelle aus § 3 Abs. 2 GWB ergeben. 1102

§ 32d GWB bestätigt Art. 29 Abs. 2 VO Nr. 1/2003, indem die Möglichkeit zur Entziehung einer Freistellung im Einzelfall festgelegt wird. 1103

Nach **§ 32e GWB** können das Bundeskartellamt und die Landesbehörden bestimmte Wirtschaftszweige sektorübergreifend untersuchen (**Enquêteuntersuchungen**). Die bloße Vermutung eines Wettbewerbseingriffs reicht bereits für die Begründung des Enquête-Rechts aus. 1104

Gegen die Verfügungen der Kartellbehörde kann nach **§ 63 Abs. 1 GWB Beschwerde** seitens der am Verfahren Beteiligten eingelegt werden. Diese hat nach **§ 64 Abs. 1 Nr. 1 GWB** jedoch **keine aufschiebende Wirkung**. Im Falle eines **Missbrauchsverfahrens** kann indes nach **§ 65 Abs. 3 GWB vorläufiger Rechtsschutz** auf Aussetzung der sofortigen Vollziehung und Anordnung der aufschiebenden Wirkung der Beschwerde bei Gericht beantragt werden. Gegen Entscheidungen der Oberlandesgerichte kann nach **§ 74 Abs. 1 GWB Rechtsbeschwerde an den BGH** stattfinden, wenn das Oberlandesgericht die Rechtsbeschwerde zugelassen hat. 1105

Erweitert wurde **§ 34 GWB**, nach dem die Kartellbehörden befugt sind, den **Vorteil**, den das Unternehmen durch das kartellrechtswidrige Verhalten erlangt hat, **abzuschöpfen**. Wird der wirtschaftliche Vorteil bereits durch Schadensersatzansprüche Dritter oder Geldbußen abgeschöpft, kommt § 34 GWB nicht zur Anwendung. Bislang galt § 34 GWB a.F. nur für den Fall der Zuwiderhandlung gegen eine Verfügung der Kartellbehörde. 1106

Nach **§ 34a GWB** wird dem zur Geltendmachung eines Unterlassungsanspruchs Berechtigten ein Anspruch auf Vorteilsabschöpfung gewährt, um den Ausgleich von Masse- und Streuschäden zu gewährleisten. 1107

Dem Bestreben um effektive Zusammenarbeit der internationalen und nationalen Behörden wird in den §§ 50a–c GWB Rechnung getragen. 1108

Frei. 1109–1114

10. Das Kartellrecht des TRIPS-Übereinkommens vom 15.4.1994

Zu beachten bei der kartellrechtlichen Bewertung eines Lizenzvertrages sind auch die Vorschriften des am 1.1.1995 in Kraft getretenen **Übereinkommens über handelsbezogene Aspekte der Rechte des geistigen Eigentums** 1115

1 BT-Drucks. 15/3640, S. 34.

(TRIPS)[1]. Das TRIPS-Übereinkommen ist im Zuge der Gründung der Welthandelsorganisation (WTO) als völkerrechtliches Abkommen verabschiedet worden. Aufgrund seines nahezu globalen Geltungsbereichs wird dem TRIPS-Übereinkommen für die Zukunft besondere Bedeutung zukommen[2].

1116 **Ziel** des TRIPS-Übereinkommens ist es, wie aus der Präambel hervorgeht, Verzerrungen und Behinderungen des internationalen Handels zu verringern, unter Berücksichtigung der Notwendigkeit, einen wirksamen und angemessenen Schutz der Rechte des geistigen Eigentums zu fördern sowie sicherzustellen, dass die Maßnahmen und Verfahren zur Durchsetzung der Rechte des geistigen Eigentums nicht selbst zu Schranken für den rechtmäßigen Handel werden. Das TRIPS-Übereinkommen verzichtet auf die Errichtung eines internationalen Schutzsystems und baut stattdessen auf dem herkömmlichen nationalen System des geistigen Eigentums unter Verpflichtung aller Mitgliedstaaten zu dessen Ausbau auf[3]. Das Übereinkommen begründet also selbst **keine private Ordnung weltweiten Wettbewerbs** durch den adäquaten Schutz geistigen Eigentums, sondern benennt nur die hierfür erforderlichen völkerrechtlichen Vorgaben[4]. Nach Ansicht des *EuGH*[5] kommt dem TRIPS-Übereinkommen nur dann unmittelbare Wirkung zu, wenn die Vertragsstaaten dies im Rahmen ihres Rechtssystems festlegen.

1117 Unter den Begriff **„Kartellrecht des TRIPS-Übereinkommens"** lassen sich die Bestimmungen in der Präambel (s. Rz. 1116), in Art. 8 Abs. 2, Art. 31 lit. c, k und Art. 40 TRIPS fassen. **Art. 8 Abs. 2 TRIPS** spricht eine mögliche Erforderlichkeit von Maßnahmen an, um den **Missbrauch von Rechten des geistigen Eigentums** durch die Rechtsinhaber oder den Rückgriff auf Praktiken, die den Handel unangemessen beschränken oder den internationalen Technologietransfer nachteilig beeinflussen, zu verhindern. **Art. 31 TRIPS** enthält Regelungen zum Komplex der **Zwangslizenzen** („Sonstige Benutzung ohne Erlaubnis des Rechtsinhabers"). Nach **lit. c** sind **Umfang und Dauer** einer solchen **Benutzung** auf den Zweck zu **begrenzen**, für den sie gestattet wurde. Zudem gilt eine Spezialregelung für Halbleitertechnik. **Lit. k** suspendiert bestimmte andere in Art. 31 TRIPS festgelegte Bedingungen für den Fall, dass eine in einem Gerichts- oder Verwaltungsverfahren festgestellte wettbewerbswidrige Praktik abgestellt werden soll. In **Art. 40** regelt das TRIPS-Übereinkommen schließlich die hier vordringlich zu behandelnde **Kontrolle wettbewerbswidriger Praktiken in vertraglichen Lizenzen**.

Während Art. 40 Abs. 1 und 2 das materielle Kartellrecht des TRIPS-Übereinkommens vorgibt, enthalten Abs. 3 und 4 die Verfahrensregeln bei grenz-

1 BGBl. II 1994, 1730.
2 *Götting*, Gewerblicher Rechtsschutz, § 7 Rz. 26.
3 *Ullrich*, GRUR Int. 1995, 623, 624.
4 *Ullrich*, GRUR Int. 1995, 623, 641.
5 *EuGH* v. 14.12.2000 – Rs. C 300/98 u. C 392/98, Slg. 2000, I-11307 – TRIPS-Abkommen.

überschreitenden Wettbewerbsverstößen. Eine unmittelbare Anwendung einer dieser Regeln des Art. 40 TRIPS jedoch kommt nicht in Betracht[1]. **Art. 40 Abs. 1 TRIPS** enthält eine Deklaration einer den Mitgliedern gemeinsamen Auffassung über die negativen Auswirkungen, die Folge bestimmter Lizenzvertragsklauseln sind, weshalb ihm letztlich der Charakter einer Präambel zukommt. Im Zusammenspiel mit anderen Vorschriften des TRIPS wird der gemeinsamen Erklärung allerdings auch eine Mindestpflicht der Mitglieder entnommen, wonach sie nicht gänzlich untätig in Bezug auf den Schutz gegen wettbewerbsbeschränkende Lizenzierungspraktiken bleiben dürfen und „geeignete" Maßnahmen der anderen Mitglieder innerhalb der Vorgaben des Art. 40 Abs. 2 TRIPS anerkennen müssen.

Nach **Art. 40 Abs. 2 Satz 1 TRIPS** sind die Mitglieder durch das Abkommen nicht daran gehindert, in ihren Rechtsvorschriften Lizenzierungspraktiken und Lizenzbedingungen aufzuführen, die in bestimmten Fällen einen Missbrauch von Rechten des geistigen Eigentums bedingen, der nachteilige Auswirkungen auf den Wettbewerb in dem entsprechenden Markt haben kann. Wann ein Missbrauch vorliegt, richtet sich nach dem jeweiligen Recht der Mitglieder, die auch für die im Rahmen der zweiten Voraussetzung (nachteilige Auswirkungen auf den Wettbewerb) verpflichtende Marktabgrenzung ihre eigenen Grundsätze heranziehen können[2]. Folgerichtig autorisiert **Art. 40 Abs. 2 Satz 2 TRIPS** die Mitgliedstaaten, geeignete Maßnahmen zu ergreifen, um solche wettbewerbswidrigen Maßnahmen zu verhindern.

Als **Beispiele für Wettbewerbsbeschränkungen** in Lizenzverträgen werden 1118
hier genannt:

- ausschließliche Rücklizenzen,
- Nichtangriffsklauseln und
- Kopplungsabreden.

Die dort genannten Fälle sind nicht abschließend. Auch lässt sich allein aus dem Umstand, dass sie in Art. 40 Abs. 2 Satz 2 TRIPS aufgeführt werden, nicht zwangsläufig schließen, dass bei Klauseln dieser Art regelmäßig ein Wettbewerbsverstoß vorliegen muss. Die Mitglieder können sie einerseits für nicht wettbewerbswidrig erklären, andererseits ist es ihnen verwehrt, andere Lizenzpraktiken allein deshalb als wettbewerbswidrig einzuordnen, weil sie den Beispielen gleichen[3]. Inwieweit ihnen ein wettbewerbsverstoßender Charakter zukommt, ist vielmehr im „Licht" des jeweils einschlägigen nationalen Rechts festzulegen[4].

1 *Brand* in Busche/Stoll, TRIPS, Art. 40 Rz. 11.
2 *Brand* in Busche/Stoll, TRIPS, Art. 40 Rz. 28.
3 *Brand* in Busche/Stoll, TRIPS, Art. 40 Rz. 32 m.H.a. auf die Regelung bzgl. Nichtangriffsabreden in § 17 Abs. 2 Nr. 3 GWB vor Inkrafttreten der 7. GWB-Novelle.
4 *Heinemann*, GRUR Int. 1995, 535, 538; ebenso *Brand* in Busche/Stoll, TRIPS, Art. 40 Rz. 32.

1119 Fraglich ist, ob die Mitgliedsstaaten in Fällen des Art. 40 Abs. 2 Satz 2 TRIPS verpflichtet sind, bei wettbewerbswidrigen Maßnahmen einzugreifen, oder ob ihnen in einer solchen Konstellation ein **Ermessensspielraum** zukommt. Das Abkommen geht dem Wortlaut nach von einem Ermessen aus. Eine andere Auslegung lässt sich mit der Funktion der Vorschrift nicht vereinbaren. Ansonsten könnte die Regelung dazu benutzt werden, den Schutz des geistigen Eigentums in Teilbereichen aus den Angeln zu heben[1]. Dementsprechend frei sind die Mitglieder auch in der Wahl der Rechtsfolgen in Bezug auf wettbewerbswidrige Lizenzpraktiken. In diesem Zusammenhang ist z.B. an die Entscheidung über eine ex-ante- oder ex-post-Kontrolle von Lizenzbedingungen und ihre nähere Ausgestaltung sowie die Bestimmung von unterschiedlichen Sanktionen zu denken[2].

1120 In Art. 40 Abs. 3 und 4 TRIPS werden die im Falle grenzüberschreitender Wettbewerbsbeschränkungen bestehenden **Konsultationspflichten**[3] **der Mitgliedstaaten** geregelt. Die Konsultation berührt dabei nicht die Freiheit der Mitglieder, die Anwendung ihres nationalen Rechts beizubehalten; sie enthält vielmehr die Verpflichtung, dem Antrag des Mitglieds umfassende und wohlwollende Aufmerksamkeit zu erweisen. Inhaltlich konkretisiert wird die Konsultationspflicht durch Informations- und Zusammenarbeitspflichten. Nach **Art. 40 Abs. 3 TRIPS** können Konsultationen auf das Ersuchen eines Mitglieds geführt werden, das Grund zu der Annahme hat, dass der Inhaber eines Rechts des geistigen Eigentums, der Angehöriger des ersuchten Mitglieds ist oder dort seinen Wohnsitz hat, Praktiken betreibt, die Rechtsvorschriften, welche den Regelungsgegenstand des Art. 40 TRIPS betreffen, des ersuchenden Mitglieds zuwiderlaufen. **Art. 40 Abs. 4 TRIPS** regelt spiegelbildlich die Möglichkeit des Führens von Konsultationen für den Fall, dass ein Angehörigr oder Gebietsansässiger eines Mitglieds in Verfahren eines anderen Mitglieds wegen einer angeblichen Verletzung der Rechstvorschriften dieses anderen Mitglieds verwickelt ist.

11. Ausgewählte nationale Kartellrechtsordnungen außerhalb der EU und des EWR[4]

a) Überblick über das auf Lizenzverträge anwendbare Kartellrecht der USA[5]

1121 Werden Lizenzverträge mit amerikanischen Geschäftspartnern bzw. mit Wirkung für den US-amerikanischen Rechtsbereich abgeschlossen, ist das

1 *Heinemann*, GRUR Int. 1995, 535, 536, 538.
2 *Brand* in Busche/Stoll, TRIPS, Art. 40 Rz. 34.
3 Hierzu ausführlich *Brand* in Busche/Stoll, TRIPS, Art. 40 Rz. 35 ff.
4 S. dazu FK KartellRVI Auslandsrechte.
5 Eingehend *Blechman/Patterson* in FK KartellR VI Auslandsrechte, USA.

amerikanische Kartellrecht (Antitrust-law) zu beachten[1]. Das **Antitrust-law** der Vereinigten Staaten besteht aus einigen wenigen Gesetzen, die in verschiedener Weise darauf abzielen, den Wettbewerb zu schützen, sowie aus einem **umfangreichen Richterrecht**, das sich im Laufe der Zeit entwickelt hat[2]. Das auf Lizenzverträge anwendbare materielle Kartellrecht der USA[3] findet sich im **Sherman Act** von 1890[4], sowie im **Clayton Act**[5] und im **FTC Act**[6], die jeweils im Jahre 1914 erlassen wurden.

Von besonderer Bedeutung für Lizenzverträge sind außerdem die seit 1995 geltenden, vom US-Justizministerium (DoJ) und der Federal Trade Commission (FTC), die beide zuständig für die Durchsetzung des Antitrust-law sind[7], erlassenen **„Guidelines" für die Lizenzierung von geistigem Eigentum unter kartellrechtlichen Gesichtspunkten**[8]. Diese gelten für Technologietransfervereinbarungen, d.h. für alle Lizenzverträge über Patente, Urheberrechte, Betriebs- und Geschäftsgeheimnisse, Know-how und Masken von Halbleiterchips[9]. 1122

aa) Rechtliche Wirkung der Guidelines

Im Gegensatz zu den genannten Kartellgesetzen, deren verbindliche Auslegung nur den Gerichten zusteht, stellen die Guidelines nach *Bodewig*[10] eine Art „Selbstbindung der Verwaltung" dar, indem sie das **Ziel** verfolgen, **allgemeine Grundsätze aufzustellen**, die verdeutlichen sollen, wie die beteiligten Behörden die Wettbewerbsgesetze der USA auf Technologielizenzvereinbarungen anwenden werden. Obwohl den Guidelines keine Bindungswirkung gegenüber Gerichten zukommt, spielen sie im praktischen Rechtsverkehr eine entscheidende Rolle[11]. 1123

Die Guidelines verfolgen **drei allgemeine Grundsätze**: 1124

- **Geistiges Eigentum soll** für die Zwecke kartellrechtlicher Bewertung prinzipiell **nicht anders bewertet werden als sonstige Eigentumsformen.** 1125

1 Allgemein zum Einfluss des US-amerikanischen Kartellrechts auf das Europäische Wettbewerbsrecht vgl. *Fleischer/Körber*, WuW 2001, 6 ff.; zum US-Lizenzkartellrecht *Kuss*, Der Lizenzvertrag im Recht der USA, 371 ff.

2 *Blechman/Patterson* in FK KartellR, USA Rz. 5 m.w.N.

3 Zu Antitrustproblemen im Patentrecht vgl. *Blechman/Patterson* in FK KartellR, USA Rz. 122 ff.

4 15 U.S.C. §§ 1 f.

5 15 U.S.C. §§ 13 ff., 18.

6 15 U.S.C. §§ 40 ff.

7 *Blechman/Patterson* in FK KartellR, USA Rz. 15.

8 Antitrust Guidelines for the Licensing of Intellectual Property v. 6.4.1995, BNA Antitrust & Trade Regulation Report Vol. 68, No. 1708 v. 13.4.1995. Vgl. hierzu *Mummenthey*, CR 1998, 113 ff.; *Bodewig*, GRUR Int. 1997, 958 ff.

9 Nicht erfasst werden dagegen Markenlizenzverträge. Vgl. hierzu *Mummenthey*, CR 1998, 113, 114; *Bodewig*, GRUR Int. 1997, 958, 961.

10 *Bodewig*, GRUR Int. 1997, 958, 961.

11 *Feil*, IIC 2005, 31, 37.

Diese Feststellung ist insofern bedeutsam, als das Risiko der missbräuchlichen Nutzung durch Dritte beim geistigen Eigentum aufgrund seiner Besonderheiten im Vergleich zu sonstigen Eigentumsformen tendenziell höher eingeschätzt wird[1].

1126 – Die **Guidelines treten** der von den Gerichten[2] aufgestellten **Vermutung entgegen, dass der Inhaber eines Patent- oder Urheberrechts grundsätzlich eine Marktmacht innehat**, die keine Abwägung und keine Berücksichtigung von möglichen Rechtfertigungsgründen zulässt, indem sie darauf hinweisen, dass die Rechtslage insoweit nicht klar sei[3].

1127 – DoJ und FTC bewerten die **Lizenzierung von geistigem Eigentum grundsätzlich** als **positiv**, weil sie die Möglichkeit eröffnet, komplementäre Produktionsfaktoren verschiedener Partner zu nutzen, und den Wettbewerb damit generell zu fördern[4].

1128 Die Guidelines stellen jedoch **kein starres Schema** auf, das für alle möglichen Konstellationen verbindlich Auskunft über die Bewertung durch die Behörden erteilt. Wie Ziff. 1.0. der Guidelines klarstellt, ist es vielmehr notwendig, die jeweiligen Lizenzverträge flexibel und mit Augenmaß zu behandeln. Wollen die Vertragspartner bereits bei Vertragsschluss Sicherheit über die Einstellung der Behörden zu den geplanten Vertragsabreden erlangen, steht es ihnen frei, vorweg bei diesen um deren Beurteilung nachzusuchen.

1129 Auch wenn sich die Vertragspartner an die Vorgaben der Guidelines gehalten haben, folgt daraus nicht automatisch die Rechtmäßigkeit der Vereinbarung. So **immunisiert die Einhaltung der Guidelines die Betroffenen nicht** automatisch gegenüber jeglicher rechtlichen Verfolgung[5]. Die Guidelines binden zunächst nur die Kartellbehörden, während die US-Gerichte durch die Vorgaben der Guidelines nicht festgelegt werden[6]. Man wird allerdings mit *Bodewig*[7] davon ausgehen können, dass die Gerichte die Guidelines jedenfalls als Stellungnahme der zuständigen Fachbehörden bei ihrer Entscheidungsfindung berücksichtigen werden. Auch eine schuldhafte Verletzung des Kartellrechts wird bei Beachtung der Vorgaben der Guidelines ausgeschlossen sein, so dass ein Kartellstrafverfahren ausscheidet.

---

1 *Mummenthey*, CR 1998, 113, 115; *Feil*, IIC 2005, 31, 38.
2 Vgl. Jefferson Parish Hospital District No. 2 vs. Hyde, 466 U.S. 2, 16 (1984); International Salt Co. vs. United States, 332 U.S. 392 (1947) jeweils zum Patentrecht. Vgl. auch Digidyne Corp. vs. Data General Inc., 734 F.2d 1336, 1341 (9th Cir. 1984); United States vs. Loew's Inc. 371 U.S. 38 (1962) jeweils zum Urheberrecht.
3 *Feil*, IIC 2005, 31, 38.
4 Vgl. *Mummenthey*, CR 1998, 113, 115; *Feil*, IIC 2005, 31, 38.
5 *Bodewig*, GRUR Int. 1997, 958, 961.
6 Olin Corp. vs. FTC, 986 F.2d 1295 (9th Cir. 1993).
7 GRUR Int, 1997, 958, 961.

bb) Regelungsinhalt der Guidelines

Vereinbarungen in Lizenzverträgen sind nach den Guidelines insbesondere dann bedenklich, wenn sie den Preis, die angebotene Menge, die Qualität oder die Vielfalt der tatsächlich oder potentiell angebotenen Produkte oder Dienstleistungen negativ beeinflussen[1]. Abzustellen ist dabei nach Ziff. 3.1. Abs. 1 der Guidelines vorwiegend auf die tatsächlichen Auswirkungen der Vereinbarungen auf den Wettbewerb. 1130

Für die Bewertung einer Maßnahme als Wettbewerbsbeschränkung ist die Bestimmung des **relevanten Marktes** bedeutsam. Die Guidelines unterscheiden zwischen reinen Produktmärkten, Technologiemärkten und Innovationsmärkten. Die Reichweite des **Produktmarkts** hängt in Übereinstimmung mit den Fusionsrichtlinien von 2010[2] von der Substituierbarkeit der betroffenen Produkte in den Augen der Abnehmer ab[3]. Der **Technologiemarkt** besteht aus der lizenzierten Technologie und der hinreichend engen Substitutionstechnologie, wenn der Schutzrechtsinhaber eine Vermarktung der Schutzrechte unabhängig von den Produkten, in denen sie verkörpert sind, vornimmt. Der **Innovationsmarkt** dagegen besteht aus den Forschungs- und Entwicklungsaktivitäten, die auf bestimmte neue oder verbesserte Produkte oder Verfahren gerichtet sind, und solchen Produkten, Technologien und anderen Forschungs- und Entwicklungsaktivitäten, die nahe Substitute dafür darstellen[4]. 1131

Nach den Guidelines ist neben der Bestimmung des relevanten Marktes für die wettbewerbsrechtliche Beurteilung von Lizenzverträgen von besonderer Bedeutung, ob es sich um eine horizontale oder vertikale Beziehung zwischen den Vertragspartnern handelt. Während vom Vorliegen einer **horizontalen Beziehung** ausgegangen wird, wenn Lizenznehmer und Lizenzgeber ohne die Vereinbarung tatsächliche oder potentielle Wettbewerber wären, liegt eine **vertikale Beziehung** bei komplementären Aktivitäten vor. Möglich ist auch, dass sowohl eine horizontale als auch eine vertikale Vertragsbeziehung besteht[5]. 1132

cc) „Rule of reason" und „per se rule"

Als **Analyse-Methode** ist im amerikanischen Kartellrecht auf die „rule of reason" und die „per se rule" zurückzugreifen. Nach der **rule of reason** wird zur Beurteilung der Wettbewerbswidrigkeit von Vertragsvereinbarun- 1133

---

1 *Mummenthey*, CR 1998, 113, 115; *Bodewig*, GRUR Int. 1997, 958, 963; Übersicht über die Zulässigkeit einzelner Vertragsklauseln im europäischen und US-amerikanischen Kartellrecht von *Feil*, IIC 2005, 31, 46 ff.

2 Horizontal Merger Guidelines des U.S. Department of Justice and Federal Trade Commission v. 19.8.2010.

3 Vgl. vertiefend *Bodewig*, GRUR Int. 1997, 958, 963 m.w.N.

4 Vgl. vertiefend *Bodewig*, GRUR Int. 1997, 958, 964 m.w.N.

5 *Mummenthey*, CR 1998, 113, 117; *Feil*, IIC 2005, 31, 43 f.; *Kuss*, Der Lizenzvertrag im Recht der USA, S. 386 ff.

gen eine Untersuchung der Auswirkungen auf die Wettbewerbssituation im Einzelnen vorgenommen. Allgemeiner Ansatzpunkt ist die **Frage, ob die betreffende Handlung den Wettbewerb unvernünftig einschränkt**[1]. Es wird dabei zunächst abgeschätzt, ob die Vereinbarung wettbewerbshindernde Auswirkungen hat und, wenn ja, ob diese durch wettbewerbsfördernde Wirkungen kompensiert werden[2]. Wesentliche Prüfkriterien sind dabei die Marktstruktur, das Vorliegen von Marktzutrittsschranken und die Koordination des Wettbewerbsverhaltens[3].

1134 Die **per se rule** findet dagegen Anwendung, wenn die wettbewerbsschädlichen Auswirkungen so offensichtlich und gravierend sind, dass eine weitere Untersuchung der Wirkungen im Einzelnen nicht erforderlich ist[4]. Zu einer per se rule führen insbesondere Preisabsprachen, horizontale Aufteilungen des Marktes, horizontale Kollektivboykotts und unter bestimmten Bedingungen Kopplungsverträge[5]. Die Preisbindung zweiter Hand (sog. real price maintenance, RPM) bzw. vertikale Preisbindung/Preisabsprache, ist seit Juni 2007 anhand der rule of reason zu analysieren[6]. Ebenso sind vertikale Absprachen bzgl. der Aufteilung von Märkten zu beurteilen, wobei eine verbotene horizontale Absprache zwischen den Händlern vorliegen kann, wenn in einem Vertrag Hersteller und zwei oder mehrere Händler Marktaufteilungen vornehmen[7]. Vertikale „Boykottvereinbarungen" zwischen einem einzigen Abnehmer und einem einzigen Produzenten sollen ebenfalls nicht von der per se rule erfasst werden, da der klassische, per se verbotene Boykott, in einer abgestimmten Verhaltensweise einer Gruppe von Wettbewerbern zu sehen ist, die einen anderen Wettbewerber, einen Nachfrager oder einen Lieferanten derart benachteiligen soll, dass sie ihm den Zugang zum Markt erschwert[8]. Schließlich wird vermutet, dass auch Mengenbeschränkungen in Patentlizenzverträgen per se rechtswidrig sind[9].

---

1 *Blechman/Patterson* in FK KartellR, USA Rz. 30 ff.; 130 ff.; *Grützmacher/Laier/May*, Der internationale Lizenzverkehr, S. 272 f.; *Fleischer/Körber*, WuW 2001, 6, 8 f.; *Kuss*, Der Lizenzvertrag im Recht der USA, S. 374 ff.

2 Federal Trade Commission vs. Indiana Federation of Dentists, 476 U.S. 447 (1986); NCAA vs. Board of Regents of the University of Oklahoma, 468 U.S. 85 (1984); Broadcast Music, Inc. vs. Columbia Broadcasting System, Inc. 441 U.S. 1 (1979).

3 *Mummenthey*, CR 1998, 113, 118 m.w.N.; *Kuss*, Der Lizenzvertrag im Recht der USA, S. 375 m.w.N.

4 *Mummenthey*, CR 1998, 113, 117; *Kuss*, Der Lizenzvertrag im Recht der USA, S. 375.

5 Vgl. *Blechman/Patterson* in FK KartellR, USA Rz. 30d ff.

6 *Blechman/Patterson* in FK KartellR, USA Rz. 35 sowie Rz. 35a ff. zur Änderung der bis dahin knapp einhundert Jahre bestehenden Rechtsprechung.

7 *Blechman/Patterson* in FK KartellR, USA Rz. 40; zu Beschränkungen, die über den Schutzrechtsumfang hinausgehen, s. *Seitz/Kock*, GRURInt. 2012, 711, 719.

8 *Blechman/Patterson* in FK KartellR, USA Rz. 44 f.

9 *Blechman/Patterson* in FK KartellR, USA Rz. 133.

Die **per se rule** ist im Verhältnis zum europäischen Recht mit den Kernbeschränkungen der „schwarzen Liste" des **Art. 4 TT-GVO 2004** vergleichbar, bei deren Vorliegen eine unzulässige Wettbewerbsbeschränkung vermutet wird. Auch bei Vorliegen einer Wettbewerbsbeschränkung, die grundsätzlich einer per se rule unterliegt, kann sich die Handlung jedoch dann als zulässig herausstellen, wenn sich aus den besonderen Marktgegebenheiten ergibt, dass die Wettbewerbsbeschränkung gerechtfertigt ist oder der wettbewerbsfördernde Effekt der Vereinbarung überwiegt. Hierzu wirft das Gericht auch im Falle der Anwendbarkeit einer per se rule einen **„quick look"** auf die Umstände des Einzelfalls. Der Grundsatz des quick look wurde im Bereich der Lizenzen von Musikverwertungsgesellschaften entwickelt[1]. Damit verschwimmen die Grenzen zwischen per se rule und rule of reason[2]. 1135

Daneben sehen die Guidelines eine sog. **„safety zone"** vor. Hiernach liegt grundsätzlich dann keine unzulässige Handlung vor, wenn diese nicht offensichtlich wettbewerbswidrig ist und Lizenzgeber sowie Lizenznehmer zusammen **keinen Marktanteil** innehaben, der **20 % übersteigt**[3]. Die Regelung entspricht folglich **Art. 3 TT-GVO 2004.** 1136

Im Zusammenhang mit **öffentlich finanzierten Forschungsergebnissen** ist schließlich auf den sog. **„Bayh-Dole Act"**[4] hinzuweisen. Darin sind die Anforderungen und Beschränkungen niedergelegt, die für die Empfänger staatlicher Finanzmittel bei der Verwertung der mit Steuergeldern geschaffenen Erfindungen gelten und ebenso Auswirkungen auf den Lizenznehmer haben können[5]. Neben einer einfachen Lizenz zugunsten der die Finanzierungsmaßnahme durchführenden Behörde bzw. der US-Regierung kann beispielsweise in bestimmten Fällen nach Ausübung der sog. „March-In Rights" – ebenfalls durch die Behörde bzw. die US-Regierung – eine Zwangslizenzierung zugunsten eines Dritten in Betracht kommen[6]. Nach der „Preference for United States Industry" ist etwa eine exklusive Lizenzierung nur möglich, wenn sich der Lizenznehmer dazu verpflichtet, dass die Produktion im Wesentlichen in den USA erfolgt[7]. Im Rahmen der Lizenzvertragsgestaltung ist es daher empfehlenswert, die Anforderungen des Bayh-Dole Act angemessen zu berücksichtigen[8]. 1137

Frei. 1138–1142

1 Broadcast Music, Inc. vs. Columbia Broadcasting System, Inc. 441 US 1, 9 f., 99 S.Ct. 1551, 1557 f., 60 L.Ed.2d 1, 201 USPQ 497 (1979).
2 S. *Kuss*, Der Lizenzvertrag im Recht der USA, S. 377 f.
3 *Feil*, IIC 2005, 31, 39.
4 35 U.S.C. §§ 200 ff., 37 C.F.R. § 401.
5 Ausführlich hierzu *Wündisch/Hoffmann*, GRUR Int. 2011, 789 ff.
6 *Wündisch/Hoffmann*, GRUR Int. 2011, 789, 794 ff.
7 *Wündisch/Hoffmann*, GRUR Int. 2011, 789, 794.
8 Zu einzelnen Bestimmungen des Bayh-Dole Acts und den Möglichkeiten der Vertragsgestaltung vgl. *Wündisch/Hoffmann*, GRUR Int. 2011, 789 ff.

b) Überblick über das auf Lizenzverträge anwendbare Kartellrecht Japans[1]

1143 Das für Lizenzverträge relevante japanische Kartellrecht findet sich im **Antimonopolgesetz (AMG)**[2] sowie in der zur konkreten Kontrolle von Lizenzverträgen erlassenen **Richtlinie über Patent- und Know-how-Lizenzverträge** von 1999 bzw. der **Richtlinie über Geistiges Eigentum und Wettbewerbsrecht** von 2007. Die **novellierte Fassung** des **AMG** ist seit **Januar 2006** in Kraft. Anfang 2008 reichte die Fair Trade Commission (FTC) einen Gesetzesentwurf zur Reform des AMG ein. Dieser wurde zwar vom Kabinett beschlossen, fand allerdings keine Zustimmung im Parlament, so dass im Frühjahr **2009** ein **überarbeiteter Reformvorschlag** vorgelegt wurde[3].

aa) Struktur und Regelungsinhalt des AMG

1144 Das japanische AMG hat u.a. zum Ziel, den lauteren und freien Wettbewerb zu fördern (Art. 1 AMG). Zur Durchsetzung seiner Zielsetzung hält das AMG verschiedene Instrumente bereit, die sich nach *Negishi/Eisele*[4] in dre Gruppen einteilen lassen: (1) die **Kontrolle wirtschaftlicher Marktmacht**, (2) das **Kartellverbot**, (3) das **Verbot unlauterer Handlungsmethoden**. In der ersten Gruppe werden das Verbot privater Monopolisierung, Maßnahmen gegen Monopolstellungen und die Beschränkung von Unternehmenszusammenschlüssen verortet[5]. Das Kartellverbot unterscheidet die Bildung von Kartellen durch einzelne Unternehmen (Verbot unbilliger Handelsbeschränkungen) sowie durch Unternehemensvereinigungen[6]. Verboten sind auch unlautere Handelsmethoden, die den lauteren Wettbewerb auf einem bestimmten Gebiet behindern können und von der FTC besonders bezeichnet werden müssen. Das AMG gibt selbst eine **Rahmendefinition von Grundtypen** an, **die unlautere Handelsmethoden darstellen können** (Art. 2 Abs. 9 AMG) und innerhalb derer eine Bezeichnung durch die FTC erfolgen kann[7].

---

1 Allgemein zu Lizenzen und Technologietransfer im System des gewerblichen Rechtsschutzes Japans *Heath* in Baum/Bälz, Hdb. Japanisches Handels- u. Wirtschaftsrecht, § 23; *Grützmacher/Laier/May,* Der internationale Lizenzverkehr, S. 158 f.

2 Gesetz Nr. 54/1947 i.d.F. des Gesetzes Nr. 109/2006. Englische Fassung abrufbar unter: http://www.jftc.go.jp/en/legislation_guidelines/ama/amended_ama09/index.html.

3 *Negishi/Eisele* in Baum/Bälz, Hdb. Japanisches Handels- u. Wirtschaftsrecht, § 17 Rz. 24a ff. S. auch *Kaiser/Günal*, RIW 2009, 257, 264 f.

4 *Negishi/Eisele* in Baum/Bälz, Hdb. Japanisches Handels- u. Wirtschaftsrecht, § 17 Rz. 3 ff.

5 S. hierzu *Negishi/Eisele* in Baum/Bälz, Hdb. Japanisches Handels- u. Wirtschaftsrecht, § 17 Rz. 4, 42 ff.

6 S. hierzu *Negishi/Eisele* in Baum/Bälz, Hdb. Japanisches Handels- u. Wirtschaftsrecht, § 17 Rz. 4, 25 ff.

7 Vgl. *Negishi/Eisele* in Baum/Bälz, Hdb. Japanisches Handels- u. Wirtschaftsrecht, § 17 Rz. 77 f.; *Shoda*, GRUR Int. 1997, 206, 208.

Negishi/Eisele fassen die in **Art. 2 Abs. 9 AMG** genannten Grundtypen wie folgt zusammen: 1145

- Unbillige Diskriminierung anderer Unternehmer (Nr. 1);
- Geschäftsabschluss zu unangemessenen Preisen (Nr. 2);
- Unfaire Kundenwerbung und Abschlusszwang (Nr. 3);
- Geschäfte unter Verwendung unlauterer Bindungsklauseln (Nr. 4);
- Geschäftsabschluss unter unbilliger Ausnutzung der eigenen Verhandlungsposition (Nr. 5);
- Behinderung der Geschäftstätigkeit bzw. Einmischung in die Interna eines Wettbewerbers (Nr. 6).

Die Rahmenbedingungen über unlautere Handelsmethoden sind durch die FTC in der **Richtlinie** über die **„Allgemeinen Bestimmungen über unlautere Handelsmethoden"** im Jahr 1982 konkretisiert worden[1]. Für Lizenzverträge sind dabei insbesondere folgende Verhaltensweisen von Bedeutung: 1146

§ 10 – Kopplungsverträge: Die Verpflichtung der anderen Vertragspartei, eine Ware oder Dienstleistung, die überhaupt nicht gewünscht wird, zusammen mit der gewünschten zu beziehen;

§ 11 – Exklusivverträge: Vertragliche Vereinbarungen unter der Bedingung, dass die andere Partei nicht mit Wettbewerbern handelt;

§ 12 – Beschränkungen der Vertragsfreiheit in sonstiger Weise: Das Auferlegen ungerechtfertigter und nachteiliger Bedingungen für die andere Vertragspartei, soweit dadurch deren Vertragsverkehr mit Dritten beeinträchtigt wird;

§ 13 – Missbrauch wirtschaftlicher Macht: Verwendung nachteiliger Geschäftsbedingungen.

Frei. 1147

bb) Struktur und Regelungsinhalt der Richtlinie über Patent- und Know-how-Lizenzverträge

Die Richtlinien der FTC über Patent- und Know-how-Lizenzverträge haben in den Jahren 1968, 1989, 1999 und 2007 unterschiedliche Ausgestaltungen gefunden. Die Richtlinie über Patent- und Know-how-Lizenzverträge von 1989 unterteilte die in Lizenzverträgen enthaltenen Klauseln ähnlich der Vorgehensweise der (früheren) GVOen in schwarze, graue und weiße Klauseln. Nunmehr wird im Rahmen der kartellrechtlichen Beurteilung zwischen horizontalen und vertikalen Beschränkungen unterschieden. An dieser Stelle soll auf die **Richtlinie über Geistiges Eigentum und Wett-** 1148

1 Im Jahre 2009 überarbeitete englische Fassung abrufbar unter: http://www.jftc.go.jp/en/legislation_guidelines/index.html.

bewerbsrecht von 2007[1] sowie die **Richtlinie über Patentpools von 2005**[2] eingegangen werden.

1149 *Heath*[3] zählt die folgenden **vertikalen Beschränkungen** auf, die nach der Richtlinie über Geistiges Eigentum und Wettbewerbsrecht von 2007 als **unlauter** zu qualifizieren sind:

- Verpflichtungen, die von den Prinzipien des Geistigen Eigentums abweichen, insbesondere der Umgehung des Erschöpfungsgrundsatzes dienen
- irreführende oder rufschädigende Schutzrechtsverwarnungen;
- Vereinbarungen, die der Lizenzgeber durch Missbrauch einer beherrschenden Verhandlungsposition durchsetzt, bspw. die Verpflichtung des Lizenznehmers zur Zahlung von Lizenzgebühren nach Ablauf des Schutzrechts, zur Lizenzierung von mehr als einem Schutzrecht, für den Fall, dass dies technisch nicht erforderlich ist, zur entschädigungslosen Rückübertragung oder ausschließlichen Lizenzierung von Verbesserungen, ohne Vereinbarung korrespondierender Verpflichtungen des Lizenzgebers; ferner die Verweigerung der Lizenzierung eines Standardpatents, für das Lizenzbereitschaft bekundet wurde;
- Vereinbarungen, die bestimmte Lizenznehmer eines Patentpools ungerechtfertigt diskriminieren;
- die Vereinbarung des Verbots, konkurrierende Technologie nach Beendigung des Lizenzvertrages herzustellen, weitere Beschränkungen mit Auswirkung auf den Markt, etwa die Vereinbarung des Verbots zulasten des Lizenznehmers, die eigenen Schutzrechte gegen den Lizenzgeber geltend zu machen, oder Vereinbarungen, die den Lizenznehmer im Verkauf der patentierten Gegenstände behindern;
- Preisbindungen zweiter Hand.

1150 **Nichtangriffsklauseln**, die nicht in Zusammenhang mit einem Patentpool stehen, sollen dagegen grundsätzlich zulässig sein[4], ebenso wie **Exportbeschränkungen** nunmehr uneingeschränkt möglich sein sollen[5].

1151 **Horizontale Beschränkungen** werden von der Richtlinie über Patentpools von 2005, soweit es um Standardisierung geht, und von der Richtlinie über Geistiges Eigentum und Wettbewerbsrecht von 2007 erfasst. **Problematisch** sind Vereinbarungen zwischen Wettbewerbern, die einen **Marktanteil von mehr als 20 %** besitzen. Alternativ wird daran angeknüpft, dass **nicht mindestens vier alternative Technologien** zur Verfügung stehen.

---

1 Englische Fassung abrufbar unter: http://www.jftc.go.jp/en/legislation_guidelines/ama/pdf/070928_IP_Guideline.pdf.

2 Englische Fassung abrufbar unter: http://www.jftc.go.jp/en/legislation_guidelines/ama/pdf/Patent_Pool.pdf.

3 *Heath* in Baum/Bälz, Hdb. Japanisches Handels- u. Wirtschaftsrecht, § 23 Rz. 80.

4 S. dazu aber *Kaiser/Günal*, RIW 2009, 257, 264 m.H.a. die Entscheidung der FTC v. 16.9.2008 – Microsoft.

5 *Heath* in Baum/Bälz, Hdb. Japanisches Handels- u. Wirtschaftsrecht, § 23 Rz. 81.

Nach *Heath*[1] sieht die FTC bei Vorliegen der genannten Voraussetzungen unter dem Aspekt **privater Monopolisierung** als **unzulässig** an:

- die Gründung von Patentpools oder den Abschluss von Überkreuzlizenzvereinbarungen, insoweit als die Lizenzvergabe an Dritte ohne guten Grund verweigert wird, oder andere Handlungen, welche die Verhinderung des Markteintritts Dritter auf unbillige Weise bezwecken sollen;
- den Erwerb von Patenten mit den vorstehend genannten Zielen;
- Lizenzbedingungen, mit denen der Ausschluss Dritter beabsichtigt ist.

Bei gleichen Marktvoraussetzungen werden **unbillige Handelsbeschränkungen** für die Fälle bejaht, in denen mehrere Unternehmen im Rahmen von Abschlüssen von Überkreuzlizenzen oder Gründungen von Patentpools gegenseitige Beschränkungen über den Verkaufspreis, die Verkaufsmenge, die Herstellungsmenge, die Verkaufsgebiete etc. vereinbaren[2]. 1152

c) Überblick über das auf Lizenzverträge anwendbare Kartellrecht der VR China[3]

Bis zum Jahr 2008 war in der VR China kein mit dem deutschen oder dem europäischen Recht vergleichbares einheitliches Kartellrecht existent. Am 30.8.2007 beschloss der Nationale Volkskongress das erste chinesische Antimonopolgesetz, das am 1.8.2008 in Kraft trat (s. hierzu Rz. 1168). Gleichwohl unterlagen Technologietransferverträge bereits zuvor dem europäischen und deutschen Recht ähnlichen Restriktionen sowie Freistellungen durch Verwaltungsbestimmungen. Dem im Jahre 2003 gegründeten **Handelsministerium** (Ministry of Commerce **MOC**), das das **Ministerium für Außenhandel und Wirtschaftliche Zusammenarbeit** (Ministry of Foreign Trade and Economic Cooperation **MOFTEC**) sowie die **Staatliche Kommission für Wirtschaft und Handel** (State Economic and Trade Commission **SETC**) vereint, kommen dabei **weit reichende Kontroll- und Eingriffsbefugnisse** zu. 1153

Der **Beitritt der VR China zur WTO** mit Wirkung zum **11.12.2001** führte zwar zu einem Aufweichen der staatlichen Kontrolle von Technologietransferverträgen, dennoch sind die Anforderungen an Technologietransferverträge in kartellrechtlicher Hinsicht undurchsichtig und die Bewertung selbiger seitens des MOFTEC bzw. MOC zum Teil unvorhersehbar geblieben[4].

---

1 *Heath* in Baum/Bälz, Hdb. Japanisches Handels- u. Wirtschaftsrecht, § 23 Rz. 86.
2 *Heath* in Baum/Bälz, Hdb. Japanisches Handels- u. Wirtschaftsrecht, § 23 Rz. 88.
3 *Pattloch*, GRUR Int. 2003, 695 ff.; *Shan Xiaoguang*, GRUR Int. 2000, 506 ff.; zum deutsch-chinesischen Standardvertrag für Know How- und Patentlizenzen (zu beziehen über Germany Trade and Invest – Gesellschaft für Außenwirtschaft und Standortmarketing mbH (GTAI), Tel. 030 200 099-0 oder 0228 24993-0, www.gtai.de; s. *Klawitter*, VPP-Rundbrief 2005, 145 ff.
4 *Pattloch*, GRUR Int. 2003, 695, 700 ff.

1154 Technologietransferverträge unterfallen zunächst dem am **1.10.1999 in Kraft getretenen Vertragsgesetz**[1]. Das Vertragsgesetz verbindet die zuvor bestehenden Regelungen des Wirtschaftsgesetzes, das keine Anwendung auf Technologietransferverträge fand, des Außenwirtschaftsgesetzes, das unter anderem Technologieimportverträge zum Gegenstand hatte, sowie des Technologietransfervertragsgesetzes, das lediglich für den innerchinesischen Verkehr galt[2]. Ziel des neuen Vertragsgesetzes war unter anderem die Schaffung einer einheitlichen Regelung für innerstaatliche und internationale Sachverhalte, was dadurch zum Ausdruck kommt, dass es auf In- sowie Ausländer gleichermaßen Anwendung findet[3]. Die Zielsetzung wurde im Bereich des Technologietransfers zunächst nicht erreicht. Nach § 355 VertragsG sind Spezialgesetze für den Technologietransfer vorgehend anzuwenden. Damit fanden die **Verwaltungsbestimmungen für den Technologieimportvertrag (TIVB)**, die dazugehörenden Durchführungsbestimmungen und die versuchsweisen Bestimmungen zur Verwaltung des Importhandels für Technologie und Ausrüstung weiterhin Anwendung[4]. Diese galten indes lediglich für den Technologieimport, was nach wie vor zu einer unterschiedlichen Behandlung von In- und Ausländern führte[5].

1155 Eine **Anpassung der chinesischen Regelungen** im Bereich des Patent-, Marken- und Urheberrechts sowie der Reglungen zum Schutze der Software und schließlich der Regelungen zum internationalen Technologietransfer war im Zuge des Beitritts der VR China zur WTO erforderlich. Seit **1.1.2002** ersetzen die **Verwaltungsbestimmungen für den Technologieimport und -export** (**TIEVB**) die Bestimmungen des TIVB weitgehend, was zu einer Angleichung der Behandlung von In- und Ausländern führt. Die TIEVB enthalten wesentliche Bestimmungen im Hinblick auf die kartellrechtliche Bewertung von Technologietransferverträgen in China[6].

1156 Nach **§ 2 TIEVB** gelten die Verwaltungsbestimmungen für **alle Arten von Technologietransfer**, insbesondere für die Übertragung von Patentrechten oder Patentanmelderechten, für die Lizenzierung von Patentrechten, die Übertragung geheimen Know-hows, für technische Dienstleistungen, auch für Markenrechte, Software oder Franchising. Anders als die TIVB finden die TIEVB auf **Import und Export** von Technologie Anwendung (**§ 3 TIEVB**). Eine umfassende Gleichbehandlung von innerstaatlichen Sachverhalten und solchen mit Auslandbezug ist damit jedoch nicht verbunden[7].

---

1 Amtsblatt des Staatsrates 1999, Nr. 1419; deutsche Übersetzung in „Chinas Recht" unter http://lehrstuhl.jura.uni-goettingen.de/chinarecht/vertrag.htm – Hinweis von *Ganea* in Ann/Loschelder/Grosch, Praxis-Handbuch Know-how-Schutz, Kap. 12 Rz. 71.

2 Eingehend zum Vertragsgesetz *Shan Xiaoguang*, GRUR Int. 2000, 506.

3 *Pattloch*, GRUR Int. 2003, 695, 696.

4 *Shan Xiaoguang*, GRUR Int. 2000, 506, 507 f.

5 *Pattloch*, GRUR Int. 2003, 695, 969.

6 *Pattloch*, GRUR Int. 2003, 695, 697 ff.

7 *Pattloch*, GRUR Int. 2003, 695, 698.

Die Verwaltungsbestimmungen **unterscheiden** zwischen **freien, beschränkten und verbotenen Technologien** sowie zwischen **Import** und **Export** von Technologien. Der Umfang beschränkter und verbotener Technologien ist im Zuge der Reform reduziert worden[1]. Die Beurteilung, um welche Art der Technologie es sich handelt, obliegt zunächst den Parteien. Hierzu gab die MOFTEC zusammen mit der SETC erstmals am 20.12.2002 eine nicht abschließende Liste verbotener oder beschränkter Importtechnologien sowie eine nicht abschließende Liste verbotener oder beschränkter Exporttechnologien an die Hand[2]. Die „Importtechnologieliste" wurde mit Wirkung zum 23.11.2007, die „Exporttechnologieliste" mit Wirkung zum 1.11.2008 überarbeitet. 1157

Freie Technologien sind lediglich durch das MOC zu registrieren. Einer Genehmigung bedarf es nicht. Zudem hat das Fehlen einer Registrierung unabhängig davon, ob es sich um einen Import oder Export handelt, keinerlei Auswirkung auf die Wirksamkeit des Vertrags (§ 17 Abs. 2 TIEVB). Die Registrierung setzt keine inhaltliche Kontrolle der Verträge voraus. Eine inhaltliche Kontrolle wird schon dadurch verhindert, dass die Verwaltung die Registrierung in einer Frist von nur drei Tagen durchzuführen hat[3]. 1158

Die Nichtdurchführung einer **Registrierung** seitens der Parteien ist grundsätzlich mit keiner Sanktion verbunden, insbesondere stellt diese **keine Vertragswirksamkeitsvoraussetzung** dar. 1159

Allerdings kann die chinesische Vertragspartei im Falle eines **Imports** der Technologie nur dann Lizenzgebühren ins Ausland überweisen, wenn eine Kopie des Vertrags sowie ein Nachweis der Registrierung vorliegen. Bei Patenten sind zudem die Registrierungsurkunde der Patentbehörde und das Zertifikat der Bekanntmachung für eine Überweisung vorzulegen (§ 42 TIEVB). Insofern besteht ein **faktischer Registrierungszwang**.

Im Falle des **Imports** von **Know-how** kann eine Überweisung indes auch ohne Vorlage der Vertragsunterlagen erfolgen.

Werden sowohl Know-how als auch ein Patent übertragen, kann sich aus Gründen der Devisenüberweisung eine getrennte Übertragung empfehlen[4].

Bei der Übertragung einer **beschränkten Technologie** bedarf es zur Wirksamkeit des Vertrages nach §§ 16, 38 TIEVB einer Genehmigung. 1160

Für die Beurteilung, ob eine Technologie als beschränkt einzuordnen ist, muss zwischen Export und Import unterschieden werden.

1 *Pattloch*, GRUR Int. 2003, 695, 703.
2 *Pattloch*, GRUR Int. 2003, 695, 697.
3 *Pattloch*, GRUR Int. 2003, 695, 699.
4 *Pattloch*, GRUR Int. 2003, 695, 704.

Zu den **beschränkten Export-Technologien** zählen Technologien auf den Gebieten der Biotechnik, Medizin und Agrartechnik, Chemie, Elektrotechnik, Textil- und Lebensmitteltechnik, Luft und Raumfahrt[1].

Im Falle des **Imports** gelten Technologien für die Veränderung von Genen sowie im Bereich der Chemie, Erdölraffinierung, Petrochemie, Biochemie und Münzprägung als beschränkt[2].

1161 Das **Genehmigungsverfahren für den Import** beschränkter Technologien erfolgt zweistufig. Vor den Vertragsverhandlungen ist grundsätzlich die Erteilung eines **Letter of Intent** (s. dazu Rz. 378 ff.) **seitens des Importeurs** zu beantragen (§ 11 Abs. 2, § 12 TIEVB). Über den Antrag ist zumindest formell innerhalb von 30 Tagen seitens des MOC zu entscheiden. Die Regelung geht davon aus, dass eine Vertragsverhandlung erst nach der Erteilung des Letter of Intent erfolgt. Nach Erteilung des Letter of Intent und dem sich anschließenden Vertragsschluss, ist in einer zweiten Phase die Genehmigung unter Vorlage des Vertrages und anderer Dokumente zu beantragen. Über den Antrag hat das MOC innerhalb von 10 Tagen zu entscheiden.

Sind Vertragsverhandlungen und Vertragsabschluss bereits vor Erteilung des Letter of Intent erfolgt, können die Phasen der Genehmigung verkürzt werden. In diesem Fall kann auch eine nachträgliche Genehmigung beantragt werden. Letter of Intent und Genehmigung werden dann gemeinsam erteilt[3].

1162 Das **Genehmigungsverfahren für den Export** beschränkter Technologie erfolgt ähnlich (§§ 33, 35 Abs. 1 TIEVB). Hier prüft jedoch neben dem MOC das Ministry of Science and Technology (MOST) den Antrag auf den Letter of Intent (§ 35 Abs. 1 TIEVB). Das Verfahren kann anders als beim Import nicht zusammengezogen werden. Der Letter of Intent muss zwingend vor Vertragsschluss ergehen.

Nach Genehmigung des Vertrags ist dieser sowohl beim Im- als auch beim Export zu registrieren.

1163 Eine **Genehmigung für den Import** wird erteilt, wenn der Vertag mit der Handelspolitik der VR China übereinstimmt oder er für die grenzübergreifende wirtschaftliche und technische Entwicklung oder die Beziehung zu anderen Staaten förderlich ist. Staatssicherheit, soziales System, Leben, Gesundheit, Ökologie und Umwelt dürfen durch den Technologietransfer nicht gefährdet werden. Letztlich muss der Import dem Entwicklungsplan

---

1 Decree No.12, 2008 of Ministry of Commerce and Ministry of Science and Technology, Promulgating List of Technologies Prohibited or Restricted from Export (Revised).

2 Decree No.7, 2007 of Ministry of Commerce, Promulgating Catalogue for Techniques Prohibited and Restricted from Import (revised); *Pattloch*, GRUR Int. 2003, 695, 700.

3 *Pattloch*, GRUR Int. 2003, 695, 700.

sowie den wirtschaftlichen und technologischen Interessen der VR China entsprechen. Vor Inkrafttreten des TIEVB wurde eine Genehmigung insbesondere bei unzureichenden Angaben zum Stand der Technik, dem zu erzielenden ökonomischen Gewinn durch den Einsatz der Technologie oder einer fehlenden Garantie für die Qualität der mit der Technologie hergestellten Produkte versagt[1].

Nach den Verwaltungsbestimmungen für den Export verbotener oder be- 1164
schränkter Technologie setzt die **Genehmigung eines Exports** voraus, dass dieser mit der Handelspolitik der VR China übereinstimmt, den Export fördert, der Export mit der technischen Entwicklungspolitik in Einklang steht, Wissenschaft und Technik gefördert werden, die Industriepolitik beachtet wird, die Produktion großer und vollständiger Industrieanlagen oder von Hightech-Produkten und die ökonomisch-technische Zusammenarbeit durch den Export unterstützt werden. Labortechnik ist in der Regel zunächst in China zu kommerzialisieren, bevor ein Export erfolgen kann. Ist eine Kommerzialisierung in der VR China nicht möglich, sind beim Export die Interessen des chinesischen Staates und ein ausreichender Schutz im Ausland zu wahren[2].

Zu den **verbotenen Technologien** zählen unter anderem eisenhaltige Me- 1165
tall- und Buntmetallverarbeitungen, Chemie- und Erdölraffinierungstechnologien, pharmazeutische Produkte und Gebäudeherstellungsmaterialien.

Sowohl der Im- als auch der Export verbotener Technologien ist nach §§ 9, 32 TIEVB unzulässig.

§ 29 TIEVB enthält einen Katalog von *restrivtive clauses*, bei deren Vor- 1166
liegen die einzelne Vertragsklausel unzulässig ist. Der Katalog entspricht damit in seiner Funktion Art. 4, 5 TT-GVO 2004. Unzulässig sind Kopplungsgeschäfte, die weitere Entrichtung von Nutzungsgebühren nach Ablauf des jeweiligen Schutzrechts, Beschränkungen hinsichtlich der Verbesserung und Nutzung verbesserter Technologien, das Verbot des Technologieerwerbs aus anderen im Wettbewerb stehenden Quellen, Mengen-, Preis- und Produktartbeschränkungen und letztlich die unvernünftige Beschränkung der Exportwege[3].

Anders als nach den Regelungen des TIVB sind die Vereinbarung eines Verbots der Benutzung importierter Technologien nach Beendigung des Vertrags sowie einseitige Austauschvereinbarungen für Verbesserungen der Importtechnologie nach den Regelungen der TIEVB zulässig.

1 S. Auflistung der Gründe der Versagung einer Genehmigung nach der TIEVB *Pattloch*, GRUR Int. 2003, 695, 701.
2 *Pattloch*, GRUR Int. 2003, 695, 701.
3 S. Auflistung der einzelnen verbotenen Klauseln bei *Pattloch*, GRUR Int. 2003, 695, 701 f.

Die Vereinbarung einer Lizenzgebühr ist zudem nicht länger auf eine bestimmte Höhe beschränkt.

Entfallen ist auch die zeitliche Beschränkung der Verträge auf zehn Jahre.

Die Vereinbarung von **Rechtswahlklauseln** ist unter Beachtung zwingenden chinesischen Rechts beispielsweise für schuldrechtliche Vereinbarungen möglich[1].

Nach § 26 Abs. 1 TIEVB sind auch nachvertragliche Geheimhaltungsvereinbarungen zulässig.

1167 Eine weitere Hilfe wird den Parteien von Technologietranferverträgen durch den **Sino-German Model Contract for Know-how- and Patent Licence** an die Hand gegeben. Der Standardvertrag für Know-how- und Patentlizenzen wurde am 11.12.2002 durch eine chinesisch-deutsche Arbeitsgruppe erstellt. Der Vertrag enthält auch nach chinesischer Sicht angemessene Musterklauseln für die wesentlichen Vertragspunkte eines Technologietransfers[2].

1168 Das erste chinesische **Antimonopolgesetz**[3] **(AMG)** ist seit August 2008 in Kraft. Es enthält Regelungen zum **Kartellverbot, zur Missbrauchsaufsicht sowie zur Fusionskontrolle** und findet gemäß Art. 2 AMG bei wirtschaftlicher Betätigung innerhalb des Hoheitsgebiets der VR China sowie außerhalb desselben Anwendung, soweit sich diese Betätigung auf den inländischen Markt auswirkt. Voraussetzung ist das Vorliegen einer monopolistischen Handlung (Art. 3 AMG) vergleichbar dem Begriff „wettbewerbsbeschränkende Handlung"[4].

Im Rahmen verbotener Kartellvereinbarungen wird diesbezüglich zwischen horizontalen und vertikalen Vereinbarungen differenziert. Zwischen **konkurrierenden Unternehmen** sind gemäß **Art. 13 AMG** verboten: Absprachen zur Festlegung oder Änderung von Produktpreisen, mengenmäßige Vereinbarungen über Produktion und Absatz, Aufteilung von Absatz- und Beschaffungsmärkten, Beschränkungen des Erwerbs neuer Technologien oder Einrichtungen bzw. der Entwicklung neuer Produkte oder Technologien und gemeinsamer Boykott eines anderen Unternehmens sowie als Auffangtatbestand andere Typen horizontaler Vereinbarungen, die von der Antimonopolbehörde noch festgelegt werden können[5]. Im Hinblick auf **vertikale Vereinbarungen** regelt **Art. 14 AMG** einerseits das Verbot der Be-

1 Eingehend *Pattloch*, GRUR Int. 2003, 695, 703.

2 Beispiele für Vertragsklauseln für die einfache Patentlizenzierung *Pattloch*, GRUR Int. 2003, 695, 705 ff.

3 S. hierzu *Ganea*, GRUR Int. 2007, 1055 f.; *Lorenz*, WuW 2008, 814 ff.; *Mackenrodt/Rupprecht*, GRUR Int. 2007, 895 ff.; *Mao/Glass*, GRUR Int. 2008, 105 ff.; *Mao/Glass*, ZWeR 2008, 88 ff.; *Straub*, RIW 2011, 826 ff.; *Wang*, RIW 2008, 417 ff. Zum chinesichen Patent- und Know-how-Lizenzvertrgrechts s. *Bu*, GRUR Int. 2009, 807 ff., ebenfalls mit Ausführungen zu den kartellrechtlichen Schranken.

4 *Mao/Glass*, GRUR Int. 2008, 105, 106 (dort Fn. 4).

5 *Mao/Glass*, GRUR Int. 2008, 105, 106, 108.

schränkung der Wiederverkaufspreise von Produkten sowie andererseits das Verbot der Vereinbarung eines Mindestverkaufspreises und enthält einen Art. 13 Nr. 6 AMG entsprechenden Auffangtatbestand, der der Antimonopolbehörde wiederum einen Handlungsspielraum zugesteht[1]. Eine **Freistellung** ist nach **Art. 15 AMG** möglich, soweit nachgewiesen werden kann, dass die Vereinbarung zwischen den beteiligten Unternehmen u.a. der Weiterentwicklung von Technologien und der Entwicklung neuer Produkte, der Steigerung der Produktqualität, Kostenreduktion, Effizienzsteigerungen oder auch dem Umweltschutz und Energieeinsparungen dient, eine Teilhabe des Verbrauchers an den Vorteilen besteht und keine schwerwiegenden Einschränkungen des Wettbewerbs im relevanten Markt herbeigeführt werden[2]. Außerdem bestehen Ausnahmen vom Kartellverbot, wenn eine Vereinbarung der Wahrung legitimer Interessen des Außenhandels oder der wirtschaftlichen Zusammenarbeit dient und in Fällen, die durch Gesetz oder Verordnungen des Staatsrats festgelegt werden können[3].

Weiterhin kann der **Missbrauch einer marktbeherrschenden Stellung** eine monopolistische und nach dem chinesischen Antimonopolgesetz verbotene Handlung darstellen. Nach **Art. 17 AMG** ist der Missbrauch einer marktbeherrschenden Stellung untersagt, um für Waren ungerechtfertigt hohe Verkaufspreise oder ungerechtfertigt niedrige Einkaufspreise zu fordern, Waren ohne rechtfertigende Gründe unterhalb der Gestehungskosten zu veräußern, ohne rechtfertigende Gründe den Handel mit Geschäftspartnern zu verweigern, ihnen Exklusivitätsverpflichtungen abzuverlangen, Produkte zu koppeln oder ihnen andere unverhältnismäßige Geschäftsbedingungen aufzuerlegen oder gegenüber verschiedenen Geschäftspartnern unter gleichen Bedingungen unterschiedliche Preise oder andere Geschäftsbedingungen zu verlangen[4]. **Legaldefiniert (Art. 17 Abs. 2 AMG)** bedeutet **„Marktbeherrschende Stellung"**, dass Unternehmen aufgrund ihrer Marktstellung in der Lage sind, den Produktpreis, die Produktmenge oder andere Handelskonditionen auf dem relevanten Markt zu kontrollieren oder andere (potentielle) Unternehmen am Marktzutritt zu hindern bzw. sie hierbei zumindest zu behindern[5]. **Art. 18 AMG** nennt zudem Faktoren, die **Anhaltspunkte** bzgl. der **Marktstellung** eines Unternehmens geben können, während **Art. 19 AMG gesetzliche Vermutungen** hinsichtlich einer **marktbeherrschenden Stellung** enthält.

Regelungen zur **Fusionskontrolle** bzw. zum Zusammenschluss von Unternehmen als monopolistische und ggf. verbotene Handlung i.S.d. chinesischen Antimonopolgesetzes finden sich schließlich in **Art. 20 bis 31 AMG**.

1 *Mao/Glass*, GRUR Int. 2008, 105, 106, 108.
2 *Straub*, RIW 2011, 826, 828.
3 *Mackenrodt/Rupprecht*, GRUR Int. 2007, 895, 896.
4 *Straub*, RIW 2011, 826, 828, s. auch *Seitz/Kock*, GRURInt. 2012, 711, 719 f.
5 *Mao/Glass*, GRUR Int. 2008, 105, 106, 109.

Die entscheidende Regelung zum **Verhältnis zwischen geistigem Eigentum und Kartellrecht** enthält **Art. 55 AMG**. Hiernach findet das AMG keine Anwendung auf Unternehmen, die geistige Eigentumsrechte entsprechend der anwendbaren Gesetze, Verordnungen und Bestimmungen ausüben, jedoch auf solche, die geistige Eigentumsrechte missbrauchen, um den Wettbewerb zu beseitigen oder einzuschränken[1]. Die darin enthaltene Wertung des chinesischen Gesetzgebers, Wettbewerbsschutz und geistiges Eigentum stehen sich als gleichwertige Rechtsgüter gegenüber, wird im Gegensatz zu dem unbestimmten Begriff „Missbrauch" positiv gesehen[2].

Nach *Straub*[3] sehen **chinesischer Gesetzgeber und Rechtsprechung** im Rahmen der Verwertung der Rechte des geistigen Eigentums allerdings im Wesentlichen die **gleichen Handlungen** als **missbräuchlich** an, **die auch** die **Kartellrechtsordnungen** der **EU und/oder** der **USA** als **wettbewerbsbeschränkend oder missbräuchlich beurteilen.**

Straub listet in diesem Zusammenhang die folgenden Praktiken auf:
- Lizenzvereinbarungen, die die Laufzeit der lizenzierten Schutzrechte überschreiten;
- das Verbot, konkurrierende Technologien zu beziehen („tie-outs");
- die Verpflichtung des Lizenznehmers zu kostenlosen „grant-backs" eigener abtrennbarer Verbesserungen an der lizenzierten Technologie;
- ungerechtfertigte vertikale Preisfestsetzungen und gebiets- oder kundenbezogene Verkaufsbeschränkungen;
- Kopplungsverträge und Bündellizenzierungen;
- Nichtangriffsabreden[4].

1169 Am 27.6.2011 hat das Staatliche Amt für Geistiges Eigentum der VR China Maßnahmen über die Eintragung von Patentlizenzverträgen veröffentlicht, die zum 1.8.2011 in Kraft getreten sind[5].

1170–1179 Frei.

---

1 *Straub*, RIW 2011, 826, 827.
2 *Straub*, RIW 2011, 826, 827.
3 Eingehend zum Missbrauch geistiger Eigentumsrechte i.S. des Art. 55 AMG in RIW 2011, 826 ff.
4 *Straub*, RIW 2011, 826, 833.
5 Vgl. die diesbezügliche Übersetzung von *Bu*, GRUR Int. 2011, 931 f. sowie die Übersetzung der Maßnahmen über die Eintragung von Markenlizenzverträgen v. 1.8.1997 GRUR Int. 2011, 932 ff.

XIV. Beschränkungen der Lizenz

1. Einführung

Angesichts des im Rahmen des Lizenzvertrages zu beachtenden Grundsatzes der Vertragsfreiheit (§ 311 Abs. 1 BGB) ist es den Partnern eines Lizenzvertrages grundsätzlich freigestellt, sowohl für die ausschließliche als auch für die einfache Lizenz Beschränkungen persönlicher, räumlicher, zeitlicher, technischer oder wirtschaftlicher Art oder Bedingungen zu vereinbaren (vgl. § 15 Abs. 2 Satz 1 PatG, § 17 Abs. 1 GWB a.F.). Bezogen auf die ausschließliche Lizenz ist dabei allerdings zu beachten, dass eine solche Beschränkung an der grundsätzlich ausschließlichen Nutzungsbefugnis des Lizenznehmers nichts ändern darf, da andernfalls diesem Vertrag der Charakter einer Ausschließlichkeit genommen wird[1]. Außerhalb solcher Beschränkungen gestattet die Lizenz alle Nutzungshandlungen des Lizenznehmers, die ohne die Lizenz eine Schutzrechtsverletzung wären[2]. 1180

Einigkeit besteht darüber, dass bei den im Rahmen eines Lizenzvertrages festgelegten **Bindungen** zwischen solchen **schuldrechtlicher und patentrechtlicher Art** unterschieden werden muss (s. Rz. 67 ff.)[3]. Diese Unterscheidung ist insbesondere wegen der unterschiedlichen Rechtsfolgen einer Verletzung durch den Lizenznehmer wesentlich: 1181

Während jedes Überschreiten einer solchen im Lizenzvertrag vorgesehenen schutzrechtsbezogenen Beschränkung durch den hiermit belasteten Vertragspartner in jedem Fall eine **Vertragsverletzung** gegenüber dem Lizenzgeber mit den daraus sich ergebenden allgemeinen zivilrechtlichen Folgen darstellt, kann darüber hinaus dieses Verhalten auch den Tatbestand einer **Patent- bzw. Gebrauchsmusterverletzung** erfüllen. Dies entspricht den gesetzlichen Vorgaben in § 15 Abs. 2 Satz 2 PatG und § 22 Abs. 2 Satz 2 GebrMG. Nach **§ 15 Abs. 2 Satz 2 PatG** kann das Recht aus dem Patent gegen den Lizenznehmer geltend gemacht werden, soweit er gegen eine Beschränkung seiner Lizenz nach § 15 Abs. 2 Satz 1 PatG verstößt (vgl. auch § 30 Abs. 2 MarkenG, § 31 Abs. 2 GeschmMG). Folglich liegt bei Überschreiten solcher im Lizenzvertrag vorgesehener Beschränkungen eine **Schutzrechtsverletzung** vor[4]. Missachtet der Lizenznehmer bei der ihm eingeräumten Nutzungsbefugnis vertraglich vorgegebene mengenmäßige, persönliche, räumliche, sachliche oder zeitliche Beschränkungen, begeht er also sowohl eine Vertragsverletzung als auch eine Patentverletzung. 1182

1 Vgl. *RG* v. 17.9.1913, RGZ 83, 93, 94 f.; *RG* v. 17.3.1934, GRUR 1934, 306, 307.

2 Schulte/*Kühnen*, PatG, Rz. 44 zu § 15 m.H.a. *BGH* v. 5.7.2005, GRUR 2005, 845 – Abgasreinigungsvorrichtung.

3 Vgl. *BGH* v. 8.6.1967, GRUR 1967, 676, 680 – Gymnastiksandale; *Kraßer*, Patentrecht, § 40 VI 2. f.; Benkard/*Ullmann*, PatG, § 15 Rz. 73.

4 *Kraßer*, Patentrecht, § 40 VI 2; Benkard/*Ullmann*, PatG, § 15 Rz. 73; Busse/*Keukenschrijver*, PatG, § 15 Rz. 65.

1183 Diese Rechtsfolge war bereits vor der aus Art. 43 Abs. 1 und 2 GPÜ-E übernommenen Klarstellung in § 15 Abs. 2 Satz 2 PatG durch Rechtsprechung und Lehre anerkannt[1]. § 15 Abs. 2 Satz 2 PatG schafft damit keinen eigenen Verletzungstatbestand, sondern setzt eine Verletzung der Schutzrechtsposition im Sinne des § 139 PatG voraus, d.h. die Voraussetzungen einer Patentverletzung müssen im Einzelnen vorliegen. Dementsprechend reicht auch eine Teilnahmehandlung des Lizenznehmers aus, etwa wenn der Lizenznehmer unbefugt Dritten die Benutzung des Lizenzgegenstandes im Rahmen einer nicht zugelassenen Unterlizenz eröffnet[2].

1184 Sind die Voraussetzungen einer Patentverletzung gegeben, stehen dem Lizenzgeber die Ansprüche nach **§§ 139 ff. PatG** zu[3]. Der Lizenzgeber kann den Lizenznehmer also auf Unterlassung und Schadensersatz in Anspruch nehmen, wie auch die weitergehenden Ansprüche z.B. auf Drittauskunft (§ 140b PatG) und auf Vernichtung patentverletzender Erzeugnisse und Vorrichtungen (§ 140a PatG) geltend machen. An der Geltendmachung dieser Rechte ist der Lizenzgeber – wie bereits die gesetzlichen Regelungen in § 15 Abs. 2 PatG, § 22 Abs. 2 GebrMG zeigen – grundsätzlich weder nach Treu und Glauben, einschließlich des Gesichtspunkts der unzulässigen Rechtsausübung (§ 242 BGB), noch aus dem Aspekt der Rücksichtnahmepflicht (§ 241 Abs. 2 BGB) gehindert[4].

1185 Diese patentrechtlichen Verletzungsansprüche folgen aus dem Schutzrecht und bestehen damit unabhängig von den sonstigen Ansprüchen des Lizenzgebers. Demzufolge bleibt auch ein Recht des Lizenzgebers zur außerordentlichen Kündigung nach § 314 BGB unberührt (s. dazu Rz. 2436 ff.). Dieses Nebeneinander von unterschiedlichen Rechtsansprüchen kann sich insbesondere bei Fragen des Verschuldens, der Darlegungs- und Beweislast sowie bei der Verjährung auswirken.

1186 Von Patentverletzungsansprüchen nicht umfasst sind die reinen Vertragsverletzungen, die ausschließlich Ansprüche aus Vertragsverletzung (insbes. § 280 BGB), aus unerlaubter Handlung (§§ 823, 826 BGB)[5] oder aufgrund des bestehenden Schuldverhältnisses auslösen. Dies gilt für die Missachtung der nicht den Gegenstand und den Umfang des Benutzungsrechts betreffenden lediglich schuldrechtlich wirkenden Pflichten. Hierzu rechnen etwa die Nichterfüllung von Ausübungs- oder Mitwirkungspflichten, eine Nichtzahlung von Lizenzgebühren, Wettbewerbsverstöße oder die Verwei-

1 Vgl. schon *RG* v. 10.2.1932, RGZ 135, 145, 148 f. – Bandeisenreifen; *BGH* v. 8.6.1967, GRUR 1967, 676, 680 – Gymnastiksandale.

2 Vgl. *OLG München* v. 11.9.2003, OLGR München 2004, 115 – Brillenetui; vgl. auch *BGH* v. 27.1.2005, GRUR 2005, 670, 671 – Pressespiegelfreiheit für Zeitschriften, zur Urheberrechtsverletzung.

3 Busse/*Keukenschrijver*, PatG, § 15 Rz. 65 m.H.a. *BGH* v. 5.7.2001, GRUR 2002, 248 – Spiegel-CD-ROM.

4 Vgl. Busse/*Keukenschrijver*, PatG, § 15 Rz. 65 Fn. 170.

5 S. dazu allgemein Busse/*Keukenschrijver*, PatG, § 139, 262 ff., dort auch zum wettbewerbsrechtlichen Schutz.

gerung von Auskünften sowie der Pflicht zur Kennzeichnung der Lizenzprodukte mit bestimmten Marken oder zur Anbringung von Hinweisschildern auf die Lizenzvergabe (Lizenzvermerk), oder die Nichteinhaltung von Vertriebsbindungen oder der Pflicht zur Vornahme eines bestimmten Werbekostenaufwandes oder von Wettbewerbsbeschränkungen pp.[1]. Das gilt u.E. auch bei der Verletzung von Bezugspflichten des Lizenznehmers[2].

Bedeutsam wird diese Unterscheidung zwischen schuldrechtlichen und pa- 1187
tentrechtlichen Verpflichtungen auch **im Verhältnis zu den gewerblichen Abnehmern des Lizenznehmers**. Derjenige, der einen vom Lizenznehmer unter Verletzung der ihm eingeräumten Nutzungsbefugnisse in den Verkehr gebrachten Gegenstand gewerbsmäßig i.S. des § 9 PatG benutzt, begeht ebenfalls eine Patentverletzung i.S. des § 139 PatG[3] (Verletzerkette). Denn diese unter Verstoß gegen lizenzvertraglich vorgesehene Nutzungsschranken in den Verkehr gebrachten Gegenstände gelten nicht als patentfrei, d.h. eine Erschöpfung des Patentrechts tritt nicht ein[4]. Im Rahmen einer sortenschutzrechtlichen Fallgestaltung hat der *EuGH*[5] außerdem entschieden, dass es bei der Beurteilung der Verletzung nicht von Bedeutung ist, dass der Abnehmer, die in dem Lizenzvertrag auferlegten Beschränkungen kannte oder so behandelt wird als hätte es sie gekannt. Dagegen berührt es die Rechtsposition der Abnehmer des Lizenznehmers nicht, wenn der Lizenznehmer im Verhältnis zum Lizenzgeber lediglich eine Vertragsverletzung begangen hat und diesem gegenüber haftet. Etwas anderes gilt allerdings unter den Aspekten der §§ 823, 826 BGB bzw. §§ 3, 4 Nr. 10 UWG beispielsweise dann, wenn dem Abnehmer – über ein bloßes Hinnehmen oder Ausnutzen eines Vertragsbruchs hinaus – eine vorsätzliche unerlaubte Handlung zur Last gelegt werden kann, etwa ein kollusives Zusammenwirken zur bewussten Schädigung des Lizenzgebers, ein Verleiten des Lizenznehmers zum Vertragsbruch[6] oder ein Mitwirken zur gezielten Schädigung des Lizenzgebers zu Wettbewerbszwecken[7].

1 Busse/*Keukenschrijver*, PatG, § 15 Rz. 65 m.w.N.

2 Zutreffend *Kraßer*, Patentrecht, § 40 VI 4 gegen *BGH* v. 8.6.1967, GRUR 1967, 676, 680 – Gymnasiksandale; Busse/*Keukenschrijver*, PatG, § 15 Rz. 65 m.w.N.

3 *BGH* v. 23.5.1995, GRUR 1995, 424, 425 f. – Abnehmerverwarnung; Benkard/*Ullmann*, PatG, § 15 Rz. 73; *Kraßer*, Patentrecht, § 40 VI 2; Schulte/*Kühnen*, PatG, § 15 Rz. 44; vgl. auch *BGH* v. 21.11.1958, GRUR 1959, 200, 202 – Der Heiligenhof.

4 Vgl. zum Urheberrecht *BGH* v. 14.11.2000, GRUR 2001, 223, 224 – Bodenwaschanlage; *BGH* v. 21.11.1958, GRUR 1959, 200, 202 – Der Heiligenhof; zum Markenrecht *BGH* v. 31.10.2002, GRUR 2003, 242, 245 – Dresdener Christstollen; zum Sortenschutzrecht *EuGH* v. 20.10.2011, GRUR 2012, 49, 50 f. – Greenstar-Kanzi Europe NV/Jean Hustin und Jo Goossens.

5 *EuGH* v. 20.10.2011, GRUR 2012, 49, 51 – Greenstar-Kanzi Europe NV/Jean Hustin und Jo Goossens.

6 *BGH* v. 28.3.1969, GRUR 1969, 474, 475 – Bierbezug; *BGH* v. 24.4.1997, GRUR 1997, 920, 921 – Automatenaufsteller u. *BGH* v. 1.12.1999, GRUR 2000, 724 – Außenseiteranspruch II.

7 Vgl. Busse/*Keukenschrijver*, PatG, § 15 Rz. 65; *Kraßer*, Patentrecht, § 40 VI 3.

1188 Im Einzelfall kann es schwierig sein, die Grenze zwischen einer patentrechtlichen oder einer schuldrechtlichen Beschränkung zu bestimmen (vgl. auch Rz. 67 ff.). In Anlehnung an *Lüdecke*[1] können nachfolgende, den Rahmen des Benutzungsrechts des Lizenznehmers bestimmende, **typisch patentrechtliche Beschränkungen** genannt werden, wobei hervorgehoben werden muss, dass es rechtlich grundsätzlich zulässig ist, diese Beschränkungsformen in einem Lizenzvertrag miteinander zu verbinden:

1189 Denkbar sind Beschränkungen des Umfangs des eingeräumten Benutzungsrechts in persönlicher, räumlicher, sachlicher bzw. technischer und wirtschaftlicher sowie zeitlicher Hinsicht, d.h. namentlich

- der zur Benutzung berechtigten Personen bzw. Betriebe oder Produktionsstätten (**Persönliche Lizenz, Betriebslizenz**[2], **Konzernlizenz**),
- des räumlichen Geltungsbereichs des Benutzungsrechts (**Bezirkslizenz, Gebietslizenz, Exportlizenz**[3]),
- der Zeitdauer der Nutzungsbefugnis (**Zeitlizenz**),
- der Benutzungsart oder des Benutzungsgegenstandes oder des Anwendungsgebietes (**Herstellungs**[4], **Gebrauchs-, Vertriebslizenz**[5], **field-of-use-Beschränkung**),
- des mengenmäßigen Benutzungsumfangs (**Quotenlizenz**[6], **Outputbeschränkung**).

1190 In all diesen Fällen stellt sich stets die Frage, ob bzw. inwieweit der Lizenznehmer vertraglich und zugleich patentrechtlich zu bestimmten Nutzungen befugt ist. Jede Überschreitung der Grenzen des Benutzungsrechts am lizenziertem Schutzrecht ist eine Schutzrechtsverletzung[7].

1191 Demgegenüber sind **rein schuldrechtliche Beschränkungen** anzunehmen, wenn es sich um solche Vertragspflichten handelt, die Lizenznehmerpflichten außerhalb des (patentrechtlichen) Umfangs des Nutzungsrechtes begründen und deren Nichtbeachtung – auch bei einem Dritten – keine Patentverletzung darstellt[8].

1192 Sämtliche vorstehend erwähnten Bindungen des Vertragspartners im Rahmen eines Lizenzvertrages können selbstverständlich nur dann die zuvor angesprochenen Rechtsfolgen der Vertrags- oder zusätzlich der Patentver-

1 *Lüdecke/Fischer*, Lizenzverträge, D 29 S. 380; vgl. auch *Schulte/Kühnen*, PatG, § 15 Rz. 44 ff.; *Kraßer*, Patentrecht, § 40 VI; Benkard/*Ullmann*, PatG § 15 Rz. 63 ff.
2 Vgl. *LG Düsseldorf* v. 31.5.2005, InstGE, 5, 168 – Flaschenkasten; *EuGH* v. 8.6.1982, GRUR Int. 1982, 530 – Maissaatgut.
3 Vgl. *BGH* v. 30.11.1967, GRUR 1971, 243, 246 – Gewindeschneidevorrichtung.
4 S. dazu *BGH* v. 20.5.1966, GRUR 1966, 576, 578 ff. – Zimcofot.
5 S. *BGH* v. 8.6.1967, GRUR 1967, 676, 679 ff. – Gymnastiksandale.
6 Vgl. *BGH* v. 17.4.1969, GRUR 1969, 560 – Frischhaltegfäß.
7 Benkhard/*Ullmann*, PatG, § 15 Rz. 73.
8 Vgl. *Kraßer*, Patentrecht, § 40 VI 3.

letzung bei Verstoß hiergegen auslösen, wenn diese Klauseln rechtlich wirksam sind. Hierbei sind insbesondere die Bestimmungen des **nationalen und internationalen Kartellrechts** (vgl. Rz. 670 ff.) zu beachten.

Frei. 1193–1195

2. Persönliche Grenzen der Lizenz (Lizenznehmerseite)

a) Betriebslizenz/Unternehmenslizenz

Wesentlich für die Betriebslizenz ist ihre **Bindung an ein bestimmtes Unternehmen** (s. Rz. 597). Entgegen dem Begriff „Betriebs"-Lizenz ist die – im Regelfall ausdrücklich vereinbarte – Ausrichtung des Nutzungsrechtes auf das gesamte Unternehmen gemeint. Wegen der Ausrichtung des Nutzungsrechtes auf das gesamte Unternehmen kann eine solche Betriebslizenz innerhalb des Unternehmens, obwohl sie § 399 BGB unterliegt, auch im Rahmen einer marktbedingten üblichen Ausweitung des Unternehmensbereichs in allen Betrieben des Unternehmens genutzt werden[1]. Entscheidend ist, ob noch die ursprünglich bei Vertragsschluss vorhandene organisatorische und wirtschaftliche Einheit auf Seiten des Lizenznehmers gewahrt bleibt. Will der Lizenzgeber Veränderungen der Unternehmensbasis und damit evtl. eine Ausweitung des Nutzungsumfanges verhindern, muss er ausdrücklich eine Beschränkung auf die bei Abschluss des Lizenzvertrages etwa vorhandene Fertigungskapazität vereinbaren. Ebenso wie das gemäß § 12 PatG betriebsbezogene Vorbenutzungsrecht besteht – mangels abweichender Vereinbarung – auch bei der Betriebslizenz die Möglichkeit, dieses Recht **in fremden Werkstätten** ausüben zu lassen, ohne dass eine solche Nutzung vertrags- und patentverletzend wäre. 1196

Die Betriebslizenz ist **sowohl bei einfachen als auch bei ausschließlichen Lizenzen** möglich[2]. Allerdings ist sie ihrem Wesen nach vorrangig auf die einfache Lizenz bezogen, die im Zweifel eine Betriebslizenz darstellen dürfte, da diese ebenfalls unternehmensbezogen verstanden wird[3]. Demgegenüber besteht keine Auslegungsregel dahingehend, dass eine Freilizenz stets eine Betriebslizenz sei[4]. Die Betriebslizenz ist nur zusammen mit dem Geschäftsbetrieb übertragbar. Wird der Betriebsteil, in dem die Freilizenz ausgeübt wird, übertragen, geht nicht zugleich die Freilizenz mit über[5]. An einer Betriebslizenz kann keine Unterlizenz erteilt werden[6]; zur Übertragbarkeit s. im Übrigen Rz. 597. 1197

---

1 Benkard/*Ullmann*, PatG, § 15 Rz. 70; *Pietzcker*, PatG, § 6 a.F. Anm. 25; *Groß*, Rz. 41.
2 Vgl. *RG* v. 26.10.1931, RGZ 134, 91, 96 – Drahtgewebeziegel.
3 Benkard/*Ullmann*, PatG, § 15 Rz. 103.
4 *RG* v. 2.5.1939, GRUR 1939, 963, 964; s. auch *LG Düsseldorf* v. 31.5.2005 InstGE 5, 168, 171 – Flaschenkasten.
5 *LG Düsseldorf* v. 31.5.2005, InstGE 5, 168 ff. – Flaschenkasten.
6 Benkard/*Ullmann*, PatG, § 15 Rz. 70.

1198 Kartellrechtlich bestehen gegen eine Betriebslizenz im Grundsatz keine Bedenken, soweit damit keine sonstigen kartellrechtlich relevanten Beschränkungen verbunden werden.

1199 Frei.

b) Persönliche Lizenz

1200 Während die Betriebslizenz an das Unternehmen des Lizenznehmers gebunden ist, ist die persönliche Lizenz wegen der persönlichen Bindung zwischen den Lizenzvertragsparteien auf den Lizenznehmer als natürliche Person (§ 1 BGB) bezogen, gleich, ob es sich um eine einfache oder ausschließliche Lizenz handelt[1]. Sie ist damit unvererblich und unveräußerlich[2] (zur Rechtsnachfolge s. Rz. 599 ff.) und im Regelfall eine einfache Lizenz. Der Unterschied zwischen der Betriebslizenz und der persönlichen Lizenz liegt darin, dass der Lizenznehmer die persönliche Lizenz auch nach Verkauf seines bisherigen Unternehmens in einem anderen Unternehmen fortführen kann, sofern er wiederum dessen Inhaber wird. Insoweit ist der persönliche Lizenznehmer nicht an einen bestimmten Unternehmensbereich gebunden. Andererseits kann er aber bei einer Veräußerung seines Unternehmens wegen dieser personenbezogenen Bindung seine Lizenz nicht mit übertragen; ebenfalls ist eine Unterlizenzvergabe im Zweifel ausgeschlossen. Da es dem Lizenzgeber bei der persönlichen Lizenz erkennbar auf die Bindung an die Person des Lizenznehmers und weniger auf den überschaubaren Umfang der Nutzung ankommt, ist der persönliche Lizenznehmer frei darin, die Lizenz in *fremden Werkstätten* nutzen zu lassen[3]. Aus der Personenbezogenheit folgt, dass eine Einbringung in eine GmbH als juristische Person ausscheidet. Inwieweit die persönliche Lizenz dagegen im Rahmen einer Personengesellschaft (BGB-Gesellschaft, OHG, KG) genutzt werden kann, dürfte nach der hier vertretenen Ansicht davon abhängen, ob der Lizenznehmer (faktisch) Hauptgesellschafter ist.

1201 Im Zweifel wird die einer natürlichen Person erteilte einfache Lizenz eine persönliche Lizenz sein. Bei einer ausschließlichen Lizenz ist eine persönliche Lizenz denkbar; allerdings bedarf es dazu einer ausdrücklichen Klarstellung im Vertrag, da ja mit der persönlichen Lizenz die ausschließliche Lizenz, insbesondere mit Blick auf die sonst gegebene Übertragbarkeit und Befugnis zur Unterlizenzvergabe, eingeschränkt wird.

1202 Kartellrechtliche Bedenken gegen eine persönliche Lizenz bestehen nicht.

---

1 Vgl. etwa *RG* v. 5.5.1911, RGZ 76, 239.
2 Einhellige Meinung; vgl. *Groß*, Rz. 40.
3 *Lüdecke/Fischer*, Lizenzverträge, D 48 S. 402.

c) Konzernlizenz

Kennzeichen einer Konzernlizenz ist das Nutzungsrecht aller oder mehrerer im Sinne des § 15 AktG konzernmäßig verbundener Gesellschaften[1]. Denkbar sind insbesondere folgende **Alternativen:** 1203

(1) Der Lizenzvertrag wird mit **allen nutzungsberechtigten Konzerngesellschaften** abgeschlossen. Diese sind also sämtlich Vertragspartner und damit Lizenznehmer. Solches kann auch sukzessive erfolgen, etwa durch die vertraglich eingeräumte Möglichkeit eines späteren „**Eintritts**" in den Lizenzvertrag[2]. Ist dem Lizenzgeber bekannt, dass der mit ihm in Vertragsverhandlungen stehende zukünftige Lizenznehmer in einer solchen konzernmäßigen Bindung steht, empfiehlt es sich, von vornherein die mögliche Mitbenutzung durch andere Konzernfirmen in den Vertrag einzubeziehen, also eine Konzernlizenz zu vereinbaren oder sie gerade auszuschließen. Auf diese Weise besteht die Möglichkeit, den Besonderheiten der Konzernverflechtung in einer Form Rechnung zu tragen, die etwa im Wege der Vergabe von Nachbau- oder Unterlizenzen nicht zu erreichen wäre[3]. Konsequenz ist auch, dass die Konzerngesellschaften im Zweifel als Gesamtschuldner haften (§ 421 BGB). Der Lizenzgeber kann Rechte gegenüber jedem einzelnen Konzernunternehmen geltend machen. Jedes Konzernunternehmen hat eigene Ansprüche aus dem Vertrag gegenüber dem Lizenzgeber. Allerdings sollte auch hier von vornherein klargestellt werden, wer im Einzelnen als Konzernunternehmen in Betracht kommt (statische oder dynamische Ausrichtung). 1204

(2) Denkbar ist auch eine **Optionsabrede**, bei der sich der Schutzrechtsinhaber verpflichtet, jedem Konzernunternehmen eine Lizenz zu bestimmten Bedingungen einzuräumen und es in der Entscheidung jeder berechtigten Konzerngesellschaft liegt, einer solchen Vereinbarung beizutreten. Hierbei kann entweder der Lizenznehmer in Vollmacht für alle anderen Konzernfirmen auftreten oder aber alle einzelnen Konzernfirmen treten als Vertragspartner dem Vertrag bei[4]. Wird die Option ausgeübt, kommt jeweils ein (eigenständiger) Lizenzvertrag zwischen dem optionsberechtigten Konzernunternehmen und dem Lizenzgeber zustande. 1205

---

1 Vgl. auch *BGH* v. 16.4.2002, GRUR 2002, 801 ff. – Abgestuftes Getriebe, dort zur Nutzung von Arbeitnehmererfindungen im Konzern; ausführlich dazu *Bartenbach/Volz*, Praxisleitfaden, Rz. 61; s. auch *A. Bartenbach-Fock*, Arbeitnehmererfindungen im Konzern, Rz. 450 ff.

2 Vgl. *Groß*, A Rz. 42.

3 *Henn*, Rz. 42.

4 Vgl. auch *Henn*, Rz. 174, wonach die Konzernabrede ein Garantieversprechen des Lizenznehmers verbunden mit einem unbefristeten Optionsangebot des Lizenzgebers auf direkten Einbezug verbundener Unternehmen in den Vertrag ist.

1206 (3) Der Lizenznehmer wird im Vertrag berechtigt, **Unterlizenzen** (nur) an verbundene Unternehmen zu erteilen. Die anderen Konzernunternehmen werden damit nicht Beteiligte des Lizenzvertrages, sondern sind Partner eines eigenständigen (Unter-)Lizenzvertrages mit dem Hauptlizenznehmer.

1207 (4) Die einem Konzernunternehmen eingeräumte Lizenz kann auch so ausgestaltet werden, dass sonstige, im Vertrag konkret bezeichnete oder vom Lizenznehmer zukünftig einseitig benannte Konzernfirmen den Lizenzgegenstand nutzen können. Im Wege eines **Vertrages zugunsten Dritter (§ 328 BGB)**[1] werden die anderen Konzernunternehmen damit zwar nicht selbst Vertragspartner, erwerben aber ein eigenes Nutzungsrecht mit den sich daraus ergebenden Rechtsfolgen, wie etwa bestimmten Ansprüchen bei Leistungsstörung. Schuldner der Pflichten aus dem Vertrag bleibt das vertragsschließende Konzernunternehmen, das auch alleine für die Lizenzgebühren gegenüber dem Lizenzgeber haftet (sofern kein Schuldbeitritt erfolgt). Bei Verletzung von Pflichten aus dem vertragsähnlichen Vertrauensverhältnis durch die berechtigten Drittunternehmen können dem Lizenzgeber – neben Haftungsansprüchen gegenüber dem Lizenznehmer (§ 278 BGB) – ggf. Schadensersatzansprüche unmittelbar gegen die berechtigten Dritten zustehen. Ihm stehen nach § 334 BGB alle Einwendungen aus dem Lizenzvertrag auch gegenüber Drittunternehmen zu, etwa aus §§ 313, 320, 312 BGB. Hier kann es sich besonders auswirken, ob es sich um eine positive oder negative Lizenz handelt.

1208 Welche Konstruktion gewählt wird, ist Frage des Einzelfalls[2]. Maßgeblich hierfür sind – besonders aus Sicht des Lizenzgebers – insbesondere Fragen der Haftung, Kontrolle der Nutzung der Vertragsrechte, Sicherung des Know-hows, Vertragseinbindung usw. Aus Sicht des Konzerns können auch der Umfang der Nutzungsbefugnisse und die Flexibilität bei Ausübung der Nutzungsrechte wichtige Gesichtspunkte sein. Die neue Rechtsprechung des *BGH* zum Fortbestand von Unterlizenzen beim Erlöschen der Hauptlizenz (s. Rz. 149 f.) könnte ebenfalls ein Entscheidungskriterium darstellen. Als Folge dieser Rechtsprechung erscheint die Unterlizenz als „stärkere" Position gegenüber der Hauptlizenz. Handelt es sich bei dem Hauptlizenznehmer um eine Holding, die ihren produzierenden Unternehmen Unterlizenzen erteilt hat, so könnte sie ihr Risiko durch diese Vergabe konzernbezogener Unterlizenzen verlagern. Im Falle des Erlöschens der Hauptlizenz hätte der Hauptlizenznehmer zwar sein Nutzungsrecht eingebüßt, die (konzernbezogen) vergebenen Unterlizenzen dürften demgegenüber weiter bestehen.

---

1 S. hierzu *BGH* v. 24.1.2011, GRUR 2011, 409, Rz. 12, 13, 15 – Deformationsfelder, mit Anm. *Klein*, Mitt. 2011, 233, 234.

2 *Henn*, Rz. 173 ff.; *Groß*, A Rz. 42.

Zu Recht weist *Henn*[1] darauf hin, dass es in Ländern mit zentral gelenkter Wirtschaft und mit sog. volkseigenen Betrieben und Verwaltungen wichtig ist, das wirklich entscheidende Unternehmen bzw. die steuernde Verwaltung als Lizenzpartner zu verpflichten und die anderen nachgeordneten, zur Nutzung der Lizenz berechtigten Betriebe ausdrücklich miteinzuschließen, da andernfalls eine genaue Kontrolle über die Nutzung der Lizenz schwierig, wenn nicht gar unmöglich ist[2]. 1209

Zum Wegfall der Nutzungsrechte bei Wechsel der Konzernzugehörigkeit einer Gesellschaft hatte das *OLG Düsseldorf* in seinem Urteil vom 7.6.2006[3] Stellung zu nehmen. In dem zu entscheidenden Fall hatten ein Softwareentwickler und eine Konzerntochtergesellschaft in einem Lizenzvertrag vereinbart, dass eine Individualsoftware nur innerhalb des Bereiches des namentlich benannten Konzerns benutzt werden darf. Nach Ansicht des Gerichts entfällt für die Konzerntochter die Berechtigung, die Software zu nutzen und zu verwerten, für den Fall, dass sämtliche Anteile der Konzerntochter an ein anderes Unternehmen veräußert werden und sich somit deren Konzernzugehörigkeit verändert. Dementsprechend hätte der Lizenznehmer sich vernünftigerweise ein eigenes Nutzungsrecht einräumen lassen sollen und zusätzlich ein Nutzungsrecht für konzernverbundene Unternehmen. Das Ausscheiden aus dem Konzern hätte sich dann zwar auf das Nutzungsrecht des Konzerns ausgewirkt, nicht aber auf das Nutzungsrecht des Lizenznehmers. 1210

Die engen (Rechte-)Verflechtungen von Gesellschaften im Konzern begründen neben einer lebensnahen Betrachtung nach Auffassung des *LG München*[4] einen ersten Anschein dafür, dass Nutzungshandlungen einer Tochtergesellschaft, für die eine Schwester- oder eine Dachgesellschaft die Rechte inne haben, stets mit deren (zumindest konkludenter) Zustimmung vorgenommen werden. 1211

Frei. 1212

3. Territoriale Beschränkungen der Lizenz

a) Grundsatz

Der Geltungsbereich eines Schutzrechts ist beschränkt auf das Gebiet des Schutzrechtsstaates (Territorialitätsprinzip; s. auch Rz. 71). Demzufolge erfasst die auf eine Schutzrechtsposition bezogene Lizenz nur das Territori- 1213

1 *Henn*, Problematik und Systematik des internationalen Patentlizenzvertrages, § 12 S. 43.
2 Vgl. hierzu auch *Groß*, A Rz. 42.
3 *OLG Düsseldorf* v. 7.6.2006, CR 2006, 656.
4 *LG München* v. 6.5.2009, InstGE 11, 239, 246 – LP-Coverfoto.

um, in dem diese Schutzrechtsposition Wirkung entfalten kann[1]. Dies entspricht § 15 Abs. 2 Satz 1 PatG und § 22 Abs. 2 Satz 1 GebrMG („*Lizenzen für den Geltungsbereich dieses Gesetzes oder eines Teils desselben*"). Enthält ein Lizenzvertrag weder eine ausdrückliche, noch eine sich aus den Umständen ergebende räumliche Beschränkung, so decken sich Geltungsbereich des lizenzierten Schutzrechts und Benutzungsrecht[2].

Innerhalb dieses festgelegten Vertragsgebietes (Lizenzgebiet) ist der Lizenznehmer befugt, die Lizenz in allen Nutzungsarten zu nutzen, also den Vertragsgegenstand gewerbsmäßig herzustellen, in Verkehr zu bringen, feilzuhalten oder zu gebrauchen.

1214 Wie sich bereits aus § 15 Abs. 2 Satz 1 PatG bzw. § 22 Abs. 2 Satz 1 GebrMG ergibt, ist es allerdings rechtlich zulässig, den räumlichen Nutzungsbereich eines Schutzrechts zulasten des Lizenznehmers einzuschränken. Die Bestimmung räumlicher Grenzen der Lizenz ist auch in Art. 73 EPÜ („*Lizenzen für alle oder einen Teil der Hoheitsgebiete der benannten Vertragsstaaten*") und Art. 42 Abs. 1 GPÜ-E vorgesehen.

b) Bezirks-/Gebietslizenz

1215 Wird das Nutzungsrecht am Vertragsschutzrecht räumlich eingeschränkt, liegt eine sog. Bezirkslizenz bzw. Gebietslizenz vor[3]. Der **Sinn** einer Bezirks- bzw. Gebietslizenz geht dahin, den Lizenznehmer auf Nutzungshandlungen in diesem Vertragsgebiet zu beschränken und ihn vom Wettbewerb außerhalb dieses Bezirks fernzuhalten. Dieser Grundsatz ist bei allen Auslegungszweifeln über die Bestimmung der dem Lizenznehmer innerhalb dieses Gebietes zustehenden Nutzungsarten als maßgeblich heranzuziehen. Liefert der Lizenznehmer in ein Gebiet außerhalb des Vertragsgebietes, so begeht er neben der Vertragsverletzung zugleich eine Patentverletzung (§ 15 Abs. 2 Satz 2 PatG; s. Rz. 1182 ff.).

1216 Das Lizenzgebiet kann von den Lizenzvertragsparteien letztlich beliebig definiert werden (z.B. für ein deutsches Patent nach Bundesländern, nach Verwaltungs- bzw. Gerichtsbezirken usw.); wesentlich ist nur, dass das Lizenzgebiet räumlich derart bestimmt wird, dass es eindeutig abgrenzbar ist. Gegebenenfalls kann dies in der Form erfolgen, dass in einer dem Lizenzvertrag beigehefteten Landkarte dieses Gebiet genau abgesteckt wird.

1217 Hat der Lizenzgeber für den gleichen Gegenstand parallele **Schutzrechte in verschiedenen Staaten** erwirkt und erfolgt – was auch kartellrechtlich unbe-

1 Vgl. allgemein *BGH* v. 3.3.2004, GRUR 2004, 421, 422 – Tonträgerpiraterie durch CG-Export.

2 Vgl. auch *OLG Hamburg* v. 3.9.1987, GRUR 1987, 899, 900; *Groß*, Rz. 182; Benkard/*Ullmann*, PatG, § 15 Rz. 66; *Henn*, Rz. 207.

3 *RG* v. 3.4.1903, RGZ 54, 272, 274; *Groß*, Rz. 182 ff.; Benkard/*Ullmann*, PatG, § 15 Rz. 66; *Henn*, Rz. 207.

denklich ist[1] – die Lizenzvergabe nur für ein Land oder mehrere Länder, liegt keine Gebietslizenz vor. Vielmehr handelt es sich um eine unbeschränkte Lizenz für das betreffende Hoheitsgebiet[2]. Gleiches gilt, wenn bei einem europäischen Patent die Lizenz territorial nur für einzelne benannte Vertragsstaaten vereinbart wird (Art. 73 EPÜ).

Ob es heute allerdings noch zweckmäßig ist, bezogen auf den nationalen Raum Gebietslizenzen zu vereinbaren, muss bezweifelt werden. Einmal gibt es kaum mehr den auf regionale Bereiche beschränkten Markt. Darüber hinaus ist letztlich auch keine Gewähr gegeben, dass tatsächlich durch derartige Bindungen eine nationale Marktaufteilung erfolgt. So steht es beispielsweise einem Abnehmer des Lizenznehmers, der die ihm gelieferte Ware ordnungsgemäß innerhalb des Lizenzgebietes erworben hat, frei, diese Ware in andere Gebiete weiterzuveräußern, ohne dass der Patentinhaber hiergegen vorgehen kann, es sei denn, es handelt sich um ein unzulässiges Zusammenwirken zwischen Lizenznehmer und Abnehmer. Ebenso ist auch der Lizenznehmer durch derartige Gebietsabsprachen nicht geschützt, da er es einem Abnehmer eines anderen Lizenznehmers aus einem anderen Vertragsgebiet nicht verwehren kann, in sein eigenes Vertragsgebiet zu liefern. 1218

Allenfalls wäre daran zu denken, dass der Lizenzgeber sich verpflichtet, seinen einzelnen Lizenznehmern aufzuerlegen, ihre **Abnehmer** wiederum zu **verpflichten**, nicht außerhalb des jeweiligen Vertragsgebietes zu liefern. Ein Verstoß gegen eine solche Absprache könnte als Vertragsverletzung geahndet werden, der Lizenznehmer könnte aber nicht gegen einen Erwerber dieser Gegenstände vorgehen, da diese Gegenstände mit dem erlaubten Inverkehrbringen patentfrei geworden sind. 1219

Solche **Abnehmerbindungen** sind jedoch grundsätzlich **kartellrechtswidrig**[3]. Evtl. kann eine Gebietsabsprache je nach der Ausgestaltung dieser Abrede den Lizenzgeber verpflichten, von sich aus gegen Drittlieferungen in das Vertragsgebiet vorzugehen, so dass auch diese zusätzliche Verpflichtung aus der Sicht des Lizenzgebers eine derartige Gebietslizenz problematisch erscheinen lässt. 1220

Frei. 1221–1226

1 TB BKartA 1962, 70.
2 *Henn*, Rz. 208.
3 So schon ausdrücklich Art. 3 Nr. 3, Art. 7 Nr. 3, EGr 17 TT-GVO 1996; s. auch Art. 4 Abs. 1 lit. c TT-GVO 2004.

c) Kartellrechtliche Bewertung

aa) Bewertung nach EU-Kartellrecht

1227 Territoriale Lizenzbeschränkungen sind zunächst an Art. 101 Abs. 1 AEUV (ex-Art. 81 Abs. 1 EG) zu messen[1].

Insbesondere betrifft dies **Exportverbote in das patentfreie Ausland**, die nach Art. 101 Abs. 1 lit. c AEUV (ex-Art. 81 Abs. 1 lit. c EG) zu bewerten sind.

1228 Auch Vertriebsvereinbarungen zwischen **Wettbewerbern**, die darauf abzielen, den **Schutz eines Vertragsgebiets** herbeizuführen, können hiernach als unzulässig zu bewerten sein[2]. Auf horizontaler Ebene bestehen Marktaufteilungen etwa in dem uneingeschränkten Verbot, unmittelbar oder mittelbar auf dem Markt zu verkaufen, auf dem ein oder mehrere Wettbewerber bereits tätig sind. In diesem Fall erfolgt in der Regel eine Marktabschottung mit Auswirkungen auf die Preis- und Absatzverhältnisse[3].

1229 Auch ein **Exportverbot zwischen Nichtkonkurrenten** hat grundsätzlich wettbewerbsbeschränkende Wirkung und ist demzufolge im Grundsatz unzulässig.

Nach gefestigter Rechtsprechung des *EuGH* liegt in der Zuweisung eines ausschließlichen Absatzgebiets unter Nichtkonkurrenten ein Verstoß gegen Art. 101 Abs. 1 AEUV (ex-Art. 81 Abs. 1 EG), da Paralleleinfuhren und damit die Entstehung eines gemeinsamen Marktes verhindert werden[4]. Dies hat in der Regel Auswirkungen auf die Preis- und Absatzpolitik des Marktes.

Ebenso werden **mittelbare Exportbeschränkungen**, etwa in Form des Verbots des Weiterverkaufs auf ausländischen Märkten von Art. 101 Abs. 1 AEUV (ex-Art. 81 Abs. 1 EG) erfasst[5].

1230 Ergibt sich eine Unzulässigkeit der territorialen Lizenzbeschränkung aus Art. 101 Abs. 1 AEUV (ex-Art. 81 Abs. 1 EG), ist eine **Freistellung der Vereinbarung** vom Kartellrechtsverbot des Abs. 1 unter den Freistellungsvoraus-

---

1 Zur Zulässigkeit einer Beschränkung des Vertriebsgebiets bei urheberrechtlichen und markenrechtlichen Lizenzen vgl. *OLG Frankfurt* v. 17.4.2007, ZUM-RD 2008, 173, Rz. 44 ff. Dort auch zur Zulässigkeit einer Beschränkung auf bestimmte Vertriebskanäle (Rz. 52 ff.). Anders vorgehend *LG Frankfurt* v. 6.1.2006, WuW/E DE-R 1678 ff. S. auch *LG Köln* v. 30.8.2006 – 28 O 770/04 (juris).

2 *Wägenbaur* in Loewenheim/Meessen/Riesenkampff, Kartellrecht, Art. 81 Abs. 1 EG Rz. 299 ff.; *Bechtold/Bosch/Brinker/Hirsbrunner*, EG-Kartellrecht, Art. 81 Rz. 89.

3 *Wägenbaur* in Loewenheim/Meessen/Riesenkampff, Kartellrecht, Art. 81 Abs. 1 EG Rz. 290 ff.

4 *Wägenbaur* in Loewenheim/Meessen/Riesenkampff, Kartellrecht, Art. 81 Abs. 1 EG Rz. 296.

5 *Wägenbaur* in Loewenheim/Meessen/Riesenkampff, Kartellrecht, Art. 81 Abs. 1 EG Rz. 298.

setzungen des Abs. 3, insbesondere durch die **TT-GVO 2004** zu prüfen (s. Rz. 773 ff.).

Grundsätzlich ist die Zuweisung von Märkten – selbst bei Einhaltung der Marktanteilsschwellen (Art. 3 TT-GVO 2004) – nach **Art. 4 Abs. 1 lit. c TT-GVO** von einer Freistellung ausgenommen. Im Hinblick auf das Verbot in Art. 101 Abs. 1 lit. c AEUV (ex-Art. 81 Abs. 1 lit. c EG) kommt Art. 4 Abs. 1 lit. c TT-GVO nur klarstellende Funktion zu.

Von dem Verbot der Gebietsbeschränkungen sehen **Art. 4 Abs. 1 lit. c i)–vii)** 1231
TT-GVO jedoch zahlreiche **Ausnahmen** zugunsten von Exklusiv- sowie Alleinlizenzen vor.

Art. 4 Abs. 1 lit. c TT-GVO unterscheidet hinsichtlich der Zulässigkeit von Gebietsbeschränkungen zwischen Konkurrenten und Nichtkonkurrenten, zwischen wechselseitigen und nichtwechselseitigen Vereinbarungen und letztlich zwischen Produktions- und Verkaufsbeschränkungen.

Gebietsbeschränkungen zwischen Konkurrenten sind nur in **nicht wech-** 1232
selseitigen Vereinbarungen zulässig.

Nicht-wechselseitige Gebietsbeschränkungen zwischen Konkurrenten, die sich auf die **Produktion** beziehen, sind – unter Einhaltung der Marktanteilsschwellen – grundsätzlich nach **Art. 4 Abs. 1 lit. c ii) TT-GVO** dann freigestellt, wenn das Gebiet **exklusiv dem Lizenzgeber vorbehalten** ist. Der Lizenzgeber kann zudem nach **Art. 4 Abs. 1 lit c iii) TT-GVO** verpflichtet werden, keinem anderen Lizenznehmer in einem bestimmten Gebiet eine Lizenz zu erteilen. **Nach Art. 4 Abs. 1 lit. c iv), v) TT-GVO** können der **aktive und passive Verkauf** des Lizenznehmers in ein Gebiet beschränkt werden, das dem Lizenzgeber oder einem anderen Lizenznehmer zugewiesen ist.

Zwischen **Nichtkonkurrenten** kann die **Produktion** in einem bestimmten 1233
Gebiet grundsätzlich untersagt werden (vgl. Rz. 933).

Auch das Verbot des **aktiven Verkaufs** in ein bestimmtes Gebiet ist bei Einhaltung der Marktanteilsschwellen grundsätzlich zulässig (vgl. Rz. 933). Der **passive Verkauf** in ein bestimmtes **Gebiet, das dem Lizenzgeber vorbehalten ist**, kann zwischen Nichtkonkurrenten in wechselseitigen sowie nichtwechselseitigen Vereinbarungen eingeschränkt werden (vgl. Rz. 936). Ist das Gebiet **einem anderen Lizenznehmer vorbehalten**, kann dem Lizenznehmer der **Verkauf** in dieses Gebiet nach **Art. 4 Abs. 2 lit. b ii) TT-GVO 2004** für **die ersten beiden Jahre untersagt** werden, in denen der Exklusivlizenznehmer die Vertragsprodukte in dieses Gebiet verkauft.

Die TT-GVO 1996 nahm – anders als die TT-GVO 2004 – keine nach Wett- 1234
bewerbern und Nicht-Wettbewerbern differenzierende Bewertung der Beschränkungen vor. Nach der TT-GVO 1996 waren Verkaufsbeschränkungen gemäß Art. 1 Abs. 2, 3 TT-GVO 1996 zeitlich zu beschränken. Art. 1 Abs. 2 TT-GVO 1996 sah eine Fünf-Jahres-Frist für die Beschränkung passi-

ver Verkäufe vor. Bei Überschreiten der Frist fiel die Vereinbarung unter Art. 3 Nr. 7 TT-GVO 1996 (schwarze Klausel) und war somit nicht freigestellt. Insofern ist die Freistellung durch die TT-GVO 2004 insbesondere für Nichtwettbewerber umfassender.

1235 Frei.

bb) Bewertung nach deutschem Kartellrecht

1236 Bei rein **inländischen Sachverhalten** galt **bis zum 1.7.2005** die Ausnahmebestimmung des **§ 17 Abs. 1 Satz 2 GWB a.F.**, die feststellte, dass eine Gebietsbeschränkung nicht über den Inhalt des Schutzrechts hinausgeht und die eine solche Vereinbarung damit aus dem Anwendungsbereich des § 17 GWB a.F. herausnahm. Diese Vorschrift fand wegen des im Patentrecht herrschenden Territorialitätsprinzips nur auf Gebietsbeschränkungen innerhalb der Bundesrepublik Deutschland Anwendung. Bei Vereinbarungen, die grenzüberschreitende Gebietsbeschränkungen betrafen, galt § 17 Abs. 1 Satz 2 GWB a.F. dagegen nicht.

1237 Im Falle grenzüberschreitender Sachverhalte war die zulässige Grenze einer Gebietsbeschränkung überschritten, wenn eine Beschränkung des Nutzungsrechts für Länder vereinbart wurde, in denen keine Schutzrechte bestanden. Lagen dagegen parallele Schutzrechte in mehreren Ländern vor, so ergab sich aus § 17 Abs. 1 Satz 2 GWB a.F. die Zulässigkeit eines solchen Vorgehens[1]. Eine Gebietsbeschränkung schied aber mit Erschöpfung des Schutzrechts aus (s. dazu Rz. 2195 ff.).

1238 Im Zuge der **siebten GWB-Novelle** sind die § 17, § 18 GWB a.F. ersatzlos entfallen. Allerdings kann der dort vorgegebene Maßstab zur Beurteilung von Wettbewerbsbeschränkungen auch heute noch mit herangezogen werden. Nunmehr ist nach § 1 GWB wie bei Art. 101 Abs. 1 AEUV (ex-Art. 81 Abs. 1 EG) zunächst zu prüfen, ob die Gebietsbeschränkung eine wettbewerbswidrige Vereinbarung darstellt. Die Regelbeispiele des Art. 101 Abs. 1 AEUV (ex-Art. 81 Abs. 1 EG) können für rein innerstaatliche Sachverhalte ergänzend herangezogen werden (Rz. 1049, 1053). Demnach sind Gebietsbeschränkungen, anders als nach früherem Recht, zunächst als kartellrechtswidrig anzusehen. Im zweiten Schritt ist eine Freistellung nach § 2 GWB, insbesondere durch entsprechende Anwendung der TT-GVO 2004, zu prüfen (Rz. 1062 ff.). Hiernach gelten Gebietsbeschränkungen im Rahmen von Exklusivlizenzerteilungen in dem zuvor beschriebenen Maße (Rz. 1227 ff.) als vom Verbot freigestellt. Grundsätzlich werden inländische und grenzüberschreitende Sachverhalte somit gleichbehandelt.

1239–1241 Frei.

1 Vgl. Wiedemann/*Groß*, Hdb. KartellR, 1999, § 14 Rz. 14 m.w.N.

4. Zeitliche Beschränkungen der Lizenz

a) Einfluss der Schutzrechtsdauer auf die Lizenzdauer

Die Dauer des Lizenzvertrages bestimmt sich zunächst nach den Vertragsabsprachen (s. Rz. 617 ff.). Soweit im Lizenzvertrag keine Absprache getroffen wurde, gilt eine **Lizenzerteilung grundsätzlich als auf die Laufzeit der lizenzierten Schutzrechtes** bzw. der Schutzrechtsanmeldung bezogen[1]. Bei **mehreren lizenzierten Schutzrechten** endet der Vertrag mit Erlöschen des letzten Vertragsschutzrechts, ohne dass es einer hierauf bezogenen Erklärung, insbesondere einer Kündigung, bedarf[2]; das gilt jedenfalls insoweit, als es sich um wesentliche Schutzrechte handelt[3]. Um Zweifelsfragen vorzubeugen, empfiehlt sich zumindest bei mehreren Vertragsschutzrechten oder der potentiellen Einbeziehung von Weiterentwicklungen bzw. bei der Mitlizenzierung von Know-how eine ausdrückliche vertragliche Regelung über die Dauer des Lizenzvertrages, ggf. ergänzt durch das Recht zur ordentlichen Kündigung (s. dazu Rz. 2432 ff.). 1242

Mit Blick auf kartellrechtliche Schranken sind jedoch Absprachen bedenklich, wonach der Lizenzvertrag **über die Dauer der Vertragsschutzrechte hinaus** fortbesteht (s. dazu Rz. 1291 ff., 1295, 1870 ff.). 1243

Hat der Lizenzgeber ein **ergänzendes Schutzzertifikat** i.S. des § 16a PatG beantragt, gilt – wie **§ 16a Abs. 3 PatG** klarstellt – eine für ein Patent erteilte Lizenz auch für den ergänzenden Schutz[4]. Mit Ablauf des Grundpatents gilt die Lizenz nach der (abdingbaren) Vermutung des § 16a Abs. 3 PatG also am ergänzenden Schutzzertifikat fort (s. hierzu Rz. 202 ff.). 1244

Wird die **lizenzierte Schutzrechtsanmeldung versagt** oder das lizenzierte **Schutzrecht nachträglich vernichtet**, so beseitigt das nicht rückwirkend den Bestand des Lizenzvertrages, sondern lässt nur mit Wirkung für die Zukunft die Pflicht zur Zahlung der Lizenzgebühr entfallen (s. Rz. 1857 ff.; zu den Auswirkungen einer Vernichtbarkeit s. Rz. 1860 f.). Im Falle der Nichterteilung eines Schutzrechts werden beide Vertragsparteien von den wechselseitigen Leistungspflichten frei (s. Rz. 1549). Bei späterer Nichtigerklärung des Schutzrechts bestimmen sich die Rechtsfolgen nach § 311a bzw. §§ 275, 280, 313, 314 und 326 BGB (s. Rz. 1554 ff.). 1245

---

1 *RG* v. 9.9.1936, GRUR 1937, 1003, 1005; *OLG Düsseldorf* v. 17.12.2009 – I-2 U 118/08, Rz. 176 (juris); Busse/*Keukenschrijver*, PatG, § 15 Rz. 89 mit Hinweis auf *BGH* v. 6.11.1959 – I ZR 182/57, n.v. (für die ausschließliche Lizenz); *Groß*, Rz. 477; Pfaff/*Osterrieth*, B I Rz. 230; *Henn*, Rz. 215; *Hauck* in Fitzner/Lutz/Bodewig, PatRKomm, § 15 PatG Rz. 70; Benkard/*Ullmann*, PatG, § 15 Rz. 64; *Ohl*, GRUR 1992, 77.

2 *RG* v. 17.9.1940, GRUR 1940, 558, 559; *OLG Düsseldorf* v. 17.12.2009 – I-2 U 118/08, Rz. 176 (juris).

3 *Groß*, Rz. 477.

4 Vgl. Busse/*Hacker*, PatG, Anhang § 16a Rz. 65 f.

1246 Handelt es sich um einen Lizenzvertrag über **mehrere Vertragsschutzrechte** oder um eine Kombination mit Know-how, gelten bei Wegfall einzelner Schutzrechte oder Offenkundigwerden von Know-how die Grundsätze der Vertragsanpassung nach § 313 Abs. 1 BGB (s. dazu Rz. 1561 f.).

1247 Diese Grundsätze gelten auch dann, wenn ein Vertragsschutzrecht wegen eines **offenkundig gewordenen Versagungs- oder Nichtigkeitsgrundes** von den Wettbewerbern des Lizenznehmers nicht mehr beachtet wird (s. Rz. 1562 f.).

1248 Dagegen berührt der bloße Umstand, dass ein Nichtigkeits-, Versagungs- oder Löschungsgrund gegeben ist, die Rechtsverbindlichkeit eines Lizenzvertrages ebenso wenig wie die Verpflichtung des Lizenznehmers zur Zahlung der vereinbarten Lizenzgebühren (s. Rz. 1860).

1249 Selbstverständlich ist es den Lizenzvertragsparteien unbenommen, von dieser Risikoverteilung zulasten des Lizenznehmers **abweichende Absprachen** zu treffen, insbesondere die Frage des Einstehens des Lizenzgebers für fehlende Schutzvoraussetzungen anders zu regeln (s. Rz. 1563).

1250–1253 Frei.

b) Zeitlizenz

1254 Wollen die Parteien eines Lizenzvertrages die Lizenz auf einen **bestimmten Abschnitt der Laufzeit des Schutzrechts** beschränken (Zeitlizenz), bedarf dies einer ausdrücklichen Vereinbarung (vgl. Rz. 1242). Mit Zeitablauf endet das Nutzungsrecht des Lizenznehmers, und es ist ihm dann – auch patentrechtlich – verboten, den Gegenstand des Schutzrechtes weiter herzustellen oder zu vertreiben (§ 15 Abs. 2 Satz 2 PatG, § 22 Abs. 2 Satz 2 GebrMG)[1]. Insoweit unterscheidet sich die Zeitlizenz von einer vertraglichen Begrenzung der Lizenzgebührenpflicht (s. dazu Rz. 1675 ff., 1750 ff.). Eine Zuwiderhandlung gegen die zeitliche Begrenzung stellt zugleich eine Schutzrechtsverletzung i.S. der §§ 139 ff. PatG, §§ 24a, 24b GebrMG dar. Auch bei dieser Vertragsgestaltung endet der Lizenzvertrag nicht automatisch mit dem vorzeitigen Wegfall des Schutzrechts[2]; insoweit wird auf Rz. 1555 ff. verwiesen. Zu sog. Auslaufklauseln s. Rz. 1291 f.

1255 Eine Zeitlizenz ist in der Unternehmenspraxis selten. Denkbare Fallgestaltung ist eine Art Auslauffrist bei der vergleichsweisen Erledigung von Verletzungsstreitigkeiten (s. Rz. 11 f.). Sie kommt ferner in Betracht, wenn es dem Lizenzgeber darum geht, die Marktfähigkeit des Lizenzgegenstandes zu testen, um dann ggf. selbst tätig zu werden (s. Rz. 9). Die Zeitlizenz kann für den Lizenznehmer etwa dann relevant sein, wenn er Zweifel am Bestand des lizenzierten Rechts hat, ferner bei Bedenken hinsichtlich der

1 Vgl. die Nachweise bei *Ohl*, GRUR 1992, 77, 81.
2 *BGH* v. 17.10.1968, GRUR 1969, 409, 410 – Metallrahmen; *BGH* v. 25.1.1983, GRUR 1983, 237, 238 f. – Brückenlegepanzer.

Marktfähigkeit des Vertragsproduktes, dies insbesondere dann, wenn er von Anfang an mit nutzungsunabhängigen Zahlungspflichten (Mindestlizenz) belastet wird (s. hierzu Rz. 1764 ff.); allerdings muss der Lizenznehmer das Risiko der dann ungeklärten Fortsetzung des Lizenzvertrages sehen.

Kartellrechtlich bestehen gegen eine unterhalb der gesetzlichen Schutzrechtsdauer liegende Lizenz grundsätzlich keine Bedenken[1]. Dies folgt auch aus einem Rückschluss aus **Art. 2 Satz 3 TT-GVO 2004**. Dementsprechend stellen Klauseln, die sich auf die Dauer der Einräumung der Lizenz beziehen und dem Lizenznehmer nur ein zeitlich befristetes Benutzungsrecht einräumen, keine Wettbewerbsbeschränkung i.S. des Art. 101 Abs. 1 AEUV bzw. § 1 GWB dar. Klauseln dieser Art sind bereits nach früherem Verständnis vom spezifischen Gegenstand des Schutzrechts gedeckt[2]. Folgerichtig sah auch **Art. 2 Nr. 3 TT-GVO 1996** vor, dass die Verpflichtung des Lizenznehmers, nach Beendigung der Vereinbarung das überlassene Know-how bzw. die lizenzierten Patente nicht mehr zu nutzen, nicht wettbewerbsbeschränkend ist, soweit und solange das Know-how noch geheim ist bzw. die Patente bestehen. 1256

Frei. 1257–1258

c) Längstlaufklausel

Unter einer Längstlaufklausel ist eine Regelung zu verstehen, mit der bei der Lizenzierung mehrerer Schutzrechte eine Lizenzzeit von unbestimmter Dauer vereinbart wird, wobei der **Vertrag erst bei Erlöschen des letzten lizensierten Schutzrechtes endet**. Dabei können auch während der Laufzeit des Lizenzvertrages zusätzliche, insbesondere neu entwickelte Lizenzschutzrechte (Verbesserungen, Weiterentwicklungen) hinzutreten, die die Laufdauer des Vertrages verlängern können[3]. 1259

Die Längstlaufklausel kann insbesondere dazu dienen, durch neu hinzugetretene Schutzrechtspositionen oder entsprechendes Know-how den (vorzeitigen) Ausfall lizenzierter Schutzrechte auszugleichen. 1260

Längstlaufklauseln haben üblicherweise folgenden **Wortlaut**: 1261

„Der Vertrag endet erst mit Erlöschen des letzten Vertragsschutzrechtes. Dies gilt auch bei Hinzutreten von weiteren Vertragsschutzrechten während der Vertragslaufzeit. Bei Erlöschen nicht vertragswesentlicher Patente sind die vollen vereinbarten Gebühren fortzuzahlen."[4]

Derartige „Evergreen"-Klauseln können aus Sicht des Lizenznehmers kritisch sein. Immerhin bleibt der Lizenznehmer zur Lizenzgebührenzahlung 1262

---

1 *Groß*, Rz. 554 m.w.N.; vgl. auch § 17 Abs. 1 Satz 2 GWB a.F.
2 *Sack*, WRP 1999, 592, 605.
3 *Henn*, Rz. 370.
4 Vgl. die Fallsituation bei *BKartA*, TB 1975, 95.

in unveränderter Höhe verpflichtet, falls nicht wesentliche Schutzrechte entfallen. Faktisch wird die Laufzeit eines zwischenzeitlich gemeinfreien Hauptschutzrechtes „verlängert“[1]. Demzufolge kann ein derartiger Vertrag – sofern subjektive Elemente hinzukommen – namentlich mit Blick auf § 138 Abs. 2 BGB prüfungswürdig sein (s. dazu Rz. 497 ff.).

1263 In **kartellrechtlicher Hinsicht** sind Längstlaufklauseln grundsätzlich **unbedenklich** (s. Rz. 820).

Für Sachverhalte mit grenzüberschreitenden Auswirkungen waren reine Patentlizenz-, Know-how- oder gemischte Vereinbarungen, deren ursprüngliche Dauer sich durch Einbeziehung neuer Verbesserungen ohne weiteres verlängerte, nach Art. 8 Abs. 3 TT-GVO 1996 nur dann freigestellt, wenn der Lizenznehmer berechtigt war, derartige Verbesserungen abzulehnen oder jeder Vertragspartner das Recht hatte, die Vereinbarung nach Ablauf der ursprünglichen Laufzeit und mindestens alle drei Jahre danach zu kündigen. Enthielt die Vereinbarung kein Ablehnungs- oder Kündigungsrecht, war eine Einzelfreistellung nach ex-Art. 81 Abs. 3 EG (nunmehr Art. 101 Abs. 3 AEUV) zu beantragen.

Die Regelung ist im Zuge der Reform der TT-GVO ersatzlos gestrichen worden.

Die **TT-GVO 2004** enthält keine expliziten Hinweise auf Längstlaufklauseln. Nach dem Grundsatz, dass bei Vorliegen der Anwendungsvoraussetzungen der TT-GVO (s. Rz. 784 ff.) – insbesondere der Einhaltung der Marktanteilsschwellen und solange keine der expliziten Kernbeschränkungen greift – eine Freistellung gegeben ist, sind Längstlaufklauseln folglich durch die TT-GVO freigestellt[2].

1264 Werden die Marktanteilsschwellen nach Art. 3 TT-GVO 2004 hingegen überschritten, so ist zu prüfen, ob die wettbewerbsbeschränkende Folge der Klausel überwiegt. Dies dürfte zumindest dann nicht der Fall sein, wenn die Vereinbarung den Anforderungen der früheren ausdrücklichen Regelung in Art. 8 Abs. 3 TT-GVO 1996 entspricht, wenn dem Lizenznehmer hinsichtlich der Einbeziehung von Verbesserungserfindungen also ein Ablehnungs- oder jedem Vertragspartner ein Kündigungsrecht nach Ablauf der ursprünglichen Vertragslaufzeit vorbehalten wird.

1265 **Im deutschen Recht** hat das ***BKartA*** unter Geltung des **GWB a.F.** die dem Lizenznehmer auferlegten Beschränkungen und Zahlungsverpflichtungen jedenfalls so lange als wirksam angesehen, wie dem Lizenzvertrag noch wesentliche Vertragsrechte bzw. technische Betriebsgeheimnisse zugrunde lagen und diese ein angemessenes Äquivalent für die noch aufrechterhalte-

1 Vgl. *BGH* v. 12.2.1980, GRUR 1980, 750, 751 – Pankreaplex II.

2 Vgl. *Schultze/Pautke/Wagener*, Die Gruppenfreistellungsverordnung für Technologietransfer-Vereinbarungen, Rz. 312.

nen Beschränkungen und Verpflichtungen darstellten[1]. Dies wird regelmäßig auch gelten, soweit und solange der übereinstimmende Vertragswille erkennbar ist, für die gesamte Vertragsdauer gleich hohe, im Regelfall jedoch gegenüber sonst üblichen höheren insgesamt entsprechend niedriger angesetzte Lizenzgebühren zu erheben, die auch dann noch angemessen sind, wenn einige Vertragsschutzrechte, wie von den Vertragspartnern einkalkuliert, vorzeitig wegfallen (vgl. zur Zahlungsmodalität auch Art. 2 Abs. 2 Nr. 7 lit. b TT-GVO 1996 und dort auch EGr 21). Diese Bewertung gilt weiterhin jedenfalls dann, wenn die Aufnahme von neuen Schutzrechten des Lizenzgebers der Zustimmung des Lizenznehmers bedarf oder dem Lizenznehmer ein Recht zur Kündigung eingeräumt wird (vgl. Art. 8 Abs. 3 TT-GVO 1996).

Um etwaige Streitigkeiten zu verhindern, kann sich empfehlen, im Lizenz- 1266
vertrag eine **Gewichtung nach vertragswesentlichen und sonstigen begleitenden Schutzrechten** und die Auswirkung des Wegfalls einzelner Schutzrechtspositionen auf den Umfang der Lizenzgebührenpflicht zu regeln (s. auch Rz. 198).

Nach **geltendem Kartellrecht** finden die Regelungen der **TT-GVO 2004** über 1267
§ 2 Abs. 2 GWB entsprechende Anwendung im deutschen Recht. Hiernach sind Längstlaufklauseln grundsätzlich als zulässig zu bewerten, solange die in Art. 3 TT-GVO 2004 bestimmten Marktanteilsschwellen eingehalten werden. Im Übrigen wird auf Rz. 1265 f. verwiesen.

Frei. 1268–1272

d) Auslaufklausel

Mit Wirksamwerden eines (vertraglichen) Kündigungsrechts ist dem Li- 1273
zenznehmer die in der Vergangenheit zulässige Lizenznutzung für die Zukunft untersagt[2]. Für den Fall einer vorzeitigen Vertragsbeendigung haben es die Vertragspartner in der Hand, durch eine Auslaufklausel die Frage zu regeln, ob der Lizenznehmer die innerhalb der Lizenzzeit hergestellten Erzeugnisse noch nach Ablauf der vereinbarten bzw. aus einer Kündigung folgenden Lizenzdauer veräußern oder zuvor hereingeholte Aufträge noch ausführen darf[3]. Eine solche Auslaufklausel kann selbstverständlich nur Wirkung entfalten, wenn das lizenzierte Vertragsschutzrecht mit Vertragsende noch fortbesteht (s. hierzu Rz. 1283 ff.). Sie kommt also insbesondere bei Zeitlizenzen (s. hierzu Rz. 1254) und in Fällen einer vorzeitigen Kündigung in Betracht. Welche Klausel im Einzelfall am zweckmäßigsten ist, hängt von einer Vielzahl von Faktoren ab[4].

---

1 Vgl. *BKartA*, TB 1964, 53; anders allerdings *BKartA*, TB 1976, 104 u. TB 1985/86, 35.

2 S. *BGH* v. 18.1.2012, GRUR 2012, 928, Rz. 24 – Honda-Grauimport.

3 *Groß*, Rz. 477 ff., 481.

4 *Groß*, Rz. 481 mit entsprechenden Mustern.

1274 Ist eine **Auslaufklausel nicht vereinbart**, nimmt die wohl herrschende Lehre überwiegend an, dass es dem Lizenznehmer gestattet ist, während der Vertragszeit hergestellte Gegenstände noch nach Vertragsende – selbstverständlich lizenzgebührenpflichtig – in den Verkehr zu bringen[1]. Das muss dann nicht nur für die Umsatzlizenz, sondern auch für die Herstellungslizenz gelten[2].

1275 Ohne jede Einschränkung nimmt u.a. *Weiß*[3] ein derartiges Veräußerungsrecht des bisherigen Lizenznehmers an. Zur Begründung wird darauf hingewiesen, dass der Lizenznehmer während der Vertragszeit bezüglich des Umfangs seiner Herstellung keinen Beschränkungen unterworfen sei und das Veräußerungsrecht hinsichtlich dieser Produktion sich aus dem „natürlichen Zusammenhang der Benutzungsarten" ergebe. *Nirk*[4] gestattet es dem Lizenznehmer zwar auch, innerhalb der Lizenzzeit hergestellte Erzeugnisse nach Vertragsablauf noch zu veräußern, will aber einschränkend beachtet wissen, dass hier kein Missbrauch und damit zugleich eine unzulässige Ausdehnung der Vertragsdauer festzustellen ist[5]. *Groß*[6] weist ebenfalls auf die Gefahr hin, dass der Lizenznehmer in Erwartung des Vertragsendes in besonders großem Umfang auf Lager fertigt, und empfiehlt nachdrücklich, insoweit klare Absprachen zu treffen.

1276 Entgegen der herrschenden Lehre kann u.E. bei nicht erfolgter Vereinbarung einer Aufbrauchfrist nicht von einem solchen „Restnutzungsrecht" des Lizenznehmers ausgegangen werden:

Nach dem Grundsatz, dass Vertragsabsprachen einzuhalten sind, kann der Lizenzgeber vom Lizenznehmer grundsätzlich die Beachtung des mit Zeitablauf eingetretenen Wegfalls der Nutzungsberechtigung verlangen[7].

---

1 Benkard/*Ullmann*, PatG, § 15 Rz. 203; *Groß*, Rz. 482; Schulte/*Kühnen*, PatG, § 15 Rz. 46 unter Hinweis auf *BGH* v. 6.7.1954, GRUR 1955, 87, 88 – Bäckereimaschinen; *Hauck* in Fitzner/Lutz/Bodewig, PatRKomm, § 15 PatG Rz. 70; s. auch *LG München* v. 9.2.2012, GRUR-RR 2012, 142, Rz. 148 u. *BGH* v. 3.2.1959, GRUR 1959, 528, 531 – Autodachzelt; vgl. auch *OLG Hamburg* v. 26.5.1988, ZIP 1988, 925, 926; früher bereits *RG* v. 9.4.1943, GRUR 1943, 247 f. Der Lizenzgeber habe auch selbst dann Anspruch auf die Lizenzgebühr für die während der Vertragsdauer mitverkauften, aber erst später angefertigten und ausgelieferten Gegenstände, wenn das Entstehen des Anspruchs auf Lizenzgebühren nach dem Vertrag von Anfertigung *und* Verkauf des Gegenstandes abhängig ist.

2 A.A. Busse/*Keukenschrijver*, PatG, § 15 Rz. 102.

3 *Weiß* in Lindenmaier, PatG, § 9 a.F. Rz. 49 unter Hinweis auf *RG* v. 21.12.1905, BlPMZ 1906, 166, 167.

4 *Nirk* in Klauer/Möhring, PatG, § 9 a.F. Rz. 51; in diesem Sinne wohl auch *Ohl*, GRUR 1992, 77, 81.

5 Ebenso Benkard/*Ullmann*, PatG, § 15 Rz. 203.

6 *Groß*, Rz. 482.

7 Vgl. in diesem Zusammenhang auch *LG München* v. 13.1.2006, ZUM-RD 2007, 208, Rz. 74 ff. zur Verbreitung von Fotografien auf Produktverpackungen, nachdem die beschränkt vereinbarte Nutzungszeit abgelaufen war. Das *LG München* hat im Rahmen der Auseinandersetzung mit dem Gebot von Treu und Glauben festgestellt hat, dass *„das deutsche Recht keinen Grundsatz* [kennt], *nach dem ein-*

Immerhin ist zu berücksichtigen, dass die Vertragsparteien eine Befristung der Vertragsdauer vorgenommen haben, der Lizenzgeber also davon ausgehen kann, mit dem Ende des Vertrages neue Dispositionen über die Nutzung der Vertragsschutzrechte treffen zu können. Zudem bedeutet es eine erhebliche wirtschaftliche Beeinträchtigung eines neuen Lizenznehmers, wenn dieser trotz einer ihm evtl. eingeräumten ausschließlichen Lizenz über einen längeren Zeitraum hinweg noch „auslaufende Verwertungsrechte" des bisherigen Lizenznehmers dulden müsste. **Nutzungshandlungen** des bisherigen Lizenznehmers **nach Vertragsablauf** bzw. nach Wirksamwerden einer (außerordentlichen) Kündigung stellen bei fortbestehendem Patentschutz eine **Patentverletzung** dar (§§ 9, 139 PatG, s. auch Rz. 1242 ff.).

Ein Rückgriff auf die von der Rechtsprechung bei Schutzrechtsverletzungen aus dem Gedanken des § 242 BGB hergeleitete **Aufbrauchfrist** als **prozessuale Billigkeitsmaßnahme**[1] erscheint nicht gerechtfertigt. Diese im Wettbewerbsrecht[2] entwickelte Aufbrauchfrist wird einem Verletzer dann zugebilligt, wenn ihm aus einem sofortigen Wirksamwerden der gegen ihn erkannten Unterlassungspflicht unverhältnismäßige Nachteile erwachsen würden und andererseits eine *befristete* Weiterbenutzung dem Verletzten keine unzumutbare Beeinträchtigung bringt. Eine solche Aufbrauchfrist wird also nur unter Beachtung der beiderseitigen Interessen für zeitlich nicht vorhersehbare gerichtliche Maßnahmen zugestanden. 1277

Der Rückgriff auf diese Grundsätze verbietet sich wegen der unterschiedlichen Ausgangssituation: Während den Verletzer eine im Rahmen eines Rechtsstreits (Verfügungsverfahren) gerichtlich auferlegte Unterlassungspflicht u.U. überraschend trifft, er sich auf die plötzliche Beendigung seiner bisherigen Nutzungshandlungen also nicht einrichten konnte, weiß der Lizenznehmer von vornherein um den genauen Zeitpunkt der Beendigung seines Nutzungsrechtes oder er führt ihn durch eine von ihm veranlasste vorzeitige Kündigung bewusst herbei. Er kann sich darauf einrichten, und er hat sich darauf einzurichten. Es verstößt gegen das in **§ 162 BGB** zum Ausdruck kommende Rechtsprinzip, wenn etwa ein Lizenznehmer in Kenntnis des bevorstehenden Vertragsendes eine außergewöhnliche Produktion entfaltet und sich gerade hierdurch in den Stand setzt, nach Vertragsende noch – für den Lizenzgeber zeitlich unübersehbar – diese Produkte veräußern zu 1278

mal hergestellte Exemplare auch über eine vertraglich bedungene Frist hinaus verbreitet werden dürfen".

1 Für das Patentrecht vgl. Benkard/*Rogge/Grabinski*, PatG, § 139 Rz. 136a m.H.a. *BGH* v. 2.12.1980, GRUR 1981, 259, 260 – Heuwerbungsmaschine II; *Tetzner*, NJW 1966, 1545, 1546 f.; *Tetzner*, WRP 1967, 109; *Borck*, WRP 1967, 7 ff.; *BGH* v. 16.11.1973, GRUR 1974, 474, 476 – Großhandelshaus; *BGH* v. 14.3.1985, GRUR 1985, 930, 932 – JuS-Steuerberatungsgesellschaft; für das Kennzeichnungsrecht *BGH* v. 14.6.1966, GRUR 1966, 495, 498 – UNIPLAST.

2 Vgl. *LG Hamburg* v. 28.10.2011, ZUM 2012, 345.

können[1]. Zwar ist es richtig, dass der Lizenznehmer bis zum Zeitpunkt des Vertragsendes noch produzieren kann. Dies geschieht aber auf eigenes Risiko. Es ist seine Sache, sich im Wege einer vertriebspolitischen Prognose in Bezug auf Einkäufe und Fertigung so einzurichten, dass er mutmaßlich im Zeitpunkt des Lizenzvertragsendes nicht mehr über Produkte verfügt, die erst nach Vertragsende veräußert werden können.

1279 Auch die Überlegung von *Weiß*[2] über den **Zusammenhang der Benutzungsarten** vermag nicht zu überzeugen. Schon vom Ansatzpunkt her ist seine These nicht zutreffend, dass durch die Herstellung das Patentrecht als „verbraucht" anzusehen ist. Denn andernfalls würde eine Veräußerung nach Vertragsende auch keine lizenzpflichtige oder gar unerlaubte Nutzung des Lizenzgegenstandes darstellen. Der Vertrieb ist eine eigenständige Benutzungshandlung i.S. des § 9 PatG, so dass die Verbindung zwischen Herstellung und Vertrieb, die ja nicht zwangsläufig in einer Person verwirklicht werden muss, nicht zur Rechtfertigung der nachfolgenden Benutzungshandlung durch die Legitimation der vorangegangenen führen kann.

1280 Im Ergebnis ist also festzuhalten, dass der Lizenznehmer allenfalls dann berechtigt sein sollte, nach Lizenzvertragsende noch im Zeitpunkt des Vertragsendes vorhandene Lizenzprodukte zu veräußern, wenn er unter Berücksichtigung einer normalen Produktionsentwicklung, einer sinnvollen, auf nachweisbaren Erfahrungen beruhenden Terminplanung – wobei im Regelfall sechs Monate als angemessen angesehen werden können – Produktion und Vertrieb so eingerichtet hat, dass damit gerechnet werden konnte, mit Auslaufen des Vertrages auch die gesamte Fertigung veräußert zu haben. Tritt entgegen dieser nachweisbaren und nachweisbedürftigen Entwicklung für den Lizenznehmer eine **überraschende Störung** ein, mit der er vernünftigerweise nicht rechnen konnte, ist er berechtigt, diese Produkte noch nachvertraglich zu veräußern. Diese Veräußerungen sind selbstverständlich lizenzgebührenpflichtig.

1281 Wegen der (evtl.) Abhängigkeit der Unterlizenz von der Hauptlizenz (s. Rz. 145 ff.) müssen die obigen Grundsätze auch für die **Beendigung der Unterlizenz** gelten[3].

1282 Damit spätere Unstimmigkeiten zwischen den Vertragspartnern vermieden werden, empfiehlt es sich, die Frage der „auslaufenden Verwertungsrechte" durch eine eindeutige **Auslaufklausel** vertraglich zu regeln.

Welche Abwicklungsrechte und welche Dauer ihrer Einräumung zu wählen sind, hängt vom Einzelfall, insbesondere der durchschnittlichen Produktionsdauer der Lizenzprodukte ab. Bei Massenprodukten sind andere Rechte

1 *Ohl*, GRUR 1992, 77, 81, gestattet in solchen Fällen – im Anschluss an *Lüdecke/Fischer*, Lizenzverträge, G 18 S. 588 – einen Vertrieb „im durchschnittlichen Umfang".

2 *Weiß* in Lindenmaier, PatG, § 9 a.F. Rz. 9.

3 *RG* v. 1.11.1933, RGZ 142, 168, 170.

und Fristen angebracht als bei Spezialanfertigungen. Sicherlich spielt auch die Dauer des Produktionsprozesses eine Rolle. In Anbetracht der heute üblichen „Just-in-Time-Produktion" mit geringer Lagerhaltung könnten Auslaufklauseln bei Massenartikeln ihre Bedeutung verlieren.

Die klarste Lösung liegt fraglos darin, mit rechtlichem Ende des Lizenzvertrages das Recht des Lizenznehmers, in irgendeiner Benutzungsform von dem Schutzrecht Gebrauch zu machen, ebenfalls enden zu lassen. Sämtliche nach diesem Zeitpunkt erfolgenden Benutzungshandlungen stellen dann ohne weiteres eine Vertrags- und i.d.R. auch eine Schutzrechtsverletzung dar. 1283

Soll dem Lizenznehmer die (lizenzpflichtige) **Abwicklung** zu diesem Zeitpunkt **bereits abgeschlossener Vereinbarungen mit Dritten** zum (End-)Vertrieb der Produkte gestattet werden, betrifft dies keinesfalls nur bereits produzierte Gegenstände, sondern kann, gerade bei umfangreichen Industrieanlagen oder Spezialmaschinen, auch die erst noch vorzunehmende Produktion bereits verkaufter Vorrichtungen einschließen. 1284

Eindeutiger, aber auch einschränkender ist es dem gegenüber, dem Lizenznehmer lediglich den (lizenzpflichtigen) **Vertrieb** sämtlicher bei rechtlichem Ende des Lizenzvertrages bereits hergestellter und **auf Lager vorgehaltener Produkte** zu gestatten. 1285

Möglich ist schließlich, Herstellung und Vertrieb zu gestatten, soweit die noch auf Lager vorgehaltenen Rohstoffe und Vorprodukte reichen. 1286

In all diesen Fällen sollte zugleich die **Dauer der auslaufenden Verwertungsrechte** vereinbart werden, es sei denn, die Festschreibung der Dauer ist nicht erforderlich, weil sich der Umfang der Nutzung aus den eingeräumten Rechten unmittelbar ergibt. Wer sein Rohstofflager uneingeschränkt noch in schutzrechtsgemäße Produkte umsetzen und diese veräußern darf, dessen Recht hierzu läuft aus, wenn die Rohstoffe sämtlich der Produktion zugeführt und die Produkte veräußert wurden. 1287

Wird dem Lizenznehmer ein solches Nutzungsrecht innerhalb einer bestimmten Auslauffrist zugestanden, sollte er aus Gründen der Transparenz seiner Nutzungshandlungen und ihrer **Kontrolle** verpflichtet werden, innerhalb von z.B. zwei Wochen nach Vertragsende (bzw. Zugang der Kündigungserklärung) eine (überprüfbare) abschließende **Aufstellung über** die noch **abzuwickelnden Bestellungen** bzw. über die **vorhandenen Lagermengen** an fertigen Produkten bzw. noch zu verarbeitenden Rohstoffen und Vorprodukten vorzulegen. Als Rechtsfolge der Nichtvorlage einer solchen Aufstellung sollte bestimmt werden, dass dann ein Aufbrauchsrecht nicht besteht. 1288

Anstelle einer Auslaufklausel ist auch eine Regelung dahin denkbar, dass dem Lizenzgeber das Recht eingeräumt wird, die Gegenstände, die der Li- 1289 zenznehmer nicht mehr verwerten darf, (zu angemessenen Konditionen) selbst zu erwerben.

1290 Die vorstehenden Grundsätze sollten dann nicht greifen, wenn der **Lizenznehmer** durch vertragswidriges Verhalten **Anlass zur Kündigung** des Lizenzvertrages aus wichtigem Grund **gegeben** hat.

1291 Entsprechend der **allgemeinen kartellrechtlichen Behandlung von zeitlichen Beschränkungen** der Lizenz (vgl. Rz. 1254) ist auch die Auslaufklausel **kartellrechtlich zulässig**; sie ist vom spezifischen Gegenstand des Schutzrechts gedeckt. Etwas anderes gilt nur, wenn mit der nachvertraglichen Verwertung Wettbewerbsbeschränkungen einhergehen, die über die Dauer der Schutzrechte hinausgehen[1]. An dieser rechtlichen Bewertung ändert sich auch nichts, wenn der Lizenznehmer verpflichtet ist, für das Auslaufrecht Gebühren an den Lizenzgeber zu entrichten[2].

1292 Nichts anderes gilt, wenn dem Lizenznehmer untersagt wird, nach Beendigung des Lizenzvertrages bereits hergestellte Lizenzgegenstände zu veräußern.

Nach Art. 2 Abs. 1 Nr. 3 TT-GVO 1996 waren derartige Beschränkungen ausdrücklich freigestellt. Auf diese Weise soll einer möglichen Behinderung des Technologietransfers vorgebeugt werden, die sich aus dem Umstand ergeben könnte, dass der Lizenzgeber sonst gezwungen wäre, sein Know-how oder seine Patente auf unbegrenzte Zeit zu überlassen (EGr 20 TT-GVO 1996). Aufgrund dieser Wertung ist ein Verbot der nachvertraglichen Veräußerung bereits hergestellter Vertragsprodukte bei Einhaltung der Marktanteilsschwellen nicht ausdrücklich durch die TT-GVO 2004 verboten und somit freigestellt bzw. die Beschränkungen werden von Art. 101 Abs. 1 AEUV (ex-Art. 81 Abs. 1 EG) von vornherein nicht erfasst.

1293 Nach deutschem Kartellrecht ergab sich die Zulässigkeit derartiger Vereinbarungen bislang aus **§ 17 Abs. 1 Satz 2 GWB a.F.**, da die Beschränkung insoweit nicht über den Inhalt des Schutzrechts hinausging. Nach gegenwärtiger Rechtslage ist eine solche Beschränkung bei Unterstellung eines Verstoßes gegen Art. 1 GWB zumindest nach Art. 2 Abs. 2 GWB i.V.m. Art. 2 TT-GVO 2004 freigestellt.

1294 Frei.

e) Lizenzgebührenpflicht nach Wegfall einer Schutzrechtsposition

1295 Zur kartellrechtlichen Zulässigkeit solcher Fortzahlungspflichten s. Rz. 1870 ff.

1296–1304 Frei.

---

1 Pfaff/*Osterrieth*, B I Rz. 267.

2 Vgl. *BGH* v. 6.7.1954, GRUR 1955, 87, 89 – Bäckereimaschinen; Pfaff/*Osterrieth*, B I Rz. 259, 264.

5. Inhaltliche Beschränkungen der Lizenz

a) Beschränkung nach Nutzungsarten

Enthält ein Lizenzvertrag keine Beschränkungen hinsichtlich der Benut- 1305
zungshandlungen i.S. des § 9 PatG, ist davon auszugehen, dass dem Lizenznehmer alle Nutzungsrechte nach § 9 PatG zustehen. Hiervon abweichend bedarf eine Einschränkung dieser Nutzungsrechte einer ausdrücklichen Regelung. Als typische Beschränkungsregelung haben sich in der Lizenzpraxis insbesondere die Herstellungs-, Vertriebs- und die Gebrauchslizenz herausgebildet[1].

Bei Überschreitung einer im Lizenzvertrag vorgesehenen (zulässigen) 1306
Beschränkung der Benutzungsform liegt eine **Patentverletzung** vor (s. Rz. 1182)[2]. Dagegen stellt die Verletzung sonstiger Vertragsabreden (z.B. Bezugsverpflichtungen, Wettbewerbsverbote) keine Patent-, sondern lediglich eine **Vertragsverletzung** dar (s. Rz. 1182 ff. und auch Rz. 530 ff.).

Nach **europäischem Kartellrecht** stellt die Beschränkung nach Nutzungs- 1307
arten keine Wettbewerbsbeschränkung dar. Sie gehört zum spezifischen Gegenstand des lizenzierten Schutzrechts und verstößt daher nicht gegen Art. 101 Abs. 1 AEUV (ex-Art. 81 Abs. 1 EG). Eine Benutzungsbeschränkung bedeutet im Ergebnis die Nichterteilung einer Lizenz für andere dem Schutzrechtsinhaber durch das Schutzrecht vorbehaltene Nutzungen[3]. Dem entspricht auch Art. 5 Abs. 2 TT-GVO 2004, der nur die Verpflichtung des Lizenznehmers für **unzulässig** erklärt, seine **konkurrierende eigene Technologie nicht zu verwerten**. Dagegen wird in der Beschränkung der Verwertung eigener **nicht konkurrierender Technologien** in der Regel keine unzulässige Wettbewerbsbeschränkung liegen[4].

Nach dem **deutschem Kartellrecht** vor der siebten GWB-Novelle gehörte 1308
die Beschränkung nach Nutzungsarten gemäß § 17 Abs. 1 Satz 2 GWB a.F. zum Inhalt des Schutzrechts und wurde daher nicht vom Verbot des § 17 Abs. 1 Satz 1 GWB a.F. erfasst. Auch hier bestand jedoch über § 17 Abs. 4 GWB a.F. die Möglichkeit einer Anwendbarkeit von § 1 GWB a.F. So konnte im Falle eines exklusiven Vertriebsrechts ein Verstoß gegen § 1 GWB a.F. dann angenommen werden, wenn es dem Lizenznehmer die Möglichkeit gab, unerwünschte Wettbewerber als zukünftige Lizenznehmer auszuschalten[5]. Dem war jedoch entgegenzuhalten, dass eine Beschränkung nach Nutzungsarten vom spezifischen Gegenstand des lizenzierten Schutz-

---

1 Allg. Auffassung vgl. *Groß*, Rz. 26; Benkard/*Ullmann*, PatG, § 15 Rz. 69; Busse/*Keukenschrijver*, PatG, § 15 Rz. 865; *BGH* v. 28.6.1979, GRUR 1979, 768, 769 – Mineralwolle.

2 Busse/*Keukenschrijver*, PatG, § 15 Rz. 65 m.w.N.

3 *Sack*, WRP 1999, 592, 607.

4 *Schultze/Pautke/Wagener*, Die Gruppenfreistellungsvereinbarung für Technologietransfer-Vereinbarungen, Rz. 860.

5 TB BKartA 1983/1984, 40.

rechts erfasst wird und demnach nicht als wettbewerbsbeschränkend i.d.S. bewertet werden kann.

Nach gegenwärtigem deutschem Kartellrecht ist in einer Nutzungsvereinbarung wie im europäischen Kartellrecht grundsätzlich bereits keine Wettbewerbsbeschränkung i.S. des § 1 GWB zu sehen. Eine unzulässige Beschränkung liegt aber bei entsprechender Anwendung des Art. 5 Abs. 2 TT-GVO 2004 (i.V.m. § 2 Abs. 2 GWB) in dem Verbot, eigene konkurrierende Technologien zu nutzen.

1309–1312 Frei.

aa) Herstellungslizenz

1313 Die Herstellungslizenz[1] gestattet dem Lizenznehmer lediglich die gewerbsmäßige Herstellung des lizenzierten Gegenstandes, nicht aber dessen Gebrauch und Vertrieb. Hier handelt es sich um einen in der Praxis seltenen Ausnahmefall, der dann anzunehmen ist, wenn – z.B. im Zulieferbereich – der Lizenzgeber sich dem Lizenznehmer gegenüber zur Abnahme aller von diesem hergestellten Produkte verpflichtet oder jedenfalls eine entsprechende Verpflichtung für einen Dritten begründet wird.

Stellt der „Lizenznehmer" im Auftrag des Patentinhabers her, bedarf er hierzu keinerlei Lizenz, da dieses Handeln dem Lizenzgeber als Auftraggeber zugerechnet wird. Etwas anderes gilt dann, wenn der Patentinhaber seinem Auftragnehmer zusätzliche Herstellung (und Vertrieb) auf eigene Rechnung und Gefahr gestattet (s. auch Rz. 1315 für den Fall der Nutzung des Lizenznehmers durch von ihm beauftragte verlängerte Werkbank).

1314 Fehlt es an einer ausdrücklichen Abnahmeverpflichtung des Lizenzgebers, so schließt im Zweifel die Einräumung einer „Herstellungslizenz" das Recht des Lizenznehmers ein, das Erzeugnis auch in Verkehr zu bringen und zu gebrauchen[2]. Häufig wird deshalb die Vertragsauslegung auch ergeben, dass die Parteien mit der Verwendung des Begriffes „herstellen" keine Beschränkung auf diese Nutzungsart gewollt haben, da ein Herstellen ohne anschließenden Vertrieb wirtschaftlich sinnlos ist, es sei denn, es besteht die zuvor angesprochene Abnahmeverpflichtung des Lizenzgebers.

1315 Kein Fall einer Herstellungslizenz ist die Situation der **verlängerten Werkbank**[3]. Bei der verlängerten Werkbank stellt der Lizenznehmer die erfindungsgemäßen Gegenstände nicht (nur) in eigenen Betriebsstätten her, sondern lässt im Rahmen der Auftragsfertigung (auch) in fremden Werk-

---

1 Vgl. z.B. *BGH* v. 3.2.1959, GRUR 1959, 528, 530 – Autodachzelt; *BGH* v. 20.5.1966, GRUR 1966, 578, 580 – Zimcofot; s. auch *BGH* v. 25.10.1966, GRUR 1967, 378 – Schweißbolzen, zur Abgrenzung zwischen Herstellungslizenz und Werklieferungsvertrag; *Pagenberg/Beier*, Muster 7, Rz. 1 ff.

2 Herrschende Ansicht; vgl. nur Benkard/*Ullmann*, PatG, § 15 Rz. 69.

3 Vgl. hierzu *LG Düsseldorf* v. 15.12.1998, Mitt. 1999, 370, 371 – Steckerkupplung; abweichend *Henn*, Rz. 133.

stätten bei Dritten für sich arbeiten. Der Dritte stellt dann ausschließlich für den Lizenznehmer als seinen Auftraggeber und nach dessen Anweisungen das Produkt her. Der Dritte hat kein eigenes Nutzungsrecht, er arbeitet nicht nach eigenen Entschließungen auf eigene Rechnung und Gefahr, sondern setzt vielmehr die Herstellungslizenz seines Auftraggebers um. Ihm fehlt es an der eigenen Herstellungslizenz und damit an einem bestimmenden wirtschaftlich wirksamen Einfluss auf Art und Umfang der Herstellung und des Vertriebs[1]. Bei der Einschaltung fremder Werkstätten handelt es sich auch nicht um eine Unterlizenz, da der Dritte nicht aus eigenem Recht und auf eigenes Risiko produziert, sondern nur im Auftrag für den Lizenznehmer als Auftraggeber.

Denkbar ist auch die Vereinbarung eines **eingeschränkten Herstellungsrechts für bestimmte Regionen bzw. bestimmte Staaten**. In diesen Fällen ist es dem Lizenznehmer nicht gestattet, den Lizenzgegenstand außerhalb der im Vertrag bezeichneten Region oder des im Vertrag bestimmten Landes herzustellen. Die TT-GVO 2004 unterscheidet hinsichtlich Produktionsbeschränkungen in räumlicher Hinsicht zwischen horizontalen sowie vertikalen Vereinbarungen einerseits sowie wechselseitigen und nicht-wechselseitigen Beschränkungen andererseits. Räumliche Produktionsbeschränkungen sind zwischen Wettbewerbern grundsätzlich nur in nicht-wechselseitigen Vereinbarungen durchführbar. Zwischen Nichtwettbewerbern ist die räumliche Einschränkung der Produktion dagegen weitreichend zulässig. Insofern wird auf Rz. 1233 f. und Rz. 1229 verwiesen[2]. 1316

Als Sonderfall der Herstellungslizenz ist noch die **Entwicklungslizenz** zu nennen[3]. Hier wird dem Lizenznehmer ein über § 11 Nr. 2 PatG hinausgehendes Recht eingeräumt, den Gegenstand der Lizenz selbst auf eigene Kosten weiter zu entwickeln. Die Parteien werden hier vorsehen, dass für den Fall des Erreichens eines positiven Entwicklungsergebnisses ein entsprechendes Nutzungsrecht des Lizenznehmers begründet wird. Zu bedenken ist aber auch, ob hier nicht eine Forschungsgemeinschaft zwischen Lizenzgeber und Lizenznehmer entsteht mit den sich daraus ergebenden Rechtsfolgen, die entweder vertraglich vereinbart sind oder sich aus den Grundsätzen über das Recht der bürgerlichen Gesellschaft (§§ 705 ff. BGB) oder der Bruchteilsgemeinschaft (§§ 741 ff. BGB) ergeben. Das würde aber voraussetzen, dass beide Vertragsparteien einen gemeinsamen Zweck und nicht lediglich beide unabhängig voneinander einen gleichen eigenwirtschaftlichen Zweck verfolgen. 1317

Frei. 1318–1319

---

1 Vgl. *LG Düsseldorf* v. 15.9.1998, Mitt. 1999, 370, 371 – Steckerkupplung.

2 Vgl. zur kartellrechtlichen Behandlung regionaler Herstellungslizenzen auch Pfaff/*Winzer*, B III Rz. 511 ff.

3 S. *Groß*, Rz. 33 a.E.

bb) Vertriebslizenz

aaa) Verkaufs-, Handels- oder Vertriebslizenz

1320 Die Verkaufs-, Handels- oder Vertriebslizenz gestattet dem Lizenznehmer, den lizenzierten Gegenstand lediglich zu vertreiben, d.h. ihn feilzuhalten und in den Verkehr zu bringen[1]. Die Herstellung ist ausschließlich dem Lizenzgeber oder einem von ihm beauftragten dritten Unternehmen (verlängerte Werkbank) vorbehalten. Eine echte Vertriebslizenz liegt allerdings nur dann vor, wenn der Lizenznehmer den Lizenzgegenstand ab Lager des Lizenzgebers ausliefert[2]. Der Lizenznehmer ist damit berechtigt, die Ware anzubieten, Verkaufsverhandlungen zu führen, Kaufverträge im eigenen Namen abzuschließen und schließlich Lieferungen durchzuführen. Denn sobald eine eigene Auslieferung durch den Lizenzgeber erfolgt, und die Ware in den Verkehr gelangt, ist sie **patentfrei**[3] (zur Erschöpfung s. Rz. 2195 ff.). Einer Absprache zwischen herstellendem Lizenzgeber und „Lizenznehmer" kommt dann nur noch schuldrechtliche Bedeutung in dem Sinne zu, dass der „Lizenznehmer" als **Handelsvertreter oder Händler** auftritt, ohne dass es auf die Schutzrechtssituation im Einzelnen ankommt[4].

1321 Zutreffend weist *Groß*[5] darauf hin, dass bei dieser Vertragsgestaltung selbst bei Erteilung einer ausschließlichen Lizenz die persönlichen Beziehungen der Vertragsparteien zueinander die maßgebliche Grundlage des Vertrags bilden. Der Lizenznehmer hat im Rahmen einer Vertriebslizenz zwar das Recht, Dritte einzuschalten, sofern darin keine Übertragung der Rechte aus dem Lizenzvertrag oder die Erteilung von Unterlizenzen liegt. Bei der hier vorliegenden Sondergestaltung einer Vertriebslizenz bestehen i.d.R. schon aufgrund der organisatorischen Verflechtung von Herstellung durch den Lizenzgeber bzw. einen Dritten und Vertrieb durch den Lizenznehmer enge Bindungen zwischen den Parteien, so dass die Lizenz im Zweifel unübertragbar ist. Denkbar sind aber beispielsweise die Durchführung von Werbemaßnahmen[6] oder andere vorbereitende oder unterstützende (logistische) Tätigkeiten durch vom Lizenznehmer eingeschaltete Dritte.

---

1 *RG* v. 12.1.1907, RGZ 65, 86, 90; vgl. auch *Lüdecke/Fischer*, Lizenzverträge, D 53 S. 410.

2 Schulte/*Kühnen*, PatG, § 15 Rz. 46; vgl. auch Benkard/*Ullmann*, PatG, § 15 Rz. 69, der darauf hinweist, dass bei der reinen Vertriebslizenz stets darauf zu achten ist, ob nicht die Ware durch das erste Inverkehrbringen durch den Patentinhaber oder einen Inhaber der Herstellungslizenz schon patentfrei geworden ist.

3 Vgl. hierzu *BGH* v. 8.6.1967, GRUR 1967, 676 f. – Gymnastiksandale.

4 S. auch *OLG Stuttgart* v. 24.5.1956, GRUR 1957, 121, 122 sowie *BGH* v. 29.4.2010, GRUR 2010, 1107 – JOOP!

5 *Groß*, Rz. 27 f. m.w.N.

6 *Lüdecke/Fischer*, Lizenzverträge, D 53 S. 412.

Bisweilen gestaltet sich die **Abgrenzung** der Vertriebslizenz von einem bloßen **Händlervertrag** in der Praxis nicht einfach[1]. Bei einer Vertriebslizenz ist unabdingbar, dass der Lizenznehmer wirtschaftlich der für den Vertrieb der Ware maßgebliche Unternehmer und damit Träger des vollen mit dem Absatzvorgang verbundenen wirtschaftlichen Risikos bleibt. Stellt sich die Funktion des Lizenznehmers dagegen als die eines **Vermittlers** dar, der den Vertrieb durch wiederum ein anderes Unternehmen durchführen lässt, ist rechtlich das Terrain der Vertriebslizenz verlassen worden. Letzteres ist beispielsweise der Fall, wenn der „Lizenzgeber" als Hersteller dem „Lizenznehmer" die schutzrechtsgemäß hergestellte Ware in Kommission überlässt. Hier ist nicht nur das wirtschaftliche Risiko beim „Lizenzgeber" verblieben; hinzu kommt, dass die Ware bereits durch Lieferung an den „Lizenznehmer" gemeinfrei wird[2], jedenfalls soweit sie nicht mehr der Verfügungsgewalt des „Lizenzgebers" unterliegt[3]. 1322

Kartellrechtlich waren Lizenzvereinbarungen, die ausschließlich den Vertrieb betreffen, bereits nach **Art. 5 Abs. 1 Nr. 5 TT-GVO 1996** ausdrücklich nicht von dieser TT-GVO umfasst. Es fehlt an dem erforderlichen Bezug zur Vertragsproduktion, die eine Freistellung nach der TT-GVO rechtfertigt (s. Rz. 784 ff.). Art. 5 Abs. 1 Nr. 5 TT-GVO 1996 wurde zwar nicht in die TT-GVO 2004 übernommen, nach **Art. 2 1. Unterabsatz TT-GVO 2004** werden von der TT-GVO 2004 jedoch ausschließlich Technologietransfer-Vereinbarungen erfasst, die der Produktion von Vertragsprodukten dienen. 1323

Eine Freistellung kommt daher nur über die Vertikal-GVO in Betracht (Rz. 1011 ff.).

Nach Art. 2 gilt die Vertikal-GVO **für alle Wirtschaftsbereiche** und umfasst **vertikale Vereinbarungen über den Kauf oder Verkauf von Waren oder Dienstleistungen**, sowie vertikale Vereinbarungen, die **Nebenabreden über die Übertragung oder Nutzung geistiger Eigentumsrechte** enthalten. In der Freistellung entspricht sie in weiten Teilen der TT-GVO, sieht jedoch Besonderheiten in den Kernbeschränkungen vor. Räumliche Beschränkungen sind nach Art. 4 Vertikal-VO nur unter bestimmten Bedingungen zulässig (Rz. 1020 ff.). 1324

Mit Urteil vom 25.11.2009 hatte das *OLG Karlsruhe* entschieden, dass **selektive Vertriebssysteme mit** Art. 81 EG (nunmehr **Art. 101 AEUV**) **vereinbar** sind, sofern sich die **Kriterien für die Auswahl** der **Wiederverkäufer** nach den Anforderungen des betreffenden Produkts richten und auf die 1325

---

1 Zu einem (misslungenen) Abgrenzungsversuch vgl. *OLG Stuttgart* v. 24.5.1956, GRUR 1957, 121, 122; *Groß*, Rz. 28; *Henn*, Rz. 134. S. auch *LG Düsseldorf* v. 30.12.2009, Düsseldorfer Entscheidung Nr. 1314 (www.duesseldorfer-archiv.de).

2 Benkard/*Scharen*, PatG, § 9 Rz. 17; *Bayreuther*, WRP 2000, 349, 355; *Lüdecke/Fischer*, Lizenzverträge, D 53 S. 412; a.A. *Kraft*, GRUR 1971, 373, 379 f.

3 Vgl. *EuGH* v. 30.11.2004, Slg. 2004, I-11313 = GRUR 2005, 507 – Peak Holding AB ./. Axolin-Elinor AB; *OLG München* v. 5.6.2003, GRUR-RR 2003, 338, jeweils zum Markenrecht; vgl. auch *BGH* v. 26.2.2002, GRUR 2002, 599.

fachliche Eignung des Wiederverkäufers und seines Personals sowie auf seine sachliche Ausstattung bezogen sind und diese **Selektion einheitlich und diskriminierungsfrei** angewandt wird[1]. Nach einem jüngst ergangenen Urteil des *EuGH*[2] liegt im Rahmen eines selektiven Vertriebssystems in einer Vertragsklausel, aus der sich ein **Verbot der Nutzung des Internets** für Verkäufe von Vertragsprodukten ergibt, allerdings dann eine **bezweckte Beschränkung i.S. des Art. 101 Abs. 1 AEUV**, wenn eine **individuelle und konkrete Prüfung** des **Inhalts** und des **Ziels** dieser **Vertragsklausel** sowie des **rechtlichen** und **wirtschaftlichen Zusammenhangs**, in dem sie steht, ergibt, dass diese Klausel in Anbetracht der **Eigenschaften** der in Rede stehenden **Produkte nicht objektiv gerechtfertigt** ist. Nach der streitgegenständlichen Vertragsklausel musste der Verkauf von Kosmetika und Körperpflegeprodukten in einem physischen Raum und in Anwesenheit eines diplomierten Pharmazeuten erfolgen. Weiterhin legt der *EuGH* Art. 4 lit. c Vertikal-VO a.F. (s. Rz. 1011) dahin aus, dass die Gruppenfreistellung gemäß Art. 2 Vertikal-VO a.F. nicht für eine selektive Vertriebsvereinbarung gilt, nach deren Inhalt das Internet als Vertriebsform für die Vertragsprodukte de facto verboten ist[3]. Allerdings könne hinsichtlich einer solchen Vereinbarung die Legalausnahme des Art. 101 Abs. 3 AEUV individuell anwendbar sein, soweit die diesbezüglichen Voraussetzungen vorliegen[4].

1326 Frei.

bbb) Aus-/Einfuhrlizenz

1327 Besondere Fallgestaltungen der Vertriebslizenz stellen die Ausfuhr- und die Einfuhrlizenz dar. Eine **Ausfuhrlizenz** ist dann notwendig, wenn der Lizenzgeber in den Staaten, in die exportiert werden soll, Patentschutz genießt. Hier kann ohne seine Zustimmung eine in einem patentfreien Staat oder in einem Patentstaat mit Zustimmung des Lizenzgebers hergestellte Ware nicht in patentgeschützte Staaten exportiert werden. Eine solche Ausfuhrlizenz ist im Zweifel stillschweigend erteilt, wenn der Lizenzgeber Kenntnis davon hat, dass sein Lizenznehmer ein nach dem Lizenzvertrag im Inland hergestelltes Produkt ins Ausland exportieren will.

Parallel hierzu wird bei der **Einfuhrlizenz** dem Lizenznehmer gestattet, die Erzeugnisse aus dem Ausland ins Inland einzuführen, in welchem ein Schutzrecht für das zu importierende Produkt besteht.

---

1 *OLG Karlsruhe* v. 25.11.2009, GRUR-RR 2010, 109 m.H.a. *EuGH* v. 25.10.1977 – Rs. 26/76, Slg. 1977, 1875 – Metro/SABA I.

2 *EuGH* v. 13.10.2011, Mitt. 2012, 37 – Pierre Fabre Dermo-Cosmétique mit Anm. *Rahlmeyer*, ZVertriebsR 2012, 55 ff. Vgl. zur Beschränkung des Internetvertriebs im selektiven Vertrieb auch den kurzen Überblick bei *Emde*, BB 2011, 2755, 2769 mit umfangreichen weiteren Nachweisen. Zu den aktuellen Entwicklungen im Vertriebsrecht s. außerdem *Niebling*, WRP 2011, 1518 ff.

3 *EuGH* v. 13.10.2011, Mitt. 2012, 37 – Pierre Fabre Dermo-Cosmétique.

4 *EuGH* v. 13.10.2011, Mitt. 2012, 37 – Pierre Fabre Dermo-Cosmétique.

Diese Grundsätze können allerdings nicht uneingeschränkt Geltung beanspruchen, wenn der Lizenzgeber in mehreren **europäischen Staaten** parallele Patente besitzt. Aus Gründen der gemeinschaftsweiten Erschöpfung kann sich der Lizenzgeber nur in sehr beschränktem Umfang dagegen wehren, dass die lizenzierten Erzeugnisse nach Inverkehrbringen von einem Mitgliedstaat der EU in einen anderen geliefert werden (zu Einzelheiten vgl. Rz. 2155 ff.). 1328

Bei Export einer Ware, die **nur im Inland** geschützt ist, vertritt *Groß*[1] im Gegensatz zur h.M. die Auffassung, dass eine Ausfuhrlizenz erforderlich sei, und begründet dies damit, dass auch bei Herstellung eines Lizenzerzeugnisses im patentgeschützten Inland zum ausschließlichen Export in das patentfreie Ausland Benutzungshandlungen i.S. des § 9 PatG vorliegen[2]. Letzteres ist zwar richtig, ändert aber nichts daran, dass die in diesem Fall dem Hersteller zu gewährende Lizenz keine eigentliche „Ausfuhrlizenz" ist, sondern vielmehr eine Herstellungs- und Vertriebslizenz erforderlich sein dürfte. Eine Ausfuhrlizenz bezieht sich begrifflich auf die Länder, in die exportiert werden soll, nicht aber auf das Herstellungsland. 1329

Soll eine selbst nicht geschützte Vorrichtung zur Ausübung eines im Inland patentgeschützten Arbeitsverfahrens ins patentfreie Ausland geliefert werden, stellt dies grundsätzlich keine inländische Patentnutzung im Sinne der §§ 9, 10 PatG dar, sondern eine lizenzfreie Handlung, und zwar auch dann, wenn die Vorrichtung für die Ausübung des patentgeschützten Arbeitsverfahrens sinnfällig hergerichtet wird[3]. 1330

Schützt ein Patent sowohl eine Vorrichtung als auch darauf bezogene Verfahren, kann mit der Veräußerung der patentierten Vorrichtung zugleich eine Erschöpfung der bestimmungsgemäßen Sach- und Verfahrensansprüche eintreten, der Erwerber der Vorrichtung kann diese dann zu ihrem vorgesehenen Zweck gebrauchen, ohne eine zusätzliche Nutzungserlaubnis des Schutzrechtsinhabers zur Verfahrensausübung zu benötigen[4]. Die Verein-

---

1 *Groß*, Rz. 31.

2 Zur Benutzungshandlung des Herstellens und/oder Inverkehrbringens in diesem Zusammenhang vgl. *BGH* v. 15.1.1957, GRUR 1957, 231, 234 – Taeschner Pertussin; *RG* v. 26.3.1902, RGZ 51, 139, 142; Benkard/*Scharen*, PatG, § 9 Rz. 11 m.w.N.; *Tetzner*, GRUR 1980, 882 ff. m.w.N.

3 Vgl. *BGH* v. 5.7.2005, GRUR 2005, 845, 846 f. – Abgasreinigungsvorrichtung; anders dagegen bei einem Verwendungsverfahren, bei dem der *BGH* in der sinnfälligen Herrichtung einer Sache bereits den Beginn der Verwendung sieht, vgl. *BGH* v. 5.7.2005, GRUR 2005, 845, 846 f. m.H.a. *BGH* v. 20.9.1983, GRUR 1983, 729, 733 – Hydropyridin u. *BGH* v. 21.11.1989, GRUR 1990, 505, 506 f. – Geschlitzte Abdeckfolie.

4 *BGH* v. 16.9.1997, GRUR 1998, 130, 132 – Handhabungsgerät, in Abgrenzung zu *BGH* v. 24.9.1979, GRUR 1980, 38, 39 – Fullplastverfahren; einschränkend *BGH* v. 14.3.2006, Mitt. 2006, 285 f. – Microprozessor; s. auch *BGH* v. 14.11.2000, GRUR 2001, 223 ff. – Bodenwaschanlage.

barung einer zusätzlichen Lizenzgebühr für die Verfahrensausübung könnte dann nach § 1 GWB unwirksam sein[1].

1331 **Kartellrechtlich** sind bei Ausfuhrlizenzen die Kernbeschränkung nach Art. 4 Abs. 1 lit. c (konkurrierende Unternehmen) und Abs. 2 lit. b (nichtkonkurrierende Unternehmen) TT-GVO 2004 zu beachten. Danach sind Gebietszuweisungen nicht freigestellt, es sei denn, es greift eine der dort genannten Ausnahmeregelungen. Es wird auf die Rz. 913 ff., 933 ff. verwiesen.

1332 Frei.

cc) Gebrauchslizenz

1333 Bei der Gebrauchslizenz ist dem Lizenznehmer lediglich der Gebrauch des Erfindungsgegenstandes gestattet, der zumeist miet- oder pachtweise überlassen wird[2], etwa die pachtweise Überlassung einer Anlage zur Herstellung patentgeschützter Produkte[3]; ein Recht zu Herstellung und Vertrieb der patentgeschützten Erfindung selbst ist damit nicht verbunden. Anstelle einer Miete oder Pacht für die überlassene patentgeschützte Vorrichtung kann sich der Lizenzgeber auch auf die Lizenzierung ihrer Benutzung beschränken[4]. Insoweit würde eine Erschöpfung durch Verkauf der patentgeschützten Vorrichtung nicht eintreten; deren Überlassung wäre Mittel zum Zweck des Abschlusses des Lizenzvertrages.

Hat der „Lizenznehmer" die patentierte Anlage vom Lizenzgeber zu Eigentum erworben, so ist eine „Gebrauchslizenz" letztlich gegenstandslos, da mit der Eigentumsübertragung diese Anlage patentfrei geworden ist[5]. Dies gilt für Sachpatente in gleicher Weise wie für Produkte, die nach einem Verfahrenspatent hergestellt sind[6]. Mit Erwerb des Eigentums am Erfindungsgegenstand entfällt eine gleichzeitige Pflicht zur Zahlung von Lizenzgebühren für die Nutzung der patentierten Vorrichtung[7] (zur Erschöpfung s. Rz. 2195 ff.). Im Einzelfall zu prüfen ist allerdings, ob eine zusätzlich zu einem Kaufpreis vereinbarte (Pauschal-)"Lizenzgebühr" nicht Teil des Kaufpreises ist und sich nicht auf die zukünftige Nutzung bezieht[8].

1334 Frei.

---

1 *BGH* v. 14.11.2000, GRUR 1998, 130, 132 – Handhabungsgerät; *LG Düsseldorf* v. 3.11.1998, Entsch. 1998, 115 – Levitationsmaschine (zu § 17 GWB a.F.).
2 Vgl. *RG* v. 11.5.1929, RGZ 124, 317, 319; Benkard/*Ullmann*, PatG, § 15 Rz. 69.
3 *Groß*, Rz. 34.
4 *BGH* v. 16.9.1997, GRUR 1998, 130, 132 – Handhabungsgerät.
5 *BGH* v. 16.9.1997, GRUR 1998, 130, 132 – Handhabungsgerät.
6 *BGH* v. 24.9.1979, GRUR 1980, 38, 39 – Fullplastverfahren; *BGH* v. 16.9.1997, GRUR 1998, 130, 132 – Handhabungsgerät, *BGH* v. 14.12.1999, GRUR 2000, 299 – Karate; *LG Düsseldorf* v. 3.11.1998, Entsch. 1998, 115 – Levitationsmaschine; *Groß*, Rz. 34.
7 *LG Düsseldorf* v. 3.11.1998, Entsch. 1998, 115 – Levitationsmaschine.
8 Benkard/*Ullmann*, PatG, § 15 Rz. 69 m.H.a. RGZ 124, 317, 319.

b) Technische Beschränkungen (technical fields-of-use)

Möglich und zulässig sind auch technische (gegenständliche) Beschränkungen. Umfassen die dem Lizenzvertrag zugrunde liegenden Schutzrechtspositionen mehrere technische Anwendungsbereiche, so ist es dem Lizenzgeber unbenommen, das Nutzungsrecht des Lizenznehmers auf einen der möglichen Anwendungsbereiche dieser Technologie zu beschränken[1]. Praktisch wird dies, wenn die geschützte Technologie für die Herstellung ganz unterschiedlicher Produkte verwendet werden kann, etwa wenn eine neue Motortechnik sowohl in 4-Zylinder- als auch in 6-Zylinder-Motoren zum Einsatz kommen kann und die Nutzung auf einen technischen Anwendungsbereich beschränkt wird (so GVO-TT-Leitlinien zu Art. 81 EG Rz. 179). Vergleichbares gilt etwa für den Einsatz eines Wirkstoffs im Pharmabereich und in der sonstigen chemischen Industrie. 1335

Ein **Motiv** für diese Differenzierung aus Sicht des Lizenzgebers kann es sein, Technologielizenzen lediglich für solche Anwendungsbereiche zu erteilen, in denen er selbst sich nicht betätigt (s. GVO-TT-Leitlinien zu Art. 81 EG Rz. 182). 1336

Nutzungsbeschränkungen können sich positiv auf den Wettbewerb auswirken, wenn sie den Lizenzgeber dazu veranlassen, Technologielizenzen für Anwendungen zu erteilen, die außerhalb seines eigenen Tätigkeitsschwerpunkts liegen. Andernfalls sähe sich der Lizenzgeber unter Umständen vor der Entscheidung, entweder keine Lizenz zu erteilen oder höhere Lizenzgebühren zu verlangen[2]. Insoweit sind diese Beschränkungen unmittelbarer Ausfluss der Wertschöpfung für Nutzungshandlungen, die unter den Schutzbereich des lizenzierten Schutzrechts fallen. Jedem einzelnen Einsatzbereich der Erfindung kommt ein eigener Wert zu.

Von Interesse für den Lizenznehmer kann eine solche Lizenz sein, um in einem Technologiebereich, in dem er aktiv ist, der Gefahr von Verletzungsklagen vorzubeugen (s. GVO-TT-Leitlinien zu Art. 81 EG Rz. 184).

Wesentlich ist einmal, dass es sich um einen abgrenzbaren technischen Anwendungsbereich handelt. Zum anderen bildet der Schutzumfang des Patents die Grenze, d.h. es können keine darüber hinausgehenden Einschränkungen festgelegt werden.

Unter **kartellrechtlichen Gesichtspunkten** ist die Vereinbarung technischer Beschränkungen ebenso zu beurteilen, wie die Beschränkung nach Nutzungsarten. Soweit diese Beschränkungen noch vom Schutzrechtsinhalt gedeckt sind und der Lizenznehmer nicht in der Nutzung seiner eigenen Technologie eingeschränkt wird (vgl. GVO-TT-Leitlinien zu Art. 81 1337

---

1 Vgl. die Sachverhalte der Entscheidungen des *RG* v. 16.1.1904, RGZ 57, 38 f.; *RG* v. 16.11.1929, GRUR 1930, 174 f. – Metallüberzüge. S. auch *BKartA*, TB 1965, 63; TB 1967, 88.

2 TT-Leitlinien zu Art. 81 EG Rz. 181.

EG Rz. 90 Sätze 3 bis 5), bestehen hiergegen keine rechtlichen Bedenken. Die Parteien sollten indes darum bemüht sein, in technischer Hinsicht eine ausreichende Abgrenzung dieser Beschränkung vorzunehmen.

1338 **Art. 4 Abs. 1 lit. c i) TT-GVO 2004** nimmt „**field-of-use**"-Klauseln zwischen Wettbewerbern ausdrücklich vom Verbot der Zuweisung von Märkten oder Kunden aus. Zwischen Nichtwettbewerbern ist nach **Art. 4 Abs. 2 lit. b TT-GVO 2004** lediglich die Beschränkung des passiven Verkaufs verboten, nicht aber generell die Zuweisung von Märkten. Dies impliziert, dass **field-of-use Beschränkungen** auch zwischen Nichtwettbewerbern zulässig sind (s. Rz. 913, 935). Zur Kombination der field-of-use-Beschränkung mit einer Exklusiv- oder Alleinlizenz s. TT-Leitlinien zu Art. 81 EG Rz. 181.

1339 Diese Regelungen entsprechen der Freistellung von field-of-use Vereinbarungen in Art. 2 Nr. 8 TT-GVO 1996, die sowohl für konkurrierende als auch für nicht im Wettbewerb miteinander stehende Unternehmen galt.

Bei Überschreitung der in Art. 3 TT-GVO 2004 niedergelegten Marktanteilsschwellen kann jedoch im Einzelfall bei **Wettbewerbern** eine unzulässige Wettbewerbsbeschränkung in der Nutzungseinschränkung liegen[1].

Nutzungsbeschränkungen zwischen **Nichtwettbewerbern** sind dagegen grundsätzlich nicht wettbewerbsschädlich, da sie die Nutzung einer Technologie in anderen Anwendungsbereichen fördern[2]. Bei vertikalen Nutzungsvereinbarungen liegt daher grundsätzlich **kein Verstoß** gegen Art. 101 AEUV (ex-Art. 81 EG) bzw. § 1 GWB vor.

1340 Stets ist eine Abgrenzung zwischen zulässigen field-of-use-Klauseln und unzulässigen Kundenbeschränkungen entscheidend. Eine Kundenkreisbeschränkung liegt nur bei genauer Bestimmung der Kundengruppe, die nicht von den Parteien beliefert werden darf, vor[3]. Der Umstand, dass eine Nutzungsbeschränkung bestimmten Kundengruppen in einem Produktmarkt entsprechen kann, besagt nicht, dass die Beschränkung als Kundenkreisbeschränkung einzustufen ist[4].

1341 Die Nutzungsbeschränkung muss objektiv unter Verweis auf **genau bezeichnete, relevante technische Merkmale** definiert sein[5], die die Funktion oder bestimmte Eigenschaften des Lizenzgegenstandes beeinflussen. Sind die abgegrenzten Vertragsprodukte dagegen substituierbar, könnte über die Beschränkung des Lizenznehmers auf Handlungen, die durch nichttechnische Merkmale eingegrenzt sind, ein unzulässiger Einfluss auf das allgemeine Verhalten im Wettbewerb ausgeübt werden (Kundenkreisbeschränkungen,

1 TT-Leitlinien zu Art. 81 EG Rz. 183 f.
2 TT-Leitlinien zu Art. 81 EG Rz. 184.
3 TT-Leitlinien zu Art. 81 EG Rz. 180 Satz 2.
4 TT-Leitlinien zu Art. 81 EG Rz. 180 Satz 3.
5 TT-Leitlinien zu Art. 81 EG Rz. 180 Satz 5.

Art. 4 Abs. 1 lit. c und Abs. 2 lit. b TT-GVO 2004; s. auch TT-Leitlinien zu Art. 81 EG Rz. 180).

Frei. 1342–1344

c) Mengenmäßige Beschränkungen/Quotenlizenz (output restrictions)

aa) Inhalt

Quotenmäßige Beschränkungen betreffen **Höchst- oder Mindestmengen** oder Kombinationen beider, z.B. die Herstellung von bestimmten Produktionsmengen im Kalendermonat. Der Lizenznehmer darf die ihm gesetzte **Höchst-Quote nicht überschreiten**, da dies sonst – soweit die Mengenbeschränkung kartellrechtlich zulässig ist – eine Vertrags- und Patentverletzung bedeuten würde (s. Rz. 2944 ff.). 1345

Erreicht er die vereinbarte **Mindestmenge nicht**, stellt dies eine Vertragsverletzung dar. Ist ihm das Nutzungsrecht unter der Bedingung der Erreichung der Mindestmenge eingeräumt worden, ist die darunter liegende Nutzung nach herrschender, aber nicht unbestrittener Ansicht auch eine Patentverletzung[1]. Dagegen steht, dass die – wenn auch mengenmäßig zu geringen – Nutzungen jedenfalls von dem auf eine umfassendere Nutzung ausgerichteten Verwertungsrecht des Lizenznehmers umfasst sind. 1346

Während die Vorgabe einer Mindestmenge einen Druck auf den Lizenznehmer bewirken soll, möglichst umfassend von dem Lizenzgegenstand Gebrauch zu machen, bewirkt eine Höchstmengenbeschränkung (Output-Beschränkung) eine mengenmäßige Produktions- und Absatz-/Vertriebsbeschränkung der Lizenzvertragsparteien. Mengenmäßige Beschränkungen der Lizenz sind in vielfacher Hinsicht denkbar. Prototyp der mengenmäßigen Beschränkung ist die **Beschränkung der Stückzahl** der aufgrund des lizenzierten Schutzrechtes herzustellenden Erzeugnisse[2]. Eine Höchstmengenbeschränkung kann z.B. darin liegen, dass der Lizenznehmer jährlich lediglich 1000 Tonnen des Vertragsproduktes oder etwa 100 vertragsgemäße Vorrichtungen herstellen darf. 1347

Eine besondere Form einer mengenmäßigen Beschränkung der Lizenz ist das sog. **„second sourcing“** (s. **Art. 4 Abs. 1 lit. c vii) TT-GVO 2004**). Ausgangspunkt ist, dass ein Zulieferer Patentinhaber oder Lizenznehmer mit dem Recht zur Unterlizenzierung ist und der Endabnehmer patentgemäße Produkte zusätzlich von einem anderen Zulieferer (Zweitlieferant) beziehen will. Das betrifft insbesondere Unternehmen, die für ihre Produktion auf Zulieferteile in hoher Stückzahl angewiesen sind, etwa in der Automobilindustrie. Hier soll eine sichere Zulieferung dadurch gewährleistet 1348

---

1 Vgl. allgemein Benkard/*Ullmann*, PatG, § 15 Rz. 73 m.H.a. *BGH* v. 8.6.1967, GRUR 1967, 676, 680 – Gymnastiksandale.

2 Vgl. auch *BGH* v. 17.4.1969, BGHZ 52, 55, 57 – Frischhaltegefäß.

werden, dass neben dem ersten Zulieferer eine (oder mehrere) weitere Bezugsquelle(n) geschaffen wird (werden). Diese zweite Lieferquelle wird durch Vergabe einer Lizenz seitens des ersten Zulieferers an das betreffende Unternehmen (Zweitlieferant) geschaffen, allerdings mit der Verpflichtung, die Vertragsprodukte nur für einen bestimmten Kunden, den gemeinsamen Abnehmer, in dem vereinbarten Lieferumfang zu produzieren[1] und keine sonstige Fertigung für Dritte zu betreiben.

1349–1350 Frei.

bb) Bewertung nach EU-Kartellrecht

1351 **Kartellrechtlich** ist grundsätzlich zwischen der Vereinbarung von Höchstbeschränkungen und Mindestmengenverpflichtungen zu unterscheiden.

1352 Nach EU-Kartellrecht werden **Mindestmengenverpflichtungen** unabhängig von einem Wettbewerbsverhältnis der Parteien grundsätzlich als nicht wettbewerbsbeschränkend angesehen[2]. Mindestmengenverpflichtungen sind zum spezifischen Gegenstand des lizenzierten Schutzrechts zu zählen und werden insoweit vom kartellrechtlichen Verbot des Art. 101 AEUV (ex-Art. 81 EG) nicht erfasst[3].

Dieser Wertung entsprach Art. 2 Nr. 9 TT-GVO 1996, der Mindestmengenverpflichtungen zu den weißen Klauseln zählte, die als nicht wettbewerbsbeschränkend freigestellt waren. Die Regelung wurde ersatzlos gestrichen, die TT-Leitlinien werten Mindestmengenverpflichtungen jedoch ausdrücklich in Rz. 155 als nicht wettbewerbswidrig. Nach *Gleiss/Hirsch*[4] soll selbst die Festlegung bestimmter Zahlen pro Zeiteinheit nicht zu beanstanden sein, solange nicht ein Wettbewerbsverbot entsteht.

1353 Ebenfalls nicht wettbewerbsbeschränkend sind nach Art. 4 Abs. 1 lit. c vii) TT-GVO 2004 nicht-wechselseitige Vereinbarungen zwischen Wettbewerbern über ein **„second sourcing"**, bei denen die mengenmäßige Beschränkung der Schaffung einer zweiten Lieferquelle dient. Zwischen Nicht-Wettbewerbern ist eine second-source-Vereinbarung nach Art. 4 Abs. 2 lit. b iv) TT-GVO 2004 auch wechselseitig zulässig[5] (vgl. Rz. 925 u. 939).

1354 Etwas anderes gilt für **Höchstmengenbegrenzungen**. Sie können nach Art. 101 Abs. 1 AEUV (ex-Art. 81 Abs. 1 EG) eine Beschränkung des Wettbewerbs bedeuten und nach Art. 101 Abs. 2 AEUV (ex-Art. 81 Abs. 2 EG) zur Unwirksamkeit der vertraglichen Regelung führen[6]. Dieser Einschätzung

---

1 Vgl. auch *Winzer* in Pfaff/Osterrieth, B III Rz. 697.
2 *EU-Kommission* v. 22.12.1971, WuW/EV 365, 366 f. – Burroughs/Geha-Werke; TT-Leitlinien zu Art. 81 EG Rz. 155 Sätze 1 und 2 lit. e.
3 *Sack*, WRP 1999, 592, 606 m.w.N.
4 *Gleiss/Hirsch*, EG-Kartellrecht Bd. 1, G Rz. 782 a.E.
5 Vgl. auch *Winzer* in Pfaff/Osterrieth, B III Rz. 533.
6 A.A. *Sack*, WRP 1999, 592, 606, der auch Höchstmengenbegrenzungen als vom spezifischen Gegenstand des lizenzierten Schutzrechts gedeckt ansieht.

entspricht es, dass **Art. 4 Abs. 1 lit. b TT-GVO 2004** Mengenbeschränkungen **zwischen Wettbewerbern** von einer Freistellung ausnimmt (Rz. 905 ff.) Es bleibt dem Lizenzgeber jedoch unbenommen, den Lizenznehmer zu verpflichten, die Nutzung der überlassenen Technologie auf einen oder mehrere technische Anwendungsbereiche, die von der überlassenen Technologie erfasst werden, oder auf einen oder mehrere Produktmärkte zu beschränken (Rz. 1213 ff.). Derartige Vereinbarungen fallen ebenso wenig unter Art. 4 Abs. 1 lit. b TT-GVO 2004 wie die Vereinbarung, nur eine begrenzte Menge des Lizenzerzeugnisses an einen bestimmten Abnehmer zu liefern, wenn durch den Vertrag diesem Abnehmer eine zweite Lieferquelle im Lizenzgebiet eröffnet werden soll (s. Rz. 1348; Art. 4 Abs. 1 lit. c vii) TT-GVO 2004, Art. 4 Abs. 2 lit. b iv) TT-GVO 2004).

Zulässig sind dagegen Outputbeschränkungen **zwischen Nichtwettbewerbern**. Da diese in Art. 4 Abs. 2 TT-GVO 2004 nicht ausdrücklich untersagt werden, sind Mengenbeschränkungen zwischen nicht konkurrierenden Unternehmen anders als in Art. 4 Abs. 1 lit. b TT-GVO 2004 grundsätzlich zulässig. Im Übrigen wird auf Rz. 931 verwiesen. 1355

Frei. 1356–1359

cc) Bewertung nach deutschem Kartellrecht

Nach gegenwärtiger Rechtslage gelten auch im deutschen Recht die zum europäischen Kartellrecht ausgeführten Grundsätze. Art. 4 TT-GVO 2004 findet über § 2 Abs. 2 GWB entsprechende Anwendung. Damit ergeben sich keine Unterschiede zur bisherigen Rechtslage (s. § 17 Abs. 2 Nr. 4 GWB a.F.) hinsichtlich der Zulässigkeit der Vereinbarung von Mindestmengen. Höchstmengenbegrenzungen sind auch weiterhin zwischen Nichtwettbewerbern erlaubt (s. Art. 4 Abs. 1 lit. b) TT-GVO 2004). Bei Vereinbarungen zwischen Wettbewerbern ist indes, in entsprechender Anwendung des Art. 4 Abs. 1 lit. c TT-GVO 2004, zwischen zulässigen nicht-wechselseitigen Mengenbeschränkungen und unzulässigen wechselseitigen Mengenbeschränkungen zu unterscheiden (vgl. dazu § 17 Abs. 1 Satz 2 GWB a.F.). 1360

Zulässig ist es dagegen, die Produktion, soweit sie sich auf geschützte und nicht gemeinfreie Gegenstände bezieht, **auf bestimmte technische Anwendungszwecke** (field-of-use Beschränkungen; s. Rz. 1335 ff.), auf bestimmte Maßeinheiten, auf die Herstellung in einer bestimmten Verpackung mit identischem Gewicht (Handelsgröße)[1] oder auf Hilfsmittel, z.B. Maschinen[2], zu beschränken. 1361

Von diesen mengenmäßigen Beschränkungen des lizenzierten Gegenstands bzw. des lizenzierten Verfahrens sind solche mengenmäßigen Beschränkungen zu unterscheiden, die sich auf **gemeinfreie Gegenstände** beziehen. 1362

1 TB BKartA 1965, 63.
2 *Axster* in GK-KartR, GWB, §§ 20, 21 a.F. Rz. 165 ff.; TB BKartA 1962, 70; TB 1964, 52; TB 1965, 63.

Sie kommen regelmäßig Wettbewerbsverboten gleich und waren daher bereits nach § 17 GWB a.F. nicht erlaubt[1] (nunmehr § 1 GWB).

1363–1367 Frei.

XV. Rechte und Pflichten des Lizenzgebers

1368 Die Rechte und Pflichten des Lizenzgebers folgen angesichts der fehlenden Kodifizierung des Lizenzvertragsrechts und mangels einer ausdrücklichen oder stillschweigenden Regelung im Lizenzvertrag **aus der Natur des Lizenzvertrages**. Sie gehen im Regelfall auf eine bereits mehrere Jahrzehnte währende Rechtspraxis zurück und bedürfen heute zu ihrer Anerkennung grundsätzlich keiner rechtsbegründenden Ableitung aus Rechtsinstituten der klassischen Vertragstypen (Kauf-, Werk-, Miet- bzw. Pachtvertrag; s. dazu Rz. 41 ff.), sondern sind letztlich seit Langem gewohnheitsrechtlich anerkannt. Von daher liegt es – ebenso wie bei der Mängelhaftung (s. Rz. 1530) – in vielen Fällen nahe, zur Bestimmung der Rechtsfolgen auf allgemeine Regelungen des Zivil- bzw. Schuldrechts und nicht auf das besondere Schuldrecht mit seinen vertragsspezifischen Ausprägungen und Wertungen zurückzugreifen[2].

Bei (schuldhaften) Pflichtverletzungen kommen nach der hier vertretenen Auffassung bei Verletzung von vertraglichen oder gesetzlichen Leistungspflichten insbesondere Rechtsfolgen aus §§ 275, 280, 281, 284, 286, 311a, 314 bzw. 323 BGB in Betracht, bei Schlechterfüllung Rechtsfolgen insbesondere aus §§ 280, 281, 284 und bei Verletzung von Nebenpflichten vorrangig aus § 280 (ggf. i.V.m. § 241 Abs. 2) BGB (s. i.E. Rz. 530 ff.).

Soweit der Lizenznehmer Schadensersatz statt Leistung verlangen kann, ist zu prüfen, ob unter interessengerechter Risikoverteilung ggf. auch ein entgangener Gewinn zu ersetzen ist (s. Rz. 364)[3]. Bei der Möglichkeit vorzeitiger Kündigung kann sich eine Beschränkung des Schadens auf den Zeitraum bis zum frühest möglichen Vertragsende ergeben[4].

---

1 *BKartA* v. 30.9.1981, GRUR 1981, 919 – Rigg für ein Segelbrett; zur Frage der (lizenzpflichtigen) Nutzungshandlung bei evtl. gemeinfreien Gegenständen vgl. Rz. 1735 ff.; weitere Einzelfälle aus der Spruchpraxis des *BKartA* vgl. TB 1962, 71; TB 1963, 67; TB 1976, 103; vgl. auch *BGH* v. 25.10.1966, BGHZ 46, 365, 374 – Schweißbolzen; möglicherweise aber im Verfahren nach § 17 Abs. 3 GWB erlaubnisfähig, *BKartA* v. 20.6.1960, DB 1960, 1064; zur Genehmigungspraxis des *BKartA* vgl. auch *Axster* in GK-KartR, GWB, §§ 20, 21 a.F. Rz. 177 ff.

2 Im Ergebnis wohl auch Busse/*Keukenschrijver*, PatG, § 15 Rz. 105 m.H.a. die allgemeinen Gewährleistungsvorschriften des BGB; a.A. u.a. *Henn*, Rz. 321 ff. und Benkard/*Ullmann*, PatG, § 15 Rz. 169 ff., die auch insoweit regelmäßig über § 581 Abs. 2 BGB auf mietrechtliche Vorschriften abstellen.

3 Vgl. *BGH* v. 2.3.1988, NJW 1988, 2234, 2236.

4 S. *BGH* v. 25.11.2010, GRUR 2011, 455, Rz. 32 – Flexitanks; Busse/*Keukenschrijver*, PatG, § 15 Rz. 105 m.H.a. *LG Düsseldorf* v. 23.1.1996, Entsch. 4. ZK 1996, 14 LS.

1. Benutzungsgestattung

Aus dem Lizenzvertrag ergibt sich für den Lizenzgeber nach h.M. primär die Verpflichtung, dem Lizenznehmer ein **positives Benutzungsrecht** am Lizenzgegenstand einzuräumen (s. Rz. 73). Diese Vertragspflicht entfällt aber dann, wenn Gegenstand des Lizenzvertrages nur die Erteilung einer **negativen Lizenz** ist[1]. Mit Vergabe einer negativen Lizenz wird allein die andernfalls unbefugte Benutzung des Schutzrechts gestattet, ohne dass damit eine positive Erlaubniserteilung einhergeht (vgl. Rz. 130). 1369

Entsprechend seiner **Verschaffungspflicht** (s. dazu Rz. 76) hat der Lizenzgeber dem Lizenznehmer das lizenzierte Recht zur Verfügung zu stellen[2] und alles zu unterlassen, was den Lizenzgegenstand beeinträchtigen oder gefährden könnte[3].

Die Rechtsverschaffung ist – gleich, ob positives Benutzungsrecht oder negative Lizenz – anfänglich subjektiv unmöglich (§ 311a BGB), wenn der Lizenzgeber selbst das Recht nicht lizenzieren kann, es also an seiner **Lizenzvergabebefugnis fehlt**[4], insbesondere weil ihm das lizenzierte Recht weder als Rechtsinhaber noch als zur Unterlizenzvergabe berechtigter (ausschließlicher) Lizenznehmer zusteht. Dies kann etwa dann der Fall sein, wenn der Lizenzgeber als Arbeitgeber die fristgerechte Inanspruchnahme einer Diensterfindung mit der Rechtsfolge ihres Freiwerdens versäumt hat (vgl. §§ 6, 8 Abs. 1 Nr. 3 ArbEG a.F.). Dieses Risiko der nicht fristgerechten schriftlichen unbeschränkten Inanspruchnahme durch den Arbeitgeber ist nach der zum 1.10.2009 wirksam gewordenen ArbEG-Reform aufgrund der Inanspruchnahmefiktion des § 6 Abs. 2 ArbEG n.F. nicht mehr gegeben. Hiernach gilt die Inanspruchnahme als erklärt, wenn der Arbeitgeber die Diensterfindung nicht bis zum Ablauf von vier Monaten nach Eingang der ordnungsgemäßen Erfindungsmeldung (§ 5 Abs. 2 Satz 1 und 3 ArbEG) gegenüber dem Arbeitnehmer durch Erklärung in Textform freigibt. 1370

Bei einem **gemeinsamen Schutzrecht** können nur alle Gesellschafter bzw. Teilhaber gemeinsam hierüber im Wege der Lizenzierung verfügen (§ 719 Abs. 1 bzw. § 747 Satz 2 BGB)[5]. Auch eine Lizenzierung des eigenen An-

---

1 Vgl. dazu *Britta Bartenbach*, Mitt. 2002, 503, 511; *Britta Bartenbach*, Diss. 2002, Die Patentlizenz als negative Lizenz: Inhalt, Bedeutung und Abgrenzung zur positiven Lizenz.

2 Busse/*Keukenschrijver*, PatG, § 15 Rz. 156 unter Bezug auf *RG* v. 18.8.1937, GRUR 1937, 1086, 1088 – Funkverband.

3 Schulte/*Kühnen*, PatG, § 15 Rz. 47.

4 *Groß*, Rz. 62 ff.

5 Zur Bruchteilsgemeinschaft vgl. u.a. *BGH* v. 22.3.2005, GRUR 2005, 663 – gummielastische Masse II; *BGH* v. 17.10.2000, GRUR 2001, 226, 227 – Rollenantriebseinheit; *LG Düsseldorf* v. 26.6.1990, GRUR 1994, 53, 56 – Photoplethysmograph; *Sefzig*, GRUR 1995, 302; *Fischer*, GRUR 1977, 313 ff.; *Lüdecke*, Erfindungsgemeinschaften (1962) S. 111 ff.; zur Gesellschaft vgl. *BGH* v. 20.2.1979, GRUR 1979, 540, 541 – Biedermeiermanschetten.

teils durch den Teilhaber (Rechtsmitinhaber) an einer Bruchteilsgemeinschaft schließt die h.M. mit Blick auf § 744 Abs. 1, § 743 Abs. 2 BGB zu Recht aus[1] (s. Rz. 575 ff.).

1371 Die **Rechtsfolge** bestimmt sich u.E. – ohne dass es eines Rückgriffs auf die kauf- oder pachtrechtlichen Regeln bedarf[2] – nach den allgemeinen Regeln:

Kann der Lizenzgeber mangels Rechtsinhaberschaft das lizenzierte Recht nicht verschaffen (§ 275 Abs. 1 BGB) und kann er dies auch nicht mit zumutbarem Aufwand erreichen (§ 275 Abs. 2 BGB), verweigert er damit also die geschuldete Leistung, wird er auch hier von seiner Leistungspflicht frei; das folgt aus § 311a BGB[3]. Der **Lizenzvertrag bleibt** aufgrund des bei Vertragsabschluss vorliegenden Leistungshindernisses nach § 311a Abs. 1 BGB **wirksam**. Jedoch entfällt nach § 326 Abs. 1 BGB die Pflicht des Lizenznehmers zur Gegenleistung[4], also insbesondere zur Zahlung von Lizenzgebühren. Dieser hat die Ansprüche aus § 311a Abs. 2 BGB, kann also bei ausbleibendem Entlastungsbeweis des Lizenzgebers (vgl. § 311a Abs. 2 Satz 2, §§ 276, 278 BGB) wahlweise Schadensersatz statt der Leistung (§§ 280 Abs. 1, 281 BGB) oder Aufwendungsersatz nach § 284 BGB verlangen. Beim Umfang des Schadensersatzes statt der Leistung können sich allerdings im Einzelfall unter dem Gesichtspunkt der interessengerechten Risikoverteilung Haftungsbegrenzungen, insbesondere mit Blick auf u.U. entgangenen Gewinn, ergeben.

Unter die Rechtsfolgen nach §§ 311a, 275 ff. BGB wird man nunmehr wohl auch die Fälle subsumieren können, in denen ein Patentinhaber einem Dritten eine Lizenz einräumt, obschon er zur Verschaffung eines unbelasteten Nutzungsrechts wegen einer bereits **zuvor erteilten ausschließlichen Lizenz** nicht mehr imstande ist[5].

---

1 Vgl. in diesem Sinne u.a. Benkard/*Melullis*, PatG, § 6 Rz. 35e; *Klauer/Möhring*, PatG, § 3 Rz. 18; a.A. *Chakraborty/Tilmann* in FS Reimar König, 2003, S. 63, 77.

2 Nach früherem Recht traf den Lizenzgeber eine verschuldensunabhängige Garantiepflicht, für anfängliches Unvermögen einzustehen, wobei die rechtsdogmatische Herleitung auf Pachtrecht (vgl. *Groß*, Rz. 331 ff., 336) oder auf Kaufrecht (§§ 437, 440 i.V.m. §§ 320 ff. BGB a.F., so u.a. Busse/*Keukenschrijver*, PatG, § 15 Rz. 105 m.H.a. *BGH* v. 23.4.1963 – I 1 ZR 121/62 n.v. – zum Nichtbestehen eines lizenzierten Gebrauchsmusters; *Kraßer/Schmid*, GRUR Int. 1982, 324, 338; Benkard/*Ullmann*, PatG, § 15 Rz. 32 ff.) gestützt wurde. Die §§ 437, 440, 442, 445 BGB a.F. sind im Zuge der Neukonzeption entfallen. Gegen den Rückgriff oder die analoge Anwendung kauf- oder pachtrechtlicher Regeln im Lizenzvertragsverhältnis auch *McGuire*, Die Lizenz, 2012, S. 690 ff., 752 f., 771.

3 Ebenso *Ann/Barona*, Schuldrechtsmodernisierung und gewerblicher Rechtsschutz, Rz. 84; *Manz/Ventroni/Schneider*, ZUM 2002, 409, 412, zum Urheberrecht.

4 Palandt/*Grüneberg*, BGB, § 311a Rz. 12.

5 Er ist Nichtberechtigter; dies entspricht dogmatisch im Ergebnis der h.M., wonach der dingliche Charakter der ausschließlichen Lizenz auch gegen den Patentinhaber wirkt und diesen nicht bloß schuldrechtlich bindet, vgl. *OLG Karlsruhe* v. 5.3.1980, GRUR 1980, 784, 785 – Laminiermaschine; *Kraßer*, Patentrecht, § 40 V; a.A. Busse/*Keukenschrijver*, PatG, § 15 Rz. 51, 59.

Kommt der Lizenzgeber ansonsten seinen **Verschaffungspflichten – obschon sie ihm möglich sind – nicht nach**, kann der Lizenznehmer auf **Vertragserfüllung** klagen. Im Übrigen ergeben sich u.E. die Ansprüche auch hier – ohne Rückgriff auf Kauf- oder Pachtrecht – nach den allgemeinen Regeln[1]. Es handelt sich bei den vorstehenden Pflichten zur Aufrechterhaltung und Verteidigung der lizenzierten Schutzrechtsposition um leistungsbezogene Pflichten und nicht um begleitende Obhuts- und Rücksichtnahmepflichten i.S. des § 241 Abs. 2 BGB. U.E. folgen auch in diesen Fällen, in denen der Lizenzgeber seinen begleitenden Verschaffungspflichten nicht genügt und damit eine Pflichtverletzung i.S. des § 280 Abs. 1 BGB vorliegt[2], die Ansprüche des Lizenznehmers unmittelbar aus §§ 280 ff., 320 ff. BGB[3]. 1372

(Schuldhafte) Verletzungen der Verschaffungspflicht begründen folglich insbesondere **Schadensersatzansprüche** des Lizenznehmers aus §§ 280, 281 BGB[4], d.h. er hat unter den Voraussetzungen der §§ 280, 281 BGB den Anspruch auf Schadensersatz statt der Leistung oder er kann – anstelle des Schadensersatzes statt der Leistung – einen Anspruch auf Ersatz vergeblicher Aufwendungen nach § 284 BGB geltend machen (zur Haftungsbegrenzung unter dem Gesichtspunkt der interessengerechten Risikoverteilung s. Rz. 1530). Im Übrigen kann der Lizenznehmer vom Vertrag zurücktreten (§ 323 BGB) bzw. – bei vollzogenem Vertrag – außerordentlich kündigen (§ 314 BGB, s. Rz. 38, 2439 ff.).

Davon unabhängig kann die häufig in die Präambel oder eine sonstige Einleitung des Vertrages aufgenommene vertragliche **Erklärung des Lizenzgebers, alleinverfügungsberechtigter Rechtsinhaber** zu sein, auch eine **Garantie** mit der Folge einer verschuldensunabhängigen Schadensersatzpflicht nach § 276 Abs. 1 Satz 1 BGB begründen (s. dazu Rz. 63).

Mit der Verschaffungspflicht geht – auch ohne ausdrückliche Vertragsabsprache – die Pflicht des Lizenzgebers einher, dem Lizenznehmer das lizenzierte Schutzrecht **frei von Rechten Dritter zur Verfügung zu stellen**, soweit dies – mit Blick auf den Wagnischarakter des Lizenzvertrages (s. Rz. 25 f.) – in seinen Kräften steht. Diese vielfach aus § 435 BGB hergeleitete Verpflichtung bezieht sich auf den **Zeitpunkt des Vertragsabschlusses**; 1373

1 Zur alten Rechtslage vgl. *BGH* v. 23.4.1963 – Ia ZR 121/63; teilweise wurde auch auf die Rechtsgrundsätze zur pVV und zur Kündigung aus wichtigen Grund (so u.a. *Kraßer/Schmid*, GRUR Int. 1982, 324, 335) zurückgegriffen. Das Institut der pVV ist in dem heute zentralen Begriff der Pflichtverletzung des § 280 Abs. 1 BGB aufgegangen.

2 So auch *Ann/Barona*, Schuldrechtsmodernisierung und gewerblicher Rechtsschutz, Rz. 121 ff.

3 So auch Busse/*Keukenschrijver*, PatG, § 15 Rz. 105.

4 So auch Busse/*Keukenschrijver*, PatG, § 15 Rz. 107 mit Hinweisen zum Schadensumfang.

sie gehört zum Kerngehalt des Lizenzvertrages und ist heute ein allgemeiner Grundsatz des Lizenzvertragsrechts[1].

2. Aufrechterhaltung und Verteidigung der Schutzrechtsposition

a) Betreiben des Erteilungsverfahrens und Kostentragung

1374 Die Verschaffungspflicht erstreckt sich für die Dauer des Vertragsverhältnisses auf die Pflicht zur **Aufrechterhaltung und Verteidigung des lizensierten Schutzrechts**[2]. Dazu rechnet auch die Pflicht zum Betreiben des Erteilungsverfahrens wie auch zur Geheimhaltung von lizenziertem (geheimen/wesentlichen und identifizierten) Know-how[3]. Dies gilt gleichermaßen für die ausschließliche und die einfache Lizenz.

Auch ohne ausdrückliche Abrede ist der Lizenzgeber – sofern nicht der Vertrag eine andere Regelung ausdrücklich vorsieht – während der gesamten Vertragsdauer verpflichtet, Schutzrechtsanmeldungen weiter zu verfolgen bzw. die Vertragsschutzrechte aufrecht zu erhalten[4]. Diese Rechtspflicht ergibt sich aus dem Charakter der Lizenz als Benutzungsrecht an einem Monopolrecht. Diese Monopolposition muss erworben werden bzw. aufrecht erhalten bleiben, gleich ob es sich um eine ausschließliche oder einfache Lizenz handelt[5] (zu den Auswirkungen auf den Lizenzvertrag bei ordnungsgemäßem Verhalten des Lizenzgebers s. Rz. 1547 ff.; zur [eigenmächtigen] Rücknahme der Patentanmeldung durch den Lizenzgeber s. Rz. 1551).

Zur Erfüllung dieser Pflicht ist die **Zahlung der Patentjahresgebühren** (§§ 17, 20 Abs. 1 Nr. 3 PatG) ebenso notwendig wie die ordnungsgemäße Durchführung evtl. im Zusammenhang mit der Aufrechterhaltung oder Weiterverfolgung der Schutzrechte anhängiger Verfahren[6] (Zahlungsversäumnis s. Rz. 1380).

Ohne Abstimmung mit dem Lizenznehmer darf der Lizenzgeber auch nicht eigenmächtig eine Entscheidung treffen, einzelne lizenzierte Schutzrechtspositionen nicht weiter zu verfolgen. Dies gilt auch dann, wenn Bedenken gegen die Schutzfähigkeit bestehen; hier ist das weitere Vorgehen

---

1 Ausführlich zum früheren § 434 BGB a.F., s. *Nirk* in Klauer/Möhring, PatG, § 9 a.F. Rz. 60; *Reimer*, PatG, § 9 a.F. Rz. 26 f.; vgl. im Übrigen u.a. *Henn*, Rz. 318 m.w.N.; vgl. auch *RG* v. 18.8.1937, GRUR 1937, 1086, 1088 – Funkverband u. *BGH* v. 22.5.1959, GRUR 1960, 44, 45 f. – Uhrgehäuse.

2 Vgl. u.a. *RG* v. 18.8.1937, GRUR 1937, 1086, 1088 – Funkverband; Busse/*Keukenschrijver*, PatG, § 15 Rz. 105.

3 Vgl. zum Begriff Rz. 2544 ff.

4 Vgl. *Pagenberg/Beier*, Muster 1 § 23; Benkard/*Ullmann*, PatG, § 15 Rz. 152; Busse/*Keukenschrijver*, PatG, § 15 Rz. 105; Schulte/*Kühnen*, PatG, § 15 Rz. 47.

5 *RG* v. 18.8.1937, GRUR 1937, 1086, 1088 – Funkverband.

6 Allg. Ansicht, u.a. Schulte/*Kühnen*, PatG, § 15 Rz. 47.

mit dem Lizenznehmer abzustimmen[1]. Dies gilt insbesondere auch im Hinblick auf etwaige Verbietungsrechte aus solchen Schutzrechtspositionen gegen Wettbewerber, so dass es darauf, ob der Lizenznehmer selbst von diesem Schutzrecht Gebrauch macht, nicht ankommt[2]. Schließlich dient die Information dazu, dass der Lizenznehmer eine Lizenzgebührenanpassung verlangen kann.

Soweit die Auffassung vertreten wird, bei einem **ausschließlichen Lizenzvertrag** sei der Lizenznehmer in der Regel zur Tragung der **Schutzrechtsgebühren** verpflichtet[3], kann dieser Ansicht nicht zugestimmt werden. 1375
Auch nach Vergabe einer ausschließlichen Lizenz ist der Lizenzgeber zu diesen Maßnahmen in der Lage. Er ist zwar ggf. mangels abweichender Vereinbarung von jeglicher Eigenverwertung der Vertragsschutzrechte ausgeschlossen. Im Übrigen aber bleibt er Inhaber der Vertragsschutzrechte. Hierin liegt gerade der Unterschied zur Übertragung eines Patents. Wenn beispielsweise *Lüdecke*[4] die Schutzrechtsinhaberschaft während der Dauer des ausschließlichen Lizenzvertrages als zu einem bloßen „Formalrecht" geworden bewertet, während faktisch und wirtschaftlich allein der Lizenznehmer das Schutzrecht „besitzt", ist nicht einzusehen, warum dann überhaupt noch die Unterscheidung zwischen ausschließlicher Lizenz und Übertragung des Schutzrechts aufrecht erhalten wird. Darüber hinaus fällt die uneingeschränkte Monopolposition mit Ablauf des Lizenzvertrages vor Schutzrechtsende wieder an den Lizenzgeber zurück. Es ist also seine eigene Pflicht, durch Zahlung der Jahresgebühren für den Fortbestand seiner Rechtsposition zu sorgen[5]. Zudem sollte der Lizenzgeber das Risiko der fristgerechten Gebührenzahlung nicht dem Lizenznehmer überlassen.

Nichts hindert die Vertragsparteien, eine andere Regelung der Gebühren- 1376
zahlung zu treffen und diese Pflicht grundsätzlich dem Lizenznehmer aufzuerlegen. Allerdings erscheint eine solche Verlagerung der Pflicht zur Zahlung der Jahresgebühren und sonstiger amtlicher Gebühren an die einzelnen Patentämter durch den Lizenznehmer nicht sachgerecht. Für den Lizenznehmer bedeutet dies, dass er eine gesonderte Fristenüberwachung durchführen müsste, und zwar für Schutzrechte, die nicht in seinem Eigentum stehen. Die Gefahr, dass es hier zu Fristversäumnissen und damit zu

---

1 *OLG Düsseldorf* v. 17.12.2009 – I-2 U 118/08, Rz. 135 (juris).
2 *OLG Düsseldorf* v. 17.12.2009 – I-2 U 118/08, Rz. 135 (juris).
3 Vgl. *Pietzcker*, PatG, § 6 a.F. Anm. 32; *Rasch*, Der Lizenzvertrag, S. 53 f.; *Nirk* in Klauer/Möhring, PatG, § 9 Rz. 79; *Lüdecke/Fischer*, Lizenzverträge, C 85 S. 258, *Reimer*, PatG, § 9 a.F. Rz. 59.; wohl auch *Henn*, Rz. 273 f.; a.A. Busse/*Keukenschrijver*, PatG, § 15 Rz. 105; Benkard/*Ullmann*, PatG, § 15 Rz. 152; Pfaff/*Osterrieth*, Lizenzverträge, B I Rz. 165; *Groß*, Rz. 201, 270 ff.; *Kraßer/Schmid*, GRUR Int. 1982, 324, 330; zur vertraglichen Regelung vgl. *Pagenberg/Beier*, Muster 1 § 23 mit Rz. 45.
4 *Lüdecke* in Lüdecke/Fischer, Lizenzverträge, C 85 S. 258.
5 Wie hier *Groß*, Rz. 201, 270 ff.; vgl. auch *Kraßer/Schmid*, GRUR Int. 1982, 324, 330.

Rechtsverlusten kommt, wird dadurch gesteigert. Der Lizenzgeber wäre hinsichtlich des Fortbestehens der lizenzierten Schutzrechte von einem ordnungsgemäßen Verhalten des Lizenznehmers abhängig. Versäumt dieser die Zahlungsfristen, entfallen die Schutzrechtspositionen und der Lizenzgeber wäre auf bloße Schadensersatzansprüche (§ 280 BGB) gegen den Lizenznehmer beschränkt. Allein sinnvoll ist es, dass der Lizenzgeber diese amtlichen Gebühren zur Aufrechterhaltung der Schutzrechtspositionen selbst trägt und entweder einen direkten Ausgleich durch den Lizenznehmer vereinbart oder aber diese Kosten in der Höhe der (laufenden) Lizenzgebühren einkalkuliert.

Schließlich gehören für den Fall, dass eine Hochschule, eine Diensterfindung (unbeschränkt) in Anspruch genommen, zum Schutzrecht angemeldet und einem Dritten eine ausschließliche Lizenz eingeräumt hat, zu den „durch die Verwertung erzielten Einnahmen" der Hochschule i.S. von § 42 Nr. 4 ArbEG auch die für die auf die Diensterfindung erfolgte Schutzanmeldung angefallenen Patenterteilungs- und Aufrechterhaltungskosten (Amtsgebühren, Patentanwaltskosten), die nach dem Lizenzvertrag nicht von der Hochschule als Lizenzgeberin, sondern kraft lizenzvertraglicher Regelung von dem Lizenznehmer zu tragen sind[1]. Allenfalls dann, wenn die Übernahme der Patenterteilungs- und Aufrechterhaltungskosten durch den Lizenznehmer ohne Einfluss auf die Höhe der übrigen Lizenzvergütung geblieben ist, wovon nach der Lebenserfahrung nur bei Vorliegen ganz besonderer Umstände auszugehen ist, kann sich eine andere Beurteilung rechtfertigen[2]. Die Tatsache, dass eine vereinbarte Kostenerstattung keinen Einfluss auf die Höhe der vereinbarten Lizenzgebühr gehabt hat, dürfte für die Hochschule als Lizen- und Arbeitgeberin mit erheblichen Beweisschwierigkeiten verbunden sein.

1377 Sollte dennoch eine vertragliche Gebührenzahlungspflicht des Lizenznehmers vereinbart werden, ist unbedingt darauf zu achten, die **Frage der Gebührentragung eindeutig zu bestimmen**. So hat bspw. das *OLG Düsseldorf* in seiner Entscheidung vom 31.8.2006[3] die folgende Klausel,

> „Der Lizenznehmer wird während der Vertragslaufzeit auf eigene Kosten die notwendigen Maßnahmen, z.B. Zahlung der Patentgebühr, ergreifen, um die ihm eingeräumten Vertragsschutzrechte aufrechtzuerhalten."

dahin ausgelegt, dass die Zahlung der Patentgebühr für das Jahr 2007 nicht mehr unter diese Regelung falle, weil der Vertrag und damit auch das Nutzungsrecht des Beklagten zum 31.12.2006 (durch dessen Kündigung) beendet ist und die Zahlung der Patentgebühr, die zwar am 31.10.2006 fällig, aber noch zuschlagfrei bis zum 31.12.2006 erbracht werden könne, nicht notwendig sei, um das dem Beklagten bis zum 31.12.2006 eingeräumte

---

1 *LG Düsseldorf* v. 18.1.2011, InstGE 12, 264 – Krankheitsvorhersage.
2 *LG Düsseldorf* v. 18.1.2011, InstGE 12, 264 – Krankheitsvorhersage.
3 *OLG Düsseldorf* v. 31.8.2006, Mitt. 2007, 143. S. auch *OLG Düsseldorf* v. 12.12.2006, GRUR-RR 2007, 216, Rz. 21 f.

Vertragsschutzrecht zu erhalten. Die insoweit vorgenommene Vertragsauslegung orientiert sich u.E. nicht an dem von den Parteien tatsächlich Gewollten. Eine lebensnahe Auslegung dürfte vielmehr dazu führen, dass der Lizenznehmer sämtliche in dem Zeitraum, in welchem er das Patent nach den vertraglichen Vereinbarungen nutzen durfte, fällig werdenden Patentgebühren bezahlen sollte[1]. Nach der Auslegung des *OLG Düsseldorf* hätten die Parteien demgegenüber gewollt, dass der Lizenznehmer nur die Patentgebühren zu entrichten hat, deren zuschlagfreie Nachfrist nicht vor Ablauf der Vertragslaufzeit abgelaufen ist[2].

Für die **einfache Lizenz** ist die Pflicht des Lizenzgebers zur Zahlung der 1378
Jahresgebühren allgemein anerkannt[3].

Zur Aufrechterhaltungspflicht gehört auch ein bei Fristversäumnis evtl. 1379
notwendig werdender **Wiedereinsetzungsantrag** des Lizenzgebers ebenso wie die Pflicht zur evtl. Einschränkung des Schutzrechts, wenn hierdurch erreicht werden kann, das Schutzrecht vor einer Nichtigerklärung zu bewahren[4].

Versäumt oder unterlässt der Lizenzgeber als Schutzrechtsinhaber sonst- 1380
wie schuldhaft die Zahlung fälliger Schutzrechtspositionen, kann der Lizenznehmer – soweit der Lizenzvertrag noch nicht vollzogen ist – vom Vertrag zurücktreten (§ 323 BGB). Ist ihm wegen des Wegfalls des Schutzrechts die Fortsetzung des Vertrages nicht zumutbar, kann er diesen aus wichtigem Grund kündigen (§ 314 BGB, s. Rz. 2439 ff.)[5]. Der Lizenznehmer wird von seiner Lizenzgebührenpflicht frei (§ 275 BGB). Eines Rückgriffs auf die Bestimmungen des Pacht-/Mietrechts bedarf es auch insoweit nicht[6].

Der Lizenzgeber macht sich **schadensersatzpflichtig**[7], und zwar gemäß §§ 280, 281 BGB[8].

Bei der Bestimmung des Schadensersatzes ist vor allem der **Verlust** der Beteiligung an **der Monopolposition** zu würdigen. So ist es z.B. möglich, dass sich der Lizenznehmer mit dem Wegfall des Schutzrechts plötzlich einer Wettbewerbssituation gegenüber sieht, da nunmehr auch seine Konkurrenten den Lizenzgegenstand herstellen und vertreiben können.

---

1 *So zutreffend Kreuzkamp*, Mitt. 2007, 144.
2 *So zutreffend Kreuzkamp*, Mitt. 2007, 144.
3 Vgl. statt aller *Groß*, Rz. 201.
4 *Nirk* in Klauer/Möhring, PatG, § 9 a.F. Rz. 59 m.w.N.
5 Ebenso *OLG Düsseldorf* v. 17.12.2009 – I-2 U 118/08, Rz. 135 (juris).
6 So aber *Henn*, Rz. 329, wonach der Lizenzgeber bei Verletzung der Pflicht zur Aufrechterhaltung der lizenzierten Schutzrechte gemäß § 581 Abs. 2 i.V.m. §§ 535, 536a BGB haftet und der Lizenznehmer Minderung oder Schadensersatz wegen Nichterfüllung verlangen oder fristlos kündigen kann.
7 *Rasch*, Der Lizenzvertrag, S. 29, 53; Busse/*Keukenschrijver*, PatG, § 15 Rz. 105.
8 A.A. *Ann/Barona*, Schuldrechtsmodernisierung und gewerblicher Rechtsschutz, Rz. 126 f., wonach hier § 280 Abs. 3 i.V.m. § 282 BGB zum Zuge kommen soll.

Von einem redlichen Lizenzgeber muss erwartet werden, dass er den Lizenznehmer über den Wegfall von Schutzrechtspositionen (**sofort**) unterrichtet[1]. Hierin liegt eine weitere Verletzung einer **Nebenpflicht** aus dem Lizenzvertrag, die auch dann besteht, wenn die Vertragsparteien hierüber keine gesonderte Absprache getroffen haben (s. Rz. 1866).

1381 Aus dem Zweck des Lizenzvertrages, die (ggf. erst zukünftig zu erlangende) Monopolstellung teilweise auf den Lizenznehmer überzuleiten, ergibt sich im Grundsatz die Verpflichtung des Lizenzgebers, alsbald **Prüfungsantrag** gemäß § 44 PatG zu stellen[2]. Selbstverständlich hat er aber auch das Recht, vorab einen **Rechercheantrag** nach § 43 PatG zu stellen, um sich über die Aussichten eines Prüfungsantrags klar zu werden. Führt eine solche Recherche zu einem für den Lizenzgeber positiven Ergebnis, widerspräche es Sinn und Zweck der Lizenzabrede, wenn er dennoch zögern würde, den Prüfungsantrag zu stellen[3]. Etwas anderes gilt nur dann, wenn der Lizenznehmer lediglich daran interessiert ist, das in der Erfindung liegende Know-how zu erhalten, es ihm also nicht auf eine förmliche Schutzrechtserteilung ankommt.

Die **Befugnis zur Antragstellung** steht gemäß § 44 Abs. 2 PatG **auch dem Lizenznehmer** als Drittem i.S. der Bestimmung zu, es sei denn, der Lizenznehmer habe sich verpflichtet, von einer Antragstellung abzusehen. Diese Befugnis des Lizenznehmers besteht unabhängig davon, ob er ausschließlicher oder einfacher Lizenznehmer ist.

1382 Mit der Pflicht zur Stellung des Prüfungsantrags trifft den Lizenzgeber auch die Pflicht zur Zahlung der **Antragsgebühr**. Dies gilt selbst für den Fall, dass der Lizenznehmer in Ausübung seines Rechtes aus § 44 Abs. 2 PatG den Prüfungsantrag stellt. Denn insoweit holt der Lizenznehmer lediglich eine vom Lizenzgeber unterlassene Handlung nach und kann deshalb nach den Regeln über die Geschäftsführung ohne Auftrag (§§ 677, 683, 670 BGB) vom Lizenzgeber Ersatz seiner Aufwendungen verlangen. Ergibt eine nachträgliche Prüfung im Erteilungsverfahren, dass sein Prüfungsantrag wenig erfolgsversprechend sein dürfte, so liegt es im Risiko des Lizenznehmers, wenn er einen Prüfungsantrag ohne vorherigen Rechercheantrag gestellt hat. In diesem Fall kann er vom Lizenzgeber keinen Kostenersatz für den Prüfungsantrag fordern.

1383 Eine zusätzliche Verpflichtung ergibt sich für den Lizenzgeber vor Ablauf der Siebenjahresfrist des § 44 Abs. 2 PatG oder sonstiger Fristen, innerhalb der der Prüfungsantrag gestellt werden kann. Hier muss er den Lizenznehmer **auf** die **Rechtsfolgen des Fristablaufs aufmerksam machen**, wenn er

1 Ebenso *OLG Düsseldorf* v. 17.12.2009 – I-2 U 118/08, Rz. 135 (juris).

2 Ebenso *Wiede*, GRUR 1969, 203, 204 zur Rechtslage des § 28b PatG a.F.; Benkard/*Ullmann*, PatG, § 15 Rz. 152; *OLG Düsseldorf* v. 17.12.2009 – I-2 U 118/08, Rz. 172 (juris).

3 Einschränkend *Lüdecke*, NJW 1968, 1358 ff.

nicht bereit ist, selbst den Prüfungsantrag zu stellen. Versäumt der Lizenzgeber diesen Hinweis, macht er sich schadensersatzpflichtig, wobei allenfalls zu erwägen ist, ob dem Lizenznehmer ein Mitverschulden (§ 254 BGB) anzurechnen ist, da er gemäß § 44 Abs. 2 PatG auch von sich aus die Initiative hätte ergreifen können.

Die Pflicht zur Stellung des Prüfungsantrags hat der Lizenzgeber spätestens 1384
in dem Augenblick zu erfüllen, in welchem ihm Nutzungshandlungen eines Dritten in Bezug auf die offen gelegte Patentanmeldung gemäß § 33 Abs. 1 PatG bekannt werden. Wird dieser Dritte zur Zahlung einer angemessenen Entschädigung nach § 33 Abs. 1 PatG verpflichtet, so steht diese Entschädigung demjenigen zu, der gemäß dem Lizenzvertrag zur Durchführung der Verteidigungshandlungen berechtigt bzw. verpflichtet ist[1].

b) Verteidigung des lizenzierten Schutzrechts gegen Angriffe Dritter

Die vorstehenden Überlegungen machen deutlich, dass es grundsätzlich 1385
auch Sache des Lizenzgebers ist, den Bestand des lizenzierten Schutzrechts gegenüber Angriffen Dritter zu **verteidigen**[2] (zu den Auswirkungen auf den Lizenzvertrag bei ordnungsgemäßem Verhalten des Lizenzgebers s. Rz. 1547 ff.). Ohnehin kann eine **Nichtigkeits- oder Löschungsklage**, die gegen das lizenzierte Schutzrecht erhoben wird, nur an den Lizenzgeber als den Schutzrechtsinhaber gerichtet werden, da allein dieser passiv legitimiert ist (vgl. § 81 Abs. 1 Satz 2 PatG u. §§ 16, 17 GebrMG)[3]. Eine Klage z.B. gegen den ausschließlichen Lizenznehmer ist unzulässig[4]. Dieser kann dem Schutzrechtsinhaber jedoch zum Zwecke der Unterstützung beitreten[5]. Der Lizenzgeber ist im Verhältnis zu seinem Lizenznehmer auch verpflichtet, diese Auseinandersetzung zu führen, da andernfalls die aus dem Monopolrecht abgeleitete Nutzungsbefugnis des Lizenznehmers eingeschränkt oder gar gegenstandslos werden könnte[6]. Dies gilt sowohl im Verhältnis zu dem ausschließlichen als auch dem einfachen Lizenznehmer[7].

Der Lizenzgeber wird im Allgemeinen auch gehalten sein, seine **Lizenznehmer über solche Angriffe und seine Maßnahmen zu unterrichten**.

---

1 *Wiede*, GRUR 1969, 203, 205.

2 Busse/*Keukenschrijver*, PatG, § 15 Rz. 105; Benkard/*Ullmann*, PatG, § 15 Rz. 152; *Nirk* in Klauer/Möhring, PatG, § 9 a.F. Rz. 59; *Lüdecke/Fischer*, Lizenzverträge, C 108 S. 292 f.

3 *BGH* v. 5.12.1995, GRUR 1996, 190, 195 – Polyferon m.w.N.

4 Busse/*Keukenschrijver*, PatG, § 81 Rz. 99 m.H.a. *RG* v. 30.11.1907, RGZ 67, 176 – Überkochverhütungsapparat.

5 Zu den Kosten bei streitgenössischer Nebenintervention des ausschließlichen Lizenznehmers des Patentinhabers s. *BPatG* v. 6.10.2009 – 3 Ni 51/07 (EU), Rz. 75 (juris) m.H.a. *BPatG* v. 29.10.2008, BPatGE 51, 98 – Nebenintervention im Patentnichtigkeitsverfahren u. *BPatG* v. 11.11.2008, BPatGE 51, 178 – Cetirizin.

6 *RG* v. 3.4.1903, RGZ 54, 272, 274 f.; *RG* v. 17.10.1934, GRUR 1935, 306, 307.

7 *Britta Bartenbach*, Diss. 2002, S. 141.

Bei der **ausschließlichen Lizenz** muss der Lizenzgeber ggf. zuvor eine Abstimmung mit seinem Lizenznehmer herbeiführen, wenn er sich mit dem Nichtigkeitskläger über die Rücknahme der Nichtigkeitsklage gegen **Einräumung einer Freilizenz** (s. Rz. 140 f.) verständigen will, da dies die Ausschließlichkeitsposition des Lizenznehmers beeinträchtigen würde. Ohnehin erscheint zweifelhaft, ob der Lizenzgeber im Hinblick auf die dingliche Rechtsposition des Lizenznehmers überhaupt die rechtliche Möglichkeit zur Einräumung einer Freilizenz hat (vgl. Rz. 78, 91 f.).

Demgegenüber muss der **einfache Lizenznehmer** eine derartige Verständigung des Lizenzgebers mit dem Dritten hinnehmen, da sich schon aus dem Wesen der einfachen Lizenz das Nebeneinander mehrerer Lizenzen ergibt und der Lizenznehmer weder auf die Anzahl der Lizenzen noch auf deren Inhalt Einfluss hat. Ggf. kann etwas anderes gelten, wenn er durch eine **Meistbegünstigungsklausel** geschützt ist (vgl. Rz. 1394, 1475 ff.). Der Aspekt, die einfache Lizenz mit dinglicher Wirkung auszustatten (vgl. Rz. 120 ff.) würde sich hier nicht auswirken. Denn die Gewährung einer Freilizenz wäre – im Grundsatz – ohne Einfluss auf die „dingliche Rechtsposition" des einfachen Lizenznehmers. Der bei der ausschließlichen Lizenz maßgebliche Eingriff in die Ausschließlichkeitsposition des Lizenznehmers ist bei der einfachen Lizenz nicht gegeben.

Bei Verletzung dieser Unterrichtungspflicht gelten im Wesentlichen die gleichen Rechtsfolgen wie bei der Verletzung der Pflicht zur Aufrechterhaltung des Schutzrechts (s. Rz. 1374 ff., 1380). Bei der Frage, ob eine (schuldhafte) Verletzung vorliegt, können allerdings die Erfolgsaussichten des Angriffs nicht außer Betracht gelassen werden; ist der Angriff objektiv berechtigt, stellt sich die Situation letztlich nicht anders dar, als in dem Fall des nachträglichen Wegfalls der Schutzrechtsposition.

c) Vorgehen gegen Schutzrechtsverletzungen

1386 Streitig ist, ob der **Lizenzgeber verpflichtet** ist, **Verletzungen des lizenzierten Schutzrechts** durch Dritte zu **verfolgen**. Die h.M. verneint diese Pflicht, und zwar sowohl für die ausschließliche[1] als auch für die einfache Lizenz[2]. Eine solche Pflicht kann sich danach allenfalls aus besonderen Umständen des Einzelfalls ergeben, etwa durch eine Meistbegünstigungsklausel (s. Rz. 1394) oder bei marktbeherrschender Stellung, wobei jedoch zeitgleiche Klagen gegen eine Vielzahl von Verletzern wohl nicht erwartet werden können[3] (s. Rz. 1484).

---

1 Vgl. statt vieler *Pagenberg/Beier*, Muster 1, Rz. 254 ff.; *Kraßer/Schmid*, GRUR Int. 1982, 324, 331 m.w.N.; a.A. *Henn*, Rz. 321.

2 Vgl. statt vieler *KG* v. 25.10.1939, GRUR 1940, 32, 33; a.A. *Groß*, Rz. 279; *Henn*, Rz. 321; vgl. auch *BGH* v. 29.4.1965, GRUR 1965, 591, 596 – Wellplatten.

3 Busse/*Keukenschrijver*, PatG, § 15 Rz. 114 m.w.N.

Für die ausschließliche Lizenz wird diese Auffassung zu Recht daraus hergeleitet, dass der **ausschließliche Lizenznehmer aus eigenem Recht** wegen seiner dinglichen oder quasi dinglichen Rechtsposition (s. Rz. 93 f.) **gegen jeden Verletzer** des lizenzierten Schutzrechts **selbst vorgehen kann** (eigenständige Aktivlegitimation)[1]. Er bedarf also nicht der Hilfe des Lizenzgebers. Dieses eigenständige Verbietungsrecht steht dem ausschließlichen Lizenznehmer allerdings nur insoweit zu, als **seine eigenen Nutzungsrechte berührt** werden[2]. Das Verbietungsrecht findet seine Grenze in der jeweils eingeräumten Nutzungsart und den hierzu getroffenen vertraglichen Vereinbarungen. Ist z.B. dem Lizenznehmer hinsichtlich des lizenzierten Schutzrechts nur ein ausschließliches Nutzungsrecht für einen bestimmten technischen Anwendungsbereich eingeräumt worden, kann er auch nur insoweit ein Verbietungsrecht gegenüber Verletzern geltend machen. In diesem Rahmen kann er sämtliche Rechte aus dem lizenzierten Schutzrecht geltend machen, also z.B. Ersatz seines eigenen Schadens[3] oder den Anspruch auf Drittauskunft nach § 140b PatG[4]. 1387

Selbstverständlich schließt dieses Recht des ausschließlichen Lizenznehmers, gegen Patentverletzungen Dritter einzuschreiten, nicht das Recht des **Lizenzgebers** als Schutzrechtsinhaber aus, sich ebenfalls zur Wehr zu setzen. Ihm verbleibt sein **Klagerecht**, sofern er ein eigenes schutzwürdiges Interesse an der Rechtsverfolgung hat[5]. Dieses ist immer dann zu bejahen, wenn mit der Lizenzvergabe fortdauernde materielle Vorteile[6] für ihn verbunden sind und kann daher insbesondere in der möglichen Beeinträch- 1388

---

1 *BGH* v. 20.12.1994, GRUR 1995, 338, 340 – Kleiderbügel; s. auch *OLG Düsseldorf* v. 22.3.2007, InstGE 7, 258, Rz. 7; *OLG München* v. 5.4.2007, InstGE 8, 214, Rz. 44, 83; *LG Düsseldorf* v. 3.11.2009, Düsseldorfer Entscheidung Nr. 1385 – Lysin II (www.duesseldorfer-archiv.de); *LG Düsseldorf* v. 14.8.2007 – 4a O 235/06, Rz. 69; *LG Mannheim* v. 13.1.2006, InstGE 6, 147, Rz. 23; Busse/*Keukenschrijver*, PatG, § 139 Rz. 25; anders im Markenrecht, vgl. § 30 Abs. 3 MarkenG, und im Geschmacksmusterrecht, vgl. § 31 Abs. 3 GeschmMG.

2 *BGH* v. 20.12.1994, GRUR 1995, 338, 340 – Kleiderbügel u. *BGH* v. 11.7.1995, GRUR 1996, 109 – klinische Versuche I; ebenso *BGH* v. 12.12.1991, GRUR 1992, 310, 311 – Taschenbuch-Lizenz u. *BGH* v. 11.12.1997, GRUR 1998, 379 – Lunette (zum GeschM).

3 *BGH* v. 4.5.2004, GRUR 2004, 758, 763 – Flügelradzähler.

4 *OLG Düsseldorf* v. 4.6.1992, GRUR 1993, 818, 820.

5 *BGH* v. 24.1.2012, GRUR 2012, 430, 431, Rz. 15 – Tintenpatrone II mit Anm. *Fischer*, LMK 2012, 330730; *BGH* v. 5.4.2011, GRUR 2011, 711, Rz. 13 – Cinch-Stecker; *BGH* v. 20.5.2008, BGHZ 176, 311, Rz. 24 – Tintenpatrone; *OLG Düsseldorf* v. 6.5.2010, InstGE 12, 88, Rz. 86 – Cinch-Stecker u. *OLG Düsseldorf* v. 8.10.2008, InstGE 10, 129, Rz. 154; *OLG Köln* v. 8.2.2010, ZUM-RD 2010, 327, Rz. 3 – Culcha Candela (zum Urheberrecht); *OLG München* v. 11.9.2003, OLGR München 2004, 115 – Brillenetui; *LG Düsseldorf* v. 14.8.2007 – 4a O 235/06, Rz. 69 ff. (juris); Busse/*Keukenschrijver*, PatG, § 139 Rz. 25 m.w.N.

6 *BGH* v. 5.4.2011, GRUR 2011, 711, Rz. 13 – Cinch-Stecker; *OLG Düsseldorf* v. 4.5.2006, Düsseldorfer Entscheidung Nr. 588 (www.duesseldorfer-archiv.de).

tigung seines Anspruches auf Lizenzgebühren begründet sein[1]. Dieses Klagerecht steht ihm insbesondere dann zu, wenn er sich ein eigenes Nutzungsrecht vorbehalten hat, da in einem solchen Fall seine materiellen Nutzungsinteressen durch die Verletzungshandlung ebenfalls berührt sind[2]. Anders liegt der Fall allerdings, wenn sich der Lizenzgeber zwar vertraglich einen Teil des Schutzbereichs des streitgegenständlichen Patents zur eigenen Verwertung vorbehalten hat, der Rechtsstreit aber gerade einen anderen technischen Bereich betrifft, in dem er seine Rechte zur ausschließlichen Nutzung durch den Lizenznehmer an diesen übertragen hat[3].

Ist der Lizenzgeber nicht selbst durch die Schutzrechtsverletzung betroffen (z.B. weil er eine ausschließliche Lizenz kostenlos vergeben hat) und haben sich die Vertragsparteien in dem zwischen ihnen geschlossenen Lizenzvertrag darauf verständigt, dass jeder nach seinem alleinigen Ermessen die Rechte aus dem Patent verteidigen und/oder durchsetzen darf, so gilt folgendes: Ein eigenes Interesse des Lizenzgebers an der Prozessführung besteht nicht, wenn er nach dem Vertrag zwar klagen darf, aber im Verhältnis zum Lizenznehmer nicht dazu verpflichtet ist[4]. Bei unterlassener gerichtlicher Geltendmachung macht er sich gegenüber dem Lizenznehmer nicht schadensersatzpflichtig, was bejahendenfalls allerdings dazu führen könnte, dass sich aus einer solchen vertraglichen Verpflichtung zur Verteidigung des Schutzrechts ein Interesse an der Prozessführung herleiten ließe[5].

Eine **Patentverwertungsgesellschaft**, die nicht selbst patentgemäße Gegenstände herstellt und/oder vertreibt, hat allerdings grundsätzlich gegen Dritte einen Unterlassungsanspruch, dessen Durchsetzung mit dem Ziel, Verletzer zur Lizenznahme anzuhalten, dem Patentsystem als Teil der gel-

---

1 Z.B. bei Vereinbarung einer umsatzabhängigen Lizenzgebühr (*BGH* v. 17.6.1992, BGHZ 118, 394 = GRUR Int. 1993, 257, 258 – ALF; *LG Düsseldorf* v. 3.11.2009, Düsseldorfer Entscheidung Nr. 1385 u. Nr. 1312 – Lysin II bzw. Escherichia [www.duesseldorfer-archiv.de]) oder einer Warenbezugsverpflichtung als Gegenleistung für die Lizenzvergabe (*BGH* v. 24.1.2012, GRUR 2012, 430, 431, Rz. 15 – Tintenpatrone II mit Anm. *Fischer*, LMK 2012, 330730; *BGH* v. 20.5.2008, BGHZ 176, 311, Rz. 26 ff. – Tintenpatrone; *OLG Düsseldorf* v. 8.10.2008, InstGE 10, 129, Rz. 162); *OLG Düsseldorf* v. 24.6.2010, Düsseldorfer Entscheidung Nr. 1392 – Tintentankpatrone (www.duesseldorfer-archiv.de); *OLG Düsseldorf* v. 6.5.2010, InstGE 12, 88, Rz. 86 – Cinch-Stecker; *OLG Köln* v. 8.2.2010, ZUM-RD 2010, 327, Rz. 3 – Culcha Candela (zum Urheberrecht); *LG Düsseldorf* v. 14.8.2007 – 4a O 235/06, Rz. 69 (juris) u. *LG Düsseldorf* v. 18.12.2007, InstGE 8, 257, Rz. 50; vgl. auch *RG* v. 28.5.1932, RGZ 136, 320, 321; *RG* v. 24.11.1942, GRUR 1943, 169, 172; Benkard/*Rogge/Grabinski*, PatG, § 139 Rz. 16; dies gilt auch im Verhältnis zwischen ausschließlichem Lizenznehmer und seinem ausschließlichen Unterlizenznehmer; s. aber auch *LG Düsseldorf* v. 24.10.2000, InstGE 1, 9 – Komplexbildner.

2 *Schulte/Kühnen*, PatG, § 139 Rz. 15.

3 *LG Düsseldorf* v. 14.8.2007 – 4a O 235/06, Rz. 71 (juris).

4 *LG Düsseldorf* v. 14.8.2007 – 4a O 235/06, Rz. 70 (juris).

5 *LG Düsseldorf* v. 14.8.2007 – 4a O 235/06, Rz. 70 (juris) m.H.a. *LG Düsseldorf* v. 24.10.2000, InstGE 1, 9, 16 – Komplexbildner.

tenden Rechts- und Wirtschaftsordnung immanent ist und grundsätzlich weder schikanös noch rechtsmissbräuchlich erscheint[1].

Nach wohl herrschender Auffassung[2] ist zur Frage der Aktivlegitimation im Patentverletzungsverfahren nach den einzelnen Ansprüchen wegen Patentverletzung zu unterscheiden: Bei der Geltendmachung des **Unterlassungsanspruchs (§ 139 Abs. 1 PatG, § 24 Abs. 1 GebrMG)** wird zur Aktivlegitimation auf die Eintragung des Schutzrechtsinhabers im Register abgestellt (§ 30 Abs. 3 Satz 2 PatG), also auf die **Patentinhaberfiktion**[3]. Hierauf ist die Erteilung einer ausschließlichen Lizenz durch den Schutzrechtsinhaber grundsätzlich ohne Einfluss. Allerdings betont der *BGH*, dass dem Lizenzgeber Unterlassungsansprüche *jedenfalls* dann zustehen, wenn er sich **mit der Lizenzierung nicht sämtlicher Rechte aus dem Schutzrecht begeben** hat[4]. Soweit es um **Ansprüche auf Schadensersatz (§ 139 Abs. 2 PatG, § 24 Abs. 2 GebrMG)** geht, fordert der *BGH* die vom ausschließlichen Lizenzgeber nachzuweisende **Wahrscheinlichkeit**, dass ihm aus der geltend gemachten Verletzungshandlung **ein eigener Schaden entstanden ist**. Ein solcher eigener Schaden liegt in der Regel vor, wenn der ausschließliche Lizenzgeber in irgendeiner Weise an der Ausübung der Lizenz durch den Lizenznehmer **wirtschaftlich partizipiert**[5]. Im Schrifttum wird diese Rechtsprechung dahin zusammengefasst, dass der ausschließliche Lizenzgeber eigene Schadensersatzansprüche gegen den Verletzer geltend machen kann, **soweit er durch die Verletzung „betroffen"** ist[6] oder ein **eigenes schutzwürdiges Interesse an der Rechtsverfolgung** besteht[7]. Hinsichtlich des Schadens muss nur eine gewisse Wahrscheinlichkeit für den Eintritt eines Schadens bestehen, die allerdings nicht zu hoch sein braucht[8]. Insbesondere bedarf es keiner Klärung, ob und was für ein Schaden entstanden ist[9], 1389

---

1 *LG Mannheim* v. 27.2.2009, Mitt. 2010, 25, Rz. 93 ff.; s. auch *Kessler*, Mitt. 2011, 489.

2 S. hierzu *Kühnen* in FS Schilling, 2007, S. 311; *Pahlow*, GRUR 2007, 1001; *Rogge*, GRUR 1985, 734, *Pitz*, GRUR 2010, 688 u. *Verhuwen*, GRUR 2011, 116.

3 *Verhuwen*, GRUR 2011, 116 ff.; *Mes*, PatG, § 139 Rz. 44.

4 *BGH* v. 5.4.2011, GRUR 2011, 711, Rz. 13 – Cinch-Stecker; *BGH* v. 20.5.2008, GRUR 2008, 896, Rz. 24 – Tintenpatrone; *BGH* v. 17.6.1992, GRUR 1992, 697 – ALF; *BGH* v. 11.12.1997, GRUR 1998, 379, 381 – Lunette, dort für das Urheber- und Geschmacksmusterrecht.

5 *BGH* v. 5.4.2011, GRUR 2011, 711, Rz. 14 ff. – Cinch-Stecker; *BGH* v. 20.5.2008, GRUR 2008, 896, R. 27 – Tintenpatrone.

6 Benkard/*Rogge*/*Grabinski*, PatG, § 139 Rz. 17; *Kühnen* in FS Schilling, 2007, S. 311, 318 f.; *Mes*, PatG, § 139 Rz. 47.

7 So Busse/*Keukenschrijver*, PatG, § 139 Rz. 25; *Pahlow*, GRUR 2007, 1001, 1002 f.; *Wild* in Schricker/Loewenheim, UrheberR, § 97 UrhG Rz. 48; *Nordemann*, UrheberR, § 97 UrhG Rz. 128.

8 *BGH* v. 23.4.1991, GRUR 1992, 559 – Microfilmanlage; *BGH* v. 6.7.1995, GRUR 1995, 744 – Feuer, Eis & Dynamit I.

9 *BGH* v. 29.3.1960, GRUR 1960, 423, 426 – Kreuzbodenventilsäcke I; *BGH* v. 10.7.1995, GRUR 1996, 109, 116 – Klinische Versuche I.

wenn nach der Erfahrung des täglichen Lebens der Eintritt eines Schadens mit einiger Sicherheit zu erwarten ist[1].

Hierzu genügt es i.d.R., wenn zumindest eine rechtswidrig und schuldhaft begangene Verletzungshandlung vorliegt[2].

Dem **ausschließlichen Lizenznehmer** stehen die vorgenannten Verletzungsansprüche zu, soweit **sein Nutzungsrecht berührt** ist[3] Ein Unterschied kann sich hinsichtlich der Schadensersatzansprüche von Lizenzgeber einerseits und Lizenznehmer andererseits im Hinblick auf den **Umfang des Schadensersatzanspruchs** gegen den Patentverletzer ergeben:

Beim Lizenznehmer kann der Schaden in einer Minderung der lizenzgemäßen Umsätze liegen, beim Lizenzgeber in der Verringerung seiner aus den dem Lizenznehmer entgehenden Lizenzumsätzen hergeleiteten Lizenzgebühreneinnahmen. Begehrt der Patentinhaber die Feststellung einer Schadensersatzpflicht, so ist regelmäßig wahrscheinlich, dass ihm ein eigener Schaden entstanden ist, soweit er an der Ausübung der Lizenz durch den Lizenznehmer wirtschaftlich partizipiert[4]. Ausreichend ist bereits eine Teilhabe am Gewinn als alleiniger Gesellschafter des Lizenznehmers, wobei der Ersatzanspruch dann darauf gerichtet ist, die Gesellschaft so zu stellen, wie dies ohne Schutzrechtsverletzung der Fall wäre[5].

1390 Zur Streitfrage, ob der ausschließliche Lizenzgeber sämtliche Berechnungsmethoden zur Schadensberechnung geltend machen könne[6] merkt der *BGH* an, dass es sich bei diesen Berechnungsmethoden nicht um verschiedene Ansprüche mit unterschiedlichen Rechtsgrundlagen, sondern lediglich um **verschiedene Liquidationsformen eines einheitlichen Schadensersatzanspruchs** handele[7]. Dies habe einerseits zur Folge, dass der **Patentverletzer insgesamt nicht mehr als den vollen Schadenausgleich zu leisten** habe, andererseits jedoch könne jeder Geschädigte den ihm entstandenen Schaden

---

1 S. auch Busse/*Keukenschrijver*, PatG, § 143 Rz. 140 m.w.N.

2 *BGH* v. 10.7.1995, GRUR 1996, 109, 116 – Klinische Versuche I.

3 *BGH* v. 20.5.2008, GRUR 2008, 896, Rz. 35 – Tintenpatrone; *BGH* v. 23.3.1982, BGHZ 83, 251, 256 – Verankerungsteil; *BGH* v. 20.12.1994, BGHZ 128, 220, 223 – Kleiderbügel; *BGH* v. 12.12.1991, GRUR 1992, 310, 311 – Taschenbuchlizenz; *BGH* v. 4.5.2004, BGHZ 159, 76, 94 – Flügelradzähler.

4 *BGH* v. 5.4.2011, GRUR 2011, 711, Rz. 14 – Cinch-Stecker, Bestätigung von *BGH* v. 20.5.2008, BGHZ 176, 311, Rz. 26 ff. – Tintenpatrone; *OLG Düsseldorf* v. 6.5.2010, InstGE 12, 88, Rz. 91 – Cinch-Stecker; *LG Düsseldorf* v. 3.11.2009, Düsseldorfer Entscheidung Nr. 1385 – Lysin II (www.duesseldorfer-archiv.de). S. auch *LG Düsseldorf* v. 14.7.2009, Düsseldorfer Entscheidung Nr. 1170 – Cinch (RCA)-Stecker II (www.duesseldorfer-archiv.de).

5 *BGH* v. 5.4.2011, GRUR 2011, 711, Rz. 16 ff., 24 – Cinch-Stecker; s. auch *OLG Düsseldorf* v. 6.5.2010, InstGE 12, 88, Rz. 92 f. – Cinch-Stecker.

6 Dies wird für die Methode der Herausgabe des Verletzergewinns und der Lizenzanalogie verneint durch *Kühnen* in FS Schilling, 2007, S. 311, 324 f.; *Kraßer*, PatR, § 35 VI a 2.

7 *BGH* v. 20.5.2008, GRUR 2008, 896, Rz. 38 – Tintenpatrone; *BGH* v. 25.9.2007, GRUR 2008, 93 – Zerkleinerungsvorrichtung.

gesondert geltend machen. Für die Durchsetzung dieses Schadensersatzanspruchs sind Lizenzgeber und ausschließlicher Lizenznehmer **nicht Mitgläubiger i.S. von § 432 BGB** mit der Folge, dass der Verletzer nur an beide gemeinschaftlich leisten und jeder von ihnen nur Leistung an beide verlangen könne[1]. Eine Mitgläubigerschaft liegt nur dann vor, wenn Rechtsinhaber und ausschließlicher Lizenznehmer als Gläubiger einer unteilbaren Leistung anzusehen wären. Eine solche unteilbare Leistung ist aber nur dann anzunehmen, wenn sich aus dem Leistungszweck und der Eigenart der auf den Leistungsgegenstand gerichteten Forderung eine rechtliche Unteilbarkeit der Leistung ergibt.

Da der **Schutzrechtsverletzer nicht mehr als den vollen Schadensausgleich** – ermittelt nach einer der drei Berechnungsmethoden – zu leisten hat, können

- **Lizenznehmer und Lizenzgeber gemeinschaftlich** gegen den Verletzer den Schadensausgleich – ermittelt nach einer der drei Methoden – geltend machen und sodann im Verhältnis zueinander aufteilen;
- oder **einer der Geschädigten zugleich aus abgetretenem Recht des anderen** den Schaden insgesamt geltend machen;
- oder **jeder der Geschädigten den Ersatz seines Schadens beanspruchen**. Dabei haben dann aber die beiden Lizenzpartner **darzulegen, welcher Anteil des (konkreten) Gesamtschadens** auf die jeweilige Lizenzvertragspartei entfällt. Dies kann es nahelegen, bereits im Lizenzvertrag festzulegen, mit welchen Anteilen ein zukünftig von einem Verletzer des lizenzierten Schutzrechts zu zahlender Schadensersatz zwischen den Vertragsparteien aufzuteilen ist. Dies ist insbesondere dann angebracht, wenn konkrete Vorstellungen über den Nutzungsumfang beim Lizenzgeber einerseits und dem Lizenznehmer andererseits bestehen.

Ungeklärt ist dabei immer, wie der „volle Schadensausgleich" zu berechnen ist, wenn nach unterschiedlichen Berechnungsmethoden gerechnet wird. Je nachdem, in welchem Umfang der ausschließliche Lizenzgeber auf eigene Nutzungsrechte verzichtet hat bzw. inwiefern er schon wirtschaftlich durch eine abschließende Pauschallizenzgebühr „abgefunden" ist, dürfte Einfluss darauf haben, welche Schadensberechnungsmethode ihm zur Verfügung steht[2].

Nehmen Lizenzgeber und Lizenznehmer den Verletzer gemeinsam auf 1391
Schadensersatz in Anspruch, sind sie **notwendige Streitgenossen (§ 62**

---

1 *BGH* v. 24.1.2012, GRUR 2012, 430, 431, Rz. 16, 20 – Tintenpatrone II mit Anm. *Fischer*, LMK 2012, 330730; *BGH* v. 20.5.2008, GRUR 2008, 896, Rz. 38 – Tintenpatrone; a.A. *LG Düsseldorf* v. 4.11.1997, Entscheidungen 4. ZK 1997, 104, 105 – Feuerfestmaterial.

2 Zur Gefahr der Überkompensation s. auch *McGuire*, Die Lizenz, § 6 III 1 lit. d) S. 335 ff.; *Pahlow*, Lizenz u. Lizenzvertrag, S. 492.

Abs. 1 Fall 2 ZPO)[1]. Zur Begründung verweist der *BGH* zunächst darauf, dass Lizenzgeber und Lizenznehmer keine Mitgläubiger sind. Machten sie darüber hinaus von der Möglichkeit, den auf sie entfallenden Schaden unabhängig voneinander geltend zu machen, keinen Gebrauch, forderten sie vielmehr den gesamten Schadensbetrag, um ihn im Innenverhältnis aufzuteilen, und gingen sie dazu nicht im Wege der Abtretung vor, so seien sie darauf angewiesen, sich auf die gemeinsame Geltendmachung ihrer Ansprüche zu verständigen und gemeinsam gegen den Verletzer vorzugehen. Dieses gemeinsame Vorgehen stellt nicht nur eine prozessuale Anspruchshäufung dar (§§ 59, 60, 260 ZPO)[2].

1392 Auch wenn – wie zuvor aufgezeigt – Lizenzgeber und Lizenznehmer jeweils gesondert ihre Patentverletzungsansprüche gelten machen können[3], sollte doch im Innenverhältnis bereits im Lizenzvertrag eine Regelung darüber getroffen werden, **ob und durch wen Maßnahmen gegen Schutzrechtsverletzungen** durchgeführt werden.

Verpflichtet sich der Lizenzgeber durch eine vertragliche Vereinbarung, den Lizenznehmer bei jeder (berechtigten sowie unberechtigten) Inanspruchnahme durch Dritte bei der Verteidigung der Rechte voll und uneingeschränkt zu unterstützen, so hat er von sich aus alles anzubieten, was der Lizenznehmer zur Verteidigung gegen die Dritten bedarf[4]. Dazu kann auch die rechtzeitige und konkrete Darlegung einer Rechtkette samt Vorlage der zugehörigen Belege im Falle einer Abmahnung des Lizenznehmers gehören, der im Falle einer diesbezüglichen Pflichtverletzung durch den Lizenzgeber Schadensersatz von diesem verlangen kann, sich aber u.U. ein Mitverschuldensanteil anrechnen lassen muss[5]. Zulässig ist es auch, wenn der Lizenzgeber verlangt, allein befugt zu bleiben, gegen Patentverletzungen Dritter vorzugehen (vgl. zum Markenlizenzvertrag § 30 Abs. 3 MarkenG; s. auch § 31 Abs. 3 GeschmMG), und insoweit der ausschließliche Lizenznehmer auf sein eigenes Klagerecht verzichtet (vgl. Rz. 2277 f.). Ein solcher **Vorbehalt** kann aus der Sicht des Lizenzgebers z.B. dann zweckmäßig sein, wenn er aus unternehmenspolitischen Gründen (z.B. wegen sonstiger Geschäftsbeziehungen) nicht gegen einen Patentverletzer vorgehen kann. Selbstverständlich muss der Lizenznehmer hierfür einen **Ausgleich** erhalten. Dies kann in der Weise erfolgen, dass die Parteien bei Ver-

1 *BGH* v. 24.1.2012, GRUR 2012, 430, 431, Rz. 18 ff. – Tintenpatrone II mit Anm. *Fischer*, LMK 2012, 330730.

2 *BGH* v. 24.1.2012, GRUR 2012, 430, 432, Rz. 20 – Tintenpatrone II mit Anm. *Fischer*, LMK 2012, 330730.

3 *BGH* v. 20.5.2008, BGHZ 176, 311, Rz. 39 – Tintenpatrone. S. auch *OLG Düsseldorf* v. 24.6.2010, Düsseldorfer Entscheidung Nr. 1392 – Tintentankpatrone (www.duesseldorfer-archiv.de).

4 *OLG München* v. 16.9.2010, ZUM-RD 2011, 94, Rz. 34; vorgehend *LG München* v. 18.2.2010, ZUM-RD 2010, 371.

5 *OLG München* v. 16.9.2010, ZUM-RD 2011, 94, Rz. 37 ff., 40 ff., 43 ff.; vorgehend *LG München* v. 18.2.2010, ZUM-RD 2010, 371.

zicht des Lizenzgebers auf die Verfolgung einer Patentverletzung eine **Minderung der Lizenzgebühr** vereinbaren. Für einen solchen Ausgleich ist auch dann Raum, wenn der Lizenzgeber eine Verletzungsklage aus der Sorge unterlässt, dass eine solche Klage mit einer Nichtigkeits- bzw. Löschungsklage gegen das lizenzierte Schutzrecht „beantwortet" und damit das lizenzierte Schutzrecht gefährdet wird.

Soweit nach der bisher herrschenden Lehre die **einfache Lizenz nur als schuldrechtliche Position des Lizenznehmers gegenüber dem Lizenzgeber** verstanden worden ist (s. Rz. 120 ff.) bestand Einigkeit, dass der Inhaber einer einfachen Lizenz – im Gegensatz zum ausschließlichen Lizenznehmer – **nicht gegen Patentverletzer vorgehen** konnte[1] (vgl. Rz. 2279). Wegen der völligen Dispositionsfreiheit des Lizenzgebers, beliebig viele weitere einfache Lizenzen zu vergeben und hierbei auch Freilizenzen einzuräumen, wird zu Recht eine Pflicht des Lizenzgebers, im Interesse des einfachen Lizenznehmers gegen Patentverletzungen Dritter tätig zu werden, verneint. Soweit *Groß*[2] das Recht des Lizenzgebers, Freilizenzen zu vergeben, bestreitet, kann dieser Auffassung nicht gefolgt werden. Dieses Recht ergibt sich vielmehr aus der Natur des einfachen Lizenzvertrages. Dabei kommt es nicht darauf an, ob der Lizenzgeber „willkürlich" Freilizenzen vergeben kann. Schon das Hinnehmen einer einzigen Verletzungshandlung käme der Gewähr einer **Freilizenz** gleich. Es ist aber nicht ersichtlich, warum dieses Recht, eine Freilizenz einzuräumen, dem Lizenzgeber beschnitten werden sollte. 1393

Die Lizenzpraxis versucht, dem einfachen Lizenznehmer über die **Meistbegünstigungsklausel** (s. dazu Rz. 1475 ff.) zu helfen, mit deren Hilfe er bei Nichtverfolgung von Patentverletzungen eine Minderung seiner Lizenzgebühren oder gar einen Wegfall erreichen könnte[3]. Aber selbst bei ausdrücklicher Vereinbarung einer Meistbegünstigungsklausel kann keine Pflicht des Lizenzgebers zum positiven Tätigwerden gegenüber Patentverletzern angenommen werden[4]. Vielmehr handelt der Lizenzgeber im eigenen Interesse, wenn er gegen Patentverletzungen einschreitet, da aufgrund einer Meistbegünstigung ggf. eine Minderung oder gar der Verlust der Lizenzgebühr zu befürchten ist. Ohne ausdrückliche Vereinbarung einer Meistbegünstigungsklausel muss der einfache Lizenznehmer ein passives 1394

1 Grundlegend hierzu *RG* v. 17.9.1913, RGZ 83, 93, 95; *Kraßer/Schmid*, GRUR Int. 1982, 324, 331; *Groß*, Rz. 388; *Fischer*, GRUR 1980, 374 ff.; Busse/*Keukenschrijver*, PatG, § 139 Rz. 22; bei Vorliegen eines besonderen Rechtsschutzbedürfnisses will *Lichtenstein*, GRUR 1965, 344, 346 dem einfachen Lizenznehmer in analoger Anwendung der §§ 862, 859 BGB einen Unterlassungsanspruch gegen den Verletzer gewähren.

2 *Groß*, Rz. 420.

3 In diesem Sinne wohl *Mes*, PatG, § 15 Rz. 54.

4 A.A. Benkard/*Ullmann*, PatG, § 15 Rz. 153 m.H.a. *BGH* v. 29.4.1965, GRUR 1965, 591, 595 – Wellplatten.

Verhalten des Lizenzgebers gegenüber Patentverletzungen Dritter hinnehmen.

Der einfache Lizenznehmer hattte bisher ein **Klagerecht nur aufgrund gewillkürter Prozessstandschaft**, also der gerichtlichen Geltendmachung in eigenem Namen aufgrund einer **Prozessführungsermächtigung durch den Lizenzgeber**[1] **bei eigenem schutzwürdigen Interesse**[2].

Nach h.M. ist eine **Abtretung des Unterlassungsanspruchs vom Lizenzgeber auf den einfachen Lizenznehmer** ohne Übertragung des Patents nicht möglich[3].

In diesem Rahmen müssten Entschädigungs- oder Schadensersatzansprüche des Lizenzgebers (§§ 33, 139 Abs. 2 PatG) an den einfachen Lizenznehmer abgetreten werden[4]. Den Schaden des einfachen Lizenznehmers kann nur der Lizenzgeber im Wege der Drittschadensliquidation geltend machen[5]. Ein Nebeneinander der Klagen von Lizenzgeber und einfachem Lizenznehmer ist ausgeschlossen[6].

1395 Bei Fehlen einer Meistbegünstigungsklausel besteht für den einfachen Lizenznehmer auch kein Anspruch auf angemessene Anpassung der Lizenzgebühr wegen einer vom Lizenzgeber vielleicht aus unternehmenspolitischen Gründen nicht verfolgten, den Markt aber beeinflussenden Patentverletzung eines Mitbewerbers des Lizenznehmers. Der Lizenznehmer hat insbesondere keinen Anspruch darauf, vom Lizenzgeber mit seinen Mitbewerbern rechtlich und tatsächlich gleichgestellt zu werden[7]. Darin liegt auch kein Verstoß gegen den **Gleichbehandlungsgrundsatz**, wenn man dessen Anwendbarkeit im Verhältnis der Lizenzvertragsparteien überhaupt zu bejahen bereit ist. Dieser Grundsatz verbietet nur willkürliche Unterschiede in der rechtlichen Behandlung, steht aber einer unterschiedlichen Vertragsgestaltung bei sachlichen Gründen jeder Art nicht im Wege. Und diese können in vielschichtigen unternehmenspolitischen Entscheidungen begründet liegen.

1 *RG* v. 26.2.1916, GRUR 1916, 178, 180; Benkard/*Rogge/Grabinski*, PatG, § 139 Rz. 17; vgl. zur gewillkürten Prozessstandschaft Busse/*Keukenschrijver*, PatG, § 139 Rz. 26.

2 *BGH* v. 13.10.1994, GRUR 1995, 54, 57 – Nicoline; zur Formulierung der Prozessstandschaftserklärung verbunden mit einer Abtretungserklärung s. *Mes*, PatG, § 139 Rz. 49 f.

3 *Mes*, PatG, § 139 Rz. 49 m.H.a. *RG*, RGZ 148, 146, 147; *BGH* v. 22.2.2001, GRUR 2001, 1158 – Dorf Münsterland, zum Markenrecht; *Köhler*, WRP 2000, 921.

4 *Schulte/Kühnen*, PatG, § 139 Rz. 17.

5 *Fischer*, GRUR 1980, 374; *Schulte/Kühnen*, PatG, § 139 Rz. 17, str.

6 Schulte/*Kühnen*, PatG, § 139 Rz. 17.

7 Vgl. allgemein zur kartellrechtl. Meistbegünstigung *OLG Karlsruhe* v. 23.3.2011, WRP 2011, 624, 631 ff.; a.A. wohl *BGH* v. 29.4.1965, GRUR 1965, 591, 595 – Wellplatten.

Allerdings kann in Anlehnung an *Rasch*[1] überlegt werden, dem Lizenznehmer bei einer solchen Fallgestaltung jedenfalls das Recht zuzubilligen, den Lizenzvertrag für die Zukunft **zu kündigen**. Dies kann evtl. aus dem Gesichtspunkt der **Störung der Geschäftsgrundlage** bei Unzumutbarkeit des Festhaltens am Lizenzvertrag hergeleitet werden (§§ 313 Abs. 3, 314 BGB). Ein solches Kündigungsrecht kann dann begründet sein, wenn der Lizenzgeber eine umfangreiche Schutzrechtsverletzung bewusst zum Nachteil des einfachen Lizenznehmers ungeahndet lässt bzw. diese eine Eigennutzung durch den Lizenznehmer wirtschaftlich unzumutbar macht[2]. Von Sonderfällen abgesehen, bleibt es bei dem Grundsatz, dass der einfache Lizenznehmer stets mit einer Veränderung der Wettbewerbssituation zu seinen Lasten durch die Gewährung weiterer Lizenzen, auch in Form von Freilizenzen, rechnen muss. 1396

Wird zukünftig auch die einfache Lizenz über technische Schutzrechtspositionen als mit dinglicher Wirkung ausgestattet gewertet, stehen dem einfachen Lizenznehmer beim Vorgehen gegen Schutzrechtsverletzungen die **gleichen Rechte wie dem ausschließlichen Lizenznehmer** zu (vgl. Rz. 1386 ff.) Er kann also aufgrund eigener Aktivlegitimation aus eigenem Recht gegen jeden Verletzer des lizenzierten Schutzrechts selbst vorgehen, da dies aus der dinglichen bzw. quasi-dinglichen Rechtsposition folgen würde. 1397

Fraglich ist, ob der Lizenznehmer – auch ohne besondere Vereinbarung im Vertrag – verpflichtet ist, dem **Lizenzgeber von Angriffen Dritter** auf das Schutzrecht und/oder Verletzungen des Schutzrechtes **zu berichten**. Vielfach erfährt der (ausschließliche) Lizenznehmer zuerst von dem Auftauchen von Konkurrenz- bzw. Nachahmerprodukten im Markt. Eine solche Pflicht des ausschließlichen wie des einfachen Lizenznehmers kann unter dem Aspekt der Rücksichtnahme begründet werden (§ 241 Abs. 2 BGB), ggf. wird man auch in Analogie zum allgemein anerkannten Grundsatz aus dem Miet- bzw. Pachtrecht (§ 581 Abs. 2 BGB), dass den Mieter eine allgemeine Obhutspflicht für die Mietsache trifft, eine solche Pflicht des ausschließlichen wie des einfachen Lizenznehmers bejahen können. Der Lizenzgeber kann den Lizenznehmer ferner verpflichten, besondere Maßnahmen zur **Überwachung des Marktes** bzgl. Angriffen und/oder Verletzungen Dritter zu treffen; diese können sich auch auf Verletzungen beziehen, die sich außerhalb des Vertragsgebietes abspielen[3]. Insbesondere bei Auslandslizenzvergaben wird der Lizenznehmer ohnehin besser mit den Marktgegebenheiten vertraut sein. 1398

Frei. 1399

1 *Rasch*, Der Lizenzvertrag, S. 32.
2 Vgl. auch Benkard/*Ullmann*, PatG, § 15 Rz. 153.
3 *Groß*, Rz. 206.

d) Aufgabe und Beschränkung des lizenzierten Schutzrechts

1400 In diesen Problemkreis gehört die Frage, wie sich ein **Schutzrechtsverzicht des Patentinhabers** und Lizenzgebers auf die Rechtsposition des Lizenznehmers auswirkt. Ein solcher Verzicht ist nach § 20 Abs. 1 Nr. 1 PatG durch schriftliche Erklärung dem Patentamt gegenüber möglich mit der Folge, dass das Patent dann mit Wirkung ex nunc erlischt.

1401 Bei der ausschließlichen Lizenz wertet die herrschende Meinung[1] einen **ohne Zustimmung des ausschließlichen Lizenznehmers** erklärten **Verzicht** mangels alleiniger Verfügungsberechtigung des Patentinhabers als **unwirksam** im Hinblick auf die quasi-dingliche Position des ausschließlichen Lizenznehmers. In Anlehnung an die Regelung des **§ 1071 BGB**, wonach ein einem **Nießbrauch** unterliegendes Recht nur mit **Zustimmung des Nießbrauchers** durch Rechtsgeschäft aufgehoben werden kann, wird bei einem ausschließlichen Lizenzverhältnis die Wirksamkeit des Verzichts auf das lizenzierte Schutzrecht von der Zustimmung des Lizenznehmers abhängig gemacht, falls ein solcher Verzicht in das Benutzungsrecht des Lizenznehmers eingreift. Folglich kann auf der Grundlage der h.M. kein Schadensfall eintreten. Hat der Lizenznehmer zugestimmt, bedeutet dies eine einvernehmliche Beendigung bzw. Einschränkung des Lizenzvertrages; wechselseitige Haftungsansprüche scheiden aus.

1402 In Anlehnung an *Groß*[2] sind die Regelungen des § 1071 BGB über den Nießbrauch u.E. nicht entsprechend anwendbar. Zwar ist eine gewisse Vergleichbarkeit der ausschließlichen Lizenzposition mit dem Rechtsinstitut des Nießbrauchs nicht von der Hand zu weisen[3] (s. auch Rz. 55). Nießbrauch ist die Nutzung einer Sache oder – wie hier – eines Rechts (vgl. § 1058 BGB). Dennoch bestehen Vorbehalte im Hinblick auf die **Wirkungen öffentlich-rechtlicher Art**, die mit dem Erlöschen eines Patentes aufgrund eines Verzichts verbunden sind. Das Patentamt ist – da eine Verpflichtung zur Eintragung der ausschließlichen Lizenz in die Patentrolle nicht besteht (vgl. § 30 Abs. 4 PatG) – nicht in der Lage, die Wirksamkeit eines ihm gegenüber erklärten Verzichts des Patentinhabers auf das Zustimmungserfordernis des ausschließlichen Lizenzinhabers hin zu überprüfen. Im Interesse des allgemeinen Rechtsverkehrs, der auf solche Rechtswirkungen wie das Erlöschen eines Patents vertrauen kann und ggf. im Anschluss hieran eigene Rechtspositionen durch Nutzung des Erfindungsgegenstands oder Anmeldung eines neuen Schutzrechts erwirkt, können die internen vertraglichen Beziehungen zwischen Patentinhaber und ausschließlichem Lizenznehmer diese Rechtswirkung nicht beeinflussen. Demgemäß wird ein ohne Zu-

---

1 *Kraßer*, Patentrecht, § 26 A I a) 4; Busse/*Schwendy*, PatG, § 20 Rz. 19; Schulte/*Rudolf-Schäffer*, PatG, § 20 Rz. 12; *Reimer*, PatG, § 9 a.F. Rz. 96; *Lüdecke/Fischer*, Lizenzverträge, C 93 S. 270; *Nirk* in Klauer/Möhring, PatG, § 9 a.F. Rz. 36.

2 *Groß*, Rz. 267; ebenso Benkard/*Ullmann*, PatG, § 15 Rz. 151; Pfaff/*Osterrieth*, Lizenzverträge, B I Rz. 167; a.A. *Kraßer*, Patentrecht, § 26 A I a) 4 m.w.N.

3 S. hierzu im Einzelnen *Henn*, Rz. 98 ff.

stimmung des ausschließlichen Lizenznehmers erklärter Verzicht wirksam, und der Lizenznehmer ist auf Schadensersatzansprüche aus dem Gesichtspunkt der Pflichtverletzung (§ 280 BGB) dem Patentinhaber gegenüber beschränkt[1].

Auch wenn von der Möglichkeit der **Registrierung der ausschließlichen Lizenz** in das Patentregister (§ 30 Abs. 4 PatG) Gebrauch gemacht wurde, ändert dies nichts an der Wirksamkeit des Verzichts. Zwar kann hier von einer Kenntnis des Patentamtes über das Bestehen einer ausschließlichen Lizenz ausgegangen werden; eine Prüfungspflicht von Amts wegen hinsichtlich einer Zustimmung des Lizenznehmers ist dem Gesetz aber nicht zu entnehmen. Nicht zurückgreifen lässt sich insbesondere auf § 30 Abs. 4 Satz 4 PatG, da sich der dort vorgesehene Nachweis der Zustimmung allein auf die Löschung der Eintragung der ausschließlichen Lizenz bezieht. Eine solche Sichtweise entspricht auch dem Regelungszweck des § 30 Abs. 4 PatG, der nicht etwa darin liegt, die Interessen des Lizenznehmers abzusichern, sondern der die ausschließliche Lizenz durch ihre Eintragung in das Patentregister gegen eine Lizenzbereitschaftserklärung absichern möchte, deren gesetzliche Wirkungen (vgl. § 23 Abs. 3 Satz 4 PatG) die Erteilung einer ausschließliche Lizenz vereiteln könnte[2]. Auch gehört die Verzichtserklärung gegenüber dem Patentamt nicht zu den Verfügungen, die dem Lizenznehmer gegenüber nach § 15 Abs. 3 PatG relativ unwirksam sind[3], so dass selbst bei Eintragung der ausschließlichen Lizenz in das Patentregister ein wirksamer Verzicht auf das Schutzrecht ohne Zustimmung des Lizenznehmers möglich ist. 1403

Die hier vertretene Auffassung findet eine Bestätigung durch den seinerzeitigen – aufgrund der Entwicklung des Einheitspatents[4] nicht umgesetzten – Entwurf des **Art. 49 Abs. 3 Satz 2 GPÜ-E**, Regel 12 AOGPÜ-E, nach dem ein Verzicht des Lizenzgebers ohne Zustimmung des Lizenznehmers möglich ist. Ist jedoch der Lizenznehmer eingetragen und ist er von der Verzichtsabsicht unterrichtet worden, wird der Verzicht nicht vor Ablauf von drei Monaten in das Register eingetragen, es sei denn, der Lizenznehmer hat vorher seine Zustimmung erklärt. 1404

Bezogen auf die **einfache Lizenz** wird allgemein dieselbe Rechtsauffassung vertreten, so dass der einfache Lizenznehmer das Wirksamwerden eines Verzichts niemals hindern kann. Ihm verbleiben, falls die Beschränkung ohne sachlichen Grund erfolgt, allenfalls Schadensersatzansprüche (§ 280 BGB)[5], es sei denn, es liegt lediglich eine negative Lizenz vor[6]. 1405

1 *Groß*, Rz. 268.
2 Busse/*Schwendy*, PatG, § 30 Rz. 108.
3 Pfaff/*Osterrieth*, B I Rz. 167.
4 S. dazu *Pagenberg*, GRUR 2012, 582.
5 Statt aller *Kraßer*, Patentrecht, § 26 A I a) 4; *Reimer*, PatG, § 9 a.F. Rz. 96; *Groß*, Rz. 268.
6 *Britta Bartenbach*, Diss. 2002, S. 20 ff., ebenso Benkard/*Ullmann*, PatG, § 15 Rz. 151.

1406 Diese Rechtsfolge tritt ebenfalls im vergleichbaren Fall der **Beschränkung des Patents auf Antrag des Patentinhabers gemäß § 64 PatG** ein[1].

1407 Kann also der Lizenzgeber nach der hier vertretenen Auffassung wirksam ohne Zustimmung des Lizenznehmers über das lizenzierte Patent verfügen und ist eine vorherige Abstimmung mit dem Lizenznehmer unterblieben, gelten hinsichtlich der Rechtsfolgen der Pflichtverletzung im Wesentlichen die gleichen Grundsätze wie bei der Verletzung der Pflicht zur Aufrechterhaltung des Schutzrechts (s. Rz. 1374 ff., 1379). Bei der Frage, ob eine (schuldhafte) Verletzung vorliegt, können allerdings auch hier bei unterstelltem Aufrechterhalten der Erfolgsaussichten eines Angriffs auf das Schutzrecht nicht außer Betracht gelassen werden; ist der Angriff objektiv berechtigt, stellt sich die Situation letztlich nicht anders dar als beim nachträglichen Wegfall der Schutzrechtsposition.

1408–1409 Frei.

3. Lizenzierung begleitender Schutzrechte[2]

a) Allgemeines

1410 Wie schon **Art. 1 Abs. 1 lit. b TT-GVO 2004** verdeutlicht, entspricht es in der Lizenzpraxis einem typischen Erscheinungsbild, nicht nur reine Patentlizenz-, Know-how- oder Software-Lizenzvereinbarungen abzuschließen. Ebenso typisch sind gemischte Patentlizenz-, Know-how- oder Software-Lizenzverträge einschließlich Vereinbarungen, die sich auf die Lizenzierung oder Übertragung von sonstigen Rechten an geistigem Eigentum beziehen. Üblicherweise bildet dabei die Lizenz an den technischen Schutzrechten (einschließlich Know-how) den Hauptgegenstand des Technologietransfers. Die zusätzlich einbezogenen anderen Rechte sollen dazu dienen, dem Lizenznehmer zu ermöglichen, die lizenzierte Technologie besser zu nutzen. Dies kann etwa durch die Markenlizenz dann erfolgen, wenn dieses Kennzeichen bereits im Markt eingeführt ist und der Verbraucher eine direkte Verbindung zwischen dem Erzeugnis und den Eigenschaften herstellt, die es durch die lizenzierte Technologie erhält (vgl. TT-Richtlinien zu Art. 81 EG Rz. 50).

Daneben ist aber auch die Einräumung von Nutzungsrechten an Geschmacksmustern und/oder Urheberrechten denkbar, um dem lizenzgemäßen Hauptprodukt z.B. eine besondere Gestaltungsform zu vermitteln (vgl. hierzu Rz. 165 ff. u. 170 ff.).

Grundsätzlich besteht **keine Verpflichtung des Lizenzgebers** bei einer Patentlizenz zugleich **sonstige Schutzrechte** (insbesondere Marken, Geschmacksmuster) sowie Urheberrechte **mitzulizenzieren**, auch wenn sol-

1 *Lüdecke/Fischer*, Lizenzverträge, C 94 S. 271.
2 S. auch Rz. 188 ff.

che in irgendeiner Weise für die Verwertung des lizenzierten Patents bzw. Gebrauchsmusters nützlich sind. Etwas anderes könnte dann in Betracht kommen, wenn ohne Mitlizenzierung solcher Rechte die Patent-/Gebrauchsmusterlizenz nicht oder nur unter nicht zumutbaren Bedingungen ausgeübt werden könnte[1]. Die Situation, dass die Mitbenutzung aus technischen Gründen erforderlich ist (s. dazu Rz. 192), dürfte ausscheiden. Fallgestaltungen, bei denen die Patent-/Gebrauchsmusterlizenz ohne die Mitlizenzierung sonstiger Schutzrechte quasi wirtschaftlich wertlos ist, dürften selten sein.

Bestehen zwischen dem lizenzierten Patent/Gebrauchsmuster und den 1411 sonstigen Rechten inhaltliche oder wirtschaftliche Berührungspunkte, hängt es vom Einzelfall ab, ob eine Verpflichtung zur Mitlizenzierung ausnahmsweise gegeben ist. **Inhaltliche Berührungspunkte** sind etwa beim Ersatzteilschutz denkbar, wenn Ersatzteile nicht nur durch technische Schutzrechte abgesichert sind, sondern auch durch Geschmacksmuster, Formmarken oder Urheberschutz (vgl. § 2 Abs. 1 Nrn. 4 und 7 UrhG)[2], ferner z.B. bei Computerprogrammen mit entsprechendem Urheberschutz (§ 69a UrhG). **Wirtschaftliche Berührungen** können sich etwa bei Einbindung des Lizenznehmers in umfassende Vertriebssysteme des Lizenzgebers ergeben, ferner, wenn der Lizenznehmer neben dem Lizenzgeber eine Parallelnutzung eines von Letzterem unter einer bekannten Marke vertriebenen Produktes durchführen soll, insbesondere dann, wenn dies mit Ausübungspflichten verbunden ist. Die Mitlizenzierung einer Marke kann einerseits im Eigeninteresse des Lizenzgebers an einer Verbreitung des Lizenzgegenstandes und damit einer Steigerung des Bekanntheitsgrades liegen. Zugleich kann die Marke den Absatz des Lizenznehmers erheblich fördern, da der Abnehmer hierdurch eine direkte Verbindung zwischen dem Lizenzprodukt und den Eigenschaften herstellt, die es durch das lizenzierte Patent erhält (vgl. Art. 1 Abs. 1 lit. b TT-GVO 2004 i.V.m. Rz. 50 der TT-Leitlinien zu Art. 81 EG).

Gegenstand einer Lizenzeinräumung kann auch eine sog. **begleitende Marke** sein. 1412 Hierbei geht es um die markenrechtliche Kennzeichnung von Rohstoffen, Grundstoffen, Halbfertigfabrikaten und Zwischenprodukten, die Eingang in das Endprodukt finden. Hier kann es im besonderen Interesse des Lizenznehmers liegen, diese begleitende Marke neben seiner eigenen Marke zu nutzen, insbesondere dann, wenn er hinsichtlich dieser Vorprodukte einer Bezugsbindung unterliegt (s. dazu Rz. 1948 ff.). Die Überlassung der Marke geschieht durch vertragliche Regelung dahingehend, dass dem Lizenznehmer die Berechtigung eingeräumt wird, auf den in Lizenz hergestellten oder vertriebenen Produkten die Marke des Lizenzgebers anzubringen. Der Lizenznehmer ist dann nicht gehindert, neben dieser Marke

1 *BGH* v. 11.1.2005, GRUR 2005, 406, 407 – Leichtflüssigkeitsabscheider.
2 Vgl. auch allgemein Busse/*Keukenschrijver*, PatG, § 1 Rz. 78 ff.

seine eigene anzubringen[1]. Vertragsinhalt ist darüber hinaus oftmals die Verpflichtung des Lizenznehmers, statt der eigenen Marke die des Lizenzgebers zu benutzen.

1413 Gegen eine Pflicht zur Mitlizenzierung sonstiger Rechte, insbesondere von Marken, kann sprechen, dass der Lizenzgeber eine bewusste Markttrennung erreichen und seinen eigenen Produkten nicht Konkurrenz machen will; dies kann z.B. bei Lizenzvergabe an einen marktstarken Mitkonkurrenten der Fall sein.

1414 Beachtlich kann auch eine Besorgnis des Lizenzgebers sein, dass die Produkte des Lizenznehmers den Qualitätsvorstellungen oder **Qualitätsanforderungen des Lizenzgebers nicht entsprechen**. Zwar ist rechtlich gesehen Inhalt einer Marke nicht eine bestimmte Garantie bzgl. der Produktqualität, sondern ein Herkunftsnachweis[2]. Auf der anderen Seite wird aber aus der Sicht der Verbraucher mit einer bestimmten Marke eine bestimmte Qualität verbunden, weshalb die Vergabe von Markenlizenzen nicht zur Täuschung der Verbraucher über die Qualität des Produktes führen darf[3].

1415 Schließlich ist auf das besondere **Produkthaftungsrisiko** hinzuweisen, das den Lizenzgeber für fehlerhafte Waren treffen kann, die der Lizenznehmer mit der lizenzierten Marke des Lizenzgebers versehen hat (zur Produkthaftung vgl. Rz. 1590 ff.). Ist eine **Warenbezugspflicht** Gegenstand des Lizenzvertrages (s. hierzu Rz. 1948 ff.), so nimmt der Lizenzgeber eine **Quasi-Unternehmerstellung** ein, die ihm das Produkthaftungsrisiko hinsichtlich der vom Lizenznehmer abgenommenen Waren auferlegt.

1416 Frei.

b) Kartellrechtliche Bewertung

aa) Bewertung nach EU-Kartellrecht

1417 Kartellrechtlich ist die Lizenzierung begleitender Schutzrechte grundsätzlich zulässig. Nach Art. 1 Abs. 1 lit. b TT-GVO 2004 findet die TT-GVO 2004 auch auf Vereinbarungen Anwendung, die **Markenlizenzen** umfassen,

---

1 Dies wird vor allem bei ausschließlichen Lizenzverträgen der Fall sein. Dem Lizenznehmer kann aber verboten werden, seine eigene Marken oder seinen Handelsnamen zu benutzen, solange er berechtigt bleibt, auf seine Eigenschaft als Hersteller hinzuweisen (vgl. früher ausdrücklich: GVO-Patentlizenzvereinbarungen, Art. 1 Abs. 1 Satz 7, EGr Nr. 9), heute indirekt aus §§ 1, 2 GWB i.V.m. Art. 1, 2 Abs. 1 und 2 TT-GVO 2004.

2 *BGH* v. 7.4.1965, GRUR 1966, 45, 46 – Markenbenzin; s. aber *EuGH* v. 29.9.1998, GRUR Int. 1998, 875, 877 – CANNON/Canon mit Anm. *Fezer*, WRP 1998, 1123, 1126 über die multifunktionale Bedeutung von Produktzeichen gegenüber bloßer Herkunftswirkung.

3 *BGH* v. 7.4.1965, GRUR 1966, 45, 46 – Markenbenzin; *BGH* v. 12.1.1966, BGHZ 44, 372, 377; vgl. aber auch *BGH* v. 28.2.2002, GRUR 2002, 703, 704 f. – Vossius und Partner, s. dazu auch Rz. 223.

solange der Technologie-Transfer Hauptgegenstand der Vereinbarung bleibt und die Technologie durch die Lizenzierung des gewerblichen Schutzrechts **lediglich begleitend** unterstützt wird[1]. So kann der Lizenzgeber dem Lizenznehmer gestatten, sein Warenzeichen[2] für die Erzeugnisse zu nutzen, die die lizenzierte Technologie enthalten[3]. Da der Verbraucher eine direkte Verbindung zwischen dem Erzeugnis und den Eigenschaften herstellt, die es durch die lizenzierte Technologie erhält, kann eine Markenlizenz dem Lizenznehmer unter Umständen eine bessere Nutzung der lizenzierten Technologie ermöglichen[4]. Selbst die Verpflichtung des Lizenznehmers, die Marke des Lizenzgebers zu verwenden, kann der Verbreitung der Technologie förderlich sein, indem der Lizenzgeber die Möglichkeit erhält, sich selbst als derjenige auszuweisen, von dem die zugrunde liegende Technologie stammt[5].

Bildet dagegen die **Markenlizenz** den **Hauptgegenstand** der Vereinbarung, 1418
so kommt eine Freistellung einer wettbewerbswidrigen Vereinbarung über die TT-GVO 2004 nicht in Betracht. Dies ist etwa dann der Fall, wenn der Lizenznehmer bereits über eine ähnliche Technologie verfügt und der Wert der lizenzierten Technologie für ihn daher von geringer Bedeutung ist[6].

Nach dem Willen der EU-Kommission soll die Einbeziehung von Marken 1419
bzw. Warenzeichen nicht dazu dienen, die Wirkungen einer Patentlizenzvereinbarung über die Laufdauer des Schutzrechtes hinaus auszudehnen[7].

Es muss dem Lizenznehmer gestattet bleiben, sich im Lizenzgebiet, d.h. in 1420
dem den gesamten Markt oder einen Teil desselben umfassenden Gebiet, in dem der Lizenzgeber Schutz für Patente genießt, deren Benutzung dem Lizenznehmer überlassen wurde, als **Hersteller des Lizenzerzeugnisses**, d.h. des Erzeugnisses, das Gegenstand des lizenzierten Patentes ist oder das unmittelbar aus dem lizenzierten Verfahren hervorgeht, **bekannt zu machen**. Nur so kann er vermeiden, dass er sich nach Ablauf der lizenzierten Patente gezwungen sieht, mit dem Lizenzgeber eine erneute Markenlizenzvereinbarung zu schließen, um seinen an das Lizenzerzeugnis gewöhnten Kundenstamm nicht zu verlieren. Eine Verpflichtung des Lizenznehmers, während der Dauer der Gültigkeit der Vereinbarung ausschließlich die vom Lizenzgeber bestimmte Marke oder die von ihm bestimmte Aufmachung

1 *Schultze/Pautke/Wagener*, Die Gruppenfreistellungsverordnung für Technologietransfer-Vereinbarungen, Rz. 114, 70 ff.

2 Trotz der Verwendung des deutschen Begriffes „Marke" im MarkenG ist in den amtlichen Übersetzungen der TT-Leitlinien zu Art. 81 EG von „Warenzeichen" die Rede und nicht von „Marken".

3 TT-Leitlinien zu Art. 81 EG Rz. 50 Satz 4.

4 TT-Leitlinien zu Art. 81 EG Rz. 50 Satz 4.

5 TT-Leitlinien zu Art. 81 EG Rz. 50 Satz 5.

6 TT-Leitlinien zu Art. 81 EG Rz. 50 Satz 6, 53; eingehend zur kartellrechtlichen Behandlung reiner Markenlizenzverträge *Kreutzmann*, WRP 2006, 453 ff.; *Niebel*, WRP 2003, 482 ff.

7 Vgl. auch TB BKartA 1985/86, 36.

zur Kennzeichnung des Lizenzerzeugnisses zu verwenden, war daher nach Art. 1 Abs. 1 Nr. 7 TT-GVO 1996 nur dann zulässig, wenn der Lizenznehmer nicht gleichzeitig daran gehindert wurde, auf seine Eigenschaft als Hersteller hinzuweisen. Diese Regelung ist nicht in die TT-GVO 2004 übernommen worden. Art. 1 Abs. 1 Nr. 7 TT-GVO 1996 kam indes lediglich klarstellende Funktion zu, da bei Vorbehalt eines Hinweises auf die Herstellereigenschaft des Lizenznehmers bereits keine Wettbewerbsbeschränkung i.S. des Art. 101 Abs. 1 AEUV (ex-Art. 81 Abs. 1 EG) vorliegt. Es ist nicht ersichtlich, dass durch Nichtaufnahme des Zusatzes aus Art. 1 Nr. 7 TT-GVO 1996 eine Auflockerung bezweckt ist. In einem solchen Fall dürfte evtl. eine mittelbare Kunden- bzw. Gebietsbeschränkung vorliegen.

1421 Letztlich ist diese Überlegung aber ohnehin keine ausreichende Hilfe für den Lizenznehmer. Zu denken ist etwa an einen Lizenzvertrag über ein pharmazeutisches Produkt, welches unter der vom Lizenzgeber zur Verfügung gestellten Marke vom Lizenznehmer in den Markt eingeführt wird. Hat er einmal den einschlägigen Verbraucherkreis an diese Marke seines Präparates gewöhnt, wird der Verbraucher sein Augenmerk auf diese Kennzeichnung richten und nicht darauf, wer konkret Hersteller dieses Präparates ist. Folglich ist der Lizenznehmer mit Ablauf des lizenzierten Patentrechts weiterhin gezwungen, zur Kennzeichnung dieses nunmehr patentfrei anzubietenden Präparates die Genehmigung zur Nutzung der Marke erneut einzuholen. Der Herstellervermerk wird ihn von diesem Zwang zur Verlängerung der Markenlizenz nicht entbinden. Er kann allenfalls mit Rücksicht darauf, dass zwischenzeitlich der Patentschutz entfallen ist, eine verminderte Lizenzgebühr fordern. Insofern könnte die Nichtaufnahme eines Art. 1 Abs. 1 Nr. 7 TT-GVO 1996 entsprechenden Zusatzes auch bewusst unterblieben sein.

1422 In ihrer Entscheidung vom 11.7.1983[1] hat die *EU-Kommission* zutreffend klargestellt, dass eine **Verpflichtung** des Lizenznehmers, eine nicht schutzfähige, lediglich beschreibende **Endproduktbezeichnung als Warenzeichen des Lizenzgebers anzuerkennen** und selbst nicht zu benutzen, als Wettbewerbsbeschränkung dem Verbot des Art. 81 Abs. 1 EG (heute Art. 101 Abs. 1 AEUV) unterfällt. Mit einem solchen vertraglichen Verzicht begibt sich der Lizenznehmer der Möglichkeit, Begriffe und Symbole zu benutzen, die möglicherweise ganz allgemein und ohne Hinweis auf ein bestimmtes Unternehmen in griffiger Weise für ein breites Publikum eine bestimmte Betätigung (hier: Windsurfing) bezeichnen. Diese Möglichkeit kann für den Lizenznehmer ein erhebliches Element in seinem wettbewerblichen Verhalten, insbesondere in seiner Werbung, bedeuten. Ein Verzicht hierauf verschafft dem Lizenzgeber einen ungerechtfertigten Wettbewerbsvorsprung, wenn es ihm gelingt, solche nicht schutzfähigen Begriffe und Symbole für das eigene Unternehmen zu monopolisieren. Der Abschluss eines Lizenzvertrages über Patente darf jedenfalls nicht dazu benutzt werden, den Pa-

1 GRUR Int. 1984, 171, 174 ff. – Windsurfing International.

tentlizenznehmer zu einer Anerkennung der Gültigkeit von Marken des Lizenzgebers oder Dritter zu veranlassen und ihm damit die Möglichkeit zur Klärung der Frage zu nehmen, ob der Gebrauch der betreffenden Marken allen Wettbewerbern offen steht.

Die zuvor angesprochene Höhe der **Lizenzgebühr für ein Markennutzungsrecht nach Ablauf des lizenzierten Patentes** muss nach dem **Bekanntheitsgrad** der Marke bestimmt werden. Da sich im Laufe des Patentlizenzvertrages der Bekanntheitsgrad der Marke nicht unerheblich steigern kann, kann es im Einzel- (bzw. Ausnahme-)fall gerechtfertigt sein, bei Fortsetzung jedenfalls der Markenlizenz hierfür auch einen höheren Lizenzbetrag zu fordern. Dabei muss m.E. unberücksichtigt bleiben, dass dieser Bekanntheitsgrad eventuell allein vom Lizenznehmer geschaffen worden ist. Denn nach den von der Rechtsprechung entwickelten Grundsätzen steht die Wirkung einer lizenzierten Marke jedenfalls mit Vertragsende allein dem Lizenzgeber zu[1]. Der Lizenznehmer kann dem Lizenzgeber nicht entgegenhalten, während der Laufzeit des Lizenzvertrages eigene Kennzeichenrechte an dem lizenzierten Zeichen erworben zu haben. Vor diesem rechtlichen Hintergrund kann es für einen Lizenznehmer im Einzelfall zweckmäßig sein, auf eine Lizenz an einer zunächst noch unbekannten (nicht benutzten) Marke des Lizenzgebers zu verzichten und statt dessen selbst eine eigene Marke für das lizenzierte Patentprodukt aufzubauen. 1423

bb) Bewertung nach deutschem Kartellrecht

§ 17 Abs. 2 Nr. 5 GWB a.F. bestimmte, dass das Verbot des § 17 Abs. 1 Satz 1 GWB a.F. nicht für solche Beschränkungen galt, die den Lizenznehmer verpflichteten, die Lizenzerzeugnisse in einer den Herstellerhinweis nicht ausschließenden Weise zu kennzeichnen. Bereits vor Einführung des § 17 Abs. 2 Nr. 5 GWB a.F. war von der Zulässigkeit von Abreden ausgegangen worden, die den Lizenznehmer verpflichteten, an den unter Lizenz hergestellten Gegenständen einen Patentvermerk anzubringen, solange es ihm darüber hinaus gestattet wurde, zugleich einen Hinweis auf seine Herstellerfunktion an den betreffenden Gegenständen anzubringen[2]. Nunmehr finden die zum europäischen Kartellrecht angestellten Überlegungen im deutschen Kartellrecht entsprechende Anwendung (vgl. §§ 1, 2 GWB). Eine inhaltliche Änderung dürfte folglich für eine Kennzeichnungspflicht des Lizenznehmers mit der ergänzenden Anwendung der europarechtlichen Regelungen im deutschen Recht nicht verbunden sein. 1424

Frei. 1425–1429

1 *BGH* v. 21.7.2005, GRUR 2006, 56, 58 – BOSS-Club unter Bestätigung von *BGH* v. 27.2.1963, GRUR 1963, 484, 487 – Micky Maus-Orangen; *Fammler*, Der Markenlizenzvertrag, S. 182 f.
2 TB BKartA 1993/94, 36.

4. Überlassung begleitenden Know-hows[1]

a) Allgemeines

1430 Im Zuge der Lizenzierung von technischen Schutzrechten kann die Übermittlung von begleitendem Know-how, d.h. geheimen und nicht geheimen Kenntnissen technischer und nicht-technischer Art (vgl. Rz. 2544 ff.) bei ausdrücklicher Regelung oder rechtlichem Verständnis des Lizenzvertrags als positives Benutzungsrecht eine **Nebenpflicht des Patentlizenzgebers** darstellen (s. Rz. 76). **Hauptpflicht** wird die Übermittlung von Know-how allerdings, wenn dieses entsprechendes Gewicht wie das Patent hat und die Lizenzierung des Schutzrechts ohne das Know-how letztlich wertlos wäre (vgl. auch Rz. 200). Handelt es sich dabei um geheimes Know-how, erwachsen daraus auch erhöhte Pflichten des Lizenzgebers, insbesondere zur Geheimhaltung (s. Rz. 2794 ff.). Verletzt der Lizenzgeber seine Geheimhaltungspflicht und wird das Know-how dadurch offenkundig, macht er sich dem Lizenznehmer gegenüber schadensersatzpflichtig (§§ 280, 281 BGB).

1431 Ist die Bereitstellung von **begleitendem Know-how technisch notwendig**, ist dies im Zweifel von der vereinbarten Lizenzgebühr mit umfasst. Den Parteien steht es allerdings frei, in solchen Fällen eine klare Abgrenzung zwischen Patentlizenz und dem zu überlassenden Know-how in Form eines gemischten Patent- und Know-Lizenzvertrages zu treffen (s. dazu Rz. 2680 ff.). Dies ermöglicht zugleich Differenzierungen bei der Lizenzgebühr (s. Rz. 1865) sowie bei den Auswirkungen von Veränderungen im Bestand der Lizenzrechte. Dabei ist die genaue Definition des lizenzierten Rechts und des überlassenen Know-hows zweckmäßig (vgl. zur Identifizierung des Know-hows Art. 1 Abs. 1 lit. i iii) TT-GVO 2004).

1432 Überschätzt der Lizenzgeber bei einer Know-how-Übertragungsverpflichtung seine eigenen fachlichen Fähigkeiten, bedeutet dies keine Vertragsverletzung, der eine Minderung der Lizenz folgt[2].

1433–1434 Frei.

b) Kartellrechtliche Bewertung

aa) Bewertung nach EU-Kartellrecht

1435 Art. 2 TT-GVO 2004 stellt Technologietransfer-Vereinbarungen, die die Produktion der Vertragsprodukte ermöglichen, vom Verbot des Art. 81 Abs. 1 EG (heute Art. 101 Abs. 1 AEUV) frei. Der Begriff der Technologietransfer-Vereinbarungen umfasst gemäß Art. 1 Abs. 1 lit. b TT-GVO 2004 auch gemischte Patentlizenz-, Know-how- oder Softwarelizenz-Vereinbarungen

---

1 Zum Know-how-Lizenzvertrag vgl. Rz. 2530 ff.

2 *LG München* v. 20.2.2008, InstGE 9, 257, Rz. 143 ff.

(vgl. Rz. 787). Damit ist die Verpflichtung zur Überlassung begleitenden Know-hows mit EU-Kartellrecht vereinbar.

Schutzwürdig ist eine Freistellung der Vereinbarung des Know-hows indes nach Art. 1 Abs. 1 lit. i TT-GVO 2004 nur dann, wenn dieses geheim und wesentlich (vgl. Rz. 2256, 2558 ff., 2722), d.h. für die Produktion der Vertragsprodukte von Bedeutung und nützlich und letztlich identifiziert, ist. Eine Identifizierung des Know-hows setzt voraus, dass es so beschrieben oder auf einem Träger festgehalten ist, dass überprüft werden kann, ob die Kriterien „geheim" und „wesentlich" erfüllt sind, und sichergestellt werden kann, dass der Lizenznehmer bei der Nutzung seiner eigenen Technologie nicht unangemessenen Beschränkungen unterworfen wird (vgl. Rz. 2778). Fehlt es an einer solchen Identifizierung, kann eine Freistellung über die TT-GVO 2004 nicht erreicht werden.

bb) Bewertung nach deutschem Kartellrecht

Auch nach deutschem Kartellrecht ist die Vergabe begleitenden geheimen, 1436 wesentlichen und identifizierten Know-hows selbst grundsätzlich unter entsprechender Anwendung der Regelungen der TT-GVO 2004 über § 2 Abs. 2 GWB unbedenklich. Ist die TT-GVO 2004 im Einzelfall nicht anwendbar, so bestimmt sich die kartellrechtliche Zulässigkeit der Übertragung nach den allgemeinen Regelungen (§§ 1 ff. GWB). Es wird auf Rz. 2554 ff. verwiesen.

Aufgrund der unterschiedlichen Behandlung geheimen und offenkundigen 1437 Know-hows ist eine vertragliche Trennung der Übertragung zu empfehlen. Nur das geheime Know-how ist im Patentlizenzvertrag aufzunehmen, da diese beiden Regelungsgegenstände denselben Wettbewerbsbeschränkungen unterworfen sind, während die Regelung der Lizenzierung von nicht geheimem Know-how in einem eigenständigen Vertrag erfolgen sollte[1].

Frei. 1438–1444

5. Die Informationspflicht zur Ausübung des Lizenzgegenstandes/sonstige Aufklärungspflichten

Bei dem Verständnis des Lizenzvertrages als positive Lizenz besteht eine 1445 weitere Pflicht des Lizenzgebers gegenüber dem Lizenznehmer darin, ihm die **Ausübung des erworbenen Lizenzrechts zu ermöglichen** (**Rechtsverschaffungspflicht**, s. Rz. 76 und zum Know-how Rz. 2544 ff.). Ohne dass es einer hierauf gerichteten ausdrücklichen Vereinbarung bedarf, gehört auch beim reinen Patentlizenzvertrag hierzu die Erteilung von Auskünften, die Weitergabe der vom Lizenzgeber gesammelten Erfahrungen, u.U. die Über-

1 Vgl. *Pagenberg/Beier*, Muster 1, Rz. 110.

gabe von Zeichnungen und Konstruktionsunterlagen[1]. Genügt die Patentschrift – wie häufig – nicht, um in der Praxis die Betriebs- bzw. Serienreife des Lizenzgegenstandes zu erreichen, kann zu den Nebenpflichten auch die Vorlage ergänzender technischer Informationen gehören, wie etwa Rezepturen, Versuchsergebnisse u.a.[2]. Sofern es sich im Interesse einer ordnungsgemäßen Nutzung als notwendig erweist, muss der Lizenzgeber dem Lizenznehmer ihm bekannte Kunstgriffe ebenfalls übermitteln.

Je nach Vertragsgestaltung kann auch eine **technische Beratung** durch eigene Arbeitnehmer des Lizenzgebers für eine Anlaufzeit oder gar für die Vertragsdauer geschuldet sein, und zwar gegen Kostentragung durch den Lizenznehmer. Vom Lizenzgeber kann nur die Bereitschaft erwartet werden, seine Mitarbeit zur Übermittlung des Erfahrungswissens zur Verfügung zu stellen (zur Schulung s. Rz. 1452)[3].

Die **Regelung über die technische Hilfestellung** sollte in einem gesonderten Vertrag erfolgen (s. nachfolgend Rz. 1452 ff.), da dieser Sachverhalt eigenständigen Regeln unterworfen ist (insbesondere Behandlung als Dienstvertrag [§§ 611 ff. BGB] oder – was die Ausnahme bilden würde – als Werkvertrag [§§ 631 ff. BGB]).

1446 **Maßstab für** den **Informationsumfang** sind im Allgemeinen die Erforderlichkeit für den Lizenznehmer zur Nutzung des Lizenzgegenstandes und die Zumutbarkeit für den Lizenzgeber, solche Informationen zur Verfügung zu stellen. In jedem Fall empfiehlt sich eine eingehende vertragliche Regelung der Informations- und Unterstützungspflichten einschließlich der Vereinbarung zur Tragung etwa entstehender Kosten. In jedem Einzelfall sollte angesichts des Umfangs der zur Verfügung zu stellenden Informationen klargestellt werden, ob es sich nicht tatsächlich um einen gemischten Patentlizenz- und Know-how-Vertrag handelt, der teilweise anderen Lizenzbedingungen und anderen Rechtsfolgen unterliegt.

1447 Zweckmäßigerweise sollte sich der Lizenzgeber vom Lizenznehmer in diesem Zusammenhang dessen Verpflichtung bestätigen lassen, sowohl während der Vertragsdauer als auch nach Lizenzvertragsende über das überlassene Erfahrungswissen nicht anderweitig zu verfügen und dazu auch seine Mitarbeiter anzuhalten (Geheimhaltungspflicht und Verwertungsverbot, Rz. 2572 ff., 2627 ff.). Eine echte Rückführung dieses Erfahrungswissens ist indes praktisch unmöglich.

1448 Um im Anfangsstadium der Lizenzausübung Streitigkeiten zwischen den Vertragspartnern über die zur Herbeiführung der Produktionsreife der Vertragsschutzrechte erforderlichen Informationen zu vermeiden, kann es sich

---

1 *Kraßer/Schmid*, GRUR Int. 1982, 324, 331.
2 *Britta Bartenbach*, Diss. 2002, S. 149 f.
3 *RG* v. 14.5.1935, GRUR 1935, 950, 951 – Mälzungsverfahren; *RG* v. 23.8.1935, GRUR 1935, 954, 956; *Groß*, Rz. 245 f.

empfehlen, sog. **Anlaufklauseln** zu vereinbaren[1]. Derartige Abreden tragen der Erfahrungstatsache Rechnung, dass eine neue Produktion technisch oft nur langsam in Gang zu bringen ist und wirtschaftlich nicht von Beginn an rentabel zu sein pflegt, andererseits aber der Lizenznehmer durch entsprechende Vertragsgestaltung genötigt sein soll, auch im Interesse seines Lizenzgebers seine Produktion schnellstmöglich aufzubauen und fortzuentwickeln. Zur Absicherung können sich Lizenzgeber oder Lizenznehmer das Recht der **Umwandlung** einer ausschließlichen in eine einfache Lizenz beim Eintreten bestimmter negativer Entwicklungen vorbehalten (zur Ausübungspflicht des Lizenznehmers s. Rz. 1764 ff., 1895).

Schließlich darf der Lizenzgeber **ihm bei Vertragsabschluss bekannte Umstände**, die das Schutzrecht beeinträchtigen, dem Lizenznehmer **nicht verschweigen**. So muss er ihn über etwa schwebende streitige Auseinandersetzungen, negative Prüfungsbescheide, eine ihm bekannte Abhängigkeit des Vertragsschutzrechtes, bestehende Vorbenutzungsrechte Dritter, Zwangslizenzen oder sonstige Mängel unterrichten, die den Bestand oder den Umfang des Schutzrechtes beeinträchtigen können[2] (s. auch Rz. 2443). 1449

Eine **Verletzung** der vorerwähnten **Aufklärungspflicht** durch den Lizenzgeber führt bei der **einfachen Lizenz** grundsätzlich zu einer Haftung des Lizenzgebers (§ 280 BGB). Zu beachten ist jedoch, dass der Lizenznehmer bei diesem Typus des Lizenzvertrages damit rechnen muss, dass auch zur Zeit des Vertragsabschlusses bereits weitere Lizenzrechte bestehen bzw. diesen gleichzustellende Belastungen des Vertragsschutzrechts, wie etwa ein Vorbenutzungsrecht, bekannt sind. Aus diesem Grund wird es vom Einzelfall abhängen, ob der Lizenzgeber verpflichtet ist, den Lizenznehmer z.B. über den Bestand etwaiger weiterer einfacher Lizenzen über dasselbe Schutzrecht aufzuklären. 1450

Eine Haftung kommt aber in Betracht, wenn der Lizenzgeber dem einfachen Lizenznehmer ausdrücklich das **Nichtbestehen weiterer Lizenzrechte** bzw. von Beeinträchtigungen **zusichert**. So kann für einen einfachen Lizenznehmer die durch den Lizenzgeber veranlasste Vorstellung maßgebend sein, dass bisher noch keine Lizenzvergaben erfolgt sind und er somit selbst auf die Gefahr zukünftiger weiterer Lizenzvergaben hin mit dem jetzigen Vertragsabschluss einen Wettbewerbsvorsprung vor seinen potentiellen Wettbewerbern erringt.

Ist eine **Verletzung der Aufklärungspflicht** des Lizenzgebers festzustellen, so begründet dies bei Arglist die Anfechtungsmöglichkeit nach § 123 BGB (s. dazu Rz. 491, 509 ff.). Im Übrigen kommt – unbeschadet einer Haftung aus unerlaubter Handlung (§§ 823, 826 BGB) – eine Haftung nach § 280 Abs. 1 BGB auf Schadensersatz in Betracht. Daneben kann der Lizenznehmer, nach Fristsetzung gemäß § 323 BGB, vom Vertrag zurücktreten, 1451

1 Einzelheiten hierzu vgl. *Lüdecke/Fischer*, Lizenzverträge, G 3 S. 568.
2 Vgl. *Nirk* in Klauer/Möhring, PatG, § 9 a.F. Rz. 58.

und zwar auch dann, wenn der Lizenzgeber die Pflichtverletzung nicht zu vertreten hat. Eine Ablehnungsandrohung ist nicht erforderlich[1]. Ist der Lizenzvertrag als Dauerschuldverhältnis bereits vollzogen, so tritt an die Stelle des Rücktrittsrechts das Kündigungsrecht aus wichtigem Grund nach § 314 BGB (s. Rz. 2436 ff.).

Hat der Lizenzgeber bei oder vor Vertragsschluss eine Informationspflicht verletzt, greift eine Haftung unter dem Gesichtspunkt des **Verschuldens bei Vertragsschluss** ein (§ 280 i.V.m. § 311 Abs. 2, § 241 Abs. 2 BGB; s. Rz. 357 ff.). Zu nachträglich bekannt werdenden Belastungen des Vertragsschutzrechtes durch Vorbenutzungsrechte s. Rz. 1542, 2824 und zur Abhängigkeit von anderen Patenten s. Rz. 1539 ff.

6. Technische Hilfestellung (Schulungspflichten)

1452 Nicht selten übernimmt der Lizenzgeber vertraglich eine Verpflichtung, die Mitarbeiter des Lizenznehmers zu schulen, sei es im eigenen Unternehmen, sei es im Unternehmen des Lizenznehmers oder bei Dritten. Im Zweifel handelt es sich dabei um eine vom Lizenzvertrag getrennte **Nebenleistung**[2]. Folglich hat die vollständige oder teilweise Nichterfüllung dieser Schulungspflicht grundsätzlich keine unmittelbare Auswirkung auf den Hauptvertrag[3]. Vielmehr beurteilen sich die Rechtsfolgen dann nach den Grundsätzen des betreffenden Rechtsgebietes[4], hier also regelmäßig nach **Dienstvertragsrecht**[5] (§§ 611 ff. BGB).

1453 Hängt dagegen nach dem erkennbaren Willen der Vertragsparteien der Erfolg des Lizenzvertrages maßgeblich von der Schulung ab und ist sie **untrennbar mit der Ausübung des Lizenzrechts** durch den Lizenznehmer **verbunden**, spricht dies gegen eine selbständige Nebenpflicht, so dass eine Nichteinhaltung dieser Pflicht nach den Grundsätzen der **allgemeinen Mängelhaftung** auf den Lizenzvertrag durchschlägt. Soweit vertraglich nichts anderes vereinbart ist, schuldet der Lizenzgeber stets nur eine zweckentsprechende Schulung durch geeignetes Personal (eigene Arbeitnehmer, ggf. auch Dritte[6]), nicht jedoch einen bestimmten Schulungserfolg[7].

---

1 Vgl. zur Ablehnungsandrohung im alten Recht *Nirk* in Klauer/Möhring, PatG, § 9 a.F. Rz. 58; *Reimer*, PatG, § 9 a.F. Rz. 25; *Pietzcker*, PatG, § 6 a.F. Anm. 3 und 35 verweist auf das Kaufrecht (analog § 440 i.V.m. § 326 BGB a.F.); *Groß*, Rz. 331 verweisen als Anspruchsgrundlage auf die Regeln über den Pachtvertrag (§ 581 Abs. 2 BGB i.V.m. §§ 537 ff. BGB a.F.).

2 Vgl. *BGH* v. 18.2.2003, BauR 2004, 337, 339.

3 Vgl. *BGH* v. 18.2.2003, BauR 2004, 337, 339.

4 Vgl. *Groß*, Rz. 248.

5 Vgl. allgemein zum Unterrichtsvertrag *BGH* v. 4.11.1992, BGHZ 120, 108 ff. und *OLG Celle* v. 10.5.1995, NJW-RR 1995, 1465 m.w.N.

6 *OLG Düsseldorf* v. 29.5.2001, CR 2002, 95 ff.

7 Vgl. *Pagenberg/Beier*, Muster 1 Rz. 139, die zutreffend auf die Gefahr einer vertraglich zugesicherten Garantie für einen Einweisungserfolg hinweisen.

Es empfiehlt sich, vertraglich neben Art, Anzahl der Schulungsmaßnahmen und der Zeitdauer ausdrücklich zu regeln, inwieweit die Schulungsmaßnahmen von den Lizenzgebühren umfasst sind bzw. welches zusätzliche **Entgelt** der Lizenznehmer zu erbringen hat. Fehlt eine Regelung und ist die Schulungspflicht im Lizenzvertrag selbst enthalten, mag – trotz § 612 Abs. 1 BGB – auch im Falle einer selbständigen Nebenpflicht je nach Einzelfall viel dafür sprechen, dass weder ein gesondertes Entgelt noch ein Anspruch auf Aufwendungsersatz gewollt sind; das gilt insbesondere, wenn neben einer Lizenzgebühr Einmalzahlungen geschuldet werden oder wenn die Lizenzgebühr wegen Zusatzleistungen marktübliche Sätze übersteigt.

Enthält der Lizenzvertrag keine Regelung über Schulungspflichten, werden 1454
diese vom Lizenzgeber grundsätzlich auch nicht geschuldet. Davon zu trennen ist die Überlassung von Dokumentationen, die sich auf den Lizenzgegenstand und dessen Ausübung beziehen.

Kartellrechtlich ist die Schulungspflicht im Regelfall neutral.

7. Lizenzierung von Verbesserungserfindungen

a) Allgemeines

Grundsätzlich besteht mangels Absprache **keine Pflicht** des Lizenzgebers, 1455
den **Lizenzgegenstand weiter zu entwickeln** oder um Verbesserungen bemüht zu sein[1]. Folglich bestehen im Grundsatz auch keine Informations- oder Anbietungspflichten des Lizenzgebers über solche Weiterentwicklungen[2]. Solches mag sich im Einzelfall allerdings aus Treu und Glauben ergeben[3], etwa bei ausschließlichen Lizenzen im Zusammenhang mit Ausübungspflichten, die bei Einsatz einer Verbesserungserfindung des Lizenzgebers wirtschaftlich sinnlos würden.

In der Praxis tragen die Lizenzvertragsparteien den beiderseitigen Inte- 1456
ressen häufig durch wechselseitige Mitteilungs- und Lizenz-Anbietungspflichten im Falle von schutzfähigen Verbesserungen bzw. Weiterentwicklungen Rechnung (etwa in Form der Vorhand, s. dazu Rz. 401).

Im Einzelfall sollten sich die Vertragsparteien darüber verständigen, unter welchen Voraussetzungen dabei von lizenzpflichtigen Verbesserungen gesprochen werden kann. In der Praxis wird häufig darauf abgestellt, inwieweit die verbesserte Erfindung **Gegenstand eines Zusatzpatents (§ 16 PatG)** in Ergänzung zum Vertragsschutzrecht sein kann[4]. Voraussetzung ist dann,

1 Vgl. dazu *Henn*, Rz. 324 m.w.N.

2 *Henn*, Rz. 324; *Groß*, Rz. 287.

3 Vgl. *BGH* v. 18.3.1955, BGHZ 17, 41, 56 ff. – Kokillenguss; eine bloße Mitteilungspflicht des Lizenzgebers ist nicht kartellrechtswidrig. Vgl. *Pagenberg/Beier*, Muster 1, Rz. 235 ff. zu möglichen Vertragsgestaltungen (Erhöhung der Lizenzgebührenpflicht oder nur Vorhand des Lizenznehmers).

4 Vgl. dazu Benkard/*Grabinski*, PatG, § 16 Rz. 13; *Kraßer*, Patentrecht, § 24 A X.

dass die Verbesserung in einem technologischen Zusammenhang zum Vertragsschutzrecht stehen muss.

1457 Die TT-GVO 2004 differenziert zwischen **abtrennbaren und nicht abtrennbaren Verbesserungen**; nach der Legaldefinition in Art. 1 Abs. 1 lit. n TT-GVO 2004 liegt eine abtrennbare Verbesserung vor, wenn die Verbesserung ohne Verletzung der lizenzierten Technologie verwertet werden kann. Erscheint dieser Maßstab den Vertragsparteien zu eng, kann auch auf den wirtschaftlichen Zusammenhang zwischen dem Vertragsschutzrecht und der Verbesserungserfindung abgestellt werden[1]. Nach Auffassung von *Osterrieth* hängt es von der Vereinbarung ab, ob sämtliche Fortentwicklungen, auch wenn sie keine Zusatzpatente darstellen, einbezogen sind, soweit sie in einem wirtschaftlich sinnvollen Zusammenhang zum Vertragsschutzrecht stehen[2].

1458 In dem Lizenzvertrag sollte auch die **Gegenleistung** angesprochen werden, also entsprechende Zahlungspflichten des Lizenznehmers oder dessen Pflicht, seinerseits eigene Verbesserungen des Lizenzgegenstandes dem Lizenzgeber zu lizenzieren (Rücklizenz).

1459 Außer zur Übermittlung von Verbesserungserfindungen kann sich der Lizenzgeber auch zur Lizenzierung von sog. **Anwendungserfindungen** verpflichten. Der Begriff der Anwendungserfindungen umfasst alle Erfindungen, durch die bereits bekannte Stoffe oder Verfahren und in Ausnahmefällen auch schon bekannte Vorrichtungen zu einem neuen Zweck oder zu einer neuen Funktion gebraucht werden, insbesondere das Erkennen neuer Anwendungsmöglichkeiten für chemische Produkte[3].

b) Kartellrechtliche Bewertung

1460 Unter kartellrechtlichen Gesichtspunkten ist die **einseitige Verpflichtung des Lizenzgebers** zur Lizenzierung von Verbesserungserfindungen grundsätzlich unproblematisch (Umkehrschluss aus Art. 5 Abs. 1 lit. a, b TT-GVO 2004). Gestattet man dem Inhaber eines Schutzrechts überhaupt die Verwertung durch Lizenzvergabe, kann hinsichtlich der Vergabe von Verbesserungserfindungen nichts anderes gelten. Es wird unter Umständen sogar im Interesse des Lizenzgebers liegen, durch die Übermittlung von Verbesserungserfindungen den Lizenznehmerumsatz und hierdurch zugleich seine Lizenzeinnahmen zu steigern.

1461 Sollte der Lizenznehmer die Schwäche des Lizenzgebers ausnutzen und diesen durch die Verpflichtung zur Vergabe von Verbesserungserfindungen

1 Pfaff/*Osterrieth*, B I Rz. 204.

2 Pfaff/*Osterrieth*, B Rz. 204.

3 So *Emmerich* in Immenga/Mestmäcker, GWB, § 17 a.F. Rz. 115, 117 m.w.N. in Fn. 264; *Bechtold/Bosch/Brinker/Hirsbrunner*, EG-Kartellrecht, Art. 5 VO 772/2004 Rz. 5 f.

übervorteilen, so kann sich die Unwirksamkeit einer solchen Vereinbarungen nicht nach kartellrechtlichen Vorschriften, sondern ggf. unter Anwendung des § 138 BGB ergeben.

Kartellrechtlich bedenklich sind indes Verpflichtungen zur **Rücklizenz des Lizenznehmers**. Art. 5 Abs. 1 TT-GVO 2004 nimmt die mittelbare oder unmittelbare Verpflichtung des Lizenznehmers, **dem Lizenzgeber** oder einem vom Lizenzgeber benannten **Dritten** eine **Exklusivlizenz** für seine **eigenen abtrennbaren** Verbesserungen an der lizenzierten Technologie oder seine eigenen **neuen** Anwendungen dieser Technologie zu erteilen, nicht vom Verbot des Art. 101 Abs. 1 AEUV (ex-Art. 81 Abs. 1 EG) aus (vgl. Rz. 954 ff.). Ebenfalls unzulässig ist gemäß Art. 5 Abs. 1 lit. b TT-GVO 2004 die Übertragung von Verbesserungs- und Anwendungserfindungen. 1462

Kartellrechtlich unbedenklich ist damit nur die Verpflichtung des Lizenznehmers zur Erteilung einer einfachen Lizenz an den eigenen Verbesserungen oder Anwendungserfindungen (Rz. 956). Zulässig ist hingegen die Vereinbarung einer Exklusivlizenz hinsichtlich nicht abtrennbarer Verbesserungen, da diese ohnehin nicht vom Lizenznehmer gesondert verwertet werden können (Rz. 955).

Im Einzelnen sei diesbezüglich auf die Ausführungen zur kartellrechtlichen Zulässigkeit von Verpflichtungen des Lizenznehmers zur Übermittlung von Verbesserungserfindungen verwiesen (vgl. Rz. 954 ff.).

Frei. 1463–1469

8. Übertragung der Lizenz, Einbringung in eine Gesellschaft, Erteilung von Unterlizenzen

Eine generelle Verpflichtung des Lizenzgebers, einer Übertragung der Lizenz (s. dazu Rz. 599 ff.), der Zulässigkeit der Einbringung in eine Gesellschaft (s. dazu Rz. 605 ff.) oder der Unterlizenzvergabe (s. dazu Rz. 101 ff., 145 ff.) zuzustimmen, besteht nicht. Das gilt auch, wenn der Lizenznehmer ein Konzernunternehmen ist und dieses ein erkennbares Interesse an einer Weitergabe hat. Werden derartige Verpflichtungen vertraglich begründet, kann dies je nach Art und Position des Lizenznehmers zu einer Betriebslizenz (s. Rz. 597 ff., 1196 ff.) oder einer persönlichen Lizenz führen (s. Rz. 1200). Derartige Rechte können sich insbesondere aus dem Abschluss einer ausschließlichen Lizenz ergeben. 1470

Da der ausschließliche Lizenznehmer ohne Weiteres zur Vergabe von Unterlizenzen (s. dazu Rz. 101, 145 ff.) berechtigt ist, bedarf ein Ausschluss oder eine Einschränkung dieses Rechts der vertraglichen Vereinbarung. 1471

Frei. 1472–1474

9. Meistbegünstigungsklausel (most favored license clause)

a) Allgemeines

1475 Meistbegünstigungsklauseln haben den **Zweck**, in Fällen der Vergabe einer **einfachen Lizenz** an mehrere Lizenznehmer zugunsten des durch eine solche Klausel begünstigten Lizenznehmers sicherzustellen, dass er nicht schlechter steht als andere Lizenznehmer hinsichtlich derselben Erfindung. Ein Anspruch des Lizenznehmers auf Einräumung einer Meistbegünstigungsklausel besteht nicht, da der Lizenzgeber frei darin ist, unterschiedliche Lizenzbedingungen einzuräumen[1]. Eine allgemeine Verpflichtung des Schutzrechtsinhabers zur Meistbegünstigung kann auch nicht Art. 102 AEUV bzw. § 20 GWB entnommen werden[2]. Selbst ein marktbeherrschendes Unternehmen ist nicht gezwungen, allen Lizenzinteressenten die gleichen – günstigsten – Bedingungen, insbesondere Lizenzgebühren, einzuräumen. Insbesondere kann dem Schutzrechtsinhaber nicht verwehrt werden, auf die unterschiedlichen Marktbedingungen differenziert zu reagieren.

1476 Die Lizenzpraxis unterscheidet je nach Ausgestaltung zwischen echten und unechten Meistbegünstigungsklauseln[3]. Vom Vorliegen **echter** bzw. **rechtlicher Meistbegünstigungsklauseln** wird dann ausgegangen, wenn sich der hierdurch gebundene Lizenzgeber verpflichtet hat, Dritten keine besseren Konditionen einzuräumen als dem begünstigten Vertragspartner. Eine **unechte** oder auch sog. **wirtschaftliche Meistbegünstigungsklausel** liegt dagegen vor, wenn sich der gebundene Lizenzgeber verpflichtet hat, dem Vertragspartner die günstigeren, gleich günstige oder keine ungünstigeren Konditionen als mit anderen Lizenznehmern vereinbart einzuräumen. Begrifflich möglich ist auch eine Unterteilung der genannten Varianten in rechtliche und wirtschaftliche Meistbegünstigungsklauseln[4].

1477 Angesichts des zuvor definierten Zweckgehaltes einer Meistbegünstigungsklausel kann diese – sofern nicht der Wortlaut oder der Sinn der Klausel abweichende Anhaltspunkte ergeben – nicht in dem Sinne verstanden werden, die eingeräumte Meistbegünstigung habe, über die Gleichbehandlung mit anderen Lizenznehmern hinausgehend, den Sinn einer Bevorzugung des begünstigten Lizenznehmers vor anderen Lizenznehmern. Der Rechtsverkehr misst der Meistbegünstigungsklausel vorrangig den Sinn der **Gleichbehandlung mit anderen Lizenznehmern** zu, so dass hiervon mangels ausdrücklicher Vertragsabsprache nicht abgewichen werden kann.

1 Vgl. aber *Henn*, Rz. 441 ff.
2 Vgl. *Markert* in Immenga/Mestmäcker, GWB, § 20 Rz. 178; *OLG Karlsruhe* v. 23.3.2011, WRP 2011, 624, 631 f. – FRAND-Bedingungen; ebenso *LG Düsseldorf* v. 12.8.2008, InstGE 10, 6 – Münzpfandschloss.
3 Busse/*Keukenschrijver*, PatG, § 15 Rz. 113.
4 Vgl. *Bechtold*, GWB, § 1 Rz. 59.

Es ist in diesem Zusammenhang nicht außer Acht zu lassen, dass schon aus dem Grundsatz von Treu und Glauben (§ 242 BGB) folgt, dass der Lizenzgeber vertraglich gegenüber dem Lizenznehmer verpflichtet ist, eine angemessene Ausnutzung der Lizenz zu ermöglichen[1]. Darüber hinaus will sich der Lizenznehmer mit der Meistbegünstigungsklausel Sicherheit dahin verschaffen, dass andere Lizenznehmer nicht infolge einer geringeren Belastung durch Lizenzabgaben das Lizenzerzeugnis günstiger kalkulieren und zu einem niedrigeren Preis auf den Markt bringen können[2]. Räumt der Lizenzgeber nach Abschluss des Lizenzvertrages mit dem begünstigten Lizenznehmer einem Dritten bessere (günstigere) Lizenzbedingungen ein, so sind vom Abschluss des neuen Lizenzvertrages an die mit dem neuen Lizenznehmer vereinbarten günstigeren Bedingungen **automatisch Bestandteil auch des früheren**, die Meistbegünstigungsklausel enthaltenden **Lizenzvertrages**[3], sofern diese Klausel keine andere Regelung über das Wirksamwerden enthält (z.B. erst für Nutzungshandlungen ab Beginn des Folgejahres). 1478

Zu Recht weist *Reimer*[4] darauf hin, dass die praktische Handhabung einer Meistbegünstigungsklausel oft schwierig ist, wenn in den anderen Lizenzverträgen z.T. günstigere und z.T. schlechtere Bedingungen ausgehandelt worden sind. Dies erfordert, dass bei Anwendung der Meistbegünstigungsklausel nicht nur die jeweils vereinbarten Lizenzsätze (einschließlich Bezugsgröße und etwaiger Abstaffelung) miteinander verglichen werden können, sondern ein **Gesamtvergleich** aller einzelnen Vertragsbestimmungen notwendig ist, um bei **wirtschaftlicher Betrachtungsweise** den günstigeren Vertragsinhalt bestimmen zu können **(Vertragsanalyse)**. Hierbei sind beispielsweise eine vom Lizenznehmer zusätzlich übernommene Beteiligung an den Entwicklungskosten der lizenzierten Erfindung, Mindestlizenz- bzw. Ausübungspflichten, der Umfang der Nutzungserlaubnis, der wechselseitige Austausch von Verbesserungen des Vertragsgegenstandes, die Laufzeit des Vertrages, die zusätzliche Hingabe von Know-how oder sonstigem Erfahrungswissen und schließlich auch weitere Gegenleistungen des Lizenznehmers, etwa die Einräumung einer Lizenz zugunsten des Lizenzgebers wie aber auch zusätzliche Haftungspflichten des Lizenzgebers, zu berücksichtigen. Im Einzelfall ist zu erwägen, ob es dem beiderseitigen Interesse der Vertragspartner entspricht, dem Lizenznehmer ein **Wahlrecht** (bisherige oder neue Lizenzregelung) einzuräumen. 1479

Da derartige Überprüfungen häufig zu Spannungen innerhalb der Rechtsbeziehungen der Vertragspartner führen können, empfiehlt sich ggf. die 1480

---

1 *BGH* v. 15.3.1973, GRUR 1974, 40, 42 – Bremsrolle; *BGH* v. 25.6.1985, GRUR 1986, 91, 93 – Preisabstandsklausel in einem Taschenbuchlizenzvertrag.
2 So ausdrücklich *BGH* v. 29.4.1965, GRUR 1965, 591, 595 – Wellplatten.
3 Ausführlich hierzu *Finger*, BB 1970, 1154 ff.; zur automatischen Geltung zweifelnd dagegen *Henn*, Rz. 443.
4 *Reimer*, PatG, § 9 a.F. Rz. 133; vgl. auch *Henn*, Rz. 443.

vertraglich vorgesehene Einschaltung eines **neutralen Gutachters**, der mit verbindlicher Wirkung die Überprüfung der Verträge vorzunehmen hat (Schiedsgutachter, vgl. § 317 BGB).

1481 Damit der begünstigte Lizenznehmer beurteilen kann, ob und wann im Rahmen weiterer Lizenzverträge günstigere Bedingungen seitens des Lizenzgebers eingeräumt worden sind, hat er – selbst wenn dies im Vertrag nicht ausdrücklich vorgesehen ist – einen Anspruch darauf, vom Lizenzgeber über den Abschluss weiterer Lizenzverträge und deren Inhalt informiert zu werden. Diese aus der Meistbegünstigungsklausel abzuleitende **Auskunftspflicht** muss der Lizenzgeber erfüllen, sobald er einen weiteren Lizenzvertrag abgeschlossen hat. Die Auskunftspflicht des Lizenzgebers über den Neuabschluss und den Inhalt weiterer Lizenzverträge besteht unabhängig davon, ob der Lizenzgeber der Ansicht ist, keine günstigeren Bedingungen eingeräumt zu haben. Die Auskunftspflicht soll vielmehr dem begünstigten Lizenznehmer die Möglichkeit gewähren, sich selbst ein Bild über diese neuen Verträge zu machen. Will der Lizenzgeber eine solche umfassende Information des begünstigten Lizenznehmers vermeiden, empfiehlt sich eine vertragliche Absprache dahin, dass die neuen Lizenzverträge einem **unabhängigen Dritten**, etwa einem vereidigten Wirtschaftsprüfer, vorgelegt werden, der dann im Rahmen eines Gesamtvergleichs eine Beurteilung dahin vornimmt, ob die neuen vertraglichen Regelungen wirtschaftlich günstigere Bedingungen enthalten als die früher abgeschlossenen (**Wirtschaftsprüfervorbehalt**).

1482 Nach einem Teil des Schrifttums[1] bezieht sich eine Meistbegünstigungsklausel im Zweifel nicht nur auf die günstigeren Bedingungen in **zukünftigen Lizenzverträgen** des Lizenzgebers mit Dritten, sondern **auch** auf **Lizenzverträge, die bei Abschluss des mit der Klausel versehenen Lizenzvertrages bereits bestehen**. Dieser Auffassung kann nicht gefolgt werden. Es trifft zwar zu, dass vom Sinn der Meistbegünstigungsklausel her diese die Wettbewerbsfähigkeit des Lizenznehmers im Verhältnis zu dritten Benutzern gewährleisten soll. Erfolgen aber bei Abschluss des mit der Meistbegünstigungsklausel versehenen Lizenzvertrages keine ausdrücklichen Erklärungen der Vertragspartner über frühere Lizenzvertragsabschlüsse, so bringt vor allem der Lizenznehmer damit zum Ausdruck, dass es ihm auf die bisherige Konkurrenzsituation nicht ankommt. Es kann vielmehr angenommen werden, dass er bei seinem Lizenzangebot die Marktsituation überprüft und dies in seine Kalkulation miteinbezogen hat. Will er die Meistbegünstigungsklausel auch auf die zuvor geschlossenen Lizenzverträge erstrecken, so bedarf es insoweit eines ausdrücklichen Hinweises.

1483 Sind die günstigeren Bedingungen eines neuen Lizenzvertrages einmal Gegenstand des mit der Meistbegünstigungsklausel versehenen Lizenzvertra-

1 *Rasch*, Der Lizenzvertrag, S. 50; *Reimer*, PatG, § 9 a.F. Rz. 81; *Lüdecke/Fischer*, Lizenzverträge, C 61 S. 228.

ges geworden, kann der begünstigte Lizenznehmer deren Beibehaltung auch dann verlangen, wenn der **Lizenzvertrag mit dem Dritten** – aus welchen Gründen auch immer – **zum Erlöschen kommt**. Denn die Meistbegünstigungsklausel hat den automatischen Einbezug dieser günstigeren Bedingungen in den Lizenzvertrag bewirkt. Diese Vertragsbestandteile können dann nur noch im Einvernehmen der Vertragspartner abgeändert werden[1]. Dieser Rechtsfolge kann der Lizenzgeber durch ausdrücklichen Hinweis dahin vorbeugen, dass die Begünstigungen aus zukünftigen Lizenzverträgen dem begünstigten Lizenznehmer nur so lange gewährt werden, als auch die Begünstigungen im Verhältnis zu weiteren Lizenznehmern tatsächlich bestehen.

Der wirtschaftliche Zweck einer Meistbegünstigungsklausel wird im praktischen Ergebnis dann nicht erreicht, wenn dritte Personen den lizenzierten Vertragsgegenstand unberechtigt nutzen und dadurch, weil sie im Gegensatz zum Lizenznehmer keine Lizenzgebühren zahlen, dessen Konkurrenzsituation beeinträchtigen. Will der Lizenzgeber die Umwandlung des entgeltlichen Benutzungsrechts eines meistbegünstigten Lizenznehmers in ein unentgeltliches vermeiden, so wird er sich selbst als verpflichtet ansehen, **gegen dritte Verletzer vorzugehen**. Die fortgesetzte Duldung von Verletzungshandlungen eines Verletzers kann der **Gewährung einer Freilizenz an den Verletzer** gleichkommen, so dass sich der Lizenzgeber nach Treu und Glauben (§ 242 BGB) so behandeln lassen muss, als habe er eine Gratislizenz gewährt, auf die der Lizenznehmer kraft seines Meistbegünstigungsrechts gleichfalls Anspruch hätte[2] (s. auch Rz. 1385 f.). Bei der angesprochenen „Pflicht" des Lizenzgebers zum Vorgehen gegen patentverletzende Dritte handelt es sich freilich rechtlich nicht um eine vom Lizenznehmer selbständig einklagbare Nebenpflicht des Lizenzgebers[3], sondern um eine Obliegenheit i.S. einer **Verteidigungslast** des durch eine Meistbegünstigungsklausel gebundenen Lizenzgebers. Erfüllt der Lizenzgeber seine „Verpflichtung" nicht, duldet er vielmehr fortgesetzte Verletzungshandlungen eines Dritten, kann im Einzelfall das Bestehen auf Lizenzzahlungen seitens des Lizenzgebers unter dem Gesichtspunkt der Unzumutbarkeit gegen Treu und Glauben (§ 242 BGB) verstoßen[4]. 1484

Ob der Lizenzgeber bei der Forderung der vereinbarten Lizenzgebühren gegen Treu und Glauben verstößt, hängt wesentlich davon ab, ob ihm ein **Vorgehen gegen Verletzer zumutbar** ist. Zu beachten sind hier Prozessrisiko, Kostenrisiko, Liquidität des Verletzers, unsichere Beweisfragen und 1485

1 *Lüdecke/Fischer*, Lizenzverträge, C 61 S. 229.

2 *BGH* v. 29.4.1965, GRUR 1965, 591, 595 – Wellplatten unter Hinweis auf *Lüdecke/Fischer*, Lizenzverträge, C 61 S. 228 und C 107 S. 292, Benkard/*Ullmann*, PatG, § 15 Rz. 153; vgl. auch Busse/*Keukenschrijver*, PatG, § 15 Rz. 114 m.w.N.

3 A.A. Benkard/*Ullmann*, PatG, § 15 Rz. 153 unter Hinweis auf *Kraßer/Schmid*, GRUR Int. 1982, 324, 331.

4 *BGH* v. 29.4.1965, GRUR 1965, 591, 595 – Wellplatten.

Schutzrechtslage (einschließlich verbleibender Schutzrechtsdauer). Bereits eine unberechtigte Verwarnung kann erhebliche Schadensersatzforderungen des Verwarnten auslösen[1]. Für den Fall, dass mehrere Verletzer festgestellt worden sind, reicht grundsätzlich zunächst ein gerichtliches Vorgehen gegen einen der Verletzer aus; der Ausgang des Prozesses bestimmt dann das Verhalten gegenüber den übrigen eventuellen Verletzern.

1486 Bis zur Klärung der Situation durch einen rechtskräftigen Urteilsspruch ist der Lizenznehmer **zur Zahlung der vereinbarten Lizenzgebühren** verpflichtet. Zwar wirkt sich wirtschaftlich die Zurückstellung eines gerichtlichen Vorgehens gegen andere mögliche Verletzer wie eine Stundung aus. Der meistbegünstigte Lizenznehmer kann sich hierauf jedoch nicht berufen, da er durch den Abschluss des Lizenzvertrages bewusst das Risiko einer Verletzungsklage vermieden hat und ihm somit die Erfüllung seiner Vertragspflichten bei Beachtung der vorstehenden Grundsätze durch den Lizenzgeber nicht unzumutbar ist.

1487 Der Lizenzgeber kann sich dieser „Last" natürlich dadurch entledigen, dass er den **Lizenznehmer zur Durchführung von Verletzungsstreitigkeiten ermächtigt** (gewillkürte **Prozessstandschaft**, s. Rz. 1394). Dies kann sich für ihn aber nachteilig auswirken, insbesondere dann, wenn er befürchten muss, durch einen solchen Verletzungsstreit und eine hierdurch ausgelöste Nichtigkeitsklage des angeblichen Verletzers sein Schutzrecht zu verlieren. Hier kann es im Einzelfall für ihn immer noch sinnvoller sein, auf die Zahlung der Lizenzgebühren zu verzichten.

1488 Es steht dem Lizenzgeber frei, die Meistbegünstigungsklausel so zu fassen, dass diese sich nur auf (zukünftige) **vertragliche Bindungen** des Lizenzgebers bzw. auf **entgeltliche** Lizenzabreden beschränkt. Damit haben die Parteien zum Ausdruck gebracht, dass der Fall der Duldung von Verletzungshandlungen und die damit eingetretene faktische Wirkung einer **Freilizenz** der vertraglichen Einräumung günstigerer Lizenzbedingungen nicht gleichgestellt werden soll, so dass dann die zuvor erwähnten Rechtsfolgen zulasten des Lizenzgebers nicht eintreten.

Auch bei solchen Verträgen kann aber die Meistbegünstigung eingreifen, wenn der Lizenzgeber solche Lizenznehmer wegen der Zahlung der vereinbarten Lizenzgebühren nicht in Anspruch nimmt; dann kann die Meistbegünstigungsklausel die Zahlungspflichten des begünstigten Lizenznehmers in dem Umfang der tolerierten Nutzungshandlungen entfallen lassen[2]. Hier wird es aber auf die Umstände des Einzelfalls ankommen.

1 *BGH* v. 23.2.1995, GRUR 1995, 424, 425 – Abnehmerverwarnung; *BGH* v. 15.7.2005, GRUR 2005, 882 – Verwarnung aus Kennzeichenrecht; *BGH* v. 21.12.2005, GRUR 2006, 219.

2 Busse/*Keukenschrijver*, PatG, § 15 Rz. 113 m.H.a. *BGH* v. 14.3.1974 – X ZR 61/70, n.v.

Die gleiche Problematik stellt sich bei **Freilizenzen im Austausch innerhalb eines Konzerns** oder **zwischen befreundeten Unternehmen**. Wenn hier nicht das Verhältnis von Leistung und Gegenleistung gewahrt bleibt, kann ein meistbegünstigter Lizenznehmer – sofern keine gegenteilige Abrede besteht – die Rechte aus dieser Klausel geltend machen. 1489

Klarstellen sollten die Vertragspartner bei einer Meistbegünstigungsklausel auch, ob und wie sich evtl. **Zwangslizenzen** auswirken. Schließlich bedarf es der Klärung, ob sich die Wirkung der Klausel lediglich auf **inländische** Lizenzverträge oder auf sämtliche vom Lizenzgeber abgeschlossenen zukünftigen Lizenzverträge bezieht, also auch auf Auslandsverträge. 1490

Der Lizenzgeber, der bereits Meistbegünstigungsklauseln eingeräumt hat, sollte vor Abschluss neuer Lizenzverträge diesem Tatbestand Rechnung tragen und schon hierbei überprüfen, ob es zweckmäßig erscheint, dem neuen Lizenznehmer tatsächlich günstigere Bedingungen einzuräumen, da sich hiermit automatisch wirtschaftliche Auswirkungen auch auf den Umfang der bestehenden Lizenzverträge ergeben. 1491

b) Kartellrechtliche Bewertung

aa) Bewertung nach EU-Kartellrecht

Bereits die **Entscheidung der EU-Kommission** vom 18.7.1975[1] lässt eine großzügige Behandlung von Meistbegünstigungsklauseln erkennen. Nach Auffassung der Kommission reicht die Verpflichtung des Lizenzgebers, dem ersten Lizenznehmer ebenso günstige Bedingungen wie den anderen zukünftigen Lizenznehmern einzuräumen, im Allgemeinen nicht aus, den Lizenzgeber davon abzuhalten, zu einem späteren Zeitpunkt Lizenzen an Dritte zu vergeben. Die EU-Kommission hält sogar eine Verpflichtung des Lizenzgebers, keinem anderen Unternehmen eine günstigere Lizenz zu erteilen, für unbedenklich; eine solche Klausel halte den Lizenzgeber im Allgemeinen nicht von der Lizenzerteilung an Dritte ab[2]. Nur dann könne – bezogen auf Art. 81 Abs. 1 EG (heute Art. 101 Abs. 1 AEUV) – eine Meistbegünstigungsklausel eine spürbare Wettbewerbsbeschränkung darstellen, wenn weitere Lizenznehmer nur zu wesentlich günstigeren Bedingungen gefunden werden könnten und der Lizenzgeber deshalb auf die Vergabe weiterer Lizenzen verzichten würde. Diese Entscheidungspraxis der EU-Kommission fand Niederschlag in Art. 2 Abs. 1 Nr. 11 GrFVO-Patentlizenzvereinbarungen, Art. 2 Abs. 1 Nr. 10 GrFVO-Know-how-Vereinbarungen und **Art. 2 Abs. 1 Nr. 10 TT-GVO 1996**. Diese Bestimmungen stellten explizit die Zulässigkeit derartiger Klauseln fest. Die Regelung wurde nicht in die TT-GVO 2004 übernommen. Da Meistbegünstigungsklauseln jedoch nicht ausdrücklich als Kernbeschränkung in die TT-GVO 2004 aufgenommen 1492

1 RIW/AWD 1975, 640, 641 – Kabelmetall/Luchaire.
2 *EU-Kommission* v. 18.7.1975, RIW/AWD 1975, 640, 641 – Kabelmetall/Luchaire.

worden sind, gelten diese nach wie vor als zulässig[1] (vgl. Rz. 903). Dagegen schränkt eine Meistbegünstigungsklausel zulasten des Lizenznehmers seine Preisbildungsfreiheit ein und ist somit eine Kernbeschränkung i.S. des Art. 4 Abs. 1a) bzw. Abs. 2 lit. a TT-GVO 2004. In einer solchen Klausel verpflichtet sich der Lizenznehmer in der Regel, jedem Abnehmer die Konditionen zu gewähren, die er einem anderen Abnehmer gewährt[2].

bb) Bewertung nach deutschem Kartellrecht

1493 Die ersatzlose Streichung der §§ 14 ff. GWB durch die Angleichung des deutschen an das europäische Kartellrecht im Zuge der siebten GWB-Novelle ist nicht ohne inhaltliche Auswirkung auf die Bewertung von Meistbegünstigungsklauseln geblieben.

1494 **Echte** bzw. **„rechtliche" Meistbegünstigungsklauseln** (s. Rz. 1476) wurden vor der Reform des GWB nach § 14 GWB a.F. mit der Begründung, dass der Lizenzgeber von vornherein in der Freiheit seiner Vertragsgestaltung beschränkt werde, da er in zukünftigen Verträgen nicht mehr die Möglichkeit habe, günstigere Bedingungen zu vereinbaren, als unzulässig bewertet[3].

1495 Auch die sog. **„wirtschaftliche"** oder **unechte Meistbegünstigung** (Rz. 1476) hat der *BGH* früher zwar als gegen das Kartellrecht verstoßend bewertet[4]. Der *BGH* hat als maßgeblich angesehen, dass dem Lieferanten im Kern ein Verbot der Besserstellung Dritter auferlegt und er damit in seiner Freiheit der Gestaltung von Preisen oder Geschäftsbedingungen bei zukünftigen Verträgen mit anderen Abnehmern beschränkt werde. § 14 GWB a.F. wurde vom *BGH* weit ausgelegt und erfasste demnach Beschränkungen jeder Art und schützte folglich auch die Freiheit der eigenen Absatzpolitik des Lizenzgebers durch die Bevorzugung einzelner Kunden. Da die Meistbegünstigungsklausel das Recht gebe, eine Gleichbehandlung von demselben Zeitpunkt an zu verlangen, zu dem die Besserstellung des Dritten vereinbart wird, könne eine Besserstellung als solche überhaupt nicht ohne Verstoß gegen die Meistbegünstigungsklausel vereinbart werden.

Die Meistbegünstigungsklausel – so der *BGH* bislang – habe wettbewerbsbeschränkende Wirkung durch den Ausschluss der Besserstellung Dritter.

1496 Der *BGH* hat aber eine wesentliche Differenzierung in der rechtlichen Bewertung von Meistbegünstigungsklauseln herausgearbeitet: Es komme al-

---

1 Eingehend *Schultze/Pautke/Wagener*, Die Gruppenfreistellungsverordnung für Technologietransfer-Vereinbarungen, Rz. 734 f.

2 TT-Leitlinien zu Art. 81 EG Rz. 97 Satz 7.

3 Vgl. *BGH* v. 29.10.1970, GRUR 1971, 272, 273 – Blitzgeräte; für kartellrechtlich zulässig hielt diese Regelung *Groß*, Der Lizenzvertrag, 9. Aufl. 2007, Rz. 509 m.w.N.

4 *BGH* v. 27.1.1981, GRUR 1981, 605, 606 ff. – Garant-Lieferprogramm (in Bezug auf den damals geltenden § 15 GWB a.F.); *OLG München* v. 28.6.1990, WuW/E OLG 4650 ff. – Windsurfing (zum Patentlizenzvertrag).

lein auf die sich aus dem Erstvertrag ergebende tatsächliche, also objektive Einengung des Vertragspartners in seiner Gestaltungsfreiheit bei Zweitverträgen an. Maßgeblich war also, ob die eingegangene **Bindung** des gebundenen Vertragsteils **objektiv geeignet** war, ihn bei einem Zweitvertrag **zum Verzicht auf diese Gestaltungsmöglichkeiten zu bestimmen** und damit zu einem den Wettbewerb vermeidenden Verhalten zu führen.

Der eingeschränkten Zulässigkeit von Meistbegünstigungsklauseln folgte auch das *BKartA*[1]. Nach seiner Auffassung waren beide Klauseln nach Tatbestand – die Benachteiligung des einen ist die Bevorzugung des anderen – und Rechtsfolge – der Berechtigte erhält einen Anspruch auf Einräumung der dem Dritten gewährten günstigeren Preise und Bedingungen – identisch. 1497

In Anwendung der Auslegungsmaßstäbe für Art. 101 Abs. 1 AEUV (ex-Art. 81 Abs. 1 EG) liegt in einer **Meistbegünstigungsklausel zulasten des Lizenzgebers** bereits **kein Kartellrechtsverstoß** i.S. des **§ 1 GWB n.F.** Dies folgt auch aus den Regelungen der TT-GVO 2004 sowie der weiteren GVO-en, die über § 2 Abs. 2 GWB entsprechende Anwendung finden und Meistbegünstigungsklauseln nicht in den Katalog der Kernbeschränkungen aufgenommen haben. Damit sind Meistbegünstigungsklauseln unabhängig davon, ob sie als echt oder unecht zu charakterisieren sind, grundsätzlich, anders als bislang, auch im deutschen Recht kartellrechtlich zulässig und zivilrechtlich wirksam[2]. Die Wertung trägt dem Umstand Rechnung, dass Meistbegünstigungsklauseln sich trotz der Gefahr der Marktabschottung sowie einer mittelbaren Preis- und Konditionenbindung im Einzelfall dann positiv auf den Wettbewerb auswirken, wenn die Regelung zu einem generell niedrigeren Preisniveau führt, was letztlich dem Abnehmer und dem Endverbraucher zugute kommt[3]. 1498

In einer **Meistbegünstigungsklausel zulasten des Lizenznehmers** wird aber **regelmäßig** eine mittelbare, von § 1 GWB erfasste **unzulässige Preisbindung** liegen, wenn der Lizenznehmer verpflichtet wird, das lizenzierte Produkt unter bestimmten Bedingungen zu verkaufen oder unterzulizenzieren. Hierin liegt im Einzelfall eine Kernbeschränkung i.S. des Art. 4 Abs. 2 lit. a TT-GVO 2004[4] bzw. Art. 4 lit. a Vertikal-GVO. 1499

So sind etwa **dreistufige rechtliche Meistbegünstigungsklauseln**, die dem Lizenznehmer verbieten, Waren konkurrierender Lieferanten zu niedrigeren Preisen Endkunden anzubieten als die des Lizenzgebers, kartellrechtlich **unzulässig**, wenn sie sich wie eine Fest- oder Mindestpreisbindung auswirken. Wirkt sich die Meistbegünstigung indes wie eine Höchst- 1500

---

1 *BKartA* v. 23.9.1975, BB 1975, 1359 f. – Metro; TB BKartA 1975, 6, 75; TB BKartA 1978, 73.
2 Eingehend *Meyer*, WRP 2004, 1456, 1457.
3 Vgl. *Meyer*, WRP 2004, 1456, 1457.
4 Vgl. TT-Leitlinien zu Art. 81 EG, Rz. 97 Satz 7.

preisbindung aus (vgl. Rz. 901, 932), so ist die Vereinbarung zumindest zwischen Nichtwettberbern nach Art. 4 Abs. 2 lit. a TT-GVO 2004 freigestellt[1].

1501 Ob auch **zweistufige rechtliche Meistbegünstigungsklauseln**, die den Abnehmern verbieten, Wettbewerbern des bindenden Lieferanten günstigere Preise einzuräumen, kartellrechtlich zulässig sind, ist unklar. Sie beschränken den Lizenznehmer nicht, den Preis auf der nächsten Handelsstufe selbst festzusetzen, sondern schränken lediglich die Preisfestsetzung hinsichtlich des Verkaufs an Konkurrenten des Lizenzgebers ein. Zum Teil wird vertreten, dass Art. 4 lit. a Vertikal-GVO nur die Freiheit des Käufers umfasst, den (Wieder-)Verkaufspreis auf der nächsten Handelsstufe selbst zu bestimmen, nicht aber den Preis bei einem Verkauf an Wettbewerber des Lizenzgebers[2]. Grundsätzlich sind die Kernbeschränkungen zwar eng auszulegen, eine solche Einschränkung kann jedoch dem Wortlaut des Art. 4 lit. a Vertikal-GVO nicht zwingend entnommen werden. Noch weiter ist der Wortlaut des Art. 4 Abs. 1 lit. a bzw. Abs. 2 lit. TT-GVO 2004. Insofern ist auch hinsichtlich dieser Art der Meistbegünstigung zulasten des Lizenznehmers **Vorsicht geboten**[3].

1502 Die Vereinbarung einer **Meistbegünstigungsklausel zwischen dem Lizenznehmer und seinem Abnehmer** ist nach den Grundsätzen der Vertikal-GVO bzw. TT-GVO 2004 grundsätzlich freigestellt. Hier tritt der Lizenznehmer selbst als Lizenzgeber bzw. Lieferant auf und wird als solcher gebunden.

1503 Sollte sich die Meistbegünstigungsvereinbarung im Einzelfall negativ auf den Markt auswirken, so kann das *BKartA* eine **Freistellung** nach § 2 GWB **gemäß § 32d GWB entziehen**, wobei die Behörde die Beweislast für das Nichtvorliegen der vermuteten Freistellung im Einzelfall trägt[4]. Spielraum für die Feststellung einer Unzulässigkeit bietet insbesondere das Kriterium der fehlenden Unerlässlichkeit der Klausel nach § 2 Abs. 1 3. Alt. GWB. Ergibt eine Abwägung der wettbewerbsfördernden sowie -beschränkenden Wirkung der Klausel, dass diese im Einzelfall nicht angemessen oder verhältnismäßig ist, so kann eine Freistellung entzogen werden.

1504 Die Regelung ist somit insgesamt wesentlich flexibler als § 14 GWB a.F. Es bleibt aber abzuwarten, in welchem Maße das *BKartA* letztlich von der Befugnis aus § 32d GWB Gebrauch machen und anhand welcher Kriterien Meistbegünstigungsklauseln im Einzelfall als unzulässig zu bewerten sein werden.

1505–1508 Frei.

---

1 *Meyer*, WRP 2004, 1456, 1460.
2 So *Meyer*, WRP 2004, 1456, 1460.
3 Vgl. *Bechtold/Bosch/Brinker/Hirsbrunner*, VO 2790/1999 Rz. 5.
4 Eingehend *Meyer*, WRP 2004, 1456, 1462.

10. Betätigungs- und Wettbewerbsklauseln

a) Allgemeines

1509 Auf ein Betätigungs- und Wettbewerbsverbot kann sich der Lizenzgeber einlassen, wenn es dem Lizenznehmer darauf ankommt, alleiniger Anbieter des Lizenzgegenstandes auf dem für ihn vertraglich festgehaltenen oder auf andere Weise bestimmbaren Markt zu sein. Einer ausschließlichen Lizenz in Form einer Exklusivlizenz (s. Rz. 78 ff., 917 ff.) ist ein derartiges erfindungsbezogenes Wettbewerbsverbot immanent, wenn sie – auch räumlich – alle Benutzungsformen des § 9 PatG abdeckt.

b) Kartellrechtliche Bewertung

1510 Unter europäischen wie deutschen kartellrechtlichen Gesichtspunkten ist ein auf den Lizenzgegenstand bezogenes Betätigungsverbot des Lizenzgebers grundsätzlich unbedenklich. Dies folgt etwa aus Art. 4 Abs. 1 lit. c ii) TT-GVO 2004. Die TT-Leitlinien zu Art. 81 EG (heute Art. 101 AEUV) definieren die Exklusivlizenz in Rz. 162. Zu beachten ist aber, dass zwischen **Wettbewerbern** eine Exklusivlizenz nur durch **nicht-wechselseitige Vereinbarung** freigestellt ist. Eine **wechselseitige Beschränkung** zwischen **Konkurrenten** wird dagegen **nicht freigestellt**. Grundsätzlich unbedenklich ist hingegen eine Exklusivlizenz – auch im Wege der wechselseitigen Vereinbarung – zwischen **Nichtkonkurrenten**. Hier wird in der Regel bereits kein wettbewerbsrechtlicher Verstoß gegen Art. 101 Abs. 1 AEUV (ex-Art. 81 Abs. 1 EG), § 1 GWB vorliegen. Ist Art. 101 Abs. 1 AEUV (ex-Art. 81 Abs. 1 EG) bzw. § 1 GWB einschlägig und sind die Voraussetzungen für die Anwendbarkeit der TT-GVO 2004, insbesondere bei Überschreiten der Marktanteilsschwellen nach Art. 3 TT-GVO (Rz. 826 ff.), nicht gegeben, kommt eine Freistellung über Art. 101 Abs. 3 AEUV (ex-Art. 81 Abs. 3 EG) bzw. § 2 Abs. 1 GWB in Betracht[1].

1511 Kartellrechtliche Bedenken verbleiben indes für die Konstellationen, in denen ein marktbeherrschender Lizenznehmer Exklusivlizenzen für eine oder mehrere konkurrierende Technologien erhält. Wird hierdurch ein Marktzugang verhindert und ist die lizenzierte Technologie eine echte Wettbewerbsquelle auf dem Markt, so verstößt die Vereinbarung gegen Art. 101 Abs. 1 AEUV (ex-Art. 81 Abs. 1 EG) bzw. § 1 GWB und eine Freistellung über Art. 101 Abs. 3 AEUV (ex-Art. 81 Abs. 3 EG) oder § 2 Abs. 1 GWB kommt nicht in Betracht[2].

1512 Ein Betätigungs- und Wettbewerbsverbot ist auch dann unzulässig, wenn es über den Inhalt einer ausschließlichen Lizenz hinausgeht. So ist etwa

---

1 Vgl. TT-Leitlinien Rz. 164.
2 TT-Leitlinien zu Art. 81 Rz. 167.

denkbar, dass sich der Lizenzgeber verpflichtet, über den Inhalt des Schutzrechts hinaus jeglichen Wettbewerb in dem betreffenden Markt zu unterlassen. In diesen Fällen kann eine Betätigungs- und Wettbewerbsklausel gegen Art. 101 Abs. 1 AEUV (ex-Art. 81 Abs. 1 EG) bzw. § 1 GWB verstoßen, der es der Kartellbehörde gestattet, Vereinbarungen für unwirksam zu erklären, die den Lizenzgeber darin beschränken, mit anderen Waren als denen, die das Schutzrecht betreffen, zu handeln.

1513–1519 Frei.

11. Preisabstandsklauseln/Preisbindungen des Lizenzgebers

a) Allgemeines

1520 Eine Preisabstandsklausel hat die Verpflichtung des Lizenzgebers zum Inhalt, das von ihm selbst (neben dem Lizenznehmer) hergestellte Produkt (in derselben oder einer abweichenden Form) zu einem bestimmten, jedenfalls den Preis des Lizenznehmers für das Produkt nicht unterbietenden Preis zu verkaufen. Die Preisabstandsklausel kann auch in der Verpflichtung liegen, das Produkt nicht in einem bestimmten, vom Lizenznehmer benutzten „Billigverfahren" herzustellen, das einen niedrigeren Verkaufspreis ermöglicht.

1521 Ähnlich den im Bereich des Verlagswesens üblichen Preisbindungsklauseln, wonach bei Verlagserzeugnissen bestimmte Preise nicht unterboten werden dürfen[1] (vgl. auch § 30 GWB zur Preisbindung für Zeitungen und Zeitschriften), ist eine solche Preisabstandsklausel auch im Bereich des Patentlizenzvertragsrechts denkbar. Denkbar ist auch eine Preisbindung des das lizenzierte Produkt selbst herstellenden Lizenzgebers in der Weise, dass die Lizenzvertragsparteien Mindestverkaufspreise zulasten des Lizenzgebers vereinbaren[2].

b) Kartellrechtliche Bewertung

1522 Preisabstandsklauseln bzw. Preisbindungen des Lizenzgebers halten einer kartellrechtlichen Überprüfung regelmäßig nicht stand. Art. 4 Abs. 1 lit. a TT-GVO 2004 enthält das **Verbot**, die Möglichkeit konkurrierender Parteien, den Preis, zu dem sie ihre Produkte an Dritte verkaufen, selbst festzusetzen, zu beschränken. Auch eine Einzelfreistellung nach Art. 101 Abs. 3 AEUV (ex-Art. 81 Abs. 3 EG) kommt nach ganz herrschender Auf-

1 Vgl. dazu u.a. *BGH* v. 25.6.1985, GRUR 1986, 91, 92 f. – Preisabstandsklausel; *LG Berlin* v. 8.12.1983, WuW/E AG/LG 536 f.; vgl. auch *Seifert*, ZUM 1986, 667 ff.; zu Taschenbuchrechten *OLG München* v. 11.5.1989, ZUM 1989, 585, 587 f.

2 *BGH* v. 15.3.1973, GRUR 1974, 40, 41 – Bremsrolle.

fassung regelmäßig nicht in Betracht[1]. Art. 4 Abs. 2 lit. a TT-GVO 2004 verbietet selbige Einschränkung auch zwischen Nichtkonkurrenten.

Allerdings ist die Festsetzung von Höchstpreisen sowie Preisempfehlungen zwischen Nichtkonkurrenten – anders als noch nach der TT-GVO 1996 – zulässig. Eine solche Vereinbarung kommt dem Verbraucher zugute. Das Verbot, ein bestimmtes Preisniveau nicht zu unterbieten, kann dem Lizenzgeber indes auch nach Art. 4 Abs. 2 lit. a TT-GVO 2004 nicht auferlegt werden, denn es handelt sich um eine Mindestpreisvereinbarung. Im Übrigen wird auf Rz. 901 ff. und 932 ff. verwiesen.

Auch für die Bewertung im deutschen Kartellrecht gilt somit, dass Preis- 1523
bindungen des Lizenzgebers bzw. durch diesen zulasten des Lizenznehmers regelmäßig nach § 1 GWB kartellrechtswidrig und damit unwirksam sind, es sei denn, es handelt sich um eine **Höchstpreisvereinbarung** zwischen Nichtkonkurrenten (§ 2 Abs. 2 i.V.m. Art. 4 Abs. 2 lit. a TT-GVO 2004).

Frei. 1524–1529

12. Gewährleistung – Haftung für Mängel

a) Grundsätze

Eine **spezialgesetzliche Regelung** der Gewährleistungspflichten des Lizenz- 1530
gebers **fehlt**. Die rechtsdogmatische Herleitung solcher Pflichten und die Einordnung der einzelnen Fallsituationen ist seit jeher umstritten. Die Schwierigkeit, die Gewährleistungspflichten und die Haftungsfolgen in das bestehende Rechtssystem des Schuldrechts einzuordnen, liegen in den Besonderheiten des Lizenzverkehrs begründet. Das folgt einmal aus dem Verständnis des Lizenzvertrags als risikobehaftetes und damit **„gewagtes Geschäft"** (s. Rz. 25). Das zeigt sich – unbeschadet der Kompetenz und Leistungsfähigkeit der Vertragspartner – nicht nur in den rechtlichen Unsicherheiten (Schutzfähigkeit, Schutzumfang, Belastung mit Rechten Dritter usw.), sondern auch in der elementaren Abhängigkeit von Produktion, Markt, Wettbewerb und technologischer Entwicklung. Hinzu treten Besonderheiten im Lizenzgegenstand, wie etwa die Lizenzierung im Anmeldestadium, die Lizenzierung von (ungeprüften) Gebrauchsmustern oder von parallelen Patenten in unterschiedlichen Vertragsstaaten. Sonderprobleme folgen auch aus dem Charakter als **Dauerschuldverhältnis** (s. Rz. 38) und aus der verschiedenartigen Ausgestaltung des Nutzungsrechtes, das von einer uneingeschränkten ausschließlichen Lizenz bis hin zu einer negativen Lizenz mit Inhaltsbeschränkungen reichen kann. Bereits daraus

---

1 Vgl. TT-Leitlinien Rz. 14, 18, 74 f.; *Bechtold/Bosch/Brinker/Hirsbrummer*, EG-Kartellrecht, Art. 81 EG Rz. 140, 165; *Ellger* in Immenga/Mestmäcker, EU-Wettbewerbsrecht, Art. 101 Abs. 3 AEUV Rz. 19, 544, 546; Streinz/*Eilmansberger*, EUV/AEUV, Art. 101 AEUV Rz. 170 ff.; 259 ff.; s. auch Wiedemann/*Groß*, Hdb. KartellR, 1999, § 13 Rz. 120 m.w.N.

wird deutlich, dass auch nach der Schuldrechtsreform eine schematische Einordnung der Lizenz in das Gewährleistungsrecht der klassischen Vertragstypen zum Scheitern verurteilt ist.

Das betrifft u.E. insbesondere die Bestrebungen, das Gewährleistungsrecht aus dem Kaufvertragsrecht[1] oder aus dem Pachtrecht[2] oder aus einer je nach Haftungsfall differenzierenden Kombination mehrerer Vertragstypen[3] abzuleiten. Angesichts dieser Unsicherheit über die Haftungsgrundlagen liegt es u.E. grundsätzlich näher, unmittelbar auf die **allgemeinen Regeln des Leistungsstörungsrechts** zurückzugreifen[4]. Ein typisches Kennzeichen des Lizenzverkehrs ist die **Vielschichtigkeit der Fallgestaltungen** sowie die Schnelllebigkeit der technischen und wirtschaftlichen Entwicklungen, durch die sich die bei Vertragsabschluss angenommenen Umstände häufig grundlegend ändern. Verstärkt wird dies durch die Internationalität der Märkte und die damit verbundenen Einflüsse auf die Lizenzprodukte und deren Ausgestaltung, Herstellung, Position im jeweiligen Markt usw. Von daher wird verständlich, dass die Suche nach Lösungen, die in angemessener Weise den unterschiedlichen Interessen beider Lizenzvertragsparteien bei Störfällen gerecht werden, eine starre Bindung an gesetzliche Gewährleistungsregeln eines bestimmten Vertragstyps ausschließt.

1531 Zweckmäßig erscheint es deshalb, dass die Parteien des Lizenzvertrages bereits bei der Vertragsgestaltung auf wesentliche Fragen der Gewährleistung bzw. Haftung für Mängel einerseits und Haftungsausschlüsse oder -beschränkungen anderseits eingehen. Zugleich bedeutet dies für den Rechtsanwender, dass er – wie bisher – zugunsten eines notwendigen, angemessenen Interessenausgleichs bei Heranziehung gesetzlicher Vorgaben häufig nicht ohne Korrekturen auskommen wird.

1532 Bei der weiteren Betrachtung kann u.E. für Lizenzverträge von folgenden **Grundsätzen** ausgegangen werden:

- Ein Rückgriff auf die Grundsätze zum Kauf-, Pacht- oder Werkvertrag ist zugunsten des **allgemeinen Leistungsstörungsrechts** regelmäßig entbehrlich[5].

  Hinweis: Besonderheiten können allerdings bei Lizenzverträgen mit gesellschaftsähnlichem Einschlag (vgl. Rz. 56 ff.)[6] bestehen.

---

1 So z.B. *Haedicke*, GRUR 2004, 123, 125 ff.

2 So z.B. *Kraßer*, Patentrecht, § 41 IV 4 ff. und V b.

3 So z.B. wohl Pfaff/*Osterrieth*, B Rz. 175 ff., 182 ff.; vgl. auch Busse/*Keukenschrijver*, PatG, § 15 Rz. 105 ff.

4 So im Ergebnis u.a. auch Schulte/*Kühnen*, PatG, § 15 Rz. 50 ff.; ferner zur Haftung des Lizenzgebers für Tauglichkeitsmängel *Barona*, Diss. 2003, S. 75 ff., 120 ff. S. auch *McGuire*, Die Lizenz (2012), S. 690 ff.; 752 f., 771.

5 Ebenso *McGuire*, Die Lizenz (2012), S. 690 ff.; 752 f., 771. A.A. *Mes*, PatG, § 15 Rz. 50 ff., der die kaufrechtl. Regeln der §§ 433 ff. BGB analog anwendet.

6 Busse/*Keukenschrijver*, PatG, § 15 Rz. 58.

- Der Charakter des Lizenzvertrages als regelmäßig **„gewagtes Geschäft"** (s. Rz. 25) bleibt wesentlicher Maßstab zur Ausfüllung der Mängelansprüche (vgl. Rz. 1530 ff.)[1]. Die Anwendung des Leistungsstörungsrechts hat das **Gebot einer interessengerechten Risikoverteilung** bzw. eines angemessenen Interessenausgleichs zu beachten[2].
- Bisherige Differenzierungen und **Abgrenzungsprobleme zwischen Sach- und Rechtsmängeln** sind regelmäßig **entbehrlich**.
- Die Regelung der Haftung des Lizenzgebers unterfällt unverändert dem Grundsatz der **Vertragsfreiheit** (§ 311 BGB). Die Lizenzvertragsparteien können die Haftung des Lizenzgebers – von Schranken des Kartell- und AGB-Rechts abgesehen – weitgehend regeln, d.h. ganz oder teilweise ausschließen oder ausweiten[3].
- Bei Verletzung von Lizenzgeberpflichten (Verschaffungspflicht usw.) gelten die Grundsätze über die Haftung bei Pflichtverletzung (s. dazu Rz. 1370 ff.).

Erforderlich ist eine **Differenzierung nach Fallgruppen** und einzelnen Fallgestaltungen: 1533

b) Bei Vertragsabschluss bestehende Rechte Dritter

Aufgrund seiner Verschaffungspflicht (s. dazu Rz. 1370) hat der Lizenzgeber 1534 auch ohne ausdrückliche Vertragsabsprache dem Lizenznehmer das lizenzierte Schutzrecht **frei von Rechten Dritter** zu Verfügung zu stellen. Diese Verpflichtung gehört zu den Kernpflichten des Lizenzgebers (s. Rz. 1374). Relevant wird das insbesondere für bei Vertragsabschluss vorhandene Belastungen durch Nießbrauch, Pfandrecht oder Lizenzen zugunsten von Dritten, ferner für die Abhängigkeit von einem anderen Schutzrecht oder für das Bestehen eines Vorbenutzungsrechts (§ 12 PatG), eine erklärte Lizenzbereitschaft gemäß § 23 PatG (s. Rz. 151 ff.), eine erteilte Zwangslizenz nach § 24 PatG (s. Rz. 160 ff.), eine staatliche Benutzungsanordnung nach § 13 PatG und schließlich eine widerrechtliche Entnahme nach §§ 8, 21 Abs. 1 Nr. 3 PatG.

Der **Lizenzgeber hat** derartige, ihm **bekannte Rechte Dritter** dem Lizenz- 1535 nehmer vor Vertragsabschluss zu **offenbaren**, soweit diese dessen Lizenzrecht beeinträchtigen können. Hat er dies unterlassen, um den Vertragsabschluss nicht zu gefährden, kommen eine Anfechtung nach § 123 BGB

---

1 Vgl. u.a. *RG* v. 5.12.1893, RGZ 33, 103, 104; *BGH* v. 17.3.1961, GRUR 1961, 466, 468 – Gewinderollkopf; *BGH* v. 23.3.1982 GRUR 1982, 481, 482 – Hartmetallkopfbohrer; Busse/*Keukenschrijver* PatG, § 15 Rz. 54.

2 Vgl. zum früheren Gewährleistungsrecht, 5. Aufl., Rz. 1530 ff.

3 Vgl. z.B. *BGH* v. 28.6.1979, GRUR 1979, 768 – Mineralwolle; *BGH* v. 15.3.1973, GRUR 1974, 40, 43 – Bremsrolle; ersteres geschieht typischerweise mit dem Abschluss einer negativen Lizenz (s. dazu Rz. 130 ff.); vgl. dazu *Britta Bartenbach*, Diss. 2002, S. 156 ff.

in Betracht (zur Anfechtung s. Rz. 507 ff.), ferner Schadensersatzansprüche aus §§ 311, 241, 280 und ggf. aus §§ 823, 826 BGB.

aa) Vorhandene Belastungen (Nießbrauch, Pfandrecht oder Lizenz zugunsten Dritter)

1536 Auf der Basis des früheren Rechts wurde dem **ausschließlichen Lizenznehmer**, sofern er nicht ebenfalls die vorbezeichneten Mängel kannte, als **Rechtsfolge** eines solchen (Rechts-)Mangels nach seiner Wahl das Recht zuerkannt, vom Vertrag zurückzutreten, die vereinbarte Leistung zu verweigern oder Schadensersatz wegen Nichterfüllung zu fordern. Die Haftung des Lizenzgebers im Rahmen des Schadensersatzes ging auf Leistung des Erfüllungsinteresses einschließlich des entgangenen Gewinns des Lizenznehmers[1]. Auf Basis des neuen Schuldrechts erkennt ein Teil des Schrifttums dem ausschließlichen Lizenznehmer bei Rechtsmängeln die Ansprüche aus § 437 BGB zu und nimmt eine grundsätzlich verschuldensunabhängige Rechtsmängelhaftung des Lizenzgebers nach § 453 Abs. 1 i.V.m. §§ 435, 437, 311a BGB an[2]; unter dem Aspekt der angemessenen Risikoverteilung verneint diese Auffassung einen verschuldensunabhängigen Schadensersatzanspruch dann, wenn der Rechtsmangel für beide Lizenzvertragsparteien gleichermaßen erkennbar war oder der Rechtsmangel auf für den Lizenzgeber nicht steuerbaren Umständen basiert und zwar mit der Folge, dass der Lizenznehmer nur eine Rückabwicklung fordern oder ggf. mindern kann[3].

1537 Eines Rückgriffs auf die Regeln des Kaufrechts bedarf es u.E. auch hier nicht (s. Rz. 1530 f.). Vielmehr reichen – soweit nichts anderes vereinbart ist und auch keine Anfechtung nach §§ 119, 123 BGB erfolgt – **die allgemeinen Regeln des BGB zur Leistungsstörung** aus[4]. Eine Lösung könnte einmal über § 311a BGB gesucht werden, da der Lizenzgeber bei objektiv vorgegebenen Einschränkungen des lizenzierten Rechts von Anfang an nicht in der Lage war, das volle, sondern allenfalls ein eingeschränktes Nutzungsrecht zu vermitteln; die Rechtsfolgen ergeben sich aus §§ 311a, 275, 280 ff. BGB (s. Rz. 1530 ff.). Hier wird in der Regel davon auszugehen sein, dass der Lizenzgeber dieses in seiner Sphäre liegende Leistungshindernis zu vertreten hat, es sei denn, er kann ausnahmsweise nach der Beweislastregel des § 311a Abs. 2 Satz 2 BGB beweisen, dass er das Leistungshindernis bei Vertragsabschluss nicht kannte und seine Unkenntnis auch nicht zu vertreten hat.

Eine andere Lösung könnte der Weg über **§ 323 BGB** sein, d.h. über einen **Rücktritt** des Lizenznehmers wegen nicht oder nicht vertragsgemäßer Leis-

1 *RG* v. 12.4.1913, RGZ 82, 155, 159.
2 U.a. *Haedicke*, GRUR 2004, 123, 126 f.
3 U.a. *Haedicke*, GRUR 2004, 123, 127.
4 Vgl. Busse/*Keukenschrijver*, PatG, § 15 Rz. 105.

tung bzw. – sofern der Lizenzvertrag bereits durchgeführt ist (s. Rz. 38 ff., 67 ff.) – über die **Kündigungsmöglichkeit nach § 314 BGB**; die Schadensersatzansprüche aus §§ 280, 281 BGB bleiben unberührt (§ 314 Abs. 4, § 325 BGB). Hat der Lizenznehmer ein berechtigtes Interesse an der teilweisen Fortführung des Vertrages, wäre zu prüfen, inwieweit eine Lösung über Teilunmöglichkeit (vgl. § 311a Abs. 1 i.V.m. § 275 Abs. 1 BGB „soweit") bzw. Teilleistung (§ 323 Abs. 5 BGB) in Betracht kommt. Bei beiderseitigen Fehlvorstellungen kann ggf. eine Vertragsanpassung nach § 313 BGB geprüft werden, um eine Aufrechterhaltung des Vertrages unter Minderung der Lizenzgebühren in dem Umfang zu erreichen, in dem das Recht des Lizenznehmers beeinträchtigt ist (s. hierzu Rz. 544 ff.). Denkbar ist auch eine Beendigung des Lizenzvertrages durch Kündigung seitens des Lizenznehmers.

Für den **einfachen Lizenznehmer** gelten diese Rechtsgrundsätze nur ein- 1538
geschränkt, da er ohnehin mit Benutzungsrechten Dritter rechnen muss. Hier ist also zu prüfen, ob ein Mangel vorliegt, d.h. durch die Belastung mit Drittrechten sein nicht ausschließliches Benutzungsrecht beeinträchtigt wird.

bb) Abhängigkeit

Ein weiterer Mangel im Recht ist im Falle des **nachträglichen Bekanntwer-** 1539
dens der Abhängigkeit des lizenzierten Schutzrechtes von einem älteren Patent gegeben, weil die Nutzung des jüngeren Schutzrechtes von der Zustimmung des Inhabers dieses älteren Patents abhängig ist[1]. Der Lizenznehmer kann hier Klarheit über den Umfang seiner Nutzungsrechte dadurch erreichen, dass er dem Lizenzgeber in entsprechender Anwendung des **§ 542 BGB** eine **Frist zur Beseitigung des Mangels** setzt[2]. Die Beseitigung kann entweder durch Vernichtung oder Erlöschen des älteren Patents, durch Erwerb des älteren Rechts oder durch eine Genehmigung des Inhabers des älteren Patentes erfolgen.

Beseitigt der Lizenzgeber dieses durch die Abhängigkeit gegebene Hinder- 1540
nis innerhalb der Frist nicht, wurde dem Lizenznehmer nach früherer Rechtslage grundsätzlich ein Recht zur **Kündigung** des Vertragsverhältnisses zuerkannt[3]. Sofern der Lizenznehmer im Rahmen einer Genehmigung des Inhabers des älteren Patentes verpflichtet war, an diesen ebenfalls Li-

1 *BGH* v. 13.2.1962, GRUR 1962, 370, 373 – Schallplatteneinblendung; zutreffend wird von Busse/*Keukenschrijver* (PatG, § 15 Rz. 106) darauf hingewiesen, dass die frühere Streitfrage, ob es sich um einen Rechtsmangel (so noch *RG* v. 17.10.1934, GRUR 1935, 306, 307 f. – Müllwagen, *BGH* v. 13.2.1962, GRUR 1962, 370, 374 – Schallplatteneinblendung) oder um einen Sachmangel (so zu Recht Busse/*Keukenschrijver*, PatG, § 15 Rz. 23, da die Abhängigkeit den Bestand des lizenzierten Schutzrechts nicht beeinträchtigt, sondern nur dessen Ausübung) handelt, heute ohne größere Bedeutung ist.

2 Lindenmaier/*Weiß*, PatG, § 9 a.F. Rz. 16.

3 Ganz h.M., vgl. etwa *Groß*, Rz. 343 m.w.N.; *Henn*, Rz. 319.

zenzgebühren zu zahlen, ist er als berechtigt angesehen worden, seine Lizenzgebührenpflicht nach Treu und Glauben um diesen Betrag zu vermindern[1].

1541 Auch nach der Schuldrechtsreform wird teilweise entsprechend § 581 Abs. 2, § 536a BGB eine Kündigungsmöglichkeit nach Fristsetzung angenommen, demgegenüber aber – wie früher – eine **verschuldensunabhängige Haftung** (vgl. § 536 BGB) überwiegend abgelehnt[2]. Auf der Basis des allgemeinen Leistungsstörungsrechts liegt jedoch eine Vertragsanpassung nach § 313 BGB nahe[3], sofern nicht bei Unzumutbarkeit der Vertragsfortsetzung eine Kündigung nach § 314 BGB erfolgt. Eine Haftung des Lizenzgebers nach § 280 BGB scheidet mangels Vertretenmüssens aus; insoweit ist auch zu sehen, dass die Rechtsprechung die unerwartete Abhängigkeit von einem Patent der Risikosphäre des Lizenznehmers zugeordnet hat[4]. In Ausnahmefällen wird sogar ohne ausdrückliche vertragliche Regelung ein **stillschweigender Ausschluss jedweder Haftung für unerwartete Abhängigkeit** von älteren Patenten/Gebrauchsmustern befürwortet[5]. Bei **Kenntnis des Lizenznehmers** scheidet eine Haftung des Lizenzgebers im Regelfall aus[6].

Eine potentielle Haftung des Lizenzgebers ist **dispositiv**, d.h. sie kann auch abbedungen werden[7].

cc) Vorhandensein von Vorbenutzungsrechten

1542 Nach **§ 12 PatG** stellt das Vorbenutzungsrecht keine Lizenz am Schutzrecht dar, sondern ein eigenes originäres Recht eines Dritten, das zu einer nicht unerheblichen Einschränkung des Nutzungsumfangs des Schutzrechts führen kann[8]. Das nachträgliche Bekanntwerden eines Vorbenutzungsrechtes

1 *RG* v. 17.10.1934, GRUR 1935, 306, 308; *Pietzcker*, PatG, § 6 a.F. Anm. 11 und 35. Der Lizenznehmer wurde allerdings nicht verpflichtet, sich auf eine solche Vereinbarung mit dem Inhaber des älteren Patentes einzulassen, so dass er stattdessen auch den Lizenzvertrag kündigen konnte (hierauf weist *Reimer*, PatG, § 9 a.F. Rz. 30 zutreffend hin; a.A. *Groß*, Rz. 344).

2 Vgl. u.a. *Kraßer*, Patentrecht, § 41 V b 1; *Pagenberg/Beier*, Lizenzverträge, Muster 1 Rz. 42 ff.; s. auch *Groß*, Rz. 342 ff., 357; a.A. *Henn*, Rz. 319: verschuldensunabhängige Garantiepflicht.

3 So *Pagenberg/Beier*, Muster I Rz. 42; im Anschluss daran auch *Henn*, Rz. 320.

4 Vgl. Busse/*Keukenschrijver*, PatG, § 15 Rz. 106 m.H.a. *BGH* v. 3.5.1977 in Leidl 1974/77, 37, 341 – Dauerhaftmagnete; abl. *Henn*, Rz. 319 f.

5 *RG* v. 11.7.1939 RGZ 163, 1, 8 f.; *RG* v. 17.10.1934, GRUR 1935, 306, 308; *BGH* v. 15.5.1973 – X ZR 65/70 n.v.; zu Recht kritisch *Henn*, Rz. 320; ablehnend Benkard/*Ullmann*, PatG, § 15 Rz. 171.

6 *Henn*, Rz. 320.

7 Vgl. Busse/*Keukenschrijver*, PatG, § 15 Rz. 106 m.H.a. *BGH* v. 15.5.1979 – X ZR 65/68, n.v.

8 *RG* v. 3.2.1912, RGZ 78, 363, 366; Benkard/*Rogge*, PatG, § 12 Rz. 4; *Busche*, GRUR 1999, 645 ff. u. *Busche* in FS Schricker, 2005, S. 883 ff.; zu den Voraussetzungen s. *BGH* v. 12.6.2012, GRUR 2012, 895 – Desmopressin.

gemäß § 12 PatG kann sich allerdings nur **auf** das **Nutzungsrecht** eines **ausschließlichen Lizenznehmers auswirken**. Der einfache Lizenznehmer muss ohnehin damit rechnen, dass außer ihm weitere Nutzungsberechtigte im Vertragsgebiet das Schutzrecht benutzen können; er muss deshalb das Benutzungsrecht und die Konkurrenz des Dritten hinnehmen[1].

Bei einer tatsächlichen Beeinträchtigung der Nutzungsmöglichkeit bzw. der wirtschaftlichen Position des ausschließlichen Lizenznehmers wurde dem ausschließlichen Lizenznehmer auf der Basis des früheren Rechts ein **Minderungsrecht bzw. ein Kündigungsrecht** je nach seiner Wahl zugebilligt[2]. 1543

Soweit ein Teil des Schrifttums dem ausschließlichen Lizenznehmer nach der Schuldrechtsreform bei Rechtsmängeln die Ansprüche aus § 437 BGB zuerkennt und der Rechtsmangel – wie hier das Vorbenutzungsrecht – auf für den Lizenzgeber nicht steuerbaren Umständen basiert, hat das zur Folge, dass der Lizenznehmer eine Rückabwicklung fordern oder ggf. mindern kann. Ein anderer Teil des Schrifttums geht analog § 581 Abs. 2 i.V.m. § 536 BGB von einem Verweigerungs- bzw. Minderungsrecht des Lizenznehmers und der Möglichkeit zur Kündigung nach § 581 Abs. 2 i.V.m. §§ 536a, 543 BGB aus, lehnt dagegen einen Schadensersatzanspruch nach § 581 Abs. 2 BGB i.V.m. § 536a BGB wegen fehlenden Verschuldens ab[3]. 1544

Zu vergleichbaren Ergebnissen kommt man auf der Basis des allgemeinen Leistungsstörungsrechts. Soweit man in dem Vorbenutzungsrecht eine anfängliche Unmöglichkeit der Vermittlung eines ausschließlichen Benutzungsrechts sieht, wäre der Weg über §§ 311a, 275 BGB zu beschreiten. Näher läge jedoch hier – wie bei der Abhängigkeit von Drittrechten (s. Rz. 1534 ff.) – die Vertragsanpassung nach § 313 BGB[4], soweit keine Kündigung des Lizenznehmers nach § 314 BGB möglich bzw. gewollt ist. Schadensersatzansprüche scheiden wie bei Abhängigkeit auch hier aus (s. Rz. 1550 ff.). 1545

c) Änderungen im Bestand der Schutzrechtsposition

Hierzu rechnen die Fallgestaltungen, in denen die lizenzierte Schutzrechtsposition – ohne Verletzung der Verschaffungspflicht durch den Lizenzgeber (s. dazu Rz. 76, 1370 ff.) – rechtsbeständig nicht erteilt, amtlich widerrufen 1546

---

1 Abw. noch *Rasch*, Der Lizenzvertrag, S. 20.

2 Benkard/*Ullmann*, PatG, 9. Aufl. 1993, § 15 Rz. 21; *Nirk* in Klauer/Möhring, PatG, § 9 Rz. 70; einschränkend allerdings *RG* v. 25.4.1936, GRUR 1936, 1056, 1059, das im Zweifel nur ein Minderungsrecht zugestehen wollte; vgl. auch *RG* v. 3.2.1912, RGZ 78, 363, 366; a.A. Lindenmaier/*Weiß*, PatG, § 9 a.F. Rz. 15; wonach der Lizenznehmer mit Vorbenutzungsrechten rechnen müsse.

3 *Henn*, Rz. 319 m.w.N. u. Benkard/*Ullmann*, PatG, § 15 Rz. 172 f.

4 So *Pagenberg/Beier*, Muster I Rz. 42. S. auch Benkard/*Ullmann*, PatG, § 15 Rz. 172.

(vgl. § 61 PatG), für nichtig erklärt (vgl. §§ 22, 21 PatG) oder gelöscht (vgl. § 15 GebrMG) wird.

aa) Nichterteilung des Schutzrechts

1547 In der Praxis sind die Fälle nicht selten, in denen sich der Lizenzvertrag bereits auf eine bloße Patentanmeldung erstreckt (s. Rz. 195 ff.), so dass mit der Nichterteilung erhebliche Auswirkungen verbunden sein können. Ergibt sich im Erteilungsverfahren, dass die gesetzlichen Schutzvoraussetzungen (vgl. §§ 1–5 PatG) nicht vorliegen, wird die Patentanmeldung zurückgewiesen (§ 48 PatG). Wird gegen das erteilte Patent Einspruch eingelegt (§ 59 PatG) und wird dem Einspruch stattgegeben, wird das Patent widerrufen (§ 61 PatG).

1548 Gleich, ob eine ausschließliche oder einfache Lizenz vorlag, haben sich auf **Basis des früheren Rechts** u.a. folgende **Rechtsfolgen** ergeben (zur Verletzung der Verschaffungspflicht s. Rz. 1372 ff.):

Unterblieb eine Schutzrechtserteilung – gleich, ob im Erteilungsverfahren oder als Ergebnis des Einspruchsverfahrens – deshalb, weil die lizenzierte Erfindung naturgesetzlich oder technisch nicht ausführbar oder ihrem Wesen nach einem Patentschutz nicht zugänglich war[1], so lag nach früherem Recht ein Fall der ursprünglichen **objektiven Unmöglichkeit** vor. Der Lizenzvertrag war gemäß § 306 BGB a.F. von Anfang an nichtig; mangels Kenntnis bzw. fahrlässiger Nichtkenntnis dieser Unmöglichkeit schied ein Schadensersatzanspruch nach § 307 BGB a.F. in der Regel aus.

1549 Wie sich **sonstige Schutzrechtshindernisse** auswirkten, war umstritten. Losgelöst von der Frage, ob man im Einzelfall in der Vereinbarung eine stillschweigende auflösende Bedingung für den Fall der Schutzrechtsversagung sehen kann, führte die (rechtsbeständige) Schutzrechtsversagung für den Lizenznehmer zur Beendigung der Lizenzgebührenpflicht, weil zu diesem Zeitpunkt jedenfalls feststand, dass ihm eine bevorzugte Stellung gegenüber den Mitbewerbern nicht mehr verfügbar gemacht und aus kartellrechtlichen Gründen eine Weiterzahlung der Lizenzgebühren nicht gefordert werden kann[2]. Andererseits besteht aber für den Lizenznehmer nicht die Berechtigung, die gezahlten Gebühren ganz oder teilweise zu-

---

1 Zu Fallgestaltungen aus der frühen Rechtsprechung zu § 306 BGB a.F. vgl. *RG* v. 16.5.1917, RGZ 90, 240, 244; *RG* v. 12.3.1930, MuW 1930, 252 ff.; *RG* v. 10.10.1931, BlPMZ 1932, 40 ff.; *RG* v. 11.7.1939, BlPMZ 1940, 89 ff.; *BGH* v. 12.4.1957, GRUR 1957, 595, 596 – Verwandlungstisch u. *BGH* v. 27.6.1991, GRUR 1993, 40, 42 – Keltisches Horoskop; *Nirk* in Klauer/Möhring, PatG, § 9 a.F. Rz. 62; vgl. auch *BGH* v. 1.12.1964, GRUR 1965, 298, 301 – Reaktionsmessgerät mit Anm. *von Falck*; auch die Offenkundigkeit eines lizenzierten Geheimverfahrens gehörte hierzu, *RG* v. 11.7.1939, RGZ 163, 1, 7 – Geliermittel; *BGH* v. 16.10.1962, GRUR 1963, 207, 210 – Kieselsäure.

2 Vgl. *BGH* v. 5.7.2005, GRUR 2005, 845 – Abgasreinigungsvorrichtung.

rückzuverlangen[1]. Wer einen Lizenzvertrag abschließt, dessen Gegenstand eine Schutzrechtsanmeldung ist, weiß um die Risiken einer Patentversagung oder muss hierum häufig wissen. Die Höhe der Lizenzgebühr wird häufig diesem Umstand Rechnung tragen. Deshalb handelt es sich bei einem Lizenzvertrag über eine Schutzrechtsanmeldung stets um ein für beide Vertragspartner und insbesondere den Lizenznehmer risikobehaftetes Geschäft (s. Rz. 25). Dem Lizenznehmer hat die Rechtsprechung auch nicht unter dem rechtlichen Gesichtspunkt der Störung der Geschäftsgrundlage die Befugnis zuerkannt, irgendwelche Forderungen gegenüber dem Lizenzgeber geltend zu machen, die mit der Nichterteilung des Schutzrechtes begründet werden[2].

Diese Rechtsfolgen sind seit dem 1.1.2002 – auch mit Wirkung für Altver- 1550
träge (vgl. Art. 229 § 5 Satz 2 EGBGB) – anhand des neuen Schuldrechts zu klären. Seit der **Schuldrechtsreform** ist die Differenzierung zwischen (ursprünglicher) objektiver und subjektiver Unmöglichkeit hinfällig. Der Vertrag ist nunmehr in beiden Fällen wirksam (§ 311a Abs. 1 BGB). Jedoch besteht wechselseitig kein Anspruch auf die Leistung und zwar weder für den Lizenzgeber als Schuldner (§ 275 Abs. 1 BGB) noch für den Lizenznehmer als Gläubiger (§ 275 Abs. 4, § 326 Abs. 1 Satz 1 BGB). Ein Anspruch des Lizenznehmers auf Schadensersatz statt der Leistung – der ihn als Gläubiger so stellen soll, wie er bei ordnungsgemäßer Erfüllung durch den Lizenzgeber gestanden hätte (sog. positives Interesse) – bzw. nach Wahl auf Ersatz seiner Aufwendungen nach § 284 BGB besteht allerdings nur, wenn der Lizenzgeber (Schuldner) die Unmöglichkeit bei Vertragsschluss kannte oder diese Unkenntnis zu vertreten hat (§ 311a Abs. 2, §§ 276 ff. BGB)[3]. Da hier im Regelfall ein Verschulden des Lizenzgebers fehlt, verbleibt es letztlich bei einem Lizenzvertrag ohne Primärleistungs- und ohne Schadensersatzpflichten. Wirtschaftlich unterscheidet sich dies nicht wesentlich vom früheren Rechtszustand, wonach der Lizenzgeber bei Lizenzierung einer Patentanmeldung nicht für die Erteilung eines Patentes haftete[4].

Grundsätzlich hat der Lizenzgeber also nicht für die Patenterteilung im 1551
Hinblick auf eine lizenzierte Anmeldung (oder eine lizenzierte Erfindung, die zur Anmeldung vorgesehen ist) einzustehen[5]. Hat der Lizenzgeber die **Versagung des Schutzrechts** jedoch wegen zurechenbaren **Fehlverhaltens** im Erteilungsverfahren zu vertreten, so trifft ihn eine Schadensersatzpflicht (§ 280 Abs. 1 BGB). Nimmt er etwa eine Schutzrechtsanmeldung (eigenmächtig) zurück und wird im Anschluss daran die Patentanmeldung

1 Vgl. auch *BGH* v. 14.5.2002, GRUR 2002, 787, 789 – Abstreiferleiste.
2 *BGH* v. 23.3.1982, GRUR 1982, 481, 483 – Hartmetallkopfbohrer; vgl. auch für den Bereich der Warenzeichen *Schricker*, GRUR 1980, 650 ff.
3 Vgl. *Groß*, Rz. 64; *Henn*, Rz. 233; *Britta Bartenbach*, Mitt. 2003, 102, 106; Busse/*Keukenschrijver*, PatG, § 15 Rz. 82.
4 Vgl. auch *Schulte/Kühnen*, PatG, § 15 Rz. 54 f.; *Henn*, Rz. 320.
5 *LG Düsseldorf* v. 12.2.2008, Düsseldorfer Entscheidung Nr. 881 – e-Loading-Automat (www.duesseldorfer-archiv.de).

gleichwohl offengelegt, kann er seine Pflicht, dem Lizenznehmer ein (ausschließliches) Nutzungsrecht am Gegenstand der Anmeldung und dem hierauf zu erteilenden Patent zu verschaffen, nicht mehr erfüllen. Der Hinweis des Lizenzgebers, dass es auch ohne seine Rücknahme nicht zu einer Patenterteilung gekommen wäre, vermag ihn in diesem Zusammenhang nicht grundsätzlich zu entlasten. So konnte der Lizenzgeber in einem von dem *LG Düsseldorf* am 11.7.2006[1] entschiedenen Fall zwar anführen, bei einer schon der Anmeldung innewohnenden anfänglichen Unmöglichkeit, für den Gegenstand des vertraglich geschuldeten ausschließlichen Nutzungsrechts ein Patent zu erhalten, sei seine Vertragspflicht nicht unmöglich geworden. Auch das *LG Düsseldorf* war der Ansicht, dass der Lizenzgeber grundsätzlich nicht dafür einzustehen habe, dass auf die lizenzierte Schutzrechtsanmeldung auch ein Patent erteilt werde und sich in dem Fall, dass der Gegenstand der Patentanmeldung schlechthin nicht patentfähig sei, im Ergebnis nur das von dem Lizenznehmer ohnehin zu tragende Risiko realisiere, dass ein Patent nicht erteilt werde, wobei die Rücknahme der Anmeldung nur eine „überholende" Ursache gesetzt habe[2]. In dem konkreten Fall hätte aber eine Neuformulierung der Patentansprüche zur Erteilungsfähigkeit geführt, so dass der Lizenzgeber im Ergebnis das Unmöglichwerden seiner Verpflichtung zu vertreten hatte. Eine Einstandspflicht trifft den Lizenzgeber auch bei **Zusicherung** der Schutzfähigkeit (s. Rz. 196).

1552 Sind Vertragsgegenstand **mehrere** erst zur Erteilung eines Patents **angemeldete Erfindungen** – sei es ausschließlich oder in Kombination mit erteilten Schutzrechten –, so bestimmen sich mangels abweichender Vereinbarungen die Rechtsfolgen einer Nichterteilung danach, wo das **Schwergewicht des Lizenzvertrages** liegt. Für § 311a BGB dürfte wohl nur dann Raum bleiben, wenn es sich bei den angemeldeten Erfindungen um den wesentlichen Vertragsgegenstand handelt; ansonsten dürfte die Lösung nach der hier vertretenen Auffassung in einer Vertragsanpassung nach § 313 BGB liegen, so dass ggf. eine Anpassung der Lizenzgebühr an die geänderten Umstände erfolgen kann.

1553 Wird das Schutzrecht nur mit **eingeschränktem Schutzumfang** erteilt bzw. schränkt der Lizenzgeber seine Schutzrechtsanmeldung gemäß § 38 PatG ein und ist das Benutzungsrecht damit für den Lizenznehmer (wirtschaftlich) nicht mehr von Interesse, gelten die Rechtsfolgen bei Schutzrechtsversagung entsprechend. Verbleiben dem Lizenznehmer noch tatsächliche Nutzungsmöglichkeiten und ist ihm ein grundsätzliches Festhalten am Lizenzvertrag zumutbar, kann ggf. ein Anpassungsanspruch unter Minderung

1 *LG Düsseldorf* v. 11.7.2006 – 4a O 243/03, Rz. 48 ff. (juris).
2 *LG Düsseldorf* v. 11.7.2006 – 4a 243/03, Rz. 48 (juris) unter Hinweis darauf, dass dieser Fall hinsichtlich der Risikoverteilung demjenigen gleichzusetzen sei, dass ein bereits erteiltes und lizenziertes Patent nachträglich durch rückwirkende Nichtigerklärung vernichtet werde.

der Lizenzgebühren aus § 313 BGB greifen[1]. Ggf. könnte auch eine Teilunmöglichkeit in Betracht kommen (vgl. § 275 Abs. 1 BGB „soweit"). Diese Grundsätze gelten auch im Falle eines Teilwiderrufs des Patents im Einspruchsverfahren[2] (zur Verletzung der Verschaffungspflicht s. Rz. 1372 ff.).

bb) Späterer Wegfall eines erteilten Schutzrechts

Wird ein erteiltes Patent für nichtig erklärt (vgl. §§ 22, 21 PatG) oder ein 1554
erteiltes Gebrauchsmuster gelöscht (vgl. § 15 GebrMG), ist die Rechtsprechung seit jeher davon ausgegangen, dass den Lizenzgeber – mangels abweichender Vertragsabrede – **keine Garantieverpflichtung bzw. Haftung für den zukünftigen Bestand eines Schutzrechts** trifft[3] (zur Verletzung der Verschaffungspflicht s. Rz. 1370 ff.). Bis zur Nichtigerklärung lässt die Rechtsprechung den Lizenzgebührenanspruch des Lizenzgebers – trotz Rückwirkung der Nichtigerklärung – grundsätzlich bestehen (s. dazu Rz. 1860 ff.), es sei denn, dem Lizenznehmer war wegen offenkundiger Vernichtbarkeit eine weitere Nutzung bzw. Zahlung nicht zumutbar (s. Rz. 1862).

Maßgeblich ist, dass der Lizenznehmer bis zum Wegfall des lizenzierten Schutzrechts eine vorteilhafte Marktstellung hatte[4]. Dies gilt auch dann, wenn der Lizenznehmer tatsächlich keinem Wettbewerb ausgesetzt war, das Schutzrecht also nicht benötigte, um seine Marktsituation zu verteidigen[5].

Diese Überlegungen gelten nach Auffassung des *OLG Karlsruhe*[6] auch dann, wenn das lizenzierte Patent wegen mangelnder Ausführbarkeit der technischen Lehre zu Unrecht erteilt worden ist. Offengelassen hat das *OLG Karlsruhe*, ob dies anders zu beurteilen wäre, wenn wegen des Mangels der Ausführbarkeit überhaupt **keine sinnvoll funktionierende Vorrichtung** hätte hergestellt werden können, so dass der Lizenznehmer eine von dem Schutzrecht ausgehende Vorzugsstellung nicht hätte erlangen können.

Diese Überlegungen gelten erst recht dann, wenn die Vertragsparteien den Vertrag im Anschluss an Auseinandersetzungen über eine angebliche Patentverletzung schließen und hierbei auch die Frage der Vernichtbarkeit

---

1 Vgl. zum früheren Recht u.a. *BGH* v. 24.9.1957, GRUR 1958, 231, 232 – Rundstuhlwirkware.

2 Im Ergebnis wohl auch Busse/*Keukenschrijver*, PatG, § 15 Rz. 121, wonach dem Lizenznehmer ein Recht auf Minderung zustehen kann.

3 *BGH* v. 12.4.1957, GRUR 1957, 595, 596 – Verwandlungstisch; *BGH* v. 17.3.1961, GRUR 1961, 466, 468 – Gewinderollkopf, *BGH* v. 20.4.1961, GRUR 1961, 572, 574 – Metallfenster; Busse/*Keukenschrijver*, PatG, § 15 Rz. 90; *Henn*, Rz. 318; vgl. auch *Kraßer/Schmid*, GRUR Int. 1982, 324, 330, 338 ff.

4 *BGH* v. 4.5.2002, GRUR 2002, 787, 789 – Abstreiferleiste; *BGH* v. 5.7.2005, GRUR 2005, 935 – Vergleichsempfehlung II.

5 *BGH* v. 25.1.1983, GRUR 1983, 237 – Brückenlegepanzer.

6 *OLG Karlsruhe* v. 23.7.2008, GRUR-RR 2009, 121 – Bodybass.

des Schutzrechts diskutiert worden ist. Schließen sie dennoch den Lizenzvertrag, spricht dies dafür, dass sich die Parteien der Möglichkeit der Vernichtbarkeit des Lizenzpatents durchaus bewusst waren und die Parteien in Kenntnis dieser Möglichkeit im Vertrag nur eine Beendigung mit Wirkung ex nunc vereinbaren[1].

1555 Dem Lizenznehmer wurde nach der früheren Rechtsprechung – trotz der Nichtigerklärung des Patents mit ex-tunc Wirkung – lediglich das Recht zuerkannt, sich **für die Zukunft** durch **Kündigung** vom Vertrag zu lösen[2]. Im Übrigen haben Rechtsprechung und herrschende Lehre den nachträglichen Wegfall des Schutzrechts unter dem rechtlichen Gesichtspunkt des **Wegfalls der Geschäftsgrundlage** und der damit gegebenen Möglichkeit der Anpassung der Leistungen an die veränderte Sach- bzw. Rechtslage beurteilt[3]. Diese Rechtswirkungen waren bei ausschließlichen und einfachen Lizenzen im Wesentlichen identisch.

1556 Demgegenüber könnte nach der Schuldrechtsreform als Folge der Nichtigerklärung ein Weg über eine Unmöglichkeit nach § 311a BGB in Betracht kommen[4]. Läge eine objektiv unmögliche Leistung vor, wäre der Vertrag gemäß § 311a BGB dennoch wirksam; ggf. bestünde ein Schadensersatzanspruch des Lizenznehmers gemäß § 311a Abs. 2 BGB. Dieser Weg über § 311a BGB erscheint allerdings nicht zwingend. Zwar gelten im Falle der amtlichen Nichtigkeitsentscheidung die Wirkungen des Schutzrechts als von Anfang an nicht eingetreten (vgl. § 21 Abs. 3 PatG; s. Rz. 1858); da aber auf die tatsächlichen Verhältnisse im Zeitpunkt des Vertragsabschlusses abzustellen ist, kann u.E. eine solche gesetzlich fingierte Rückwirkung keine (anfängliche) Unmöglichkeit im Sinne des § 311a Abs. 1 BGB begründen, insbesondere, wenn ein Vertrag meist bereits über längere Zeit durchgeführt worden ist und die faktische Vorzugsstellung noch angedauert hat. Insoweit muss – trotz rückwirkender Patentvernichtung – auch eine Rückabwicklung über Bereicherungsrecht (§§ 812 ff. BGB) ausscheiden. Dieses

---

1 *LG Düsseldorf* v. 12.8.2008, InstGE 10, 6 – Münzpfandschloss.

2 Vgl. etwa *BGH* v. 12.4.1957, GRUR 1957, 595, 596 – Verwandlungstisch; *BGH* v. 26.6.1969, GRUR 1969, 677, – Rüben-Verladeeinrichtung u. *BGH* v. 27.6.1991, GRUR 1993, 40, 42 – Keltisches Horoskop; *Kraßer/Schmid*, GRUR Int. 1982, 324, 330; ein Kündigungsrecht wurde analog § 723 BGB auch dem Lizenzgeber eingeräumt, vgl. etwa *BGH* v. 28.6.1957, GRUR 1959, 175, 177 – Wendemanschetten II.

3 So auch *BGH* v. 12.4.1957, GRUR 1957, 595, 596 – Verwandlungstisch; *BGH* v. 24.9.1957, GRUR 1958, 231, 232 – Rundstuhlwirkware; *BGH* v. 28.6.1957, GRUR 1959, 175, – Wendemanschette II; kritisch Busse/*Keukenschrijver*, PatG, § 15 Rz. 90; abl. u.a. *Schwerdtner*, GRUR 1968, 9 ff., s. auch *Nirk*, GRUR 1970, 329, 336, mit der Rechtslehre zu den Rechtsfolgen unverschuldeter Leistungs- und Erfüllungshindernisse; ferner *Kohler*, VersR 1988, 563 ff. mit der Rückabwicklung nach bereicherungsrechtlichen Grundsätzen.

4 In diesem Sinne möglicherweise *Groß*, Rz. 84; vgl. auch *Kraßer*, Patentrecht, § 41 V b 4 i.V.m. V a 2.

Ergebnis entspricht der früheren Rechtsauffassung zu § 306 BGB a.F.[1]. Die Rechtsprechung hat dies damit gerechtfertigt, dass der Lizenznehmer bis zur Rechtskraft der Entscheidung die Vorteile der durch das Schutzrecht vermittelten Monopolstellung nutzen konnte[2]. Dementsprechend hat das *LG Düsseldorf* in seiner Entscheidung vom 12.8.2008[3] festgestellt, dass § 311a BGB auf die Situation, dass ein lizenziertes Patent vernichtet wird, unanwendbar ist.

Eine Lösung kann u.E. deshalb darin bestehen, in Anlehnung an die frühere Rechtsprechung[4] diese Fallgestaltungen über die Grundsätze der **Störung der Geschäftsgrundlage** zu lösen und **§ 313 BGB** als Anspruchsgrundlage zur Anpassung des Vertrages anzusehen[5]. Bildet das weggefallene Schutzrecht den wesentlichen Vertragsgegenstand, führt dies über § 313 Abs. 3 Satz 2 BGB zu einem Kündigungsrecht aus wichtigem Grund für die Zukunft (§ 314 BGB). Eine Rückabwicklung des Vertrages erfolgt nicht. Eine solche Kündigung schließt einen Schadensersatzanspruch nach § 280 BGB nicht aus (§ 314 Abs. 4 BGB). Jedoch reicht allein der Umstand der Schutzrechtsvernichtung für die nach § 280 Abs. 1 BGB erforderliche Pflichtverletzung nicht aus. Der Lizenznehmer kann aufgrund der fehlenden Pflichtverletzung im Regelfall also keinen Schadensersatz verlangen. 1557

In der bereits erwähnten Entscheidung vom 12.8.2008[6] führt das *LG Düsseldorf* aus, dass nach der Rechtsprechung des *BGH* eine rückwirkende Anpassung nach den Grundsätzen über den Wegfall der Geschäftsgrundlage ausnahmsweise dann wegen Unzumutbarkeit in Betracht kommt, wenn die Geschäftsgrundlage von Anfang an gefehlt hat[7]. Eine derartige Situation konnte das *LG Düsseldorf* aber in dem zu entscheidenden Fall nicht annehmen, obwohl die Vernichtung des Streitpatents gemäß §§ 22 Abs. 2, 21 Abs. 3 Satz 1 PatG ex-tunc-Wirkung entfaltete. 1557a

Mangels von Anfang an fehlender Geschäftsgrundlage habe kein Anspruch der Klägerin auf rückwirkende Anpassung nach den Grundsätzen über die fehlende Geschäftsgrundlage bestanden. Nach der Rechtsprechung des *BGH*[8] sei ein Patentlizenzvertrag nicht mit Wirkung ex tunc nichtig, wenn das lizenzierte Patentrecht später wegfalle, insbesondere vernichtet werde, 1557b

1 Vgl. u.a. *BGH* v. 25.1.1983, GRUR 1983, 237, 238 f. – Brückenlegepanzer; Busse/*Keukenschrijver*, PatG, § 15 Rz. 82.
2 So bereits *BGH* v. 12.4.1957, GRUR 1957, 595, 596 – Verwandlungstisch.
3 *LG Düsseldorf* v. 12.8.2008, InstGE 10, 6 – Münzpfandschloss.
4 Vgl. *BGH* v. 12.4.1957, GRUR 1957, 595, 596 – Verwandlungstisch; *BGH* v. 24.9.1957, GRUR 1958, 231, 232 – Rundstuhlwirkware.
5 So *Ann/Barona*, Schuldrechtsmodernisierung und gewerblicher Rechtsschutz, Rz. 146; Benkard/*Ullmann*, PatG, § 15 Rz. 201; wohl auch Palandt/*Grüneberg*, BGB, § 313 Rz. 40.
6 *LG Düsseldorf* v. 12.8.2008, InstGE 10, 6 – Münzpfandschloss.
7 Unter Hinweis auf *BGH* v. 15.11.2000, NJW 2001, 1204.
8 Unter Hinweis auf *BGH* v. 12.4.1957, GRUR 1957, 595 – Verwandlungstisch; *BGH* v. 14.5.2002, GRUR 2002, 787, 789 – Abstreiferleiste; *BGH* v. 5.7.2005,

sondern als bis zum Zeitpunkt der Vernichtung als wirksam anzusehen. Ein Lizenzvertrag sei nämlich in der Regel ein gewagtes Geschäft (s. Rz. 25 ff.). Der Lizenznehmer erwerbe bis zur Nichtigerklärung – solange Dritte die betreffende technische Lehre nicht unentgeltlich nutzen dürften – eine tatsächliche Nutzungsmöglichkeit und eine günstige geschäftliche Stellung, die er ohne den Lizenzvertrag nicht gehabt hätte, was die Aufrechterhaltung der Verpflichtung zur Lizenzgebührenzahlung bis zu diesem Zeitpunkt rechtfertige. Diese Vorzugsstellung aufgrund eines Lizenzvertrages werde, auch wenn sie sich durch Nichtigerklärung des lizenzierten Schutzrechts rückwirkend als patentrechtlich ungeschützte Stellung im Markt erweise, im Regelfall nicht beseitigt, solange das Patent in Kraft stehe und von Dritten akzeptiert werde. Aufgrund dessen bleibe die Zahlungspflicht des Lizenznehmers, solange die Parteien nichts anderes vereinbart hätten, für Verwertungshandlungen in der Vergangenheit von der Nichtigerklärung unberührt.

1558 Ein anderer Lösungsweg wären die Regeln zur **nachträglichen Unmöglichkeit**, wie dies von *Keukenschrijver*[1] vorgeschlagen wird: Er befürwortet ein Rücktrittsrecht nach §§ 323, 324 BGB, wobei – im Falle eines durchgeführten Lizenzvertrages (s. Rz. 67 ff.) – an die Stelle des Rücktrittsrechts unverändert das Recht zur außerordentlichen Kündigung nach § 314 BGB tritt. Wird dem Lizenzgeber seine Hauptleistungspflicht, die Nutzungsrechtseinräumung an einem Schutzrecht, unmöglich, entfällt der Anspruch des Lizenznehmers auf diese Primärleistung (§ 275 Abs. 1 BGB). Der Lizenznehmer ist – wie sich aus § 275 Abs. 4 BGB ergibt – auf die Rechte aus den §§ 280, 283 bis 285, 311a und 326 BGB verwiesen. Wegen der regelmäßig fehlenden Pflichtverletzung des Lizenzgebers scheiden Schadensersatzansprüche nach § 280 BGB aus; hier gilt das oben Gesagte. Da §§ 283 bis 285 BGB ebenfalls den Grundtatbestand des § 280 Abs. 1 BGB voraussetzen, scheiden auch dahingehende Ansprüche aus. Mithin bewendet es bei der Regelung des § 326 BGB. Demzufolge wird der Lizenznehmer von seiner Pflicht zur Zahlung der Lizenzgebühren nach § 326 Abs. 1 BGB ex nunc befreit (vgl. zur Ausnahme aber § 326 Abs. 2 BGB)[2].

1559 Bei **bereits erfolgter Leistung** des Lizenznehmers **für zukünftige Nutzungshandlungen** kann diese nach § 326 Abs. 4 i.V.m. §§ 346–348 BGB zurückverlangt werden[3].

GRUR, 2005, 935 – Vergleichsempfehlung II; im Ergebnis ebenso Benkard/*Rogge*, PatG, § 22 Rz. 89; vgl. *Kraßer*, Patentrecht, § 41 V b 4.

1 Busse/*Keukenschrijver*, PatG, § 15 Rz. 90.

2 Wird das Vertragsschutzrecht auf Veranlassung des einer wirksamen Nichtangriffsabrede unterliegenden Lizenznehmers durch einen Strohmann nichtig geklagt, dürften weder eine Vertragsanpassung und Kündigung nach §§ 313, 314 BGB, noch eine Befreiung von der Lizenzgebührenpflicht nach § 326 BGB gegeben sein.

3 Das entspricht im Ergebnis ebenfalls bisheriger Lehre, vgl. Busse/*Keukenschrijver* PatG, § 15 Rz. 108 unter Bezug auf *BGH* v. 23.4.1963 – Ia ZR 21/63 – Schukoste-

Trifft den Lizenzgeber aufgrund **fehlerhaften Verhaltens** bei der Verteidigung des Schutzrechts ein Vorwurf (z.B. versäumtes Rechtsmittel), liegt regelmäßig ein Verstoß gegen die Verschaffungspflicht vor (s. Rz. 76, 1370 ff.). 1560

Erstreckt sich der Lizenzvertrag auf **mehrere Schutzrechte** und fallen einzelne weg, wurde auf der Grundlage des früheren Rechts ein Recht zur Anpassung des Lizenzvertrages wegen veränderter Geschäftsgrundlage anerkannt[1], das sich – je nach Bedeutung des weggefallenen Rechts – ggf. zu einem Kündigungsrecht für die Zukunft verdichten konnte. Daran ist im Ergebnis festzuhalten. Nach der hier vertretenen Auffassung bestimmen sich die Rechtsfolgen mangels vertraglicher Regelung nach **§ 313 BGB** (s. Rz. 1557). Folglich ist danach zu differenzieren, inwieweit der Lizenzvertrag für die Lizenzvertragsparteien trotz Wegfalls von Schutzrechten noch von (wirtschaftlichem) Interesse sein kann und ob bzw. inwieweit ein Festhalten an dem Vertrag zumutbar ist (§ 313 Abs. 3 Satz 1 BGB). Demzufolge kommt zunächst eine Anpassung und damit u.U. eine Minderung der Lizenzgebühr in Betracht (§ 313 Abs. 1 BGB). Die Frage einer Minderung der Lizenzgebühr ist auch davon abhängig, ob und ggf. in welchem Umfang sich der Wegfall von Schutzrechten im Markt bzw. gegenüber Wettbewerbern auswirkt[2]. Eine Unzumutbarkeit und damit eine Kündigung des Vertrages (§ 313 Abs. 3 Satz 2 i.V.m. § 314 BGB) dürfte namentlich dann in Betracht zu ziehen sein, wenn es sich bei den weggefallenen Rechten um die Hauptvertragsrechte handelt. Zur Situation bei Schutzrechtsanmeldungen s. Rz. 1547 ff. 1561

Die in Rz. 1561 dargestellten Rechtsfolgen gelten im Grundsatz entsprechend, wenn neben Schutzrechten **Know-how** lizenziert ist und dieses Know-how vorzeitig offenkundig wird. Auch hier kommt es auf die Wertigkeit des Know-hows und die Interessenlage der Vertragsparteien an. Zur vertraglich geregelten Fortgeltung des Lizenzgebührenanspruchs bei Offenkundigwerden des Know-hows s. Rz. 2802. 1562

Empfehlenswert ist, die Rechtsfolgen einer Vernichtung und ggf. einer Vernichtbarkeit **vertraglich zu regeln**. Dabei gilt es, die kartellrechtlichen Schranken, insbesondere das grundsätzliche Verbot der Fortzahlung von Lizenzgebühren über das Schutzrechtsende hinaus (s. Rz. 1857 ff., 2802) zu beachten. So kann etwa vereinbart werden, dass bei einem Wegfall eines Vertragsschutzrechts hierfür gezahlte Lizenzgebühren zurückzuerstatten sind. Auch kann, wenn Gegenstand des Lizenzvertrages eine Schutzrechtsanmeldung ist, die Lizenzgebührenpflicht bis zum Abschluss des Patenter- 1563

---

cker, dort nach Bereicherungsrecht gemäß § 440 Abs. 1 i.V.m. §§ 323, 325 BGB a.F.

1 Vgl. Benkard/*Ullmann*, PatG, 9. Aufl. 1993, § 15 Rz. 124 m.H.a. RG, MuW 14/15, 9, 10.

2 Vgl. *Pfaff/Osterrieth*, Lizenzverträge, B I Rz. 133 unter Hinweis auf die Usancen im internationalen Lizenzverkehr.

teilungsverfahrens aufgeschoben oder vermindert werden. Denkbar ist auch eine Regelung dahingehend, dass der Lizenzgeber nicht verpflichtet ist, die Vertragsschutzrechte aufrechtzuerhalten[1], verbunden mit der Vereinbarung, dass der Lizenzvertrag zu dem Zeitpunkt ganz oder teilweise ein Ende findet, zu dem der Lizenzgeber durch Nichtergreifen der zur Aufrechterhaltung erforderlichen Maßnahmen unmittelbar erkennen lässt, dass er das lizenzierte Schutzrecht oder die Schutzrechte nicht mehr aufrechterhalten will. Geregelt werden sollte auch die Situation, dass von mehreren Schutzrechten nur einzelne in Wegfall geraten, d.h. ob der Vertrag damit endet oder auf angepasster Basis fortgeführt wird. In diesem Zusammenhang kann es überlegenswert sein, eine ausdrückliche Gewichtung der einzelnen Schutzrechte (Basispatente und sonstige usw.) bzw. des Verhältnisses von Schutzrecht und mitlizenziertem Know-how zu regeln (s. dazu Rz. 197 ff.). Derartige Themen sollten im Vertrag möglichst konkret ausformuliert werden, damit keine Unsicherheiten über die Rechtslage entstehen können. Jedenfalls empfiehlt es sich, die Problematik der Risikoverteilung hinsichtlich der Rechtsbeständigkeit der Vertragsschutzrechte ausdrücklich zu regeln.

cc) Vernichtbarkeit des Schutzrechts

1564 Als Konsequenz der an die faktische Vorzugsstellung anknüpfenden Annahme einer ex tunc-Wirkung der Nichtigerklärung sieht die ganz h.M. den Lizenznehmer seit jeher grundsätzlich als verpflichtet an, trotz **Vernichtbarkeit** eines lizenzierten Schutzrechtes seinerseits seine Vertragspflichten zu erfüllen, also auch die Lizenzgebühr in vollem Umfang weiter zu zahlen (s. Rz. 1859 ff.).

1565 Etwas anderes gilt höchstrichterlich nur dann, wenn das Schutzrecht wegen seiner offenbaren oder wahrscheinlich gewordenen Vernichtbarkeit **von den Wettbewerbern des Lizenznehmers nicht mehr beachtet** wird[2]; in diesem Fall entfällt nach Treu und Glauben die Pflicht zur (ganzen oder teilweisen) Lizenzgebührenzahlung (s. Rz. 1862). Der Lizenznehmer konnte nach der vor der Schuldrechtsreform ergangenen BGH-Rechtsprechung bereits im Zeitpunkt der Offenkundigkeit der Vernichtbarkeit seine Lizenzgebührenpflicht mindern bzw. den Vertrag mit Wirkung für die Zukunft kündigen[3]. Insoweit gingen Rechtsprechung und Lehre davon aus, dass ein Lizenznehmer sich – mit Wirkung für die Zukunft – dann von dem Lizenzvertrag lösen kann, „wenn das lizenzierte Patent zwar noch nicht für nichtig erklärt, seine Vernichtbarkeit aber doch offenbar oder zu-

1 Vgl. *BGH* v. 12.2.1980, GRUR 1980, 750, 751 – Pankreaplex II.
2 *BGH* v. 17.10.1968, GRUR 1969, 409, 411 – Metallrahmen; *BGH* v. 23.3.1982, GRUR 1982, 481 – Hartmetallkopfbohrer u. *BGH* v. 16.2.1982, GRUR 1982, 355 – Bauwerksentfeuchtung; Benkard/*Ullmann*, PatG, § 15 Rz. 196.
3 So auch *BGH* v. 28.6.1957, GRUR 1958, 175, 177; *BGH* v. 24.9.1957, GRUR 1958, 231, 232; *BGH* v. 17.10.1968, GRUR 1969, 409, 411; *OLG München* v. 26.5.1955, GRUR 1956, 211, 212; *Nirk* in Klauer/Möhring, PatG, § 9 Rz. 63.

mindest wahrscheinlich geworden ist und das Patent deshalb seine bisherige geschäftliche Wirkung eingebüßt hat, namentlich also, wenn die geschäftlichen Konkurrenten des Lizenznehmers unbekümmert um das nur noch formale Bestehen des Patents nach dessen Lehre arbeiten und damit der vom Lizenznehmer erkaufte wettbewerbliche Vorteil vertraglich gestatteter Benutzung verloren geht oder sogar in einen Wettbewerbsvorsprung seiner nicht zur Lizenzzahlung bereiten Konkurrenten umschlägt, so dass dem Lizenznehmer das Festhalten an dem Vertrag nicht mehr zuzumuten ist"[1].

Diese letztlich aus **§ 242 BGB** hergeleiteten Grundsätze[2] gelten für **ausschließliche** und **einfache Lizenzen** gleichermaßen[3]. 1566

An diesen Grundsätzen kann auch nach Inkrafttreten der Schuldrechtsreform festgehalten werden. Solange das Schutzrecht und die faktische Vorzugsstellung des Lizenznehmers bestehen, fehlt es an der für eine Vertragsanpassung (§ 313 BGB) ebenso wie für eine außerordentliche Kündigung (§ 314 BGB) erforderlichen Unzumutbarkeit des Festhaltens an der Lizenzvereinbarung. Etwas anderes gilt nur in den zuvor geschilderten Fällen, in denen dem Lizenznehmer ein Festhalten an dem Lizenzvertrag unzumutbar ist: Geht es um die Lösung vom Vertrag, greift die Kündigung nach § 314 BGB; geht es um eine Minderung, bestimmt sich dies nach § 313 BGB[4]. Eines Rückgriffs auf die Regelungen des Pacht-[5] bzw. Kaufrechts[6] bedarf es daher nicht. 1567

dd) Teilnichtigkeit, nachträgliche Beschränkung des Schutzrechts sowie Einschränkung seines Schutzumfangs

Ein Recht des Lizenznehmers auf Minderung der Lizenzgebühr bzw. der Kündigung hat die Rechtsprechung in Anlehnung an die Grundsätze bei offenbarer Vernichtbarkeit (s. Rz. 1554 ff.) – trotz rückwirkenden Wegfalls ei- 1568

1 *BGH* v. 17.10.1968, GRUR 1969, 409, 411 – Metallrahmen; so schon *RG* v. 21.11.1914, RGZ 86, 45, 53 ff.; *BGH* v. 12.4.1957, GRUR 1957, 595, 596 – Verwandlungstisch; *BGH* v. 28.6.1957, GRUR 1958, 175, 177 – Wendemanschette II; *Lüdecke/Fischer*, Lizenzverträge, C 26 S. 172. So im Ergebnis auch Benkard/*Ullmann*, PatG, 9. Aufl. 1993, § 15 Rz. 112 u. *Groß*, Rz. 73, der zumindest dem Lizenznehmer über das Prinzip des Wegfalls der Geschäftsgrundlage einen Anspruch auf Anpassung der Vertragsbedingungen zuerkennt, wenn die mit der Lizenz erstrebte Vorzugsstellung nicht mehr gewahrt ist; abweichend *Kraßer*, Patentrecht, § 41 V b 5.

2 Vgl. etwa *BGH* v. 22.12.1967, BGHZ 1949, 153 (umfassende Interessenabwägung) u. *BGH* v. 23.9.1984, BGHZ 1985, 48; *BAG* v. 30.9.2004, NJW 2005, 775 ff.; Palandt/*Grüneberg*, BGB, § 242 Rz. 1 ff.

3 Vgl. etwa *Hanseatisches OLG* v. 19.8.2004, GRUR-RR 2005, 181 ff.; *Groß*, B Rz. 43; s. hierzu auch Rz. 38.

4 Vgl. Rz. 544 ff.

5 Vgl. § 581 Abs. 1, Abs. 2 i.V.m. § 536 BGB.

6 Vgl. etwa § 437 Nr. 2 i.V.m. § 441 BGB.

nes Teils des Schutzbereichs[1] – auch im Falle **teilweiser Patentvernichtung**[2] ebenso wie bei **nachträglicher Beschränkung** gemäß § 20 PatG zur Vermeidung von Nichtigkeitsklagen[3] zuerkannt (zur Verletzung der Verschaffungspflicht s. Rz. 1380 ff.). Entscheidend für die dem Lizenznehmer zustehenden Rechte der Minderung der Lizenzgebühr (§ 313 BGB) bzw. der Kündigung des Vertrages (§ 314 BGB) ist die Frage, **welche tatsächliche Nutzungsmöglichkeit** dem Lizenznehmer noch **verbleibt**; ferner, ob überhaupt seine wirtschaftliche Stellung durch die teilweise Vernichtung bzw. Beschränkung beeinträchtigt wird, d.h. diese Beeinträchtigung ggf. so gering ist, dass ihm die Fortsetzung des Vertragsverhältnisses billigerweise zugemutet werden kann. Im Übrigen gilt das zuvor Gesagte entsprechend (s. Rz. 1554 ff.). Sollte der Lizenzgeber bei der nachträglichen Beschränkung schuldhaft zulasten des Lizenznehmers über das hinausgegangen sein, was an Einschränkungen durch den Stand der Technik sachlich geboten war, kann dies ggf. Schadensersatzansprüche nach §§ 280, 281 BGB auslösen.

1569 Stellt sich z.B. durch einen im Zusammenhang mit dem lizenzierten Schutzrecht geführten Verletzungsstreit heraus, dass der **Schutzumfang** des Patentes **wesentlich geringer** ist, als die Parteien sich dies vorgestellt hatten, so ist entgegen der Rechtsprechung des *RG*[4], das hier einen Fall anfänglicher oder nachträglicher Unmöglichkeit annahm, mit der herrschenden Auffassung in der Literatur auf den gleichen Grundgedanken abzustellen wie im Falle nachträglicher Vernichtung oder Beschränkung des Schutzrechtes[5]. Denn auch in diesem Fall hat der Lizenznehmer – gestützt auf die irrtümliche Annahme eines größeren Schutzumfangs des lizenzierten Schutzrechtes – gegenüber seinen Mitbewerbern eine durch deren Passivität und Respekt vor dem vermeintlich umfassenden Schutzbereich des Schutzrechtes begründete Monopolstellung innegehabt[6].

d) Haftung für technische Eigenschaften

aa) Haftung für technische Ausführbarkeit und Brauchbarkeit

1570 Das erteilte Patent bedeutet keine Garantie der technischen Ausführbarkeit einer Erfindung; deshalb kommt es bei Patentlizenzverträgen dem Li-

---

1 *Kraßer*, GRUR Int. 1990, 611.

2 *BGH* v. 12.4.1957, GRUR 1957, 595, 596 – Verwandlungstisch; Schulte/*Kühnen*, PatG, § 15 Rz. 55.

3 Vgl. *BGH* v. 24.9.1957, GRUR 1958, 231, 232 – Rundstuhlwirkware; *BGH* v. 20.4.1961, GRUR 1961, 572, 574 – Metallfenster; Busse/*Keukenschrijver*, PatG, § 15 Rz. 121 m.w.N.

4 *RG* v. 18.11.1911, RGZ 78, 10, 11.

5 Ähnlich Busse/*Keukenschrijver*, PatG, § 15 Rz. 120 m.H.a. *BGH* v. 5.12.1961 – I ZR 76/60, n.v.: Die für den Fall der Nichtigkeit entwickelten Grundsätze gelten.

6 Vgl. *Lüdecke/Fischer*, Lizenzverträge, C 43 S. 195; Lindenmaier/*Weiß*, PatG, § 9 a.F. Rz. 18 begründen dieses Ergebnis mit dem Gesichtspunkt des Wegfalls der Geschäftsgrundlage.

zenznehmer darauf an, die rechtlichen Folgen einer mangelnden technischen Ausführbarkeit nicht selbst tragen zu müssen. Dies gilt umso mehr, als der Lizenznehmer im Regelfall ohnehin mit dem in seinem Bereich anfallenden Aufwand für die Betriebs- bzw. Produktionsreife belastet bleibt[1].

In Anlehnung an *Pietzcker*[2] sieht der *BGH*[3] die **technische Ausführbarkeit** einer Erfindung dann als gegeben, wenn etwa ein Gerät mit den der Technik bei Vertragsabschluss zur Verfügung stehenden Mitteln hergestellt werden kann (vgl. auch § 34 Abs. 4 PatG). **Technisch brauchbar** ist dieses Gerät, wenn es den erstrebten technischen Verwendungszweck erreicht, „wenn es diejenige Wirkung hat, die die Patentschrift verspricht"[4]. Insoweit stellt sich die Brauchbarkeit als besonderer Aspekt der Ausführbarkeit dar[5]. 1571

Der Lizenzgegenstand darf nicht mit Fehlern behaftet sein, die seine Tauglichkeit zu dem vertragsgemäßen Gebrauch aufheben oder mindern. Dabei kommt es auf den im Vertrag festgelegten Zweck an. In diesem Fall kann es für den Patentinhaber und Lizenzgeber von Vorteil sein, wenn in einer **Präambel** des Lizenzvertrages die tatsächlichen technischen Gegebenheiten deutlich gemacht werden, so dass diese Vorgänge jedenfalls als Auslegungshilfe (s. Rz. 487 ff.) nutzbar zu machen sind[6]. So ist es empfehlenswert, dann, wenn die technische Brauchbarkeit noch nicht feststeht, dies jedenfalls in der Präambel hervorzuheben und zu vermerken, wer die Entwicklung zur technischen Brauchbarkeit voranzutreiben und das Risiko eines Nichterreichens dieser Zielvorstellung zu tragen hat. 1572

Vom Standpunkt des Lizenzgebers aus empfiehlt es sich insbesondere, nicht mehr zuzusagen, als tatsächlich aufgrund bisheriger Erfahrungen gewährleistet werden kann. Dies gilt vor allem für internationale Verträge. Wird beispielsweise in einem Vertrag festgelegt, dass eine bestimmte **Mindestausbeute** erreicht werden kann, sollte bedacht werden, dass der Lizenz- 1573

1 Vgl. *BGH* v. 26.11.1954, GRUR 1955, 338, 340 – Beschlagfreie Brillengläser; *BGH* v. 22.5.1959, GRUR 1960, 44, 45 – Uhrgehäuse; *BGH* v. 1.12.1964, GRUR 1965, 298, 301 – Reaktionsmessgerät.

2 *Pietzcker*, PatG, § 6 a.F. Anm. 12.

3 Vgl. *BGH* v. 26.11.1954, GRUR 1955, 338, 340 – Beschlagfreie Brillengläser.

4 *Pietzcker*, PatG, § 6 a.F. Anm. 12; im Ergebnis auch Busse/*Keukenschrijver*, PatG, § 15 Rz. 109; *Henn*, Rz. 310; s. auch *LG Düsseldorf* v. 16.3.2010, Düsseldorfer Entscheidung Nr. 1352 (www.duesseldorfer-archiv.de) sowie die sehr anschaulichen Beispiele bei *Lüdecke/Fischer*, Lizenzverträge, B 7 S. 115; *Reimer*, PatG, § 9 a.F. Rz. 37.

5 *BGH* v. 1.12.1964, GRUR 1965, 298, 301 – Reaktionsmessgerät; *BGH* v. 22.1.1981, GRUR 1981, 338 – Magnetfeldkompensation; *LG Düsseldorf* v. 16.3.2010, Düsseldorfer Entscheidung Nr. 1352 (www.duesseldorfer-archiv.de); *BPatG* v. 14.9.1995, GRUR Int. 1996, 822, 824 – Herbizid wirksames Enantiomer.

6 Vgl. hierzu z.B. *BGH* v. 10.5.2011 – X ZR 156/10, Rz. 18 (juris) – Haftung im Lizenzrecht.

nehmer unter Umständen nicht über das gleiche Know-how und die gleiche Qualifikation der Mitarbeiter wie der Lizenzgeber verfügt. Ist der Lizenznehmer aber an einer derartigen Festlegung interessiert, könnte als Kompromiss mit weniger Risiken für den Lizenzgeber erklärt werden, dass bei Anwendung der erfinderischen **Lehre im Betrieb des Lizenzgebers** eine Ausbeute von ... % erreicht wird. Eine solche Erklärung ist nachvollziehbar und beweisbar, löst zwar eine gewisse Erwartungshaltung auf Seiten des Lizenznehmers aus, begründet aber keine unmittelbaren durchsetzbaren Verpflichtungen des Lizenzgebers dem Lizenznehmer gegenüber, wenn der Lizenznehmer selbst dieses Ergebnis nicht erreicht. Maßgeblich ist hier, dass als Beurteilungsgrundlage nicht die technische Situation des Lizenznehmers zugrunde gelegt wird, sondern objektivierbare, schon nachgewiesene technische Kriterien beim Lizenzgeber selbst oder bei sonstigen Lizenznehmern.

Der *BGH*[1] beurteilt die Haftung für die Ausführbarkeit und Brauchbarkeit im Falle eines Lizenzvertrages danach, was von den Parteien jeweils geschuldet wird und welche **Risikoverteilung** sie vereinbart haben. Welche Rechtsfolgen Leistungsstörungen nach sich ziehen, richtet sich nach Ansicht des *BGH* nach den vertraglichen Vereinbarungen, bei deren Fehlen im Wege der Auslegung zu prüfen ist, ob stillschweigende Abreden getroffen wurden[2].

1574 Unverändert wichtig ist in diesem Zusammenhang die schon vom *RG*[3] vorgenommene Differenzierung danach, welcher **Zweck** mit der lizenzierten Erfindung verfolgt wird, insbesondere, ob er, bezogen auf die in Aussicht genommene Verwendung, absolute Zuverlässigkeit voraussetzt. Diese Überlegung ist auch vom *BGH*[4] aufgegriffen worden. Auch er lässt es für die Frage der technischen Ausführbarkeit bzw. Brauchbarkeit maßgeblich sein, welche Anforderungen nach dem vertraglich vorausgesetzten **Verwendungszweck** an den herzustellenden Lizenzgegenstand zu stellen sind[5], ob es also beispielsweise bei einem Messgerät darauf ankommt, Messungen für wissenschaftliche Zwecke oder für den praktischen Gebrauch vorzunehmen.

1575 Für die Haftung des Lizenzgebers kann es wesentlich sein, welchen **technischen Entwicklungsstand** der Lizenzgegenstand hat, ob also ein Verfahren noch unerprobt und verbesserungsbedürftig ist und die Vertragspartner

---

1 *BGH* v. 10.5.2011 – X ZR 156/10, Rz. 13 (juris) – Haftung im Lizenzrecht.
2 *BGH* v. 10.5.2011 – X ZR 156/10, Rz. 13 (juris) – Haftung im Lizenzrecht.
3 *RG* v. 1.3.1911, RGZ 75, 400, 401 betreffend einen Entschirrungsapparat bei der Notentschirrung von durchgehenden Pferden; *RG* v. 13.4.1918, Leipz. Z 1918, 1216, 1217 betreffend einen zusammenlegbaren Taschenschirm.
4 *BGH* v. 1.12.1964, GRUR 1965, 298, 301 – Reaktionsmessgerät mit Anm. von *von Falck*.
5 S. auch *Malzer*, GRUR 1971, 96, 98.

noch mit erheblichen Anlaufschwierigkeiten rechnen[1]. Wichtiges Indiz hierfür ist die Regelung im Lizenzvertrag, ob und inwieweit der Lizenznehmer sich zur Durchführung eigener Entwicklungsarbeiten am Lizenzgegenstand auf eigene Kosten verpflichtet[2]. Auch jeder sonstige Hinweis auf Erprobungspflichten des Lizenznehmers kann zu einer eingeschränkten Haftung des Lizenzgebers führen[3].

Im Grundsatz ist seit jeher in Rechtsprechung und Literatur anerkannt, dass der Lizenzgeber mangels anders lautender Absprache sowohl für die **technische Ausführbarkeit** der lizenzierten Erfindung als auch für deren **Brauchbarkeit** einzustehen hat[4]. Der *BGH*[5] hat das unter Geltung des früheren Leistungsstörungsrechts wie folgt zusammengefasst: 1576

„... Aber auch ohne spezielle Zusicherung hat der Lizenzgeber, besonders bei Geheimverfahren, für die Brauchbarkeit des Verfahrens zu dem vertraglich vorausgesetzten Zweck einzustehen und dem Lizenznehmer, wenn die Brauchbarkeit fehlt, Schadensersatz zu leisten. Zwar wird teilweise die Auffassung vertreten, dass auf die Haftung des Lizenzgebers für technische Brauchbarkeit die Regelung des Kaufrechts über Sachmängel (§§ 459 ff. BGB) entsprechend anzuwenden sei und deshalb ohne besondere Zusicherung (§ 463 BGB) eine Schadensersatzpflicht des Lizenzgebers nicht in Betracht komme. Diese Ansicht lässt jedoch unberücksichtigt, dass die Vorschriften über die Sachmängelhaftung beim Kauf auf Überlegungen beruhen, die auf den Lizenzvertrag nicht zutreffen. Eine sachgerechte Wahrung der Interessen des Lizenznehmers ist nur durch die Anwendung der allgemeinen Vorschriften über gegenseitige Verträge möglich, so dass der Lizenzgeber, wenn die Brauchbarkeit zu dem vertraglich vorgesehenen Zweck fehlt, auch für anfängliches Unvermögen ohne spezielle Zusicherung zum Schadensersatz wegen Nichterfüllung verpflichtet ist, sofern sich nicht aus den Umständen des Falles eine andere Risikoverteilung ergibt."

Der *BGH* hatte mit dem Verweis auf die Anwendung der allgemeinen Vorschriften über gegenseitige Verträge die bis dahin weit verbreitete rechtsdogmatische Herleitung der Haftung des Lizenzgebers aus dem Kaufrecht[6] ebenso abgelehnt wie die Heranziehung der Vorschriften der Rechtspacht 1577

1 Vgl. *RG* v. 29.4.1931, MuW 1931, 441, 442.

2 Vgl. hierzu z.B. *BGH* v. 10.5.2011 – X ZR 156/10, Rz. 18 (juris) – Haftung im Lizenzrecht.

3 Weitere Hinweise bei *Lüdecke/Fischer*, Lizenzverträge, B 7 S. 115.

4 So schon *RG* v. 1.3.1911, RGZ 75, 400, 403; *BGH* v. 26.11.1954, GRUR 1955, 338, 340 – Beschlagfreie Brillengläser; *BGH* v. 22.5.1959, GRUR 1960, 44, 45 – Uhrgehäuse und *BGH* v. 1.12.1964, GRUR 1965, 298, 301 – Reaktionsmessgerät mit zust. Anm. von *von Falck; Reimer*, PatG, § 9 a.F. Rz. 37 ff.; *Lüdecke/Fischer*, Lizenzverträge, B 9 S. 116; *Groß*, Rz. 292 ff.; *Henn*, Patent- und Know-how-Lizenzvertrag, Rz. 310 ff.; vgl. auch *BGH* v. 28.6.1979, GRUR 1979, 768, 769 – Mineralwolle; *LG München* v. 20.2.2008, InstGE 9, 257, Rz. 111; *LG Düsseldorf* v. 16.3.2010, Düsseldorfer Entscheidung Nr. 1352 (www.duesseldorfer-archiv.de). In seiner Reaktionsmessgerät-Entscheidung (*BGH* v. 1.12.1964, GRUR 1965, 298, 301) hat der *BGH* hervorgehoben, dass die technische Brauchbarkeit einer lizenzierten Erfindung sich als besonderer Aspekt der technischen Ausführbarkeit darstellt.

5 *BGH* v. 28.6.1979, GRUR 1979, 768, 769 – Mineralwolle.

6 Etwa *Nirk*, GRUR 1970, 329, 332.

(§ 581 Abs. 2 i.V.m. § 537 Abs. 1 BGB a.F.)[1]. Allerdings wird auch unter Geltung des Schuldrechtsmodernisierungsgesetzes die Haftung des Lizenzgebers für die technische Ausführbarkeit und Brauchbarkeit bei Fortgeltung des Lizenzvertrages (§ 311a BGB) teilweise mit anfänglichem Unvermögen unter Heranziehung kaufrechtlicher Vorschriften begründet (§ 437 Nr. 3 i.V.m. § 311a BGB)[2]; teilweise wird die Geltung der Sachmängel-Vorschriften über die Rechtspacht (§ 581 Abs. 2 i.V.m. § 536 BGB) befürwortet[3]. Entsprechend der hier vorgeschlagenen Loslösung von einer Anlehnung an Kaufvertrags- und Pachtrecht (s. Rz. 1530 ff.) dürfte dem von *Barona*[4] aufgezeigten Weg über das allgemeine Leistungsstörungsrecht der Vorrang zu geben sein[5], ein Weg, der letztlich auch der früheren Rechtsprechung entspricht (s. Rz. 1556).

1578 Mithin ist die fehlende Ausführbarkeit und Brauchbarkeit kein anfängliches Unvermögen, sondern **Schlechtleistung** mit der Folge, dass – bei vollzogenem Lizenzvertrag (s. Rz. 35 ff., 67 ff.) – an die Stelle eines Rücktritts nach § 323 BGB das **Kündigungsrecht nach § 314 BGB** tritt (s. Rz. 36, 2439 ff.). Ob bereits § 314 BGB die Möglichkeit einer Änderungskündigung gewährt, erscheint zweifelhaft[6]; allerdings sollte man im Rahmen des vorangehenden Bemühens um Abhilfe (vgl. § 314 Abs. 2 BGB) nach Treu und Glauben dem Lizenznehmer einen Anspruch auf **Minderung der Lizenzgebühren** zugestehen[7]. Die Minderung der Lizenzgebühr kann dann in dem Verhältnis, in dem der Wert des Lizenzgegenstandes in mangelfreiem Zustand zu dem tatsächlichen Wert steht, erfolgen. Bei Zweifeln hilft nur eine freie Schätzung, notfalls unter Einschaltung eines Sachverständigen. Dass dem Lizenznehmer neben einem Rücktrittsrecht das Recht zusteht, bei teilweiser Unbrauchbarkeit je nach dem Umfang des Mangels die Lizenzgebühr zu mindern und unabhängig davon überhaupt die **Zahlung zu verweigern**, war bereits unter Geltung des früheren Leistungsstörungsrechts anerkannt[8].

---

1 Vgl. 5. Aufl., Rz. 1573; ferner *Groß*, Rz. 301, dort auch ausf. Rz. 291 ff. zum Meinungsstand; vgl. zum Meinungsstand auch *Barona*, Diss. 2004, S. 85 ff.; vgl. auch *BGH* v. 15.6.1951, GRUR 1951, 471, 472 ff. – Filmverwertungsvertrag.

2 Etwa Busse/*Keukenschrijver*, PatG, § 15 Rz. 110.

3 Z.B. Benkard/*Ullmann*, PatG, § 15 Rz. 176 ff.; *Groß*, Rz. 301 i.V.m. 330; *Henn*, Rz. 309, 312.

4 *Barona*, Diss. 2004, S. 110 ff.

5 Vgl. hierzu auch *LG München* v. 20.2.2008, InstGE 9, 257, Rz. 112.

6 So aber *Barona*, Diss. 2004, S. 117.

7 Im Ergebnis wohl h.M., z.B. *Henn*, Rz. 312, der das Minderungsrecht allerdings aus § 536 BGB ableitet.

8 Vgl. die Rechtsprechungsnachweise bei *Nirk* in Klauer/Möhring, PatG, § 9 a.F. Rz. 74 und Busse/*Keukenschrijver*, PatG, § 15 Rz. 110; ob sich dieses Recht aus § 323 BGB a.F. oder § 242 BGB herleitet, hat – worauf Busse/*Keukenschrijver*, PatG, § 15 Rz. 110 in Fn. 347 hinweist – der *BGH* in seinem Urt. v. 24.3.1970 – X ZR 65/68 – offen gelassen.

Unabhängig vom Kündigungsrecht (vgl. § 314 Abs. 4 BGB) besteht ein **Schadensersatzanspruch** gemäß §§ 280, 281 BGB oder alternativ ein **Anspruch auf Aufwendungsersatz** nach § 284 BGB[1]. Zur Schadenshöhe s. Rz. 1584 ff. 1579

Hat der Lizenzgeber Ausführbarkeit und/oder Brauchbarkeit uneingeschränkt garantiert, kommt bei Verletzung dieser Garantie ein verschuldensunabhängiger Schadensersatzanspruch gemäß §§ 280, 276 Abs. 1 BGB zum Tragen[2] (s. Rz. 63). Der Anspruch ist auf Ersatz des Nichterfüllungsschadens gerichtet, einschließlich der fehlgeschlagenen Aufwendungen des Lizenznehmers, sofern diese sich bei ordnungsgemäßer Durchführung des Vertrages amortisiert hätten[3] (s. auch Rz. 1615 ff.). 1580

Soweit der **Lizenznehmer** bei Vertragsabschluss (positive) **Kenntnis von einer nicht gegebenen Verwertbarkeit** hat, scheidet eine Haftung des Lizenzgebers aus[4]; ob Gleiches bei grob fahrlässiger Unkenntnis des Lizenznehmers gilt[5], erscheint zweifelhaft; näher liegt je nach Fallgestaltung, im Schadensfall ggf. eine Minderung nach § 254 BGB zu prüfen. 1581

Der Lizenznehmer ist regelmäßig nicht verpflichtet, zur Herbeiführung der technischen Brauchbarkeit von sich aus überdurchschnittliche erfinderische Schritte zu unternehmen. Er ist aber ggf. gehalten, sich bei dem Lizenzgeber zu erkundigen, welche ergänzenden Maßnahmen er ergreifen muss, um die technische Brauchbarkeit zu erzielen. Andernfalls kann er seine Rechte aus diesem Mangel verlieren, es sei denn, auch der Lizenzgeber hätte einen Lösungsweg nicht aufzeigen können[6]. 1582

Nicht erfasst von der zuvor dargestellten technischen Ausführbarkeit wird die **fabrikmäßige Ausführbarkeit** bzw. die Fabrikationsreife überhaupt[7], es sei denn, der Lizenzgeber hat (ausnahmsweise) eine ausdrückliche oder konkludente Zusicherung in dieser Hinsicht abgegeben. Mangelnde Fabrikationsreife gibt dem Lizenznehmer auch kein Recht, sich gemäß den §§ 314, 326 BGB durch Kündigung oder Rücktritt vom Vertrag zu lösen[8]. 1583

---

1 S. ausf. *Barona*, Diss. 2004, S. 112 ff., dort auch zur Nacherfüllung nach § 281 Abs. 1 Satz 1 BGB und zum u.U. sehr hohen, ggf. durch Mitverschulden nach § 254 BGB begrenzten Umfang der Schadensersatzpflichten gemäß §§ 280, 281 BGB.

2 *Groß*, Rz. 330.

3 Benkard/*Ullmann*, PatG, § 15 Rz. 180 m.H.a. *BGH* v. 2.6.1979, GRUR 1979, 768, 769 – Mineralwolle.

4 Im Ergebnis zutreffend *Henn*, Rz. 312, allerdings mit der dogmatischen Herleitung aus § 536b Satz 1 BGB.

5 So aber *Henn*, Rz. 309 m.H.a. § 536b Satz 2 BGB.

6 *BGH* v. 1.12.1964, GRUR 1965, 298, 302 – Reaktionsmessgerät.

7 Allgemeine Ansicht: *Lüdecke/Fischer*, Lizenzverträge, B 9 S. 116; *Rasch*, Der Lizenzvertrag, S. 26; *Groß*, Rz. 302; s. auch *BGH* v. 22.5.1959, GRUR 1959, 616, 617 – Metallabsatz; *LG Düsseldorf* v. 16.3.2010, Düsseldorfer Entscheidung Nr. 1352 (www.duesseldorfer-archiv.de).

8 Vgl. zum früheren Recht die Rechtsprechungsnachweise bei *Nirk* in Klauer/Möhring, PatG, § 9 a.F. Rz. 74.

1584 Der **Umfang der Schadensersatzpflicht des Lizenzgebers** bei fehlender technischer Ausführbarkeit und Brauchbarkeit ist seit jeher problematisch. Er sollte u.E. entgegen §§ 280, 281 BGB, wonach beim Schadensersatz statt Leistung das volle Erfüllungsinteresse (sog. positive Interesse) zu ersetzen ist, also der Gläubiger so zu stellen ist, wie er bei ordnungsgemäßer Erfüllung durch den Schuldner gestanden hätte[1], interessengerecht beschränkt werden[2]. Der *BGH*[3] hat unter Geltung des früheren Schuldrechts im Zusammenhang mit der Frage des Umfanges der Haftung die sachgerechte Wahrung der Interessen der Vertragspartner anhand der aus den Umständen des Einzelfalls abzuleitenden **Risikoverteilung** betont (vgl. Rz. 25 ff.).

1585 Dementsprechend hat das frühere Schrifttum den ersatzpflichtigen Schadensumfang beschränkt. Unstreitig war, dass der Lizenzgeber dem Lizenznehmer zumindest auf **Ersatz der** von diesem erbrachten **Aufwendungen** haftet, also für diejenigen Aufwendungen, die der Lizenznehmer **zur Herbeiführung der technischen Ausführbarkeit** erbracht hat, nicht dagegen für diejenigen, die er in der Erwartung gemacht hat, dass die Erfindung fabrikmäßig herzustellen ist[4] (zur Haftung für die Verwertbarkeit s. Rz. 1600 ff.).

1586 Der *BGH* hat offen gelassen, ob der Anspruch im Einzelfall auf diese Aufwendungen des Lizenznehmers begrenzt werden konnte. Im Schrifttum wurde bei fehlender Zusicherung der Ausführbarkeit und Brauchbarkeit in die Haftung jedenfalls **nicht der entgangene Gewinn** einbezogen.[5] Denn Letzteres würde – worauf bereits *Rasch*[6] hingewiesen hat – voraussetzen, dass der Lizenzgeber auch für die fabrikmäßige Ausführbarkeit der lizenzierten Erfindung einzustehen hat. Der entgangene Gewinn knüpft an die vom Lizenzgeber nicht zu garantierende wirtschaftliche Ausführbarkeit und nicht an die technische Ausführbarkeit an. Insoweit ist – nach der hier vertretenen, von den Gerichten bisher allerdings nicht bestätigten Auffassung – auch unter Geltung des neuen Schuldrechts ein Anspruch des Lizenznehmers auf entgangenen Gewinn im Regelfall abzulehnen (§ 242 BGB)[7].

1587 Unstreitig ist, dass auch bei Schadensersatzansprüchen nach §§ 280, 281 BGB ein etwaiges **Mitverschulden** des Lizenznehmers zu berücksichtigen ist (§ 254 BGB)[8].

---

1 Palandt/*Grüneberg*, BGB, Vor § 249 Rz. 16.

2 *Barona*, Diss. 2004, S. 113 f. weist bereits auf die Problematik eines u.U. sehr hohen Umfangs der Schadensersatzpflichten hin.

3 *BGH* v. 28.6.1979, GRUR 1979, 768, 769 – Mineralwolle.

4 *Rasch*, Der Lizenzvertrag, S. 26; *Groß*, Rz. 326; *Reimer*, PatG, § 9 a.F. Rz. 40.

5 S. die Nachweise bei Benkard/*Ullmann*, PatG, § 15 Rz. 183.

6 *Rasch*, Der Lizenzvertrag, S. 26.

7 So im Ergebnis auch *Henn*, Rz. 314; *Groß*, Rz. 326; Benkard/*Ullmann*, PatG, § 15 Rz. 183.

8 *Barona*, Diss. 2004, S. 114.

Wegen der vorstehend aufgezeigten erheblichen Risiken, die sich aus der Abwicklung eines Lizenzvertragsverhältnisses für beide Vertragspartner ergeben können, sei die Anregung wiederholt, in jedem Fall die Haftungsgrundlagen, die Haftungsfolgen und den Haftungsumfang im Vertrag ausdrücklich zu regeln. Ist der Lizenzgeber bereit, eine Haftung zu übernehmen, so erscheint es nicht unangebracht, zur Vermeidung eines „Zuschussgeschäftes" eine **Haftungsbeschränkung** etwa in der Form zu vereinbaren, dass die Haftung nicht über den Betrag hinausgeht, der dem Lizenzgeber als Lizenzgebühr bis zum Eintritt des Haftungsfalles tatsächlich zugeflossen ist, oder die Haftung auf einen Teil dieses Betrages zu beschränken. In jedem Fall wird es aus Sicht des Lizenzgebers mit Blick auf die rechtlichen Unsicherheiten und die kaum überschaubaren Risiken nahe liegen, etwaige Schadensersatzansprüche für entgangenen Gewinn auszuschließen. 1588

Frei. 1589

bb) Produkthaftung des Lizenzgebers

Eine Produkthaftung des Lizenzgebers[1] nach dem ProdHaftG[2] kommt zunächst in Betracht, wenn der Lizenzgeber neben dem Lizenznehmer **selbst Hersteller** der Lizenzprodukte oder von Zwischenprodukten hierzu (bewegliche Sache i.S. des § 2 ProdHaftG) **oder Benutzer** des Verfahrens ist. 1590

Die Relevanz einer Produkthaftung kann sich im Übrigen über die gesetzliche Fiktion des **§ 4 Abs. 1 Satz 2 ProdHaftG** ergeben. Danach gilt als Hersteller (**Quasihersteller**) auch jeder, der sich durch das Anbringen seines **Namens**, seiner **Marke** oder eines unterscheidungskräftigen Kennzeichens als Hersteller ausgibt. Das betrifft insbesondere den Markenlizenzgeber, wenn dessen Marke auf dem Produkt (auch Verpackung)[3] angebracht ist. In diesen Fällen wird der Markenlizenznehmer häufig nicht einmal als Hersteller des Produktes auf der Verpackung auftauchen. Auch die Fortführung eines bekannten Produktnamens durch den Lizenznehmer kann genügen[4]. 1591

Wird dagegen bei einer Patent- oder Know-how-Lizenz das Produkt ersichtlich **„in Lizenz"** des Lizenzgebers hergestellt und vertrieben, wird die Verkehrsanschauung regelmäßig den Lizenznehmer und nicht den Lizenzgeber als den tatsächlichen Hersteller des Produktes (vgl. § 4 Abs. 1 Satz 1 ProdHaftG) ansehen[5], weshalb die Produkthaftung auch nur diesen 1592

---

1 Hierzu ausführlich *Hölzlwimmer*, Produkthaftungsrechtliche Risiken des Technologietransfers durch Lizenzverträge, S. 20 ff.; *Ann*, Die Produkthaftung des Lizenzgebers, S. 75 ff.

2 Gesetz v. 25.12.1989 (BGBl. I 1989, 2198), geänd. durch Gesetz v. 19.7.2002 (BGBl. I 2002, 2674) m.W.v. 1.8.2002.

3 S. *OLG Düsseldorf* v. 22.9.2000, NJW-RR 2001, 458.

4 *BGH* v. 21.6.2005, NJW 2005, 2695.

5 *Ann*, Die Produkthaftung des Lizenzgebers, S. 81; *Hölzlwimmer*, Produkthaftungsrechtliche Risiken des Technologietransfers durch Lizenzverträge, S. 118.

trifft[1]. Die Produkthaftung des Patentlizenzgebers kann daher allenfalls in den Fällen in Betracht kommen, in denen er nach außen hin in einer „Herstellerfunktion" erkennbar wird. Das kann auch dadurch erfolgen, dass der Lizenznehmer ein eingeführtes Vertragsprodukt genau nach den Vorgaben des Lizenzgebers herstellt[2] und dieses weiterhin dem Lizenzgeber zugerechnet wird.

1593 In jedem Fall ist dem Lizenzgeber anzuraten[3], sich vertraglich von den gegen ihn gerichteten Ansprüchen aus Produkthaftung **freistellen** zu lassen, um zumindest im Innenverhältnis im Hinblick auf diese Ansprüche einer evtl. Haftung ledig zu sein[4].

1594 Gleichzeitig können vertraglich vielfältige **Kontrollmöglichkeiten des Lizenzgebers** in den Produktionsräumen des Lizenznehmers vereinbart werden, damit der Qualitätsstandard der Produkte überprüft werden kann. Das Sicherungsbedürfnis des Lizenzgebers kann in der Vereinbarung einer Kündigungsmöglichkeit (nach Ablauf einer zu setzenden Frist) ihren Ausdruck finden für den Fall, dass der Lizenznehmer den (zu vereinbarenden) Qualitätsstandard nicht erreicht bzw. nicht dauerhaft einhält.

1595–1599 Frei.

e) Haftung für wirtschaftliche Verwertbarkeit

1600 Dem Charakter des Lizenzvertrages als einem **gewagten Geschäft** (s. Rz. 25) entspricht es, dass der Lizenzgeber dem Lizenznehmer – vorbehaltlich entsprechender Zusicherungen – nicht für **wirtschaftliche Eigenschaften**[5] der lizenzierten Erfindung einzustehen hat. Schon nach der Rechtsprechung des *RG* haftet der Lizenzgeber ohne besondere Vereinbarungen oder anderweitige Garantieerklärungen daher weder für die Wirtschaftlichkeit der Auswertung des lizenzierten Schutzrechts[6] noch für eine gewinnbringende **wirtschaftliche (gewerbliche, kommerzielle) Verwertbarkeit**[7] oder überhaupt für

---

1 BT-Drucks. 11/2447, S. 20; *Ann*, Die Produkthaftung des Lizenzgebers, S. 82; *Hölzlwimmer*, Produkthaftungsrechtliche Risiken des Technologietransfers durch Lizenzverträge, S. 116 f.; *Henn*, Rz. 297, 306; Palandt/*Sprau*, BGB, § 4 ProdHaftG Rz. 6.

2 Vgl. *Henn*, Rz. 306 m.w.N.

3 Vgl. auch *Hölzlwimmer*, Produkthaftungsrechtliche Risiken des Technologietransfers durch Lizenzverträge, S. 99 ff.

4 S. auch *Groß*, CR 1990, 438, 444, der sich gegen die Freistellung ausspricht und eine Abdeckung über eine Versicherung vorschlägt; zur Produkthaftung bei Lizenzierung in der Bio- und Gentechnik vgl. *Groß*, Mitt. 1994, 256, 260.

5 Zu Recht unterscheiden *Lüdecke/Fischer*, Lizenzverträge, B 2 S. 110 f. und B 15 ff. S. 123 f. zwischen wirtschaftlichen und technischen Eigenschaften der Lizenz und den hieran anknüpfenden unterschiedlichen Haftungsfolgen.

6 *RG* v. 29.4.1931, MuW 1931, 441, 442; *RG* v. 23.4.1932, GRUR 1932, 865, 867.

7 *RG* v. 1.3.1911, RGZ 75, 400, 403; vgl. *BGH* v. 15.3.1973, GRUR 1974, 40, 43 – Bremsrolle, für den Fall der Vereinbarung einer Mindestlizenzklausel; *BGH* v. 14.11.2000, GRUR 2001, 223, 226 – Bodenwaschanlage u. *BGH* v. 26.3.2009,

die Ertragsfähigkeit bzw. Rentabilität[1], noch für die Wettbewerbsfähigkeit[2]. Gehen die Vertragsparteien bei Abschluss des Lizenzvertrages von einem Erfolg der Verwertung des Schutzrechts aus, so begründet dies keine Garantiehaftung des Lizenzgebers für den Erfolg[3]. Vereinbaren die Vertragsparteien eine Mindestlizenz und fehlen anderweitige Abreden, trägt der Lizenznehmer vertraglich das Risiko eines Fehlschlags bei den erwarteten Umsätzen[4]. Die Vereinbarung einer Ausübungspflicht ändert die Risikoverteilung, wonach der Lizenznehmer das Risiko der wirtschaftlichen Verwertbarkeit trägt, nicht[5]. Der Lizenzgeber haftet lediglich für die **technische Ausführbarkeit und Brauchbarkeit des Lizenzgegenstandes** (s. Rz. 1570 ff.).

Soweit es also um Fragen der Wirtschaftlichkeit der Lizenzauswertung geht, kann der Lizenznehmer gegen den Lizenzgeber **keine Mängelansprüche** geltend machen, insbesondere keine Schadensersatzansprüche etwa für nutzlos aufgewendete Entwicklungskosten. Von dieser Frage des Haftungsausschlusses für eine wirtschaftliche Verwertungsmöglichkeit ist die Frage zu trennen, ob sich der Lizenznehmer seinerseits ersatzpflichtig macht, wenn er es aus schwerwiegenden wirtschaftlichen Gründen unterlässt, einer nach dem Lizenzvertrag bestehenden Ausübungspflicht zu genügen[6] (vgl. Rz. 1927 f.). 1601

Davon, dass der Lizenznehmer einen ausbleibenden wirtschaftlichen Erfolg nicht dem Lizenzgeber anlasten kann, ist die Frage zu trennen, inwieweit der Lizenznehmer – falls auf die Einbeziehung einer **Anlaufklausel** (s. hierzu Rz. 1781 ff.) verzichtet worden ist – als befugt angesehen werden kann, wegen Unwirtschaftlichkeit den Lizenzvertrag zu kündigen. Ein solches **Kündigungsrecht** kann sich unter den Voraussetzungen des **§ 314** 1602

GRUR-RR 2009, 284 – Nassreiniger. S. auch *LG Düsseldorf* v. 16.3.2010, Düsseldorfer Entscheidung Nr. 1352 (www.duesseldorfer-archiv.de).

1 *RG* v. 3.2.1912, RGZ 78, 363, 367; *BGH* v. 26.11.1954, GRUR 1955, 338, 340, 341 – Beschlagfreie Brillengläser; *BGH* v. 22.5.1959, GRUR 1960, 44, 45 f. – Uhrgehäuse; *BGH* v. 17.3.1961, GRUR 1961, 466, 467 – Gewinderollkopf; *BGH* v. 1.12.1964, GRUR 1965, 298, 301 – Reaktionsmessgerät m.w.N.; *BGH* v. 15.3.1973, GRUR 1974, 40, 43 – Bremsrolle; *Henn*, Rz. 308; *Lüdecke/Fischer*, Lizenzverträge, B 20 S. 127; Busse/*Keukenschrijver*, PatG, § 15 Rz. 111; *Reimer*, PatG, § 9 a.F. Rz. 92; Benkard/*Ullmann*, PatG, § 15 Rz. 189.

2 *BGH* v. 26.11.1954, GRUR 1955, 338, 341 – beschlagfreie Brillengläser; Busse/*Keukenschrijver*, PatG, § 15 Rz. 111 m.w.N.

3 *LG München* v. 20.2.2008, InstGE 9, 257, Rz. 148 – Meerwasserentsalzungsanlage.

4 *LG München* v. 20.2.2008, InstGE 9, 257, Rz. 112 – Meerwasserentsalzungsanlage unter Hinweis auf *BGH* v. 15.3.1973, GRUR 1974, 40, 43 – Bremsrolle; *BGH* v. 14.11.2000, GRUR 2001, 223, 225 – Bodenwaschanlage; Busse/*Keukenschrijver*, PatG, § 15 Rz. 111.

5 *LG München* v. 20.2.2008, InstGE 9, 257, Rz. 117 – Meerwasserentsalzungsanlage.

6 Vgl. *BGH* v. 11.10.1977, GRUR 1978, 166, 167 – Banddüngerstreuer.

BGB ergeben[1]. Die bloße mangelnde Rentabilität der Lizenzverwertung oder unerfüllte Hoffnungen rechtfertigen aber kein Kündigungsrecht[2].

1603 Das **Kündigungsrecht nach § 314 BGB** dürfte **dem Lizenznehmer** wegen der ihn betreffenden Zuweisung des wirtschaftlichen Verwertungsrisikos nur in besonderen Fällen zur Seite stehen, da Störungen im eigenen Risikobereich im Grundsatz keine außerordentliche Kündigung rechtfertigen, und zwar selbst bei wirtschaftlichen Notlagen[3]. Nach der bisherigen Rechtsprechung kann sich für den Lizenznehmer eine Unzumutbarkeit der Fortsetzung des Vertrages daraus ergeben, dass die Herstellung oder Entwicklung der Erfindung zur Marktreife mit unzumutbaren Kosten verbunden ist, oder daraus, dass die industrielle Fertigung sich als wirtschaftlich unvernünftig oder schlicht als undurchführbar erweist[4] oder bei wirtschaftlicher Unverwertbarkeit der Lizenzprodukte[5]. *Pagenberg/Geissler*[6] empfehlen die Aufnahme eines entsprechenden Kündigungsrechtes in den Vertrag (u.U. unter Änderung der darin vereinbarten Auswertungsverpflichtung und der Mindestlizenzgebühr).

1604 Andererseits ist denkbar, dass bei derartigen Fallgestaltungen der (nachhaltige) wirtschaftlichen Unverwertbarkeit beim Lizenznehmer der **Lizenzgeber** ein **Kündigungsrecht nach § 314 BGB** haben kann, weil für ihn ein weiteres Festhalten am Lizenzvertrag unzumutbar wird. Insoweit kann es auch nahe liegen, dass sich der Lizenzgeber vertraglich ein Kündigungsrecht vorbehält, etwa für den Fall, dass die Fabrikationsreife nicht bis zu einem vereinbarten Zeitpunkt herbeigeführt wird oder die industrielle Verwertung bis zu einem zu bestimmenden Zeitpunkt nicht über den durch eine Mindestlizenzgebühr abgegoltenen Nutzungsumfang hinausgeht[7].

1605 Von einem solchen Kündigungsrecht abzugrenzen, ist die Frage, ob die Voraussetzungen für eine **Anpassung des Vertrages** nach **§ 313 BGB** vorliegen. Das kann beispielsweise relevant werden, wenn die Vertragspartner eine Absatz- und Gewinnkalkulation[8] zur Geschäftsgrundlage des Lizenzvertrages gemacht haben. Tritt die gemeinsame Erwartung der Vertragspartner nicht ein, berechtigt dies den Lizenznehmer, Anpassung des Vertragsverhältnisses zu verlangen. Gleiches muss gelten, wenn **nachträglich** durch den Fortschritt der Technik die lizenzierte Erfindung technisch völlig überholt ist. Auch hier muss zwar zunächst dem Risikogedanken Rechnung ge-

---

1 *Henn*, Rz. 219.
2 Vgl. aber *Reimer*, PatG, § 9 a.F. Rz. 42.
3 Vgl. allgemein Palandt/*Grüneberg*, BGB, § 314 Rz. 9 m.H.a. *BGH* v. 9.3.2010, NJW 2010, 1874, Rz. 17 ff. (juris) u.v. 7.10.2004, NJW 2005, 1360 ff. zum Insolvenzrisiko.
4 *BGH* v. 11.10.1977, GRUR 1978, 166, 167 – Banddüngerstreuer.
5 S. *Henn*, Rz. 219 m.H.a. *BGH* v. 26.11.1955, GRUR 1955, 338, 341.
6 *Pagenberg/Beier*, Muster 1, Rz. 63.
7 *Pagenberg/Beier*, Muster 1, Rz. 63.
8 Vgl. auch *RG* v. 20.3.1935, GRUR 1935, 890, 891, worin das *RG* dem Lizenznehmer ein Anfechtungsrecht wegen Kalkulationsirrtums zubilligte.

tragen werden. Wird dem Lizenznehmer ein **Festhalten an dem Vertrag** unter Würdigung aller Umstände des Einzelfalls **unzumutbar**, kann man ihm ein Anpassungsrecht zugestehen, etwa gerichtet auf eine Minderung der Lizenzgebühr. Denkbar wäre über § 313 BGB auch die Umwandlung einer ausschließlichen in eine einfache Lizenz.

Im Ausnahmefall kann auch eine **Anfechtung** nach **§ 119 BGB** in Betracht 1606 kommen[1]. Ist ein unter **Garantie** der technischen Ausführbarkeit durch den Lizenzgeber geschlossener Lizenzvertrag noch nicht zur Durchführung gelangt, so steht dem Lizenznehmer bei mangelnder technischer Ausführbarkeit ein Rücktrittsrecht zu[2]. Eine Auflösung nur für die Zukunft ist nach Auffassung des *BGH* möglich, wenn der Vertrag bereits zur Durchführung gekommen ist[3] (vgl. § 314 BGB).

Nicht in diesen Bereich, sondern in die Rechtsmängelhaftung fällt die **Unmöglichkeit des Vertriebs** der Lizenzprodukte (und damit der wirtschaftlichen Verwertung), z.B. wegen drohenden **Verstoßes gegen öffentlich-rechtliche Vorschriften**. Diese Fallgestaltung kann gerade im Bereich des wenig Spielraum lassenden Umweltrechtes eine erhebliche Rolle spielen. Ist den Lizenzvertragsparteien ein solches Risiko bereits vor dem Eintritt in die wirtschaftliche Verwertung der Lizenz bekannt, wird für diesen Fall zweckmäßigerweise (anstelle des ansonsten mangels vertraglicher Regelung anzunehmenden Rücktrittsrechts) ein Kündigungsrecht des Lizenznehmers vereinbart[4]. 1607

Ob neben §§ 313, 314 BGB und ggf. § 119 BGB heute noch ein Sonderkündigungsrecht aus Treu und Glauben (§ 242 BGB) zuerkannt werden kann[5], erscheint zweifelhaft. Vielmehr sollten die nicht unerheblichen Risiken in der wirtschaftlichen Verwertbarkeit des Lizenzgegenstandes die Vertragsparteien veranlassen, diesen Gesichtspunkt bei den Vertragsverhandlungen zu diskutieren und von vornherein die Rechtsfolgen für beide Seiten festzulegen. 1608

Frei. 1609–1614

f) Gesteigerte Haftung bei Abgabe einer Garantieerklärung

In der Praxis sind Zusagen des Lizenzgebers über den Lizenzgegenstand 1615 nicht selten. Darunter sind Erklärungen zu verstehen, dass der Lizenz-

1 Vgl. *RG* v. 20.3.1935, GRUR 1935, 890, 891, worin das *RG* dem Lizenznehmer ein Anfechtungsrecht wegen Kalkulationsirrtums zubilligte.

2 *BGH* v. 1.12.1964, GRUR 1965, 298, 301 – Reaktionsmessgerät; s. jetzt § 323 BGB.

3 *BGH* v. 22.5.1959, GRUR 1959, 616, 617 – Metallabsatz, s. jetzt § 314 BGB.

4 *Pagenberg/Beier*, Muster 1, Rz. 64.

5 So wohl *Henn*, Rz. 219.

gegenstand bestimmte Eigenschaften aufweist[1]. Solche können als Garantieerklärung (vgl. **§ 443 Abs. 1 1. Alt. BGB**) Rechtswirkungen entfalten, vorausgesetzt, die Zusage ist Vertragsinhalt geworden und stellt inhaltlich eine Garantie des Lizenzgebers für eine bestimmte **Beschaffenheit des Lizenzgegenstandes** dar. Dann hat der Lizenzgeber für das Vorhandensein und die Folgen eines Fehlens gegenüber dem Lizenznehmer einzustehen[2]. Derartige Erklärungen brauchen nicht ausdrücklich abgegeben zu werden; sie können sich auch **konkludent** ergeben; jedoch ist bei Annahme einer konkludenten Garantieerklärung Zurückhaltung geboten[3].

1616 Ob eine derartige Garantieerklärung vorliegt, ist im Wege der Auslegung zur ermitteln (s. Rz. 470 ff.), wobei es darauf ankommt, wie der Lizenznehmer die Erklärungen des Lizenzgebers unter Berücksichtigung von Treu und Glauben und der Verkehrssitte auffassen durfte[4]. Soweit der Lizenzgeber im Lizenzvertrag lediglich auf die **Patentschrift** des lizenzierten Schutzrechts Bezug nimmt, gelten die Angaben in der Patentschrift über die Eigenschaften der Erzeugnisse u.E. noch nicht als Garantieerklärung gemäß § 443 BGB, insbesondere wenn es sich hierbei um erkennbare Übertreibungen des Patentanmelders in Abgrenzung zum Stand der Technik handelt[5].

1617 Etwas anderes gilt aber dann, wenn der Lizenzgeber ausdrücklich auf die in der Patentschrift dargelegten Vorteile verweist und deren Erreichung, beispielsweise in der **Präambel**, als Zweck des abgeschlossenen Lizenzvertrages herausgestellt wird (s. zur Nutzung der Präambel als Auslegungshilfe Rz. 487). Insofern sei auf die Gefahren derartiger sich aus den Umständen ergebender Garantieerklärungen hingewiesen. Zusagen können auch in bestimmten sonstigen **Zweckangaben** liegen, die mit der lizenzierten Erfindung angeblich erreicht werden können. Hier ist abzugrenzen von bloßen Hinweisen auf den nach dem Vertrag vorausgesetzten Gebrauch[6].

1618 Entscheidend für das **Vorliegen einer Garantierklärung** ist, dass der Lizenzgeber die Gewähr für das Vorhandensein einer bestimmten Eigenschaft erkennbar übernimmt und damit die Bereitschaft zu erkennen gibt, für alle Folgen einzustehen, wenn diese Eigenschaft fehlt[7]. Soweit der Fachmann auf dem betreffenden Gebiet Mängel des Lizenzgegenstandes mit den allgemein zur Verfügung stehenden Mitteln beheben kann, fallen diese in den

---

1 *Barona*, Diss. 2004, S. 36; Busse/*Keukenschrijver*, PatG, § 15 Rz. 112 – jeweils m.w.N.

2 S. *Barona*, Diss. 2004, S. 36 u.a. m.H.a. *BGH* v. 28.6.1979, GRUR 1979, 769 ff. – Mineralwolle; s. dazu auch Palandt/*Weidenkaff*, BGB, § 443 Rz. 1 ff.

3 *BGH* v. 14.6.2000, BB 2000, 1647.

4 *Groß*, Rz. 307; *Barona*, Diss. 2004, S. 36 f. – jeweils m.w.N.

5 Benkard/*Ullmann*, PatG, § 15 Rz. 39; vgl. (aber) auch *Henn*, Rz. 309.

6 *Lüdecke/Fischer*, Lizenzverträge, B 5 S. 112; vgl. auch *Barona*, S. 36 f., wonach die Art des Verweises auf die Beschreibung entscheidend ist.

7 *BGH* v. 5.7.1972, BGHZ 59, 158, 160; *BGH* v. 14.6.2000, BB 2000, 1647.

Risikobereich des Lizenznehmers, selbst wenn der Lizenzgeber eine technische Unterstützung zugesagt hat[1].

Rechtsfolge einer derartigen Zusicherung war nach früherem Schuldrecht, 1619
dass der Lizenzgeber beim Fehlen zugesicherter Beschaffenheit dem Lizenznehmer auf **Schadensersatz wegen Nichterfüllung** einzustehen hatte[2]. Diese Rechtsfolge fand ihre Grundlage in entsprechender Anwendung der §§ 463, 538 i.V.m. § 581 BGB a.F.[3], denen der allgemeine Rechtsgedanke zugrunde lag, dass derjenige, der Zusicherungen macht, beim Fehlen zugesicherter Eigenschaften auf Schadensersatz wegen Nichterfüllung einzustehen hat. Dieser Rechtsgedanke ist auf den Lizenzvertrag entsprechend anzuwenden[4]. Einer Heranziehung der allgemeinen Vorschriften der §§ 325, 326 BGB a.F.[5] bedurfte es somit nicht.

Auf der Grundlage der Schuldrechtsreform ergeben sich über § 280 Abs. 1 1620
i.V.m. §§ 281, 276 BGB entsprechende Wirkungen. Der Rechtsgedanke der Garantiehaftung leitet sich aus **§ 443 BGB** ab, gleichgültig, ob es sich bei der Garantie um eine Erweiterung der gesetzlichen Haftung oder um eine selbständige Garantie handelt[6]. Aus § 276 Abs. 1 Satz 1 BGB folgt, dass sich daraus eine **verschuldensunabhängige Haftung** ergeben kann. Bei Verletzung dieser Garantie hat der Lizenznehmer daher einen im Zweifel verschuldensunabhängigen Schadensersatzanspruch gemäß §§ 280, 276 Abs. 1 BGB[7].

Bei dem Anspruch auf Schadensersatz statt Leistung (§ 281 BGB) geht der 1621
Haftungsumfang auf das **Erfüllungsinteresse** (s. Rz. 1580, 1584 ff.)[8]. Das galt auf Grundlage des früheren Rechts nach h.M. uneingeschränkt im

1 Busse/*Keukenschrijver*, PatG, § 15 Rz. 112 m.H.a. *BGH* v. 24.3.1970 – X ZR 65/68, n.v.

2 So *BGH* v. 11.6.1970, GRUR 1970, 547, 549 – Kleinfilter mit kritischer Anm. *Fischer*. Nicht ohne Weiteres gelten dabei sog. Lastenhefte, die einer Ausschreibung zugrunde liegen, als zugesicherte Eigenschaften; vielmehr sind zusätzlich besondere Umstände gefordert, die für das Vorliegen einer zugesicherten Eigenschaft sprechen müssen (*BGH* v. 29.10.1980, DB 1981, 213); a.A. *Barona*, Diss. 2004, S. 37.

3 *BGH* v. 11.6.1970, GRUR 1970, 547, 549 – Kleinfilter; Benkard/*Ullmann*, PatG, 9. Aufl. 1993, § 15 Rz. 106; Busse/*Keukenschrijver*, PatG, § 15 Rz. 112; vgl. ferner *Lüdecke/Fischer*, Lizenzverträge, B 3 S. 110 i.V.m. B 14 S. 119 ff.; *Pietzcker*, PatG, § 6 a.F. Anm. 12, 22, 35.

4 So schon *RG* v. 12.4.1913, RGZ 82, 155, 158.

5 So *Reimer*, PatG, § 9 a.F. Rz. 36; Benkard/*Ullmann*, PatG, § 15 Rz. 180, 187; *BGH* v. 11.6.1970, GRUR 1970, 547, 549 – Kleinfilter.

6 Unklar *Barona*, S. 38.

7 *Groß*, Rz. 330, der allerdings alternativ auf § 536a BGB verweist und darauf hinweist, dass bei Verlangen des Schadensersatzes statt der Leistung die Fristsetzung nach § 281 Abs. 1 Satz 1 BGB fraglich ist.

8 Vgl. *BGH* v. 24.6.1998, NJW 1998, 2901 ff.; Palandt/*Grüneberg*, BGB, § 281 Rz. 17.

Falle der zugesicherten Eigenschaft[1], d.h. der geschädigte Lizenznehmer konnte Ersatz seiner Aufwendungen ebenso wie entgangenen Gewinn geltend machen[2]. Daran ist auch auf der Grundlage der Haftung nach §§ 280, 281 BGB grundsätzlich festzuhalten. Ein Grund, von der gesetzlichen Haftungsfolge aus dem Aspekt eines angemessenen Risikoausgleichs abzuweichen, ist jedenfalls für den Regelfall nicht ersichtlich. Dies ist die Konsequenz daraus, dass der Lizenzgeber besondere Garantien gegeben hat, zu denen er rechtlich nicht gezwungen war, die aber den Lizenznehmer letztlich bei seinem Entschluss über den Vertragsabschluss zumindest beeinflusst haben. Wer im Rahmen der Vertragsfreiheit derartige Garantieerklärungen abgibt, muss auch in vollem Umfang dafür einstehen.

1622–1624 Frei.

13. Verpflichtungen des Lizenzgebers in besonders gelagerten Lizenzverhältnissen

a) Lizenzverträge mit gesellschaftsähnlichem Einschlag

aa) Allgemeines

1625 Die Vielschichtigkeit der Interessenlage zwischen den Partnern eines Lizenzvertrages bringt es mit sich, dass die Zweckrichtung des Lizenzvertrages (vgl. Rz. 1 ff.) im Einzelfall weniger darauf gerichtet sein kann, dem Lizenzgeber eine zusätzliche wirtschaftliche Nutzung seiner durch Schutzrechtserteilung begründeten Monopolstellung zu vermitteln. Mit einer wechselseitigen Vergabe einer Lizenz kann eine **gemeinsame** und damit mehr gesellschaftsrechtliche **Zielrichtung** verfolgt werden, wie dies z.B. bei zwischenbetrieblichen Forschungs- und Entwicklungskooperationen mehrerer Unternehmen der Fall sein kann[3] (zur Anwendung gesellschaftsvertraglicher Regelungen auf den Lizenzvertrag vgl. Rz. 56 f.).

1626 Haben sich die Beteiligten definitiv zur Erreichung eines gemeinsamen Zwecks zusammengetan (z.B. Forschungsgemeinschaft), so steht der Gesellschaft (§§ 705 ff. BGB) nach § 6 Satz 2 PatG bei gemeinsamen Entwicklungsergebnissen ein Patent bzw. das Recht hierauf gemeinsam zu. Eine Möglichkeit, einen gesellschaftsähnlichen Einschlag im Bereich der Schutzrechtsverwertung zu erhalten, ist die Gründung eines **Patentpools**, bei dem mehrere (ggf. verbundene) Unternehmen sich ihre Schutzrechte

---

1 Ebenso *Reimer*, PatG, § 9 a.F. Rz. 36; Benkard/*Ullmann*, PatG, 9. Aufl. 1993, § 15 Rz. 25; *BGH* v. 11.6.1970, GRUR 1970, 547, 549 – Kleinfilter.

2 A.A. *Pietzcker*, PatG, § 6 a.F. Anm. 12, 22, 35, der lediglich Aufwendungsersatz zugestand; i.d.S. auch *Fischer*, GRUR 1970, 549, 550 in Anm. zu *BGH* v. 11.6.1970, GRUR 1970, 547 ff., der eine differenzierte Beurteilung, je nach Einzelfall gestützt auf § 242 BGB, vorgeschlagen hat. Vgl. auch *Nirk*, GRUR 1970, 329 f.

3 Vgl. dazu *Britta Bartenbach*, Diss. 2002, S. 131 ff.

(und ihr Know-how) gegenseitig gegen Beteiligung am Verwertungsgesamterlös zur Verfügung stellen, ohne eine Lizenzabsprache zu treffen[1] (s. hierzu Rz. 1644 ff.). Der Zuordnung zum Gesellschaftsrecht steht dabei eine etwaige Verschiedenheit in Art und Maß der Beitragsverpflichtung nicht entgegen[2].

Möglich und gerade im internationalen Bereich üblich sind **Joint Ventures**[3], die sich durch ihre konkrete Zweckbeziehung auszeichnen, dem die Zusammenfassung der Rechte unterworfen ist[4], und die sich damit von Formen wie dem Patentpool unterscheiden. Damit beschränken sich Joint Ventures nicht auf eine gemeinsame Verwertung der Schutzrechte. Vielmehr werden darüber hinausgehende gemeinsame Maßnahmen, wie der Aufbau von Vertriebs- oder Schulungszentren, vorgenommen[5]. 1627

Der gesellschaftsähnliche Einschlag kann dazu führen, dass auch ohne eine ausdrückliche Nichtangriffsklausel (vgl. dazu Rz. 2042 ff.) die Erhebung einer **Nichtigkeitsklage** gegen ein Patent während und auch nach der Laufzeit des Lizenzvertrages gegen Treu und Glauben verstößt und damit unzulässig ist[6]. 1628

Das sich aus einem solchen Vertrag für Lizenznehmer und Lizenzgeber aus **§ 723 BGB** ergebende **Kündigungsrecht** wegen eines **wichtigen Grundes** geht unter Umständen über die erwähnten sonstigen Rechte der Lizenzvertragsparteien hinaus. Zugleich kann daraus aber auch eine Einschränkung des allgemeinen Kündigungsrechts nach § 314 BGB folgen[7]. Aufgrund der gesellschaftsrechtlichen Bindungen können sich besondere Vertrauenstatbestände und Rücksichtnahmepflichten ergeben, die sich auf die lizenzvertraglichen Beziehungen auswirken[8]. Im Übrigen gelten für die Kündigung aus wichtigem Grund keine Besonderheiten. Grundsätzlich berechtigt auch bei dem gesellschaftsrechtlichen Lizenzvertrag mangelnde Wettbewerbsfähigkeit oder Rentabilität der Erfindung nicht zur Kündigung aus wichtigem Grund. Auch hier empfiehlt sich daher eine entsprechende ver- 1629

---

1 Ebenso Benkard/*Ullmann*, PatG, § 15 Rz. 207; vgl. die Fallgestaltung bei *BGH* v. 16.4.2002, GRUR 2002, 801 – Abgestuftes Getriebe.

2 *RG* v. 25.8.1937, GRUR 1939, 377, 379.

3 Eingehend hierzu *Altin-Sieber*, Joint Ventures, Technologietransfer und -schutz (1996), S. 140 ff.

4 *Henn*, Rz. 190 ff.

5 *Henn*, Rz. 190.

6 *BGH* v. 14.7.1964, GRUR 1965, 135, 137 – Vanal-Patent; Benkard/*Rogge*, PatG, § 22 Rz. 43 ff.; vgl. auch *BGH* v. 30.11.1967, GRUR Int. 1969, 31, 33 – Gewindeschneidapparat; *BGH* v. 27.1.1957, GRUR 1957, 482, 483 – Chenillefäden; *BGH* v. 2.6.1987, GRUR 1987, 900, 901 – Entwässerungsanlage; für die Nichtigkeitsklage eines früheren Arbeitnehmers *BGH* v. 4.11.1988, GRUR 1989, 39, 40 – Flächenentlüftung; *BGH* v. 16.4.1985, GRUR 1986, 165 – Strohmannklage. Ist die Lizenznehmerin eine GmbH, so erstreckt sich das Nichtangriffsverbot auch auf die Gesellschafter, *BGH* v. 2.3.1956, GRUR 1956, 264, 265.

7 Vgl. *Henn*, Rz. 222.

8 Vgl. dazu Busse/*Keukenschrijver*, PatG, § 15 Rz. 95.

tragliche Vereinbarung. Ein vertraglicher Ausschluss des Kündigungsrechtes bzw. dessen Einschränkung wäre nichtig (§ 723 Abs. 3 BGB).

1630–1634 Frei.

bb) Kartellrechtliche Bewertung

1635 Bei der Bewertung von Technologiepools in kartellrechtlicher Hinsicht ist grundsätzlich zwischen komplementären und substitutiven Technologien einerseits sowie wesentlichen und unwesentlichen Technologien andererseits zu unterscheiden (Rz. 799 f.).

1636 **Ergänzen** sich die verschiedenen Technologien und sind sie wesentlich, so ist in der Regel davon auszugehen, dass der Pool keine den Wettbewerb beschränkende Wirkung zur Folge hat und nicht nach Art. 101 Abs. 1 AEUV (ex-Art. 81 Abs. 1 EG) bzw. § 1 GWB als unzulässig zu bewerten ist[1]. Der Zusammenschluss sich **substituierender** Technologien führt in der Regel zu Preiskartellen und ist deswegen kartellrechtlich grundsätzlich bedenklich[2].

Bei **Zusammenschluss** komplementärer, jedoch nicht wesentlicher Technologien, besteht die Gefahr einer kollektiven Kopplung und des Ausschlusses fremder Technologien[3]. Im Übrigen wird auf Rz. 798 ff. verwiesen.

1637–1643 Frei.

b) Lizenzaustauschvertrag – Technologiepools

aa) Allgemeines

1644 Der in der Praxis häufige Lizenzaustauschvertrag (s. auch RL Nr. 17 der Amtlichen Vergütungsrichtlinien für Arbeitnehmererfindungen[4]; zur Erfindervergütung bei Lizenzaustauschverträgen s. Rz. 2521 ff.) ist dadurch gekennzeichnet, dass die Vertragspartner Inhaber mehrerer Schutzrechte sind und jeder den übrigen Partnern Lizenzen an diesen Schutzrechten erteilt (**cross-licensing**). Solche Verträge werden von den Beteiligten häufig in der Vorstellung abgeschlossen, dass die Partner ihre Schutzrechte als technisch gleichwertig ansehen und Wissen gegen Wissen ohne Zahlung von Lizenzgebühren austauschen (s. auch Rz. 5, 10). Der Nutzen jedes Lizenzgebers liegt also nicht in Lizenzeinnahmen, sondern darin, fremde Erfindungen und begleitende Informationen wirtschaftlich verwerten zu können[5]. Ihm fließt also nicht – in Form der Lizenzgebühr – eine Beteiligung

1 Vgl. TT-Leitlinien zu Art. 81 EG Rz. 214, 220.
2 TT-Leitlinien zu Art. 81 EG Rz. 213 Satz 1, 219.
3 TT-Leitlinien zu Art. 81 EG Rz. 221.
4 S. dazu *Bartenbach/Volz*, KommRL, RL Nr. 17 Rz. 1 ff.
5 Hierzu *Bartenbach/Volz*, KommRL, RL Nr. 17 Rz. 13.

am Fremdumsatz des Lizenzpartners zu; sein wirtschaftlicher Vorteil liegt in dem Eigenumsatz, den er durch die Nutzung der Fremdrechte unmittelbar erzielt[1].

Ein weiterer Aspekt ist der **wechselseitige Verzicht auf die Geltendmachung von patentrechtlichen Verbietungsrechten**. Es wird im Prinzip eine umfassende Nichtangriffsabrede vor dem Hintergrund der wechselseitigen Befugnis, auf bestimmten technischen Tätigkeitsfeldern im Schutzbereich der Rechte der Partner Aktivitäten zu entfalten, geschlossen. Insoweit kann ein Poolpartner im Regelfall frei über den Bestand der in dem Pool eingebrachten Schutzrechtspositionen verfügen, da mit dem Wegfall einzelner Schutzrechte hieraus auch keine Verbietungsrechte gegenüber den anderen Poolpartnern mehr hergeleitet werden können. Eine Übertragbarkeit der eingebrachten Poolrechte wird regelmäßig ausgeschlossen, sofern die Sukzessionsfestigkeit der den Poolpartnern eingeräumten Lizenzen abgesichert ist (s. dazu Rz. 114 ff.). Besonderer Regelpunkt ist dabei auch die Frage, ob die eingebrachten Rechte von den einzelnen Partnern unterlizenziert werden können. Da es sich im Regelfall (s. Rz. 1650) um die Einräumung nicht exklusiver Nutzungsrechte an die einzelnen Poolpartner handelt, kommt einem **Verbot der Unterlizenzierbarkeit** regelmäßig nur klarstellende Wirkung zu. Eine Ausnahme gilt im Einzelfall für verbundene Unternehmen, sofern diese nicht unmittelbar Poolpartner werden. Einer Veränderung der Gesellschaftsanteile bei einem Poolpartner (Übertragung der Anteile auf einen Dritten) wird regelmäßig durch ein **Change-of-control-Kündigungsrecht** begegnet (s. dazu Rz. 605 ff.).

In seinem Beschluss vom 26.11.2008[2] befasst sich das *OLG Düsseldorf* mit 1645
einer besonderen Form eines Kreuzlizenzierungsvertrages. Dieser bezieht sich einmal auf die Erteilung bestimmter konkreter Lizenzen; darüber hinaus hat jeder Vertragspartner das Optionsrecht, sich während eines bestimmten Zeitraumes von rund drei Jahren eine bestimmte Anzahl an Schutzrechten der jeweils anderen Vertragspartei durch bloße schriftliche Anzeige lizenzieren zu lassen. Vertragspartner waren die drei marktführenden Unternehmen. Damit hatten diese Vertragsparteien untereinander jeweils gebührenfreien Zugriff auf das Patentportfolio der anderen Vertragspartner. Die Auswahl der Patente war lediglich zahlenmäßig auf eine bestimmte Anzahl jährlich beschränkt. Die Art des Patents bzw. der Bereich, aus dem das Patent stammt, unterliegt keinen Beschränkungen. Die Vertragspartner haben insoweit ein freies Wahlrecht; sie können sich die

1 *Schiedsstelle für Arbeitnehmererfindungen* beim DPMA, Zwischenbescheid v. 12.3.1974, BlPMZ 1974, 295 u. *Schiedsstelle* v. 2.8.2005, Arb.Erf. 88/04 (unveröffentl.); s. auch den Sachverhalt bei *BGH* v. 16.4.2002, GRUR 2002, 801 – Abgestuftes Getriebe.

2 *OLG Düsseldorf* v. 26.11.2008, NJOZ 2009, 3154, 3181 ff. – Untersagung eines Zusammenschlussvorhabens von Hörgeräteherstellern.

Patente aussuchen, die für sie am meisten Erfolg versprechen. Dies gilt auch für Neuentwicklungen.

Nach Auffassung des *OLG Düsseldorf* wird hierdurch verhindert, dass ein Unternehmen aufgrund einer patentgeschützten Neuentwicklung einen wesentlichen Technologievorsprung erlangt und sich erfolgreich von der Konkurrenz durch Marktanteilszuwächse absetzen kann.

Nach Auffassung des *OLG Düsseldorf* kommt es nicht darauf an, wie hoch die Anzahl der maximal zu lizenzierenden Patente ist, da dies nichts über die Wettbewerbsrelevanz der einzelnen Patente aussagt. Entscheidend sei nicht die Anzahl, sondern die Qualität und technische Bedeutung des Patents.

Es könne nicht davon ausgegangen werden, dass diese Vereinbarungen allein darauf abzielten, Patentverletzungsverfahren zu vermeiden.

1646 Ist eine (technische und/oder wirtschaftliche) Gleichwertigkeit der ausgetauschten Lizenzrechte bei Einbringung in den Pool nicht gegeben, erfolgt im Einzelfall eine zusätzliche (einmalige oder mehrmalige) Pauschalzahlung an den Schutzrechtsinhaber der wertvolleren Rechte, um die Gleichwertigkeit herzustellen. Handelt es sich um einen auf einen überschaubaren Schutzrechtsbestand ausgerichteten Lizenzaustauschvertrag, kann sich die Frage nach den Rechtsfolgen stellen, wenn sich das ursprüngliche **Verhältnis der Gleichwertigkeit** – unvorhergesehen – verändert, etwa durch Nichtigerklärung oder Erlöschen einzelner Schutzrechte eines Partners. Dieser Partner bliebe berechtigt, die stehengebliebenen Pfandrechte der Poolpartner voll zu nutzen, während sich die Nutzungsmöglichkeiten seiner Vertragspartner zwangsläufig reduzieren. Wegen eines Risikocharakters (s. Rz. 25 ff.) kann beim Lizenzvertrag nicht bei jeder Störung des Gleichgewichts zwischen Leistung und Gegenleistung eine **Anpassung an die veränderten Verhältnisse (§ 313 BGB)** erfolgen[1]. Erst wenn die **Zumutbarkeitsschwelle** überschritten ist, kann an eine Pflicht des Vertragspartners zur Zahlung einer angemessenen Vergütung gedacht werden, wenn also wirklich ein Ausnahmefall gegenüber der ursprünglichen Vertragssituation eintritt. Gegebenenfalls muss den beteiligten Lizenzpartnern auch das Recht nach § 313 Abs. 3 BGB zustehen, sich von dem Vertrag lösen zu können[2].

1647 Werden innerhalb eines Poolvertrags ganze **Schutzrechtskomplexe** (Technologiepool, s. hierzu Rz. 798 ff.) eingebracht, dürfte sich im Zweifel das Erlöschen einzelner Schutzrechtspositionen auf die Ausgestaltung und den Rechtsbestand dieses Vertrages nicht auswirken. In solchen Fällen ist Gegenstand des Lizenzvertrages nicht eine bestimmte Anzahl von bestehen-

---

1 *BGH* v. 11.3.1993, GRUR 1993, 595, 596 – Hemingway-Serie.

2 Zum Austauschlizenzvertrag vgl. *BGH* v. 19.10.1981 – II ZR 206/80, WM 1982, 588; *DPA München* v. 12.3.1974, BlPMZ 1974, 295.

den und zukünftigen Schutzrechtspositionen. Vielmehr eröffnet jeder Poolpartner auf einem **bestimmten technischen Gebiet** den Zugang zu seinen dort bestehenden Schutzrechtspositionen. Fallen hiervon einzelne Weg, ist dadurch das Nutzungsrecht der Poolpartner auf diesem technischen Gebiet nicht eingeschränkt. Wegen des häufig gegebenen technischen Zusammenspiels solcher Prüfschutzrechte wird auch ein Wettbewerber von dem Wegfall einzelner Schutzrechte durch das hiermit eröffnete Nutzungsrecht nicht profitieren.

Häufig erfolgt bei derartigen Prüfverträgen **keine Festlegung der Laufzeit**. 1648
Dies insbesondere dann nicht, wenn vorgesehen ist, dass die vom einzelnen Poolpartner weiterentwickelten Schutzrechtspositionen ebenfalls Gegenstand des Vertrages werden. Folgerichtig ist bei derartigen Verträgen auch die Möglichkeit der ordentlichen Kündigung ausgeschlossen.

Bei der Bestimmung der **Rechtsnatur eines Pool-Lizenzvertrages** gelten zu- 1649
nächst die allgemeinen Grundsätze (s. dazu Rz. 41 ff.). Zutreffend verweisen *Wündisch/Bauer*[1] darauf, dass dieser insbesondere bei dem üblichen Verzicht auf eine Lizenzgebührenzahlung gewisse Parallelen mit einem **Tauschvertrag gemäß § 480 BGB** hat. Wesentlich für den Tauschvertrag, also den Austausch individueller Werte, ist das Fehlen eines Kaufpreises in Geld (vgl. § 433 Abs. 2 BGB). Auch wenn eine einmalige Ausgleichzahlung für den unterschiedlichen Wert der ausgetauschten Schutzrechtspositionen erfolgt, wird dadurch ein Tausch nicht ausgeschlossen, da der Geldbetrag nicht die Hauptleistung ist[2]. Wird der Prüfvertrag insbesondere zur Beilegung vorangegangener Schutzrechtsverletzungsstreitigkeiten abgeschlossen, kommt auch ein Rückgriff auf die Regeln über den **Vergleichsvertrag (§ 779 BGB)** in Betracht[3].

Mit der Einbringung von Schutzrechtspositionen in einen Patentpool ist 1650
häufig die Verpflichtung des Einbringenden verbunden, eine **Lizenzbereitschaftserklärung** für jeden Interessenten zu fairen, angemessenen und nicht diskriminierenden **(FRAND-)Bedingungen** abzugeben. Auf dieser Grundlage kann es zur Erteilung einer Einzellizenz oder eines Standardlizenzvertrages kommen.

Nicht abschließend geklärt ist die Rechtsposition des Schutzrechtsinhabers nach Abgabe einer solchen Lizenzbereitschaftserklärung:

Zutreffend geht das *LG Düsseldorf*[4] davon aus, dass einer FRAND-Verpflichtungserklärung weder die Wirkung eines dinglichen Verzichts auf das Patentrecht noch die Wirkung eines Vertrages zugunsten Dritter zukommt. Welche Verfügungen über ein Patent möglich sind, wird abschließend durch

1 *Wündisch/Bauer*, GRUR Int. 2010, 641, 645.
2 Vgl. Palandt/*Weidenkaff*, BGB, § 480 Rz. 1.
3 *Wündisch/Bauer*, GRUR Int. 2010, 641, 645.
4 *LG Düsseldorf* v. 4.8.2011, Mitt. 2012, 238 – MPEG-2-Standard XXIII.

die §§ 15, 20, 23 PatG bestimmt, also Übertragung; Bestellung eines Nießbrauchs oder Pfandrechts; Verzicht auf das Patent gegenüber dem Patentamt; Leistung durch Patenterteilung i.S. von § 15 Abs. 2 PatG. Einen über ein schuldrechtlich wirkendes „pactum de non petendo" (s. Rz. 130 ff.) hinausgehenden (teilweisen) dinglichen Verzicht kennt unsere Rechtsordnung nicht[1].

Aus einer FRAND-Verpflichtungserklärung ergibt sich **kein Vertrag zugunsten Dritter (§ 328 BGB)**[2]. Die Lizenzbereitschaftserklärung hat lediglich die Wirkung einer **„invitatio ad offerendum"**, weil hierdurch lediglich eine Lizenzierungspflicht deklariert wird, die ohnehin auf kartellgesetzlicher Grundlage besteht. Ohne diese Lizenzierungs-bereitschaft würde im Zweifel die Aufnahme des Schutzrechtsinhabers in den Patentpool bzw. den jeweiligen technischen Standard abgelehnt.

Folgerichtig enthält die Lizenzbereitschaftserklärung auch **keinen dinglichen Verzicht auf die Verbietungsrechte aus dem Patent**. Auch ein Verzicht auf die Ausübung des Unterlassungsanspruchs würde der Interessenlage widersprechen:

Das gesetzliche Kartellrecht verlangt nicht die Abgabe einer zusätzlichen, eigenständigen vertraglichen Lizenzierungsverpflichtung. Folgerichtig kann sich aus einer allgemeinen FRAND-Erklärung nach deutschem Recht **kein Nutzungsrecht i.S. einer positiven Lizenz** ergeben. Der Patentinhaber will mit einer solchen Erklärung nicht gegenüber einer Vielzahl von Dritten ohne Sicherung seines Lizenzgebührenanspruchs ein Nutzungsrecht erteilen und zusätzlich gesonderte Pflichten eines Lizenzgebers übernehmen (z.B. Aufrechterhaltung der Schutzrechtspositionen, deren Verteidigung etc.), so dass nicht von einem verbindlichen Angebot „ad incertas personas" ausgegangen werden kann.

bb) Kartellrechtliche Bewertung

1651 Soweit der Lizenzaustauschvertrag sich auf konkret benannte Schutzrechtspositionen bezieht, handelt es sich bei dieser Vertragssituation um ein Vertragsverhältnis, das den üblichen Regeln für Lizenzverträge unterliegt. Folgerichtig bewendet es hier auch bei den allgemeinen kartellrechtlichen Vorgaben zu europäischen (s. Rz. 690 ff., 704 ff.) bzw. deutschen (s. Rz. 1046 ff.) kartellrechtlichen Regeln.

1652 Umfasst die Vereinbarung dagegen eine Vielzahl von Schutzrechtspositionen, insbesondere nicht näher aufgelistete Schutzrechte für ganz technische Bereiche bzw. Produktsegmente (Patent- bzw. Technologiepool), geht hiervon u.U. ein stärkerer Wettbewerbseinfluss aus. Folgerichtig kann hier ge-

1 *LG Mannheim*, InstGE 11, 9, 12 – UMTS-fähiges Mobiltelefon; *LG Düsseldorf* v. 7.6.2011 – 4b O 31/10, juris; *LG Düsseldorf* v. 4.8.2011, Mitt. 2012, 238, 241 f. – MPEG-2-Standard XXIII.

2 *LG Düsseldorf* v. 7.6.2011 – 4b O 31/10, juris.

genüber den auf einzelne Schutzrechtspositionen bezogenen Patentlizenzverträgen eine restriktivere kartellrechtliche Beurteilung greifen.

Rz. 212 der Leitlinien zur Anwendung von Art. 81 EG-Vertrag auf Technologietransfervereinbarungen (Leitlinien) betont, dass Vereinbarungen zur Gründung von Technologiepools und zur Festlegung ihrer Funktionsweise – unabhängig von der Anzahl der Parteien – **nicht unter die GruppenfreistellungsVO fallen**; für sie sollen lediglich die Leitlinien gelten. Dieser Grundsatz greift allerdings nicht bei einzelnen Lizenzvereinbarungen, die der Pool mit dritten Lizenznehmern, die nicht Poolpartner sind, schließt; diese werden wie alle anderen Lizenzvereinbarungen behandelt, die unter die TT-GVO 2004 fallen.

Zutreffend weist **Leitlinie Nr. 214** darauf hin, dass Technologiepools **auch** 1653
wettbewerbsfördernde Wirkungen haben können, indem sie **Transaktionsgrößen senken** und der Kumulierung von Lizenzgebühren Grenzen setzen, so dass eine doppelte Gewinnmaximierung vermieden wird. Sie ermöglichen eine **zentrale Lizenzvergabe** für die vom Pool gehaltenen Technologien. Dies gilt insbesondere bei Bestehen von Industriestandards, wenn es für die Marktpräsenz erforderlich ist, von einer erheblichen Anzahl von Lizenzgebern Lizenzen zu erhalten.

Zutreffend wird aber auch durch **Leitlinie Rz. 213** hervorgehoben, dass 1654
Technologiepools den **Wettbewerb beschränken** können, da ihre Gründung zwangsläufig den **gemeinsamen Absatz der verbundenen Technologien** impliziere, was bei Pools, die ausschließlich oder vorwiegend aus substituierbaren Technologien bestehen, zu einem **Preiskartell** führen könne. Sie seien auch geeignet, den Wettbewerb zwischen den Vertragsparteien dadurch zu verringern, dass sie einen Industriestandard unterstützen oder de facto begründen. Gehe hiermit ein **Ausschluss alternativer Technologien** einher, könne dies auch den **Innovationswettbewerb einschränken**. Ein vorhandener Industriestandard und ein entsprechender Technologiepool könnten den Marktzugang für neue und verbesserte Technologien erschweren (s. zur kartellrechtlichen Zwangslizenz Rz. 18 ff.).

Die Differenzierung zwischen technologischen Ergänzungen und technolo- 1655
gischen Substituten einerseits und wesentlichen und nicht wesentlichen Technologien andererseits erfolgt über die **Leitlinien Rz. 215 ff.**

Hiernach **ergänzen sich zwei Technologien**, wenn sie – im Gegensatz zu Substituten – **beide erforderlich sind, um ein Produkt herzustellen** oder das Verfahren anzuwenden, auf das sich die Technologien beziehen. Dagegen liegen **zwei technische Substitute** vor, wenn jede der beiden Technologien dem Inhaber gestattet, das Produkt herzustellen oder das Verfahren anzuwenden, auf das sich die Technologien beziehen.

Eine **Technologie ist wesentlich**, wenn es zu ihr – im Gegensatz zu einer nicht wesentlichen Technologie – innerhalb oder außerhalb des Pools **kein Substitut** gibt und die betreffende **Technologie notwendiger Bestandteil**

des Paketes an Technologien ist, die für die Herstellung der Produkte oder die Anwendung der Verfahren, auf die sich der Pool bezieht, unerlässlich sind. Eine Technologie, für die es keine Substitute gibt, ist wesentlich, solange wenigstens ein gültiges Schutzrecht für diese Technologie besteht. Wesentliche Technologien sind notwendigerweise gleichzeitig einander ergänzende Technologien.

1656 Nach Auffassung der Kommission **schränkt die Aufnahme substituierbarer Technologien in den Pool den Technologienwettbewerb ein** und kann zu kollektiven Kopplungsgeschäften führen (Leitlinien Rz. 219). Die Poolvereinbarung könne dann, wenn sich der Pool im Wesentlichen aus substituierbaren Technologien zusammensetzte, auf eine **Preisfestsetzung zwischen Wettbewerbern** hinauslaufen, was einen Verstoß gegen Art. 81 Abs. 1 EG (jetzt Art. 101 Abs. 1 AEUV) darstellen könne, ohne dass die Freistellungsvoraussetzungen des Art. 81 Abs. 3 EG (jetzt Art. 101 Abs. 3 AEUV) erfüllt seien. Umfasse der Pool dagegen lediglich Technologien, die **wesentlich** seien und sich somit **notwendigerweise ergänzen**, falle die Einrichtung eines solchen Pools – unabhängig von der Marktstellung der Parteien – im Allgemeinen nicht unter Art. 81 Abs. 1 EG (jetzt Art. 101 Abs. 1 AEUV), was allerdings hinsichtlich der Konditionen für die Lizenzrückgabe noch jeweils im Einzelfall zu überprüfen wäre (**Leitlinie Rz. 220**).

Bezieht sich der Pool auf nicht wesentliche, aber sich ergänzende Patente, bestehe die Gefahr des **Ausschlusses fremder Technologien**, da es dann für den Lizenznehmer weniger Anreize gebe, Lizenzen für konkurrierende Technologien zu erwerben (**Leitlinie Rz. 221**).

1657 Die Gefahr einer Wettbewerbsbeschränkung sieht die Kommission ausweislich **Leitlinie Rz. 222** in der **Einbeziehung zukünftiger Weiterentwicklungen in den Pool (Leitlinie Rz. 222)**. Hierbei sei zu berücksichtigen, ob die Einbeziehung nicht wesentlicher Technologien in den Pool dem Wettbewerb förderlich sei, ob es den Poolpartnern freigestellt bleibe, ihre jeweiligen Technologien unabhängig voneinander in Lizenz zu vergeben, ob die zusammengelegten Technologien für außenstehende Lizenzinteressenten nur als Gesamtpaket erhältlich seien oder diese auch die Möglichkeit hätten, gegen entsprechend geringere Gebühren lediglich Teile des Pakets zu erhalten.

Die **wesentlichen Beurteilungskriterien** sieht die Kommission im Wesentlichen unter folgenden Aspekten:

- je stärker die **Marktstellung eines Pools**, desto größer die Gefahr wettbewerbsschädigender Wirkungen;
- Pools mit starker Marktstellung sollten offen sein und Gleichbehandlung gewährleisten;
- Pools dürfen fremde Technologien nicht übermäßig abschotten oder die Einrichtung alternativer Pools einschränken (**Leitlinie Rz. 224**).

Ein weiteres wesentliches Kriterium ist, ob die Poolpartner die Freiheit behalten, **konkurrierende Produkte und Standards zu entwickeln** und **Lizenzen auch außerhalb des Pools zu vergeben oder zu erwerben (Leitlinie Rz. 227)**. In diesem Zusammenhang ist **Art. 4 Abs. 1 lit. c) TT-GVO 2004** wesentlich, der wechselseitige Vereinbarungen zwischen Konkurrenten untersagt, wenn hiermit eine Zuweisung von Märkten oder Kunden verbunden ist. Unter diesem Aspekt können **wechselseitige Exklusivaustauschverträge** kartellrechtlich unzulässig sein (vgl. Art. 4 Abs. 1 lit. c ii) iv) v TT-GVO 2004) (s. Rz. 912 ff.). Ebenfalls unzulässig wäre die wechselseitige Vereinbarung von Output-Beschränkungen **zwischen Wettbewerbern (Art. 4 Abs. 1 lit. b TT-GVO 2004)**. Selbstverständlich wären auch Vereinbarungen über **Preisbindungen** unzulässig (**Art. 4 Abs. 1 lit. a TT-GVO 2004**).

Zu den unzulässigen Kernbeschränkungen rechnet auch die wechselseitige 1658
Verpflichtung der Poolpartner, den anderen Partnern bzw. dem Pool eine **Exklusivlizenz für eigene abtrennbare Verbesserungen an der in den Pool eingebrachten** Technologie oder seiner eigenen neuen Anwendungen dieser Technologie zu erteilen (**vgl. Art. 5 lit. a TT-GVO 2004**). Auch **Leitlinie Rz. 228** betont, dass Rücklizenz-Verpflichtungen nicht exklusiv sein dürfen und sich **auf solche Entwicklungen beschränken müssen, die für die Verwendung der zusammengefassten Technologien wesentlich oder wichtig** sind. Denn dies würde dem Pool gestatten, Vorteile aus den Verbesserungen der zusammengefassten Technologien zu ziehen und weiterzugeben. Gleiches gilt für alle unmittelbaren oder mittelbaren Verpflichtungen eines Poolpartners, **Rechte an eigenen abtrennbaren Verbesserungen an der in den Pool eingebrachten Technologie** oder Rechte an eigenen neuen Anwendungen dieser Technologie **vollständig oder teilweise** auf die Poolpartner bzw. den Pool **zu übertragen** (**Art. 5 lit. b TT-GVO 2004**).

Soweit sich die Poolpartner verpflichten, die in den Pool eingebrachten 1659
Schutzrechtspositionen der übrigen Poolpartner **nicht anzugreifen**, ist einerseits **Art. 5 lit. c TT-GVO 2004** beachtlich. Hiernach ist eine Nichtangriffspflicht eine nicht freistellungsfähige Klausel. Andererseits betont **Leitlinie Rz. 209** im Rahmen von **Anspruchsregelungs- und Anspruchsverzichtsvereinbarungen**, dass darin enthaltene **Nichtangriffsklauseln in der Regel nicht unter** Art. 81 Abs. 1 EG (jetzt **Art. 101 Abs. 1 AEUV) fallen**. Charakteristisch für solche Vereinbarungen sei, dass sich die Parteien darauf einigen, die betreffenden Rechte des geistigen Eigentums **nicht im Nachhinein anzugreifen**. Es sei ja gerade der Sinn solcher Vereinbarungen, bestehende Konflikte zu lösen und/oder künftige zu vermeiden. Ist also dieser Aspekt der „umfassenden Nichtangriffsabrede" ein wesentlicher Grund für die Poolbildung, dürften solche Abreden freigestellt bzw. freistellungsfähig sein.

Auf dieser Linie dürfte auch das Urteil des ***EuGH*** vom 27.9.1988[1] zur **Zulässigkeit einer Nichtangriffsabrede im Rahmen einer Freilizenz** liegen (s. hierzu Rz. 2080 ff.). Maßgebend sei, dass der Lizenznehmer einer solchen kostenlosen Freilizenz die mit der Gebührenzahlung zusammenhängenden Wettbewerbsnachteile nicht zu tragen habe[2]. Streitig könnte allerdings werden, ob bei einer Poolsituation, bei der keine Lizenzgebühren bzw. Ausgleichszahlungen erfolgen, wirklich von einer „kostenlosen Freilizenz" gesprochen werden kann. Im Unterschied zur üblichen Freilizenz, bei der der Lizenznehmer keine andere „Gegenleistung" als seinen Verzicht auf eine Nichtigkeits- bzw. Löschungsklage „einbringt", liegt hier die Gegenleistung des jeweiligen Poolpartners in den von ihm in den Pool eingebrachten Schutzrechtspositionen. Diese Zweifel gelten insbesondere, wenn ein Poolpartner im Hinblick auf die geringere Wertigkeit der von ihm eingebrachten Schutzrechtspositionen Ausgleichszahlungen zu leisten hat[3].

1660 Die vorstehenden Grundsätze gelten in gleichem Maße für solche Poolvereinbarungen, die **ausschließlich deutschem Kartellrecht** unterliegen. Über **§ 1 GWB** finden die Maßstäbe des europäischen Kartellrechts Anwendung (s. hierzu Rz. 1049 ff.).

1661–1674 Frei.

XVI. Rechte und Pflichten des Lizenznehmers

1. Die Pflicht zur Zahlung der Lizenzgebühr

a) Allgemeines

1675 Die Lizenzgebühr ist das **vom Lizenznehmer zu entrichtende übliche Entgelt für die Überlassung und/oder für die Benutzung** des Lizenzgegenstandes[4]. Soweit der Lizenzvertrag nicht auf einen Austausch technischer Leistungen ohne weitere oder mit geringen (Pauschal-)Zahlungspflichten ausgerichtet ist, bildet die Regelung der Lizenzgebührenpflicht des Lizenznehmers das „Herzstück" des Vertrages. Üblicherweise wird der Lizenzvertrag ins Einzelne gehende ausdrückliche Absprachen über Inhalt und Umfang der Gebührenpflicht des Lizenznehmers als seiner **Hauptpflicht** enthalten[5]. Da die Lizenzgebühr die vertragliche Gegenleistung des Lizenznehmers für die ihm vom Schutzrechtsinhaber überlassene Monopol-

1 *EuGH* v. 27.9.1988, GRUR Int. 1989, 56, 57; s. dazu auch *BGH* v. 21.2.1989, NJW-RR 1989, 998, 999; zur Zulässigkeit einer Nichtangriffsklausel bei der Markenlizenz vgl. *EuGH* v. 23.3.1990, GRUR Int. 1990, 626, 628 – Mouseheat/Whetbread.
2 S. hierzu auch *Wündisch/Bauer*, GRUR Int. 2010, 641, 643.
3 I.d.S. auch *Wündisch/Bauer*, GRUR Int. 2010, 641, 643.
4 Vgl. u.a. *BGH* v. 12.12.2003, WM 2004, 596, 597 – Honiglöffel.
5 Weitere Hauptpflicht ist nach *OLG Frankfurt* v. 10.6.1992, NJW-RR 1992, 1200, die Abnahmepflicht bei einem gemischten Lizenz- und Alleinvertriebsvertrag.

stellung bzw. deren Nutzung darstellt, sollten sich Art und Umfang der Lizenzzahlung nach den wirtschaftlichen Interessen des Lizenznehmers einerseits, der Interessenlage des Lizenzgebers andererseits und ergänzend nach der allgemeinen Marktlage richten. Im Zweifel kann als Auslegungshilfe die Überlegung herangezogen werden, dass der Lizenzgeber – von etwaigen Beteiligungen des Lizenznehmers an Entwicklungskosten pp. einmal abgesehen – daran interessiert sein wird, an dem dem Lizenznehmer zufließenden Ertrag aus der Nutzung seiner Erfindung angemessen beteiligt zu sein.

Art und Höhe einer Lizenzgebühr werden nicht durch gesetzliche Vorgaben festgelegt. Im Allgemeinen ist sie eine Beteiligung des Lizenzgebers am wirtschaftlichen Erfolg des Lizenznehmers aus der Nutzung des Lizenzgegenstandes[1]. Sie kann in einer einmaligen Zahlung (Ausnahme, s. Rz. 1753 ff.) oder in regelmäßig wiederkehrenden Zahlungen (s. Rz. 1750 ff.) bestehen. Es entspricht dem Regelfall, dass der Lizenznehmer eine Lizenzgebühr in Form von Geldleistungen erbringt. Schlägt sich die Nutzung der Erfindung in Umsatzgeschäften nieder, wird die Lizenzgebühr typischerweise in Form einer prozentualen Beteiligung des Lizenzgebers an den Umsatzerlösen des Lizenznehmers vereinbart[2]. Denkbar sind aber auch andere Arten der Lizenzgebühr, etwa dass der Lizenznehmer seinerseits dem Lizenzgeber technische Informationen, Verbesserungen oder auch eigene Erfindungen zur Nutzung überlässt, so dass Zahlungen nicht oder nur teilweise zu leisten sind (zum Lizenzaustauschvertrag, s. Rz. 1644 ff.). Ebenso denkbar sind Kompensationsgeschäfte beispielsweise in Form von Sachleistungen des Lizenznehmers. Jedenfalls bei wiederkehrenden Zahlungen stellt sich die Lizenzgebühr im Zweifel als **teilbare Leistung** i.S. der §§ 420, 427 BGB dar[3]. Frei sind die Lizenzvertragsparteien grundsätzlich auch in der Höhe der Gebührenbemessung. Von den Lizenzvertragsparteien zu beachtende Schranken können sich allerdings namentlich aus dem nationalen oder europäischen Kartellrecht ergeben. 1676

b) Kartellrechtliche Bewertung

Auch die Pflicht zur Zahlung einer Lizenzgebühr ist kartellrechtlich zu bewerten. Hinsichtlich der kartellrechtlichen Besonderheiten bei der Umsatz-, Stück- und Mindestlizenz sei auf die später folgenden Ausführungen verwiesen (Rz. 1770 ff.). 1677

aa) Bewertung nach EU-Kartellrecht

Die Pflicht des Lizenznehmers, für die Nutzung einer Schutzrechtsposition Gebühren zu bezahlen, ist grundsätzlich nicht als Wettbewerbsbeschrän- 1678

1 Vgl. *BGH* v. 12.12.2003, WM 2004, 596, 598 – Honiglöffel.
2 Vgl. *BGH* v. 16.4.2002, GRUR 2002, 801, 803 – Abgestuftes Getriebe.
3 *BGH* v. 12.12.2003, WM 2004, 596, 598 – Honiglöffel.

kung i.S. des Art. 101 AEUV (ex-Art. 81 EG) zu bewerten; den Vertragsparteien steht es in der Regel frei, die vom Lizenznehmer zu zahlenden Lizenzgebühren einschließlich der Zahlungsmodalitäten festzulegen (Rz. 156 Satz 1 der TT-Leitlinien zu Art. 81 EG [heute Art. 101 AEUV]). Eine solche Zahlungspflicht gehört, selbst wenn sie de facto die wirtschaftliche Handlungsfähigkeit des Lizenznehmers beeinträchtigt, aus Sicht des europäischen Rechts zum spezifischen Gegenstand des Schutzrechts (vgl. auch Art. 2 Abs. 1 Nr. 9 TT-GVO 1996 mit der Erlaubnis von Mindestlizenzgebühren und Mindestherstellmengen). Allenfalls kann in einem besonders gelagerten Einzelfall in dem Verlangen einer unangemessen hohen Lizenzgebühr durch den Lizenzgeber mit dem Ziel, den Abschluss eines Lizenzvertrages gerade zu verhindern, ein Missbrauch einer beherrschenden Stellung i.S. des Art. 102 AEUV (ex-Art. 82 EG) liegen (s. Rz. 674, 698, 730 ff.)[1]. Das Kartellverbot des Art. 81 Abs. 1 EG (heute Art. 101 Abs. 1 AEUV) kann dann greifen, wenn Wettbewerber einander wechselseitig Lizenzen zu eindeutig unverhältnismäßigen Bedingungen erteilen und dadurch erheblichen Einfluss auf die Marktpreise nehmen (Rz. 158 Satz 2 der TT-Leitlinien zu Art. 81 EG [Art. 101 AEUV]). Gleiches gilt etwa, wenn – anders als bei Anlaufklauseln (s. hierzu Rz. 1784) – die Höhe der wechselseitigen Lizenzgebühr mit der Anzahl der Lizenzprodukte steigt, um – insbesondere bei entsprechender Marktmacht – faktisch eine Beschränkung der Lizenzmenge zu bewirken (Rz. 158 Sätze 5 und 6 der TT-Leitlinien zu Art. 81 EG [heute Art. 101 AEUV]). Hilfestellungen zur kartellrechtlichen Bewertung von Lizenzgebührenregelungen geben die Rz. 156 ff. der TT-Leitlinien zu Art. 81 EG (heute Art. 101 AEUV); gemäß dem Leitbild der TT-GVO 2004 wird dabei zwischen Vereinbarungen mit Wettbewerbern und Nicht-Wettbewerbern differenziert, wobei bei letzteren die Maßstäbe großzügiger ausfallen können. Kartellrechtswidrig ist auch nach EU-Recht die Vereinbarung von Zahlungspflichten (auch) für denjenigen Zeitraum, in dem die Schutzrechtsposition abgelaufen, erloschen oder für ungültig erklärt worden ist (s. Art. 2 Satz 3 TT-GVO 2004). Besteht im Lizenzgebiet kein Patentschutz mehr, so entfällt auch eine Freistellung nach der TT-GVO 2004, so dass die Erstreckung der Lizenzgebührenpflicht auf dann patentfreie Erzeugnisse kartellrechtswidrig ist[2]. Davon abzugrenzen sind auch hier allerdings Zahlungsmodalitäten, bei denen lediglich Fälligkeiten zeitlich gestreckt werden.

1 Andererseits liegt in der bloßen Weigerung zum Abschluss eines Lizenzvertrages kein derartiger Missbrauch (s. Rz. 123); vgl. *EuGH* v. 5.10.1988, GRUR Int. 1990, 140, 141 – CICRA/Regie Renault und GRUR Int. 1990, 141, 142 – Volvo/Veng; ebenso *OLG Düsseldorf* v. 23.12.1996, GRUR Int. 1997, 646, 648 – Opel-Heckleuchte II (jeweils betr. Geschmacksmusterrechte an Karosserieteilen); *BGH* v. 14.11.2000, GRUR 2001, 223 ff. – Bodenwaschanlage: Anpassung einer Mindestlizenz wegen Wegfalls der Geschäftsgrundlage ist kartellrechtskonform.

2 Vgl. *BGH* v. 5.7.2005, GRUR 2005, 845, 848 – Abgasreinigungsvorrichtung, dort zur TT-GVO 1996; vgl. auch *EuGH* v. 25.2.1986, GRUR Int. 1986, 635, 640 – Windsurfing International/Kommission.

bb) Bewertung nach deutschem Kartellrecht

Auch nach deutschem Kartellrecht (s. Rz. 1046 ff.) ist die Vereinbarung einer Lizenzgebühr zulässig. Sie stellt aber nach Auffassung des *BGH* – anders als im EU-Kartellrecht – eine Beschränkung im Geschäftsverkehr dar[1] (s. auch Rz. 1874 ff.); denn durch kostensteigernde Lizenzzahlungspflichten werde die Wettbewerbsposition des Lizenznehmers beeinflusst (vgl. auch § 17 Abs. 2 Nr. 4 GWB a.F.). Auch wenn diese Entscheidung auf der Grundlage des GWB a.F. getroffen worden ist, bleibt die hierfür vom *BGH* aufgeführte Begründung für die kartellrechtliche Beurteilung nach § 1 GWB relevant. Davon unberührt ist die kartellrechtliche Wertung, dass die Parteien in der Bestimmung der Höhe der Lizenzgebühr grundsätzlich frei sind[2]; der Lizenzgeber ist durch das Kartellrecht auch nicht darin gehindert, von verschiedenen Lizenznehmern unterschiedliche Lizenzgebühren zu fordern[3]. 1679

Äußerer Rahmen bleibt die Grenze der **Sittenwidrigkeit nach § 138 BGB** für den Fall übermäßiger Lizenzgebühren (s. dazu Rz. 499 f.). Wird eine Lizenzgebühr für Handlungen vereinbart, die nicht vom Verbietungsrecht des Schutzrechtsinhabers umfasst sind, geht diese Beschränkung über den Inhalt des Schutzrechts hinaus und ist kartellrechtswidrig[4]. Gleiches gilt grundsätzlich dann, wenn Zahlungspflichten (auch) für Nutzungshandlungen nach Wegfall der Schutzrechtsposition begründet werden (s. § 2 Abs. 2 GWB i.V.m. Art. 2 Satz 3 TT-GVO 2004, s. aber Rz. 1867 ff.). 1680

Unwirksam ist beispielsweise 1681

- die Belastung von neben den Lizenzvertragsgegenständen ohne Benutzung der lizenzierten Schutzrechte oder technischen Betriebsgeheimnisse hergestellten Konkurrenzerzeugnissen mit Lizenzgebühren[5];
- die Verpflichtung, Lizenzgebühren auch nach Eintritt der Offenkundigkeit bzw. des technischen Überholtseins lizenzierter technischer Betriebsgeheimnisse oder nach Erlöschen des Lizenzschutzrechtes in voller Höhe oder zu einem ermäßigten Satz weiterzuzahlen (s. aber Art. 2 Abs. 2 Nr. 7 TT-GVO 1996);

1 *BGH* v. 3.6.2003, WRP 2003, 1129, 1130 f. – Chirurgische Instrumente gegen *Axster* in GK-KartR, GWB, §§ 20, 21 a.F. Rz. 102 ff.; bestätigt u.a. durch *BGH* v. 5.7.2005, GRUR 2005, 845, 846 f. – Abgasreinigungsvorrichtung; s. auch *OLG München* v. 10.1.1985, WuW/E OLG 3521, 3522.

2 *OLG München* v. 28.6.1990, WuW 1991, 412, 414 – Windsurfing.

3 *OLG München* v. 28.6.1990, WuW 1991, 412, 414; dementsprechend prüft auch das *BKartA* (TB 1983/84, 40) die Höhe der Lizenzgebühren grundsätzlich nicht, wohl aber die Frage der Verpflichtung zur Zahlung von Lizenzgebühren *nach* Erlöschen von Vertragsschutzrechten (vgl. Rz. 1857 ff.).

4 *BGH* v. 5.7.2005, GRUR 2005, 845, 847 – Abgasreinigungsvorrichtung.

5 TB BKartA 1960, 49; TB BKartA 1963, 67.

- die Lizenzgebührenzahlungspflicht bei Verfahrenslizenzen zur Verwendung von Maschinen, die durch Veräußerung patentfrei geworden sind[1] und
- die Verpflichtung des Lizenznehmers, für die Veräußerung einer selbst nicht geschützten Vorrichtung, die für die Ausübung des erfindungsgemäßen Verfahrens ausgelegt ist, auch dann eine Lizenzgebühr zu zahlen, wenn die Vorrichtung im patentfreien Ausland eingesetzt werden soll[2].

1682–1684 Frei.

c) Bestimmung des Nutzungswertes einer Lizenz

1685 Ist ausnahmsweise im Lizenzvertrag einmal eine Angabe über die **Höhe der Lizenzgebühr** unterblieben, so schuldet der Lizenznehmer eine angemessene Gebühr[3]. Denkbar ist einmal, dass der Lizenzgeber gemäß §§ 316, 315 BGB die Höhe nach billigem Ermessen bestimmen kann, wobei im Falle eines Streits über die Billigkeit das Gericht entscheidet (§ 315 Abs. 3 Satz 2, § 319 BGB)[4]. Bei der **Bestimmung nach billigem Ermessen** gibt es nicht nur „ein einziges richtiges Ergebnis"; vielmehr steht dem Lizenzgeber ein Ermessensspielraum zu, so dass die Leistungsbestimmung erst dann durch das Gericht zu ersetzen ist, wenn die Grenzen der Billigkeit überschritten sind[5]. Der Vertrag muss allerdings ein einseitiges Leistungsbestimmungsrecht vorsehen, was bedeutet, dass § 315 BGB nicht anwendbar ist, wenn eine Individualvereinbarung vorgenommen wurde, wobei ausreicht, dass der Preis bei Vertragsschluss lediglich bestimmbar war, und zwar zweifelsfrei und ohne einseitige Einflussmöglichkeit einer Vertragspartei[6]. Ist ein Bestimmungsrecht des Lizenzgebers nicht gewollt, kommt eine ergänzende Vertragsauslegung nach § 157 BGB in Betracht[7]. **Maßstab für die Angemessenheit** kann im Regelfall sein, was vernünftige Lizenzvertragsparteien unter Berücksichtigung der beiderseitigen Interessen verein-

---

1 TB BKartA 1962, 71; TB BKartA 1967, 88; s. auch *LG Düsseldorf* v. 3.11.1998, Entsch. 1998, 115 – Levitationsmaschine m.H.a. BGH v. 16.9.1997, GRUR 1998, 130 – Handhabungsgerät.

2 *BGH* v. 5.7.2005, GRUR 2005, 845, 847 – Abgasreinigungsvorrichtung.

3 *Magen*, Lizenzverträge und Kartellrecht (1963), S. 180 f.; Busse/*Keukenschrijver*, PatG, § 15 Rz. 28 m.H.a. *OLG München* v. 18.7.1997 – 6 U 2366/97, n.v.

4 *BGH* v. 3.6.1958, GRUR 1958, 565, 566 – Baustützen; *Kraßer*, Patentrecht, § 41 III 2.

5 *BGH* v. 15.5.2005, GRUR 2005, 757, 760 – PRO-Verfahren, dort zu GEMA-Berechtigungsverträgen.

6 *OLG Düsseldorf* v. 16.4.2008, AbfallR 2008, 306, Rz. 42 f. unter Hinweis auf *BGH* v. 28.3.2007, BGHZ 171, 374 ff. u. *BGH* v. 13.6.2007, BGHZ 172, 315 ff.

7 Busse/*Keukenschrijver*, PatG, § 15 Rz. 115 m.H.a. *BGH* v. 10.7.1959 – ZR 73/58, n.v.; nach *Kraßer*, Patentrecht, § 41 III 2 m.H.a. *BGH* v. 26.6.1969 GRUR 1969, 677, 679 f. – Rüben-Verladeeinrichtung, soll die ergänzende Vertragsanlegung dagegen vorrangig zu berücksichtigen sein.

bart haben würden, wenn sie den gegebenen Benutzungssachverhalt zum Gegenstand einer vertraglichen Übereinkunft gemacht hätten[1]. Dabei ist die **(Branchen-)Üblichkeit** im freien Lizenzverkehr ein wichtiges Kriterium, wenn sich in dem entsprechenden Zeitraum eine solche Übung herausgebildet hat[2] bzw. noch gilt. Ggf. können auch die zur Zwangslizenz (§ 24 PatG) entwickelten Grundsätze mit herangezogen werden[3]. Zur Heranziehung der Schadenslizenz bei Schutzrechtsverletzungen s. Rz. 1701.

Ohnehin wird es in der betrieblichen Praxis häufig schwierig sein, den Nut- 1686
zungswert einer zu vereinbarenden Lizenz zu bestimmen[4]. Dem Lizenzgeber helfen hier im Zweifel seine eigenen einschlägigen Erfahrungen aus anderen Lizenzverträgen oder aber evtl. vorhandene branchenübliche Lizenzsätze als Grundlage (vgl. Rz. 1785 ff.). Eine Entscheidungshilfe können auch die vorhandenen Zusammenstellungen von üblichen Lizenzsätzen sowie der Bewertungsfaktoren bieten. Wertvolle Hinweise hierzu geben die Monographien von *Groß/Rohrer*, „Lizenzgebühren" (3. Aufl. 2012), und von *Hellebrand/Himmelmann*, „Lizenzsätze für technische Erfindungen" (4. Aufl. 2011) aus der langjährigen Praxis der *Schiedsstelle* für Arbeitnehmererfindungen beim DPMA. Hilfreich ist ferner die Zusammenstellung von *Böcker*[5].

Eine Orientierung kann die – auch auf der grundlegenden Monographie 1687
von *Lüdecke*, „Lizenzgebühren für Erfindungen" (1955), basierende – Zusammenstellung der Bewertungsfaktoren in den **Amtlichen Richtlinien für die Vergütung von Arbeitnehmererfindungen** sein, die in **RL Nr. 6 Sätze 3–6 der** folgende Faktoren aufzählt:

- **Eigenschaftsfaktoren** (also technische Einflüsse der Erfindung auf Vorrichtungen und/oder Verfahren wie z.B. die Verbesserung oder Verschlechterung der Wirkungsweise, der Bauform, des Gewichts, des Raumbedarfs, der Genauigkeit, der Betriebssicherheit oder sonstige Vorteile, insbesondere auf technischem Gebiet, auch etwa die Überwindung von Kundenreklamationen, ferner die Erweiterung oder Beschränkung der Verwendbarkeit);
- **Produktionsfaktoren** (also solche Faktoren, die die Herstellung beeinflussen, sei es hinsichtlich der technischen Umsetzbarkeit, der Fertigungsweise, der Herstellungskosten wie z.B. die Verbilligung oder Verteuerung der Herstellung – vor allem der Werkstoffe und der Arbeitsstunden –, der

1 Vgl. *BGH* v. 29.4.2003, GRUR 2003, 789, 790 – Abwasserbehandlung; *BGH* v. 16.4.2002, GRUR 2002, 801, 803 – Abgestuftes Getriebe u. *BGH* v. 6.10.2005 GRUR 2006, 136, 137 – Pressefotos.

2 *BGH* v. 6.10.2005, GRUR 2006, 136, 138 – Pressefotos.

3 Vgl. *Lüdecke/Fischer*, Lizenzverträge, F 13 S. 524.

4 Vgl. ausführlich *Kuebart*, Verrechnungspreise im internationalen Lizenzgeschäft, passim.

5 Steuerliche Prüfung und Behandlung von Lizenzzahlungen an verbundene ausländische Unternehmen, Die steuerliche Betriebsprüfung (1991), 73 ff.

Grad der Fertigungsreife, die Einreihung in laufende Fertigungen, die Möglichkeit des Übergangs von der Einzelanfertigung zur Serienherstellung);

- **Monopolfaktoren** (also der Einfluss der auf eine Erfindung erteilten Schutzrechtsposition und der hierdurch vermittelten Nutzungs- bzw. Abwehrmöglichkeiten, wie z.B. Prüf- oder bloßes Registrierschutzrecht, kleiner oder großer Schutzumfang und entsprechender Abstand zum Stand der Technik, Umgehungsmöglichkeiten für Mitbewerber, Fragen der Rechtsbeständigkeit bzw. Vernichtbarkeit der Schutzrechtsposition und schließlich die Lizenzierbarkeit aus dem Aspekt der rechtlichen Monopolwirkung, Konjunkturabhängigkeit);
- **Markt- und Vertriebsfaktoren** (also Fragen der wirtschaftlichen Auswirkung der durch die Erfindung vermittelten Monopolposition, wie z.B. Marktsituation, insbesondere Bedarf und Nachfrage, günstige Preisgestaltung, Verhältnis zu bisherigen eigenen und fremden Erzeugnissen, Wettbewerbsfähigkeit, Höchstbelastbarkeit, Einfügen in vorhandene Vertriebssituation einschließlich Fragen der Notwendigkeit zusätzlicher Werbung bei Eröffnung neuer bzw. anderer Marktbereiche);
- **Sonstige besondere Faktoren** (also spezifische Umstände des Einzelfalls, die sich auf die Bewertung des Einsatzes der Erfindung auswirken, wie z.B. Wettbewerbsstellung des Lizenznehmers, seine Größe, sein Ruf, seine Fertigungs- und Vertriebsmöglichkeiten, die Frage, wer die Kosten des Schutzrechts trägt, sonstige Mitwirkungspflichten des Lizenznehmers, besondere Haftungsregelungen).

1688 Die Reihenfolge der zuvor aufgeführten Merkmale enthält **keine Rangfolge** oder Wertung; es versteht sich von selbst, dass beispielsweise bei einer Pioniererfindung die Frage der Kosten des Schutzrechtes eine ebenso untergeordnete Rolle spielt wie die Problematik der Einfügbarkeit in eine laufende Produktion; hier dürften Fragen des Marktbedürfnisses und der Produktionsreife Vorrang haben. Andererseits muss sich ein geringer Schutzumfang nicht unbedingt mindernd auf den Lizenzsatz auswirken, wenn der erfindungsgemäße Einsatz eine Nutzung als Massenartikel und/oder eine erhebliche Verminderung der Herstellungskosten bewirkt. Auch wenn regelmäßig bei Massenartikeln die Lizenzsätze erheblich niedriger liegen als bei teuren bzw. hochwertigen Einzelstücken, wird die Praxis einen höheren Lizenzsatz beispielsweise dann für angemessen erachten, wenn die Erfindung einen sehr wesentlichen Teil des Produkts beeinflusst und zu einer erheblichen Verbilligung führt oder dadurch schlagartig lästige Kundenreklamationen beseitigt werden. Demzufolge kann einzelnen Faktoren eine derart überragende Bedeutung zukommen (z.B. technischer Fortschritt), dass sie andere nachteilige Faktoren ausgleichen oder wertmäßig verdrängen (z.B. besondere Investitionskosten) und damit einen üblichen oder höheren Lizenzsatz rechtfertigen. Ebenso können bestimmte Nachteile (z.B. hohe Herstellungskosten) anderweitige Vorteile (z.B. Qualitätsvorsprung) so stark überlagern, dass der Lizenzsatz abzusenken ist.

Auch in der **Literatur** werden zahlreiche – z.T. deckungsgleiche – Bewertungsmerkmale genannt: 1689

Lüdecke[1]: 1690

- Produktionsfaktoren (Fabrikationsprobleme wie technische Reife der Erfindung, Fertigungsverlauf, Produktionskosten u.a.);
- Markt- und Vertriebsfaktoren (Bedarfslage, Wettbewerbsfähigkeit des Produktes, Rentabilitätsfragen, Einführungsaufwand usw.);
- Monopolfaktoren (Stärke und Umfang der Monopolstellung, Art der Lizenz u.a.).

Groß[2] (mit zum Teil mehr als zehn Unterpunkten): 1691

A. Allgemein (Umfang des Benutzungsrechts)
B. Verkaufsobjekt
C. Fertigung
D. Marktsituation
E. Technischer Stand
F. Absatzverhältnisse
G. Lizenznehmer
H. Entstehungskosten der Erfindung
I. Art der Zusammenarbeit
J. Sonstige Faktoren

Pagenberg/Beier[3] führen folgende Merkmale zur Bestimmung des Wertes einer zu lizenzierenden Erfindung an: 1692

- bahnbrechende Pioniererfindung;
- Stellung auf dem Markt/Ausschließlichkeit;
- erhebliche kostensparende Verbesserung;
- technischer Umfang des Benutzungsrechts;
- Zahl der Wettbewerber und damit der potentiellen Lizenzsucher;
- generelle Gewinnspannen auf dem betreffenden Gebiet und notwendiger Werbeaufwand;
- Massenartikel oder Spezialmaschine;
- erwartete Gesamteinnahmen des Erfinders pro Jahr;
- fertigungsreife Erfindung oder Lizenzierung einer bloßen Erfindungsidee.

---

1 *Lüdecke*, Die Lizenzgebühren für Erfindungen (1955).
2 *Groß*, Der Lizenzvertrag, Rz. 99; s. auch *Groß* in Groß/Rohrer, Lizenzgebühren Rz. 3.
3 Muster 1 Rz. 168.

1693 In diesem Zusammenhang kann – rein kalkulatorisch bzw. für eine Kontrollrechnung – in die Bestimmung des Lizenzsatzes einbezogen werden, dass nach den früheren Erfahrungen der ***Schiedsstelle*** für Arbeitnehmererfindungen beim Deutschen Patent- und Markenamt bei der Erfindervergütungsberechnung der Lizenzsatz bzw. die unter seiner Zugrundelegung erzielten **Lizenzgebühren in Abhängigkeit vom Gewinn des Unternehmens des Lizenznehmers** (vor Steuern) gesehen werden können. Insoweit kann der Lizenzsatz u.a. ein Ausdruck der Gewinnerwartung sein. Hier hatte sich früher eine Relation von $1/3$ bis $1/8$ etabliert mit einem **Schwerpunkt bei $1/5$ bis $1/4$**[1]. Ein Lizenzsatz von beispielsweise 2 % wurde daher als Verhandlungsgrundlage für die Lizenzgebühren – natürlich abhängig von anderen Faktoren – dann gefordert, wenn der Unternehmensgewinn vor Steuern durch den Vertrieb des lizenzierten Produktes voraussichtlich 8 bis 10 % beträgt. Der zu erwartende Gewinn kann damit ggf. ein wertbildender Faktor bei der Bestimmung des Lizenzsatzes sein[2]. Zu seiner Ermittlung können allerdings nur die Positionen herangezogen werden, die erfindungsbezogen sind[3]. Dazu zählen nach Ansicht des *BGH* neben den Gestehungs-/Herstellungskosten auch die anteiligen Vertriebs- einschließlich Marketingkosten[4]. Verspricht der Erfindungseinsatz – auch im Vergleich zum allgemeinen Stand der Technik – nennenswerte **Kosteneinsparungen** bei der Produktion, kann dies eine Anhebung des üblichen Lizenzsatzes rechtfertigen[5].

1694 Weiterer wertbildender Faktor für die Bestimmung der Lizenzgebühr ist der Vergleich der Erfindung in ihrer Wertigkeit zum allgemeinen Stand der Technik. Je geringer der **Abstand zum allgemeinen Stand der Technik** oder zu einem darüber liegenden betrieblichen Stand der Technik ist, umso niedriger fällt der Lizenzsatz aus[6]. Andererseits ist bei **Pioniererfindungen** auf neuen bzw. wenig bearbeiteten technischen Gebieten regelmäßig ein hoher Lizenzsatz zu wählen. Von einer solchen Erfindung kann aber nur bei einer sprunghaften technischen Entwicklung gesprochen werden, die mindes-

1 *Schiedsstelle*, EV v. 13.2.1986, EGR Nr. 61 zu § 12 ArbEG; *Schiedsstelle* v. 18.1.1990, BlPMZ 1990, 336; *Schiedsstelle* v. 26.2.1993, Arb.Erf. 13/92, n.v.; vgl. schon *Schiedsstelle* v. 8.5.1961, BlPMZ 1961, 434; *Fischer*, Mitt. 1987, 104, 105; *Bartenbach/Volz*, KommRL, RL Nr. 10 Rz. 32; s. auch *BGH* v. 16.2.2002, GRUR 2002, 801, 802 – Abgestuftes Getriebe; *OLG Düsseldorf* v. 9.5.1996, Mit. 1998, 27, 31 f.

2 Kritisch hierzu *Hellebrand*, GRUR 2001, 678 ff.; s. auch *Hellebrand* in FS 50 Jahre VPP (2005) S. 289 ff.

3 *Bartenbach/Volz*, KommRL, RL Nr. 10 Rz. 33.

4 *BGH* v. 13.11.1997, GRUR 1998, 689, 692 f. – Copolyester II; *BGH* v. 13.11.1997, GRUR 1998, 684, 688 f. – Spulkopf; *LG Düsseldorf* v. 17.2.1998, Mitt. 1998, 235, 236 – Formpresse.

5 *Schiedsstelle* v. 3.6.2005 – Arb.Erf. 043/04, n.v., dort für den Bereich der Arbeitnehmererfindung.

6 Vgl. etwa *LG München* v. 21.12.1998 – 21 O 22 876/94, n.v.; *Schiedsstelle* v. 22.6.1995, Mitt. 1996, 220, 221 – Bedienungseinrichtung; *Bartenbach/Volz*, KommRL, RL Nr. 10 Rz. 46.

tens voraussetzt, dass kein Wettbewerber die Erfindung auswerten kann, d.h. dass auch Umgehungsmöglichkeiten nicht bestehen. Dabei kann allerdings im Einzelfall beachtlich sein, dass gerade auch Pioniererfindungen in der anfänglichen Nutzungsphase wegen der hohen Entwicklungskosten zur Herbeiführung der Serienreife mit z.T. erheblichen Investitionskosten belastet sind. Werden im Markt eingeführte **Produkte oder Verfahren lediglich verbessert**, ohne dass dadurch ein neues Produkt entsteht, rechtfertigt sich häufig nur ein relativ niedriger Lizenzsatz, es sei denn, der Lizenzsatz bezieht sich ausschließlich auf den Mehrumsatz[1].

Auch die **Wertigkeit des Schutzrechts** selbst beeinflusst in besonderem Maße die Höhe des Lizenzsatzes. Diese Wertigkeit bestimmt sich im Wesentlichen durch drei Faktoren: Entscheidend ist zunächst der **rechtliche Schutzumfang** (vgl. § 14 PatG, Art. 69 EPÜ). Je geringer der Schutzumfang ist, umso niedriger fällt regelmäßig der Lizenzsatz aus und umgekehrt[2]. Damit im Zusammenhang steht die Frage, ob das Schutzrecht verhältnismäßig **leicht zu umgehen** ist, also die Möglichkeit von zahlreichen Alternativlösungen besteht. Auch dies kann einen niedrigen Lizenzsatz rechtfertigen. Außerdem beeinflusst **die Abhängigkeit des Schutzrechts von anderen Schutzrechten** den Wert[3]. Selbst wenn ein zu lizenzierendes Schutzrecht einen noch so großen Schutzumfang hat, ist dies dann bedeutungslos, wenn hiervon nur im Zusammenhang mit anderen, prioritätsälteren Schutzrechten Gebrauch gemacht werden kann. Der Einfluss der Abhängigkeit ist dabei umso größer, wenn der Lizenzgeber nicht selbst Inhaber der „sperrenden" Schutzrechtsposition ist, sondern auf die Einräumung von Nutzungsrechten durch Dritte angewiesen ist[4]. Soweit hierfür Leistungen erbracht werden, sind diese wertend zu berücksichtigen. Auch bei Abhängigkeit des lizenzierten Schutzrechts ist die Lizenzgebühr im Zweifel für den gesamten Patentgegenstand geschuldet und nicht nur für den den Schutzumfang des älteren Patents überschießenden Bereich[5]. Schließlich ist auch die **Rechtsbeständigkeit** gegen Angriffe Dritter von Einfluss[6]. So werden Lizenzsätze im unteren Bereich angebracht sein, wenn die Gefahr besteht, dass Wettbewerber von dem Erfindungsgegenstand Gebrauch machen, ohne mit Verletzungsklagen rechnen zu müssen oder sich der Lizenzgeber der Möglichkeit von Einsprüchen oder Löschungsanträgen bzw. Nichtigkeitsklagen ausgesetzt sieht. 1695

Einen weiteren wichtigen Bewertungsfaktor stellen **Art und Umfang der Nutzung** dar. Ein gehobener Lizenzsatz wird anzunehmen sein, wenn die 1696

---

1 *Schiedsstelle* v. 18.1.1990 BlPMZ 1990, 336, 337.

2 Vgl. *OLG Düsseldorf* v. 9.6.1996, Mitt. 1998, 27, 31 – Schadensersatz nach der Lizenzanalogie.

3 Vgl. *BGH* v. 18.2.1989, GRUR 1992, 432 – Steuereinrichtung I.

4 *Bartenbach/Volz*, KommRL, RL Nr. 10 Rz. 57.

5 *BGH* v. 18.2.1989, GRUR 1992, 432, 433 – Steuereinrichtung I.

6 Vgl. *Volmer/Gaul*, ArbEG, § 9/RL Nr. 10 Rz. 407; *Schiedsstelle* v. 30.7.2002 – Arb.Erf. 038/00, n.v.

Erfindung nur in **(hochwertigen) Einzelexemplaren** benutzt wird, da hier die Gewinnerwartung regelmäßig hoch ist. Gleiches gilt bei Spezialvorrichtungen bzw. -präparaten und Sonderausführungen[1]. Freilich kann dies nicht uneingeschränkt gelten, wenn es sich um ein (teures) Großobjekt mit zahlreichen erfindungsneutralen Bauteilen handelt. Hier wird wegen der „großen Masse" nur ein niedriger Lizenzsatz anfallen können[2]. Steht von vornherein fest, dass nur eine **Fertigung in geringem Umfang** in Betracht kommt, wird der Lizenzgeber üblicherweise unabhängig von der Gewinnerwartung des Lizenznehmers eine hohe Lizenzgebühr verlangen, um auf seine Kosten zu kommen. Werden **Serienprodukte bzw. Massenartikel** hergestellt, sind die Lizenzsätze grundsätzlich niedrig bis sehr niedrig[3]. Bei Massenartikeln wird ein höherer Lizenzsatz nur dann für angemessen erachtet, wenn die Erfindung einen sehr wesentlichen Teil eines Produktes betrifft und zu dessen erheblicher Verbilligung geführt hat[4]. Gleiches muss dann gelten, wenn ein gänzlich neuartiges Massenprodukt lizenziert wird, das ein neues Gebiet erschließt oder auf bekannten Bereichen eine neuartige Entwicklung einleitet.

1697 Zu berücksichtigen ist auch, wie intensiv der **Wettbewerb** auf dem betreffenden Gebiet ist. Auf einem hart umkämpften Markt werden wegen der regelmäßig nur geringen Gewinnspannen auch nur geringere Lizenzsätze, selbst für wertvollere Erfindungen, gerechtfertigt sein[5]. Erfasst werden hiervon z.B. große Teile der Elektroindustrie (z.B. Unterhaltungselektronik, Computerindustrie) und namentlich auch weite Bereiche der **Zuliefererindustrien**. Zum Ausbau des Marktes oder um dem starken Druck der – auch ausländischen – Mitbewerber standzuhalten, wird hier regelmäßig sehr knapp kalkuliert und dementsprechend nur mit geringen Lizenzsätzen gearbeitet.

1698 Wird bei einem Produkt neben der zu lizenzierenden Erfindung von sonstigen (eigenen, lizenzierten) Schutzrechten Gebrauch gemacht, stellt sich die Frage der **wirtschaftlichen Höchstbelastbarkeit** des Produktes (Verfahrens). Bei einem derartigen Zusammentreffen mehrerer Schutzrechte auf einem Produkt (Verfahren) kann selbstverständlich nicht für jedes Schutzrecht der sonst bei isolierter Verwertung angemessene Lizenzsatz angesetzt werden, wenn wegen dieser hohen wirtschaftlichen Belastung der Markt für das Produkt gefährdet würde[6].

---

1 Vgl. *OLG Düsseldorf* v. 9.5.1996, Mitt. 1998, 27, 30 – Schadensersatz nach der Lizenzanalogie.
2 *Schiedsstelle* v. 7.2.1983, BlPMZ 1984, 218, 219.
3 *Schiedsstelle* v. 19.11.1981, BlPMZ 1984, 57; *Schiedsstelle* v. 16.6.1983, BlPMZ 1984, 250, 251 und v. 3.6.2005 – Arb.Erf. 043/04 – n.v.
4 Vgl. *Bartenbach/Volz*, KommRL, RL Nr. 10 Rz. 66 m.w.N.
5 Vgl. etwa *Schiedsstelle* v. 16.6.1983, BlPMZ 1984, 250, 251.
6 *Bartenbach/Volz*, KommRL, RL Nr. 10 Rz. 71.

Denkbar ist auch, dass bei **besonders hohen Umsätzen** der Lizenzsatz abgestaffelt wird, d.h. mit steigendem Umsatz sinkt. Tragender Gedanke einer **Abstaffelung** (vgl. auch Amtliche Vergütungsrichtlinien RL Nr. 11) ist der Aspekt der **Kausalitätsverschiebung** (s. Rz. 1781 ff.). Es wird bei der Bestimmung der Höhe der Lizenzgebühr also (mit) bedacht, ob bei der erwarteten Erzielung besonders hoher Umsätze die Ursächlichkeit der Lizenzschutzrechte gegenüber anderen Faktoren aus dem Einflussbereich des Lizenznehmers (Ruf des Unternehmens, Vertriebsorganisation, Werbung etc.) zurücktritt[1]. Auch eine Branchenüblichkeit kann für die Bestimmung der Abstaffelung (mit) maßgeblich sein. 1699

Die Höhe des Lizenzsatzes und die Abstaffelung stehen in einem Wechselverhältnis. Nach den Erfahrungen der Praxis werden Lizenzsätze mit Abstaffelung regelmäßig höher angesetzt als Lizenzsätze, deren Bezugsgröße (Umsatz) von vornherein nicht abgestaffelt wird. Deshalb sollte bereits bei der Bestimmung eines Lizenzsatzes berücksichtigt werden, ob für den konkreten Vertrag eine Abstaffelung in Betracht kommt oder nicht. Anstelle einer (üblichen) Abstaffelung kann selbstverständlich **von vornherein ein einheitlicher niedriger Lizenzsatz** gewählt werden. Die Wahl der technisch-wirtschaftlichen Bezugsgröße hat auch Auswirkungen auf die Abstaffelung. **Je umfangreicher die Bezugsgröße** ausfällt, umso eher kann eine Abstaffelung eingreifen, es sei denn, es handelt sich um hochwertige Einzelstücke (s. Rz. 1696).

Nicht unüblich ist aber auch eine **Aufstaffelung** der Lizenzgebühr, also deren allmähliche Anhebung. Hiermit kann der Lizenzgeber der regelmäßig nicht unerheblichen Anfangsbelastung des Lizenznehmers durch die Investition der für die Nutzung des Lizenzgegenstandes notwendigen Vorrichtungen etc. Rechnung tragen. Ebenso denkbar ist aber auch eine allmählich steigende Beteiligung des Lizenzgebers am Gewinn des Lizenznehmers durch steigende Umsätze.

Schließlich kann der Lizenzsatz von einer Vielzahl teilweise **schwer quantifizierbarer Faktoren** abhängen. Beispielhaft seien hier der Ruf und die Marktstellung des Lizenzgebers und die Möglichkeit für den Lizenznehmer, hieran zu partizipieren, genannt. Gleiches gilt auch im umgekehrten Verhältnis, wenn der Lizenzgeber aufgrund der Bekanntheit und der Marktdurchsetzung des Lizenznehmers eine umfassende Beteiligung an dessen hohen Umsätzen mit dem Lizenzgegenstand erwarten kann. Haben gesetzliche Bestimmungen regelnden Einfluss auf den Markt (z.B. in den Bereichen Umweltschutz, Arbeitssicherheit, Arzneimittel), indem sie z.B. hinsichtlich der Dauer und des Umfangs von Genehmigungsverfahren, der technischen Gegebenheiten oder durch Preisregulierungen besondere Vorgaben setzen, so ist auch dies bei der Bestimmung des Lizenzsatzes zu berücksichtigen. So liegt z.B. im Pharmamarkt der Lizenzsatz für ein bereits 1700

1 Vgl. hierzu *Hellebrand*, GRUR 1993, 449 ff.

zugelassenes Arzneimittel erheblich höher als für ein sich noch in der Erprobungs- und Genehmigungsphase befindendes Lizenzprodukt. Ebenso wird ein Unternehmer zur Zahlung höherer Lizenzsätze bereit sein, wenn er mit dem Lizenzprodukt behördlichen Auflagen entsprechen kann. Zu berücksichtigen ist auch das **Interesse der Öffentlichkeit** an einer Erfindung. Dieses kann sich wertsteigernd auswirken, wenn dadurch die Absatzchancen verbessert werden[1]. Wertmindernd können sich besondere Umsatzfaktoren auswirken, die nicht durch die Erfindung beeinflusst sind. Dies gilt etwa in den Fällen, in denen der hohe Verkaufspreis und damit ein hoher Umsatz auf besonders hohen Materialwerten beruht, weil dann der Umsatz in geringerem Maße kausal auf die Erfindung zurückzuführen ist als dies mit einem üblichen Lizenzsatz erfasst wird.

1701 Verschiedentlich wird angeregt, auch die Lizenzsätze vergleichend heranzuziehen, die bei **Patentverletzungen** zur Bestimmung des Schadensersatzes festgelegt werden (vgl. § 139 PatG). Im Grundsatz ist dies möglich. Dabei sollten sich die Vertragsparteien aber bewusst sein, dass bei dieser Schadensberechnung im Verletzungsfall häufig zusätzliche Umstände des konkreten Verletzungsfalls wertend mit herangezogen werden[2]. Bei einem unter dem Druck der gerichtlichen Geltendmachung von Patentverletzungsansprüchen vereinbarten Lizenzsatz stehen sich die Parteien nicht als gleichberechtigte Partner gegenüber[3]. Im Einzelfall können sich **Vorteile des Verletzers** im Vergleich zur Stellung eines vertraglichen Lizenznehmers lizenzerhöhend auswirken, also etwa der Umstand, für nicht rechtsbeständige Schutzrechte überhaupt keine Lizenz bezahlen zu müssen und steuerliche Rückstellungen bilden zu können etc. (vgl. Rz. 12). Die Rechtsprechung ist in diesem Zusammenhang auch bereit, subjektive Momente auf Seiten des Patentverletzers zu berücksichtigen. Schließlich handelt es sich bei dem Verletzungsgegenstand regelmäßig um ein **technisch ausgereiftes**, im Markt erfolgreiches **Produkt**, was sich in einer Anhebung der Schadensersatzlizenz niederschlagen kann. Die im Patentverletzungsstreit festgelegte Schadensersatzlizenzgebühr ist auch deshalb zu relativieren, weil diese bezogen ist auf den vom Patentverletzer erzielten Umsatz: Hat der Patentverletzer den vom Patentinhaber im Markt für die lizenzgemäßen Produkte geforderten **Kaufpreis unterboten**, verändert sich die Bezugsgröße. Wird z.B. von einem Lizenzsatz von 8 % ausgegangen und liegt der Marktpreis des Patentinhabers bei 100 Euro, dagegen der unterbietende Preis des Patentverletzers bei 80 Euro, fließen dem Patentinhaber nicht 8 Euro, sondern nur 6,40 Euro zu. „Faktisch" reduziert sich der Lizenzsatz also durch die Verschiebung der Bezugsgröße von 8 % auf 6,4 %.

---

1 *BGH* v. 31.1.1978, GRUR 1978, 430, 432 – Absorberstabantrieb I.

2 Vgl. etwa *OLG Düsseldorf* v. 4.3.2004, InstGE 4, 165, 171 f. – Spulkopf II, zum Bereich der Lizenzanalogie bei Arbeitnehmererfindungen.

3 Vgl. auch *LG München* v. 19.12.2002, InstGE 3, 104, 109 – Analytisches Testgerät.

Mittelbar kann die „Gemeinkostenanteil"-Entscheidung des *BGH*[1] zukünftig die Höhe der Lizenzgebühren beeinflussen[2]. Hiernach kann der Schutzrechtsverletzer bei dem Anspruch des Patentinhabers auf **Herausgabe des Verletzergewinns** nicht mehr seine Betriebskosten in Form von Gemeinkosten von dem mit dem Verletzungsgegenstand erzielten Umsatz abziehen, sondern nur noch die sog. variablen Kosten für die Herstellung und den Vertrieb der schutzrechtsverletzenden Gegenstände. Diese Gewinnherausgabe bedeutet also, dass dem Schutzrechtsverletzer aus der Verletzungshandlung wirtschaftlich kein Vorteil erwächst. Insoweit kann der Schutzrechtsinhaber stets darauf verweisen, anstelle der Schadensberechnung nach der Lizenzanalogie den umfangreicheren Gewinnherausgabeanspruch geltend zu machen, es sei denn, der Schutzrechtsverletzer sei zu höheren Lizenzgebühren als branchenüblich bereit. Dieser Aspekt könnte auch einen potentiellen Schutzrechtsverletzer veranlassen, es nicht auf Verletzungshandlungen ankommen zu lassen, sondern von vornherein sich um eine Lizenzierung zu bemühen. 1702

Letztlich bilden alle zuvor dargestellten Erfahrungswerte im Rahmen von Lizenzverhandlungen stets nur Verhandlungsargumente, auf deren Beachtung und Durchsetzung kein Anspruch besteht. Die schließlich vereinbarte Lizenzgebühr ist das Ergebnis der wirtschaftlichen oder technischen (Markt-)Stärke der Vertragsparteien und ihres Verhandlungsgeschickes. 1703

Frei. 1704–1710

d) Ermittlung der Bezugsgröße und Arten der Lizenzgebühren

Die Bestimmung des Wertes der Erfindung bzw. der Größenordnung der Lizenzgebühr ist wesentlich beeinflusst von der Ermittlung der wirtschaftlichen und technischen **Bezugsgröße**. 1711

aa) Die wirtschaftliche Bezugsgröße

Die wirtschaftliche Bezugsgröße kennzeichnet die (rechnerische) Grundlage für die Lizenzgebühr (vgl. auch **RL Nr. 7** der Amtl. Richtlinien für die Vergütung von Arbeitnehmererfindungen). Dabei ist zu klären, ob die Lizenzgebühr an die Herstellung oder an den **Umsatz (als Entgeltbetrag)**, den der Lizenznehmer mit den Lizenzprodukten erzielt, anknüpfen und hiervon einen bestimmten Prozentsatz darstellen soll. Alternativ ist eine Anknüpfung an den **Gewinn** denkbar (s. Rz. 1778). Möglich ist aber auch – 1712

1 *BGH* v. 2.11.2000, GRUR 2001, 239; s. dazu auch *OLG Düsseldorf* v. 9.1.2003, InstGE 3, 176 – Glasscheiben-Befestiger; *LG München* v. 13.1.2002, InstGE 3, 48 – Rasenwabe; *Haedicke*, GRUR 2005, 529 ff.; *Dreiss* in FS 50 Jahre VVP, 2005, S. 303 ff.; *Rojahn*, GRUR 2005, 623 ff.; *Meier-Beck*, GRUR 2005, 617 ff.

2 Vgl. etwa die „Kontrollrechnung" des *OLG Frankfurt* im Urteil v. 31.3.2011, GRUR-RR 2011, 201 – Getränketräger (zwischen Herausgabe Verletzergewinn u. Lizenzanalogie).

ggf. in Kombination miteinander – die Vereinbarung einer **Stücklizenz** (s. Rz. 1750 ff.), einer **Pauschallizenz** (s. Rz. 1753 ff.) oder einer **Mindestlizenz** (s. Rz. 1764 ff.). Denkbar sind daneben auch **sonstige wirtschaftliche Bezugsgrößen**, wie etwa eine Umsatzsteigerung, ein bestimmter betrieblicher Nutzen (vgl. dazu etwa RL Nr. 12 der Amtl. Richtlinien für die Vergütung von Arbeitnehmererfindungen) oder eine Anknüpfung an Kosten, die im Zusammenhang mit der Schutzrechtsposition anfallen – allerdings alles Sonderformen, die in der Praxis weder üblich noch empfehlenswert sind und daher hier vernachlässigt werden können.

1713 In der Praxis üblich ist die **Umsatzlizenz**. Diese ist auch im Zweifel vereinbart (s. Rz. 1676). Sie drückt im Regelfall einen bestimmten prozentualen Anteil am tatsächlichen Umsatz oder vom Rechnungsbetrag aus. Bei einem umsatzbezogenen Hundertsatz bedarf es der Bestimmung der wirtschaftlichen Bezugsgröße, da sich die Höhe der Lizenzgebühr zwar nach dem Umsatz des Lizenznehmers richtet, aber dann noch ausfüllungsbedürftig bleibt, was konkret mit Umsatz gemeint ist. Zur Vermeidung von Streitfällen sollte in jedem Fall genau festgelegt werden, was unter dem Umsatz des Lizenznehmers zu verstehen ist. Hierfür ist zunächst zu klären, ob bereits die **Lieferung** des Lizenzproduktes als Umsatz lizenzpflichtig ist oder nur das dem Lizenznehmer tatsächlich zufließende Entgelt; diese Frage ist nicht bloß für die Fälligkeit der Lizenzgebühr von Bedeutung, sondern gerade für die Frage, wer das **wirtschaftliche Risiko eines Zahlungsausfalls** bzw. eines Verzuges des Kunden des Lizenznehmers trägt. Im Zweifel will der Lizenzgeber, der ja spätestens mit der durch ihn gestatteten Herstellung der erfindungsgemäßen Produkte das Seine geleistet hat und keinen Einfluss auf die Lizenznehmerkunden ausübt, nicht das Bonitätsrisiko der Abnehmer mittragen; deshalb knüpft eine umsatzbezogene Lizenzgebühr – mangels abweichender Vertragsregelung – nicht an den Zahlungseingang, sondern an die **Rechnungsstellung** an (s. Rz. 1832)[1].

1714 Weitere Frage ist, ob Basis der Umsatzlizenz der **Brutto- oder der Netto-Umsatz** des Lizenznehmers ist. Es geht also darum, welche Positionen der Lizenznehmer von dem Betrag des Bruttoumsatzes, den er mit den Lizenzprodukten oder -verfahren erzielt, absetzen kann. Ist eine solche Klarstellung nicht getroffen worden, kann sich die Überlegung, dass der Lizenzgeber im Zweifel an den vom Lizenznehmer aufgrund der Lizenz kausal begründeten wirtschaftlichen Vorteilen beteiligt sein will, als Auslegungshilfe erweisen[2]. Das hat zur Konsequenz, dass damit im Zweifel vom Bruttoumsatz die eindeutig **erfindungsneutralen Positionen abzuziehen** sind. Hierzu gehören üblicherweise Kosten für Verpackung, Transport/Fracht, Versicherung, Zölle und Umsatzsteuer sowie – vor allem bei internationa-

---

1 Vgl. *BGH* v. 2.12.1997, GRUR 1998, 561, 562 f. – Umsatzlizenz.

2 Vgl. zum allgemeinen Vergütungsgrundsatz bei Arbeitnehmererfindungen *Bartenbach/Volz,* KommArbEG, Rz. 2 ff. zu § 9 m.w.N.; vgl. dazu auch *BGH* v. 23.10.2001, GRUR 2002, 149, 151 – Wetterführungspläne II.

len Lizenzverträgen – sonstige Steuern[1]. Zu berücksichtigen sind ferner Rabatte und Zugaben, die zur Umsatzförderung des Lizenzproduktes gewährt werden.

Auch im Interesse einer transparenten Abgrenzung wird häufig im Lizenzvertrag ausdrücklich vorgesehen, dass der Lizenznehmer nur solche **Posten** vom Bruttoumsatz in Abzug bringen darf, die er **seinen Abnehmern gesondert in Rechnung stellt**[2]. Im Einzelfall wird stattdessen auch ein **pauschaler Abzug dieser Kosten** in Form einer sog. **Erlösschmälerung zwischen 5–10 % des Nettofakturenwerts** (nach Abzug von Umsatzsatzsteuer und sonstigen Abgaben) gehandhabt. **Skonti** und ähnliche Preisnachlässe, die dem Abnehmer bei kurzfristiger Kaufpreiszahlung eingeräumt werden, müssen nicht unbedingt zulasten des Lizenzgebers gehen, da diese regelmäßig nicht produktbezogen sind, sondern vielmehr im Interesse der Liquidität des Lizenznehmers erfolgen. 1715

Denkbar ist die prozentuale Anknüpfung der Lizenzgebühr an die Herstellung (Erzeugung). Eine solche **Herstell-Lizenz**[3] ist in der Praxis selten. Denkbar ist diese Gestaltung etwa in den Fällen, in denen sich das eingeräumte Nutzungsrecht auf die Herstellung von Zwischenprodukten beschränkt, die vom Lizenznehmer weiterverarbeitet werden. Anzutreffen sind derartige Lizenzen auch im Bereich der Zulieferindustrie. Angemessen kann dies auch sein, wenn erfindungsgemäße Produkte mit Blick auf einen erst in weiterer Zukunft anlaufenden Verkauf zunächst in größeren Stückzahlen „auf Lager" produziert werden. In diesen Fällen empfiehlt es sich, im Lizenzvertrag festzulegen, **welche konkreten Herstellungskosten** zugrunde gelegt und wie diese ermittelt werden, ferner inwieweit unterschiedliche Rohstoff- und Materialwerte berücksichtigt werden und ob ein Gewinnaufschlag angesetzt wird. Erfolgt kein Gewinnaufschlag, wird häufig eine gegenüber der Umsatzlizenz höhere Lizenzgebühr angesetzt, um der Situation der niedrigeren Herstellungswerte gegenüber dem später erzielten Umsatzwert Rechnung zu tragen. 1716

Frei. 1717–1719

bb) Lizenzpflichtige Benutzungshandlungen

Die lizenzpflichtige **Benutzung** ist patentrechtlich und damit auf der Grundlage der Patentansprüche bzw. der Schutzansprüche eines Gebrauchsmusters zu bestimmen[4]. Mangels besonderer Abrede löst jede tatsächliche Nut- 1720

1 S. auch *Groß*, Rz. 107; zur Definition des sog. „Nettoverkaufspreises" vgl. *BGH* v. 24.9.1979, GRUR 1980, 38, 40 – Fullplastverfahren; vgl. ferner *Bartenbach/Volz*, KommRL, Rz. 21 ff. zu RL Nr. 7.

2 S. *Lüdecke/Fischer*, Lizenzverträge, F 23 S. 537.

3 Die Begriffsbestimmung ist uneinheitlich; teilweise wird auch von „Wertlizenzen" gesprochen, vgl. etwa *Henn*, Rz. 254 f.

4 S. auch für den Bereich der Vergütung von Arbeitnehmererfindungen nach der Lizenzanalogie *Schiedsstelle* v. 4.11.2003, BlPMZ 2005, 83, 87.

zung der erfindungsgemäßen Lehre im Sinne von § 9 PatG bzw. § 11 Abs. 1 GebrMG, die im Rahmen des **Schutzbereichs des Patents** (der Patentanmeldung) bzw. des Gebrauchsmusters (vgl. § 14 PatG, §§ 11, 12a GebrMG, Art. 69 Abs. 1 EPÜ) liegt, die Lizenzgebührenpflicht aus[1]. **Außerhalb des Schutzumfangs** liegende Ausführungsformen sind bei der Lizenzgebühr folglich nicht zu berücksichtigen[2]. Das betrifft insbesondere Abänderungen von technischen Abläufen, es sei denn, sie liegen noch im Äquivalenzbereich[3].

1721 Bei der Kennzeichnung des (vergütungspflichtigen) Schutzumfangs können ggf. die Kriterien aus Patentverletzungsverfahren herangezogen werden. Zu den lizenzpflichtigen Nutzungshandlungen zählen auch die Maßnahmen, die ohne Abschluss eines Lizenzvertrages als **Patentverletzung** i.S. der §§ 9, 139 PatG gelten würden[4].

1722 **Reparaturleistungen** des Lizenznehmers lösen dessen erneute Lizenzgebührenpflicht aus, wenn die Reparatur geeignet ist, die Lebensdauer des erfindungsgemäßen Gegenstandes zu verlängern, also auf dessen Neuherstellung hinausläuft[5]. Demzufolge ist etwa der Austausch eines Verschleißteils, das angesichts der hohen Lebensdauer einer Maschine ggf. mehrfach ersetzt wird, keine Neuherstellung, es sei denn, dieses Verschleißteil verkörpert das wesentliche Element des Erfindungsgegenstandes[6]. Lizenzgebührenpflichtig ist die Lieferung von erfindungsgemäßen **Ersatzstücken** durch den Lizenznehmer[7]. Wird im Rahmen einer Rückrufaktion das Lizenzprodukt vom Lizenznehmer kostenfrei ausgetauscht, liegt kein neues Umsatzgeschäft vor; deshalb kommt es auf die Umstände im Einzelfall an: Knüpft die Lizenzgebührenpflicht an die Rechnungsstellung oder den Zahlungseingang bei dem Lizenznehmer (z.B. „Lizenzgebühr in Höhe von x % des **Umsatzes** des Lizenznehmers") an, dürfte – bei Fehlen einer Abrede – eine

---

1 Vgl. auch Busse/*Keukenschrijver*, PatG, § 15 Rz. 115, wonach „im Zweifel alle Handlungen vergütungspflichtig" sind, „die in den Schutzbereich des Patents fallen."

2 Vgl. *BGH* v. 5.7.2005, GRUR 2005, 845, 847 – Abgasreinigungsvorrichtung; *BGH* v. 28.4.1970, GRUR 1970, 459, 450 – Scheinwerfereinstellgerät.

3 Zum Äquivalenzbereich s. u.a. *BGH* v. 12.3.2002, GRUR 2002, 523 ff. – Custodiol I; *BGH* v. 12.3.2002 GRUR 2002, 527 ff. – Custodiol II; *BGH* v. 12.3.2002, GRUR 2002, 515, 516 – Schneidmesser I und *BGH* v. 12.3.2002, GRUR 2002, 519, 521 – Schneidmesser II; *Melullis*, GRUR 2002, 597 ff.

4 Vgl. *BGH* v. 5.7.2005, GRUR 2005, 845, 847 – Abgasreinigungsvorrichtung; *Groß*, Rz. 128.

5 Wohl einhellige Auffassung, vgl. *BGH* v. 4.5.2004, GRUR 2004, 758, 762 – Flügelradzähler; *BGH* v. 3.5.2006 – X ZR 45/05 – Laufkranz; *BGH* v. 21.11.1958, GRUR 1959, 232, 234 – Förderrinne u. *BGH* v. 8.3.1973, GRUR 1973, 518, 520 – Spielautomat II; *OLG Karlsruhe* v. 10.12.2003, GRUR-RR 2004, 97, 99; *LG Düsseldorf* v. 6.10.1987, GRUR 1988, 116, 119 – Ausflussschieberverschluss; umfassend *Hölder*, GRUR 2005, 20 ff.; *Lindenmaier*, GRUR 1952, 294 ff.; *Groß*, Rz. 127 f.; Benkard/*Scharen*, PatG, § 9 Rz. 38, 36.

6 *BGH* v. 4.5.2004 GRUR 2004, 758, 762 – Flügelradzähler.

7 *Lüdecke/Fischer*, Lizenzverträge, F 21 S. 535.

zusätzliche Lizenzgebührenpflicht ausscheiden, da keine zusätzliche Rechnung und Zahlung erfolgt; ist dagegen bereits die Herstellung Anknüpfungspunkt, fällt die Lizenzgebühr im Regelfall auch für die „kostenlos" hergestellte Austauschlieferung an, da die Lizenzvertragsparteien mit der Herstell-Lizenz im Zweifel die Risikoabgrenzung zugunsten des Lizenzgebers vorverlagert haben. Allerdings wird in der Vertragspraxis derartigen Rückrufaktionen durch ausdrückliche Regelung Rechnung getragen (s. Muster Rz. 3381). Maßgebend ist dabei auch, ob die Rückrufaktion in der lizenzierten Erfindung oder in Umständen aus der Spähre des Lizenznehmers ihre Ursache hat.

Auch der Verkauf von Konstruktionszeichnungen sowie sonstiger **Engineering-Leistungen** des Lizenznehmers kann eine lizenzpflichtige Nutzung darstellen; dies gilt jedenfalls dann, wenn bei wirtschaftlicher Betrachtung der Engineering-Leistung die gleiche Bedeutung für die Herstellung der erfindungsgemäßen Vorrichtung zukommt wie der Anfertigung der Vorrichtung selbst[1]. 1723

Die Lizenzvertragspartner sind frei darin, bei **Lizenzierung mehrerer Schutzrechte** (gebündelte Lizenzvergabe), die sämtlich zur Herstellung eines bestimmten Vertragsgegenstandes notwendig sind, offen zu lassen, welches dieser Schutzrechte jeweils im Einzelfall benutzt worden ist; zugleich können sie festlegen, dass sich unabhängig von der jeweiligen Einzelnutzung eines Schutzrechtes die (vorab festgelegte) Lizenzgebühr an der gesamten hergestellten bzw. verkauften Produktionsmenge orientiert[2]. 1724

In den Rahmen des eine Lizenzgebührenpflicht auslösenden Benutzungsumfangs gehört es, wenn der Lizenznehmer die lizenzierte Erfindung unter **Mitverwendung eigener Erfindungen** ausübt. Hier hängt es vom Umfang der Eigenleistung des Lizenznehmers ab, inwieweit eine Herabsetzung der Gebühren gerechtfertigt ist[3]. 1725

Im Zweifel ist der Lizenznehmer auch für Benutzungshandlungen seiner evtl. **Unterlizenznehmer** lizenzgebührenpflichtig[4]. 1726

Frei. 1727–1734

cc) Gesamtprodukt, Gesamtverfahren – technische Bezugsgröße

Unter dem **Begriff der (technisch-wirtschaftlichen) Bezugsgröße** wird üblicherweise der Wert derjenigen Produkte verstanden, auf die sich der Lizenz- 1735

---

1 So für den Bereich der Erfindervergütung *Schiedsstelle* v. 8.9.1986, BlPMZ 1987, 306, 307.

2 Eine derartige Beweislastverteilung ist zulässig; vgl. bereits *Rasch*, Der Lizenzvertrag, S. 51; *Reimer*, PatG, § 9 a.F. Rz. 145.

3 *RG* v. 21.3.1934, RGZ 144, 187, 193; *BGH* v. 15.6.1967, GRUR 1967, 655, 659.

4 *BGH* v. 7.11.1982, GRUR 1955, 114, 118; *Lüdecke/Fischer*, Lizenzverträge, F 8 S. 518.

satz bezieht. Bezieht sich das lizenzierte Schutzrecht auf einen Teil eines Gesamtproduktes (**zusammengesetzte Vorrichtung**) bzw. Gesamtverfahrens, so empfiehlt sich – auch unter kartellrechtlichen Aspekten – die konkrete Bestimmung der sachgerechten lizenzpflichtigen Bezugsgröße. Diese Situation ist in der Praxis häufig, wenn nicht gar regelmäßig anzutreffen (vgl. auch RL Nr. 8 der Amtl. Richtlinien für die Vergütung von Arbeitnehmererfindungen). Hier müssen sich die Lizenzvertragsparteien entscheiden, ob sie als technisch-wirtschaftliche Bezugsgröße für die Umsatzlizenz das **erfindungsgemäße Einzelteil** (z.B. erfindungsgemäßes Scherblatt) oder das **Gesamtprodukt** (Elektro-Rasierer) wählen. Wegen der deutlichen Wertunterschiede ist diese Entscheidung von erheblicher wirtschaftlicher Bedeutung.

1736 Würde jeweils der gleiche Lizenzsatz angesetzt, hätte dies wirtschaftlich unvertretbare Ergebnisse zur Folge. Insoweit besteht zwischen dem Umfang der technisch-wirtschaftlichen **Bezugsgröße und** der **Höhe des Lizenzsatzes ein Wechselverhältnis**: Je umfangreicher die Bezugsgröße ausfällt, umso niedriger liegen im Regelfall die Lizenzsätze; umgekehrt spricht die Wahl einer besonders kleinen Bezugsgröße bei umfassenden Anlagen/Produkten/Verfahren für einen höheren Lizenzsatz[1]. Entweder wird die Lizenz von dem bloßen Wert des geschützten Einzelteils unter Zugrundelegung eines höheren Lizenzsatzes berechnet oder Bezugsgröße ist die Gesamtvorrichtung mit einem geminderten Lizenzsatz; damit ergäbe sich rechnerisch jeweils die gleiche Lizenzgebührensumme und die Wahl der Bezugsgröße wäre damit lediglich eine Frage der Berechnungsmethode[2]. In der Praxis lässt sich diese rechnerische Ausgewogenheit jedoch nicht umsetzen, da sich mit steigendem Umfang der Bezugsgröße auch die praktischen Probleme steigern, angefangen von der Vielzahl der auf einem Gesamtprodukt häufig lastenden Schutzrechte, der schwierigen Abgrenzung von Komplexbildungen, des Erfindungseinsatzes in unterschiedlichen Produkten bis hin zur Fragen einer substantiierten Auskunft und Rechnungslegung. Hinzu kommt, dass die marktüblichen Lizenzsätze sich regelmäßig an patentgeschützten Einzelteilen orientieren und insoweit der Markt nicht an Lizenzsätze im Promillebereich gewöhnt ist (vgl. etwa RL Nr. 10 der Amtl. Richtlinien für die Vergütung von Arbeitnehmererfindungen). Ferner lässt die einschränkende kartellrechtliche Bewertung eine Lizenzgebührenpflicht für patentfreie Produkte grundsätzlich nicht zu (s. Rz. 1867 ff., 1871 ff.). Deshalb kommen die Lizenzvertragsparteien nicht umhin, sich intensiv dieser Frage zuzuwenden.

1737 Die Lizenzvertragsparteien sind zwar nach deutschem Zivilrecht im Rahmen ihrer Privatautonomie (vgl. § 311 Abs. 1 BGB) grundsätzlich frei darin, die Lizenzgebühren vertraglich festzulegen. Dazu gehören zwangsläufig die

---

1 Vgl. *BGH* v. 31.1.1978, GRUR 1978, 430, 433 – Absorberstabantrieb I; ausführlich *Bartenbach/Volz*, KommRL, Rz. 71 ff. zu RL Nr. 8.

2 Vgl. *BGH* v. 31.1.1978, GRUR 1978, 430, 433 – Absorberstabantrieb I.

Bestimmung von Lizenzsatz und Bezugsgröße (zum ausländischen Recht s. Rz. 1115 ff., 2338 ff.). Zu beachten bleiben jedoch die **Schranken des Kartellrechts** (s. Rz. 1677 ff.). Unabhängig davon, ob schon die Lizenzgebühr als solche nach § 1 GWB wettbewerbsbeschränkend ist (s. Rz. 1679 f.), stellt es eine kartellrechtlich verbotene Regelung dar, wenn eine Lizenzgebühr für Handlungen vereinbart wird, die nicht vom Verbietungsrecht des Schutzrechtsinhabers umfasst sind. Dies galt für deutsches Recht sowohl auf der Basis des § 17 GWB a.F.[1] und gilt nunmehr auch auf der des § 1 GWB. Für das europäische Recht folgt dies aus Art. 101 Abs. 1 AEUV (ex-Art. 81 Abs. 1 EG)[2]. Für die Wahl der Bezugsgröße würde dies bedeuten, dass die Einbeziehung erfindungsneutraler Teile in die Lizenzgebührenzahlung kartellrechtsrelevant sein kann (zur Freistellung nach § 2 Abs. 2 GWB und Art. 2 TT-GVO 2004 s. Rz. 784 ff., 1061 ff.).

Daraus folgt einmal, dass das Kartellrecht nicht relevant wird, wenn tatsächlich **Lizenzzahlungen allein für die vom Patent erfassten Teile** vereinbart werden[3]. Anschaulich ist der vom *EuGH* entschiedene Sachverhalt im Fall „Rigg für ein Segelbrett/Windsurfing International", der die Pflicht des Lizenznehmers zum Gegenstand hatte, für den Umsatz mit der Gesamtkonstruktion (Segelbrett und Rigg) – also auch für nicht patentierte Teile (Segelbrett) – Lizenzzahlungen zu erbringen; dort hatte der *EuGH*[4] (und auch das *BKartA*[5]) entschieden, dass der Lizenznehmer Lizenzzahlungen nur für das allein patentgeschützte Rigg zu erbringen hatte und nicht – wie vereinbart – für die Gesamtkonstruktion. Die Wettbewerbsrelevanz sah der *EuGH* im Wesentlichen darin, dass andere Produzenten die nicht patentierten und lizenzierten Teile (Segelbretter) – meist billiger – separat anbieten würden. Maßgeblich ist, dass die Lizenzgebührenpflicht über den Inhalt des lizenzierten Schutzrechts hinausgeht[6]. 1738

Davon zu trennen ist die Vertragsgestaltung, wonach die Wahl der Bezugsgröße unter Einbeziehung erfindungsneutraler Teile lediglich **Zahlungsmodalität** ist. Dies lässt das deutsche Kartellrecht zu, wenn nicht das Ziel verfolgt wird, patentfreie Gegenstände in die Lizenzgebührenpflicht einzubeziehen, sondern es sich um eine technische Vereinfachung bzw. Er- 1739

---

1 *BGH* v. 5.7.2005, GRUR 2005, 845, 847 – Abgasreinigungsvorrichtung; *BKartA* v. 30.9.1981, GRUR 1981, 919, 920 ff. – Rigg für ein Segelbrett.

2 *EuGH* v. 25.2.1986, GRUR Int. 1986, 635, 638 ff. – Windsurfing International. Bestätigt wird dies auch durch Art. 2 Satz 2 TT-GVO 2004, wonach die Freistellung nur gilt, solange die Rechte an der lizenzierten Technologie rechtswirksam bestehen; vgl. auch Rz. 154 f., 159 der TT-Leitlinien zu Art. 81 EG.

3 Vgl. auch *Pagenberg/Beier*, Muster 1 Rz. 176; zu GWB a.F. im Sonderfall bei einem Lizenzvertrag mit Versorgungscharakter vgl. *LG Düsseldorf* v. 4.10.1983, WuW/E LG/AG 534 ff. – Regalsysteme; *OLG Karlsruhe* v. 12.7.1995, NJW-RR 1996, 35 – Verfahren zum Bedrucken von T-Shirts.

4 *EuGH* v. 25.2.1986, GRUR Int. 1986, 635, 638 ff. – Windsurfing International.

5 *BKartA* v. 30.9.1981, GRUR 1981, 919, 921 – Rigg für ein Segelbrett.

6 *Hauck* in Fitzner/Lutz/Bodewig, PatRKomm, § 15 PatG Rz. 53.

leichterung der Abrechnung der Lizenzgebühren handelt[1]. Für den Bereich des europäischen Rechts gilt dies entsprechend[2]; auch Rz. 156 Satz 1 der TT-Leitlinien zu Art. 81 EG (heute Art. 101 AEUV) betont, dass es den Lizenzvertragsparteien frei steht, die Zahlungsmodalitäten festzulegen; folgerichtig lässt Rz. 156 Satz 3 der TT-Richtlinien die Berechnung der Lizenzgebühr für das erfindungsgemäße „Einsatzgut" auf der „Grundlage des Preises des Endproduktes" zu. Relevant wird das auch in Fällen, in denen aufgrund der technischen Gegebenheiten die Möglichkeit der Trennung zwischen patentgeschützten und patentfreien Teilen entfällt und zu einer Berechnung der Umsatzlizenzgebühr auf der Basis des Umsatzes des Lizenznehmers mit der Gesamtkonstruktion gegriffen wird[3]. Soll die Gesamtanlage als Bezugsgröße gewählt werden, empfiehlt es sich, den Charakter der Zahlungsmodalität im Lizenzvertrag ausdrücklich klarzustellen, etwa durch den Hinweis, dass die umfassende Bezugsgröße von den Lizenzvertragsparteien als Zahlungsmodalität zur erleichterten Abrechnung gewählt und der Lizenzsatz entsprechend herabgesetzt worden ist.

1740 Denkbar ist die Bemessung der Lizenzgebühr nach einem bestimmten **Prozentsatz des Gesamtproduktes**. Das erfolgt nicht selten bei einer technisch schwierigen Abgrenzung der erfindungsgemäßen Teile gegenüber dem Gesamtprodukt. Steht die Vereinfachung der Abrechnung im Vordergrund, dürfte solches im Regelfall kartellrechtskonform sein[4]. Denkbar ist diese prozentuale Anbindung auch, wenn objektiv **begründete Zweifel** an dem Umfang, in dem sich die Erfindung im Gesamtprodukt auswirkt, damit erledigt werden sollen[5]; Gleiches kann bei **technischen Abgrenzungsschwierigkeiten** oder in den Fällen relevant werden, in denen verschiedene Ausführungsformen vertrieben werden.

1741 Kartellrechtlich kritisch ist die schon früher vom *BKartA*[6] als Verstoß gegen § 20 Abs. 1 GWB a.F. angesehene Vereinbarung, die **Lizenzgebühr für alle dem Lizenzgegenstand gleichartigen Produkte** zu zahlen, unabhängig davon, ob hierbei die lizenzierte Erfindung benutzt worden ist. Eine derartige Vereinbarung zwischen Wettbewerbern stellt eine Kernbeschränkung i.S. des Art. 4 Abs. 1 lit. a TT-GVO 2004 dar (Preisbindung), wie dies auch in Rz. 81 Satz 1 TT-Leitlinien zu Art. 81 EG (heute Art. 101 AEUV)

---

1 Busse/*Keukenschrijver*, PatG, § 15 Rz. 151 m.H.a. *BGH* v. 9.4.1963 – Ia ZR 88/63, n.v.; *Henn*, Rz. 409; *OLG Karlsruhe* v. 12.7.1995, Mitt. 1996, 251; vgl. auch *Melullis* in FS Traub, 1994, S. 287, 298 ff.

2 S. *EuGH* v. 25.2.1986, GRUR Int. 1986, 635, 638 ff. – Windsurfing International.

3 Vgl. z.B. *BGH* v. 18.3.1955, BGHZ 17, 41, 56 – Kokillenguss.

4 Vgl. aber auch *BGH* v. 26.6.1969, GRUR 1969, 677 ff. – Rübenverladeeinrichtung.

5 Vgl. auch *BGH* v. 5.7.2005, GRUR 2005, 845 – Abgasreinigungsvorrichtung unter Bezug auf *BGH* v. 22.5.1975, BGHZ 65, 147, 151 f. = GRUR 1976, 323 ff. – Thermalquelle.

6 TB BKartA 1960, 49; a.A. *Krieger*, Mitt. 1959, 283, 284, der einen Kartellverstoß nur dann annimmt, wenn die Höhe der Lizenzgebühr die Wettbewerbsfähigkeit des Lizenznehmers beeinträchtigt.

klargestellt wird; ggf. fallen solche Vereinbarungen auch unter die Kernbeschränkung des Art. 4 Abs. 1 lit. d TT-GVO 2004[1]. Sofern solches zwischen Nichtwettbewerbern vereinbart wird, greift nach Rz. 160 TT-Leitlinien zu Art. 81 EG (heute Art. 101 AEUV) im Regelfall die Gruppenfreistellung.

Fehlt es an einer ausdrücklichen Regelung, so ist für die Feststellung, worauf sich die vereinbarte Lizenzgebühr bezieht, auf den durch Auslegung zu ermittelnden Willen der Vertragsparteien abzustellen (§§ 133, 157 BGB, s. dazu Rz. 470 ff.). Im Gegensatz zur generellen Bestimmung der Lizenzgebühr (s. Rz. 1685) ist hier angesichts einer vertraglichen Festlegung der Lizenzgebühr davon auszugehen, dass die Bezugsgröße nicht einseitig von einem der Vertragspartner gemäß §§ 316, 315 BGB festgelegt werden kann. Vielmehr ist ggf. im Wege der ergänzenden Vertragsauslegung gemäß § 157 BGB unter Berücksichtigung des Sinnes und Zweckes des Vertrages, so wie dieser in den Vertragsbestimmungen zum Ausdruck gekommen ist, nach Treu und Glauben mit Rücksicht auf die Verkehrssitte die Bezugsgröße zu ermitteln. 1742

Sowohl im Rahmen der ergänzenden Vertragsauslegung als auch im Falle eines **Leistungsbestimmungsrechts (§§ 315, 316 BGB)** ist Folgendes zu beachten: Welche Bezugsgröße am zweckmäßigsten ist, ist Frage des Einzelfalls[2]. Nach der Rechtsprechung des *BGH*[3] ist die sachgerechte Bezugsgröße bei zusammengesetzten Vorrichtungen, von denen nur ein Teil patentiert ist, unter Berücksichtigung aller Umstände des Einzelfalles vor allem nach der **Verkehrsüblichkeit und Zweckmäßigkeit** zu bestimmen. Dies entspricht dem allgemeinen Grundsatz der Lizenzanalogie bei Schutzrechtsverletzungen, wonach ein Verletzer das schuldet, was vernünftige Parteien bei Abschluss des Lizenzvertrages vereinbart hätten, wenn sie die künftige Entwicklung und insbesondere den Umfang der Rechtsverletzung vorausgesehen hätten[4]. Im Ergebnis wird also auf eine **wirtschaftliche Betrachtungsweise** abgestellt. Bei der entsprechenden Prüfung kann es – so der *BGH* – insbesondere eine Rolle spielen, ob die Gesamtvorrichtung üblicherweise als Ganzes geliefert wird und ob sie durch den geschützten Teil insgesamt eine Wertsteigerung erfahre. Im entschiedenen Fall war ein Teleskopzylinder (Wert ca. 8000 Euro) ohne die erfindungsgemäße Steuereinrichtung (Wert ca. 200 Euro) aus Sicherheitsgründen kaum einsetzbar, so dass der Teleskopzylinder durch die Steuereinrichtung eine **erhebliche Wertsteigerung** erfahren habe, und dies bei einem Wertverhältnis von rd. 1743

1 *Schultze/Pautke/Wagener*, GVO-TT, Rz. 513.

2 Busse/*Keukenschrijver*, PatG, § 15 Rz. 117 m.H.a. *BGH* v. 31.1.1978, GRUR 1978, 430, 433 – Absorberstabantrieb I.

3 *BGH* v. 30.5.1995, GRUR 1995, 578, 579 – Steuereinrichtung II m.w.N.; zustimmend für die Schadenslizenz Busse/*Keukenschrijver*, PatG, § 139 Rz. 159; vgl. Situation bei der Erfindervergütung RL Nr. 8 u. hierzu *Bartenbach/Volz* in FS Nirk, 1992, S. 39 ff.

4 *BGH* v. 18.2.1992, GRUR 1992, 599, 601 – Teleskopzylinder; *BGH* v. 18.2.1992, GRUR 1992, 597, 598 – Steuereinrichtung I.

40:1 (!). Zu beachten ist jedoch, dass es nach den Erfahrungen der *Schiedsstelle* für Arbeitnehmererfindungen beim DPMA weder bei Lizenzsätzen noch bei der Auswahl der technisch-wirtschaftlichen Bezugsgröße Verkehrsgepflogenheiten oder sonstige Üblichkeiten gibt[1]. So ist jede Erfindung gesondert zu betrachten und führt zu erfindungsspezifischen Ergebnissen[2].

1744 Fehlen genaue vertragliche Vereinbarungen über die Festlegung der Bezugsgröße, so ist u.E. maßgeblich, was vernünftige Lizenzvertragsparteien im konkreten Fall unter angemessener Würdigung der beiderseitigen Interessen und der kartellrechtlichen Schranken als Bezugsgröße gewählt hätten. Dabei ist im Zweifel in Anlehnung an die frühere Rechtsprechung[3] – vorbehaltlich der durch das Kartellrecht gezogenen Grenzen[4] – darauf abzustellen, welche Teile durch die lizenzierte Erfindung ihr **kennzeichnendes Gepräge** erhalten haben; ansonsten ist im Zweifel von der kleinsten technisch-wirtschaftlichen Einheit als Bezugsgröße auszugehen.

Vorrangig ist darauf abzustellen, welche Teile des Produkts/der Vorrichtung durch die Erfindung beeinflusst werden. Die Schiedsstelle beantwortet dies danach, in welche **technischen Problemkreise** das Produkt aufzuteilen ist und welche dieser Problemkreise durch den Gegenstand der Erfindung beeinflusst werden[5]. An die Bestimmung, in welchen der technischen Problemkreise die zu vergütende Erfindung fällt, schließt sich die Prüfung an, ob die Erfindung technisch-patentrechtlich diesen Problemkreis bzw. diese Problemkreise **in vollem Umfang beeinflusst oder nur zu einem Teil**. Es wird also gefragt, **was durch die Erfindung erreicht werden soll und was effektiv erreicht wird**[6]. Diese Prüfung erfolgt anhand des Inhalts der Schutzrechtsunterlagen (vgl. § 14 PatG, Art. 69 EPÜ).

Diese Entscheidungspraxis der Schiedsstelle ist seitens des *BGH* bestätigt worden[7]. Auch im früheren Referentenentwurf des BMJ zu einer Novellierung des ArbEG vom 25.10.2001 wurde auf die **kleinste technisch-wirtschaftliche Einheit zu den dort vorgesehenen (Pauschal-)Vergütungen abgestellt**.

---

1 Vgl. *Bartenbach/Volz*, KommRL, RL Nr. 8 Rz. 14 m.w.N.

2 *BGH* v. 13.3.1962, GRUR 1962, 401, 402 f. – Kreuzbodenventilsäcke III; *BGH* v. 10.10.1978, BlPMZ 1980, 60, 61; *BGH* v. 6.3.1980, BlPMZ 1982, 277, 278.

3 Vgl. *BGH* v. 26.9.1969, GRUR 1969, 677, 679 – Rübenverladeeinrichtung, mit Anm. *Fischer*; bestätigt in ständiger Praxis der *Schiedstelle* des DPMA seit Einigungsvorschlag v. 13.11.1963, BlPMZ 1964, 354 f.; u.a. Einigungsvorschlag v. 27.10.2005 – Arb.Erf. 38/04, n.v.

4 Vgl. auch *BGH* v. 29.4.2003, GRUR 2003, 789 ff. – Abwasserbehandlung; *Melullis* in FS Traub, 1994, S. 287, 299 ff., 302.

5 St. Praxis der *Schiedsstelle*, s. z.B. *Schiedsstelle* v. 25.6.1998 – Arb. Erf. 88/96; *Schiedsstelle* v. 1.10.2007 – Arb.Erf. 53/04, n.v.; *Schiedsstelle* v. 11.3.2008 – Arb.Erf. 24/07 u. *Schiedsstelle* v. 1.4.2008 – Arb.Erf. 52/05 (beide Datenbank).

6 St. Praxis der *Schiedsstelle*, z.B. EV v. 1.4.2008 – Arb.Erf. 52/05 (Datenbank).

7 *BGH* v. 17.11.2009, GRUR 2010, 223, 227, Rz. 36 – Türinnenverstärkung.

Ist ein **ausschließlicher Lizenzvertrag** über eine geschützte Gesamtvorrichtung geschlossen, wird diese aber vom Lizenznehmer nicht benutzt, sondern nur eine im Unteranspruch geschützte Teilvorrichtung, so darf sich dies nicht mindernd auf die Höhe der Lizenzgebühr auswirken[1]. *Fischer*[2] bezweifelt zwar die Richtigkeit dieser Auffassung. Dennoch erscheint die Ansicht des *BGH* zutreffend, da immerhin berücksichtigt werden muss, dass ein Lizenznehmer im Rahmen des ihm ausschließlich eingeräumten Benutzungsrechtes ein umfassendes Verwertungsrecht (und eine hierzu korrespondierende Ausübungspflicht, s. hierzu Rz. 1895 ff.) hat und damit zugleich den Lizenzgeber hindert, die von ihm nicht benutzten Teile der Gesamteinrichtung anderweitig auszuwerten. Dieser umfassenden Nutzungsberechtigung des Lizenznehmers muss eine entsprechend umfassende Vergütungspflicht auch dann entsprechen, wenn der Lizenznehmer von seinem Recht keinen vollen Gebrauch macht. Eine andere Bewertung liefe auf eine patentrechtlich unzulässige Realteilung des Patentes hinaus[3]. 1745

Frei. 1746–1749

dd) Die Stücklizenz

In der Lizenzpraxis ist eine häufige Form der Berechnung der Lizenzgebühr die Stücklizenz. Hierbei zahlt der Lizenznehmer für jeden erzeugten oder veräußerten Lizenzgegenstand einen **bestimmten Geldbetrag** in Euro oder einer Fremdwährung[4]. Die Vereinbarung einer Stücklizenz in Form eines bestimmten Betrages ist insofern vorteilhaft, als die Kontrolle (anhand der produzierten Stückzahlen) meist einfacher ist als bei der Umsatzlizenz. Zudem ist die Stücklizenz unabhängig von Preisschwankungen des Lizenzproduktes, von Gewinnmargen des Lizenznehmers und von Wechselkursrisiken. Nachteilig ist die Stücklizenz bei Vereinbarung eines bestimmten Geldbetrages pro Lizenzgegenstand dann, wenn die Preise, die der Lizenznehmer seinen Abnehmern berechnet, während der Laufzeit des meist auf längere Sicht angelegten Lizenzvertrages steigen. Entsprechendes gilt zulasten des Lizenznehmers, wenn die Lizenzprodukte einem allmählichen Preisverfall unterliegen. An derartigen Preisveränderungen nimmt der Lizenzgeber nicht teil, während die Vereinbarung eines festgelegten **Prozentsatzes** vom Verkaufspreis diese Preisveränderungen mit umfasst. 1750

Bei der Stücklizenz handelt es sich letztlich um einen Festbetrag für den Lizenzgegenstand. Die Vertragsparteien müssen allerdings bestimmen, für welche Produkte die Stücklizenz anfällt (s. oben Rz. 1750) und ob auf die 1751

---

1 *BGH* v. 26.9.1969, GRUR 1969, 677, 679 – Rübenverladeeinrichtung, mit Anm. *Fischer*.
2 *Fischer*, GRUR 1969, 680, 681.
3 Vgl. auch *Bartenbach/Volz*, ArbEG, § 12 Rz. 34.
4 *RG* v. 18.8.1937, GRUR 1937, 1086, 1087 – Funkverband; vgl. auch *BGH* v. 12.12.2003, WM 2004, 596, 597 – Honiglöffel.

hergestellte oder vertriebene Menge abgestellt wird (s. oben Rz. 1713). Die Probleme der Bezugsgröße relativieren sich allerdings.

1752 Frei.

ee) Die Pauschallizenzgebühr und andere Arten von Einmalzahlungen

1753 Anstelle oder ergänzend zu einer laufenden Lizenzgebühr ist auch die Vereinbarung einer festen Summe als Lizenzgebühr denkbar (Pauschallizenzgebühr). Solche Pauschalzahlungen (häufig „lump sum" genannt) sind in der Lizenzpraxis nicht unüblich[1]. Deren Zweckbestimmungen sind höchst unterschiedlich. Die Funktion reicht von der Vergütung für Zusatzleistungen (z.B. Bereitstellung von Know-how) bis hin zur Vergütung für die bloße Bereitschaft des Lizenzgebers zum Abschluss des Vertrages[2]. Verbreitet ist die Zahlung als Beteiligung des Lizenznehmers an den Entwicklungskosten des Lizenzgebers[3], ferner als pauschale Abgeltung der Lizenz für die erste Nutzungszeit, die dann von einer laufenden Lizenzgebühr abgelöst wird (häufig „down payment" genannt). Derartige Pauschalgebühren können auch eine abschließende Lizenzgebührenzahlung sein, etwa wenn der Umfang der Nutzung des Lizenzgegenstandes von vornherein überschaubar ist und die Vertragspartner keine besonderen Vertragspflichten (Ausübungspflicht, detaillierte Abrechnung) vorsehen wollen, ferner zur vergleichsweisen Erledigung von Verletzungsstreitigkeiten. Gerade mit Blick auf die nicht einheitliche Terminologie – als Bezeichnungen wurden auch entwickelt: einmalige Pauschalgebühr, à fonds perdu-Zahlung, Grundlizenzgebühr, Vorwegvergütung, Grundzahlung, Abschlussgebühr[4] – empfiehlt es sich, die Zweckbestimmung ausdrücklich im Lizenzvertrag zu verankern, d.h. im Vertragstext genau abzuklären, welche Leistungen des Lizenzgebers und welche Handlungen des Lizenznehmers mit der Pauschalgebühr abgegolten werden sollen.

1754 Eine vertragliche Regelung sollte auch für den Fall getroffen werden, dass das **Lizenzverhältnis vorzeitig beendet** wird und sich dann die Frage einer (teilweisen) Rückzahlung bereits gewährter Leistungen stellt. Es ist stets nach dem Sinn und Zweck der Gebühr bzw. nach deren Funktion zu fragen[5]. Mangels besonderer Hinweise wird die Pauschallizenz grundsätzlich als eine einmalige, **auf die gesamte Vertragsdauer berechnete Lizenzgebühr**

---

1 Busse/*Keukenschrijver*, PatG, § 15 Rz. 119, dort – unter Bezugnahme auf *BGH* v. 6.4.1995, BGHZ 129, 236 = ZIP 1995, 1021, 1026 – EKV, mit dem zusätzlichen Hinweis, dass dagegen eine Verknüpfung mit Mindestlizenzen unüblich sein kann; s. auch Benkard/*Ullmann*, PatG, § 15 Rz. 131.

2 „Abschlussgebühr", „entrance fee" bzw. „Eintrittsgeld" genannt, s. *Henn*, Rz. 250.

3 Vgl. *Vollrath*, GRUR 1983, 52, 53 m.w.N.; *Pagenberg/Beier*, Muster 1 Rz. 205.

4 Vgl. *Vollrath*, GRUR 1983, 52, 53 m.w.N.

5 *LG München* v. 18.11.1954, GRUR 1956, 413, 414.

verstanden[1], was aber z.B. bei Wertung der Gebühr als einmalige Vorauszahlung à fonds perdu nicht möglich ist. Von einer Wertung als einer auf die gesamte Vertragsdauer bezogenen Pauschallizenz abweichende Zweckbestimmungen von Einmalzahlungen sollten ebenfalls vertraglich festgehalten werden.

Im Interesse des Lizenzgebers liegt es regelmäßig, dass ihm dieser Betrag 1755 unabhängig von den weiteren Vertragsentwicklungen verbleibt. Solche einmaligen Zahlungen haben ihre Grundlage vielfach in der allgemeinen Erfahrung, dass Lizenzverträge über gewerbliche Schutzrechte für die Beteiligten nicht selten ein **Wagnis** bedeuten (s. Rz. 25). Damit kann sich der Lizenzgeber – bereits im Vorfeld einer Nutzung durch den Lizenzgeber – einen (ersten) Gewinn bzw. einen Beitrag zu seinen Aufwendungen (Entwicklungskosten usw.) sichern[2], da ja die weiteren Einnahmen letztlich von der Leistungsfähigkeit und den Markterfolgen seines Lizenznehmers abhängen. Im Einzelfall liegt es auch im wohlverstandenen eigenen Interesse des Lizenznehmers, dieses Zugeständnis zu machen, wenn er sich damit die Erteilung der Lizenz und den nach dem gewöhnlichen Ablauf der Dinge zu erwartenden wirtschaftlichen Erfolg, insbesondere durch die Bereitstellung weiteren Erfahrungswissens seitens des Lizenzgebers, sichern zu können glaubt[3]. Insoweit spielen der dem Lizenzvertrag anhaftende Charakter eines gewagten Geschäftes und die Unmöglichkeit, seine Auswirkungen im Voraus zu überblicken, eine entscheidende Rolle.

Aus diesem besonderen Charakter einer solchen Zusatzleistung folgt, dass 1756 sie bei vorzeitiger Beendigung des Vertragsverhältnisses **im Zweifel dem Lizenzgeber verbleiben soll**. Wird der Vertrag allerdings aufgrund eines arglistigen Verhaltens des Lizenzgebers angefochten oder ist er aus sonstigen Gründen nichtig, ergibt sich über §§ 812 ff. BGB die Herausgabepflicht. Endet aber das Vertragsverhältnis infolge Vernichtung des Schutzrechtes, dürfte es dem Charakter des Lizenzvertrages als gewagtem Geschäft entsprechen, dass auch in diesem Falle die (zusätzliche) Pauschalleistung dem Lizenzgeber verbleiben soll. Ein Indiz dafür, dass eine solche Zahlung à fonds perdu von den Parteien gewollt ist, ergibt sich oft aus dem zahlenmäßigen Verhältnis zwischen der einmaligen Pauschalgebühr und dem von den Parteien erhofften wirtschaftlichen Ergebnis, wie es sich in der Vereinbarung, etwa in der Beteiligung des Lizenzgebers am Umsatz, widerspiegelt[4].

Bei der „**paid up license**" handelt es sich um einen Sonderfall der Pauschal- 1757 lizenzgebühr. Ausgangspunkt ist die Vereinbarung einer umsatzbezogenen Lizenz. Die **Zahlungspflichten des Lizenznehmers enden** aber, **sobald ein**

1 *LG München* v. 18.11.1954, GRUR 1956, 413, 414.
2 *Körner*, GRUR 1982, 341, 342; *Vollrath*, GRUR 1983, 52, 53.
3 *BGH* v. 5.8.1960, GRUR 1961, 27, 28 – Holzbauträger.
4 *BGH* v. 5.8.1960, GRUR 1961, 27, 28 f. – Holzbauträger.

bestimmter vertraglich festgelegter Lizenzgebührenbetrag erreicht ist, so dass die anschließenden Nutzungshandlungen lizenzgebührenfrei sind[1].

1758 Zutreffend geht das *OLG München*[2] davon aus, dass **eine Pauschallizenzvereinbarung als solche weder gegen deutsches noch gegen europäisches Kartellrecht verstößt**. Maßgeblich ist auch hier, für welche Leistungen des Lizenzgebers die Pauschalgebühr geschuldet wird. Soll damit eine kartellwidrige Leistung honoriert werden, gelten die allgemeinen Grundsätze (s. Rz. 177 ff.). Kartellrechtswidrig kann nur der Vertrag sein, der einem Lizenznehmer durch die in ihm enthaltenen Regelungen Beschränkungen auferlegt, die vom Inhalt des Schutzrechtes oder des Know-hows nicht gedeckt sind. Kartellrechtlich unbedenklich dürften damit die Abgeltung von Entwicklungskosten, die Gegenleistung für die Bereitschaft zum Vertragsabschluss oder die pauschale Abgeltung von (uneingeschränkt) überlassenem Know-how sein. Soweit damit Nutzungen des lizenzierten Schutzrechts abgegolten werden, gelten die gleichen Grundsätze wie bei einer laufenden Lizenzgebühr (s. Rz. 1737 f.). Die Höhe der Pauschallizenz ist kartellrechtlich irrelevant. Mit der Frage, wie hoch eine Pauschallizenz sein darf, befasst sich das Kartellrecht ebenso wenig wie mit der Höhe einer Stücklizenz[3].

1759–1763 Frei.

ff) Die Mindestlizenzgebühr

aaa) Allgemeines

1764 Mit der Vereinbarung einer Umsatz- oder Stücklizenz wird oft auch eine Pflicht zur Zahlung einer Mindestlizenzgebühr verbunden. Hierbei wird der Lizenznehmer verpflichtet, unabhängig vom tatsächlichen Umsatz mit den Lizenzgütern oder von der Anzahl der Nutzungs-/Herstellungshandlungen für einen festgesetzten Zeitraum einen bestimmten Lizenzbetrag zu zahlen[4]. Die ansonsten zu zahlenden Lizenzgebühren werden auf die Mindestlizenz angerechnet. Oft ist die Mindestlizenz als Vorauszahlung zu entrichten[5]. Die Vereinbarung einer Mindestlizenz auf der Grundlage des von den Lizenzvertragsparteien erwarteten Umsatzes ist grundsätzlich zulässig[6].

---

1 *Henn*, Rz. 246, 268.
2 *OLG München* v. 28.6.1990, WuW/E OLG 4650 ff. – Windsurfing; vgl. auch *OLG Karlsruhe* v. 23.12.1981, GRUR 1982, 295, 297 – Rollwagen.
3 *OLG München* v. 28.6.1990, WuW/E OLG 4650 ff. – Windsurfing.
4 Vgl. *Groß*, Rz. 118; Busse/*Keukenschrijver*, PatG, Rz. 119 zu § 15.
5 Nach Busse/*Keukenschrijver*, PatG, § 15 Rz. 119, ist dagegen die Verknüpfung mit Einstandszahlungen unüblich.
6 *BGH* v. 6.4.1995, BGHZ 129, 236, 241 f. = ZIP 1995, 1021, 1026 – EKV; zustimmend u.a. Busse/*Keukenschrijver*, PatG, § 15 Rz. 119.

Die Mindestlizenz befreit den Lizenzgeber von der Sorge, ob vereinbarte Umsatz- oder Stücklizenzgebühren – z.B. mangels ausreichender Nutzungshandlungen oder Absatzmöglichkeiten des Lizenznehmers – regelmäßig fließen, eine Sorge, die er ohne Mindestlizenzvereinbarung befürchten und auch hinnehmen muss. Das mit der Mindestlizenz verbundene **Risiko**, einen bestimmten Mindestumsatz nicht zu erreichen, trifft allein den **Lizenznehmer**, auch in den Fällen, in denen er den Ausfall von Herstellung oder Vertrieb nicht zu vertreten hat[1]. Er schuldet damit die Mindestlizenz losgelöst von den tatsächlich erzielten Umsätzen und Gewinnen. Hat allerdings der Lizenzgeber die erkennbare Unerfahrenheit eines Geschäftsführers zum Abschluss eines Lizenzvertrages ausgenutzt, um den von ihm vertretenen Lizenznehmer zu hohen Mindestlizenzgebühren zu verpflichten, so kann dieses Vorgehen sittenwidrig sein, wenn das im Gegenzug gewährte Lizenzrecht bereits im Zeitpunkt des Vertragsabschlusses erheblich weniger wert war[2]. Unvorhergesehene erhebliche Änderungen der wirtschaftlichen Grundlagen können im Einzelfall eine Anpassung nach § 313 BGB begründen (vgl. hierzu Rz. 505 f.). Auch Fälle der **höheren Gewalt**, wie etwa der Erlass von Exportverboten, können die Anwendbarkeit der Grundsätze zur Störung der Geschäftsgrundlage rechtfertigen (s. Rz. 544 ff.)[3]. 1765

Hat sich der Lizenznehmer verpflichtet, eine **Mindestproduktion** herzustellen oder zu vertreiben, etwa eine bestimmte Jahresmindestmenge, so liegt selbst bei einer Verbindung dieser Vertragspflicht mit der Vereinbarung einer Stücklizenz darin nicht zwingend die Absprache einer Mindestlizenzgebühr[4]. Berücksichtigt man indes den wirtschaftlichen Hintergrund einer solchen Abrede, so wird deutlich, dass der Lizenzgeber – dem Lizenznehmer erkennbar – mit der Koppelung einer derartigen Absprache im Zweifel die Vorstellung verbunden hat, dass damit automatisch eine bestimmte Mindestlizenzsumme festgelegt sei; denn aus der Verbindung der vertraglich festgelegten Jahresmindestmenge mit der hierfür vorgesehenen Stücklizenzgebühr lässt sich unmittelbar die Gesamthöhe der von ihm erwarteten Lizenzgebühren ermitteln[5]. 1766

---

1 *BGH* v. 14.11.2000, GRUR 2001, 223, 225 – Bodenwaschanlage; *BGH* v. 15.3.1973, GRUR 1974, 40, 43 – Bremsrolle; *RG* v. 25.4.1936, GRUR 1936, 1056, 1059.

2 *BGH* v. 6.4.1995, BGHZ 129, 236, 241 f. = ZIP 1995, 1021, 1026 – EKV.

3 Zur früheren Rechtspraxis, wonach sich der Lizenznehmer grundsätzlich nicht von der Pflicht zur Entrichtung der Mindestgebühr befreien konnte vgl. *Lüdecke/Fischer*, Lizenzverträge, F 28 S. 542; *Groß*, Rz. 118 f.; vgl. auch *RG* v. 12.6.1942, GRUR 1943, 35, 36.

4 Vgl. *RG* v. 15.10.1930, MuW 1931, 1932, 1933; ebenso Benkard/*Ullmann*, PatG, § 15 Rz. 130.

5 S. auch *RG* v. 25.4.1936, GRUR 1936, 1056, 1059; ebenso *Lüdecke/Fischer*, Lizenzverträge, F 26 S. 540. Der *BGH* (*BGH* v. 11.10.1977, GRUR 1978, 166 ff. – Banddüngerstreuer) scheint in die gleiche Richtung zu tendieren, auch wenn er sich in der o.g. Entscheidung, in der ein Lizenznehmer zur Erreichung einer Stückzahl von mindestens 1000 Einheiten des Lizenzgegenstandes jährlich verpflichtet worden war, nicht näher damit auseinandersetzte, ob hier eine Mindestlizenzvereinbarung vorliege.

1767 Die Mindestlizenzgebühr muss von der Vereinbarung einer **Vertragsstrafe** abgegrenzt werden. Während die Mindestlizenzgebühr die Garantiezusage des Lizenznehmers enthält, notfalls auch dann diesen festgelegten Mindestbetrag zu leisten, wenn ohne sein Verschulden ein dem Lizenzbetrag entsprechender Umsatz nicht erzielt worden ist, greift eine Vertragsstrafenregelung erst dann ein, wenn der Lizenzgeber sich – ohne einen entsprechenden Schaden seinerseits nachweisen zu müssen – gegen ein **schuldhaft** vertragswidriges Verhalten des Lizenznehmers, insbesondere eine Verletzung der ihm auferlegten Ausübungspflicht, sichern will (vgl. §§ 339 ff. BGB).

1768 Unabhängig von der ausdrücklichen Vereinbarung einer **Ausübungspflicht** (vgl. dazu u. Rz. 1895 ff.) des Nehmers einer ausschließlichen Lizenz ist davon auszugehen, dass der Lizenznehmer auch bei Zahlung einer solchen Mindestlizenz nicht frei darin ist, ob er den Lizenzgegenstand herstellen oder vertreiben will oder nicht; vielmehr muss er die Erfindung auch tatsächlich benutzen[1]. Meist findet sich aber in Lizenzverträgen zumindest eine der beiden Klauseln; denkbar ist auch die Kombination beider Klauseln.

1769 Obschon mit der Vereinbarung einer Mindestlizenzgebühr das Risiko der Absatzmöglichkeiten dem Lizenznehmer auferlegt wird, empfiehlt sich bei längerfristiger Vertragsbeziehung der Parteien die Aufnahme einer **Anpassungsklausel** bzgl. der Mindestlizenzgebühr etwa für den Fall, dass der Lizenznehmer die der Mindestlizenzgebühr entsprechende Produktionsmenge aufgrund des Angebotes wirkungsähnlicher und nicht patentverletzender Vorrichtungen durch seine Wettbewerber nicht mehr erzielen kann, die Parteien aber am Vertrag festhalten wollen. Auch ohne ausdrückliche Anpassungsklausel schließt die Vereinbarung einer Mindestlizenz eine Anpassung der Lizenzgebühren nach den Grundsätzen des Wegfalls der Geschäftsgrundlage (§ 313 BGB) nicht zwingend aus[2]. Dies gilt etwa bei nachträglicher Änderung des Preisgefüges gegenüber dem Zustand bei Vertragsabschluss.

bbb) Kartellrechtliche Bewertung

1770 Unter kartellrechtlichen Gesichtspunkten ist die Vereinbarung einer Mindestlizenz bei einfachen und ausschließlichen Lizenzen grundsätzlich nicht zu beanstanden. Das gilt sowohl nach deutschem als auch europäischen Recht. Die TT-GVO 2004 stellt die Zulässigkeit von Mindestlizenzgebühren ausdrücklich klar (TT-Leitlinien zu Art. 81 EG [heute Art. 101 AEUV] Rz. 155 Satz 2 lit e).

---

1 So auch *Pagenberg/Beier*, Muster 1 Rz. 192; vgl. dort auch Rz. 195 zum amerikanischen Recht, vgl. auch *LG München* v. 6.6.2007, InstGE 8, 204, Rz. 84 ff.

2 *BGH* v. 14.11.2000, GRUR 2001, 223, 225 – Bodenwaschanlage.

Nach dem früheren **deutschen Kartellrecht** wurde dies in § 17 Abs. 2 Nr. 4 GWB a.F. entsprechend klargestellt. Ebenso gingen bereits die TT-GVO 1996 (vgl. Art. 2 Abs. 1 Nr. 9) und die hierdurch abgelöste GrVO-Patentlizenzvereinbarungen (vgl. Art. 2 Abs. 1 Nr. 2) davon aus, dass Vertragsklauseln, die die Zahlung einer Mindestgebühr vorsehen, nicht als wettbewerbsbeschränkend i.S. des Art. 81 Abs. 1 EG (heute Art. 101 Abs. 1 AEUV) zu bewerten sind. 1771

Kartellrechtlich angreifbar ist aber die **Kombination einer Mindestlizenzgebühr mit einer** (zulässigen) **Nichtangriffsklausel**[1]. Hier läuft der Lizenznehmer Gefahr, dass nur er allein – ohne die Möglichkeit der Nichtigkeitsklage – zu Lizenzzahlungen verpflichtet bleibt, wenn sich die mangelnde Rechtsbeständigkeit des Schutzrechtes herausstellt und die Wettbewerber des Lizenznehmers die Lehre des Patents kostenfrei benutzen können. Diese Fallkonstellation könnte dem Lizenznehmer im Einzelfall das Recht geben, sich auf die Unzumutbarkeit der Lizenzgebührenzahlung zu berufen. 1772

Auch kartellrechtlich ist es zulässig, dem Lizenzgeber vertraglich ein **Kündigungsrecht** für den Fall zuzuerkennen, dass die laufenden Umsatzlizenzen die Mindestlizenzgebühren während eines zu bestimmenden Zeitraumes nicht erreichen bzw. überschreiten. Ein derartiges Kündigungsrecht war bereits nach früherem Kartellrecht zulässig, und zwar sowohl nach deutschem Recht[2] als auch nach europäischem Kartellrecht. So sah Art. 9 Nr. 3 GVO-Patentlizenzvereinbarungen a.F. ein Recht zur Kündigung der Ausschließlichkeit für den Fall vor, dass der Lizenznehmer „ohne berechtigten Grund ein Patent nicht oder nicht hinreichend ausnutzt"; die Ausschließlichkeit konnte spätestens fünf Jahre nach Vertragsschluss und ab diesem Zeitpunkt mindestens jährlich gekündigt werden, d.h. durch dieses Gestaltungsrecht konnte die **ausschließliche Lizenz in eine einfache Lizenz umgewandelt** werden. Dies hat den Hintergrund, dass der Lizenzgeber nach Wirksamwerden der Kündigung durch Vergabe weiterer Lizenzen und/oder durch Aufnahme einer Eigennutzung im Vertragsgebiet weitere Einnahmequellen erschließen kann. 1773

Frei. 1774–1777

gg) Beteiligung am Gewinn

Äußerste Vorsicht in der Vertragsgestaltung ist aus Sicht des Lizenzgebers hinsichtlich einer Beteiligung an dem **Gewinn** des Lizenznehmers geboten. Angesichts der vielfältigen Formen einer Gewinnfeststellung muss dringend angeraten werden, von vornherein jedenfalls genau zu umreißen, von welcher Vorstellung die Vertragspartner bei der Bezeichnung „Gewinn" ausgehen. Dabei ist im einzelnen abzuklären, welche Kosten (einschließlich anteiliger Gemeinkosten) im Verhältnis der Vertragspartner zueinander bei 1778

1 *Pagenberg/Beier*, Muster 1, Rz. 210.
2 S. *BKartA* TB 1974, 80.

der Gewinnermittlung zu berücksichtigen sind, welche Abschreibungen vorgenommen werden können und insbesondere, wie etwa die Verluste früherer Jahre zu berücksichtigen sind[1]. Haben die Parteien insoweit keine nähere Kennzeichnung vorgenommen, ist im Zweifel nicht die Bruttoeinnahme des Lizenznehmers, sondern dessen **Reingewinn** gemeint[2]. Ergänzend sollte der Lizenzgeber sich ein umfassendes Kontrollrecht hinsichtlich der Kalkulationsunterlagen vorbehalten.

1779–1780 Frei.

hh) Gleitende Lizenzgebühren (Abstaffelung, Anlaufklauseln)

1781 Nicht unüblich sind **Veränderungen der Lizenzgebühr** während der Zeitdauer des Lizenzvertrages. Hierzu bedarf es grundsätzlich eines ausdrücklichen oder dem Vertrag jedenfalls sonst zu entnehmenden Vorbehalts der Parteien. So können die Vertragspartner beispielsweise gleitende Lizenzgebühren[3] vorsehen, und zwar bei der Umsatzlizenz, der Stücklizenz und der Gewinnlizenz. So kann etwa vergleichbar der in Richtlinie Nr. 11 der Amtlichen Richtlinien zur Vergütung von Arbeitnehmererfindungen[4] geregelten Abstaffelung, eine degressive Minderung bei Erreichen bestimmter Gesamtumsätze mit dem Lizenzgegenstand (z.B. gemäß RL Nr. 11 ab 1,5 Mio. Euro) vorgesehen werden. Mit einer solchen Abstaffelung der Lizenzgebühr oder der Umsätze würden die Vertragspartner zum Ausdruck bringen, dass bei höheren Umsätzen die Wettbewerbsposition des Lizenznehmers, sein besonderes Vertriebssystem oder seine besonderen Fertigungsmethoden pp. sich umsatzsteigernd auswirken[5], was eine **„Verschiebung der Kausalität"** von der lizenzierten Erfindung hin zur Einflusssphäre des Lizenznehmers bewirkt[6], die sich in einer Minderung der Lizenzzahlungen niederschlagen soll. Nach den Feststellungen der Schiedsstelle für Arbeitnehmererfindungen sind deshalb degressive Abstaffelungen beispielsweise bei Lizenzverträgen in der Chemiebranche ebenso üblich wie in der Automobil- und Zuliefererindustrie[7].

1782 Im Lizenzvertrag sollte auch ausdrücklich klargestellt werden, ob sich die vereinbarte Abstaffelung auf die **Gesamtlizenzumsätze** während der **gesamten Vertragslaufzeit** bezieht (in einem solchen Fall kann sich eine Differenzierung der Abstaffelungssätze etwa entsprechend der Tabelle in RL

1 Hierzu ausführlich *BGH* v. 23.9.1958, GRUR 1959, 125, 126 ff. – Pansana mit Anm. *Beil*; zu den Fragen der absetzbaren Kosten vgl. auch *Johannesson*, GRUR 1978, 269 ff. Eine Gewinnbeteiligung als Lizenzzahlung wird vorrangig bei gesellschaftsähnlichen Lizenzverträgen zum Tragen kommen.

2 *Lüdecke/Fischer*, Lizenzverträge, F 23 S. 537.

3 Vgl. *Lüdecke/Fischer*, Lizenzverträge, F 15, S. 526; *Groß*, Rz. 109, 121.

4 Zur Kommentierung und zu Einzelheiten einer Abstaffelung vgl. ausführlich *Bartenbach/Volz*, KommRL, RL Nr. 11 Rz. 16 ff.

5 Ebenso *LG München* v. 7.3.2011, CR 2012, 356, 357.

6 *Bartenbach/Volz*, KommRL, RL Nr. 11 Rz. 20 ff.

7 S. die Nachweise bei *Bartenbach/Volz*, KommRL Rz. 32 ff. zu RL Nr. 11.

Nr. 11 der Vergütungsrichtlinien für Arbeitnehmererfindungen empfehlen) oder nur auf die jeweiligen jährlichen Gesamtumsätze, so dass die Abstaffelung mit dem jeweiligen Kalender-/Geschäftsjahr neu beginnt.

Der *BGH*[1] hat diese Erwägung, die Lizenzgebühren nach der Umsatzhöhe zu staffeln, ebenfalls aufgegriffen. In der „Rübenverladeeinrichtung"-Entscheidung erklärte er die Abstaffelung der Lizenzgebühren dann für nicht anwendbar, wenn bei nachträglicher Festsetzung der Lizenzgebühren der Gesamtumsatz bekannt ist. Wegen dieser Kenntnis braucht für die anfänglichen Umsätze nicht eine höhere und für die späteren Umsätze eine abgestaffelte, niedrigere Lizenzgebühr angesetzt zu werden. Nach Ansicht des *BGH* kann vielmehr die Stücklizenz auch so bemessen werden, dass ihr Betrag dem Gesamtumsatz in dem in Rede stehenden Zeitraum Rechnung trägt. Wenn der *BGH* aber lediglich in diesem Fall die Abstaffelung nicht für anwendbar erklärt, könnte sich im Umkehrschluss ergeben, dass er im Übrigen dem Gedanken einer Minderung der Lizenzgebühren bei hohen Umsätzen folgt, unabhängig davon, ob dies im Vertrag vorgesehen ist oder nicht. Eine derartige Interpretation der Rechtsprechung des *BGH* wäre aber zu weitgehend, da ein entsprechender Handelsbrauch oder eine Branchenüblichkeit in dieser Richtung nicht bekannt ist, der Nachweis dieser Üblichkeit vom *BGH* aber gefordert wird, wenn ohne ausdrückliche Vereinbarung eine Abstaffelung angenommen werden soll[2]. Der Lizenzgeber kann sich vor einer solchen Interpretation dadurch schützen, dass er im Vertragstext ausdrücklich vorsieht, dass die Lizenzgebühr **„gleichbleibend** x % beträgt". 1783

Ebenso wie eine Abstaffelung ist umgekehrt eine Steigerung der Lizenzgebühr vertraglich zulässig, wie dies im Zweifel bei sog. **Anlaufklauseln** geschieht. Hier wird zugunsten des Lizenznehmers berücksichtigt, dass er gewisse Anfangsschwierigkeiten und u.U. nicht unerhebliche Investitionskosten zu überwinden hat, um den Lizenzgegenstand zur Fabrikationsreife zu bringen. Die von ihm aufzubringenden Entwicklungskosten sollen bei der Bemessung der Lizenzgebühr dadurch berücksichtigt werden, dass die Lizenzgebühr anfänglich niedriger angesetzt und erst ab Erreichen einer bestimmten Produktionszahl oder Umsatzgröße, d.h. nach (teilweiser) Amortisation der anfänglichen Investitionskosten, angehoben wird. Die kartellrechtliche Grenze wird dann überschritten, wenn in wechselseitigen Lizenzverträgen bestimmt ist, dass die Lizenzgebühren mit dem Output steigen; verfügen die Parteien über eine gewisse Marktmacht, können solche Gebühren eine Beschränkung des Outputs bewirken (TT-Leitlinien zu Art. 81 EG [Art. 101 AEUV] Rz. 158 Satz 5 und 6). 1784

---

1 *BGH* v. 26.6.1969, GRUR 1969, 680, 681 – Rübenverladeeinrichtung; *BGH* v. 4.10.1988, GRUR 1990, 271, 273 – Vinylchlorid; *BGH* v. 17.5.1994, GRUR 1994, 898, 902 – Copolyester; vgl. auch *Groß*, Rz. 109.

2 *BGH* v. 4.10.1988, GRUR 1990, 271, 273 – Vinylchlorid.

e) Erfahrungswerte für Lizenzsätze

1785 Häufiger als im Zusammenhang mit der Bestimmung einer angemessenen Lizenzgebühr zwischen Lizenzvertragspartnern werden in veröffentlichter Rechtsprechung und in der Literatur Lizenzsätze bei der **Bestimmung der angemessenen Arbeitnehmererfindervergütung nach §§ 9, 11 ArbEG i.V.m. Nr. 10 der Amtlichen Richtlinien für die Vergütung von Arbeitnehmererfindungen (RL)**[1] genannt. Meist werden diese Lizenzsätze durch die *Schiedsstelle* nach dem Gesetz über Arbeitnehmererfindungen (dort §§ 28 ff. ArbEG) aufgrund der Lizenzvertragspraxis bei dem jeweiligen Arbeitgeber oder in der Branche des Arbeitgebers ermittelt. Bei der Berechnung der Arbeitnehmererfindervergütung nach der **Methode der** (konkreten oder abstrakten) **Lizenzanalogie** ist eines der Berechnungsparameter der Lizenzsatz, den der Arbeitgeber einem freien Erfinder zu zahlen hätte, wenn die Erfindung nicht durch den Arbeitnehmer gemacht worden wäre, sondern von dritter Seite hätte erworben (lizenziert) werden müssen.

1786 Eine unentbehrliche Orientierungshilfe über die in der betrieblichen Praxis gehandhabten Lizenzsätze bietet die Übersicht von *Hellebrand/Himmelmann*, Lizenzsätze für technische Erfindungen, 4. Aufl. 2011. Hierin sind rd. 700 Beispiele aus der Schiedsstellenpraxis unter Nennung der jeweiligen Lizenzsätze und ihrer Bezugsgröße, aufgeteilt nach dem Ordnungssystem der Internationalen Patentklassifikation, wiedergegeben[2].

Die nachstehend in Anlehnung an die Ausführungen von *Bartenbach/Volz*[3] zu vergleichbaren Ansätzen bei der Erfindervergütung dargestellten Erfahrungswerte für branchenübliche Lizenzsätze sind unter folgenden **Voraussetzungen** zu bewerten: RL Nr. 10 geht von dem Vorliegen einer **ausschließlichen Lizenz** an einem **erteilten Patent** aus[4]. Rechnerische Bezugsgröße ist der **Umsatz**, nicht die Erzeugung, und zwar der **Nettoverkaufspreis**. RL Nr. 10 stellt auf die **Einzelerfindung** ab, d.h. auf die Erfindung, die das Einzelteil (Produkt/Verfahren) insgesamt kennzeichnet. Vor diesem Hintergrund sind Zu- oder Abschläge angebracht, beispielsweise bei Einräumung einer einfachen Lizenz, insbesondere in Form einer negativen Lizenz (s. Rz. 130 ff.) (Abschlag), Wahl des Einkaufspreises als rechnerische Bezugsgröße (Zuschlag) oder bei einer Gesamtvorrichtung als Bezugsgröße, die erfindungsneutrale Teile enthält oder unter Benutzung mehrerer Schutzrechte hergestellt oder vertrieben wird (Abschlag). Darüber hinaus

---

1 Beilage BAnz. Nr. 156 v. 18.8.1959 = BArbl. 1959, 599 = Bl. 1959, 300; zur Kommentierung vgl. *Bartenbach/Volz*, KommRL, passim; *Reimer/Schade/Schippel*, Das Recht der Arbeitnehmererfindung ArbEG, Anhang zu § 11.

2 S. auch *Groß/Roher*, Lizenzgebühren, 3. Aufl. 2012; *Trimborn*, Mitt. 2009, 257 ff.

3 *Bartenbach/Volz*, KommRL, RL Nr. 10 Rz. 91 ff. u. *Bartenbach/Volz*, KommArbEG, § 9 Rz. 131 ff.

4 Dies entspricht dem Erfahrungswert, dass Lizenzvertragsparteien in der Regel (mindernd) berücksichtigen, ob und in welchem Umfang der Lizenzgeber weiteren Dritten die Nutzung gestattet hat (*BGH* v. 6.10.2005, GRUR 2006, 136, 138 – Pressefotos).

ist im Einzelfall die unterschiedliche Gewichtung möglicher wertbestimmender Faktoren zu berücksichtigen (vgl. oben Rz. 1687 ff.).

Die ursprünglichen **Lizenzrahmensätze der RL Nr. 10** sind nach allgemeiner Auffassung **nicht mehr zeitgemäß**; der Richtliniengeber (vgl. § 11 ArbEG) hat diese Amtlichen Vergütungsrichtlinien noch nicht angepasst. Auf sie wird auch in der Literatur[1] wiederholt Bezug genommen, so dass sie hier genannt werden sollen: 1787

- Elektroindustrie: ½ bis 5 %,
- Maschinen- und Werkzeugindustrie: ⅓ bis 10 %,
- Chemische Industrie: 2 bis 5 %,
- Pharmazeutische Industrie: 2 bis 10 %.

Nachfolgend werden für die in RL Nr. 10 aufgeführten Industriezweige **Erfahrungswerte** wiedergegeben. Dabei ist zu beachten, dass diese Werte nicht vorbehaltlos übernommen werden können. So sind die genannten Erfahrungssätze oftmals sehr subjektiv geprägt und beruhen in vielen Fällen auf Einzelfallentscheidungen. Maßgeblich ist auch, **in welchem Jahr** bzw. Zeitraum diese Ansätze gehandhabt worden sind. 1788

aa) Elektroindustrie

Der Lizenzrahmen wird in RL Nr. 10 mit ⅕–5 % angegeben. Diese Werte sind überholt[2]. Nach *Fischer*[3] lag der Lizenzrahmen bereits 1985 bei 1,5–2 %. Das bestätigt die *Schiedsstelle*, die hier von einem Rahmen von unter 1 bis max. 2,5 % ausgeht, wobei Werte ab 2,5 % Höchstlizenzsätze für Schutzrechtskomplexe darstellen[4]. Starker Wettbewerb und die regelmäßig hohe Stückzahl bedingen in der **Unterhaltungselektronik** Lizenzsätze unter 1 %, wobei sogar der Grenzwert von 0,2 % zuweilen unterschritten wird. Etwas höher liegen dagegen die Lizenzsätze bei **sonstiger Elektronik**. Während im Bereich der Serienproduktion Lizenzsätze von 0,5 bis 1,5 % dem allgemeinen Erfahrungswert entsprechen, ist bei Spezialvorrichtungen von einem Lizenzrahmen von 1,5 bis 3 % auszugehen. So soll etwa für industrielle Mess- und Regelgeräte ein Lizenzsatz von 3 % auf der mittleren Ebene der Lizenzsätze liegen[5]. Auf dem Gebiet der **Elektromechanik** beträgt der durchschnittliche Lizenzsatz 2 %, wobei im Bereich der **Autoelektrik** lediglich von Werten zwischen 0,5 und 1,5 % ausgegangen werden kann. Bei der **Lasertechnik** werden Werte bis 3 % erreicht. Im 1789

1 Zu den im Schrifttum angenommenen Lizenzsätzen vgl. *Bartenbach/Volz*, KommRL, RL Nr. 10 Rz. 91 ff.
2 Vgl. *Bartenbach/Volz*, KommRL, RL Nr. 10 Rz. 105 f. m.w.N.
3 *Fischer* in FS 25 Jahre BpatG, 1986, S. 281 ff. = Mitt. 1987, 104 ff.
4 So bereits *Schiedsstelle* v. 30.11.1993 – Arb.Erf. 140/92 – n.v.
5 *OLG Frankfurt* v. 30.4.1992, GRUR 1992, 852, 853 – Simulation von Radioaktivität.

Bereich der **Haushalts-Elektrogeräte** reicht die Spanne von unter 0,5 % bis 2 %, so dass ein Lizenzsatz von 1,5 % noch im Mittelfeld liegt[1].

bb) Maschinen- und Werkzeugindustrie

1790 RL Nr. 10 geht von einem Lizenzrahmen von ⅓–10 % aus. Diese Werte sind ebenfalls veraltet[2]. *Fischer*[3] nennt – bezogen auf das Jahr 1985 – einen mittleren Lizenzrahmen von 3–4 %[4]. Allgemein liegt nach den Erfahrungen der *Schiedsstelle* im Bereich der Maschinen- und Werkzeugindustrie die Fülle der Lizenzsätze eher unter 2 bis 4 %. Schon nach den früheren Erfahrungen der *Schiedsstelle* lag der Höchstlizenzsatz für ein Bündel von Schutzrechten bei 4 %, für eine Einzellizenz mit 2 % bei der Hälfte[5].

1791 Im **Anlagenbau** ist ein Lizenzsatz von 2,5 % schon ein oberer Durchschnittswert, bei Verbesserungen liegt er bei 1,5 % und darunter[6]. Bei Massenartikeln und Serienprodukten ist von Mittelwerten von 0,5 bis 1,5 % auszugehen. Im **Sonder- bzw. Spezialmaschinenbau** sind die Lizenzsätze dagegen höher. Hier machen die oberen Mittelwerte nicht selten 3 % und mehr aus[7]. Während noch in den 90er Jahren beispielsweise im Bereich der **Landmaschinen** der Lizenzrahmen bei 1,5 bis 5 % lag, hat sich der Lizenzrahmen aufgrund der Marktverschlechterung und der erheblichen Wettbewerbsverschärfung in den letzten Jahren weiter verringert. So ist der Lizenzsatz am unteren Bereich des Lizenzrahmens anzusiedeln, wenn eine Gesamtvorrichtung zugrunde gelegt wird. Im **Luftfahrzeugbau** bildet ein Lizenzsatz von 2 % nach Ansicht der *Schiedsstelle* bereits den oberen Bereich. Im Bereich der **Medizintechnik** liegen die Sätze zwischen 4 bis 5 %[8].

cc) Chemische Industrie

1792 Im Bereich der chemischen Industrie wird der von RL Nr. 10 angegebene Wert von 2 bis 5 % allgemein als zu hoch angesehen. So wurde selbst der in der Richtlinie als unterer Lizenzsatz genannte Wert von 2 % schon vor

1 *Schiedsstelle* v. 30.7.2002 – Arb.Erf. 038/00 – n.v.

2 Vgl. *Bartenbach/Volz*, KommRL, RL Nr. 10 Rz. 107 ff. m.w.N.

3 *Fischer* in FS 25 Jahre BpatG, 1986, S. 281 ff. = Mitt. 1987, 104 ff.

4 Ebenso *LG München* v. 25.3.2010 – 7 O 17716/09, BeckRS 2011, 15535 m. Anm. *Müller-Stoy/Schachl*, GRUR-Prax 2011, 341; ferner *Reimer/Schade/Schippel/Kaube*, § 11/RL Nr. 6 Rz. 1; vgl. auch *BGH* v. 30.5.1995, GRUR 1995, 578 – Steuereinrichtung II; *OLG Düsseldorf* v. 4.3.2004, InstGE 4, 174 ff. – Spulkopf II.

5 *Schiedsstelle* v. 27.4.1995 – Arb.Erf. 35/94, n.v.; *Schiedsstelle* v. 24.1.2008 – Arb.Erf. 12/07 u. *Schiedsstelle* v. 1.4.2008 – Arb.Erf. 52/05 (beide Datenbank); s. auch *OLG Düsseldorf* v. 4.3.2004, InstGE 4, 165, 174 ff. – Spulkopf II u. *OLG München*, wiedergegeben in *BGH* v. 26.9.2006, GRUR 2007, 52, 55 – Rollenantriebseinheit II.

6 *Schiedsstelle* v. 27.10.2005 – Arb.Erf. 38/04, n.v.

7 So schon *Schiedsstelle* v. 29.2.1984 – Arb.Erf. 27/83, n.v.; ebenso *Schiedsstelle* v. 15.1.2009 – Arb.Erf. 51/07 (Datenbank); vgl. auch *Bartenbach/Volz*, KommRL, RL Nr. 10 Rz. 110 m.w.N.

8 *Schiedsstelle* v. 18.9.2003 – Arb.Erf. 036/01, n.v.

Jahren in aller Regel nur von Lizenzverträgen mit Know-how und Patenten erreicht, die vollkommen neuartige Verfahren zum Gegenstand hatten[1]. Heute liegen marktübliche Lizenzsätze für **chemische Massenprodukte** im Bereich von 0,1 bis 0,6 %, die zudem noch abgestaffelt werden. Die unteren Werte gelten, wenn die Verfahrenserfindung das gesamte Produkt prägt und dementsprechend darauf als Bezugsgröße abgestellt wird. Auch nach den Erfahrungen der Schiedsstelle bleiben die üblichen Lizenzsätze bei chemischen Massenprodukten unter 0,5 %[2]. Anders kann sich die Situation aber auf dem Gebiet der **Spezialchemie**, bei **Pflanzenschutzmitteln** und im Bereich der **Diagnostika** darstellen, wo Höchstlizenzsätze von 3–5 % erreicht werden können. Freilich setzt dies besondere Umstände wie eine hohe Stückzahl aus gleich hohen Forschungskosten oder die zusätzliche Vergabe von Know-how voraus. Bei Spezialschaumstoffen wird von einem Grundlizenzsatz von 1 % ausgegangen. Soweit es nicht um Massenprodukte geht, liegt die Fülle der Lizenzsätze in der chemischen Industrie – bei 1 bis 2,5 %, und zwar abgestaffelt. In der **Bauindustrie** liegen die Lizenzsätze noch unter denen der chemischen Industrie, nicht zuletzt wegen der großen Massen als Bezugsgröße. Die Erfahrungswerte in der **Holzchemie** bewegen sich wegen des harten Wettbewerbs zwischen 0,5 und 3 %. Bei Folienerzeugnissen lag der Erfahrungswert der *Schiedsstelle* bei 1 bis 2 %[3], wobei für die Folie als solche, die ein nicht weiterzuverarbeitendes Massenprodukt darstellt, nur Werte von 0,2 bis 0,4 % erzielt werden. In der **Reifenindustrie** werden Rahmensätze von 0,3 bis 3 % genannt[4], in der **kunststoffverarbeitenden Industrie** von 3 bis 4 %, in der **Glasindustrie** bei Flachglas 0,5 bis 3 %, bei Spezialglas 1,5 bis 5 %.

dd) Pharmazeutische Industrie

Hier soll nach RL Nr. 10 ein Lizenzrahmen von 2–10 % gelten. Lizenzsätze bis zu 10 % sind zwar nicht gänzlich ausgeschlossen[5]. In der Rechtsprechung ist für Medikamente von erheblicher Bedeutung (früher) verschiedentlich ein Lizenzsatz von 8 % zuerkannt worden[6]. Nach Ansicht der *Schiedsstelle* wird die in RL Nr. 10 genannte Untergrenze von 2 % andererseits auch unterschritten[7]. Dementsprechend ist bei der Bestimmung des Lizenzsatzes zwischen den einzelnen Medikamenten und ihrer Bedeutung und den ihnen zugrunde liegenden Erfindungen zu unterscheiden. Ober- 1793

1 Vgl. Einigungsvorschlag der *Schiedsstelle* v. 7.1.1988 – Arb.Erf. 50/87, n.v.

2 *Schiedsstelle* v. 6.11.2002 – Arb.Erf. 94/00; *Schiedsstelle* v. 2.4.2003 – Arb.Erf. 84/00, beide n.v. u. *Schiedsstelle* v. 8.5.2008 – Arb.Erf. 26/06 (Datenbank).

3 *Schiedsstelle* v. 10.8.1993 – Arb.Erf. 14/92, n.v.

4 *Bartenbach/Volz*, KommRL, RL Nr. 10 Rz. 121 m.w.N.

5 Vgl. etwa Einigungsvorschlag der *Schiedsstelle* v. 13.2.1986, EGR Nr. 61 zu § 12 ArbEG.

6 *BGH* v. 6.3.1980, GRUR 1980, 841 – Tolbutamid; *BPatG* v. 7.6.1991, MittPat 1991, 243 – Human-Immuninterferon.

7 Einigungsvorschlag der *Schiedsstelle* v. 11.3.1985 – Arb.Erf. 17/84; s. auch *Schiedsstelle* v. 27.3.2003 – Arb.Erf. 53/01, beide n.v.

werte setzen jedenfalls voraus, dass es sich um Produkte handelt, die sich insbesondere aufgrund ihrer Wirkstoffsynthese und der Arzneimittelzulassung, die durch zeit- und kostenaufwendige Tests erreicht wurden, auszeichnen[1]. So machen der Anteil der Wirkstoffsynthese und der der Arzneimittelzulassung etwa 2/3 des gesamten Lizenzsatzes aus[2]. Nach den Erfahrungen der *Schiedsstelle* liegt das Verhältnis des Anteils von Synthese und sog. Screening (hier die Optimierung innerhalb der in Frage kommenden Wirkstoffverbindung) bei Wirkstofflizenzen durchschnittlich etwa bei 70:30, während für die Galenik etwa 1/3 des marktüblichen Lizenzsatzes für das fertige Arzneimittel anzusetzen ist[3]. In aller Regel werden Lizenzsätze im Bereich der pharmazeutischen Industrie zwischen 0,75 und 2,5 % mit einer Obergrenze bei 3 % liegen. Für die reine Stofferfindung wird üblicherweise ein Lizenzsatz von 0,5 und 2,5 % gezahlt.

ee) Einzelne Unternehmensbereiche

aaa) Automobil- und Zulieferindustrie

1794 Im Verhältnis zum Maschinenbau sind im Fahrzeugbau erheblich niedrigere Durchschnittslizenzsätze anzunehmen. So sind in der von hartem Wettbewerb und eingeschränkten Kalkulationsmöglichkeiten gekennzeichneten Automobil und -Zulieferindustrie unverändert nur sehr niedrige Lizenzsätze üblich, die zudem weiter unter Druck geraten sind[4]; selbst für bedeutende Erfindungen liegen marktübliche Lizenzen zwischen 0,5 und 1 %, für Massenartikel auch unter 0,5 %[5]. Zu beachten ist auch, dass im Automobilbau von einer fast schon branchenüblichen **Abstaffelung** ausgegangen werden kann[6]. Für die rein maschinenbauliche und elektrotechnische Seite ist im Bereich der Automobilherstellung und der PKW-Zulieferindustrie ein Erfahrungswert von 2 % als Obergrenze zu nennen[7]. Bei im Automobilbau verwendeten Kunststoffen liegt der Lizenzrahmen zwischen 0,5 und 3 %[8]. Bei eigenständig handelsfähigem Autozubehör kann der genannte Lizenzrahmen leicht darüber liegen, wobei die höheren Werte in aller Regel Erfindungskomplexe betreffen[9]. Im Bereich der **Reifenindustrie** werden die Lizenzsätze dagegen mit 0,3 bis 3 % noch variabler sein[10].

---

1 *Schiedsstelle* v. 8.12.1993 – Arb.Erf. 11/92, n.v.
2 *Schiedsstelle* v. 14.12.1995 – Arb.Erf. 41/94, n.v.
3 *Schiedsstelle* v. 2.9.1997 – Arb.Erf. 25/96, n.v.
4 *Schiedsstelle* v. 3.6.2005 – Arb.Erf. 043/04, n.v.
5 *Schiedsstelle* v. 3.6.2005 – Arb.Erf. 043/04, n.v.
6 *Bartenbach/Volz*, KommRL, RL Nr. 10 Rz. 121 m.w.N.; *Hellebrand/Kaube*, S. 536.
7 Vgl. etwa Einigungsvorschlag der *Schiedsstelle* v. 5.6.1998 – Arb.Erf. 81/96, n.v.
8 *Schiedsstelle* v. 22.2.1996 – Arb.Erf. 66/94, n.v.
9 *Schiedsstelle* v. 25.5.2004 – Arb.Erf. 42/03, n.v. (1 bis 1,5 %).
10 Vgl. *Bartenbach/Volz*, KommRL, RL Nr. 10 Rz. 121.

bbb) Optische Industrie

In der optischen Industrie erstreckt sich der Lizenzsatz-Rahmen von rd. 0,5 bis max. 2,5 %. Bei Massenartikeln sind 1,5 % bereits die Obergrenze[1]. Auf dem Hobbykameramarkt war früher ein Lizenzsatz von 3 bzw. 4 % angemessen[2], Werte, die heute angesichts des harten Wettbewerbs und der relativ kurzen Innovationszyklen selbst für wertvolle Patente selten sein dürften; Lizenzsätze von unter 1 % sind bei Einzelteilen durchaus denkbar[3]. Im kommerziellen Bereich sind die Lizenzsätze wegen der höheren Gewinnspannen auch höher anzusetzen. So hat die *Schiedsstelle* die Lizenzsätze bei Spezialobjektiven vor Jahren bis zu 4 % angesetzt[4] und im Spezialbereich der Kontaktlinsen sogar einen abgestaffelten Lizenzsatz von 5 % angenommen[5]. 1795

ccc) Entsorgungsbereich

Bei Mehrwegverpackungen ist nach Ansicht der *Schiedsstelle* ein Lizenzsatz auf der Grundlage der mit dem Faktor 1,6 multiplizierten Herstellungskosten und einer Obergrenze von 1 % gerechtfertigt[6]. Erfahrungswert der *Schiedsstelle* im Bereich der Massenfertigung von Müllbehältern ist 1 %[7]. Anders liegt der Lizenzsatz bei Spezialkonstruktionen, die nur für einen begrenzten Anwendungsbereich gedacht sind. So kann bei Müllbehältern für Krankenhäuser, Hotels, Büros usw. der Lizenzsatz auf 2 % angehoben werden. Bei Spezialeinrichtungen zum Entleeren der Müllbehälter von Nutzfahrzeugen der kommunalen Abfallbeseitigung hat das *OLG Düsseldorf* eine Schadensersatzlizenzgebühr von 10 % mit jährlicher Abstaffelung angenommen[8]. 1796

Frei. 1797–1829

f) Entstehung und Fälligkeit des Anspruchs auf Lizenzgebühren und Verzug des Lizenznehmers

aa) Fälligkeit

Der Anspruch auf Zahlung der Lizenzgebühren **entsteht** zu dem vertraglich vorgesehenen Zeitpunkt, also regelmäßig mit der den Lizenzgebührenanspruch auslösenden Nutzungshandlung (Herstellung, Verkauf etc.). **Fällig** ist der Lizenzgebührenanspruch, sobald der Lizenzgeber als Gläubiger vom 1830

1 *Schiedsstelle* v. 30.9.2008 – Arb.Erf. 29/07, n.v.
2 *Schiedsstelle* v. 16.6.1983, BlPMZ 1984, 250.
3 Vgl. auch *Bartenbach/Volz*, KommRL, RL Nr. 10 Rz. 127.
4 Vgl. *Schiedsstelle* v. 11.1.1994 – Arb.Erf. 1/93, n.v.
5 *Schiedsstelle* v. 22.2.1991, BlPMZ 1992, 369 – Medikalprodukt.
6 Einigungsvorschlag der *Schiedsstelle* v. 19.6.1998 – Arb.Erf. 94/96, n.v.
7 Einigungsvorschlag der *Schiedsstelle* v. 28.1.1988 – Arb.Erf. 56/87, n.v.
8 *OLG Düsseldorf* v. 9.5.1996, Mitt. 1996, 27 ff. – Schadensersatz nach der Lizenzanalogie.

Lizenznehmer die Zahlung verlangen kann (§ 271 BGB), was die Parteien im Vertrag frei festlegen können. Bezüglich vereinbarter Fristen und Termine gelten im Zweifel die Auslegungsregeln der §§ 187–193 BGB (§ 186 BGB). Zu Unterlizenzgebühren s. Rz. 1880 ff.

1831 Denkbare Anknüpfungspunkte sind der Vertragsabschluss mit dem Kunden, die Fertigstellung oder die Lieferung der Gegenstände, die Rechnungsstellung an den Kunden oder der Eingang der Zahlung des Kunden beim Lizenznehmer (s. Rz. 1720 ff.). Dies kann insofern von Bedeutung sein, als sich dadurch die **Fälligkeit verschieben** kann. Da der Lizenzgeber grundsätzlich auf die Zahlungsweise der Abnehmer des Lizenznehmers keinen Einfluss hat, sollte er darauf dringen, dass die Lizenzgebühr, wenn nicht schon mit der Herstellung, so doch jedenfalls mit **Abschluss des Kaufvertrages** mit Dritten oder jedenfalls mit **Rechnungsstellung** entsteht, wobei dann festgelegt werden kann, dass der dem Abnehmer in Rechnung gestellte Preis (Nettofakturenpreis) maßgeblich sein soll[1].

1832 Probleme können sich ergeben, wenn die Ereignisse, die die Fälligkeit des Lizenzgebührenanspruchs auslösen sollen, im Lizenzvertrag nicht eindeutig beschrieben sind. So hatte der *BGH* in seiner Entscheidung vom 2.12.1997[2] eine Vertragsklausel auszulegen, die besagte, dass der Lizenzgeber „eine Stücklizenz in Höhe von 10 % des Umsatzes an den vertragsgemäßen Maschinen" erhielt und dass für den Umsatz die vom Lizenznehmer in Rechnung gestellten Nettofakturabeträge maßgebend sein sollten. Ferner hieß es, dass der „Anspruch auf Lizenzgebühr zum Zeitpunkt der In-Rechnungstellung des lizenzgebührenpflichtigen Gegenstands durch den Lizenznehmer an seine Kunden entstehen" sollte. Während eines Nutzungszeitraums von ca. drei Jahren war keine Begleichung der Rechnungen der Unterlizenznehmerin durch ihre Kunden erfolgt, so dass mit der mittlerweile insolventen Unterlizenznehmerin Streit darüber entstand, ob diese Umsatzgeschäfte gleichwohl lizenzpflichtig waren. Nach Ansicht des *BGH* war die Vertragsabsprache dahingehend auszulegen, dass der Lizenzgebührenanspruch nicht erst dann entstehen sollte, wenn Zahlungen der Kunden bei der Unterlizenznehmerin eingingen, sondern bereits dann, wenn diese die von ihr veräußerten Produkte ihren Kunden **in Rechnung gestellt** hatte. Es gebe keinen allgemeinen Erfahrungssatz, wonach im Zweifel die Lizenzgebühr für Lizenzprodukte nicht schon mit Abschluss der Verkaufsverträge und Rechnungsstellung an den Abnehmer, sondern erst bei Eingang des Kaufpreises beim Lizenznehmer entstehe[3]. Die Frage der Entstehung bzw. Fälligkeit der Lizenzgebührenpflicht sei vielmehr der Absprache der Parteien überlassen, wobei bei Fehlen derartiger Regelungen mangels irgendwelcher Anhaltspunkte nicht angenommen werden könne, dass der Lizenzgeber generell das Risiko der Bonität von Personen und Un-

---

1 *Lüdecke/Fischer*, Lizenzverträge, F 21 S. 534; *Groß*, Rz. 110 ff.
2 *BGH* v. 2.12.1997, GRUR 1998, 561, 562 f. – Umsatzlizenz.
3 *BGH* v. 2.12.1997, GRUR 1998, 561, 562 – Umsatzlizenz.

ternehmen mittragen solle, auf deren Auswahl durch den Lizenznehmer er keinen Einfluss habe[1].

In Anlehnung an das vorgenannte Urteil des *BGH* empfiehlt es sich demnach, auslegungssichere Vereinbarungen zur Frage des Entstehens und der Fälligkeit von Lizenzvergütungen zu treffen. 1833

Im Interesse des Lizenzgebers wird es liegen, Entstehung und Fälligkeit des Anspruchs auf Lizenzgebühren zusammenfallen zu lassen bzw. zeitnah zu verbinden und möglichst auf den frühesten Nutzungstatbestand zu legen, also z.B. auf die Herstellung des Lizenzgegenstandes. Vom Lizenznehmerumsatz abhängige Lizenzgebühren können erst fällig werden, wenn sich die entsprechende wirtschaftliche Bezugsgröße für den festgehaltenen Zeitraum ermitteln lässt; so z.B. in dem Fall, in dem ein bestimmter Prozentsatz des Umsatzes mit dem Lizenzprodukt innerhalb eines bestimmten Zeitraumes als Lizenzgebühr abzuführen ist. Hier kann der Anspruch frühestens mit dem Eingang der Rechnungsbeträge beim Lizenznehmer fällig werden. Meist ist aber aufgrund vertraglicher Vereinbarung zunächst dem Lizenzgeber Abrechnung zu erteilen, an deren Erstellung dann erst die Fälligkeit der Lizenzgebühr geknüpft wird. 1834

Der Fälligkeitszeitpunkt kann frei ausgehandelt werden. Mit Blick auf die betrieblichen Abläufe beim Lizenznehmer und dem wirtschaftlichen Interesse des Lizenzgebers wird bei laufenden Lizenzgebühren im Regelfall eine **halbjährliche oder jährliche**, am Geschäftsjahr des Lizenznehmers ausgerichtete **Fälligkeit** vereinbart[2]. Kürzere Abrechnungszeiträume sind abhängig von der wirtschaftlichen Bedeutung des Lizenzgegenstandes und der daraus resultierenden Höhe der Lizenzgebühr, ggf. aber auch von der Bonität des Lizenznehmers. 1835

bb) Verzug

Kommt der Lizenznehmer mit seiner Lizenzgebührenzahlung in Verzug (§§ 286, 287 BGB), verzögert der Lizenznehmer also die Zahlung der geschuldeten Lizenzgebühr schuldhaft aus von ihm zu vertretenden Gründen, so finden mangels vertraglicher Regelungen zunächst die Vorschriften über die gesetzlichen Verzugszinsen (§ 288 BGB, § 352 HGB) Anwendung. Voraussetzung für den Verzug ist nach §§ 286, 287 BGB die **Nichtleistung der fälligen Lizenzgebühren** durch den Lizenznehmer und eine **Mahnung** 1836

---

1 *BGH* v. 2.12.1997, GRUR 1998, 561, 562 f. – Umsatzlizenz; *Lüdecke/Fischer*, Lizenzverträge F 37 S. 552; zustimmend Busse/*Keukenschrijver*, PatG, § 15 Rz. 116; nunmehr auch Benkard/*Ullmann*, PatG, § 15 Rz. 124; a.A. noch *Ullmann* in der 9. Aufl. 1993, Rz. 72, wonach bei Vereinbarung einer Lizenzgebühr nach dem Verkaufspreis die Zahlungspflicht des Lizenznehmers in all den Fällen entfallen sollte, in denen die Abnahme der Ware verweigert, das Geschäft rückgängig gemacht oder der Verkaufspreis nicht gezahlt wird.

2 Vgl. etwa *Henn*, Rz. 270; abweichend *Osterrieth* in Pfaff/Osterrieth, Lizenzverträge, B I Rz. 134, die von einer vierteljährlichen Fälligkeit als üblich ausgehen.

des Lizenzgebers als Gläubiger. Für die Mahnung genügt jede eindeutige und bestimmte Aufforderung, mit der der Lizenzgeber unzweideutig gegenüber dem Lizenznehmer zum Ausdruck bringt, dass er die geschuldete Leistung verlangt[1]; einer Fristsetzung bedarf es ebenso wenig wie der Ankündigung von Rechtsfolgen[2]. Dagegen bedarf es einer Mahnung – neben den sonstigen Fällen des § 286 Abs. 2 BGB (Leistungsverweigerung usw.) – nicht, wenn für die Leistung der Lizenzgebühr eine **Zeit nach dem Kalender bestimmt ist (§ 286 Abs. 1 Nr. 1 BGB)**. Dafür muss ein bestimmter Kalendertag unmittelbar oder mittelbar vertraglich festgelegt sein[3], z.B. „Die im vorangegangenen Kalenderjahr entstandenen Lizenzgebühren sind fällig und zahlbar zum 31. März eines jeweiligen Folgejahres.").

1837 Nach **§ 286 Abs. 3 BGB** kommt ein Schuldner einer Geldforderung spätestens **30 Tage nach Fälligkeit und Zugang einer Rechnung** oder einer gleichwertigen Zahlungsaufforderung in Verzug. Die Regelung betrifft zwar auch Lizenzvergütungsansprüche, wird jedoch hier nur dann praktisch, wenn der Lizenzgeber dem Lizenznehmer eine gegliederte Aufstellung über die geschuldeten Lizenzgebühren übermittelt. Soweit es nicht um vereinbarte Festbeträge oder Abschlagszahlungen geht und solange die Höhe der Lizenzgebühren noch von Angaben des Lizenznehmers abhängt, dürfte eine Rechnungsstellung des Lizenzgebers faktisch schwierig sein.

1838 Da § 286 BGB dispositiv ist, steht es den Lizenzvertragsparteien frei, die Voraussetzungen des Zahlungsverzuges abweichend zu regeln, beispielsweise dahin, dass der Verzug automatisch mit Überschreiten bestimmter Fristen eintritt.

1839 Im Verzugsfall schuldet der Lizenznehmer **Verzugszinsen** (§ 288 Abs. 1 Satz 1 BGB), deren Höhe im Lizenzvertrag festgelegt werden kann. Mangels vertraglicher Regelung bestimmt sich die Höhe der Verzugszinsen nach der Neufassung des § 288 Abs. 2 BGB. Hiernach ist eine Geldschuld zwischen Unternehmen während des Verzugs mit **8 % über dem Basiszinssatz** (§ 247 BGB) zu verzinsen (s. auch § 352 HGB)[4].

1840 Neben den Verzugszinsen kann im Verzugsfall gemäß § 288 Abs. 4 BGB auch ein darüber hinausgehender **Verzugsschaden** geltend gemacht werden. *Groß*[5] weist zutreffend darauf hin, dass die Ermittlung eines Schadens im Einzelfall schwierig sein kann, so dass sich die Aufnahme erhöhter Verzugszinsen als pauschalierter Schadensersatz oder die Vereinbarung von Sicherheiten für die Erfüllung der Zahlungspflicht empfiehlt.

1841 Gerät der Lizenznehmer mit seinen Zahlungspflichten in Verzug, so kann dies den Lizenzgeber zur **Kündigung** des Lizenzvertrages **aus wichtigem**

1 Vgl. allg. *BGH* v. 10.3.1998, BB 1998, 1283.
2 Palandt/*Grüneberg*, BGB, § 286 Rz. 17 m.w.N.
3 Vgl. die Beispiele bei Palandt/*Grüneberg*, BGB, § 286 Rz. 22.
4 Basiszinssatz am 1.7.2012 = 0,12 %; der gesetzliche Zins beträgt mithin 8,12 %.
5 *Groß*, Rz. 135.

Grund nach § 314 BGB berechtigen, und zwar grundsätzlich erst nach vorheriger Abmahnung[1] (s. Rz. 2440). Die Abmahnung ist gemäß § 314 Abs. 2 Satz 2 BGB in den Fällen des § 323 Abs. 2 BGB entbehrlich[2]. Inwieweit § 314 BGB im Falle des Verzugs mit der Zahlung laufender Lizenzgebühren noch Raum für einen Rückgriff auf § 581 Abs. 2 i.V.m. § 543 BGB lässt[3], ist offen. Wegen der inhaltlichen Nähe zur (Rechts-)Pacht (s. Rz. 51 f.) wird man aber in Anlehnung an § 543 Abs. 2 Satz 1 Nr. 3 BGB einen Verzug mit zwei vertraglich festgelegten Lizenzraten oder mit einem nicht unerheblichen Teil der Lizenzgebühren als wichtigen Grund ansehen können. Durch eine Kündigung werden Schadensersatzansprüche des Lizenzgebers aufgrund des Verzuges nicht ausgeschlossen (§ 314 Abs. 4 BGB).

g) Abrechnung, Pflicht zur Auskunft und Rechnungslegung

Damit sich der Lizenzgeber ein Bild vom Umfang der Nutzung durch den Lizenznehmer machen kann, steht ihm – über die Pflicht des Lizenznehmers zur Abrechnung hinaus – ein Anspruch auf Auskunft und ggf. **Rechnungslegung** zu, und zwar auch dann, wenn dies im Vertrag nicht ausdrücklich vorgesehen ist. Sofern der Vertrag keine besondere Verzugsregelung enthält (s. dazu Rz. 3391), kommt dem Rechnungslegungsanspruch im Zusammenhang mit § 286 Abs. 3 BGB (s. hierzu Rz. 1837) besondere Bedeutung zu. Die dort für den Verzugseintritt vorgegebene Rechnungsstellung oder gleichwertige Zahlungsaufstellung (durch den Lizenzgeber) muss ebenfalls nachvollziehbar ergeben, welche Vergütung gefordert wird, was aber nur auf der Grundlage der vorherigen Rechnungslegung durch den Lizenznehmer möglich ist. 1842

Die Terminologie zur Rechnungslegung ist allerdings nicht einheitlich. Soweit die Rechtsprechung von Abrechnung bzw. **Abrechnungspflicht** spricht, ist damit letztlich die Feststellung eines bestimmten Rechnungsergebnisses auf Grundlage der für die Lizenzgebühr maßgeblichen Berechnungsgrößen gemeint[4]. Für den Patentlizenzvertrag geht der *BGH* zutreffend davon aus, dass es sich dabei wegen der untrennbaren Verknüpfung mit der Zahlung der Lizenzgebühr in der Regel um eine **Hauptpflicht des Lizenznehmers** handelt, deren Verletzung eine Kündigung aus wichtigem Grund (§ 314 BGB) rechtfertigen kann[5]. Mangels Vereinbarung eines bestimmten Abrechnungs- 1843

---

1 Vgl. zum früheren Recht *BGH* v. 4.7.2002, GRUR 2003, 982, 983 – Hotelvideoanlagen; s. auch *BGH* v. 25.11.2010, GRUR 2011, 455, 457, Rz. 27 ff. – Flexitanks.

2 Zur Entbehrlichkeit der Nachfristsetzung mit Ablehnungsandrohung wegen ernstlicher und eindeutiger Erfüllungsverweigerung nach früherem Recht vgl. *BGH* v. 18.1.1991, NJW 1991, 1822, 1823 f.; *BGH* v. 30.10.1991, NJW 1992, 235; *OLG Düsseldorf* v. 28.2.1997, WiB 1997, 934 f.

3 So u.a. *Groß*, Rz. 487 bei sog. gesellschaftsähnlichen Lizenzverträgen; grundlegend zum früheren Recht *Reimer*, PatG, § 9 PatG a.F. Rz. 52 m.w.N.

4 Vgl. *BGH* v. 25.11.2003, GRUR 2004, 532, 533 – Nassreinigung; weitergehend dagegen *Groß*, Rz. 136 f.

5 *BGH* v. 25.11.2003, GRUR 2004, 532, 533 – Nassreinigung.

zeitraumes ist innerhalb angemessener – und damit einzelfallabhängiger – Frist abzurechnen[1] (zur Fälligkeit der Lizenzgebühr s. Rz. 1830 ff.). Hier ist eine Vereinbarung der Lizenzvertragspartner über den **Abrechnungszeitraum** (s. Rz. 1835) am Platze, die sich auch auf den Zeitpunkt der Abrechnungserteilung (z.B. zwei bis vier Wochen nach Ablauf des Abrechnungszeitraumes) sowie Form und Inhalt der Abrechnung (z.B. Zahl der gelieferten Gegenstände mit fortlaufenden Nummern, Rechnungs-/Lieferdatum, Preise, Rabatte, Nebenkosten) und auch auf den Zahlungstermin (z.B. zum Ende des Monats, in dem Abrechnung erteilt werden muss) beziehen sollte. Die Folgen einer **Verletzung der Abrechnungspflicht** ergeben sich aus §§ 280, 281, 314 BGB, d.h. der Lizenzgeber kann nach Fristsetzung Schadensersatz verlangen und/oder den Lizenzvertrag ggf. aus wichtigem Grund kündigen[2] (zur Kündigung s. Rz. 2445). Für den Fall einer fehlerhaften Abrechnung kann auch eine Vertragsstrafe vereinbart werden[3].

1844 Von der das Rechnungsergebnis wiedergebenden Abrechnung zu trennen ist der Begriff der **Rechenschaftspflicht**. Dieser wird vielfach – entsprechend §§ 259, 666 BGB – mit der **Rechungslegung** im Sinne einer geordneten Aufstellung von Einnahmen und Ausgaben einschließlich der Pflicht zum Nachweis bzw. zur Vorlage von Belegen gleichgestellt[4]. Davon abzugrenzen ist die **Auskunftspflicht**, die eine ordnungsgemäße Information über die für die Lizenzgebührenpflicht wesentlichen Daten und Sachverhalte umfasst, und ggf. eine (darüber hinaus gehende) Rechnungslegung zum Inhalt haben kann.

1845 Bei Fehlen einer vertraglichen Abrede folgt der Auskunfts- und ggf. Rechnungslegungsanspruch u.E. aus Treu und Glauben (§ 242 BGB) in Verbindung mit dem Anspruch auf Lizenzgebührenzahlung[5]. Der Lizenzgeber ist also nicht auf freiwillige Auskünfte des Lizenznehmers angewiesen, sondern hat einen notfalls gerichtlich durchsetzbaren Anspruch. Nach deutschem Rechtsverständnis dient der Auskunftsanspruch als Hilfsanspruch der Vorbereitung des Hauptanspruchs und erstreckt sich deshalb auf diejenigen Auskünfte, die zur Berechnung des Hauptanspruchs erforderlich sind[6].

---

1 *Groß*, Rz. 138.

2 S. *Groß*, Rz. 139.

3 Vgl. *Pagenberg/Beier*, Muster 1, Rz. 213.

4 Vgl. *BGH* v. 20.5.2003, GRUR 2003, 1062, 1064 – Preisbindung durch Franchisegeber II; *KG Berlin* v. 25.8.2010, ZUM 2011, 59, Rz. 40 ff.

5 Das entspricht im Ergebnis der Rechtsgrundlage für den Auskunftsanspruch des Arbeitnehmererfinders, vgl. dazu u.a. *BGH* v. 23.10.2001, GRUR 2002, 149, 153 – Wetterführungspläne II; *BGH* v. 16.4.2002, GRUR 2002, 801, 803 f. – Abgestuftes Getriebe, der insoweit bereits eine Parallele zur Lizenzvertragspraxis zieht. S. auch *KG Berlin* v. 25.8.2010, ZUM 2011, 59, Rz. 40; *OLG Düsseldorf* v. 24.5.2006 – VI-U (Kart) 22/05, Rz. 17 ff. (juris).

6 Vgl. allgemein *BGH* v. 11.10.2004, GRUR 2005, 240, 243 – Nachbauentschädigung, dort zur Bemessung der sortenschutzrechtlichen Nachbauentschädigung.

Zu **Inhalt und Umfang des Anspruchs auf Auskunft und ggf. Rechnungslegung** besteht **Vertragsfreiheit**, d.h. der Lizenznehmer kann sich hier weitgehenden Abrechnungs-, Kontroll-, Nachweis-, Offenbarungs- und Rechenschaftspflichten unterwerfen; andererseits kann der Lizenzgeber seine Auskunfts- und Rechnungslegungsansprüche einschränken bzw. darauf verzichten[1]. Mangels einer vertraglichen Konkretisierung des Umfangs des Auskunftsanspruchs ist dieser durch Auslegung zu bestimmen[2]. Im Lizenzverkehr ist eine Vertragsabsprache unverzichtbar, nicht zuletzt, um mit Blick auf die Lizenzgebühren denkbaren Reibungsverlusten im Vertrauensverhältnis vorzubeugen. Auch im Rahmen der Abrechnungserteilung können vertragliche Informationspflichten des Lizenznehmers vereinbart werden. So kann der Lizenznehmer sich verpflichten, dem Lizenzgeber über bestimmte Tatsachen Auskünfte geben zu müssen, die sich auf die Lizenzzahlung auswirken; *Groß*[3] nennt hier als Beispiele bestimmte zwischen dem Lizenznehmer und seinen Abnehmern vereinbarte Zahlungsweisen, die bei der Umsatzlizenz Einfluss auf die Höhe der Lizenzgebühr für einen bestimmten Abrechnungszeitraum haben, wie z.B. Rabatte, Nebenkosten u.Ä. Verbreitet sind auch besondere Abreden bei konzernweiten Lizenzvergaben[4]. Wird dem Lizenzgeber das Recht zur Kontrolle bestimmter Zahlen durch einen Wirtschaftsprüfer eingeräumt, so trifft die Lizenznehmerin eine Auskunftspflicht bzgl. selbiger, da das Kontrollrecht des Lizenzgebers eine vorausgehende Rechnungslegung durch den Lizenznehmer voraussetzt[5]. 1846

Fehlen Vertragsabsprachen, so bestimmen sich Inhalt und Umfang des Anspruchs auf Auskunft, der ggf. eine weitergehende Rechnungslegungspflicht i.S. von § 259 BGB begründen kann, unter Beachtung von **Zumutbarkeit und Erforderlichkeit** (§ 242 BGB) nach den Umständen des Einzelfalls und unter Einbeziehung der Verkehrsübung[6]. Da es nicht um die Durchsetzung von gesetzlichen Ansprüchen geht, gelten hier allerdings weder die weiten Maßstäbe des Arbeitnehmererfinderrechts[7] noch die verschärften Grundsätze zur Auskunftspflicht des Patentverletzers[8]. Vielmehr

1 S. auch *LG Düsseldorf* v. 23.8.2007, Düsseldorfer Entscheidung Nr. 750 – Strangregulierventil (www.duesseldorfer-archiv.de).

2 *LG Düsseldorf* v. 23.8.2007, Düsseldorfer Entscheidung Nr. 750 – Strangregulierventil (www.duesseldorfer-archiv.de).

3 *Groß*, Rz. 141.

4 Vgl. dazu auch *BGH* v. 16.4.2002, GRUR 2002, 801, 803 f. – Abgestuftes Getriebe. Vgl. auch *BGH* v. 17.7.2002, NJW 2002, 2351 f. – Distributionsvertrag, dort zu Schadensersatzansprüchen.

5 *LG Düsseldorf* v. 23.8.2007, Düsseldorfer Entscheidung Nr. 750 – Strangregulierventil (www.duesseldorfer-archiv.de).

6 Vgl. allgemein zum Erfinderrecht *BGH* v. 16.4.2002, GRUR 2002, 801, 803 f. – Abgestuftes Getriebe. S. auch *OLG Düsseldorf* v. 24.5.2006 – VI-U (Kart) 22/05, Rz. 17 ff. (juris).

7 A.A. *Henn*, Rz. 271.

8 Busse/*Keukenschrijver*, PatG, § 15 Rz. 125.

kommt der getroffenen Lizenzgebührenregelung wesentliche Bedeutung zu. Letztlich muss der Lizenzgeber in die Lage versetzt werden, Umfang und Höhe der ihm zustehenden Ansprüche an Hand der Angaben des Lizenznehmers zu bestimmen bzw. auf ihre Schlüssigkeit hin prüfen zu können[1].

Somit erstreckt sich die Auskunftspflicht des Lizenznehmers im Zweifel auf die **Angabe der hergestellten bzw. ausgelieferten Mengen** ebenso wie auf den **Zeitpunkt der Lieferung**[2]. Auf die **Nennung der Abnehmer** hat er grundsätzlich keinen Anspruch. Dies gilt insbesondere dann, wenn der Lizenznehmer Wettbewerber des Lizenzgebers ist. Einen Kompromiss stellt es dar, wenn die Parteien die Einschaltung eines Wirtschafts- oder Buchprüfers vereinbaren (vgl. § 87c Abs. 4 HGB), dem dann die Abnehmer zu benennen sind[3].

Ist der Lizenznehmer nach der betroffenen Lizenzabrede verpflichtet, dem Lizenzgeber einen umfassenden Bericht über die an die einzelnen Abnehmer verkauften Lizenzprodukte zu erstellen, mit entsprechenden Angaben über Typ und Größe, durchschnittlichem Preis pro Kunden, umfasst dies nach Auffassung des *BGH* auch die **Pflicht zur namentlichen Nennung der Kunden**, auch wenn dies im Wortlaut des Vertrags nicht ausdrücklich vorgesehen ist; eine anonymisierte Aufschlüsselung beeinträchtige den Wert der Informationen[4].

Grundsätzlich kann auch eine **Negativauskunft** dahin gehen, dass keine lizenzpflichtigen Gegenstände hergestellt oder vertrieben worden seien, denen Auskunfts- und Rechnungslegungsanspruch erfüllen, sofern nicht die-

1 Vgl. Busse/*Keukenschrijver*, PatG, § 15 Rz. 125 m.w.N. Vgl. auch *OLG Düsseldorf* v. 24.5.2006 – VI-U (Kart) 22/05 – Rz. 17 ff. (juris); v. 17.12.2009 – I-2 U 118/08, Rz. 252 (juris) u. *LG Düsseldorf* v. 23.8.2007, Düsseldorfer Entscheidung Nr. 750 – Strangregulierventil (www.duesseldorfer-archiv.de).

2 *RG* v. 12.2.1930, RGZ 127, 243; *RG* v. 4.9.1936, GRUR 1936, 943, 945; *OLG Düsseldorf* v. 17.12.2009 – I-2 U 118/08, Rz. 261 (juris); vgl. zu den in die Abrechnung aufzunehmenden Angaben auch *Pagenberg/Beier*, Muster 1, Rz. 212; *Groß*, Rz. 136 f. Zum Umfang des Rechnungslegungsanspruchs s. auch *BGH* v. 29.4.1997, GRUR 1997, 610, 611 f. – Tinnitus-Masker. Nach dem *OLG Düsseldorf* (v. 6.4.2011, ZVertriebsR 2012, 52) gibt es in einem Franchisesystem keine gesetzliche Pflicht des Franchisegebers, die von ihm ausgehandelten Einkaufsvorteile in vollem Umfang an den Franchisenehmer herauszugeben bzw. seinen Franchisenehmern alle Vorteile aus dem Bezug bei von ihm erschlossenen Einkaufsquellen zu überlassen (m.H.a. *BGH* v. 11.11.2008, WuW/E DE-R 2514, Rz. 20 – Bau und Hobby; *BGH* v. 2.2.1999, WRP 1999, 534, Rz. 50, 53 – Preisbindung durch Franchisegeber; *OLG Düsseldorf* v. 13.12.2006, BB 2007, 738, Rz. 21 ff.). Dementsprechend besteht diesbezüglich (mangels vertraglicher Vereinbarung) keine Auskunftspflicht nach § 242 BGB.

3 *BGH* v. 11.4.1989, GRUR 1989, 411, 413 – Offenend-Spinnmaschine; Benkard/*Ullmann*, PatG, § 15 Rz. 145; Busse/*Keukenschrijver*, PatG, § 15 Rz. 127 m.w.N.

4 *BGH* v. 25.11.2010, GRUR 2011, 455, Rz. 51 – Flexitanks.

se Auskunft von vornherein unglaubhaft oder unvollständig ist[1]. Dagegen ist von der Nichterteilung einer Auskunft auszugehen, wenn der Auskunftsverpflichtete rechtsirrig den Umfang seiner Verpflichtung zu eng fasst und deshalb seine Auskunft beschränkt, etwa wenn er der rechtsirrigen Ansicht ist, mit bestimmten Produkten von der technischen Lehre eines Lizenzpatents keinen Gebrauch zu machen[2]. Es gibt u.E. **keinen allgemeinen Anspruch des Lizenzgebers auf Überprüfung der Richtigkeit** der Angaben des Lizenznehmers[3].

Eine Einsicht in Geschäftsunterlagen steht dem Lizenzgeber ohne dahingehende Vertragsabsprache nicht zu[4], ebenso wenig wie das Recht, die Unterlagen durch einen Buchsachverständigen überprüfen zu lassen[5]. Der Lizenzgeber sollte deshalb von vornherein Wert darauf legen, bestimmte **Kontrollrechte** eingeräumt zu erhalten, wozu etwa die dem Lizenznehmer auferlegte Verpflichtung gehören kann, Sonderbücher über die lizenzpflichtigen Vorgänge zu führen[6].

Kann der Lizenzgeber konkrete Anhaltspunkte dafür vorbringen, dass die Angaben des Lizenznehmers nicht ordnungsgemäß i.S. des § 259 Abs. 2 BGB erfolgt sind, ist letzterer bzw. seine Organe zur **Abgabe einer eidesstattlichen Versicherung** verpflichtet[7]. Dieser Anspruch kann aber erst geltend gemacht werden, wenn der Lizenznehmer Rechnung gelegt hat[8]. 1847

Eine besondere Konstellation ergibt sich bei der Gewährung von **Unterlizenzen**. Hier erstreckt sich auch ohne ausdrückliche Vereinbarung die Rechnungslegungspflicht des Hauptlizenznehmers auf die Umsätze/Stück- 1848

---

1 *BGH* v. 24.3.1994, GRUR 1994, 630, 631 – Cartier-Armreif; *BGH* v. 17.5.2001, GRUR 2001, 841 – Entfernung der Herstellungsnummer II; *OLG Düsseldorf* v. 17.12.2009 – I-2 U 118/08, Rz. 260 (juris).

2 *OLG Düsseldorf* v. 17.12.2009 – I-2 U 118/08, Rz. 260 (juris).

3 Vgl. *Pagenberg/Beier*, Muster 1, Rz. 213 m.H.a. *BGH* v. 17.3.1961, GRUR 1961, 466 – Gewinderollkopf II; vgl. auch Busse/*Keukenschrijver*, PatG, § 15 Rz. 127; a.A. *Henn*, Rz. 271 m.w.N.

4 *Groß*, Rz. 140 (auch zur Überprüfung anhand von EDV-Listen o.Ä.), 142 (auch zur Ableistung einer eidesstattlichen Versicherung durch den Lizenznehmer anstelle einer Überprüfung durch den Lizenzgeber); vgl. *BGH* v. 17.3.1961, GRUR 1961, 466, 469 f. – Gewinderollkopf, zur Überprüfung der Abrechnung durch den Lizenzgeber im Allgemeinen. Vgl. auch *BGH* v. 17.5.1994, GRUR 1994, 898, 899 ff. – Copolyester, mit den weitergehenden Rechnungslegungsansprüchen des Arbeitnehmers bei der Erfindervergütung.

5 Vgl. *KG Berlin* v. 25.8.2010, ZUM 2011, 59, Rz. 41 f. unter Hinweis auf *BGH* v. 3.7.1984, GRUR 1984, 728, Rz. 12 – Dampffrisierstab II.

6 Zur Auslegung der Reichweite eines in einem Verwertungsvertrag vereinbarten Buchprüferanspruchs (insbesondere Einsicht in Belege, aus denen sich weltweit außerhalb der BRD erzielte Erlöse ergeben) vgl. *KG Berlin* v. 25.8.2010, ZUM 2011, 59, Rz. 58 ff.

7 Busse/*Keukenschrijver*, PatG, § 15 Rz. 127.

8 Benkard/*Ullmann*, PatG, § 15 Rz. 146 m.H.a. *BGH* v. 9.5.1978 – X ZR 17/75.

zahlen des Unterlizenznehmers[1]. Im Einzelfall können sich aufgrund der Abreden oder aus besonderen Gründen nach Treu und Glauben (§ 242 BGB) auch sonstige Auskunfts- und ggf. Rechenschaftspflichten ergeben, beispielsweise zur Erfüllung wesentlicher Vertragspflichten. Weitergehende Auskunftsansprüche können sich ferner bei Ansprüchen aus Vertragsverletzung ergeben[2]. Ohne ausdrückliche Vereinbarung dürfte allerdings keine Pflicht zur Vorlage des Unterlizenzvertrages bestehen, da die Vorlage von Lizenzverträgen als Beleg für die Angabe von Lizenzeinnahmen nicht üblich ist und mit ihrer Hilfe lediglich die vereinbarte Lizenzhöhe, nicht aber die konkreten Lizenzeinnahmen ermittelt werden können[3]. Auch ist ihnen regelmäßig nicht zu entnehmen, in welchem Umfang die Lizenz genutzt und von einzelnen Schutzrechten Gebrauch gemacht wurde[4].

1849 **Verletzt** der Lizenznehmer seine Auskunfts- und Rechnungslegungspflicht, kommt er dieser insbesondere nicht bzw. unzureichend nach, so besteht – unbeschadet eines etwaigen Anspruchs auf eidesstattliche Versicherung nach § 259 Abs. 2, § 261 BGB – die Möglichkeit, den Auskunfts- und Rechnungslegungsanspruch im Klagewege vor der zuständigen Patentstreitkammer geltend zu machen, und zwar auch mit der Möglichkeit der Stufenklage (§ 254 ZPO) oder des Übergangs zur Zahlungsklage (vgl. § 264 Nr. 2 ZPO). Eine sog. „Nullauskunft" stellt dann keine Erfüllung (§ 362 BGB) der vertraglichen Auskunfts- und Rechnungslegungsansprüche dar, wenn sich der Lizenznehmer zunächst auf die pauschale Behauptung beschränkt, es seien keine auskunftspflichtigen Vorfälle vorhanden, der Lizenzgeber jedoch Vorfälle vortragen kann, die einen Ergänzungsbedarf begründen, der Lizenznehmer diese Umstände jedoch nicht ausräumt[5]. Eine derartige Negativauskunft, dass keine lizenzpflichtigen Gegenstände hergestellt oder vertrieben worden sind, ist auch dann nicht nur inhaltlich unrichtig, sondern erfüllt den Anspruch auf Auskunfts- und Rechnungslegung nicht, wenn der Lizenznehmer rechtsirrig den Umfang seiner Verpflichtung zu

---

1 *BGH* v. 7.11.1952, GRUR 1953, 114, 118 – Reinigungsverfahren; *Pagenberg/Beier*, Muster 1, Rz. 214; vgl. Rz. 1866 ff.

2 Vgl. z.B. *BGH* v. 20.5.2003, GRUR 2003, 1062, 1064 f. – dort zur positiven Vertragsverletzung bei Franchiseverträgen.

3 *LG Düsseldorf* v. 12.7.2011 – 4a O 52/10, Rz. 37 (juris), zur Frage der Vorlagepflicht im Rahmen der Ermittlung einer angemessenen Arbeitnehmererfindervergütung nach der Methode der Lizenzanalogie. Zur Vorlagepflicht gegenüber Dritten im Rahmen eines Rechtsstreits gemäß § 142 ZPO und §§ 421 ff. ZPO vgl. *LG Mannheim* v. 4.5.2010, InstGE 12, 136, Rz. 296 ff. – zusätzliche Anwendungssoftware u. *LG Mannheim* v. 10.7.2009, InstGE 1, 129, Rz. 92 f. (dort nur zu § 142 ZPO). S. allgemein zu den Anordnungsvoraussetzungen einer Vorlegung von Urkunden oder sonstigen Unterlagen nach § 142 ZPO bei Rechtsstreitigkeiten über technische Schutzrechte *BGH* v. 1.8.2006, BGHZ 169, 30, Rz. 35 ff. (juris) – Restschadstoffentfernung, wonach die Vorlegung zur Aufklärung des Sachverhalts geeignet und erforderlich sowie verhältnismäßig und angemessen sein muss.

4 *LG Düsseldorf* v. 12.7.2011 – 4a O 52/10, Rz. 37 (juris).

5 *LG Düsseldorf* v. 29.6.2010, Düsseldorfer Entscheidung Nr. 1436 – Rauchgaswäsche (www.duesseldorfer-archiv.de).

eng fasst und daher seine Auskunft dementsprechend beschränkt[1]. Im Einzelfall besteht auch die Möglichkeit zur außerordentlichen Kündigung nach § 314 BGB (s. dazu Rz. 2436 ff., 2439).

h) Verjährung/Verwirkung

aa) Verjährung

Die Verjährung richtet sich nach den allgemeinen Bestimmungen des BGB. 1850
Seit dem 1.1.2002 gilt einheitlich für die Ansprüche auf Lizenzgebührenzahlung die **regelmäßige Verjährungsfrist von drei Jahren** nach **§ 195 BGB** mit der subjektiven Anknüpfung des Verjährungsbeginns[2]. Nach zutreffender Ansicht kommt die besondere kaufrechtliche Verjährungsfrist des § 438 Abs. 1 Nr. 3 BGB beim Lizenzvertrag als Vertrag sui generis nicht zur Anwendung[3]. Nach **§ 199 Abs. 1 BGB beginnt** die regelmäßige **Verjährungsfrist** von drei Jahren mit dem Schluss desjenigen Jahres, in dem der Lizenzgebührenanspruch entstanden, d.h. – in der Regel – fällig ist (s. Rz. 1830 ff.) und der Lizenzgeber von den Umständen, die seinen Lizenzgebührenanspruch begründen, und der Person des Schuldners (Lizenznehmers) positive Kenntnis erlangt oder ohne grobe Fahrlässigkeit erlangen müsste. Die Kenntnis über die anspruchsbegründenden Umstände setzt bei laufenden Lizenzgebühren im Zweifel die Kenntnis der für die Berechnung maßgeblichen Faktoren voraus. Insoweit muss dem Lizenzgeber die Benutzungssituation hinsichtlich der jeweiligen lizenzierten Rechtspositionen bewusst sein. Die Kenntnis des Nutzungsumfangs ist nicht erforderlich[4]. Maßgebend ist allein die Kenntnis von den den Anspruch begründenden Umständen und der Person des Schuldners. Einzelheiten über den Nutzungsumfang kann der Lizenzgeber über den ihm zustehenden Anspruch auf Auskunft und Rechnungslegung erhalten (s. dazu Rz. 1842 ff.). Dieser Auskunftsanspruch unterliegt einer selbständigen Verjährung.

Fehlen diese subjektiven Voraussetzungen der Kenntnis bzw. der grob fahrlässigen Unkenntnis, kommt für Vergütungsansprüche die **zehnjährige Höchstfrist** des **§ 199 Abs. 4 BGB** zum Tragen. Diese Verjährungsfrist beginnt nicht am Jahresschluss, sondern taggenau von der Entstehung (Fäl-

1 *LG Düsseldorf* v. 9.10.2008, Düsseldorfer Entscheidung Nr. 978 – Fremdteilausscheider (www.duesseldorfer-archiv.de) u.a. m.H.a. *BGH* v. 18.10.1961, NJW 1962, 245, 246.
2 Vgl. *Britta Bartenbach*, Mitt. 2003, 101, 112.
3 *Groß*, Rz. 147; Benkard/*Ullmann*, PatG, § 15 Rz. 220.
4 Dies entspricht auch der ständigen Entscheidungspraxis der Schiedsstelle für Arbeitnehmererfindungen beim DPMA zur Verjährung des nach der hier vergleichbaren Berechnungsmethode nach der Lizenzanalogie ermittelten Vergütungsanspruchs; s. *Schiedsstelle* EV v. 3.4.2008, Arb.Erf. 46/06; *Schiedsstelle* v. 13.1.2009, Arb.Erf. 19/06 u. *Schiedsstelle* v. 17.6.2010, Arb.Erf. 14/09 – sämtlich Datenbank-Quelle Schiedsstellenpraxis.

ligkeit) des Zahlungsanspruchs an. Für Ansprüche auf **Schadensersatz wegen Nichterfüllung**, z.B. wegen unterlassener Ausübung, gilt ebenfalls die Regelverjährungsfrist des § 195 BGB[1]. Soweit Lizenzgeber oder Lizenznehmer Patentverletzungsansprüchen unterliegen (s. dazu Rz. 69, 1181 ff. u. 2251 ff.), richtet sich die Verjährungsfrist nach § 141 PatG. Für sonstige Schadensersatzansprüche im Zusammenhang mit Lizenzverträgen sind die besonderen Fristen nach § 199 Abs. 3 BGB relevant (s. dazu Rz. 560 ff.).

1851 Die **Hemmung** und der Neubeginn der Verjährung bestimmen sich nach **§§ 203 ff. BGB**. Relevant ist für den Lizenzvertrag einmal die Hemmung der Verjährung bei Verhandlungen über den Anspruch oder die den Anspruch begründenden Umstände (§ 203 BGB); hier ist die Verjährung solange gehemmt, bis durch eine Partei die Fortsetzung der Verhandlungen verweigert wird. Die Verjährung wird ferner gehemmt durch Klageerhebung (§ 204 Abs. 1 Nr. 1 BGB) und nach § 204 Abs. 1 Nr. 11 BGB durch den Beginn eines schiedsrichterlichen Verfahrens (§ 1044 ZPO). § 204 Abs. 1 Nr. 11 BGB gilt auch für Schiedsverfahren im Ausland[2]. Als Schiedsgericht i.d.S. gilt beispielsweise auch der Schiedsgerichtshof der Internationalen Handelskammer in Paris, da es sich hierbei um ein Schiedsgericht i.S. der §§ 1025 ff. ZPO handelt[3] (zum schiedsrichterlichen Verfahren vgl. Rz. 3001 ff.).

1852 Streitig ist, ob die Hemmungswirkung auch dann eintritt, wenn in einem Lizenzvertrag nur eine **bloße Schlichtungsklausel** vereinbart wurde, d.h. eine Regelung dahingehend, dass es nicht Aufgabe des angerufenen Schiedsgerichts sein soll, anstelle eines staatlichen Richters einen Streit durch Schiedsspruch zu entscheiden, sondern lediglich zu versuchen, einen Vergleichsvorschlag zu unterbreiten (zu Verhandlungsklauseln s. Rz. 2911 ff.; zur Mediation Rz. 3223 ff.). Dies hängt davon ab, ob man eine (analoge) Anwendung von § 204 Abs. 1 Satz 4 BGB (Güteantrag) für Einigungs- oder Mediationsverfahren bejaht[4].

1853 Das frühere Verjährungsrecht aus der Zeit vor der Schuldrechtsmodernisierung[5] ist noch im Rahmen des Übergangsrechts (Art. 229 § 6 EGBGB) von gewisser Bedeutung.

---

1 Benkard/*Ullmann*, PatG, § 15 Rz. 220.

2 Palandt/*Ellenberger*, BGB, § 204 Rz. 26 m.H.a. amtl. Begr. in BT-Drucks. 14/7052 S. 181.

3 *BGH* v. 8.12.1993, GRUR 1993, 469, 470 – Mauer-Rohrdurchführungen.

4 Dafür u.a. *Friedrich*, NJW 2003, 1781 ff.; im Anschluss daran Palandt/*Ellenberger*, BGB, § 204 Rz. 19; vgl. auch *BGH* v. 17.4.2002, NJW-RR 2002, 937 ff.; ablehnend u.a. *Eidenmüller*, SchiedsVZ 2003, 163 ff.; zur Mediation s. auch *Böttcher/Laskaw*, DB 2004, 1247 ff.; zu § 209 BGB a.F. ablehnend *BGH* v. 8.12.1993, GRUR 1993, 469, 470 – Mauer-Rohrdurchführungen.

5 S. dazu 5. Aufl., Rz. 1850 ff.

bb) Verwirkung

Verwirkung ist ein Fall der **unzulässigen Rechtsausübung** wegen widersprüchlichen Verhaltens, bei dem der Verstoß gegen Treu und Glauben (§ 242 BGB) in der Illoyalität der verspäteten Rechtsausübung liegt[1]. Ansprüche der Lizenzvertragsparteien können dem Verwirkungseinwand unterliegen, wenn die anspruchsberechtigte Partei ihren Anspruch über einen längeren Zeitraum nicht geltend gemacht hat, der andere Vertragspartner aber sich bei objektiver Beurteilung darauf einrichten durfte und darauf eingerichtet hat, der Anspruch werde nicht mehr geltend gemacht; dann verstößt die verspätete Geltendmachung gegen Treu und Glauben[2]. 1854

Die Verwirkung kann hinsichtlich jedes Anspruchs der Lizenzvertragsparteien greifen. Dabei ist indes zu beachten, dass bei Versäumnis der Geltendmachung eines bestimmten Anspruchs die Verwirkung immer nur diesen konkreten Anspruch erfasst, nicht aber wiederholte Verhaltensweisen in Bezug auf gleichartige Ansprüche. Im Regelfall kann aus einem eine Verwirkung eines bestimmten Anspruchs begründenden Verhalten kein berechtigtes Vertrauen hergeleitet werden, der Anspruchsberechtigte dulde auch zukünftig die Nichterfüllung seiner Ansprüche und werde diese weiterhin nicht geltend machen. Nach der Rechtsprechung des *BGH*[3] darf der Verwirkungseinwand, der auf einen im Vertrauen auf einen vom Anspruchsberechtigten geschaffenen schutzwürdigen Besitzstand gegründet ist, nicht dazu führen, dass dem Verpflichteten eine zusätzliche Rechtsposition eingeräumt wird und die Rechte des nach Treu und Glauben nur ausnahmsweise und in engen Grenzen schutzwürdigen Vertragspartners über diese Grenzen hinaus erweitert werden. Ein „Freibrief" für zukünftige Pflichtverletzungen ist damit nicht verbunden[4].

Im Urteil vom 17.3.1994 befasste sich der *BGH*[5] mit der Frage der **Verwirkung von Zahlungsansprüchen aus Lizenzverträgen**, wobei die Parteien des Rechtsstreites darüber stritten, ob bestimmte von dem Lizenznehmer vertriebene Anlagen von dem streitgegenständlichen Patent Gebrauch machten mit der Folge, dass hierfür Lizenzzahlungen zu erbringen wären. Der *BGH* verwies zunächst – allgemein den Tatbestand der Verwirkung betreffend – darauf, dass bloßer **Zeitablauf** allein (Zeitmoment) noch keine Verwirkung zur Folge haben kann; vielmehr müsse ein **Verhalten des Gläubigers** hinzukommen, das geeignet ist, beim Schuldner den Eindruck zu erwecken, er werde künftig von Ansprüchen verschont werden (Umstandsmoment). Es sei ein entsprechendes **Verhalten des Schuldners** erforderlich, das zeige, dass er sich hierauf eingerichtet habe. Der *BGH* hat ein derartiges

1 *BGH* v. 29.2.1984, NJW 1984, 1684.
2 *BGH* v. 21.12.2005, GRUR 2006, 401 ff. – Zylinderrohr – zum Ausgleichsanspruch bei einer Patentgemeinschaft; *BGH* v. 6.7.1965 – Ia ZR 26/64, n.v.
3 *BGH* v. 18.1.2012, GRUR 2012, 928 – Honda Grauimport.
4 Vgl. *BGH* v. 18.1.2012, GRUR 2012, 928, Rz. 22 ff. – Honda Grauimport.
5 *BGH* v. 17.3.1994, GRUR 1994, 597 ff. – Zerlegvorrichtung für Baumstämme.

„Sich-Einrichten" nicht in der Anschaffung betrieblicher Vorrichtungen und der Werbung für die lizenzierten Gegenstände gesehen, denn diese Maßnahmen erfolgten in aller Regel bereits aufgrund des zwischen den Parteien abgeschlossenen Lizenzvertrages. Mögliche Anhaltspunkte für ein solches **„Sich-Einrichten"** könnten aber z.B. in der Auflösung von Rückstellungen liegen oder in einer Preisermäßigung für Lizenzprodukte, die nach der durch das vorangegangene Verhalten des Lizenzgebers geprägten Vorstellung des Lizenznehmers nicht mehr durch Lizenzgebühren „belastet" sind. Die Vertragspartei, die sich – beispielsweise bei Inanspruchnahme auf Zahlung von Lizenzgebühren – auf Verwirkung berufen will, muss Umstände **darlegen und beweisen**, die über den unmittelbar aufgrund des Lizenzvertrages eingerichteten Geschäftsbetrieb hinausgehen.

1855 Verwirkt sein können auch etwaige **Gewährleistungsansprüche des Lizenznehmers**[1]. So können einer Konstruktion anfänglich anhaftende Mängel, die mittlerweile beseitigt sind, nach jahrelanger vorbehaltloser Zusammenarbeit nicht mehr geltend gemacht werden[2].

1856 Angesichts der neuen erheblich verkürzten Verjährungsfristen dürfte auch im Bereich des Lizenzvertragsrechts der Anwendungsbereich der Verwirkung bei vertraglichen Ansprüchen auf Ausnahmefälle beschränkt sein und hierfür regelmäßig nur im Rahmen der Verjährungshöchstfristen (§ 199 Abs. 3 und 4 BGB) Raum bleiben.

i) Dauer der Lizenzgebührenpflicht – Vertragsdauer, Wegfall oder Beschränkung des lizenzierten Schutzrechts[3]

aa) Allgemeines

1857 Die Dauer der Lizenzgebührenpflicht knüpft – soweit nichts anderes vereinbart ist – grundsätzlich an die **Dauer des Lizenzvertrages** an (s. dazu Rz. 1242 ff.).

---

1 *BGH* v. 17.3.1961, GRUR 1961, 466, 467 f. – Gewinderollkopf; Busse/*Keukenschrijver*, PatG, § 15 Rz. 134.

2 *BGH* v. 17.3.1961, GRUR 1961, 466, 467 – Gewinderollkopf; Busse/*Keukenschrijver*, PatG, § 15 Rz. 134.

3 Vgl. *RG* v. 21.11.1914, RGZ 86, 45, 50 ff.; *BGH* v. 12.4.1957, GRUR 1957, 595, 596 f. – Verwandlungstisch; *BGH* v. 28.6.1957, GRUR 1958, 175, 177 – Wendemaschine II; *BGH* v. 17.3.1961, GRUR 1961, 466, 468 – Gewinderollkopf; *BGH* v. 17.10.1968, GRUR 1969, 409, 410 – Metallrahmen; *BGH* v. 26.6.1969, GRUR 1969, 677, 678 – Rüben-Verladeeinrichtung; *BGH* v. 28.9.1976, GRUR 1977, 107, 109 – Werbespiegel; *BGH* v. 25.1.1983, GRUR 1983, 237, 238 f. – Brückenlegepanzer I; *BGH*, v. 5.7.2005, WRP 2005, 1415, 1417 – Vergleichsempfehlung II; vgl. hierzu auch TB BKartA 1983/84, 40; *Kraßer/Schmid*, GRUR Int. 1982, 324, 339; *Pagenberg/Beier*, Muster 1, Rz. 156 ff.; *Preuß*, GRUR 1974, 623 ff.; Benkard/*Ullmann*, PatG, § 15 Rz. 193; *Körner*, GRUR 1982, 341 ff. Vgl. auch die Regelung in Art. 35 Abs. 2 lit. b GPÜ.

Ausnahmsweise kann eine Lizenzgebührenpflicht über den gesetzlichen Ablauf des Vertragsschutzrechtes hinaus bestehen, wenn vor Schutzrechtsablauf hergestellte Vertragsprodukte **nach Ablauf des Schutzrechts vertrieben** werden[1]. Der *BGH*[2] bejaht unter Bestätigung der Rechtsprechung des *RG*[3] selbst in Fällen, in denen vertraglich das Entstehen des Anspruches auf die Lizenzgebühr von der Anfertigung *und* dem Verkauf der Gegenstände abhängig gemacht ist, i.d.R. einen Anspruch auf Lizenzgebühren auch für die während der Vertragsdauer nur verkauften, jedoch erst nach Vertragsablauf angefertigten und gelieferten Gegenstände.

Diese Wertung wird sich auf die Situation bei vorzeitigem Wegfall des Schutzrechtes übertragen lassen. Zu beachten bleibt allerdings, ob das lizenzierte Schutzrecht während seines Rechtsbestandes für die getätigten Verkäufe kausal war.

Der vollständige oder teilweise **Widerruf eines Patents** bzw. dessen vollständige oder teilweise **Nichtigerklärung** führen **patentrechtlich** nach Art. 68, 138 Abs. 1 EPÜ, Art. II § 6 IntPatÜG, § 21 Abs. 3, § 22 Abs. 2 PatG dazu, dass die **Wirkungen** des Patents bzw. einer Patentanmeldung von Anfang an, also **ex tunc**, ganz oder teilweise als **nicht eingetreten** gelten[4]. Entsprechendes gilt für **Gebrauchsmuster** (vgl. etwa § 13 i.V.m. § 15 Abs. 1, 3 GebrMG). Folgerichtig kann der Schutzrechtsinhaber bzw. der ausschließliche Lizenznehmer gegenüber (bisherigen) Schutzrechtsverletzern patentrechtlich keine Schadensersatz- oder Unterlassungsansprüche mehr geltend machen; ebenso wenig stellen Umsatzeinbußen eines ausschließlichen Lizenznehmers durch solche Benutzungen Dritter einen ausgleichspflichtigen Schaden dar[5]. 1858

Diese schutzrechtsbezogenen Rechtswirkungen schlagen jedoch nicht auf das Schuldverhältnis zwischen Lizenzgeber und Lizenznehmer durch, **beseitigen** also **nicht rückwirkend den Bestand des Lizenzvertrages**. Nach ständiger höchstrichterlicher Rechtsprechung nimmt der Lizenznehmer bis zum Widerruf oder zur Nichtigerklärung des Patents dank des Lizenzvertrages an der durch den Bestand des Patents begründeten Vorzugsstellung teil, solange das Patent von den Mitbewerbern respektiert wird[6]. Dies hat seinen Grund in dem **Risikocharakter** des Lizenzvertrages (s. Rz. 25); der Lizenznehmer muss insoweit stets mit Angriffen (auf die Vertrags- 1859

1 Busse/*Keukenschrijver*, PatG, § 15 Rz. 102.
2 *BGH* v. 6.7.1954, BB 1954, 729.
3 *RG* v. 9.4.1943, GRUR 1943, 247, 248.
4 *BGH* v. 5.7.2005, WRP 2005, 1415, 1417 – Vergleichsempfehlung II m.w.N.; *BGH* v. 21.12.2005, GRUR 2006, 219, 221 – Detektionseinrichtung II.
5 *BGH* v. 5.7.2005, WRP 2005, 1415, 1417 – Vergleichsempfehlung II m.w.N.
6 *BGH* v. 14.5.2002, GRUR 2002, 787, 789 – Abstreiferleiste; bestätigt durch *BGH* v. 5.7.2005, WRP 2005, 1415, 1418 – Vergleichsempfehlung II; *OLG Düsseldorf* v. 17.12.2009 – I-2 U 118/08, Rz. 258 (juris); *OLG Karlsruhe* v. 23.7.2008, GRUR-RR, 2009, 121, 122 – Bodybass.

schutzrechte) rechnen, so dass die Löschung des lizenzierten Rechts oder die Feststellung seiner Unwirksamkeit in einem Verletzungsstreit in den seltensten Fällen von vornherein ausgeschlossen erscheint[1]. Im Urteil vom 28.9.1976[2] führt der *BGH* als Hilfserwägung an, dass bei wirtschaftlicher Betrachtung der Lizenzgeber deshalb einen Anspruch auf die Lizenzgebühren als Gegenleistung habe, weil er im Regelfall seine Leistung bereits erbracht habe. Diese bestehe angesichts der fast nie ganz auszuschließenden Unsicherheit der Schutzrechtslage weniger in der Verschaffung einer Nutzungsbefugnis an einem unanfechtbaren Gebrauchsmuster (Patent) als vielmehr in der Einräumung einer von den Mitbewerbern respektierten **tatsächlichen Vorzugsstellung**, die das eingetragene Gebrauchsmuster (Patent) nach außen dokumentiere und absichere[3]. Hinzutritt, dass sich der Lizenzgeber das Monopolrecht teilt bzw. auf dessen Eigennutzung aufgrund des Vertrages mit dem Lizenznehmer verzichtet, so dass letzterer Vertragsvorteile in Gestalt einer **günstigen geschäftlichen Stellung** erhält, die er ohne den Vertrag nicht haben würde und die eine **angemessene Gegenleistung** nach Treu und Glauben als gerechtfertigt erscheinen lassen[4].

1860 Folglich bleibt der Lizenznehmer mangels abweichender vertraglicher Regelung während der Laufzeit des Lizenzvertrages grundsätzlich **so lange** zur **Lizenzzahlung** verpflichtet, **wie das lizenzierte Schutzrecht in Geltung steht**. Eine bloße **Vernichtbarkeit** des lizenzierten Patentes bzw. das bloße Vorliegen eines Nichtigkeits-, Versagungs- oder Löschungsgrundes lässt die wechselseitigen Vertragspflichten der Lizenzvertragsparteien, insbesondere die Lizenzgebührenzahlungspflicht des Lizenznehmers, nicht entfallen[5] (vgl. auch RL Nr. 43 der Amtlichen Vergütungsrichtlinien zum ArbEG). Sie besteht nicht nur in den Fällen fort, in denen das Patent mangels erfinderischer Leistung oder wegen fehlender Neuheit nicht schutzfähig ist, son-

---

1 Vgl. u.a. *BGH* v. 28.9.1976, GRUR 1977, 107, 109 – Werbespiegel; in gleichem Sinne für Vereinbarungen über Geschmacksmuster *BGH* v. 13.7.1977, GRUR 1978, 308, 309 – Speisekartenwerbung, *BGH* v. 25.1.1983, GRUR 1983, 237, 239 – Brückenlegepanzer; Busse/*Keukenschrijver*, PatG, § 15 Rz. 120 m.w.N.

2 *BGH* v. 28.9.1976, GRUR 1977, 107, 109 – Werbespiegel.

3 S. auch *BGH* v. 13.7.1977, GRUR 1978, 308, 310 – Speisekartenwerbung.

4 Vgl. die Nachweise bei Busse/*Keukenschrijver*, PatG, § 15 Rz. 120 m.w.N.; s. ferner *BGH* v. 17.2.1981, GRUR 1981, 1516, 1517 – Klappleitwerk u. *BGH* v. 15.5.1990, GRUR 1990, 667, 668 – Einbettungsmasse – jeweils zu § 10 ArbEG.

5 Grundlegend *BGH* v. 28.6.1957, GRUR 1958, 175, 177 – Wendemaschine II; vgl. auch *BGH* v. 17.10.1968, GRUR 1969, 409, 410 – Metallrahmen; *BGH* v. 26.6.1969, GRUR 1969, 677, 678 – Rüben-Verladeeinrichtung; *BGH* v. 28.9.1976, GRUR 1977, 107, 109 – Werbespiegel; *BGH* v. 25.1.1983, GRUR 1983, 237, 238 f. – Brückenlegepanzer I; *OLG Düsseldorf* v. 17.12.2009 – I-2 U 118/08, Rz. 259 (juris); *LG Düsseldorf* v. 12.8.2008, InstGE 10, 6, 11 – Münzpfandschloss; *OLG Karlsruhe* v. 23.7.2008, GRUR-RR, 2009, 121, 122 – Bodybass; vgl. auch *Preu*, GRUR 1974, 623 ff.; *Kraßer*, GRUR Int. 1990, 690, 611, 612 f. Der Patentinhaber kann durch Rechtsmittel im Nichtigkeitsverfahren natürlich den Eintritt der Rechtskraft hinauszögern; vgl. zur Beendigung der Lizenzzahlungspflicht in diesem Fall *OLG Braunschweig* v. 28.3.1963, GRUR 1964, 344.

dern auch dann, wenn es mangels Ausführbarkeit der technischen Lehre zu Unrecht erteilt ist[1].

Die in der Verpflichtung zur Lizenzzahlung liegende „Beschränkung im Geschäftsverkehr" könne, solange die durch das bereits entstandene Schutzrecht oder die durch die noch nicht jedermann zugängliche Erfindung begründete Vorzugsstellung bestehe, auch nicht i.S. des § 20 Abs. 1 GWB a.F. über den Inhalt des Schutzrechtes hinausgehen[2].

Die vorstehenden Grundsätze gelten entsprechend bis zur **rechtskräftigen** 1861
Versagung einer lizenzierten Schutzrechtsanmeldung[3]. Auch hier besteht kein Anspruch auf Rückforderung oder Verweigerung von Leistungen. Mit Lizenzierung der Anmeldung hat der Lizenznehmer auf der Grundlage des mit der Anmeldung verbundenen Patenterteilungsanspruchs ein Nutzungsrecht erlangt[4]. Damit besteht eine Situation, die nicht anders zu bewerten ist, als wenn ein rechtskräftiges Patent erteilt worden wäre[5].

Ausnahmsweise kann die Lizenzgebührenpflicht wegen **Unzumutbarkeit** 1862
mit Wirkung für die Zukunft (ex tunc) trotz weiterer Verwertung entfallen; das gilt dann, wenn dem Lizenznehmer infolge offenbar oder wahrscheinlich gewordener Vernichtbarkeit des Schutzrechts dessen wirtschaftliche Vorteile derart entzogen werden, dass ihm eine weitere Zahlung nach Treu und Glauben (§ 242 BGB) nicht mehr zugemutet werden kann[6]. Die Unzumutbarkeit weiterer Lizenzgebührenzahlungen greift insbesondere dann, wenn das **Schutzrecht von Konkurrenten nicht mehr beachtet** wird und damit die Vorzugsstellung verloren geht[7].

Mit Urteil vom 25.1.1983[8] hat der *BGH* diese Rechtsgrundsätze auch auf 1863
den **einfachen Patentlizenzvertrag** übertragen. Auch der Nehmer einer einfachen Patentlizenz bleibt zur Lizenzzahlung verpflichtet, solange das Patent nicht rechtskräftig für nichtig erklärt ist und die Lizenz ihm eine vorteilhafte Stellung verschafft. Zutreffend weist der *BGH* darauf hin, dass die einfache Lizenz zwar nur ein schwächeres Recht vermittle, dass die unterschiedliche rechtliche Tragweite dieser Benutzungserlaubnis jedoch nicht davon abhängig sei, welches Maß an Rechtsbeständigkeit das Vertrags-

1 *OLG Karlsruhe* v. 23.7.2008, GRUR-RR, 2009, 121, 122 – Bodybass.
2 *BGH* v. 26.6.1969, GRUR 1969, 677, 678 – Rüben-Verladeeinrichtung.
3 Vgl. hierzu *BGH* v. 1.10.1964, GRUR 1965, 160, 162 – Abbauhammer; *BGH* v. 26.6.1969, GRUR 1969, 677, 680 – Rüben-Verladeeinrichtung; Pfaff/*Osterrieth*, B I Rz. 131.
4 Pfaff/*Osterrieth*, B I Rz. 131.
5 *BGH* v. 26.6.1969, GRUR 1969, 677, 678 – Rüben-Verladeeinrichtung; Pfaff/*Osterrieth*, B I Rz. 131; *Groß*, Rz. 68.
6 Vgl. *BGH* v. 23.6.1977, GRUR 1977, 784, 786 – Blitzlichtgeräte, u.a. bestätigt durch *BGH* v. 15.5.1990, GRUR 1990, 667, 668 – Einbettungsmasse u. *BGH* v. 6.2.2002, GRUR 2002, 609, 610 – Drahtinjektionseinrichtung – zu § 10 ArbEG.
7 *BGH* v. 15.5.1990, GRUR 1990, 667, 668 – Einbettungsmasse u. *BGH* v. 6.2.2002 GRUR 2002, 609, 610 – Drahtinjektionseinrichtung – zu § 10 ArbEG.
8 *BGH* v. 25.1.1983, GRUR 1983, 237, 239 – Brückenlegepanzer I.

schutzrecht besitzt. Der Nehmer einer einfachen und der einer ausschließlichen Lizenz verlieren ihre faktische Vorzugsstellung gleichermaßen erst, wenn das Patent rechtskräftig für nichtig erklärt oder nicht mehr respektiert wird.

Darauf, ob der Lizenznehmer tatsächlich einem Wettbewerb ausgesetzt war, kommt es nach h.M. nicht an[1]. Das geht zurück auf die „Brückenlegepanzer I"-Entscheidung des *BGH*[2]. Bezeichnend ist, dass der *BGH* zur Rechtfertigung dieses Ergebnisses seine ursprüngliche Argumentation, die Teilhabe an einer rechtlich unanfechtbaren Vorzugsstellung sei gegenüber anderen Mitbewerbern ein besonders augenfälliger Vorteil, der dem Lizenznehmer zugute komme, relativiert. Dies sei letztlich nicht der einzige Vorteil: Auch dem Lizenznehmer, der keinem Wettbewerb ausgesetzt sei, verleihe die Lizenz Vorteile, die sich für seine wirtschaftliche Tätigkeit als nützlich auswirken können, da er **nicht dem Benutzungsverbot des Patentinhabers ausgesetzt sei**. Er müsse, um sich einem eventuellen Verbot des Patentinhabers zu entziehen, ein Nichtigkeitsverfahren einleiten. Bis zu dessen rechtskräftiger Entscheidung habe er wegen der Bindung des Verletzungsrichters an den Erteilungsakt keine Handhabe, sich über das Benutzungsrecht hinwegzusetzen. Letztlich diene die Lizenz auch als „Verkaufsargument" gegenüber den Abnehmern, da diesen versichert werden könnte, dass auch sie rechtmäßig handelten, wenn sie von der Lehre des lizenzierten Patents Gebrauch machten. Insoweit liege der Vorteil des Lizenznehmers in der **„ungestörten Benutzung" des Lizenzgegenstandes**, in der Freiheit von Benutzungsverboten des Schutzrechtsinhabers.

1864 Die vorgenannten Rechtsgrundsätze können allerdings dann keine Geltung beanspruchen, wenn der Lizenznehmer zum Vertragsabschluss durch Täuschung über die Bestandkraft des Schutzrechts veranlasst wurde. Der *BGH* hat in seinem Urteil vom 19.9.2006[3] hierzu ausgeführt:

> „In einem solchen Fall ist der Lizenznehmer durch die Täuschungshandlung zum Abschluss eines für ihn nachteiligen Vertrages veranlasst worden, den er ohne sie nicht abgeschlossen hätte und zur Erreichung des gewollten wirtschaftlichen Zwecks auch nicht hätte abschließen müssen. Wegen der Täuschungshandlung könnte er im Wege des Schadensersatzes Befreiung von den Verbindlichkeiten aus der Vereinbarung auch dann verlangen, wenn diese wirksam ist. Dies schließt es aus, einen dem Schadensausgleich zuwiderlaufenden Bereicherungsanspruch anzunehmen; dieser wäre dann ein weiterer wegen der Täuschung auszugleichender Schaden."[4]

Folgerichtig stellte der *BGH* weiter fest, dass der Lizenznehmer durch den Vertragsabschluss nichts erlangt habe, vielmehr eine Verpflichtung einge-

---

1 *OLG Karlsruhe* v. 23.7.2008, GRUR-RR, 2009, 121, 122 – Bodybass; *Schulte/Kühnen*, PatG, § 15 Rz. 60.
2 *BGH* v. 25.1.1983, GRUR 1983, 237, 239.
3 *BGH* v. 19.9.2006 – X ZR 24/04 (juris).
4 *BGH* v. 19.9.2006 – X ZR 24/04, Rz. 15 (juris).

gangen sei, der keinerlei rechtliche Vorteile entsprochen hätten, mithin keinen Wertersatz schulde[1].

1865 Eine Anpassung der Lizenzgebühr an den veränderten Leistungsinhalt aufgrund des Wegfalls des lizenzierten Patents ist gemäß § 313 BGB dann vorzunehmen, wenn mit dem Patentlizenzvertrag ein (tatsächlicher genutzter) **Know-how-Lizenzvertrag** verbunden ist[2]. Entsprechendes gilt, wenn der Lizenzgeber dem Lizenznehmer **mehrere Schutzrechtspositione**n zur Nutzung überlassen hat und nunmehr **eine Schutzrechtsposition** ihre **Wirksamkeit verliert**[3]. Wird bei einem mehrere Schutzrechte umfassenden Lizenzvertrag die Lizenzgebühr in Form einer Einmalzahlung erbracht[4], ist es erforderlich, die auf das weggefallene Schutzrecht bezogene Lizenzgebühr festzustellen. Die Vertragsparteien können zur Streitvermeidung von vornherein eine Gewichtung der einzelnen lizenzierten Schutzrechtspositionen und des Know-hows vornehmen. Dies kann aber dann von Nachteil sein, wenn sich diese Wertigkeit während der Vertragslaufzeit verändert (z.B. besondere Wirkung eines Patents als Sperrpatent, stärkere Bedeutung des Know-hows etc.). Fehlen klare Absprachen über die Bewertung der einzelnen Schutzrechtspositionen, muss nach marktorientierten Wertmaßstäben gesucht werden, um eine solche analytische Betrachtung vornehmen zu können[5].

1866 Vom Lizenzgeber muss erwartet werden, dass er den Lizenznehmer **über** den **Wegfall von Schutzrechtspositionen** sofort **unterrichtet**[6]. Hierin liegt eine Nebenverpflichtung aus dem Lizenzvertrag, die auch dann besteht, wenn die Vertragsparteien hierüber keine gesonderte Absprache getroffen haben[7]. Die mangelnde Unterrichtung des Lizenznehmers über den Wegfall einer Schutzrechtsposition stellt – unabhängig von einer etwa bestehenden Verpflichtung des Lizenzgebers zur Aufrechterhaltung der Schutzrechtsposition – eine Vertragsverletzung dar, die zum Schadensersatz verpflichtet. Darüber hinaus ist der Lizenzgeber verpflichtet, eine für den Nutzungs-

---

1 *BGH* v. 19.9.2006 – X ZR 24/04, Rz. 15 (juris).

2 Für reine Know-how-Verträge vgl. die Entscheidung der *EU-Kommission* v. 22.12.1987, GRUR Int. 1988, 505, 508 – Rich Products/Jus-rol, in der die Kommission die Weiterzahlung von Lizenzgebühren auch nach dem Offenkundigwerden des Know-hows nicht beanstandet hat.

3 Bei teilweisem Wegfall eines lizenzierten Schutzrechts nach § 64 PatG bleibt der Lizenznehmer zur Gegenleistung verpflichtet, die allerdings meist zu mindern sein wird (*BGH* v. 12.4.1957, GRUR 1957, 595, 596 – Verwandlungstisch).

4 Vgl. *BGH* v. 23.3.1982, NJW 1982, 2861, 2862 f. – Hartmetallkopfbohrer; *Körner*, GRUR 1982, 341, 343 f.

5 Zur sog. „Package Licence" des amerikanischen Rechts vgl. *Pagenberg/Beier*, Muster 1, Rz. 166 f.; im europäischen Recht ist hierzu auf Art. 3 Nr. 9 GrFVO-Patentlizenzvereinbarungen bzw. Art. 4 Abs. 2 lit. a TT-GVO 1996 hinzuweisen (vgl. auch *Pagenberg/Beier*, Muster 1 Rz. 166 f.).

6 So auch *OLG Düsseldorf* v. 17.12.2009 – I-2 U 118/08, Rz. 136 (juris).

7 So auch *OLG Düsseldorf* v. 17.12.2009 – I-2 U 118/08, Rz. 136 (juris).

zeitraum nach Wegfall der Schutzrechtsposition entgegengenommene Lizenzgebühr nach Bereicherungsgrundsätzen (§§ 812 ff. BGB) zurück zu gewähren. Hierzu rechnet auch – unabhängig von den Verzugsfolgen – ein Zinsanspruch bezogen auf den Rückzahlungsanspruch vom Zeitpunkt der Zahlung der Lizenzgebühren nach Wegfall der Schutzrechtsposition an. Diese aus allgemeinen zivilrechtlichen Grundsätzen entwickelten Rechtsfolgen werden auch durch kartellrechtliche Grundsätze bestätigt, wonach der Lizenzgeber grundsätzlich keine Rechtspositionen lizenzieren darf, die über die Schutzrechtsdauer hinausgehen (s. hierzu Rz. 819).

Da das nationale Kartellrecht insoweit „ordre public" ist (vgl. Art. 9 ROM I-VO), kann sich ein deutscher Lizenznehmer auch einem ausländischen Lizenzgeber gegenüber hierauf berufen, soweit sich der Lizenzvertrag auf den Geltungsbereich der Bundesrepublik Deutschland bezieht[1].

Pagenberg/Beier[2] schlagen zur Regelung dieses Fragenkomplexes eine Kündigungsmöglichkeit des Lizenznehmers für den Fall der Nichtigerklärung des Patents vor und schließen eine Rückforderungsmöglichkeit bzgl. der bis zur rechtskräftigen Nichtigerklärung gezahlten Lizenzgebühren aus. Die Pflicht zur Zahlung von Lizenzgebühren entfällt, wenn Wettbewerber Verletzungshandlungen begehen und es ablehnen, sich Unterwerfungserklärungen zu unterziehen. Unterlässt der Lizenznehmer die Erhebung einer ihm möglichen Verletzungsklage, so bleibt er zur Zahlung der Gebühren verpflichtet.

1867 Selbstverständlich steht es – was auch der *BGH* anerkennt – den Lizenzvertragsparteien frei, eine von den dargestellten Rechtsfolgen abweichende Regelung zu treffen, beispielsweise dahin, dass bei rückwirkender Nichtigkeit des lizenzierten Schutzrechts die gezahlte Lizenzgebühr ganz oder teilweise erstattet werden soll oder dass die Lizenzgebührenzahlungspflicht bei Erhebung einer Nichtigkeits- oder Löschungsklage (zunächst) ausgesetzt und die Nachzahlung vom Ergebnis des Verfahrens abhängig gemacht wird (s. auch Rz. 1564 ff., 1568 ff.).

1868–1869 Frei.

bb) Bewertung nach EU-Kartellrecht

1870 Nach der Rechtsprechung des *EuGH* stellt eine vertragliche Verpflichtung, nach der ein Lizenznehmer einer patentierten Erfindung ohne Befristung und somit auch **nach Erlöschen des Patents** eine Lizenzgebühr zu zahlen hat, für sich betrachtet **keine Wettbewerbsbeschränkung** i.S. des Art. 81 Abs. 1 EG (heute Art. 101 Abs. 1 AEUV-) dar[3].

---

1 Vgl. *Körner*, GRUR 1982, 341 ff.
2 *Pagenberg/Beier*, Muster 1, § 27, Rz. 158 ff.
3 *EuGH* v. 12.5.1989, GRUR Int. 1990, 458, 459 – Ottung; vgl. auch *Riziotis*, GRUR Int. 2004, 367, 376; Pfaff/*Osterrieth*, B I Rz. 127 ff.

Nach Art. 2 Abs. 2 Nr. 7 lit. b TT-GVO 1996 waren diejenigen Vereinbarungen ausdrücklich nicht freistellungsbedürftig, die eine Fortsetzung der Zahlung der Lizenzgebühren infolge einer gewährten **Zahlungserleichterung** über die Geltungsdauer der lizenzierten Patente hinaus vorsahen. Erforderlich war dabei, dass sich die Vereinbarung einer Zahlungserleichterung ausdrücklich und unmissverständlich aus dem Lizenzvertrag ergab[1].

Die gegenwärtige TT-GVO 2004 hat diese Regelung nicht übernommen. Eine Freistellung kommt nach **Art. 2 Satz 3 TT-GVO 2004** nur solange in Betracht, wie die Rechte an der lizenzierten Technologie nicht abgelaufen, erloschen oder für ungültig erklärt worden sind. In dem vorher in Art. 2 Abs. 2 Nr. 7 lit. b TT-GVO 1996 ausdrücklich erwähnten Fall der Zahlungserleichterung wird in der Regel jedoch bereits keine Wettbewerbsbeschränkung i.S. des Art. 101 Abs. 1 AEUV (ex-Art. 81 Abs. 1 EG) vorliegen oder zumindest eine Freistellung über die Generalklausel des Art. 101 Abs. 3 AEUV (ex-Art. 81 Abs. 3 EG) zu erwägen sein. 1871

Für sonstige Vereinbarungen einer Lizenzgebühr nach Vertragsschluss ist zu untersuchen, ob der Absprache kaufmännische Erwägungen zugrunde liegen, die diese rechtfertigen[2], oder die Vereinbarung eine überwiegend wettbewerbsbeschränkende Wirkung zur Folge hat.

Zudem kommt eine Anpassung des Vertrages nach den Grundsätzen des Wegfalls der Geschäftsgrundlage in Betracht, die bei Unzumutbarkeit des Festhaltens am Vertrag ein Recht zur Kündigung einschließen[3].

Für die Vereinbarung von Lizenzgebühren für offenkundig gewordenes Know-how wird auf Rz. 2802 verwiesen.

Frei. 1872–1873

cc) Bewertung nach deutschem Recht

Für das deutsche Recht stellte das *BKartA* in Anwendung des früheren § 20 Abs. 1 Halbs. 2 GWB a.F. (dann § 17 Abs. 1 Satz 2 GWB a.F.) das vorzeitige Erlöschen der wesentlichen Lizenzpatente automatisch mit einem Vertragsende gleich, indem es vorschlug: 1874

„Der Vertrag endet in jedem lizenzierten Land mit dem Erlöschen des letzten vertragswesentlichen dortigen Vertragsschutzrechts"[4].

Das *BKartA* verwechselte hier indes das Vertragsende mit dem Ende der Lizenzgebührenpflicht[5]. In diesem Zusammenhang wurde beanstandet[6], dass 1875

1 Pfaff/*Osterrieth*, B I Rz. 127.
2 *EuGH* v. 12.5.1989, GRUR Int. 1990, 458, 459; vgl. *Riziotis*, GRUR Int. 2004, 367, 376.
3 Pfaff/*Osterrieth*, B I Rz. 128.
4 *BKartA*, TB 1975, 94, 96.
5 Vgl. hierzu auch Art. 2 Nr. 7 lit. b der TT-GVO 1996.
6 *Axster* in GK-KartR, GWB, §§ 20, 21 a.F. Rz. 103 ff., 108.

das *BKartA* und ihm folgend die Rechtsprechung die Lizenzgebührenzahlungspflicht überhaupt als eine dem Lizenznehmer auferlegte *„Beschränkung* im *Geschäftsverkehr"* bewerten[1] (s. auch Rz. 1679). Es kann die durch das Kartellrecht allein geschützte Wettbewerbsfreiheit des Lizenznehmers nicht belasten, wenn er sich Lizenzgebührenzahlungspflichten unterwirft. Deren Höhe kann allenfalls seine Wettbewerbssituation beeinflussen[2].

1876 Folgerichtig wurde diesseitig bereits hinsichtlich der bisherigen Rechtslage im deutschen Recht vertreten[3], dass Lizenzgebührenvereinbarungen, die über die Laufzeit oder die Rechtsbeständigkeit der lizenzierten Schutzrechte hinausgehen oder die dem Lizenznehmer über den Zeitpunkt des – ohne seine Einwirkung eintretenden – Offenkundigwerdens der ihm anvertrauten technischen Betriebsgeheimnisse hinaus auferlegt werden, nicht an der kartellrechtlichen Schranke des § 17 Abs. 1 GWB a.F. gemessen werden können. Sie gehen nicht „über den Inhalt des Schutzrechtes hinaus" und sind folgerichtig auch nicht unwirksam[4]. Hier sind allenfalls die genannten zivilrechtlichen Schranken maßgeblich. Auch der *BGH* hat im Zusammenhang mit § 20 GWB a.F. ausdrücklich bestätigt, dass die Vernichtung des Schutzrechtes oder sein Zeitablauf nicht zur Nichtigkeit des Lizenzvertrages kraft Gesetzes führen[5].

1877 Insofern war auch nicht einleuchtend, warum etwa faktische Vorzugsstellungen des Lizenznehmers, die durch Vertragsschutzrechte bewirkt wurden und zeitlich noch über das Erlöschen der Vertragsschutzrechte hinaus fortwirken, die Aufrechterhaltung einer Lizenzgebührenpflicht nicht rechtfertigen sollen[6]. Die kartellrechtliche Grenze wird erst dann berührt, wenn die auferlegte Lizenzgebührenpflicht den Lizenznehmer so stark in seiner Handlungsfreiheit einengt, dass ihm nur noch bestimmte Verhaltensweisen im Markt offen bleiben[7].

---

1 Vgl. *BKartA*, TB 1977, 92; *BKartA*, TB 1976, 104; *BKartA*, TB 1975, 94–96; *BGH* v. 17.10.1968, GRUR 1969, 409, 410 – Metallrahmen; *BGH* v. 18.3.1955, BGHZ 17, 41, 50 – Kokillenguß; *OLG München* v. 10.1.1985, WuW/E OLG 3521, 3522 – Steinmetzbrot; a.A. *EuGH* v. 12.5.1989, GRUR Int. 1990, 458, 459 – Ottung; *Bräutigam* in Langen/Bunte, Kartellrecht, § 20 GWB a.F. Rz. 40; Pfaff/*Osterrieth*, B I Rz. 127.

2 *Axster* in GK-KartR, GWB, §§ 20, 21 a.F. Rz. 103 ff.; *Werner* in FK KartellR, Art. 101 AEUV Fallgruppen IV Rz. 127; *Magen*, Lizenzverträge und Kartellrecht S. 180 ff.

3 S. 5. Aufl., Rz. 1297 f.

4 A.A. *BKartA*, TB 1960, 48; *BKartA*, TB 1962, 70.

5 *BGH* v. 18.3.1955, BGHZ 17, 41, 47 – Kokillenguss; *BGH* v. 20.5.1966, GRUR 1966, 576, 580 – Zincofot. Jeweils zu § 20 GWB a.F.

6 So aber *BKartA*, TB 1967, 88; s. dagegen auch *EuGH* v. 12.5.1989, GRUR Int. 1990, 458, 459 – Ottung, der eine Lizenzgebührenpflicht auch nach Erlöschen des lizenzierten Patents dann mit Art. 85 EWGV (heute: Art. 101 AEUV) für vereinbar hält, wenn dem Lizenznehmer die Befugnis zur angemessenen Kündigung zusteht.

7 Vgl. Nachweise bei *Axster* in GK-KartR, GWB, §§ 20, 21 a.F. Rz. 111, 126 f.

Durch die Angleichung des deutschen Kartellrechts an die europäischen Vorgaben mittels der siebten GWB-Novelle und der Zielsetzung, inner- sowie zwischenstaatliche Sachverhalte zukünftig gleich zu behandeln, finden diese Überlegungen nun auch im deutschen Recht eine Grundlage. Mit Streichung des § 17 Abs. 1 Satz 2 GWB a.F. und dem Gebot zur europafreundlichen Auslegung wird das *BKartA* nicht länger an einem generellen Verbot der Vereinbarungen von Lizenzgebühren für erloschene oder ungültig gewordene Schutzrechte festhalten können. Diese verstoßen unter Berücksichtigung der Rechtsprechung zu Art. 81 Abs. 1 EG[1], dem heutigen Art. 101 Abs. 1 AEUV, nicht grundsätzlich gegen § 1 GWB, vielmehr müssen andere wettbewerbsbeschränkende Umstände hinzutreten. 1878

Allerdings ist die Vereinbarung einer Lizenzgebühr für offenkundig gewordenes Know-how nach dem Wortlaut des **Art. 2 Satz 3 TT-GVO 2004** nur dann freigestellt, wenn das Know-how infolge des Verhaltens des Lizenznehmers offenkundig wurde. Damit ist die Regelung enger als bislang und für den Lizenzgeber ungünstiger (vgl. Rz. 2802). Sollte mit der Vereinbarung eine wettbewerbsbeschränkende Wirkung verbunden sein, ist eine Freistellung über § 2 Abs. 1 GWB zu prüfen.

Frei. 1879

j) Lizenzgebühren für Nutzungshandlungen des Unterlizenznehmers

Hat der Lizenznehmer Unterlizenzen vergeben, bestimmt sich nach dem Lizenzvertrag, in welcher Weise die Nutzungshandlungen des Unterlizenznehmers gegenüber dem Hauptlizenzgeber lizenzgebührenpflichtig sind. Dies kann – wovon auch die Vergütungsrichtlinien RL Nrn. 14, 15 für den Bereich der Arbeitnehmererfindervergütung ausgehen – in einer Beteiligung an den Unterlizenzeinnahmen des Hauptlizenznehmers, ferner in dem Anspruch auf einzelne oder regelmäßig zu zahlende Festbeträge bestehen[2]. Allerdings wird sich ein Hauptlizenzgeber ggf. nicht damit zufrieden geben, für die Benutzungshandlungen des Unterlizenznehmers ein geringeres Entgelt zu erhalten als es ihm bei Benutzung durch den Hauptlizenznehmer zusteht. Im Zweifel ist davon auszugehen, dass der Hauptlizenznehmer dem Hauptlizenzgeber Stück- oder Umsatzlizenzgebühren für die vom Unterlizenznehmer produzierten Stückzahlen bzw. erzielten Umsätze in gleicher Weise und Höhe zu zahlen hat, wie er solche im Falle der eigenen Benutzung des Lizenzgegenstandes schulden würde[3]; soweit mit der Lizenzgebühr des Hauptlizenznehmers zugleich weitergehende Leistungen des Hauptlizenzgebers mit abgegolten werden (Schulungen, besondere Gewährleistungen usw.), sind die darauf entfallenden Anteile im Regelfall abzuziehen. Die Fälligkeit der vom Hauptlizenznehmer geschuldeten Lizenzgebühren aus der 1880

1 *EuGH* v. 12.5.1989, GRUR Int. 1990, 458, 459.
2 *BGH* v. 16.4.2002, GRUR 2002, 801, 803 – Abgestuftes Getriebe.
3 Ebenso *Groß*, Rz. 234.

Unterlizenz bestimmt sich nach der Fälligkeit der Lizenzgebühren aus seiner Eigennutzung, es sei denn, der Hauptlizenzgeber hat einer anderen Fälligkeitsabrede zugestimmt.

1881 Nach der Rechtsprechung des *BGH*[1] **haftet der Hauptlizenznehmer** auch ohne besondere Abrede für die durch die Benutzungshandlungen des Unterlizenznehmers entstehenden Lizenzgebühren sowie für die ordnungsgemäße Rechnungslegung. Nach zutreffender Auffassung von *Groß*[2] haftet er grundsätzlich auch für ein Verschulden des Unterlizenznehmers, jedenfalls soweit der Hauptlizenznehmer allein Einfluss auf die Auswahl des Unterlizenznehmers hat. Ob diese Haftung auch bei der Fallgestaltung eingreift, in der die Vergabe einer Unterlizenz von der Genehmigung des Lizenzgebers abhängig ist und dieser dementsprechend Einfluss auf die Wahl des Unterlizenznehmers nehmen kann, ist zweifelhaft. Eine Haftung des Hauptlizenznehmers ist jedenfalls in den Fällen abzulehnen, in denen der Lizenzgeber seine ausdrückliche Zustimmung zur Erteilung einer Unterlizenz gegeben hat.

1882 Der Inhalt einer Abrede über die vom Hauptlizenznehmer zu zahlenden Lizenzgebühren für Nutzungshandlungen des Unterlizenznehmers und den Zahlungsmodus kann vielfältig sein. Die bzgl. der Abrechnung einfachste Gestaltung besteht darin, dass der Hauptlizenznehmer für die Vergabe einer Unterlizenz einen – der Höhe nach im Vertrag z.B. anlässlich der Unterlizenzvergabe vorab zu bestimmenden – Pauschalbetrag an den Lizenzgeber zahlt, mit dem alle Nutzungshandlungen des Unterlizenznehmers abgegolten sind. Will der Hauptlizenzgeber Schwierigkeiten einer bloßen Abrechnungs- oder Zahlungsvermittlung durch den Hauptlizenznehmer für Lizenzgebühren des Unterlizenznehmers ausschließen, ist der Hauptlizenznehmer zu verpflichten, mit dem Unterlizenznehmer zu vereinbaren, dass dieser die Lizenzgebühren unmittelbar an den Hauptlizenzgeber abführt. Entsprechend könnte dann die Rechnungslegungsverpflichtung ausgestaltet werden; dies ist aber keinesfalls zwingend. Bzgl. des Zahlungsmodus ist es auch möglich, dass der Hauptlizenznehmer die von ihm vereinnahmten Lizenzgebühren ganz oder teilweise an den Hauptlizenzgeber abzuführen hat; dies kann für laufende wie auch für einmalige Zahlungen des Unterlizenznehmers an den Hauptlizenznehmer vereinbart werden.

1883 Anders dürfte die Gebührenpflichtigkeit von Nutzungshandlungen des Unterlizenznehmers zu sehen sein, wenn der zur Vergabe von Unterlizenzen berechtigte Hauptlizenznehmer für seine eigenen Nutzungshandlungen nicht laufende Lizenzgebühren, sondern lediglich eine **Pauschallizenzgebühr** zu zahlen hat. Wird diese Gebührenart in Kenntnis des Rechts zur Vergabe von Unterlizenzen vereinbart, wird man davon ausgehen müssen,

1 *BGH* v. 7.11.1952, GRUR 1953, 114, 118 – Reinigungsverfahren.
2 *Groß*, Rz. 234.

dass auch die Nutzungshandlungen der Unterlizenznehmer mit dieser Pauschalvergütung abgegolten sind.

Hat der Unterlizenznehmer die Lizenzgebühren durch Pauschalzahlung bereits vollständig beglichen, trägt er im Falle der Insolvenz seines Lizenzgebers (des Hauptlizenznehmers) bei Beendigung des Hauptlizenzvertrages das Risiko, gegenüber seinem Lizenzgeber einen Anspruch auf Rückzahlung eines Teils der Lizenzgebühren wegen vorzeitigen Wegfalls seines Nutzungsrechts nicht durchsetzen zu können[1]. Etwas anderes gilt aber, wenn nach der neueren Rechtsprechung des *BGH* davon ausgegangen wird, dass das Erlöschen der Hauptlizenz in aller Regel nicht zum Erlöschen der Unterlizenz führt[2]. Der Beteiligungsanspruch des Lizenzgebers an diesen Unterlizenzgebühren wäre von diesem gegenüber der Insolvenzmasse geltend zu machen.

Frei. 1884–1885

2. Währungs- und Wertsicherungsklauseln

a) Währungsklauseln

Bei Lizenzverträgen mit Auslandsberührung bzw. bei internationalen Lizenzverträgen ist im Zweifel auch eine Währungsklausel Vertragsinhalt. 1886
Die Vereinbarung einer Währungsklausel bedeutet grundsätzlich die Festlegung, in welcher Währung die vereinbarten **Lizenzgebühren** zu berechnen sind. Wichtig ist dabei aber, dass nicht nur diese Geldbeträge, sondern auch **sonstige Entgeltforderungen**, wie z.B. Vertragsstrafen, Schadensersatzansprüche aus der Verletzung des Vertragsverhältnisses, Zinsen usw. nach dem Willen der Parteien von einer solchen Währungsklausel erfasst werden. Insoweit ist – unbeschadet des § 244 BGB – stets eine ausdrückliche Vereinbarung der Parteien sinnvoll. Das frühere Fremdwährungsverbot des § 3 Satz 1 WährungsG a.F., wonach Geldschulden nur mit Genehmigung in einer anderen Währung als in Deutscher Mark eingegangen werden durften, ist bereits Ende 1998 weggefallen.

Fehlt es an einer **Vereinbarung** bezüglich der zu verwendenden Währung, 1887
so steht es nach *Groß* dem **Lizenznehmer frei**, entweder die **Landeswährung des Vertragspartners oder seine eigene zu wählen**[3]. Ist nichts vereinbart, ist im Zweifel von einer Zahlung in der Landeswährung des Erfüllungsortes auszugehen.

---

1 *BGH* v. 19.7.2012, GRUR 2012, 914, 916, Rz. 21 – Take Five.

2 *BGH* v. 26.3.2009, BGHZ 180, 344 = GRUR 2009, 946, 947 ff., Rz. 17 ff. – Reifen-Progressiv; *BGH* v. 19.7.2012 GRUR 2012, 914, 915, Rz. 14 – Take Five; *BGH* v. 19.7.2012, GRUR 2012, 916, 917, Rz. 19 ff. – M2Trade.

3 *Groß*, Rz. 438 a.E. m.w.N.; *Henn*, Rz. 276 mit Formulierungsvorschlägen für Vertragsklauseln.

1888 Bei einer ausdrücklichen Vereinbarung wird der Lizenzgeber im Zweifel vorgeben, in welcher Währung die fälligen Zahlungen zu leisten sind. Hat er z.B. seinen Sitz in Deutschland, kann vereinbart werden, dass Lizenzgebühren z.B. zum dort geltenden Tageskurs umzurechnen sind (vgl. auch § 244 Abs. 2 BGB)[1]. Zweckmäßigerweise geht die Vereinbarung dahin, dass die Umrechnung zu dem am Tag einer vereinbarten Zahlungsfrist gültigen Umrechnungskurs einer zu benennenden Stelle, regelmäßig einer namhaften Börsenstelle oder Großbank, zu erfolgen hat. Auf diese Weise können Streitigkeiten hinsichtlich möglicher Währungsschwankungen vermieden werden. Kommt der Lizenznehmer mit der Zahlung in Verzug, ist offen, ob es bei der Umrechnung zu dem vorgenannten Termin bleibt; denkbar ist auch eine Regelung, wonach der Lizenzgeber zwischen diesem Termin und dem Termin der tatsächlichen Zahlung wählen darf, wenn dies für ihn günstiger ist.

b) Wertsicherungsklauseln

1889 Vielfach sehen die Vertragsparteien – um inflationären Entwicklungen Rechnung zu tragen – bei der Bemessung der Lizenzgebühr **Wertsicherungsklauseln** vor. Solange allerdings die Lizenzgebühr sich an dem Umsatz orientiert und der Lizenzgeber einen bestimmten Prozentsatz des erzielten Umsatzes als Entgelt erhält (s. zur Umsatzlizenz Rz. 1713 ff.), sind derartige Klauseln nicht notwendig, da sich mit veränderten Verkaufspreisen, die der Lizenznehmer für seine Lizenzgegenstände fordert, auch der Lizenzgebührenanspruch des Lizenzgebers anpasst.

1890 Das früher für Wertsicherungsklauseln wesentliche Indexierungsverbot des § 3 Satz 2 WährungsG a.F. ist im Zuge der Einführung des Euro und dem damit verbundenen Übergang der geldpolitischen Verantwortlichkeit auf die EZB **durch § 2 Abs. 1 Satz 1 Preisklauselgesetz (PrKlG) ersetzt worden.**

1891 Das grundsätzliche Preisklauselverbot nach § 1 PrKlG wird durch § 2 PrKlG ausdrücklich für die in den §§ 3 bis 7 PrKlG genannten Preisklauseln als für nicht anwendbar erklärt. Dies betrifft – bezogen auf den Lizenzvertrag – vor allem Preisklauseln in **langfristigen Verträgen**, die eine Anpassung der Höhe der Zahlung unter Bezugnahme auf amtliche Preisindices bzw. auf die künftige Preisentwicklung für Leistungen des Schuldners vorsehen.

1892–1894 Frei.

---

1 Vgl. *Henn*, Rz. 276.

3. Die Ausübungspflicht des Lizenznehmers (best efforts)

a) Allgemeines

Eine weitere **Hauptpflicht** des Lizenznehmers stellt eine im Vertrag ausdrücklich übernommene oder sich sonst aus den Umständen des Vertrages ergebende Ausübungspflicht dar. Der Lizenzgeber sichert sich häufig seine Erwartung, durch die Fremdnutzung seiner erfinderischen Lehre eine angemessene Beteiligung daran zu erhalten, dadurch, dass im Lizenzvertrag eine Ausübungspflicht des Lizenznehmers ausbedungen wird. Dies geschieht etwa in der Form, dass sich der Lizenznehmer verpflichtet, innerhalb einer bestimmten Zeit die Produktion des Lizenzgegenstandes aufzunehmen, die Vertragsgegenstände unter Benutzung der Vertragsrechte in einem bestimmten Umfang herzustellen und unter Einsatz entsprechender Werbemaßnahmen in den Verkehr zu bringen. Die vertragliche Ausübungspflicht des Lizenznehmers kann auch Bedeutung bei der Bestimmung des Vertragsstatuts eines Lizenzvertrages haben (s. dazu Rz. 2338 ff., 2376). 1895

Die **Zielrichtung der Ausübungspflicht** ist mehrseitig. Einmal dient sie – wie auch die Mindestlizenzgebühr – der Sicherstellung der Einnahmen des Lizenzgebers. Ferner kann durch sie erreicht werden, dass bestimmte zusätzliche Informationen des Lizenzgebers zur Herstellung der Lizenzprodukte, für die keine gesonderte Vergütung vereinbart wurde, nicht ohne Gegenleistung dem Lizenznehmer überlassen werden. In dieselbe Richtung geht der Hinweis von *Pagenberg/Beier*[1], nach dem die Ausübungspflicht verhindern soll, dass Unternehmen Patente als sog. Defensivrechte erwerben, um auf preiswerte Art Konkurrenz zu verhindern und zugleich evtl. Weiterentwicklungen zu unterbinden. Darüber hinaus kann auch die vom Lizenzgeber beabsichtigte Präsenz des Lizenzproduktes am Markt wichtig sein, insbesondere dann, wenn er selbst plant, zukünftig in diesem Marktbereich mit dem Lizenzgegenstand aufzutreten.

Oft **fehlen** im Lizenzvertrag ausdrückliche **Abreden über eine Ausübungspflicht**. Im Rahmen der Auslegung ist dann entscheidend auf den Willen der Vertragspartner, wie er in dem Vertrag, in dem hiermit verfolgten Zweck, aber auch in den Vorverhandlungen zum Vertrag zum Ausdruck gekommen ist, abzustellen. Dabei sind einzelne **Indizien** zu berücksichtigen, die für eine Ausübungspflicht sprechen können. Nach einhelliger Auffassung ist der Abschluss eines **ausschließlichen Lizenzvertrages** Indiz dafür, dass der Lizenznehmer damit auch (stillschweigend) einen Ausübungszwang übernommen hat[2]. Dieser Grundsatz beruht auf der Erkenntnis, 1896

1 *Pagenberg/Beier*, Muster 1, Rz. 144; zu weiteren Funktionen vgl. *Groß*, Rz. 149 ff.

2 *KG* v. 3.9.1938, GRUR 1939, 66; *BGH* v. 17.4.1967, BGHZ 52, 55, 58; *BGH* v. 20.7.1999, GRUR 2000, 138 – Knopflochnähmaschine; vgl. auch *BGH* v. 10.10.2002, GRUR 2003, 173, 175 – Filmauswertungspflicht; vgl. Busse/*Keukenschrijver*, PatG, § 15 Rz. 129; *Henn*, Rz. 278; *Kraßer/Schmid*, GRUR Int. 1982,

dass auch ohne Erwähnung im Vertrag aus der **gegenseitigen Fürsorgepflicht (Rücksichtnahmepflicht) der Lizenzvertragsparteien** Nebenpflichten erwachsen können[1]. Der Umstand, dass bei Beachtung des Gebotes von Treu und Glauben nach der Verkehrssitte (§ 242 BGB) jede Vertragspartei eine angemessene Vertragserfüllung erwarten kann, verlangt, an diesem Grundsatz festzuhalten, soweit der Lizenzgeber durch die Vereinbarung einer ausschließlichen Lizenz die Wahrung seines Erfinderinteresses an der wirtschaftlichen Auswertung der Vertragsschutzrechte allein dem ausschließlichen Lizenznehmer überlässt[2].

Nutzt der Lizenznehmer in einer solchen Konstellation die Erfindung nicht oder ohne nennenswerten wirtschaftlichen Ertrag, ist die Vergabe der ausschließlichen Lizenz für den Lizenzgeber nahezu wertlos. Je länger ein solcher Zustand andauert, desto stärker droht die völlige Entwertung des Schutzrechts[3].

1897 Betont werden muss aber, dass die **Ausschließlichkeit der Lizenzabrede** ein widerlegbares Indiz für die Ausübungspflicht ist. So können z.B. die Vereinbarung einer **Pauschalgebühr** oder feste jährliche Zahlungen – trotz ausschließlicher Lizenz – gegen eine Ausübungspflicht sprechen[4]. Auf der anderen Seite indiziert die Vereinbarung einer **Stück- oder Umsatzlizenz** meist eine Ausübungspflicht[5].

1898 Allgemein lässt sich der Grundsatz aufstellen, dass um so eher eine Ausübungspflicht bejaht werden muss, je mehr Befugnisse dem Lizenznehmer eingeräumt werden[6]. Denn je mehr Rechte der Lizenzgeber aus der Hand gibt, um so eher erwartet er eine korrespondierende Gegenleistung des Lizenznehmers, die diese umfassende Rechtseinräumung durch entsprechende wirtschaftliche Entgelte ausgleicht. Dieser Grundsatz darf aber nicht dahin ausgeweitet werden, dass schon das bloße **Interesse eines Lizenzgebers an** einer **möglichst umfangreichen Ausnutzung** seiner Schutzrechte bzw. seiner im Rahmen von Know-how-Verträgen mitgeteilten Erfahrungen den

---

325, 333 f.; *Lüdecke*, GRUR 1952, 211, 214; *Schade*, Die Ausübungspflicht bei Lizenzen S. 29, 31 f.; *Lüdecke/Fischer*, Lizenzverträge, E 9 S. 44 f.; *Groß*, Rz. 151; Benkard/*Ullmann*, PatG, § 15 Rz. 134; a.A. offenbar *Rasch*, Der Lizenzvertrag, S. 55; *Rasch*, GRUR 1937, 1, 2.

1 *BGH* v. 17.3.1961, GRUR 1961, 470, 471.

2 *BGH* v. 20.7.1999, GRUR 2000, 138 – Knopflochnähmaschine.

3 *BGH* v. 26.3.2009, GRUR-RR 2009, 284, 285, Rz. 20 – Nassreiniger.

4 *Schade*, Die Ausübungspflicht bei Lizenzen (1967), S. 39 f.; *Reimer*, PatG, § 9 a.F. Rz. 55.

5 Benkard/*Ullmann*, PatG, § 15 Rz. 134 m.w.N. zur Stücklizenz; *RG* v. 3.10.1936, GRUR 1937, 37, 38; *RG* v. 26.10.1931, RGZ 134, 91, 98; *BGH* v. 17.3.1961, GRUR 1961, 470, 471 – Mitarbeiterurkunde; *BGH* v. 17.4.1969 BGHZ 52, 55, 58 – Frischhaltegefäß; *BGH* v. 20.7.1999, GRUR 2000, 138 – Knopflochnähmaschine; s. auch *LG München* v. 6.6.2007, InstGE 8, 204, Rz. 50.

6 *Lüdecke/Fischer*, Lizenzverträge, E 9 S. 44 f.

Lizenznehmer mit der Ausübungspflicht belastet[1]. Mit Recht beanstandet insoweit *Schade*[2], dass zumeist das Interesse des Lizenzgebers in den Vordergrund gestellt und das **Risiko des Lizenznehmers** bei der Ausübung dagegen zu gering veranschlagt wird. Es erscheint zwar interessengerecht, das Ausübungsanliegen des Lizenzgebers zu unterstützen. Wird jedoch aus den gesamten Umständen bei Vertragsschluss ein eindeutiger Parteiwille nicht ersichtlich, kann die Ausnutzung des gewerblichen Schutzrechtes nicht durch Billigkeitsgründe nachträglich zur Vertragspflicht erhoben werden und damit den Lizenznehmer bei Nichtbefolgen dieser Vertragspflicht etwa schadensersatzpflichtig machen. Insbesondere besteht keine stillschweigende Vermutung des Inhalts, dass der Lizenznehmer grundsätzlich ausübungspflichtig ist. Ist der Lizenzgeber daran interessiert, den Lizenznehmer ausübungspflichtig zu machen, muss ihm empfohlen werden, **ausdrücklich eine** entsprechende **Abrede in den Lizenzvertrag aufzunehmen**.

Im Grundsatz ist also davon auszugehen, dass bei der **einfachen Lizenz** eine stillschweigende **Ausübungspflicht** grundsätzlich **zu verneinen** ist[3]. Etwas anderes kann nach der Rechtsprechung dann gelten, wenn die Lizenzvergütung auf **Stücklizenzbasis** erfolgt[4], ferner, wenn – etwa im Rahmen sog. Anlaufklauseln (s. Rz. 1781 ff.) – mit dem Ansteigen der Umsätze des Lizenznehmers eine Anhebung des Lizenzsatzes vereinbart ist. Gleiches mag gelten, wenn der Lizenzgeber dem Lizenznehmer über das Nutzungsrecht hinaus zahlreiche weitere erhebliche Informationen zur Nutzung des Schutzrechtsgegenstandes übermittelt, oder wenn der Lizenzgeber sonstige (kostenintensive) Pflichten übernimmt, wie etwa Beteiligung an Kosten des Marketings oder der Herbeiführung der Betriebsreife usw.[5]. Diese Zusatzleistungen würden bei Verneinen einer Ausübungspflicht ohne jedes Entgelt bleiben[6]. 1899

Haben die Vertragspartner einer einfachen Lizenz eine **Mindestlizenzgebühr** vereinbart, so kann dies den Schluss nahe legen, dass damit dem Ausübungsinteresse des Lizenzgebers ausreichend Rechnung getragen worden ist[7], zumal für den Lizenznehmer die erhebliche Unsicherheit verbleibt, ob er einen entsprechenden Mindestabsatz, der der Mindestlizenz 1900

1 Vgl. aber *LG München* v. 12.12.2002, InstGE 3, 97, 102 – Überlastkupplung.

2 *Schade*, Die Ausübungspflicht bei Lizenzen (1967), S. 33.

3 *BGH* v. 24.9.1979, GRUR 1980, 38 – Fullplastverfahren; *Rasch*, Der Lizenzvertrag, S. 39; *Schade*, Die Ausübungspflicht bei Lizenzen (1967), S. 34; *Henn*, Rz. 278; *Groß*, Rz. 152.

4 *RG* v. 3.10.1936, GRUR 1937, 37, 38; *KG* v. 8.5.1935, GRUR 1935, 892, 893; *BGH* v. 17.3.1961, GRUR 1961, 470, 471 – Mitarbeiterurkunde, *BGH* v. 24.9.1979, GRUR 1980, 38, 40 – Fullplastverfahren mit Anm. *Schricker*, Mitt. 1980, 31 ff.

5 Vgl. auch *BGH* v. 10.10.2002, GRUR 2003, 173, 175 – Filmauswertungspflicht, dort bei einem Filmverleihvertrag.

6 *Groß*, Rz. 152.

7 *Schade*, Die Ausübungspflicht bei Lizenzen (1967), S. 41 f.; vgl. auch *Henn*, Rz. 279; anders *Pagenberg/Beier*, Muster 1, Rz. 144.

entspricht, erreicht. Die Mindestlizenz selbst verpflichtet zwar noch nicht zur Ausübung, insbesondere, wenn sie auf einen nicht unerheblichen Betrag ausgerichtet ist[1]. Ist dies nicht der Fall, kann sie den Willen des Lizenzgebers verdeutlichen, dem Lizenznehmer in jedem Fall auch eine Ausübungspflicht aufzuerlegen, so dass die von dem tatsächlichen Nutzungsumfang unabhängige Mindestlizenz lediglich eine zusätzliche Sicherung des Lizenzgebers darstellen soll[2]. Dies gilt etwa dann, wenn der Markt bei entsprechender Nutzung des Lizenzgegenstandes weitaus größere Gewinne in Aussicht stellt[3]. Für ein Nebeneinander von Mindestlizenz und Ausübungspflicht kann auch eine Vertragsabrede sprechen, wonach der Lizenzgeber eine ausschließliche Lizenz in eine einfache Lizenz umwandeln kann, wenn über einen längeren Zeitraum die umsatzgemäßen Lizenzgebühren die Mindestlizenzgebühren nicht überschreiten[4].

1901 Frei.

b) Inhalt der Ausübungspflicht

1902 Die Übernahme der Ausübungspflicht verpflichtet den Lizenznehmer, in dem vereinbarten Umfang von dem ihm eingeräumten Recht Gebrauch zu machen. Inhalt und Umfang der Ausübungspflicht bestimmen sich zunächst nach den Vertragsabreden, die ggf. im Auslegungsweg zu ermitteln sind (§§ 133, 157 BGB)[5]. Mangels ausdrücklicher Ausgestaltung bestimmt sich der Inhalt dieser Benutzungspflicht nach dem Inhalt des Benutzungsrechts. Eine Regel kann insoweit nicht aufgestellt werden, weil die Bestimmung des konkreten Inhalts einer Vertragspflicht sachgerecht nur unter Berücksichtigung aller Umstände des Einzelfalls erfolgen kann. Da sich die Ausübungspflicht aus § 242 BGB ergibt, steht sie in besonderem Maße unter dem Gebot von Treu und Glauben[6] und damit unter dem **Vorbehalt der Zumutbarkeit**[7]. Was zumutbar ist, kann sich nur nach Abwägung der Umstände des jeweiligen Einzelfalls ergeben. Im Rahmen der erforderlichen Interessenabwägung bestimmt sich, ob der Lizenznehmer zur bestmöglichen Ausübung des Lizenzgegenstandes verpflichtet ist, oder nur dazu, alle zumutbaren Anstrengungen für eine erfolgreiche Ausübung zu unternehmen[8]. Ist z.B. der Lizenznehmer auf dem Lizenzgebiet selbst seit Jahren mit eigener Technologie tätig und stellt die Lizenznahme lediglich eine Er-

1 Benkard/*Ullmann*, PatG, § 15 Rz. 135; vgl. auch *LG München* v. 6.6.2007, InstGE 8, 204, Rz. 84.
2 *Groß*, Rz. 152.
3 Vgl. aber *LG München* v. 12.12.2002, InstGE 3, 97, 102 – Überlastkupplung.
4 Vgl. auch *LG München* v. 12.12.2002, InstGE 3, 97, 102 – Überlastkupplung.
5 *Henn*, Rz. 280.
6 Busse/*Keukenschrijver*, PatG, § 15 Rz. 129; s. ferner *BGH* v. 11.10.1977, GRUR 1978, 166 – Banddüngerstreuer.
7 *BGH* v. 20.7.1999, GRUR 2000, 138, 139 – Knopflochnähmaschine; *Henn*, Rz. 283; *Groß*, Rz. 164.
8 *BGH* v. 10.10.2002, GRUR 2003, 173, 175 – Filmauswertungspflicht.

gänzung seiner Produktpalette dar, wird er im Zweifel auch nur zu einer erfolgreichen Ausübung verpflichtet sein. Auch im Hinblick auf die Dauer bzw. Fortgeltung der Ausübungspflicht prägt die Zumutbarkeit den Umfang und die Grenzen.

Die Pflicht zur Ausübung geht nicht über den Umfang der lizenzierten Rechte hinaus. Innerhalb dieses Rahmens aber muss der Lizenznehmer patentgemäß arbeiten, d.h. die Erfindung in den nach dem Lizenzgegenstand möglichen Ausführungsformen auswerten[1]. Allerdings bleibt es ihm überlassen, welche der vom lizenzierten Patent umfassten Ausführungsformen er wählt[2], sofern nicht hierüber besondere Vereinbarungen mit dem Lizenzgeber getroffen sind. 1903

Ausfluss der Ausübungspflicht des Lizenznehmers ist es auch, dass er bei der ihm obliegenden Herstellung vorgegebene **Qualitätserfordernisse** berücksichtigt[3], also z.B. Vorschriften über das zu verwendende Material bzw. die einzusetzenden Maschinen beachtet. Die Einhaltung einer solchen Verpflichtung kann der Lizenzgeber indes nur dann wirksam kontrollieren, wenn er sich in der Lizenzabrede entsprechende **Kontrollrechte** ausbedungen hat, z.B. durch die Entnahme von Stichproben. Nur auf den Lizenzbereich beschränkte Kontrollen sind durch das berechtigte Interesse des Lizenzgebers an der einwandfreien Ausnutzung der Lizenz bzw. der Einhaltung von Qualitätsstandards gerechtfertigt. 1904

Oft wird der Lizenznehmer in diesem Zuge verpflichtet, an den von ihm hergestellten Produkten auf die Herstellung in Lizenz des Lizenzgebers hinzuweisen; es findet sich auch die Inbezugnahme eines vom Lizenzgeber hergestellten sog. **„Referenzproduktes"** zur Definition der Qualitätsanforderungen an den Lizenznehmer. 1905

Bei einer vertraglich nicht konkretisierten Ausübungspflicht stellt sich auch die Frage, inwieweit der Lizenznehmer zur Einschaltung von Drittfirmen (verlängerte Werkbank)[4] (s. auch Rz. 1920 ff.), zur Errichtung einer **Absatzorganisation** und zur **Werbung** für die nach dem Lizenzgegenstand hergestellten Produkte verpflichtet ist. Da es sich hierbei um Maßnahmen handelt, die der Lizenznehmer im Regelfall schon im eigenen wirtschaftlichen Interesse treffen wird, erscheint es überflüssig, ihm insoweit eine besondere Pflicht aufzuerlegen, es sei denn, dies ergibt sich aus dem Inhalt des Lizenzvertrages[5]. 1906

---

1 *Lüdecke/Fischer*, Lizenzverträge, E 22 S. 460 f.

2 *RG* v. 1.2.1938, GRUR 1939, 700, 703 – Schaffnerzange.

3 Vgl. *Pfaff/Osterrieth*, B I Rz. 149 ff. zur Vereinbarung von Mindestqualitätsstandards; *Groß*, Rz. 156 ff.

4 S. dazu Benkard/*Ullmann*, PatG, § 15 Rz. 137 m.H.a. *BGH* v. 10.10.1967 – X ZR 16/65 – dort bejaht.

5 *Groß*, Rz. 162; a.A. die wohl h.M., die von einer Werbepflicht ausgeht, u.a. *Henn*, Rz. 284; Benkard/*Ullmann*, PatG, § 15 Rz. 147; differenzierend *Pfaff/Osterrieth*, B I Rz. 158 ff.

1907 Soweit eine **Werbepflicht des Lizenznehmers** bejaht wird, stützt sich diese Annahme auf eine Entscheidung des *KG* vom 3.9.1938[1]. Zur Begründung einer aus allgemeinen Lizenzvertragsgrundsätzen abzuleitenden Werbepflicht kann diese Entscheidung i.E. jedoch nicht herangezogen werden, da in diesem Fall zwischen den Parteien eine Werbepflicht vertraglich festgelegt war. Eine besondere Werbepflicht des Lizenznehmers kann sich ergeben, wenn der Umsatz, von dem die Parteien bei Abschluss des Lizenzvertrages ausgegangen sind, nicht erreicht wird oder gar rückläufig ist. Im Regelfall aber muss es dem pflichtgemäßen Ermessen des Lizenznehmers überlassen bleiben, inwieweit er Werbemaßnahmen zur Verbreitung des nach der lizenzierten technischen Lehre hergestellten Produkts einsetzt[2].

c) Beginn, Dauer und Wegfall der Ausübungspflicht

1908 Zunächst ist zu klären, **wann** der Lizenznehmer mit der Ausübung beginnen muss. Auch hierzu lassen sich allgemeingültige Grundsätze nicht aufstellen. Der Beginn der Ausübungspflicht hängt mangels Vereinbarung davon ab, ob Gegenstand des Lizenzvertrages bereits eine produktionsreife Erfindung ist, oder ob der Lizenznehmer die Pflicht übernommen hat, zunächst die Produktionsreife herbeizuführen, etwa auf der Basis eines vom Lizenzgeber entwickelten Prototyps[3]. Dabei ist vor allem zu erwägen, dass dem Lizenznehmer regelmäßig eine gewisse **Anlauffrist** zugebilligt werden muss. Insoweit wird es grundsätzlich in der Entscheidung des Lizenznehmers liegen, wann er mit der Herstellung nach der erfinderischen Lehre beginnt; es muss seinem wirtschaftlichen Kalkül überlassen bleiben, den Einsatz der nach dieser Lehre hergestellten Erzeugnisse dem Marktgeschehen anzupassen, da im Zweifel auch bei ihm allein das wirtschaftliche Risiko der Rentabilität seiner Nutzung liegt[4].

1909 Neben dem Inhalt unterliegt auch die **Dauer** einer Ausübungspflicht des Lizenznehmers in besonderem Maße der Anwendung des in § 242 BGB niedergelegten Grundsatzes von Treu und Glauben (s. Rz. 1902). Die **Ausübungspflicht entfällt** stets dann, wenn es dem Lizenznehmer billigerweise nicht zugemutet werden kann, ihr nachzukommen[5]. Eine durch wirtschaftliche oder technische Probleme begründete Unzumutbarkeit kann im Einzelfall allerdings eine bloße **Beschränkung dieser Pflicht** nach sich

1 *KG* v. 3.9.1938, GRUR 1939, 66 ff.; vgl. die Nachweise bei *Schade*, Die Ausübungspflicht bei Lizenzen (1967), S. 73 f.

2 *Schade*, Die Ausübungspflicht bei Lizenzen (1967), S. 74.

3 S. hierzu den Sachverhalt in *BGH* v. 20.7.1999, GRUR 2000, 138 ff. – Knopflochnähmaschine.

4 Benkard/*Ullmann*, PatG, § 15 Rz. 137; *Groß*, Rz. 155; *Schade*, Die Ausübungspflicht bei Lizenzen (1967), S. 91 f.

5 H.M., *BGH* v. 11.10.1977, GRUR 1978, 166 – Banddüngerstreuer u. *BGH* v. 20.7.1999, GRUR 2000, 138, 139 – Knopflochnähmaschine; Busse/*Keukenschrijver*, PatG, § 15 Rz. 130; *Pfaff/Osterrieth*, B I Rz. 146; Benkard/*Ullmann*, PatG, § 15 Rz. 138; *Groß*, Rz. 164; a.A. *Henn*, Rz. 287.

ziehen[1], insbesondere dann, wenn dies schützenswerte Interessen des Lizenzgebers nach Treu und Glauben gebieten.

Ein Wegfall der Ausübungspflicht kommt in Betracht, wenn der Lizenz- 1910
gegenstand sich als **technisch nicht verwertbar** erweist[2]. Wenn in der Literatur[3] verschiedentlich angesprochen wird, dass eine Ausübungspflicht des Lizenznehmers bereits in Fortfall kommt, sobald die **Erfindung durch Fortschritte der Technik überholt ist**[4] oder sobald es dem Lizenznehmer aus sonstigen, nicht auf seinem Verschulden beruhenden Gründen nicht mehr möglich ist, die Erfindung gewinnbringend zu verwerten, ist Zurückhaltung angebracht. Gerade weil das **Risiko der Rentabilität der Auswertung eines Lizenzvertrages ausschließlich beim Lizenznehmer liegt**, kann sich der Lizenznehmer nicht unter Berufung auf eine angebliche Änderung der Technik von seinen vertraglichen Hauptpflichten befreien. Die bloße Tatsache, dass ein anderer technischer Lösungsweg von einem Mitbewerber aufgezeigt worden ist, der u.U. wirtschaftlich günstiger auszuführen ist, reicht sicherlich nicht aus. Es muss sich vielmehr um einen Tatbestand handeln, bei dem der Lizenznehmer nachweist, dass aufgrund einer umfassenden Umstellung der technischen Ausführung durch den Wettbewerb für den lizenzierten Lösungsweg überhaupt keine oder nur noch geringe Absatzmöglichkeiten vorhanden sind[5], so dass, wie der *BGH*[6] es ausgedrückt hat, nur noch „mehr oder weniger unverkäuflicher Schrott" produziert wird.

Ein Fall der Unzumutbarkeit kann ebenso dann vorliegen, wenn **wirtschaft-** 1911
liche Gründe den Lizenznehmer daran hindern, den Lizenzgegenstand herzustellen oder zu vertreiben[7]. Würde der Lizenznehmer bei fortgesetzter Ausübung der Lizenzen „sehenden Auges dem Ruin entgegenwirtschaften", dann ist die Grenze der Zumutbarkeit des Festhaltens an der Ausübungspflicht überschritten[8]. Gleiches gilt, wenn behördliche Auflagen oder Verbote einer (endgültigen) Nutzung entgegenstehen[9]. S. auch Rz. 1914.

---

1 *Schade*, Die Ausübungspflicht bei Lizenzen (1967), S. 87 f.; vgl. auch *Henn*, Rz. 287.
2 Busse/*Keukenschrijver*, PatG, § 15 Rz. 130 m.w.N.
3 S. etwa *Reimer*, PatG, § 9 a.F. Rz. 55; *Nirk* in Klauer/Möhring, PatG, § 9 a.F. Rz. 78.
4 *Pietzcker*, PatG, § 6 a.F. Anm. 30.
5 I.d.S. auch *Lüdecke/Fischer*, Lizenzverträge, E 28 S. 470.
6 BGH v. 11.10.1977, GRUR 1978, 166 – Banddüngerstreuer.
7 *BGH* v. 11.6.1969, GRUR 1970, 40, 42 – Musikverleger.
8 *BGH* v. 11.10.1977, GRUR 1978, 166 – Banddüngerstreuer; *Schade*, Die Ausübungspflicht bei Lizenzen (1967), S. 94.
9 Busse/*Keukenschrijver*, PatG, § 15 Rz. 130 m.H.a. *BGH* v. 27.3.1962 – I ZR 148/60, n.v.

1912 Dem **Lizenznehmer** obliegt die **Beweislast** für die Unzumutbarkeit[1], also dafür, ob die der Herstellung und/oder dem Vertrieb des Lizenzgegenstandes entgegenstehenden wirtschaftlichen oder technischen Gründe so schwerwiegend sind, dass die Grenze der Zumutbarkeit weiterer wirtschaftlicher Belastungen überschritten ist. Dies erfordert im Einzelfall eine Darstellung der Marktsituation, der Aktivitäten, die der Lizenznehmer entfaltet hat, um in zumutbarer Weise eine wirtschaftliche Herstellung und/oder einen Vertrieb des Lizenzgegenstandes zu erreichen, einschließlich der Darlegung, inwieweit eigene oder sonst verfügbare Fertigungsmöglichkeiten ausgenutzt und Werbemaßnahmen betrieben wurden[2]. In Einzelfall kommt auch eine Information des Lizenzgebers in Betracht, damit dieser ggf. technische Hilfe vermitteln kann. In diesem Zusammenhang muss auch geklärt werden, ob diese Hindernisse dem Lizenznehmer bei Abschluss des Lizenzvertrages bereits bewusst waren. Kannte er diese Aspekte, ist ihm unter Umständen der aus § 242 BGB hergeleitete Schutz zu versagen, und er kann sich nicht einseitig von der trotz Kenntnis dieser Probleme übernommenen Ausübungspflicht freisagen.

1913 Der **Wegfall der wirtschaftlichen oder technischen Voraussetzungen** für die Ausübungspflicht hat – auch ohne dass die Parteien daraus vertragsgestaltende Folgerungen ziehen – zur unmittelbaren Konsequenz, dass die Ausübungspflicht selbst entfällt[3]. Insbesondere **bedarf** es **keiner Kündigung des Vertrages durch den Lizenznehmer**[4]. Allerdings wird man vom Lizenznehmer einen entsprechenden **Hinweis** darauf, dass er zukünftig die Ausübungspflicht nicht mehr erfüllen werde, erwarten können, damit der Lizenzgeber seinerseits Gelegenheit erhält, sich mit diesem Fragenkomplex auseinander zu setzen; sei es, um durch entsprechende (technische) Hinweise dem Lizenznehmer aufzuzeigen, dass doch eine wirtschaftlich sinnvolle Fertigung möglich ist, sei es, um seinerseits das Lizenzvertragsverhältnis zu kündigen oder – bei ausschließlicher Lizenz – in eine einfache Lizenz umzuwandeln.

1914 Da § 242 BGB Rechtsgrundlage für den Wegfall der Ausübungspflicht des Lizenznehmers ist, können hieraus auch die entsprechenden Schlussfolgerungen über die Umgestaltung (§ 313 BGB) oder eventuell auch den Wegfall des Vertragsverhältnisses gezogen werden. Eine Kündigung wird dann möglich sein, wenn lediglich beim Lizenznehmer die technischen bzw. wirtschaftlichen Gegebenheiten derartig schlecht sind, dass er den Lizenzgegenstand nicht fertigen und/oder vertreiben kann, Wettbewerber hierzu

1 Busse/*Keukenschrijver*, PatG, § 15 Rz. 130 m.H.a. *BGH* v. 5.1.1962 – I ZR 81/60, n.v.; *BGH* v. 10.10.2002, GRUR 2003, 173 – Filmauswertungspflicht m.w.N.

2 Ebenso *Storch*, GRUR 1978, 168 in Anm. zu *BGH* v. 11.10.1977, GRUR 1978, 166 ff. – Banddüngerstreuer.

3 *BGH* v. 11.10.1977, GRUR 1978, 166 f. – Banddüngerstreuer.

4 Anders bei ausdrückl. Vereinbarung eines Kündigungsrechts für diesen Fall, vgl. *OLG Düsseldorf* v. 14.7.1987, WuW/E OLG 4190 ff.

aber in der Lage wären. Hier ist es dem Lizenzgeber nicht zumutbar, an einem solchen Vertragsverhältnis festgehalten zu werden.

Ist im Zusammenhang mit der Ausübungspflicht zugleich auch eine **Mindestlizenzgebührenpflicht** des Lizenznehmers vereinbart worden, so be- 1915
rührt der Wegfall der Ausübungspflicht die letztere nicht. Mit der Mindestlizenzgebührenpflicht wird die Frage, ob überhaupt ein wirtschaftliches Ergebnis durch die Lizenznutzung erzielt wird, ausschließlich der Risikosphäre des Lizenznehmers überlassen. Er bleibt zur Zahlung der vereinbarten Mindestlizenzgebühr auch dann verpflichtet, wenn er überhaupt keinerlei Nutzungshandlungen in Bezug auf den Lizenzgegenstand vornimmt. Dann aber kann er sich während der Vertragsdauer zur Befreiung von der Mindestlizenz nicht auf ihn treffende wirtschaftliche Hindernisse in Bezug auf Herstellung und/oder Vertrieb des Lizenzgegenstandes berufen[1].

Frei. 1916–1919

d) Übertragung der Auswertung auf Dritte

Im Rahmen der Ausübungspflicht des Lizenznehmers kann sich auch die 1920
Frage stellen, ob der Lizenznehmer im Interesse einer möglichst umfangreichen Auswertung des Schutzrechts verpflichtet ist, die Auswertung unter **Einsatz fremder Werkstätten** zu erbringen.

Die in Lizenzverträgen vielfach übliche Formulierung, dass der Lizenzneh- 1921
mer sich unter Einsatz aller Mittel zur Förderung und Auswertung einer Erfindung bereit erklärt, bedeutet **nicht**, dass der Lizenznehmer damit auch die **Pflicht** übernimmt, **dritte Unternehmen** bei der Erfüllung der Ausübungspflicht **einzuschalten**. Eine solche Formulierung zielt regelmäßig nur darauf ab, die betrieblichen Möglichkeiten des Lizenznehmers zu erfassen, ohne dass in diesem Zusammenhang an die Einschaltung dritter Unternehmen gedacht wird. Eine Verpflichtung zur Einschaltung Dritter kann daraus nicht hergeleitet werden.

Da die Ausübungspflicht mangels Abrede nicht vom Lizenznehmer selbst 1922
zu erbringen ist, ist er selbstverständlich auch hier berechtigt, Dritte als verlängerte Werkbank (Auftragsfertigung) einzusetzen (s. Rz. 1315). Die Frage, ob er von diesem Recht Gebrauch machen muss, bestimmt sich unter dem Aspekt der Zumutbarkeit.

Ist dem Lizenznehmer nach Treu und Glauben ausnahmsweise ein Einsatz 1923
von Dritten möglich und auch zumutbar[2], wäre es nicht gerechtfertigt, ihn insoweit von seiner Ausübungspflicht zu befreien. Dies kommt insbesondere dann in Betracht, wenn sich der Lizenznehmer bewusst oder jedenfalls

---

1 *Storch*, GRUR 1978, 168 in Anm. zu *BGH* v. 11.10.1977, GRUR 1978, 166 ff. – Banddüngerstreuer.

2 Vgl. *BGH* v. 24.6.1958, LM § 157 BGB Nr. 4 (Leitsatz).

voraussehbar über die Grenzen seiner eigenen Produktionskapazität bzw. seiner wirtschaftlichen Kräfte hinaus gebunden hat. Dies kann aber auch in dem Fall gerechtfertigt sein, dass der Lizenznehmer zum Ausbau seiner Produktionsanlagen aus wirtschaftlichen oder technischen Gründen nicht in der Lage ist, andererseits aber mit der (ausschließlichen) Lizenzerteilung eine Monopolstellung verbunden ist, die eine erweiterte Ausübungspflicht des Lizenznehmers begründet.

e) Anwendung von Verbesserungserfindungen

1924 Die Vereinbarung einer Ausübungspflicht kann noch weitere Mitwirkungspflichten zur Entstehung bringen. Insoweit ist unstreitig, dass der Lizenznehmer in diesem Rahmen auch zur Anwendung von ihm **seitens des Lizenzgebers überlassenen Verbesserungserfindungen** verpflichtet ist. Allerdings wird hierbei in der Literatur zutreffend zwischen Verbesserungen, die mangels ausdrücklicher Abrede nicht zum Gegenstand des Vertrages gehören, und solchen unterschieden, die die vorausgesetzte Ausführbarkeit des Lizenzrechts erhöhen[1]. Grundsätzlich entspricht es Treu und Glauben, dass der Lizenznehmer die in technischem oder wirtschaftlichem Zusammenhang mit dem Lizenzrecht stehenden Verbesserungen bei der Auswertung des Schutzrechtes berücksichtigt.

1925 Nicht geklärt ist bisher die Frage, ob der Lizenznehmer auch im Zusammenhang mit der übernommenen Ausübungspflicht gehalten ist, **selbst nach Verbesserungen zu forschen**. Ausgangspunkt muss hier der schon vom *RG*[2] aufgestellte Grundsatz sein, dass auch ohne besondere Abrede selbst der nicht ausübungspflichtige Lizenznehmer nach Treu und Glauben verpflichtet ist, seine betriebstechnischen Möglichkeiten dafür einzusetzen, dass die Erfindung verwertungsreif gemacht und Verfahrensmängel sowie sonstige Anfälligkeiten in der technischen Auswertung beseitigt werden. *Lüdecke*[3] hält darüber hinaus den ausübungspflichtigen Lizenznehmer für verpflichtet, durch „förderndes Nachdenken" zur Verwertung der Erfindung beizutragen. Allerdings besteht keine Pflicht zu (schutzfähigen) Weiterentwicklungen. Zudem ist es eher Aufgabe des Lizenzgebers, die Erfindung so zur Verfügung zu stellen, dass sie technisch durchführbar ist[4]. Zusammenfassend lässt sich daher festhalten, dass dem Lizenznehmer als Ausfluss der Ausübungspflicht die Pflicht zur Verbesserung des Lizenzrechts nur insoweit obliegt, als dies zur Auswertung des Lizenzrechts erforderlich ist und zu einer zumutbaren Steigerung der Produktivität und Rentabilität beitragen kann.

---

1 *Lüdecke/Fischer*, Lizenzverträge, E 22 S. 462.
2 *RG* v. 14.7.1934, Mitt. 1934, 236, 238; vgl. auch *Rasch*, Der Lizenzvertrag, S. 40.
3 *Lüdecke*, GRUR 1958, 415, 416.
4 So auch *Groß*, Rz. 167.

f) Sittenwidrigkeit der Ausübungspflicht (§ 138 BGB)

Nach Auffassung des *BGH*[1] kann eine zu umfassende Ausübungspflicht nach allgemeinen zivilrechtlichen Kriterien, ohne kartellrechtlich unzulässig zu sein, eine sittenwidrige Knebelung darstellen, wenn der Lizenznehmer auf dem Erfindungsgebiet keine eigene technische Erfahrung besitzt und eine Auswertung wirtschaftlich nicht durchführbar ist. 1926

g) Verletzung der Ausübungspflicht

Verletzt der Lizenznehmer die ihm obliegende Verpflichtung zur Ausübung der Lizenz, kann ihm der Lizenzgeber eine angemessene Frist zur Erfüllung dieser Pflicht setzen (§ 281 BGB). Nach fruchtlosem Ablauf der Frist kann der Lizenzgeber **Schadensersatz wegen Nichterfüllung** verlangen und vom Vertrag zurücktreten (§§ 241, 275, 280, 324, 325 BGB)[2]. Als Schaden schuldet der Lizenznehmer die Lizenzgebühren, die bei pflichtgemäßer Ausübung des lizenzierten Schutzrechts angefallen wären[3]. Der Lizenzgeber kann den Vertrag auch **aus wichtigem Grund** nach § 314 BGB **kündigen**, ohne seine Schadensersatzansprüche zu verlieren (§ 314 Abs. 4 BGB). Dies gilt insbesondere, wenn der Lizenznehmer – etwa aufgrund der Eröffnung eines Insolvenzverfahrens – mangels hinreichender Liquidität nicht in der Lage ist, bislang fehlgeschlagene Bemühungen um eine nutzbringende Verwertung der lizenzierten Schutzrechte zum Besseren zu wenden[4]. 1927

Es kann für den Lizenzgeber an der Zumutbarkeit für das Festhalten an einem Lizenzvertrag fehlen, wenn das Scheitern einer wirtschaftlichen Verwertung darauf beruht, dass der Lizenznehmer **unzulängliche** oder **untaugliche Versuche zur praktischen Verwirklichung der Erfindung** unternimmt. Ein **Verschulden des Lizenznehmers** ist **nicht erforderlich**, wenn aus der objektiven Sicht des Lizenzgebers eine Besserung der Situation in absehbarer Zeit nicht zu erwarten ist. Dies gilt insbesondere, wenn weitere Umstände hinzutreten, die das Vertrauen des Lizenzgebers in seinen Vertrauenspartner zu erschüttern geeignet sind, etwa der Eintritt der Insolvenz[5].

---

1 *BGH* v. 11.10.1977, GRUR 1978, 166, 167 – Banddüngerstreuer, mit Anm. *Storch*.

2 Benkard/*Ullmann*, PatG, § 15 Rz. 137; *BGH* v. 22.5.1959, GRUR 1959, 616, 618 – Metallabsatz; ferner *BGH* v. 24.9.1979, GRUR 1980, 38, 40 – Fullplastverfahren; *LG München* v. 12.12.2002, InstGE 3, 97, 101 f. – Überlastkupplung; s. auch *BGH* v. 4.3.1982, NJW 1983, 1188, 1189 – Persönlichkeiten Europas; *BGH* v. 10.10.2002, GRUR 2003, 173, 175 – Filmauswertungspflicht.

3 Vgl. *BGH* v. 24.9.1979, GRUR 1980, 38, 40 – Fullplastverfahren; LG München v. 12.12.2002, InstGE 3, 97, 101 f.

4 *BGH* v. 26.3.2009, GRUR-RR 2009, 284, Rz. 22 – Nassreiniger.

5 *BGH* v. 26.3.2009, GRUR-RR 2009, 284, 285 f., Rz. 21 – Nassreiniger.

1928 Die **Darlegungs- und Beweislast** dafür, dass der Lizenznehmer objektiv gegen seine Ausübungspflicht verstoßen hat, trifft den Lizenzgeber[1]. Dagegen ist es Sache des Lizenznehmers, darzulegen und zu beweisen, dass er die Nichterfüllung nicht zu vertreten hat (§ 280 Abs. 1 Satz 2 BGB) bzw. ihm die Erfüllung von Ausübungspflichten unter den konkreten Umständen unzumutbar geworden ist (§§ 275, 280 Abs. 1 Satz 2 BGB)[2].

1929 Ein wegen Nichtausübung entstandener Schadensersatzanspruch des Lizenzgebers wird durch die spätere Nichtigerklärung des lizenzierten Schutzrechts nicht berührt[3].

1930–1934 Frei.

h) Kartellrechtliche Bewertung

1935 Nach **europäischem Kartellrecht** stellt die Ausübungspflicht im Allgemeinen keine Wettbewerbsbeschränkung i.S. von Art. 101 Abs. 1 AEUV (ex-Art. 81 Abs. 1 EG) dar. Auch wenn dies nicht in der TT-GVO 2004 ausdrücklich geregelt ist, wird dies durch Rz. 155 Satz 1 und 2 lit. e der TT-Leitlinien zu Art. 81 EG (heute Art. 101 AEUV) klargestellt. Das entspricht der Rechtslage. Nach Art. 2 Abs. 1 Nr. 9 TT-GVO 1996 war die Vereinbarung einer Mindestzahl von Benutzungen möglich; zugleich konnte nach Art. 2 Abs. 1 Nr. 17 TT-GVO 1996 der Lizenznehmer verpflichtet werden, die Technologie „nach besten Kräften" zu nutzen[4]. Der Wortlaut des Art. 2 Abs. 1 Nr. 17 TT-GVO 1996 erfasste dabei sowohl die einfache wie auch die ausschließliche und wohl auch die Alleinlizenz[5].

1936 Selbst wenn die Ausübungspflicht den Lizenznehmers faktisch in einem Umfang belastet, in dem seine Betriebskapazität und Leistungsfähigkeit zulasten seiner neben den Lizenzgegenständen hergestellten Wettbewerbserzeugnisse weitgehend ausgeschöpft wird, dürfte dies auf Basis des neuen Kartellrechts keine Wettbewerbsbeschränkung darstellen (in diesem Sinne schon Art. 2 Abs. 2 Nr. 9 und 17 sowie Art. 7 TT-GVO 1996)[6].

1937 Einen Kartellverstoß kann es aber darstellen, wenn die Ausübungspflicht mit einem **Wettbewerbsverbot** – etwa i.S. der Kernbeschränkung des Art. 4 Abs. 1 lit. d TT-GVO 2004 – gekoppelt wird, welches es dem Lizenznehmer untersagt, eigene Technologien zu verwerten (s. hierzu auch Rz. 196 ff. der

---

1 Vgl. *BGH* v. 10.10.2002, GRUR 2003, 173, 175 – Filmauswertungspflicht.
2 Vgl. *BGH* v. 10.10.2002, GRUR 2003, 173, 175 – Filmauswertungspflicht; *Henn*, Rz. 283.
3 Busse/*Keukenschrijver*, PatG, § 15 Rz. 129 m.H.a. *BGH* v. 10.10.1967 – Ia ZR 16/65, n.v.; *BGH* v. 28.9.1976, GRUR 1977, 107, 109 – Werbespiegel.
4 Vgl. auch die Vorgängervorschriften in Art. 3 Nr. 3 GrFVO-Patentlizenzvereinbarungen und Art. 3 Nr. 9 GrFVO-Know-how-Vereinbarungen.
5 Wiedemann/*Groß*, Hdb. KartellR, 1999, § 13 Rz. 114.
6 Anders aber zum früheren deutschen Kartellrecht TB BKartA 1966, 72.

TT-Leitlinien zu Art. 81 EG (heute Art. 101 AEUV); vgl. im Übrigen hier Rz. 2120 ff.).

Nach **deutschem Kartellrecht** (§§ 1, 2 Abs. 2 GWB) gelten die gleichen Grundsätze wie im europäischen Recht[1]. Bereits im früheren Kartellrecht wurde die grundsätzliche Zulässigkeit der Ausübungspflicht des Lizenznehmers durch § 17 Abs. 2 Nr. 4 GWB a.F. bestätigt[2]. 1938

Frei. 1939–1947

4. Warenbezugspflichten

a) Allgemeines

Zur Einhaltung vom Lizenzgeber vorausgesetzter Qualitätserfordernisse, zur Sicherung des Absatzes an Lizenzgeberprodukten im Vertragsgebiet und zur Flankierung der Lizenzgebührenverpflichtung werden dem Lizenznehmer häufig besondere Warenbezugspflichten auferlegt[3]. So verpflichtet sich beispielsweise der Lizenznehmer eines Verfahrens- oder Sachpatents, die zur Ausübung des Verfahrens oder zur Herstellung des geschützten Gegenstands benötigten, nicht geschützten Materialien, also Rohstoffe, Hilfsstoffe oder andere Vor- bzw. Zwischenprodukte, vom Lizenzgeber oder einem von ihm benannten Dritten zu beziehen. Eine Bezugspflicht kann auch für einzelne nicht geschützte Maschinenteile oder sonstige Vorrichtungen vereinbart sein[4]. Zu den Bezugspflichten gehört auch die Verpflichtung des Lizenznehmers, ein lizenziertes Verfahren nur mit geschützten oder ungeschützten Maschinen oder Apparaten zu benutzen, die er vom Lizenzgeber bezieht. 1948

Was die zivilrechtliche Gültigkeit derartiger Absprachen angeht, so wird bei solchen Material-, Rohstoff- oder Vorrichtungsbezugspflichten selten die Grenze sittenwidriger Knebelung gemäß § 138 BGB erreicht. 1949

Die Vorschriften des Verbraucherkreditgesetzes (VerbrKrG)[5], welches im Zuge der Schuldrechtsreform durch die Vorschriften der **§§ 491 ff. BGB** ab- 1950

---

1 Vgl. auch Pfaff/*Axster/Osterrieth*, A III Rz. 133, 156 ff.

2 Vgl. dazu *BGH* v. 17.4.1969, GRUR 1969, 560, 561 – Frischhaltegefäß mit Anm. *Fischer; BGH* v. 24.9.1979, GRUR 1980, 38, 39 mit Anm. *Schricker*, Mitt. 1980, 31 ff. – Fullplastverfahren; Benkard/*Ullmann*, PatG, § 15 Rz. 137.

3 Vgl. *Groß*, Rz. 197 ff.; *Henn*, Rz. 289.

4 Vgl. auch TB BKartA 1985/86, 36 zu der Verpflichtung, „Teile, die das Programm ergänzen, zu angemessenen Preisen" vom Lizenzgeber beziehen zu müssen; TB BKartA 1981/82, 92; zur Wirkung der zwingenden und auch durch abweichende Rechtswahl nicht abdingbaren Section 44 des Patents Act 1977 (Großbritannien) bei Vereinbarung von Koppelungsgeschäften (Bezugsverpflichtung betr. nicht patentgeschützte Waren) vgl. Urteil des *Court of Appeal* v. 25.2.1993, GRUR Int. 1994, 851 f. – Hepatitis C-Virus mit Anm. *Moufang*.

5 Gesetz v. 17.12.1990, BGBl. I 1990, 2840, geänd. durch Gesetz v. 20.12.1996, BGBl. I 1996, 2154.

gelöst worden ist, sind Gegenstand einer Reihe von Entscheidungen gewesen, bei denen es um die Frage der **Anwendbarkeit der Verbraucherschutzvorschriften auf das Lizenzvertragsrecht** ging:

1951 Nach einer Entscheidung des *OLG Hamburg* vom 21.8.1986[1], der sich die Revisionsinstanz nicht angeschlossen hat[2], kann ein (urheberrechtlicher) Lizenzvertrag unter dem Gesichtspunkt der Warenbezugspflicht dem Abzahlungsgesetz (AbzG) unterfallen (vgl. § 1c Nr. 3 AbzG). Entsprechend der Intention des Abzahlungsgesetzes, welches sich heute in den §§ 491 ff. BGB teilweise wieder findet, muss dem Lizenznehmer zugestanden werden, sich von einer unbedacht und übereilt eingegangenen langfristigen Bezugsbindung innerhalb einer kurzen nachträglichen Überlegungsfrist noch lösen zu können. Dies soll der Fall sein, wenn der **Lizenznehmer** eine **natürliche Person** ist[3], wobei er zum Zeitpunkt des Vertragsschlusses noch nicht im Handelsregister eingetragen sein darf.

1952 Nach Auffassung des *BGH*[4] kann aber ein **Franchisevertrag** bei Vereinbarung der Pflicht zum wiederkehrenden Bezug der zu vertreibenden Materialien dem § 2 Nr. 3 VerbrKrG – heute **§ 510 Abs. 1 Nr. 3 BGB**[5] – unterfallen.

Dies hat neben dem Form- und Inhaltserfordernis (vgl. § 510 Abs. 2 BGB) beispielsweise zur Folge, dass dem Lizenznehmer ein Recht auf Widerruf der auf Vertragsabschluss gerichteten Willenserklärung nach § 355 BGB zusteht.

1953 § 510 BGB (§ 505 BGB a.F.) ist nahezu wörtlich dem abgelösten § 2 VerbrKrG und den Verweisungen auf § 4 Abs. 1 Satz 1, Abs. 3, § 7 Abs. 1, 2 und 4 VerbrKrG (früher § 1c AbzG), nachgebildet, so dass auf die ältere Rechtsprechung hierzu Bezug genommen werden kann. Dabei können die beiden letzten Fallalternativen bei Lizenzverträgen mit Warenbezugspflichten (§ 510 Abs. 1 Nr. 3 BGB) in Rede stehen.

1954–1957 Frei.

---

1 *OLG Hamburg* v. 21.8.1986, WRP 1987, 117, 119 f. (betr. Präsentbücher für Brautpaare, die der Lizenznehmer vom Lizenzgeber zu beziehen hatte und vertreiben sollte).

2 *BGH* v. 3.11.1988, GRUR 1989, 68, 70 – Präsentbücher, jedenfalls für den Fall, dass der Lizenznehmer das Werk verpflichtungsgemäß nach Bedarf und nach vorgegebenem Inhalt und äußerer Gestaltung drucken und herstellen lässt; kritisch hierzu *Schricker*, EWiR 1989, 105 ff.

3 Vgl. zum Verbraucherbegriff § 13 BGB.

4 *BGH* v. 14.12.1994, DB 1995, 1860 ff. – Ceiling-Doctor; anders die Vorinstanz *OLG Hamm* v. 7.2.1993 – 4 U 121/93, n.v.; vgl. auch *OLG Frankfurt* v. 14.3.1991, GRUR 1991, 787 (betr. als „Lizenzvertrag" bezeichnetes Franchising, Vermieten von Videofilmen mittels Präsentationsspulen in Supermärkten).

5 Vgl. Palandt/*Weidenkaff*, BGB, § 510 Rz. 4.

b) Kartellrechtliche Bewertung

aa) Bewertung nach EU-Kartellrecht

Bei der kartellrechtlichen Bewertung von Bezugsbindungen ist zu differenzieren zwischen Materialien, die vom **Patentschutz** erfasst werden und solchen Materialien, denen kein Patentschutz zukommt, also etwa Massenartikel, wie allgemein erhältliches Zubehör oder handelsübliche Einbau- oder Ersatzteile[1] (zur Erschöpfung des Patentschutzes vgl. Rz. 2195 ff.). 1958

Eine Warenbezugspflicht sieht der *BGH* unter kartellrechtlichen Gesichtspunkten dann als bedenklich an, wenn sie sich auf Gegenstände erstreckt, die nicht von den lizenzierten Schutzrechten erfasst werden[2].

Der Schutzrechtsinhaber überschreitet nicht den Inhalt seines Schutzrechtes, wenn er verlangt, dass das lizenzierte Verfahren mit **vom Schutzumfang** des lizenzierten Schutzrechts **umfassten Materialien** oder Vorrichtungen ausgeübt wird, die er oder ein von ihm genannter Dritter geliefert hat. Denn er regelt damit nur die Anwendung des Gegenstandes der Erfindung, also ein Verhalten, das er kraft seines Ausschließlichkeitsrechts ohnehin verbieten könnte. 1959

Betrifft die Warenbezugspflicht ein auf die Verwendung eines Erzeugnisses (Stoffes) gerichtetes **Verwendungspatent**, so führt das Inverkehrbringen des für den Verwendungszweck sinnfällig hergerichteten Erzeugnisses allerdings zur **Erschöpfung** des Schutzrechts[3] und insoweit zur Unwirksamkeit des Lizenzvertrages. Dasselbe gilt bei Herstellungsverwendungspatenten, die auf die Verwendung des Erzeugnisses zur Herstellung eines Medikaments usw. gerichtet sind, mit Inverkehrbringen des unmittelbaren Verfahrenserzeugnisses[4]. 1960

Nach **EU-Kartellrecht** liegt an sich in der Pflicht des Lizenznehmers, bestimmte **schutzrechtsfreie Rohstoffe o.Ä.** nur vom Lizenzgeber oder einem von ihm benannten Dritten zu beziehen oder in sonstigen Bezugsvereinbarungen zulasten des Lizenznehmers, die Eignung zur Beeinträchtigung des zwischenstaatlichen Handels. Ohne diese Verpflichtung wäre es dem Lizenznehmer möglich, die Rohstoffe sowohl bei sonstigen Dritten als auch aus anderen Mitgliedstaaten zu beschaffen. Dem trägt Art. 101 Abs. 1 lit. c AEUV (ex-Art. 81 Abs. 1 lit. c EG) Rechnung, der die Aufteilung von Versorgungsquellen ausdrücklich verbietet. 1961

---

1 Vgl. *Schaub* in FK GWB, 1993, § 20 a.F. Rz. 169; s. auch *Pagenberg/Beier*, Lizenzverträge, Muster 1, Rz. 239 ff.

2 *BGH* v. 20.5.2008, GRUR 2008, 896, Rz. 23 – Tintenpatrone.

3 Busse/*Scharen*, PatG, § 9 Rz. 153; Benkard/*Scharen*, PatG, § 9 Rz. 53; zur Erschöpfung s. *BGH* v. 16.9.1997, GRUR 1998, 130 ff. – Handhabungsgerät; *BGH* v. 14.12.1999, GRUR 2000, 299 ff. – Karate; *LG Düsseldorf* v. 3.11.1998, Entsch. 1998, 115 f. – Levitationsmaschine; vgl. außerdem Rz. 2195 ff.

4 Busse/*Keukenschrijver*, PatG, § 9 Rz. 153.

1962 Die *EU-Kommission* wertet Abreden über Bezugs- und Lieferpflichten deshalb grundsätzlich als **Wettbewerbsbeschränkung** i.S. des Art 81 Abs. 1 lit. c EG (heute Art. 101 Abs. 1 lit. c AEUV). Der Lizenznehmer werde in diesem Umfang daran gehindert, selbst diese Menge herzustellen oder bei anderen Herstellern, ggf. zu günstigeren Bedingungen, zu kaufen. Zugleich stellt sich dies als Wettbewerbsbeschränkung des zur Lieferung verpflichteten Unternehmens dar, da diesem die freie Verfügung über diesen Produktionsanteil entzogen wird, den es auch an andere Abnehmer auf dem freien Markt verkaufen könnte. Schließlich wird den sonstigen Herstellern vergleichbarer Produkte die Möglichkeit genommen, den verpflichteten Vertragspartner in dem vereinbarten Umfang mit Wettbewerbsprodukten zu beliefern[1].

1963 Auch sog. **englische Klauseln** wirken grundsätzlich wettbewerbsbeschränkend und sind damit nach Art. 81 Abs. 1 EG (nunmehr Art. 101 Abs. 1 AEUV) unzulässig[2]. Die englische Klausel gestattet dem Lizenznehmer, trotz einer Alleinbezugspflicht, Ware von Dritten unter der Voraussetzung zu beziehen, dass die Ware seitens des Dritten günstiger angeboten wird und der bindende Lieferant (Lizenzgeber) nicht in das günstigere Angebot eintritt.

1964 Nur sehr eingeschränkt war die **Zulässigkeit** einer Bezugsverpflichtung in Art. 2 Abs. 1 Nr. 1 und Art. 3 Nr. 9 GrFVO-Patentlizenzvereinbarungen anerkannt. Hiernach konnte eine Verpflichtung des Lizenznehmers, von dem Lizenzgeber oder einem von diesem bezeichneten Unternehmen Erzeugnisse zu beziehen oder Dienstleistungen in Anspruch zu nehmen, als kartellrechtlich unbedenklich in den Vertrag aufgenommen werden, soweit diese Erzeugnisse oder Dienstleistungen **für eine technisch einwandfreie Nutzung der Erfindung notwendig** waren. Darüber hinaus hat die *Kommission* eine mit einer Know-how-Lizenz vereinbarte Bezugsverpflichtung nach ex-Art. 81 Abs. 3 EG (nunmehr Art. 101 Abs. 3 AEUV) vom Kartellverbot nach Abs. 1 freigestellt, die den Lizenznehmer zeitlich nur begrenzt bindet und ihm einen EU-weiten Vertrieb des Lizenzproduktes gestattet[3].

1965 Unter der Geltung der TT-GVO 1996 wurde diese strenge Handhabung im Prinzip beibehalten, aber insofern aufgelockert, als die Pflicht zum Bezug von für die einwandfreie Nutzung der überlassenen Technologie *nicht* erforderlichen Waren und Dienstleistungen nicht mehr unter die schwarze Liste, sondern unter die graue Liste des **Art. 4 Abs. 2 lit. a** TT-GVO 1996 fiel. Die Klausel hatte hiernach das **Widerspruchsverfahren** zu durchlaufen (vgl. Rz. 775 f.).

---

1 Vgl. EU-Kommission v. 12.7.1984, GRUR Int. 1985, 39, 42 – Carlsberg; *Wägenbaur* in Loewenheim/Meessen/Riesenkampff, Kartellrecht, Art. 81 Abs. 1 EG Rz. 308 ff.

2 Eingehend *Dallmann*, WRP 2006, 347 ff. – noch zu Art. 81 EG.

3 *EU-Kommission* v. 16.12.1983, GRUR Int. 1984, 104, 105 – Schlegel/CPIO.

Die Klausel wurde nicht in die TT-GVO 2004 übernommen. Bezugspflichten werden grundsätzlich nicht von den Kernbeschränkungen des Art. 4 TT-GVO erfasst, es sei denn, sie wirken sich mittelbar preisbindend oder aber territorial beschränkend aus. Auch Art. 5 TT-GVO 2004 erfasst Bezugsbindungen grundsätzlich nicht.

Ob eine Freistellung der Bezugsbindung durch die TT-GVO 2004 greift, 1966
hängt davon ab, ob eine Warenbezugspflicht überhaupt in den Anwendungsbereich fällt.

Abzugrenzen ist insoweit der Anwendungsbereich der TT-GVO 2004 vom 1967
Anwendungsbereich der Vertikal-GVO (s. Rz. 1011 ff.). Die TT-GVO 2004 erfasst nur Vereinbarungen, deren Hauptgegenstand im Technologietransfer besteht. Nach Rz. 49 der TT-Leitlinien zu Art. 81 EG (heute Art. 101 AEUV) ist dies voraussichtlich dann der Fall, wenn es sich bei den gekoppelten Produkten um Maschinen- oder Prozess-Inputs handelt, die speziell darauf zugeschnitten sind, die lizenzierte Technologie effizient zu nutzen. Ist das Erzeugnis jedoch lediglich ein anderes Einsatzgut für das Enderzeugnis, muss sorgfältig geprüft werden, ob die lizenzierte Technologie Hauptgegenstand der Vereinbarung ist[1]. Von vornherein ausgeschlossen ist eine Freistellung nach der TT-GVO 2004, wenn es sich um Produkte handelt, die keinen Bezug zu denjenigen Produkten aufweisen, die die lizenzierte Technologie enthalten[2].

Im Falle einer Bezugsbindung dürfte in der Regel der **bloße Vertriebsaspekt im Vordergrund** stehen.

In solchen Fällen ist dann zu prüfen, ob eine **Freistellung** der Vereinbarung 1968
nach der Vertikal-GVO in Betracht kommt. Ähnlich Art. 4 Abs. 2 lit. a TT-GVO 1996 sind nach **Art. 5 lit. a Vertikal-GVO** alle Wettbewerbsverbote, die **über eine Dauer von fünf Jahren hinausgehen, unzulässig**. Ein **Wettbewerbsverbot** umfasst nach Art. 1 lit. b Vertikal-GVO die Verpflichtung des Käufers, keine Waren oder Dienstleistungen zu beziehen, die mit den Vertragswaren oder -dienstleistungen in Verbindung stehen, sowie alle Verpflichtungen des Käufers, mehr als 80 % seiner auf der Grundlage des Einkaufswerts des vorherigen Kalenderjahres berechneten gesamten Einkäufe von Vertragswaren oder -dienstleistungen sowie ihre Substitute auf dem relevanten Markt vom Lieferanten oder von diesem bezeichneten Unternehmen zu beziehen. Eine **Bezugspflicht innerhalb einer zeitlichen Grenze von 5 Jahren** sowie solche, die die **80 % Grenze nicht überschreiten**, sind demnach bei Anwendbarkeit der Vertikal-GVO grundsätzlich kartellrechtlich **zulässig**.

Im Einzelfall können nicht freigestellte Abreden über Bezugs- und Liefer- 1969
pflichten trotz der Einräumung einer faktischen Alleinvertriebsberechti-

1 TT-Leitlinien zu Art. 81 EG Rz. 49 Satz 4.
2 TT-Leitlinien zu Art. 81 EG Rz. 49 Satz 5.

gung vom Kartellverbot des Art. 81 Abs. 1 EG (heute Art. 101 Abs. 1 AEUV) freigestellt werden, wenn sie der **Erleichterung des Zugangs zu einem hochkonzentrierten Inlandsmarkt und der Auslastung der inländischen Herstellungskapazität des ausländischen Unternehmens** dienen und für den Aufbau eigener Absatzwege **erforderlich** sind[1].

1970 In diesem Zusammenhang stellt die *EU-Kommission* klar, dass im Rahmen einer Herstellungs- und Vertriebslizenz für Know-how und Marken die Auferlegung von Produktionsspezifikationen und Qualitätsnormen und die Verpflichtung des Lizenzgebers, gleichartige Pflichten dritten Lizenznehmern aufzuerlegen, keine Wettbewerbsbeschränkung i.S. von Art. 81 EG (heute Art. 101 AEUV) darstellen.

1971 Bisher noch nicht entschieden ist, ob eine Vertragsabrede den zuvor dargestellten kartellrechtlichen Schranken auch dann unterliegt, wenn der Schutzrechtsinhaber auf die Erteilung eines positiven Nutzungsrechts verzichtet, und lediglich eine **negative Lizenz** (vgl. Rz. 74, 130 ff.) für den Zeitraum einräumt, für den der „Lizenznehmer" bereit ist, in einem bestimmten Lieferumfang Bezugspflichten zu erfüllen, sei es durch Kauf der für die Ausübung eines geschützten Verfahrens erforderlichen Rohstoffe oder Zwischenprodukte, sei es durch Bezug von Teilen oder Ersatzteilen. Eine solche Praxis ist insbesondere in der chemischen Industrie festzustellen, die häufig darum bemüht ist, ihren Abnehmern die Nutzung ihrer Schutzrechte (stillschweigend und) lizenzgebührenfrei dafür zu überlassen, dass die Abnehmer die zur Ausführung etwa eines patentierten Verfahrens erforderlichen Rohstoffe abnehmen. Dieser Absatzmarkt ist oft nur durch diese Kopplung zu erschließen. Auf die kartellrechtliche Bewertung von Einfluss sein kann sicherlich, ob der Lizenzgeber für die Dauer des Bezugs auf die Lizenzgebühren verzichtet, insoweit also der erzielte **Kaufpreis** die wirtschaftliche **Gegenleistung für** seinen **Verzicht auf** sein **patentgemäßes Verbietungsrecht** darstellt[2].

1972 Die Gefahr der kartellrechtlichen Unwirksamkeit einer Bezugsbindung kann dann bestehen, wenn diese – etwa im Rahmen zahlreich erteilter einfacher Lizenzen – **zu einer Vielzahl gleichartiger Vereinbarungen gehört**, die – zusammengenommen – eine Abschottung des Marktes gegenüber Anbietern aus anderen Mitgliedstaaten bewirken[3].

---

1 Vgl. *EU-Kommission* v. 12.7.1984, GRUR Int. 1985, 39, 43 – Carlsberg.

2 Vgl. auch *BGH* v. 5.4.2011 – X ZR 86/10, BGHZ 189, 112 = GRUR 2011, 711, Rz. 13 – Cinch-Stecker m. Bezug auf *BGH* v. 20.5.2008, GRUR 2008, 896, Rz. 26 ff. – Tintenpatrone, wohl bejahend für den Fall, dass die Warenbezugspflicht die Gegenleistung für die Lizenzvergabe darstellt.

3 Vgl. *EuGH* v. 12.12.1967, GRUR Int. 1968, 299, 300 – Brasserie de Haecht I; *EuGH* v. 1.2.1977, NJW 1977, 2020, 2021 – Concordia; s. auch *OLG Karlsruhe* v. 13.6.1990, WRP 1991, 42, 43 f. – Bezugsverpflichtung mit Ausschließlichkeitsbindung.

Ob ein solches „Netzwerk“ vorliegt, ist anhand der **gesamten rechtlichen und wirtschaftlichen Begleitumstände**, unter denen die fragliche Bezugsbindung zustande gekommen ist und die für andere Verträge mit vergleichbaren Bindungen maßgeblich sind, zu überprüfen. Hierzu gehören die Zahl der auf dem fraglichen Markt bestehenden Bindungen und ihre Dauer, die hiervon erfassten Absatzmengen sowie – im Verhältnis dazu – die Absatzmengen ungebundener Anbieter, der Umfang der Bindungen an ausländische Hersteller, die Dichte der Bindungen in bestimmten geographischen Bereichen sowie die sich Anbietern aus anderen Mitgliedstaaten bietenden Möglichkeiten, auf andere Vertriebswege auszuweichen oder sich eigene Absatzstätten zu schaffen. 1973

Frei. 1974

bb) Bewertung nach deutschem Kartellrecht

Nach deutschem Kartellrecht vor der siebten GWB-Novelle ließ § 17 Abs. 2 Nr. 1 GWB a.F. Abreden über Bezugspflichten des Lizenznehmers insoweit zu[1], als die Bezugspflicht durch ein Interesse des Lizenzgebers an einer **technisch einwandfreien Ausnutzung** des Gegenstands seines Schutzrechtes begründet war[2]. Der Lizenzgeber hat ein berechtigtes Interesse, dass nicht infolge technisch unzureichender Herstellung schlechte Erzeugnisse auf den Markt kommen. Sie können den Wert seiner Erfindung mindern oder die Höhe der ihm zukommenden Lizenzen, z.B. bei einer Stücklizenz, gefährden[3]. Auch diese Wertung wird nunmehr über die entsprechende Anwendung der TT-GVO 2004 nach § 2 Abs. 2 GWB beibehalten. Dient die Bezugspflicht einer technisch einwandfreien Ausnutzung des Gegenstands, so wird in der Regel die Technologietransfer-Vereinbarung Hauptgegenstand der Vereinbarung sein, so dass die Bezugspflicht durch Anwendung der TT-GVO 2004 freigestellt ist. 1975

Auf der Grundlage des heutigen § 1 i.V.m. § 2 Abs. 2 GWB können auch im Übrigen die für Art. 81 Abs. 1 EG (nunmehr Art. 101 Abs. 1 AEUV) geltenden Grundsätze herangezogen werden.

Frei. 1976–1989

5. Verwendungsbeschränkungen

a) Allgemeines

Verwendungsbeschränkungen sind Beschränkungen des Lizenznehmers hinsichtlich der Verwendung der ihm lizenzierten Erfindung, die nicht unterschiedlichen technischen Nutzungsmöglichkeiten der Erfindung gelten, 1990

---

1 Vgl. Wiedemann/*Groß*, Hdb. KartellR, 1999, § 14 Rz. 17.
2 TB BKartA 1962, 71; TB BKartA 1968, 87; TB BKartA 1989/90, 36.
3 Bestätigt im TB BKartA 1963, 68.

sondern ihren **Einsatz für ein und denselben Verwendungszweck auf einzelne Produktkombinationen beschränken**.

b) Kartellrechtliche Bewertung

aa) Bewertung nach EU-Kartellrecht

1991 Nach der Entscheidung der *EU-Kommission* vom 11.7.1983[1] stellen Verwendungsbeschränkungen als Kontrolle der Modellpolitik des Lizenznehmers nicht freistellungsfähige Wettbewerbsbeschränkungen i.S. des Art. 81 EG (heute Art. 101 AEUV) dar.

1992 Bestätigt wurde dies durch Art. 2 Abs. 1 Nr. 8 TT-GVO 1996 bzw. Art. 2 Abs. 1 Nr. 3 GrFVO-Patentlizenzvereinbarungen, wonach ein Lizenznehmer lediglich verpflichtet werden kann, die Benutzung der lizenzierten Erfindung auf einen oder mehrere von verschiedenen technischen Anwendungsbereichen zu beschränken, die vom lizenzierten Patent erfasst werden („field of use"-Beschränkung; vgl. auch Art. 2 Abs. 1 Nr. 12 TT-GVO 1996 und deren EGr 22). Im Rückschluss ist also ausgeschlossen, dass Verwendungsbeschränkungen innerhalb ein- und desselben technischen Anwendungsbereichs auferlegt werden können. Die Regelung wurde nahezu wortgleich für Vereinbarungen zwischen Wettbewerbern in die TT-GVO 2004 übernommen **(Art. 4 Abs. 1 lit. c i) TT-GVO 2004)**. Eine Beschränkung, die über den Einsatzbereich der lizenzierten Technologie hinausgeht, ist zudem wettbewerbswidrig, wenn Gemeinfreiheit vorliegt. Ferner kann der **im Wettbewerb mit dem Lizenzgeber stehende Lizenznehmer** nicht in der Nutzung seiner eigenen Technologie eingeschränkt werden (Art. 4 Abs. 1 lit. d, Art. 4 Abs. 2 lit. d TT-GVO 2004). Letzteres gilt nicht für eine Beschränkung des nicht-konkurrierenden Lizenznehmers.

1993 Zwischen **Nichtwettbewerbern** ist eine Beschränkung des aktiven Verkaufs dagegen grundsätzlich – innerhalb der vorgeschriebenen Marktanteilsschwellen – zulässig[2].

1994 Verwendungsbeschränkungen zur **Wahrung von Qualitäts- und Sicherheitsanforderungen** sind, wie oben dargelegt, dem Kartellverbot nur insoweit entzogen, als sie allein für das tatsächlich vom Patentschutz erfasste Erzeugnis gelten, nur die Realisierung der geschützten und benutzten technischen Lehre sicherstellen sollen und im Vorhinein nach objektiven Maßstäben festgelegt sind. Bedenkenswert ist, ob auch im Rahmen des EU-Kartellrechts eine Beschränkung des Lizenznehmers dahin zulässig ist, dass er von vornherein zwar unbeschränkte Nutzungsmöglichkeiten eingeräumt erhält, ab einem bestimmten Nutzungsgrad aber eine höhere Lizenzgebühr zahlen muss. Zur Begründung für eine solche Regelung kann

1 *EU-Kommission* v. 11.7.1983, GRUR Int. 1984, 171, 175 – Windsurfing International.

2 TT-Leitlinien zu Art. 81 EG Rz. 184.

darauf verwiesen werden, dass bis zu einem bestimmten Umfang die Nutzung des Lizenznehmers den Marktanteil des Lizenzgebers nicht berührt. Geht der Lizenznehmer hierüber hinaus, kann es gerechtfertigt erscheinen, wenn der für den Lizenzgeber mit Einbußen hinsichtlich seines Marktanteils verbundene wirtschaftliche Nachteil mittels einer höheren Lizenzgebühr ausgeglichen wird. Zur Begründung einer solchen Regelung kann auch berücksichtigt werden, dass erfahrungsgemäß dem Lizenznehmer in der Anlaufphase einer Lizenznutzung höhere (Investitions-)Belastungen obliegen und eine wirtschaftliche Lizenznutzung erst ab einer bestimmten Größenordnung einsetzt. Dann aber erscheint es überlegenswert, dem Lizenznehmer zunächst bis zur Erreichung eines bestimmten Nutzungsumfangs niedrigere Lizenzgebühren einzuräumen und diese erst mit Überschreiten dieses Nutzungsgrades zu erhöhen (s. auch zur Anlaufklausel Rz. 1781 ff.). Diese Überlegungen können auch bei mengenmäßigen Bindungen des Lizenznehmers greifen (s. hierzu Rz. 1948 ff.).

Verwendungsbeschränkungen, die sich nicht auf die Herstellung, sondern 1995
auf die Verwertung beziehen, sind regelmäßig als wettbewerbswidrig anzusehen und werden nicht vom Anwendungsbereich der TT-GVO 2004 erfasst.

Frei. 1996–1999

bb) Bewertung nach deutschem Kartellrecht

Wie nach § 17 Abs. 1 Satz GWB a.F. sind auch nach § 1 GWB n.F. Verwen- 2000
dungsbeschränkungen des Lizenznehmers, die eine reine Beschränkung nach technischem Anwendungsbereich (field of use) vorsehen, kartellrechtlich zulässig. Die Grenze der Kartellrechtswidrigkeit wird erst dann überschritten, wenn die Beschränkungen innerhalb eines technischen Anwendungsbereichs erfolgen oder der Inhalt der Verwendungsbeschränkung Absprachen enthält, die über den Inhalt des gewerblichen Schutzrechts hinausgehen.

6. Übermittlung von Verbesserungserfindungen

a) Allgemeines

Hat der **Lizenznehmer** Verbesserungen des lizenzierten Vertragsgegenstan- 2001
des entwickelt (zur Definition der Verbesserungs- und Anwendungserfindung vgl. Rz. 1455 f.), ist er ohne eine dahingehende Vertragsabsprache nicht verpflichtet, diese dem Lizenzgeber mitzuteilen[1] oder ihm gar zur

1 *Groß*, Rz. 171; vgl. Rz. 172 zur Mitteilungs- und Einräumungspflicht bzgl. Verbesserungserfindungen des Lizenznehmers. *Pagenberg/Beier*, Muster 1, Rz. 229 weisen richtigerweise darauf hin, dass der Lizenznehmer, wenn er Miterfinder einer im Zuge der Verbesserungen gemachten Erfindung ist, einen Anspruch auf Nennung als Miterfinder und auf Einräumung eines Anteils an dem neu angemeldeten

Verfügung zu stellen[1]. Es steht den Parteien aber frei, in den vom Kartellrecht vorgegebenen Grenzen für den Lizenznehmer eine derartige Übermittlungspflicht von Verbesserungserfindungen festzulegen.

2002 Schon aufgrund der Vielzahl der – teilweise kartellrechtlich problematischen – Vertragsgestaltungsmöglichkeiten empfiehlt es sich, die Pflicht des Lizenznehmers zur Auskunft über Verbesserungserfindungen und zur Lizenzierung derselben an den Lizenzgeber ausdrücklich und in unmissverständlichem Wortlaut vertraglich zu regeln. Regelungsbedürftig ist auch die Frage, welche Verbesserungserfindungen dieser Pflicht unterfallen. Diese Frage war nicht umsonst wiederholt Gegenstand gerichtlicher Entscheidungen[2] bzw. solcher der EU-Kommission[3].

2003–2014 Frei.

b) Kartellrechtliche Bewertung

aa) Bewertung nach EU-Kartellrecht

2015 Nach EU-Kartellrecht ist die **einseitige Verpflichtung des Lizenznehmers**, dem Lizenzgeber die vollständigen Rechte aus Verbesserungserfindungen **zu übertragen**, als verbotene Wettbewerbsbeschränkung i.S. des Art. 101 Abs. 1 AEUV (ex-Art. 81 Abs. 1 EG) zu bewerten. Nach **Art. 5 Abs. 1 lit. a TT-GVO 2004** ist die unmittelbare oder mittelbare Verpflichtung des Lizenznehmers, dem Lizenzgeber oder einem von ihm benannten Dritten eine **Exklusivlizenz für** seine **eigenen abtrennbaren Verbesserungen** an der lizenzierten Technologie oder seinen **eigenen Anwendungen** dieser Technologie zu erteilen, nicht freistellungsfähig (s. Rz. 955).

Eine **Verbesserung** ist **abtrennbar**, wenn sie ohne Verletzung der lizenzierten Technologie verwertet werden kann (Art. 1 Abs. 1 lit. n TT-GVO 2004)[4].

2016 Die Vereinbarung einer **Exklusivlizenz** hinsichtlich **nicht abtrennbarer Verbesserungen** ist dagegen zulässig, da diese nicht gesondert verwertet werden können[5].

Schutzrecht hat; zum umgekehrten Fall vgl. ebenfalls *Pagenberg/Beier*, Muster 1, Rz. 229.

1 Vgl. hierzu *EU-Kommission*, GRUR Int. 1986, 116, 121 – Velcro/Aplix; eine derartige Verpflichtung stellt ein Wettbewerbsverbot dar; vgl. auch TB BKartA 1991/92, 43.

2 Vgl. z.B. *RG* v. 11.5.1935, GRUR 1935, 948, 949; *RG* v. 14.6.1940, GRUR 1940, 439, 440 f.

3 Zu den zahlreichen Entscheidungen der *EU-Kommission* vgl. die Nachweise bei *Sack*, WRP 1999, 592, 611.

4 S. TT-Leitlinien zu Art. 81 EG Rz. 109 Satz 2.

5 *Bechtold/Bosch/Brinker/Hirsbrunner*, EG-Kartellrecht, VO 772/2004 Art. 5 Rz. 5.

Bei einer Rücklizenzierung nicht abtrennbarer Verbesserungen ist zu berücksichtigen, dass dem Lizenznehmer Verpflichtungen zum Erfahrungsaustausch oder zur Gewährung von Lizenzen an Verbesserungs- oder Anwendungserfindungen nur in Bezug auf die lizenzierten Schutzrechte bzw. technischen Betriebsgeheimnisse und nur für die Dauer ihrer Laufzeit bzw. ihrer Geheimhaltung auferlegt werden dürfen[1].

Ebenfalls zulässig ist die Vereinbarung einer Rücklizenzierung durch Vergabe einer **einfachen Lizenz** (s. Rz. 956). Das Erfordernis der Gegenseitigkeit der Rücklizenzierung ist entfallen. 2017

Wird eine gegenseitige Verpflichtung zur **Rücklizenzierung** vereinbart, so kann die **Verpflichtung des Lizenzgebers** zur Lizenzierung von Verbesserungserfindungen **auch** in Form der Vergabe einer **ausschließlichen Lizenz** erfolgen. 2018

Auch die Umgehung des Verbots der Rücklizenzierung durch Verpflichtung des Lizenznehmers zur vollständigen oder teilweisen Übertragung der jeweiligen Rechte an den Lizenzgeber oder einen Dritten ist nach Art. 5 Abs. 1 lit. b TT-GVO 2004 nicht freistellungsfähig (s. Rz. 957 ff.). Allerdings führt dies nur zur **Nichtfreistellung der einzelnen Klausel**, nicht jedoch zum vollständigen Wegfall der Freistellung für den restlichen Teil der Vereinbarung (s. Rz. 951). 2019

Eine Freistellung der Vereinbarung vom Verbot des Art. 101 Abs. 1 AEUV (ex-Art. 81 Abs. 1 EG) kann im Einzelfall über die Generalklausel Art. 101 Abs. 3 AEUV (ex-Art. 81 Abs. 3 EG) erfolgen. Dies kommt insbesondere bei der Vereinbarung einer entsprechend hohen Gegenleistung in Betracht. Hierzu wird auf Rz. 958 f. verwiesen. 2020

Frei. 2021

---

1 S. zum deutschen Kartellrecht *Bandasch/Lemhöfer/Horn*, Die Verwaltungspraxis des Bundeskartellamtes, S. 25, 26. Vgl. auch TB BKartA 1987/88, 35; hier war vertraglich eine kostenfreie Rücklizenz zugunsten des Lizenzgebers für Verbesserungserfindungen des Lizenznehmers vorgesehen worden. Das *BKartA* hielt die Klausel insofern für problematisch, als für den Zeitraum nach Ablauf des Vertragsschutzrechtes die Rücklizenz ohne entsprechende Vergütung durch den Lizenzgeber gewährt werden sollte. Auf den entsprechenden Hinweis des *BKartA* ist dann die Klausel um eine Vergütungsregelung erweitert worden; vgl. auch TB BKartA 1983/84, 41. Beanstandet (TB BKartA1981/82, 92) wurde auch die Klausel: „Alle zukünftigen Verbesserungen und Weiterentwicklungen, die den Vertragsgegenstand betreffen und die im Bereich des Lizenznehmers erfolgen, stehen im Eigentum des Lizenzgebers. Die gleiche Übertragungspflicht gilt auch für fremde, vom Lizenznehmer erworbene Schutzrechte." Nicht zu beanstanden ist nach Auffassung des *BKartA* (TB 1981/82, 92): „Beide Vertragsparteien verpflichten sich zur wechselseitigen Unterrichtung über etwaige Verbesserungs- oder Anwendungserfindungen bzgl. der vertragsgegenständlichen Patente/Gebrauchsmuster. Sie sind berechtigt, derartige Erfindungen der jeweils anderen Vertragspartei für die Vertragslaufzeit ohne Entgelt zu nutzen."

bb) Bewertung nach deutschem Kartellrecht

2022 Die im europäischen Kartellrecht geltenden Grundsätze zur Zulässigkeit von Rücklizenzierungen von abtrennbaren Verbesserungen sind nunmehr auch im deutschen Recht maßgebend. Art. 5 TT-GVO 2004 kommt über § 2 Abs. 2 GWB zur Anwendung. Damit entfällt insbesondere das Erfordernis der wechselseitigen Rücklizenzierung nach § 17 Abs. 2 Nr. 2 GWB a.F.[1] Zulässig ist somit die Verpflichtung des Lizenznehmers zur Erteilung einer einfachen Rücklizenzierung, die einfache und ausschließliche Lizenzierung nicht abtrennbarer Verbesserungen sowie die Verpflichtung des Lizenzgebers zur einfachen und exklusiven Rücklizenzierung.

2023 Auch **Zusatzpatente** (§ 16 PatG) rechtfertigen die Überlassung an den Lizenzgeber nicht. Macht der Lizenznehmer eine Erfindung, die als Zusatzpatent zum Hauptpatent des Lizenzgebers geschützt werden soll, so kann dieses wegen des Erfordernisses der Personenidentität nur für den Lizenzgeber als Inhaber des Hauptpatentes erteilt werden. Daher verstößt es nicht gegen § 1 GWB, wenn dem Lizenznehmer die Verpflichtung auferlegt wird, die Anmeldung eigener Zusatzerfindungen im Namen des Lizenzgebers zu dulden, sofern nach der Erteilung des Zusatzpatentes die Rückübertragung vorgesehen ist. Denn nach der Erteilung des Zusatzpatentes bedarf es der Personenidentität nicht mehr[2]. Der Lizenzgeber kann sich aber eine einfache Lizenz am Zusatzpatent ausbedingen[3].

2024 Nach wie vor unzulässig sind auch Verpflichtungen des Lizenznehmers in Bezug auf **Parallelerfindungen**, also von den Vertragsrechten des Lizenzgebers im patentrechtlichen Sinne unabhängigen Erfindungen auf dem Vertragsgebiet oder einem eng verwandten Gebiet, durch die die Vertragsschutzrechte möglicherweise ganz oder teilweise ersetzt werden können. Derartige Rücklizenzverpflichtungen für selbständige Lizenznehmererfindungen gehen eindeutig über den Bereich der Lizenzierung nur abhängiger Erfindungen (Anwendungs- oder Verbesserungserfindungen) hinaus und beschränken den Lizenznehmer in der Verwertung seiner Erfindungen[4].

2025 Sofern sich die wechselseitig übernommenen Verpflichtungen über die Lizenzerteilung an Verbesserungs- und Anwendungserfindungen im Rahmen der Zulässigkeit nach Art. 5 Abs. 1 TT-GVO 2004 halten oder gemäß § 2 Abs. 1 GWB zulässig freigestellt sind, bleiben eventuelle Verpflichtungen der Vertragspartner aus dem **Arbeitnehmererfindungsgesetz** zu beachten. Insbesondere ist vorzusehen, dass durch eine ordnungsgemäße unbeschränkte Inanspruchnahme nach § 6 ArbEG der jeweilige Vertragspartner

1 S. 5. Aufl., Rz. 2020.
2 *RG* v. 11.2.1903, RGZ 54, 4, 5; Benkard/*Grabinski*, PatG, § 16 Rz. 14; *Reimer*, PatG, § 10 a.F. Rz. 16.
3 TB BKartA 1963, 68.
4 TB BKartA 1960, 49; TB BKartA 1961, 68; TB BKartA 1971, 99.

für eine vollständige Überleitung der Diensterfindungen auf sich bzw. sein Unternehmen Sorge trägt.

Auch die Verpflichtungen des Lizenznehmers, **kaufmännische Kenntnisse** (z.B. über Herstellungs- und Vertriebskalkulation, Werbemaßnahmen und Absatz) dem Lizenzgeber preiszugeben, werden durch die TT-GVO 2004 nicht freigestellt[1], da diese Kenntnisse grundsätzlich keine unselbständigen Verbesserungen darstellen. 2026

Frei. 2027–2029

7. Preisstellungs- und Konditionenbindungen

a) Preisstellungsbindungen

aa) Allgemeines

Ohne besondere Vertragsabsprache ist der Lizenznehmer grundsätzlich frei darin, seine Preise für die Lizenzprodukte nach eigener wirtschaftlicher Kalkulation zu bestimmen. Es kann aber im Interesse des Lizenzgebers sein, sofern er den Lizenzgegenstand auch selbst nutzt, durch eine Preisbindung dafür zu sorgen, dass der Lizenznehmer ihm nicht durch Preisunterbietung Konkurrenz macht. Zugleich kann eine Preisbindung die Höhe einer umsatzabhängigen Lizenzgebühr sichern. 2030

bb) Kartellrechtliche Bewertung

aaa) Bewertung nach EU-Kartellrecht

Nach den Grundsätzen des EU-Kartellrechts haben Preisstellungsbindungen wettbewerbsbeschränkenden Charakter und sind demnach wegen Verstoßes gegen Art. 101 Abs. 1 AEUV (ex-Art. 81 Abs. 1 EG) verboten. Dementsprechend zählen **Art. 4 Abs. 1 lit. a TT-GVO 2004** bzw. **Art. 4 Abs. 2 lit. a TT-GVO 2004** Preisstellungsbindungen zu den **verbotenen Klauseln** (s. Rz. 901 ff., 932)[2]. Anders als bei Vereinbarungen zwischen konkurrierenden Unternehmen (Art. 4 Abs. 1 lit. 1 TT-GVO 2004) sind in Vereinbarungen zwischen **nicht konkurrierenden Unternehmen** die Bestimmung eines **Höchstpreises** sowie eine **Preisempfehlung** möglich, soweit diese sich nicht wie **Fest**- oder **Mindestpreise** auswirken (s. Rz. 932). 2031

1 Zu § 17 Abs. 2 Nr. 2 GWB a.F. TB BKartA 1965, 64; vgl. auch TB BKartA 1991/92, 43; TB BKartA 1985/86, 36.

2 Vgl. hierzu *EU-Kommission* v. 21.9.1971, GRUR Int. 1979, 109, 113 – Sortenschutzrecht-Maissaatgut; *Sack*, WRP 1999, 592, 610; zum amerikanischen Recht vgl. *Pagenberg/Beier*, Muster 4, Rz. 77.

bbb) Bewertung nach deutschem Kartellrecht

2032 Preisbindungen sind Wettbewerbsbeschränkungen i.S. des § 1 GWB und allenfalls nach § 2 Abs. 1 GWB frei zu stellen.[1] Auch im deutschen Recht sind nach § 2 Abs. 2 i.V.m. Art. 4 Abs. 2 lit. a TT-GVO 2004 Höchstpreisbindungen sowie Preisempfehlungen zwischen Nicht-Wettbewerbern grundsätzlich zulässig.

2033 Zutreffend als kartellrechtlich unbedenklich sah das *OLG Hamburg*[2] die Pflicht des Lizenznehmers an, seinen Abnehmern die **Lizenzgebühren getrennt zu berechnen**, denn eine dahingehende Vertragsbestimmung bezieht sich nicht auf die Preisgestaltung als solche, sondern lediglich auf die gesonderte Ausweisung der Lizenzgebühr innerhalb einer Rechnung, wobei der Lizenznehmer in der Preisgestaltung im Übrigen frei bleibt.

2034 Die vorstehend genannten Grundsätze gelten nach §§ 1, 2 Abs. 2 GWB i.V.m. Art. 1 ff. TT-GVO 2004 auch für solche Lizenzverträge, denen kein Schutzrecht, sondern lediglich die Überlassung von **Know-how** zugrunde liegt[3], wie auch für gemischte Lizenzverträge.

2035–2038 Frei.

b) Konditionenbindungen

2039 Im Gegensatz zu Preisbindungen bestimmen Konditionenbindungen die **vom Lizenznehmer gegenüber** seinen **Abnehmern einzuhaltenden Lieferbedingungen** o.Ä.

2040 Auch Konditionenbindungen werden vom europäischen und deutschen Kartellrecht grundsätzlich nicht zugelassen[4]. Seit dem Wegfall des § 20 Abs. 2 Nr. 2 GWB a.F. wird man auch nicht mehr die Auffassung vertreten können, dass Lieferbedingungen und andere Konditionen insoweit vorgegeben werden dürfen, wie sie die Umgehung von Preisstellungsbindungen verhindern sollen[5]. Da bereits Preisbindungen die wettbewerbsrechtlichen

---

1 Die Vereinbarung von Preisbindungen war bereits nach GWB a.F. als über den Inhalt des Schutzrechts hinausgehend und damit als unzulässig bewertet worden. Zur verbotenen Preisbindung durch den Franchisegeber vgl. *BGH* v. 2.2.1999, ZIP 1999, 934, 935 ff. – Preisbindung durch Franchisegeber.

2 *OLG Hamburg* v. 16.10.1980, WuW/E OLG 2361, 2363 – glide window.

3 Zur kartellrechtlichen Würdigung einer Preis- und einer Vertriebsbindung beim Know-how-Vertrag vgl. *LG Mannheim* v. 11.12.1981, WuW/E LG/AG 485, 486 f. – Horco-Pizza (bestätigt durch *OLG Karlsruhe* v. 22.12.1982 – 6 U 24/82 Kart., n.v.; zum Bußgeldverfahren in dieser Sache vgl. *OLG Stuttgart* v. 18.10.1982, WuW/E OLG 2795 ff. – Horco-Pizza).

4 *Emmerich* in Immenga/Mestmäcker, GWB, § 20 a.F. Rz. 230.

5 TB BKartA 1959, 45; TB BKartA 1968, 87; TB BKartA 1971, 98; TB BKartA 1975, 96; TB BKartA 1977, 93; *Reimer*, PatG, § 9 a.F. Rz. 144; a.A. *Emmerich* in Immenga/Mestmäcker, GWB, § 20 a.F. Rz. 231.

Grenzen des § 1 GWB überschreiten, gilt dies auch für darauf bezogene sonstige Bindungen des Lizenznehmers gegenüber seinen Abnehmern.

Frei. 2041

8. Nichtangriffsabreden

a) Allgemeines

Die Anwendung des für jedes Vertragsverhältnis maßgebenden Grundsatzes, dass Verträge nach Treu und Glauben zu erfüllen sind (§ 242 BGB) und jeder Vertragspartner sein Handeln darauf auszurichten hat, dass der Vertragszweck möglichst verwirklicht wird, könnte zu der Annahme verleiten, der Lizenznehmer sei während der Dauer des Vertrages aus besonderer **Rücksichtnahmepflicht** gehindert, gegen den Bestand des Schutzrechtes, das Gegenstand des Lizenzvertrages ist, unmittelbar oder durch Dritte vorzugehen[1]. Andererseits könnte es der den einzelnen Vertragsinteressen übergeordneten Forderung nach möglichst weitgehender Erhaltung des **freien Wettbewerbs** zuwiderlaufen, ein formal begründetes, aber vernichtbares Schutzrecht aufrechtzuerhalten[2]. Insoweit könnte auch ein öffentliches Interesse an einer solchen Klage bestehen[3]. 2042

Eine ausdrückliche oder konkludente Vereinbarung von Nichtangriffsabreden wird regelmäßig darauf beruhen, dass nach dem Willen der Beteiligten konkrete, über den Bestand des Patents als solches hinausgehende Interessen gewahrt werden sollen[4]. 2043

b) Fehlen einer vertraglichen Vereinbarung

Haben die Parteien des Lizenzvertrages **keine ausdrückliche Nichtangriffsabrede** getroffen, **begründet** nach h.M.[5] selbst ein zwischen Einsprechendem und Patentinhaber geschlossener **ausschließlicher Lizenzvertrag** (der 2044

---

1 Stillschweigend begründete Nichtangriffsabrede, vgl. *BPatG* v. 7.11.1990, BlPMZ 1991, 313, 314 f. – Zeigerwerk; ebenso *BPatG* v. 26.3.1996, BPatG 36, 177; s. auch *BPatG* v. 22.1.2001 – 9 W (pat) 41/99 n.v.; a.A. *BPatG* v. 27.5.2004, GRUR 2005, 182; ausführlich *Winterfeldt* in FS 50 Jahre VPP, 2005, S. 210 ff.

2 *BGH* v. 2.6.1987, GRUR 1987, 900, 901 – Entwässerungsanlage; *BGH* v. 20.5.1953, BGHZ 10, 22, 23 – Konservendosen; *Kraßer*, Patentrecht, § 42 A III 4; *Pagenberg/Beier*, Muster 1, Rz. 266 Fn. 315; s. auch *Stumpf/Groß*, Rz. 583 a.E.

3 So *Reimer*, PatG, § 13 a.F. Rz. 13, der allerdings beim ausschließlichen Lizenznehmer im Gegensatz zum einfachen die Klagebefugnis für den Regelfall als einen Verstoß gegen Treu und Glauben bewertet und nicht für zulässig erachtet (§ 13 a.F. Rz. 20).

4 *BGH* v. 24.1.2011, GRUR 2011, 409, Rz. 9 – Deformationsfelder, m. Anm. *Klein*, Mitt. 2011, 234.

5 Vgl. *BGH* v. 2.3.1956, GRUR 1956, 264, 265; *BGH* v. 30.11.1967, GRUR Int. 1969, 31, 33; vgl. auch *BPatG* v. 11.12.1973 – 2 Ni 31/72, n.v. u. *BPatG* v. 19.8.2009 – 4 Ni 53/07, Rz. 20 (juris).

weder gesellschaftsähnlichen Charakter aufweist, noch aus anderen Gründen eine vertrauensvolle Zusammenarbeit voraussetzt) **keine Nichtangriffspflicht** nach § 242 BGB und damit keinen Ausschluss der Einspruchsberechtigung[1]. Eine Benutzungsberechtigung als solche lässt den Angriff auf das lizenzierte Patent durch den von ihr Begünstigten noch nicht als treuwidrig erscheinen[2].

Nur ausnahmsweise kann im Wege der Auslegung dem Vertragsverhältnis entnommen werden, dass dennoch der Lizenznehmer verpflichtet ist, das Schutzrecht nicht anzugreifen[3]. Eine solche Pflicht kann sich etwa daraus ergeben, dass den Vertragsparteien bei Abschluss des Vertrages die **Anfechtbarkeit** bzw. begründete **Zweifel an der Rechtsbeständigkeit des Schutzrechtes bekannt waren**. Sind diese Zweifel der Parteien in dem Vertrag zum Ausdruck gekommen, so kann der Lizenzvertrag, wenn er der Beilegung von Meinungsverschiedenheiten über die Gültigkeit des Schutzrechtes diente, als **Vergleich** angesehen werden[4], aus dem sich dann die vorgenannten Verpflichtungen des Lizenznehmers ergeben.

2045 In diesen Zusammenhang gehört der Bereich der **Freilizenzen** bzw. Gratislizenzen. Wird eine solche Lizenz vereinbart, so kann daraus geschlossen werden, dass der Lizenzgeber einen besonderen Grund hatte, das Benutzungsrecht ohne Gegenwert zu gewähren. Es kann deshalb von dem Regelfall ausgegangen werden, dass der Lizenznehmer das Schutzrecht angegriffen und gegen Einräumung eines unentgeltlichen Benutzungsrechtes am Schutzrecht von seinem Angriff Abstand genommen hat (s. auch Rz. 140)[5].

2046 Aber auch in diesen Fällen kann etwas anderes dann gelten, wenn sich im Laufe der Vertragsbeziehungen herausstellen sollte, dass gegen die Rechtsbeständigkeit des Schutzrechts neue beachtliche Nichtigkeitsgründe bestehen, die bei Vertragsschluss nicht bekannt waren. Unter dem Gesichtspunkt der **Störung der Geschäftsgrundlage** (§ 313 BGB) könnte der Lizenznehmer von seiner Nichtangriffsverpflichtung frei werden, es sei denn, dass die Vereinbarung der Parteien nicht den Zweck hatte, bestimmte Nichtigkeits-

---

1 *BPatG* v. 14.10.1991 – 4 W (pat) 37/90, n.v.; s. aber auch *BPatG* v. 29.11.2005 – 4 Ni 53/04 (EU), Rz. 66 (juris), wonach bei einer ausschließlichen Lizenz in der Form der alleinigen Lizenz bereits für sich betrachtet erhebliche Zweifel an der Zulässigkeit einer Nichtigkeitsklage des Lizenznehmers bestehen sollen.

2 *BGH* v. 4.10.1998, GRUR 1989, 39, 40 – Flächenentlüftung u. *BGH* v. 24.1.2011, GRUR 2011, 409, 410, Rz. 12 ff. – Deformationsfelder.

3 Vgl. *BGH* v. 30.11.1967, GRUR 1971, 243, 245 – Gewindeschneidvorrichtungen; vgl. auch *BGH* v. 4.10.1988, GRUR 1989, 39, 40 – Flächenentlüftung. S. auch *BPatG* v. 4.3.2008 – 4 Ni 9/06, Rz. 17 (juris) u. *BPatG* v. 1.4.2008 – 4 Ni 8/06, Rz. 25 (juris); s. auch nachgehend *BGH* v. 24.6.2010 – Xa ZR 76/08, Rz. 13 ff. (juris).

4 *BGH* v. 17.10.1968, GRUR 1969, 409, 411 – Metallrahmen; *BGH* v. 14.7.1964, DB 1964, 1809 m.w.N.

5 S. auch *EuGH* v. 27.9.1988, GRUR Int. 1989, 56, 57 – Nichtangriffsklausel; *BGH* v. 24.4.2007, GRUR 2007, 963 – Polymer-Lithium-Batterien.

gründe auszuschalten, sondern das Schutzrecht auf Dauer bestehen zu lassen.

Eine Nichtangriffsverpflichtung des Lizenznehmers kann sich auch dann ergeben, wenn zwischen den Parteien ein **besonderes Treueverhältnis** besteht, so dass der Angriff des Lizenznehmers auf das Schutzrecht einen Verstoß gegen das Treuegebot aus § 242 BGB bedeuten würde, sich also Umstände ergeben, die einen Angriff gegen die Schutzrechtspositionen als unbillig erscheinen lassen. Der Grundsatz von Treu und Glauben beherrscht über den Wortlaut des § 242 BGB hinaus das gesamte Rechtsleben[1] und kann prinzipiell jedem Recht sozialethische Grenzen setzen[2]. Es ist deshalb nicht von vornherein ausgeschlossen, dass die Erhebung eines Einspruchs oder einer Nichtigkeitsklage nach Treu und Glauben zu missbilligen ist und deshalb die Unzulässigkeit des Rechtsbehelfs nach sich ziehen kann[3]. Ob es sich so verhält, bedarf in jedem Einzelfall einer umfassenden Würdigung aller Umstände, die zudem im Licht des Interesses der Allgemeinheit an der Beseitigung nicht schutzwürdiger Schutzrechte zu erfolgen hat und auf die, je nach den Umständen, überdies auch die gesetzgeberische Wertung von Einfluss sein kann, dass für Nichtangriffsabreden kartellrechtliche Grenzen gesetzt sind (s. dazu Rz. 2080 ff.). Maßgebend ist, dass nach dem Willen der Beteiligten konkrete, über den Bestand des Patents als solches hinausgehende Interessen gewahrt werden sollen[4]. 2047

Nach dem Grundsatz von Treu und Glauben kann eine vertragliche Nichtangriffspflicht über die im Vertrag hinaus benannte Person auch für einen **Strohmann** wirken, der ohne jedes eigene ins Gewicht fallende Interesse die Nichtigerklärung eines Patents mit der Nichtigkeitsklage verfolgt und hierbei ausschließlich im Interesse und im Auftrag des vertraglich zum Nichtangriff Verpflichteten vorgeht[5].

Ein Verstoß gegen das Treuegebot kommt insbesondere in Betracht, wenn der Lizenzvertrag **gesellschaftsähnlichen Charakter** hat oder sonst die Ausgestaltung im Einzelnen ein besonderes Vertrauensverhältnis zwischen den Vertragspartnern erkennen lässt[6]. Derartige besondere Vertrauensbeziehungen nimmt der *BGH* etwa **zwischen Verkäufer und Käufer eines Patents** an,

1 Z.B. *BGH* v. 23.9.1982, NJW 1983, 109.
2 Vgl. Palandt/*Grüneberg*, BGB, § 242 Rz. 2.
3 *BGH* v. 24.1.2011, GRUR 2011, 409, 410, Rz. 11 – Deformationsfelder.
4 *BGH* v. 24.1.2011, GRUR 2011, 409, Rz. 9 – Deformationsfelder.
5 *BGH* v. 10.7.2012 – X ZR 98/11 – Schüttgut (juris).
6 Vgl. *BPatG* v. 19.8.2009 – 4 Ni 53/07, Rz. 19 f. (juris); s. auch *BPatG* v. 19.9.2006 – 3 Ni 16/04 (EU), Rz. 25 f. (juris) u. *BPatG* v. 29.11.2005 – 4 Ni 53/04 (EU), Rz. 62, 66 (juris), wonach eine Nichtangriffspflicht bei einem ausschließlichen Lizenzvertrag in der Form der alleinigen Lizenz sowie „Resten" einer, über das bloße Lizenzverhältnis hinausgehenden gemeinsamen Zusammenarbeit, insbesondere einer Verpflichtung zur gemeinsamen Verteidigung der Schutzrechte, zu bejahen ist.

die dem Verkäufer schlechthin einen Angriff gegen das Schutzrecht versagen[1]. Gleiches gilt in dem Fall, dass die Parteien im Zusammenhang mit der Verwertung eines Schutzrechts eine besonders enge Zusammenarbeit vereinbaren, ohne dass hiermit ein Gesellschaftsverhältnis eingegangen würde[2]. Auch für noch laufende Vertragsverhandlungen kann sich eine solche Verpflichtung ergeben[3].

2048 Als treuwidrig wurde auch der **Angriff eines Arbeitnehmererfinders** gewertet, dessen Erfindung der Arbeitgeber in Anspruch genommen und hierauf ein Patent erwirkt hatte, jedenfalls solange dem Arbeitnehmererfinder ein durchsetzbarer Vergütungsanspruch zur Seite steht oder bereits voll abgefunden ist[4].

2049 Bereits in der „Vanal-Patent"-Entscheidung vom 14.7.1965 hatte der *BGH*[5] erklärt, dass eine Nichtangriffspflicht grundsätzlich über die **Dauer der vertraglichen Bindung** der am Schutzrechtsstreit beteiligten Parteien hinaus nicht besteht und damit eine „Nachwirkung" abgelehnt[6]. Im Urteil vom 4.10.1988 wird nur dann, „wenn das durch den Vertrag begründete besondere Treueverhältnis über dessen Beendigung hinaus fortwirkt", ein **Weiterbestehen der Nichtangriffspflicht über die Vertragsdauer hinaus** für geboten gehalten[7]. Ein derartiges besonderes Verhältnis hatte der *BGH* in seiner „Entwässerungsanlage"-Entscheidung dem dort einschlägigen Arbeitnehmererfindungsgesetz entnommen, dessen Regelungssystem über die Dauer des Arbeitsverhältnisses hinausreicht (vgl. § 26 ArbEG)[8]; kartellrechtliche Schranken sind mangels einer Unternehmereigenschaft des Arbeitnehmers nicht zu beachten[9]. Unabhängig von einer wirksamen Beendigung eines Lizenzvertrages im Wege der Kündigung kann dem Lizenznehmer die Erhebung einer Nichtigkeitsklage dann nicht verwehrt sein, wenn der Lizenzgeber wegen des Vorwurfs der Verletzung des Streitpatents sowohl Klage gegen ihn erhoben als auch Strafanzeige erstattet hat[10].

---

1 *BGH* v. 4.10.1988, GRUR 1989, 39, 40 – Flächenentlüftung.
2 *BGH* v. 4.10.1988, GRUR 1989, 39, 40 – Flächenentlüftung; s. auch *Pagenberg/Beier*, Muster 1, Rz. 262.
3 Vgl. *BPatG* v. 4.3.2008 – 4 Ni 9/06, Rz. 17 (juris) u. *BPatG* v. 1.4.2008 – 4 Ni 8/06, Rz. 25 (juris); s. auch nachgehend *BGH* v. 24.6.2010 – Xa ZR 76/08, Rz. 13 ff. (juris). Vgl. auch *BPatG* v. 19.9.2006 – 3 Ni 16/04 (EU), Rz. 25 ff. (juris).
4 *BGH* v. 2.6.1987, GRUR 1987, 900, 902 – Entwässerungsanlage.
5 *BGH* v. 14.7.1965, GRUR 1965, 135, 137 – Vanal-Patent.
6 Vgl. auch *BPatG* v. 4.3.2008 – 4 Ni 9/06, Rz. 17 (juris) u. *BPatG* v. 1.4.2008 – 4 Ni 8/06, Rz. 25 (juris); s. auch nachgehend *BGH* v. 24.6.2010 – Xa ZR 76/08, Rz. 13 ff. (juris).
7 *BGH* v. 4.10.1988, GRUR 1989, 39, 40 – Flächenentlüftung; s. auch *BPatG* v. 19.9.2006 – 3 Ni 16/04 (EU), Rz. 29 (juris); zur Fortwirkung einer Nichtangriffsklausel über das Lizenzvertragsende hinaus vgl. auch Rz. 2070 ff.
8 *BGH* v. 2.6.1987, GRUR 1987, 900, 902 – Entwässerungsanlage.
9 *Bartenbach/Volz*, ArbEG, § 25 Rz. 43; *Bartenbach/Volz*, GRUR 1987, 859, 860; a.A. *Volmer/Gaul*, ArbEG, § 25 Rz. 158.
10 *BGH* v. 24.6.2010 – Xa ZR 76/08, Rz. 14 (juris).

c) Wirkung einer Nichtangriffsabrede

Die Wirkung einer stillschweigend oder ausdrücklich begründeten Nichtangriffsabrede besteht darin, dass sie zur **Abweisung einer Nichtigkeitsklage als unzulässig** führt, wenn sie dem Kläger entgegengehalten wird[1]. Zwar kann eine auf den Mangel der Patentfähigkeit gestützte Nichtigkeitsklage (§ 22 Abs. 1 i.V.m. § 21 Abs. 1 Nr. 1 PatG) grundsätzlich von jedermann erhoben werden, ohne dass es des Nachweises eines berechtigten eigenen Interesses an der Vernichtung des angegriffenen Patentes bedarf[2]. Allerdings kann eine Nichtigkeitsklage in Ausnahmefällen unter dem Gesichtspunkt von Treu und Glauben wegen arglistigen Verhaltens unzulässig sein, wenn etwa der Lizenznehmer aufgrund eines Lizenzvertrags mit dem Beklagten von seiner Klage Abstand nimmt, jedoch mit dem nachfolgenden Kläger zum Zweck der Umgehung der Nichtangriffsabrede in kollusiver Weise zusammenwirkt[3]. Da sich indes Nichtigkeitskläger und Patentinhaber im Nichtigkeitsstreit **formell als Prozessparteien** gegenüberstehen, folgt daraus, dass der Beklagte dem Kläger **Einwendungen aus den vertraglichen Beziehungen der Parteien** und aus der Person des Gegners entgegenhalten kann. Zu diesen, vom Gericht zu berücksichtigenden Umständen gehören – ihre kartellrechtliche Zulässigkeit stets vorausgesetzt – Abreden, durch die sich der Kläger verpflichtet hat, das Schutzrecht nicht anzugreifen[4]. 2050

Zweifelhaft ist, ob eine (wirksame) Nichtangriffsabrede dem **Einspruch** bzw. der **Einspruchsbeschwerde** gegen die Erteilung eines Patents nach PatG bzw. EPÜ entgegen gehalten werden kann[5]. In seiner „Deformations- 2051

1 Grundsätzlich hierzu *BGH* v. 20.5.1953, BGHZ 10, 22 ff. – Konservendosen; *BGH* v. 14.7.1964, GRUR 1965, 135, 137 – Vanal-Patent; *BGH* v. 20.11.1967, GRUR 1971, 243, 244 – Gewindeschneidvorrichtungen; *BGH* v. 2.6.1987, NJW-RR 1987, 1466; *BGH* v. 4.10.1988, GRUR 1989, 39, 40 – Flächenentlüftung; allesamt in Fortführung der Rechtsprechung des *RG*. S. auch *BPatG* v. 19.8.2009 – 4 Ni 53/07, Rz. 19 (juris) u. *LG Düsseldorf* v. 5.8.2008, Düsseldorfer Entscheidung Nr. 844 – Dosierungsbegrenzer (www.duesseldorfer-archiv.de); s. auch *Traumann*, WRP 2012, 676.

2 *BGH* v. 15.4.1955, GRUR 1955, 476, 477; *BGH* v. 14.7.1983, GRUR 1983, 725, 726 – Ziegelsteinformling; *BGH* v. 14.2.1995, GRUR 1995, 342, 343 – Tafelförmige Elemente; *BGH* v. 1.7.2003, Mitt. 2004, 213 – Gleitvorrichtung.

3 S. *BPatG* v. 8.11.2007 – 2 Ni 59/05 (EU), Rz. 114 (juris).

4 S. auch *BGH* v. 15.11.1957, GRUR 1958, 177, 178 – Aluminiumflachfolie; *BGH* v. 14.7.1965, GRUR 1965, 135, 137 – Vanal-Patent; *BGH* v. 15.5.1990, 657 – Einbettungsmasse u. *BGH* v. 13.1.1998, GRUR 1998, 904 – Bürstenstromabnehmer.

5 **Bejahend**: *BPatG* v. 7.11.1990, GRUR 1991, 748, 749 – Zeigerwerk; *BPatG* v. 26.3.1996, GRUR Int. 1997, 631 – Nichtangriffspflicht; *BPatG* v. 5.12.2005 – 8 W [pat] 319/03; Schulte/*Moufang*, PatG, § 59 Rz. 67 f.; *Kraßer*, PatR, § 26 B II 6; *Vollrath*, Mitt. 1982, 43; *von Maltzahn* in FS v. Gamm, 1990, S. 597, 602; *Windich* in FS v. Gamm, 1990, S. 477; **verneinend**: *BPatG* v. 27.5.2004, GRUR 2005, 182, 183 – Feuerwehr-Tableau-Einheit; *BPatG* v. 21.1.2005 – 15 W [pat] 313/02; *Pitz*, Mitt. 1994, 239, 241; Benkard/*Schäfers*, PatG, § 59 Rz. 5a, der hier doch den Einwand der unerlaubten Rechtsausübung und des Rechtsmissbrauchs zulassen will; *Koppe* in FS 25 Jahre BPatG, 1986, 229, 244; *Winterfeld* in FS 50 Jahre VPP, 2005, S. 211; **zweifelnd**: Busse/*Schwendy*/*Keukenschrijver*, PatG, § 59 Rz. 22.

felder"-Entscheidung vom 24.1.2011 hat der *BGH*[1] diese Frage nicht allgemein entschieden, sondern bestätigt, dass sich eine Nichtangriffspflicht aus dem Grundsatz von Treu und Glauben und damit aus Umständen ergeben kann, die die Führung des eingelegten Einspruchs jenseits konkreter vertraglich vereinbarter Rechte und Pflichten als unbillig erscheinen lassen kann. Nach Ansicht des *BGH* kann mithin auch die Erhebung des Einspruchs gegen eine Patenterteilung nach Treu und Glauben zu missbilligen sein und deshalb die Unzulässigkeit des Rechtsbehelfs nach sich ziehen (s. auch Rz. 2047).

2052 Während die Spruchpraxis des *BPatG* uneinheitlich ist[2], geht das *EPA*[3] davon aus, dass eine Nichtangriffsklausel einen ansonsten zulässigen Einspruch nach **Art. 99 EPÜ nicht unzulässig** macht. Begründet wird dies in erster Linie mit dem **Charakter des Einspruchsverfahrens**. Das Einspruchsverfahren diene dem Zweck, im Interesse des einzelnen Wettbewerbers und der Allgemeinheit die Prüfung des Patentes auf der Basis des Standes der Technik fortzusetzen, der vom Patentamt nicht gefunden wurde oder ihm nicht zugänglich war. Insoweit könne der Einsprechende weder über den Streitstoff noch über das Verfahren frei verfügen (Art. 114 Abs. 1 EPÜ, Regel 60 Abs. 1 und 2 EPÜ). Beispielsweise führt nach Regel 60 Abs. 2 EPÜ die Rücknahme des Einspruchs nicht zur Beendigung des Verfahrens, um zu verhindern, dass der Einsprechende vom Patentinhaber durch Einräumung von Privilegien zur Rücknahme bewegt wird, was zur Folge hätte, dass u.U. zum Nachteil Dritter ein bei Durchführung des Einspruchsverfahrens nicht rechtsbeständiges Patent aufrechterhalten wird. Eine verfahrensrechtliche Anerkennung eines Verzichts auf die Einspruchsbefugnis ist nach Auffassung des EPA mit dem aus Regel 60 Abs. 2 EPÜ erkennbaren Ziel, das Patent nur nach umfassender Prüfung des relevanten Standes der Technik unter Einbeziehung der Allgemeinheit bestehen zu lassen, nicht zu vereinbaren. In zweiter Linie werden vom *EPA* **kartellrechtliche Bedenken** geltend gemacht. Eine missbräuchliche Einspruchseinlegung kann allerdings auch nach dem *EPA* zur Unzulässigkeit des Einspruchs führen, so z.B. bei im Falle einer missbräuchlichen Gesetzesumgehung[4].

2053 Wird im Einzelfall eine Unwirksamkeit einer Nichtangriffsabrede festgestellt, so wirkt sich dies auf den übrigen Vertragsinhalt nur dann aus, wenn sich diese Teile nicht von der unwirksamen Klausel trennen lassen[5]. Im Rahmen des **§ 139 BGB** ist zu prüfen, ob es dem hypothetischen Willen der Parteien zum Zeitpunkt des Vertragsabschlusses entsprach, von der Wirk-

---

1 *BGH* v. 24.1.2011, GRUR 2011, 409, 410 – Deformationsfelder.

2 S. die Nachweise in Fn. 5 S. 597.

3 *EPA* GrBK, ABl. 1999, 245 (Nr. 3.3.2), Einspruchsabteilung *EPA*, ABl. 1992, 747; s. auch *EPA* v. 3.5.2007, T 0003/06.

4 *EPA* GrBK v. 21.1.1999, ABl. EPA 1999, 245.

5 *EuGH* v. 30.6.1966, GRUR Int. 1966, 586, 588 – Société Technique Minière/Maschinenbau Ulm.

samkeit einer Nichtangriffsabrede den Bestand des gesamten Vertrages abhängig zu machen. Regelmäßig wird es dem Interesse der Parteien entsprechen, einen Lizenzvertrag in seinem Bestand möglichst zu erhalten[1]. Zu salvatorischen Klauseln s. Rz. 948 ff., 1072 f.

d) Reichweite einer Nichtangriffsabrede

2054 Neben der Einleitung rechtlicher Schritte könnten auch andere Maßnahmen einen Verstoß gegen eine Nichtangriffsabrede darstellen. In diesem Zusammenhang gilt es, die Reichweite einer Nichtangriffsabrede im Wege der Auslegung zu ermitteln. Der *BGH* hat bereits in einer Entscheidung vom 28.5.1957[2] darauf hingewiesen, dass eine Nichtangriffsabrede außer der förmlichen Erhebung einer **Nichtigkeitsklage** auch **sonstige Angriffe gegen die Schutzrechte** umfassen könne und die Aufstellung der Behauptung, die Lehre des Patents sei nicht ausführbar, eine Nichtangriffsabrede verletzen könne. In seiner Entscheidung vom 24.4.2007[3] hat der *BGH* dies allerdings relativiert, indem er festgestellt hat, die **Behauptung der Unbrauchbarkeit oder Nichtausführbarkeit einer Erfindung** stelle **nicht generell** einen Angriff dar, der unter eine Nichtangriffsabrede fällt. Eine solche im Patenterteilungsverfahren im Zusammenhang mit der Schilderung des Stands der Technik aufgestellte Behauptung, die der Abgrenzung von diesem diene, sei kein Angriff gegen die lizenzierte Patentanmeldung, auch wenn sie im Erteilungsverfahren oder in einem Einspruchs- oder Nichtigkeitsverfahren entgegengehalten werden könne. Letzteres sieht der *BGH* nämlich nur als eine Folge der zulässigen und erforderlichen Auseinandersetzung mit dem Stand der Technik, die für sich genommen keinen Angriff auf die lizenzierte Patentanmeldung darstellt[4]. Zudem könnte der Lizenznehmer den Lizenzgeber auf relevantes Material hinweisen und ihn bitten, zur Klärung der Rechtsbeständigkeit diese Unterlagen im anhängigen Anmeldeverfahren selbst einzureichen. Insoweit wird ein Interesse des Lizenznehmers an der Klärung der Rechtsbeständigkeit immer zu bejahen sein.

2055 Diese Einschränkung für den Fall der rechtlich gerechtfertigten Behauptung dürfte jedoch ihrerseits gewissen Einschränkungen unterliegen. Zwar lässt der *BGH* in der vorgenannten Entscheidung die Frage, ob die Zulässigkeit der kritischen Auseinandersetzung mit dem Stand der Technik dort eine Grenze finden kann, wo der kritischen Auseinandersetzung mit dem Stand der Technik eine innere Rechtfertigung fehlt, weil sie weder für das

1 Vgl. *BGH* v. 18.3.1955, BGHZ 17, 41, 59 ff. – Kokillenguss; *BGH* v. 21.2.1989, GRUR 1991, 558, 561 – Kaschierte Hartschaumplatten.

2 *BGH* v. 28.5.1957, GRUR 1957, 597 – Konservendosen II.

3 *BGH* v. 24.4.2007, GRUR 2007, 963, 964 – Polymer-Lithium-Batterien.

4 *BGH* v. 24.4.2007, GRUR 2007, 963, 964 – Polymer-Lithium-Batterien, s. dort auch zu einer möglichen Offenbarungspflicht bzgl. einer solchen Auseinandersetzung.

Verständnis der Erfindung und deren Schutzfähigkeit noch zur Abgrenzung gegenüber dem Stand der Technik erforderlich ist, offen[1]. Allerdings dürfte anzunehmen sein, dass nur die kritische Auseinandersetzung mit einem Schutzrecht im Rahmen der erforderlichen Abgrenzung zum Stand der Technik den durch die Behauptung der Unbrauchbarkeit des Schutzrechts formell gegebenen Verstoß gegen eine Nichtangriffsabrede kompensieren soll. Daraus folgt, dass bei sachlicher Formulierung solcher Kritik i.d.R. kein Verstoß gegen eine Nichtangriffsabrede vorliegen wird.

2056 Frei.

e) Sachlicher und persönlicher Geltungsbereich einer Nichtangriffsabrede

2057 Zum **sachlichen Anwendungsbereich** sowohl einer stillschweigend als auch ausdrücklich begründeten Nichtangriffsklausel gilt, dass sie sich grundsätzlich nur auf die **bei Vertragsschluss vorhandenen Schutzrechte** erstreckt, und zwar für die Dauer des Vertrages. Dies ist i.d.R. auch dann anzunehmen, wenn schon beim Eingehen der Verpflichtung feststeht, dass der Lizenzvertrag vor Ablauf des Schutzrechtes enden wird. Da eine Nichtangriffsabrede restriktiv auszulegen ist, können während der Dauer der Vertragsbeziehungen Änderungen des Schutzrechtsbestandes von dieser Klausel grundsätzlich nicht erfasst werden, es sei denn, es ist eine Abrede auch für diesen Zweck getroffen worden.

2058 Bedenken bestehen gegen Abreden, durch die **generell**, also ohne nähere Angaben und ohne Rücksicht auf ihren Gegenstand, alle **gegenwärtigen und zukünftigen Schutzrechte und Schutzrechtsanmeldungen des Lizenzgebers** vor einem Angriff durch den Lizenznehmer bewahrt werden sollen. Eine solche Abrede kann dazu führen, dass der Lizenzgeber auf Gebieten gesichert wird, die mit dem Vertragsverhältnis der Parteien nichts zu tun haben. Die Literatur[2] ist in Übereinstimmung mit dem *BKartA*[3] hier geneigt, stets einen kartellrechtswidrigen Tatbestand zu bejahen.

2059 Eine im Rahmen eines Lizenzvertrages getroffene Nichtangriffsklausel muss mit **Bestimmtheit** erkennen lassen, **welche Schutzrechte gesichert werden sollen**. Werden Schutzrechte, die sich für **verschiedene Anwendungsgebiete** eignen, nach dem Inhalt des Lizenzvertrages **nur für eins dieser Anwendungsgebiete** zur Verfügung gestellt (s. hierzu Rz. 1213 ff.), ist der Lizenznehmer dennoch gehalten, das Schutzrecht in seinem gesamten Umfang zu schützen.

---

1 *BGH* v. 24.4.2007, GRUR 2007, 963, 964 – Polymer-Lithium-Batterien.

2 *Axster* in GK-KartR, GWB, § 20 a.F. Rz. 232; *Bandasch/Lemhöfer/Horn*, Die Verwaltungspraxis des Bundeskartellamtes, S. 27 f.; a.A. *Nirk* in Klauer/Möhring, PatG, Anhang zu § 9 a.F. Rz. 37.

3 TB BKartA 1961, 58, 59; TB BKartA 1964, 53; TB BKartA 1967, 88; TB BKartA 1969, 98; TB BKartA 1972, 96; TB BKartA 1974, 92; TB BKartA 1975, 94; TB BKartA 1981/82, 93.

Da sich eine Nichtangriffsabrede grundsätzlich immer nur auf den eigentlichen, von den Vertragspartnern näher gekennzeichneten Vertragsgegenstand beziehen kann, bezweifelt der *BGH* in seiner Entscheidung vom 30.11.1967[1] zu Recht, ob einem Lizenznehmer selbst bei engster Bindung der Vertragsparteien die Befugnis abgesprochen werden kann, die Vernichtung **ausländischer Parallelpatente**, an denen ihm keine Lizenzrechte eingeräumt waren, zu betreiben. Gerade weil der Lizenznehmer keinerlei Rechte an diesem Parallelpatent erworben hat, aus welchen Gründen dies auch immer erfolgt ist, kann er auch nicht mit besonderen hierauf bezogenen Verpflichtungen belastet werden. 2060

Nicht unproblematisch ist jedoch der in diesem Zusammenhang gegebene Hinweis des *BGH*, dass der Lizenznehmer nicht gegen Treu und Glauben verstößt, wenn er sich im Nichtigkeitsstreit unter anderem **auf patenthinderndes Material stützt, das ihm vom Lizenzgeber in der Zeit der Zusammenarbeit vertrauensvoll überlassen worden ist.** 2061

Unzweifelhaft ist, dass jedenfalls der Lizenznehmer selbst die übernommene Pflicht einhalten muss. Gefahren können aber bestehen, wenn Lizenznehmer ein **Konzernunternehmen** ist. Eine mit einem Lizenznehmer vereinbarte Nichtangriffsklausel bindet nicht dessen eventuelle **Unterlizenznehmer** oder konzernverbundene Gesellschaften, da ansonsten die **rechtliche Selbständigkeit** dieser Unternehmen nicht in ausreichendem Maße berücksichtigt würde, die sich allenfalls im Rahmen eines **Vertrages zugunsten Dritter**, hier des Lizenzgebers, dieser Verpflichtung unterwerfen können, ihr jedoch nicht automatisch unterliegen. 2062

Es kann daher zweckmäßig sein, solche Fallgestaltungen bzw. Entwicklungen bereits bei Abschluss des Lizenzvertrages zu berücksichtigen. Dabei ist allerdings die Formulierung, dass der **Lizenznehmer** dafür **hafte**, dass auch die anderen Unternehmen des mit ihm verbundenen Konzerns das Schutzrecht nicht angreifen, keine allzu große Hilfe. Eine solche Haftungspflicht des Lizenznehmers schließt nicht aus, dass dennoch das Schutzrecht von den konzernverbundenen Unternehmen angegriffen wird. Die Haftungspflicht des Lizenznehmers berechtigt den Lizenzgeber allenfalls zu Schadensersatzforderungen, ist im Nichtigkeitsverfahren aber nicht zu berücksichtigen. Auch Betriebsübertragungen, Fusionen u.Ä. sollten bereits von Anfang an bei der Feststellung des persönlichen Anwendungsbereiches der Nichtangriffsabrede berücksichtigt werden. 2063

Wichtig ist auch, dass der Lizenznehmer verpflichtet wird, nicht durch die **Einschaltung Dritter** gegen das Patent vorzugehen. Hier wird üblicherweise die Klausel vereinbart, dass der Lizenznehmer sich verpflichtet, keine Nichtigkeitsklagen o.Ä., sei es selbst, sei es durch Dritte, zu erheben oder 2064

1 *BGH* v. 30.11.1967, GRUR Int. 1969, 31, 33 f. – Gewindeschneidapparat.

anderen bei einer Nichtigkeitsklage Beistand zu leisten. Zur Strohmannsituation s. Rz. 2047.

2065–2069 Frei.

f) Dauer einer Nichtangriffsabrede

2070 Regelmäßig wird im Rahmen von Lizenzverträgen eine Nichtangriffsabrede auf die **Zeitdauer des Lizenzvertrages** beschränkt. Auch unter dem Aspekt der §§ 1 ff. GWB i.V.m. der TT-GVO 2004 muss bezweifelt werden, ob es den Vertragsparteien erlaubt ist, über die Zeitdauer des Lizenzvertrages hinaus Nichtangriffsabreden abzuschließen (s. aber auch Rz. 960 ff., 2042, 2100).

2071 Mit dieser Wertung in Einklang steht die höchstrichterliche Rechtsprechung, wonach mit der Beendigung des Lizenzvertrages im Regelfall auch die Nichtangriffsverpflichtung, die Teil des Vertrages ist, endet[1].

2072 Klarzustellen ist indes, dass eine Nichtangriffsabrede, die auch der Absicherung des Risikogeschäfts einer Lizenzierung dient, verhindern soll, dass das Vertragsschutzrecht nach Vertragsablauf für die **zurückliegende Vertragslaufzeit** in Frage gestellt wird. Die Klausel würde weitgehend entwertet, wenn sie lediglich eine formelle Friedenspflicht für die Laufzeit des Vertrages darstellen und sich nicht auch auf den materiellen Bestand des Schutzrechtes während der Vertragsdauer bei späterem Streit um die Vertragserfüllung beziehen würde.

2073 Ist ein **Schutzrecht durch Ablauf der Schutzdauer erloschen**, vermag eine Nichtangriffsabrede nicht mehr den freien Wettbewerb zu behindern. Sie hat jetzt lediglich noch wegen ihrer vertragssichernden Komponente Auswirkungen zwischen den früheren Vertragsparteien. Ein solcher (rückwirkender) Vertragsschutz unter den Lizenzpartnern ist gegenüber dem (inzwischen hinfällig gewordenen) Bestandsschutz aus kartellrechtlicher Sicht unbedenklich[2].

2074 Dem Rechtsschutzinteresse für eine Nichtigkeitsklage gegen ein **bereits erloschenes Patent** ist immer dann genügt, wenn der Kläger (der frühere Lizenznehmer) dartut, dass sich der Ausgang des Nichtigkeitsverfahrens auf seine Rechte auswirken kann und die Durchführung des Nichtigkeitsverfahrens der Wahrung seiner Rechte dient. Steht dagegen fest, dass auch eine erfolgreiche Nichtigkeitsklage dem Lizenznehmer keine Ansprüche für das frühere Lizenzvertragsverhältnis gewähren kann, etwa weil dem Lizenznehmer ein Rückforderungsanspruch für bereits gezahlte

---

1 *BGH* v. 14.7.1965, GRUR 1965, 135, 137 – Vanal-Patent; *BGH* v. 30.11.1967, GRUR 1971, 243, 245 – Gewindeschneidvorrichtungen; ebenso nach Verkauf des Schutzrechts, s. *BPatG* v. 29.6.2000 – 2 Ni 13/99 (EU), BPatGE 43, 125, 127 – Gatterfeldlogik.

2 *BPatG* v. 13.8.1980, BlPMZ 1982, 209, 210.

Lizenzgebühren trotz rückwirkender Vernichtung des lizenzierten Schutzrechtes nicht zusteht[1], muss dem früheren Lizenznehmer auch die Möglichkeit versagt bleiben, für die Vergangenheit eine Nichtigkeitsklage zu erheben[2].

Zur zeitlichen Dauer einer Nichtangriffsabrede in einer **markenrechtlichen Abgrenzungsvereinbarung** s. Rz. 235. 2075

Frei. 2076–2079

g) Kartellrechtliche Bewertung

aa) Bewertung nach EU-Kartellrecht

Unter EU-kartellrechtlichen Maßstäben werden Nichtangriffsklauseln nur begrenzt als wirksam erachtet. Da ein erfolgreicher Angriff auf das lizenzierte Schutzrecht den zwischenstaatlichen Handel fördern, die Nichtangriffsklausel ihn also beeinträchtigen kann, hat die *EU-Kommission* Nichtangriffsabreden in ständiger Spruchpraxis als wettbewerbsverletzend nach Art. 85 Abs. 1 EGV a.F.[3] (jetzt Art. 101 Abs. 1 AEUV) angesehen. Nichtangriffsklauseln in Lizenzverträgen über technische Schutzrechte bezweckten eine Beschränkung des Wettbewerbs, die über den spezifischen Gegenstand des Schutzrechts hinausgeht[4]. 2080

So ist beispielsweise in der Entscheidung der *Kommission* vom 9.6.1972[5] ausgeführt, dass die Verpflichtung des Lizenznehmers, die Gültigkeit des lizenzierten Patents nicht anzugreifen, eine Wettbewerbsbeschränkung enthält, weil sie dem Lizenznehmer die Möglichkeit verwehrt, seine Wettbewerbsposition durch Minderung der Vertragspflichten zu stärken. Im Rahmen der Entscheidung wird angesprochen, dass darüber hinaus auch die 2081

1 Benkard/*Rogge*, PatG, § 22 Rz. 35.

2 Dem Arbeitnehmererfinder ist demgegenüber nach Beendigung des Arbeitsverhältnisses die Erhebung einer Nichtigkeitsklage solange verwehrt, wie dieser einen durchsetzbaren Vergütungsanspruch hat oder er schon voll abgefunden wurde; vgl. *BGH* v. 2.6.1987, GRUR 1987, 900, 902 – Entwässerungsanlage; *Bartenbach/Volz*, GRUR 1987, 859, 861.

3 Vgl. die umfangreichen Nachweise bei *Schaub*, RIW 1987, 95 ff., Fn. 10; *Groß*, Rz. 583 a.E., Fn. 12. Diese Entscheidungsraxis liegt auf der Ebene der „Lear v. Adkins"-Entscheidung des US Supreme Court (s. dazu *Finnegang/Zotter*, GRUR Int. 1979, 321, 325 f.) worauf *Hauck*, WRP 2012, 673, 674 hinweist; s. auch DAJV 2012, 129.

4 Vgl. *Sack*, WRP 1999, 592, 614; *Sack* in FS Fikentscher, 1998, S. 740, 744 f.; Benkard/*Rogge*, PatG, § 22 Rz. 41; *Keukenschrijver*, Patentnichtigkeitsverfahren, Rz. 121.

5 *EU-Kommission* v. 9.6.1972, GRUR Int. 1972, 374, 376 – Raymond/Nagoya; vgl. auch die Entscheidungen v. *EU-Kommission* 9.6.1972, GRUR Int. 1972, 371, 374 – Davidson/Rubber Co.; *EU-Kommission* v. 22.8.1975, GRUR Int. 1975, 449 – Kabelmetall/Luchaire; *EU-Kommission* v. 2.12.1975, GRUR Int. 1976, 182, 183 – AOIP/Beyrard; *EU-Kommission* v. 10.1.1979, GRUR Int. 1979, 212 – Vaessen/Moris; *Kommission* v. 13.12.1985, GRUR Int. 1986, 253, 258 – Pitica/Kyria.

Stellung von Drittunternehmen, die an der Herstellung des lizenzierten Erzeugnisses interessiert wären, ebenso wie die Lage der Verbraucher verbessert würden, wenn eine Nichtangriffsklausel in Wegfall geriete.

2082 Die *EU-Kommission* bewertet die Interessen der Allgemeinheit an einem grundsätzlich freien Wettbewerb höher[1] als den Schutz des Patentinhabers. Die Beseitigung einer dem Lizenzgeber möglicherweise zu Unrecht zustehenden Monopolstellung – mit der Wirkung einer dann freiwerdenden Benutzung des fraglichen Wissens – hat nach Ansicht der Kommission hinter der besonderen Beziehung der Partner zurückzustehen[2].

2083 Auch der *EuGH*[3] geht von einer grundsätzlichen Kartellrechtswidrigkeit einer Nichtangriffsabrede in Patentlizenzverträgen aus.

Trotz des grundsätzlichen Verbots ist der *EuGH* bislang aber zu einer Einzelfallbewertung bereit. So sei eine im Regelfall anzunehmende **Wettbewerbsbeschränkung** ausnahmsweise dann **zu verneinen**, wenn mit dem Vertrag, der die Nichtangriffsabrede enthält, eine **kostenlose Lizenz** (**Freilizenz**, s. dazu Rz. 140) **erteilt wird** und der Lizenznehmer daher nicht die mit der Gebührenzahlung zusammenhängenden Wettbewerbsnachteile zu tragen habe[4]. Darüber hinaus verneint der *EuGH* bei einer kostenpflichtigen Lizenz die Wettbewerbsbeschränkung dann, wenn sich die Lizenz auf ein **technisch überholtes Verfahren** bezieht, von dem das betroffene Unternehmen keinen Gebrauch macht[5].

2084 Zu Recht übt *Axster*[6] Kritik an dieser Auffassung des *EuGH*. Nach seiner Auffassung ist das Merkmal der kostenlosen Lizenz, welches entscheidend für die Zulässigkeit einer Nichtangriffsabrede sein soll, geradezu ein Indiz für ein (kollusives) Zusammenwirken der Vertragsparteien. Immerhin ist zu beachten, dass in der betrieblichen Praxis die kostenfreie Lizenz eine nicht unerhebliche Rolle gerade in den Fällen spielt, in denen der Schutzrechtsinhaber berechtigten Angriffen auf das Patent ausgesetzt ist. Um eine mögliche Vernichtung seines Patentes in einem Einspruchs- oder Nichtigkeitsverfahren zu vermeiden, räumt er diesem Angreifer gerade die kostenfreie Lizenz ein, sichert sich damit also den Bestand eines evtl. vernichtbaren Patentes. Während also der *EuGH* noch in seiner „Windsurfing"-Entschei-

---

1 *EU-Kommission* v. 11.7.1983, GRUR Int. 1984, 171, 178 – Windsurfing International.

2 *EU-Kommission* v. 11.7.1983, GRUR Int. 1984, 171, 178 – Windsurfing International.

3 *EuGH* v. 27.9.1988, GRUR Int. 1989, 56, 57; zur Zulässigkeit einer Nichtangriffsklausel im Bereich des Warenzeichenlizenzrechts vgl. *EuGH* v. 23.3.1990, GRUR Int. 1990, 626, 628 – Moosehead/Whitbread; vgl. auch *Schroeder*, EWiR 1988, 1203, 1204.

4 S. auch *BGH* v. 24.4.2007, GRUR 2007, 963 – Polymer-Lithium-Batterien; s. dazu auch *Hauck*, WRP 2012, 673, 675.

5 S. dazu auch *Hauck*, WRP 2012, 673, 674 f.

6 *Axster*, GRUR 1989, 335.

dung[1] ausgeführt hat, dass es im öffentlichen Interesse liegt, „alle Hindernisse für die Wirtschaftstätigkeit auszuräumen, die sich aus einem zu Unrecht erteilten Patent ergeben könnten", gestattet er hier sehenden Auges bei einer kostenfreien Lizenz diese Aufrechterhaltung von möglichen Scheinpatenten.

Der **BGH** hat sich durch Urteil vom 21.2.1989[2] den Argumenten des *EuGH* in vollem Umfang angeschlossen[3]. 2085

Soweit aus der Wertung des *EuGH* gefolgert wird, diese Rechtsgedanken auch für die („kostenfreie") **wechselseitige Lizenz** gelten zu lassen[4], ist klarzustellen, dass ein Lizenzaustausch letztlich nicht die Kostenlosigkeit der Lizenz bedingt. Hier liegt die wirtschaftliche Gegenleistung in der wechselseitigen Einräumung von Nutzungsrechten, so dass tatsächlich von einer „kostenpflichtigen" Lizenz auszugehen ist. Nach Auffassung von *Schaub* besteht aber auch bei einer solchen wechselseitigen kostenpflichtigen (gleichermaßen belastenden) Lizenz für die Vertragsparteien schon aufgrund des Hauptinhaltes ihrer Vereinbarungen kein Anlass mehr, das jeweils andere Schutzrecht anzugreifen. Vielmehr habe diese Vereinbarung sogar die Wirkung, den Wettbewerb zu fördern. Denn die wechselseitige Lizenzierung führe – wie die Freilizenz – in der Regel dazu, dass die Parteien auf dem Markt der mit dem lizenzierten Wissen hergestellten Produkte **nebeneinander als Wettbewerber auftreten**. Hierbei übersieht *Schaub* aber, dass diese Wettbewerbssituation auch bei dem nicht wechselseitigen Lizenzvertrag gegeben ist, sofern der Lizenzgeber den Lizenzgegenstand auch nutzt. 2086

Grundsätzlich sind damit Nichtangriffsabreden nach Art. 101 Abs. 1 AEUV (ex-Art. 81 Abs. 1 EG) als unzulässig zu bewerten. Dieser Wertung entspricht auch **Art. 5 Abs. 1 lit. c TT-GVO 2004**. Hiernach ist eine Nichtangriffsverpflichtung des Lizenznehmers eine nicht freistellungsfähige Klausel. Es wird davon ausgegangen, dass ungültige Schutzrechtspositionen dem Inhaber eine Sperrposition am Markt einräumen[5]. Im Interesse eines unverzerrten Wettbewerbs und in Übereinstimmung mit den Grundsätzen, die dem Schutz des geistigen Eigentums zugrunde liegen, sollten ungültige Schutzrechte aufgehoben werden[6]. 2087

Art. 5 Abs. 1 lit. c 2. Halbs. TT-GVO 2004 sieht ausdrücklich die Möglichkeit des Lizenzgebers als zulässig an, eine Beendigung der Technologietransfer-Vereinbarung für den Fall vorzusehen, dass der Lizenznehmer die Gültigkeit eines oder mehrerer der lizenzierten Schutzrechte angreift. 2088

---

1 *EuGH* v. 25.2.1986, Slg. 1986, 611 – Windsurfing International.
2 *BGH* v. 21.2.1989, GRUR 1991, 558 ff. – Kaschierte Hartschaumplatten.
3 S. auch *BGH* v. 24.4.2007, GRUR 2007, 963 – Polymer-Lithium-Batterien.
4 Vgl. dazu *Schaub*, RIW 1989, 216, 217.
5 *Schumacher/Schmid*, GRUR 2006, 1, 9. S. dazu auch *Hauck*, WRP 2012, 673, 674.
6 TT-Leitlinien zu Art. 81 EG Rz. 112 Satz 3; s. dazu auch *Hauck*, WRP 2012, 673, 674.

Der Lizenzgeber kann sich – durch ausdrückliche Regelung im Lizenzvertrag – für den Fall des Angriffs gegen die Rechtsbeständigkeit eines lizenzierten Schutzrechts **das Recht der Kündigung des Vertrages aus wichtigem Grund** vorbehalten.

Zutreffend verweist das *OLG Karlsruhe*[1] darauf, dass ein solcher Kündigungsvorbehalt den Lizenznehmer ebenfalls davon abhalten kann, einen Angriff auf ein Vertragsschutzrecht zu unternehmen[2]. Die sachliche Rechtfertigung des Kündigungsvorbehalts sieht die Kommission zutreffend darin, dass es dem Lizenzgeber im Allgemeinen nicht zuzumuten ist, an einem Lizenzvertrag festgehalten zu werden, wenn der Lizenznehmer dessen Grundlage in Frage stellt[3]. Andererseits ist es dem Lizenznehmer freigestellt, dennoch gegen das Schutzrecht vorzugehen[4].

2089 Dieses **Kündigungsrecht** folgt nicht ohne Weiteres aus dem bloßen Angriff des Lizenznehmers auf ein lizenziertes Schutzrecht. Es muss vielmehr ausdrücklich vorbehalten werden. Das *OLG Karlsruhe*[5] betont, dass – jedenfalls auf der Grundlage des deutschen Rechts – sich dies daraus ergibt, dass ohne eine ausdrückliche Regelung eine entsprechende Befugnis nicht bestünde oder zumindest nicht zweifelsfrei wäre. In Rechtsprechung[6] und Literatur[7] wird hierzu die Auffassung vertreten, bei Fehlen einer ausdrücklichen vertraglichen Vereinbarung sei der Lizenznehmer grundsätzlich nicht gehalten, einen Angriff auf den Rechtsbestand des Vertragsschutzrechtes zu unterlassen. Insoweit bestätigt das *OLG Karlsruhe*, dass es einer ausdrücklichen Vereinbarung des Kündigungsrechts im Vertrag bedarf.

2090 **Art. 101 AEUV** findet ferner keine Anwendung auf lizenzierte **Technologien, die nicht wertvoll** sind. Ist die lizenzierte Technologie etwa veraltet, liegt keine Beschränkung des Wettbewerbs vor[8].

Zur Wirksamkeit der Nichtangriffspflicht in markenrechtlichen Abgrenzungsvereinbarungen s. Rz. 235.

---

1 *OLG Karlsruhe* v. 23.1.2012, Mitt. 2012, 127, 128 – Kartellrechtlicher Zwangslizenzeinwand.

2 S. hierzu im Einzelnen *Hauck*, WRP 2012, 673, 675; s. auch *Lejeune*, CR 2004, 467, 473; *Ulmer-Eilfort/Boulware*, IIC 2007, 759, 768.

3 *OLG Karlsruhe* v. 23.1.2012, Mitt. 2012, 127, 128 – Kartellrechtlicher Zwangslizenzeinwand; *Bechtold/Bosch/Brinker/Hirsbrunner*, EG-Kartellrecht, VO 772/2004, Art. 5 Rz. 7; *Fuchs* in Imenga/Mestmäcker, Wettbewerbsrecht, TT-VO Art. 5 Rz. 328.

4 Vgl. Stellungnahme zum Evaluierungsbericht der Kommission, GRUR 2002 782, 783.

5 *OLG Karlsruhe* v. 25.1.2012, Mitt. 2012, 127, 128 – Kartellrechtlicher Zwangslizenzeinwand.

6 *BGH* v. 30.11.1967, GRUR Int. 1969, 31, 33 – Gewindeschneideapparat.

7 S. hier Rz. 44; ebenso *Groß*, Lizenzvertrag, Rz. C 214.

8 TT-Leitlinien zu Art. 81 EG Rz. 112 Satz 5 FN 48.

Eine Ausnahme vom grundsätzlichen Verbot von Nichtangriffsabreden gilt auch für **Nichtangriffsabreden hinsichtlich Know-how**, da das einmal preisgegebene Know-how faktisch nicht rückholbar ist (vgl. Rz. 2845 ff.)[1]. Nichtangriffsabreden für Know-how werden **grundsätzlich** durch die TT-GVO 2004 **freigestellt**[2]. 2091

Der *EuGH*[3] betont, dass Art. 85 Abs. 1 EGV a.F. (jetzt Art. 101 Abs. 1 AEUV [ex-Art. 81 Abs. 1 EG]) bei der Untersagung bestimmter Vereinbarungen zwischen Unternehmen nicht zwischen Vereinbarungen differenziere, die zur Beendigung eines Rechtsstreits geschlossen werden, und Vereinbarungen, mit denen andere Zwecke verfolgt werden. 2092

Dem widerspricht die Kommission in Rz. 209 Satz 1 der TT-Leitlinien zu Art. 81 EG (heute Art. 101 AEUV). **Zulässig** sind hiernach Nichtangriffsabreden in **Anspruchsregelungs-** und **Anspruchsverzichtsvereinbarungen**, da vorrangiger Sinn und Zweck dieser Vereinbarung die Lösung oder Vermeidung bestehender Konflikte sei. Insofern kommt eine Einzelfreistellung u.E. in Betracht, wenn nachgewiesen werden kann, dass die Nichtangriffsabrede vorrangig der Konfliktlösung dient[4]. Dies dürfte indes außerhalb von Anspruchsregelungs- und Anspruchsverzichtsvereinbarungen schwerfallen.

Frei. 2093–2099

bb) Bewertung nach deutschem Kartellrecht[5]

Mit Angleichung des deutschen GWB an das europäische Kartellrecht ist hinsichtlich der Zulässigkeit von Nichtangriffsabreden eine deutliche Veränderung verbunden. Nahm § 17 Abs. 2 Nr. 3 GWB a.F. noch solche Nichtangriffsabreden ausdrücklich von dem Verbot des § 17 Abs. 1 GWB a.F. aus, die sich auf Schutzrechte, die Gegenstand des Lizenzvertrags waren, bezogen, so sind diese nach § 1 GWB grundsätzlich als unzulässig zu bewerten. Dies folgt aus Art. 5 Abs. 1 lit. c TT-GVO 2004, der über § 2 Abs. 2 GWB auch im deutschen Recht entsprechende Anwendung findet. 2100

Allerdings war eine Nichtangriffsabrede, die in Kenntnis der Vernichtbarkeit des Schutzrechts geschlossen wurde, bereits nach bisherigem Recht grundsätzlich unzulässig[6]. 2101

Ebenfalls war eine Nichtangriffsabrede nach GWB a.F. unzulässig, wenn **erkennbar neuheitsschädliches Material** eines Vertragspartners – meist eines Wettbewerbers – von den Beteiligten dadurch *„unschädlich"* gemacht wurde, dass dem „Mitwisser" nach einem solchen Hinweis auf neuheitsschäd-

1 S. dazu auch *Hauck*, WRP 2012, 673, 675.
2 TT-Leitlinien zu Art. 81 EG Rz. 112 Satz 7.
3 *EuGH* v. 27.9.1988, GRUR Int. 1989, 56, 57 – Nichtangriffsklausel.
4 Ebenso *Hauck*, WRP 2012, 673, 675.
5 Zum GWB a.F. s. *von Maltzahn* in FS v. Gamm, S. 597 ff.; *Pitz*, Mitt. 1994, 239 ff.
6 S. 5. Aufl., Rz. 2092.

liches Material eine kostenlose Lizenz mit dem Ziel eingeräumt wurde, dem Schutzrechtsinhaber und dem Partner die wirtschaftlichen Vorteile der aus dem Schutzrecht begründeten Monopolstellung zum Nachteil der Wettbewerber zu erhalten, indem der Partner des Schutzrechtsinhabers auf Angriffsrechte verzichtete. Das GWB a.F. erlaubte nur solche Einschränkungen des freien Wettbewerbs, die durch ein legitim erlangtes und erhaltenes Schutzrecht vermittelt werden. Insofern ergeben sich für diese Fallgestaltungen durch die Neuregelung keine Änderungen.

2102 Haben dagegen die Vertragspartner lediglich **Zweifel an der Rechtsbeständigkeit des Schutzrechtes** und wird insoweit dem Lizenznehmer eine Freilizenz als Ausgleich für seine Nichtangriffsverpflichtung gewährt, ist dieses Verhalten kartellrechtlich in Anlehnung an die Spruchpraxis des *EuGH* kaum zu beanstanden (s. Rz. 2083). Auch insofern erfolgte keine Änderung durch die siebte GWB-Novelle.

2103 Von § 1 GWB werden auch solche Abreden erfasst, die den Lizenznehmer hindern, **andere, nicht lizenzierte Schutzrechte** anzugreifen, auch, wenn es sich um Schutzrechte auf verwandten Gebieten handelt. In solchen Abreden läge eine unzulässige Ausdehnung des Schutzrechtsmonopols, die durch den Inhalt des Schutzrechtes nicht gedeckt ist[1].

2104 Zulässig sind demnach Nichtangriffsabreden nur dann, wenn es entweder an der **Spürbarkeit** der wettbewerbsbeschränkenden Wirkung fehlt oder eine nur mittelbare Verpflichtung durch Vereinbarung eines Kündigungsrechts des Lizenzgebers besteht oder die Nichtangriffsabrede in Verbindung mit einer Anspruchsregelungs- oder Anspruchsverzichtsklausel erfolgt sowie im Falle von Nichtangriffsabreden hinsichtlich lizenzierten Knowhows. Im Übrigen wird eine Einzelfreistellung nur im Ausnahmefall in Betracht kommen. Nur insoweit kann es dann unter Umständen auch auf die Dauer der Vereinbarung ankommen (s. Rz. 2070 ff., 2088). Insoweit bleibt die Spruchpraxis des EuGH abzuwarten.

2105–2115 Frei.

9. Wettbewerbsverbote für den Lizenznehmer

a) Allgemeines

2116 Wettbewerbsverbote zulasten des Lizenznehmers haben insbesondere zum Inhalt, dass dieser sich verpflichtet, **keine Erzeugnisse herzustellen und/**

1 S. zum GWB a.F. TB BKartA 1961, 58; TB BKartA 1967, 88; TB BKartA 1972, 96; TB BKartA 1975, 94; TB BKartA 1981/82, 93; TB BKartA 1985/86, 36; zur Unzulässigkeit der Nichtangriffsabrede bzgl. zukünftiger, nicht in den Vertrag einbezogener Schutzrechte vgl. TB BKartA 1964, 53; TB BKartA 1967, 88; TB BKartA 1969, 98; TB BKartA 1972, 96; TB BKartA 1974, 92; TB BKartA 1975, 94; TB BKartA 1981/82, 93.

oder zu vertreiben, die mit dem lizenzierten Gegenstand konkurrieren[1]. Ebenso denkbar ist das Verbot, sich eines Konkurrenzverfahrens zu bedienen oder eine Marke zu verwenden, die mit dem in Lizenz genutzten Erzeugnis, Verfahren oder einer Marke in Wettbewerb steht. Schließlich kann sich die Beschränkung auch auf ein Betriebsgeheimnis des Lizenzgebers beziehen, das dem Lizenznehmer im Zuge der Arbeit nach dem Schutzrecht bekannt geworden ist. Auch das Verbot, Lizenzverträge über Wettbewerbsprodukte bzw. -verfahren mit Dritten abzuschließen, fällt hierunter. Grundsätzlich möglich ist auch die Aufnahme einer Vertragsstrafenregelung für den Fall der Verletzung des Wettbewerbsverbots[2] sowie die Vereinbarung nachvertraglicher Wettbewerbsverbote[3].

Frei. 2117–2119

b) Kartellrechtliche Bewertung

aa) Bewertung nach EU-Kartellrecht

Die *EU-Kommission*[4] sah ein Wettbewerbsverbot als Wettbewerbsbeschränkung an, das unter das Verbot des Art. 81 Abs. 1 EG (heute Art. 101 Abs. 1 AEUV) fällt. Anders beurteilte sie die Lage bei Wettbewerbsverboten bzgl. Know-how; hier sollten nach Art. 2 Abs. 1 GrFVO-Know-how-Vereinbarungen, Wettbewerbsverbote bzgl. der Verwertung von Betriebsgeheimnissen zulässig sein[5]. 2120

Grundsätzlich sind Wettbewerbsverbote nunmehr bei Einhaltung der in Art. 3 TT-GVO 2004 festgesetzten Marktanteilsschwellen und bei Vorliegen der weiteren Anwendbarkeitsvoraussetzungen (s. Rz. 784 ff.) nach der TT-GVO 2004 **freigestellt**, solange sie nicht ausdrücklich von einer der Kernbeschränkungen erfasst werden (Art. 4, 5 TT-GVO 2004).

Wettbewerbsverbote, die indes von Art. 4 bzw. Art. 5 TT-GVO 2004 erfasst werden, sind als Kernbeschränkungen unzulässig. Nach **Art. 4 Abs. 1 lit. d TT-GVO 2004** sind **Beschränkungen zwischen Wettbewerbern unzulässig**, 2121

1 *EU-Kommission* v. 23.12.1977, GRUR Int. 1978, 371, 373 – Campari.

2 Zur Festlegung einer Obergrenze der Vertragsstrafe für den Fall mehrerer Verstöße gegen das Wettbewerbsvervot als Wirksamkeitsvoraussetzung einer Vertragsstrafenvereinbarung in einem Franchisevertrag s. *LG Erfurt* v. 1.6.2011 – 10 O 1247/10, BB 2011, 2516 m. kritischen Anm. *Metzlaff*, ZVertriebsR 2012, 52 ff.

3 Zur Unwirksamkeit unter dem Gesichtspunkt der Sittenwidrigkeit s. *OLG Düsseldorf* v. 6.9.2006 – VI-U (Kart) 14/06, U (Kart) 14/06, Rz. 3 ff. (juris).

4 Vgl. zu Art. 85 Abs. 1 EGV a.F. *EU-Kommission* v. 2.12.1995, GRUR Int. 1976, 182, 183 f. – AOIP/Beyrard; *EU-Kommission* v. 26.7.1976, GRUR Int. 1977, 130, 132 ff. – Reuter/BASF; *EU-Kommission* v. 10.1.1979, GRUR Int. 1979, 212, 213 – Vaessen/Morris; *EU-Kommission* v. 12.7.1985, GRUR Int. 1986, 116, 121 – Velcro/Aplix.

5 *EU-Kommission* v. 13.10.1988, GRUR Int. 1989, 220, 224 – Delta Chemie/DDD-Spezialfleckentferner; vgl. auch *EU-Kommission* v. 17.12.1986, GRUR Int. 1987, 418, 420 – Mitchell Cotts/Sofiltra.

die den Lizenznehmer darin **beschränken**, seine **eigene Technologie zu verwerten**, oder die die Parteien hinsichtlich der Möglichkeit beschränken, Forschungs- und Entwicklungsarbeiten durchzuführen. Letztere Beschränkungen sind indes dann zulässig, wenn sie unerlässlich sind, um die Preisgabe des lizenzierten Know-hows an Dritte zu verhindern. Für die im Einzelfall greifende Ausnahme muss die Beschränkung für den **Geheimnisschutz des Know-hows** notwendig und verhältnismäßig sein[1].

2122 Die *EU-Kommission* hat einen Verstoß gegen Art. 81 Abs. 1 EG (heute Art. 101 Abs. 1 AEUV) verneint hinsichtlich einer Vereinbarung, die es dem Lizenznehmer verbot, Formeln und Herstellungsmethoden, also das vom Lizenzgeber bereitgestellte technische Know-how zu anderen Zwecken als zur Herstellung der Lizenzerzeugnisse zu verwenden, solange diese Formeln und Methoden der Öffentlichkeit nicht frei zugänglich seien[2]. Die Kommission sieht eine solche Abrede von dem anerkannten Recht des Lizenzgebers gedeckt, frei über sein Know-how zu bestimmen und Dritte demzufolge hiervon auszuschließen. Im Zusammenhang mit einer als zulässig anerkannten Verbesserungsklausel zeigte die Kommission allerdings die **Grenze** der nach ihrer Auffassung wettbewerbsmäßig erlaubten Bindung des Lizenznehmers auf. Sie soll dann überschritten sein, wenn der Lizenznehmer seine Informationen und Erfahrungen bezüglich einer Verbesserung allein dem Lizenzgeber mitteilen darf und nicht mehr die Möglichkeit hat, sie an Dritte weiterzugeben[3]. Dem entspricht nunmehr **Art. 5 Abs. 1 lit. a und b TT-GVO 2004**, der eine Pflicht des Lizenznehmers zur Rücklizenzierung von Verbesserungserfindungen bzw. die Pflicht zur Übertragung der Rechte an selbigen verbietet (s. Rz. 2015 ff.).

2123 Dabei ist schon das Bezwecken der Beschränkung der Verwertung der eigenen Technologie sowie der Möglichkeit, Forschungs- und Entwicklungsarbeiten durchzuführen, ausreichend, die Klausel als unzulässig zu bewerten.

2124 Gleiches gilt gemäß **Art. 5 Abs. 2 TT-GVO 2004** für **Beschränkungen zwischen Nichtwettbewerbern**. Die Verbote unterscheiden sich lediglich in ihrer Rechtsfolge. Während bei Vereinbarungen zwischen Wettbewerbern der Wegfall der Freistellung nach der TT-GVO 2004 auf die gesamte Vereinbarung ausstrahlt, führt ein Verstoß bei Nichtwettbewerbern lediglich zum Entfallen der Freistellung der einzelnen Klausel (s. Rz. 782, 951).

Soll ein Wettbewerbsverbot vereinbart werden, ist daher darauf zu achten, dieses möglichst konkret zu formulieren, damit die Verwertung eigener

1 TT-Leitlinien zu Art. 81 Rz. 95 Satz 7.

2 *EU-Kommission* v. 13.10.1988, GRUR Int. 1989, 220, 224 – Delta Chemie/DDD-Spezialfleckentferner.

3 *EU-Kommission* v. 13.10.1988, GRUR Int. 1989, 220, 224 – Delta Chemie/DDD-Spezialfleckentferner.

Technologien nicht aufgrund der Weite der Formulierung ausgeschlossen wird[1].

Im Einzelfall kann eine **umfassende Ausübungspflicht** (z.B. die Pflicht, die gesamte – vorhandene oder auch zukünftige – Fertigungskapazität auszunutzen, ggf. noch eine verlängerte Werkbank einzusetzen, s. hierzu Rz. 1315) sich als **faktisches Wettbewerbsverbot** auswirken. Bei einer solchen Vertragsgestaltung verbleibt dem Lizenznehmer schon in tatsächlicher Hinsicht keine Möglichkeit, Wettbewerbsprodukte herzustellen. 2125

Der Kommission ist der Konflikt zwischen Ausübungspflicht einerseits (s. hierzu Rz. 1895 ff.) und freiem Wettbewerb andererseits bewusst, weshalb durch die TT-GVO 2004 eine Entscheidung über eine Freistellung erfolgen musste (s. Rz. 1935 ff.). Ausübungspflichten waren in Art. 2 Abs. 1 Nr. 17 TT-GVO 1996 bzw. Art. 3 Nr. 3 a.E. GrFVO-Patentlizenzvereinbarungen noch ausdrücklich freigestellt. Nunmehr ergibt sich die Freistellung aus der Systematik der TT-GVO 2004 (s. Rz. 815 ff.). Ist aber die Ausübungspflicht des Lizenznehmers in den Grenzen der Zumutbarkeit zulässig (s. dazu Rz. 1902), muss auch ein damit einhergehender tatsächlicher Ausschluss von Wettbewerbshandlungen anerkannt werden.

Selbstverständlich freigestellt sind Wettbewerbsverbote, die dem Lizenznehmer untersagen, die Lizenzerzeugnisse in Gebieten anderer exklusiver Lizenznehmer zu vertreiben (Art. 4 Abs. 1 lit. c iv) und v), Art. 4 Abs. 2 lit. b TT-GVO 2004; vgl. auch EGr 15, Art. 1 Abs. 1 Nr. 4 bis 6 TT-GVO 1996, s. Rz. 917 ff., Rz. 933 ff.). 2126

Frei. 2127–2129

bb) Bewertung nach deutschem Kartellrecht

Das *BKartA* handhabte die Erlaubnis von Wettbewerbsverboten nach GWB a.F. sehr restriktiv[2]; in den weitaus meisten Fällen wurden Wettbewerbsverbote als über den Inhalt des Schutzrechts hinausgehend und damit nach § 17 Abs. 1 Satz 1 GWB a.F. unwirksam gewertet[3]. Insofern dürfte zum Teil eine Auflockerung durch die Angleichung des deutschen an das europäische Kartellrecht erfolgt sein. 2130

1 Vgl. Mustertexte in *Ulmer-Eilfort/Schmoll*, Technologietransfer, S. 119 ff., 128.

2 Vgl. die Entscheidung *BKartA* v. 6.5.1960, BB 1960, 962, in der das *BKartA* ein Wettbewerbsverbot ausnahmsweise für zulässig hielt.

3 Vgl. die zahlreichen negativen Entscheidungen des *BKartA* aus den TB: 1959, 44; 1962, 71; 1963, 67; 1966, 72; 1967, 87; 1969, 96; 1970, 93; 1971, 97, 99; 1972, 95; 1973, 113, 114; 1974, 90; 1975, 94; 1976, 103; 1977, 91; 1978, 101, 102; 1979/80, 118; 1987/88, 34; zur Entscheidungspraxis der Rechtsprechung vgl. z.B. *BGH* v. 18.3.1955, BGHZ 17, 41, 48 f. – Kokillenguss; *BGH* v. 16.11.1962, GRUR 1963, 207, 210 – Kieselsäure; *BGH* v. 25.10.1966, GRUR 1967, 378, 382 – Schweißbolzen; *BGH* v. 10.7.1969, GRUR 1969, 701, 702 – Auto-Lok; *OLG München* v. 23.10.1986, BB 1987, 215, 216. Ausführlich zu den Wettbewerbsverboten vgl. *Körner*, BB 1980, 1662 ff.

2131 Bereits nach früherer Beurteilung des *Bundeskartellamts* war das dem Lizenznehmer auferlegte Verbot eigener Forschung, Entwicklung und Schutzrechtsanmeldung auf dem technischen Vertragsgebiet unzulässig[1]. Darüber hinaus hat das *BKartA*[2] das dem Lizenznehmer auferlegte Verbot, eine Eigenentwicklung im Bereich der Vertragsgegenstände aufzunehmen, als in seiner Wirkung sogar noch über ein Wettbewerbsverbot hinausgehend beanstandet. Eine derartige Regelung erhöhe die Abhängigkeit vom Lizenzgeber, weil sie zur Folge hat, dass der Lizenznehmer den Anschluss an die technische Entwicklung verliert und ihm der Übergang zu einem eigenen wirtschaftlicheren Herstellungsverfahren erschwert oder gar unmöglich gemacht wird. Dem entspricht **§ 2 Abs. 2 GWB i.V.m. Art. 4 Abs. 1 lit. d Halbs. 2 bzw. Art. 5 Abs. 1 lit. c Halbs. 2 TT-GVO 2004**.

2132 Das durch das *BKartA* für unzulässig erklärte **Verbot**, an Wettbewerber eigene, d.h. von den Lizenzschutzrechten **unabhängige Lizenzen zu vergeben oder** von diesen Lizenzen **zu nehmen**, die das technische Vertragsgebiet berühren[3], wird nach geltendem Recht von Art. 4 Abs. 1 lit. d Satz 1 bzw. Art. 5 Abs. 1 lit. c Halbsatz 1 TT-GVO 2004 erfasst und ist somit nach wie vor nicht freigestellt.

2133 Im Übrigen ist nach geltendem Recht zu prüfen, ob anderweitige Beschränkungen, wie solche hinsichtlich der **Herstellung**, des **Vertriebs** oder des **Erwerbs** anderer Erzeugnisse oder aber **Exportverbote** konkurrierender Erzeugnisse unter eine der Kernbeschränkungen zu subsumieren sind. Insofern wird auf Rz. 890 ff., 1226 ff., 2157 ff. verwiesen[4].

2134 In seiner Entscheidung vom 10.12.2008[5] hatte der *BGH* über die kartellrechtliche Wirksamkeit eines in einem Subunternehmervertrag zulasten des Lizenznehmers vereinbarten Wettbewerbsverbots zu befinden. Diese grundsätzlichen Äußerungen zur Auslegung von § 1 GWB können auf das Lizenzvertragsrecht übertragen werden. Vor der 7. GWB-Novelle bedurfte es für die Zulässigkeit einer Wettbewerbsbeschränkung im Rahmen des § 1 GWB eines anzuerkennenden Interesses bei wertender Betrachtung im Hinblick auf die Freiheit des Wettbewerbs[6]. Nunmehr geht der *BGH* davon aus, dass nach der Gleichstellung vertikaler und horizontaler Vereinbarungen in § 1 GWB n.F. bei gleichzeitiger Einführung der Legalausnahme vom Verbot wettbewerbsbeschränkender Vereinbarungen (§ 2 GWB) einer Auslegung die Grundlage entzogen sei, die für die – in bestimmten Fällen nach

---

1 TB BKartA 1962, 71; TB BKartA 1967, 87.

2 TB BKartA 1987/88, 35.

3 TB BKartA 1962, 71; TB BKartA 1963, 67.

4 Zur bisherigen Bewertung von Wettbewerbsverboten durch das *BKartA* eingehend 5. Aufl., Rz. 2131 ff.

5 *BGH* v. 10.12.2008, GRUR 2009, 698 – Subunternehmervertrag II.

6 *BGH* v. 14.1.1997, NJWE-WettbR 1997, 211 – Bedside-Testkarten; *BGH* v. 14.1.1997, GRUR 1997, 675 – Druckgussteile; *BGH* v. 6.5.1997, GRUR 1997, 937 – Solelieferung.

wie vor erforderliche – restriktive Auslegung des § 1 GWB schon ein anzuerkennendes Interesse statt einer durch den Vertragszweck gebotenen Notwendigkeit ausreichen lasse[1]. Dementsprechend seien Wettbewerbsverbote in Austauschverträgen dann mit § 1 GWB vereinbar, wenn sie als dessen notwendige Nebenabrede erforderlich sind, um den Hauptzweck des als solchen kartellrechtsneutralen Vertrags zu verwirklichen, wobei entscheidend sei, ob das Wettbewerbsverbot sachlich erforderlich und zeitlich, räumlich und gegenständlich darauf beschränkt ist, den mit dem Austauschvertrag verfolgten Zweck zu erreichen[2].

Frei. 2135–2154

10. Exportverbote

a) Allgemeines

Besitzt ein Lizenzgeber neben dem lizenzierten deutschen Patent parallele Patente in Auslandsstaaten, so führt ein lizenzvertragsgemäßes **Inverkehrbringen der Lizenzgegenstände** in der Bundesrepublik Deutschland zwar zum Verbrauch der Schutzrechte **(Erschöpfung)** innerhalb der deutschen Grenzen und – gemeinschaftsweit in den EU-Mitgliedstaaten (s. Rz. 2195 ff.), nicht aber in sonstigen Schutzgebieten mit parallelen ausländischen Patenten[3]. Denn die Erschöpfung des Patentrechts tritt grundsätzlich nur in dem Staat ein, in dem das Inverkehrbringen des patentgemäßen Produkts erfolgt[4]. Folgerichtig hat der Lizenzgeber das Recht, auf parallele Patente mehrere – räumlich getrennte – Lizenzen zu erteilen, bis der von seinen Patenten abgedeckte Markt auch lizenzmäßig „abgedeckt" ist. Soweit die jeweiligen nationalen Rechtsordnungen die Patente schützen, stellt ein Export von Lizenzgegenständen von einem Schutzrechtsland in das andere ohne Zustimmung des Schutzrechtsinhabers eine **Patentverletzung** dar. Zur **Kontrolle des Absatzsystems des Lizenzgebers**, werden **Exportverbote** abgeschlossen, deren Zweck dahin geht, dem jeweiligen Lizenznehmer zu verbieten, die Lizenzgegenstände in solche Länder zu liefern, in denen der Lizenzgeber ebenfalls Schutzrechte besitzt. 2155

Die **Umgehung eines solchen Exportverbotes** ist einfach, wenn der Lizenznehmer in seinem Lizenzgebiet an einen Dritten liefert, der alsdann die 2156

1 *BGH* v. 10.12.2008, GRUR 2009, 698, Rz. 16 – Subunternehmervertrag II.

2 *BGH* v. 10.12.2008, GRUR 2009, 698, Rz. 15 – Subunternehmervertrag II m.H.a. *Zimmer* in Immenga/Mestmäcker, GWB, § 1 Rz. 353 f.; *Bunte* in Langen/Bunte, Kartellrecht, § 1 GWB Rz. 145.

3 Zur internationalen Erschöpfung s. *Baudenbacher*, GRUR 2000, 584 ff.; *Beier*, GRUR Int. 1996, 1 ff.; *Bodewig*, GRUR 2000, 597 ff.; *Gaster*, GRUR 2000, 571 ff.; *Loewenheim*, GRUR Int. 1996, 307 ff.; *Sack*, WRP 1999, 193 ff. Vgl. eingehend Rz. 2195 ff.; dort auch zur gemeinschaftsweiten Erschöpfung.

4 *BGH* v. 3.6.1976, GRUR 1976, 579, 582 – Tylosin; *BGH* v. 14.12.1999, GRUR 2000, 299 – Karate.

Lizenzgegenstände in denjenigen Ländern vertreibt, in denen der Lizenznehmer dies wegen des Exportverbotes nicht dürfte. Allerdings setzt dies voraus, dass der Export des Dritten in solche Auslandsstaaten nicht auch eine Verletzung dort bestehender Parallelschutzrechte darstellt. Verletzungsfrei könnte er in solche EU-Staaten liefern, für die der Grundsatz der gemeinschaftsweiten Erschöpfung gilt (s. hierzu Rz. 2195 ff.) bzw. die schutzrechtsfrei sind. Daher wird von Lizenzgebern des Öfteren der Versuch unternommen, den Lizenznehmer zu verpflichten, seinen Kunden die Einhaltung seines Vertragsgebiets vorzuschreiben[1], also das Exportverbot „weiterzugeben". Es wird auch versucht, das Exportverbot auf das patentfreie Ausland zu erstrecken, damit nicht über dieses Ausland die Lizenzgegenstände wieder eingeführt werden. Ohne Exportverbot ergibt sich allein aufgrund des Umstandes, dass der Lizenzvertrag räumlich auf das Gebiet des lizenzierten Schutzrechtes beschränkt ist (vgl. Rz. 1213 f.), noch nicht, dass auch eine Lieferung der im Inland hergestellten Güter in das patentfreie Ausland verboten sein soll.

b) Kartellrechtliche Bewertung

aa) Bewertung nach EU-Kartellrecht

2157 Die früheren Entscheidungen der *EU-Kommission* zu in Lizenzverträgen enthaltenen Exportverboten waren durch eine restriktive Spruchpraxis geprägt[2]. So hat die Kommission eine Abrede für unzulässig erklärt, wonach einem Lizenznehmer verboten wurde, Lizenzprodukte in ein weiteres Land zu exportieren, in dem der Lizenzgeber ein an einen Dritten lizenziertes Parallelpatent innehatte[3]. Die Unwirksamkeit von Exportverboten sollte auch für Know-how-Verträge gelten[4], wobei hier allerdings für gemischte Verträge Besonderheiten galten[5]. Ferner stellte auch das Verbot, in Gebiete außerhalb der EU zu exportieren, einen Wettbewerbsverstoß dar[6]; allerdings wurde ein Wettbewerbsverbot für zulässig gehalten in einem Fall, in dem die Wiedereinfuhr der exportierten Waren wenig wahrscheinlich war[7].

1 Ablehnend TB BKartA 1960, 49; TB BKartA 1961, 58; TB BKartA 1970, 93; vgl. dazu ausführlich *Groß*, Rz. 184 ff. mit Hinweisen zu den einzelnen denkbaren Fallkonstellationen.

2 Vgl. auch *EuGH* v. 18.2.1971, WRP 1971, 239 f. – Sirena u. *EuGH* v. 8.6.1971, RIW/AWD 1971, 339 ff. – Deutsche Grammophon GmbH/Metro für Warenzeichenlizenzverträge und Urhebernutzungsrechte.

3 *EU-Kommission* v. 2.12.1975, GRUR Int. 1976, 182, 183 f. – AOIP/Beyrard.

4 *EU-Kommission* v. 9.6.1972, GRUR Int. 1972, 371, 372 f. – Davidson Rubber.

5 Vgl. die Einzelheiten bei *Pagenberg/Beier*, Muster 1, Rz. 107.

6 *EU-Kommission* v. 18.7.1975, GRUR Int. 1975, 449, 450 – Kabelmetal Luchaire.

7 *EU-Kommission* v. 23.12.1977, GRUR Int. 1978, 371, 374 – Campari.

Eine Zäsur bedeutete die „Maissaatgut"-Entscheidung des *EuGH* vom 8.6.1982[1], auf deren Interpretation auch die früheren Regelungen über Exportverbote in der GVO-Patentlizenzvereinbarungen (vgl. Rz. 935) basierten. Nach dieser Entscheidung, deren Grundsätze auch für Patentlizenzverträge gelten[2], ist zu unterscheiden zwischen sog. „offenen ausschließlichen Lizenzen" und „ausschließlichen Lizenzen mit absolutem Gebietsschutz": 2158

Bei der **„offenen ausschließlichen Lizenz"** bezieht sich die Ausschließlichkeit nur auf die Vertragspartner des Lizenzvertrages, d.h. den Schutzrechtsinhaber, der sich verpflichtet, keine weiteren Lizenzen für das Vertragsgebiet zu vergeben und dem Lizenznehmer hier keinen Wettbewerb zu machen, und den Lizenznehmer. Diese Art der Lizenz ist mit Art. 101 AEUV (ex-Art. 81 EG) vereinbar, wenn dadurch die Verbreitung neuer Technologien gefördert wird. 2159

Die Vereinbarung einer **„ausschließlichen Lizenz mit absolutem Gebietsschutz"** beinhaltet, dass die Vertragspartner für das vertraglich vereinbarte Produkt und Gebiet den Wettbewerb dadurch beschränken wollen, dass ein Ausschluss Dritter vereinbart wird, z.B. in der Weise, dass Parallelimporteure und andere Lizenznehmer des Lizenzgebers keine Produkte einführen dürfen. Damit würden, so der *EuGH*, künstlich getrennte Märkte aufrechterhalten, was **mit** dem **EG-Vertrag unvereinbar** ist. Die Entscheidung hat zur Konsequenz, dass lizenzvertragliche Maßnahmen zur Verhinderung von Parallelimporten unzulässig sind. 2160

Axster[3] weist zutreffend darauf hin, dass sich in der „Maissaatgut"-Entscheidung widersprechende Aussagen zu der Frage finden, ob sich ein Wettbewerbsverbot für den Lizenznehmer auf die Märkte anderer Lizenznehmer beziehen kann. 2161

Im Anschluss an die „Maissaatgut"-Entscheidung des *EuGH* hat die Kommission ihre Haltung zum Exportverbot überdacht und zu einer weniger strengen Handhabung gefunden, die zunächst in der GVO-Patentlizenzvereinbarungen ihren Niederschlag fand. Nach der GVO-Patentlizenzvereinbarungen verboten war nur eine Verpflichtung des Lizenznehmers dahin, seinen Abnehmern ein Exportverbot in andere Länder der EU abzufordern (vgl. EGr 15 und Art. 3 Nr. 10, 11 GVO-Patentlizenzvereinbarungen). 2162

Unter der Geltung der **TT-GVO 1996** war diese Haltung beibehalten worden, wenngleich die Regelung in Art. 3 Nr. 10 GVO-Patentlizenzvereinbarungen, wonach dem Lizenznehmer nicht für eine längere Frist als fünf Jahre nach dem Inverkehrbringen des Lizenzerzeugnisses durch den Li- 2163

1 *EuGH* v. 8.6.1982, GRUR Int. 1982, 530 ff.; vgl. auch *EuGH* v. 6.11.1982, GRUR Int. 1983, 175 ff. – Coditel II; zur Wirkung dieser Entscheidung *Albrechtskirchinger*, WuW 1984, 109 ff.

2 *Pagenberg/Beier*, Einf. Rz. 48 Fn. 27.

3 *Axster*, GRUR Int. 1982, 646, 649.

zenzgeber oder einen Lizenznehmer die Verpflichtung auferlegt werden konnte, in Lizenzgebieten anderer Lizenznehmer innerhalb der EU das Erzeugnis nicht in Verkehr zu bringen, *nicht* mehr auf der „Schwarzen Liste" geführt wurde.

2164 Die Regelung des Art. 3 Nr. 3 TT-GVO 1996 wurde im Rahmen der TT-GVO 2004 grundlegend umstrukturiert. Nach **Art. 4 Abs. 1 lit. c TT-GVO 2004** ist die **Zuweisung von Märkten** – selbst bei Einhaltung der Marktanteilsschwellen (Art. 3 TT-GVO 2004) – **zwischen Wettbewerbern grundsätzlich von** einer **Freistellung ausgenommen**. Hierzu sind auch Exportverbote zu zählen.

2165 Von dem Verbot der Gebietsbeschränkungen sieht **Art. 4 Abs. 1 lit. c i)–vii) TT-GVO** jedoch **zahlreiche Ausnahmen** zugunsten von Exklusiv- sowie Alleinlizenzen vor (s. Rz. 1227 ff.), die den Freistellungstatbeständen in Art. 1 Abs. 1 Nrn. 3–6 TT-GVO 1996 zum Teil entsprechen.

2166 **Nichtwettbewerber** können hinsichtlich des **aktiven Verkaufs** in ein bestimmtes Gebiet bei Einhaltung der Marktanteilsschwellen grundsätzlich eingeschränkt werden (vgl. Rz. 933). Der **passive Verkauf** in ein bestimmtes **Gebiet**, **das dem Lizenzgeber vorbehalten ist**, kann zwischen Nichtkonkurrenten in wechselseitigen sowie nichtwechselseitigen Vereinbarungen eingeschränkt werden (vgl. Rz. 936). Ist das Gebiet **einem anderen Lizenznehmer vorbehalten**, kann dem Lizenznehmer der **Verkauf** in dieses Gebiet nach **Art. 4 Abs. 2 lit. b ii) TT-GVO 2004** für **die ersten beiden Jahre untersagt** werden, in denen der Exklusivlizenznehmer die Vertragsprodukte in dieses Gebiet verkauft. Auch hier trifft die TT-GVO 2004 eine weniger restriktive Regelung als die TT-GVO 1996.

Im Übrigen wird auf Rz. 1227 ff. verwiesen.

2167 Betreffen Exportverbote **Länder außerhalb der EU**, kann Art. 101 AEUV (ex-Art. 81 EG) keine Anwendung finden[1]. Problematisch sind dementsprechend die Fälle, in denen neben Ländern außerhalb der EU auch Länder des EU-Binnenmarktes betroffen sind. Hier ist in jedem Einzelfall die **Auswirkung auf den Gemeinsamen Markt** zu prüfen (vgl. Rz. 690 ff., 719).

2168–2184 Frei.

bb) Bewertung nach deutschem Kartellrecht

2185 Bis zur Änderung des GWB durch die 6. GWB-Novelle war in § 20 Abs. 2 Nr. 5 GWB a.F. ausdrücklich vorgesehen, dass die Unwirksamkeitsregelung des § 20 Abs. 1 GWB a.F. nicht für Verpflichtungen des Lizenznehmers galt, die sich auf die Regelung des Wettbewerbs auf Märkten außerhalb des Geltungsbereichs des Kartellrechts beziehen, soweit diese Beschränkungen die Laufzeit des in Lizenz genommenen Schutzrechtes nicht überschreiten.

1 *EU-Kommission* v. 18.7.1975, GRUR Int. 1975, 449, 451 – Kabelmetal Luchaire.

Diese auf die **grundsätzliche Zulässigkeit von Exportverboten** ausgerichtete Ausnahmebestimmung war in das Kartellrecht eingeführt worden, weil Exportverbote bezogen auf patentfreie Länder in der internationalen Praxis üblich waren und ein Verbot dieser Beschränkungen die deutsche Industrie gegenüber ausländischen Wettbewerbern benachteiligt hätte.

Die in § 20 Abs. 2 Nr. 5 GWB a.F. enthaltene Freistellung war bereits in § 17 Abs. 2 GWB a.F. nicht übernommen worden. Die mit dem Wegfall der Regelung verbundenen Auswirkungen waren jedoch eher gering. So war die tatsächliche Bedeutung des § 20 Abs. 2 Nr. 5 GWB a.F. ohnehin durch die äußerst restriktive Praxis der *EU-Kommission*[1] und des *EuGH*[2] in Anwendung des Art. 85 EG a.F. erheblich vermindert worden. 2186

Exportverbote in EU-Mitgliedstaaten bestimmen sich nunmehr ausschließlich nach Art. 101 AEUV (ex-Art. 81 EG). In Bezug auf Exportverbote in **Drittländer** findet das GWB keine Anwendung. Hier ist die kartellrechtliche Zulässigkeit von Exportverboten an den Regelungen der betreffenden Staaten zu messen. 2187

Frei. 2188–2194

c) Erschöpfung bzw. Verbrauch durch Parallelimport und durch Zwangslizenz

In die Bewertung der Zulässigkeit eines Exportverbots gehören aufgrund der „Maissaatgut"-Entscheidung des *EuGH*[3] auch die Fragen der Erschöpfung bzw. des Verbrauchs des Patentes durch aufgrund des EU-Kartellrechts nicht zu verhindernde Parallelimporte und auch aufgrund einer Zwangslizenz. 2195

Der in Literatur und Rechtsprechung einhellig anerkannte **Erschöpfungsgrundsatz**[4] besagt: Ist ein auf einem Patent beruhendes Produkt durch den 2196

1 Vgl. die zahlreichen Nachweise bei *Axster*, GRUR 1985, 581, Fn. 4.

2 Vgl. z.B. *EuGH* v. 8.6.1971, RIW/AWD 1971, 339, 341 – Deutsche Grammophon/Metro; *EuGH* v. 3.7.1971, GRUR Int. 1974, 338, 339 – HAG; *EuGH* v. 31.10.1974, GRUR Int. 1974, 454, 455 – Negram II; vgl. auch die Entscheidung des *OLG Stuttgart* v. 23.2.1979, GRUR Int. 1980, 48 f. – Regalsysteme; vgl. auch *LG Düsseldorf* v. 31.7.1990, GRUR 1992, 164, 166 f. – Regalförderzeug.

3 *EuGH* v. 8.6.1982, GRUR Int. 1982, 530 ff. – Maissaatgut.

4 *BGH* v. 22.4.2010, GRUR 2010, 718 – verlängerte Limousinen; *BGH* v. 14.11.2000, GRUR 2001, 223 – Bodenwaschanlage; *BGH* v. 14.12.1999, GRUR 2000, 299 – Karate; *OLG Düsseldorf* v. 28.1.2010, NJOZ 2010, 1781, 1785 f. – Testkauf patentverletzender DVD's interframe tropping; *EuGH* v. 15.10.2009, MarkenR 2009, 531 – Makro; *EuGH* v. 14.7.2011, MarkenR 2011, 313, Rz. 36 ff. – Vikinggas; *EuGH* v. 3.6.2010, GRUR Int. 2010, 713 – Coty Prestige Lancaster/Siemex; vgl. aus der Rechtsprechung ferner *BGH* v. 8.3.1973, GRUR 1973, 518, 520 – Spielautomat II; *BGH* v. 10.10.1974, GRUR 1975, 206, 207 – Kunststoffschaumbahnen; *BGH* v. 24.9.1979, GRUR 1980, 38, 39 – Fullplastverfahren; *BGH* v. 13.3.2003, GRUR 2003, 507, 509 ff. – Enalapril; *BGH* v. 4.5.2004, GRUR 2004, 758, 761 f. – Flügelradzähler; aus dem Schrifttum vgl. z.B. *Kraßer*, Patentrecht, § 33 V; *Sack*, GRUR Int. 2000, 610; zur internationalen Erschöpfung s. *Beier*, GRUR Int. 1996, 1 ff. und

Patentinhaber oder mit seiner Zustimmung (also z.B. durch Lizenznehmer) in einem der Vertragsstaaten der Europäischen Union in Verkehr gebracht worden, so unterliegen das weitere Inverkehrbringen, Anbieten und der Gebrauch *dieser Sache* nicht mehr dem Verbietungsrecht aus dem Patent, d.h. jeder, der dazu tatsächlich in der Lage ist, darf das Produkt veräußern oder auf andere Weise weitergeben, anbieten pp. Entsprechendes gilt für Verfahrenspatente[1]. Die Zustimmung des Rechtsinhabers muss auf eine Weise geäußert werden, die einen Willen zum (teilweisen) Verzicht auf dieses Recht mit Bestimmtheit erkennen lässt[2]. Ein solcher Wille ergibt sich regelmäßig aus einer ausdrücklichen Erteilung der Zustimmung, etwa im Rahmen einer Lizenzvergabe. Die Zustimmung kann sich aber auch stillschweigend (konkludent) aus Anhaltspunkten und Umständen ergeben, die vor, bei oder nach dem Inverkehrbringen vorliegen[3]. Für die Feststellung, ob eine konkludente Zustimmung vorliegt, müssen konkrete Anhaltspunkte vorliegen, anhand derer der Verzicht des Schutzrechtsinhabers, sich auf sein ausschließliches Recht zu berufen, positiv festgestellt werden kann; dem bloßen Schweigen des Markeninhabers kann eine solche Zustimmung nicht entnommen werden[4].

Die Wirkung der Erschöpfung des jeweiligen Rechts tritt an den konkret in den Verkehr gebrachten Erzeugnissen und nicht hinsichtlich einzelner ihrer Merkmale ein[5].

2197 Zweck des Erschöpfungsgrundsatzes ist der **Interessenausgleich** zwischen den Verwertungsinteressen des Schutzrechtsinhabers einerseits und dem Allgemeininteresse an einem freien Warenverkehr und übersichtlichen Rechtsverhältnissen im Geschäftsverkehr andererseits[6].

2198 Anders als z.B. in **§ 17 Abs. 2 UrhG, § 24 MarkenG, Art. 7 Abs. 1 MarkenRL** und **Art. 13 GemeinschaftsmarkenVO (GMVO)** ist – von den **§§ 9b, 9c Abs. 1 und 2 PatG** abgesehen – der Erschöpfungsgrundsatz im Patentrecht nicht ausdrücklich geregelt. Er ist jedoch als allgemeiner Rechtsgedanke

Loewenheim, GRUR Int. 1996, 307 ff.; speziell zur Erschöpfung nach europäischem Recht *Baudenbacher*, GRUR 2000, 584 ff.; *Gaster*, GRUR 2000, 571 ff.; *Sack*, WRP 1999, 193 ff.; zur Erschöpfung nach amerikanischem Recht *Bodewig*, GRUR Int. 2000, 597 ff.

1 Vgl. für das Markenrecht *EuGH* v. 1.7.1999, GRUR Int. 1999, 870, 871 – Sabega; *EuGH* v. 16.7.1998, GRUR Int. 1998, 695, 696 – Silhouette; s. ferner *BGH* v. 13.3.2003, GRUR 2003, 507, 511 – Enalapril.

2 *EuGH* v. 20.11.2001, GRUR 2002, 156, Rz. 45 ff. – Davidoff.

3 *EuGH* v. 20.11.2001, GRUR 2002, 156, Rz. 47 – Davidoff; *EuGH* v. 15.10.2009, GRUR Int. 2010, 135 – Makro/Diesel mit Anm. *Berlit*; *EuG* v. 3.12.2009, GRUR-Prax 2010, 8; *BGH* v. 4.5.2004, GRUR 2004, 758, 762 – Flügelradzähler.

4 *EuGH* v. 15.10.2009, GRUR Int. 2010, 135, Rz. 32 – Makro/Diesel.

5 *BGH* v. 22.4.2010, GRUR 2010, 718 – verlängerte Limousinen.

6 *BGH* v. 6.3.1986, GRUR 1986, 736, 737 – Schallplattenvermietung; *BGH* v. 23.2.1995, GRUR 1995, 673, 676 – Mauer-Bilder; *Sack*, GRUR Int. 2000, 610 f.

auch dort gewohnheitsrechtlich anerkannt[1]. Entscheidendes Element für die Annahme einer Erschöpfung des lizenzierten Rechts des geistigen Eigentums, also für dessen Erlöschen, sind die Zustimmung des Rechtsinhabers oder das Inverkehrbringen durch einen mit ihm wirtschaftlich verbundenen Wirtschaftsteilnehmer, insbesondere einen Lizenznehmer[2]. Dieses Inverkehrbringen ermöglicht die Realisierung des wirtschaftlichen Wertes des Immaterialgüterrechts, was die Annahme der Erschöpfung dieses Rechts rechtfertigt[3].

aa) Erschöpfung durch Parallelimport

Eine Erschöpfung tritt bei einem erlaubten Parallelimport ein[4], weil das Inverkehrbringen durch den Lizenznehmer dem Lizenzgeber zugerechnet wird, und zwar auch in dem Fall, dass der Lizenzgegenstand in einem Land der EU mit (ausdrücklicher)[5] Zustimmung des Patentinhabers in Verkehr gebracht wird, in dem kein Patentschutz hierauf besteht[6]. Damit tritt jeweils eine **EU-weite Erschöpfung** ein. 2199

Keine Erschöpfung mit Wirkung für den EU-Bereich bewirkt es hingegen, wenn der Gegenstand einer Patentlizenz **außerhalb der EU in** Verkehr gebracht wird[7]. Maßgebend ist allein, dass der Schutzrechtsinhaber das erste Inverkehrbringen der Waren im EWR unabhängig davon kontrollieren kann, ob die Waren möglicherweise zunächst außerhalb des EWR in Verkehr gebracht wurden[8]. Gleiches gilt bei Inverkehrbringen durch Patentverletzer (also auch bei Inverkehrbringen durch einen seine Nutzungsbefugnis überschreitenden Lizenznehmer). Schließlich ist eine Erschöpfung nach Ansicht des *BGH*[9] nicht anzunehmen, wenn der Patentinhaber eine **schutzrechtsfreie Vorrichtung** liefert und zugleich ein hierauf bezogenes **Verfahrenspatent** besitzt. Dann unterliegt die Durchführung des patentgeschützten 2200

1 *BGH* v. 14.11.2000, GRUR 2001, 223 – Bodenwaschanlage; *BGH* v. 26.9.1996, GRUR 1997, 116 – Prospekthalter; *OLG Düsseldorf* v. 28.1.2010, NJOZ 2010, 1781, 1785 – Testkauf patentverletzender DVDs interframe dropping; *EuGH* v. 15.10.2009, MarkenR 2009, 531 – Makro; *EuGH* v. 3.6.2010, MarkenR 2010, 250 – Coty Prestige Lancaster-Group, u. *EuGH* v. 14.7.2011, MarkenR 2011, 313, Rz. 26 ff. – Vikinggas, dort jeweils zum Inverkehrbringen durch den Markenlizenznehmer.

2 *EuGH* v. 14.7.2011, MarkenR 2011, 313, Rz. 27 – Vikinggas.

3 *EuGH* v. 14.7.2011, MarkenR 2011, 313, Rz. 32 – Vikinggas; *EuGH* v. 30.11.2004, MarkenR 2005, 41 – Peakholding.

4 Zur Erschöpfung durch Parallelimport im Immaterialgüterrecht Chinas vgl. *Yu*, GRUR Int. 2000, 619 ff.

5 Vgl. Entwurf Art. 32, 81 GPÜ.

6 *EuGH* v. 14.7.1981, GRUR Int. 1982, 47, 48 – Moduretik; a.A. noch *BGH* v. 3.6.1976, GRUR 1976, 579, 582 – Tylosin (dazu *Loewenheim*, GRUR 1982, 461, 462).

7 *EuGH* v. 3.6.2010, GRUR Int. 2010, 713 – Coty Prestige Lancaster/Siemex; *EuGH* v. 30.11.2004, GRUR Int. 2005, 314 – Peak Holding AB Axulien-Eleonor AB.

8 Vgl. auch *EuGH* v. 15.10.2009, GRUR Int. 2010, 135 – Makro/Diesel.

9 *BGH* v. 3.6.1976, GRUR 1976, 579, 582 – Tylosin.

Verfahrens der besonderen Erlaubnis des Patentinhabers, soweit in dem Verkauf der Vorrichtung nicht die (stillschweigende) Vereinbarung einer Benutzungslizenz gesehen werden kann[1]. Etwas anderes gilt, wenn eine geschützte Vorrichtung geliefert wird; in diesem Fall tritt auch für das hierauf bezogene Verfahrenspatent Erschöpfung ein[2].

2201 Mit *Pagenberg/Beier*[3] ist davon auszugehen, dass bisher folgende **Fallkonstellationen einer** möglichen **Erschöpfung** nicht abschließend geregelt oder höchstrichterlich entschieden wurden:

2202 – Der **Lizenzgeber verzichtet** absichtlich **auf Patentschutz** in einem EU-Land, ein Dritter bringt in diesem Land den Lizenzgegenstand erstmals in den Verkehr und führt ihn dann in ein Land ein, in dem Patentschutz besteht (s. aber Rz. 2217).

Diese Situation einer „patentfreien Zone" muss nicht auf einer bloßen Entscheidung des Lizenzgebers beruhen; sie kann auch eintreten durch eine in einzelnen Mitgliedstaaten erfolgte Vernichtung des Patents oder früheren Schutzrechtsablaufs.

2203 – Der Lizenznehmer stellt im Rahmen einer **Herstellungs- und Vertriebslizenz die Lizenzprodukte her**, die dann seitens eines vom Lizenznehmer belieferten Dritten unter dessen Marke oder Firmennamen vertrieben werden. Enthält der Lizenzvertrag keinerlei Einschränkung hinsichtlich der Vertriebssituation, handelt es sich um ein zulässiges Inverkehrbringen, das die Erschöpfungswirkung auslöst. Anderenfalls hätte der Lizenzgeber – soweit zulässig – Vertriebsbindungen im Lizenzvertrag vorgeben müssen[4].

2204 – Stellt der Lizenznehmer **in einem patentfreien Land, das nicht zu seinem Lizenzgebiet gehört, Lizenzerzeugnisse her** und vertreibt er sie dann in der gesamten Europäischen Union, dürfte bei einer Einfuhr in einen patentgeschützten Mitgliedstaat, der nicht zu dem vertraglichen Lizenzgebiet gehört, eine Patentverletzung vorliegen, was eine Erschöpfung ausschließt[5].

2205 – Kontrovers diskutiert[6] und höchstrichterlich nicht entschieden ist bisher die Frage, ob Handlungen aufgrund eines im Nachhinein – etwa auf-

1 *BGH* v. 24.9.1979, GRUR 1980, 38, 39 – Fullplastverfahren.

2 *BGH* v. 16.9.1997 GRUR 1998, 130, 132 – Handhabungsgerät; vgl. auch *BGH* v. 27.2.2007, GRUR 2007, 773, 776 – Rohrschweißverfahren; *LG Düsseldorf* v. 3.11.1998, Entsch. 1998, 115, 116.

3 Allgemeine Einführung, Rz. 65 ff.

4 A.A. wohl *Pagenberg/Beier*, Lizenzverträge, Allgemeine Einführung, Rz. 72.

5 Vgl. *EuGH* v. 22.6.1976, GRUR Int. 1976, 402, 410; *EuGH* v. 31.10.1974, GRUR Int. 1974, 454 – Negram II; *EuGH* v. 14.7.1981, GRUR Int. 1982, 47, 48 – Moduretik; *BGH* v. 3.6.1976, GRUR 1976, 579 – Tylosin.

6 *Osterloh*, GRUR 1985, 707 ff.; *Pagenberg/Beier*, Einf., Rz. 73; Benkard/*Rogge/Grabinski*, PatG, § 139 Rz. 10; *Bruchhausen*, GRUR 1963, 561 f.

grund kartellrechtlicher Verstöße – **nichtigen Lizenzvertrages** zur Erschöpfung führen können, oder ob der Lizenznehmer als Patentverletzer zu behandeln ist mit der Folge, dass durch den Lizenzgeber Schadensersatzansprüche erhoben werden können und die gewerbliche Nutzung der auf dem Markt befindlichen Lizenzgegenstände als patentverletzend gilt.

Ist der Lizenzvertrag z.B. wegen in ihm enthaltener wettbewerbsbeschränkender Vereinbarungen nichtig (vgl. Art. 101 Abs. 2 AEUV; s. auch Rz. 502 ff.), konnte der Lizenzvertrag also von Anfang an keine rechtliche Wirkung entfalten, dürfte dies ohne Einfluss auf den Grundsatz der Erschöpfung sein. Die Erschöpfung knüpft an das zustimmende Verhalten des Lizenzgebers an. Er müsste sich dem Vorwurf widersprüchlichen Verhaltens aussetzen, wenn er nachträglich mit Hinweis auf den Kartellverstoß Patentverletzungsansprüche gegen den Lizenznehmer und dessen gewerbliche Abnehmer geltend machen würde.

Frei. 2206–2214

bb) Erschöpfung durch Zwangslizenz

Höchstrichterlich entschieden wurde hingegen die Frage, ob eine Erschöpfung auch dann eintritt, wenn der Patentinhaber keine freiwillige Lizenz erteilt hatte, wohl aber in einem EU-Staat hinnehmen musste, dass zugunsten eines Dritten eine **Zwangslizenz** an seinem Patent eingeräumt wurde (zur Zwangslizenz vgl. Rz. 160 ff.). 2215

Zutreffend geht der *EuGH*[1] davon aus, dass im Falle der Erteilung einer Zwangslizenz an einen Dritten nicht davon ausgegangen werden kann, dass der Patentinhaber dem Tätigwerden dieses Dritten zugestimmt hat. Dem Patentinhaber wird vielmehr durch eine solche Maßnahme sein Recht genommen, frei über die Bedingungen zu entscheiden, unter denen er sein Erzeugnis in den Verkehr bringen will. Nach Auffassung des *EuGH* besteht die Substanz des Patentrechtes im wesentlichen darin, dem Erfinder das ausschließliche Recht zu verleihen, das erfindungsgemäße Erzeugnis als erster in den Verkehr zu bringen, um es ihm zu ermöglichen, einen Ausgleich für seine Erfindertätigkeit zu erhalten. Zum Schutz der Substanz der sich aus einem Patent ergebenden ausschließlichen Rechte wäre es daher erforderlich, dass der Patentinhaber sich der Einfuhr und dem Inverkehrbringen der aufgrund einer Zwangslizenz hergestellten und ohne seine Zustimmung erstmals in den Verkehr gebrachten Erzeugnisse widersetzen kann. Da somit die **Zwangslizenz einen anderen Charakter als die freiwillig gewährte Lizenz** hat, insbesondere aufgrund des Fehlens echter Verhandlungen zwischen dem Inhaber der Zwangslizenz und dem Patentinhaber und zudem Zwangslizenz und freiwillig gewährte Lizenz nicht dieselben Ziele haben, kam der *EuGH* zutreffend zu folgender Feststellung:

---

1 *EuGH* v. 9.7.1985, GRUR Int. 1985, 822 ff. – Pharmon.

„Die Art. 30 und 36 EWGV[1] stehen der Anwendung von Rechtsvorschriften eines Mitgliedstaates nicht entgegen, die es dem Inhaber eines Patents ermöglichen, das Inverkehrbringen eines Erzeugnisses in diesem Staat zu verhindern, das in einem anderen Mitgliedstaat vom Inhaber einer Zwangslizenz für ein Parallelpatent, dessen Inhaber ebenfalls der Patentinhaber ist, hergestellt worden ist."

2216 Diese Überlegungen des *EuGH* gelten für jeden Fall der Zwangslizenzerteilung, also auch unabhängig davon, ob die Zwangslizenz an ein **Ausfuhrverbot** geknüpft ist. Unerheblich ist ferner, ob im Rahmen der Zwangslizenz **Lizenzgebühren** zu zahlen sind. Selbst wenn der Patentinhaber solche Lizenzgebühren entgegengenommen hat, kann hieraus nicht auf seine Zustimmung zu dieser Zwangslizenz geschlossen werden.

2217 Es erscheint gerechtfertigt, diese Überlegungen des *EuGH* auch auf den Fall zu übertragen, dass der Patentinhaber darauf **verzichtet, „flächendeckend" in sämtlichen EU-Staaten parallele Schutzrechtsanmeldungen vorzunehmen**. Hat er sich beispielsweise auf die wichtigsten EU-Industrie- bzw. Handelsstaaten beschränkt, also bewusst einige Staaten patentfrei gelassen, dürfte in Anwendung der Rechtsgrundsätze des *EuGH* die befugte Nutzung durch Dritte in den patentfrei gebliebenen Staaten diesen nicht das Recht vermitteln, die erlaubterweise hergestellten Produkte nunmehr auch in andere EU-Staaten entgegen den dort bestehenden Patentrechten einzuführen. Maßgeblich muss auch hier sein, dass dieses freie Nutzungsrecht für Dritte in den patentfreien Staaten allein auf einem in der Nichtanmeldung liegenden passiven Verhalten beruht und die daran anknüpfenden gesetzlichen Folgen der freiwilligen Gewährung eines Nutzungsrechtes nicht vergleichbar sind.

2218–2224 Frei.

11. Geheimhaltungs- oder Vertraulichkeitsvereinbarungen

a) Allgemeines

2225 Neben Geheimhaltungsvereinbarungen, die bereits **im Vorfeld des Vertragsschlusses** verhindern sollen, dass die im Rahmen der Vertragsverhandlungen bekannt gewordenen Informationen, an denen ein Geheimhaltungsinteresse besteht, weitergegeben werden (vgl. Rz. 385), sollte auch **im späteren Lizenzvertrag**, jedenfalls dann, wenn begleitendes Know-how überlassen wird, regelmäßig eine Geheimhaltungsverpflichtung Bestandteil des Vertrages sein (vgl. Rz. 2610 ff. m.w.N.). Geheimhaltungsvereinbarungen finden sich dementsprechend in Vereinbarungen, in denen zur Erfüllung der Verpflichtungen zumindest auf einer Seite technisches Wissen erforderlich ist oder von einer zur anderen Partei oder sonst ausgetauscht wird (z.B. in Forschungs- und Entwicklungsvereinbarungen, in Anlagenbauverträgen, Verträgen aus dem Bereich der Informationstechnologie, Software-Lizenzverträgen o.Ä.).

1 Nunmehr Art. 34, 36 AEUV.

Möglich ist es auch, die Geheimhaltungsvereinbarung zum Inhalt eines eigenständigen Vertragswerkes zu machen. Diese Praxis wird insbesondere im amerikanischen Vertragsrecht gehandhabt.

Frei. 2226

b) Inhalt

Der Inhalt von Geheimhaltungsvereinbarungen erstreckt sich üblicherweise auf folgende Teilregelungsbereiche[1]: 2227

- Umschreibung der geheim zu haltenden Informationen;
- Inhalt und Umfang der Vertraulichkeitsverpflichtung;
- zeitliche Dauer der Vertraulichkeitsverpflichtung;
- (ggf.) Ausnahmen von der Geheimhaltungsverpflichtung;
- Absicherung der Verpflichtung durch Vertragsstrafe oder pauschalierten Schadensersatz und schließlich
- eine Schiedsvereinbarung bzw. Gerichtsstandsvereinbarung und eine Abrede über das anzuwendende Recht.

Soweit – insbesondere seitens des Lizenznehmers – bei der Durchführung des Lizenzvertrages Dritte einbezogen werden (müssen), die – z.B. bei einem Tätigwerden als verlängerte Werkbank – Kenntnis von den geheim zu haltenden Informationen erlangen, ist es zweckmäßig, die jeweilige Lizenzvertragspartei zu verpflichten, mit diesen Dritten zuvor eine entsprechende Geheimhaltungspflicht zu vereinbaren[2].

Im Hinblick auf **Abreden über die Identifizierung der vertraulichen Information** ist von Regelungen abzuraten, wonach **sämtliche** Informationen, die zur Verfügung gestellt werden, geheim zu halten sind. Aus Sicht des Empfängers ist eine solche Vereinbarung nicht akzeptabel, da nicht jede Information ihrer Natur nach vertraulich ist[3]. Darüber hinaus stellt sich die Frage der **kartellrechtlichen** Unbedenklichkeit einer derartigen Abrede, weil noch lange nicht jede Information, die überlassen wird, auch geheim im kartellrechtlich unbedenklichen Sinne ist (vgl. Rz. 2245 ff.). 2228

Zur **Identifizierung** der vertraulichen Informationen kann auf verschiedene Mittel zurückgegriffen werden: 2229

Bereits anhand des in der **Präambel** beschriebenen Verwendungszwecks kann die (gemeinsame) Zielrichtung der Parteien definiert bzw. der Gegenstand angesprochen werden, über den die Parteien Informationen austau- 2230

1 Eingehend *Mummenthey*, CR 1999, 651, 655 ff. m.w.N.; *Rosenberger*, Verträge über Forschung u. Entwicklung, Kap. 8 Rz. 325 ff.; *Brock* in Ann/Loschelder/Grosch, Praxishandbuch Know-how-Schutz, Kap. 2 Rz. 44 ff.

2 S. den Sachverhalt *BGH* v. 25.11.2010, GRUR 2011, 455 – Flexitanks.

3 *Mummenthey*, CR 1999, 651, 655.

schen wollen. Schon dies führt zu einer Einschränkung der Vertraulichkeitsvereinbarung, wenn bei der Beschreibung der geheim zu haltenden Informationen auf den entsprechenden Vertragszweck Bezug genommen wird.

2231 Denkbar ist auch, förmlich auf eine **ausdrückliche Kennzeichnung von überlassenen Unterlagen als „geheim/vertraulich"** abzustellen. In diesem Fall unterliegen nicht gekennzeichnete Unterlagen nicht der Geheimhaltungsverpflichtung.

2232 Es besteht weiter die Möglichkeit einer rein **zeitlichen Vorgabe der Übermittlungsdauer** für die geheim zu haltenden Informationen in der Form, dass z.B. alle bis zu einem bestimmten Zeitpunkt nach Vertragsschluss übergebenen Informationen als vertraulich gelten. Aus Sicht des Geheimnisträgers ist eine derartige Regelung äußerst ungünstig, weil er stets die Sorge haben muss, dass nach Überschreiten des Zeitraums herausgegebene Informationen nicht mehr als geheim gelten.

2233 Kaum praktikabel erscheint die Bestimmung eines **Zeitraums nach Abschluss des Vertrages** innerhalb dessen der Informationsgeber Gelegenheit erhält, den sachlichen Umfang der geheim zu haltenden Informationen im Nachhinein festzulegen. Hier begeht der Informationsempfänger einen Vertragsverstoß, wenn er im Nachhinein als geheim bestimmte Informationen vorher bereits anderweitig mitgeteilt hat.

2234 Die Geheimhaltungsklausel muss **Inhalt und Umfang der Vertraulichkeitsverpflichtung** beschreiben. In erster Linie geht es hier um die Vermeidung der Weitergabe an Dritte. Regelungsbedürftig ist das **Verbot der Weitergabe an Dritte** insbesondere, wenn bei umfangreicheren Vertragswerken der Informationsempfänger die Nutzung der Lizenzrechte in einem Unternehmensverbund verteilt. Hier liegt es im Interesse des Informationsempfängers, eine Nutzungsberechtigung der verbunden Unternehmen zu erreichen.

Bleibt bei einer Eigenverwertung durch den Informationsempfänger das vertrauliche Wissen geheim, würde ein Geheimhaltungsgebot nicht zugleich ein nachvertragliches Verwertungsverbot mitumfassen. Dieses sollte deshalb ausdrücklich einbezogen werden.

2235 Werden einem Informationsempfänger Informationen für die **Nutzung nur auf einem bestimmten technischen Anwendungsgebiet** überlassen, ergeben sich praktische Schwierigkeiten in der Kontrolle dieser Bindung. Das Risiko, dass diese Informationen auch in anderen technischen Bereichen eingesetzt werden, sollte von vornherein einkalkuliert werden und kann etwa durch die Anhebung der Know-how-Gebühr einen Ausgleich erfahren.

2236 Regelungsbedürftig ist auch die **zeitliche Dauer der Vertraulichkeitsvereinbarung**. Orientierungspunkt ist hier der **Innovationszyklus** in der entsprechenden Branche. Schon unter kartellrechtlichen Gesichtspunkten (vgl. Rz. 2248) unzweckmäßig ist es, Vertraulichkeitsverpflichtungen zeitlich unbefristet aufzuerlegen. Angesichts der raschen technischen Entwicklung dürften vielmehr Geheimhaltungszeiträume von **zwei bis drei Jahren** gerechnet ab Übergabe der Information, ausreichend sein[1].

Insbesondere aus kartellrechtlicher Sicht ist es erforderlich, in die Geheimhaltungsabrede Fälle aufzunehmen, die **von** der **Geheimhaltungsverpflichtung ausgenommen** werden sollen. Dies gilt insbesondere für: 2237

- allgemein zugängliches Wissen;
- eigenen Wissensstand des Informationsempfängers sowohl hinsichtlich des bei Vertragsabschluss vorhandenen Know-hows, als auch des Ergebnisses eigener Know-how-Bildung;
- Know-how, das der Informationsempfänger von außen stehenden Dritten erhält.

Aufgrund der besonderen Problematik der **Durchsetzbarkeit von Vertraulichkeitsabsprachen** sichern die Vertragsparteien die Vertraulichkeitsabrede in der Praxis regelmäßig durch Vereinbarung einer **Vertragsstrafe**[2]. Deren Durchsetzung „befreit" den Lizenzgeber z.T. von den rechtlichen Problemen bei der Geltendmachung eines Unterlassungsanspruchs. Bei einer Klage auf Unterlassung der Nutzung von Entwicklungsunterlagen oder Einhaltung der Geheimhaltungsverpflichtung muss der Informationsgeber im Klageantrag die überlassenen Betriebsgeheimnisse konkret darstellen, was trotz des auch im Zivilprozess möglichen Ausschlusses der Öffentlichkeit zu einer „Vervielfältigung des Know-hows" führen kann. Auch wird ein konkreter Schadensnachweis bei schuldhaftem Geheimnisverrat häufig schwierig sein. Bei Vereinbarung einer Vertragsstrafe erfolgt die Sanktion bereits aufgrund des (schuldhaften) Geheimnisverrates und nicht erst dann, wenn ein Schaden jedenfalls dem Grunde nach nachgewiesen ist. 2238

Zur **Höhe der Vertragsstrafe** erfolgt vielfach eine Orientierung an einem **Vielfachen der vereinbarten Mindestlizenzgebühr**[3], in der Überlegung, dass die Höhe der vereinbarten Mindestlizenz einen Anhaltspunkt für den wirtschaftlichen Wert der geheim zu haltenden Informationen gibt. Zu berücksichtigen sind alle Umstände des Einzelfalls, vor allem die Funktion der Vertragsstrafe als Druck- und Sicherungsmittel.

Frei. 2239–2244

c) Kartellrechtliche Bewertung

Kartellrechtlich stellt eine Geheimhaltungsverpflichtung **grundsätzlich keine Wettbewerbsbeschränkung** dar. Dafür spricht bereits, dass das Ein- 2245

1 Vgl. *Mummenthey*, CR 1999, 651, 656.
2 Zur Vertragsstrafe eingehend *Berger*, RIW 1999, 401 ff.
3 *Pagenberg/Beier*, Lizenzverträge, Muster 5 Rz. 17.

gehen einer Geheimhaltungspflicht in aller Regel Voraussetzung dafür sein wird, dass es überhaupt zur Lizenzvergabe kommt[1]. Dementsprechend klammerte Art. 2 Abs. 1 Nr. 1 TT-GVO 1996 die Geheimhaltungsklauseln aus dem Anwendungsbereich des Art. 81 Abs. 1 EG (heute Art. 101 Abs. 1 AEUV) aus. Die ausdrückliche Freistellung ist im Zuge der Streichung der „weißen Liste" nicht in die TT-GVO 2004 übernommen worden. Allerdings unterfällt eine Geheimhaltungsabrede grundsätzlich weder den Kernbeschränkungen des Art. 4 TT-GVO 2004 noch den Tatbeständen des Art. 5 TT-GVO 2004 (vgl. LL TT-GVO 2004 Nr. 155 lit. a). Daher ist davon auszugehen, dass Geheimhaltungsabreden nach wie vor kartellrechtlich grundsätzlich unbedenklich sind. Dies gilt selbst dann, wenn eine Geheimhaltungspflicht über das Ende der Laufzeit des Lizenzvertrages hinaus auferlegt wurde, solange das Know-how als geheim zu bewerten ist[2] (s. Rz. 2618, 2836, 2874).

Für die rechtliche Einordnung unerheblich ist es, ob es sich um Geheimhaltungsvereinbarungen handelt, die technische oder kommerzielle Kenntnisse betreffen[3].

2246 Die TT-GVO 2004 schützt vorrangig Vereinbarungen, die zwischen Unternehmen geschlossen werden, die **auf verschiedenen Produktions- bzw. Vertriebsstufen** stehen. Eine generelle Freistellung von Geheimhaltungsvereinbarungen zwischen Unternehmen auf **derselben** Produktions- oder Vertriebsstufe ist dem EU-Kartellrecht nicht zu entnehmen. Insbesondere reagiert die EU-Kommission empfindlich, wenn es um Informationsaustausch in einem oligopolistischen Markt mit homogenen Gütern geht[4]. Hierbei sind insbesondere Vereinbarungen, die einen **gegenseitigen Informationsaustausch** und dessen Geheimhaltung fordern, kartellrechtlich kritisch zu betrachten, wobei sicherlich eine Abstufung zu erfolgen hat zwischen solchen Vereinbarungen, die zwischen Wettbewerbern getroffen werden und solchen außerhalb eines konkreten Wettbewerbsverhältnisses.

2247 Die Pflicht zur **unbefristeten Geheimhaltung** mitlizenzierten Know-hows kann dann eine unwirksame Beschränkung des Lizenznehmers darstellen, wenn das Know-how ohne Veranlassung oder Verschulden des Lizenznehmers offenkundig wird (vgl. Art. 2 Unterabs. 2 Satz 2 TT-GVO 2004)[5].

2248 Sowohl nach europäischem, als auch nach deutschem Kartellrecht findet die wettbewerbsrechtliche Zulässigkeit von **nachvertraglichen Geheimhaltungsvereinbarungen** dort ihre Grenze, wo das Know-how nach Beendigung des Lizenzvertrages nicht mehr geheim ist. Es fehlt in einem solchen Fall

1 *EU-Kommission* v. 23.12.1977, GRUR Int. 1978, 371, 374 – Campari.
2 Vgl. *Winzer* in Pfaff/Osterrieth, B III Rz. 567.
3 Wiedemann/*Groß*, Hdb. KartellR, 1999, § 13 Rz. 77 m.w.N.
4 Vgl. Ziff. II der Kooperationsbekanntmachung der Kommission v. 29.7.1968.
5 TB BKartA 1989/90, 37.

an der Schutzwürdigkeit des Geheimniswissens (vgl. Art. 2 Unterabs. 2 Satz 2 TT-GVO 2004)[1].

Frei. 2249–2250

12. Vertragsgemäße Ausübung der Lizenz – Patentverletzung durch den Lizenznehmer

Angesichts der Unterscheidung zwischen den **Vertragsebenen** eines Lizenzvertrages (s. Rz. 67 ff.) ist es konsequent, dass das Gesetz einen Verstoß des Lizenznehmers gegen Beschränkungen seiner Lizenz als Schutzrechtsverletzung bewertet (vgl. § 15 Abs. 2 Satz 2 PatG, § 22 Abs. 2 Satz 2 GebrMG, § 30 Abs. 2 MarkenG, § 31 Abs. 2 GeschmMG; s. Rz. 1196 ff.). Erfasst sind die patentrechtlich wirkenden Beschränkungen der Lizenz, also die persönlichen Grenzen der Lizenz (s. Rz. 1196 ff.), die räumlichen Beschränkungen der Benutzungsbefugnis (s. dazu Rz. 1213 ff.), die zeitlichen Beschränkungen (s. Rz. 1242 ff.) sowie die inhaltlichen Beschränkungen (s. Rz. 1305 ff.). Daneben kommen wegen der Vertragsverletzung die allgemeinen zivilrechtlichen Ansprüche in Betracht (s. Rz. 1182). 2251

Frei. 2252–2254

13. Sonstige Einzelpflichten des Lizenznehmers

Abschließend seien weitere Einzelpflichten des Lizenznehmers aufgeführt, die vor allem unter kartellrechtlichen Gesichtspunkten zu würdigen sind: 2255

Entgegen der Auffassung des *BKartA*[2] kann der Lizenznehmer verpflichtet werden, die nach einem Verfahrenspatent hergestellten Erzeugnisse vor dem Inverkehrbringen mit dem dauerhaft anzubringenden **Hinweis** zu versehen, dass die Erzeugnisse allein mit einem bestimmten Verfahren des Lizenzgebers weiterbearbeitet werden dürfen, wenn auch die Weiterverarbeitung noch vom Schutzumfang des lizenzierten oder eines sonstigen Schutzrechts umfasst ist (andernfalls könnte der Aspekt der Erschöpfung (s. Rz. 2195 ff.) entgegenstehen). 2256

Unwirksam sind dagegen: 2257

- das Verbot, neben dem vom Lizenzgeber für die Lizenzerzeugnisse vorgeschriebenen Kennzeichen eigene, auf den Geschäftsbetrieb des Lizenznehmers und die Lizenzherstellung hinweisende zusätzliche Bezeichnungen anzubringen[3] (s. auch EGr 10 GrFVO-Patentlizenzvereinbarungen). 2258

---

1 *Mummenthey*, CR 1999, 651, 654.

2 *BKartA*, TB BKartA 1960, 49.

3 TB BKartA 1962, 71; zum Lizenzvermerk vgl. auch TB BKartA 1988/90, 36; ferner *Schricker*, WRP 1980, 121 ff. u. *EuGH* v. 25.2.1986, GRUR Int. 1986, 634, 640 – Windsurfing International.

2259 – Beschränkungen des Lizenznehmers, die sich auf im Vertragsgebiet nicht erteilte oder noch nicht bekannt gemachte Patente bzw. noch nicht erteilte Gebrauchsmuster stützen, es sei denn, diese Beschränkungen seien aufgrund zusätzlich lizenzierter technischer Betriebsgeheimnisse gerechtfertigt[1].

2260 Kartellrechtlich nicht bedenklich ist nach Auffassung des *BGH*[2] eine Regelung in einem ausschließlichen Lizenzvertrag, in der sich der **Lizenzgeber** die Stellung **als Generalvertreter des Lizenznehmers** ausbedingt, allerdings unter der Voraussetzung, dass er nur im Namen des Lizenznehmers handeln darf. Hierin sieht der *BGH* keine Beschränkung des Umfanges der Lizenz, sondern nur eine schuldrechtliche Abrede, die die patentrechtlichen Befugnisse des Lizenznehmers nicht berührt. Zur evt. Handelsvertretereigenschaft des Lizenznehmers s. Rz. 1320 ff.

2261 Ferner hält der *BGH*[3] eine anlässlich der Übertragung einer ausschließlichen Lizenz getroffene Absprache, wonach der Erwerber der Lizenz verpflichtet ist, dem **Lizenzgeber** der Zeit und der Menge nach bestimmte **Lohnfertigungsaufträge** zur Herstellung von Gegenständen nach dem lizenzierten Schutzrecht **zu erteilen**, für vereinbar mit § 20 Abs. 1 GWB a.F. Dies soll selbst dann gelten, wenn eine Mindestmenge festgelegt wird und die Erfüllung der Verpflichtung durch ein Vertragsstrafeversprechen[4] abgesichert und mit dem Zusatz versehen war, dass die Vertragsstrafe sich vermindert, wenn das zu erreichende Auftragsvolumen aufgrund einer wesentlichen Änderung der Verhältnisse nicht erreicht wird. Der *BGH* hat die mangelnde wirtschaftliche Verwertbarkeit des lizenzierten Schutzrechtes als eine derartige wesentliche Änderung der Verhältnisse angesehen mit der Folge, dass ein Festhalten des Erwerbers der Lizenz an dem durch die Vertragsstrafenvereinbarung gesicherten Auftragsvolumen unter dem Gesichtspunkt von Treu und Glauben nicht zumutbar war.

2262–2274 Frei.

14. Prozessrechtliche Stellung des Lizenznehmers

2275 Bei der **ausschließlichen Lizenz an Patenten oder Gebrauchsmustern** (vgl. Rz. 78 ff.) entspricht es allgemeiner Auffassung, dass die dingliche Rechtsposition auch ein Verbietungsrecht beinhaltet, das den **Lizenznehmer aktivlegitimiert**[5]. Diese Ansprüche stehen dem Inhaber einer ausschließ-

---

1 TB BKartA 1961, 57.

2 *BGH* v. 12.6.1951, BGHZ 2, 261, 267.

3 *BGH* v. 17.4.1969, BGHZ 52, 55, 57 f. – Frischhaltegefäß.

4 Zum Vertragsstrafeversprechen im internationalen Wirtschaftsrecht vgl. *Berger*, RIW 1999, 401 ff.

5 Vgl. nur *BGH* v. 29.4.1965, GRUR 1965, 591 – Wellplatten; *BGH* v. 12.12.1991, GRUR 1992, 310, 311 – Taschenbuch-Lizenz; *BGH* v. 20.12.1994, GRUR 1994, 338, 340 – Kleiderbügel; s. auch *OLG München* v. 5.4.2007, InstGE 8, 214, Rz. 44, 83; *LG Düsseldorf* v. 1.8.2006 – 4a O 178/00, Rz. 26 (juris).

lichen Lizenz **aus eigenem Recht** zu. Die gleichen Rechte stehen auch dem **ausschließlichen Unterlizenznehmer** zu[1].

Zu beachten ist in diesem Zusammenhang aber eine wesentliche Einschränkung dahin, dass der Inhaber einer ausschließlichen Lizenz ein solches eigenständiges Verbietungsrecht nur insoweit hat, als seine **eigenen Nutzungsrechte berührt** werden[2]. Das Verbietungsrecht findet seine Grenze in der jeweils eingeräumten Nutzungsart und den hierzu getroffenen vertraglichen Vereinbarungen[3]. Ist z.B. dem Lizenznehmer hinsichtlich des lizenzierten Schutzrechtes nur ein ausschließliches Nutzungsrecht für einen bestimmten technischen Anwendungsbereich eingeräumt worden, kann er auch nur insoweit ein Verbietungsrecht gegenüber Verletzern geltend machen. Neben dem Unterlassungsanspruch stehen dem ausschließlichen Lizenznehmer auch alle sonstigen Rechte nach § 139 PatG zu. 2276

Den Lizenzvertragsparteien steht es frei, dieses eigenständige Verbietungsrecht des ausschließlichen Lizenznehmers **vertraglich einzuschränken** (vgl. Rz. 94 ff.). So kann es im Interesse des Schutzrechtsinhabers liegen, sich letztlich die Entscheidung darüber vorzubehalten, ob gegen einen Schutzrechtsverletzer vorgegangen werden soll. Sachlicher Grund hierfür kann etwa die Sorge sein, dass eine Schutzrechtsverletzungsklage mit einer Nichtigkeits- bzw. einer Löschungsklage gegen das lizenzierte Schutzrecht „beantwortet" und dieses damit einer Gefährdung ausgesetzt wird. In einem solchen Fall kommt allerdings eine Nebenintervention des Lizenznehmers (auch des Unterlizenznehmers) auf Seiten des Lizenzgebers als Schutzrechtsinhaber in Betracht, wobei der Nebenintervenient gemäß § 69 ZPO im Hinblick auf die Rechtskraftwirkung des Urteils und eine mögliche Vernichtung des Streitpatents als Streitgenosse des Lizenzgebers i.S. von § 61 ZPO gilt (streitgenössische Nebenintervention)[4]. Selbstverständlich muss eine Einschränkung des Verbietungsrechts des Lizenznehmers durch **wirtschaftliche Gegenleistungen** ausgeglichen werden. In Betracht kommt hier etwa für den Fall einer objektiv gegebenen Patentverletzung eine Minderung der Lizenzgebühr bzw. deren Wegfall, falls auf die Geltendmachung des Verbietungsrechts verzichtet wird. Für den Lizenznehmer liegt zwar ein Vorteil darin, dass er weiterhin an einem (angreifbaren) Monopolrecht partizipiert, er muss diese Position aber über die Einräumung einer faktischen „Freilizenz" in Form der Duldung der Verletzungshandlungen mit einem Dritten teilen. Alternativ kann vorgesehen werden, dass dem Li- 2277

1 Benkard/*Ullmann*, PatG, § 15 Rz. 98 m.H.a. *RG*, GRUR 1937, 627, 628.
2 *BGH* v. 20.12.1994, GRUR 1995, 338, 340 – Kleiderbügel.
3 *BGH* v. 12.12.1991, GRUR 1992, 310, 311 – Taschenbuch-Lizenz.
4 *BPatG* v. 11.11.2008, GRUR 2010, 50 ff. – Cetirizin u. *BPatG* v. 18.3.2008 – 3 Ni 25/06 (EU), Rz. 123 (juris) m.H.a. *BGH* v. 16.10.2007, GRUR 2008, 60, 65 – Sammelhefter II. Zu den Kosten bei streitgenössischer Nebenintervention des ausschließlichen Lizenznehmers des Patentinhabers s. *BPatG* v. 6.10.2009 – 3 Ni 51/07 (EU), Rz. 75 (juris) u.a. m.H.a. *BPatG* v. 29.10.2008, BPatGE 51, 98 – Nebenintervention im Patentnichtigkeitsverfahren.

zenznehmer im jeweiligen Einzelfall die Befugnis eingeräumt wird, eine Patentverletzung zu verfolgen.

2278 Soweit der ausschließliche Lizenznehmer eine eigene Klagebefugnis hat, bedeutet dies zugleich, dass der **Lizenzgeber nicht verpflichtet ist, Verletzungen des lizenzierten Schutzrechts durch Dritte zu verfolgen** (vgl. Rz. 83). Andererseits verliert der Lizenzgeber durch eine ausschließliche Lizenzvergabe nicht das Recht, sich ebenfalls zur Wehr zu setzen[1]. Ihm verbleibt sein Klagerecht, sofern er ein **eigenes schutzwürdiges Interesse an der Rechtsverfolgung** hat.

2279 Nach bisher herrschender Auffassung war **der Inhaber einer einfachen Lizenz** (vgl. Rz. 120 ff.) wegen seiner nur schuldrechtlichen Position im Unterschied zum ausschließlichen Lizenznehmer **nicht berechtigt, gegen Patentverletzer vorzugehen**[2]. Begründet wurde dies mit der bloß schuldrechtlichen Wirkung der dem einfachen Lizenznehmer erteilten Nutzungserlaubnis, die ihm ein Klagerecht nur aufgrund Abtretung oder Ermächtigung durch den Patentinhaber zuerkannte[3]. Unterlassungs- und Vernichtungsansprüche konnte der einfache Lizenznehmer nur aufgrund einer Ermächtigung des Patentinhabers im Wege der gewillkürten **Prozessstandschaft** geltend machen[4]. Bei Auskunfts- und Schadensersatzansprüchen galt, dass der einfache Patent-Lizenznehmer im Falle einer Patentverletzung den Ersatz seines eigenen Schadens nicht verlangen kann[5]. Wollte er den Ersatz der Schäden, welche dem Patentinhaber entstanden sind, an sich selbst verlangen, reichte es nicht aus, dass der Patentinhaber ihn ermächtigt hatte, im eigenen Namen alle Ansprüche wegen Verletzung des Patents gerichtlich geltend zu machen[6]. Insofern ist zusätzlich die materielle Abtretung des dem Patentinhaber zustehenden Schadensersatzanspruches erforderlich[7].

2279a Da die eigenständige Klagebefugnis des ausschließlichen Lizenznehmers (s. zuvor Rz. 2275 ff.) aus dessen dinglicher Rechtsposition hergeleitet

1 Vgl. (für den Fall einer Markenlizenz) *LG Hamburg* v. 9.8.2005, Magazindienst 2006, 651, Rz. 18.

2 Grundlegend hierzu *RG* v. 17.9.1913, RGZ 83, 93, 95; *Kraßer/Schmid*, GRUR Int. 1982, 324, 331; *Groß*, Rz. 388; *Fischer*, GRUR 1980, 374 ff.; bei Vorliegen eines besonderen Rechtsschutzbedürfnisses will *Lichtenstein*, GRUR 1965, 344, 346 dem einfachen Lizenznehmer in analoger Anwendung der §§ 862, 859 BGB einen Unterlassungsanspruch gegen den Verletzer gewähren.

3 *RG* v. 15.6.1933, RGZ 148, 146, 147; *RG* v. 14.3.1939, 826, 828; Benkard/*Rogge/Grabinski*, PatG, § 139 Rz. 17; Benkard/*Ullmann*, PatG, § 15 Rz. 101.

4 *LG Düsseldorf* v. 10.1.2008, Düsseldorfer Entscheidung Nr. 859 – Luftweg-Intubationsvorrichtung (www.duesseldorfer-archiv.de).

5 *BGH* v. 4.5.2004, GRUR 2004, 758, 763 – Flügelradzähler.

6 *LG Düsseldorf* v. 10.1.2008, Düsseldorfer Entscheidung Nr. 859 – Luftweg-Intubationsvorrichtung (www.duesseldorfer-archiv.de).

7 *BGH* v. 15.3.2012, Mitt. 2012, 277, 281, Rz. 51 – Converse II; *LG Düsseldorf* v. 10.1.2008, Düsseldorfer Entscheidung Nr. 859 – Luftweg-Intubationsvorrichtung (www.duesseldorfer-archiv.de).

wird[1], stellt sich zukünftig die Frage, ob die dem einfachen Lizenznehmer nunmehr in der Rechtsprechung des *BGH* zuerkannte dingliche Rechtsposition (s. dazu Rz. 120 ff.) Anlass zu einem Umdenken gibt. Es erscheint nicht denkbar, diese dingliche Rechtsposition hinsichtlich der einzelnen Rechtswirkungen zu differenzieren und die dingliche Rechtswirkung zu „relativieren". Vor diesem Hintergrund spricht sich *McGuire*[2] für **eine Begrenzung der Klagebefugnis auf den Rechtsinhaber** aus. Dementsprechend müsste die Geltendmachung der Ansprüche aus einer Schutzrechtsverletzung ausschließlich durch den Lizenzgeber erfolgen, den der Lizenznehmer als Nebenintervenient im Prozess unterstützen kann. Daneben bliebe natürlich die Möglichkeit der Rechtsverfolgung durch den Lizenznehmer auf der Basis einer **gewillkürten Prozessstandschaft**. Anknüpfungspunkt ist hierbei u.a. § 14 Abs. 6 MarkenG[3], der Markenverletzungsansprüche ausschließlich dem Markeninhaber zugesteht (vgl. dagegen aber § 139 Abs. 1 und 2 PatG, der diese Ansprüche nicht allein dem Schutzrechtsinhaber, sondern generell dem „Verletzten" zuerkennt).

Da bei einem Vorgehen gegen (vermeintliche) Schutzrechtsverletzer durch den Lizenznehmer sehr häufig Interessen des Schutzrechtsinhabers und Lizenzgebers mit betroffen sein können, sollte jedenfalls die zuvor (vgl. Rz. 2277) angesprochene Empfehlung vor allem bei der einfachen Lizenz genutzt werden, das prozessuale Vorgehen des Lizenznehmers von der **Zustimmung des Schutzrechtsinhabers** abhängig zu machen (vgl. auch § 30 Abs. 3 MarkenG; § 31 Abs. 3 GeschmMG). In diesem Sinne spricht sich auch *Pahlow*[4] für eine vertragliche Gestaltung dieses Sachverhalts im Lizenzvertrag aus.

Wegen der völligen Dispositionsfreiheit des Lizenzgebers, beliebig viele weitere einfache Lizenzen zu vergeben und hierbei auch Freilizenzen einzuräumen, wird zu Recht eine **Pflicht des Lizenzgebers**, im Interesse des **einfachen Lizenznehmers gegen Patentverletzungen Dritter tätig zu werden, verneint** (eingehend hierzu Rz. 124). Für den einfachen Lizenznehmer besteht im Gegensatz zum ausschließlichen Lizenznehmer auch kein Anspruch auf angemessene Anpassung der Lizenzgebühr wegen einer vom Lizenzgeber vielleicht aus unternehmenspolitischen Gründen nicht verfolgten, den Markt aber beeinflussenden Patentverletzung eines Mitbewerbers des Lizenznehmers. Denn beim Fehlen einer Meistbegünstigungsklausel hat der Lizenznehmer keinen Anspruch darauf, vom Lizenzgeber mit seinen Mitbewerbern rechtlich und tatsächlich gleichgestellt zu werden. Darin liegt auch kein Verstoß gegen den **Gleichbehandlungsgrundsatz**, wenn 2280

---

1 Vgl. *BGH* v. 20.12.1994, GRUR 1994, 338, 340 – Kleiderbügel; *BGH* v. 20.5.2008, GRUR 2008, 896 – Tintenpatrone; s. auch *BGH* v. 5.4.2011, GRUR 2011, 711, 713, Rz. 22 ff. – Cinch-Stecker; *Mes*, PatG, § 139 Rz. 46 ff.

2 *McGuire*, Die Lizenz, §§ 9 V 6, S. 591 ff.

3 S. dazu *BGH* v. 19.7.2007, GRUR 2007, 877 – Windsor Estate.

4 *Pahlow*, Mitt. 2012, 249, 255.

man dessen Anwendbarkeit im Verhältnis der Lizenzvertragsparteien überhaupt zu bejahen bereit ist. Dieser Grundsatz verbietet nur willkürliche Unterschiede in der rechtlichen Behandlung, steht aber einer unterschiedlichen Vertragsgestaltung bei sachlichen Gründen jeder Art nicht im Wege. Diese können in vielschichtigen unternehmenspolitischen Entscheidungen begründet liegen und sind damit für den Lizenzgeber stets realisierbar.

2281 Eine besondere prozessrechtliche Stellung hat der Lizenznehmer im **Markenrecht** (eingehend hierzu Rz. 228 ff.). Hier bestimmt **§ 30 Abs. 3 MarkenG**, dass der Lizenznehmer, unabhängig davon, ob es sich um eine ausschließliche oder einfache Lizenz handelt, nur mit Zustimmung des Markeninhabers Klage wegen Verletzung der Marke erheben kann[1]. Nach **§ 30 Abs. 4 MarkenG** steht es dem Lizenznehmer frei, der vom Lizenzgeber erhobenen Verletzungsklage beizutreten. Eine vergleichbare Einschränkung enthält **§ 31 Abs. 3 GeschmMG** für die Lizenz an einem Geschmacksmuster.

2282–2305 Frei.

XVII. Weitere vertragliche Regelungen

1. Höhere-Gewalt-Klauseln

2306 Der seiner Natur nach auf Dauer ausgerichtete Lizenzvertrag kann im Laufe der Zeit Störungen unterworfen sein, auf die die Vertragsparteien keinen Einfluss haben. Angesprochen sind die Fälle der **höheren Gewalt** (vgl. auch § 206 BGB zur Verjährungshemmung). Zweckmäßig ist es, dass derartige Leistungshindernisse bereits im Vertragstext berücksichtigt werden und gleichzeitig geregelt ist, wen die Haftung für solche Störungen trifft und welchen Einfluss der Eintritt eines solchen Ereignisses auf die Vertragsabwicklung haben soll[2].

Abzugrenzen sind solche Sachverhalte von Störfällen, die in der **Risikosphäre des einzelnen Vertragspartners** auftreten (Produktionsausfälle, Beschaffungsprobleme etc.). Selbst einem flächendeckenden Zusammenbruch der Informationsinfrastruktur kann ggf. durch vorbeugende Sicherungsmaßnahmen (Back-up-Systeme, gut dokumentierte Wiederherstellungsprozeduren) begegnet werden.

2307 Fehlt im Lizenzvertrag eine Höhere-Gewalt-Klausel, ist von dem Grundsatz auszugehen, dass **für höhere Gewalt regelmäßig nicht gehaftet wird**.

---

1 Vgl. nur *BGH* v. 30.4.1998, BGHZ 138, 349 ff. – MAC Dog; s. auch *OLG Braunschweig* v. 24.11.2010, GRUR-RR 2011, 91, 92 sowie *OLG Hamm* v. 9.3.2010 – 4 U 166/09, Rz. 36 (juris); *Bühling*, GRUR 1998, 196, 198.

2 Einzelheiten zur Gestaltung solcher Klauseln in internationalen Wirtschaftsverträgen s. *Plate*, RIW 2007, 42 ff.

Das heißt also, der Lizenznehmer kann, wenn besondere Garantiezusagen des Lizenzgebers nicht bestehen, keine Gewährleistungsansprüche gegen den Lizenzgeber erheben und umgekehrt. Dieser Grundsatz kann durch besondere Ausgestaltung der Vertragsbedingungen eine Änderung erfahren.

Bei den **Fällen der höheren Gewalt** ist nicht nur an die relativ seltenen **politischen Katastrophen**, wie etwa Krieg, kriegsähnliche Verwicklungen, Bürgerkrieg, terroristische Angriffe usw. zu denken. Zu nennen sind daneben insbesondere **Naturkatastrophen, Brandfälle** und vor allem **staatliche Eingriffe**, wie etwa Beschlagnahmen, Produktionsverbote, Ausfuhrverbote und dgl. Nicht unbeachtlich sind in diesem Zusammenhang auch **Arbeitsstreiks** ebenso wie innerbetriebliche Ereignisse, etwa ein **interner wilder Betriebsstreik**. Zu denken ist schließlich an flächendeckende Blockaden, z.B. von Energiequellen etc., oder an sonstige Ausfälle, wie etwa einen Zusammenbruch der Informationsinfrastruktur durch Computerviren usw. Solche Ereignisse sind insbesondere für die Vertragsparteien eines internationalen Lizenzvertrages zu beachten, da im Zweifel der inländische Vertragspartner kaum die wirtschaftlichen und politischen Entwicklungen in dem Land seines ausländischen Vertragspartners überschauen kann. 2308

Allerdings ist der **Begriff der höheren Gewalt nicht eindeutig bestimmt**, was insbesondere bei der Geltung einer ausländischen Rechtsordnung zu beachten ist. 2309

Die höhere Gewalt wird im Allgemeinen als ein **von außen kommendes (betriebsfremdes), außergewöhnliches, unvorhersehbares und unvermeidbares Ereignis angesehen**[1], das auch durch die äußerste, billigerweise zu erwartende Sorgfalt nicht vorhergesehen und verhütet werden konnte[2]; dagegen würde schon das geringste Verschulden höhere Gewalt ausschließen[3]. Der Begriff „höhere Gewalt" umfasst dementsprechend ein **objektives und ein subjektives Merkmal**, wobei sich Ersteres auf ungewöhnliche, außerhalb der Sphäre des Wirtschaftsteilnehmers liegende Umstände bezieht und Letzteres mit der Verpflichtung des Betroffenen zusammenhängt, sich gegen die Folgen ungewöhnlicher Ereignisse zu wappnen, indem er, ohne übermäßige Opfer zu bringen, geeignete Maßnahmen trifft[4]. Da ein Schwergewicht auf dem Begriffselement der **Unvermeidbarkeit** liegt, wird diese Unvermeidbarkeit eines Ereignisses z.T. damit umschrieben, dass als höhere Gewalt die „vom Parteiwillen unabhängigen Umstände" bezeichnet werden. Vor einer solchen Klausel muss nachdrücklich gewarnt werden, da sie die Gefahr einer Einschränkung der sonst üblichen „Höhere-Gewalt-Klausel" in sich birgt. So können z.B. Ereignisse, die üblicherweise 2310

1 *BGH* v. 11.12.1950, BGHZ 1, 18, 20; *BGH* v. 19.6.1952, BGHZ 7, 30, 39.
2 Vgl. Palandt/*Ellenberger*, BGB, § 206 Rz. 4.
3 Vgl. *BGH* v. 7.5.1997, NJW 1997, 3164; *BAG* v. 7.11.2002, NJW 2003, 2849; s. auch zu § 203 BGB a.F. Erman/*Schmidt-Räntsch*, BGB, § 206 Rz. 4; *Grothe* in MünchKomm. BGB, § 206 Rz. 3; Soergel/*Walter*, BGB, § 203 Rz. 3.
4 *EuGH* v. 22.9.2011, MarkenR 2011, 534, 538, Rz. 48 – Bell&Ross/HABM.

eine Haftung ausschließen, ohne weiteres als vom Parteiwillen abhängige Umstände bezeichnet werden, etwa wenn wegen einer schlechten oder mangelhaften Organisation im Betrieb Unfälle, Krankheiten, Brandkatastrophen eintreten, die zu einer erheblichen Arbeitsverzögerung führen. Auch ein Streik oder eine spontane Arbeitsniederlegung können durch ein Verhalten der Firmenleitung hervorgerufen sein, und würden als ein vom Parteiwillen abhängiger Umstand den betroffenen Vertragspartner nicht berechtigen, auf den an sich gewollten Haftungsausschluss zu verweisen. Ebenso wäre die **Aussperrung** als Reaktion auf einen Streik ein Umstand, der vom Willen des Arbeitgebers abhängig ist. Gerade **Arbeitskämpfe** werden aber üblicherweise als Entlastungsgründe im Rahmen der Höhere-Gewalt-Klausel angesehen.

2311 Deshalb ist es zweckmäßiger, eine **Klausel** etwa in der Form zu verwenden, dass eine Partei bei jedem Leistungshindernis, das auf höherer Gewalt, also einem außergewöhnlichen, unvorhersehbaren Ereignis beruht, ebenso entlastet sein soll wie im Falle einer Leistungsstörung durch Arbeitskämpfe und wilde Streiks. Diese Klausel ist dahin zu ergänzen, dass als durch höhere Gewalt bedingte Entlastungsgründe **beispielsweise** Naturkatastrophen, politische Katastrophen und Eingriffe von Staats wegen anzusehen sind. Ebenso empfiehlt es sich, den vorrangigen **Begriff der Unvermeidbarkeit** dadurch zu **definieren**, dass dessen Voraussetzungen vorliegen, wenn der störende Einfluss auf die Vertragsabwicklung durch vernünftigerweise zu erwartende Vorsichtsmaßregeln nicht vermieden werden konnte[1]. Soweit der Arbeitskampf als Entlastungsgrund ausdrücklich genannt wird, ist noch darauf hinzuweisen, dass zweckmäßigerweise auch der innerbetriebliche wilde Streik, der von der Rechtsprechung nicht zur höheren Gewalt gezählt wird, weil er kein von außen kommendes Ereignis ist[2], als Entlastungsgrund ausdrücklich erwähnt wird.

2312 Die vorgenannte Ausdehnung einer Höhere-Gewalt-Klausel ist im Rahmen der das bürgerliche Recht beherrschenden Vertragsfreiheit zulässig. Die Grenze bildet **§ 138 BGB**, der sittenwidrige Abreden, insbesondere also die übermäßige Knebelung einer Partei, untersagt. Ist den Parteien an einer solch weiten Ausdehnung der Höhere-Gewalt-Klausel nicht gelegen, ist zu raten, gewisse Ereignisse als Entlastungsgründe zu vereinbaren, für andere dagegen ausdrücklich zu bestimmen, dass sie nicht als höhere Gewalt anzusehen sind.

2313 Bei der Abfassung der Höhere-Gewalt-Klauseln sollte zudem festgelegt werden, **welchen Einfluss der Eintritt eines solchen Ereignisses auf die Vertragsabwicklung haben soll**. So sollte geklärt werden, bei welchen Ereignissen eine Auflösung des Vertrages oder jedenfalls der Wegfall bestimmter

---

1 Zur Auslegung hins. § 203 a.F., jetzt § 206 BGB, s. Palandt/*Ellenberger*, BGB, § 206 Rz. 4 ff.; *Grothe* in MünchKomm. BGB, § 206 Rz. 3; Einzelfälle s. *Henrich* in Bamberger/Roth, BGB, § 206 Rz. 4 ff.; *BAG* v. 7.11.2002, NJW 2003, 2849.

2 So *RG* v. 16.2.1925, RGZ 110, 209, 212.

Vertragspflichten eintreten soll, und ferner, inwieweit ein Ereignis eine Partei von ihren Verpflichtungen wenigstens für die Zeitdauer, in der die Durchführung des Vertrages beeinträchtigt wird, befreit. Daher sollte auch klargestellt werden – worauf *Lüdecke/Fischer*[1] zutreffend hinweisen – dass erst gewisse **Mindestauswirkungen der höheren Gewalt** eingetreten sein müssen, bevor aus einem solchen Ereignis Rechte hergeleitet werden dürfen. Dies lässt sich etwa in der Formel ausdrücken, dass der Lizenznehmer so lange nicht zur Zahlung einer vereinbarten Mindestlizenzgebühr verpflichtet sein soll, als er außerstande ist, infolge bestimmter, als höhere Gewalt anzusehender Ereignisse den Vertragsgegenstand herzustellen. Hierbei kann dann im Einzelnen aufgezählt werden, in welchen Fällen die Benutzung des Erfindungsgegenstandes dem Lizenznehmer unmöglich ist, und dass andererseits eine bloße Erschwernis, solange sie mit zumutbaren Mitteln überwunden werden kann, die Befreiung von der Mindestlizenzgebühr noch nicht herbeiführt. Vor allem der Lizenzgeber sollte hier darauf achten, durch fest umrissene Tatbestände eine sonst evtl. bestehende Garantiepflicht einzuschränken, um nicht unzumutbare Belastungen zu übernehmen. Den Lizenznehmer trifft die **Darlegungs- und Beweislast** dafür, dass ihm die Erfüllung seiner Leistungspflicht unmöglich geworden ist.

Da der Lizenznehmer im Zweifel auf die Hilfe von Zulieferanten angewiesen ist, sollte er darauf drängen, dass auch die **Haftung für Erfüllungsgehilfen bzw. sonstige Zulieferanten** (Lieferkettenrisiko) in den Fällen dort auftretender höherer Gewalt ausgeschlossen wird. Auch die Frage, wen bei Eintritt eines solch außergewöhnlichen Ereignisses die **Pflicht zur Aufrechterhaltung des Schutzrechtes** trifft, sollte in einer Höhere-Gewalt-Klausel berücksichtigt werden. 2314

Frei. 2315–2321

2. Salvatorische Klausel/Anpassungsklausel

Zahlreiche Formularmuster für Lizenzverträge enthalten die allgemein übliche, an § 139 BGB ausgerichtete Klausel, dass bei Unwirksamkeit einer Vertragsbestimmung die anderen Vertragsbestimmungen weiterhin Bestand haben sollen (salvatorische Klausel). Mit einer solchen Klausel wollen die Vertragspartner sichern, dass der Lizenzvertrag in jedem Fall unabhängig von der Wirksamkeit einzelner Vertragsbestimmungen fortgeführt wird (s. Rz. 948, 1072 f., vgl. zur Sprech- bzw. Verhandlungsklausel Rz. 2911 ff.)[2]. **§ 139 BGB** kommt im Falle einer Teilnichtigkeit zum Tragen, nicht jedoch, wenn der Vertrag – etwa wegen Verletzung von zwingenden Formvorschrif- 2322

1 *Lüdecke/Fischer*, Lizenzverträge, H 8 S. 608.
2 Vgl. auch *Bunte*, GRUR 2004, 301 ff.

ten (vgl. etwa § 311a BGB, § 34 GWB a.F.) oder wegen Anfechtung – insgesamt nichtig ist[1].

2323 Die salvatorische Klausel umfasst üblicherweise zwei Sachverhalte:

- **Erhaltungsklauseln** bringen zum Ausdruck, dass die Vertragspartner bei Unwirksamkeit einer Vertragsklausel nicht die von § 139 BGB eigentlich gesetzlich vorgesehene Rechtsfolge wollen, nämlich im Zweifel die Nichtigkeit des gesamten Rechtsgeschäfts, sondern im Gegenteil dessen Restgültigkeit.
- **Ersetzungsklauseln** bestimmen demgegenüber weitergehend, welche Regelungen an die Stelle der nichtigen Bestimmungen treten sollen[2]. Nach ständiger Rechtsprechung des *BGH*[3] sind sowohl Erhaltungs- wie Ersetzungsklauseln zulässig und wirksam.

2324 Nach **§ 139 BGB** bleibt bei Teilnichtigkeit eines Rechtsgeschäfts der von der Nichtigkeit nicht erfasste Teil bestehen, wenn dies dem hypothetischen Parteiwillen entspricht. Insoweit ist vielfach eine allgemeine **Erhaltungsklausel nicht geeignet**, den oft unterschiedlichen Vertragsinteressen gerecht zu werden. Eine bloße Teilnichtigkeit ist in erster Linie gegeben, wenn nach Entfernung des unwirksamen Teils ein Vertragsinhalt übrig bleibt, der für sich allein einen **Sinn behält**[4]. Nach dem Sinngehalt der Vorschrift ist § 139 BGB aber grundsätzlich auch dann anwendbar, wenn die Parteien anstelle der nichtigen Regelung, hätten sie die Nichtigkeit gekannt, eine andere, zulässige Vereinbarung getroffen hätten. Lässt sich der **Vertragsinhalt** in eindeutig abgrenzbarer Weise in den nichtigen Teil und den von der Nichtigkeit nicht berührten Rest **aufteilen**, ist es zulässig, den **nichtigen Teil zur Beseitigung der Nichtigkeit neu zu fassen**[5]. Der von § 139 BGB geregelte Bereich ist allerdings überschritten, wenn an die Stelle der nichtigen Bestimmung eine von mehreren denkbaren wirksamen Regelungen gesetzt werden muss.

Folgerichtig sieht der *BGH* in einer allgemeinen **Erhaltungsklausel** lediglich eine von den Vorgaben des § 139 BGB abweichende **Zuweisung der Darlegungs- und Beweislast**, die dann denjenigen trifft, der den Vertrag – entgegen dem Inhalt der Enthaltungsklausel – als Ganzes für unwirksam hält[6]. Nur bei diesem Verständnis einer salvatorischen Klausel erhält – so

---

1 Vgl. *BGH* v. 20.6.2005, BB 2005, 1985, 1988 – Aushändigung eines Lizenzvertrages m.H.a. *BGH* v. 24.9.2002, WM 2003, 211; *Pagenberg/Beier*, Muster 1, Rz. 336, 339.

2 Vgl. hierzu *Michalski*, NZG 1998, 7 ff.

3 Vgl. nur *BGH* v. 6.4.2005, NJW 2005, 2225 ff.; *BGH* v. 8.2.1994, GRUR 1994, 463, 465 – Pronuptia II; *BGH* v. 9.5.1955, DB 1955, 750.

4 Vgl. *BGH* v. 5.6.1989, NJW 1989, 2681 u. *BGH* v. 7.12.2010, GRUR 2011, 641, 645, Rz. 51 – Jette Joop.

5 *BGH* v. 7.12.2010, GRUR 2011, 641, 645, Rz. 51 – Jette Joop.

6 Vgl. *BGH* v. 24.9.2002, GRUR 2004, 353 – Tennishallenpacht unter Aufgabe von *BGH* v. 8.2.1994, GRUR 1994, 463, 465 – Pronuptia II.

der *BGH*[1] – der Gesichtspunkt, dass es auf die Bedeutung der nichtigen Bestimmung für den Vertrag ankommt, die ihm zukommende Beachtung; zu prüfen ist also, ob der Vertrag auch **ohne** die **unwirksame Klausel noch** eine sinnvolle **und ausgewogene Regelung der beiderseitigen Interessen** enthält und deswegen anzunehmen ist, der Vertrag solle nach dem übereinstimmenden Willen beider Beteiligter auch ohne die nichtige Bestimmung wirksam sein. Selbstverständlich haben es die Vertragsparteien in der Hand, durch ausdrückliche Regelungen im Vertrag schon entsprechende Hinweise auf die gemeinsamen oder die jeweiligen Vertragsinteressen zu geben. Dies kann insbesondere durch eindeutige Herausstellung des Vertragszwecks und der an die Erreichung dieses Zwecks geknüpften Vorstellungen der Vertragsparteien (z.B. in der Präambel) erfolgen; ebenso ist es u.E. denkbar, dass die Parteien deutlich hervorheben, dass bei Unwirksamkeit bestimmter Klauseln (z.B. Währungsklauseln) der Vertrag auch im Übrigen unwirksam sein oder im Sinne einer bestimmten Regelung angepasst werden soll.

Der Partei, die sich auf die Gesamtnichtigkeit des Vertrages beruft, obliegt es bei einer Ersetzungsklausel **nachzuweisen**, dass auch diese Klausel keine Lösung ergibt, die den Parteiinteressen entspricht[2].

Bei der Vereinbarung einer Ersetzungsklausel ist im Einzelfall zu bedenken, ob diese ggf. auf eine Bösgläubigkeit der Parteien hinweist, was hinsichtlich Bußgeldtatbeständen von Bedeutung sein kann[3].

Auch wenn der Vertrag **keine Ersetzungsklausel enthält**, bedarf es der Prüfung, mit welchem Inhalt die Vereinbarung im Falle teilweiser Unwirksamkeit fortgelten soll. Dafür ist auch dann, wenn eine Ersetzungsklausel fehlt, eine **ergänzende Vertragsauslegung** möglich[4].

Ein angemessener Interessenausgleich ist auch mit einer **modifizierten Anpassungsklausel** zu erreichen[5]. Eine solche Klausel kann etwa folgenden Inhalt haben: 2325

„Treten erhebliche Änderungen der Umstände ein, die für den Abschluss und die Durchführung des Lizenzvertrages wesentlich sind, wozu auch die rechtliche Wirksamkeit einzelner Vertragsbestimmungen gehört, so sind die Vertragspartner verpflichtet, gemeinschaftlich den Vertrag in einem angemessenen Ausgleich den gegenseitigen Interessen entsprechend anzupassen[6]."

---

1 Vgl. *BGH* v. 24.9.2002, WM 2003, 211.

2 *Bunte*, GRUR 2004, 301, 303 f.

3 *Zöttl*, WRP 2005, 33, 47.

4 Vgl. *BGH* v. 5.6.1989, NJW 1989, 2681 u. *BGH* v. 7.12.2010, GRUR 2011, 641, 645, Rz. 51 – Jette Joop.

5 Vgl. zu Anpassungsklauseln insbesondere bei Gesellschaftsverträgen *Salje*, NZG 1998, 161 ff.

6 In einem sog. Buchlizenzvertrag für eine Buchgemeinschaft (*OLG Hamm* v. 8.11.1977, GRUR 1978, 436 ff. – Herz mit Paprika) fand sich folgende vom *BKartA* genehmigte und sich auf die Absatzmöglichkeiten des Lizenznehmers beziehende Klausel: „Falls der Verlag (i.e. der Lizenzgeber) Maßnahmen beschließt, die geeignet sind, die Absatzmöglichkeiten der Buchgemeinschaft (des Taschenbuchver-

2326 Im Einzelfall kann auch vorgesehen werden, dass bei Nichteintritt bestimmter wesentlicher Vertragsziele (z.B. Nichterfüllung des vereinbarten Austauschs von Nutzungsrechten, Wegfall des lizenzierten Grundpatentes) der Vertrag enden soll.

2327 Während die vorstehend zitierte Klausel generell bei einer Änderung der für den Abschluss eines Lizenzvertrages wesentlichen Umstände eine Anpassungspflicht der Parteien vorsieht, kann die **Anpassungspflicht** auch **an bestimmte näher gekennzeichnete wesentliche Umstände anknüpfen** wie etwa bei folgender **Klausel**:

„Ändert sich der Faktor X; so sind die Vertragsparteien verpflichtet, die hierauf beruhende Bestimmung Y des Vertrages dieser Änderung anzupassen."

2328 Bezieht sich die Anpassungspflicht der Vertragsparteien nur auf einen bestimmten Umstand, so lässt sich die **Fälligkeit** der gegenseitigen **Anpassungspflicht** relativ einfach feststellen durch einen Vergleich des Ausgangswertes, wie er dem Faktor X bei Abschluss des Vertrages zukam, mit dem Wert im Anpassungszeitpunkt.

2329 Wesentlich schwieriger ist diese Feststellung, wenn sich die Anpassungsklausel generell auf die gesamte vertragliche Absprache bezieht. Hier bedarf es stets einer eindeutigen **Herausstellung des Zweckes dieses Vertrages** und der an die Erreichung dieses Zweckes geknüpften Vorstellungen der Vertragspartner, wie sie ihren Niederschlag in der Fassung des Vertrages gefunden haben. Dies bedeutet, dass ein **Anpassungsanspruch** nur dann akut wird, wenn durch die festgestellte Änderung bestimmter Umstände auch der Vertragszweck eine Änderung erfahren hat oder jedenfalls die in dem Vertrag zum Ausdruck gekommene Aufteilung der Parteiinteressen in ihrem Gewicht (was nicht notwendig ein Gleichgewicht sein muss) verschoben wird.

2330 Diese Feststellung zeigt schon, wie bedeutsam es sein kann, wenn in der Anpassungsklausel deutlich gesagt wird, bei welchen bestimmten Ereignissen die Anpassungspflicht ausgelöst wird, und dass darüber hinaus für die Ereignisse, die die Vertragspartner zum Zeitpunkt des Abschlusses des Vertrages noch nicht vorhersehen können, vereinbart wird, dass dann – generalklauselartig – die Voraussetzung zur Anpassung erfüllt ist, wenn sich Parteiinteressen als Folge ihrer Abhängigkeit von bestimmten tatsächlichen Verhältnissen in ihrem Gleichgewicht erheblich verschieben. Diese **Mischform** zwischen einer konkreten Aufzählung der anpassungspflichtigen Umstände und einem im Übrigen generalklauselartigen Hinweis auf

---

lages) wesentlich zu beeinträchtigen, wird die Buchgemeinschaft (der Taschenbuchverlag) zum frühestmöglichen Zeitpunkt hiervon unterrichtet. In derartigen Fällen ist über eine angemessene Anpassung der garantierten Auflage an die veränderten Umstände neu zu verhandeln. Unbeschadet dieser Folgen ist der Verlag frei in der Festsetzung des Preises und der Konditionen." Das *OLG Hamm* ermöglichte es der Buchgemeinschaft, über diese Anpassungsklausel „ganz aus dem Vertrag entlassen zu werden".

eine sonst bestehende Anpassungspflicht dürfte wohl allen Parteiinteressen gerecht werden und Schwierigkeiten in der Feststellung der Fälligkeit der Anpassungspflicht weitgehend vorbeugen.

Der **Wirksamkeit** solcher Anpassungsklauseln im Rahmen von Lizenzver- 2331
trägen stehen keine Bedenken entgegen. Es handelt sich hierbei um **einen Vertrag eigener Art** (§ 311 BGB), wie er nach dem Grundsatz der Privatautonomie jederzeit möglich ist. Sofern eine solche Abrede lediglich generalklauselartig ausgestaltet ist, wird ihre Wirksamkeit zum Teil deshalb in Zweifel gezogen, weil die Abrede inhaltlich zu unbestimmt wäre. Dabei wird indes übersehen, dass das Erfordernis der Bestimmtheit auch dann erfüllt ist, wenn die Leistung lediglich bestimmbar ist. Diese Bestimmbarkeit ist im Rahmen eines Lizenzvertrages aber wohl stets durch den Zweck dieses Vertrages und die gesamten Umstände, wie sie in dem Vertrag ihren Niederschlag gefunden haben, gegeben. Schließlich steht auch fest, welche Leistungen die beiden Vertragspartner gegeneinander austauschen und in welchem Verhältnis diese Leistungen zueinander stehen. Tritt in diesem Verhältnis eine Verschiebung ein, ist die nähere Bestimmung der Anpassungsklausel möglich. Bedeutsam ist dabei auch noch, dass die Anpassungsklausel einen so genannten **Rahmenvertrag** darstellt, da sie sich nicht darin erschöpft, eine einmalige Anpassungspflicht der Parteien zu bestimmen, sondern für alle die Fälle Geltung haben muss, in denen sich die tatsächlichen Umstände der Lizenzabsprache zukünftig ändern.

Bei der Feststellung einer wesentlichen Änderung der Vertragsumstände 2332
sind vorab alle die Umstände auszuschließen, die dem üblichen **Unternehmerrisiko** eines der Vertragspartner zuzuordnen sind. Erst wenn diese Grenze überschritten wird, wird eine Anpassungspflicht akut. Bei der dann vorzunehmenden Anpassung ist wesentlich auf die **Ursache der Veränderung** abzustellen. Stellt sich etwa heraus, dass einer der Vertragspartner durch vertragswidriges Verhalten diese Veränderung schuldhaft herbeigeführt hat, etwa weil er ihm obliegende Leistungspflichten nicht oder nicht rechtzeitig erfüllt hat, so bedarf es insoweit eines Zurückgreifens auf die Anpassungsklauseln nicht. Der betroffene Vertragspartner kann vielmehr einen Interessenausgleich dadurch erlangen, dass er seinen Partner wegen Haftung für Pflichtverletzungen bei Erfüllung des Vertrages (§ 280 Abs. 1 BGB) oder **unerlaubter Handlung** (§§ 823, 826 BGB) in Anspruch nimmt (vgl. Rz. 540 ff.). Für eine Vertragsanpassung ist auch dann kein Raum, wenn die Vertragsparteien übereinstimmend feststellen, dass eine ordnungsgemäße Vertragserfüllung nicht mehr möglich ist. In diesem Fall bleibt nur noch der Weg der **Auflösung des Vertragsverhältnisses**.

Eine Anpassung eines Vertragsverhältnisses wird üblicherweise dadurch 2333
vollzogen, dass der eine Partner unter Hinweis auf die Veränderung der für die Vertragsgestaltung maßgeblichen Umstände dem anderen Partner den **Abschluss des Änderungsvertrages anbietet**. Da die Anpassungsklausel den Vorschriften über den gegenseitigen Vertrag gemäß §§ 320 ff. BGB zuzuord-

nen ist, kann der anbietende Vertragspartner in dem Fall der Weigerung seines Gegners, dieses Angebot anzunehmen, von diesem die Annahme der Offerte als Erfüllungsanspruch verlangen. Der anbietende Vertragspartner erlangt bei Erfüllungsverweigerung seines Gegners das Recht, sich gemäß § 323 BGB von dem gesamten Vertrag zu lösen und/oder nach §§ 281, 325 BGB Schadensersatz geltend zu machen.

2334 Dieser Gedanke wird auch dann wesentlich, wenn es um die **prozessuale Durchsetzung des Anpassungsanspruchs geht**. Auch dabei stellt sich die Frage, ob der Vertragspartner zunächst die Verurteilung seines Gegners zur Abgabe der auf Anpassung des Vertrages gerichteten Willenserklärung **(§ 894 ZPO)** beantragen muss oder sofort die Leistung einklagen kann, die sich nach entsprechender Änderung des Vertrages ergäbe. Da das Interesse des klagenden Vertragspartners darauf gerichtet ist, **unmittelbar Erfüllung des als abgeändert zu fingierenden Vertrages** zu verlangen, würde es – was auch der *BGH*[1] ausdrücklich betont – nicht gerechtfertigter Formalismus sein, einem Gläubiger, der Anspruch auf Einwilligung in weitere Rechtsfolgen hat, nicht sofort das Klagerecht auf diese Rechtsfolgen selbst zu geben.

2335 Wegen der in der Praxis immer wieder auftretenden Schwierigkeiten in der Durchsetzung einer solchen Anpassungsklausel ist eventuell vorzusehen, dass nicht die Vertragspartner selbst sich um die Abänderung des Vertragsverhältnisses bemühen, sondern statt dessen die Anpassung durch ein **Schiedsgericht** oder ein **Schiedsgutachten** vereinbart wird, das dann verbindlich entscheidet (vgl. Rz. 3001 ff.).

2336–2337 Frei.

3. Rechtswahlklauseln, Bestimmung des Vertragsstatuts

2338 Bei internationalen Lizenzverträgen ist es zweckmäßig, ausdrücklich zu bestimmen, welches **nationale Recht** auf den Vertrag angewendet werden soll. Die sach- und interessengerechte Rechtswahl ist ein wesentliches Gestaltungselement[2]. Die Rechtsanwendung wird vorhersehbar und damit kalkulierbar.

Eine Rechtswahl ist auch nicht deswegen entbehrlich, weil die Vertragsparteien möglicherweise meinen, in den einzelnen nationalen Rechtsordnungen seien **spezielle lizenzrechtliche Regelungen ohnehin nur spärlich vorhanden**, so dass die Verweisung auf eine bestimmte Rechtsordnung wenig brächte. Richtig ist demgegenüber, dass bei fehlenden lizenzvertraglichen Bestimmungen die allgemeinen Rechtsgrundsätze greifen, beispielsweise Fragen der Beendigung von Dauerschuldverhältnissen, Fragen von

---

1 Vgl. *BGH* v. 18.1.1967, NJW 1967, 553, 554; *BGH* v. 21.11.1968, NJW 1969, 233, 234.

2 *Mankowski*, RIW 2002, 2, 3 m.w.N.: „Rechtswahl ist Rechtsanwendungsplanung, ein wesentliches Stück kaufmännischer Planung."

Treu und Glauben, Aspekte im Zusammenhang mit dem Wegfall der Geschäftsgrundlage usw. Insoweit erscheint eine Rechtswahl auch dann nicht entbehrlich, wenn die Parteien davon ausgehen, die gesamten zwischen ihnen wesentlichen Regelungen im Vertrag selbst niedergelegt zu haben.

Ohne eine dahingehende Vereinbarung sind die Parteien dem Meinungsstreit ausgeliefert, der im internationalen Privat- und Prozessrecht in vielen Punkten zur Frage des anzuwendenden Rechts und der gerichtlichen Zuständigkeit besteht. Dennoch ist in der Praxis häufig der Fall anzutreffen, dass auf derartige Parteiabreden verzichtet wurde, sei es aus Unkenntnis, sei es mit Rücksicht darauf, dass nicht in allen Staaten solche Parteiabreden ohne weiteres als verbindlich angesehen werden, sei es auch, weil eine Verständigung der Parteien nicht erreichbar war.

Die Wahl einer Rechtsordnung sollte stets mit Blick auf das im Streitfall zu- 2339
ständige Gericht oder Schiedsgericht erfolgen. Es sollte vermieden werden, dass ein Gericht auf der Grundlage einer ihm nicht vertrauten Rechtsordnung entscheidet. Ebenso sollte auch bei einer Schiedsgerichtsvereinbarung das vom Schiedsgericht anzuwendende Recht ausdrücklich festgelegt werden, um zu vermeiden, dass das Schiedsgericht schon durch die Befassung mit dieser Frage und die Entscheidung über das anzuwendende Recht erheblichen Zeit- und Kostenaufwand betreibt. In dem **Zusammenspiel zwischen Rechtswahl und Wahl des Gerichts bzw. Schiedsgerichts** sollte auch mitbedacht werden, ob und inwieweit das Gericht bzw. die einzusetzenden Schiedsrichter Erfahrung mit dem von den Vertragsparteien vorgegebenen Recht haben. Die Parteien sollten ihrem Vertragsverhältnis die Rechtsordnung zugrunde legen, mit der alle Vertragsparteien **am besten vertraut** sind bzw. mit der sie sich in absehbarer Zeit im Konfliktfall **ohne besonderen Kostenaufwand vertraut machen** können. Diesbezügliche Anhaltspunkte können sich beispielsweise aus der im Jahr 2011 erschienenen Broschüre *„Kontinentales Recht – global, sicher, flexibel, kostengünstig“*[1] ergeben, die von der französischen *„Fondation pour le droit continental“* und den fünf Gründungsmitglieder des Bündnisses für das deutsche Recht, die Bundesnotarkammer (*BNotK*), die Bundesrechtsanwaltskammer (*BRAK*), der Deutsche Anwaltverein (*DAV*), der Deutsche Notarverein (*DNotV*) und der Deutsche Richterbund (*DRB*), erarbeitet wurde. Ansatzpunkt ist u.a. die Kodifizierung des kontinentalen Rechts, die es ermöglicht, das geltende Recht klar und eindeutig festzustellen und die Ergebnisse einer Rechtsanwendung besser vorherzusehen. Das kontinentale Recht sorge außerdem für kurze und effiziente Verträge, da nur solche Punkte geregelt werden

---

1 Abrufbar unter: http://www.kontinentalesrecht.de/tl_files/kontinental-base/Broschuere_DE.PDF. S. dazu und zu den Vorzügen sowie der weltweiten Verbreitung des „kontinentalen“ Rechts auch *Graf von Bernstorff*, AW-Prax 2011, 274 ff., der ausdrücklich darauf hinweist, dass ein Nachteil der Vereinbarung anglo-amerikanischen Rechts darin besteht, dass der notwendige Rückgriff auf Präzedenzfälle im Rahmen der Beratung kostenintensiver als der bloße Blick ins Gesetzesrecht ist.

müssten, bei denen von den gesetzlichen Regelungen abgewichen werde, was Zeit und finanzielle Ressourcen spare[1].

2340 Das **internationale Privatrecht** hat den räumlichen Anwendungsbereich der privatrechtlichen Vorschriften zum Gegenstand. Das **deutsche internationale Privatrecht** muss also Auskunft geben

- über die Anwendung ausländischer Vorschriften im Inland,
- über die Anwendung der deutschen Bestimmungen im Ausland,
- über die Anwendung der Vorschriften eines bestimmten Auslandsstaates in einem dritten Staat, wenn aus dem Rechtsverhältnis in Deutschland unmittelbar oder mittelbar Wirkungen hergeleitet werden sollen.

2341 Als **Rechtsquellen** des deutschen internationalen Privatrechts kommen vor allem die Art. 3 ff. des **Einführungsgesetzes zum BGB (EGBGB)** in Betracht. Änderungen hat das Internationale Privatrecht im Jahr 2009 durch die **ROM I- und ROM II-Verordnungen**[2] erfahren. Eine weitere wichtige Rechtsquelle sind die **Staatsverträge**. Die Besonderheit der Vorschriften des internationalen Privatrechts liegt darin, dass sie nicht – wie die des übrigen Rechts – die Regelung eines Sachverhalts unmittelbar, sondern nur die Rechtsordnung angeben, deren Bestimmungen angewendet werden sollen **(Kollisionsnormen)**.

a) Die Regelungen der ROM I-VO für schuldrechtliche Beziehungen mit internationalem Charakter und ihre Auswirkungen auf die inhaltliche Gestaltung internationaler Lizenzverträge

2342 Seit der Neuregelung des internationalen Privatrechts zum 17.12.2009 regelt sich die Bestimmung des Vertragsstatuts schuldrechtlicher Beziehungen mit internationalem Charakter nach der **ROM I-VO**, die das Übereinkommen von Rom über das auf vertragliche Schuldverhältnisse anzuwendende Recht[3] **(EVÜ)** ablöst **(Art. 24 ROM I-VO)**, das in Deutschland durch die nunmehr aufgehobenen Art. 27–37 EGBGB umgesetzt wurde. Soweit ihr Anwendungsbereich eröffnet ist, gilt die ROM I-VO für alle Verträge, die nach dem 17.12.2009 geschlossen werden (Art. 28 ROM I-VO). Für die sog. **Altverträge** gelten die Regelungen des EVÜ bzw. der Art. 27 ff. EGBGB fort **(Art. 28 ROM I-VO)**[4]. Auf die diesbezügliche Rechtsprechung und Literatur kann auch im Anwendungsbereich der ROM I-VO zurückgegriffen werden,

---

1 S. die Informationen auf der Startseite der Initiative http://www.kontinentalesrecht.de/.

2 VO (EG) Nr. 593/2008 des Europäischen Parlaments und des Rates vom 17.6.2008 über das auf vertragliche Schuldverhältnisse anzuwendende Recht (ROM I-VO) ABl. EU 2008 Nr. L 177, S. 6 ff. und VO (EG) Nr. 864/2007 des Europäischen Parlaments und des Rates vom 11.7.2007 über das auf außervertragliche Schuldverhältnisse anzuwendende Recht (ROM II-VO) ABl. EU 2007 Nr. L 199, S. 40.

3 V. 19.6.1980, BGBl. II 1980, 809, 810.

4 Vgl. hierzu die Vorauflage, Rz. 2338 ff.

da sich inhaltlich keine großen Abweichungen ergeben[1]. In Dänemark ist die ROM I-VO im Gegensatz zu den anderen EU-Mitgliedsstaaten nicht anwendbar[2]. Mit der ROM I-VO gelten nunmehr **unionsrechtliche IPR-Normen**, die die Gerichte der EU-Mitgliedsstaaten als loi uniforme auch für Sachverhalte **mit Bezug zu Nicht-EU-Mitgliedstaaten** anzuwenden haben (**Art. 2 ROM I-VO**)[3]. Die Anwendbarkeit der ROM I-VO hängt nicht davon ab, dass das im Vertrag vereinbarte Recht dasjenige eines EU-Mitgliedsstaates ist, sondern greift auch bei Vereinbarung des Rechts eines Drittstaates[4].

aa) Grundsatz der Privatautonomie

In **Art. 3 Abs. 1 ROM I-VO** findet sich (weiterhin – vgl. Art. 27 Abs. 1 2343
Satz 1 EGBGB) der Grundsatz der Parteiautonomie[5]. Mit dem Anerkenntnis der **freien Rechtswahl** für **Schuldverhältnisse** kodifiziert **Art. 3 Abs. 1 ROM I-VO** einen Grundsatz, dem nicht nur das geltende deutsche Recht, sondern im Wesentlichen alle Rechtsordnungen sowie eine Reihe internationaler Verträge auf dem Gebiet des internationalen Privatrechts folgen[6].

Die Regelung erfasst das für das Schuldverhältnis maßgebende Recht, also 2344
das Vertragsstatut. Das **Vertragsstatut** ist gemäß Art. 12 ROM I-VO (vgl. Art 32 EGBGB) insbesondere maßgebend für die Auslegung des Vertrages, die Erfüllung der durch ihn begründeten Verpflichtungen bzw. die Folgen ihrer vollständigen oder teilweisen Nichterfüllung, das Erlöschen dieser Verpflichtungen, die Verjährung sowie die Folgen der Nichtigkeit des Vertrages[7].

Das **Schutzrechtsstatut**, nach dem sich u.a. Entstehung, Rechtsbestand, Inhalt, die Schutzwirkungen, Erlöschen und die Übertragbarkeit des zu lizenzierenden Schutzrechts bestimmen, **unterliegt** dagegen **nicht der Disposition** der Lizenzvertragsparteien und damit auch nicht deren Rechts-

---

1 Vgl. zur ROM I-VO *Reithmann/Martiny*, Internationales Vertragsrecht; *Kindler*, Einführung in das neue IPR des Wirtschaftsverkehrs; *Stimmel*, GRUR Int. 2010, 783; *Brödermann*, NJW 2010, 807; *Mansell/Thorn/Wagner*, IPRax 2010, 1; *Magnus*, IPRax 2010, 27; *Martiny*, RIW 2009, 737; *Diedrich*, RIW 2009, 378; *Hoffmann*, EWS 2009, 254; *Freytag*, IPRax 2009, 109; *Mankowski*, IHR 2008, 133; *Leible/Lehmann*, RIW 2008, 528; *Rauscher/Pabst*, NJW 2008, 3477.

2 S. dazu Palandt/*Thorn*, BGB, Art. 1 ROM I-VO Rz. 18 f.; *Magnus*, IPRax 2010, 27, 30 f.; *Martiny*, RIW 2009, 737, 739 f.

3 Vgl. *Brödermann*, NJW, 2010, 807, 809 f.; *Kindler*, Einführung in das neue IPR des Wirtschaftverkehrs, S. 8.

4 *Martiny* in MünchKomm BGB, Art. 2 ROM I-VO Rz. 1, 3; *Kindler*, Einführung in das neue IPR des Wirtschaftverkehrs, S. 8.

5 Vgl. Palandt/*Thorn*, BGB, Art. 3 ROM I-VO Rz. 2.

6 *Martiny* in Reithmann/Martiny, Internationales Vertragsrecht, Rz. 86 f.

7 S. hierzu *EuGH* v. 23.4.2009, GRUR Int. 2009, 848 – Falco; *Ubertazzi*, GRUR Int. 2010, 103; *LG Düsseldorf* v. 10.1.1999, GRUR Int. 1999, 772 – Virusinaktiviertes Blutplasma.

wahl (vgl. Art. 3 Abs. 3, 4 ROM I-VO, s. auch Art. 27 Abs. 3 EGBGB; s. dazu Rz. 71)[1].

Hierfür ist allein das **Recht des (jeweiligen) Schutzlandes** maßgebend; dieser Bereich ist dem Parteiwillen entzogen[2]. Die Vereinbarung etwa des deutschen Rechts bei einer internationalen Lizenzabrede vermag damit nur die schuldrechtliche Berechtigung und Verpflichtung der Lizenzvertragsparteien untereinander zu erfassen[3]. Die Differenzierung von Verpflichtungs- und Verfügungsgeschäft und die damit einhergehende Beschränkung der Möglichkeit der Rechtswahl auf den schuldrechtlichen Vertragsteil, wird gerade auch in Zusammenhang mit dem Abschluss **internationaler Patentpoolverträge** relevant[4]. Hier folgt aus der Lizenzierung von in verschiedenen Jurisdiktionen wirksamen Schutzrechten, dass die einzelnen Verfügungsgeschäfte aus dem vom jeweiligen Poolvertrag erfassten Bündel von Schutzrechten dem Recht desjenigen Staates unterliegen, in dem die entsprechenden nationalen Schutzrechte lizenziert werden[5].

2345 Kommt zwischen den Parteien eine Verständigung über die von ihnen jeweils bevorzugte Rechtsordnung nicht zustande, so muss ein Kompromiss erzielt werden – in der Regel geschieht dies durch die **Wahl eines „neutralen" Rechts**.

Unter einem „neutralen Recht" wird üblicherweise die Rechtsordnung verstanden, der keine der Vertragsparteien unterworfen ist. Die Wahl einer solchen neutralen Rechtsordnung stellt aber nicht immer eine besondere Hilfe dar.

Eine solche Wahl eines „neutralen" Rechts kann auch in die falsche Richtung führen. Manche internationalen Rechtsordnungen sehen vor, dass die eigene Rechtsordnung nur für den Fall greifen kann, dass die vertragliche Beziehung, die dem Recht unterstellt werden soll, irgendeinen Anknüpfungspunkt zu diesem Recht aufweist. Insoweit kann der scheinbare Ausweg der Wahl eines neutralen Rechts einer mangelnden Rechtswahl gleichkommen, so dass – unter dem Blickwinkel des deutschen-internationalen Privatrechts wieder Art. 4 ROM I- VO (vgl. Art. 28 EGBGB) greift.

2346 Zutreffend **warnt** *Mankowski*[6] vor der häufigen Standardformulierung der **Wahl einer Common Law-Rechtsordnung** für Parteien, die nicht in einem Staat mit einer solchen Common Law-Rechtsordnung ansässig sind. Hier ergibt sich immer die Problematik, dass es keine oder nur eine partielle ge-

1 Vgl. allg. Busse/*Keukenschrijver*, PatG, Einl. Rz. 77. S. auch *LG Mannheim* v. 18.2.2011, InstGE 13, 65, Rz. 161 – UMTS-fähiges Mobiltelefon II; *OLG Düsseldorf* v. 13.3.2001, InstGE 4, 21 – Sonnenblenden-Lizenz.
2 *OLG Düsseldorf* v. 13.3.2001, InstGE 4, 21, 26 – Sonnenblenden-Lizenz.
3 *OLG Karlsruhe* v. 25.2.1987, GRUR Int. 1987, 788, 790.
4 Eingehend hierzu *Wündisch/Bauer*, GRUR Int. 2010, 641, 644.
5 *Wündisch/Bauer*, GRUR Int. 2010, 641, 644.
6 *Mankowski*, RIW 2003, 2, 6 f.

setzliche Vorgabe zur Lösung der einschlägigen Rechtsfragen gibt und der Rechtsanwender als Ausländer häufig über die jeweilige Rechtsprechung und deren Fortentwicklung nicht oder nicht vollständig informiert ist. Hierdurch können Rechtsunsicherheit und vor allem Rechtsberatungskosten im besonderen Maß gesteigert werden.

Die Erfahrung aus Lizenzvertragsverhandlungen zeigt, dass Fragen zur Rechtswahl häufig erst **zum Ende der Vertragsverhandlungen** diskutiert werden, also zu einem Zeitpunkt, zu welchem nach evtl. mühsamer Einigung über wesentliche Punkte des Vertragsinhalts ein gewisser „Erschöpfungszustand" der Verhandlungspartner eingetreten ist. Das Thema der Rechtswahl ist dann häufig Anlass zum Versuch der Durchsetzung subjektiver Vorstellungen, etwa dahin, dass nunmehr als „Ausgleich" für ein sonstiges Nachgeben bei anderen Vertragspunkten ein Entgegenkommen beim Zugeständnis des „eigenen Rechts" erwartet wird. 2347

Die mangels einer Verständigung gelegentlich anzutreffende **„Kompromissklausel"**, dass **„das Recht des jeweiligen Beklagten gelten soll"**, ist nicht zielführend. Denn diese Klausel bedeutet, dass bis zum Anhängigwerden eines Klageverfahrens zwischen den Partnern eines Lizenzvertrags Unklarheit über das anzuwendende Recht besteht. Hier müsste erst ein Klageverfahren eingeleitet werden, um die für die Abwicklung des Lizenzvertrags maßgebliche Rechtsordnung zu bestimmen[1].

Eine Steigerung der Konfliktlage kann sich dann ergeben, wenn **kollidierende Rechtswahlklauseln** sich gegenüberstehen: 2348

Ausgelöst wird eine solche Situation dann, wenn die Vertragsparteien ergänzend ihre **Allgemeinen Geschäftsbedingungen** (AGB) in den Lizenzvertrag einbeziehen, wodurch sich die Parteien gegen unvollständige Regelungen in Sicherheit wägen. Allerdings enthalten diese AGB oft widerstreitende Rechtswahlklauseln, wie etwa den Bezug auf das jeweilige Sitz- oder Hauptniederlassungsrecht des Verwenders der AGB. Die Lösung einer solchen Kollision muss über eine Anwendung der Art. 3 Abs. 5 i.V.m. Art. 10 ROM I-VO (vgl. Art. 27 Abs. 4 i.V.m. Art. 31 Abs. 1 EGBGB) erfolgen, indem die materielle Wirksamkeit der Rechtswahlvereinbarung für jede der Klauseln isoliert nach der ihr jeweils zugrunde liegenden Rechtsordnung beurteilt wird. Um solche Konfliktfälle zu vermeiden, sollte möglichst von dem pauschalen Einbezug solcher AGB abgesehen werden.

Haben sich die Parteien über das auf den Vertrag anzuwendende Recht geeinigt, so unterliegt der gesamte Vertrag diesem von ihnen gewählten 2349

1 Insoweit kommt einer solchen Klausel nicht die gleiche Bedeutung zu wie der Formulierung bei einer **Gerichtsstandsklausel**, wonach „Gerichtsstand jeweils der Ort des Beklagten ist". Diese letztgenannte Klausel kann streitverhindernde Bedeutung haben. Sie bezieht sich aber nur auf die Durchführung eines Rechtsstreits selbst, ist also im Grundsatz ohne Einfluss auf das außergerichtliche Verhalten der Vertragsparteien.

Recht. Diese Rechtswahl kann auch auf einen **Teil des Vertrages** beschränkt oder **nachträglich** getroffen werden[1], wobei auch die Rückwirkung dieser Wahl vereinbart werden kann[2]. Es empfiehlt sich aber, die Rechtswahl bereits bei Vertragsschluss zu treffen, da eine im Nachhinein vorzunehmende Rechtswahl oft in einer beginnenden Konfliktsituation zu geschehen hat. In einer derartigen Situation werden die Parteien meist darauf beharren, dass ihr jeweiliges nationales Recht Anwendung finden soll.

2350 Bei der Beantwortung der Frage, ob die Rechtswahl der Vertragsparteien voraussetzt, dass der Vertrag eine **Auslandsberührung** aufzuweisen hat, also bei einem rein inländischen Vertrag eine Rechtswahl nicht in Betracht kommt, sind die Bestimmungen zum Anwendungsbereich des IPR bzw. der ROM I-VO von denen zur Rechtswahl abzugrenzen. Zunächst „regelt" Art. 3 EGBGB, dass die Kollisionsnormen des EGBGB bei der Bestimmung des anzuwendenden Rechts bei Sachverhalten mit einer Verbindung zu einem ausländischen Staat keine Anwendung finden, soweit u.a. die Regelungen der ROM I-VO maßgeblich sind. Außerdem sind reine Inlandsfälle vom Anwendungsbereich der Kollisionsnormen ausgenommen[3]. Dem Anwendungsbereich der ROM I-VO unterfallen vertragliche Schuldverhältnisse in Zivil- und Handelssachen, die eine Verbindung zum Recht verschiedener Staaten aufweisen (Art. 1 Abs. 1 ROM I-VO). Reine Inlandsfälle sollen also nicht erfasst werden. Wählen die Parteien in solchen Fällen jedoch ein ausländisches Recht, greift bereits die ROM I-VO[4]. Eine Einschränkung der Rechtswahl ergibt sich in solchen Fällen jedoch aus Art. 3 Abs. 3 ROM I-VO. Die Parteien dürfen ein reines Innlandsgeschäft ohne objektive Bezüge zu einer ausländischen Rechtsordnug zwar einem beliebigen fremden Recht unterstellen, sie können dadurch aber nicht die zwingenden Bestimmungen desjenigen Rechts ausschließen, mit dem der Sachverhalt im Übrigen allein verbunden ist[5].

2351 Eine **Auslandsberührung** wird bspw. weiterhin angenommen,

2352 – bei gewöhnlichem Aufenthalt oder Niederlassung einer Partei im Ausland[6],

---

1 *Kindler*, Einführung in das neue IPR des Wirtschaftverkehrs, S. 18; Palandt/*Thorn*, BGB, Art. 3 ROM I-VO Rz. 10 f. Vgl. auch Begründung des Regierungsentwurf zu Art. 27 Abs. 2 EGBGB, BT-Drucks. 10/504 S. 77.

2 *Martiny* in MünchKomm. BGB, Art. 3 ROM I-VO Rz. 80 f.; Staudinger/*Magnus*, BGB, Art. 3 ROM I-VO Rz. 124.

3 Palandt/*Thorn*, BGB, Art. 3 EGBGB Rz. 2.

4 *Martiny* in MünchKomm. BGB, Art. 3 ROM I-VO Rz. 20, 88, s.a. Art. 1 ROM I-VO Rz. 15; Palandt/*Thorn*, BGB, Art. 1 ROM I-VO Rz. 5; Staudinger/*Magnus*, BGB, Art. 1 ROM I-VO Rz. 10; a.A. *Kindler*, RIW 1987, 661.

5 Staudinger/*Magnus*, BGB, Art. 3 ROM I-VO Rz. 131; *Martiny* in MünchKomm. BGB, Art. 3 ROM I-VO Rz. 87; Palandt/*Thorn*, BGB, Art. 3 ROM I-VO Rz. 2, 5.

6 *Martiny* in MünchKomm. BGB, Art. 3 ROM I-VO Rz. 21, 93; Staudinger/*Magnus*, BGB, Art. 3 ROM I-VO Rz. 11, jeweils m.w.N.

- bei einem ausländischen Erfüllungsort[1],
- wenn der Abschlussort im Bereich des gewählten Rechts liegt, was jedoch nicht gelten soll, wenn der Leistungsaustausch selbst nur Inlandsbezüge aufweist[2],
- u.U. bei ausländischer Staatsangehörigkeit[3].

Art. 3 Abs. 1 Satz 2 ROM I-VO stellt klar, dass die Rechtswahl entweder **ausdrücklich** sein oder sich eindeutig aus den Bestimmungen des Vertrages oder den Umständen des Falles ergeben muss. Art. 27 Abs. 1 Satz 2 EGBGB ließ an Stelle der Eindeutigkeit eine hinreichende Sicherheit für die konkludente Rechtswahl genügen. Dabei kommt es nicht auf einen hypothetischen, sondern auf den realen Parteiwillen an, soweit dieser aus den Vertragsbestimmungen oder aus sonstigen Umständen des Falles ersichtlich ist[4]. Im Rahmen der ergänzenden Vertragsauslegung sind unter Beachtung der von beiden Seiten angenommenen Bewertungsmaßstäbe etwaige Lücken im Vertrag zu schließen bzw. im Falle des Verbleibens von Zweifeln die gesetzlichen Dispositivnormen heranzuziehen[5]. 2353

Umstände, die für einen **konkludenten Rechtswahlwillen** sprechen, sind z.B. die **Vereinbarung** 2354

- eines einheitlichen ausschließlichen Gerichtsstandes[6]; 2355
- einer Schiedsklausel[7] bzw. – eines institutionellen Schiedsgerichts mit ständigem Sitz[8]; 2356
- eines gemeinsamen Erfüllungsortes[9] (vgl. auch Rz. 2395 ff.); 2357

1 *Martiny* in MünchKomm. BGB, Art. 3 ROM I-VO Rz. 93; Staudinger/*Magnus*, BGB, Art. 3 ROM I-VO Rz. 11, jeweils m.w.N.
2 *Martiny* in MünchKomm. BGB, Art. 3 ROM I-VO Rz. 21, 93; Palandt/*Thorn*, BGB, Art. 3 EGBGB Rz. 5; Staudinger/*Magnus*, BGB, Art. 3 ROM I-VO Rz. 11, jeweils m.w.N.
3 *Martiny* in MünchKomm. BGB, Art. 3 ROM I-VO Rz. 21, 93; Palandt/*Thorn*, BGB, Art. 3 EGBGB Rz. 5; Staudinger/*Magnus*, BGB, Art. 3 ROM I-VO Rz. 11 jeweils m.w.N.
4 Insoweit zum alten Recht *BGH* v. 26.7.2004, NJW-RR 2005, 206, 208; *BGH* v. 19.1.2000, NJW-RR 2000, 1002; *BAG* v. 26.7.1995, NJW 1996, 741.
5 Palandt/*Thorn*, BGB, Art. 3 ROM I-VO Rz. 6. Vgl. zum Merkmal der Eindeutigkeit z.B. *Magnus*, IPRax 2010, 27, 33.
6 *Martiny* in MünchKomm. BGB, Art. 3 ROM I-VO Rz. 48 ff.; *Magnus*, IPRax 2010, 27, 33.
7 *Martiny* in MünchKomm. BGB, Art. 3 ROM I-VO Rz. 51 f.; Staudinger/*Magnus*, BGB, Art. 3 ROM I-VO Rz. 80.
8 Staudinger/*Magnus*, BGB, Art. 3 ROM I-VO Rz. 80; Palandt/*Thorn*, BGB, Art. 3 ROM I-VO Rz. 7.
9 *Martiny* in MünchKomm. BGB, Art. 3 ROM I-VO Rz. 65; Staudinger/*Magnus*, BGB, Art. 3 ROM I-VO Rz. 96.

2358 – von AGB, die auf einer bestimmten Rechtsordnung aufbauen bzw. die Benutzung von Formularvereinbarungen, denen eine bestimmte Rechtsordnung zugrunde liegt[1].

Ferner:

2359 – die Erklärung, der Vertrag solle nach einer bestimmten Rechtsordnung ausgelegt werden;

2360 – die Vertragssprache[2];

2361 – die ausdrückliche Bezugnahme im Vertrag auf Vorschriften einer bestimmten Rechtsordnung[3];

2362 – die Verweisung auf Usancen, die auf einem bestimmten Recht aufbauen[4];

2363 – die Vertragspraxis der Vertragsparteien bei früheren Verträgen[5];

2364 – ein bestimmtes Prozessverhalten der Parteien im Hinblick auf eine konkrete Rechtsordnung[6]; die ausschließliche Berufung der Prozessparteien auf z.B. deutsches Recht und die Rechtsprechung der deutschen Gerichte rechtfertigt die Annahme einer jedenfalls stillschweigenden Verständigung der Parteien auf die Geltung deutschen Rechts[7].

2365 Nach Auffassung von *Müller/Otto*[8] kommt die stärkste Indizwirkung Gerichtsstands-, Schiedsgerichts- und Erfüllungsortklauseln zu. Eine eher schwächere Indizwirkung haben Vertragssprache und die für Zahlungen vorgesehene Währung. In der Regel werden erst **mehrere Indizien gemein-**

1 *Martiny* in MünchKomm. BGB, Art. 3 ROM I-VO Rz. 61; Staudinger/*Magnus*, BGB, Art. 3 ROM I-VO Rz. 93.

2 Vgl. *BGH* v. 25.9.1997, RIW 1998, 318, 319; *OLG München* v. 25.1.1996, NJW-WettbR 1996, 180, 181 – aliseo; *Martiny* in Reithmann/Martiny, Internationales Vertragsrecht, Rz. 126.

3 *BGH* v. 19.1.2000, NJW-RR 2000, 1002, 1004 – dort Bezugnahme auf Bestimmungen des Code Civil u. *BGH* v. 14.1.1999, RIW 1999, 537 – dort Bezugnahme auf die VOB/B, die VOL sowie die deutschen DIN-Vorschriften; s. auch *BGH* v. 16.12.2003, BGH Report 2004, 679. Diese Möglichkeit der stillschweigenden Rechtswahl im Sinne des Art. 3 Abs. 1 Satz 2 ROM I-VO könnte für einen Verhandlungspartner Anlass sein, bei den Vertragsverhandlungen in einen von ihm beeinflussten Vertragsentwurf solche Bezüge zu einer bestimmten Rechtsordnung „einzustreuen". Insoweit sollte hierauf ein besonderes Augenmerk gerichtet werden.

4 *Martiny* in MünchKomm. BGB, Art. 3 ROM I-VO Rz. 61; Staudinger/*Magnus*, BGB Art. 3 ROM I-VO Rz. 92.

5 *Martiny* in Reithmann/Martiny, Internationales Vertragsrecht, Rz. 129.

6 *Martiny* in MünchKomm. BGB, Art. 3 ROM I-VO Rz. 53 ff. m.w.N.

7 Vgl. *BGH* v. 16.10.2003, NJW 2003, 3620; *BGH* v. 4.5.2004, NJW 2004, 2523, 2524; *BGH* v. 7.12.2010, GRUR 2001, 641, 643, Rz. 38 – Jette Joop.

8 *Müller/Otto*, Allgemeine Geschäftsbedingungen im internationalen Wirtschaftsverkehr, S. 105.

sam den hinreichend sicheren Schluss auf eine bestimmte Rechtswahl zulassen.

Wenngleich Rechtswahlklauseln i.d.R. in die Hauptvereinbarung, d.h. in den Lizenzvertrag, aufgenommen werden, gelten sie kollisionsrechtlich als **eigenständige Vereinbarungen („Verweisungsvertrag")**. Nach **Art. 10 Abs. 1 ROM I-VO** (vgl. Art. 31 Abs. 1 EGBGB) unterfallen Hauptvertrag und Verweisungsvertrag derselben Rechtsordnung, dem Vertragsstatut; dies gilt im Grundsatz unabhängig davon, ob beide Vereinbarungen in einer Urkunde zusammengefasst sind und/oder gleichzeitig abgeschlossen werden. Eine Sonderregelung ergibt sich lediglich durch **Art. 10 Abs. 2 ROM I-VO** (vgl. Art. 31 Abs. 2 EGBGB). Hiernach kann eine Partei unter Berufung auf das Recht ihres gewöhnlichen Aufenthaltes geltend machen, der Vertrag sei nicht zustande gekommen, wenn das Verhalten dieser Partei nach dem Recht des gewöhnlichen Aufenthaltes nicht als Annahme des Vertragsangebots anzusehen wäre (vgl. für das deutsche Recht z.B. §§ 145 ff. BGB, Regeln über das kaufmännische Bestätigungsschreiben). 2366

Im Hinblick auf das mögliche Eingreifen der **§§ 491 ff. BGB** (vgl. Rz. 1950 ff.) ist ferner **Art. 6 ROM I-VO** (vgl. Art. 29 EGBGB) von Interesse. Sein Anwendungsbereich geht in sachlicher und räumlicher Hinsicht weiter als die Vorgängernorm des Art. 29 EGBGB. Verträge zwischen „Verbrauchern" und „Unternehmern" (vgl. zu diesen Begriffen Art. 6 Abs. 1 ROM I-VO) unterliegen dem Recht des Staates, in dem der Verbraucher seinen gewöhnlichen Aufenthalt hat, sofern der Unternehmer dort seine berufliche oder gewerbliche Tätigkeit ausübt oder er eine solche Tätigkeit – auch – auf diesen Staat ausrichtet und der Vertrag in den Bereich dieser Tätigkeit fällt. Zwar haben die Parteien auch hier die Möglichkeit der freien Rechtswahl (vgl. Abs. 2 Satz 1), jedoch ist diese nach Abs. 2 Satz 2 eingeschränkt. Danach darf dem Verbraucher durch die Rechtswahl nicht der Schutz entzogen werden, der ihm (ohne Rechtswahl) durch die zwingenden Vorschriften des nach Abs. 1 anzuwendenden Rechts gewährt würde. Bei gewöhnlichem Aufenthalt des Verbrauchers im Inland können demnach z.B. die §§ 491 ff. BGB, § 312 BGB sowie §§ 305 ff. BGB eingreifen. 2367

Haben die Vertragsparteien eine Vereinbarung über das anzuwendende Recht getroffen, so ist eine **nachträgliche Änderung der Rechtswahl gemäß Art. 3 Abs. 2 Satz 1 ROM I-VO** (vgl. Art. 27 Abs. 2 Satz 1 EGBGB) **grundsätzlich möglich**. Über die Zulässigkeit der nachträglichen Änderung entscheiden die Kollisionsnormen der lex fori. Die Änderung braucht daher weder vom Kollisionsrecht des ursprünglich vereinbarten, noch von dem des später vereinbarten Rechts akzeptiert zu werden[1]. Die nachträgliche Änderung der Rechtswahl kann ausdrücklich oder stillschweigend erfol- 2368

1 So ausdrücklich *Martiny* in Reithmann/Martiny, Internationales Vertragsrecht, Rz. 130.

gen[1]. Zumindest für eine die ursprünglich getroffene Rechtswahl abändernde (konkludente) Rechtswahl bedarf es eines dahingehenden beiderseitigen Gestaltungswillens. Eine von den Vertragsparteien übereinstimmend geäußerte irrige Ansicht, eine bestimmte Rechtsordnung sei maßgeblich, reicht dafür nicht aus. Die **lex fori** (z.B. deutsches Recht) ist auch dann für die Frage der **Wirkung** eines „covenant not to sue" (pactum de non petendo), das einen **schuldrechtlichen Prozessvertrag** darstellt, heranzuziehen, wenn die Parteien den Lizenzvertrag ausländischem Recht (z.B. US-amerikanischem Recht) unterstellt haben[2].

2369 Die freie Rechtswahl wird (zusätzlich) durch **Art. 9 ROM I-VO** eingeschränkt. Das geschieht durch sog. **Eingriffsnormen**, bei denen es sich nach der neu eingefügten **Legaldefinition** des **Art. 9 Abs. 1 ROM I-VO** um zwingende Vorschriften handelt, deren Einhaltung von einem Staat als so entscheidend für die Wahrung seines öffentlichen Interesses, insbesondere seiner politischen, sozialen oder wirtschaftlichen Organisation, angesehen wird, dass sie ungeachtet des nach Maßgabe dieser Verordnung auf den Vertrag anzuwendenden Rechts auf alle Sachverhalte anzuwenden ist, die in ihren Anwendungsbereich fallen. Notwendig sind ein internationaler Geltungsanspruch und eine überindividuelle Zielrichtung der jeweiligen Normen.

Gemäß **Art. 9 Abs. 2 ROM I-VO** wird die Anwendung der **Eingriffsnormen des Rechts des angerufenen Gerichts** durch die ROM I-VO nicht berührt. Das angerufene Gericht kann und ggf. muss sie beachten.

Eine in ihrer Handhabung nicht unproblematische Regelung stellt **Art. 9 Abs. 3 ROM I-VO** dar. Danach kann den Eingriffsnormen desjenigen Staates Wirkung verliehen werden, in welchem die durch den Vertrag begründeten Verpflichtungen erfüllt werden sollen oder erfüllt worden sind, soweit sie die Erfüllung des Vertrages unrechtmäßig werden lassen. Zu berücksichtigen sind dabei Art und Zweck dieser Normen sowie die Folgen, die sich aus ihrer Anwendung oder Nichtanwendung ergeben würden (vgl. Art. 9 Abs. 3 Satz 2 ROM I-VO). Aus der Tatsache, dass keine Verpflichtung zur Anwendung der jeweiligen Eingriffsnormen besteht und dem Umstand, dass die rechtliche Umsetzung durch die gewählten Begriffe „Wirkung verleihen" nicht vorgegeben wird, ergibt sich, dass die Rechtsfolgen des Art. 9 Abs. 3 ROM I-VO offen bleiben[3].

Eine **Einschränkung der freien Rechtswahl** enthielt auch **Art. 34 EGBGB**, der bestimmte, dass die freie Rechtswahl nicht die Anwendung der **Bestim-**

1 *OLG Hamm* v. 30.7.1993, RIW 1993, 940; *OLG Düsseldorf* v. 4.6.1992, WM 1992, 1898, 1900.

2 *LG Mannheim* v. 23.4.2010, GRUR-RR 2011, 49, 50 f. – Stickstoffmonoxyd-Nachweis.

3 S. hierzu Palandt/*Thorn*, BGB, Art. 9 ROM I-VO Rz. 13 f.; *Freitag*, IPRax 2009, 109, 111 f., 144 f.; *Martiny* in MünchKomm. BGB, Art. 9 ROM I-VO Rz. 118 ff.

mungen des deutschen Rechts berührte, die ohne Rücksicht auf das auf den Vertrag anzuwendende Recht den Sachverhalt **zwingend** regelten (s. hierzu Vorauflage Rz. 2373).

Frei. 2370–2373

bb) Anzuwendendes Recht bei fehlender Rechtswahl durch die Vertragsparteien

Haben die Parteien **keine (wirksame) Rechtswahl getroffen**, bestimmt sich das anzuwendende Recht nach **Art. 4 ROM I-VO**. Gegenüber Art. 28 EGBGB ist hierdurch zum einen die Möglichkeit der objektiven Vertragsaufspaltung entfallen, zum anderen wird das anzuwendende Recht nunmehr zunächst nach bestimmten Vertragstypen bestimmt (Art. 4 Abs. 1 ROM I-VO) oder ggf. auf die charakteristische Leistung (Art. 4 Abs. 2 ROM I-VO) bzw. die engste Verbindung abgestellt (Art. 4 Abs. 4 ROM I-VO). Die Ausweichklausel i.S. des Art. 28 Abs. 5 EGBGB a.F. ist beibehalten worden (Art. 4 Abs. 3 ROM I-VO). 2374

Zur Bestimmung des anzuwenden Rechts ist demnach zunächst zu prüfen, ob der jeweilige Lizenzvertrag einem der in **Art. 4 Abs. 1 ROM I-VO genannten Vertragstypen** zugeordnet werden kann[1]. Hierbei ist jedoch der **Vorrang** der Sonderregelungen der **Art. 5 bis 8 ROM I-VO** für Beförderungs-, Verbraucher-, Versicherungs- und Individualarbeitsverträge zu beachten. Die in Art. 4 Abs. 1 ROM I-VO aufgezählten Vertragstypen sind: Kaufverträge über bewegliche Sachen, Dienstleistungsverträge, Grundstücksverträge, Franchiseverträge, Vertriebsverträge, Verträge über den Kauf beweglicher Sachen durch Versteigerung sowie Verträge über Finanzinstrumente innerhalb multilateraler Systeme. 2375

Ist eine Zuordnung zu den Vertragstypen des Absatzes 1 nicht möglich, was für Lizenzverträge über technische Schutzrechte und den Know-how-Vertrag in der Regel anzunehmen ist[2], oder deckt ein Vertrag nicht nur einen der genannten Vertragstypen ab[3], greift **Art. 4 Abs. 2 ROM I-VO** ein, wonach der Vertrag nach dem Rechts des Staates zu beurteilen ist, in welchem die Partei, die die charakteristische Vertragsleistung[4] erbringt, ihren gewöhnlichen Aufenthalt hat (vgl. hierzu auch Art. 28 Abs. 2 EGBGB).

Die Absätze 1 und 2 kommen allerdings nicht zur Anwendung, wenn sich aus der Gesamtheit der Umstände eine offensichtlich engere Verbindung des Vertrags zu einem anderen Staat ergibt (**Art. 4 Abs. 3 ROM I-VO**). Diese

---

1 Eine Regelung des Lizenzvertrages ist entgegen eines Vorschlags der Kommission nicht erfolgt. Vgl. hierzu *Stimmel*, GRUR Int. 2010, 783, 784.

2 Vgl. *Stimmel*, GRUR Int. 2010, 783, 784 f.; *Magnus*, IPRax 2010, 27, 37; *Martiny* in MünchKomm BGB, Art. 4 ROM I-VO Rz. 222.

3 Vgl. *Magnus*, IPRax 2010, 27, 37.

4 Zur „neuen" Bedeutung der vertragscharakteristischen Leistung vgl. *Stimmel*, GRUR Int. 2010, 783, 785.

Ausnahmeregelung muss eng ausgelegt werden[1]. Das Merkmal der „charakteristischen Leistung" stellt auf den Vertragstypus und dessen soziale Funktion ab[2]. Das Interesse des Vertragspartners, der an dem anzuknüpfenden Vertrag am stärksten beteiligt ist, soll die Anwendung des ihm vertrauten Rechts rechtfertigen.

So ist beispielsweise bei Verträgen mit dem wirtschaftlichen Zweck der Veräußerung nicht das Recht des lediglich zur Zahlung Verpflichteten, sondern das Recht des Veräußerers maßgeblich; bei Verträgen auf Gebrauchsüberlassung ist die Leistung des Überlassenden „charakteristisch", bei Verträgen über ein Tätigwerden die Leistung des zur Tätigkeit Verpflichteten. *Basedow*[3] verweist darauf, dass die Grenzen dieses gesetzgeberischen Konzepts auf der Hand liegen: Es versagt, wenn beide Parteien Dienst- oder Sachleistungen schulden, also z.B. in Franchise- oder Joint-Venture-Verträgen sowie bei Kompensationsgeschäften[4]; hier fehlt die charakteristische Leistung, mit der Folge, dass auf das Merkmal der engsten Verbindung abgestellt werden muss.

Ist die Ermittlung des anwendbaren Rechts nämlich weder nach Abs. 1 noch nach Abs. 2 möglich, so unterliegt der Vertrag dem Recht des Staates, zu dem er die **engste Verbindung** aufweist (**Art. 4 Abs. 4 ROM I-VO**). Um diese zu ermitteln, wird bei Würdigung aller Umstände des Einzelfalls der räumliche Schwerpunkt des Vertrages bestimmt und ist zu berücksichtigen, dass eine Vertragsaufspaltung nach neuem Recht unzulässig ist (vgl. zum alten Recht Art. 28 Abs. 1 Satz 2 EGBGB)[5].

2376 Die Begriffe „charakteristische Leistung" als auch „engste Verbindung", sind juristisch wenig scharf und daher geeignet, ein gewisses Unsicherheitselement in den Vertrag zu tragen, so dass es **tunlichst vermieden werden sollte, die Rechtswahl offen zu lassen**. Ob die **charakteristische Leistung eines Lizenzvertrages** der Lizenzgeber durch die Einräumung eines Nutzungsrechts erbringt, oder ob sie in der Verwertung des Schutzrechts durch den Lizenznehmer liegt, ist umstritten[6]. Zur Klärung kann beitragen, dass in der Begründung zum IPR-Reformgesetz für „Gebrauchsüberlassungsverträge" die **Überlassung** als charakteristisch bezeichnet wurde, was übertragen auf das Lizenzverhältnis bedeutet, dass die Person bzw. der Sitz der Hauptverwaltung des Lizenzgebers maßgebend ist für die Bestimmung

1 Palandt/*Thorn*, BGB, Art. 4 ROM I-VO Rz. 29; vgl. auch *Magnus*, IPRax 2010, 27, 37; *Martiny* in MünchKomm BGB, Art. 4 ROM I-VO Rz. 244.

2 Palandt/*Thorn*, BGB, Art. 4 ROM I-VO Rz. 22 ff.

3 *Basedow*, NJW 1986, 2971, 2978.

4 Vgl. hierzu auch *Juenger*, RabelsZ 46 (1982), 57, 78.

5 Palandt/*Thorn*, BGB, Art. 4 ROM I-VO Rz. 30; *Martiny* in MünchKomm BGB, Art. 4 ROM I-VO Rz. 279.

6 Vgl. zum Streitgegenstand *Martiny* in MünchKomm. BGB, Art. 4 ROM I-VO Rz. 222 ff.

des Vertragsstatutes[1]. Folgerichtig stellte der *BGH* zum alten Recht heraus, dass **im Regelfall** der **Lizenzgeber die charakteristische Leistung** i.S. des Art. 28 Abs. 2 EGBGB nunmehr Art. 4 Abs. 2 ROM I-VO (s.o.) zu erbringen hat[2]. Diese Anknüpfung kann aber nur dann ohne Weiteres erfolgen, wenn der Lizenznehmer im Wesentlichen nur die Lizenzgebühr zu zahlen, also eine reine Geldschuld zu erbringen hat, wie sie auch bei anderen Verträgen vorkommt und dementsprechend in einem Vertrag nicht charakteristisch sein kann.

Geht die Verpflichtung des Lizenznehmers über die Zahlung der Lizenzgebühr hinaus, weil etwa eine **Ausübungspflicht** vereinbart wurde, soll dagegen einer Auffassung in der Literatur zufolge der Vertragsschwerpunkt so stark in Richtung des **Lizenznehmers** verschoben sein, dass auf dessen Niederlassungsort abzustellen sei[3]. Schließlich wird, unabhängig vom Umfang der vertraglichen Verpflichtung einer Partei, an das **Recht des Schutzlandes** angeknüpft[4], wobei zum Teil bei **mehreren Schutzrechten** das Heimatrecht des Patentinhabers als Lizenzgeber oder auch das des Lizenznehmers entscheidend sein soll, ggf. auch das **Recht des primären Schutzlandes**, in dem der Lizenznehmer selbst sitzt oder produziert[5]. Soweit es um die Verwertung von Schutzrechten **in mehreren Ländern** geht, ist eine **einheitliche Anknüpfung** geboten[6].

Schon die Vielzahl der genannten Ansichten zeigt, welche Schwierigkeiten sich bei der Bestimmung des Vertragsstatuts des Lizenzvertrages ergeben. 2377
Folgerichtig **verbietet sich** nach Ansicht des *LG Düsseldorf* vom 19.1.1999[7] eine **generelle Aussage über das Vertragsstatut eines Lizenzvertrages**. So ergäben erst die Ausgestaltung des Lizenzvertrages und die ihm zugrunde liegenden tatsächlichen Verhältnisse, ob eine stärkere Verbindung zum Sitzland des Lizenznehmers oder des Lizenzgebers angenommen werden

---

1 So auch Benkard/*Ullmann*, PatG, § 15 Rz. 228; *BGH* v. 6.4.1995, ZIP 1995, 1021, 1027 – EKV.

2 *BGH* v. 6.4.1995, ZIP 1995, 1021, 1026 – EKV u. *BGH* v. 15.9.2009, GRUR 2010, 322, 325 – Sektionaltor; s. auch *LG Mannheim* v. 23.10.2009, InstGE 11, 215, Rz. 95.

3 Vgl. *Martiny* in MünchKomm. BGB, Art. 4 ROM I-VO Rz. 224; *Katzenberger* in Schricker/Loewenheim, UrheberR, Vor §§ 120 ff. UrhG. Rz. 156; *Hausmann* in FS Schwarz, 1988, S. 47, 54 ff. Vgl. auch *LG Hamburg* v. 3.4.2009, GRUR Int. 2010, 67, 70, wonach bei Verlagsverträgen und anderen urheberrechtlichen Nutzungsverträgen, die dem Verwerter eine Ausübungspflicht auferlegen, im Allgemeinen das Land, in dem der Verwerter seinen Geschäftssitz oder seine Hauptniederlassung hat, die engste Beziehung mit dem Vertrag aufweist.

4 *Henn*, Rz. 457; *Groß*, Rz. 441 f.

5 *Henn*, Rz. 274.

6 *BGH* v. 6.4.1995, ZIP 1995, 1021, 1026 – EKV u. *BGH* v. 15.9.2009, GRUR 2010, 322, 325 – Sektionaltor.

7 GRUR Int. 1999, 772, 774 – Virusinaktiviertes Blutplasma.

könne. Die Bestimmung des Vertragsstatuts eines Lizenzvertrages ist nach Ansicht des *LG Düsseldorf* jeweils eine **Frage des Einzelfalls**[1].

2378 Über diese Meinungsverschiedenheit hinaus besteht weitgehend Einigkeit hinsichtlich solcher Lizenzverträge, die eine gestreute **Vergabe in mehrere Schutzländer** vorsehen. Um hier dem IPR-rechtlichen Gebot der **einheitlichen Anknüpfung** folgen zu können, wird einhellig der **Sitz des Lizenzgebers** als maßgeblich anerkannt[2].

2379 Da sich jedoch das Charakteristische an einer Leistungsbeziehung nicht danach bestimmen kann, in welchem Umfang die entsprechende Leistung innerhalb eines Vertrages zu erbringen ist, ist zweifelhaft, weshalb bei der Einzellizenzierung der Lizenznehmer der Erbringer der charakteristischen Leistung und für die Bestimmung des Vertragsstatuts maßgeblicher Vertragspartner sein soll.

2380 Eine fehlende Rechtswahl kann insbesondere bei **Patentpoolverträgen** Unsicherheiten bergen und sollte daher tunlichst vermieden werden. Hier versagt (auch) die grundsätzliche (einseitige) Anknüpfung an den Aufenthaltsort bzw. Sitz des Lizenzgebers oder Lizenznehmers als den Ort der charakteristischen Leistungserbringung, da sich die Vertragsparteien jeweils in einer **Doppelrolle als Lizenzgeber und -nehmer** befinden[3]. Insbesondere im Hinblick auf das vorerwähnte Gebot der **einheitlichen Anknüpfung** (s. Rz. 2378) ist zunächst darauf abzustellen, welcher Leistung im konkreten Einzelfall wegen ihres **charakteristischen Inhalts** der Vorrang gegeben werden kann (Art. 4 Abs. 2 ROM I-VO)[4]. Ist eine solche Zuordnung nicht möglich, unterliegt der Vertrag dem Recht des Staates, mit dem er die **engste Verbindung** aufweist (Art. 4 Abs. 4 ROM I-VO), und zwar unter maßgeblicher Beachtung ggf. vorhandener Indizien, die auf eine bestimmte Rechtsordnung hinweisen[5].

cc) Sonstige bei der Bestimmung des anzuwendenden Rechts bedeutsame Regelungen der ROM I-VO

2381 Im Interesse der einheitlichen Geltung nur einer Rechtsordnung für das gesamte Rechtsgebiet bestimmt **Art. 10 Abs. 1 ROM I-VO** (vgl. Art. 31 Abs. 1 EGBGB), dass die Voraussetzung für das **Zustandekommen des Vertrages** und die **materiellen Wirksamkeitsvoraussetzungen** nach demjenigen Recht zu beurteilen sind, dem der Vertrag im Falle seiner Wirksamkeit unterliegt oder unterliegen würde. Bei einer Rechtswahl gilt dies für den Hauptver-

1 *LG Düsseldorf* v. 19.1.1999, GRUR Int. 1999, 772, 774 – Virusinaktiviertes Blutplasma.
2 Vgl. *Martiny* in MünchKomm. BGB, Art. 4 ROM I-VO Rz. 223; Benkard/*Ullmann*, PatG, § 15 Rz. 229.
3 *Wündisch/Bauer*, GRUR Int. 2010, 641, 644 f.
4 So zutreffend *Wündisch/Bauer*, GRUR Int. 2010, 641, 645.
5 Ebenso *Wündisch/Bauer*, GRUR Int. 2010, 641, 645.

trag und die Rechtswahlvereinbarung (Verweisungsvertrag) gleichermaßen (Art. 3 Abs. 5 ROM I-VO – vgl. auch Art. 27 Abs. 4 EGBGB).

Schließlich ist noch **Art. 12 ROM I-VO** (vgl. Art. 32 EGBGB) zu erwähnen, 2382 der den **Geltungsbereich des auf einen Vertrag anzuwendenden Rechts** normiert. Dieses auf einen Vertrag anzuwendende Recht ist insbesondere maßgebend für seine **Auslegung**, die Erfüllung der durch ihn begründeten Verpflichtungen, die Folgen der vollständigen oder teilweisen Nichterfüllung dieser Verpflichtungen einschließlich der Schadensbemessung, die verschiedenen Arten des Erlöschens der Verpflichtungen sowie die Verjährung und die Rechtsverluste, die sich aus dem Ablauf einer Frist ergeben und die Folgen der Nichtigkeit des Vertrages. In Bezug auf die Art und Weise der Erfüllung und die vom Gläubiger im Fall mangelhafter Erfüllung zu treffenden Maßnahmen ist das Recht des Staates, in dem die Erfüllung erfolgt, zu berücksichtigen (Art. 12 Abs. 2 ROM I-VO – vgl. auch Art. 32 Abs. 2 EGBGB).

Frei. 2383–2394

b) Die Bedeutung des Leistungs- und Erfüllungsortes

Früher kam der hilfsweisen Anknüpfung an den Erfüllungsort großes Gewicht zu. 2395 Heute ist der Erfüllungsort als ein Hinweis (neben anderen) für die Annahme einer stillschweigenden Rechtswahl von Bedeutung[1] (vgl. Rz. 2357). Der Vereinbarung eines Erfüllungsortes kann entnommen werden, dass die Parteien damit den Vertrag auch dem Recht dieses Ortes unterstellen wollten. Was als Erfüllungsort anzusehen ist, bestimmt ein von den Vertragsparteien angerufenes deutsches Gericht dabei nach deutschem materiellen Recht, insbesondere also nach den **§§ 269, 270 BGB**. Soweit mehrere Verpflichtungen gegeben sind, ist das Recht des Erfüllungsortes für jede einzelne Verpflichtung zu bestimmen, so dass bei einem gegenseitigen Vertrag gewöhnlich die Anwendung mehrerer Rechtsordnungen, die **Aufspaltung des Vertrages**, die Folge wäre. Dies kann im Extremfall sogar dazu führen, dass ein Teil des Vertrages vor dem ordentlichen Gericht, der andere Teil vor einem partiell vereinbarten Schiedsgericht verhandelt und entschieden wird.

Unter einem **Erfüllungs- oder Leistungsort** versteht man den Ort, an dem 2396 die Leistungshandlung vorgenommen werden muss. Soweit es sich um auch beim Lizenzvertrag häufige Unterlassungsleistungen handelt, ist ein Ort für die Leistung weniger bedeutsam als für Handlungen, die geschuldet werden. Sind Arbeits- und Sachleistungen zu erbringen, so ist es für den Gläubiger und den Schuldner wegen der hierfür maßgebenden Rechtsordnung, der Transportkosten und wegen des möglichen Risikos oder sons-

1 *Martiny* in Reithmann/Martiny, Internationales Vertragsrecht, Rz. 124.

tiger, für bestimmte Orte spezifischer Gefahrenlagen oft von ausschlaggebender Bedeutung, an welchem Ort die Leistung zu erfolgen hat.

2397 Man muss daher unterscheiden, ob der Schuldner an seinem Unternehmenssitz leisten kann und der Gläubiger die Leistung abholen muss (**Holschuld**), oder ob der Schuldner dem Gläubiger die Leistung zu erbringen hat (**Bringschuld**). Hiervon ist noch der Ort zu unterscheiden, an den der Schuldner die Leistung zu übersenden hat (**Schickschuld**).

2398 An welchem Ort die Leistung zu bewirken ist, bestimmt sich zunächst nach dem **Willen** der Beteiligten und der **Art der Leistung**[1]. Ergibt sich der Erfüllungsort nicht aus einer bestimmten Vereinbarung oder aus den Umständen, so gilt grundsätzlich die für den Schuldner günstigere Möglichkeit, also im Zweifel eine Holschuld. Der Schuldner hat an dem Ort zu leisten, an dem er bei Begründung des Schuldverhältnisses seinen Wohnsitz oder, wenn es sich um eine gewerbliche Leistung handelt, seine gewerbliche Niederlassung hat[2]. Die für Lizenzverträge besonders bedeutsamen **Gebührenzahlungen** sind Geldschulden (s. § 270 BGB), für die früher allgemein galt, dass sie „qualifizierte" **Schickschulden** waren, da der Schuldner das Geld auf seine Kosten und auf seine Gefahr hin zu übermitteln hatte[3]. Nunmehr soll der Schuldner nicht nur die Gefahr der Übermittlung, sondern auch die Gefahr der Verzögerung tragen, was sich aus einer richtlinienkonformen Auslegung aufgrund der Zahlungsverzugsrichtlinie[4] ergeben und somit zu einer Qualifizierung der Geldschuld als Schickschuld führen soll[5]. Erfolgt die Übermittlung durch Überweisung auf das Bankkonto eines Gläubigers, so tritt die Erfüllung regelmäßig in dem Augenblick ein, in dem die kontoführende Stelle den Betrag dem Gläubiger gutschreibt.

c) Sonstige Vorschriften im internationalen Rechtsverkehr mit Einfluss auf die Rechtswahl

2399 Ergänzend sei auf zwei weitere Internationale Übereinkommen, die Einfluss auf die Rechtswahl haben können, kurz hingewiesen. Dieser Einfluss kann durch eine Rechtswahlklausel ausgeschlossen werden.

---

1 Palandt/*Grüneberg*, BGB, § 269 Rz. 8 ff.
2 Palandt/*Grüneberg*, BGB, § 269 Rz. 17.
3 Palandt/*Grüneberg*, BGB, § 270 Rz. 1.
4 RL 2000/35/EG des Europäischen Parlaments und des Rates v. 29.6.2000 zur Bekämpfung von Zahlungsverzug im Geschäftsverkehr, ABl. EG Nr. L 200, S. 35 v. 8.8.2000.
5 Palandt/*Grüneberg*, BGB, § 270 Rz. 1, 5.

aa) Das Haager Übereinkommen betreffend das auf internationale Kaufverträge über bewegliche Sachen anzuwendende Recht[1]

Das Haager Übereinkommen v. 22.12.1986, das das bisherige Abkommen revidieren soll, ist lediglich von Argentinien ratifiziert und von den Niederlanden und der ehemaligen Tschechoslowakei unterzeichnet worden[2]. 2400

Das Haager Übereinkommen ist auf internationale Kaufverträge über bewegliche Sachen anzuwenden. Diesen Verträgen gleichgestellt sind Verträge über die Lieferung herzustellender oder zu erzeugender beweglicher körperlicher Sachen, sofern die zur Lieferung verpflichtete Partei die zur Herstellung oder Erzeugung erforderlichen Rohstoffe zu beschaffen hat (Art. 1 Abs. 1, 3). Ein internationaler Vertrag liegt noch nicht vor, wenn die Parteien lediglich eine Rechtswahlklausel treffen oder die Zuständigkeit eines bestimmten Gerichts oder Schiedsgerichts vereinbaren (Art. 1 Abs. 4).

Die Anwendung dieses Übereinkommens kommt in Bezug auf Lizenzverträge z.B. in Betracht, wenn der Lizenznehmer im Rahmen von **Bezugspflichten** (Rz. 1948 ff. und 1958 ff.) oder beim **second sourcing** (vgl. Alternative Bezugsquelle: Art. 4 Abs. 1 lit. c vii) und Art. 4 Abs. 1 lit. b iv) der TT-GVO 2004, TT-Leitlinien zu Art. 81 EG [heute Art. 101 AEUV] Rz. 93, 103; oben Rz. 918, 925, 939, 1348, 1353) bestimmte Waren oder Vorprodukte vom Lizenzgeber bzw. von diesem benannten Dritten bezieht oder an diese liefert. Einer derartigen Absprache liegen eindeutig kaufvertragliche Elemente zugrunde, womit eine Anwendung des Übereinkommens bzw. des hierdurch initiierten nationalen Rechts der Unterzeichnerstaaten in Frage kommt. 2401

Deutschland hat dieses Übereinkommen **bisher nicht gezeichnet**. Zu beachten ist allerdings, dass das Übereinkommen nach seinem Art. 7 als **„loi uniforme"** beschlossen wurde, dementsprechend in innerstaatliches Recht umzusetzen ist und somit von den Unterzeichnerstaaten auch gegenüber Drittländern angewendet wird. 2402

Der Kaufvertrag untersteht nach Art. 2 Abs. 1 dem innerstaatlichen Recht des von den vertragsschließenden Parteien bezeichneten Landes. Diese Bezeichnung muss ausdrücklich getroffen werden oder sich „unzweifelhaft" aus den Bestimmungen des Vertrages ergeben. Auch der „Verweisungsvertrag" unterliegt diesem Recht. Fehlt eine Vereinbarung in dem vorstehenden Sinne, gilt das Recht des Landes, in dem der Verkäufer zu dem Zeitpunkt, zu dem er die Bestellung empfängt, seinen gewöhnlichen Aufenthalt, ggf. die Geschäftsniederlassung, in der er die Bestellung empfängt, hat (Art. 3 Abs. 1). Wird jedoch die Bestellung in dem Land, in dem der Käufer seinen Sitz/seine Geschäftsniederlassung hat, vom Verkäufer oder seinem Beauf- 2403

1 V. 15.6.1955; in Kraft für Belgien, Dänemark, Finnland, Frankreich, Italien, Norwegen (1.9.1964), Schweden (6.9.1964), Niger (10.12.1971), Schweiz (27.10.1972).

2 Text abgedruckt in RabelsZ 51 (1987), 196.

tragten angenommen, so gilt das Recht des Staates des Käufers (Art. 3 Abs. 2).

2404 Das Übereinkommen gilt nicht für die Handlungsfähigkeit der Parteien, die Form des Vertrages (vgl. Rz. 414 ff.), den Eigentumsübergang und die Wirkungen des Kaufvertrages gegenüber Dritten.

bb) Das Wiener UN-Übereinkommen über Verträge über den internationalen Warenkauf (CISG)[1]

2405 Nach Art. 1 Abs. 1 findet dieses auch für Deutschland geltende[2] und zum deutschen Recht gehörende Übereinkommen auf **Kaufverträge über Waren** Anwendung, wenn die Parteien dieses Vertrages in verschiedenen Vertragsstaaten ihre Niederlassung haben (vgl. auch Art. 10) oder wenn die Regeln des IPR zur Anwendung des Rechtes eines Vertragsstaates führen (Art. 1 Abs. 1 lit. b)[3]. Hierbei wird die Tatsache, dass die Parteien ihre Niederlassung in verschiedenen Staaten haben, nicht berücksichtigt, wenn sie sich nicht aus dem Vertrag, aus früheren Geschäftsbeziehungen oder aus Vertragsverhandlungen oder Auskünften im Zusammenhang mit dem Abschluss des Vertrages ergibt (Art. 1 Abs. 2).

2406 Den Kaufverträgen stehen **Verträge über die Lieferung herzustellender oder zu erzeugender Ware** gleich, es sei denn, dass der Besteller einen wesentlichen Teil der für die Herstellung oder Erzeugung notwendigen Stoffe selbst zur Verfügung zu stellen hat (im Ergebnis **Werklieferungsvertrag**; Art. 3 Abs. 1). Liegt der überwiegende Teil der von der liefernden Partei zu erfüllenden Pflicht in der Erbringung von Dienstleistungen, ist das Übereinkommen ebenfalls nicht anwendbar. Art. 3 regelt damit, inwiefern Kauf-

1 V. 11.4.1980, BGBl. II 1989, 588 ff. – berichtigt BGBl. II 1990, 1; in der aktuellen Fassung v. 16.9.2003, (BGBl. II 2003, 955; zur Literatur vgl. eingehend Staudinger/*Magnus*, CISG, passim.

2 Das Abkommen ist in Deutschland seit dem 1.1.1991 (Bek. v. 23.10.1990, BGBl. II 1990, 1477) in Kraft und gilt (Stand: 30.9.2012) für 78 Staaten, http://www.uncitral.org/uncitral/en/uncitral_texts/sale_goods/1980CISG_status.html.

3 Hierzu (vgl. auch Art. 95 des Übereinkommens) hat die Bundesrepublik Deutschland bei Hinterlegung der Ratifizierungsurkunde folgende Erklärung abgegeben: „Nach Auffassung der Regierung der Bundesrepublik Deutschland sind Vertragsparteien des Übereinkommens, die eine Erklärung nach Artikel 95 des Übereinkommens abgegeben haben, nicht als Vertragsstaaten im Sinne des Artikels 1 Absatz 1 Buchstabe b des Übereinkommens anzusehen. Deshalb besteht keine Verpflichtung und übernimmt die Bundesrepublik Deutschland keine Verpflichtung, diese Bestimmung anzuwenden, wenn die Regeln des internationalen Privatrechts zur Anwendung des Rechts einer Vertragspartei führen, die erklärt hat, dass Artikel 1 Absatz 1 Buchstabe b des Übereinkommens nicht verbindlich ist. Vorbehaltlich dieser Bemerkung gibt die Bundesrepublik Deutschland keine Erklärung nach Artikel 95 des Übereinkommens ab." Vgl. dazu auch Art. 2 des deutschen Zustimmungsgesetzes v. 5.7.1989, BGBl. II 1989, 586. Einen Vorbehalt nach Art. 95, wonach Art. 1 Abs. 1 lit. b für den Staat, der den Vorbehalt erklärt, nicht verbindlich sein soll, haben China, Singapur, Slowakei, Tschechische Republik und USA erklärt.

verträge mit werk-, arbeits- oder dienstvertraglichen Elementen dem Übereinkommen unterfallen. Dem Übereinkommen liegt der Gedanke zugrunde, dass die Konvention **alle Lieferverträge** umfassen soll, **soweit** sie **nicht überwiegend andere als kaufvertragliche Pflichten enthalten**; dieser Grundgedanke ist ohne weiteres auf Kaufverträge mit den o.a. Zusatzkomponenten zu übertragen[1]. Daher müssen in den Anwendungsbereich des CISG auch solche **gemischten Verträge** fallen, die z.B. miet-, lizenzvertrags- oder gesellschaftsrechtliche Elemente enthalten, sofern die kaufvertragsfremden Bestandteile nicht überwiegen[2].

Die Anwendung dieses Übereinkommens auf **Lizenzverträge** kommt in Betracht, wenn der Lizenznehmer im Rahmen von **Bezugspflichten** (vgl. Art. 1 Abs. 1 lit. b, 2 der TT-GVO 2004, TT-Leitlinien zu Art. 81 EG [Art. 101 AEUV] Rz. 44; Rz. 1948 ff. und 1958 ff.), beim **Second Sourcing** (Art. 4 Abs. 1 lit. c vii TT-GVO 2004, TT-Leitlinien zu Art. 81 EG [Art. 101 AEUV] Rz. 93, 103; oben Rz. 925, 939, 1348, 1353) oder im Rahmen von Kompensationsgeschäften bestimmte Waren oder Vorprodukte vom Lizenzgeber bzw. von diesem benannten Dritten bezieht oder an diese liefert. Einer derartigen Absprache liegen kaufvertragliche Elemente zugrunde. Eine Anwendung des Übereinkommens wird insbesondere dann in Frage kommen, wenn der Vertrag so gestaltet ist, dass er, obwohl in einer einheitlichen Urkunde zusammengefasst, inhaltlich getrennt werden kann in einen lizenzvertraglichen und einen kaufrechtlichen Teil. Bei diesen Vertragsgestaltungen wird aber zu beachten sein, dass die kaufvertraglichen Elemente, geht man von den in der TT-GVO 2004 angesprochenen Konstellationen aus, allein im Zusammenhang mit der Einräumung der Lizenz in den Vertrag aufgenommen werden, so dass eine Trennbarkeit der Vertragsbestandteile selten gegeben sein wird. Leichter wird eine derartige Trennung vollzogen werden können, wenn Bezugspflichten statuiert werden, bei denen die zu beziehenden Güter nicht zur Lizenzausübung erforderlich sind. Zur kartellrechtlichen Bewertung dieser Regelungen s. Rz. 925, 939, 1958 ff. Bei derart freigestellten Vereinbarungen wie aber auch bei **Kompensationsgeschäften** zum Ausgleich der Lizenzgebühr durch Warenlieferungen seitens des Lizenznehmers kommt die Anwendung des CISG in Betracht. **Keine Anwendung** findet das CISG auf den **Verkauf von Rechten**, also z.B. auf die Übertragung einer Lizenz[3] oder der lizenzierten Schutzrechte; dementsprechend findet es auch keine Anwendung auf die Einräumung einer Lizenz. Gegenstände, auf die sich gewerbliche Schutzrechte beziehen (Lizenzprodukte), fallen dagegen unter das CISG. Dabei spielt keine Rolle, ob das Schutzrecht mit veräußert wird oder einem Dritten zusteht[4]. 2407

---

1 Staudinger/*Magnus*, CISG, Art. 3 Rz. 30.
2 Vgl. Staudinger/*Magnus*, CISG, Art. 3 Rz. 30.
3 *Piltz*, AnwBl. 1991, 57, 59; Staudinger/*Magnus*, CISG, Art. 1 Rz. 38.
4 Staudinger/*Magnus*, CISG, Art. 1 Rz. 57.

2408 **Zusammenarbeits- und Kooperationsverträge** unterliegen in der Regel **nicht dem CISG**, da – sofern überhaupt kaufähnliche Elemente Vertragsgegenstand geworden sind – diese hinter die kauffremden Elemente zurücktreten[1]. Werden jedoch im Rahmen eines solchen Zusammenarbeits- oder Kooperationsvertrages Einzelaufträge über einen Warenbezug durchgeführt, könnte das CISG auf diese Einzelverträge Anwendung finden.

2409 Für **Franchising-Verträge** wird diese prinzipielle Unterscheidung in nutzungsrechtsbezogene Hauptvereinbarungen und Einzelvertrag ebenfalls gelten können. Auf den Rahmenvertrag wird das CISG nicht anwendbar sein, während einzelne Lieferungsgeschäfte im Verhältnis zwischen Franchise-Geber und Franchise-Nehmer dem sachlichen Anwendungsbereich des CISG unterfallen können.

2410 Wenngleich unter **„Waren"** i.S. des Art. 1 i.d.R. bewegliche Sachen zu verstehen sind, neigen die Rechtsprechung und ein Teil der Literatur dazu, bestimmte unkörperliche Gegenstände, insbesondere **Computerprogramme**, ebenfalls unter den Warenbegriff des Art. 1 fallen zu lassen, sofern diese Programme auf einem Datenträger vorgehalten werden, der seinerseits eine bewegliche körperliche Sache darstellt[2]. Hierbei wird auch die Auffassung vertreten, dass das Programm, um als Ware i.S. des CISG anerkannt werden zu können, nicht zugleich mit dem Datenträger veräußert werden muss[3]. Ist solchermaßen einmal der Begriff der Ware aufgeweicht worden, stellt es nur noch einen kleinen Schritt dar, in Unterlagen verkörperte wissenschaftlich-technische Ergebnisse bzw. diese Unterlagen selbst als Sachen und damit als Waren im Sinne des CISG anzusehen[4]. Zum Teil wird diese Auffassung auch für das Know-how vertreten[5]. Von diesem Hintergrund gelangt man vereinzelt zu der Auffassung, dass Verträge über die **Übertragung von Know-how** (vgl. Rz. 2855) dem CISG unterfallen, wohingegen ein Vertrag über die **Einräumung von Nutzungsrechten an Know-how** nicht der Anwendung des CISG unterliegen soll[6].

2411 Angesichts des schmalen Anwendungsbereichs des CISG bei typischen Patentlizenzverträgen bzw. gemischten Verträgen unter Einbeziehung von Nutzungsrechten an Know-how soll auf eine eingehende Darstellung des CISG an dieser Stelle verzichtet und lediglich ein kleiner Überblick gegeben werden[7]:

---

1 *Piltz*, AnwBl. 1991, 57, 59.
2 *OLG Koblenz* v. 17.9.1993, RIW 1993, 934, 936; Staudinger/*Magnus*, CISG, Art. 1 Rz. 44; *Hoeren*, CR 1988, 908, 916; *Diedrich*, RIW 1993, 441, 451; *Piltz*, AnwBl. 1991, 57, 59.
3 Staudinger/*Magnus*, CISG, Art. 1 Rz. 44.
4 Staudinger/*Magnus*, CISG, Art. 1 Rz. 46.
5 Staudinger/*Magnus*, CISG, Art. 1 Rz. 46.
6 Staudinger/*Magnus*, CISG, Art. 1 Rz. 46.
7 Zu eingehenden Darstellungen vgl. Staudinger/*Magnus*, CISG, m.w.N. zu Literatur und Rechtsprechung.

Art. 1 bis 13 des CISG (Teil I) enthalten die Vorschriften zum **Anwendungsbereich** sowie einige allgemeine Regeln, beispielsweise über die Auslegung von Willenserklärungen und Verträgen sowie über die Geltung von Handelsbräuchen. Art. 14 bis 24 (Teil II) regeln den Abschluss von Kaufverträgen. Hauptteil des Übereinkommens ist schließlich **Teil III (Art. 25 bis 88)**, der die vertraglichen **Rechte und Pflichten der Kaufvertragsparteien** einschließlich der Rechtsfolgen bei Pflichtverletzungen regelt. Art. 89 bis 101 (Teil IV) enthalten schließlich diplomatische Schlussklauseln, beispielsweise Vorbehaltsmöglichkeiten für die Vertragsstaaten (wichtig in diesem Zusammenhang Art. 95). 2412

Dem CISG haften sicherlich mehrere **Nachteile** an, ohne dass mit dieser Einschätzung der Rat verbunden wird, stets durch detaillierte Regelung einer Rechtsanwendungsklausel auf die Anwendung des CISG verzichten zu sollen. Nach Art. 6 CISG ist das **gesamte UN-Kaufrecht** (ausgenommen Art. 12) **dispositiv**, so dass von seinen Regelungen in Teilen oder insgesamt abgewichen werden bzw. die Anwendung des **CISG insgesamt abbedungen** werden kann. 2413

Wie bereits angesprochen, besteht ein Nachteil des CISG darin, dass es erhebliche Probleme bei der **zuverlässigen Bestimmung seiner Anwendbarkeit** geben kann. Zudem besteht aufgrund der nahe liegenden Neigung der Gerichte eines jeden Vertragsstaates, das CISG anhand des jeweiligen nationalen Rechtes auszulegen, **keine Sicherheit** für eine **einheitliche Auslegung** in allen Unterzeichnerstaaten. Hinzu kommt, dass die im Bereich des Kaufrechtes wahrhaftig nicht nur spärlich vorhandenen Rechtsquellen um eine weitere Rechtsquelle angereichert sind, was nicht gerade zur Übersichtlichkeit beiträgt. Zudem sind für Sachverhalte, die sich lediglich innerhalb der Grenzen eines Vertragsstaates abspielen, einerseits und für Kaufverträge, die unter den Anwendungsbereich des Art. 1 CISG fallen, unterschiedliche rechtliche Regelungen anzuwenden. Darüber hinaus ist dem CISG verschiedentlich vorgeworfen worden, einen nicht sonderlich gelungenen Kompromiss auf dem kleinsten gemeinsamen Nenner darzustellen. Als schwerfällig wird sich das UN-Kaufrecht möglicherweise in den Fällen erweisen, in denen es reformiert werden soll. 2414

Diesen möglichen Nachteilen stehen selbstverständlich auch sehr beachtenswerte **Vorteile** gegenüber. Ein insoweit **einheitliches Recht in allen Mitgliedstaaten** würde beispielsweise dazu führen, dass sich eine Prüfung des Schuldstatuts nach IPR erübrigt. Hinfällig wäre auch die oftmals von den Parteien unabhängig voneinander betriebene Suche nach dem materiell-rechtlich jeweils günstigsten Gerichtsstand (Forum Shopping). Soweit das UN-Kaufrecht in den Vertragsstaaten über einen längeren Zeitraum zur Anwendung kommt, wird auch Rechtsprechung zu allen einschlägigen Auslegungsfragen vorliegen – wobei davon ausgegangen werden kann, dass sich die jeweilige nationale Rechtsprechung mit einzelnen Vertragsstaaten gegenseitig austauscht – und dies möglicherweise zu einer insgesamt ein- 2415 heitlichen Auslegung des Übereinkommens führen wird. Dies könnte zu einer höheren Rechtssicherheit führen, wenngleich – wie bereits angesprochen – eher die Befürchtung laut wird, dass Gerichte in den einzelnen Vertragsstaaten die Regelungen des UN-Kaufrechts anhand der jeweiligen nationalen Rechtsbegrifflichkeiten auslegen werden.

2416 Kurz angesprochen sei, in welchen wichtigen Punkten CISG und nationale deutsche Regelungen übereinstimmen bzw. sich unterscheiden. Die Regelungen und Wertungen der §§ 375, 377 HGB haben in Art. 38, 39, 43, 65 CISG Eingang gefunden. Die dort geregelte **Rügeobliegenheit** ist ähnlich wie in § 377 HGB geregelt. Dabei ist aber zu weit reichenden Rechtsfolgen von Fehlern bei der Rüge, die das deutsche Recht vorsieht, dadurch ausgewichen worden, dass zunächst großzügigere Fristen gelten und ferner nach Art. 44 CISG der Käufer die Möglichkeit erhält, eine „vernünftige Entschuldigung" dafür anzuführen, dass er die erforderliche Anzeige, d.h. die Rüge, unterlassen hat. Eine derartige Entschuldigung ist im deutschen Recht nicht vorgesehen. Der Spezifikationskauf in Art. 65 CISG weist sehr starke Ähnlichkeiten mit § 375 HGB auf.

2417 Zugleich bestehen aber auch deutliche **Unterschiede zum deutschen Recht**. Während nach § 145 BGB ein Angebot zum Vertragsschluss jedenfalls grundsätzlich nicht von Gesetzes wegen als widerruflich ausgestaltet ist, muss angesichts der Fassung des Art. 15 Abs. 2 CISG davon ausgegangen werden, dass Angebote frei widerruflich sind, sofern sie nicht als unwiderruflich ausgestaltet werden. Damit geht Art. 15 Abs. 2 CISG genau den umgekehrten Weg wie § 145 BGB. Im Zusammenhang mit dem Zustandekommen des Vertrages ist auch darauf zu verweisen, dass das CISG Regelungen über das Zustandekommen eines Vertrages durch kaufmännisches Bestätigungsschreiben nicht enthält.

2418 Umgekehrt ist die Konstellation allerdings bei der **Untersuchungs- und Rügeobliegenheit** nach Art. 38, 39, 43 CISG. Im Gegensatz zum deutschen Recht, wonach § 377 HGB nur für Kaufleute gilt, gelten die vorstehenden Normen des CISG **auch für Nicht-Kaufleute**, jedenfalls soweit es nicht – vgl. Art. 2 lit. a CISG – um den Kauf von Ware für den persönlichen Gebrauch oder den Gebrauch in der Familie oder im Haushalt geht.

2419 **Vorteile** des **Leistungsstörungsrechts des CISG gegenüber dem BGB-Kaufrecht** ergeben sich unter folgenden Gesichtspunkten: Unter einer „Vertragsverletzung" i.S. des Art. 45 Abs. 1b CISG versteht man jede Form der Nichterfüllung einer vertraglichen Pflicht[1], d.h. die Nichterfüllung kann sowohl in der Lieferung einer sach- und rechtsmängelbehafteten Sache bestehen, als auch in der aliud-Lieferung, in der verspäteten Leistungserbringung, in der Unmöglichkeit einer Erfüllung, wie auch in der Verletzung einer sonstigen Vertragspflicht. Nach deutschem BGB-Kaufrecht, das ebenfalls derartige Schadensersatzansprüche regelt, existiert demgegenüber eine

1 Schlechtriem/*Schwenzer*, Kommentar zum UN-Kaufrecht, Art. 74 Rz. 12.

Fülle von Anspruchsgrundlagen (vgl. nur § 280 Abs. 1, Abs. 2 i.V.m. § 286 Abs. 3 i.V.m. §§ 281 bzw. 282 oder 283, 311a BGB). Der Vorteil des CISG besteht folglich darin, dass im Gegensatz zum BGB für den Schadensersatzanspruch **im CISG allein eine Anspruchsgrundlage maßgeblich** ist. Nur die Regelung der §§ 311 Abs. 2 und 3, 241 Abs. 2 und 280 BGB (früher c.i.c.), die das Verschulden bei Vertragsschluss regeln, ist im CISG nicht enthalten[1].

Im Vergleich zu den Schadensersatzansprüchen im Leistungsstörungsrecht des bürgerlichen Gesetzbuchs wird deutlich, dass der Schadensersatzanspruch nach **Art. 45 Abs. 1b CISG als verschuldensunabhängige Garantiehaftung** konzipiert wurde, während die Schadensersatzansprüche des **BGB als Haftung für vermutetes Verschulden** ausgestaltet sind[2]. Im deutschen Recht kann sich der Verkäufer durch den Beweis des Nichtvertretenmüssens von seiner Haftung grundsätzlich befreien (§ 280 Abs. 1 Satz 2, § 286 Abs. 4 oder § 311a Abs. 2 Satz 3 BGB). Eine ähnliche Regelung existiert allerdings in den Art. 79, 80 CISG. 2420

Die Vorteile des Leistungsstörungsrechts des CISG haben sich durch die **Schuldrechtsreform** erheblich verringert. Die Vermutung, dass das CISG „schadensersatzfreundlicher" konzipiert sei, täuscht bei näherer Betrachtung. Ebenso wie nach deutschem Recht, kann der Verkäufer nach Art. 48 CISG nacherfüllen. Ist die Nacherfüllung nicht mehr möglich, so kann der Käufer auch bei einer einfachen, nicht wesentlichen Vertragsverletzung, den „kleinen" Schadensersatzanspruch geltend machen. In diesem Fall behält er die Sache und kann den mangelbedingten Minderwert, wie Folgeschäden, ersetzt verlangen[3]. Um die in Art. 49 CISG enthaltenen Regelungen zur Vertragsaufhebung als ulitma ratio nicht zu konterkarieren, ist eine enge Auslegung geboten. D.h., es dürfte nicht dazu führen, dass der Käufer, ohne die strengen Aufhebungsvoraussetzungen des Art. 49 CISG zu erfüllen, unter den niedrigeren Anforderungen des Art. 45 Abs. 1b CISG „großen" Schadensersatz geltend machen könnte, also die Rückgabe der Kaufsache und den Ersatz des gesamten Nichterfüllungsschadens. Ein großer Schadensersatz kann – unter engem Auslegungsmaßstab – nur dann verlangt werden, wenn gleichzeitig die Voraussetzungen des Art. 49 CISG gegeben sind und der Käufer stillschweigend mit dem Schadensersatzverlangen den Rücktritt erklärt hat[4]. Dies entspricht im Wesentlichen auch dem Leistungsstörungsrecht der BGB-Vorschriften. 2421

1 Zum Anwendungsbereich bzw. zum Umfang des Schadensersatzanspruchs s. Schlechtriem/*Schwenzer*, Kommentar zum UN-Kaufrecht, Art. 74 Rz. 11.

2 Folge dieses Garantieprinzips ist die mangelnde Beherrschbarkeit des Risikos gegenüber dem deutschen Entlastungsprinzips, vgl. auch Schlechtriem/*Schwenzer*, Kommentar zum UN-Kaufrecht, Art. 79, Rz. 4, 10 ff.

3 Schlechtriem/*Schwenzer*, Kommentar zum UN-Kaufrecht, Art. 74 Rz. 23 f., 32 ff.

4 So auch Schlechtriem/Schwenzer/*Müller-Chen*, Kommentar zum UN-Kaufrecht, Art. 45, Rz. 27.

2422 Wie bereits angesprochen, stellen die Regelungen des CISG nach Art. 6 **dispositives Recht** dar. Zu beachten ist allerdings, dass es bei Eingreifen seiner Voraussetzungen ohne weiteres gilt, so dass die Vertragsparteien die **Nichtgeltung des CISG (ausdrücklich) vereinbaren müssen**. Denkbar ist aufgrund des in Art. 6 CISG zum Ausdruck kommenden Grundsatzes der Parteiautonomie ferner, bestimmte einzelne Bestimmungen auszuschließen (eine Ausnahme stellt Art. 12 dar) oder anstelle dieser Klauseln etwas anderes zu vereinbaren. Dementsprechend kann das **UN-Kaufrecht** auch stillschweigend **ganz oder teilweise abbedungen** werden. Das EKG hatte noch ein stillschweigendes Abbedingen ausdrücklich zugelassen; eine dementsprechende Norm fehlt im CISG. Es muss daher ein dahingehender hinreichend deutlicher Parteiwille zutage treten, wenn angenommen werden soll, dass das CISG ausgeschlossen ist. Dabei ist zu berücksichtigen, dass die Entscheidung, ob das CISG ausgeschlossen ist, nach dessen Maßstab und nicht nach dem gemäß IPR ansonsten eingreifenden nationalen Recht zu beurteilen ist[1].

2423 Ist ein auf den Ausschluss des CISG gerichteter Parteiwille nicht erkennbar, bleibt es bei der Anwendung des Übereinkommens. Ein nur hypothetischer, den Parteien nach objektiver Interessenabwägung unterstellter Wille reicht für einen Ausschluss des CISG nicht aus[2]. Wird das **Recht eines Nicht-Vertragsstaates gewählt**, so kann in der Regel davon ausgegangen werden, dass das **CISG im Ganzen abbedungen** werden soll, was allerdings nicht gilt, wenn die Parteien das Recht des Nicht-Vertragsstaates lediglich als ergänzende Rechtsordnung gewählt haben. Umgekehrt wird man von einer Anwendung des CISG ausgehen müssen, wenn die Parteien das Recht eines Vertragsstaates gewählt haben. Dementsprechend **führt** die einfache **Klausel, dass „für den Vertrag deutsches Recht gilt“, zur Geltung des CISG**, das als Sonderregelung für seinen sachlichen Anwendungsbereich Teil der nationalen deutschen Rechtsordnung ist[3]. **Gleiches gilt**, wenn deutsches Recht nach Art. 4 ROM I-VO (**Art. 28 EGBGB** a.F.)maßgeblich ist[4]. Ausgeschlossen ist das Übereinkommen, wenn die Vertragsparteien zwar das nationale Recht eines Vertragsstaates gewählt haben, gleichzeitig aber zum Ausdruck brachten, dass das **unvereinheitlichte Recht dieses Staates gelten soll**[5].

2424 Ebenso wie aus der vertraglichen Bestimmung eines Gerichtsstandes nach deutschem IPR auf die Wahl einer bestimmten Rechtsordnung geschlossen werden kann (vgl. Rz. 2354), spielt die **Wahl eines Gerichtsstandes** in ei-

1 Zum EKG vgl. *BGH* v. 28.3.1979, BGHZ 74, 193, 197.

2 *Magnus*, RabelsZ 51 (1987), 123, 127; zum EKG vgl. *BGH* v. 4.12.1985, BGHZ 96, 313, 319; a.A. *Mann*, JZ 1986, 647 in Anm. zu *BGH* v. 4.12.1985, BGHZ 96, 313 ff.

3 *BGH* v. 23.7.1997, NJW 1997, 3309 u. v. 25.11.1998, NJW 1999, 1259.

4 Palandt/*Thorn*, BGB, Art. 4 ROM I-VO Rz. 5 m.H.a. *OLG Hamburg*, IPRspr. 1997 Nr. 176.

5 Beispielsweise „Es gilt BGB/HGB“; vgl. Staudinger/*Magnus*, CISG, Art. 6 Rz. 30.

nem Nicht-Vertragsstaat auch eine indizielle Rolle für die Frage, ob das CISG anwendbar ist. Nach allgemeinen Grundsätzen wird bei der Wahl eines Gerichtsstandes in einem Nicht-Vertragsstaat von der Wahl des Rechts dieses Staates ausgegangen werden können, so dass über diesen Umweg die Nichtanwendung des CISG klargestellt ist. Gleiches gilt im Hinblick auf die Vereinbarung eines bestimmten **Schiedsortes**, da auch in diesem Fall in der Regel darauf geschlossen werden kann, dass das nationale Recht des Schiedsortes angewendet werden soll. Ist nach diesen Grundsätzen das Recht eines Nicht-Vertragsstaates anzuwenden, so ist auch das CISG ausgeschlossen.

Abschließend sei für die **Vertragsgestaltung** auf Folgendes hingewiesen: 2425

- In jedem Falle empfiehlt sich eine ausdrückliche Regelung zu der Frage, ob und inwiefern das CISG Anwendung finden soll; darüber hinaus ist es aus Gründen der Rechtssicherheit unverzichtbar, die ergänzend eingreifende nationale Rechtsordnung ausdrücklich anzusprechen. Diese Regelung empfiehlt sich nicht nur in Hinblick auf das UN-Kaufrecht, sondern auch bezüglich anderer Übereinkommen, deren Anwendung in Frage kommt.
- Sofern das CISG Anwendung finden soll, dürfte es sich zur Vermeidung einer der oben angesprochenen Nachteile (Auslegungsprobleme) empfehlen, einige der im Übereinkommen vorhandenen **unbestimmten Rechtsbegriffe** für das Vertragsverhältnis eigens zu **definieren**. Da es sich bei den hier in Rede stehenden Vertragswerken im Bereich des Lizenzvertragsrechts ohnehin um ausführlichere Vereinbarungen handelt, erscheint es zweckmäßig, in einer eigenen Regelung zu „Begriffsbestimmungen" auch die unbestimmten Rechtsbegriffe des CISG zu definieren, beispielsweise „wesentliche Vertragsverletzung", „kurze bzw. angemessene Frist" i.S.d. Art. 38, 39 CISG, „vernünftige Entschuldigung" nach Art. 44 CISG.

4. Gerichtsstands- und Schiedsgerichtsklausel

Regelmäßig werden auch Gerichtsstands- und Schiedsgerichtsklauseln Inhalt eines Lizenzvertrages, deren Darstellung an anderer Stelle erfolgen soll (s. Rz. 2931 ff. und Rz. 3001 ff.). 2426

XVIII. Betreiben behördlicher Genehmigungsverfahren

Regelmäßig kann gerade im Fall internationaler Lizenzverträge eine besondere, öffentlich-rechtlich vorgegebene Genehmigungspflicht bestehen. Vor allem außenwirtschaftliche Beschränkungen können aus verschiedenen Gründen erfolgen (z.B. Exportkontrolle bei Rüstungsgeschäften, Arten- 2427 schutz, Umweltschutz, Schutz von Kulturgütern). Ein Genehmigungserfordernis kann sich auch bei **Embargomaßnahmen** stellen.

2428 Für das Lizenzvertragsrecht von besonderer Bedeutung ist die **Exportkontrolle**. Hierbei ist zu trennen zwischen der Lizenzvergabe an sich und den diversen Leistungen, wie etwa einer Personalentsendung, der Überlassung von Konstruktionszeichnungen oder der Zulieferung bestimmter Einzelteile, die Bestandteil einer Lizenzvergabe sein können[1]. Selbst wenn für den Lizenzvertrag als solchen keine Kontrollvorschriften gelten, kann eine Kontroll- und Genehmigungspflichtigkeit für die Zusatzleistungen bestehen.

Über die Kontroll- und Genehmigungspflichtigkeit eines Lizenzvertrages lassen sich keine pauschalen Aussagen treffen. Vielmehr ist das gesamte Lizenzgeschäft in seinen einzelnen Bestandteilen zu bewerten. *Grützmacher/Laier/May*[2] empfehlen daher zu Recht, eine derartige Prüfung bereits zum **frühestmöglichen Zeitpunkt** durchzuführen, um etwaige Genehmigungsverfahren frühzeitig einleiten und das Risiko unangenehmer Überraschungen während der Abwicklung des Lizenzgeschäfts verhindern zu können. Auf die Wirksamkeit des Lizenzvertrages hat das Nichteinholen einer Genehmigung aber grundsätzlich keine Auswirkungen[3]. Etwaige Beschränkungen oder Sanktionen greifen erst ein, wenn tatsächlich Waren exportiert werden oder Know-how weitergegeben wird[4]. Etwas anderes kann aber im Bereich von Embargomaßnahmen gelten, bei denen unter Umständen bereits Geschäftsverhandlungen verboten und damit strafbar sein können[5].

2428a Zu trennen ist im Rahmen von Exportkontrollen zwischen Sonderkontrollen und Standardkontrollen[6]. Bei **Sonderkontrollen** handelt es sich um außergewöhnliche Beschränkungen temporärer Natur (Embargomaßnahmen), die neben den Standardkontrollen gelten. **Standardkontrollen** sind dagegen Maßnahmen, die auf der Grundlage multilateraler außenpolitischer Vereinbarungen gehandhabt werden.

---

1 *Grützmacher/Laier/May*, Der Internationale Lizenzverkehr, S. 25; Bundesamt für Wirtschaft u. Ausfuhrkontrolle (BAFA), Praxis der Exportkontrolle, 2006; *Ann* in Ann/Loschelder/Grosch, Praxishandbuch Know-how-Schutz, Kap. 11 (dort für Know-how).

2 *Grützmacher/Laier/May*, Der Internationale Lizenzverkehr, S. 25.

3 *Groß*, Rz. 435.

4 *Grützmacher/Laier/May*, Der Internationale Lizenzverkehr, S. 28.

5 *Grützmacher/Laier/May*, Der Internationale Lizenzverkehr, S. 27 f.

6 *Grützmacher/Laier/May*, Der Internationale Lizenzverkehr, S. 26.

Maßgebliche Bedeutung hinsichtlich einer Genehmigungspflichtigkeit internationaler Lizenzverträge kommt dem **Außenwirtschaftsgesetz (AWG)**[1] zu. Das AWG sieht vor, dass Lizenzverträge unter gewissen Voraussetzungen dann einer Genehmigung bzw. Anmeldung bedürfen, wenn dies durch eine Rechtsverordnung der Bundesregierung bestimmt wird (vgl. §§ 5–7, 16, 26 ff. AWG). Eine solche Regelung sieht etwa § 45 Abs. 1, 2 der **Außenwirtschaftsverordnung (AWV)** im Lizenzverkehr mit Drittstaaten vor, der bestimmt, dass die Weitergabe von nicht allgemein zugänglichen Kenntnissen über bestimmte Technologien, technische Daten, Verfahren oder Software an bestimmte Gebietsfremde, die nicht in einem OECD-Mitgliedstaat ansässig sind, der Genehmigung bedarf. Eine Verletzung des AWG liegt aber nicht bereits im Abschluss eines hiergegen verstoßenden Lizenzvertrages, sondern erst in seiner Erfüllung[2]. 2429

Den Regelungen des AWG vor geht die **Verordnung (EG) Nr. 428/2009** des Rates vom 5.5.2009 über eine Gemeinschaftsregelung für die Kontrolle der Ausfuhr, der Verbringung, der Vermittlung und der Durchfuhr von Gütern mit doppeltem Verwendungszweck[3]. Gemäß Art. 3 VO unterliegen Ausfuhrvereinbarungen über Güter mit doppeltem Verwendungszweck aus dem Gebiet der EU der Genehmigung.

Liegt eine genehmigungspflichtige Lizenzvereinbarung vor, muss das **Genehmigungsverfahren vor dem Bundesamt für Wirtschaft und Ausfuhrkontrolle (BAFA)** durchgeführt werden. Dabei hat der exportierende Lizenzgeber alle ihm zur Verfügung stehenden Informationen, die für die Entscheidung des BAFA von Bedeutung sein können, weiterzugeben[4]. Im Antrag ist offen zu legen, woher eine wichtige Information stammt, und wie gesichert sie ist. Es sollte beachtet werden, dass die im Antrag gemachten Angaben wahrheitsgemäß sind, da ansonsten eine illegale Ausfuhr aufgrund einer erschlichenen Genehmigung i.S. des § 34 Abs. 8 AWG droht[5]. 2430

Aus Sicht des Lizenzgebers sind auch etwaige **Genehmigungspflichten** zu beachten, die sich im **Land des Lizenznehmers** stellen[6]. 2431

1 Gesetz v. 28.4.1961, BGBl. I 1961, 481, 495, 1555, i.d.F. der Bekanntmachung v. 27.5.2009, BGBl. I 2009, 1150, zuletzt geändert durch Art. 1 der VO v. 15.12.2011 (BAnz. 2011 Nr. 197, 4653).

2 *Hiestand* in Reithmann/Martiny, Internationales Vertragsrecht, Rz. 1886; *Groß*, Rz. 435.

3 VO (EG) Nr. 428/2009 v. 5.5.2009, ABl. EU Nr. L 134 v. 29.5.2009, S. 1, geändert durch VO (EU) Nr. 388/2012 v. 19.4.2012, ABl. EU Nr. L 129 v. 16.5.2012, S. 12.

4 *Grützmacher/Laier/May*, Der Internationale Lizenzverkehr, S. 32.

5 *Grützmacher/Laier/May*, Der Internationale Lizenzverkehr, S. 32; s. auch BAFA-Merkblatt „Verantwortung u. Risiken beim Wissenstransfer" (Stand: 1.8.2004).

6 Eingehend hierzu *Grützmacher/Laier/May*, Der internationale Lizenzverkehr, S. 82 ff.

XIX. Beendigung des Lizenzvertrages vor Ablauf der vereinbarten Vertragslaufzeit[1]

1. Allgemeines/Vereinbarungen der Vertragsparteien

2432 Der Lizenzvertrag endet ohne besondere Vereinbarung bei einer **Zeitlizenz** (vgl. Rz. 1254) mit Ablauf des Zeitraumes, für den er eingegangen wurde, im Übrigen mit **Ablauf** des **lizenzierten Schutzrechtes** (vgl. Rz. 1254)[2]. Denkbar ist auch die einvernehmliche Aufhebung eines Lizenzvertrages für die Zukunft[3] (§ 311 BGB).

2433 Selbstverständlich können im Rahmen der Zeitlizenz wie auch bei einem auf die Dauer des Schutzrechtes abgeschlossenen Lizenzvertrag **ordentliche Kündigungsfristen** vereinbart werden. In der Praxis ist dies allerdings eher selten. Wird im Rahmen dieser vereinbarten Fristen gekündigt, bedürfen Kündigungen i.d.R. keiner Begründung. Eine vertragliche Vereinbarung, wonach die Möglichkeit einer ordentlichen Kündigung von dem Nachweis dringender wirtschaftlicher Gründe abhängig gemacht wird, ist weder wegen fehlender Bestimmtheit noch wegen unzulässiger Knebelung nach Treu und Glauben unwirksam[4]. Fehlen Regelungen über ein ordentliches Kündigungsrecht, kann ein auf die Dauer der lizenzierten Schutzrechte ausgerichteter Lizenzvertrag nur einvernehmlich beendet bzw. aus wichtigem Grund gekündigt werden. Eine entsprechende Anwendung der §§ 624, 723 BGB kommt wegen der dort jeweils vorgegebenen Besonderheiten (persönliche Dienstleistung, Gesellschaftsverhältnis) nicht in Betracht; ggf. aber ein Rückgriff auf die §§ 545, 495b BGB bei Verträgen über eine längere Zeit als 30 Jahre[5].

Enthält der Vertrag den Hinweis, er ende **„spätestens mit dem Erlöschen des letzten Vertragsschutzrechts"**, ergibt sich hieraus keine Befugnis zur ordentlichen Kündigung. Das Wort „spätestens" bringt nur zum Ausdruck, dass der Vertrag mit dem Erlöschen des letzten Lizenzschutzrechts endet, sofern er nicht vorher aufgrund einer außerordentlichen Kündigung oder aufgrund einvernehmlicher Vereinbarung beendet werden sollte[6]. Soll der Gebrauch des Wortes „spätestens" eine ordentliche Kündigungsmöglichkeit eröffnen, hätte es nahegelegen, eine ordentliche Kündigungsfrist zu vereinbaren[7].

---

1 Vgl. auch *Ohl*, GRUR 1992, 77 ff.; Benkard/*Ullmann*, PatG, § 15 Rz. 212 ff.; zur Störung der Geschäftsgrundlage i.S. von § 313 BGB, vgl. Rz. 544 ff.
2 *OLG Düsseldorf* v. 17.12.2009 – I-2 U 118/08, Rz. 176 (juris); Benkard/*Ullmann*, PatG, § 15 Rz. 64 f.
3 Vgl. Palandt/*Grüneberg*, BGB, § 311 Rz. 7.
4 *LG Düsseldorf* v. 22.9.2005, Düsseldorfer Entscheidung Nr. 360 – Lawinen-Verschütteten-Suchsystem II (www.duesseldorfer-archiv.de).
5 Busse/*Keukenschrijver*, PatG, § 15 Rz. 92.
6 *OLG Düsseldorf* v. 17.12.2009 – I-2 U 118/08, Rz. 177 (juris).
7 *OLG Düsseldorf* v. 17.12.2009 – I-2 U 118/08, Rz. 177 (juris).

Ausnahmsweise besteht bei Fehlen von vertraglichen Abreden entsprechend §§ 584, 624, 723 BGB ein **Recht zur ordentlichen Kündigung**, wenn der Vertrag auf unbestimmte Dauer abgeschlossen wird und die Nutzungsrechtseinräumung unentgeltlich erfolgt[1].

2434 Häufiger anzutreffen sind Laufzeitbegrenzungen **(Zeitlizenz)** mit der zusätzlichen Vereinbarung, dass sich der Vertrag um einen vertraglich bestimmten Zeitraum (jeweils) **verlängert**, wenn entweder das vereinbarte (Kündigungs-)Recht bis (jeweils) zu einem bestimmten Termin nicht genutzt oder aber ein vereinbartes (Options-)Recht bis zu diesem Termin ausgeübt wurde.

2435 Auch **Kündigungsgründe** sind der **Vereinbarung** zugänglich[2]. Dabei geht die Rechtsprechung davon aus, dass die bloße Ausnutzung einer günstigen vertraglichen Position, insbesondere die Ausübung des Kündigungsrechts bei Eintreten der vertraglich vereinbarten Voraussetzungen hierfür, für sich allein grundsätzlich noch keinen Rechtsmissbrauch darstellt[3]. Im Interesse von Rechtssicherheit kann es sich empfehlen, für bestimmte Situationen ein Kündigungsrecht ausdrücklich zu vereinbaren[4] (s. Rz. 1773). Welche **Mindestkündigungsfristen** zu wählen sind, hängt von dem Vertragsstatut und den Umständen des Einzelfalles ab (vgl. Rz. 2441).

2. Kündigung des Lizenzvertrages aus wichtigem Grund

2436 Sind keine ordentlichen Kündigungsfristen vereinbart und auch sonst keine Bestimmungen über Kündigungsgründe getroffen (vgl. auch den Sonderfall in Rz. 2433), kann der Lizenzvertrag nur aus wichtigem Grund außerordentlich[5] gekündigt werden. Das Recht zur außerordentlichen Kündigung des Lizenzvertrages ergibt sich angesichts dessen Charakters als

---

1 *BGH* v. 21.7.2005, GRUR 2005, 56, 59 – BOSS-Club, dort zum Bereich der Markenlizenz; vgl. auch *BGH* v. 25.5.1993, NJW-RR 1993, 1460.

2 Zur Auslegung einer Klausel über ein vereinbartes Kündigungsrecht im Konkursfall bei einem in englischer Sprache verfassten Lizenzvertrag, auf den nach Parteivereinbarung deutsches Recht Anwendung finden soll, vgl. *OLG Hamburg* v. 27.10.1988, GRUR Int. 1990, 388, 389 ff. – Midrex/HSW.

3 *OLG Hamburg* v. 27.10.1988, GRUR Int. 1990, 388, 390 – Midrex/HSW.

4 Zur Auslegung einer Zahlungsverweigerung wegen einer Leistungsstörung als Kündigung *Brandi-Dohrn*, CR 1989, 909, 910 (Beispielsfall: Mietvertrag über Hard- und Software).

5 Grundlegend *BGH* v. 22.5.1959, GRUR 1959, 616, 617 – Metallabsatz; vgl. auch *RG* v. 15.5.1935, GRUR 1935, 812, 813; *RG* v. 25.8.1937, GRUR 1939, 377, 379; *RG* v. 12.6.1942, RGZ 169, 203, 206; *BGH* v. 28.10.1955, GRUR 1956, 93, 95 – Bioglutan; *BGH* v. 12.4.1957, GRUR 1957, 595, 596 – Verwandlungstisch; *BGH* v. 24.9.1957, GRUR 1958, 231, 232 – Rundstuhlwirkware; *BGH* v. 2.5.1991, GRUR 1992, 112, 114 – pulp wash; *BGH* v. 25.11.2003, GRUR 2004, 532, 533 – Nassreinigung; zu einer Auslauffrist vgl. *BGH* v. 13.1.1959, GRUR 1959, 384, 388 – Postkalender (betr. Verlagsvertrag); s. allgemein zu Auslauffristen Rz. 1273 ff. Zur Kündigung eines Softwarelizenz- und eines Softwarepflegevertrags wegen Verstoßes gegen bestehende Lizenzvereinbarungen s. *LG Köln* v. 14.9.2011, CR 2012, 77.

Dauerschuldverhältnis (s. Rz. 38) unter den Voraussetzungen des § 314 BGB[1].

Die Kündigung aus wichtigem Grund beendet das Vertragsverhältnis mit sofortiger Wirkung (ex nunc) bzw. mit Ablauf der gesetzten Kündigungsfrist (zur Auslauffrist Rz. 1273 ff.).

2437 Ein **wichtiger Grund** zur außerordentlichen Kündigung liegt zunächst vor, wenn eine Vertragspartei ihre vertraglichen Pflichten in grobem Maße verletzt, wobei allerdings schuldhaftes Verhalten nicht erforderlich ist; vielmehr ist die **objektive Pflichtverletzung** ausreichend[2]. Entscheidend ist – wie bei allen Kündigungen aus wichtigem Grund – ferner, dass Tatsachen vorliegen, aufgrund derer dem kündigenden Vertragspartner unter Berücksichtigung aller Umstände des Einzelfalls und unter Abwägung der Interessen beider Vertragsteile die **Fortsetzung des Vertrags** bis zu dessen vereinbarter Beendigung **nach Treu und Glauben nicht zugemutet** werden kann (§ 314 Abs. 1 Satz 2 BGB)[3]. Das Gesetz folgt dabei letztlich dem **Ultima-ratio-Prinzip**, wonach eine außerordentliche Kündigung erst dann statthaft erscheint, wenn der Kündigende alle ihm zumutbaren Mittel, zu einem einvernehmlichen Ausgleich zu kommen, ausgeschöpft hat oder diese Mittel von vornherein keinen Erfolg versprechen. Die Zumutbarkeit des Festhaltens am Vertrag orientiert sich immer an den Umständen des Einzelfalls[4]. Im Rahmen der diesbezüglich vorzunehmenden Gesamtwürdigung aller Umstände spielt i.d.R. auch das Verhalten des kündigenden Vertragsteils eine erheblich Rolle, wobei eine fristlose Kündigung ggf. auch dann möglich ist, wenn er sich zuvor selbst vertragswidrig verhalten hat[5]. Für die Frage, ob ein wichtiger Grund vorliegt, können auch die Wertungen des

---

1 Vgl. *BGH* v. 20.5.2003, BB 2003, 2254, 2258 – Apollo-Optik, dort zum Franchisevertrag; *OLG Düsseldorf* v. 17.12.2009 – I-2 U 118/08, Rz. 125 (juris); vgl. auch *LG München* v. 29.10.2008, ZUM-RD 2009, 619, Rz. 36; *LG Düsseldorf* v. 30.6.2005, Düsseldorfer Entscheidung Nr. 346 – Dermatikum (www.duesseldorfer-archiv.de); s. ferner Busse/*Keukenschrijver*, PatG, § 15 Rz. 93; *von Hase*, NJW 2002, 2278 ff.

2 Benkard/*Ullmann*, PatG, § 15 Rz. 212 ff. unter Verweis auf BT-Drucks. 14/6040, S. 178.

3 *BGH* v. 29.4.1997, GRUR 1997, 610, 611 – Tinnitus-Masker; *BGH* v. 2.5.1991, GRUR 1992, 112, 114 – pulp wash; *BGH* v. 17.12.1998, NJW 1999, 1177, 1178; *BGH* v. 25.11.2003, GRUR 2004, 532 – Nassreinigung; *BGH* v. 26.3.2009, GRUR-RR 2009, 284, Rz. 13 – Nassreiniger.

4 Allgemein für Dauerschuldverhältnisse nach früherem Recht: *BGH* v. 15.9.1959, BGHZ 29, 171, 172; *BGH* v. 30.1.1964, BGHZ 41, 104, 108; *BGH* v. 7.11.1985, NJW 1986, 978, 980; vgl. für den Bereich des Lizenzvertragsrechts *BGH* v. 29.4.1997, NJW-RR 1997, 1467 f. – Tinnitus-Masker u. *BGH* v. 26.3.2009, GRUR-RR 2009, 284, 285, Rz. 13 – Nassreiniger m.w.N.; *OLG Düsseldorf* v. 17.12.2009 – I-2 U 118/08, Rz. 125 (juris); *LG München* v. 29.10.2008, ZUM-RD 2009, 619, Rz. 39.

5 *OLG München* v. 9.7.2009, InstGE 12, 27, Rz. 23, 26 – Abrechnungsverweigerung im Anschluss an *BGH* v. 11.2.1981, NJW 1981, 1264, 1265; *LG München* v. 29.10.2008, ZUM-RD 2009, 619, Rz. 47 ff.

§ 581 i.V.m. §§ 543, 569 sowie 723 BGB herangezogen werden, etwa im Falle des Zahlungsverzuges des Lizenznehmers (vgl. Rz. 1836). Liegt allerdings ein Abrechnungsverzug vor, findet z.B. § 543 Abs. 2 Satz 3 BGB, der die Unwirksamkeit einer Kündigung (nur) wegen Zahlungsverzugs betrifft, jedoch keine analoge Anwendung[1].

In diesem Rahmen sind auch **frühere Verstöße** zu würdigen, die nicht zum Anlass einer eigenen Kündigung geworden sind, es sei denn, es handelt sich um keine übermäßig schweren Verfehlungen[2]. Bei **geänderten Umständen** hat eine Vertragsanpassung nach **§ 313 BGB** Vorrang[3].

Vielfach wird für die Berechtigung zur vorzeitigen (außerordentlichen) Kündigung auf den **Verlust des Vertrauensverhältnisses im Dauerschuldverhältnis** abgestellt[4]. Ein Vertrauensverhältnis ist z.B. anzunehmen bei 2438

- Vereinbarung einer Nichtangriffsabrede (vgl. Rz. 2042 ff.);
- persönlicher Natur der Lizenz (vgl. Rz. 1196);
- der Pflicht zur Erzielung von Mindestumsatz (vgl. Rz. 1764 ff.);
- Vorliegen eines Überwachungsrechtes des Lizenzgebers;
- Verpflichtung zur Überlassung von Verbesserungserfindungen (vgl. Rz. 2001 ff.).

Ist das Vertrauensverhältnis so **schwerwiegend gestört**, dass eine sofortige Beendigung des Vertrages gerechtfertigt erscheint, ist nach § 314 Abs. 2 Satz 2 i.V.m. § 323 Abs. 2 BGB eine Abmahnung vor Kündigungsausspruch entbehrlich (s. Rz. 2440).

Im Falle von Leistungsstörungen ist das **Verhältnis zum gesetzlichen Rücktrittsrecht** (vgl. §§ 323, 324 BGB) relevant. Nach ganz h.M., die auch in § 313 Abs. 3 Satz 2 BGB bestätigt wird, scheidet bei einem bereits (teilweise) durchgeführten Lizenzvertrag als Dauerschuldverhältnis ein Rücktritt grundsätzlich aus, so dass an dessen Stelle in der Regel die Kündigung aus wichtigem Grund tritt[5]. Etwas anderes gilt allerdings dann, wenn eine vollständige Rückabwicklung unschwer möglich und nach der Interessenlage der Lizenzvertragsparteien sachgerecht ist, so dass es dann bei der Möglichkeit des Rücktritts (§§ 323, 324 BGB) verbleibt[6]. Ebenfalls bleiben vertragli- 2439

---

1 *LG München* v. 29.10.2008, ZUM-RD 2009, 619, Rz. 68 f.

2 *BGH* v. 28.2.2002, GRUR 2002, 703, 705 – Vossius & Partner; *OLG München* v. 9.7.2009, InstGE 12, 27 Rz. 23 – Abrechnungsverweigerung.

3 Busse/*Keukenschrijver*, PatG, § 15 Rz. 93.

4 *OLG Düsseldorf* v. 17.12.2009 – I-2 U 118/08, Rz. 126 f.; *LG Düsseldorf* v. 29.6.2010, Düsseldorfer Entscheidung Nr. 1436 – Rauchgaswäsche (www.duesseldorfer-archiv.de); Benkard/*Ullmann*, PatG, § 15 Rz. 208.

5 *BGH* v. 25.11.2003, GRUR 2003, 532, 534 – Nassreinigung; Busse/*Keukenschrijver*, PatG, § 15 Rz. 90, 99; *Henn*, Rz. 223 m.w.N. zum Streitstand; *LG München* v. 29.10.2008, ZUM-RD 2009, 619, Rz. 36.

6 *BGH* v. 19.2.2002, NJW 2002, 1870 – Rücktritt bei bereits vollzogenem Dauerschuldverhältnis.

che Rücktrittsrechte von der Überlassung des Lizenzgegenstandes unberührt[1].

2440 Zu beachten ist weiterhin, dass bei Verletzung von Vertragspflichten i.d.R. der außerordentlichen Kündigung eine (erfolglos gebliebene) **Abmahnung mit – angemessener – Fristsetzung** vorauszugehen hat (vgl. **§ 314 Abs. 2 BGB**). Durch die Abmahnung unter Fristsetzung soll der andere Vertragsteil nachdrücklich auf die Folgen einer weiteren Nichterfüllung des Lizenzvertrages hingewiesen werden; d.h. etwa bei Zahlungsverzug des Lizenznehmers eine Fristsetzung für die Begleichung der rückständigen Zahlungen verbunden mit einem nachdrücklichen Hinweis auf die Folgen einer weiteren Nichterfüllung des Vertrages[2]. Die Abmahnung muss dem anderen Vertragsteil mithin vor Augen führen, dass die weitere vertragliche Zusammenarbeit auf dem Spiel steht und er für den Fall weiterer Verstöße mit vertraglichen Konsequenzen rechen muss[3]. Dies entspricht weitgehend der früheren Rechtsprechung des *BGH* bei der Kündigung von Dauerschuldverhältnissen[4], die auch auf Lizenzverträge übertragen worden ist[5]. Erst die Missachtung einer solchen Abmahnung kann dann zu der Frage führen, ob das Festhalten am Vertrag für den anderen Vertragsteil zumutbar ist[6].

Einer **Abmahnung** bedarf es allerdings gemäß **§ 314 Abs. 2 Satz 2 i.V.m. § 323 Abs. 2 BGB** i.d.R. dann **nicht**, wenn diese von vornherein keinen Erfolg verspricht, weil der Vertragspartner sich ernsthaft und endgültig geweigert hat, das inkriminierte Verhalten abzustellen, oder weil die Leistung nicht termingerecht bewirkt wurde, der Gläubiger den Fortbestand seines Leistungsinteresses aber an die Rechtzeitigkeit der Leistung vertraglich gebunden hatte, oder weil besondere Umstände vorliegen, die unter Abwägung der beiderseitigen Interessen die sofortige Kündigung rechtfertigen[7]. Letzteres mag im Einzelfall dann denkbar sein, wenn die **Vertrau-**

1 *Henn*, Rz. 223.

2 Vgl. *BGH* v. 4.7.2002, GRUR 2003, 982, 983 – Hotelvideoanlagen.

3 *BGH* v. 12.10.2011, MDR 2011, 1462.

4 Vgl. z.B. *BGH* v. 11.2.1981, NJW 1981, 1264, 1265.

5 *BGH* v. 29.4.1997, NJW-RR 1997, 1467, 1468 – Tinnitus-Masker; für den Warenzeichenlizenzvertrag vgl. *BGH* v. 2.5.1991, GRUR 1992, 112, 114 – pulp wash; vgl. ferner *BGH* v. 4.7.2002, GRUR 2003, 982, 983 – Hotelvideoanlagen.

6 Vgl. zum früheren Recht *BGH* v. 29.4.1997, NJW-RR 1997, 1467, 1468 – Tinnitus-Masker; *BGH* v. 4.7.2002, GRUR 2003, 982, 983 – Hotelvideoanlagen; s. auch *LG Düsseldorf* v. 30.6.2005, Düsseldorfer Entscheidung Nr. 346 – Dermatikum (www.duesseldorfer-archiv.de).

7 S. hierzu auch den dem Urteil des *LG Düsseldorf* v. 9.10.2008 (Düsseldorfer Entscheidung Nr. 978 – Fremdteilausscheider [www.duesseldorfer-archiv.de]) zugrundeliegenden Sachverhalt, wonach der Lizenzgeber es einerseits ernsthaft und endgültig verweigerte, den Lizenzvertrag im Hinblick auf ein weggefallenes Schutzrecht, etwa duch eine Verringerung der Lizenzgebühren, anzupassen (§ 323 Abs. 2 Nr. 1 BGB) und andererseits ein besonderer Umstand i.S. des § 323 Abs. 2 Nr. 3 BGB vorlag, da es dem Lizenzgeber unmöglich geworden war, seine Hauptpflichten aus dem Lizenzvertrag vollständig zu erfüllen.

ensgrundlage derart **erschüttert** ist, dass sie auch bei Befolgung der Abmahnung nicht wiederhergestellt werden kann[1] (vgl. § 314 Abs. 2 Satz 2 i.V.m. § 323 Abs. 2 BGB).

Zu beachten ist, dass mit dem Ausspruch der außerordentlichen Kündi- 2441
gung nach Erlangung der Kenntnis von den Kündigungsgründen durch den Kündigungsberechtigten nicht zu lange gewartet werden kann, sondern **binnen angemessener Frist ab Kenntnis des Kündigungsgrundes** erfolgen muss (**§ 314 Abs. 3 BGB**). Für die Frage der Angemessenheit sind die besonderen Umstände des Einzelfalls relevant, eine starre Fristenregelung existiert nicht[2]. **§ 626 Abs. 2 BGB** und die darin normierte zweiwöchige **Ausschlussfrist für die außerordentliche Kündigung gilt** im Bereich des Lizenzvertragsrechts **nicht**[3]. Die dort vorgegebene starre Vorgabe der Ausschlussfrist von zwei Wochen ist noch nicht als „Regelfrist" heranzuziehen, da sie – anders als § 314 BGB von der Angemessenheit oder Unangemessenheit im Einzelfall nicht abhängig ist[4]. § 314 BGB beruht auf der Erwägung, dass der andere Teil **in angemessener Zeit** Klarheit darüber erhalten soll, ob von einer Kündigungsmöglichkeit Gebrauch gemacht wird und dass der Kündigungsberechtigte mit längerem Abwarten zu erkennen gibt, dass ihm die Fortsetzung des Vertragsverhältnisses trotz des Vorliegens eines Grundes zur fristlosen Kündigung nicht unzumutbar ist[5]. Wird z.B. zur Begründung der Kündigung auf mangelhafte Qualität der Lizenzprodukte in der Vergangenheit abgestellt, kann diese Feststellung einen gewissen Zeitraum beanspruchen[6]. Ein mehr als zwei Monate zurückliegender Vertragsverstoß wird aber nach Auffassung des *OLG Karlsruhe*[7] eine außerordentliche Kündigung bei der vorgenannten Fallgestaltung i.d.R. nicht mehr rechtfertigen können[8]. Etwas anderes gilt dann, wenn der

---

1 So zum früheren Recht *BGH* v. 2.2.1989, NJW 1989, 1482, 1483; *BGH* v. 2.5.1991, GRUR 1992, 112, 114 – pulp wash.

2 *LG Düsseldorf* v. 30.6.2005, Düsseldorfer Entscheidung Nr. 346 – Dermatikum (www.duesseldorfer-archiv.de).

3 So *BGH* v. 25.11.2010, GRUR 2011, 455, Rz. 27 f. – Flexitanks (zum Know-how-Lizenzvertrag). Zum früheren Recht s. *BGH* v. 26.9.1996, BGHZ 133, 331; *OLG Karlsruhe* v. 25.4.1990, GRUR 1992, 162, 164 – Schleifvorrichtung; zum Handelsvertreterrecht vgl. *BGH* v. 3.7.1986, NJW 1987, 57, 58; vgl. zur Anwendbarkeit der Frist des § 626 Abs. 2 BGB auf das Nachschieben von Gründen bei einer außerordentlichen Kündigung *BAG* v. 4.6.1997, BB 1998, 221, 222.

4 *BGH* v. 25.11.2010, GRUR 2011, 455, Rz. 27 f. – Flexitanks.

5 *BGH* v. 23.4.2010, NZM 2010, 552, Rz. 13 u. *BGH* v. 29.3.2001, GRUR 2001, 1134 – Lepo Sumera m.w.N.

6 Vgl. auch *BGH* v. 25.11.2010, GRUR 2011, 455, Rz. 27 f. – Flexitanks, dort Zeitraum zwischen vollständiger Kenntnis von der Vertragsverletzung und Kündigungsausspruch rd. ein Monat. S. auch *LG Köln* v. 14.9.2011, CR 2012, 77, 79, dort zwei Monate zwischen Kenntnis und Kündigung eines Softwarepflegevertrags („komplexeren Vertragstyps") zulässig.

7 *OLG Karlsruhe* v. 25.4.1990, GRUR 1992, 162, 164 – Schleifvorrichtung.

8 Zur Verwirkung des Kündigungsrechtes vgl. *RG* v. 5.3.1932, GRUR 1932, 592, 596; *RG* v. 12.4.1938, GRUR 1939, 374, 376; vgl. auch Benkard/*Ullmann*, PatG, § 15

Vertragsverstoß im Zusammenhang mit späteren Vorkommnissen steht, die – auch wenn sie für sich genommen keine fristlose Kündigung begründen können – in der Gesamtschau ein Festhalten am Lizenzvertrag für den Vertragspartner als unzumutbar erscheinen lassen.

Die **Kündigungsfrist** sollte daher in der Praxis – unter Einbeziehung der Abmahnungsfrist – **maximal sechs Wochen ab vollständiger Kenntniserlangung von dem Kündigungsgrund** nicht übersteigen (s. Rz. 3414)[1]. Als Anhaltspunkt könnte für den Regelfall auf eine Monatsfrist nach Ablauf der Abmahnungsfrist abgestellt werden. Wesentlich für den Fristbeginn ist allein die **positive Kenntnis** von den den Kündigungsgrund bildenden Tatsachen bei den zur Kündigung berechtigten Personen. Eine grob fahrlässige Unkenntnis („Kennenmüssen") genügt nicht.

2442 Stellt ein Ereignis für sich genommen keinen ausreichenden Anlass für eine fristlose Kündigung dar, kann es doch in Zusammenhang mit einer Reihe früherer, durchaus auch längere Zeit **zurückliegender Vertragsverletzungen** zur Wirksamkeit einer außerordentlichen Kündigung führen[2]. Liegen **mehrere Kündigungsgründe** vor, sind diese nicht isoliert, sondern in ihrer Gesamtheit zu betrachten[3]. Beim sog. **Nachschieben von Kündigungsgründen** ist danach zu **unterscheiden**, ob die Kündigungsgründe zum **Zeitpunkt des Ausspruchs der Kündigung bereits vorlagen**, oder es sich um später, d.h. **nach Ausspruch der Kündigung, entstandene Kündigungsründe** handelt.

Eine fristlose Kündigung kann nachträglich auf solche **Gründe** gestützt werden, die **zum Zeitpunkt** des **Ausspruchs der Kündigung** zwar **vorlagen**, dem Kündigenden aber erst später bekannt wurden[4], und zwar grundsätzlich mit der Wirkung, dass sie die **Kündigung bereits für den Zeitpunkt ihres Ausspruchs rechtfertigen**[5]. Dabei kommen alle Gründe in Betracht, welche im Zeitpunkt ihres Ausspruchs objektiv vorlagen und noch nicht verbraucht oder verfristet sind, ohne dass es einer erneuten Kündigungs-

---

Rz. 216; eine Heranziehung der 2-Wochenfrist allgemein ablehnend Busse/*Keukenschrijver*, PatG, § 15 Rz. 100.

1 Ebenso *Hauck* in Fitzner/Lutz/Bodewig, PatRKomm, § 15 PatG, Rz. 73.

2 *BGH* v. 28.2.2002, GRUR 2002, 703, 705 – Vossius & Partner; *OLG Karlsruhe* v. 25.4.1990, GRUR 1992, 162, 164 – Schleifvorrichtung; vgl. auch *BGH* v. 26.11.1954, GRUR 1955, 338, 339 – Brillengläser.

3 *BGH* v. 2.5.1991, GRUR 1992, 112, 114 – pulp wash; vgl. auch *OLG Karlsruhe* v. 25.4.1990, GRUR 1992, 162, 164 – Schleifvorrichtung; *BGH* v. 26.11.1954, GRUR 1955, 338, 339 – Brillengläser.

4 *BGH* v. 12.6.1963, BGHZ 40, 13, 16; vgl. auch *RG* v. 12.2.1938, GRUR 1939, 374, 376; *BGH* v. 5.5.1958, BGHZ 27, 220, 222; *BGH* v. 15.12.1960, BB 1961, 498; *BGH* v. 9.1.1967, BB 1967, 229; *BGH* v. 29.4.19997, GRUR 1997, 610, Rz. 45 – Tinnitus-Masker; *OLG Düsseldorf* v. 17.12.2009, – I-2 U 118/08, Rz. 134 (juris); *LG Düsseldorf* v. 30.6.2005, Düsseldorfer Entscheidung Nr. 346 – Dermatikum (www.duesseldorfer-archiv.de); Benkard/*Ullmann*, PatG, § 15 Rz. 217.

5 *BGH* v. 5.5.1958, BGHZ 27, 220.

erklärung bedarf[1]. Ist ein Nachschieben wichtiger Kündigungsgründe nicht mit Rückwirkung möglich, weil z.B. die „erste" Kündigung nicht als außerordentliche bezeichnet worden ist bzw. als solche nicht erkennbar war, so ist es i.d.R. als neue Kündigung aus wichtigem Grund aufzufassen[2].

Werden nachträglich **Kündigungsgründe** geltend gemacht, die erst **nach Ausspruch der Kündigung entstanden** sind, wird die Kündigung, soweit die Gründe eine fristlose Kündigung rechtfertigen, erst **vom Zeitpunkt der Geltendmachung der späteren Kündigung wirksam**[3]. Die Berufung auf den neuen Kündigungsgrund, das Nachschieben des Grundes, wird regelmäßig als neue Kündigung aus diesem Grund aufzufassen sein[4]. Außerdem kann bei Unwirksamkeit einer außerordentlichen und fristlosen Kündigung, u.U. zumindest eine hilfsweise ordentliche Kündigung des Lizenzvertrags zum nächstmöglichen Zeitpunkt gewollt sein[5]. Dass eine Vertragspartei bereits aus anderen Gründen vergeblich versucht hat, sich vom Vertragsverhältnis zu lösen, rechtfertigt es nicht, erhöhte Anforderungen an den Nachweis der Erschütterung der Vertrauensgrundlage zu stellen[6].

Eine frühere Kündigung kann, – insbesondere wenn diese zur Ausführung des wichtigen Grundes nicht ausreicht – bei der nachgeschobenen Kündigung mit zu berücksichtigen sein. Sind mehrere Kündigungsgründe nämlich nicht isoliert, sondern in ihrer Gesamtheit zu betrachten[7], so dürfte dies auch für den Fall anzunehmen sein, dass sie „nacheinander" im Rahmen des Nachschiebens von Kündigungsgründen geltend gemacht werden, insbesondere, wenn dies jeweils in angemessener Frist (§ 314 Abs. 3 BGB) geschieht. Im Zusammenhang mit der angemessenen Kündigungsfrist des § 314 Abs. 3 BGB ist aber allgemein darauf hinzuweisen, dass nach dem *BGH*[8] dem Kündigenden nicht entgegengehalten werden kann, ein erster Fall müsse unberücksichtigt bleiben, weil er nicht innerhalb angemessener Zeit zum Gegenstand einer Kündigung gemacht worden sei, da bei der Beurteilung der aufgrund eines zweiten Falles ausgesprochenen Kündigung für die Frage, ob die weitere Erfüllung des Vertrages zuzumuten sei, alle

1 *OLG Düsseldorf* v. 17.12.2009 – I-2 U 118/08, Rz. 134 (juris).
2 *BGH* v. 15.12.1960, BB 1961, 612, Rz. 23 (zum Handelsvertreterverhältnis).
3 *BGH* v. 29.4.19997, GRUR 1997, 610, Rz. 45 – Tinnitus-Masker; *LG Düsseldorf* v. 30.6.2005, Düsseldorfer Entscheidung Nr. 346 – Dermatikum (www.duesseldorfer-archiv.de); Busse/*Keukenschrijver*, PatG, § 15 Rz. 93; Benkard/*Ullmann*, PatG, § 15 Rz. 217.
4 *BGH* v. 25.11.2003, GRUR 2004, 829, Rz. 32 – Nassreinigung.
5 *LG Düsseldorf* v. 29.6.2010, Düsseldorfer Entscheidung Nr. 1436 – Rauchgaswäsche (www.duesseldorfer-archiv.de) m.H.a. Palandt/*Ellenberger*, BGB, § 140 Rz. 3.
6 *BGH* v. 26.3.2009, GRUR-RR 2009, 284, Rz. 25 – Nassreiniger.
7 *BGH* v. 2.5.1991, GRUR 1992, 112, 114 – pulp wash; vgl. auch *OLG Karlsruhe* v. 25.4.1990, GRUR 1992, 162, 164 – Schleifvorrichtung; *BGH* v. 26.11.1954, GRUR 1955, 338, 339 – Brillengläser.
8 *BGH* v. 28.2.2002, GRUR 2002, 703, Rz. 41 – Vossius & Partner; vgl. auch *OLG Karlsruhe* v. 25.4.1990, GRUR 1992, 162, 164 – Schleifvorrichtung.

Umstände des Einzelfalls zu berücksichtigen seien, wozu auch frühere Verstöße, die nicht zum Anlaß einer eigenen Kündigung genommen worden sind, zählten. Schon in seiner Entscheidung vom 26.11.1954 hatte der *BGH* im Hinblick auf einen gesellschaftsähnlichen Lizenzvertrag, festgestellt, dass **bei wiederholter Erschütterung der Vertrauensgrundlage** im Falle einer erneuten Erschütterung die Kündigung des Vertrges aus wichtigem Grund auch dann auf die früheren Vertrauensbrüche gestützt werden kann, wenn sich die Parteien in Bezug auf diese geeinigt hatten, und zwar bevor der erneue Vertrauensbruch erfolgt ist[1]. Einzubeziehen seien auch Vertrauensbrüche, die während der Verhandlungen über den Abschluss eines Lizenzvertrages erfolgt sind.

2443 Im Übrigen kann der Lizenzvertrag aus verschiedenen, im Einzelnen bereits angesprochenen **Gründen** ein vorzeitiges Ende durch ordentliche oder außerordentliche Kündigung finden[2]:

- Vertrauensverlust im Dauerschuldverhältnis[3] (Rz. 38);
- Wegfall des lizenzierten Schutzrechtes bei gemischtem Lizenzvertrag[4];
- Tod eines Lizenzvertragspartners bei von diesem persönlich zu erbringenden Vertragspflichten (Rz. 591 ff.);
- Vererbung einer Betriebslizenz (Rz. 597);
- vorsätzliche oder grobfährlässige Nichterfüllung von Hauptpflichten oder die Unmöglichkeit der Erfüllung solcher Pflichten[5];
- Nichterfüllung von Nebenpflichten und weiteres schädigendes Verhalten[6] (Rz. 540 ff.);
- (nachträgliche) Unmöglichkeit oder Verzug (Rz. 530 ff.);
- mangelnde Rentabilität der Lizenzverwertung[7] (Rz. 1602 ff.);
- Unmöglichkeit des Vertriebs der Lizenzprodukte aufgrund öffentlichrechtlicher Vorschriften[8] (Rz. 1607);

1 *BGH* v. 26.11.1954, GRUR 1955, 338, 339 f.

2 Zur Beendigung bei Lizenzbereitschaftserklärung und Zwangslizenz vgl. Rz. 155, 177, 184.

3 Vgl. *BGH* v. 26.11.1954, GRUR Int. 1954, 183, 185; der *BGH* (v. 22.5.1959, GRUR 1959, 616, 617 – Metallabsatz) hat dies dogmatisch noch über §§ 626, 723 Abs. 1 BGB gelöst, wobei sich dies heute aus § 314 BGB ergibt; vgl. auch *BGH* v. 14.12.1989, GRUR 1990, 443, 444 ff. – Musikverleger IV.

4 Vgl. aber die besondere Fallgestaltung bei Benkard/*Ullmann*, PatG, § 15 Rz. 214 unter Verweis auf 9. Aufl. Rz. 126, a.E. unter Berufung auf § 314 Abs. 1 BGB.

5 *OLG Düsseldorf* v. 17.12.2009 – I-2 U 118/08, Rz. 127 (juris).

6 Vgl. etwa *BGH* v. 29.4.1997, GRUR 1997, 610, 612 – Tinnitus-Masker zur Verletzung der Pflicht zur Abrechnung bzw. Rechnungslegung; ferner *BGH* v. 25.11.2003, GRUR 2004, 532, 533 f. – Nassreinigung, dort zur fehlerhaften Abrechnung und zur unberechtigten Umschreibung in der Patentrolle.

7 Vgl. *BGH* v. 26.11.1954, GRUR 1955, 338, 341 – Brillengläser; *BGH* v. 28.10.1955, GRUR 1956, 93, 95; *Storch*, GRUR 1978, 168.

8 Vgl. auch *RG* v. 15.5.1935, GRUR 1935, 812, 813.

- Vereinbarung einer Kündigungsmöglichkeit für den Lizenzgeber bei Unterschreiten des Qualitätsstandards durch den Lizenznehmer[1] (Rz. 1594);
- (Rechts-)Mangel des Schutzrechtes nach Vertragsabschluss (Rz. 1530 ff.);
- Vernichtung des Schutzrechtes nach Vertragsabschluss[2] (Rz. 1539, 1568);
- Abhängigkeit des lizenzierten Schutzrechtes (Rz. 1539);
- Vorhandensein von Vorbenutzungsrechten am lizenzierten Schutzrecht (Rz. 1449);
- Lizenzvertrag mit gesellschaftsrechtlichem Einschlag[3] (Rz. 1629);
- nachträglich fehlende Gleichwertigkeit bei Lizenzaustauschverträgen (Rz. 1646);
- Mindestlizenzgebühr und Kündigung der Ausschließlichkeit (Rz. 1770 ff.);
- Verletzung der Ausübungspflicht[4] (Rz. 1895 ff., 1900);
- unberechtigtes Betreiben eines Umschreibungsverfahrens nach § 30 Abs. 3 PatG[5];
- Wettbewerbshandlungen des Lizenznehmers (Rz. 2116 ff.);
- Nichtzahlung fälliger Amtsgebühren und dadurch Entfallen der Wirkungen der lizenzierten Schutzrechtsposition[6] (Rz. 1380).

Als **weitere Gründe für eine außerordentliche** Kündigung kommen in Betracht: 2444

- Die **Missachtung der Abrechnungspflicht** durch den Lizenznehmer kann eine außerordentliche Kündigung rechtfertigen[7]. Dabei muss wohl un- 2445

1 Zur Kündigung aus wichtigem Grund bei mangelhafter Qualität der Lizenzprodukte vgl. *OLG Karlsruhe* v. 25.4.1990, GRUR 1992, 162, 164 – Schleifvorrichtung; vgl. schon *RG* v. 12.1.1987, RGZ 65, 86, 90.

2 Vgl. auch *Brandi-Dohrn*, CR 1989, 909, 910.

3 Vgl. *BGH* v. 22.5.1989, GRUR 1959, 616, 618 – Metallabsatz; auch *RG* v. 11.11.1933, RGZ 142, 212, 214; *BGH* v. 26.11.1954, GRUR 1955, 338, 339 – Brillengläser.

4 Vgl. hierzu *BGH* v. 25.11.2003, GRUR 2004, 532, 534. – Nassreinigung; s. auch *OLG Karlsruhe* v. 25.4.1990, GRUR 1992, 162, 164 – Schleifvorrichtung; *BGH* v. 22.5.1989, GRUR 1989, 616, 618 – Metallabsatz.

5 Vgl. *BGH* v. 25.11.2003, GRUR 2004, 532, 535. – Nassreinigung, s. dazu auch *BGH* v. 26.3.2009, GRUR-RR 2009, 284, 286, Rz. 23 – Nassreiniger.

6 *OLG Düsseldorf* v. 17.12.2009 – I-2 U 118/08, Rz. 126 ff., das in dem zu entscheidenden Fall sowohl eine Verletzung wesentlicher Vertragspflichten, als auch eine Erschütterung des Vertrauensverhältnisses als die Kündigung rechtfertigende Gründe angenommen hat.

7 Vgl. *BGH* v. 25.11.2003, GRUR 2004, 532, 533 f. – Nassreinigung; *OLG Celle* v. 5.3.1986, NJW 1986, 1423, 1425 – Arno Schmidt; *OLG München* v. 9.7.2009, InstGE 12, 27, Rz. 23 – Abrechnungsverweigerung; *LG München* v. 29.10.2008, ZUM-RD 2009, 619, Rz. 39. Anders allerdings im Falle einer unterbliebenen Abrechnung

terstellt werden, dass entweder wiederholt mangelhafte Abrechnungen vorliegen müssen oder die Abrechnung bewusst zum Nachteil des Lizenzgebers gestaltet wurde. Zumindest reicht eine geringfügige Verletzung der Abrechnungspflicht nicht aus[1].

2446 – Bei (strafbarem) Verstoß des (Marken-)Lizenznehmers gegen lebensmittelrechtliche Vorschriften im Zusammenhang mit der Herstellung und dem Vertrieb eines mit der Marke versehenen Produktes kann der Lizenzgeber den Vertrag außerordentlich kündigen[2]. Dies wird auf den Patentlizenzvertrag zu übertragen sein, z.B. für Fälle, in denen der Lizenznehmer bei Herstellung des Produktes **gesetzlichen Vorschriften zuwider** Zusatzbauteile einfügt oder sich sonst über zwingende gesetzliche Normen hinwegsetzt und ein Bekanntwerden dieses Rechtsverstoßes sich auch zulasten des Lizenzgebers auswirken würde.

2447 – Das **Unternehmen** eines Vertragspartners wird **liquidiert**, der Geschäftsbetrieb des Lizenznehmers wird gänzlich eingestellt[3], ohne Kenntnis des Lizenzgebers **veräußert**[4] oder wirtschaftlich völlig umgestaltet[5].

2448 – Täuscht der Hauptlizenznehmer unter Vertrauensbruch wirtschaftlich den Lizenzgeber dadurch, dass er eine **ausschließliche Unterlizenz** erteilt und selbst keine weiteren Verwertungshandlungen unternimmt, und vermindert der Unterlizenznehmer die Benutzungshandlungen gegenüber der Zahl der zuvor von dem Hauptlizenznehmer vorgenommenen Handlungen, kann die außerordentliche Kündigung gerechtfertigt sein[6].

2449 – **Das Scheitern einer wirtschaftlichen Verwertung**, das darauf beruht, dass der ausschließliche Lizenznehmer unzulängliche oder untaugliche Versuche zur praktischen Verwirklichung der Erfindung unternimmt[7]. Auf ein Verschulden des Lizenznehmers kommt es dabei nicht an, soweit aus der objektiven Sicht des Lizenzgebers eine Besserung der Situation in absehbarer Zeit nicht zu erwarten ist[8]. Das soll insbesondere dann gelten, wenn weitere Umstände hinzutreten, die das Vertrauen des

---

einer umsatzbezogenen Lizenzgebühr bei *BGH* v. 26.3.2009, GRUR-RR 2009, 284, 285, Rz. 14 – Nassreiniger.

1 Vgl. *BGH* v. 25.11.2003, GRUR 2004, 532, 535 – Nassreinigung; s. auch *OLG München* v. 9.7.2009, InstGE 12, 27, Rz. 25 – Abrechnungsverweigerung. Zur vertragswidrigen Einschaltung von in einem Drittland ansässigen Abrechnungs- und Clearingstellen, die keine eigenen Verwertungsaufgaben wahrnehmen, s. *KG Berlin* v. 20.9.2005, ZUM-RD 2006, 66, Rz. 34 ff.

2 *BGH* v. 2.6.1991, GRUR 1992, 112, 114 – pulp wash.

3 *RG* v. 2.5.1939, GRUR 1939, 963, 964.

4 *BGH* v. 15.5.1990, NJW-RR 1990, 1251, 1253 – Kabelaufroller.

5 *RG* v. 11.11.1933, RGZ 142, 212, 216.

6 *BGH* v. 25.11.1965 – KZR 10/63, n.v. (zit. nach Benkard/*Ullmann*, PatG, 9. Aufl. 1993, § 15 Rz. 126).

7 *BGH* v. 26.3.2009, GRUR-RR 2009, 284, 285, Rz. 20, 21 – Nassreiniger.

8 *BGH* v. 26.3.2009, GRUR-RR 2009, 284, 285, Rz. 21 – Nassreiniger.

Lizenzgebers in seinen Vertragspartner zu erschüttern geeignet sind, wie z.B. Nichtannahme lizenzbezogener Aufträge[1].

- **Die wirtschaftliche Unmöglichkeit des Absatzes eines Produkts**, d.h. die lizenzierten Produkte können im Vertragsgebiet trotz der erforderlichen und zumutbaren Anstrengungen gar nicht oder nur in unwesentlichem Umfang verkauft werden[2].

Meinungsverschiedenheiten über die zweckmäßige Herstellung einer lizenzierten Anlage müssen dagegen nicht schlechthin geeignet sein, eine fristlose Kündigung zu rechtfertigen[3]. 2450

Die Kündigung bedarf zu ihrer Wirksamkeit **keiner Angabe des Kündigungsgrundes**[4]. Etwas **anderes** gilt, wenn im Lizenzvertrag die **schriftliche Angabe** der Kündigungsgründe **vereinbart** worden ist; dann ist **§ 125 Satz 2 BGB** zu beachten; ohne die schriftliche Darstellung der konkreten Kündigungstatbestände wäre die Kündigung unwirksam. Analog **§ 626 Abs. 2 Satz 3 BGB** hat der Kündigende dem anderen Teil die Kündigungsgründe unverzüglich schriftlich mitzuteilen. 2451

Aus dem Umstand, dass oft **mehrere Schutzrechte** oder Schutzrechtspositionen lizenziert werden, ergibt sich theoretisch die Möglichkeit der **Teilkündigung**, bezogen auf einen von mehreren Vertragsgegenständen[5]. Man wird aber nur dann eine Teilkündigung im Gegensatz zur sonst vorgreiflichen Kündigung des gesamten Vertrages annehmen können, wenn – orientiert an § 139 BGB – die Auslegung des Vertrages ergibt, dass er auch ohne das betroffene Schutzrecht geschlossen worden wäre. Die Teilkündigung erscheint immer dann ausgeschlossen, wenn der Lizenzvertrag zwar mehrere, voneinander unabhängige Sachverhaltskomplexe umfasst, diese letztlich aber doch in einem besonderen Sachzusammenhang stehen[6]. Maßgeblich hierfür ist das Verständnis der Vertragsparteien im Zeitpunkt des Vertragsabschlusses. Kündigungen, die das gesamte Vertragsverhältnis ohne Rücksicht auf einzelne Schutzrechte oder Schutzrechtspositionen umfassen, die insbesondere auf das erschütterte Vertrauen der Vertragsparteien gestützt werden, können sich i.d.R. nicht nur auf ein einzelnes lizenziertes Schutzrecht beziehen. Auf die Teilkündigung kann der Kündigungsempfänger seinerseits mit einer Kündigung reagieren, wenn die Teilkündigung für ihn wirtschaftliche Nachteile bringt[7]. 2452

1 *BGH* v. 26.3.2009, GRUR-RR 2009, 284, 285, Rz. 21 – Nassreiniger.
2 *OLG Düsseldorf* v. 23.3.2005, Mitt. 2006, 140, Rz. 28 ff.
3 *BGH* v. 26.3.2009, GRUR-RR 2009, 284, 285, Rz. 16 – Nassreiniger.
4 S. auch *LG Düsseldorf* v. 30.10.2007, Düsseldorfer Entscheidung Nr. 633 – Übertragung von Schutzrechten in der Insolvenz (www.duesseldorfer-archiv.de).
5 *BGH* v. 13.12.1963, GRUR 1964, 326, 328 – Subverleger.
6 *Hauck* in Fitzner/Lutz/Bodewig, PatRKomm, § 15 PatG Rz. 74.
7 *BGH* v. 13.12.1963, GRUR 1964, 326, 328 – Subverleger.

2453 Ist dem Lizenznehmer eine außerordentliche Kündigung zugegangen[1], die dieser für unberechtigt hält, schränkt er aber gleichwohl vorsichtshalber die Nutzung der Lizenz im Wege der Verringerung von Produktion und Absatz ein, so soll nach Auffassung des *OLG Karlsruhe*[2] der Lizenzgeber nicht berechtigt sein, (nur) aus diesem Grund erneut zu kündigen.

2454 Kündigt der Lizenzgeber fristlos, so wird auf Seiten des Lizenznehmers zu berücksichtigen sein, ob dieser bereits erhebliche Aufwendungen z.B. für die Entwicklung des Lizenzgegenstandes zur Serienreife getätigt hat und ihm durch die Kündigung die Möglichkeit zur Amortisation der entstandenen Kosten abgeschnitten ist[3].

2455 Folgefrage bei einer außerordentlichen Kündigung ist, ob der **Kündigende Schadensersatz verlangen kann**[4]. Regelmäßig empfiehlt sich im Lizenzvertrag der ausdrückliche Vorbehalt, bei außerordentlicher Kündigung auch Schadensersatzansprüche geltend machen zu können. Ist eine Vereinbarung über Schadensersatz im Kündigungsfalle nicht getroffen worden, bestimmt sich das Nebeneinander von Kündigungsrecht und Schadensersatzanspruch nach der auf den Lizenzvertrag anzuwendenden Rechtsordnung. Nach deutschem Recht wird der Anspruch auf Schadensersatz durch die Kündigung nicht ausgeschlossen **(§ 314 Abs. 4 BGB)**[5].

2456 Der Anspruch auf Schadensersatz ist auf den Zeitraum bis zur ersten Möglichkeit der Lösung vom Vertrag durch eine ordentliche Kündigung begrenzt bzw. besteht bei Ausschluss der ordentlichen Kündigung für die gesamte Vertragslaufzeit[6]. Eine Einschränkung des Schadensersatzanspruchs dem Grunde nach aus der Überlegung heraus, „die Tätigkeit des Gläubigers sei nicht für die gesamte Vertragslaufzeit kausal für den wirtschaftlichen Erfolg"[7], kommt nicht in Betracht. Weiterhin bestehen Ansprüche auf Auskunft und Rechnungslegung, die zur Berechnung der Schadenshöhe zumindest diejenigen Auskünfte erfassen, die der Kündigende aufgrund des Vertrages bei dessen ordnungsgemäßer Durchführung hätte verlangen können[8].

2457–2489 Frei.

---

1 Zum Zugang einer Kündigung durch Einschreiben, bei Nichtabholen der beim Postamt hinterlegten Sendung trotz schriftlicher Benachrichtigung des Adressaten s. *BGH* v. 26.11.1997, ZIP 1998, 212, 213. Nach Ansicht des *BGH* kommt es in einem solchen Fall zu keinem Zugang i.S. des. § 130 Abs. 1 BGB.

2 *OLG Karlsruhe* v. 25.4.1990, GRUR 1992, 162, 164 – Schleifvorrichtung.

3 *OLG Karlsruhe* v. 25.4.1990, GRUR 1992, 162, 164 – Schleifvorrichtung.

4 Vgl. *BGH* v. 22.5.1959, GRUR 1959, 616, 617 f. – Metallabsatz u. *BGH* v. 25.11.2010, GRUR 2011, 455, Rz. 32 – Flexitanks.

5 *BGH* v. 25.11.2010, GRUR 2011, 455, Rz. 35 – Flexitanks.

6 *BGH* v. 25.11.2010, GRUR 2011, 455, Rz. 32 – Flexitanks.

7 *BGH* v. 25.11.2010, GRUR 2011, 455, Rz. 37 f. – Flexitanks.

8 *BGH* v. 25.11.2010, GRUR 2011, 455, Rz. 51 – Flexitanks. Zum Umfang des Schadensersatzanspruches vgl. z.B. *BGH* v. 15.11.1990, GRUR 1991, 332, 333 – Lizenzmangel; Einzelheiten zur Höhe des Schadensersatzanspruches vgl. z.B. bei Benkard/*Rogge/Grabinski*, PatG, § 139 Rz. 57, 61 ff.

XX. Pflichten des Lizenzgebers gegenüber Dritten

1. Die Rechte der Mitinhaber von Schutzrechten

2490 Besonderheiten hinsichtlich der Vergabe von Lizenzen können sich ergeben, wenn mehrere Personen Inhaber des den Gegenstand des Lizenzvertrages bildenden Schutzrechts sind. Gesetzliche Regelungen hinsichtlich der sich durch die Mitinhaberschaft an Schutzrechten für die Vergabe von Lizenzen ergebenden Rechtsfolgen liegen nicht vor. Die Mitinhaberschaft kann sich entweder durch Miterfinderschaft oder Rechtsnachfolge – etwa aufgrund unbeschränkter Inanspruchnahme von Diensterfindungen (§§ 6, 7 Abs. 1 ArbEG) – ergeben. Für den Fall der **Miterfinderschaft** stellt **§ 6 Satz 2 PatG** lediglich fest, dass dann, wenn mehrere Erfinder gemeinsam eine Erfindung gemacht haben, das Recht auf das Patent diesen gemeinschaftlich zusteht. Möglich sind abweichende Regelungen im Innenverhältnis[1]. Miterfinder ist grundsätzlich jeder, der einen **schöpferischen Beitrag** zu der gemeinschaftlichen Erfindung geleistet hat[2].

2491 Die Frage, in welchem Verhältnis Mitinhaber von Schutzrechten zueinander stehen, ist von großer praktischer Relevanz. So kann etwa beim Zustandekommen von Erfindungen im Rahmen zwischenbetrieblicher Kooperationen bei Fehlen ausdrücklicher Regelungen problematisch sein, ob und inwiefern eine Abstimmung der Mitinhaber bei der Auswertung der Schutzrechtspositionen, beispielsweise durch Eigenfertigung und/oder durch Lizenzvergabe, erforderlich ist. Das Rechtsverhältnis der Miterfinder wirkt sich ferner auf die Verteilung von Gewinn und Verlusten aus Lizenzvergaben aus (s. hierzu auch Rz. 574 f.).

2492 Arbeiten die an dem Zustandekommen einer Erfindung Beteiligten mit dem Ziel einer **gemeinsamen Verwertung** zusammen, stehen ihnen nach den Bestimmungen der Gesellschaft (**§§ 705 ff. BGB**) die Rechte an der Erfindung zur gesamten Hand zu, so dass sie hierüber nur gemeinsam verfügen dürfen[3]

2493 **Fehlt** es an einer solchen, auf eine **gemeinsame Zweckerreichung** ausgerichteten Vereinbarung, gilt nach überwiegender Ansicht das **Gemeinschaftsrecht der §§ 741 ff. BGB**[4]. **Rechtsfolge** der Anwendbarkeit der

---

1 *BGH* v. 18.3.2003, GRUR 2003, 702, 704 – Gehäusekonstruktion; bestätigt durch *BGH* v. 22.3.2005, GRUR 2005, 663 – Gummielastische Masse II.

2 *BGH* v. 17.10.2000, GRUR 2001, 226, 227 – Rollenantriebseinheit I; *BGH* v. 26.9.2006, GRUR 2007, 52, 53, Rz. 13 – Rollenantriebseinheit II; *BGH* v. 21.12.2005, GRUR 2006, 401, 402, Rz. 9 – Zylinderrohr; *BGH* v. 16.9.2003, 2004, 50, 51 – Verkranzungsverfahren; *BGH* v. 17.5.2011, GRUR 2011, 903, 904, Rz. 16 – Atemgasdrucksteuerung; *Bartenbach/Volz*, KommArbEG, § 5 Rz. 44 ff.; *Bartenbach/Volz*, ArbEG Praxisleitfaden, Rz. 77 ff.

3 *BPatG* v. 30.4.2003, Mitt. 2004, 218.

4 Vgl. *BGH* v. 17.10.2000, GRUR 2001, 226 ff. – Rollenantriebseinheit; bestätigt durch *BGH* v. 18.3.2003, GRUR 2003, 702, 704 – Gehäusekonstruktion u. *BGH*

§§ 741 ff. BGB ist zunächst, dass nach § 742 BGB im Zweifel jedem Teilhaber gleiche Anteile zustehen. Nach § 743 Abs. 1 BGB gebührt jedem Teilhaber ein seinem Anteil entsprechender Bruchteil der Früchte, also etwa der Lizenzeinnahmen.

2494 **Nutzen** kann den gemeinschaftlichen Gegenstand nach **§ 743 Abs. 2 BGB jeder einzelne Teilhaber** jedenfalls insoweit, als nicht der Mitgebrauch der übrigen Teilhaber beeinträchtigt wird. Grundsätzlich kann jeder Teilhaber – unabhängig von dem Umfang seines Erfindungsanteils – die geschützte Erfindung selbst benutzen, d.h. das geschützte Erzeugnis selbst herstellen, anbieten usw. oder das geschützte Verfahren anwenden und dessen unmittelbare Erzeugnisse in den Verkehr bringen[1]. Der nicht oder geringer nutzende Teilhaber hat grundsätzlich keine Ausgleichsansprüche gegenüber dem nutzenden Teilhaber, solange die Mitinhaber keine **Benutzungsregelung i.S. des § 745 BGB** getroffen haben[2]. Ferner kann der Mitinhaber **über seinen Anteil** an der Gemeinschaftserfindung durch Übertragung auf einen Dritten **verfügen (§ 747 Satz 1 BGB)**[3]. Schließlich kann er nach § 749 Abs. 1 BGB grundsätzlich jederzeit die Aufhebung der Gemeinschaft verlangen[4].

2495 Jedoch ist ein **Teilhaber nicht in der Lage**, **eigenständig Lizenzen zu vergeben** (s. dazu Rz. 575)[5]. Dies bedarf vielmehr des Einverständnisses aller Teilhaber, zu dem ein Mehrheitsbeschluss nach § 745 Abs. 2 BGB verpflichten kann[6]. Den Teilhabern steht es aber frei, eine Verwertung des Schutzrechts in Form einer Lizenzvergabe gemeinschaftlich vorzunehmen. Lizenzgeber ist in diesem Fall die Gemeinschaft. Auch hier besteht dann im Fall der Veräußerung eines Anteils an dem gemeinschaftlichen Schutzrecht ein **Sukzessionsschutz** (§ 15 Abs. 3 PatG, vgl. Rz. 614 ff.) zugunsten des Lizenznehmers.

2496 Die **Verwaltung** des gemeinschaftlichen Gegenstandes obliegt gemäß **§ 744 Abs. 1 BGB** den Teilhabern **gemeinschaftlich**. Jeder Teilhaber ist aber ausweislich § 744 Abs. 2 BGB berechtigt, die zur Erhaltung des Rechts notwendigen Maßnahmen ohne Zustimmung der übrigen Teilhaber zu treffen. Nach § 745 Abs. 1 BGB kann durch **Mehrheitsbeschluss** eine der Beschaf-

---

v. 21.12.2005, WRP 2006, 483, 484 – Zylinderrohr; Benkard/*Melullis*, PatG, § 6 Rz. 34b; *Mes*, PatG, § 6 Rz. 26; *Schulte/Kühnen*, PatG, § 6 Rz. 22; vgl. auch *van Venrooy*, Mitt. 2000, 26, 27.

1 Vgl. *BGH* v. 22.3.2005, GRUR 2005, 663, 664 – Gummielastische Masse II; *Fischer*, GRUR 1977, 313, 315.

2 Vgl. *BGH* v. 22.3.2005, GRUR 2005, 663, 664 – Gummielastische Masse II; fortgeführt durch *BGH* v. 21.12.2005, WRP 2006, 483, 484 – Zylinderrohr; s. auch *Schiedsstelle* v. 12.10.2010 – Arb.Erf. 23/09 (Datenbank) – Löschen von Koks.

3 S. dazu *BGH* v. 17.10.2000, GRUR 2001, 226, 227 – Rollenantriebseinheit.

4 Vgl. *Kraßer*, Patentrecht, § 19 V b 10; *Storch* in FS Preu, 1988, S. 39, 42.

5 Vgl. *van Venrooy*, Mitt. 2000, 26, 27 f., der generell von einer Unanwendbarkeit des § 743 Abs. 2 BGB ausgeht.

6 *OLG Düsseldorf* v. 8.3.2012, GRUR-RR 2012, 311, 320 – Einstieghilfe für Kanalöffnung; *Fitzner* in Fitzner/Lutz/Bodewig, PatRKomm, § 6 PatG Rz. 46 f.

fenheit des gemeinschaftlichen Gegenstandes entsprechende ordnungsgemäße Verwaltung und Benutzung beschlossen werden. Umstritten ist allein, wie Probleme innerhalb der Mitinhabergemeinschaft an Schutzrechten zu lösen sind, wenn sich die Mitinhaber über die Verwaltung und Benutzung des gemeinsamen Rechts nicht einig sind[1]. Jedenfalls bei Patenten ist hier oftmals eine Mehrheitsentscheidung kaum möglich, wenn die Erfindung von zwei Miterfindern entwickelt worden ist und deren Miterfinderanteil je 50 % beträgt[2].

Frei. 2497–2503

2. Beteiligung des Arbeitnehmererfinders an den Lizenzeinnahmen

Der Arbeitnehmererfinder ist nach **§ 9 ArbEG i.V.m. RL Nrn. 14, 15** der 2504 **Amtlichen Richtlinien für die Vergütung von Arbeitnehmererfindungen** an den Lizenzeinnahmen seines Arbeitgebers zu beteiligen, wenn die Erfindung nicht (nur) betrieblich genutzt, sondern (auch) im Wege der Lizenzvergabe verwertet wird[3]. Sollte die Verwertung der Erfindung nicht gegen Zahlung von Lizenzgebühren erfolgen, sondern etwa durch Abschluss von Kompensationsgeschäften oder kostenlose Lizenzvergabe etwa an verbundene Unternehmen, so sind die RL Nrn. 14 ff. analog anzuwenden[4].

Für die Berechnung und die Höhe der Vergütung ist die Art des abgeschlossenen Lizenzvertrages ohne Belang. Der Vergütungsanspruch umfasst sämtliche tatsächlichen oder fiktiv zu berechnenden Einnahmen aus der Vergabe von Lizenzen. Die Vergütungspflicht des Arbeitgebers für Lizenzeinnahmen besteht unabhängig von der Pflicht der Vergütung einer Eigennutzung der Diensterfindung durch den Arbeitgeber. Den Lizenzeinnahmen stehen **Schadensersatzleistungen Dritter aufgrund von Schutzrechtsverletzungen** gleich[5].

Die **Berechnung der Erfindervergütung** (V) aus dem Produkt von Erfin- 2505 dungswert (E) und Anteilsfaktor (A) drückt sich in folgender **Formel** (RL Nr. 39) aus:

$$\mathbf{V = E \times A.}$$

1 Hierzu *Villinger*, CR 1996, 331 ff., 393 ff.; *Lüdecke*, Erfindergemeinschaften, passim; *Fischer*, GRUR 1977, 313 ff.; *Storch* in FS Preu, 1988, S. 39 ff.; *Sefzig*, GRUR 1995, 302 ff.

2 *Villinger*, CR 1996, 331, 336.

3 Vgl. hierzu allgemein *Bartenbach/Volz*, KommRL, RL Nr. 14 Rz. 1 ff., RL Nr. 15 Rz. 1 ff.

4 Einzelheiten bei *Bartenbach/Volz*, KommRL, Rz. 2 vor RL Nr. 14.

5 *Schiedsstelle* v. 15.5.2001 – Arb.Erf. 59/98 u. *Schiedsstelle* v. 14.2.2012 – Arb.Erf. 02/11, beide n.v.; *Himmelmann* in Reimer/Schade/Schippel, KommArbEG, § 11/RL Nr. 15 Rz. 4 m.H.a. *Schiedsstelle* v. 8.9.1986, BlPMZ 1987, 306, 307; differenzierend nach der Art der Schadensberechnung *Bartenbach/Volz*, KommRL, RL Nr. 14 Rz. 41 ff.

Im Fall einer Miterfinderschaft kommt als dritter Faktor der Miterfinderanteil (M) hinzu:

$$\mathbf{V = E \times M \times A.}$$

2506 **Erfindungswert** ist der Preis, den der Arbeitgeber bei einer entsprechenden freien Erfindung auf dem Markt zahlen würde[1]. Im **Anteilsfaktor** drückt sich der betriebliche Anteil am Zustandekommen der Diensterfindung aus, der sich **vergütungsmindernd** auswirkt (RL Nrn. 30 ff.). Da die Mehrzahl der Erfindungen von technisch vorgebildeten Arbeitnehmern entwickelt wird, liegt der **durchschnittliche Anteilsfaktor** zwischen **10 % und 25 %** des Erfindungswertes[2].

a) Bestimmung der Nettolizenzeinnahme

2507 Der Erfindungswert wird auf der Grundlage der Nrn. 14 oder 15 der Amtlichen Vergütungsrichtlinien ermittelt. Während RL Nr. 14 die Ermittlung des Erfindungswertes auf der Grundlage betriebswirtschaftlicher Grundsätze mit Hilfe konkreter Berechnungsfaktoren vorsieht, eröffnet **RL Nr. 15** – allein ausgehend von der dem Arbeitgeber zugeflossenen Bruttolizenzeinnahme – die Möglichkeit der **Pauschalierung** des Erfindungswertes (s. Rz. 2514) anhand betrieblicher Erfahrungssätze.

2508 Zur Bestimmung des **Erfindungswertes** nach **RL Nr. 14 Abs. 1 Satz 1** ist zunächst die Nettolizenzeinnahme zu ermitteln. Hierzu sind nach RL Nr. 14 Abs. 2 von der **tatsächlichen Bruttolizenzeinnahme**[3], zu der auch sonstige Gegenleistungen des Lizenznehmers, wie etwa Kompensationsleistungen, Erstattung von Entwicklungs- und Schutzrechtskosten gehören, zunächst die **Lizenzgebührenanteile für mitlizenzierte erfindungsfremde Leistungen** des Arbeitgebers (Know-how, Marken usw.) **abzuziehen**. Abzuziehen sind nach RL Nr. 14 Abs. 1 Sätze 2 ff. auch die ohne Weiteres **konkret ermittelbaren oder schätzbaren Kosten**, insbesondere die Kosten der Entwicklung nach Fertigstellung der Erfindung, die Kosten, die aufgewandt wurden, um die Erfindung betriebsreif zu machen, die Schutzrechtskosten und die Vertragskosten. Die Lizenzeinnahmen werden bei der Berechnung des Erfindungswertes nicht wie Umsatzeinnahmen behandelt[4]; der Erfindungswert **bestimmt sich** vielmehr **nach der um erfindungsfremde bzw. erfindungs-**

---

1 *BGH* v. 13.11.1997, GRUR 1998, 689, 691 – Copolyester II u. *BGH* v. 13.11.1997, GRUR 1998, 684, 687 – Spulkopf; *BGH* v. 17.11.2009, GRUR 2010, 223, 224, Rz. 13 – Türinnenverstärkung; s. auch *BVerfG* v. 24.4.1998, NJW 1998, 3704 ff. – Induktionsschutz von Fernmeldekabeln; vgl. auch *BGH* v. 29.4.2003, GRUR 2003, 789 – Abwasserbehandlung.

2 *Bartenbach/Volz*, ArbEG Praxisleitfaden, Rz. 327.

3 Zur Bestimmung der Bruttolizenzeinnahmen bei Diensterfindungen von Hochschulbeschäftigten s. *OLG Düsseldorf* v. 12.4.2012 – Genveränderung, Düsseldorfer Entscheidung Nr. 1837 (www.duesseldorfer-archiv.de).

4 *Schiedsstelle* v. 26.2.1991 – Arb.Erf. 26/90, n.v.

neutrale Anteile, Kosten und Gewinnanteile **geminderten Bruttolizenzeinnahme**, also der **erfindungsgemäßen Nettolizenzeinnahme**[1]. Wird die lizenzierte Erfindung vom Lizenzgeber auch selbst benutzt bzw. ist sie Gegenstand mehrfacher Lizenzierung, hat eine Kostenaufteilung zu erfolgen[2].

Soll eine **Pauschalvergütungsvereinbarung** unter Einbeziehung (noch un- 2509
bestimmter) zukünftiger Lizenzeinnahmen erfolgen, schlägt die Schiedsstelle zur Bestimmung der vorläufigen zukünftigen Nettolizenzeinnahme regelmäßig eine **Gesamtbetrachtung** vor. Dazu werden die geschätzten **gesamten Bruttolizenzeinnahmen** für Vergangenheit und Zukunft den geschätzten gesamten, konkret absehbaren Kosten gegenübergestellt[3]. Daran anschließend erfolgt auf der Basis der wahrscheinlichen Gesamtlaufzeit des Lizenzvertrages eine Hochrechnung der Bruttolizenzeinnahmen einerseits und der abzugsfähigen Kosten andererseits[4]. Aus der Gegenüberstellung dieser Kosten ergibt sich dann der Durchschnittssatz, um den die Bruttolizenzeinnahme zur Bestimmung der zukünftigen Gesamtnettoeinnahme zu verringern ist.

Frei. 2510

b) Erfindungswert (Umrechnungsfaktor)

Nach **RL Nr. 14 Abs. 1 Satz 1** soll – fälschlicherweise – der **Erfindungswert** 2511
der Nettolizenzeinnahme entsprechen. Letztere bestimmt sich – wie aufgezeigt – nach dem Betrag, der dem Arbeitgeber nach Abzug aller hierauf bezogenen Unkosten und des Anteils erfindungsfremder Leistungen aus einer Bruttolizenzeinnahme verbleibt. Zu beachten ist jedoch, dass der Erfindungswert der Preis ist, der einem freien Erfinder vom Arbeitgeber für die vollständige Übertragung der Erfindungsrechte hätte gewährt werden müssen[5]. Ein freier Erfinder erhält aber regelmäßig nicht die gesamten Nettolizenzeinnahmen, sondern würde den Reingewinn mit dem Arbeitgeber teilen. Nicht anders liegt die Sachlage beim Arbeitnehmererfinder. Hier muss dem Arbeitgeber ein Teilbetrag der Nettolizenzeinnahme als kalkulatorischer Unternehmergewinn verbleiben[6]. Dieser Unternehmergewinn ist durch einen **Umrechnungsfaktor** zu bestimmen, der in der Multiplikation mit der Nettolizenzeinnahme zum Erfindungswert führt[7].

1 *Bartenbach/Volz*, KommRL, RL Nr. 14 Rz. 2; *Schiedsstelle* v. 12.12.1995, Mitt. 1997, 91 f. – Apparatebau.
2 *Bartenbach/Volz*, KommRL, RL Nr. 14 Rz. 96 ff.
3 Vgl. *Schiedsstelle* v. 12.12.1995, Mitt. 1997, 91 f. – Apparatebau.
4 *Schiedsstelle* v. 12.12.1995, Mitt. 1997, 91 f. – Apparatebau.
5 *Bartenbach/Volz*, KommRL, vor RL Nr. 5 Rz. 5 m.w.N.
6 *Schiedsstelle* v. 18.9.1996 – Arb.Erf. 77/94, n.v.; dies gilt unabhängig von dem nach RL Nrn. 30 ff. abzuziehenden Anteilsfaktor.
7 *Schiedsstelle* v. 16.12.1980 – Arb.Erf. 59/79, n.v.

2512 Nach der Entscheidungspraxis der Schiedsstelle ist der Regelumrechnungsfaktor bei Lizenzvergabe mit **30 % der nach RL Nr. 14 ermittelten Nettolizenzeinnahme** anzusetzen[1]. Dieser gegenüber dem Regelwert von 20 % bei betrieblicher Eigennutzung[2] erhöhte Prozentsatz ist dadurch bedingt, dass bei betrieblicher Nutzung das Amortisationsrisiko allein auf Seiten des Arbeitgebers liegt, während dieses Risiko bei der Lizenzvergabe der Lizenznehmer trägt, so dass der Arbeitgeber grundsätzlich nur das Ausbleiben von Lizenzeinnahmen riskiert, nicht aber ein vergleichbares Wagnis wirtschaftlicher Verluste[3].

2513 Der **Regelwert** von 30 % der Nettolizenzeinnahme kann jedoch **unterschritten** werden, wenn der Arbeitgeber besondere Haftungsrisiken gegenüber dem Lizenznehmer zu tragen hat, die nicht bereits hinreichend von der Bruttolizenzeinnahme abgezogen werden konnten. Ein **Überschreiten** der 30 %-Marke kommt dann in Betracht, wenn der Arbeitgeber im Lizenzvertrag eigene Haftungsrisiken ausgeschlossen hat und/oder Weiterentwicklungen ausscheiden[4].

2514 **RL Nr. 15** sieht – anstelle der konkreten Berechnung des Erfindungswertes nach RL Nr. 14 – eine Pauschalierung auf Basis der Bruttolizenzeinnahme vor. Die Bruttolizenzeinnahme (einschließlich Lizenzgebühren für Knowhow, Marken etc.; ohne Umsatzsteuer) wird hierzu mit dem **Regelumrechnungsfaktor von 20 %** multipliziert[5].

c) Vergütungsberechnung

2515 Der nach RL Nrn. 14 oder 15 ermittelte Erfindungswert wird gemäß der in Rz. 2505 dargestellten Vergütungsformel mit dem für jeden (Mit-)Erfinder gesondert zu berechnenden Anteilsfaktor (s. Rz. 2506) multipliziert. Weiterer Berechnungsfaktor ist ggf. (bei Miterfinderschaft – s. Rz. 2490) der Miterfinderanteil. Diese Multiplikation ergibt die dem einzelnen (Mit-)Erfinder für die konkrete Lizenzeinnahme zustehende Erfindervergütung.

2516 Eine **Abstaffelung (vgl. RL Nr. 11) der Lizenzeinnahmen** scheidet i.d.R. aus (vgl. RL Nr. 14 Abs. 3). Dies gilt uneingeschränkt dann, wenn die zu vergütenden Lizenzeinnahmen ihrerseits bereits aufgrund einer im Lizenzvertrag vorgesehenen Staffel gemindert sind (vgl. auch Rz. 1699, 1781 ff.)[6]. Ausnahmsweise kann eine Abstaffelung dann in Betracht kommen, wenn

---

1 *Schiedsstelle* v. 23.4.2009 – Arb.Erf. 51/06, n.v.

2 Vgl. etwa *Schiedsstelle* v. 18.1.1990, BlPMZ 1990, 336; *Schiedsstelle* v. 19.9.1995, Mitt. 1996, 176, 177 – Patentverkauf; *Schiedsstelle* v. 12.12.1995, Mitt. 1997, 91 – Apparatebau.

3 *Bartenbach/Volz*, KommRL, RL Nr. 14 Rz. 157.

4 *Schiedsstelle* v. 18.9.1996 – Arb.Erf. 77/94, n.v.

5 *Schiedsstelle* v. 29.4.2010 – Arb.Erf. 11/09, n.v.; s. hierzu *Bartenbach/Volz*, ArbEG, Praxisleitfaden, Rz. 308.

6 Vgl. auch *BGH* v. 4.10.1988, GRUR 1990, 271, 273 – Vinylchlorid.

die zusätzlichen Leistungen des lizenzgebenden Arbeitgebers außerhalb der lizenzierten Erfindung den Umsatz des Lizenznehmers nachweislich beeinflusst haben, wie etwa schlagkräftige Marken, und diese Leistungen noch nicht bei der Bestimmung der Nettolizenzeinnahme (s. oben Rz. 2511) berücksichtigt worden sind.

Frei. 2517–2520

d) Erfindervergütung bei Lizenzaustauschverträgen (Poolverträgen)

In der Betriebspraxis sind Lizenzaustauschverträge sehr häufig (s. hierzu Rz. 5, 10, 490, 1644 ff.). Bei dieser wechselseitigen Rechtseinräumung an Schutzrechtspositionen tritt regelmäßig an die Stelle von Lizenzeinnahmen die Befugnis des Arbeitgebers, die fremden Schutzrechte nutzen zu können. Bei umfassenden Pool-Situationen steht letztlich die Erwartung im Vordergrund, dass die Poolpartner wechselseitig keine Ansprüche aus den eingebrachten Poolrechten gegenüber den anderen Poolpartnern geltend machen. 2521

Für die Bestimmung des Erfindungswertes (s. oben Rz. 2511 ff.) soll nach **RL Nr. 17** ermittelt werden, welche **wirtschaftlichen Vorteile** der Arbeitgeber aus den **(eingetauschten) Fremdrechten** zieht. Die **mit den Fremdrechten erzielten Umsätze** bzw. geldwerten Vorteile sind nach h.M. die Basis zur Ermittlung des Erfindungswertes[1]. Der Erfindungswert berechnet sich also aus dem Umsatz mit den Fremdrechten nach der Methode der **Lizenzanalogie** (RL Nrn. 5 ff.)[2]. Bei bloß **innerbetrieblichem Einsatz** kommt die Methode nach dem erfassbaren betrieblichen Nutzen (RL Nr. 12) in Betracht. Eine Bemessung auf der Grundlage von ersparten Lizenzgebühren scheidet grundsätzlich aus. 2522

Wird zusätzlich zum Lizenzaustausch bei technischem Ungleichgewicht der eingebrachten Schutzrechtspositionen an den Arbeitgeber ein **Wertausgleich** als ergänzende Lizenzgebühr gezahlt, ist der Arbeitgeber hieran nach Maßgabe der RL Nrn. 14, 15 zu beteiligen[3].

Ist der Lizenzaustausch, das Einbringen einer Vielzahl von Schutzrechtspositionen in einen **Patentpool**, im Ergebnis eine **globale negative Lizenz bzw. eine umfassende Nichtangriffsabrede**, sind für die Erfindervergütung ebenfalls die daraus folgenden geldwerten Vorteile des Arbeitgebers relevant. Der Arbeitgeber hat den technischen und wirtschaftlichen Vorteil, sich in bestimmten technischen Bereichen bzw. Produktsegmenten frei 2523

1 *Schiedsstelle* v. 12.3.1974, BlPMZ 1974, 295 u. *Schiedsstelle* v. 2.8.2005, Arb.Erf. 88/04, n.v.
2 *Schiedsstelle* v. 14.10.2010 – Arb.Erf. 34/08, n.v.
3 S. im Einzelnen *Bartenbach/Volz*, Arbeitnehmererfindungen Praxisleitfaden, Rz. 308.

von Verletzungsansprüchen betätigen zu können. Im Vordergrund steht also die ungehinderte Entfaltungsmöglichkeit.

Hieraus wird deutlich, dass im Regelfall eine Einzelbewertung unter Gewichtung sämtlicher in den Pool eingebrachter Schutzrechtspositionen und damit eine konkrete Berechnung des Erfindungswertes auf der Grundlage der mit der Nutzung der eingebrachten Fremdrechte erzielten Umsätze nicht möglich ist. Die Schiedsstellenpraxis trägt dem dadurch Rechnung, dass keine konkrete Vergütungsberechnung erfolgt; vielmehr wird der mittelbare Vorteil, den der Arbeitgeber durch die Rechtssicherheit vor Patentverletzungsklagen der Mitbewerber erhält, geschätzt. Dies erfolgt durch einen **prozentualen Aufschlag auf den Erfindungswert für die Eigennutzung der Erfindung**[1]. In den von der Schiedsstelle entschiedenen Fällen bewegt sich der prozentuale Aufschlag in einem Rahmen von 5–**10 % der Erfindervergütung für eigene Umsätze** des Arbeitgebers oder für dessen Lizenzeinnahmen.

2524–2529 Frei.

1 *Bartenbach/Volz*, Komm RL, RL Nr. 17 Rz. 71 m.H.a. die Schiedsstellenpraxis; vgl. auch *BGH* v. 16.4.2002, GRUR 2002, 801, 804 – Abgestuftes Getriebe.

B. Der Know-how-Lizenzvertrag

I. Einführung

Die technische und/oder wirtschaftliche Vorrangstellung eines Unternehmens wird nicht nur durch auf Erfindungen bezogene Schutzrechte und deren Eigen- und Fremdverwertung gewährleistet. Dem eigenständigen oder ergänzenden, nicht durch Schutzrechtspositionen abgesicherten betrieblichen Erfahrungswissen kommt vielmehr eine erhebliche zusätzliche Bedeutung[1] zu. 2530

Unter wirtschaftlichen bzw. strategischen Zwecken kann es sinnvoll sein, 2531 das nicht zum Schutzrecht angemeldete Wissen ebenfalls zum Gegenstand einer wirtschaftlichen Verwertung zu machen. Der wirtschaftliche Vorteil, den ein Unternehmen durch sein technisch geprägtes Erfahrungswissen besitzt, wird regelmäßig zwar im eigenen Bereich oder im Auftrag des Know-how-Trägers auch in fremden Betrieben, beispielsweise im Zusammenhang mit der Durchführung von Lohnaufträgen, realisiert. Der Grundsatz der Vertragsfreiheit bietet dem Wissensträger aber auch die Möglichkeit, einem interessierten Dritten gegen entsprechende Gegenleistung (Lizenzgebühr oder Austausch von Entwicklungsergebnissen) die **Nutzungsberechtigung an** diesem faktischen Verwertungsmonopol, seinem **Wissensvorsprung**, zu vermitteln. Dies geschieht in der Form des Know-how-Lizenzvertrages[2], der anders als der Patentlizenzvertrag (vgl. § 15 Abs. 2 und 3 PatG) keine ausdrückliche gesetzliche Rechtsgrundlage hat.

Die wirtschaftliche Bedeutung des Know-hows kann im Einzelfall ganz er- 2532 heblich sein und sogar den wirtschaftlichen Wert eines vergleichbaren Schutzrechtes übertreffen[3]. Dies wird dann sichtbar, wenn in internationalen Know-how-Lizenzverträgen Schutzrechtspositionen „eingegliedert" werden, die eine bloße „Trägerfunktion" übernehmen, um die Höhe eines für die eigentliche Know-how-Nutzung vereinbarten Lizenzsatzes devisenrechtlich, steuerrechtlich und/oder kartellrechtlich zu rechtfertigen[4]. Ebenso wie bei der Patentlizenz (s. Rz. 5, 10, 1644 ff.) kommt auch dem **Know-how-Austauschvertrag** zunehmende Bedeutung zu. Zudem erlangt Know-how nicht nur Bedeutung auf dem Gebiet des Geheimnisschutzes,

---

1 Ausführlich zur Bedeutung von Know-how im heutigen Wirtschaftsleben *Huber* in Ann/Loschelder/Grosch, Kap. 1 Rz. 235 ff.

2 Vgl. etwa *Stumpf*, Der Know-how-Vertrag, Rz. 1 ff.; *Winzer* in Pfaff/Osterrieth, B III Rz. 387 ff. Zur Bewertung von Know-how s. *Huber* in Ann/Loschelder/Grosch, Kap. 1 Rz. 305 ff., 351 ff.

3 Vgl. auch *Greco*, Verwertung von Know-how (2010), S. 3 f.; *McGuire/Joachim/Künzel/Weber*, GRUR Int. 2010, 829, 831.

4 Vgl. *Grützmacher/Laier/May*, Der internationale Lizenzvertrag, S. 15, 35 ff.; *Hesse*, GRUR 1985, 661 ff.; *Körner*, GRUR 1982, 341, 342 ff., alle m.w.N.

sondern erfasst auch Teilgebiete, die direkt dem spezifischen Patentschutz zugeordnet sind, wie dies etwa bei computerimplementierten Geschäftsmodellen der Fall ist[1].

2533 Andererseits ist das Know-how, mag es auch für den eingerichteten und ausgeübten Gewerbebetrieb[2] ein erhebliches wirtschaftliches und technisches Gewicht besitzen, nicht mit Drittwirkung, wie etwa einer (patentrechtlichen) Schutzrechtsposition (vgl. §§ 9 f., 139 ff. PatG), schützbar; ihm fehlen die Merkmale eines ausschließlichen Rechts (s. Rz. 2576)[3]. Zwar werden Geschäfts- und Betriebsgeheimnisse gegen unrechtmäßige Beschaffung, Verwertung und Weitergabe nach §§ 17 ff. UWG nicht nur zivilrechtlich, sondern auch strafrechtlich abgesichert[4]. Der redliche Erwerb von Geschäfts- und Betriebsgeheimnissen, also die Wissensübermittlung an einen Lieferanten, einen Kunden, einen Arbeitnehmer oder einen sonstigen Vertragspartner, ist hingegen bei Geschäfts- und Betriebsgeheimnissen gegenüber einer weiteren Verwertung aus dem Gesetz heraus nur im Ausnahmefall geschützt (s. Rz. 2572 ff.).

2534 Folgerichtig ist mit einer Weitergabe des Know-hows ein ganz erhebliches Risiko verbunden: Die Know-how-Information erweitert den Kreis der Wissensträger, ohne dass dieses Wissen wieder „zurückübertragen" werden kann. Mangels eines gesetzlichen Verbietungsrechts – wie es etwa bei Schutzrechten gegeben ist (vgl. § 9 Satz 2 PatG) – ist eine unberechtigte Vermittlung an Dritte nur im Innenverhältnis zwischen Know-how-Geber und ursprünglichem Informationsempfänger als Vertragsverletzung „auszugleichen", nicht aber gegenüber dem Dritten, es sei denn, es liegt kollusives Verhalten vor.

2535–2543 Frei.

II. Begriff und Kennzeichnung des Know-hows

1. Grundsatz

2544 Um Know-how rechtlich einordnen zu können, ist zunächst der Begriff des Know-hows zu bestimmen.

1 Vgl. hierzu *Enders*, GRUR 2012, 25, 26 u. 29 ff.
2 Vgl. *Wagner* in MünchKomm. BGB, § 823 Rz. 187 ff.
3 *Henn*, Rz. 64 m.w.N.; Benkard/*Ullmann*, PatG, § 15 Rz. 235, 236; kritisch *Forkel*, NJW 1990, 2806; *McGuire/Joachim/Künzel/Weber*, GRUR Int. 2010, 829, 835, 836.
4 Vgl. *Köhler* in Köhler/Bornkamm, UWG, vor §§ 17–19 Rz. 6 f., § 17 Rz. 1, 3, 51 ff., 66 ff.

Der Begriff des Know-hows (s. auch Rz. 215 ff.) umfasst als Oberbegriff sowohl das technisch geprägte Betriebs- wie auch das kaufmännisch geartete Geschäftsgeheimnis und das nicht geheime Erfahrungswissen[1]. 2545

Inhalt des hier im Vordergrund stehenden **Betriebsgeheimnisses** ist das gesamte geheime **technische Erfahrungswissen**, wie es u.a. in Konstruktionszeichnungen, Rezepten, Mustern, Modellen, Formeln, Arbeitsbeschreibungen, Bearbeitungsvorrichtungen, technischen Angaben wie Abmessungen, Beimengungen, Fertigungsmethoden und Rezepturen, Software, wie überhaupt in allen speziellen Verfahrensweisen und Kunstgriffen bei der Anwendung einer technischen Lehre zum Ausdruck kommt, das einem Sonderrechtsschutz als Immaterialgüterrecht nicht zugänglich ist oder nicht zugänglich gemacht worden ist[2] (vgl. auch § 18 Nr. 1 GWB a.F. u. EGr Nr. 4, sowie Art. 10 Nrn. 1–4 TT-GVO Nr. 240/96, Art. 1 Abs. 1 lit. i TT-GVO 2004).

Das **Geschäftsgeheimnis** bezeichnet gemeinhin Tatsachen und Kenntnisse **kaufmännischer Art**. Hierzu zählen geheime Informationen aus dem Bereich des Absatzes, der Lieferanten, des Rechnungswesens oder des Personals wie etwa Kalkulationsunterlagen, Preis- und Kundenlisten, Rechnungen der Zulieferer, Absatzgebiete, Warenbezugsquellen, die eigene Kreditwürdigkeit sowie auch die der Lieferanten, Inventuren, Bilanzen, Kalkulationen, Strategien und Ereignisse im Wettbewerbsbereich, Personaleinsatz, Gehälter und letztlich auch Fakten, die den Arbeitnehmer persönlich betreffen[3]. 2546

---

1 Vgl. *Stumpf*, Der Know-how-Vertrag, passim; *Groß*, Rz. 16; *Kragler*, Schutz des geheimen Know-how passim; *Gaugenrieder/Unger-Hellmich*, WRP 2011, 1364, 1365 f.; *Kuebart*, Verrechnungspreise im internationalen Lizenzgeschäft (1995), S. 13 f.; *Pagenberg/Beier*, Muster 1 Rz. 125 ff.; *Wodtke/Richters*, Schutz von Betriebs- und Geschäftsgeheimnissen Rz. 2 f., 13; *Köhler* in Köhler/Bornkamp, UWG, § 17 Rz. 4 f., § 18 Rz. 2; *Finger*, GRUR 1970, 3, 4, Fn. 21, lässt unbeantwortet, ob auch kaufmännisches Know-how bestehen kann; *Kraßer*, GRUR 1970, 587, 588; *Skaupy*, GRUR 1964, 539 f.; *Hesse*, GRUR 1985, 661 ff.; *Körner*, GRUR 1982, 341; *Gaul*, NZA 1988, 225, 227 f.; *Harte-Bavendamm*, CR 1986, 615 ff.; *Dannecker*, BB 1987, 1614 ff.; *Junker*, BB 1988, 1334 ff.; *Weimar/Grote*, RIW 1998, 267 ff.; *Salger/Breitfeld*, BB 2005, 154; *BGH* v. 7.11.2002, GRUR 2003, 356, 358 – Präzisionsmessgeräte.

2 *BGH* v. 7.11.2002, GRUR 2003, 356, 358 – Präzisionsmessgeräte; *BGH* v. 12.2.1980, GRUR 1980, 750 – Pankreaplex; *BGH* v. 23.11.1979, GRUR 1980, 296 – Konfektionsstylist; *BGH* v. 21.12.1962, GRUR 1963, 367 – Industrieböden; *BGH* v. 19.11.1982, GRUR 1983, 179, 180 – Stapel-Automat; *BAG* v. 15.12.1987, NJW 1988, 1686 – Kundenschutzabrede. S. auch *LG Düsseldorf* v. 30.12.2009, Düsseldorfer Entscheidung Nr. 1315 – Lagerung eines Paneels (www.duesseldorfer-archiv.de). *Salger/Breitfeld*, BB 2005, 154; *Gaugenrieder/Unger-Hellmich*, WRP 2011, 1364, 1366.

3 *BGH* v. 7.11.2002, GRUR 2003, 356, 358 – Präzisionsmessgeräte; *BGH* v. 27.4.2006, WRP 2006, 1511 – Kundendatenprogramm; *BGH* v. 26.2.2009, GRUR 2009, 603, 604 – Versicherungsuntervertreter; *Köhler* in Köhler/Bornkamm, UWG, § 17 Rz. 4a; *Loschelder* in Ann/Loschelder/Grosch, Kap. 1 Rz. 74; *Salger/Breitfeld*,

2547 Nach herrschender Auffassung ist letztlich Betriebs- bzw. Geschäftsgeheimnis jede im Zusammenhang mit einem Geschäftsbetrieb stehende Tatsache, die nicht offenkundig, sondern nur einem eng begrenzten Personenkreis bekannt ist und die nach dem ausdrücklich oder konkludent erklärten Willen des Betriebsinhabers aufgrund eines berechtigten wirtschaftlichen Interesses geheim gehalten werden soll[1]. Dabei darf es sich nicht lediglich um Angaben handeln, die jederzeit ohne großen Aufwand aus allgemein zugänglichen Quellen erstellt werden können[2].

2548 Das **nicht geheime Erfahrungswissen** ist dagegen das in der jeweiligen Branche bekannte (Grund-)Wissen, das sich jeder Interessent unter Aufwand von Zeit und Geld auch selbst erarbeiten könnte.

Know-how setzt keine erfinderische Leistung oder gar deren Schutzfähigkeit voraus[3].

2549 Somit kann **Know-how definiert** werden als das nicht durch Schutzrechte gesicherte (betriebliche) **Erfahrungswissen** auf technischem oder kaufmännischem Bereich, das **gegenüber Dritten einen Vorteil gewährt**[4] (vgl. auch die Definition in Art. 1 Abs. 1 lit. i) TT-GVO 2004 – s. dazu Rz. 2556 ff.).

Diese zunächst auf das Merkmal des **Geheimnisses** verzichtende Definition berücksichtigt, dass eine zusätzlich vorhandene Unkenntnis der Mitbewerber von der Existenz dieses Wissens zwar in der Höhe der Vergütung für die Überlassung dieses Know-how einen Niederschlag finden kann. Für den Vertragspartner des Know-how-Gebers kann es aber unabhängig davon, ob es sich um ein Betriebsgeheimnis handelt oder nicht, interessant sein, ein solches Erfahrungswissen überhaupt zu erwerben, um seinen innerbetrieblichen Stand der Technik dem äußeren, weiter entwickelten Stand der Technik anzupassen oder sogar, nunmehr unter Ausnutzung des Betriebsgeheimnisses, über diesen allgemein bekannten Stand der Technik hinausgehend, auf die Entwicklungsebene des Know-how-Gebers angehoben zu werden.

Schon in der rein sprachlichen Auslegung des Begriffs ist gleichfalls kein Anhaltspunkt für ein Einbeziehen des „Geheimen" in diesen Begriff gegeben (zur EU-kartellrechtlichen Bedeutung des Merkmals „geheim" vgl. Rz. 2559).

BB 2005, 154; *Richters/Wodtke*, NZA-RR 2003, 281, 282; *Gaugenrieder/Unger-Hellmich*, WRP 2011, 1364, 1366.

1 Vgl. *BGH* v. 1.7.1960, GRUR 1961, 40, 43 – Wurftaubenpresse; *BGH* v. 7.11.2002, GRUR 2003, 356, 358 – Präzisionswerkzeuge; *Loschelder* in Ann/Loschelder/Grosch, Kap. 1 Rz. 68.

2 *BGH* v. 27.4.2006, GRUR 2006, 1044, Rz. 19 – Kundendatenprogramm.

3 Vgl. *BGH* v. 16.10.1962, GRUR 1963, 207, 210 – Kieselsäure.

4 In diesem Sinne auch *Pagenberg/Beier*, Muster 1 Rz. 98; *Greco*, Verwertung von Know-how (2010), S. 17; *Skaupy*, GRUR 1964, 539, 541; *Kraßer*, GRUR 1970, 587, 588; *Stumpf*, Der Know-how-Vertrag, Rz. 10; *Groß*, Rz. 16.

Der **Geheimnisschutz** für ein technisches Erfahrungswissen bleibt somit **bloßer Bemessungsfaktor**, muss aber nicht begriffsnotwendig ein Merkmal des Know-hows sein. Ebenso wird ja auch bei Lizenzverträgen über Patente oder Gebrauchsmuster nur im Rahmen der Bemessung der Lizenzgebühr unterschieden zwischen starken, von den Mitbewerbern notwendig zu beachtenden Schutzrechten, und schwachen, die vielfach eine Umgehung erfahren oder sogar vernichtbar sind. Know-how ist das „gewusst wie", also das Wissen um bestimmte technische Verfahrensweisen oder betriebswirtschaftliche Erfahrungswerte, das bisher noch keine allgemeine Verbreitung gefunden hat. **Know-how ist schlicht Wissensvorsprung**, nicht allgemein zugängliches ungeschütztes Wissen. 2550

Auch wenn der Begriff des Know-hows sowohl geheimes als auch branchenbekanntes Wissen umfasst, ist die Differenzierung von geheimem Know-how einerseits und offenkundigem Know-how andererseits entscheidend für den Anwendungsbereich diverser Schutzgesetze, die explizit lediglich auf die Geheimhaltung von Geschäfts- und Betriebsgeheimnissen ausgerichtet sind. Des Weiteren ist die Klassifikation des Erfahrungswissens als geheim entscheidend für eine etwaige Verpflichtung des Know-how-Nehmers zur Lizenzzahlung nach Beendigung des Vertragsverhältnisses. Treffen die Parteien keine gesonderte Absprache, so besteht eine Verpflichtung des Lizenznehmers zur weiteren Entrichtung von Lizenzgebühren für eine Benutzung des Wissens nach Beendigung des Patentlizenzvertrags nur dann, wenn und soweit das lizenzierte Wissen nicht offenkundig geworden ist[1] (s. also Rz. 2802). Bei einem gemischten Patent-Lizenz- und Know-how-Vertrag kann auch nach Schutzrechtsablauf die Lizenzgebührenpflicht für die Nutzung des noch nicht offenkundigen Know-hows (teilweise) fortbestehen. 2551

Hinsichtlich der Anwendbarkeit unterschiedlicher rechtlicher Regeln ist zwischen technischem und kaufmännischem Wissen zu unterscheiden. Die Abgrenzung zwischen dem betrieblichen Erfahrungswissen, das nicht geheim sein muss, aber dennoch wirtschaftliche Vorteile bietet und ebenso in Know-how-Verträgen vermarktet werden kann, und dem technisch geprägten Betriebsgeheimnis kann zudem kartellrechtliche Bedeutung erlangen[2].

Das Know-how als solches hat in den gesetzlichen Regelungen bislang allerdings keine allgemein gültige abschließende Definition gefunden. Den Bestimmungen, die ausdrücklich auf den Schutz des geheimen Know-hows Bezug nehmen, wie insbesondere §§ 17 ff. UWG oder § 2 Abs. 2 GWB i.V.m. Art. 1 Abs. 1 lit. i TT-GVO 2004, kann keine einschränkende Definition des Begriffs entnommen werden. Diese legen, wie im Folgenden ge- 2552

---

1 Vgl. *BGH* v. 12.2.1980, GRUR 1980, 750, 751 – Pankreaplex II.
2 Vgl. *Hesse*, GRUR 1985, 661 ff.; *Körner*, GRUR 1982, 341 ff.; ausführliche Übersicht der den Geheimnisschutz betreffenden Normen bei *Wodtke/Richters*, Schutz von Betriebs- und Geschäftsgeheimnissen, Rz. 2 f., 13 ff.

zeigt wird, einen gesonderten Schutz für Betriebs- sowie Geschäftsgeheimnisse fest, bestimmen den Begriff des Know-hows jedoch nicht allgemein.

2. Der Begriff des Know-hows im Sinne des Wettbewerbsrechts

2553 Das Wettbewerbsrecht enthält den Begriff des Know-hows nicht explizit. Es schützt sowohl Geschäfts- als auch Betriebsgeheimnisse.

Unter einem **Geschäfts- oder Betriebsgeheimnis** im Sinne des § 17 UWG werden gemeinhin alle Tatsachen verstanden, die in Zusammenhang mit einem Geschäftsbetrieb stehen, die nur einem eng begrenzten Personenkreis bekannt und nicht offenkundig sind und nach dem ausdrücklich oder konkludent erklärten Willen des Betriebsinhabers aufgrund eines berechtigten wirtschaftlichen Interesses geheim gehalten werden sollen[1]. Auf die Unterscheidung zwischen Geschäfts- und Betriebsgeheimnis (s. hierzu Rz. 2545) kommt es somit hinsichtlich der Anwendbarkeit des UWG nicht an.

Offenkundig gewordenes Wissen technischer oder kaufmännischer Art wird dagegen nicht vom Schutz der §§ 17 ff. UWG erfasst. Ein Betriebsgeheimnis ist oder wird **offenkundig** im Sinne des § 17 UWG, wenn es jedermann bekannt oder doch ohne Weiteres zugänglich ist (vgl. auch Rz. 2795)[2]. Auf eine tatsächliche Kenntnisnahme kommt es dabei nicht an. Wie groß und wie beschaffen der Personenkreis sein darf, um noch als „eng begrenzt" zu gelten, ist eine Frage des Einzelfalls[3].

Das notwendige Geheimhaltungsinteresse ist anzunehmen, wenn die Tatsache für die Wettbewerbsfähigkeit des Unternehmens von Bedeutung ist, ihr Bekanntwerden also fremden Wettbewerb fördern oder den eigenen Wettbewerb schwächen kann[4]. Der Geheimhaltungswille wird bei allen nicht offenkundigen Betriebsinterna grundsätzlich vermutet; ein hypothetischer Geheimhaltungswille reicht aus[5].

---

1 Vgl nur *BGH* v. 15.3.1955, GRUR 1955, 424, 425 – Möbelwachspaste; *BGH* v. 1.7.1960, GRUR 1961, 40, 43 – Wurftaubenpresse; *BGH* v. 7.11.2002, GRUR 2003, 356, 358 – Präzisionswerkzeuge; *Richters/Wodtke*, NZA-RR 2003, 281; *Preis/Reinfeld*, AuR 1989, 361, 362; *Kunz*, DB 1993, 2482, 2483. S. auch *Bartenbach* in FS Küttner, 2006, S. 115 m.w.N.

2 Vgl. zum Begriff des Geschäfts- und Betriebsgeheimnisses im UWG *BGH* v. 26.2.2009, GRUR 2009, 603, 604 – Versicherungsuntervertreter; *BGH* v. 27.4.2006, GRUR 2006, 1044, 1046 – Kundendatenprogramm; *BGH* v. 7.11.2002, GRUR 2003, 356, 358 – Präzisionsmessgeräte m.w.N.; *Köhler* in Köhler/Bornkamm, UWG, § 17 Rz. 4 ff. m.w.N.; *Ann* in Ann/Loschelder/Grosch, Kap. 1 Rz. 18 ff.; *Richters/Wodtke*, Schutz von Betriebs- und Geschäftsgeheimnissen, Rz. 19 ff.; *Richters/Wodtke*, NZA-RR 2003, 281 ff.; *Mayer*, GRUR 2011, 884 ff.

3 *Köhler* in Köhler/Bornkamm, UWG, § 17 Rz. 7a.

4 *Köhler* in Köhler/Bornkamm, UWG, § 17 Rz. 9.

5 *Köhler* in Köhler/Bornkamm, UWG, § 17 Rz. 10. Für die Aufgabe des Geheimhaltungswillens als konstituierendes Merkmal plädiert *Maume*, WRP 2008, 1275.

§ 17 Abs. 1 UWG behandelt den Treubruch eines Arbeitnehmers, der sich im Verrat eines Geschäfts- oder Betriebsgeheimnisses während der Geltungsdauer des Dienstverhältnisses zeigt. **§ 17 Abs. 2 UWG** verbietet die Verwertung oder Mitteilung eines solchen Geheimnisses und setzt sie unter Strafe. In engem Zusammenhang damit steht die in **§ 18 UWG** geregelte Strafbarkeit der so genannten Vorlagenfreibeuterei.

Frei. 2554

3. Das Know-how im deutschen und europäischen Kartellrecht

Auch das deutsche Kartellrecht **vor der 7. GWB-Novelle** enthielt den Begriff des Know-hows nicht ausdrücklich. **§ 18 Nr. 1 GWB a.F.** erklärte allerdings die Regelung des § 17 GWB a.F. über die kartellrechtliche Wirksamkeit von Beschränkungen im Zusammenhang mit Schutzrechtslizenzverträgen für entsprechend anwendbar bei Verträgen über die Überlassung oder Benutzung gesetzlich nicht geschützter Erfindungsleistungen, Fabrikationsverfahren, Konstruktionen und sonstiger, die Technik bereichernder Leistungen. § 18 Nr. 1 GWB a.F. war folglich für die Teilfrage einschlägig, unter welchen Umständen in Verträgen über „Betriebsgeheimnisse" und „Geheimverfahren" eine unzulässige Beschränkung des Wettbewerbs zu erblicken ist, die eventuell diesen Teil des Vertrages unwirksam macht. Somit unterlag nur der auf technische Betriebsgeheimnisse ausgerichtete Teil eines Know-how-Lizenzvertrages dem kartellrechtlichen Maßstab der §§ 18 Nr. 1, 17 GWB a.F. Verträge, die die Tatbestandsvoraussetzungen der §§ 18, 17 GWB a.F. nicht erfüllten, also insbesondere Verträge über nicht geheimes technisches Know-how, waren daher nicht etwa schon aus diesem Grund unwirksam, sondern unterlagen den allgemeinen Vorschriften der §§ 14, 16 GWB a.F., ggf. auch des § 1 GWB a.F.[1] Auch Vereinbarungen hinsichtlich kaufmännischen Know-hows waren nicht nach dem Maßstab der §§ 17, 18 GWB a.F. zu beurteilen. Der vertragliche Schutz kaufmännischen und offenkundigen Know-hows war somit unter kartellrechtlichen Gesichtspunkten nur über die allgemeinen Regelungen der §§ 1, 14, 16 GWB a.F. möglich. 2555

Bereits nach früherer Rechtslage entsprach die Differenzierung zwischen geheimem und offenkundigem Know-how **im EU-Rechtsbereich** dem nunmehr geltenden deutschen Kartellrecht[2]. Die Novellierung führte diesbezüglich zu keiner sachlichen Änderung. Im Unterschied zum früheren deutschen Kartellrecht verwendet die TT-GVO 2004 den Begriff des Know-hows allerdings explizit und **definiert** diesen als **eine Gesamtheit nicht pa-** 2556

1 *OLG Frankfurt* v. 23.6.1988, GRUR 1988, 853, 854 – Zelthallen-Nachbau.
2 Vgl. zur früheren Rechtslage im Einzelnen *Magen*, Lizenzverträge und Kartellrecht (1963), S. 119 ff.; *Skaupy*, GRUR 1964, 539, 540, 541; *Deringer*, GRUR Int. 1968, 179, 190; s. auch die Untersuchungen der Internationalen Handelskammer, GRUR Int. 1962, 504.

tentierter praktischer Kenntnisse, die durch Erfahrungen und Versuche gewonnen werden und die geheim, wesentlich und identifiziert sind (Art. 1 Abs. 1 lit. i TT-GVO 2004). Durch den dynamischen Verweis in **§ 2 Abs. 2 GWB** wird diese Definition auch ins deutsche Kartellrecht übertragen. Diese qualifizierten Merkmale sollen sicherstellen, dass das mitgeteilte Know-how von einer Beschaffenheit ist, welche die Anwendung dieser VO und insbesondere die Freistellung wettbewerbsbeschränkender Verpflichtungen rechtfertigt (vgl. EGr 5 TT-GVO 2004).

2557 Die Angleichung des Wortlauts der TT-GVO 2004 an die Vertikal-GVO lässt im Zuge der Reform der TT-GVO 2004 eine Interpretation dahingehend zu, dass auch Vereinbarungen über **Know-how kaufmännischer Art** durch die TT-GVO 2004 erfasst und somit von den kartellrechtlichen Beschränkungen grundsätzlich ausgenommen werden[1]. Die TT-Leitlinien zu Art. 81 EG enthalten diesbezüglich allerdings keine Auslegungshilfe.

Für eine Einbeziehung des kaufmännischen Know-hows spricht, dass eine enge, lediglich auf technische Erkenntnisse beschränkte Definition des Know-hows zu praktischen Abgrenzungsproblemen führt. Kaufmännisches Know-how dient oft der Verbreitung technischer Kenntnisse[2]. Demgegenüber ist Zweck der Freistellung von Vereinbarungen durch die TT-GVO 2004 jedoch lediglich die Anregung des Technologietransfers und die Förderung des technischen Fortschritts[3]. Dies spricht gegen eine weite Auslegung des Begriffs der praktischen Kenntnisse. Aus Art. 2 TT-GVO 2004 folgt zudem, dass die von der TT-GVO 2004 erfassten Lizenzvereinbarungen der Produktion von Vertragsprodukten dienen müssen. Die Verordnung soll keine Technologietransfer-Vereinbarungen freistellen, die Beschränkungen enthalten, die für die Verbesserung der Produktion oder des Vertriebs nicht unerlässlich sind (EGr 13 TT-GVO 2204). Auf kaufmännisches, nicht produktbezogenes Know-how wird dies in der Regel nicht ohne weiteres zutreffen. Es dient nicht der Erleichterung der Produktion, sondern nimmt Bezug auf betriebswirtschaftliche Kosten- oder Absatzfragen. Daher ist davon auszugehen, dass die Ersetzung des Begriffs „technische Kenntnisse" durch den Begriff der „praktischen Kenntnisse" die bisherige Wertung des Know-how-Begriffs nicht tangiert. Außerdem können Kundenlisten, Studien über Markt- und Absatzverhalten oder aber Informationen über Kosten, die die Herstellung eines Produkts betreffen, zwar auf Erfahrungen beruhen, werden jedoch nicht mittels Versuchen gewonnen.

Es ist deshalb davon auszugehen, dass die **TT-GVO 2004 kommerzielles Know-how nicht erfasst** und somit nicht vom Anwendungsbereich des Art. 101 Abs. 1 AEUV (ex-Art. 81 Abs. 1 EG) beziehungsweise des § 1 GWB

---

1 So *Schultze/Pautke/Wagener*, Die Gruppenfreistellungsverordnung für Technologietransfer-Vereinbarungen, Rz. 157.

2 *Stumpf/Groß*, Der Lizenzvertrag, 7. Aufl. 1998, Rz. 827. Vgl. auch *Ann* in Ann/Loschelder/Grosch, Kap. 1 Rz. 12.

3 *Stumpf/Groß*, Der Lizenzvertrag, 7. Aufl. 1998, Rz. 875.

ausnimmt[1]. Umfasst werden dagegen Technologien wie Verfahrenstechniken, Konstruktionsweisen, Mess- oder Steuerungsverfahren.

Im **deutschen Recht** sind folglich Vereinbarungen hinsichtlich des Transfers von kommerziellem Wissen zum einen an dem – mit Art. 101 Abs. 1 AEUV (ex-Art. 81 Abs. 1 EG) im Wesentlichen übereinstimmenden – Maßstab des § 1 GWB, zum anderen an dem des § 4 GWB zu messen, der die Regelung des § 14 GWB a.F. abgelöst hat. Nach wie vor unterliegen vertragliche Bestimmungen zum Schutze kaufmännisch geprägten Know-hows somit engeren kartellrechtlichen Beschränkungen (zu den allgemeinen kartellrechtlichen Anforderungen vgl. Rz. 670 ff.)[2].

Die Definition der Begriffe „geheim", „wesentlich" und „identifiziert" in 2558
Art. 10 Nr. 1–4 TT-GVO 1996 wird in der TT-GVO 2004 auf die entscheidenden Schlagwörter reduziert. Eine inhaltliche Änderung erfolgte hierdurch jedoch nicht, so dass auf die bisherige Konkretisierung der Begriffe zurückgegriffen werden kann[3]. Die Definitionen gelten aufgrund der entsprechenden Anwendung der TT-GVO 2004 auch im deutschen Kartellrecht.

Gemäß Art. 10 Nr. 2 TT-GVO 1996 bedeutete der Begriff **„geheim"**, dass 2559
das Know-how-Paket insgesamt oder in der genauen Gestaltung und Zusammensetzung seiner Bestandteile nicht allgemein bekannt oder leicht zugänglich ist, so dass ein Teil seines Wertes in dem Vorsprung besteht, den der Know-how-Nehmer gewinnt, wenn es ihm mitgeteilt wird. Die modifizierte Definition konkretisiert den Begriff „geheim" lediglich **als nicht allgemein bekannt und nicht leicht zugänglich (Art. 1 Abs. 1 lit. i i) TT-GVO 2004)**.

Nach wie vor ist das dem Anwendungsbereich der TT-GVO 2004 unterfallende Know-how jedoch nicht auf den engen Sinn begrenzt, wonach jeder einzelne Bestandteil des Know-hows völlig unbekannt sein muss oder nicht außerhalb des Geschäftsbetriebs des Know-how-Gebers erhältlich sein darf. Es wurde bereits vor der Reform also ganz bewusst nicht allein auf eine objektiv fehlende Offenkundigkeit jedes einzelnen Know-how-Bestandteils abgestellt. Es wird vielmehr als ausreichend angesehen, wenn das **Know-how-Paket jedenfalls nicht in seiner Gesamtheit allgemein bekannt oder leicht zugänglich** ist.

Folgerichtig sollte in einer Formulierung im Know-how-Lizenzvertrag über die **Beweisführung** hinsichtlich einer vom Know-how-Nehmer behaupteten **Offenkundigkeit des Know-hows** aufgenommen werden, dass ein sol-

1 A.A. *Ann* in Ann/Loschelder/Grosch, Kap. 1 Rz. 12.

2 Zu Vereinbarungen, die nicht nach der TT-GVO 2004 freigestellt sind vgl. *Drexl*, GRUR Int. 2004, 716, 719; *Schultze/Pautke/Wagener*, Die Gruppenfreistellungsverordnung für Technologietransfer-Vereinbarungen, Rz. 22 ff.

3 Vgl. *Zöttl*, WRP 2005, 33, 35; *Schultze/Pautke/Wagener*, Die Gruppenfreistellungsverordnung für Technologietransfer-Vereinbarungen, Rz. 160 ff.

cher Nachweis erst dann geführt ist, wenn der Know-how-Nehmer dargelegt hat, dass das übermittelte Know-how-Paket in seiner Gesamtheit bekannt geworden ist.

2560 Auch das frühere deutsche Kartellrecht verstand das Erfordernis der Nichtoffenkundigkeit im weiten Sinn. Das Know-how musste subjektiv für den Lizenznehmer wertvoll, aber wegen der Geheimhaltung für ihn unerreichbar sein. Da sich die Auslegung des Merkmals geheim auch vor der Reform bereits an der TT-GVO Nr. 240/96 orientierte, erfolgt durch den jetzigen Verweis keine wesentliche Änderung[1]. Im Unterschied zu § 17 UWG kommt es folglich nicht auf den Willen des Betriebsinhabers zur Geheimhaltung an[2].

Kartellrechtlich ist demzufolge das einfache technische Know-how von dem betriebsgeheimen technischen Wissen zu unterscheiden. Beide Bereiche bieten dem Wissensträger wirtschaftliche Vorteile. Das **einfache Know-how** stellt einen Wissensvorsprung genereller Art dar, den der Know-how-Träger besitzt und gegebenenfalls durch Know-how-Verträge[3] Interessenten übermittelt, die allerdings engen kartellrechtlichen Grenzen unterliegen. Ein **betriebsgeheimes Know-how** muss darüber hinaus objektiv gegenüber dem allgemein zugänglichen Stand des technischen Wissens abgrenzbar sein und vom Know-how-Träger geheim gehalten werden[4].

2561 Über das weiter einengende Merkmal **„wesentlich"** in dem Art. 10 Nr. 3 TT-GVO 1996 ablösenden **Art. 1 Abs. 1 lit. i ii) TT-GVO 2004** soll eine **Abgrenzung gegenüber selbstverständlichen, trivialen technischen Informationen** erfolgen. Beschränkt sich ein Know-how-Lizenzvertrag auf letztere, soll er nicht die Vorteile der Gruppenfreistellung und die hierdurch möglichen Ausschließlichkeitsbindungen sowie Gebietsschutzregelungen bewirken können. Demgemäß beschränkte schon Art. 1 Abs. 7 Nr. 3 GVO-Know-how-Vereinbarungen den Begriff „wesentlich" auf Informationen, die für den gesamten oder einen bedeutenden Teil eines Herstellungsprozesses oder eines Erzeugnisses oder einer Dienstleistung oder für deren Entwicklung wichtig sind, und schloss alltägliche Informationen aus. Ein derartiges Know-how musste bislang somit „nützlich" sein. Nach Art. 10 Nr. 3 TT-GVO 1996 hieß dies, dass vom Know-how zum Zeitpunkt des Abschlusses der Vereinbarung erwartet werden kann, dass es die **Wettbewerbsstellung des Know-how-Nehmers verbessert**, indem es ihm beispielsweise hilft, in einen neuen Markt vorzustoßen, oder indem es ihm einen Vorteil im Wettbewerb gegenüber anderen Herstellern oder Dienstleistungserbringern verschafft, die zu dem mitgeteilten geheimen Know-how oder anderem vergleichbaren geheimen Know-how keinen Zugang haben.

1 Vgl. zum früheren Verhältnis des deutschen zum europäischen Kartellrecht *Sack*, WRP 1999, 592, 599.
2 *Ann* in Ann/Loschelder/Grosch, Kap. 1 Rz. 17, 24.
3 Vgl. *Stumpf*, Der Know-how-Vertrag, Rz. 19 ff.
4 Vgl. zum Begriff *Köhler* in Köhler/Bornkamp, UWG, § 17 Rz. 4 ff.; zur Abgrenzung *Hesse*, GRUR 1985, 661 ff.

Auf die nähere Bestimmung des Begriffs „**Nützlichkeit**" wird nunmehr in Art. 1 Abs. 1 lit. i ii) TT-GVO 2004 verzichtet.

Die TT-Leitlinien zu Art. 81 EG weisen allerdings darauf hin, dass das überlassene Know-how wesentlich zur Produktion der Vertragsprodukte beitragen bzw. diese wesentlich erleichtern muss. Dies bedeutet, dass das Know-how **für die Herstellung des Vertragsproduktes** nicht nur nützlich, sondern **notwendig** ist. Dies ist dann nicht gegeben, wenn das Produkt mit frei erhältlicher Technologie hergestellt werden kann. Das Know-how für Verfahren muss in dem Sinne nützlich sein, dass die **Wettbewerbsposition des Lizenznehmers erheblich verbessert** wird[1]. Ein Teil des Schrifttums verbindet hiermit eine im Vergleich zur bisherigen Rechtslage erhöhte Qualitätsanforderung an das Know-how[2]. Ob eine solche jedoch wirklich beabsichtigt ist, bleibt abzuwarten[3]. 2562

Danach ergeben sich folgende **Merkmale für das Vorliegen eines technischen Betriebsgeheimnisses**: 2563

- der technisch geprägte Wissensstand muss dem Wissensträger **wirtschaftliche oder technische Vorteile** vermitteln;
- er darf **nicht jedem Dritten** durch allseits verfügbare Quellen **zugänglich** sein, insoweit also nicht zum allgemeinen Stand der Technik gehören[4];
- ein berechtigtes wirtschaftliches **Interesse an der fortbestehenden Geheimhaltung** muss gegeben erscheinen[5] und
- der Know-how-Träger muss durch darauf gerichtete Maßnahmen sicherzustellen suchen, das allseitige **Bekanntwerden dieses Betriebsgeheimnisses zu verhindern.**

Alle vier Merkmale müssen **kumulativ** vorhanden sein, um das **(Fort-)Bestehen eines geheimen Know-hows** bejahen zu können. Die bloße subjektive Kennzeichnung betrieblicher Vorgänge als betriebsgeheimes technisches Wissen reicht nicht aus[6]. Ebenso wenig ist vom Fortbestehen eines ursprünglich einmal vorhandenen Geheimwissens auszugehen, wenn – aus welchen Gründen auch immer – dieser Wissensstand **allgemein zugänglich geworden** ist. Ähnlich den Grundsätzen, die patentrechtlich zur neuheitsschädlichen Vorbenutzung[7] oder zum anderweitigen Offenkundig- 2564

1 TT-Leitlinien zu Art. 81 EG, Rz. 47 Sätze 4 ff.
2 *Schultze/Pautke/Wagener*, Die Gruppenfreistellungsverordnung für Technologietransfer-Vereinbarungen, Rz. 163.
3 Vgl. zur bisherigen Auslegung der Wesentlichkeit *Sack*, WRP 1999, 592, 599; *Bechtold*, GWB a.F., § 18 Rz. 5.
4 Vgl. Benkard/*Melullis*, PatG, § 3 Rz. 5 ff.; Schulte/*Moufang*, PatG, § 3 Rz. 16 ff.; *Volmer/Gaul*, ArbNErfG, § 9 Rz. 463.
5 Vgl. *BGH* v. 15.3.1955, GRUR 1955, 424, 426 – Möbelwachspaste.
6 Vgl. in diesem Zusammenhang auch *Fitting/Engels/Schmidt/Trebinger/Linsenmaier*, BetrVG, § 79 Rz. 3; *Stege/Weinspach/Schiefer*, BetrVG, § 79 Rz. 1; *Oetker* in GK-BetrVG, § 79 Rz. 13.
7 Vgl. Benkard/*Melullis*, PatG, § 3 Rz. 65 ff.; Schulte/*Moufang*, PatG, § 3 Rz. 53 ff.

werden einer im übrigen patentwürdig erscheinenden neuen technisch geprägten Lehre zum Handeln[1] entwickelt wurden, verliert auch das Betriebsgeheimnis seine rechtliche Qualität von dem Zeitpunkt an, von dem ab sich jeder Interessent diesen Wissensstand auf erlaubte Weise (in überschaubarem Zeitraum) zu verschaffen vermag.

2565 Die gleiche Wirkung tritt ein, wenn das Know-how auf andere Weise der Allgemeinheit zugänglich gemacht wird, etwa dadurch, dass der Know-how-Träger den Gegenstand dieses Betriebswissens noch vor dem allgemeinen Bekanntwerden selbst **zum Schutzrecht anmeldet** und dadurch bewirkt, dass über die **Offenlegung der Schutzrechtsanmeldung** nach 18 Monaten (§ 31 Abs. 2 PatG; Art. 93 EPÜ)[2] jeder Dritte nunmehr hiervon Kenntnis erhält. Mag auch der Drittinteressent nach Übernahme eines technischen Wissens aus der Schutzrechtsanmeldung bei einer Nutzung verpflichtet sein, eine angemessene Entschädigung zu zahlen (§ 33 PatG)[3], an dem Bekanntwerden dieses Wissensstandes und der Aufdeckung des Betriebsgeheimnisses ändert sich dadurch nichts[4].

2566 Für das Arbeitnehmererfinderrecht bietet **§ 20 Abs. 1 ArbEG** insofern eine gesetzliche Konkretisierung dieses Gedankens, als der Arbeitgeber bei einer nicht patent- oder gebrauchsmusterschutzfähigen Entwicklung eines technisch geprägten Verbesserungsvorschlages, die dem Arbeitgeber eine dem Schutzrecht vergleichbare **faktische Monopolrechtsstellung** vermittelt, für die Dauer dieser Vorzugsstellung eine Erfindervergütung nach § 9 ArbEG zu entrichten hat[5]. Diese tatsächliche Vorzugsstellung liegt – mangels eines Schutzrechts – nicht in der Befugnis, Dritten die Nutzung zu verbieten; sie besteht vielmehr in der **tatsächlichen Möglichkeit**, den Gegenstand unter Ausschluss der Mitbewerber **allein zu verwerten**[6]. Der Arbeitgeber wird von jeder Vergütungsverpflichtung frei, sobald auch Dritten ohne entsprechende vertragliche Erlaubnis seitens des Arbeitgebers dieser technische Wissensvorsprung bekannt wird. In der Praxis werden nichtschutzfähige qualifizierte Verbesserungsvorschläge meist auf dem Gebiet der Verfahrenstechnik liegen, Kniffe und Pfiffe oder Rezepturen zum Inhalt haben, die dem Produkt nicht angesehen werden können[7].

---

1 Vgl. *BGH* v. 15.12.1970, GRUR 1971, 214 f. – customer prints; Benkard/*Melullis*, PatG, § 3 Rz. 38 ff.; Schulte/*Moufang*, PatG, § 3 Rz. 17 ff., 53 ff.

2 Vgl. Schulte/*Schulte*, PatG, § 31 Rz. 30 ff.; Benkard/*Schäfers*, PatG, § 31 Rz. 9; s. den Fall bei *BGH* v. 8.7.1975, GRUR 1976, 140 ff. – Polyurethan.

3 Benkard/*Schäfers*, PatG, § 33 Rz. 2 ff.; zur Höhe des Entschädigungsanspruchs bei der Nutzung offen gelegter Patentanmeldungen: *Traub* in FS 25 Jahre BPatG, 1986, S. 267 ff.; Schulte/*Kühnen*, PatG, § 33 Rz. 16 ff.; *Nieder*, Mitt. 2004, 241; *Pahlow*, GRUR 2008, 97; *Singer* in FS Schilling, 2007, S. 355.

4 S. aber auch *BGH* v. 14.5.2002, GRUR 2002, 787, 789 – Abstreiferleiste.

5 Vgl. *Volmer/Gaul*, ArbNErfG, § 9 Rz. 13 ff.; *Gaul*, GRUR 1980, 1029 ff.; zur Kennzeichnung der Neuerung i.S. des § 20 ArbEG vgl. *Bartenbach/Volz*, ArbEG, § 20 Rz. 15–20.

6 *BGH* v. 26.11.1968, GRUR 1969, 341, 343 – Räumzange.

7 Vgl. *Volmer/Gaul*, ArbNErfG, § 3 Rz. 61 ff.

4. Gesamtschau

Aus voranstehender Übersicht wird deutlich, dass der Gesetzgeber umfassend **Geschäfts- und Betriebsgeheimnisse** einem **besonderen Schutz** zuführen wollte. Das Kartellrecht ist nur für die Teilfrage einschlägig, unter welchen Umständen eine Beschränkung des Wettbewerbs zum Schutze von „Betriebsgeheimnissen" und „Geheimverfahren" zulässig ist. Lediglich der über technische Betriebsgeheimnisse ausgerichtete Teil eines Know-how-Lizenzvertrages wird vom Anwendungsbereich des § 1 GWB durch § 2 Abs. 2 GWB i.V.m. Art. 2 TT-GVO 2004 ausgenommen. Verträge, die die Tatbestandsvoraussetzungen der TT-GVO 2004 nicht erfüllen, also insbesondere Verträge über nicht geheimes oder kaufmännisches Know-how (vgl. Rz. 2557) unterliegen dem allgemeinen Maßstab der §§ 1, 2, 4 GWB[1] (vgl. auch Rz. 2555). Die vorhandenen gesetzlichen Regelungen über die Behandlung von Betriebs- und Geschäftsgeheimnissen stellen somit keine Schranke für eine ausdehnende Definition des Begriffs des technischen Know-hows dar. 2567

Der ausdehnenden Auslegung dieses Begriffes ist deshalb der Vorzug zu geben, weil in der betrieblichen Praxis eine saubere Trennung zwischen dem geheimen technischen Erfahrungswissen und so genanntem gemeinfreien Wissen, soweit es zum Gegenstand eines Vertragsverhältnisses gemacht wird, nicht vorgenommen werden kann. Solche heute fast dem Regelfall entsprechenden Verträge über die Einräumung einer Nutzungsbefugnis am Know-how werden oft gerade deshalb geschlossen, weil dem Know-how-Nehmer sowohl an dem betriebsgeheimen als auch an dem an sich nicht geheimen, jedenfalls ihm aber nicht bekannten bzw. zugänglichen Spezialwissen seines Vertragspartners gelegen ist. 2568

Aber auch **kaufmännisch geprägte Geschäftsgeheimnisse** können durchaus von erheblichem wirtschaftlichen Wert sein. Auch diesbezüglich ist eine klare Trennung von technischen und kaufmännischen Know-how-Bestandteilen oftmals unmöglich[2]. Angesichts der engeren Voraussetzung für eine Freistellung von vertraglichen Vereinbarungen nach der TT-GVO 2004 sollten sich die Vertragspartner jedoch darüber im klaren sein, dass solche gemischten Verträge dann eine – rechtliche – **Aufteilung** erfahren müssen, wenn es um die Frage des Schutzes des überlassenen Besitzstandes einerseits und um die kartellrechtliche Beurteilung der einzelnen Vertragspflichten einer hierauf gerichteten Absprache andererseits geht. Kann diese 2569

1 Vgl. zur alten Rechtslage *OLG Frankfurt* v. 23.6.1988, GRUR 1988, 853, 854 – Zelthallen-Nachbau; zur jetzigen Rechtslage s. *Drexl*, GRUR Int. 2004, 716, 719 f.; BT-Drucks. 15/3640, S. 26, 28; *Schultze/Pautke/Wagener*, Die Gruppenfreistellungsverordnung für Technologietransfer-Vereinbarungen, Rz. 22 ff., 18 ff.

2 Vgl. *Stumpf/Groß*, Der Lizenzvertrag, 7. Aufl. 1998, Rz. 827.

Unterscheidung im Einzelfall nicht vorgenommen werden, ist zu überlegen, wo das Schwergewicht der vertraglichen Regelung liegt[1].

III. Der Schutz des Know-hows[2]

2570 Die für den eigenen Nutzungsbereich, aber auch als Grundlage eines Know-how-Lizenzvertrages begründete Vorzugsstellung ist im Fortbestand davon abhängig, dass es dem Know-how-Träger gelingt, den Verlust oder die Einschränkung dieses Wissensvorsprungs möglichst zu vermeiden.

2571 Andererseits darf in diesem Zusammenhang nicht übersehen werden, dass **mitwissende Partner**, Lieferanten oder Kunden, Know-how-Nehmer und Arbeitnehmer, die dieses Wissen redlich erworben haben, mit Blick auf die auch verfassungsrechtlich gewährleistete Freiheit zur beruflichen Entfaltung (Art. 12 GG[3]) daran interessiert sind, ihre vertraglich oder beruflich erworbenen Kenntnisse und Erfahrungen in der weiteren beruflichen Entwicklung oder gewerblichen Betätigung auch nutzen zu können.

Vergleichbares gilt für Geschäftspartner, denen betriebsgeheimes Know-how überlassen wird. Deren Bestreben geht im Zweifel dahin, über die vertragliche Bindung zum Know-how-Geber hinaus in der Nutzung des überlassenen Know-hows frei zu sein.

Gerade Vertragspartner in den **asiatischen Staaten** verlangen eine vollständige Information über die einschlägige Technologie. Im Interesse eines über das konkrete Vertragsverhältnis hinausgehenden Schutzes gibt der **BDI** insbesondere für das China-Geschäft u.a. folgende **Empfehlungen** heraus[4]:

- reife Technologie anbieten;
- für Klarheit im eigenen Unternehmen darüber sorgen, in welchem Umfang Wissen übertragen werden soll;
- Technologie einbringen, aber Schlüsselpatente zurückbehalten;
- Technologie nur für eingeschränkte, benannte Projekte in China und für eine begrenzte Laufzeit transferieren bzw. lizenzieren;
- über technologischen Vorsprung einen Wettbewerbsvorteil gegenüber anderen Anbietern herausarbeiten, um dadurch in Vertragsverhandlun-

---

1 Vgl. in diesem Zusammenhang schon *BGH* v. 25.10.1966, BGHZ 46, 365, 378 – Schweißbolzen.

2 Umfassend hierzu *Ann/Loschelder/Grosch*, Praxishandbuch Know-how-Schutz; *Westermann*, Handbuch Know-how-Schutz.

3 Vgl. *Hofmann* in Schmidt-Bleibtreu/Hofmann/Hopfauf/, GG, Art. 12 Rz. 20 ff.; Dreier/*Wieland*, GG, Art. 12 Rz. 25 ff.

4 Unternehmensleitfaden des Asien-Pazifik-Ausschusses der Deutschen Wirtschaft (APA) für den Technologietransfer nach China (April 2008); *Ganea* in Ann/Loschelder/Grosch, Praxishandbuch Know-how-Schutz, Kap. 12 Rz. 69 ff.

gen bei Regelungen zum Technologietransfer eine bessere Position zu haben;

- schneller innovieren als kopieren;
- Produkte modular gestalten, so dass Module an verschiedene Hersteller gegeben werden können und die Zulieferer somit nur ein Teil-Know-how erhalten;
- Schlüsselfunktionen in Schlüsselkomponenten bündeln, die nur im Stammhaus entwickelt, gefertigt und an die eigene Systemintegration zum Einbau geliefert werden;
- Integration der Module zum Gesamtsystem und Test des Gesamtsystems nur im Stammhaus;
- Know-how, Dokumente, Kundenbeziehungen, Konzepte, Strategien, Updateplanung etc. nur, wenn unbedingt nötig, weitergeben;
- bei technischen Zeichnungen das eigene Logo entfernen. Keine Zeichnungen herumschicken, vor allem nicht mit unverschlüsselten Mails;
- die an Zulieferer vergebenen Teile mit Hilfe von Patenten, Gebrauchs- oder/und Geschmacksmustern gegen unbefugten Nachbau absichern und Verstöße konsequent verfolgen;
- regelmäßige Zuliefer-Audits mit Augenmerk auf Vertragstreue durchführen;
- IT: Datenerfassung in Deutschland behalten. Keine unternehmensinternen Zugriffsrechte aus China;
- für Designinstitute Anmietung eigener Räume, in denen die Mitarbeiter des Instituts arbeiten. Verschiedene Designinstitute verschiedene Gewerke bearbeiten lassen und so den Gesamtüberblick erschweren;
- Exportbeschränkungen vereinbaren;
- Pflichtzertifizierungen: Nicht jede Frage nach technischen Produktdetails betreffend das ureigene Know-how ungeprüft beantworten. Prüfen, ob zum Nachweis der Normeinhaltung notwendig und ggf. mit der Zertifizierungsstelle verhandeln;
- Werksinspektionen zur Pflichtzertifizierung lassen sich i.d.R. von einem deutschen oder einem anderen vertrauten Zertifizierer im chinesischen Auftrag durchführen. Frühzeitig in Absprache mit dem gewünschten Dienstleister den Antrag bei der jeweiligen Zertifizierungsstelle stellen.

1. Der gesetzliche Schutz

a) Betriebs- und Geschäftsgeheimnisse

aa) Schutz der Geschäfts- und Betriebsgeheimnisse gegen Weitergabe durch im Unternehmen beschäftigte Personen

2572 Die Preisgabe von Betriebs- und Geschäftsgeheimnissen (zum Begriff s. Rz. 2545) durch Arbeitnehmer versucht das **UWG** im Wesentlichen durch strafrechtliche Vorschriften zu unterbinden (§§ 17 ff. UWG). Nach **§ 17 Abs. 1 UWG** ist es der in einem Unternehmen beschäftigten Person verboten, die ihr vermöge des Dienstverhältnisses anvertrauten oder zugänglich gemachten Geschäfts- oder Betriebsgeheimnisse **während der Geltungsdauer des Dienstverhältnisses** unbefugt an jemanden zu Zwecken des Wettbewerbs, aus Eigennutz, zugunsten eines Dritten oder in der Absicht, dem Inhaber des Betriebes Schaden zuzufügen, mitzuteilen[1]. **Täter** des Geheimnisverrats nach § 17 Abs. 1 UWG kann **jegliche im Unternehmen beschäftigte Person** sein. Neben Arbeitnehmern (einschließlich Leiharbeitnehmern[2]) werden auch Vorstands- und Aufsichtsratsmitglieder oder GmbH-Geschäftsführer erfasst. Nicht unter den Straftatbestand fallen jedoch Freiberufler, die selbständig für ein Unternehmen tätig sind (vgl. auch Rz. 2582).

2573 **§ 17 Abs. 2 Nr. 1 UWG** schützt vor **Betriebsspionage** oder verbotenem Ausspähen. Hierbei kommen insbesondere Verhaltensweisen, die noch vor der Mitteilung des Betriebsgeheimnisses liegen, in Betracht[3]. **Täter** kann im Gegensatz zu Abs. 1 **jedermann** sein. **Tatmittel** sind die Anwendung technischer Mittel (Abs. 2 Nr. 1 lit. a), die Herstellung einer verkörperten Wiedergabe des Geheimnisses (Abs. 2 Nr. 1 lit. b) oder die Wegnahme einer Sache, in der das Geheimnis verkörpert ist (Abs. 2 Nr. 1 lit. c).

§ 17 Abs. 2 Nr. 2 UWG erfasst die **unbefugte Geheimnisverwertung**. Als **Täter** kommt ebenfalls **jede Person** in Betracht, insbesondere auch ein Beschäftigter, der sich nach Beendigung seines Dienstverhältnisses von dem Geheimnis auf unredliche Art und Weise Kenntnis verschafft. Die Verwendung redlich erworbenen Wissens ist dagegen zulässig[4]. Der Täter muss das Geschäfts- oder Betriebsgeheimnis, das er unbefugt verwertet oder jemandem mitteilt, durch eine der in § 17 Abs. 1 UWG bezeichneten Mitteilungen (Rz. 2572) oder durch eine eigene oder fremde Handlung nach § 17

---

1 Vgl. eingehend *Köhler* in Köhler/Bornkamm, UWG, § 17 Rz. 14 ff.; *Wodtke/Richters*, Schutz von Betriebs- und Geschäftsgeheimnissen, Rz. 129 ff.; *Többens*, WRP 2005, 552, 555 ff.

2 S. dazu *Lampenius*, K&R 2012, 12, 13.

3 *Loschelder* in Ann/Loschelder/Grosch, Kap. 1 Rz. 109.

4 Vgl. zu den einzelnen Tatbeständen, *Köhler* in Köhler/Bornkamm, UWG, § 17 Rz. 40 ff.; *Többens*, WRP 2005, 552, 555 ff.

Abs. 2 Nr. 1 UWG erlangt oder sich sonst unbefugt verschafft oder gesichert haben. Es handelt sich also um ein zweiaktiges Delikt[1].

Bei Verletzung des Geschäfts- oder Betriebsgeheimnisses gewährt das UWG dem Verletzten, etwa dem Arbeitgeber, diverse **zivilrechtliche Ansprüche** gegen den Verletzer, etwa den Arbeitnehmer. So gewährt **§ 8 Abs. 1 UWG** einen verschuldensunabhängigen Anspruch auf **Beseitigung und Unterlassung** gegen den Verletzer. Zudem kann der Verletzer nach **§ 9 Abs. 1 UWG** auf **Schadensersatz** in Anspruch genommen werden. Erforderlich hierfür ist zumindest fahrlässiges und im Falle der Inanspruchnahme der Personen von periodischen Druckschriften vorsätzliches Handeln. Bei einer Verletzung von Betriebsgeheimnissen ist grundsätzlich der gesamte unter Einsatz des geheimen Know-hows erzielte Gewinn herauszugeben, da die unter Verstoß gegen § 17 UWG erlangten Kenntnisse von Betriebsgeheimnissen in keiner Weise verwendet werden dürfen, insbesondere die dadurch erzielten Ergebnisse von Anfang an und regelmäßig dauerhaft mit dem Makel der Wettbewerbswidrigkeit behaftet sind[2]. Voraussetzung der Ansprüche ist stets ein Verstoß gegen § 3 UWG. Die Handlung muss also eine Wettbewerbshandlung im Sinne des § 2 Abs. 1 Nr. 1 UWG darstellen. § 4 UWG enthält einen Katalog von Beispielen wettbewerbswidriger Handlungen. Ein Verstoß gegen die §§ 17 ff. UWG stellt grundsätzlich einen Rechtsbruch im Sinne des **§ 4 Nr. 11 UWG** dar. Sind die Tatbestände des § 17 UWG nicht vollständig erfüllt, kommt ein Schutz über **§ 4 Nr. 9 UWG** (ergänzender Leistungsschutz) oder **§ 4 Nr. 10 UWG** (Behinderung) in Betracht[3]. 2574

Die §§ 17 ff. UWG sind zudem Schutzgesetze im Sinne des **§ 823 Abs. 2 BGB**. Auch kann sich ein Abwehranspruch aus **§§ 17 ff. UWG i.V.m. § 1004 BGB analog** ergeben[4]. Zu denken ist ebenfalls an einen Anspruch aus sittenwidriger Schädigung gemäß **§ 826 BGB**[5]. Bei einem Verstoß gegen die §§ 17 ff. UWG kommt des Weiteren subsidiär ein Anspruch aus **§ 823 Abs. 1 BGB** in Betracht, wenn hiermit ein Eingriff in den eingerichteten und ausgeübten Gewerbebetrieb einhergeht[6]. 2575

---

1 S. auch *Loschelder* in Ann/Loschelder/Grosch, Kap. 1 Rz. 113.

2 *BGH* v. 19.3.2008, WRP 2008, 938 f. – Entwendete Datensätze mit Konstruktionszeichnungen m.H.a. *BGH* v. 19.12.1984, GRUR 1985, 294 – Füllanlage. Diesbezüglich kritisch und differenzierend *Grosch* in Ann/Loschelder/Grosch, Kap. 6 Rz. 115 ff.

3 Vgl. eingehend *Köhler* in Köhler/Bornkamm, UWG, § 17 Rz. 52, § 19 Rz. 17 f.; zum Rechtsbruchtatbestand s. *Gärtner/Heil*, WRP 2005, 20 ff.

4 Vgl. *Richters/Wodtke*, Schutz von Betriebs- und Geschäftsgeheimnissen, Rz. 161 f.

5 Kriterien und Beispiele bei *Gaugenrieder/Unger-Hellmich*, WRP 2011, 1364, 1372.

6 Vgl. ausführlich *Wagner* in MünchKomm. BGB, § 823 Rz. 187 ff., 197; vgl. zur Anspruchsübersicht *Köhler* in Köhler/Bornkamm, UWG, § 17 Rz. 53; *Wodtke/Richters*, Schutz von Betriebs- und Geschäftsgeheimnissen, Rz. 98 ff., 127 ff.; *Maier*, Der Schutz von Betriebs- und Geschäftsgeheimnissen (1998), S. 327 ff.; *Ann*, GRUR 2007, 39, 43.

2576 Diskutiert wird, ob an geheimem Know-how ein **absolutes Recht** besteht, dessen Schutz durch § 823 Abs. 1 BGB als „sonstiges Recht" garantiert wird[1]. Der weit überwiegende Teil des **Schrifttums** sieht das Know-how als absolutes Recht, wenn es vom Betrieb ablösbar und als solches von Wert ist[2].

Die **Rechtsprechung** ist diesbezüglich nicht einheitlich. In der Entscheidung „Düko-Geheimverfahren"[3] sah der **BGH** ein Geheimverfahren als vermögenswertes subjektives Recht. Dem Rechtsinhaber sei es möglich, andere von der Nutzung des Verfahrens auszuschließen. In der Entscheidung „Industrieböden"[4] zog der *BGH* die Anwendbarkeit des § 823 Abs. 1 BGB auf Betriebsgeheimnisse in Betracht, ließ das Ergebnis jedoch offen. Nach dem **BFH** ist Know-how in Form von technischem Spezialwissen ebenso wie Erfindungen ein gegenüber dem Geschäftswert abgrenzbarer immaterieller Wert, der nach der Verkehrsanschauung ein immaterielles Wirtschaftsgut des Betriebsvermögens ist[5]. Ob diesem jedoch auch ein absolutes Recht zugeordnet werden kann, lässt der *BFH* offen.

2577 Der *BGH*[6] bewertet Know-how jedoch ausdrücklich nicht als sonstiges Recht im Sinne des § 823 Abs. 1 BGB. In der Entscheidung ging es um die Fortführung eines Unternehmens auf einem beschlagnahmten Grundstück durch einen Zwangsverwalter. Fraglich war, ob der Zwangsverwalter durch die Fortführung des Betriebes in nicht der Beschlagnahme unterliegende immaterielle Bestandteile eingreift. Im Rahmen dessen führt der **BGH** aus, dass Geschäftsidee und -organisation, **Know-how**, good will, Kundenstamm, Lieferantenbeziehungen und ähnliche immaterielle Betriebsmittel für sich genommen **kein sonstiges Recht i.S. des § 823 Abs. 1 BGB** seien. Zumindest an immateriellen Betriebsmitteln bestehe hiernach kein absolutes Recht. So ist die Aufzählung von Know-how in Bezug zu den übrigen genannten Beispielen zu setzen. Zumindest an kaufmännischem Know-how besteht demnach kein absolutes Recht. Demgegenüber ist im Falle technischen, vom Betrieb ablösbaren Know-hows das Bestehen eines absoluten Rechts nicht auszuschließen. Eine Ausschließungsbefugnis wie bei dem Recht der Erfindung besteht zwar nicht. Dennoch besteht Einigkeit in Rechtsprechung und Schrifttum darüber, dass es sich beim Recht der Erfindung um ein unvollkommen absolutes immaterielles Recht handelt[7].

---

1 So *Köhler* in Köhler/Bornkamm, UWG, § 17 Rz. 53.

2 Eingehend *Mes*, GRUR 1979, 584, 590 ff. m.w.N.; Soergel/*Hager*, BGB, § 823 Rz. B 139; Soergel/*Zeuner*, BGB, § 823 Rz. 6; a.A. *Habel*, CR 1991, 257, 258; *Henn*, Rz. 64; wohl auch *Ann*, GRUR 2007, 39, 43. S. auch *Loschelder* in Ann/Loschelder/Grosch, Kap. 1 Rz. 231 m.w.N.

3 *BGH* v. 25.1.1955, NJW 1955, 383.

4 *BGH* v. 21.12.1962, BGHZ 38, 391, 395.

5 *BFH* v. 23.11.1988, BB 1989, 276–278.

6 *BGH* v. 14.4.2005, MDR 2005, 1251–1253.

7 S. ausführlich *Mes*, GRUR 1979, 584, 589 ff. m.w.N.

U.U. kann das durch die Verwertung fremder Betriebs- und Geschäftsgeheimnisse Erlangte über **§ 812 Abs. 1 Satz 1 2. Alt. BGB** (Eingriffskondiktion) oder über **§ 687 Abs. 2 BGB** (angemaßte Eigengeschäftsführung) herausverlangt werden. Die bürgerlichrechtlichen Ansprüche sind insbesondere von praktischer Relevanz, wenn die Ansprüche aus §§ 8, 9 UWG bereits aufgrund der kurzen Frist von sechs Monaten (§ 11 Abs. 1 UWG) verjährt sind. 2578

Noch weitergehend ist der Schutz von Betriebs- und Geschäftsgeheimnissen durch die **arbeitsrechtliche Verschwiegenheitspflicht**, die für die Dauer des Arbeits-Vertragsverhältnisses auch die unerlaubte Weitergabe redlich erworbenen Wissens, soweit es zum Betriebsgeheimnis geworden ist, verbietet[1]. Diese umfasst insbesondere auch die so genannten „vertraulichen Angaben", d.h. Informationen, die objektiv weder Betriebs- noch Geschäftsgeheimnisse sind, die der Arbeitgeber aber ausdrücklich als vertraulich deklariert hat[2]. 2579

Im Falle des Verstoßes gegen die arbeitsvertragliche Geheimhaltungspflicht steht dem Arbeitgeber grundsätzlich ein Schadensersatzanspruch aus § 280 Abs. 1, § 241 Abs. 2 BGB (Schadensersatz wegen Pflichtverletzung) oder gegebenenfalls wegen Unmöglichkeit aus § 280 Abs. 1, Abs. 3, § 283 BGB zu. Die Grundsätze der Haftungsprivilegierung eines Arbeitnehmers finden dabei keine Anwendung[3].

Die Weitergabe von Geschäfts- oder Betriebsgeheimnissen **nach Beendigung des Dienstverhältnisses** wird zivil- sowie strafrechtlich eingeschränkter sanktioniert. Die berufliche Weiterentwicklung des Beschäftigten soll keiner zu einschneidenden gesetzlichen Beschränkung unterliegen. Das Verbot sittenwidriger Schädigung (**§ 826 BGB**) wird dann verletzt, wenn der ausgeschiedene Arbeitnehmer ohne eigenes Interesse wichtige Betriebsgeheimnisse preisgibt, um seinen früheren Arbeitnehmer zu schädigen. Hat der Arbeitnehmer von einem Betriebsgeheimnis in unredlicher Weise Kenntnis erlangt, so greift für die Zeit nach Beendigung des Arbeitsverhältnisses **§ 17 Abs. 2 UWG** ein. Ein Schadensersatzanspruch kommt dann nach § 823 Abs. 2 BGB in Betracht. Auch kann eine Verletzung des eingerichteten und ausgeübten Gewerbebetriebs vorliegen (§ 823 Abs. 1 BGB)[4]. 2580

1 Vgl. *Schaub*, Arbeitsrechts-Handbuch, § 54, Rz. 2 ff.; *Richters/Wodtke*, NZA-RR 2003, 281, 283; bzgl. einer vorvertraglichen Geheimhaltungspflicht s. *Schaub*, Arbeitsrechts-Handbuch, § 54 2a, § 25 III 3. Zum Schutz von Betriebs- und Geschäftsgeheimnissen im Arbeitsleben s. auch *Bartenbach* in FS Küttner, 2006, S. 113 ff.

2 S. hierzu Preis/*Rolfs*, II V 20 Rz. 31 f.; *Preis/Reinfeld*, AuR 1989, 361, 363 f., wonach hierunter vor allem persönlichkeitsrelevante Fakten in Bezug auf andere Arbeitnehmer, aber auch den Arbeitgeber selbst oder Drittunternehmen betreffendes Material fallen.

3 Vgl. *Gaul*, Der erfolgreiche Schutz von Betriebs- und Geschäftsgeheimnissen, S. 200 ff.

4 *Maier*, Der Schutz von Betriebs- und Geschäftsgeheimnissen (1998), S. 346.

2581 Uneinigkeit herrscht über das Bestehen einer allgemeinen **nachvertraglichen arbeitsrechtlichen Geheimhaltungspflicht** hinsichtlich **redlich erlangten Wissens**[1].

Der Arbeitnehmer ist nach der Rechtsprechung des **BAG** aufgrund einer nachwirkenden Treuepflicht aus dem Vertragsverhältnis auch für den Zeitraum nach Beendigung des Arbeitsverhältnisses zur Verschwiegenheit hinsichtlich Geschäfts- und Betriebsgeheimnissen gehalten[2]. Die **Weitergabe** redlich erworbenen **Erfahrungswissens** ist jedoch nach Ansicht des *BAG* **zulässig**[3], wobei sich die Abgrenzung von Erfahrungswissen einerseits und Geheimnis andererseits im Einzelfall als unmöglich herausgestellt hat.

Daher lehnt der **BGH** das Bestehen einer nachvertraglichen Treuepflicht in der Regel ab und geht davon aus, dass die **Weitergabe** und Verwertung **redlich erworbenen Wissens** nach Beendigung des Vertragsverhältnisses grundsätzlich **zulässig** ist. Hierzu nimmt der *BGH* eine umfangreiche Abwägung zwischen dem Interesse des Arbeitnehmers an seinem beruflichen Fortkommen und dem Interesse des Arbeitgebers an der Geheimhaltung seiner Erkenntnisse vor[4]. Eine nachvertragliche Geheimhaltungspflicht wurde bislang lediglich in absoluten **Ausnahmefällen** anerkannt wie etwa im Falle der arglistigen Herbeiführung der vorzeitigen Vertragsbeendigung zum Ziele der vorzeitigen Nutzung betrieblicher Geheimnisse[5] oder aber bei Bestehen eines in der Vergütung berücksichtigten besonderen Vertrauensverhältnisses und einer Beurteilung des Verhaltens des Arbeitnehmers als sittenwidrig[6]. Ein ausgeschiedener Mitarbeiter darf nach Ansicht des *BGH* die während der Beschäftigungszeit erworbenen Kenntnisse auch später unbeschränkt verwenden, wenn er keinem Wettbewerbsverbot unterliegt[7]. Der *BGH* begrenzt dies allerdings auf Informationen, die der Mit-

1 Vgl. zum Streitstand *Köhler* in Köhler/Bornkamm, UWG, § 17 Rz. 59; *Gaugenrieder/Unger-Hellmich*, WRP 2011, 1364, 1373 ff.; *Salger/Breitfeld*, BB 2005, 154, 156; *Richters/Wodtke*, NZA-RR 2003, 281, 283 ff.

2 *BAG* v. 16.3.1982, NJW 1983, 134 – Thrombosol; *BAG* v. 15.12.1987, BB 1988, 980 – Kundenschutzabrede.

3 *BAG* v. 15.6.1993, BB 1994, 1078 – Titandioxid; *BAG* v. 19.5.1998, NZA 1999, 200 – Kantenbänder; s. auch *LAG Hamm* v. 21.6.2004, BB 2005, 164.

4 Vgl. auch die Auflistung der in die Interessenabwägung eingestellten Kriterien bei *Köhler* in Köhler/Bornkamm, UWG, § 17 Rz. 59; vgl. zum Ansatz des *BGH* auch *Kather*, VPP-Rundbrief Nr. 3/2005, 108, 113, wonach die Rechtsprechung des *BAG* im Ergebnis nicht großzügiger zugunsten der Arbeitgeber ausfällt als die des *BGH*.

5 *BGH* v. 21.12.1997, GRUR 1963, 367 – Industrieböden.

6 *BGH* v. 19.11.1982, GRUR 1983, 179, 181 – Stapel-Automat.

7 *BGH* v. 26.2.2009, WRP 2009, 613, 615 – Versicherungsuntervertreter u. *BGH* v. 27.4.2006, WRP 2006, 1511, 1512 – Kundendatenprogramm, jeweils m.H.a. *BGH* v. 21.12.1962, BGHZ 38, 391, 396 – Industrieböden u. *BGH* v. 3.5.2001, GRUR 2002, 91, 92 – Spritzgießwerkzeuge.

arbeiter in seinem Gedächtnis bewahrt[1] oder auf die er aufgrund anderer Quellen zugreifen kann, zu denen er befugtermaßen Zugang hat[2]. Die Berechtigung, erworbene Kenntnisse nach Beendigung des Dienstverhältnisses auch zum Nachteil des früheren Dienstherrn einzusetzen, beziehe sich jedoch nicht auf Informationen, die dem ausgeschiedenen Mitarbeiter nur deswegen noch bekannt seien, weil er auf schriftliche Unterlagen zurückgreifen könne, die er während der Beschäftigungszeit angefertigt habe[3]. Lägen dem ausgeschiedenen Mitarbeiter derartige schriftliche Unterlagen – beispielsweise in Form privater Aufzeichnungen oder in Form einer auf dem privaten Notebook abgespeicherten Datei – vor und entnehme er ihnen ein Geschäftsgeheimnis seines früheren Arbeitgebers, verschaffe er sich damit dieses Geschäftsgeheimnis unbefugt i.S. von § 17 Abs. 2 Nr. 2 UWG[4]. In der Praxis ist folglich davon auszugehen, dass **in der Regel keine allgemeine nachvertragliche Geheimhaltungspflicht** des Arbeitnehmers besteht. Um Unsicherheiten hinsichtlich einer nachvertraglichen Geheimhaltung von Know-how zu vermeiden, ist daher die **Vereinbarung** einer (nach)vertraglichen Geheimhaltungspflicht unbedingt zu empfehlen, wobei neben den wettbewerbsrechtlichen Vorgaben insbesondere das Verhältnismäßigkeitsprinzip zu beachten ist (vgl. zur Vereinbarung von nachvertraglichen Geheimhaltungspflichten Rz. 2627 ff.).

§ 24 ArbEG stellt – bezogen auf Arbeitnehmererfindungen – für die Dauer 2582
der Geheimhaltungspflicht eigene zeitliche Grenzen auf, die von der Dauer des Arbeitsverhältnisses unabhängig sind. Außerdem erfasst § 24 Abs. 2 ArbEG einen Personenkreis, der arbeitsrechtlich nicht zur Geheimhaltung verpflichtet wäre und wettbewerbsrechtlich nur erfasst werden kann, wenn die besonderen Voraussetzungen des § 3 UWG – Verrat fremder Geheimnisse als verwerfliche Förderung fremden Wettbewerbs – oder des § 17 Abs. 2 UWG vorliegen[5]. Da § 24 ArbEG den besonderen Schutz von Arbeitgeber und Arbeitnehmer gegen bestimmte Rechtsverletzungen bezweckt, gehört auch diese Vorschrift zu den **Schutzgesetzen i.S. des § 823 BGB**.

Die schuldhafte **Verletzung** der in § 24 Abs. 2 ArbEG angeordneten **Geheimhaltungspflicht durch den Arbeitnehmer** verpflichtet diesen zum Schadensersatz nach § 823 Abs. 2 BGB. In der Praxis wird in diesem Zu-

1 *BGH* v. 26.2.2009, WRP 2009, 613, 615 – Versicherungsuntervertreter u. *BGH* v. 27.4.2006, WRP 2006, 1511, 1512 – Kundendatenprogramm, jeweils m.H.a. *BGH* v. 14.1.1999, GRUR 1999, 934, 935.

2 *BGH* v. 26.2.2009, WRP 2009, 613, 615 – Versicherungsuntervertreter.

3 *BGH* v. 26.2.2009, WRP 2009, 613, 615 – Versicherungsuntervertreter u. *BGH* v. 27.4.2006, WRP 2006, 1511, 1512 – Kundendatenprogramm, jeweils m.H.a. *BGH* v. 19.12.2002, GRUR 2003, 453, 454 – Verwertung von Kundenlisten.

4 *BGH* v. 26.2.2009, WRP 2009, 613, 615 – Versicherungsuntervertreter; *BGH* v. 27.4.2006, WRP 2006, 1511, 1512 – Kundendatenprogramm u. *BGH* v. 19.12.2002, GRUR 2003, 453, 454 – Verwertung von Kundenlisten.

5 Vgl. *Volmer/Gaul*, ArbNErfG, § 24 Rz. 22 ff.; *Bartenbach/Volz*, ArbEG, § 24 Rz. 38–43.

sammenhang oft außer Acht gelassen, dass der **Betriebsrat** nach § 79 BetrVG nur dann zur Geheimhaltung verpflichtet ist, wenn er hierauf besonders hingewiesen worden ist. Für Betriebsräte reicht es also zur Begründung einer Geheimhaltungspflicht nicht aus, wenn die Umstände für ein Geheimhaltungsbedürfnis sprechen[1].

Weitere gesetzliche Geheimhaltungspflichten bestehen nach § 10 BPersVG für **Personalratsmitglieder** und gemäß § 9 Nr. 6 BBiG für **Auszubildende**.

bb) Gesellschaftsrechtliche Ansprüche

2583 Gesellschaftsrechtliche Ansprüche können sich bei der Weitergabe von Betriebsgeheimnissen durch Gesellschafter, Geschäftsführer, Vorstände oder Mitglieder in Aufsichtsgremien ergeben, also durch einen Personenkreis, der in der Regel in besonders hohem Maße mit Betriebsgeheimnissen vertraut ist bzw. Zugang zu ihnen hat.

Gesetzliche Verschwiegenheitspflichten ergeben sich für Mitglieder des **Vorstands** einer Aktiengesellschaft aus § 93 Abs. 1 Satz 2 AktG und für **Mitglieder des Aufsichtsrats** aus § 116 AktG. Eine Schadensersatzpflicht ergibt sich gegebenenfalls aus § 93 Abs. 2 AktG. **Geschäftsführer und Gesellschafter einer GmbH** sind aus ihrer gesellschaftlichen Förderpflicht heraus zur Verschwiegenheit verpflichtet. Auf den Aufsichtsrat der GmbH finden gemäß § 52 Abs. 1 GmbHG die §§ 116, 93 AktG entsprechend Anwendung. Bei einer Kapitalgesellschaft können sich zudem Verschwiegenheitspflichten für Gründungs-, Abschluss- und Sonderprüfer aus § 323 Abs. 1 Sätze 1, Satz 2 HGB und aus § 43 Abs. 1 WiPro ergeben. Im Falle eines Verstoßes kommt ein Schadensersatzanspruch aus § 323 Abs. 1 Satz 3 HGB in Betracht. § 333 HGB unterwirft den Abschlussprüfer strafrechtlichen Konsequenzen, sofern er unbefugt Geheimnisse offenbart oder verwertet[2].

cc) Ansprüche gegenüber sonstigen Personen

2584 Dem **Handelsvertreter** ist nach § 90 HGB nach Beendigung des Vertragsverhältnisses eine Weitergabe oder Verwertung von Geschäfts- und Betriebsgeheimnissen untersagt[3]. § 90 HGB findet entsprechend Anwendung auf **Franchisenehmer** und **Vertragshändler**. Während der Vertragsdauer besteht eine Verschwiegenheitspflicht aufgrund einer Interessenwahrungs- und Treuepflicht aus dem Vertrag (vgl. § 86 Abs. 3 HGB). § 90 HGB ist Schutzgesetz im Sinne des § 823 Abs. 2 BGB und unterfällt § 3 UWG. Daneben haftet der Handelsvertreter aufgrund vertraglicher Nebenpflichtverletzung

1 Vgl. *Fitting/Engels/Schmidt/Trebinger/Linsenmaier*, BetrVG, § 79 Rz. 5; *Stege/Weinspach/Schiefer*, BetrVG, § 79 Rz. 2; *Oetker* in GK-BetrVG, § 79 Rz. 16.

2 Vgl. eingehend zu den strafrechtlichen Konsequenzen *Quick*, BB 2004, 1490 ff.

3 Zu Informationen, die Geschäftsgeheimnisse i.S. des § 90 HGB darstellen s. *Emde*, BB 2011, 2755, 2757.

aus § 280 Abs. 1 BGB[1]. Bei unbefugter Weitergabe von Insidertatsachen kann ein Verstoß gegen § 14 WpHG vorliegen[2].

b) Technische Zeichnungen

Insbesondere in den dem Abschluss von Know-how-Verträgen vorangehenden Vertragsverhandlungen, aber auch während der Durchführung derartiger Know-how- oder sonstiger Lizenzverträge werden dem Empfänger üblicherweise technische Zeichnungen pp. überlassen. Häufig bestehen bei dem Vertragspartner keine genauen Vorstellungen darüber, inwieweit über diese Zeichnungsunterlagen anderweitig verfügt werden kann, insbesondere, wer als Rechtsinhaber dieser Unterlagen gilt, es sei denn, die Parteien treffen eine ausführliche dahingehende Vertragsabsprache oder kennzeichnen sie als vertraulich (confidential). 2585

aa) Form, Inhalt und Schutz von urheberschutzfähigen technischen Leistungen

Gemäß **§ 2 Abs. 1 Nr. 7 UrhG** können „Darstellungen wissenschaftlicher oder technischer Art, wie Zeichnungen, Pläne, Karten, Skizzen, Tabellen und plastische Darstellungen" urheberrechtlichen Schutz genießen[3]. **Schutzobjekt** im Sinne des § 2 UrhG ist allerdings nur die **Darstellung als solche** und nicht der Gegenstand selbst. Das in der Darstellung enthaltene technische und wissenschaftliche Gedankengut wird nicht geschützt[4]. Dementsprechend bietet § 2 Abs. 1 Nr. 7 UrhG **keinen Schutz gegen Nachbau**[5]. 2586

Dies wird deutlich durch die Verwendung des Wortes „Darstellung" anstatt der Bezeichnung „Abbildungen", die noch im alten LUG (§ 1 Abs. 1 Nr. 3) benutzt wurde[6]. Dabei entspricht es herrschender Auffassung, dass die Begriffe „Darstellung", „Wissenschaft" und „Technik" eine großzügige

1 Vgl. auch zu Ansprüchen aus §§ 667, 687 Abs. 2 BGB *Löwisch* in Ebenroth/Boujong/Joost/Strohn, HGB, § 90 Rz. 10; *Hopt* in Baumbach/Hopt, HGB, § 90 Rz. 8.

2 Vgl. *Wodtke/Richters*, Schutz von Betriebs- und Geschäftsgeheimnissen, Rz. 218 f.; *Maier*, Der Schutz von Betriebs- und Geschäftsgeheimnissen (1998), S. 354 ff.

3 Zum urheberrechtlichen Schutz von computergestütztem Know-how in Frankreich s. *Panhalteux*, GRUR Int. 2001, 120 ff. u. *Cour de cassation* v. 25.1.2000, GRUR Int. 2001, 179 ff. – Chantelle.

4 *Loewenheim* in Schricker/Loewenheim, UrhG, § 2 Rz. 199.

5 *BGH* v. 15.12.1978, GRUR 1979, 464, 465 – Flughafenpläne; *BGH* v. 10.5.1985, GRUR 1985, 129, 130 – Elektrodenfabrik; *BGH* v. 19.1.1989, GRUR 1989, 416, 417 – Bauaußenkante; *D. Reimer*, GRUR 1980, 572, 580; *Schulze*, CR 1988, 181, 185.

6 Vgl. Amtliche Begründung zum Regierungsentwurf, BT-Drucks. 4/270 v. 23.3.1962, S. 38; zur Entwicklung vgl. *Reimer*, GRUR 1980, 572, 573.

Auslegung erfahren sollen[1]. So ist es nicht erforderlich, dass der dargestellte Gegenstand oder Inhalt wissenschaftlicher oder technischer Art ist, entscheidend ist vielmehr der Vorgang der Informationsvermittlung in Form einer graphischen oder räumlichen Darstellung[2].

Darstellungen wissenschaftlicher oder technischer Art können zwei- (z.B. Konstruktionszeichnungen, Planzeichnungen) oder dreidimensional (z.B. Reliefkarten, Modelle von Maschinen) sein[3].

2587 In diesem Rahmen hat die Rechtsprechung als **schutzfähige technische Darstellungen** anerkannt: technische Konstruktionszeichnungen[4], Planzeichnungen wie Landkarten, Stadtpläne, Architekturpläne, Bebauungspläne[5], DIN-Normen und andere technische Normenwerke[6], sogar schon Skizzen, Entwürfe und Schnittmuster[7], vereinzelt auch bei Werbeprospekten[8].

2588 In all diesen Fällen hängt der Urheberrechtsschutz davon ab, ob die Voraussetzung des § 2 Abs. 2 UrhG erfüllt wird, es sich also bei diesen Darstellungen um **persönliche geistige Schöpfungen** handelt. Dabei setzt der Werkbegriff nach allgemeinem Verständnis voraus, dass es sich um eine eigenpersönliche Schöpfung des Urhebers handelt, die einen geistigen Gehalt aufweist, eine wahrnehmbare Formgestaltung gefunden hat und die Individualität des Schöpfers zum Ausdruck bringt[9]. Nach der Amtlichen Begründung[10] sind als persönliche geistige Schöpfungen Erzeugnisse anzusehen, „die durch ihren Inhalt oder durch ihre Form oder durch die Verbindung von Inhalt und Form etwas **Neues und Eigentümliches** darstellen", etwa wenn ein Konstrukteur in der Zeichnung einem schöpferischen Konstruk-

1 *OLG München* v. 19.9.1991, GRUR 1992, 510 – Rätsel; *Loewenheim* in Schricker/Loewenheim, UrhG, § 2 Rz. 197; *Schricker*, GRUR 1991, 563, 564.

2 *Loewenheim* in Schricker/Loewenheim, UrhG, § 2 Rz. 197.

3 *Loewenheim* in Schricker/Loewenheim, UrhG, § 2 Rz. 198.

4 *BGH* v. 16.3.1956, GRUR 1956, 284, 285 – Rheinmetall-Borsig II; *BGH* v. 10.5.1984, GRUR 1985, 129, 130 – Elektrodenfabrik; *BGH* v. 10.2.1991, GRUR 1991, 529 – Explosionszeichnungen. Die Schutzfähigkeit wurde dagegen abgelehnt bei: schablonenhafter Darstellung einfacher genormter technischer Erzeugnisse (*OLG Hamm* v. 20.8.1980, GRUR 1981, 130, 131 – Preislisten-Druckvorlage); einfacher Schemazeichnung (*OLG München* v. 21.10.1993, ZUM 1994, 728, 729).

5 *BGH* v. 3.7.1964, GRUR 1965, 45, 46 – Stadtplan; *BGH* v. 25.10.1955, BGHZ 18, 319, 321 ff. – Bebauungsplan; *BGH* v. 20.11.1986, GRUR 1987, 360, 361 – Werbepläne; *BGH* v. 2.7.1987, GRUR 1988, 33, 35 – Topographische Landeskarten; *BGH* v. 19.1.1989, GRUR 1989, 416, 417 – Bauaußenkante.

6 *BGH* v. 26.4.1990, GRUR 1990, 1003 – DIN-Normen.

7 *BGH* v. 14.12.1954, BGHZ 16, 4, 6 – Modeneuheiten.

8 *RG* v. 28.9.1943, RGZ 172, 29, 32 – Gewehrprospekte; verneint allerdings in *BGH* v. 15.11.1960, GRUR 1961, 85, 87 – Pfiffikus-Dose; *OLG Hamburg* v. 15.7.1971, GRUR 1972, 430, 431 – Prospektblätter; in den letzteren Fällen hat die Rechtsprechung den Urheberrechtsschutz aber an dem Fehlen der schöpferischen Eigenleistungen scheitern lassen und nicht an dem Begriff „Darstellung".

9 Vgl. *Erdmann* in FS von Gamm, 1990, S. 389, 396 ff.

10 Vgl. BT-Drucks. 4/270, S. 38.

tionsgedanken erstmals darstellerische Form verleiht[1], ferner für die Entwicklung einer neuen Darstellungsmethode oder die originelle Zusammenstellung bekannter Zeichenelemente[2]. So ist z.B. der Entwurf zu einem Werk der Baukunst urheberrechtlich geschützt, wenn die individuellen Züge, die das Bauwerk als persönliche geistige Schöpfung qualifizieren, bereits im Entwurf ihren Niederschlag gefunden haben[3]. Dabei stellt das Bauwerk eine persönliche geistige Schöpfung dar, wenn es aus der Masse alltäglichen Bauschaffens herausragt[4].

Ausgehend von der Selbstverständlichkeit, dass bei rein technischen 2589
Zeichnungen in der Art der Zeichnung kaum Raum für die Entfaltung der Individualität bleibt, dürfen die Anforderungen an die Individualität nicht zu hoch angesetzt werden[5]. Als Maßstab für die Bemessung der Gestaltungshöhe gilt grundsätzlich das „Prinzip der kleinen Münze". Demnach fallen auch Objekte mit geringem Schöpfungsgrad ohne künstlerischen Wert unter den Werkbegriff[6]. Ausreichend ist es daher nach Ansicht von Rechtsprechung[7] und Schrifttum[8], dass eine **individuelle, sich vom alltäglichen Schaffen abhebende Geistestätigkeit** zum Ausdruck kommt.

Entscheidend ist, dass die schöpferische Leistung **in der Darstellung selbst** 2590
bzw. in der Art der Darstellung liegt, sich also aus der Formgestaltung ergibt[9]. Nicht möglich ist es dagegen, die schöpferische Qualität mit dem dargestellten Inhalt oder Gegenstand zu begründen[10]. **Maßgeblich ist damit nicht, was, sondern wie es dargestellt wird**[11]. Zu beachten ist somit, dass auch der Schutzumfang des Werkes durch die Gestaltungshöhe bestimmt wird. Der Schutzumfang einer technischen Zeichnung ist folglich ver-

---

1 *BGH* v. 10.5.1984, AP Nr. 3 zu § 43 UrhG – Elektrodenfabrik.

2 *BGH* v. 14.12.1954, BGHZ 16, 4 – Mode-Neuheiten.

3 *BGH* v. 12.5.2010, GRUR 2011, 59, 61, Rz. 23 – Lärmschutzwand.

4 *BGH* v. 12.5.2010, GRUR 2011, 59, 61, Rz. 23 – Lärmschutzwand.

5 *Loewenheim* in Schricker/Loewenheim, UrhG, § 2 Rz. 202.

6 Vgl. *Schulze* in Dreier/Schulze, UrhG, § 2 Rz. 228; *Dreyer* in Heidelberger Komm. UrheberR, § 2 Rz. 58; *Reimer*, GRUR 1980, 572, 573 ff.

7 *BGH* v. 1.6.2011, GRUR 2011, 803 – Lernspiele; *BGH* v. 2.7.1987, GRUR 1988, 33, 35 – Topographische Landkarten; *BGH* v. 28.2.1991, GRUR 1991, 529, 530 – Explosionszeichnungen; *BGH* v. 10.10.1991, GRUR 1993, 34, 35 – Bedienungsanweisung; *BGH* v. 16.1.1997, GRUR 1997, 459, 461 – CB-infobank I; *OLG Karlsruhe* v. 14.4.2010 GRUR-RR 2010, 234 – Online-Reisebuchungssoftware; s. auch *OLG Köln* v. 20.3.2009, GRUR-RR 2010, 141 – 3D-Messestände.

8 *Loewenheim* in Schricker/Loewenheim, UrhG, § 2 Rz. 202; *Bullinger* in Wandtke/Bullinger, UrhR, § 2 UrhG Rz. 131 ff., 139 ff.; *Schulze* in Dreier/Schulze, UrhG, § 2 Rz. 228 ff.; *Erdmann/Bornkamm*, GRUR 1991, 877, 879; *D. Reimer*, GRUR 1980, 572, 573 ff.

9 *Loewenheim* in Schricker/Loewenheim, UrhG, § 2 Rz. 200.

10 *BGH* v. 15.12.1978, GRUR 1979, 464, 465 – Flughafenpläne; *BGH* v. 10.5.1984, GRUR 1985, 129, 130 – Elektrodenfabrik; *BGH* v. 28.2.1991, GRUR 1991, 529 – Explosionszeichnungen; *BGH* v. 10.10.1991, GRUR 1993, 34, 35 – Bedienungsanweisung.

11 *Schulze*, CR 1988, 181, 185.

gleichsweise gering[1]. Die technische Zeichnung ist nur vor der Übernahme der in ihr verkörperten individuellen Gestaltungsmerkmale geschützt. Eine bestimmte Technik oder Darstellungsmethode wird beispielsweise nicht erfasst und bleibt grundsätzlich gemeinfrei[2].

2591 **Unerheblich** ist, ob der dargestellte technische oder wissenschaftliche **Gegenstand oder Inhalt neu** ist[3].

2592 Die rein **routinemäßige oder handwerkliche Leistung** stellt keine schöpferische Leistung i.S. des § 2 Abs. 2 UrhG dar[4]. Dies gilt auch für Darstellungen, die sich auf die bloße **Mitteilung von Tatsachen** beschränken[5].

bb) Zuordnung von Urheberrechten im Arbeitsverhältnis und im Rahmen von Kooperationen

2593 Die Rechte an der technischen Zeichnung stehen dem **Urheber**, das heißt dem Schöpfer der Zeichnung, zu (vgl. **§§ 7, 11 UrhG**). Dies ist derjenige, der die persönliche, geistig schöpferische Leistung im Sinne des § 2 Abs. 2 UrhG erbracht hat. Folglich kann es sich nur um eine natürliche Person handeln[6]. Dem Urheber der Zeichnung steht das Recht an dieser im Ganzen und nur eingeschränkt übertragbar zu (vgl. §§ 11, 29 UrhG).

2594 Ergibt sich aus der Zusammenarbeit mehrerer Personen die Entwicklung technischer Zeichnungen pp., so bleibt mangels entsprechender Vertragsabsprache aufzuklären, wem das Ergebnis einer solchen Zusammenarbeit zusteht. Anknüpfungspunkt ist dann die Regelung der **Miturheberschaft in § 8 UrhG**.

2595 Nach der Legaldefinition des § 8 UrhG liegt eine Miturheberschaft vor, wenn mehrere ein Werk i.S. des § 2 UrhG **gemeinsam geschaffen** haben, ohne dass sich ihre Anteile gesondert verwerten lassen. § 8 UrhG ist an das Urheberschaftsprinzip des § 7 UrhG angelehnt. **Miturheber** ist also nur, wer selbst schöpferisch bei der Entstehung des Werkes mitgewirkt hat[7]. Keine Urheberschaft liegt in rein technischen Vorarbeiten. Aber auch auf den geistigen Werkinhalt bezogene Vorarbeiten haben außer Betracht zu

1 *BGH* v. 10.10.1991, GRUR 1993, 34, 35 – Bedienungsanweisung; *BGH* v. 28.2.1991, GRUR 1991, 529, 530 – Explosionszeichnungen; *OLG Köln* v. 6.8.1999, GRUR 2000, 1022, 1023 – Technische Regelwerke.

2 Vgl. *Bullinger* in Wandtke/Bullinger, UrhR, § 2 UrhG Rz. 135.

3 *BGH* v. 25.10.1955, BGHZ 18, 319, 321 – Bebauungsplan; *OLG Hamm* v. 20.8.1980, GRUR 1981, 130, 131 – Preislisten-Druckvorlage; *Loewenheim* in Schricker/Loewenheim, UrhG, § 2 Rz. 204.

4 *Loewenheim* in Schricker/Loewenheim, UrhG, § 2 Rz. 203.

5 *OLG Hamburg* v. 4.4.1968, UFITA 51 (1968), 383, 391 – Flugpläne.

6 *Ahlberg* in Möhring/Nicolini, § 7 Rz. 6 f.; *Thum* in Wandtke/Bullinger, UrhR, § 7 UrhG Rz. 1, 3.

7 Vgl. *BGH* v. 14.7.1993, GRUR 1994, 39, 40 – Buchhaltungsprogramm; *von Gamm*, UrhG, § 8 Rz. 3; *Loewenheim* in Schricker/Loewenheim, UrhG, § 8 Rz. 8.

bleiben, solange ihre konkrete Gestaltung fehlt. Die einfache Materialsammlung, die allgemeine Material- und Motivwahl, die Erörterung von Anregungen, bloße abstrakte Gestaltungsmöglichkeiten, enthalten noch keinen Beginn der Werkgestaltung. Die Beisteuerung solcher ungestalteter Ideen und Anregungen kann daher keine Grundlage einer Miturheberschaft bilden[1]. Vielmehr setzt Miturheberschaft gemeinschaftliche schöpferische Tätigkeit mindestens zweier Beteiligter voraus, die subjektiv den Willen zu einem gemeinsamen Schaffen am gemeinsamen einheitlichen Werk haben, in das die schöpferischen Beiträge gemeinsam als unselbständige Werkteile ohne gesonderte Verwertbarkeit eingehen sollen[2]. Unter diesen Voraussetzungen kann auch eine schöpferische Mitwirkung an einem Vorstadium des endgültigen Werkes genügen, um eine Miturheberschaft zu begründen[3].

Die in § 8 UrhG angesprochene **mangelnde Einzelverwertbarkeit der Beiträge** bestimmt sich ausschließlich nach der sachlichen Untrennbarkeit, d.h. nach ihrer getrennten selbständigen Verkehrsfähigkeit[4]. Maßgeblich ist also nicht, ob eine völlige Verschmelzung, eine tatsächliche Untrennbarkeit der einzelnen Beiträge eintritt, sondern ob die Beiträge unvollständige Teile des ganzen Werkes sind. Demnach ist nicht entscheidend, wer die endgültige Zeichnung erstellt, sondern ob hierin schöpferische Beiträge anderer Beteiligter unmittelbar einfließen. 2596

Die mehreren Miturheber stehen gemäß § 8 UrhG in einer **Gesamthandsgemeinschaft** zueinander. Diese Gemeinschaft zur gesamten Hand tritt kraft Gesetzes als Rechtsfolge des Realaktes des gemeinschaftlichen Schaffens ein, ohne dass es insoweit einer Verständigung der einzelnen Miturheber bedarf. Hieraus erwächst das Urheberrecht mit den daraus fließenden Verwertungsrechten kraft Gesetzes unmittelbar zur gesamten Hand der Beteiligten. Es bildet das Gesamthandsvermögen. Gesamthandsberechtigte sind alle Miturheber bzw. deren Rechtsnachfolger. Dementsprechend bedarf es zur Ausübung der Verwertungsrechte **einstimmiger Entschließungen der Miturheber**. Allerdings darf ein Miturheber seine Einwilligung zur Verwertung nicht wider Treu und Glauben verweigern (vgl. § 8 Abs. 2 Satz 2 UrhG). Den Anspruch auf weitere angemessene Beteiligung nach § 32a Abs. 1 oder Abs. 2 Satz 1 UrhG sowie den diesen Anspruch vorbereitenden Auskunftsanspruch kann ein Miturheber jedoch grundsätzlich un- 2597

---

1 *von Gamm*, UrhG, § 8 Rz. 6 m.H.a. *BGH* v. 19.10.1962, GRUR 1963, 40, 41 – Straßen gestern und morgen, betreffend Ideen und bloße Anregungen.

2 Vgl. *von Gamm*, UrhG, § 8 Rz. 10; *Loewenheim* in Schricker/Loewenheim, UrhG, § 8 Rz. 8; *BGH* v. 13.2.1962, GRUR 1962, 370, 374 – Schallplatteneinblendung; *BGH* v. 22.5.1962, GRUR 1962, 531, 533 – Bad auf der Tenne II; *BGH* v. 19.10.1962, GRUR 1963, 40, 41 – Straßen gestern und heute.

3 *OLG Köln* v. 14.10.1952, GRUR 1953, 499 – Kronprinzessin Cäcilie I, betreffend die Miturheberschaft zwischen Erzähler und dem literarischen Verfasser von Memoiren.

4 Vgl. auch *BGH* v. 3.3.1959, GRUR 1959, 335, 336 – Wenn wir Engel wären.

abhängig von den anderen Miturhebern und allein zu seinen Gunsten geltend machen[1]. Dem steht weder entgegen, dass das Recht zur Veröffentlichung und zur Verwertung des Werkes den Miturhebern zur gesamten Hand zusteht (§ 8 Abs. 2 Satz 1 Halbs. 1 UrhG) noch, dass bei Geltendmachung von Ansprüchen aus Verletzungen des gemeinsamen Urheberrechts ein Miturheber jeweils nur Leistung an alle Miturheber verlangen kann (§ 8 Abs. 2 Satz 3 Halbs. 2 UrhG)[2].

Auch hier gilt, dass das Urheberrecht selbst unübertragbar ist (§ 29 UrhG). Allerdings können gemäß den **§§ 31 ff. UrhG Nutzungsrechte** an diesem **eingeräumt** werden. Der Umfang der Einräumung von Rechten richtet sich dabei primär nach der vertraglichen Gestaltung. Das Urheberrecht sieht mangels ausdrücklicher Vereinbarungen Auslegungsregelungen vor.

2598 Gemäß § 43 UrhG finden die Grundsätze des Urhebervertragsrechts auch auf Arbeitsverträge entsprechend Anwendung.

Handelt es sich bei den Miturhebern zunächst also um **Arbeitnehmer**, so bedarf es – anders als im Arbeitnehmererfinderrecht – im Urheberrecht bei der Überleitung dieser Rechtsposition auf den Arbeitgeber keiner förmlichen Inanspruchnahme durch den Arbeitgeber. Ausgangspunkt für die Überleitung ist die Regelung des **§ 43 UrhG** i.V.m. den allgemeinen Grundsätzen der §§ 31 ff. UrhG. § 43 UrhG bestimmt, dass die Vorschriften des Urhebervertragsrechts auch auf die Werke Anwendung finden, die der Arbeitnehmer in Erfüllung seiner Verpflichtungen aus dem Arbeits- oder Dienstverhältnis geschaffen hat. Inwiefern einzelne Nutzungsrechte auf den Arbeitgeber übergehen oder aber übertragen werden müssen, ist dagegen nicht ausdrücklich normiert. Diese Bestimmung verdeutlicht, dass der Gesetzgeber auch für den angestellten Urheber vom Urheberschaftsprinzip ausgegangen ist und daran festhält, dass das Urheberrecht in der Person des Werkschöpfers auch dann erwächst, wenn dieser das Werk als Angestellter geschaffen hat[3].

Im deutschen Recht stellt ein Arbeitsverhältnis somit keine Durchbrechung des Schöpferprinzips dar. Da der Dienstherr üblicherweise an einer Verwertung der von seinen Mitarbeitern im Rahmen des Dienstverhältnisses geschaffenen Werke ein erhebliches Interesse hat, hat die Rechtsprechung jedoch anerkannt, dass der angestellte Werkschöpfer grundsätzlich zu einer **Urheberrechts- bzw. Nutzungsrechtsübertragung auf seinen Dienstherrn verpflichtet** ist. Hierzu ist entscheidend auf **Inhalt und Wesen des Arbeits- bzw. Dienstverhältnisses** sowie die **Zweckbestimmung** des im Rahmen dieses Dienstverhältnisses **geschaffenen Werkes** abzustellen. Gehört die urheberschutzfähige Leistung in den Tätigkeitsbereich des Arbeit-

1 *BGH* v. 22.9.2011, GRUR 2012, 496 – Das Boot.
2 *BGH* v. 22.9.2011, GRUR 2012, 496 – Das Boot.
3 *BGH* v. 22.2.1974, LM Nr. 1 zu § 43 UrhG – Hummelrechte; KG v. 6.9.1994, NJW-RR 1996, 1066, 1067 – Poldock; s. auch *Wandtke*, GRUR 1999, 390 f.

gebers, so ist der Arbeitnehmer zur Rechtsübertragung verpflichtet[1]. Dies kann entweder dadurch geschehen, dass bereits in der Arbeitsordnung oder im Individualarbeitsvertrag eine derartige Verpflichtung zur Rechtsübertragung normiert ist. Ist eine solche Verpflichtung nicht ausdrücklich angesprochen, kann sie sich aus Inhalt und Wesen des Arbeitsverhältnisses selbst ergeben.

Nach h.M. richtet sich der Umfang der Rechtseinräumung allerdings auch im Arbeitsverhältnis nach der **Zweckübertragungslehre** (**§ 31 Abs. 5 Satz 2 UrhG**, s. Rz. 476)[2], es sei denn, die Arbeitsvertragsparteien haben ausdrücklich vereinbart, ob und inwieweit Nutzungsrechte eingeräumt werden sollen. Danach werden grundsätzlich nur diejenigen Nutzungsrechte stillschweigend eingeräumt, die für das Erreichen des Vertragszwecks unerlässlich sind[3]. Bezogen auf Arbeitsverhältnisse bedeutet dies, dass ein Arbeitnehmer, der ein Werk in Erfüllung seiner (Arbeits-)Pflichten geschaffen hat, seinem Arbeitgeber stillschweigend sämtliche Nutzungsrechte hieran einräumt, die dieser zur Erfüllung seiner Aufgaben benötigt[4]. Dementsprechend kann das Recht zur Übertragung der Nutzungsrechte (§ 34 Abs. 1 Satz 1 UrhG) oder zur Gewährung von Unterlizenzen (§ 35 Abs. 1 Satz 1 UrhG) im Einzelfall ausgeschlossen sein[5].

Solche urheberschutzfähigen technischen Leistungen unterliegen regel- 2599
mäßig nicht dem ArbEG[6].

In seiner Entscheidung vom 22.2.1974[7] hat der *BGH* festgestellt, dass sich 2600
nicht nur im Rahmen von Dienstverhältnissen, sondern auch bei sonstigen Abhängigkeitsverhältnissen eine Verpflichtung zur Überlassung derartiger Nutzungsrechte ergeben kann. Dies kann etwa das Verhältnis zu ständig beschäftigten Designern betreffen oder das Verhältnis eines **Zulieferers** zu einem anderen Unternehmen. Nach Auffassung des *BGH* tritt diese Interessenlage immer dann auf, wenn der Werkschöpfer in einem mehr oder

---

1 *BAG* v. 13.9.1983, AP Nr. 2 zu § 43 UrhG – Statik-Programme; *BAG* v. 12.3.1997, EZA § 43 UrhG Nr. 1; *BGH* v. 9.5.1985, GRUR 1985, 1041 – Inkassoprogramm; *Sack*, BB 1991, 2165 ff.

2 Vgl. dazu u.a. *BGH* v. 27.9.1995, NJW 1995, 3252.

3 *BGH* v. 22.4.2004, GRUR 2004, 938 – Comic-Übersetzungen III; *BGH* v. 29.4.2010, GRUR 2010, 623, Rz. 20 – Restwertbörse u. *BGH* v. 12.5.2010, GRUR 2011, 59, 60 – Lärmschutzwand.

4 *BGH* v. 22.2.1974, GRUR 1974, 480, 483 – Hummelrechte; *BGH* v. 12.5.2010, GRUR 2011, 59, 60 – Lärmschutzwand; *Cirkel*, WRP 2003, 59.

5 *BGH* v. 12.5.2010, GRUR 2011, 59, 60 – Lärmschutzwand (dort Rechtseinräumung zugunsten eines Bundeslandes als Dienstherr und zur unzulässigen Gewährung von Unterlizenzen an andere Bundesländer).

6 *BAG* v. 12.3.1997, EzA § 43 UrhG Nr. 1 – Schaufensterdekoration; vgl. auch *BGH* v. 24.12.2000, GRUR 2001, 155, 157 – Wetterführungspläne I.

7 *BGH* v. 22.2.1974, NJW 1974, 904, 905 f.; unter Verweis hierauf auch *BGH* v. 15.3.1984, GRUR 1984, 528 – Bestellvertrag; *OLG Düsseldorf* v. 22.1.1991, GRUR 1991, 759.

weniger starken Abhängigkeitsverhältnis für die Verwertungszwecke eines anderen tätig wird.

2601 Hinsichtlich urheberrechtlich geschützter **Computerprogramme** (vgl. § 69a UrhG) trifft **§ 69b Abs. 1 UrhG**[1] (ebenso Art. 2 Abs. 3 der Richtlinie 2009/24/EG über den Rechtsschutz von Computerprogrammen[2]) eine eigenständige Regelung als lex specialis zu § 43 UrhG. Hiernach ist **ausschließlich der Arbeitgeber zur vergütungsfreien Ausübung** aller vermögensrechtlichen Befugnisse an dem Computerprogramm berechtigt, wenn der Arbeitnehmer dieses in Wahrnehmung seiner Aufgaben oder nach den Anweisungen des Arbeitgebers geschaffen hat[3]. Es handelt sich dabei um einen Fall einer **gesetzlichen ausschließlichen Lizenz zugunsten des Arbeitgebers**[4]. Diese ist nach h.M. zeitlich unbeschränkt, d.h. in ihrem Bestand auch von der Beendigung des Arbeitsverhältnisses unabhängig. Schließlich kann der Arbeitnehmer nach Freigabe eines auch patentfähigen Computerprogramms durch den Arbeitgeber nach den Regeln des Arbeitnehmererfindungsrechts, sämtliche aus einem erteilten Schutzrecht sich ergebenden Ansprüche gegenüber Dritten nutzen, jedoch das auf das schutzfähige Computerprogramm beschränkte Nutzungsrecht seines Arbeitgebers nicht unterbinden[5].

2602 Die Norm ist **dispositiv** (vgl. § 69b Abs. 1 letzter Halbs. UrhG), so dass abweichende Regelungen – auch während des Arbeitsverhältnisses[6] – zugunsten des Arbeitnehmers möglich sind.

Äußerst problembehaftet erscheinen Anwendung und Rechtsfolgen des § 69b UrhG im **Leiharbeitsverhältnis**[7]. In dem Verhältnis zwischen Verleiher, Entleiher sowie Arbeitnehmer besteht ein Arbeitsverhältnis ausschließlich zwischen dem Verleiher und dem Arbeitnehmer, der wiederum seine Arbeitsleistung beim Entleiher erbringt[8]. Arbeitgeber i.S. des § 69b UrhG und somit Inhaber der gesetzlich ausschließlichen Lizenz an einem durch den Arbeitnehmer entwickelten Computerprogramm wäre also der Verleiher. Den Eintritt einer solchen Rechtsfolge wird der Entleiher regelmäßig verhindern wollen. Eine Zuordnung zum Entleiher könnte sich

---

1 §§ 69a–69g UrhG eingefügt durch Gesetz v. 9.6.1993, BGBl. I 1993, 910.

2 RL v. 23.4.2009, BlPMZ 2009, 258; zur vergleichbaren Regelung in der Schweiz (§ 17 UrhRG) s. *Stutz/Ambühl*, GRUR Int. 2010, 667.

3 S. hierzu *KG Berlin* v. 28.1.1997, NZA 1997, 718; *Grünert*, Mitt. 2001, 234 ff.

4 *BGH* v. 24.10.2000, GRUR 2001, 155, 157 – Wetterführungspläne II; *Brandi-Dohrn*, CR 2001, 285, 291; *Sack*, UFITA 121 (1993), 15, 24; *Grützmacher* in Wandtke/Bullinger, UrhR, § 69b UrhG Rz. 1.

5 *Bartenbach/Volz/Kelter* in FS Mes, 2009, S. 11, 23 ff.; a.A. *Bayreuther*, GRUR 2003, 570, 572.

6 *Loewenheim* in Schricker/*Loewenheim*, UrhG, § 69b Rz. 20.

7 S. hierzu *Lampenius*, K&R 2012, 12, 15 ff.; *Werxhausen* in Redeker, IT-Verträge, 5.3 Rz. 32 ff.

8 Ausführlich zu den Rechtsbeziehungen innerhalb dieses Dreipersonenverhältnisses s. *Werxhausen* in Redeker, IT-Verträge, 5.3 Rz. 5 ff.

nach geltendem Recht allerdings lediglich aufgrund der Sonderregelung des § 11 Abs. 7 AÜG ergeben, wonach der Entleiher als Arbeitgeber i.S. des Gesetzes über Arbeitnehmererfindungen (ArbEG) gilt, soweit der Leiharbeitnehmer während der Dauer der Tätigkeit bei dem Entleiher eine Erfindung oder einen technischen Verbesserungsvorschlag gemacht hat. Erfindungen i.S. des ArbEG sind zwar nur solche, die patent- oder gebrauchsmusterfähig sind (§ 2 ArbEG). Software kann aber ausnahmsweise auch patentrechtlichen Schutz genießen (vgl. Rz. 254 ff.). Hiernach entschiede der im Einzelfall für die Software zu erreichende Sonderrechtsschutz über die Zuordnung aller vermögensrechtlicher Befugnisse an dem Computerprogramm entweder zugunsten des Ent- oder des Verleihers. Daneben stellt sich die Frage, ob es sachgerecht sein kann, dem Verleiher die ausschließliche Lizenz an einem Computerprogramm zu gewähren, dass der Arbeitnehmer für den Entleiher mit dessen Ressourcen geschaffen hat. Diskutiert wird in diesem Zusammenhang § 69b UrhG im Verhältnis Arbeitnehmer und Verleiher nicht anzuwenden bzw. § 69b UrhG zugunsten des Entleihers anzuwenden[1]. Zur Vermeidung von Streitigkeiten und Erzielung vertragsgerechter Ergebnisse empfiehlt sich der Abschluss vertraglicher Vereinbarungen zwischen Verleiher und Entleiher in Bezug auf die Arbeitsergebnisse des Arbeitnehmers. Ist der Arbeitnehmer gehalten, Computerprogramme für den Entleiher zu entwickeln, sollte der Verleiher verpflichtet werden, sämtliche ihm entstandenen Nutzungsrechte an den Computerprogrammen auf den Entleiher zu übertragen[2].

c) Nicht geheimes Erfahrungswissen

Soll für andere (schöpferische) Leistungen eine Schutzwirkung eingreifen, 2603
muss dies eine ausdrückliche gesetzliche Regelung gefunden haben[3]. Hierfür kommen wiederum die Vorschriften der §§ 17 ff. UWG in Betracht. Für den geschützten Geheimnischarakter von Unterlagen gilt insbesondere die Schutzbestimmung des **§ 18 UWG**. Es kann keinem Zweifel unterliegen, dass die im Rahmen von Vertragsverhandlungen dem Gesprächspartner offenbarten Unterlagen bei entsprechendem Hinweis auf deren Geheimhaltungsbedürftigkeit als i.S. des § 18 UWG „anvertraut" anzusehen sind. In solchen Fällen wird dem Gesprächspartner oft schon aus den Umständen des Gespräches, jedenfalls aber aufgrund eines ausdrücklichen Hinweises deutlich gemacht, dass die zum Gegenstand des Gesprächs gemachten technischen Vorlagen nur im Interesse des Anvertrauenden und im Rahmen der von diesem erteilten Weisung verwertet werden dürfen.

1 Vgl. *Lampenius*, K&R 2012, 12, 15 f.
2 S. hierzu die Vertragsmuster bzw. die einzelnen Klauseln von *Werxhausen* in Redeker, IT-Verträge, 5.3 Rz. 166 mit Erläuterungen Rz. 167 ff.
3 Vgl. zum Schutz nicht geheimen Know-hows *Kraßer*, GRUR 1977, 177, 181.

2604 **Vorlagen** im Sinne des § 18 UWG sind Gegenstände, die bei der Herstellung neuer Sachen als Vorbild dienen sollen[1]. **Vorschriften technischer Art** sind mündliche oder schriftliche Anweisungen über einen technischen Vorgang[2]. **„Anvertraut"** i.S. des § 18 UWG sind Vorlagen oder Vorschriften nach herrschender Meinung dann, wenn sie vertraglich oder außervertraglich mit der ausdrücklichen oder aus den Umständen folgenden Verpflichtung überlassen sind, sie nur im Interesse des Anvertrauenden zu verwerten. Es muss sich also nicht zwingend um Betriebsgeheimnisse handeln[3].

2605 Allerdings entfällt die Anwendung des § 18 UWG, wenn die Vorlagen oder Vorschriften technischer Art **offenkundig** sind, wenn also die Zeichnung selbst oder der in ihr dargestellte Inhalt der Öffentlichkeit allgemein zugänglich ist. Dabei genügt es, wenn dieses technische Wissen von jedem Interessenten ohne größere Schwierigkeiten und Opfer in Erfahrung gebracht werden kann[4].

2606 Andererseits setzt der Schutz nach § 18 UWG nicht den Nachweis voraus, dass der anvertraute Gedanke einen wirtschaftlichen Vorsprung zu verschaffen geeignet ist. Es genügt vielmehr, dass der vom Vertrauensempfänger tatsächlich benutzte Gedanke von dem in der Vorlage verkörperten technischen Gedanken Gebrauch macht und dass dieser weder ihm noch der Allgemeinheit ohne größere Schwierigkeiten und Opfer zugänglich war. Dass der Verletzer durch eigene Arbeit ähnliche Vorlagen hätte herstellen und damit ohne fremde Unterlagen hätte auskommen können, rechtfertigt die Benutzung vom Grundsatz her noch nicht[5].

2607 In einem solchen Fall ist bei einem späteren unzulässigen Verwerten dieser Unterlagen durch den Gesprächspartner die Grundlage für **Schadensersatzansprüche über § 823 Abs. 2 BGB i.V.m. § 18 UWG** bzw. über die **§§ 3, 8, 9 UWG** oder für eine strafrechtliche Verfolgung nach § 18 UWG unmittelbar gegeben.

2608–2609 Frei.

2. Privatrechtliche Gestaltungsformen durch Geheimhaltungsverpflichtungen

2610 Über den aufgezeigten gesetzlichen Schutz hinaus sollte der Know-how-Träger bemüht sein, sich durch zusätzliche vertragliche Regelungen über

1 *Köhler* in Köhler/Bornkamm, UWG, § 18 Rz. 9; vgl. grundlegend *RG* v. 2.2.1912, RGSt. 45, 385, 386.

2 *Köhler* in Köhler/Bornkamm, UWG, § 18 Rz. 10.

3 *Köhler* in Köhler/Bornkamm, UWG, § 18 Rz. 9; *RG* v. 19.12.1913, RGZ 83, 384, 385 f.

4 Vgl. die Hinweise bei *Köhler* in Köhler/Bornkamm, UWG, § 18 Rz. 9, 11; *BGH* v. 7.1.1958, NJW 1958, 671 – Petromax I m.H.a. *RG* v. 14.3.1907, RGZ 65, 333, 339; *RG* v. 10.3.1942, GRUR 1942, 352, 355 – Quarzlampe.

5 *BGH* v. 17.5.1960, NJW 1960, 2000 – Handstrickverfahren.

eine notwendige Schweigepflicht abzusichern. Insbesondere hinsichtlich des nicht geheimen Know-hows ist auf Grund des geringen gesetzlichen Schutzes eine vertragliche Absicherung erforderlich.

a) Geheimhaltungsabreden zwischen Unternehmen

Kommt es zum Abschluss eines Know-how Vertrages, ergeben sich die Geheimhaltungspflichten der Vertragsparteien regelmäßig aus ausdrücklich formulierten Vertragsklauseln oder aus dem Zweck des Vertrages, dem nicht durch eine Offenbarung die Grundlage entzogen werden soll. Aus dem Zweck des Vertrages können sich auch nachvertragliche Geheimhaltungspflichten ergeben[1]. 2611

Besondere Bedeutung kommt Geheimhaltungsabreden im **Vorfeld eines Vertragsabschlusses** zu. In der Praxis wird üblicherweise versucht, vor Behandlung der eigentlichen technischen Probleme den Gesprächs- und potentiellen Vertragspartner zu veranlassen, eine **Geheimhaltungserklärung** derart abzugeben, dass er das ihm offenbarte Wissen bei Scheitern der Vertragsverhandlungen nicht selbst nutzen und auch Dritten nicht weitergeben darf. Eine derartige Verpflichtung kann etwa folgenden Wortlaut haben (vgl. auch Rz. 2227 ff.; 3409, 3492 ff.): 2612

„Die Gesprächspartner erkennen an, dass die im Rahmen der Vertragsverhandlungen gegenseitig offenbarten Arbeitsunterlagen, insbesondere das darin enthaltene oder daraus entwickelte und erläuterte Erfahrungswissen, bei Scheitern der Vertragsverhandlungen von dem anderen Gesprächspartner nicht selbst verwertet und auch Dritten nicht zugänglich gemacht werden wird. Sollte dieser Erfahrungsaustausch zur Entwicklung von schutzfähigen Erfindungen führen, darf eine Anmeldung nur nach gegenseitiger Fühlungnahme erfolgen. Die Vertragspartner verpflichten sich, für jeden Fall der Zuwiderhandlung gegen diese vertragliche Absprache eine Vertragsstrafe in folgendem Umfang zu zahlen: … Diese Abrede gilt nicht, falls der jeweilige Vertragspartner den Nachweis führt, dass das ihm übermittelte Wissen in der konkreten Ausnutzung und der dargestellten Wirkung ihm bereits bekannt war."

Bezüglich des Umfangs der **Vertragsstrafe** sind die Regelungen der **§§ 343, 307 sowie § 138 BGB** zu beachten[2]. 2613

Allerdings sollte der Abschluss einer solchen Geheimhaltungsabrede „nicht in dem Sinne ritualisiert" werden, dass praktisch bei jeder Vertragsverhandlung vorab eine solche Regel gefordert wird. Häufig kennt der potentielle Lizenznehmer bei bereits stattfindender Nutzung durch den Lizenzgeber bzw. dessen bisherige Lizenznehmer das zukünftige Lizenzprodukt. Zudem hat der potentielle Lizenzgeber es selbst in der Hand, inwieweit er in den Verhandlungen den (noch nicht bekannten) Lizenzgegenstand offenbart, mit dem Risiko, dem Lizenzinteressenten bereits die 2614

1 *Henn*, Rz. 298 m.w.N.
2 Vgl. *Kurz*, Vertraulichkeitsvereinbarungen, Rz. 298.

ausreichende Information an die Hand zu geben, so dass dessen Interesse an einer vergütungspflichtigen Lizenz sich „in Grenzen hält".

Geheimhaltungsabreden sind in diesem Rahmen regelmäßig erst dann bedeutsam, wenn die **Offenbarung technisch notwendig** ist, um die zukünftigen Leistungspflichten zu bestimmen, etwa bei einem Austausch von Entwicklungsergebnissen, (gemeinsamer) Weiterentwicklung, Klärung der technischen Ausführbarkeit im Unternehmen des Lizenznehmers, Feststellung der Erreichung besonderer technischer Wirkungen und/oder der Betriebs- bzw. Serienreife.

2615 Besteht zwischen Unternehmen ein reger Lizenzaustausch bzw. auf Kunden- oder Lieferantenebene häufiger Kontakt und kommt es dabei zur wechselseitigen Überlassung technischen Wissens, kann es erstrebenswert sein, durch ein **generelles Geheimhaltungsabkommen** den gesamten Problemkreis der zukünftigen wechselseitigen Überlassung von Erfahrungswissen abzuklären. Gegenstand solcher Generalabkommen sollte insbesondere eine Regelung sein, was zu tun ist, wenn sich aus diesen technischen Diskussionen eine schutzfähige Erfindung entwickelt, die zur Erteilung eines Schutzrechtes angemeldet wird und bei der ggf. nicht festzustellen ist, auf wen die einzelnen die Erfindung ausmachenden schöpferischen Beiträge zurückzuführen sind. Ferner sollten hier die auftretenden arbeitnehmererfinderrechtlichen Fragen wie auch die Überleitung der Erfindungsrechte und die Nutzungsbefugnisse der beiden Vertragspartner eine Regelung erfahren.

2616 Vielfach besteht Anlass, auch **Lieferanten** und **Auftragnehmer** für werkvertragliche Entwicklungen mit innerbetrieblichem Know-how „auszustatten", um die kundenspezifischen Interessen an einer bestimmten Produktentwicklung zu verdeutlichen. Nicht nur spätere, für den Auftraggeber kostenträchtige Parallelentwicklungen sollen verhindert werden. Vor allem geht es dem Kunden, beispielsweise einem Automobilhersteller, darum, dass der Zulieferer sich im gebotenen Umfang mit den besonderen Bedürfnissen des Auftraggebers vertraut und dessen positive und negative Erfahrungen bereits für die Auftragsabwicklung nutzbar macht.

2617 Im Einzelfall empfehlen sich hinsichtlich des kaufmännischen Know-hows **Kundenschutzvereinbarungen**, die dem Subunternehmen untersagen, insoweit mit den Kunden in vertragliche Beziehung zu treten. Dabei ist den kartellrechtlichen Grenzen Rechnung zu tragen. Zulässig ist eine solche Vereinbarung bei Vorliegen eines schutzwürdigen Interesses, das dann bejaht wird, wenn es dem Vertragspartner ohne eigene Aufwendungen für den Aufbau eines Kundenstammes möglich wäre, an die Stelle des die Kundenlisten vermittelnden Vertragspartners zu treten[1]. Zudem ist die Vereinbarung gegenständlich, räumlich und zeitlich zu konkretisieren[2]. Eine et-

1 *Salger/Breitfeld*, BB 2005, 154, 155.
2 Vgl. Näheres *Salger/Breitfeld*, BB 2005, 154, 155.

waige Kundenübernahme kann aber auch an eine Umsatzbeteiligung gekoppelt werden.

Ist eine Geheimhaltungspflicht für Vertragsverhandlungen mit Dritten vereinbart, ist ein umfassender Schutz des Know-hows dennoch häufig nur eingeschränkt möglich. Kommt es nicht zum Vertragsabschluss, scheitern Schadensersatzansprüche nach § 280 Abs. 1, § 311 Abs. 2, § 241 Abs. 2 BGB (c.i.c) häufig an der **fehlenden Nachweisbarkeit der Nutzung bzw. der Weitergabe** durch den Dritten; problematisch ist oft auch der Nachweis des Schadens oder der Nachweis der Vertraulichkeit der Information. Wird das zunächst geheime Know-how weitergegeben, so besteht zudem die Gefahr des Offenkundigwerdens. Ist das geheime Wissen einmal weitergegeben worden, kann es nicht wieder zurückgeholt werden. 2618

Ein zusätzliches Problem kann sich daraus ergeben, dass bei einer gerichtlichen Durchsetzung des Unterlassungs- und Schadensersatzanspruchs das **Betriebsgeheimnis im Klageantrag vollständig dargestellt werden muss** (s. Rz. 2886 ff.); spätestens dies führt zur vollständigen Information des Verhandlungspartners. Bei besonders gelagerten Sachverhalten ist dieser vorstehend aufgezeigte und sich letztlich auf vertragliche Ansprüche beschränkende Schutz für den Know-how-Inhaber somit nicht ausreichend. 2619

Die Betriebspraxis ist daher vielfach dazu übergegangen, dass der mögliche Know-how-Geber von seinem eventuellen zukünftigen Vertragspartner schon für die bloße **Bereitschaft zu einem Gespräch** mit der möglichen Offenbarung von Erfahrungswissen die **Zahlung einer Vergütung** fordert. Diese Vergütung muss in ihrer Höhe so beschaffen sein, dass der Know-how-Inhaber bei Scheitern der Vertragsverhandlungen hierdurch einen möglichen Ausgleich für den Fall der späteren Weitergabe oder unzulässigen Verwertung des dem Gesprächspartner übermittelten Erfahrungswissens erhält. Kommt es nicht zum Vertragsabschluss, so verbleibt diese Zahlung dem Know-how-Inhaber. Treffen die Parteien dagegen anschließend eine Vereinbarung über die Weitergabe des Erfahrungswissens des Know-how-Gebers, so wird überlicherweise die zunächst gezahlte Summe auf die gesamte vom Know-how-Nehmer zu erbringende Vergütungsleistung **angerechnet**. 2620

Insbesondere im Hinblick auf Vereinbarungen einer **nachvertraglichen Geheimhaltungspflicht** sind kartellrechtliche Beschränkungen zu beachten. Um einen Verstoß zu vermeiden, sollte die Geheimhaltungspflicht in ihrem zeitlichen und inhaltlichen Umfang konkretisiert werden[1]. 2621

---

1 Vgl. *Salger/Breitfeld*, BB 2005, 154, 155; s. bzgl. Non-Disclosure Agreements bei Unternehmenskäufen und Outsourcing-Projekten *Wodtke/Richters*, Schutz von Betriebs- und Geschäftsgeheimnissen, Rz. 476 ff.

b) Geheimhaltungsabreden mit natürlichen Personen

2622 Vertragspartner des Know-how-Trägers können auch natürliche Personen sein, wie beispielsweise wissenschaftliche Berater, Hochschullehrer oder sonstige Vertrags- oder Geschäftspartner eines Unternehmens.

2623 Auch hier besteht die Freiheit, Geheimhaltungsverpflichtungen vertraglich zu vereinbaren. Wenn die Anerkennung eines betriebsgeheimen Know-hows letztlich davon abhängt, dass der Know-how-Träger nicht nur dieses Wissen besitzt, sondern auch dafür Sorge trägt, dass Dritte hiervon keine Kenntnis erhalten[1], muss die rechtliche Ordnung auch die Möglichkeit bereitstellen, dem nachkommen zu können.

c) Geheimhaltungsabreden mit Arbeitnehmern

aa) Geheimhaltungspflicht während des Arbeitsverhältnisses[2]

2624 Wie gezeigt (Rz. 2579), ist der Arbeitnehmer während des Arbeitsverhältnisses bereits aufgrund seiner allgemeinen vertraglichen Rücksichtnahmepflicht umfassend zur Verschwiegenheit gehalten. Daneben steht es den Vertragsparteien frei, eine explizite Verpflichtung zur Geheimhaltung zu vereinbaren[3], insbesondere um die Geheimhaltungspflicht sachlich sowie persönlich zu konkretisieren oder etwaige Verhaltenskodizes festzulegen. Dabei ist insbesondere das Verhältnismäßigkeitsprinzip[4] (vgl. Rz. 2633) bzw. sind die Grenzen der §§ 134, 138, 242, 307 ff. BGB zu beachten. Überschritten werden diese i.d.R. durch sog. „All-Klauseln", die dem Arbeitnehmer eine Pflicht zum Stillschweigen über sämtliche ihm im Zusammenhang mit seinem Arbeitsverhältnis bekannt gewordenen Umstände und Geschäftsvorfälle auferlegen[5]. Erforderlich ist ein berechtigtes betriebliches Interesse an der Geheimhaltung. Problematisch erscheint dies bei Einbeziehung von Geschäfts- und Betriebsgeheimnissen dritter Unternehmen. Ein berechtigtes betriebliches Interesse wird hier wohl nur im Falle einer konzernmäßigen Verflechtung der Unternehmen anzunehmen sein und nicht in Bezug auf andere Unternehmen, zu denen lediglich Geschäftsbeziehungen bestehen[6].

---

1 Vgl. *Köhler* in Köhler/Bornkamm, UWG, § 17 Rz. 19 ff.

2 Zum Schutz von Betriebs- und Geschäftsgeheimnissen im Arbeitsleben s. auch *Bartenbach* in FS Küttner, 2006, S. 113 ff.

3 Zu Geheimhaltungsvereinbarungen im Rahmen von Leiharbeitsverhältnissen vgl. *Lampenius*, K&R 2012, 12, 16 ff.; *Werxhausen* in Redeker, IT-Verträge, 5.3 Rz. 116 ff.

4 Vgl. *Maier*, Der Schutz von Betriebs- und Geschäftsgeheimnissen (1998), S. 333 ff.; *Gaul*, Der erfolgreiche Schutz von Betriebs- und Geschäftsgeheimnissen, S. 80 ff.

5 *LAG Hamm* v. 5.10.1988, DB 1988, 783, 784; Preis/*Rolfs*, II V 20 Rz. 34; *Preis/Reinfeld*, AuR 1989, 361, 364.

6 Zutreffend Preis/Rolfs, II V 20 Rz. 42; a.A. wohl *Kather*, VPP Rundbrief Nr. 3/2005, 108, 115.

Bei einem Wettbewerbsverbot in einem laufenden Arbeitsverhältnis ist die grundrechtlich geschützte Berufsfreiheit (Art. 12 Abs. 1 GG) des Arbeitnehmers zu berücksichtigen und demgemäß im Rahmen einer Gesamtwürdigung aller Umstände des Einzelfalls zu prüfen, ob aufgrund der anderweitigen Tätigkeit überhaupt eine Gefährdung oder Beeinträchtigung der Interessen des Arbeitgebers vorliegt[1]. Dabei spricht nach Ansicht des *BAG*[2] viel für eine Notwendigkeit, die Reichweite des Wettbewerbsverbots auf unmittelbare Konkurrenztätigkeiten zu beschränken und bloße Hilfstätigkeiten ohne Wettbewerbsbezug auszunehmen.

Für das Arbeitnehmererfindungsrecht verpflichtet § 24 Abs. 1 ArbEG den Arbeitgeber, die gemeldeten oder mitgeteilten Erfindungen eines Arbeitnehmers solange geheim zu halten, als die berechtigten Belange des Arbeitnehmers dies erfordern (s. auch Rz. 2582). Eine vergleichbare Pflicht trifft den **Arbeitnehmererfinder** nach **§ 24 Abs. 2 ArbEG**. Nach **§ 24 Abs. 3 ArbEG** dürfen auch sonstige Personen, die aufgrund des ArbEG von einer Erfindung Kenntnis erlangt haben, diese Kenntnisse weder auswerten noch bekannt geben[3]. Folgerichtig ist der Arbeitgeber auch gehalten, **dritte Personen**, die mit einer Arbeitnehmererfindung in Kontakt treten, durch eine Geheimhaltungsverpflichtung zu binden. Dies gilt nicht nur für die Mitarbeiter in der Forschungs- und Entwicklungsabteilung, in einer Industriepatentabteilung oder für beratende Patentanwälte oder Rechtsanwälte. Auch **Leiharbeitnehmer**, **Werkvertragsnehmer** und gegebenenfalls sogar **Betriebsbesucher** müssen der Geheimhaltungsverpflichtung unterworfen werden, wenn sie mit dem Gegenstand der Arbeitnehmererfindung in Berührung kommen können. 2625

Denkbar ist auch, sonstige technisch geprägte schöpferische Leistungen, die nicht als patentwürdig oder gebrauchsmusterschutzfähig i.S. des § 2 ArbEG angesehen werden können, durch eine Geheimhaltungsverpflichtung abzusichern. 2626

bb) Nachvertragliche Geheimhaltungspflicht und nachvertragliches Verwertungsverbot

Ohne ausdrückliche Wettbewerbsverbotsklausel bzw. nachvertragliche Geheimhaltungsklausel ist davon auszugehen, dass ein ausgeschiedener Arbeitnehmer grundsätzlich redlich erworbenes Wissen jederzeit verwenden darf (vgl. Rz. 2580 ff.). Somit ist eine vertragliche Vereinbarung zu empfehlen. 2627

---

1 *BAG* v. 24.3.2010, NZA 2010, 693, 694, Rz. 17.
2 *BAG* v. 24.3.2010, NZA 2010, 693, 694, Rz. 17.
3 Vgl. *Gaul/Bartenbach*, Mitt. 1981, 207 ff.

Welche Bedeutung ein Arbeitnehmer als Know-how-Träger für ein Unternehmen haben kann, zeigt die Entscheidung des *BAG* vom 9.2.1994[1] deutlich.

„Ist der Übergang anderer wesentlicher sächlicher und immaterieller Betriebsmittel auf den Erwerber festgestellt und das Know-how des Betriebes überwiegend in der Person eines einzelnen Arbeitnehmers verkörpert, so kann die im allseitigen Einverständnis erfolgte Übernahme dieses Know-how-Trägers ein zusätzliches, starkes Indiz für eine Betriebsübernahme nach § 613a BGB darstellen [...]." (Leitsatz 1)

2628 Für den in einer weisungsgebundenen Tätigkeit beschäftigten Arbeitnehmer[2] kann eine nachwirkende Geheimhaltungsverpflichtung nur **zeitbefristet** vereinbart werden[3]. Der Arbeitnehmer kann nicht pauschal zur Geheimhaltung aller ihm bekannt gewordenen geschäftlichen bzw. betrieblichen Tatsachen verpflichtet werden, da eine solche Klausel nach § 138 Abs. 1 BGB nichtig bzw. als Formularklausel unangemessen wäre und gegen das Bestimmtheitsgebot des § 307 Abs. 1 Satz 2 BGB verstieße[4]. Wird ein Betriebsgeheimnis zum allgemeinen Stand der Technik oder die geheim zu haltende Tatsache offenkundig, entfällt auch für den ausgeschiedenen Arbeitnehmer die Geheimhaltungsverpflichtung.

2629 Nach der Rechtsprechung des *BAG*[5] ist eine die berufliche Betätigung des ausgeschiedenen Arbeitnehmers besonders belastende nachvertragliche Geheimhaltungsklausel als vertragliche **Wettbewerbsverbotsklausel** zu behandeln, die dann keine Wirksamkeit entfaltet, wenn es an der Vereinbarung der gesetzlich vorgesehenen Karenzentschädigung i.S. des § 74 HGB fehlt. § 74 HGB ist auf alle Arbeitnehmer anwendbar. Anhand welcher Kriterien konkret festzustellen ist, ob einer Geheimhaltungsklausel sozusagen ein Wettbewerbsverbot innewohnt, wird unterschiedlich beurteilt. Einerseits wird auf die Form, in der das Betriebsgeheimnis verwertet wird, andererseits auf die faktischen Auswirkungen der Geheimhaltungsklausel abgestellt[6]. Fraglich ist zudem, inwieweit eine geltungserhaltende Reduktion der Geheimhaltungsklausel möglich ist, wobei allerdings eine Reduktion auf die wichtigsten Geschäfts- und Betriebsgeheimnisse ausscheidet[7].

---

1 *BAG* v. 9.2.1994, NZA 1994, 612, 613, vgl. auch *BAG* v. 29.9.1988, NZA 1989, 799, 800.

2 Vgl. *Achterberg*, JZ 1975, 713 ff.

3 Ausführlich hierzu *Bartenbach* in FS Küttner, 2006, S. 130 ff. S. auch *Gaugenrieder/Unger-Hellmich*, WRP 2011, 1364, 1377 f. m.w.N.

4 *Gaugenrieder/Unger-Hellmich*, WRP 2011, 1364, 1377 m.w.N.

5 *BAG* v. 15.12.1987, NJW 1988, 1686 f.; *BAG* v. 19.5.1998, BB 1999, 212 f. Ausführlich zu den vom *BAG* entschiedenen Fällen, in denen die Schwelle zum Wettbewerbsverbot überschritten wurde, *Bartenbach* in FS Küttner, 2006, S. 127 ff.

6 Eingehend hierzu *Bauer/Diller*, Wettbewerbsverbote, Rz. 154 ff.; 157 ff.

7 *Bauer/Diller*, Wettbewerbsverbote, Rz. 162; *Gaugenrieder/Unger-Hellmich*, WRP 2011, 1364, 1377.

Wird die nachvertragliche Geheimhaltungspflicht erst nach Beendigung des Arbeitsverhältnisses vereinbart, ist § 74 HGB nicht einschlägig[1]. Arbeitgeber und Arbeitnehmer können bspw. nach Beendigung des Arbeitsverhältnisses in einem Prozessvergleich ein Wettbewerbsverbot auch dann wirksam vereinbaren, wenn darin keine Karenzentschädigung für den ausgeschiedenen Arbeitnehmer vorgesehen ist, da § 74 Abs. 2 HGB in diesem Fall keine Anwendung findet[2]. 2630

Die Geheimhaltungsabrede ist dann nicht als Wettbewerbsverbotsklausel i.S. des § 74 HGB einzuordnen, wenn diese sich **auf einzelne konkret bezeichnete Geheimnisse** im Sinne des Wettbewerbsrechts (vgl. Rz. 2553) beschränkt[3]. 2631

Solange die Geheimhaltung gewährleistet bleibt, wird eine eigene Verwertung des Know-hows durch den früheren Arbeitnehmer bei Vereinbarung einer (bloßen) Geheimhaltungspflicht nicht ausgeschlossen[4]. Die Vereinbarung eines **nachvertraglichen Verwertungsverbots** des Know-hows geht über eine bloße Pflicht zur Geheimhaltung hinaus, solange die Verwertung nicht zur Offenbarung des Betriebsgeheimnisses führt. Eine solche Vereinbarung stellt grundsätzlich ein nachvertragliches Wettbewerbsverbot dar, das an § 74 HGB zu messen ist[5]. 2632

Generell müssen die Arbeitsvertragsparteien bei der Ausgestaltung nachvertraglicher Geheimhaltungsverpflichtungen sowie Verwertungsverboten das **Verhältnismäßigkeitsprinzip**, wie es unmittelbar auch im Gebot der Billigkeit im Arbeitsrecht (§ 315 BGB) Ausdruck findet[6], beachten. Danach sind nachwirkende Verschwiegenheitsverpflichtungen nur insoweit statthaft, als ein überwiegendes Interesse des Arbeitgebers gegenüber dem schutzwerten Anliegen des ausgeschiedenen Arbeitnehmers, seine berufliche Tätigkeit uneingeschränkt weiterführen zu können, anzuerkennen ist[7]. Für Verwertungsverbote sowie diejenigen Geheimhaltungspflichten, die ein Wettbewerbsverbot i.S. des § 74 HGB darstellen, hat dieser Grundsatz eine Positivierung in § 74a Abs. 1 Satz 1 HGB gefunden. In die Abwägung einzustellen sind etwa die Qualität der Erkenntnisse, das Mitwirken 2633

---

1 Vgl. *Boecken* in Ebenroth/Boujong/Joost/Strohn, HGB, § 74 Rz. 12.

2 Vgl. *BAG* v. 8.3.1968, DB 1968, 1717.

3 Vgl. *Richters/Wodtke*, NZA-RR 2003, 281, 287; *Richters/Wodtke*, Schutz von Betriebs- und Geschäftgeheimnissen, Rz. 361 ff. mit ausführlicher Rechtsprechungsübersicht; *Kraßer*, GRUR 1977, 177, 187; *Maier*, Der Schutz von Betriebs- und Geschäftsgeheimnissen (1998), S. 341 ff.; *BGH* v. 3.5.2001, WRP 2001, 1174, 1178 m.w.N.; *BAG* v. 16.3.1982, BB 1982, 1792; *BAG* v. 19.5.1998, BB 1999, 212; *LAG Hamm* v. 21.6.2004, BB 2005, 164.

4 *BAG* v. 19.5.1998, NZA 1999, 2000 – Kantenbänder.

5 S. eingehend *Salger/Breitfeld*, BB 2005, 154, 156 f.

6 Vgl. *von Hoyningen-Huene*, Die Billigkeit im Arbeitsrecht, S. 13 ff.; *Gaul*, Der erfolgreiche Schutz von Betriebs- und Geschäftsgeheimnissen, S. 89 ff.

7 Vgl. *Richters/Wodtke*, NZA-RR 2003, 281, 287; *BGH* v. 3.5.2001, WRP 2001, 1174, 1178 – Spritzgießwerkzeuge m.w.N.

des Arbeitnehmers an deren Entstehung sowie das zwingende Angewiesensein auf dieses Wissen zum Zwecke des beruflichen Fortkommens des Arbeitnehmers einerseits und zum Zwecke der wirtschaftlichen Betätigung des Arbeitgebers andererseits[1].

2634 Insoweit führen die nachwirkende Verschwiegenheitspflicht und/oder ein nachvertragliches Verwertungsverbot dann zur Unverhältnismäßigkeit und damit zur Unwirksamkeit, wenn sie länger ausgedehnt werden als der Zeitraum reicht, der für den Durchschnittsfachmann auf dem Gebiet erforderlich ist, um sich den entsprechenden Wissensstand zu verschaffen, nachdem die Aufgabe oder das Problem erkannt worden ist (Innovationzyklus)[2].

2635 Hinsichtlich der **zeitlichen Dauer** von **nachwirkenden Verschwiegenheitspflichten**, die nicht an ein Wettbewerbsverbot heranreichen, muss auf das typische tatsächliche Schutzbedürfnis des Arbeitgebers abgestellt werden, das in Geschäftsgeheimnissen und einem betrieblichen Know-how sichtbar wird. Hier kann es im Einzelfall gerechtfertigt sein, auf die durchschnittliche Entwicklungszeit für die Anlagen und Vorrichtungen, mit denen der Arbeitnehmer befasst war, abzustellen. Sinngehalt der Geheimhaltungsverpflichtung ist es, dem Wettbewerber des Wissensträgers die Möglichkeit zu nehmen, ohne eigenen Aufwand und eigene unternehmerische Bemühungen um die Weiterentwicklung eines neuen kaufmännischen oder technischen Wissens allein durch Fremdnutzung die Vorteile sogleich zu übernehmen, die ein Dritter geschaffen hat.

2636 Für die Vereinbarung von **Wettbewerbsverboten** sieht **§ 74a Abs. 1 Satz 3 HGB** eine ausdrückliche **zeitliche Schranke von zwei Jahren** vor. Verwertungsverbote sowie weit reichende Geheimhaltungsvereinbarungen, die an den §§ 74 ff. HGB zu messen sind, verlieren ihre Gültigkeit somit bereits nach einem Zeitraum von zwei Jahren. Dagegen ist zweifelhaft, ob diese Schranke auch auf gewöhnliche, nicht an ein Wettbewerbsverbot heranreichende Geheimhaltungsverpflichtungen Anwendung finden sollte. Hiergegen spricht, dass das Wettbewerbsverbot den ausgeschiedenen Arbeitnehmer in viel stärkerem Maße einschränkt als eine Geheimhaltungsverpflichtung, die gegenständlich begrenzt ist. Sie hindert den Arbeitnehmer praktisch nur, für einen begrenzten Zeitraum, in einer vorgegebenen Branche oder in einem festgelegten Kundenkreis die geheimhaltungspflichtigen Tatsachen weiterzugeben[3]. Die Verschwiegenheitspflicht umfasst anders als das Verwertungsverbot gerade nicht das Verbot der eigenen Nutzung, sofern die Geheimhaltung gesichert bleibt.

---

1 Vgl. *Richters/Wodtke*, NZA-RR 2003, 281, 288; *Gaul*, Der erfolgreiche Schutz von Betriebs- und Geschäftsgeheimnissen, S. 85 ff.
2 Vgl. *Bruchhausen* in FS 25 Jahre BPatG, 1986, S. 125 ff.
3 *BAG* v. 15.6.1993, NZA 1994, 502, 505.

In diesem Rahmen erscheint es gerechtfertigt, von einer **absoluten zeitlichen Grenze von jedenfalls drei Jahren** für eine nachwirkende Geheimhaltungsverpflichtung auszugehen, die dann Geltung besitzt, wenn von dem durch die Verschwiegenheitspflicht belasteten Arbeitnehmer nicht der Nachweis erbracht werden kann, dass ein Fachmann in Kenntnis der Aufgabenstellung imstande gewesen wäre, in einer kürzeren Zeit diesen Wissensstand zu erlangen.

Bei einem **Verstoß gegen** ein wirksam vereinbartes **Wettbewerbsverbot** in 2637
Form einer umfassenden Verschwiegenheitspflicht oder eines Verwertungsverbots entfällt die Pflicht des Arbeitsgebers zur Karenzzahlung für die Dauer des Verstoßes[1].

Darüber hinaus kann der Arbeitgeber, auch im Falle des **Verstoßes gegen** eine weniger einschneidende **Geheimhaltungsabrede**, zum einen **Unterlassung** verlangen, zum anderen stehen ihm unter Umständen **Schadensersatzansprüche** zu[2]. Im Einzelfall bereiten der Nachweis der Kausalität der Pflichtverletzung für den Schaden oder der Nachweis eines konkret entstandenen Schadens erhebliche Schwierigkeiten. Daher kann sich die Vereinbarung einer **Vertragsstrafe** als sinnvoll herausstellen. Auch hier ist jedoch auf einen etwaigen Verstoß insbesondere gegen das **AGB-Recht** (§§ 305 ff. BGB) zu achten[3].

Die Regelungen des BGB über allgemeine Geschäftsbedingungen (§§ 305 ff. 2638
BGB) gelten grundsätzlich auch für standardisierte Verträge im Arbeitsrecht. Allerdings sind bei der Anwendung der Bestimmungen auf Arbeitsverträge die **im Arbeitsrecht geltenden Besonderheiten** angemessen zu berücksichtigen (**§ 310 Abs. 4 Satz 2 BGB**). Vertragsstrafen für den Fall der Nichtabnahme oder verspäteten Abnahme der Leistung, des Zahlungsverzugs oder für den Fall, dass der andere Vertragsteil sich vom Vertrag löst, sind nach **§ 309 Nr. 6 BGB** grundsätzlich unzulässig. Die Vereinbarung einer Vertragsstrafe bei einem Verstoß gegen das Wettbewerbsverbot könnte nach § 309 Nr. 6 BGB unzulässig sein, wenn in der Verletzung eines vereinbarten Wettbewerbsverbots ein Lösen vom Vertrag i.S. des § 309 Nr. 6 BGB liegt. Bereits unter Geltung des AGBG waren aber Vertragsstrafen für die Nicht- oder Schlechterfüllung von Unterlassungspflichten von dem Verbot ausgenommen, da die Vorschrift am Erscheinungsbild des zahlungspflichtigen Kunden ausgerichtet ist[4]. Entgegen der zum Teil im Schrifttum gefor-

1 *Salger/Breitfeld*, BB 2005, 154, 157.

2 Vgl. *Boecken* in Ebenroth/Boujong/Joost/Strohn, HGB, § 74 Rz. 56, 58.

3 Zum Streit über die allgemeine Zulässigkeit von Vertragsstrafenvereinbarungen in Arbeitsverträgen *Wodtke/Richters*, Schutz von Betriebs- und Geschäftsgeheimnissen, Rz. 403 ff. m.w.N.; *BAG* v. 4.3.2004, NZA 2004, 727; zur Vereinbarkeit nachvertraglicher Wettbewerbsverbote, insbesondere der Vereinbarkeit von Vertragsstrafen mit dem AGB-Recht s. *Diller*, NZA 2005, 250–254.

4 *Bauer/Diller*, NJW 2002, 1609, 1614; *Diller*, NZA 2005, 250, 253.

derten extensiven Auslegung der Norm[1] orientiert sich auch das *BAG* deutlich am Wortlaut des § 309 Nr. 6 BGB[2]. Somit greift die Norm bei Vereinbarung einer Vertragsstrafe für den Verstoß gegen Wettbewerbsverbote sowie Geheimhaltungsabreden bereits sachlich nicht[3]. Das BAG entschied darüber hinaus wiederholt, dass selbst bei einer erweiterten Auslegung des § 309 Nr. 6 BGB **Vertragsstrafeklauseln** aufgrund der im Arbeitsrecht geltenden Besonderheiten **grundsätzlich zulässig** seien[4].

2639 Auch im Hinblick auf **§ 309 Nr. 5 BGB**, der die Pauschalierung von Schadensersatzansprüchen in Formularabreden verbietet, sind Vertragsstrafevereinbarungen unbedenklich. Die Vertragsstrafe dient vorrangig nicht der Vereinfachung der Berechnung eines eingetretenen Schadens, sondern dazu, den Arbeitnehmer zur Einhaltung des Verbots anzuregen[5].

2640 Allerdings kann sich eine Unwirksamkeit der Klausel aufgrund **unangemessener Benachteiligung** nach § **307 Abs. 1 BGB** ergeben, wenn die Vertragsstrafe in erster Linie der Schöpfung neuer, von einem Sachinteresse des Arbeitgebers losgelöster Geldforderungen dient und die Vertragsstrafeklausel somit eine **Übersicherung des Arbeitgebers** bezweckt. Dies wurde seitens des *BAG* bei einer Vertragsstrafe von einem bis drei Monatsgehälter für jeden Einzelfall eines Wettbewerbsverstoßes angenommen[6]. Dagegen billigte der Senat ein einseitiges Bestimmungsrecht des Arbeitgebers, die jeweilige Strafe je nach Schwere des Verstoßes zwischen einem und drei Monatsgehälter auszuwählen[7].

Somit ist die **Höhe der Vertragsstrafe entscheidend**, die daran zu bemessen ist, ob typischer Weise nur ein geringer Schaden erwartet wird[8].

2641 Überdies bedarf es der **Hervorhebung** der vertraglichen Regelung über die Vertragsstrafe. Eine Regelung unter der Hauptüberschrift „Wettbewerbsverbote" wirkt nach der Entscheidung des *LAG Hamm* v. 10.9.2004[9] überraschend im Sinne des **§ 305c Abs. 1 BGB** und ist unzulässig. Für die Praxis ist damit nach wie vor entscheidend, Vertragsstrafen für Verstöße gegen Geheimhaltungsabreden oder Verwertungsverbote hinsichtlich Pflichtverletzung und Höhe möglichst konkret auszugestalten.

---

1 So Kittner/Zwanziger/Deinert/*Lakies*, Arbeitsrechtshandbuch für die Praxis, § 60 Rz. 7 ff.; *von Koppenfels*, NZA 2002, 598, 602.
2 *BAG* v. 21.4.2005, NZA 2005, 1053–1056; *BAG* v. 4.3.2004, AP BGB § 309 Nr. 3.
3 Vgl. *BAG* v. 18.8.2005, BB 2006, 720 ff.; das Urteil nimmt explizit auf Vertragsverstöße, wie gegen Wettbewerbsverbote und/oder Geheimhaltungspflichten Bezug; s. auch *Bauer/Diller*, NJW 2002, 1609, 1614; *Diller*, NZA 2005, 250, 253.
4 *BAG* v. 18.8.2005, BB 2006, 720 ff.; *BAG* v. 4.3.2004, NZA 2004, 727.
5 *Bauer/Diller*, NJW 2002, 1609, 1614; *Diller*, NZA 2005, 250, 253.
6 *BAG* v. 18.8.2005, BB 2006, 720 ff.
7 *BAG* v. 18.8.2005, BB 2006, 720 ff.
8 *BAG* v. 4.3.2004, NZA 2004, 727; kritisch *Diller*, NZA 2005, 250, 253 f.
9 LAGE § 305c BGB 2002 Nr. 2.

3. Gesetz zur Regelung des Zugangs zu Informationen des Bundes

Das **Informationsfreiheitengesetz**[1] (IFG) gewährt in **§ 1 Abs. 1 Satz 1 IFG** 2642
jeder natürlichen oder juristischen **Person** des Privatrechts einen **voraussetzungslosen Anspruch** auf **Zugang zu amtlichen Informationen** von Bundesbehörden. Dieser Anspruch besteht auch gegenüber sonstigen Bundesorganen und -einrichtungen, soweit sie öffentlich-rechtliche Verwaltungsaufgaben wahrnehmen[2]. Gemäß § 2 Nr. 1 IFG sind amtliche Informationen alle einem amtlichen Zweck dienenden Aufzeichnungen. Der Begriff knüpft an keine konkrete Tätigkeit, Person oder Herkunft der Information an und ist folglich äußerst weit gefasst[3]. Nach zulässigem Antrag sind grundsätzlich unverzüglich Auskunft zu erteilen, Akteneinsicht zu gewähren oder Informationen in sonstiger Weise zur Verfügung zu stellen (§ 1 Abs. 2 Satz 1, § 7 Abs. 5 IFG).

Somit kann etwa auch in Akten des DPMA oder des Bundeskartellamtes Einsicht verlangt werden. **Einschränkungen** des Informationsanspruchs aus öffentlichen Belangen sind katalogartig in den **§§ 3 f. IFG** zusammengefasst.

Um den **Geheimnischarakter von betrieblichen Informationen** nicht zu ge- 2643
fährden, kann der Zugang zu diesen Informationen nach **§ 6 Satz 2 IFG** allerdings nur bei **Einwilligung des Betroffenen** gewährt werden.

Hinsichtlich von **Informationen zu Patenten, Geschmacksmustern oder ähnlichen Rechten, die nicht als geheim eingestuft** werden können, sind dagegen keine Ausnahmen vorgesehen. Bezieht sich der Antrag auf solche oder andere unternehmensbezogene Daten, so ist nach **§ 5 Abs. 1 IFG** eine **Abwägung** zwischen dem Informationsinteresse des Antragstellers und den Interessen der durch die Einsicht betroffenen Person vorzunehmen. Sprechen Anhaltspunkte für ein schutzwürdiges Interesse des Dritten, das durch die Information verletzt würde, so muss dem Dritten nach **§ 8 Abs. 1 IFG** die Gelegenheit gewährt werden, innerhalb eines Monats eine schriftliche Stellungnahme abzugeben.

Kein Anspruch auf Informationszugang besteht, wenn der **Schutz geistigen** 2644
Eigentums entgegensteht (§ 6 Satz 1 IFG)[4]. Nach Art. 5 Abs. 2 IFG überwiegt das Informationsinteresse nicht bei Informationen aus Unterlagen,

---

1 Gesetz zur Regelung des Zugangs zu Informationen des Bundes v. 5.9.2005, BGBl. I 2005, 2722, in Kraft seit 1.1.2006.

2 Hierunter soll nach Ansicht des *VG Berlin* (K&R 2012, 141 mit Anm. *Schnabel*, K&R 2012, 143 f.) auch die Tätigkeit der Wissenschaftlichen Dienste des Deutschen Bundestages zu fassen sein.

3 *Sieberg/Ploeckl*, DB 2005, 2062.

4 Die Akteneinsicht bzw. Einsichtnahme in ein (ggf.) urheberrechtlich geschütztes Werk verletzt nach Ansicht des *VG Berlin* (K&R 2012, 141, 142 f. mit Anm. *Schnabel*, K&R 2012, 143 f.) nicht die Rechte des Urhebers gemäß §§ 12, 17 UrhG.

soweit sie mit dem Dienst- oder Amtsverhältnis oder Mandat des Dritten in Zusammenhang stehen und bei Informationen, die einem Berufs- oder Amtsgeheimnis unterliegen.

2645 Aufgrund dieser weit reichenden Informationsrechte wird der bislang geltende Grundsatz des Aktengeheimnisses und der Vertraulichkeit der Verwaltung spürbar eingeschränkt[1]. Der Informationsanspruch aus § 1 Abs. 1 IFG wird dagegen voraussetzungslos gewährt. Zwar ist das Anliegen, das Verwaltungshandeln des Bundes transparenter zu gestalten und die demokratischen Beteiligungsrechte der Bürger zu stärken[2] grundsätzlich zu befürworten, doch ist zweifelhaft, ob hierfür ein voraussetzungsloser Zugang, der in der Praxis unter Umständen zu Lasten anderer Privatpersonen erfolgt, erforderlich und angemessen ist. So muss gewährleistet werden, dass keinerlei Unterlagen abhanden kommen und den Betrieben durch die Möglichkeit der vollen Einsicht in ihre Unterlagen keinerlei Schaden zugefügt wird. Durch Veröffentlichung interner Informationen, die nicht an den Geheimnischarakter heranreichen, wird Wettbewerbern unter Umständen die Gelegenheit gegeben, sich einen unlauteren Vorteil zu verschaffen[3].

2646 Auf **europäischer Ebene** hat nach **Art. 15 AEUV** (ex-Art. 255 EG) jeder Unionsbürger sowie jede natürliche oder juristische Person mit Wohnsitz oder Sitz in einem Mitgliedstaat das Recht auf Zugang zu Dokumenten des Europäischen Parlaments, des Rates und der Kommission. Das Zugangsrecht wird durch die Transparenzverordnung (EG) Nr. 1049/2001[4] konkretisiert.

IV. Rechtsnachfolge

2647 Auch beim Know-how-Lizenzvertrag kann an die Stelle des bei Abschluss des Know-how-Lizenzvertrages vorhandenen Vertragspartners nachträglich für die eine oder andere Partei oder gar für beide ein Rechtsnachfolger eintreten. Für diese Rechtsnachfolgesituation kann auf die beim Patentlizenzvertrag getroffenen Ausführungen verwiesen werden (vgl. Rz. 590 ff.).

2648 Anders als beim Patentlizenzvertrag (s. Rz. 114) ist beim Know-how-Lizenzvertrag zweifelhaft, ob zugunsten des Know-how-Nehmers ein **Sukzessionsschutz** greift.

Bezogen auf technische Schutzrechte berührt die Veräußerung eines Schutzrechts bzw. die Erteilung diesbezüglicher (einfacher oder ausschließlicher) Lizenzen den Rechtsbestand der zuvor vergebenen Lizenz nicht (vgl. § 15 Abs. 3 PatG, § 22 Abs. 3 GebrMG).

---

1 BT-Drucks. 15/4493, S. 6; s. zur bisherigen Rechtslage *Braun*, ZAP 2005, 673.
2 BT-Drucks. 15/4493, S. 1, 6.
3 *Sieberg/Ploeckl*, DB 2005, 2062.
4 ABl. EG Nr. L 145 v. 31.5.2001, S. 43.

Ein solcher Sukzessionsschutz kann bei einer „Übertragung" von Know-how nur angenommen werden, wenn diese einer absolut wirkenden Schutzrechtsübertragung gleichkäme[1]. Es ist zwar fraglich, ob überhaupt von einer Übertragbarkeit des Know-hows ausgegangen werden kann, da der Know-How-Inhaber und Lizenzgeber trotz „Übertragung" des Know-hows sein Wissen behält[2]. Eine Übertragung von Know-how ist aber mit der Vergabe einer ausschließlichen Lizenz vergleichbar, so dass man auch hier im Anschluss an den *BGH*[3] von einem Sukzessionsschutz zugunsten des Know-how-Nehmers ausgehen muss[4]. Überträgt der Lizenzgeber das Know-how an Dritte, lässt dies das Benutzungsrecht des Lizenznehmers dementsprechend unberührt (jedenfalls bei einer ausschließlichen Know-how-Lizenz[5]).

Frei. 2649–2654

V. Rechtsnatur und Gegenstand des Know-how-Lizenzvertrages

Der Know-how-Lizenzvertrag vermittelt ein schuldrechtliches Benut- 2655
zungsrecht an dem überlassenen technischen Wissen[6]. Umstritten ist seine Rechtsnatur.

1. Die Rechtsnatur des Know-how-Lizenzvertrages

Ebenso wie die Rechtsprechung eine Wertung der Rechtsnatur des Know- 2656
how-Lizenzvertrages selten vorgenommen hat[7], beschränkt sich die Literatur zu diesem Fragenkreis – von der ausführlichen und sorgfältigen Darstellung von *Stumpf*[8] einmal abgesehen – auf einige wenige Stellungnahmen. Dabei ist hinsichtlich der Zuordnung des Know-how-Lizenzvertrages zu den einzelnen Vertragstypen des bürgerlichen Rechts eine sehr unterschiedliche Wertung festzustellen.

1 So *Henn*, Rz. 73.
2 Vgl. auch den Sachverhalt in *BGH* v. 28.1.2003, DNotZ 2004, 152, 155 – Verkreuzungsverfahren.
3 *BGH* v. 8.7.1975, GRUR 1976, 140, 142 – Polyurethan.
4 S. auch Piper/Ohly/*Sosnitza*, UWG, vor §§ 17–19 Rz. 5 unter Annahme einer dinglichen Wirkung des Benutzungsrechts. A.A. *Henn*, Rz. 73; *McGuire/Joachim/Künzel/Weber*, GRUR Int. 2010, 829, 836.
5 *BGH* v. 8.7.1975, GRUR 1976, 140, 142 – Polyurethan; Benkard/*Ullmann*, PatG, § 15 Rz. 246.
6 *BGH* v. 25.1.1955, GRUR 1955, 388 – Dücko.
7 Vgl. aber *OLG Hamm* v. 2.3.1993, CR 1994, 357, 358 das allerdings lediglich auf Ausführungen von *Stumpf*, Der Know-how-Vertrag, Rz. 19 ff. Bezug nimmt.
8 *Stumpf*, Der Know-how-Vertrag, Rz. 19 ff.; *Winzer* in Pfaff/Osterrieth, B III Rz. 572 f.; *Henn*, Rz. 88 ff.

a) Einordnung als Kaufvertrag[1]

2657 Die Amtliche Begründung zum Schuldrechtsmodernisierungsgesetz[2] betont, dass der **Kaufvertrag** ein geeigneter Vertragstyp auch für die entgeltliche dauerhafte Übertragung anderer Vermögenswerte sei, z.B. von (noch) ungeschützten Erfindungen und technischem Know-how.

Lüdecke/Fischer[3] sehen den reinen Know-how-Lizenzvertrag auch dann als dem Kaufvertrag (vgl. §§ 433 ff. BGB) näher stehend als reine Schutzrechtslizenzverträge an, wenn die finanzielle Gegenleistung des Know-how-Nehmers in Gestalt laufender Abgaben gezahlt wird[4]. In diesem Sinne äußert sich auch *Stumpf*[5] insbesondere im Hinblick auf die Schwierigkeit, dem Know-how-Nehmer nach Ablauf der Vertragszeit die Weiternutzung des überlassenen Erfahrungswissens zu verbieten, weil keine ausreichenden Kontrollmöglichkeiten bestehen. Allerdings beschränkt *Stumpf* die unmittelbare Anwendung der Bestimmungen des Kaufrechts auf den in der Praxis relativ seltenen Fall, dass der Know-how-Nehmer bestimmte Modelle, Formen oder Rezepte oder sonstige Konstruktionsunterlagen ohne jede weitere Information erhält.

2658 U.E. ist danach zu differenzieren, ob es um die abschließende **Übertragung eines Know-how-Pakets** geht, also ohne übliche lizenzvertragliche Regeln, der Erwerber also zukünftig hinsichtlich des Know-hows und dessen Lizenzierung allein verfügungsberechtigt sein soll, oder ob es um eine übliche Lizenzvergabe geht. Bei einer solchen **umfassenden Veräußerung von Know-how** handelt es sich um den Kauf von Rechten bzw. eines **sonstigen Gegenstands** i.S. des. **§ 453 Abs. 1 BGB**, auf den die Vorschriften über den Kauf von Sachen Anwendung finden[6].

Maßgeblich ist also, ob der Veräußerer lediglich die Überlassung der (geheimen und nicht geheimen) Know-how-Unterlagen schuldet, oder weitere auf Dauer angelegte Informationspflichten etc. zu erfüllen hat. Insoweit kommen die Regeln über den Rechtskauf nicht zur Anwendung, wenn der **Hauptzweck** des Know-how-Vertrages nicht die rein körperliche Übergabe der Unterlagen, ggf. verbunden mit einer (einmaligen) Information ist, sondern die damit verbundene (dauerhafte) **Unterrichtung des Vertragspartners** (s. Rz. 2661, 2776).

---

1 S. auch Rz. 45 zum Patentlizenzvertrag.

2 BT-Drucks. 14/6040, S. 208 zu § 433 BGB.

3 *Lüdecke/Fischer*, Lizenzverträge, M 15 S. 661.

4 S. auch *Greco*, Verwertung von Know-how (2010), S. 118 ff., 155, wonach es sich bei Know-how-Verträgen stets um Kaufverträge über sonstige Gegenstände (§ 453 BGB) handeln soll.

5 *Stumpf*, Der Know-how-Vertrag, Rz. 21; sich diesem anschließend *Henn*, Rz. 88.

6 Vgl. *BGH* v. 27.4.2006, GRUR 2006, 1044, 1046 – Kundendatenprogramm; *Maaßen* in Ann/Loschelder/Grosch, Praxishandbuch Know-how-Schutz, Kap. 5 Rz. 6 ff. m.w.N.; Palandt/*Weidenkaff*, BGB, § 453 Rz. 7 ff.; krit. *Pfaff*, BB 1974, 565, 568.

In Übereinstimmung mit *Stumpf*[1] liegt ein weiterer Unterschied zwischen diesen beiden Vertragstypen darin, dass der Know-how-Lizenzvertrag üblicherweise, von einer einmaligen Überlassung des bei Vertragsabschluss vorhandenen Erfahrungswissens gegen Zahlung eines einmaligen Entgelts einmal abgesehen, **auf Dauer ausgerichtet** ist, insbesondere wenn es um die laufende Unterrichtung über Weiterentwicklungsergebnisse geht. Dieser Charakter als Dauerschuldverhältnis drückt sich auch in der üblicherweise nicht nur einmalig zu erbringenden Lizenzgebühr als Gegenleistung[2] aus; zudem findet dieses Dauerschuldverhältnis regelmäßig durch Kündigung seitens eines der Vertragspartner ein Ende. Eine solche Kündigungsmöglichkeit ist dem Kaufvertrag nicht eigen, ebenso wenig wie eine während des Vertragsverhältnisses und ggf. auch nach Vertragsende bestehende und den Know-how-Lizenzvertrag kennzeichnende Geheimhaltungspflicht des Lizenznehmers (vgl. Art. 2 Abs. 2 Nr. 1 TT-GVO 1996). Auch ist die typische Verpflichtung des Lizenznehmers, nach Vertragsende die Nutzung des (auch ggf. einmalig bei Vertragsschluss) überlassenen Know-hows einzustellen (vgl. Art. 2 Abs. 1 Nr. 3 TT-GVO 1996) untypisch für einen Kaufvertrag. Schließlich sind im Know-how-Lizenzvertrag geltende Treuepflichten (vgl. etwa die Informationspflicht i.S. des Art. 2 Abs. 2 Nr. 6 lit. a und die Nichtangriffspflicht i.S. des Art. 2 Abs. 1 Nr. 15 TT-GVO 1996) dem Kaufvertrag wesensfremd. 2659

b) Einordnung als (Rechts-)Pachtvertrag

Die wohl h.M. geht grundsätzlich von einem (Rechts-)Pachtvertrag **(§§ 581 ff. BGB)** aus bzw. einem Vertrag sui generis, auf den jedenfalls dann, wenn eine laufende Lizenzgebühr geschuldet wird, die Regeln der Rechtspacht entsprechend angewendet werden[3]. 2660

Auch als (Rechts-)Pachtvertrag (§§ 581 ff. BGB) lässt sich der übliche Know-how-Lizenzvertrag jedoch nicht immer einstufen. Denn auch diese Rechtsfigur setzt die Übergabe bzw. die Übertragung (einer Sache oder) eines Rechtes voraus. Insoweit **tritt der Pächter an die Stelle des Verpächters, der für die Pachtdauer kein Nutzungsrecht hat**. Bei der Überlassung technischer Erfahrungen **bleibt** jedoch der **Know-how-Geber stets im Besitz des Erfahrungswissens**. Lediglich durch seine Beratung erweitert er den Per-

1 *Stumpf*, Der Know-how-Vertrag, Rz. 21.
2 Vgl. insoweit Art. 2 Abs. 1 Nr. 7 TT-GVO 1996.
3 *BGH* v. 17.11.2005, GRUR 2006, 435 – Softwarenutzungsrecht; *OLG Hamm* v. 2.3.1993, NJW-RR 1993, 1270; *FG Saarbrücken* v. 2.6.1960, EFG 1960, 309; *Stumpf*, Der Know-how-Vertrag, Rz. 29 ff., 31; Benkard/*Ullmann*, PatG, § 15 Rz. 241; *Körner*, GRUR 1982, 341, 342; *Maaßen/Wuttke* in Ann/Loschelder/Grosch, Praxishandbuch Know-how-Schutz, Kap. 5 Rz. 44 ff.; Palandt/*Weidenkaff*, BGB, vor § 581 Rz. 8; *Harke* in MünchKomm. BGB, § 581 Rz. 18 m.w.N.; *Wagner* in Bamberger/Roth, BGB, vor § 581 Rz. 10; im Ergebnis ebenso *Pfaff*, BB 1974, 565, 567; *Bussmann/Pietzcker*, DB 1964, 855, 859; *van der Velde*, DB 1961, 716, 719; *Knoppe*, Besteuerung der Lizenz- und Know-how-Verträge (1972), S. 24.

sonenkreis derer, die an diesem Wissen teilhaben. Hinzu kommt, dass im Rahmen einer Rechtspacht ein Gegenstand nicht gleichzeitig wirksam an mehrere völlig voneinander unabhängige Personen (Unternehmen) verpachtet werden kann, so dass die einfache Lizenz mit diesem Grundsatz nicht zu vereinbaren wäre[1]. Ferner wird der Pachtvertrag dem Charakter des Lizenzvertrags als **gewagtes Geschäft** nicht gerecht[2].

c) Einordnung als Dienstvertrag

2661 Die Erwägung, dass der Hauptzweck des Know-how-Lizenzvertrages auf (u.U. laufende) Unterrichtung und Beratung des Know-how-Nehmers gerichtet ist, lässt es zugleich zweckmäßig und sachgerecht erscheinen, den Know-how-Lizenzvertrag dem bürgerlich-rechtlichen Vertragstypus des Dienstvertrages (vgl. **§§ 611 ff. BGB**)[3] und bei Dauerberatung ergänzend der Regelung über die **Erteilung eines Rates (vgl. § 675 Abs. 2 BGB)** zuzuordnen. Das den Dienstvertrag kennzeichnende Kriterium ist es, dass der eine Teil die versprochenen Dienste leistet und der andere hierfür die entsprechende Vergütung gewährt. Eine solche Dienstleistung liegt – im Unterschied zur Leistungspflicht im Arbeitsverhältnis – vor, wenn in persönlicher und wirtschaftlicher Unabhängigkeit **Beratungsleistungen** erfolgen[4].

2662 Diese Dienstleistung besteht für den Know-how-Geber in der **Unterweisung des Know-how-Nehmers bzw. seiner Mitarbeiter** in der einmaligen oder fortlaufenden Anwendung des überlassenen Erfahrungswissens, oft in Verbindung mit gleichzeitig zur Nutzung überlassenen Schutzrechten. Da der Know-how-Geber hierbei im Zweifel nicht für den Erfolg der auf der Grundlage seiner Unterrichtung erbrachten Leistung beim Know-how-Nehmer einstehen will bzw. einzustehen hat, ist die Rechtsfigur des Werkvertrages (vgl. §§ 631 ff. BGB) nicht anwendbar.

2663 Diese Möglichkeit einer Zuordnung des Know-how-Lizenzvertrages zum **Vertragstypus des Dienstvertrages** einschließlich der Ratserteilung (**bzw. bei einmaligem Entgelt zur Rechtspacht**) erübrigt es – anders als beim Lizenzvertrag über gewerbliche Schutzrechte –, den Know-how-Lizenzvertrag als Vertrag eigener Art zu kennzeichnen[5]. Denn die Erkenntnis, dass ein

---

1 *Groß*, Rz. 23.

2 *BGH* v. 5.7.1960, GRUR 1961, 27, 29 – Holzbauträger; Schulte/*Kühnen*, PatG, § 15 Rz. 32; Benkard/*Ullmann*, PatG; § 15 Rz. 243.

3 S. auch *Skaupy*, GRUR 1964, 539, 541; sowie *Stumpf*, Der Know-how-Vertrag, Rz. 25; a.A. *Henn*, Rz. 88. S. aber auch *BGH* v. 25.11.2010, GRUR 2011, 455 – Flexitanks, der für die Frist zur Kündigung des Know-how-Vertrages aus wichtigem Grund nicht auf die für den Dienstvertrag geltende Ausschlussfrist des § 626 Abs. 2 BGB zurückgreift, sondern wegen des vorrangigen Charakters des Know-how-Vertrages als Dauerschuldverhältnis auf § 314 Abs. 3 BGB.

4 Wie etwa bei einem Rechtsanwalt oder Wirtschaftsprüfer, einem Sachverständigen oder Schiedsgutachter, s. dazu Palandt/*Weidenkaff*, BGB, Einf. vor § 611 Rz. 16 ff. u. § 675 Rz. 23 ff., 50 ff.

5 So aber *Knoppe*, Besteuerung der Lizenz- und Know-how-Verträge (1972), S. 24.

bestimmter Vertragstyp als Vertrag eigener Art zu werten ist, hilft dem Betriebspraktiker regelmäßig nicht weiter. In diesem Fall ist er darauf angewiesen, notfalls unter Anrufung gerichtlicher Hilfe die einzelnen Rechte und Pflichten dieses Vertrages – soweit hierüber im Vertragswerk nichts geregelt ist – abklären zu lassen. Lässt sich dagegen ein Vertragstypus – wie hier – bestimmten gesetzlich geregelten Rechtsfiguren zuordnen, ist damit zugleich eine wesentliche Sicherheit in der Abwicklung dieses Vertragsverhältnisses außerhalb vertraglicher Regelungen gegeben.

d) Gesellschaftsrechtliche Wertung

Bei einer u.U. sehr engen Bindung zwischen Know-how-Geber und Know- 2664
how-Nehmer, insbesondere im Falle eines **gegenseitigen Erfahrungsaustauches**, kann es im Einzelfall angebracht sein, das bestehende Vertragsverhältnis als Gesellschaftsvertrag i.S. der **§§ 705 ff. BGB** zu werten[1], etwa bei der **zwischenbetrieblichen Forschungs- und Entwicklungskooperation**. Bei einer (auch umfassenden) Poolvereinbarung verfolgen die Parteien dagegen regelmäßig eigene Ziele. Maßgebend ist, dass der Vertrag auf die Erreichung eines gemeinsamen Zwecks gerichtet ist und die Vertragsparteien zur Förderung dieses Zweckes verpflichtet sind. Hierzu reicht eine bloße wirtschaftliche Beteiligung des Lizenzgebers am Einsatz oder Gewinn des Lizenznehmers nicht aus[2], ebenso wenig wie die Vereinbarung gemeinsamer Abwehr von Verletzungshandlungen und Nachahmungen Dritter auf dem Gebiet des Vertragsgegenstandes. Wird ein **gemeinschaftlicher Vertrieb** der Lizenzprodukte vereinbart oder eine sonstige Zusammenarbeit in der **Weiterentwicklung des Lizenzgegenstandes**, kann dies Indiz für ein Gesellschaftsverhältnis sein[3].

Frei. 2665–2669

2. Arten eines Know-how-Lizenzvertrages

a) Vertragsgegenstand

Gegenstand eines auf die Übermittlung technischen Erfahrungswissens ge- 2670
richteten reinen Know-how-Lizenzvertrages ist es, dem Vertragspartner das vertragsgegenständliche Wissen technischer Art zur Verfügung zu stellen, wobei den Vertragsparteien oft bewusst ist, dass der Übernehmende sich einen Teil dieses Gedankengutes unter Aufwand von Zeit, Arbeit und/ oder Geld auch selbst beschaffen könnte.

---

1 Vgl. *Bartenbach*, Zwischenbetriebliche Forschungs- und Entwicklungskooperation und das Recht der Arbeitnehmererfindung, S. 13; *Henn*, Rz. 103 ff.
2 So schon *RG* v. 26.10.1929, RGZ 126, 65; *Schade*, Ausübungspflicht, S. 51; *Groß*, Rz. 22.
3 Weitergehend wohl *Henn*, Rz. 105.

2671 Regelmäßig beschränkt sich der **Vertragsgegenstand** des Know-how-Lizenzvertrages auf das bei Vertragsabschluss **vorhandene Wissen**. Selbstverständlich ist auch die Verpflichtung des Lizenzgebers zulässig, **zukünftig entstehendes Know-how** in den Vertrag einzubeziehen. Hierbei sollte sich der Lizenzgeber aber bewusst sein, dass der wirtschaftliche und technische Wert dieses zukünftigen Know-hows noch nicht feststeht und ggf. die vereinbarten (laufenden) Lizenzgebühren dessen Wert nicht ausreichend abdecken. Der Interessenlage beider Vertragsparteien wird Genüge getan, wenn der Lizenzgeber sich im Sinne einer Vorhand (s. Rz. 401 ff.) verpflichtet, über die Einbeziehung zukünftigen Know-hows und die Konditionen hierfür zu verhandeln.

2672 Der Know-how-Lizenzvertrag unterliegt in seiner inhaltlichen Ausgestaltung dem Grundsatz der **Vertragsfreiheit**. Auch wenn er der Rechtssituation des Patentlizenzvertrages verwandt ist[1], stellt § 15 PatG hierfür keine Rechtsgrundlage dar. Er begründet regelmäßig ein **Dauerschuldverhältnis**[2], so dass sich daraus entsprechende Leistungs-, Neben- und Schutzpflichten ergeben können. Auf ihn finden die allgemeinen schuldrechtlichen Regelungen Anwendung[3].

2673 Auch der Know-how-Lizenzvertrag ist sowohl in Form einer **einfachen** als auch einer **ausschließlichen Lizenz** an dem vertragsgegenständlichen Erfahrungswissen möglich (s. hierzu Rz. 78, 120 ff.). Da der Know-how-Nehmer kein Nutzungsrecht an einem rechtlich gesicherten Monopol erhält, bestimmt sich die Abgrenzung zwischen einfacher und ausschließlicher Lizenz allein nach den Vertragsabsprachen. Insoweit empfiehlt sich eine ausdrückliche Kennzeichnung schon in der Überschrift, jedenfalls aber im Vertragstext. Die Ausschließlichkeit kommt in der Verpflichtung des Lizenzgebers zum Ausdruck, keine weiteren Lizenzen zu vergeben und ggf. auch darin, sich jeder Eigennutzung des Know-hows im Vertragsgebiet zu enthalten (s. Rz. 78 ff.). Eine Beschränkung auf bestimmte technische Anwendungsgebiete ist denkbar und nach kartellrechtlichen Maßstäben in der Regel zulässig (vgl. Rz. 2719 ff.).

2674 Besondere **Formvorschriften** für den Know-how-Lizenzvertrag bestehen nicht. Allerdings sind ggf. die kartellrechtlichen Vorgaben zu beachten (vgl. Art. 1 Abs. 1 lit. i TT-GVO 2004 zur „Identifizierung" von Know-how, s. dazu Rz. 2778). Die auch für den Know-how-Lizenzvertrag geltende Schriftformklausel des § 34 GWB a.F.[4] ist mit Wirkung zum 1.1.1999 entfallen (s. Rz. 418 ff.).

---

1 Vgl. *BGH* v. 8.7.1975, GRUR 1976, 140, 142 – Polyurethan.
2 So auch *BGH* v. 25.11.2010, GRUR 2011, 455 – Flexitanks.
3 Vgl. auch Benkard/*Ullmann*, PatG, § 15 Rz. 232, wonach die Rechtswirkungen des Lizenzvertrags, der nicht geheimes technisches Wissen betrifft, nach allgemeinem Zivilrecht zu beurteilen ist.
4 S. insoweit *BGH* v. 14.5.2002, GRUR 2002, 787, 788 – Abstreiferleiste.

Während der Lizenzvertrag durch die Einbeziehung von Schutzrechtspositionen eine Konkretisierung des Vertragsgegenstandes erfährt, gilt dies für den Know-how-Lizenzvertrag nicht. Hier ist es Sache der Vertragsparteien, zur Konfliktvermeidung eine ausreichende Inhaltsbestimmung des vertragsgemäßen Know-hows vorzunehmen. Nur hierdurch werden eine ausreichende Nutzungsabgrenzung und eine Konkretisierung der wechselseitigen Rechte und Pflichten erreicht.

b) Know-how-Lizenzvertrag über geheim gehaltene Erfindungen

Ausgehend von dem Umstand, dass es in manchen Industriebereichen zur 2675
Vermeidung einer Offenlegung der technischen Lehre günstiger sein kann, ein an sich schutzfähiges Gedankengut nicht dem Patenterteilungsverfahren zuzuleiten (insbes. bei Verfahrenserfindungen, deren Nutzung schwer nachweisbar ist), werden in der betrieblichen Praxis nicht selten Know-how-Verträge abgeschlossen, die den Gegenstand einer an sich schutzfähigen, von dem Know-how-Geber aber bewusst geheim gehaltenen Erfindung zum Inhalt haben. Hier erhält der Know-how-Geber über die geheim gehaltene Erfindung eine faktische Monopolstellung, die in ihrer Wirkung einem patentrechtlichen Ausschließlichkeitsrecht gleichkommen kann[1].

Dabei ist es in der Literatur streitig, ob dieser Vertragstyp den Know-how- 2676
Verträgen – wie es u.E. entspricht – oder den Patentlizenzverträgen zuzuordnen ist[2]. Nachdem der *BGH*[3] entschieden hat, dass Gegenstand eines Lizenzvertrages auch bloße Erfindungen sein können, die noch nicht zum Patent angemeldet sind, sofern nur die Anmeldung demnächst erfolgt (s. Rz. 192 ff.), ist die **Grenze zwischen Patentlizenzvertrag und Know-how-Lizenzvertrag tatsächlich fließend** geworden. Dennoch dürfte es richtig sein, diesen Sachverhalt weiterhin dem Know-how-Lizenzvertrag zuzuordnen, vor allem, wenn man sich das vom *BGH* herausgestellte Merkmal vor Augen führt, dass Erfindungen nur dann Gegenstand eines Patentlizenzvertrages sein können, wenn ihre alsbaldige Anmeldung zum Patent beabsichtigt ist[4] (s. auch den sachlichen Anwendungsbereich des Lizenzvertrages in § 15 Abs. 2 Satz 1 PatG).

---

1 Vgl. *Kraßer*, Patentrecht, § 40 IV b, S. 953; *Kraßer/Schmid*, GRUR Int. 1982, 324, 325; s. auch *BGH* v. 16.10.1962, GRUR 1963, 207, 210 – Kieselsäure; *Lüdecke/Fischer*, Lizenzverträge, M 2 S. 649 ff., der diesen Vertragstyp allerdings nicht den Know-how-Verträgen, sondern den Patentlizenzverträgen zuordnen will; dagegen zutreffend *Knoppe*, Besteuerung der Lizenz- und Know-how-Verträge S. 22.

2 Nachweise bei Benkard/*Ullmann*, PatG, § 15 Rz. 233 ff.

3 *BGH* v. 14.11.1968, GRUR 1969, 493, 494 – Silobehälter.

4 Vgl. *BGH* v. 14.11.1968, GRUR 1969, 493, 494 – Silobehälter; *BGH* v. 17.4.1969, WRP 1969, 347, 348 – Frischhaltegefäß; vgl. weiterhin *Groß*, Der Lizenzvertrag, Rz. 16, 366.

2677 Meldet der Know-how-Geber den **Vertragsgegenstand** – ohne dass dies im Vertrag ausdrücklich vorgesehen ist, oder auch gegen den Willen des Know-how-Nehmers – **später zum Patent an**, gibt dies dem Know-how-Nehmer – nach Auffassung des *BGH*[1] – kein Recht zur kostenlosen Weiterbenutzung nach Eintritt der Schutzwirkung. Dieser Ansatz des *BGH* ist aber insofern zweifelhaft, als bis zur Patenterteilung ein Nutzungsrecht nach § 33 PatG, danach ein Vorbenutzungsrecht gemäß § 12 PatG bestehen könnte (s. auch Rz. 2824).

2678 Erfolgte dagegen die Patentanmeldung durch den Know-how-Nehmer vereinbarungsgemäß, so nimmt er bis zum Widerruf oder zur Nichtigkeitserklärung des Patents an einer Vorzugsstellung teil, wenn das Patent bis dahin von den Wettbewerbern respektiert wird[2]. Die Vorzugsstellung besteht bis zur Offenlegung der Patentanmeldung (§ 32 PatG) in der Nutzung des geheimen Know-hows. Soweit das Know-how in die Patentanmeldung eingegangen ist, steht das Nutzungsrecht zunächst unter dem Schutz der offen gelegten Patentanmeldung nach § 33 PatG und später unter dem Schutz des erteilten Patents und der durch seine Erteilung begründeten Vorzugsstellung[3] (vgl. auch Rz. 2820 ff.).

2679 Frei.

c) Die Verbindung von Patentlizenz- und Know-how-Lizenzvertrag

2680 Der reine Patentlizenzvertrag wird mehr noch als der vorerwähnte Vertragstyp des reinen Know-how-Lizenzvertrages im Zweifel in der Minderheit bleiben, da sich sein Anwendungsbereich häufig auf besonders gelagerte Ausnahmefälle beschränkt, etwa den Fall, dass für bestimmte Entwicklungsergebnisse ein Patentschutz nicht möglich bzw. nicht erreichbar ist[4]. Regelmäßig bilden Know-how-Verträge einen wesentlichen Bestandteil eines zugleich mit abgeschlossenen Lizenzvertrages über die Nutzung von Schutzrechten[5] (gemischter Patentlizenz- und Know-how-Lizenzvertrag). Eine vertragliche Vermischung patentlizenzrechtlicher und know-how-lizenzvertraglicher Elemente ist auch nach europäischem und deutschem Kartellrecht unbedenklich (vgl. Art. 1 Abs. 1 lit. b TT-GVO 2004)[6]. Zudem werden nach der TT-GVO 2004 anders als nach der TT-GVO 1996 alle Vertragstypen gleich behandelt.

---

1 *BGH* v. 17.12.1981, GRUR 1982, 225, 227 – Straßendecke II.

2 *BGH* v. 14.5.2002, GRUR 2002, 787, 789 – Abstreiferleiste.

3 *BGH* v. 14.5.2002, GRUR 2002, 787, 789.

4 *Maaßen/Wuttke* in Ann/Loschelder/Grosch, Praxishandbuch Know-how-Schutz, Kap. 5 Rz. 51.

5 Vgl. dazu *Osterrieth* in Pfaff/Osterrieth, B I Rz. 61; *Winzer* in Pfaff/Osterrieth, B V Rz. 835 ff.; *Axster*, GRUR 1964, 229, 231; *Knoppe*, Besteuerung der Lizenz- und Know-how-Verträge, S. 25; *Skaupy*, GRUR 1964, 539, 541.

6 Vgl. zu den Konsequenzen des Wegfalls des Geheimnischarakters des Know-hows während der Vertragsdauer *Winzer* in Pfaff/Osterrieth, B I Rz. 124 ff.

Zum Abschluss solcher gemischter Verträge besteht deshalb eine praktische Notwendigkeit, weil der Lizenznehmer die ihm eingeräumte Nutzung der erfinderischen Lehre eines Schutzrechts oft ohne das Erfahrungswissen des Lizenzgebers nur unzulänglich ausüben könnte[1]. Über dieses Know-how gibt die Patentschrift selbst regelmäßig keine Auskunft. Der Lizenznehmer ist auf die zusätzliche Unterrichtung durch den Lizenzgeber angewiesen. Da jedoch das Schutzrecht und das zugleich mitüberlassene Know-how ein unterschiedliches tatsächliches und rechtliches Schicksal nehmen können, wobei vorrangig an Fragen der Vernichtbarkeit des Schutzrechts bzw. der Offenkundigkeit des Know-hows, aber auch an kartellrechtliche Probleme zu denken ist, sollte die in der betrieblichen Praxis vielfach zu erkennende Übung überdacht werden, diese beiden Vertragsinhalte völlig miteinander zu vermischen. Hier kann es für beide Vertragsparteien zuweilen vorteilhafter sein, die unterschiedlichen Vertragsgegenstände und die hierauf bezogenen Rechte und Pflichten auch genau zu kennzeichnen und gesondert zu regeln, um dadurch eine bessere Vertragsabwicklung zu gewährleisten. Hierzu gehört es auch, evtl. kürzeren Laufzeiten der lizenzierten Schutzrechte oder des Know-hows (Offenkundigkeit nach Ablauf branchenüblicher Innovationszyklen) Rechnung zu tragen. 2681

Zudem verlangen die kartellrechtlichen Vorgaben eine ausführliche Kennzeichnung des Know-hows (s. § 2 Abs. 2 GWB i.V.m. Art. 1 lit. i iii) TT-GVO 2004 u. Rz. 2778 ff.), was es notwendig macht, den Umfang des mitlizenzierten Know-hows genau zu kennzeichnen. 2682

Besteht lediglich ein **reiner Know-how-Lizenzvertrag**, kann es im Einzelfall streitig werden, ob der Know-how-Nehmer auf diesem Vertragsgebiet liegende **Patente seines Lizenzgebers (mit-)nutzen** bzw. der Lizenzgeber gegen eine solche Nutzung Patentverletzungsansprüche geltend machen darf. Dies wird zum einen aus den Umständen des Einzelfalls und zum anderen aus dem Zweck des Vertrags zu beantworten sein[2]. Unter Umständen kann es darauf ankommen, ob diese Schutzrechte schon bei Vertragsabschluss bestanden haben und inwieweit der Lizenznehmer hiervon Kenntnis hatte, oder ob sie erst später entstanden sind. Wesentlich kann auch sein, inwieweit die Nutzung des Vertragsgegenstandes die Nutzung der Schutzrechtsposition technisch erfordert[3], etwa wenn eine (optimale) Ausführbarkeit erst durch die spätere Entwicklung erreicht wird. 2683

Eine Differenzierung der Vertragspflichten kann auch in den gemischten Verträgen erforderlich sein, in denen neben der Überlassung von Know-how und der Nutzung technischer Schutzrechte auch die von Marken, Geschmacksmustern oder Software eingeräumt wird[4]. 2684

1 So auch *Greco*, Verwertung von Know-how (2010), S. 35.
2 So auch *Winzer* in Pfaff/Osterrieth, B III Rz. 704, 589, 771.
3 *BGH* v. 11.1.2005, GRUR 2005, 406 – Leichtflüssigkeitsabscheider, s. dazu auch Rz. 200.
4 S. dazu *Winzer* in Pfaff/Osterrieth, B III Rz. 596 f., 749.

2685–2689 Frei.

d) Beratungsvertrag

2690 Denkbar ist, dass der Know-how-Geber eine reine Beratungsfunktion (technische Hilfestellung) übernimmt und für diese beratende Tätigkeit entlohnt wird. Die Beratung kann sich darauf erstrecken, dass der Know-how-Geber seinem Vertragspartner lediglich Verfahrensanleitungen und/oder Konstruktionszeichnungen übermittelt oder durch seine Mitarbeiter die Arbeitnehmer des Know-how-Nehmers in eine bestimmte Verfahrenstechnik u.Ä. (technische Hilfestellung, Schulung) einweisen lässt. Häufig werden auch beide Formen der Erfahrungsvermittlung miteinander verbunden (s. auch Rz. 2710 ff.).

2691 Hier liegt ein reiner Dienstvertrag (§§ 611 ff. BGB, s. auch Rz. 2661 ff.) vor, bei dem der Know-how-Träger sein Wissen für einen bestimmten technischen Bereich übermittelt, ohne dass zuvor ein konkreter Know-how-Gegenstand festgelegt wird. Insbesondere spielt hierbei die Abgrenzung zwischen geheimem und nicht geheimem Know-how keine Rolle. Eine solch umfassende Unternehmensinformation ist nicht deckungsgleich mit dem typischerweise auf eine bestimmte technische Nutzungssituation ausgerichteten Know-how-Lizenzvertrag[1].

2692–2694 Frei.

e) Know-how-Austauschvertrag (Know-how-Cross-Licence-Agreement)

2695 Außer auf eine einseitige Erfahrungsvermittlung kann sich der reine Know-how-Lizenzvertrag auch auf den Erfahrungsaustausch zweier oder mehrerer Unternehmen erstrecken. Da letztlich jedes Unternehmen über einen eigenständigen Erfahrungsschatz verfügt, kann sich ein solcher ergänzender Erfahrungsaustausch fruchtbar auf die zukünftige Tätigkeit beider Unternehmen auswirken. Häufig ist ein solcher Austauschvertrag nicht nur auf bestimmte Produkte bezogen, sondern auch auf das gesamte technische Umfeld.

Ob sich ein Unternehmen zum Erfahrungsaustausch verpflichtet, wird regelmäßig von den Umständen des Einzelfalls abhängen, insbesondere davon, inwieweit die Lizenzparteien auf denselben Vertriebsgebieten als Wettbewerber tätig sind. Ein wesentlicher Gesichtspunkt ist hierbei auch, wie umfassend der Know-how-Bestand beim Know-how-Geber einerseits ausfällt und mit welchem Know-how-Bestand andererseits bei seinem Vertragspartner gerechnet werden kann. Besteht im Verhältnis der beiden Vertragspartner zueinander ein erhebliches **Know-how-Gefälle**, dürfte es

1 S. *Osterrieth* in Pfaff/Osterrieth, B Rz. 53 ff., 125; s. auch *Winzer* in Pfaff/Osterrieth, B Rz. 574 f., 577 ff.

zweckmäßig sein, auf die Vereinbarung eines Erfahrungsaustauschs aus der Sicht des starken Know-how-Gebers zu verzichten. Stattdessen sollte dem Vertragspartner das gegenwärtige Erfahrungswissen zu einem bestimmten Preis übermittelt werden und der Lizenzgeber sich gegebenenfalls verpflichten, das in einem weiteren Zeitraum von z.B. (jeweils) ein bis zwei Jahren zusätzlich anfallende Erfahrungswissen erneut dem Know-how-Nehmer – selbstverständlich wiederum gegen Zahlung einer entsprechenden oder noch auszuhandelnden Know-how-Gebühr – zu übermitteln. Andernfalls läuft der Know-how-Geber, der über die Möglichkeit der ständigen Mehrung seines Erfahrungswissens verfügt, bei Vereinbarung eines gegenseitigen Austausches zu leicht Gefahr, einseitig mit der Verpflichtung zur Übermittlung neuer Erfahrungen belastet zu sein. Der mit geringem Know-how ausgestattete Know-how-Nehmer wird diese Erwägungen im Zweifel auch respektieren, da ihm mit der jeweiligen Übermittlung des zukünftigen Know-how-Anfalls erheblich gedient ist.

Es hängt wesentlich von Art und Umfang des zu übermittelnden Gedankengutes ab, ob ein gegenseitiger Erfahrungsaustausch auch mit finanzieller Gegenleistung (Ausgleichszahlung) verknüpft wird. In der Erwartung, dass regelmäßig das Prinzip der **Gleichwertigkeit der Leistungen** beachtet und erfüllt wird, ist eine zusätzliche finanzielle Leistung im Zweifel von den Vertragspartnern nicht gewollt (zu einer späteren Veränderung der Geschäftsgrundlage und einer Anpassung des Vertrages s. Rz. 544 ff.; zur Anpassungsklausel s. Rz. 2320 ff.). 2696

Verändern sich die Leistungen eines Vertragspartners, ist es unter analoger Heranziehung der Minderungsgrundsätze sowohl bei Kauf- als auch bei Miet- und Pachtverträgen[1] zu empfehlen, es bei einer grundsätzlichen Fortgeltung des Vertrages im Übrigen zu belassen und lediglich den **Teilwert der ausgebliebenen Leistung** zu bestimmen. Für die Bemessung dieses Teilwertes ist zunächst ausschlaggebend, worin diese Minderung begründet ist, wer sie zu vertreten hat und wie sie sich auswirkt. In diesem Rahmen kann es eine Rolle spielen, ob z.B. ein offenkundig gewordenes, bisher geheimes Erfahrungswissen für die Fertigung der Lizenzware unbedingt erforderlich war, und ob insgesamt die Marktsituation durch den Wegfall dieser Leistung eine Veränderung erfahren hat. Sollten durch ein Offenkundigwerden des lizenzierten Erfahrungswissens Mitbewerber in die Lage versetzt sein, gleichfalls auf diesem Sachgebiet tätig zu sein, kann diesem Umstand ggf. durch eine **Minderung der laufenden Lizenzgebühr** Rechnung getragen werden. Ein Lösungsansatz kann auch sein, dass der uneingeschränkt weiter nutzende Vertragspartner eine zusätzliche, noch geheime Ersatzlösung zur Verfügung stellt und damit ein Einbrechen eines Außenseiters in diesen Vertragsbereich verhindert. 2697

1 Vgl. *Westermann* in MünchKomm. BGB, § 441 Rz. 12 ff.

2698 Wesentlich ist schließlich die Klärung der Frage, wem das Recht zustehen soll, **Schutzrechtsanmeldungen** zu betreiben und eventuell erteilte Schutzrechte auszuwerten, wenn sich aus der Anwendung der vertraglich überlassenen Erkenntnisse neue erfinderische Ideen entwickeln. Hier muss vorab eine Verständigung über die Überleitung (Inanspruchnahme), Zuordnung, Verwertung, Lizenzierung und evtl. Ausgleichsansprüche[1] erfolgen (s. dazu Rz. 2490 ff.).

2699–2709 Frei.

f) Nachbauvertrag

2710 Eine besondere Form des reinen Know-how-Lizenzvertrages ist der so genannte Nachbauvertrag[2]. Seinem Inhalt nach bedeutet er, dass ein Unternehmen einem anderen die **Konstruktionszeichnungen und** sonstigen **technischen Dokumentationen** zum Nachbau einer bestimmten Anlage/Vorrichtung überlässt. Sofern die Herstellung des vertraglich umschriebenen Produkts nicht oder nicht mehr durch ein Schutzrecht abgedeckt ist, könnte der Erwerber der Konstruktionszeichnungen dieses wahrscheinlich auch unabhängig von der Hilfe seines Vertragspartners „nachentwickeln". Dennoch wird er aus Zeit- und/oder Rationalisierungsgründen im Zweifel den Erwerb der Zeichnungen etc. vorziehen, um die eigenen Entwicklungskosten zu sparen und sofort einsatzbereit zu sein.

2711 Verfügt der Know-how-Geber selbst über **Schutzrechte**, die im Zusammenhang mit der Anlage/Vorrichtung stehen, deren Nachbau er ermöglicht, sollte zweckmäßigerweise in dem Nachbauvertrag geklärt werden, inwiefern der Nachbauberechtigte befugt sein soll, diese Schutzrechte zugleich mit auszuwerten. Ist eine solche Regelung seitens der Vertragspartner versäumt worden, so ist eine **stillschweigende Lizenz** auch zur Nutzung der Schutzrechte anzunehmen, wenn sich etwa das patentierte Verfahren völlig in der zum Nachbau überlassenen patentierten Vorrichtung darstellt und erschöpft[3]. Anders liegt es dagegen, wenn der Nachbau einer Vorrichtung gestattet wird, die nur einen Teil der zur Ausübung des Verfahrens erforderlichen Gesamtapparatur bildet. In einem solchen Fall ist nach den Abmachungen der Parteien und den Umständen des Einzelfalls zu ermitteln, ob etwa auch eine Lizenz auf das Gesamtverfahren erteilt werden sollte[4].

---

1 Vgl. dazu *BGH* v. 22.3.2005, GRUR 2005, 663 – Gummielastische Masse II.

2 Vgl. *BGH* v. 29.3.1984, GRUR 1984, 753 ff. – Heizkessel-Nachbau; *OLG Frankfurt* v. 23.6.1988, WRP 1989, 102 ff.; s. dazu auch *Winzer* in Pfaff/Osterrieth, B Rz. 678 f. u. 807 ff.; *Henn*, Rz. 127 ff.

3 Vgl. *BGH* v. 11.1.2005, GRUR 2005, 406 – Leichtflüssigkeitsabscheider; s. auch *Hauck* in Fitzner/Lutz/Bodewig, PatRKomm, § 15 PatG Rz. 45 ff.

4 Vgl. schon *KG* v. 20.7.1929, GRUR 1929, 1305; ausführlich zur Frage der Erschöpfung des Patentrechtes *Graf*, GRUR 1973, 55 ff.; *Krieger*, GRUR Int. 1976, 208,

Im Chemieanlagenbau ist der Fall nicht selten, dass eine nachzubauende, 2712
nicht geschützte Anlage, die sich zur Ausübung eines geschützten Verfahrens eignet, lediglich im **patentfreien Ausland eingesetzt** werden soll. Wird die **Anlage im patentgeschützten Inland erstellt** und anschließend mit den entsprechenden Hinweisen für die Handhabung ins patentfreie Ausland geliefert, ist weder in der Lieferung der Anlage selbst noch der Konstruktionszeichnungen und des zur Anwendung notwendigen Erfahrungswissens vom Inland ins patentfreie Ausland eine Verletzung des Verfahrenspatents zu erblicken. Wenn es dem Hersteller einer Vorrichtung, die zur Ausübung eines im Inland geschützten (Arbeits-)Verfahrens geeignet ist, selbst nicht verboten ist, das im Inland geschützte Verfahren im Ausland zur Verfügung zu stellen, kann es ihm auch nicht verboten sein, einem ausländischen Erwerber die zur Verfahrensausübung notwendigen Vorrichtungen oder die Zeichnungen zum Nachbau dieser Vorrichtung zu überlassen. Gewiss gehen auch diese Maßnahmen vom Inland aus. Doch ist das Ziel all dieser Maßnahmen auf ein patentfreies Gebiet gerichtet und wirkt sich auch nur dort aus[1]. Was der inländische Hersteller dem ausländischen Hersteller übermittelt, ist sein **Know-how zur Ausübung eines patentgeschützten Verfahrens** im patentfreien Ausland mit Hilfe der von ihm entwickelten Vorrichtung. Dieses Know-how ist aber ein allein dem Hersteller der Vorrichtung zuzuordnendes Arbeitsergebnis, an dem der Patentinhaber eines Verfahrenspatentes keinerlei Rechte hat. Die Übermittlung dieses Know-hows stellt keinen Eingriff in das Verfahrenspatent dar.

Anders kann dies hinsichtlich eines **Verfahrenspatents** sein, bei dem be- 2713
reits in der sinnfälligen Herrichtung einer Sache zu deren zu Gunsten des Pateninhabers geschützten Verwendung der Beginn der Verwertung selbst gesehen werden kann[2].

Frei. 2714–2718

VI. Kartellrechtliche Bewertung des Know-how-Lizenzvertrages

Der Abschluss eines Know-how-Lizenzvertrages und die dadurch begrün- 2719
deten Pflichten, insbesondere die Vereinbarung etwaiger Geheimhaltungspflichten, können kartellrechtlichen Grenzen unterliegen.

Hinsichtlich der kartellrechtlichen Grundzüge kann auf die an anderer Stel- 2720
le dargelegten Ausführungen verwiesen werden (vgl. Rz. 670 ff., 2555 ff.). Im

---

209 ff.; *Sack*, WRP 1999, 193 ff.; *Sack*, GRUR Int. 2000, 610 ff.; Benkard/*Scharen*, PatG, § 9 Rz. 15 ff.

1 Vgl. so schon *RG* v. 20.12.1910, RGZ 75, 128, 130; ebenso *BGH* v. 5.7.2005, GRUR 2005, 845 – Abgasreinigungsvorrichtung.

2 *BGH* v. 21.11.1989, GRUR 1990, 505, 506 f. – Geschlitzte Folie; bestätigt durch *BGH* v. 5.7.2005, GRUR 2005, 845 – Abgasreinigungsvorrichtung.

Folgenden sollen deshalb der europäische sowie der deutsche kartellrechtliche Maßstab nur insoweit wiedergegeben werden, als sich daraus know-how-spezifische Bindungswirkungen ergeben. Bezüglich einer räumlichen, zeitlichen, inhaltlichen oder mengenmäßigen Beschränkung innerhalb von Know-how-Verträgen ergeben sich keine wesentlichen Unterschiede zum Patentlizenzvertrag. Daher wird auf die Rz. 1180 ff. verwiesen. Eine Analyse der Zulässigkeit weiterer Vertragsklauseln erfolgt sodann im Rahmen der Darstellung der einzelnen Rechte und Pflichten der Vertragspartner.

2721 Auf **europäischer Ebene** ist die Zulässigkeit von Know-how-Verträgen zunächst am Maßstab des **Art. 101 Abs. 1 AEUV** (ex-Art. 81 Abs. 1 EG) zu messen.

Bei Verstoß einer Klausel gegen die allgemeinen Anforderungen des Art. 101 Abs. 1 AEUV (ex-Art. 81 Abs. 1 EG) und einer spürbaren Marktbeeinträchtigung (s. Rz. 741 ff.) ist die Klausel grundsätzlich nach Art. 101 Abs. 2 AEUV (ex-Art. 81 Abs. 2 EG) nichtig. Eine Zulässigkeit kann sich aber trotz spürbarer Wettbewerbsbeschränkung ergeben, wenn die Abrede eine Freistellung im Sinne des Art. 101 Abs. 3 AEUV (ex-Art. 81 Abs. 3 EG) beanspruchen kann und damit vom Anwendungsbereich des Art. 101 Abs. 1 AEUV (ex-Art. 81 Abs. 1 EG) ausgenommen wird.

2722 Für Know-how-Vereinbarungen kommt insbesondere eine Freistellung durch die **TT-GVO 2004** in Betracht. In sachlicher Hinsicht findet die TT-GVO 2004 Anwendung auf Technologietransfer-Vereinbarungen, die die Produktion von Vertragsprodukten ermöglichen (Art. 2 Satz 1 TT-GVO 2004). Der Begriff der Technologietransfer-Vereinbarung umfasst nach Art. 1 Abs. 1 lit. b Halbsatz 1 TT-GVO 2004 auch Know-how-Vereinbarungen. Der Begriff des Know-hows wird in Art. 1 Abs. 1 lit. i TT-GVO 2004 definiert als eine Gesamtheit nicht patentierter praktischer Kenntnisse, die durch Erfahrungen und Versuche gewonnen werden und die geheim, wesentlich und identifiziert sind (s. hierzu Rz. 2556 ff., 2778).

Sind der sachliche sowie persönliche Anwendungsbereich der TT-GVO 2004 eröffnet (vgl. Rz. 784 ff.), so ist danach zu differenzieren, ob ein Wettbewerbsverhältnis zwischen den Vertragsparteien besteht. Wurde der Vertrag durch konkurrierende Unternehmen geschlossen, ist zu prüfen, ob die Marktanteilsschwellen nach Art. 3, 8 TT-GVO 2004 von den beteiligten Unternehmen überschritten werden. Ist dies nicht der Fall, so ist die Klausel grundsätzlich zulässig. Eine Unzulässigkeit ergibt sich jedoch unabhängig vom Marktanteil der Unternehmen dann, wenn die Klausel gegen eine der Kernbeschränkungen des Art. 4 TT-GVO 2004 verstößt oder diese unter einen der in Art. 5 TT-GVO 2004 normierten Tatbestände fällt. Aus einem Verstoß gegen Art. 4 TT-GVO 2004 resultiert die Nichtanwendbarkeit der Verordnung auf den gesamten Vertrag. Ein Verstoß gegen Art. 5

TT-GVO hat dagegen lediglich Auswirkungen auf die verbotene Klausel zur Folge[1].

Ob sich die Nichtigkeit einer einzelnen Klausel auf den Vertrag insgesamt 2723
auswirkt, richtet sich mangels europäischer Vorgaben wiederum nach dem auf den Vertrag anwendbaren nationalen Recht (s. dazu Rz. 948, 1072 f., 2338 ff.).

Weist der Sachverhalt dagegen keinerlei europarechtlichen Bezug auf und 2724
ist folglich ausschließlich **deutsches Recht** anwendbar, so richtet sich die Zulässigkeit der Vertragsklauseln nach dem nationalen Kartellrecht, das nach der 7. GWB-Novelle den europäischen Vorgaben nun nahezu vollständig entspricht. Zur Reihenfolge der Prüfung der kartellrechtlichen Zulässigkeit einer vertraglichen Know-how-Vereinbarung s. Rz. 780, 1065.

Im Falle eines kartellrechtlichen Verstoßes ist die Klausel gemäß § 134 2725
BGB nichtig. Eine salvatorische Klausel kann den weiteren Bestand des Vertrages nur noch eingeschränkt sichern (Rz. 948).

Ergänzend ist anzumerken, dass die TT-GVO 2004 dann keine Anwendung 2726
auf Technologietransfer-Vereinbarungen findet, wenn es sich um Lizenzbestimmungen handelt, die **weitere Forschungs- und Entwicklungstätigkeiten** zum Ziel haben[2]. Diese Verträge unterfallen grundsätzlich der Gruppenfreistellungsverordnung für Forschungs- und Entwicklungsarbeiten (vgl. Rz. 975 ff.). In der Regel vereinbaren die Parteien jedoch keine gemeinsame Forschung und Entwicklung, der Lizenznehmer wird vielmehr berechtigt, das erhaltene Know-how allein oder mit Dritten weiterzuentwickeln[3].

Ebenfalls nicht von der TT-GVO 2004 erfasst wird die **Übertragung von Know-how auf ein Gemeinschaftsunternehmen**. Die Freistellung der Vereinbarungen richtet sich als Frage des Fusionskartellrechts nach der Gruppenfreistellungsverordnung für Spezialisierungsvereinbarungen (vgl. Rz. 1036 ff.)[4].

Frei. 2727–2774

1 EGr 14 TT-GVO 2004; vgl. *Lübbig*, GRUR 2004, 483, 486; *Schultze/Pautke/Wagener*, Die Gruppenfreistellungsverordnung für Technologietransfer-Vereinbarungen, Rz. 822.

2 EGr 5 TT-GVO 2004.

3 *Winzer* in Pfaff/Osterrieth, B III Rz. 421.

4 *Winzer* Pfaff/Osterrieth, B III Rz. 422 f.

VII. Rechte und Pflichten des Know-how-Gebers

1. Allgemeines

2775 Ähnlich wie beim Patent-Lizenzvertrag (vgl. Rz. 1369 ff.) stehen sich auch beim Know-how-Lizenzvertrag Rechte und Pflichten von Know-how-Geber und -Nehmer gegenüber. Dabei kann in weiten Teilen auf die in Bezug auf den Patentlizenzvertrag getroffenen Ausführungen verwiesen werden. Eingegangen werden soll daher nur auf die sich beim Know-how-Lizenzvertrag stellenden Besonderheiten.

2. Die Verpflichtung zur Mitteilung/Überlassung des Know-hows

2776 Die wesentliche Vertragspflicht des Know-how-Gebers besteht darin, das im Vertragswerk konkret bezeichnete **Erfahrungswissen** dem Vertragspartner zu überlassen und die gegebenenfalls hierzu erforderlichen Maßnahmen, wie die Bereitstellung eigener Arbeitnehmer oder die Unterrichtung der Arbeitnehmer seines Vertragspartners **(technische Hilfeleistung)**, zu erbringen (s. Rz. 1445, 1452). Darüber hinaus ist er gehalten, während der Laufzeit des Vertrages den **Geheimnisschutz** des Know-hows aufrechtzuerhalten[1].

Die **Beweislast** für die Überlassung des Know-hows im vertraglich vereinbarten Umfang liegt beim Know-how-Geber. Indizien für die Information des Know-how-Nehmers über das vertragliche Know-how können darin liegen, dass dieser vor Vertragsabschluss auf dem konkreten technischen Gebiet noch nicht tätig war und/oder dass der Know-how-Geber bzw. dessen Mitarbeiter als Berater an der Entwicklung eines vertragsbezogenen Produkts beim Know-how-Nehmer beteiligt sind[2].

2777 Es empfiehlt sich, z.B. in der Präambel des Vertrages, ausführlich den **Gegenstand des Know-how-Lizenzvertrages zu kennzeichnen**, ferner aufzuzeigen, in welchen **Unterlagen**, die dem Know-how-Nehmer übergeben werden, dieses technische Erfahrungswissen enthalten ist und in welcher Form die beratenden Unterstützungsleistungen erfolgen. Insoweit sollten die Parteien vorab definieren, was sie unter dem zu überlassenden Erfahrungswissen verstehen, also insbesondere die Frage klären, ob es sich hierbei um geheimes oder lediglich nicht geheimes technisches Wissen handelt. Im Anschluss hieran bzw. in entsprechenden Anlagen sollte eine Aufzählung der Konstruktionszeichnungen, Bearbeitungsvorschriften, technischen Angaben wie Abmessungen, Beimengungen und Rezepturen, sonstigen spezifischen Verfahrensweisen und Kunstgriffe erfolgen[3]. Hieran schließen sich

1 *Henn*, Rz. 330; *Maaßen/Wuttke* in Ann/Loschelder/Grosch, Rz. 61.
2 S. *BGH* v. 25.11.2010, Mitt. 2011, 97, Rz. 19 f. – Flexitanks.
3 Vgl. *Bartenbach/Volz* in Formularsammlung zum gewerblichen Rechtsschutz und Urheberrecht, S. 185, 186.

dann nähere Angaben über Art und Umfang der Unterstützungsleistungen des Know-how-Gebers, wie die Überlassung eigener Fachkräfte, sonstiger Unterlagen, Kostenbeteiligungen pp., an.

Eine Know-how-Lizenzvereinbarung ist durch die TT-GVO 2004 nur dann 2778
gemäß Art. 101 Abs. 3 AEUV (ex-Art. 81 Abs. 3 EG) bzw. § 2 Abs. 2 GWB von dem Anwendungsbereich des Art. 101 Abs. 1 AEUV (ex-Art. 81 Abs. 1 EG) bzw. des § 1 GWB ausgenommen, wenn es sich um Know-how i.S. des **Art. 1 Abs. 1 lit. i TT-GVO 2004** handelt. Hiernach müssen die zu übertragenden Kenntnisse nicht nur „geheim" und „wesentlich", sondern zudem „**identifiziert**" sein. D.h., die Kenntnisse müssen umfassend genug beschrieben sein, so dass überprüft werden kann, ob das Know-how die weiteren Merkmale „geheim" und „wesentlich" (vgl. Rz. 2558 ff.) erfüllt. Art. 10 Nr. 4 TT-GVO 1996 enthielt bezüglich des Merkmals „identifiziert" eine weitere Konkretisierung. Hiernach musste das Know-how spätestens zum Zeitpunkt der Übertragung oder kurz danach so durch ein gesondertes Dokument oder sonstige (geeignete) Informationsträger festgehalten sein, dass es im Bedarfsfall zugänglich gemacht werden kann. Art. 1 Abs. 1 lit. i iii) TT-GVO 2004 verzichtet zwar auf diese Erläuterung, womit jedoch keine inhaltliche Änderung verbunden ist. Häufig reicht somit eine bloße textliche bzw. grafische Darstellung nicht aus, so dass die betriebliche Praxis zusätzliche Formen visueller bzw. akustischer Darstellung nutzt. Auch solche Datenträger können das Identifizierungserfordernis erfüllen. Mit der Identifizierung soll dem Prüfungsanspruch der Kartellbehörden Rechnung getragen werden. Vor der Reform des deutschen Kartellrechts war das Merkmal bereits in § 18 Nr. 1 GWB a.F. enthalten. Somit ist auch hier durch die weitere Anpassung des deutschen Kartellrechts an die europarechtlichen Vorgaben keine inhaltliche Änderung erfolgt.

Die Verpflichtungen des Lizenzgebers zur Übermittlung des Know-hows 2779
sind grundsätzlich kartellrechtlich unbedenklich[1].

Das Benutzungsrecht bzgl. des Know-hows entsteht bereits mit Unter- 2780
zeichnung des Vertrages. Dennoch ist für die tatsächliche Benutzung durch den Lizenznehmer die vollständige Bekanntgabe des Know-hows an den Lizenznehmer erforderlich. Ist eine vereinbarte (zusätzliche) Pauschalzahlung des Know-how-Nehmers mit Vertragsabschluss fällig, kann es dem Sicherheitsinteresse des Lizenzgebers entsprechen, eine vertragliche Absicherung dahin vorzunehmen, dass dieser das (betriebsgeheime) Know-how erst dann offenbart, wenn zuvor die vereinbarte Einmalzahlung vom Lizenznehmer erbracht worden ist (vgl. Rz. 2620).

Auch ohne entsprechende Vertragsabsprache kann es eine Nebenpflicht 2781
des Lizenzgebers darstellen, den Lizenznehmer in der technischen Lehre zu schulen oder bei der Produktion anzuleiten. Dies gilt insbesondere dann, wenn die Schulung der Mitarbeiter bzw. sonstige Anleitungen der

1 Vgl. *Winzer* in Pfaff/Osterrieth, B III Rz. 444.

notwendigen Vervollständigung des Know-hows dienen. Hiervon unabhängig ist eine Zahlungspflicht des Lizenznehmers.

2782–2784 Frei.

3. Gewährleistung – Haftung für Mängel

2785 Ausgehend von der Zuordnung des Know-how-Lizenzvertrages zu dem Vertragstyp des Dienst-/Beratungsvertrages (s. Rz. 2661 ff.) beschränkt sich die Haftung des Know-how-Gebers darauf, dem Know-how-Nehmer für die ordnungsgemäße Übermittlung seines Erfahrungswissens und gegebenenfalls die darüber hinaus vereinbarte Unterrichtung einzustehen. Eine weitergehende Haftung, etwa wie beim (Patent-)Lizenzvertrag für die technische Ausführbarkeit und Brauchbarkeit des Vertragsgegenstandes (vgl. Rz. 1570 ff.), hat er nach diesseitiger Auffassung nicht zu übernehmen, falls dies nicht ausdrücklich vereinbart worden ist[1]. Somit **haftet** der Lizenzgeber grundsätzlich **nur für eine fehlerhafte Dokumentation**. Im Vertrag kann diese Haftung jedoch auf die Korrektur der Fehler und eine termingerechte Nachlieferung fehlender Dokumentation eingegrenzt und eine Haftung für daraus resultierende Schäden ausgeschlossen werden[2].

Eine der Haftung des Patentlizenzgebers vergleichbare Einstandspflicht des Know-how-Gebers kann sich dann ergeben, wenn Vertragszweck nicht nur die Übermittlung des Know-hows ist, sondern auch dessen Umsetzung beim Lizenznehmer[3]. Zu beachten ist dabei stets, dass damit auch eine gewisse Mithaftung für die Qualifikation der Mitarbeiter des Lizenznehmers ebenso übernommen wird wie für dessen technische Ausrüstung. Denn letztlich kommt es dann darauf an, ob das Know-how durch diesen Lizenznehmer auch optimal genutzt werden kann.

2786 Um eventuell auftretenden Streitigkeiten zu begegnen, sollte der **Umfang der Haftung** regelmäßig im Vertrag genau festgelegt werden. Bezogen auf den Know-how-Lizenzvertrag wird häufig eine Haftungsbeschränkung in der Form vereinbart, dass der Know-how-Geber, wenn er überhaupt haften soll, hierfür nicht mehr als den Betrag oder einen Teil des Betrages aufwenden muss, den er für die Gewährung des Know-hows bis zum Schadenseintritt tatsächlich erhalten hat (s. Rz. 1588, 3404 ff., 3464 ff.).

---

1 So auch *Winzer* in Pfaff/Osterrieth, B III Rz. 761 ff.; a.A. *Henn*, Rz. 307 ff., 310 ff.; *Maaßen/Wuttke* in Ann/Loschelder/Grosch, Kap. 5 Rz. 58. Vgl. auch *BGH* v. 10.5.2011 – X ZR 156/10, Rz. 19 (juris); *LG Düsseldorf* v. 16.3.2010, Düsseldorfer Entscheidung Nr. 1352 (www.duesseldorfer-archiv.de) m.H.a. *BGH* v. 28.6.1979, GRUR 1979, 768 – Mineralwolle u. *OLG Hamm* v. 2.3.1993, NJW-RR 1993, 1270.

2 Vgl. *Winzer* in Pfaff/Osterrieth, B III Rz. 761; zur Produzentenhaftung des Lizenzgebers s. Rz. 1590 ff.; *Körner*, NJW 1985, 3047, 3050 ff.

3 *Maaßen/Wuttke* in Ann/Loschelder/Grosch, Praxishandbuch Know-how-Schutz, Kap. 5 Rz. 58.

Auch wenn das Know-how in **Rechte Dritter** (Patente, Gebrauchsmuster, Urheberrechte usw.) eingreift, haftet der Lizenzgeber entsprechend dem Charakter des Lizenzvertrages als „gewagtes Geschäft“ nicht unbeschränkt. Im Einzelfall kann sich nach Treu und Glauben eine Minderung der Lizenzgebühr oder gar deren Wegfall ergeben, wenn das Know-how wegen entgegenstehender Rechte Dritter nicht genutzt werden kann[1]. 2787

Eine andere Auffassung vertritt das *OLG Hamm*[2]. Hiernach haftet der Lizenzgeber mangels abweichender Vereinbarung in Anwendung pachtrechtlicher Grundsätze nach § 537 Abs. 1 BGB a.F. (§ 581 Abs. 2 i.V.m. § 536 Abs. 1 BGB n.F.) dafür, dass der Lizenzgegenstand nicht mit Fehlern behaftet ist, die die Tauglichkeit zu dem vertraglich vorausgesetzten Zweck aufheben oder mindern, sowie für die technische Ausführbarkeit seiner Entwicklung. Nach Auffassung des *OLG Hamm* bestimmt sich der Mindestumfang der Haftung dadurch, dass die Lizenzgebühr für die Zeit, in der die zugesagte Benutzung des Know-how nicht gewährleistet wird, nicht geschuldet wird. 2788

Will der Know-how-Geber eine **Haftung** für die Richtigkeit und Anwendbarkeit des von ihm übermittelten Gedankengutes **ausschließen**, so sollte dies – von dem Fall des vorsätzlichen Verhaltens abgesehen (vgl. § 276 Abs. 3 BGB) – ausdrücklich erklärt werden. In jedem Fall sollte der Lizenzgeber deutlich machen, dass er nicht für eine Umsetzung des Know-hows, also in der **Sphäre des Lizenznehmers**, unter den beim Lizenznehmer gegebenen Verhältnissen (Mitarbeiterqualifikation, technisches Equipment, Standard der Zuliefererprodukte etc.) einstehen will, sondern nur nach objektiv vorgegebenen Kriterien. So kann der Know-how-Geber seine Haftung darauf beschränken, dafür einzustehen, dass das übermittelte Know-how die vertraglich vorausgesetzte Wirkung in seinem Unternehmen oder bei anderen Lizenznehmern (**Referenzobjekte**) erzielt hat. 2789

Derartige Haftungsbeschränkungen sind grundsätzlich europakartellrechtlich unbedenklich[3]. 2790

Stellt der Vertrag dagegen auf die **Verhältnisse bei dem jeweiligen Lizenznehmer** ab, kann hierin – was im Wege der Vertragsauslegung zu ermitteln ist (s. hierzu Rz. 470 ff.) – ggf. eine **Garantie** des Know-how-Gebers für einen bestimmten Leistungserfolg liegen. Für Voraussetzungen und Inhalt der Garantieerklärungen gelten die gleichen Grundsätze wie zur Garantie bei der Patentlizenz (s. dazu Rz. 1615 ff.). Lässt sich eine solche Garantie feststellen, knüpft hieran die Haftung des Know-how-Gebers an, d.h. der Know-how-Geber haftet beim Fehlen der garantierten Eigenschaften des 2791

1 Vgl. *Bartenbach/Volz* in Formularsammlung zum gewerblichen Rechtsschutz und Urheberrecht, S. 217.
2 *OLG Hamm* v. 2.3.1993, CR 1994, 357, 358.
3 *Winzer* in Pfaff/Osterrieth, B III Rz. 769.

übermittelten Know-hows dem Know-how-Nehmer auf Schadensersatz statt Leistung wie bei Vergabe einer Patentlizenz (s. dazu Rz. 1619 f.).

2792 Im Zuge der Schuldrechtsreform wurde an dem Begriff der zugesicherten Eigenschaft lediglich im Miet- und Pachtrecht festgehalten (vgl. § 536 Abs. 2 BGB). Im Kaufrecht dagegen ist das Rechtsinstitut in dem allgemeinen Mangelbegriff aufgegangen und unterfällt dem **Fehlerbegriff** des **§ 434 Abs. 1 BGB**. Ebenso wie bei der Patentlizenz liegt es auch hier nahe, den Rechtsgedanken der Garantiehaftung aus **§ 443 BGB** abzuleiten[1]. Verbindet der Lizenzgeber also mit der „Zusicherung" einer Eigenschaft eine (Beschaffenheits-)Garantie, haftet er, unabhängig davon, ob kauf- oder aber pachtrechtliche Vorschriften entsprechend Anwendung finden sollen, nach den allgemeinen schuldrechtlichen Vorschriften verschuldensunabhängig (vgl. § 280 Abs. 1, §§ 281, 276 Abs. 1 Satz 1 BGB)[2]. Insoweit wird auf die Darstellung zum Schadensersatz bei Garantie zur Patentlizenz verwiesen (s. Rz. 1621). Bei der Anwendung kaufrechtlicher Vorschriften können sich Probleme hinsichtlich des Erfordernisses der Fristsetzung nach § 281 Abs. 1 Satz 1 BGB ergeben[3].

2793 Im Vordergrund steht die Tendenz, die Vorschriften des **Pachtrechts** auf Vereinbarungen über Know-how anzuwenden[4]. Hält man daran fest, so kann der Lizenznehmer gemäß § 580 Abs. 2 i.V.m. § 536 Abs. 2 BGB bei Fehlen der zugesicherten Tauglichkeit nach den Grundsätzen der Minderung die Lizenzgebühr senken, nach § 580 Abs. 2 i.V.m. § 543 BGB vom Vertrag zurücktreten und daneben gemäß § 581 Abs. 2 i.V.m. § 536 Abs. 2, § 536a BGB Schadensersatz verlangen. Diese Ansprüche sind jedoch bei Kenntnis des Lizenznehmers von dem Nichtvorliegen der zugesicherten Eigenschaft bei Vertragsschluss nach § 536b Abs. 1 BGB ausgeschlossen[5].

2794 Ist der Know-how-Lizenzvertrag auf die Überlassung eines **geheimen Erfahrungswissens** gerichtet, so hat der Know-how-Geber auch ohne besondere Zusicherung dafür einzustehen, dass z.B. eine mitgeteilte Verfahrensanleitung Dritten nicht bekannt ist[6]. War das als „Betriebsgeheimnis" überlassene „Geheimverfahren" von Anfang an **allgemein bekannt**, so sind darauf

1 Vgl. *Britta Bartenbach*, Mitt. 2003, 102, 110.

2 Vgl. *Britta Bartenbach*, Mitt. 2003, 102, 110; *Grundmann* in MünchKomm. BGB, § 276 Rz. 173 ff., alternativ nach § 581 Abs. 2 i.V.m. §§ 536, 536a Abs. 1, § 276 BGB.

3 *Groß*, Rz. 330.

4 *BGH* v. 3.6.1981, NJW 1981, 2684 ff.; BGH v. 25.3.1987, NJW 1987, 2004 ff.; *OLG Hamm* v. 2.3.1993, CR 1994, 357 ff.; *Maaßen/Wuttke* in Ann/Loschelder/Grosch, Praxishandbuch Know-how-Schutz, Kap. 5 Rz. 45, 57 ff.; s. auch Rz. 2660.

5 Vgl. zur Gewährleistung des Lizenzgebers eingehend *Britta Bartenbach*, Mitt. 2003, 102, 105 ff.; *Henn*, Rz. 308 ff.; *Groß*, Rz. 290 ff.

6 Vgl. ausführlich *Stumpf*, Der Know-how-Lizenz-Vertrag, Rz. 86 ff.; *Groß*, Rz. 278 m.w.N.; *Keller*, Kartellrechtliche Schranken für Lizenzverträge, S. 45; bezüglich des Know-how-Nehmers vgl. auch *Körner*, GRUR 1982, 341 ff.; *Lüdecke/Fischer*, Lizenzverträge, M 5 S. 652.

bezogene Beschränkungen des Know-how-Nehmers, insbesondere seine Verpflichtung zur Zahlung von Know-how-Gebühren hinfällig[1] (vgl. §§ 311a, 275 BGB).

Ob ein bestimmtes Wissen **offenkundig** ist, richtet sich auch danach, ob die Beziehung der geheim zu haltenden Tatsache zu dem betreffenden Unternehmen den Mitbewerbern bekannt ist bzw. bekannt geworden ist[2]. Es kommt in diesem Zusammenhang nur darauf an, ob es geheim oder offenkundig ist, dass ein solches Verfahren in diesem Unternehmen angewandt worden ist oder angewendet wird[3]. Für die Offenkundigkeit in diesem Sinne spricht allerdings ein Lebenserfahrungssatz, falls ein als Betriebsgeheimnis benutztes Verfahren im Stand der Technik anderwärts so bekannt ist, dass es für den Fachmann klar ist, dass auch das betreffende Unternehmen nach diesem bekannten Verfahren arbeiten muss bzw. arbeitet. Daneben können bei Verschulden des Lizenzgebers Schadensersatzansprüche aus §§ 280, 281 BGB bestehen, wobei auch hier ein etwaiger Anspruch auf entgangenen Gewinn ausgeschlossen erscheint (s. Rz. 1621). 2795

Festzuhalten bleibt allerdings, dass diese Rechtsgrundsätze nur dann gelten, wenn der Know-how-Geber das übermittelte technische Wissen als betriebsgeheim gekennzeichnet hat, denn anderenfalls bleibt es bei der Feststellung, dass das Merkmal des Geheimnisses keine notwendige Eigenschaft des Know-how-Lizenzvertrages darstellt (vgl. Rz. 2550 ff.). Haben also die Vertragspartner den Vertragsgegenstand nicht ausdrücklich als Betriebsgeheimnis gekennzeichnet oder ergibt sich dies nicht aus den sonstigen Umständen, so kann sich auch die Feststellung der Offenkundigkeit des Vertragsgegenstandes nicht auf den Bestand des Vertrages und die Vergütungspflichten des Know-how-Nehmers auswirken. In einem solchen Fall ist dem Know-how-Nehmer im Zweifel mit der Überlassung des technischen Wissens seitens des Know-how-Gebers die wesentliche Vertragspflicht erbracht worden. 2796

Frei. 2797–2798

4. Sonstige Pflichten

Ebenso wie den Patentlizenzgeber können auch bei Know-how-Verträgen den Lizenzgeber **Wettbewerbsverbotspflichten** treffen. Im Grundsatz gelten hier die Ausführungen zur Patentlizenz entsprechend, insbesondere bei der 2799

1 *Hesse*, GRUR 1985, 661, 663 ff.; vgl. für das alliierte Dekartellierungsrecht *BGH* v. 18.3.1955, BGHZ 17, 41, 52 – Kokillenguss; für das GWB *BGH* v. 16.10.1962, GRUR 1963, 207, 210; *BGH* v. 20.5.1966, GRUR 1966, 576, 580 – Zimcofot.

2 Vgl. *BGH* v. 29.5.1984, WuW 1984, 894, 896 – Stadler-Kessel; anders *Köhler* in Köhler/Bornkamm, UWG, § 17 Rz. 19 f., für den abweichenden Begriff der Mitteilung i.S. des § 17 UWG; hier muss nicht an den Mitbewerber mitgeteilt werden.

3 Vgl. grundlegend dazu *RG* v. 22.11.1935, RGZ 149, 329, 333 f. – Stiefeleisenpressen; s. auch *Köhler* in Köhler/Bornkamm, UWG, § 17 Rz. 5.

ausschließlichen Lizenz in der Form der Exklusivlizenz (s. Rz. 79), also unter Ausschluss eines eigenen Nutzungsrechts des Lizenzgebers (s. Rz. 1509 ff.).

Zu den Pflichten des Know-how-Lizenzgebers s. Rz. 1369 ff.

VIII. Rechte und Pflichten des Know-how-Nehmers

1. Pflicht zur Zahlung der Lizenzgebühr

2800 Der Pflicht des Know-how-Gebers zur Know-how-Übermittlung steht die Verpflichtung des Know-how-Nehmers gegenüber, die Überlassung dieses Wissens angemessen zu vergüten. Diese Verpflichtung entfällt nur dann, wenn die Vertragspartner einen Erfahrungsaustausch auf der Basis der Gleichwertigkeit dieses Gedankengutes vereinbart haben (s. Rz. 2695 ff.). Die Zahlungspflicht kann in Form einer einmaligen Pauschalsumme oder durch fortlaufende Zahlungen oder die Kombination dieser Zahlungsformen erfüllt werden.

2801 Noch weniger als bei der Bestimmung der Vergütung im Rahmen eines Schutzrechtslizenzvertrages können für die Bemessung der Lizenzgebühr eines Know-how-Lizenzvertrages allgemeine Erfahrungswerte bestimmt werden. Eine solche Bewertung kann immer nur unter Berücksichtigung aller konkreten Umstände des Einzelfalls durchgeführt werden. Mangels anderer Anhaltspunkte kann auf die Grundsätze zur Lizenzgebührenbestimmung bei Schutzrechtslizenzverträgen (s. hierzu Rz. 1685 ff.) zurückgegriffen werden. Auf die Aufzählung dieser Bewertungsfaktoren im Einzelnen etwa bei *Groß*[1] sei hingewiesen.

2802 Die Vereinbarung der Zahlung einer Lizenzgebühr auch **für während des Vertragsverhältnisses offenkundig werdendes Know-how** war schon früher nach **europakartellrechtlichen** Maßstäben grundsätzlich zulässig. Bereits der EGr 21 der TT-GVO 1996 machte deutlich, dass die Lizenzvertragsparteien die Freiheit haben, eine angemessene Methode zur Finanzierung des Know-how-Technologietransfers selbst zu bestimmen („mündige Vertragspartner"). Dementsprechend waren nach Art. 2 Abs. 1 Nr. 7 lit. a TT-GVO 1996 Klauseln vom Verbot des Art. 81 Abs. 3 EG (heute Art. 101 Abs. 3 AEUV) freigestellt, in denen der Lizenznehmer verpflichtet wird, die vereinbarten Lizenzgebühren auch dann weiterzuzahlen, wenn das Know-how ohne Mitwirkung des Lizenzgebers offenkundig wird. Daraus ergab sich, dass er auch für den Fall zur Weiterzahlung verpflichtet werden konnte, dass die Offenkundigkeit durch sein eigenes Verhalten oder das eines anderen Lizenznehmers oder sonst mit dem Geheimnis befassten Vertragspartners des Lizenzgebers eintritt[2].

---

1 *Groß*, Rz. 99; *Groß/Rohrer*, Lizenzgebühren, Rz. 3; s.a. *Henn*, Rz. 256 f.

2 Vgl. auch Pfaff/*Osterrieth*, B Rz. 90; *Pagenberg/Beier*, Muster 1 Rz. 106, 127 Fn. 166.

Im Zuge der Streichung der „weißen Liste" aus der TT-GVO 1996 ist diese Bestimmung in der TT-GVO 2004 nicht mehr enthalten. Da eine derartige Vereinbarung jedoch nicht ausdrücklich unter die Verbotsnormen der Art. 4, 5 TT-GVO 2004 fällt, ist davon auszugehen, dass diese jedenfalls in dem Umfang als zulässig zu beurteilen ist, in dem die Anwendbarkeitsvoraussetzungen der TT-GVO 2004 vorliegen. Indes weicht **Art. 2 Satz 3 TT-GVO 2004** vom früheren Wortlaut des Art. 2 Nr. 7 lit. a TT-GVO 1996 ab, und knüpft die Freistellung nach der TT-GVO 2004 für den Fall des Offenkundigwerdens des Know-hows lediglich an das Verhalten des Lizenznehmers an. Das Know-how muss nach Art. 2 Satz 3 TT-GVO 2004 **durch** dem **Lizenznehmer zurechenbares Verhalten offenkundig geworden** sein. Damit wäre eine Vereinbarung zur Lizenzgebührzahlung bei Offenkundigwerden durch das Verhalten Dritter anders als bislang nicht mehr von der TT-GVO 2004 erfasst. Ob eine derartige Wertung hinsichtlich der Vereinbarung von Lizenzgebühren beabsichtigt war, ist aufgrund der dargestellten Argumentation zweifelhaft. In Betracht könnte eine Freistellung jedenfalls über die Generalklausel des Art. 101 Abs. 3 AEUV (ex-Art. 81 Abs. 3 EG) kommen.

Der Lizenznehmer muss damit nach *Osterrieth*[1] das **Offenkundigwerden als kalkulierbares Risiko** berücksichtigen. Aus Sicht der Parteien eines Know-how-Lizenzvertrages besteht dadurch die Möglichkeit, als Alternative zu der früher üblicheren einmaligen Pauschalzahlung bei Vertragsschluss eine laufende Know-how-Gebühr zu vereinbaren. 2803

Mit der Anpassung des **deutschen Kartellrechts** an die europäischen Vorgaben könnte hinsichtlich der Vereinbarung einer Lizenzgebühr für offenkundig gewordenes Know-how auch eine einschneidende inhaltliche Änderung für das deutsche Recht verbunden sein. Nach früherem deutschen Kartellrecht entfiel nach herrschender Auffassung eine Zahlungspflicht des Know-how-Nehmers im Hinblick auf die Regelung der §§ 18 Nr. 1, 17 GWB a.F. von dem Zeitpunkt an, in welchem dieses **Betriebsgeheimnis ohne Einwirkung des Know-how-Nehmers offenkundig wurde**. Von diesem Zeitpunkt an war jede Beschränkung des Know-how-Nehmers und damit auch die Verpflichtung zur Zahlung von Lizenzgebühren als hinfällig zu beurteilen[2]. 2804

Nach modifiziertem deutschen Recht finden nunmehr die oben dargestellten europarechtlichen Grundsätze über § 2 Abs. 2 GWB entsprechend Anwendung. Damit könnte auch hinsichtlich innerstaatlicher Sachverhalte eine Vereinbarung zur **Zahlung einer Lizenzgebühr für offenkundig ge-**

1 *Osterrieth* in Pfaff/*Osterrieth*, B Rz. 124 ff.

2 Vgl. schon *BGH* v. 18.3.1955, BGHZ 17, 41, 52 – Kokillenguss; *BGH* v. 12.2.1980, GRUR 1980, 750, 751 – Pankreaplex II; vgl. zur Schadensersatzpflicht des Know-how-Nehmers *Körner*, GRUR 1982, 341 ff.; *Hesse*, GRUR 1985, 661, 663 ff.; TB BKartA 1960, 49.

wordenes Know-how kartellrechtlich zulässig sein, wenn die Vereinbarung von Art. 101 Abs. 3 AEUV (ex-Art. 81 Abs. 3 EG) umfasst sein sollte[1].

Ein Wegfall oder eine Kürzung der Zahlungspflicht des Know-how-Nehmers kann sich allerdings aus den Regeln über die **Störung der Geschäftsgrundlage (§ 313 BGB)** ergeben[2].

2805 Fehlt es an einer Vereinbarung der Vertragsparteien, welche Auswirkungen das Offenkundigwerden des Know-hows auf die Lizenzgebührenpflicht haben soll, besteht im Falle des Offenkundigwerdens von Vertrags-Know-how jedenfalls **kein Anspruch** des Lizenznehmers **auf Rückzahlung** von in der Vergangenheit bereits gezahlten Lizenzgebühren, da er bis zum Zeitpunkt des Offenkundigwerdens von dem „faktischen Monopol des Lizenzgebers" profitiert hat[3]. Zu berücksichtigen ist außerdem, dass der Lizenznehmer anderweitige Aufwendungen etwa für eigene Forschungs- und Entwicklungsmaßnahmen oder bei Lizenzverträgen mit Dritten erspart hat[4].

2806 Ist der Lizenzvertrag auf die Übermittlung **geheimen Know-hows** ausgerichtet, ist aber das lizenzierte Vertrags-Know-how **bereits zum Zeitpunkt des Vertragsschlusses offenkundig**, so greifen die Rechtsfolgen des **§ 311a Abs. 1 BGB**, da die Vermittlung offenkundiger Tatsachen als geheimes Wissen objektiv unmöglich ist[5]. Hieraus folgt nicht die Vertragsnichtigkeit (§ 306 BGB a.F.); dem Lizenznehmer steht es frei, Schadensersatz statt der Leistung oder Aufwendungsersatz nach § 311a Abs. 1 i.V.m. § 284 BGB zu verlangen. Die Schadensersatzpflicht entfällt jedoch dann, wenn es dem Lizenzgeber gelingt nachzuweisen, dass er die **Offenkundigkeit** des Know-hows zum Zeitpunkt des Vertragsschlusses **nicht kannte** und diese Unkenntnis auch nicht zu vertreten hat (vgl. § 311a Abs. 2 Satz 2 BGB)[6].

Ist dagegen alleiniger Inhalt des Know-how-Vertrages die Übermittlung von **nicht geheimem Erfahrungswissen** (s. Rz. 2547, 2554, 2710 ff.), ist dies rechtlich zulässig. Der Vertrag unterliegt den allgemeinen Maßstäben der §§ 1, 2, 4, GWB (s. Rz. 2567).

2807 Unberührt bleibt die Möglichkeit, Schadensersatzansprüche des Lizenzgebers für den Fall zu vereinbaren, dass das **Know-how aufgrund** eines **Vertragsbruches des Lizenznehmers offenkundig** wird.

---

1 Wird der Know-how-Lizenzvertrag als Dienstvertrag eingeordnet, bestehen grundsätzlich keine Bedenken hinsichtlich einer freien Vereinbarung der Gegenleistung *Körner*, GRUR 1982, 341, 343.

2 Vgl. *Osterrieth* in Pfaff/Osterrieth, B Rz. 128, 129.

3 *Osterrieth* in Pfaff/Osterrieth, B I Rz. 125.

4 *Finger*, GRUR 1970, 3, 5.

5 Zur Rechtslage vor der Reform *BGH* v. 16.10.1962, GRUR 1963, 207, 209 – Kieselsäure; *BGH* v. 18.3.1955, BGHZ 17, 41, 52 – Kokillenguss; Benkard/*Ullmann*, PatG, § 15 Rz. 243; Pfaff/*Osterrieth*, B I Rz. 126.

6 Vgl. auch *Britta Bartenbach*, Mitt. 2003, 102, 106; Pfaff/*Osterrieth*, B Rz. 92.

2. Ausübungspflicht des Know-how-Nehmers (best-efforts-Klausel)

Um eine Blockierung der Technologie zu verhindern, die Durchsetzung der Technologie zu gewährleisten und insbesondere dann, wenn die vom Lizenznehmer zu zahlende Lizenzgebühr an den Absatz des Vertragsproduktes gekoppelt ist, kann ein Interesse des Lizenzgebers daran bestehen, dass der Lizenznehmer die lizenzierte Technologie auch tatsächlich nutzt. Dies ist im Einzelfall von der Art der Know-how-Vermittlung abhängig. 2808

Wird eine **ausschließliche Lizenz** an dem Know-how vergeben, so folgt in der Regel bereits aus dem Ausschließlichkeitscharakter, dass der Lizenznehmer zur Ausübung verpflichtet ist, soweit sich nichts anderes aus den Umständen ergibt (s. Rz. 1895 ff.)[1]. Zur Klarheit und zur Bemessung des Umfangs der Ausübungspflicht, ist dennoch die explizite Aufnahme einer best-efforts-Klausel in den Vertrag zu empfehlen. 2809

Bei einer **einfachen Lizenz** kann dagegen nicht von vornherein auf eine Ausübungspflicht geschlossen werden. Hier bedarf es stets der ausdrücklichen Absprache. 2810

Hinsichtlich des **Umfangs** ist dem Maßstab von Treu und Glauben (§ 242 BGB) Rechnung zu tragen. Die Ausübungspflicht muss sich im Rahmen des **Zumutbaren** halten, wobei auf die Anstrengungen des Lizenznehmers hinsichtlich einer wirtschaftlich sinnvollen Verwertung abzustellen ist (s. Rz. 1902 ff.)[2]. 2811

Kartellrechtlich ist die Vereinbarung einer Ausübungspflicht grundsätzlich unbedenklich, da sich diese in der Regel förderlich auf den Technologietransfer auswirkt. Weder Art. 4 noch Art. 5 TT-GVO 2004 erklären die best-efforts-Klausel als unzulässig. Allerdings wird die Ausübungspflicht oft an ein Wettbewerbsverbot geknüpft, um zu verhindern, dass der Lizenznehmer konkurrierende Erzeugnisse herstellt. Dies unterliegt den kartellrechtlichen Beschränkungen (Art. 101 Abs. 1, Abs. 3 AEUV [ex-Art. 81 Abs. 1, Abs. 3 EG], Art. 2, 3 TT-GVO 2004). 2812

Im Hinblick auf die Verwertung von Know-how ist allerdings im Einzelfall faktisch nicht kontrollierbar, ob die lizenzierte Technik auch in Konkurrenzprodukten verwendet wird[3]. Zutreffend regen *Maaßen/Wuttke*[4] an, dieser Beweisproblematik durch die Vereinbarung einer **Beweislastumkehr** zulasten des Lizenznehmers Rechnung zu tragen; dies könnte durch Kon-

1 *Osterrieth* in Pfaff/Osterrieth, B I Rz. 143 m.H.a. *BGH* v. 20.7.1999, GRUR 2000, 138 – Knopflochnähmaschine; *Groß*, Rz. 150 f.; *Henn*, Rz. 278.

2 *Osterrieth* in Pfaff/Osterrieth, B I Rz. 146 m.H.a. *BGH* v. 11.10.1977, GRUR 1978, 166 – Banddüngerstreuer; *Henn*, Rz. 283 m.w.N.

3 *Osterrieth* in Pfaff/Osterrieth, B II Rz. 339.

4 *Maaßen/Wuttke* in Ann/Loschelder/Grosch, Praxishandbuch Know-how-Schutz, Kap. 5 Rz. 86.

troll- und Überwachungsrechte des Lizenzgebers und/oder die Vereinbarung einer Vertragsstrafe ergänzt werden.

2813 **Kommt** der Lizenznehmer der **Ausübungspflicht nicht nach**, kann der Lizenzgeber zunächst Erfüllung verlangen. Bei weiterer Nichterfüllung der Pflicht können sich Ansprüche des Lizenznehmers aus § 280 Abs. 1, Abs. 3, § 281 Abs. 1 BGB ergeben. Daneben steht es dem Lizenzgeber frei, sich nach § 323 Abs. 1 BGB vom Vertrag zu lösen. Aufgrund des schwierigen Nachweises von Pflichtverletzung, Kausalität sowie Schaden und um den Lizenznehmer bereits im Vorfeld stärker zur Einhaltung seiner Ausübungspflicht anzuhalten, kann die Vereinbarung einer **Vertragsstrafe** für den Verstoß gegen die Ausübungspflicht im Einzelfall sinnvoll sein. Auch hier sind Einschränkungen durch die §§ 305 ff. BGB zu beachten (s. Rz. 2638 ff.).

2814 Frei.

3. Nutzung des Know-hows nach Vertragsende

2815 Ist Gegenstand eines **gemischten Patentlizenz- und Know-how-Lizenzvertrages** geheimes technisches Wissen, ist der Lizenznehmer regelmäßig befugt nach **Ablauf der Vertragsschutzrechte**, das Know-how weiter zu verwerten. Zur Höhe der dann zu leistenden (evtl. geminderten) Vergütung für die weitere Nutzung des Know-hows sollten die Vertragsparteien eine ausdrückliche Regelung treffen[1].

2816–2819 Frei.

4. Die Anmeldung des Know-hows zum Schutzrecht

2820 Bildet die zum Vertragsgegenstand gemachte technische Lehre ein Betriebsgeheimnis, so verliert dieses Know-how seine wesentliche Eigenschaft als Betriebsgeheimnis, wenn der Know-how-Geber die technische Lehre während des Vertragsverhältnisses zum Gegenstand einer Schutzrechtsanmeldung macht. Es wird dann dem Know-how-Geber verschuldeter Weise unmöglich, seine Vertragsleistung in der ursprünglich vereinbarten Form fortzusetzen[2]. Dies löst für den Know-how-Nehmer das Recht auf Schadensersatz statt der Leistung nach § 280 Abs. 1, Abs. 3, § 283 BGB aus. Daneben kann der Lizenznehmer vom Vertrag zurücktreten (vgl. § 326 Abs. 5 BGB bzw. § 314 BGB). Damit Streitfälle in dieser Richtung vermieden werden, empfiehlt sich die eindeutige Festlegung, dass Schutzrechtsanmeldungen auf das ursprünglich lizenzierte Know-how oder auf das Wissen, welches sich in Anwendung des Know-how-Lizenzvertrages neu ergibt, nur im Einverständnis der Vertragspartner erfolgen (vgl. auch Rz. 2677).

1 *Osterrieth* in Pfaff/Osterrieth, B I Rz. 257.
2 S. auch *LG Düsseldorf* v. 11.7.2006 – 4a O 243/03, Rz. 98 (juris).

Nimmt der Know-how-Nehmer den Tatbestand einer vertragswidrigen Schutzrechtsanmeldung durch den Know-how-Geber nicht zum Anlass, eine Auflösung des Vertragsverhältnisses für die Zukunft zu verlangen oder Schadensersatzansprüche geltend zu machen, sondern setzt er das Vertragsverhältnis zunächst weiter fort, so kann dieses Verhalten im Zweifel nur dahin verstanden werden, dass der Know-how-Nehmer sich mit einer **Umwandlung des Know-how-Lizenzvertrages in einen Lizenzvertrag über die Schutzrechtsanmeldung** und das evtl. hierauf erteilte Schutzrecht einverstanden erklärt[1]. 2821

Zwar ist grundsätzlich davon auszugehen, dass die Umwandlung einer Vertragsart in eine andere nur im Einverständnis beider Vertragsteile möglich ist. Aufgrund besonderer Umstände kann aber im Einzelfall jeder Vertragspartner, insbesondere der Nutzungsberechtigte eines Know-how-Lizenzvertrages, nach Treu und Glauben (§ 242 BGB) verpflichtet sein, den Vertrag auch dann fortzusetzen, wenn innerhalb der vereinbarten Vertragsdauer die Lehre des Know-hows ohne seine Zustimmung Gegenstand eines gewerblichen Schutzrechtes geworden ist. Zwar darf niemand aus einem von ihm vertragswidrig geschaffenen Zustand Rechte für sich herleiten. Passt sich aber der Vertragspartner dieser Situation dadurch an, dass er aus der herbeigeführten Veränderung sein Recht auf Beendigung des Vertragsverhältnisses nicht wahrnimmt, sondern die ihm aufgrund des bisherigen Vertrages überlassenen Rechte weiter ausübt, so verstößt er gegen Treu und Glauben, wenn er nachträglich seine Leistung mit der Begründung ablehnt, der Vertrag sei infolge der vom anderen Teil herbeigeführten Veränderung beendet. In der bloßen Einstellung der vertraglichen Leistung liegt keine auf die Vertragsbeendigung gerichtete Willenserklärung. 2822

Dieses Ergebnis muss auch trotz des Umstandes hingenommen werden, dass sich mit einer solchen Umwandlung der Nutzungsgegenstand verändert und sich die wirtschaftliche Stellung des Nutzungsberechtigten zu seinen Ungunsten verschieben kann, etwa wenn der Schutzrechtsinhaber nunmehr anderweitig Lizenzen vergibt und sich dadurch die Wettbewerbslage verschlechtert. Einziges Korrektiv wäre hier nur das Merkmal der Unzumutbarkeit. 2823

Eine weitere Frage ist es, ob nicht der Know-how-Nehmer sich gegenüber seinem Know-how-Geber, der das lizenzierte technische Wissen zum Gegenstand einer Schutzrechtsanmeldung macht, auf ein **Vorbenutzungsrecht i.S. des § 12 Abs. 1 PatG** berufen kann. Dies gilt selbstverständlich nicht, wenn die Ausnahmesituation des § 12 Abs. 1 Satz 4 PatG vorliegt. Im Übrigen stünde aber auch der Umstand, dass der Know-how-Nehmer seinen Wissensstand vom Know-how-Geber herleitet, dem Wirksamwerden eines Vorbenutzungsrechtes nicht entgegen, wie gerade die Regelung 2824

---

1 Vgl. *BGH* v. 8.7.1975, GRUR 1976, 140, 142 – Polyurethan; vgl. auch *BGH* v. 17.12.1981, GRUR 1982, 225, 226 f. – Straßendecke II.

des § 12 Abs. 1 Satz 4 PatG beweist. Da der Know-how-Nehmer dieses Vorbenutzungsrecht ohne die Belastung durch Lizenzgebühren ausüben könnte, wäre es bei einer solchen Sachlage für ihn empfehlenswert, von seinem Recht zur Kündigung bzw. zum Rücktritt oder zur Anwendung der Rechtsgrundsätze über den Wegfall der Geschäftsgrundlage Gebrauch zu machen und zukünftig den ursprünglichen Vertragsgegenstand im Rahmen seines Vorbenutzungsrechtes kostenlos zu nutzen.

Zu beachten ist allerdings, dass nach Ansicht des *BGH*[1] ein Vorbenutzungsrecht in der Regel ausgeschlossen ist, wenn der Benutzer und der Erfinder **in vertraglicher Beziehung stehen** und der **Erfindungsbesitz im Zusammenhang mit der Erfüllung dieses Vertrages erlangt** wurde. In diesem Fall könne und müsse jede Vertragspartei aus den vertraglichen Vereinbarungen entnehmen, ob und welche Rechte ihr in Bezug auf Erfindungen der anderen Seite zustehen. Werden die Rechte an solchen Erfindungen im Vertrag abgetreten oder zumindest ein schuldrechtlicher Anspruch auf Abtretung begründet, hat der begünstigte Teil hinreichende Möglichkeiten, die geschützte Lehre für seine Zwecke zu nutzen. Macht er von diesen Möglichkeiten **keinen Gebrauch** oder stehen ihm derartige Rechte weder nach dem Vertrag noch nach dem Gesetz zu, könne er redlicherweise nicht erwarten, dennoch zur weiteren Nutzung der Erfindung befugt zu sein; zur Entstehung eines Vorbenutzungsrechts gegenüber dem Erfinder könne es weder im einen noch im anderen Fall kommen.

2825 In einem besonders gelagerten Ausnahmefall können die Folgen der anfänglichen Unmöglichkeit nach § 311a BGB ausgelöst werden, wenn das Geheimverfahren so unmittelbar in ein bei Vertragsabschluss bestehendes Schutzrecht eingreift, dass es dadurch in vollem Umfang bekannt geworden ist[2].

2826–2829 Frei.

5. Die Geheimhaltungspflicht des Know-how-Nehmers

2830 Neben der zuvor dargestellten Vergütungspflicht besteht die wesentliche Verpflichtung des Know-how-Nehmers, insbesondere wenn der Know-how-Lizenzvertrag auf geheimes Erfahrungswissen gerichtet ist, darin, das den Inhalt des Vertrages bildende Wissen Dritten nicht mitzuteilen[3]. Wie bereits aufgezeigt, hat diese Verpflichtung des Know-how-Nehmers ihren Grund in dem Interesse des Know-how-Gebers, durch Geheimhaltung der

1 *BGH* v. 10.9.2009, GRUR-Prax 2009, 13 – Füllstoff; ebenso *OLG Düsseldorf* v. 8.4.2010 – I-2 U 108/06, Rz. 93 (juris).

2 Vgl. grundlegend *RG* v. 11.7.1939, RGZ 163, 1, 7 – Frutapekt.

3 Vgl. *Stumpf*, Der Know-how-Lizenz-Vertrag, Rz. 90 ff.; *Maaßen/Wuttke* in Ann/Loschelder/Grosch, Kap. 5 Rz. 64 ff.; vgl. insbesondere zur Schadensersatzpflicht *Körner*, GRUR 1982, 341 ff.; *Lüdecke/Fischer*, Lizenzverträge, E 63 S. 509 ff. u. M 6 S. 653.

von ihm weitergegebenen Kenntnisse seinen Wettbewerbsvorsprung vor den übrigen Mitbewerbern zu erhalten. Dieser kann auch bei der bloßen Übermittlung gemeinfreien Wissens gegeben sein, etwa wenn die Zusammenfassung dieses Wissens bisher nicht erfolgt oder ein daraus sich ergebender neuer Anwendungsfall nicht bekannt ist. Aufgrund der geringen gesetzlichen Absicherung des Know-hows (s. Rz. 2570 ff.) liegt es im besonderen Interesse des Lizenzgebers, die Geheimhaltung durch vertragliche Gestaltung zu erreichen[1]. Neben den Ausführungen in Rz. 2610 ff. soll im Folgenden lediglich auf die Besonderheiten von Geheimhaltungsabreden zwischen Lizenzgeber und Lizenznehmer eines Know-how-Lizenzvertrages eingegangen werden.

Die Geheimhaltung des Know-hows wird vorrangig dadurch erreicht, dass 2831 der Lizenznehmer sich verpflichtet, das überlassene Know-how **ausschließlich für Vertragszwecke zu nutzen**. Darüber hinaus kann sich eine Vertragsabrede empfehlen, nach der der Lizenznehmer nur die für die Herstellung der Vertragsprodukte notwendige **Anzahl von Kopien** der Informationen erstellen darf, die mit dem Vermerk „vertraulich" zu kennzeichnen sind und die Anzahl der Kopien sowie deren Empfänger schriftlich festgehalten werden. Gleiches gilt für die Vervielfältigung geheimhaltungsbedürftiger, sich auf Datenträgern befindlichen Informationen. Eine solche Vereinbarung kann insbesondere eine Hilfe bei Beendigung des Vertrages sein, wenn es darum geht, die Vertraulichkeit für die Zeit nach Vertragsende abzusichern.

Im Know-how-Vertrag sollte geklärt werden, ob der Know-how-Nehmer be- 2832 rechtigt ist, Dritte bei der Herstellung des Know-how-Gegenstandes mit einzubeziehen, sei es als **Zulieferer** bzw. für den Fall der **Lohnfertigung** (verlängerte Werkbank), bei der der Lizenznehmer den Lizenzgegenstand durch Dritte herstellen lässt (vgl. hierzu Rz. 1315). Mangels einer vertraglichen Regelung dürfte es dem Know-how-Nehmer nicht schlechthin verboten sein, Dritte in die Ausübung des Vertrages einzubeziehen. Soweit technisch durchführbar, sollte aus Sicht des Know-how-Gebers geregelt werden, dass eine Weitergabe des Know-how an potentielle Konkurrenten, die es diesen ermöglicht, aufgrund der im Rahmen der Zusammenarbeit erlangten Informationen selbst mit einem entsprechenden Produkt auf den Markt zu gehen, ausgeschlossen wird. Gerade dann, wenn die Einbeziehung Dritter von vornherein einvernehmlich in Betracht zu ziehen ist, ist die genaue Festlegung der zu überlassenen Informationen als Mindestabsicherung ebenso beachtlich wie die Auflage, dass der Lizenznehmer den Lohnfertiger dazu verpflichtet, insbesondere das **Know-how nicht eigen-**

1 *Pfaff*, BB 1974, 565, 567; *Bartenbach/Volz* in Formularsammlung zum gewerblichen Rechtsschutz und Urheberrecht, S. 218; offen gelassen bei *BGH* v. 21.12.1962, BGHZ 38, 391, 395 – Industrieböden; diff. Benkard/*Ullmann*, PatG, § 15 Rz. 235.

ständig zu benutzen und die Geheimhaltung zu bewahren[1]. Zu denken ist auch an den Vorbehalt von **Kontrollrechten** im Unternehmen des Lohnfertigers, die der Lizenznehmer mit diesem zu vereinbaren hätte.

2833 Da der Know-how-Nehmer durch die Übermittlung dieses Wissens an dem Wettbewerbsvorsprung des Know-how-Gebers vor den übrigen Mitbewerbern teilnimmt, erwächst hieraus wiederum sein Interesse, dass auch der **Know-how-Geber sich zur Geheimhaltung gegenüber Dritten verpflichtet**, insbesondere, wenn die Vertragspartner eine ausschließliche Übermittlung geheimen Erfahrungswissens vereinbart haben. Ein solches **ausschließliches Nutzungsrecht des Know-how-Nehmers** wird z.B. durch die Offenlegung einer Patentanmeldung empfindlich eingeschränkt (s. Rz. 2677 u. 2820 ff.).

2834 Im Interesse des Lizenznehmers liegt es auch, dass jedenfalls die von ihm dem Lizenzgeber mitgeteilten **Verbesserungen und Weiterentwicklungen** nicht Dritten zugänglich gemacht werden. Im Einzelfall ist allerdings eine zusätzliche Regelung dahin denkbar, dass der Lizenzgeber diese Informationen auch seinen weiteren Lizenznehmern offenbaren darf, wenn im Gegenzug sichergestellt wird, dass die Verbesserungen und Weiterentwicklungsergebnisse der übrigen Lizenznehmer auch diesem Lizenznehmer zur Verfügung gestellt werden[2].

2835 Die vorgenannten gegenseitigen Geheimhaltungsverpflichtungen sind im Grundsatz immanenter Bestandteil eines Know-how-Lizenzvertrages. Dies bedeutet, dass diese Pflichten auch dann bestehen, wenn die Vertragspartner es versäumen, hierüber eine ausdrückliche Abrede zu treffen (vgl. Rz. 2610 ff.).

2836 Die Verpflichtung des Lizenznehmers, vom Lizenzgeber mitgeteiltes Know-how geheim zu halten, stellte gemäß **Art. 2 Abs. 1 Nr. 1 der TT-GVO 1996** ausdrücklich **keine wettbewerbsbeschränkende Klausel** dar. Die weiße Liste des Art. 2 TT-GVO 1996 wurde im Zuge der Reform ersatzlos gestrichen. Allerdings unterfällt eine Geheimhaltungsabrede grundsätzlich weder den Kernbeschränkungen des Art. 4 TT-GVO 2004 noch den Tatbeständen des Art. 5 TT-GVO 2004. Daher ist davon auszugehen, dass Geheimhaltungsabreden nach wie vor **kartellrechtlich** grundsätzlich **unbedenklich** sind. Dies gilt selbst dann, wenn eine **Geheimhaltungspflicht über das Ende der Laufzeit des Lizenzvertrages** hinaus auferlegt wurde, solange das Know-how als geheim zu bewerten ist[3].

2837–2844 Frei.

1 Vgl. *BGH* v. 25.11.2010, Mitt. 2011, 97, Rz. 21 – Flexitanks; *Bartenbach/Volz* in Formularsammlung zum gewerblichen Rechtsschutz und Urheberrecht, S. 214.

2 Vgl. *Bartenbach/Volz* in Formularsammlung zum gewerblichen Rechtsschutz und Urheberrecht, S. 218.

3 Vgl. *OLG Düsseldorf* v. 8.4.2010 – I-2 U 108/06, Rz. 94 ff. (juris); *Winzer* in Pfaff/Osterrieth, B III Rz. 567, 651 f.

6. Die Bedeutung einer Nichtangriffsabrede

Zu überlegen ist, ob die Geheimhaltungsverpflichtung des Lizenznehmers eine Steigerung durch die Vereinbarung einer Nichtangriffspflicht erfahren kann. *Winzer* sieht eine Nichtangriffsabrede hinsichtlich des geheimen Charakters von Know-how als faktisch sinnlos an[1]. Ähnlich bewertet *Henn*[2] Nichtangriffsklauseln in Bezug auf Know-how als gegenstandslos, da hier der Bestandsschutz nur in der Geheimhaltung bestehen könne, der dem Wesen des Know-hows entsprechend unabdingbarer Vertragsinhalt sei. Dagegen erfahren Geheimhaltungsabreden nach Ansicht von *Wuttke/Maaßen*[3] eine Verstärkung durch Nichtangriffsverpflichtungen, da sich der Bestandsschutz des Know-hows nicht in dessen Geheimhaltung erschöpfe. Nachdem durch den Wegfall von §§ 17, 18 GWB a.F. die in § 17 Abs. 2 Nr. 3 GWB a.F. ausdrücklich vorgesehene Zulässigkeit der Nichtangriffsklausel weggefallen ist, gilt nunmehr auch für die Bundesrepublik die europäische Wertung. 2845

Nichtangriffsabreden in Bezug auf Schutzrechtspositionen stellen grundsätzlich einen **Verstoß gegen Art. 101 Abs. 1 AEUV** (ex-Art. 81 Abs. 1 EG) dar (vgl. Rz. 2080 ff.). 2846

Die gegenwärtige TT-GVO 2004 beurteilt Nichtangriffsabreden hinsichtlich der Gültigkeit des geistigen Eigentums eines Lizenzgebers nach wie vor zwar als unzulässig (Art. 5 Abs. 1 lit. c TT-GVO 2004)[4]. Die TT-Leitlinien zu Art. 81 EG (heute Art. 101 AEUV) nehmen – im Gegensatz zur früheren TT-GVO 1996 – jedoch **Nichtsangriffsabreden hinsichtlich Know-how** ausdrücklich von diesem Grundsatz aus (TT-Leitlinien zu Art. 81 EG [heute Art. 101 AEUV], Rz. 112). Nichtangriffsabreden hinsichtlich Know-how sind damit nach der TT-GVO 2004 vom Anwendungsbereich des Art. 81 Abs. 1 EG (nunmehr Art. 101 Abs. 1 AEUV) ausgenommen und somit **grundsätzlich zulässig**.

Der **Grund für die Freistellung** liegt in der Unmöglichkeit, das einmal preisgegebene und lizenzierte Know-how durch die bei einem Angriff auf den geheimen oder wesentlichen Charakter des Know-hows vorbehaltene Kündigung des Lizenzvertrags wieder zurückerlangen zu können[5]. Auch im Kündigungsfall verbliebe dem Know-how-Nehmer faktisch das ihm übertragene Wissen, anders als bei der Kündigung des Patentlizenzvertrages, bei der der (rechtliche) „Zugang" zum bisher lizenzierten Patent entfallen würde. Die TT-Leitlinien zu Art. 81 EG (heute Art. 101 AEUV) führen diesbezüglich weiter aus, dass „eine dem Lizenznehmer auferlegte Verpflichtung, das lizenzierte Know-how nicht anzufechten, [...] in diesem 2847

1 Vgl. *Winzer* in Pfaff/Osterrieth, B III Rz. 747.
2 *Henn*, Rz. 338.
3 *Wuttke/Maaßen* in Ann/Loschelder/Grosch, Kap. 5 Rz. 81.
4 Zu den Gründen s. TT-Leitlinien zu Art. 81 EG, Rz. 112.
5 S. dazu auch *Hauck*, WRP 2012, 673, 675.

Fall die Verbreitung neuer Technologie insbesondere deshalb [fördert], weil schwächere Lizenzgeber auf diese Weise stärkeren Lizenznehmern eine Lizenz erteilen können, ohne fürchten zu müssen, dass ihr Know-how angefochten wird, sobald der Lizenznehmer es sich zu eigen gemacht hat" (TT-Leitlinien zu Art. 81 EG (heute Art. 101 AEUV), Rz. 112 S. 8).

Die Pflicht, den geheimen Charakter des Know-hows zu wahren, ist einem Lizenzvertrag bereits immanent, was die Zulässigkeit von Nichtangriffsabreden zudem unterstreicht. Ein Verstoß widerspricht aber zugegebenermaßen im Regelfall bereits den Interessen des Lizenznehmers, der durch Offenbarung des Know-hows den Wettbewerbsvorsprung verliert[1].

2848 Durch die Angleichung des GWB an die europäischen Vorgaben gelten diese Grundsätze über § 2 Abs. 2 GWB nun auch im deutschen Recht. Nach bisherigem Recht waren Nichtangriffsabreden gemäß § 17 Abs. 2 Nr. 3 GWB a.F. ausdrücklich zulässig. Wird davon ausgegangen, dass Nichtangriffsabreden bereits nach altem Recht auch hinsichtlich des Know-hows vereinbart werden konnten und damit nach § 18 i.V.m. § 17 Abs. 2 Nr. 3 GWB a.F. zulässig waren, ist mit der GWB-Novelle bezüglich Nichtangriffsabreden in Know-how Vereinbarungen keine inhaltliche Veränderung verbunden.

2849 Da die Leitlinien insbesondere für nationale Gerichte keine bindende Wirkung entfalten, bleibt abzuwarten, ob sich die Wertung in den Leitlinien durchsetzen wird[2]. Dienen aber die europäische und nationale Reform des Kartellrechts gerade der Vermeidung einer unterschiedlichen Behandlung von In- und Auslandssachverhalten, ist nicht auszuschließen, dass sich auch die deutschen Gerichte den Vorgaben der TT-Leitlinien zu Art. 81 EG (heute Art. 101 AEUV) anschließen.

2850 Hinsichtlich der besonderen Wirkung von Nichtangriffsabreden in sonstigen Lizenzvereinbarungen wird auf die Rz. 2042 ff. verwiesen.

Abschließend bleibt somit festzuhalten, dass Nichtangriffsabreden hinsichtlich Know-how zum einen grundsätzlich anerkannt und zum anderen kartellrechtlich unbedenklich sind.

2851 Die Vereinbarung einer Nichtangriffsabrede in einem Know-how-Lizenzvertrag darf indes nicht zu einer unzulässigen Rechtsausübung führen. War das mitgeteilte Wissen entgegen der Behauptung des Know-how-Gebers **von vornherein bereits offenkundig** oder tritt diese Offenkundigkeit zwischenzeitlich ein, so ist unter dem Gesichtspunkt von Treu und Glauben (§ 242 BGB) zu prüfen, ob und inwieweit der Know-how-Geber sich über-

---

1 Vgl. zur Zulässigkeit im schweizerischen Recht *Keller*, Kartellrechtliche Schranken für Lizenzverträge, S. 126 ff.

2 So *Schultze/Pautke/Wagener*, Die Gruppenfreistellungsverordnung für Technologietransfer-Vereinbarungen, Rz. 851.

haupt noch auf die Nichtangriffsabrede berufen kann. *Finger*[1] weist zu Recht darauf hin, dass die Vereinbarung einer Nichtangriffspflicht aber auch in diesen Fällen noch von Bedeutung sein kann, da sich hierdurch jedenfalls die **Beweislast** für das Vorliegen eines Betriebsgeheimnisses umkehrt insofern, als nicht der Know-how-Geber in einem Rechtsstreit beweisen muss, dass die überlassenen Kenntnisse Geheimnisse darstellen, sondern der Know-how-Nehmer seinerseits den Nachweis erbringen muss, dass die Offenkundigkeit des ihm überlassenen Erfahrungswissens von Anfang an gegeben war oder jedenfalls zwischenzeitlich eingetreten ist[2]. Darüber hinaus bleibt der Know-how-Nehmer dem Know-how-Geber dann schadensersatzpflichtig, wenn er völlig unmotiviert einen Rechtsstreit gegen seinen Vertragspartner anhängig macht und in diesem Rechtsstreit dann das bisher tatsächlich noch geheime Wissen offenkundig wird.

Frei. 2852–2854

7. Übertragung von Know-how und Unterlizenzvergabe

Aufgrund des Geheimhaltungsinteresses des Lizenzgebers sind Rechte aus 2855
einem ausschließlichen oder einfachen Know-how-Lizenzvertrag grundsätzlich **nicht übertragbar**[3] (vgl. §§ 413, 399 1. Alt. BGB). Keine Übertragung i.d.S. ist allerdings der Wechsel des Inhabers einer Gesellschaft, mit der ein Know-how-Lizenzvertrag abgeschlossen wurde; hier bleibt die Befugnis zur Nutzung des Know-hows bei der Gesellschaft bestehen (s. Rz. 605 ff.)[4].

In gleicher Weise ist auch das Recht zur **Unterlizenzvergabe** grundsätzlich 2856
verwehrt (vgl. Rz. 101 ff. m.w.N.). So hat der Know-how-Geber im Unterschied zum Patentlizenzvertrag, bei dem das Schutzrecht eine gewisse Sicherheit gibt, nicht die Möglichkeit, sich gegen Missbräuche zur Wehr zu setzen, weswegen für ihn die Weitergabe von Know-how durch seinen Lizenznehmer mit einem erheblichen Risiko verbunden wäre[5]. Zutreffend weisen *Maaßen/Wuttke*[6] auf die Regelung in **§ 581 Abs. 2, § 540 BGB** hin, wonach der Pächter ohne die Erlaubnis des Verpächters nicht berechtigt ist, den Gebrauch des Pachtrechts einem Dritten zu überlassen. Insbesondere dann, wenn von der Einordnung des Know-how-Vertrages als Rechts-

---

1 *Finger*, WRP 1969, 398.
2 Ebenso *Maaßen/Wuttke* in Ann/Loschelder/Grosch, Kap. 5 Rz. 84. S. auch die in Rz. 2802 dargestellte kartellrechtlich zulässige Regelung der Vergütungspflicht des Lizenznehmers bei offenkundigem Know-how.
3 *Stumpf*, Der Know-how-Vertrag, Rz. 162; Benkard/*Ullmann*, PatG, § 15 Rz. 241 m.H.a. *BGH* v. 26.4.1957 – I ZR 17/56, n.v.
4 *Stumpf*, Der Know-how-Vertrag, Rz. 163.
5 *Stumpf*, Der Know-how-Vertrag, Rz. 164.
6 *Maaßen/Wuttke* in Ann/Loschelder/Grosch, Praxishandbuch Know-how-Schutz, Kap. 5 Rz. 92.

pachtvertrag ausgegangen wird (s. Rz. 2660), bietet sich die entsprechende Anwendung dieser Regelungen an.

2857 Allerdings steht es den Vertragsparteien im Rahmen der Vertragsfreiheit frei, eine abweichende **Vereinbarung** zu treffen und den Know-how-Nehmer zu **ermächtigen**, Unterlizenzen zu erteilen[1]. Es gelten dann die an anderer Stelle (Rz. 103) getroffenen Ausführungen.

2858–2869 Frei.

IX. Rechtsfolgen der vorzeitigen Beendigung eines Know-how-Lizenzvertrages

1. Allgemeines

2870 Ist ein Know-how-Lizenzvertrag über einen längeren Zeitraum vereinbart, kann diese Abrede vorzeitig aus wichtigem Grund gekündigt werden, wenn ein Vertragspartner seine vertraglichen Verpflichtungen in besonders starkem Maße verletzt und damit dem anderen Partner ein Festhalten an dem Vertragsverhältnis nicht mehr zumutbar ist (vgl. § 314 BGB)[2]. Darüber hinaus kann auch unter dem Gesichtspunkt der Veränderung oder des Wegfalles der Geschäftsgrundlage (§ 313 BGB) eine vorzeitige Beendigung gerechtfertigt erscheinen (s. hierzu Rz. 544 ff.)[3].

2. Rückgabe der Know-how-Unterlagen, nachvertragliche Geheimhaltungspflicht

2871 Dieses vorzeitige Vertragsende wirft die Frage auf, welche Rechte den einzelnen Vertragspartnern in der Abwicklung eines gescheiterten Vertrages zur Verfügung stehen. Hat etwa der Know-how-Nehmer Anlass für eine fristlose Kündigung seitens des Know-how-Gebers gegeben, so ist dieser berechtigt, von dem Know-how-Nehmer die sofortige Rückgabe sämtlicher im Zusammenhang mit dem Vertrag übermittelter Unterlagen pp. zu verlangen und zugleich auf die Einhaltung der Pflicht zu drängen, zukünftig jede Nutzung des Erfahrungswissens zu unterlassen. Außerdem wird die Verpflichtung des Know-how-Nehmers zur Geheimhaltung aufgrund einer nachvertraglichen Treuepflicht auch noch nach Vertragsende angenommen[4]. Empfehlenswert erscheint es aber auch diesbezüglich eine gesonderte vertragliche Vereinbarung zu treffen, insbesondere in Bezug auf die Dauer der nachvertraglichen Geheimhaltungspflicht.

---

1 *BGH* v. 23.4.1974, GRUR 1974, 463, 464 – Anlagengeschäft.
2 Zur außerordentlichen Kündigung eines Know-how-Lizenzvertrages wegen Vertragsverletzung s. *BGH* v. 25.11.2010, GRUR 2011, 455, Rz. 27 ff. – Flexitanks.
3 Zu den Kündigungsmöglichkeiten aus wichtigem Grund s. *Groß*, Rz. 485 ff.
4 *Wuttke* in Ann/Loschelder/Grosch, Kap. 5 Rz. 183.

Die zuvor angesprochene Verpflichtung, ggf. übermittelte Unterlagen pp. 2872
an den Know-how-Geber zurückgeben zu müssen, wirft in der Durchführung ebenso Schwierigkeiten auf wie die mangelnde **Kontrollmöglichkeit**, ob ein Know-how-Nehmer zukünftig von dem ihm übermittelten Wissen keinen Gebrauch mehr macht. Aus dem Wesen des einem Dritten überlassenen Erfahrungswissens ergibt sich, dass dieses begrifflich nach Vertragsende nicht zurückübertragen bzw. zurückgegeben werden kann. Allenfalls kann der Know-how-Nehmer schuldrechtlich verpflichtet sein, von einem bestimmten Zeitpunkt ab das den Gegenstand des beendeten Vertrages bildende **Know-how nicht mehr zu benutzen**. Aber wie soll die Einhaltung dieser Verpflichtungen kontrolliert werden? Soll der Know-how-Nehmer nunmehr wieder technisch unkundig, wie vor der Kenntniserlangung des Know-hows, handeln? Dies ist kaum zu erwarten und durchzusetzen, vor allem dann, wenn es um die Tätigkeit ausländischer Know-how-Nehmer geht. Der Praktiker versucht, diesen mit jedem Know-how-Lizenzvertrag verbundenen Verlust eines geistig-technischen Vorsprungs auch in der Höhe der Lizenzgebühr mit einzukalkulieren und damit das Problem kaufmännisch, nicht juristisch zu lösen.

Ob der Know-how-Nehmer bei vorzeitiger Beendigung des Know-how-Li- 2873
zenzvertrages berechtigt ist, eine bei Vertragsbeginn gezahlte **Pauschalgebühr** jedenfalls teilweise zurückzuverlangen, muss bezweifelt werden. Mehr noch als bei Patentlizenzen (vgl. Rz. 1753 ff.) wird bei Know-how-Verträgen eine Vermutung dafür sprechen, dass Pauschalsummen, die mit Abschluss des Vertrages geleistet werden, dafür gezahlt worden sind, dass der Know-how-Geber überhaupt bereit war, sein Erfahrungswissen dem Know-how-Nehmer zu überlassen. Diese Vermutung müsste der Know-how-Nehmer schon widerlegen, um anteilig einen Teil der gezahlten Beträge zurückfordern zu können. Um etwaigen Streitigkeiten vorzubeugen, ist den Vertragsparteien zu empfehlen, den Zweck der Einmalzahlung vertraglich niederzulegen, damit, besonders aus Sicht des Lizenzgebers, die Pauschalgebühr nicht als vorweggenommene, auf die Vertragsdauer anzurechnende laufende Lizenzgebühr gewertet wird[1].

3. Kartellrechtliche Bewertung

Art. 2 Abs. 1 Nr. 2 TT-GVO 1996 normierte noch ausdrücklich die Zuläs- 2874
sigkeit der Vereinbarung einer nachvertraglichen Geheimhaltungsverpflichtung, solange das Know-how nach Vertragsende noch geheim war. Diese Norm wurde im Zuge der Reform der TT-GVO 1996 gestrichen. Da weder Art. 4 noch Art. 5 TT-GVO 2004 eine solche Vereinbarung ausdrücklich verbieten, ist jedoch davon auszugehen, dass nachvertragliche Geheimhaltungsvereinbarungen nach wie vor grundsätzlich **europakartell-**

1 Vgl. hierzu *Groß*, Der Lizenzvertrag, Rz. 490 m.w.N.; *Pagenberg/Beier*, Muster 1 Rz. 207.

rechtlich zulässig sind. Auch hier ist jedoch darauf zu achten, dass nicht bei besonders umfassenden Geheimhaltungsvereinbarungen eine faktische Wettbewerbsbeschränkung vorliegt (vgl. Rz. 2836).

2875 Nach früherem **deutschen Kartellrecht** stellte das Kartellamt – im Rahmen von Erlaubnisanträgen gemäß § 17 Abs. 3 GWB a.F. – hinsichtlich der kartellrechtlichen Zulässigkeit solcher nachvertraglicher Geheimhaltungspflichten und Wettbewerbsverbote darauf ab, ob und inwieweit die wirtschaftliche Bewegungsfreiheit des Lizenz- bzw. Know-how-Nehmers beeinträchtigt wurde und andererseits inwieweit ein (faktisches) Wettbewerbsverbot eine Einschränkung des Wettbewerbs auf dem deutschen Markt überhaupt bewirkte. Hier kam es im Wesentlichen auf die besonderen Verhältnisse des einzelnen Falles an, so dass eine allgemeine Bestimmung hinsichtlich der Zulässigkeit solcher Nutzungsverbote nicht getroffen werden konnte. Fest steht nur, dass Wettbewerbsverbote für die Zeit nach dem von Anfang an vorgesehenen Ende eines Patentlizenz- bzw. Know-how-Lizenzvertrages in jedem Fall als unzulässig und auch nicht erlaubnisfähig i.S. des § 17 Abs. 3 GWB a.F. angesehen wurden[1].

2876 Im Zuge der **7. GWB-Novelle** ist § 17 Abs. 3 GWB a.F. ersatzlos gestrichen worden. Wie im europäischen Kartellrecht ist aber auch im deutschen Kartellrecht zunächst zu prüfen, ob eine **spürbare Marktbeeinträchtigung** aufgrund eines Wettbewerbsverbots vorliegt, da andernfalls ein Verstoß gegen § 1 GWB ausscheidet.

Für nachvertragliche Geheimhaltungsvereinbarungen ergibt sich, dass diese, vorbehaltlich des Vorliegens der weiteren Anwendbarkeitsvoraussetzungen der TT-GVO 2004 (vgl. Rz. 773 ff., 2721), wie im europäischen Kartellrecht grundsätzlich zulässig sind.

2877–2884 Frei.

X. Prozessuale Besonderheiten des Know-how-Lizenzvertrages

2885 Bei der gerichtlichen Geltendmachung von Ansprüchen aus dem Know-how-Lizenzvertrag ergeben sich im Unterschied zum reinen Patentlizenzvertrag gewisse prozessuale Besonderheiten[2].

2886 Schwierigkeiten können sich insbesondere bei der Geltendmachung von **Unterlassungsansprüchen** durch den Know-how-Geber einstellen. Um eine gerichtliche Entscheidung über einen Sach- und Streitstand zu erreichen, ist ein konkret ausgefüllter **Klageantrag** erforderlich (**§ 253 Abs. 2 Nr. 2**

1 Vgl. *Emmerich* in Immenga/Mestmäcker, GWB, § 20 a.F. Rz. 300 ff.; wegen der Einzelheiten vgl. *Bandasch/Lemhöfer/Horn*, Die Verwaltungspraxis des Bundeskartellamtes, S. 36 ff.

2 Eingehend hierzu *Grosch* in Ann/Loschelder/Grosch, Kap. 6 Rz. 1 ff.; s. auch *McGuire/Joachim/Künzel/Weber*, GRUR Int. 2010, 829, 834 f.

ZPO)[1]. Für das Unterlassungsbegehren im Zusammenhang mit einer behaupteten Know-how-Verletzung sind Angaben darüber notwendig, welche konkreten Handlungen vom Beklagten nicht durchgeführt werden dürfen und für welchen Zeitraum diese Unterlassungsverpflichtung Geltung besitzen soll.

Nach der Entscheidung des ***BAG*** vom 25.4.1989[2], die sich auf eine Klage 2887
eines Arbeitgebers gegen einen ausgeschiedenen Arbeitnehmer auf Unterlassung der Benutzung eines betriebsgeheimen Verfahrens bezog, muss der Arbeitgeber in dem Antrag **„das zu wahrende Betriebsgeheimnis hinreichend genau bezeichnen"**. Der Arbeitgeber hatte einen Unterlassungsantrag unter mehrseitiger eingehender Beschreibung der Produkte, die mit dem geheimen Verfahren hergestellt werden konnten, abgefasst und ergänzend mit einem Hilfsantrag auf „Operation Manuals" Bezug genommen, eine ca. 600 Seiten starke Schrift, in der die einzelnen Verfahrensschritte und Produkte erläutert waren. Gleichwohl befand das *BAG*, die Klage sei unzulässig, da die das geheim zu haltende (!) Verfahren betreffenden Klageanträge nicht hinreichend genau gefasst worden waren. Es verlangte, dass der Arbeitgeber im Klageantrag konkret das Verfahren beschrieb und nicht die damit hergestellten oder herstellbaren Produkte. Prozessual ist dies ohne Weiteres verständlich, da ein Unterlassungstitel nicht vollstreckt werden kann, wenn in diesem nicht genau beschrieben ist, welche Handlungen unterlassen werden sollen (§ 890 ZPO).

Das *BAG* legt das Dilemma, in dem sich der Know-how-Träger im Klageverfahren befindet, recht offen dar:

„Nach § 253 Abs. 2 Nr. 2 ZPO muss die Klageschrift die bestimmte Angabe des Gegenstandes und des Grundes des erhobenen Anspruches sowie einen bestimmten Antrag enthalten. Der Klageantrag bestimmt Art und Umfang des Rechtsschutzbegehrens. Aus ihm muss sich der Inhalt des Verbotes ergeben[3]. Die Abgrenzung eines Verbotes darf nicht erst dem Vollstreckungsverfahren überlassen bleiben. Bei Unterlassungsklagen bedarf es der genauen Beschreibung der Handlungen, die unterlassen werden sollen. Der Inhalt des Verbotes kann in Worte gefasst werden. Er kann sich aber auch aus den dem Klageantrag beigefügten Fotografien, technischen Zeichnungen usw. ergeben[4]. Zwar braucht der Kl. in seinem Klageantrag das zu schützende Betriebs- oder Geschäftsgeheimnis nicht vollständig zu offenbaren (vgl. dazu BAG v. 15.12.1987 – 3 AZR 474/80 – AP Nr. 5 zu § 611 BGB Betriebsgeheimnis =

---

1 Vgl. Zöller/*Greger*, ZPO, § 253 Rz. 13 ff.; *Reichold* in Thomas/Putzo, ZPO, § 253 Rz. 11; *von Gamm*, NJW 1969, 85 ff.

2 AP § 611 BGB Betriebsgeheimnis Nr. 4 Bl. 1 ff.; *BAG* v. 19.5.1998 – 9 AZR 394/97, ZIP 1999, 295. Vgl. zur Problematik des Bestimmtheitgebots (§ 253 Abs. 2 Nr. 2 ZPO) und zum Geheimnisschutz auch *BGH* v. 13.12.2007, GRUR 2008, 727 – Schweißmodulgenerator; *BGH* v. 14.10.1999, GRUR 2000, 228 f. – Musical-Gala; *OLG Brandenburg* v. 22.4.2010, GRUR-Prax 2011, 154.

3 *BGH* v. 1.7.1960 – I ZR 72/59 – AP Nr. 6 zu § 17 UWG, mit zust. Anm. von *Hefermehl.*

4 *BGH* v. 23.1.1981 – 1 ZR 48/79 – GRUR 1981, 517, 518; zust. *Teplitzky*, Wettbewerbsrechtliche Ansprüche, S. 869 Fn. 23 f., S. 875.

NJW 1988, 1686 f.). Es muss aber doch so deutlich beschrieben werden, dass zu ersehen ist, was geschützt werden soll."

2888 Damit gab das *BAG* dem Arbeitgeber und gibt ganz allgemein dem Know-how-Träger „Steine statt Brot". Es ist für den Kläger nicht erkennbar, wie weit er sein Betriebsgeheimnis in einem Verfahren offen zu legen hat. Wenn der potentielle Verletzer das Betriebsgeheimnis vor dem Klageverfahren noch nicht in allen Einzelheiten kannte, kennt er es jedenfalls durch den Vortrag des Klägers im Klageverfahren und damit ist dieses Know-how nicht mehr geheim.

2889 Soweit hieraus für den Know-how-Träger die Konsequenz abgeleitet werden sollte, mit strafbewehrten **Geheimhaltungsvereinbarungen** zu arbeiten, so wird dies nicht weiterhelfen, da auch bei derartigen Vertragsstrafeversprechen die Verletzungshandlung dargetan werden muss[1]. An der Darlegung und ggf. dem **Beweis** einer Verletzungshandlung kommt der Kläger nicht vorbei. Selbst eine vertragliche Umkehr der Beweislast dergestalt, dass der potentielle Vertragspartner darlegen und beweisen muss, dass er das Geheimnis nicht benutzt hat, wird wenig nutzen, da es dann diesem obliegt, sein Handeln von der Benutzung des Geheimnisses abzugrenzen und er derjenige ist, der in einem Prozess das Geheimnis darlegt. Unabhängig hiervon enthebt die Umkehr der Beweislast den Kläger nicht der Stellung eines Antrages, in dem die beanstandete Handlung zu benennen ist.

2890 Auch die Anforderungen an den **Anscheinsbeweis**, der die Beweisführung bei typischen Geschehensabläufen, bei denen aufgrund der allgemeinen Lebenserfahrung ein bestimmter feststehender Sachverhalt auf eine bestimmte Ursache oder einen bestimmten Kausalverlauf hinweist, erleichtern soll, sind nach dieser Rechtsprechung sehr eng. So hatte das *BAG*[2] einen Fall zu entscheiden, dem folgender Sachverhalt zugrunde lag:

2891 Ein Entwicklungsleiter, der mit der Entwicklung eines neuen Produktionsverfahrens befasst war, das im Zeitpunkt seines Ausscheidens noch nicht abgeschlossen war, schied gegen Zahlung einer hohen Abfindung aus dem Unternehmen der Klägerin aus. In dem Aufhebungsvertrag war eine **umfassende Vertraulichkeitsverpflichtung** enthalten. Kurz nach dem Ausscheiden des Beklagten aus dem Unternehmen stellte die Klägerin das Fehlen einer Vielzahl technischer Unterlagen, insbesondere zu dem noch nicht abgeschlossenen Produktionsverfahren, fest. Zeitgleich war ein neu gegründetes Unternehmen, die Beklagte, mit dem gleichen Produktionsangebot als Mitbewerber auf dem Markt aufgetreten. Nachdem die Klägerin Strafanzeige gegen ihren bisherigen, nunmehr bei der Beklagten tätigen Entwicklungsleiter gestellt hatte, wurden bei einer Untersuchung seiner Privaträume Kunden- und Umsatzlisten, technische Zeichnungen und ins-

1 Vgl. *Mummenthey*, CR 1999, 651, 659.
2 *BAG* v. 19.5.1998, NZA 1999, 200 ff.

besondere Unterlagen zu dem noch nicht abgeschlossenen Produktionsverfahren gefunden. Trotz dieser speziellen Umstände hat das *BAG* nicht den Schluss ziehen wollen, dass der frühere Laborleiter diese Unterlagen an die Beklagte weitergegeben habe. Rückschlüsse auf eine Kenntnis oder Beteiligung der Beklagten bedürften eines näheren Vortrags über die Begleitumstände[1]. Insbesondere kenne die Zivilprozessordnung keine allgemeine Aufklärungspflicht der nicht darlegungs- und beweispflichtigen Partei[2].

Diese Entscheidung des *BAG* macht deutlich, wie wichtig es ist, den Kreis 2892
derjenigen, die Kenntnis von geheimem Know-how erhalten, im Vorhinein zu beschränken. Sollte im Einzelfall ein der Entscheidung des *BAG* vergleichbarer Sachverhalt vorliegen, empfiehlt es sich, darauf zu achten, dass sich die Maßnahmen der Staatsanwaltschaft nicht auf die Beschlagnahme der Unterlagen beschränken, sondern auch ermittelt wird, wer im Einzelnen und in welcher Form von den Unterlagen Gebrauch gemacht hat[3].

Von einer eingeschränkten Darlegungslast im Rahmen des Nachweises der 2893
Verletzung eines Betriebsgeheimnisses geht der ***BGH*** aus. Nach seiner Entscheidung „Spritzgießwerkzeuge"[4] ist Voraussetzung einer Verurteilung, die die Benutzung einzelner Merkmale einer Vorrichtung untersagt, dass diese Merkmale als Betriebsgeheimnis anzusehen sind. In der Entscheidung „Schweißmodulgenerator"[5] hatte der *BGH* Gelegenheit zur Präzisierung. Geklagt hatte eine Herstellerin von Ultraschallgeneratoren. Der Beklagte war dort bis Mitte 1999 als Entwicklungstechniker beschäftigt und entwickelte mit Hilfe weiterer Mitarbeiter der Klägerin einen Schweißmodulgenerator der Ende 1998 Serienreife erreichte. Ebenfalls Ende 1998 gründete der Beklagte die Beklagte, die sich gleichfalls mit dem Vertrieb von Ultraschallgeneratoren befasste. Nachdem er das Angestelltenverhältnis bei der Klägerin durch Kündigung Mitte 1999 beendet hatte, bot der Beklagte einem Hauptkunden der Klägerin die Lieferung von Schweißmodulgeneratoren zu Preisen an, die unter denen der Klägerin lagen. Diese hatte außerdem behauptet, der Beklagte habe insbesondere technische Unterlagen und Konstruktionszeichnungen bei der Klägerin mitgenommen, um deren Ultraschallgeneratoren identisch nachbauen zu können. Ferner habe er einen Lieferanten, der die Leiterplatinen für die Generatoren der Klägerin geliefert habe, überredet, die Produktionslayouts für die Leiterplatinen herauszugeben, wodurch es ihm möglich gewesen sei, die Platinen im Verhältnis 1 zu 1 nachzubauen. Die Klägerin nahm die Beklagten u.a. auf Un-

---

1 *BAG* v. 19.5.1998, NZA 1999, 200, 202.
2 *BAG* v. 19.5.1998, NZA 1999, 200, 202.
3 *Mummenthey*, CR 1999, 651, 659; zum Problem des Schutzes von Unternehmensgeheimnissen im Zivilprozess s. auch *Doepner* in FS Tilmann, 2003, S. 109 ff. m.w.N., Letzterer schlägt statt verbaler Beschreibungen solche grafischer Art vor sowie einen Verweis auf außerhalb des Antrags befindliche Anlagen und Gegenstände zum Zwecke der Geheimniswahrung.
4 *BGH* v. 3.5.2001, GRUR 2002, 91 – Spritzgießwerkzeuge.
5 *BGH* v. 13.12.2007, GRUR 2008, 727 – Schweißmodulgenerator.

terlassung in Anspruch, und zwar wegen rechtswidriger Verwertung von Betriebsgeheimnissen und wettbewerbswidriger Leistungsübernahme.

2894 Der *BGH* entschied, das Berufungsgericht habe nicht davon ausgehen dürfen, dass dem Beklagten nur die Verwertung konkret umschriebener Betriebsgeheimnisse untersagt werden könne. Seiner Ansicht nach hatte die Klägerin die angegriffene Ausführungsform im Antrag konkret umschrieben, indem sie sich auf die Schaltpläne und Layouts bezogen hatte, die dementsprechend auch als Anlagen dem landgerichtlichen Urteilstenor angeheftet waren. **Aus dem Antrag müsse** sich **nicht ergeben, in welchen Elementen die angegriffene Ausführungsform rechtsverletzend** sei[1]. Anderes ergebe sich auch nicht aus der Senatsentscheidung „Spritzgießwerkzeuge“ (Rz. 2893). Im Unterschied zu dieser umschreibe der Unterlassungsantrag nämlich Ultraschallgeneratoren, in denen die im Antrag bezeichneten Schaltpläne und Layouts vollständig enthalten sind, und sei somit auf die konkrete Verletzungshandlung gerichtet. Voraussetzung des Unterlassungsanspruchs sei nicht, dass die antragsgemäßen Schaltpläne und Layouts in allen Elementen Betriebsgeheimnisse darstellten, sondern es genüge, dass diese Schaltpläne und Layouts Betriebsgeheimnisse enthielten[2].

Ein Vorbringen, wonach ein bestimmter Schaltplan ein Betriebsgeheimnis enthalte, sei nicht unsubstantiiert, solange nicht im Einzelnen dargelegt sei, in welchen konkreten Schaltungen das Betriebsgeheimnis zu sehen sei. Stehe nämlich fest, dass ein Schaltplan neben Schaltungen, die allgemeinem Standard entsprechen, auch Schaltungen und Layouts enthalte, die als Betriebsgeheimnis anzusehen sind, sei ein Antrag begründet, der darauf gerichtet sei, den Handel mit Geräten zu untersagen, die einen derartigen Schaltplan enthalten.

Lasse sich dem Klagevorbringen nicht entnehmen, in welchen Schaltungen sich das Betriebsgeheimnis verkörpert, führe dies nicht zur Unbegründetheit der Klage, sondern beeinflusse lediglich den Umfang des auszusprechenden Unterlassungsgebots[3]. Der Schuldner könne bei einer Abänderung des Schaltplans verhältnismäßig leicht aus dem aufgrund eines solchen Vortrags sowie entsprechender Feststellungen ausgesprochenen Verbot herausgelangen. Denn wenn den Urteilsgründen lediglich zu entnehmen sei, dass jedenfalls der verwendete Schaltplan als Ganzes ein Betriebsgeheimnis enthält, könne bei einer Abänderung des Schaltplans nicht mehr davon ausgegangen werden, dass das Betriebsgeheimnis gerade in dem noch übereinstimmenden Teil des Schaltplans verkörpert ist. Lasse sich demgegenüber konkret feststellen, in welchen Elementen des Schaltplans das Betriebsgeheimnis zu sehen ist, könne nach dem Grundsatz, dass auch im

1 *BGH* v. 13.12.2007, GRUR 2008, 727, 728 – Schweißmodulgenerator.
2 *BGH* v. 13.12.2007, GRUR 2008, 727, 728 – Schweißmodulgenerator.
3 *BGH* v. 13.12.2007, GRUR 2008, 727, 728 – Schweißmodulgenerator.

Kern gleichartige Verletzungshandlungen von dem Unterlassungsgebot erfasst werden, auf Grund des Unterlassungsurteils auch die Verwendung eines abgeänderten Schaltplans verboten werden, soweit er die das Betriebsgeheimnis bildenden Elemente unverändert enthalte[1].

Zusammenfassend hängt also die Begründetheit des Unterlassungsan- 2895
spruchs nach Ansicht des *BGH* nicht bereits grundsätzlich von der Darlegung sämtlicher dem Geheimnisschutz unterliegender Merkmale einer Vorrichtung ab, soweit feststeht, dass jedenfalls die konkret angegriffene Ausführungsform Betriebsgeheimnisse verletzt. Vom Umfang der Darlegungen hängt mithin die Reichweite des Unterlassungsgebots ab.

Frei. 2896–2904

1 *BGH* v. 13.12.2007, GRUR 2008, 727, 728 – Schweißmodulgenerator.

C. Streitigkeiten der Lizenzvertragsparteien

I. Einführung

Technische Innovationen und die damit verbundenen Investitionen bedürfen insbesondere in wirtschaftlich kritischen Zeiten einer sicheren rechtlichen Grundlage. Bei auftretenden Streitigkeiten zwischen den Lizenzparteien müssen Umfang und Nutzung des Lizenzgegenstands, sowie die daraus erwachsenden Rechte und Pflichten, transparent sein. Dazu gehört vor allem die Gewährleistung von Rechtssicherheit durch **schnelle, fachkundige und effektive Streiterledigung**. Deshalb ist es notwendig, dass sich die Parteien schon im Rahmen der Vertragsverhandlungen über Lizenzvereinbarungen für den Fall unterschiedlicher konfliktauslösender Ansichten bzw. gegen sich ändernde vertragliche Umstände in der Durchführung des Vetragsverhältnisses „absichern". 2905

Die Parteien sollten zunächst die Frage klären, ob sie den Streitfall über den Weg der staatlichen Gerichtsbarkeit oder über einen alternativen „privaten" Streitbeilegungsmechanismus lösen wollen. 2906

Streitigkeiten vor den für Lizenzverträge zuständigen Patentstreitkammern der Landgerichte (Patentstreitsachen i.S. des § 143 PatG; s. dazu Rz. 2943 ff.) waren in der Vergangenheit aufgrund ihrer – trotz vielfacher Reformversuche – zunehmenden Überlastung **von einer immer länger werdenden Prozessdauer** geprägt. In jüngerer Zeit wird versucht, dem durch Bildung neuer zusätzlicher Patentstreitkammern und Patentsenate ebenso Rechnung zu tragen wie über prozessleitende Vorgaben, die die Streitparteien hinsichtlich des Umfangs ihres Sachvortrags und der Wünsche nach Fristverlängerung stark einschränken[1]. Diese Bemühungen um kürzere Verfahrensdauern kommen auch den Wünschen der an einem Lizenzverhältnis Beteiligten sehr entgegen, bei bestehenden Streitigkeiten möglichst kurzfristig Klarheit über die Rechtslage zu erhalten. Ein langes Abwarten, also die Schaffung eines ungeklärten rechtlichen Schwebezustandes, kann faktisch einer Rechtsverweigerung gleichkommen. Derartigen verfahrensrechtlichen Mängeln im Bereich der staatlichen Gerichtsbarkeit können die Vertragsparteien unter Umständen durch die Wahl alternativer Streitbeilegungsmodelle Abhilfe verschaffen. Insbesondere sind diese dann sinnvoll, wenn die Öffentlichkeit ausgeschlossen werden soll. 2907

Das deutsche Rechtssystem stellt eine Vielzahl von alternativen Streitbeilegungsvereinbarungen zur Verfügung. Neben den klassischen Modellen wie Verhandlungsklauseln und Gerichtsstandsvereinbarungen, steht es den Parteien frei, den Streitfall durch Schieds-, Mediations- oder sonstige 2908

1 S. hierzu etwa das Münchener Verfahren, *Bausch/Pfaff*, Mitt. 2012, 97.

hybride Streitbeilegungsvereinbarungen vertraglich zu fixieren. Haben sich die Parteien grundsätzlich auf ein Streitbeilegungsmodell geeinigt, so empfiehlt sich die Konzeption einer darauf gerichteten vertraglichen Vereinbarung. Dabei können Vertragsmuster als Kontrollliste dienlich sein, wobei stets auf den individuellen Zuschnitt geachtet werden sollte.

2909–2910 Frei.

II. Bedeutung sog. „Verhandlungsklauseln"

2911 Der Lizenzvertrag als regelmäßig von gegenseitigem Vertrauen geprägtes Dauerschuldverhältnis (s. dazu Rz. 38) legt es nahe, dass bei auftretenden tatsächlichen Veränderungen in der Vertragsabwicklung oder bei Meinungsverschiedenheiten nicht sofort eine streitige (gerichtliche, schiedsgerichtliche) Auseinandersetzung erfolgt. Um eine solche streitige Auseinandersetzung zu vermeiden, können die Parteien sich verpflichten, bei einem solchen Diskussions- oder Streitfall vorab eine einvernehmliche Verständigung zu versuchen. Inhalt des Lizenzvertrages kann eine Klausel sein, in der die Vertragsparteien regeln, wie sie miteinander umgehen wollen, wenn bestimmte, von den Parteien vorausgesetzte Grundlagen der Zusammenarbeit sich (meist unvorhergesehen) ändern.

2912 Neben den bereits angesprochenen Anpassungs- oder Ersetzungsklauseln (vgl. Rz. 2322 ff.) sind dabei auch viel **allgemeiner gefasste Klauseln** denkbar, die ihren wesentlichen Inhalt darin haben, dass bei einer **Veränderung der für das Vertragsverhältnis bedeutsamen wirtschaftlichen, technischen und/oder rechtlichen Rahmenbedingungen** die Parteien im Wege der **Herbeiführung eines Konsenses** eine Lösung zu finden haben, wonach die aufgrund der veränderten Rahmenbedingungen neu zu definierenden Interessen der Parteien zu einem angemessenen Ausgleich gebracht werden. Derartige Klauseln haben den Zweck, das im Vertrag zum Ausdruck gekommene, nun sich verändernde Gleichgewicht der Interessen erneut auszubalancieren bzw. gegen Störungen durch Änderungen der Rahmenbedingungen abzuschirmen.

2913 Gemeinsam ist solchen Verhandlungsklauseln das Beruhen auf dem **Konsensprinzip**, d.h. eine Übereinkunft der Parteien, während der Laufzeit des Vertrages entstandene Ungewissheiten zu beseitigen. Die Parteien wollen sich also vertraglich zum **Führen von Verhandlungen mit dem ernstlichen Willen zur Einigung** verpflichten. Dabei sind Verhandlungsklauseln abzugrenzen von:

2914 – **Wertsicherungs- und Indexklauseln** (vgl. Rz. 1886 ff.), die bereits alle Kriterien, Formen und Parameter für eine Anpassung a priori festlegen, so dass eine **automatische Anpassung** erfolgt;

- **„Approval-Klauseln"**, bei denen die Geltendmachung eines Anspruchs durch eine Partei von der einseitigen Zustimmung der Gegenseite abhängig gemacht wird; 2915
- **Höhere-Gewalt-Klauseln** (vgl. Rz. 2306), die üblicherweise als Rechtsfolge nicht die Verpflichtung zur Aufnahme von Verhandlungen vorsehen, sondern lediglich die beiderseitigen Vertragspflichten oder die Verpflichtung der von der höheren Gewalt betroffenen Partei für die Dauer der Einwirkung der höheren Gewalt aussetzen; 2916
- **Sprechklauseln**, die über die Verpflichtung der Parteien hinaus, sich jedenfalls zu treffen und Gespräche nicht von vornherein abzulehnen, keine weitergehende Verpflichtung begründen. 2917

Bei der Formulierung einer Verhandlungsklausel sind **Tatbestands- und Rechtsfolgenseite** besonders zu beachten: 2918

Auf der **Tatbestandsseite** sind die **Voraussetzungen für das Eingreifen der Verhandlungsklausel** festzulegen. Die Frage, wie eindeutig die tatsächlichen Voraussetzungen des Eingreifens der Klausel zu formulieren sind – also beispielsweise sehr enger Anwendungsbereich oder generalklauselartige Formulierung – ist von den Interessen der Vertragsparteien im Einzelfall abhängig.

Auf der **Rechtsfolgenseite** ist es empfehlenswert, jedenfalls einen groben 2919 **Maßstab vorzugeben, der der Konsensfindung zugrunde zu legen ist**. Insbesondere sollte der **Vertragszweck** festgelegt werden, mit der Maßgabe, dass dieser im Wege der Verhandlungen zu erreichen bzw. wiederherzustellen oder auch neu zu formulieren ist. Weiterer Regelungsinhalt kann dabei sein, dass innerhalb eines bestimmten Zeitraums nach Eintritt des auf der Tatbestandsseite geregelten Ereignisses **Verhandlungen „mit dem ernsten Willen zur Einigung" geführt werden müssen**, wobei es sich als zweckmäßig erweisen kann, diese Gespräche von vornherein auf solche Punkte zu begrenzen, die durch die Störung ins Ungleichgewicht geraten sind.

Zu beachten ist, dass die Verhandlungsklausel im Einzelfall nicht so aus- 2920 gestaltet ist, dass es einem Vertragspartner ermöglicht wird, den Einstieg in die Verhandlungen mit dem Ziel zu wählen, ein möglicherweise lästig gewordenes Vertragsverhältnis insgesamt zu beenden bzw. hieraus entlassen zu werden.

Verhandlungsklauseln können **weit reichende Folgen für das Vertragsver-** 2921 **hältnis** haben. So ergeben sich nach *Berger*[1] insbesondere folgende **Vertragspflichten** in der Wahrnehmung dieser Verhandlungspflicht:

- Einhaltung des durch die Klausel vorgegebenen Verhandlungsrahmens;
- Abgrenzung zu den übrigen Bestimmungen des Vertrages;

1 *Berger*, RIW 2000, 1, 6 f.

- Berücksichtigung bisheriger Vertragspraktiken zwischen den Parteien;
- ernsthaftes Bemühen um Konsens unter Beachtung der Interessen der anderen Seite;
- Verschaffung anpassungsrelevanter Informationen;
- Abgabe konkreter Anpassungsvorschläge statt allgemeiner Bereitschaftserklärungen;
- angemessene Begründung eigener Lösungsvorschläge;
- Hinzuziehung von sachverständigem Rat bei schwierigen Komplexen im Konsensverfahren;
- rechtzeitige Reaktion auf Anpassungsangebote der Gegenseite;
- Bemühen um Aufrechterhaltung des Preis-Leistungs-Verhältnisses unter Berücksichtigung der von den Parteien als relevant erachteten Parameter;
- Verbot, während der Verhandlungen ohne Not vollendete Tatsachen zu schaffen;
- Aufrechterhaltung der Einigungsbemühungen über einen angemessenen Zeitraum;
- Vermeiden unnötiger Verzögerungen des Konsensverfahrens.

2922 Selten wird eine Verhandlungsklausel so ausführlich sein, dass sie all diese Gesichtspunkte durch ausdrückliche Niederlegung im Vertragswortlaut umfasst. Dies würde im Prinzip darauf hinauslaufen, eine Art „Schiedsvertrag ohne Schiedsrichter" in den Vertrag einzubauen. Jedenfalls sollte aber darauf geachtet werden, dass **auf der Tatbestandsseite Klarheit über die Fälle** geschaffen wird, **in denen die Klausel eingreifen soll** und **auf der Rechtsfolgenseite sachliche Ziele** vorgegeben werden, **an denen sich die Verhandlungen zu orientieren haben**.

2923 Eine Erfolgshaftung ist üblicherweise nicht herbeiführbar. Bleibt eine Einigung nach Gesprächen aus, hat keine der Parteien gegen den Vertrag verstoßen. Etwas anderes gilt nur, wenn einem der Vertragspartner nachzuweisen ist, dass dieser grob gegen die aus der Regelung folgenden Pflichten verstoßen hat. Beispielhaft seien hier unbegründete Verzögerungen der Verhandlungen oder der Versuch, anhand unsachlicher Kriterien einen Ausgleich herzustellen, genannt. Ein solcher Nachweis wird freilich nur in den seltensten Fällen zu führen sein.

2924 Um in Fällen mangelnder Einigung nicht am Vertrag festgehalten zu werden, können Verhandlungsklauseln vorsehen, dass jedenfalls die Partei, zu deren Lasten die Verschiebung im Vertragsgefüge entstanden ist, ein **Recht zur Beendigung des Vertrages** haben soll, wenn nicht innerhalb eines bestimmten Zeitraums eine Einigung herbeigeführt wurde. Dieses Kündigungsrecht sollte als lediglich wahlweise auszuübendes Recht in den Vertrag eingefügt werden.

Da die in Rz. 2920 angesprochene Gefahr nie auszuschließen ist, dass ein Vertragspartner über derartige Vertragsanpassungsverhandlungen versucht, einen „Ausstieg aus dem Vertrag zu finden", sollte alternativ überlegt werden, ein **Mediationsverfahren** für den Fall vorzusehen, dass nicht innerhalb einer bestimmten Frist eine Verständigung der Parteien untereinander erreicht worden ist (s. dazu Rz. 3223 ff.).

Alternativ zur Kündigung des Lizenzvertrages besteht auch die Möglichkeit, an ein Ausbleiben der Einigung ein sich **anschließendes Schiedsverfahren** vorzusehen (s. Rz. 3013). Bei Zulässigkeit einer gestaltenden Entscheidung durch das Schiedsgericht – diese hängt vom jeweiligen Schiedsgerichtsstatut ab – **ersetzt dann der Schiedsspruch die (ausgebliebene) Einigung der Parteien**. Vorsorglich sollte in einer eventuell abgeschlossenen Schiedsabrede den Schiedsrichtern ausdrücklich die Kompetenz zu einer solchen Gestaltungsentscheidung gegeben werden. 2925

Frei. 2926–2930

III. Gerichtsstandsvereinbarungen

1. Allgemeines

In Lizenzverträgen ist hinsichtlich der Regelung des Rechtsweges häufig eine Klausel zu finden, dass für alle Streitigkeiten das Gericht am Sitz einer in der Klausel jeweils benannten Vertragspartei zuständig sein soll. Dies entspricht nicht den Grundregeln des deutschen Prozessrechtes; **§§ 12, 13 ZPO** sehen vielmehr vor, dass der allgemeine Gerichtsstand für Klagen gegen eine Person deren Sitz bzw. Wohnsitz ist, wenn nicht für eine Klage ein (anderer) ausschließlicher Gerichtsstand gegeben ist. Auch die „Verordnung über die gerichtliche Zuständigkeit und die Anerkennung und Vollstreckung von Entscheidungen in Zivil- und Handelssachen" **(EuGVVO = Brüssel I-VO)**[1], die am 1.3.2002 in Deutschland in Kraft getreten ist und das Brüsseler Übereinkommen über die gerichtliche Zuständigkeit und die Vollstreckung gerichtlicher Entscheidungen in Zivil- und Handelssachen (EuGVÜ) ersetzt, sieht solche Gerichtsstandsvereinbarungen vor (s. dazu Rz. 2960 ff.). 2931

Um zu verhindern, dass sich der Gerichtsstand bei verschiedenen Verfahren oder einem Ortswechsel des Beklagten ändert, kann es von **Vorteil** sein, auch einem Wechsel der Zuständigkeit durch eine Gerichtsstandsvereinbarung vorzubeugen. Gerade im Bereich internationaler Lizenzverträge kann es sinnvoll sein, einen Gerichtsstand zu vereinbaren, um auf diese Weise dafür Sorge zu tragen, dass ein Gericht mit der Rechtssache betraut 2932

1 VO (EG) Nr. 44/2001, ABl. EG Nr. L 12 v. 16.1.2001, S. 1; zuletzt geändert durch VO (EU) Nr. 156/2012 v. 22.2.2012.

wird, dessen Organisation und Funktionsweise von vornherein bekannt sind.

2933 Möglicher Inhalt einer Gerichtsstandsvereinbarung sind entweder die Prorogation oder eine Derogation eines Gerichtsstandes[1]. Unter einer **Prorogation** versteht man die Vereinbarung der Zuständigkeit eines nach den gesetzlichen Bestimmungen an sich zuständigen Gerichtes für den Fall eines gegenwärtigen oder zukünftigen Rechtsstreites. Eine **Derogation** (oder auch negative Prorogation) liegt dagegen vor, wenn der Ausschluss der Zuständigkeit eines an sich zuständigen Gerichts vereinbart wird.

2934 Eine Gerichtsstandsvereinbarung sollte bei der Formulierung des **Geltungsbereiches** deutlich machen, dass **alle mit der Vertragserfüllung und Vertragsabwicklung zusammenhängenden Fragen** bei dem vereinbarten Gericht ausgetragen werden müssen, so dass nicht etwa durch eine zu enge Fassung nur die Erfüllungs- und Leistungsebene einer Vertragsseite erfasst sind, aber über die Vertragserfüllung hinausgehende, z.B. auf Gesetz beruhende Abwicklungsregelungen nicht mit einbezogen werden. Da Rechtsstreitigkeiten zwischen Lizenzvertragsparteien ihrer Natur nach regelmäßig als Folge eines gestörten Vertragsverhältnisses entstehen, ist gerade die Einbeziehung des letztgenannten Bereichs in derartige Vereinbarungen bedeutsam.

2935 Eine **Klausel** zur Vereinbarung eines **ausschließlichen Gerichtsstandes** kann demnach etwa folgenden Inhalt haben[2]:

„Ausschließlicher Gerichtsstand für alle Rechtsstreitigkeiten aus und in Verbindung mit diesem Vertrag und seiner Durchführung ist das Landgericht Düsseldorf/das örtlich zuständige Gericht/der Sitz des Lizenzgebers."

2936 Ob ein vereinbarter **Gerichtsstand ausschließlicher Natur** ist, ist der getroffenen Vereinbarung selbst zu entnehmen[3]. Nach deutschem Recht spricht weder eine Vermutung für die Ausschließlichkeit noch gegen sie, wenn der Wortlaut einer Gerichtsstandsklausel nicht erkennen lässt, ob der vereinbarte Gerichtsstand als zusätzlicher neben die gesetzlichen Gerichtsstände treten soll oder ob damit – soweit dies rechtlich zulässig ist – alle anderen Gerichtsstände ausgeschlossen sein sollen. Ob eine Zuständigkeit als ausschließliche gemeint ist, muss in einem solchen Fall anhand der näheren Umstände und der **Interessenlage der Beteiligten** durch Auslegung (§§ 133, 157 BGB) ermittelt werden[4]. War beispielsweise in dem ursprünglichen Vertragsentwurf eine Klausel enthalten, wonach ein bestimmtes Gericht für sämtliche Rechtsstreitigkeiten aus dem Vertrag ausschließlich zuständig sein sollte, und tritt in dem endgültigen Vertrag an deren Stelle eine

1 *Geimer*, IZPR, Rz. 1652; Zöller/*Vollkommer*, ZPO, § 38 Rz. 1b f.

2 Vgl. *Hausmann* in Reithmann/Martiny, Internationales Vertragsrecht, Rz. 3210 zur Formulierung fakultativer oder alternativer Gerichtsstandsvereinbarungen.

3 Zur Konkurrenz von Zuständigkeitsvereinbarung und Schiedsklauseln vgl. *BGH* v. 24.9.1998, NJW 1999, 282 f.; *BGH* v. 26.3.1969, BGHZ 52, 30, 35.

4 *BGH* v. 5.7.1972, BGHZ 59, 116, 118 f.

Vereinbarung über die jeweilige Zuständigkeit der Gerichte im Land des Klägers, so spricht diese Abänderung gegen einen ausschließlichen Gerichtsstand. Vielmehr scheinen die Vertragsparteien daran interessiert gewesen zu sein, jeweils im eigenen Land klagen zu können, was eine Ausweitung ihrer prozessualen Möglichkeiten bedeutet[1].

Zu beachten ist, dass eine gesetzlich vorgegebene ausschließliche Zuständigkeit (z.B. hinsichtlich Rechtsbeständigkeit oder Schutzumfang der lizenzierten Schutzrechte) nicht abbedungen werden kann.

Frei. 2937–2939

2. Inlandslizenzverträge

Der Grundsatz der **Vertragsfreiheit**, der insoweit in **§ 38 ZPO** seinen Ausdruck gefunden hat, bietet den Parteien bei einem reinen Inlandslizenzvertrag die Möglichkeit, eine Gerichtsstandsvereinbarung zu treffen, soweit die Vorgaben des **§ 40 ZPO** erfüllt werden. Die Parteien einer solchen im Lizenzvertrag getroffenen Gerichtsstandsvereinbarung müssen gemäß § 38 Abs. 1 ZPO allerdings **Kaufleute i.S. des HGB**[2], juristische Personen des öffentlichen Rechts bzw. öffentlich-rechtliches Sondervermögen sein. 2940

Hat mindestens eine Partei **keinen allgemeinen Gerichtsstand in der Bundesrepublik**, kann nach **§ 38 Abs. 2 ZPO** eine schriftliche oder schriftlich bestätigte Gerichtsstandsvereinbarung erfolgen. Dabei gilt es zu beachten, dass für den Fall, dass eine der Parteien ihren allgemeinen Wohnsitz in der Bundesrepublik hat, nur das Gericht des allgemeinen Gerichtsstandes dieser Partei oder ein Gericht eines besonderen Gerichtsstandes (z.B. der Gerichtsstand der unerlaubten Handlung nach § 32 ZPO) vereinbart werden kann. 2941

Natürliche Personen (z.B. freie Erfinder als Lizenzgeber), die keine Kaufleute nach dem HGB sind, können **Gerichtsstandsvereinbarungen** gemäß **§ 38 Abs. 3 Nr. 1 ZPO** nur **nach Entstehen der Streitigkeit** treffen. Dieses Recht besteht nur bis zum Beginn der Rechtshängigkeit, da einer Vereinbarung dann § 261 Abs. 3 Nr. 2 ZPO entgegensteht. Eine Gerichtsstandsvereinbarung ist nach § 38 Abs. 3 Nr. 2 ZPO ferner dann möglich, wenn sie nur für den Fall geschlossen wird, dass eine Partei nach Vertragsschluss ihren Wohnsitz oder gewöhnlichen Aufenthaltsort aus der Bundesrepublik heraus verlegt oder der Wohnsitz/Aufenthaltsort im Zeitpunkt der Klageerhebung nicht bekannt ist. 2942

---

1 *BGH* v. 5.7.1972, BGHZ 59, 116, 119; *OLG München* v. 8.8.1984, RIW 1986, 381, 382.

2 Zum Kaufmannsbegriff vgl. die Kommentierung von *Hopt* in Baumbach/Hopt zu §§ 1–3 HGB.

2943 Zu berücksichtigen ist jedoch, dass für **Patentstreitigkeiten** sämtliche Bundesländer von der „Konzentrationsermächtigung" des **§ 143 Abs. 2 PatG** Gebrauch gemacht haben, so dass die Vertragsparteien den Rechtsstreit nur an diejenigen Landgerichte prorogieren können, die für Patentstreitsachen jeweils für **sachlich ausschließlich zuständig** erklärt worden sind[1].

2944 Der in § 143 Abs. 1 PatG verwendete Begriff der **Patentstreitsache** erfasst nach dem Gesetzeswortlaut alle Klagen, durch die ein Anspruch aus einem der in diesem Patentgesetz geregelten Rechtsverhältnisse geltend gemacht wird[2]. Hierzu zählen alle Klagen, die einen Anspruch auf eine Erfindung oder aus einer Erfindung zum Gegenstand haben oder sonst wie mit einer Erfindung eng verknüpft sind[3]. Er ist grundsätzlich weit auszulegen[4]. Nach der grundsätzlichen Entscheidung des *RG* vom 22.9.1942[5] gehören zu den Patentstreitsachen sämtliche Streitigkeiten, in denen nicht nur aufgrund eines Patentes, sondern auch aufgrund einer nicht geschützten Erfindung Ansprüche erhoben wurden, ebenso Ansprüche, die auf Vertrag beruhen, z.B. auf Lizenz- und sonstigen Verwertungsverträgen[6]. Das **Lizenzvertragsverhältnis** ist deshalb **Patentstreitsache** im Sinne dieser Bestimmung, weil der Lizenzvertrag über **§ 15 PatG** zu den im Patentgesetz geregelten Rechtsverhältnissen gehört[7], wenn auch eingeräumt werden muss, dass die Regelung des § 15 PatG keine abschließende ist[8].

---

1 Vgl. die Zusammenstellung in GRUR 2000, 36, 39; www.grur.de; es sind zuständig *LG Berlin* für Berlin und Brandenburg, *LG Braunschweig* für die OLG-Bezirke Braunschweig, Celle und Oldenburg, *LG Düsseldorf* für das Land NRW, *LG Erfurt* für das Land Thüringen, *LG Frankfurt/Main* für die Bezirke der Landgerichte in Hessen und Rheinland-Pfalz, *LG Hamburg* für die Länder Hamburg, Bremen, Schleswig-Holstein und Mecklenburg-Vorpommern, *LG Leipzig* für das Land Sachsen, *LG Magdeburg* für das Land Sachsen-Anhalt, *LG Mannheim* für das Land Baden-Württemberg, *LG München* für den OLG-Bezirk München, *LG Nürnberg-Fürth* für die OLG-Bezirke Nürnberg und Bamberg sowie *LG Saarbrücken* für das Saarland.

2 Zum Begriff der „Patentstreitsache" im Zusammenhang mit Lizenzverträgen vgl. *RG* v. 22.9.1942, RGZ 170, 226, 228, 229; *BGH* v. 7.11.1952, GRUR 1953, 114, 116 – Reinigungsverfahren; *BGH* v. 9.11.1967, GRUR 1968, 218, 219 – Kugelschreiber; *OLG Celle* v. 28.3.1957, GRUR 1958, 292; *OLG Stuttgart* v. 24.5.1956, GRUR 1957, 121, 122; *OLG Frankfurt* v. 4.4.2002, InstGE 2, 167 – Gießvorrichtung; Benkard/*Rogge/Grabinski*, PatG, § 143 Rz. 4.

3 *BGH* v. 22.2.2011, GRUR 2011, 662, Rz. 9 – Patentstreitsache.

4 *BGH* v. 22.2.2011, GRUR 2011, 662, Rz. 9 – Patentstreitsache; *LG Bonn* v. 12.1.2010 – 11 O 13/09, Rz. 78 (juris), wonach auch die aufgrund eines Plagiatsvorwurfs erhobenen Einwände gegen die Bewerbung eines Produkts einen engen Bezug zu patent- und gebrauchsmusterrechtlichen Schutzrechten haben (s. dort Rz. 79).

5 *RG* v. 29.9.1942, RGZ 170, 226, 229.

6 Ebenso *BGH* v. 22.2.2011, GRUR 2011, 662, Rz. 9 – Patentstreitsache; *LG Bonn* v. 12.1.2010 – 11 O 13/09, Rz. 78 (juris).

7 *BGH* v. 7.11.1952, GRUR 1953, 115, 116 – Reinigungsverfahren; *OLG Celle* v. 23.3.1957, GRUR 1958, 292; *OLG Düsseldorf* v. 25.4.1958, Mitt. 1959, 18, 19; *OLG München* v. 18.9.1963, NJW 1963, 2280; Benkard/*Rogge/Grabinski*, PatG, § 143 Rz. 1 ff.; Schulte/*Kühnen*, PatG, § 143 Rz. 10.

8 Vgl. für europäische Patente Art. II § 10 Abs. 2 IntPatÜG u. für Gebrauchsmuster § 27 GebrMG.

Keine Patentstreitsache i.S. des § 143 PatG ist dagegen **der reine Know-how-Lizenzvertrag**[1]; ebenso wenig eine Streitigkeit im Zusammenhang mit einer UWG-Lizenz (s. Rz. 340 ff.). 2945

Zu denken wäre allenfalls daran, ob nicht die generell vorzunehmende Unterscheidung zwischen der schuldrechtlichen und der dinglichen Seite eines Lizenzvertrages (s. Rz. 35 ff.) auch eine Aufteilung der Gerichtszuständigkeit auslöst mit der Folge, dass lediglich die dingliche, also die patentrechtliche Seite des Lizenzvertrages, zu den im Patentgesetz geregelten Rechtsverhältnissen gehört, während die schuldrechtlichen Ansprüche aus einem solchen Vertragsverhältnis, also insbesondere Schadensersatzansprüche wegen der Verletzung einzelner Vertragspflichten, der allgemeinen Gerichtszuständigkeit unterliegen. Diese Unterscheidung würde allerdings in der Praxis erhebliche Schwierigkeiten bereiten, da oft eine Verletzung auf der schuldrechtlichen Ebene des Lizenzvertrages zugleich eine solche auf der dinglichen Ebene darstellt (z.B. die Überschreitung einer *„field-of-use“*-Beschränkung, s. dazu Rz. 85, 913, 1335 ff., 1992, 3425). Hier kann es für die Praxis nicht sachdienlich sein, eine unterschiedliche Gerichtszuständigkeit zu bestimmen. 2946

Ein Zuständigkeitskonflikt kann sich allerdings dann ergeben, wenn ein Vertrag sowohl patent- als auch **kartellrechtliche Fragen** aufwirft, da – ebenso wie das Patentgesetz – auch das GWB für seinen Anwendungsbereich eine **ausschließliche sachliche Zuständigkeit der Kartellgerichte** vorschreibt **(vgl. §§ 87, 95 GWB)**. Sind Anspruchsgrundlagen des Patentrechts wie auch des GWB zu erörtern und sind zudem ggf. aufgrund der Umsetzung der Konzentrationsermächtigungen gemäß § 143 Abs. 2 PatG einerseits und § 89 GWB andererseits unterschiedliche ausschließliche örtliche Zuständigkeiten gegeben, so ist dieser mögliche **Kompetenzkonflikt** gesetzlich nicht geregelt. Die Lösung dieses Zuständigkeitsproblems wird allerdings allgemein in dem vom *BGH* postulierten Grundsatz des **„Vorrangs des Kartellrechts“**[2] gesehen, wonach bei konkurrierender Streitigkeit das nach dem Kartellrecht zuständige Gericht das Verfahren an sich ziehen kann[3]. 2947

Eine nach § 38 Abs. 1 ZPO zulässige Gerichtsstandsvereinbarung kann grundsätzlich auch in **Allgemeinen Geschäftsbedingungen** (AGB) wirksam getroffen werden. Nach deutschem Recht ist es im kaufmännischen Handelsverkehr zur Einbeziehung von Geschäftsbedingungen der einen Seite ausreichend, wenn der Geschäftsgegner wusste oder bei gehöriger Sorgfalt mindestens erkennen musste, dass der andere Teil den Vertrag nur unter Zugrundelegung seiner Allgemeinen Geschäftsbedingungen abschließen 2948

---

1 Busse/*Keukenschrijver*, PatG, § 143 Rz. 61 m.H.a. *OLG Zweibrücken* v. 10.3.1997 – 7 U 94/93; a.A. Schulte/*Kühnen*, PatG, § 143 Rz. 10.

2 *BGH* v. 11.11.1959, BGHZ 31, 162, 166 f.; *BGH* v. 9.11.1967, BGHZ 49, 31, 38; *BGH* v. 30.5.1978, BB 1978, 1740, 1741 – Fertighäuser; vgl. auch Benkard/*Rogge/Grabinski*, PatG, § 143 Rz. 10.

3 Vgl. *BGH* v. 9.5.2000, NJWE-WettbR 2000, 250.

wollte. Enthält beispielsweise ein Angebotsschreiben in unübersehbarer Weise die ausdrückliche Erklärung, der Vertrag solle zu den Allgemeinen Geschäftsbedingungen des Anbietenden geschlossen werden und sind die Geschäftsbedingungen entsprechend dem auf der Vorderseite des Angebotsformulars enthaltenen Hinweis auf der Rückseite des Formulars in übersichtlicher und gut lesbarer Form abgedruckt, so hat der Empfänger durch die Annahme des Angebots auch der Einbeziehung der Geschäftsbedingungen des Anbietenden zugestimmt. Einer ausdrücklichen Zustimmung auch zur Geltung dieser Geschäftsbedingungen bedarf es nicht[1]. Die wirksam einbezogene Gerichtsstandsklausel unterliegt jedoch der **Inhaltskontrolle nach § 307 BGB** (vgl. § 310 Abs. 1 Satz 2 BGB)[2]. Dabei ist mit zu bewerten, dass der Lizenzgeber regelmäßig versuchen wird, einen ihm „günstigen" Gerichtsstand bei den Vertragsverhandlungen durchzusetzen.

2949 Nach deutschem Rechtsverständnis ist der Ausschluss der Zuständigkeit der deutschen Gerichte durch Vereinbarung eines **ausschließlichen ausländischen Gerichtsstandes** nur dann unwirksam, wenn er eine **Rechtsverweigerung** zur Folge hätte, weil die Rechtsverfolgung vor dem vereinbarten ausländischen Gericht z.B. aus tatsächlichen Gründen, etwa wegen eines dort bestehenden Kriegszustandes, nicht möglich ist. Die daraus folgende internationale Zuständigkeit des deutschen Gerichts bleibt bestehen, auch wenn später der Rechtsstillstand in dem ausländischen Staat geendet hat[3]. Weitere **Schranken** können sich aus **§§ 138, 242 BGB bzw. Art. 6 EGBGB** ergeben, vgl. im Übrigen Art. 23 EuGVVO, der § 38 ZPO als Spezialregelung vorgeht.

2950 Wird eine Klage bei einem ohne Prorogation zuständigen deutschen Gericht erhoben und die vereinbarte ausschließliche Zuständigkeit eines ausländischen Gerichts eingewandt, ist es Sache des angerufenen Gerichts, zunächst zu prüfen, ob die Vereinbarung als Vertrag über prozessrechtliche Beziehungen nach deutschem Recht wirksam ist[4].

2951–2955 Frei.

3. Internationale Lizenzverträge

2956 Während bei Lizenzverträgen, deren Erfüllungsort für beide Vertragspartner im Inland liegt, die Gerichtsstandsvereinbarung nur in den durch die Zivilprozessordnung vorgegebenen Grenzen statthaft und ergänzend auch der *ordre public* zu beachten ist[5], gilt bei internationalen Lizenzverträgen auch im Hinblick auf Gerichtsstandsvereinbarungen der **Grundsatz der Progo-**

1 *OLG Hamburg* v. 30.12.1985, RIW 1986, 462 f.
2 Zöller/*Vollkommer*, ZPO, § 38 Rz. 22 m.w.N.; vgl. *OLG Karlsruhe* v. 22.3.1996, NJW 1996, 2041.
3 *BAG* v. 29.6.1978, NJW 1979, 1119, 1120.
4 *BGH* v. 20.1.1986, RIW 1986, 461; *OLG Köln* v. 6.6.1996, RIW 1997, 233, 234.
5 Vgl. Zöller/*Vollkommer*, ZPO, § 38 Rz. 5.

rationsfreiheit (vgl. **Art. 23 EuGVVO**). Freilich muss beachtet werden, ob und inwieweit die jeweilige nationale Prozessordnung eine sachliche Beziehung zu dem von den Vertragsparteien in ihrer Gerichtsstandsvereinbarung gewählten Gericht vorgibt. Eine solche sachliche Beziehung ist insbesondere dann gegeben, wenn der Schwerpunkt des Vertrages in diesem Land liegt[1].

Bei internationalen Lizenzverträgen ist hinsichtlich der an die Vereinbarung von Gerichtsstandsklauseln zu stellenden Anforderungen zu unterscheiden: 2957

Während im **Geltungsbereich der EuGVVO**[2] die Regelungen der §§ 38, 40 ZPO in vollem Umfang verdrängt werden (vgl. Art. 3 Abs. 1, 2 EuGVVO),[3] regelt sich die internationale Zuständigkeit **außerhalb** des **Geltungsbereichs der EuGVVO** nach dem **autonomen Prozessrecht der lex fori**[4], in Deutschland also – ob des Fehlens einer diesbezüglichen Regelung in der ZPO – nach den Vorschriften über die örtliche Zuständigkeit[5].

Die **internationale Zuständigkeit deutscher Gerichte** kann durch Vereinbarung eines ausschließlichen Gerichtsstandes **ausgeschlossen** werden. Zulässigkeit und Wirkung von Gerichtsstandsvereinbarungen, auf die sich eine Partei vor einem deutschen Gericht zum Zwecke des Behauptens oder Bestreitens der internationalen Zuständigkeit des Gerichts beruft, sind nach deutschem Recht zu beurteilen[6]. Auch die Derogation einer an sich nach deutschem Prozessrecht gegebenen internationalen Zuständigkeit deutscher Gerichte ist grundsätzlich zulässig[7]. 2958

Frei. 2959

a) Gerichtsstandsvereinbarungen im Geltungsbereich der EuGVVO

Die Gerichtsstandsvereinbarung ist auf **europäischer Ebene** durch die **EuGVVO (Brüssel I-VO)** geregelt, welche das Brüsseler Übereinkommen (EuGVÜ) von 1968[8] weitgehend ersetzt hat. 2960

Der Geltungsbereich der EuGVVO erstreckte sich allerdings zunächst **nicht** auf **Dänemark**. Hier galt weiterhin für etwaige Gerichtsstandsvereinbarungen das Zuständigkeitsrecht des EuGVÜ. Am 19.10.2005 schlossen die Europäische Gemeinschaft und das Königreich Dänemark ein Abkom- 2961

---

1 Dies wird vor allem von amerikanischen Gerichten überprüft.
2 VO (EG) Nr. 44/2001, ABl. EG Nr. L 12 v. 16.1.2001, S. 1, zuletzt geändert durch VO (EU) Nr. 156/2012 v. 22.2.2012.
3 *BGH* v. 30.4.1980, NJW 1980, 2022, 2023; *OLG Saarbrücken* v. 2.10.1991, IPRax 1992, 165.
4 *Hausmann* in Reithmann/Martiny, Internationales Vertragsrecht, Rz. 2950, 3119.
5 *BGH* v. 3.12.1992, NJW 1993, 1073, 1074.
6 *BGH* v. 29.2.1968, BGHZ 49, 384, 387; *BGH* v. 17.5.1972, BGHZ 59, 23, 26.
7 *BAG* v. 12.10.1983, NJW 1984, 1320.
8 Konsolidierte Fassung ABl. EG Nr. C 27 v. 26.1.1998, S. 1.

men[1], nach dem die EuGVVO im Verhältnis zu Dänemark am 1.7.2007 in Kraft trat[2]. Eine Ausnahme vom Geltungsbereich der EuGVVO stellen die **EFTA-Staaten** dar: Für Gerichtsstandsvereinbarungen im Verkehr zwischen Mitgliedstaaten der Europäischen Union mit **Island, Norwegen und der Schweiz** findet das Luganer Übereinkommen (LugÜ) von 1988[3], das im Jahr 2007 neugefasst wurde[4], Anwendung[5].

2962 Hintergrund der dort geregelten Zuständigkeitsrechte (EuGVVO; EuGVÜ; LugÜ) ist das Bestreben der europäischen Vertragsstaaten, ein europaweites einheitliches Zivilprozessrecht herbeizuführen[6].

2963 Steuer-, zoll- und verwaltungsrechtliche Angelegenheiten werden vom Geltungsbereich der EuGVVO ebenso wenig erfasst (vgl. Art. 1 Abs. 1 Satz 2 EuGVVO), wie u.a. die gesamte **Schiedsgerichtsbarkeit** (Art. 1 Abs. 2 lit. d EuGVVO). Die **EuGVVO** hat **nur die gerichtliche Zuständigkeit** und die **Vollstreckung** gerichtlicher Entscheidungen zum Inhalt. Hinsichtlich der Verfahrensregeln ist auf die für das nationale Gericht geltenden nationalen Rechtsvorschriften zurückzugreifen.

2964 Die Europäische Kommission hat am 14.10.2012 einen Vorschlag zur Neufassung der EuGVVO[7] vorgelegt, den sie wie folgt zusammenfasst:

„– Abschaffung des Zwischenverfahrens für die Anerkennung und Vollstreckung von gerichtlichen Entscheidungen (Exequatur) außer bei Entscheidungen über Verleumdungsklagen und kollektiven Schadenersatzklagen
- Ausweitung der Zuständigkeitsvorschriften der Verordnung auf Streitsachen, bei denen der Beklagte ein Drittstaatsangehöriger ist; hierzu gehört auch die Regelung von Sachverhalten, bei denen dieselbe Sache vor einem Gericht innerhalb und außerhalb der EU anhängig ist
- Verbesserung der Wirksamkeit von Gerichtsstandsvereinbarungen
- bessere Verzahnung von Verordnung und Schiedsgerichtsbarkeit
- bessere Koordinierung der Verfahren vor den Gerichten der Mitgliedstaaten
- Erleichterung des gerichtlichen Rechtsschutzes bei bestimmten Arten von Rechtsstreitigkeiten und
- Klärung der Voraussetzungen, unter denen einstweilige und Sicherungsmaßnahmen in der EU ohne Weiteres länderübergreifend anerkannt und vollstreckt werden können"

---

1 ABl. EG Nr. L 299 v. 16.11.2005, S. 62.

2 ABl. EG Nr. L 94 v. 4.4.2007, S. 70.

3 Luganer Übereinkommen (LugÜ) v. 16.9.1988, ABl. EG Nr. L 319 v. 25.11.1988.

4 Vgl. Luganer Übereinkommen (LugÜ) v. 30.10.2007, ABl. L 339 v. 21.12.2007, S. 4.

5 Vgl. Staudinger/*Spellenberg*, BGB (EGBGB/IPR, IntVerfREhe), § 328 ZPO Rz. 34.

6 Dieses Bestreben wird bereits in der Präambel zur EuGVVO zum Ausdruck gebracht.

7 Vorschlag für eine Verordnung des Europäischen Parlaments und des Rates über die gerichtliche Zuständigkeit und die Anerkennung und Vollstreckung von Entscheidungen in Zivil- und Handelssachen, KOM(2010) 748 endgültig. S. auch BR-Drucks 833/10 v. 18.3.2011; *Hess*, IPRax 2011, 125 ff.; *Wagner/Beckmann*, RIW 2011, 44 ff.

Am 8.6.2012 hat der Justizministerrat eine allgemeine Ausrichtung zum Kommissionsvorschlag angenommen. Wann und mit welchem Inhalt eine Neufassung der EuGVVO in Kraft treten wird, ist bislang nicht abzusehen.

Frei. 2965–2967

aa) Räumlicher Geltungsbereich der EuGVVO

Der räumliche Geltungsbereich der Vorschriften der Art. 2–24 EuGVVO ist in der Regel dann eröffnet, wenn der **Beklagte seinen Wohnsitz/Sitz innerhalb eines der Mitgliedstaaten** der Europäischen Gemeinschaft hat (vgl. **Art. 2 Abs. 1 und Art. 3 Abs. 1 EuGVVO**). Der Beklagtenwohnsitz ist für die Eröffnung des Geltungsbereichs der EuGVVO aber dann nicht maßgeblich, wenn die Anknüpfungsvoraussetzungen der Zuständigkeit nach **Art. 22 EuGVVO** gegeben sind. Dasselbe gilt für **Art. 23 EuGVVO**, wonach es ausreicht, wenn nur der Kläger seinen Wohnsitz/Sitz in einem Mitgliedstaat hat. 2968

Ob der räumliche Geltungsbereich der EuGVVO allerdings auch für **reine Inlandsfälle**, also für rechtliche Streitigkeiten ohne Auslandsbeziehung bzw. für **Fälle der Zuständigkeitsabgrenzung zu einem Drittstaat**, eröffnet ist, wird unterschiedlich beurteilt.

Anwendbar ist die EuGVVO nach herrschender Meinung nur, wenn der in Rede stehende **Rechtsstreit** aus der Sicht des Mitgliedstaates **Auslandsbeziehungen aufweist**[1]. Eine derartige Auslandsbeziehung besteht, wenn eine Partei ihren Wohn-/Unternehmenssitz in einem Vertragsstaat und die andere ihren Wohn-/Unternehmenssitz in einem anderen Vertragsstaat oder in einem Nichtvertragsstaat hat. Sie ist ferner anwendbar, wenn der Beklagte in einem Vertragsstaat seinen Unternehmenssitz hat und der Sachverhalt entweder internationale Anbindungen der in Art. 5, 6, 13, 17, 23, 24 EuGVVO[2] bezeichneten Art aufweist oder das Gericht eines anderen Vertragsstaates zur Entscheidung über seine Zuständigkeit angerufen wurde. 2969

Darüber hinaus sind die **ausschließlichen Zuständigkeiten** nach **Art. 22 EuGVVO** zu beachten; auch in diesen Fällen ist von der erforderlichen Auslandsbeziehung auszugehen. Die EuGVVO ist ferner anzuwenden, wenn der Kläger in einem Vertragsstaat sitzt und die Parteien eine Gerichtsstandsvereinbarung zugunsten eines anderen Vertragsstaates gemäß **Art. 23 EuGVVO** getroffen haben. Schließlich ist von einer Auslandsbeziehung auszugehen, wenn die Sache vor dem Gericht eines anderen Vertrags- 2970

1 Für Art. 23 EuGVVO s. *OLG München* v. 28.9.1989, IPRax 1991, 46; *OLG Karlsruhe* v. 9.10.1992, NJW-RR 1993, 567; Fezer/*Hausmann/Obergfell*, UWG, Einl. I Rz. 362; *Schack*, Internationales Zivilverfahrensrecht, Rz. 239; zum Anwendungsbereich vgl. auch *Hausmann* in Reithmann/Martiny, Internationales Vertragsrecht, Rz. 2965 ff., 2971; *Piltz*, NJW 1979, 1071; *Neuhaus*, MittPat. 1996, 257 ff. m.w.N.

2 Vorher Art. 5, 6, 12, 15, 17, 18 EuGVÜ.

staates i.S. des Art. 27 EuGVVO anhängig ist oder ein Zusammenhang mit dem Rechtsstreit vor dem Gericht eines anderen Vertragsstaates bejaht wird.

2971 Haben die Parteien keine Gerichtsstandsvereinbarung getroffen oder haben sie ein nach der EuGVVO ohnehin zuständiges Gericht vereinbart, richtet sich der Gerichtsstand im sachlichen und räumlichen Anwendungsbereich der EuGVVO nach dieser.

2972–2973 Frei.

bb) Anwendungsbereich des Art. 23 EuGVVO

2974 Nach Art. 23 EuGVVO können die Parteien **Gerichtsstandsvereinbarungen** treffen[1], wenn zumindest **eine Partei** ihren **Wohnsitz/Sitz in einem der Vertragsstaaten** hat und ferner die Zuständigkeit eines Gerichts (oder der Gerichtsbarkeit) eines Vertragsstaates vereinbart wurde. Liegen mehrere Wohn- oder Unternehmenssitze vor, ist für das Eingreifen von Art. 23 Abs. 1 EuGVVO ausreichend, dass ein Wohnsitz/Sitz in einem Vertragsstaat liegt. Dementsprechend unterfallen Art. 23 Abs. 1 EuGVVO zunächst Gerichtsstandsvereinbarungen mit Bezug zu zwei oder mehreren Vertragsstaaten. Denkbar ist daher, dass Parteien mit Sitz jeweils in anderen Vertragsstaaten die Zuständigkeit eines beliebigen, auch dritten Vertragsstaates vereinbaren[2]. Sitzen beide Parteien in demselben Vertragsstaat, so können sie auch die Zuständigkeit eines anderen Vertragsstaates vereinbaren.

2975 Nach Art. 23 Abs. 1 EuGVVO möglich ist auch die Wahl des Gerichts eines Vertragsstaates, wenn nur eine der Parteien in einem Vertragsstaat sitzt und die andere in einem **Drittstaat**, wobei die Parteien die Freiheit haben, die Zuständigkeit der Gerichte eines anderen Vertragsstaates zu vereinbaren als des Staates, in dem die eine Partei ihren Sitz hat.

2976 Umstritten ist, ob im Anwendungsbereich des Art. 23 EuGVVO ein Bezug zu mehreren Mitgliedstaaten bestehen muss[3]. Definitiv **nicht** von Art. 23 Abs. 1 EuGVVO **erfasst** ist die **Wahl der Zuständigkeit** der Gerichte eines **Nichtvertragsstaates**.

2977 Eine Abrede nach Art. 23 Abs. 1 Satz 1 EuGVVO führt zur **ausschließlichen Zuständigkeit** des betreffenden Gerichts bzw. der betreffenden Gerichtsbarkeit.

1 Zur Wirksamkeit einer Gerichtsstandsvereinbarung bei Klage auf Feststellung der Unwirksamkeit des Vertrages vgl. *EuGH* v. 3.7.1997, RIW 1997, 775 ff.

2 Umstritten vgl. *BGH* v. 14.11.1991, NJW 1993, 1070, 1071; *BGH* v. 24.11.1988, NJW 1989, 1431, 1432; *Geimer*, NJW 1986, 2991 ff.

3 Zum Streitstand s. *Hüßtege* in Thomas/Putzo, ZPO, Art. 23 EuGVVO Rz. 2; Zöller/*Geimer*, ZPO, Art. 23 EuGVVO Rz. 11 f., der sich gegen eine derartige „teleologische Reduktion" des Anwendungsbereichs ausspricht.

cc) Zulässigkeit einer Gerichtsstandsvereinbarung

Gerichtsstandsvereinbarungen sind nach **Art. 23 Abs. 1 EuGVVO** nur dann wirksam, wenn sie sich auf eine **„bereits entstandene Rechtsstreitigkeit oder über eine künftige, aus einem bestimmten Rechtsverhältnis entspringende Rechtsstreitigkeit“** beziehen[1]. Davon ist bereits dann auszugehen, wenn sich die Gerichtsstandsvereinbarung auf Verträge bezieht, die im Rahmen laufender Geschäftsbeziehungen zustande kommen[2]. 2978

Nach Art. 23 Abs. 5 EuGVVO haben Gerichtsstandsvereinbarungen dann **keine** rechtliche **Wirkung**, wenn sie den **Art. 13 oder 17 EuGVVO zuwiderlaufen** oder wenn die Gerichte, deren Zuständigkeit durch die Gerichtsstandsvereinbarung abbedungen werden soll, aufgrund des Art. 22 EuGVVO ausschließlich zuständig sind. 2979

Im Zusammenhang mit Lizenzverträgen ist die Zuständigkeitsregelung des **Art. 22 Nr. 4 EuGVVO** zu prüfen. Hiernach sind für Klagen, die die Eintragung oder die Gültigkeit von Patenten, Warenzeichen, Mustern und Modellen sowie ähnlicher Rechte, die einer Hinterlegung oder Registrierung bedürfen, zum Gegenstand haben, die Gerichte des Vertragsstaates ausschließlich zuständig, in dessen Hoheitsgebiet die Hinterlegung oder Registrierung beantragt oder vorgenommen worden ist oder aufgrund eines zwischenstaatlichen Übereinkommens als vorgenommen gilt. Dieser **ausschließliche Gerichtsstand für gewerbliche Schutzrechte** bezieht sich nach der Rechtsprechung des *EuGH* auf Rechtsstreitigkeiten über die Gültigkeit, das Bestehen oder das Erlöschen des Patentes oder über die Geltendmachung eines Prioritätsrechts aufgrund einer früheren Hinterlegung. Als weitere Verfahren kommen Anmelde-, Erteilungs-, Einspruchs- und Nichtigkeitsverfahren einschließlich der jeweils nachgeschalteten Rechtsbehelfsverfahren in Betracht. **Streitigkeiten, die über die materielle Berechtigung an einem gewerblichen Schutzrecht geführt werden, fallen nicht unter Art. 22 Nr. 4 EuGVVO**. Dies dürfte auch für Klagen im Zusammenhang mit **Lizenzverträgen** gelten. Entsprechendes gilt dann auch für die Klage auf Erteilung einer Zwangslizenz nach § 24 PatG. 2980

Art. 13 EuGVVO spielt im Zusammenhang mit Lizenzverträgen keine Rolle. Anders kann dies bei **Art. 17 EuGVVO** sein. Art. 15 bis 17 EuGVVO regeln die **Zuständigkeit für Gerichte in Verbrauchersachen**. Da die Möglichkeit in Betracht kommt, dass ein Lizenzvertrag den Verbraucherschutzvorschriften (§§ 491 ff. BGB) unterfällt (vgl. Rz. 1950 f.), können auch Art. 15 Abs. 1, Art. 16 EuGVVO greifen, wonach die Klage eines Verbrauchers[3] vor den Gerichten des Vertragsstaates der anderen Vertragspartei oder vor den eigenen Gerichten erhoben werden kann, die Klage gegen den 2981

1 Vgl. hierzu *LG Mainz* v. 13.9.2005, WM 2005, 2319–2324.
2 *Hausmann* in Reithmann/Martiny, Internationales Vertragsrecht, Rz. 3119 ff.
3 Zum Begriff des „Verbrauchers“ i.S. der EU-Verordnung s. *OLG Nürnberg* v. 20.7.2004, IPRax 2005, 248–251.

Verbraucher allerdings nur vor den Gerichten des Vertragsstaates, in dessen Hoheitsgebiet der Verbraucher seinen Wohnsitz hat. Von diesem Grundsatz sind nach Art. 17 Nr. 1–3 EuGVVO nur enge Ausnahmen möglich. Die Vereinbarung kann nur insoweit von der Vorgabe des Art. 16 EuGVVO abweichen, als sie nach der Entstehung der Streitigkeit getroffen wurde (Nr. 1), dem Verbraucher auch die Befugnis einräumt, andere als die in Art. 16 EuGVVO angeführten Gerichte anzurufen (Nr. 2) oder wenn sie zwischen einem Verbraucher und seinem Vertragspartner getroffen wurde, die beide zum Zeitpunkt des Vertragsschlusses ihren Wohnsitz oder gewöhnlichen Aufenthaltsort in demselben Vertragsstaat hatten und die Vereinbarung die Zuständigkeit der Gerichte dieses Vertragsstaates begründet (Nr. 3).

2982–2985 Frei.

dd) Form einer Gerichtsstandsvereinbarung nach der EuGVVO

2986 Damit eine Gerichtsstandsvereinbarung nicht unbemerkt Vertragsinhalt wird, muss sie entweder **schriftlich oder mündlich mit schriftlicher Bestätigung** (sog. „halbe Schriftlichkeit")[1] geschlossen werden[2] (**Art. 23 Abs. 1 Satz 2 lit. a EuGVVO**). Sind im Handelsverkehr zwischen den Parteien bereits Gepflogenheiten im Hinblick auf die Form des Austausches von Informationen erfolgt, so reicht nach Art. 23 Abs. 1 Satz 2 lit. b EuGVVO die Wahrung dieser Form aus. Im internationalen Handel ist schließlich nach Art. 23 Abs. 1 Satz 2 lit. c EuGVVO eine Form ausreichend, die einem **Handelsbrauch** entspricht, den die Parteien kannten oder kennen mussten und den Parteien von Verträgen dieser Art in den betreffenden Geschäftszweigen allgemein kennen und regelmäßig beachten[3].

2987 Unter einer **schriftlichen Vereinbarung** ist bereits eine übereinstimmende schriftliche Erklärung aller Vertragsparteien zu verstehen, die nicht notwendig in einer einzigen Vertragsurkunde enthalten sein muss. Ein **Schriftwechsel** reicht daher aus. Soweit die Möglichkeit der Gerichtsstandsvereinbarung besteht, ist auch der Abschluss eines mündlichen Vertrages mit anschließender schriftlicher Bestätigung wirksam. Ausreichend ist hier sogar eine **konkludente Vereinbarung** des Gerichtsstandes, wobei bei der entsprechenden Auslegung zu beachten ist, dass sich die konkludent erfolgte Willenseinigung deutlich auch auf den Gerichtsstand beziehen muss. Da nach Art. 23 Abs. 1 Satz 3 EuGVVO auch Handelsbräuche zum Zustandekommen von Gerichtsstandsvereinbarungen führen können, ist hier auch

1 Zöller/*Vollkommer*, ZPO, Art. 23 EuGVVO Rz. 16 m.H.a. *BGH* v. 6.7.2004, IHR 2004, 221.

2 Zum Vorliegen einer Gerichtsstandsvereinbarung durch mündliche Vereinbarung des Erfüllungsortes *EuGH* v. 20.2.1997, RIW 1997, 415 ff.

3 Zur Bekanntheit des Handelsbrauchs in Bezug auf ein kaufmännisches Bestätigungsschreiben *OLG Köln* v. 16.3.1988, RIW 1988, 555, 557.

das Schweigen auf ein kaufmännisches Bestätigungsschreiben beachtlich[1]. Wird die **Formvorschrift** des Art. 23 Abs. 1 Satz 3 EuGVVO **nicht beachtet**, so ist die **Gerichtsstandsvereinbarung unwirksam**.

Auch im Geltungsbereich der EuGVVO ist es möglich, Gerichtsstandsvereinbarungen durch die **Einbeziehung in AGB** zum Vertragsinhalt zu machen. Zu beachten ist dabei, dass im Gegensatz zu rein inländischen Gerichtsstandsvereinbarungen eine Prüfung der AGB (etwa an §§ 305 ff., 307, 310 BGB) nicht in Betracht kommt. Eine solche Vorgehensweise stünde in Widerspruch zur rechtsvereinheitlichenden Intention des Übereinkommens[2]. Mittel gegen unangemessene Gerichtsstandsklauseln lassen sich im Geltungsbereich der EuGVVO daher nur im Wege vertragsautonomer Auslegung bzw. Rechtsfortbildung durch den *EuGH* entwickeln[3]. 2988

Haben die Vertragsparteien eine Gerichtsstandvereinbarung, auch für Streitigkeiten über die Beendigung des Vertrages, gemäß Art. 23 EuGVVO wirksam vereinbart, entfällt diese nicht, wenn der Vertrag einvernehmlich durch eine Vereinbarung beendet wird[4]. 2989

b) Gerichtsstandsvereinbarungen außerhalb des Geltungsbereichs der EuGVVO

Außerhalb des Geltungsbereichs der EuGVVO finden im deutschen Recht hinsichtlich der Zulässigkeit und Folgen einer Gerichtsstandsvereinbarung die §§ 38, 40 ZPO Anwendung (vgl. oben Rz. 2968, 2956)[5]. 2990

Jede Gerichtsstandsvereinbarung sollte von der Zielvorstellung ausgehen, dass zwar nach den Prinzipien des internationalen Privatrechts vorrangig auch für diesen Bereich der Grundsatz der **Vertragsfreiheit** gilt. Indes müssen die **Besonderheiten** des jeweiligen **nationalen Prozessrechts** beachtet werden. 2991

Dies wird hinsichtlich etwaiger Gerichtsstandsvereinbarungen gemessen z.B. am **US-amerikanischen Zivilprozessrecht** deutlich: In der grundlegenden Entscheidung des US Supreme Court in der Sache *MS Bremen & Unterweser GmbH v. Zapata Off Shore Company* wurden Gerichtsstandsvereinbarungen zwar prinzipiell anerkannt, zulässig sind sie allerdings nur dann, wenn sie nicht **„unreasonable, unjust, unfair or unconscionable"** sind. Amerikanische Gerichte behalten sich daher die Option vor, Gerichtsstandsvereinbarungen nicht anzuerkennen, wenn nach Ansicht des 2992

---

1 Vgl. *EuGH* v. 20.2.1997, RIW 1997, 415 ff.; *Ebenroth*, ZVglRWiss 1978, 161, 180 ff.

2 *Jayme/Kohler*, IPRax 1992, 346, 353; *M.J. Schmidt*, RIW 1992, 173, 175; a.A. *Wolf*, JZ 1989, 695, 696.

3 *Hausmann* in Reithmann/Martiny, Internationales Vertragsrecht, Rz. 2981 ff.

4 Vgl. *LG München* v. 12.2.2008, GRUR Int. 2009, 527, Rz. 38 ff. (juris) im Rahmen der Auslegung eines Vertragshändlervertrages.

5 S. Beraterhinweis von *Lejeune*, ITRB 2003, 273, 274.

jeweiligen Gerichts die o.a. Voraussetzungen vorliegen. Die Voraussetzungen sind auslegungsbedürftig und sehr generalklauselartig ausgestaltet, so dass u.U. damit zu rechnen ist, dass ein US-Gericht seine Zuständigkeit (unerwartet) ablehnt. Dies bedingt Rechtsunsicherheit, da der Kläger nach geltendem US-Zivilprozessrecht nicht auf die Wirksamkeit einer Gerichtsstandsvereinbarung vertrauen kann[1]. Die amerikanische Rechtsprechung fordert daher, dass das gewählte Gericht als ein **„vernünftiger" Gerichtsstand** anzusehen ist, wobei der Erfüllungsort des Vertrages, der Sitz der in Betracht kommenden Beteiligten, der Bereich möglicher Konflikte, der Wohnsitz etwa in Betracht kommender Zeugen und die räumliche Zuordnung etwa notwendig werdender Urkunden berücksichtigt werden[2].

2993 Eine Gerichtsstandsvereinbarung ist nur dann vollkommen, wenn sich die Vertragspartner auch über das **anzuwendende Recht** verständigt haben. Auch für die Wahl des anzuwendenden Rechtes sollte die Forderung z.B. amerikanischer Gerichte beachtet werden, dass dieses als „vernünftig", also **sachgemäß**, angesehen werden kann. Dies ist regelmäßig dann der Fall, wenn das Gericht des gewählten Gerichtsstandes das dort geltende materielle und formelle Recht anzuwenden hat, während schon besondere Umstände erforderlich sind, um zu rechtfertigen, dass das vereinbarte amerikanische Gericht z.B. nach französischem materiellen Recht entscheiden soll. Zwar ist dies rechtstechnisch möglich, weil die klagende Partei dann genötigt ist, den einschlägigen Bereich des französischen Rechtes entsprechend vorzutragen. Eine Gerichtsstandsvereinbarung sollte aber nicht dazu führen, derartige Verfahrenskomplikationen zu begründen, die sich durch widersprüchlichen Parteivortrag zum Inhalt des anzuwendenden Rechts noch steigern können. Vielmehr erscheint es vorteilhaft, mit der Gerichtsstandsvereinbarung auch die Vereinbarung des am Ort des Gerichtsstands geltenden materiellen und formellen Rechtes als gegeben hinzunehmen.

2994 Bei internationalen Gerichtsstandsvereinbarungen sind ggf. auch **kartellrechtliche und sonstige Schranken des ordre public** zu beachten. So ist es etwa unter AGB-rechtlichen Aspekten bedeutsam, dass es bei der Gerichtsstandsvereinbarung des Nachweises einer klaren und unmissverständlich darauf gerichteten Willensäußerung beider Vertragspartner bedarf, die dann nicht als gegeben angenommen werden kann, wenn die Gerichtsstandsvereinbarung in einem größeren Konvolut allgemeiner Geschäftsbedingungen an nicht sofort erkennbarer Stelle enthalten ist und der hierdurch belastet

1 So Stellungnahme v. *Büllesbach* im August 2004, http://www.dgri.de/68n228/Stellungnahmen.htm. Ebenso *Schütze*, RIW 2004, 162, 165 für den Fall einer derogierenden Gerichtsstandsvereinbarung. S. auch *Hay*, US-Amerikanisches Recht, Rz. 127, 142 ff.

2 Zur Zuständigkeitsvereinbarung im amerikanischen Recht vgl. *Ochsenfeld*, RIW 1995, 633 ff.; *Hay*, US-Amerikanisches Recht, Rz. 125 ff., 142 ff. S. auch *Schütze*, RIW Die erste Seite 2006, Nr. 6; *Schütze*, RIW 2005, 579, 583 f.; *Schütze*, RIW 2004, 162, 164 f.

erscheinende Partner die Bedeutung der Vorschrift nicht zu erkennen vermochte.

Die amerikanischen Gerichte überprüfen auch den möglichen Vorwurf des US-Partners, in **arglistiger** Weise zu der Gerichtsstandsvereinbarung gebracht worden zu sein. In einem solchen Fall ist es nicht erforderlich und auch unzutreffend, zu prüfen, ob der Lizenzgeber den Lizenznehmer hinsichtlich des ganzen Vertrages oder wesentlicher Teile im Unklaren gelassen hat. Ausreichend, um eine arglistige Täuschung bejahen zu können, ist es vielmehr, dass der belastete Vertragspartner allein in Bezug auf die Gerichtsstandsvereinbarung „übertölpelt" wurde. 2995

Bemerkenswert ist auch eine für den US-Bereich und den deutschen Bereich unterschiedliche Interpretation: Wird in einem Vertrag mit deutschen Vertragspartnern festgelegt, dass für einen Lizenzvertrag und die daraus etwa folgenden Meinungsverschiedenheiten ein bestimmtes Gericht als Gerichtsstand vereinbart wird, so liegt darin i.d.R. die Festlegung des **ausschließlichen Gerichtsstandes** (s. aber Rz. 2936). Etwas anderes gilt aber für das Rechtsverständnis eines US-Partners. Hier führt die Vereinbarung eines Gerichtsstandes nur zu der Feststellung, dass nunmehr *auch* dieses Gericht entscheidungsbefugt sein soll. Wenn die ausschließliche Gerichtsstandsbestimmung gewünscht ist und erfolgen soll, und dies ist regelmäßig der Fall, muss dies durch **Hervorhebung der Ausschließlichkeit im Vertrag** zum Ausdruck kommen: 2996

„Für Streitigkeiten aus diesem Lizenzvertrag ist ausschließlich das Gericht in ... entscheidungsbefugt."

Schließlich sollte in diesem Zusammenhang auch vermerkt werden, dass der nach deutschem Prozessrecht mögliche **Einwand der Rechtshängigkeit** (vgl. § 261 Abs. 3 ZPO), der dann berechtigt ist, wenn der Streitgegenstand bereits bei einem anderen Gericht anhängig gemacht worden ist, und dazu führt, ein weiteres Vorgehen an einem zweiten oder dritten Gericht als unzulässig zu behandeln, z.B. im US-Prozessrecht keine Geltung besitzt. Auch wegen dieser Gefahren bietet die Gerichtsstandsvereinbarung eine gewisse Einschränkung und prozessuale Hilfe[1]. 2997

Frei. 2998–3000

IV. Schiedsgerichtsbarkeit

1. Einführung

Schiedsgerichtsvereinbarungen (Schiedsvereinbarungen, s. Rz. 3039 ff.) sind nicht nur auf nationaler Ebene, sondern vor allem für internationale 3001

1 Vgl. auch *Heidenberger*, RIW/AWD 1981, 371 ff. m.w.N. zu Literatur und Rechtsprechung; *Hay*, US-Amerikanisches Recht, Rz. 147 f.

Verträge, nicht zuletzt aufgrund der dort bestehenden allgemeinen Übung, Schiedsabreden den Vorzug vor Gerichtsstandsvereinbarungen zu geben, von großer Bedeutung. Bedingt durch das Wachstum des Welthandels und die dadurch entstehenden Verflechtungen, die einen zunehmenden Technologieaustausch erfordern, wächst das Interesse an einer schnellen Streitbeilegung im Wege der schiedsrichterlichen Streiterledigung. Die Probleme und Unwägbarkeiten, die sich bei Gerichtsstandsvereinbarungen im internationalen Rechtsverkehr ergeben können, die zu berücksichtigenden Probleme bei ihrer Ausarbeitung, das Risiko der Vollstreckbarkeit von zivilrechtlichen Urteilen im Ausland sowie das Risiko, sich unbekannten Verfahrensregeln zu unterwerfen, lassen die Wahl der Schiedsgerichtsbarkeit attraktiv erscheinen.

Auch praktische Erwägungen können für die Wahl der privaten Schiedsgerichtsbarkeit anstelle der staatlichen Gerichtsbarkeit sprechen. Die Gestaltung des Verfahrens sowie seine Sprache unterstehen weitestgehend der Parteiautonomie. Das Bedürfnis der Parteien, komplizierte prozessuale nationale Regelungen und eine lange nationale Gerichtsverfahrensdauer zu vermeiden und eine fachkundige Entscheidung kurzfristig herbeizuführen, sind in der Regel für die Wahl einer Schiedsgerichtsvereinbarung maßgeblich[1].

3002 Allerdings muss beachtet werden, dass diese ihrerseits nicht immer wirksam und gegenüber der vorgegebenen gesetzlichen Konzeption vorteilhaft ist. Schiedsgerichtsvereinbarungen unterliegen strengen Bestimmungen der Zivilprozessordnung, die dem Ziel dienen, Schiedsgerichtsvereinbarungen den rechtsstaatlichen Grundsätzen anzupassen.

3003 Vor der Konzeption einer Schiedsvereinbarung sollten sich die Parteien eingehend mit den schiedsrechtlichen Anforderungen, Gestaltungsmöglichkeiten sowie Rechtswirkungen vertraut machen, um eine für sie jeweils vorteilhafte individuelle Vertragsformulierung zu erreichen[2].

3004–3005 Frei.

a) Begriff und Bedeutung der Schiedsgerichtsbarkeit (am Beispiel des deutschen Rechts)

3006 Der deutsche Gesetzgeber hat die Vorschriften zur privaten Schiedsgerichtsbarkeit, die „eine auf dem Willen der Beteiligten beruhende nichtstaatliche Gerichtsbarkeit in privatrechtlicher Angelegenheit“[3] darstellt,

1 Vgl. *Trittmann*, SchiedsVZ 2005, 71, 76; *Duve*, SchiedsVZ 2005, 169, 170; *Lachmann*, BRAK-Mitt. 2005, 217 ff.

2 Vgl. *Lachmann*, SchiedsVZ 2003, 28: „Die Praxis zeigt, dass die Parteien auf die sorgfältige Formulierung einer Schiedsvereinbarung oft zu wenig Zeit verwenden.“

3 *BGH* v. 3.7.1975, BGHZ 65, 59, 61; *BGH* v. 19.11.1964, BGHZ 42, 313, 315.

in das 10. Buch der Zivilprozessrechtsordnung (**§§ 1025 ff. ZPO**) aufgenommen.

Nach §§ 1025 ff. ZPO sind **Schiedsgerichte Privatgerichte**, die aus einem oder mehreren Schiedsrichtern zusammengesetzt sind und denen die Entscheidung von bürgerlichen Rechtsstreitigkeiten i.S. des § 13 GVG an Stelle der staatlichen Gerichtsbarkeit übertragen worden ist. Schiedsgerichtbarkeit ist Rechtsprechung im weiteren Sinne als Streitentscheidung durch einen neutralen Dritten[1]. Die Übertragung der Entscheidung kann durch eine privatrechtliche Vereinbarung (**Schiedsvereinbarung, § 1029 ZPO**), eine **privatrechtliche Willenserklärung** oder aber auch durch „letztwillige oder andere nicht auf Vereinbarung beruhende **Verfügungen**" im Sinne des § 1066 ZPO angeordnet werden. Hierdurch unterwerfen sich die beteiligten Parteien dem Schiedsspruch eines Schiedsgerichtes, wodurch die **staatliche Gerichtszuständigkeit** im Rahmen des § 1026 ZPO **ausgeschlossen** wird. Wird entgegen der Schiedsvereinbarung ein staatliches Gericht angerufen, hat der Beklagte bis zum Beginn der mündlichen Verhandlung zur Hauptsache (Stellung der Sachanträge) die **Einrede** der Schiedsvereinbarung (§ 1032 Abs. 1 ZPO). Aufgrund dieser prozesslindernden Einrede wird die erhobene **Klage** als **unzulässig abgewiesen**, es sei denn, das Gericht stellt fest, dass die Schiedsvereinbarung nichtig, unwirksam oder undurchführbar ist. Der Antrag auf Feststellung der Zulässigkeit oder Unzulässigkeit eines schiedsrichterlichen Verfahrens kann bis zur Bildung des Schiedsgerichts bei Gericht gestellt werden (§ 1032 ZPO). Insoweit ist der Eingang des Antrags bei Gericht und nicht die Zustellung des Antrags an die Gegenseite entscheidend[2]. Die irrtümliche Vereinbarung eines nicht existierenden institutionellen Schiedsgerichts bedeutet nicht, dass die Schiedsabrede undurchführbar i.S. von § 1032 Abs. 1 ZPO ist, wenn durch ergänzende Vertragsauslegung ermittelt werden kann, dass ein bestimmtes anderes Schiedsgericht zur Entscheidung berufen ist[3]. 3007

Die **Rechtsnatur der Schiedsgerichtsbarkeit** ist umstritten; sie wird zum Teil als materiell-rechtliche, privatrechtliche Institution aufgefasst, zum Teil als „echte" Gerichtsbarkeit verstanden[4]. Eine – sehr eingeschränkte – Bedeutung hat diese dogmatische Einordnung für Einzelaspekte wie die Rechtsnatur der Schieds- oder Schiedsgutachtenvereinbarung[5]. 3008

Das Schiedsgericht entscheidet anstelle des staatlichen Gerichts (nichtstaatliche Streiterledigung) und erlässt einen **Schiedsspruch**, der unter den Parteien die **Wirkung eines rechtskräftigen gerichtlichen Urteils (§ 1055 ZPO)** hat. Zusätzlicher Vorzug der Anrufung der Schiedsgerichtsbarkeit ist, 3009

---

1 *BGH* v. 27.5.2004, NJW 2004, 2226, 2227, u. *BGH* v. 13.1.2005, WM 2005, 1143, 1145.
2 *BGH* v. 30.6.2011, GRUR 2012, 95 – Cross Patent License Agreement.
3 *BGH* v. 14.7.2011, NJW 2011, 2977 mit Anm. *Flohr*, ZVertriebsR 2012, 57 f.
4 Zu diesem Streit näher *Schlosser* in Stein/Jonas, ZPO, Vor § 1025 Rz. 2.
5 Hierzu unten Rz. 3039 ff. und 3210 ff.

dass die Vertragsparteien im Sinne der **Parteiautonomie** hinsichtlich des Schiedsverfahrensablaufs die Möglichkeit der freien Gestaltung des Verfahrens haben, solange die Voraussetzungen eines rechtsstaatlichen Verfahrens gewahrt bleiben. Die rechtsstaatlich verankerte Garantie des umfassenden effektiven gerichtlichen Rechtswegs und des rechtlichen Gehörs (Art. 19 Abs. 4 und Art. 103 Abs. 1 GG) wird durch die Wahl eines Schiedsgerichts nicht verletzt. Die Vertragsparteien haben die freie Wahl, die Hilfe der staatlichen Gerichte in Anspruch zu nehmen oder sich eines Privatgerichtes zu bedienen. Darin wird die Ausübung der prozessrechtlichen Privatautonomie gesehen, mittels derer die Parteien in verfassungsrechtlich zulässiger Weise auf ihren Justizgewährungsanspruch verzichten[1]. Das Schiedsgerichtsverfahren orientiert sich an verfassungsrechtlichen Rahmenbedingungen, die stets einzuhalten sind und der staatlichen „Überwachung" unterliegen[2]. Nach §§ 1060 f. ZPO wird dem Schiedsspruch durch das staatliche Gericht die Vollstreckbarkeit verliehen[3]. Unter den Voraussetzungen des § 1059 Abs. 2 ZPO kann das Gericht einen Schiedsspruch auch aufheben.

3010 Die Vorzüge (vgl. Rz. 3001 f., 3013 ff.) des Schiedsverfahrens haben die Institution der Schiedsgerichtsbarkeit zu einer beliebten Form der Erledigung von Streitigkeiten zwischen den Vertragsparteien gemacht und sie in Deutschland im Bereich der Wirtschaft und des Handels besonders verankert.

3011–3012 Frei.

b) Vor- und Nachteile sowie Zweck des Schiedsgerichtsverfahrens

3013 Durch die Einschaltung privater Schiedsgerichte wollen die Vertragspartner regelmäßig eine **Beschleunigung der rechtlichen Klärung bestehender Streitigkeiten** herbeiführen. In der Literatur ist die Auffassung verbreitet, dass sich Schiedsgerichtsverfahren in aller Regel zügiger durchführen lassen als Verfahren vor den staatlichen Gerichten[4]. Genauere Erkenntnisse sind allerdings nicht in statistisch verwertbarer Weise zu erhalten, da ad-hoc-Schiedsgerichtsverfahren meist insgesamt der Geheimhaltung unterliegen und dementsprechend die wenigsten ad-hoc-Schiedsgerichtsverfahren in der Öffentlichkeit bekannt werden[5]. Nach den von der Deutschen

---

1 *Prütting*, AnwBl. 2012, 28, 30.

2 *Schlosser* in Stein/Jonas, ZPO, Vor § 1025 Rz. 3.

3 Vgl. Zöller/*Geimer*, ZPO, § 1060 Rz. 1 ff.

4 *Schwab/Walter*, Schiedsgerichtsbarkeit, Kap. 1 Rz. 8; *Lachmann*, Hdb. für die Schiedsgerichtspraxis, Rz. 155 ff. m.w.N.; *Schmidt-Diemitz* DB 1999, 369, 370; *Goette*, AnwBl 2012, 33, 34. Eine lange Verfahrensdauer beanstandet zudem der Europäische Gerichtshof für Menschenrechte als Verletzung von Art. 6 Abs. 1 der Menschenrechtskonvention, *EGMR* v. 23.4.1987, NJW 1989, 650 ff.

5 *Lachmann*, BRAK-Mitt. 2005, 217 ff.

Institution für Schiedsgerichtsbarkeit veröffentlichten Zahlen[1] sind die meisten von dieser Institution abgewickelten Schiedsverfahren bereits nach neun Monaten beendet. Das Sekretariat der ICC meldet eine durchschnittliche Verfahrensdauer von 1 ½ bis 2 Jahren[2]. Diese Dauer mutet lang an, ist jedoch zu vergleichen mit der Zeitdauer, die für die Durchführung von regelmäßig zwei Instanzen vor ordentlichen Gerichten benötigt wird, von der Revisionsinstanz ganz abgesehen. Nach einer Veröffentlichung des statistischen Bundesamtes auf dem Gebiet der Rechtspflege, Bereich Zivilgerichte, für das Jahr 2010[3] betrug die durchschnittliche Gesamtdauer vor dem Oberlandesgericht erledigter Berufungssachen ab erstem Eingang in der ersten Instanz je Verfahren insgesamt 24,6 Monate und je Verfahren, das mit einem streitigen Urteil endete, 28,5 Monate. Die Aufschlüsselung nach den einzelnen Oberlandesgerichten ergab dabei einen niedrigsten Wert von 18,5 bzw. 20,8 Monaten (mit streitigem Urteil) und einen höchsten Wert von 31,6 bzw. 36 Monaten (mit streitigem Urteil). Ähnlich Einzelfallabhängig erscheint die Situation bei Schiedsverfahren, wenn die ICC auf ihrer Homepage darauf hinweist, dass ein Schiedsspruch in den meisten Fällen nicht in einem Zeitraum von unter einem Jahr zu erwarten ist, obwohl komplexe Verfahren auch schon in weniger als 2 ½ Monaten durchgeführt werden konnten. Vor diesem Hintergrund, insbesondere auch aufgrund der Tatsache, dass die Revisionsinstanz nicht mitberücksichtigt ist, erscheint selbst die auf den ersten Blick lange anmutende Verfahrensdauer von bis zu 24 Monaten beim ICC hinnehmbar.

Zu beachten ist jedoch, dass sich das Schiedsverfahren bei „**Blockadeverhalten**" einer Partei erheblich verlängern kann. Kann die Prognose nicht gestellt werden, dass sich der Vertragspartner fair und zügig am Verfahren beteiligen wird, kann die Dauer eines Schiedsgerichtsverfahrens die Dauer eines Verfahrens vor staatlichen Gerichten im Zweifel übertreffen[4] (s. aber nunmehr die reformierten Regeln des Verfahrensmanagements, z.B. im ICC-Schiedsverfahren, Rz. 3189, 3191). 3014

Aber auch unabhängig von einem solchen „Blockadeverhalten" können sich **Verzögerungen** des Schiedsverfahrens schon dadurch ergeben, dass die **Konstituierung** insbesondere eines ad-hoc-Schiedsgerichts lange andauern kann, etwa bedingt dadurch, dass die zunächst in Aussicht genommenen sachkundigen Personen nicht (mehr) verfügbar sind oder durch zwischen- 3015

1 SchiedsVZ 2006, issue 3, VII. S. auch *Lachmann*, Hdb. für die Schiedsgerichtspraxis, Rz. 158.

2 *Craig/Park/Paulsson*, International Chamber of Commerce Arbitration (1990), Part I § 1.08, S. 20. S. auch *Lachmann*, Hdb. für die Schiedsgerichtspraxis, Rz. 158, der eine durchschnittliche Verfahrensdauer von zwei Jahren angibt.

3 „Geschäftsanfall und -erledigung der Zivilprozesssachen vor den Amts-, Land- und Oberlandesgerichten nach Ländern sowie vor dem Bundesgerichtshof unter anderem nach Verfahrensgegenstand, Erledigungsart, Verfahrensdauer", erschienen am 9.11.2011.

4 *Lachmann*, Hdb. für die Schiedsgerichtspraxis, Rz. 156, 215 f. m.w.N.

zeitlich erfolgte geschäftliche Beziehungen eine Neutralität als Schiedsrichter (s. dazu Rz. 3026; 3130; 3097) nicht mehr gewährleistet ist. Ist keine straffe Organisation des Schiedsverfahrens vorgesehen, die sich in dem Setzen und Einhalten kurzer Fristen ausdrückt, haben es die Parteien – ebenso wie bei der ordentlichen Gerichtsbarkeit – in der Hand, das **Verfahren zu verzögern**. Die Durchführung eines Schiedsgerichtsverfahrens ist nur insoweit von Vorteil, wie die Parteien **ihrer Mitwirkungspflicht** gerecht werden. Andernfalls besteht die Gefahr, dass eine unwillige Vertragspartei durch Verzögerungsmaßnahmen den Verfahrensablauf verlängert, etwa durch Ausnutzung der z.B. in §§ 1029 ff. ZPO zur Verfügung gestellten prozessualen Möglichkeiten, wie der Stellung eines Befangenheitsantrags oder der Einleitung eines Aussetzungsantrags.

3016 Bei der Würdigung der Verfahrensdauer muss ferner bedacht werden, dass ein Schiedsspruch zwar unter den Parteien die Wirkung eines rechtskräftigen gerichtlichen Urteils hat (vgl. § 1055 ZPO), ihm jedoch die **Vollstreckbarkeit fehlt** (s. dazu Rz. 3009; 3023 ff.). Diese wird dem Schiedsspruch erst durch rechtsgestaltende Entscheidung des zuständigen staatlichen Gerichts verliehen (vgl. §§ 1060 ff. ZPO). Auch soweit die jeweiligen staatlichen Regelungen Vereinfachungen und Verkürzungen des Verfahrens der Vollstreckbarerklärung von Schiedssprüchen vorsehen, kann jedoch auch hier eine Vertragspartei Verzögerungstaktiken anwenden, die prozessual zugelassen sind, wie etwa die Berufung bzw. Beschwerde gegen eine erstinstanzliche Entscheidung. Insoweit muss bei der Bemessung der Verfahrensdauer jeweils auch die Zeitdauer eines ggf. durchzuführenden Vollstreckbarerklärungsverfahrens miteingerechnet werden. Im Falle der Aufhebung oder Vollstreckung eines Schiedsspruchs besteht zudem das Risiko, dass die Diskretion des Schiedsverfahrens gefährdet sein kann, da vor den staatlichen Gerichten der Öffentlichkeitsgrundsatz zur Geltung kommt.

3017 Ebenso wichtig wie das Erreichen einer alsbaldigen Rechtsklärung bestehender Streitigkeiten ist den Parteien oft die besondere **Sachkunde des Entscheidungsgremiums**, die zu einer sachnäheren Entscheidung führen kann[1]. Vor allem bei schwierigen Problembereichen auf naturwissenschaftlich geprägten oder wirtschaftlich gekennzeichneten Gebieten ist dies von Bedeutung und kann – sofern es sich nicht um Spezialkammern, wie z.B. Patentstreitkammern bei den Landgerichten und den Patentsenaten bei den Oberlandesgerichten bzw. dem *BGH* (s. dazu Rz. 2943 ff.) handelt – nicht stets bei den Richtern eines ordentlichen Gerichtes eines Landes vorausgesetzt werden. Geht es beispielsweise bei einem Patentlizenzvertrag um die Frage, ob der Lizenznehmer, dem es nicht gelingt, den Lizenzgegen-

1 Vgl. *Schwab/Walter*, Schiedsgerichtsbarkeit, Kap. 1, Rz. 8; *Henn*, Schiedsverfahrensrecht, Rz. 12; *Lachmann*, Hdb. für die Schiedsgerichtspraxis, Rz. 130 ff.; s. auch *Goette*, AnwBl. 2012, 33, 34, der in diesem Zusammenhang auf das Auffinden sachgerechter Lösungen, die sich gerade nicht unbedingt aus dem Gesetz und den aus ihm abgeleiteten Deduktionen ergeben müssen, hinweist.

stand zur Fertigungsreife zu bringen, sich die eigene mangelnde Leistungsfähigkeit vorwerfen lassen muss, sind hierfür oft subtile technische Kenntnisse erforderlich, die selbst bei den sachkundig besetzten und mit technischen Sachverhalten bestens vertrauten Patentstreitkammern zum Teil nur in Verbindung mit der Einschaltung eines Sachverständigen erwartet werden können. Gleiches kann gelten, wenn z.B. eine Verzögerung der Auslieferung einer lizenzvertraglichen Anlage vorliegt, bei der zwischen den Beteiligten etwa streitig wird, ob hierfür ein durch die lizenzierte technische Lehre nicht lösbarer nachträglicher Änderungswunsch des Auftraggebers ursächlich war etc.

Gewiss können und müssen Gerichte immer dann, wenn ihnen die erfor- 3018
derliche Fach- und Sachkunde zur Entscheidungsfindung bei streitigem Sachverhalt fehlt, sich eines Sachverständigen bedienen (vgl. §§ 402 ff. ZPO)[1]. Nur darf dessen sachkundige Begutachtung nicht an die Stelle der richterlichen Entscheidung treten[2]. Demgegenüber bietet die Sachkunde der Schiedsrichter eines vereinbarten „Privatgerichtes"[3] für die Beteiligten den Vorteil, dass der Entscheidungskörper zugleich in den Personen der Schiedsrichter die Sachbeurteilung und Entscheidungsfindung vornimmt. Insoweit kann die Forderung nach sachgerechter Klärung unmittelbar dadurch realisiert werden, dass als Schiedsrichter auf dem besonderen Streitgebiet entsprechend Sachkundige bestellt werden, was insbesondere bei ad-hoc-Schiedsgerichten, regelmäßig auch bei institutionellen Schiedsgerichten, möglich ist.

Soweit bereits bei den Vertragsverhandlungen absehbar ist, dass bei zukünf- 3019
tig auftretenden technischen Streitfragen auch ein fachkundiges Gericht nicht ohne die Beiziehung eines technischen Sachverständigen entscheiden könnte, kann es sogar sachdienlich sein, auch einem ggf. noch stärker technisch ausgerichteten ad-hoc-Schiedsgericht diese Streitfälle nicht sofort vorzulegen. Empfehlen kann es sich, derartige – allein nach naturwissenschaftlichen Kriterien zu behandelnde – Themen zum Gegenstand eines **Schiedsgutachtens** zu machen. Denkbar wäre, dass auf der Grundlage eines solchen Sachverständigengutachtens bereits eine Verständigung der Parteien herbeigeführt wird. Ist dies nicht erreichbar, kann das Gutachten zur Grundlage der (schieds-)gerichtlichen Entscheidung gemacht werden (s. dazu Rz. 3205 ff.).

1 Vgl. hierzu allgemein: *BGH* v. 25.11.2003, Mitt. 2004, 171 – Diabehältnis; *BGH* v. 7.9.2004, GRUR 2004, 1023, 1025 – Bodenseitige Vereinzelungseinrichtung; *BGH* v. 11.10.2005, GRUR 2006, 131 – Seitenspiegel; *Meier-Beck*, Mitt. 2005, 529 ff.; *Schwab/Walter*, Schiedsgerichtsbarkeit, Kap. 15 Rz. 10.

2 Eingehend zur richterlichen Prüfungspflicht hinsichtlich der Ergebnisse eines Sachverständigengutachtens *BGH* v. 11.10.2005, GRUR 2006, 131, 133 f. – Seitenspiegel u. *Meier-Beck*, Mitt. 2005, 529 ff.

3 Vgl. hierzu *Schwab/Walter*, Schiedsgerichtsbarkeit, Kap. 1 Rz. 8.

3020 Als weiterer Vorteil eines Schiedsgerichtes wird angesehen, dass die Parteien in noch größerem Maße als dies durch eine Gerichtsstandsvereinbarung und/oder eine Rechtswahlklausel möglich ist, **Einfluss** nehmen können **auf den Sitz des Gerichts und/oder das anzuwendende prozessuale Recht bzw. die Schiedsgerichtsregeln**. Hier bietet das Schiedsgericht oft die Alternative zu einer Gerichtsstands- und Rechtswahl, die beiden Vertragsparteien nicht recht ist[1]. Den Beteiligten wird somit einerseits die Möglichkeit der freien Gestaltung des Verfahrens geboten, andererseits können sie auf eine schiedsrichterliche Verfahrensordnung Bezug nehmen[2]. Die **Parteiautonomie** wird nur durch die zwingenden Vorschriften der §§ 1025 ff. ZPO begrenzt. Dies hat zur Folge, dass eine **Anpassung** an die konkrete Streitigkeit gewährleistet wird, die ein staatliches Gericht möglicherweise nicht bieten kann. Zudem können Nachteile eines Gerichtsverfahrens im Staat einer Vertragspartei, wie die fremde Sprache, Wahl eines Prozessbevollmächtigten und die Besonderheiten des rechtlichen Verfahrensganges, vermieden werden[3].

3021 Allerdings sollten die Vertragsparteien unbedingt darauf achten, dass die Regelungen ihrer Schiedsgerichtsvereinbarungen den entsprechenden (z.T. strengen) Regeln der für sie geltenden Prozessordnung entsprechen.

3022 Im Grundsatz können Schiedsgerichtsverfahren **auch ohne Anwälte** geführt werden, weil in der Regel kein Anwaltszwang herrscht. Das Schiedsgericht entscheidet ferner, entsprechend dem Willen der Vertragsparteien, meist endgültig, also **ohne die Möglichkeit der Geltendmachung eines Rechtsmittels**[4].

3023 Nicht zu verkennen ist auch, dass die **Vollstreckung internationaler Schiedsgerichtsurteile** z.T. eingehender zwischenstaatlich geregelt ist als die Vollstreckung staatlicher Urteile[5], beispielsweise durch das Genfer Protokoll über die Anerkennung von Schiedsklauseln vom 24.9.1923, das Genfer Abkommen über die Vollstreckung ausländischer Schiedssprüche vom 26.9.1927 und die New York Convention über die Anerkennung und Vollstreckung ausländischer Schiedssprüche vom 10.6.1958. Der letztgenannten Konvention sind mittlerweile über 146 Staaten beigetreten.[6]

---

1 Vgl. das Beispiel bei *Lionnet*, Hdb. Schiedsgerichtsbarkeit, S. 45 f.

2 Vgl. *Lachmann*, BRAK-Mitt. 2005, 217, 219 f.

3 Vgl. *Lörcher/Lörcher*, Das Schiedsverfahren – national/international – nach deutschem Recht B Rz. 9; 13 ff.

4 Vgl. *Schwab/Walter*, Schiedsgerichtsbarkeit, Kap. 1 Rz. 8.

5 Vgl. *Schwab/Walter*, Schiedsgerichtsbarkeit, Kap. 1 Rz. 8; *Henn*, Schiedsverfahrensrecht, Rz. 13; zur Vollstreckung staatlicher Urteile vgl. das Gesetz zur Änderung von Vorschriften auf dem Gebiet der Anerkennung und Vollstreckung ausländischer Entscheidungen in Zivil- und Handelssachen v. 19.2.2001, BGBl. I S. 288.

6 Stand: 25.6.2012; s. http://www.uncitral.org/uncitral/en/uncitral_texts/arbitration/NYConvention_status.html.

Bedeutsam ist ferner die Möglichkeit der **Geheimhaltung** bei Durchführung eines Schiedsverfahrens. Die Wahrung der Diskretion gegenüber der Öffentlichkeit und damit den Wettbewerbern spielt eine wichtige Rolle für die Beteiligten eines Technologietransfers. Aber auch in anderen Bereichen ist den Vertragsparteien nicht daran gelegen, ihre Geschäftsgeheimnisse bzw. bestehende Streitigkeiten offen zu legen[1]. Während gerichtliche Verfahren dem Öffentlichkeitsgrundsatz unterliegen und die gesetzlichen Regelungen zum Ausschluss der Öffentlichkeit den Wünschen der Parteien nicht immer gerecht werden, finden schiedsgerichtliche Verfahren stets unter Ausschluss der Öffentlichkeit statt. Vielfach wird nicht einmal die Tatsache der Klageerhebung bekannt. 3024

Schließlich sollen die **Unabhängigkeit und Unparteilichkeit der Schiedsrichter** i.S. des § 1036 ZPO die elementaren Grundlagen des Verfahrens bilden (s. dazu Rz. 3097, 3188). Zwar kann ein Schiedsrichter im Falle der fehlenden Unparteilichkeit unter den Voraussetzungen des § 1036 Abs. 2 ZPO abgelehnt werden. In der Praxis zeigt sich jedoch, dass von dieser Möglichkeit selten Gebrauch gemacht wird[2]. 3025

Ein Schiedsrichter kann **abgelehnt** werden, wenn Umstände vorliegen, die berechtigte Zweifel an seiner Unparteilichkeit oder Unabhängigkeit aufkommen lassen, oder wenn er die zwischen den Parteien vereinbarten Voraussetzungen nicht erfüllt (vgl. § 1036 Abs. 2 Satz 1 ZPO). Insoweit unterliegt der Schiedsrichter einer **Offenlegungspflicht** hinsichtlich der Umstände, die Zweifel an seiner Unparteilichkeit oder Unabhängigkeit wecken können[3]. Häufig scheuen aber die Parteien eines Schiedsverfahrens, den Schiedsrichter bei Zweifeln an seiner Neutralität hierauf anzusprechen, weil ein missglückter Ablehnungsantrag die Atmosphäre im Schiedsgericht stark belasten kann[4]. Gerade weil die Vertragsparteien häufig den von ihnen benannten Schiedsrichter als „ihren" Schiedsrichter ansehen bzw. auch der Schiedsrichter sich zuweilen mehr als Parteienvertreter, denn als Schiedsrichter fühlt, werden sonstige Verbindungen, die zu diesem Schiedsrichter bestehen (wie etwa vorausgegangene Gutachtenerstattung, Rechtsberatung etc.), nicht ausdrücklich klargestellt. Ist tatsächlich eine solche Verbindung zwischen Schiedsrichter und Partei gegeben, kann dies starken Einfluss auf die Entscheidungsfindung haben. Diese Gefahr kann Anlass für die wiederholt anzutreffende Feststellung sein, dass bei Schiedsgerichtsverfahren die Vorhersehbarkeit der Entscheidung (Schiedsspruch) eher fraglich ist als bei einer gerichtlichen Entscheidung. Insoweit 3026

1 Vgl. hierzu auch *Goette*, AnwBl. 2012, 33, 34, der in dem Abschneiden der Öffentlichkeit neben den Vorteilen für die Parteien auch ein gewisses Maß an Kontrollverlust erblickt, das aus staatlichen Verfahren unbekannt sei und vor allem rechtspolitische Aspekte im Hinblick auf die weitgehende Öffnung der privaten Schiedsgerichtsbarkeit für gesellschaftsrechtliche Streitigkeiten erörtert.
2 Vgl. *Ochmann*, GRUR 1993, 255, 259.
3 *BGH* v. 4.3.1999, NJW 1999, 2370, 2371.
4 *BGH* v. 4.3.1999, NJW 1999, 2370, 2371.

kann es im Einzelfall einen nicht zu vernachlässigenden **Nachteil** eines Schiedsgerichtsverfahrens darstellen, dass – jedenfalls bei ad-hoc-Schiedsgerichten – gelegentlich die Neutralität der von den Parteien benannten Schiedsrichter fehlt, so dass die Neutralität erst mit dem Vorsitzenden selbst hergestellt wird (s. dazu Rz. 3097).

3027 Verschiedentlich gehen die Beteiligten eines durch eine Schiedsgerichtsklausel ergänzten Vertrages davon aus, durch eine solche Absprache ihre möglichen späteren **Streitigkeiten kostengünstiger** abwickeln zu können. Regelmäßig ist diese Überlegung unzutreffend[1]. Üblicherweise erhalten die Schiedsrichter als angemessene Honorare die einem Anwalt zustehenden Gebühren. Soweit innerdeutsches Recht zur Anwendung kommt, bemessen sich die Gebühren dann regelmäßig nach den vom Streitwert[2] des Streitgegenstandes her berechneten Gebühren eines Rechtsanwalts nach den RVG[3]. Alternativ werden, vor allem im internationalen Vertragsbereich, angemessene Stundensätze als Grundlage der Honorarberechnung vereinbart. Rechnet man ggf. noch das Anschlussverfahren der Vollstreckbarerklärung des Schiedsspruchs hinzu, kann ein Schiedsverfahren schnell die Kosten eines Gerichtsverfahrens erreichen oder übersteigen.

3028 Die aufgeführten Risiken der Schiedsgerichtsbarkeit kommen in der Praxis allerdings selten zum Tragen. Durch eine zweckorientierte Ausgestaltung der Schiedsvereinbarung, wie auch durch kompetente Beratung durch einen erfahrenen Schiedsverfahrensvertreter, kann etwaigen Risiken vorgebeugt werden. Die Vertretung der Parteien erfolgt regelmäßig durch die Heranziehung von Rechtsanwälten.

3029–3030 Frei.

c) Institutionalisiertes oder Ad-hoc-Schiedsgericht

3031 Haben sich die Vertragsparteien dazu entschieden, ein schiedsgerichtliches Verfahren dem Verfahren vor dem zuständigen staatlichen Gericht vorzuziehen, entsteht die Frage, ob und inwieweit die Parteien das Schiedsverfahren selbst regeln oder ein (anerkanntes) institutionalisiertes Schiedsverfahren wählen wollen. Die Wahl eines Ad-hoc-Schiedsgerichts oder eines institutionalisierten Schiedsgerichts steht in der **Parteiautonomie** der Beteiligten.

---

1 Einen ausführlichen Kostenvergleich bietet *Lachmann*, Hdb. für die Schiedsgerichtspraxis, Rz. 4666 ff.; 1058 ff.; *Lachmann*, SchiedsVZ 2003, 28, 32.

2 Vgl. hierzu eingehend *Lachmann*, Hdb. der Schiedsgerichtspraxis, Rz. 4673 ff.; *Lachmann*, BRAK-Mitt. 2005, 217 ff.; zum Streitwert vgl. *OLG Frankfurt* v. 19.3.1981, Mitt. 1983, 33, 34.

3 Vgl. hierzu *Schwab/Walter*, Schiedsgerichtsbarkeit, Kap. 12 Rz. 12 (Fn. 20); *Henn*, Schiedsverfahrensrecht, Rz. 187.

Bei einem **institutionalisierten Schiedsgericht** richtet sich der Ablauf nach der jeweiligen Schiedsgerichtsordnung dieses Schiedsgerichts (s. hierzu Rz. 3176 ff.)[1]. Die Abwicklung unterliegt einem festen Verfahrensablauf, der vom Sekretariat des Schiedsgerichts betreut wird; es werden Schiedsrichterempfehlungen gegeben und das Verfahren unterliegt festen Kostensätzen. Die Wahl des institutionalisierten Schiedsgerichtes hat zur Konsequenz, dass die Parteien an die Vorschriften der jeweiligen Schiedsverfahrensordnung, die zum Zeitpunkt der Anrufung des Schiedsgerichts Geltung beanspruchen, gebunden sind. 3032

Anstelle eines institutionalisierten Schiedsgerichts können die Parteien alternativ ein **Ad-hoc-Schiedsgericht**[2] wählen, das nur für den jeweils zu entscheidenden Fall oder auf gewisse Dauer für sämtliche zwischen diesen Parteien – auch aus unterschiedlichen Vertragsverhältnissen – entstehenden Streitfälle gebildet wird und dessen Verfahren von den Vertragspartnern nach ihren eigenen Vorstellungen in den Grenzen des geltenden Rechts gestaltet werden kann[3]. Sollten wesentliche Verfahrensanforderungen nicht bestimmt worden sein, so gelten die Vorschriften der §§ 1034 ff. ZPO bzw. der jeweiligen Prozessordnung. 3033

Die Bildung eines Ad-hoc-Schiedsgerichts hat den Vorteil, dass aufgrund der inhaltlichen Gestaltungsmöglichkeiten ein flexibleres, schnelleres und häufig auch billigeres Verfahren geschaffen werden kann[4]. Das setzt allerdings voraus, dass die Unabhängigkeit des von den Vertragsparteien zu bestimmenden Schiedsgerichts gewährleistet ist und dieses bei der Durchführung des Verfahrens auf alle für ihr Vertragsverhältnis bedeutsamen Fragen eingeht. Es kann daher empfehlenswert sein, auch das ad-hoc-Verfahren an die Schiedsordnung eines institutionalisierten Schiedsgerichts anzulehnen[5]. 3034

Frei. 3035–3038

---

1 „Bei der bedeutendsten deutschen Schiedsgerichtsbarkeit, der Deutschen Institution für Schiedsgerichtsbarkeit e.V. (DIS), werden jährlich um die 90 neue Verfahren eingeleitet.", so *Lachmann*, BRAK-Mitt. 2005, 217 ff. Im Jahr 2010 betrug die Anzahl neuer Schiedsgerichtsverfahren bereits 156, was zwar im Vergleich zum Vorjahr einen Rückgang von 17, im Vergleich zu 2008 jedoch einen Anstieg um 33 Verfahren bedeutete. Jahresstatistiken abrufbar unter http://www.dis-arb.de/de/39/content/statistik-id51.

2 Die im Jahr 2010 überarbeitete Schiedsordnung der United Nations Commission on International Trade Law (UNCITRAL Arbitration Rules – 2010) stellt u.a. umfassende Verfahrensregeln für Ad-hoc-Schiedsverfahren bereit und ist abrufbar unter: http://www.uncitral.org/uncitral/en/uncitral_texts/arbitration/2010Arbitration_rules.html.

3 *Lachmann*, BRAK-Mitt. 2005, 217 ff. schätzt die Anzahl der in Deutschland geführten Ad-hoc-Verfahren auf 1000 pro Jahr.

4 *Lionnet/Lionnet*, Hdb. Schiedsgerichtsbarkeit, S. 199 ff.; vgl. *Kristin*, Der Syndikus 31, 24–27 (2003).

5 *Raeschke-Kessler/Berger*, Recht und Praxis des Schiedsverfahrens, Rz. 67.

2. Die Schiedsvereinbarung

a) Rechtsnatur der Schiedsvereinbarung

3039 Die Schiedsvereinbarung ist eine Vereinbarung der Parteien dahin, dass die Entscheidung einer Streitigkeit im Konfliktfall durch Schiedsrichter erfolgen soll[1]. Wie das Schiedsverfahren ist auch die Schiedsvereinbarung von der Parteiautonomie geprägt. Durch die Schiedsvereinbarung werden materiell-rechtliche Rechte und Pflichten begründet. Ihre Hauptwirkung liegt jedoch darin, dass durch sie die ordentliche Gerichtsbarkeit ausgeschlossen wird und eine **prozesshindernde Einrede** entsteht.

3040 Welche Konsequenzen die materiellrechtlichen bzw. prozessualen Elemente für die rechtliche Einordnung der Schiedsvereinbarung haben, wird in Rechtsprechung und Literatur unterschiedlich bewertet[2].

Die traditionelle Ansicht beurteilt die Schiedsvereinbarung als privatrechtlichen Vertrag über prozessuale Bestimmungen. Eine im Vordringen befindliche Literaturansicht[3] qualifiziert die Schiedsvereinbarung dagegen als einen reinen Prozessvertrag. Folgt man dieser Auffassung, richten sich Abschluss, Inhalt und Bestandteile der Schiedsvereinbarung nach prozessualem Recht.

3041 Die **Rechtsprechung** hat die Schiedsvereinbarung zunächst als materiellrechtlichen Vertrag über prozessuale Beziehungen angesehen[4], später jedoch die Schiedsvereinbarung – ohne nähere Begründung – als „Unterfall des Prozessvertrages" bezeichnet[5].

3042 Diese unterschiedliche Einordnung wirkt sich in der Praxis nur begrenzt aus und betrifft eher selten relevant werdende Probleme der Voraussetzungen der Schiedsvereinbarung, soweit materielles Recht und Verfahrensrecht unterschiedliche Anforderungen stellen. Da auch auf Prozesshandlungen umfassend materiell-rechtliche Grundsätze zur Anwendung gelangen, kann dies nur ausnahmsweise der Fall sein, wenn es nicht zu einer solchen Übertragung kommt, etwa hinsichtlich[6]:

- der Anforderungen an die Parteien einer Schiedsvereinbarung;
- der Einigung der Parteien;

---

1 *Schlosser* in Stein/Jonas, ZPO, § 1029 Rz. 1; Zöller/*Geimer*, ZPO, § 1029 Rz. 1.

2 Vgl. Ausführungen zur Rechtsnatur des Schiedsgutachtenvertrags, Rz. 3210 ff.

3 U.a. *Wagner*, Prozeßverträge (1998), S. 578 ff.; *Schiedermair*, Vereinbarungen im Zivilprozess, S. 165; *Baumgärtel*, Wesen und Begriff der Prozeßhandlung einer Partei im Zivilprozess, S. 236; *Habscheid*, KTS 1971, 133; *Henn*, Schiedsverfahrensrecht, Rz. 17; Zöller/*Geimer*, ZPO, § 1029 Rz. 1; *Schwab/Walter*, Schiedsgerichtsbarkeit, Kap. 7, Rz. 37.

4 *RG* v. 9.3.1934, RGZ 144, 98 u. *RG* v. 2.11.1937, RGZ 156, 104; *BGH* v. 30.1.1957, BGHZ 23, 198 u. *BGH* v. 28.11.1963, BGHZ 40, 320.

5 *BGH* v. 3.12.1986, ZZP 100, 452, 454.

6 Zu den denkbaren Abweichungen vgl. *Voit* in Musielak, ZPO, § 1029 Rz. 4 ff.

- der Wirksamkeit der auf den Abschluss der Schiedsvereinbarung gerichteten Erklärungen;
- der Beendigung der Schiedsvereinbarung
- des Schicksals der Schiedsvereinbarung im Verhältnis zum Hauptvertrag.

Auch die kollisionsrechtliche Beurteilung der Schiedsvereinbarung hängt von dieser Einordnung nicht ab, da nach § 1061 Abs. 1 Satz 1 ZPO grundsätzlich das Recht des Landes zur Anwendung kommt, in dem der Schiedsspruch ergeht[1]. 3043

Frei. 3044

b) Begriff und Inhalt der Schiedsvereinbarung

Die Durchführung eines Schiedsverfahrens vor dem Schiedsgericht als privatem Gericht beruht entweder auf einem **Schiedsvertrag** oder auf einer so genannten **Schiedsgerichtsklausel** (§ 1066 ZPO). Die in diesem Zusammenhang verwendeten Begrifflichkeiten wie „Schiedsabrede", „Schiedsvertrag", „Schiedsklausel" beziehen sich dabei auf die in § 1029 Abs. 2 ZPO bezeichnete **Schiedsvereinbarung als Oberbegriff**. Die Schiedsvereinbarung ist die Verabredung der Parteien, im Streitfall die Entscheidung eines privaten Gerichts herbeizuführen und sich dieser zu unterwerfen[2]. Nach § 1029 Abs. 2 ZPO kann die Schiedsvereinbarung in Form einer selbständigen Vereinbarung (**Schiedsabrede**) oder in Form einer Klausel in einem Vertrag (**Schiedsklausel**) geschlossen werden. 3045

Abzugrenzen ist die Schiedsvereinbarung von der **Schiedsgutachtenvereinbarung**. Die **Unterscheidung** erfolgt danach, ob der Dritte nur eine Tatsache oder ein Element der Entscheidung **begutachten** soll (Schiedsgutachten, vgl. Rz. 3019; 3205 ff.) oder aber eine Rechtsstreitigkeit durch ein Schiedsgericht **endgültig entschieden** werden soll (Schiedsvereinbarung). Ob die Parteien die richtigen Begrifflichkeiten gewählt haben, ist dabei nicht maßgeblich[3]. Entscheidend ist, ob die Streitbeilegung vollumfänglich erfolgen soll oder nicht. Dies richtet sich nach dem Willen der Parteien und ist durch Auslegung zu ermitteln[4]. 3046

Schiedsvereinbarungen können von sehr unterschiedlicher Ausführlichkeit sein. Vielfach stellen sie den Minimalkonsens der Parteien im Hin- 3047

1 Hierzu näher *Schwab/Walter*, Kap. 44 Rz. 1 ff.
2 *Voit* in Musielak, ZPO, § 1029 Rz. 3.
3 *BGH* v. 13.12.1968, BB 1969, 463.
4 Formel als Abgrenzungskriterium: „Der Schiedsgutachter entscheidet nicht über Rechtsfragen und Rechtsfolgen, sondern stellt nur Tatbestandsmerkmale [z.B. objektive technische Gegebenheiten] fest", vgl. *BGH* v. 11.10.2005, GRUR 2006, 131, 133 f. – Seitenspiegel; *Schwab/Walter*, Schiedsgerichtsbarkeit, Kap. 2 Rz. 1; *Pohle*, MDR 1958, 86.

blick darauf dar, die Zuständigkeit der ordentlichen Gerichtsbarkeit auszuschließen. Der **Mindestinhalt** einer Schiedsabrede ergibt sich dabei aus **§ 1029 Abs. 1 ZPO**. Danach ist notwendiger Inhalt eine

„Vereinbarung der Parteien, alle oder einzelne Streitigkeiten, die zwischen ihnen in Bezug auf ein bestimmtes Rechtsverhältnis vertraglicher oder nichtvertraglicher Art entstanden sind oder künftig entstehen, der Entscheidung durch ein Schiedsgericht zu unterwerfen."

Von diesem gesetzlich vorgesehenen Mindestinhalt ist der weitere Inhalt einer Schiedsabrede zu unterscheiden, der ein schiedsgerichtliches Verfahren erst durchführbar macht[1]. Mit einer nur den Mindestinhalt enthaltenden Klausel wäre den Parteien schon deswegen nicht geholfen, weil damit selten eine zügige Einigung auf die notwendigen Verfahrensregelungen erfolgen wird.

3048 Als **Inhalt** einer sinnvollen Schiedsgerichtsabrede sind vielmehr Bestimmungen angebracht über[2]:

- die **Zahl** – zumeist drei – und die (ggf. auch juristische) **Qualifikation der Schiedsrichter**[3] einschließlich des Verfahrens zu ihrer Benennung und zur Benennung des Vorsitzenden[4];
- den **Sitz des Schiedsgerichtes**, wobei darauf geachtet werden sollte, dass es sich jedenfalls um ein Land handelt, das Vertragsstaat der New Yorker Convention ist[5];
- die **Sprache** (meist die Sprache des Hauptvertrages; in der Praxis zumeist englisch);
- das **anzuwendende Schiedsprozessrecht**[6] (meist das am Sitz des Schiedsgerichts geltende Schiedsprozessrecht) einschließlich der Frage, ob und in welchem Umfang das Schiedsprozessrecht einer Schiedsinstitution in Bezug genommen oder ausgeschlossen werden soll[7];
- das anzuwendende materielle Recht (vgl. Rz. 2338 ff.);

---

1 *Lionnet/Lionnet*, Hdb. Schiedsgerichtspraxis, S. 149 ff.; *Lörcher/Lörcher*, Das Schiedsverfahren, C Rz. 50 ff.; 187 ff.

2 Zur Vereinbarung oder zum Ausschluss des sog. Multiparty-Verfahrens vgl. *Lionnet/Lionnet*, Hdb. Schiedsgerichtsbarkeit, S. 162, 432.

3 Deutsche Haftpflichtversicherer erkennen Schiedsgerichtsurteile nur an, wenn wenigstens der Vorsitzende des Schiedsgerichts Volljurist ist; vgl. *Lionnet/Lionnet*, Hdb. Schiedsgerichtsbarkeit, S. 165 f.

4 Verzichten die Parteien auf eine solche Regelung, gelten die §§ 1034, 1035 ZPO.

5 Sonst wird der Ort gemäß § 1043 Abs. 1 Satz 2 ZPO vom Schiedsgericht bestimmt.

6 Die Vereinbarung ist den Parteien überlassen, vgl. Art. 19 Abs. 1 UNCITRAL Modellgesetz.

7 Hierbei ist zu beachten, dass einzelne Schiedsgerichtsinstitutionen in ihren Schiedsgerichtsordnungen zwingende Regelungen vorsehen, die nicht abbedungen werden können; Einzelheiten vgl. *Lionnet/Lionnet*, Hdb. Schiedsgerichtsbarkeit, S. 78 f.

- ggf. den Ausschluss der **Begründung des Schiedsgerichtsurteils**[1] nach § 1054 Abs. 2 ZPO;
- eventuelle Vorkehrungen gegen Verschleppungstaktiken;
- die **Verteilung der Kosten**, über die sonst nach § 1057 ZPO das Schiedsgericht entscheiden würde[2].

Empfehlungen für die Abfassung einzelner Bestandteile der Klausel können nicht gegeben werden, da die Fallgestaltungen zu vielschichtig sind, um sie abzudecken. Aus Sicht des deutschen Vertragspartners sollte im Grundsatz auf die Anwendung deutschen materiellen und Prozessrechts gedrängt werden. Der Sitz des Schiedsgerichtes und die Wahl der Verfahrenssprache sind dann zweitrangig. Meist ist ein Dreierschiedsgericht zweckmäßig, aber auch ausreichend, wobei sich die Praxis durchgesetzt hat, dass jede Partei einen Schiedsrichter bestimmt und diese Schiedsrichter sich auf einen Dritten als Vorsitzenden einigen. 3049

Frei. 3050–3053

c) Zulässigkeit und Wirksamkeit der Schiedsvereinbarung

Ob die Wahl des schiedsgerichtlichen Verfahrens eine empfehlenswerte Alternative zur staatlichen Gerichtsbarkeit ist, ist eine Frage des Einzelfalls. Denn nicht immer ist eine Schiedsgerichtsklausel zulässig und wirksam[3] und oft auch nicht gegenüber der vorgegebenen gesetzlichen Konzeption vorteilhaft. Deshalb ist es notwendig, sich vor der Konzeption einer Schiedsgerichtsklausel mit den Erfordernissen, rechtlichen Gestaltungsvoraussetzungen und Wirkungen vertraut zu machen, um, bezogen auf den Einzelfall, eine optimale Vertragsgestaltung zu erreichen. 3054

Erforderlich für die **Wirksamkeit einer Schiedsvereinbarung** ist, dass die Vertragsparteien eindeutig und unmissverständlich ihren Willen zur Schaffung eines privaten Ad-hoc-Schiedsgerichts oder zur Bezugnahme auf eine bestehende Schiedsgerichtsinstitution in einem Schiedsgerichtsvertrag dokumentieren. Vom Bestehen einer Schiedsvereinbarung wird nicht schon dann ausgegangen werden können, wenn die Vertragsparteien bei der Anbahnung der Vertragsbeziehungen hierüber verhandelt haben, aber nicht zum Abschluss des Vertrages gelangt sind. Eine in **Allgemeinen Geschäftsbedingungen** niedergelegte Schiedsvereinbarung stellt als solche keine un- 3055

---

1 Deutsche Haftpflichtversicherer erkennen Schiedsgerichtsurteile nur an, wenn sie begründet sind; vgl. auch die amtliche Begründung zu § 1054 Abs. 2 des Regierungsentwurfes eines Gesetzes zur Neuregelung des 10. Buches der ZPO.

2 Zur ergänzenden Vertragsauslegung bei Fehlen einer Kostenregelung vgl. *BGH* v. 30.10.1997, WM 1998, 139, 140; *SchiedsGHK Hamburg* v. 21.6.1996, NJW 1997, 613, 614 ff.

3 Zur Unwirksamkeit einer Alternativklausel, die nach Wahl des Verwenders bestimmte staatliche Gerichte oder ein Schiedsgericht für zuständig erklärt, *BGH* v. 24.9.1998, NJW 1999, 282 f.

angemessene Benachteiligung des Vertragspartners dar[1]. Insbesondere muss kein besonderes Bedürfnis für die Einsetzung eines Schiedsgerichts seitens des Verwenders vorliegen[2].

3056 Zweckmäßig und in manchen Rechtsordnungen auch ausdrücklich geboten ist eine **Trennung** der **Schiedsvereinbarung** von dem eigentlichen **Lizenzvertrag**. Damit wird vor allem eine Auseinandersetzung darüber vermieden, dass eine Unwirksamkeit des Lizenzvertrages auf die darin enthaltene Schiedsvereinbarung „durchschlägt".

3057 Ist die Schiedsvereinbarung **Teil eines** übergeordneten umfassenden **Lizenzvertrages** und scheitert die Wirksamkeit nicht an dem Erfordernis einer getrennten Absprache, berührt nach deutschem Recht eine Unwirksamkeit des Lizenzvertrages wegen des Grundsatzes der „Autonomie der Schiedsvereinbarung" (vgl. § 1040 Abs. 1 Satz 2 ZPO) nicht automatisch die Wirksamkeit der Schiedsvereinbarung[3]; zudem sind auch kollisionsrechtlich für Hauptvertrag (s. insoweit Art. 1 ff. ROM I-VO) und Schiedsabrede unterschiedliche Anknüpfungen maßgeblich[4].

aa) Schiedsfähigkeit des Streitgegenstandes

3058 Um eine Streitigkeit einer Schiedsvereinbarung zu unterwerfen, muss es sich um eine schiedsfähige Streitigkeit handeln. Davon ist gemäß **§ 1030 Abs. 1 Satz 1 ZPO** jedenfalls dann auszugehen, wenn es um eine **vermögensrechtliche Streitigkeit** geht. Nichtvermögensrechtliche Streitigkeiten sind dagegen nach § 1030 Abs. 1 Satz 2 ZPO nur dann schiedsfähig, wenn die Parteien berechtigt sind, über den Streitgegenstand einen Vergleich zu schließen.

3059 Im Bereich des gewerblichen Rechtsschutzes und des Technologietransfers stellt sich die Frage, in welchem Umfang rechtliche Streitigkeiten zwischen den Beteiligten zum Inhalt einer Schiedsvereinbarung gemacht werden können. Dies hängt von der Art des zwischen den Lizenzparteien im Streit befindlichen Streitgegenstandes ab, d.h. ob es sich z.B. um eine Streitigkeit über eine Vertragsverletzung handelt oder um eine Streitigkeit, die im Zusammenhang mit der Rechtsbeständigkeit eines lizenzierten Patents bzw. seines Schutzumfangs steht.

1 *BGH* v. 10.10.1991, WM 1992, 100 u. *BGH* v. 13.1.2005, WM 2005, 1143, 1145.
2 *BGH* v. 13.1.2005, WM 2005, 1143, 1145 m.w.N.
3 Zöller/*Geimer*, ZPO, § 1029 Rz. 1 m.w.N. (s. auch Rz. 3066 ff.).
4 Palandt/*Ellenberger*, BGB, § 139 Rz. 15 m.H.a. *BGH* v. 27.2.1970, BGHZ 53, 318; *BGH* v. 5.5.1977, NJW 1977, 1398; *BGH* v. 28.5.1979, NJW 1979, 2568; *Schreiber*, Mitt. 2009, 309.

aaa) Vertrags- und Schutzrechtsverletzungen

3060 Ansprüche aus dem **Vertragsbereich** sind, wie aus dem Gesetzeswortlaut eindeutig hervorgeht, **schiedsfähig**[1], zumal diese Streitgegenstände keine so sensiblen Rechtsgüter enthalten, dass sie ein Entscheidungsmonopol des Staates bedingen[2]. Die Schiedsfähigkeit ist freilich auch für Ansprüche aus dem Bereich der **Schutzrechtsverletzungen** durch einen der Vertragspartner im Rahmen des Lizenzvertrages (s. dazu Rz. 1181 ff.) gegeben[3]. Auch die im Gesetz vorgeschriebene ausschließliche Zuständigkeit der Landgerichte nach § 143 Abs. 1 PatG steht der Geltendmachung von Vertrags- und Schutzrechtsverletzungsansprüchen im Schiedsgerichtsverfahren nicht entgegen[4].

bbb) Ansprüche wegen Verletzung der Verwertungsrechte und des Erfinderpersönlichkeitsrechtes

3061 Daneben sind auch das Erfinderpersönlichkeitsrecht wie auch verwertungsrechtliche Befugnisse, schiedsfähig. **Verwertungsrechte** betreffen Ansprüche, die auf Geld gerichtet und somit zweifelsfrei schiedsfähig sind. Hinsichtlich der **Persönlichkeitsrechte** – wie das Recht des Erfinders auf Nennung seiner Person als Erfinder (vgl. § 63 PatG) sowie das Recht der Entwicklung/Veröffentlichung oder Geheimhaltung der Erfindung (vgl. z.B. § 42 Nrn. 1 u. 2 ArbEG – wird vorausgesetzt, dass auch diese einen vermögensrechtlichen Bezug aufweisen. Dies ist beispielsweise bei Schadensersatzansprüchen der Fall[5].

ccc) Kompetenz zur Entscheidung über die Nichtigkeit der lizenzierten Schutzrechte

3062 Geht es um den Bestand der lizenzierten Schutzrechte, so ist fraglich, inwiefern dem Schiedsrichter die Entscheidungskompetenz hierüber zukommt. Die Beantwortung dieser Frage erfolgt uneinheitlich:

3063 Die **herrschende Auffassung verneint** die **Schiedsfähigkeit** z.B. **von Patentnichtigkeitsverfahren.**[6] Angeführt wird, dass dies jedenfalls mit Wirkung gegenüber der Allgemeinheit nicht in Betracht komme, da die Parteien

---

1 Zöller/*Geimer*, ZPO, § 1030 Rz. 14; *Pfaff/Nagel* in Pfaff/Osterrieth, A IV Rz. 386; *Lionnet/Lionnet*, Hdb. Schiedsgerichtsbarkeit, S. 43; *Schwab/Walter*, Schiedsgerichtsbarkeit, Kap. 4, Rz. 11 m.w.N.

2 *Pfaff/Nagel* inPfaff/Osterrieth, A IV Rz. 386.

3 Zöller/*Geimer*, ZPO, § 1030 Rz. 15; *Frost*, Schiedsgerichtsbarkeit im Bereich des geistigen Eigentums nach deutschem und US-amerikanischem Schiedsrecht, S. 42 m.w.N.

4 Vgl. *BGH* v. 17.6.1952, BGHZ 6, 248, 256; BT-Drucks. 13/5274 zu § 1030 ZPO, S. 35.

5 Vgl. *Frost*, Schiedsgerichtsbarkeit im Bereich des geistigen Eigentums nach deutschem und US-amerikanischen Schiedsrecht, S. 42 f.

6 *Voit* in Musielak, ZPO, § 1030 Rz. 3; *Münch* in MünchKomm, ZPO, § 1030 Rz. 33; *Reichold* in Thomas/Putzo, ZPO, § 1030 Rz. 6; *Keukenschrijver*, Patentnichtig-

über den Verfahrensgegenstand nur eingeschränkt verfügungsbefugt seien[1]. Das Gesetz habe für die Nichtigerklärung ein besonderes Gericht eingerichtet, zumal diese Entscheidung für und gegen jedermann wirke[2]. In der Begründung zum Entwurf eines Gesetzes zur Neuregelung des Schiedsverfahrensrechts[3] wird ausgeführt, dass die Schiedsfähigkeit dann nicht gegeben sei, „wenn der Gesetzgeber besondere Gerichte für bestimmte Streitigkeiten wie die Klage auf Nichtigkeitserklärung oder Zurücknahme von Patenten eingerichtet hat" (wie z.B. das Bundespatentgericht für Patentnichtigkeitsklagen). „Diese Verfahren betreffen Rechte, die kraft Verwaltungsaktes erteilt worden sind und die deshalb nicht der Disposition der Beteiligten im Wege von Vereinbarungen unterliegen." Folge davon sei, wie die Entwurfsbegründung weiterhin ausführt, dass über diese Rechte allein durch richterliches Gestaltungsurteil, welches Wirkung *inter omnes* hat, zu entscheiden sei.

3064 Nach einer (im Vordringen befindlichen) **anderen Ansicht**, wird dem Schiedsrichter die Kompetenz eingeräumt, auch hinsichtlich der Nichtigkeit von lizenzierten Schutzrechtspositionen zu entscheiden[4]. Sie lehnt die obige Auffassung mit der Begründung ab, dass sie auf einer Fiktion beruhe, die davon ausgehe, dass „die Parteien bei der Schiedsvereinbarung ausschließlich an Verletzungsverfahren gedacht und ihrer Schiedsvereinbarung das deutsche Trennungsprinzip zugrunde gelegt haben".[5] Sie ist der Ansicht, dass die Vertragsparteien dem Schiedsrichter mit der Schiedsvereinbarung die Kompetenz für die Entscheidungen über den Bestand des Patentes, allerdings mit **Wirkung *inter partes***, übertragen. Begründet wird dies damit, dass das Schiedsverfahren blockiert sei, wenn die klagende Partei gezwungen sei, für z.B. eine Nichtigkeitsklage ein erneutes Gerichtsverfahren einzuleiten und der Schiedsrichter unter Umständen die staatliche Nichtigkeitsentscheidung abwarten müsse[6]. In diesem Zusammenhang wird auch vertreten, dass das Schiedsgericht zwar das Patent als solches nicht für nichtig erklären, jedenfalls aber den Beklagten verurteilen könne, bei der zuständigen Patentbehörde die Löschung des Patents zu beantragen[7].

---

keitsverfahren, Rz. 21; *Lachmann*, Hdb. für die Schiedsgerichtspraxis, Rz. 311 ff. m.w.N.

1 *Keukenschrijver*, Patentnichtigkeitsverfahren, Rz. 21 m.H.a. *Gärtner/Schneider* in FS T. Kigawa, 2005, S. 79, 88.

2 *Reichold* in Thomas/Putzo, ZPO, § 1030 Rz. 6.

3 BT-Drucks.13/5274, s. dort die Begründung zu § 1030 Abs. 1 Satz, S. 35.

4 Zöller/*Geimer*, ZPO, § 1030 Rz. 14 f. m.w.N. Vgl. zu dieser anderen Ansicht auch *Lachmann*, Hdb. für die Schiedsgerichtspraxis, Rz. 312 m.w.N.

5 Vgl. *Frost*, Schiedsgerichtsbarkeit im Bereich des geistigen Eigentums nach deutschem und US-amerikanischem Schiedsrecht, S. 73.

6 Vgl. *Frost*, Schiedsgerichtsbarkeit im Bereich des geistigen Eigentums nach deutschem und US-amerikanischem Schiedsrecht, S. 73 f.

7 Zöller/*Geimer*, ZPO, § 1030 Rz. 15.

Gegen die schiedsrichterliche Entscheidungskompetenz mit Wirkung *inter partes* spricht maßgeblich das praktische Bedürfnis der Konfliktparteien: Es wird den Konfliktparteien nicht ausreichen, eine konkrete Rechtsstreitigkeit zu schlichten, ohne eine Rechtswirkung gegenüber Dritten entfalten zu können. Zudem hat das Schiedsgericht nicht die rechtliche Vollstreckungsmacht, die einem staatlichen Gericht diesbezüglich zusteht. Vorzugswürdig erscheint es, eine Schiedsvereinbarung für unwirksam und nicht zulässig anzusehen, die auf die Nichtigkeit oder die Zurücknahme von Patenten bzw. die auf die Erteilung von Zwangslizenzen gerichtet ist. Dies entspricht dem gesetzgeberischen Willen. Im Sinne der Vorschrift des § 65 PatG wurden besondere Gerichte für diese Streitigkeiten eingerichtet. Insbesondere handelt es sich bei dem Patenterteilungsverfahren – ebenso wie bei dem Verfahren zur Prüfung erteilter Schutzrechte[1] – seinem Wesen nach um ein staatliches Verwaltungsverfahren[2], das nicht zur Disposition der Parteien steht. Nichts hindert indes das Schiedsgericht, evtl. **Zweifel** hinsichtlich der Wirksamkeit lizenzierter Schutzrechte oder ihres der Lizenzgebührenpflicht zugrunde gelegten Schutzumfangs bei seiner Entscheidung **wertend einzubeziehen**, etwa bei der Entscheidung, ob Einschränkungen des Nutzungsrechts beachtet wurden, oder bei der Feststellung der Höhe der Lizenzgebührenpflicht. 3065

bb) Unabhängigkeit von Schiedsgerichtsklausel und Hauptvertrag

Wenngleich vorstehend (s. Rz. 3056) die Empfehlung ausgesprochen worden ist, die Schiedsvereinbarung in Zweifelsfällen in einer gesonderten Urkunde außerhalb des Hauptvertrages zu vereinbaren, finden sich in der Praxis zumeist Vereinbarungen des Schiedsgerichts im Hauptvertrag. Bei Unwirksamkeit des Hauptvertrages steht auch das Schicksal der Schiedsvereinbarung in Rede. 3066

Nach **§ 1040 Abs. 1 Satz 2 ZPO** ist eine **Schiedsklausel** als eine **von den übrigen Vertragsbestimmungen unabhängige Vereinbarung** zu behandeln. Diese Auffassung herrscht auch im international-rechtlichen Bereich vor, wie Art. 16 Abs. 1 Sätze 2, 3 des UNCITRAL-Modellgesetzes[3] klarstellt. Hiernach ist die Schiedsvereinbarung als unabhängige („independent") Vereinbarung anzusehen. Das Gleiche gilt im Hinblick auf Art. 6 Abs. 9 ICC-Rules, der die Schiedsgerichtsbarkeit bei der ICC als von der Wirksamkeit des (Haupt-)Vertrages unabhängig ansieht.

Die umgekehrte Konstellation ist gegeben, wenn die Vertragsparteien von der Wirksamkeit des Hauptvertrages ausgehen, aber die Wirksamkeit der Schiedsabrede anzweifeln. Im deutschen Recht wird hier eine (einge- 3067

1 *Krabel*, GRUR 1977, 204, 205.
2 *BGH* v. 8.7.1955, BGHZ 18, 81, 92.
3 UNCITRAL Model Law on International Commercial Arbitration 1985 with amendments as adopted in 2006, abrufbar unter: http://www.uncitral.org/pdf/english/texts/arbitration/ml-arb/07-86998_Ebook.pdf).

schränkte) **„Kompetenz-Kompetenz" der Schiedsrichter** anerkannt[1]. So kann das Schiedsgericht nach **§ 1040 Abs. 1 Satz 1 ZPO** über die eigene Zuständigkeit und im Zusammenhang hiermit über das Bestehen oder die Gültigkeit der Schiedsvereinbarung entscheiden. Die Entscheidung des Schiedsgerichtes ergeht durch **Zwischenschiedsspruch** gemäß § 1040 Abs. 3 ZPO und unterliegt – bei Stellung eines dementsprechenden Antrags – der **Überprüfung der ordentlichen Gerichte**[2]. Zuständig für diese Kontrolle ist das Oberlandesgericht (§ 1062 Abs. 1 Nr. 2 ZPO), das im Beschlussverfahren nach § 1063 ZPO entscheidet. Diese Regelung entspricht der Vorgehensweise im international-rechtlichen Bereich (vgl. Art. 16 Abs. 1–3 UNCITRAL-Modellgesetz). Ausnahmsweise kann das Schiedsgericht auch durch verfahrensabschließenden Schiedsspruch oder – negativ – durch einen die Schiedsklage als unzulässig abweisenden Prozessschiedsspruch befinden[3].

Im Interesse einer Beschleunigung des schiedsgerichtlichen Verfahrens sieht z.B. die mit Wirkung zum 1.1.2012 geänderte **Schiedsordnung** der **Internationalen Handelskammer (ICC-Rules**, s. dazu Rz. 3183 ff.) **in Art. 6.3. ICC SchiedsO** vor, dass die Entscheidung über Bedenken über das Bestehen, die Gültigkeit oder den Anwendungsbereich einer Schiedsvereinbarung grundsätzlich auch dem Schiedsgericht obliegt. In einem solchen Fall erfolgt regelmäßig keine Vorentscheidung durch den Gerichtshof mehr; vielmehr wird das Schiedsverfahren fortgesetzt und diese Streitfragen werden unmittelbar von dem Schiedsgericht (mit-)entschieden. Dies gilt nur dann nicht, wenn der Generalsekretär die Angelegenheit zur Entscheidung gemäß Art. 6 Abs. 4 SchiedsO an den Gerichtshof verweist.

d) Form einer Schiedsvereinbarung

3068 Für Vertragspartner, die dem deutschen Verfahrensrecht unterworfen sind, müssen die in **§ 1031 ZPO** verankerten Formerfordernisse für eine Schiedsvereinbarung beachtet werden[4]. Hiernach bedarf die Schiedsvereinbarung der **Schriftform**, wobei es aber ausreicht, dass sich der Nachweis der Vereinbarung aus zwischen den Parteien gewechselten Schreiben, Fernschreiben, Telegrammen o.Ä. ergibt. Erforderlich ist jedenfalls, dass die Willenserklärung unterschrieben wird[5]. Ausreichend ist es auch, wenn ein den Formerfordernissen entsprechender Vertrag auf ein Schriftstück Bezug

1 S. hierzu *Schäfer* in FS Henckel, 1995, S. 723 ff.; *Gehrlein*, ZIP 1995, 964 ff.

2 *BGH* v. 13.1.2005, WM 2005, 1143, 1144: den Parteien der Schiedsvereinbarung ist es verwehrt, eine Kompetenz-Kompetenz des Schiedsgerichts mit der Folge zu begründen, dass dessen Zuständigkeitsberuteilung die staatlichen Gerichte binden würde; vgl. auch Lachmann, Hdb. der Schiedsgerichtspraxis, Rz. 690; *Huber*, SchiedsVZ 2003, 73, 75.

3 *BGH* v. 13.1.2005, WM 2005, 1143 m.H.a. *BGH* v. 6.6.2002, BGHZ 151, 79, 80 f.

4 Vgl. hierzu *Raeschke-Kessler/Berger*, Recht und Praxis des Schiedsverfahrens, Rz. 218 ff.; *Lachmann*, Hdb. der Schiedsgerichtspraxis, Rz. 325 ff.

5 *Schütze*, Schiedsgericht und Schiedsverfahren, Rz. 127.

nimmt, das seinerseits eine Schiedsklausel enthält (§ 1031 Abs. 3 ZPO). Es reicht demnach aus, wenn AGB, die eine Schiedsvereinbarung enthalten, in ein Vertragsverhältnis einbezogen werden[1]. Besondere Anforderungen für Schiedsvereinbarungen an denen ein Verbraucher beteiligt ist, enthält § 1031 Abs. 5 ZPO. Diese müssen in einer von den Parteien eigenhändig unterzeichneten Urkunde enthalten sein, wobei die schriftliche Form auch durch die elektronische Form nach § 126a BGB ersetzt werden kann. Andere Vereinbarungen als solche, die sich auf das schiedsgerichtliche Verfahren beziehen, darf die Urkunde oder das elektronische Dokument nach § 1031 Abs. 5 Satz 3 ZPO nicht enthalten, was allerdings nicht bei notarieller Beurkundung gilt. Die Formvorschrift des § 1031 Abs. 5 ZPO ist auch dann anzuwenden, wenn eine Schiedsvereinbarung zwischen einem ausländischen Unternehmen und einem inländischen Verbraucher die Wahl ausländischen Rechts enthält[2].

Dieses **Formerfordernis gilt auch für Kaufleute**. Die grundsätzliche Form- 3069
freiheit für Kaufleute ist aufgehoben[3]. Damit hat der Gesetzgeber dem Umstand Rechnung getragen, dass mündliche Schiedsvereinbarungen in der Praxis kaum vorgekommen sind. Zu beachten ist jedoch, dass auch ein kaufmännisches Bestätigungsschreiben den Formerfordernissen des § 1031 Abs. 1 ZPO genügen kann[4].

Auch die **New Yorker Konvention vom 10.6.1958** über die Anerkennung 3070
und Vollstreckung ausländischer Schiedssprüche sieht in Art. II Abs. 1 und 2 die Schriftform vor („Agreement in Writing"). Die Schriftform hat nicht nur deklaratorische, sondern konstitutive Bedeutung[5].

Jedoch kann der Mangel der Form durch die Einlassung auf die schiedsrich- 3071
terliche Verhandlung zur Hauptsache geheilt werden (§ 1031 Abs. 6 ZPO).

---

1 Vgl. *BGH* v. 10.10.1991, WM 1992, 100, 102; *Lindacher* in FS Habscheid, 1989, S. 167 ff.; *Sieg*, RIW 1998, 102, 107 ff.; die Schiedsklausel unterfällt damit aber auch der Inhaltskontrolle des BGB, vgl. *OLG Düsseldorf* v. 1.6.1995, WiB 1995, 963; eingehend zur Vereinbarkeit von Schiedsvereinbarungen mit dem BGB *Lachmann/Lachmann*, BB 2000, 1633, 1636 ff. Zur Wirksamkeit einer Schiedsklausel in AGB – unter Anwendung des § 879 Abs. 3 ABGB (AUT), der nach Inhalt und Zweck weitgehend der Regelung des § 307 Abs. 1 Satz 1 des deutschen BGB entspricht –, einer ausländischen Franchisegeberin, durch die ein Schiedsgericht in New York bestimmt wird vgl. *OLG Celle* (v. 4.12.2008, IPRspr 2008, Nr. 207, 658, Rz. 24 ff. [juris]), wonach der deutsche Franchisenehmer durch die Regelung gröblich benachteiligt wird, weil sie seine Rechtsverteidigung und Rechtsverfolgung in unzumutbarer Weise erschwert. Ebenso *OLG Dresden* v. 7.12.2007, IPRspr 2007, Nr. 222, 631, Rz. 12 ff. (juris).

2 *BGH* v. 22.3.2011, NJW-RR, 49, 50 in entsprechender Anwendung von Art. 29 Abs. 3 Satz 2 EGBGB a.F.

3 *Winkler/Weinand*, BB 1998, 597, 601.

4 *Winkler/Weinand*, BB 1998, 597, 601; *Hausmann* in Reithmann/Martiny, Internationales Vertragsrecht, Rz. 2353.

5 *Schwab/Walter*, Schiedsgerichtsbarkeit, Kap. 44 Rz. 7; *Lindacher* in FS Habscheid, 1989, S. 167, 168; zur Schriftform im Bereich des Übereinkommens vgl. *OLG Köln* v. 18.5.1992, MDR 1993, 80.

3072 Da es die Parteien nicht in allen Fällen vollständig in der Hand haben, eine Vereinbarung über bestimmte Regelungsbereiche, wie z.B. über den Gerichtsstand, zu treffen, was insbesondere für Lizenzverträge mit Partnern aus den USA[1], Großbritannien und Kanada gilt, dürfte es im Einzelfall – wie bereits angedeutet – vorteilhafter sein, auf eine solche Gerichtszuständigkeitsklausel überhaupt zu verzichten und eine Schiedsklausel zu vereinbaren, die nach den meisten Rechtsordnungen in Handelssachen zulässig ist und fast überall anerkannt wird.

3073 Die zahlreichen hier zur Auswahl stehenden Klauseln sind vor allem die Schiedsklausel der ICC Paris und der Weltorganisation für geistiges Eigentum (WIPO) in Genf, die von den nationalen Verbänden vorgeschlagenen Klauseln, für die USA vor allem die Klausel der American Arbitration Association, die von der russischen Schiedsgerichtskammer empfohlene Klausel, und schließlich die gesetzlichen Bestimmungen über Schiedsverfahren in den einzelnen Ländern[2].

3074–3076 Frei.

e) Kündigung der Schiedsvereinbarung aus wichtigem Grund

3077 Wenn auch die Schiedsvereinbarung nach ihrem Inhalt, Sinn und Zweck bei bestimmten Rechtsstreitigkeiten den Rechtsschutz vom staatlichen Gericht auf ein privates Schiedsgericht verlagern soll, darf sie doch andererseits einer Partei nicht jeglichen Rechtsschutz abschneiden. Erweist sich daher eine Schiedsvereinbarung – gleichviel aus welchem Grund – als **praktisch undurchführbar**, so hat jede Partei das Recht, sie aus wichtigem Grund zu kündigen[3]. Dieses Kündigungsrecht aus wichtigem Grund ergibt sich aus **§ 242 BGB**.

3078 Dieses Kündigungsrecht besteht selbst dann, wenn der **Kündigende die Undurchführbarkeit des Schiedsverfahrens selbst verursacht oder gar verschuldet** hat, da ihm der (sonstige) Rechtsschutz nicht völlig abgeschnitten werden darf[4], es sei denn, die besonderen Voraussetzungen der §§ 226, 826 BGB lägen vor. Unerheblich ist auch, ob die Undurchführbarkeit des Schiedsverfahrens schon vor seiner Einleitung oder erst in seinem Verlauf eintritt[5]. So kann eine Partei einen Schiedsvertrag aus wichtigem Grund auch dann kündigen, wenn sie schon bei seinem Abschluss außerstande war, den für die Durchführung eines später von ihr eingeleiteten Schiedsverfahrens er-

---

1 *Kuss*, Der Lizenzvertrag im Recht der USA.

2 Vgl. hierzu im Einzelnen *Henn*, Problematik und Systematik des internationalen Lizenzvertrages, passim; *Pagenberg/Beier*, Lizenzverträge, Muster 1, Rz. 324 ff.; *Groß*, Rz. 452 ff.

3 *BGH* v. 30.1.1964, BGHZ 41, 104, 108; *BGH* v. 10.4.1980, NJW 1980, 2136; *BGH* v. 10.3.1994, NJW-RR 1994, 1214, 1215.

4 *BGH* v. 30.1.1964, BGHZ 41, 104, 108; *BGH* v. 10.4.1980, NJW 1980, 2136.

5 Vgl. *BGH* v. 30.1.1964, BGHZ 41, 104, 108; *BGH* v. 10.4.1980, NJW 1980, 2136.

forderlichen Vorschuss aufzubringen, sie aber erwarten konnte, aus der Durchführung des Hauptvertrages Einnahmen zu erzielen und bei Vertragsschluss noch ungewiss war, ob es überhaupt zu einem Streit und zur Forderung eines Gebührenvorschusses durch das Schiedsgericht kommen werde[1]. In einem solchen Fall wird das Schiedsverfahren undurchführbar, wenn eine Partei nicht in der Lage ist, den auf sie entfallenden Anteil des Vorschusses aufzubringen und die andere Partei sich weigert, diesen Anteil vorzustrecken und das Schiedsgericht deshalb sein Verfahren nicht fortsetzt, zumal das Schiedsverfahren ein Recht der Prozesskostenhilfe nicht kennt. In einem solchen Fall muss es einer Partei zugestanden sein, Rechtsschutz vor staatlichen Gerichten zu suchen und dabei ggf. Prozesskostenhilfe in Anspruch zu nehmen.

Die Rechte des anderen Vertragsteils werden dadurch in aller Regel nicht 3079 in einem für ihn untragbaren Maße beeinträchtigt. Er hat es in der Hand, an der Überwindung derart eingetretener Hindernisse mitzuwirken, z.B. den Vorschuss für den vermögenslosen Vertragspartner zu verauslagen, damit das Schiedsverfahren Fortgang erhalten und gleichzeitig die andere Partei an der Schiedsvereinbarung festhalten kann. Ist ihr eine solche Vorschusszahlung wegen der wirtschaftlichen Situation des anderen Vertragspartners zu riskant, kann sie angesichts des Interesses der anderen Seite, sich von der Schiedsvereinbarung lösen, einer **vertraglichen Auflösung der Schiedsvereinbarung** zustimmen. Diese ist jederzeit zulässig und formlos möglich. Die Aufhebung kann auch stillschweigend geschehen, und zwar auch noch nach wirksamem Erlass eines Schiedsspruchs bis zu dessen Vollstreckbarerklärung durch das staatliche Gericht.

Von der Kündigung der Schiedsvereinbarung zu trennen ist die außer- 3080 ordentliche **Kündigung des Schiedsrichtervertrages** nach § 627 Abs. 1 BGB, ohne dass es eines wichtigen Grundes bedarf. Hier riskiert allerdings der Kündigende, dass er dem Schiedsrichter einen seinen bisherigen Leistungen entsprechenden Teil der Vergütung zahlen muss (§ 628 BGB).

Frei. 3081–3082

3. Der Schiedsrichtervertrag

a) Rechtsnatur und Zustandekommen des Schiedsrichtervertrages

Der Schiedsrichtervertrag ist ein Vertrag zwischen dem **Schiedsrichter** bzw. 3083 den Schiedsrichtern und den **Parteien**[2], welcher **auf einer Schiedsvereinbarung beruht** bzw. diese ergänzt (vgl. § 1035 ZPO; §§ 662 ff. bzw. 611 ff. BGB).

1 *BGH* v. 30.1.1964, BGHZ 41, 104, 108; *BGH* v. 10.4.1980, NJW 1980, 2136.
2 *RG* v. 3.12.1918, RGZ 94, 210.

Nach überwiegend vertretener Ansicht hat er – trotz des Bezugs zur Schiedsvereinbarung – die Rechtnatur eines **eigenständigen materiellrechtlichen Vertrages**[1] der den Regeln des bürgerlichen Rechts unterliegt.

3084 Die Rechtsbeziehungen zwischen den Parteien zu den Schiedsrichtern richten sich nach den Vorschriften des BGB über den **Dienstvertrag** (§§ 611 ff. BGB) und im Falle der Unentgeltlichkeit nach den Vorschriften über den **Auftrag** (§§ 662 ff. BGB)[2]. Das Reichsgericht hat ebenso wie der *BGH* einen Vertrag eigener Art angenommen[3], der aber rein materiellrechtlich zu beurteilen und bis auf gewisse Abweichungen dem bürgerlichen Recht zuzuordnen ist.

3085 Die Parteien können nach **§ 1035 ZPO** auch das Verfahren zur **Bestellung der Schiedsrichter** vereinbaren. Sollte eine Vereinbarung der Parteien über die Bestellung eines Schiedsrichters fehlen oder können sich die Parteien nicht einigen, so wird nach § 1035 Abs. 3 Satz 1 ZPO im ersten Fall ein Einzelschiedsrichter bestellt, im zweiten Fall erfolgt eine Bestellung auf Antrag einer Partei durch das Gericht. Der Regelfall ist allerdings das **Dreierschiedsgericht** (§ 1034 Abs. 1 Sätze 1 und 2 ZPO, § 1035 Abs. 3 Sätze 2 und 3 ZPO)[4], wenn jede Partei einen Schiedsrichter bestellt und diese dann wiederum einen Schiedsrichter als Vorsitzenden, sog. Obmann, bestellen. Sobald die andere Partei die Mitteilung über die Bestellung erhalten hat, ist die erste Partei an die durch sie erfolgte Bestellung eines Schiedsrichters gebunden (§ 1035 Abs. 2 ZPO) und der wesentliche Inhalt des Schiedsrichtervertrages festgelegt.

3086 Der Schiedsrichtervertrag kommt zustande, wenn der Schiedsrichter seiner Bestellung zugestimmt hat und die Anzeige an die andere Partei erfolgt ist[5].

1 Zöller/*Geimer*, ZPO, § 1035 Rz. 23; *Hartmann* in Baumbach/Lauterbach/Albers/Hartmann, ZPO, Anhang zu § 1035 Rz. 1; *Schlösser* in Stein/Jonas, ZPO, § 1035 Rz. 7; *Gottwald*, Internationale Schiedsgerichtsbarkeit (1997), S. 48; *Schütze*, Schiedsgericht u. Schiedsverfahren, Rz. 61 ff., 64.

2 A.A. *Schwab/Walter*, Kap. 11 Rz. 8 f., die den Schiedsrichtervertrag auch als Prozessvertrag qualifizieren, der wie bei der Schiedsvereinbarung, aufgrund seiner Doppelnatur zugleich den Vorschriften des BGB untersteht. Begründet wird diese Ansicht damit, dass erst durch den Vertrag das prozessuale Amt des Schiedsrichters entstehe und damit eine prozessuale Wirkung erzeugt werde; s. auch den Hinweis bei Palandt/*Weidenkaff*, BGB, vor § 611 Rz. 16: „Vertrag besonderer Art".

3 *RG* v. 29.11.1904, RGZ 59, 247; *RG* v. 4.11.1910, RGZ 74, 323; *RG* v. 3.12.1918, RGZ 94, 213; RG v. 12.4.1932, HRR 1932, Nr. 2218; *BGH* v. 29.11.1952, VersR 1953, 51. So auch *Prütting*, AnwBl. 2012, 28, 29, m.H. darauf, dass die unterschiedlichen dogmatischen Ansätzen für die Lösung konkreter Probleme i.d.R. nicht relevant sind.

4 *Hartmann* in Baumbach/Lauterbach/Albers/Hartmann, ZPO, § 1034 Rz. 4, § 1035 Rz. 8; Zöller/*Geimer*, ZPO, § 1035 Rz. 14.

5 *Schwab/Walter*, Schiedsgerichtsbarkeit, Kap. 11 Rz. 1.

Die **schiedsrichterliche Tätigkeit** ist eine **höchstpersönliche** und kann daher weder übertragen noch vererbt werden[1]. Es existieren keine sachlichen Voraussetzungen für eine Schiedsrichtertätigkeit wie etwa die Ausübung eines bestimmten bzw. überhaupt eines Berufs, so dass unter rechtlicher oder tatsächlicher Unmöglichkeit der Aufgabenerfüllung seitens des Schiedsrichters im Rahmen des § 1038 ZPO z.B. das Fehlen einer erforderlichen Nebentätigkeitsgenehmigung oder eine schwere Krankheit zu verstehen sind[2]. Diskutiert wird, ob das Berufsrecht, dem der Schiedsrichter in seinem Ausgangsberuf unterliegt, im Schiedsverfahren anzuwenden ist. Für einen anwaltlichen Schiedsrichter nennt *Prütting*[3] beispielsweise die Regelungen über die Aufbewahrung von Schiedsverfahrensakten (§ 50 Abs. 2 BRAO), die Verschwiegenheit (§ 43a Abs. 2 BRAO) und das Sachlichkeitsgebot (§ 43a Abs. 3 BARO), lehnt aber die Geltung des anwaltlichen Berufsrechts für den anwaltlichen Schiedsrichter im Ergebnis ab. Zu Recht weist er u.a. darauf hin, das andererseits innerhalb eines einheitlichen Schiedsgerichts unterschiedliche berufsrechtliche Vorschriften Anwendung fänden. Aufgrund der Tatsache, dass die **Voraussetzungen** der Tätigkeit des Schiedsrichters **nicht** bzw. nur rudimentär **geregelt** sind, sollten die Parteien bei der vertraglichen Ausgestaltung des Schiedsrichtervertrages bzw. der Bestellung der Schiedsrichter nicht leichtfertig vorgehen. So können sich etwa die Regelungen zur Schiedsrichterbestellung im Einzelfall als umständlich und kontraproduktiv herausstellen und streitige Auseinandersetzungen hierüber das Verfahren verzögern[4]. Auch die Bestellung eines Schiedsrichters, der aufgrund seiner (haupt-)beruflichen Belastung nicht in der Lage ist, das Verfahren angemessen zu fördern, kann zu Verzögerungen führen[5]. Die Parteien können außerdem **vertraglich** besondere **Anforderungen/Eigenschaften** vereinbaren, die die Schiedsrichter erfüllen müssen[6]. 3087

Frei. 3088–3089

1 *Prütting*, AnwBl. 2012, 28, 29.
2 *Prütting*, AnwBl. 2012, 28, 29 f.
3 *Prütting*, AnwBl. 2012, 28, 31.
4 *Goette*, AnwBl. 2012, 33, 34.
5 *Goette*, AnwBl. 2012, 33, 34.
6 Diskutiert wird, ob die Parteien bis zur Grenze der Neutralität und Unabhängigkeit der Schiedsrichter frei in ihren Vereinbarungen sind. *Prütting* (AnwBl. 2012 28, 29) verweist in diesem Zusammenhang auf den europarechtlichen absoluten Schutz vor Diskriminierung, während *Münch* (in MünchKomm. ZPO, § 1035 Rz. 52) ausführt: „Die Parteien dürfen selbstredend auch diskriminieren, wenn sie etwa auf Alter, Religion oder Geschlecht abheben." Ausführlich hierzu *Koepp*, SchiedsVZ 2011, 306, 312 f., wonach die Schiedsrichtertätigkeit ganz grundsätzlich vom Diskriminierungsschutz des AGG ausgenommen bleiben müsse.

b) Form und Wirkung des Schiedsrichtervertrages

3090 Für den Schiedsrichtervertrag bestehen, im Gegensatz zur Schiedsvereinbarung, **keine Formvorschriften**[1]. In der Praxis ist die **Aufnahme des Schiedsrichtervertrages in die Schiedsvereinbarung** bezüglich seines Inhaltes nicht unüblich[2]. Dies hat wiederum zur Folge, dass die Formvorschrift des § 1031 ZPO, die für die Schiedsvereinbarung gilt, nunmehr auch auf den Schiedsrichtervertrag Anwendung findet[3].

3091 Die **Wirkung** des Schiedsrichtervertrages ist zweigeteilt: zum einen in die prozessuale Wirkung der Begründung des Amtes als Schiedsrichter und zum anderen in die privatrechtlichen Wirkungen, aus denen sich die Rechte und Pflichten zwischen den Schiedsparteien und dem Schiedsrichter ergeben, die sich allein nach dem bürgerlichen Recht richten.

Die **Pflichten des Schiedsrichters** ergeben sich aus den Vorschriften des BGB, wie den §§ 611, 662, 675 BGB oder den allgemeinen Bestimmungen, wie z.B. § 242 BGB. Ihn trifft die „Verpflichtung, alles Zumutbare zu tun, um einerseits die Wirksamkeit und den Bestand des Schiedsspruchs zu sichern, andererseits aber auch die Parteien vor Nachteilen zu bewahren, die ihnen aus einem prozessordnungswidrig zustande gekommenen Schiedsspruch erwachsen können"[4]. Die **Parteien** haben wiederum die Verpflichtung, den Schiedsrichter entsprechend zu **vergüten**, wie sich beispielsweise aus §§ 612, 614 oder aus § 670 BGB ergibt bzw. ihm einen Vorschuss oder einen Auslagenersatz zu gewähren, §§ 669, 670 BGB.

3092 Frei.

c) Beendigung des Schiedsrichtervertrages

3093 Die Beendigung des Schiedsrichtervertrages richtet sich nach der Vorschrift des § 1038 ZPO; ferner erfolgt sie im Falle des Rücktritts, der Kündigung (Rz. 3080) oder des Todes des bestellten Schiedsrichters.

---

1 *Hartmann* in Baumbach/Lauterbach/Albers/Hartmann, ZPO, Anhang zu § 1035 Rz. 3; *Voit* in Musielak, ZPO, § 1035 Rz. 2 m.w.N.

2 *Hartmann* in Baumbach/Lauterbach/Albers/Hartmann, ZPO, Anhang zu § 1035 Rz. 1; *Voit* in Musielak, ZPO, § 1035 Rz. 2 m.w.N.; s. auch *Lachmann*, Hdb. für die Schiedsgerichtspraxis, Rz. 4130 ff.

3 *Schütze/Tscherning/Wais*, Hdb. des Schiedsverfahrens, Anm. 247 a.E.

4 *BGH* v. 5.5.1986, NJW 1986, 3077, 3078.

4. Verfahren vor dem Schiedsgericht

a) Gewichtige Verfahrensgrundsätze im Schiedsverfahren

aa) Allgemeines

Für das Verfahren vor dem Schiedsgericht gelten keine so strengen Formalerfordernisse wie beim ordentlichen Gericht. Dies fördert die erwünschte Schnelligkeit und Effektivität. Freilich sind dabei wichtige rechtsstaatliche Grundsätze zu beachten, wie beispielsweise das Erfordernis des **§ 1042 Abs. 1 Satz 2 ZPO**, jeder Partei auch das **rechtliche Gehör** zu gewähren[1]. 3094

Soweit die Parteien keine ausdrücklichen (und wirksamen) Vorgaben für das Schiedsverfahren vereinbart haben, **bestimmt** das **Schiedsgericht** – im Rahmen der geltenden Prozessordnung – **sein Verfahren selbst**. Nichts hindert das Schiedsgericht, im Einvernehmen mit den Parteien auf der Grundlage des vorgelegten schriftlichen Materials im schriftlichen Verfahren zu entscheiden. Dies ist jedoch nicht üblich. Meist sind eine oder mehrere **mündliche Verhandlungen**[2] erforderlich, um den Sach- und Streitstand eindeutig als Grundlage für die Entscheidungsfindung zu klären. 3095

Bei einer Verhandlung vor dem Schiedsgericht können **Parteien, Zeugen und Sachverständige vernommen** werden. Jedoch ist das Schiedsgericht nicht legitimiert, einen Eid abzunehmen. Dies ändert aber nichts daran, dass auch im Schiedsverfahren die Wahrheitspflicht gilt. Falls eine Partei dies verlangt und das Schiedsgericht es für erforderlich hält, kann die Vernehmung einer Partei oder von Zeugen und Sachverständigen auch durch ein ordentliches Gericht herbeigeführt werden (vgl. **§ 1050 ZPO**). Das Schiedsgericht ordnet allerdings nur die entsprechende Maßnahme an, während die konkreten Anträge jeweils von den Parteien zu stellen sind. Hier gilt die Form der Rechtshilfe. Die Vernehmung von Zeugen durch das Gericht erfolgt im Regelfall unter Eid in der zwingenden Form des jeweils geltenden Zivilprozessverfahrens. In der Praxis sind solche Fallgestaltungen verhältnismäßig selten. 3096

bb) Die Unabhängigkeit und Unparteilichkeit des Schiedsgerichts

Zu den verfassungsrechtlich gewährleisteten Rechtsqualitäten des sozialen Rechtsstaates gehört die persönliche Unabhängigkeit des Richters[3]. Dieser ist in seiner Entscheidungsfindung der verfassungsrechtlichen Ordnung und damit auch den durch die Verfassung gewährleisteten Freiheitsrechten des einzelnen Staatsbürgers unterworfen, hat seine Entscheidung also ins- 3097

---

1 Vgl. auch *OLG Karlsruhe* v. 16.2.1995, ZIP 1995, 915, 917; *BGH* v. 2.7.1992, NJW-RR 1993, 444 f.; *BGH* v. 14.5.1992, NJW 1992, 2299; *BayObLG* v. 15.12.1999, EWiR § 1059 ZPO 1/2000 mit Anm. *Berger*.

2 Vgl. z.B. *BGH* v. 19.5.1994, WM 1994, 1863, 1864.

3 Vgl. hierzu nur *Heusch* in Schmidt-Bleibtreu/Hofmann/Hopfauf, GG, Art. 97 Rz. 2 ff.

besondere ohne Ansehen der Person allein nach den Maßstäben von Recht und Gerechtigkeit zu treffen. Auch für Schiedsgerichte gilt vom Ansatz her dieses Prinzip der Unabhängigkeit[1]. Ohne Unabhängigkeit und Neutralität gegenüber den Parteien ist eine echte richterähnliche Streitbeilegungstätigkeit zudem kaum durchzuführen, so dass sich eine Beratung der einzelnen Partei ebenso wie jeglicher Anschein von Befangenheit in der richterlichen Verhandlungsführung verbietet[2]. Manche Schiedsverfahrensordnungen sehen die fehlende Unabhängigkeit des Schiedsrichters ausdrücklich als **Ablehnungsgrund** vor[3], auch wenn sich im Regelfall nicht beide Parteien auf einen Schiedsrichter verständigen müssen, sondern vielfach von beiden Seiten je ein Schiedsrichter benannt wird, die dann gemeinsam einen Obmann als Vorsitzenden des Schiedsgerichtsgremiums wählen. Auch ein solches mehrgliedriges Schiedsgericht soll losgelöst vom Bestellungsverfahren seine Schiedsgerichtsentscheidung als vereinbartes Privatgericht ebenso wie ein Richter unabhängig von Weisungen der Streitparteien oder Bindungen an diese treffen.

In diesem Sinne betont z.B. die neugefasste **Schiedsgerichtsordnung der ICC Paris** (s. Rz. 3183 ff.) **in Art. 11 Abs. 2** neben der Unabhängigkeit **die Unparteilichkeit jedes Schiedsrichters**. Vor ihrer Ernennung oder Bestätigung muss jede Person, die als Schiedsrichter vorgeschlagen wird, eine entsprechende Erklärung unterzeichnen. Der künftige Schiedsrichter muss schriftlich alle Tatsachen und Umstände **offenlegen**, die geeignet sein könnten, bei den Parteien Zweifel an seiner Unabhängigkeit entstehen zu lassen sowie sämtliche Umstände, die nicht unerhebliche Zweifel an der Unparteilichkeit des Schiedsrichters aufwerfen könnten.

3098 Als **Problemkreise** im Hinblick auf die Unabhängigkeit der Schiedsrichter tauchen jeweils auf: gegenwärtige, frühere oder abzusehende zukünftige Kontakte zwischen Schiedsrichtern und Parteien, Übergewicht einer Partei bei der Bestellung der Schiedsrichter und schließlich das Problem des Schiedsrichters in eigener Sache. Als **nicht unabhängig** sind Richter bzw. Schiedsrichter von der Rechtsprechung angesehen worden[4],

3099 – die über kleinere Getränke oder einen Imbiss hinaus von einer Partei bewirtet wurden[5],

1 Vgl. hierzu *Schwab/Walter*, Schiedsgerichtsbarkeit, Kap. 9 Rz. 4 ff.; *Henn*, Schiedsverfahrensrecht, Rz. 161 ff.; *Heun*, BB 1993, Beilage 17, 13 ff.

2 *Prütting*, AnwBl. 2012, 28, 30.

3 Vgl. hierzu *Aden*, Internationale Handelsgerichtsbarkeit, S. 164, 193, 206.

4 Vgl. die Zusammenstellung bei *Raeschke-Kessler/Berger*, Recht und Praxis des Schiedsverfahrens, Rz. 469 ff., sowie die Übersicht der Einzelfälle von *Voit* in Musielak, ZPO, § 1036 Rz. 7 mit zahlreichen weiteren Nachweisen.

5 *LG Kassel* v. 3.9.1956, NJW 1956, 1761. Auf den Einzelfall abstellend *Voit* in Musielak, ZPO, § 1036 Rz. 7.

- die unsachlich waren[1], 3100
- die Beziehungen persönlicher, vertraglicher oder geschäftlicher Art zu den Parteien oder deren Bevollmächtigten[2] haben oder hatten, 3101
- oder umgekehrt gespannte Beziehungen zu einer Partei haben[3], 3102
- die ein Eigeninteresse am Ausgang des Schiedsverfahrens haben[4], 3103
- die als Rechtsanwalt oder Berater einer Partei mit der Sache vor dem Schiedsverfahren befasst waren[5] oder als gerichtlich bestellter Sachverständiger in einem selbstständigen Beweisverfahren[6]. 3104

Die **Schiedsrichterablehnung** erfolgt nach **§§ 1036, 1039 ZPO**, wobei sich das Ablehnungsverfahren gemäß § 1037 ZPO nach den Vereinbarungen der Parteien richtet. Fehlt eine solche Vereinbarung, so überträgt § 1037 Abs. 2 ZPO das Verfahren auf das Schiedsgericht. Sollte der Ablehnungsantrag erfolglos bleiben, so ist gemäß § 1037 Abs. 3 ZPO der Weg zu den ordentlichen Gerichten offen[7]. Ausnahmsweise kann die Befangenheit auch nach Erlass eines Schiedsspruchs durch das Schiedsgericht geltend gemacht werden, wenn eine Partei nur deshalb außerstande gewesen ist, den Ablehnungsgrund vorzubringen, weil der Schiedsrichter diesen nicht offenbart hatte[8]. Voraussetzung ist dann allerdings, dass dem Verfahrensmangel ein höheres Gewicht beizumessen ist, als den hinter den Schranken des Ablehnungsrechts stehenden Prinzipien der Rechtssicherheit und des Rechtsfriedens[9]. 3105

Frei. 3106–3120

1 *BVerfG* v. 15.3.1984, NJW 1984, 1874; *OLG Köln* v. 16.10.1970, OLGZ 71, 376, 380; *OLG Bremen* v. 24.5.2006, NJW-RR 2007, 968.

2 *OLG München* v. 25.2.1971, BB 1971, 886 f. In Zusammenhang mit einer Verletzung der Offenbarungspflicht nach § 1036 Abs. 1 ZPO auch *OLG Frankfurt* v. 10.1.2008, NJW 2008, 1325; *OLG Karlsruhe* v. 14.7.2006, IBR 2006, 648. S. auch *Lachmann*, Hdb. für die Schiedsgerichtspraxis, Rz. 1001 f., 1003 ff.; Zöller/*Geimer*, ZPO, § 1036 Rz. 11.

3 *BFH* v. 21.9.1977, BB 1978, 33; *OLG Karlsruhe* v. 27.5.1986, NJW-RR 1987, 126, 127; *OLG Köln* v. 14.7.1987, BB 1987, 1978.

4 *KG* v. 3.5.1961, NJW 1963, 451 f.; *OLG Dresden* v. 27.1.2005, SchiedsVZ 2005, 159.

5 *RG* v. 21.4.1936, RGZ 152, 9, 10; *OLG Hamburg* v. 25.11.1955, JZ 1956, 226, 227; *LG Mannheim* v. 8.1.1998, BauR 1998, 403.

6 *OLG Karlsruhe* v. 4.7.2006, IBR 2006, 650.

7 Zur Unanfechtbarkeit der Entscheidung vgl. *OLG Köln* v. 13.7.1992, MDR 1993, 82.

8 *BGH* v. 4.3.1999, NJW 1999, 2370, 2371 und *BGH* v. 27.2.1957, BGHZ 24, 1, 7; vgl. hierzu auch *Weigel*, MDR 1999, 1360 ff.

9 *BGH* v. 4.3.1999, NJW 1999, 2370, 2371.

b) Die Rechtsanwendung

3121 Hinsichtlich der Rechtsanwendung ist zwischen Inlands- und Auslandsverträgen zu unterscheiden.

aa) Inlandsverträge

3122 Für den inländischen Rechtsverkehr bedarf es vom Grundsatz her keiner besonderen Absprache über das anzuwendende Recht. Es gilt das materielle **Recht der Bundesrepublik Deutschland** und ebenso das entsprechende Verfahrensrecht.

3123 Nichts hindert die Vertragsparteien freilich, vom Grundsatz der vertraglichen **Gestaltungsfreiheit** Gebrauch zu machen, wenn keine zwingenden Vorschriften dem entgegenstehen. Bei lizenzvertraglichen und werkvertraglichen Absprachen wird vielfach diese Gestaltungsmöglichkeit durch Verwendung von **AGB** genutzt[1]. Freilich muss dann mit Blick auf die durch das BGB vorgegebenen Regelungsschranken (§§ 305 ff. BGB) der Nachweis vom Gesetz abweichender Vertragsbedingungen von dem hierdurch begünstigten Vertragspartner, der die entsprechenden AGB eingebracht hat, im Streitfall geführt werden. Unabhängig davon unterliegen aber auch die Inhaltsnormen der vertraglich abgesprochenen AGB noch der Wertung durch das BGB[2] (s. Rz. 470) und den durch ordre public[3] begründeten Schranken der Vertragsfreiheit[4].

bb) Auslandsverträge

3124 Bei Verträgen mit **Auslandsbezug** ist zwischen dem das Verfahren betreffenden Recht und dem materiellen Recht zu unterscheiden. Für das anzuwendende **Prozessrecht** ist **§ 1025 ZPO** zu beachten, demzufolge nunmehr das strikte **Territorialitätsprinzip** gilt. Danach regelt sich das Schiedsverfahren zwingend nach dem Verfahrensrecht der ZPO, wenn der Ort des Schiedsverfahrens in Deutschland liegt. Es ist in einem solchen Fall nicht möglich, die Geltung des Verfahrensrechts eines anderen Staates zu vereinbaren. Liegt der Verfahrensort dagegen im Ausland und wird vom dort geltenden Recht die Wahl eines fremden Verfahrensrechts zugelassen, so wird diese Wahl von der deutschen Rechtsordnung anerkannt[5].

---

1 Vgl. hierzu *Sieg*, RIW 1998, 102 ff.; *Lachmann/Lachmann*, BB 2000, 1633, 1636 ff.

2 Vgl. hierzu *BGH* v. 10.10.1991, BGHZ 115, 324, 325; *Lachmann/Lachmann*, BB 2000, 1633, 1638, 1640.

3 Vgl. hierzu *Lachmann*, Hdb. für die Schiedsgerichtspraxis, Rz. 1673, 2095 ff., 2299 ff., 2350 ff.; *Schwab/Walter*, Schiedsgerichtsbarkeit, Kap. 24 Rz. 32 ff., Kap. 30 Rz. 20 ff.

4 Vgl. hierzu *Hofmann* in Schmidt-Bleibtreu/Hofmann/Hopfauf, GG, Art. 2 Rz. 34; Dreier/*Dreier*, GG, Art. 2 Rz. 47.

5 *Lörcher/Lörcher*, Das Schiedsverfahren, Rz. 188 ff.

Für den internationalen Rechtsverkehr begründet das internationale Privatrecht (s. hierzu Rz. 2338 ff.) für die Vertragsparteien die Berechtigung, unabhängig von dem ohne gesonderte Absprache anzuwendenden **materiellen Recht** eine eigenständige Rechtswahl zu treffen. Derartige Vereinbarungen können nicht nur für mögliche spätere gerichtliche Auseinandersetzungen, sondern auch für vereinbarte Schiedsgerichte wirksam festgelegt werden. Diese Grundsätze hat der Gesetzgeber in **§ 1051 Abs. 1 ZPO** verankert[1]. So können die Vertragspartner nicht nur eine Rechtsordnung in ihrer Gänze vereinbaren, sie können vielmehr auch Rechtsvorschriften aus verschiedenen Rechtsordnungen wählen oder auf Rechtsvorschriften, die auf internationaler Ebene erarbeitet wurden, zurückgreifen[2]. 3125

Fehlt es an einer Bestimmung der anzuwendenden Rechtsvorschriften durch die Parteien, so hat das Schiedsgericht nach **§ 1051 Abs. 2 ZPO** das Recht des Staates anzuwenden, mit dem der Gegenstand des Verfahrens die engsten Verbindungen aufweist[3]. Dabei stellt § 1051 Abs. 2 ZPO eine selbständige **Kollisionsnorm** dar, die den Schiedsrichter verpflichtet, das anwendbare Recht zu bestimmen[4]. 3126

Allerdings sollte bei der Festlegung des dann vom Schiedsgericht anzuwendenden Rechts eine vernünftige und sachlich adäquate Beziehung zum Vertragsgegenstand gegeben sein, was vor allem bei Streitigkeiten vor US-Gerichten überprüft wird[5]. Liegt der Schwerpunkt eines Vertrages beispielsweise wegen der Erfüllungsleistungen des Lizenznehmers und eigener Informationsverpflichtungen des Lizenzgebers auf dem Gebiet der Vereinigten Staaten, könnte ein US-Gericht die Vereinbarung deutschen materiellen und formellen Rechts und die Festlegung der Gerichtszuständigkeit z.B. beim *Landgericht Düsseldorf* als unangemessen bewerten und daher nicht akzeptieren, was dann bei der Festlegung der Vollstreckbarkeit eines Schiedsspruchs bedeutsam ist (s. auch Rz. 3154; 3016; 3023 ff.). 3127

In diesem Zusammenhang ist auch die im Jahr 2010 überarbeitete Schiedsordnung der United Nations Commission on International Trade Law (UNCITRAL Arbitration Rules – 2010)[6] zu nennen, die einige Verfahrensregeln 3128

1 Allgemein zur Einführung des § 1051 ZPO vgl. *Solomon*, RIW 1997, 981 ff.

2 Begründung zu § 1051 Abs. 1 Satz 1 ZPO; zur stillschweigenden Vereinbarung deutschen Rechts mit ausländischem Lizenznehmer vgl. *OLG Düsseldorf* v. 19.3.1996, ZUM 1998, 61, 63.

3 Eingehend hierzu *Sandrock*, RIW 2000, 312 ff., insbesondere zu der Frage, inwieweit die Befugnis besteht, außerstaatliche Regelungen zu wählen.

4 *Schwab/Walter*, Schiedsgerichtsbarkeit, Kap. 55 Rz. 8 f.

5 Vgl. *Heidenberger*, RIW 1981, 371 ff. mit eingehenden Hinweisen auf Literatur und Rechtsprechung.

6 Abrufbar unter: http://www.uncitral.org/uncitral/en/uncitral_texts/arbitration/2010Arbitration_rules.html.

enthält. Bei der Heranziehung dieser Schiedsgerichtsbarkeit geht es auch darum, das anwendbare nationale Recht entsprechend zu vereinbaren[1].

3129 Wie bei jeder Schiedsgerichtsordnung ist für deren Anwendbarkeit zunächst zu prüfen, ob die Vertragsparteien sich wirksam dahin verständigt haben, etwaige Meinungsverschiedenheiten nach dieser Schiedsgerichtsordnung abwickeln zu wollen.

3130 Ähnlich den meisten Schiedsverfahrensordnungen geht auch das UNCITRAL-Verfahren für die Wirtschaftsschiedsgerichtsbarkeit davon aus, dass nach der Vereinbarung der Vertragsparteien diese Schiedsgerichtsordnung für sie maßgebend sein soll, die Verfahrensabwicklung im Übrigen aber nach freiem Ermessen der Schiedsrichter durchzuführen ist. Dabei sind jedoch die Grundregeln rechtsstaatlicher Ordnung zu beachten, wozu beispielsweise der Grundsatz der Neutralität des Schiedsgerichtes und des rechtlichen Gehörs gehört. Die Parteien sind auch nach dieser Regel legitimiert, sich unter Berücksichtigung des Prinzips der vertraglichen Gestaltungsfreiheit über die Anwendung des für sie angestrebten materiellen und formellen Rechts zu verständigen. Dabei sollte darauf hingewirkt werden, dass ausdrücklich festgelegt wird, welches materielle und formelle Recht angewandt werden soll, und zwar unter Ausschluss des Kollisionsrechtes.

3131 Freilich ist auch bei der Vereinbarung einer solchen Schiedsgerichtsordnung zu bedenken, dass keine der Parteien sich über den eigenen nationalen ordre public hinwegzusetzen berechtigt ist. Zwar können sich die Schiedsrichter für die Anwendung bestimmter nationaler Verfahrensnormen entscheiden (Art. 17 Abs. 1 UNCITRAL Arbitration Rules), jedoch wird man davon ausgehen müssen, dass der Wille der Vertragspartei, wonach ein bestimmtes materielles und formelles Recht Grundlage der Entscheidung sein soll, als vorrangig anzusehen ist.

3132 Zu berücksichtigen ist weiter, dass beispielsweise nach amerikanischem Staatenrecht eine solche Parteidisposition über das anzuwendende materielle und formelle Recht dort eine Schranke findet, wo vernünftige Gründe im Hinblick auf den Schwerpunkt des Vertrages dafür sprechen, dass ein bestimmtes Recht wegen der besonderen Anknüpfung angewandt werden soll[2].

3133–3135 Frei.

---

1 Vgl. *Böckstiegel*, RIW 1982, 706 ff. zur Fassung aus dem Jahr 1976. Zur überarbeiteten Fassung aus dem Jahr 2010 s. *Duve*, RIW Die erste Seite 2011, Nr. 1.

2 *Glossner*, RIW 1983, 120.

c) Einstweiliger Rechtsschutz

Mit **§ 1041 ZPO** hat der Gesetzgeber in Anlehnung an Art. 17 des UNCITRAL-Modell-Gesetzes[1] eine Regelung über Maßnahmen des Einstweiligen Rechtsschutzes geschaffen[2]. Danach ist es den Parteien – als Ausfluss der Privatautonomie – möglich, in der Schiedsvereinbarung oder in einer späteren Ergänzung[3] festzulegen, ob für Eilverfahren allein das Schiedsgericht oder die ordentlichen Gerichte zuständig sein sollen, oder ob eine parallele Zuständigkeit beider Gerichte bestehen soll[4]. 3136

Es ist Aufgabe der Vertragspartner, im Rahmen der Schiedsvereinbarung Maßnahmen des einstweiligen Rechtsschutzes zu berücksichtigen. Wird eine solche Klausel nicht vorgesehen, so ergibt sich aus § 1041 Abs. 2 ZPO als gesetzlicher Regelung die **parallele Zuständigkeit von Schiedsgericht und ordentlichem Gericht**[5]. Zu beachten ist dabei, dass einstweilige Maßnahmen durch das Schiedsgericht nicht immer vorteilhaft sein müssen. So sind sie im Gegensatz zu einstweiligen Maßnahmen der ordentlichen Gerichte erst **vollstreckbar**, wenn sie von den ordentlichen Gerichten für vollziehbar erklärt worden sind, was unter Umständen wertvolle Zeit kostet[6]. Im Zweifel wird daher der einstweilige Rechtsschutz durch die ordentlichen Gerichte schneller und effizienter sein. 3137

Die Eilkompetenz nach § 1041 ZPO ist sehr weit gefasst. Dem Schiedsgericht stehen nicht nur die Instrumente des einstweiligen Rechtsschutzes nach §§ 916 ff. ZPO, sondern **auch sonstige provisorische und sichernde Maßnahmen außerhalb der ZPO** zur Verfügung[7]. Es besteht für das Schiedsgericht etwa die Möglichkeit, die aus dem angelsächsischen Rechtskreis stammende Mareva-Injunktion zu erlassen, mit der dem Antragsgegner auferlegt wird, es zu unterlassen, über alle oder bestimmte Vermögenswerte zu verfügen oder diese zu übertragen[8]. 3138

---

1 UNCITRAL Model Law on International Commercial Arbitration 1985 with amendments as adopted in 2006, abrufbar unter: http://www.uncitral.org/pdf/english/texts/arbitration/ml-arb/07-86998_Ebook.pdf).

2 Vgl. hierzu *Schütze*, BB 1998, 1650 ff.; *Schütze*, Schiedsgericht und Schiedsverfahren, Rz. 253 ff.; *Wolf*, DB 1999, 1101 ff.

3 *Schütze*, BB 1998, 1650.

4 Zur Anordnung einstweiliger Maßnahmen nach der EuGVO vgl. *EuGH* v. 17.11.1998, RIW 1999, 536; kritisch *Lachmann*, BRAK-Mitt. 2005, 217, 218.

5 Zur Frage und Überprüfung der internationalen Zuständigkeit eines deutschen Gerichts hinsichtlich eines selbständigen Beweisverfahrens aufgrund einer Schiedsvereinbarung zugunsten eines ausländischen Schiedsgerichts s. *OLG Düsseldorf* v. 7.2.2008, InstGE 9, 41, Rz. 16 ff.

6 *Schütze*, BB 1998, 1650, *Lachmann*, BRAK-Mitt. 2005, 217, 218.

7 *Kronke*, RIW 1998, 257, 264; *Wolf*, BB 1999, 1101.

8 *Berger*, DZWiR 1998, 45, 51; *Wolf*, BB 1999, 1101; a.A. *Schütze*, BB 1998, 1650, 1651; zur Mareva-Injunktion vgl. *Kühn*, Vorläufiger Rechtsschutz und Schiedsgerichtsbarkeit, Jahrbuch für die Praxis der Schiedsgerichtsbarkeit 1, S. 47, 54.

3139 Die schiedsrichterlichen Eilbefugnisse unterliegen aber verfassungsrechtlichen Grenzen. So wird man § 1041 ZPO dahingehend einschränkend auslegen müssen, dass gegenüber Dritten wirkende Verfügungsverbote i.S. der §§ 135, 136 BGB ausgeschlossen sind[1].

3140 Die **Vollziehung** der einstweiligen Maßnahme des Schiedsgerichts richtet sich nach § 1041 Abs. 2 Satz 1, § 1062 Abs. 1 Nr. 3, § 1063 ZPO. Für den Fall, dass sich die Anordnung der Maßnahme des einstweiligen Rechtsschutzes als von Anfang an unbegründet erweist, ergibt sich aus § 1041 Abs. 4, § 945 ZPO eine **verschuldensunabhängige Schadensersatzpflicht** der die Vollziehung erwirkenden Partei[2].

3141 Im Einzelfall ist zu prüfen, ob die vereinbarte Schiedsgerichtsordnung eines institutionalisierten Schiedsgerichts die Möglichkeit eines Eilschiedsrichterverfahrens vorsieht. Dies ist etwa bei der mit Wirkung zum 1.1.2012 reformierten Schiedsgerichtsordnung der ICC Paris der Fall (dort Art. 29 ICC-Rules; s. dazu Rz. 3189).

3142–3143 Frei.

5. Der Schiedsspruch

3144 Der Schiedsspruch ist die verbindliche Entscheidung des Schiedsgerichts **(§§ 1051 ff. ZPO)**, der den Formerfordernissen des § 1054 ZPO entsprechen muss. Nur ein Schiedsspruch, der den Formerfordernissen des § 1054 ZPO genügt, beendet das Schiedsverfahren. Bloße Verkündung und/oder formlose Mitteilung des Schiedsspruchs sind wirkungslos[3]. Dies gilt auch dann, wenn er wegen seines Inhalts unbrauchbar ist oder Aufhebungsgründe vorliegen[4].

a) Wirkung des Schiedsspruchs

3145 Der Schiedsspruch hat unter den Parteien die Wirkung eines **rechtskräftigen gerichtlichen Urteils (vgl. § 1055 ZPO)**. Er bewirkt zudem eine Verlängerung der Verjährungsfrist (vgl. §§ 197, 201 BGB). Allerdings **fehlt** ihm die **Vollstreckbarkeit**, die nach §§ 1060 ff. ZPO erklärt werden muss.

3146 Frei.

1 So jedenfalls *Wolf*, DB 1999, 1101, 1102, der auf die fehlende Legitimation des Schiedsgerichts für Anordnungen zulasten Dritter verweist.
2 Zum Anwendungsbereich von § 1041 ZPO bzw. § 945 ZPO vgl. *Schütze*, Schiedsgericht und Schiedsverfahren, Rz. 305 ff.
3 *RG* v. 23.10.1896, RGZ 38, 392.
4 *Schwab/Walter*, Schiedsgerichtsbarkeit, Kap. 21 Rz. 1.

b) Aufhebung von Schiedssprüchen

Im deutschen Schiedsverfahren besteht grundsätzlich die Möglichkeit der Aufhebung des Schiedsspruchs auf Antrag einer Partei (**§ 1059 ZPO**, der weitgehend Art. 34 UNCITRAL-Modell-Gesetz nachempfunden ist). Der in § 1059 Abs. 2 ZPO aufgeführte **Katalog der Aufhebungsgründe** ist **abschließend**[1]. 3147

Eine Aufhebung kommt demnach nur in folgenden Fällen in Betracht: 3148

- bei fehlender Schiedsfähigkeit einer Partei oder bei Ungültigkeit der Schiedsvereinbarung (§ 1059 Abs. 2 Nr. 1 lit. a ZPO)[2], wobei die Möglichkeit der Heilung von Mängeln durch rügeloses Einlassen zu beachten ist[3];
- bei Versagung rechtlichen Gehörs (§ 1059 Abs. 2 Nr. 1 lit. b ZPO), wenn die Nichtgewährung entscheidungserheblich gewesen ist[4];
- bei Kompetenzüberschreitung des Schiedsgerichts (§ 1059 Abs. 2 Nr. 1 lit. c ZPO)[5];
- bei schweren Verfahrensverstößen (§ 1059 Abs. 2 Nr. 1 lit. d ZPO)[6], wobei der die Aufhebung des Schiedsspruchs Betreibende zuvor erfolglos eine entsprechende Verfahrensrüge erhoben haben muss[7];
- bei fehlender objektiver Schiedsfähigkeit (§ 1059 Abs. 2 Nr. 2 lit. a ZPO);
- bei ordre public-Widrigkeit der Durchsetzung eines Schiedsspruches (§ 1059 Abs. 2 Nr. 2 lit. b ZPO)[8].

Dabei kommt eine Berücksichtigung einer der dort genannten Aufhebungsgründe nur dann in Betracht, wenn er von der die Aufhebung des Schiedsspruchs begehrenden Partei in begründeter Form geltend gemacht wird[9]. 3149

---

1 *Schütze*, Schiedsgericht und Schiedsverfahren, Rz. 137; *Lörcher/Lörcher*, Das Schiedsverfahren, Rz. 312.

2 S. hierzu *Voit* in Musielak, ZPO, § 1059 Rz. 6 ff.; *Lachmann*, Hdb. für die Schiedsgerichtspraxis, Rz. 2178 ff. Vgl. zum alten Recht *BGH* v. 2.4.1987, WM 1987, 1084, 1085 zum Verstoß gegen § 242 BGB, wenn die sich auf die Mangelhaftigkeit der Schiedsabrede berufende Partei das Schiedsverfahren selbst veranlasst hat.

3 Hierzu *Schütze*, Schiedsgericht und Schiedsverfahren, Rz. 137.

4 Vgl. *BGH* v. 10.10.1951, BGHZ 3, 215, 217 ff.; *BGH* v. 8.10.1959, BGHZ 31, 43, 45 f.; vgl. auch *BGH* v. 15.1.2009, SchiedsVZ 2009, 126 f. (zu § 1061 ZPO). S. ferner *BayObLG* v. 13.3.2000, BB 2000, Beilage 12, 15.

5 S. hierzu *Voit* in Musielak, ZPO, § 1059 Rz. 14 f.; *Lachmann*, Hdb. für die Schiedsgerichtspraxis, Rz. 2243 ff.

6 Vgl. *BGH* v. 4.3.1999, ZIP 1999, 859 ff. zum Verstoß gegen die Offenbarungspflicht nach § 1036 ZPO. Ausführlich zu den in Betracht kommenden Verfahrensverstößen *Voit* in Musielak, ZPO, § 1059 Rz. 17 ff.; *Lachmann*, Hdb. für die Schiedsgerichtspraxis, Rz. 2250 ff., jeweils m.w.N.

7 So die Begründung BT-Drucks. 13/5274, S. 79.

8 Es muss sich bei der Abweichung um eine unerträgliche Verletzung einer zum Kernbereich der deutschen Rechtsordnung gehörenden Norm handeln, vgl. *Schwab/Walter*, Schiedsgerichtsbarkeit, Kap. 24 Rz. 32.

9 Vgl. *BGH* v. 15.7.1999, ZIP 1999, 1575.

3150 Das Aufhebungsverfahren wird durch **Antrag** eingeleitet, für den, solange die Parteien nichts anderes vereinbart haben, nach **§ 1059 Abs. 3 Satz 1 ZPO** eine **Frist von drei Monaten** ab Empfang des Schiedsspruchs durch den Antragsteller gilt. Die Aufhebung des Schiedsspruches erfolgt durch Beschlussverfahren nach § 1063 ZPO in der Zuständigkeit des Oberlandesgerichtes gemäß § 1062 Abs. 1 Nr. 4 ZPO.

3151 Ist der Aufhebungsantrag begründet, so wird der **Schiedsspruch** vom zuständigen Gericht **aufgehoben**. Im Zweifel hat die Aufhebung gemäß § 1059 Abs. 5 ZPO zur Folge, dass wegen des Streitgegenstandes die **Schiedsvereinbarung wieder auflebt**. Die Parteien können jedoch eine davon **abweichende Regelung** treffen[1]. Das Oberlandesgericht kann auch gemäß § 1059 Abs. 4 ZPO in „geeigneten Fällen" – auf Antrag einer Partei – unter gleichzeitiger Aufhebung des Schiedsspruchs an das Schiedsgericht **zurückverweisen**. Dadurch wird zwar sichergestellt, dass die neue Entscheidung von mit der Sache vertrauten Schiedsrichtern getroffen wird, was zweifelsohne zu einer Beschleunigung des Verfahrens führen kann[2]. Es wird jedoch zumeist nicht im Interesse der Parteien liegen, dasselbe Schiedsgericht erneut mit der Materie zu betrauen, das bereits eine mit schweren Mängeln behaftete Entscheidung getroffen hat.

3152–3153 Frei.

c) Die Vollstreckbarerklärung des Schiedsspruches

3154 Schiedssprüche sind aus sich heraus nicht vollstreckbar, sondern bedürfen erst einer gerichtlich zuerkannten Vollstreckbarkeit. Das ergibt sich unmittelbar aus **§§ 1060, 1061 ZPO**. Dabei ist zwischen der Vollstreckung inländischer und ausländischer Schiedssprüche zu unterscheiden. Nach dem bereits dargestellten Territorialitätsprinzip des § 1025 Abs. 1 ZPO ist vom Vorliegen eines inländischen Schiedsspruches auszugehen, wenn der Ort des schiedsrichterlichen Verfahrens in der BRD liegt, während Schiedssprüche, die nicht in Deutschland erlassen werden, selbst dann ausländische Schiedssprüche sind, wenn sie deutschem Verfahrensrecht unterliegen[3].

aa) Vollstreckung inländischer Schiedssprüche

3155 Die Vollstreckung inländischer Schiedssprüche bedarf gemäß **§ 1060 Abs. 1 ZPO** nicht der Anerkennung, sondern nur der **Vollstreckbarerklärung**. Dazu müssen folgende **Anforderungen** erfüllt werden:

- es muss ein wirksamer Schiedsspruch vorliegen,
- es muss sich um einen inländischen Schiedsspruch handeln,

---

1 *Schütze*, Schiedsgericht und Schiedsverfahren, Rz. 314.
2 *Lörcher/Lörcher*, Das Schiedsverfahren, Rz. 355.
3 Vgl. Begründung, BT-Drucks. 13/5274, S. 62.

- es darf keine reine Prozessentscheidung gegeben sein[1],
- es dürfen keine Aufhebungsgründe vorliegen.

Den materiellen Inhalt des Schiedsspruches überprüft das Gericht lediglich hinsichtlich des von Amts wegen zu prüfenden Vorliegens eines Aufhebungsgrundes i.S. des § 1059 Abs. 2 ZPO[2]. Eine **sachliche und inhaltliche Nachprüfung** des Schiedsspruchs im Vollstreckbarerklärungsverfahren ist dagegen **unzulässig**[3]. Soweit Einwendungen erst nach dem Zeitpunkt entstehen, in dem sie im Schiedsverfahren hätten geltend gemacht werden können, können sie jedoch analog § 767 Abs. 2 ZPO auch im Vollstreckbarerklärungsverfahren geltend gemacht werden[4]. 3156

Zur Einleitung des Verfahrens zur Vollstreckbarerklärung ist ein **Antrag** der obsiegenden Partei erforderlich. Das **Verfahren** der Vollstreckbarerklärung richtet sich nach den **§§ 1062 ff. ZPO**, wobei die besonderen Voraussetzungen des § 1064 ZPO zu beachten sind. 3157

Frei. 3158–3160

bb) Anerkennung und Vollstreckung ausländischer Schiedssprüche

Ausländische Schiedssprüche bedürfen ebenso wie ausländische Urteile der Anerkennung, um im Inland ihre Wirkungen entfalten zu können. Dabei richten sich **Anerkennung und Vollstreckung** ausländischer Schiedssprüche gemäß § 1061 ZPO nach dem **UN-Übereinkommen über die Anerkennung und Vollstreckung ausländischer Schiedssprüche vom 10.6.1958**[5] (UNÜ), das für die BRD seit dem 28.9.1961[6] in Kraft ist, und zwar unabhängig davon, ob der Erststaat der Konvention angehört oder nicht[7]. 3161

Das Verhältnis zu anderen bi- und multilateralen Verträgen über die Anerkennung und Vollstreckung von Schiedssprüchen bleibt durch die Regelung des § 1061 Abs. 1 Satz 1 ZPO allerdings unberührt. Nach § 1061 Abs. 1 Satz 2 ZPO gilt vielmehr das **Prinzip der Meistbegünstigung**, nach dem die Regelung zur Anwendung kommen soll, die am anerkennungsfreundlichsten ausgestaltet ist[8]. Dies ergibt sich auch unmittelbar aus Art. VII UNÜ. 3162

In diesem Zusammenhang ist auf folgende wesentliche **Übereinkommen** hinzuweisen: 3163

---

1 *RG* v. 7.2.1885, RGZ 13, 349, 350 f.; *RG* v. 16.9.1924, RGZ 108, 374, 377.
2 Zur Berücksichtigung des ordre public vgl. *BGH* v. 15.5.1986, NJW 1986, 3027, 3028; *Kornblum*, NJW 1987, 1105 ff.
3 *Schütze*, Schiedsgericht und Schiedsverfahren, Rz. 284; *Lörcher/Lörcher*, Das Schiedsverfahren, Rz. 336.
4 Vgl. *BGH* v. 16.2.1961, BGHZ 34, 275, 278; *BGH* v. 22.11.1962, BGHZ 38, 259, 264.
5 BGBl. II 1961, 121.
6 BGBl. II 1962, 102.
7 *Schütze*, Schiedsgericht und Schiedsverfahren, Rz. 290.
8 So schon zu § 1044 ZPO a.F. *BGH* v. 26.6.1969, BGHZ 52, 184, 187.

- Genfer Protokoll über Schiedsklauseln im Handelsverkehr vom 29.9.1923[1] und Genfer Abkommen zur Vollstreckung ausländischer Schiedssprüche vom 29.9.1927[2]. Hierbei handelt es sich um die Vorgänger des UN-Übereinkommens.
- Europäisches Übereinkommen über die internationale Handelsschiedsgerichtsbarkeit (EuCCA) vom 21.4.1961[3]. Dieses Übereinkommen ist für die BRD am 25.1.1965 in Kraft getreten[4].
- Daneben bestehen noch zahlreiche zweiseitige Abkommen, die jedoch in aller Regel eine Verweisung auf die bestehenden multilateralen Übereinkommen enthalten[5].

3164 Das **Europäische Abkommen über die internationale Handelsschiedsgerichtsbarkeit (EuCCA)**[6] vom 21.4.1961 hat allerdings für die Frage, ob ein Schiedsspruch anzuerkennen oder für vollstreckbar zu erklären ist, keine grundsätzliche Bedeutung[7]. Es regelt die Versagung der Anerkennung oder der Vollstreckung nur in dem besonderen Fall, dass der Schiedsspruch in dem Staat, in dem oder nach dessen Recht der Spruch ergangen ist, aufgehoben worden ist oder diese Aufhebung auf bestimmten Gründen beruht (vgl. Art. IX Abs. 1).

3165 Den deutschen Gerichten fehlt die **Kompetenz**, einen ausländischen Schiedsspruch aufzuheben. Es besteht nur die Möglichkeit, gemäß § 1061 Abs. 2 ZPO die **Anerkennung zu versagen**, wenn einer der in Art. V UNÜ genannten Versagungsgründe gegeben ist[8]. Dabei ist zu beachten, dass die unter Art. V Abs. 1 UNÜ genannten Anerkennungsversagungsgründe vom Vollstreckungsschuldner geltend gemacht werden müssen, während die Versagungsgründe des Art. V Abs. 2 UNÜ von Amts wegen zu berücksichtigen sind. **Beweispflichtig** ist die Partei, die sich auf die Einrede beruft.

3166 **Anerkennungsvoraussetzungen** sind[9]:

- die Wirksamkeit der Schiedsvereinbarung (Art. V Abs. 1 lit. a UNÜ),
- die Kenntnis der Parteien vom schiedsrichterlichen Verfahren und keine Verletzung des rechtlichen Gehörs[10] (Art. V Abs. 1 lit. b UNÜ),

---

1 RGBl. II 1925, 47.
2 RGBl. II 1927, 1067.
3 BGBl. II 1964, 427.
4 BGBl. II 1965, 107. Eingehend zum EuCCA s. *Moller*, NZG 2000, 57 ff.
5 Vgl. *Geimer*, Internationales Zivilprozessrecht, Rz. 3710 f.
6 Vgl. hierzu *Moller*, NZG 2000, 57 ff.; *Adolphsen* in MünchKomm. ZPO, Anh. zu § 1061.
7 *Moller*, NZG 2000, 57, 71.
8 Eine deutsche Übersetzung des UN-Übereinkommens findet sich bei *Lionnet*, Hdb. Schiedsgerichtsbarkeit, Rz. 332 ff.
9 Vgl. *Lörcher/Lörcher*, Das Schiedsverfahren, Rz. 381 ff.
10 Zur Verletzung des rechtlichen Gehörs vgl. *OLG Hamburg* v. 30.7.1998 u. 4.11.1998, BB 1999 Beilage 4, 13 ff.; *OLG Hamburg* v. 26.1.1989, RIW 1991, 152,

- die im Schiedsspruch geregelte Streitigkeit darf nicht über den Auftrag des Schiedsgerichts hinausgehen[1] (Art. V Abs. 1 lit. c UNÜ),
- die Bildung des Schiedsgerichts und das schiedsrichterliche Verfahren müssen dem von den Parteien gewählten Schiedsverfahrensrecht entsprechen (Art. V Abs. 1 lit. d UNÜ),
- der Schiedsspruch muss für die Parteien verbindlich geworden sein (Art. V Abs. 1 lit. e UNÜ)[2],
- der Streitgegenstand muss nach deutschem Recht schiedsfähig sein (Art. V Abs. 2 lit. a UNÜ),
- der Schiedsspruch darf nicht der öffentlichen Ordnung (ordre public) widersprechen[3] (Art. V Abs. 2 lit. b UNÜ).

Auch im Vollstreckbarerklärungsverfahren ausländischer Schiedssprüche 3167 überprüft das mit der Anerkennung des ausländischen Schiedsspruches befasste Gericht nicht die materielle Richtigkeit des Schiedsspruchs[4]. Es bleibt bei der Überprüfung des ordre public nach Art. V Abs. 2 lit. b UNÜ.

Das Anerkennungsverfahren erfolgt formlos, d.h. die Wirkungen des aus- 3168 ländischen Schiedsspruchs werden automatisch auf das Inland erstreckt, wenn die Anerkennungsvoraussetzungen gegeben sind und eine Inlandsbeziehung besteht[5]. Das gerichtliche Verfahren der Vollstreckbarerklärung folgt den Regeln über die Vollstreckbarerklärung inländischer Schiedssprüche.

Frei. 3169–3175

6. Institutionalisierte Schiedsgerichte

Entspricht es dem Willen der Vertragspartner, bei Streitigkeiten der Beur- 3176 teilung durch ein institutionalisiertes Schiedsgericht zu vertrauen, so stellt sich im Vorfeld der Vereinbarung die Frage, auf welche Schiedsorganisation zurückgegriffen werden soll. Dabei steht eine immer größer werdende Auswahl von international institutionalisierten Schiedsgerichtsverfahren zur Verfügung, während im rein nationalen Raum als Institution von besonde-

---

154 zur notwendigen Entscheidungserheblichkeit der Verletzung des rechtlichen Gehörs.

1 Zum Überschreiten der Grenzen bei Anwendung der lex mercatoria vgl. *LG Hamburg* v. 18.9.1997, BB 1999 Beilage 4, 19, 21.

2 Das ist der Fall, wenn der Schiedsspruch weder bei einer höheren schiedsrichterlichen Instanz noch mit einem Rechtsmittel beim staatlichen Gericht angegriffen werden kann. Zu den Auswirkungen einer eventuellen Beseitigung des Schiedsspruchs durch einen der deutschen Aufhebungsklage entsprechenden Rechtsbehelf vgl. *BGH* v. 14.4.1988, ZIP 1988, 943, 944 f.; *BGH* v. 26.6.1969, BGHZ 52, 184, 188 ff.; vgl. aber einschränkend *Habscheid*, KTS 1970, 1, 9.

3 Vgl. *OLG Hamburg* v. 30.7.1998 u. 4.11.1998, BB 1999 Beilage 4, 13 ff.

4 Vgl. *Lachmann*, Hdb. für die Schiedsgerichtspraxis, Rz. 2533 ff.

5 *Schütze*, Schiedsgericht und Schiedsverfahren, Rz. 293.

rer Bedeutung die Deutsche Institution für Schiedsgerichtsbarkeit e.V. in Köln (DIS) zu nennen ist. Im Anschluss soll auf drei Schiedsinstitutionen näher eingegangen und das bei ihnen jeweils vorgesehene Schiedsverfahren erläutert werden.

a) Deutsche Institution für Schiedsgerichtsbarkeit (DIS) e.V.[1]

3177 Das Schiedsverfahren ist in der Schiedsgerichtsordnung der DIS i.d.F. v. 1.7.1998 geregelt. Vorbild sind die UNCITRAL Arbitration Rules[2] gewesen. Die Schiedsgerichtsordnung steht auch ausländischen Parteien offen. Das Schiedsgerichtsverfahren wird von der Geschäftsstelle der DIS und dem Ernennungsausschuss verwaltungsmäßig geleitet. Diese Verwaltung bezieht sich auf die Einreichung der Klage und ihre Zustellung, die Ernennung, Ablehnung und Enthebung von Schiedsrichtern, die Überwachung des Verfahrens sowie auch auf die Beratung der Parteien. Weder für den Sitz des Schiedsgerichts noch für die Sprache des Schiedsgerichtsverfahrens macht die Schiedsgerichtsordnung der DIS feste Vorgaben, weshalb der Sitz – nach Parteivereinbarung – auch außerhalb der Bundesrepublik Deutschland liegen kann. Eingereicht werden kann die Klage in Deutsch, Englisch oder Französisch. Appointing Authority ist nach den UNCITRAL Arbitration Rules der Ernennungsausschuss, eines der Organe der DIS. Der Ernennungsausschuss besteht aus drei Mitgliedern der DIS sowie drei stellvertretenden Mitgliedern, die vom Vorstand der DIS sowie vom Beiratsvorsitzenden auf die Dauer von jeweils zwei Jahren ernannt werden. Sofern die Parteien, was ihnen freisteht, nicht die Entscheidung eines Einzelschiedsrichters vereinbart haben, beträgt die Zahl der Schiedsrichter stets drei. Jede Partei ernennt einen Schiedsrichter ihrer Wahl; diese beiden Schiedsrichter wählen den Vorsitzenden. Erfolgt innerhalb von 30 Tagen nach Aufforderung durch die Geschäftsstelle der DIS diese Wahl nicht, bestimmt der Ernennungsausschuss auf Antrag der Parteien den Vorsitzenden.

3178 Die Berechnung der **Kosten** des schiedsrichterlichen Verfahrens bei der DIS richtet sich nach **§ 40 DIS-Schiedsordnung**. Sie setzen sich aus dem Vergütungsanspruch der Schiedsrichter und den Gebühren für die Institution selbst zusammen. Die Gebühren der Schiedsrichter sowie der Institution sind streitwertabhängig[3] (§ 40.2 DIS-Schiedsordnung). Nach § 40.3 DIS-

---

1 Adresse: Beethovenstr. 5–13, D-50674 Köln; Internet: http://www.dis-arb.de; hier werden die DIS-Regeln, ein Gebührenrechner, Musterklauseln, Materialien zur Schiedsgerichtsbarkeit sowie eine Datenbank, die Literatur und Rechtsprechung zum deutschen Schiedsverfahrensrecht (Volltexte nur für Mitglieder) enthält, zur Verfügung gestellt.

2 UNCITRAL Arbitration Rules (as revised in 2010) abrufbar unter: http://www.uncitral.org/pdf/english/texts/arbitration/arb-rules-revised/arb-rules-revised-2010-e.pdf).

3 Die Berechnung des Streitwertes ergibt sich nach § 40.5 DIS-Schiedsordnung aus einer Anlage der Schiedsordnung. Vgl. etwa *Schwab/Walter*, Schiedsgerichtsbarkeit, Anhang B S. 622 ff.

Schiedsordnung kann das Schiedsgericht das Honorar bei einer vorzeitigen Erledigung des Verfahrens entsprechend dem Verfahrensstand bestimmen.

Die DIS empfiehlt allen Parteien, die auf die DIS-Schiedsgerichtsbarkeit in ihren Verträgen Bezug nehmen wollen, folgende **Schiedsvereinbarung**: 3179

„Alle Streitigkeiten, die sich im Zusammenhang mit dem Vertrag (... Bezeichnung des Vertrages ...) oder über seine Gültigkeit ergeben, werden nach der Schiedsordnung der Deutschen Institution für Schiedsgerichtsbarkeit e.V. (DIS) unter Ausschluss des ordentlichen Rechtsweges endgültig entschieden."

Folgende **Ergänzungen** sind empfehlenswert: 3180

- „Der Ort des schiedsrichterlichen Verfahrens ist ..."
- „Die Anzahl der Schiedsrichter beträgt ..."
- „Das anwendbare materielle Recht ist ..."
- „Die Sprache des schiedsrichterlichen Verfahrens ist ..."

Die DIS hat mit verschiedenen Schiedsgerichtsinstitutionen Kooperationsabkommen abgeschlossen. Diese Abkommen enthalten keine das Schiedsgerichtsverfahren zwischen Parteien aus diesen Ländern beeinflussenden Regelungen, sondern beziehen sich ausschließlich auf die Unterstützung bei der Durchführung von Schiedsgerichtsverfahren. Außerdem sind alle Industrie- und Handelskammern (IHKs) an der DIS beteiligt, eigene Schiedsgerichte werden nur von wenigen IHKs (z.B. der IHK Hamburg[1]) vorgehalten[2]. 3181

Frei. 3182

b) International Court of Arbitration of the International Chamber of Commerce (ICC) in Paris[3]

Eine der wichtigsten institutionellen Schiedsordnungen stellt die Schiedsordnung der Internationalen Handelskammer (ICC), und zwar gerade auch 3183

1 S. http://www.hk24.de/recht_und_fair_play/schiedsgerichtemediationschlichtung/Schiedsgericht/.

2 S. die Informationen des Deutscher Industrie- und Handelskammertag e.V. (DIHK) zur außergerichtlichen Streitbeilegung, abrufbar unter: http://www.dihk.de/themenfelder/recht-und-fairplay/eu-internationales-recht/aussergerichtliche-streitbeilegung/schlichtungseinrichtungen. Dort lässt sich über einen Link weiterhin die jeweils zuständige IHK finden.

3 Adresse: 38, Cours Albert 1er, F-75008 Paris; Internet: http://www.iccwbo.org/court/arbitration/; hier werden in englischer, französischer und spanischer Sprache Informationen zum Schiedsverfahren bereit gestellt. Die neue wie alte Fassung der ICC-Rules können zudem (u.a.) in deutscher Sprache unter „Rules and clauses" aufgerufen werden. Unter http://www.icc-deutschland.de/icc-regeln-und-richtlinien/icc-regeln-zur-streitbeilegung-mediation-guetliche-einigung-schiedsgerichtsbarkeit.html stellt das deutsche Nationalkomitee (ICC Deutschland) Informationen zur Schiedsgerichtsbarkeit im Rahmen der ICC-Streitbeilegung bereit.

aus deutscher Sicht dar[1]. Unmittelbar aus Art. 1 Abs. 1 der Schiedsordnung der ICC ergibt sich, dass der Internationale Schiedsgerichtshof die von ICC eingerichtete selbständige Institution der Schiedsgerichtsbarkeit ist. Die ICC-Rules of Arbitration sind mit Wirkung zum 1.1.2012 umfassend überarbeitet worden und gelten somit für alle Schiedsverfahren der ICC, die ab diesem Datum eingeleitet werden. Mit den Arbeiten an der Neufassung der ICC-Rules war bereits im Jahr 2008 begonnen worden. Neben einer Anpassung an die sich stetig ändernden und immer komplexer werdenden Sachverhalte in der wirtschaftlichen Praxis war die Beschleunigung des Schiedsverfahren Ziel der Überarbeitung. Die wesentlichen Veränderungen betreffen Regelungen zum Mehrparteienverfahren (Rz. 3185), zur Verfahrensökonomie und zur Institution eines Eilschiedsrichters (Rz. 3189)[2].

3184 Nach der alten Fassung[3] der ICC-Rules war Voraussetzung für die Anwendung der ICC-Schiedsordnung, dass es sich um einen **Streitfall von internationalem Charakter** handelte („dispute of an international character", Art. 1 Abs. 1 Satz 4 ICC-Rules a.F.). Diese Voraussetzung wurde weit ausgelegt; maßgeblich war lediglich, dass etwa der zu beurteilende Vertrag ein internationales Element enthielt. Die überarbeitete Fassung, die für alle ab dem 1.1.2012 eingeleiteten Schiedsverfahren gilt, enthält ein solches, die Zuständigkeit auf Streitigkeiten internationalen Charakters beschränkendes, Element nicht (mehr). Die ICC-Schiedsordnung findet demnach (automatisch) unabhängig davon Anwendung, ob die Streitigkeit internationalen Charakter aufweist oder nicht. Unter Geltung der ICC-Rules a.F. war eine Anwendung auf Streitigkeiten ohne internationalen Charakter dann möglich, wenn sich dies aus einer Schiedsvereinbarung ergab (Art. 1 Abs. 1 Satz 5 ICC-Rules a.F.).

3185 Das Schiedsverfahren wird nach ICC-Regeln vollständig administriert, und zwar sowohl im Hinblick auf die Einreichung der Klage wie auch bezüglich der Zustellung, der Bestimmung der Zahl der Schiedsrichter, der Ernennung, Ablehnung und Enthebung derselben, der Überwachung des Verfahrens, der Festlegung der Verfahrenskosten sowie der Bestätigung des Schiedsspruchs und der Beratung der Parteien.

Art. 7 ICC-Rules regelt die Einbeziehung zusätzlicher Parteien in das Verfahren auf Antrag einer der Parteien. Ist ein Schiedsrichter schon bestellt, kann die Einbeziehung lediglich im Einvernehmen sämtlicher Parteien, auch der zusätzlichen, erfolgen. Die Geltendmachung von Ansprüchen

---

1 *Pörnbacher/Loos/Baur*, BB 2011, 711, 717 m.H. darauf, dass im Jahr 2009 144 deutsche Parteien an Schiedsverfahren der ICC beteiligt waren und Deutschland am dritthäufigsten Schiedsrichter für Verfahren nach der ICC-Schiedsordnung gestellt hatte.

2 Vgl. hierzu *Pörnbacher/Baur*, BB 2011, 2627 ff.; *Eschlböck*, Österreichisches AnwBl. 2012, 10 ff.

3 Vgl. hierzu *Lionnet*, BB 1997 Beilage 13, 15 ff.; *Habscheid*, RIW 1998, 421 ff.; *Koch*, RIW 1999, 105 ff.

zwischen mehreren Parteien in einem Schiedsverfahren ist in Art. 8 ICC-Rules angesprochen, während Art. 9 ICC-Rules die Geltendmachung von Ansprüchen aufgrund mehrerer Verträge in einem Schiedsverfahren erfasst. Schließlich enthält Art. 10 ICC-Rules die Möglichkeit der Verbindung von Schiedsverfahren auf Antrag einer Partei, soweit die Parteien dies vereinbart haben (lit. a) oder alle Ansprüche in den jeweiligen Schiedsverfahren aufgrund derselben Schiedsvereinbarung geltend gemacht werden (lit. b) oder wenn die Ansprüche aufgrund mehr als einer Schiedsvereinbarung geltend gemacht werden, die Schiedsverfahren zwischen denselben Parteien anhängig sind, die Streitigkeiten sich im Zusammenhang mit derselben Rechtsbeziehung ergeben und der Gerichtshof die Schiedsvereinbarungen für miteinander vereinbar hält (lit. c).

Sofern die Parteien keine Vereinbarung getroffen haben, bestimmt der 3186 Schiedsgerichtshof den **Verfahrensort** (Art. 18 Abs. 1 ICC-Rules). Die **weitere Verfahrensordnung** kann gewisse Folgen für die auf das Verfahren anzuwendenden Vorschriften sowie für die Verfahrenssprache haben (Art. 19, 20 ICC-Rules). In den Fällen, in denen die Schiedsordnung und – nachrangig – die Schiedsvereinbarung der Parteien keine Anhaltspunkte bieten, kann das Schiedsgericht auf das Verfahrensrecht des Landes zurückgreifen, in dem das Verfahren stattfindet. Allerdings steht dem Schiedsgericht über Art. 19 ICC-Rules auch das Recht zu, sich selbst für eine Verfahrensordnung zu entscheiden. Vergleichbares gilt auch für das anzuwendende materielle Recht. Art. 21 Abs. 1 ICC-Rules überlässt es zunächst den Parteien, das materielle Recht, das das Schiedsgericht auf den Rechtsstreit anwenden soll, frei zu bestimmen. Liegen keine Hinweise der Parteien über das anwendbare Recht vor, so wendet das Schiedsgericht das Recht an, das sich nach den Kollisionsnormen ergibt, die es für anwendbar hält. In jedem Fall hat das Schiedsgericht die **Bestimmungen des Vertrages und die Handelsbräuche zu beachten** (Art. 21 Abs. 2 ICC-Rules).

Das Schiedsgericht selbst besteht aus einem oder drei Schiedsrichtern 3187 (Art. 12 Abs. 1 ICC-Rules). Mangels entsprechender Parteivereinbarung ernennt der Schiedsgerichtshof grundsätzlich einen Einzelschiedsrichter. Die **Schiedsrichter** werden grundsätzlich **von den Parteien selbst ausgewählt** und benannt. Die Frist der Parteien zur Benennung eines Schiedsrichters beträgt 30 Tage, d.h. 15 Tage für den Kläger für die Benennung eines Schiedsrichters ab Zustellung der Entscheidung des Gerichtshofs, dass das Schiedsgericht aus drei Schiedsrichtern besteht und 15 Tage für den Beklagten für die Benennung eines Schiedsrichters ab Zustellung der vom Kläger vorgenommenen Benennung. Bestehen keine Bedenken, wie z.B. im Hinblick auf die Unabhängigkeit und Unparteilichkeit der von den Parteien nominierten Schiedsrichter, erfolgt die Bestätigung der von den Parteien jeweils benannten Schiedsrichter. Daraufhin wird der Vorsitzende des Schiedsgerichts vom Schiedsgerichtshof ausgewählt und ernannt, letzteres jedoch nur, wenn die Parteien bzw. die von ihnen jeweils nominierten Schiedsrichter sich insoweit nicht geeinigt haben. Erfolgt ein Verfahren vor einem **Einzelschiedsrichter**, so sieht Art. 12 Abs. 3 ICC-Rules vor, dass dieser von den Parteien gemeinsam ernannt wird; kommen die Parteien insoweit nicht zu einer Einigung, wird auch dieser Einzelschiedsrichter vom Schiedsgerichtshof ausgewählt und ernannt. Haben sich die Parteien des Streitverfahrens auf einen Einzelschiedsrichter geeinigt, erfolgt die Bestätigung durch den Schiedsgerichtshof.

3188 Besondere Bedeutung kommt den Regelungen in Art. 11 ICC-Rules über die **schiedsrichterliche Unabhängigkeit** zu. Hiernach muss jeder vom Schiedsgerichtshof ernannte oder bestätigte Schiedsrichter von den Parteien des Schiedsverfahrens unabhängig sein und bleiben. Jeder, der als Schiedsrichter vorgeschlagen wird, muss **vor seiner Ernennung** oder Bestätigung durch den Schiedsgerichtshof schriftlich alle Tatsachen und Umstände **offen legen**, die geeignet sein können, seine Unabhängigkeit in den Augen der Parteien in Frage zu stellen. Diese Umstände können ein Ablehnungsgesuch nach Art. 14 ICC-Rules auslösen In Art. 15 ICC-Rules ist die Frage der Ersetzung eines Schiedsrichters geregelt, wobei klargestellt wird, dass der Rücktritt eines Schiedsrichters nur wirksam werden kann, wenn er vom Schiedsgerichtshof angenommen wird.

3189 Zur Einleitung des Schiedsverfahrens hat die jeweilige Partei ihre Schiedsklage beim Sekretariat einzureichen, das seinerseits Kläger und Beklagten über die Tatsache und den Zeitpunkt des Eingangs unterrichtet (Art. 4 Abs. 1 ICC-Rules). Der Eingang dieser „Request for Arbitration" genannten Klageerhebung gilt als Beginn des Schiedsgerichtsverfahrens (Art. 4 Abs. 2 ICC-Rules). Der notwendige Inhalt der „Request of Arbitration" ergibt sich aus Art. 4 Abs. 3 ICC-Rules. Unverzichtbarer Bestandteil sind der klägerische Schriftsatz sowie alle im Zusammenhang mit dem Schiedsgerichtsverfahren möglicherweise erheblichen Dokumente, auch die Schiedsgerichtsvereinbarung. Ähnlich wie beim Verfahren vor der ordentlichen Gerichtsbarkeit versendet das Sekretariat des Schiedsgerichtshofes eine Ausfertigung des Requests an den Beklagten; hierin liegt die Zustellung der Schiedsklage (Art. 4 Abs. 5 ICC-Rules). Dem Beklagten obliegt es, innerhalb von 30 Tagen nach Zustellung seine Klageantwort beim Schiedsgerichtshof einzureichen (Art. 5 Abs. 1 ICC-Rules). Die Klageerwiderung hat ihrerseits den Schriftsatz des Beklagten, alle wichtigen Dokumente und die Benennung des beklagtenseitigen Schiedsrichters zu enthalten. Ist ein Dreierschiedsgericht vereinbart worden, erfolgt nach Eingang der Klageerwiderung die Ernennung der Schiedsrichter. In diesem Zuge wird auch der Kostenvorschuss festgesetzt (Verwaltungsgebühren, Schiedsrichterhonorare und sonstige Kosten des Schiedsverfahrens; vgl. Art. 36 ICC-Rules u. Anhang III Art. 1). Die Schiedsverfahrensakten werden dem Schiedsgericht erst nach Zahlung des zu diesem Zeitpunkt angeforderten Kostenvorschusses übergeben (Art. 16 ICC-Rules). Ab Übersendung der Akte an die Schiedsrichter läuft eine zweimonatige Frist zur Vereinbarung der sog. **„Terms of Reference"**. Diese umfassen die Einzelheiten des Prozessrechtsverhältnisses, insbesondere die Namen und Anschriften aller Beteiligten einschließlich der Schiedsrichter, den Streitgegenstand, den Sitz des Schiedsgerichtsverfahrens und ferner die anzuwendenden Verfahrensbestimmungen. Diese „Terms of Reference" sind sowohl von den Schiedsrichtern wie auch von den Parteien zu unterzeichnen und dem Schiedsgerichtshof zur Kenntnis zuzuleiten. Ab Unterzeichnung der „Terms of Reference" läuft eine sechsmonatige Frist bis zum Erlass des Schiedsspruchs. In den wenigsten Fällen reicht allerdings diese Frist aus; sie wird regelmäßig verlängert.

Aus Gründen der Verfahrensökonomie ist in Art. 24 ICC-Rules nunmehr die Durchführung einer sog. **„Case Management Conference"** geregelt. Diese soll entweder anlässlich der Formulierung der „Terms of Reference" oder so früh als möglich danach stattfinden. Gegenstand der Konferenz sind mögliche Verfahrensmaßnahmen, bei denen es sich um die in Anhang IV der ICC-Rules beschriebenen Verfahrensmanagementtechniken zur Zeit- und Kostenkontrolle handeln kann. Hierzu gehören z.B. die Begrenzung von Länge und Inhalt von Schriftsätzen, der Einsatz von Telefon- oder Videokonferenzen oder bestimmte Vorgehensweisen zur vergleichsweisen Beilegung von Streitigkeiten. Während oder nach der „Case Management Conference" erstellt das Schiedsgericht den Verfahrenskalender, der den weiteren Ablauf des Schiedsverfahrens beinhaltet.

Ebenfalls mit Wirkung zum 1.1.2012 neu eingeführt wurde die Institution des sog. **Eilschiedsrichters** (Art. 29 ICC-Rules). Auf Antrag einer Partei, welche dringende Sicherungsmaßnahmen oder vorläufige Maßnahmen benötigt, die nicht bis zur Bildung eines Schiedsgerichts warten können, besteht die Möglichkeit ein Eilschiedsrichterverfahren durchzuführen. Die Bestimmungen über das Eilschiedsrichterverfahren finden allerdings nur auf die Parteien Anwendung, die die dem Eilantrag zugrundeliegende ICC-Schiedsvereinbarung unterzeichnet haben. Zudem ist auf die nicht unerheblichen Kosten (10 000 US$ für die ICC-Verwaltungskosten und 30 000 US$ für Honorar und Auslagen des Eilschiedsrichters) eines Eilschiedsrichterverfahrens hinzuweisen. Probleme können sich schließlich im Rahmen der Vollstreckbarkeit des Eilschiedsrichterbeschlusses ergeben, da Maßnahmen, die keine Schiedssprüche sind, nicht unter das UN-Übereinkommen über die Anerkennung und Vollstreckung ausländischer Schiedssprüche (UNÜ) fallen[1].

Der von den Schiedsrichtern zu erlassende **Schiedsspruch** ist gemäß Art. 33 ICC-Rules vor der Unterzeichnung im Entwurf dem Schiedsgerichtshof vorzulegen. Dieser kann Änderungen in der Form vorschreiben, aber auch die Schiedsrichter auf Punkte hinweisen, die den sachlichen Inhalt des Schiedsspruchs betreffen. 3190

Die **Kosten** für ein Schiedsverfahren vor der ICC richten sich nach **Art. 36 f. ICC-Rules**. Danach werden die Kosten des Schiedsverfahrens so- 3191

1 *Pörnbacher/Baur*, BB 2011, 2627, 2631.

wie die ICC-Verwaltungskosten vom Schiedsgerichtshof festgesetzt. Die Kostenhöhe richtet sich dabei nach den in Anhang III zur Schiedsordnung enthaltenen Vorgaben. Es steht dem Schiedsgerichtshof jedoch frei, das Honorar der Schiedsrichter höher oder niedriger festzusetzen, als dies in der Kostentabelle vorgesehen ist (Art. 37 Abs. 2 ICC-Rules). Außerdem kann das Schiedsgericht bei der Entscheidung über die Kosten des Schiedsverfahrens alle ihm relevant erscheinenden Umstände berücksichtigen, einschließlich des Ausmaßes, in dem jede der Partien das Verfahren in einer zügigen und kosteneffizienten Weise betrieben hat (Art 35 Abs. 5 ICC-Rules). Aus diesen Gründen ist es nicht ohne Weiteres möglich, die Kosten eines ICC-Verfahrens verlässlich vorauszusagen[1].

3192 Die **Standard-Schiedsklausel** der ICC Paris lautet:

Schiedsgerichtsverfahren

„Alle Streitigkeiten, die sich aus oder in Zusammenhang mit dem vorliegenden Vertrag ergeben, werden nach der Schiedsgerichtsordnung der Internationalen Handelskammer (ICC) von einem oder mehreren gemäß dieser Ordnung ernannten Schiedsrichtern endgültig entschieden."

Schiedsgerichtsverfahren ohne Eilschiedsrichter

„Alle Streitigkeiten, die sich aus oder in Zusammenhang mit dem vorliegenden Vertrag ergeben, werden nach der Schiedsgerichtsordnung der Internationalen Handelskammer (ICC) von einem oder mehreren gemäß dieser Ordnung ernannten Schiedsrichtern endgültig entschieden. Die Bestimmungen zum Eilschiedsrichterverfahren finden keine Anwendung."

3193 Die ICC Paris bietet neben der Durchführung eines Schiedsverfahrens auch die Möglichkeit einer **einvernehmlichen Streitbeilegung („Amicable Dispute Resolution" – ADR)** an. Hierbei soll mithilfe eines unabhängigen neutralen Dritten eine gütliche Einigung zwischen den Parteien herbeigeführt werden. Die **ICC-ADR-Regeln**[2] statuieren ein administriertes Verfahren, das durch den Antrag einer Partei beim Internationalen ADR-Zentrum eingeleitet wird. Das Standardverfahren ist die Mediation. Ebenso möglich sind etwa die Schlichtung und die neutrale Bewertung („Neutral Evaluation"). Einigen sich die Parteien nicht auf eine Streitbeilegungsmethode, findet die Mediation statt. Über die verschiedenen Streitbeilegungsmethoden, die nach den ICC-ADR-Regeln benutzt werden können, klärt der **Leitfaden für ICC ADR**[3] auf. Die einvernehmliche Streitbeilegung kann sowohl vor als auch während eines Gerichts- oder Schiedsverfahrens durchgeführt sowie im ursprünglichen Vertrag der Parteien vorgesehen oder zu einem späteren Zeitpunkt vereinbart werden.

---

1 *Lachmann*, Hdb. für die Schiedsgerichtspraxis, Rz. 4713 ff.

2 Abrufbar unter: http://www.iccwbo.org/uploadedFiles/Court/Arbitration/other/german.pdf).

3 Abrufbar unter: http://www.iccwbo.org/uploadedFiles/Court/Arbitration/other/german.pdf).

Die **Standardklauseln/Formulierungsvorschläge** der ICC Paris lauten: 3194

Einvernehmliche Streitbeilegung (ADR) als Option

„Die Parteien können zu jeder Zeit, ungeachtet anderer Verfahren, beantragen, alle Streitigkeiten, die sich aus oder in Zusammenhang mit dem vorliegenden Vertrag ergeben, gemäß den ICC-ADR-Regeln beizulegen."

Verpflichtung zur Prüfung der Möglichkeit einer einvernehmlichen Streitbeilegung (ADR)

„Die Parteien vereinbaren, im Falle aller Streitigkeiten, die sich aus oder in Zusammenhang mit dem vorliegenden Vertrag ergeben, zunächst zu erörtern und zu prüfen, ob die Angelegenheit der einvernehmlichen Streitbeilegung gemäß den ICC-ADR-Regeln zugeführt werden soll."

c) Arbitration and Mediation Center of the World Intellectual Property Organisation (WIPO)[1]

Von besonderem Interesse auf dem Gebiet des gewerblichen Rechtsschutzes ist die Schiedsordnung der World Intellectual Property Organisation (WIPO)[2]. Das Verfahren der WIPO – das nicht nur auf Streitigkeiten bezüglich geistigen Eigentums beschränkt ist – lehnt sich inhaltlich an die UNCITRAL-Schiedsordnung[3] und die Schiedsordnung der American Arbitration Accociation an. Dabei wird jedoch den Parteien bei der Ausgestaltung der Schiedsvereinbarung und des Schiedsverfahrens weitestgehend freie Hand gelassen[4]. Vorteil des Schiedsverfahrens nach der WIPO kann daher vor allem der Fachbezug zu Bereichen des gewerblichen Rechtsschutzes sein. Zu beachten ist jedoch, dass sich damit die regelmäßig den Parteien überlassene Wahl eines sachkompetenten Schiedsrichters nicht erübrigt. Möglich ist außerdem die Durchführung eines beschleunigten Schiedsverfahrens, das von einem Einzelschiedsrichter innerhalb kürzerer Fristen entschieden wird und niedrigere gebühren auslöst. 3195

Die **Kosten** des Schiedsverfahrens der WIPO richten sich nach **Art. 67 ff. WIPO-Schiedsordnung bzw. Art. 60 ff. WIPO-Schiedsordnung für das beschleunigte Verfahren**. Die Entscheidung über die Kosten des Schiedsgerichtsverfahrens (Honorar des Schiedsrichters, Spesen, Kosten für Sachverständigengutachten, Sitzungs- und sonstige Verfahrenskosten) hat das Schiedsgericht in seinem Schiedsspruch festzusetzen (Art. 71 (a) WIPO- 3196

1 Adresse: 34, chemin des Colombettes, P.O. Box 18, CH-1211 Genève 20; Internet: http://www.wipo.int/amc/en/center/index.html; hier finden sich Informationen zum Schiedsverfahren in englischer, französischer und spanischer Sprache.

2 Aktuelle Fassung abrufbar unter http://www.wipo.int/amc/de/arbitration/rules/index.html.

3 UNCITRAL Arbitration Rules (as revised in 2010) abrufbar unter: http://www.uncitral.org/pdf/english/texts/arbitration/arb-rules-revised/arb-rules-revised-2010-e.pdf).

4 Zum Inhalt vgl. *Wittenzellner*, Mitt.Pat. 1995, 147, 149 ff.; *Kuner*, RIW 1995, 965, 966 ff.

Schiedsordnung bzw. Art. 64 (a) WIPO-Schiedsordnung für das beschleunigte Verfahren).

3197 Die **empfohlene Vereinbarung** über das Schiedsgerichtsverfahren der WIPO lautet:

„Alle Streitigkeiten, die sich aufgrund dieses Vertrags oder späterer Änderungen dieses Vertrags ergeben oder sich auf diesen beziehen, einschließlich (ohne Einschränkung hierauf) dessen Entstehung, Gültigkeit, bindende Wirkung, Auslegung, Durchführung, Verletzung oder Beendigung, sowie außervertragliche Ansprüche sind dem Schiedsgerichtsverfahren gemäß den Regeln für das Schiedsgerichtsverfahren der WIPO zu unterwerfen und endgültig im Schiedsgerichtsverfahren zu entscheiden. Das Schiedsgericht soll aus [drei Schiedsrichtern] [einem Einzelschiedsrichter] bestehen. Der Ort des Schiedsgerichtsverfahrens soll ... sein. In dem Schiedsgerichtsverfahren soll die ... Sprache verwendet werden. Die Streitigkeit soll unter Anwendung des Rechts von ... entschieden werden."

Die **empfohlene Vereinbarung** über das **beschleunigte** Schiedsgerichtsverfahren der WIPO lautet:

„Alle Streitigkeiten, die sich aufgrund dieses Vertrags oder späterer Änderungen dieses Vertrags ergeben oder sich auf diesen beziehen, einschließlich (ohne Einschränkung hierauf) dessen Entstehung, Gültigkeit, bindende Wirkung, Auslegung, Durchführung, Verletzung oder Beendigung, sowie außervertragliche Ansprüche sind dem beschleunigten Schiedsgerichtsverfahren gemäß den Regeln für das beschleunigte Schiedsgerichtsverfahren der WIPO zu unterwerfen und endgültig im beschleunigten Schiedsgerichtsverfahren zu entscheiden. Der Ort des Schiedsgerichtsverfahrens soll ... sein. In dem Schiedsgerichtsverfahren soll die ... Sprache verwendet werden. Die Streitigkeit soll unter Anwendung des Rechts von ... entschieden werden."

3198–3200 Frei.

d) Sonstige institutionalisierte Schiedsgerichte

3201 Neben den zuvor näher beschriebenen Schiedsgerichtsverfahren der DIS, der ICC und WIPO bieten u.a. folgende Organisationen weitere wichtige institutionalisierte Verfahren an:

- London Court of International Arbitration (LCIA)[1];
- Internationales Schiedsgericht der Wirtschaftskammer Österreich in Wien[2];
- Arbitration Institute of the Stockholm Chamber of Commerce (SCC)[3];

1 Adresse: 70 Fleet Street, GB-London EC4Y 1EU; Internet: http://www.lcia.org/.

2 Adresse: Wiedner Hauptstraße 63, A-1045 Wien; Internet: http://www.internationales-schiedsgericht.at/; vgl. außerdem *Aden*, Internationale Handelsschiedsgerichtsbarkeit, S. 505 ff.; *Heller*, WBL 1994, 105 ff.

3 Adresse: P.O. Box 16050, SE-10321 Stockholm; Internet: http://www.sccinstitute.com/hem-3.aspx; zu den Änderungen des Schiedsverfahrens der SCC im Zuge der Schaffung des neuen schwedischen Gesetzes über Schiedsverfahren *Strempel/Hober*, BB 1999 Beilage 4, 8 ff.; *Ek*, RIW 2000, 31, 36 f.

- Schiedsgericht der Zürcher Handelskammer[1] und die
- American Arbitration Association (AAA)[2].

Schließlich werden Schiedsgerichte auch branchenspezifisch eingerichtet[3]. 3202

Frei. 3203–3204

7. Der Schiedsgutachtenvertrag

a) Begriff und Inhalt des Schiedsgutachtenvertrags

Durch Schiedsgutachtenvertrag kann festgelegt werden, dass ein ausgewählter Schiedsgutachter oder ein Schiedsgutachtergremium etwaige **Streitigkeiten in tatsächlicher Hinsicht** für die Beteiligten verbindlich entscheiden soll, während die dann verbleibenden Rechtsfragen – wie etwa Fragen der Vertragsauslegung oder der Erfüllung der Vertragspflichten und der an eine Nichterfüllung anknüpfenden Rechtsfolgen – durch das ordentliche Gericht oder ein Schiedsgericht endgültig geklärt werden. Der Schiedsgutachtenvertrag unterscheidet sich von der Schiedsvereinbarung dadurch, dass ein Dritter (der Schiedsgutachter) nur ein Element der Streitigkeit – die entscheidungserheblichen Tatsachen oder Tatfragen – anstelle eines ordentlichen Gerichts endgültig **verbindlich feststellen** soll, während bei einer Schiedsvereinbarung ein privates Gericht (das Schiedsgericht) den Rechtsstreit anstelle eines staatlichen Gerichts erschöpfend entscheiden soll (vgl. § 1029 ZPO)[4]. Die Verbindlichkeit eines Schiedsgutachtens **entfällt** entsprechend **§ 319 BGB nur bei offensichtlicher Unbilligkeit bzw. Unrichtigkeit** dieser Feststellungen. 3205

Wenn man von dem Beschleunigungsprinzip absieht, kann eine solche funktionale Aufgliederung in die Klärung streitiger Tatsachen auf der einen Seite und die Entscheidung über die Rechtsfragen oder Rechtsfolgen auf der anderen Seite vorteilhaft sein, weil gleichzeitig die Sachnähe des Schiedsgutachters genutzt und die (schieds-)gerichtliche Erfahrung in Rechtsstreitigkeiten verwertet wird, zumal das Gericht an die Feststellungen des Gutachters in den Grenzen der §§ 317 ff. BGB gebunden ist[5]. Die Herbeiführung eines Schiedsgutachtens empfiehlt sich vor allem für auftretende **technische Streitfragen**, die auch ein angerufenes Gericht nicht ohne Einschaltung eines Sachverständigen lösen könnte. Häufig bildet das 3206

1 Adresse: Selnaustrasse 32, Postfach 3058, CH-8022 Zürich; http://www.zurichcci.ch/de/schiedsgericht.html.

2 http://www.adr.org/. Einen Überblick über neuere Entscheidungen der US-amerikanischen Rechtsprechung zur Schiedsgerichtsbarkeit geben *Kochinke/Krapfl/Wilske*, DAJV-Newsletter 2011, 114 ff. Zum Verhältnis von US-Recht und internationaler Schiedsgerichtsbarkeit s. *Markert*, DAJV Newsletter 2011, 132 ff.

3 Vgl. beispielsweise Deutsches Schiedsgericht Logistik e.V. abrufbar unter: http://www.schiedsgericht-logistik.de/.

4 *Kurth*, NJW 1990, 2038 ff.; *BGH* v. 27.6.2001, NJW 2001, 3775.

5 Vgl. *BGH* v. 16.11.1987, NJW-RR 1988, 506.

Schiedsgutachten die **Grundlage für eine vergleichsweise Verständigung** der Vertragsparteien und erspart somit u.U. ein nachfolgendes gerichtliches oder schiedsgerichtliches Streitverfahren.

3207 Typische Themen, die zum **Inhalt eines Schiedsgutachtens** gemacht werden können[1]:

- Feststellung von Tatsachen oder Elementen einer Entscheidung[2];
- Bestimmung einer Leistung durch einen Dritten im Sinne der §§ 317 ff. BGB, wenn eine (bewusste) Vertragslücke nachträglich geschlossen werden muss;
- Nachträgliches Anpassen eines bestehendes Vertragsverhältnisses an veränderte tatsächliche Umstände;
- Streit über die Gleichwertigkeit ausgetauschter Leistungen;
- Kennzeichnung des tatsächlichen Umfangs der Pflicht des Lizenzgebers zur Übermittlung von Know-how.

3208–3209 Frei.

b) Rechtnatur des Schiedsgutachtenvertrags

3210 Bei einem Schiedsgutachtenvertrag stellt sich die Ausgangsfrage, ob dieser ein rein prozessualer Vertrag ist, oder ob es sich um einen materiellrechtlichen Vertrag handelt. Diese Einordnung bestimmt, inwieweit die gesetzlichen Vorschriften über das Schiedsverfahren (§§ 1025 ff. ZPO) zur Anwendung kommen können. Im Zentrum dieser Problematik steht beim Schiedsgutachten die Frage seiner nachträglichen Überprüfbarkeit, die sich bei einer materiellen Betrachtungsweise nach den §§ 317–319 BGB richtet, bei prozessualem Verständnis hingegen nach Maßgabe der §§ 1029 ff. ZPO erfolgt.

3211 Die traditionelle Ansicht **(materiellrechtliche Auffassung)**[3] sieht den Schiedsgutachtenvertrag als einen rein privatrechtlichen Vertrag über prozessuale Bestimmungen und beurteilt ihn allein nach materiellem Recht.

Folge dieser materiellrechtlichen Auffassung ist, dass – neben den allgemeinen Vorschriften zum Zustandekommen und zur Beendigung des Vertrages[4] die **§§ 317 ff. BGB** angewendet werden. Dies gilt auch dann, wenn

---

1 *Schwab/Walter*, Schiedsgerichtsbarkeit, Kap. 2, Rz. 2 ff.

2 *Nicklisch* in FS Bülow, 1981, S. 159 ff.

3 S. die Nachweise bei *Wagner*, Prozessverträge, S. 661, 668; die Rechtsprechung bewertet den Schiedsgutachtenvertrag materiell-rechtlich. Vgl. RGZ 144, 98 und 156, 104; *BGH* v. 25.6.1952, BGHZ 6, 335 = NJW 1952, 1269; *BGH* v. 20.3.1953, BGHZ 9, 138 = NJW 1953, 825; *BGH* v. 14.6.1955, BGHZ 17, 366 = NJW 1955, 1473; *BGH* v. 18.2.1955, NJW 1955, 665; *BGH* v. 26.4.1991, NJW 1991, 2761; in der Literatur: *Lorenz*, AcP 157 (1957), 265 ff.; *K. Blomeyer* in Festgabe Rosenberg, 1949, S. 51 ff.

4 Hierzu näher zur Schiedsvereinbarung Rz. 3039 ff.

der Schiedsgutachter Tatsachen feststellt oder Vertragsinhalte klarstellt[1]. Der Schiedsgutachter ist in seinem Verfahren frei[2], das Verfahren unterliegt keiner verfahrensrechtlichen Kontrolle. Verfahrensrechtliche Grundanforderungen der §§ 1025 ff. ZPO bestehen nicht. So sind beispielsweise das Prinzip des **rechtlichen Gehörs**, wie auch die **Unabhängigkeit** sowie **Unparteilichkeit** des Schiedsgutachters, **nicht verfahrensrechtlich abgesichert**. Eine Kontrolle des Verfahrens wird lediglich im Ergebnis anhand der Kriterien einer **groben Unbilligkeit bzw. Unrichtigkeit (i.S. des § 319 BGB)** vorgenommen. Die Überprüfung des Schiedsgutachtenergebnisses ist damit nur eingeschränkt möglich.

Die **Gegenansicht**[3] unterscheidet zwischen vertragsergänzenden, rechts- 3212
gestaltenden Schiedsgutachten, die nach rein materiellem Recht zu qualifizieren sind, und nach feststellenden, rechtsklärenden Schiedsgutachten, die als **prozessuale Verträge** zu behandeln sind.

Für den ersten Fall sind die Vorschriften der ZPO, insbesondere diejenigen des Schiedsgerichtsverfahrens, nicht anwendbar[4]. Im zweiten Fall sind allein die Vorschriften prozessualer Natur anwendbar[5]. Eine solche Sichtweise erscheint sachgerecht, da der Schiedsgutachter einzelne Elemente eines Konfliktes für das Gericht bindend feststellen soll und somit schiedsrichterliche Teilaufgaben übernimmt[6]. Vorzugswürdig erscheint es daher, auf Schiedsgutachten, die die Feststellung von Tatsachen oder Elementen einer Entscheidung zum Inhalt haben, die Vorschriften der Schiedsgerichtsbarkeit entsprechend anzuwenden. Einschränkungen sind jedoch möglich[7].

Die **Auswirkungen dieser widerstreitenden Auffassungen** haben allerdings 3213
geringere praktische Folgen als vermutet werden könnte: Den Parteien obliegt es, einen Anspruch auf rechtliches Gehör vertraglich auszugestalten[8]. Zudem können die verfahrensmäßigen Grundanforderungen auch im Bereich der §§ 317 ff. BGB durch strenge Anforderungen an den Begriff des „Dritten" i.S. von §§ 317, 319 BGB gewährleistet werden[9]. Die Unterschiede zwischen materiellem und prozessualem Recht werden weiterhin dadurch relativiert, dass die Grundsätze der Verfahrenshandlung weitgehend auf die Vorschriften des materiellen Rechts Bezug nehmen, so dass sie sich

1 *Schlosser* in Stein/Jonas, ZPO, Vor § 1025 Rz. 23.
2 *BGH* v. 25.6.1952, BGHZ 6, 335, 340; *BGH* v. 20.3.1953, BGHZ 9, 138; *BGH*, KTS 1963, 47, 49; *BGH* v. 20.3.1953, NJW 1968, 1233.
3 Grundlegend *Habscheid* in FS Lehmann, 1956, Bd. II, S. 789, 796 f.; *Habscheid* in FS Laufke, 1971, S. 303, 309 ff.
4 Vgl. *Rauscher*, Internationales Privatrecht, S. 29 ff.; *Habscheid* in FS Heinrich Lehmann, 1956, Bd. II, S. 792 ff.
5 Zöller/*Geimer*, ZPO, § 1029 Rz. 5.
6 Vgl. *Rauscher*, Internationales Privatrecht, S. 29 ff.; *Habscheid* in FS Heinrich Lehmann, 1956, Bd. II, S. 792 ff.
7 Dazu im Einzelnen: *Schlosser* in Stein/Jonas, ZPO, Vor § 1025 Rz. 32 ff.
8 Vgl. *Wagner*, Prozessverträge, 9. Kapitel, S. 708 f.
9 *Nicklisch* in FS Bülow, 1981, S. 173.

erst dann auswirken, wenn das prozessuale Recht andere Anforderungen stellt als das materielle Recht[1].

3214 Frei.

c) Zulässigkeit und Wirkung eines Schiedsgutachtenvertrags

3215 Voraussetzung für die Bestellung eines Schiedsgutachters ist, dass die Vertragsparteien im Bereich des dispositiven Rechts über ihre Rechtsverhältnisse verfügen können. Der Schiedsgutachtenvertrag muss, anders als eine Schiedsvereinbarung, **nicht schriftlich** abgeschlossen werden[2]. Folgt man der Sichtweise der Rechtsprechung, beurteilen sich Probleme des Zustandekommens der Vereinbarung, ihrer Wirksamkeit und Beendigung nach Maßgabe der materiell-rechtlichen Vorschriften des BGB. Die Aufnahme von Schiedsgutachtenklauseln in **Allgemeine Geschäftsbedingungen** ist unter den Voraussetzungen der **§§ 307 ff. BGB** möglich.

3216 Der Schiedsgutachtenvertrag hat die rechtliche **Wirkung**, dass der Vertrag **keine prozesshindernde Einrede** gibt und nicht die Unzulässigkeit des Rechtswegs begründet[3]. Das Schiedsgutachtenverfahren als solches hat auch keinen Einfluss auf den Lauf von Verjährungsfristen; konkludent kann in einer Schiedsgutachtenklausel ein *pactum de non petendo* bis zur Vorlage des Gutachtens liegen mit der Rechtsfolge der Hemmung (§ 203 BGB)[4].

3217 Die gerichtliche **Überprüfbarkeit eines Schiedsgutachtens** ist beschränkt[5]. Eine Vereinbarung, wonach bei Ausbleiben einer Einigung ein Dritter die Leistungspflicht einer Partei zu bestimmen hat, bedeutet den Abschluss eines Schiedsgutachtenvertrages, auf den die §§ 317 ff. BGB anzuwenden sind. Die **Leistungsbestimmung** des Gutachters hat, sofern dies nicht ohnehin in der Vereinbarung zum Ausdruck kommt, **nach billigem Ermessen** zu erfolgen. Dies führt zu einer **eingeschränkten Überprüfbarkeit** des Schiedsgutachtens. Die Prüfung muss sich auf die Frage beschränken, ob der Schiedsgutachter von einem zutreffenden Sachverhalt ausgegangen ist, sein Ermessen ausgeübt hat und hierbei die Grundsätze und Maßstäbe beachtet hat, die im Vertrag zwischen den Parteien vereinbart wurden, oder ob er bei Fehlen einer derartigen Vereinbarung den Zweck berücksichtigt hat, den die Vertragsschließenden verfolgt haben. Eine gerichtliche Entscheidung, die Kriterien für die von dem Schiedsgutachter vorzunehmende Bestimmung vorgibt oder verbietet, hat darüber hinaus die aus **§ 319 Abs. 1 BGB** resultierende weitergehende Beschränkung der Prüfbarkeit der Leistungsbestimmung des Dritten zu beachten (**offenbare Unbilligkeit**). Das

---

1 Zu den Abweichungen s. *Voit* in Musielak, ZPO, § 1029 Rz. 4 ff.

2 Vgl. *BGH* v. 21.5.1975, NJW 1975, 1556.

3 Vgl. *BGH* v. 20.3.1953, BGHZ 9, 138; *BGH* v. 3.3.1982, NJW 1982, 1879; *Schwab/Walter*, Kap. 2 Rz. 7.

4 *BGH* v. 26.10.1989, NJW 1990, 1231; Zöller/*Geimer*, ZPO, § 1029 Rz. 5.

5 *BGH* v. 3.11.1995, NJW 1996, 452, 453.

dem Schiedsgutachter eingeräumte Bestimmungsrecht hat den Sinn, Streit zwischen den Vertragsparteien zu vermeiden. Unabhängigkeit, Unparteilichkeit und Objektivität des Schiedsgutachters vorausgesetzt, müssen nach Auffassung des *BGH* bloße Zweifel oder kleinere Fehler der Leistungsbestimmung von den Vertragsparteien hingenommen werden; erst wenn sich die **Unbilligkeit** der Entscheidung einem sachkundigen und unbefangenen Beobachter **aufdrängt**, ist dieser Rahmen überschritten[1]. Dies ist z.B. der Fall, wenn der Schiedsgutachter den Vertragsinhalt als Vorgabe des Bereichs des ihm eingeräumten Ermessens außer Acht lässt oder seine Bestimmung maßgeblich an einem Kriterium orientiert, das mit sachgerechter Überlegung schlechthin nichts gemein hat, insbesondere wenn sich die Leistungsbestimmung völlig über die Entwicklung am betreffenden Markt hinwegsetzt.

Diese Begrenzung der gerichtlichen Überprüfbarkeit der Leistungsbestimmung führt, so der *BGH*, dazu, dass „vorweg durch ein gerichtliches Urteil grundsätzlich nur Kriterien ausgegrenzt werden können, deren Einbeziehung notwendig zu einem offenbar unbilligen Ergebnis bei der Bestimmung der Leistungspflicht führen würde, und umgekehrt nur solche Kriterien vorgegeben werden können, deren Nichtbeachtung die Leistungsbestimmung in derselben Weise fehlerhaft werden ließe"[2]. 3218

Eine starke Meinungsströmung im Schrifttum[3] **differenziert** für die Inhaltskontrolle zwischen Schiedsgutachten, bei denen nach §§ 317 ff. BGB eine Leistung bestimmt wird und solchen Gutachten, welche die Feststellung von Leistungen und Elementen einer Entscheidung bzw. eine Vertragsanpassung zum Inhalt haben. Im ersten Falle erfolge eine Prüfung der offenbaren Unbilligkeit nach § 319 BGB, im zweiten Fall richte sie sich nach den Vorschriften des Schiedsverfahrens i.S. der §§ 1025 ff. ZPO: Die Prüfung der Wirksamkeit des Schiedsgutachtens erfolge dann nicht nach § 319 BGB, sondern nach den Unbilligkeitsgründen des § 1059 ZPO. Die Rechtsprechung ist diesem im Vordringen befindlichen Ansatz bislang noch nicht gefolgt. 3219

Frei. 3220

d) Schiedsgutachtervertrag

Die Tätigkeit des Schiedsgutachters erfolgt auf Grundlage des mit den Parteien abgeschlossenen Schiedsgutachtervertrages. Er enthält grundsätzlich die gleichen Elemente eines Vertrages wie er auch bei Durchführung eines auf einer Schiedsvereinbarung beruhenden Schiedsverfahrens mit den 3221

1 Vgl. auch *BGH* v. 21.4.1993, NJW-RR 1993, 1034, 1035; *BGH* v. 21.1.1979, NJW 1979, 1885 – Radonanlage.

2 *BGH* v. 3.11.1995, NJW 1996, 452, 453.

3 Vgl. Zöller/*Geimer*, ZPO, § 1029 Rz. 5; *Schlosser* in Stein/Jonas, ZPO, Vor § 1025 Rz. 28 ff.; *Habscheid*, KTS 1970, 132.

Schiedsrichtern geschlossen wird. Es kann insoweit auf die diesbezüglichen Ausführungen verwiesen werden (unten Rz. 3083 ff.).

3222 Frei.

V. Mediation

1. Einführung

3223 Komplementär neben die gängigen Formen der Konfliktaustragung – namentlich das gerichtliche und schiedsgerichtliche Verfahren – ist in den letzten Jahren die Mediation getreten[1]. Die Bundesrepublik Deutschland stand allerdings lange Zeit hinter den europäischen Mediationsentwicklungen zurück[2]. Erst die Richtlinie des Europäischen Parlaments und des Rates über bestimmte Aspekte der Mediation in Zivil- und Handelssachen vom 21.5.2008, die bis zum 21.5.2011 umzusetzen war, bot konkret Anlass zur Ausgestaltung gesetzlicher Rahmenbedingungen des Mediationsverfahrens[3]. Ihr Geltungsbereich erstreckt sich auf grenzüberschreitende Verfahren in Zivil- und Handelssachen. Art. 1 der RL beinhaltet als Ziel, den Zugang zur alternativen Streitbeilegung zu erleichtern und die gütliche Beilegung von Streitigkeiten zu fördern. Die Begriffe „Mediation" und „Mediator" definiert Art. 3 der RL. Gegenstand sind weiterhin die Sicherstellung der Qualität der Mediation (Art. 4 der RL), die Vollstreckbarkeit einer in einem Mediationsverfahren erzielten Vereinbarung (Art. 6 der RL), die Vertraulichkeit der Mediation (Art. 7 der RL), die Auswirkungen der Mediation auf Verjährungsfristen (Art. 8 der RL).

3224 Der deutsche Gesetzgeber hatte sich zwar bereits in der Vergangenheit verstärkt um die Implementierung der Mediation, wie die Festlegung von Anforderungen und Rahmenbedingungen, bemüht[4]. Diese Bemühungen mündeten insbesondere vor dem Hintergrund der Richtlinie aus dem Jahr 2008 Mitte Dezember 2011 in den Beschluss des Bundestages über ein „Gesetz zur Förderung der Mediation und anderer Verfahren der außergerichtlichen Konfliktbeilegung". Dieser Gesetzesentwurf, der in der vom Rechtsausschuss empfohlenen Fassung einstimmig im Bundestag beschlossen wurde[5], bezweckt die **Förderung der Mediation** sowie anderer Verfahren der außergerichtlichen Konfliktbeilegung und zielt gleichzeitig auf die Umsetzung

1 Vgl. hierzu *Neuenhahn*, NJW 2004, 663 ff.; *Schäfer*, Mitt. 2000, 109; *Chrocziel/von Samson-Himmelstjerna* in Haft/von Schlieffen, Hdb. Mediation, § 27; *Schneider*, Mediation im Gewerblichen Rechtsschutz (2002).

2 *Neuenhahn*, NJW 2004, 663, 664.

3 RL 2008/52/EG, ABl. EU Nr. L 136 v. 24.5.2008, S. 3.

4 Beispielsweise gehört die Mediation – durch den seit dem 1.7.2003 geltenden § 5a des Richtergesetzes – nunmehr zu den Schlüsselqualifikationen deutscher Juristen.

5 S. Beschlussempfehlung und Bericht des Rechtsausschusses, BT-Drucks 17/8058.

der bereits erwähnten Mediationsrichtlinie[1]. Die bisher praktizierten unterschiedlichen Modelle der gerichtsinternen Mediation sollten in ein erweitertes Güterichterkonzept überführt, dieses auch auf die Verfahrensordnungen der Arbeits-, Sozial-, Verwaltungs-, Patent-, Marken- sowie Finanzgerichte ausgedehnt, die Bezeichnung „zertifizierter Mediator" gesetzlich verankert und die Voraussetzungen für deren Führen festgelegt werden.

Im Februar 2012 verwies der Bundesrat das Gesetz in den Vermittlungsausschuss. Der Entwurf der Bundesregierung enthielt noch Bestimmungen zur gerichtsinternen Mediation, die der Bundestag im Gesetzgebungsverfahren gestrichen und in ein gesondertes Güterichterkonzept überführt hatte[2]. Ziel der Anrufung des Vermittlungsausschusses war es, die richterliche Mediation wiederum ausdrücklich in den Prozessordnungen zu verankern[3].

Das **Mediationsgesetz**[4] trat schließlich am 26.7.2012 in Kraft. Gesetzlich umgesetzt wurde der Kompromissvorschlag des Vermittlungsausschusses, wonach gerichtsinterne Streitschlichtung durch einen sog. Güterichter möglich ist. Dementsprechend kann das Gericht die Parteien nunmehr gemäß **§ 278 Abs. 5 ZPO** für die Güteverhandlung sowie für weitere Güteversuche vor einen hierfür bestimmten und nicht entscheidungsbefugten Richter (Güterichter) verweisen. Dieser kann alle Methoden der Konfliktbeilegung einschließlich der Mediation einsetzen. Änderungen hat die ZPO u.a. auch dahingehend erfahren, dass nunmehr bereits die Klageschrift die Angabe enthalten soll, ob der Klageerhebung der Versuch einer Mediation oder eines anderen Verfahrens der außergerichtlichen Konfliktbeilegung vorausgegangen ist, sowie eine Äußerung dazu, ob einem solchen Verfahren Gründe entgegenstehen. Neben der Umsetzung der Mediationsrichtlinie und den Ergänzungen der ZPO schafft das Mediationsgesetz auch ein allgemeines Berufsrecht für Mediatoren.

Ziel der Mediation ist, das bestehende Konfliktpotential zwischen den Parteien aufzulösen und über kooperative Vorgehensmethoden zu wertschöpfenden zukunftsorientierten Lösungen zu kommen. Die Mediation soll 3225

1 Vgl. zu diesem Entwurf des Mediationsgesetzes auch *Prütting*, AnwBl. 2012, 204 ff.

2 S. dazu *Plassmann*, AnwBl. 2012, 151 f. Eine Synopse der Beschlussfassung und des Regierungsentwurfs findet sich in BT-Drucks. 17/8058.

3 Auch der Deutsche Richterbund (DRB) hatte sich dafür ausgesprochen, das Mediationsgesetz im Bundesrat zu stoppen und die Möglichkeit der gerichtsinternen Mediation zu erhalten. Der Deutsche Anwaltverein (DAV) war dagegen in seiner Stellungnahme zum Referentenentwurf des Bundesministeriums der Justiz im September 2010 (Stellungnahme Nr. 58/2010) für eine stärkere Förderung der außergerichtlichen Mediation eingetreten und hatte weder eine rechtliche Basis noch eine praktische Notwendigkeit für eine gesetzliche Regelung der richterlichen Mediation gesehen.

4 Art. 1 des Gesetzes zur Förderung der Mediation und anderer Verfahren der außergerichtlichen Konfliktbeilegung v. 21.7.2012, BGBl. I 2012, 1577. Zum neuen Mediationsgesetz s. auch *Lörcher/Lissner*, GRUR-Prax 2012, 318 ff.

über bloße Vermittlungstätigkeiten hinausgehen, indem den Parteien die Möglichkeit offeriert wird, ihre Interessen und Rechtspositionen zu einem möglichst großen Ausgleich zu bringen und bestehende Geschäftsbeziehungen zu erhalten. In vielen Streitfällen kann durch einvernehmliche Streitbeilegung dem Bedürfnis nach einem flexiblen, effektiven und alternativen Streitbeilegungsinstrument Rechnung getragen werden.

3226 Es ist empfehlenswert, im Rahmen einer fachkundigen Beratung abzuwägen, welches das im Streitfall optimale Lösungsinstrument darstellt. Insbesondere sollten die Parteien sich mit den Anforderungen und dem Verfahren vertraut machen; dabei sollte analysiert werden, ob ausschließlich eine Mediation erfolgen oder diese ggf. mit einem anschließenden Gerichts- oder Schiedsverfahren kombiniert werden soll.

3227 Frei.

a) Begriff und Bedeutung der Mediation

3228 Die Mediation ist ein **freiwilliges, außergerichtliches Konfliktbearbeitungsverfahren** bei dem der Mediator, der streng neutral ist und – im Gegensatz zu Richter oder Schiedsrichter – keine Entscheidungsbefugnis besitzt, die Parteien dabei unterstützt, selbstverantwortlich eine **individuelle Konfliktlösung** zu erarbeiten, die dann in die rechtlich verbindliche Form eines Vergleichsvertrages gebracht wird[1]. Der Begriff „Mediation" wird nunmehr auch durch § 1 Abs. 1 Mediationsgesetz (MediationsG) bestimmt.

3229 Ziel der Wirtschaftsmediation ist es insbesondere, als „Alternative" zur streitigen Auseinandersetzung, die **wirtschaftlichen Beziehungen zwischen den Geschäftspartnern zu erhalten**. So können bei der Mediation, anders als bei einer gerichtlichen Entscheidung, bei der nur der Ausschnitt des zurückliegenden Sachverhalts unter eine Rechtsnorm subsumiert wird, auch die streitauslösenden Aspekte, wie etwa persönliche Differenzen zwischen den Vertragspartnern, berücksichtigt werden[2]. Dies kann den Parteien häufig wichtiger sein als allein die juristische Aufarbeitung von Geschehenem[3].

3230 Frei.

1 *Risse*, NJW 2000, 1614, 1615; *Beer/Stief*, The Mediator's Handbook, 3rd Ed. 1997; WIPO Mediation Rules, abrufbar unter:http://www.arbiter.wipo.int/mediation/rules/index.html.
2 *Risse*, NJW 2000, 1614.
3 *Neuenhahn*, NJW 2004, 663, 664.

b) Vorzüge und Zweck der Mediation

Die Mediation ist von besonderer Bedeutung, wenn die Parteien eine Streitigkeit aus wirtschaftlichen Gesichtspunkten flexibel und schnell regeln wollen und die **Praktikabilität der Konfliktlösung im Vordergrund** steht. 3231

Die Mediation zeichnet sich durch ihre besondere **Verfahrensflexibilität** aus. 3232 Das Mediationsverfahren kann **jederzeit**, d.h. vor, während oder nach einem Rechtsstreit vor einem staatlichen Gericht oder einem Schiedsgericht durchgeführt werden. Die dem Mediator zur Verfügung stehenden Techniken ermöglichen es, dass die Kommunikation zwischen den Konfliktparteien wiederhergestellt werden kann und zielt u.a. auf eine Trennung von sachlicher Ebene und Emotionen hin. Es ist Aufgabe des Mediators, die wirklichen Interessen herauszuarbeiten und die Parteien dazu zu bringen, gemeinsam Lösungsansätze zu entwickeln. Ihm selbst kommen dabei keine Entscheidungsbefugnisse zu. Er wirkt nur vermittelnd auf die Einigung der Parteien hin. Die besondere Flexibilität des Mediationsverfahrens zeichnet sich weiterhin dadurch aus, dass es den Parteien ermöglicht wird, die im Mediationsvertrag festgehaltenen Vertragspunkte jederzeit den veränderten Umständen anzupassen. So bleiben sie Herr des Verfahrens.

Ein weiterer Vorteil der Mediation liegt darin, dass sie **problemorientierte** 3233 **Lösungen** (i.S. der **Verfahrenszufriedenheit**) sucht. Die Anwendung von Mediationstechniken soll im Idealfall dazu führen, dass die Parteien eine für alle vorteilhafte Lösung finden (so genannte **„Win-Win-Situation"**). Insofern ist der Gestaltungsspielraum der Mediation anders als bei einer Kompromisslösung – bei der die vorgegebene Menge lediglich aufgeteilt wird – wesentlich weiter. Es wird versucht, die Interessen der Parteien möglichst umfassend zu befrieden. Neben den geltend gemachten Ansprüchen können weitergehende Lösungsoptionen realisiert werden.

Gerade bei Projekten, die im Zusammenhang mit der Forschung und Ent- 3234 wicklung im Bereich des Technologietransfers stehen, bietet sich der Einsatz von Mediationstechniken an. Der zügige Projekterfolg steht im Bereich komplexer Wirtschaftsstreitigkeiten im Vordergrund der Betrachtung. Zudem ist zu beachten, dass eine Konfliktlösung durch ein staatliches oder durch ein Schiedsgericht nicht mit gleicher Verfahrenszügigkeit herbeigeführt werden kann. Dies hängt damit zusammen, dass die Entscheidungen antrags- und rechtsgebunden sind. Der Vorteil der Mediation liegt hier gerade in der **Ergebnisoffenheit der verhandelten Lösungsoption**. So können zunächst der Projekterfolg mit einer mediativen Lösung sichergestellt und gegebenenfalls zu einem späteren Zeitpunkt etwaige Ansprüche vor Gericht geklärt werden.

Die Mediation bietet im Idealfall eine **individuellere und schnellere Kon-** 3235 **fliktlösung** an. Neben dem Bestreben, eine gemeinsame Konfliktlösung zu entwickeln, ist Ziel der Mediation, den Blick der Parteien von der Vergangenheit in die Zukunft zu richten. Dadurch können bestehende **Vertrags-**

beziehungen erhalten bleiben und für die Zukunft sogar verbessert werden. Die Mediation ist damit besonders vorteilhaft, wenn die Parteien über einen längeren Zeitraum hinweg Geschäftsbeziehungen halten wollen oder müssen.

3236 Darüber hinaus ist die **Diskretion** der Mediation gerade im technischen Bereich besonders wichtig. Durch den Grundsatz der Freiwilligkeit des Mediationsverfahrens, der das **Prinzip der Vertraulichkeit** beinhaltet, wird vermieden, dass Verfahrensinhalte an die Öffentlichkeit gelangen.

3237 Im Vergleich zum staatlichen Gerichtsverfahren hat die Mediation den Vorteil der **verkürzten Verfahrensdauer**. Innerhalb kürzester Zeit kann eine Lösungsoption entwickelt werden. Dies gilt jedoch nur dann, wenn die Parteien bereit sind, Diskrepanzen im Wege einer Einigung möglichst schnell zu klären. Mit der kurzen Dauer des Mediationsverfahrens geht zudem eine **Kostenersparnis** gegenüber den Kosten einher, die mit einem langwierigen gerichtlichen Prozess entstanden wären.

3238 Auch für grenzüberschreitende Konfliktfälle kann das Mediationsverfahren eine sinnvolle Streitbeilegungsalternative sein. Sie ist unabhängig vom jeweiligen Rechtssystem und kann damit global sein. Dadurch kann der **grenzüberschreitende Rechtsschutz** leichter erlangt werden[1].

3239 Die Vorzüge des Mediationsverfahrens hinsichtlich der verkürzten Verfahrensdauer und die Kostenersparnis sind allerdings dann nicht mehr gewährleistet, wenn zwischen den Vertragsparteien keine Einigung erzielt worden ist. Zu den **Nachteilen** eines jeden Mediationsverfahrens zählen die **mangelnde Garantie für die Konfliktlösung, die unterschiedliche Verhandlungsstärke, die Gefahr eines Machtmissbrauchs und die Frage der Verwertbarkeit von Informationen in einem späteren Prozess**.

3240 Ist die **Mediation** mangels Konsenses **gescheitert**, so hat dies in der Praxis die Folge, dass im Anschluss an das gescheiterte Mediationsverfahren ein gerichtliches oder schiedsgerichtliches Verfahren erforderlich werden kann[2]. Denkbar ist die Mediation auch in einem **abgestuften Verfahren** als Zwischenstufe vor Anrufung eines Gerichts bzw. Schiedsgerichts. Erforderlich ist daher, dass die Parteien eine Regelung darüber treffen, ob und wie die in der Mediation offen verhandelten Lösungsansätze im Falle eines Scheiterns später von den Parteien verwendet werden können.

3241–3244 Frei.

---

1 Vgl. hierzu *Piltz*, GRUR 2004, 131, 132; *Schneider*, Mediation im gewerblichen Rechtsschutz, S. 104.

2 Vgl. *Risse*, BB 1999 Beilage 9, 1 f.

2. Die Mediationsvereinbarung

a) Begriff und Inhalt einer Mediationsvereinbarung

Haben sich die Parteien verständigt, eine außergerichtliche Streitbeilegung im Wege der Mediation durchzuführen, so ist die Formulierung einer Mediationvereinbarung zu empfehlen. Die Parteien sind aufgrund ihrer **Parteiautonomie** darin frei, sollten jedoch trotz vorformulierter Klauseln auf den individuellen Einzelfall abstellen. Bei exklusiven Vereinbarungen zugunsten eines der Vertragspartner kann es bspw. ratsam sein, ausdrücklich zu regeln, dass die Parteien weiterhin berechtigt sind, die ihnen aus dem zwischen ihnen geschlossenen Lizenzvertrag zustehenden Rechte (insbesondere das Recht zur außerordentlichen Kündigung) auszuüben. 3245

Unter einer **Mediationsvereinbarung** ist ein auf ein rechtliches Grundverhältnis bezogener Vertrag zwischen den Konfliktparteien zu verstehen, der Anordnungen über die Durchführung und die rechtlichen Rahmenbedingungen einer Mediation im Konfliktfall zum Inhalt hat[1]. 3246

Es werden zwei Erscheinungsformen der Mediationsvereinbarung unterschieden: 3247

Die Mediationsvereinbarung kann in den Grundvertrag aufgenommen werden (unselbständige **Mediationsklausel**) oder es kann eine eigenständige Vereinbarung außerhalb des Vertrages (selbständige **Mediationsabrede**) formuliert werden.

Der **Zeitpunkt** für das Abfassen einer Mediationsvereinbarung steht den Parteien aufgrund ihrer Parteiautonomie frei. In der Regel wird eine Mediationsabrede, d.h. eine Vereinbarung außerhalb des Vertrages, formuliert, wenn die Streitigkeit schon entstanden ist. Hier ist allerdings zu berücksichtigen, dass im Streitfall die Vereinbarung zur Durchführung der Mediation sicherlich erschwert ist. Empfehlenswert ist daher die Aufnahme einer Mediationsvereinbarung, in Form einer Mediationsklausel in einem Lizenzvertrag, schon vor dem Auftreten eines Konfliktfalles. 3248

Abzugrenzen ist die Mediationsvereinbarung vom **Mediatorvertrag**[2]. In diesem beauftragen die Streitbeteiligten den Mediator und legen sein Tätigkeitsfeld sowie seine Aufgaben fest (s. Rz. 3264 ff.). 3249

Des Weiteren ist sie vom **Mediationsvergleich** zu unterscheiden. Hat die Mediation zum Erfolg geführt, so wird im Mediationsvergleich die Einigung der Parteien in rechtlich verbindlicher Weise festgeschrieben[3]. 3250

1 Vgl. *Eidenmüller*, Vertrags- und Verfahrensrecht der Wirtschaftsmediation, S. 8, 10; *Hess* in Haft/von Schlieffen, Hdb. Mediation, § 48 Rz. 12 ff.

2 Hierzu s. Rz. 3264 ff.

3 Vgl. Parallelität zum Schiedsgerichtsverfahren, Rz. 3009.

3251 In der Mediationspraxis wird die Mediationsvereinbarung oft mit dem Mediatorvertrag verknüpft und als so genannter „**Mediationsvertrag**" bezeichnet. In diesem Dreiparteienvertrag werden sowohl die Rechte und Pflichten der Streitbeteiligten als auch die des Mediators statuiert[1]. Die vertragliche Trennung ist aber dennoch sinnvoll, da es durchaus möglich ist, dass sich die Lizenzparteien zwar schon vor Entstehen der Streitigkeit verbindlich auf eine Mediationsvereinbarung einigen, die Wahl des Mediators aber noch offen bleiben soll.

3252 **Inhaltliche Regelungsgegenstände** der Mediationsvereinbarung sind sowohl materiellrechtliche wie auch prozessvertragliche Vereinbarungen.

3253 **Materiellrechtlich** enthält sie die Regelung, dass die Parteien ihren Streitfall zunächst über den Weg der Mediation lösen wollen, den Verhandlungsgegenstand und die Bezeichnung der Konfliktparteien[2]. Daneben sind die Parteien frei, weitere Bestimmungen in die Mediationsvereinbarung aufzunehmen. Dies ist auch empfehlenswert, da die Festlegung von einzelnen Verfahrenspflichten dafür Sorge trägt, dass die Parteien trotz Streitfalls – aufgrund einer fairen und offenen Verfahrenssituation – eine interessengerechte Konfliktbeilegung erzielen können.

3254 Zu den deklaratorischen Regelungen zählen Vereinbarungen über den Mediationsort, den Beginn, den Ablauf und das Ende des Mediationsverfahrens[3] und gewichtige Verfahrensprinzipien[4] wie u.a. die der Freiwilligkeit, der Fairness- und Offenheitskontrolle, des Vertrauens- und Datenschutzes der Mediation. In der Mediationspraxis kann zudem die Aufnahme einer Verfahrensbeschleunigungspflicht von Bedeutung sein, die prozessuale Verhinderungs- oder Verzögerungstaktiken seitens einer Partei vermeiden soll.

Regelungen zur näheren Ausgestaltung des Mediationsvergleichs, der Kostenverteilung wie auch der Verjährung können ebenfalls sinnvoll sein. Letztlich sollte zumindest das Verfahren zur Bestellung eines Mediators vertraglich konkretisiert werden, wenn die Festlegung auf einen Mediator zum Zeitpunkt der Ausgestaltung einer Mediationsvereinbarung noch dahingestellt bleiben sollte[5].

3255 Neben materiellrechtlichen Regelungsgegenständen finden sich in der Mediationsvereinbarung auch **prozessualvertragliche** Bestimmungen. Der Mediationserfolg hängt entscheidend davon ab, dass das laufende Verfahren nicht durch eine Klageerhebung gestört wird. Um den ordentlichen Rechts-

---

1 *Hutner*, SchiedsVZ 2003, 226, 227.

2 *Hutner*, SchiedsVZ 2003, 226, 228 f.: „Die Regelungen über das ‚Ob' einer Mediation, über ihren Gegenstand und die an ihr beteiligten Medianten sind die *essentiali negotii* einer Mediationsvereinbarung."

3 So auch *Hutner*, SchiedsVZ 2003, 226, 228.

4 Hierzu Rz. 3267 ff.

5 Zu den vertraglichen Mindestinhalten eines Mediatorvertrags, s. Rz. 3265.

weg für die Dauer des Mediationsverfahrens auszuschließen, vereinbaren die Parteien einen **dilatorischen Klageverzicht**. Folge davon ist, dass eine Klage in dieser Zeit als unzulässig abzuweisen ist. Die grundsätzliche Zulässigkeit einer solchen Vereinbarung ist allgemein anerkannt; sie ergibt sich aus der Dispositionsmaxime des Zivilprozessrechts[1]. Des Weiteren sollten die Parteien klären, inwieweit sie daran gehindert sein sollen, drohenden Rechtsverlusten im Wege des einstweiligen Rechtschutzes zu begegnen und wenn ja, ob der Mediator dieses ebenfalls einleiten kann[2].

Die Parteien können auch unter Ausschluss der ordentlichen Gerichtsbarkeit die Anrufung eines Schiedsgerichts für den Fall vereinbaren, dass die Schlichtung scheitert bzw. eine tragfähigen Lösung, mit der beide Parteien einverstanden sind, nicht gefunden werden kann.

Um den Grundsatz der Diskretion auch für anschließende Prozesse zu wahren, werden in der Regel Vortrags- und Beweismittelbeschränkungen vereinbart[3]. Diese dienen maßgeblich der Vertraulichkeit des Mediationsverfahrens.

Vertragsmuster können als Kontrollliste dienen. Um jedoch Fehler bei der Ausgestaltung der Mediationsvereinbarung zu verhindern, kann es im Einzelfall ratsam sein, einen mediativ erfahrenen Berater einzuschalten. 3256

Frei. 3257–3259

b) Rechtsnatur der Mediationsvereinbarung

Die Rechtsnatur der Mediationsvereinbarung wird unterschiedlich beurteilt. Dies ist darauf zurückzuführen, dass die Mediationsvereinbarung sowohl materiell-rechtliche wie auch prozessuale Elemente enthält (vgl. Rz. 3039 ff.). 3260

Teilweise wird vertreten, dass die Mediationsvereinbarung aufgrund ihres Verhältnisses zum gerichtlichen Verfahren prozessrechtlich zu qualifizieren sei[4]. Berücksichtigt man allerdings, dass die *essentialia negotii* der Mediationsvereinbarung[5] (die die Bestimmungen zum „Ob" der Mediation, zum Regelungsgegenstand und die an ihr beteiligten Parteien betreffen) rein materiell-rechtlich qualifiziert werden, so ist mit der überwiegend vertretenen Auffassung die Mediationsvereinbarung als **materiell-rechtlicher** 3261

1 *Reichold* in Thomas/Putzo, ZPO, Vor § 253 Rz. 33; Zöller/*Greger*, ZPO, Vor § 253 Rz. 19.
2 Vgl. *Böttcher*, DB 2004, 1247, 1250.
3 Vgl. *Wagner*, Prozessverträge, S. 608 ff.
4 Angeführt wird, dass die Mediationsvereinbarung auch das Mediationsverfahren zwischen den Medianten regele, s. *Hess* in Haft/von Schlieffen, Hdb. Mediation, § 43 Rz. 21 ff.
5 Vgl. Rz. 3253.

Vertrag sui generis zu qualifizieren. Dieser begründet ein Dauerschuldverhältnis mit atypischem Inhalt (§ 311 Abs. 1 BGB)[1].

3262 Zum Teil wird vertreten, dass es sich bei der Mediationsvereinbarung um einen **Gesellschaftsvertrag** i.S. der §§ 705 ff. BGB handele, die eine BGB-Innengesellschaft begründe[2]. Die Durchführung der Mediation mit dem gemeinsamen Zweck einer Streitbeilegung mag zwar die Mitwirkungspflichten der Parteien begründen. Jedoch wäre der Gesellschaftszweck bereits dann erfüllt, wenn es nicht zu der angestrebten Einigung kommen würde. Die Gesellschaft würde nach § 726 BGB enden. Insofern handelt es sich um einen untauglichen gemeinsamen Zweck. Selbst die Herbeiführung des Mediationserfolgs kann keinen gemeinsamen Zweck darstellen, da die Parteien zwar gemeinsam handeln, jedoch eigenständig versuchen, ihre Position durchzusetzen.

3263 Frei.

3. Der Mediatorvertrag

3264 Der Mediatorvertrag, mit dem die Beteiligten den Mediator beauftragen, umschreibt das Tätigkeitsfeld und legt die Aufgaben des Mediators fest. Einigen sich die Parteien auf eine bestehende Verfahrensordnung, so ist darin in der Regel das Verfahren zur Festlegung eines Mediators vorgegeben. Die Parteien können einen von der Institution vorgeschlagenen Mediator wählen.

3265 Es empfiehlt sich, **aus Beweis- und Praktikabilitätsgründen den Mediatorvertrag schriftlich zu fixieren** und **gewisse Mindestinhalte** aufzunehmen:

- Umschreibung des Mediationsinhaltes;
- Geheimhaltungsvereinbarung (Vertraulichkeit/Verschwiegenheit);
- Kündbarkeit auf Wunsch der Beteiligten;
- Prinzip der Mündlichkeit;
- Grundsatz der Offenlegung von Informationen und Umständen;
- Unbefangenheit des Mediators;
- Verzicht hinsichtlich der Beweismittel für einen möglichen Folgeprozess;
- Vergütungsvereinbarung (außerhalb des Mediatorvertrages zu fixieren);
- Festhaltung des Mediationsergebnisses (außerhalb des Mediatorvertrages zu fixieren).

---

1 *Eidenmüller*, Vertrags- und Verfahrensrecht der Wirtschaftsmediation, S. 9; *Hacke*, Der ADR-Vertrag, S. 63 ff.; *Friedrich*, MDR 2004, 481, 482.

2 *Wagner*, BB 2001, Beilage Nr. 2, S. 30 ff.

Einige dieser Mindestinhalte sind nunmehr auch gesetzlich fixiert. So enthält § 4 MediationsG Regelungen zur Verschwiegenheitspflicht des Mediators und der in die Durchführung des Mediationsverfahrens eingebundenen Personen. Nach § 2 Abs. 5 MediationsG können die Parteien die Mediation jederzeit beenden. Diese Möglichkeit steht auch dem Mediator zu, insbesondere wenn er der Auffassung ist, dass eine eigenverantwortliche Kommunikation oder eine Einigung der Parteien nicht zu erwarten ist. Vorschriften bzgl. bestimmter Offenbarungspflichten und Tätigkeitsbeschränkungen des Mediators enthält § 3 MediationsG. Nach Absatz 1 hat er bspw. den Parteien alle Umstände offenzulegen, die seine Unabhängigkeit und Neutralität beeinträchtigen können. Stimmen die Parteien zu, kann die erzielte Einigung in einer Abschlussvereinbarung dokumentiert werden (§ 2 Abs. 6 MediationsG). 3266

4. Das Mediationsverfahren

a) Verfahrensgrundsätze

Bei der Mediation sind bestimmte Grundsätze einzuhalten. So ist das **Mediationsverfahren** grundsätzlich **freiwillig** (vgl. § 1 Abs. 1, § 2 Abs. 2 MediationsG). Das Verfahren kann daher in jedem Stadium auf Wunsch einer Partei oder des Mediators abgebrochen werden (§ 2 Abs. 5 MediationsG). 3267

Maßgeblicher Grundsatz der Mediation ist die **Neutralität des Mediators**. Dieser ist nach § 2 Abs. 2 MediationsG eine unabhängige und neutrale Person ohne Entscheidungsbefugnis, die die Parteien durch die Mediation führt. Aufgabe des Mediators ist es, die Vertragsparteien in jedem Stadium der Mediation bei der Suche nach einer wechselseitig befriedigenden, interessengerechten und im Ergebnis auch ausgeglichenen Vereinbarung zu unterstützen. Dafür erforderlich ist die Hinwendung des Mediators zu beiden Seiten (vgl. auch § 2 Abs. 3 MediationsG, wonach er allen Parteien gleichermaßen verpflichtet ist). Er darf nicht tätig werden, wenn er vor der Mediation in derselben Sache für eine Partei tätig gewesen ist und darf auch nicht während oder nach der Mediation für eine Partei in derselben Sache tätig werden (§ 3 Abs. 2 MediationsG). Weitere Beschränkungen enthält § 3 Abs. 3 MediationsG, die allerdings nicht gelten, wenn sich die betroffenen Parteien im Einzelfall nach umfassender Information damit einverstanden erklärt haben und Belange der Rechtspflege nicht entgegenstehen (§ 3 Abs. 4 MediationsG). Aus- und Fortbildung des Mediators regelt § 5 MediationsG. § 6 MediationsG ermächtigt das Bundesministerium der Justiz, durch Rechtsverordnung ohne Zustimmung des Bundesrates nähere Bestimmungen über die Ausbildung zum zertifizierten Mediator und über die Fortbildung des zertifizierten Mediators sowie Anforderungen an Aus- und Fortbildungseinrichtungen zu erlassen. Das Gesetz unterscheidet also den „Mediator" vom „zertifizierten Mediator", der eine Ausbildung nach der gesondert zu erlassenden Rechtsverordnung abgeschlossen hat. 3268

3269 Ferner ist in der Mediation der Grundsatz der **Eigenverantwortlichkeit** zu beachten (vgl. § 1 Abs. 1, § 2 Abs. 5 MediationsG). Danach nehmen die Parteien ihre Interessen und Bedürfnisse im Mediationsprozess selbst wahr und vertreten sie angemessen. Die Entscheidungsgewalt bleibt also bei den Parteien[1]. Basis hierfür ist die grundsätzlich geschützte Privatautonomie der Parteien, die ihnen gewährleistet, selbst zu bestimmen, wie sie ihre Konfliktsituationen lösen wollen.

3270 Die Mediation gibt die Konflikthoheit an die Parteien zurück. Eine selbstbestimmte Entscheidung der Parteien ist aber nur auf der Grundlage der sachlichen **Informiertheit** möglich. Es ist besonders bedeutsam, dass die Konfliktparteien bereit sind, alle relevanten Daten, Fakten und vor allem Interessen offen darzulegen. Aufgabe des Mediators ist es sicherzustellen, dass die Bedeutung und Tragweite der rechtlichen Vorschriften von beiden Parteien vollständig erfasst werden.

3271 Alles, was Gegenstand der Mediation geworden ist, unterliegt einem strengen **Vertraulichkeitsgebot**. Alle Beteiligten verpflichten sich im Rahmen der gesetzlichen Möglichkeiten, keine Informationen und Erkenntnisse aus dem Verfahren ohne ausdrückliche Zustimmung aller Beteiligten weiterzugeben. Dies bedeutet insbesondere für den Mediator, dass er keine Informationen in das justizielle Verfahren weitergibt und auch nicht als Zeuge oder anwaltlicher Vertreter zur Verfügung steht. In den Fällen, in denen eine Mediation abgebrochen wird, ohne dass man zu einem Ergebnis gekommen ist, kann dies ein großes Risiko bedeuten, da der Bruch der Verpflichtung zur Vertraulichkeit nicht sanktionierbar ist.

3272–3274 Frei.

b) Verfahrensablauf[2]

3275 Im Unterschied zum staatlichen Gerichtsverfahren und dem Schiedsgerichtsverfahren, enthält das Gesetz keine Angaben zum Verfahren der Mediation, so dass der Zeitpunkt der Mediation der **Parteiautonomie** obliegt.

3276 Erforderlich ist zunächst der **Abschluss eines Mediationsvertrages** oder die **Aufnahme einer Mediationsklausel** in den Lizenzvertrag. Regelungsinhalt muss dabei insbesondere die Festlegung des Verfahrensablaufs und der diesen bestimmenden Verfahrensregeln sein. Jedoch sollte bereits bei der Formulierung, in welchen Fällen eine Mediation durchzuführen ist, mit Bedacht vorgegangen werden. Damit nicht jegliche erdenkliche (untergeordnete) Meinungsverschiedenheit in ein Mediationsverfahren mündet bzw. in einen Streit darüber, ob ein solches anzustrengen ist, kann sich

1 *Steinbrück*, GmbHR 1999, R165.

2 Vgl. hierzu *Tochtermann*, JuS 2005, 131, 132; *Risse*, NJW 2000, 1614, 1615 ff.; *Steinbrück*, GmbHR 1999, R165, R177 f.

bspw. eine Regelung dahingehend empfehlen, die Mediation auf Meinungsverschiedenheiten zu beschränken, die nicht einvernehmlich gelöst werden können. Im Mediationsvertrag sollte sichergestellt werden, dass sich bei einem Scheitern der Mediation aus der Durchführung des Verfahrens keine Nachteile für einen nachfolgenden Gerichtsprozess ergeben. So sollte etwa geregelt werden, dass die Verjährung während der Dauer des Verfahrens gehemmt ist, laufende Gerichtsverfahren ruhen und Vollstreckungsversuche aus vorliegenden Titeln unterbleiben[1]. Im Rahmen der Vertragsverhandlungen sollten die Motivation und Erwartung der Vertragspartner dargelegt und die Geeignetheit des Mediationsverfahrens geklärt werden.

In einem zweiten Schritt ist eine **Bestandsaufnahme** der streitigen Punkte bzw. der offenen Fragen vorzunehmen. Dabei haben die Parteien ihre Positionen darzustellen, um Übereinstimmungen und Nichtübereinstimmungen der Vertragspartner zu identifizieren. Ergeben sich Differenzen über den Sachverhalt, kann es sinnvoll sein, einen Gutachter zur Klärung heranzuziehen. 3277

Der nächste Schritt dient der **Erforschung der Interessen** der Vertragsparteien, indem ihre unterschiedlichen Bedürfnisse herausgearbeitet und die jeweiligen Bezugs- und Wertesysteme identifiziert werden. Auf diese Weise soll bei übereinstimmenden Interessen die Einigungsbereitschaft der Beteiligten erhöht und bei nicht übereinstimmenden Interessen das Verständnis für die andere Partei geweckt werden[2]. 3278

Die Parteien haben mit Unterstützung des Mediators in der **Einigungsphase** die möglichen Lösungsoptionen zu entwickeln und miteinander abzuwägen. Sinnvoll kann es dabei sein, auf die Beratung externer Fachleute (Rechtsanwälte, technische Sachverständige, Wirtschaftsprüfer, Steuerberater, Banken) zurückzugreifen. Ergebnis der Einigung ist der Entwurf einer Vereinbarung. Möglich ist es dabei auch, die mit einer solchen Vereinbarung gefundene Regelung zunächst einer Erprobungsphase zu unterwerfen. 3279

Die Mediation wird mit **Abschluss des Mediationsvergleichs** beendet. Rechtlich gesehen ist die Vereinbarung ein vollstreckbarer **Anwaltsvergleich i.S. der §§ 794 Nr. 49, 796a–796c ZPO**[3]. Vertragsinhalt sollte dabei neben den erarbeiteten Maßnahmen zur Konfliktlösung die weitere Vorgehensweise der Vertragsparteien, insbesondere für zukünftige Absprachen, sein. Im Unterschied zum gerichtlichen Verfahren sind die Parteien nicht an den ursprünglichen Ausgangspunkt des Konflikts und an ihre Positionen (Anträge) gebunden[4]. 3280

Frei. 3281–3282

1 *Risse*, BB 1999 Beilage 9, 1, 4.
2 *Steinbrück*, GmbHR 1999, R165, R177.
3 *Gottwald*, WM 1998, 1257, 1261; *Steinbrück*, GmbHR 1999, R165, R179.
4 *Steinbrück*, GmbHR 1999, R165.

VI. Hybride Verfahren zur Streiterledigung

1. Einführung

3283 In der Praxis hat sich eine unüberschaubare Vielzahl von alternativen Streitbeilegungsverfahren herausgebildet, die flexible Konfliktlösungsmechanismen anstreben. Die Konfliktbeilegung erfolgt in der Regel durch Einigung zwischen den Parteien oder aufgrund Entscheidungsdelegierung durch einen Dritten. Abseits der Zivilprozessordnung oder institutioneller Verfahrensordnungen steht es in der Parteiautonomie, das Verfahren zur Konfliktlösung nach den Parteiinteressen auszurichten. Kommen die Parteien einer Einigung im Wege eines alternativen Streitbeilegungsmodells sehr nahe, scheitern sie jedoch kurz vorher, so schließt sich in der Regel ein gerichtlicher Prozess an. Um das Risiko des Zeitverlustes zu minimieren, können mit Hilfe so genannter hybrider Verfahren Elemente der Verhandlungslösung – wie beispielsweise der Mediation – mit der Entscheidungsbefugnis eines Richters kombiniert werden.

2. Übergang vom Verhandlungs- zum Entscheidungsansatz

3284 Als **hybride Verfahren** werden solche bezeichnet, die **Elemente der Verhandlungslösung mit denen der Drittentscheidung verknüpfen**.

a) Kombination/Integration des Mediations- mit dem Schiedsverfahren: „Med/Arb"

3285 Die **Kombination** eines Schiedsverfahrens mit einem Mediationsverfahren ist – trotz der Unterschiede – in der Weise möglich, dass an das gescheiterte oder vorbereitende Mediationsverfahren ein Schiedsverfahren anknüpft.

Im Fall des **erfolgreichen Mediationsverfahrens** ergeht ein Vergleich. Durch die Kombination mit einem anschließenden Schiedsverfahren erlangt der Vergleich die Form eines Schiedsspruchs mit vereinbartem Wortlaut (§ 1053 Abs. 1 Satz ZPO).

Ist das Mediationsverfahren **gescheitert**, so kann die Kombination mit einem Schiedsverfahren ebenfalls ratsam sein, da ein Schiedsverfahren besser auf die Interessenlage der Parteien und ihre „Emotionen" eingehen kann.

3286 Anstatt der Kombination beider Verfahren, wird in der Praxis teilweise an die **Integration mediativer Elemente in das Schiedsverfahren** im Sinne eines „Richtens und Schlichtens" angeknüpft[1].

1 Hierzu ICC Guide to ICC ARD S. 17.

In diesem Fall ist es Aufgabe des Schiedsrichters, die Mediationstechniken auf das Schiedsverfahren anzuwenden. Vorteil dieser Kombination ist, dass durch die Klageerhebung die Verjährungshemmung eintritt und möglicherweise im Verlauf des Schiedsverfahrens neue verwertbare Erkenntnisse zu Tage treten, die zum Zeitpunkt eines gescheiterten Mediationsverfahrens noch nicht vorgelegen haben. Weiterer Vorzug dieser Kombination ist, dass die Einigung in Form einer rechtskräftigen Feststellung, dem Schiedsspruch, ergeht.

Nachteil dieses Modells ist allerdings, dass die Person des Schlichters mit der des Richters übereinstimmen muss. Dies setzt voraus, dass der Schlichter auch die Befugnis zum Richten hat.

Frei. 3287

b) „Minitrial"

Das Minitrial stellt einen **verkürzten Konfliktvortrag** – in der Regel im Ablauf von 1–2 Tagen – dar. Bei diesem werden, ähnlich wie bei einem Prozess, einem neutralen Dritten, dem allerdings jeweils Vertreter der Geschäftsführung jeder Partei zur Seite stehen, Argumente und Beweise durch die Konfliktparteien vorgetragen. Nachdem die Parteien ihre Positionen dargelegt haben, beraten und verhandeln die Vertreter der Geschäftsleitung unter Anleitung des Dritten. Dieser kann die Vergleichsverhandlungen unterstützend leiten und die Rechts- und Sachlage bewerten. 3288

Bei dem „Minitrial" handelt es sich um kein Gerichtsverfahren, da ein vollstreckbarer Schiedsspruch in der Regel nicht vorgesehen ist. Es soll lediglich die Vergleichsverhandlungen zwischen den Parteien fördern[1].

Frei. 3289

c) Versiegelte Umschläge

In der deutschen Verfahrenspraxis hat sich teilweise auch die Ausgestaltung des Mediationsverfahrens in der Form ergeben, dass die Parteien einem neutralen Dritten jeweils einen versiegelten Umschlag mit einem entsprechenden Vergleichsangebot überreichen. Sollte die Mediation erfolglos verlaufen, so obliegt es allein dem Dritten, das Vergleichsangebot zu wählen, welches den beiderseitigen Interessen am ehesten gerecht wird. Seine Entscheidung ist dann gegenüber den Parteien schuldrechtlich verbindlich[2]. 3290

Frei. 3291

1 *Duve*, Beilage zu BB, 1998, 16, 18.
2 Vgl. *Schäfer*, Mitt. 2001, 109, 112.

3. Außergerichtliche Streitbeilegung in den USA

3292 In der amerikanischen Rechtspraxis hat sich neben dem traditionellen Gerichtsverfahren ein breites Spektrum an alternativen Streitbeilegungsmodellen entwickelt. Die häufigsten Verfahrensmodelle sind das Schiedsverfahren (Arbitration), die Mediation, die Early Neutral Evaluation, das Mini-Trial und das Summary Jury Trial[1]. Je nach Art des Konflikts besteht die Möglichkeit, eine adäquate und effektive Verfahrensart bzw. -kombination zu wählen, die am besten zur Konfliktlösung beiträgt.

3293 Unter der Bezeichnung „collaborative law" entstand in den USA das sog. Kokon-Verfahren, das allerdings vornehmlich in familienrechtlichen Streitigkeiten angewendet wird. Maßgeblich ist das Fehlen eines neutralen Vermittlers und die Begrenzung der anwaltlichen Mandate auf außergerichtliche Verhandlungen, so dass der Blick der Beteiligten von der Alternative „Gerichtsverfahren" abgelenkt und auf die konsensuale Beendigung des Rechtsstreits konzentriert wird[2].

Ebenfalls ein außergerichtliches Streitbeilegungsinstrument, jedoch grundsätzlich für Baustreitigkeiten bekannt, stellt das aus England stammende Adjudikationsverfahren dar, bei dem ein neutraler Dritter nach einer auf den wesentlichen Streitstoff konzentrierten Verhandlung eine Entscheidung trifft, die die Zusammenarbeit der Parteien in dem streitigen Umfang unmittelbar neu regelt, aber durch anderweitige einvernehmliche Übereinkünfte oder ein Gerichtsurteil ersetzt bzw. außer Kraft gesetzt werden kann[3].

3294–3305 Frei.

1 Überblick über die außergerichtliche Streitbeilegung in den USA, vgl. *Duve*, Beilage zu BB, 1998, 16, 18; *Hay*, US-Amerikanisches Recht, Rz. 222 ff.S. auch v. *Daniels*, AnwBl. 2011, 453.
2 *Engel*, AnwBl. 2012, 13, 14 f.
3 *Engel*, AnwBl. 2012, 13, 14.

D. Steuerrechtliche Behandlung der Lizenzgebühren

I. Allgemeines

In wirtschaftlicher Hinsicht sind im Lizenzvertrag getroffene Regelungen u.U. auch dafür wichtig, wen im Ergebnis die Steuerbelastung treffen soll. Dabei kann ein Lizenzvertrag sowohl nach nationalem als auch nach internationalem Steuerrecht zu bewerten sein. 3306

Hierbei ist zu beachten, dass die Steuerlast in einzelnen Ländern sehr unterschiedlich ausfallen kann, je nachdem, welche Form der Lizenzgebührenzahlung die Vertragspartner vereinbart haben, also etwa eine einmalige Pauschalzahlung, eine laufende Stücklizenz oder auch eine Aufteilung auf Schutzrechte und zusätzlich überlassenes Erfahrungswissen. Darüber hinaus wird in einigen Ländern die Höhe der Lizenzgebühr davon abhängig gemacht, ob es sich bei dem lizenzierten Gegenstand etwa um Know-how, Patente oder Marken handelt. Insoweit sollte also schon bei der Bestimmung der Lizenzgebühr oder deren Verteilung von vornherein eine nachteilige Steuergestaltung vermieden werden. 3307

II. Die steuerliche Behandlung der Lizenzgebühren bei inländischen Lizenzverträgen

1. Ertragsteuer

a) Einkommensteuer

Die **Lizenzgebühr** als Einkommen i.S. des § 2 Abs. 1 EStG **unterliegt der Einkommensteuerpflicht**. Dabei kann die Einkommensart divergieren. In aller Regel wird es sich bei den Lizenzeinnahmen um Einkünfte aus Vermietung und Verpachtung gemäß § 21 Abs. 1 Nr. 3 EStG handeln, soweit keine gewerbliche oder freiberufliche Tätigkeit vorliegt und eine zeitlich begrenzte Überlassung Vertragsgegenstand geworden ist[1]. Liegt dagegen eine Lizenzierung von Patenten vor, die aus einem Betriebsvermögen stammen, so handelt es sich um Einkünfte aus Gewerbebetrieb i.S. des § 15 EStG[2]. Einkünfte aus selbständiger Arbeit gemäß § 18 EStG liegen vor, wenn der Lizenzgeber als Einzelerfinder tätig geworden ist. 3308

---

1 *Zenthöfer/Schulze zur Wiesche*, Einkommensteuer, S. 852 f.; *Hofacker* in Haase, Geistiges Eigentum, Rz. 4.70 f.

2 Zum Begriff des Gewerbebetriebs vgl. die Legaldefinition des § 15 Abs. 2 EStG.

b) Körperschaftsteuer

3309 Handelt es sich beim Lizenzgeber um eine unbeschränkt steuerpflichtige Körperschaft i.S. des § 1 Abs. 1 KStG, so werden die Lizenzeinnahmen von der Körperschaftsteuer erfasst. Diese bemisst sich gemäß § 7 Abs. 1, Abs. 2, § 8 Abs. 1 KStG nach dem zu versteuernden Einkommen. Dabei werden im Falle der Körperschaftsteuer regelmäßig Einkünfte aus Gewerbebetrieb vorliegen.

3310 Besonderheiten gelten, wenn es sich bei der Zahlung der Lizenzgebühren um Zahlungen an ein verbundenes Unternehmen oder zwischen Gesellschaft und Gesellschafter handelt. Es kann sich dann das Problem einer **verdeckten Gewinnausschüttung**[1] stellen, mit der Folge, dass die Einkünfte gemäß § 8 Abs. 3 Satz 2 KStG in Höhe der erzielbaren Vergütung dem Einkommen hinzuzurechnen sind. Eine verdeckte Gewinnausschüttung ist eine Vermögensminderung oder verhinderte Vermögensmehrung, die durch das Gesellschaftsverhältnis veranlasst ist, sich auf die Höhe des Einkommens auswirkt und nicht im Zusammenhang mit einer den gesellschaftsrechtlichen Vorschriften entsprechenden (offenen) Gewinnausschüttung steht[2]. Von einer Vermögensminderung oder verhinderten Vermögensmehrung ist auszugehen, wenn die Gesellschaft Aufwand tätigt, dem keine (objektiv) angemessene Gegenleistung gegenübersteht, oder wenn sie für eine erbrachte Leistung kein (objektiv) angemessenes Entgelt erhält. Liegen mehrere Geschäfte vor, besteht die Möglichkeit, einen **Vorteilsausgleich** vorzunehmen. Das setzt voraus, dass die Rechtsgeschäfte ein einheitliches Geschäft darstellen und die Gesellschaft die Leistungen im Hinblick auf zukünftige Gegenleistungen gewährt[3] (s. auch Rz. 5).

3311 Eine Berücksichtigung der Lizenzzahlung als Betriebsausgabe kommt daher nur dann in Betracht, wenn **im Vorhinein klar und eindeutig bestimmt ist, ob und in welcher Höhe ein Entgelt bezahlt werden soll**. Eine verdeckte Gewinnausschüttung wird außerdem bei Zahlung einer überhöhten Lizenzgebühr angenommen. Anknüpfungspunkt für die Angemessenheit der Höhe der Lizenzgebühr ist der von einem Nichtgesellschafter erzielbare Preis[4]. Bei der Gestaltung des Lizenzvertrages sollte dies berücksichtigt werden, zumal die verdeckte Gewinnausschüttung nicht mit rückwirkender Kraft, etwa durch Änderung des Vertrages, beseitigt werden kann[5].

---

1 Vgl. hierzu allgemein *Janssen* in Mössner/Seeger, KStG, § 8 Rz. 121 ff.; Böcker, StBP 1991, 71 ff.; *Dötsch/Franzen/Sädtler/Sell/Zenthöfer*, Körperschaftsteuer, S. 123 ff.; *Wassermeyer*, DStR 1990, 158 ff.; *Döllerer*, DStR 1980, 395 ff.; s. ferner *BVerfG* v. 26.6.2008, NJW 2008, 3346 ff. u. vorgehend *BGH* v. 24.5.2007, DStRE 2008, 169 ff.

2 *BVerfG* v. 26.6.2008, NJW 2008, 3346, Rz. 34 (juris) u. vorgehend *BGH* v. 24.5.2007, DStRE 2008, 169 ff.; *BFH* v. 11.10.1989, BStBl. II 1990, 88, 89; *BFH* v. 22.2.1989, BStBl. II 1989, 475, 476; *BFH* v. 22.2.1989, BStBl. II 1989, 631, 632.

3 *Janssen* in Mössner/Seeger, KStG, § 8 Rz. 381 f.

4 Vgl. *Dötsch/Franzen/Sädtler/Sell/Zenthöfer*, Körperschaftsteuer, S. 184.

5 *Dötsch/Franzen/Sädtler/Sell/Zenthöfer*, Körperschaftsteuer, S. 196.

Die **Beweislast**, dass es sich bei der Zahlung der Lizenzgebühr um keine verdeckte Gewinnausschüttung handelt, trifft die Gesellschaft, da diese die Abzugsfähigkeit der von der verdeckten Gewinnausschüttung betroffenen Aufwendungen geltend macht[1]. 3312

c) Gewerbesteuer

Die Lizenzeinnahmen sind keine Einnahmen aus Pachtvertrag i.S. des § 8 Nr. 7 GewStG a.F.[2]. Sie waren nicht zum Gewerbeertrag des § 7 GewStG hinzuzurechnen und unterlagen deshalb nicht der **Gewerbeertragsteuer**. 3313

Das **Unternehmensteuerreformgesetz 2008**[3] enthielt jedoch Änderungen bezüglich der Regelungen des § 8 Nrn. 1–3 u. 7 GewStG a.F. Diese wurden durch die Regelung des **§ 8 Nr. 1 GewStG** ersetzt, die erstmals für den Erhebungszeitraum 2008 anzuwenden war (§ 36 Abs. 5a GewStG). § 8 Nr. 1 lit. f GewStG normiert die **Hinzurechnung von Aufwendungen für die zeitlich befristete Überlassung von Rechten** nunmehr folgendermaßen: 3314

„Dem Gewinn aus Gewerbebetrieb (§ 7) werden folgende Beträge wieder hinzugerechnet, soweit sie bei der Ermittlung des Gewinns abgesetzt worden sind:

1. Ein Viertel der Summe aus [...]
   f) einem Viertel der Aufwendungen für die zeitlich befristete Überlassung von Rechten (insbesondere Konzessionen und Lizenzen, mit Ausnahme von Lizenzen, die ausschließlich dazu berechtigen, daraus abgeleitete Rechte Dritten zu überlassen). Eine Hinzurechnung nach Satz 1 ist nicht vorzunehmen auf Aufwendungen, die nach § 25 des Künstlersozialversicherungsgesetzes Bemessungsgrundlage für die Künstlersozialabgabe sind,

soweit die Summe den Betrag von 100 000 Euro übersteigt; [...]"

Aufwendungen i.S. des § 8 Nr. 1 lit. f GewStG sind die Kosten, die für die befristete Überlassung der Rechte anfallen, z.B. Lizenzzahlungen, Verlängerungsgebühren für Patente oder Beratungskosten in Zusammenhang mit der Überlassung[4].

Diese Aufwendungen müssen bei der Ermittlung des Gewinns abgesetzt worden sein, ansonsten bleiben sie im Rahmen der Hinzurechnung unberücksichtigt. Der **Umfang der Hinzurechnung** beträgt effektiv **6,25 %** (s.o. *„Ein Viertel der Summe aus [...] einem Viertel der Aufwendungen"*).

Zu beachten ist außerdem die gesetzliche Regelung eines **Freibetrages** in Höhe von **100 000 Euro**. Die Beträge nach § 8 Nr. 1 lit. a–f GewStG werden damit nur relevant, soweit ihre Summe diesen Freibetrag übersteigt.

Von dieser Regelung werden insbesondere **Konzessionen, gewerbliche Schutzrechte, Urheberrechte, Lizenzrechte und Namensrechte** erfasst. So 3315

---

1 Vgl. *BFH* v. 29.7.1992, BStBl. II 1993, 139, 141.

2 *Glanegger/Güroff*, GewStG, 6. Aufl. 2006, § 8 Nr. 7 Rz. 3, 24; vgl. auch *Glättli*, BB 1959, 1203, 1205; *Jochum*, DB 1963, 285, 287.

3 Gesetz v. 14.8.2007, BGBl. I 2007, 1912.

4 Blümich/*Hofmeister*, EStG/KStG/GewStG, § 8 GewStG Rz. 295.

fällt z.B. die Herstellungslizenz typischerweise in den Anwendungsbereich des § 8 Nr. 1 lit. f GewStG.

Voraussetzung ist, dass die Rechte **zeitlich befristet** – auch nur für kurze Zeit – überlassen werden. Bei Abschluss des Vertrages muss noch nicht gewiss sein, ob und wann die Überlassung endet[1]. Ist bei wirtschaftlicher Betrachtungsweise ein Übergang des wirtschaftlichen Eigentums anzunehmen, liegt kein Fall der Überlassung (mehr) vor. Das gilt auch für Lizenzen im Bereich von Forschung und Entwicklung[2]. Das **Know-how** ist kein Recht i.S. des § 8 Nr. 1 lit. f GewStG[3].

Von der Hinzurechnung **ausgenommen sind Lizenzen, die ausschließlich dazu berechtigen, daraus abgeleitete Rechte Dritten zu überlassen** (sog. Vertriebslizenz). Diese Ausnahme für „Durchleitungsrechte" soll daher auf der letzten Stufe der „Überlassungskette" nicht anzuwenden sein[4]. Die **„Ausschließlichkeit"** erfordert, dass der Lizenznehmer lediglich das Recht erhält, aus der ihm eingeräumten Lizenz abgeleitete Rechte Dritten zu überlassen. Werden ihm weitergehende Rechte überlassen, kann die „Ausschließlichkeit" u.U. nicht mehr gegeben sein. Es ist also zu differenzieren, welche Rechte den Gegenstand eines Lizenzvertrages bilden und es sind ggf. gesonderte Lizenzierungsvereinbarungen zu treffen. Ist beispielsweise eine Herstellungslizenz mit einer Vertriebslizenz verbunden, liegt keine ausschließliche Vertriebslizenz vor, so dass eine Ausnahme von der Hinzurechnung ebenso wenig in Betracht kommt wie eine Aufteilung auf den Herstellungsvorgang zum einen und den Vertriebsvorgang zum anderen[5].

3316 In der Diskussion steht, ob § 8 Nr. 1 a.F. bzw. n.F. GewStG gegen die Richtlinie 2003/49/EG des Rates vom 3.6.2003 über eine gemeinsame Steuerregelung für Zahlungen von Zinsen und Lizenzgebühren zwischen verbundenen Unternehmen verschiedener Mitgliedstaaten (ZLR) verstößt[6]. Der BFH hat dies jüngst verneint[7]. Zur Begründung verweist er auf die für ihn

---

1 Vgl. *BFH* v. 7.12.1977, BFHE 124, 175.

2 Vgl. Rz. 37 der gleich lautenden Erlasse der obersten Finanzbehörden der Länder v. 4.7.2008 zu Anwendungsfragen zur Hinzurechnung von Finanzierungsanteilen nach § 8 Nr. 1 GewStG i.d.F. des Unternehmensteuerreformgesetzes 2008 v. 14.8.2007 (BGBl. I 2007, 1912, BStBl. I 2007, 630).

3 Blümich/*Hofmeister*, EStG/KStG/GewStG, § 8 GewStG Rz. 286 m.H.a. *Hidien*, DB 2008, 257 und a.A. *Ortmann-Babel/Zipfel*, BB 2007, 1869.

4 Vgl. Rz. 40 der gleich lautenden Erlasse der obersten Finanzbehörden der Länder v. 4.7.2008 zu Anwendungsfragen zur Hinzurechnung von Finanzierungsanteilen nach § 8 Nr. 1 GewStG i.d.F. des Unternehmensteuerreformgesetzes v. 14.8.2007 (BGBl. I 2007, 1912, BStBl. I 2007, 630).

5 S. zu diesem Beispiel und zu möglichen Gestaltungsüberlegungen *Clemens/Laurent*, DStR 2008, 440, 441, 442 f.

6 *Goebel/Jacobs*, IStR 2009, 87 ff. u. 349; *Hahn*, IStR 2009, 346 ff. u. 349.

7 *BFH* v. 7.12.2011, DStR 2012, 509.

verbindliche Auslegung, die der EuGH in seinem Urteil vom 21.7.2011[1] im Anschluss an seine Vorlage in dieser Sache getroffen hatte.

2. Umsatzsteuer

3317 Auf die Lizenzgebühren entfällt gemäß § 1 Abs. 1 Nr. 1 UStG die gesetzlich geschuldete Umsatzsteuer. Die Vergabe von Lizenzen ist umsatzsteuerrechtlich eine **sonstige Leistung nach § 3 Abs. 9, § 3a Abs. 4 Satz 2 Nr. 1 UStG**. Dies ergibt sich daraus, dass mit der Vergabe von Lizenzen i.d.R. keine Lieferung i.S. des § 1 UStG verbunden ist. So versteht man unter einer sonstigen Leistung die Verschaffung eines (regelmäßig) wirtschaftlichen Vorteils, der nicht in der Verfügungsmacht an einem Gegenstand liegt und in einem Tun, Dulden oder Unterlassen bestehen kann[2]. Auch Software-Lizenzverträge werden von § 3a Abs. 4 Satz 2 Nr. 1 UStG erfasst, soweit sie wegen § 69a UrhG zu den urheberrechtlich geschützten Werken gehören[3]. Zu differenzieren ist allerdings zwischen dem Verkauf von *Standard-Software* und sog Updates auf Datenträger mit einem Anleitungshandbuch, der nicht erfasst wird, da es sich insoweit um eine Lieferung handelt, und der Entwicklung und Überlassung von *Individual-Software*, die eine sonstige Leistung darstellt[4]. Etwas anderes gilt nur im Bereich des Know-how-Vertrages, dessen Umsatzsteuerpflichtigkeit aus § 3a Abs. 4 Satz 2 Nr. 5 UStG folgt[5].

3318 Im Bereich sonstiger Leistungen gilt nach § 3a Abs. 2, Abs. 4 UStG das **Empfängerortprinzip**. Danach fällt die Umsatzsteuer dort an, wo der Empfänger sein Unternehmen betreibt, oder im Falle einer Leistung an einen Nicht-Unternehmer, wo dieser seinen Wohnsitz hat. Wird die sonstige Leistung an eine Betriebsstätte eines Unternehmens ausgeführt, so ist der Ort der Betriebsstätte maßgeblich (§ 3a Abs. 2 UStG). Konsequenzen ergeben sich aus dieser Regelung insbesondere bei Lizenzverträgen mit Auslandsbezug (vgl. Rz. 3327 ff.).

3319 In aller Regel wird **der Lizenznehmer** die **Umsatzsteuer** tragen. Fehlt eine diesbezügliche Regelung im Lizenzvertrag, so ist zu beachten, dass nach der Rechtsprechung des *BGH*[6] nur dann vom Vorliegen einer solchen Vereinbarung auszugehen ist, wenn es sich dabei um einen Handelsbrauch

1 *EuGH* v. 21.7.2011, IStR 2011, 590.
2 *Nieskens* in Rau/Dürrwächter, UStG, § 3 Rz. 3421, 3471, 3531.
3 *Korn* in Bunjes, UStG, § 3a Anm. 87.
4 *Korn* in Bunjes, UStG, § 3a Anm. 87 m.w.N. und dem Hinweis darauf, dass der *BFH* offen gelassen hat, ob § 3a Abs 4 Satz 2 Nr. 1 (oder Nr. 3, 4 oder 5) einschlägig ist. S. hierzu auch *Jürgensmann* in Haase, Geistiges Eigentum, Rz. 7.15 ff.
5 *Korn* in Bunjes, UStG, § 3a Anm. 98.
6 *BGH* v. 15.2.1973, NJW 1973, 755, 756.

handelt. Es empfiehlt sich daher, im Rahmen des Lizenzvertrages festzulegen, dass der Lizenznehmer die Umsatzsteuer tragen soll[1].

3320 Der **Schadensersatzanspruch nach der Lizenzanalogie** – etwa bei der Schutzrechtsverletzung – **ist nicht umsatzsteuerpflichtig**. Es wird zwar im Rahmen der Schadensberechnung zur Berechnung der angemessenen Lizenzgebühr das Bestehen eines Lizenzvertrages fingiert[2]. Beim Schadensersatz nach der Lizenzanalogie handelt es sich aber lediglich um eine Berechnungsart für den durch die Schutzrechtsverletzung entstandenen Schaden und damit um einen echten Schadensersatzanspruch. Zur Annahme einer Umsatzsteuerpflichtigkeit fehlt es am Entgeltcharakter, da aufseiten des Geschädigten keine Leistung vorliegt[3]. Bei der Schutzrechtsverletzung fehlt es typischerweise am Leistungswillen des Geschädigten[4].

3321 Die sonstige Leistung i.S. des § 3a Abs. 4 Satz 2 Nr. 1 UStG gilt als bewirkt, wenn der Lizenzvertrag wirksam geworden ist. Es besteht die Möglichkeit, den **Vorsteuerabzug nach § 15 UStG** geltend zu machen, wenn die gesetzlich vorgesehenen Voraussetzungen gegeben sind. Der Vorsteuerabzug kann auch für laufende Lizenzgebühren, die aufgrund von vertraglichen Regelungen zu entrichten sind, geltend gemacht werden[5].

3322 Grundsätzlich beträgt der **Umsatzsteuersatz** gemäß § 12 Abs. 1 UStG zurzeit (2012) **19 %**. Einem begünstigten Steuersatz in Höhe von 7 % unterliegen gemäß § 12 Abs. 2 Nr. 7 lit. c UStG nur die Lizenzverträge, die inhaltlich die Einräumung und Übertragung von Rechten aus dem Urhebergesetz betreffen. Nicht erfasst wird hiervon die Lizenzierung von Patenten. Welchem Umsatzsteuersatz **Softwarelizenzen** unterliegen, war längere Zeit streitig[6]. Während die Finanzverwaltung von der Geltung des allgemeinen Steuersatzes ausging[7], wurde in der Literatur wegen der Einbeziehung von Computerprogrammen in den Schutzbereich des UrhG (§§ 69a ff. UrhG) vermehrt die Geltung des ermäßigten Steuersatzes favorisiert[8]. Der *BFH* hat in dieser Frage im Jahre 2001 eine Entscheidung getroffen, wonach es für die Anwendung des ermäßigten Steuersatzes entscheidend sein soll, dass dem Lizenznehmer die Rechte auf Vervielfältigung bzw. Verbreitung nicht nur als Neben-, sondern als Hauptleistung eingeräumt werden. Wenn

---

1 Vgl. *Bartenbach/Volz* in Formularsammlung zum gewerblichen Rechtsschutz und Urheberrecht, S. 191.

2 *BGH* v. 22.3.1990, GRUR 1990, 1008, 1009 – Lizenzanalogie; *LG München* v. 17.7.1997, Mitt. 1998, 262, 263; Benkard/*Rogge/Grabinski*, PatG, § 139 Rz. 63 ff.

3 Vgl. *Husmann* in Rau/Dürrwächter, UStG, § 1 Rz. 409; *Schuhmann* in Hundt-Eßwein/Schuhmann, UStG, § 1 Rz. 55 ff.

4 *Stöcker* in Peter/Burhoff/Stöcker, UStG, § 1 Rz. 428.

5 *Schuhmann*, UVR 1994, 162, 164.

6 Vgl. zum Streitstand *Waza* in Hundt-Eßwein/Schuhmann, UStG, § 12 Abs. 2 Nr. 7 lit. c Rz. 7 m.w.N.

7 BMF-Schreiben v. 22.12.1993, BStBl. I 1994, 45.

8 Vgl. 5. Aufl., Rz. 3183; *Nieskens*, BB 1996, 2656, 2658 f.; *Flore*, DB 1994, 303, 304.

der wirtschaftliche Gehalt dagegen nicht auf die Verbreitung des Computerprogramms, sondern überwiegend auf seine Anwendung für die Bedürfnisse des Leistungsempfängers gerichtet ist, unterliege der Umsatz dem regelmäßigen Steuersatz[1].

Frei. 3323–3326

III. Die steuerliche Behandlung der Lizenzgebühren bei Lizenzverträgen mit Auslandsbezug

Betrifft die Lizenzierung einen mit einem ausländischen Lizenzpartner geschlossenen Vertrag, gelten insofern Besonderheiten, als in der Regel neben den inländischen Steuersatz eine Belastung mit ausländischen Steuern tritt. Diese Problematik ist auf bilateraler Ebene durch den Abschluss von **Doppelbesteuerungsabkommen (DBA)** im Wesentlichen entschärft worden. Deutschland hat zum Stichtag 1.1.2012 mit über 90 Staaten Doppelbesteuerungsabkommen auf dem Gebiet der Einkommen- und Vermögensteuer abgeschlossen[2]. Grundlage dieser DBA bildet regelmäßig das OECD-Musterabkommen[3]. Wesen eines DBA ist es, die Besteuerung der Lizenzgebühr im Ausland aufzuheben oder zumindest zu beschränken (Höchstsatz sind dann i.d.R. 5 % bis 20 % der Lizenzgebühren). Liegt ein DBA vor, so hat dieses Vorrang vor dem nationalen Steuerrecht. 3327

Frei. 3328

1. Lizenzvertrag mit ausländischem Lizenznehmer

a) Ertragsteuer

Handelt es sich um einen Lizenzvertrag zwischen einem deutschen Lizenzgeber und einem ausländischen Lizenznehmer, so wird aufgrund des in den meisten DBA vorgesehenen **Wohnsitzprinzips** in der Regel Deutschland das Besteuerungsrecht haben. Etwas anderes kann dann gelten, wenn die Lizenz wirtschaftlich einer Betriebsstätte im Staat des Lizenznehmers zuzuordnen ist. 3329

Vereinzelt sehen gerade DBA mit Entwicklungsländern vor, dass es auch dem Herkunftsstaat des Lizenznehmers möglich bleibt, eine **Quellensteuer** (Besteuerung der Bruttobeträge mit Steuerbeträgen von 5 % bis 15 %) zu erheben. In diesen Fällen, oder im Falle des Fehlens eines DBA, besteht für 3330

1 *BFH* v. 16.8.2001, BFHE 196, 335.

2 Der jeweils aktuelle Stand ist unter www.bundesfinanzministerium.de) abrufbar. Vgl. auch die Übersicht bei *Groß*, Rz. 536.

3 OECD-Musterabkommen 1977 zur Vermeidung von Doppelbesteuerung auf dem Gebiet der Steuern vom Einkommen und vom Vermögen. Veröffentlichung zuletzt aktualisiert im Juli 2010 (Kurzversion) bzw. Juli 2008 (Komplettversion).

den deutschen Lizenzgeber die Möglichkeit, die **Mehrbelastung** in Deutschland auf die eigene Körperschafts- bzw. Einkommensteuer **gemäß § 26 Abs. 1 KStG, § 34c Abs. 1 EStG anrechnen zu lassen**. Eine solche Anrechnung setzt aber voraus, dass die erhobene ausländische Steuer einen der deutschen Körperschaft- bzw. Einkommensteuer vergleichbaren Regelungsinhalt hat[1]. Anlage 6 zu R 34c EStR[2] enthält ein Verzeichnis der insoweit anrechenbaren Steuern. Übersteigt die im Ausland entrichtete Quellensteuer die in Deutschland abzuleitende Steuer, so kann die im Ausland vergleichsweise „mehr" gezahlte Steuer nicht als anrechenbarer Überhang berücksichtigt werden[3].

3331 Alternativ zur Anrechnung kann die ausländische Besteuerung gemäß § 26 Abs. 6 KStG, § 34c Abs. 2 EStG bei der Ermittlung der Gesamtbezüge abgezogen werden. Voraussetzung dafür ist ein diesbezüglicher Antrag. Es besteht ein Wahlrecht zwischen Anrechnung und Abzug, das nur einheitlich für alle Einkünfte aus einem Staat geltend gemacht werden kann[4].

3332 Frei.

b) Umsatzsteuer

3333 Nach dem in § 3a Abs. 2, Abs. 4 UStG zugrunde gelegten Empfängerortprinzip ist bei einem Lizenzvertrag zwischen einem deutschen Lizenzgeber und einem ausländischen Lizenznehmer das ausländische Umsatzsteuerrecht anzuwenden. Der Umsatz unterliegt daher nicht der inländischen Besteuerung.

3334 Das Empfängerortprinzip greift auch dann, wenn mit der Vergabe der Lizenz Nebenleistungen erbracht werden. Für die **Umsatzsteuerpflichtigkeit der Nebenleistung** gilt gleichsam § 3a Abs. 2 UStG[5]. Vom Vorliegen einer Nebenleistung ist nach der Rechtsprechung des *BFH* dann auszugehen, wenn die Nebenleistung die Hauptleistung ermöglicht, abrundet, ergänzt oder verbessert[6]. Eine Nebenleistung, hat für die Kundschaft keinen eigenen Zweck, sondern stellt das Mittel dar, um die Hauptleistung des Leistungserbringers unter optimalen Bedingungen in Anspruch zu neh-

---

1 *Mössner*, Steuerrecht international tätiger Unternehmen, B 238 ff., B 244 ff.; *Hofacker* in Haase, Geistiges Eigentum, Rz. 4.193 ff.

2 Einkommensteuer-Richtlinien 2008 (EStR 2008) i.d.F. der EStÄR 2008 v. 18.12.2008 (BStBl. I 2008, 1017).

3 Schmidt/*Heinicke*, EStG, § 34c Rz. 18.

4 Schmidt/*Heinicke*, EStG, § 34c Rz. 26.

5 RL R 29 Abs. 1 Umsatzsteuerrichtlinien v. 10.12.2000 nunmehr Umsatzsteuer-Anwendungserlass (UStAE) zu § 3 UStG 3.10. Die Umsatzsteuer-Richtlinien 2008 (UStR 2008) wurden mit Wirkung vom 1.11.2010 aufgehoben. An ihre Stelle trat der – zeitlich nicht befristete – Umsatzsteuer-Anwendungserlass v. 1.10.2010, BStBl I 2010, 846.

6 *BFH* v. 7.3.1995, BStBl. II 1995, 429, 430; *BFH* v. 23.6.1977, BStBl. II 1977, 744, 747.

men[1]. Ein solcher Fall ist etwa gegeben, wenn der Unternehmer, der die Verwertung seiner Patentrechte durch einen Lizenznehmer duldet, an dieser Verwertung durch Beratung oder Planung mitgewirkt hat[2].

Frei. 3335

2. Lizenzvertrag mit ausländischem Lizenzgeber

a) Ertragsteuer

Eine Einkommensteuerpflicht ergibt sich zunächst bei Beteiligung einer inländischen Betriebsstätte eines ausländischen Unternehmens an der Durchführung des Lizenzvertrages (vgl. Rz. 3345 ff.). Unter Umständen können die Lizenzeinnahmen eines ausländischen Lizenzgebers auch der **beschränkten Einkommensteuerpflicht** des § 1 Abs. 4 EStG unterliegen. Das setzt voraus, dass es sich bei der Lizenzgebühr um inländische Einnahmen i.S. des § 49 EStG handelt[3]. Liegen die Voraussetzungen des § 49 EStG nicht vor, so unterliegt die an den ausländischen Lizenzgeber gezahlte Lizenzgebühr auch nicht der Einkommensteuerpflicht. 3336

Im Rahmen der Lizenzverträge ist insbesondere **§ 49 Abs. 1 Nr. 6 EStG** zu beachten[4], demzufolge eine beschränkte Steuerpflicht besteht, wenn **Einkünfte aus zeitlich begrenzter Vermietung oder Verpachtung** vorliegen und der ausländische Lizenzgeber sein in Lizenz vergebenes Schutzrecht in einem inländischen Register hat eintragen lassen[5]. Register dieser Art können etwa Patent-, Markenschutz- oder Gebrauchsmusterregister sein. Ausreichend ist es, wenn eine zeitliche Begrenzung vorgesehen wurde, bei Vertragsschluss aber noch ungewiss ist, wann genau die Überlassung endet[6]. Eine beschränkte Steuerpflicht besteht auch dann, wenn es sich bei den Lizenzeinnahmen um **Einkünfte aus Gewerbebetrieb i.S. des § 49 Abs. 1 Nr. 2 EStG** handelt. Dann muss der im Inland bestehende Gewerbebetrieb (z.B. Betriebsstätte nach § 12 AO) an der Gewinnerzielung beteiligt gewesen sein. Ein freier Erfinder unterliegt der Einkommensteuerpflicht für Einkünfte, die er für die Nutzung des Patents durch Inländer erhält, nach § 49 Abs. 1 Nr. 3 EStG. Werden ungeschützte Rechte zur Nutzung überlassen, gilt hinsichtlich der beschränkten Steuerpflicht § 49 Abs. 1 Nr. 9 EStG. Diese Regelung erfasst auch Know-how[7]. 3337

1 *Klenk/Martin* in Sölch/Ringleb, UStG, § 3 Rz. 33 u.a. m.H.a. *EuGH* v. 15.5.2001, Slg. 2001, I-3833 – Primback; *BFH* v. 11.11.2004, BFHE 207, 560.
2 *BFH* v. 17.7.1969, BStBl. II 1969, 693, 694.
3 Zum Vorliegen inländischer Leistungen bei der Vergabe von Unterlizenzen vgl. *Kramer*, IStR 1998, 557, 559 ff.
4 Vgl. etwa *BFH* v. 5.11.1992, BStBl. II 1993, 407, 409; s. auch *Haase* in Haase, Geistiges Eigentum, Rz. 8.110 ff.
5 *Zenthöfer/Schulze zur Wiesche*, Einkommensteuer, S. 1079.
6 *BFH* v. 7.12.1977, BStBl. II 1978, 355, 356.
7 *BFH* v. 18.3.2009, NV 2009, 1237, Rz. 10 (juris).

3338 Unterliegen die Lizenzeinnahmen der beschränkten Einkommensteuerpflicht des § 49 EStG, so wird diese bei Lizenzverträgen **gemäß § 50a Abs. 1 Nr. 3 EStG im Wege des Steuerabzugs** erhoben[1]. Der inländische Lizenznehmer ist dann verpflichtet, die Quellensteuer von der an den Lizenzgeber zu zahlenden Vergütung einzubehalten und an die deutschen Finanzbehörden abzuführen. Der Steuerabzug betrug bis zum Veranlagungszeitraum 2008 gemäß § 50a Abs. 4 Satz 4 EStG a.F. 20 % der Bruttoeinnahmen. Ab dem Veranlagungszeitraum 2009 beträgt der Steuersatz gemäß § 50a Abs. 2 Satz 1 EStG nur noch 15 %. § 50a EStG ist durch das JStG 2009 wesentlich geändert worden, indem daneben u.a. auch der Katalog der abzugspflichtigen Einkünfte beschränkt wurde. Das Verfahren des Steuerabzugs sollte an DBA-Recht und an die Rechtsprechung des EuGH angepasst werden[2]. Das neue Recht ist erstmals auf Vergütungen anzuwenden, die nach dem 31.12.2008 zufließen (§ 52 Abs. 58a EStG). Vereinbaren die Lizenzvertragspartner, dass der Lizenznehmer die Abzugssteuer nach § 50a EStG und den Solidaritätszuschlag zu tragen hat (sog. Nettovereinbarung), so ergibt sich gemäß den „Einkommensteuer-Hinweisen 2010"[3], zur Ermittlung der Abzugssteuer in den Fällen des § 50a Abs. 2 Satz 1, Halbs. 1 und Satz 3 EStG für eine Nettovergütung von mehr als 250,00 Euro (Zufluss nach dem 31.12.2008) ein Berechnungssatz für die Steuer nach § 50a EStG in Höhe von 17,82 % der Netto-Vergütung und für den Solidaritätszuschlag in Höhe von 0,98 % der Netto-Vergütung.

Der Lizenznehmer haftet als Schuldner für die Einbehaltung und Abführung der Abzugsteuer[4]. In den meisten DBA ist § 50a EStG aber dahingehend eingeschränkt, dass das Besteuerungsrecht dem Wohnsitzstaat des Lizenzgebers zugewiesen wird.

3339 **Existiert ein DBA, ist § 50d EStG zu berücksichtigen**. Danach sind die Vorschriften über Einbehaltung, Abführung und Anwendung der Abzugssteuer (Quellensteuer) vom Schuldner auch dann zu beachten, wenn diese Erträge nach einem DBA einer niedrigeren Steuer unterliegen oder nach einem DBA steuerbefreit sind[5]. Es besteht dann allerdings die Möglichkeit, einen Antrag auf Erstattung der einbehaltenen und abgeführten Steuer zu stellen

1 Schmidt/*Loschelder*, EStG, § 50a Rz. 13; s. auch *FG München* v. 8.12.2008 – 7 K 1239/06 – Rz. 11 (juris). In einem derzeit noch beim *BFH* anhängigen Verfahren (Az.: I R 76/10) soll laut Mitteilung v. 18.3.2011 (juris) erörtert werden, in welcher Höhe und welche Art von Ausgaben beim Steuerabzug berücksichtigungsfähig sind sowie, ob das Steuerabzugsverfahren grundsätzlich europarechtskonform ist.

2 BR-Drucks. 545/08, S. 49 und 87 ff.

3 S. (zu § 50a EStG) R 50a.2 bzw. H 50a.2 (Übersicht) der Einkommensteuer-Richtlinien 2008 i.d.F. der EStÄR 2008 v. 18.12.2008 (BStBl. I 2008, 1017) mit den Einkommensteuer-Hinweisen 2010.

4 Vgl. *BFH* v. 5.11.1992, BStBl. II 1993, 407, 408; *Bunzeck*, IStR 1997, 750; s. auch *FG München* v. 8.12.2008 – 7 K 1239/06 – Rz. 11 ff. (juris).

5 Zur Vereinbarkeit des § 50d EStG mit Art. 6, 48, 52 EG (jetzt Art. 18, 45, 49 AEUV [ex-Art. 12, 39, 43 EG]) vgl. *BFH* v. 21.5.1997, BStBl. II 1998, 113, 114.

(§ 50d Abs. 1 Satz 2 EStG). Dieser Antrag stellt eine Steuerklärung i.S. des § 150 AO dar[1]. Für eine ausländische Gesellschaft besteht dieser Anspruch nach der **Missbrauchsregelung des § 50d Abs. 3 Satz 1 EStG** dann nicht, wenn an ihr und somit am Lizenzvertrag Personen beteiligt sind, denen die Steuerentlastung nicht zustände, wenn sie die Einkünfte unmittelbar erzielten, und die von der ausländischen Gesellschaft im betreffenden Wirtschaftsjahr erzielten Bruttoerträge nicht aus eigener Wirtschaftstätigkeit stammen, sowie (1) in Bezug auf diese Erträge für die Einschaltung der ausländischen Gesellschaft wirtschaftliche oder sonst beachtliche Gründe fehlen oder (2) die ausländische Gesellschaft nicht mit einem für ihren Geschäftszweck angemessen eingerichteten Geschäftsbetrieb am allgemeinen wirtschaftlichen Verkehr teilnimmt. Erhebliche Änderungen hat § 50d Abs. 3 EStG zuletzt durch das Beitreibungsrichtlinie-Umsetzungsgesetz[2] erfahren. Die Versagung der Entlastung bedarf nunmehr der Erfüllung von vier Voraussetzungen, die zum Teil kumulativ, zum Teil alternativ verknüpft sind[3]. Die Entlastung ist dementsprechend nur ausgeschlossen, wenn die Voraussetzungen **Nr. 1 (keine eigene Entlastungsberechtigung der Gesellschafter) und Nr. 2 (Bruttoerträge nicht aus eigener Wirtschaftstätigkeit)** und zusätzlich noch **entweder Nr. 3 (Fehlen wirtschaftlicher oder sonst beachtlicher Gründe) oder Nr. 4 (kein angemessen eingerichteter Geschäftsbetrieb)** erfüllt sind[4]. Zu beachten ist diese Einschränkung insbesondere beim Abschluss von Kettenlizenzverträgen mit „Treaty Shopping"-Charakter, die vornehmlich dem Zweck der Steuerersparnis dienen[5].

Frei. 3340–3341

b) Umsatzsteuer

Wegen des Empfängerortsprinzips unterliegen die Lizenzeinnahmen gemäß § 3a Abs. 2, Abs. 4 UStG der Umsatzsteuerpflicht[6]. Das vor Inkrafttreten des Steueränderungsgesetzes vom 20.12.2001[7] gemäß § 18 Abs. 8 UStG i.V.m. §§ 51 ff. UStDV geltende Abzugsverfahren[8] wurde durch die Anpassung und Neufassung des § 13b UStG ersetzt[9]. Heute schuldet der ausländische Lizenzgeber die Umsatzsteuer im Gegensatz zur früheren Regelung nicht mehr und darf diese auch nicht ausweisen, da andernfalls gemäß § 14 Abs. 2 UStG eine Steuerschuld begründet wird. Die Berechnung der Steuer 3342

1 Blümich/*Wagner*, EStG/KStG/GewStG, § 50d EStG Rz. 30.
2 Gesetz v. 7.12.2011, BGBl. I 2011, S. 2592.
3 Schmidt/*Loschelder*, EstG, § 50d Rz. 47.
4 Schmidt/*Loschelder*, EstG, § 50d Rz. 47 f.
5 Vgl. hierzu *Kramer*, IStR 1998, 557, 561.
6 *Korn* in Bunjes, UStG, § 3a Anm. 3 f., 18 ff.
7 BGBl. I 2001, 3794.
8 Vgl. hierzu die 5. Aufl., Rz. 3200.
9 Ausführlich *Hallerbach/Rembert/Schwarze/Saß/Wagner*, JbFfSt 2002/2003, 542 ff.

erfolgt auf Grundlage des vom ausländischen Lizenzgeber in Rechnung gestellten Betrages, wobei die Steuer nicht aus diesem Betrag herauszurechnen, sondern aufzuschlagen ist, da der ausländische Lizenzgeber in der Regel das Nettoentgelt und nicht das Bruttoentgelt als Rechnungsbetrag ausweisen wird[1].

3343 Hat ein Unternehmer in Deutschland keinen Sitz oder keine Zweigniederlassung und hat er keine zu besteuernden Leistungen bewirkt, so ist er dennoch zum Vorsteuerabzug unter den Voraussetzungen des § 15 Abs. 1 Satz 1 Nr. 4 UStG berechtigt[2]. Die Anrechnung der Vorsteuer richtet sich nach dem Vorsteuervergütungsverfahren der §§ 59 ff. UStDV.

3344 Frei.

3. Die steuerrechtliche Behandlung von Lizenzzahlungen an verbundene ausländische Unternehmen[3]

3345 Bei Lizenzzahlungen an verbundene ausländische Unternehmen besteht die Gefahr einer grenzüberschreitenden Gewinnverlagerung. Für diesen Fall enthält das deutsche Steuerrecht Korrekturvorschriften.

a) Verdeckte Gewinnausschüttung, § 8 Abs. 3 Satz 2 KStG

3346 Auch im Bereich von Lizenzzahlungen an verbundene ausländische Unternehmen sind die Grundsätze der verdeckten Gewinnausschüttung i.S. des § 8 Abs. 3 Satz 2 KStG zu beachten (vgl. Rz. 3309 ff.). Unterschiede bestehen dahingehend, dass bei international verbundenen Unternehmen ein **Vorteilsausgleich** nur dann zulässig sein soll, wenn die nachteiligen Bedingungen im selben Wirtschaftsjahr, in dem sie sich ausgewirkt haben, ausgeglichen werden oder wenn spätestens zum Ende des Wirtschaftsjahres bestimmt ist, wann und durch welche Vorteile der Nachteilsausgleich erfolgen soll[4].

3347 Frei.

b) Außensteuergesetz (AStG)

3348 Unter Umständen sind im Bereich internationaler Lizenzverträge die Vorschriften des **Außensteuergesetzes (AStG)** zu berücksichtigen. So können dann Besonderheiten auftreten, wenn es sich gemäß § 1 AStG um **Ge-**

---

1 Vgl. *Groß/Rohrer*, Rz. 507.

2 *Völkel/Karg*, Umsatzsteuer, S. 510.

3 Ausführlich *Kuebart*, Verrechnungspreise im internationalen Lizenzgeschäft, passim; *Böcker*, StBP 1991, 73 ff.; zum maßgeblichen Fremdvergleichspreis s. auch *BFH* v. 6.4.2005, NZG 2005, 859, 860 ff.; *D. Schneider*, DB 2003, 53 ff.

4 *Amann*, Dienstleistungen im internationalen Steuerrecht, S. 189.

schäftsbeziehungen zwischen nahestehenden Personen handelt, deren lizenzvertragliche Vereinbarungen einem Fremdvergleich nicht standhalten. Ein solcher Fall liegt nach § 1 Abs. 2 AStG insbesondere dann vor, wenn gesellschaftsrechtliche Beteiligungen von mindestens 25 % gegeben sind oder ein beherrschender Einfluss ausgeübt wird. Dabei werden alle grenzüberschreitenden Geschäftsbeziehungen i.S. des § 1 Abs. 5 AStG erfasst.

Für die Beantwortung der Frage, ob vertragliche Lizenzbestimmungen ge- 3349
gen den **Fremdvergleichsgrundsatz („Dealing-at-arm's-length"-Prinzip)** verstoßen, ist zu prüfen, ob die vereinbarten Bedingungen, insbesondere Preise, mit solchen übereinstimmen, die unabhängige Dritte unter gleichen bzw. vergleichbaren Verhältnissen vereinbart hätten bzw. haben (§ 1 Abs. 1 Satz 1 AStG). Hierbei ist davon auszugehen, dass die voneinander unabhängigen Dritten alle wesentlichen Umstände der Geschäftsbeziehung kennen und nach den Grundsätzen ordentlicher und gewissenhafter Geschäftsleiter handeln (§ 1 Abs. 1 Satz 2 AStG). Eine **Konkretisierung** des Fremdvergleichs bietet **§ 1 Abs. 3 AStG**, indem er in einer dreistufiges Prüfungsmodell vorgibt. Methodisch wird differenziert zwischen dem **tatsächlichen Fremdvergleich** auf Basis uneingeschränkt vergleichbarer (Satz 1) und eingeschränkt vergleichbarer Fremdvergleichswerte (Satz 2 u. 3) und dem **hypothetischen Fremdvergleich**, der nur in Ermangelung anpassungsfähiger Fremdvergleichswerte (Satz 5–8) zulässig ist[1].

Im Rahmen des **§ 1 Abs. 3 Satz 1 AStG** sind vorrangig die Preisvergleichsmethode, die Wiederverkaufsmethode oder die Kostenaufschlagsmethode anzuwenden. **Preisvergleichsmethode** bedeutet Gegenüberstellung von zwischen den Nahestehenden vereinbarten Preisen und Vergleichspreisen, die im Markt unter ähnlichen Bedingungen vereinbart werden, wobei sich diese beim **inneren Preisvergleich** aus Abschlüssen des Unternehmens mit Fremden, beim **äußeren Preisvergleich** aus Börsenpreise, Branchenpreise etc., die marktbekannt sind, ergeben[2]. Bei der **Wiederverkaufspreismethode** wird der zwischen den Nahestehenden ausgehandelte Preis unter Rückgriff auf den Preis, zu dem der Belieferte in Folge an Fremde weiterveräußert hat, geprüft[3]. Die **Kostenaufschlagsmethode** greift demgegenüber auf die nach betriebswirtschaftlichen Grundsätzen ermittelten Kosten des Lieferanten bzw. Leistungserbringers zurück[4]. Lassen sich uneingeschränkt vergleichbare Fremdvergleichswerte nicht ermitteln, sind eingeschränkt vergleichbare Werte nach Vornahme sachgerechter Anpassungen der Anwendung einer geeigneten Verrechnungspreismethode zugrundezulegen (§ 1 Abs. 3 Satz 2 AStG). Können eingeschränkt vergleichbare Fremdvergleichswerte ebenfalls nicht festgestellt werden, so ist ein hypothetischer Fremdvergleich durchzuführen. Grundannahme ist dabei, dass auch für den Fall des

1 Blümich/*Pohl*, EStG/KStG/GewStG, § 1 AStG Rz. 74.
2 Blümich/*Pohl*, EStG/KStG/GewStG, § 1 AStG Rz. 77.
3 Blümich/*Pohl*, EStG/KStG/GewStG, § 1 AStG Rz. 81.
4 Blümich/*Pohl*, EStG/KStG/GewStG, § 1 AStG Rz. 86.

Versagens des Marktvergleichs ein Preis, den Fremde ausgehandelt hätten, festzustellen ist und der Verrechnungspreis demgemäß aus einem hypothetischen Prozess des Aushandelns der zu prüfenden Geschäftsbeziehung zwischen den als unabhängig zu setzenden Parteien abgeleitet werden kann[1].

3350 Schwerpunkt der steuerlichen Überprüfung bei Lizenzzahlungen an das beherrschende Unternehmen ist die **Prüfung der Höhe der Lizenzgebühr**. Dabei ist zu unterscheiden, welcher Art der abgeschlossene Lizenzvertrag ist, ob es sich also um einen reinen Patentlizenzvertrag oder einen gemischten Vertrag handelt. Zutreffend wird seitens der Finanzverwaltung anerkannt, dass bei einer Aufteilung der vereinbarten Pauschallizenzsätze auf Know-how und Patentlizenz grundsätzlich von einer Gleichwertigkeit ausgegangen werden kann[2]. Es gibt keinen allgemeinen Erfahrungssatz, wonach die patentrechtlich geschützte Erfindung wirtschaftlich mit einem größeren Wert anzusetzen ist als das Know-how. So kann das Know-how insbesondere dann sehr wertvoll sein, wenn eine relativ unbedeutende Schutzrechtsposition vorhanden ist. Hinzu kommt, dass häufig zusätzliche Leistungen (Schulung von Personal, Kundendienst, technische Hilfe, Garantie, Beratung) als weiterer Vertragsgegenstand eingebracht werden. Derartige Dienstleistungen sind gesondert bewertungsfähig; rechtstheoretisch ist das dafür gezahlte Entgelt keine Lizenz[3].

3351 Besonderes Misstrauen bringt die Finanzverwaltung sogenannten **Globallizenzverträgen** innerhalb eines Konzerns entgegen, die unabhängig von der tatsächlichen Nutzung der immateriellen Wirtschaftsgüter oder der Dienstleistungen für das einzelne Produkt global auf den gesamten Umsatz eines verbundenen Unternehmens bezogen sind. Nach Auffassung der Finanzverwaltung wären zwischen Fremden solche Globallizenzverträge aus kartellrechtlichen Gründen nicht vereinbar. Dieser Überlegung muss grundsätzlich widersprochen werden. Es entspricht vielmehr üblicher Praxis, dass im Rahmen eines Konzerns das herrschende Unternehmen den verbundenen (in- oder ausländischen) Töchtern das gesamte im Unternehmen vorhandene (schutzfähige oder nicht schutzfähige) Wissen und alle hierauf bezogenen Schutzrechtspositionen zur Verfügung stellt, unabhängig davon, ob von diesen Entwicklungsergebnissen Gebrauch gemacht

1 Blümich/*Pohl*, EStG/KStG/GewStG, § 1 AStG Rz. 114 m.H.a. BT-Drucks. 16/4841, S. 85.

2 Dies entspricht auch den Erfahrungen der *Schiedsstelle* für Arbeitnehmererfindungen beim DPMA (vgl. § 28 ArbEG), soweit sie das Wertverhältnis von Erfindung zum Know-how im Rahmen der Beteiligung des Arbeitnehmererfinders an Lizenzeinnahmen seines Arbeitgebers bestimmen muss; s. z.B. EV v. 12.12.2995, Mitt. 1997, 91 f. – Apparatebau; v. 1.10.2007 – Arb.Erf. 53/04, n.v.; v. 8.5.2008 – Arb.Erf. 26/06 (Datenbank); s. dazu auch *Bartenbach/Volz*, KommRL, RL Nr. 14 Rz. 142 f.

3 *BFH* v. 15.7.1987, BB 1987, 2290; *BFH* v. 23.11.1988, BStBl. II 1989, 82, 83 f.

wird. Insoweit erscheinen derartige Globallizenzverträge zweckmäßig und zulässig.

Daneben kann die **Hinzurechnungsbesteuerung nach §§ 7 ff. AStG** treten[1]. 3352
Das setzt voraus, dass der im Inland unbeschränkt Steuerpflichtige zu mehr als der Hälfte an einer ausländischen Gesellschaft beteiligt ist, die ausländische Gesellschaft einer niedrigeren Besteuerung (nicht mehr als 30 % bzw. 25 %) unterliegt und die Einkünfte der Zwischengesellschaft passive Einkünfte i.S. des § 8 AStG sind. Die Überlassung der Nutzung von Rechten, Plänen, Mustern, Verfahren, Erfahrungen und Kenntnissen (Know-how) ist nach § 8 Abs. 1 Nr. 6 lit. a AStG grundsätzlich als passive Tätigkeit einzuordnen und unterliegt daher der Hinzurechnungsbesteuerung. Für Know-how-Verträge gilt aber insoweit eine Ausnahme, als der mit wissensorientierten Dienstleistungen verbundene Transfer von Know-how keinen Fall des § 8 Abs. 1 Nr. 6 lit. a AStG darstellt[2].

Im **Verhältnis des AStG zu DBA** gilt gemäß § 20 Abs. 1 AStG grundsätzlich 3353
der Vorrang der Hinzurechnungsbesteuerung der §§ 7 ff. AStG. Die Korrektur nach § 1 AStG tritt dagegen hinter einem bestehenden DBA zurück.

Frei. 3354–3355

c) Zahlungen von Lizenzgebühren zwischen verbundenen Unternehmen in der EU[3]

Durch die sog. **Zins- und Lizenzrichtlinie vom 3.6.2003**[4] soll die steuerli- 3356
che Behandlung von Zinsen und Lizenzgebühren zwischen in den EU-Mitgliedstaaten ansässigen verbundenen Unternehmen erleichtert werden[5]. Zu diesem Zweck sieht die Richtlinie vor, dass in einem Mitgliedstaat angefallene Einkünfte in Form von Zinsen oder Lizenzgebühren von allen in diesem Staat darauf erhebbaren Steuern befreit werden (vgl. Art. 1 Abs. 1 RL). Die Richtlinie findet ausdrücklich keine Anwendung, wenn Zinsen oder Lizenzgebühren durch eine oder an eine in einem Drittstaat belegene Betriebsstätte eines Unternehmens eines Mitgliedstaats gezahlt werden und die Tätigkeit des Unternehmens ganz oder teilweise in dieser Betriebsstätte ausgeführt wird (Art. 1 Abs. 8 RL; vgl. auch § 50g Abs. 1 Satz 4 EStG). Zudem erfasst die Richtlinie nur den **outbound-Fall**, d.h. den Fall, bei dem die Zinsen und Lizenzgebühren von einem inländischen Zahler an einen ausländischen Nutzungsberechtigten geleistet werden. Im **inbound-Fall** – Zahlungen vom Ausland an einen inländischen Nutzungsberechtigten – steht

1 S. hierzu eingehend *Greinert/Weigert* in Haase, Geistiges Eigentum, Rz. 12.19 ff.
2 *Amann*, Dienstleistungen im internationalen Steuerrecht, S. 238.
3 Ausführlich *Dautzenberg*, StuB 2005, 524 ff.
4 RL 2003/49/EG, ABl. EG Nr. L 157 v. 26.6.2003, S. 49 ff., deren Anwendungsbereich durch die RL 2004/66/EG v. 26.4.2004, ABl. EG Nr. L 168 v. 1.5.2004, S. 35, 66 f. auf die am 1.5.2004 beigetretenen Staaten ausgeweitet wurde.
5 Vgl. EGr 2 u. 4 der Richtlinie.

die Besteuerungshoheit über die geleisteten Zahlungen uneingeschränkt dem Ansässigkeitsstaat des Nutzungsberechtigten zu[1].

3357 § 50g EStG[2] enthält die materiellen Bestimmungen zur Umsetzung der Richtlinie 2003/49/EG[3]. Die Vorschrift wurde rückwirkend zum 1.1.2004 in Kraft gesetzt, wobei das BMF im Vorgriff auf die zum 1.1.2004 nicht vorgenommene Umsetzung die unmittelbare Anwendung der Richtlinie angeordnet hatte[4].

3358 Nach der Regelung des § 50g Abs. 1 EStG wird im Fall der Zahlung von Zinsen oder Lizenzgebühren von einem in Deutschland ansässigen Unternehmen oder der deutschen Betriebsstätte eines Unternehmens aus einem anderen EU-Mitgliedstaat auf die Erhebung von Steuern auf Grund des § 50a EStG für Lizenzgebühren verzichtet, wenn die Zahlungen an ein in einem anderen EU-Mitgliedstaat ansässiges, verbundenes Unternehmen oder die dortige Betriebsstätte eines verbundenen Unternehmens geleistet werden. Gemäß § 50g Abs. 1 Satz 1 EStG erfordert die Nichterhebung einen entsprechenden Antrag. Die maßgebliche Schwelle zur Beurteilung der Frage, ob es sich um verbundene Unternehmen handelt, beträgt gemäß § 50g Abs. 3 Nr. 5 lit. b EStG 25 %[5].

3359 § 50g Abs. 2 EStG regelt die Fälle der Zahlung von Lizenzgebühren, auf welche die Richtlinienbefreiung nicht anwendbar ist, z.B. verdeckte Gewinnausschüttungen oder unangemessen hohe Zinsen. § 50g Abs. 3 EStG enthält eine Vielzahl von Definitionen, zum einen für Lizenzgebühren in Nr. 4 lit. b sowie zum anderen für verbundene Unternehmen in Nr. 5 lit. b (insoweit ist eine 25 %-Beteiligung maßgeblich). § 50g Abs. 4 EStG enthält ein Missbrauchsverbot und § 50g Abs. 5 EStG stellt klar, dass weitergehende DBA-Entlastungen auch künftig zu gewähren sind[6].

3360 § 50h EStG dient dem Vollzug des § 50g EStG[7]. Insoweit hat das für das zahlende Unternehmen zuständige Finanzamt auf Antrag zu bestätigen, dass das empfangende Unternehmen im Inland ansässig bzw. belegen ist.

3361–3364 Frei.

---

1 EGr 3 u. 4 der Richtlinie; vgl. *Häuselmann/Ludemann*, RIW 2005, 123, 128.

2 Ausführlich zur praktischen Umsetzung *Dörr*, IStR 2005, 109 ff.

3 Vgl. die Übersicht über die von der Neuregelung (trotz bestehender DBA) betroffenen Staaten bei *Forst/Busch*, EStB 2005, 35, 37; vgl. auch *Cordewener/Dörr*, GRUR Int. 2005, 674, 678.

4 BStBl. I 2004, 479.

5 Zu den erfassten Konzernstrukturen vgl. *Dörr*, IStR 2005, 109, 111 ff.

6 Vgl. auch Art. 9 der zugrunde liegenden Richtlinie.

7 Schmidt/*Weber-Grellet*, EStG, § 50h Rz. 1.

E. Formularvorschläge für Patentlizenz- und Know-how-Lizenzvertrag sowie Geheimhaltungsvereinbarung[1]

I. Vorbemerkung

3365 Im Folgenden sollen Gestaltungsbeispiele für Patent- und Know-how-Lizenzverträge dargestellt werden. Das nachstehend **erste Formular** gibt die wichtigsten Inhalte eines **ausschließlichen Patentlizenzvertrages** wieder. Das **zweite Formular** enthält einen gemischten **einfachen Patentlizenz- und Know-how-Vertrag**.

Manche Regelungsgegenstände sind in diesen beiden Formularen parallel vorhanden, z.T. werden Regelungsgegenstände aber aus Gründen der Wahrung der Übersichtlichkeit nur in einem der beiden Formulare erwähnt, so z.B. die technische Field-of-Use-Beschränkung in Tz. 2.2 des zweiten Formulars (Rz. 3425 ff.; 3435), die auch in einem ausschließlichen reinen Patentlizenzvertrag vorkommen kann, wie er im ersten Formular (Rz. 3366 ff.) dargestellt ist.

Ein drittes Formular enthält schließlich das Muster einer **(beidseitigen) Geheimhaltungsvereinbarung** (Rz. 3492 ff.).

Selten werden alle hier angesprochenen Regelungsgegenstände in einer Vereinbarung versammelt sein; damit dürften solche Vereinbarungen auch überfrachtet werden. Dies gilt auch für die Aufnahme denkbarer Regelungsalternativen und Ergänzungen.

Teilweise enthalten die nachstehenden Textvorschläge auch Formulierungen, die – erst in der Zusammenschau als unvereinbar zu erkennen – rechtlich nicht miteinander kombiniert werden sollten oder sogar können. Der genaue Inhalt eines Vertrages sollte daher *nur* unter Zuhilfenahme der gesamten Kommentierung erstellt werden.

Im Grundsatz sollten derartige Vertragsmuster vor allem als **Checkliste** verstanden werden. Auch die Überschriften zu den einzelnen Gliederungspunkten werden nicht stets in einen Vertrag übernommen werden müssen; sie dienen hier der Erhöhung der Übersichtlichkeit.

In allen Vereinbarungen ist aus Gründen der vereinheitlichten Darstellung als Währungseinheit ausschließlich der Euro eingesetzt worden.

Nachfolgend seien die **wesentlichen Bestandteile eines Lizenzvertrages** aufgelistet, was aber selbstverständlich nicht abschließend erfolgen kann:

- Präambel
- Parteien (Lizenzgeber und Lizenznehmer)

---

1 Die Vertragsmuster sind auch online abrufbar unter: www.otto-schmidt.de/bartenbach, Passwort: Vertragsmuster.

- Vertragliche Definitionen
- Vertragsgegenstand
- Umfang der Lizenz (sachlich territorial, etc.)
- Unterlizenzberechtigung
- Betriebs-/Konzernlizenz
- Verbesserungen
- Schutzrechte des Lizenznehmers, ggf. Benutzungsrecht des Lizenzgebers an diesen
- Gebührenregelung
- Gebührenabrechnung, Kontrolle
- Geheimhaltung
- Gewährleistung
- Nichtangriffsklausel
- Vertragslaufzeit und Kündigung
- Anzuwendendes Recht
- Gerichtsstand und Schiedsgerichtsvereinbarung
- Nebenbestimmungen
- Genehmigungsvorbehalte
- Inkrafttreten
- Unterschriften
- etc. (Anm.: Liste nicht abschließend)

II. Ausschließlicher Patentlizenzvertrag

3366 Die Vertragsparteien

Firma …
mit Sitz in …
vertreten durch …
als **Lizenzgeber**

und

Firma …
mit Sitz in …
vertreten durch …
als **Lizenznehmer**

schließen folgenden Lizenzvertrag:

1. Präambel (vgl. Rz. 487 ff.)

1.1 Motive (vgl. Rz. 1 ff.) 3367

Der Lizenzgeber befasst sich seit ... mit Forschung und Entwicklung im Bereich ..., ohne selbst eine Fertigung zu betreiben. Der Lizenznehmer ist bereits seit Jahren auf diesem technischen Gebiet durch Herstellung und Vertrieb von ... tätig, verfügt also über unfassendes Know-how. Er will zur Erweiterung seines Herstellungs- und Fertigungsprogrammes die – bisher nicht praktisch ausgewerteten – zum Schutzrecht angemeldeten Forschungs- und Entwicklungsergebnisse des Lizenzgebers in dem o.g. Bereich nutzbar machen. Er übernimmt es, die Produktionsreife in ... Monaten ab Vertragsabschluss herbeizuführen.

Oder:

Beide Vertragspartner befassen sich mit Forschung, Entwicklung, Herstellung und Vertrieb im Bereich von ... Zur Verbesserung der jeweiligen Forschungsarbeit vereinbaren die Parteien einen Austausch ihrer bisherigen geschützten und ungeschützten Entwicklungsergebnisse auf diesem Gebiet. Zu diesem Zweck erfolgt eine wechselseitige ausschließliche Lizenzierung der Vertragsschutzrechte und des Know-hows, bei der die Vertragspartner jeweils zur Eigennutzung berechtigt bleiben. Weitere Maßnahmen der Zusammenarbeit erfolgen ausschließlich über eine gesonderte schriftliche Vereinbarung. Die Vertragspartner gehen von der Gleichwertigkeit der auszutauschenden Entwicklungsergebnisse aus (**alternativ:** Ausgleichszahlungen)[1]. Soweit erforderlich, werden zum Erfahrungsaustausch auch wechselseitig Fachkräfte zu noch abzustimmenden Bedingungen ausgetauscht.

Oder:

Die Vertragsparteien führen vor dem Landgericht ... (Az.: ...) einen Patentverletzungsstreit. Hierbei geht es u.a. um die Auslegung des Schutzumfangs des ... Patentes Nr. ... Dieser Rechtsstreit ist bis zur rechtskräftigen Entscheidung der vor dem Bundespatentgericht anhängigen Nichtigkeitsklage gegen das Klagepatent ausgesetzt. Zur Beilegung dieses Verletzungsstreites vereinbaren die Parteien die nachstehende Lizenzabrede zugleich mit der Verpflichtung für jede Klagepartei, die jeweils anhängig gemachte Klage zurückzunehmen und keine Kostenanträge zu stellen.

---

1 Anmerkung: Bei dieser Fallgestaltung kommen die üblichen Regeln eines Lizenzvertrages nicht zur Anwendung. Dies gilt insbesondere für Haftungspflichten des Lizenzgebers, (wechselseitige) Lizenzgebührenpflichten etc. Nahe liegend wäre allenfalls, die „Grundregeln" einer negativen Lizenz (s. dazu Rz. 130 ff.) zu verwenden. Das Schwergewicht eines solchen Lizenzaustauschvertrages liegt in der Herausstellung der auszutauschenden Vertragsrechte, der Aufzählung aller bei Vertragsabschluss hierzu gehörenden Schutzrechtspositionen (ggf. auch nur unter Benennung eines konkreten technischen Bereichs), der Annahme der Gleichwertigkeit der eingeräumten Nutzungsrechte (bzw. eines zusätzlichen einmaligen pauschalen Ausgleichs bei Ungleichheit), der Einbeziehung Dritter durch (gemeinsame) Lizenzvergabe, der Geheimhaltungspflichten, (evtl.) des Austauschs zukünftiger Entwicklungsergebnisse und ggf. – soweit kartellrechtlich zulässig – der Abgrenzung der Tätigkeiten der Vertragsparteien auf dem Lizenzgebiet.

*(**Anm.:** Alternative besondere Gründe zum Abschluss eines Lizenzvertrages, die ebenfalls der Klarstellung halber in die Präambel aufgenommen werden könnten, sind denkbar; vgl. Rz. 1 ff.; 485 ff.).*

3368 **1.2 Vertragsschutzrechte (vgl. Rz. 188 ff.) und Schutzrechtsunterlagen**

Der Lizenzgeber ist (alleinverfügungsberechtigter) Inhaber nachfolgender Vertragsschutzrechte, die sich gegenständlich auf unterschiedliche Schutzrechtsfamilien beziehen:

1.2.1

Schutzrechtsfamilie I

(Betr. …)

Deutsches Patent Nr. …
erteilt am …
mit gesetzlicher Laufdauer bis …
Europäische Schutzrechtsanmeldung Nr. …
angemeldet am …
mit folgenden benannten Vertragsstaaten: …
US-Patent Nr. …
erteilt am …
mit gesetzlicher Laufdauer bis …

1.2.2

Schutzrechtsfamilie II

(Betr. …)

Deutsche Patentanmeldung …
angemeldet am …
Europäisches Patent Nr. …
erteilt am …
mit folgenden benannten Vertragsstaaten …

1.2.3

Ggf. zusätzlich: Marke (national/Gemeinschaftsmarke) …

Alternativ:

Der Lizenzgeber ist (alleinverfügungsberechtigter) Inhaber der in **Anhang 1** zu diesem Vertrag genannten Vertragsschutzrechte.

1.2.4 Schutzrechtsunterlagen

Der Lizenznehmer hat vor Vertragsabschluss Kopien der Patentschriften bzw. der Patentanmeldungen *(jeweils aktuellen Stand beachten)* der Vertragsschutzrechte (ggf. einschließlich der Unterlagen über die mitlizenzierte Marke) erhalten.

1.3 Definitionen 3369

Im Vertrag vorangestellt, sollten die wesentlichen im Vertragstext aufgeführten Begriffe definiert werden. Selbstverständlich können wegen des Sachzusammenhangs einzelne Definitionen auch innerhalb des nachfolgenden Vertragstextes erfolgen (s. etwa Rz. 3376). Hierzu gehören insbesondere:

- Know-how,
- sachliches Vertragsgebiet,
- räumliches Vertragsgebiet,
- Vertragsprodukte (s. Rz. 3371).

1.4 Vertragszweck 3370

Der Lizenznehmer beabsichtigt, unter Benutzung der Vertragsschutzrechte Vertragsprodukte herzustellen bzw. herstellen zu lassen, zu gebrauchen und zu vertreiben bzw. vertreiben zu lassen.

1.5 Vertragsprodukte 3371

Vertragsprodukte sind alle Produkte, bei denen mindestens ein Anspruch eines Vertragsschutzrechts wortsinngemäß oder in äquivalenter Form bzw. in mittelbarer Weise oder ein sonstiges Vertragsschutzrecht benutzt wird.

1.6 Vorlizenzen (Rz. 90) 3372

Lizenzen an den Vertragsschutzrechten zugunsten Dritter sind weder eingeräumt noch besteht eine dahin gehende vertragliche Verpflichtung des Lizenzgebers.

Alternativ:

Der Lizenzgeber hat der Firma ... folgende Lizenz an den Vertragsschutzrechten eingeräumt: ... Weiter gehende vertragliche Verpflichtungen des Lizenzgebers zugunsten Dritter auf Rechtseinräumung bestehen nicht.

Eine Lizenzbereitschaftserklärung wurde nicht abgegeben.

1.7 Know-how (vgl. Rz. 1430 ff.) 3373

Begleitendes Know-how wird vom Lizenzgeber nicht zur Verfügung gestellt.

Alternativ:

Technische Hilfestellung (Rz. 1445, 1452)

Der Lizenzgeber ist im laufenden und nachfolgenden Kalenderjahr auf Verlangen des Lizenznehmers verpflichtet, technische Hilfestellung durch Beratung und Schulung der Mitarbeiter des Lizenznehmers zu leisten, und zwar durch Bereitstellung von ... Mitarbeitern in einem Arbeitsumfang von maximal ... Mann/Stunden/ monatlich.

Sämtliche Kosten der technischen Hilfestellung trägt der Lizenznehmer mit einem Tagessatz von ... Euro/Mitarbeiter zuzüglich Kosten für Reise, Unterbringung, Verpflegung, Versicherung etc.

3374 1.8 Bisherige Auswertung der Vertragsschutzrechte und Entwicklungsmöglichkeiten

Die Vertragsschutzrechte haben bisher in folgender Weise eine industrielle Auswertung erfahren: ...

*(**Anm.:** Hier wäre auch eine bereits erfolgte Auswertung durch den Lizenzgeber, die dieser ggf. weiterzuführen beabsichtigt, anzusprechen.)*

Oder:

Die Vertragsschutzrechte sind bisher noch nicht praktisch ausgewertet worden. Sie haben bei Abschluss dieses Vertrages folgenden Entwicklungsstand: ...

Die Vertragspartner gehen von folgenden Entwicklungsmöglichkeiten aus ...

Der Lizenznehmer strebt an, die Produktionsreife in ... Monaten zu erreichen. Hierbei wird ihn der Lizenzgeber nur aufgrund einer gesondert zu treffenden Vereinbarung und gegen gesonderte Vergütung mit technischer Hilfestellung unterstützen.

2. Lizenz

3375 2.1 Ausschließliche Lizenz (vgl. Rz. 78 ff.)

2.1.1

Der Lizenzgeber erteilt dem Lizenznehmer eine ausschließliche Lizenz an den Vertragsschutzrechten für die Herstellung (in eigenen wie in fremden Werkstätten), den Gebrauch und den Vertrieb der Vertragsprodukte im Vertragsgebiet.

Das Nutzungsrecht des Lizenznehmers erstreckt sich auf den gesamten technischen Anwendungsbereich der Erfindung (***alternativ:*** field-of-use-Beschränkung, s. Rz. 1335 ff.).

2.1.2

Eigenverwertung durch den Lizenzgeber (vgl. Rz. 79 ff.)

Dem Lizenzgeber bleibt vorbehalten, Vertragsprodukte im Vertragsgebiet selbst herzustellen bzw. herstellen zu lassen, zu gebrauchen und zu vertreiben bzw. vertreiben zu lassen.

Oder:

Zwischen den Vertragspartnern besteht Einigkeit, dass der Lizenzgeber die Eigennutzung der Vertragsprodukte (in dem Werk ...) fortführt.

Ggf. zusätzlich:

Die Eigennutzung durch den Lizenzgeber ist zeitlich befristet bis zum ...; nach diesem Zeitpunkt ist ausschließlich der Lizenznehmer zur Nutzung im Vertragsgebiet berechtigt.

Alternativ:

Der Lizenzgeber wird weder selbst noch durch Dritte im Vertragsgebiet Vertragsprodukte herstellen bzw. herstellen lassen und/oder vertreiben bzw. vertreiben lassen.

2.2 Vertragsgebiet (vgl. Rz. 1213 ff.) 3376

2.2.1

Örtlich wird die Lizenz für folgende Vertragsgebiete erteilt:

Bundesrepublik Deutschland sowie die Staaten ...

2.2.2

In den EU-Staaten ... bestehen parallele Patente (und sonstige Vertragsschutzrechte) des Lizenzgebers. Die Parteien stellen klar, dass diese Staaten nicht zum Vertragsgebiet gehören; in diesen Staaten ist dem Lizenznehmer für die Dauer des Bestehens eines parallelen Patents oder eines sonstigen Vertragsschutzrechts eine Benutzung der Vertragsschutzrechte nicht gestattet.

Der aktive Vertrieb in die EU-Staaten ... ist jedoch so lange gestattet, bis der Lizenzgeber dem Lizenznehmer schriftlich mitgeteilt hat, dass er dort eine Lizenz an einen Dritten vergeben hat. Die nach Zugang dieser Mitteilung insoweit auslaufenden Verwertungsrechte bestimmen sich nach Tz. ... *(Bezugnahme auf eine Auslaufklausel wie z.B. Tz. 11.3).*

2.2.3

Der Lizenznehmer ist berechtigt, auf von ihm nicht veranlasste Lieferanfragen aus den vorstehend in Tz. 2.2.2 aufgeführten EU-Staaten Vertragsprodukte dorthin zu liefern.

2.2.4

Für jeden Fall des Zuwiderhandelns gegen die Verpflichtungen in Tz. 2.2.2 ist der Lizenznehmer unter Ausschluss der Einrede des Fortsetzungszusammenhanges verpflichtet, eine Vertragsstrafe in Höhe von ... Euro/der doppelten Jahreslizenzgebühr an den Lizenzgeber zu zahlen.

2.2.5

Dem Lizenzgeber bleibt vorbehalten, im Fall der zeitlichen, räumlichen oder sachlichen Überschreitung der Lizenz auch aus den Vertragsschutzrechten oder aus parallelen Schutzrechten gegen den Lizenznehmer vorzugehen.

2.3 Unterlizenzen (vgl. Rz. 101 ff.) 3377

Der Lizenznehmer ist nicht berechtigt, Dritten Lizenzen an den Vertragsschutzrechten (Unterlizenzen) zu erteilen.

Alternativ:

Der Lizenznehmer ist berechtigt, Dritten Lizenzen an den Vertragsschutzrechten (Unterlizenzen) zu erteilen.

Alternativ:

Der Lizenznehmer ist nur insoweit berechtigt, Dritten Lizenzen an den Vertragsschutzrechten (Unterlizenzen) zu erteilen, als der Lizenzgeber zuvor schriftlich seine Einwilligung zu dem ihm vorzulegenden Entwurf des Vertrages mit einem Dritten erteilt hat. Die Einwilligung ist nur dann zu erteilen, wenn der Lizenznehmer nachweist, dass der Lizenzinteressent über die notwendige technische Einrichtung und Kapazität zur Herstellung und zum Vertrieb der Vertragsprodukte verfügt sowie die vorgesehenen Vertragsbedingungen sich nicht nachteilig für den Lizenzgeber auswirken.

Zusatz zu den Alternativen:

Die Vertragsbestimmungen gemäß Tz. … dieses Vertrages sind auch Unterlizenznehmern aufzuerlegen. Nach Abschluss von Unterlizenzverträgen hat der Lizenznehmer diese dem Lizenzgeber unverzüglich in Kopie vollständig vorzulegen.

Weiterer Zusatz zu den Alternativen:

In dem Unterlizenzvertrag ist auch festzulegen, dass dieser mit Wegfall des Hauptlizenzvertrages ebenfalls endet, gff. ist die Unterlizenz lediglich als negative (schuldrechtliche) Lizenz zu gestalten.

Bei Erlöschen der Hauptlizenz hat der Hauptlizenzgeber gegen den Hauptlizenznehmer einen Anspruch auf Abtretung evtl. gegen den Unterlizenznehmer bestehender Ansprüche auf ausstehende Lizenzgebührenzahlungen (vgl. Rz. 148 ff.).

3378 **2.4 Übertragbarkeit (vgl. Rz. 599 ff.)**

Der Lizenznehmer ist im Übrigen nicht berechtigt, Rechte aus diesem Lizenzvertrag an Dritte und/oder an rechtlich oder wirtschaftlich verbundene Unternehmen (vgl. § 15 AktG) zu übertragen.

3379 **2.5 Registrierung der Lizenz (vgl. Rz. 621)**

Sofern eine Vertragspartei verlangt, dass die Lizenzeinräumung in dem jeweiligen Schutzrechtsregister vermerkt (***ggf. zusätzlich:*** *oder in einem Auslandsstaat innerhalb des Vertragsgebiets registriert*) wird, hat die andere Vertragspartei die dafür erforderlichen Erklärungen abzugeben. Alle Kosten trägt die Partei, die die Eintragung verlangt. Sofern die Lizenz vor Ablauf des Schutzrechts endet, ist der Lizenznehmer verpflichtet, auf Anforderung seitens des Lizenzgebers unverzüglich die zur Löschung erforderlichen Erklärungen abzugeben.

3. Lizenzgebühren (vgl. Rz. 1675 ff.)

3380 **3.1 Einmalzahlung (vgl. Rz. 1753 ff.)**

Der Lizenznehmer zahlt an den Lizenzgeber innerhalb von … Wochen nach Vertragsschluss eine einmalige Pauschalgebühr in Höhe von … Euro. Diese ist auch bei vorzeitiger Auflösung bzw. Kündigung des Vertrages oder Wegfall einzelner Vertragsschutzrechte bzw. deren Einschränkung durch Rechte Dritter nicht rückforderbar; eine Anrechnung auf laufende Lizenzgebühren erfolgt nicht (***alternativ:*** *erfolgt*).

3381 **3.2 Laufende Lizenzgebühr (vgl. Rz. 1750 ff.)**

3.2.1

Darüber hinaus zahlt der Lizenznehmer eine laufende Lizenzgebühr in Höhe von … % der seinen Abnehmern in Rechnung gestellten Nettoverkaufspreise für die Vertragsprodukte. Für Lieferungen im Zusammenhang mit Rückruf-, Garantie- oder Reparaturleistungen sind ebenfalls die laufenden Lizenzgebühren zu zahlen, es sei denn, derartige Maßnahmen sind auf Mängel der lizenzierten Vertragsschutzrechte zurückzuführen. Hierfür ist der Lizenznehmer darlegungs- und beweispflichtig.

3.2.2

Nettoverkaufspreis ist der in Rechnung gestellte Bruttoverkaufspreis abzgl. etwaiger üblicher Rabatte, gesondert ausgewiesener Kosten für Versand, Verpackung, Transportversicherung sowie abzgl. der vom Lizenznehmer auf den Bruttoverkaufspreis zu entrichtenden Umsatz-/Verbrauchssteuern und Zölle.

Alternativ:

Nettoverkaufspreis ist der in Rechnung gestellte Bruttoverkaufspreis abzgl. etwaiger üblicher gesondert ausgewiesener Rabatte und abzgl. der vom Lizenznehmer auf den Bruttoverkaufspreis zu entrichtenden Umsatz-/Verbrauchssteuern und Zölle sowie unter Abzug einer Pauschale von ... % für Versandkosten, Verpackung und Transportversicherung.

3.2.3

Die Lizenzgebühr wird wie folgt aufgestaffelt:

... % auf die jährlichen Nettoverkaufserlöse bis ... Euro,

... % auf die darüber hinausgehenden jährlichen Nettoverkaufserlöse von ... Euro bis ... Euro,

... % auf die jährlichen Nettoverkaufserlöse über ... Euro.

Jährlicher Nettoverkaufserlös ist die Summe aller kalenderjährlich (***alternativ***: *im jeweiligen Geschäftsjahr des Lizenznehmers*) allen Abnehmern in Rechnung gestellten Nettoverkaufspreise für alle Vertragsprodukte.

Alternativ: abgestaffelt

3.2.4

Soweit der Nettoverkaufspreis in anderen Währungen als dem Euro fakturiert wird, tritt der entsprechende Euro-Wert nach dem an der Börse Frankfurt amtlich ermittelten Tageskurs (mittlerer Wert) an die Stelle des Fremdwährungsbetrags (***alternativ***: *ist er zum offiziellen Wechselkurs (Börse Frankfurt) der jeweiligen Währung am letzten Geschäftstag des jeweiligen Abrechnungszeitraums in Euro umzurechnen*). Dies gilt auch zum Zwecke der Staffelung gemäß Tz. 3.2.3.

Alternative zu Tz. 3.2.1 bis Tz. 3.2.4:

3.2.1

Darüber hinaus zahlt der Lizenznehmer laufende Stücklizenzgebühren für an seine Abnehmer veräußerte Vertragsprodukte. Für Lieferungen im Zusammenhang mit Rückruf-, Garantie- oder Reparaturleistungen sind ebenfalls die laufenden Stücklizenzgebühren zu zahlen, es sei denn, derartige Maßnahmen sind auf Mängel der lizenzierten Vertragsschutzrechte zurückzuführen. Hierfür ist der Lizenznehmer darlegungs- und beweispflichtig.

Die Stücklizenz wird wie folgt bestimmt:

Vertragsprodukte aus dem technischen Sektor ...:

Euro .../Stück

Vertragsprodukte aus dem technischen Sektor ...:

Euro .../Stück

Vertragsprodukte aus dem technischen Sektor ...:

Euro .../Stück

3.2.2

Diese Stücklizenzgebühren gelten für bis zum Ablauf des zweiten Kalenderjahres nach Unterzeichnung dieses Lizenzvertrages den Abnehmern in Rechnung gestellte Vertragsprodukte. Für die auf diesen Zeitraum folgenden Kalenderjahre werden die Stücklizenzgebühren um ... % je Kalenderjahr angehoben.

3.2.3

Die Stücklizenzgebühr wird bei Überschreitung bestimmter Stückzahlen rabattiert. Beträgt in einem Kalenderjahr die gegenüber dem Lizenzgeber abzurechnende Stückzahl ***(ggf.:** je technischem Sektor nach Tz. 3.2.1) ... Stück, erfolgt eine Rabattierung auf den gesamten im abgelaufenen Kalenderjahr zu zahlenden Lizenzbetrag von 3 %. Für den darüber liegenden, auf bis ... Stück entfallenden Betrag an Lizenzgebühren beträgt die Rabattierung 5 %, für den auf über ... Stück entfallenden Lizenzbetrag beträgt die Rabattierung 7 %. Die Rabattierung erfolgt unbar durch Abzug von im folgenden Jahr fällig werdenden Lizenzvergütungen.*

Weitere Alternative zu Tz. 3.2.1 bis Tz. 3.2.4[1]:

3.2.1

Darüber hinaus zahlt der Lizenznehmer laufende pauschale Lizenzgebühren. Jedes in **Anhang 1** genannte Vertragsschutzrecht erhält für diese Zwecke – ggf. für jedes Land, in dem parallele Schutzrechte bestehen, gesondert – einen Punktwert. Jeder Punkt entspricht für den Zeitraum bis zum Ablauf des zweiten auf den Vertragsschluss folgenden vollen Kalenderjahres einem pauschalen Lizenzbetrag von ... Euro je Kalenderjahr, für den Zeitraum zwischen Vertragsschluss und Ablauf des laufenden Kalenderjahres ggf. anteilig.

3.2.2

Schutzrechte, die der Lizenznehmer über mehr als ein Kalenderjahr nicht genutzt hat, kann der Lizenzgeber an Dritte in Lizenz vergeben[2].

1 Anmerkung: Bei Wahl dieser Form eines Pauschallizenzmodells entfallen jedenfalls die folgenden Tz. bzw. sind nur eingeschränkt zu verwenden: 3.5.2, 4.1, 4.2, 4.3, 4.4, 4.5, 4.6.

2 Ggf. bei Tz. 5.2 einfügen.

3.2.3

Für jedes auf die in Tz. 3.2.1 genannte Grundfrist folgende Kalenderjahr steigt der Betrag für den Wert eines Punktes um jeweils ... %.

3.2.4

Mit der sich pro Vertragsschutzrecht ergebenden Pauschallizenzgebühr sind alle Nutzungshandlungen des Lizenznehmers betr. das jeweilige Vertragsschutzrecht in dem jeweiligen Kalenderjahr abgegolten, von der Unterlizenzvergabe an Dritte abgesehen.

3.2.5

Sofern nach diesem Vertrag Unterlizenzen vergeben werden, fallen für Nutzungen von Unterlizenznehmern des Lizenznehmers entsprechende Gebühren gemäß Tz. 3.2.1 bis 3.2.4 an (ggf.: jedoch erhöht um einen ... %-igen Aufschlag).

3.2.6

Sämtliche Lizenzgebühren wie auch alle sonstigen Zahlungen aus und im Zusammenhang mit diesem Lizenzvertrag und seiner Abwicklung sind in Euro zu berechnen und frei von Steuern (ausgenommen direkte Steuern gemäß Tz. 3.3.2), Gebühren und sonstigen Abzügen zu zahlen.

3.3 Umsatzsteuer und direkte Steuern (vgl. Rz. 3317 ff.) 3382

3.3.1

Alle nach diesem Lizenzvertrag zu leistenden Lizenzgebühren und sonstigen Zahlungen des Lizenznehmers verstehen sich jeweils zzgl. gesetzlicher Umsatzsteuer.

3.3.2

Im Übrigen gehen direkte Steuern, die im Land des Lizenznehmers für die an den Lizenzgeber zu erbringenden Zahlungen erhoben werden, zulasten des Lizenzgebers.

3.4 Mindestlizenzgebühr (vgl. Rz. 1764 ff.) 3383

Der Lizenznehmer ist zur Zahlung einer auf die laufende Lizenzgebühr anrechenbaren jährlichen Mindestlizenzgebühr verpflichtet.

*(**ggf. zusätzlich:** Die Mindestlizenzgebühr wird erstmals fällig für den Zeitraum ab dem zweiten auf den Vertragsschluss folgenden Kalenderjahr; der Zeitraum davor gilt als technische und organisatorische Anlaufphase.)*

Die Mindestlizenzgebühr beträgt ... Euro jährlich (***ggf.*** *steigend für fortschreitende Kalenderjahre*).

3.5 Schuldner bei der Unterlizenzvergabe (vgl. Rz. 1848 f.; 1880 ff.) 3384

3.5.1

Soweit gemäß diesem Vertrag Unterlizenzen vergeben werden, haftet der Lizenznehmer dem Lizenzgeber unter Ausschluss aller sich aus dem Unterlizenzverhältnis ggf. ergebender Einwendungen und Einreden, Zurückbehaltungsrechte oder sonstiger Gründe für eine Nichtzahlung oder verminderte Zahlung für sämtliche sich aus Benutzungshandlungen des Unterlizenznehmers ergebenden Lizenzgebühren und sonstigen Zahlungspflichten des Unterlizenznehmers wie für eigene Benutzungshandlungen.

3.5.2

Der Lizenznehmer steht dafür ein, dass die nachstehenden Buchführungs- und Rechnungslegungspflichten auch seitens der Unterlizenznehmer beachtet werden und der Lizenzgeber auch diesen gegenüber das nachstehend vereinbarte Einsichts- und Prüfungsrecht hat.

4. Entstehen, Fälligkeit und Abrechnung der Lizenzgebühren (vgl. Rz. 1830 ff.)

3385 **4.1 Entstehen der Lizenzgebühren (vgl. Rz. 1830 ff.)**

Die laufenden Lizenzgebühren entstehen für jedes Vertragsprodukt mit dem Tage der Rechnungsstellung durch den Lizenznehmer an seine Abnehmer. Zahlungsausfälle oder Zahlungsverweigerungen der Abnehmer, gleich aus welchem Grunde, hindern Entstehung und Fälligkeit des Lizenzgebührenanspruchs nicht.

3386 **4.2 Abrechnungszeitraum**

Abrechnungszeitraum ist zunächst der Zeitraum vom Tage des Vertragsschlusses bis zum Ende dieses Kalenderjahres und danach der Zeitraum bis zum Ablauf des jeweils folgenden Kalenderjahres/-halbjahres/-vierteljahres[1].

3387 **4.3 Rechnungslegung (vgl. Rz. 1842 ff.)**

4.3.1

Der Lizenznehmer hat dem Lizenzgeber innerhalb von … Monaten nach Ablauf eines Abrechnungszeitraums Rechnung zu legen, und zwar mit länderweiser Aufstellung unter Angabe der Anzahl der hergestellten und vertriebenen Vertragsprodukte, der in den jeweiligen Währungen in Rechnung gestellten Brutto- und Nettoverkaufspreise einschließlich der Rechnungsdaten und der Namen der Abnehmer.

Ferner hat er Auskunft über die jeweils im Vorjahr durchgeführten Werbemaßnahmen zu erteilen.

Alternativ bei Stücklizenzgebühren:

Der Lizenznehmer hat dem Lizenzgeber innerhalb von … Monaten nach Ablauf eines Abrechnungszeitraums Rechnung zu legen, und zwar unter Angabe der Anzahl der hergestellten und vertriebenen Vertragsprodukte sowie der Namen der Abnehmer einschließlich der Rechnungsdaten.

1 Anmerkung: Je kürzer der Abrechnungszeitraum ist, um so weniger ist die Abschlagszahlung nach Tz. 4.5 noch von Bedeutung.

4.3.2

Der Lizenznehmer hat über Herstellung und Vertrieb der Vertragsprodukte unter Angabe aller Umstände, die nach Tz. 4.3.1 für die Berechnung der Lizenzgebühr von Bedeutung sind, gesondert Buch zu führen.

4.3.3

Soweit nach diesem Vertrag Unterlizenzen vergeben werden, hat der Lizenznehmer darüber hinaus eine vollständige Aufstellung dieser Lizenzeinnahmen – gesondert aufgelistet nach Unterlizenznehmern – sowie die jeweilige Rechnungslegung durch die Unterlizenznehmer vorzulegen.

4.4 Zahlung an den Lizenzgeber 3388

Innerhalb eines Monats nach Fälligkeit der Rechnungslegung hat der Lizenznehmer die fälligen Lizenzgebühren für alle im jeweiligen Abrechnungszeitraum vertriebenen Vertragsprodukte in Euro an den Lizenzgeber zu zahlen, und zwar auf dessen Konto Nr. ... bei der ... (BLZ ...).

Gleiches gilt für den Anteil des Lizenzgebers an den Unterlizenzgebühren. Die jährliche Mindestlizenzgebühr ist jeweils am 1.1. eines jeden Kalenderjahres fällig und zahlbar.

4.5 Abschlagszahlung 3389

Nach Ablauf des ersten vollen Kalenderjahres hat der Lizenznehmer am Ende jedes Kalendervierteljahres[1] eine Abschlagszahlung auf die laufenden Lizenzgebühren zu leisten, und zwar in Höhe eines Viertels der für das vorangegangene Kalenderjahr abgerechneten Lizenzgebühren; die jeweilige Mindestlizenzgebühr ist einzurechnen. Eventuell sich ergebende Überschüsse sind im nachfolgenden Abrechnungszeitraum zu verrechnen.

4.6 Überprüfungsrecht des Lizenzgebers (Rz. 1842 ff.) 3390

4.6.1

Der Lizenzgeber ist berechtigt, jederzeit nach vorheriger Ankündigung die Richtigkeit und Vollständigkeit von Buchführung und Abrechnung des Lizenznehmers nach eigener Wahl selbst zu überprüfen oder durch einen unabhängigen Wirtschaftsprüfer auf eigene Kosten überprüfen zu lassen.

4.6.2

Erweisen sich Buchführung bzw. Abrechnung als nicht zutreffend, fallen die gesamten Kosten der Prüfung dem Lizenznehmer zur Last; aus der fehlerhaften Abrechnung sich ergebende Zahlungsansprüche des Lizenzgebers sind sofort vom Lizenznehmer auszugleichen.

1 Vgl. auch Tz. 4.2 (Relevanz Abschlagszahlung im Verhältnis zur Dauer des Abrechnungszeitraums).

3391 **4.7 Aufrechnung, Verzug (vgl. Rz. 1836 ff.)**

4.7.1

Der Lizenznehmer darf nur mit unbestrittenen oder rechtskräftig festgestellten Forderungen aufrechnen.

4.7.2

Hat der Lizenznehmer die in diesem Vertrag vereinbarten Zahlungen nicht spätestens am Kalendertag nach den für die jeweilige Zahlung vorgesehenen spätesten Zeitpunkten (vgl. Tz. 3.1, 3.4, 4.2–4.4) geleistet, wobei es auf die Gutschrift auf dem vereinbarten Konto des Lizenzgebers ankommt, so dass dieser über den entsprechenden Betrag verfügen kann, schuldet der Lizenznehmer Verzugszinsen für den nicht geleisteten Betrag in Höhe von 8 % über dem jeweiligen Basiszinssatz der Europäischen Zentralbank, ohne dass es einer Mahnung bedarf.

4.7.3

Der Nachweis eines höheren Verzugsschadens bleibt dem Lizenzgeber vorenthalten.

5. Verwertung der Vertragsschutzrechte

3392 **5.1 Beginn**

Mit Vertragsabschluss ist der Lizenznehmer zur Benutzung der Vertragsschutzrechte berechtigt.

Ggf. zusätzlich:

Soweit der Lizenznehmer bereits vor Vertragsabschluss Vertragsprodukte hergestellt und/oder vertrieben hat, unterliegen diese dem Lizenzvertrag.

3393 **5.2 Ausübungspflicht (vgl. Rz. 1895 ff.)**

Der Lizenznehmer wird Herstellung und Vertrieb der Vertragsprodukte spätestens ... Monate nach Vertragsabschluss aufnehmen.

Der Lizenznehmer verpflichtet sich, für die Dauer des Vertrages jährlich folgende Mindestmengen an Vertragsprodukten herzustellen: ...

Jahr des Vertragsschlusses: ... Stück

... (Kalenderjahr) ... Stück[1]

... (Kalenderjahr) ... Stück

... (Kalenderjahr) ... Stück

Unterschreitet der Lizenznehmer in einem Kalenderjahr die Mindestmenge, ist er berechtigt, die zur Erreichung der Mindestmenge fehlende Menge auf das Folgejahr zu übertragen, sofern die Unterschreitung nicht mehr als 25 % beträgt. Bei einer Unterschreitung von mehr als 25 % hat der Lizenzgeber, sofern nicht höhere Gewalt diesbezüglich vorliegt, ein Recht zur Kündigung aus wichtigem Grund. (***al-***

1 Ggf. jährlich steigende Mindestmengen vereinbaren.

ternativ zur Umwandlung der ausschließlichen Lizenz in eine nicht ausschließliche: *Diese Wirkung tritt nach Ablauf von ... Monaten nach Zugang der schriftlichen Mitteilung des Lizenzgebers ein.*)

Erreicht der Lizenznehmer bei einer zulässigen Übertragung der Fehlmenge auf das Folgejahr in diesem Folgejahr nicht die sich dann insgesamt ergebende Mindestmenge, stellt dies einen wichtigen Grund für eine Kündigung seitens des Lizenzgebers dar, sofern nicht höhere Gewalt diesbezüglich vorliegt. Auf ein Verschulden des Lizenznehmers kommt es nicht an[1].

Darüber hinaus ist der Lizenznehmer für die Dauer des Vertrages verpflichtet, den Vertrieb von Vertragsprodukten nach besten Kräften zu fördern, insbesondere durch zumutbare Werbemaßnahmen *(beispielhaft: auf nationalen und internationalen Messen, in überregionalen Fachzeitschriften)* ... Dabei gehen die Vertragsparteien von einem Werbekostenaufwand von ... Euro aus.

5.3 Qualitätsbindung 3394

5.3.1

Der Lizenznehmer verpflichtet sich, nur solche Vertragsprodukte herzustellen und zu vertreiben, die mindestens folgende technischen Qualitätsbedingungen erfüllen: ...

Die Parteien legen den bei dem Lizenzgeber aufbewahrten Lizenzgegenstand mit der Inventarnummer ... als Referenzgegenstand fest. Die von dem Lizenznehmer hergestellten Lizenzgegenstände dürfen in ihren qualitativen Spezifikationen nicht hinter den Eigenschaften des Referenzgegenstandes zurückbleiben.

5.3.2

Der Lizenzgeber ist berechtigt, entsprechende Qualitätskontrollen durchzuführen; dafür hat der Lizenznehmer dem Lizenzgeber jährlich jeweils mindestens ... Vertragsprodukte aus unterschiedlichen Produktionen je Ausführungsform zur Verfügung zu stellen.

Der Lizenzgeber hat ferner das Recht, die Produktionsanlagen des Lizenznehmers zu besichtigen, wenn er konkrete Anhaltspunkte dafür vorbringt, dass Qualitätsvorschriften nicht eingehalten werden, insbesondere, wenn er Mängelanzeigen oder Beschwerden aus dem Markt erhält.

5.3.3

Stellt der Lizenzgeber fest, dass bei mehr als ... % der nach Tz. 5.3.2 zur Verfügung gestellten Vertragsprodukte die vereinbarten Qualitätsmaßstäbe nicht eingehalten werden, hat der Lizenzgeber unbeschadet anderer Ansprüche das Recht, dem Lizenznehmer eine Frist von nicht unter ... Wochen zu setzen, innerhalb der der Lizenznehmer wieder die vereinbarte Qualität herbeizuführen hat. Dieser führt den Nachweis dadurch, dass er nach Ablauf dieser Frist erneut Vertragsprodukte zur Verfügung stellt. ... % dieser Vertragsprodukte müssen den Qualitätsvorgaben entsprechen, anderenfalls der Lizenzgeber zur Kündigung des Vertrages aus wichtigem Grund berechtigt ist.

---

1 Als Alternative ggf. Tz. 3.2.2 hier einfügen.

Der Lizenzgeber kann darüber hinaus vom Lizenznehmer verlangen, dass dieser Vertragsprodukte, die nicht dem vereinbarten Qualitätsmaßstab entsprechen, vernichtet und einen Nachweis über die Vernichtung führt.

5.3.4

Soweit der Lizenzgeber von Dritten aus Produkthaftung für Lizenzgegenstände in Anspruch genommen wird, stellt der Lizenznehmer den Lizenzgeber im Innenverhältnis von solchen Ansprüchen frei. Hierzu rechnen auch die Kosten zur Abwehr evtl. Ansprüche.

3395 **5.4 Bezugsbindung (vgl. Rz. 1948 ff.)**

Der Lizenznehmer ist für die Dauer von fünf Jahren nach Produktionsaufnahme verpflichtet, vom Lizenzgeber folgende Gegenstände zu beziehen: jährlich ... Exemplare von ...

Dem Lizenznehmer werden die dafür jeweils allgemein geltenden Lieferpreise des Lizenzgebers in Rechnung gestellt; im Übrigen gelten die Allgemeinen Lieferbedingungen des Lizenzgebers in der jeweiligen Fassung.

Alternativ:

Weist der Lizenznehmer nach, dass diese Produkte gleicher Güte und Menge seitens Dritter günstiger angeboten werden und ist der Lizenzgeber nicht bereit, in dieses günstigere Angebot einzutreten, ist der Lizenznehmer insoweit von seiner Bezugsbindung frei.

Weitere Alternative:

Soweit und solange der Lizenznehmer diese Produkte im vereinbarten Umfang vom Lizenzgeber bezieht, entfällt die laufende Lizenzgebühr gemäß Tz 3.2.

3396 **5.5 Lizenzvermerk (Rz. 2256 ff.)**

Der Lizenznehmer ist berechtigt, auf den Vertragsprodukten zu vermerken:

„Made under license of .../Germany"

Eine Lizenz zur Nutzung der Unternehmenskennzeichnung des Lizenzgebers ist damit nicht verbunden.

6. Bestand der Vertragsschutzrechte

3397 **6.1 Erwerb und Aufrechterhaltung (vgl. Rz. 1374 ff.)**

6.1.1

Laufende Erteilungsverfahren für die Vertragsschutzrechte hat der Lizenzgeber sachgerecht und auf eigene Kosten zu betreiben. Der Lizenzgeber hat die Vertragsschutzrechte auf eigene Kosten aufrechtzuerhalten.

Ggf.:

Der Lizenznehmer erstattet dem Lizenzgeber einen Anteil von ... % an den durch entsprechende Rechnungen nachgewiesenen notwendigen Kosten für die Erteilung und Aufrechterhaltung der Vertragsschutzrechte, soweit diese amtliche Gebühren und gesetzliche Gebühren von Vertretern bei den Erteilungsbehörden betreffen.

6.1.2

Will der Lizenzgeber ein Vertragsschutzrecht vorzeitig fallenlassen, muss er den Lizenznehmer hiervon zuvor schriftlich unterrichten und ihm die Möglichkeit geben, das Vertragsschutzrecht unter Anerkennung eines kostenlosen Benutzungsrechts des Lizenzgebers und eventuell bestehender Rechte Dritter auf eigene Kosten zu übernehmen und aufrechtzuerhalten. Verlangt der Lizenznehmer nicht innerhalb von zwei Monaten nach Zugang der Mitteilung schriftlich die Übertragung des Vertragsschutzrechts, ist der Lizenzgeber frei darin, dieses fallenzulassen.

Die auf dieses Vertragsschutzrecht bezogenen Lizenzgebühren entfallen mit Wirksamwerden der Rechtsübertragung bzw. des Wegfalls; insoweit gilt Tz. 6.6.

6.2 Einsprüche, Nichtigkeitsverfahren, Löschungsanträge (vgl. Rz. 1385) 3398

6.2.1

Der Lizenzgeber wird die Vertragsschutzrechte auf eigene Kosten gegen Angriffe Dritter verteidigen, insbesondere gegen Einsprüche, Nichtigkeitsklagen oder Löschungsanträge.

6.2.2

Soweit es der Stand des Nichtigkeitsverfahrens erforderlich macht, ist der Lizenzgeber nach vorheriger schriftlicher Unterrichtung des Lizenznehmers berechtigt, dem Nichtigkeitskläger eine einfache Lizenz für das betreffende Vertragsschutzrecht zu im freien Ermessen des Lizenzgebers stehenden rechtlichen und wirtschaftlichen Bedingungen einzuräumen.

6.2.3

Ergibt sich in der Auseinandersetzung mit dem Dritten die Notwendigkeit zur Beschränkung eines Vertragsschutzrechts, ist der Lizenzgeber auch hierzu nach vorheriger schriftlicher Unterrichtung des Lizenznehmers berechtigt.

6.3 Schutzrechtsverletzung (Rz. 1386 ff.) 3399

6.3.1

Die Vertragsparteien werden sich wechselseitig über jede ihnen bekannt gewordene Verletzung eines Vertragsschutzrechts unverzüglich schriftlich unterrichten.

6.3.2

Eine Pflicht des Lizenzgebers, gegen Schutzrechtsverletzungen Dritter vorzugehen, besteht nicht.

6.3.3

Der Lizenznehmer kann Klagen wegen Verletzung eines Vertragsschutzrechts gegen Dritte nur mit vorheriger schriftlicher Zustimmung des Lizenzgebers erheben. Die Zustimmung darf nur versagt werden, wenn für den Lizenzgeber ein wichtiger Grund besteht. Die Entscheidung hierüber hat der Lizenzgeber spätestens innerhalb eines Monats nach Erhalt der schriftlichen Aufforderung des Lizenznehmers zu treffen. Bei einer Klage des Lizenznehmers stehen Schadensersatz- oder Entschädigungszahlungen des Verletzers ausschließlich dem Lizenznehmer zu.

6.3.4

Stimmt der Lizenzgeber einer Verletzungsklage zu, wird er dem Lizenznehmer für einen von ihm zu führenden Verletzungsstreit in Auslandsstaaten evtl. erforderliche Vollmachten erteilen und auf Anforderung sonstige evtl. notwendige Erklärungen abgeben.

3400 **6.4 Verletzungsklagen Dritter gegen den Lizenznehmer**

Wird der Lizenznehmer von Dritten wegen einer Schutzrechtsverletzung aufgrund der Benutzung von Vertragsschutzrechten in Anspruch genommen, hat er den Lizenzgeber unverzüglich und umfassend schriftlich zu unterrichten und mit ihm das weitere Vorgehen abzustimmen. Der Lizenzgeber hat den Lizenznehmer im Klageverfahren umfassend zu unterstützen. Im Falle eines Unterliegens werden die notwendigen Kosten der Rechtsverfolgung geteilt. Im Übrigen gilt Tz. 6.6.

3401 **6.5 Abhängigkeit (Rz. 1539 ff.)**

6.5.1

Kann der Lizenznehmer ein Vertragsschutzrecht nicht ohne Verletzung eines Schutzrechts mit älterem Zeitrang verwerten, wird sich der Lizenzgeber bemühen, eine übertragbare Lizenz an diesem Schutzrecht zu marktüblichen Bedingungen zu erwerben, ggf. unter Einräumung einer Gegenlizenz an den Vertragsschutzrechten.

6.5.2

Gelingt dem Lizenzgeber der Lizenzerwerb nicht innerhalb einer Frist von drei Monaten ab Bekanntwerden der Abhängigkeit, entfällt die Lizenzgebühr des Lizenznehmers für dieses Vertragsschutzrecht ab dem Zeitpunkt des Bekanntwerdens der Abhängigkeit; insoweit gilt Tz. 6.6.

6.5.3

Ist ein Vertragsprodukt ohne das abhängige Vertragsschutzrecht technisch nicht ausführbar, hat der Lizenznehmer nach Ablauf der Frist nach Tz. 6.5.2 das Recht, den Lizenzvertrag aus wichtigem Grund zu kündigen.

Weiter gehende Ansprüche des Lizenznehmers gegenüber dem Lizenzgeber bestehen nicht.

6.5.4

Die vorstehenden Regelungen gelten für die Abhängigkeit von anderen Schutzrechten entsprechend, ohne deren Benutzung die Lizenz nicht oder nicht vollständig ausgeübt werden kann.

6.6 Auswirkungen auf Lizenzgebühren (Rz. 1857 ff.) 3402

6.6.1

Fallen während der Vertragsdauer einzelne Vertragsschutzrechte rechtsbeständig weg oder werden sie eingeschränkt bzw. werden gemäß Tz. 6.2.2 oder 6.5.1 daran Freilizenzen eingeräumt, lässt dies den Bestand des Vertrages und die bis dahin fälligen Lizenzgebühren unberührt. Das gilt nicht für den Zeitraum, für den der Lizenznehmer nachweist, dass Wettbewerber Verletzungshandlungen begangen haben und es ablehnen, eine mit Abmahnungsschreiben übersandte Unterwerfungserklärung zu unterzeichnen. Der Lizenzgeber verpflichtet sich, die laufenden Lizenzgebühren nach billigem Ermessen anzupassen (§ 315 BGB).

6.6.2

Fällt jedoch das von beiden Parteien übereinstimmend als sehr bedeutsam angesehene Vertragsschutzrecht ... rechtsbeständig weg, hat der Lizenznehmer das Recht, den Lizenzvertrag innerhalb von drei Monaten nach Zugang der schriftlichen Mitteilung des Lizenzgebers über den Wegfall aus wichtigem Grund zu kündigen.

6.7 Rechtsfolgen bei Angriffen des Lizenznehmers auf Vertragsschutzrechte (vgl. Rz. 2088) 3403

Der Lizenzgeber ist berechtigt, den Lizenzvertrag aus wichtigem Grund zu kündigen, wenn der Lizenznehmer die Gültigkeit eines Vertragsschutzrechts im Einspruchs-, Nichtigkeits- oder Löschungsverfahren selbst oder durch Dritte angreift.

7. Gewährleistung des Lizenzgebers (vgl. Rz. 1530 ff.)

7.1 Kenntnisse über Rechte Dritter (vgl. Rz. 1534 ff.) 3404

Der Lizenzgeber erklärt, dass ihm bei Vertragsschluss weder Angriffe Dritter gegen ein Vertragsschutzrecht, noch diesbezügliche Vorbenutzungsrechte Dritter oder die Abhängigkeit eines Vertragsschutzrechts von Schutzrechtspositionen Dritter bekannt sind. Soweit zukünftig derartige Rechte Dritter bekannt werden, bestimmen sich die Rechtsfolgen ausschließlich nach Tz. 6 dieses Lizenzvertrages.

7.2 Brauchbarkeit und Schutzfähigkeit der Vertragsschutzrechte (vgl. Rz. 1570 ff.) 3405

Der Lizenzgeber übernimmt – von der Haftung wegen Vorsatzes abgesehen – keine Haftung für die technische Ausführbarkeit und die technische Brauchbarkeit der Vertragsschutzrechte. Auch sichert der Lizenzgeber eine Schutzfähigkeit der angemeldeten oder erteilten Vertragsschutzrechte nicht zu. Ebenfalls werden weder ein bestimmter Schutzumfang noch eine bestimmte wirtschaftliche Verwertbarkeit einschließlich Fabrikationsreife zugesichert.

Alternativ:

Der Lizenzgeber sichert zu, dass durch die Vertragsschutzrechte folgende technischen Eigenschaften im Rahmen seiner Eigennutzung erreicht worden sind: ...

Im Übrigen übernimmt der Lizenzgeber keine Haftung für die technische Ausführbarkeit und die technische Brauchbarkeit der Vertragsschutzrechte. Auch sichert der Lizenzgeber eine Schutzfähigkeit der angemeldeten oder erteilten Vertragsschutzrechte nicht zu. Ebenfalls werden weder ein bestimmter Schutzumfang noch eine bestimmte wirtschaftliche Verwertbarkeit einschließlich Fabrikationsreife zugesichert.

Evtl. Gewährleistungsansprüche des Lizenznehmers sind der Höhe nach begrenzt auf 50 % derjenigen Lizenzgebühren, die der Lizenzgeber bis zur Geltendmachung der Gewährleistung erhalten hat.

3406 **7.3 Haftungsausschluss (vgl. Rz. 1532)**

Der Lizenzgeber übernimmt keine Haftung für sonstige Sach- und Rechtsmängel, ausgenommen eine Haftung wegen Vorsatzes.

8. Verbesserungen, Weiterentwicklungen (vgl. Rz. 1455 ff., 2001)

3407 **8.1 Wechselseitige Unterrichtung**

Die Vertragsparteien unterrichten sich wechselseitig über alle von ihnen entwickelten Verbesserungen und neuen Anwendungsbereiche der Vertragsschutzrechte.

3408 **8.2 Bereitschaft zur Lizenzvergabe an Verbesserungen**

Jede Vertragspartei erklärt sich bereit, für solche von ihr entwickelten Verbesserungen, die einen maßgeblichen Einfluss auf die Verwertung eines Vertragsschutzrechts haben oder dazu in patentrechtlicher Abhängigkeit stehen, der anderen Partei eine nicht ausschließliche Lizenz zu noch auszuhandelnden Bedingungen zu erteilen, sofern für die Verbesserung eine Schutzrechtsanmeldung erfolgt.

9. Geheimhaltung (vgl. Rz. 385 ff.; 2611 ff.)

3409 **9.1 Wechselseitige Geheimhaltungspflicht**

Jede Partei wird alle im Rahmen dieses Vertrages erhaltenen Angaben, Daten, Informationen sowie sonstigen Tatsachen, die von der anderen Partei nachweislich als vertraulich gekennzeichnet sind, streng vertraulich behandeln und nicht an Dritte weitergeben. Die Vertragsparteien werden diese Informationen lediglich für die in diesem Vertrag vorgesehenen Zwecke nutzen. Diese Verpflichtung, einschließlich der Verpflichtung nach Tz. 9.2 und 9.3, wird auch den mit Herstellung und Vertrieb der Vertragsprodukte befassten Mitarbeitern, Zulieferern, Auftragnehmern und Unterlizenznehmern aufgegeben.

Diese Geheimhaltungsverpflichtung gilt nicht für solche Informationen, bei denen die die Information empfangende Partei nachweist, dass sie

- ihr bereits vor der Mitteilung durch die informationsgebende Partei bekannt waren oder
- sie von einem Dritten erhalten hat, der keiner Geheimhaltungsverpflichtung unterliegt, oder
- im Zeitpunkt der Übermittlung allgemein bekannt bzw. offenkundig waren oder später geworden sind.

9.2 Nachvertragliche Pflichten 3410

Die Geheimhaltungspflichten gemäß Tz. 9.1 bestehen auch über die Laufzeit dieses Vertrages hinaus fort, soweit geheime Informationen nicht offenkundig geworden sind. Zudem besteht das Verwertungsverbot gemäß Tz. 11.4.

9.3 Sanktionen 3411

Wird die Geheimhaltungsverpflichtung verletzt, ist die verletzende Partei zur Zahlung einer Vertragsstrafe von ... Euro für jeden Fall der Zuwiderhandlung unter Ausschluss der Einrede des Fortsetzungszusammenhangs verpflichtet. Unabhängig hiervon ist sie zum Ersatz des entstandenen Schadens verpflichtet.

10. Wettbewerbsverhältnis

Tritt der Lizenznehmer über die Nutzung der Vertragsprodukte (Tz. 1.5) hinaus mit dem Lizenzgeber oder mit diesem verbundenen Unternehmen in den Bereichen Forschung und Entwicklung, Herstellung, Vertrieb oder Gebrauch in Wettbewerb, ist dieser berechtigt, 3412

- die ausschließliche Lizenz in eine nicht ausschließliche umzuwandeln und/oder
- die Bereitschaft zur Lizenzierung seiner Verbesserungen gemäß Tz. 8.2 zu verweigern.

11. Vertragsdauer und Kündigung (vgl. Rz. 2436 ff.)

11.1 Bestimmte Vertragsdauer 3413

Der Vertrag tritt mit Unterzeichnung durch die Vertragsparteien in Kraft und läuft – vorbehaltlich der nachfolgenden Regelungen – bis zum Wegfall des letzten Vertragsschutzrechts.

Möglicher Zusatz:

Der Vertrag verlängert sich aufgrund jeder schutzfähigen Verbesserung durch den Lizenzgeber automatisch (in jedem Land des Vertragsgebietes). Der Lizenznehmer hat jedoch das Recht, die Aufnahme der Verbesserung in das Vertragsverhältnis zurückzuweisen, so dass die Anfangslaufzeit weiterhin Anwendung findet.

Alternativ:

Der Vertrag läuft zunächst bis zum ... Er verlängert sich um jeweils weitere ... Jahre, falls er nicht von einer Vertragspartei sechs Monate vor Ablauf der jeweiligen Verlängerungsperiode schriftlich gekündigt wird.

11.2 Kündigungsrechte (vgl. Rz. 2443 ff.) 3414

11.2.1

Jede Vertragspartei ist – über evtl. im Lizenzvertrag ausdrücklich geregelte Kündigungsgründe hinaus – zur Kündigung des Lizenzvertrages aus wichtigem Grund, fristlos oder mit einer in das Ermessen des Kündigenden gestellten Auslauffrist, berechtigt. Als wichtiger Grund gilt insbesondere:

- eine von der anderen Partei zu vertretende Verletzung einer in diesem Lizenzvertrag übernommenen Pflicht, wenn nicht binnen einer angemessenen Frist von i.d.R. nicht weniger als drei Kalendertagen und nicht mehr als sechs Kalenderwochen nach schriftlicher Abmahnung diese Pflicht erfüllt wird bzw. die daraus resultierenden Folgen beseitigt sind;

- eine rechtskräftige Verurteilung des Lizenznehmers wegen Verletzung von Schutzrechten Dritter aufgrund einer Benutzung von Vertragsschutzrechten;
- eine …

11.2.2

Der Lizenzgeber ist ferner zur Kündigung aus wichtigem Grund berechtigt, wenn

- in den Kapital-, Anteils- oder Besitzverhältnissen des Lizenznehmers Änderungen eintreten, die aus Sicht des Lizenzgebers einer Fortführung des Lizenzvertrages entgegenstehen;
- …

11.2.3

Das Recht zur Kündigung aus wichtigem Grund ist verwirkt, wenn es nicht binnen … Wochen nach Ablauf der Abmahnfrist nach Tz. 11.2.1 bzw., wenn eine Abmahnung entbehrlich ist, in angemessener Frist nach Kenntnis der kündigungsberechtigten Partei von dem wichtigen Grund ausgeübt wird. Entscheidend ist der Zugang der Kündigungserklärung beim Kündigungsgegner.

11.2.4

Die Kündigung aus wichtigem Grund muss schriftlich erfolgen. Eine nicht schriftlich erklärte Kündigung aus wichtigem Grund ist unwirksam.

3415 **11.3 Auslaufklausel (Rz. 1273 ff.)**

11.3.1

Im Fall der Beendigung des Vertrages ist der Lizenznehmer berechtigt, die bereits fest erteilten Aufträge zu den hier vereinbarten Lizenzbedingungen noch abzuwickeln (***und/oder:*** *die bei ihm noch vorhandenen Mengen an Vertragsprodukten innerhalb von sechs Monaten zu den hier vereinbarten Bedingungen noch zu vertreiben*).

Der Lizenznehmer wird in einem solchen Fall spätestens innerhalb von zwei Wochen nach Beendigung des Vertrages eine Aufstellung über die noch abzuwickelnden Aufträge (***und/oder:*** *über die vorhandene Lagermenge*) dem Lizenzgeber übergeben. Erfolgt dies nicht, wird davon ausgegangen, dass der Lizenznehmer von dem vorstehenden Recht keinen Gebrauch macht.

11.3.2

Im Fall der Kündigung aus wichtigem Grund wegen eines Vertragsverstoßes des Lizenznehmers hat der Lizenzgeber das Recht, nach freiem Ermessen die Auslauffrist abzukürzen oder entfallen zu lassen. Diese Erklärung ist in der Abmahnung anzukündigen und spätestens mit der Kündigungserklärung abzugeben.

11.4 Sonstige nachvertragliche Pflichten des Lizenznehmers 3416

Der Lizenznehmer ist im Übrigen verpflichtet, ab Vertragsbeendigung jegliche Nutzung in Kraft befindlicher Vertragsschutzrechte zu unterlassen. Er ist ferner verpflichtet, dem Lizenzgeber alle überlassenen Unterlagen einschließlich gefertigter Kopien zurückzugeben und dabei schriftlich zu bestätigen, dass keine weiteren Kopien gefertigt, an Dritte weitergegeben und/oder zurückbehalten worden sind; dies gilt nicht, soweit Unterlagen allgemein zugänglich sind.

12. Schlussbestimmungen

12.1 Schriftform (vgl. Rz. 414 ff.) 3417

Nebenabreden wurden nicht getroffen. Änderungen und Ergänzungen dieses Lizenzvertrages bedürfen der Schriftform. Dies gilt auch, soweit die Schriftform abgedungen werden soll.

12.2 Anpassungsklausel (vgl. Rz. 2322 ff.) 3418

Sollte eine Vertragsbestimmung rechtsunwirksam sein oder werden, so bleibt davon die Rechtswirksamkeit des Lizenzvertrages im Übrigen unberührt. Die Vertragsparteien sind verpflichtet, die unwirksame Vertragsbestimmung durch eine rechtswirksame Bestimmung zu ersetzen, die dem ursprünglich Gewollten rechtlich und wirtschaftlich so weit wie möglich entspricht.

Haben die Parteien binnen drei Monaten nach Offenbarwerden der Unwirksamkeit keine Einigung über die Ersetzung gefunden, sind beide Parteien berechtigt, den Vertrag mit einer Auslauffrist von drei Monaten zu kündigen.

Gleiches gilt für den Fall des Vorliegens bzw. Entstehens einer Lücke sowie bei Eintreten sonstiger aus Sicht zumindest einer Partei für den Fortbestand des Vertrages wesentlicher Umstände, die in diesem Vertrag bisher nicht ausdrücklich angesprochen worden sind.

12.3 Rechtswahl (vgl. Rz. 2338 ff.) 3419

Der Vertrag unterliegt allein dem materiellen Recht der Bundesrepublik Deutschland. Bei dem Recht der Bundesrepublik Deutschland soll es – soweit rechtlich möglich – auch dann verbleiben, wenn nach deutschem Recht auf das Recht eines anderen Staates verwiesen wird (Ausschluss des Kollisionsrechts).

12.4 Erfüllungsort (vgl. Rz. 2395 ff.) 3420

Erfüllungsort ist der Sitz des Lizenzgebers.

12.5 Schieds- oder Gerichtsstandsvereinbarung (vgl. Rz. 2931 ff.; 3039) 3421

Die Vertragsparteien unterwerfen alle Streitigkeiten, die zwischen ihnen in Bezug auf diesen Lizenzvertrag zukünftig entstehen, unter Ausschluss des ordentlichen Rechtswegs der Entscheidung durch ein Schiedsgericht. Das Schiedsgericht besteht aus drei Schiedsrichtern, wobei jede Vertragspartei einen Schiedsrichter benennt, die sodann den dritten Schiedsrichter – zugleich als Vorsitzenden – bestellen. Im Übrigen gelten die §§ 1025 ff. ZPO. Der Ort des schiedsricherlichen Verfahrens ist ...

Die Sprache des schiedsrichterlichen Verfahrens ist …

Alternativbeispiel:

Bei Wahl eines institutionalisierten Schiedsgerichts (Rz. 3176 ff.).

Z.B. Standardschiedsklausel der ICC Paris (Rz. 3183 ff., 3192):

Alle Streitigkeiten, die sich aus oder in Zusammenhang mit dem vorliegenden Vertrag ergeben, werden nach der Schiedsgerichtsordnung der Internationalen Handelskammer Paris (ICC) von einem oder mehreren gemäß dieser Ordnung ernannten Schiedsrichtern endgültig entschieden.

Alternativ: ICC-Schiedsgerichtsverfahren ohne Eilschiedsrichter:

Alle Streitigkeiten, die sich aus oder in Zusammenhang mit dem vorliegenden Vertrag ergeben, werden nach der Schiedsgerichtsordnung der Internationalen Handelskammer Paris (ICC) von einem oder mehreren gemäß dieser Ordnung ernannten Schiedsrichtern endgültig entschieden. Die Bestimmungen zum Eilschiedsrichterverfahren finden keine Anwendung.

Alternativ bei Gerichtsstandsvereinbarung:

Für alle Streitigkeiten aus oder im Zusammenhang mit diesem Vertrag ist die Patentstreitkammer des Landgerichts … zuständig.

…, den …

(Unterschriften)

3422 **12.6 Salvatorische Klausel (vgl. Rz. 2322 ff.)**

Sollte eine Vertragsbestimmung rechtsunwirksam sein oder werden, so bleibt davon die Rechtswirksamkeit des Lizenzvertrages im Übrigen unberührt. Die Vertragsparteien sind verpflichtet, die unwirksame Vertragsbestimmung durch eine rechtswirksame Bestimmung zu ersetzen, die dem ursprünglich Gewollten rechtlich und wirtschaftlich soweit wie möglich entspricht.

Alternativbeispiel (modifizierte Anpassungsklausel):

Treten erhebliche Änderungen der Umstände ein, die für den Abschluss und die Durchführung des Lizenzvertrages wesentlich sind, wozu auch die rechtliche Wirksamkeit einzelner Vertragsbestimmungen gehört, so sind die Vertragspartner verpflichtet, gemeinschaftlich den Vertrag in einem angemessenen Ausgleich den gegenseitigen Interessen entsprechend anzupassen.

3423–3424 Frei.

III. Einfacher Patentlizenz- und Know-how-Lizenzvertrag

3425 Die Vertragsparteien

Firma …

mit Sitz in …

vertreten durch …

als **Lizenzgeber**

und

Firma …

mit Sitz in …

vertreten durch …

als **Lizenznehmer**

schließen folgenden Lizenzvertrag:

1. Präambel (vgl. Rz. 487 ff.)

1.1 Motive (vgl. Rz. 1, 8 ff.) 3426

*(**Anm.:** vgl. hierzu beispielhaft die Motive im Muster „Ausschließlicher Patentlizenzvertrag", Rz. 3366 ff.)*

1.2 Vertragsschutzrechte (vgl. Rz. 188 ff.) 3427

Der Lizenzgeber ist (alleinverfügungsberechtigter) Inhaber nachfolgender Vertragsschutzrechte, die sich gegenständlich auf unterschiedliche Schutzrechtsfamilien beziehen:

Schutzrechtsfamilie I
(Betr. …)

Deutsches Patent Nr. …

erteilt am …

mit gesetzlicher Laufdauer bis …

Europäische Schutzrechtsanmeldung Nr. …

angemeldet am …

mit folgenden benannten Vertragsstaaten: …
US-Patent Nr. …

erteilt am …

mit gesetzlicher Laufdauer bis …

Schutzrechtsfamilie II

…

Schutzrechtsfamilie III

…

Ggf. zusätzlich: Marke (national/Gemeinschaftsmarke), Geschmacksmuster, Software etc.

Der Lizenznehmer hat vor Vertragsabschluss Kopien der Patentschriften bzw. der Patentanmeldungen der Vertragsschutzrechte (ggf. einschließlich der Unterlagen über mitlizenzierte Marken, Geschmacksmuster etc.) *(jeweils aktuellen Stand beachten)* erhalten.

3428 **1.3 Know-how (vgl. Rz. 2544 ff.)**

1.3.1

Der Lizenzgeber verfügt über langjährige Erfahrungen auf dem Gebiet der ... Die hierbei vom Lizenzgeber erworbenen technischen Fertigkeiten und Kenntnisse konstruktiver und verfahrenstechnischer Art sind zu einem wesentlichen Teil betriebsgeheim und sollen in dem nachfolgend in Tz. 1.3.2 dargestellten Umfang dem Lizenznehmer als vertragsgemäßes Know-how zur Verfügung gestellt werden.

1.3.2

Das Know-how ist zur Identifizierung in folgenden Informationsunterlagen erfasst:

In den in **Anlage A** im Einzelnen aufgeführten Dokumentationen über Versuchsabläufe, Testserien und ihre jeweiligen Ergebnisse; ferner in den in **Anlage B** dargestellten Ablaufplänen, Anleitungen, Beschreibungen, Datenträgern, Konstruktionszeichnungen und sonstigen technischen Unterlagen und Zeichnungen. Darüber hinaus erhält der Lizenznehmer eine filmische Darstellung (Video/Diskette oder sonstige Datenträger) der beim Lizenzgeber praktizierten technischen Einsatzbereiche mit den jeweiligen Fertigungsabläufen.

1.3.3

Der Lizenzgeber übergibt dem Lizenznehmer die Dokumentationen gemäß Tz. 1.3.2 binnen zwei Wochen nach Gutschrift der Einmalzahlung auf das im Lizenzvertrag genannte Konto des Lizenzgebers.

3429 **1.4 Vertragsrechte (vgl. Rz. 188 ff.)**

Vertragsrechte sind die Vertragsschutzrechte (Tz. 1.2) sowie das Know-how (Tz. 1.3).

1.5 Vertragszweck

Der Lizenznehmer beabsichtigt, unter Benutzung der Vertragsschutzrechte Vertragsprodukte herzustellen bzw. herstellen zu lassen, zu gebrauchen und zu vertreiben bzw. vertreiben zu lassen.

3430 **1.6 Vertragsprodukte**

Vertragsprodukte sind alle Produkte, bei denen mindestens ein Anspruch eines Vertragsschutzrechts wortsinngemäß oder in äquivalenter Form bzw. in mittelbarer Weise und/oder das Know-how bzw. ein sonstiges Vertragsschutzrecht benutzt werden. Eine Benutzung des Know-hows liegt auch dann vor, wenn dieses nur teilweise verwendet wird, sofern diese Nutzung geheime Bestandteile umfasst.

3431 **1.7 Vorlizenzen (Rz. 90)**

Lizenzen an den Vertragsrechten sind zugunsten Dritter bisher nicht eingeräumt. Der Lizenzgeber ist jedoch frei darin, zukünftig weitere Lizenzen an den Vertragsrechten zu erteilen (s. Tz. 2.6).

Alternativ:

Der Lizenzgeber hat Dritten bisher folgende Lizenzen an den Vertragsschutzrechten eingeräumt: ... Weitergehende vertragliche Verpflichtungen des Lizenzgebers zugunsten Dritter auf Rechtseinräumung bestehen nicht. Der Lizenzgeber ist jedoch frei darin, zukünftig weitere Lizenzen an den Vertragsrechten zu erteilen (s. Tz. 2.6).

1.8 Bisherige Auswertung der Vertragsrechte und Entwicklungsmöglichkeiten 3432

Die Vertragsrechte haben bisher in folgender Weise eine industrielle Auswertung erfahren: ...

*(**Anm.**: Hier wäre auch eine bereits erfolgte Auswertung durch den Lizenzgeber, die dieser ggf. weiterzuführen beabsichtigt, anzusprechen.)*

2. Lizenz

2.1 Nicht-ausschließliche Lizenz (vgl. Rz. 120 ff.) 3433

Der Lizenzgeber erteilt dem Lizenznehmer eine nicht-ausschließliche Lizenz an den Vertragsrechten für die Herstellung (in eigenen wie in fremden Werkstätten), den Gebrauch und den Vertrieb der Vertragsprodukte im Vertragsgebiet.

2.2 Technischer Anwendungsbereich (vgl. Rz. 1335 ff.) 3434

2.2.1

Sachlich beschränkt sich die Lizenz auf Benutzungshandlungen in folgenden technischen Anwendungsbereichen: ...

Der Lizenznehmer ist nur berechtigt, die in der **Anlage C** mit ihren technischen Merkmalen dargestellten Vertragsprodukte herzustellen, zu gebrauchen und zu vertreiben.

2.2.2

Eine Ausdehnung dieses sachlichen Lizenzbereichs bedarf einer vorherigen schriftlichen Zusatzvereinbarung.

Alternativ: 3435

2.2 Technische Beschränkung (Rz. 1335 ff.)

Solange Patentschutz im Gebiet des Lizenznehmers besteht oder das Know-how geheim bleibt – je nachdem, welcher Zeitraum länger andauert –, ist der Lizenznehmer verpflichtet, die Herstellung der Vertragsprodukte auf die Mengen zu beschränken, die er zur Herstellung des von ihm vertriebenen Produktes „...“ benötigt. Die Parteien sind sich darüber einig, dass die Vertragsprodukte nur als integraler Bestandteil des Produktes „...“ Verwendung finden, jedenfalls aber nur in Verbindung mit diesem Produkt veräußert werden dürfen. Dem Lizenznehmer ist die Bestimmung des Bedarfs an Vertragsprodukten zu diesem Zweck freigestellt.

Alternativ[1]:

2.2 Second Sourcing (Rz. 142, 909; 939; 1348; 1353; 2401)

Die Lizenzierung dient ausschließlich dazu, der Fa.A., ... *(Anschrift)* ..., eine zweite Lieferquelle neben der Belieferung durch den Lizenzgeber zu verschaffen. Der Lizenznehmer ist daher darauf beschränkt, Vertragsprodukte ausschließlich für die Fa. A und/oder deren konzernzugehörige Gesellschaften herzustellen und an diese zu liefern. Die Höchstmenge der herzustellenden und zu liefernden Lizenzgegenstände richtet sich nach dem mit der Fa.A. jeweils vereinbarten Liefermengenanteil.

3436 **2.3 Vertragsgebiet (vgl. Rz. 1213 ff.)**

2.3.1

Örtlich wird die Lizenz für folgende Vertragsgebiete erteilt:

Bundesrepublik Deutschland sowie die Staaten ...

2.3.2

In den EU-Staaten ... bestehen parallele Patente und sonstige Vertragsschutzrechte des Lizenzgebers. Die Parteien stellen klar, dass diese Staaten nicht zum Vertragsgebiet gehören. In diesen Staaten ist dem Lizenznehmer eine Benutzung der Vertragsrechte nicht gestattet, und zwar für die Dauer der dort geschützten Patente und sonstigen parallelen Vertragsschutzrechte.

2.3.3

Der Lizenznehmer ist berechtigt, auf von ihm nicht veranlasste Lieferanfragen aus den vorstehend in Tz. 2.3.2 aufgeführten EU-Staaten Vertragsprodukte dorthin zu liefern.

2.3.4

Dem Lizenzgeber bleibt vorbehalten, im Fall der zeitlichen, räumlichen oder sachlichen Überschreitung der Lizenz auch aus den Vertragsrechten oder aus parallelen Schutzrechten gegen den Lizenznehmer vorzugehen.

3437 **2.4 Unterlizenzen (vgl. Rz. 101 ff.; 145 ff.)**

2.4.1

Der Lizenznehmer ist nicht berechtigt, Dritten Lizenzen an den Vertragsrechten (Unterlizenzen) zu erteilen.

2.4.2

Eine Herstellung der Vertragsprodukte in fremden Werkstätten ist zulässig. Diese hat der Lizenznehmer vor Beauftragung dem Lizenzgeber schriftlich zu benennen.

1 Bei dieser nachfolgenden Alternative kann ein Teil der nachstehenden Regelungen i.d.R. entfallen, weil der Lizenznehmer, der nur als zweite Lieferquelle für einen gemeinsamen Abnehmer der Lizenzvertragsparteien tätig werden soll, keinen weiteren Abnehmer hat.

Der Lizenznehmer wird den Herstellern nur die für die Herstellung erforderlichen technischen Informationen zur Verfügung stellen und diese schriftlich verpflichten, die erhaltenen Informationen ausschließlich für die Herstellung von Vertragsprodukten zu benutzen und nicht an Dritte weiterzugeben. Diese Verpflichtung muss auch für die Zeit nach Beendigung des Auftragsverhältnisses übernommen werden, und zwar einschließlich der Pflicht, mit Beendigung die überlassenen Unterlagen einschließlich etwaiger Kopien vollständig zurückzugeben.

2.5 Übertragbarkeit (vgl. Rz. 599; 1470 ff.) 3438

Der Lizenznehmer ist nicht berechtigt, Rechte aus diesem Lizenzvertrag an Dritte und/oder an rechtlich oder wirtschaftlich verbundene Unternehmen (vgl. § 15 AktG) zu übertragen.

2.6 Eigenverwertung durch den Lizenzgeber; weitere Lizenzvergabe (vgl. Rz. 120) 3439

Der Lizenzgeber bleibt berechtigt, die Vertragsrechte – auch im Lizenzgebiet – zu jedem beliebigen Zweck und in jeder beliebigen Form selbst zu nutzen. Ferner bleibt der Lizenzgeber berechtigt, ausschließliche oder einfache Lizenzen an Dritte zu vergeben sowie die Vertragsrechte zu übertragen.

Bei Übertragung eines Vertragsrechts bzw. einer diesbezüglichen Erteilung einer ausschließlichen Lizenz wird der Lizenzgeber im Interesse des Fortbestandes der hier erteilten Lizenz alle zumutbaren Anstrengungen übernehmen, um den Erwerber bzw. ausschließlichen Lizenznehmer zum Sukzessionsschutz entsprechend § 15 Abs. 3 PatG zu verpflichten.

3. Übergabe des Know-hows

3.1 Technische Dokumentation 3440

Der Lizenzgeber übergibt dem Lizenznehmer binnen zwei Wochen nach endgültiger Gutschrift der Einmalzahlung gemäß Tz. 4.1 die in Tz. 1.3.2 aufgeführten Unterlagen.

3.2 Technische Hilfestellung (sofern nicht in eigenständigem Vertrag geregelt; vgl. Rz. 1445, 1452) 3441

3.2.1

Der Lizenzgeber ist im laufenden und nachfolgenden Kalenderjahr auf Verlangen des Lizenznehmers verpflichtet, technische Hilfestellung durch Beratung und Schulung der Mitarbeiter des Lizenznehmers zu leisten, und zwar durch Bereitstellung von … Mitarbeitern in einem Arbeitsumfang von maximal bis zu … Mannstunden/monatlich. Die Parteien werden sich über den Umfang und die Lage der jeweils in einem Kalendermonat zu erbringenden Beratungstätigkeit mit einer Vorlaufzeit von einem Kalendermonat einigen.

Sämtliche Kosten der technischen Hilfestellung trägt der Lizenznehmer mit einem Tagessatz von … Euro pro Mitarbeiter zuzüglich Kosten für Reise, Unterbringung, Verpflegung und Versicherung, jeweils zzgl. Umsatzsteuer.

Oder:

Der Lizenzgeber erklärt sich hiermit bereit, in seinem Betrieb maximal ... Arbeitnehmer des Lizenznehmers für jeweils maximal ... Arbeitstage in die Produktion und Verwertung der Vertragsrechte einzuweisen. Der Lizenznehmer ist weiterhin Schuldner des Arbeitsentgelts samt Nebenleistungen seiner Arbeitnehmer. Zusätzlich übernimmt der Lizenznehmer die Kosten für Unterbringung, Fahrtkosten o.a. seiner Arbeitnehmer. Die vom Lizenznehmer zu tragenden Kosten für die Einweisung betragen pro Arbeitnehmer und Arbeitstag pauschal ... Euro zzgl. Umsatzsteuer.

3.2.2

Die Haftung des Lizenzgebers für die Unterstützungsleistungen wird wie folgt vereinbart: ...

4. Lizenzgebühren (vgl. Rz. 1675 ff.)

3442 **4.1 Einmalzahlung (vgl. Rz. 1753 ff.)**

Der Lizenznehmer zahlt an den Lizenzgeber innerhalb von ... Wochen nach Vertragsschluss eine einmalige Pauschalgebühr in Höhe von ... Euro. Diese ist auch bei vorzeitiger Auflösung bzw. Kündigung des Vertrages oder Wegfall einzelner Vertragsschutzrechte bzw. deren Einschränkung durch Rechte Dritter oder Offenkundigwerden des Know-hows nicht rückforderbar; eine Anrechnung auf laufende Lizenzgebühren erfolgt nicht (**alternativ**: erfolgt).

3443 **4.2 Laufende Lizenzgebühr (vgl. Rz. 1750 ff.)**

4.2.1

Darüber hinaus zahlt der Lizenznehmer eine laufende Lizenzgebühr in Höhe von ... % der seinen Abnehmern in Rechnung gestellten Nettoverkaufspreise für die Vertragsprodukte. Für Lieferungen im Zusammenhang mit Rückruf-, Garantie- oder Reparaturleistungen sind ebenfalls die laufenden Lizenzgebühren zu zahlen, es sei denn, derartige Maßnahmen sind auf Mängel der lizenzierten Vertragsschutzrechte zurückzuführen. Hierfür ist der Lizenznehmer darlegungs- und beweispflichtig.

4.2.2

Nettoverkaufspreis ist der in Rechnung gestellte Bruttoverkaufspreis abzgl. etwaiger üblicher gesondert ausgewiesener Rabatte, gesondert ausgewiesener Kosten für Versand, Verpackung, Transportversicherung sowie abzgl. der vom Lizenznehmer auf den Bruttoverkaufspreis zu entrichtenden Umsatz-/Verbrauchssteuern und Zölle.

Alternativ:

Nettoverkaufspreis ist der in Rechnung gestellte Bruttoverkaufspreis abzgl. etwaiger üblicher, gesondert ausgewiesener Rabatte, abzgl. der vom Lizenznehmer auf den Bruttoverkaufspreis zu entrichtenden Umsatz-/Verbrauchssteuern und Zölle und einer Pauschale von ... % für Versandkosten, Verpackung und Transportversicherung.

4.2.3

Die Lizenzgebühr wird wie folgt aufgestaffelt:

... % auf die jährlichen Nettoverkaufserlöse bis ... Euro,

... % auf die darüber hinausgehenden jährlichen Nettoverkaufserlöse von ... Euro bis ... Euro,

... % auf die jährlichen Nettoverkaufserlöse über ... Euro.

Jährlicher Nettoverkaufserlös ist die Summe aller kalenderjährlich (***alternativ***: *im jeweiligen Geschäftsjahr des Lizenznehmers*) allen Abnehmern in Rechnung gestellten Nettoverkaufspreise für alle Vertragsprodukte.

Alternativ: abgestaffelt

4.2.4

Soweit der Nettoverkaufspreis in anderen Währungen als dem Euro fakturiert wird, tritt der entsprechende Euro-Wert nach dem an der Börse Frankfurt amtlich ermittelten Tageskurs (mittlerer Wert) an die Stelle des Fremdwährungsbetrags (***alternativ***: *ist er zum offiziellen Wechselkurs (Börse Frankfurt) der jeweiligen Währung am letzten Geschäftstag des jeweiligen Abrechnungszeitraums in Euro umzurechnen.*) Dies gilt auch zum Zwecke der Staffelung gemäß Tz. 4.2.3.

4.2.5

Sämtliche Lizenzgebühren wie auch alle sonstigen Zahlungen aus und im Zusammenhang mit diesem Lizenzvertrag und seiner Abwicklung sind in Euro zu berechnen und frei von Steuern (ausgenommen direkte Steuern gemäß Tz. 4.3.2), Gebühren und sonstigen Abzügen zu zahlen.

Alternative Gestaltungsmöglichkeiten zur Bestimmung der laufenden Lizenzgebühr s. Alternativen zu Tz. 3.2.1 ff. Vertragsmuster „Ausschließlicher Patentlizenzvertrag" (Rz. 3381)

4.3 Umsatzsteuer und direkte Steuern (vgl. Rz. 3317 ff.) 3444

4.3.1

Alle nach diesem Lizenzvertrag zu leistenden Lizenzgebühren und sonstigen Zahlungen des Lizenznehmers verstehen sich jeweils zzgl. gesetzlicher Umsatzsteuer.

4.3.2

Im Übrigen gehen direkte Steuern, die im Land des Lizenznehmers für die an den Lizenzgeber zu erbringenden Zahlungen erhoben werden, zulasten des Lizenzgebers.

4.4 Mindestlizenzgebühr (vgl. Rz. 1764 ff.) 3445

Der Lizenznehmer ist zur Zahlung einer auf die laufende Lizenzgebühr anrechenbaren jährlichen Mindestlizenzgebühr verpflichtet, fällig und zahlbar am 1.1. eines jeden Kalenderjahres.

Die Mindestlizenzgebühr wird erstmals fällig für den Zeitraum ab dem zweiten auf den Vertragsschluss folgenden vollen Kalenderjahr; der Zeitraum davor gilt als technische und organisatorische Anlaufphase.

Die Mindestlizenzgebühr beträgt … Euro jährlich *(ggf. steigend für fortschreitende Kalenderjahre)*.

5. Entstehen, Fälligkeit und Abrechnung der Lizenzgebühren (vgl. Rz. 1830 ff.)

3446 **5.1 Entstehen der Lizenzgebühren (vgl. Rz. 1830 ff.)**

Die laufenden Lizenzgebühren entstehen für jedes Vertragsprodukt mit dem Tage der Rechnungsstellung durch den Lizenznehmer an seine Abnehmer. Zahlungsausfälle oder Zahlungsverweigerungen der Abnehmer, gleich aus welchem Grund, hindern Entstehung und Fälligkeit des Lizenzgebührenanspruchs nicht.

3447 **5.2 Abrechnungszeitraum**

Abrechnungszeitraum ist zunächst der Zeitraum vom Tage des Vertragsschlusses bis zum Ende dieses Kalenderjahres und danach der Zeitraum bis zum Ablauf des jeweils folgenden Kalenderjahres/-halbjahres.

3448 **5.3 Rechnungslegung (vgl. Rz. 1842)**

5.3.1

Der Lizenznehmer hat dem Lizenzgeber innerhalb von … Monaten nach Ablauf eines Abrechnungszeitraums Rechnung zu legen, und zwar mit länderweiser Aufstellung unter Angabe der Anzahl der hergestellten und vertriebenen Vertragsprodukte, der in den jeweiligen Währungen in Rechnung gestellten Brutto- und Nettoverkaufspreise einschließlich der Rechnungsdaten und der Namen der Abnehmer.

5.3.2

Zu diesem Zweck hat der Lizenznehmer über Herstellung und Vertrieb der Vertragsprodukte unter Angabe aller Umstände, die nach Tz. 5.3.1 für die Berechnung der Lizenzgebühr von Bedeutung sind, gesondert Buch zu führen.

3449 **5.4 Zahlung an den Lizenzgeber**

Innerhalb eines Monats nach Fälligkeit der Rechnungslegung hat der Lizenznehmer die fälligen Lizenzgebühren für alle im jeweiligen Abrechnungszeitraum vertriebenen Vertragsprodukte in Euro an den Lizenzgeber zu zahlen, und zwar auf dessen Konto Nr. … bei der … (BLZ …).

Übersteigen die fälligen Lizenzgebühren nicht den Betrag der Mindestlizenzgebühr, ist letztere zu zahlen.

3450 **5.5 Abschlagszahlung**

Nach Ablauf des ersten vollen Kalenderjahres hat der Lizenznehmer am Ende jedes Kalendervierteljahres eine Abschlagszahlung auf die laufenden Lizenzgebühren zu leisten, und zwar in Höhe eines Viertels der für das vorangegangene Kalenderjahr abgerechneten Lizenzgebühren; die jeweilige Mindestlizenzgebühr ist einzurechnen. Eventuell sich ergebende Überschüsse sind im nachfolgenden Abrechnungszeitraum zu verrechnen.

5.6 Überprüfungsrecht des Lizenzgebers (Rz. 1842 ff.) 3451

5.6.1

Der Lizenzgeber ist berechtigt, jederzeit nach vorheriger Ankündigung die Richtigkeit und Vollständigkeit von Buchführung und Abrechnung des Lizenznehmers durch einen unabhängigen Wirtschaftsprüfer auf eigene Kosten überprüfen zu lassen.

5.6.2

Erweisen sich Buchführung bzw. Abrechnung als nicht zutreffend, fallen die gesamten Kosten des Wirtschaftsprüfers dem Lizenznehmer zur Last; aus der fehlerhaften Abrechnung sich ergebende Zahlungsansprüche des Lizenzgebers sind sofort vom Lizenznehmer auszugleichen.

5.7 Aufrechnung, Verzug (vgl. Rz. 1836 ff.) 3452

5.7.1

Der Lizenznehmer darf nur mit unbestrittenen oder rechtskräftig festgestellten Forderungen aufrechnen.

5.7.2

Hat der Lizenznehmer die in diesem Vertrag vereinbarten Zahlungen nicht spätestens am Kalendertag nach den für die jeweilige Zahlung vorgesehenen spätesten Zeitpunkten (vgl. Tz. 4.1, 4.4, 5.2, 5.4) geleistet, wobei es auf die Gutschrift auf dem vereinbarten Konto des Lizenzgebers ankommt, so dass dieser über den entsprechenden Betrag verfügen kann, schuldet der Lizenznehmer Verzugszinsen für den nicht geleisteten Betrag in Höhe von 8 % über dem jeweiligen Basiszinssatz der Europäischen Zentralbank, ohne dass es einer Mahnung bedarf.

5.7.3

Der Nachweis eines höheren Verzugsschadens bleibt dem Lizenzgeber vorenthalten.

6. Verwertung der Vertragsrechte

6.1 Beginn 3453

Mit Vertragsabschluss ist der Lizenznehmer zur Benutzung der Vertragsrechte berechtigt.

Ggf. zusätzlich:

Soweit der Lizenznehmer bereits vor Vertragsabschluss Vertragsprodukte hergestellt und/oder vertrieben hat, unterliegen diese dem Lizenzvertrag.

3454 **6.2 Ausübungspflicht (vgl. Rz. 1895 ff.)**

Der Lizenznehmer wird Herstellung und Vertrieb der Vertragsprodukte spätestens … Monate nach Vertragsabschluss aufnehmen.

Der Lizenznehmer verpflichtet sich, für die Dauer des Vertrages jährlich folgende Mindestmengen an Vertragsprodukten herzustellen: …

Jahr des Vertragsschlusses: … Stück

… (Kalenderjahr) … Stück[1]

… (Kalenderjahr) … Stück

… (Kalenderjahr) … Stück

Erreicht der Lizenznehmer in einem Kalenderjahr nicht die Mindestmenge, ist er berechtigt, die zur Erreichung der Mindestmenge fehlende Menge auf das Folgejahr zu übertragen, sofern die Unterschreitung nicht mehr als 25 % beträgt. Bei einer Unterschreitung von mehr als 25 % hat der Lizenzgeber, sofern nicht höhere Gewalt diesbezüglich vorliegt, ein Recht zur Kündigung aus wichtigem Grund.

Erreicht der Lizenznehmer bei einer zulässigen Übertragung der Fehlmenge auf das Folgejahr in diesem Folgejahr nicht die sich dann insgesamt ergebende Mindestmenge, stellt dies einen wichtigen Grund für eine Kündigung seitens des Lizenzgebers dar, sofern nicht höhere Gewalt diesbezüglich vorliegt. Auf ein Verschulden des Lizenznehmers kommt es nicht an.

Alternative zur Kündigung des Vertrages aus wichtigem Grund:

Bleibt die Umsatzentwicklung für das dritte oder für die folgenden Vertragsjahre in der Weise hinter den Erwartungen der Parteien zurück, dass die nach Tz. 4.2. zu berechnende Lizenzgebühr geringer als die nach Tz. 4.4 zu zahlende Mindestlizenzgebühr in Höhe von … Euro ist, so hat der Lizenzgeber das Recht, die ausschließliche Lizenz innerhalb einer Frist von … Monaten zum 30.6. bzw. 31.12. des jeweiligen Kalenderjahres durch schriftliche Mitteilung an den Lizenznehmer in eine einfache Lizenz umzuwandeln.

Macht der Lizenzgeber von diesem Recht Gebrauch, entfällt die Pflicht des Lizenznehmers zur Zahlung der Mindestlizenzgebühr.

Darüber hinaus ist der Lizenznehmer für die Dauer des Vertrages verpflichtet, den Vertrieb von Vertragsprodukten nach besten Kräften zu fördern, insbesondere durch zumutbare Werbemaßnahmen (**beispielhaft:** *auf nationalen und internationalen Messen, in überregionalen Fachzeitschriften*) … Dabei gehen die Parteien von einem Werbekostenaufwand von … Euro aus.

3455 **6.3 Qualitätsbindung**[2]

6.3.1

Der Lizenznehmer verpflichtet sich, nur solche Vertragsprodukte herzustellen und zu vertreiben, die mindestens folgende technischen Qualitätsbedingungen erfüllen: …

1 Ggf. jährlich steigende Mindestmengen vereinbaren.

2 Zu einer etwas strengeren, für den Lizenzgeber günstigeren Vertragsgestaltung vgl. Rz. 3394.

6.3.2

Der Lizenzgeber ist berechtigt, entsprechende Qualitätskontrollen durchzuführen; dafür hat der Lizenznehmer dem Lizenzgeber jährlich jeweils mindestens ... Vertragsprodukte aus unterschiedlichen Produktionen je Ausführungsform zur Verfügung zu stellen.

7. Bestand der Vertragsrechte

7.1 Erwerb und Aufrechterhaltung (vgl. Rz. 1374 ff.) 3456

7.1.1

Laufende Erteilungsverfahren für die Vertragsschutzrechte hat der Lizenzgeber sachgerecht und auf eigene Kosten zu betreiben. Der Lizenzgeber hat die Vertragsschutzrechte auf eigene Kosten aufrechtzuerhalten.

7.1.2

Will der Lizenzgeber ein Vertragsschutzrecht vorzeitig fallenlassen, muss er den Lizenznehmer hiervon zuvor schriftlich unterrichten und ihm die Möglichkeit geben, das Vertragsschutzrecht unter Anerkennung eines kostenlosen Benutzungsrechts des Lizenzgebers und eventuell bestehender Rechte Dritter auf eigene Kosten zu übernehmen und aufrechtzuerhalten. Verlangt der Lizenznehmer nicht innerhalb von zwei Monaten nach Zugang der Mitteilung schriftlich die Übertragung des Vertragsschutzrechts, ist der Lizenzgeber frei darin, dieses fallenzulassen. Soweit der Lizenzgeber entsprechende Verpflichtungen zur Anbietung auch gegenüber anderen Lizenznehmern eingegangen ist, wird er die Aufgabeabsicht allen Lizenznehmern am selben Tag schriftlich mitteilen. Er wird das Schutzrecht an denjenigen Lizenznehmer übertragen, der ihm die Übernahmeabsicht zuerst schriftlich mitteilt. Die auf dieses Vertragsschutzrecht bezogenen Lizenzgebühren entfallen mit Wirksamwerden der Rechtsübertragung bzw. des Wegfalls; insoweit gilt Tz. 7.6.

7.2 Nichtigkeitsverfahren (vgl. Rz. 1385 ff.) 3457

7.2.1

Der Lizenzgeber wird die Vertragsschutzrechte auf eigene Kosten gegen Angriffe Dritter verteidigen, insbesondere gegen Einsprüche, Nichtigkeitsklagen und Löschungsanträge.

7.2.2

Soweit es der Stand des Nichtigkeitsverfahrens erforderlich macht, ist der Lizenzgeber nach vorheriger schriftlicher Unterrichtung des Lizenznehmers berechtigt, dem Nichtigkeitskläger eine einfache Lizenz für das betreffende Vertragsschutzrecht zu im freien Ermessen des Lizenzgebers stehenden rechtlichen und wirtschaftlichen Bedingungen einzuräumen.

7.2.3

Ergibt sich in der Auseinandersetzung mit dem Dritten die Notwendigkeit zur Beschränkung eines Vertragsschutzrechts, ist der Lizenzgeber auch hierzu nach vorheriger schriftlicher Unterrichtung des Lizenznehmers berechtigt.

3458 **7.3 Verletzung der Vertragsrechte durch Dritte (Rz. 1386 ff.)**

7.3.1

Die Vertragsparteien werden sich wechselseitig über jede ihnen bekannt gewordene Verletzung eines Vertragsrechts unverzüglich schriftlich unterrichten.

7.3.2

Eine Pflicht des Lizenzgebers, gegen Rechtsverletzungen Dritter vorzugehen, besteht nicht.

7.3.3

Der Lizenznehmer kann Klagen wegen Verletzung eines Vertragsschutzrechts gegen Dritte nur mit vorheriger schriftlicher Zustimmung des Lizenzgebers erheben. Die Zustimmung darf nur versagt werden, wenn für den Lizenzgeber ein wichtiger Grund besteht. Die Entscheidung hierüber hat der Lizenzgeber spätestens innerhalb eines Monats nach Erhalt der schriftlichen Aufforderung des Lizenznehmers zu treffen. Bei einer Klage des Lizenznehmers stehen Schadensersatz- oder Entschädigungszahlungen des Verletzers ausschließlich dem Lizenznehmer zu.

3459 **7.4 Verletzungsklagen Dritter gegen den Lizenznehmer**

Wird der Lizenznehmer von Dritten wegen Schutzrechtsverletzung aufgrund der Benutzung von Vertragsrechten in Anspruch genommen, hat er den Lizenzgeber unverzüglich schriftlich zu unterrichten und mit ihm das weitere Vorgehen abzustimmen. Der Lizenzgeber hat den Lizenznehmer im Klageverfahren umfassend zu unterstützen. Im Falle eines Unterliegens werden die notwendigen Kosten der Rechtsverfolgung geteilt. Im Übrigen gilt Tz. 7.6.

3460 **7.5 Abhängigkeit (Rz. 1539 ff.)**

7.5.1

Kann der Lizenznehmer ein Vertragsrecht nicht ohne Verletzung eines Schutzrechts mit älterem Zeitrang verwerten, wird sich der Lizenzgeber bemühen, eine übertragbare Lizenz an diesem Schutzrecht zu marktüblichen Bedingungen zu erwerben, ggf. unter Einräumung einer Gegenlizenz an den Vertragsrechten.

7.5.2

Gelingt dem Lizenzgeber der Lizenzerwerb nicht innerhalb einer Frist von drei Monaten ab Bekanntwerden der Abhängigkeit, entfällt die Lizenzgebühr des Lizenznehmers für dieses Vertragsrecht ab dem Zeitpunkt des Bekanntwerdens der Abhängigkeit; insoweit gilt Tz. 7.6.

7.5.3

Ist ein Vertragsprodukt ohne das abhängige Vertragsrecht technisch nicht ausführbar, hat der Lizenznehmer nach Ablauf der Frist nach Tz. 7.5.2 das Recht, den Lizenzvertrag aus wichtigem Grund zu kündigen.

Weiter gehende Ansprüche des Lizenznehmers gegenüber dem Lizenzgeber bestehen nicht.

7.5.4

Die vorstehenden Regelungen gelten für die Abhängigkeit von anderen Schutzrechten entsprechend, ohne deren Benutzung die Lizenz nicht oder nicht vollständig ausgeübt werden kann.

7.6 Auswirkungen auf Lizenzgebühren (Rz. 1857 ff.) 3461

7.6.1

Fallen während der Vertragsdauer einzelne Vertragsschutzrechte rechtsbeständig weg oder werden sie eingeschränkt bzw. werden gemäß Tz. 7.2.2 oder 7.5.1 daran Freilizenzen eingeräumt, lässt dies den Bestand des Vertrages und die bis dahin fälligen Lizenzgebühren unberührt. Der Lizenzgeber verpflichtet sich, die laufenden Lizenzgebühren nach billigem Ermessen anzupassen (§ 315 BGB).

7.6.2 3462

Fällt jedoch das Vertragsschutzrecht ... rechtsbeständig weg, hat der Lizenznehmer das Recht, den Lizenzvertrag innerhalb von drei Monaten nach Zugang der schriftlichen Mitteilung des Lizenzgebers über den Wegfall aus wichtigem Grund zu kündigen.

7.6.3

Wird das Know-how auf andere Weise als durch ein Verhalten des Lizenzgebers offenkundig, hat der Lizenznehmer die auf das Know-how entfallende laufende Lizenzgebühr bis zum vereinbarten Vertragsende (Tz. 12.1) unverändert weiterzuzahlen (s. Rz. 2802 ff.).

7.6.4

Alternativer Zusatz:

Von der laufenden Lizenzgebühr entfallen 60 % auf die Nutzung der Vertragsschutzrechte gemäß Tz. 1.2 und 40 % auf die Nutzung des Know-hows gemäß Tz. 1.3.

7.7 Rechtsfolgen bei Angriffen des Lizenznehmers auf Vertragsrechte (vgl. Rz. 2088) 3463

Der Lizenzgeber ist berechtigt, den Lizenzvertrag aus wichtigem Grund zu kündigen, wenn der Lizenznehmer die Gültigkeit eines Vertragsschutzrechts im Einspruchs-, Nichtigkeits- oder Löschungsverfahren selbst oder durch Dritte angreift.

Gleiches gilt, wenn der Lizenznehmer den geheimen oder wesentlichen Charakter des überlassenen Know-hows angreift.

8. Gewährleistung des Lizenzgebers (vgl. Rz. 1530 ff.)

8.1 Kenntnisse über Rechte Dritter (vgl. Rz. 1534 ff.) 3464

Der Lizenzgeber erklärt, dass ihm bei Vertragsschluss weder Angriffe Dritter gegen ein Vertragsschutzrecht, noch diesbezügliche Vorbenutzungsrechte Dritter oder die Abhängigkeit eines Vertragsrechts von Schutzrechtspositionen Dritter bekannt sind, noch dass das Know-how mit Rechten Dritter belastet ist. Soweit zukünftig derartige Rechte Dritter bekannt werden, bestimmen sich die Rechtsfolgen ausschließlich nach Tz. 7 dieses Lizenzvertrages.

3465 **8.2 Brauchbarkeit und Schutzfähigkeit der Vertragsrechte (vgl. Rz. 1570 ff.)**

Der Lizenzgeber sichert zu, die dem Lizenznehmer vorgelegten und/oder überlassenen Produkte (Bezeichnung: ...) unter Verwendung der Vertragsrechte im eigenen Unternehmen in dieser oder gleichwertiger Qualität hergestellt zu haben, ohne aber eine Gewährleistung für die Richtigkeit und Vollständigkeit der übermittelten technischen Angaben und Berechnungen zu übernehmen.

Der Lizenzgeber übernimmt keine Haftung für die technische Ausführbarkeit und die technische Brauchbarkeit der Vertragsrechte. Auch sichert der Lizenzgeber eine Schutzfähigkeit der angemeldeten oder erteilten Vertragsschutzrechte nicht zu. Ebenfalls werden weder ein bestimmter Schutzumfang noch eine bestimmte wirtschaftliche Verwertbarkeit einschließlich Fabrikationsreife zugesichert. Der Lizenzgeber übernimmt auch keinerlei Haftung für den Fall, dass die Vertragsschutzrechte bzw. das Know-how in Rechte Dritter eingreifen sollten.

3466 **8.3 Haftungsausschluss (vgl. Rz. 1532)**

Der Lizenzgeber übernimmt keine Haftung für sonstige Sach- und Rechtsmängel, ausgenommen eine Haftung wegen Vorsatzes.

9. Verbesserungen, Weiterentwicklungen (vgl. Rz. 1455 ff., 2001)

3467 **9.1 Wechselseitige Unterrichtung**

Die Vertragsparteien unterrichten sich wechselseitig über alle von ihnen entwickelten Verbesserungen und neuen Anwendungsbereiche der Vertragsrechte.

3468 **9.2 Bereitschaft zur Lizenzvergabe an Verbesserungen**

Jede Vertragspartei erklärt sich bereit, für solche von ihr entwickelten Verbesserungen, die einen maßgeblichen Einfluss auf die Verwertung eines Vertragsrechts ausüben oder dazu in patentrechtlicher Abhängigkeit stehen, der anderen Partei eine nicht ausschließliche Lizenz zu noch auszuhandelnden Bedingungen zu erteilen, sofern für die Verbesserung eine Schutzrechtsanmeldung erfolgt.

3469 **9.3 Nutzungsrechte an nicht schutzfähigen Entwicklungen**

Die Vertragsparteien sind berechtigt, nicht schutzfähige Verbesserungen und Weiterentwicklungen der jeweiligen Vertragspartei, die über den allgemein bekannten Stand der Technik hinausgehen, ohne zusätzliche Entgeltzahlung zu nutzen. Allerdings bedarf deren Einbeziehung der wechselseitigen Abstimmung der Vertragsparteien.

3470 **9.4 Überlassung an Dritte**

Überlässt der Lizenznehmer von ihm entwickelte abtrennbare Verbesserungen im Übrigen einem Dritten, hat er sicherzustellen, dass ein vom Lizenzgeber mitgeteiltes und noch immer geheimes Know-how dem Dritten nicht preisgegeben wird.

10. Meistbegünstigung (vgl. Rz. 904; 1475 ff.)

10.1 Einräumung 3471

Räumt der Lizenzgeber zukünftig in entgeltlichen Lizenzverträgen mit rechtlich nicht verbundenen Dritten günstigere Vertragsbedingungen (**alternativ:** hinsichtlich der Höhe der Lizenzgebühren; Tz. 4.1, 4.2. und 4.4) ein, wird er dies unverzüglich dem Lizenznehmer mitteilen und ihm diese günstigeren Bedingungen (**alternativ:** zur Höhe der Lizenzgebühr) für Verwertungen ab Beginn des Folgejahres einräumen.

10.2 Ausnahmen 3472

Vereinbarungen im Zusammenhang mit Schutzrechts- und Know-how-Verletzungen, ferner die Vergabe von Freilizenzen und negativen Lizenzen sowie Verträge mit Lizenzaustausch fallen nicht unter die Meistbegünstigung gemäß Tz. 10.1.

10.3 Mitteilungspflicht 3473

Der Lizenzgeber ist nur zur Mitteilung der Höhe der jeweils vereinbarten Lizenzgebühr i.S. der Tz. 10.1 bzw. darauf bezogener Vertragsklauseln verpflichtet.

Alternativ (zu Tz. 10.1–10.3):

Eine Meistbegünstigung wird nicht vereinbart.

11. Geheimhaltung (vgl. Rz. 385 ff.; 2225 ff.; 2611)

11.1 Know-how (vgl. Rz. 2610 ff.) 3474

11.1.1

Der Lizenznehmer darf sämtliche das Know-how gemäß Tz. 1.3 oder Verbesserungen bzw. Weiterentwicklungen des Lizenzgebers betreffenden Informationen ohne schriftliche Einwilligung des Lizenzgebers nicht für andere Zwecke als zur Durchführung des Lizenzvertrages nutzen, insbesondere nicht beim Einsatz konkurrierender Technologien.

Er wird nur die für die Herstellung der Vertragsprodukte notwendige Anzahl von Kopien der Informationen erstellen, diese deutlich sichtbar als vertraulich kennzeichnen und die Anzahl der Kopien sowie deren Empfänger schriftlich festhalten.

Die vorstehenden Absätze gelten für den Lizenzgeber entsprechend, soweit es sich um vom Lizenznehmer mitgeteilte vertrauliche Verbesserungen und Weiterentwicklungen handelt.

11.1.2

Die Parteien erkennen an, dass alle im Rahmen dieses Lizenzvertrages überlassenen Informationen einschließlich der Kopien Betriebsgeheimnisse darstellen und Eigentum der übergebenden Partei sind.

11.2 Wechselseitige Geheimhaltungspflichten 3475

Im Übrigen wird jede Partei alle im Rahmen dieses Lizenzvertrages erhaltenen Angaben, Daten, Informationen sowie sonstige Tatsachen, die von der anderen Partei nachweislich als vertraulich gekennzeichnet sind, streng vertraulich behandeln und nicht an Dritte weitergeben. Die Vertragsparteien werden diese Informationen lediglich für die in diesem Vertrag vorgesehenen Zwecke nutzen. Diese Verpflichtung, einschließlich der Verpflichtung nach Tz. 11.3, wird auch den mit Herstellung und Vertrieb der Vertragsprodukte befassten Mitarbeitern und sonstigen Auftragnehmern und Zulieferern aufgegeben.

Der Lizenznehmer darf diese Informationen nur solchen Mitarbeitern zugänglich machen, deren Kenntnis zur Herstellung der Vertragsprodukte unumgänglich ist.

3476 **11.3 Nachvertragliche Pflichten**

Die Geheimhaltungspflichten gemäß Tz. 11.1 und Tz. 11.2 bestehen auch über die Laufzeit dieses Lizenzvertrages hinaus fort, solange geheime Informationen nicht offenkundig geworden sind.

3477 **11.4 Einschränkungen**

Die vorstehenden Verpflichtungen gelten nicht für Kopien von Schutzrechtsschriften (Tz. 1.2). Sie gelten ferner nicht für Informationen, soweit solche nachweislich ganz oder teilweise

- der empfangenden Vertragspartei vor der Übermittlung bereits bekannt waren oder
- vor der Mitteilung bereits öffentlich bekannt waren oder
- nach Mitteilung ohne Mitwirkung der empfangenden Partei bekannt werden oder
- der empfangenden Partei durch einen Dritten bekannt werden, der keiner direkten oder indirekten Geheimhaltungsverpflichtung gegenüber der anderen Vertragspartei unterliegt oder
- von der empfangenden Partei unabhängig erarbeitet wurden.

Der Nachweis ist von derjenigen Partei zu führen, die sich auf diese Ausnahmeregelung beruft.

11.5 Sanktionen

Wird die Geheimhaltungsverpflichtung verletzt, ist die verletzende Partei zur Zahlung einer Vertragsstrafe von ... Euro für jeden Fall der Zuwiderhandlung unter Ausschluss der Einrede des Fortsetzungszusammenhangs verpflichtet. Unabhängig hiervon ist sie zum Ersatz des entstandenen Schadens verpflichtet.

11.6 Wettbewerbsverhältnis

3478 Tritt der Lizenznehmer über die Nutzung der Vertragsprodukte (Tz. 1.) hinaus mit dem Lizenzgeber oder mit diesem verbundenen Unternehmen in den Bereichen Forschung und Entwicklung, Herstellung, Vertrieb oder Gebrauch in Wettbewerb, ist der Lizenzgeber berechtigt, die Bereitschaft zur Lizenzierung seiner Verbesserungen gemäß Tz. 9.2 zu verweigern.

12. Vertragsdauer und Kündigung (vgl. Rz. 2436 ff.)

12.1 Bestimmte Vertragsdauer 3479

Der Vertrag tritt mit Unterzeichnung durch die Vertragsparteien in Kraft und läuft – vorbehaltlich der nachfolgenden Regelungen – bis zum Wegfall des letzten Vertragsschutzrechts bzw. bei längerem Fortbestand des Geheimnischarakters des Know-hows bis zu dessen Offenkundigwerden.

12.2 Kündigungsrechte (vgl. Rz. 2437 ff.) 3480

12.2.1

Jede Vertragspartei ist – über evtl. im Lizenzvertrag ausdrücklich geregelte Kündigungsgründe hinaus – zur Kündigung des Lizenzvertrages aus wichtigem Grund fristlos oder mit einer in das Ermessen des Kündigungsberechtigten gestellten Auslauffrist berechtigt. Als wichtiger Grund gilt insbesondere:

- eine von der anderen Partei zu vertretende Verletzung einer in diesem Lizenzvertrag übernommenen Pflicht, wenn nicht binnen einer angemessenen Frist von i.d.R. nicht weniger als drei Kalendertagen und nicht mehr als sechs Kalenderwochen nach schriftlicher Abmahnung diese Pflicht erfüllt wird bzw. die daraus resultierenden Folgen beseitigt sind;
- eine rechtskräftige Verurteilung des Lizenznehmers wegen Verletzungen von Schutzrechten Dritter aufgrund einer Benutzung von Vertragsrechten;
- eine …

12.2.2

Der Lizenzgeber ist ferner zur Kündigung aus wichtigem Grund berechtigt, wenn

- in den Kapital-, Anteils- oder Besitzverhältnissen des Lizenznehmers Änderungen eintreten, die aus Sicht des Lizenzgebers einer Fortführung des Lizenzvertrages entgegenstehen;
- …

12.2.3

Das Recht zur Kündigung aus wichtigem Grund ist verwirkt, wenn es nicht binnen … Wochen nach Ablauf der Abmahnfrist nach Tz. 12.2.1 bzw., wenn eine Abmahnung entbehrlich ist, in angemessener Frist nach Kenntnis der kündigungsberechtigten Partei von dem wichtigen Grund ausgeübt wird. Entscheidend ist der Zugang der Kündigungserklärung beim Kündigungsgegner.

12.2.4

Die Kündigung aus wichtigem Grund muss schriftlich erfolgen. Eine nicht schriftlich erklärte Kündigung aus wichtigem Grund ist unwirksam.

12.3 Auslaufklausel (Rz. 1273 ff.) 3481

12.3.1

Im Fall der Beendigung des Vertrages ist der Lizenznehmer berechtigt, die bereits fest erteilten Aufträge zu den vereinbarten Lizenzbedingungen noch abzuwickeln *(**und/oder:** die bei ihm noch vorhandenen Mengen an Vertragsprodukten innerhalb von sechs Monaten zu den hier vereinbarten Bedingungen noch zu vertreiben).*

Der Lizenznehmer wird in einem solchen Fall spätestens innerhalb von zwei Wochen nach Beendigung des Vertrages eine Aufstellung über die noch abzuwickelnden Aufträge (***und/oder:** über die vorhandene Lagermenge*) dem Lizenzgeber übergeben. Erfolgt dies nicht, wird davon ausgegangen, dass der Lizenznehmer von dem vorstehenden Recht keinen Gebrauch macht.

12.3.2

Im Fall der Kündigung aus wichtigem Grund wegen eines Vertragsverstoßes des Lizenznehmers hat der Lizenzgeber das Recht, nach freiem Ermessen die Auslauffrist abzukürzen oder entfallen zu lassen. Diese Erklärung ist in der Abmahnung anzukündigen und spätestens mit der Kündigungserklärung abzugeben.

3482 **12.4 Sonstige nachvertragliche Pflichten des Lizenznehmers**

Der Lizenznehmer ist im Übrigen verpflichtet, ab Vertragsbeendigung jegliche Nutzung der Vertragsschutzrechte zu unterlassen; gleiches gilt im Hinblick auf das überlassene Know-how, soweit dieses nicht offenkundig geworden ist. Er ist ferner verpflichtet, dem Lizenzgeber alle überlassenen Unterlagen einschließlich gefertigter Kopien zurückzugeben und dabei schriftlich zu bestätigen, dass keine weiteren Kopien gefertigt, an Dritte weitergegeben und/oder zurückbehalten worden sind; dies gilt nicht, soweit Unterlagen allgemein zugänglich sind.

13. Schlussbestimmungen

3483 **13.1 Schriftform (vgl. Rz. 414 ff.)**

Nebenabreden wurden nicht getroffen. Änderungen und Ergänzungen dieses Lizenzvertrages bedürfen der Schriftform. Dies gilt auch, soweit die Schriftform abgedungen werden soll.

3484 **13.2 Anpassungsklausel (vgl. Rz. 2322 ff.)**

Sollte eine Vertragsbestimmung rechtsunwirksam sein oder werden, so bleibt davon die Rechtswirksamkeit des Lizenzvertrages im Übrigen unberührt. Die Vertragsparteien sind verpflichtet, die unwirksame Vertragsbestimmung durch eine rechtswirksame Bestimmung zu ersetzen, die dem ursprünglich Gewollten rechtlich und wirtschaftlich so weit wie möglich entspricht.

Haben die Parteien binnen drei Monaten nach Offenbarwerden der Unwirksamkeit keine Einigung über die Ersetzung gefunden, sind beide Parteien berechtigt, den Vertrag mit einer Auslauffrist von drei Monaten zu kündigen.

Gleiches gilt für den Fall des Vorliegens bzw. Entstehens einer Lücke sowie bei Eintreten sonstiger aus Sicht zumindest einer Partei für den Fortbestand des Vertrages wesentlicher Umstände, die in diesem Vertrag bisher nicht ausdrücklich angesprochen worden sind.

3485 **13.3 Rechtswahl (vgl. Rz. 2348 ff.)**

Der Vertrag unterliegt allein dem materiellen Recht der Bundesrepublik Deutschland. Bei dem Recht der Bundesrepublik Deutschland soll es – soweit rechtlich möglich – auch dann verbleiben, wenn nach deutschem Recht auf das Recht eines anderen Staates verwiesen wird (Ausschluss des Kollisionsrechts).

13.4 Erfüllungsort (vgl. Rz. 2395 ff.) 3486

Erfüllungsort ist der Sitz des Lizenzgebers.

13.5 Schieds- oder Gerichtsstandsvereinbarung (vgl. Rz. 2931 ff.; 3039 ff.) 3487

Die Vertragsparteien unterwerfen alle Streitigkeiten, die zwischen ihnen in Bezug auf diesen Lizenzvertrag zukünftig entstehen, unter Ausschluss des ordentlichen Rechtswegs der Entscheidung durch ein Schiedsgericht. Das Schiedsgericht besteht aus drei Schiedsrichtern, wobei jede Vertragspartei einen Schiedsrichter benennt, die sodann den dritten Schiedsrichter – zugleich als Vorsitzenden – bestellen. Im Übrigen gelten die §§ 1025 ff. ZPO.

Alternativ: z.B. DIS-Schiedsklausel (vgl. Rz. 2177 ff.):

Alle Streitigkeiten, die sich in Zusammenhang mit dem Vertrag oder über seine Gültigkeit ergeben, werden nach der Schiedsordnung der Deutschen Institution für Schiedsgerichtsbarkeit e.V. (DIS) unter Ausschluss des ordentlichen Rechtswegs endgültig entschieden.

Der Ort des schiedsrichterlichen Verfahren ist …

Die Anzahl der Schiedsrichter beträgt …

Die Sprache des schiedsricherlichen Verfahrens ist …

Alternativ bei Gerichtsstandsvereinbarung:

Für alle Streitigkeiten aus oder im Zusammenhang mit diesem Vertrag ist die Patentstreitkammer des Landgerichts … (ausschließlich) zuständig.

…, den …

(Unterschriften)

Frei. 3488–3491

IV. Geheimhaltungsvereinbarung

Geheimhaltungsvereinbarung (beidseitig)

zwischen 3492

…, vertreten durch …

– nachfolgend „A" genannt –

und

…, vertreten durch …

– nachfolgend „B" genannt –

3493 **Präambel**

A ist auf dem Gebiet der Herstellung von Zahnrädern für Automobil-Getriebe tätig. B stellt mechanische Fahrzeugachsenteile für Automobile her, nicht jedoch Zahnräder oder Getriebe. Beide Parteien sind Inhaber verschiedener technischer Schutzrechte und vertraulicher Informationen auf ihrem jeweiligen Arbeitsgebiet.

Die Parteien erwägen eine technische Zusammenarbeit und/oder eine wechselseitige Lizenzierung auf dem Gebiet der Herstellung von vollständigen Antriebssystemen (Getriebe, Kraftübertragungseinrichtungen und Fahrzeugachsen) im Bereich von Kraftfahrzeugen bis zu einem zulässigen Gesamtgewicht von ... t (Pkw). Sie wollen im Vorfeld prüfen, ob eine derartige Zusammenarbeit bzw. Lizenzierung möglich und sinnvoll ist. Dazu ist ein gegenseitiger Austausch von vertraulichen, insbesondere technischen Informationen notwendig.

Um sicherzustellen, dass die von einer Partei jeweils offenbarten Informationen vertraulich behandelt werden, wird Folgendes vereinbart:

1. Definitionen

3494 **1.1**

Geheimhaltungsgegenstand sind Getriebe, Kraftübertragungseinrichtungen und Fahrzeugachsen, sowie jeweils Einzelteile hiervon, im Bereich von Kraftfahrzeugen bis zu einem zulässigen Gesamtgewicht von ... t (Pkw).

3495 **1.2**

Informationen sind die vom jeweiligen Informationsgeber im Rahmen der Vertragsverhandlungen dem jeweiligen Informationsempfänger bzgl. des Geheimhaltungsgegenstandes in technischer und wirtschaftlicher Hinsicht, mündlich, schriftlich oder in sonstiger Weise offenbarten vertraulichen Informationen, wie z.B. Daten, Zeichnungen, Entwürfe, Skizzen, Pläne, Beschreibungen, Spezifikationen, Messergebnisse, Berechnungen, Erfahrungen, Verfahren, Muster der noch nicht veröffentlichten Anmeldungen technischer Schutzrechte.

3496 **1.3**

Informationsgeber ist die Partei, die der jeweils anderen Partei Informationen offenbart.

3497 **1.4**

Informationsempfänger ist die Partei, der von der jeweils anderen Partei Informationen offenbart werden.

3498 **1.5**

Muster sind von einer Partei – insbesondere unter Einsatz von Informationen – angefertigte mechanische Teile von Getrieben, Kraftübertragungseinrichtungen und/oder Fahrzeugachsen.

1.6 3499

Verbundene Unternehmen sind Unternehmen i.S. der. §§ 15 ff. AktG, die zum Zeitpunkt des Vertragsschlusses bereits als verbundene Unternehmen handelsregisterrechtlich existieren (**alternativ**: bzw. zukünftig hinzukommen).

*(**Alternativ:** verbundene Unternehmen konkretisieren, d.h. mit Firmennamen benennen).*

2. Kennzeichnung von Informationen

2.1 3500

Schriftlich offenbarte Informationen werden als „geheim" oder „vertraulich" gekennzeichnet.

2.2 3501

Soweit Informationen nicht schriftlich offenbart werden, wird der Informationsgeber bei Mitteilung/Überlassung der Informationen auf die Geheimhaltungsbedürftigkeit ausdrücklich hinweisen. Weiterhin wird der Informationsgeber innerhalb von einer Woche nach Mitteilung/Überlassung der Informationen diesen Hinweis unter möglichst ausführlicher Bezugnahme auf die betreffenden Informationen schriftlich wiederholen und sie ausdrücklich als „geheim" oder „vertraulich" bezeichnen.

3. Geheimhaltungsverpflichtung, Verwertungsverbot

3.1 3502

Der Informationsempfänger verpflichtet sich, die von dem Informationsgeber offenbarten Informationen nur für den Zweck dieser Vereinbarung zu verwenden, die Informationen geheim zu halten und sie oder Teile davon nicht an Dritte weiterzugeben, auch nicht unter einem entsprechenden Geheimhaltungsvertrag. Er wird ferner hinreichende Schutzvorkehrungen gegen eine unbefugte Kenntnisnahme durch Dritte treffen.

3.2 3503

Dem Informationsempfänger ist es ferner untersagt, Informationen oder Teile davon ohne vorherige schriftliche Zustimmung des Informationsgebers in irgendeiner Form unmittelbar oder mittelbar gewerblich zu verwerten.

3.3 3504

Dem Informationsempfänger ist auch untersagt, eine Schutzrechtsanmeldung, deren Gegenstand vollständig oder teilweise auf der Offenbarung von Informationen beruht oder davon abgeleitet ist, zu tätigen.

4. Verbundene Unternehmen

3505 Der Informationsempfänger hat das Recht, Informationen an mit ihm verbundene Unternehmen weiterzugeben, soweit dies für den Zweck dieser Vereinbarung ***(alternativ:)*** unerlässlich/notwendig/erforderlich/sachdienlich ist.

Der Informationsempfänger sichert zu, dass diesen verbundenen Unternehmen zuvor die gleichen Verpflichtungen auferlegt werden, denen der Informationsempfänger selbst unter dieser Vereinbarung unterliegt.

5. Andere natürliche und juristische Personen

3506 **5.1**

Der Informationsempfänger verpflichtet sich weiterhin, Informationen nur solchen Arbeitnehmern, dienst- oder werkvertraglich Verpflichteten, freien Mitarbeitern und auf sonstige Weise für den Informationsempfänger tätigen natürlichen Personen oder Unternehmen zugänglich zu machen, die diese Informationen für den Zweck dieser Vereinbarung benötigen.

Oder:

Der Informationsempfänger verpflichtet sich weiterhin, Informationen nur solchen Arbeitnehmern, dienst- oder werkvertraglich Verpflichteten, freien Mitarbeitern und auf sonstige Weise für den Informationsempfänger tätigen natürlichen oder juristischen Personen oder Unternehmen zugänglich zu machen, die in der dem Vertrag als Anhang 1 angefügten Liste aufgenommen sind.

3507 **5.2**

Diese Personen/Unternehmen werden vom Informationsempfänger in gleichem Umfang zur Geheimhaltung wie in dieser Vereinbarung verpflichtet, und zwar auch für die Zeit nach Beendigung der mit ihnen bestehenden Vertragsverhältnisse, soweit dies rechtlich zulässig ist.

3508 ***Oder (alternativ zu 5.1 und 5.2):***

Der Informationsempfänger verpflichtet sich weiterhin, Informationen nur solchen Arbeitnehmern, dienst- oder werkvertraglich Verpflichteten, freien Mitarbeitern und auf sonstige Weise für den Informationsempfänger tätigen natürlichen oder juristischen Personen oder Unternehmen zugänglich zu machen, die eine Geheimhaltungsvereinbarung gemäß dem diesem Vertrag als Anhang 1 angefügten Muster unterzeichnet haben, bevor sie Zugang zu Informationen erhalten. Die Originale dieser Geheimhaltungsvereinbarungen sind dem Informationsgeber vor Übermittlung der Informationen zur Verfügung zu stellen.

6. Analyse von Mustern oder Versuchsergebnissen

3509 **6.1**

Der Informationsempfänger wird zur Verfügung gestellte Muster – soweit nicht nach dem Vertrag erforderlich – nicht analysieren oder in anderer Weise auswerten.

6.2 3510

In gleichem Sinne wird der Informationsempfänger die Ergebnisse evtl. unter dieser Vereinbarung von einer Partei oder in deren Auftrag durch Dritte durchgeführter Versuche nicht analysieren oder in anderer Weise auswerten.

7. Ausnahmen

7.1 3511

Die Geheimhaltungs- und Nichtverwendungsverpflichtungen unter dieser Vereinbarung entfallen ausschließlich für solche Informationen oder Teile davon,

a) die dem Informationsempfänger vor der Offenbarung durch den Informationsgeber bekannt waren;

b) die der Öffentlichkeit vor der Offenbarung durch den Informationsgeber bekannt oder allgemein zugänglich waren;

c) die der Öffentlichkeit nach der Offenbarung durch den Informationsgeber ohne Mitwirken oder Verschulden des Informationsempfängers zugänglich werden;

d) die dem Informationsempfänger zu einem beliebigen Zeitpunkt von einem dazu berechtigten Dritten ohne Geheimhaltungsverpflichtung zugänglich gemacht worden sind; oder

e) die der Informationsempfänger unabhängig von der Kenntnis der Informationen entwickelt hat oder hat entwickeln lassen.

7.2 3512

Kombinationen von Einzelangaben sind nicht von den vorstehenden Verpflichtungen ausgenommen, wenn nur die Einzelangaben, nicht aber die Kombination selbst, unter die Ausnahmebestimmungen in Ziffer 7.1 lit. a) bis e) fallen.

7.3 3513

Die Beweislast für das Vorliegen der Voraussetzungen von Ziffer 7.1 lit. a) bis e) trägt der Informationsempfänger.

8. Rechte an den Informationen, Erfindungen

8.1 3514

Sämtliche Rechte an Informationen verbleiben in jedem Fall bei dem Informationsgeber, so lange die Parteien nicht einen schriftlichen Vertrag über die Einräumung von Nutzungsrechten zugunsten des Informationsempfängers geschlossen haben.

Der Informationsgeber behält sich das Recht zur Einreichung von Schutzrechtsanmeldungen auf seine Informationen vor.

8.2 3515

Der Informationsempfänger wird in Bezug auf die gemäß dieser Vereinbarung erhaltenen Informationen weder Rechte auf Vorbenutzung bzgl. hierauf vom Informationsgeber veranlasster Schutzrechtsanmeldungen herleiten, noch dagegen den Einwand offenkundiger Vorbenutzung geltend machen.

3516 **8.3**

Sollten nach Offenbarung von Informationen bei dem Informationsempfänger aufgrund eigener Entwicklungstätigkeiten Erfindungen entstehen, wird der Informationsempfänger dies dem Informationsgeber jeweils unverzüglich schriftlich mitteilen. Der Informationsempfänger ist verpflichtet, solche Erfindungen an den Informationsgeber abzutreten, die maßgeblich auf dessen Informationen beruhen. Ist dies nicht der Fall, werden die Parteien sich über eine evtl. Miterfinderschaft und die Bedingungen der Behandlung und Verwertung einer solchen Erfindung ins Benehmen setzen.

9. Kopien, Rückgabe und Vernichtung von Informationen

3517 **9.1**

Alle Informationen betreffenden Schriftstücke, Zeichnungen, sonstige Unterlagen, Muster, Datenträger o.Ä., die dem Informationsempfänger von dem Informationsgeber anvertraut werden, bleiben Eigentum des Informationsgebers.

3518 **9.2**

Der Informationsempfänger wird hiervon keine Kopien, Abschriften, gleich ob in papierner, elektronischer oder sonstiger Form, o.Ä. herstellen, soweit dies nicht für die Zwecke dieser Vereinbarung notwendig ist.

Oder:

9.2

Eine notwendige Anfertigung von Kopien, Abschriften o.Ä. wird er dem Informationsgeber im Einzelnen schriftlich mitteilen.

3519 **9.3**

Der Informationsempfänger ist auf schriftliche Anforderung durch den Informationsgeber verpflichtet, die o.g. Unterlagen und Gegenstände (einschl. angefertigter Kopien, Abschriften o.Ä.) innerhalb einer vom Informationsgeber vorgegebenen Frist, spätestens jedoch innerhalb von drei Wochen nach Zugang der Anforderung, vollständig an den Informationsgeber zurückzusenden oder auf Verlangen zu vernichten. Die vollständige Rückgabe oder Vernichtung ist von dem Informationsempfänger schriftlich zu bestätigen.

3520 **9.4**

Sofern es der Informationsempfänger ausdrücklich unter Angabe sachlicher Gründe (z.B. zum Nachweis eines ansonsten drohenden Schadens) wünscht, kann nach freiem Ermessen des Informationsgebers eine Kopie von Informationen zu Beweiszwecken bei … hinterlegt werden. Soweit diesbezüglich Kosten entstehen, sind diese von dem Informationsempfänger zu tragen.

Diese Hinterlegungsstelle wird unwiderruflich angewiesen, die Informationen nur an denjenigen außer dem Informationsgeber selbst herauszugeben, der durch Vorlage des Originals einer Vereinbarung mit dem Informationsgeber oder durch Vorlage einer gegen den Informationsgeber ergangenen, auf Herausgabe der Informationen gerichteten rechtskräftigen Entscheidung *(evtl.: einer vollstreckbaren Ausfertigung eines Schiedsspruchs)* nachweist, dass er berechtigt ist, die Informationen zu erhalten.

10. Richtigkeit und Vollständigkeit der Informationen

Die Parteien übernehmen keine Gewähr hinsichtlich der Richtigkeit und Vollständigkeit der offenbarten Informationen. 3521

Eine Gewährleistung oder Haftung wegen falscher, unvollständiger oder sonst fehlerhafter Informationen wird ausschließlich auf der Basis etwaiger Regelungen in einer dieser Geheimhaltungsabrede zeitlich nachfolgenden Abrede über eine technische Zusammenarbeit oder eine Lizenzierung übernommen.

Vom Informationsgeber hergestellte Muster enthalten keine Zusicherung über die industriell-technische oder wirtschaftliche Verwertbarkeit der in den Mustern verkörperten Informationen.

(Ggf.: Der Informationsgeber sichert (nur) die zutreffende Wiedergabe und rechnerische Richtigkeit von (an Mustern) erzielten und mitgeteilten Messergebnissen zu.)

11. Vertragsstrafe

Für jeden einzelnen Fall der objektiven Verletzung der Geheimhaltungs- und Nichtverwendungspflichten – unter Ausschluss der Einrede des Fortsetzungszusammenhanges – sowie im Falle der unvollständigen Rückgabe bzw. Vernichtung von Informationen, verpflichtet sich der Informationsempfänger zur Zahlung einer Vertragsstrafe i.H.v. ... Euro an den Informationsgeber. 3522

Diese Vertragsstrafe wird (nicht) auf etwaige Schadensersatzansprüche des Informationsgebers aus der Verletzung dieses Vertrages angerechnet.

Die weitere Erfüllung der Geheimhaltungs- und Nichtverwendungspflichten bleibt von der Verpflichtung zur Zahlung einer Vertragsstrafe unberührt.

12. Schadensersatz

Ungeachtet sonstiger gesetzlicher Verpflichtungen haftet der Informationsempfänger wie folgt: 3523

Soweit dies tatsächlich möglich ist, verpflichtet sich der Informationsempfänger, nach freier Wahl des Informationsgebers den durch die Verletzungshandlung entstandenen Schaden durch Naturalrestitution zu beseitigen bzw. zu vermindern.

Bei einer Verletzung der Geheimhaltungs- und Nichtverwendungspflichten aus diesem Vertrag besteht für den Informationsgeber ein Anspruch gegen den Informationsempfänger auf Ersatz aller hierauf beruhenden direkten und indirekten Schäden und Kosten. Hierzu gehören auch Amts-, Gerichts- und angemessene Anwaltsgebühren und/oder sonstige Kosten der Verfolgung eigener Rechte. Diese Verpflichtung erstreckt sich auch auf eine Verletzung der genannten Pflichten durch die in Ziffer 5 dieses Vertrages bezeichneten Personen oder durch mit dem Informationsempfänger verbundene Unternehmen.

13. Kostentragung

3524 Kosten, die einer Partei durch die Erfüllung ihrer vertraglichen Verpflichtungen entstehen, trägt diese Partei selbst.

14. Laufzeit

3525 **14.1**

Diese Vereinbarung wird wirksam mit ihrer Unterzeichnung durch die letztunterzeichnende Partei und hat eine Laufzeit von … Monaten/Jahren ab diesem Datum. Laufzeit ist diejenige Zeit, während der Informationen ausgetauscht werden. Die Laufzeit kann einvernehmlich verlängert werden, wenn die Parteien übereinstimmend feststellen, dass die Vertragszwecke nicht erreicht worden sind, also zum Ende der Laufzeit eine weiter gehende Vereinbarung über eine technische Zusammenarbeit oder eine Lizenzierung nicht beiderseits unterzeichnet wurde, eine solche weiter gehende Vereinbarung aber nicht zumindest von einer Seite definitiv abgelehnt wird. (***Ggf.:*** *Die Laufzeit erfasst unabhängig hiervon in jedem Fall auch etwa vor der Unterzeichnung dieser Vereinbarung ausgetauschte Informationen*.)

3526 **14.2**

Jede Partei kann die Vereinbarung durch eingeschriebenen Brief schriftlich kündigen, wenn ein wichtiger Grund vorliegt, der ihr die Einhaltung der vertraglichen Vereinbarungen bis zum Ablauf der Laufzeit unzumutbar macht. Der Kündigung aus wichtigem Grund hat, insbesondere wenn der wichtige Grund in einem Vertragsverstoß liegen soll, i.d.R. eine vergeblich gebliebene Abmahnung mit einer angemessenen Frist vorauszugehen. Ein wichtiger Grund ist ferner die Insolvenz der anderen Partei.

3527 **14.3**

Die mit dieser Vereinbarung abgeschlossenen Geheimhaltungs- und Nichtverwendungsverpflichtungen bleiben von einer Beendigung dieser Vereinbarung, gleich aus welchem Grunde, unberührt und gelten weiter, so lange Informationen nicht offenkundig geworden sind (**ggf.** *Verhältnis zu zeitlich nachfolgender Lizenzvereinbarung ansprechen*). Für die Offenkundigkeit trägt der Informationsempfänger die Beweislast.

15. Weiter gehende Verpflichtungen

3528 **15.1**

Die Parteien verpflichten sich, die Verhandlungen über die in der Präambel genannte Zusammenarbeit/Lizenzierung mit dem ernstlichen Ziel der Einigung zu betreiben. Diese Vereinbarung verpflichtet die Parteien jedoch nicht, einen Vertrag über eine Zusammenarbeit oder eine Lizenzvereinbarung abzuschließen.

3529 **15.2**

Diese Vereinbarung verpflichtet die Parteien auch nicht, neben den in Ziffer 15.1 genannten Vereinbarungen andere Vereinbarungen abzuschließen oder in sonstiger Weise in eine geschäftliche Beziehung einzutreten.

16. Schriftform

Nebenabreden wurden nicht getroffen. Änderungen oder Ergänzungen dieser Vereinbarung bedürfen zu ihrer Wirksamkeit der Schriftform. Das gilt auch für ein Abbedingen des Schriftformerfordernisses. 3530

17. Rechtswahl

Dieser Vertrag unterliegt allein dem materiellen Recht der Bundesrepublik Deutschland unter Ausschluss des Kollisionsrechtes. 3531

18. Schiedsgerichtsklausel (oder: Gerichtsstandsvereinbarung)

Alle aus und im Zusammenhang mit diesem Vertrag sich ergebenden Streitigkeiten, gleich, auf welcher Rechtsgrundlage ein Anspruch beruht, werden nach der Schiedsgerichtsordnung der Internationalen Handelskammer Paris endgültig entschieden. 3532

Oder:

Die Parteien unterwerfen alle Streitigkeiten, die zwischen ihnen aus und im Zusammenhang mit diesem Vertrag zukünftig entstehen, unter Ausschluss des ordentlichen Rechtswegs der Entscheidung durch ein Schiedsgericht. Das Schiedsgericht besteht aus drei Schiedsrichtern, wobei jede Vertragspartei einen Schiedsrichter benennt, die sodann den dritten Schiedsrichter – zugleich als Vorsitzenden – bestellen. Im Übrigen gelten die §§ 1025 ff. ZPO.

Oder:

Gerichtsstand für alle sich aus diesem Vertrag ergebenden Streitigkeiten ist die Patentstreitkammer des Landgerichts Düsseldorf. Alternativ ist jedoch jede Partei berechtigt, am Ort des Sitzes der beklagten Partei zu klagen.

19. Laufzeit

Die mit dieser Vereinbarung geschlossenen Geheimhaltungs- und Nichtanwendungsverpflichtungen bleiben solange bestehen, solange die Informationen nicht offenkundig geworden sind. Für die Offenkundigkeit träge der Informationsempfänger die Beweislast. 3533

20. Anpassungsklausel

Sollten eine oder mehrere Bestimmungen dieser Vereinbarung gegen geltendes oder künftig geltendes Recht verstoßen, so bleibt hiervon die Gültigkeit der übrigen Bestimmungen dieser Vereinbarung unberührt. In diesem Fall werden die Parteien die ungültige Bestimmung durch eine gesetzlich statthafte Regelung ersetzen, die dem mit der unwirksamen Bestimmung verfolgten Zweck am nächsten kommt. 3534

Sofern sich die Parteien nicht innerhalb von drei Monaten ab Feststellung des Verstoßes über eine solche gesetzlich statthafte Regelung einigen können, ist jede Partei berechtigt, diesen Vertrag insgesamt zu kündigen.

Die vorstehenden Regelungen gelten auch im Falle einer von beiden Parteien übereinstimmend festgestellten Vertragslücke.

..., den ...

(Unterschriften)

Anhang
Internetadressen für einschlägige Texte

Von einem eigenständigen Abdruck der für das Lizenzvertragsrecht wesentlichen Gesetze, Verordnungen, Bekanntmachungen, Leitlinien etc. wurde hier abgesehen, da diese in der jeweils aktuellen Fassung über Internet jederzeit verfügbar sind.

1. GWB

http://www.gesetze-im-internet.de/bundesrecht/gwb/gesamt.pdf

2. Vertrag über die Arbeitsweise der Europäischen Union (AEUV)

http://eur-lex.europa.eu/LexUriServ/LexUriServ.do?uri=OJ:C:2008:115:0047:0199:de:PDF

3. Gruppenfreistellungsverordnung Technologietransfer (TT-GVO 2004)

http://eur-lex.europa.eu/LexUriServ/LexUriServ.do?uri=OJ:l:2004:123:0011:0017:de:PDF

4. Gruppenfreistellungsverordnung Forschung & Entwicklung

a) VERORDNUNG (EU) Nr. 1217/2010 DER KOMMISSION vom 14. Dezember 2010

http://eur-lex.europa.eu/LexUriServ/LexUriServ.do?uri=OJ:L:2010:335:0036:0042:DE:PDF

b) VERORDNUNG (EG) Nr. 2659/2000 DER KOMMISSION vom 29. November 2000

http://eur-lex.europa.eu/LexUriServ/LexUriServ.do?uri=OJ:L:2000:304:0007:0012:DE:PDF

5. VERORDNUNG (EU) Nr. 330/2010 DER KOMMISSION vom 20. April 2010 über die Anwendung von Artikel 101 Absatz 3 des Vertrags über die Arbeitsweise der Europäischen Union auf Gruppen von vertikalen Vereinbarungen und abgestimmten Verhaltensweisen

http://eur-lex.europa.eu/LexUriServ/LexUriServ.do?uri=OJ:L:2010:102:0001:0007:DE:PDF

6. Bagatellbekanntmachung (Bekanntmachung der Kommission über Vereinbarungen von geringer Bedeutung, die den Wettbewerb gemäß Art. 81 Abs. 1 des Vertrags zur Gründung der Europäischen Gemeinschaft nicht spürbar beschränken [de minimis])

http://eur-lex.europa.eu/LexUriServ/LexUriServ.do?uri=OJ:C:2001:368:0013:0015:DE:PDF

7. Bekanntmachung der Kommission über die Definition des relevanten Marktes im Sinne des Wettbewerbsrechts der Gemeinschaft

http://eur-lex.europa.eu/LexUriServ/LexUriServ.do?uri=OJ:C:1997:372:0005:0013:DE:PDF

8. Antitrust Guidelines for the Licensing of Intellectual Property

http://www.justice.gov/atr/public/guidelines/0558.pdf

9. Bekanntmachung der Kommission, Leitlinien zur Anwendung von Art. 81 Abs. 3 EG-Vertrag auf Technologietransfer-Vereinbarungen (2004/S 10102)

http://eur-lex.europa.eu/LexUriServ/LexUriServ.do?uri=OJ:C:2004:101:0002:0042:DE:PDF

Stichwortverzeichnis

Die angegebenen Zahlen verweisen auf die Randzahlen.